DUDEN

Bedeutungswörterbuch

2., völlig neu bearbeitete und erweiterte Auflage

Herausgegeben und bearbeitet von
Wolfgang Müller
unter Mitwirkung folgender
Mitarbeiter der Dudenredaktion:
Wolfgang Eckey, Jürgen Folz, Heribert Hartmann,
Rudolf Köster, Dieter Mang, Charlotte Schrupp,
Marion Trunk-Nußbaumer

DUDEN BAND 10

DUDENVERLAG
Mannheim/Wien/Zürich

CIP-Kurztitelaufnahme der Deutschen Bibliothek

Der **Duden:** in 10 Bd.; d. Standardwerk zur dt. Sprache / hrsg. vom Wiss. Rat d. Dudenred.: Günther Drosdowski... – Mannheim; Wien; Zürich: Bibliographisches Institut
Frühere Ausg. u. d. T.: Der große Duden
NE: Drosdowski, Günther [Hrsg.]

Bd. 10. → Duden „Bedeutungswörterbuch". – 2., völlig neu bearb. u. erw. Auflage. – 1985

Duden „Bedeutungswörterbuch" / hrsg. u. bearb. von Wolfgang Müller. Unter Mitw. folgender Mitarb. d. Dudenred.: Wolfgang Eckey... – 2., völlig neu bearb. u. erw. Aufl. – Mannheim; Wien; Zürich: Bibliographisches Institut, 1985.
(Der Duden; Bd. 10)
ISBN 3-411-20911-9
NE: Müller, Wolfgang [Bearb.]; Eckey, Wolfgang [Mitverf.]; Bedeutungswörterbuch

Das Wort DUDEN ist für
Bücher aller Art für den Verlag
Bibliographisches Institut & F.A. Brockhaus AG
als Warenzeichen geschützt

Alle Rechte vorbehalten
Nachdruck, auch auszugsweise, verboten
Kein Teil dieses Werkes darf ohne schriftliche Einwilligung des Verlages in irgendeiner Form (Fotokopie, Mikrofilm oder ein anderes Verfahren), auch nicht für Zwecke der Unterrichtsgestaltung, reproduziert oder unter Verwendung elektronischer Systeme verarbeitet, vervielfältigt oder verbreitet werden
© Bibliographisches Institut, Mannheim 1985
Satz: Bibliographisches Institut (DIACOS Siemens) und Mannheimer Morgen Großdruckerei und Verlag GmbH (Digiset 40 T 30)
Druck und Bindearbeit: Klambt-Druck GmbH, Speyer
Printed in Germany
ISBN 3-411-20911-9

Vorwort

Das Duden-Bedeutungswörterbuch hat sich zum Ziel gesetzt, einen ausgewählten Grundwortschatz durch leichtverständliche Bedeutungsangaben zu erklären, den Gebrauch der Wörter durch typische Anwendungsbeispiele zu veranschaulichen und so einen Beitrag zur Verbesserung der sprachlichen Kommunikation zu leisten. Die Grundlage für die Erklärung der Wortbedeutungen und für die Beispiele ist die umfangreiche Wortkartei der Dudenredaktion. Dieser Dudenband ist aber nicht nur ein Wörterbuch zum Nachschlagen, sondern – und vor allem – auch ein Arbeits- oder Lernwörterbuch. Zu dem Grundwortbestand, der inhaltlich differenziert erklärt ist, wird ein stark ausgebauter Ergänzungswortschatz angeboten, der zu den einzelnen Stichwörtern sinn- und sachverwandte Wörter nennt. Beim Stichwort „Auto" finden sich beispielsweise: *Brummi, Jeep, Kabriolett, Kraftwagen, Laster, Lieferwagen, Limousine, Oldtimer, Rennwagen, Schnauferl, Straßenkreuzer, fahrbarer Untersatz.* Außerdem werden beim Ergänzungswortschatz Wörter genannt, bei denen das Stichwort Grundwort ist; bei „Auto" zum Beispiel: *Flucht-, Katalysator-, Kinder-, Post-, Renn-, Sanitäts-, Umweltauto.*

Für Spracherwerb und Wortschatzerweiterung von besonderer Bedeutung ist die umfassende Berücksichtigung der heute produktiven Wortbildungsmittel, die als Stichwörter in der alphabetischen Reihenfolge erscheinen. Dabei handelt es sich nicht nur um die üblichen Vor- und Nachsilben, wie z. B. *be-, ent-, ver-, -bar, -ling, -tum,* sondern auch um Wörter, mit denen heute ganze Reihen neuer Wörter gebildet werden, z. B. (als erster Bestandteil) *Problem-: -geburt, -haar, -haut, -kind, -patient; Risiko-: -geburt, -gruppe, -patient; top-: -aktuell, -fit, -modisch;* (als zweiter Bestandteil) *-bewußt: busen-, gesundheits-, konjunktur-, krisen-, modebewußt; -müde: ehe-, pillen-, winter-, zivilisationsmüde; -frisch: ernte-, fang-, kutter-, ofen-, röst-, schußfrisch; -träger: Hoffnungs-, Kosten-, Kultur-, Versicherungsträger.*

Alle hier erfaßten Wortbildungsmittel sind noch einmal übersichtlich in einer Liste auf der Seite 16 ff. zusammengestellt.

Da ein Wörterbuch dieses Umfangs nur einen begrenzteren Wortschatz enthalten kann, wird der Wörterbuchbenutzer durch diese ausführliche und neuartige Einbeziehung der Wortbildung in die Lage versetzt, sich einen großen Teil des Alltagswortschatzes selbst zu erschließen. Wer beispielsweise Wörter wie *bündnisfähig, kritikfähig, leidensfähig, politikfähig, recyclingfähig* sucht, kann sie beim Stichwort „-fähig" finden.

Wer wissen will, was *erklatschen* (sich eine Zugabe erklatschen) oder *erschwimmen* (sich eine Medaille erschwimmen) bedeutet, bekommt beim Stichwort „er-" dafür die Erklärung, und er kann mit solchen Wortbildungsmitteln auch selbst neue Wörter bilden.

Die in diesem Buch enthaltenen Bilder sollen die Worterklärungen zusätzlich unterstützen, sie sollen auch Unterschiede sachverwandter Wörter sichtbar machen (z. B. Bild Getreide: Hafer, Weizen, Gerste, Roggen) sowie verschiedene und übertragene Bedeutungen veranschaulichen (z. B. Bild Kamm: 1. zum Kämmen. 2. beim Hahn. 3. beim Gebirge).

Das Duden-Bedeutungswörterbuch stellt einen völlig neuen Wörterbuchtyp dar; es unterscheidet sich von anderen Wörterbüchern der deutschen Sprache dadurch, daß es über die üblichen Informationen hinaus Einblicke und Einsichten in sprachliche Zusammenhänge des Wortschatzes vermittelt.

Mannheim, den 1. August 1985

DER WISSENSCHAFTLICHE RAT
DER DUDENREDAKTION

Vorwort des Herausgebers

Die zweite Auflage des Duden-Bedeutungswörterbuchs ist völlig neu konzipiert. Bei diesem Band handelt es sich nicht um ein Bedeutungswörterbuch im herkömmlichen Sinne, in dem man nachschlägt, wenn man sich über ein bestimmtes Wort – dessen Bedeutung und Gebrauch – informieren will, hier handelt es sich um ein Wörterbuch zur deutschen Sprache. In diesem Wörterbuch werden die durch das Alphabet aufgelösten sprachlichen Zusammenhänge durch einen Ergänzungs- oder Erweiterungswortschatz wieder hergestellt. Dieser Ergänzungswortschatz besteht einerseits aus sinn- und sachverwandten Wörtern (bei Haar z. B.: **sinnv.:** Locken, Loden, Mähne, Schopf; Borste, Flaum, Locke) und andererseits aus Wörtern, die das Stichwort als Grundwort enthalten (bei Haar z. B.: **Zus.:** Achsel-, Bart-, Dachs-, Frauen-, Roßhaar). Die im Ergänzungswortschatz genannten Wörter oder Wendungen sollen sowohl das sprachliche Umfeld als auch die Produktivität des jeweiligen Stichworts vor Augen führen. Dieser am Ende eines Wortartikels oder einer Wortbedeutung aneinandergereihte Wortschatz wird stilistisch nicht näher gekennzeichnet.

Diejenigen, die die genannten Wörter und Wendungen kennen, werden an sie erinnert und können sie entsprechend einsetzen; andere, denen diese Wörter und Wendungen bisher noch nicht bekannt waren, können auf diese Weise ihren passiven Wortschatz erweitern.

Ein besonders wichtiger und neuer Bestandteil dieses Buches sind die über vierhundert Wortbildungsartikel, die in die alphabetische Abfolge eingearbeitet sind. Sie helfen, den Alltagswortschatz mit seinen zahlreichen Augenblicksbildungen zu erschließen. Es werden aber nicht nur die traditionellen Wortbildungsmittel – also nicht nur die heute produktiven Präfixe und Suffixe – inhaltlich erläutert und vorgeführt (z. B.: herbei-: herbeibomben; -bar: maschinenlesbar), sondern auch die Wortbildungsmittel, die man als Affixoide – als Halbpräfixe bzw. Halbsuffixe – bezeichnet.

Die Diskussion um den Terminus Affixoid (Präfixoid/Suffixoid) und seine inhaltliche Abgrenzung zu den Affixen bzw. Kompositionsgliedern ist zwar noch kontrovers und nicht abgeschlossen, doch ist das für die Praxis, für den Wörterbuchbenutzer – den Rezipienten und Produzenten – nicht oder nur von sekundärer Bedeutung. Wichtig allein ist die Erfassung dieser Wortbildungsmittel und die damit verbundene Möglichkeit, den Wortschatz zu erschließen.

Als Affixoide werden in diesem Buch die produktiven Wortbildungsmittel bezeichnet, mit denen man – wie mit den Affixen – in Analogie ganze Reihen neuer Wörter für den Augenblicksbedarf bilden kann, die aber noch deutlich – trotz inhaltlicher Entkonkretisierung oder Verblassung – den Status eines Kompositionsgliedes haben (Suffixoide bewirken beispielsweise keinen Umlaut und bleiben bei der Silbentrennung als selbständiger Wortbestandteil erhalten). Man muß bei den Komposita unterscheiden zwischen einem (echten) Kompositum, das aus zwei selbständigen Wörtern besteht (Hobbyraum, Hunde-schnauze; Problem-bewußtsein, Risiko-verminderung, Traum-deutung; frühjahrs-müde, fuß-müde), und einem (affixoiden) Kompositum, das aus einem selbständigen Wort und einem Affixoid besteht (*Hobby*-gärtner, *Hobby*-koch; *Hunde*-kälte; *Problem*-familie, *Problem*-haare; *Risiko*-patient, *Risiko*-schwangerschaft; *Traum*-urlaub; ehe-*müde*, pillen-*müde*).

Jeder einzelne Wortbildungsartikel erschließt eine oder mehrere Reihen gleich gebildeter Wörter. So finden sich unter *-in* beispielsweise: Anwältin, Bewunderin, Hündin, Innenarchitektin, Seniorin, Telefonistin; unter *Bilderbuch-:* -countdown, -ehe, -ehemann, -familie, -flug, -karriere, -landung, -start, -tor; unter *-intern:* anstalts-, fach-, firmen-, haus-, partei-. Dabei werden gleichzeitig die unterschiedlichen Bildungsweisen – mit Fugenzeichen, Umlaut, Ausfall der Endung, mit pluralischem oder singularischem Basiswort – deutlich.

Die Affixoide sind für die deutsche Gegenwartssprache besonders charakteristisch; aber gerade sie finden sich in den Wörterbüchern in der Regel nicht oder nur in Ansätzen verzeichnet. Bei der Bearbeitung wurde diesen sprachlichen Ausdrucksmitteln besondere Aufmerksamkeit gewidmet; sie wurden – wie auch alle übrigen Wortbildungsartikel – an Hand der umfangreichen Wortschatzkartei der Dudenredaktion erarbeitet. Alle in den Artikeln aufgeführten Beispiele stammen aus dieser Kartei, sind also belegte und keine erfundenen Wortbildungen. Diese Artikel zur Wortbildung verschaffen dem Benutzer Zugang zu vielen Wörtern, die in den Wörterbüchern nicht zu finden sind und auch nicht zu finden sein können, weil diese Wörter (noch) nicht lexikalisiert, (noch) nicht wörterbuchreif sind.

Besonders die Gebrauchsprosa ist voll von solchen Bildungen. Auf einer Speisekarte werden – beispielsweise – kutter*frische* Krabben oder schuß*frisches* Wild angeboten, und eine Firma beschreibt ihre Ventilatoren mit Attributen wie einbau*fertig,* drehzahlsteuer*bar,* anpassungs*fähig,* wartungs*frei,* geräusch*arm,* leistungs*stark,* bedarfs*gerecht,* betriebs*sicher,* anschluß*fertig.* Aber auch emotionale Wertungen kann man mit den Mitteln der Wortbildung ausdrücken: *Chef*ideologe, *Traum*reise, *Lieblings*lektüre, *sau*dumm, *hunde*müde, *top*aktuell, karriere*geil,* gesundheits*bewußt.*

Mit Hilfe der Wortbildung werden oft ganze Sätze oder Satzteile zu einem einzigen Wort verdichtet. Das ist zwar für den Sprecher/Schreiber oft recht praktisch, doch für den Hörer/Leser ist es manchmal schwierig, den Inhalt dieser Wörter richtig zu interpretieren, er kann sie unter Umständen falsch oder gar nicht verstehen. Ein „Fernsehfritze" kann beispielsweise ein Mann sein, der beim Fernsehen angestellt ist; es kann aber auch ein Mann sein, der Fernsehapparate repariert. Die Bedeutung wird erst – aber auch nicht immer – aus dem Textzusammenhang oder aus der Situation erkennbar. Die Auflösung mancher Wortbildungen erfordert oftmals eine umständliche längere Umschreibung, so ist zum Beispiel „eine kinofähige Wirklichkeit" eine Wirklichkeit, die sich auch für den Film, das Kino eignet, und „brieftaschenfreundliche Preise" sind Preise, die nicht zu hoch, also akzeptabel sind, die die „Brieftasche" (als den Aufbewahrungsort für Geld) nicht so sehr belasten.

Die Produktivität der Sprache liegt in der Wortbildung. Daher gehören die Wortbildungsmittel auch in ein Bedeutungswörterbuch; aber nicht nur, um Gegenwartstexte verstehbar zu machen, sondern auch, um sprachliche Kreativität zu fördern und anzuregen. Mit der ausführlichen Berücksichtigung der

Wortbildung einerseits und mit der Einarbeitung des Ergänzungswortschatzes andererseits wurde in diesem Buch der Versuch unternommen, dem traditionellen Bedeutungswörterbuch eine neue Qualität zu geben und durch unmittelbare, lebendige Einblicke in die Vielfalt und Produktivität der Sprache die Lust an der Sprache und an eigener sprachlicher Gestaltung zu wecken.

Mannheim, den 1. August 1985

WOLFGANG MÜLLER

Inhaltsverzeichnis

Die Behandlung der Stichwörter

A. Allgemeines

1. Die Stichwörter und die festen Wendungen sind im Druck hervorgehoben **(halbfett)**, die Bedeutungsangaben oder -hinweise sind *kursiv* gedruckt. Die Silbentrennung wird durch einen senkrechten Strich gekennzeichnet. Wörter mit -ck- haben keine Trennungsangabe erhalten. -ck- wird bei der Trennung immer in -k/k- aufgelöst. Grammatische Angaben stehen in spitzen Klammern ⟨⟩:

ạcht|ge|ben, gibt acht, gab acht, hat achtgegeben ⟨itr.⟩: ↑*aufpassen:* auf die Kinder, Koffer gut a.

Ạcker (getrennt: Ak-ker).

2. Zur Untergliederung eines Stichwortes mit verschiedenen Bedeutungen werden je nach dem Grad der Zusammengehörigkeit der einzelnen Bedeutungen römische Ziffern (I.), arabische Ziffern (1.) und kleine Buchstaben (a) verwendet:

ạn|sprin|gen, sprang an, hat/ist angesprungen: **1.** ⟨itr.⟩ *in Gang kommen:* der Motor ist nicht gleich angesprungen ... **2.** ⟨in der Fügung⟩ angesprungen kommen: *springend herbeieilen:* als die Mutter rief, kamen die Kinder alle angesprungen ... **3.** ⟨tr.⟩ **a)** *(an jmdm.) hochspringen:* der Hund hat ihn vor Freude angesprungen. **b)** *sich mit einem Sprung (auf jmdn./etwas) stürzen:* der Tiger hat den Dompteur angesprungen.

Die römischen Ziffern werden nur in besonderen Fällen zur Gliederung verwendet,

a) wenn verschiedene Wortarten vorliegen:

ạl|bern: I. ⟨Adj.⟩ *von unernst-einfältiger, oft kindisch wirkender Art* ... **II.** ⟨itr.⟩ *sich albern benehmen* ...;

ạb: I. ⟨Präp. mit Dativ ...⟩ ... **II.** ⟨Adverb⟩ ...,

b) wenn die einzelnen Bedeutungen inhaltlich ganz verschieden sind:

Bạll, der; -[e]s, Bälle: **I. a)** *gewöhnlich mit Luft gefüllter Gegenstand zum Spielen* ... **II.** *festliche Veranstaltung, bei der getanzt wird* ....,

c) wenn es sich um Wörter handelt, die gleich geschrieben, aber nicht gleich gesprochen werden (Homographe):

Te|nor: I. Tenor ... **II.** Tẹnor ...,

d) wenn es sich um Wörter handelt, die sich im Plural, im Genus oder in der Konjugation unterscheiden (Homonyme):

Bạnk: I. die; -, Bänke ... **II.** die; -, Banken ...

Band: I. Bạnd, das -[e]s, Bänder ... **II.** Bạnd, der; -[e]s, Bände ... **III.** Band [bɛnt], die; -, -s ...

durch|lau|fen: I. dụrchlaufen, läuft durch, lief durch, ist durchgelaufen ... **II. durchlaufen,** durchläuft, durchlief, hat durchlaufen ...,

hạn|gen: I. hing, hat gehangen ... **II.** hängte, hat gehängt ...

3. Zwischen schrägen Strichen / / stehen allgemeinere Angaben, Bedeutungserläuterungen, Gegensatzwörter u. ä.: abmelden .../Ggs. anmelden/ ...

4. Zum Gebrauch und Stil werden folgende Angaben gemacht:

geh. (gehoben)	=	nicht alltägliche, gewählt anmutende Ausdrucksweise, z. B. prangen.
ugs. (umgangssprachlich)	=	zwanglose, alltagssprachliche Ausdrucksweise; meist in der gesprochenen Sprache, z. B. pumpen (leihen).
derb	=	grobe Ausdrucksweise, z. B. Puff (Bordell).
abwertend	=	Aussage, die das ablehnende Urteil, die persönliche Kritik des Sprechers enthält, z. B. Rowdy.
emotional	=	Ausdrucksweise, die das innere Beteiligtsein, die persönliche Einschätzung widerspiegelt, z. B. super-.
Jargon	=	in einer bestimmten sozialen oder Berufsgruppe übliche umgangssprachliche Ausdrucksweise, z. B. abschmieren (= abstürzen).

5. In eckigen Klammern [] stehen die Ausspracheangaben (siehe unter Aussprache!) und Buchstaben, Silben oder Wörter, die weggelassen werden können:

Bein, das; -[e]s, -e ...

6. Bei den einzelnen Wörtern oder Wortbedeutungen finden sich am Schluß oft noch weitere Wörter, die unter **sinnv.** bzw. **Zus.** zusammengefaßt werden.
Unter **sinnv.** werden sowohl sinnähnliche als auch sachverwandte Wörter – gelegentlich auch anderer Wortart – genannt. Dabei handelt es sich um Wörter, die begrifflich oder assoziativ mit dem Stichwort in Verbindung gebracht werden können; es sind also nicht nur synonyme Wörter im strengen Sinn, z. B.

Fachmann ... **sinnv.:** As, Autorität, Eingeweihter, Experte, Fachgröße, Größe, Insider, Kanone, Kapazität, Kenner, Könner, Koryphäe, Kundiger, Meister, Praktiker, Profi, Routinier, Sachkenner, Sachkundiger, Sachverständiger, Spezialist.

bierernst ... **sinnv.:** ernst, humorlos · Trauerkloß.

Unter **Zus.** werden Wörter aufgeführt, deren zweiter Bestandteil dem Stichwort entspricht; es handelt sich dabei nicht nur um Zusammensetzungen, sondern beispielsweise auch um Ableitungen, z. B.

faul ... Zus.: maul-, mund-, schreib-, stinkfaul.

lassen ... Zus.: ablassen, bleibenlassen, unterlassen.

7. Produktive Wortbildungsmittel, also Vorsilben, Nachsilben und auch Wörter, mit denen Reihen neuer Wörter gebildet werden, stehen als selbständige Stichwörter in der alphabetischen Abfolge, z. B.

aus- (auszementieren usw.), be- (begrünen usw.), Hobby- (Hobbygärtner usw.), -in (Designerin usw.), -müde (pillenmüde usw.), -muffel (Gurtmuffel usw.).

B. Die einzelnen Wortarten

I. Substantive

1. Bei den Substantiven stehen der Artikel, der Genitiv Singular und der Plural. Der dabei verwendete Strich (-) vertritt das Stichwort:

Mann, der; -[e]s, Männer:

2. Hat ein Substantiv keinen Plural, dann steht nur der Genitiv Singular:

Hụnger, der; -s:

3. Substantive, die nur im Plural vorkommen, erhalten den Zusatz ⟨Plural⟩:

Fẹrien, die ⟨Plural⟩:

4. Hat ein Substantiv in bestimmten Bedeutungen keinen Plural, dann wird dies durch den Zusatz ⟨ohne Plural⟩ gekennzeichnet:

Ạndacht, die; -, -en: **1.** ⟨ohne Plural⟩ *Zustand, in dem sich jmd. befindet, wenn er sich in etwas versenkt* ... **2.** *kurzer Gottesdienst* ...

5. Bei substantivierten Adjektiven und Partizipien werden zunächst die schwachen Flexionsformen angegeben, die beim Gebrauch mit bestimmtem Artikel auftreten. In spitzen Klammern ⟨ ⟩ stehen dann die starken Flexionsformen, wie sie u. a. bei alleinstehendem Gebrauch üblich sind:

Ạngestellte, der u. die; -n, -n ⟨aber: [ein] Angestellter, Plural: [viele] Angestellte⟩:...

6. Wenn zur [übertragenen] Bedeutung eines Substantivs ein erläuterndes [Genitiv]attribut gehört, das die Beziehung angibt, dann wird der erste Buchstabe des Stichworts + Attribut in ⟨ ⟩ gesetzt:

Lakai ... **2.** ⟨L. + Attribut⟩ *jmd., in dem man einen Menschen sieht, der sich ganz in Abhängigkeit eines anderen befindet und sich dessen Willen willfährig unterordnet:* diese Regierung erweist sich als treuer L. ihrer Herren in ...

Sạ̈nger ..., Sạ̈ngerin ... 2. ⟨S. + Attribut⟩ *männliche bzw. weibliche Person, die von etwas singt, singend von etwas kündet:* die Wandlung des Showstars zum Sänger von Freiheit und Frieden ...

II. Verben

1. Verben, deren Konjugationsformen regelmäßig sind, erhalten keine weiteren Angaben. Als regelmäßig gelten die schwachen Verben, bei denen keine Trennung von Vorsilben erfolgt, die im Präteritum in der 3. Person Singular auf -te enden und die im Perfekt nur mit „haben" verbunden werden und auf -t enden, z. B.

aas/en, aas/te, hat geaas/t,
absolvier/en, absolvier/te, hat absolvier/t,
beherrsch/en, beherrsch/te, hat beherrsch/t,
niesel/n, niesel/te, hat geniesel/t,
opfer/n, opfer/te, hat geopfer/t.

Bei Verben, die davon abweichende Formen haben, wird die 3. Person Präteritum und die 3. Person Perfekt angegeben. Die 3. Person Präsens wird dann aufgeführt, wenn eine zusätzliche lautliche und/oder rechtschreibliche Abweichung auftritt (fallen, fällt, fiel, ist gefallen; messen, mißt, maß, hat gemessen). Die Formen werden also in folgenden Fällen angegeben:

a) starke Verben: beißen, biß, hat gebissen

b) schwache Verben mit trennbarer Vorsilbe: auftrennen, trennte auf, hat aufgetrennt

c) schwache Verben, die im Infinitiv mit -ss- geschrieben werden, das in manchen Konjugationsformen als ß geschrieben wird: fassen, faßt, faßte, hat gefaßt

d) schwache Verben, bei denen noch ein -e- vor die Endungen -te bzw. -t tritt: fast/en, fast/ete, hat gefast/et

e) schwache Verben, die im Perfekt mit „sein" verbunden werden oder verbunden werden können: faulen, faulte, ist gefault, filzen, filzte, hat/ist gefilzt.

2. Verben, die eine Ergänzung im Akkusativ haben und ein persönliches Passiv bilden können, erhalten die Kennzeichnung ⟨tr.⟩ = transitiv. Es gibt Verben, die mit einem Akkusativobjekt verbunden werden, die aber trotzdem nicht als transitiv gelten, z. B. bekommen (er bekommt das Buch; nicht ins Passiv übertragbar; also nicht: das Buch wurde von ihm bekommen). Verben mit dem reflexiven oder reziproken Pronomen erhalten die Kennzeichnung ⟨sich ...⟩, alle übrigen die Kennzeichnung ⟨itr.⟩ = intransitiv.

3. Mit der Bezeichnung Funktionsverb werden Verben dann versehen, wenn sie neben ihrem Gebrauch als Vollverb in bestimmten Verbindungen mit Substantiven auftreten, in denen ihr eigentlicher Inhalt verblaßt ist und in denen sie dann nur Teil eines festen Gefüges sind, z. B. *gelangen* in den Fügungen „zur Aufführung gelangen" (= aufgeführt werden), „zur Auszahlung gelangen" (= ausgezahlt werden).

III. Adjektive

1. a) Adjektive können als nähere Bestimmung bei einem Substantiv stehen:

die schöne Rose

Man sagt dann, das Adjektiv wird *attributiv* gebraucht.

b) Adjektive können in Verbindung mit Verben auftreten, und zwar in Verbindung mit „sein":

Die Rose ist schön.

Man sagt dann, das Adjektiv wird *prädikativ* gebraucht.

c) Adjektive können ein Verb näher bestimmen:

Die Rose blüht schön.

Man sagt dann, das Adjektiv wird *adverbial* gebraucht.

d) Ist die Verwendung eines Adjektivs eingeschränkt, dann wird dies in wichtigen Fällen angegeben:

potentiẹll ⟨nicht prädikativ⟩

2. Vergleichsformen werden nur dann angegeben, wenn sie unregelmäßig sind oder wenn ein Umlaut auftritt:

gụt, besser, beste
groß, größer, größte

C. Aussprache

1. Eine Aussprachebezeichnung steht nur hinter jenen Wörtern, deren Aussprache von der sonst üblichen abweicht, und zwar in eckigen Klammern. Die dabei verwendeten Zeichen sind die der Internationalen Lautschrift (vgl. hierzu die Übersicht auf S. 16).

Camping ['kɛmpɪŋ], das; -s:...

2. Bei allen übrigen Stichwörtern wurde nur der betonte Vokal gekennzeichnet. Ist der betonte Vokal kurz, dann steht darunter ein Punkt: bạcken.

Ist der betonte Vokal lang oder ist ein Diphthong betont, dann steht darunter ein Strich: ba̱den; Bäckere̱i̱.

Es gibt auch Wörter, die zwei betonte Vokale haben: blụtjụng.

Im Wörterbuch verwendete Abkürzungen

Adj.	Adjektiv
Akk.	Akkusativ
Amtsspr.	Amtssprache
Attr.	Attribut
bayr.	bayrisch
bes.	besonders
bildl.	bildlich
BRD	Bundesrepublik Deutschland
bzw.	beziehungsweise
DDR	Deutsche Demokratische Republik
dgl.	dergleichen
dicht.	dichterisch
ev.	evangelisch
fachspr.	fachsprachlich
fam.	familiär
geh.	gehoben
Gen.	Genitiv
Ggs.	Gegensatz
hist.	historisch
Inf.	Infinitiv
Interj.	Interjektion
iron.	ironisch
itr.	intransitiv
jmd.	jemand
jmdm.	jemandem
jmdn.	jemanden
jmds.	jemandes
kath.	katholisch
Konj.	Konjunktion
landsch.	landschaftlich
mitteld.	mitteldeutsch
Nom.	Nominativ
nordd.	norddeutsch
nordostd.	nordostdeutsch
o. ä.	oder ähnliche[s]
österr.	österreichisch
Präp.	Präposition
Rel.	Religion
scherzh.	scherzhaft
schweiz.	schweizerisch
sinnv.	sinnverwandt (s. S. 12)
südd.	süddeutsch
südwestd.	südwestdeutsch
tr.	transitiv
u. a.	und andere[s]
u. ä.	und ähnliche[s]
ugs.	umgangssprachlich (s. S. 12)
usw.	und so weiter
veralt.	veraltet
westd.	westdeutsch
z. B.	zum Beispiel
Zus.	Zusammensetzung (s. S. 12)

Im Wörterbuch verwendete Zeichen

· Der Punkt auf Mitte soll das oder die danach folgenden Wörter von den vorhergehenden abheben. Er dient zur Gliederung des Erweiterungswortschatzes innerhalb einer Wortart (**ausbürgern: ... sinnv.:** ↑ausweisen · emigrieren). Er kann aber auch verschiedene Wortarten voneinander trennen (**Anteil ... sinnv.:** ↑Teil · sich beteiligen).

* Das Sternchen kennzeichnet feste Verbindungen (* kein Aas).

↑ Der Pfeil weist auf ein in der alphabetischen Reihenfolge stehendes Stichwort hin, bei dem weitere Informationen – zum Beispiel zur Bedeutungserklärung (**achtgeben:** ↑aufpassen) oder zum Erweiterungswortschatz unter **sinnv.** und **Zus.** – zu finden sind (**Anteil ... sinnv.:** ↑Teil).

Übersicht über die im Wörterbuch verwendeten Zeichen der Internationalen Lautschrift

ɐ	-er	Manager ['mɛnɪd͜ʒɐ]
ɐ̯	-r	Deserteur [dezɛr'tø:ɐ̯]
ã	nasales a	Gourmand [gʊr'mã:]
æ	sehr offenes ä	Jazz [d͜ʒæz]
ʌ	abgeschwächtes dunkles a	Publicity [pʌ'blɪsɪtɪ]
ai̯	ei-Diphthong	Design [di'zai̯n]
au̯	au-Diphthong	Couch [kau̯tʃ]
d͜ʒ	dsch-Laut („weich")	Job [d͜ʒɔp]
ɛ	offenes e	Deserteur [dezɛr'tø:ɐ̯]
ɛ̃	nasales [ɛ]	Teint [tɛ̃:]
ə	Murmellaut	Garage [ga'ra:ʒə]
ɪ	offenes i	Billett [bɪl'jɛt]
ŋ	ng-Laut	Balkon [bal'kɔŋ]
õ	nasales o	Bonbon [bõ'bõ:]
ɔ	offenes o	Boykott [bɔy̆'kɔt]
ø	geschlossenes ö	Chauffeur [ʃɔ'fø:ɐ̯]
ɔy̆	eu-Laut	Boykott [bɔy̆'kɔt]
s	ß-Laut („scharf")	Slums [slams], City ['sɪti]

ʃ	sch-Laut	Chance ['ʃã:s(ə)]
θ	stimmloser englischer th-Laut	Thriller ['θrɪlɐ]
t͜s	z-Laut	WC [ve:'t͜se:]
t͜ʃ	tsch-Laut	chartern ['t͜ʃartɐn]
ʊ	offenes u	Tournee [tʊr'ne:]
v	w-Laut	Varieté [varie'te:]
y	ü-Laut	Pyjama [py'd͜ʒa:ma]
ʏ	offenes ü	synchronisieren [zʏn...]
z	s-Laut („weich")	Saison [zɛ'zõ:]
ʒ	sch-Laut („weich")	Genie [ʒe'ni:]
:	Längezeichen	Garage [ga'ra:ʒə]
'	Hauptbetonung, steht unmittelbar vor der betonten Silbe, wird nicht gesetzt bei einsilbigen Wörtern.	Chaussee [ʃɔ'se:]
‿	Halbkreis, über- oder untergesetzt, bezeichnet unsilbischen Vokal	Nuance ['ny̆ã:sə], loyal [lo̯a'ja:l]

Liste der Wortbildungsmittel, die innerhalb der alphabetischen Abfolge als Stichwörter erscheinen

a-
ab-
-abel
-abhängig
-ade
Affen-
-al/-ell
Alibi-
Allerwelts-
Amateur-
Amok-
an-
-and
-anfällig
-ant
anti-, Anti-
-arm
-artig

-ation/-ierung
auf-
-aufkommen
aus-
außer-
-bar
-bar/-lich
be-
-bedingt
-bedürftig
-bereit
-berg
-beständig
-betont
-bewegt
-bewußt
-bezogen
bi-, Bi-

Bilderbuch-
Bio-
bitter-
-blind
blitz-, Blitz-
blut-
-bold
-bolzen
bomben-, Bomben-
brand-
Brot-
-bulle
bullen-, Bullen-
Chef-
-chen
-chinesisch
co-, Co-
Dampf-

de-, De-
-denken
des-, Des-
-dicht
-dick
dis-, Dis-
Drecks-
durch-
Durchschnitts-
-durstig
-ebene
-echt
Eck-
Edel-
-ei
-eigen
ein-
Eintags-

elektro-, Elektro-
-ell
-em
empor-
End-
ent-
entgegen-
er-
-er
-[er]ei
erz-, Erz-
-esk
-eur
-euse
Ex-
extra-
Extra-
-fabrik
-fähig
fehl-, Fehl-
-feindlich
Feld-Wald-und-Wiesen-
-fern
-fertig
-fest
-förmig
fort-
-frage
-frei
-frei/-los
-fremd
-freudig
-freundlich
-frisch
-fritze
Ge-[e]
-gebunden
Gegen-
-geil
-gemäß
-gen
general-, General-
-gerecht
-geschehen
-getreu
grund-
Grund-
-günstig
-gut
-haft
-hai
-halber
-haltig
hämo-, Hämo-
Haupt-
Heiden-
heim-
-heini
heiß-
-heit/-ung
her-
herab-
heran-
herauf-
heraus-
herbei-
herein-
herum-
herunter-
hervor-
hetero-, Hetero-
hin-
hinab-
hinauf-
hinaus-
hinein-
hinter-
hinunter-
hinzu-
Hobby-
hoch-
Hoch-
Höllen-
homo-, Homo-
Horror-
-huber
-huberei
hunde-, Hunde-
-hungrig
hyper-, Hyper-
hypo-, Hypo-
-i
-iade
-ical
-id
-ier
-ieren
-ierung/-ation
-ig
-ig/-lich
-igkeit
-ik
-iker
il-
im-
-imperium
in-
-in
ineinander-
inner-
-inski
-intensiv
inter-, Inter-
-intern
intra-
-ion
ir-
-isch
-isch/-
-isch/-lich
-isieren
-isierung
-ismus
-ist
-itis
-iv
-iv/-orisch
-jahr
Jahrhundert-
Jungfern-
-keit
Killer-
-killer
Klasse-
knall-
ko-, Ko-
kontra-, Kontra-
-kräftig
-krat
-kratie
kreuz-
Kult-
Kunst-
-lastig
-latein
-lawine
-leer
-leicht
-lein
-ler
-leute
-leute/-männer
-lich
-lich/-bar
-lich/-ig
Lieblings-
-ling
los-
-los
-los/-frei
-lüstern
-lustig
-mache
-macher
-mafia
makro-, Makro-
Mammut-
-mane
-mann
-männer/-leute
Marathon-
-marathon
Massen-
-maßen
-mäßig
-material
Meister-
meta-, Meta-
mikro-, Mikro-
Mini-
misch-, Misch-
miß-
mit-
Mit-
Möchtegern-
mono-, Mono-
Monster-
mords-, Mords-
-müde
-muffel
multi-, Multi-
nach-
-nah
-naut
neo-, Neo-
-neutral
nieder-
Nobel-
-nudel
Null-
Nullachtfünfzehn-
-o
ober-, Ober-
-oid
Öko-
-okrat
-okratie
-omane
-onaut
Operetten-
-orientiert
-orisch
-othek
pan-, Pan-
-papst
para-, Para-
-paradies
-pflichtig
-phil
-phob

Pilot-
Plüsch-
Polit-
-politisch
poly-, Poly-
post-
prä-
pro-, Pro-
Problem-
-protz
pseudo-, Pseudo-
quasi-, Quasi-
Rahmen-
-rahmen
ran-
Raub-
rauf-
raus-
re-, Re-
-reich
-reif
rein-
Riesen-
Risiko-,
Routine-
rüber-
rück-, Rück-
rum-
runter-
-sache
-salat
-sam
sau-, Sau-
-schaft
Schand-
schein-, Schein-
scheiß-, Scheiß-
Schlüssel-
-schwach
-schwanger
schwarz-, Schwarz-
-schwemme
-schwer
Seiten-
-seitig
-seits
Selbst-
-selig
semi-, Semi-
-sicher
-silo
Sonder-
Sonntags-
-spezifisch
Spitzen-
-stark
stein-
-stel
-sterben
stink-
stock-
sub-, Sub-
-süchtig
super-, Super-
supra-, Supra-
syn-, Syn-
-täter
-tätigkeit
-technisch
-tel
tele-, Tele-
-thek
tief-
tod-
top-, Top-
-tourismus
-trächtig
-träger
trans-, Trans-
Traum-
-treu
-tüchtig
-tum
über-
Über-
ultra-, Ultra-
um-
umher-
un-
Un-
-ung/-heit
unter-
Unter-
ur-, Ur-
ver-
-verdächtig
-verhalten
-verschnitt
Video-
Vize-
voll-, Voll-
-voll
Vollblut-
vor-, Vor-
Wahnsinns-
weg-
-weise
-welle
-werk
-wert
-wesen
Westentaschen-
-widrig
-willig
-wirksam
Wunsch-
-würdig
-wut
-wütig
-zar
-zentriert
zer-
-zeug
Ziel-
zu-
zurück-
zusammen-

A

a- ⟨adjektivisches Präfix⟩ /schließt den Inhalt des meist fremdsprachlichen Basiswortes aus, verneint ihn/ *nicht:* ahistorisch, amusisch, apolitisch, areligiös, asexuell, asinnlich, atypisch. **sinnv.:** pseudo-.

Aal, der; -[e]s, -e: *in Flüssen lebender, schlangenförmiger, als Nahrung dienender Fisch mit glatt-glitschiger Haut:* A. blau *(gekochter Aal, dessen Haut sich durch Übergießen mit heißem Essigwasser blau gefärbt hat);* A. grün *(frisch gedünsteter Aal).* **Zus.:** Fluß-, Räucheraal.

aa|len, sich: *sich wohlig strekken, sich behaglich ausgestreckt ausruhen:* er aalte sich in der Sonne.

Aas, das; -es, -e und Äser: **1.** ⟨Plural: Aase⟩ *[verwesender] toter Körper eines Tieres, Kadaver.* **2.** ⟨Plural: Äser⟩ (emotional) *jmd., über dessen Verhalten man sich ärgert, wütend ist:* dieses verdammte A. hat mir alles weggefressen; *(salopp) **kein Aas** *(überhaupt niemand):* kein A. hat mich im Krankenhaus besucht. **Zus.:** Rabenaas.

aa|sen ⟨itr.⟩ (ugs.): *verschwenderisch umgehen:* mit dem Geld a. **sinnv.:** verschwenden; ↑durchbringen.

ab: **I.** ⟨Präp. mit Dativ; bei einer Angabe zur Zeit, Reihenfolge o. ä. auch mit Akk.⟩ *von ... an, von:* ab [unserem] Werk, ab Hamburg; ab erstem/ersten Mai; Jugendliche ab 18 Jahren/Jahre; ab kommendem/kommenden Montag; ab nächster/nächste Ausgabe. **II.** ⟨Adverb⟩ **1. a)** *weg, fort, entfernt:* rechts ab von der Station; keine drei Schritte ab. **b)** (ugs.) *hinweg, fort:* ab nach Hause! **2.** /elliptisch/ *herunter, hinunter:* Mützen ab! *(absetzen!).* ***ab und zu**/(landsch.) **ab und an** *(manchmal).*

ab- ⟨trennbares, betontes verbales Präfix⟩: **1.** *weg:* abbröckeln, abbürsten, abdressieren, abfeuern, abmalen, abnötigen, abreisen, abschalten, abvermieten, abwinkeln. **2. a)** *zu Ende, ganz und gar:* abarbeiten, abblühen, abebben, abklappern, (die Zeit) absitzen, (das Geld) abtelefonieren; /im 2. Part./ abgefuckt, abgehurt. **b)** *die im Basiswort genannte Sportart zum letztenmal im Jahr ausüben* /Ggs. an-/: abrudern, absurfen, abzelten. **3.** *nach unten* **a)** /räumlich/ abtauchen. **b)** /in der Anzahl weniger/ abrüsten, abtürken *(die Anzahl der Türken als Gastarbeiter verringern).* **4.** *ein wenig:* abändern, abwandeln. **5.** *rückgängig machen:* abbestellen, absagen. **6.** *versehen mit:* abpolstern. **7.** /verstärkend/ abisolieren, abtesten.

ab|ar|bei|ten, arbeitete ab, hat abgearbeitet /vgl. abgearbeitet/ ⟨tr.⟩: *durch Arbeit tilgen, wieder ausgleichen:* das Essen a.

ab|ar|tig ⟨Adj.⟩: *[in sexueller Hinsicht] von der als normal geltenden Art abweichend:* abartige Veranlagung. **sinnv.:** abnorm, abseitig, anomal, pervers, widernatürlich; ↑anormal.

Ab|bau: vgl. abbauen.

ab|bau|en, baute ab, hat abgebaut: **1.** ⟨tr.⟩ **a)** *(Aufgebautes) in seine Bestandteile zerlegen [und wegbringen]* /Ggs. aufbauen/: ein Gerüst, Zelt, Tribünen a. **sinnv.:** ↑abbrechen. **b)** *allmählich beseitigen:* Zölle a. **sinnv.:** ↑senken. **2.** ⟨tr.⟩ (verhüllend) *in der Personenzahl verringern:* die Verwaltung, Beamte a. **sinnv.:** ↑entlassen. **3.** ⟨tr.⟩ *(Erze, Mineralien) fördern, gewinnen:* Kohle a. **4.** ⟨itr.⟩ (ugs.) *in der Leistung schwächer werden:* von der zehnten Runde an baute der Europameister [körperlich] ab. **sinnv.:** ↑nachlassen.

ab|be|kom|men, bekam ab, hat abbekommen ⟨itr.⟩: **1.** *(einen Teil von etwas) bekommen:* viel [von dem Vermögen], sein[en] Teil a. **sinnv.:** für jmdn. abfallen, abkriegen, erhalten · jmdm. ↑zufallen. **2.** *bei einem Geschehen o. ä. von etwas in Mitleidenschaft gezogen werden:* einen Schlag a. **sinnv.:** abkriegen, davontragen, erhalten. **3.** *(etw. Festhaftendes, -sitzendes) lösen, entfernen können:* den Rost [vom Messer], den Deckel a. **sinnv.:** abkriegen · entfernen.

ab|be|stel|len, bestellte ab, hat abbestellt ⟨tr.⟩: *etwas, was man bestellt, abonniert hat, rückgängig machen:* die Zeitung a. **sinnv.:** abmelden · zurücknehmen · zurücktreten von · annullieren, stornieren.

ab|bie|gen, bog ab, hat/ist abgebogen: **1.** ⟨itr.⟩ *eine andere Richtung – seitlich von der ursprünglichen – nehmen:* er ist falsch, [nach] links abgebogen. **sinnv.:** abschwenken · abdrehen · ↑abzweigen · abgehen · biegen um · einbiegen · einen Bogen machen, die Richtung ändern, schwenken; sich ↑gabeln. **2.** ⟨tr.⟩ (ugs.) *einer unangenehmen Sache [geschickt] eine andere Wendung geben und sie auf diese Weise verhindern:* unangenehme Fragen a.; das hat er gerade noch abgebogen. **sinnv.:** ↑verhindern.

ab|bil|den, bildete ab, hat abgebildet ⟨tr.⟩: *bildlich darstellen:* auf der Ansichtskarte war eine Burg abgebildet. **sinnv.:** ↑fotografieren · abzeichnen; ↑darstellen.

Ab|bil|dung, die; -, -en: **1.** *das Abbilden:* etwas eignet sich nicht für eine A. **2.** *das Abgebildete, bildliche Darstellung:* ein Lexikon mit vielen Abbildungen. **sinnv.:** Ansicht, ↑Bild, Darstellung, Illustration.

ab|bin|den, band ab, hat abgebunden ⟨tr.⟩: **1.** *etwas, was umoder angebunden worden ist, wieder abnehmen, losbinden:* die Krawatte, Schürze, das Kopftuch a. **sinnv.:** ↑ausziehen; ↑entfernen. **2.** *abschnüren:* ein Bein [mit einem Tuch] a., damit das Blut nicht aus der Wunde rinnt. **sinnv.:** abklemmen.

Ab|bit|te, die; -, -n: *Bitte um Verzeihung für etwas, was einem leid tut:* [jmdm.] A. schulden, tun, leisten. **sinnv.:** sich ↑entschuldigen.

ab|bit|ten, bat ab, hat abgebeten ⟨tr.⟩: *weil einem etwas, was man dem anderen angetan hat, leid tut, bitten und wünschen, daß der Betroffene einem verzeiht:* ich habe ihr viel abzubitten; im stillen bat ich den Eltern ab, daß ich sie für die Urheber meiner Leiden angesehen hatte. **sinnv.:** sich ↑entschuldigen.

ab|bla|sen, bläst ab, blies ab, hat abgeblasen ⟨tr.⟩ (ugs.): *etwas, was angekündigt war, absagen und die Vorbereitungen dazu einstellen:* ein Unternehmen a.; die Veranstaltung ist abgeblasen worden. **sinnv.:** ↑ausfallen.

ab|blät|tern, blätterte ab, ist abgeblättert ⟨itr.⟩: *sich blattweise, in Blättchen lösen und abfallen:* die Farbe ist abgeblättert. **sinnv.:** sich ↑ablösen.

Ab|blend|licht, das; -[e]s: *(bei Kraftfahrzeugen) Scheinwerferlicht, das so eingestellt ist, daß ein entgegenkommendes Fahrzeug nicht geblendet wird:* mit A. fahren; vom Standlicht auf A. umschalten; Scheinwerfer für Fern- und A.

ab|blit|zen, blitzte ab, ist abgeblitzt ⟨itr.⟩ (ugs.): *bei jmdm. mit etwas keine Gegenliebe finden:* er ist [bei ihr] mit seinem Vorschlag abgeblitzt; ***jmdn. a. lassen** *(jmds. Werben, Bemühungen kein Gehör schenken, ihn abweisen).*

ab|blo|cken, blockte ab, hat abgeblockt ⟨tr.⟩: *machen, daß jmds. Bemühungen um etwas abgewehrt, blockiert, verhindert werden:* eine Diskussion, Initiative, Kritik, Fragen, Reformen a.; er blockt ab: „Tut mir leid, mehr kann ich nicht sagen". **sinnv.:** ↑abwehren.

ab|bre|chen, bricht ab, brach ab, hat/ist abgebrochen: **1.** ⟨tr.⟩ *durch Brechen von etwas entfernen:* er hat den Ast [vom Baum] abgebrochen. **sinnv.:** ↑abmachen, abtrennen. **2.** ⟨itr.⟩ *brechen und sich dabei von dem übrigen trennen [und dadurch nicht mehr richtig zu gebrauchen sein]:* die Nadel brach ab; die Spitze vom Bleistift, der Griff, der Stiel ist abgebrochen; der Ast ist unter der Last des Schnees abgebrochen. **sinnv.:** entzweigehen. **3.** ⟨tr.⟩ **a)** ↑*niederreißen:* sie hatten das Haus abgebrochen. **b)** *(etwas Aufgebautes) abbauen:* Zelte, die Tribüne a. **sinnv.:** abbauen, demontieren. **4.** ⟨tr.⟩ *unvermittelt beenden, mit etwas aufhören:* diplomatische Beziehungen, eine Diskussion, Unterhaltung, ein Experiment, Gespräch, Training, Verhandlungen a.; er hat das Studium abgebrochen. **sinnv.:** ↑beenden, Schluß machen mit. **5.** ⟨itr.⟩ *(in einer Tätigkeit, mit etwas) plötzlich aufhören:* er hatte mitten im Satz abgebrochen. **sinnv.:** ↑aussetzen.

Ab|bruch: vgl. abbrechen.

ABC-Waf|fen ⟨Plural⟩: atomare, biologische, chemische Waffen.

ab|dan|ken, dankte ab, hat abgedankt ⟨itr.⟩: *von einem Amt, Posten zurücktreten:* der Minister dankte ab. **sinnv.:** ↑ausscheiden.

ab|drän|gen, drängte ab, hat abgedrängt ⟨tr.⟩: *von einer Stelle weg [und woandershin] drängen:* die Polizei drängte die Demonstranten [in eine andere Straße] ab. **sinnv.:** verdrängen.

ab|dre|hen, drehte ab, hat/ist abgedreht: **1.** ⟨tr.⟩ /Ggs. andrehen/ **a)** *(durch Drehen an einem Knopf, Schalter o.ä.) machen, daß etwas nicht mehr fließt, hervortritt:* er hat das Wasser, Licht, Gas abgedreht. **b)** *(durch Drehen an einem Knopf, Schalter o.ä.) machen, daß seine Funktion unterbunden ist:* er hat den Wasserhahn, das Radio abgedreht. **sinnv.:** ↑ausschalten. **2.** ⟨tr.⟩ *durch Drehen (von etwas) trennen:* vor Nervosität hat er den Knopf [von seiner Jacke] abgedreht. **sinnv.:** abreißen, abschneiden; ↑abtrennen. **3.** ⟨tr.⟩ *(in bezug auf einen Kinofilm) zu Ende drehen:* wir haben den Film abgedreht. **sinnv.:** fertigstellen. **4.** ⟨itr.⟩ *(von einem in Bewegung befindlichen Flugzeug, Schiff) eine andere Richtung einschlagen:* das Flugzeug hat/ist abgedreht. **sinnv.:** abbiegen, abschwenken, einbiegen, den Kurs ändern.

Ab|druck: vgl. abdrucken.

ab|drucken, druckte ab, hat abgedruckt ⟨tr.⟩: *in einer Zeitung o.ä. gedruckt erscheinen lassen:* einen Roman [in Fortsetzungen], einen Vortrag, eine Rede [in einer Zeitschrift] a. **sinnv.:** ↑veröffentlichen.

ab|drücken, drückte ab, hat abgedrückt: **1.** ⟨tr./itr.⟩ *einen Schuß (an einer Handfeuerwaffe) auslösen:* er drückte [das Gewehr, den Revolver] ab; auf jmdn. a. **sinnv.:** ↑schießen. **2.** ⟨tr.⟩ *[heftig] liebkosen, an sich drücken und küssen:* die Mutter schloß das gerettete Kind in ihre Arme und drückte es ab.

ab|eb|ben, ebbte ab, ist abgeebbt ⟨itr.⟩: *allmählich in der Intensität geringer werden und schließlich ganz aufhören* /Ggs. anschwellen/: die Erregung, Begeisterung, Unruhe, der Aufruhr, Lärm ist abgeebbt. **sinnv.:** ↑nachlassen.

-a|bel ⟨adjektivisches Suffix⟩ /*kennzeichnet Eignung, Fähigkeit, Verwendungsmöglichkeit;* als Basiswort in der Regel ein Verb auf -ieren/: **1.** ⟨passivisch⟩ *so geartet, daß es ... werden kann; -bar, -fähig:* konsumabel *(konsumierbar),* kritikabel *(kritisierbar),* kurabel *(kurierbar),* transportabel *(transportierbar).* **2.** ⟨aktivisch⟩ *-fähig:* funktionabel *(funktionsfähig, funktionierend, seine Funktion [gut] erfüllend),* repräsentabel *(repräsentierend).*

abend ⟨Adverb; in Verbindung mit der Angabe eines bestimmten Tages⟩: *am Abend* /Ggs. morgen/: heute, Dienstag a.

Abend, der; -s, -e: **1.** *Tageszeit zwischen Nachmittag und Nacht* /Ggs. Morgen/: der heutige A.; eines Abends *(an einem nicht näher bestimmten Abend);* guten A.! /Grußformel/; zu A. essen *(die Abendmahlzeit einnehmen);* ***der Heilige A.** *(der Abend oder der Tag vor dem ersten Weihnachtstag; der 24. Dezember).* **Zus.:** Feier-, Lebens-, Sommer-, Weihnachtsabend. **2.** *gesellschaftliche Veranstaltung am Abend:* ein anregender A.; ein literarischer A. **sinnv.:** Soiree. **Zus.:** Abschieds-, Aussprache-, Autoren-, Eltern-, Tanz-, Theater-, Vortragsabend.

Abend|brot, das; -[e]s (bes. nordd.): *abends eingenommenes einfacheres Essen, meist mit Brot:* zum A. gab es Vollkornbrot und Käse. **sinnv.:** ↑Essen.

Abend|es|sen, das; -s, -: *abends eingenommene Mahlzeit.* **sinnv.:** ↑Essen.

Abend|gym|na|si|um, das; -s, Abendgymnasien: *Einrichtung, die dazu dient, berufstätige Erwachsene zum Abitur zu führen.*

Abend|kas|se, die; -, -n: *abends vor der Vorstellung (z. B. beim Theater) geöffnete Kasse.*

Abend|land, das; -[e]s: *Europa (in bezug auf die Kultur).*

Abend|mahl, das; -[e]s: *(in der*

evangelischen Kirche) Handlung im Gottesdienst, bei der vom Geistlichen Brot und Wein an die Gläubigen gegeben wird zur Erinnerung an das letzte Mahl Christi mit seinen Jüngern und gleichzeitig als Sakrament zur Vergebung der Sünden: das A. empfangen, nehmen. **sinnv:** Eucharistie, Kommunion; ↑Konfirmation.

Abend|rot, das; -s: *rote Färbung des Himmels bei Sonnenuntergang.*

abends ⟨Adverb⟩: *jeden Abend, am Abend* /Ggs. morgens/: a. [um] 8 Uhr; von morgens bis a.

Aben|teu|er, das; -s, -: *nicht alltägliches, spannendes [nicht ganz gefahrloses] Unternehmen, Erleben, Geschehen [dessen Ausgang zuerst noch nicht abzusehen ist]:* ein gefährliches, amouröses A.; das A. der Liebe; das A. lockt; ein A. suchen, erleben, bestehen; sich in ein A. einlassen, stürzen. **Zus.:** Liebes-, Reiseabenteuer.

aben|teu|er|lich ⟨Adj.⟩: *einem Abenteuer ähnlich:* eine abenteuerliche Reise; das klingt höchst a. **sinnv.:** ↑gefährlich · unwahrscheinlich; ↑außergewöhnlich.

Aben|teu|er|spiel|platz, der; -es, Abenteuerspielplätze: *Spielplatz, auf dem die Kinder mit zur Verfügung gestelltem Material selbständig bauend usw. sich betätigen können.*

aber: **I.** ⟨Konj.⟩ *dagegen; jedoch, doch, allerdings:* die Mutter bereitete das Frühstück, der Vater a./a. der Vater lag noch im Bett; er ist streng, a. gerecht; das Unternehmen war schwierig, a. es glückte/es glückte a.; es ist a. so!; a. das stimmt doch gar nicht!; da es a. dunkel wurde, rasteten sie; im Winter reise ich nicht gern, wohl a. im Sommer; er hat zwar Zeit zum Reisen, a. kein Geld. **sinnv.:** allein, allerdings, andererseits, dabei, dagegen, demgegenüber, doch, freilich, hingegen, hinwiederum, höchstens, indes[sen], jedoch, wiederum; ↑dennoch; ↑immerhin. **II.** ⟨Partikel⟩ **1.** /als Verstärkung/: a. ja; a. gern; alles, a. auch alles würde er für sie tun; a. dalli! **2.** /kennzeichnet eine gefühlsmäßige Anteilnahme/: du hast a. viel Bücher!; der ist a. groß!; du hast dich a.!; a., meine Herren!; a. Herr Balzer!; a., a.! *(nicht doch!);* a. ich bitte Sie *(das geht doch nicht!).* **III.** ⟨Adverb⟩ ⟨gewöhnlich in bestimmten Fügungen⟩ *wiederum, noch einmal:* tausend und a. tausend.

Aber|glau|be, der; -ns: *als irrig angesehener Glaube, daß überirdische Kräfte in bestimmten Menschen und Dingen wirksam sind:* es ist ein A., daß dreizehn eine Unglückszahl ist. **sinnv.:** ↑Glaube.

aber|gläu|bisch ⟨Adj.⟩: **a)** *im Aberglauben befangen:* er ist a. **b)** *aus Aberglauben entstanden:* abergläubische Vorstellungen.

ab|er|ken|nen, erkannte ab, hat aberkannt ⟨tr.⟩: *durch einen [Gerichts]beschluß absprechen:* jmdm. die bürgerlichen Ehrenrechte a. **sinnv.:** ↑entziehen.

aber|mals ⟨Adverb⟩: *vorher, früher schon einmal und nun wieder, ein weiteres Mal:* er siegte, klopfte a.; a. überfiel ihn Angst; der Erlös kommt a. bedürftigen Personen zugute.

ab|fah|ren, fährt ab, fuhr ab, hat/ist abgefahren: **1.** ⟨itr.⟩ *einen Ort fahrend verlassen* /Ggs. ankommen/: er ist mit dem letzten Zug abgefahren. **sinnv.:** ↑abreisen. **2.** ⟨itr.⟩ *auf Skiern den Berg hinunterfahren:* er ist glänzend abgefahren. **3.** ⟨itr.⟩ *abgewiesen werden* ⟨oft in Verbindung mit lassen⟩: er ist bei ihr ganz schön abgefahren. **4.** ⟨tr.⟩ *mit einem Fahrzeug abtransportieren:* sie hatten Schutt, Müll abgefahren. **5.** ⟨tr.⟩ *zur Kontrolle entlangfahren:* er hat/ist die Front abgefahren. **6.** ⟨tr.⟩ *mit dem Fahrzeug aufsuchen:* er hatte/war einige Dörfer abgefahren. **7.** ⟨tr.⟩ *durch Überfahren abtrennen:* der Zug hatte ihm beide Beine abgefahren. **8. a)** ⟨tr.⟩ *durch Fahren abnutzen:* er hat die Reifen schnell abgefahren. **b)** ⟨sich a.⟩ *durch Fahren abgenutzt werden:* die Hinterreifen haben sich schnell abgefahren. **9.** ⟨tr.⟩ (ugs.) *(den Anspruch, mit einem Verkehrsmittel o.ä. befördert zu werden) ganz ausnutzen:* er hatte seinen Fahrschein abgefahren. **10.** (ugs.) *auf jmdn./etwas (spontan) sehr ansprechen; von jmdm./einer Sache sehr angetan sein:* auf diese Musik fahr' ich voll ab.

Ab|fahrt, die; -, -en: **1.** *Beginn der Fahrt* /Ggs. Ankunft/: die A. [des Zuges] erfolgt um 8 Uhr. **sinnv.:** ↑Abreise. **2.** Skisport **a)** *Fahrt den Berg hinunter:* eine rasende A. **b)** *Hang (zum Abfahren):* eine steile A. **sinnv.:** ↑Piste. **3.** *Ausfahrt von einer Autobahn:* die A. führt nach Köln.

Ab|fahrts|lauf, der; -[e]s, Abfahrtsläufe: *(als Disziplin des Skisports) das Fahren auf einer abschüssigen Strecke ohne ebene Stellen od. Anstiege, auf der mit Fähnchen Tore abgesteckt sind, die durchfahren werden müssen.*

Ab|fall, der; -s, Abfälle: **1.** *Reste, die bei der Zubereitung oder Herstellung von etwas übrigbleiben und nicht mehr weiter zu verwerten sind, weggeworfen werden:* der A. vom Gemüse; radioaktiver A. **sinnv.:** Müll, Unrat · Schnipsel · Deponie · Entsorgung. **2.** ⟨ohne Plural⟩ *das Sichlösen aus einem Bündnis o.ä.:* der A. von Gott.

ab|fal|len, fällt ab, fiel ab, ist abgefallen ⟨itr.⟩: **1.** *sich lösen und herunterfallen:* Blüten, Früchte fallen ab. **2.** *für jmdn. als Gewinn, Vorteil bei etwas übrigbleiben:* mancher gute Bissen fällt dabei ab. **3.** *jmdm./einer Sache abtrünnig, untreu werden:* von Gott, vom Glauben a. **sinnv.:** sich lossagen. **4.** *schräg nach unten verlaufen, sich neigen:* der Berg fällt steil, sanft ab. **5. a)** *(im Vergleich zu jmdm./etwas) schlechter sein oder werden:* die Sängerin fiel [gegen die Sänger, neben den Sängern, am Ende des zweiten Aktes] stark ab. **b)** *an Kraft, Intensität abnehmen, nachlassen, weniger werden:* die [Strom]spannung, der Druck des Wassers fällt rasch ab.

ab|fäl|lig ⟨Adj.⟩: *von Verächtlichkeit und Ablehnung zeugend:* eine abfällige Kritik, Geste; sich a. [über jmdn./etwas] äußern. **sinnv.:** ↑abschätzig.

ab|fan|gen, fängt ab, fing ab, hat abgefangen ⟨tr.⟩: **1. a)** *machen, daß etwas/jmd. nicht ans Ziel gelangt:* einen Brief, einen Kurier a. **b)** *verhindern, daß etwas, was sich auf etwas hin bewegt, weiter, an den Zielpunkt gelangt:* einen Stoß, Schlag, den Regen, die Gefahr a.; er fing die ausholende Hand ab. **sinnv.:** auffangen. **c)** *unter Kontrolle bringen, in die Gewalt bekommen:* einen schleudernden Wagen a. **2.** *jmdn., der irgendwohin unterwegs ist und auf den man gewartet hat, aufhalten, weil man etwas von ihm will:* das Mädchen hatte den Briefträger auf der Treppe abgefangen.

ab|fer|ti|gen, fertigte ab, hat abgefertigt ⟨tr.⟩: **1.** *machen, daß jmd./etwas nach den entsprechenden Formalitäten usw. wei-*

tergeleitet, -befördert werden kann, daß er weitergehen kann: Reisende [am Gepäckschalter], Pakete, Waren a. **sinnv.:** bedienen, erledigen; ↑durchschleusen. **2.** *sich mit jmdm. und dessen Anliegen in wenig freundlicher, wenig verbindlicher Weise beschäftigen und es auch auf diese Weise erledigen:* einen Bettler kurz, schroff a. **sinnv.:** ↑abtun, abweisen.

ab|fin|den, fand ab, hat abgefunden: **1.** ⟨tr.⟩ *durch eine einmalige Zahlung, Sachleistung für etwas entschädigen:* er bekam das Grundstück, und seine Schwester wurde abgefunden. **sinnv.:** ↑befriedigen, ↑entschädigen. **2.** ⟨sich a.⟩ *sich in etwas fügen:* sich mit den Gegebenheiten, Tatsachen, mit der Situation a.; du mußt dich damit a. [daß du kein Geld hast]. **sinnv.:** sich ↑gewöhnen an.

Ab|fin|dung, die; -, -en: **a)** *das Abfinden (z. B. mit Geld):* die A. der Gläubiger. **b)** *das zur Abfindung Bestimmte:* eine einmalige A. zahlen. **sinnv.:** ↑Entschädigung.

ab|flau|en, flaute ab, ist abgeflaut ⟨itr.⟩: *allmählich in der Intensität schwächer werden:* der Wind, Lärm, die Spannung flaute ab. **sinnv.:** ↑nachlassen.

ab|flie|gen, flog ab, hat/ist abgeflogen: **1.** ⟨itr.⟩ **a)** *weg-, davonfliegen:* die Singvögel sind schon abgeflogen. **b)** *(in bezug auf ein Flugzeug) den Ort verlassen* /Ggs. ankommen/: das Flugzeug ist um 9 Uhr abgeflogen. **sinnv.:** ↑abheben. **2.** ⟨tr.⟩ *zur Kontrolle überfliegen:* er hat/ist das Gelände abgeflogen.

ab|flie|ßen, floß ab, ist abgeflossen ⟨itr.⟩: **a)** *sich fließend entfernen, wegfließen:* das Wasser in der Badewanne fließt schlecht ab. **b)** *sich leeren (indem etwas daraus herausfließt):* die Badewanne fließt gut ab. **sinnv.:** ablaufen.

Ab|flug, der; -[e]s, Abflüge: *Start des Flugzeugs, Beginn des Fluges* /Ggs. Ankunft/: der A. hat sich verzögert. **sinnv.:** Start.

Ab|fluß, der; Abflusses, Abflüsse: **1.** ⟨ohne Plural⟩ *das Ab-, Wegfließen:* für A. sorgen. **2.** *Stelle (Öffnung, Rohr), wo etwas abfließt:* der A. [der Badewanne] ist verstopft. **sinnv.:** Ausfluß.

ab|fra|gen, fragte ab, hat abgefragt ⟨tr.⟩: *(jmds. Kenntnisse) durch Einzelfragen überprüfen:* der Lehrer fragte [den/dem Schüler] die Vokabeln ab; den Schüler a. **sinnv.:** abhören.

ab|füh|ren, führte ab, hat abgeführt: **1.** ⟨tr.⟩ *jmdn., den man ergriffen, festgenommen hat, wegführen, in polizeilichen Gewahrsam bringen:* jmdn. gefesselt a. **sinnv.:** verhaften. **2.** ⟨tr.⟩ *vom Geld, das man eingenommen hat, besitzt, einen Teil an jmdn./eine Institution zahlen:* Steuern [ans Finanzamt] a. **sinnv.:** abliefern. **3.** ⟨itr.⟩ *für Stuhlgang sorgen:* Rhabarber führt ab.

Ab|ga|be, die; -, -n: **1.** ⟨ohne Plural⟩ *das Abgeben:* gegen A. des Coupons ... **2.** ⟨Plural⟩ *einmalige oder laufende Geldleistung an ein Gemeinwesen:* die Abgaben sind sehr hoch. **sinnv.:** Gebühr, Maut, ↑Steuer.

Ab|gang, der; -[e]s, Abgänge: **1.** ⟨ohne Plural⟩ *das Verlassen eines Wirkungskreises, Schauplatzes:* sein A. von der Schule. **2.** ⟨ohne Plural⟩ *das Abfahren:* kurz vor A. des Zuges, Schiffes. **sinnv.:** Abfahrt. **3.** *jmd., der aus einem Lebens-, Tätigkeitsbereich ausscheidet:* im Krankenhaus gab es heute 20 Zugänge und 11 Abgänge.

ab|ge|ar|bei|tet ⟨Adj.⟩: **a)** *durch vieles Arbeiten erschöpft:* eine hagere, abgearbeitete Frau; er kam a. nach Hause. **b)** *deutlich starke, von körperlicher Arbeit herrührende Spuren aufweisend:* abgearbeitete Hände; ein derbes, abgearbeitetes Gesicht.

ab|ge|ben, gibt ab, gab ab, hat abgegeben: **1.** ⟨tr.⟩ *dem zuständigen Empfänger [oder jmdm., der es an den Empfänger weiterleitet] geben:* einen Brief bei der Sekretärin a. **sinnv.:** abliefern, ausgeben, aushändigen, austeilen, einhändigen, ↑einreichen, ↑geben, überbringen, übergeben, überreichen, ↑vorlegen. **2.** ⟨tr.⟩ *zur Aufbewahrung geben:* den Mantel an der Garderobe a. **3.** ⟨tr.⟩ **a)** *von einer Sache jmdm. einen Teil abtreten:* er brauchte von dem verdienten Geld zu Hause nichts abzugeben; er hat mir etwas [von seinem Gewinn] abgegeben. **sinnv.:** ablassen, ↑geben, schenken, überlassen; ↑abtreten; ↑übertragen. **b)** *sich von etwas/jmdm. trennen, es nicht mehr weiter haben wollen, sollen:* den Vorsitz, die Leitung a.; er mußte seine zweite Sekretärin a. **4.** ⟨tr.⟩ *(in bezug auf eine persönliche Meinungsäußerung) verlauten lassen, von sich geben:* ein Versprechen, eine Erklärung, ein Urteil a. **5.** ⟨tr.⟩ *etwas, was man nicht [mehr] für sich selbst braucht, einem anderen gegen Bezahlung geben, überlassen:* Erdbeeren billig a.; ein Zimmer a. **sinnv.:** ↑verkaufen, ↑vermieten. **6.** ⟨tr./itr.⟩ *(den Ball o. ä.) an einen Mitspieler geben:* der Verteidiger gab [den Ball] ab und stürmte vor. **sinnv.:** zuspielen. **7.** ⟨tr.⟩ *(ein Geschoß) abfeuern:* einen Schuß a. **sinnv.:** ↑schießen. **8.** ⟨tr.⟩ *aus seiner Substanz freisetzen, nach draußen gelangen lassen:* der Ofen gibt nur mäßig Wärme ab; Kohlendioxid wird beim Ausatmen abgegeben. **sinnv.:** ↑ausscheiden. **9.** ⟨tr.⟩ *geeignet sein, (jmd. oder etwas) zu sein:* er gibt einen guten Redner ab; mangelnde Einnahmen gaben den Grund für die Einsparungen ab. **10.** ⟨sich a.⟩ (ugs.) *Interesse für jmdn./etwas zeigen, Zeit dafür aufwenden und sich mit dem Betreffenden beschäftigen:* mit solchen Kleinigkeiten gibt er sich nicht ab; sich mit Ausgeflippten, Prostituierten a. **sinnv.:** sich ↑befassen, sich einlassen.

ab|ge|brannt ⟨Adj.⟩ (ugs.): *kein Geld mehr habend (weil man alles ausgegeben, verbraucht hat):* ich bin a. **sinnv.:** ↑bankrott.

ab|ge|brüht ⟨Adj.⟩: *seelisch unempfindlich:* ein abgebrühter Bursche.

ab|ge|dro|schen ⟨Adj.⟩: *(als Wort o. ä.) so oft gebraucht, daß es inhaltlich leer ist, keine Aussagekraft mehr hat:* eine abgedroschene Redensart. **sinnv.:** ↑alt, ↑banal; ↑stereotyp.

ab|ge|feimt ⟨Adj.⟩: *in allen Schlechtigkeiten erfahren; durchtrieben:* ein abgefeimter Lügner. **sinnv.:** hinterfotzig, schlitzohrig.

ab|ge|hackt ⟨Adj.⟩: *(vom Sprechen) stockend, nicht fließend:* a. sprechen.

ab|ge|hen, ging ab, hat/ist abgegangen: **1.** ⟨itr.⟩ *seinen bisherigen Wirkungsbereich (bes. die Schule) verlassen:* er ist [von der Schule] abgegangen. **sinnv.:** ausscheiden. **2.** ⟨itr.⟩ **a)** *einen Platz, Ort, eine Stelle [fahrplangemäß] verlassen (um irgendwohin zu gelangen):* das Schiff, der Zug ist vor einer Stunde abgegangen. **sinnv.:** abfahren. **b)** *abgeschickt werden:* der Brief, die Ware ist gestern abgegangen. **sinnv.:** absenden. **3.** ⟨itr.⟩ *an etwas nicht* *mehr weiter festhalten:* er ist von seiner Gewohnheit, seinem Grundsatz abgegangen. **sinnv.:** ↑entwöhnen. **4.** ⟨tr.⟩ *an etwas/jmdm. zum Zwecke der Besichtigung, Kontrolle entlanggehen; bei einem Rundgang besichtigen:* der Offizier hat/ist die Front abgegangen. **sinnv.:** abschreiten. **5.** ⟨itr.⟩ *(beim Turnen) ein Gerät mit einem Schwung, Sprung verlassen und damit die Übung beenden:* ist ist mit einer Grätsche [vom Reck] abgegangen. **6.** ⟨itr.⟩ **a)** *von etwas ausgehen, abzweigen:* von dieser Straße ist früher eine Passage abgegangen. **sinnv.:** ↑abbiegen, sich ↑gabeln. **b)** *in anderer als der bisherigen Richtung verlaufen:* der Weg ist nach links abgegangen. **sinnv.:** abbiegen. **7.** ⟨itr.⟩ *sich loslösen:* hier ist die Farbe, der Putz, der Knopf abgegangen. **sinnv.:** sich ↑ablösen. **8.** ⟨itr.⟩ *abgezogen, abgerechnet werden:* von dem Gewicht ist noch die Verpackung abgegangen. **9.** ⟨itr.⟩ *jmdm. fehlen, mangeln:* ihm ist Taktgefühl schon immer abgegangen; was ihm an Begabung abgeht, ersetzt er durch Fleiß. **sinnv.:** ↑entbehren. **10.** ⟨itr.⟩ *in einer bestimmten Weise ablaufen, vonstatten gehen, ausgehen:* es ist noch einmal glimpflich abgegangen; ohne Geschrei geht es nie ab. **sinnv.:** verlaufen.

ab|ge|klärt ⟨Adj.⟩ *auf Grund von Lebenserfahrungen ausgeglichen, besonnen:* sie ist sehr a. **sinnv.:** ↑reif; ↑ruhig.

ab|ge|le|gen ⟨Adj.⟩: *recht weit vom allgemeinen Verkehr o. ä. entfernt gelegen:* eine abgelegene Gegend; ein abgelegener Ort; ein abgelegenes Haus; sie wohnen sehr a. **sinnv.:** abseits · ↑einsam; ↑fern.

ab|ge|neigt ⟨Adj.⟩: *nicht geneigt* /üblich in bestimmten Verbindungen/: er war einem Kompromiß nicht a. *(stand ihm positiv gegenüber);* er war nicht/zeigte sich nicht a., ihr den Koffer zu tragen; ihre Erfahrungen hatten sie allem Neuen a. gemacht; sie waren ihm persönlich a. *(mochten ihn nicht).* **sinnv.:** ablehnen.

Ab|ge|ord|ne|te, der u. die; -n, -n ⟨aber: [ein] Abgeordneter, Plural: [viele] Abgeordnete⟩: *gewählter Volksvertreter bzw. gewählte Volksvertreterin; Mitglied eines Parlaments.* **sinnv.:** Delegierter, Deputierter, Parlamentarier, Parlamentsmitglied, Repräsentant, Vertreter, Volksvertreter; ↑Funktionär.

ab|ge|ris|sen ⟨Adj.⟩: **1.** *(in bezug auf Kleidung) durch vieles Tragen zum Teil zerrissen und daher schäbig-ungepflegt aussehend:* abgerissene Kleidung; er läuft sehr a. herum. **2.** *unzusammenhängend:* abgerissene Sätze.

Ab|ge|sand|te, der u. die; -n, -n ⟨aber: [ein] Abgesandter, Plural: [viele] Abgesandte⟩: *männliche bzw. weibliche Person, die mit einem bestimmten Auftrag an jmdn. geschickt wird:* sie sind A. des Königs. **sinnv.:** ↑Bevollmächtigter.

ab|ge|spannt ⟨Adj.⟩: *nach größerer Anstrengung müde, erschöpft:* einen abgespannten Eindruck machen; a. aussehen, sein. **sinnv.:** ↑erschöpft.

ab|ge|wöh|nen, gewöhnte ab, hat abgewöhnt ⟨tr.⟩: *(jmdn./sich) dazu bringen, eine [schlechte] Gewohnheit abzulegen:* ich habe ihm diese Unart, mir das Rauchen abgewöhnt.

ab|gra|sen, graste ab, hat abgegrast ⟨tr.⟩ (ugs.): *in einem bestimmten Bereich an allen dafür in Frage kommenden Stellen etwas oder jmd. Bestimmtes systematisch suchen, sich dort erkundigen, nachfragen:* ich habe die ganze Gegend nach Arbeitskräften abgegrast; er hat alle Buchläden abgegrast, aber diese alte Ausgabe nicht gefunden. **sinnv.:** abklappern, ablaufen; absuchen.

Ab|grund, der; -[e]s, Abgründe: *große [gefährliche] Tiefe (z. B. einer Schlucht):* in den A. stürzen. **sinnv.:** ↑Kluft.

ab|grün|dig ⟨Adj.⟩ (geh.): **1. a)** *von rätselhafter, geheimnisvoller Unergründlichkeit:* ein abgründiges Lächeln. **b)** *(in unergründlicher Weise) unermeßlich tief, groß:* abgründige Verachtung, Hinterhältigkeit. **2.** ⟨verstärkend bei Adjektiven⟩ *sehr:* a. tief, gemein.

ab|ha|ken, hakte ab, hat abgehakt ⟨tr.⟩: *zum Zeichen des Erledigtseins mit einem Haken, Häkchen versehen:* die Namen auf der Liste a.

ab|hal|ten, hält ab, hielt ab, hat abgehalten ⟨tr.⟩: **1.** *nicht durchdringen, herankommen lassen:* die Wände halten den Lärm ab. **sinnv.:** ↑abwehren. **2.** *(von etwas) zurückhalten; (jmdn.) daran hindern, etwas zu tun:* er hielt ihn von der Arbeit, von unüberlegten Handlungen ab. **sinnv.:** ↑aufhalten. **3.** *eine Veranstaltung, Zusammenkunft stattfinden lassen, durchführen:* die Versammlung wurde am Mittwoch abgehalten. **sinnv.:** ↑veranstalten. **4.** *(ein kleines Kind) ein wenig hochhalten und seine kleine Notdurft verrichten lassen:* sie mußte den kleinen Jungen a.

Ab|hal|tung, die; -, -en: *etwas, was jmdn. hindert, etwas zu tun:* ich hatte dringende Abhaltungen und konnte nicht kommen. **sinnv.:** Verhinderung.

ab|han|den ⟨in der Verbindung⟩ a. kommen: *verlorengehen:* meine Brieftasche ist [mir] a. gekommen.

Ab|hand|lung, die; -, -en: *schriftliche [wissenschaftliche] Darlegung, längerer Aufsatz:* eine umfangreiche A. **sinnv.:** Arbeit, Artikel, ↑Aufsatz, Beitrag, ↑Schrift, Traktat.

Ab|hang, der; -[e]s, Abhänge: *schräge Fläche im Gelände:* ein bewaldeter A.; das Haus stand am südlichen A. **sinnv.:** Böschung, Halde, Hang, Lehne; ↑Gefälle; ↑Steigung.

ab|hän|gen: I. hing ab, hat abgehangen ⟨itr.⟩: **1.** *durch längeres Hängen mürbe werden:* das Fleisch muß noch a.; ⟨häufig im 2. Partizip⟩ gut abgehangenes Fleisch. **2. a)** *(durch jmdn./etwas) bedingt sein:* das hängt letztlich von ihm, vom Wetter ab; für mich hängt viel davon ab *(für mich ist es sehr wichtig).* **sinnv.:** abhängig sein von, ankommen auf, etwas steht/liegt bei jmdm. **b)** *(von jmdm./etwas) abhängig sein:* von seinen Eltern a. **sinnv.:** angewiesen sein. **II.** hängte ab, hat abgehängt ⟨tr.⟩: **1.** *von einem Haken, Nagel an der Wand ab-, herunternehmen:* ein Bild a. **2.** *von der Kupplung trennen* /Ggs. anhängen/: einen Eisenbahnwagen a. **3.** (ugs.) *hinter sich lassen:* den Gegner beim Wettlauf klar a.

ab|hän|gig ⟨Adj.⟩: **1.** *nicht selbständig:* in abhängiger Stellung sein. **2. *a. von jmdm./etwas sein:** **a)** *durch jmdn./etwas (als Möglichkeit erst) zustande kommen, bedingt sein:* der Ausflug ist vom Wetter a.; die Länge des Urlaubs ist vom Geldbeutel a.; vgl. -abhängig (1). **b)** *auf jmdn./etwas angewiesen sein:* er ist finanziell von den Eltern a. **3. * etwas von etwas a. machen** *(etwas zur Bedingung von etwas machen):* er machte seine endgültige Zustimmung von einer Entscheidung seines Freundes a.; vgl. -abhängig (2).

-ab|hän|gig ⟨adjektivisches Suffixoid⟩: **1.** *durch das im substantivischen Basiswort Genannte bedingt, darauf beruhend, darauf zurückzuführen:* fall-, leistungs-, sach-, temperatur-, verbrauchs-, zeitabhängig. **2.** *von dem im substantivischen Basiswort Genannten psychisch abhängend, davon in seinem Verhalten bestimmt, geprägt:* alkohol-, drogen-, heroin-, lohn-, rauschgift-, sekten-, tabletten-, triebabhängig.

ạb|här|ten, härtete ab, hat abgehärtet ⟨tr./itr.⟩: *gegen Infekte o. ä. widerstandsfähig machen:* er härtete seinen Körper, sich frühzeitig ab; kalte Duschen härten ab. **sinnv.:** stählen.

ạb|hau|en, haute/hieb ab, hat/ist abgehauen: **1.** ⟨tr.; Prät.: haute ab/veraltend: hieb ab⟩ *durch Schlagen entfernen, trennen von etwas:* einer giftigen Schlange den Kopf a.; er hat einen Ast vom Baum abgehauen. **sinnv.:** ↑abtrennen. **2.** ⟨itr.; Prät.: haute ab⟩ (ugs.) *sich entfernen:* er haute heimlich ab; seine Frau ist ihm abgehauen; er ist in die Schweiz, nach Frankreich, zur Fremdenlegion, mit der Vereinskasse abgehauen. **sinnv.:** ↑fliehen, ↑weggehen.

ạb|he|ben, hob ab, hat abgehoben: **1.** ⟨tr.⟩ *anheben und abnehmen:* den Deckel, den Hörer des Telefons a. **2.** ⟨itr.⟩ *(bes. von Flugzeugen) sich in die Luft erheben, sich von dem Ausgangspunkt lösen und in Bewegung setzen:* die Maschine hebt schnell, vom Boden, nach Berlin ab; von der Startrampe a. **sinnv.:** abfliegen, losfliegen, ↑starten. **3.** ⟨tr.⟩ *sich (Geld vom Konto) auszahlen lassen* /Ggs. einzahlen/: 100 Mark a. **4.** ⟨sich a.⟩ **a)** *sich abzeichnen; in den Umrissen o. ä. im Kontrast zum Hintergrund, Untergrund erkennbar sein:* die Türme hoben sich vom/gegen den Himmel ab. **sinnv.:** ↑kontrastieren. **b)** *sich von anderen durch etwas deutlich unterscheiden:* sie hob sich von anderen durch ihre ruhige Art ab; er hob sich von seinen Kameraden ab, weil er unrasiert war. **5.** ⟨itr.⟩ *etwas zum Zielpunkt einer Erörterung machen, auf etwas (als etwas Bemerkenswertes) hinweisen:* er hob auf die Notwendigkeit einer kritischen Distanz ab; er hob darauf ab, daß ...

ạb|hei|len, heilte ab, ist abgeheilt ⟨itr.⟩: *allmählich [ver]heilen [und verschwinden]:* der Ausschlag ist ganz abgeheilt. **sinnv.:** ↑heilen.

ạb|het|zen, sich, hetzte sich ab, hat sich abgehetzt: *sich hastig (bis zum Erschöpftsein) um die Erledigung von etwas bemühen:* ich habe mich abgehetzt, um pünktlich fertig zu sein; hetz dich nicht ab, laß dir Zeit! **sinnv.:** sich ↑beeilen.

ạb|ho|len, holte ab, hat abgeholt ⟨tr.⟩: **1.** *an eine bestimmte Stelle gehen und etwas, was dort bereitliegt, in Empfang nehmen, sich geben lassen:* ein Paket [von der Post], die Theaterkarten an der Kasse a.; er unterhält sich immer mit anderen, und ich sitze da wie bestellt und nicht abgeholt *(weiß nicht, was ich nun anfangen soll, wozu ich überhaupt da bin).* **sinnv.:** holen; ↑beschaffen. **2.** *an einen [vereinbarten] Ort, wo sich der Betreffende befindet, gehen und mit ihm weggehen:* jmdn. zum Spazierengehen, am Bahnhof, von zu Hause a. **3.** (ugs. verhüllend) *verhaften:* man hatte ihn nachts abgeholt.

ạb|hö|ren, hörte ab, hat abgehört ⟨tr.⟩: **1.** *etwas Gelerntes ohne Vorlage aufsagen lassen, um festzustellen, ob der Betreffende es beherrscht:* die Mutter hörte [ihn/ihm] die Vokabeln ab; den Schüler a. **sinnv.:** abfragen. **2.** *untersuchen, indem man die Körpergeräusche mit dem Gehör oder Hörrohr prüft:* das Herz, den Patienten a. **3.** *heimlich zur Überwachung mithören:* Telefone a. **sinnv.:** ↑horchen; ↑spionieren. **4.** *(etwas Gesprochenes usw.) [zur Überprüfung, Information oder zum Vergnügen] sich anhören:* ein Tonband a.

Ab|itur, das; -s, -e: ↑*Reifeprüfung:* das A. machen. **sinnv.:** ↑Prüfung.

Ab|itu|ri|ẹnt, der; -en, -en, **Ab|itu|ri|ẹn|tin,** die; -, -nen: **a)** *Schüler bzw. Schülerin, der/die die Reifeprüfung abgelegt hat.* **b)** *Schüler bzw. Schülerin der letzten Klasse an einer höheren Schule.*

ạb|kap|seln, sich; kapselte sich ab, hat sich abgekapselt: *sich isolieren und den Kontakt mit anderen meiden:* sich wirtschaftlich a.; du solltest dich nicht a.; sie haben sich von allen anderen, gegen alles Neue abgekapselt. **sinnv.:** absondern, sich verkriechen.

ạb|kau|fen, kaufte ab, hat abgekauft ⟨tr.⟩: **1.** *von jmdm. etwas [was er angeboten hat] kaufen:* er kaufte dem kleinen Mädchen einen Strauß ab. **sinnv.:** ↑kaufen. **2.** (ugs.) *dem, was jmd. sagt, keinen Glauben schenken, es nicht glauben* /meist verneint/: das, diese Geschichte kauft dir niemand ab.

ạb|klap|pern, klapperte ab, hat abgeklappert ⟨tr.⟩ (ugs.): *auf der Suche nach etwas/jmdm. nacheinander dafür in Frage kommende Stellen aufsuchen und sich dort danach erkundigen, danach fragen:* wir haben alle Hotels, Adressen, die ganze Umgebung abgeklappert; sie klapperten alle Straßen nach ihm ab; er klapperte die ganze Gegend nach Kartoffeln ab. **sinnv.:** absuchen.

ạb|klin|gen, klang ab, ist abgeklungen ⟨itr.⟩ (geh.): **a)** *(in der Lautstärke) abnehmen, immer leiser werden:* der Lärm klingt ab. **b)** *(in der Intensität) nachlassen, schwächer werden:* der Sturm, die Krankheit, die Begeisterung ist abgeklungen.

ạb|klop|fen, klopfte ab, hat abgeklopft: **1.** ⟨tr.⟩ **a)** *durch Klopfen entfernen:* Staub [von der Jacke] a. **sinnv.:** abschütteln. **b)** *durch Klopfen von etwas befreien:* das Kind, sich, die Jacke a. **sinnv.:** abschütteln; ↑säubern. **2.** ⟨tr.⟩ *durch Klopfen untersuchen, prüfen:* die Wand, den Boden a.; einen Kranken a. **3.** ⟨tr./itr.⟩ *durch Klopfen mit dem Taktstock unterbrechen:* der Dirigent klopfte [das Konzert] ab.

ạb|knal|len, knallte ab, hat abgeknallt ⟨tr.⟩ (ugs.): **1.** *ohne Skrupel durch Schießen töten:* sie haben die Feinde wie Hasen abgeknallt. **sinnv.:** abschießen; ↑töten. **2.** *durch Schießen die Bewegungs- und Funktionsfähigkeit von etwas zerstören:* Panzer a. **sinnv.:** abschießen.

ạb|knicken, knickte ab, hat/ist abgeknickt: **1.** ⟨tr.⟩ **a)** *durch Knicken entfernen:* ich habe die Spitze abgeknickt. **sinnv.:** ↑abmachen, ↑abtrennen. **b)** *nach unten, abwärts knicken:* die Blumen waren nur abgeknickt. **2.** ⟨itr.⟩ *einen Knick bilden:* sie ist in der Hüfte abgeknickt.

ạb|knöp|fen, knöpfte ab, hat abgeknöpft ⟨tr.⟩: **1.** *Angeknöpftes abnehmen* /Ggs. anknöpfen/:

die Kapuze [vom Mantel] a. **2.** (ugs.) *jmdn., ohne daß der sich richtig dagegen zu wehren weiß, dazu bringen, daß er etwas zahlt, hergibt:* er hat mir zehn Mark für falsches Parken abgeknöpft; jmdm. Geld für einen guten Zweck a.; nach dem Krieg werden sie uns das eroberte Gebiet wieder a. **sinnv.:** ↑abnehmen.

ab|ko|chen, kochte ab, hat abgekocht: **1.** ⟨tr.⟩ **a)** *durch Kochen keimfrei machen:* das Trinkwasser a. **b)** *durch Kochen einen Extrakt (aus etwas) gewinnen:* [Heil]kräuter a. **c)** (seltener) *bis zum Garsein kochen:* Eier, Kartoffeln a. **2.** ⟨itr.⟩ *im Freien kochen:* hier haben die Pfadfinder abgekocht. **sinnv.:** ↑kochen.

ab|kom|man|die|ren, kommandierte ab, hat abkommandiert ⟨tr.⟩: *dienstlich (bes. beim Militär zur Erfüllung einer bestimmten Aufgabe) entsenden:* der Hauptmann hat den Gefreiten zur Kampfgruppe X abkommandiert. **sinnv.:** ↑abordnen.

ab|kom|men, kam ab, ist abgekommen ⟨itr.⟩: **a)** *sich ungewollt (von einer eingeschlagenen Richtung) entfernen:* vom Weg, Kurs a. **sinnv.:** ↑abweichen. **b)** *etwas, was man früher, ursprünglich als Ziel, Aufgabe gehabt hat, nicht mehr tun, wollen, anstreben:* von einem Plan a. **sinnv.:** ↑aufgeben.

Ab|kom|men, das; -s, -: *Vereinbarung (bes. zwischen Institutionen):* ein geheimes A. **sinnv.:** ↑Abmachung. **Zus.:** Geheim-, Handels-, Kultur-, Militär-, Waren-, Wirtschafts-, Zusatzabkommen.

ab|kömm|lich ⟨Adj.⟩: *bei etwas nicht dringend erforderlich und frei für anderes:* er ist nicht a. **sinnv.:** ↑überflüssig.

ab|krat|zen, kratzte ab, hat/ist abgekratzt: **1.** ⟨tr.⟩ **a)** *durch Kratzen entfernen:* er hat das Blut abgekratzt. **b)** *durch Kratzen reinigen:* er hat die Schuhe abgekratzt. **2.** ⟨itr.⟩ (derb) ↑*sterben:* er sieht so aus, als ob er bald a. würde.

ab|krie|gen, kriegte ab, hat abgekriegt ⟨tr.⟩: ↑*abbekommen.*

ab|küh|len, kühlte ab, hat/ist abgekühlt: **1.** ⟨tr.⟩ *kühl[er] machen:* das Gewitter hat die Luft abgekühlt; kühle dich erst ab! **sinnv.:** abschrecken. **2.** ⟨itr.⟩ *kühl[er] werden:* draußen hat es abgekühlt; das Wasser ist abgekühlt; ⟨auch: sich a.⟩ das Wasser hat sich abgekühlt.

Ab|kunft, die; - (geh.): *gesellschaftliche Herkunft:* von bürgerlicher A. **sinnv.:** ↑Abstammung.

ab|kür|zen, kürzte ab, hat abgekürzt ⟨tr.⟩: **a)** *(ein Wort, einen Namen) nicht in seiner ganzen Länge schreiben:* einen Namen a. **b)** *(indem man einen kürzeren Weg nimmt) weniger Zeit für einen Weg brauchen:* den Weg a.

ab|la|den, lädt ab, lud ab, hat abgeladen ⟨tr.⟩: **a)** *von einem Transportmittel herunternehmen* /Ggs. aufladen/: Holz, Steine a. **sinnv.:** ausladen. **b)** *durch Herunternehmen der Ladung leer machen:* ein Lastauto a. **c)** *machen, daß etwas (eine Last o. ä.) woandershin, zu jmd. anderem gelangt:* Arbeit auf jmdn. a.; seinen Kummer bei ihr, im Wirtshaus a.; lade mal [das Geld] ab!

Ab|la|ge, die; -, -n: *Raum, Vorrichtung, wo etwas abgelegt wird:* eine A. für die Garderobe; Akten in die A. bringen. **sinnv.:** ↑Gestell. **Zus.:** Bücher-, Hut-, Kleiderablage.

ab|la|gern, lagerte ab, hat abgelagert: **1. a)** ⟨tr.⟩ *sich absetzen, ansammeln lassen, anschwemmen:* der Fluß lagert Schlamm ab. **b)** ⟨sich a.⟩ *sich absetzen, ansammeln:* der Kalkstein lagert sich [an den Wänden] ab. **2.** ⟨itr.⟩ *durch Lagern reifen:* der Wein muß noch a.

ab|las|sen, läßt ab, ließ ab, hat abgelassen: **1.** ⟨tr.⟩ **a)** *herauslaufen, ausströmen lassen:* Wasser aus der Badewanne, Gas a. **b)** *durch Herauslaufenlassen der Flüssigkeit leer machen:* die Badewanne a. **2.** ⟨tr.⟩ *auf Wunsch verkaufen, abtreten:* er ließ es ihm für zehn Mark ab. **sinnv.:** ↑abgeben. **3.** ⟨tr.⟩ *einen Rabatt gewähren:* der Verlag läßt [der Agentur] 15% ab. **sinnv.:** ↑ermäßigen. **4.** ⟨itr.⟩ (geh.) **a)** *(von etwas) Abstand nehmen, (etwas) aufgeben, nicht weiter verfolgen:* von einem Plan, der Verfolgung a.; sie ließen nicht ab *(sie hörten nicht auf)* zu feuern. **sinnv.:** absehen; ↑aufgeben; ↑entwöhnen. **b)** *jmdn. nicht mehr bedrängen, verfolgen:* von dem Fliehenden a.

Ab|lauf, der; -s, Abläufe: **1.** *[vom Anfang bis zum Ende geregelter, organisierter] Verlauf:* an einem reibungslosen A. interessiert sein; sich an den einförmigen A. der Wochen nicht gewöhnen; der natürliche A. der Wehen; die technischen, politischen Abläufe. **sinnv.:** ↑Reihenfolge. **Zus.:** Arbeits-, Handlungs-, Programm-, Tages-, Zeitablauf. **2.** ***gegen/nach A.** *(am Ende):* gegen A. seines zweiten Lebensjahres; nach A. des Quartals; **vor A.** *(vor Abschluß, Beendigung):* vor A. der Frist.

ab|lau|fen, läuft ab, lief ab, hat/ist abgelaufen: **1.** ⟨itr.⟩ ↑*abfließen.* **2.** ⟨itr.⟩ **a)** *herunterfließen:* das Wasser ist von den Tellern abgelaufen. **b)** *durch Abfließen trocken werden:* die Teller sind abgelaufen. **3.** ⟨tr.⟩ **a)** *zur Kontrolle entlanglaufen, besichtigen:* er hat/ist die Strecke abgelaufen. **sinnv.:** absuchen. **b)** *der Reihe nach, einen nach dem andern aufsuchen:* er hat/ist alle Geschäfte abgelaufen. **sinnv.:** abgrasen, abklappern; ↑suchen. **4.** ⟨tr.⟩ *durch vieles Gehen abnutzen:* er hat die Schuhe abgelaufen. **5.** ⟨itr.⟩ *mechanisch zu Ende laufen und dann stehenbleiben:* die Uhr ist abgelaufen. **6.** ⟨itr.⟩ *in bestimmter Weise vonstatten, vor sich gehen:* die Diskussion lief glatt ab; das ist noch einmal gut abgelaufen. **sinnv.:** ↑geschehen. **7.** ⟨itr.⟩ *zu Ende gehen; zu bestehen, zu gelten aufhören:* die Frist ist abgelaufen; der Paß ist abgelaufen. **sinnv.:** auslaufen, verfallen, verjähren.

Ab|le|ben, das; -s (geh.): ↑*Tod.*

ab|le|gen, legte ab, hat abgelegt: **1.** ⟨tr.⟩ **a)** *fort-, niederlegen, irgendwohin legen:* eine Last a.; den Hörer a. **b)** *etwas (Post o. ä.), was bearbeitet ist, nicht mehr benötigt wird, zur Aufbewahrung weglegen:* Briefe a. **2.** ⟨tr.⟩ *(ein Kleidungsstück o. ä.) ausziehen:* die Jacke a.; ⟨auch itr.⟩ legen Sie bitte ab! **sinnv.:** ↑ausziehen. **3.** ⟨tr.⟩ **a)** *nicht mehr tragen:* die Trauerkleidung a.; ⟨häufig im 2. Partizip⟩ er trägt abgelegte Schuhe *(Schuhe, die ein anderer schon getragen hat, der sie aber nicht mehr weiter tragen will).* **b)** *sich von etwas frei machen:* eine Gewohnheit, seine Scheu a. **4.** ⟨tr.⟩ *(auf schriftliche oder mündliche Weise etwas, was von dem Betreffenden als Beweis für etwas gefordert wird) machen:* eine Prüfung a; einen Eid a. *(schwören).* **sinnv.:** absolvieren. **5.** ⟨itr.⟩ *(in bezug auf ein Schiff) von der Anlegestelle wieder wegfahren* /Ggs. anlegen/: das Schiff hatte abgelegt.

ab|leh|nen, lehnte ab, hat abgelehnt ⟨tr.⟩: **a)** *(etwas Angebotenes) nicht haben wollen, nicht ent-*

gegennehmen /Ggs. annehmen/: eine Einladung, ein Geschenk a. **sinnv.:** ausschlagen, verschmähen, zurückweisen. **b)** *einer Forderung o. ä. nicht nachgeben, nicht genehmigen* /Ggs. annehmen/: einen Antrag a. **sinnv.:** abschlagen, abweisen, versagen. **c)** *(mit jmdm./etwas) nicht einverstanden sein:* einen Vorschlag a. **sinnv.:** abtun, abwehren, abweisen, abwinken, ausbuhen, mißbilligen, negieren, scheißen auf, verwerfen, sich verschließen; ↑bestreiten. **d)** *von sich weisen; nicht anerkennen:* eine Anklage a.; einen Richter als parteiisch a. **sinnv.:** abweisen, negieren. **e)** *sich weigern, etwas zu tun:* die Zahlung von etwas a.; er lehnte es ab, daran mitzuwirken. **sinnv.:** abschlägig bescheiden, versagen, verweigern, vorenthalten.

ab|lei|ten, leitete ab, hat abgeleitet: **1.** ⟨tr.⟩ *in eine andere Richtung leiten:* den Fluß a. **sinnv.:** ablenken. **2. a)** ⟨tr.⟩ *herleiten, entwickeln:* eine Formel aus Versuchen a. **b)** ⟨sich a.⟩ *sich ergeben, folgen:* das eine leitet sich aus dem anderen ab. **3. a)** ⟨tr.⟩ *auf seinen Ursprung zurückführen:* seine Herkunft von den Arabern a. **sinnv.:** herleiten. **b)** ⟨sich a.⟩ *aus etwas stammen:* das Wort leitet sich aus dem Niederländischen ab. **sinnv.:** ↑abstammen, sich herleiten.

Ab|lei|tung, die; -, -en: **1.** *das Ableiten.* **2.** *abgeleitetes Wort:* das Wort „Heiterkeit" ist eine A. (von „heiter").

ab|len|ken, lenkte ab, hat abgelenkt: **1.** ⟨tr.⟩ *in eine andere Richtung bringen, lenken:* Lichtstrahlen a. **sinnv.:** ableiten. **2. a)** ⟨tr.⟩ *auf andere Gedanken bringen, zerstreuen:* jmdn., sich durch Musik ein wenig a. **b)** ⟨tr.⟩ *dazu bringen, vorübergehend etwas aufzugeben, von etwas abzugehen:* jmdn. [von der Arbeit] a.; jmds. Aufmerksamkeit a. **c)** ⟨itr.⟩ *das Gesprächsthema wechseln:* er lenkte schnell ab.

ab|le|sen, liest ab, las ab, hat abgelesen ⟨tr.⟩: **1.** *nach einer schriftlichen Vorlage sprechen:* er hat seine Rede abgelesen. **2. a)** *den Stand eines Meßinstruments feststellen:* das Thermometer a. **b)** *den Stand von etwas an einem Meßinstrument feststellen:* das Gas, die Entfernung a. **3. a)** *durch genaue Beobachtung erkennen:* er hat mir jeden Wunsch von, an den Augen abgelesen. **b)** *(aus etwas) erschließen:* die große Bedeutung dieser Ereignisse kann man daraus/daran a., daß ...

ab|leug|nen, leugnete ab, hat abgeleugnet ⟨tr.⟩: *mit Nachdruck leugnen, nicht zugeben:* seine Schuld, ein Verbrechen a. **sinnv.:** ↑abstreiten.

ab|lie|fern, lieferte ab, hat abgeliefert ⟨tr.⟩: *nach Vorschrift übergeben, aushändigen:* den Rest des Geldes lieferte sie der Mutter ab. **sinnv.:** ↑abgeben; abführen.

ab|lö|sen, löste ab, hat abgelöst: **1. a)** ⟨tr.⟩ *vorsichtig von seinem Untergrund lösen, entfernen:* Briefmarken a. **sinnv.:** ↑abmachen; ↑abtrennen. **b)** ⟨sich a.⟩ *sich an der Oberfläche von etwas loslösen:* die Farbe, Haut löst sich ab. **sinnv.:** abblättern, abgehen, abreißen, abspringen, sich lösen, losgehen. **2. a)** ⟨tr.⟩ *die Tätigkeit, die Arbeit (von jmdm.) übernehmen, an jmds. Stelle treten:* einen Kollegen a.; der Frühling löst den Winter ab. **b)** ⟨sich a.⟩ *sich abwechseln, miteinander wechseln:* die Ärzte lösen sich/einander ab; Ebbe und Flut lösen sich ab.

ab|luch|sen, luchste ab, hat abgeluchst ⟨tr.⟩ (ugs.): *mit List und Schlauheit abnehmen:* er hat mir viel Geld abgeluchst. **sinnv.:** abknöpfen, ↑abnehmen.

ab|ma|chen, machte ab, hat abgemacht ⟨tr.⟩: **1.** *loslösen und entfernen* /Ggs. anmachen/: ein Schild von der Tür a. **sinnv.:** abbrechen, abknicken, ablösen; ↑abtrennen, ↑entfernen. **2. a)** ↑*vereinbaren:* wir hatten das so abgemacht; abgemacht! *(einverstanden!).* **b)** ↑*erledigen:* die Sache war schnell abgemacht.

Ab|ma|chung, die; -, -en: ↑*Vereinbarung:* eine bindende A.; ***eine A. treffen** *(etwas vereinbaren).*

ab|ma|gern, magerte ab, ist abgemagert ⟨itr.⟩: *mager werden:* sie ist in letzter Zeit stark abgemagert. **sinnv.:** ↑abnehmen.

ab|ma|len, malte ab, hat abgemalt: **1.** ⟨tr.⟩ *genau nach der Vorlage malen, malend genau wiedergeben:* Pflanzen, Tiere a. **sinnv.:** abzeichnen. **2.** ⟨sich a.⟩ *sich* ↑ *widerspiegeln:* in ihrem Gesicht malte sich Verlegenheit ab.

Ab|marsch, der; -[e]s: *das Abmarschieren:* Vorbereitungen für den A. treffen. **sinnv.:** ↑Abzug.

ab|mar|schie|ren, marschierte ab, ist abmarschiert ⟨itr.⟩: *sich marschierend entfernen:* die Soldaten sind heute aus X abmarschiert. **sinnv.:** ↑weggehen.

ab|mel|den, meldete ab, hat abgemeldet ⟨tr.⟩: *einer offiziellen Stelle den Ab-, Weggang, das Ausscheiden o. ä. mitteilen* /Ggs. anmelden/: ein Kind in der Schule, sich polizeilich a.; sein Radio a. *(offiziell mitteilen, daß man es nicht mehr benutzt).* **sinnv.:** ↑ausscheiden.

ab|mes|sen, mißt ab, maß ab, hat abgemessen ⟨tr.⟩: **1.** *nach einem Maß bestimmen:* er hat die Strecke abgemessen. **sinnv.:** ↑messen. **2.** *(einen Teil von etwas) messen und wegnehmen:* einen Meter Stoff [vom Ballen] a.

Ab|mes|sung, die; -, -en: ↑*Maß:* der Herd hat die vorgeschriebenen Abmessungen. **sinnv.:** ↑Ausmaß.

ab|mü|hen, sich; mühte sich ab, hat sich abgemüht: *sich sehr, bis zur Erschöpfung anstrengen, sich große Mühe geben:* vergeblich mühte er sich damit ab, sein Auto zu reparieren. **sinnv.:** sich abplagen, sich abquälen, sich abrackern, sich abschinden, sich abschleppen, ackern, sich aufreiben, sich herumschlagen, sich mühen, sich plagen, sich quälen, rackern, sich schinden, sich ins Zeug legen; sich ↑anstrengen; ↑schwerfallen.

ab|murk|sen, murkste ab, hat abgemurkst ⟨tr.⟩ (ugs.): ↑*töten:* der Kerl wollte mich a.

ab|neh|men, nimmt ab, nahm ab, hat abgenommen: **1.** ⟨tr.⟩ **a)** *von einer Stelle weg-, herunternehmen:* das Tischtuch, den Hut a.; ⟨auch itr.⟩ kannst du [den Hörer] a.?; ich habe mir den Bart abgenommen *(habe mich rasiert).* **sinnv.:** absetzen, abziehen; ↑ausziehen; ↑entfernen. **b)** ↑*amputieren.* **2.** ⟨tr.⟩ **a)** *(jmdm.) aus der Hand nehmen und selbst tragen:* einer alten Frau den Koffer a. **b)** *(eine Mühe o. ä.) an jmds. Stelle übernehmen:* jmdm. eine Arbeit, einen Weg a.; **sinnv.:** entlasten; ↑helfen. **3.** ⟨tr.⟩ ↑*entgegennehmen:* da sie nicht zu Hause war, hat ihre Nachbarin das Paket abgenommen. **4.** ⟨tr.⟩ *nach Fertigstellung prüfend begutachten:* eine Brücke a. **sinnv.:** ↑kontrollieren. **5.** ⟨tr.⟩ *von jmdm. drohend oder auf Grund von Kompetenz fordern und in seinen Besitz bringen:* jmdm. die

Brieftasche, den Führerschein a. **sinnv.:** abgaunern, abknöpfen, ablisten, abluchsen, abschwatzen, abschwindeln, verlangen. **6.** ⟨tr.⟩ (ugs.) *[abverlangen und] von jmdm. nehmen:* er hat mir dafür 20 Mark abgenommen; man hat ihm Blut abgenommen (um es zu untersuchen). **7.** ⟨tr.⟩ ↑*abkaufen:* jmdm. eine Ware a. **8.** ⟨tr.⟩ (ugs.) *glauben (was ein anderer sagt, erzählt); für wahr halten [und jmdm. zutrauen]:* diese Geschichte nimmt uns niemand ab. **sinnv.:** ↑glauben. **9.** ⟨tr.⟩ *von einem Original übertragen, nachbilden:* die Fingerabdrücke, die Totenmaske a. **10.** ⟨itr.⟩ **a)** *an Gewicht verlieren* /Ggs. zunehmen/: sie hat sehr viel, drei Pfund abgenommen. **sinnv.:** abmagern, vom Fleische fallen, schlank werden. **b)** *an Größe, Substanz, Stärke o.ä. verlieren; kleiner, geringer werden* /Ggs. zunehmen/: seine Kräfte nehmen ab; die Geschwindigkeit nimmt ab; der Tag nimmt ab *(wird kürzer).* **sinnv.:** ↑schwinden, sich ↑verkleinern. **11.** ⟨tr./itr.⟩ *Maschen beim Stricken in ihrer Zahl verringern* /Ggs. zunehmen/: du mußt am Kragen noch [ein paar Maschen] a.

Ab|nei|gung, die; -, -en: *bewußte Empfindung, jmdn./etwas nicht zu mögen* /Ggs. Zuneigung/: eine große A. gegen jmdn./etwas haben. **sinnv.:** Abgeneigtheit, Antipathie, Aversion, Ekel, Feindschaft, Feindseligkeit, Greuel, Haß, Widerwille; ↑Abscheu.

ab|norm ⟨Adj.⟩: *von dem Üblichen abweichend; nicht normal.* **sinnv.:** ↑abartig, ↑anormal.

ab|nor|mal ⟨Adj.⟩: *[geistig] nicht normal; von der Regel, der Norm abweichend:* sich a. verhalten. **sinnv.:** anormal.

ab|nut|zen, nutzte ab, hat abgenutzt: **a)** ⟨tr.⟩ *durch Gebrauch in Wert und Brauchbarkeit mindern:* die Möbel sind schon sehr abgenutzt. **sinnv.:** abtragen, abnützen, auftragen, austreten, verbrauchen, verschleißen. **b)** ⟨sich a.⟩ *durch Gebrauch an Wert und Brauchbarkeit verlieren:* die Messer haben sich im Laufe der Zeit abgenutzt.

ab|nüt|zen, nützte ab, hat abgenützt (bes. südd.): ↑*abnutzen.*

Abon|ne|ment [abɔnə'mã:], das; -s, -s: *für längere Zeit vereinbarter [und daher verbilligter] Bezug von Zeitschriften, Büchern, Eintrittskarten, Mittagessen o.ä.:* etwas im A. beziehen; das A. verlängern. **sinnv.:** Anrecht (Theater) · Bestellung. **Zus.:** Jahres-, Konzert-, Theater-, Zeitschriften-, Zeitungsabonnement.

Abon|nent, der; -en, -en: *jmd., der etwas abonniert hat:* neue Abonnenten werben. **sinnv.:** Bezieher.

abon|nie|ren ⟨tr.⟩: *zum fortlaufenden Bezug bestellen:* eine Zeitung a. **sinnv.:** ↑bestellen.

ab|ord|nen, ordnete ab, hat abgeordnet ⟨tr.⟩: *dienstlich entsenden:* jmdn. zu einer Versammlung a. **sinnv.:** abkommandieren, abschicken, absenden, delegieren, deputieren, entsenden, kommandieren, schicken.

Ab|ord|nung, die; -, -en: **1.** *dienstliche Entsendung.* **2.** *Gruppe von abgeordneten Personen:* eine A. schicken. **sinnv.:** Delegation, Deputation.

Ab|ort, der; -s, -e (veraltend): ↑*Toilette.*

ab|packen, packte ab, hat abgepackt ⟨tr.⟩: *für den Verbrauch in bestimmte kleinere Mengen aufteilen [und in etwas packen]:* Zucker, Flugblätter a.; Sandwiches, in kleinen Zellophantüten abgepackt, kosteten 2 Mark. **sinnv.:** ↑einpacken.

ab|pfei|fen, pfiff ab, hat abgepfiffen ⟨tr./itr.⟩: *(das Spiel) durch Pfeifen unterbrechen oder beenden* /Ggs. anpfeifen/: der Schiedsrichter pfiff [das Spiel] ab.

ab|pla|gen, sich; plagte sich ab, hat sich abgeplagt: *sich* ↑*abmühen.*

ab|pral|len, prallte ab, ist abgeprallt ⟨itr.⟩: *federnd zurückspringen:* die Kugel prallte von/an der Wand ab. **sinnv.:** federn.

ab|quä|len, sich; quälte sich ab, hat sich abgequält: *sich* ↑*abmühen.*

ab|qua|li|fi|zie|ren, qualifizierte ab, hat abqualifiziert ⟨tr.⟩: *in Qualität, Ansehen o.ä. abwertend beurteilen:* etw., jmdn. a. **sinnv.:** ↑schlechtmachen.

ab|rackern, sich; rackerte sich ab, hat sich abgerackert (ugs.): *sich* ↑*abmühen.*

ab|ra|ten, rät ab, riet ab, hat abgeraten ⟨itr.⟩: *empfehlen, etwas nicht zu tun* /Ggs. zuraten/: ich habe ihm von der Reise dringend abgeraten. **sinnv.:** abbringen von, ausreden, zu bedenken geben, warnen vor.

ab|räu|men, räumte ab, hat abgeräumt ⟨tr.⟩: **a)** *(von einer Oberfläche) wegnehmen:* die Teller a.; ⟨auch itr.⟩ er räumte ab. **sinnv.:** abservieren, abtragen, beiseite räumen. **b)** *durch Wegnehmen von etwas leer, frei machen:* den Tisch a.

ab|rea|gie|ren, reagierte ab, hat abreagiert: **1.** ⟨tr.⟩ *(eine seelische Spannung) durch eine ableitende Reaktion vermindern oder zum Verschwinden bringen:* er reagierte seine Wut an ihr ab. **sinnv.:** ↑auslassen. **2.** ⟨sich a.⟩ *durch eine ableitende Reaktion ruhiger, ausgeglichener, gelassener werden:* wenn ich den ganzen Tag zu parieren habe, muß ich mich abends a. können. **sinnv.:** sich beruhigen, sich besänftigen, sich erholen, sich fassen, ruhig werden, zur Ruhe kommen, sich ↑trösten.

ab|rech|nen, rechnete ab, hat abgerechnet: **1.** ⟨tr.⟩ ↑*abziehen:* die Unkosten vom Gewinn a. **2.** ⟨itr.⟩ **a)** *die Schlußrechnung aufstellen:* am Ende des Tages wird im Geschäft abgerechnet. **b)** *Rechenschaft über die Ausgaben ablegen; Schulden und Forderungen verrechnen:* ich muß nachher noch mit dir a. **sinnv.:** Bilanz ziehen, ↑überprüfen. **3.** ⟨itr.⟩ *(jmdn.) zur Rechenschaft ziehen:* mit seinen Gegnern a. **sinnv.:** ↑bestrafen.

ab|rei|ben, rieb ab, hat abgerieben ⟨tr.⟩: **1. a)** *durch Reiben entfernen:* einen Fleck a. **sinnv.:** abwischen · ↑abklopfen. **b)** *durch Reiben reinigen:* die schmutzigen Hände mit einem Tuch a. **sinnv.:** abwischen; ↑säubern. **2.** *durch Reiben trocknen:* ich hob den Jungen aus der Badewanne und rieb ihn ab. **sinnv.:** ↑reiben; ↑abtrocknen. **3.** *mit einem Reibeisen reiben [und das Abgeriebene verwenden]:* du mußt noch eine Zitrone a.

Ab|rei|se, die; -, -n: *das Abreisen:* die A. ist für Sonntag geplant. **sinnv.:** Abfahrt, ↑Reise.

ab|rei|sen, reiste ab, ist abgereist ⟨itr.⟩: **1.** *eine Reise antreten:* er ist überstürzt nach Paris abgereist. **sinnv.:** ↑abfahren, ↑reisen. **2.** *die Rückreise antreten:* er mußte plötzlich a. **sinnv.:** zurückfahren.

ab|rei|ßen, riß ab, hat/ist abgerissen /vgl. abgerissen/: **1.** ⟨tr.⟩ *mit einem Ruck von etwas lösen:* er hat ein Kalenderblatt abgerissen. **sinnv.:** ↑abtrennen. **2.** ⟨tr.⟩

↑*niederreißen:* sie haben die Brücke abgerissen. **sinnv.:** abbrechen, schleifen. **3.** ⟨itr.⟩ *durch stärkere Beanspruchung, einen Ruck o.ä. abgehen:* der Knopf ist abgerissen. **sinnv.:** sich ↑ablösen. **4.** ⟨itr.⟩ *plötzlich unterbrochen werden, aufhören:* die Funkverbindung ist abgerissen.

ạb|rich|ten, richtete ab, hat abgerichtet ⟨tr.⟩: *ein Tier bestimmte Fertigkeiten lehren:* den Hund als Blindenführer a. **sinnv.:** ausbilden, dressieren, schulen, trainieren; ↑erziehen.

ạb|rie|geln, riegelte ab, hat abgeriegelt ⟨tr.⟩: **1.** *einen Riegel in eine solche Stellung bringen, daß dadurch etwas geschlossen wird:* das Zimmer, die Tür a. **sinnv.:** ↑abschließen, ↑verschließen. **2.** *den Zugang (zu etwas) unmöglich machen:* die Polizei hat die Straße abgeriegelt. **sinnv.:** ↑sperren.

Ạb|riß, der; Abrisses, Abrisse: **1.** *das Niederreißen eines Bauwerks:* der A. dauert einen Monat. **2.** *knappe Übersicht, Darstellung:* ein A. der deutschen Grammatik. **sinnv.:** ↑Zusammenfassung.

ạb|rücken, rückte ab, hat/ist abgerückt: **1.** ⟨tr.⟩ *von seinem Platz rücken:* ich habe den Schrank [von der Wand] abgerückt. **sinnv.:** abschieben. **2.** ⟨itr.⟩ *sich von seinem Platz rückend ein wenig entfernen:* ich bin von dem dicken, schwitzenden Mann abgerückt. **3.** ⟨itr.⟩ *sich distanzieren:* von den Vorschlägen des Politikers ist die Partei abgerückt. **sinnv.:** sich ↑zurückziehen.

ạb|ru|fen, rief ab, hat abgerufen ⟨tr.⟩: **1.** *(jmdn.) veranlassen, auffordern, von einem Ort, einer Stelle wegzugehen (und sich woandershin zu begeben):* jmdn. aus einer Sitzung, von der Arbeit a. **2.** *(Bereitstehendes, für einen bestimmten Zweck Vorbereitetes o.ä.) anfordern, sich geben, liefern lassen:* den Rest einer Ware a.; gespeicherte Daten a.

ạb|run|den, rundete ab, hat abgerundet ⟨tr.⟩: **1.** *durch die Beseitigung von Unebenheiten, Vorsprüngen rund machen, in runder Form glätten:* Kanten, eine Spitze a. **2.** *(eine Zahl) durch Abziehen oder Hinzufügen in die nächstkleinere oder -größere runde Zahl verwandeln:* 85 auf 80 oder 90 a.; ich habe die Summe nach unten, nach oben abgerundet. **3. a)** *(einer Sache) eine ausgewogene, ausgefeilte Form geben:* einen Bericht mit etwas a.; ein abgerundetes Programm. **sinnv.:** ↑vervollständigen. **b)** *(ein Gericht o.ä.)* ↑*abschmecken:* eine Soße mit Sahne a.

ab|rụpt ⟨Adj.⟩: *ohne Übergang, Zusammenhang, ohne daß damit zu rechnen war, eintretend, erfolgend:* ein abruptes Ende; er brach das Gespräch a. ab. **sinnv.:** ↑plötzlich.

ạb|rü|sten, rüstete ab, hat abgerüstet ⟨itr.⟩: *die Rüstung einschränken* /Ggs. aufrüsten/: die Großmächte sollten a. **sinnv.:** entmilitarisieren.

ạb|rut|schen, rutschte ab, ist abgerutscht ⟨itr.⟩: **1.** *unabsichtlich, versehentlich abwärts oder seitwärts rutschen:* ich rutschte von dem Stamm ab; das Messer ist mir abgerutscht. **2.** (ugs.) *nachlassen und immer schlechter werden:* er rutscht in seinen Leistungen immer mehr ab; seine Leistungen rutschten stark ab. **sinnv.:** absacken; ↑verwahrlosen.

ạb|sä|beln, säbelte ab, hat abgesäbelt ⟨tr.⟩ (ugs.): *nicht sorgfältig und gleichmäßig, unsachgemäß [in großen Stücken] abschneiden:* ich hatte mir ein Stück von der Wurst abgesäbelt. **sinnv.:** ↑abtrennen.

ạb|sacken, sackte ab, hat/ist abgesackt ⟨itr.⟩ (ugs.): **a)** *im Wasser versinken:* das Boot ist plötzlich abgesackt. **sinnv.:** ↑untergehen. **b)** *an Höhe verlieren:* das Flugzeug sackte ab. **sinnv.:** ↑sinken.

Ạb|sa|ge, die; -, -n: **1.** *ablehnender Bescheid* /Ggs. Zusage/: er bekam eine A. auf seine Bewerbung. **2.** *völliges Ablehnen, Zurückweisen:* eine A. an totalitäre Politik. **3.** *am Schluß einer Sendung erfolgende Bemerkung eines Sprechers* /Ggs. Ansage/.

ạb|sa|gen, sagte ab, hat abgesagt: **1.** ⟨tr.⟩ *nicht stattfinden lassen:* ein Fest a. **sinnv.:** absetzen. **2.** ⟨tr./itr.⟩ *eine Zusage, etwas Vereinbartes rückgängig machen* /Ggs. zusagen/: er sagte [seinen Besuch] ab. **sinnv.:** ↑widerrufen. **3.** ⟨itr.⟩ (geh.) ↑*entsagen.* **sinnv.:** ↑absehen; ↑aufgeben.

ạb|sah|nen, sahnte ab, hat abgesahnt ⟨tr./itr.⟩ (ugs.): *machen, daß man anläßlich einer sich bietenden günstigen Gelgenheit in den Besitz von reichlich viel Geld, von etwas Gutem o.ä. kommt:* jmdn./bei jmdm. a.; die Spekulanten sahnten [einen großen Gewinn] ab. **sinnv.:** sich ↑aneignen, nassauern.

Ạb|satz, der; -es, Absätze: **1.** *unter der Ferse befindlicher Teil des Schuhs:* hohe Absätze. **Zus.:** Gummi-, Leder-, Pfennig-, Stiefel-, Stöckelabsatz. **2.** *kleinere Fläche, die die Fortführung einer Treppe unterbricht.* **Zus.:** Treppenabsatz. **3. a)** *mit einer neuen Zeile beginnende Unterbrechung in einem sonst fortlaufenden Text:* einen A. machen. **b)** *einer von mehreren Abschnitten eines Textes auf einer Seite:* er las den vorletzten A. **sinnv.:** ↑Abschnitt. **4.** ⟨ohne Plural⟩ *das Verkauft-, Abgesetztwerden:* der A. der Waren stockte; reißenden A. finden *(sehr gut verkauft werden).* **sinnv.:** Umsatz, Verkauf, Vertrieb.

ạb|sau|gen, saugte ab, hat abgesaugt ⟨tr.⟩: **a)** *durch Saugen entfernen:* den Staub a. **sinnv.:** abpumpen, abziehen, auspumpen, herauspumpen, wegsaugen, wegpumpen; ↑entfernen. **b)** *durch Saugen reinigen:* den Teppich a.

ạb|schaf|fen, schaffte ab, hat abgeschafft ⟨tr.⟩: *dafür sorgen oder machen, daß etwas, was bisher üblich war, keine Gültigkeit mehr hat, nicht mehr stattfindet oder gemacht wird:* die Todesstrafe, einen Brauch a. **sinnv.:** ↑beseitigen.

ạb|schal|ten, schaltete ab, hat abgeschaltet: **1.** ⟨tr.⟩ **a)** *durch Betätigung eines Schalters unterbrechen:* der Strom wurde [drei Stunden lang] abgeschaltet. **b)** *ausschalten:* den Motor, den Fernsehapparat a. **2.** ⟨itr.⟩ (ugs.) **a)** *den Vorgängen um sich herum nicht folgen; seiner Umgebung keine Aufmerksamkeit mehr schenken, sie kaum noch wahrnehmen:* einige Zuhörer hatten bereits abgeschaltet. **b)** *sich ganz entspannen und Abstand gewinnen:* im Urlaub einmal richtig a. **sinnv.:** sich ↑erholen.

ạb|schät|zig ⟨Adj.⟩: *von Geringschätzung, Abwertung, Ablehnung zeugend:* abschätzige Bemerkungen; a. von jmdm. sprechen. **sinnv.:** abfällig, abwertend, despektierlich, geringschätzig, verächtlich, wegwerfend.

Ạb|schaum, der; -s *übelster, als am minderwertigsten angesehener Teil einer Gesamtheit von Menschen:* der A. der Menschheit, der menschlichen Gesellschaft. **sinnv.:** Auswurf, Bagage, Brut, Gesindel, Mob, Pack, Plebs, Pöbel.

Ab|scheu, der; -s, seltener: die; -: **a)** *physisches Angeekeltsein:* A. vor Knoblauch, vor Spinnen. **sinnv.:** Ekel, Widerwille. **b)** *mit Empörung, Unwillen o. ä. verbundene starke Abneigung, Ablehnung:* A. empfinden vor jmdm., gegen jmdn., gegen jmds. Tat; bei/in jmdm. A. erregen. **sinnv.:** ↑Abneigung.

ab|scheu|lich ⟨Adj.⟩: **1. a)** ↑*ekelhaft:* ein abscheuliches Tier; ein abscheulicher Geruch. **b)** *wegen seiner Niederträchtigkeit, Schändlichkeit o. ä. Empörung, Abscheu erregend:* eine abscheuliche Tat. **sinnv.:** ↑gemein. **2.** (ugs.) **a)** *sehr groß, stark, heftig:* eine abscheuliche Kälte; die Kälte ist a. **b)** ⟨verstärkend bei Adjektiven und Verben⟩ *sehr:* es ist a. kalt; jmdn. a. quälen; etwas tut a. weh.

ab|schicken, schickte ab, hat abgeschickt ⟨tr.⟩: **a)** *zur weiteren Beförderung abgeben und das Schicken, Übersenden an einen Empfänger veranlassen:* einen Brief, das Geld a. **sinnv.:** absenden; ↑schicken. **b)** *veranlassen, sich mit einem bestimmten Auftrag irgendwohin zu begeben:* einen Boten a. **sinnv.:** absenden; ↑abordnen.

ab|schie|ben, schob, ab, hat/ist abgeschoben: **1.** ⟨tr.⟩ **a)** *von seinem Platz, seiner Stelle schiebend entfernen:* die Couch [von der Wand] a. **sinnv.:** abrücken. **b)** *einem anderen etwas Unangenehmes o. ä. zuweisen, für das dieser zuständig, verantwortlich sein soll:* die Arbeit, Verantwortung, Schuld auf andere a. **sinnv.:** abwälzen, sich vom Halse schaffen; ↑aufbürden. **2.** ⟨tr.⟩ **a)** *gerichtlich des Landes verweisen:* man hat den unerwünschten Ausländer in sein Heimatland, über die Grenze abgeschoben. **sinnv.:** ↑ausweisen. **b)** *seines Wirkungsbereichs, seines Einflusses berauben [und woanders einsetzen]:* er ist auf einen untergeordneten Posten abgeschoben worden. **sinnv.:** abschießen, kaltstellen; ↑entlassen. **3.** ⟨itr.⟩ (ugs.) ↑*weggehen:* er ist enttäuscht abgeschoben.

Ab|schied, der; -[e]s, -e: *das Sichtrennen [und Sichverabschieden] von jmdm./etwas:* ein tränenreicher A.; der A. von den Eltern, von zu Hause fiel ihm schwer; ***A. nehmen** *(sich von jmdm./etwas trennen; jmdn./etwas verlassen).* **sinnv.:** Aufbruchstimmung, Trennung, Weggang · sich verabschieden.

ab|schie|ßen, schoß ab, hat abgeschossen ⟨tr.⟩: **1. a)** *schießend, durch einen Schuß in schnelle Bewegung versetzen:* Raketen, Torpedos a. **b)** *(eine Schußwaffe) auslösen, betätigen:* eine Pistole a. **sinnv.:** ↑schießen. **2. a)** *[ohne Skrupel] durch Schießen töten, erledigen:* Vögel, Wild a.; jmdn. aus dem Hinterhalt a. **sinnv.:** abknallen; ↑töten. **b)** *durch Schießen kampfunfähig machen, zerstören:* einen Panzer, ein Flugzeug a. **sinnv.:** abknallen. **3.** *mit einem Schuß wegreißen:* im Krieg wurden ihm beide Beine abgeschossen. **4.** (ugs.) *mit gezielten Angriffen gegen jmdn. dessen Entfernung aus seinem Amt bewirken:* man versuchte mit dieser Kampagne, den Minister abzuschießen. **sinnv.:** ↑entlassen.

ab|schin|den, sich; schindete sich ab, hat sich abgeschunden: *sich längere Zeit und bis zum Erschöpftsein schinden:* du hast dich für die Kinder abgeschunden. **sinnv.:** sich ↑abmühen.

ab|schir|men, schirmte ab, hat abgeschirmt ⟨tr.⟩: *durch schützende, sichernde o. ä. Maßnahmen vor jmdm./etwas bewahren:* die Sicherheitsbeamten schirmten den Politiker gegen Übergriffe, vor Demonstranten, von der Außenwelt ab. **sinnv.:** ↑behüten.

ab|schlach|ten, schlachtete ab, hat abgeschlachtet ⟨tr.⟩: **a)** *[vorzeitig, notgedrungen] schlachten:* ein Schwein a. **b)** (emotional) *grausam umbringen:* bei den Unruhen wurden Hunderte von Menschen abgeschlachtet. **sinnv.:** ↑töten.

Ab|schlag, der; -[e]s, Abschläge: **1.** *Minderung eines Wertes, Preises um einen bestimmten Betrag:* hohen A. gewähren. **sinnv.:** ↑Ermäßigung. **2.** *Teil einer zu leistenden Zahlung:* die ersten Abschläge waren sehr niedrig. **sinnv.:** Abschlagszahlung; ↑Teilzahlung. **3.** *das Schlagen des Balles aus dem Strafraum ins Spielfeld, bei dem der Torwart den Ball aus der Hand fallen läßt und ihn dann mit dem Fuß tritt:* seine Abschläge waren zu kurz.

ab|schla|gen, schlägt ab, schlug ab, hat abgeschlagen: **1.** ⟨tr.⟩ *durch Schlagen von etwas trennen, lösen:* den Ast a. **sinnv.:** ↑abspalten; ↑abtrennen. **2.** ⟨tr.⟩ *nicht gewähren, verweigern:* eine Bitte a. **sinnv.:** ↑ablehnen. **3.** ⟨tr.⟩ ↑*abwehren:* einen Angriff, den Feind a. **4.** ⟨tr./itr.⟩ *(vom Torwart) einen Abschlag mit dem Ball ausführen:* er schlug [den Ball] weit und genau ab.

ab|schlä|gig ⟨Adj.⟩ (Amtsspr.): *(einer Bitte, einem Gesuch) eine Absage erteilend:* ein abschlägiger Bescheid, eine abschlägige Antwort; sein Antrag wurde a. beschieden *(abgelehnt).* **sinnv.:** ↑negativ.

Ab|schlepp|dienst, der; -[e]s, -e: *Unternehmen zum Abschleppen, Abtransportieren beschädigter, nicht mehr fahrbereiter Autos.*

ab|schlep|pen, schleppte ab, hat abgeschleppt: **1.** ⟨tr.⟩ *ziehend fortbewegen:* ein falsch geparktes Auto a. **sinnv.:** ↑ziehen. **2.** ⟨sich a.⟩ (ugs.) *über einige Zeit hin mit deutlicher Anstrengung schleppen:* er hat sich mit dem Koffer abgeschleppt. **sinnv.:** sich ↑abmühen. **3.** ⟨tr.⟩ (ugs.) *jmdn., den man gerade erst kurz kennt, mit zu sich nach Hause nehmen, um mit ihm sexuell zu verkehren:* ein Mädchen, einen jungen Mann a.

ab|schlie|ßen, schloß ab, hat abgeschlossen: **1.** ⟨tr.⟩ *(einen Raum o. ä.) mit einem Schlüssel versperren, zuschließen:* das Zimmer, den Koffer a. **sinnv.:** abriegeln, absperren; ↑verschließen. **2. a)** ⟨tr.⟩ *von anderen streng trennen, fernhalten:* die Kranken von den Gesunden a. **sinnv.:** ↑absondern. **b)** ⟨sich a.⟩ *sich absondern:* sich von der Umwelt a. **3.** ⟨tr.⟩ *zum Abschluß bringen, zu Ende führen:* eine Untersuchung a.; abschließend etwas bemerken; ein abgeschlossenes Studium. **sinnv.:** ↑beenden. **4.** ⟨itr.⟩ *seinen Abschluß, sein Ende finden, aufhören:* das Fest hat mit einem Feuerwerk abgeschlossen. **sinnv.:** ↑enden. **5.** ⟨tr.⟩ *durch Vertrag o. ä. eine Vereinbarung treffen:* ein Geschäft, Bündnis a. **sinnv.:** ↑vereinbaren.

Ab|schluß, der; Abschlusses, Abschlüsse: **1.** ⟨ohne Plural⟩ *Beendigung, das Abschließen:* ein schneller A.; nach A. der Verhandlungen; ***etwas zum A. bringen** *(etwas beenden).* **sinnv.:** ↑Ende. **2.** *abschließender, oft verzierender Teil an etwas:* der obere

A. eines Kleides, einer Tapete. **sinnv.:** ↑Besatz. **3.** *geschäftliches, vertragliches Abschließen, Vereinbaren:* der A. eines Vertrags; einen vorteilhaften A. tätigen. **sinnv.:** ↑Vereinbarung.

ab|schme|cken, schmeckte ab, hat abgeschmeckt ⟨tr.⟩: *den Geschmack einer zubereiteten Speise prüfen und danach würzen:* die Soße, den Salat a. **sinnv.:** ↑kosten, ↑würzen.

ab|schmie|ren, schmierte ab, hat/ist abgeschmiert: **1.** ⟨tr.⟩ *[an den dafür vorgesehenen Stellen] mit Fett versehen, einreiben:* er hat das Auto abgeschmiert; den Wagen a. lassen. **sinnv.:** fetten, ölen, schmieren; ↑einreiben. **2.** ⟨itr.⟩ (Jargon) ↑*abstürzen:* das Flugzeug ist abgeschmiert.

ab|schnei|den, schnitt ab, hat abgeschnitten: **1.** ⟨tr.⟩ **a)** *durch Schneiden von etwas trennen, lösen:* Rosen a. **sinnv.:** ↑abtrennen. **b)** *(bis zum Ansatzpunkt o. ä.) durch Schneiden entfernen, beseitigen:* sie hat sich die Zöpfe, er hat sich den Bart a. lassen. **sinnv.:** beschneiden, kürzen, schneiden, stutzen. **2.** ⟨tr.⟩ **a)** ↑*abkürzen:* den Weg a. **b)** *durch Versperren, Behindern o. ä. das Weitergehen, Fliehen o. ä. unmöglich machen, verhindern:* er schnitt dem Verbrecher den Weg, den Rückzug ab. **3.** ⟨tr.⟩ *völlig von jmdm./etwas trennen:* das Dorf war durch die Überschwemmung eine Woche lang von der Umwelt abgeschnitten. **sinnv.:** ↑absondern. **4.** ⟨itr.⟩ (ugs.) *(in bezug auf einen angestrebten Erfolg) ein bestimmtes Ergebnis haben:* sie hat bei der Prüfung gut, schlecht abgeschnitten. **sinnv.:** ↑bewältigen.

Ab|schnitt, der; -[e]s, -e: **1.** *[durch Absätze kenntlich gemachter] Teil von etwas Geschriebenem oder Gedrucktem:* der erste A. des Textes. **sinnv.:** Absatz, Artikel, Kapitel, Paragraph, Passage, Passus; ↑Ausschnitt; ↑Rubrik. **2.** *in sich abgegrenzter Teil einer zeitlichen Erstreckung:* ein A. der Geschichte; ein entscheidender A. im Leben. **sinnv.:** ↑Etappe; ↑Zeitraum. **Zus.:** Arbeits-, Lebens-, Zeitabschnitt. **3.** *abtrennbarer Teil eines Formulars, einer Eintritts-, Zahlkarte o. ä.:* der A. der Postanweisung. **sinnv.:** ↑Bon. **Zus.:** Kontrollabschnitt.

ab|schnü|ren, schnürte ab, hat abgeschnürt ⟨tr.⟩: *durch festes Zusammenziehen einer Schnur, eines Fadens eine Verbindung unterbrechen:* den Finger a.; jmdm. die Luft a. *(ihm keine Möglichkeit mehr zum Atmen lassen).* **sinnv.:** einengen, einschnüren, unterbinden, unterbrechen.

ab|schre|cken, schreckte ab, hat abgeschreckt: **1.** ⟨tr./itr.⟩ *durch bestimmte negative Umstände, Eigenschaften, durch drohende, Angst einflößende Verhaltensweisen o. ä. von etwas abhalten:* der weite Weg schreckte ihn ab; die hohe Strafe soll a.; ein abschreckendes Beispiel. **sinnv.:** zurückhalten, zurückschrecken; ↑hindern. **2.** ⟨tr.⟩ *nach dem Kochen o. ä. gleich in kaltes Wasser legen oder damit begießen, um dadurch einen bestimmten Effekt zu erzielen:* Eier a. (damit die Schale gut entfernt werden kann). **sinnv.:** abkühlen.

ab|schrei|ben, schrieb ab, hat abgeschrieben: **1. a)** ⟨tr.⟩ *(etwas, was bereits schriftlich oder gedruckt vorliegt) noch einmal schreiben:* eine Stelle aus einem Buch a. **sinnv.:** abtippen, eine Abschrift machen, kopieren. **b)** ⟨tr./itr.⟩ *etwas, was ein anderer schon schriftlich oder gedruckt formuliert hat, von ihm übernehmen, es auch schreiben (und es als etwas Eigenes ausgeben):* er hat dies von ihm abgeschrieben; der Schüler hat von seinem Nachbarn abgeschrieben. **sinnv.:** absehen, plagiieren, ein Plagiat begehen, spicken, einen Spickzettel benutzen; ↑Anleihe. **2.** ⟨itr.⟩ *schriftlich absagen:* sie wurde von ihm eingeladen, aber sie mußte ihm a. **sinnv.:** ↑widerrufen. **3.** ⟨tr.⟩ *(einen Betrag) streichen, abziehen:* 500 Mark für die Abnutzung der Maschine a. **sinnv.:** absetzen. **4.** ⟨tr.⟩ (ugs.) *für verloren halten, mit jmdm./etwas nicht mehr rechnen:* sie hatten ihn, das Geld schon abgeschrieben. **sinnv.:** ↑aufgeben. **5. a)** ⟨tr.⟩ *durch Schreiben abnutzen:* einen Bleistift a. **sinnv.:** ↑verbrauchen. **b)** ⟨sich a.⟩ *durch Schreiben abgenutzt werden:* der Bleistift schreibt sich schnell ab.

Ab|schrift, die; -, -en: *etwas Abgeschriebenes, abgeschriebener Text:* eine beglaubigte A.; eine A. anfertigen, machen. **sinnv.:** Doppel, Duplikat, Durchschlag, Durchschrift, Kopie, Zweitschrift.

Ab|schuß, der; Abschusses, Abschüsse: **1.** *das Abschießen:* der A. der Raketen. **2.** *das Zerstören, Töten durch Schießen, durch Beschuß:* der A. eines Rehbocks; der A. von Flugzeugen.

ab|schüs|sig ⟨Adj.⟩: *ein starkes Gefälle aufweisend:* eine abschüssige Straße. **sinnv.:** ↑steil.

ab|schüt|teln, schüttelte ab, hat abgeschüttelt ⟨tr.⟩: **a)** *durch Schütteln entfernen:* ich schüttelte den Schnee [vom Mantel] ab. **sinnv.:** abklopfen. **b)** *durch Schütteln von etwas befreien:* die Zeltbahn a. **sinnv.:** abklopfen; ↑säubern.

ab|schwä|chen, schwächte ab, hat abgeschwächt: **1.** ⟨tr.⟩ *schwächer machen:* den Einfluß, einen Eindruck a. **sinnv.:** auffangen, dämmen, dämpfen, eindämmen, lindern, mäßigen, mildern; ↑verringern. **2.** ⟨sich a.⟩ *schwächer werden:* das Wetter wird schlechter, denn das Hoch schwächt sich ab. **sinnv.:** abnehmen, heruntergehen, nachlassen, sich verkleinern, sich vermindern, sich verringern; ↑schwinden.

ab|schwat|zen, schwatzte ab, hat abgeschwatzt ⟨tr.⟩ (ugs.): *durch Beredsamkeit bewirken, daß man von jmdm. etwas Bestimmtes erhält:* er hat ihr hundert Mark abgeschwatzt. **sinnv.:** ↑abnehmen.

ab|schwei|fen, schweifte ab, ist abgeschweift ⟨itr.⟩: *vorübergehend [vom eigentlichen Ziel] abweichen:* der Redner schweifte oft vom Thema ab. **sinnv.:** ↑abweichen · Abwege.

ab|schwen|ken, schwenkte ab, ist abgeschwenkt ⟨itr.⟩: *mit einer leichten Drehung, Schwenkung die anfangs eingeschlagene Richtung verlassen:* die Kolonne ist [nach] links abgeschwenkt. **sinnv.:** ↑abbiegen, ↑abdrehen.

ab|schwir|ren, schwirrte ab, ist abgeschwirrt ⟨itr.⟩: **1.** *[schwirrend] wegfliegen:* die Stare schwirrten plötzlich ab. **sinnv.:** abfliegen, abstreichen, abziehen · entfliegen · ↑fliegen. **2.** (ugs.) *sich [schnell, beschwingt] entfernen:* er ist eben abgeschwirrt. **sinnv.:** ↑weggehen.

ab|schwö|ren, schwor ab, hat abgeschworen ⟨itr.⟩: *sich mit einem Schwur (von jmdm./etwas) lossagen:* dem Teufel a.; der Vergangenheit reumütig a. **sinnv.:** ↑aufgeben.

ab|se|hen, sieht ab, sah ab, hat abgesehen: **1.** ⟨tr.⟩ *durch genaues Beobachten lernen:* er hat ihm diesen Trick abgesehen. **sinnv.:** abgucken. **2.** ⟨itr.⟩ ↑*voraussehen:* das Ende ist nicht abzusehen. **3.** ⟨itr.⟩ *(auf etwas) verzichten; (etwas) nicht tun, was man tun wollte:* von einem Besuch, einer Strafe a. **sinnv.:** ablassen, von etwas Abstand nehmen, aufgeben, verzichten. **4.** ⟨itr.⟩ *außer Betracht lassen:* wenn man von der Entfernung absieht; abgesehen von der Entfernung. **sinnv.:** außer acht lassen, ausnehmen, nicht in Betracht ziehen. **5.** ⟨itr.⟩ *begierig sein (auf etwas), (etwas) sehr gern haben wollen:* sie hat es nur auf sein Geld abgesehen. **sinnv.:** ↑anlegen.

ab|sein, ist ab, war ab, ist abgewesen ⟨itr.⟩ (ugs.): *entfernt, losgelöst, getrennt sein:* der Knopf war schon ab. **sinnv.:** abgehen.

ab|sei|tig ⟨Adj.⟩: **a)** *dem allgemein Üblichen nicht entsprechend:* abseitige Interessen. **sinnv.:** ↑ausgefallen, unüblich. **b)** *in den Bereich der Perversion gehörend:* abseitige Neigungen haben. **sinnv.:** ↑abartig, ↑anormal.

ab|seits: *(ein wenig) entfernt (vom allgemeinen Verkehr, von Ansiedlungen o. ä.):* **I.** ⟨Präp. mit Gen.⟩: a. des Weges steht ein Haus. **II.** ⟨Adverb⟩: der Hof liegt a. vom Dorf. **sinnv.:** abgelegen; ↑einsam; ↑fern.

ab|sen|den, sandte/sendete ab, hat abgesandt/abgesendet ⟨tr.⟩: ↑*abschicken.*

Ab|sen|der, der; -s, -: **1.** *jmd., der etwas abschickt* /Ggs. Empfänger/: er ist der A. des Briefes. **sinnv.:** ↑Briefwechsel. **2.** *Name und Adresse des Absendenden:* A. nicht vergessen!

ab|ser|vie|ren, servierte ab, hat abserviert: **1.** ⟨tr./itr.⟩ **a)** *(gebrauchtes Geschirr) vom Tisch abräumen:* würden Sie bitte [das Geschirr] a. **sinnv.:** ↑abräumen, ↑abtragen. **b)** *(einen Tisch) vom Geschirr frei machen:* ich muß noch [den Tisch] a. **2.** ⟨tr.⟩ (ugs.) *jmdn., der als unbequem o. ä. empfunden wird, von seinem Posten entfernen:* der Abteilungsleiter wurde abserviert. **sinnv.:** abschieben, kaltstellen; ↑entlassen.

ab|set|zen, setzte ab, hat abgesetzt: **1.** ⟨tr.⟩ *(etwas auf dem Kopf oder der Nase Getragenes) herunternehmen:* die Brille a. **sinnv.:** abnehmen; ↑ausziehen; ↑entfernen. **2.** ⟨tr.⟩ *etwas [Schweres] auf den Boden an eine Stelle setzen:* das Gepäck a. **sinnv.:** abstellen, niedersetzen, niederstellen; ↑hinstellen. **3.** ⟨tr.⟩ *(jmdn.) bis an eine bestimmte Stelle fahren und dann aussteigen lassen:* ich setze ihn am Bahnhof ab. **4.** ⟨tr.⟩ *von einer Stelle wegnehmen und dadurch eine Tätigkeit beenden:* er trank, ohne das Glas vom Mund abzusetzen; den Geigenbogen a.; ⟨auch itr.⟩ sie trank, ohne abzusetzen. **sinnv.:** ↑unterbrechen. **5. a)** ⟨tr.⟩ *[langsam] sinken lassen und sich lagern, niederschlagen lassen:* der Fluß setzt Sand ab. **sinnv.:** ablagern. **b)** ⟨sich a.⟩ *[langsam] sinken und sich lagern, sich niederschlagen:* Schlamm setzt sich ab. **6.** ⟨tr.⟩ *verfügen, beschließen, daß jmd., der für die Leitung, Führung von etwas zuständig ist, dieses Amt aufgeben, verlassen muß:* den Präsidenten a. **sinnv.:** ablösen, ↑entlassen, in die Wüste schicken. **7.** ⟨tr.⟩ *[eine größere Anzahl von etwas] an an dem Angebotenen Interessierte verkaufen:* dieses Sonderangebot wurde glänzend abgesetzt. **sinnv.:** ↑verkaufen. **8.** ⟨tr.⟩ *(etwas Angekündigtes o. ä.) nicht stattfinden lassen, streichen, nicht mehr auf dem Programm stehenlassen:* einen Punkt von der Tagesordnung a.; das Theaterstück ist abgesetzt worden. **sinnv.:** ↑ausfallen. **9.** ⟨tr.⟩ *für die Berechnung als Minderung einer Summe geltend machen:* die Kosten für etwas [von der Steuer] a. **sinnv.:** abschreiben, abziehen. **10.** ⟨sich a.⟩ (ugs.) *sich [heimlich, unauffällig] woandershin begeben, entfernen:* er hat sich rechtzeitig ins Ausland abgesetzt. **sinnv.:** ↑weggehen.

Ab|sicht, die; -, -en: *fest beabsichtigtes Wollen:* er hat die A. zu kommen. **sinnv.:** Bestreben, Bestrebungen, Plan, Streben, Strebung, Vorhaben, Vorsatz, Ziel, Zielsetzung; ↑Zweck.

ab|sicht|lich [auch: absichtlich] ⟨Adj.⟩: *mit Absicht, mit Willen:* das hast du a. getan. **sinnv.:** absichtsvoll, beabsichtigt, bewußt, geflissentlich, gewollt, mit Bedacht, böswillig, mutwillig, vorsätzlich, willentlich, wissentlich · wohlweislich.

ab|sit|zen, saß ab, hat/ist abgesessen: **1.** ⟨itr.⟩ *vom Pferd steigen* /Ggs. aufsitzen/: er ist im Hof abgesessen. **sinnv.:** ↑absteigen. **2.** ⟨tr.⟩ (ugs.) **a)** *(eine Zeit als Strafe) im Gefängnis verbringen:* er hat drei Monate abgesessen. **sinnv.:** ↑verbüßen. **b)** *widerwillig, nur durch sein Anwesendsein (eine bestimmte Zeit) hinter sich bringen:* er hat 8 Stunden im Büro abgesessen.

ab|so|lut: **I.** ⟨Adj.⟩ **1.** *in höchster Weise ideal, ohne Trübung, Einschränkung; uneingeschränkt, ungestört:* absolute Glaubensfreiheit; eine Stimmung von absolutem Frieden. **sinnv.:** ungetrübt, ↑vollkommen. **2.** *nicht mehr steigerbar, nicht mehr zu überbieten:* eine absolute Grenze errreichen; der absolute Rekord dieses Tages. **sinnv.:** unbedingt, unüberbietbar. **3.** *allein herrschend, souverän:* ein absoluter Monarch. **sinnv.:** ↑selbständig. **II.** ⟨Adverb⟩ *ganz und gar:* mit ihm hat man a. keine Schwierigkeiten; sie macht a. alles; das ist a. unmöglich. **sinnv.:** ↑ganz.

Ab|so|lu|ti|on, die; -, -en: *Freisprechung von Sünden:* jmdm. A. erteilen. **sinnv.:** Vergebung, Sündenerlaß · Begnadigung · lossprechen.

Ab|so|lu|tis|mus, der; -: *Form der Regierung, bei der die ganze Macht in der Hand des Monarchen liegt.* **sinnv.:** Monarchie · ↑Herrschaft.

Ab|sol|vent, der; -en, -en: *Besucher einer Schule kurz vor oder nach der abschließenden Prüfung.* **sinnv.:** Kandidat.

ab|sol|vie|ren ⟨tr.⟩: **a)** *bis zum Abschluß durchlaufen, erfolgreich beenden:* einen Lehrgang a. **sinnv.:** ↑durchlaufen. **b)** *erledigen:* ein Pensum a. **c)** *bestehen:* sein Examen a. **sinnv.:** ablegen.

ab|son|dern, sonderte ab, hat abgesondert: **1. a)** ⟨tr.⟩ *von andern fernhalten:* die kranken Tiere von den gesunden a. **sinnv.:** abschließen, abschneiden, absperren · abtrennen, isolieren; ↑trennen. **b)** ⟨sich a.⟩ *für sich bleiben; den Kontakt mit andern meiden:* sich von den andern a. **sinnv.:** sich abkapseln, ausscheren, sich ausschließen, sich [von der Außenwelt] abschließen, auf Distanz gehen, sich einschließen, im Elfenbeinturm leben, sich isolieren, eine Mauer um sich errichten, sich verkriechen · sich entziehen. **2.** ⟨tr.⟩ ↑*ausscheiden:* die Pflanze sondert einen dunklen Saft ab; Schweiß a. *(schwitzen, transpirieren).*

ab|sor|bie|ren ⟨tr.⟩: **1.** *aufsaugen:* der Filter absorbiert die Strahlung. **sinnv.:** ↑aufnehmen. **2.** *stark in Anspruch nehmen:* et-

was absorbiert jmds. Aufmerksamkeit. **sinnv.:** ↑beanspruchen.
ạb|spal|ten, spaltete ab, hat abgespaltet/abgespalten: **1.** ‹tr.› *durch Spalten trennen:* er hat die Späne mit dem Messer abgespaltet. **sinnv.:** abhauen, abschlagen. **2.** ‹sich a.› *sich von etwas [durch Spaltung] lösen:* eine radikale Gruppe hat sich von der Partei abgespaltet/abgespalten. **sinnv.:** sich loslösen · sich lossagen.
Ạb|span|nung, die; -: *körperliche und/oder geistige Ermüdung.* **sinnv.:** ↑Erschöpfung.
ạb|spa|ren, sich; sparte sich ab, hat sich abgespart ‹tr.›: *durch längeres Sparen mühsam erlangen:* ich hatte mir tausend Mark, diese Reise buchstäblich am/vom Munde abgespart. **sinnv.:** sich abknapsen, sich abzwakken, abzweigen, [sich] ersparen · ↑erübrigen.
ạb|spei|sen, speiste ab, hat abgespeist ‹tr.›: *mit weniger, als erhofft oder erwartet, abfertigen; kurz abweisen:* jmdn. mit allgemeinen Redensarten a. **sinnv.:** abfertigen · abfinden; ↑vertrösten.
ạb|spen|stig: ‹in der Fügung› jmdm. jmdn. a. machen: *jmdn. einem anderen wegnehmen und für sich gewinnen:* jmdm. die Freundin, die Kunden a. machen. **sinnv.:** ausspannen · abwerben · weglocken · wegnehmen.
ạb|sper|ren, sperrte ab, hat abgesperrt ‹tr.›: **1.** *durch eine Sperre unzugänglich machen:* die Straße a. **sinnv.:** abriegeln, ↑sperren. **2.** (bes. südd.) ↑*abschließen:* das Haus, die Schublade a.
Ạb|spra|che, die; -, -n: ↑*Vereinbarung:* eine geheime A. treffen. **sinnv.:** Kuhhandel. **Zus.:** Geheim-, Wahlabsprache.
ạb|spre|chen, spricht ab, sprach ab, hat abgesprochen ‹tr.›: **1.** ↑*vereinbaren:* sie hatten ein Zusammentreffen abgesprochen. **2.** *erklären, daß jmd. etwas nicht hat:* jmdm. alles Talent a. **sinnv.:** bestreiten · aberkennen.
Ạb|sprung, der; -s, Absprünge: *das Springen von/aus etwas:* der A. vom Barren, aus dem Flugzeug. **Zus.:** Fallschirmabsprung.
ạb|spu|len, spulte ab, hat abgespult ‹tr.›: *von einer Spule [ab]wickeln:* er spulte den Faden ab. **sinnv.:** abrollen.
ạb|spü|len, spülte ab, hat abgespült ‹tr.›: **a)** *durch Spülen reinigen:* das Geschirr a. **sinnv.:** abwaschen. **b)** *durch Spülen entfernen:* den Schmutz, die Seife a. **sinnv.:** abwaschen, ausspülen.
ạb|stam|men, stammte ab ‹2. Partizip unüblich; itr.›: *seinen Ursprung herleiten, haben:* der Mensch soll vom Affen a. **sinnv.:** stammen, herstammen · entstammen · sich herleiten, sich ableiten.
Ạb|stam|mung, die; -, -en: *Eigenschaft, von bestimmten Vorfahren abzustammen:* von vornehmer A. **sinnv.:** Abkunft, Herkommen, Herkunft, Geburt.
Ạb|stand, der; -[e]s, Abstände: **1.** *Entfernung zwischen zwei Punkten:* **a)** /räumlich/: die Autos hielten weiten A. **sinnv.:** ↑Entfernung; ↑Spielraum. **Zus.:** Sicherheits-, Zeilenabstand. **b)** /zeitlich/: sie starteten in einem A. von zwei Stunden. **sinnv.:** Zwischenzeit · Intervall · Pause · Distanz. **Zus.:** Alters-, Zeitabstand. **2.** ‹ohne Plural› *Abfindung:* für die übernommenen Möbel zahlte er einen A. von 1 000 DM. **sinnv.:** ↑Entschädigung.
ạb|stat|ten, stattete ab, hat abgestattet: ‹in den Wendungen› **jmdm. seinen Dank a.** *(jmdm. [förmlich] danken);* **jmdm. einen Besuch a.** *(jmdn. besuchen).*
ạb|stau|ben, staubte ab, hat abgestaubt ‹tr.›: **1.** *vom Staub befreien:* ein Bild a. **sinnv.:** abwischen · ↑säubern. **2.** (ugs.) *sich so nebenher, beiläufig in den Besitz von etwas bringen:* im Park einige Blumen a.; er wollte bei seiner Mutter ein paar Mark fürs Kino a., aber sie gab ihm nichts. **sinnv.:** ↑stehlen · bitten um, haben wollen.
ạb|ste|chen, sticht ab, stach ab, hat abgestochen ‹itr.›: *einen Kontrast bilden:* die beiden Farben stechen sehr voneinander ab. **sinnv.:** ↑abweichen; sich ↑abzeichnen; ↑kontrastieren.
Ạb|ste|cher, der; -s, -: *kleiner Ausflug (bei einer Reise):* auf unserer Fahrt nach Österreich machen wir noch einen A. nach München. **sinnv.:** ↑Ausflug.
ạb|stecken, steckte ab, hat abgesteckt ‹tr.›: *mit in den Boden gesteckten Pfählen, Pflöcken abgrenzen:* ein Spielfeld a. **sinnv.:** begrenzen · ↑markieren.
ạb|ste|hen, stand ab, hat abgestanden ‹itr.›: **1.** *in einem bestimmten Abstand von etwas stehen:* der Schrank steht zu weit von der Wand ab. **2.** *vom Ansatzpunkt wegstehen, nicht anliegen:* die Zöpfe stehen steif ab; ‹häufig im 1. Partizip› abstehende Ohren.
ạb|stei|gen, stieg ab, ist abgestiegen ‹itr.›: **1.** *(von etwas) heruntersteigen; nach unten steigen* /Ggs. aufsteigen/: vom Fahrrad, Pferd a. **sinnv.:** absitzen. **2.** *Quartier nehmen, vorübergehend wohnen:* in einem Hotel a. **sinnv.:** sich einmieten, logieren, Wohnung nehmen · nächtigen, ↑übernachten. **3.** *in eine niedrigere Klasse eingestuft werden* /Ggs. aufsteigen/: diese Fußballmannschaft wird a.
ạb|stel|len, stellte ab, hat abgestellt ‹tr.›: **1. a)** *(etwas, was man trägt) für kürzere Zeit irgendwo hinstellen:* eine Tasche, das Tablett auf dem Regal a. **sinnv.:** ↑absetzen. **b)** *vorübergehend an einen geeigneten Platz stellen:* das Fahrrad im Hof, das Moped unter der Brücke a. **sinnv.:** parken. **c)** *(etwas, was man nicht [mehr] benutzt) in einen entsprechenden Raum stellen:* alte Möbel, Kisten im Keller a. **sinnv.:** lagern, unterstellen. **2.** ↑*ausschalten* /Ggs. anstellen/: den Motor, das Radio, die Heizung a. **3.** *(Störendes) unterbinden, beheben:* einen Mißbrauch a.; das Übel a. **sinnv.:** ↑beseitigen. **4.** *einstellen; ausrichten (nach jmdm./etwas):* alles nur auf den äußeren Eindruck a. **sinnv.:** ↑abstimmen.
ạb|stem|peln, stempelte ab, hat abgestempelt ‹tr.›: *mit einem Stempel versehen:* den Ausweis, die Briefmarke a. **sinnv.:** ↑stempeln.
ạb|ster|ben, stirbt ab, starb ab, ist abgestorben ‹itr.›: **1.** *allmählich aufhören zu leben (von Teilen eines Organismus):* das Gewebe, die Haut stirbt ab; abgestorbene Bäume, Äste. **2.** *durch Einwirkung von Kälte o.ä. gefühllos werden:* meine Füße sind [vor Kälte] abgestorben. **sinnv.:** einschlafen, taub werden.
Ạb|stieg, der; -[e]s, -e: **a)** *das Abwärtssteigen* /Ggs. Aufstieg/: den A. vom Berg beginnen. **sinnv.:** hinuntergehen, -steigen. **b)** *abwärts führender Weg* /Ggs. Aufstieg/: ein steiler A.
ạb|stim|men, stimmte ab, hat abgestimmt: **1.**‹itr.› *durch Abgeben der Stimmen eine Entscheidung herbeiführen:* die Abgeord-

neten stimmten über das neue Gesetz ab. **sinnv.:** wählen. **2.** ‹tr.› *in Einklang bringen:* verschiedene Interessen aufeinander a. **sinnv.:** abstellen, einstellen · koordinieren · ↑anpassen.

Ab|stim|mung, die; -, -en: **1.** *das Abstimmen* (1). **sinnv.:** Stimmabgabe, Votum · Wahl. **2.** *das Abstimmen* (2). **sinnv.:** Anpassung.

ab|sti|nent ‹Adj.›: *enthaltsam:* er lebt a.

ab|stop|pen, stoppte ab, hat abgestoppt: **1.** ‹tr.› **a)** *zum Stoppen veranlassen:* die Polizei stoppte das Auto, den Motorradfahrer ab. **sinnv.:** anhalten. **b)** *(eine Bewegung) verringern [bis zum völligen Stillstand]:* die Fahrtgeschwindigkeit, den Vormarsch des Feindes a. **sinnv.:** ↑aufhalten · hemmen. **c)** ↑*anhalten* /vom Fahrer/: er stoppte den Wagen ab. **2.** ‹tr.› *mit der Stoppuhr messen:* die Zeit, den Läufer a. **sinnv.:** stoppen. **3.** ‹itr.› *halten:* der Fahrer, der Wagen stoppte plötzlich ab. **sinnv.:** ↑anhalten.

ab|sto|ßen, stößt ab, stieß ab, hat abgestoßen ‹tr.›: **1. a)** *mit einem kräftigen Stoß wegbewegen:* er hat das Boot vom Ufer abgestoßen. **sinnv.:** wegstoßen. **b)** *eine bestimmte Kraft, Wirkung ausüben u. dadurch etwas von sich wegbewegen, fernhalten* /Ggs. anziehen/: der Stoff stößt Wasser ab. **Zus.:** schmutz-, wasserabstoßend. **2.** *nicht mehr behalten wollen/können und daher verkaufen:* sie haben alle Aktien, Waren abgestoßen. **sinnv.:** ↑verkaufen. **3.** *(jmdm.) unsympathisch, widerwärtig sein:* dieser Mensch stößt mich ab. **sinnv.:** ↑anwidern; ↑ekeln · ↑ekelhaft, eklig · ↑häßlich.

ab|stot|tern, stotterte ab, hat abgestottert ‹tr.› (ugs.): *in kleineren Beträgen abzahlen:* seine Möbel a.; er hat von seinen Schulden tausend Mark abgestottert. **sinnv.:** ↑abzahlen.

ab|stra|hie|ren: 1. ‹tr.› *(aus dem Besonderen das Allgemeine) entnehmen:* er versuchte aus den zahllosen Einzelfällen Normen zu a. **2.** ‹itr.› *(von etwas) absehen, (auf etwas) verzichten:* seine Theorie abstrahiert beinahe völlig von den realen Bedingungen der Gesellschaft.

ab|strah|len, strahlte ab, hat abgestrahlt ‹tr.›: *(Strahlen, Wellen) aussenden:* die Sonne strahlt Wärme ab. **sinnv.:** ↑ausstrahlen.

ab|strakt ‹Adj.›: *nicht greifbar; nur gedacht:* abstraktes Denken; abstrakte *(gegenstandslose)* Malerei. **sinnv.:** ungegenständlich · ↑gedanklich.

ab|strei|ten, stritt ab, hat abgestritten ‹tr.›: *sagen, daß man etwas, was einem vorgeworfen, zur Last gelegt wird, nicht getan hat, und es mit Nachdruck von sich weisen:* eine Tat, seine Schuld a. **sinnv.:** ableugnen, ↑bestreiten, ↑dementieren, leugnen, negieren, ↑verleugnen, sich verwahren gegen, ↑zurückweisen.

Ab|strich, der; -[e]s, -e: **1.** *Maßnahme, durch die etwas (geplante Ausgaben o. ä.) gestrichen, gekürzt wird:* man nahm Abstriche am Haushaltsplan vor. **sinnv.:** Abzug · Einschränkung · ↑Vorbehalt. **2.** *Entnahme von Sekreten:* der Arzt ließ einen A. an den Mandeln machen.

ab|strus ‹Adj.›: *unklar, verworren:* abstruse Ideen; reichlich a. wirken. **sinnv.:** abwegig, unverständlich, ↑verworren.

ab|stu|fen, stufte ab, hat abgestuft ‹tr.›: *stufenförmig gestalten:* der Hang ist in verschiedenen Terrassen abgestuft; die Gehälter a. **sinnv.:** staffeln.

ab|stump|fen, stumpfte ab, hat/ist abgestumpft: **1.** ‹tr.› *stumpf machen:* er hat die Kanten abgestumpft. **2. a)** ‹tr./itr.› *gefühllos, teilnahmslos, gleichgültig machen:* die Not hat ihn abgestumpft; diese Arbeit stumpft ab. **b)** ‹itr.› *gefühllos, teilnahmslos, gleichgültig werden:* er ist durch Gewöhnung abgestumpft.

Ab|sturz, der; -es, Abstürze: *Sturz aus großer Höhe:* beim A. des Flugzeugs kamen 20 Menschen ums Leben. **sinnv.:** ↑Fall. **Zus.:** Flugzeugabsturz.

ab|stür|zen, stürzte ab, ist abgestürzt ‹itr.›: *aus großer Höhe herunterstürzen:* das Flugzeug stürzte ab. **sinnv.:** herunterfallen · ↑fallen.

ab|stüt|zen, stützte ab, hat abgestützt: **a)** ‹tr.› *gegen Einsturz stützen, durch eine Stütze Halt geben:* einen Stollen mit Balken a. **sinnv.:** versteifen · ↑stützen. **b)** ‹sich a.› *sich auf einer festen Grundlage Halt verschaffen:* ich stützte mich etwas ab.

ab|surd ‹Adj.›: *der Vernunft widersprechend:* ein absurder Gedanke. **sinnv.:** sinnlos, unsinnig, ↑widersinnig.

Ab|szeß, der; Abszesses, Abszesse: *eitriges* ↑*Geschwür.*

Abt, der; -[e]s, Äbte: *Vorsteher eines Mönchsklosters.*

ab|tau|en, taute ab, hat/ist abgetaut: **a)** ‹tr.› *von Eis befreien:* sie hat den Kühlschrank abgetaut. **sinnv.:** ↑auftauen. **b)** ‹itr.› *von Eis frei werden:* die Fenster sind abgetaut. **sinnv.:** ↑auftauen.

Ab|teil, das; -s, -e: *abgeteilter Raum in einem Wagen der Eisenbahn:* ein A. für Raucher. **sinnv.:** Coupé. **Zus.:** Dienst-, Eisenbahn-, [Nicht]raucher-, Schlafwagen-, Zugabteil.

Ab|tei|lung, die; -, -en: **1.** *geschlossene Gruppe von Soldaten o. ä.:* marschierende Abteilungen. **sinnv.:** Einheit, ↑Gruppe, Kolonne, Kommando, Pulk, Schar, Trupp, Verband, Zug. **Zus.:** Panzer-, Vorausabteilung. **2.** *relativ selbständiger Teil einer größeren Organisationseinheit (Unternehmen, Warenhaus, Bank, Behörde, Krankenhaus, Museum u. a.):* die chirurgische A.; A. für Haushaltswaren. **sinnv.:** Dezernat, ↑Klasse, Sektion, Sparte. **Zus.:** Kredit-, Möbel-, Versandabteilung.

ab|tip|pen, tippte ab, hat abgetippt ‹tr.› (ugs.): *auf der Schreibmaschine abschreiben:* ein Manuskript a. **sinnv.:** ↑abschreiben.

Äb|tis|sin, die; -, -nen: *Vorsteherin eines Nonnenklosters.*

ab|tö|ten, tötete ab, hat abgetötet ‹tr.›: *(sehr kleine Lebewesen, Zellen o. ä.) gänzlich vernichten:* Bakterien a. **sinnv.:** ↑unterdrücken.

ab|tra|gen, trägt ab, trug ab, hat abgetragen ‹tr.›: **1.** *vom Eßtisch wegtragen* /Ggs. auftragen/: die Speisen, Teller a. **sinnv.:** abdecken, abräumen, abservieren, wegräumen. **2.** *machen, daß etwas [nach und nach] beseitigt wird, nicht mehr da ist:* einen Hügel, Ruinen a.; eine Schuld a. **3.** *(ein Kleidungsstück) so lange tragen, bis es unansehnlich, nicht mehr brauchbar ist:* sie muß die Kleider ihrer älteren Schwester a.; abgetragene Schuhe. **sinnv.:** auftragen · ↑abnutzen.

ab|träg|lich /Ggs. zuträglich/: ‹in der Fügung› etwas ist jmdm./einer Sache a.: *etwas ist für jmdn./etwas nachteilig, schädlich:* diese Äußerung war seinem Ansehen a. **sinnv.:** ↑unangenehm, unerfreulich.

ab|trans|por|tie|ren, transportierte ab, hat abtransportiert ⟨tr.⟩: *mit einem Fahrzeug wegbringen:* einen Kranken [im Auto] a.; Möbel a. **sinnv.:** wegbringen; ↑entfernen.

ạb|trei|ben, trieb ab, hat/ist abgetrieben: **1. a)** ⟨tr.⟩ *in eine andere, nicht gewünschte Richtung bringen; von der Bahn abbringen:* die Strömung hat das Schiff abgetrieben. **b)** ⟨itr.⟩ *in eine andere, nicht gewünschte Richtung geraten; von der Bahn abkommen:* der Ballon ist langsam abgetrieben. **2.** ⟨tr./itr.⟩ *eine Fehlgeburt herbeiführen:* sie hat [ihr Kind] abgetrieben. **sinnv.:** sich ein Kind wegmachen lassen.

Ạb|trei|bung, die; -, -en: *das Herbeiführen einer Fehlgeburt.* **sinnv.:** Schwangerschaftsabbruch, Schwangerschaftsunterbrechung; ↑Fehlgeburt.

ạb|tren|nen, trennte ab, hat abgetrennt ⟨tr.⟩: *durch Trennen von etwas entfernen [und es selbständig für sich bestehen lassen]:* einen Knopf, Zettel a. **sinnv.:** ablösen, ↑abmachen · abbrechen, ↑abdrehen, abknicken, abreißen · abhauen, abschlagen · absäbeln, abschneiden, abspalten · abzwacken · abzupfen, pflükken · ↑absondern · ↑amputieren; ↑entfernen.

ạb|tre|ten, tritt ab, trat ab, hat/ist abgetreten: **1.** ⟨itr.⟩ *die Stelle, wo man steht, verlassen:* der Schauspieler ist [von der Bühne] abgetreten. **sinnv.:** ↑ausscheiden · ↑weggehen, wegtreten. **2.** ⟨itr.⟩ *durch festes Auftreten (mit dem Fuß) beseitigen:* er hat den Schnee von den Schuhen abgetreten. **sinnv.:** ↑säubern. **3.** ⟨tr.⟩: *(auf jmdn.) übertragen:* er hat seine Rechte an uns abgetreten. **sinnv.:** ↑abgeben · ↑überschreiben.

Ạb|tre|ter, der; -s, -: *Matte oder Rost zum Entfernen des Schmutzes von den Schuhsohlen:* den A. benutzen. **sinnv.:** [Fuß]matte. **Zus.:** Fußabtreter.

ạb|trock|nen, trocknete ab, hat/ist abgetrocknet: **1. a)** ⟨tr.⟩ *trocken machen:* die Mutter hat dem Kind das Gesicht abgetrocknet. **sinnv.:** abreiben, abtupfen, austrocknen, frottieren · trockenlegen · ↑trocknen. **b)** ⟨tr./itr.⟩ *mit dem Handtuch das Wasser von gespültem Geschirr entfernen:* er hat [das Geschirr] abgetrocknet. **2.** ⟨itr.⟩ *(in bezug auf eine flächenhafte Ausdehnung) nachdem es naß geworden war, wieder trocken werden:* die Fahrbahn ist abgetrocknet. **sinnv.:** ↑trocknen.

ạb|trün|nig ⟨Adj.⟩ (geh.): *(von jmdm./etwas) abgefallen* (3): ein abtrünniger Verbündeter; jmdm. a. werden *(von jmdm. abfallen).* **sinnv.:** ↑untreu.

ạb|tun, tat ab, hat abgetan ⟨tr.⟩: *als unwichtig ansehen und beiseite schieben:* einen Einwand mit einer Handbewegung a. **sinnv.:** erledigen, abfertigen · ↑ablehnen, abweisen.

ạb|tup|fen, tupfte ab, hat abgetupft ⟨tr.⟩: **a)** *durch Tupfen entfernen:* das Blut a. **sinnv.:** ↑abwischen. **b)** *durch Tupfen reinigen, trocknen:* [sich] die nasse Stirn a. **sinnv.:** ↑abtrocknen.

ạb|ver|lan|gen, verlangte ab, hat abverlangt ⟨tr.⟩: *(von jmdm.) verlangen, fordern, daß er etwas [her]gibt:* jmdm. Geld für etwas a.; die Strecke verlangt den Läufern nicht allzuviel, das Letzte an Können ab. **sinnv.:** ↑fordern · zumuten.

ạb|wä|gen, wog /(auch:) wägte ab, hat abgewogen/ (auch:) abgewägt ⟨tr.⟩: *genau, prüfend bedenken:* etwas kritisch a. **sinnv.:** ↑überlegen.

ạb|wäh|len, wählte ab, hat abgewählt ⟨tr.⟩: **1.** *durch Abstimmung aus seinem Amt entfernen:* den Vorsitzenden einer Partei a. **sinnv.:** ausschalten · ausschließen. **2.** *(durch die Entscheidung für ein bestimmtes Fach ein anderes) nicht mehr als Unterrichtsfach haben:* ich habe Musik abgewählt. **sinnv.:** aufgeben, fallenlassen.

ạb|wäl|zen, wälzte ab, hat abgewälzt ⟨tr.⟩: *(etwas Lästiges, Unangenehmes) von sich schieben und einen andern damit belasten:* seine Pflichten, die Verantwortung für etwas auf einen andern a. **sinnv.:** abschieben, sich vom Halse schaffen; ↑aufbürden.

ạb|wan|deln, wandelte ab, hat abgewandelt ⟨tr.⟩: *(teilweise) anders machen:* das alte Thema in immer neuen Variationen a. **sinnv.:** modifizieren, modulieren · umbilden, umformen · variieren, abändern, umändern, verändern; ↑ändern.

ạb|war|ten, wartete ab, hat abgewartet: **a)** ⟨tr./itr.⟩ *(auf das Eintreffen, Eintreten von jmdm./etwas) warten:* er hat das Ende des Spiels nicht mehr abgewartet und ist gegangen; ⟨häufig im 1. Partizip⟩ eine abwartende Haltung. **sinnv.:** die Dinge auf sich zukommen/an sich herankommen lassen, sich ↑gedulden, ↑warten; ↑zögern. **b)** ⟨tr.⟩ *auf das Ende (von etwas) warten:* den Regen a. **sinnv.:** vorübergehen lassen.

ạb|wärts ⟨Adverb⟩: *nach unten* /Ggs. aufwärts/: [den Weg] a. gehen. **sinnv.:** bergab, herunter, hinunter, nieder. **Zus.:** berg-, flußabwärts.

ạb|wärts|ge|hen, ging abwärts, ist abwärtsgegangen ⟨itr.⟩ (ugs.): *schlechter werden* /Ggs. aufwärtsgehen/: es geht abwärts mit ihm, seiner Gesundheit. **sinnv.:** bergab gehen, sich ↑verschlechtern.

ạb|wa|schen, wäscht ab, wusch ab, hat abgewaschen: **a)** ⟨tr./itr.⟩ *mit Hilfe von Wasser säubern:* wir müssen noch [das Geschirr] a. **sinnv.:** abspülen, spülen; ↑säubern. **b)** ⟨tr.⟩ *mit Hilfe von Wasser [und Seife] beseitigen:* Schmutz [vom Auto] a. **sinnv.:** abspülen, ↑abwischen, aufwischen · löschen, tilgen · ↑entfernen.

Ạb|was|ser, das; -s, Abwässer: *durch Gebrauch verschmutztes abfließendes Wasser:* die Abwässer der Stadt fließen in den See.

ạb|wech|seln, wechselte ab, hat abgewechselt: ⟨itr./sich a.⟩ *eine Tätigkeit im gegenseitigen Wechsel ausführen:* sie wechselten [sich] bei der Arbeit ab. **sinnv.:** sich ablösen, die Rollen tauschen, wechseln · aufeinanderfolgen.

Ạb|wechs|lung, die; -, -en: *unterhaltsame, angenehme Unterbrechung (im sonst gleichförmigen Ablauf):* der Theaterbesuch war eine schöne A.; ich brauche A. **sinnv.:** ↑Unterhaltung.

ạb|we|gig ⟨Adj.⟩: *sich von der eigentlich zur Diskussion stehenden Sache weg, entfernt befindend, gar nicht mehr dazu passend, gehörend:* ein abwegiger Gedanke; ich finde diesen Plan a. **sinnv.:** ↑ausgefallen · ↑irrig · ↑unsinnig.

Ạb|wehr, die; -: **1.** *Verteidigung gegen einen Angriff oder Widerstand:* sich auf [die] A. des Gegners beschränken. **sinnv.:** ↑Deckung, Defensive, Gegenwehr, Notwehr, Verteidigung, Widerstand. **Zus.:** Flieger-, Luftabwehr. **2. a)** *ablehnende Haltung, innerer Widerstand:* er spürte ihre stumme A.; auf A. stoßen. **sinnv.:** Abneigung, Widerstand · Obstruktion. **b)** *das Abwehren von etwas, Zurückweisung:* die A. staatlicher Eingriffe. **sinnv.:** Verhinderung. **3.** *zur Verteidigung eingesetzte Spieler einer Mannschaft.* **sinnv.:** Dekkung. **4.** *Organisation zur Verteidigung gegen feindliche Spionage:* die deutsche A. kam den beiden Agenten auf die Spur. **Zus.:** Spionageabwehr.

ab|weh|ren, wehrte ab, hat abgewehrt: **1.** ⟨tr.⟩ *sich mit Erfolg gegen etwas wehren, so daß die Gefahr o. ä. nicht mehr besteht, vorhanden ist, nicht an den Betreffenden herankommt:* einen Verdacht, Vorwurf, eine Gefahr, das Unheil, einen Angriff, das Schlimmste, Fliegen a. **sinnv.:** sich zur Wehr setzen · sich rechtfertigen · abbiegen, abblocken, abhalten, abschlagen, aufhalten, sich erwehren, fernhalten, hindern · parieren, sich verteidigen, wehren, zurückschlagen · verhindern · ↑abweisen, nicht zulassen, verscheuchen. **2.** ⟨itr.⟩ *ablehnend reagieren:* erschrocken wehrte er ab, als man ihm diese Aufgabe übertragen wollte. **sinnv.:** ↑ablehnen, abwinken, von sich weisen.

ab|wei|chen, wich ab, ist abgewichen ⟨itr.⟩: **a)** *sich (von seinem Weg, seiner Richtung) entfernen:* vom Weg, von einer Gewohnheit a. **sinnv.:** abirren, [vom Kurs] abkommen, abschweifen, aus der Richtung kommen · abbiegen, die Richtung ändern · verstoßen, zuwiderhandeln · ↑aufgeben, fallenlassen. **b)** *sich in bestimmten Punkten (voneinander) unterscheiden:* unsere Ansichten weichen voneinander ab. **sinnv.:** abstechen, aus dem Rahmen/der Reihe fallen, differieren, divergieren, ↑kontrastieren, sich unterscheiden, variieren, sich widersprechen.

ab|wei|sen, wies ab, hat abgewiesen ⟨tr.⟩: **a)** *nicht zu sich lassen, nicht vorlassen, von sich weisen:* einen Bettler a. **sinnv.:** abfahren/abblitzen lassen, abfertigen, ↑abwehren, abwimmeln, fernhalten, den Rücken zeigen, die kalte Schulter zeigen, eine Abfuhr erteilen, einen Korb geben, wegschicken, zurückweisen. **b)** ↑*ablehnen:* jmds. Angebot, einen Antrag a.

ab|wen|den ⟨tr.⟩: **1.** ⟨wandte/wendete ab, hat abgewandt/abgewendet⟩: *von etwas/jmdm. weg-, nach der Seite wenden:* den Blick von jmdm. a.; ⟨auch: sich a.⟩ bei diesem Anblick wandte sie sich schnell ab. **sinnv.:** abkehren, wegwenden, wenden · den Rücken [zu]kehren/zudrehen/zuwenden/zeigen, sich umdrehen. **2.** ⟨wendete ab, hat abgewendet⟩ *(etwas Schlimmes von jmdm.) fernhalten:* ein Unglück a.; er wendete die Gefahr von uns ab. **sinnv.:** abwehren, ↑verhindern.

ab|wer|ben, wirbt ab, warb ab, hat abgeworben ⟨tr.⟩: *durch entsprechende Angebote o. ä. machen, daß jmd. seine Stelle bei einer Firma, in einer Mannschaft verläßt, um zu der überzuwechseln, die das Angebot gemacht hat:* Arbeitskräfte a. **sinnv.:** ausspannen, loseisen, weglocken.

ab|wer|fen, wirft ab, warf ab, hat abgeworfen: **1.** ⟨tr.⟩ *aus größerer Höhe herabfallen lassen:* die Flugzeuge warfen Bomben [auf die Stadt] ab. **sinnv.:** werfen auf. **2.** ⟨tr.⟩ *(etwas, was als lästig empfunden wird) von sich werfen:* das Pferd warf den Reiter ab. **sinnv.:** sich befreien von. **3.** ⟨itr.⟩ (ugs.) *Gewinn bringen:* das Geschäft wirft viel ab. **sinnv.:** abfallen, sich auszahlen/bezahlt machen, bringen, einbringen, eintragen, erbringen, ergeben, Früchte tragen, herauskommen, herausschauen, herausspringen, sich lohnen, rentieren · ↑einträglich.

ab|wer|ten, wertete ab, hat abgewertet ⟨tr.⟩: *in seinem Wert herabsetzen* /Ggs. aufwerten/: den Dollar a. **sinnv.:** entwerten.

ab|we|send ⟨Adj.⟩: **1.** *(in bezug auf einen bestimmten Ort) nicht da* /Ggs. anwesend/: er ist schon länger a. **sinnv.:** ausgeflogen, aushäusig · fehlend, fort, weg · nicht greifbar · ↑fehlen. **2.** *geistig nicht bei der Sache; in Gedanken mit etwas anderem beschäftigt:* er war ganz a. **sinnv.:** abgelenkt, zerstreut; ↑unaufmerksam. **Zus.:** geistesabwesend.

Ab|we|sen|heit, die; -: *das Abwesendsein* /Ggs. Anwesenheit/: das wurde in seiner A. besprochen. **Zus.:** Geistesabwesenheit.

ab|wickeln, wickelte ab, hat abgewickelt ⟨tr.⟩: **1.** *von einer Rolle wickeln* /Ggs. aufwickeln/: er hat den Draht [von der Rolle] abgewickelt. **sinnv.:** abrollen, abspulen. **2.** *in einer von der Sache her gegebenen Abfolge erledigen:* Aufträge, Geschäfte [rasch, ordnungsgemäß] a. **sinnv.:** ↑verwirklichen.

ab|wie|geln, wiegelte ab, hat abgewiegelt ⟨itr.⟩: **a)** *auf jmdn. durch Zureden beschwichtigend einwirken:* er versuchte abzuwiegeln. **sinnv.:** ↑beruhigen. **b)** *bestimmte Annahmen, Erwartungen dämpfen, als nicht so schlimm, groß, bedeutungsvoll o. ä. hinzustellen versuchen:* diese Inszenierung wird gar nicht sehr viel kosten, wiegelte der Intendant ab.

ab|wie|gen, wog ab, hat abgewogen ⟨tr.⟩: *so viel von einer größeren Menge wiegen, bis man die gewünschte Menge hat:* das Mehl für den Kuchen a. **sinnv.:** ↑wiegen.

ab|wim|meln, wimmelte ab, hat abgewimmelt ⟨tr.⟩ (ugs.): *(etwas Lästiges, jmdn., der einem lästig ist) mit Beredsamkeit, durch Vorwände, Ausreden o. ä. abweisen:* einen Auftrag a.; einen Vertreter a. **sinnv.:** ↑abweisen.

ab|win|ken, winkte ab, hat abgewinkt ⟨itr.⟩: *[mit einer Handbewegung] seine Ablehnung zu verstehen geben:* als man ihn aufs Podium holen wollte, winkte er ab. **sinnv.:** ablehnen, abwehren.

ab|wi|schen, wischte ab, hat abgewischt ⟨tr.⟩: **a)** *durch Wischen entfernen:* ich wischte den Staub [von der Lampe] ab. **sinnv.:** abreiben, abtupfen, ↑abwaschen, auf-, aus-, wegwischen. **b)** *durch Wischen reinigen:* den Tisch a. **sinnv.:** ↑säubern.

ab|wür|gen, würgte ab, hat abgewürgt ⟨tr.⟩ (ugs.): *im Entstehen unterdrücken:* die Kritik a.; den Motor a. *(durch ungeschicktes, falsches Bedienen zum Stillstand bringen).* **sinnv.:** ↑lahmlegen.

ab|zah|len, zahlte ab, hat abgezahlt ⟨tr.⟩: **a)** *in Raten zurückzahlen, bis es bezahlt ist:* ein Darlehen a. **sinnv.:** abbezahlen, abstottern · tilgen; ↑bezahlen. **b)** *die Raten für etwas zahlen:* das Auto a.

ab|zäh|len, zählte ab, hat abgezählt ⟨tr.⟩: *durch Zählen die Anzahl (von etwas) bestimmen:* er zählte ab, wieviel Personen gekommen waren; das Fahrgeld abgezählt *(passend)* in der Hand halten. **sinnv.:** ↑zählen.

Ab|zei|chen, das; -s, -: *etwas,*

was als Kennzeichen für die Zugehörigkeit zu einer Partei oder einem Verein, für eine Leistung o. ä. (an der Kleidung) angesteckt werden kann: ein A. tragen. **sinnv.:** Anstecknadel, Button, Orden, Plakette · Aufkleber. **Zus.:** Partei-, Sportabzeichen.

ab|zeich|nen, zeichnete ab, hat abgezeichnet: **1.** ⟨tr.⟩ *zeichnend genau wiedergeben, genau nach einer Vorlage zeichnen:* ein Bild a. **sinnv.:** abbilden · abmalen. **2.** ⟨tr.⟩ *mit dem [abgekürzten] Namen versehen; als gesehen kennzeichnen:* ein Protokoll a. **sinnv.:** ↑unterschreiben. **3.** ⟨sich a.⟩ *sich abheben; in den Umrissen [deutlich] erkennbar sein:* in der Ferne zeichnet sich der Gipfel des Berges ab. **sinnv.:** abstechen, ↑kontrastieren; sich ↑andeuten.

ab|zie|hen, zog ab, hat/ist abgezogen: **1.** ⟨tr.⟩ **a)** *weg-, herunterziehen und so entfernen:* sie hat den Ring vom Finger abgezogen; die Bettwäsche a. **sinnv.:** abnehmen. **b)** *durch Weg-, Herunterziehen von etwas befreien:* einen Hasen a. *(sein Fell entfernen);* sie hat die Betten abgezogen *(die Bezüge von den Betten entfernt).* **sinnv.:** abschälen, häuten, pellen, schälen. **2. a)** ⟨itr.⟩ *sich wieder entfernen:* die Truppen sind abgezogen; das Gewitter ist abgezogen. **sinnv.:** wegziehen; ↑weggehen. **b)** ⟨tr.⟩ *zurückziehen:* sie haben die Truppen aus der Stadt abgezogen. **sinnv.:** abkommandieren. **3.** ⟨tr.⟩ *aus etwas ziehend entfernen:* er hat den Zündschlüssel abgezogen. **4.** ⟨tr.⟩ *(einen Teil von einer Summe oder einem Betrag) in einem rechnerischen Vorgang wegnehmen:* ziehen Sie [davon] bitte fünf Mark ab! **sinnv.:** subtrahieren.

ab|zie|len, zielte ab, hat abgezielt ⟨itr.⟩: *gerichtet sein:* etwas zielt auf die Steigerung von etwas ab. **sinnv.:** ↑bezwecken.

Ab|zug, der; -[e]s, Abzüge: **1.** ⟨ohne Plural⟩ *das Abziehen* (2 a): der A. der Truppen aus dem besetzten Land. **sinnv.:** Abmarsch · Wegzug. **2.** *Öffnung, durch die etwas abziehen, entweichen kann:* ein A. über dem Herd. **Zus.:** Rauchabzug. **3.** *das Abziehen* (4): der A. von Steuern. **sinnv.:** ↑Rabatt. **Zus.:** Gehalts-, Lohnabzug. **4.** ⟨Plural⟩ *etwas, was von Einnahmen, vom Gehalt usw. [z. B. als Steuer] abgezogen wird:* monatliche, einmalige Abzüge. **5.** *Hebel zum Auslösen eines Schusses:* den Finger am A. halten. **6.** *Bild von einem entwickelten Film:* Abzüge von etwas machen. **sinnv.:** Reproduktion · Vervielfältigung.

ab|züg|lich ⟨Präp. mit Gen.⟩: *nach Abzug, abgerechnet* /Ggs. zuzüglich/: a. der Zinsen, aller Unkosten; ⟨aber: starke Substantive bleiben im Singular ungebeugt, wenn sie ohne Artikel und ohne adjektivisches Attribut stehen; im Plural stehen sie dann im Dativ⟩ a. Rabatt; a. Abzügen. **sinnv.:** minus, nicht inbegriffen, ohne, unter Abzug, weniger.

ab|zwei|gen, zweigte ab, hat/ist abgezweigt: **1.** ⟨itr.⟩ *von einer bestimmten Stelle an seitlich abgehen, nach der Seite hin weiterverlaufen:* der Weg ist dann 100 Meter weiter nach rechts abgezweigt. **sinnv.:** abbiegen, abgehen · sich ↑gabeln, sich teilen. **2.** ⟨tr.⟩ *von einer zur Verfügung stehenden Menge einen Teil für jmdn./etwas Bestimmtes nehmen:* er hat von seinem Gehalt jeden Monat 200 Mark für das Auto abgezweigt; Waren aus dem Lager für sich a. **sinnv.:** auf die Seite legen/bringen, beiseite legen/bringen, ↑erübrigen, weglegen, wegtun; ↑absparen.

Ach|se, die; -, -n: **1.** *Teil einer Maschine, eines Wagens o. ä., an dessen Enden Räder sitzen:* der Wagen hat zwei Achsen; die A. ist gebrochen. **sinnv.:** Drehpunkt. **Zus.:** Radachse. **2.** *[gedachte] Linie in der Mitte von etwas:* die Erde dreht sich um ihre A. **sinnv.:** ↑Mittelpunkt. **Zus.:** Erdachse, Nord-Süd-Achse, Symmetrieachse.

Ach|sel, die; -, -n: **1.** *Schulter:* er zuckte mit den Achseln (um zu zeigen, daß er ratlos war oder daß er es nicht wußte). **2.** *Stelle unterhalb des Schultergelenks, dort, wo Oberarm und Oberkörper eine Art Grube bilden:* das Fieber in/unter der A. messen. **sinnv.:** Achselhöhle, Achselgrube.

acht: I. ⟨Kardinalzahl⟩ 8: a. Personen. **II.** ⟨in bestimmten Fügungen⟩ **etwas außer a. lassen:** *etwas nicht beachten.* **sinnv.:** von etwas absehen, mißachten, übersehen. **etwas in a. nehmen:** *etwas sorgsam, vorsichtig behandeln.* **sich in a. nehmen:** *vorsichtig sein, sich vorsehen.*

acht... ⟨Ordinalzahl⟩: 8.: der achte Mann.

ach|ten, achtete, hat geachtet: **1.** ⟨tr.⟩ *jmdm. gegenüber Achtung empfinden:* ich achte ihn sehr wegen seiner Toleranz. **sinnv.:** vor jmdm. Achtung haben, anerkennen, bewundern, ehren, in Ehren halten, hochachten, hochschätzen, vor jmdm. den Hut ziehen, eine hohe Meinung von jmdm. haben, große Stücke auf jmdn. halten, respektieren, schätzen, verehren, viel für jmdn. übrig haben · ↑Achtung. **2.** ⟨tr.⟩ *Rücksicht auf etwas nehmen:* jmds. Gefühle a. **3.** ⟨tr.⟩ *sich nach etwas, was befolgt werden soll, richten:* das Gesetz a. **4.** ⟨itr.⟩ **a)** *(einer Sache) Beachtung, Aufmerksamkeit schenken:* er achtete nicht auf ihre Worte. **sinnv.:** achtgeben, berücksichtigen, auf jmdn./etwas hören. **b)** ↑*aufpassen:* auf das Kind a. **c)** *auf etwas Wert, Gewicht legen:* auf Sauberkeit a. **sinnv.:** bedacht sein auf, halten auf; ↑bedenken.

äch|ten, ächtete, hat geächtet ⟨tr.⟩: *(weil es der Auffassung, Ansicht einer Gemeinschaft widerspricht) ablehnen, ausstoßen, verdammen:* er wurde von der Gesellschaft geächtet; etwas als Verrat ä.; Atomwaffen ä. **sinnv.:** bannen, verdammen, verfemen, verstoßen, verurteilen · boykottieren; ↑brandmarken.

Ach|ter|bahn, die; -, -en: *Berg-und-Tal-Bahn (mit Schleifen in Form der Ziffer Acht):* A. fahren.

acht|ge|ben, gibt acht, gab acht, hat achtgegeben ⟨itr.⟩: ↑*aufpassen:* auf die Kinder a.

acht|los ⟨Adj.⟩: *ohne jmdm., einer Sache Beachtung zu schenken:* sie ließ die Blumen a. liegen. **sinnv.:** ↑gleichgültig, ↑unachtsam, ↑unaufmerksam.

Ach|tung, die; -: **1.** *hohe Meinung, die man von jmdm./etwas hat:* mit A. von jmdm. sprechen. **sinnv.:** Anerkennung, Bewunderung, Ehrerbietung, Ehrfurcht, Hochachtung, Hochschätzung, Pietät, Respekt, Schätzung, Verehrung, Wertschätzung · Ansehen, Gunst · Ruf · Ruhm; ↑achten. **Zus.:** Hoch-, Nicht-, Selbstachtung. **2.** */Warn-, Aufforderungsruf, warnende Aufschrift/:* A. *(Vorsicht),* Stufen! **sinnv.:** ↑Aufmerksamkeit · ↑aufpassen.

acht|zig ⟨Kardinalzahl⟩: 80: a. Personen.

äch|zen, ächzte, hat geächzt ⟨itr.⟩: *(bei Schmerz, Anstrengung) ausatmend einen kehlig-gepreß-*

ten, wie „ach" klingenden Laut von sich geben: er ächzte, als er die Treppe hinaufging. **sinnv.:** ↑stöhnen.

Acker, der; -s, Äcker: *für den Anbau genutztes Stück Land:* fruchtbare Äcker; /als Maßangabe/: zehn A. Land. **sinnv.:** ↑Feld, Feldstück, Stück. **Zus.:** Kartoffel-, Rübenacker.

Adams|ap|fel, der; -s, Adamsäpfel: *[stark] hervortretender Knorpel am Hals* /bes. bei Männern/. **sinnv.:** Kehlkopf.

Adams|ko|stüm: ⟨in der Fügung⟩ im A. (ugs.): *nackt:* im A. herumlaufen.

ad|die|ren ⟨tr.⟩: *zusammenzählen, hinzufügen* /Ggs. subtrahieren/: Zahlen a. **sinnv.:** zusammenziehen, summieren.

Ad|di|ti|on, die; -, -en: *das Addieren, Zusammenzählen* /Ggs. Subtraktion/.

-a|de, die; -, -n ⟨Suffix⟩ */bezeichnet eine Handlung, einen Vorgang in der Art der im Basiswort genannten Person/:* Harlekinade, Robinsonade. **sinnv.:** -iade.

Adel, der; -s: **1.** *(früher auf Grund der Geburt oder durch Verleihung) mit besonderen Rechten ausgestatteter Stand der Gesellschaft:* bei dieser Hochzeit war der ganze A. des Landes anwesend. **sinnv.:** Aristokratie. **Zus.:** Geistes-, Geld-, Hoch-, Hof-, Landadel. **2.** *vornehme Würde:* der A. des Herzens. **sinnv.:** Distinktion, Erhabenheit, Grandezza, Hoheit, Majestät, Noblesse, Vornehmheit, Würde · Feinheit.

adeln ⟨tr.⟩: **1.** (früher) *in den Adelsstand erheben:* der König adelte den bürgerlichen Dichter. **2.** *mit Adel* (2) *ausstatten:* diese Gesinnung adelt ihn.

Ader, die; -, -n: *etwas, was den Körper, ein Organ bahnen-, röhrenartig durchzieht und in dem das Blut weiterbefördert wird:* die Adern schwellen an. **sinnv.:** Arterie · Vene · Gefäß. **Zus.:** Krampf-, Puls-, Schlag-, Stirn-, Zorn[es]ader.

Ad|ju|tant, der; -en, -en: *jmd., der einem anderen zur Unterstützung beigegeben ist:* er ist mein A. **sinnv.:** ↑Helfer.

Ad|ler, der; -s, -: *großer Greifvogel mit kräftigem Hakenschnabel u. starken Krallen.* **sinnv.:** Aar, König der Lüfte. **Zus.:** Seeadler.

Ad|ler|na|se, die; -, -n: *große, gebogene Nase* (siehe Bildleiste „Nasen").

ad|lig ⟨Adj.⟩: *dem Adel angehörend:* er ist a.: Er heißt „von Oven". **sinnv.:** aristokratisch, von Adel, von hoher Abkunft · fürstlich, gräflich, herzoglich, kaiserlich, königlich.

Ad|mi|ral, der; -s, -e (auch: Admiräle): *Offizier der Marine im Rang eines Generals.* **sinnv.:** Vizeadmiral · Seeoffizier.

Ado|nis, der; -, -se (scherzh.): *schöner junger Mann:* nicht gerade ein, kein A. sein.

ad|op|tie|ren, adoptierte, hat adoptiert ⟨tr.⟩: *als eigenes Kind, an Kindes Statt annehmen:* sie haben das Mädchen vor zwei Jahren adoptiert. **sinnv.:** annehmen.

Adres|sat, der; -en, -en, **Adres|sa|tin,** die; -, -nen: *männliche bzw. weibliche Person, an die etwas gerichtet, für die etwas bestimmt ist (z. B. Post)* /Ggs. Absender/. **sinnv.:** Empfänger[in].

Adres|se, die; -, -n: **1.** ↑*Anschrift:* sich jmds. A. aufschreiben. **sinnv.:** Aufenthaltsort; Wohnungsangabe · Aufschrift. **Zus.:** Deck-, Heimat-, Privatadresse. **2.** *Schreiben einer Gruppe an hochgestellte Persönlichkeiten, politische Institutionen o. ä., das ein politisches Ziel, einen Glückwunsch, Dank o. ä. zum Inhalt hat:* eine A. an die Regierung richten. **sinnv.:** Bittschrift, Petition · Denkschrift; ↑Mitteilung. **Zus.:** Glückwunsch-, Grußadresse.

adrett ⟨Adj.⟩: *(in bezug auf das Äußere) in Wohlgefallen auslösender Weise frisch-gepflegt:* sie ist immer a. gekleidet. **sinnv.:** appetitlich, ↑geschmackvoll, proper, ↑sauber, wie aus dem Ei gepellt; ↑ordentlich.

Ad|vent, der; -s, -e: **a)** *die vier Sonntage einschließende Zeit vor Weihnachten.* **sinnv.:** Vorweihnachtszeit. **b)** *einer der vier Sonntage in der Zeit vor Weihnachten:* erster, zweiter A. **sinnv.:** Adventssonntag.

Af|fä|re, die; -, -n: **1.** *[kritische] Beachtung hervorrufende Angelegenheit:* sie konnte die peinliche A. nicht so schnell vergessen. **sinnv.:** ↑Ereignis. **Zus.:** Bestechungs-, Staatsaffäre. **2.** *Liebesbeziehung:* hattest du mit ihm eine A.? **sinnv.:** ↑Liebelei, Love-Story. **Zus.:** Liebesaffäre.

Af|fe, der; -n, -n: **a)** *menschenähnliches Säugetier, das in den Tropen vorwiegend auf Bäumen lebt.* **sinnv.:** Gibbon, Gorilla, Orang-Utan, Schimpanse. **Zus.:** Brüll-, Halb-, Menschenaffe. **b)** /als Schimpfwort/ (derb): blöder A.! **sinnv.:** ↑Geck.

Af|fekt, der; -[e]s, -e: *als Reaktion auf etwas entstandener Zustand außerordentlicher seelischer Erregung, die Kritik, Urteilskraft und Selbstbeherrschung mindert oder ganz ausschaltet:* im A. handeln. **sinnv.:** ↑Erregung.

af|fek|tiert ⟨Adj.⟩: *(in bezug auf die Art der Äußerungsform) geziert, gekünstelt:* a. lachen; sich a. benehmen. **sinnv.:** ↑geziert.

af|fen-, Af|fen- ⟨Präfixoid, auch das Basiswort wird betont⟩ (ugs. verstärkend): */betont den hohen Grad des im Basiswort Genannten/:* **a)** ⟨substantivisch⟩ Affenfahrt, -geduld, -geld (ein A. verdienen), -geschwindigkeit, -hitze, -kälte, -liebe, -schwein *(sehr großes Glück),* -spektakel, -tanz *(heftige Auseinandersetzung),* -tempo, -theater *(übertriebenes Tun, Reagieren in bezug auf etwas/jmdn.),* -zahn *(sehr hohe Geschwindigkeit).* **b)** ⟨adjektivisch⟩ affengeil *(besonders großartig).* **sinnv.:** sehr, überaus (groß, schnell, stark).

Af|fen|schan|de: ⟨in der Wendung⟩ das/es ist eine A. (ugs.): *das/es ist eine unerhörte, unglaubliche, ärgerliche Tatsache; es ist unerhört.* **sinnv.:** ↑unerhört.

af|fig ⟨Adj.⟩ (ugs.): *[eitel und] geziert:* ein affiges Mädchen.

Af|front [a'frõ:], der; -s, -s (veraltend; geh.): *[schwere] Beleidigung:* darin sehe ich einen A. gegen mich. **sinnv.:** ↑Rufmord.

Af|ter, der; -s, -: *Ende, Ausgang des Darms.* **sinnv.:** Gesäß.

Agent, der; -en, -en: **1.** *jmd., der im geheimen Auftrag einer Regierung, einer militärischen oder politischen Organisation bestimmte, meist illegale Aufträge ausführen soll.* **sinnv.:** Agent provocateur, Kundschafter, Saboteur, [Lock]spitzel · Detektiv; ↑Spion. **Zus.:** Geheimagent, Under-cover-Agent. **2. a)** *Geschäftsvermittler, [Handels]vertreter.* **sinnv.:** Reisender. **b)** *jmd., der berufsmäßig Künstlern Engagements vermittelt.* **sinnv.:** Betreuer, Impresario · Mäzen; ↑Funktionär.

Ag|gres|si|on, die; -, -en: **1.** *Angriff, Überfall auf einen fremden Staat.* **2.** *aggressives Han-*

deln, Verhalten: Aggressionen entspringen einem neurotischen Selbstbestätigungsdrang. **sinnv.:** Aggressivität, Angriff · Feindseligkeit · ↑Streit · Anfeindung, Beleidigung.

ag|gres|siv ⟨Adj.⟩ *geneigt, bereit, andere anzugreifen, seine Absichten direkt und ohne Rücksicht auf andere zu verfolgen; gegen andere gerichtet:* eine aggressive Reklame, Spielweise; manchmal ist er niedergeschlagen, dann wieder a.; Krimis machen a.; durch den Lärm wurde er ganz a. **sinnv.:** angriffslustig, ↑rabiat, streitsüchtig; ↑streitbar.

Ag|gres|si|vi|tät, die; -, -en: **a)** (ohne Plural) *aggressive Haltung.* **sinnv.:** ↑Aggression. **b)** *aggressive Handlung.*

Ag|gres|sor, der; -s, Aggressoren: *Staat, der einen anderen Staat überfällt.* **sinnv.:** Angreifer, Eroberer.

agie|ren ⟨itr.⟩: *in einer bestimmten Weise, Absicht tätig sein (z. B. als Schauspieler):* er agierte als Berater in Betrieben. **sinnv.:** auftreten, figurieren, mimen, mitwirken, spielen, ↑wirken · tingeln; ↑unternehmen.

Agi|ta|ti|on, die; -, -en: *Tätigkeit, bei der andere über etwas aufgeklärt und gleichzeitig für etwas gewonnen oder beeinflußt werden sollen:* politische A. **sinnv:** ↑Propaganda.

agi|tie|ren: a) ⟨itr.⟩ *Agitation betreiben:* für eine Partei, eine Idee a. **sinnv.:** ↑aufwiegeln · ↑propagieren · ↑werben. **b)** ⟨tr.⟩ *auf jmdn. durch Agitation einwirken:* die werktätigen Massen a.

Ahn, der; -s und -en, -en: ↑*Vorfahr:* meine Ahnen lebten in der Schweiz. **sinnv.:** ↑Verwandter.

ahn|den, ahndete, hat geahndet ⟨tr.⟩ (geh.): *(begangenes Unrecht) bestrafen:* ein Vergehen [streng] a. **sinnv.:** ↑bestrafen, vergelten.

äh|neln ⟨itr.⟩: *Ähnlichkeit mit jmdm./etwas haben:* er ähnelt seinem Bruder; die beiden Kinder ähneln sich/einander sehr. **sinnv.:** ähnlich sein, an etwas anklingen, nach jmdm. arten/geraten/kommen/schlagen, wie jmd./etwas aussehen, sich berühren, an jmdn./etwas erinnern, ganz jmd. sein (er ist ganz der Vater), gleichen, gleichkommen, grenzen an, jmdm. nachschlagen.

ah|nen ⟨tr.⟩: *gefühlsmäßig mit etwas rechnen, etwas erwarten, was geschehen, eintreten wird:* das Unglück a.; ich konnte ja nicht a. *(wissen),* daß es so schnell gehen würde. **sinnv.:** eine Ahnung haben, fühlen, spüren, ↑vermuten.

ähn|lich: I. ⟨Adj.⟩ *zum Teil übereinstimmend, annähernd gleich:* ähnliche Bilder; er sieht seinem Bruder ä. *(gleicht ihm sehr).* **sinnv.:** analog, entsprechend, gleich[artig], verwandt; ↑identisch. **II.** ⟨in Funktion einer Präp. mit dem Dativ⟩ *dem nachfolgend Genannten vergleichbar:* ä. dem Vorbild Thomas Mann; einer Stilistik ä., gibt dieses Buch sprachliche Ratschläge.

Ähn|lich|keit, die; -, -en: **1.** (ohne Plural) *ähnliches Aussehen, ähnliche Beschaffenheit.* **sinnv.:** Analogie, Entsprechung, Gleichartigkeit, Parallelität, Verwandtschaft. **2.** *ähnlicher Zug, ähnliche Eigenschaft.* **sinnv.:** Anklang, Entsprechung, Gemeinsamkeit.

Ah|nung, die; -, -en: *gefühlsmäßige Erwartung (in bezug auf etwas, was geschehen, eintreten wird):* meine A. hat mich nicht getrogen. *(ugs.) **keine A. haben** *(nicht wissen):* ich habe keine A., wo er ist. **sinnv.:** Annahme, Gefühl, innere Stimme, sechster Sinn, Vermutung · Besorgnis, Befürchtung. **Zus.:** Todesahnung.

ah|nungs|los ⟨Adj.⟩: *nichts [Böses] ahnend:* er ist völlig a. **sinnv.:** nichtsahnend, unwissend, unvorbereitet.

Ahorn, der; -s, -e: *Laubbaum mit meist gelappten Blättern und zweigeteilten geflügelten Früchten* (siehe Bildleiste „Blätter“).

Äh|re, die; -, -n: *Teil des Getreidehalms, der die Samen trägt* (s. Bildleiste „Getreide“). **sinnv.:** Blütenstand. **Zus.:** Korn-, Roggen-, Weizenähre.

Aka|de|mie, die; -, Akademien: *zentrale Einrichtung für Forschung, Bildung.* **sinnv.:** ↑Hochschule. **Zus.:** Abend-, Kriegs-, Kunst-, Militärakademie.

Aka|de|mi|ker, der; -s, -, **Aka|de|mi|ke|rin,** die; -, -nen: *männliche bzw. weibliche Person, die ein Studium an einer Universität absolviert [und mit einem Examen abgeschlossen] hat.* **sinnv.:** Hochschulabsolvent; ↑Wissenschaftler.

aka|de|misch ⟨Adj.⟩: **1.** *auf die Universität, Hochschule zurückgehend, bezogen:* akademische Bildung; akademischer Grad; die akademische Jugend *(die Studenten).* **sinnv.:** gebildet, gelehrt. **2.** *unlebendig-abstrakt:* der Vortrag war sehr a. **sinnv.:** gelehrt, langweilig, lebensfern, theoretisch, trocken.

Aka|zie, die; -, -n: *Baum oder Strauch mit gefiederten Blättern und duftenden Blüten* (siehe Bildleiste „Blätter“).

ak|kli|ma|ti|sie|ren, sich: *sich (an eine neue Umwelt) gewöhnen, anpassen:* er hatte sich nach einigen Tagen [in der fremden Umgebung] bereits akklimatisiert.

Ak|kord, der; -[e]s, -e: **1.** *Zusammenklang von mindestens drei verschiedenen Tönen:* einen A. auf dem Klavier anschlagen. **sinnv.:** Dreiklang · Intervall. **2.** *Bezahlung nach Stückzahl, nach der Menge der in einer bestimmten Zeit hergestellten Produkte bzw. Einzelteile; Leistungslohn (im Unterschied zum Zeitlohn):* A. ist Mord; im A. arbeiten. **sinnv.:** ↑Arbeit; ↑Lohn.

Ak|kor|de|on, das; -s, -s: *Musikinstrument, bei dem die Töne durch einen über Metallplättchen geführten Luftstrom hervorgerufen werden, der bei Betätigung von Tasten und Knöpfen bei gleichzeitigem Auseinanderziehen und Zusammendrücken eines Balges entsteht* (siehe Bild): auf dem A. spielen. **sinnv.:** Ziehharmonika.

Akkordeon

ak|ku|rat: I. ⟨Adj.⟩: *auf ordentliches Aussehen von etwas bedacht und daher besonders sorgfältig, genau:* ein akkurater Mensch; sie näht sehr a. **sinnv.:** ↑gewissenhaft. **II.** ⟨Adverb⟩ (ugs.) *ganz genau* /dient der Bekräftigung/: a. das habe ich gemeint; es ist a. zwölf Uhr.

Akro|bat, der; -en, -en, **Akro|ba|tin,** die; -, -nen: *männliche bzw. weibliche Person, die (z. B. in Zirkus oder Varieté) mit besonde-*

rem körperlichem Können Kunststücke, Übungen ausführt, die sich durch Schwierigkeit, Einmaligkeit, Gefährlichkeit auszeichnen. **sinnv.:** ↑Artist, Künstler.

Akt, der; -[e]s, -e: **1.** *durch bestimmte Umstände gekennzeichnete, hervorgehobene Handlung:* sein Selbstmord war ein A. der Verzweiflung. **sinnv.:** ↑Tat. **Zus.:** Kraftakt. **2.** *größerer Abschnitt eines Schauspiels, einer Oper o. ä.:* Pause nach dem zweiten A. **sinnv.:** ↑Aufzug. **3.** *künstlerische Darstellung eines nackten menschlichen Körpers:* der Maler arbeitete an einem weiblichen A. **sinnv.:** ↑Bildnis.

Ak|te, die; -, -n: *[Sammlung von] Unterlagen zu einem geschäftlichen oder gerichtlichen Vorgang:* eine A. anlegen. **sinnv.:** ↑Urkunde.

Ak|ten|ta|sche, die; -, -n: *größere Tasche mit Griff zum Tragen.*

Ak|teur [ak'tø:ɐ̯], der; -s, -e: *jmd., der an einem Geschehen aktiv und unmittelbar beteiligt ist:* die an dem Coup beteiligten Akteure.

Ak|tie, die; -, -n: *Urkunde über den mit einem bestimmten Geldbetrag angegebenen Anteil des Mitglieds einer Aktiengesellschaft (eines Aktionärs) an deren Grundkapital:* die Aktien steigen, fallen. **sinnv.:** ↑Besitz; ↑Wertpapier.

Ak|ti|on, die; -, -en: *häufig unter Beteiligung mehrerer Personen nach Plan durchgeführte Unternehmung:* eine gemeinsame A. zur Unterstützung der Arbeitslosen. **sinnv.:** Coup, Feldzug, Kampagne, Maßnahme, Schritt, ↑Unterfangen, Unternehmen, Unternehmung, Vorgehen, Vorkehrung; ↑Tat; ↑Versuch. **Zus.:** Nacht-und-Nebel-Aktion.

Ak|tio|när, der; -s, -e: *jmd., der eine oder mehrere Aktien besitzt.* **sinnv.:** Gesellschafter · Kapitalist.

ak|tiv ⟨Adj.⟩: **1.** *sich (für etwas Bestimmtes) tatkräftig einsetzend, rege dafür tätig:* er ist [politisch] sehr a., sein Bruder ist in dieser Hinsicht ganz inaktiv. **sinnv.:** regsam, rührig, tatkräftig, unternehmungslustig; ↑betriebsam, ↑fleißig, ↑zielstrebig. **2.** *selbst ausführend und nicht nur geschehen lassend* /Ggs. passiv/: er war an diesem Verbrechen a. beteiligt. **sinnv.:** selbsttätig. **3.** *(in bezug auf einen Verein o. ä.) an den Aktivitäten teilnehmend, nicht nur nominell dazugehörend* /Ggs. passiv/: ein aktives Mitglied des Sportvereins.

ak|ti|vie|ren ⟨tr.⟩: *zu einer [verstärkten] Tätigkeit bewegen:* die Jugend politisch a. **sinnv.:** anregen, beleben, mobilisieren, in Schwung bringen.

Ak|ti|vi|tät, die; -, -en: *das Aktivsein, aktives Verhalten, rege Tätigkeit:* politische A. entfalten; seine A. verstärken. **sinnv.:** Betriebsamkeit, Regsamkeit, Tatendrang, Unternehmungslust; ↑Fleiß · ↑Tatkraft.

Ak|tua|li|tät, die; -, -en: **1.** (ohne Plural) *aktuelle Bedeutung für die Gegenwart:* das Thema, der Film ist von außerordentlicher, brennender A.; etwas verliert an A. **sinnv.:** Brisanz, Gegenwartsbezogenheit; ↑Bedeutung · Zeitnähe. **2.** *aktuelles Ereignis.*

ak|tu|ell ⟨Adj.⟩: *der gegenwärtigen Situation o. ä. entsprechend, sie widerspiegelnd:* ein aktuelles Problem, Thema, Theaterstück; das ist heute nicht mehr a. **sinnv.:** brisant, gegenwartsbezogen, gegenwartsnah, zeitgemäß, zeitnah; ↑akut.

Aku|stik, die; -: **1.** *Lehre vom Schall.* **2.** *klangliche Verhältnisse, Wirkung des Klangs, Schalls (innerhalb eines [geschlossenen] Raumes):* das Theater hat eine gute A. **sinnv.:** Klangwirkung; ↑Resonanz.

aku|stisch ⟨Adj.⟩: *den Ton, Klang, die Akustik betreffend:* die akustischen Verhältnisse dieses Saales sind gut.

akut ⟨Adj.⟩: *im Augenblick herrschend, unmittelbar anstehend:* eine akute (Ggs. chronische) Gastritis; eine akute Gefahr bekämpfen; diese Fragen, Probleme werden jetzt a. **sinnv.:** brennend, brisant, dringend, vordringlich; ↑aktuell.

Ak|zent, der; -[e]s, -e: **1. a)** *Betonung einer Silbe, eines Wortes, eines Satzes:* der A. liegt auf der zweiten Silbe; die zweite Silbe trägt den A. ***den A. auf etwas legen:** *etwas besonders betonen.* **b)** *Zeichen über einem Buchstaben, das Aussprache oder Betonung angibt.* ***[neue] Akzente setzen:** *zeigen, worauf das Gewicht gelegt werden muß; richtungweisend für die Zukunft sein.* **sinnv.:** Betonungszeichen · ↑Nachdruck. **2.** *bestimmte Art des Artikulierens, Betonens o. ä.:* mit ausländischem A. sprechen. **sinnv.:** Tonfall.

ak|zep|ta|bel ⟨Adj.⟩: *annehmbar:* akzeptable Vorschläge. **sinnv.:** ↑genug · ↑ausreichen.

ak|zep|tie|ren ⟨tr.⟩: **a)** *mit etwas so, wie es vorgeschlagen, angeboten o. ä. wird, einverstanden sein:* einen Vorschlag, ein Angebot, einen Preis, eine Entscheidung, eine Strafe a. **sinnv.:** ↑billigen. **b)** *jmdn. in seiner persönlich geprägten Art gelten lassen, anerkennen:* der Klassensprecher wurde von allen akzeptiert; jmdn. als Vorgesetzten a.; auch Behinderte wollen von der Gesellschaft akzeptiert werden; ich akzeptiere, daß ...

-al/-ell ⟨adjektivische Suffixe⟩ /meist substantivisches Basiswort/ **I.** /kennzeichnen die Beziehung, Zugehörigkeit zu dem im Basiswort Genannten oder charakterisieren, kennzeichnen die Art/ **1.** ⟨**-al**⟩ **a)** /Beziehung, Zugehörigkeit/ *was ... betrifft, hinsichtlich:* baritonal, bronchial, dialektal *(den Dialekt betreffend),* embryonal, gymnasial, ödipal *(den Ödipuskomplex betreffend)* orchestral, präfixal, präsidial *(das Präsidium betreffend),* prozedural, saisonal *(die Saison betreffend),* suizidal. **b)** *in der Art von, wie:* genial, kollegial, kolossal *(wie ein Koloß),* optimal, pastoral, phänomenal. **2.** ⟨**-ell**⟩ **a)** /Beziehung, Zugehörigkeit/: akzidentiell, experimentell (experimentelle Kunst), informationell (*die Information betreffend:* informationelle Beeinflussung), justiziell, komponentiell, konfessionell, konversationell, ministeriell, proportionell, sequentiell, situationell (situationell bedingt), textuell. **b)** /charakterisierend/ informell, oppositionell. **II.** /konkurrierende Formen/ **1.** /oft ohne inhaltlichen Unterschied/: adverbial/adverbiell, dimensional/dimensionell, emotional/emotionell, funktional/funktionell, hormonal/hormonell, kontextual/kontextuell, operational/operationell, struktural/strukturell, universal/universell. **2.** /mit inhaltlichem Unterschied; -al drückt in der Regel die Zugehörigkeit zu dem im Basiswort Genannten aus, während -ell eine Eigenschaft bezeichnet, charakterisiert/: existential/existentiell, formal *(in bezug auf die Form, was die Form betrifft)* /formell (*die Form übermäßig betonend, sich auf die Form beschränkend:* formelle Höflichkeit), material/materiell, original/originell, personal/personell, provinzial/provinziell, rational/rationell, real/reell, traditional/traditionell. -al kann aber auch eine Eigenschaft und -ell die Zugehörigkeit ausdrücken, z. B. bei ideal/ideell: ein ideales (charakterisierendes Adjektiv) Ehepaar; die ideellen (*die Ideen betreffend;* Zugehörigkeitsadjektiv) Grundlagen. In Zusammensetzungen treten nur die die Zugehörigkeit kennzeichnenden -al-Adjektive als Bestimmungswort auf: Generalanweisung (aber: generelle Anweisung), Idealvorstellung, Konventionalstrafe, Kriminalroman, Personalpronomen, Realeinkommen, Spezialverfahren (aber: spezielles Verfahren), Universalwörterbuch (aber: universales/universelles Wörterbuch). **sinnv.:** -artig, -haft, -ig, -lich.

à la carte [ala'kart]: *so, wie es auf der Speisekarte steht; nach der Tages-, nicht nach der Menükarte:* à la carte essen: **sinnv.:** ↑Speisekarte.

Alarm, der; -[e]s, -e: **1.** *[akustisches] Zeichen, das eine Gefahr signalisiert:* der A. kam zu spät. ***blinder A.** *([versehentlich ausgelöste] grundlose Aufregung, Beunruhigung);* **A. schlagen** *(auf Gefahr aufmerksam machen).* **sinnv.:** Alarmierung, Warnruf, Warnung, Warnzeichen. **Zus.:** Feuer-, Flieger-, Probealarm. **2.** *Zeit der Gefahr, vom Signal bis zur Entwarnung:* der A. hat nur 10 Minuten gedauert.

alar|mie|ren ‹tr.›: **1.** *zum Einsatz, zu Hilfe rufen:* die Polizei, die Feuerwehr a. **2.** *in große Unruhe, Sorge versetzen und warnend wirken:* der Vorfall hatte uns alarmiert; alarmierende Nachrichten. **sinnv.:** aufhorchen lassen, aufschrecken, beunruhigen, erregen; ↑warnen; ↑provozieren.

al|bern I. ‹Adj.› *von unernst-einfältiger, oft kindisch wirkender Art:* ein albernes Benehmen; du bist heute a. **sinnv.:** dümmlich, einfältig, kindisch, läppisch, töricht, zickig; ↑dumm. **II.** ‹itr.› *sich albern benehmen:* sie alberten schon drei Stunden. **sinnv.:** Dummheiten/Späße machen, ↑scherzen. **Zus.:** herumalbern.

Al|bum, das; -s, Alben: **1.** *buchähnlicher Gegenstand mit leeren Blättern zum Sammeln von Briefmarken, Fotografien o. ä.:* Bilder in ein A. einkleben. **Zus.:** Briefmarken-, Familien-, Foto-, Poesiealbum. **2. a)** *zwei zusammengehörende Langspielplatten (in zusammenhängenden Hüllen):* das A. enthält Walzer von Schubert. **b)** *(entsprechend verpackte) Langspielplatte:* der Popsänger hat ein neues A. herausgebracht, gemacht.

Al|ge, die; -, -n: *(in vielen Arten vorkommende) meist im Wasser lebende niedere Pflanze ohne Blüten:* die Mole war schwarzgrün von Algen. **sinnv.:** Seetang, Tang.

Al|ge|bra, die; -: *Teilgebiet der Mathematik, das sich besonders mit Gleichungen und mit den Verknüpfungen mathematischer Strukturen befaßt.* **sinnv.:** ↑Mathematik.

ali|as ‹Adverb›: *mit anderem Namen, auch ... genannt:* die Affäre Dr. Heyde a. Sawade. **sinnv.:** anders, eigentlich geheißen, genannt, oder · Pseudonym.

Ali|bi, das; -s, -s: *Beweis, Nachweis (von etwas), der jmdn. von einem Vorwurf o. ä. befreit, ihn entlastet (z. B. Nachweis, daß ein Tatverdächtiger sich zur Tatzeit an einem anderen als dem Tatort aufgehalten hat):* ein A. für etwas haben; das A. überprüfen. **sinnv:** ↑Nachweis · Rechtfertigung; ↑Ausrede.

Ali|bi- ‹Präfixoid› **a)** */besagt, daß das im Basiswort Genannte in vordergründiger Weise als Alibi für etwas/jmdn. dienen soll oder kann, um eventuelle Kritik zu entkräften/:* Alibidezernat (ein Alibidezernat für die Presse), -frau (eine Diplomvolkswirtin ist als Alibifrau im Kabinett, um dem Vorwurf der Frauenfeindlichkeit zu entgehen), -beitrag (es handelte sich um einen Alibibeitrag des Autors). **b)** */besagt, daß das im Basiswort Genannte in vordergründiger Weise im Hinblick auf etwas ein Alibi darstellen soll/:* Alibicharakter, -funktion (der Prozeß hatte einen Alibicharakter, eine Alibifunktion).

Ali|men|te, die ‹Plural›: *vom Vater regelmäßig zu zahlender Betrag für den Lebensunterhalt eines unehelichen Kindes:* A. [be]zahlen [müssen]. **sinnv.:** Unterhalt, Unterhaltsbeitrag, -zahlung.

Al|ko|hol, der; -s: **1.** *flüssiger, farbloser Stoff, der in bestimmter Konzentration wesentlicher Bestandteil der alkoholischen Getränke ist:* der Schnaps enthält 45 Prozent A. **sinnv.:** ↑Spiritus. **2.** *Getränk, das Weingeist enthält:* er trinkt keinen A. **sinnv.:** alkoholisches/geistiges Getränk, Spirituosen; ↑Bier, ↑Branntwein, Likör, ↑Wein.

Al|ko|ho|li|ker, der; -s, -, **Al|ko|ho|li|ke|rin,** die; -, -nen: *männliche bzw. weibliche Person, die gewohnheitsmäßig trinkt, alkoholabhängig ist.* **sinnv.:** Gewohnheitstrinker, Saufbold, Säufer, Schluckspecht, Schnapsdrossel, Trinker, Trunkenbold, Trunksüchtiger.

al|ko|ho|lisch ‹Adj.›: *Alkohol enthaltend:* alkoholische Getränke. **sinnv.:** alkoholhaltig, geistig, hochprozentig.

all ‹Indefinitpronomen und unbestimmtes Zahlwort›: **I. 1.** ‹Singular› **aller, alle, alles;** /unflektiert/ **all** */bezeichnet eine Gesamtheit, etwas in seinem ganzen Umfang/:* aller erwiesene Respekt; alles Fremde; die Überwindung alles Trennenden; trotz alles/allen guten Willens; trotz allem Schönen; trotz allem guten Willen; alles, was; all[e] seine Habe; alles in Ordnung; *** vor allem** *(hauptsächlich, besonders);* **alles in allem** *(im ganzen gesehen).* **sinnv.:** allesamt, ganz, gesamt, sämtlich; ↑komplett. **2.** ‹Plural› **alle** /unflektiert **all** */bezieht sich auf eine Gesamtheit von einzelnen Gliedern, auf die einzelnen Glieder einer Gesamtheit/:* alle schönen Mädchen; all[e] seine Hoffnungen; alle beide; sie alle; alle miteinander; alle Polizeibeamten sind bemüht zu helfen; alle in den Süden reisenden/(seltener:) reisende Urlauber; ein Kampf aller gegen alle; die Beteiligung aller interessierten/(seltener:) interessierter Personen; für alle Magenkranken/-(seltener:) Magenkranke; alle waren da, bloß du nicht; sind alle gekommen, die eingeladen waren?; wir gehen jetzt alle nach Hause. **sinnv.:** ausnahmslos, ohne Ausnahme, durch die Bank, jeder, jedermann, jeglicher, groß und klein, jung und alt, auf der ganzen Linie, samt und sonders, sämtliche. **3.** (ugs.) ‹Neutrum Singular› **alles** *(alle [Anwesenden]):* alles aussteigen! **II.** ‹alle + Zeit- oder Maßangabe› /*bezeichnet eine bestimmte regelmäßige Wiederholung/:* alle fünf Minuten *(jede fünfte Minute)* fährt ein Bus; alle vier Schritte steht ein Pfahl.

All, das; -s (geh.): ↑*Weltall:* die Gesetze des Alls.

al|le ‹Adv.› (ugs.): *aufgebraucht, zu Ende [gegangen, gebraucht]:* der Schnaps ist, wird a.; du kannst die Suppe a. machen *(ganz aufessen).* **sinnv.:** ↑fertig · ↑verbrauchen.

Al|lee, die; -, Alleen: *breite Straße, breiter Weg mit Bäumen zu beiden Seiten* (siehe Bild). **sinnv.:** ↑Straße.

Allee

Al|le|go|rie, die; -, Allegorien: *rational faßbare bildliche Darstellung eines abstrakten Begriffs (besonders in Dichtung und bildender Kunst):* die Gestalt auf diesem Bild ist eine A. der Gerechtigkeit. **sinnv.:** ↑Sinnbild.

al|le|go|risch ‹Adj.›: *die Allegorie betreffend:* allegorische Figuren, Szenen; etwas a. darstellen. **sinnv.:** ↑bildlich.

al|lein: I. ‹Adj.› **a)** *ohne die Anwesenheit eines anderen, ohne Gesellschaft:* a. reisen. **sinnv.:** solo, für sich; ↑einzeln; Strohwitwer, Strohwitwe. **b)** ↑*einsam:* in der Großstadt kann man sich sehr a. fühlen. **c)** *ohne Hilfe, ohne fremdes Zutun:* er will [ganz] a. damit fertig werden. **sinnv.:** ↑selbständig. **II.** ‹Adverb› **a)** *kein anderer, nichts anderes als:* a. er, a. dieser Umstand ist schuld. **sinnv.:** ausschließlich, bloß, nur. **b)** *von allem anderen abgesehen, anderes nicht mitgerechnet:* der Gedanke a. ist schrecklich; schon a. der Turm des Schlosses ist sehenswert. **sinnv.:** bereits, schon. **III.** ‹Konj.› (geh.) *aber, jedoch, indes:* er rief um Hilfe, a. es war zu spät. **sinnv.:** ↑aber.

al|lei|nig ‹Adj.›: *allein vorhanden, berechtigt, geltend o. ä.:* der alleinige Vertreter, Erbe; das alleinige Recht. **sinnv.:** ↑ausschließlich.

al|lein|ste|hend ‹Adj.›: **1.** *für sich, einzeln stehend:* ein alleinstehendes Haus. **sinnv.:** ↑einzeln. **2.** *nicht verheiratet, ohne Familie, Verwandte:* sie ist a. **sinnv.:** ↑ledig.

al|le|mal ‹Adverb›: **1.** (ugs.) *auf jeden Fall:* das Geld reicht a. **sinnv.:** bestimmt, gewiß, sicher, sicherlich, mit Sicherheit; ↑zweifellos. **2. *ein für a.** *(für immer):* ich verbiete es dir ein für a. **sinnv.:** unabänderlich.

al|len|falls ‹Adverb›: **a)** *im besten Fall; gerade noch:* das reicht a. für zwei Personen. **sinnv.:** bestenfalls. **b)** *gegebenenfalls:* wir müssen sehen, was a. noch zu tun ist. **sinnv.:** ↑vielleicht.

al|lent|hal|ben ‹Adverb› (veraltend): ↑*überall:* man sprach a. von dieser Sache.

al|ler|dings ‹Adverb›: **1.** /*drückt eine Einschränkung aus/:* diese Frage konnte er a. nicht beantworten. **sinnv.:** freilich, hingegen, indes[sen], jedoch; ↑aber; ↑immerhin; ↑zwar. **2.** *aber gewiß, natürlich:* „Hast du das gewußt?" – „Allerdings habe ich das gewußt!" **sinnv.:** ↑ja.

Al|ler|gie, die; -, Allergien: *überempfindliche Reaktion des Organismus auf bestimmte Stoffe (z. B. Blütenpollen, Nahrungsmittel):* das Eiweiß von Fischen ruft bei ihm eine A. hervor.

all|er|gisch ‹Adj.›: **a)** *an einer Allergie leidend, auf ihr beruhend, von ihr herrührend:* allergische Krankheiten; er reagiert a. auf Erdbeeren. **b)** *sehr empfindlich und mit Ablehnung, Widerstreben auf etwas reagierend:* gegen Übertreibungen ist er a. **sinnv.:** überempfindlich.

al|ler|hand: 1. ‹unbestimmtes Zahlwort›: *ziemlich viel:* a. Bücher lagen auf dem Tisch. **sinnv.:** ↑vielerlei. **2. ***(ugs.) **das ist a.!** *(das ist unerhört!)*

al|ler|lei ‹unbestimmtes Zahlwort›: *mancherlei, so manches, so manche:* a. Gutes; a. Dinge. **sinnv.:** ↑vielerlei.

Al|ler|welts- ‹Präfixoid›: **1.** /*besagt, daß das im Basiswort Genannte nichts Außergewöhnliches, nur das Übliche ist, das, was überall anzutreffen ist/:* Allerweltsbetonklotz, -geschmack, -gesicht, -name, -philosophie, -plattenspieler, -wohnungseinrichtung, -wort. **sinnv:** Feld-Wald-und-Wiesen-, Nullachtfünfzehn-. **2.** /*besagt, daß der oder das im Basiswort Genannte auf Grund seiner Vielseitigkeit bewundert, anerkennend genannt wird/:* Allerweltskerl (dieser A. spielt fünf Instrumente), -material (dieses A. ist vielfach zu verwenden).

Al|ler|wer|te|ste, der; -n, -n ‹aber: [ein] Allerwertester, Plural: Allerwerteste› (ugs.; scherzh.): ↑*Gesäß:* jmdm. seinen blanken Allerwertesten zeigen.

all|ge|mein ‹Adj.›: **1. a)** *allen gemeinsam, überall verbreitet:* die allgemeine Meinung; im allgemeinen Sprachgebrauch. **sinnv.:** ↑generell. **b)** *bei allen, von allen:* a. beliebt sein; so wird a. erzählt. **sinnv.:** ↑überall. **2. a)** *alle angehend; für alle geltend:* das allgemeine Wohl; die allgemeine Wehrpflicht. **b)** *von allen ausgehend:* der allgemeine Aufbruch. **sinnv:** ↑gemeinsam. **3. a)** *nicht speziell; nicht auf Einzelheiten eingehend und daher oft zu unbestimmt, unverbindlich:* allgemeine Redensarten; etwas ganz a. schildern. ***im allgemeinen** *(ohne Beachtung kleinerer Unterschiede, im großen und ganzen, für gewöhnlich, generell).* **sinnv.:** pauschal; ↑unklar. **b)** *[alles] umfassend:* eine allgemeine Bildung. **sinnv.:** allseitig, global, universal.

All|ge|mein|heit, die; -, -en: **1.** ‹ohne Plural› *die anderen (die auch an etwas teilhaben, davon Nutzen haben sollen):* damit diente er der A. am besten. **sinnv.:** alle, Gesamtheit, ↑Öffentlichkeit. **2.** ‹ohne Plural› *das Unbestimmt-, Ungenau-, Unverbindlichsein:* Erklärungen von [zu] großer A. **sinnv.:** ↑unklar. **3.** ‹Plural› *allgemeine, oberflächliche Redensarten, Bemerkungen:* seine Rede erschöpfte sich in Allgemeinheiten. **sinnv.:** ↑Gemeinplatz; ↑Redensart · banal, trivial.

Al|li|anz, die; -, -en: *Bündnis, bes. zwischen zwei oder mehreren Staaten.* **sinnv.:** ↑Bund.

all|mäch|tig ‹Adj.›: *höchste Macht, Macht über alles besitzend:* der allmächtige Gott. **sinnv.:** ↑mächtig.

all|mäh|lich ‹Adj.›: **1.** *langsam erfolgend, sich vollziehend:* der allmähliche Übergang. **sinnv.:** kaum merklich, langsam, nach und nach, schrittweise, Schritt für Schritt · Salamitaktik. **2.** *[erst] nach einer gewissen Zeit:* jetzt begreift er a., was es heißt, arbeitslos zu sein; sich a. beruhigen. **sinnv.:** mit der Zeit, im Lauf der Zeit.

All|tag, der; -[e]s, -e: **1.** ↑ *Werktag:* sie trug das Kleid nur am A. **2.** ‹ohne Plural› *gleichförmiges tägliches Einerlei:* der graue A.; nach den Ferien in den A. zurückkehren.

all|täg|lich ‹Adj.›: **1.** [alltäglich] *nichts Besonderes aufweisend, ohne Besonderheiten:* alltägliche Ereignisse; ein alltäglicher Mensch. **sinnv.:** durchschnittlich, gewöhnlich, ↑ profan; ↑ banal; ↑ üblich; ↑ vertraut · ↑ Nullachtfünfzehn-. **2.** [alltäglich] *jeden Tag [wiederkehrend]:* sein alltäglicher Spaziergang.

Al|lü|ren, die ‹Plural›: *als Besonderheit auffallende Gewohnheiten:* die A. einer Diva haben, annehmen; seine früheren A. beibehalten. **sinnv.:** ↑ Benehmen.

all|wis|send ‹Adj.›: *alles wissend:* ich bin auch nicht a.

all|zu ‹Adverb›: ‹vor Adjektiven und Adverbien› (emotional verstärkend) *zu:* der a. frühe Tod des Dichters; er war a. geschäftig. **sinnv.:** ↑ sehr.

Alm, die; -, -en: *Wiese in den Bergen, hochgelegener Weideplatz:* im Frühsommer treibt man die Kühe auf die A. **sinnv.:** ↑ Wiese.

Al|mo|sen, das; -s, -: *etwas, was jmdm. (z. B. als Geschenk, Lohn) gegeben wird, was aber nur wenig ist:* in meinen Augen ist das keine gerechte Entlohnung, sondern ein A.; für ein A. arbeiten. **sinnv.:** ↑ Entgelt; ↑ Gabe.

Alp|druck, der; -[e]s, Alpdrükke: *beklemmendes Gefühl der Angst [im Schlaf]:* von einem A. befreit werden. **sinnv.:** ↑ Angst; ↑ Leid.

Al|pha|bet, das; -[e]s, -e: *in einer festgelegten Reihenfolge angeordnete Buchstaben einer Schrift:* das deutsche A. hat 26 Buchstaben.

al|pha|be|tisch ‹Adj.›: *nach dem Alphabet [aufgeführt]:* in alphabetischer Ordnung, [Reihen]folge.

al|pha|be|ti|sie|ren ‹tr.›: *nach dem Alphabet ordnen:* du mußt die Namen a. **sinnv.:** gliedern.

al|pin ‹Adj.›: *die Alpen, das Gebirge betreffend, dafür charakteristisch, dort stattfindend, verbreitet:* der alpine [Ski]rennsport; eine alpine Landschaft; alpine Pflanzen. **sinnv.:** ↑ bergig.

Alp|traum, der; -[e]s, Alpträume: *mit einem Alpdruck verbundener Traum:* aus einem A. erwachen. **sinnv.:** ↑ Traum.

als ‹Konj.›: **I.** ‹temporal, in Gliedsätzen› */drückt die Vor-, Gleich- oder Nachzeitigkeit aus/:* a. *(nachdem)* die Polizei ihn eingekreist hatte, erschoß er sich selbst; a. *(während)* sie in der Küche saß, klopfte es an die Tür; a. sie eintraf, [da] hatten die anderen bereits einen Entschluß gefaßt; in Verbindung mit einer näher erläuternden Zeitangabe: damals, a. ...; zu der Zeit, a. ... **sinnv.:** da **II.** ‹modal, in Satzteilen und Gliedsätzen› **1.** */drückt Ungleichheit aus/* **a)** /nach einem Komparativ/: mehr rechts als links; er ist geschickter a. sein Bruder; das ist mehr a. traurig. **b)** /nach *ander[s], nichts, kein* o. ä./: das ist nichts a. Unsinn *(nur Unsinn);* das ist alles andere a. schön *(es ist nicht schön);* entgegengesetzt, als ich [es] erwartet hatte. **2.** */drückt Gleichheit aus, in Vergleichssätzen/:* er tat, a. habe er nichts gehört; er tat, a. ob/wenn er hier bleiben wollte. **3.** */schließt eine nähere Erläuterung an/:* er fühlt sich a. Held; ich rate dir a. guter Freund dazu; er war a. Schriftsteller erfolgreich; ihm als leitendem Arzt; das Wirken dieses Herrn a. Führer der Opposition, a. des eigentlichen Führers der Opposition; etwas a. angenehm empfinden. **4.** /in bestimmten Verbindungen oder Korrelationen/: so schnell a. *(wie)* möglich; soviel a. *(wie)* ein Eid; doppelt so groß a. *(wie);* sowohl ... a. [auch]; der Gedanke ist zu schwierig, a. daß man ihn in einem Satz ausdrücken könnte; diese Reise nach China ist für ihn insofern problematisch, als er die Sprache nicht beherrscht; er akzeptierte diese Antwort insoweit, a. sie die Aufrichtigkeit des Sprechers bewies; dieser Tag war um so geeigneter für den Ausflug, a. das Wetter gut war. **5.** (geh.) */dient der Einleitung einer Aufzählung/:* seine Werke, a. [da sind] Gedichte, Erzählungen, Romane.

als|bald ‹Adverb› (veraltend): *[so]gleich:* dieses Gerücht wurde a. dementiert. **sinnv.:** ↑ gleich.

al|so: I. ‹Adverb› */drückt eine Folgerung aus/:* ihr habt keine Fragen mehr, a. habt ihr alles verstanden; ich komme, wenn ich fertig bin, a. bald/bald a. **sinnv.:** danach, dementsprechend, demgemäß, demnach, demzufolge, folglich, infolgedessen, mithin, somit; ↑ deshalb. **II.** ‹Partikel› **1.** */faßt Vorausgegangenes zusammen, führt es weiter, dient der Fortführung eines unterbrochenen Gedankens/:* er verkauft alte Möbel, a. Schränke, Tische und Stühle; a. ich meine, daß ... **2.** */wirkt verstärkend bei gefühlsbetonten Aussagen, Fragen, Ausrufen/:* a. schön; a., gute Nacht; na a.! *(warum nicht gleich so!).*

alt, älter, älteste ‹Adj.›: **1. a)** *in vorgerücktem Alter, bejahrt* /Ggs. jung/: ein altes Mütterchen; ein alter Baum; ein älterer *(nicht mehr junger)* Herr. ***a. und jung** *(jedermann).* **b)** *Merkmale des Alters aufweisend:* ihre alten, zittrigen Hände. **sinnv.:** ältlich, bejahrt, betagt, greis, nicht mehr der Jüngste, steinalt, uralt · ↑ hinfällig · verkalkt · in die Jahre kommen. **2. a)** *ein bestimmtes Alter habend:* wie a. ist er?; ein drei Wochen altes Kind. **b)** *eine bestimmte Zeit vorhanden:* ein drei Jahre altes Auto. **3.** *nicht mehr neu, schon längere Zeit benutzt o. ä.* /Ggs. neu/: alte Kleider, Schuhe; alte Häuser; er hat das Auto a. *(gebraucht)* gekauft. **sinnv.:** abgenutzt, gebraucht, getragen, schäbig, verschlissen, zerschlissen. **4. a)** *seit längerer Zeit vorhanden, hergestellt o. ä. und daher nicht mehr frisch* /Ggs. frisch/: altes *(altbackenes)* Brot; eine alte Spur. **b)** *vom letzten Jahr stammend* /Ggs. neu/: die alte Ernte; die alten Kartoffeln. **5. a)** *seit langem vorhanden, bekannt:* eine alte Tradition, Erfahrung; ein alter *(langjähriger, bewährter, erfahrener)* Mitarbeiter. **sinnv.:** langjährig **b)** *schon lange überall bekannt und daher langweilig, überholt:* ein alter Witz; ein altes Thema. **sinnv.:** abgedroschen. **6. a)** *einer früheren Zeit angehörend; eine vergangene Zeit betreffend:* eine alte Chronik; alte Meister; die alten Griechen *(die Griechen der Antike).* **b)** *durch Alter wertvoll geworden:* alte Münzen, Drucke, Bücher. **sinnv.:** altertümlich · antiquarisch, antik. **7. a)** *unverändert, schon [von früher] bekannt, vertraut [und daher liebgeworden]:* es bot sich ihnen das alte Bild; es geht alles seinen alten Gang. **b)** *schon früher in der gleichen Eigenschaft, Funktion o. ä. für jmdn. vorhanden:* die alten Plätze wieder einnehmen; seine alten Schüler besuchen. **sinnv.:** ehemalig, einstig, früher, vorherig. **8. a)** */in vertraulicher Anrede/:* mein alter Junge. **b)** */verstärkend bei abwertenden Personenbezeichnungen/:* ein alter Schwätzer.

Alt, der; -s: **1.** *Stimme in der tiefen Lage* /von einer Sängerin, einem Knaben/: sie hat einen weichen A. **2.** *Sängerin, Knabe mit einer Stimme in der tiefen Lage:* das Lied wurde von einem A. gesungen.

Al|tar, der; -s, Altäre: *erhöhter, einem Tisch ähnlicher Aufbau für gottesdienstliche Handlungen:* an den, vor den A. treten. **sinnv.:** Tisch des Herrn.

alt|backen ⟨Adj.⟩: *nicht [mehr] frisch* /von Backwaren/: altbakkene Brötchen.

Al|ter, das; -s: **1. a)** *Zustand des Altseins; letzter Abschnitt des Lebens* /Ggs. Jugend/: das A. macht sich bemerkbar; viele Dinge begreift man erst im A. *(wenn man alt ist).* **sinnv.:** Bejahrtheit; ↑Ruhestand. **b)** *lange Dauer des Bestehens, Vorhandenseins:* man sieht diesem Mantel sein A. nicht an *(er sieht noch recht neu aus).* **2. a)** *bestimmter Abschnitt des Lebens:* im kindlichen, im mittleren A. sein. **b)** *Zeit, Anzahl der Jahre des Lebens, des Bestehens, Vorhandenseins:* im A. von 60 Jahren; das A. einer Münze, eines Gemäldes schätzen. **3.** *alte Leute* /Ggs. Jugend/: Ehrfurcht vor dem A. haben.

al|ter|na|tiv ⟨Adj.⟩: **1.** *sich in bewußtem Gegensatz zu etwas anderem, aber Ähnlichem befindend, eine Alternative dazu darstellend:* alternative Energien, Verlage. **2.** *wahlweise; zwischen zwei Möglichkeiten die Wahl lassend:* er machte a. zwei Vorschläge.

Al|ter|na|ti|ve, die; -, -n: **1.** *andere Möglichkeit; Möglichkeit des Wählens zwischen zwei oder mehreren Dingen:* das ist eine echte A.; dazu bietet sich keine A. an. **2.** *freie, aber nicht zu vermeidende Entscheidung zwischen zwei Möglichkeiten:* er wurde vor eine A. gestellt. **sinnv.:** ↑Entscheidung, das Entweder-Oder.

Al|ter|tum, das; -s: *älteste historische Zeit eines Volkes, bes. der Griechen und Römer:* das klassische A. **sinnv.:** Antike.

Al|ter|tü|mer, die ⟨Plural⟩: *[Kunst]gegenstände, Denkmäler aus dem Altertum:* A. sammeln. **sinnv.:** ↑Antiquität.

al|ter|tüm|lich ⟨Adj.⟩: *aus früherer Zeit stammend (was sich in Art und Aussehen ausdrückt):* eine altertümliche Festung; eine altertümliche Lampe; ein altertümliches Maß. **sinnv.:** ↑alt; ↑altmodisch.

Äl|te|ste, der und die; -n, -n ⟨aber: [ein] Ältester, Plural: [viele] Älteste⟩: **1.** *ältestes Mitglied einer Gemeinschaft [als Oberhaupt o. ä.]:* der Rat der Ältesten. **sinnv.:** ↑Leiter, Oberhaupt, Presbyter, Vorsteher · Senior. **2.** *ältestes Kind (Sohn, Tochter):* Peter ist mein Ältester; Monika ist unsere Ä. **sinnv.:** ↑Kind.

alt|klug ⟨Adj.⟩ (kritisch-mißbilligend): *(als Kind, Jugendlicher in seinen Äußerungen) sich erfahren gebend, klug tuend:* er ist gut erzogen, aber sehr a.; „Es ist leichter wegzufahren als zurückzubleiben", sagte der Junge a. **sinnv.:** frühreif, unkindlich, vorlaut.

ält|lich ⟨Adj.⟩: *schon etwas alt aussehend:* eine ältliche Dame; ein ältlicher Strichjunge. **sinnv.:** ↑alt.

alt|mo|disch ⟨Adj.⟩: *nicht mehr der herrschenden Mode, dem augenblicklichen Geschmack entsprechend; einer früheren Zeit zugehörend, damals zeitgemäß* /Ggs. modern/: ein altmodisches Kleid; seine Ansichten sind a. **sinnv.:** altbacken, altertümlich, altfränkisch, altväterisch, altväterlich, anachronistisch, antiquiert, archaisch, konservativ, gestrig, obsolet, passé, rückständig, Schnee von gestern, ↑überholt, unmodern, veraltet.

alt|vä|te|risch ⟨Adj.⟩: *in der Art einer früheren Zeit:* altväterische Anschauungen.

alt|vä|ter|lich ⟨Adj.⟩: **1.** *großväterlich[-ehrwürdig, -altertümlich]:* altväterliche Schrift. **sinnv.:** ↑altmodisch, ehrwürdig, konservativ, patriarchalisch. **2.** ↑*altväterisch.*

Alt|wei|ber|som|mer, der; -s, -: **1.** *schöne, warme Tage im frühen Herbst.* **sinnv.:** Nachsommer, Spätsommer. **2.** ⟨ohne Plural⟩ *im frühen Herbst in der Luft schwebende Spinnweben.*

am ⟨Verschmelzung von an + dem⟩: **1.** *an dem* **a)** /die Verschmelzung kann aufgelöst werden/: am Berg; das Haus liegt am Ende der Straße. **b)** /die Verschmelzung kann nicht aufgelöst werden/: mit seinen Kräften am Ende sein. **2.** ⟨mit folgendem Superlativ⟩ /die Verschmelzung kann nicht aufgelöst werden; *drückt den höchsten Grad aus/:* am besten, am schnellsten. **3.** (ugs.) ⟨in Verbindung mit *sein* und einem substantivierten Infinitiv⟩ /die Verschmelzung kann nicht aufgelöst werden; bildet die Verlaufsform/: sie ist am Putzen *(putzt gerade).*

Ama|teur [ama'tø:ɐ̯] der; -s, -e: *jmd., der auf einem Gebiet (z. B. Kunst, Sport) tätig, aktiv ist, ohne daß es sein Beruf ist:* dieses Bild wurde von einem A. gemalt. **sinnv.:** Dilettant, Laie, Liebhaber, Nichtfachmann, kein Profi; ↑Ignorant.

Ama|teur- ⟨Präfixoid⟩: *nicht berufsmäßiger ...; eine in der im Basiswort genannten Weise tätige Person, die ihre Tätigkeit als Amateur, in ihrer Freizeit als Hobby, aus Spaß an der Sache selbst und weniger perfekt ausübt:* Amateurboxer, -detektiv, -entdecker, -filmer, -forscher, -fotograf, -funker, -historiker, -knipser, -koch, -meteorologe, -musiker, -organist, -pianist (der A. Helmut Schmidt), -sportler. **sinnv.:** Hobby-, Laien-.

Ama|zo|ne, die; -, -n: **1.** *betont männlich auftretende Frau.* **sinnv.:** Mannweib. **2.** *hübsches, knabenhaft schlankes, sportliches Mädchen.* **3.** *Reiterin, bes. als Teilnehmerin an einem Reitturnier.*

Am|bi|ti|on, die; -, -en (meist Plural) (geh.): *etwas, was man als Ziel anstrebt, was man mit einer gewissen ehrgeizigen Anstrengung zu erreichen sucht:* künstlerische, berufliche Ambitionen; in der Außenpolitik hat er keine Ambitionen. **sinnv.:** ↑Ehrgeiz.

Am|boß, der; Ambosses, Ambosse: *eiserner Block, auf dem das Eisen geschmiedet wird.*

am|bu|lant ⟨Adj.⟩: **1.** *nicht an einen festen Ort gebunden; umherziehend, wandernd:* ambulanter Handel; ein Gewerbe a. betreiben. **2.** *nicht* ↑*stationär:* einen Verletzten, Kranken a. behandeln.

Amei|se, die; -, -n: *kleines, rotbraunes bis schwärzliches,* *meist in Nadelwäldern vorkommendes Insekt, das in Staaten lebt und dessen Bau oft die Form eines Haufens hat:* er ist fleißig wie eine A.

amen ⟨Adverb⟩: /abschließendes Wort nach Gebet, Segen, Predigt o. ä./: a. sagen. *(ugs.) **zu allem ja und a. sagen.** *([keinen Willen zum Widerspruch haben, aufbringen und] sich allem fügen, sich damit abfinden).* **sinnv.:** ↑billigen.

Amne|stie, die; -, Amnestien: *Gesetz, das vorsieht, daß bestimmte Strafen den (z. B. aus politischen Gründen) Verurteilten oder zu Verurteilenden erlassen werden:* eine A. fordern, erlassen; unter die A. fallen. **sinnv.:** Begnadigung.

amne|stie|ren ⟨tr.⟩: *durch Gesetz begnadigen, die Strafe erlassen:* zahlreiche politische Häftlinge wurden amnestiert. **sinnv.:** ↑begnadigen.

Amok: ⟨in Verbindungen wie⟩ A. laufen: *in einem Anfall von Geistesgestörtheit [mit einer Waffe] umherlaufen und töten:* er hat/ist A. gelaufen; A. fahren: *in einem Anfall krankhafter Verwirrung wild umherfahren und Zerstörungen anrichten.* **sinnv.:** rasen, toben, wüten.

Amok- ⟨Präfixoid⟩: *blindwütig-aggressiver ...; jmd., der das im Basiswort genannte Tun in einem panikartig auftretenden Affekt- und Verwirrtheitszustand voll aggressiver Zerstörungswut und Mordlust ausführt:* -fahrer, -läufer, -schütze, -täter, -vergewaltiger.

Am|pel, die; -, -n: **1.** ↑*Verkehrsampel* (siehe Bildleiste „Lampen"). **2.** *[schalenförmige, kleinere] Hängelampe.*

Am|phi|bie, die; -, -n: ↑*Lurch.*

Am|phi|thea|ter, das; -s, -: *in meist elliptischer Form angelegtes [antikes] Theater mit stufenweise ansteigenden Sitzen.*

Am|pul|le, die; -, -n: *zugeschmolzenes, kolbenartiges Röhrchen aus Glas, in dem flüssige Arzneien und sterile Lösungen aufbewahrt werden.* **sinnv.:** ↑Behälter.

am|pu|tie|ren ⟨tr.⟩: *durch eine Operation vom Körper trennen:* nach dem Unfall mußte ihm ein Bein amputiert werden. **sinnv.:** abnehmen, abtrennen, operativ entfernen · operieren.

Am|sel, die; -, -n: *größerer Singvogel (mit beim Männchen schwarzem Gefieder und gelbem Schnabel und beim Weibchen dunkelbraunem Gefieder und braunem Schnabel).*

Amt, das; -[e]s, Ämter: **1. a)** *offizielle Stellung (in Staat, Gemeinde, Kirche o. ä.):* ein hohes, weltliches A. bekleiden; das A. des Bürgermeisters übernehmen. **sinnv.:** Anstellung; ↑Beruf. **Zus.:** Bürgermeister-, Ehren-, Lehramt. **b)** ⟨ohne Plural⟩ *Tätigkeit, zu der jmd. verpflichtet ist, zu der sich jmd. verpflichtet hat:* in dieser Woche war es sein A., Kaffee für alle zu kochen. **sinnv.:** ↑Aufgabe. **2.** *offizielle amtliche Stelle:* A. für Statistik; Auswärtiges A. *(Ministerium für auswärtige Politik).* **sinnv:** Administration, Behörde, Dienststelle, Ministerium, Organ, Stelle, Verwaltung. **Zus.:** Arbeits-, Einwohnermelde-, Fernmelde-, Finanz-, Forst-, Gesundheits-, Post-, Standesamt.

am|tie|ren ⟨itr.⟩: **a)** *vorübergehend, stellvertretend jmds. Amt versehen:* der zur Zeit amtierende Bürgermeister. **b)** *im Amt sein:* der Minister amtiert seit Gründung der Republik. **sinnv.:** ↑innehaben.

amt|lich ⟨Adj.⟩: *von einem Amt, einer Behörde stammend [und daher zuverlässig, glaubwürdig]:* ein amtlicher Bericht; eine amtliche Genehmigung; in amtlichem Auftrag; die Untersuchung stützt sich auf amtliche Unterlagen; ist das a.? **sinnv.:** behördlich, dienstlich, offiziell, offiziös. **Zus.:** halbamtlich.

Amu|lett, das; -[e]s, -e: *kleiner, oft als Anhänger getragener Gegenstand, der Unheil abwenden und Glück bringen soll.* **sinnv.:** ↑Talisman.

amü|sant ⟨Adj.⟩: *belustigend-heiter, Vergnügen bereitend:* ein amüsanter Abend; amüsante Geschichten erzählen; amüsante Unterhaltung; das Publikum a. verulken; jmdn. a. finden. **sinnv.:** abwechslungsreich, kurzweilig, unterhaltend; unterhaltsam, vergnüglich; ↑lustig.

Amü|se|ment [amyzə'mã:], das; -s, -s: *unterhaltsam-belustigendes Vergnügen, vergnüglicher Zeitvertreib:* für A. sorgen; zu jmds. A. beitragen. **sinnv.:** ↑Unterhaltung.

amü|sie|ren: 1. ⟨sich a.⟩ *sich auf angenehme, unterhaltsame Weise die Zeit vertreiben:* das Publikum hat sich dabei großartig amüsiert. **sinnv.:** sich ↑vergnügen. **2. a)** ⟨tr.⟩ *vergnügt machen, heiter stimmen, angenehm unterhalten:* seine Neugier amüsierte uns; er hörte amüsiert zu. **sinnv.:** belustigen, ↑erheitern, jmds. Heiterkeit erregen. **b)** ⟨sich a.⟩ *belustigt sein:* sie amüsierten sich über die Antwort des Kindes. **sinnv.:** sich mokieren; ↑verspotten.

an: I. ⟨Präp. mit Dativ oder Akkusativ⟩ **1.** /räumlich/ **a)** ⟨mit Dativ; Frage: wo?⟩ */drückt aus, daß etwas ganz in der Nähe von etwas ist, etwas berührt/:* die Leiter lehnt an der Wand; Trier liegt an der Mosel; ⟨in der Verbindung: an ... vorbei⟩ an den Schülern vorbei unterrichten, am Markt vorbei studieren *(etwas studieren, was nicht gebraucht wird).* **b)** ⟨mit Akkusativ; Frage: wohin?⟩ */drückt eine Bewegung auf etwas zu, in eine bestimmte Richtung aus/:* die Leiter an die Wand stellen; er trat ans Fenster. **c)** ⟨als Verbindung zwischen zwei gleichen Substantiven⟩ */drückt die Vielzahl oder die Regelmäßigkeit aus/:* sie standen Kopf an Kopf *(dicht gedrängt);* sie wohnen Tür an Tür *(unmittelbar nebeneinander);* in dem Lokal stand Spielautomat an Spielautomat. **2.** ⟨mit Dativ; Frage: wann?⟩ */bezeichnet einen Zeitpunkt/:* an Ostern; Klaus ist an einem Sonntag geboren. **3.** ⟨mit Dativ und Akk.⟩ /in Abhängigkeit von bestimmten Wörtern/: an einer unheilbaren Krankheit sterben; Zweifel an einer Entscheidung; etwas an sich bringen. ***an [und für] sich** *(eigentlich; im Grunde genommen; gewissermaßen).* **4. a)** /in Verbindung mit einem Personalpronomen in Konkurrenz zu *daran;* bezogen auf eine Sache (ugs.)/: hier ist der neue Schreibtisch. Man kann an ihm (statt: daran) viel besser arbeiten. **b)** /in Verbindung mit „was" in Konkurrenz zu *woran;* bezogen auf eine Sache (ugs.)/: /in Fragen/ an was (statt: woran) könnte sie sich erfreuen?; /in relativer Verbindung/ ich weiß nicht mehr, an was (statt: woran) ich gerade gedacht habe. **II.** ⟨Adverb⟩ **1.** *nahezu, annähernd, nicht ganz:* er hat an [die] 40 Mark verloren. **sinnv.:** ↑ungefähr. **2.** /elliptisch als Teil eines Verbs/: Licht an! *(andrehen!, anschalten!);* rasch den Mantel an *(anziehen)* und weg von hier; (ugs.) ohne etwas an *(etwas angezogen zu haben, nackt, unbekleidet).*

an-: **I.** ⟨trennbares, betontes verbales Präfix⟩ **1.** /drückt Annäherung aus/ *auf das Objekt hin/zu* **a)** *auf/gegen jmdn./etwas gerichtet sein* /vom Sprecher weg/: anbellen, anbrüllen, anbuhen, anfauchen, anfletschen, anfrotzeln, angrinsen, anhupen, anleuchten, anlügen, ansehen, anvisieren. **b)** *einen Zielpunkt durch eine bestimmte Art der Fortbewegung zu erreichen suchen:* (eine Stadt) anfahren, anfliegen, anstreben. **c)** *durch ein Tun Widerstand gegen jmdn./etwas leisten:* ankämpfen, ansingen, anspülen, anstinken, anstürmen gegen jmdn.; er boxte gegen sein eigenes Spiegelbild an. **d)** *die Oberfläche von jmdm./etwas berühren:* anfühlen, anspringen, antippen. **e)** *auf jmdn./etwas auftreffen:* (jmdn.) anfahren, anprallen. **f)** */drückt eine Intensivierung aus/:* anhäufen, anliefern, anmieten, ansammeln. **2.** /drückt Annäherung aus/ *an jmdn./etwas heran* /zum Sprecher hin/: **a)** anbranden, anbrausen, ankommen, anmarschieren, anrollen, anrücken. **b)** anekeln *(etwas ekelt mich an),* ankotzen, annerven, anwidern. **c)** anfordern, anheuern, anwerben. **d)** *durch das im Basiswort genannte Tun das als Bezugswort Genannte bekommen:* andressierte Normen; sich einen Bauch anfressen; sich jmdn. anlachen; sich großes Wissen anlesen, Muskeln antrainieren. **e)** *durch das im Basiswort genannte Tun etwas jmdm. zuschreiben, zuordnen:* andichten, durch eine Umfrage wollte man ihm Sachverstand andemoskopieren. **3.** */drückt aus, daß Kontakt, eine feste Verbindung hergestellt wird/:* **a)** anbauen, anbinden, anhäkeln, anklammern, ankleben, anknöpfen, ankoppeln, anleimen, annieten, antrocknen, anwachsen. **b)** anquirlen (eine Soße), anrühren (eine Farbe). **4. a)** *jmdn. in einen bestimmten Zustand versetzen:* (das Publikum) anmachen, jmdn. anstecken, antörnen. **b)** *mit etwas versehen:* anfeuchten, ankostümierte Männer, ankreuzen. **5.** /drückt einen Beginn aus/: **a)** *mit einer bestimmten Tätigkeit beginnen:* anfahren *(das Auto fährt an),* ein Lied anstimmen, anziehen *(das Pferd zieht an).* **b)** *durch ein bestimmtes Tun etwas in Gang setzen:* anblasen (Hochofen), andrehen (Licht), anfachen (Glut), anmachen (Radio). **c)** *durch das im Basiswort genannte Tun etwas beginnen lassen:* anpfeifen (ein Spiel). **d)** *die im Basiswort genannte Sportart erstmals im Jahr ausüben* /Ggs. ab-/: anrudern, ansurfen, anzelten. **e)** *durch ein Tun jmds. Willen zu etwas steigern:* anfeuern, anspornen, antreiben. **6.** *nur ein wenig:* anbeißen, anbraten, anbrüten, andiskutieren, anknabbern, anlesen (Buch), anrösten, ansägen. **7.** */über eine gewisse Zeit hin/:* anbehalten (den Mantel), andauern (Lärm), jmdn. anhören, sich ein Bild ansehen *(betrachten).* **8.** */in die Höhe/:* anheben, ansteigen. **II.** ⟨in Verbindung mit Formen des Partizips II⟩ *ein wenig:* angealtert *(ein wenig alt),* angegammelt, angegraut *(ein wenig graue Haare haben),* angejazzte Version, angejetsettet, angekielte Boards, angeschimmelt *(mit etwas Schimmel auf etwas),* angeschrägt *(ein wenig schräg),* angestaubt *(mit etwas Staub auf etwas).* antaillierter Mantel.

ana|log: **I.** ⟨Adj.⟩ **1.** *sich (mit etwas Entsprechendem) vergleichen lassend; in/von gleicher, ähnlicher Art vor sich gehend:* analoges Handeln, analoge Veränderungen; eine analoge Erscheinung; a. zu diesem Fall. **sinnv.:** ↑ähnlich. **2.** *(im Unterschied zum digitalen System) einen kontinuierlichen Vorgang, Ablauf von etwas auch auf kontinuierliche Weise darstellend, z. B. die Temperatur durch die Ausdehnung der Quecksilbersäule; Zeit, Geschwindigkeit, Gewicht z. B. durch Zeiger:* digitale Anzeigen sind bei Meßgeräten zwar Mode, doch sind analoge manchmal günstiger; er kennt sich aus in digital und a. arbeitenden Geräten. **II.** ⟨Präp. mit Dativ⟩ *in Entsprechung zu, entsprechend:* analog diesem Fall. **sinnv.:** ↑gemäß..

Ana|lo|gie, die; -, Analogien: *das Sichentsprechen, Sichähnlich-, Sichgleichsein in bestimmten Verhältnissen:* es besteht eine A. zwischen beiden Minderheiten; eine A. aufweisen; dieses Beispiel ist in A. zu einem anderen *(in derselben Art)* gebildet worden. **sinnv.:** ↑Ähnlichkeit.

ana|lo|gisch ⟨Adj.⟩: *auf Analogie beruhend, in der Art der Analogie vor sich gehend:* analogischer Ausgleich; analogische Prozesse in der Wortbildung; einen Begriff a. von einem Fachgebiet auf ein anderes übertragen.

An|al|pha|bet, der; -en, -en, **An|al|pha|be|tin,** die; -, -nen: *männliche bzw. weibliche Person, die nicht lesen und schreiben kann.*

Ana|ly|se, die; -, -n: *systematisches Untersuchen, Prüfen von etwas hinsichtlich der einzelnen bestimmenden Komponenten und Faktoren:* eine gründliche A. des Stils vornehmen. **sinnv.:** Prüfung, Untersuchung, Zergliederung, Zerlegung. **Zus.:** Markt-, Psycho-, Werkanalyse.

ana|ly|sie|ren ⟨tr.⟩ *sehr genau, auf seine Merkmale hin betrachten und so in seiner Beschaffenheit, Zusammensetzung o. ä. zu erkennen suchen:* die Lage, eine Beziehung, einen Satz a. **sinnv.:** prüfen, untersuchen, zergliedern, zerlegen.

Ana|nas, die; -, -se: *große, zapfenförmige, gelbe bis orangefarbene Frucht einer tropischen Pflanze mit saftigem, süß-säuerlich schmeckendem, hellgelbem Fruchtfleisch* (siehe Bild).

Ananas

An|ar|chie, die; -, Anarchien: **1.** ⟨ohne Plural⟩ *Gesellschaftsordnung, in der jede staatliche Ordnung abgelehnt wird und das menschliche Zusammenleben nur vom Willen und von der Einsicht des einzelnen bestimmt werden soll:* A. heißt nicht Unordnung, sondern Ordnung ohne Zwang. **2.** *Zustand der Gesetzlosigkeit, politische Wirren:* einen Staat, die Wirtschaft an den Rand der A. bringen. **sinnv.:** Chaos, Gesetzlosigkeit, Herrschaftslosigkeit.

an|ar|chisch ⟨Adj.⟩: **1.** *herr-*

schaftsfrei, der Anarchie (1) *entsprechend:* Sprache ist ein anarchisches, d.h. potentiell herrschaftsfreies Gebiet; anarchische Bestrebungen sind auf soziale Gleichheit gerichtet. **2.** *gesetzlos, ohne gesetzliche Ordnung, einem Chaos ähnlich:* anarchische Zustände, Verhältnisse. **sinnv.:** chaotisch, gesetzlos · revolutionär, umstürzlerisch.

An|ar|chịst, der; -en, -en: *jmd., der die Gewalt des Staates und jeden gesetzlichen Zwang ablehnt.* **sinnv.:** ↑Revolutionär.

Ana|to|mie, die; -: **a)** *Lehre, Wissenschaft von Form und Aufbau des Körpers:* A. studieren. **b)** *Aufbau, Struktur des Körpers:* die A. des menschlichen Körpers.

ạn|bah|nen, bahnte an, hat angebahnt: **1.** ⟨sich a.⟩ *sich zu entwickeln beginnen:* zwischen den beiden bahnte sich eine Freundschaft an. **sinnv.:** ↑entstehen. **2.** ⟨tr.⟩ *in die Wege leiten, vorbereitend dafür tätig sein, daß etwas zustande, in Gang kommt:* Handelsbeziehungen, eine Verständigung a. **sinnv.:** anknüpfen, einleiten, vorbereiten.

ạn|bän|deln, bändelte an, hat angebändelt ⟨itr.⟩ (ugs.): **a)** *mit jmdm., den man erotisch anziehend findet, in Kontakt kommen; Annäherungsversuche machen:* er versuchte an der Haltestelle mit ihr anzubändeln. **sinnv.:** sich jmdn. angeln/anlachen, jmdm. schöne Augen machen, flirten, schäkern. **b)** *mit jmdm. Streit anfangen:* wenn ein einzelner mit der Polizei anbändelt, ist er immer im Nachteil. **sinnv.:** sich ↑streiten.

Ạn|bau, der; -s, -ten: **1.** ⟨ohne Plural⟩ *das Anbauen:* der A. eines Stalles war nötig geworden. **2.** *Gebäude, das an ein größeres angebaut ist:* der häßliche A. stört. **sinnv.:** ↑Gebäude.

ạn|bau|en, baute an, hat angebaut: **1. a)** ⟨tr.⟩ *(etwas) an etwas bauen:* eine Garage [ans Haus] a. **b)** ⟨itr.⟩ *ein Gebäude durch einen Anbau erweitern:* wir müssen in diesem Jahr a. **sinnv.:** ausbauen, vergrößern. **2.** ⟨tr.⟩ *systematisch, auf großen Flächen anpflanzen:* Gemüse, Wein a. **sinnv.:** ↑bebauen.

ạn|be|hal|ten, behält an, behielt an, hat anbehalten ⟨tr.⟩ (ugs.): *(Kleidungsstücke) nicht ablegen, nicht ausziehen:* die Hose hatte ich anbehalten. **sinnv.:** anlassen.

an|bei ⟨Adverb⟩: *(einer Briefsendung) beigelegt, beigefügt:* a. [schicken wir Ihnen] das gewünschte Foto; Porto a.; a. mein neuer Aufsatz. **sinnv.:** ↑anliegend.

ạn|bei|ßen, biß an, hat angebissen: **1.** ⟨tr.⟩ *(in etwas) beißen [und das erste Stück davon abbeißen]:* einen Apfel a.; die Kleine sieht heute wieder zum Anbeißen aus. **sinnv.:** anknabbern, annagen. **2.** ⟨itr.⟩ *an den an der Angel befestigten Köder beißen [und auf diese Weise gefangen werden]; dem Angler an die Angel gehen:* heute beißt kein Fisch an.

ạn|be|rau|men, beraumte an, hat anberaumt ⟨tr.⟩: *(für etwas) einen Termin, Ort bestimmen:* eine Versammlung für 16 Uhr a. **sinnv.:** ↑ansetzen.

ạn|be|ten, betete an, hat angebetet ⟨tr.⟩: **a)** *betend verehren:* die Götter a. **sinnv.:** ↑beten. **b)** *übertrieben verehren:* sie betet ihren Mann an. **sinnv.:** anhimmeln, angetan/begeistert sein von jmdm., schwärmen für jmdn.

Ạn|be|tracht: ⟨in der Fügung⟩ in A. ⟨mit Gen.⟩: *weil man ... berücksichtigen muß:* in A. der schwierigen Lage muß man die Pläne ändern. **sinnv.:** ↑angesichts, im Hinblick auf, mit Rücksicht auf.

ạn|bie|dern, sich; biederte sich an, hat sich angebiedert: *sich (durch entsprechendes, leicht devot anmutendes Verhalten) beliebt machen wollen:* er biederte sich mit kleinen Geschenken bei ihr an. **sinnv.:** sich einschmeicheln, sich bei jmdm. lieb Kind machen.

ạn|bie|ten, bot an, hat angeboten: **1. a)** ⟨tr.⟩ *zur Verfügung stellen:* jmdm. einen Platz, [seine] Hilfe a.; jmdm. ein Getränk a. *(zum Trinken reichen);* jmdm. Zigaretten a. *(zum Zugreifen reichen).* **sinnv.:** ↑aufnötigen; ↑bereitstellen; ↑bieten. **b)** ⟨sich a.⟩ *sich zu etwas bereit erklären:* er bot sich an, die Summe zu bezahlen. **sinnv.:** sich anheischig machen, sich erbieten. **2.** ⟨tr.⟩ **a)** *als Möglichkeit, Anregung, Angebot unterbreiten:* jmdm. eine Lösung, neue Verhandlungen a.; jmdm. den Posten eines Ministers a. **sinnv.:** antragen, bieten, auf den Tisch legen, ↑vorschlagen; aussetzen. **b)** *zum Kauf, Tausch vorschlagen, vorlegen:* eine neue Kollektion Mäntel a. **sinnv.:** anpreisen, bieten, feilbieten, feilhalten, offerieren, ein Angebot machen · auf dem Markt sein. **3.** ⟨sich a.⟩ *(als Sache) in Betracht kommen, zu etwas geeignet sein:* eine Lösung bietet sich an; der Ort bietet sich dafür geradezu an. **sinnv.:** naheliegen, sich ↑bieten.

ạn|bin|den, band an, hat angebunden ⟨tr.⟩: *(an etwas) binden, um auf diese Weise zu verhindern, daß sich jmd./etwas von der Stelle wegbewegt:* den Hund a.; das Boot am Ufer a. **sinnv.:** anleinen, binden an, festbinden, festmachen · fesseln; ↑befestigen.

Ạn|blick, der; -s, -e: *etwas, was sich dem Auge darbietet:* ein erfreulicher A.; der A. der Landschaft begeisterte sie; sie erschrak beim A. der Schlange. **sinnv.:** Aussehen, Bild, Eindruck; ↑Aussicht; ↑aussehen.

ạn|bre|chen, bricht an, brach an, hat/ist angebrochen: **1.** ⟨tr.⟩ *zum Verbrauch öffnen; zu verbrauchen, zu verwenden beginnen:* er hat die Schachtel Zigaretten bereits angebrochen. **sinnv.:** angreifen, anreißen, anschneiden, antasten, in Gebrauch nehmen. **2.** ⟨itr.⟩ (geh.) *(von einem Zeitabschnitt) seinen Anfang nehmen:* eine neue Epoche ist angebrochen. **sinnv.:** beginnen, eintreten, kommen · ↑anfangen.

ạn|bren|nen, brannte an, hat/ist angebrannt: **1. a)** ⟨tr.⟩ ↑*anzünden:* er hat die Kerzen angebrannt. **b)** ⟨itr.⟩ *anfangen zu brennen:* das nasse Holz ist schlecht angebrannt. **2.** ⟨itr.⟩ *sich beim Kochen oder Braten im Topf ansetzen und zu dunkel werden, schwarz werden:* die Suppe ist angebrannt. **sinnv.:** anhängen.

ạn|brin|gen, brachte an, hat angebracht ⟨tr.⟩: **1.** (ugs.) *von irgendwoher hier an diese Stelle bringen:* die Kinder brachten ihr Spielzeug, ein Eichhörnchen an. **sinnv.:** herbeibringen, herbeitragen, heranschleppen. **2.** *an einer bestimmten Stelle festmachen:* eine Lampe an der Wand a. **sinnv.:** ↑befestigen, installieren. **3.** *bei entsprechend sich bietender Gelegenheit etwas, was man gern sagen, zur Sprache bringen möchte, äußern:* eine Beschwerde bei jmdm. a.; sein Wissen a. *(zeigen, was man weiß).* **sinnv.:** ↑vorbringen; ↑mitteilen.

Ạn|bruch, der; -[e]s (geh.): *(von*

einem Zeitabschnitt) das Anbrechen: der A. einer neuen Zeit; bei/mit/vor A. des Tages, der Dunkelheit. **sinnv.:** ↑Anfang.

an|brül|len, brüllte an, hat angebrüllt ⟨tr.⟩: ↑*anschreien:* der Feldwebel brüllte den Gefreiten an.

-and, der; -en, -en ⟨Suffix⟩: *besagt, daß die im Basiswort genannte Tätigkeit an dem so Bezeichneten vollzogen wird;* passivische Bedeutung; /Basiswort meist ein Verb auf -ieren/ (Ggs. -ant): Analysand *(jmd., der psychologisch analysiert wird);* Diplomand, Examinand, Konfirmand, Informand *(der zu Informierende; jmd., der über etwas informiert wird, z.B. über einen Tätigkeitsbereich);* Maturand, Proband, Pubertand. **sinnv.:** -ator, -end, -er, -eur, -ier, -ling, -or.

An|dacht, die; -, -en: **1.** ⟨ohne Plural⟩ *Zustand, in dem sich jmd. befindet, wenn er sich in etwas versenkt, in einen Anblick o.ä. versunken ist:* sie stand voller A. vor dem Gemälde; in tiefer A. standen sie vor dem Altar. **sinnv.:** ↑Gebet; ↑Aufmerksamkeit. **2.** *kurzer Gottesdienst:* die A. beginnt um fünf Uhr. **sinnv.:** ↑Gottesdienst. **Zus.:** Abend-, Mai-, Morgenandacht.

an|däch|tig ⟨Adj.⟩: *überaus aufmerksam und konzentriert:* a. lauschen, zusehen. **sinnv.:** ↑aufmerksam.

an|dau|ern, dauerte an, hat angedauert ⟨itr.⟩ /vgl. andauernd/: *noch nicht aufgehört haben:* die Stille, das schöne Wetter dauert an. **sinnv.:** anhalten, sich ausdehnen, Dauer haben, von Dauer sein, dauern, sich erstrecken, fortdauern, sich hinausziehen/hinauszögern/hinziehen, laufen, weiterbestehen, sich ziehen.

an|dau|ernd ⟨Adj.⟩: *ohne Unterbrechung, ständig wiederkehrend, immer wieder:* die andauernden Störungen ärgerten ihn; a. fragt er dasselbe. **sinnv.:** ↑unaufhörlich.

An|den|ken, das; -s, -: **1.** ⟨ohne Plural⟩ *Gedanken des Sicherinnerns an jmdn./etwas:* jmdn. in freundlichem A. behalten. **sinnv.:** Erinnerung, Gedenken, Gedächtnis. **2.** *Gegenstand, Geschenk zur Erinnerung:* er brachte von der Reise ein A. mit. **sinnv.:** Souvenir. **Zus.:** Reiseandenken.

an|der... ⟨Indefinitpronomen und unbestimmtes Zahlwort⟩ /vgl. anders/: **1. a)** *der zweite, weitere; nicht diese Person oder Sache, sondern eine davon verschiedene:* das andere Deutschland; der eine kommt, der and[e]re geht; alles and[e]re *(übrige)* später. **b)** *der nächste, folgende, vorausgehende:* von einem Tag zum ander[e]n. **2.** *nicht gleich:* er hat eine andere Sprache in der Schule gelernt als ich; er war anderer Meinung. **3.** *alternativ abweichend (von dem Üblichen, Gewohnten):* was die Jungsozialisten verkörpern, ist eine andere SPD; die andere Buchhandlung; das andere Kino; die andere Zeitung.

an|de|ren|falls, an|dern|falls ⟨Adverb⟩: *wenn dies nicht der Fall ist:* er bat mich, ihm zu helfen, weil er a. zu spät komme; die Anweisungen müssen befolgt werden, a. können Schwierigkeiten auftreten. **sinnv.:** ansonsten, sonst.

an|de|rer|seits, and|rer|seits ⟨Adverb⟩: *von der anderen Seite aus gesehen:* es kränkte ihn, a. machte es ihn hochmütig; ⟨oft in Verbindung mit *einerseits*⟩ einerseits machte es ihm Freude, a. Angst. **sinnv.:** ↑aber.

an|der|mal: ⟨in der Fügung⟩ ein a.: *bei einer anderen Gelegenheit; nicht jetzt, sondern später:* diese Arbeit machen wir lieber ein a.

än|dern: **1.** ⟨tr.⟩ **a)** *durch Hinzufügen, Wegnehmen, Streichen, Verschiebung von Details o.ä. Veränderungen bei etwas bewirken:* den Mantel ä.; seine Pläne ä.; daran ist nichts zu ä. **sinnv.:** abändern, modernisieren, modifizieren, überarbeiten, umändern, umarbeiten, umfunktionieren, umgestalten, umkrempeln, umschreiben, umstoßen, verändern; ↑abwandeln. **b)** *eine andere Art, Form o.ä. für etwas wählen, dazu übergehen:* den Kurs, die Richtung, den Ton, seine Meinung ä. **sinnv.:** wechseln. **2. a)** ⟨tr.⟩ *anders machen; bei jmdm., etwas einen Wandel herbeiführen:* das ändert die Sache; einen alten Menschen kann man nicht mehr ä. **sinnv.:** umformen, umwandeln, verwandeln, wandeln. **b)** ⟨sich ä.⟩ *anders werden:* das Wetter ändert sich; er hat sich sehr geändert (in seinen Anschauungen, in seinem Benehmen). **sinnv.:** sich ↑wandeln.

an|dern|falls: ↑anderenfalls.

an|ders ⟨Adverb⟩: **1.** *(im Vergleich zu jmd./etwas anderem) nicht so, sondern darin abweichend (in Aussehen, Gestalt usw.):* er sieht a. aus als sein Vater; in der neuen Umgebung war alles a. *(fremd, ungewohnt);* hier muß vieles a. werden *(muß sich vieles ändern);* gut gewürzt schmeckt die Suppe gleich a. *(besser).* **sinnv.:** ↑verschieden. **2.** ↑*sonst:* wer a. als er könnte das getan haben?; hier und nirgendwo a.

an|ders|ar|tig ⟨Adj.⟩: *von anderer Art:* er hat jetzt eine ganz andersartige Beschäftigung. **sinnv.:** ↑verschieden.

an|der|wei|tig ⟨Adj.⟩: **1.** *auf andere Weise:* anderweitige Verpflichtung; etwas a. verwenden. **sinnv.:** sonstig. **2.** *an anderer Stelle erfolgend:* sich a. mit etwas versorgen. **sinnv.:** anderswo, anderwärts, sonstwo, woanders.

an|deu|ten, deutete an, hat angedeutet: **1.** ⟨tr.⟩ **a)** *in wenigen Grundzügen darstellen, nicht ausführen; nur flüchtig kennzeichnen:* mit ein paar Strichen eine Figur a.; er deutete mit ein paar Worten an, worum es ging. **sinnv.:** ↑erwähnen. **b)** *durch einen Hinweis, vorsichtig zu verstehen geben:* sie deutete ihm an, er könne gehen. **sinnv.:** auf etwas anspielen, jmdm. etwas bedeuten, einen Hinweis geben, jmdm. etwas zu verstehen geben, jmdm. einen Wink geben. **2.** ⟨sich a.⟩ *(als Sache) sichtbar, spürbar, erkennbar werden:* eine Wendung zum Besseren deutete sich an. **sinnv.:** sich abzeichnen, ↑anklingen, sich ankündigen, sich bemerkbar machen, in Sicht sein/kommen.

An|drang, der; -s: *Gedränge an einer bestimmten Stelle, das durch eine Menge von Menschen entsteht:* es war, herrschte großer A. an der Kasse des Theaters. **sinnv.:** Ansturm, Run, Sturm, Zulauf, Zustrom. **Zus.:** Besucher-, Massen-, Zuschauerandrang.

an|dre|hen, drehte an, hat angedreht ⟨tr.⟩: **1.** /Ggs. abdrehen/: **a)** *(durch Drehen an einem Knopf, Schalter o.ä.) machen, daß etwas zu fließen, hervorzutreten beginnt:* er hat das Licht, Gas angedreht; die Nachrichten im Radio a. **b)** *(durch Drehen an einem Knopf, Schalter o.ä.) machen, daß etwas in Funktion ist:* er hat den Wasserhahn, die

Lampe, das Radio angedreht. **sinnv.:** ↑anstellen. **2.** (ugs.) *auf entsprechende Art (oft Überredung) erreichen, daß jmd. etwas (oft qualitativ weniger Gutes) erwirbt, nimmt, was seinen eigentlichen Absichten, Vorstellungen nicht entspricht und was er lieber nicht hätte kaufen, nehmen sollen:* jmdm. Schund, gefälschte Goldbarren a.; er hat ihm ein mieses Zimmer in der Altstadt angedreht; im Basar wollte man ihm einen Teppich a.; ihr Freund hat ihr ein Baby angedreht *(sie wird ein Baby von ihm bekommen).* **sinnv.:** anhängen, ↑aufschwatzen; ↑betrügen; ↑verkaufen.

and|rer|seits: ↑andererseits.

an|dro|hen, drohte an, hat angedroht ⟨tr.⟩: *(mit etwas, was in naher Zukunft jmdn. treffen wird, als Strafe, Gegenmaßnahme) drohen; drohend ankündigen:* jmdm. Schläge a.; der Vater hatte dem unzufriedenen Sohn angedroht, ihn demnächst hinauszuwerfen. **sinnv.:** bedrohen, drohen.

an|ecken, eckte an, ist angeeckt ⟨itr.⟩ (ugs.): *Mißfallen, Anstoß erregen:* mit seinem Benehmen eckte er überall, bei vielen an; sie machte das nicht aus Überzeugung, sondern um nicht anzuecken. **sinnv.:** ↑anstoßen.

an|eig|nen, sich, eignete sich an, hat sich angeeignet: **1.** *zu eigen machen:* ich habe mir diese Kenntnisse angeeignet. **sinnv.:** ↑lernen. **2.** *unrechtmäßig in Besitz nehmen:* du hast dir das Buch einfach angeeignet. **sinnv.:** absahnen, annektieren, sich einer Sache bemächtigen, sich einverleiben, an sich nehmen, wegnehmen; sich ↑bereichern; ↑nehmen.

an|ein|an|der ⟨Adverb⟩: **a)** *einer an den andern:* a. denken. **b)** *einer am andern:* sie hängen a.

an|ein|an|der|ge|ra|ten, gerät aneinander, geriet aneinander, ist aneinandergeraten ⟨itr.⟩: *in Streit geraten:* sie sind wegen des Erbes a.; mit jmdm. a. **sinnv.:** sich ↑streiten.

An|ek|do|te, die; -, -n: *kurze, oft witzige Geschichte, die eine Persönlichkeit, eine Epoche o. ä. charakterisiert:* über diesen Künstler werden viele Anekdoten erzählt. **sinnv.:** ↑Erzählung.

an|ekeln, ekelte an, hat angeekelt ⟨tr.⟩: *in jmdm. Ekel hervorrufen:* das ekelt mich an; angeekelt das Gesicht verziehen. **sinnv.:** Abscheu/Widerwillen erregen, anwidern, ekeln, entsetzen, widerlich/zuwider sein.

an|er|kannt ⟨Adj.⟩: *das seinen besonderen, beachtenswerten Leistungen entsprechend hohe Ansehen in der Öffentlichkeit habend:* ein anerkannter Fachmann, Wissenschaftler. **sinnv.:** ↑angesehen; ↑bekannt; ↑gültig.

an|er|ken|nen, erkannte an/(auch:) anerkannte, hat anerkannt /vgl. anerkannt/ ⟨tr.⟩: **1.** *für rechtmäßig, gültig erklären:* eine neue Regierung, die Vaterschaft, einen Anspruch a. **sinnv.:** beglaubigen, bestätigen, legitimieren. **2.** *lobend bestätigen, hervorheben:* er erkannte seinen Fleiß an; ich erkenne dankbar an, daß ihr mir immer geholfen habt; er mußte a., daß sich seine Mitarbeiter immer große Mühe gaben. **sinnv.:** ↑achten, ehren, ↑honorieren, ↑loben, würdigen.

an|fah|ren, fährt an, fuhr an, hat/ist angefahren: **1.** ⟨itr.⟩ *zu fahren beginnen:* das Auto ist langsam angefahren. **sinnv.:** anrollen, anziehen, losfahren, starten. **2.** ⟨in der Fügung⟩ angefahren kommen (ugs.): *mit einem Fahrzeug heran-, ankommen:* er kam in großem Tempo angefahren. **3.** ⟨tr.⟩ *mit einem Fahrzeug heranbringen:* er hat Steine, Holz angefahren. **4.** ⟨tr.⟩ *beim Fahren auf jmdn./etwas auftreffen:* er hat die Frau angefahren. **sinnv.:** ↑überfahren; ↑zusammenstoßen. **5.** ⟨tr.⟩ *in Richtung (auf ein bestimmtes Ziel) fahren:* zunächst hat er Paris angefahren. **sinnv.:** ansteuern. **6.** ⟨tr.⟩ *in heftigem Ton zurechtweisen:* er hat ihn grob angefahren. **sinnv.:** ↑schelten.

An|fahrt, die; -, -en: **1.** *das Heranfahren, Herankommen mit einem Fahrzeug:* die A. dauerte lange. **sinnv.:** ↑Anreise. **2.** *kürzeres Stück einer Straße, eines Weges, auf dem man mit einem Fahrzeug zu einem Gebäude gelangt:* die A. zum Haus war versperrt.

An|fall, der; -s, Anfälle: *plötzliches, heftiges Auftreten einer Krankheit o. ä.:* einen schweren A. bekommen; ein A. von Fieber. **sinnv.:** Attacke, Kolik, Kollaps, Schock. **Zus.:** Herz-, Schlag-, Wutanfall.

an|fal|len, fällt an, fiel an, hat/ist angefallen: **1.** ⟨tr.⟩ *plötzlich, in einem Überfall gewaltsam vorgehen (gegen jmdn.):* ein Unbekannter hatte ihn angefallen. **sinnv.:** ↑angreifen. **2.** ⟨itr.⟩ *in der Folge von etwas entstehen:* in der letzten Zeit ist hier viel Arbeit angefallen. **sinnv.:** auftauchen, ↑auftreten, sich ergeben, fällig werden.

an|fäl|lig ⟨Adj.⟩: *zum Krankwerden neigend, in bezug auf Krankheiten nicht widerstandsfähig:* er ist sehr a. für Erkältungen. **sinnv.:** empfindlich, labil, schwach, schwächlich.

-an|fäl|lig ⟨adjektivisches Suffixoid⟩: **a)** *leicht von dem im Basiswort Genannten (in seinem Funktionieren o. ä.) beeinträchtigt:* bakterien- (rohes Hackfleisch ist b.), frost-, konjunktur-, krisen-, streßanfällig. **b)** *in nachteiliger Weise zu dem im Basiswort Genannten neigend:* fäulnis-, fehler- (fehleranfällige Computersysteme), korruptions-, panik-, pannen-, stör[ungs]anfällig; /elliptisch/ reparaturanfällige Brücken *(Brücken von solch einer Beschaffenheit, daß an ihnen öfter Schäden o. ä. auftreten, die dann Reparaturen nötig machen).*

An|fang, der; -s, Anfänge: *das erste, der erste Teil, das erste Stadium von etwas* /Ggs. Ende/: ein neuer A.; der A. eines Romans; am/zu A. *(anfangs);* A. Februar *(in den ersten Tagen des Monats Februar);* der A. *(Ursprung)* der Welt; er kam über die Anfänge *(ersten Versuche)* nicht hinaus. **sinnv.:** Anbruch, Anlauf, Aufnahme, Auftakt, Ausbruch, Ausgangspunkt, Beginn, Entstehung, Eröffnung, Start.

an|fan|gen, fängt an, fing an, hat angefangen: **1. a)** ⟨tr.⟩ *mit einer Handlung, einem Vorgang einsetzen* /Ggs. beenden/: eine Arbeit, einen Brief, ein Gespräch a.; ⟨auch itr.⟩ mit dem Gespräch a.; er fing wieder an zu singen/zu singen an. **sinnv.:** angehen, in Angriff nehmen, einen [neuen] Anlauf nehmen, anpacken, sich ↑anschicken, anschlagen, aufnehmen, beginnen, darangehen, sich daranmachen, sich daransetzen, sich darübermachen, einleiten, sich einspielen, einsteigen, eröffnen, herangehen, sich heranmachen, sich an etwas machen, ans Werk gehen, sich ans Werk machen. **b)** ⟨itr.⟩ *seinen Anfang nehmen:* hier hat früher der Wald angefangen; morgen fängt die Schule an. **sinnv.:** anbrechen, angehen, anheben, sich ↑anlassen, anlaufen, ausbrechen, beginnen, einbrechen, einsetzen, eintreten, hereinbrechen, in Gang kommen, losgehen, ins Rollen kommen, starten. **2. a)** ⟨tr.⟩ *[in bestimmter Weise] in Angriff nehmen, machen, handhaben:* wie sollen wir das a.?; was fangen wir später an?; eine Sache richtig a. **sinnv.:** ↑bewerkstelligen; ↑verwirklichen. **b)** ⟨itr.⟩ *zu etwas gebrauchen:* mit sich, seiner Freizeit etwas, nicht viel anzufangen wissen; ich kann mit dem Buch nichts a. *(es interessiert mich nicht).*

An|fän|ger, der; -s, -, **An|fän|ge|rin,** die; -, -nen: *männliche bzw. weibliche Person, die mit einer ihr neuen Tätigkeit, Beschäftigung beginnt:* A. und Fortgeschrittene; er ist kein A. mehr. **sinnv.:** Debütant, Greenhorn, Grünschnabel, Neuling.

an|fäng|lich ⟨Adj.⟩: *am Anfang, zu Beginn noch vorhanden:* sein anfänglicher Erfolg.

an|fangs ⟨Adverb⟩: *am Anfang:* ich glaubte es a. nicht. **sinnv.:** eingangs, ↑zunächst.

an|fas|sen, faßte an, hat angefaßt: **1.** ⟨tr.⟩ **a)** *mit den Fingern, mit der Hand an jmdn./etwas fassen, etwas ergreifen:* sie ließ sich nicht a.; sie faßte das Tuch vorsichtig an. **sinnv.:** anpacken; anrühren, ↑berühren; ↑greifen. **b)** *bei der Hand nehmen:* sie faßte das Kind an und ging über die Straße. **2.** ⟨itr.⟩ **a)** *bei etwas zupackend helfen:* der Korb ist schwer, faß doch mal [mit] an. **b)** *[in bestimmter Weise] in Angriff nehmen, handhaben:* eine Arbeit, ein Problem klug, geschickt a. **sinnv.:** ↑bewerkstelligen; ↑verwirklichen. **3.** ⟨tr.⟩ *auf bestimmte Art und Weise behandeln:* jmdn. verständnisvoll, zart, grob a. **sinnv.:** mit jmdm. ↑umgehen.

an|fech|ten, ficht an, focht an, hat angefochten ⟨tr.⟩: **1.** *die Richtigkeit, Rechtmäßigkeit von etwas nicht anerkennen:* ein Urteil, ein Testament, einen Vertrag a. **sinnv.:** ↑bestreiten. **2.** (geh.) *in Unruhe versetzen, mit Sorge erfüllen:* Verdächtigungen fochten ihn nicht an; ich lasse es mich nicht a.; was ficht dich an *(was ist mit dir)?* **sinnv.:** ↑bekümmern

an|fer|ti|gen, fertigte an, hat angefertigt ⟨tr.⟩: *kunst-, sachgerecht, bestimmten Plänen o. ä. entsprechend, als Ergebnis planvoller Arbeit entstehen lassen:* ein Protokoll, eine Zeichnung a.; sich ein Kleid a. lassen. **sinnv.:** arbeiten, basteln, bereiten, fabrizieren, fertigen, ↑formen, ↑gestalten, herstellen, hervorbringen, machen, meißeln, modellieren, produzieren, verfertigen, zubereiten.

an|feu|ern, feuerte an, hat angefeuert ⟨tr.⟩: *durch Zurufe o. ä. zur Steigerung, zu höherer Leistung o. ä. treiben, zu treiben suchen:* die Kämpfer, jmds. Mut a.; die Zuschauer feuerten die Spieler an; wir feuerten sie an, ihr Bestes zu geben; er feuerte das Orchester zu rasendem Fortissimo an; von dem/ durch den Erfolg angefeuert, versuchte er ... **sinnv.:** anmachen, ↑anregen, anstacheln.

an|fle|hen, flehte an, hat angefleht ⟨tr.⟩: *sich flehend (an jmdn.) wenden:* sie flehte ihn [weinend] um Hilfe an. **sinnv.:** ↑bitten.

an|flie|gen, flog an, hat angeflogen: **1.** ⟨in der Fügung⟩ angeflogen kommen: *fliegend herankommen; heranfliegen:* ein Flugzeug, ein Vogel, ein Ball kam angeflogen. **2.** ⟨tr.⟩ *in Richtung (auf ein bestimmtes Ziel) fliegen:* die Flugzeuge haben die Stadt angeflogen. **sinnv.:** ansteuern.

An|flug, der; -s, Anflüge: **1. a)** *Annäherung im Flug, das Heranfliegen:* beim ersten A. glückte die Landung. **b)** *Weg, der beim Heranfliegen an ein Ziel zurückgelegt werden muß:* ein weiter A. **2.** ⟨ohne Plural⟩ *nur leicht sichtbares, spürbares Vorhandensein von etwas:* ein A. von Ironie, Feierlichkeit; auf ihrem Gesicht zeigte sich ein A. von Röte. **sinnv.:** Andeutung, Hauch, Kleinigkeit, Idee, Schimmer, Spur; ↑Nuance.

an|for|dern, forderte an, hat angefordert ⟨tr.⟩: *mitteilen, daß man jmdn./etwas Bestimmtes, was man benötigt, geschickt, geliefert, zugewiesen haben möchte:* einen Katalog, ein Gutachten, Zeugnisse a.; Arbeitskräfte zum Aufräumen a. **sinnv.:** ↑bestellen.

An|for|de|rung, die; -, -en: **1.** *das Anfordern:* die A. von Prospekten. **sinnv.:** ↑Bestellung. **2.** ⟨meist Plural⟩ *das, was man von jmdm. als [Arbeits]leistung erwartet, von ihm verlangt:* den Anforderungen entsprechen, gerecht werden, nicht genügen; die an ihn gestellten Anforderungen waren zu hoch; er hält solch eine dauernde A. an seine Widerstandskraft nicht aus. **sinnv.:** Anspruch, Beanspruchung, Forderung.

An|fra|ge, die; -, -n: *Bitte um Auskunft oder Aufklärung:* eine A. an jmdn. richten. **sinnv.:** Erkundigung, Nachfrage, Rückfrage; ↑Frage; ↑Gesuch.

an|fra|gen, fragte an, hat angefragt ⟨itr.⟩: *um Auskunft bitten:* er hat höflich bei ihm angefragt, ob er kommen könne. **sinnv.:** sich erkundigen, sich ↑informieren, nachfragen, rückfragen; ↑fragen.

an|freun|den, sich; freundete sich an, hat sich angefreundet: **1.** *eine Freundschaft beginnen:* sich leicht, schwer mit jmdm. a. **sinnv.:** sich anschließen, sich befreunden, mit jmdm. Freundschaft schließen. **2.** *dabeisein, sich allmählich mit etwas, was für die Zukunft als Faktum gegeben ist, vertraut zu machen:* er hatte sich anscheinend schon mit dem Gedanken, seine Selbständigkeit zu verlieren, angefreundet. **sinnv.:** sich an etwas gewöhnen; ↑anpassen.

an|füh|len, fühlte an, hat angefühlt: **1.** ⟨tr.⟩ *prüfend zwischen die Finger nehmen;* jmds. Hände a. **sinnv.:** ↑berühren. **2.** ⟨sich a.⟩ *beim Berühren ein bestimmtes Gefühl vermitteln:* du fühlst dich, deine Hand fühlt sich heiß an; das Zeug fühlt sich wie Leder an.

an|füh|ren, führte an, hat angeführt ⟨tr.⟩: **1.** *einer Gruppe o. ä. führend vorangehen, sie leiten:* einen Festzug, eine Mannschaft a. **sinnv.:** ↑führen · ↑begleiten. **2. a)** *wörtlich wiedergeben:* eine Stelle aus einem Buch a. **sinnv.:** zitieren. **b)** *als Argument, Meinung, Grund, Beispiel o. ä. jmdm. gegenüber äußern, zum Ausdruck bringen:* etwas zu seiner Entschuldigung a. **sinnv.:** angeben, aufführen, aufzählen, deklarieren, benennen, ins Feld führen, nennen, ↑vorbringen; ↑erwähnen. **3.** (ugs.) *[zum Scherz] irreführen:* sie haben ihn schön angeführt. **sinnv.:** äffen, jmdm. einen Bären aufbinden, in den April schicken, foppen, narren, an der Nase herumführen, nasführen, zum besten/Narren haben/halten, verkohlen; ↑aufziehen.

An|füh|rer, der; -s, -: **1.** *jmd., der anführt* (1): wer ist denn der

A. dieser Delegation? **2.** *jmd., der andere zu etwas anstiftet:* der A. einer Verbrecherbande. **sinnv.:** Bandenführer, Boß, Chef, Führer, Haupt, Rädelsführer.

An|ga|be, die; -, -n: **1.** *Mitteilung über einen bestimmten Sachverhalt:* genaue, wichtige Angaben zu/über etwas machen; ich richte mich nach seinen Angaben. **sinnv.:** Auskunft, Aussage, Information, Nennung. **2.** ⟨ohne Plural⟩ *das Angeben* (3): diese Geschichte ist reine A. **sinnv.:** ↑Übertreibung.

an|ge|ben, gibt an, gab an, hat angegeben: **1.** ⟨tr.⟩ **a)** *Mitteilungen über einen bestimmten Sachverhalt machen, Auskunft über etwas geben:* seine Adresse a.; etwas als Grund a.; den Preis für eine Ware a. **sinnv.:** ↑anführen; ↑erwähnen; ↑mitteilen. **b)** *als maßgebend festlegen:* das Tempo, den Takt a. **sinnv.:** ↑anordnen, bestimmen. **2.** ⟨tr.⟩ *Mitteilung über unerlaubte Handlungen anderer machen:* seinen Mitschüler beim Direktor a. **sinnv.:** ↑verraten. **3.** ⟨itr.⟩ (ugs.) *sich durch entsprechendes Verhalten (Reden, Tun) den Anschein von Bedeutsamkeit, Wichtigkeit zu geben versuchen:* wer seiner selbst sicher ist, braucht nicht anzugeben; er gab mit dem an, was er miterlebt hatte; sie gaben an, um den Mädchen zu imponieren; er hatte vor ihnen damit angegeben, daß sein Vater Beziehungen zum Minister habe; gib doch nicht so an!; der gibt aber an mit seinem neuen Auto! **sinnv.:** ↑prahlen.

An|ge|ber, der; -s, -: *jmd., der angibt* (3). **sinnv.:** Aufschneider, Großmaul, Großsprecher, Großtuer, Maulheld, Prahlhans, Revolverheld · Schwätzer.

an|geb|lich ⟨Adj.⟩: *wie behauptet wird:* er soll a. das Geld gestohlen haben. **sinnv.:** ↑scheinbar.

an|ge|bo|ren ⟨Adj.⟩: *von Geburt an vorhanden:* angeborene Eigenschaften. **sinnv.:** angestammt, ↑erblich, ererbt.

An|ge|bot, das; -[e]s, -e: **1. a)** *das Anbieten von etwas:* er machte mir das A., während der Ferien in seinem Landhaus zu wohnen. **sinnv.:** Anerbieten, Vorschlag. **Zus.:** Friedens-, Heiratsangebot. **b)** *Bedingungen, die für etwas angeboten, vorgeschlagen werden:* als ich sein Haus kaufen wollte, machte er mir ein großzügiges A.; machen Sie mir für diese Arbeit ein A.! **sinnv.:** ↑Anzeige. **Zus.:** Kauf-, Verhandlungsangebot. **2.** *etwas, was zum Kauf oder Tausch angeboten wird:* ein großes A. an Kleidern, an Obst; A. und Nachfrage. **sinnv.:** ↑Sortiment. **Zus.:** Billig-, Sonder-, Warenangebot.

an|ge|bracht ⟨Adj.⟩: *für einen bestimmten Fall passend:* eine nicht angebrachte Bemerkung; das ist, halte ich für a. **sinnv.:** ↑zweckmäßig.

an|ge|gos|sen: ⟨in der Wendung⟩ etwas sitzt, paßt wie a. (ugs.): *etwas sitzt, paßt sehr gut.*

an|ge|grif|fen ⟨Adj.⟩: *schwach, nicht mehr sehr leistungsfähig (auf Grund längerer Beanspruchung o. ä.):* seine Gesundheit, er ist etwas a. **sinnv.:** abgespannt, erschöpft.

an|ge|hei|ra|tet ⟨Adj.⟩: *durch Heirat Mitglied einer Familie geworden:* eine angeheiratete Tante von mir. **sinnv.:** ↑verwandt.

an|ge|hei|tert ⟨Adj.⟩: *durch Genuß von Alkohol beschwingt, in gehobene Stimmung versetzt:* in angeheitertem Zustand. **sinnv.:** ↑betrunken.

an|ge|hen, ging an, hat/ist angegangen /vgl. angehend/: **1.** ⟨tr.⟩ *sich mit einer Bitte an jmdn. wenden:* er hat seinen Vater um Geld angegangen. **sinnv.:** ↑bitten. **2.** ⟨tr.⟩ *gegen jmdn. vorgehen, sich ihm in feindlicher Absicht nähern:* der Gegner hat ihn angegangen. **sinnv.:** ↑angreifen. **3.** ⟨itr.⟩ *Maßnahmen gegen etwas ergreifen:* er ist gegen das Urteil, gegen ihre Absichten angegangen. **sinnv.:** ↑ankämpfen; ↑bestreiten. **4.** ⟨tr.⟩ *in Angriff nehmen, zu bewältigen suchen:* er hat die Schwierigkeiten zielstrebig angegangen. **sinnv.:** ↑anfangen. **5.** ⟨itr.⟩ *sich auf jmdn./etwas beziehen, jmds. Sache sein:* diese Frage ist uns alle angegangen; das geht dich nichts an. **sinnv.:** ↑betreffen. **6.** ⟨itr.⟩ (ugs.) **a)** *(mit einer Vorführung o. ä.) beginnen:* das Kino war bereits um 8 Uhr angegangen. **sinnv.:** ↑anfangen. **b)** *zu brennen, zu leuchten beginnen* /Ggs. ausgehen/: die Lampe, das Feuer war angegangen. **7.** ⟨itr.⟩ *in anderer Erde Wurzeln schlagen und zu wachsen beginnen:* die Ableger, Pflanzen sind alle angegangen. **sinnv.:** anwachsen. **8.** ⟨itr.⟩ *zulässig, vertretbar, erträglich o. ä. sein:* das mag noch a.; die Hitze ist gerade noch angegangen.

an|ge|hend ⟨Adj.⟩: *(in bezug auf eine sich entwickelnde, noch in der Ausbildung befindliche oder bald in eine bestimmte Position gelangende Person) künftig:* ein angehender Arzt; eine angehende junge Dame; meine angehende Schwiegertochter. **sinnv.:** in spe, kommend, zukünftig.

an|ge|hö|ren, gehörte an, hat angehört ⟨itr.⟩: *als Glied, Bestandteil zu etwas (einer Gruppe o. ä.) gehören:* einem Verein a. **sinnv.:** gehören, rechnen zu, zählen zu, zugehören.

An|ge|hö|ri|ge, der u. die; -n, -n ⟨aber: [ein] Angehöriger, Plural: [viele] Angehörige⟩: **1.** *jmd., der dem engsten Kreis der Familie angehört; nächster Verwandter:* seine Angehörigen besuchen. **sinnv.:** Anhang, Sproß, ↑Verwandter. **Zus.:** Familienangehöriger. **2.** *jmd., der einer bestimmten Gruppe angehört:* der A. einer Firma. **sinnv.:** Anhänger, Mitarbeiter, Mitglied, Mitwirkender; ↑Teilnehmer. **Zus.:** Betriebs-, Staatsangehöriger.

An|ge|klag|te, der u. die; -n, -n ⟨aber: [ein] Angeklagter, Plural: [viele] Angeklagte⟩: *jmd., der vor Gericht angeklagt ist:* der A. wurde freigesprochen. **sinnv.:** Beklagter, Beschuldigter, Sündenbock.

An|gel, die; -, -n: **1.** *Gerät zum Fangen von Fischen, das aus einem langen, biegsamen Stock besteht, an dem eine Schnur mit einem Haken befestigt ist:* die A. auswerfen. **2.** *Zapfen, an dem eine Tür, ein Fenster o. ä. beweglich aufgehängt ist.*

An|ge|le|gen|heit, die; -, -en: *etwas, womit sich jmd. befaßt, befassen muß:* eine wichtige A.; sich in jmds. Angelegenheiten mischen. **sinnv.:** Affäre, Dinge, Fall, Geschichte, Sache, Skandal, Story, Vorfall.

an|geln ⟨tr./itr.⟩: *mit der Angel fangen, zu fangen suchen:* ich gehe [Forellen] a. **sinnv.:** ↑fischen.

An|gel|punkt, der; -[e]s, -e: *das, was die Hauptsache, den Kern von etwas bildet, ausmacht:* Berlin als A. weltpolitischer Interessen; X war der Dreh- und Angelpunkt des Spieles; dieses Ereignis hat der Schriftsteller zum A. seiner Geschichte gemacht. **sinnv.:** ↑Hauptsache.

an|ge|mes|sen ⟨Adj.⟩: *den gegebenen Umständen ent-*

sprechend: eine [dem Alter] angemessene Bezahlung **sinnv.:** adäquat, gebührend, ↑geeignet; ↑gehörig; ↑gut, ↑zweckmäßig · ↑Verhältnismäßigkeit.

an|ge|nehm ⟨Adj.⟩: *eine positive Empfindung auslösend:* ein angenehmer Geruch; eine angenehme Nachricht; eine angenehme Abwechslung; ein angenehmer Mensch. **sinnv.:** erfreulich, günstig, gut, lieb, schmeichelhaft, ↑schön, wohltuend; ↑gemütlich; ↑hübsch.

An|ge|paß|te, der u. die; -n, -n ⟨aber: [ein] Angepaßter, Plural: [viele] Angepaßte⟩: *jmd., der sich ganz den allgemeinen Erwartungen und Normen entsprechend verhält und eigenes abweichendes Verhalten vermeidet:* er ist der Typ des beruflich Erfolgreichen und Angepaßten; Angepaßte und Duckmäuser haben es leichter als alternative Individualisten.

an|ge|regt ⟨Adj.⟩: *(bes. von Gesprächen o. ä.) durch Lebhaftigkeit gekennzeichnet:* eine angeregte Diskussion; sich a. unterhalten. **sinnv.:** animiert, belebt, lebendig, lebhaft, munter.

an|ge|se|hen ⟨Adj.⟩: *Ansehen genießend:* sie ist eine angesehene Politikerin, stammt aus einer angesehenen Familie; er ist ein angesehener Mann, ist im Dorf sehr a. **sinnv.:** anerkannt, bewundert, geachtet, geehrt, geschätzt, populär, renommiert, verehrt; ↑bekannt; ↑beliebt.

an|ge|sichts ⟨Präp. mit Gen.⟩: **a)** *beim, im Anblick:* a. des Todes, der Bergwelt. **b)** *bei Betrachtung, Berücksichtigung von:* a. dieser Situation. **sinnv.:** in Anbetracht, in bezug auf, im Hinblick auf, bei; ↑wegen.

An|ge|stell|te, der u. die; -n, -n ⟨aber: [ein] Angestellter, Plural: [viele] Angestellte⟩: *jmd., der in einem Betrieb, bei einer Behörde angestellt ist und Gehalt bezieht.* **sinnv.:** ↑Arbeitnehmer.

an|ge|trun|ken ⟨Adj.⟩: *schon leicht unter der Wirkung von Alkohol stehend:* sie waren alle a. **sinnv.:** ↑betrunken.

an|ge|wie|sen: ⟨in der Verbindung⟩ auf jmdn./etwas a. sein: *nicht selbständig, unabhängig, sondern an andere gebunden sein; jmdn., jmds. Hilfe, Unterstützung o. ä. brauchen:* er ist auf dich, deine Hilfe a. **sinnv.:** abhängen von, abhängig sein von.

an|ge|wöh|nen, gewöhnte an, hat angewöhnt: **a)** ⟨sich etwas a.⟩ *bestimmte Fähigkeiten, Verhaltensweisen, Gewohnheiten (durch selbständiges Lernen oder Nachahmen) erwerben, sich zu eigen machen:* sich Pünktlichkeit, schlechte Manieren a.; ich habe mir im Urlaub das Rauchen angewöhnt. **sinnv.:** sich aneignen, annehmen. **b)** ⟨tr.⟩ *bei jmdm. durch entsprechende Einflußnahme bewirken, daß er sich eine bestimmte Verhaltensweise zu seiner Gewohnheit macht:* er hat seinen Kindern früh Pünktlichkeit angewöhnt / früh angewöhnt, pünktlich zu sein. **sinnv.:** anerziehen.

An|ge|wohn|heit, die; -, -en: *erworbene Verhaltensweise, meist komischer, lächerlicher oder anstoßerregender Art:* eine gräßliche, scheußliche, schreckliche, wunderliche A.; eine A. annehmen; er hatte die A., alles musikalisch zu umrahmen, die Briefe von anderen zu lesen, sich auf dem Kopf zu kratzen. **sinnv.:** Eigenart, Eigenheit, Eigentümlichkeit, Seite; ↑Brauch; ↑Spleen.

An|gi|na, die; -, Anginen: *Infektion des Rachens und der Schleimhaut des Gaumens.*

an|glei|chen, glich an, hat angeglichen ⟨tr./sich a.⟩: ↑*anpassen* (1).

Ang|ler, der; -s, -: *jmd., der angelt.*

an|grei|fen, griff an, hat angegriffen ⟨tr.⟩: **1. a)** *in feindlicher Absicht vorgehen (gegen jmdn./etwas):* den Feind a.; ⟨auch itr.⟩ die feindlichen Truppen griffen plötzlich an. **sinnv.:** anfallen, angehen, zum Angriff übergehen, anrennen, anspringen, anstürmen, attackieren, herfallen über, sich hermachen über, zu Leibe rücken, sich stürzen auf, überfallen, überrennen, überrumpeln. **b)** *im sportlichen Wettkampf die Initiative ergreifen gegenüber dem Gegner:* erst auf den letzten dreihundert Metern griff der favorisierte Läufer [seine Konkurrenten] an. **c)** *zu widerlegen suchen, heftig kritisieren:* jmdn. öffentlich a. **sinnv.:** ↑attackieren; ↑bestreiten. **2.** *mit dem Verbrauch von etwas, was man bis jetzt nicht angerührt, sondern als Reserve o. ä. angesehen hat, beginnen:* ich mußte schon meine Vorräte a. **3. a)** *schädlich auf jmdn. wirken:* diese Arbeit wird ihre Gesundheit sehr a. **sinnv.:** ↑entkräften, ↑zehren. **b)** *durch Zersetzung o. ä. beschädigen:* die Säure greift den Stoff, die Haut an. **sinnv.:** ätzen, auflösen, zerfressen, zersetzen. **4.** ↑*berühren.*

An|grei|fer, der; -s, -: *jmd., der angreift:* als A. gebrandmarkt werden. **sinnv.:** ↑Aggressor.

An|griff, der; -s, -e: **1. a)** *das Angreifen* (1a): einen A. abwehren. **sinnv.:** Anschlag, Attacke, Feindseligkeiten, Offensive, Sturm, Überfall, Übergriff; ↑Kampf. **Zus.:** Sturmangriff. **b)** *das Ergreifen der Initiative im sportlichen Wettkampf, um dem Gegner Vorteile abzugewinnen:* einen A. starten. **2.** *heftige, aggressive Kritik:* persönliche Angriffe gegen jmdn. richten. **sinnv.:** Anfeindung, Attacke, Feindseligkeit, Tiefschlag, Vorwurf. **3. etwas in A. nehmen** *(mit etwas beginnen):* eine Arbeit in A. nehmen.

angst: ⟨in bestimmten Wendungen⟩ **jmdm. ist/wird [es] a. [und bange]** *(jmd. fürchtet sich, hat/bekommt Angst);* **jmdm. a. [und bange] machen** *(jmdn. in Angst versetzen).* **sinnv.:** ↑befürchten, sich ↑fürchten.

Angst, die; -, Ängste: *beklemmendes, banges Gefühl, bedroht zu sein:* wachsende, große, bodenlose A. quält jmdn.; das Kind hat A. vor dem Hund; mit großer A. erwartete sie seine Rückkehr; in A. um jmdn. sein. **sinnv.:** Alpdruck, Ängstlichkeit, Bangigkeit, Bedrückung, Beklemmung, Beklommenheit, Feigheit, Furcht, Furchtsamkeit, Mutlosigkeit, Not, Panik, Phobie, Schiß; ↑Entsetzen · Befangenheit, Hemmungen, Scheu, Unsicherheit, Verlegenheit, Zaghaftigkeit, ↑Zwang · ↑befürchten, sich ↑fürchten; Befürchtung. **Zus.:** Berührungs-, Schwellenangst.

ängst|lich ⟨Adj.⟩: **1.** *von einem Gefühl der Angst, Unsicherheit, Besorgnis erfüllt:* ein ängstliches Gesicht machen; sie blickte sich ä. in dem dunklen Raum um. **sinnv.:** angsterfüllt, angstvoll, bang, bänglich, bebend, befangen, beklommen, besorgt, eingeschüchtert, feige, furchtsam, gehemmt, mutlos, neurotisch, scheu, schlotternd, schreckhaft, schüchtern, verängstigt, verklemmt, verschreckt, verschüchtert, zaghaft, zähneklappernd, zitternd; ↑Angst, sich ↑fürchten.

2. *übertrieben genau, gewissenhaft:* sie war ä. darauf bedacht, keinen Fehler zu machen.

Ängst|lich|keit, die; -, -en: 1. a) ⟨ohne Plural⟩ *ängstliche Wesensart.* **sinnv.:** ↑Angst. **b)** *ängstliche Reaktion.* **2.** ⟨ohne Plural⟩ *übertriebene Gewissenhaftigkeit.*

an|gucken, guckte an, hat angeguckt ⟨tr.⟩ (ugs.): ↑*ansehen* (1): jmdn. von der Seite a.; ich habe mir das neue Bild angeguckt. **sinnv.:** ↑betrachten.

an|gur|ten, sich; gurtete sich an, hat sich angegurtet: *sich mit einem Sicherheitsgurt am Sitz eines Autos, Flugzeugs festschnallen:* er wurde schwer verletzt, weil er sich nicht angegurtet hatte, weil er nicht angegurtet war. **sinnv.:** anschnallen.

an|ha|ben, hat an, hatte an, hat angehabt ⟨tr.⟩: **1.** (ugs.) *(ein Kleidungsstück) auf dem Körper tragen, angezogen haben:* einen Mantel, ein Kleid a.; es war ihm unangenehm, weil er nichts anhatte. **sinnv.:** bekleidet sein mit, auf dem Leib[e] tragen · aufhaben; ↑anziehen. **2. *jmdm./einer Sache nichts a. können** *(gegen jmdn./etwas nichts machen können, was ihm schaden oder Schaden zufügen kann):* er hat keine Beweise und kann dir nichts a. **sinnv.:** gefeit sein gegen.

an|haf|ten, haftete an, hat angehaftet ⟨itr.⟩: *(als Unangenehmes, Negatives, Belastendes) an jmdm., einer Sache haften:* ihm haftet kein guter Ruf an. **sinnv.:** angehören, anhängen, innewohnen, lasten auf, zugehören · behaftet sein mit, belastet sein mit; ↑aufweisen.

an|hal|ten, hält an, hielt an, hat angehalten: **1. a)** ⟨tr.⟩ *zum Stehen, Stillstand bringen:* ein Auto a.; den Atem a. *(zurückhalten).* **b)** ⟨itr.⟩ *stehenbleiben, zum Stillstand kommen:* das Auto hielt an der Ecke an. **sinnv.:** abbremsen, abstoppen, bremsen, halten, zum Halten/Stehen kommen, haltmachen, stoppen. **2.** ⟨itr.⟩ ↑*andauern:* der Winter hielt noch lange an. **3.** ⟨tr.⟩ *jmdn. wiederholt auf etwas hinweisen und dadurch bewirken, daß er sich in einer bestimmten Weise verhält:* jmdn. zur Ordnung, Arbeit a. **sinnv.:** anleiten, ermahnen, ↑mahnen · beeinflussen, bringen zu, ↑veranlassen zu.

An|hal|ter, der; -s, -; **An|hal|te|rin,** die; -, -nen: **1.** *männliche bzw. weibliche Person, die in einem Auto umsonst mitfährt (nachdem sie sich an einer Autostraße auf entsprechende Weise darum bemüht hat):* er nahm eine Anhalterin mit; die Leiche der 17jährigen Anhalterin wurde gefunden. **sinnv.:** Rucksacktourist, -urlauber, Tramper. **2. per A.** *(als Anhalter):* sie reisten per A. durch Süddeutschland. **sinnv.:** ↑mitfahren.

An|halts|punkt, der; -[e]s, -e: *etwas, worauf man sich zur Begründung einer Vermutung, einer Ansicht stützen kann:* es gibt keinen A. dafür, daß er der Täter war. **sinnv.:** ↑Anzeichen, Gedächtnisstütze, Hinweis.

an Hand, an|hand: *mit Hilfe von etwas (was man als Unterlage, Anleitung, zur Information, als geistiges Hilfsmittel benutzt):* a. H. eines Buches lernen; Materialien, a. H. deren sich erkennen läßt, was ...; a. H. von Beweisen wurde er rasch überführt. **sinnv.:** nach Anleitung, unter Verwendung · ↑durch.

An|hang, der; -s, Anhänge: **1.** *etwas, was ergänzend an ein Buch, an ein Schriftstück o. ä. angefügt ist:* die Anmerkungen stehen in diesem Buch im A.; der A. zu einem Vertrag. **sinnv.:** Anfügung, Anlage, Annex, Appendix, Beilage, Ergänzung, Nachtrag, Nachwort, Zusatz. **2.** ⟨ohne Plural⟩ **a)** *Anhängerschaft, Freundes-, Bekanntenkreis:* mit etwas A. gewinnen. **b)** *Verwandtschaft, Angehörige:* ohne A. sein. **sinnv.:** ↑Familie. **Zus.:** Familienanhang.

an|hän|gen: I. hängte an, hat angehängt ⟨tr.⟩: **1.** *an etwas hängen:* einen Zettel [an ein Paket] a. **sinnv.:** anmachen, befestigen, verbinden. **2. a)** *ein Fahrzeug an ein anderes hängen* /Ggs. abhängen/: einen Anhänger, einen Eisenbahnwagen a. **b)** ⟨sich a.⟩ (ugs.) *sich jmdm. beim Laufen, Fahren usw. unmittelbar anschließen:* sich an den Vordermann a. **3.** *am Schluß, Ende anfügen:* ein Kapitel, ein Nachwort a. **sinnv.:** anschließen, beifügen, beigeben, hinzufügen. **4.** (ugs.) *(jmdm. Übles) nachsagen, zuschreiben:* er hat seinem Nachbarn allerlei Schlechtes angehängt. **sinnv.:** ↑schlechtmachen. **5.** (ugs.) ↑*andrehen* (2): jmdm. schlechte Ware a. **sinnv.:** ↑aufschwatzen. **II.** hing an, hat angehangen ⟨itr.⟩: **1.** *ergeben sein, Anhänger sein (von jmdm./etwas):* er hing ihm treu an; einer Lehre a. **sinnv.:** verbunden sein, sich verbunden fühlen. **2.** *als etwas, was das Ansehen des Betreffenden beeinträchtigt, mit jmdm. verknüpft sein:* seine Vergangenheit hängt ihm an.

An|hän|ger, der; -s, -: **1.** *Wagen, der an einen anderen angehängt wird, der ihn mitzieht:* Straßenbahn, Lastkraftwagen mit A. **sinnv.:** Beiwagen, Hänger. **Zus.:** Fahrrad-, Wohnwagenanhänger. **2.** *Schmuckstück, das an einer Kette, einem Band getragen wird.* **3.** *mit Namen oder Nummer versehenes Schild, das an einem Gepäckstück befestigt wird.* **sinnv.:** Anhängeadresse, -schild. **Zus.:** Gepäckanhänger. **4.** *jmd., der jmdm. ergeben ist, einer Lehre oder Anschauung folgt:* die Anhänger der Partei, Regierung. **sinnv.:** Bewunderer, Fan, Freak, Fußvolk, Gefolgschaft, Gemeinde, Groupie, Jünger, Mitläufer, Parteigänger, Schüler, Sympathisant, Troß, Verehrer, Vertreter; ↑Angehöriger.

An|hän|ge|rin, die; -, -nen: vgl. Anhänger (4).

an|häng|lich ⟨Adj.⟩: *jmdm. zugetan und gern dessen Nähe suchend:* Hunde sind anhängliche Tiere. **sinnv.:** ↑treu.

An|häng|lich|keit, die; -: *anhängliche Art, Haltung.* **sinnv.:** ↑Treue, ↑Zuneigung.

an|häu|fen, häufte an, hat angehäuft: **a)** ⟨tr.⟩ *in Mengen zusammentragen, sammeln und aufbewahren:* Vorräte, Geld a. **sinnv.:** ↑aufschichten; ↑horten. **b)** ⟨sich a.⟩ *immer mehr werden, sich ansammeln:* die Vorräte häufen sich im Lager an. **sinnv.:** auflaufen, zusammenkommen.

an|he|ben, hob an, hat angehoben ⟨tr.⟩: **1.** *(etwas) ein wenig in die Höhe heben:* sie mußten den Schrank a., um den Teppich darunterschieben zu können. **sinnv.:** ↑aufheben. **2.** *(etwas, was zahlenmäßig ausgedrückt werden kann) erhöhen:* Steuern, Gehälter, das Grundkapital, Abgaben, die Produktion a. **sinnv.:** aufbessern, draufsatteln, heraufsetzen, nachsatteln, verbessern; ↑steigern. **3.** ⟨Imperfekt veraltet: hub an⟩ (geh.): *[mit einer Tätigkeit o. ä.] anfangen:* zu sprechen, zu singen a.

an|hei|meln, heimelte an, hat angeheimelt ⟨tr.⟩: *(jmdm.) vertraut, gemütlich vorkommen:* die Atmosphäre heimelte mich an.

an|heim|stel|len, stellte anheim, hat anheimgestellt ⟨tr.⟩ (geh.): *in jmds. Ermessen stellen:* er stellte ihm die Entscheidung anheim. **sinnv.:** ↑überlassen.

an|hei|schig: ⟨in der Wendung⟩ sich a. machen (geh.): *sich erbieten, etwas, was von andern für schwierig gehalten wird, zu tun:* er machte sich a., die Beweise zu liefern. **sinnv.:** ↑anbieten.

an|hei|zen, heizte an, hat angeheizt ⟨tr.⟩ (ugs.): *durch entsprechendes Tun weiter steigern, verstärken, zu einem Höhepunkt treiben:* die Diskussion, die Ansprüche, Spekulationen, die Wirtschaft, Inflation, den Verbrauch, eine Kampagne, einen Kampf gegen etwas a.; die Jazzkapelle heizte die Stimmung im Saal rasch an. **sinnv.:** ↑ankurbeln, schüren, ↑steigern, verschärfen, ↑verstärken; ↑aufwiegeln.

an|herr|schen, herrschte an, hat angeherrscht ⟨tr.⟩: *in herrischem, heftigem Ton zurechtweisen:* er herrschte ihn wütend an, weil er zu spät gekommen war. **sinnv.:** ↑schelten.

an|heu|ern, heuerte an, hat angeheuert: **1.** ⟨itr.⟩ *(auf einem Schiff) Dienst annehmen:* ich hatte auf einem Fischdampfer angeheuert. **sinnv.:** angestellt werden, eingestellt werden; ↑anstellen. **2.** ⟨tr.⟩ *für den Dienst auf einem Schiff anwerben:* der Kapitän heuerte einen neuen Matrosen an. **sinnv.:** ↑einstellen.

An|hieb: ⟨in der Fügung⟩ auf A.: *gleich zu Beginn, beim ersten Versuch:* etwas glückt auf A. **sinnv.:** ↑gleich.

an|him|meln, himmelte an, hat angehimmelt ⟨tr.⟩: **a)** *schwärmerisch verehrend ansehen:* das junge Mädchen himmelte den Künstler an, als sie vor ihm stand. **sinnv.:** ↑ansehen. **b)** *schwärmerisch verehren:* sie hat ihn schon immer angehimmelt. **sinnv.:** ↑anbeten.

An|hö|he, die; -, -n: *landschaftliche Erhebung:* eine kleine, felsige, steile A.; die A. hinaufsteigen. **sinnv.:** ↑Berg.

an|hö|ren, hörte an, hat angehört: **1.** ⟨tr.⟩ **a)** *(etwas) aufmerksam bis zu Ende hören:* du mußt dir das Konzert a.; sich jmds. Wünsche a. **sinnv.:** ↑hören. **b)** *bereitwillig, aufmerksam dem zuhören, was jmd. als Anliegen o. ä. vorträgt:* der Vorgesetzte hörte ihn geduldig an. **sinnv.:** Gehör schenken, hören, ein offenes Ohr haben für, sein Ohr leihen, ↑zuhören. **c)** *zufällig, unfreiwillig [mit]hören:* er hat das Gespräch der beiden Männer mit angehört; ich kann das nicht mehr mit a. *(es regt mich auf, wird mir lästig o. ä.).* **sinnv.:** aufschnappen; ↑horchen. **2.** ⟨sich a.⟩ *bei einem Hörer einen bestimmten Eindruck hervorrufen:* das hört sich häßlich an; dein Vorschlag hört sich gut an. **sinnv.:** klingen, wirken. **3.** ⟨tr.⟩ *jmdm. an der Stimme, an den Äußerungen oder deren Art etwas anmerken:* man hörte ihr die Verzweiflung an. **sinnv.:** ↑bemerken.

Anis, das; -es, -e: **1. a)** *Heil- und Gewürzpflanze.* **b)** ⟨ohne Plural⟩ *aus den Samen der gleichnamigen Pflanze bereitetes Gewürz:* nach A. schmecken. **2.** *auf der Grundlage von Anis* (1) *hergestellter Branntwein.*

an|kämp|fen, kämpfte an, hat angekämpft ⟨itr.⟩: *(einer Sache) Widerstand entgegensetzen:* gegen Wind und Regen a.; er kämpfte vergeblich gegen den Schlaf an. **sinnv.:** angehen gegen, anrennen gegen, anstürmen gegen, auftreten gegen, befehden, begegnen, bekämpfen, bekriegen, entgegentreten, entgegenwirken, zu Felde ziehen gegen, Front machen gegen, kämpfen gegen, torpedieren; ↑protestieren.

An|kauf, der; -s, Ankäufe: *das Ankaufen:* der A. eines kleinen Gutes; A. von Aktien.

an|kau|fen, kaufte an, hat angekauft ⟨tr.⟩: *meist ein größeres Objekt oder eine größere Menge gleicher oder verschiedener, aber zusammengehörender Dinge durch Kaufen in seinen Besitz bringen oder mit in den bereits vorhandenen Besitz ziehen:* 10 Gemälde a.; wilde Tiere für den Zoo, 26 Folgen einer Fernsehserie a.; ein Grundstück a.

An|ker, der; -s, -: *schweres eisernes Gerät, das vom Schiff an Kette oder Tau auf den Grund eines Gewässers hinabgelassen wird und das Schiff an seinem Platz festhält* (siehe Bild). **Zus.:** Rettungsanker.

An|kla|ge, die; -, -n: **1.** *Beschuldigung eines Tatverdächtigen (durch die Staatsanwaltschaft) bei Gericht:* ***gegen jmdn. A. erheben** *(jmdn. anklagen).* **sinnv.:** Beschwerde, Klage. **2.** *anklagende Äußerung, schwerer öffentlicher Vorwurf:* eine leidenschaftliche A. gegen den Krieg. **sinnv.:** Ächtung, Beschuldigung, Denunziation, Kritik, ↑Protest, Verdammung, Verurteilung.

an|kla|gen, klagte an, hat angeklagt ⟨tr.⟩: **1.** *vor Gericht zur Verantwortung ziehen, beschuldigen:* jmdn. [des Diebstahls, wegen Diebstahls] a. **sinnv.:** ↑verdächtigen. **2.** *wegen etwas beschuldigen, für etwas verantwortlich machen:* er klagte sich als der Schuldige/(seltener:) den Schuldigen an; soziale Mißstände a. *(öffentlich als unverantwortlich herausstellen, anprangern).* **sinnv.:** denunzieren, kritisieren; ↑brandmarken.

An|klä|ger, der; -s, -: *jmd., der vor Gericht Anklage erhebt.* **sinnv.:** Kläger · Staatsanwalt.

an|klam|mern, klammerte an, hat angeklammert: **1.** ⟨sich a.⟩ *sich mit klammerndem Griff festhalten:* ängstlich klammerte sie sich [an die Mutter] an. **sinnv.:** sich klammern an. **2.** ⟨tr.⟩ *mit Klammern festmachen:* die Wäsche a. **sinnv.:** klammern; ↑befestigen.

An|klang, der; -s, Anklänge: **1.** *gewisse Ähnlichkeit (die an Vergleichbares erinnert):* der A. an Bilder von Kandinsky ist ganz deutlich. **2.** ***A. finden** *(mit Zustimmung, Beifall aufgenommen werden):* der Vorschlag fand allgemein A. **sinnv.:** Anerkennung/ Beifall/Zustimmung finden, angesehen sein, ankommen, beliebt sein, ↑gefallen · ↑Resonanz.

an|kle|ben, klebte an, hat/ist angeklebt: **1.** ⟨tr.⟩ *mit Klebstoff (an etwas) befestigen:* er hat die Plakate angeklebt. **sinnv.:** anbringen, anmachen, aufkleben. **2.** ⟨itr.⟩ *an etwas festkleben, haften:* das Pflaster ist an der Wunde angeklebt.

an|klin|geln, klingelte an, hat

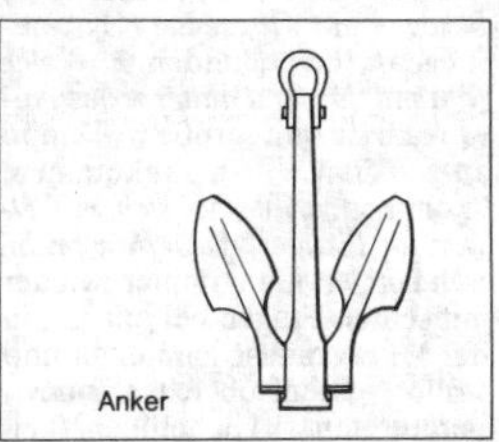
Anker

angeklingelt ⟨tr.⟩ (ugs.): *(jmdn./bei jmdm.) anrufen:* ich werde dich morgen a. **sinnv.:** ↑telefonieren.

ạn|klin|gen, klang an, hat angeklungen ⟨itr.⟩: **1.** *andeutungsweise zum Ausdruck kommen, hörbar, sichtbar, spürbar sein:* das Motiv, der Gedanke der Freiheit klingt immer wieder an. **sinnv.:** sich abzeichnen, sich ↑andeuten, aufscheinen, sich bemerkbar machen, erscheinen, [mit] hereinspielen, mitklingen, mitschwingen · vorkommen, sich zeigen. **2.** *Anklänge an etwas aufweisen, Erinnerungen an etwas wecken:* der Stil klingt an [den von] Fontane an. **sinnv.:** ↑ähneln · erinnern, gemahnen.

ạn|klop|fen, klopfte an, hat angeklopft ⟨itr.⟩: *an die Tür klopfen (damit jmd. öffnet):* er klopfte laut [an die/an der Tür] an.

ạn|knip|sen, knipste an, hat angeknipst ⟨tr.⟩ (ugs.): *durch Knipsen, Drücken des Schalters an-, einschalten* /Ggs. ausknipsen/: das Licht a. **sinnv.:** ↑anstellen.

ạn|knöp|fen, knöpfte an, hat angeknöpft ⟨tr.⟩: *an etwas knöpfen* /Ggs. abknöpfen/: die Kapuze [an den Mantel] a. **sinnv.:** ↑befestigen.

ạn|knüp|fen, knüpfte an, hat angeknüpft: **1.** ⟨itr.⟩ *(etwas als Ausgangspunkt benutzen:* er knüpfte in seiner Rede an die Worte seines Kollegen an. **sinnv.:** anschließen an, aufgreifen, aufnehmen, ausgehen von, sich beziehen auf. **2.** ⟨tr.⟩ *(Kontakt zu jmdm.) aufnehmen, herstellen:* geschäftliche Beziehungen a. **sinnv.:** ↑anbahnen, anfangen, einfädeln · Fühlung nehmen.

ạn|kom|men, kam an, ist angekommen ⟨itr.⟩: **1.** *einen Ort erreichen:* sie kamen gegen 14 Uhr [in Berlin] an. **a)** *bezogen auf Fahrzeuge* /Ggs. abfahren/. **sinnv.:** anlangen, einlaufen, eintreffen, eintrudeln, kommen. **b)** *bezogen auf Flugzeuge* /Ggs. abfliegen/. **sinnv.:** landen. **2. a)** *sich fahrend, laufend nähern:* das Auto kam in/mit großem Tempo an. **sinnv.:** herankommen, ↑kommen. **b)** (ugs.) *sich mit etwas [in lästiger Weise] an jmdn. wenden:* er kam immer wieder mit seinen Fragen bei mir an; in der Mittagspause kam er an und wollte wissen, ob ich ... **sinnv.:** herantreten · ↑behelligen, keine Ruhe/nicht in Ruhe lassen. **3.** (ugs.) *eine Stellung, einen Arbeitsplatz o. ä. finden:* er kam [als Redakteur] bei einem Verlag an. **sinnv.:** unterkommen. **4.** (ugs.) *Erfolg haben, Anklang, Widerhall finden:* die Schauspielerin kam [mit dem ersten Film] gut beim Publikum an; mit seiner Bitte kam er bei ihr nicht an. **sinnv.:** ↑gefallen · ↑Anklang. **5.** *sich (gegen jmdn./etwas) durchsetzen [können], jmdm./einer Sache beikommen:* sie kam gegen die Vorurteile nicht an. **sinnv.:** ankönnen. **6.** (geh.) *von etwas innerlich ergriffen, davon erfüllt werden:* Angst, Furcht, Lust, Wißbegierde kam ihn an; etwas kommt jmdn. hart an *(fällt ihm schwer).* **sinnv.:** ↑befallen, überfallen. **7. a)** *wichtig, von Bedeutung sein (für jmdn.):* es kommt [ihr] auf die gute Behandlung an. **b)** ↑*abhängen (von jmdm./etwas):* es kommt aufs Wetter an, ob wir morgen abreisen können; es kommt allein auf dich an. **8.** ***es auf etwas a. lassen** *(es riskieren, nicht davor zurückschrecken, daß es zu etwas kommt):* er läßt es auf einen Kampf a. **sinnv.:** in Kauf nehmen.

ạn|kön|nen, konnte an, hat angekonnt ⟨itr.⟩ (ugs.): *sich (gegen jmdn./etwas) durchsetzen können, etwas (gegen jmdn.) ausrichten können* (meist verneint): er kann gegen mich nicht an. **sinnv.:** ankommen.

ạn|krei|den, kreidete an, hat angekreidet ⟨tr.⟩ (ugs.): *(jmdm. etwas) übelnehmen und als nachteilig anrechnen:* jmdm. ein Versäumnis a. **sinnv.:** anlasten, zur Last legen; ↑übelnehmen; ↑vorwerfen.

ạn|kreu|zen, kreuzte an, hat angekreuzt ⟨tr.⟩: *(in einem Text o. ä.) durch ein Kreuz hervorheben:* einen Namen in einer Liste, eine Stelle in einem Buch a. **sinnv.:** anstreichen, ↑markieren.

ạn|kün|di|gen, kündigte an, hat angekündigt: **a)** ⟨tr.⟩ *das Kommen, Stattfinden, Erscheinen o. ä. (von etwas) im voraus mitteilen:* eine Veranstaltung, ein neues Buch a.; jmdm. seinen Besuch a. **sinnv.:** anmelden, ansagen, ↑anzeigen, bekanntgeben · bedeuten, erwarten lassen, Vorbote sein; ↑mitteilen. **b)** ⟨sich a.⟩ *(als Sache) durch bestimmte Anzeichen das Herannahen erkennen lassen:* ein Verhängnis, Unheil kündigt sich an. **sinnv.:** sich abzeichnen, sich anbahnen, sich andeuten, sich anmelden, sich kundtun, sich melden, Profil gewinnen, seine Schatten vorauswerfen, sich zusammenbrauen; ↑aufsteigen.

Ạn|kün|di|gung, die; -, -en: *das Ankündigen.* **sinnv.:** ↑Mitteilung, Nachricht.

Ạn|kunft, die; -, Ankünfte: *das Eintreffen, Ankommen am Ziel:* **a)** *eines Fahrzeugs, mit einem Fahrzeug* /Ggs. Abfahrt/: die A. des Zuges erwarten. **sinnv.:** Einfahrt, Einlaufen, Eintreffen. **b)** *eines Flugzeugs, mit einem Flugzeug* /Ggs. Abflug/. **sinnv.:** Landung.

ạn|kur|beln, kurbelte an, hat angekurbelt ⟨tr.⟩ (ugs.): *(etwas) in seinem Ablauf beleben; in Schwung bringen:* die Industrie, die Wirtschaft a. **sinnv.:** ↑anheizen, beleben, Dampf hinter etwas machen/setzen, durchstarten, Gas geben, grünes Licht geben, in Gang/Schwung bringen, vorantreiben · mit Volldampf voraus! · ↑anregen, ↑verstärken.

ạn|la|chen, lachte an, hat angelacht: **1.** ⟨tr.⟩ *lachend ansehen:* sie lachte ihn an. **2.** ⟨itr.⟩ (ugs.) *sich auf entsprechende Weise bemühen, daß man mit jmdm. eine erotisch-freundschaftliche Beziehung hat:* hast du dir eine Freundin angelacht? **sinnv.:** ↑anbändeln.

Ạn|la|ge, die; -, -n: **1. a)** ⟨ohne Plural⟩ *das Anlegen, das Schaffen und Gestalten:* die A. des Sportplatzes dauerte längere Zeit. **b)** *Gelegenheit, Geld anzulegen; Form des Anlegens von Geld:* eine sichere, prämienbegünstigte A. **sinnv.:** Investition. **Zus.:** Geld-, Kapital-, Vermögensanlage. **2. a)** *öffentliche Grünfläche mit Blumen, Sträuchern o. ä.:* städtische Anlagen; die Anlagen am Ufer des Sees. **sinnv.:** ↑Park. **Zus.:** Garten-, Grün-, Kur-, Parkanlage. **b)** *nach einem Plan für einen bestimmten Zweck angelegte Flächen, Bauten o. ä.:* militärische Anlagen; die Anlagen der Fabrik. **sinnv.:** ↑Bau. **Zus.:** Befestigungs-, Fabrik-, Gleis-, Hafen-, Industrie-, Sportanlage. **c)** *Vorrichtung, Einrichtung:* eine komplizierte A. bedienen. **sinnv.:** ↑Apparatur. **Zus.:** Alarm-, Berieselungs-, Bewässerungs-, Entlüftungs-, Heizungs-, Klär-, Klima-, Versuchs-, Waschanlage. **3.** ⟨ohne Plural⟩ *Plan, Aufbau:* die A. eines Romans. **sinnv.:** Beschaffenheit, ↑Gliederung, ↑Struktur. **4.** *Veranlagung, Begabung:* das Kind hat gute Anlagen; er hat eine A. zu dieser Krankheit. **sinnv.:** Anfälligkeit, Disposition, Empfänglichkeit, Neigung; ↑Begabung. **5.** *Beilage zu einem Schreiben:* *** in der A./als A.** *(anbei):* in der A. übersenden wir Ihnen die gewünschten Unterlagen. **sinnv.:** Beiblatt, Einlage; ↑Anhang · ↑anliegend.

an|lan|gen, langte an, ist angelangt ⟨itr.⟩ **1.** *an einem Ziel ankommen.* **2.** ***was jmdn./etwas anlangt** *(was jmdn./etwas betrifft, anbelangt).*

An|laß, der; Anlasses, Anlässe: *etwas, wodurch eine Handlung ausgelöst wird:* ein festlicher A.; du hast keinen A., auf deine Arbeit besonders stolz zu sein. ***aus A.** *(anläßlich):* aus A. seines Geburtstages gab er eine Runde Bier. **sinnv.:** Anreiz, Antrieb, Aufhänger, Beweggrund, Grund, Handhabe, Impuls, Motiv, Rücksichten, Triebfeder, Ursache, Veranlassung, Verursachung.

an|las|sen, läßt an, ließ an, hat angelassen: **1.** ⟨tr.⟩ *(einen Motor) in Gang setzen:* den Motor, Wagen a. **sinnv.:** ankurbeln, anstellen, antreten, anwerfen, flottmachen, in Betrieb/Bewegung/Schwung setzen, starten. **2.** ⟨sich a.⟩ (ugs.) *sich gleich zu Beginn in bestimmter Weise entwickeln, erweisen:* das Geschäft läßt sich gut an. **sinnv.:** ↑anfangen, ↑entstehen. **3.** ⟨tr.⟩ (ugs.) *anbehalten, nicht ausziehen:* seinen Mantel, die Schuhe a. **4.** ⟨tr.⟩ (ugs.) *eingeschaltet, brennen lassen:* das Radio, Licht a.; die Scheinwerfer, die Lampe a. **sinnv.:** nicht abstellen, nicht ausmachen.

An|las|ser, der; -s, -: *Vorrichtung zum Anlassen eines Motors.*

an|läß|lich ⟨Präp. mit Gen.⟩ *aus Anlaß:* a. des Geburtstages fand eine Feier statt. **sinnv.:** bei, bei Gelegenheit, gelegentlich, wegen, zu.

an|la|sten, lastete an, hat angelastet ⟨tr.⟩: *die Schuld an etwas zuschreiben:* dieses Versäumnis darf dem Autor nur zum Teil angelastet werden. **sinnv.:** ankreiden; ↑übelnehmen; vorwerfen.

An|lauf, der; -s, Anläufe: **1.** *das Anlaufen; Lauf, der einen Sprung einleitet:* beim A. ist er zu langsam. **2.** ***einen A. nehmen/machen** *(einen Anfang, Versuch machen):* **sinnv.:** ↑anfangen · sich ↑anschicken.

an|lau|fen, läuft an, lief an, hat/ist angelaufen: **1.** ⟨itr.⟩ **a)** *durch Laufen einen Sprung einleiten:* er ist angelaufen. **b)** *in Gang kommen, zu laufen beginnen:* der Motor, die Maschine ist angelaufen. **sinnv.:** anspringen. **c)** *seinen Anfang nehmen, abzulaufen beginnen, einsetzen:* die Fahndung ist angelaufen. **sinnv.:** ↑anfangen. **2.** ⟨tr.⟩ *ansteuern und einfahren (in etwas)* /von Schiffen/: das Schiff hat den Hafen angelaufen. **3.** ⟨itr.⟩ **a)** *(z. B. von Fensterscheiben)* ↑*beschlagen:* die Fenster sind angelaufen. **b)** *eine bestimmte (vorübergehende) Färbung annehmen:* das Silber ist angelaufen; er ist vor Wut rot angelaufen *(rot geworden).* **sinnv.:** sich verfärben; ↑erröten. **4.** ⟨itr.⟩ *zunehmen, sich steigern:* die Kosten sind beträchtlich angelaufen. **5.** ***angelaufen kommen** *(herbeilaufen):* als er rief, kamen die Kinder alle angelaufen.

an|le|gen, legte an, hat angelegt: **1.** ⟨tr.⟩ **a)** *an etwas legen:* er legte das Lineal an; das Pferd legt die Ohren an *(legt die Ohren an den Kopf).* **sinnv.:** ↑anlehnen. **b)** *das Gewehr in Anschlag bringen:* a. und schießen. **sinnv.:** anvisieren, zielen · schießen. **2.** ⟨itr.⟩ *festmachen, landen* /Ggs. ablegen/: das Schiff legte am Kai an. **sinnv.:** ankern. **3.** ⟨tr.⟩ **a)** *(etwas) um den Körper, um einen Körperteil legen (so daß es anliegt):* jmdm. einen Verband, Fesseln a. **b)** (geh.) *anziehen; sich (mit etwas) schmücken:* eine Uniform, ein festliches Gewand a.; Schmuck a. **4.** ⟨tr.⟩ *planvoll erstellen, gestalten:* einen Spielplatz a.; ein Verzeichnis a. **sinnv.:** ausführen, einrichten, errichten, schaffen; ↑bauen, ↑entwerfen. **5.** ⟨tr.⟩ **a)** *von vorhandenem Kapital, Vermögen bestimmte Werte erwerben, die als sicher vor Wertverlust oder als gewinnbringend gelten:* sein Geld in Aktien, Schmuck a. **sinnv.:** festlegen, investieren. **b)** *(weil es als angebracht, lohnend o. ä. angesehen wird, einen – im Verhältnis – größeren Betrag für etwas) bezahlen:* für solch eine Reise muß man schon 5 000 Mark a. **sinnv.:** ↑bezahlen. **6.** ***es auf etwas a.** *(ein bestimmtes Ziel verfolgen):* er hat es darauf angelegt, dich zu täuschen. **sinnv.:** absehen, abzielen, ↑ausgehen auf, ↑vorhaben. **7.** ***sich mit jmdm. a.** *(sich mit jmdm. auf einen Streit einlassen):* er hat sich mit seinem Kollegen angelegt. **sinnv.:** sich streiten, Streit anfangen/suchen/vom Zaun brechen, sich ↑streiten.

an|leh|nen, lehnte an, hat angelehnt: **1.** ⟨tr./auch: sich a.⟩ *lehnen (an etwas/jmdn.):* er lehnte das Fahrrad [an die Wand] an; das Kind lehnte sich an sie an. **sinnv.:** anlegen, ansetzen, anstellen, lehnen an/gegen, stellen an/gegen · sich anschmiegen. **2.** ⟨sich a.⟩ *zum Vorbild nehmen; sich beziehen (auf etwas):* er lehnte sich in seiner Rede eng an den Aufsatz von Herrn Müller an. **sinnv.:** sich anpassen, befolgen, sich halten an, sich leiten lassen von, sich richten nach, sich stützen auf, sich zum Vorbild nehmen. **3.** ⟨tr.⟩ *nicht ganz schließen, einen Spalt offenlassen:* das Fenster, die Tür nur a.

an|lei|ern, leierte an, hat angeleiert ⟨tr.⟩ (ugs.): *in Gang setzen.* **sinnv.:** anregen, den Anstoß geben zu, ↑veranlassen.

An|lei|he, die; -, -n: **a)** *das Leihen, Aufnahme einer größeren Geldsumme bes. durch Gemeinden, Länder o. ä.:* öffentliche Anleihen; eine siebenprozentige A. **sinnv.:** Aushilfe, Darlehen, Hypothek, Kredit, Pump, Vorauszahlung, Vorschuß. **Zus.:** Auslands-, Staats-, Zwangsanleihe. **b)** *** bei jmdm. eine A. machen** *(jmds. geistiges Eigentum verwenden).* **sinnv.:** abschreiben, entlehnen, plagiieren, übernehmen.

an|lei|nen, leinte an, hat angeleint ⟨tr.⟩: *(einen Hund) an die Leine nehmen:* hast du den Hund angeleint? **sinnv.:** anbinden.

an|lei|ten, leitete an, hat angeleitet ⟨tr.⟩: **a)** *in eine Arbeit einführen; unterweisen:* Lehrlinge a. **sinnv.:** Anleitung geben, anlernen, anweisen, einweihen, einweisen, instruieren, ↑lehren, orientieren, schulen, unterrichten, vertraut machen mit. **b)** *(zu etwas) anhalten:* Kinder zur Selbständigkeit a.

An|lei|tung, die; -, -en: **1.** *Anweisung, Unterweisung:* etwas unter [der] A. eines anderen tun. **sinnv.:** Einführung, Einweisung. **2.** *der Anleitung dienendes Schriftstück:* die beiliegende A. lesen. **sinnv.:** Bedienungs-, Benutzungsvorschrift, Gebrauchsanleitung, -anweisung; Ratgeber. **Zus.:** Arbeits-, Montage-, Waschanleitung.

ạn|ler|nen, lernte an, hat angelernt ‹tr.›: **1.** *für eine bestimmte berufliche Tätigkeit ausbilden:* einen Lehrling a. **sinnv.:** ↑anleiten. **2.** ‹sich a.› (ugs.) *sich (etwas) durch Übung aneignen.* **sinnv.:** ↑erlernen.

ạn|lie|gen, lag an, hat angelegen ‹itr.›: *dicht am Körper liegen:* das Trikot lag eng [am Körper] an. **sinnv.:** anschließen, sich anschmiegen.

Ạn|lie|gen, das; -s, -: *etwas, was einem am Herzen liegt, von dem man sich wünscht, daß ein anderer dafür etwas tut, daß er es erfüllt:* sein A. war, ein Visum zu bekommen; ein A. vortragen; sich mit einem A. an jmdn. wenden. **sinnv.:** ↑Bitte, Wunsch.

ạn|lie|gend ‹Adj.›: **1.** *angrenzend, benachbart.* **2.** *beigefügt, beiliegend.* **sinnv.:** anbei, als/in der Anlage, beigeschlossen, beiliegend, inliegend, im Innern; ↑innen; ↑beifügen.

Ạn|lie|ger, der; -s, -: *jmd., dessen Besitz an etwas grenzt:* die Straße darf nur von den Anliegern benutzt werden. **sinnv.:** ↑Anwohner.

ạn|locken, lockte an, hat angelockt ‹tr.›: *(auf Grund seiner irgendwie reizvollen Beschaffenheit) an einen bestimmten Ort lokken, ziehen, anziehende Wirkung auf jmdn. ausüben:* das farbenprächtige Schauspiel lockte viele Fremde an. **sinnv.:** anreizen, anziehen, ködern.

ạn|ma|chen, machte an, hat angemacht ‹tr.› (ugs.): **1.** *an etwas befestigen, anbringen* /Ggs. abmachen/: Gardinen a. **2.** *anschalten* /Ggs. ausmachen/: das Licht, Radio a. **sinnv.:** ↑anstellen. **3.** *mischend zubereiten, anrühren:* Salat a. **sinnv.:** ↑kochen. **4. a)** *ansprechen und unmißverständlich zeigen, daß man [sexuelles] Interesse an jmdm. hat:* ein Mädchen a. **b)** *zum Mitmachen animieren, mitreißen.* **sinnv.:** ↑reizen; ↑anstacheln. **c)** *sich jmdm. gegenüber aggressiv benehmen [und Streit mit ihm anfangen]:* die Mitglieder des Vereins haben den Vorsitzenden angemacht, weil er zu lasch war. **sinnv.:** meckern, mosern, motzen, schimpfen.

ạn|mah|nen, mahnte an, hat angemahnt ‹tr.›: *daran erinnern, daß man etwas zu bekommen hat, was man nun haben möchte:* eine Ratenzahlung, ein ausgeliehenes Buch a. **sinnv.:** erinnern, mahnen.

ạn|ma|len, malte an, hat angemalt ‹tr.›: **a)** *(eine Fläche) mit Farbe versehen:* die Kiste müßte man noch a. **sinnv.:** anpinseln, anstreichen, bemalen, bepinseln, bestreichen, lackieren, pinseln, streichen, tönen, tünchen, übermalen, überpinseln · färben. **b)** *(etwas) auf etwas malen:* er hat ein Zeichen (an die Tafel) angemalt.

ạn|ma|ßend ‹Adj.›: *auf herausfordernde und verletzende Weise [vermeintliche] Überlegenheit zum Ausdruck bringend:* er ist sehr a. **sinnv.:** unbescheiden, vermessen; ↑dünkelhaft.

ạn|mel|den, meldete an, hat angemeldet ‹tr.›: **1. a)** *jmds. Kommen ankündigen:* sich beim Arzt a. **sinnv.:** ↑ankündigen, ansagen. **b)** *bei einer zuständigen Stelle melden, registrieren lassen* /Ggs. abmelden/: sein Radio a.; Konkurs a.; sich polizeilich a. **c)** *die Teilnahme an etwas, den Eintritt in etwas vormerken lassen:* das Kind in der Schule a.; sich zu einem Kurs a. **sinnv.:** anzeigen, mitteilen · einschreiben, eintragen, melden; ↑immatrikulieren. **2.** *vorbringen; geltend machen:* seine Bedenken, seine Ansprüche a. **sinnv.:** sich ↑berufen auf, ↑bestehen auf; ↑mitteilen.

Ạn|mel|dung, die; -, -en: **1.** *das Anmelden.* **sinnv.:** Ankündigung · Einschreibung, Eintragung, Immatrikulation · Meldung, Vormerkung. **2.** *Raum, in dem/Schalter, an dem man sich anmeldet.*

ạn|mer|ken, merkte an, hat angemerkt ‹tr.›: **1.** *(etwas) an jmdm., einer Sache feststellen, spüren:* jmdm. die Anstrengung a.; er ließ sich seinen Ärger nicht a. *(zeigte ihn nicht).* **sinnv.:** merken; ↑bemerken. **2.** *(etwas) zu einer Sache äußern:* dazu möchte ich folgendes a. **sinnv.:** sagen, bemerken, ↑sprechen.

Ạn|mer|kung, die; -, -en: *erläuternde, ergänzende Bemerkung [zu einem Text]:* einen Text mit Anmerkungen versehen. **sinnv.:** Fußnote, Marginalie, Randbemerkung, Zusatz; ↑Bemerkung.

Ạn|mut, die; -: *zarte natürliche Schönheit der Gestalt, Bewegung, Haltung:* sie bewegte sich mit natürlicher A. **sinnv.:** Charme, das gewisse Etwas, Grazie, Lieblichkeit, Liebreiz, Reiz, Schönheit, Sex-Appeal, Zauber.

ạn|mu|ten, mutete an, hat angemutet ‹itr.›: *auf jmdn. einen bestimmten Eindruck machen, in bestimmter Weise wirken:* sein Verhalten mutete [mich] höchst merkwürdig an. **sinnv.:** dünken, erscheinen, scheinen, vorkommen.

ạn|mu|tig ‹Adj.›: *voll Anmut:* eine anmutige Erscheinung; sie lächelte a. **sinnv.:** ↑hübsch.

ạn|nä|hen, nähte an, hat angenäht ‹tr.›: *(etwas) an etwas nähen:* die Mutter nähte einen Knopf an. **sinnv.:** anflicken, anheften, ansetzen, anstücke[l]n, aufsetzen.

Ạn|nah|me, die; -, -n: **1.** ‹ohne Plural› **a)** *das Annehmen* (1 a): er hat die A. des Pakets verweigert. **sinnv.:** Empfang, Entgegennahme, Erhalt. **b)** *Schalter, an dem etwas angenommen wird:* ein Paket an der A. abgeben. **Zus.:** Gepäck-, Paketannahme. **2.** *das Annehmen* (1 b): die A. eines Vorschlags von etwas abhängig machen. **sinnv.:** ↑Erlaubnis. **3.** *das Annehmen* (2): die A., daß er bereits abgereist sei, war falsch. **sinnv.:** ↑Behauptung.

ạn|neh|men, nimmt an, nahm an, hat angenommen: **1.** ‹tr.› **a)** *in Empfang nehmen:* ein Paket, ein Geschenk a. **b)** *auf etwas (z. B. ein Angebot) eingehen, davon Gebrauch machen* /Ggs. ablehnen/: jmds. Hilfe, eine Einladung, einen Vorschlag a. **c)** *seine Zustimmung geben, billigen* /Ggs. ablehnen/: der Antrag wurde einstimmig angenommen. **2.** ‹tr.› **a)** *für möglich, wahrscheinlich halten:* ich nahm an, daß ihr mitkommen wolltet. **sinnv.:** ↑meinen, ↑vermuten, wähnen. **b)** *voraussetzen:* wir nehmen an, daß seine Angaben stimmen. **3.** ‹tr.› *(jmdn.) in einen bestimmten Bereich, Kreis, in den er aufgenommen werden wollte, nehmen:* er wurde am Gymnasium angenommen; sie haben ihn bei der Firma angenommen; ein Kind a. *(adoptieren).* ***einen anderen Namen a.** *(den alten Namen ablegen und nun einen neuen haben).* **4.** ‹sich a.; mit Gen.› *sich um jmdn./etwas kümmern:* sie nahm sich der kranken Kinder an. **sinnv.:** ↑eintreten für. **5.** ‹tr.› *(als Sache) in sich aufnehmen, eindringen lassen* /oft verneint/:

das Material nimmt keine Farbe an; das Papier nimmt keine Tinte, kein Wasser an. **sinnv.:** ↑aufnehmen.

An|nehm|lich|keit, die; -, -en: *angenehme Gegebenheit; etwas, was Wohlbefinden und Behaglichkeit verbreitet:* das Leben in der Stadt hat viele Annehmlichkeiten.

An|non|ce [a'nõ:sə], die; -, -n: *Anzeige in einer Zeitung oder Zeitschrift.* **sinnv.:** Inserat; ↑Angebot. **Zus.:** Heirats-, Zeitungsannonce.

an|non|cie|ren [anõ'si:rən]: **a)** ‹itr.› *eine Annonce aufgeben:* in der Zeitung a. **sinnv.:** inserieren. **b)** ‹tr.› *durch eine Annonce bekanntmachen [und anbieten]:* ein Zimmer a. **sinnv.:** anzeigen.

an|öden, ödete an, hat angeödet ‹tr.› (ugs.): *[durch ödes Geschwätz o. ä.] langweilen:* sein Gerede ödet mich an.

an|omal ‹Adj.›: *nicht der Regel, der Norm entsprechend; von der Norm abweichend, nicht normal [entwickelt]:* anomale Verhältnisse. **sinnv.:** ↑anormal.

an|onym ‹Adj.; nur in bestimmten Verwendungen›: ein anonymer Brief *(Brief, dessen Verfasser seinen Namen nicht nennt);* das Buch ist a. *(ohne Nennung des Verfassers)* erschienen; der Spender möchte a. bleiben *(möchte nicht genannt werden).* **sinnv.:** inkognito, namenlos, ohne Namensnennung, unter einem Pseudonym, ungenannt.

An|ony|mi|tät, die; -: *das Anonymsein:* die A. wahren, aufgeben.

Ano|rak, der; -s, -s: *eine Art Windjacke mit Kapuze.* **sinnv.:** Blouson, Windbluse, Lumberjack, Parka; ↑Jacke.

an|ord|nen, ordnete an, hat angeordnet ‹tr.›: **1.** *bestimmen, daß etwas durchgeführt, gemacht werden soll:* eine Untersuchung a. **sinnv.:** angeben, jmdn. auf etwas ansetzen, (Termin) ansetzen, anweisen, Anweisung/Auftrag/Befehl geben, auferlegen, aufgeben, Auflage erteilen, auftragen, aussprechen, beauftragen, befassen, befehlen, befinden, bestimmen, dekretieren, diktieren, erlassen, festlegen, festmachen, festsetzen, fixieren, gebieten, jmdn. etwas heißen, (tun) lassen, Maßnahmen ergreifen/treffen, normen, regeln, reglementieren, veranlassen, vereinbaren, verfügen, verhängen, verordnen, vorschreiben, in die Wege leiten. **2.** *in eine bestimmte Folge bringen; nach einem bestimmten Plan zusammenstellen:* die Bücher neu a; die Bilder an der Wand anders a. **sinnv.:** ↑gliedern, gruppieren, ordnen; ↑plazieren.

An|ord|nung, die; -, -en: **1.** *Äußerung, mittels deren etwas angeordnet, verfügt wird.* **sinnv.:** ↑Weisung. **2.** *das Anordnen* (2). **sinnv.:** Arrangement, Aufbau, Aufstellung, ↑Disposition, Gruppierung, Komposition, Zusammenstellung; ↑Gliederung.

anor|mal ‹Adj.›: *von der Norm abweichend* /Ggs. normal/: ein anormales Verhalten zeigen; a. reagieren. **sinnv.:** abnorm, abnormal, anomal, normwidrig, regelwidrig, unnormal · abseitig, unnatürlich, verkehrt · krankhaft, pathologisch; ↑abartig; ↑außergewöhnlich.

an|pas|sen, paßte an, hat angepaßt: **1.** ‹sich a.› *sich angleichen; sich (nach jmdm./etwas) richten:* sich der Zeit, den Umständen a.; ein ordentlich gekleideter, sehr angepaßter junger Mann; er ist sehr angepaßt *(vermeidet eigenes abweichendes Verhalten, um den allgemeinen Erwartungen zu entsprechen).* **sinnv.:** sich akklimatisieren, sich anfreunden, sich assimilieren, sich einfügen, sich eingewöhnen, sich eingliedern, sich einleben, sich einordnen, sich ergeben/fügen in, sich gewöhnen an, sich richten nach, sich umstellen, sich unterordnen; sich ↑anlehnen. **2.** ‹tr.› *(etwas) den Umständen, Gegebenheiten entsprechend wählen, darauf abstimmen:* die Kleidung der Jahreszeit a. **sinnv.:** ↑abstimmen, adaptieren, angleichen, assimilieren, harmonisieren.

an|pfei|fen, pfiff an, hat angepfiffen: **1.** ‹tr./itr.› *durch einen Pfiff (von seiten des Schiedsrichters) das Zeichen zum Beginn des Spiels oder Spielabschnitts geben* /Ggs. abpfeifen/: der Schiedsrichter pfiff [das Spiel] an. **2.** ‹tr.› (ugs.) *scharf zurechtweisen:* der Chef hat ihn mächtig angepfiffen. **sinnv.:** ↑schelten.

An|pfiff, der; -s, -e: **1.** *Pfiff als Zeichen für den Beginn des Spieles oder Spielabschnitts:* nach dem A. des spanischen Schiedsrichters. **2.** (ugs.) *scharfe Zurechtweisung:* er hat einen A. vom Chef bekommen. **sinnv.:** ↑Vorwurf.

an|pö|beln, pöbelte an, hat angepöbelt ‹tr.› (ugs.): *in pöbelhafter (roher, gemeiner, beleidigender) Art und Weise zu jmdm. sprechen:* er pöbelte ihn auf der Straße an. **sinnv.:** ↑ansprechen; ↑belästigen.

an|pran|gern, prangerte an, hat angeprangert ‹tr.›: *auf jmdn., sein unwürdiges o. ä. Verhalten oder auf etwas, was als Unrecht o. ä. angesehen wird, öffentlich in scharfen Worten hinweisen:* die Unterbringung von Legehennen in engsten Käfigen a.; jmdn. als Verräter a. **sinnv.:** ↑brandmarken.

an|prei|sen, pries an, hat angepriesen ‹tr.›: *mit beredten Worten als gut, nützlich usw. hinstellen und [zum Kauf] empfehlen:* der Händler preist seine Waren an; oft wird den Käufern Schund angepriesen. **sinnv.:** anbieten.

An|pro|be, die; -, -n: *das Anprobieren eines [in Arbeit befindlichen] Kleidungsstückes.*

an|pro|bie|ren, probierte an, hat anprobiert ‹tr.›: *(ein Kleidungsstück o. ä.) anziehen, um zu sehen, ob es paßt:* die Schuhe, den Mantel a.

an|pum|pen, pumpte an, hat angepumpt ‹tr.› (ugs.): *sich (von jmdm.) Geld leihen:* wenn er kein Geld mehr hat, pumpt er seine Freunde an. **sinnv.:** ↑leihen.

An|rai|ner, der; -s, -: *[Grundstücks]nachbar.* **sinnv.:** ↑Anwohner.

an|rech|nen, rechnete an, hat angerechnet ‹tr.›: *[bei einem zu bezahlenden Betrag] mit berücksichtigen:* diesen Calvados rechne ich nicht an *(er braucht nicht bezahlt zu werden);* die Auslagen für die Fahrt muß ich aber a. *(sie müssen bezahlt werden);* die alte Filmkamera rechne ich [mit 50 Mark] an *(50 Mark werden vom Kaufpreis für die neue Kamera abgezogen);* die Untersuchungshaft wurde [auf die Strafe] angerechnet. **sinnv.:** berechnen, ↑berücksichtigen, in Rechnung stellen/setzen; gutschreiben.

An|recht, das; -[e]s, -e: *Recht, Anspruch auf etwas (was einem zusteht):* er hat ein A. auf Unterstützung. **sinnv.:** Anwartschaft, ↑Berechtigung.

An|re|de, die; -, -n: *Bezeichnung, mit der jmd. angeredet wird.* **sinnv.:** Betitelung, ↑Titel, Titulatur, Titulierung.

an|re|den, redete an, hat angeredet ‹tr.›: **a)** *sich mit Worten (an jmdn.) wenden; das Wort (an jmdn.) richten:* der Nachbar redete mich an. **sinnv.:** ↑ansprechen. **b)** *in einer bestimmten Form, mit einer bestimmten Bezeichnung ansprechen:* jmdn. mit seinem Titel a. **sinnv.:** benennen, betiteln, titulieren.

an|re|gen, regte an, hat angeregt /vgl. angeregt/ ‹tr.›: **1.** *(als Sache) bewirken, daß jmd. Lust zu etwas bekommt, anfängt, sich mit etwas zu beschäftigen:* etwas regt jmdn. zur Nachahmung an; diese Eindrücke haben ihn zu einem neuen Roman angeregt. **sinnv.:** anfeuern, animieren, anreizen, einen Ansporn geben, anspornen, ↑anstacheln, den Anstoß geben zu, anturnen, beflügeln, befruchten, ↑begeistern, beseelen, ermuntern, ermutigen, inspirieren, motivieren, reizen zu, stimulieren, ↑veranlassen. **2.** *den Anstoß (zu etwas) geben:* eine Arbeit a.; er hat angeregt, jedes Jahr dieses Fest zu feiern. **sinnv.:** anleiern, veranlassen; ↑vorschlagen. **3.** *(als Sache) bewirken, daß eine organische o. ä. Funktion stärker in Tätigkeit gesetzt wird:* etwas regt den Appetit an; ‹auch itr.› Kaffee regt an; ‹im 1. Partizip› der Vortrag war anregend. **sinnv.:** ↑aktivieren, ankurbeln, aufmöbeln, aufmuntern, aufpeitschen, aufpulvern, aufputschen, aufregen, Auftrieb geben, beleben, stimulieren · dopen. **Zus.:** appetitanregend.

An|re|gung, die; -, -en: **1.** *das Anregen* (1). **sinnv.:** Anreiz, Ansporn, Antrieb, Ermunterung · Veranlassung; ↑Reiz. **2.** *das Anregen* (2). **sinnv.:** [Denk]anstoß, ↑Hinweis, Impuls, Vorschlag, Wink. **3.** *das Anregen* (3). **sinnv.:** Aufmunterung, Belebung.

an|rei|chern, reicherte an, hat angereichert ‹tr.›: *gehaltvoll[er] (an etwas) machen:* Lebensmittel mit Vitaminen a. **sinnv.:** anfüllen, auffüllen, bereichern, füllen mit, reicher machen.

An|rei|se, die; -, -n: *Hinfahrt zu einem bestimmten Ziel:* die A. dauert 3 Tage. **sinnv.:** Anfahrt, Hinreise; ↑Reise.

an|rei|sen, reiste an, ist/hat angereist: **1.** ‹itr.› *hier reisend ankommen, eintreffen:* die Teilnehmer waren aus allen Teilen Deutschlands angereist; morgen reist das Orchester an; ‹häufig in der Fügung› angereist kommen: auf diese Nachricht hin kam sie sofort angereist. **sinnv.:** herankommen, kommen. **2.** ‹tr.› *in Richtung auf ein bestimmtes Ziel reisen:* Frankreich will er per Bus a.; er hat Spanien angereist.

an|rei|ßen, riß an, hat angerissen ‹tr.›: **1.** (ugs.) *zu verbrauchen beginnen (nachdem man die Verpackung aufgerissen hat):* ich riß meine letzte Schachtel Zigaretten an. **sinnv.:** ↑anbrechen. **2.** *gesprächsweise berühren:* soziale Probleme a. **sinnv.:** ↑erwähnen.

An|reiz, der; -es, -e: *etwas, was jmds. Interesse erregt, ihn motiviert, etwas zu tun:* einen A. zum Kauf bieten. **sinnv.:** Antrieb, Verlockung; ↑Anregung · ↑Anlaß · ↑Reiz.

an|rei|zen, reizte an, hat angereizt ‹tr.›: *den Anreiz zu etwas geben:* die bunte Reklame reizte viele zum Kauf an. **sinnv.:** verlocken; ↑anregen, ↑reizen.

an|rem|peln, rempelte an, hat angerempelt ‹tr.› (ugs.): *im Vorübergehen [mit Absicht] heftig anstoßen:* die Passanten a. **sinnv.:** rempeln; ↑belästigen.

an|ren|nen, rannte an, ist angerannt ‹itr.›: **1.** (ugs.) *ohne Absicht (an, gegen etwas) rennen:* ich bin an den Pfosten angerannt. **sinnv.:** anstoßen; ↑prallen. **2.** *sich rennend (gegen jmdn./etwas) wenden:* der Feind rennt gegen unsere Stellungen an. **sinnv.:** ↑ankämpfen; ↑angreifen. **3.** ‹in der Fügung› angerannt kommen: *rennend, laufend herankommen.*

An|rich|te, die; -, -n: *Tisch oder Schrank mit entsprechender Fläche zum Anrichten und zum Bereitstellen von Speisen.* **sinnv.:** Anrichtetisch, Buffet, stummer Diener, Kredenz, Serviertisch, Tisch · Servier-, Teewagen.

an|rich|ten, richtete an, hat angerichtet ‹tr.›: **1.** *zum Essen fertigmachen:* das Mittagessen a. **sinnv.:** ↑kochen, ↑zubereiten. **2.** *(etwas Übles) [ohne Absicht] verursachen:* Unheil a.; das Gewitter hat große Schäden angerichtet. **sinnv.:** ↑verursachen · anstellen, ausfressen, machen, tun, verbrechen, verzapfen.

an|rol|len, rollte an, ist angerollt ‹itr.›: **1. a)** *zu fahren beginnen:* der Zug rollte an. **sinnv.:** ↑anfahren. **b)** *seinen Anfang nehmen, abzurollen beginnen, anlaufen, einsetzen:* eine zweite Suchaktion ist angerollt. **2. a)** *auf jmdn./etwas zufahren, zukommen:* neue Panzer rollten an. **b)** *sich rollend, auf Rollen nähern:* Bierfässer rollen an.

an|rü|chig ‹Adj.›: *in schlechtem Ruf stehend, von sehr zweifelhaftem Ruf:* ein anrüchiges Lokal. **sinnv.:** nicht ganz astrein/hasenrein, bedenklich, berüchtigt, ↑delikat, dubios, dunkel, faul, fragwürdig, in üblem Geruch stehend, halbseiden, einen schlechten Leumund habend, lichtscheu, link, notorisch, obskur, obszön, ominös, pikant, suspekt, übel beleumdet, undurchsichtig, unheimlich, verdächtig, verrufen, verschrien, zweifelhaft · anstößig · gewöhnlich; ↑problematisch.

an|rücken, rückte an, ist angerückt ‹itr.›: *in einer Gruppe oder [militärischen] Formation näher rücken, herankommen, anmarschieren:* Pioniere rückten an und sprengten die Brücke; ‹in der Fügung› angerückt kommen. **sinnv.:** heranrücken · kommen.

An|ruf, der; -s, -e: **1.** *Zuruf, der eine Aufforderung enthält:* er blieb auf den A. der Wache nicht stehen. **2.** *das Anrufen* (1): einen A. erwarten. **Zus.:** Telefonanruf.

an|ru|fen, rief an, hat angerufen: **1.** ‹tr./itr.› *mit jmdm. telefonisch Verbindung aufnehmen:* einen Freund a.; ich muß noch [bei ihm] a. **sinnv.:** ↑telefonieren. **2.** ‹tr.› *jmdn. bitten, vermittelnd, helfend einzugreifen:* die Götter, ein höheres Gericht a. **sinnv.:** herantreten an; ↑bitten; ↑beten.

an|rüh|ren, rührte an, hat angerührt ‹tr.›: **1 a)** *leicht berühren, anfassen:* du darfst hier nichts a.; sie haben das Essen nicht angerührt *(sie haben nichts davon gegessen).* **sinnv.:** ↑berühren, ergreifen. **b)** *rührend auf jmdn. wirken, Rührung bei jmdm. bewirken:* das rührte ihn an. **sinnv.:** ↑erschüttern. **2.** *(verschiedene Bestandteile) durch Rühren, Verrühren zu etwas Bestimmtem machen:* einen Teig a.; Farben a. **sinnv.:** anmachen, anrichten, ansetzen, mischen; ↑rühren.

ans ‹Verschmelzung von an + das›: **a)** *an das:* er stellte sein Fahrrad ans Haus. **b)** /nicht auflösbar in Wendungen/: jmdm. etwas ans Herz legen.

An|sa|ge, die; -, -n: **a)** *das Ansagen* (a): auf die A. der Ergebnisse des Länderkampfes warten. **sinnv.:** ↑Mitteilung. **Zus.:** Kampf-, Zeitansage. **b)** *am Anfang einer Sendung erfolgende Bemerkungen eines Sprechers* /Ggs. Absage/: die A. einer Sendung. **sinnv.:** ↑Einleitung.

an|sa|gen, sagte an, hat angesagt ⟨tr.⟩: **a)** *(etwas, was als Ergebnis vorliegt oder als Darbietung o. ä. in Kürze zu erwarten ist) mitteilen:* den Punktestand, das Programm a. **sinnv.:** ankündigen, bekanntgeben, ↑mitteilen, moderieren. **b)** *(seinen Besuch) ankündigen:* seinen Besuch bei jmdm. a.; ⟨auch sich a.⟩ er sagte sich bei ihm [zu Besuch, für morgen] an. **sinnv.:** ↑anmelden.

An|sa|ger, der; -s, -, **An|sa|ge|rin,** die; -, -nen: *männliche bzw. weibliche Person, die beim Rundfunk oder im Fernsehen die Sendungen ansagt.* **sinnv.:** Conférencier, Diskjockey, Entertainer, Moderator, Sprecher. **Zus.:** Fernseh-, Rundfunkansager.

an|sam|meln, sich; sammelte sich an, hat sich angesammelt: **a)** *(als Sache) immer mehr werden, in großen Mengen zusammenkommen und sich anhäufen:* in dem Lager haben sich die Vorräte angesammelt. **b)** *nach und nach an einer bestimmten Stelle zusammenkommen:* viele Neugierige sammelten sich an der Unglücksstelle an.

An|samm|lung, die; -, -en: **a)** *etwas, was sich angesammelt hat.* **sinnv.:** Anhäufung, Berg, Haufen, Häufung, Sammlung, Stapel, Stoß; ↑Menge. **b)** *größere Anzahl von Menschen, die sich an einer Stelle angesammelt hat.* **sinnv.:** Auflauf, Aufmarsch, Gedränge, Getümmel, Gewimmel, Gewühl, Menschenmenge, -masse, Menge, Pulk, Volk, Volksmenge, Zusammenrottung. **Zus.:** Massen-, Menschenansammlung.

an|säs|sig: ⟨in der Verbindung⟩ a. sein: *an einem bestimmten Ort dauernd wohnen, seinen Wohnsitz haben:* in München a. sein. **sinnv.:** ↑einheimisch. **Zus.:** ortsansässig.

An|satz, der; -es, Ansätze: **1. a)** *etwas, was andeutungsweise zu bemerken, sichtbar ist; erstes Zeichen (von etwas):* an den Bäumen zeigten sich Ansätze von zartem Grün. **b)** *Veranschlagung, Voranschlag,* ↑*Kalkulation.* **Zus.:** Kostenansatz. **c)** *zugrundegelegter Gedanke, angesetzte Formel als Ausgangspunkt für weitere Überlegungen, Rechnungen o. ä.* **sinnv.:** These. **2.** *Stelle, an der ein Körperteil o. ä. ansetzt:* der A. des Halses. **Zus.:** Haaransatz.

an|schaf|fen, schaffte an, hat angeschafft ⟨tr.⟩: *(für längere Dauer) käuflich erwerben:* hast du dir neue Möbel angeschafft? **sinnv.:** ↑kaufen.

An|schaf|fung, die; -, -en: **a)** *das Anschaffen.* **sinnv.:** ↑Kauf. **Zus.:** Neuanschaffung. **b)** *etwas, was angeschafft worden ist.* **sinnv.:** Errungenschaft, Erwerbung.

an|schal|ten, schaltete an, hat angeschaltet ⟨tr.⟩: *(Licht, Radio, eine Maschine o. ä.) durch Betätigen eines Hebels, Schalters in Betrieb setzen:* das Radio, das Licht a. **sinnv.:** ↑anstellen.

an|schau|en, schaute an, hat angeschaut ⟨tr.⟩: **a)** *(jmdn. sprechend, ausdrucksvoll) ansehen:* jmdn. nachdenklich a. **sinnv.:** ↑betrachten. **b)** *aufmerksam, interessiert, beurteilend betrachten:* willst du dir noch das Schloß a.?

an|schau|lich ⟨Adj.⟩: *so beschaffen, von der Art, daß man sich eine Vorstellung von dem Genannten machen kann:* eine anschauliche Darstellung; a. erzählen; die Vergangenheit durch Bilder a. machen. **sinnv.:** bilderreich, bildhaft, demonstrativ, deutlich, ↑dokumentarisch, drastisch, einprägsam, farbig, illustrativ, lebendig, lebhaft, plastisch, sinnfällig, sprechend, verständlich, wirklichkeitsnah; ↑bildlich.

An|schau|ung, die; -, -en: **1.** *subjektive Ansicht, Meinung:* zu einer bestimmten A. gelangen; ich kenne seine politischen Anschauungen nicht. **sinnv.:** ↑Ansicht. **Zus.:** Weltanschauung. **2.** ⟨ohne Plural⟩ *das Anschauen:* aus eigener A. urteilen. **sinnv.:** Sinneswahrnehmung, Wahrnehmung.

An|schein, der; -[e]s: *Art und Weise, wie etwas aussieht, zu sein scheint:* mit einem A. von Ernst; allem A. nach ist er verreist; es hat den A., als wollte es regnen; er erweckt den A. *(den Eindruck),* als wäre ihm die Sache gleichgültig. **sinnv.:** Augenschein, Aussehen, Schein · Anstrich · Touch.

an|schei|nend ⟨Adverb⟩: *wie es scheint:* er hat sich a. verspätet. **sinnv.:** allem Anschein nach, es ist nicht ausgeschlossen, daß ..., es ist denkbar/möglich, es kann sein, es sieht so aus/[so] wie es aussieht, höchstwahrscheinlich, möglicherweise, mutmaßlich, offensichtlich, vermeintlich, vermutlich, voraussichtlich, wahrscheinlich, aller Wahrscheinlichkeit/Voraussicht nach, wohl, wenn nicht alle Zeichen trügen; offenbar; ↑scheinbar; ↑vielleicht.

an|schei|ßen, schiß an, hat angeschissen ⟨tr.⟩ (derb): **1.** *grob zurechtweisen, beschimpfen:* der Chef hat mich angeschissen. **sinnv.:** ↑schelten. **2.** ↑*betrügen:* der hat mich bestimmt angeschissen. **3.** ***angeschissen kommen** *([zu dem Betroffenen, der darüber ärgerlich ist] kommen):* alle fünf Minuten kam er angeschissen und fragte, ob ... **sinnv.:** ↑ankommen.

an|schicken, sich; schickte sich an, hat sich angeschickt (geh.): *anfangen, im Begriff sein (etwas Bestimmtes zu tun, entsprechende Vorbereitungen dafür treffen):* er schickte sich an wegzugehen. **sinnv.:** einen [neuen] Anlauf machen, ansetzen, etwas zu tun, Anstalten/Miene machen, (Tätigkeit) aufnehmen, im Begriff sein, begriffen sein in, dabeisein, etwas zu tun, sich fertigmachen, [sich] rüsten zu, Vorbereitungen treffen zu; ↑anfangen.

an|schie|ßen, schoß an, hat angeschossen ⟨tr.⟩: **1.** *durch einen Schuß verletzen:* ein Tier a. **2.** (ugs.) *heftig kritisieren:* man hat in der Versammlung den Bürgermeister angeschossen. **sinnv.:** ↑attackieren; ↑beanstanden.

An|schiß, der; Anschisses, Anschisse (derb): *Tadel, Zurechtweisung:* jmdm. einen A. verpassen. **sinnv.:** ↑Vorwurf.

An|schlag, der; -[e]s, Anschläge: **1. a)** ⟨ohne Plural⟩ *das Anschlagen:* der weiche A. des Pianisten; der A. des Schwimmers am Rand des Beckens. **b)** *das einzelne Anschlagen, Niederdrükken einer Taste (auf der Schreib- oder Rechenmaschine):* sie schreibt 300 Anschläge in der Minute. **c)** *Maß für einen Buchstaben, ein Zeichen oder einen Zwischenraum auf der Schreibmaschine:* die Zeilenlänge auf 50 Anschläge einstellen. **2.** *gewalttätiger Angriff (auf jmdn./etwas):* der A. ist gelungen, mißglückt.

sinnv.: ↑Überfall. **Zus.:** Bomben-, Mordanschlag. **3.** *Bekanntmachung, die irgendwo öffentlich angeschlagen, ausgehängt ist:* die Anschläge an der Litfaßsäule lesen; etwas durch [einen] A. bekanntgeben. **sinnv.:** ↑Aushang, Info, ↑Plakat. **4.** ⟨ohne Plural⟩ *Stelle, bis zu der ein Teil einer Maschine o. ä. bewegt werden kann:* einen Hebel bis zum A. niederdrücken.

an|schla|gen, schlägt an, schlug an, hat/ist angeschlagen: **1. a)** ⟨itr.⟩ *gegen etwas stoßen [und sich dabei verletzen]:* ich bin mit dem Kopf [an die Wand] angeschlagen. **sinnv.:** ↑anstoßen. **b)** ⟨tr.⟩ *mit einem Körperteil an etwas stoßen [und sich dabei verletzen]:* ich habe mir das Knie angeschlagen. **sinnv.:** sich ↑verletzen. **2.** ⟨tr.⟩ *durch Anstoßen beschädigen:* beim Spülen des Geschirrs hat er einen Teller angeschlagen; angeschlagene Tassen. **sinnv.:** ↑beschädigen. **3.** ⟨tr.⟩ **a)** *(die Tasten einer Schreibmaschine o. ä.) durch Druck nach unten betätigen:* sie hat die Tasten der Schreibmaschine kräftig angeschlagen. **b)** *durch Tastendruck auf einem Klavier, Cembalo o. ä. erklingen lassen:* er hatte einen Akkord [auf dem Klavier] angeschlagen. **sinnv.:** anstimmen, intonieren. **c)** ⟨tr.⟩ *(ein Verhalten, insbes. bei der Fortbewegung) in bestimmter, veränderter Weise gestalten, fortsetzen:* er hat eine schnellere Gangart angeschlagen. **sinnv.:** ↑anfangen. **4.** ⟨tr.⟩ *(als Bekanntmachung, Ankündigung, Inserat o. ä.) zur allgemeinen Kenntnisnahme irgendwo anbringen, aushängen:* er hat eine Bekanntmachung, ein Plakat angeschlagen. **sinnv.:** annageln · ↑befestigen · plakatieren. **5.** ⟨itr.⟩ *einen bestimmten Erfolg haben, [s]eine Wirkung zeigen:* das Medikament hat bei ihm gut angeschlagen; das Essen schlug bei ihm an *(machte ihn dick).* **sinnv.:** ↑wirken.

an|schlie|ßen, schloß an, hat angeschlossen: **1.** ⟨tr.⟩ *an etwas anbringen und dadurch eine Verbindung herstellen:* einen Schlauch [an die/der Leitung] a. **sinnv.:** anketten, ankoppeln, anlegen, installieren; ↑befestigen. **2. a)** ⟨tr.⟩ *folgen lassen:* er schloß [an seine Rede] einige Worte des Dankes an. **sinnv.:** ↑anhängen. **b)** ⟨sich a.⟩ *(auf etwas) unmittelbar folgen:* an die Fahrt schloß sich ein Besuch im Museum an. **sinnv.:** sich anreihen, ↑folgen, ↑nachfolgen, nachkommen. **3.** ⟨itr.⟩ *unmittelbar danebenliegen:* die Terrasse schließt an die Veranda an. **sinnv.:** angrenzen, anliegen, anstoßen, grenzen an. **4.** ⟨sich a.⟩ **a)** *(zu jmdm.) in engere Beziehung treten:* er hat sich in letzter Zeit wieder mehr seinen alten Freunden, an seine alten Freunde angeschlossen; sich leicht a. *(leicht Kontakt zu anderen Menschen finden).* **sinnv.:** sich ↑anfreunden, sich ↑verbünden. **b)** *einer Meinung o. ä. zustimmen:* willst du dich nicht seinem Vorschlag a.? **sinnv.:** ↑billigen. **c)** *sich (an einem Unternehmen) beteiligen; (mit jmdm.) mitgehen:* sich einem Streik a.; darf ich mich Ihnen a.?; sich einer Partei a. *(Mitglied einer Partei werden).* **sinnv.:** sich anhängen, ↑aufschließen, ↑begleiten · ↑beitreten, ↑teilnehmen.

an|schlie|ßend ⟨Adverb⟩: *(in bezug auf eine zeitliche Abfolge) danach:* wir waren im Theater und gingen a. essen. **sinnv.:** darauf, ↑hinterher.

An|schluß, der; Anschlusses, Anschlüsse: **1.** *Verbindung (mit etwas)* /in bezug auf Strom, Gas, Wasser, Telefon/: das Dorf hat noch keinen A. an Strom und Wasser; einen A. für den Telefonapparat legen lassen; er wollte gestern bei ihr anrufen, bekam aber keinen A. *(keine telefonische Verbindung).* **sinnv.:** Telefonanschluß · Anschlußbuchse, -dose, Buchse, Kontakt, Steckdose, -kontakt. **Zus.:** Fernsprech-, Gas-, Gleis-, Telefonanschluß. **2.** *Möglichkeit, eine Reise [ohne Unterbrechung mit einem anderen Zug o. ä.] fortzusetzen:* in Köln mußte er eine Stunde auf den A. warten. **sinnv.:** Verbindung. **3. a)** ⟨ohne Plural⟩ *Kontakt (mit etwas), Beziehung, Verbindung (zu etwas):* den A. an das tägliche Leben finden; in der neuen Umgebung suchte er sofort A. **sinnv.:** ↑Kontakt. **b)** ***im A. an** *(unmittelbar nach):* im A. an den Vortrag findet eine Diskussion statt. **sinnv.:** ↑hinterher. **Zus.:** Familienanschluß.

an|schmie|gen, schmiegte an, hat angeschmiegt: ⟨itr./sich a.⟩: *(an jmdn./etwas) schmiegen:* das Tier schmiegte den Kopf an mich an; das Kind schmiegte sich an die Mutter an; das Kleid schmiegt sich den Formen des Körpers an. **sinnv.:** sich ankuscheln, sich kuscheln an, sich schmiegen an; sich ↑anlehnen; ↑anliegen.

an|schmie|ren, schmierte an, hat angeschmiert: **1.** ⟨sich a.⟩ (ugs.) *(an der Haut, Kleidung) mit Farbe oder Schmutz versehentlich in Berührung kommen:* du hast dich am linken Ärmel angeschmiert. **sinnv.:** ↑beschmutzen. **2.** ⟨tr.⟩ (ugs.) *auf entsprechende Art machen, daß jmd. übervorteilt, getäuscht wird:* mit diesem Pelz hat man dich angeschmiert; der hat uns aber angeschmiert, das ist ja gar nicht sein Geschäft, sondern das seines Vaters. **sinnv.:** ↑betrügen.

an|schnal|len, schnallte an, hat angeschnallt ⟨tr.⟩: *mit Riemen, Gurten o. ä. festmachen:* die Skier a.; ⟨auch: sich a.⟩ im Flugzeug mußten sie sich a. **sinnv.:** angurten, festschnallen; ↑befestigen.

an|schnau|zen, schnauzte an, hat angeschnauzt ⟨tr.⟩ (ugs.): *laut und grob tadeln:* der Chef hat mich angeschnauzt. **sinnv.:** ↑schelten.

an|schnei|den, schnitt an, hat angeschnitten ⟨tr.⟩: **1.** *zu verbrauchen beginnen, indem man das erste Stück abschneidet:* den Kuchen a. **sinnv.:** ↑anbrechen. **2.** *(über etwas) zu sprechen beginnen; zur Sprache bringen:* ein Problem, eine Frage a. **sinnv.:** ↑erwähnen.

an|schrei|ben, schrieb an, hat angeschrieben ⟨tr.⟩: **1.** *für alle sichtbar auf eine senkrechte Fläche schreiben:* welcher Schüler schreibt den Satz [an die Tafel] an? **sinnv.:** ↑schreiben an/auf. **2.** *bis zur späteren Bezahlung notieren:* schreiben Sie den Betrag bitte an! **sinnv.:** ↑leihen. **3.** *sich schriftlich wenden (an jmdn./etwas):* er hat verschiedene Hotels angeschrieben, aber noch keine Antwort bekommen. **sinnv.:** schreiben an; herantreten. **4.** *(ugs.) **bei jmdm. gut/schlecht angeschrieben sein** *(von jmdm. sehr/nicht geschätzt werden).* **sinnv.:** ↑beliebt · ↑unbeliebt.

an|schrei|en, schrie an, hat angeschrie[e]n ⟨tr.⟩: *(jmdn.) wütend und mit lauter Stimme beschimpfen:* der Chef hat den Lehrling angeschrieen. **sinnv.:** anbrüllen, ↑schelten.

An|schrift, die; -, -en: *Angabe*

[des Namens und] der Wohnung einer Person. **sinnv.:** ↑Adresse. **Zus.:** Privat-, Urlaubsanschrift.

an|schul|di|gen, schuldigte an, hat angeschuldigt ⟨tr.⟩: *(jmdm./einer Sache) schuld geben:* er wird angeschuldigt, die Frau ermordet zu haben. **sinnv.:** ↑verdächtigen.

an|schwär|zen, schwärzte an, hat angeschwärzt ⟨tr.⟩ (ugs.): *über jmdn. hinter dessen Rücken bei einer [maßgebenden, einflußreichen] Person Schlechtes sagen und ihn auf diese Weise in Mißkredit zu bringen suchen:* man schwärzte ihn bei seinem Vorgesetzten an. **sinnv.:** diskriminieren, verdächtigen, verleumden, verraten; ↑schlechtmachen.

an|schwel|len, schwillt an, schwoll an, ist angeschwollen ⟨itr.⟩: **1.** *(als Folge eines nicht normalen organischen Prozesses) dick werden:* sein Fuß ist nach dem Unfall stark angeschwollen. **sinnv.:** sich aufblähen, aufquellen, aufschwellen, auftreiben, sich ausdehnen, quellen, schwellen, sich verdicken. **2.** *in der Intensität o. ä. stärker werden* /Ggs. abebben/: der Lärm schwoll immer mehr an. **sinnv.:** ansteigen, anwachsen, steigen, über die Ufer treten; ↑überhandnehmen; ↑zunehmen.

an|schwin|deln, schwindelte an, hat angeschwindelt ⟨tr.⟩ (ugs.): *anlügen.* **sinnv.:** ↑lügen.

an|se|hen, sieht an, sah an, hat angesehen ⟨tr.⟩ /vgl. angesehen/: **1. a)** *den Blick richten (auf jmdn./etwas):* sie sah ihn an und lächelte. **sinnv.:** anblicken, angaffen, anglotzen, anglupschen, angukken, anhimmeln, anschauen, anstarren, anstieren, scharf ins Auge fassen, kein Auge lassen/wenden von, mit den Augen verschlingen, bemerken, den Blick nicht abwenden können, einen Blick werfen auf, einen Blick zuwerfen/schenken/gönnen, den Blick heften auf, mit Blicken durchbohren, blicken auf, erblicken, fixieren, [mit Blicken] messen, mustern, sehen auf, Stielaugen machen; ↑blicken. **b)** *aufmerksam, interessiert, beurteilend betrachten:* der Arzt sah sich (Dativ) den Patienten lange an; wir haben uns alte Kirchen angesehen. **c)** *als Besucher, Zuschauer etwas sehen:* sie haben sich (Dativ) den neuen Film angesehen. **sinnv.:** angucken, anschauen, gucken · besuchen. **d)** ***jmdm. etwas a.** *(an jmds. Äußerem dessen Stimmung o. ä. ablesen, erkennen):* man sieht ihm den Kummer an. **sinnv.:** ↑bemerken. **2.** *persönlich der Ansicht sein, daß jmd./etwas das Genannte ist:* jmdn. als seinen Freund a.; etwas als seine Pflicht a. **sinnv.:** achten für, ansprechen als, auffassen als, betrachten als, beurteilen als, einschätzen als, erachten/halten für; verstehen als. **3.** *ein bestimmtes Urteil über etwas haben:* er sieht den Fall ganz anders an als du. **sinnv.:** ↑begutachten.

An|se|hen, das; -s: **1.** *hohe Meinung, die man von jmdm./etwas hat:* sein A. in der Bevölkerung ist groß; das A. der Partei ist gesunken. **sinnv.:** Autorität, Bedeutung, Ehre, Einfluß, ↑Format, Geltung, Gewicht, Größe, Image, Leumund, [guter] Name, Nimbus, Persönlichkeitsbild, ↑Prestige, ↑Profil, Rang, Renommee, Reputation, Ruf, Ruhm, Stellung, Unbescholtenheit, Wichtigkeit, Würde; ↑Achtung. **2. *jmdn. nur vom A. kennen** *(jmdn. nur vom Sehen, nicht persönlich bzw. mit Namen kennen).* **sinnv.:** ↑Aussehen.

an|sehn|lich ⟨Adj.⟩: *so beschaffen, daß es sich (auf Grund seines guten Aussehens, seines Wertes o. ä.) sehen lassen kann, schon in beeindruckender Weise auffällt:* von ansehnlicher Größe sein; eine ansehnliche Zahl von Abbildungen; Marburg ist eine ansehnliche Stadt; sie hat ein ansehnliches Vermögen; etwas kann sehr a. sein; ein ganz ansehnlicher Haufen *(viel)* Papier lag vor der Tür. **sinnv.:** ↑außergewöhnlich · ansprechend, ↑beachtlich, eindrucksvoll, imposant, namhaft, repräsentativ, stattlich; ↑groß, ↑schön.

an|sein, ist an, war an, ist angewesen ⟨itr.⟩ (ugs.): *angeschaltet, angedreht, angezündet usw. sein:* das Licht ist angewesen. **sinnv.:** anstellen · ↑funktionieren.

an|set|zen, setzte an, hat angesetzt: **1.** ⟨tr.⟩ *zur Verlängerung o. ä. an etwas anbringen:* einen Streifen Stoff an einen Rock a.; wir müssen hier noch ein Stück Rohr a. **sinnv.:** ↑annähen, anstückeln, herauslassen, länger machen. **2.** ⟨tr.⟩ *(etwas) zu einem bestimmten Zweck an eine bestimmte Stelle bringen:* du mußt den Hebel genau an diesem Punkt a.; er setzte das Glas an *(führte es an den Mund)* und trank es aus. **sinnv.:** anlegen, anstellen; ↑anlehnen. **3.** ⟨tr.⟩ *mit etwas, was zu machen ist, beauftragen:* jmdn. als Bearbeiter auf ein neues Projekt a. **sinnv.:** ↑anordnen. **4.** ⟨itr.⟩ *sich anschicken, etwas zu tun:* zum Sprung a.; der Redner setzte noch einmal [zum Sprechen] an. **sinnv.:** sich ↑anschicken. **5.** ⟨tr.⟩ **a)** *(für eine bestimmte Zeit) anordnen, (auf eine bestimmte Zeit) festsetzen:* eine Verhandlung [auf neun Uhr] a. **sinnv.:** anberaumen, ins Auge fassen, einberufen, planen für, auf das Programm setzen, vorsehen · ausschreiben. **b)** *(eine bestimmte Zahl, Summe als aufzuwendende Zeit, Kosten für etwas) veranschlagen:* die Kosten für etwas auf 200 Mark a.; für diese Arbeit muß man drei Tage a. **sinnv.:** ↑schätzen. **6.** ⟨tr.⟩ *so wachsen, sich entwickeln, daß sich etwas daran bildet, daran entsteht:* die Pflanzen setzen Knospen an; Fett a. *(dick werden);* ⟨auch itr.⟩ die Bäume setzen schon an *(bekommen Knospen).* **sinnv.:** bilden, entfalten, entwickeln, hervorbringen, zeigen. **7. a)** ⟨itr.⟩ *eine Schicht, die sich allmählich bildet, bekommen:* die Geräte haben bereits Rost angesetzt. **sinnv.:** bilden, entwickeln, zeigen. **b)** ⟨sich a.⟩ *als Schicht an etwas entstehen:* an den Wänden des Gefäßes hat sich Kalk angesetzt. **sinnv.:** sich bilden, entstehen, sich entwikkeln, sich zeigen. **8.** ⟨tr.⟩ *bei der Zubereitung (von etwas) bestimmte Zutaten vorbereitend mischen:* eine Bowle, den Teig a. **sinnv.:** ↑anrühren, vorbereiten, zubereiten; ↑kochen.

An|sicht, die; -, -en: **1.** *persönliche Meinung:* er hat seine A. über ihn geändert; nach meiner A./meiner A. nach hat er nicht recht. **sinnv.:** Anschauung, Auffassung, Begriff, Einstellung, Erachten, Hypothese, Meinung, Standpunkt, Stellungnahme, Urteil, Vorstellung; ↑Lehre. **Zus.** Grund-, Lebens-, Privatansicht. **2.** *Bild, Abbildung einer Landschaft u. a.:* er zeigte ihr einige Ansichten von Berlin. **sinnv.:** ↑Bild. **Zus.:** Stadtansicht. **3.** *Bild, das etwas von einer bestimmten Seite aus bietet; sichtbarer Teil:* die hintere A. des Schlosses. **sinnv.:** Front, Seite. **Zus.:** Gesamt-, Hinter-, Seiten-,

Vorderansicht. **4.** ***zur A.** *(vorerst nur zum Ansehen, ohne daß man es kaufen muß):* einige Muster zur A. bestellen.

An|sichts|kar|te, die; -, -n: *Postkarte mit der Ansicht einer Stadt, Landschaft o. ä.* **sinnv.:** ↑Postkarte.

an|sie|deln, siedelte an, hat angesiedelt: **1.** ⟨sich a.⟩ *einen Ort, Platz als ständigen Wohnort wählen und da zu wohnen, zu siedeln beginnen:* sich in München a. **sinnv.:** ansässig werden, sich etablieren, sich niederlassen, seßhaft werden, seinen Wohnsitz nehmen/aufschlagen, seine Zelte aufschlagen; ↑einwandern. **2.** ⟨tr.⟩ *an einem Ort ansässig machen:* man versuchte, diese Tiere in Europa anzusiedeln.

An|sin|nen, das; -s, - (geh.): *Forderung, Vorschlag, etwas Bestimmtes zu tun [was als Zumutung empfunden, als unvereinbar mit der Person des Ausführenden angesehen wird]:* er wies das A., die Wohnung zu räumen, entrüstet zurück. **sinnv.:** Zumutung; ↑Vorschlag.

an|son|sten ⟨Adverb⟩ (ugs.): **a)** ↑*sonst:* von fern pfiff dann und wann eine Lokomotive, a. aber umgab ihn himmlische Ruhe. **sinnv.:** ↑außerdem. **b)** ↑*andernfalls:* die Anweisung muß befolgt werden, a. können Schwierigkeiten auftreten.

an|spie|len, spielte an, hat angespielt: **1.** ⟨tr.⟩ *jmdm. den Ball, die Scheibe zuspielen:* einen Stürmer a. **2.** ⟨itr.⟩ *auf etwas einen versteckten, verhüllten Hinweis geben:* auf jmds. Alter, auf den Vorfall von gestern a.

An|spie|lung, die; -, -en: *versteckter, verhüllter Hinweis:* eine zweideutige, freche A. machen, überhören. **sinnv.:** ↑Hinweis.

an|spit|zen, spitzte an, hat angespitzt ⟨tr.⟩: **1.** *vorn spitz machen:* einen Bleistift a. **2.** (ugs.) *dazu bringen, antreiben, etwas Bestimmtes [was für den Erfolg einer Sache nötig ist] zu tun:* wenn ich den nicht angespitzt hätte, wäre die Arbeit nicht pünktlich fertig geworden. **sinnv.:** ↑anstacheln.

An|sporn, der; -s: *etwas, was jmdn. reizt, motiviert, anspornt, etwas zu tun:* die Belohnung sollte ein A. für seine weitere Arbeit sein. **sinnv.:** ↑Anregung.

an|spor|nen, spornte an, hat angespornt ⟨tr.⟩: *Antrieb, Anreiz geben:* ihr Lob spornte ihn zu noch größeren Leistungen an. **sinnv.:** ↑anregen; ↑anstacheln.

An|spra|che, die; -, -n: *meist kürzere Rede:* er hielt aus Anlaß des Jubliäums eine A. vor den Gästen. **sinnv.:** ↑Rede; **Zus.:** Begrüßungs-, Festansprache.

an|spre|chen, spricht an, sprach an, hat angesprochen: **1.** ⟨tr.⟩ **a)** *das Wort an jmdn. richten:* jmdn. auf der Straße a. und ihn nach einer Straße fragen. **sinnv.:** anreden, ein Gespräch anknüpfen/beginnen · anmachen, anpöbeln, belästigen. **b)** *in bestimmter Weise, mit einer bestimmten Anrede das Wort an jmdn. richten:* jmdn. in der dritten Person, mit seinem Namen a. **sinnv.:** ↑anreden. **2.** ⟨tr.⟩ *sich mit einer Frage in einer bestimmten Angelegenheit an jmdn. wenden:* jmdn. um Hilfe a.; er sprach ihn auf den Vorfall von gestern an. **sinnv.:** ↑bitten. **3.** ⟨tr.⟩ *zur Sprache bringen, behandeln:* ein Thema, die Schwierigkeiten a. **sinnv.:** ↑erwähnen. **4.** ⟨tr.⟩ *von jmdm./etwas als einer Person oder Sache sprechen, die einer bestimmten Vorstellung entspricht, einen bestimmten Anspruch erfüllt:* jmdn. als seinen Freund a.; diese Bilder kann man nicht als Kunstwerke a. **sinnv.:** ↑ansehen als, betrachten als, bezeichnen als, halten für, hinstellen als **5.** ⟨itr.⟩ *eine bestimmte Wirkung, Reaktion zeigen:* der Patient sprach auf das Medikament nicht an. **sinnv.:** ↑reagieren. **6.** ⟨tr.⟩ *(vor allem von künstlerischen Gegenständen) auf jmdn. in besonders positiver Weise wirken:* das Bild sprach ihn nicht besonders an. **sinnv.:** ↑gefallen.

an|sprin|gen, sprang an, hat/ist angesprungen: **1.** ⟨itr.⟩ *in Gang kommen:* der Motor ist nicht gleich angesprungen. **sinnv.:** anlaufen. **2.** ⟨in der Fügung⟩ angesprungen kommen: *[springend] herbeieilen:* als die Mutter rief, kamen die Kinder alle angesprungen. **sinnv.:** ↑kommen. **3.** ⟨tr.⟩ **a)** *(an jmdm.) hochspringen:* der Hund hat ihn vor Freude angesprungen. **b)** *sich mit einem Sprung (auf jmdn./etwas) stürzen:* der Tiger hat den Dompteur angesprungen. **sinnv.:** ↑angreifen.

An|spruch, der; -s, Ansprüche: **1.** *etwas, was jmd. [für sich] beansprucht, fordert:* berechtigte, bescheidene, persönliche Ansprüche; seine Ansprüche anmelden; große Ansprüche an das Leben stellen. ***A. auf etwas erheben/machen** *(etwas verlangen, fordern, beanspruchen):* er erhob keinen A. auf Schadenersatz; **etwas in A. nehmen: a)** *von etwas Gebrauch machen; etwas benutzen:* jmds. Hilfe in A. nehmen. **b)** *etwas erfordern, brauchen:* diese Arbeit nimmt viel Zeit, alle seine Kräfte in A. **sinnv.:** Forderung; ↑Anforderung; ↑Bitte. **2.** ↑*Anrecht:* er hat den A. auf das Haus verloren. **Zus.:** Besitz-, Rechtsanspruch.

an|spruchs|los ⟨Adj.⟩: **a)** *keine großen Ansprüche stellend:* er ist ein anspruchsloser Mensch. **sinnv.:** ↑bescheiden. **b)** *schlichten, nur geringen Ansprüchen genügend:* anspruchslose Lektüre. **sinnv.:** ↑einfach.

an|spruchs|voll ⟨Adj.⟩: *große Ansprüche stellend:* sie ist eine sehr anspruchsvolle Frau; ein anspruchsvolles *(kritisches)* Publikum. **sinnv.:** unbescheiden, wählerisch; ↑hochtrabend.

an|sta|cheln, stachelte an, hat angestachelt ⟨tr.⟩: *zur Steigerung, zu einer höheren Leistung treiben, zu treiben suchen:* das hat ihn zu neuen Anstrengungen angestachelt; jmds. Eifer, Ehrgeiz durch Lob a. **sinnv.:** anfeuern, anmachen, anspitzen, anspornen, anstiften, antreiben, anzetteln, aufstacheln, beflügeln, ↑begeistern, ↑anregen, ↑aufwiegeln; reizen, ↑treiben.

An|stalt, die; -, -en: **1.** *öffentliche Einrichtung, Institution o. ä., die der Ausbildung, Erziehung, Heilung o. ä. dient:* er kam in eine A. für schwererziehbare Kinder; der Trinker wurde in eine A. gebracht. **sinnv.:** ↑Institut; ↑Krankenhaus. **Zus.:** Bade-, Bedürfnis-, Besserungs-, Erziehungs-, Heil-, Irren-, Kranken-, Lehr-, Straf[vollzugs]-, Trinkerheil-, Verlags-, Versuchsanstalt. **2.** ***[keine] Anstalten zu etwas machen** *(sich [nicht] zu etwas vorbereiten, anschicken; etwas [nicht] tun wollen):* sie machten keine Anstalten zu gehen.

An|stand, der; -[e]s: *gutes Benehmen, gute Sitten:* er hat keinen A., kein Gefühl für A. **sinnv.:** ↑Benehmen; ↑Takt; ↑Tugend.

an|stän|dig ⟨Adj.⟩: **1.** *dem Anstand, der Sitte entsprechend:* er ist ein anständiger Mensch; sich a. benehmen; das war sehr a. *(anerkennenswert)* von dir.

sinnv.: ehrenhaft, ehrenwert, ehrlich, einwandfrei, fair, korrekt, loyal, moralisch, nett, rechtschaffen, reell, rein, rücksichtsvoll, salonfähig, seriös, sittlich, sittsam, tugendhaft, unbescholten, unschuldig, unverdorben, züchtig. **2.** (ugs.) *durchaus genügend:* sie spricht ein anständiges Englisch. **sinnv.:** achtbar, ordentlich, tüchtig, zufriedenstellend. **3.** (ugs.) *ziemlich groß, viel:* sie haben eine ganz anständige Summe verdient. **sinnv.:** beachtlich, beträchtlich, tüchtig; ↑gehörig; ↑reichlich.

an|stands|hal|ber ⟨Adverb⟩: *um die Form zu wahren; nur aus Höflichkeit:* du mußt ihn a. fragen, ob er mitgehen will. **sinnv.:** aus Anstand, der Form halber.

an|stands|los ⟨Adverb⟩ (ugs.): *ohne Schwierigkeiten zu machen, ohne zu zögern:* sie haben mir das Kleid a. umgetauscht. **sinnv.:** bedenkenlos, ohne Bedenken, bereitwillig, gern[e], unbesehen, ungeprüft, ohne weiteres, widerspruchslos · blanko.

an|statt: I. ⟨Konj.⟩ *und nicht:* er schenkte ihr ein Buch a. Blumen; du solltest lieber arbeiten, a. zu jammern. **sinnv.:** an Stelle/anstelle von, ersatzweise für, statt, stellvertretend für. **II.** ⟨Präp. mit Gen.⟩ *an der Stelle (einer anderen Person, Sache, Handlung, eines anderen Sachverhalts):* a. des Geldes gab sie ihm ihren Schmuck; ⟨im Plural mit Dativ, wenn der Gen. nicht erkennbar ist⟩ a. Worten will ich endlich Taten sehen. **sinnv.:** an Stelle/anstelle, für, statt.

an|stecken, steckte an, hat angesteckt: **1.** ⟨tr.⟩ **a)** *mit einer Nadel o. ä. an etwas stecken:* sie steckte ihm eine Blume an. **sinnv.:** ↑befestigen **b)** *an den Finger stecken:* er steckte ihr einen Ring an. **2.** ⟨tr.⟩ ↑*anzünden:* eine Kerze a.; du steckst dir eine Zigarette nach der anderen an. **3. a)** ⟨tr.⟩ *eine Krankheit (auf jmdn.) übertragen:* er hat mich [mit seinem Schnupfen] angesteckt. **sinnv.:** ↑infizieren. **b)** ⟨sich a.⟩ *durch Kontakt (mit einem Kranken selbst) krank werden:* er hat sich bei ihm, in der Schule angesteckt. **sinnv.:** ↑erkranken. **c)** ⟨itr.⟩ *sich auf jmdn. übertragen:* diese Krankheit steckt nicht an; ⟨häufig im 1. Partizip⟩ ansteckende Krankheiten.

an|ste|hen, stand an, hat angestanden ⟨itr.⟩: **1.** *in einer Schlange warten, bis man an die Reihe kommt:* sie hat lange nach den Karten für diese Vorstellung angestanden. **sinnv.:** Schlange stehen; ↑warten. **2.** (geh.) *angemessen sein; zu einer Person od. Sache in bestimmter Weise passen:* Bescheidenheit stünde ihr gut an. **3.** *(geh.) **nicht a., etwas zu tun** *(etwas ohne weiteres, ohne Bedenken tun; nicht zögern, etwas zu tun):* ich stehe nicht an zu behaupten, daß du unrecht hast. **4.** *auf Erledigung warten:* diese Arbeit steht noch an.

an|stei|gen, stieg an, ist angestiegen ⟨itr.⟩: **1.** *aufwärts führen:* die Straße, das Gelände steigt an. **2. a)** *höher werden:* das Wasser steigt an; ansteigende Temperaturen, Preise. **sinnv.:** sich ↑verteuern. **b)** *immer größer, umfangreicher werden:* der Umsatz, Verkehr stieg rapide, sprunghaft an; die Zahl der Besucher ist im letzten Jahr stark angestiegen. **sinnv.:** ↑anschwellen, ↑zunehmen.

an Stel|le, an|stel|le: *statt; stellvertretend (für jmdn./etwas):* sie und ihr Mann fuhren a. S. ihrer Schwester mit; a. S. von Reden werden Taten erwartet. **sinnv.:** ↑anstatt.

an|stel|len, stellte an, hat angestellt: **1.** ⟨tr.⟩ *an etwas stellen:* eine Leiter [an die Wand] a. **sinnv.:** ↑anlehnen. **2.** ⟨sich a.⟩ *sich einer wartenden Reihe von Personen anschließen:* sich an der Kasse des Theaters a. **sinnv.:** sich anreihen. **3.** ⟨tr.⟩ /Ggs. abstellen/ **a)** *zum Fließen, Strömen bringen:* das Gas, Wasser a. **b)** *durch Schalten in Betrieb setzen:* die Maschine, das Radio a. **sinnv.:** andrehen, anknipsen, anmachen, anschalten, aufdrehen, einschalten, einstellen; ↑anlassen. **4.** ⟨tr.⟩ **a)** *durch einen Vertrag in ein Arbeitsverhältnis aufnehmen; als Arbeitskraft verpflichten:* jmdn. als Verkäufer a.; er ist bei einer Behörde angestellt. **sinn.:** ↑anheuern; ↑einstellen. **b)** (ugs.) *mit einer Arbeit beauftragen:* jmdn. zum Schuhputzen a. **5.** ⟨tr.⟩ **a)** *zu machen versuchen:* er hat schon alles mögliche angestellt, aber nichts hat gegen diese Krankheit geholfen. **b)** ↑*anrichten:* was hast du da wieder angestellt? **c)** *in bestimmter Weise machen, einrichten, handhaben:* wie soll ich das a.?; das hat er wieder geschickt angestellt. **sinnv.:** ↑bewerkstelligen. **6.** ⟨sich a.⟩ *sich bei etwas in bestimmter Weise verhalten:* sich bei einer Arbeit dumm, geschickt a. **sinnv.:** sich ↑zieren. **7.** ⟨als Funktionsverb⟩ Überlegungen a. *(überlegen);* Beobachtungen a. *(beobachten);* mit jmdm. ein Verhör a. *(jmdn. verhören).*

An|stel|lung, die; -, -en: **a)** *das Aufnehmen in ein Arbeitsverhältnis; das Anstellen:* die A. weiterer Mitarbeiter. **b)** *Platz, den jmd. beruflich einnimmt:* eine feste A. haben, suchen. **sinnv.:** Amt, Arbeitsplatz, Funktion, Position, Posten, Stelle, Stellung; ↑Beruf.

An|stieg, der; -[e]s, -e: **1.** *das Ansteigen, Aufwärtsführen:* der A. der Straße. **sinnv.:** ↑Steigung. **2.** *das Größer-, Umfangreicher-, Höherwerden:* der A. der Temperaturen; ein A. der Kosten. **sinnv.:** ↑Zunahme. **Zus.:** Temperaturanstieg. **3.** *das Hinaufsteigen:* ein beschwerlicher A. **sinnv.:** Aufstieg.

an|stif|ten, stiftete an, hat angestiftet ⟨tr.⟩: **1.** *(etwas Übles) veranlassen, ins Werk setzen:* Unfug, Intrigen a. **2.** *verleiten; (zu etwas Üblem) überreden:* jmdn. zu einem Betrug a. **sinnv.:** ↑anstacheln; ↑aufwiegeln.

an|stim|men, stimmte an, hat angestimmt ⟨tr.⟩: *zu singen beginnen:* ein Lied, einen Choral a. **sinnv.:** anschlagen.

An|stoß, der; -es, Anstöße: **1.** *erstes Spielen des Balles beim Beginn eines Fußballspiels oder nach einer Unterbrechung:* den A. haben, ausführen. **2.** *auslösende Wirkung:* er hat den A. zu dieser Sammlung gegeben. **sinnv.:** ↑Anregung · anleiern. **Zus.:** Denkanstoß. **3.** ***A. erregen** *(Ärger, jmds. Unwillen hervorrufen):* mit dieser Bemerkung hat er A. bei ihr erregt; **an etwas A. nehmen** *(etwas mißbilligen; Ärger, Unwillen über etwas empfinden):* sie nahm A. an seinem Benehmen.

an|sto|ßen, stößt an, stieß an, hat/ist angestoßen: **1. a)** ⟨tr.⟩ *einen kleinen Stoß geben:* er hat mich beim Schreiben versehentlich angestoßen; jmdn. freundschaftlich a. **sinnv.:** ↑anrempeln, anschubsen. **b)** ⟨itr.⟩ *in der Bewegung gegen, an etwas stoßen:* das Kind ist mit dem Kopf an den Tisch angestoßen. **sinnv.:** anrennen, anschlagen, prallen an/gegen, schlagen; ↑zusammenstoßen. **c)** ⟨itr.⟩ *(bei einem Fußball-*

spiel) den Anstoß ausführen: welche Mannschaft stößt an? **2.** ⟨itr.⟩ *lispeln:* er stößt etwas [mit der Zunge] an. **3.** ⟨itr.⟩ *die Gläser aneinanderstoßen, um auf etwas zu trinken:* sie haben auf seine Gesundheit, auf den Erfolg des Buches angestoßen. **sinnv.:** die Gläser erklingen lassen, einen Toast auf jmdn. ausbringen, toasten. **4.** ⟨itr.⟩ *(jmds.) Unwillen hervorrufen; Anstoß erregen:* er ist bei seinem Chef angestoßen. **sinnv.:** anecken, ins Fettnäpfchen treten; ↑kränken.

ạn|stö|ßig ⟨Adj.⟩: *Anstoß erregend:* sie sangen anstößige Lieder. **sinnv.:** ↑anrüchig; ↑obszön; ↑unanständig · lasterhaft.

ạn|strei|chen, strich an, hat angestrichen ⟨tr.⟩: **1.** *Farbe streichend an eine Fläche bringen:* ein Haus a. **sinnv.:** ↑anmalen. **2.** *durch einen Strich [am Rand] hervorheben, kenntlich machen:* eine Stelle in einem Buch a.; er hat in deinem Aufsatz fünf Fehler angestrichen. **sinnv.:** ankreuzen; anmerken; ↑markieren.

ạn|stren|gen, strengte an, hat angestrengt: **1. a)** ⟨sich a.⟩ *seine Kräfte mehr als gewöhnlich einsetzen; sich große Mühe geben:* du mußt dich in der Schule mehr a. **sinnv.:** sich etwas abverlangen, sich aufreiben, sich ausgeben, sich befleißigen, sich bemühen, sich fordern, sein Bestes/möglichstes/das menschenmögliche tun, sich strapazieren, nichts unversucht lassen, sich verzehren; sich ↑abmühen; ↑versuchen. **b)** ⟨tr.⟩ *zu besonderer Leistung steigern:* seinen Verstand, seine Stimme a. **2.** ⟨tr.⟩ *übermäßig beanspruchen; eine Belastung, Strapaze sein:* das viele Sprechen strengte den Kranken sehr an; ⟨auch itr.⟩ Turnen strengt an; eine anstrengende Arbeit. **sinnv.:** angreifen, anspannen, aufreibend/beschwerlich sein, erschöpfen, mühselig/strapaziös sein, mitnehmen, schlauchen, strapazieren. **3.** ⟨tr.⟩ *(ein gerichtliches Verfahren) veranlassen:* eine Klage [gegen jmdn.] a.

Ạn|stren|gung, die; -, -en: **1.** *das Sichbemühen, Sicheinsetzen für ein Ziel:* vergebliche Anstrengungen; seine Anstrengungen verstärken; mit letzter A. **sinnv.:** Aktivität, Anspannung, Arbeit, Arbeitsaufwand, Aufwendung, Bemühung, Kraftakt, Kraftaufwand, Mühe; ↑Versuch. **2.** *starke, übermäßige Beanspruchung der Kräfte:* sich von den Anstrengungen einer Arbeit, Reise erholen. **sinnv.:** Belastung, Beschwerlichkeit, Bürde, Mühsal, Plackerei, Plage, Schufterei, Strapaze, Streß. **Zus.:** Kraftanstrengung.

Ạn|strich, der; -[e]s, -e: **1.** *das Anstreichen mit Farbe:* den A. übernehmen. **Zus.:** Schutzanstrich. **2.** *angestrichene Farbe:* der A. des Hauses war einmal weiß. **sinnv.:** Lack; ↑Politur.

Ạn|sturm, der; -s, Anstürme: *großer Andrang:* es begann ein großer A. auf die Kasse des Theaters, nach Waren. **sinnv.:** ↑Andrang. **Zus.:** Massenansturm.

-ạnt, der; -en, -en ⟨Suffix⟩: *besagt, daß das im Basiswort Genannte von dem so Bezeichneten ausgeführt, ausgeübt wird;* aktivische Bedeutung; /Basiswort ist meist ein Verb auf -ieren/ (Ggs. -and): **a)** ⟨verbale Basis⟩ Demolant *(jmd., der demoliert);* Diskutant *(jmd., der diskutiert);* Informant (der Informierende; jmd., der Gewährsmann für etwas ist); Kommunikant, Manipulant, Paukant, Praktikant, Sympathisant; Schmierant (er ist ein fragwürdiger Schriftsteller, ein übler Schmierant). **b)** ⟨substantivische Basis⟩ Arrestant *(jmd., der einen Arrest verbüßt),* Asylant *(jmd., der um Asyl nachsucht),* Krawallant *(jmd., der Krawall macht).* **sinnv.:** -ator, -end, -er, -eur, -ier, -ling, -or.

ạn|ta|sten, tastete an, hat angetastet ⟨tr.⟩: **1.** *(mit seinem Tun) bewirken, daß etwas (Recht, Ansehen usw.) beeinträchtigt, geschmälert wird:* mit dieser Äußerung hat er meine Ehre angetastet; seine Unabhängigkeit ist nie angetastet worden. **sinnv.:** einschränken, schmälern, verletzen; ↑angreifen; ↑verstoßen. **2.** *zu verbrauchen beginnen:* das gesparte Geld nicht a.

Ạn|teil, der; -s, -e: *Teil eines Ganzen, der jmdm. gehört oder zukommt:* seinen A. fordern; er verzichtete auf seinen A. an der Erbschaft. **sinnv.:** ↑Teil; ↑Zutat · sich ↑beteiligen. **Zus.:** Haupt-, Löwen-, Marktanteil.

Ạn|teil|nah|me, die; -: *inneres, gefühlsmäßiges Beteiligtsein:* menschliche A.; ein Ereignis mit lebhafter A. verfolgen; jmdm. seine A. aussprechen. **sinnv.:** ↑Beileid; ↑Mitgefühl.

An|tẹn|ne, die; -, -n: *[an einem erhöhten Punkt angebrachte, hoch aufragende] Vorrichtung zum Ausstrahlen oder Empfangen von Sendungen des Rundfunks, Fernsehens o. ä.:* eine A. auf dem Dach anbringen. **Zus.:** Außen-, Auto-, Fernseh-, Gemeinschafts-, Haus-, Parabol-, Stab-, Zimmerantenne.

an|ti-, An|ti- ⟨adjektivisches und substantivisches Präfix⟩: **I.** *gegen, wider:* **1.** */drückt einen ausschließenden Gegensatz, eine gegnerische Einstellung zu dem im Basiswort Genannten aus/:* **a)** ⟨adjektivisch⟩: antiamerikanisch (Ggs. proamerikanisch), -autoritär, -bürgerlich, -demokratisch, -homosexuell, -human, -kirchlich, -klerikal, -kommunistisch, -national, -schwul. **b)** ⟨substantivisch⟩: Antialkoholiker *(Gegner des Alkohols),* -bolschewismus, -faschist, -gaullist, -militarismus, -nazi *(jmd., der gegen die Nazis ist),* -semitismus, -sozialismus, -spießer. **2.** */drückt aus, daß dem im Basiswort Genannten entgegengewirkt wird, daß es verhindert wird/:* **a)** ⟨adjektivisch⟩: antiallergisch, -bakteriell, -konzeptionell. **b)** ⟨substantivisch⟩ /oft dreigliedrig, wobei das dritte Glied in Verbindung mit *Anti-* das als zweites Glied Genannte verhindern o. ä. soll/: Anti-Ausländer-Parole *(Parole gegen Ausländer),* Antibabypille *(Pille, die verhindern soll, daß ein Baby kommt),* -drogensong *(Song gegen Drogen),* -dröhnwirkung, -einbruchtür *(Tür, die einen Einbruch verhindern soll),* -Hitler-Koalition, -inflationspolitik *(Politik, die einer Inflation entgegenwirken soll),* -klopfmittel, -krebsmittel, -kriegsfilm, -krisenplan *(Plan, der Maßnahmen zur Verhinderung einer Krise vorsieht),* -lärmfenster, -transpirant. **3.** */bildet einen komplementären, ergänzenden Gegensatz, stellt den Widerpart des im Basiswort Genannten, etwas Entgegengesetztes dar;* z. B.: eine Antirakete ist auch eine Rakete; eine Antikritik ist eine Kritik gegen eine Kritik/: Antihappening, -kathode, -materie, -schnulze, -theater, -waffe, -witz (zum Beispiel: Warum bauen Ostfriesen Luftverschmutzer in ihre Katen? Damit sich die Leute aus dem Ruhrgebiet heimisch fühlen). **II.** *eigentlich nicht* /drückt aus, daß jmd./etwas alles andere oder ganz anders ist als das, was man mit dem Basiswort üblicherweise inhaltlich verbindet/: Antifußball (es war ein schlechtes Spiel, ein Antifußball), -held, -künstler, -romantiker, -schwimmer (Heinz war eigentlich ein Antischwimmer = schwamm nicht gern), -star, -sweetfan, -trost, -typ. **sinnv.:** a-, in-, nicht-, pseudo-, un-.

An|ti|ba|by|pil|le [...'be:bi...], die; -, -n: *empfängnisverhütendes Arzneimittel zum Einnehmen.* **sinnv.:** Ovulationshemmer, Pille.

an|tik ⟨Adj.⟩: **1.** *die Antike betreffend, aus ihr stammend:* ein berühmtes antikes Bauwerk. **2.** *im Stil vergangener Epochen hergestellt, sie nachahmend:* ein antiker Leuchter; a. *(mit Möbeln einer früheren Stilperiode)* eingerichtet sein. **sinnv.:** ↑alt.

An|ti|ke, die; -: *das klassische, griechisch-römische Altertum und seine Kultur:* die Welt der A.

An|ti|pa|thie, die; -, Antipathien: *dem Gefühl entspringende Abneigung gegen jmdn./etwas* /Ggs. Sympathie/: er hat eine A. gegen alles, was mit Militär zusammenhängt. **sinnv.:** ↑Abneigung, mit jmdm. nicht können.

an|tip|pen, tippte an, hat angetippt ⟨tr.⟩: **1.** *leicht und kurz berühren:* er tippte seinen Nachbarn an und flüsterte ihm etwas ins Ohr. **sinnv.:** ↑berühren. **2. a)** *vorsichtig auf etwas zu sprechen kommen:* ein heikles Thema a. **sinnv.:** ↑erwähnen. **b)** *vorsichtig anfragen:* ich werde bei ihm einmal [deswegen] a. **sinnv.:** ↑fragen.

An|ti|qua|ri|at, das; -s, -e: *Geschäft, Laden, in dem alte [wertvolle], gebrauchte Bücher o. ä. verkauft werden.* **sinnv.:** ↑Buchhandlung.

an|ti|qua|risch ⟨Adj.⟩: *gebraucht, alt [und wertvoll]* /von Büchern o. ä./. **sinnv.:** ↑alt.

an|ti|quiert ⟨Adj.⟩: *nicht aktuell, nicht mehr den zeitgemäßen, modernen Vorstellungen, Gegebenheiten entsprechend, veraltet [und daher nicht mehr ernst zu nehmen]:* eine antiquierte Sprache. **sinnv.:** ↑altmodisch.

An|ti|qui|tät, die; -, -en ⟨meist Plural⟩: *wertvoller alter [Kunst]gegenstand.* **sinnv.:** Altertümer, altertümliches/antikes/antiquarisches Stück.

An|ti|se|mit, der; -en, -en: *Gegner, Feind der Juden, des Judentums.*

Ant|litz, das; -es, -e (geh.): ↑*Gesicht:* das A. des Toten.

An|trag, der; -[e]s, Anträge: **1.** *an eine Behörde gerichtete schriftliche Bitte:* einen A. auf Gewährung eines Zuschusses stellen; sein A. wurde abgelehnt. **sinnv.:** ↑Gesuch. **2.** *zur Abstimmung eingereichter Entwurf:* gegen einen A. stimmen. **sinnv.:** ↑Vorschlag. **Zus.:** Strafantrag.

an|tref|fen, trifft an, traf an, hat angetroffen ⟨tr.⟩: *an einem bestimmten Ort, in einem bestimmten Zustand treffen, finden:* ich habe ihn nicht zu Hause angetroffen; er war froh, sie gesund anzutreffen. **sinnv.:** vorfinden; ↑finden.

an|trei|ben, trieb an, hat/ist angetrieben: **1.** ⟨tr.⟩ *zu rascherer Fortbewegung veranlassen:* weil es schon spät geworden war, hatte er die Pferde angetrieben. **sinnv.:** vorwärts treiben. **2.** ⟨tr.⟩ *zu höherer Leistung drängen, treiben:* der Chef hat sie zur Eile angetrieben; der Ehrgeiz hat ihn [dazu] angetrieben. **sinnv.:** ↑anstacheln. **3.** ⟨tr.⟩ *durch Dampf, einen Motor o. ä. in Gang setzen und in Bewegung halten:* früher hat der Wind die Mühle angetrieben. **sinnv.:** betreiben. **4. a)** ⟨tr.⟩ *ans Ufer treiben:* die Wellen haben den Toten [ans Ufer] angetrieben. **sinnv.:** anschwemmen, anspülen, ans Ufer/an Land spülen. **b)** ⟨itr.⟩ *ans Ufer getrieben werden:* das leere Boot ist erst nach Wochen an der/an die Küste angetrieben.

an|tre|ten, tritt an, trat an, hat/ist angetreten: **1.** ⟨itr.⟩ *sich in einer bestimmten Ordnung hinstellen:* die Schüler waren der Größe nach angetreten. **sinnv.:** sich ↑aufstellen. **2.** ⟨itr.⟩ **a)** *sich (einem Gegner) zu einem Wettkampf stellen:* er ist gegen den Weltmeister angetreten. **sinnv.:** spielen gegen. **b)** *sich zu etwas an einem bestimmten Ort einfinden:* sie sind pünktlich zum Dienst angetreten. **sinnv.:** ↑kommen. **3.** ⟨tr.⟩ *mit etwas (z. B. einer Reise, dienstlichen Tätigkeit) beginnen:* er hat eine Reise angetreten; seinen Dienst a.

An|trieb, der; -[e]s, -e: **1.** *innere Kraft, die jmdn. zu einem bestimmten Verhalten treibt:* Ehrgeiz und Egoismus waren die Antriebe seines Handelns. **sinnv.:** ↑Anlaß; ↑Anregung; ↑Reiz; ↑Anreiz; ↑Impuls. **2.** *Kraft, die eine Maschine in Gang bringt und in Bewegung hält:* ein Motor mit elektrischem A. **sinnv.:** Triebkraft, Triebwerk. **Zus.:** Düsen-, Raketenantrieb.

an|trin|ken, trank an, hat angetrunken /vgl. angetrunken/ ⟨itr.⟩: *durch Trinken von Alkohol erlangen:* hast du dir einen [Rausch] angetrunken?; sich Mut a. **sinnv.:** sich ↑betrinken.

An|tritt, der; -s: *das Antreten, Beginn:* vor A. der Reise; nach A. *(Übernahme)* des Amtes.

an|tun, tat an, hat angetan ⟨tr.⟩: **a)** *zuteil werden lassen:* jmdm. etwas Gutes, eine Ehre a. **sinnv.:** erweisen. **b)** *(jmdm. etwas) Nachteiliges, Unangenehmes zufügen:* jmdm. Unrecht, Schande, etwas Böses, Gewalt a. **sinnv.:** ↑schaden. **c)** ***sich** (Dativ) **etwas a.** *(Selbstmord begehen).*

Ant|wort, die; -, -en: *Äußerung, die auf die Frage oder die Äußerung eines andern folgt:* er bekam [auf seine Frage] nur eine kurze A.; die Mutter rief, aber die Kinder gaben keine A. *(antworteten nicht).* **sinnv.:** Beantwortung, Entgegnung, Erwiderung · Auskunft · Replik.

ant|wor|ten, antwortete, hat geantwortet ⟨itr.⟩: *sich auf eine Frage hin äußern; eine Antwort, Auskunft geben:* er antwortete [mir] höflich auf meine Frage; er wußte nicht, was er darauf a. sollte. **sinnv.:** zur Antwort geben, beantworten, dagegenhalten, einwenden, einwerfen, entgegenhalten, entgegnen, erwidern, kontern, Kontra geben, reagieren, versetzen, zurückgeben.

an|ver|trau|en, vertraute an, hat anvertraut: **1.** ⟨tr.⟩ *vertrauensvoll in die Obhut, Fürsorge eines anderen geben:* während seiner Reise vertraute er die Kinder seiner Schwester an; jmdm. ein Amt, sein Vermögen a.; wir haben uns seiner Fürsorge anvertraut. **sinnv.:** anbefehlen, anheimgeben, befehlen, empfehlen, in jmds. Hände legen, überantworten, übergeben, überlassen, übertragen. **2. a)** ⟨tr.⟩ *jmdn. im Vertrauen wissen lassen:* jmdm. seine Pläne, ein Geheimnis a. **sinnv.:** ↑mitteilen. **b)** ⟨sich a.⟩ *sich im Vertrauen an jmdn. wenden und ihm Persönliches mitteilen:* er hat sich nur seinem Freund anvertraut. **sinnv.:** sich aussprechen, sein Herz ausschütten/erleichtern, sich offenbaren, jmdn. ins Vertrauen ziehen, sich etwas von der Seele reden.

an|wach|sen, wächst an, wuchs an, ist angewachsen ⟨itr.⟩: **1.** *stetig zunehmen:* seine Schulden wachsen immer mehr an; der Tumult wuchs an. **sinnv.:** ↑anschwellen, ↑zunehmen. **2.** *sich wachsend (mit etwas) fest[er] verbinden:* die Sträucher sind gut angewachsen; die transplantierte Haut wächst langsam an. **sinnv.:** angehen.

An|walt, der; -[e]s, Anwälte, **An|wäl|tin,** die; -, -nen: **1.** *männliche bzw. weibliche Person, die jmdn. in rechtlichen Angelegenheiten berät oder (z. B. bei Prozessen) vertritt.* **sinnv.:** Advokat, Jurist, Rechtsbeistand, -berater, -vertreter, Verteidiger, ↑Vertreter. **Zus.:** Patent-, Rechtsanwalt. **2.** ⟨A. + Attribut⟩ *männliche bzw. weibliche Person, die etwas verficht, für jmdn./etwas eintritt:* als Anwalt einer guten Sache auftreten. **sinnv.:** ↑Fürsprecher[in].

an|wan|deln, wandelte an, hat angewandelt ⟨tr.⟩ (geh.): *plötzlich von etwas Gefühlsmäßigem innerlich erfaßt werden:* eine Stimmung, Laune hat sie angewandelt. **sinnv.:** ↑befallen.

An|wand|lung, die; -, -en: *plötzlich auftretendes Gefühl:* sie folgte einer [plötzlichen] A. und reiste ab; eine A. von Heimweh befiel ihn. **sinnv.:** ↑Laune.

an|wär|men, wärmte an, hat angewärmt ⟨tr.⟩: *ein wenig wärmen:* das Bett, die Suppe a. **sinnv.:** ↑wärmen.

An|wär|ter, der; -s, -, **An|wär|te|rin,** die; -, -nen: *männliche bzw. weibliche Person, die einen Anspruch, die Aussicht auf etwas hat:* er ist einer der Anwärter auf dieses Amt. **sinnv.:** Aspirant, Bewerber, Kandidat. **Zus.:** Amts-, Meisterschafts-, Offiziers-, Titelanwärter.

An|wart|schaft, die; -: *Recht, Aussicht auf einen künftigen Besitz o. ä.:* er hatte, besaß eine A. auf dieses Amt, diesen Titel. **sinnv.:** ↑Anrecht.

an|wei|sen, wies an, hat angewiesen ⟨tr.⟩ /vgl. angewiesen/: **1.** *etwas für jmdn. heraussuchen, bestimmen, festlegen und es ihm zeigen:* jmdm. einen Platz, ein Zimmer, eine Arbeit a. **sinnv.:** zuteilen, zuweisen. **2.** *(jmdm.) einen bestimmten Auftrag erteilen, (jmdm.) etwas befehlen:* ich habe ihn angewiesen, sofort den Chef zu benachrichtigen; er war angewiesen, nicht darüber zu sprechen. **sinnv.:** ↑anordnen; ↑beauftragen. **3.** ↑*anleiten:* einen Lehrling [bei der Arbeit] a. **4.** *die Auszahlung (von etwas) veranlassen:* den Angestellten das Gehalt a. **sinnv.:** überweisen; ↑schicken.

an|wen|den, wandte/wendete an, hat angewandt/angewendet ⟨tr.⟩: **1.** *etwas Bestimmtes verwenden, gebrauchen, um damit etwas zu erreichen:* bei einer Arbeit ein bestimmtes Verfahren, eine bestimmte Technik a.; er mußte eine List a. **sinnv.:** ausnutzen, sich einer Sache bedienen, benutzen, einsetzen, ↑gebrauchen, von etwas Gebrauch machen, nutzen, nützen, verwenden, sich etwas zunutze machen · spielen lassen. **2.** *etwas Allgemeineres auf etwas Bestimmtes beziehen und in diesem bestimmten Fall verwenden:* einen Paragraphen auf einen Fall a. **sinnv.:** beziehen auf, einsetzen, übertragen auf.

An|wen|dung, die; -, -en: **1.** *das Anwenden.* **sinnv.:** Einsatz, Gebrauch, Nutzung, Verwendung. **Zus.:** Gewaltanwendung. **2.** *therapeutische medizinische Maßnahme bes. bei einer Kur.*

an|wer|ben, wirbt an, warb an, hat angeworben ⟨tr.⟩: *für eine bestimmte Arbeit, einen Dienst werben:* er versuchte noch einige Leute anzuwerben, die ihm helfen sollten; Truppen a. **sinnv.:** anheuern, kapern; ↑einstellen.

an|wer|fen, wirft an, warf an, hat angeworfen ⟨tr.⟩: *(einen Motor) in Gang setzen:* den Motor, den Wagen a. **sinnv.:** ↑anlassen.

An|we|sen, das; -s, - (geh.): *[größeres] Grundstück mit Haus, Gebäude.* **sinnv.:** ↑Bauernhof.

an|we|send ⟨Adj.⟩: *sich an einem bestimmten Ort befindend, aufhaltend* /Ggs. abwesend/: alle anwesenden Personen waren einverstanden; als dies beschlossen wurde, war er nicht a. **sinnv.:** dabei, gegenwärtig, greifbar, präsent, zugegen, zur Stelle.

An|we|sen|heit, die; -: *das Anwesendsein* /Ggs. Abwesenheit/: man darf in seiner A. nicht davon sprechen. **sinnv.:** Dabeisein, Gegenwart, Zugegensein.

an|wi|dern, widerte an, hat angewidert ⟨tr.⟩: *Ekel bei jmdm. hervorrufen:* dieser Mensch, sein Benehmen widert mich an; er fühlte sich von dem Gestank angewidert. **sinnv.:** ↑anekeln.

An|woh|ner, der; -s, -: *jmd., der nahe an etwas wohnt:* die Anwohner der Straße. **sinnv.:** Anlieger, Anrainer · Nachbar.

An|wurf, der; -[e]s, Anwürfe: *schmähender Vorwurf, beleidigende Anschuldigung:* zu diesen Anwürfen möchte ich mich nicht äußern. **sinnv.:** ↑Vorwurf.

An|zahl, die; -: *vorhandene Zahl; gewisse Menge:* eine größere A. Gäste war/(seltener:) waren nicht gekommen. **sinnv.:** ↑Menge.

an|zah|len, zahlte an, hat angezahlt ⟨tr.⟩: *beim Kauf als ersten Teil des ganzen Betrags zahlen:* zahlen Sie bitte 300 Mark an, und zahlen Sie den Rest der Summe bei Lieferung der Ware.

an|zap|fen, zapfte an, hat angezapft ⟨tr.⟩: **1.** *(einer Sache) Flüssigkeit zapfend entnehmen:* reiche Erdöllager a.; ⟨auch itr.⟩ der Wirt hat [das Faß Bier] angezapft. **sinnv.:** anstechen. **2.** *sich die Möglichkeit zum heimlichen Abhören einer Telefonleitung o. ä. verschaffen:* eine Leitung, einen Draht a. **sinnv.:** ↑spionieren.

An|zei|chen, das; -s, -: *Zeichen, Merkmal, das etwas Vorhandenes oder Kommendes anzeigt, erkennen läßt:* sie waren nach dem langen Marsch ohne jedes A. von Erschöpfung; die A. eines drohenden Krieges. **sinnv.:** Anhaltspunkt, Ansatz, Hinweis, Indiz, Merkmal, Omen, Symptom, Vorbote, Vorzeichen, Zeichen.

an|zeich|nen, zeichnete an, hat angezeichnet ⟨tr.⟩: **1.** *an eine Wandtafel zeichnen:* ein Quadrat a. **2.** *durch ein Zeichen bezeichnen, kenntlich machen:* ich habe die Bäume, die gefällt werden müssen, angezeichnet. **sinnv.:** ↑markieren.

An|zei|ge, die; -, -n: **1. a)** *private, geschäftliche, amtliche Mitteilung in einer Zeitung, Zeitschrift:* eine A. aufgeben; auf die A. hin meldeten sich fünf Bewerber. **sinnv.:** Angebot, Annonce, Ausschreibung, Inserat, Offerte. **Zus.:** Such-, Todes-, Verlust-, Vermißten-, Zeitungsanzeige. **b)** *gedruckte Bekanntgabe eines privaten Ereignisses:* wir haben die A. ihrer Verlobung erhalten. **Zus.:** Geburts-, Heirats-, Verlobungsanzeige. **2.** *offizielle Meldung bes. einer strafbaren Handlung an die Polizei oder an eine entsprechende Behörde.:* jmdm. mit einer A. drohen; gegen jmdn. A. bei der Polizei erstatten *(jmdn. anzeigen)*. **sinnv.:** Denunziation, Meldung. **Zus.:** Strafanzeige.

an|zei|gen, zeigte an, hat angezeigt ⟨tr.⟩: **1.** *dem Betrachter den Stand von etwas angeben:* das Barometer zeigt schönes Wetter an. **sinnv.:** ↑ankündigen, andeuten, deuten auf, hindeuten auf, signalisieren, verraten, zeigen. **2.** *[durch eine Anzeige] bekanntgeben, wissen lassen, ankündigen o. ä.:* die Geburt eines Kindes in der Zeitung a.; jmdm. seinen Besuch a. **sinnv.:** annoncieren, inserieren, eine Anzeige/Annonce/ein Inserat aufgeben; ↑ankündigen. **3.** *der Polizei oder einer entsprechenden Behörde melden:* jmdn. wegen Betrugs, eines Diebstahls a. **sinnv.:** ↑anmelden; ↑verraten.

an|zet|teln, zettelte an, hat angezettelt ⟨tr.⟩: *durch entsprechendes Handeln (z. B. aggressive Beeinflussung) bewirken, daß etwas (Negatives, woran meist eine Anzahl von Personen beteiligt ist) geschieht:* einen Aufstand, Streik, eine Verschwörung, einen Krieg, Intrigen, Krawalle a. **sinnv.:** ↑anstacheln.

an|zie|hen, zog an, hat angezogen /vgl. anziehend/: **1.** ⟨tr.⟩ **a)** *den Körper mit etwas bekleiden* /Ggs. ausziehen/: die Mutter zog sich, die Kinder rasch an; eine gut angezogene *(gekleidete)* Frau. **sinnv.:** ankleiden, antun, ausstaffieren, sich bedecken, bekleiden, einmummeln, kleiden, in die Kleider fahren/steigen. **b)** *(ein Kleidungsstück) überziehen, überstreifen* /Ggs. ausziehen/: einen Mantel, Handschuhe a. **sinnv.:** anhaben; anprobieren, aufprobieren; anlegen; (den Hut) aufsetzen; schlüpfen in, streifen auf/über, umbinden, umlegen. **2.** ⟨tr.⟩ **a)** *Anziehungskraft (auf etwas) ausüben und an sich heranziehen* /Ggs. abstoßen/: der Magnet zieht Eisen an. **b)** *viel Anziehungskraft haben und zum Kommen veranlassen; in seinen Bann ziehen:* die Ausstellung zog viele Besucher an. **sinnv.:** ↑anlocken. **c)** *aus der Luft der Umgebung aufnehmen:* Salz zieht Feuchtigkeit an. **3.** ⟨tr.⟩ *an den Körper ziehen:* ein Bein a. **sinnv.:** anwinkeln. **4.** ⟨tr.⟩ *straffer spannen; durch Ziehen, Drehen fester machen:* das Seil, die Schraube a. **sinnv.:** ↑spannen. **5.** ⟨itr.⟩ *[im Preis] höher werden, steigen:* die Preise haben stark angezogen; die Kartoffeln ziehen auch wieder an. **sinnv.:** sich ↑verteuern. **6.** ⟨itr.⟩ *sich in Bewegung setzen und zu ziehen beginnen:* die Pferde ziehen an. **sinnv.:** ↑anfahren.

an|zie|hend ⟨Adj.⟩: *durch sein reizvolles, attraktives Äußeres, sein angenehmes Wesen für sich einnehmend:* sie ist ein sehr anziehendes Mädchen. **sinnv.:** ansprechend, attraktiv, begehrenswert, einnehmend, entzückend, erotisch, gewinnend, liebenswert, liebenswürdig, sexy, sympathisch, toll, unwiderstehlich, verführerisch; ↑charmant, hübsch · Ausstrahlung.

An|zie|hungs|kraft, die; -, Anziehungskräfte: **1.** *magnetische Kraft:* die A. eines Magnets; die A. der Erde. **sinnv.:** Gravitation, Schwerkraft, Sog. **2.** ⟨ohne Plural⟩ *für sich einnehmende, in seinen Bann ziehende Wirkung:* sie übt eine große A. auf ihn aus. **sinnv.:** ↑Reiz.

An|zug, der; -[e]s, Anzüge: **1.** *aus Jacke [Weste] und Hose bestehende Kleidung:* er trug einen dunklen A. **Zus.:** Abend-, Arbeits-, Bade-, Cord-, Gesellschafts-, Konfirmanden-, Leinen-, Sommer-, Strampel-, Straßen-, Taucher-, Trainingsanzug. **2.** ***im A. sein** *(herankommen, bevorstehen, sich nähern):* ein Gewitter ist im A. **sinnv.:** ↑aufziehen.

an|züg|lich ⟨Adj.⟩: *auf etwas Peinliches anspielend:* eine anzügliche Bemerkung machen. **sinnv.:** ↑spöttisch.

an|zün|den, zündete an, hat angezündet ⟨tr.⟩: *zum Brennen bringen:* eine Kerze, ein Streichholz a.; darf ich dir die Zigarette a.? **sinnv.:** anbrennen, anfachen, anmachen, anreißen, anschüren, anstecken, in Brand setzen/stekken, entzünden, Feuer legen, schüren, zündeln · ↑Brandstifter.

an|zwei|feln, zweifelte an, hat angezweifelt ⟨tr.⟩: *Zweifel (an etwas) äußern, zweifelnd in Frage stellen:* die Glaubwürdigkeit des Zeugen a. **sinnv.:** ↑zweifeln.

apart ⟨Adj.⟩: *durch seine Besonderheit angenehm auffallend; ungewöhnlich, nicht alltäglich und dadurch reizvoll:* eine aparte Dame; dieser Hut ist besonders a. **sinnv.:** ästhetisch, elegant, ↑geschmackvoll, mondän, reizvoll, schön, zauberhaft.

Apart|ment, das; -s, -s: *(oft nur aus einem Zimmer bestehende) komfortable Kleinwohnung.* **sinnv.:** ↑Wohnung.

Ap|fel, der; -s, Äpfel: *rundliche, aromatische Frucht mit hellem, festem Fleisch und einem Kerngehäuse:* einen grünen, rotbäckigen, sauren, saftigen A. essen. **Zus.:** Adams-, Aug-, Brat-, Fall-, Granat-, Paradies-, Pferde-, Winter-, Zankapfel.

Ap|fel|si|ne, die; -, -n: *rötlichgelbe, runde Zitrusfrucht mit saftigem, wohlschmeckendem Fruchtfleisch und dicker Schale:* Apfelsinen schälen, auspressen. **sinnv.:** Mandarine, Orange, Pomeranze; ↑Südfrucht. **Zus.:** Blutapfelsine.

Apo|stel, der; -s, -: **1.** *Jünger Jesu:* die zwölf A. **2.** *jmd., der [in einer auf andere etwas penetrant wirkenden Weise] eine [Art] Lehre vertritt, einer Lehre anhängt:* ein falscher A.; die A. des Liberalismus; ein A. der Menschlichkeit, Sparsamkeit; er ist ein großer A. für Toleranz. **sinnv.:** Anhänger, Eiferer, Jünger, Missionar. **Zus.:** Freiheits-, Gesundheits-, Moral-, Naturapostel.

Apo|the|ke, die; -, -n: *Geschäft, in dem Medikamente verkauft, auch hergestellt werden.*

Apo|the|ker, der; -s, -, **Apo|the|ke|rin,** die; -, -nen: *männliche bzw. weibliche Person, die die Berechtigung zur Leitung einer Apotheke erworben hat.*

Ap|pa|rat, der; -[e]s, -e: **1.** *[kompliziertes] aus mehreren Teilen zusammengesetztes technisches Gerät, das eine bestimmte Arbeit leistet:* er mußte den A. auseinandernehmen, weil er nicht mehr funktionierte; (ugs.) du wirst am A. *(am Telefon)* verlangt; (ugs.) stelle doch bitte den A. *(das Radio)* ab. **sinnv.:** ↑Apparatur, Gerät, Maschine, Maschinerie, Vorrichtung; ↑Telefon. **Zus.:** Brut-, Fernseh-, Fernsprech-, Film-, Foto-, Projektions-, Radio-, Rasier-, Röntgenapparat. **2.** *Gesamtheit der Personen und Hilfsmittel, die für eine bestimmte größere Aufgabe benötigt werden:* der riesige A. der Verwaltung. **Zus.:** Beamten-, Behörden-, Partei-, Polizei-, Regierungs-, Staats-, Verwaltungsapparat.

Ap|pa|ra|tur, die; -, -en: *gesamte Anlage von Apparaten und Instrumenten, die einer bestimmten Aufgabe dient:* allein die A.

kostete ein Vermögen. **sinnv.:** Anlage, Einrichtung; ↑Apparat.

Ap|par|te|ment [apart(ə)'mã:], das; -s, -s: **1.** *Apartment.* **sinnv.:** ↑Wohnung. **2.** *zusammenhängende Reihe von Zimmern in einem größeren, meist luxuriösen Hotel.* **sinnv.:** Zimmerflucht.

Ap|pell, der; -[e]s, -e: **1.** *dringliche Aufforderung, beschwörender Aufruf:* einen A. an die Öffentlichkeit richten; mit einem A. zur Toleranz seine Rede beschließen. **sinnv.:** ↑Aufruf. **2.** *Aufstellung, Antreten zur Überprüfung, Entgegennahme einer Nachricht, eines Befehls o. ä.:* zum A. antreten. **Zus.:** Fahnenappell.

ap|pel|lie|ren ⟨itr.⟩: *sich nachdrücklich mit einer Aufforderung oder Mahnung (an jmdn.) wenden:* er appellierte an die Bewohner, Ruhe zu bewahren; an jmds. Einsicht a. **sinnv.:** ansprechen, auffordern, aufrufen, mahnen, wachrufen; sich ↑berufen.

Ap|pe|tit, der; -s: *Lust, Verlangen [etwas Bestimmtes] zu essen:* er bekam auf einmal großen A. auf Fisch. ***guten A.!** /Wunschformel/. **sinnv.:** Eßlust, Gaumenfreuden, Hunger, Kohldampf.

ap|pe|tit|lich ⟨Adj.⟩: **a)** *(durch die Art der Zubereitung, durch das Aussehen) den Appetit anregend:* die Brötchen sehen sehr a. aus. **sinnv.:** delikat, deliziös, fein, köstlich, lecker, schmackhaft, wohlschmeckend · süffig · das Wasser läuft einem im Munde zusammen. **b)** *hygienisch einwandfrei und dadurch ansprechend:* etwas ist a. verpackt. **c)** ↑*adrett.*

ap|plau|die|ren ⟨itr.⟩: *Beifall spenden und so sein Gefallen an etwas kundtun:* nach seiner Rede applaudierten die Zuhörer besonders lebhaft. **sinnv.:** akklamieren, beklatschen, mit Beifall überschütten, bravo rufen, klatschen.

Ap|plaus, der; -es: *Beifall, der sich durch Klatschen, Zurufe o. ä. äußert:* nach dem Konzert setzte stürmischer A. ein. **sinnv.:** ↑Beifall.

Apri|ko|se, die; -, -n: *rundliche, samtig behaarte, gelbe bis orangefarbene, oft rotwangige Frucht mit [saftigem] wohlschmeckendem Fruchtfleisch und glattem, scharfkantigem Stein.*

April, der; -[s]: *vierter Monat des Jahres.* **sinnv.:** Ostermonat, -mond; ↑Monat.

Aqua|rell, das; -s, -e: *mit Wasserfarben gemaltes Bild:* zarte, leuchtende Aquarelle. **sinnv.:** ↑Bild.

Aqua|ri|um, das; -s, Aquarien: *Behälter aus Glas zur Pflege und Züchtung von kleinen Tieren, bes. Fischen, und Pflanzen, die im Wasser leben:* ein A. anlegen; Goldfische im A. halten. **sinnv.:** Terrarium.

Äqua|tor, der; -s: *(gedachte) Linie, die die Erde in eine nördliche und eine südliche Hälfte teilt:* das Schiff überquert, passiert den Ä.

Ära, die; - (geh.): *unter einem bestimmten Aspekt gesehener zeitlicher Abschnitt; durch eine Person oder Sache geprägte, gekennzeichnete Epoche:* eine neue Ä. einleiten; die Ä. de Gaulle. **sinnv.:** ↑Zeitalter, ↑Zeitraum.

Ar|beit, die; -, -en: **1.** *körperliches oder geistiges Tätigsein mit einzelnen Verrichtungen; Ausführung eines Auftrags:* eine neue, interessante A. beginnen; er hat als Lehrling jeden Tag bestimmte Arbeiten zu verrichten. **sinnv.:** Akkord, Beschäftigung, Betätigung, Dienst, Erwerb, Geschäft, Job-sharing, Tätigkeit, Verrichtung. **Zus.:** Abriß-, Akkord-, Büro-, Frauen-, Garten-, Geistes-, Gelegenheits-, Gemeinschafts-, Halbtags-, Hand-, Haus-, Instandhaltungs-, Kinder-, Küchen-, Kurz-, Leih-, Männer-, Maurer-, Nacht-, Öffentlichkeits-, Pionier-, Räumungs-, Straßen-, [Teil]zeit-, Töpfer-, Waldarbeit; Bergungsarbeiten. **2.** ⟨ohne Plural⟩ **a)** *das Beschäftigtsein mit etwas:* du störst mich bei der A.; er hat viel A. *(hat viel zu tun);* die A. *(das Training, die Vorbereitung)* eines Boxers am Sandsack. ***etwas ist in A.** *(an etwas wird gerade gearbeitet).* **sinnv.:** das Arbeiten, das Schaffen, das Tätigsein. **Zus.:** Zusammenarbeit. **b)** *anstrengendes, beschwerliches, mühevolles Tätigsein:* es war eine ziemliche A., die Bücher neu zu ordnen; du hast dir viel A. gemacht mit der Vorbereitung des Festes. **sinnv.:** ↑Anstrengung. **c)** *berufliche Tätigkeit, Ausübung des Berufs:* er sucht eine neue A.; er hat zur Zeit keine A. *(ist arbeitslos).* **sinnv.:** ↑Beruf. **3. a)** *als Ergebnis einer Betätigung entstandenes Erzeugnis, Produkt:* sorgfältige, grundlegende, handgefertigte Arbeiten; die Künstler stellten ihre Arbeiten aus; eine wissenschaftliche A. *(Abhandlung)* veröffentlichen; der Lehrer sammelte die Arbeiten *(schriftlichen Aufgaben)* ein. **sinnv.:** ↑Werk. **Zus.:** Bastel-, Flecht-, Goldschmiede-, Häkel-, Klassen-, Leder-, Metall-, Schul-, Silber-, Stick-, Webarbeit. **b)** *Gestaltung, Art der Ausführung:* dieser Schrank ist eine alte, solide A.; eine Arbeit aus Silber, in Marmor. **Zus.:** Maßarbeit.

ar|bei|ten, arbeitete, hat gearbeitet: **1.** ⟨itr.⟩ **a)** *Arbeit leisten, verrichten; tätig sein:* körperlich, geistig, gewissenhaft, fleißig, am Schreibtisch a.; er arbeitet an einem Roman, über den Expressionismus; er arbeitet für den Frieden *(setzt sich dafür ein);* der Boxer arbeitet *(trainiert)* mit den Hanteln. **sinnv.:** ackern, sich beschäftigen, sich betätigen, fleißig sein, hantieren, malochen, sich regen, sich rühren, schaffen, schuften, werkeln, werken, ↑wirken, wirtschaften, zugreifen; sich ↑befassen. **b)** *beruflich tätig, beschäftigt sein:* halbtags, auf dem Bau a.; er arbeitet bei einer Behörde, für eine andere Firma. **sinnv.:** in Arbeit/erwerbstätig sein, in Lohn und Brot stehen · (einen Beruf) ausüben, (ein Geschäft o. ä.) betreiben, (einer Beschäftigung o. ä.) nachgehen, dienen, schaffen. **c)** ⟨sich a.⟩ *durch Arbeit in einen bestimmten Zustand gelangen:* sich müde a. **2.** ⟨itr.⟩ *in Tätigkeit, in Betrieb, in Funktion sein:* die Maschine arbeitet Tag und Nacht; sein Herz arbeitet wieder normal. **sinnv.:** ↑funktionieren. **3.** ⟨tr.⟩ *in einer bestimmten Art oder Gestaltung, Ausführung anfertigen:* ein Kostüm auf Taille, eine Vase in Ton a.; wer hat diesen Anzug gearbeitet? **sinnv.:** ↑anfertigen. **4.** ⟨sich a.⟩ *einen bestimmten Weg mühevoll zurücklegen:* es dauerte einige Zeit, bis er sich durch den Schnee gearbeitet hatte. **sinnv.:** sich kämpfen; sich ↑fortbewegen.

Ar|bei|ter, der; -s, -, **Ar|bei|te|rin,** die; -, -nen: **a)** *männliche bzw. weibliche Person, die arbeitet, [geistig oder] körperlich tätig ist:* er ist ein gewissenhafter A. **sinnv.:** Arbeitskraft, Kraft. **b)** *männliche bzw. weibliche Person, die gegen Lohn körperliche Arbeit verrichtet:* er ist ein gelernter A.

sinnv.: ↑Arbeitnehmer. **Zus.:** Akkord-, Bau-, Bühnen-, Ernte-, Fach-, Fremd-, Gast-, Hafen-, Hilfs-, Kurz-, Leih-, Lohn-, Metall-, Saison-, Schwarz-, Straßen-, Waldarbeiter.

Ar|beit|ge|ber, der; -s, -, **Ar|beit|ge|be|rin,** die; -, -nen: *männliche Person (oder Betrieb) bzw. weibliche Person, die andere gegen regelmäßige Bezahlung beschäftigt* /Ggs. Arbeitnehmer/: er hat einen verständnisvollen A. **sinnv.:** Brötchengeber, Dienstherr; ↑Unternehmer.

Ar|beit|neh|mer, der; -s, -, **Ar|beit|neh|me|rin,** die; -, -nen: *männliche bzw. weibliche Person, die nicht selbständig ist, sondern bei einem anderen gegen Bezahlung arbeitet, von einem Arbeitgeber beschäftigt wird* /Ggs. Arbeitgeber/. **sinnv.:** Angestellter, Arbeiter, Beamter, Bediensteter, Betriebsangehöriger, Lohnabhängiger, Pendler, Proletarier, ↑Untergebener.

ar|beit|sam ⟨Adj.⟩: *stets bemüht, seine Arbeit gut und schnell zu verrichten:* ein arbeitsamer Mensch; dieses Volk ist sehr a. **sinnv.:** ↑fleißig.

Ar|beits|kraft, die; -, Arbeitskräfte: **1.** ⟨ohne Plural⟩ *Fähigkeit, etwas zu leisten, zu arbeiten:* die menschliche A. durch Maschinen ersetzen. **sinnv.:** Kraft, Leistungsfähigkeit, Leistungskraft. **2.** *Arbeit leistender Mensch:* der Betrieb hat neue Arbeitskräfte eingestellt. **sinnv.:** ↑Arbeiter.

ar|beits|los ⟨Adj.⟩: *unfreiwillig ohne berufliche Beschäftigung; keinen Arbeitsplatz habend:* er ist schon seit einem halben Jahr a. **sinnv.:** beschäftigungslos, erwerbslos, stellenlos, stellungslos, unbeschäftigt.

Ar|beits|lo|se, der u. die; -n, -n ⟨aber: [ein] Arbeitsloser, Plural: [viele] Arbeitslose⟩: *männliche bzw. weibliche Person, die arbeitslos ist.* **sinnv.:** ↑arbeitslos.

Ar|beits|platz, der; -es, Arbeitsplätze: **1.** *Platz, an dem jmd. seine berufliche Arbeit verrichtet:* er hat einen schönen, sonnigen A. **2.** *berufliche Tätigkeit, Beschäftigung:* seinen A. wechseln, verlieren. **sinnv.:** ↑Anstellung; ↑Beruf.

Ar|chi|tekt, der; -en, -en, **Ar|chi|tek|tin,** die; -, -nen: *männliche bzw. weibliche Person, die auf dem Gebiet der Baukunst ausgebildet ist, Bauten entwirft und gestaltet, Baupläne ausarbeitet und deren Ausführung einleitet und überwacht:* der Entwurf des Herrn Architekten Schulze; mit A. Schulze/mit dem Architekten Schulze. **sinnv.:** Baukünstler, Baumeister, Erbauer, Erfinder, Innenausstatter, Schöpfer · entwerfen.

ar|chi|tek|to|nisch ⟨Adj.⟩: *die Architektur, die Gesetze der Baukunst betreffend:* der Bau ist ein architektonisches Meisterwerk.

Ar|chi|tek|tur, die; -: **1.** *Kunst des Bauens, Errichtens von Bauwerken; sachgerechtes, künstlerisches Bauen [einer Epoche, eines Volks]:* A. studieren; Zeugnisse der maurischen A. **sinnv.:** Baukunst. **2.** *Gestaltung, Stil eines Bauwerkes:* die A. einer Schloßruine betrachten. **sinnv.:** Bauart, Bauform, Baustil, Bauweise. **Zus.:** Innenarchitektur.

Ar|chiv, das; -s, -e: **1.** *Sammlung von Dokumenten, Urkunden o. ä.:* ein A. anlegen. **2.** *Ort für die Aufbewahrung von Dokumenten, Urkunden o. ä.:* die alten Urkunden liegen im A. **Zus.:** Bild-, Film-, Geheim-, Staatsarchiv.

Are|na, die; -, Arenen: *größere Fläche, meist runder, ovaler Platz für bestimmte Vorführungen, Austragungen von Wettkämpfen o. ä. in der Mitte einer entsprechenden Anlage mit oft ringsum ansteigenden Zuschauerrängen:* die Stierkämpfer ziehen in die A. ein. **sinnv.:** Kampfplatz, Manege, Schauplatz, Sportplatz.

arg, ärger, ärgste ⟨Adj.⟩: **1. a)** (geh.) *von niederträchtiger, böser Gesinnung [erfüllt]:* die arge Welt; ein arger Mensch; a. denken, handeln. **sinnv.:** ↑gemein. **b)** (ugs.) ↑*schlimm:* es war eine arge Zeit; ein arges Schicksal; ihr treibt es zu a.; man hat ihm a. mitgespielt. **2.** (ugs.) **a)** *sehr groß, heftig, stark:* arge Schmerzen; eine arge Enttäuschung. **sinnv.:** ↑schrecklich. **b)** ⟨verstärkend bei Adjektiven und Verben⟩ *sehr:* der Koffer ist a. schwer; er hat a. gespottet.

Är|ger, der; -s: **1.** *durch Mißfallen an etwas, durch Unzufriedenheit, Enttäuschung o. ä. hervorgerufenes Gefühl des Unwillens:* etwas erregt jmds. Ä.; sein Ä. verflog; sie konnte ihren Ä. über das Mißgeschick nicht verbergen. **sinnv.:** Empörung, Erbitterung, Furor teutonicus, Grimm, Ingrimm, Jähzorn, Rage, Unmut, Unwille, Verärgerung, ↑Verstimmung, Wut, Zorn. **2.** *etwas, worüber man sich ärgert:* heute gab es im Büro wieder [viel] Ä. **sinnv.:** ↑Unannehmlichkeit.

är|ger|lich ⟨Adj.⟩: **1.** *voll Ärger, Verdruß:* etwas in ärgerlichem Ton sagen; er war sehr ä. über die Störung. **sinnv.:** aufgebracht, böse, brummig, empört, entrüstet, nicht erbaut, erbittert, erbost, ergrimmt, erzürnt, gereizt, griesgrämig, grimmig, indigniert, mißmutig, rabiat, sauer, übellaunig, ungehalten, unwillig, unwirsch, verärgert, wütend, wutentbrannt, wutschäumend, zornig; ↑mürrisch. **2.** *Ärger, Verdruß verursachend:* eine ärgerliche Angelegenheit; er fand es sehr ä., so lange warten zu müssen. **sinnv.:** ↑unerfreulich.

är|gern: 1. ⟨tr.⟩ **a)** *(jmdm.) Ärger, Verdruß bereiten:* er hat sie mit seiner Bemerkung geärgert; es ärgerte sie, daß er alles falsch gemacht hatte. **sinnv.:** aufbringen, ↑aufregen, empören, erbittern, erbosen, erzürnen, giften, hochbringen, nerven, jmdm. auf die Nerven fallen, jmdn. auf die Palme/in Rage bringen, rasend/wütend machen, reizen, schaffen, schocken, schockieren, verärgern, verdrießen, verstimmen, wurmen, in Wut bringen. **b)** ↑*aufziehen:* er hat es darauf abgesehen, sie zu ä. **2.** ⟨sich ä.⟩ *Ärger, Verdruß empfinden; ärgerlich, erregt sein:* hast du dich über ihn geärgert? **sinnv.:** sich alterieren, sich ↑aufregen, sich empören, sich erregen, sich erzürnen, explodieren, sich fuchsen, sich giften, geladen/sauer sein, grollen, in Fahrt/Harnisch/Rage kommen.

Är|ger|nis, das; -ses, -se: *etwas, worüber sich jmd. ärgert, woran jmd. Anstoß nimmt, was für jmd. ärgerlich, unangenehm, anstößig, skandalös ist:* seine häufige Abwesenheit war ein Ä. für den Chef. **sinnv.:** Skandal; ↑Unannehmlichkeit.

arg|los ⟨Adj.⟩: **a)** *nichts Böses vorhabend, ohne böse Absicht:* eine arglose Bemerkung. **sinnv.:** harmlos, unschuldig, unschuldsvoll. **b)** *nichts Böses ahnend, ohne Argwohn:* ein argloses Kind; er ging a. darauf ein. **sinnv.:** blauäugig, einfältig, gutgläubig, harmlos, leichtgläubig, naiv, treuherzig, unkritisch, vertrauensselig, vertrauensvoll; ↑unbesorgt.

Ar|gu|ment, das; -[e]s, -e: *etwas, was zur Rechtfertigung, Begründung oder als Beweis vorgebracht wird.* **sinnv.:** Beweisgrund, Erklärung, Grund; ↑Gesichtspunkt. **Zus.:** Gegen-, Hauptargument.

Ar|gu|men|ta|ti|on, die; -, -en: *Darlegung der Argumente, Gründe für etwas; Ausführungen, die dazu dienen, etwas zu begründen.* **sinnv.:** Begründung, Beweisführung.

ar|gu|men|tie|ren ⟨itr.⟩: *Argumente vorbringen:* sie hat ganz anders, unsinnig argumentiert; er argumentierte, daß das keinen Einfluß mehr auf die Entwicklung habe. **sinnv.:** ↑begründen; ↑überzeugen.

Arg|wohn, der; -s: *das Zweifeln an der redlichen Absicht, der Vertrauenswürdigkeit eines andern; Neigung, hinter dem Tun, Verhalten anderer feindselige, unredliche Absichten zu vermuten:* A. hegen, schöpfen; etwas mit A. betrachten. **sinnv.:** Befürchtung, Mißtrauen, Skepsis, Skrupel, Verdacht.

arg|wöh|nen ⟨tr.⟩: *(jmdm. gegenüber) mißtrauisch sein und befürchten, vermuten:* sie argwöhnte, daß er sie belog. **sinnv.:** argwöhnisch sein, Argwohn/Verdacht hegen, beargwöhnen, dem Frieden nicht trauen, mißtrauen; ↑befürchten; ↑stutzen.

arg|wöh|nisch ⟨Adj.⟩: *voll Argwohn, Mißtrauen:* ein argwöhnischer Mensch; jmdn. a. beobachten. **sinnv.:** mit Argusaugen, kritisch, mißtrauisch, ↑skeptisch, ungläubig.

Arie, die; -, -n: *von einem Sänger oder einer Sängerin unter Begleitung von Instrumenten solo gesungenes, kunstvolles Gesangsstück aus einer Oper, Operette, einem Oratorium o. ä.* **Zus.:** Konzert-, Opernarie.

Ari|sto|krat, der; -en, -en: **1.** *Angehöriger des adligen Standes.* **sinnv.:** Adliger, Edelmann, Standesherr. **2.** *Mensch von durch und durch vornehmer Gesinnung und kultivierter Lebensart:* er ist ein ausgesprochener A.

Ari|sto|kra|tie, die; -, Aristokratien: **1. a)** ⟨ohne Plural⟩ *Staatsform, bei der die Herrschaft im Besitz des Adels ist.* **sinnv.:** Adelsherrschaft. **b)** *Staat, Gemeinwesen, in dem der Adel herrscht.* **2.** *adlige Oberschicht, Gesamtheit der Adligen:* zur A. gehören. **sinnv.:** Adel, Adelsgeschlecht, Adelsstand, Fürstenstand. **3.** ⟨ohne Plural⟩ *vornehme Gesinnung, edle Würde:* die A. seiner Erscheinung. **sinnv.:** ↑Adel.

arm, ärmer, ärmste ⟨Adj.⟩: **1.** *nur sehr wenig Geld zum Leben habend* /Ggs. reich/: seine Eltern waren a. und konnten ihn nicht studieren lassen. ***a. und reich** *(jedermann).* **sinnv.:** ärmlich, armselig, bedürftig, einkommensschwach, finanzschwach, mittellos, notleidend, unbemittelt, unvermögend, verarmt. **Zus.:** bettelarm. **2.** ***a. an etwas sein** *(nur wenig von etwas haben):* diese Frucht ist a. an Vitaminen; vgl. -arm. **3.** *Mitleid erregend:* der arme Mann hat nur ein Bein. **sinnv.:** ↑kläglich.

-arm ⟨adjektivisches Suffixoid⟩ **1.** *kaum etwas, wenig von dem im substantivischen Basiswort Genannten habend* /kann sowohl einen Mangel als auch einen Vorzug kennzeichnen/: alkohol-, erlebnis-, fett-, fleisch-, gefühls-, handlungs-, ideen-, industrie-, kalk-, kalorien-, licht-, liebes-, nikotin-, regen-, textil-, verkehrs-, vitaminarm. **2.** *kaum etwas, wenig von dem im substantivischen Basiswort Genannten entwickelnd, verursachend* /kennzeichnet einen Vorzug/: abgas-, geräusch- (Gerät), poren- (Schleifkörper), schmerz- (Entbindung), störungs- (Motor), trägheits- (Elektronik), verlust- (Stromaufteilung), wartungsarm (Schaltung). **3.** *kaum, nur wenig das im verbalen Basiswort Genannte tun* /kennzeichnet einen Vorzug/: **a)** ⟨aktivisch⟩ knitter-, klirr- (Lautsprecher), rauscharm (Verstärker) *(knittert, klirrt, rauscht kaum, nur wenig).* **b)** ⟨passivisch⟩ bügel-, pflegearm (Kleid) *(braucht kaum, nur wenig gebügelt, gepflegt zu werden).*

Arm, der; -[e]s, -e: **1.** *der Teil des menschlichen Körpers, der von der Schulter bis zur Hand reicht:* kräftige Arme; die Arme aufstützen; jmdn. im A., in den Armen halten; den Mantel über den A. nehmen. **sinnv.:** Flügel · Bein · Gliedmaße · greifen. **Zus.:** Ober-, Unterarm. **2.** *armartiger abzweigender Teil:* die beiden Arme einer Waage; der Fluß teilt sich in drei Arme. **Zus.:** Fluß-, Haupt-, Hebel-, Meeres-, Wasserarm · dreiarmig. **3.** ↑*Ärmel:* ein Kleid mit kurzem A.

Ar|mee, die; -, Armeen: **a)** *Gesamtheit der Soldaten oder Truppen eines Staates.* **sinnv.:** Heer, Militär, Streitkräfte. **b)** *Abteilung eines Heeres:* die zweite A. **sinnv.:** Bataillon, Division, Einheit, Formation, Kompanie, Regiment, Truppe, Truppenteil, Verband.

Är|mel, der; -s, -: *Teil eines Kleidungsstückes, der den Arm bedeckt.* **sinnv.:** Arm.

ärm|lich ⟨Adj.⟩: *[im Äußeren] von Armut zeugend:* ärmliche Kleidung; er lebt sehr ä. **sinnv.:** ↑arm; ↑armselig; elend.

arm|se|lig ⟨Adj.⟩: **a)** (emotional) *sehr, in Mitleid erregender Weise arm:* armselige Kleider, Wohnungen; er war a. angezogen. **sinnv.:** ärmlich, dürftig, kärglich, kümmerlich, spärlich, traurig; ↑arm; elend. **b)** *als zu wenig, als wertlos, unzulänglich o. ä. empfunden:* ein armseliger Stümper; eine armselige Spende. **sinnv.:** erbärmlich, jämmerlich, kläglich, nichtswürdig.

Ar|mut, die; -: *das Armsein, materielle Not:* in dieser Familie herrschte bitterste A. **sinnv.:** Bedürftigkeit, Dürftigkeit, Elend, Geldmangel, Geldnot, Kärglichkeit, Knappheit, Mangel, Mittellosigkeit, Not, Verarmung.

Aro|ma, das; -s, Aromen und Aromas: **1. a)** *angenehmer, stärker ausgeprägter Geschmack:* die Erdbeeren haben ein schönes A. **sinnv.:** ↑Geschmack. **b)** *würziger Duft, Wohlgeruch:* die Zigarre hat ein besonderes A. **sinnv.:** ↑Geruch. **2.** *aromatisches Mittel, aromatische Essenz für Lebensmittel, Speisen:* ein Fläschchen A. **sinnv.:** Gewürz. **Zus.:** Backaroma.

Ar|ran|ge|ment [arãʒə'mã:], das; -s, -s: **1. a)** *vorbereitende Gestaltung, organisierendes Vorbereiten:* das A. [einer Veranstaltung] übernehmen. **sinnv.:** Bewerkstelligung. **b)** *etwas geschmackvoll Zusammengestelltes, künstlerisch Angeordnetes:* ein A. von Leckerbissen. **sinnv.:** ↑Anordnung. **Zus.:** Blumenarrangement. **2.** *Bearbeitung eines Musikstücks für andere Instrumente:* ein A. für Klavier. **3.** *das Übereinkommen, Sicharrangieren:* ein A. mit jmdm. treffen. **sinnv.:** ↑Vereinbarung.

ar|ran|gie|ren [arã'ʒi:rən]: **1.** ⟨tr.⟩ **a)** *für das Zustandekommen, die Gestaltung, Durchführung, den Ablauf von etwas sorgen:* ein

Fest, eine Reise a.; etwas geschickt a. **sinnv.:** ↑bewerkstelligen; ↑veranstalten, ↑verwirklichen. **b)** *(ein Musikstück) für andere Instrumente bearbeiten:* einen Schlager neu a. **sinnv.:** einrichten, instrumentieren. **2.** ⟨sich a.⟩ *sich [mit jmdm.] verständigen und eine Lösung für etwas finden:* du mußt dich [mit ihm] a. **sinnv.:** ↑übereinkommen.

Ar|rest, der; -[e]s, -e: *Entziehung der Freiheit als Strafe (bes. innerhalb bestimmter Gemeinschaften):* der Gefreite mußte drei Tage leichten A. absitzen; der Schüler bekam zwei Stunden A. *(mußte zwei Stunden nachsitzen).* **sinnv.:** ↑Freiheitsstrafe. **Zus.:** Einzel-, Jugend-, Stubenarrest.

ar|ro|gant ⟨Adj.⟩: *in einer Weise, die als anmaßend, herausfordernd und überheblich empfunden wird; von sich und seinem Können überzeugt [und das ausdrückend]:* er benahm sich sehr a. **sinnv.:** ↑dünkelhaft.

Ar|ro|ganz, die; -: *arrogante Art, arrogantes Wesen:* er ist von unglaublicher A. **sinnv.:** ↑Überheblichkeit.

Arsch, der; -[e]s, Ärsche (derb): ↑*Gesäß.*

Art, die; -, -en: **1.** ⟨ohne Plural⟩ *angeborene, jmdm. innewohnende Eigenart, Beschaffenheit:* ihre frische A. gefiel allen; das entspricht nicht seiner A. **sinnv.:** ↑Wesen. **Zus.:** Gemüts-, Sinnes-, Wesensart. **2.** ⟨ohne Plural⟩ *Weise des Sichverhaltens, Gewohnheit im Handeln:* er hat eine unangenehme A. zu fragen; auf diese A. kommst du nie ans Ziel; er tat dies in seiner gewohnten A. **sinnv.:** ↑Benehmen; ↑Manier. **Zus.:** Lebensart. **3.** *durch bestimmte Merkmale, Eigenschaften gekennzeichnete Qualität, Beschaffenheit, durch die sich jmd./etwas von anderen gleicher Gattung, Sorte unterscheidet:* jede A. von Gewalt ablehnen; ein Verbrechen übelster A.; Blumen aller A. **sinnv.:** Couleur, Gattung, Genre, Kaliber, Kategorie, Marke, Prägung, Sorte, Spezies, Zweig. **Zus.:** Getreide-, Mach-, Sport-, Unter-, Wort-, Zubereitungsart.

Ar|te|rie, die; -, -n: ↑*Schlagader.* **sinnv.:** ↑Ader.

ar|tig ⟨Adj.⟩: **1.** *sich so gut benehmend, verhaltend, wie es Erwachsene von einem Kind erwarten:* ein artiges Kind. **sinnv.:** brav; ↑gehorsam. **2.** (veraltend) ↑*höflich:* er fragte sie a. nach ihrem Befinden.

-ar|tig ⟨adjektivisches Suffix⟩: *in der Art (z. B. Aussehen, Beschaffenheit) wie das im Basiswort Genannte, damit vergleichbar; so wie das im Basiswort Genannte:* balladen-, blitz-, blusen-, brei-, chamäleon-, explosions-, explosiv-, flechten-, fleischbrüh-, flucht-, getto-, gummi-, handstreich-, harz-, hemd-, holz-, hunde-, hütten-, jazz-, katzen- (ein katzenartiges Tier = *Tier, das wie einen Katze aussieht;* ein katzenartiger Mensch = *Mensch, der sich wie eine Katze bewegt, verhält*), keller-, lawinen-, maschinen-, palast-, panik-, park-, pergament-, pestartiger Gestank *(wie er bei der Pest vorkommt),* ruck-, schlag-, sintflut-, stafetten-, überfall-, wolkenbruchartig. **sinnv.:** -ähnlich, -al/-ell, -esk, -haft, -ig.

Ar|ti|kel, der; -s, -: **1.** *schriftlicher Beitrag, Aufsatz in einer Zeitung o. ä.* **sinnv.:** ↑Abhandlung; ↑Aufsatz. **Zus.:** Leit-, Wörterbuch-, Zeitungsartikel. **2.** *in sich abgeschlossener Abschnitt innerhalb eines Textes:* das steht im A. 3 der Verfassung. **sinnv.:** ↑Abschnitt. **Zus.:** Gesetzesartikel. **3.** *als Ware gehandelter Gegenstand:* dieser A. ist im Augenblick nicht vorhanden. **sinnv.:** ↑Ware. **Zus.:** Bedarfs-, Büro-, Export-, Geschenk-, Marken-, Scherz-, Sportartikel. **4.** *Wortart, die bes. der Kennzeichnung des grammatischen Geschlechts eines Substantivs dient.* **sinnv.:** Geschlechtswort.

ar|ti|ku|lie|ren: 1. ⟨tr.⟩ ↑*aussprechen:* die Worte, Silben deutlich, schlecht a. **2. a)** ⟨tr.⟩ *in Worte fassen, zum Ausdruck bringen:* seinen Willen a. **sinnv.:** ↑aussagen, ↑formulieren. **b)** ⟨sich a.⟩ *zum Ausdruck kommen, deutlich erkennbar werden:* die Stimmung artikulierte sich in Zweifel und Resignation. **sinnv.:** sich bekunden, sich manifestieren, sich offenbaren, sich zeigen.

Ar|til|le|rie, die; -, Artillerien: *mit Geschützen ausgerüstete Truppe.*

Ar|tist, der; -en, -en: *Künstler im Zirkus oder Varieté.* **sinnv.:** Akrobat, Clown, Gaukler, Jongleur, Komiker, ↑Schausteller, Varietékünstler, Zauberkünstler.

ar|ti|stisch ⟨Adj.⟩: **1.** *die Kunst des Artisten betreffend, zu ihr gehörend:* im Varieté wurden mehrere artistische Vorführungen gezeigt. **2. a)** *äußerst geschickt, gewandt.* **sinnv.:** akrobatisch. **b)** *in der technischen oder künstlerischen Durchführung vollendet, perfekt:* a. gebaute Verse.

Arz|nei, die; -, -en (veraltend): *[flüssiges] Heilmittel.* **sinnv.:** ↑Medikament.

Arzt, der; -es, Ärzte, **Ärz|tin,** die; -, -nen: *männliche bzw. weibliche Person, die Medizin studiert hat und die staatliche Erlaubnis hat, Kranke zu behandeln.* **sinnv.:** Doktor, Heilkundiger, Heilkünstler, Humanmediziner, Kurpfuscher, Medikus, Mediziner, Medizinmann, Therapeut. **Zus.:** Amts-, Assistenz-, Augen-, Fach-, Frauenarzt, Hals-Nasen-Ohren-Arzt, Haus-, Haut-, Kinder-, Nerven-, Ober-, Sport-, Tier-, Vertrauens-, Zahnarzt.

ärzt|lich ⟨Adj.⟩: **a)** *zum Arzt gehörend:* die ärztliche Praxis. **b)** *vom Arzt [ausgehend]:* eine ärztliche Untersuchung; sich ä. behandeln lassen.

As, das; Asses, Asse: **1.** *Spielkarte mit dem höchsten Wert* (siehe Bildleiste „Spielkarten"). **Zus.:** Herz-, Karo-, Kreuz-, Pik-, Trumpfas. **2.** *jmd./etwas, was auf seinem, einem bestimmten Gebiet hervorragend ist:* ein As in Mathematik; diese beiden Spieler sind die großen Asse ihrer Mannschaft. **sinnv.:** ↑Fachmann.

Asche, die; -, -n: *das, was von verbranntem Material in Form von Pulver übrigbleibt.* **Zus.:** Flug-, Zigarettenasche.

Aschen|be|cher, der; -s, -: *schalenförmiger Gegenstand für die Asche von Zigaretten o. ä.* **sinnv.:** Ascher.

Ascher|mitt|woch, der; -s, -e: *Mittwoch nach Fastnacht (an dem die Fastenzeit beginnt):* am A. Buße tun.

äsen ⟨itr.⟩: *(von bestimmtem Wild) Nahrung aufnehmen:* Hirsche, Rehe äsen. **sinnv.:** ↑fressen.

aso|zi|al ⟨Adj.⟩: **1.** *die menschliche Gemeinschaft schädigend:* asoziale Elemente. **sinnv.:** kriminell, unsozial. **2.** *unfähig zum Leben in der Gemeinschaft:* eine asoziale Lebensweise. **sinnv.:** eigenbrötlerisch · Außenseiter, Eigenbrötler, Sonderling.

Aspekt, der; -[e]s, -e: *Art der Betrachtung oder Beurteilung von etwas:* die verschiedenen Aspekte eines Problems. **sinnv.:** ↑Gesichtspunkt.

As|phalt, der; -s -e: *teerähnliche, zähflüssige Masse, die zur Beschichtung von Straßen verwendet wird.*

Aspi|rant, der; -en, en, **Aspi|ran|tin,** die; -, -nen (geh.): ↑*Anwärter:* ein A. für/(auch:) auf einen Posten.

As|ses|sor, der; -s, Assessoren, **As|ses|so|rin,** die, -, -nen: *Anwärter[in] der höheren Beamtenlaufbahn* /bes. bei der höheren Schule und bei Gericht/. **Zus.:** Regierungs-, Studienassessor.

as|si|mi|lie|ren, sich: *sich den vorhandenen, vorgefundenen Verhältnissen o. ä. angleichen:* ich habe mich rasch assimiliert. **sinnv.:** sich ↑anpassen.

As|si|stent, der; -en, -en, **As|si|sten|tin,** die; -, -nen: *männliche bzw. weibliche Person, die die Aufgabe hat, einen anderen (z. B. einen Professor) bei dessen Arbeit zu unterstützen, ihm bestimmte Arbeiten abzunehmen:* er gab dem Assistenten den Schlüssel. **sinnv.:** ↑Helfer. **Zus.:** Regieassistent.

as|si|stie|ren ‹itr.›: *jmdm. [nach dessen Anweisungen] bei einer Arbeit o. ä. behilflich sein, zur Hand gehen:* der junge Arzt assistierte dem Professor bei der Operation. **sinnv.:** ↑helfen.

Ast, der; -[e]s, Äste: *stärkerer Zweig eines Baumes.* **sinnv.:** ↑Zweig.

Aster, die; -, -n: *(von Sommer bis Herbst) in verschiedenen Farben blühende Pflanze, deren [gefüllte] Blüte strahlenförmig angeordnete, schmale, längliche Blätter aufweist.* **Zus.:** Herbst-, Sommer-, Winteraster.

Äs|thet, der; -en, -en: *jmd., der einen stark ausgeprägten Sinn für Schönheit, kultivierte Gepflegtheit, für Künstlerisches besitzt.*

äs|the|tisch ‹Adj.›: **a)** *die Gesetze der Schönheit und der Kunst betreffend:* etwas vom ästhetischen Standpunkt aus betrachten. **b)** *durch seine Schönheit, Kultiviertheit, seinen Stil angenehm [wirkend], ansprechend:* ein ästhetischer Anblick. **sinnv.:** ↑apart; ↑geschmackvoll; ↑schön.

Astro|lo|gie, die; -: *Lehre, die um eine Beurteilung irdischer Gegebenheiten, bes. einer Deutung des menschlichen Schicksals aus den Sternen bemüht ist.* **sinnv.:** Horoskop.

Astro|naut, der; -en, -en, **Astro|nau|tin,** die; -, -nen: *Teilnehmer bzw. Teilnehmerin an einer [amerikanischen] Weltraumfahrt.* **sinnv.:** Kosmonaut, Raumfahrer, Weltraumfahrer.

Astro|no|mie, die; -: *Wissenschaft von den Himmelskörpern.* **sinnv.:** Himmelskunde, Sternkunde.

astro|no|misch ‹Adj.›: **1.** *die Astronomie betreffend, zu ihr gehörend, mit ihren Mitteln erfolgend.* **2.** *die Vorstellung von der Größe einer Menge, die Höhe eines Betrages o. ä. übersteigend; überaus groß:* astronomische Summen, Preise. **sinnv.:** riesig, ungeheuer, unvorstellbar; ↑außergewöhnlich.

Asyl, das; -s, -e: **1.** *Unterkunft – vor allem – für obdachlose Menschen.* **Zus.:** Nacht-, Obdachlosenasyl. **2.** *Aufnahme und Schutz (bes. für politisch Verfolgte in einem anderen Land):* um politisches A. bitten; jmdm. A. zusichern, bieten, gewähren. **sinnv.:** ↑Zuflucht.

Asyl|lant, der; -en, -en: *jmd., der sich um politisches Asyl bemüht, bewirbt.*

Ate|lier [atəˈli̯e:], das; -s, -s: *Raum für künstlerische o. ä. Arbeiten.* **sinnv.:** ↑Werkstatt. **Zus.:** Filmatelier.

Atem, der; -s: **1.** *das Atmen:* der A. setzte aus. **2.** *Luft, die eingeatmet oder ausgeatmet wird:* A. holen; er ist außer A. **sinnv.:** Hauch, Luft, Puste.

Atem|pau|se, die; -, -n: *kurze Pause der Ruhe, Erholung:* eine kleine A. einlegen. **sinnv.:** ↑Pause.

Athe|ist, der; -en, -en: *jmd., der die Existenz Gottes verneint.* **sinnv.:** Dissident, Freidenker, Freigeist, Glaubensloser, Heide, Ketzer, Konfessionsloser, Ungläubiger.

Äther, der; -s: **1.** (geh.) *Luft, Weite, Raum des Himmels:* das tiefe Blau des Äthers; eine Nachricht durch den Ä. schikken. **sinnv.:** ↑Firmament, ↑Himmel. **2.** *chemisches Mittel bes. zur Betäubung:* einen Wattebausch mit Ä. tränken.

äthe|risch ‹Adj.›: **1. a)** *Äther enthaltend.* **b)** *ätherartig [daher flüchtig] und angenehm riechend.* **2.** (geh.) *wie vom irdischen Körper gelöst, zart, rein und geistig:* sie ist ein ätherisches Wesen. **sinnv.:** ↑zart.

Ath|let, der; -en, -en: **1.** *muskulöser, kräftiger Mann.* **2.** *jmd., der an einem sportlichen Wettkampf teilnimmt.* **sinnv.:** ↑Sportler.

ath|le|tisch ‹Adj.›: *wie ein Athlet gebaut, sehr muskulös und stark:* ein athletischer Körper, Typ. **sinnv.:** herkulisch, kräftig, kraftstrotzend, muskulös; ↑sportlich, stramm.

-a|ti|on/-ie|rung, die; -, -en: oftmals konkurrierende Suffixe von Substantiven, die von Verben auf ...ieren abgeleitet sind. Oft stehen beide Bildungen ohne Bedeutungsunterschied nebeneinander: Explikation/Explizierung, Isolation/Isolierung, Kodifikation/Kodifizierung, Kombination/Kombinierung, Kompensation/Kompensierung, Konfrontation/Konfrontierung, Sexualisation/Sexualisierung, doch zeichnen sich insofern Bedeutungsnuancen ab, als die Wörter auf ...ation stärker das Ergebnis einer Handlung bezeichnen, während die Parallelbildung auf ...ierung mehr das Geschehen, die Handlung betont, wofür jedoch auch die Bildung auf ...ation gebraucht wird. **sinnv.:** -heit.

At|las, der; - und -ses, Atlanten: *zu einer Art Buch zusammengefaßte geographische, historische o. ä. Karten.*

at|men, atmete, hat geatmet: **1.** ‹itr.› *Luft einziehen [und ausstoßen]:* durch die Nase a.; tief a. **sinnv.:** ausatmen, einatmen, hecheln, japsen, keuchen, Luft/Atem holen, röcheln, schnauben, schnaufen · schnüffeln; ↑blasen. **Zus.:** durchatmen. **2.** ‹tr.› ↑*einatmen:* frische Luft a.

At|mo|sphä|re, die; -: **1.** *Luft, die die Erde als Hülle umgibt:* der Satellit verglüht beim Eintritt in die A. **sinnv.:** ↑Luft. **Zus.:** Erdatmosphäre. **2. a)** *von bestimmten Gefühlen, Emotionen, bestimmten Umständen, Gegebenheiten geprägte Art und Weise des Zusammenseins, -lebens von Menschen:* es herrschte eine gespannte A.; eine A. von Behaglichkeit schaffen. **sinnv.:** Klima, Stimmung. **Zus.:** Arbeitsatmosphäre. **b)** *in einer bestimmten Umgebung, einem Milieu vorhandenes, durch die gegebenen Umstände bestimmtes, durch be-*

stimmte Faktoren beeinflußtes eigenes Gepräge, das auf jmdn. in bestimmter Weise wirkt: eine fremde, die gewohnte A.; die A. einer Wohnung, einer Stadt. **sinnv.:** Ambiente, Ausstrahlung, Flair, Fluidum, Kolorit, Sphäre, Umgebung.

Atom, das; -s, -e: *kleinstes, mit chemischen Mitteln nicht weiter zerlegbares Teilchen eines chemischen Grundstoffes.* **Zus.:** Wasserstoffatom.

ato|mar ⟨Adj.⟩: **1.** *das Atom betreffend, sich darauf beziehend:* auf atomaren Vorgängen beruhen. **2.** *auf der Energie des Atoms beruhend, durch Kernenergie:* ein atomarer Antrieb; a. angetrieben werden. **3.** *die Ausrüstung mit Kernwaffen betreffend, mit Kernwaffen durchgeführt:* der atomare Holocaust; jmdn. a. bewaffnen.

Atom|bom|be, die; -, -n: *mit einem atomaren oder thermonuklearen Sprengsatz ausgerüstete, höchste Vernichtung bewirkende Bombe.* **sinnv.:** ↑Bombe, Kernwaffe.

At|tacke, die; -, -n: *direkt gegen jmdn./etwas gerichteter Angriff:* eine heftige A.; eine A. auf die Regierung, gegen die Konvention; zur A. übergehen. **sinnv.:** ↑Anfall; ↑Angriff. **Zus.:** Herzattacke.

at|tackie|ren ⟨tr.⟩: *[mit Worten] heftig angreifen, tadeln:* er hat mich zu Unrecht attackiert; er attackiert immer wieder diese Zustände. **sinnv.:** angreifen, anschießen, gegen jmdn./etwas zu Felde ziehen, mit jmdm. ins Gericht gehen, kritisieren; ↑beanstanden, bestreiten.

At|ten|tat, das; -[e]s, -e: *Versuch, eine im öffentlichen Leben stehende Person zu töten:* das A. auf den Präsidenten mißglückte. **sinnv.:** Anschlag; ↑Überfall. **Zus.:** Bomben-, Sprengstoffattentat.

At|ten|tä|ter, der; -s, -, **At|ten|tä|te|rin,** die; -, -nen: *männliche bzw. weibliche Person, die ein Attentat begangen hat.* **sinnv.:** Gesinnungstäter, Täter, Überzeugungstäter; ↑Mörder; Verbrecher.

At|test, das; -[e]s, -e: *ärztliche Bescheinigung bes. über jmds. Gesundheitszustand:* jmdm. ein A. ausstellen; ein A. beibringen, vorlegen. **sinnv.:** ↑Bescheinigung. **Zus.:** Gesundheitsattest.

At|trak|ti|on, die; -, -en: *etwas, was durch seine besondere, außerordentliche Art das Interesse auf sich zieht:* auf dem Fest gab es einige Attraktionen; der Fernsehturm ist eine besondere A. **sinnv.:** Clou, Hit, Knüller, Schlager, Sehenswürdigkeit, Sensation, Volltreffer, Zugnummer, Zugstück.

at|trak|tiv ⟨Adj.⟩: **a)** *anziehend durch besondere Vorteile oder Gegebenheiten; einen Anreiz bietend:* der Dienst in der Verwaltung ist noch immer a. **sinnv.:** begehrenswert, begehrt, erstrebenswert, erwünscht, gefragt, gesucht, verführerisch, ↑zugkräftig. **b)** *anziehend auf Grund eines ansprechenden Äußeren; hübsch und voller Reiz:* eine attraktive Frau. **sinnv.:** ↑anziehend; ↑hübsch, knackig, vorzeigbar.

At|tri|but, das; -s, -e: *etwas, was zu jmdm./etwas (zufälligeroder charakteristischerweise) gehört:* die Attribute der Heiligen; ein Adjektiv steht oft als A. beim Substantiv. **sinnv.:** ↑Merkmal.

ät|zen ⟨tr.⟩: **1. a)** *mit einer scharfen Flüssigkeit behandeln:* die Wunde ä. **b)** *(von einer scharfen Flüssigkeit) zerstörend auf etwas einwirken:* diese Lösung ätzt die Haut. **sinnv.:** ↑zerfressen, zerstören. **Zus.:** wegätzen. **2.** *mittels Säuren auf der Oberfläche von etwas erzeugen:* ein Bild auf eine Kupferplatte ä.

auch: I. ⟨Adverb⟩ **1.** */drückt aus, daß sich etwas in gleicher Weise verhält, daß Gleiches Geltung hat/:* alle schwiegen, a. ich war still; sämtliche Mitglieder, a. die Vorsitzenden, waren anwesend; /in Wortpaaren/ sowohl ... als/wie a.; nicht nur ..., sondern a. **sinnv.:** desgleichen, ebenfalls, ebenso, genauso, geradeso, gleichermaßen, gleichfalls. **2.** */drückt aus, daß zusätzlich noch etwas der Fall ist, zu etwas Genanntem etwas Weiteres hinzutritt/:* ich kann nicht, ich will a. nicht; nun muß ich a. noch die Kosten tragen. **sinnv.:** außerdem, darüber hinaus, obendrein, überdies, überhaupt, im übrigen; ↑und. **3.** */drückt eine Verstärkung aus, unterstreicht eine Aussage/:* das war a. mir zuviel; a. die kleinste Gabe hilft den Armen; auf diese Weise wirst du a. nicht eine Mark sparen. **sinnv.:** selbst, sogar. **II.** ⟨Partikel⟩ **1.** */bekräftigt oder begründet eine vorausgegangene Aussage/:* ich glaubte, er sei verreist, und er war es a.; ich gehe jetzt, es ist a. schon spät. **sinnv.:** ja, schließlich, tatsächlich, wirklich. **2.** */drückt gefühlsmäßige Anteilnahme, Ärger, Verwunderung o. ä. aus/:* du bist [aber] a. eigensinnig; der ist a. überall dabei; a. das noch; warum kommst du a. so spät. **3.** */drückt im Fragesatz einen Zweifel, Unsicherheit o. ä. aus/:* darf er das a. tun?; hast du dir das a. überlegt? **sinnv.:** denn, eigentlich, überhaupt. **4. a)** */wirkt verallgemeinernd in Verbindung mit Interrogativpronomen/:* wer a. immer *(jeder, der);* was a. [immer] geschieht *(alles, was geschieht);* wie dem a. sei ... *(ob es falsch oder richtig ist).* **b)** */wirkt einräumend in Verbindung mit „wenn", „so" oder „wie"/:* es meldete sich niemand, sooft ich a. anrief; wenn a.! (ugs.; *das macht nichts!*).

auf: I. ⟨Präp. mit Dativ oder Akkusativ⟩ **A.** /räumlich/ **1.** ⟨Lage; mit Dativ; Frage: wo?⟩ **a)** */kennzeichnet die Berührung von oben/:* das Buch liegt a. dem Tisch. **b)** */gibt den Aufenthalt in einem Raum, [öffentlichen] Gebäude usw. oder einen Seins-, Geschehens-, Tätigkeitsbereich an/:* er ist a. *(in)* seinem Zimmer; er arbeitet a. *(in, bei)* der Post; a. dem Gymnasium sein; a. dem Bau arbeiten. **c)** */gibt die Teilnahme an etwas, das Sichaufhalten bei einer Tätigkeit an/:* a. dem Parteitag; a. einer Hochzeit, a. Urlaub sein. **2.** ⟨Richtung; mit Akkusativ; Frage: wohin?⟩ **a)** */bezieht sich auf eine Stelle, Oberfläche, auf einen Erstrekkungsbereich, einen Zielpunkt/:* er legte das Buch a. den Tisch; er geht schon a. die Achtzig zu *(wird bald achtzig).* **b)** */bezeichnet den Gang zu einem/in einen Raum, zu einem/in ein [öffentliches] Gebäude, gibt die Richtung in einem Seins-, Geschehens-, Tätigkeitsbereich an/:* er geht a. sein Zimmer; sie schickte den Jungen a. die Post; sie geht a. die Universität *(sie studiert).* **c)** */gibt die Hinwendung zur Teilnahme an etwas, den Beginn einer Handlung, den Antritt von etwas an/:* a. einen Ball gehen; a. Urlaub gehen; auf eine Tasse Tee zu jmdm. kommen. **B.** /zeitlich; mit Akkusativ/ **a)** */Dauer/:* a. zwei Jahre ins Ausland gehen. **b)** */zeitliches Nacheinander/:* a. Regen folgt Sonnenschein. **c)** */in Verbindung mit zwei gleichen*

Substantiven zur Angabe der Wiederholung, der direkten Aufeinanderfolge/: Welle a. Welle; Schlag a. Schlag. **C.** /Art und Weise; mit Akkusativ/: a. elegante Art; sich a. deutsch unterhalten. **D.** /vor dem Superlativ; mit Akkusativ/: jmdn. a. das/aufs herzlichste begrüßen. **E.** /in Abhängigkeit von bestimmten Wörtern/: jagen auf etwas; trinken auf etwas; Hoffnung auf etwas; auf Veranlassung von. **II. 1.** /in Verbindung mit einem Personalpronomen in Konkurrenz zu *darauf;* bezogen auf eine Sache (ugs.)/: uns liegt ein Gutachten über das Waldsterben vor. Viele Befürworter einer umgehenden Abgasentgiftung beziehen sich a.es (statt: darauf). **2.** /in Verbindung mit „was" in Konkurrenz zu *worauf;* bezogen auf eine Sache (ugs.): **a)** /in Fragen/: a. was (besser: worauf) hat er dich angesprochen? **b)** /in relativer Verbindung/: ich weiß nicht, a. was (besser: worauf) sie hinauswill. **III.** ⟨Adverb⟩ **1.** /elliptisch als Teil eines Verbs/ **a)** *empor, in die Höhe* (von: aufstehen usw.): a. Leute, erhebt euch! **b)** *los, vorwärts!* (von: sich aufmachen usw.): a. zur Stadt! **c)** *geöffnet* (von: aufmachen usw.): Fenster a.!; Augen a. im Straßenverkehr! **2.** /in Wortpaaren/: a. und ab/nieder *(nach oben und nach unten).* **3.** /in Verbindung mit „von" in bestimmten Wendungen/: von klein a.; von Grund a.

auf- ⟨trennbares, betontes verbales Präfix⟩: **I.** /kennzeichnet die Richtung/ *nach oben, in die Höhe:* **1. a)** */sich von unten in die Höhe bewegen/:* aufbocken, aufhelfen, aufkeimen, aufrichten, aufsteigen (Rauch). **b)** */sich nach oben ausdehnen als Menge/:* aufstapeln, aufstauen, auftürmen. **c)** */vom Boden weg/:* aufpicken, aufsammeln. **d)** */in eine bestimmte Höhe bringen und dort festmachen/:* aufhängen, aufknüpfen. **e)** */auf etwas Höhergelegenes/:* aufsitzen (aufs Pferd), aufsteigen. **f)** */besagt, daß jmd., der sich in einer Ruhelage o. ä. befunden hat, aus dieser durch etwas herausgebracht wird/:* auffahren (durch einen Schreck), aufhetzen, aufrütteln, aufschrecken, aufstacheln, aufwekken. **g)** */besagt, daß etwas/jmd. aus der Verborgenheit herausgeholt wird/:* auffischen, aufspüren, aufstöbern. **h)** */in bezug auf die körperliche Entwicklung/:* aufpäppeln, aufziehen. **2.** */nach allen Seiten umfangreicher werden/:* aufblähen, aufblasen, auffönen (Frisur), aufpumpen, aufquellen, auftragen (die Unterwäsche trägt auf). **3.** */kennzeichnet das unvermittelte Einsetzen/:* aufblitzen, aufflimmern, aufglühen, aufjauchzen, aufkreischen, aufschreien. **II.** */kennzeichnet die Richtung auf einen Gegenstand, eine Person hin und die Erreichung des Zieles, den Kontakt/:* aufkleben, aufnötigen, aufoktroyieren, aufprallen, aufstampfen, aufstreuen, auftreffen, aufzwingen. **III.** */kennzeichnet den Zustand des Unveränderten/:* aufbehalten (Hut), aufbleiben, auflassen (Tür). **IV.** */besagt, daß etwas durch ein Tun o. ä. nicht mehr geschlossen ist/:* aufbeißen, aufbekommen, aufbrechen, auffalten, aufgehen (Knospe, Tür), aufklappen, aufknacken, aufreißen, aufrollen *(= auseinanderrollen),* aufsägen, aufscheuern, aufschnüren, auftrennen. **V.** */an einer Stelle zusammen/:* auffangen, aufkaufen, auflisten, aufmarschieren, aufreihen, aufrollen *(= zusammenrollen).* **VI.** */besagt, daß etwas durch das im Basiswort Genannte nicht mehr vorhanden ist/:* aufarbeiten, aufbrauchen, aufessen, aufrauchen, aufsaugen. **VII.** */besagt, daß etwas zu dem im Basiswort Genannten wird/:* aufgeilen, aufheitern, aufhellen, aufklären, aufmuntern. **VIII.** */besagt, daß etwas durch das im Basiswort Genannte wieder in einen frischeren o. ä. Zustand gebracht wird/:* aufbacken, aufbügeln, aufforsten, auffrischen, auflackieren, aufmotzen (Motor), aufpeppen, aufpolieren, aufpolstern, aufpoppen. **IX.** */besagt, daß etwas beendet wird/:* aufheben (Gesetz), aufstecken (Plan). **X.** */intensivierend/:* aufgliedern, aufspeichern, auftauen, aufzeigen.

auf|ar|bei|ten, arbeitete auf, hat aufgearbeitet ⟨tr.⟩: **1.** *(etwas, was schon einige Zeit auf Bearbeitung wartet) erledigen:* die liegengebliebene Post a. **sinnv.:** ↑aufholen; ↑erledigen. **2.** *erneuern, (einem Gegenstand) ein neues Aussehen geben:* Möbel a. **sinnv.:** ↑aufpolieren.

auf|at|men, atmete auf, hat aufgeatmet ⟨itr.⟩: *erleichtert sein, sich befreit fühlen:* als er hörte, daß sie das Unglück gesund überstanden hatte, atmete er auf.

auf|bah|ren, bahrte auf, hat aufgebahrt ⟨tr.⟩: *(einen Verstorbenen, den Sarg mit dem Verstorbenen) auf eine Bahre, ein Gestell legen, stellen:* einen Toten a.

Auf|bau, der; -s, -ten: **1.** ⟨ohne Plural⟩ *das Aufbauen, Errichtung:* der A. der Tribünen. **Zus.:** Neu-, Wiederaufbau. **2.** ⟨ohne Plural⟩ *das Schaffen, Organisieren, Zustandebringen von etwas:* der A. des Sozialismus; das Geschäft ist noch im A. **sinnv.:** ↑Organisation. **3.** ⟨ohne Plural⟩ *Art der Anlage, des Gegliedertseins, der Anordnung:* der A. des Dramas; den A. einer Zelle darstellen. **sinnv.:** ↑Anordnung, ↑Gliederung, ↑Struktur. **4.** *das Aufgebaute, Aufgesetzte (auf einen Untergrund, auf andere vorhandene Teile):* ein bühnenartiger A.; der A. auf einem Haus; der A. *(die Karosserie)* eines Autos. **sinnv.:** Aufsatz. **Zus.:** Giebelaufsatz.

auf|bau|en, baute auf, hat aufgebaut: **1.** ⟨tr.⟩ *zu einem Ganzen zusammenfügen und aufrichten* /Ggs.: abbauen/: ein Zelt a.; ein Haus wieder a. **sinnv.:** ↑bauen. **2.** ⟨tr.⟩ *organisierend gestalten, nach und nach schaffen:* eine Partei zentralistisch a.; ich habe mir eine neue Existenz aufgebaut. **sinnv.:** ↑bewerkstelligen. **3.** ⟨tr.⟩ *planmäßig auf eine Aufgabe vorbereiten:* einen Sänger, Politiker a. **sinnv.:** ↑managen. **4.** ⟨tr.⟩ *mit einer bestimmten Struktur, Gliederung versehen; in bestimmter Weise anordnend, gliedernd gestalten:* seinen Vortrag gut a.; das Musikstück ist kunstvoll aufgebaut. **sinnv.:** gliedern. **5.** ⟨itr.⟩ *(etwas) zur Grundlage nehmen:* auf den neuesten Erkenntnissen a. **6.** ⟨sich a.⟩ (ugs.) *sich an einer bestimmten Stelle hinstellen:* er baute sich vor ihm, an der Mauer auf. **sinnv.:** sich ↑aufstellen.

auf|bäu|men, sich; bäumte sich auf, hat sich aufgebäumt: **1.** *sich auf die hinteren Füße stellen und aufrichten:* das Pferd bäumte sich auf. **sinnv.:** sich ↑erheben. **2.** *entschieden, empört o. ä. Widerstand leisten:* er bäumte sich gegen die Ungerechtigkeit auf. **sinnv.:** ↑protestieren.

auf|bau|schen, bauschte auf, hat aufgebauscht ⟨tr.⟩: **1.** ↑*aufblähen.* **2.** *(etwas) übertrieben oder schlimmer darstellen, als es* *in Wirklichkeit ist:* einen Vorfall a. **sinnv.:** übertreiben.

auf|be|geh|ren, begehrte auf, hat aufbegehrt ‹itr.› (geh.): *heftigen Widerspruch erheben, sich empört wehren:* keiner wagte aufzubegehren; gegen sein Schicksal a. **sinnv.:** ↑protestieren.

auf|be|rei|ten, bereitete auf, hat aufbereitet ‹tr.›: *zur weiteren Verwendung vorbereiten, geeignet machen:* Mineralien, Trinkwasser a. **sinnv.:** ↑bearbeiten.

auf|bes|sern, besserte auf, hat aufgebessert ‹tr.›: *in der Qualität oder Quantität steigern, erhöhen:* die Verpflegung, die alten Möbel, das Gehalt a. **sinnv.:** ↑verbessern.

auf|be|wah|ren, bewahrte auf, hat aufbewahrt ‹tr.›: *in Verwahrung nehmen:* jmds. Schmuck, Uhr a. **sinnv.:** aufheben, behalten, bewahren, in Gewahrsam haben/halten, an sich nehmen, verwahren; ↑aufschichten; ↑aufsparen; ↑horten.

auf|bie|ten, bot auf, hat aufgeboten ‹tr.›: **1.** *(Vorhandenes) einsetzen (für etwas), um etwas zu erreichen:* die Polizei gegen Ausschreitungen a.; alle Kräfte a. **sinnv.:** ↑aufwenden. **2.** *eine beabsichtigte Heirat amtlich bekanntgeben:* sie sind aufgeboten worden.

auf|blä|hen, blähte auf, hat aufgebläht **1. a)** ‹tr.› *durch Wind, Gas o. ä. rund, prall machen, anschwellen lassen:* der Wind blähte die Hemden auf der Leine auf. **sinnv.:** aufbauschen, aufplustern, aufschwellen, aufschwemmen, auftreiben, bauschen, blähen, schwellen. **b)** ‹sich a.› *durch Wind, Gas o. ä. rund, prall werden:* die bunten Röcke blähten sich auf. **sinnv.:** anschwellen, sich aufbauschen, sich aufplustern, sich bauschen, sich blähen. **2.** ‹sich a.› *sich wichtig machen:* er hat sich aufgebläht. **sinnv.:** ↑prahlen.

auf|bla|sen, bläst auf, blies auf, hat aufgeblasen: **1.** ‹tr.› *durch Blasen prall werden lassen:* einen Ballon a. **sinnv.:** aufpusten · aufpumpen. **2.** ‹sich a.› *sich wichtig machen:* blas dich nicht so auf! **sinnv.:** ↑prahlen.

auf|blei|ben, blieb auf, ist aufgeblieben ‹itr.›: **1.** *nicht ins Bett gehen, sich nicht schlafen legen:* die ganze Nacht, bis 24 Uhr a. **sinnv.:** aufsein, aufsitzen, wachen. **2.** *geöffnet bleiben, nicht geschlossen werden:* die Tür soll a.

auf|blü|hen, blühte auf, ist aufgeblüht ‹itr.› **1.** *sich blühend entfalten, zu blühen beginnen:* die Rosen sind aufgeblüht. **sinnv.:** aufbrechen, aufgehen, aufspringen, erblühen. **2.** *sich entfalten, Aufschwung nehmen:* Wissenschaft und Handel blühten auf. **sinnv.:** sich ↑entwickeln. **3.** ↑*aufleben:* seit dem Wechsel des Arbeitsplatzes blüht er auf.

auf|bocken, bockte auf, hat aufgebockt ‹tr.›: *auf ein Gestell setzen:* ein Auto zur Reparatur a.

auf|brau|chen, brauchte auf, hat aufgebraucht ‹tr.›: *völlig, bis auf den letzten Rest verbrauchen:* seine Barschaft a. **sinnv.:** ↑durchbringen; ↑verbrauchen.

auf|brau|sen, brauste auf, ist aufgebraust ‹itr.›: **1.** *schäumend, brausend nach oben steigen, zu wallen beginnen:* das kochende Wasser braust auf. **sinnv.:** ↑brodeln. **2.** *zornig hochfahren, schnell zornig werden und seinen Zorn erregt äußern:* als er das hörte, brauste er gleich auf. **sinnv.:** sich ↑aufregen.

auf|bre|chen, bricht auf, brach auf, hat/ist aufgebrochen: **1.** ‹tr.› *gewaltsam öffnen:* er hat den Tresor aufgebrochen. **sinnv.:** aufreißen, aufschlagen, aufschneiden, aufsprengen, erbrechen, knacken, sprengen; ↑öffnen. **2.** ‹itr.› *sich [platzend] öffnen:* die Knospe ist aufgebrochen; die Eisdecke brach auf. **sinnv.:** aufplatzen, aufreißen, platzen; ↑aufblühen. **3.** ‹itr.› *beginnen, den Ort, an dem man sich befindet, zu verlassen; sich aufmachen:* die Klasse ist gerade zu einer Wanderung aufgebrochen; wir müssen langsam a. **sinnv.:** ↑weggehen.

auf|brin|gen, brachte auf, hat aufgebracht ‹tr.›: **1.** *durch gewisse Anstrengungen oder Bemühungen (eine bestimmte Menge von etwas) zur Verfügung haben:* er konnte das Geld für die Reise nicht a.; das nötige Verständnis für die Jugend a. *(haben).* **sinnv.:** ↑aufwenden, ↑beschaffen. **2.** (ugs.) *nur mit Mühe öffnen [können]:* die Tür kaum a. **sinnv.:** aufbekommen, aufkriegen; öffnen können. **3.** *Urheber (von etwas) sein:* wer hat denn dieses Gerücht aufgebracht?; ein neues Schlagwort a. **sinnv.:** ↑verbreiten. **4. a)** *zornig machen, in Wut bringen:* diese Bemerkung brachte ihn auf; er war sehr aufgebracht. **sinnv.:** ↑ärgern; ↑aufregen. **b)** ↑*aufwiegeln:* sie versuchte, die Mitarbeiter gegen ihn aufzubringen. **5.** *(ein Schiff) zwingen, in einen bestimmten Hafen einzulaufen:* ein Schiff a. **sinnv.:** kapern.

Auf|bruch, der; -[e]s: *das Aufbrechen, Weggehen:* zum A. drängen, treiben; es sah nach einem übereilten A. aus. **sinnv.:** ↑Start.

auf|brü|hen, brühte auf, hat aufgebrüht ‹tr.›: *(Kaffee oder Tee) durch Übergießen mit kochendem Wasser zubereiten:* ich brühe dir neuen Tee auf. **sinnv.:** aufgießen.

auf|bür|den, bürdete auf, hat aufgebürdet ‹tr.›: *als Last auf jmdn. übertragen:* er hat ihm die ganze Arbeit, die Verantwortung aufgebürdet. **sinnv.:** auf jmdn. abschieben/abwälzen, andrehen, auferlegen, aufhalsen, aufladen, überlassen, zuschieben.

auf|decken, deckte auf, hat aufgedeckt: **1.** ‹tr.› **a)** *die Decke (von jmdm./etwas) wegnehmen:* das Kind, die Betten a. **b)** *(von Spielkarten) mit der Seite des Bildes nach oben hinlegen:* du kannst jetzt die letzte Karte auch noch a. **2.** ‹tr.› *(etwas Verborgenes) andern zur Kenntnis bringen, ans Licht bringen:* ein Verbrechen, Widersprüche a. **sinnv.:** bloßlegen, enthüllen, entlarven, entschleiern, recherchieren, zutage bringen; ↑enträtseln. **3. a)** ‹tr.› *(als Decke) auf den Tisch legen:* ein Tischtuch a. **sinnv.:** auflegen. **b)** ‹itr.› *den Tisch decken:* kann ich schon a.?

auf|don|nern, sich; donnerte sich auf, hat sich aufgedonnert (ugs.): *sich stark und recht auffallend zurechtmachen:* du hast dich wieder furchtbar aufgedonnert. **sinnv.:** sich ↑zurechtmachen.

auf|drän|gen, drängte auf, hat aufgedrängt: **1.** ‹tr.› *(jmdn.) dazu bringen, etwas zu nehmen oder zu übernehmen, was er anfänglich nicht annehmen wollte:* jmdm. eine Ware, ein Amt a. **sinnv.:** ↑aufnötigen. **2.** ‹sich a.› *jmdm. seine Hilfe o. ä. in aufdringlicher Weise, unaufgefordert anbieten:* er wollte sich nicht a. **3.** ‹sich a.› *sich unwillkürlich in jmds. Bewußtsein einstellen, sich zwangsläufig ergeben:* es drängt sich die Frage auf, ob diese Maßnahme nötig war.

auf|dre|hen, drehte auf, hat aufgedreht /vgl. aufgedreht/: **1.** ⟨tr.⟩ **a)** *durch Drehen öffnen:* den Hahn a. **b)** (ugs.) *durch Öffnen eines Ventils o. ä. die Zufuhr von etwas ermöglichen:* das Gas, das Wasser a. **sinnv.:** ↑anstellen. **c)** *durch Drehen lockern:* eine Schraube a. **sinnv.:** aufschrauben. **d)** (ugs.) *durch Betätigen eines Knopfes o. ä. laut[er] werden lassen:* das Radio a. **2.** ⟨itr.⟩ (ugs.) *Gas geben, die Geschwindigkeit beschleunigen:* der hat tüchtig aufgedreht. **sinnv.:** ↑beschleunigen.

auf|dring|lich ⟨Adj.⟩: *sich ohne Hemmung [mit einem Anliegen] an einen anderen wendend und ihm lästig werdend:* ein aufdringlicher Vertreter; sehr a. sein. **sinnv.:** indiskret, lästig, penetrant, zudringlich.

auf|ein|an|der ⟨Adverb⟩: **1. a)** *einer auf den andern:* du sollst die Bücher nicht a. legen, sondern nebeneinander stellen. **sinnv.:** übereinander. **b)** *einer auf dem andern:* die Bücher sollen nicht a. liegen, sondern nebeneinander stehen. **sinnv.:** übereinander. **2.** *auf sich gegenseitig, einer auf den andern:* a. warten.

Auf|ent|halt, der; -[e]s, -e: **1.** *das Verweilen, Bleiben an einem Ort (für eine bestimmte Zeit):* er verlängerte seinen A. in der Stadt; der Zug hat auf der Station nur fünf Minuten A. **sinnv.:** Fahrtunterbrechung, Halt, Unterbrechung · Zwischenlandung. **Zus.:** Erholungs-, Ferien-, Kuraufenthalt. **2.** *Ort, an dem sich jmd. aufhält:* die Insel ist ein angenehmer A.; sein jetziger A. ist Berlin. **sinnv.:** ↑Wohnsitz.

auf|er|le|gen, erlegte auf, hat auferlegt ⟨tr.⟩: *als Pflicht (von jmdm.) verlangen, als Verpflichtung auftragen:* mit diesem Amt wurde ihm eine große Verantwortung auferlegt. **sinnv.:** ↑anordnen; ↑aufbürden; ↑beauftragen.

auf|er|ste|hen, erstand auf, ist auferstanden ⟨itr.⟩: *wieder zum Leben erwachen:* Christus ist von den Toten auferstanden; **Auf|er|ste|hung,** die; -, -en: *das Auferstehen:* die A. der Toten.

auf|es|sen, ißt auf, aß auf, hat aufgegessen ⟨tr.⟩: *essen, ohne etwas übrigzulassen; alles, was vorhanden oder auf dem Teller ist, essen:* sie haben das ganze Brot aufgegessen. **sinnv.:** auffressen, aufzehren, auslöffeln, verdrücken, verputzen, verspeisen, vertilgen, verzehren.

auf|fah|ren, fährt auf, fuhr auf, hat/ist aufgefahren: **1.** ⟨itr.⟩ *während der Fahrt gegen/auf ein Auto fahren, das vor einem fährt:* er ist auf einen Lastwagen aufgefahren. **sinnv.:** ↑zusammenstoßen. **2.** ⟨itr.⟩ *an jmdn., der vor einem fährt, nahe heranfahren:* er war ganz dicht aufgefahren. **3.** ⟨tr.⟩ (ugs.) *sehr reichlich und gut zu essen vorsetzen:* als wir bei ihm zu Gast waren, hat er viel aufgefahren. **sinnv.:** ↑servieren. **4.** ⟨itr.⟩ *sich erschrocken schnell in die Höhe richten:* er ist aus dem Schlaf aufgefahren. **sinnv.:** ↑aufschrecken, aufspringen, hochfahren, in die Höhe fahren; ↑aufwachen. **5.** ⟨itr.⟩ *(auf etwas) zornig reagieren:* bei dieser Bemerkung ist er gleich aufgefahren. **sinnv.:** sich ↑aufregen.

auf|fal|len, fällt auf, fiel auf, ist aufgefallen ⟨itr.⟩: **a)** *durch besondere Art, Größe o. ä. bemerkt werden, Aufmerksamkeit erregen:* er fiel wegen seiner Größe auf; seine Höflichkeit fiel angenehm auf; eine auffallende Ähnlichkeit. **sinnv.:** Aufsehen erregen, die Augen/Blicke auf sich ziehen, in die Augen fallen/springen, sich auszeichnen, beeindrucken, Eindruck/Furore machen, hervorstechen, hervortreten · ↑außergewöhnlich. **b)** *von jmdm. bemerkt werden, ihm ins Auge fallen:* ist dir nichts aufgefallen an ihm?; das ist mir gleich aufgefallen. **sinnv.:** aufstoßen, sich einer Sache bewußt werden.

auf|fäl|lig ⟨Adj.⟩: *die Aufmerksamkeit auf sich ziehend:* ein auffälliges Kleid; es war a. *(verdächtig),* daß er schwieg. **sinnv.:** ↑außergewöhnlich · sich ↑ausprägen.

auf|fan|gen, fängt auf, fing auf, hat aufgefangen ⟨tr.⟩: **1.** *in einer Bewegung, im Fallen fassen:* einen Ball a. **sinnv.:** ↑fangen. **2. a)** *am Weiterbewegen hindern und in einen Behälter o. ä. leiten:* das Wasser [mit Eimern] a. **b)** *an einem Ort zusammenfassen und vorläufig unterbringen:* die Flüchtenden in Lagern a. **3. a)** *in seiner Bewegung, Wucht abstoppen:* einen Stoß, Schlag a. **sinnv.:** abfangen. **b)** *aufhalten und zum Stehen bringen:* einen Vorstoß a. **4.** *(in seinen negativen Auswirkungen) mildern, ausgleichen:* die Preissteigerungen a. **sinnv.:** ↑abschwächen. **5.** *etwas, was nur flüchtig, kurz wahrzunehmen ist, wahrnehmen:* eine Bemerkung, einen bösen Seitenblick a. **sinnv.:** ↑bemerken.

auf|fas|sen, faßt auf, faßte auf, hat aufgefaßt: **1.** ⟨tr.⟩ *in einer bestimmten Weise deuten, verstehen:* er hatte ihre Bemerkung als Tadel aufgefaßt; sie hatte seine Frage falsch aufgefaßt. **sinnv.:** ↑ansehen; ↑auslegen; ↑begutachten. **2.** ⟨tr./itr.⟩ *mit dem Verstand aufnehmen, geistig erfassen:* das Kind faßt [alles] schnell auf. **sinnv.:** ↑verstehen.

Auf|fas|sung, die; -, -en: **1.** *Anschauung von etwas:* unterschiedliche Auffassungen haben. **sinnv.:** ↑Ansicht. **Zus.:** Dienst-, Lebensauffassung. **2.** *Fähigkeit zu begreifen:* eine gute A. haben. **sinnv.:** ↑Begabung.

auf|fin|den, fand auf, hat aufgefunden ⟨tr.⟩ *(jmdn./etwas, was gesucht oder vermißt wird) [zufällig] entdecken:* jmdn. erfroren a. **sinnv.:** ↑finden.

auf|flackern, flackerte auf, ist aufgeflackert ⟨itr.⟩: **a)** *[von neuem oder von Zeit zu Zeit] schwach aufleuchten:* Lichter flackerten auf. **sinnv.:** aufleuchten; ↑brennen. **b)** *sich zu regen beginnen:* Hoffnungen flackerten auf; die Kämpfe waren wieder aufgeflackert.

auf|flie|gen, flog auf, ist aufgeflogen ⟨itr.⟩: **1.** *nach oben, in die Höhe fliegen:* als er vorbeiging, flog der Vogel auf. **sinnv.:** aufflattern, sich aufschwingen, aufsteigen, emporfliegen, sich emporschwingen, sich erheben, hochfliegen, hochsteigen, steigen. **2.** *sich plötzlich durch einen Druck öffnen:* der Deckel flog auf. **sinnv.:** sich ↑öffnen. **3.** (ugs.) *(als kriminelle Gruppe o. ä.) entdeckt und aufgelöst werden:* die Bande ist aufgeflogen. **sinnv.:** ↑scheitern.

auf|for|dern, forderte auf, hat aufgefordert ⟨tr.⟩: *[nachdrücklich] bitten oder verlangen, etwas Bestimmtes zu tun:* jmdn. zur Mitarbeit a.; er wurde aufgefordert, seinen Ausweis zu zeigen; der junge Mann forderte sie zum Tanz auf *(bat sie, mit ihm zu tanzen).* **sinnv.:** ↑appellieren; ↑bitten; ↑verlangen; ↑zuraten.

auf|fres|sen, frißt auf, fraß auf, hat aufgefressen ⟨tr.⟩: **1.** *ganz und gar fressen* /von Tieren, derb vom Menschen/: die Ziege fraß die Blätter auf; du hast den ganzen Kuchen aufgefressen. **sinnv.:** ↑aufessen. **2.** (ugs.) *völlig, bis zur Erschöpfung in Anspruch nehmen:* die Arbeit frißt mich noch auf. **sinnv.:** ↑beanspruchen.

auf|fri|schen, frischte auf, hat aufgefrischt: **1.** ⟨tr.⟩ *wieder frisch machen:* die Möbel müßten aufgefrischt werden. **sinnv.:** ↑erneuern. **2.** ⟨itr.⟩ *stärker wehen:* der Wind, es frischte auf. **sinnv.:** ↑wehen.

auf|füh|ren, führte auf, hat aufgeführt: **1.** ⟨tr.⟩ *einem Publikum darbieten:* ein Schauspiel a. **sinnv.:** zur Aufführung bringen, auf die Bühne bringen, darbieten, geben, herausbringen, spielen, vorführen, zeigen. **2.** ⟨sich a.⟩ *sich in bestimmter (meist schlechter) Weise benehmen:* sie führten sich wie die Herren auf. **sinnv.:** sich ↑benehmen. **3.** ⟨tr.⟩ *(in einem Text o. ä.) nennen:* er war namentlich in dem Buch aufgeführt. **sinnv.:** ↑anführen. **4.** ⟨tr.⟩ *in die Höhe bauen:* eine Mauer a. **sinnv.:** ↑bauen.

Auf|ga|be, die; -, -n: **1.** ⟨ohne Plural⟩ *das Aufgeben, das Aufhören (mit etwas):* die A. des Widerstandes, seiner Pläne; er entschloß sich zur A. des Geschäftes. **Zus.:** Geschäftsaufgabe. **2. a)** *etwas, was jmdm. zu tun aufgegeben ist:* eine unangenehme A. übernehmen, bewältigen. **sinnv.:** Amt, ↑Auftrag, Bestimmung, Funktion, Geschäft, Obliegenheit, Pensum, Pflicht, Schuldigkeit, Verpflichtung. **b)** *dem Denken aufgegebenes Problem:* eine verwickelte A.; eine A. *(Rechenaufgabe)* lösen. **Zus.:** Abitur-, Rechen-, Text-, Übungsaufgabe. **c)** ↑*Hausaufgabe:* Klaus hatte alle Aufgaben gemacht.

Auf|gang, der; -[e]s, Aufgänge: **1.** *das Aufgehen, Erscheinen über dem Horizont:* beim A. der Sonne. **Zus.:** Sonnenaufgang. **2. a)** *Treppe, die nach oben führt:* dieses Haus hat zwei Aufgänge. **Zus.:** Bühnen-, Hinter-, Treppen-, Vorderaufgang. **b)** *Weg, der nach oben führt:* der A. zur Burg. **sinnv.:** Auffahrt.

auf|ge|ben, gibt auf, gab auf, hat aufgegeben: **1.** ⟨tr.⟩ *als Aufgabe übertragen:* jmdm. ein Rätsel a.; der Lehrer hat den Schülern ein Gedicht zu lernen aufgegeben. **sinnv.:** ↑anordnen; ↑beauftragen. **2. a)** ⟨tr.⟩ *(auf etwas) verzichten, (von etwas) Abstand nehmen, (mit etwas) aufhören:* seinen Widerstand a.; seinen Beruf, seine Pläne a. **sinnv.:** von etwas abkommen/ablassen, einer Sache absagen/abschwören, sich etwas abschminken, abschreiben, von etwas ↑absehen, abstreichen, abwählen, auflösen, aufstecken, bleibenlassen, einer Sache entraten/entsagen, fallenlassen, fahrenlassen, zu Grabe tragen, vor etwas kapitulieren, sich etwas aus dem Kopf schlagen, von etwas lassen, sich lossagen, ↑nachgeben, preisgeben, verloren geben, sich etwas versagen, auf etwas verzichten, von etwas zurücktreten; ↑abweichen; ↑beenden; ↑überwinden. **b)** ⟨itr.⟩ *nicht weitermachen:* er gibt nicht so leicht auf; nach zehn Runden gab der Boxer auf. **sinnv.:** aufhören, aufstecken, resignieren, schlappmachen, zurückstecken · ausscheiden. **3.** ⟨tr.⟩ *(in bezug auf jmdn.) keine Hoffnung mehr haben:* die Ärzte hatten ihn schon aufgegeben; du darfst dich nicht a. **4.** ⟨tr.⟩ *zur Beförderung oder weiteren Bearbeitung übergeben:* den Koffer bei der Bahn, ein Telegramm auf/bei der Post a.

Auf|ge|bot, das; -[e]s, -e: **1.** *amtliche Bekanntgabe einer beabsichtigten Heirat:* das A. aushängen. **sinnv.:** ↑Mitteilung. **2.** ⟨ohne Plural⟩ *etwas, was aufgeboten, für etwas eingesetzt worden ist:* ein starkes A. an/von Menschen und Material; das letzte A. **sinnv.:** ↑Aufwand.

auf|ge|dreht ⟨Adj.⟩ (ugs.): *übertrieben lustig und gesprächig:* er ist heute ganz a. **sinnv.:** ↑lustig.

auf|ge|dun|sen ⟨Adj.⟩: *in ungesunder Weise aufgequollen:* ein aufgedunsenes Gesicht. **sinnv.:** aufgebläht, aufgeschwemmt, aufgeschwollen, aufgetrieben, dick, gedunsen, schwammig, verschwollen.

auf|ge|hen, ging auf, ist aufgegangen ⟨itr.⟩: **1.** *am Horizont erscheinen* /Ggs. untergehen/: die Sonne geht auf. **2.** *sprießend hervorkommen:* die Saat geht auf. **sinnv.:** ↑sprießen. **3. a)** *sich öffnen:* das Fenster ist durch den Wind aufgegangen. **b)** *sich öffnen lassen:* die Tür geht nur schwer auf. **c)** *nicht ordnungsgemäß zubleiben:* der Knoten, Reißverschluß geht immer wieder auf. **d)** ↑*aufplatzen:* er drückte das Geschwür, bis es aufging. **e)** *sich entfalten:* die Knospen gehen auf. **sinnv.:** ↑aufblühen. **4.** *quellend in die Höhe gehen:* der Hefeteig geht auf. **5.** (ugs.) *(jmdm.) zum Bewußtsein kommen, deutlich werden:* erst später ging mir auf, daß seine Bemerkung eine Frechheit war. **sinnv:** ↑erkennen. **6.** *ohne Rest verteilt oder geteilt werden können; keinen Rest lassen [und in sich stimmen]:* die Karten gehen auf; diese Aufgabe ging nicht auf *(ließ sich nicht lösen)*. **7.** *mit etwas eins werden, darin verschwinden, sich auflösen; in etwas übergehen:* viele Betriebe gingen in den Konzernen auf; er wollte nicht in der Masse a.; in blauen Dunst a. **8.** *sich ganz einer Sache hingeben und darin seine Erfüllung finden:* er geht in seinem Beruf auf.

auf|ge|kratzt ⟨Adj.⟩: *gut gelaunt und lustig:* er ist heute sehr a. **sinnv.:** ↑lustig.

auf|ge|legt ⟨Adj. mit näherer Bestimmung⟩: *(in bestimmter Weise) gelaunt, sich (in einer bestimmten Stimmung) befindend:* schlecht, gut a. sein.

auf|ge|schlos|sen ⟨Adj.⟩: *(Vorschlägen, Anregungen o. ä.) zugänglich, nicht abgeneigt, am geistigen Leben interessiert:* er ist sehr a. [für neue Ideen]; sie ist Neuerungen gegenüber stets a. **sinnv.:** ↑tolerant; ↑vielseitig.

auf|ge|weckt ⟨Adj.⟩: *(mit Bezug auf das jugendliche Alter oder den geringeren sozialen Status) geistig erstaunlich rege und gutes Beurteilungsvermögen zeigend:* er ist ein aufgeweckter Junge. **sinnv.:** ↑klug.

auf|grei|fen, griff auf, hat aufgegriffen ⟨tr.⟩: **1.** *(eines Verdächtigen o. ä.) habhaft werden und ihn festnehmen:* die Polizei hatte einen Mann aufgegriffen, der keinen Ausweis bei sich hatte. **sinnv.:** ↑ergreifen. **2.** *als Anregung nehmen und darauf eingehen:* einen Vorschlag, Plan a. **sinnv.:** ↑anknüpfen; aufnehmen.

auf Grund, auf|grund: *begründet, veranlaßt durch:* a. G. der Berichte ...; Beweise, a. G. deren ...; a. G. von neuen Berichten.

Auf|guß, der; Aufgusses, Aufgüsse: *durch Aufgießen, Aufbrühen bereitete Flüssigkeit:* ich werde von dem Tee noch einen zweiten A. machen.

auf|ha|ben, hat auf, hatte auf, hat aufgehabt ⟨itr.⟩ (ugs.): **1.** *aufgesetzt haben:* die Mütze a.; eine

Brille a. **sinnv.:** ↑anhaben. **2.** *als Hausaufgabe machen müssen, aufgetragen bekommen haben:* in Deutsch haben wir heute nichts auf. **3. a)** *geöffnet haben:* am Sonntag hat der Bäcker, der Laden nicht auf. **b)** *offenstehen haben:* sie hatten die Tür auf.

auf|hal|sen, halste auf, hat aufgehalst ⟨tr.⟩ (ugs.): ↑*aufbürden:* da hast du mir ja eine schöne Aufgabe aufgehalst!

auf|hal|ten, hält auf, hielt auf, hat aufgehalten: **1.** ⟨tr.⟩ **a)** *[für eine Weile] daran hindern, seinen Weg fortzusetzen, weiterzukommen:* einen Fliehenden, scheuende Pferde, den Vormarsch a. **sinnv.:** abstoppen; anhalten. **b)** *von einer anderen Tätigkeit abhalten, nicht zum Arbeiten o. ä. kommen lassen:* er hat mich eine Stunde aufgehalten. **sinnv.:** abhalten, stören; ↑behindern. **2.** ⟨tr.⟩ *daran hindern, in seiner Entwicklung fortzuschreiten, sich zu entwickeln:* eine Katastrophe a. **sinnv.:** ↑abwehren; ↑verhindern. **3.** ⟨sich a.⟩ *sich mit jmdm./etwas sehr ausführlich befassen, so daß Zeit für anderes verlorengeht:* er hat sich bei/mit diesen Fragen zu lange aufgehalten. **sinnv.:** sich ↑befassen. **4.** ⟨tr.⟩ *(für jmdn.) geöffnet halten:* er hielt [ihm] die Tür auf; die Hand a. *(mit der Innenfläche nach oben halten [um etwas hineingelegt zu bekommen]).* **5.** ⟨sich a.⟩ *irgendwo vorübergehend leben:* sich im Ausland a. **sinnv.:** sich befinden, bleiben, hausen, leben, residieren, sein, sitzen, verbringen, verharren, verleben, verweilen, ↑weilen, wohnen, zubringen.

auf|hän|gen, hängte auf, hat aufgehängt: **1.** ⟨tr.⟩ *auf etwas hängen:* die Wäsche [zum Trocknen], das Bild [an einem Nagel] a. **2.** (emotional) **a)** ⟨tr.⟩ *durch Hängen töten:* sie hatten den Verräter an einer Laterne aufgehängt. **b)** ⟨sich a.⟩ *sich* ↑*erhängen:* er wollte sich a.

Auf|hän|ger, der; -s, -: **1.** *kleines Band o. ä. an der Innenseite des Kragens zum Aufhängen von Jacken, Mänteln o. ä.:* der A. ist gerissen. **2.** *besonderer aktueller Umstand, der als Anlaß für eine allgemeine Darstellung, die [journalistische] Behandlung eines Themas dient:* der Skandal erwies sich als geeigneter A. für weitere Kritik an der Regierung. **sinnv.:** ↑Anlaß.

auf|he|ben, hob auf, hat aufgehoben ⟨tr.⟩: **1.** *(jmdn./etwas, was liegt) in die Höhe heben:* das Papier [vom Boden] a. **sinnv.:** anheben, aufklauben, auflesen, aufnehmen, aufraffen, aufsammeln, hochnehmen; ↑heben. **2.** *rückgängig machen, wieder abschaffen:* eine Verordnung, ein Urteil a. **sinnv.:** ↑beseitigen. **3.** *(etwas) offiziell beenden:* er hob die Sitzung auf; er hob die Tafel auf *(beendete [feierlich] die Mahlzeit).* **4.** ↑*aufbewahren:* alte Briefe a. *(nicht wegwerfen);* er hatte mir ein Stück Kuchen aufgehoben *(für mich zurückgelegt).* **5.** *in gleicher Größe oder Höhe o. ä. wie etwas Entgegengesetztes vorhanden sein und es dadurch ausgleichen:* der Verlust hebt den Gewinn wieder auf; ⟨auch sich a.⟩ + 2 und − 2 heben sich auf. **sinnv:** ↑ausgleichen.

Auf|he|ben: ⟨in der Wendung⟩ **viel Aufheben[s] von jmdm./etwas machen** *(jmdn./etwas übertrieben wichtig nehmen und zuviel über ihn, darüber sprechen).* **sinnv.:** ↑übertreiben.

auf|hei|tern, heiterte auf, hat aufgeheitert: **1.** ⟨tr.⟩ *jmdn. (der traurig ist) in heitere Stimmung versetzen:* ich hatte große Mühe, ihn nach der Niederlage aufzuheitern. **sinnv.:** ↑aufrichten. **2.** ⟨sich a.⟩ *heiter, freundlich werden:* seine Miene, sein Gesicht heiterte sich bei dieser freudigen Nachricht auf; das Wetter heitert sich auf *(wird schön und sonnig).* **sinnv.:** sich aufhellen, aufklaren, sich lichten.

auf|ho|len, holte auf, hat aufgeholt: **1.** ⟨tr.⟩ *durch besondere Anstrengungen (einen Rückstand) [wieder] ausgleichen:* er holte den Vorsprung seines Gegners auf; der Zug konnte die Verspätung nicht a. **sinnv.:** aufarbeiten, ausgleichen, einarbeiten, einholen, gleichziehen, nachholen, nachmachen, nachziehen, wettmachen. **2.** ⟨tr., itr.⟩ *den Vorsprung eines anderen [um ein bestimmtes Maß] durch eigene Leistung vermindern:* der Läufer hat [fünf Meter] aufgeholt. **sinnv.:** [Boden] gutmachen.

auf|hor|chen, horchte auf, hat aufgehorcht ⟨itr.⟩: *plötzlich interessiert hinzuhören beginnen, horchen:* ich horchte auf, als ich den Namen vernahm; ein Geräusch ließ sie a. **sinnv.:** ↑alarmieren.

auf|hö|ren, hörte auf, hat aufgehört ⟨itr.⟩: **1.** *nicht länger dauern, zu Ende gehen:* der Regen hörte endlich auf. **sinnv.:** ↑enden; ↑aussetzen; ↑vergehen. **2.** *nicht fortfahren; etwas nicht weiterführen; nicht mehr tun:* er hörte nicht auf zu pfeifen; mit der Arbeit a. **sinnv.:** ↑aufgeben · ausscheiden; ↑beenden.

auf|kau|fen, kaufte auf, hat aufgekauft ⟨tr.⟩: *den gesamten Bestand, noch vorhandene Bestände [von einer bestimmten Sache] kaufen:* er kaufte alle Aktien auf. **sinnv.:** ↑kaufen.

auf|klap|pen, klappte auf, hat aufgeklappt ⟨tr.⟩: **a)** *(etwas, was auf etwas liegt und nur an einer Seite befestigt ist) in die Höhe heben, nach oben klappen:* den Deckel einer Kiste a. **b)** *(etwas) durch Bewegen, Anheben, Hochklappen eines dafür vorgesehenen Teiles öffnen:* den Koffer a.; das Messer blitzschnell a. **sinnv.:** ↑öffnen.

auf|kla|ren, klarte auf, hat aufgeklart ⟨itr.⟩: *klar, schön werden /vom Wetter o. ä./:* es, der Himmel klarte auf. **sinnv.:** aufheitern, sich aufhellen, sich lichten.

auf|klä|ren, klärte auf, hat aufgeklärt: **1. a)** ⟨tr.⟩ *Klarheit in etwas bringen:* einen Mord a. **sinnv.:** Roß und Reiter nennen. **b)** ⟨sich a.⟩ *sich auflösen und nicht mehr rätselhaft o. ä. sein, sich völlig klären:* die Sache hat sich aufgeklärt. **2.** ⟨tr.⟩ *(jmdm.) über etwas (bes. über sexuelle Fragen) klare Vorstellungen vermitteln; jmds. ungenügende Kenntnis über etwas beseitigen:* er klärte ihn über den wahren Sachverhalt auf; die Eltern hatten die Kinder nicht aufgeklärt. **sinnv.:** informieren, in Kenntnis setzen, unterrichten; ↑mitteilen. **3.** ⟨sich a.⟩ *klar, sonnig werden:* das Wetter klärt sich auf. **sinnv.:** aufheitern, sich aufhellen, aufklaren, sich lichten.

auf|kle|ben, klebte auf, hat aufgeklebt ⟨tr.⟩: *(auf etwas) kleben:* er klebte die Adresse [auf das Paket] auf; eine aufgeklebte Briefmarke. **sinnv.:** ↑befestigen.

auf|knacken, knackte auf, hat aufgeknackt ⟨tr.⟩: *durch Knacken öffnen:* die Nüsse mit den Zähnen a. **sinnv.:** ↑öffnen.

auf|knöp|fen, knöpfte auf, hat aufgeknöpft ⟨tr.⟩: *(etwas, was durch Knöpfe geschlossen worden ist) wieder öffnen:* ich knöpfte [mir] den Mantel auf. **sinnv.:** ↑öffnen.

auf|ko|chen, kochte auf, hat

aufgekocht: **a)** ⟨itr.⟩ *zum Kochen kommen und kurz aufwallen:* die Suppe, das Wasser a. lassen. **sinnv.:** ↑brodeln; ↑sieden. **b)** ⟨tr.⟩ *kurz zum Kochen bringen:* Essig und Wasser a., über das Gemüse geben. **sinnv.:** ↑aufwärmen.

auf|kom|men, kam auf, ist aufgekommen ⟨itr.⟩: **1. a)** *entstehen (in bezug auf etwas, was sich in der augenblicklichen Gegebenheit [und unerwartet] entwickelt, spürbar wird):* ein Wind, Gewitter kam auf; Unruhe, Mißtrauen kam auf. **b)** *sich regen und Verbreitung finden:* es kommen ständig neue Tänze auf *(werden Mode).* **sinnv.:** ↑aufsteigen; ↑entstehen. **2.** *(jmdm.) gewachsen sein, etwas gegen jmdn./etwas tun können* /meist verneint/: gegen diesen Konkurrenten kam er nicht auf. **sinnv.:** sich ↑durchsetzen. **3. a)** *entstehende Kosten tragen, übernehmen:* für die Kinder a.; er mußte für die Schulden seines Sohnes a. **sinnv.:** ↑bezahlen. **b)** *für etwas tätige Verantwortung tragen:* für die Sicherheit der Bevölkerung a. **sinnv.:** ↑einstehen. **4. a)** *wieder aufstehen, sich erheben können:* er kam nur mit Mühe vom Boden auf. **b)** *[wieder] gesund werden:* ich glaube nicht, daß er wieder aufkommt. **sinnv.:** ↑genesen.

-auf|kom|men, das; -s, - ⟨Suffixoid⟩ */bezieht sich auf die [statistisch festgestellte] Menge, Anzahl hinsichtlich des im Basiswort Genannten/:* Wohngebiete mit überdurchschnittlichem Verkehrsaufkommen; das Wagenaufkommen bei der Bundesbahn in der Reisezeit.

auf|krem|peln, krempelte auf, hat aufgekrempelt ⟨tr.⟩: *mehrmals umschlagen und so kürzer machen:* die Ärmel a. **sinnv.:** aufrollen, aufstreifen, aufstülpen, hochkrempeln, hochstreifen, umkrempeln.

auf|kün|di|gen, kündigte auf, hat aufgekündigt ⟨tr.⟩: *mitteilen, daß man etwas nicht weiter fortsetzen will:* jmdm. die Freundschaft a. **sinnv.:** ↑beenden; ↑brechen.

auf|la|den, lädt auf, lud auf, hat aufgeladen ⟨tr.⟩: **1.** *zum Tragen oder zum Transport auf etwas laden* /Ggs. abladen/: Möbel a. **sinnv.:** ↑aufbürden; laden. **2.** *elektrisch laden:* eine Batterie a.

Auf|la|ge, die; -, -n: **1.** *Gesamtzahl der Exemplare eines Buches o. ä., die auf einmal gedruckt worden sind:* diese Zeitschrift hat eine A. von 5 000 [Exemplaren]. **sinnv.:** Abdruck, Ausgabe, Druck, Fassung, Nachdruck. **Zus.:** Deckungs-, Gesamt-, Nach-, Neu-, Startauflage. **2.** *das Aufgelegte, auf etwas aufgebrachte, aufgelegte Schicht:* das Besteck hat eine A. aus Silber. **sinnv.:** Belag. **Zus.:** Gummi-, Silberauflage. **3.** *auferlegte Verpflichtung:* er bekam die A., sich jeden Tag bei der Polizei zu melden. **sinnv.:** ↑Vorbehalt.

auf|las|sen, läßt auf, ließ auf, hat aufgelassen ⟨tr.⟩: **1.** *geöffnet lassen:* die Tür a. **2.** (ugs.) *auf dem Kopf behalten:* die Mütze a. **sinnv.:** aufbehalten. **3.** (ugs.) *nicht ins Bett schicken, aufbleiben lassen:* die Mutter ließ die Kinder am Geburtstag eine Stunde länger auf.

auf|lau|ern, lauerte auf, hat aufgelauert ⟨itr.⟩: *in böser Absicht (auf jmdn.) lauern, warten:* er hatte seinem Opfer im Dunkeln aufgelauert. **sinnv.:** abpassen, belauern, auf der Lauer liegen, sich auf die Lauer legen.

Auf|lauf, der; -s, Aufläufe: **1.** *Menge von Menschen, die erregt zusammengelaufen ist:* es gab einen großen A. vor dem Restaurant. **sinnv.:** ↑Ansammlung. **2.** *in einer Form gebackene Speise aus Mehl, Reis o. ä.*

auf|lau|fen, läuft auf, lief auf, hat/ist aufgelaufen: **1.** ⟨itr.⟩ **a)** *(auf etwas) geraten* /von Schiffen/: das Schiff ist auf ein Riff aufgelaufen. **b)** *während des Wettlaufs an jmdn. Anschluß gewinnen, nach vorne gelangen:* er ist zur Spitze aufgelaufen. **sinnv.:** ↑aufschließen. **c)** *in führende Position bei etwas gelangen:* zu ganz großer Form a. **2.** ⟨itr.⟩ *bis zu einer bestimmten Menge zunehmen, mehr werden, anwachsen:* mein Guthaben ist durch die Zinsen auf 2 000 DM aufgelaufen. **sinnv.:** sich ↑anhäufen. **3.** ⟨sich etwas a.⟩ (ugs.) *sich etwas wund laufen:* ich habe mir die Füße aufgelaufen.

auf|le|ben, lebte auf, ist aufgelebt ⟨itr.⟩: **a)** *neue Lebenskraft bekommen, [wieder] fröhlich o. ä. werden:* nach langer Zeit der Trauer lebt er nun wieder auf. **sinnv.:** aufblühen. **b)** *von neuem beginnen, sich wieder beleben:* der alte Streit, das Gespräch lebte wieder auf. **sinnv.:** sich ↑entwickeln.

auf|le|gen, legte auf, hat aufgelegt ⟨tr.⟩ /vgl. aufgelegt/: **1. a)** *auf etwas legen:* eine neue Decke a. **sinnv.:** aufdecken. **b)** *durch Auflegen des Hörers ein Telefongespräch beenden:* er hat einfach aufgelegt. **sinnv.:** aufhängen, einhängen. **2.** *durch Drucken veröffentlichen:* das Buch wird nicht wieder aufgelegt. **sinnv.:** ↑verlegen.

auf|leh|nen, sich; lehnte sich auf, hat sich aufgelehnt: *jmds. Willen, Anschauung o. ä. nicht für sich anerkennen und dagegen Widerstand leisten:* sich gegen Unterdrückung, gegen einen Diktator a. **sinnv.:** ↑protestieren.

auf|le|sen, liest auf, las auf, hat aufgelesen ⟨tr.⟩: *sammelnd vom Erdboden aufheben:* sie kniete auf dem Boden und las alle Perlen auf. **sinnv.:** ↑aufheben, ↑finden.

auf|lie|gen, lag auf, hat aufgelegen: **1.** ⟨itr.⟩ *auf etwas liegen:* der Balken liegt auf der Mauer auf. **2.** ⟨itr.⟩ *offen zur Einsicht oder Ansicht irgendwo liegen, ausgelegt sein:* die neuesten Zeitschriften liegen in der Bibliothek auf. **sinnv.:** ausliegen. **3. a)** ⟨tr.⟩ *durch Liegen wund machen:* ich habe mir den Rücken aufgelegen. **sinnv.:** wundliegen. **b)** ⟨sich a.⟩ *durch Liegen wund werden:* ich habe mich aufgelegen. **sinnv.:** wundliegen.

auf|lockern, lockerte auf, hat aufgelockert: **a)** ⟨tr.⟩ *locker machen:* er lockerte den Boden auf, damit der Regen gut eindringen konnte. **sinnv.:** auflösen, verteilen, zerstreuen; ↑verstreuen, ↑zerlegen. **b)** ⟨tr.⟩ *zwangloser oder freundlicher gestalten:* der Unterricht muß aufgelockert werden; er war in aufgelockerter *(ungezwungener und vergnügter)* Stimmung. **sinnv.:** entkrampfen, entspannen, lockern, lösen. **c)** ⟨sich a.; itr.⟩ *locker werden:* die Wolkendecke lockert [sich] auf. **sinnv.:** aufreißen · heiter.

auf|lo|dern, loderte auf, ist aufgelodert ⟨itr.⟩ (geh.): *in die Höhe lodern, aufflammen:* das Holz loderte, die Flammen loderten auf. **sinnv.:** ↑brennen.

auf|lö|sen, löste auf, hat aufgelöst: **1. a)** ⟨tr.⟩ *(in einer Flüssigkeit) zerfallen oder zergehen lassen:* eine Tablette in Wasser a. **b)** ⟨sich a.⟩ *[in einer Flüssigkeit] seine feste Beschaffenheit verlieren:* die Tablette löst sich in Wasser auf. **sinnv.:** auseinandergehen, sich lösen, sich verlaufen, sich verteilen, zergehen, ↑zerrinnen, sich zerstreuen; ↑schmelzen; ↑zerfallen; sich ↑zersetzen. **2. a)** ⟨tr.⟩ *nicht länger bestehen lassen:* einen Verein a. **b)** ⟨sich a.⟩ *nicht länger bestehen:* der Verein hatte sich aufgelöst. **sinnv.:** ↑aufgeben, ↑beseitigen, ↑untergehen.

auf|ma|chen, machte auf, hat aufgemacht: **1. a)** ⟨tr.⟩ *öffnen* /Ggs. zumachen/: ein Fenster a. **sinnv.:** ↑öffnen. **b)** ⟨itr.⟩ *zum Verkauf von Waren geöffnet werden* /Ggs. zumachen/: die Geschäfte machen morgens um 8 Uhr auf. **sinnv.:** ↑öffnen. **2.** ⟨tr.⟩ *eröffnen* /Ggs. zumachen/: einen Laden a. **sinnv.:** ↑einrichten; ↑eröffnen. **3.** ⟨sich a.⟩ *sich schminken, zurechtmachen:* sie macht sich immer sehr auf. **sinnv.:** sich ↑zurechtmachen. **4.** ⟨sich a.⟩ *sich zu etwas begeben; weggehen, um zu einem bestimmten Ziel zu gelangen:* er machte sich gleich auf, um rechtzeitig zu Hause zu sein. **sinnv.:** ↑weggehen. **5.** ⟨tr.⟩ *aufstellen, zusammenstellen:* jmdm. eine Rechnung a. **sinnv.:** ↑aufschreiben, präsentieren.

Auf|ma|chung, die; -, -en: *äußere Ausstattung, Äußeres:* in dieser A. willst du auf die Straße gehen? **sinnv.:** Aufputz, Aufzug, Ausstattung; ↑Kleidung.

Auf|marsch, der; -[e]s, Aufmärsche: *das Aufmarschieren:* an einem A. demonstrierender Kriegsbeschädigter teilnehmen. **sinnv.:** ↑Ansammlung, ↑Parade.

auf|mar|schie|ren, marschierte auf, ist aufmarschiert ⟨itr.⟩: *sich marschierend irgendwohin begeben und sich dort aufstellen* /bes. von Truppen/: in drei Kolonnen [auf dem Platz] a. **sinnv.:** defilieren, paradieren, vorbeimarschieren; ↑demonstrieren.

auf|merk|sam ⟨Adj.⟩: **1.** *mit wachen Sinnen, mit Interesse folgend:* ein aufmerksamer Zuhörer. **sinnv.:** andächtig, angespannt, angestrengt, erwartungsvoll, gespannt, konzentriert, ↑wachsam · ↑aufpassen. **2.** *höflich und zuvorkommend:* das ist sehr a. von Ihnen. **sinnv.:** ↑höflich.

Auf|merk|sam|keit, die; -, -en: **1.** ⟨ohne Plural⟩ *das Sammeln der Sinne und des Geistes auf etwas.* **sinnv.:** Achtung, Achtsamkeit, Andacht, Anspannung, Augenmerk, Beachtung, Interesse, Konzentration, Sammlung, Umsicht, Vorsicht, Wachsamkeit; ↑Aufsehen. **2.** *Gefälligkeit, höfliche und freundliche Handlung.* **sinnv.:** ↑Entgegenkommen; ↑Takt. **3.** *kleines Geschenk.* **sinnv.:** ↑Gabe.

auf|mö|beln, möbelte auf, hat aufgemöbelt ⟨tr.⟩ (ugs.): *(durch entsprechendes Tun) aus einem nicht so ansprechenden Zustand in einen besseren, lebendigeren bringen:* trinke eine Tasse Kaffee, das wird dich wieder a.!; wir müssen die Stimmung unserer Gäste etwas a. **sinnv.:** ↑anregen.

auf|mucken, muckte auf, hat aufgemuckt ⟨itr.⟩ (ugs.): *(als Abhängiger) den Forderungen o. ä. eines andern nicht so gern nachkommen wollen und sich daher murrend, aufbegehrend zu widersetzen versuchen:* gegen den Vater, gegen jmds. Anordnungen a.; niemand wagte aufzumukken; wenn man ihn zu etwas zwingen will, muckt er auf. **sinnv.:** ↑protestieren.

auf|mun|tern, munterte auf, hat aufgemuntert ⟨tr.⟩: *heiter stimmen:* jmdn. durch eine Unterhaltung a. **sinnv.:** ↑erheitern; ↑anregen.

auf|müp|fig ⟨Adj.⟩ (ugs.): *sich (als Abhängiger) gegen Forderungen, Anordnungen o. ä. auflehnend, dagegen protestierend, aufbegehrend:* eine -e Jugend. **sinnv.:** ↑ungehorsam · aufmukken.

Auf|nah|me, die; -, -n: **1.** *das Aufnehmen.* **2.** *Fotografie:* eine undeutliche A. **sinnv.:** ↑Fotografie. **Zus.:** Blitzlicht-, Farb-, Luft-, Moment-, Nacht-, Nah-, Röntgen-, Schwarzweiß-, Unterwasser-, Trick-, Zeitlupenaufnahme. **3.** *Raum, in dem jmd. für die Unterbringung registriert wird:* der Patient mußte sich in der A. melden. **sinnv.:** Empfang.

auf|neh|men, nimmt auf, nahm auf, hat aufgenommen: **1.** ⟨tr.⟩ **a)** *[vom Boden] aufheben:* die Tasche a. **sinnv.:** ↑aufheben · anheben, ↑heben · raffen, schürzen. **b)** *(eine Laufmasche, eine verlorene Masche) heraufholen:* Laufmaschen a. **2.** ⟨tr.⟩ **a)** *(jmdm.) eine Unterkunft bieten:* das Hotel kann keine Gäste mehr a. **sinnv.:** ↑beherbergen. **b)** *in einem bestimmten Kreis zulassen:* jmdn. in eine Gemeinschaft, in eine Schule a. **sinnv.** annehmen; ↑einstellen. **3.** ⟨itr.⟩ *fassen, Platz bieten (für jmdn./etwas):* das Flugzeug kann zweihundert Personen a. **4.** ⟨tr.⟩ *(in etwas) mit hineinnehmen, mit einbeziehen:* eine Erzählung in eine Sammlung a. **sinnv.:** ↑einbeziehen. **5.** ⟨tr.⟩ *(einer Sache gegenüber) eine bestimmte Haltung einnehmen, (in bestimmter Weise auf etwas) reagieren:* eine Nachricht gelassen a. **sinnv.:** ↑reagieren. **6.** ⟨tr.⟩ *in sein Bewußtsein hineinnehmen; erfassen; auf sich wirken lassen und es geistig verarbeiten:* auf der Reise habe ich viele neue Eindrücke aufgenommen. **sinnv.:** ↑hören, ↑lernen, ↑sehen, ↑wahrnehmen. **7.** ⟨tr.⟩ **a)** *(Nahrung) zu sich nehmen:* der Kranke nimmt wieder Nahrung auf. **sinnv.:** ↑essen. **b)** *in sich eindringen lassen:* der Stoff nahm die Farbe nicht gleichmäßig auf. **sinnv.:** absorbieren, annehmen, aufsaugen · anziehen. **8.** ⟨tr.⟩ **a)** *(mit einer Tätigkeit, einem Unternehmen) beginnen:* die Arbeit [wieder] a. **sinnv.:** ↑anfangen, sich ↑anschicken. **b)** *sich (mit etwas) befassen:* der Prozeß wurde wieder aufgenommen. **sinnv.:** ↑anknüpfen, ↑fortsetzen. **c)** *beginnen; anknüpfen:* mit einem Staat Verhandlungen a. **sinnv.:** ↑anfangen, ↑anknüpfen. **d)** ***es mit jmdm./etwas a. [können]** *(stark genug für einen Kampf mit jmdm. sein; mit jmdm./etwas konkurrieren [können]):* mit ihm kann er es schon a.; dieses Theater kann es mit den besten Bühnen des Auslandes a. **sinnv.:** fertig werden mit; jmdm., einer Sache gewachsen sein, sich messen können mit. **9.** ⟨tr.⟩ **a)** ↑*fotografieren:* jmdn. im Profil a.; ein Bild a. **b)** ↑*filmen:* eine Szene a. **c)** *auf einer Schallplatte oder einem Tonband festhalten:* eine Oper a. **sinnv.:** ↑aufzeichnen. **d)** *schriftlich festhalten, aufzeichnen:* einen Unfall, ein Protokoll a. **sinnv.:** ↑aufschreiben; ↑buchen. **10.** ⟨tr.⟩ *[gegen eine Sicherheit] Geld borgen, um es zu investieren:* Kapital [für den Bau eines Krankenhauses] a. **sinnv.:** ↑leihen.

auf|nö|ti|gen, nötigte auf, hat aufgenötigt ⟨tr.⟩: *(jmdn.) drängen, (etwas) anzunehmen:* jmdm. bei Tisch etwas a. **sinnv.:** anbieten, aufdrängen, aufoktroyieren, aufpfropfen, aufzwingen, diktieren; ↑nötigen.

auf|op|fern, sich; opferte sich auf, hat sich aufgeopfert: *sich ohne Rücksicht auf die eigene Person einsetzen:* die Eltern opfern sich für ihre Kinder auf. **sinnv.:** ↑einstehen · ↑selbstlos.

auf|päp|peln, päppelte auf, hat aufgepäppelt ⟨tr.⟩ (ugs.): *(jmdn., der klein und schwach ist oder krank gewesen ist) so pflegen, daß er allmählich zu Kräften kommt:* das Kind muß jetzt erst mal wieder aufgepäppelt werden. **sinnv.:** auffüttern, hochpäppeln; ↑großziehen.

auf|pas|sen, paßte auf, hat aufgepaßt ⟨itr.⟩: **a)** *aufmerksam sein, um etwas plötzlich Eintretendes rechtzeitig zu bemerken:* wenn ihr über die Straße geht, müßt ihr [auf die Autos] a.; paß mal auf! **sinnv.:** achten, achtgeben, achthaben, aufmerken, ein Auge haben auf, die Augen aufmachen, sein Augenmerk richten auf, beachten, Beachtung schenken, sich konzentrieren, Obacht geben, ganz Ohr sein, die Ohren spitzen, passen auf, bei der Sache sein, sich sammeln, seine Gedanken sammeln, ↑zuhören, seine Gedanken/seine fünf Sinne zusammennehmen; ↑bedenken; ↑beobachten; sich ↑vorsehen · ↑aufmerksam; bedacht sein auf; ↑wachsam · ↑Achtung. **b)** *(einer Sache) mit Interesse [und Verständnis] folgen:* bei einem Vortrag a.; er paßt auf alles auf, was ich tue. **c)** *(auf jmdn./etwas) achten, damit die betreffende Person oder Sache keinen Schaden erleidet oder anrichtet:* auf ein Kind a. **sinnv.:** ↑beaufsichtigen, ↑beobachten, ↑überwachen.

auf|peit|schen, peitschte auf, hat aufgepeitscht ⟨tr.⟩: **1.** *(das Meer o. ä.) in Aufruhr bringen, aufwühlen* /vom Wind/: der Orkan peitschte die Wellen auf. **2. a)** *durch starke Reize oder Eindrücke in heftige Erregung versetzen:* der heiße Rhythmus peitschte die Sinne auf. **sinnv.:** ↑anregen, ↑begeistern, ↑erregen, ↑reizen. **b)** *(seine Leistungsfähigkeit durch bestimmte Mittel) gewaltsam steigern:* sich, seine Nerven mit Kaffee a. **sinnv.:** ↑anregen.

auf|plat|zen, platzte auf, ist aufgeplatzt ⟨itr.⟩: *sich platzend öffnen, aufspringen:* die Haut, die Wunde ist aufgeplatzt. **sinnv.:** aufbrechen, aufgehen, aufreißen, aufspringen; ↑platzen; ↑zerbrechen; sich ↑öffnen.

auf|plu|stern, plusterte auf, hat aufgeplustert: **1.** ⟨tr.⟩ *durch Plustern der Federn größer, fülliger machen* /von Vögeln/: das Gefieder, sich (Akk.) a. **sinnv.:** ↑aufblähen. **2.** ⟨sich a.⟩ (ugs.) *sich wichtig machen, sich großtun:* plustere dich nicht so auf! **sinnv.:** ↑prahlen.

auf|po|lie|ren, polierte auf, hat aufpoliert ⟨tr.⟩ *durch Polieren wieder glänzend machen, neu polieren:* er polierte das Büfett auf. **sinnv.:** ↑aufarbeiten, aufmöbeln, ↑erneuern, ↑verbessern.

Auf|prall, der; -s: *das Aufprallen:* ein harter A. **sinnv.:** ↑Zusammenstoß.

auf|pral|len, prallte auf, ist aufgeprallt ⟨itr.⟩: *heftig auftreffen:* das abstürzende Flugzeug prallte auf dem Wasser auf; ihr Wagen war auf einen anderen aufgeprallt. **sinnv.:** ↑aufschlagen; ↑zusammenstoßen.

Auf|preis, der; -es, -e: *Aufschlag auf den regulären Preis:* der Wagen wird gegen einen A. auch mit Automatik geliefert. **sinnv.:** ↑Zuschlag.

auf|pro|bie|ren, probierte auf, hat aufprobiert ⟨tr.⟩: *kurz aufsetzen, um zu prüfen, ob es paßt:* einen Hut, eine neue Brille a. **sinnv.:** anziehen.

auf|pul|vern, pulverte auf, hat aufgepulvert: **1.** ⟨tr.⟩ *durch geeignete Mittel jmds. Leistungsfähigkeit künstlich steigern:* der schwarze Kaffee pulverte ihn auf. **sinnv.:** ↑anregen. **2.** ⟨sich a.⟩ *sich durch geeignete Mittel wieder leistungsfähig machen:* ich pulvere mich mit Kaffee auf.

auf|pum|pen, pumpte auf, hat aufgepumpt ⟨tr.⟩: *durch Pumpen mit Luft füllen:* die Reifen eines Autos a. **sinnv.:** ↑aufblasen.

auf|put|schen, putschte auf, hat aufgeputscht: **1.** ⟨tr.⟩ *gegen jmdn. aufbringen:* die Bevölkerung a. **sinnv.:** ↑aufwiegeln. **2. a)** ⟨tr.⟩ *in starke Erregung versetzen, aufreizen:* das Publikum war durch das Spiel aufgeputscht worden. **sinnv.:** ↑anregen, ↑begeistern, ↑erregen, ↑reizen. **b)** ⟨tr./sich a.⟩ *(durch Drogen o. ä.) die Leistungsfähigkeit künstlich steigern:* das Mittel sollte ihn a.; er versuchte, sich mit Kaffee, Tabletten aufzuputschen. **sinnv.:** ↑anregen.

auf|quel|len, quillt auf, quoll auf, ist aufgequollen ⟨itr.⟩: *quellen und dadurch umfangreicher, fülliger werden:* die Leichen waren aufgequollen. **sinnv.:** ↑anschwellen.

auf|raf|fen, raffte auf, hat aufgerafft: **1.** ⟨tr.⟩ *schnell sammeln und aufnehmen:* sie raffte die aus dem Portemonnaie gefallenen Scheine auf. **sinnv.:** ↑aufheben. **2.** ⟨sich a.⟩ **a)** *mühsam aufstehen:* er stürzte, raffte sich aber wieder auf. **sinnv.:** sich ↑erheben. **b)** *sich mühsam (zu etwas) entschließen:* er raffte sich endlich auf, einen Brief zu schreiben. **sinnv.:** sich ↑überwinden.

auf|rap|peln, sich; rappelte sich auf, hat sich aufgerappelt (ugs.): *sich aufraffen.* **sinnv.:** sich ↑überwinden.

auf|rau|hen, rauhte auf, hat aufgerauht ⟨tr.⟩: *[durch Kratzen, Schaben] rauh machen:* ich rauhte das Holz mit Sandpapier ein wenig auf; aufgerauhte Stoffe. **sinnv.:** aufkratzen, rauhen.

auf|räu|men, räumte auf, hat aufgeräumt: **1.** ⟨tr.⟩ *(irgendwo) Ordnung machen, jeden Gegenstand an seinen Platz legen:* die Wohnung, den Schreibtisch a. **sinnv.:** ausmisten, in Ordnung bringen, Ordnung machen, richten, zusammenstellen; ↑säubern. **2.** ⟨itr.⟩ (ugs.) *(etwas/jmdn.) beseitigen; rücksichtslos Schluß machen (mit etwas):* mit überholten Begriffen a.; der Staat soll endlich mit diesen Verbrechern a. **sinnv.:** ↑beseitigen; ↑eingreifen; ↑verhindern.

auf|recht ⟨Adj.⟩: **1.** *aufgerichtet, gerade:* er hat einen aufrechten Gang. **2.** *in seinem Wesen echt [und für seine Überzeugung einstehend]; ehrlich, redlich:* ein aufrechter Mann. **sinnv.:** ehrenhaft, ↑standhaft.

auf|recht|er|hal|ten, erhält aufrecht, erhielt aufrecht, hat aufrechterhalten ⟨tr.⟩: *weiterhin durchsetzen; beibehalten:* die Disziplin a.; gegen dieses Argument konnte er seine Behauptung nicht a.; er hat auch später die Verbindung mit ihm aufrechterhalten. **sinnv.:** ↑beibehalten, fortsetzen, wachhalten.

auf|re|gen, regte auf, hat aufgeregt: **1.** ⟨tr.⟩ *in Erregung versetzen [so daß dadurch die Gesundheit angegriffen wird]:* man darf Kranke nicht a.; der Lärm regt ihn auf; das braucht dich nicht weiter aufzuregen *(zu beunruhigen).* **sinnv.:** ↑ärgern, aufbringen, aufreizen, aufrühren, aufwühlen, beunruhigen, elektrisieren, erhitzen, erregen, erzürnen, in Fahrt bringen, aus dem Häuschen/in Rage bringen, mitnehmen, an die Nieren gehen; ↑anregen; ↑aufschrecken. **2.** ⟨sich a.⟩ **a)** *in Erregung geraten [so daß dadurch die Gesundheit angegriffen wird]:* du darfst dich jetzt nicht a. **sinnv.:** sich ↑ärgern, aufbrausen, auffahren, außer sich sein/geraten, sich beunruhigen, durchdrehen, sich ereifern, sich erhitzen, sich erregen, sich erzürnen, explodieren, in Fahrt sein/kommen/geraten, aus dem Häuschen/in Rage sein/kommen/geraten, rasen, schäumen, toben, sich vergessen, wüten. **b)** (ugs.) *sich empören, entrüsten (über jmdn./etwas):* das ganze Dorf regte sich über ihren Lebenswandel auf. **sinnv.:** sich ↑entrüsten.

Auf|re|gung, die; -, -en: *heftige Gefühlsbewegung.* **sinnv.:** ↑Erregung.

auf|rei|ben, rieb auf, hat aufgerieben: **a)** ⟨sich a.⟩ *seine Kräfte im Einsatz (für etwas) völlig verbrauchen:* er reibt sich in seinem Beruf auf; du reibst dich mit deiner Sorge für die Kinder völlig auf. **sinnv.:** sich ↑anstrengen. **b)** ⟨tr.⟩ *(jmds.) Kraft aufzehren:* die ständige Sorge reibt seine Gesundheit auf. **sinnv.:** ↑anstrengen; ↑entkräften · ↑zehren an.

auf|rei|ßen, riß auf, hat/ist aufgerissen: **1.** ⟨tr.⟩ **a)** *mit heftiger Bewegung öffnen:* er hat das Fenster aufgerissen. **sinnv.:** ↑öffnen. **b)** *gewaltsam öffnen und dabei die Oberfläche zerstören:* die Straße wurde aufgerissen, weil eine neue Wasserleitung gelegt wurde; er hat den Brief aufgerissen. **sinnv.:** ↑aufbrechen, aufschlitzen, ↑aufschneiden. **2.** ⟨itr.⟩ *(die Haut) durch heftige Bewegung verletzen:* ich habe mir an dem Nagel den Finger aufgerissen. **sinnv.:** aufschlagen, aufstoßen · ritzen; ↑verletzen. **3.** ⟨itr.⟩ **a)** *sich zerteilen* /von Wolken/: der Himmel ist schon etwas aufgerissen. **sinnv.:** sich auflösen. **b)** *sich durch heftige Bewegung wieder öffnen:* die Wunde, die Naht ist aufgerissen. **sinnv.:** ↑aufplatzen. **4.** (Jargon) *sich mit Erfolg um jmds. Bekanntschaft bemühen [und mit ihm schlafen]:* er geht in die Disko, um Mädchen aufzureißen.

auf|rich|ten, richtete auf, hat aufgerichtet: **1.** ⟨tr./sich a.⟩ *in die Höhe richten:* einen Verunglückten a.; sich aus seiner gebückten Haltung a. **sinnv.:** aufbauen, aufpflanzen, aufschlagen, aufsetzen, aufstellen, errichten; sich ↑erheben. **2.** ⟨tr.⟩ *[durch Anteilnahme und Zuspruch] neuen Mut zum Leben geben:* er hat sie in ihrer Verzweiflung stets aufgerichtet. **sinnv.:** aufheitern, erbauen, erheben, stärken, trösten.

auf|rich|tig ⟨Adj.⟩: **a)** *dem innersten Gefühl entsprechend, der eigenen Überzeugung ohne Verstellung Ausdruck gebend:* aufrichtige Reue; er ist nicht immer ganz a. **sinnv.:** deutlich, ehrlich, frank und frei, freimütig, gerade, geradeheraus, geradlinig, lauter, offen, offenherzig, unkompliziert, ↑unverhohlen, unverblümt, unverhüllt, vertrauenswürdig, ↑wahr, ↑wahrhaft, wahrhaftig, zuverlässig; ↑rundheraus. **b)** ⟨verstärkend bei Verben⟩ *sehr:* etwas a. bedauern; er war a. entsetzt, als er das sah; es tut mir a. leid.

Auf|rich|tig|keit, die; -: *aufrichtige Art, Wesensart.* **sinnv.:** Deutlichkeit, Ehrlichkeit, Freimut, Geradheit, Geradlinigkeit, Lauterkeit, Offenheit, Offenherzigkeit, Unverblümtheit.

auf|rol|len, rollte auf, hat aufgerollt ⟨tr.⟩: **1.** *zu einer Rolle wikkeln:* er rollte die Leine auf. **sinnv.:** ↑aufwickeln. **2.** *(etwas Zusammengerolltes) öffnen, entfalten:* Meyer, rollen Sie bitte die Landkarte auf! **sinnv.:** ↑aufwickeln. **3.** *zur Sprache bringen:* eine Frage, ein Problem a. **sinnv.:** ↑darlegen. **4.** *von der Seite angreifen und in Abschnitten einnehmen:* die feindlichen Stellungen wurden aufgerollt.

auf|rücken, rückte auf, ist aufgerückt ⟨itr.⟩: **1.** *an eine frei gewordene Stelle nach vorn rücken:* in einer Schlange von Wagen allmählich a. **sinnv.:** ↑aufschließen, nachrücken. **2.** *befördert werden, [im Rang] aufsteigen:* er ist in eine leitende Stellung aufgerückt; zum Vorarbeiter a. **sinnv.:** ↑aufsteigen.

Auf|ruf, der; -[e]s, -e: *öffentliche Aufforderung:* es wurde ein A. an die Bevölkerung erlassen, sich Vorräte anzulegen. **sinnv.:** Appell, Aufforderung, Mahnruf, Mahnung, Memento, Proklamation, Ruf (nach), Ultimatum; ↑Weisung.

auf|ru|fen, rief auf, hat aufgerufen ⟨tr.⟩: **1.** *(einen Menschen aus der Menge) laut beim Namen nennen:* einen Schüler a.; ⟨auch stellvertretend für den Menschen:⟩ Nummern, Lose a. **2.** *[durch einen öffentlichen Appell] zu einem bestimmten Handeln oder Verhalten auffordern:* die Bevölkerung wurde zu Spenden aufgerufen. **sinnv.:** ↑appellieren.

Auf|ruhr, der; -s: *Auflehnung einer empörten Menge gegen den Staat oder eine Führung:* einen A. unterdrücken. **sinnv.:** Aufstand, Empörung, Erhebung, Krawall, Meuterei, Rebellion, Revolte, Revolution, Tumult, Unruhen, Volksaufstand, Volkserhebung; ↑Ausschreitungen; ↑Verschwörung.

auf|rüh|ren, rührte auf, hat aufgerührt ⟨tr.⟩ **1. a)** *(in jmdm.) wecken, hervorrufen:* die Leidenschaft in jmdm. a. **sinnv.:** wachrufen; ↑verursachen. **b)** *(etwas Unangenehmes) erneut erwähnen:* eine alte Geschichte a. **sinnv.:** ↑erwähnen. **2.** *in heftige Erregung versetzen, innerlich aufwühlen:* er hat ihn mit seinem Bericht im Innersten aufgerührt. **sinnv.:** ↑aufregen.

Auf|rüh|rer, der; -s, -: *jmd., der Aufruhr stiftet:* die A. wurden vor ein Gericht gestellt und zum Tode verurteilt. **sinnv.:** ↑Revolutionär.

auf|rüh|re|risch ⟨Adj.⟩ **a)** *zum Aufruhr antreibend:* aufrührerische Ideen. **sinnv.:** revolutionär, terroristisch, umstürzlerisch; ↑ungehorsam; ↑destruktiv. **b)** *im Aufruhr begriffen:* aufrührerische Volksmassen. **sinnv.:** aufständisch, meuternd, rebellierend, rebellisch, revoltierend.

auf|run|den, rundete auf, hat aufgerundet ⟨tr.⟩: *(eine Zahl, Summe) nach oben abrunden:* 99,50 DM auf 100 DM a. **sinnv.:** ↑vervollständigen.

auf|rü|sten, rüstete auf, hat aufgerüstet ⟨itr.⟩: *die Rüstung verstärken* /Ggs. abrüsten/: im stillen a. **sinnv.:** nachrüsten; ↑rüsten.

auf|rüt|teln, rüttelte auf, hat aufgerüttelt ⟨tr.⟩: *durch Rütteln bewirken, daß jmd. aufwacht, sich aufrichtet:* ich rüttelte den Schlafenden auf. **sinnv.:** ↑wekken · zur Besinnung/Vernunft bringen, ↑mahnen, rufen, wachrufen, wachrütteln.

aufs ⟨Verschmelzung von *auf* + *das*⟩: **a)** *auf das:* aufs Dach klettern. **b)** ⟨nicht auflösbar in Wendungen⟩: jmdn. aufs Korn nehmen.

auf|sa|gen, sagte auf, hat aufgesagt ⟨tr.⟩: *auswendig vortragen:*

der Schüler sagt ein Gedicht auf. **sinnv.:** ↑vortragen.

auf|sam|meln, sammelte auf, hat aufgesammelt ⟨tr.⟩: *einzeln aufheben und sammeln:* er sammelte die Münzen auf, die aus dem Portemonnaie gefallen waren. **sinnv.:** ↑aufheben.

auf|säs|sig ⟨Adj.⟩: *trotzig und widerspenstig:* ein aufsässiger Schüler. **sinnv.:** aufmüpfig, renitent, unbotmäßig, ↑ungehorsam · widerborstig · meutern · Revolution.

Auf|satz, der; -es, Aufsätze: **a)** *kürzere schriftliche Arbeit über ein Thema, das der Lehrer dem Schüler stellt:* einen A. schreiben; Aufsätze korrigieren. **sinnv.:** Schulaufsatz. **Zus.:** Erlebnis-, Haus-, Klassen-, Schulaufsatz. **b)** *[wissenschaftliche] Abhandlung eines selbstgewählten Themas:* einen A. in einer Zeitschrift veröffentlichen. **sinnv.:** Abhandlung, Arbeit, Artikel, Aufzeichnung, Beitrag, Essai, Essay, Feuilleton, Glosse, Leitartikel, Kommentar, Niederschrift, Referat, Studie, Traktat · Elaborat.

auf|sau|gen, sog auf /(auch:) saugte auf, hat aufgesogen/ (auch:) aufgesaugt ⟨tr.⟩: **1.** *saugend in sich aufnehmen:* der Schwamm saugt das Wasser auf. **sinnv.:** ↑aufnehmen. **2.** *in etwas aufgehen:* die kleinen Betriebe werden von den großen aufgesogen. **sinnv.:** schlucken.

auf|scheu|chen, scheuchte auf, hat aufgescheucht ⟨tr.⟩: *(ein Tier) aufschrecken, hochjagen:* einen Vogel, ein Reh a. **sinnv.:** aufjagen, aufstöbern, ↑aufschrecken, aufstören, hochscheuchen; ↑vertreiben; ↑erschrecken.

auf|schich|ten, schichtete auf, hat aufgeschichtet ⟨tr.⟩: *nach einer bestimmten Ordnung übereinanderlegen:* Bücher, Holz a. **sinnv.:** anhäufen, aufhäufen, aufschütten, aufstapeln, auftürmen, aufwerfen, häufen, kumulieren, schichten, stapeln, türmen; ↑aufbewahren, ↑lagern.

auf|schie|ben, schob auf, hat aufgeschoben ⟨tr.⟩: **1.** *schiebend öffnen:* ein Fenster, eine Tür a. **sinnv.:** ↑öffnen. **2.** *nicht [wie vorgesehen, gewünscht] gleich tun, sondern erst irgendwann später:* die Beantwortung einer Frage, dringende Reparaturen, die Abreise a. **sinnv.:** ↑verschieben.

Auf|schlag, der; -[e]s, Aufschläge: **1.** *das Aufschlagen; heftiges, hartes Auftreffen im Fall:* als der Baum stürzte, hörte man einen dumpfen A. **sinnv.:** ↑Zusammenstoß. **2.** *auf- oder umgeschlagener Teil an Kleidungsstükken:* eine Hose mit Aufschlägen. **sinnv.:** Manschette, Revers, Stulpe, Umschlag; ↑Besatz. **Zus.:** Ärmel-, Jacken-, Mantelaufschlag. **3.** *Erhöhung eines Preises um einen bestimmten Betrag:* für das Frühstück ist ein A. von 3 DM zu zahlen. **sinnv.:** ↑Zuschlag.

auf|schla|gen, schlägt auf, schlug auf, hat/ist aufgeschlagen: **1.** ⟨itr.⟩ *im Fall hart auftreffen:* die Rakete ist auf das/ auf dem Wasser aufgeschlagen. **sinnv.:** anprallen, aufbumsen, aufprallen, aufstoßen, auftreffen; ↑zusammenstoßen. **2.** ⟨tr.⟩ *an das Innere von etwas gelangen, indem man das, was es umgibt, zerschlägt:* er hat die Nüsse, das Ei aufgeschlagen. **sinnv.:** ↑aufbrechen. **3.** ⟨itr.⟩ *beim Aufprallen, Auftreffen verletzen:* ich habe mir das Bein aufgeschlagen. **sinnv.:** ↑aufreißen. **4.** ⟨tr.⟩ *(eine bestimmte Stelle eines Buches o. ä.) offen hinlegen, daß sie gelesen oder angesehen werden kann:* er hat die Seite 17 aufgeschlagen. **sinnv.:** aufblättern, aufklappen. **5.** ⟨tr.⟩ *(etwas, was aus einzelnen Teilen besteht) zusammenfügen und aufstellen:* er hat das Zelt aufgeschlagen. **sinnv.:** ↑aufrichten; ↑bauen. **6.** ⟨itr.⟩ **a)** *den Preis von etwas erhöhen:* der Kaufmann hat aufgeschlagen. **b)** *teurer werden:* die Milch hat aufgeschlagen. **sinnv.:** sich ↑verteuern.

auf|schlie|ßen, schloß auf, hat aufgeschlossen /vgl. aufgeschlossen/: **1.** ⟨tr.⟩ *mit einem Schlüssel öffnen* /Ggs. zuschließen/: die Tür a. **sinnv.:** ↑öffnen. **2.** ⟨itr.⟩ *einen größeren Abstand bes. zwischen Marschierenden oder Autos so verringern, daß sie sich direkt hintereinander befinden:* ihr müßt mehr a. **sinnv.:** sich anhängen, sich anschließen, auflaufen, aufrücken, nachrücken.

auf|schlit|zen, schlitzte auf, hat aufgeschlitzt ⟨tr.⟩: *durch Schlitzen öffnen:* er schlitzte den Brief, den Sack auf. **sinnv.:** aufschneiden; ↑aufreißen, ↑zerlegen.

Auf|schluß, der; Aufschlusses, Aufschlüsse: *etwas, was etwas (Unklares, Ungeklärtes o. ä.) klar und deutlich werden läßt:* er suchte endgültigen A. über den Sinn des Lebens; sein Tagebuch gibt A. über seine Leiden. **sinnv.:** Aufklärung, Auskunft, Einblick, Erklärung, Schlüssel (zu); ↑Daten · Licht in das Dunkel von etwas bringen.

auf|schlüs|seln, schlüsselte auf, hat aufgeschlüsselt ⟨tr.⟩: *nach einem Schlüssel, System aufteilen:* er hatte die Gefangenen für statistische Zwecke nach Alter, Beruf und Religion aufgeschlüsselt. **sinnv.:** ↑gliedern; ↑teilen.

auf|schluß|reich ⟨Adj.⟩: *Aufschluß gebend:* seine Bemerkung war sehr a. **sinnv.:** ↑interessant.

auf|schnap|pen, schnappte auf, hat aufgeschnappt /meist in der Vergangenheit/ ⟨tr.⟩: *zufällig hören oder erfahren (was für den Betreffenden interessant ist):* er hatte das Wort Ausnahmegenehmigung aufgeschnappt; er hatte im Bus aufgeschnappt, daß sie sich verabredet hatten. **sinnv.:** ↑erfahren.

auf|schnei|den, schnitt auf, hat aufgeschnitten: **1.** ⟨tr.⟩ *durch Schneiden öffnen:* der Arzt hatte ihm den Bauch a. müssen. **sinnv.:** aufschlitzen, aufstechen; ↑aufreißen, ↑zerlegen. **2.** ⟨tr.⟩ *durch Schneiden zerteilen, zerlegen, in Stücke schneiden:* den Braten vor dem Essen a. **sinnv.:** ↑zerlegen. **3.** ⟨itr.⟩ *übertreibend – d. h. besser, schöner, als es in Wirklichkeit ist – beim Erzählen darstellen:* man glaubt ihm nicht mehr, weil er immer aufschneidet. **sinnv.:** ↑prahlen.

Auf|schnei|der, der; -s, - (ugs.): *jmd., der aufschneidet.* **sinnv.:** ↑Angeber.

Auf|schnitt, der; -s: *Scheiben von Wurst, Braten, Schinken und Käse, die aufs Brot gelegt werden.* **sinnv.:** ↑Belag. **Zus.:** Käse-, Wurstaufschnitt.

auf|schrecken: I. schreckt/ (veraltend:) schrickt auf, schreckte/schrak auf, ist aufgeschreckt ⟨itr.⟩: *sich vor Schreck plötzlich aufrichten, wegen eines Schrecks in die Höhe fahren:* nachts schreckte sie manchmal aus einem bösen Traum auf. **sinnv.:** ↑auffahren, sich ↑erschrecken; ↑aufwachen. **II.** schreckte auf, hat aufgeschreckt ⟨tr.⟩: *(jmdn.) so erschrecken, daß er darauf mit einer plötzlichen heftigen Bewegung o. ä. reagiert:*

der Lärm hatte sie aufgeschreckt. **sinnv.:** ↑alarmieren, ↑aufscheuchen, ↑provozieren; ↑aufregen.

Auf|schrei, der; -[e]s, -e: *plötzlicher kurzer Schrei:* er hörte einen erschreckten A.; ein A. der Freude. **sinnv.:** ↑Ausruf.

auf|schrei|ben, schrieb auf, hat aufgeschrieben ⟨tr.⟩: **1.** *schriftlich festhalten, niederschreiben:* seine Erlebnisse a. **sinnv.:** abfassen, anmerken, aufnehmen, aufsetzen, aufzeichnen, Buch führen über, eintragen, zur Feder greifen, festhalten, ↑fixieren, ↑formulieren, hinschreiben, mitschreiben, niederlegen, niederschreiben, notieren, zu Papier bringen, aufs Papier werfen, protokollieren, skizzieren, stenographieren, texten, ins unreine schreiben, verfassen, vermerken, verzeichnen, zusammenstellen · (eine Rechnung) aufmachen, ausstellen · aufstellen; ↑buchen, ↑entwerfen, ↑schreiben. **2.** *wegen eines Verstoßes o. ä. (jmds. Namen und Adresse) notieren:* er wurde vom Polizisten aufgeschrieben, weil er bei Rot über die Straße gegangen war.

Auf|schrift, die; -, -en: *etwas, was oben auf etwas geschrieben steht; kurzer Text auf etwas:* die A. [auf dem Deckel] war mit roter Tinte geschrieben. **sinnv.:** Beschriftung, Inschrift, Schrift, Überschrift, Unterschrift · Epitaph, Grabschrift; ↑Adresse.

Auf|schub, der; -[e]s: *das Aufschieben auf eine spätere Zeit:* diese Angelegenheit duldet keinen A. **sinnv.:** Bedenkzeit, Frist, Fristverlängerung, Galgenfrist, Gnadenfrist, Verschiebung, Vertagung · Aufenthalt, Verschleppung, Verzögerung, Verzug. **Zus.:** Straf-, Vollstreckungs-, Zahlungsaufschub.

auf|schwat|zen, schwatzte auf, hat aufgeschwatzt ⟨tr.⟩: *(jmdn.) zum Kauf von etwas überreden:* er hat mir dieses Buch aufgeschwatzt. **sinnv.:** andrehen, anhängen, aufhängen, aufreden; ↑verkaufen.

auf|schwem|men, schwemmte auf, hat aufgeschwemmt ⟨tr., itr.⟩: *[ungesund] dick machen:* das viele Bier hat ihn, seinen Körper aufgeschwemmt; Bier schwemmt auf. **sinnv.:** ↑aufblähen.

Auf|schwung, der; -s, Aufschwünge: **1.** *Schwung nach oben an einem Turngerät.* **sinnv.:** ↑Übung. **Zus.:** Felg-, Knieaufschwung. **2.** *gute wirtschaftliche Entwicklung:* auf den A. warten. **sinnv.:** Auftrieb, Aufwärtsbewegung, -entwicklung, Aufwind, Blüte, Boom, Hausse, Hochkonjunktur, Konjunktur, Welle · Aufstieg. **Zus.:** Wirtschaftsaufschwung.

Auf|se|hen, das; -s: *allgemeine Beachtung, die jmd./etwas durch andere findet:* er scheute das A. **sinnv.:** Aufmerksamkeit, Beachtung, Eklat, Kladderadatsch, Sensation, Skandal, Stadtgespräch; ↑Interesse · Furore machen · außergewöhnlich.

Auf|se|her, der; -s, -, **Auf|se|he|rin,** die; -, -nen: *männliche bzw. weibliche Person, die zur Aufsicht über etwas oder jmds. Tun eingesetzt ist:* er war A. in einem Museum. **sinnv.:** Aufsicht, Aufsichtführender; ↑Wächter. **Zus.:** Gefangenen-, Jagd-, Waldaufseher.

auf|sein, ist auf, war auf, ist aufgewesen ⟨itr.⟩ (ugs.): **1. a)** *geöffnet sein:* das Fenster ist [nicht] auf[gewesen]. **sinnv.:** ↑offenstehen. **b)** *geöffnet haben:* weißt du, ob die Läden schon auf sind? **2.** *aufgestanden, außer Bett sein:* weißt du, ob er schon auf ist? **sinnv.:** ↑aufbleiben.

auf|set|zen, setzte auf, hat aufgesetzt: **1.** ⟨tr.⟩ *auf etwas setzen:* einen Hut a. **sinnv.:** ↑anziehen. **2.** ⟨tr.⟩ *(einen Text) schriftlich entwerfen:* ein Gesuch a. **sinnv.:** ↑aufschreiben. **3.** ⟨sich a.⟩ *sich sitzend aufrichten:* der Kranke setzte sich im Bett auf. **4.** ⟨itr.⟩ *auf festen Boden gelangen, landen* /bes. von Flugzeugen/: das Flugzeug setzte leicht auf; die Sonde setzte weich [auf dem Mond] auf. **sinnv.:** ↑landen. **5.** ⟨tr.⟩ *auf etwas nähen:* einen Flikken [auf die Hose] a. **sinnv.:** aufheften, aufnähen; ↑befestigen; ↑annähen; ↑reparieren.

Auf|sicht, die; -: **1.** *das Beaufsichtigen:* sie hatte die A. über die Kinder. **sinnv.:** Beaufsichtigung, Überwachung; ↑Kontrolle. **Zus.:** Bau-, Gewerbe-, Polizeiaufsicht. **2.** *jmd., der die Kontrolle über etwas hat oder die Aufgabe hat, etwas zu überwachen:* gefundene Gegenstände bei der A. abgeben. **sinnv.:** Aufsichtführender; ↑Wächter.

auf|sit|zen, saß auf, hat/ist aufgesessen ⟨itr.⟩: **1.** *aufrecht sitzen:* wenn der Kranke aufgesessen hätte, hätte er besser essen können. **2.** *nicht schlafen gehen:* wir haben gestern noch lange aufgesessen. **sinnv.:** ↑aufbleiben. **3.** *aufs Pferd steigen* /Ggs. absitzen/: er war aufgesessen und davongeritten. **sinnv.:** ↑aufsteigen. **4.** *nicht merken, daß etwas falsch oder unwahr ist:* ich bin einem Betrüger, einem Irrtum aufgesessen. **sinnv.:** ↑hereinfallen.

auf|spal|ten, spaltete auf, hat aufgespaltet/aufgespalten: **a)** ⟨tr.⟩ *in zwei oder mehr Teile spalten:* er hat das schmale Brett der Länge nach aufgespaltet/aufgespalten. **sinnv.:** spalten. **b)** ⟨sich a.⟩ *sich trennen:* die Welt ist heute in zwei feindliche Lager aufgespalten; die Partei hat sich aufgespalten. **sinnv.:** sich ↑spalten, sich ↑trennen.

auf|span|nen, spannte auf, hat aufgespannt ⟨tr.⟩: **1.** *spannend ausbreiten, entfalten:* er spannte die Leine, das Segel auf; den Schirm a. **2.** *(auf etwas) spannen:* ein neues Blatt Papier [auf das Reißbrett] a. **sinnv.:** aufziehen, bespannen, beziehen.

auf|spa|ren, sparte auf, hat aufgespart ⟨tr.⟩: *(für einen späteren Zeitpunkt) aufheben:* ich spare [mir] das Eis für später auf; die Besichtigung habe ich mir für morgen aufgespart. **sinnv.:** ↑aufbewahren, ↑reservieren.

auf|sper|ren, sperrte auf, hat aufgesperrt ⟨tr.⟩: **1.** *weit öffnen:* die jungen Vögel sperrten ihre Schnäbel auf; das Fenster [weit] a. **sinnv.:** ↑öffnen. **2.** (bes. südd.) *aufschließen:* ich sperrte die Tür auf.

auf|spie|len, spielte auf, hat aufgespielt: **1.** ⟨sich a.⟩ *sich wichtig tun:* er spielt sich vor andern immer sehr auf. **sinnv.:** ↑prahlen. **2.** ⟨itr.⟩ *zum Tanz oder zur Unterhaltung Musik machen:* eine Kapelle wird zur Hochzeit a. **sinnv.:** ↑musizieren.

auf|spie|ßen, spießte auf, hat aufgespießt ⟨tr.⟩: *(mit einem spitzen Gegenstand) aufnehmen:* er spießte das Stück Fleisch mit der Gabel auf. **sinnv.:** spießen auf, stecken auf.

auf|split|tern, splitterte auf, hat aufgesplittert ⟨tr./sich a.⟩: *sich in einzelne Teile auflösen:* die Armee war in mehrere Teile aufgesplittert; die Partei splitterte sich in eine westliche und eine östliche Gruppe auf. **sinnv.:** ↑spalten.

auf|spren|gen, sprengte auf, hat aufgesprengt ⟨tr.⟩: *durch Sprengen öffnen:* eine Tür a. **sinnv.:** ↑aufbrechen.

auf|sprin|gen, sprang auf, ist aufgesprungen ⟨itr.⟩: **1.** *plötzlich in die Höhe springen:* er sprang empört vom Stuhl auf. **sinnv.:** ↑auffahren; sich ↑erheben. **2.** *auf ein sich bewegendes Fahrzeug springen:* er ist auf die Straßenbahn aufgesprungen. **sinnv.:** ↑aufsteigen. **3.** *sich springend öffnen:* das Schloß des Koffers sprang auf. **sinnv.:** ↑aufplatzen · ↑aufblühen.

auf|spü|ren, spürte auf, hat aufgespürt ⟨tr.⟩: *nach längerem Suchen finden:* die Hunde spürten einen Hasen auf; die Polizei hat den flüchtigen Verbrecher in Frankfurt aufgespürt. **sinnv.:** ↑finden.

auf|sta|cheln, stachelte auf, hat aufgestachelt ⟨tr.⟩: *durch Reden bewirken, daß jmd. in bestimmter Weise handelt:* der Redner stachelte die Zuhörer zum Widerstand auf. **sinnv.:** ↑aufwiegeln · ↑anstacheln.

auf|stamp|fen, stampfte auf, hat aufgestampft ⟨itr.⟩: *stampfend auftreten:* sie stampfte zornig [mit dem Fuß] auf; ich stampfte mit den Füßen auf, um den Schnee von den Stiefeln zu schütteln. **sinnv.:** ↑auftreten, ↑stampfen.

Auf|stand, der; -[e]s, Aufstände: *Erhebung gegen eine bestehende Ordnung:* der A. gegen die Regierung wurde niedergeschlagen. **sinnv.:** ↑Aufruhr. **Zus.:** Arbeiter-, Bauern-, Sklaven-, Volksaufstand.

auf|stän|disch ⟨Adj.⟩: *an einem Aufstand beteiligt, im Aufstand befindlich:* die aufständischen Bauern. **sinnv.:** ↑aufrührerisch.

auf|sta|peln, stapelte auf, hat aufgestapelt ⟨tr.⟩: *zu einem Stapel übereinanderlegen, -stellen:* Bücher, Bretter, Kisten a. **sinnv.:** ↑aufschichten.

auf|stau|en, staute auf, hat aufgestaut ⟨tr.⟩: **a)** *(Wasser) durch Stauen sammeln:* das Wasser des Flusses wurde zu einem großen See aufgestaut. **sinnv.:** anstauen. **b)** *sich ansammeln lassen:* seinem aufgestauten Groll freien Lauf lassen.

auf|ste|chen, sticht auf, stach auf, hat aufgestochen ⟨tr.⟩: **1.** *durch Stechen öffnen:* eine Blase a. **sinnv.:** ↑aufschneiden. **2.** *(ein Versehen, einen Fehler o. ä.) bemerken, aufdecken.*

auf|stecken, steckte auf, hat aufgesteckt ⟨tr.⟩: **1.** *nach oben, in die Höhe stecken:* sie steckte ihr blondes Haar flach um ihren Kopf herum auf. **sinnv.:** hochbinden, hochstecken. **2.** *(auf etwas) stecken:* Kerzen [auf den Leuchter] a. **3.** *auf seinem Gesicht zeigen:* er hatte ein mokantes Lächeln aufgesteckt. **4.** (ugs.) *(auf etwas) verzichten:* ich glaube, du wirst deinen Plan a. müssen; ⟨auch itr.⟩ er steckt nie auf *(verliert nie den Mut).* **sinnv.:** ↑aufgeben.

auf|ste|hen, stand auf, hat/ist aufgestanden ⟨itr.⟩: **1.** *sich erheben:* **a)** /aus sitzender Stellung/: bei der Begrüßung ist er aufgestanden. **sinnv.:** sich ↑erheben. **b)** /aus liegender Stellung, aus dem Bett/: er ist früh aufgestanden, um den Zug zu erreichen. **sinnv.:** das Bett verlassen, aus dem Bett kommen, sich erheben, aus den Federn kommen/kriechen · Früh-, Spätaufsteher sein. **2.** (ugs.) ↑*offenstehen:* das Fenster hat den ganzen Tag aufgestanden. **3.** (geh.) *sich gegen jmdn. erheben:* das Volk ist gegen seine Bedrücker aufgestanden. **sinnv.:** ↑protestieren.

auf|stei|gen, stieg auf, ist aufgestiegen ⟨itr.⟩: **1.** *auf etwas steigen* /Ggs. absteigen/: auf das Fahrrad a. **sinnv.:** aufsitzen, aufspringen, besteigen, sich schwingen auf, sich in den Sattel schwingen, sich setzen auf, springen auf; ↑steigen auf. **2. a)** *in die Höhe steigen:* Rauch stieg [aus dem Schornstein] auf. **sinnv.:** aufflattern, sich aufschwingen, sich erheben, hochsteigen, steigen. **b)** *(als Zweifel o. ä. in jmdm.) entstehen, lebendig werden:* Angst stieg in mir auf; ein Verdacht stieg in ihm auf. **sinnv.:** aufblitzen, aufdämmern, aufkeimen, auftauchen, bewußt werden, dämmern, jmdm. kommen · aufkommen, sich einstellen, ↑entstehen; ↑überkommen; sich ↑ankündigen. **3. a)** *in eine bestimmte höhere [berufliche] Stellung gelangen:* er stieg zum Minister auf *(wurde Minister).* **sinnv.:** arrivieren, aufrücken, avancieren, befördert werden, es zu etwas bringen, emporkommen, emporsteigen, sein Fortkommen finden, Karriere machen, klettern, nachrücken, steigen, die Treppe rauffallen, vorwärtskommen, etwas werden; ↑befördern. **b)** *(bes. im Sport) in eine höhere Klasse eingestuft werden* /Ggs. absteigen/: die Mannschaft stieg auf. **sinnv.:** aufrücken.

auf|stel|len, stellte auf, hat aufgestellt: **1. a)** ⟨tr.⟩ *an eine Stelle, einen Ort stellen:* Stühle in einem Saal a. **sinnv.:** ↑aufrichten · ↑plazieren. **b)** ⟨sich a.⟩ *sich hinstellen:* er stellte sich drohend vor ihm auf. **sinnv.:** antreten, sich aufbauen, sich aufpflanzen, aufziehen, sich formieren, sich gruppieren, sich hinstellen, hintreten, sich postieren, sich stellen, (an eine Stelle) treten. **2.** ⟨tr.⟩ *(jmdn., den andere wählen sollen) nennen, vorschlagen:* einen Kandidaten a. **sinnv.:** ↑ernennen. **3.** ⟨tr.⟩ *(Personen zur Ausführung von etwas) zusammenstellen, vereinigen:* Truppen a. **sinnv.:** auf die Beine bringen/stellen, formieren. **4.** ⟨tr.⟩ *im einzelnen schriftlich festhalten, formulieren:* ein Programm a.; eine Liste der vorhandenen Gegenstände a. *(machen).* **sinnv.:** ↑entwerfen; ↑aufschreiben. **5.** ⟨tr.⟩ *(unter Voraussetzung der wahrscheinlichen Richtigkeit, Angemessenheit) aussprechen:* eine Behauptung, eine Forderung a. **sinnv.:** zur Diskussion stellen, in den Raum stellen, vorgeben.

Auf|stel|lung, die; -, -en: **1.** *das Aufstellen:* die A. der Kandidaten für die Wahl. **sinnv.:** Benennung, Nominierung. **2.** *Liste:* er ließ sich die A. der Waren geben. **sinnv.:** ↑Verzeichnis.

Auf|stieg, der; -[e]s, -e: **1.** /Ggs. Abstieg/ **a)** *das Aufwärtssteigen:* er wagte den A. auf den steilen Berg. **sinnv.:** hinaufgehen, -steigen. **b)** *Aufwärtsentwicklung:* der wirtschaftliche A. **sinnv.:** ↑Beförderung, Karriere, Vorwärtskommen; ↑Fortschritt; ↑Aufschwung. **2.** *Weg, der nach oben führt* /Ggs. Abstieg/.

auf|stö|bern, stöberte auf, hat aufgestöbert ⟨tr.⟩: *in seinem Versteck finden:* Wildschweine, Hasen a.; die Polizei stöberte den Flüchtigen in seinem Schlupfwinkel auf. **sinnv.:** ↑finden.

auf|stocken, stockte auf, hat aufgestockt ⟨tr./itr.⟩: **1.** *(ein Haus) um ein Stockwerk erhöhen:* wir müssen das Einfamilienhaus a., um Platz zu gewinnen; die Deutsche Bibliothek stockt auf. **sinnv.:** erhöhen; ↑erweitern, ↑vergrößern. **2.** *(ein Ka-*

pital durch eine weitere Geldsumme) vergrößern: einen Kredit um eine halbe Million Mark a.; wir müssen a. **sinnv.:** ↑vermehren; erweitern, vergrößern.

auf|sto|ßen, stößt auf, stieß auf, hat aufgestoßen: **1.** ⟨tr.⟩ *durch Stoßen öffnen* /Ggs. zustoßen/: er hat die Tür mit dem Fuß aufgestoßen. **sinnv.:** ↑öffnen. **2.** ⟨itr.⟩ *durch Stoßen verletzen:* ich habe mir das Knie aufgestoßen. **sinnv.:** ↑aufreißen. **3.** ⟨itr.⟩ (ugs.) *Luft aus dem Magen hörbar durch den Mund ausstoßen:* er hat die Brause getrunken und danach aufgestoßen. **sinnv.:** Bäuerchen machen, rülpsen.

auf|stre|ben, strebte auf, (selten:) hat aufgestrebt ⟨itr.⟩ (geh.): **a)** *in die Höhe ragen:* riesige Tannen strebten vor mir auf. **b)** *aufstehen wollen:* sie strebte von ihrem Sessel auf. **sinnv.:** sich ↑erheben. **c)** ⟨häufig im 1. Partizip⟩ *nach einer höheren, einflußreicheren Stellung streben:* das aufstrebende Bürgertum; aufstrebende Kräfte müssen gefördert werden. **sinnv.:** ↑streben.

Auf|strich, der; -[e]s: *etwas, was auf das Brot gestrichen wird (z. B. Butter).* **sinnv.:** ↑Belag. **Zus.:** Brotaufstrich.

auf|stüt|zen, stützte auf, hat aufgestützt ⟨tr./sich a.⟩: *auf etwas stützen:* den Arm a.; sich mit der Hand a. **sinnv.:** (sich) aufstemmen, (sich) lehnen auf, (sich) stützen auf · sich aufrichten, sich erheben.

auf|su|chen, suchte auf, hat aufgesucht ⟨tr.⟩: **1.** *(zu jmdm. oder etwas) aus einem bestimmten Grund hingehen:* den Arzt a. **sinnv.:** ↑besuchen. **2.** *(an einer bestimmten Stelle) suchen:* eine Stadt auf der Landkarte a. **sinnv.:** suchen, feststellen; ↑nachschlagen.

Auf|takt, der; -[e]s, -e: *etwas, womit etwas eingeleitet wird oder was den Anfang von etwas darstellt:* nach dem großen A. durch den Sieg von X gab es weitere Erfolge. **sinnv.:** ↑Anfang.

auf|tan|ken, tankte auf, hat aufgetankt ⟨tr.⟩: *mit Treibstoff versehen:* ich tankte gerade meinen Wagen auf; ein Flugzeug a. **sinnv.:** ↑tanken.

auf|tau|chen, tauchte auf, ist aufgetaucht ⟨itr.⟩: **1.** *(aus dem Wasser o. ä.) tauchen, wieder hervorkommen, zu sehen sein:* ab und zu tauchte der Kopf des Mannes aus den Wellen auf. **2. a)** *erscheinen, sich zeigen:* du bist ja schon lange nicht mehr bei uns aufgetaucht. **sinnv.:** ↑kommen. **b)** *aufkommen, entstehen:* es taucht der Verdacht auf, daß ... **sinnv.:** ↑aufsteigen, ↑erscheinen, ↑vorkommen.

auf|tau|en, taute auf, hat/ist aufgetaut: **1.** ⟨tr.⟩ **a)** *zum Tauen, Schmelzen bringen:* die Sonne hat das Eis aufgetaut. **sinnv.:** abschmelzen, abtauen, aufschmelzen, schmelzen, tauen, wegtauen, zerschmelzen. **b)** *von Eis befreien:* er hat das Rohr aufgetaut. **2.** ⟨itr.⟩ **a)** *sich tauend auflösen, schmelzen:* das Eis ist aufgetaut. **sinnv.:** abtauen, ↑tauen. **b)** *von Eis frei werden:* der Fluß ist aufgetaut. **3.** ⟨itr.⟩ *die Hemmungen verlieren und gesprächig werden:* erst war der neue Schüler sehr still, doch bald war er aufgetaut. **sinnv.:** aus sich herausgehen, munter/warm werden, die Scheu verlieren.

auf|tei|len, teilte auf, hat aufgeteilt ⟨tr.⟩: *(ein Ganzes) in Stükke o. ä. teilen, völlig verteilen:* den Kuchen a.; die Schüler in Klassen a. *(einteilen).* **sinnv.:** ↑einteilen, ↑gliedern, ↑teilen.

auf|ti|schen, tischte auf, hat aufgetischt ⟨tr.⟩: **a)** *(zum Essen und Trinken) auf den Tisch bringen:* man hat uns viele leckere Gerichte aufgetischt. **sinnv.:** ↑servieren. **b)** (ugs.) *(etwas) vorlügen:* sie hat mir das übliche Märchen vom Besuch einer Freundin aufgetischt.

Auf|trag, der; -[e]s, Aufträge: **1.** *Bestellung einer auszuführenden Arbeit, einer zu liefernden Ware:* die Firma hat viele Aufträge bekommen. **sinnv.:** ↑Bestellung; ↑bestellen. **Zus.:** Bau-, Druck-, Rüstungsauftrag. **2.** *Anweisung (eine Arbeit auszuführen):* er bekam den A., einen Bericht über die Studienfahrt zu schreiben. **sinnv.:** ↑Aufgabe; Berechtigung; Berufung; ↑Weisung. **Zus.:** Forschungs-, Geheim-, Lehr-, Wählerauftrag.

auf|tra|gen, trägt auf, trug auf, hat aufgetragen: **1.** ⟨tr.⟩ (geh.) *auf den Tisch bringen, servieren* /Ggs. abtragen/: das Essen a. **sinnv.:** aufwarten, servieren, vorsetzen · bedienen, ↑kellnern. **2.** ⟨tr.⟩ *(etwas) auf etwas streichen:* Farbe a. **sinnv.:** aufbringen, aufmalen, aufpinseln, aufschmieren, malen/schmieren/pinseln/streichen auf. **3.** ⟨tr.⟩ (geh.) *den Auftrag geben, etwas zu tun oder eine Nachricht zu übermitteln:* er hat mir aufgetragen, seine kranke Mutter zu besuchen. **sinnv.:** ↑anordnen; ↑beauftragen. **4.** ⟨tr.⟩ *so lange tragen oder anziehen, bis es völlig abgenutzt ist:* die Kinder wachsen so schnell, daß sie ihre Kleidung gar nicht a. können. **sinnv.:** ↑abnutzen. **5.** ⟨itr.⟩ *dicker erscheinen lassen, dick machen:* diesen Pullover kann ich nicht unter dem Mantel tragen, weil er aufträgt.

Auf|trag|ge|ber, der; -s, -, **Auf|trag|ge|be|rin,** die; -, -nen: *männliche bzw. weibliche Person, die einen Auftrag erteilt:* mein A. **sinnv.:** ↑Kunde.

auf|tref|fen, trifft auf, traf auf, ist aufgetroffen ⟨itr.⟩: *auf etwas treffen, aufprallen:* die Sonde traf auf die/auf der Oberfläche des Mondes auf. **sinnv.:** ↑aufschlagen.

auf|trei|ben, trieb auf, hat aufgetrieben ⟨tr.⟩: **1.** (ugs.) *nach längerem Suchen finden, sich beschaffen:* er konnte in der ganzen Stadt keinen Dolmetscher a. **sinnv.:** ↑beschaffen; ↑finden. **2.** *von innen her dick machen, schwellen lassen:* das Wasser hat den Leib des Toten aufgetrieben. **sinnv.:** ↑aufblähen; ↑anschwellen.

auf|tren|nen, trennte auf, hat aufgetrennt ⟨tr.⟩: **a)** *(etwas Genähtes) durch Auflösen der Nähte in seine Bestandteile zerlegen:* einen Rock a.; die Naht mit dem Messer a. *(die Fäden zwischen Zusammengenähtem entfernen).* **sinnv.:** auseinandertrennen, trennen, zertrennen. **b)** *(bei etwas Gestricktem, Gehäkeltem) die Verbindung der Fäden völlig lösen:* einen Pullover a. **sinnv.:** aufdrehen, aufdröseln, aufmachen, aufriffeln.

auf|tre|ten, tritt auf, trat auf, ist aufgetreten ⟨itr.⟩: **1.** *den Fuß auf den Boden setzen:* er hatte sich am Fuß verletzt und konnte nicht a. **sinnv.:** aufstampfen, den Fuß/die Füße aufsetzen. **2. a)** *sich in bestimmter Weise zeigen, benehmen:* er trat bei den Verhandlungen sehr energisch auf. **sinnv.:** sich ↑benehmen. **b)** *(in bestimmter Absicht) tätig sein:* als Zeuge, Redner a. **sinnv.:** darstellen, erscheinen, figurieren, fungieren, machen, mimen, sein. **c)** *auf der Bühne spielen:* der Schauspieler tritt nicht mehr auf. **sinnv.:** ↑spielen. **3.** *sich (bei Gebrauch oder im Laufe der Zeit)* *herausstellen, ergeben:* Schwierigkeiten traten auf. **sinnv.:** ↑anfallen, aufkommen, sich einstellen, ↑entstehen, sich ergeben, erscheinen, sich herausstellen, sich zeigen, ↑vorkommen.

Auf|tre|ten, das; -s: *jmds. Benehmen vor anderen:* der Vertreter hat ein sicheres A. **sinnv.:** ↑Benehmen.

Auf|trieb, der; -[e]s, -e: *aus einem Impuls heraus entstehender Schwung:* diese Nachricht gab ihm A. **sinnv.:** Arbeitsfreude, -lust, Aufwind, Lebensfreude, Schaffensfreude, -lust, Tatendrang, -lust; ↑Lust; ↑Aufschwung · ↑anregen.

Auf|tritt, der; -[e]s, -e: **1.** *das Auftreten (eines Schauspielers auf der Bühne):* der Schauspieler wartete auf seinen A. **sinnv.:** Auftreten · Debüt · Gastspiel, -vorstellung. **2.** *Teil eines Aufzugs* (3): im zweiten A. der ersten Szene spricht der Held einen Monolog. **sinnv.:** ↑Aufzug. **3.** *heftige Auseinandersetzung [bei der einem anderen Vorhaltungen gemacht werden]:* als der Sohn spät nach Hause kam, gab es einen A. in der Familie. **sinnv.:** Szene; ↑Streit.

auf|trump|fen, trumpfte auf, hat aufgetrumpft ⟨itr.⟩: *seine Meinung, seinen Willen oder eine Forderung (auf Grund seiner Überlegenheit) durchzusetzen versuchen:* er versuchte bei seinen Eltern aufzutrumpfen; mit seinem Können a. **sinnv.:** ↑protestieren; sich ↑durchsetzen; ↑siegen; ↑übertreffen; ↑prahlen.

auf|tun, tat auf, hat aufgetan: **1.** ⟨tr.⟩ (ugs.) *auf den Teller tun:* das Essen a. **sinnv.:** auffüllen, auflegen, vorlegen. **2. a)** ⟨tr.⟩ *(Augen, Mund o. ä.) öffnen:* die Augen a. **sinnv.:** ↑öffnen. **b)** ⟨sich a.⟩ (geh.) *sich ↑öffnen:* die Tür tat sich auf, und der Lehrer kam herein. **c)** ⟨sich a.⟩ (geh.) *plötzlich deutlich erkennbar oder vor jmdm. sichtbar werden:* auf der Reise tat sich ihm eine ganz neue Welt auf. **sinnv.:** sich ↑bieten. **3.** ⟨tr.⟩ (ugs.) *(etwas Günstiges o. ä.) entdecken, finden:* ich habe einen billigen Laden für Schokolade aufgetan. **sinnv.:** ↑finden.

auf|tür|men, türmte auf, hat aufgetürmt (geh.): **1.** ⟨tr./sich a.⟩ *in großen Mengen übereinanderlegen, aufhäufen:* Steine a.; Wolken türmten sich auf. **sinnv.:** ↑aufschichten. **2.** ⟨sich a.⟩ *wuchtig, massig in die Höhe ragen:* riesige Felsen türmten sich vor mir auf.

auf|wa|chen, wachte auf, ist aufgewacht ⟨itr.⟩: *wach werden* /Ggs. einschlafen/: durch den Lärm a. **sinnv.:** die Augen aufschlagen, erwachen, aus dem Schlaf auffahren/aufschrecken, wach/munter werden.

auf|wach|sen, wächst auf, wuchs auf, ist aufgewachsen ⟨itr.⟩: *(in bestimmter Umgebung) seine Kindheit verbringen und dort groß werden:* er ist bei seinen Großeltern aufgewachsen. **sinnv.:** sich entwickeln, groß werden, heranreifen, heranwachsen, reifen.

Auf|wand, der; -[e]s: **1.** *das, was für etwas aufgewendet wird, aufgewendet worden ist:* dieser A. an Kraft war nicht erforderlich. **sinnv.:** Aufbietung, Einsatz, Mobilisierung · Ausgabe, Auslage, Geldaufwand, Unkosten; ↑Preis. **Zus.:** Arbeits-, Energie-, Kosten-, Kraft-, Stimm-, Zeitaufwand. **2.** *Luxus, übertriebene Pracht:* er leistete sich einen gewissen A. **sinnv.:** Aufgebot, Ausstattung, Repräsentation · Verschwendung · Brimborium, Klimbim, Tamtam; ↑Prunk.

auf|wär|men, wärmte auf, hat aufgewärmt: **1.** ⟨tr.⟩ **a)** *(Speisen) wieder warm machen:* das Essen a. **sinnv.:** aufbacken, aufbraten, aufkochen, erhitzen, kochen, warm/heiß machen, wärmen; ↑sieden. **b)** (ugs.) *(etwas [Unerfreuliches], was vergessen oder erledigt war) wieder in Erinnerung bringen, darüber sprechen:* warum mußt du immer wieder die alten Geschichten a.? **sinnv.:** ↑erwähnen. **2.** ⟨sich a.⟩ *sich wieder wärmen, weil einem kalt ist, weil man friert:* sich am Ofen a. **sinnv.:** sich ↑wärmen.

auf|wärts ⟨Adverb⟩: *nach oben* /Ggs. abwärts/: der Lift fährt a. **sinnv.:** bergan, bergauf, bergwärts, empor, herauf, hinauf, hoch, nach oben, stromauf. **Zus.:** berg-, fluß-, stromaufwärts.

auf|wärts|ge|hen, ging aufwärts, ist aufwärtsgegangen ⟨itr.⟩ (ugs.): *in wirtschaftlicher o. ä. Hinsicht besser werden* /Ggs. abwärtsgehen/: es geht wieder aufwärts mit der Firma. **sinnv.:** bergauf gehen, sich bessern, sich verbessern.

auf|wecken, weckte auf, hat aufgeweckt ⟨tr.⟩ /vgl. aufgeweckt/: *wach machen:* der Lärm hat ihn aufgeweckt. **sinnv.:** aus dem Bett holen/jagen, aus dem Schlaf reißen/rütteln, wach/munter machen, wach rütteln, wecken.

auf|wei|chen, weichte auf, hat/ist aufgeweicht: **1.** ⟨tr.⟩ *[durch Eintauchen in eine Flüssigkeit] allmählich weich machen:* ich hatte den Zwieback in der Milch aufgeweicht. **sinnv.:** durchweichen. **2.** ⟨itr.⟩ *allmählich weich werden:* der Asphalt ist durch die Hitze aufgeweicht; aufgeweichte Wege. **sinnv.:** weichen.

auf|wei|sen, wies auf, hat aufgewiesen ⟨itr.⟩: *(durch etwas) gekennzeichnet sein und dies zeigen oder erkennen lassen:* dieser Apparat weist einige Mängel auf. **sinnv.:** in sich bergen/tragen, erkennen lassen, gekennzeichnet sein durch, ↑haben, zeigen; ↑anhaften; zählen.

auf|wen|den, wandte/wendete auf, hat aufgewandt/aufgewendet ⟨tr.⟩: *(für einen bestimmten Zweck, für ein Ziel) aufbringen, einsetzen:* er mußte viel Geld a., um das Haus renovieren zu lassen. **sinnv.:** aufbieten, aufbringen, daransetzen, dransetzen, einsetzen, hineinstecken, investieren, mobilisieren, reinstecken, verwenden · anspannen, anstrengen · ↑bezahlen.

auf|wen|dig ⟨Adj.⟩: *über das übliche, notwendige Maß an Aufwand hinausgehend:* eine reichlich aufwendige Wohnungseinrichtung, Restaurierung; ein aufwendiger Umbau, Lebensstil; die Kostüme sind zu a.; die Sanierung ist sehr a. und unrentabel; dieses Auto ist a. konstruiert; er lebt sehr a. **sinnv.:** ↑teuer; ↑prunkvoll. **Zus.:** personalaufwendig.

Auf|wen|dun|gen, die ⟨Plural⟩: *aufgewendete Kosten.* **sinnv.:** ↑Unkosten; Preis.

auf|wer|fen, wirft auf, warf auf, hat aufgeworfen: **1.** ⟨tr.⟩ **a)** *(Erde) von unten lockern und nach oben bringen:* der Pflug wirft die Erde auf. **b)** *aufschütten:* Erde a. **sinnv.:** ↑aufschichten. **c)** *durch Aufhäufen von etwas bilden:* einen Wall, einen Damm a. **2.** ⟨tr.⟩ *in die Höhe werfen:* die Hände, den Kopf a. **sinnv.:** ↑recken. **3.** ⟨tr.⟩ *zur Sprache bringen, zur Diskussion stellen:* in der Diskussion wurden heikle Fragen aufgeworfen.

sinnv.: ↑erwähnen. **4.** ⟨sich a.⟩ *sich (als jmd.) aufspielen:* hast du das Recht, dich in dieser Angelegenheit zum Richter aufzuwerfen?

auf|wer|ten, wertete auf, hat aufgewertet ⟨tr.⟩: **a)** *eine Währung im Wert erhöhen* /Ggs. abwerten/: wenn die DM aufgewertet wird, werden die Exporte geringer werden. **b)** *den ursprünglichen Wert abgewerteter geldlicher Forderungen zum Teil wieder herstellen:* nach dem Krieg wurden die alten Konten mit 10% aufgewertet.

Auf|wer|tung, die; -, -en: *das Aufwerten.*

auf|wickeln, wickelte auf, hat aufgewickelt ⟨tr.⟩: **1.** *auf etwas wickeln* /Ggs. abwickeln/: Wolle a. **sinnv.:** aufhaspeln, aufrollen, aufspulen, aufwinden, haspeln, rollen auf, spulen, wickeln auf, zusammenrollen. **2.** *die Hülle (von etwas) entfernen, auseinanderwickeln:* ein Päckchen a. **sinnv.:** abrollen, abspulen, aufrollen, ausrollen, entfalten, entrollen, auseinanderlegen, -rollen.

auf|wie|geln, wiegelte auf, hat aufgewiegelt ⟨tr.⟩: *durch Reden, Worte auf eine Gruppe von Menschen in der Weise einwirken, daß sie sich gegen Vorgesetzte o. ä. auflehnt:* jmdn. zu etwas a.; er hat die Arbeiter gegen die Regierung aufgewiegelt. **sinnv.:** agitieren, anheizen, aufbringen, aufhetzen, aufputschen, aufreizen, aufstacheln, fanatisieren, hetzen, Öl ins Feuer gießen, scharfmachen, stänkern, verhetzen, Zwietracht säen · ↑anstacheln, anstiften.

auf|wie|gen, wog auf, hat aufgewogen ⟨tr.⟩: *denselben Wert wie etwas anderes haben; einen Ausgleich (für etwas) darstellen:* der Verlust des Ringes konnte mit Geld nicht aufgewogen werden. **sinnv.:** ↑ausgleichen.

Auf|wind, der; -[e]s, -e: **a)** *vom Boden aufsteigende Luftbewegung:* A. haben. **b)** ↑*Auftrieb: durch etwas A. bekommen.*

auf|wir|beln, wirbelte auf, hat/ist aufgewirbelt: **1.** ⟨tr.⟩ *in die Höhe wirbeln, wirbelnd in die Höhe treiben:* der Wind hat den Staub aufgewirbelt. **sinnv.:** aufrühren, hochwirbeln. **2.** ⟨itr.⟩ *in die Höhe wirbeln, wirbelnd auffliegen:* der Staub ist aufgewirbelt.

auf|wi|schen, wischte auf, hat aufgewischt: **a)** ⟨tr.⟩ *mit einem Lappen durch Wischen [vom Boden] entfernen:* ich wischte die verschüttete Milch auf. **sinnv.:** auftrocknen, ↑abwaschen, ↑abwischen. **b)** ⟨tr./itr.⟩ *durch Wischen reinigen:* hast du [den Fußboden] aufgewischt? **sinnv.:** ↑säubern.

auf|wüh|len, wühlte auf, hat aufgewühlt ⟨tr.⟩: **1.** *wühlend (in etwas) eindringen, es durcheinanderbringen [und dabei Unteres nach oben befördern]:* der Bagger wühlte die Erde auf. **2.** *in innere Bewegung versetzen, erschüttern:* die Musik wühlte ihn auf. **sinnv.:** aufpeitschen, ↑aufregen, ↑erschüttern.

auf|zäh|len, zählte auf, hat aufgezählt ⟨tr.⟩: *einzeln und nacheinander nennen:* jmds. Verdienste a. **sinnv.:** ↑erwähnen.

auf|zäu|men, zäumte auf, hat aufgezäumt ⟨tr.⟩: *(einem Zug- oder Reittier) den Zaum anlegen:* ein Pferd a. **sinnv.:** zäumen.

auf|zeich|nen, zeichnete auf, hat aufgezeichnet ⟨tr.⟩: **1.** *auf etwas zeichnen:* einen Grundriß genau a. **sinnv.:** ↑zeichnen. **2.** *schriftlich, in Bild, Ton festhalten:* seine Beobachtungen a. **sinnv.:** aufnehmen, ↑aufschreiben.

Auf|zeich|nung, die; -, -en: **1.** *das Aufzeichnen.* **sinnv.:** Abfassung, Anfertigung, Formulierung, Niederschrift · Aufnahme, Erfassung. **2.** *etwas Aufgezeichnetes.* **sinnv.:** Manuskript, Niederschrift, Notiz, Stichwörter · Protokoll; ↑Aufsatz. **Zus.:** Tagebuch-, Tonaufzeichnung.

auf|zei|gen, zeigte auf, hat aufgezeigt ⟨tr.⟩: *deutlich (auf etwas) hinweisen, vor Augen führen:* Probleme a. **sinnv.:** aufweisen, ↑hinweisen, ↑nachweisen, zutage bringen.

auf|zie|hen, zog auf, hat/ist aufgezogen: **1.** ⟨tr.⟩ *in die Höhe ziehen:* er hat den Rolladen aufgezogen. **sinnv.:** aufwinden, heraufziehen, hinaufziehen, hochziehen · hissen · ↑heben. **2.** ⟨tr.⟩ *durch Ziehen öffnen* /Ggs. zuziehen/: er hat den Vorhang aufgezogen. **sinnv.:** ↑öffnen. **3.** ⟨tr.⟩ *(auf etwas) straff befestigen:* er hat das Bild auf Pappe aufgezogen. **sinnv.:** ↑aufspannen. **4.** ⟨tr.⟩ ↑*großziehen:* die Großeltern haben das Kind aufgezogen. **5.** ⟨tr.⟩ **a)** *(eine Uhr o. ä.) durch Straffen einer Feder zum Funktionieren bringen:* er hat den Wecker aufgezogen. **sinnv.:** aufdrehen. **b)** *die Planung, Ausgestaltung einer Veranstaltung übernehmen und diese vorbereiten:* er hat ein großes Fest aufgezogen. **sinnv.:** ↑veranstalten. **6.** ⟨tr.⟩ *Scherz, Spott treiben (mit jmdm.):* seine Kameraden haben ihn wegen seines Namens aufgezogen. **sinnv.:** anöden, anpflaumen, ärgern, auf den Arm nehmen, flachsen, foppen, frotzeln, dem Gelächter preisgeben, hänseln, hochnehmen, höhnen, durch den Kakao ziehen, necken, ↑persiflieren, mit jmdm. seinen Schabernack/Scherz/Spott treiben, auf die Schippe nehmen, spötteln, spotten, sticheln gegen, ulken, uzen, veralbern, verhöhnen, ↑verspotten, verulken, witzeln; ↑anführen. **7.** ⟨itr.⟩ **a)** *herankommen, sich nähern:* ein Gewitter ist aufgezogen. **sinnv.:** im Anzug/Verzug sein, aufkommen, drohen, herankommen, herannahen, heraufziehen, hochziehen, kommen, nahen, sich nähern, sich zusammenballen, sich zusammenbrauen, sich zusammenziehen. **b)** *sich (an einer bestimmten Stelle) aufstellen:* eine Wache war vor dem Schloß aufgezogen.

Auf|zucht, die; -: *das Aufziehen* /bes. von [Haus]tieren/: die A. von Schweinen, Geflügel. **sinnv.:** Züchtung · aufziehen. **Zus.:** Geflügel-, Pferde-, Rinder-, Viehaufzucht.

Auf|zug, der; -[e]s, Aufzüge: **1. a)** *Anlage zum Befördern von Personen oder Sachen nach oben oder unten:* in diesen A. gehen nur 4 Personen. **sinnv.:** Beamtenbagger, Fahrstuhl, Lift, Paternoster, Proletenbagger · Rolltreppe. **Zus.:** Lasten-, Personen-, Speisen-, Warenaufzug. **b)** *Vorrichtung zum Hochziehen von Lasten.* **sinnv.:** ↑Winde · hinaufziehen. **2.** *auffallende, als ungewöhnlich und meist im negativen Sinne als unangemessen angesehene Kleidung:* es war mir unangenehm, ihn in diesem A. begrüßen zu müssen; in dem A. kann man sich mit dir nicht über die Straße trauen; er kam in einem trachtenähnlichen A. **sinnv.:** ↑Aufmachung. **3.** *Akt eines Dramas.* **sinnv.:** Akt · Auftritt, Bild, Szene.

Au|ge, das; -s, -n: *Organ zum Sehen:* blaue, strahlende Augen. **sinnv.:** Augapfel · Seher (beim Hasen), Lichter (bei Rot-,

Schwarzwald) · Augenlicht, Sehkraft, Sehschärfe, Sehvermögen · scharfes Auge, Röntgenblick, Scharfsichtigkeit. **Zus.:** Adler-, Argus-, Facetten-, Falken-, Frosch-, Glas-, Luchs-, Mandel-, Röntgen-, Schlitz-, Triefauge.

Au|gen|blick [auch: ...blick], der; -s, -e: **a)** *sehr kurzer Zeitraum:* warte noch einen A.! **sinnv.:** Moment, ↑Weile, Zeitpunkt, Zeit. **b)** *bestimmter Zeitpunkt:* das war ein günstiger, wichtiger A.

au|gen|blick|lich [auch: ...blick...] ⟨Adj.⟩: **1.** *ohne jede Verzögerung [geschehend, erfolgend o. ä.]:* augenblickliche Hilfe erwarten; du hast a. zu kommen. **sinnv.:** gleich, prompt, schleunigst, schnurstracks, sofort, sofortig, sogleich, spornstreichs, auf der Stelle, stracks, unverzüglich, ohne Verzug. **2.** *zum gerade herrschenden Zeitpunkt [vorhanden, gegeben o. ä.]:* die augenblickliche Lage ist ernst; die Ware ist a. knapp. **sinnv.:** derzeit, derzeitig, gegenwärtig, heute, heutig, jetzt, jetzig, momentan, im Moment, nun, nunmehr, zur Stunde. **3.** *nur kurz andauernd:* eine augenblickliche Übelkeit, Verstimmung. **sinnv.:** flüchtig, momentan, ↑vorübergehend.

Au|gen|maß, das; -es: **a)** *Messung, Schätzung nur mit dem Auge:* rein nach A. beträgt der Abstand etwa sieben Meter. **b)** *Fähigkeit, der Situation entsprechend zu handeln:* Politik mit A.

au|gen|schein|lich [auch: ... schein...] ⟨Adj.⟩: *deutlich zutage tretend, wie sich zeigt:* es gefällt ihm a. **sinnv.:** ↑offenbar.

Au|gen|zeu|ge, der; -n, -n: *jmd., der einen Vorfall o. ä. mit angesehen hat [und den Hergang schildern kann]:* er wurde A. dieses Unfalls. **sinnv.:** ↑Zeuge; ↑Zuschauer; Ohrenzeuge.

Au|gust, der; -[s]: *achter Monat des Jahres.* **sinnv.:** Erntemonat, -mond, Ernting; ↑Monat.

Au|la, die; -, Aulen und -s: *Raum für Veranstaltungen oder Versammlungen in Schulen, Universitäten.* **sinnv.:** ↑Klasse.

aus: I. ⟨Präp. mit Dativ⟩ **1. a)** */gibt die Richtung, die Bewegung von innen nach außen an/:* aus dem Zimmer gehen. **b)** */gibt die räumliche oder zeitliche Herkunft, den Ursprung, den ursprünglichen Bereich an/:* ein Werk aus dem vorigen Jahrhundert; aus der Nähe; aus drei Meter Entfernung; aus Berlin stammen. **2. a)** */in Verbindung mit Stoffbezeichnungen zur Angabe des Materials, aus dem etwas besteht, hergestellt wird, entsteht/:* eine Bank aus Holz; ein Kleid aus Papier. **b)** */zur Angabe eines früheren Stadiums der Entwicklung/:* aus den Raupen werden Schmetterlinge. **3.** */zur Angabe des Grundes, der Ursache/:* etwas aus Eifersucht tun; /verstärkt durch „heraus"/: er handelte aus einer Notlage heraus. **sinnv.:** ↑wegen. **II. 1.** /in Verbindung mit einem Personalpronomen in Konkurrenz zu *daraus;* bezogen auf eine Sache (ugs.)/: es liegen neue Arbeitslosenzahlen vor. Man kann aus ihnen (statt: daraus) keine günstigen Wirtschaftsprognosen ableiten. **2.** /in Verbindung mit „was" in Konkurrenz zu *woraus;* bezogen auf eine Sache (ugs.)/: **a)** /in Fragen/: a. was (besser: woraus) wird Gummi hergestellt? **b)** /in relativer Verbindung/: ich weiß nicht, a. was (besser: woraus) dieser Kunststoff besteht. **III.** ⟨Adverb⟩ **1.** /oft imperativisch und elliptisch an Stelle bestimmter Verben/ **a)** */drückt aus, daß es mit etwas am Ende, vorbei ist/:* aus, wir gehen jetzt!; aus der Traum vom Sieg. **sinnv.:** zu Ende, Schluß, vorbei, vorüber. **b)** *drückt den Wunsch, Befehl aus, etwas auszuschalten, abzustellen/:* Licht aus! Motor aus! **2.** in der Verbindung „von ... aus": vom Fenster aus *(her);* von hier aus *(ausgehend);* von Hamburg aus *(an)* war er im Zug.

aus- ⟨trennbares, betontes verbales Präfix⟩: **I.** /kennzeichnet das Entfernen oder Sichentfernen/: **1. a)** *von innen nach außen:* ausatmen (Ggs. einatmen), ausbrechen (aus dem Gefängnis), ausreisen, ausreiten, ausschwärmen, ausstrahlen, ausströmen. **b)** *überallhin, in alle Richtungen:* auslaufen (Farbe), ausplaudern, ausposaunen, ausstreuen, auswalzen. **c)** *sichtbar nach draußen:* aushängen, auslegen (Prospekte). **2. a)** */durch das im Basiswort genannte Tun aus etwas herausbringen/:* ausbauen (Motor), ausbuddeln, ausbürsten (Staub), ausfegen, ausgraben, auskippen (Wasser), auslogieren, auspressen (Saft), ausreißen, ausrupfen, ausschalten, ausschrauben, ausschwitzen, austreiben. **b)** */machen, daß etwas durch das im Basiswort genannte Tun von etwas frei ist/:* ausästen, ausbürsten (Hose), ausfegen (Zimmer), ausgräten (Fisch), auskaufen (Geschäft), auskippen (Eimer), ausmisten (Stall), auspressen (Zitrone), ausrauben, aussteinen. **c)** *von der geraden Richtung weg:* ausarten, ausbiegen, ausrutschen, ausweichen. **d)** */bezeichnet eine Erweiterung, Ausdehnung/:* ausbauen (Hafen), ausbeulen (Hosen), ausbreiten, ausbuchten, ausweiten (Schuhe). **e)** */aus einer Menge herausbringen/:* auserwählen, ausgrenzen, auslosen, ausmanövrieren, ausmustern, ausschließen, aussuchen, auswählen. **II. a)** */bis zum Ende, bis die Kräfte o. ä. aufgebraucht sind, ganz und gar/:* ausagieren, ausbaden, ausblassen, ausblühen, ausbluten, ausbomben, ausdiskutieren, ausessen, ausgehen (Feuer), ausheilen, ausheulen, ausixen, ausklingen, auskurieren, auslernen, auslesen, auslöffeln, auslöschen, ausnüchtern, ausräuchern, ausreden, aussitzen (eine Krise a.), aussterben, sich austoben, austrocknen; /in Verbindung mit Formen des Partizips II/: *zu Ende:* ausgebucht; ein ausgepichter Gourmet; eine ausgebuffte Elektronik; ausgefuchst; es hat sich ausgehübscht *(es ist nicht mehr hübsch),* es hat sich ausgerockt *(mit dem Rock, der Rockmusik ist es zu Ende).* **b)** */machen, daß etwas nicht mehr in Betrieb, Funktion ist/:* ausdrehen (Gas), ausmachen (Radio), ausschalten, austreten (Feuer). **III.** */mit etwas versehen/:* auspreisen (Waren mit einem Preis versehen), ausflaggen (Tore), auskleiden (Wände), ausleuchten, ausmalen (ein Bild), ausschmücken, ausstatten, auszementieren. **IV.** */ausgleichend/:* ausbalancieren. **V.** */verstärkend/:* ausbuhen, ausdifferenzieren, ausformulieren, ausschimpfen, sich ausschweigen, austauschen, austilgen.

aus|ar|bei|ten, arbeitete aus, hat ausgearbeitet: **1.** ⟨tr.⟩ *den Aufbau oder die Ausführung (von etwas) im einzelnen entwerfen und festlegen:* einen Vortrag a. **sinnv.:** ↑entwerfen. **2.** ⟨sich a.⟩ *sich durch Arbeit die nötige körperliche Bewegung verschaffen:* sich im Garten tüchtig a.

aus|ar|ten, artete aus, ist ausgeartet ⟨itr.⟩: *sich über das normale Maß hinaus (zu etwas meist Schlechtem) entwickeln:* Sie brauchen mehr Bewegung, es muß ja nicht gleich in Sport a.; dieses Gespräch artete in ein Verhör aus; ihre politische Gegnerschaft ist in eine persönliche Feindschaft ausgeartet. **sinnv.:** ↑überhandnehmen.

aus|at|men, atmete aus, hat ausgeatmet ⟨tr.⟩: *den Atem aus der Lunge entweichen lassen, ausstoßen* /Ggs. einatmen/. **sinnv.:** ↑atmen.

aus|ba|den, badete aus, hat ausgebadet ⟨tr.⟩ (ugs.): *(für etwas, was man selbst oder ein anderer verschuldet hat) die Folgen tragen, auf sich nehmen müssen:* seine Frechheiten hatten wir auszubaden. **sinnv.:** ↑einstehen.

aus|bau|en, baute aus, hat ausgebaut ⟨tr.⟩: **1. a)** *durch Bauen vergrößern:* ein Haus a. **b)** *durch entsprechende Arbeiten o. ä. zu etwas Größerem, Besserem, Schönerem machen:* das Dachgeschoß zu einer Wohnung a. **sinnv.:** ↑anbauen; ↑erweitern; ↑vermehren. **2.** *(etwas in etwas Eingebautes) wieder herausnehmen:* den Motor [aus dem Auto] a.

aus|be|din|gen, sich; bedang sich aus, hat sich ausbedungen (geh.): *zur Bedingung machen:* du mußt dir ein gutes Honorar a. **sinnv.:** ↑verlangen; ↑vorbehalten.

aus|bes|sern, besserte aus, hat ausgebessert ⟨tr.⟩: **a)** *(etwas schadhaft Gewordenes) wieder in guten Zustand versetzen:* Wäsche, das Dach eines Hauses a. **sinnv.:** ↑reparieren. **b)** *(eine schadhaft gewordene Stelle an etwas) durch Reparatur beseitigen:* einen Schaden [an der Tapete] a.

aus|beu|len, beulte aus, hat ausgebeult: **1. a)** ⟨tr.⟩ *(ein Kleidungsstück) durch Tragen an einer Stelle so dehnen, daß sich diese nach außen wölbt:* die Ärmel einer Jacke, eine Hose a. **sinnv.:** ↑ausweiten. **b)** ⟨sich a.⟩ *durch Tragen an einer Stelle so gedehnt werden, daß sich diese nach außen wölbt:* der Rock, die Hose hat sich schnell ausgebeult. **2.** ⟨tr.⟩ *eine eingedrückte Stelle, Beulen (bei etwas) beseitigen:* den Kotflügel, einen zerbeulten Hut a.

Aus|beu|te, die; -, -n: *aus einer bestimmten Arbeit, Tätigkeit erwachsener Ertrag:* eine große A. an Mineralien; die wissenschaftliche A. der Reise war gering. **sinnv.:** ↑Ertrag; ↑Profit.

aus|beu|ten, beutete aus, hat ausgebeutet ⟨tr.⟩: **1. a)** *[skrupellos] zum eigenen Vorteil ausnutzen:* jmds. Arbeitskraft a.; die Arbeiter wurden ausgebeutet. **sinnv.:** ausnutzen, auspowern, auspressen, aussaugen, jmdm. den Hals abschneiden, jmdm. das Mark aus den Knochen saugen, ruinieren, zugrunde richten; ↑ausnehmen. **b)** *sich skrupellos zunutze machen:* jmds. Unkenntnis, Gutmütigkeit a. **sinnv.:** ↑ausnutzen. **2.** *zum Nutzen gebrauchen, Nutzen ziehen (aus etwas):* den guten Boden, eine Grube a.; alle historischen Quellen a. *(systematisch nutzen).* **sinnv.:** ↑auswerten.

aus|be|zah|len, bezahlte aus, hat ausbezahlt ⟨tr.⟩: **a)** *aus einer entsprechenden Kasse an jmdn. [der darauf einen Anspruch hat] zahlen:* eine Summe, den Lohn [in] bar ausbezahlt bekommen. **sinnv.:** ↑auszahlen. **b)** *mit Bargeld (als Teil eines Vermögens, der dem Empfänger zusteht, gehört) abfinden:* die Erben, den Teilhaber a. **sinnv.:** ↑entschädigen.

aus|bil|den, bildete aus, hat ausgebildet ⟨tr.⟩: **1. a)** *längere Zeit in etwas unterweisen, um auf eine [berufliche] Tätigkeit vorzubereiten:* Lehrlinge a. **sinnv.:** anlernen; ↑abrichten; ↑erziehen. **b)** *durch Schulung zur Entfaltung bringen, fördern:* seine Fähigkeiten a. **2. a)** *aus sich hervorbringen:* eine bestimmte Eigenschaft a.; die Pflanzen bilden Blätter aus. **sinnv.:** produzieren. **b)** ⟨sich a.⟩ *sich in bestimmter Weise entwickeln:* die Blüten bilden sich nur langsam aus. **sinnv.:** ↑entstehen.

Aus|bil|der, der; -s, -, **Aus|bil|de|rin,** die; -, -nen: *männliche bzw. weibliche Person, die jmdn. längere Zeit für eine [berufliche, bes. militärische] Tätigkeit ausbildet.* **sinnv.:** Anleiter, Instrukteur, Unterrichtender; ↑Lehrer.

aus|bit|ten, sich; bat sich aus, hat sich ausgebeten: *nachdrücklich und als selbstverständlich fordern:* ich bitte mir Ruhe aus! **sinnv.:** ↑verlangen; ↑bitten.

aus|bla|sen, bläst aus, blies aus, hat ausgeblasen ⟨tr.⟩: *(etwas mit offener Flamme Brennendes) durch Blasen (mit dem Mund) löschen:* er hat die Kerze ausgeblasen.

aus|blei|ben, blieb aus, ist ausgeblieben ⟨itr.⟩: **a)** *(als Sache) nicht eintreten, obgleich es erwartet, damit gerechnet wird:* der Erfolg blieb aus; es konnte ja nicht a. *(es mußte ja so kommen),* daß er sich bei dem Wetter erkältete. **b)** *nicht [mehr] kommen, eintreffen, wie erwartet:* die Kunden, Gäste blieben aus. **sinnv.:** fernbleiben; ↑ausfallen.

aus|blen|den, blendete aus, hat ausgeblendet: **a)** ⟨tr.⟩ *aus einer Rundfunk-, Fernsehsendung, einem Film durch Ausschalten o. ä. herausnehmen:* während einer Live-Sendung den Ton a. **b)** ⟨sich a.⟩ *(von einem Sender o. ä.) sich aus einer Sendung ausschalten.*

Aus|blick, der; -[e]s, -e: *Blick in die Ferne:* wir genossen den herrlichen A. auf die Dünen und das Meer. **sinnv.:** ↑Aussicht.

aus|boo|ten, bootete aus, hat ausgebootet ⟨tr.⟩ (ugs.): *als nicht mehr genehm, zum eigenen Vorteil o. ä. von einem Posten, aus einer beruflichen Stellung entfernen:* einen Minister, Konkurrenten a. **sinnv.:** ↑verdrängen; ↑entlassen.

aus|bre|chen, bricht aus, brach aus, hat/ist ausgebrochen: **1. a)** ⟨tr.⟩ *durch Brechen (aus etwas) entfernen:* er hat einen Stein [aus einer Mauer] ausgebrochen. **b)** ⟨itr.⟩ *sich aus seiner Verankerung, aus etwas lösen:* der Haken ist [aus der Wand] ausgebrochen. **2.** ⟨itr.⟩ **a)** *aus einem Gefängnis o. ä. entkommen:* drei Gefangene sind ausgebrochen. **sinnv.:** ↑fliehen. **b)** *sich aus einer Bindung lösen, eine Gemeinschaft verlassen:* aus der bürgerlichen Gesellschaft a.; er ist aus der Ehe ausgebrochen. **3.** ⟨itr.⟩ **a)** *sich plötzlich seitwärts aus der vorgesehenen Richtung wegbewegen:* das Pferd ist vor dem Hindernis ausgebrochen. **b)** *die eingeschlagene Richtung, Bahn unerwartet verlassen:* beim Bremsen ist der Wagen seitlich ausgebrochen. **sinnv.:** ↑schleudern. **4.** ⟨itr.⟩ **a)** *mit Heftigkeit einsetzen, plötzlich und sehr rasch entstehen:* Jubel, Streit, eine Panik, ein Feuer war ausgebrochen. **sinnv.:** ↑anfangen. **b)** *zum Ausbruch kommen, mit Heftigkeit auftreten:* eine Epidemie, Krankheit ist ausgebrochen. **c)** *(vom Schweiß) plötzlich hervor-*

dringen: ihm ist der Schweiß ausgebrochen. **5.** ⟨itr.⟩ *(von einem Vulkan) in Tätigkeit treten:* der Ätna ist ausgebrochen. **6.** ⟨itr.⟩ *(in Bezug auf Gefühlsäußerungen) plötzlich und heftig mit etwas beginnen, in etwas verfallen:* er ist in Weinen, Zorn ausgebrochen; die Menge brach in Jubel, Gelächter aus. **7.** ⟨tr.⟩ *(etwas Gegessenes) wieder von sich geben:* der Kranke hat alles [wieder] ausgebrochen. **sinnv.:** sich ↑übergeben.

aus|brei|ten, breitete aus, hat ausgebreitet: **1.** ⟨tr.⟩ **a)** *in seiner ganzen Größe oder Breite hinlegen, zeigen:* die Zeitung vor sich a.; eine Decke über den/(auch:) dem Käfig a. **b)** *(zusammengehörige Gegenstände) nebeneinander hinlegen:* er breitete die Geschenke auf dem Tisch aus. **2.** ⟨tr.⟩ *nach den Seiten hin ausstrekken:* die Flügel, die Arme a.; die Bäume breiten ihre Äste aus. **sinnv.:** ↑entfalten. **3.** ⟨sich a.⟩ **a)** *Raum, Boden gewinnen, sich nach allen Richtungen ausdehnen:* das Feuer hat sich schnell weiter ausgebreitet; das Unkraut breitet sich auf dem Beet aus. **sinnv.:** sich ↑entfalten, sich fortpflanzen, um sich greifen, übergreifen, sich übertragen, sich verbreiten. **b)** *sich über eine bestimmte Fläche ausgedehnt darbieten:* Wiesen und Felder breiteten sich vor seinen Augen [bis zum Horizont hin] aus. **sinnv.:** sich ↑erstrecken. **4.** ⟨sich a.⟩ *etwas weitschweifig, detailliert erörtern, sehr ausführlich darüber sprechen:* er konnte sich stundenlang über dieses Thema a. **sinnv.:** sich ↑äußern, ↑darlegen. **5.** ⟨sich a.⟩ (ugs.) *es sich irgendwo bequem machen, sich an einem Platz niederlassen und dabei viel Raum beanspruchen:* er hat sich auf dem Sofa ausgebreitet. **sinnv.:** sich ↑einnisten.

aus|bren|nen, brannte aus, hat/ist ausgebrannt: **1.** ⟨tr.⟩ **a)** *durch Ätzen, Brennen beseitigen:* er hat die Warze ausgebrannt. **b)** *durch Ätzen, Brennen reinigen:* der Arzt hat die Wunde ausgebrannt. **2.** ⟨tr.⟩ *durch Hitze ausdörren:* die Sonne hat die Erde ausgebrannt; meine Kehle ist wie ausgebrannt *(ich habe starken Durst).* **3.** ⟨itr.⟩ **a)** *zu Ende brennen, aufhören zu brennen:* das Feuer, die Kerze ist ausgebrannt; ein ausgebrannter *(erloschener)* Vulkan. **b)** *im Inneren gänzlich verbrennen, durch Feuer völlig zerstört werden:* der Wagen ist bei dem Unglück ausgebrannt.

Aus|bruch, der; -[e]s, Ausbrüche: *das Ausbrechen* (2, 4, 5, 6). **Zus.:** Kriegs-, Schweiß-, Vulkanausbruch.

aus|brü|ten, brütete aus, hat ausgebrütet ⟨tr.⟩: **1. a)** *(Küken o. ä.) durch Brüten zum Ausschlüpfen bringen:* Küken [künstlich] a. **b)** *(auf Eiern) so lange sitzen, bis Junge ausschlüpfen:* Eier a. **2.** *Symptome aufweisen, die auf etwas (z. B. eine Krankheit) hindeuten, was bald offenbar werden wird:* du brütest wohl einen Schnupfen aus? **sinnv.:** bekommen; erkranken.

aus|bü|geln, bügelte aus, hat ausgebügelt ⟨tr.⟩: **1.** *durch Bügeln glätten:* die Nähte a. **2.** *durch Bügeln entfernen:* die Falten im Rock a. **3.** (ugs.) *wieder in Ordnung bringen:* er bügelte die Affäre, den Fehler, die Einbußen schnell wieder aus. **sinnv.:** ↑bereinigen.

Aus|bund: ⟨in der Fügung⟩ ein A. von etwas (oft abwertend oder iron.): *ein Muster[beispiel], der Inbegriff, die Verkörperung von etwas (oft Negativem):* sie ist ein A. von Verlogenheit, aller Schlechtigkeit; ein A. von Gelehrsamkeit. **sinnv.:** Ausgeburt.

aus|bür|gern, bürgerte aus, hat ausgebürgert ⟨tr.⟩: *(jmdm.) die Staatsangehörigkeit aberkennen, entziehen* /Ggs. einbürgern/: jmdn. a. **sinnv.:** ↑ausweisen, des Landes verweisen · emigrieren.

aus|bür|sten, bürstete aus, hat ausgebürstet ⟨tr.⟩: **a)** *mit einer Bürste entfernen:* Staub [aus dem Mantel] a. **b)** *mit einer Bürste reinigen:* die Hose a. **sinnv.:** ↑säubern.

Aus|dau|er, die; -: *Fähigkeit, etwas (z. B. eine Anstrengung) längere Zeit auszuhalten:* es fehlt ihm beim Schwimmen noch die A. **sinnv.:** ↑Beständigkeit.

aus|dau|ernd ⟨Adj.⟩: *eine Anstrengung längere Zeit aushaltend; nicht so schnell ermüdend, nicht erlahmend:* ein ausdauernder Schwimmer. **sinnv.:** ↑beharrlich.

aus|deh|nen, dehnte aus, hat ausgedehnt: **1. a)** ⟨tr.⟩ *über einen bestimmten Bereich hinaus erweitern:* die Grenzen eines Staates a. **b)** ⟨sich a.⟩ *räumliche Erstrekkung gewinnen, sich auf ein weiteres Gebiet erstrecken:* der Handel dehnt sich immer weiter aus. **sinnv.:** sich ↑ausweiten. **2. a)** ⟨tr.⟩ *den Umfang, das Volumen von etwas vergrößern:* die Hitze dehnt die Schienen aus; das Gummiband ganz a. **sinnv.:** ↑ausweiten, ausziehen, dehnen. **b)** ⟨sich a.⟩ *an Umfang, Volumen zunehmen:* Gas, Wasser, Metall dehnt sich bei Erwärmung aus. **sinnv.:** ↑anschwellen, sich dehnen. **3. a)** ⟨tr.⟩ *zeitlich in die Länge ziehen:* seinen Besuch bis zum nächsten Tag a.; ein ausgedehnter *(langer)* Spaziergang. **sinnv.:** hinausziehen, hinauszögern, verlängern; ↑verschieben. **b)** ⟨sich a.⟩ *sich in die Länge ziehen, lange Zeit andauern:* die Feier dehnte sich über den ganzen Abend aus. **sinnv.:** ↑andauern. **4.** ⟨tr.⟩ *jmdn./etwas in etwas einbeziehen:* die Nachforschungen auf die ganze Stadt a.; seinen Einfluß auf andere a. **sinnv.:** ↑erweitern. **5.** ⟨sich a.⟩ *sich über einen größeren Raum erstrecken, einen größeren Bereich umfassen:* weites Land dehnt sich vor ihm aus; ausgedehnte *(große)* Ländereien. **sinnv.:** sich ↑erstrecken.

Aus|deh|nung, die; -, -en: *das Ausdehnen, Sichausdehnen.* **sinnv.:** ↑Ausmaß · ↑Dimension.

aus|den|ken, sich; dachte sich aus, hat sich ausgedacht: *in Gedanken zurechtlegen, ausarbeiten:* ich hatte mir einen Trick ausgedacht; es ist nicht auszudenken *(es ist unvorstellbar),* was ohne seine Hilfe passiert wäre. **sinnv.:** ausbrüten, aushecken, ausklügeln, aussinnen, austüfteln, erdenken, ↑erfinden, ergrübeln, ersinnen; sich etwas ↑vorstellen.

aus|dre|hen, drehte aus, hat ausgedreht ⟨tr.⟩: **a)** *(durch Drehen an einem Knopf, Schalter o. ä.) das weitere Ausfließen, Hervortreten von etwas unterbinden:* das Gas, das Licht a. **b)** *(durch Drehen an einem Knopf, Schalter o. ä.) die Funktion von etwas unterbinden:* das Radio a. **sinnv.:** ↑ausschalten.

Aus|druck, der; -[e]s, Ausdrükke: **1.** *aus einem oder mehreren Wörtern bestehende sprachliche Einheit, mit der in bestimmter Weise eine bestimmte Aussage gemacht wird, die etwas Bestimmtes bezeichnet, kennzeichnet:* ein gewählter, umgangssprachlicher, ordinärer A.; Ausdrücke aus einer Fachsprache gebrauchen; diesen A. habe ich noch nie gehört. **sinnv.:** ↑Begriff; ↑Wort. **Zus.:** Fach-, Kraft-, Modeausdruck. **2.** ⟨ohne Plural⟩ *Stil oder Art und Weise des Formulierens, der künstlerischen Gestaltung:* sein A. ist schwerfällig; Gewandtheit im A.; sein Gesang ist ohne A. **sinnv.:** ↑Ausdrucksweise. **3.** ⟨ohne Plural⟩ *sichtbares Zeichen, Widerspiegelung einer Gemütsbewegung, einer inneren Betroffenheit, einer seelischen Verfassung:* ein A. von Trauer zeigt sich auf seinem Gesicht; er schrieb das Gedicht als A. seiner Liebe; etwas zum A. bringen *(erkennen lassen, ausdrücken);* etwas kommt in etwas zum A. *(etwas wird in etwas deutlich werden).* **sinnv.:** Bekundung, Dartun, Kundgabe, Zeichen; ↑Miene · sich ↑ausprägen. **Zus.:** Gesichtsausdruck.

aus|drü|cken, drückte aus, hat ausgedrückt: **1.** ⟨tr.⟩ **a)** *(Flüssigkeit) aus etwas pressen:* den Saft [aus der Zitrone] a. **sinnv.:** auspressen. **b)** *Flüssigkeit durch Druck (aus etwas) entfernen:* den Schwamm a. **sinnv.:** auspressen, ausquetschen, auswinden, auswringen. **2.** ⟨tr.⟩ *(Brennendes, Glimmendes) durch Zerdrücken zum Erlöschen bringen:* eine Zigarette, die Glut a. **3. a)** ⟨tr.⟩ *in bestimmter Weise in Worte fassen:* seine Gedanken klar a. **sinnv.:** ↑darlegen, formulieren. **b)** ⟨sich a.⟩ *sich in bestimmter Weise in Worten äußern:* er kann sich nicht gut a. **sinnv.:** ↑sprechen. **4.** ⟨tr.⟩ **a)** *in Worten erkennen lassen, zum Ausdruck bringen:* sein Mitgefühl, seinen Dank a. **sinnv.:** ↑mitteilen. **b)** *erkennbar machen:* seine Haltung drückt Trauer aus; seine Worte drücken große Sorge aus. **sinnv.:** ↑bekunden; ↑bedeuten.

aus|drück|lich [auch: ...drück...] ⟨Adj.⟩: *mit Nachdruck und unmißverständlich [vorgebracht], extra [für diesen Fall erwähnt]:* ein ausdrückliches Verbot; ich habe a. gesagt, daß er sofort bezahlen muß. **sinnv.:** ↑besonders; ↑nachdrücklich.

aus|drucks|voll ⟨Adj.⟩: *voll[er] Ausdruck in der Formulierung oder [künstlerischen] Gestaltung:* das Kind erzählt a.; ein ausdrucksvolles Profil. **sinnv.:** ausdrucksstark, bedeutend, bedeutsam, bedeutungsvoll, bilderreich, expressiv, metaphorisch.

Aus|drucks|wei|se, die; -, -n: *Art und Weise, wie sich jmd. mündlich oder schriftlich ausdrückt.* **sinnv.:** Ausdruck, Darstellungsweise, Diktion, Handschrift, Redeweise, Schreibweise, Sprache, Sprechweise, Stil.

aus|dün|sten, dünstete aus, hat ausgedünstet ⟨tr.⟩ *(Feuchtigkeit, Geruch) von sich geben:* die Pferde dünsteten einen scharfen Geruch aus. **sinnv.:** ↑schwitzen.

Aus|dün|stung, die; -, -en: **1.** *das Ausdünsten.* **sinnv.:** Schweißabsonderung, Schweißsekretion, Schwitzen, Transpiration. **Zus.:** Hautausdünstung. **2.** *häufig unangenehmer Geruch, der von jmdm./etwas ausgedünstet wird.* **sinnv.:** Geruch, Körpergeruch, Schweißgeruch.

aus|ein|an|der ⟨Adverb⟩: **1.** *einer vom anderen entfernt, weg; räumlich oder zeitlich voneinander getrennt:* die Schüler a. setzen; die Wörter werden a. geschrieben; die beiden Vorgänge liegen zeitlich weit a. **2.** *eines aus dem andern heraus:* Formeln a. ableiten.

aus|ein|an|der|ge|hen, ging auseinander, ist auseinandergegangen ⟨itr.⟩: **1. a)** *eine Gemeinschaft, Partnerschaft auflösen, aufgeben:* sie sind im besten Einvernehmen auseinandergegangen. **sinnv.:** sich ↑trennen. **b)** (ugs.) *sich wieder auflösen, nicht länger bestehen:* ihre Verlobung, die Ehe ist auseinandergegangen. **sinnv.:** sich ↑auflösen. **2.** *von einer bestimmten Stelle an nach verschiedenen Seiten verlaufen:* die Straßen gehen hier auseinander. **sinnv.:** sich ↑gabeln. **3.** (ugs.) *in mehrere Teile zerfallen:* das Spielzeug ist auseinandergegangen. **sinnv.:** ↑entzweigehen. **4.** *nicht übereinstimmen, verschieden sein:* in diesem Punkt gehen unsere Ansichten auseinander. **sinnv.:** ↑kontrastieren. **5.** (ugs.) *dick[er] werden:* sie ist ziemlich auseinandergegangen. **sinnv.:** ↑zunehmen.

aus|ein|an|der|set|zen, setzte auseinander, hat auseinandergesetzt: **1.** ⟨tr.⟩ *bis ins einzelne erklären, darlegen:* jmdm. seine Gründe für ein Verhalten a. **sinnv.:** ↑darlegen · ↑erörtern. **2.** ⟨sich a.⟩ *sich eingehend (mit jmdm./etwas) beschäftigen:* er hatte sich mit seinem Kontrahenten, mit diesem Problem auseinanderzusetzen. **sinnv.:** sich ↑befassen.

Aus|ein|an|der|set|zung, die; -, -en: **1.** *eingehende kritische Beschäftigung (mit etwas):* eine A. mit diesem Problem ist notwendig. **2.** *heftig und kontrovers geführtes Gespräch, [mit Worten ausgetragener] heftiger Streit:* er hatte mit seinem Chef eine A. **sinnv.:** ↑Gespräch; ↑Streit. **3.** *mit militärischen Mitteln ausgetragener Streit, Kampf:* kriegerische Auseinandersetzungen. **sinnv.:** ↑Kampf; ↑Krieg.

aus|er|se|hen, ersieht aus, ersah aus, hat ausersehen ⟨tr.⟩ (geh.): *auswählen und zu etwas bestimmen:* er als ältester Sohn wurde zum Priester ausersehen; jmdn. als Opfer für etwas ausersehen. **sinnv.:** ↑auswählen.

aus|fah|ren, fährt aus, fuhr aus, hat/ist ausgefahren. **1. a)** ⟨itr.⟩ *zu einem in einem äußeren Bereich liegenden Ziel fahren:* die Boote sind am frühen Morgen [zum Fischfang] ausgefahren. **b)** ⟨itr.⟩ *fahrend einen Ort verlassen:* aus einem Grundstück a.; das Schiff ist aus dem Hafen ausgefahren. **c)** ⟨itr.⟩ *eine Spazierfahrt machen:* sie sind heute abend ausgefahren. **sinnv.:** spazierenfahren. **d)** ⟨tr.⟩ *(bes. ein Kind) in einem Wagen im Freien umherfahren:* einen Behinderten a.; sie hat das Baby ausgefahren. **sinnv.:** spazierenfahren. **e)** ⟨tr.⟩ *mit einem Fahrzeug (an jmdn.) liefern:* die Post hat die Pakete noch nicht ausgefahren. **sinnv.:** ↑liefern. **2.** ⟨tr.⟩ *(aus etwas) herausgleiten lassen:* die Antenne a.; der Pilot hat das Fahrgestell des Flugzeuges ausgefahren. **3.** ⟨tr.⟩ *(ein Fahrzeug) so fahren, daß die höchste Leistungsfähigkeit erreicht ist:* er hat seinen Wagen voll ausgefahren. **4.** ⟨tr.⟩ *(eine gebogene Strecke) entlang der äußeren Biegung fahren:* er hat die Kurve, die Ecken ausgefahren. **5.** ⟨tr.⟩ *durch Befahren stark beschädigen:* die Panzer haben die Wege völlig ausgefahren; die Piste ist sehr ausgefahren. **6.** ⟨itr.⟩ *eine heftige, auch fahrige Bewegung machen:* sein Arm war ausgefahren; ausfahrende *(heftige, fahrige)* Bewegungen machen.

Aus|fahrt, die; -, -en: **1.** *das Ausfahren* (1 a, b, c). **2.** *Stelle, an der ein Fahrzeug aus einem bestimmten Bereich herausfährt* /Ggs. Einfahrt/: vor einer A. darf man nicht parken; die A. des Hafens. **Zus.:** Autobahn-, Hafenausfahrt.

Aus|fall, der; -s, Ausfälle: *das Ausfallen* (1, 2): der Streik verursachte einen großen A. in der Produktion. **sinnv.:** ↑Mangel. **Zus.:** Arbeits-, Haar-, Stromausfall.

aus|fal|len, fällt aus, fiel aus, ist ausgefallen ⟨itr.⟩ /vgl. ausfallend; ausgefallen/: **1.** *aus etwas herausfallen; nicht mehr fest seinen organischen Halt haben, sondern sich daraus lösen:* ihm fallen schon die Haare aus; die Federn, Zähne sind ausgefallen. **sinnv.:** ausgehen. **2. a)** *[entgegen den Erwartungen] ausbleiben, nicht wie üblich jmdm. übermittelt, gezahlt werden:* wegen seiner Erkrankung fielen die Einnahmen aus. **sinnv.:** ↑wegfallen; ↑aussetzen. **b)** *nicht wie vorgesehen, angekündigt stattfinden:* das Konzert fiel aus. **sinnv.:** abgeblasen/abgesetzt werden, flachfallen, ins Wasser fallen. **c)** *nicht in der erwarteten Weise eingesetzt werden können, nicht anwesend, nicht verfügbar sein:* drei Mitarbeiter fallen wegen Krankheit aus. **sinnv.:** durch Abwesenheit glänzen, ausbleiben, fehlen, fernbleiben, schwänzen, wegbleiben. **d)** *plötzlich nicht mehr funktionieren:* die Maschine, der Strom fällt aus. **sinnv.:** aussetzen, streiken, **3.** *in bestimmter Weise geartet, beschaffen sein, ein bestimmtes Ergebnis haben:* das Zeugnis ist gut ausgefallen; die Niederlage fiel sehr deutlich aus. **sinnv.:** gelingen, geraten, werden, zustande kommen.

aus|fal|lend ⟨Adj.⟩: *in grober Weise beleidigend, unverschämt:* eine ausfallende Bemerkung; er wird leicht a. **sinnv.:** ↑frech.

aus|fäl|lig ⟨Adj.⟩: ↑*ausfallend.*

aus|fer|ti|gen, fertigte aus, hat ausgefertigt ⟨tr.⟩: *schriftlich festlegen; [in amtlicher Funktion] in schriftlicher Form ausarbeiten:* einen Vertrag a.; einen Paß, ein Zeugnis a. **sinnv.:** ausschreiben, ausstellen; ↑ausfüllen.

aus|fin|dig: ⟨in der Wendung⟩ jmdn./etwas a. machen: *jmdn./ etwas nach längerem Suchen finden:* ich habe jetzt ein Geschäft a. gemacht, wo man billig einkaufen kann. **sinnv.:** ↑finden.

aus|flie|gen, flog aus, hat/ist ausgeflogen: **1.** ⟨itr.⟩ *das Nest o. ä. verlassen und sich fliegend entfernen:* die jungen Vögel sind [aus dem Nest] ausgeflogen. **2.** ⟨itr.⟩ (ugs.) *das Haus verlassen und spazierengehen, -fahren, wandern, einen Ausflug machen:* die ganze Familie ist ausgeflogen. **3. a)** ⟨itr.⟩ *einen bestimmten [gefährdeten] Bereich fliegend verlassen:* aus einer Gefahrenzone a.; die unbekannten Flugzeuge sind wieder ausgeflogen. **b)** ⟨tr.⟩ *mit dem Flugzeug (aus einem [eingeschlossenen] Ort, einem [gefährdeten] Gebiet) transportieren:* wir haben damals vor allem Verwundete und Kranke [aus dem Kessel] ausgeflogen. **sinnv.:** hinausfliegen; ↑entfernen.

aus|flie|ßen, floß aus, ist ausgeflossen ⟨itr.⟩: **a)** *(aus etwas) fließen, auslaufen:* das Wasser ist [aus dem Gefäß] ausgeflossen; das Öl ist durch ein Leck ausgeflossen. **sinnv.:** auslaufen, ausrinnen, ausströmen, entfließen, entquellen, entströmen, herausfließen, herauslaufen; ↑fließen. **b)** *Flüssigkeit austreten lassen, sich durch Wegfließen von Flüssigkeit leeren:* das Faß ist ausgeflossen. **sinnv.:** auslaufen, ausrinnen, leerfließen, leerlaufen.

aus|flip|pen, flippte aus, ist ausgeflippt ⟨itr.⟩ (ugs.): **1.** *sich bewußt außerhalb der gesellschaftlichen Norm stellen.* **sinnv.:** null Bock/keinen Bock haben auf. **2.** *die Nerven verlieren.* **sinnv.:** ausrasten, durchdrehen, die Sau rauslassen. **3.** *vor Freude, Begeisterung außer sich sein.* **sinnv.:** sich freuen.

Aus|flucht, die; -, Ausflüchte: *nicht wirklich zutreffender Grund, der als Entschuldigung vorgebracht wird:* seine Erklärungen klingen wie Ausflüchte; Ausflüchte machen *(Ausreden vorbringen).* **sinnv.:** Ausrede, Entschuldigung, Vorwand.

Aus|flug, der; -[e]s, Ausflüge: *zur Erholung oder zum Vergnügen stattfindende Wanderung oder Fahrt in die Umgebung:* am Sonntag machen wir einen A. **sinnv.:** Abstecher, Fahrt [ins Blaue/Grüne], Landpartie, Partie, ↑Reise, Spazierfahrt, Spaziergang, Tour, Trip, Vergnügungsfahrt, Wanderung. **Zus.:** Betriebs-, Familien-, Schul-, Wochenendausflug.

Aus|fluß, der; Ausflusses, Ausflüsse: **1. a)** *das Ausfließen* (a): den A. von Öl einzudämmen suchen. **b)** *Stelle, an der etwas ausfließen, austreten kann:* am A. des Sees. **sinnv.:** Abfluß. **2.** *von einem Organismus abgesonderte, ausgeschiedene flüssige Substanz:* übelriechender A. **sinnv.:** ↑Ausscheidung. **3.** (geh.) *Hervorbringung, das Sichauswirken von etwas:* es war ein A. seiner üblen Laune; das sind die Ausflüsse zügelloser Triebhaftigkeit. **sinnv.:** ↑Folge.

aus|fra|gen, fragte aus, hat ausgefragt ⟨tr.⟩: *eingehend (nach etwas/jmdm.) fragen; (jmdm.) viele Fragen stellen:* er hat ihn über seinen Chef ausgefragt. **sinnv.:** ausforschen, ausholen, aushorchen; ↑fragen.

aus|fres|sen, frißt aus, fraß aus, hat ausgefressen ⟨tr.⟩: **1.** *leer fressen:* der Hund hat seinen Napf ausgefressen. **2.** (ugs.) *etwas Unrechtes, Strafbares tun:* was hat er denn wieder ausgefressen? **sinnv.:** ↑anrichten.

Aus|fuhr, die; -, -en: *Verkauf von Waren ins Ausland* /Ggs. Einfuhr/. **sinnv.:** Außenhandel, Außenwirtschaft, Export. **Zus.:** Getreide-, Warenausfuhr.

aus|füh|ren, führte aus, hat ausgeführt ⟨tr.⟩: **1. a)** *einem Auftrag, einer Vorstellung o. ä. gemäß in die Tat umsetzen:* einen Plan a.; einen Befehl a. **sinnv.:** ↑verwirklichen. **b)** *an etwas arbeiten, sich betätigen und es bis zu Ende durchführen, bewerkstelligen:* Arbeiten, Reparaturen a. **sinnv.:** erledigen, machen; ↑anlegen. **2.** *ins Ausland verkaufen* /Ggs. einführen/: Maschinen a. **sinnv.:** exportieren. **3. a)** *(jmdn.) ins Freie führen, um ihm Bewegung zu verschaffen:* einen Kranken a.; den Hund a. **b)** *(jmdn.) zum Ausgehen (ins Theater, in ein Restaurant o. ä.) einladen:* der Vater hat seine Tochter ausgeführt. **4. a)** *in Einzelheiten ausarbeiten und vollenden:* den Schluß des Stückes hat der Dichter nicht ausgeführt. **b)** *in bestimmter Weise gestalten, herstellen, machen:* ein Bild in Öl a.; die Tanzschritte ganz exakt a. **5.** *mündlich oder schriftlich [eingehend] darlegen, erklären:* wie ich vorhin ausgeführt habe, sind die Untersuchungen noch nicht abgeschlossen.

aus|führ|lich [auch: ...führ...] ⟨Adj.⟩: *bis ins einzelne gehend, eingehend:* er gab einen ausführlichen Bericht über seine letzte Reise. **sinnv.:** breit, eingehend, haarklein, langatmig, lang [und breit], minuziös, reiflich, umständlich, weitläufig, weitschweifig, wortreich.

Aus|füh|rung, die; -, -en: **1.** *das Ausführen* (1, 4). **2.** ⟨Plural⟩

darlegende, erklärende, argumentierende Worte: er konnte den Ausführungen des Redners nicht folgen. **sinnv.:** Darbietung, Darlegung, Darstellung, Demonstration, Illustration, Überlegung · Aussage; ↑Äußerung.

aus|fül|len, füllte aus, hat ausgefüllt ⟨tr.⟩: **1. a)** *(Hohles mit etwas) [vollständig] füllen:* einen Graben mit Sand a. **b)** *einen bestimmten begrenzten Raum) völlig beanspruchen, einnehmen:* der Schrank füllt die ganze Ecke des Zimmers aus. **2.** *(eine bestimmte begrenzte Zeit mit etwas) zubringen, überbrücken:* er füllte die Pause mit Gesprächen aus. **3.** *ganz in Anspruch nehmen, innerlich befriedigen:* seine Tätigkeit füllte ihn ganz aus. **sinnv.:** auslasten. **4.** *mit allen erforderlichen Eintragungen versehen:* ein Formular, einen Fragebogen a. **sinnv.:** einsetzen in, eintragen in; ↑ausfertigen. **5.** *(ein Amt o. ä.) in bestimmter Weise versehen:* er füllt seinen Posten gut aus.

Aus|ga|be, die; -, -n: **1. a)** ⟨ohne Plural⟩ *das Ausgeben* (1 a, 2). **Zus.:** Bücher-, Essen-, Fahrkarten-, Material-, Warenausgabe. **b)** *Stelle, Ort, wo etwas ausgegeben wird:* die A. ist geschlossen. **2.** *finanzielle Aufwendung, aufzuwendende Geldsumme:* wegen des Umzugs hatte er große Ausgaben. **sinnv.:** ↑Aufwand; ↑Unkosten; ↑Preis. **Zus.:** Betriebs-, Privat-, Rüstungs-, Sonder-, Tagesausgabe. **3.** *Veröffentlichung eines Werkes in einer bestimmten Form oder unter einem bestimmten Datum; Druck (eines Buches o. ä.):* eine neue A. eines Buches vorbereiten. **sinnv.:** ↑Auflage. **Zus.:** Abend-, Gesamt-, Luxus-, Original-, Taschen-, Volks-, Wochenendausgabe. **4.** *Ausführung, Form, in der etwas hergestellt ist:* die viertürige A. des Wagens. **sinnv.:** ↑Form.

Aus|gang, der; -[e]s, Ausgänge: **1. a)** *Tür, Stelle oder Öffnung, die nach draußen, aus einem Bereich hinausführt* /Ggs. Eingang/: der Saal hat zwei Ausgänge. **sinnv.:** ↑Tür. **Zus.:** Hinter-, Not-, Theaterausgang. **b)** *Stelle, an der man aus einem Gebiet o. ä. hinausgehen kann:* am A. des Dorfes. **Zus.:** Talausgang. **2.** *Ergebnis, Ende eines Vorgangs:* der A. des Krieges; der A. der Wahlen war überraschend; ein Unfall mit tödlichem A. **sinnv.:** ↑Ende. **Zus.:** Wahlausgang. **3.** ⟨ohne Plural⟩ *Erlaubnis zum Ausgehen, zum Verlassen des Hauses:* die Soldaten bekamen keinen A. **4.** *zum Ab-, Verschicken vorbereitete Post, Waren* /Ggs. Eingang/: die Ausgänge fertigmachen, sortieren.

Aus|gangs|punkt, der; -[e]s, -e: *Stelle o. ä., an der etwas anfängt, von der etwas ausgeht, auf der etwas aufbaut:* der A. einer Reise; wir nehmen diesen Vorfall zum A. für die Diskussion; wieder zum A. zurückkehren. **sinnv.:** ↑Anfang; ↑Grundlage, ↑Herd, ↑Quelle.

aus|ge|ben, gibt aus, gab aus, hat ausgegeben ⟨tr.⟩: **1. a)** *(Geld) von sich weg an andere für etwas geben, aufwenden:* auf der Reise hat er viel [Geld] ausgegeben; wieviel hast du dafür ausgegeben *(bezahlen müssen)*? **sinnv.:** anlegen; ↑bezahlen; klotzen, ↑verschwenden. **b)** *für jmdn. bezahlen, kaufen:* [für die Kollegen] eine Runde a.; ich gebe dir, euch einen aus. **sinnv.:** ↑spendieren. **2.** *als zuständige Person, Stelle, in offizieller Funktion austeilen, (an eine Anzahl von Personen) geben, aushändigen, zum Kauf anbieten, in Umlauf bringen o. ä.:* Fahrkarten a.; neue Bücher wurden an die Schüler ausgegeben; neue Aktien, neue Banknoten a. **sinn.:** ↑abgeben. **3.** *(jmdn./etwas) fälschlich als etwas bezeichnen; behaupten, jmd./etwas Bestimmtes zu sein:* er gab das Mädchen als seine Schwester und sich als Arzt aus; etwas als Tatsache a. **sinnv.:** ↑behaupten; vortäuschen.

aus|ge|bucht ⟨Adj.⟩: **a)** *bis zum letzten Platz belegt:* ausgebuchte Busse, Fähren; das Flugzeug ist ausgebucht. **b)** *keinen Termin mehr frei habend:* der Künstler ist ausgebucht. **sinnv.:** ↑überlaufen.

aus|ge|fal|len ⟨Adj.⟩: *vom Üblichen, Gewöhnlichen in stark auffallender Weise abweichend, nicht alltäglich:* ein ausgefallener Wunsch; ein ausgefallenes Muster; sein Geschmack ist etwas a. **sinnv.:** abseitig, abwegig, auffallend, außerordentlich, exotisch, extraordinär, frappant, irre, ohnegleichen, ungeläufig, ungewöhnlich, ↑unvergleichlich, verblüffend; ↑außergewöhnlich; ↑überspannt · fernliegen.

aus|ge|gli|chen ⟨Adj.⟩: **1.** *in sich ruhend, in seinem Wesen gleichmäßig ruhig:* sie hat ein ausgeglichenes Wesen; er ist immer sehr a. **sinnv.:** ↑ruhig. **2.** *gleichmäßig in seiner Verteilung, im Verlauf; frei von Schwankungen:* ein ausgeglichenes Fernsehprogramm (in bezug auf Parteipolitisches). **sinnv.:** ↑ebenmäßig.

aus|ge|hen, ging aus, ist ausgegangen ⟨itr.⟩: **1. a)** *zu einem bestimmten Zweck die Wohnung, das Haus verlassen:* a., um Einkäufe zu machen. **b)** *zu einem Vergnügen, zum Tanz o. ä. gehen:* wir gehen heute abend aus. **2.** *von einer bestimmten Stelle seinen Ausgang nehmen:* von diesem Knotenpunkt gehen mehrere Fernstraßen aus. **sinnv.:** sich ↑gabeln. **3.** *(von Postsendungen) abgeschickt werden:* die aus- und eingehende Post. **4. a)** *(von jmdm.) vorgetragen, vorgeschlagen werden, (auf jmdn.) zurückgehen:* dieser Vorschlag geht von ihm aus. **sinnv.:** ↑stammen. **b)** *(von jmdm.) hervorgebracht, ausgestrahlt werden:* große Wirkung ging von ihm aus. **5.** *(etwas) als Ausgangspunkt nehmen, zugrunde legen:* von falschen Voraussetzungen a. **sinnv.:** ↑anknüpfen; ↑voraussetzen. **6.** *(etwas) als Ziel haben, es auf etwas absehen:* er geht darauf aus, einen hohen Gewinn zu erzielen. **sinnv.:** ↑bezwecken; ↑anlegen. **7.** *in bestimmter Weise sein Ende finden:* die Angelegenheit wird nicht gut a. **sinnv.:** auslaufen; ↑enden. **8.** *zu brennen oder leuchten aufhören* /Ggs. angehen/: das Licht im Kino ist ausgegangen. **sinnv.:** erlöschen, verlöschen. **9.** *schwinden, sich erschöpfen und zu Ende gehen:* der Vorrat ist ausgegangen; allmählich geht mir die Geduld aus. **sinnv.:** ↑schwinden. **10.** ↑*ausfallen:* ihm gehen die Haare aus.

aus|ge|hun|gert ⟨Adj.⟩: *sehr hungrig:* sich wie ausgehungerte Wölfe auf das Essen stürzen. **sinnv.:** Hunger.

aus|ge|kocht ⟨Adj.⟩ (ugs.): *sehr raffiniert, durchtrieben:* ein ausgekochter Bursche. **sinnv.:** ↑schlau.

aus|ge|las|sen ⟨Adj.⟩: *übermütig, wild und vergnügt:* die Kinder sind heute sehr a. **sinnv.:** ↑lebhaft; ↑lustig, ↑übermütig.

aus|ge|mer|gelt ⟨Adj.⟩: *abgemagert [und ohne Kraft]:* ein ausgemergeltes Gesicht; sein Körper ist ganz a. **sinnv.:** abgezehrt.

aus|ge|nom|men ⟨Konj.⟩: *außer [wenn], mit Ausnahme (von jmdm./etwas):* ich bin täglich zu Hause, a. am Sonntag; alle waren gekommen, a. einer/einer a.; wir werden kommen, a. *(nur nicht wenn)* es regnet; er widerspricht allen, a. dem Vater. **sinnv.:** abgesehen von, ausschließlich, außer, bis auf, nicht inbegriffen, sonder.

aus|ge|rech|net [auch: ...rech...] ⟨Adverb⟩: */drückt Ärger, Unwille o. ä. aus/:* a. ihm mußte dieser Fehler passieren; a. gestern regnete es, als wir spazierengingen. **sinnv.:** gerade.

aus|ge|schlos|sen [auch: ...schlos...]: ⟨in den Fügungen⟩ etwas ist a. *(etwas ist nicht möglich, kann nicht [vorgekommen] sein):* ein Irrtum ist a.; etwas für a. halten *(etwas für nicht möglich, undenkbar halten, an die Richtigkeit einer Nachricht o. ä. nicht glauben):* daß er dieses Unglück verschuldet hat, halte ich für a. **sinnv.:** ↑nein.

aus|ge|schnit|ten ⟨Adj.⟩: *mit einem größeren Ausschnitt am Hals versehen:* ein weit ausgeschnittenes Kleid. **sinnv.:** dekolletiert, offenherzig.

aus|ge|spro|chen: **I.** ⟨Adj.⟩: *besonders ausgeprägt [vorhanden]:* sie ist eine ausgesprochene Schönheit; eine ausgesprochene Abneigung gegen Alkohol. **sinnv.:** ↑typisch. **II.** ⟨Adverb⟩: *sehr, in ganz besonderer Weise:* er mag ihn a. gern; ein a. heißer Sommer. **sinnv.:** ↑sehr.

aus|ge|wach|sen ⟨Adj.⟩: **a)** *zu voller Größe gewachsen:* nach fünf Wochen sind die Männchen a. **b)** *als solches voll entwikkelt, ganz beachtlich [groß, stark]:* dieser Knirps nimmt es mit zwei ausgewachsenen Männern auf; ein ausgewachsener Landregen war das; die Folge seiner Beschwerde war ein ausgewachsenes Bußgeld; das ist ein ausgewachsener Unsinn.

aus|ge|zeich|net [auch: ...zeich...] ⟨Adj.⟩: ↑*hervorragend:* ausgezeichnete Zeugnisse; sie spielt a. Geige. **sinnv.:** ↑vortrefflich.

aus|gie|big ⟨Adj.⟩: *gut und längere Zeit dauernd [und reichlich]:* ein ausgiebiges Frühstück; ausgiebiger Regen; sich a. unterhalten; a. schlafen. **sinnv.:** zur Genüge, reichlich, sattsam.

aus|gie|ßen, goß aus, hat ausgegossen ⟨tr.⟩: **a)** *(aus einem Gefäß) gießen:* das Wasser [aus der Schüssel] a. **sinnv.:** weggießen; ↑schütten. **b)** *(ein Gefäß) durch Weggießen der Flüssigkeit leer machen:* eine Flasche a. **sinnv.:** ↑leeren.

Aus|gleich, der; -[e]s: **a)** *Herstellung eines Zustandes, in dem Ungleichheiten, Gegensätzlichkeiten, Verschiedenheiten o. ä. ausgeglichen sind, ein Gleichgewicht herrscht:* der Streit endete mit einem A. **sinnv.:** Aussöhnung, Beilegung, Begleichung, Bereinigung, Schlichtung, Vergleich, Versöhnung. **b)** *etwas, was ein Gleichgewicht wiederherstellt:* einen A. zahlen müssen, für einen Schaden erhalten; als, zum A. treibt er Sport. **sinnv.:** ↑Ersatz.

aus|glei|chen, glich aus, hat ausgeglichen: **a)** ⟨tr.⟩ *(Unterschiede, Gegensätze, Verschiedenheiten o. ä.) durch einen anderen, dagegen wirkenden Faktor verschwinden lassen, beseitigen, aufheben:* Höhenunterschiede, Differenzen, Konflikte, einen Mangel a.; eine schlechte Note in Latein durch eine Eins in Mathematik a. **sinnv.:** aufheben, aufholen, aufwiegen, einen Ausgleich bewirken/finden/herbeiführen/schaffen, egalisieren, gleichmachen, gleichziehen, ins Gleichgewicht bringen, kompensieren, nivellieren, wettmachen. **b)** ⟨sich a.⟩ *(von Gegensätzlichkeiten, Verschiedenheiten o. ä.) sich gegenseitig aufheben, sich mildern, zu einem Ausgleich kommen:* die Unterschiede zwischen beiden Gruppen, die Spannungen gleichen sich allmählich aus. **sinnv.:** sich aufheben, sich einpendeln.

aus|glei|ten, glitt aus, ist ausgeglitten ⟨itr.⟩ (geh.): ↑*ausrutschen:* ich bin auf dem Eis ausgeglitten.

aus|gra|ben, gräbt aus, grub aus, hat ausgegraben ⟨tr.⟩: **1. a)** *durch Graben aus der Erde holen:* die Toten wurden ausgegraben und an anderer Stelle bestattet; Urnen a. **b)** *durch Graben sichtbar hervortreten lassen:* einen Tempel a. **sinnv.:** freilegen. **2.** *etwas, was in Vergessenheit geraten war, wieder zum Vorschein bringen, sich darauf besinnen:* ein altes Gesetz a. **sinnv.:** ↑ausmachen.

Aus|guß, der; Ausgusses, Ausgüsse: **1.** *Becken mit Abfluß zum Ausgießen von Flüssigkeiten besonders in der Küche.* **sinnv.:** Abguß, Spülbecken, Spüle, Spülstein. **2.** *Abfluß eines Ausgusses:* der A. ist verstopft.

aus|hal|ten, hält aus, hielt aus, hat ausgehalten: **1.** ⟨tr.⟩ **a)** *in der Lage sein, etwas zu überstehen oder hinzunehmen:* Entbehrungen a. **sinnv.:** ausstehen, bestehen, dulden, durchmachen, durchstehen, einstecken, erdulden, sich in etwas ergeben/schicken, über sich ergehen lassen, ↑erleiden, ertragen, mit etwas fertig werden, sich fügen in, hinnehmen, leiden, mitmachen, auf sich nehmen, schlucken, stillhalten, tragen, überdauern, überleben, überstehen, überwinden, verdauen, verkraften, verschmerzen, vertragen. **b)** *nicht ausweichen, sondern standhalten:* jmds. Blick a. **2.** ⟨itr.⟩ *(irgendwo unter bestimmten Umständen) bleiben:* er hat [es] in dem Betrieb nur ein Jahr ausgehalten. **sinnv.:** ↑durchhalten. **3.** ⟨tr.⟩ *für jmdn. bezahlen, jmds. Unterhalt bestreiten, in dem Bestreben, ihn sich zu verpflichten:* er hält sie aus; er läßt sich von ihr a. **sinnv.:** ↑ernähren. **4.** ⟨tr.⟩ *(einen Ton o. ä.) längere Zeit erklingen lassen:* die Sängerin hielt den hohen Ton lange aus.

aus|han|deln, handelte aus, hat ausgehandelt ⟨tr.⟩: *durch Verhandlungen vereinbaren:* eine Regelung, einen Kompromiß a. **sinnv.:** ↑übereinkommen.

aus|hän|di|gen, händigte aus, hat ausgehändigt ⟨tr.⟩: *aus seiner Hand einem anderen übergeben:* jmdm. eine Urkunde a. **sinnv.:** einhändigen, übergeben; ↑abgeben.

Aus|hang, der; -[e]s, Aushänge: *öffentlich ausgehängte Bekanntmachung:* er las auf dem A., daß jemand eine Wohnung suchte. **sinnv.:** ↑Anschlag; ↑Mitteilung.

aus|hän|gen: **I.** hing aus, hat ausgehangen ⟨itr.⟩: *(als Aushang) zur allgemeinen Kenntnisnahme öffentlich, an dafür vorgesehener Stelle hängen, angebracht sein:* die Liste der Kandidaten hing zwei Wochen aus. **II.** hängte aus, hat ausgehängt: **1.** ⟨tr.⟩ *zur allgemeinen Kenntnisnahme, an dafür vorgesehener Stelle aufhängen, öffentlich anschlagen:* eine Bekanntmachung a. **sinnv.:** ↑anschlagen. **2.** ⟨tr.⟩ *aus der Halte-*

vorrichtung, den Angeln heben: eine Tür a. **sinnv.:** ausheben. **3.** ⟨sich a.⟩ *durch Hängen wieder glatt werden:* das Kleid hat sich ausgehängt.

aus|har|ren, harrte aus, hat ausgeharrt ⟨itr.⟩: *(irgendwo) trotz unangenehmer Umstände bleiben, geduldig weiter, bis zum Ende warten:* auf seinem Posten, im Versteck a.; sie harrte bis zu seinem Tode bei ihm aus. **sinnv.:** ↑durchhalten, sich ↑gedulden.

aus|he|ben, hob aus, hat ausgehoben ⟨tr.⟩: **1. a)** *(Erde o. ä.) schaufelnd herausholen:* für das Fundament mußte viel Erde, Sand ausgehoben werden. **b)** *durch Herausschaufeln (ein Loch o. ä.) herstellen:* einen Graben a. **sinnv.:** ausbaggern, ausschachten, ausschaufeln, auswerfen. **2.** ↑*aushängen:* einen Fensterflügel a. **3.** *(eine Bande o. ä.) entdecken und verhaften:* die Diebe wurden in ihrem Versteck ausgehoben. **sinnv.:** ↑ergreifen.

aus|hecken, heckte aus, hat ausgeheckt ⟨tr.⟩ (ugs.): *sich heimlich (etwas Listiges oder Böses) ausdenken:* er hat wieder einige Streiche ausgeheckt. **sinnv.:** sich etwas ↑ausdenken.

aus|hel|fen, hilft aus, half aus, hat ausgeholfen ⟨itr.⟩: **a)** *aus einer Verlegenheit, vorübergehenden Notlage (mit Geld o. ä.) helfen:* weil ich kein Geld mehr hatte, half er mir [mit 100 Mark] aus. **sinnv.:** ↑helfen. **b)** *bei einer Arbeit Beistand leisten, helfen, damit die Arbeit geschafft werden kann:* sie hat für vier Wochen im Geschäft ausgeholfen, weil eine Verkäuferin krank geworden ist. **sinnv.:** ↑vertreten.

aus|höh|len, höhlte aus, hat ausgehöhlt ⟨tr.⟩: **a)** *inwendig hohl, leer machen:* einen Kürbis a.; ein ausgehöhlter Baumstamm. **b)** *stark erschöpfen, schwächen:* das hohe Fieber höhlte ihn aus; das demokratische System a. **sinnv.:** ↑beanspruchen; ↑untergraben.

aus|ho|len, holte aus, hat ausgeholt: **1.** ⟨itr.⟩ *(den Arm, sich) nach hinten bewegen, um vermehrten Schwung zu einer [beabsichtigten] Bewegung nach vorn zu bekommen:* mit dem Arm, mit der Axt [zum Schlag] a. **2.** ⟨itr.⟩ *beim Erzählen auf weit Zurückliegendes zurückgreifen; umständlich erzählen:* er holt immer sehr weit aus bei seinen Berichten. **sinnv.:** sich ↑äußern. **3.** ⟨tr.⟩ (landsch.) ↑*ausfragen:* er versucht mich über meine Absichten auszuholen.

aus|hor|chen, horchte aus, hat ausgehorcht ⟨tr.⟩ (ugs.): ↑*ausfragen:* er versuchte, das Kind auszuhorchen.

aus|ken|nen, sich; kannte sich aus, hat sich ausgekannt: *sich auf Grund eingehender Kenntnisse zurechtfinden, mit etwas vertraut sein, gut Bescheid wissen:* ich kenne mich in Berlin gut aus; auf dem Gebiet kennt er sich aus. **sinnv.:** in etwas zu Hause sein, kennen, in- und auswendig kennen, etwas wie seine Westentasche kennen; ↑verstehen.

aus|klam|mern, klammerte aus, hat ausgeklammert ⟨tr.⟩: *in einem bestimmten Zusammenhang nicht berücksichtigen:* diese Frage wollen wir bei dem Gespräch a. **sinnv.:** außer acht lassen, ↑ausnehmen, ausschalten, ausscheiden, ausschließen, außer Betracht lassen, nicht in Betracht ziehen, nicht mitzählen.

aus|klei|den, kleidete aus, hat ausgekleidet ⟨tr.⟩: **1.** (geh.) ↑*ausziehen:* sie kleidete sich aus. **2.** *die Innenflächen (eines Raumes) mit etwas überziehen, bedecken:* einen Raum mit einer Vertäfelung, einer Seidentapete a. **sinnv.:** ausfüttern, auslegen, ausschlagen, bespannen, füttern, kacheln, täfeln, umkleiden, verblenden, verkleiden, verschalen, vertäfeln.

aus|klin|gen, klang aus, ist/hat ausgeklungen ⟨itr.⟩ (geh.): *in bestimmter Weise zu Ende gehen:* die Feier ist harmonisch, mit einem Lied ausgeklungen; die Glocken haben ausgeklungen. **sinnv.:** ↑enden.

aus|klin|ken, klinkte aus, hat ausgeklinkt ⟨tr.⟩: *durch Betätigen eines Hebels aus der Verbindung lösen:* Bomben a. **sinnv.:** aushaken.

aus|klop|fen, klopfte aus, hat ausgeklopft ⟨tr.⟩: **a)** *durch Klopfen säubern:* den Teppich a. **b)** *durch Klopfen entfernen:* den Staub aus dem Teppich a.

aus|klü|geln, klügelte aus, hat ausgeklügelt ⟨tr.⟩: *scharfsinnig, klug ersinnen:* er hat eine raffinierte Methode ausgeklügelt. **sinnv.:** ↑ausdenken, ausknobeln.

aus|knip|sen, knipste aus, hat ausgeknipst ⟨tr.⟩ (ugs.): ↑*ausschalten* /Ggs. anknipsen/: die Lampe a.

aus|kno|beln, knobelte aus, hat ausgeknobelt ⟨tr.⟩: **1.** *durch Knobeln entscheiden, bestimmen:* sie knobelten aus, wer von ihnen den ersten Versuch wagen sollte. **2.** (ugs.) ↑*ausklügeln:* einen Test, ein Verfahren a.

aus|ko|chen, kochte aus, hat ausgekocht ⟨tr.⟩ /vgl. ausgekocht/: **1.** *längere Zeit kochen lassen, um etwas daraus zu gewinnen:* Knochen, Rindfleisch a. **2.** *längere Zeit kochen lassen und so reinigen, keimfrei machen:* Instrumente, Windeln a. **sinnv.:** ↑desinfizieren.

aus|kom|men, kam aus, ist ausgekommen ⟨itr.⟩: **1. a)** *von etwas so viel haben oder es so einteilen, daß es für einen bestimmten Zweck ausreicht:* er kommt mit seinem Geld gut aus. **sinnv.:** sein Auskommen haben, mit etwas hinkommen. **b)** *auch ohne eine bestimmte Person oder Sache zurechtkommen:* er kommt ohne seine Frau, ohne Uhr nicht aus. **2.** *sich* ↑*vertragen:* er kommt mit den Nachbarn gut aus.

Aus|kom|men, das; -s: *für jmds. Lebensunterhalt ausreichendes Einkommen:* er hat ein gesichertes A. **sinnv.:** ↑Einkünfte.

aus|ko|sten, kostete aus, hat ausgekostet ⟨tr.⟩: *ausgiebig, bis zu Ende genießen:* die Freuden des Lebens ausgekostet haben; ich kostete meinen Triumph aus. **sinnv.:** ↑genießen.

aus|ku|geln, sich; kugelte sich aus, hat sich ausgekugelt (ugs.): ↑*ausrenken.*

aus|kund|schaf|ten, kundschaftete aus, hat ausgekundschaftet ⟨tr.⟩: *in Erfahrung bringen; durch geschicktes Nachforschen erfahren:* er hatte bald ausgekundschaftet, wo sie wohnte. **sinnv.:** ausmachen, ausspähen, ausspionieren, ausspüren, erfragen, erkunden, herausfinden; ↑finden; ↑spionieren, ↑vorfühlen.

Aus|kunft, die; -, Auskünfte: **1.** *erklärende, aufklärende Mitteilung über jmdn./etwas, die auf eine Frage hin gemacht wird:* jmdn. um eine A. bitten. **sinnv.:** ↑Angabe, Antwort, ↑Aufschluß, Bescheid, Information; ↑Nachricht. **Zus.:** Telefon-, Zugauskunft. **2.** ⟨ohne Plural⟩ *Stelle, die bestimmte Auskünfte erteilt, Informationen gibt:* bei der A. am Bahnhof nach einem Zug fragen. **sinnv.:** Auskunftsbüro,

Auskunftsstelle, Information, Informationsbüro, Informationsstelle.

aus|ku|rie|ren, kurierte aus, hat auskuriert ⟨tr.⟩: *völlig heilen, wieder gesund werden lassen:* der Arzt, ich kurierte mich, meine Lungenentzündung aus; ich muß mich a. **sinnv.:** ↑heilen.

aus|la|chen, lachte aus, hat ausgelacht: **1.** ⟨tr.⟩ *über jmdn. spottend lachen, sich lustig machen:* sie lachten den Kameraden wegen seiner komischen Mütze aus. **sinnv.:** ↑verspotten. **2.** ⟨sich a.⟩ *so lange lachen, bis man sich wieder beruhigt hat:* er soll sich erst a. und dann weitersprechen.

aus|la|den, lädt aus, lud aus, hat ausgeladen ⟨tr.⟩ /vgl. ausladend/: **I. a)** *(aus einem Wagen o. ä.) herausnehmen* /Ggs. einladen/: eine Fracht, die Kartoffeln [aus dem Waggon] a. **b)** *durch Herausnehmen der Ladung leer machen:* den Lastwagen a. **sinnv.:** abladen, ausleeren, entladen, entleeren, ↑leeren. **II.** (ugs.) *eine Einladung wieder rückgängig machen:* du kannst die Gäste doch jetzt nicht mehr a.!

aus|la|dend ⟨Adj.⟩: **a)** *deutlich herausragend; vorstehend:* ein ausladender Balkon. **b)** *nach außen gewölbt:* ein ausladendes Gefäß. **sinnv.:** bauchig, gebaucht, gewölbt. **c)** *mit großen Bewegungen [ausgeführt]:* der Redner machte weit ausladende Gesten. **sinnv.:** ausholend.

Aus|la|ge, die; -, -n: **1.** *zur Ansicht ins Schaufenster o. ä. gelegte Ware:* die Auslagen eines Geschäfts betrachten. **2.** ⟨Plural⟩ *Geldbetrag, der ausgelegt wurde:* die Auslagen für Verpflegung und Hotel werden ersetzt. **sinnv.:** ↑Aufwand; ↑Unkosten.

Aus|land, das; -[e]s: *außerhalb des eigenen Staates liegendes Territorium, Gebiet* /Ggs. Inland/: er arbeitet im A.; das Ergebnis der Wahlen wurde vom A. *(von den Regierungen, der Presse o. ä. der ausländischen Staaten)* ausführlich kommentiert. **sinnv.:** Fremde.

Aus|län|der, der; -s, -: *Angehöriger eines ausländischen Staates.* **sinnv.:** ↑Fremder.

aus|län|disch ⟨Adj.⟩: *sich im Ausland befindend; aus dem Ausland kommend, stammend:* ausländische Besucher, Zeitungen. **sinnv.:** ↑fremd.

aus|las|sen, läßt aus, ließ aus, hat ausgelassen: **1.** ⟨tr.⟩ *herausfließen, entweichen o. ä. lassen:* das Wasser aus der Badewanne a. **2.** ⟨tr.⟩ **a)** *wegfallen lassen, [versehentlich] nicht berücksichtigen:* einen Satz beim Abschreiben a. **sinnv.:** ↑aussparen. **b)** *in der Reihenfolge nicht berücksichtigen, darüber hinweggehen:* bei der Verteilung hat er ein Kind ausgelassen; wir lassen den nächsten Zug aus und nehmen den übernächsten. **sinnv.:** übergehen, überschlagen, überspringen. **c)** *sich etwas entgehen lassen:* eine gute Chance a.; er läßt kein gutes Geschäft aus. **sinnv.:** ↑versäumen. **3.** ⟨tr.⟩ *(seine Wut, seinen Ärger o. ä.) andere ungehemmt fühlen lassen:* er ließ seinen Zorn an seinen Mitarbeitern aus. **sinnv.:** abreagieren an jmdm., jmdn. entgelten lassen, entladen über jmdm. **4.** ⟨sich a.⟩ *sich in bestimmter Weise, urteilend über jmdn./etwas äußern, etwas erörtern:* er ließ sich in seinem Vortrag lang und breit über Afrika aus; er hat sich sehr negativ darüber ausgelassen. **sinnv.:** sich ↑äußern. **5.** ⟨tr.⟩ *durch Erhitzen zum Schmelzen bringen und dabei den reinen Anteil an Fett herauslösen:* Butter in der Pfanne a. **sinnv.:** ↑zerlassen. **6.** ⟨tr.⟩ *durch Auftrennen einer Naht länger, weiter machen:* die Ärmel etwas a. **7.** ⟨tr.⟩ *nicht wieder anziehen, der Gewohnheit, einer Erwartung entgegen nicht anziehen:* den Mantel kannst du heute ruhig a. **8.** ⟨tr.⟩ **a)** *ausgeschaltet lassen:* die Lampe, das Radio a. **b)** *im Zustand des Nichtangezündetseins lassen:* den Ofen noch a.

aus|la|sten, lastete aus, hat ausgelastet ⟨tr.⟩: **a)** *voll belasten, bis zur Grenze der Leistungsfähigkeit ausnutzen:* die Maschinen, die Kapazität eines Betriebes a. **sinnv.:** ↑ausnutzen. **b)** *(jmds. Kräfte) voll beanspruchen [und innerlich befriedigen]:* die Hausarbeit lastet mich nicht aus. **sinnv.:** ausfüllen.

Aus|lauf, der; -[e]s: *Möglichkeit, sich im Freien zu bewegen:* in der Stadt haben die Kinder keinen A.

aus|lau|fen, läuft aus, lief aus, ist ausgelaufen ⟨itr.⟩: **1. a)** *aus etwas herausfließen:* die Milch ist ausgelaufen. **sinnv.** ↑ausfließen. **b)** *durch Herausfließen leer werden:* die Flasche läuft aus. **sinnv.:** ↑ausfließen. **2.** *den Hafen verlassen:* auslaufende (Ggs. einlaufende) Schiffe. **3. a)** *nicht weiterführen, ein Ende haben:* der Weg läuft im Wald aus. **sinnv.:** ↑enden. **b)** *in etwas einmünden, übergehen:* das Tal läuft in eine weite Ebene aus. **4.** *nicht fortgesetzt, weitergeführt werden:* eine Serie, ein Modell läuft aus. **5.** *aufhören zu bestehen, Gültigkeit, Wirkung zu haben:* der Vertrag, die Amtszeit läuft aus. **sinnv.:** ↑ablaufen. **6.** *einen bestimmten Ausgang nehmen:* der Streit, die Sache wird böse für ihn a. **sinnv.:** ausgehen; ↑enden. **7.** *(von der Färbung, Musterung o. ä.) sich verwischen:* die Farben sind beim Waschen ausgelaufen. **sinnv.:** abfärben, ausgehen, nicht farbecht/waschecht sein.

Aus|läu|fer, der; -s, -: *äußerster Teil, in dem etwas ausläuft, endet:* die westlichen A. des Waldes; der A. eines kräftigen Hochs.

aus|lecken, leckte aus, hat ausgeleckt ⟨tr.⟩: **a)** *durch Lecken leer machen:* die Schüssel a. **b)** *durch Lecken entfernen, aus etwas lecken:* den Pudding [aus der Schüssel] a.

aus|lee|ren, leerte aus, hat ausgeleert ⟨tr.⟩: *(ein Gefäß, Behältnis) durch Wegschütten, Entfernen des Inhalts leer machen:* seine Taschen, eine Dose, Flasche a. **sinnv.:** ausladen, ↑leeren.

aus|le|gen, legte aus, hat ausgelegt ⟨tr.⟩: **1. a)** *zur Ansicht, zum Betrachten hinlegen:* die Bücher im Schaufenster a. **sinnv.:** ausstellen. **b)** *(als Köder o. ä.) [versteckt] hinlegen:* Gift für die Ratten a. **2.** *zur Verzierung, als Schutz o. ä. bedecken, mit etwas versehen:* den Boden mit Teppichen a.; das Badezimmer mit Fliesen a. **sinnv.:** ↑auskleiden. **3.** *vorläufig für jmd. anders bezahlen:* kannst du für mich zwei Mark a.? **sinnv.:** vorlegen; ↑zahlen. **4.** *erläuternd, erklärend zu deuten suchen, mit einem Sinn versehen:* eine Vorschrift, ein Gesetz a.; du hast meine Äußerungen falsch ausgelegt. **sinnv.:** auffassen, ausdeuten, deuteln, deuten, erklären, erläutern, exemplifizieren, explizieren, interpretieren, klarmachen, kommentieren; definieren.

aus|lei|ern, leierte aus, hat ausgeleiert ⟨tr.⟩ (ugs.): *durch anhaltendes Drehen, häufigen Ge-*

brauch so lockern, daß es nicht mehr straff ist, fest sitzt: du hast den Mechanismus schon ganz ausgeleiert. **sinnv.:** ↑ausweiten.

Aus|lei|he, die; -, -n: **1.** ⟨ohne Plural⟩ *das Ausleihen bes. von Büchern:* A.: Montag bis Freitag von 8 bis 12 Uhr. **2.** *Raum in einer Bibliothek, in dem Bücher zum vorübergehenden Gebrauch ausgeliehen werden:* die A. hat geschlossen.

aus|lei|hen, lieh aus, hat ausgeliehen: **a)** ⟨tr.⟩ *(einen Gegenstand) aus seinem Besitz einem anderen leihweise überlassen:* er hat ihm/an ihn ein Buch ausgeliehen. **b)** ⟨itr.⟩ *sich (etwas von jmdm.) leihen:* er lieh [sich] bei, von seinem Freund ein Fahrrad aus. **sinnv.:** ↑leihen.

aus|ler|nen, lernte aus, hat ausgelernt ⟨itr.⟩: *die Lehrzeit beenden:* die Verkäuferin hat ausgelernt; ein ausgelernter Schreiner.

Aus|le|se, die; -, -n: **1.** *das Auslesen* (II): unter den Bewerbern wurde eine strenge A. vorgenommen. **sinnv.:** Auswahl. **2.** *die besten aus einer Anzahl von Personen oder Dingen:* am Wettkampf nimmt eine A. der Sportler teil. **sinnv.:** Auswahl, das Beste [vom Besten], Elite, Crème de la crème, Oberschicht, Top ten · Upper ten; ↑Kader.

aus|le|sen, liest aus, las aus, hat ausgelesen ⟨tr.⟩: **I.** *zu Ende lesen:* ein Buch a. **II.** *auf Grund einer bestimmten Eigenschaft oder Beschaffenheit auswählen:* die besten Schüler a. **sinnv.:** ausgliedern, ausscheiden, aussondern, aussortieren, ↑auswählen, eliminieren, lesen, die Spreu vom Weizen trennen, verlesen.

aus|lie|fern, lieferte aus, hat ausgeliefert ⟨tr.⟩: **1.** *[auf eine Forderung hin] einer anderen Instanz überlassen, in die Gewalt einer anderen Macht geben:* der Verbrecher wird an die Polizei seines Heimatlandes ausgeliefert. **sinnv.:** preisgeben, überantworten, übergeben; ↑aussetzen. **2.** *an den Handel zum Verkauf geben:* die neuen Bücher werden im Herbst ausgeliefert. **sinnv.:** ↑liefern.

aus|lie|gen, lag aus, hat ausgelegen ⟨itr.⟩: *zur Ansicht, zum Betrachten hingelegt, ausgebreitet sein:* die neuen Zeitschriften liegen in der Bibliothek aus. **sinnv.:** aufliegen.

aus|löf|feln, löffelte aus, hat ausgelöffelt ⟨tr.⟩: **a)** *mit dem Löffel (aus etwas) nehmen und essen:* die Suppe a. **sinnv.:** ↑aufessen. **b)** *mit dem Löffel leer essen:* den Teller a.

aus|lo|sen, loste aus, hat ausgelost ⟨tr.⟩: *durch das Los bestimmen, ermitteln:* die Reihenfolge a.; vier Mann wurden ausgelost. **sinnv.:** ↑losen.

aus|lö|sen, löste aus, hat ausgelöst: **1.** ⟨tr.⟩ **a)** *bewirken, daß etwas in Gang kommt, sich etwas zu bewegen, zu funktionieren beginnt:* die Anlage wird durch einen Druck auf den Knopf ausgelöst. **sinnv.:** anleiern. **b)** ⟨sich a.⟩ *in Gang kommen, zu funktionieren beginnen:* die Alarmanlage hat sich versehentlich selbst ausgelöst, löst sich automatisch aus. **2.** ⟨tr.⟩ *als Wirkung, Reaktion hervorrufen:* Überraschung, Freude a.; der Sänger löste große Begeisterung aus. **sinnv.:** ↑verursachen.

aus|ma|chen, machte aus, hat ausgemacht: **1.** ⟨tr.⟩ *[bei der Ernte] aus der Erde herausholen:* einen Baumstumpf, Kartoffeln a. **sinnv.:** ausbuddeln, ausgraben, buddeln, roden. **2.** ⟨tr.⟩ (ugs.) ↑*vereinbaren:* einen Termin a. **sinnv.:** ↑übereinkommen. **3.** ⟨tr.⟩ *in der Ferne nach längerem Suchen [mit einem Fernrohr o. ä.] erkennen:* er hat das Schiff am Horizont ausgemacht. **sinnv.:** ↑entdecken; ↑finden; ↑sehen. **4.** ⟨tr.⟩ *nicht weiter in Funktion, brennen o. ä. lassen* /Ggs. anmachen/: das Licht a. **sinnv.:** ↑ausschalten. **5.** ⟨itr.⟩ *als Preis, Menge o. ä. ergeben:* der Unterschied macht 50 Meter aus. **sinnv.:** ↑betragen. **6.** ⟨itr.⟩ **a)** *das sein, was etwas dazu macht, was es ist; das eigentliche Wesen von etwas darstellen:* ihm fehlt das Wissen, das einen großen Arzt ausmacht; die Farben machen den Reiz des Bildes aus. **sinnv.:** ↑bedeuten. **b)** *sich in bestimmter Weise positiv oder negativ auswirken, in bestimmter Weise ins Gewicht fallen:* die neue Tapete macht doch viel aus; ein Prozent macht nicht viel aus. **7.** ⟨itr.⟩ *Mühe, Unbequemlichkeiten o. ä. bereiten:* macht es dir etwas aus, den Platz zu tauschen? **sinnv.:** ↑behindern; ↑stören.

aus|ma|len, malte aus, hat ausgemalt: **1.** ⟨tr.⟩ *(die Innenflächen eines Raumes) mit Malereien schmücken:* der Künstler malte die Kapelle mit Fresken aus. **2.** ⟨tr.⟩ *(vorgezeichnete Flächen) mit Farbe ausfüllen:* die Kinder malten die Zeichnungen aus. **3. a)** ⟨tr.⟩ *(jmdm.) deutlich vor Augen stellen, anschaulich darstellen:* der Bearbeiter malt diese Ereignisse behaglich aus; ich malte ihr das Leben auf dem Lande aus. **sinnv.:** ↑schildern. **b)** ⟨itr.⟩ *sich lebhaft, in allen Einzelheiten vorstellen:* ich malte mir das Leben auf dem Lande aus. **sinnv.:** ↑vorstellen.

Aus|maß, das; -es, -e: **1.** *räumliche Verhältnisse, Abmessungen:* die Ausmaße eines Gebäudes; ein Berg von gewaltigen Ausmaßen. **sinnv.:** Abmessung, Ausdehnung, Dimension, Größe, Größenordnung, Länge, Maß, Reichweite, Spielraum, Umfang, Umkreis, Weite. **2.** *Umfang, in dem etwas zutrifft oder geschieht:* das A. der Katastrophe. **sinnv.:** Dichte, Fülle, Grad, Intensität, Leistung, Maß, Stärke, Tiefe.

aus|mer|zen, merzte aus, hat ausgemerzt ⟨tr.⟩: *als schädlich, untauglich, falsch o. ä. aussondern, tilgen:* schlechte Angewohnheiten auszumerzen suchen; derartige Fehler mußt du a.; Ungeziefer a. **sinnv.:** ↑ausrotten; ↑entfernen.

aus|mes|sen, mißt aus, maß aus, hat ausgemessen ⟨tr.⟩: *(eine Fläche, einen Raum) nach einem Maß bestimmen:* er hat das Zimmer ausgemessen. **sinnv.:** ↑messen.

aus|mi|sten, mistete aus, hat ausgemistet ⟨tr.⟩: **1.** *(einen Stall) vom Mist reinigen:* der Bauer mistete den Stall aus. **sinnv.:** misten. **2.** (ugs.) *in etwas Ordnung machen und nicht mehr Benötigtes daraus entfernen, wegwerfen:* den Schreibtisch, Kleiderschrank a. **sinnv.:** ↑aufräumen.

Aus|nah|me, die; -, -n: *etwas, was anders ist als das Übliche; Abweichung von der geltenden Regel:* eine A. machen; mit A. von Peter waren alle anwesend. **sinnv.:** Abirrung, Abnormität, Abweichung, Anomalie, Anomalität, Deviation, Differenz, Divergenz, Irregularität, Normwidrigkeit, Regelverstoß, Regelwidrigkeit, Sonderfall, Unstimmigkeit · Ausnahmezustand.

aus|nahms|los ⟨Adverb⟩: *ohne Ausnahme:* die Versammelten entschieden sich a. für eine nochmalige Wahl. **sinnv.:** ↑all, ↑generell.

aus|nahms|wei|se ⟨Adverb⟩: *als Ausnahme; nur in diesem Fall:* er darf a. früher weggehen. **sinnv.:** lediglich, nur, sonst nicht.

aus|neh|men, nimmt aus, nahm aus, hat ausgenommen /vgl. ausnehmend, ausgenommen/: **1.** ⟨tr.⟩ **a)** *herausnehmen:* die Eingeweide [aus dem Huhn] a.; die Eier [aus dem Nest] a. **b)** *durch Herausnehmen leer machen:* eine Gans a. *(vor dem Braten von den Eingeweiden befreien);* ein Nest a. *(einem brütenden Vogel die Eier aus dem Nest nehmen).* **sinnv.:** ausweiden. **2.** ⟨tr.⟩ *(jmdn. bei etwas) nicht mitzählen, als Ausnahme behandeln:* alle haben schuld, ich nehme keinen aus. **sinnv.:** ausschließen, ↑ausklammern. **3.** ⟨sich a.; mit näherer Bestimmung⟩ *in bestimmter Weise wirken, aussehen:* das farbige Bild nimmt sich gut zu den hellen Gardinen aus. **sinnv.:** ↑aussehen. **4.** ⟨tr.⟩ (ugs.) *(jmdm.) durch listiges, geschicktes Vorgehen [beim Spiel] möglichst viel Geld abnehmen:* sie haben ihn gestern beim Skat tüchtig ausgenommen. **sinnv.:** zur Ader lassen, ausplündern, ausrauben, ausräubern, ausziehen, berauben, bestehlen, erleichtern, melken, rupfen, schröpfen · ↑ausbeuten, ausnutzen · ↑wegnehmen.

aus|neh|mend ⟨Adverb⟩: *besonders, in besonderem Maße (so daß es auffällt):* das Kleid gefällt mir a. gut; sie ist a. hübsch. **sinnv.:** ↑sehr.

aus|nut|zen, nutzte aus, hat ausgenutzt ⟨tr.⟩: **1.** *etwas günstig für einen Zweck verwenden:* eine Gelegenheit, einen Vorteil a. **sinnv.:** sich einer Sache bedienen, benutzen, zu etwas ↑gebrauchen, aus jmdm./einer Sache seinen Nutzen/Vorteil ziehen, schmarotzen, sich zunutze machen; ↑anwenden, wahrnehmen. **2.** *die Möglichkeiten zur Vergrößerung seiner Macht oder zur persönlichen Bereicherung skrupellos nutzen:* er nutzte ihre Schwächen, die Untergebenen rücksichtslos aus. **sinnv.:** ↑ausbeuten, ↑ausnehmen, ausschlachten, ↑auswerten, ↑mißbrauchen · auslasten.

aus|nüt|zen, nützte aus, hat ausgenützt ⟨tr.⟩ (bes. südd.): ↑*ausnutzen.*

aus|packen, packte aus, hat ausgepackt: **1.** ⟨tr.⟩ **a)** *etwas aus seiner Verpackung herausnehmen* /Ggs. einpacken/: eine Vase a. **sinnv.:** auswickeln, enthüllen, wickeln aus; ↑entnehmen. **b)** *etwas, worin etwas verpackt war, leeren:* den Koffer a. **sinnv.:** ausräumen; ↑leeren. **2.** ⟨itr.⟩ (ugs.) *nachdem man lange an sich gehalten oder über etwas geschwiegen hat, schließlich doch erzählen, berichten:* der Verbrecher packte aus. **sinnv.:** ↑gestehen, ↑mitteilen; ↑ausplaudern.

aus|plau|dern, plauderte aus, hat ausgeplaudert ⟨tr.⟩: *(etwas, was geheim bleiben sollte) weitersagen, verraten:* Geheimnisse a. **sinnv.:** auspacken, ausplappern, ausposaunen, ausschwatzen, die Katze aus dem Sack lassen, plappern, plaudern, preisgeben, quatschen, aus der Schule plaudern, schwatzen, singen, verraten, weitersagen, -erzählen, wiedersagen, -erzählen; ↑mitteilen.

aus|po|sau|nen, posaunte aus, hat ausposaunt ⟨tr.⟩ (ugs.): *in aller Öffentlichkeit anderen von etwas erzählen, berichten [was der Betroffene nicht so gern in die Öffentlichkeit gebracht wissen möchte]:* er hat die Neuigkeit gleich überall ausposaunt. **sinnv.:** ↑ausplaudern, ↑verbreiten; ↑mitteilen.

aus|po|wern, powerte aus, hat ausgepowert ⟨tr.⟩ (ugs.): *rücksichtslos ausbeuten und arm machen:* sie werden von der herrschenden Schicht ausgepowert. **sinnv.:** ↑ausbeuten.

aus|prä|gen, prägte aus, hat ausgeprägt: **1.** ⟨sich a.⟩ **a)** *sich deutlich (in, an etwas) zeigen, offenbar werden:* der Kummer hat sich in ihren Zügen ausgeprägt. **b)** *sich herausbilden, zum Vorschein kommen:* diese Tendenz hat sich hier besonders stark ausgeprägt. **sinnv.:** zum Ausdruck kommen in, sich ausdrücken in, sich äußern in, sich aussprechen in, sich zeigen in · sich herausbilden · ↑entstehen · auffällig, ↑extrem. **2.** ⟨tr.⟩ *deutlich formen, gestalten:* das antike Modell hat schon beide Formen der Diktatur ausgeprägt. **sinnv.:** ↑formen.

aus|pres|sen, preßte aus, hat ausgepreßt ⟨tr.⟩: **a)** *so pressen, daß Flüssigkeit herausläuft:* zwei Zitronen a. **sinnv.:** entsaften · ↑ausdrücken. **b)** *durch Pressen (Flüssigkeit aus etwas) gewinnen:* Saft [aus einer Zitrone] a. **sinnv.:** ↑ausdrücken.

aus|pro|bie|ren, probierte aus, hat ausprobiert ⟨tr.⟩: *auf seine Brauchbarkeit probieren:* hast du die neue Waschmaschine schon ausprobiert?; ich probierte eine andere Methode aus. **sinnv:** probieren; ↑prüfen; ↑versuchen.

Aus|puff, der; -[e]s, -e: *Rohr, durch das bei Motoren [von Kraftfahrzeugen] die ausströmenden Gase abgeleitet werden.*

aus|pum|pen, pumpte aus, hat ausgepumpt ⟨tr.⟩: **a)** *durch Pumpen herausholen:* das Wasser [aus dem Keller] a. **sinnv.:** ↑absaugen. **b)** *durch Pumpen leer machen:* den Keller a. **sinnv.:** entleeren, ↑leeren, leer pumpen.

aus|quar|tie|ren, quartierte aus, hat ausquartiert ⟨tr.⟩: *aus seinem [gewohnten] Quartier, aus seinem Zimmer o. ä. herausnehmen und woanders unterbringen:* wir bekommen Besuch, ich muß dich a. **sinnv.:** heraussetzen, umquartieren.

aus|quet|schen, quetschte aus, hat ausgequetscht ⟨tr.⟩ (ugs.): **1. a)** *so quetschen, daß Flüssigkeit herausläuft:* eine Zitrone a. **sinnv.:** ↑ausdrücken. **b)** *durch Quetschen (Flüssigkeit aus etwas) gewinnen:* hast du genügend Saft [aus den Früchten] ausgequetscht? **sinnv.:** ↑ausdrücken. **2.** *durch intensives Fragen etwas Bestimmtes zu erfahren suchen:* sie haben mich nach meinen Kontakten zur Konkurrenz ausgequetscht; man wollte ihn wegen dieser Angelegenheit a. **sinnv.:** ↑fragen.

aus|ra|die|ren, radierte aus, hat ausradiert ⟨tr.⟩ *durch Radieren tilgen:* er hat das Datum [mit dem Gummi, Messer] ausradiert. **sinnv.:** ↑ausstreichen.

aus|ran|gie|ren [...raŋʒi:rən], rangierte aus, hat ausrangiert ⟨tr.⟩: *(etwas, was alt, nicht mehr brauchbar ist) aussondern:* die alten, geflickten Hemden a. **sinnv.:** wegwerfen.

aus|ra|sie|ren, rasierte aus, hat ausrasiert ⟨tr.⟩: **a)** *(Haare) (an einer bestimmten begrenzten Stelle) durch Rasieren entfernen:* die Haare im Nacken a. **sinnv.:** abrasieren. **b)** *(eine bestimmte begrenzte Stelle) durch Rasieren von Haaren befreien:* den Nacken, die Achselhöhle a.

aus|ra|sten, rastete aus, ist ausgerastet ⟨itr.⟩: **1.** *sich aus einer ineinandergreifenden Befestigung lösen, herausspringen:* aus einer Halterung a. **2.** (Jargon) *die Nerven verlieren.* **sinnv.:** ↑ausflippen.

aus|rau|ben, raubte aus, hat ausgeraubt ⟨tr.⟩: **a)** *jmdm. alles, was er bei sich, an sich, in seinen Taschen hat, rauben:* er ist nachts von zwei Strolchen ausgeraubt worden. **sinnv.:** ↑ausnehmen, ↑wegnehmen. **b)** *alles rauben, was sich in etwas befindet:* Diebe haben die Wohnung vollständig ausgeraubt. **sinnv.:** ausplündern, ausräumen, plündern.

aus|räu|chern, räucherte aus, hat ausgeräuchert ⟨tr.⟩: *durch Räuchern, Gas vertreiben oder vernichten:* Ratten, [die Brutstätten von] Schaben a. **sinnv.:** ausbrennen, ausgasen, ausschwefeln, entwesen · desinfizieren, entseuchen; ↑vertreiben.

aus|räu|men, räumte aus, hat ausgeräumt ⟨tr.⟩: **1. a)** *aus etwas herausnehmen* /Ggs. einräumen/: die Bücher [aus dem Regal] a. **sinnv.:** ↑entfernen. **b)** *durch Herausnehmen leer machen:* die Wohnung a. **sinnv.:** ↑leeren. **c)** *(etwas, was Verhandlungen im Wege steht, Meinungsverschiedenheiten verursacht o. ä.) beseitigen:* Vorurteile, Bedenken a. **sinnv.:** ↑beseitigen. **2.** (ugs.) *plündern:* die Diebe räumten das ganze Geschäft aus. **sinnv.:** ausplündern, ausrauben; ↑wegnehmen.

aus|rech|nen, rechnete aus, hat ausgerechnet /vgl. ausgerechnet/: **1.** ⟨tr.⟩ *durch Rechnen den Preis o. ä. von etwas Bestimmtem ermitteln:* die Kosten a. **sinnv.:** berechnen, durchrechnen, ermitteln, errechnen, kalkulieren, rechnen, vorausberechnen. **2.** ⟨sich a.⟩ *indem man die Gegebenheiten in seine Überlegungen mit einbezieht, mit etwas rechnen:* sich Chancen [auf den Sieg] a.: er kann sich a., wie lange das gutgeht. **sinnv.:** berechnen, ↑schätzen, ↑vermuten.

Aus|re|de, die; -, -n: *etwas, was als Entschuldigung für etwas genannt wird, was aber nur vorgeschoben, nicht der wirkliche Grund ist:* eine billige, faule A.; immer eine A. wissen; um eine A. nicht verlegen sein; für sein Zuspätkommen gebrauchte er die A., daß die Straßenbahn so langsam gefahren sei. **sinnv.:** ↑Alibi, Ausflucht, Entschuldigung, Rechtfertigung, Vorwand.

aus|re|den, redete aus, hat ausgeredet: **1.** ⟨itr.⟩ *zu Ende sprechen:* laß ihn doch a. **2.** ⟨tr.⟩ *(jmdn.) durch Überreden (von etwas) abbringen:* er versuchte, ihm den Plan auszureden. **sinnv.:** ↑abraten.

aus|rei|chen, reichte aus, hat ausgereicht ⟨itr.⟩: *genügen:* das Geld reicht für den Bau des Hauses nicht aus. **sinnv.:** genügen, hinkommen, hinreichen, langen, reichen, zureichen · akzeptabel, ↑genug.

Aus|rei|se, die; -, -n: *das Ausreisen* /Ggs. Einreise/: bei der A. wird der Paß kontrolliert; jmdm. die A. verweigern. **sinnv.:** Grenzübertritt.

aus|rei|sen, reiste aus, ist ausgereist ⟨itr.⟩: *über die Grenze ins Ausland reisen* /Ggs. einreisen/: er ist bei Basel in die Schweiz ausgereist.

aus|rei|ßen, riß aus, hat/ist ausgerissen: **1.** ⟨tr.⟩ *durch gewaltsames Herausziehen entfernen:* er hat das Unkraut ausgerissen. **sinnv.:** ausraufen, ausrupfen, auszupfen, entfernen, herausreißen, -rupfen, -zupfen, reißen aus, rupfen aus, zupfen aus. **2.** ⟨itr.⟩ *sich [infolge zu großer Belastung] lösen:* der Griff am Koffer ist ausgerissen. **3.** ⟨itr.⟩ (ugs.) *seinen Vorgesetzten, Eltern o. ä. weglaufen:* der Junge ist ausgerissen. **sinnv.:** ↑fliehen, ↑weggehen.

Aus|rei|ßer, der; -s, -: (ugs.) *jmd., der seinen Vorgesetzten, Eltern weggelaufen ist:* der A. wurde von der Polizei nach Hause gebracht. **sinnv.:** Durchbrenner, Flüchtiger, Flüchtling.

aus|ren|ken, sich; renkte sich aus, hat sich ausgerenkt: *(ein Körperglied) so unglücklich bewegen, daß es aus dem Gelenk springt:* er hat sich beim Turnen den Arm ausgerenkt. **sinnv.:** auskugeln, ↑verstauchen.

aus|rich|ten, richtete aus, hat ausgerichtet: **1.** ⟨tr.⟩ *(jmdm. etwas) mitteilen, wozu man von jmd. anders gebeten worden ist:* jmdm. Grüße a.; richte ihm aus, daß ich erst später kommen kann. **sinnv.:** ↑mitteilen. **2.** ⟨tr.⟩ *erreichen; bei etwas Erfolg haben* /in Verbindung mit *etwas, nichts, wenig*/: er konnte bei den Verhandlungen nichts a. **sinnv.:** ↑erwirken. **3.** ⟨sich a.⟩ *sich in einer bestimmten Ordnung aufstellen:* sich exakt a.; die Sportler standen in einer Linie ausgerichtet. **sinnv.:** abfluchten, fluchten, in eine Fluchtlinie bringen, geraderichten, richten.

aus|rol|len, rollte aus, hat/ist ausgerollt: **1.** ⟨tr.⟩ **a)** *(etwas Zusammengerolltes) ausbreiten:* er hat den Teppich ausgerollt. **sinnv.:** ↑aufwickeln. **b)** *mit einer Rolle bearbeiten und in eine flache Form bringen:* sie hat den Teig rund ausgerollt. **sinnv.:** walzen. **2.** ⟨itr.⟩ *langsam zu rollen aufhören* /von Flugzeugen/: die Maschine ist vor dem Flughafengebäude ausgerollt.

aus|rot|ten, rottete aus, hat ausgerottet ⟨tr.⟩: *völlig und für immer vernichten:* ein ganzes Volk wurde ausgerottet. **sinnv.:** ausmerzen, ausradieren, austilgen, hinmorden, hinschlachten, liquidieren, massakrieren, tilgen, vernichten, vertilgen.

Aus|ruf, der; -[e]s, -e: *kurze, laute Äußerung als spontaner Ausdruck eines Gefühls:* ein freudiger A.; ein A. des Erschreckens. **sinnv.:** Aufschrei, Interjektion, Ruf, Schrei.

aus|ru|fen, rief aus, hat ausgerufen ⟨tr.⟩: **1.** *spontan, in einem Ausruf äußern:* „Herrlich!" rief sie aus. **sinnv.:** ↑schreien. **2.** *[laut rufend] nennen, mitteilen, bekanntgeben:* der Schaffner ruft die Station aus. **sinnv.:** ↑mitteilen. **3.** *öffentlich verkünden:* nach der Revolution wurde die Republik ausgerufen. **sinnv.:** proklamieren, verkünden.

aus|ru|hen, ruhte aus, hat ausgeruht ⟨sich a./itr.⟩: *ruhen, um sich zu erholen:* ich muß mich ein wenig a.; wir haben ein paar Stunden ausgeruht. **sinnv.:** ↑ruhen.

aus|rü|sten, rüstete aus, hat ausgerüstet ⟨tr.⟩: *mit allem versehen, was benötigt wird:* ein Schiff a.; das Krankenhaus wurde mit den modernsten Instrumenten ausgerüstet. **sinnv.:** ↑geben.

Aus|rü|stung, die; -, -en: **1.** *alle Geräte, die man zu einem bestimmten Zweck braucht:* eine vollständige A. zum Skilaufen, Fotografieren. **sinnv.:** ↑Rüstzeug. **Zus.:** Camping-, Flieger-, Jagd-, Ski-, Seemanns-, Spezial-, Taucher-, Tropenausrüstung. **2.** ⟨ohne Plural⟩ *das Ausrüsten:* die A. einer Expedition erfordert große finanzielle Mittel.

aus|rut|schen, ruschte aus, ist ausgerutscht ⟨itr.⟩: **1.** *durch Rutschen der Füße den Halt verlieren und fallen:* ich bin auf dem Eis ausgerutscht. **sinnv.:** ausgleiten, rutschen. **2.** *aus der beabsichtigten Richtung gleiten:* das Beil ist ihm ausgerutscht.

Aus|rut|scher, der; -s, - (ugs.): **1.** *Fall, Sturz durch Rutschen:* der A. auf der Bananenschale. **2.** *Verstoß gegen gesellschaftliche o. ä. Normen, Umgangsformen:* sich einige peinliche Ausrutscher leisten. **sinnv.:** Entgleisung, Fauxpas, ↑Fehler, Panne, Patzer.

Aus|saat, die; -: **1.** *das Aussäen:* vor der A. wird der Acker gepflügt. **sinnv.:** Saat. **2.** *Samen, der ausgesät wird:* die A. geht bald auf. **sinnv.:** ↑Saat.

aus|sä|en, säte aus, hat ausgesät ⟨tr.⟩: *auf einer größeren Fläche säen:* der Bauer sät im Herbst den Weizen aus. **sinnv.:** ↑säen.

Aus|sa|ge, die; -, -n: **1.** *Angabe, Mitteilung, die man auf eine Aufforderung hin vor einer Behörde macht:* vor Gericht eine A. machen; der Zeuge verweigerte die A. über den Unfall. **sinnv.:** ↑Angabe, Ausführungen, Darstellung, Einlassung, Erklärung, Nachweis, Zeugnis · Darlegung · gestehen. **Zus.:** Zeugenaussage. **2.** *geistiger Inhalt, Gehalt, der durch ein Kunstwerk o. ä. ausgedrückt wird:* die Sehnsucht nach Freiheit ist die wichtigste A. seines Werkes. **sinnv.:** ↑Bedeutung. **3.** *Äußerung einer Meinung:* seine Aussagen über Staat und Politik sind wissenschaftlich nicht fundiert. **sinnv.:** Stellungnahme · Ausführungen, ↑Äußerung, Darlegung.

aus|sa|gen, sagte aus, hat ausgesagt: **1.** ⟨itr.⟩ *[vor Gericht] mitteilen, was man (über etwas) weiß:* als Zeuge a. **sinnv.:** bekunden, bestätigen, bezeugen, darlegen, erklären, zeugen; ↑darstellen; ↑mitteilen; ↑gestehen. **2.** ⟨tr.⟩ *deutlich zum Ausdruck bringen:* in seinem Vortrag wurde Grundlegendes zu diesem Problem ausgesagt. **sinnv.:** äußern, behaupten, darlegen, feststellen, sagen · artikulieren, ausdrükken, ↑bedenken, besagen, zu erkennen geben, offenbaren, verraten, zeigen; ↑bekunden; ↑mitteilen.

Aus|satz, der -es: *stark anstekkende Krankheit, bei der sich Geschwüre in der Haut bilden:* viele Bewohner der Insel waren vom A. befallen. **sinnv.:** Lepra · Hautkrankheit.

aus|scha|ben, schabte aus, hat ausgeschabt ⟨tr.⟩: **a)** *durch Schaben herausholen:* das Fruchtfleisch mit einem Löffel [aus der Melone] a. **sinnv.:** kratzen. **b)** *durch Schaben leer machen:* die Melone a.; die Gebärmutter a.

aus|schach|ten, schachtete aus, hat ausgeschachtet ⟨tr.⟩: **a)** *durch Herausholen von Erde herstellen:* eine Grube a. **sinnv.:** ↑ausheben. **b)** *durch Herausholen von Erde Raum (für etwas) schaffen:* den Keller, das Fundament a. **c)** *(Erde) herausholen:* der Boden muß bis zu zwei Meter Tiefe ausgeschachtet werden.

aus|schal|ten, schaltete aus, hat ausgeschaltet ⟨tr.⟩: **1.** *durch Betätigen eines Hebels, eines Schalters außer Betrieb setzen* /Ggs. einschalten/: den Motor, das Licht a. **sinnv.:** abdrehen, abschalten, abstellen, ausdrehen, ausknipsen, ausmachen. **2. a)** *Maßnahmen ergreifen, um etwas [in Zukunft] zu verhindern:* Fehler bei der Produktion a.; eine Gefahr a. **sinnv.:** ausschließen, ↑verhindern; ↑ausklammern. **b)** *verhindern, daß jmd., der den eigenen Bestrebungen im Wege ist, weiterhin handeln kann:* er konnte bei den Verhandlungen seine Konkurrenten a. **sinnv.:** ↑ausschließen, eliminieren, aus dem Weg räumen · abwählen.

Aus|schank, der; -s: **1.** *das Ausschenken:* den A. von geistigen Getränken untersagen. **Zus.:** Alkohol-, Bier-, Weinausschank. **2. a)** *Raum, in dem [alkoholische] Getränke ausgeschenkt werden:* den A. betreten. **sinnv.:** ↑Gaststätte. **b)** ↑*Schanktisch.*

aus|schei|den, schied aus, hat/ist ausgeschieden: **1.** ⟨itr.⟩ *eine Gemeinschaft, Gruppe verlassen und sich nicht mehr darin betätigen, eine Tätigkeit aufgeben:* er ist aus dem Dienst, aus dem Verein ausgeschieden. **sinnv.:** abdanken, abgehen, sich abmelden, abmustern, abspringen, abtreten, aufhören, aussteigen, austreten, gehen, ↑kündigen, weggehen, verlassen, zurücktreten. **2.** ⟨itr.⟩ *die Beteiligung an einem Wettkampf aufgeben:* nach dem Sturz ist der Sportler ausgeschieden. **sinnv.:** aufgeben, aufstecken. **3.** ⟨itr.; in den zusammengesetzten Formen der Vergangenheit und im 2. Partizip nicht gebräuchlich⟩ *nicht in Frage kommen:* diese Möglichkeit scheidet aus. **sinnv.:** auszuschließen sein, nicht in Betracht/in Frage kommen, außer Betracht bleiben/stehen, entfallen, fernliegen, fortfallen, kündigen, wegfallen. **4.** ⟨tr.⟩ *von sich geben, aus sich entfernen:* der Körper hat die giftigen Stoffe ausgeschieden. **sinnv.:** abgeben, abscheiden, absondern, ausschwitzen, auswerfen, eitern, sekretieren · Aa machen, abprotzen, defäkieren, ein Ei legen, sich entleeren, groß machen, einen Haufen machen, kacken, koten, scheißen, Stuhl[gang] haben. **5.** ⟨tr.⟩ *aussondern, entfernen:* er hat die wertlosen Bücher gleich ausgeschieden. **sinnv.:** ↑auslesen; ↑ausklammern, außer Betracht lassen.

Aus|schei|dung, die; -, -en: **1.** *Absonderung:* die Ausscheidungen des menschlichen Körpers. **sinnv.:** Absonderung, Ausfluß, Auswurf, Exkret, Exkretion, Schleim, Sekret; ↑Exkrement; ↑Urin. **2.** *sportlicher Wettkampf, bei dem die Teilnehmer an weiteren Kämpfen ermittelt werden:* die zehn besten Mannschaften kamen in die A. **sinnv.:** Ausscheidungskampf, -lauf, -rennen, -runde, -spiel.

aus|schel|ten, schilt aus, schalt aus, hat ausgescholten ⟨tr.⟩: *heftig schelten:* sie hat mich wegen meiner Nachlässigkeit ausgescholten. **sinnv.:** ↑schelten.

aus|schen|ken, schenkte aus, hat ausgeschenkt ⟨tr.⟩: *(Getränke) ausgeben oder verkaufen:* Alkohol darf an Kinder nicht ausgeschenkt werden. **sinnv.:** schenken, zapfen; ↑schütten.

aus|sche|ren, scherte aus, ist ausgeschert ⟨itr.⟩: *eine mit anderen [hintereinander] eingehaltene Linie, Reihe verlassen:* das Schiff, das Flugzeug, der Wagen ist ausgeschert. **sinnv.:** abspringen, aussteigen; sich ↑absondern.

aus|schil|dern, schilderte aus, hat ausgeschildert ⟨tr.⟩: *mit Verkehrsschildern versehen:* die Straße ist nicht genügend, ist entsprechend ausgeschildert. **sinnv.:** beschildern.

aus|schlach|ten, schlachtete aus, hat ausgeschlachtet ⟨tr.⟩: **1.** *(einem geschlachteten Tier) die Eingeweide herausnehmen und es zum Verkauf in Einzelteile zerlegen:* wir müssen noch das Schwein a. **2.** *alles, was [noch] verwertbar ist, aus etwas [was* *man nicht mehr benutzt] ausbauen:* Autos a.; sie stahlen Fahrzeuge und schlachteten sie aus. **3.** *alles, was aus einer bestimmten Situation heraus als Argumentation o. ä. für eigene Zwecke [und zum Nachteil eines anderen] benutzt werden kann, für sich ausnutzen, einsetzen:* etwas journalistisch, kommerziell a. **sinnv.:** ↑ausnutzen.

aus|schla|fen, schläft aus, schlief aus, hat ausgeschlafen: **1.** ⟨itr./sich a.⟩ *so lange schlafen, bis man genug geschlafen hat:* ich habe [mich] noch nicht ganz ausgeschlafen. **2.** ⟨itr.⟩ *während des Schlafens, durch Schlafen vergehen lassen:* hast du deinen Rausch, deinen Ärger ausgeschlafen?

Aus|schlag, der; -[e]s, Ausschläge: **1.** *auf der Haut auftretende krankhafte Veränderung.* **sinnv.:** Akne, Auswuchs, Bläschen, Blase, Borke, Eiterbläschen, Ekzem, Finnen, Flechte, Frieseln, Grind, Hautausschlag, -blüte, -flechte, -fleck, -knoten, -pilz, Herpes, Juckflechte, Kruste, Pickel, Pocken, Pustel, Quaddel, Schorf, Warze; Hautkrankheit · ↑Geschwür. **Zus.:** Hautausschlag. **2.** *das Ausschlagen eines Pendels o. ä. vom Ausgangspunkt:* der A. der Nadel eines Kompasses.

aus|schla|gen, schlägt aus, schlug aus, hat/ist ausgeschlagen: **1.** ⟨itr.⟩ *mit einem Bein stoßen [um sich zu wehren]* /bes. vom Pferd/: das Pferd hat ausgeschlagen. **sinnv.:** treten. **2.** ⟨tr.⟩ *durch Schlagen gewaltsam entfernen:* er hat ihm drei Zähne ausgeschlagen. **3.** ⟨tr.⟩ *(die Wände eines Raumes, einer Kiste o. ä.) verkleiden:* er hat das Zimmer mit Stoff ausgeschlagen. **sinnv.:** ↑auskleiden, bespannen. **4.** ⟨tr.⟩ *ablehnen, zurückweisen:* er hat das Angebot [mitzufahren] ausgeschlagen. **sinnv.:** ↑ablehnen. **5.** ⟨itr.⟩ *(als Zeiger oder Pendel) sich vom Ausgangspunkt wegbewegen:* der Zeiger hat/(seltener:) ist ausgeschlagen. **6.** ⟨itr.⟩ *anfangen, grün zu werden:* die Bäume haben/(selten:) sind ausgeschlagen. **sinnv.:** ↑sprießen. **7.** ⟨itr.⟩ *sich (zu etwas) entwickeln:* es ist ausschließlich zum Guten ausgeschlagen, daß er die Stellung nicht bekommen hat. **sinnv.:** ↑gelingen · ↑scheitern.

aus|schlie|ßen, schloß aus, hat ausgeschlossen /vgl. ausgeschlossen/: **1.** ⟨tr.⟩ **a)** *nicht teilnehmen lassen (an etwas):* er wurde vom Spiel ausgeschlossen. **b)** *(aus etwas) entfernen:* er wurde aus der Partei ausgeschlossen. **sinnv.:** ausstoßen, exkommunizieren, relegieren · ↑entfernen, fortjagen, verbannen, verstoßen · disqualifizieren, vom Platz stellen, verweisen · aussperren; ↑ausschalten. **2.** ⟨sich a.⟩ *sich fernhalten, absondern, nicht mitmachen:* du schließt dich immer [von allem] aus. **sinnv.:** sich ↑absondern. **3.** ⟨tr.⟩ *unmöglich machen, nicht entstehen lassen:* das Mißtrauen schließt jede Zusammenarbeit aus. **sinnv.:** ↑verhindern; ↑ausklammern. **4.** ⟨tr.⟩ *(eine Wohnung o. ä. verschließen und dadurch jmdm.) den Zutritt unmöglich machen:* sie hatten ihn ausgeschlossen. **sinnv.:** aussperren.

aus|schließ|lich [auch: ausschließlich]: **I.** ⟨Adj.; nur attributiv⟩ *alleinig, uneingeschränkt:* der Wagen steht zu seiner ausschließlichen Verfügung. **sinnv.:** alleinig. **II.** ⟨Adverb⟩ *nur, allein:* er interessiert sich a. für Sport. **sinnv.:** allein, bloß, einzig, lediglich, nur. **III.** ⟨Präp. mit Gen.⟩ *ohne, außer, ausgenommen* /Ggs. einschließlich/: die Kosten a. des Portos; ⟨aber: starke Substantive bleiben im Singular ungebeugt, wenn sie ohne Artikel und ohne adjektivisches Attribut stehen; im Plural stehen sie dann im Dativ⟩ a. Porto; a. Getränken. **sinnv.:** ↑ausgenommen.

aus|schlüp|fen, schlüpfte aus, ist ausgeschlüpft ⟨itr.⟩: *(aus etwas) schlüpfen /von bestimmten Tieren/:* das Küken schlüpft aus. **sinnv.:** ↑schlüpfen.

Aus|schluß, der; Ausschlusses, Ausschlüsse: *das Ausschließen (von jmdm.):* die Partei drohte mir mit dem A.; unter, mit A. der Öffentlichkeit. **sinnv.:** Acht, Ausschließung, Ausstoßung, Bann, Eliminierung, Entfernung, Exkommunikation, Kirchenbann, Relegation, Säuberung[saktion] · Disqualifikation, Disqualifizierung, Sperre. **Zus.:** Parteiausschluß.

aus|schmücken, schmückte aus, hat ausgeschmückt ⟨tr.⟩: *(einen Raum) schmücken, mit Schmuck versehen, dekorieren:* einen Saal a. **sinnv.:** ↑schmükken.

aus|schnei|den, schnitt aus, hat ausgeschnitten /vgl. ausgeschnitten/⟨tr.⟩: *(aus etwas) herausschneiden:* einen Artikel aus einer Zeitung a. **sinnv.:** ↑beschneiden.

Aus|schnitt, der; -[e]s, -e: **1.** *Stelle, wo etwas ausgeschnitten worden ist (so daß eine Öffnung oder Lücke entstanden ist):* dieses Kleid hat einen tiefen A. **sinnv.:** Segment · Dekolleté. **Zus.:** Hals-, Rücken-, V-Ausschnitt. **2. a)** *das Ausgeschnittene:* er hat viele Ausschnitte aus Zeitungen gesammelt. **Zus.:** Zeitungsausschnitt. **b)** *Teil (aus einem Ganzen), Abschnitt:* Ausschnitte aus einem Film zeigen. **sinnv.:** Abschnitt, Passage, Passus, Stück, Teil; ↑Detail, ↑Zitat. **Zus.:** Programmausschnitt.

aus|schöp|fen, schöpfte aus, hat ausgeschöpft ⟨tr.⟩: **1. a)** *durch Schöpfen herausholen:* Wasser [aus dem Kahn] a. **b)** *durch Schöpfen leer machen:* den Kahn a. **2.** *völlig nutzen, auswerten:* wir haben noch nicht alle Möglichkeiten für eine Verständigung ausgeschöpft. **sinnv.:** ↑auswerten.

aus|schrei|ben, schrieb aus, hat ausgeschrieben ⟨tr.⟩: **1.** *in der ganzen Länge, mit allen Buchstaben schreiben (und nicht abkürzen):* seinen Namen a. **2.** *bekanntgeben und dadurch zur Beteiligung, Bewerbung o. ä. auffordern:* Wahlen a.; einen Wettbewerb für Architekten a. **sinnv.:** ↑ansetzen. **Zus.:** Preisausschreiben. **3.** *ausstellen, als schriftliche Unterlage geben:* eine Rechnung a. **sinnv.:** ↑ausfertigen.

Aus|schrei|tun|gen, die ⟨Plural⟩: *Gewalttätigkeiten, zu denen es im Verlauf einer Demonstration o. ä. kommt:* bei den A. gab es zwei Verletzte. **sinnv.:** Pogrom, Terror, Übergriffe; ↑Aufruhr; ↑Verschwörung.

Aus|schuß, der; Ausschusses, Ausschüsse: **1.** *aus einer größeren Versammlung o. ä. ausgewählte Gruppe von Personen, die eine besondere Aufgabe zu erfüllen hat.* **sinnv.:** Beirat, Gremium, Komitee, Kommission, Kreis, Kuratorium, Rat, Zirkel. **2.** ⟨ohne Plural⟩ *minderwertige Ware:* das ist alles nur A. **sinnv.:** Altware, Ausschußware, Dreck, Plunder, Ramsch, Schleuderware, Tinnef · Flickwerk, Pfuscherei, Stückwerk, Stümperei.

aus|schüt|teln, schüttelte aus,

hat ausgeschüttelt ⟨tr.⟩: **a)** *durch Schütteln entfernen:* den Staub a. **b)** *durch Schütteln reinigen:* die Decke a.

aus|schüt|ten, schüttete aus, hat ausgeschüttet ⟨tr.⟩: **a)** *(aus einem Gefäß) schütten:* das Obst [aus dem Korb] a. **sinnv.:** ↑schütten. **b)** *(ein Gefäß) leer machen, indem man das, was sich darin befindet, heraus- oder wegschüttet:* einen Korb a.; den Mülleimer a. **sinnv.:** ↑leeren.

aus|schwär|men, schwärmte aus, ist ausgeschwärmt ⟨itr.⟩: **1.** *im Schwarm ausfliegen* /bes. von Bienen/: die Bienen schwärmten aus. **sinnv.:** schwärmen. **2.** *aus einer geschlossenen Formation in eine aufgelöste Ordnung übergehen:* die feindliche Infanterie schwärmte aus. **sinnv.:** sich ausbreiten, sich auseinanderziehen, sich entwickeln, schwärmen.

aus|schwei|fend ⟨Adj.⟩: *das rechte Maß überschreitend:* eine ausschweifende Phantasie; ein ausschweifendes Leben führen. **sinnv.:** extrem, exzessiv, heftig, ↑hemmungslos, lasterhaft, maßlos, unersättlich, ungehemmt, ungezügelt, wild, zügellos.

Aus|schwei|fung, die; -, -en: *zügellose Hingabe an ein unmäßiges Genießen.* **sinnv.:** Exzeß, ↑Laster, Orgie, Unmäßigkeit, Zügellosigkeit.

aus|schwit|zen, schwitzte aus, hat ausgeschwitzt ⟨tr.⟩: *durch Schwitzen absondern:* die Wände haben Feuchtigkeit ausgeschwitzt. **sinnv.:** ↑ausscheiden.

aus|se|hen, sieht aus, sah aus, hat ausgesehen ⟨itr.; mit näherer Bestimmung⟩: *ein bestimmtes Aussehen haben, einen bestimmten Eindruck machen:* er sieht sehr sportlich aus. **sinnv.:** einen Anblick bieten, anzusehen sein, sich ausnehmen, einen/den Anschein erwecken, den Anschein haben, ein/das Aussehen haben, einen/den Eindruck erwecken/machen, wirken · ↑ähneln · ↑anscheinend.

Aus|se|hen, das; -s: *Äußeres eines Menschen oder eines Gegenstandes in seiner Wirkung auf den Betrachter:* ein gesundes A. **sinnv.:** ↑Anblick, Ansehen, Äußeres, Erscheinung, Erscheinungsbild, Habitus, Look, Typ; Anstrich.

aus|sein, ist aus, war aus, ist ausgewesen ⟨itr.⟩ (ugs.): **1.** *zu Ende sein:* die Vorstellung ist aus; alles ist aus *(verloren).* **sinnv.:** vorbei sein; ↑überholt. **2.** *erloschen sein:* sieh nach, ob das Feuer aus ist! **3.** *ausgeschaltet sein:* das Licht war aus. **sinnv.:** ausgehen, erlöschen. **4.** *ausgegangen sein:* sie ist mit Max aus. **5.** ***auf etwas a.** *(etwas sehr gern haben wollen, sich um etwas bemühen).* **sinnv.:** ↑begierig.

au|ßen ⟨Adverb⟩: *an der äußeren Seite* /Ggs. innen/: die Tasse ist a. schmutzig. **sinnv.:** an/auf der Außenseite, außerhalb. **Zus.:** Links-, Rechtsaußen.

Au|ßen|han|del, der; -s: *Handel mit dem Ausland.* **sinnv.:** Außenwirtschaft · Ausfuhr, Export.

Au|ßen|mi|ni|ster, der; -s, -: *Minister für auswärtige Angelegenheiten.*

Au|ßen|po|li|tik, die; -: *Gesamtheit der politischen Handlungen eines Staates im Verkehr mit anderen Staaten* /Ggs. Innenpolitik/: eine realistische A. betreiben.

Au|ßen|sei|ter, der; -s, -, **Au|ßen|sei|te|rin,** die; -, -nen: *männliche bzw. weibliche Person, die sich von der Gesellschaft absondert und ihre eigenen Ziele verfolgt:* er war schon als Junge ein A. **sinnv.:** Asozialer, Ausgeflippter, Ausgestoßener, Außenstehender, Drop-out, Eigenbrötler, Einzelgänger, Entrechteter, Geächteter, Individualist, Kauz, Ketzer, Nonkonformist, Original, Outcast, Outsider, Paria, Sonderling, Unterprivilegierter, Verfemter; ↑Laie.

Au|ßen|stän|de, die ⟨Plural⟩: *ausstehende finanzielle Forderungen:* A. eintreiben. **sinnv.:** Anspruch, Forderung.

Au|ßen|ste|hen|de, der; -n, -n ⟨aber: [ein] Außenstehender, Plural: [viele] Außenstehende⟩: *jmd., der nicht zu einem bestimmten Kreis gehört:* das ist ein familiäres Problem, das A. nichts angeht. **sinnv.:** ↑Außenseiter, ↑Dritter, ↑Laie.

au|ßer: I. ⟨Präp. mit Dativ⟩ **1.** *abgesehen (von jmdm./etwas),* ↑*ausgenommen, nicht mitgerechnet:* alle a. ihm. **2.** ***a. sich** (Dativ) **sein** *(sehr aufgeregt sein).* **sinnv.:** ↑nervös · sich ↑aufregen. **II.** ⟨Konj.⟩ ↑*ausgenommen, mit Ausnahme [von ...]:* ich bin täglich zu Hause, a. diesen Sonntag; wir werden kommen, a. [wenn] es regnet.

au|ßer- ⟨adjektivisches Präfixoid⟩: *außerhalb des Bereichs liegend, sich vollziehend, der mit dem im Basiswort Genannten angesprochen ist:* außeramtlich, -ästhetisch, -atmosphärisch, -beruflich, -bewußt, -deutsch (Ggs. [inner]deutsch), -dienstlich (Ggs. [inner]dienstlich), -ehelich, -englisch (außerenglische Bands), -europäisch (Ggs. [inner]europäisch), -fahrplanmäßig, -familiär, -gerichtlich, -heimisch (außerheimische Gewässer), -irdisch, -kantonal, -kirchlich (Ggs. [inner]kirchlich), -linguistisch, -musikalisch (außermusikalische Belange), -ökonomisch, -parlamentarisch, -parteilich (Ggs. [inner]parteilich), -planmäßig, -schulisch, -sportlich (außersportliche Merkmale fehlen dem Spieler noch), -sprachlich (Ggs. [inner]sprachlich), -subkulturell, -tariflich, -universitär, -unterrichtlich (außerunterrichtliche Tätigkeit). **sinnv.:** -extern, extra-, neben-, nicht-, über-, un-.

äu|ßer... ⟨Adj.⟩ /Ggs. inner...; vgl. äußerst/: **a)** *sich außen befindend, außen vorhanden:* die äußere Schicht. **sinnv.:** ober... **b)** *von außen wahrnehmbar:* der äußere Anblick. **sinnv.:** äußerlich, oberflächlich. **c)** *von außen, nicht aus dem Innern des Menschen kommend:* ein äußerer Anlaß. **sinnv.:** äußerlich. **d)** *auf das Ausland gerichtet:* innere und äußere Politik.

au|ßer|dem [auch: ...dẹm] ⟨Adverb⟩: *überdies, darüber hinaus:* er ist groß, a. sieht er gut aus; er ist a. noch faul. **sinnv.:** alsdann, ansonsten, ↑auch, daneben, [so]dann, dazu, extra, ferner, fernerhin, obendrein, ↑sogar, sonst, überdies, im übrigen, weiter, des weiteren, weiterhin, zudem, ↑zusätzlich; ↑übrigens.

Äu|ße|re, das; -n ⟨aber: [sein] Äußeres⟩: *äußere Erscheinung, Aussehen:* auf sein Äußeres achten. **sinnv.:** Außenseite, Drumherum, Oberfläche; ↑Aussehen.

au|ßer|ge|wöhn|lich [auch: ...wöhn...] ⟨Adj.⟩: *vom Üblichen oder Gewohnten abweichend, über das übliche Maß hinaus:* eine außergewöhnliche Begabung. **sinnv.:** abenteuerlich, ansehnlich, auffallend, auffällig, aufsehenerregend, ↑ausgefallen, außerordentlich, beachtlich, bedeutend, bedeutsam, bedeutungsvoll, beeindruckend, besonder[s], beträchtlich, bewundernswert, bewunderungswürdig, brillant, eindrucksvoll, einmalig, einzig, einzigartig, eminent, enorm, entwaffnend, epochal, epochemachend, erheblich, erklecklich, erstaunlich, extraordinär, exzeptionell, fabelhaft, formidabel, frappant, grandios, groß, großartig, hervorragend, imponierend, imposant, interessant, kapital, legendär, märchenhaft, nennenswert, ohnegleichen, pyramidal, phänomenal, ersten Ranges, riesig, sagenhaft, schön, sensationell, sondergleichen, spektakulär, stattlich, stupend, überragend, überraschend, überwältigend, umwerfend, ungewöhnlich, ↑ungleich besser, größer usw., ↑unvergleichlich, verblüffend · ↑beispiellos · ↑gewaltig · ↑sehr · ↑unsagbar · unschlagbar; ↑astronomisch · ↑unwahrscheinlich · ↑anormal · ↑dick · auffallen, beeindrucken.

au|ßer|halb: I. ⟨Präp. mit Gen.⟩ *außen* /Ggs. innerhalb/: **a)** *nicht innerhalb, vor einem bestimmten Raum, jenseits einer bestimmten Linie:* a. des Zimmers. **sinnv.:** außer. **b)** *nicht in einem bestimmten Zeitraum:* a. der Arbeitszeit. **sinnv.:** außer. **II.** ⟨Adverb⟩ *in der weiteren Umgebung, draußen, nicht in der Stadt:* er wohnt a. [von Berlin]; wir liefern auch nach a. *(auch in die weitere Umgebung).* **sinnv.:** auswärts, draußen · außen.

äu|ßer|lich ⟨Adj.⟩: *nach außen, dem Äußeren nach:* a. machte er einen gefaßten Eindruck. **sinnv.:** äußer..., oberflächlich [betrachtet], scheinbar.

Äu|ßer|lich|keit, die; -, -en: *nicht wesentlicher, äußerer, unbedeutender Bestandteil:* an Äußerlichkeiten hängen; sich über Äußerlichkeiten aufregen.

äu|ßern: 1. ⟨tr.⟩ *zu erkennen geben:* seine Kritik durch Zischen ä. **sinnv.:** ↑mitteilen · ↑aussagen, ↑vorbringen. **2.** ⟨sich ä.⟩ *seine Meinung sagen:* sie hat sich [zu seinem Vorschlag] nicht geäußert. **sinnv.:** sich ausbreiten/auslassen/verbreiten über, sich ausquatschen, sich aussprechen, behaupten, bemerken, sich ergehen in/über, erklären, fallenlassen, etwas von sich geben, meinen, seine Meinung kundtun, den Mund auftun, reden/sprechen über, Stellung nehmen · weit ausholen · polemisieren; ↑sprechen. **3.** ⟨sich ä.⟩ *sich zeigen, in bestimmter Weise sichtbar werden:* seine Unruhe äußerte sich in seiner Unaufmerksamkeit. **sinnv.:** sich ↑ausprägen.

au|ßer|or|dent|lich ⟨Adj.⟩: **1.** *außerhalb der gewöhnlichen Ordnung stehend, stattfindend:* eine außerordentliche Versammlung. **2. a)** *sehr groß:* ein außerordentlicher Erfolg. **sinnv.:** ↑außergewöhnlich. **b)** ⟨verstärkend bei Adjektiven und Verben⟩ *ganz besonders:* eine a. wichtige Sache; das freut mich a. **sinnv.:** ↑sehr.

äu|ßerst ⟨Adj.⟩ /vgl. äußer.../: **a)** *größt..., stärkst...:* ein Moment äußerster Spannung. **b)** ⟨verstärkend bei Adjektiven⟩ *in höchstem Maße:* er lebt ä. bescheiden. **sinnv.:** ↑enorm, ↑ganz, ↑sehr.

au|ßer|stan|de: ⟨in der Verbindung⟩ a. sein: *nicht fähig, nicht imstande sein* /Ggs. imstande/: ich war a., den Befehl zu befolgen.

Äu|ße|rung, die; -, -en: **1.** *das (vom Redenden, Sprechenden) Geäußerte, Ausgesprochene:* eine unvorsichtige Ä. **sinnv.:** Ausführungen, Auslassung, Aussage, Ausspruch, Behauptung, Bemerkung, Feststellung, Statement; ↑Nachricht. **Zus.:** Meinungs-, Willensäußerung. **2.** *sichtbares Zeichen (für etwas):* sein Benehmen war eine Ä. trotziger Unabhängigkeit. **sinnv.:** Bekundung, Bezeichnung, Bezeugung, Demonstration. **Zus.:** Gefühls-, Lebensäußerung.

aus|set|zen, setzte aus, hat ausgesetzt: **1.** ⟨itr.⟩ *mitten in einer Tätigkeit o. ä. [für eine gewisse Zeit] aufhören:* der Motor setzte plötzlich aus. **sinnv.:** abbrechen, aufhören, ausfallen, bocken, stehen, stehenbleiben, stillstehen, streiken. **2.** ⟨tr.⟩ *vorübergehend unterbrechen:* den Kampf, die Strafe a. **sinnv.:** innehalten, eine Pause einlegen, pausieren, rasten, ruhen. **3.** ⟨tr.⟩ *an einen bestimmten Ort bringen und dort sich selbst überlassen:* ein Kind a. **4.** ⟨tr./sich a.⟩ *sich so verhalten, daß jmd./etwas oder man selbst durch etwas gefährdet ist oder ohne Schutz vor etwas ist:* er wollte ihn nicht dem Verdacht a.; sich der Sonne a. **sinnv.:** ausliefern, exponieren, preisgeben. **5.** ⟨tr.⟩ *(eine Summe als Belohnung) versprechen:* für die Ergreifung des Täters wurden 1 000 Mark als Belohnung ausgesetzt. **sinnv.:** ausbieten, ausloben, ausschreiben, in Aussicht stellen, (eine Belohnung) verheißen/versprechen, zusagen, zusichern · ↑anbieten, ↑bieten. **6. *etwas an jmdm./etwas auszusetzen haben** *(mit jmdm./etwas nicht ganz zufrieden sein und sagen, was einem nicht gefällt).* **sinnv.:** ↑beanstanden.

Aus|sicht, die; -, -en: **1.** ⟨ohne Plural⟩ *Blick ins Freie, in die Ferne:* von dem Fenster hat man eine schöne A. [auf den Park]. **sinnv.:** Anblick, Ausblick, Bild, Blick, Fernblick, Fernsicht, Panorama, Rundblick, Sicht. **2.** *bestimmte Erwartung, Hoffnung, Chance; sich für die Zukunft zeigende positive Möglichkeit:* seine Aussichten, die Prüfung zu bestehen, sind gering. *** in A. nehmen** *(vorsehen):* für diese Arbeit sind vier Tage in A. genommen; **in A. stellen** *(versprechen):* eine hohe Belohnung ist in A. gestellt worden; **[keine] A. auf etwas haben** *(mit etwas Gutem o. ä. [nicht] rechnen können):* er hat A. auf den ersten Preis im Schwimmen. **sinnv.:** Chance, Erwartung, Gelegenheit, Möglichkeit, Perspektive · ↑Hoffnung · ↑vorhaben. **Zus.:** Berufs-, Erfolgs-, Zukunftsaussichten.

aus|sichts|los ⟨Adj.⟩: *ohne jede Aussicht auf Erfolg:* sich in einer aussichtslosen Lage befinden. **sinnv.:** ausweglos, hoffnungslos, unhaltbar, verbaut, verfahren, verschlossen, verstellt.

aus|sie|deln, siedelte aus, hat ausgesiedelt ⟨tr.⟩: *durch amtliche Aufforderung zum Verlassen des ursprünglichen Wohngebietes und zum Ansiedeln in einem anderen Gebiet veranlassen:* Bauern a. **sinnv.:** ↑ausweisen · ↑verlagern.

aus|sit|zen, saß aus, hat ausgesessen ⟨tr.⟩: *(in einer schwierigen Situation) untätig sein, sich nicht rühren, sondern warten, bis sich im Laufe der Zeit alles von selbst erledigt hat:* diese Krise muß ausgesessen werden. **sinnv.:** abwarten, warten bis, zuwarten.

aus|söh|nen, söhnte aus, hat ausgesöhnt: **1.** ⟨tr./sich a.⟩ *jmdn./sich, oft nach entsprechenden, meist über einige Zeit hin sich erstreckenden Bemühungen, wieder mit jmdm. versöhnen:* er hat sich mit seinem Bruder ausgesöhnt. **sinnv.:** ↑bereinigen · sich einigen. **2.** ⟨sich a.⟩ *nach an-*

fänglichem innerem Widerstand seinen Frieden mit etwas machen, sich damit abfinden: hast du dich mit deiner neuen Umgebung ausgesöhnt? **sinnv.:** sich ↑gewöhnen an.

aus|son|dern, sonderte aus, hat ausgesondert ⟨tr.⟩: *aus einer Anzahl auswählen [und entfernen]:* die schlechten Waren wurden ausgesondert. **sinnv.:** ↑auslesen.

aus|sor|tie|ren, sortierte aus, hat aussortiert ⟨tr.⟩: *(nach entsprechenden Gesichtspunkten durchsehen und) herausnehmen:* die in Frage kommenden Akten a. **sinnv.:** ↑auslesen.

aus|span|nen, spannte aus, hat ausgespannt: **1.** ⟨itr.⟩ *für einige Zeit mit einer anstrengenden Tätigkeit aufhören, um sich zu erholen:* er mußte [vier Wochen] a. **sinnv.:** sich ↑erholen. **2.** ⟨tr.⟩ (ugs.) **a)** *nach langem Bitten (von jmdm.) bekommen und behalten dürfen:* der Sohn hatte dem Vater das Auto ausgespannt. **b)** *(jmdm. einen Freund, eine Freundin) wegnehmen, abspenstig machen:* jmdm. die Freundin a. **sinnv.:** ↑abspenstig · ↑abwerben. **3.** ⟨tr.⟩ *breit spannen:* die Netze zum Trocknen a. **4.** ⟨tr.⟩ *(ein Pferd o. ä.) vom Wagen losmachen:* der Bauer spannt die Pferde aus. **sinnv.:** abhalftern, abschirren, abspannen, ausschirren.

aus|spa|ren, sparte aus, hat ausgespart ⟨tr.⟩: *(einen Raum) frei lassen:* in dem Zimmer ist eine Ecke für die Kommode ausgespart. **sinnv.:** auslassen, beiseite lassen, fortlassen, weglassen.

aus|sper|ren, sperrte aus, hat ausgesperrt ⟨tr.⟩: **1.** (ugs.) *(eine Wohnung o. ä. verschließen und dadurch jmdm.) den Zutritt unmöglich machen:* man hatte ihn ausgesperrt. **sinnv.:** ausschließen. **2.** *(einen streikenden Arbeitnehmer) nicht mehr beschäftigen* /vom Arbeitgeber/: die Leitung des Konzerns sperrte Tausende von Arbeitern aus. **sinnv.:** ↑ausschließen.

aus|spie|len, spielte aus, hat ausgespielt ⟨tr.⟩: **1.** *zu spielen beginnen, indem man die erste Karte hinlegt* /beim Kartenspiel/: wetten, daß du das As ausspielst?; ⟨auch itr.⟩ wer spielt aus? **2.** *[wechselseitig] eine Person gegen eine andere (zum eigenen Vorteil) mißtrauisch machen, aufwiegeln:* einen gegen den anderen a. **sinnv.:** intrigieren. **3.** ***[seine Rolle] ausgespielt haben** *(nichts mehr zu sagen haben, seinen Einfluß, seine Bedeutung eingebüßt haben).*

aus|spio|nie|ren, spionierte aus, hat ausspioniert ⟨tr.⟩: **a)** *durch Spionieren entdecken, herausbekommen:* jmds. Versteck a. **sinnv.:** ↑auskundschaften. **b)** *(etwas von jmdm.) durch Spionieren zu erfahren suchen:* er soll ausspioniert worden sein.

Aus|spra|che, die; -, -n: **1.** ⟨ohne Plural⟩ *Art, wie etwas gesprochen wird:* die A. eines Wortes. **sinnv.:** Artikulation, Tonfall. **Zus.:** Bühnenaussprache. **2.** *klärendes Gespräch:* eine offene A. **sinnv.:** ↑Gespräch.

aus|spre|chen, spricht aus, sprach aus, hat ausgesprochen: **1.** ⟨tr.⟩ *(in einer bestimmten Weise) sprechen:* ein Wort richtig a. **sinnv.:** artikulieren · ↑Aussprache. **2.** ⟨tr.⟩ *zum Ausdruck bringen, äußern, mit Worten ausdrükken:* eine Bitte a. **sinnv.:** ↑formulieren, ↑mitteilen. **3.** ⟨sich a.; mit näherer Bestimmung⟩ *seine Meinung (über jmdn./etwas in bestimmter Weise) äußern:* er hat sich lobend über ihn ausgesprochen. **sinnv.:** sich ↑äußern; ↑mitteilen. **4.** ⟨sich a.⟩ *jmdm. sagen, was einen bedrückt, innerlich beschäftigt oder bewegt:* er hatte das Bedürfnis, sich auszusprechen. **sinnv.:** sich ↑anvertrauen; sich ↑äußern. **5.** ⟨tr.⟩ *(eine rechtliche Entscheidung) bekanntmachen:* eine Kündigung a. **sinnv.:** ↑mitteilen · ↑anordnen.

Aus|spruch, der; -[e]s, Aussprüche: *Satz [einer bedeutenden Persönlichkeit], in dem eine Ansicht o. ä. prägnant ausgesprochen ist:* dieser A. stammt von Goethe. **sinnv.:** Aperçu, Aphorismus, ↑Äußerung, Bonmot, Diktum, Graffito, Motto, Parole, Sentenz, Sinnspruch, Sprichwort, Spruch, Wahlspruch, [geflügeltes] Wort, Zitat; ↑Devise.

aus|spü|len, spülte aus, hat ausgespült ⟨tr.⟩: **a)** *durch Spülen reinigen:* den Krug a.; ich habe mir den Mund ausgespült. **sinnv.:** ↑säubern. **b)** *durch Spülen entfernen:* den Eiter ausspülen. **sinnv.:** abspülen; ↑gurgeln; wegspülen; ↑entfernen.

Aus|stand, der; -[e]s, Ausstände: *(als Form des Arbeitskampfes) vorrübergehende kollektive Arbeitsniederlegung durch die Arbeitnehmer zur Durchsetzung von bestimmten Forderungen:* sich im A. befinden. **sinnv.:** ↑Streik.

aus|stat|ten, stattete aus, hat ausgestattet ⟨tr.⟩: *mit etwas versehen:* ein Zimmer mit Möbeln a. **sinnv.:** ausrüsten, ausstaffieren, versehen · aussteuern, dotieren mit · spicken; einräumen, ↑einrichten; ↑geben.

Aus|stat|tung, die; -, -en: **1.** ⟨ohne Plural⟩ *das Ausstatten:* die A. der Räume mit Mobiliar. **2.** ⟨ohne Plural⟩ *äußere Gestaltung und Aufmachung:* auf gediegene A. der Bücher legen wir großen Wert. **sinnv.:** ↑Aufmachung, ↑Aufwand. **Zus.:** Buch-, Bühnenausstattung. **3. a)** *Möbel, Geräte o. ä. (mit denen ein Raum ausgestattet ist):* die A. des Krankenhauses ist modernisiert worden. **sinnv.:** Ausrüstung, Rüstzeug, Zubehör · ↑Einrichtung. **Zus.:** Innen-, Wohnungsausstattung. **b)** ↑*Aussteuer:* die A. der Tochter noch ergänzen müssen. **Zus.:** Braut-, Babyausstattung.

aus|ste|chen, sticht aus, stach aus, hat ausgestochen ⟨tr.⟩: **1. a)** *durch Stechen (aus etwas) herausholen:* Rasen, Torf a. **b)** *durch Stechen entfernen:* Unkraut a. **c)** *durch Stechen herstellen:* Plätzchen [aus dem Teig] a. **2.** *in jmds. Gunst o. ä. ablösen, übertreffen, verdrängen:* er wollte mich bei ihr a. **sinnv.:** ↑übertreffen · ↑verdrängen.

aus|ste|hen, stand aus, hat ausgestanden ⟨itr.⟩: **1.** *erwartet werden, noch nicht eingetroffen sein:* die Antwort auf mein Schreiben steht noch aus. **sinnv.:** fehlen; ↑bevorstehen, fehlen. **2.** *ertragen, erdulden:* er hatte viel Angst ausgestanden. ***jmdn./etwas nicht a. können** *(jmdn./etwas nicht leiden können):* ich kann diesen Kerl nicht a. **sinnv.:** ↑aushalten · ↑hassen.

aus|stei|gen, stieg aus, ist ausgestiegen ⟨itr.⟩: **a)** *ein Fahrzeug verlassen, aus etwas steigen* /Ggs. einsteigen/: weil sich der Betrunkene in der Bahn schlecht benahm, wurde er aufgefordert auszusteigen. **sinnv.:** herausklettern, heraussteigen. **b)** (ugs.) *sich nicht mehr (an einem Unternehmen) beteiligen* /Ggs. einsteigen/: aus einem Geschäft a. **sinnv.:** ↑ausscheiden, ↑ausscheren; ↑beenden.

Aus|stei|ger, der; -s, -, **Aus|stei|ge|rin,** die; -, -nen (Jargon): *männliche bzw. weibliche Person, die ihren Beruf, ihre gesellschaftlichen Bindungen o. ä. aufgibt, um von allen Zwängen frei zu sein.* **sinnv.:** Ausgeflippter, Außenseiter, Freak, Kukkucksei, Nonkonformist, Outsider, schwarzes Schaf.

aus|stel|len, stellte aus, hat ausgestellt ⟨tr.⟩: **1.** *zur Ansicht, zum Verkauf hinstellen:* Waren a. **sinnv.:** auslegen, zur Schau stellen, zeigen. **2.** *ein Formular o. ä. (als Unterlage für etwas) ausfüllen und jmdm. geben:* jmdm. einen Paß a.; ich habe mir eine Quittung für den Kauf a. lassen. **sinnv.:** ↑ausfertigen; ↑aufschreiben.

Aus|stel|lung, die; -, -en: **1.** ⟨ohne Plural⟩ *das Ausstellen:* für die A. des Passes mußte er 5 Mark bezahlen. **2.** *Gesamtheit der in einem Raum oder auf einem Gelände zur Besichtigung o. ä. ausgestellten Gegenstände:* eine A. besuchen. **sinnv.:** Messe, Schau; ↑Museum.

aus|ster|ben, stirbt aus, starb aus, ist ausgestorben ⟨itr.⟩: *sich nicht mehr fortpflanzen und dadurch aufhören, auf der Erde zu existieren:* das Geschlecht, dieses Tier, diese Pflanze ist ausgestorben; ⟨häufig im 2. Partizip⟩ das Dorf lag ausgestorben *(menschenleer)* da. **sinnv.:** dahinschwinden, ↑untergehen, vergehen, verschwinden; ↑schwinden.

Aus|steu|er, die; -: *das, was eine Tochter von ihren Eltern bei der Hochzeit in die Ehe mitbekommt.* **sinnv.:** Ausstattung, Heiratsgut, Mitgift.

Aus|stieg, der; -[e]s, -e: *Öffnung, Stelle zum Aussteigen* /Ggs. Einstieg/. **sinnv.:** ↑Tür.

aus|stop|fen, stopfte aus, hat ausgestopft ⟨tr.⟩: *stopfend füllen:* ich stopfte die nassen Schuhe mit Papier aus; ein Tier a. *(den Balg eines toten Tieres füllen, so daß es wie natürlich aussieht).* **sinnv.:** präparieren.

aus|sto|ßen, stößt aus, stieß aus, hat ausgestoßen ⟨tr.⟩: **a)** *(aus einer Gemeinschaft) ausschließen:* er wurde aus der Partei ausgestoßen. **sinnv.:** ↑ausschließen; ↑ächten. **b)** *als Äußerung des Schreckens o. ä. heftig hervorbringen:* einen Schrei a. **sinnv.:** anstimmen, hervorstoßen, hören lassen; ↑schreien, ↑stöhnen.

aus|strah|len, strahlte aus, hat ausgestrahlt: **1.** ⟨itr.⟩ **a)** *in alle Richtungen strahlen:* der Ofen strahlt Hitze aus; die Schmerzen strahlen bis in die Beine aus. **b)** *(als meist positive Wirkung) von etwas/jmdm. ausgehen:* ein Mann, der Energie und Optimismus ausstrahlt; das Auto strahlt für viele Freiheit und Souveränität aus; der Raum strahlt Behaglichkeit aus. **sinnv.:** abstrahlen, aussenden, ausströmen, spenden, verbreiten. **Zus.:** Licht-, Wärmeausstrahlung. **2.** ⟨tr.⟩ ↑*senden:* ein Programm a.

aus|strecken, streckte aus, hat ausgestreckt: **1.** ⟨tr.⟩ *(ein Glied des Körpers) von sich strekken:* er streckte seine Arme aus, ergriff die ausgestreckte rechte Hand. **sinnv.:** abspreizen, spreizen, von sich/zur Seite strecken, wegstrecken; ↑recken. **2.** ⟨sich a.⟩ *sich der Länge nach (auf etwas) strecken:* ich streckte mich [auf dem Bett] aus. **sinnv.:** sich dehnen, sich rekeln, sich strekken.

aus|strei|chen, strich aus, hat ausgestrichen ⟨tr.⟩: *(etwas Geschriebenes o. ä.) durch Striche tilgen:* warum hast du den Satz ausgestrichen? **sinnv.:** ausixen, ausradieren, durchkreuzen, durchstreichen, radieren, streichen, tilgen, übertippen.

aus|streu|en, streute aus, hat ausgestreut ⟨tr.⟩: *durch Streuen (auf einer bestimmten Fläche) verbreiten:* Erbsen [auf dem Boden] a. **sinnv.:** ↑verbreiten.

aus|su|chen, suchte aus, hat ausgesucht ⟨tr.⟩: *aus mehreren Dingen oder Personen (das Entsprechende) heraussuchen oder wählen:* er suchte für seinen Freund ein gutes Buch aus. **sinnv.:** ↑auswählen.

Aus|tausch, der; -[e]s: *das Austauschen.* **sinnv.:** Tausch, Umtausch. **Zus.:** Erfahrungs-, Gedanken-, Gefangenen-, Güter-, Kultur-, Schüler-, Warenaustausch.

aus|tau|schen, tauschte aus, hat ausgetauscht ⟨tr.⟩: **1.** *wechselseitig (Gleichartiges) geben und nehmen:* Gefangene a.; sie tauschen Gedanken aus *(teilten sie sich mit und sprachen darüber);* sie tauschten Erfahrungen aus *(teilten sie sich mit).* **sinnv.:** tauschen, wechseln; ↑mitteilen. **2.** *auswechseln, durch Entsprechendes ersetzen:* einen Motor a. *(für einen alten einen neuen oder anderen einsetzen).* **sinnv.:** einen Austausch vornehmen, auswechseln, Ersatz schaffen, ersetzen, substituieren, vertauschen, wechseln; ↑erneuern; ↑tauschen.

aus|tei|len, teilte aus, hat ausgeteilt ⟨tr.⟩: *(die Teile, Stücke o. dgl. einer vorhandenen Menge) einzeln an dafür vorgesehene Personen geben:* der Lehrer teilt die Hefte aus und läßt einen Aufsatz schreiben. **sinnv.:** ausgeben, ausschütten, verteilen, zur Verteilung bringen · aushändigen, verabfolgen · vergeben, zuteilen · verschenken; ↑abgeben.

Au|ster, die; -, -n: *im Meer lebende eßbare Muschel* (siehe Bildleiste „Schalentiere"): Austern fangen, züchten.

aus|to|ben, sich; tobte sich aus, hat sich ausgetobt: **1.** *sehr toben, wüten:* der Sturm hat sich ausgetobt und einige Häuser zerstört. **2. a)** *seinem Gefühl, seiner Stimmung freien Lauf lassen, sich nicht zügeln:* sich auf dem Klavier a. **b)** *wild und vergnügt sein:* die Kinder konnten sich im Garten richtig a. **sinnv.:** ↑toben. **3.** *[erschöpft] aufhören zu toben; mit einer wilden oder ausgelassenen Betätigung aufhören:* morgens hatte sich der Sturm endlich ausgetobt; habt ihr euch nun ausgetobt?; ⟨auch itr.⟩ habt ihr endlich ausgetobt?

aus|tra|gen, trägt aus, trug aus, hat ausgetragen ⟨tr.⟩: **1.** *(Post o. ä.) dem Empfänger ins Haus bringen:* Zeitungen, die Post a. **sinnv.:** verteilen, zustellen. **2. a)** *bis zur Entscheidung führen, klärend abschließen:* einen Streit a. **sinnv.:** ausfechten, durchfechten, entscheiden. **b)** *bei einem sportlichen Vergleich eine Entscheidung herbeiführen oder feststellen, wer der Bessere oder Stärkere ist:* einen Wettkampf, Meisterschaften a. **sinnv.:** ↑veranstalten. **3.** *(ein Kind bei einer Schwangerschaft) trotz erschwerender Umstände nicht verlieren:* sie konnte das Baby a.

aus|trei|ben, trieb aus, hat ausgetrieben ⟨tr.⟩: **1.** *durch geeignete drastische Maßnahmen jmdn. dazu bringen, von etwas abzulassen:* ich werde dir deine Frechheit, deine Faulheit schon a.! **sinnv.:** abgewöhnen. **2.** *durch Beschwörung verbannen:* Dämonen a. **sinnv.:** exorzieren.

aus|tre|ten, tritt aus, trat aus, hat/ist ausgetreten: **1.** ⟨tr.⟩ *durch*

Darauftreten bewirken, daß etwas nicht mehr glüht oder brennt: er hat die Glut, die brennende Zigarette ausgetreten. **sinnv.:** ↑löschen. **2.** ⟨tr.⟩ **a)** *durch häufiges Darauftreten abnutzen, so daß eine Vertiefung entsteht:* die Bewohner haben die Stufen, Dielen sehr ausgetreten. **sinnv.:** ↑abnutzen. **b)** *durch Tragen ausweiten:* Schuhe a. **sinnv.:** ↑ausweiten. **3.** ⟨itr.⟩ *(aus einer Gemeinschaft) auf eigenen Wunsch ausscheiden* /Ggs. eintreten/: er ist aus dem Verein ausgetreten. **sinnv.:** ausscheiden; sich ↑trennen. **4.** ⟨itr.⟩ *die Toilette aufsuchen, um seine Notdurft zu verrichten:* ich muß a. [gehen]. **sinnv.:** sich [seitwärts] in die Büsche schlagen, sein Geschäft erledigen/machen, laufen/rennen/verschwinden müssen, seine Notdurft verrichten, ein Örtchen aufsuchen, ein menschliches Rühren fühlen/verspüren. **5.** ⟨itr.⟩ *(als Sache) nach außen gelangen:* hier tritt Öl, Gas aus. **sinnv.:** ausströmen.

aus|trick|sen, trickste aus, hat ausgetrickst ⟨tr.⟩: *durch einen Trick überlisten:* einen Gegner, Konkurrenten a. **sinnv.:** ausspielen; intrigieren.

aus|trin|ken, trank aus, hat ausgetrunken ⟨tr.⟩: **a)** *trinken, bis nichts mehr übrig ist:* das Bier a. **b)** *leer trinken:* ein Glas a. **sinnv.:** aussaufen, ausschlürfen, ex trinken, leeren.

Aus|tritt, der; -[e]s, -e: **1.** *das Ausscheiden aus einem Verein o. ä., dem man als Mitglied angehört:* seinen A. [aus der Partei] bekanntgeben. **sinnv.:** ↑Rücktritt. **2.** *das Austreten* (5): den A. von Öl verhindern.

aus|trock|nen, trocknete aus, hat/ist ausgetrocknet: **a)** ⟨tr.⟩ *völlig, bis zu Ende trocken machen:* die Hitze hat den Boden ausgetrocknet. **sinnv.:** ↑abtrocknen. **b)** ⟨itr.⟩ *(die üblicherweise dazugehörende, vorhandene) Feuchtigkeit, Flüssigkeit verlieren, entzogen bekommen und völlig trocken werden:* der See, Boden, das Flußbett, das Holz, die Haut, Kehle ist ausgetrocknet. **sinnv.:** ↑trocknen.

aus|tüf|teln, tüftelte aus, hat ausgetüftelt ⟨tr.⟩: *sich durch Überlegen, Ausprobieren o. ä. ausdenken:* ich habe [mir] einen Plan ausgetüftelt. **sinnv.:** sich ↑ausdenken.

aus|üben, übte aus, hat ausgeübt ⟨tr.⟩: **1.** *regelmäßig oder längere Zeit ausführen:* eine Beschäftigung a.; sie übt keinen Beruf aus *(ist nicht beruflich tätig).* **sinnv.:** ↑arbeiten, treiben. **2. a)** *innehaben und anwenden:* die Macht, die Herrschaft a. **sinnv.:** ↑innehaben. **b)** *in besonderer Weise auf jmdn./etwas wirken lassen:* Terror, Druck a.; Einfluß auf jmdn. a.

aus|ufern, uferte aus, ist ausgeufert ⟨itr.⟩: *die Grenzen des Sinnvollen, Nützlichen, Erträglichen überschreiten:* die Bürokratie, Debatte, Inflation, der Konflikt ufert aus; ausufernde Rüstungsausgaben; dieses Schauspiel ufert in Längen aus. **sinnv.:** ausarten, uferlos werden; ↑überschreiten.

Aus|ver|kauf, der; -[e]s, Ausverkäufe: *Verkauf von Waren zu herabgesetzten Preisen bei Aufgabe eines Geschäftes, am Ende einer Saison o. ä.:* die Schuhe habe ich im A. gekauft. **sinnv.:** Räumungsverkauf, Schlußverkauf, Sommerschlußverkauf, Winterschlußverkauf. **Zus.:** Totalausverkauf.

aus|ver|kau|fen, verkaufte aus, hat ausverkauft ⟨tr.⟩: *restlos verkaufen:* alle Waren a.; die Eintrittskarten sind ausverkauft; die Vorstellung ist ausverkauft.

aus|wach|sen, wächst aus, wuchs aus, hat/ist ausgewachsen /vgl. ausgewachsen/: **1.** ⟨itr.⟩ *(ein Kleidungsstück) nicht mehr tragen können, weil man zu sehr gewachsen ist:* er hat den Anzug ausgewachsen. **sinnv.:** verwachsen. **2.** ⟨sich a.⟩ *sich [voll] zu etwas Bestimmtem entwickeln:* der Ort hat sich bereits zur Großstadt ausgewachsen; die Reibereien wuchsen sich aus *(wurden immer lästiger, unangenehmer).* **sinnv.:** sich ↑entwickeln. **3.** ⟨sich a.⟩ *sich während des Wachsens allmählich normalisieren:* dieser kleine körperliche Fehler hat sich [mit den Jahren] ausgewachsen. **4.** ⟨itr.⟩ *(in nicht gewünschter Weise) zu keimen beginnen:* das Korn ist ausgewachsen; die im Keller ausgewachsenen Kartoffeln entkeimen. **5.** ⟨itr.⟩ (ugs.) *(weil etwas zu lange dauert) die Geduld verlieren:* ich bin bei dem stundenlangen Warten fast ausgewachsen. ***das/es ist zum Auswachsen** *(das/es ist zum Verzweifeln).*

Aus|wahl, die; -: **1.** *das Auswählen:* die A. unter den vielen Stoffen ist schwer [zu treffen]. **sinnv.:** Auslese, ↑Wahl. **2.** *Menge von Waren o. ä., aus der ausgewählt werden kann:* die A. an Möbeln ist nicht sehr groß; wenig A. bieten; in reicher A. vorhanden sein. **sinnv.:** ↑Sortiment. **3.** *Zusammenstellung ausgewählter Dinge:* eine A. exotischer Früchte; eine A. aus Goethes Werken. **sinnv.:** ↑Auslese.

aus|wäh|len, wählte aus, hat ausgewählt ⟨tr.⟩: *(aus einer Anzahl) prüfend heraussuchen [und zusammenstellen]:* Kleidung, Geschenke a.; er wählte unter den Bewerbern zwei aus; ausgewählte *(in Auswahl zusammengestellte)* Werke. **sinnv.:** ausersehen, auslesen, aussuchen, finden, selektieren, sieben, suchen, wählen · sich entscheiden für, sich entschließen zu.

Aus|wan|de|rer, der; -s, -, **Aus|wan|de|rin, Aus|wand|re|rin,** die; -, -nen: *männliche bzw. weibliche Person, die auswandert, ausgewandert ist* /Ggs. Einwanderer/. **sinnv.:** Ausgewiesener, Aussiedler, Emigrant, Flüchtling, Heimatvertriebener, Umsiedler, Verbannter, Vertriebener.

aus|wan|dern, wanderte aus, ist ausgewandert ⟨itr.⟩: *seine Heimat verlassen, um in einem anderen Land eine neue Heimat zu finden* /Ggs. einwandern/: nach dem Krieg wanderten viele [aus Deutschland] aus. **sinnv.:** ins Ausland gehen, emigrieren; ↑weggehen.

Aus|wand|re|rin: vgl. Auswanderer.

aus|wär|tig ⟨Adj.⟩: **1.** *fremde Länder, das Ausland betreffend:* die auswärtigen Mächte; die auswärtige Politik. **sinnv.:** ↑fremd. **2.** *außerhalb des eigenen ständigen Aufenthaltsortes oder Sitzes gelegen, befindlich:* unsere auswärtigen Unternehmen, Kunden. **3.** *von auswärts kommend, stammend:* auswärtige Gäste.

aus|wärts ⟨Adverb⟩: **a)** *außerhalb des Hauses; nicht zu Hause:* a. essen. **b)** *außerhalb des Ortes; nicht am Ort:* a. studieren; von a. kommen. **sinnv.:** ↑außerhalb.

aus|wa|schen, wäscht aus, wusch aus, hat ausgewaschen ⟨tr.⟩: **a)** *durch Waschen entfernen:* die Flecken [aus einem Kleid] a. **b)** *außerhalb der normalen Wäsche kurz waschen:* ein Kleid kalt

a. **sinnv.:** ↑waschen. **c)** *durch Ausspülen o. ä. von etwas Unerwünschtem, Schmutz o. ä. befreien:* den Pinsel, Gläser a.; das Wasser hat die Felsen ausgewaschen; du darfst die Wunde nicht a. **sinnv.:** ↑säubern.

aus|wech|seln, wechselte aus, hat ausgewechselt ⟨tr.⟩: *durch etwas Gleichartiges ersetzen:* den Motor a.; den Torhüter a. **sinnv.:** ↑austauschen.

Aus|weg, der; -[e]s, -e: *rettende Lösung in einer schwierigen Situation; Möglichkeit, sich aus einer unangenehmen oder schwierigen Lage zu befreien:* nach einem A. suchen.

aus|weg|los ⟨Adj.⟩: *keinen Ausweg bietend, keine Möglichkeit der Rettung oder Hilfe aus einer Not erkennen lassend:* er befindet sich in einer ausweglosen Lage. **sinnv.:** ↑aussichtslos.

aus|wei|chen, wich aus, ist ausgewichen ⟨itr.⟩: **1.** *aus dem Weg gehen, Platz machen, (vor jmdm./etwas) zur Seite weichen:* einem Betrunkenen a.; einem Schlag blitzschnell a. **sinnv.:** ausbiegen, Platz machen, zur Seite gehen. **2.** *(etwas) vermeiden; (einer Sache) zu entgehen suchen:* einem Kampf a.; einer Frage, jmds. Blicken a. **sinnv.:** sich ↑entziehen. **3.** *[gezwungenermaßen] zu etwas anderem übergehen, etwas anderes wählen:* auf eine andere Möglichkeit a.

Aus|weis, der; -es, -e: *Dokument, das als Bestätigung oder Legitimation [amtlich] ausgestellt worden ist und Angaben zur betreffenden Person enthält:* die Ausweise kontrollieren. **sinnv.:** Kennkarte, Legitimation, Papiere, Paß, Passierschein, Reise-, Seniorenpaß. **Zus.:** Fahrt-, Personal-, Studentenausweis.

aus|wei|sen, wies aus, hat ausgewiesen: **1.** ⟨tr.⟩ *zum Verlassen des Landes zwingen:* einen Ausländer a. **sinnv.:** abschieben, ausbürgern, aussiedeln, expatriieren, des Landes verweisen, umsiedeln, verbannen, ↑vertreiben. **2. a)** ⟨sich a.⟩ *durch Papiere o. ä. seine Identität, seine Berechtigung zu etwas o. ä. nachweisen:* können Sie sich a.?; er konnte sich als Besitzer des Koffers a. **sinnv.:** sich legitimieren. **b)** ⟨tr.⟩ *bestätigen, daß etwas/jmd. etwas Bestimmtes ist oder eine bestimmte Eigenschaft hat:* der Paß wies ihn als gebürtigen Berliner aus. **sinnv.:** ↑bescheinigen. **3.** ⟨tr.⟩ *rechnerisch nachweisen:* dies weist die Statistik aus; ausgewiesene Überschüsse. **sinnv.:** ↑zeigen.

aus|wei|ten, weitete aus, hat ausgeweitet: **1. a)** ⟨tr.⟩ *durch längeren Gebrauch weiter machen, dehnen:* die Schuhe a. **sinnv.:** ausbeulen, ausdehnen, auslatschen, ausleiern, austreten. **b)** ⟨sich a.⟩ *durch längeren Gebrauch weiter werden, sich zu sehr dehnen:* das Gummiband, der Pullover hat sich ausgeweitet. **sinnv.:** sich ausleiern, sich ↑dehnen. **2. a)** ⟨tr.⟩ *in seiner Wirkung, seinem Umfang o. ä. verstärken, größer machen:* den Handel mit dem Ausland a.; jmds. Kompetenzen a. **sinnv.:** ↑erweitern. **b)** ⟨sich a.⟩ *in seiner Wirkung, seinem Umfang größer, stärker werden:* seine Macht hat sich ausgeweitet. **sinnv.:** sich ↑ausdehnen, expandieren, seinen Einflußbereich vergrößern/erweitern; ↑überhandnehmen · Expansion.

aus|wen|dig ⟨Adj.⟩: *ohne Vorlage, aus dem Gedächtnis:* ein Gedicht a. vortragen.

aus|wer|fen, wirft aus, warf aus, hat ausgeworfen ⟨tr.⟩: **1. a)** *grabend hinauswerfen:* Erde, Sand a. **b)** *mit Wucht herausschleudern:* der Vulkan wirft Asche aus. **c)** *(als Kranker) ausspucken:* Blut, Schleim a. **sinnv.:** ↑ausscheiden. **d)** *durch Graben, Hinauswerfen von Erde o. ä. herstellen:* eine Grube a. **sinnv.:** ↑ausheben. **2.** *zu einem bestimmten Zweck an einen bestimmten Ort werfen:* die Taue, Netze, den Anker a. **3.** *in einem bestimmten Zeitraum herstellen, fertigen:* wieviel Tabletten wirft die Maschine täglich aus? **sinnv.:** ausstoßen; ↑produzieren. **4.** *herausziehen und an besonderer Stelle sichtbar machen* /beim Schreiben/: die Summe aller Zahlen rechts a.; ein bestimmtes Wort als Stichwort a. **sinnv.:** ausrükken. **5.** *(als Zahlung) festsetzen, bestimmen; zur Verfügung stellen:* hohe Prämien a.; für diese sozialen Leistungen sind hohe Summen ausgeworfen worden.

aus|wer|ten, wertete aus, hat ausgewertet ⟨tr.⟩: *(etwas) im Hinblick auf Wichtigkeit und Bedeutung prüfen, um es für etwas nutzbar zu machen:* die Polizei wertete die Berichte aus; der Forscher wertete die Statistik aus. **sinnv.:** ausbeuten, auslasten, ↑ausnutzen, ausnützen, ausschlachten, ausschöpfen, erschließen, nutzen, nützen, nutzbar machen, verwerten, sich etwas zunutze machen.

aus|wir|ken, sich; wirkte sich aus, hat sich ausgewirkt: *bestimmte Folgen haben; in bestimmter Weise (auf etwas) wirken:* dieses Ereignis wirkte sich ungünstig auf die Wirtschaft aus. **sinnv.:** ↑wirken.

aus|wi|schen, wischte aus, hat ausgewischt ⟨tr.⟩: **1. a)** *durch Wischen aus etwas entfernen:* den Staub [aus dem Glas] a. **b)** *durch Wischen (innen) reinigen:* das Glas, das Zimmer a. **sinnv.:** ↑säubern. **2.** *durch Wischen beseitigen, löschen:* die Zahlen an der Tafel a. **sinnv.:** auslöschen, löschen, wegwischen, wischen. **3.** *(ugs.) **jmdm. eins a.** *(jmdm. unversehens eine Bosheit antun).*

Aus|wüch|se, die ⟨Plural⟩: *Entwicklung, die als schädlich oder übertrieben empfunden wird:* gegen die A. in der Verwaltung ankämpfen. **sinnv.:** Eskalation, Kalamität, Mißstand, Schwierigkeit, Übersteigerung, Übertreibung.

aus|wuch|ten, wuchtete aus, hat ausgewuchtet ⟨tr.⟩: *(sich drehende Teile von Maschinen, Fahrzeugen) durch Anbringen ausgleichender Gewichte so ausbalancieren, daß sie nicht mehr vibrieren, sich einwandfrei um ihre Achse drehen:* die Werkstatt hat alle vier Räder ausgewuchtet.

aus|zah|len, zahlte aus, hat ausgezahlt: **1.** ⟨tr.⟩ **a)** *jmdm. einen ihm zustehenden Geldbetrag aushändigen:* Prämien, die Gehälter a. **sinnv.:** ausbezahlen, bezahlen, zahlen. **b)** ↑*ausbezahlen* (b). **sinnv.:** ↑entschädigen. **2.** ⟨sich a.⟩ *(als Ertrag von etwas) lohnend, von Nutzen sein:* jetzt zahlt sich seine Mühe aus; Verbrechen zahlen sich nicht aus. **sinnv.:** sich ↑lohnen.

aus|zäh|len, zählte aus, hat ausgezählt ⟨tr.⟩: **1.** *durch Zählen die genaue Anzahl oder Menge (von etwas) feststellen:* nach der Wahl die Stimmen a. **2.** *(einen kampfunfähigen Boxer) nach Zählen von 1–9 zum Verlierer erklären:* der Titelverteidiger wurde ausgezählt.

aus|zeich|nen, zeichnete aus, hat ausgezeichnet /vgl. ausgezeichnet/: **1.** ⟨tr.⟩ **a)** *auf besondere Weise (bes. durch einen Orden, Preis o. ä.) ehren:* der Schüler wurde wegen guter Leistungen [mit einem Preis] ausgezeichnet. **sinnv.:** beehren; ↑dekorieren; ↑loben; prämi[i]eren. **b)** *durch etwas bevorzugt behandeln:* jmdn. durch sein/mit seinem Vertrauen auszeichnen. **2. a)** ⟨sich a.⟩ *sich (durch etwas) hervortun, (wegen guter Eigenschaften) auffallen:* er zeichnet sich durch Fleiß aus. **b)** ⟨itr.⟩ *(durch etwas Besonderes) von anderen deutlich unterscheiden, positiv aus einer Menge herausheben:* Klugheit, Fleiß, große Geduld zeichnete sie aus. **sinnv.:** ↑auffallen. **3.** ⟨tr.⟩ *mit einem Preisschild versehen:* Waren a.

Aus|zeich|nung, die; -, -en: **1.** *das Auszeichnen* (1). **sinnv.:** ↑Gunst. **2.** *etwas (bes. Urkunde, Orden, Medaille o. ä.), womit jmd. ausgezeichnet wird:* er erhielt eine A. für seine Verdienste. **sinnv.:** ↑Orden; ↑Preis.

aus|zie|hen, zog aus, hat/ist ausgezogen: **1.** ⟨tr.⟩ **a)** *jmdm., sich die Kleidungsstücke vom Körper nehmen* /Ggs. anziehen/: die Mutter hat das Kind ausgezogen; ich habe mich ausgezogen. **sinnv.:** auskleiden, sich's bequem machen, entblättern, entblößen, enthüllen, entkleiden, die Hüllen fallen lassen. **b)** *(ein Kleidungsstück) von sich tun* /Ggs. anziehen/: Schuhe und Strümpfe, [sich] das Hemd a. **sinnv.:** abbinden, ablegen, abnehmen, absetzen, abstreifen, abtun, auspellen, streifen von. **2.** ⟨tr.⟩ *aus etwas herausziehen:* er hat Unkraut ausgezogen. **3.** ⟨tr.⟩ *(etwas, was zusammengeschoben ist) durch Auseinanderziehen länger machen:* den Tisch, die Antenne a. **4.** ⟨itr.⟩ *(eine Wohnung o. ä.) aufgeben und verlassen:* wir sind vor Weihnachten [aus dem Haus] ausgezogen. **sinnv.:** ↑übersiedeln.

Aus|zu|bil|den|de, der u. die; -n, -n ⟨aber: [ein] Auszubildender, Plural: [viele] Auszubildende⟩: *jmd., der ausgebildet wird, eine Lehre macht, eine Berufsausbildung erfährt.* **sinnv.:** Anlernling, Azubi, Lehrling, Praktikant.

Aus|zug, der; -[e]s, Auszüge: **1.** *das Ausziehen* (4) /Ggs. Einzug/. **sinnv.:** ↑Umzug. **2.** *wichtiger Bestandteil, der aus etwas ausgewählt, herausgeschrieben, zitiert, herausgenommen worden ist:* Auszüge aus einer Rede, aus einem wissenschaftlichen Werk.

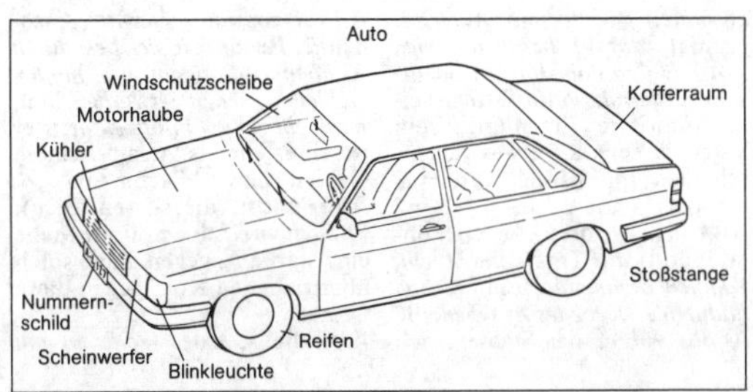

sinnv.: ↑Zitat. **Zus.:** Akten-, Klavier-, Konto-, Rechnungsauszug.

aus|zugs|wei|se ⟨Adverb⟩: *im Auszug, in Ausschnitten:* etwas a. veröffentlichen.

au|then|tisch ⟨Adj.⟩: *im Wortlaut verbürgt; den Tatsachen entsprechend und daher glaubwürdig:* eine authentische Darstellung des Geschehens; dieser Text ist a. **sinnv.:** ↑sicher; ↑zuverlässig.

Au|to, das; -s, -s: *von einem Motor angetriebenes Fahrzeug mit offener oder geschlossener Karosserie (das zum Befördern von Personen oder Gütern auf Straßen dient)* (siehe Bild): ein altes, neues A. haben, fahren; gebrauchte Autos verkaufen; mit dem A. unterwegs sein. **sinnv.:** Automobil, Brummi, Coupé, Fahrzeug, Jeep, Kabriolett, Kraftfahrzeug, Kraftwagen, Kombi, Kombiwagen, Laster, Lastkraftwagen, Lastwagen, Lieferwagen, Limousine, Lkw, Mühle, Oldtimer, Personenkraftwagen, Personenwagen, Pkw, Rennwagen, Sattelschlepper, Schlitten, Schnauferl, Sportwagen, Straßenkreuzer, Studebaker, fahrbarer Untersatz, Vehikel, Wagen. **Zus.:** Flucht-, Katalysator-, Kinder-, Klein-, Polizei-, Post-, Renn-, Sanitäts-, Umweltauto.

Au|to|bahn, die; -, -en: *für Kraftfahrzeuge gebaute Straße mit mehreren Fahrbahnen.* **sinnv.:** ↑Straße. **Zus.:** Bundes-, Stadtautobahn.

Au|to|bus, der; -ses, -se: ↑*Omnibus.*

Au|to|di|dakt, der; -en, -en: *jmd., der sich sein Wissen ohne Hilfe eines Lehrers oder Teilnahme an einem Unterricht nur aus Büchern o. ä. selbst aneignet oder angeeignet hat.*

Au|to|fah|rer, der; -s, -: *jmd., der ein Auto fährt.* **sinnv.:** Automobilist, Benzinkutscher, ↑Fahrer, Fernfahrer, Fernlastfahrer, Kraftfahrer, Lastwagenfahrer, Lkw-Fahrer, Pkw-Fahrer.

Au|to|gramm, das; -s, -e: *mit eigener Hand geschriebener Name einer bekannten oder berühmten Persönlichkeit:* Autogramme von Schauspielern sammeln. **sinnv.:** ↑Unterschrift; ↑Widmung.

Au|to|mat, der; -en, -en: **1.** *Apparat, der nach Einwerfen einer Münze Waren ausgibt oder bestimmte Leistungen erbringt:* lösen Sie den Fahrschein bitte am Automaten! **Zus.:** Briefmarken-, Fahrkarten-, Fernsprech-, Musik-, Spiel-, Zigarettenautomat. **2.** *Maschine, Vorrichtung, die technische Abläufe nach Programm selbsttätig steuert:* die Flaschen werden von Automaten abgefüllt. **sinnv.:** Roboter. **Zus.:** Buchungs-, Rechen-, Spiel-, Voll-, Zigarettenautomat.

au|to|ma|tisch ⟨Adj.⟩: **a)** *mit Hilfe eines Automaten funktionierend; von selbst erfolgend:* ein automatischer Temperaturregler; automatische Herstellung. **sinnv.:** selbsttätig; ↑maschinell, mechanisch. **b)** *ohne eigenes Zutun, als Folge (von etwas) eintretend:* weil er Kunde ist, bekommt er die Prospekte a. zugeschickt; er hob a. das Knie. **sinnv.:** instinktiv, intuitiv, mechanisch, unwillkürlich, zwangsläufig; ↑schematisch.

Au|tor, der; -s, Autoren, **Au|to|rin,** die; -, -nen: *männliche bzw. weibliche Person, die einen Text verfaßt:* der A. eines Buches, Romans, eines Lexikonartikels; er ist ein bekannter, viel gelesener A. **sinnv.:** ↑Schriftsteller. **Zus.:** Bühnen-, Drehbuch-, Erfolgs-, Kinderbuchautor.

au|to|ri|tär ⟨Adj.⟩: **a)** ↑*totalitär:* ein autoritäres Regime. **b)** *durch* *absolute, gewaltsame Autorität geprägt, darauf beruhend, sich stützend und unbedingten Gehorsam fordernd, voraussetzend:* eine autoritäre Erziehung; sein Vater ist sehr a.; etwas a. entscheiden; ihre Kinder wurden a. erzogen.

Au|to|ri|tät, die; -, -en: **1.** ⟨ohne Plural⟩ *auf Tradition, Macht, Können beruhender Einfluß und dadurch erworbenes Ansehen:* die A. des Vaters, des Staates; sich A. verschaffen. **sinnv.:** ↑Ansehen. **2.** *Person, die sich bes. durch Können auf einem bestimmten Gebiet Ansehen erworben hat, maßgeblichen Einfluß besitzt:* er ist eine, gilt als A. auf seinem Gebiet. **sinnv.:** ↑Fachmann.

Aver|si|on, die; -, -en (geh.): ↑*Abneigung:* ich empfinde, habe eine starke A. gegen einen solch übertriebenen Kult, gegen diese Leute.

Axt, die; -, Äxte: *Werkzeug mit schmaler Schneide und längerem Stiel, bes. zum Fällen von Bäumen* (siehe Bild): die A. schwingen. **Zus.:** Streit-, Zimmermannsaxt.

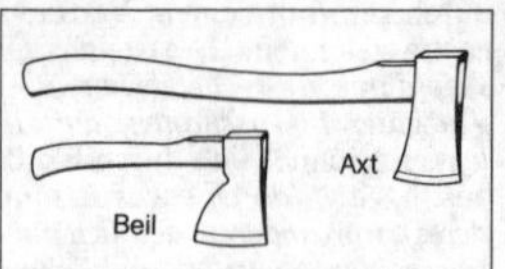

B

Ba|by ['be:bi], das; -s, -s: *Kleinstkind:* ein B. haben, erwarten. **sinnv.:** Kleinkind, Säugling; ↑Kind. **Zus.:** Retortenbaby.

Ba|by|sit|ter ['be:bizɪtɐ], der; -s, -: *jmd., der kleine Kinder bei Abwesenheit der Eltern [gegen Entgelt] beaufsichtigt:* bei jmdm. B. machen.

Bach, der; -[e]s, Bäche: *kleines fließendes Gewässer von geringer Breite und Tiefe:* der B. rauscht. **sinnv.:** Rinnsal; ↑Fluß. **Zus.:** Gebirgs-, Gieß-, Mühl-, Sturz-, Wildbach.

Back|bord, das; -[e]s, -e: *linke Seite eines Schiffes, Flugzeugs (in Fahrt- bzw. Flugrichtung gesehen)* (siehe Bild „Segelboot") /Ggs. Steuerbord/: er legt das Ruder nach B.

Backe, die; -, -n (ugs.): *Teil des menschlichen Gesichtes zwischen Auge, Nase und Ohr; Wange:* rote, runde Backen haben; er kaut mit vollen Backen. **sinnv.:** Wange.

backen, bäckt/backt, backte, hat gebacken: **a)** ⟨itr.⟩ *aus verschiedenen Zutaten einen Teig bereiten und diesen durch Hitze im Backofen nach einer gewissen Zeit zum Verzehr geeignet machen:* sie bäckt gerne. **b)** ⟨tr.⟩ *durch Backen* (a) *herstellen:* Kuchen, Brot b. **sinnv.:** ↑braten; ↑kochen. **c)** ⟨itr.⟩ *bei Einwirkung von Hitze im Backofen gar, mürbe werden:* der Kuchen bäckt im Herd. **d)** ⟨tr.⟩ (landsch.) ↑*braten:* Leber b.

Bäcker, der; -s, -: *jmd., der Brot, Brötchen u. a. herstellt und verkauft.* **sinnv.:** Konditor; Konfisseur, Patissier. **Zus.:** Fein-, Zuckerbäcker.

Bäcke|rei, die; -, -en: **1.** *Betrieb [mit Laden], in dem Brot, Brötchen u. a. für den Verkauf hergestellt werden.* **sinnv.:** Konditorei, Konfisserie, Patisserie. **Zus.:** Feinbäckerei, Zuckerbäckerei. **2.** ⟨ohne Plural⟩ **a)** *das Backen von Brot, Brötchen u. a.* **b)** *Handwerk des Bäckers:* die B. erlernen.

Bad, das; -[e]s, Bäder: **1. a)** *Wasser in einer Wanne zum Baden, zu Heilzwecken:* das B. ist zu heiß. **b)** *das Baden in einer Wanne o. ä.:* der Arzt hat ihr medizinische Bäder verordnet. **Zus.:** Wechselbad. **c)** *das Baden, Schwimmen im Meer, in einem See, Schwimmbad o. ä.:* ein erfrischendes B. im Meer; sich nach dem B. in die Sonne legen. **2. a)** ↑*Badezimmer:* ein gekacheltes B. **b)** *Gebäude, Anlage mit einem oder mehreren großen Bekken oder Anlage am Ufer eines Flusses oder Sees zum Schwimmen, Baden:* die Bäder sind noch nicht geöffnet. **sinnv.:** Badeanstalt. **Zus.:** Frei-, Hallen-, Schwimm-, Strandbad. **3.** *Ort mit Heilquellen:* in ein B. reisen. **sinnv.:** Badeort, Kurort. **Zus.:** Heil-, Kneipp-, Kur-, See-, Thermalbad.

Ba|de|an|zug, der; -[e]s, Badeanzüge: *beim öffentlichen Schwimmen, Baden meist von Frauen getragenes Kleidungsstück.* **sinnv.:** Bikini, Einteiler, Tanga.

Ba|de|ho|se, die; -, -n: *beim öffentlichen Schwimmen, Baden von Männern getragene kurze, leichte Hose.*

Ba|de|man|tel, der; -s, Bademäntel: *eine Art Mantel zum Abtrocknen und Aufwärmen nach dem Baden.*

ba|den, badete, hat gebadet: **1.** ⟨tr.⟩ *durch ein Bad säubern, erfrischen o. ä.:* sich, das Baby b. **sinnv.:** brausen, duschen. **2.** ⟨itr.⟩ **a)** *sich in der Badewanne säubern, erfrischen o. ä.:* täglich heiß, warm, kalt b. **b)** *in einem Schwimmbad, Gewässer schwimmen, sich erfrischen:* im Meer, in einem See b.; b. gehen. **sinnv.:** paddeln, planschen, schwimmen.

Ba|de|wan|ne, die; -, -n: *im Badezimmer aufgestellte Wanne zum Baden.*

Ba|de|zim|mer, das; -s, -: *zum Baden eingerichteter Raum in der Wohnung mit Badewanne, Dusche, Waschbecken u. a.* **sinnv.:** Bad, Badestube.

ba|ga|tel|li|sie|ren ⟨tr.⟩: *als nicht wichtig, unbedeutend, geringfügig ansehen, darstellen:* er bagatellisiert diese Gefahr. **sinnv.:** herunterspielen, tiefstapeln, ↑unterschätzen, untertreiben, verharmlosen, verkleinern, verniedlichen; ↑beschönigen.

Bag|ger, der; -s, -: *beim Bauen o. ä. verwendete, meist fahrbare große Maschine zum Laden, Transportieren, Abräumen von Erde o. ä.*

Ba|guette [ba'gɛt], die; -, -n[...n], auch: das; -s, -s: *stangenförmiges französisches Weißbrot.*

Bahn, die; -, -en: **1. a)** ↑*Eisenbahn:* mit der B. reisen. **Zus.:**

Gebirgs-, Schnell-, Vorort-, Zahnradbahn. **b)** ↑*Straßenbahn:* eine B. verpassen. **2. a)** *gangbarer, ebener Weg:* sich eine B. durch das Dickicht, den Schnee machen; das Wasser hat sich eine neue B. gebrochen. **sinnv.:** ↑Weg. **b)** *Strecke, Linie, die ein Körper im Raum durchläuft:* die B. der Sonne; eine kreisförmige B. beschreiben. **Zus.:** Erd-, Flug-, Himmels-, Umlaufbahn. **3. a)** ↑*Fahrbahn:* die Straße hat hier drei Bahnen. **Zus.:** Autobahn. **b)** *genau abgesteckte, abgeteilte Strecke für sportliche Wettkämpfe:* er läuft auf B. 3; der Bob wurde aus der B. geschleudert. **Zus.:** Aschen-, Asphalt-, Bob-, Renn-, Rodel-, Rutsch-, Wettkampfbahn. **c)** ↑*Kegelbahn.* **4.** *breiter Streifen, zugeschnittenes Stück aus einem bestimmten Material:* die Bahnen eines Rockes; die einzelnen Bahnen der Tapete. **Zus.:** Stoff-, Zeltbahn.

bahlnen ⟨tr.⟩: *einen Weg, freie Bahn (durch etwas) schaffen:* [jmdm., sich] den Weg durch das Gebüsch b. **sinnv.:** begehbar/gangbar machen.

Bahnlhof, der; -s, Bahnhöfe: *Anlage zur Abwicklung des Personen- und Güterverkehrs der Eisenbahn:* jmdn. zum B. bringen; im B. auf jmdn. warten. **sinnv.:** Station; ↑Haltestelle. **Zus.:** Bus-, Güter-, Haupt-, Kopf-, Rangier-, Sack-, Verlade-, Verschiebe-, Zielbahnhof.

Bahnlsteig, der; -s, -e: *neben den Schienen verlaufende, erhöhte Plattform auf dem Gelände des Bahnhofs, wo die Züge halten.* **sinnv.:** Gleis, Perron.

Bahlre, die; -, -n: *einem leichten, schmalen Bett ähnliches Gestell, auf dem Kranke, Verletzte oder Tote transportiert werden können.* **sinnv.:** Trage. **Zus.:** Toten-, Tragbahre.

Baljolnett, das; -s, -e: *Hieb-, Stoß-, Stichwaffe mit einer spitzen Klinge, die auf das Gewehr gesteckt wird* (siehe Bildleiste „Waffen"): mit gefälltem B. auf den Feind losgehen. **sinnv.:** Seitengewehr; ↑Stichwaffe.

Bakltelrie, die; -, -n ⟨meist Plural⟩: *aus nur einer Zelle bestehender, kleinster Organismus, der Fäulnis, Krankheit, Gärung hervorrufen kann.* **sinnv.:** Bazille, Bazillus, Keim, Krankheitserreger, Krankheitskeim, Spaltpilz, Virus.

Ballanlce [ba'lã:sə], die; -, -n: ↑*Gleichgewicht:* sie konnte sich eine Minute in der B. halten.

ballanlcielren [balã'si:rən]: **a)** ⟨itr.⟩ *das Gleichgewicht haltend gehen:* er balancierte auf einem Seil, über die Stämme, Felsen. **b)** ⟨tr.⟩ *im Gleichgewicht halten:* ein Tablett b. **sinnv.:** jonglieren.

bald ⟨Adverb⟩ **1. a)** *nach einem relativ kurzen Zeitraum, in kurzer Zeit:* er wird b. kommen; so b. als/wie möglich; er hatte es sehr b. *(schnell, rasch)* begriffen. **sinnv.:** demnächst, in Kürze; ↑früh; ↑später. **b)** (ugs.) ↑*beinahe:* wir warten schon b. drei Stunden. **2.** ⟨in der Verbindung⟩ bald ... bald */bezeichnet den Wechsel von zwei Situationen/:* b. regnet es, b. schneit es. **sinnv.:** einmal ..., ein andermal, teils ..., teils.

balldig ⟨Adj.⟩: *in kurzer Zeit erfolgend, kurz bevorstehend:* er wünschte eine baldige Veröffentlichung der Ergebnisse.

Balg: **I.** der; -[e]s, Bälge: **1.** *Fell, Haut von Tieren.* **sinnv.:** ↑Fell. **2.** *ausgestopfter Rumpf einer Puppe.* **3.** *in Falten liegendes, eine Verbindung herstellendes Teil, das sich ausziehen und zusammenpressen läßt [und dabei einen Luftstrom erzeugt]:* der B. eines Akkordeons; die Bälge zwischen den Eisenbahnwagen. **Zus.:** Blasebalg. **II.** das, auch: der; -[e]s, Bälge[r] (emotional, meist negativ): *kleines Kind:* dieses B. schreit ja schon wieder; ein freches B.; was für ein süßes B.! **sinnv.:** ↑Kind. **Zus.:** Wechselbalg.

ballgen, sich: *sich raufen und miteinander ringen [und sich dabei auf dem Boden herumwälzen]:* die Jungen balgten sich auf der Straße. **sinnv.:** sich katzbalgen, rangeln, sich raufen; ↑schlagen.

Ballken, der; -s, -: *vierkantig bearbeiteter Stamm eines Baumes, der beim Bauen verwendet wird:* die Decke wird von Balken getragen. **sinnv.:** ↑Brett. **Zus.:** Quer-, Stützbalken.

Ballkon [bal'kɔŋ], der; -s, -s; (bes. südd.:) [bal'ko:n] -s, -e: **1.** *von einem Geländer o. ä. umgebener, vorspringender Teil an einem Gebäude, den man vom Inneren des Hauses aus betreten kann:* eine Wohnung mit B. **sinnv.:** ↑Veranda. **2.** *(im Theater oder Kino) etwa in der Höhe eines Stockwerks in den Zuschauerraum hineinragender Vorbau mit Sitzplätzen:* er saß B., erste Reihe. **sinnv.:** Empore.

Ball, der; -[e]s, Bälle: **I. a)** *gewöhnlich mit Luft gefüllter Gegenstand zum Spielen, Sporttreiben in Form einer Kugel aus elastischem Material:* den B. werfen, fangen; B. spielen *(ein Spiel mit dem Ball machen).* **Zus.:** Fuß-, Gummi-, Hand-, Leder-, Tennisball. **b)** *etwas, was in seiner Form einem Ball* (I a) *ähnelt:* er knüllte das Papier zu einem B. **sinnv.:** Kugel. **Zus.:** Schnee-, Sonnenball. **II.** *festliche Veranstaltung, bei der getanzt wird:* einen B. geben, veranstalten; auf einen/zu einem B. gehen. **sinnv.:** Bal paré, Kränzchen, Sommerfest; ↑Fest; ↑Tanz. **Zus.:** Abiturienten-, Film-, Haus-, Presse-, Sommerball.

Ballllalde, die; -, -n: *längeres Gedicht mit einer dramatischen, oft tragisch endenden Handlung.* **sinnv.:** ↑Gedicht.

Balllast [auch: Ballast], der; -[e]s: **1.** *Last, die [als Fracht von geringem Wert] zum Beschweren eines Fahrzeugs mitgenommen wird:* der B. muß im Schiff richtig verteilt sein. **sinnv.:** ↑Ladung. **2.** *etwas, was als unnütze Last, überflüssige Bürde empfunden wird:* für sie ist vieles von dem, was sie gelernt hat, nur B. **sinnv.:** ↑Last.

balllen: **1.** ⟨tr.⟩ **a)** *zusammendrücken, -pressen, -schieben zu einer meist runden, klumpigen Form:* Schnee in der Hand b. **b)** *(von der Hand, Faust) fest schließen [und zusammenpressen]:* die Hand zur Faust b.; die Fäuste b. **2.** ⟨sich b.⟩ *sich zusammendrängen, -schieben, -pressen, so daß rundliche, klumpige Gebilde entstehen:* der Schnee ballt sich [zu Klumpen]; die Wolken ballten sich am Himmel.

Balllen, der; -s, -: **1.** *fest zusammengeschnürtes größeres Bündel, rundlicher Packen:* ein B. Leder, Stroh; drei Ballen *(auf-, zusammengerollte Bahnen)* Stoff. **sinnv.:** ↑Packen. **Zus.:** Stoff-, Strohballen. **2.** *Polster von Muskeln an der Innenseite der Hand und unter dem vorderen Teil des Fußes.*

Balllelrilna, die; -, Ballerinen: *Tänzerin, meist Solistin beim Ballett:* die B. tanzte ein Solo. **sinnv.:** Ballettänzerin, Balletteuse, Ballettmädchen, Ensemble-

tänzerin, Solistin, Solotänzerin; ↑Tänzerin.
bal|lern ⟨itr.⟩ (ugs.): **1.** *(ohne genau zu zielen) mehrmals schnell hintereinander schießen:* er ballerte durch die Fensterscheibe; der Junge ballert mit seiner Pistole. **sinnv.:** ↑schießen. **2.** *mit Wucht gegen etwas schlagen, klopfen, so daß laute Geräusche entstehen:* an die Tür b. **sinnv.:** hämmern, trommeln; ↑klopfen.
Bal|lett, das; -s, -e: **1. a)** ⟨ohne Plural⟩ *künstlerischer Tanz einer Gruppe von Tänzern auf der Bühne:* klassisches und modernes B. tanzen. **sinnv.:** ↑Tanz. **b)** *einzelnes Werk des Balletts* (1 a): ein B. aufführen, tanzen. **2.** *Gruppe von Tänzern einer Bühne:* das B. trat auf.
Bal|lon [ba'lɔŋ], der; -s, -s; (bes. südd.:) [ba'lo:n] -s, -e: **1.** ↑*Luftballon.* **2.** *mit Gas gefüllter, schwebender, zum Fliegen geeigneter Körper von der Gestalt einer Kugel, der als Luftfahrzeug o. ä. verwendet wird:* ein B. steigt auf, fliegt langsam westwärts. **sinnv.:** Montgolfiere, Luftschiff, Zeppelin. **Zus.:** Fessel-, Frei-, Heißluft-, Versuchsballon.
Ball|spiel, das; -[e]s, -e: *[im Sport als Wettkampf zwischen Mannschaften ausgetragenes] Spiel mit einem Ball.*
Bal|sam, der; -s: *etwas (Saft, Öl), was eine wohltuende, lindernde Wirkung hat.* **sinnv.:** ↑Salbe.
ba|nal ⟨Adj.⟩: *bes. gedanklich ohne Gehalt, nicht bedeutungsvoll; keine Besonderheit, nichts Auffälliges aufweisend:* banale Worte, Reden; die Sache ist ganz b. **sinnv.:** abgedroschen, alltäglich, ↑flach, gewöhnlich, hohl, inhaltslos, leer, nichtssagend, ↑trivial.
Ba|na|ne, die; -, -n: *längliche, leicht gebogene tropische Frucht, deren im reifen Zustand gelbe Schale vor dem Verzehr entfernt wird.*
Ba|nau|se, der; -n, -n: *jmd., dem jegliches Interesse, Gefühl, Verständnis für geistige oder künstlerische Dinge fehlt, der nicht die Fähigkeit hat, in angemessener Weise mit Dingen umzugehen, die von Kennern geschätzt werden:* er ist ein B. **sinnv.:** Barbar, Philister, Primitivling, Prolet, Spießbürger, Spießer.
Band: I. Band, das; -[e]s, Bänder: **a)** *schmaler Streifen aus Stoff o. ä.:* ein buntes B.; ein B. im Haar tragen. **sinnv.:** ↑Gurt; ↑Schnur. **Zus.:** Gummi-, Hals-, Samt-, Stirnband. **b)** ↑*Tonband:* Musik auf B. aufnehmen. **c)** ↑*Fließband.* **II.** Band [bɛnt], die; -, -s: *Gruppe von Musikern, die besonders Rock, Beat, Jazz spielt.* **sinnv.:** ↑Orchester. **III.** Band, der; -[e]s, Bände: *einzelnes gebundenes Buch [das zu einer Reihe gehört]:* ein dicker B.; ein B. Gedichte. **sinnv.:** ↑Buch. **Zus.:** Bild-, Ergänzungs-, Gedicht-, Sammelband.
Ban|da|ge [ban'da:ʒə], die; -, -n: *fester Verband o. ä., der etwas stützen, schützen soll:* die Boxer legen sich die Bandagen an. **sinnv.:** ↑Verband.
ban|da|gie|ren [banda'ʒi:rən] ⟨tr.⟩: *(einem Körperteil) eine Bandage anlegen:* den geschwollenen Knöchel b. **sinnv.:** ↑verbinden.
Ban|de, die; -, -n: **1.** *organisierte Gruppe von Menschen, die sich aggressiv gegenüber anderen Personen und deren Eigentum verhalten bis hin zu kriminellen Vergehen:* eine bewaffnete B.; eine B. von Dieben. **sinnv.:** Duo, Gang, Quartett, Rotte, Trio. **Zus.:** Saubande. **2.** (emotional) *einige gemeinsam etwas unternehmende, ausgelassene o. ä. Kinder, Jugendliche:* eine muntere, fröhliche B. **sinnv.:** Horde, Korona, Gesellschaft; ↑Clique; ↑Gruppe.
bän|di|gen ⟨tr.⟩: *unter seinen Willen zwingen, zum Gehorsam bringen:* ein Tier b.; die lebhaften Kinder waren kaum zu b. **sinnv.:** bezähmen, domestizieren, mäßigen, in Schranken halten, zähmen, im Zaum halten, Zügel anlegen, zügeln; ↑beherrschen; ↑beruhigen.
Ban|dit, der; -en, -en: *jmd., der gewalttätig, in verbrecherischer, krimineller Weise gegen andere vorgeht:* von Banditen überfallen werden. **sinnv.:** ↑Dieb; ↑Verbrecher.
bang, ban|ge, banger/(auch:) bänger, bangste/(auch:) bängste ⟨Adj.⟩: *von ängstlicher Beklommenheit erfüllt; voll Angst, Furcht, Sorge:* bange Minuten; eine bange Ahnung; b. lauschen. **sinnv.:** ↑ängstlich · ↑befürchten, sich ↑fürchten · ↑entmutigen.
ban|gen ⟨itr.⟩ (geh.): *in großer Angst, Sorge (um jmdn.) sein:* er bangte um seinen kranken Vater, um sein Leben. **sinnv.:** sich ↑sorgen.
Bank: I. die; -, Bänke: *lange und schmale, meist aus Holz hergestellte Sitzgelegenheit für mehrere Personen:* sich auf eine B. im Park setzen. **sinnv.:** ↑Stuhl. **Zus.:** Eck-, Garten-, Kirchen-, Ofen-, Park-, Sitz-, Sonnenbank. **II.** die; -, Banken: *Unternehmen, das mit Geld handelt, Geld verleiht u. a.:* Geld von der B. holen, zur B. bringen. **sinnv.:** Bankhaus, Geldinstitut, Kasse, Kreditanstalt, Kreditinstitut, Sparkasse, Wechselstube. **Zus.:** Groß-, Giro-, Hypotheken-, Kredit-, National-, Noten-, Staatsbank; ↑-bank.
-bank, die; -, -en ⟨Grundwort⟩: *zentrale Stelle, Einrichtung, bei der das im Bestimmungswort Genannte vorhanden ist, aufbewahrt wird, was bei Bedarf entnommen oder abgerufen werden kann:* Augen-, Blut-, Daten-, Organ-, Samen-, Spermabank.
Ban|kier [baŋ'kie:], der; -s, -s: *Inhaber, Mitglied des Vorstandes einer Bank* (II).
Bank|no|te, die; -, -n: *Geld in Form eines Scheines.* **sinnv.:** Assignate, Papiergeld, Schein.
bank|rott ⟨Adj.⟩: *nicht mehr in der Lage, seinen finanziellen Verpflichtungen nachzukommen; finanziell ruiniert:* ein bankrotter Geschäftsmann; b. sein. **sinnv.:** abgebrannt, blank, heruntergekommen, illiquid, insolvent, pleite, zahlungsunfähig.
Bank|rott, der; -s, -e: *Unfähigkeit, Zahlungen zu leisten; finanzieller Ruin:* die Firma steht vor dem B. **sinnv.:** Konkurs, Mißerfolg, Pleite, Ruin.
Bann, der; -[e]s: **1.** (hist.) *Ausschluß aus der [kirchlichen] Gemeinschaft:* er wurde mit dem B. belegt; den B. lösen, aufheben. **sinnv.:** Acht [und Bann], Ächtung, Anathema, Bannbrief, Bannbulle, Bannfluch, Bannspruch, Bannstrahl, Bulle, Exkommunikation, Exsekration, Verdammung, Verdikt, Verfemung, Verfluchung, Verwünschung; ↑Ausschluß. **Zus.:** Kirchenbann. **2.** (geh.) *magische, fesselnde Gewalt, beherrschender Einfluß:* jmdn. in seinen B. ziehen; im Bann[e] der Musik, des Geschehens. **sinnv.:** ↑Reiz.
ban|nen ⟨tr.⟩: **1.** (hist.) *aus der [kirchlichen] Gemeinschaft ausschließen:* der Papst bannte den Kaiser. **sinnv.:** ↑ächten. **2.** (geh.)

a) *[an einer Stelle oder in einem Zustand] durch eine zwingende Gewalt festhalten, binden, fesseln:* ihre Worte haben ihn gebannt; gebannt lauschte er dem Klang der Musik. **sinnv.:** fesseln; ↑begeistern. **b)** *durch eine zwingende Gewalt vertreiben:* die Geister b. **sinnv.:** beschwören, besprechen, verhexen, verzaubern. **c)** *abwenden:* die Gefahr ist gebannt.

Ban|ner, das; -s, -: *Fahne, die an einer mit der Fahnenstange verbundenen Querleiste hängt* (siehe Bildleiste „Fahnen"). **sinnv.:** ↑Fahne. **Zus.:** Sieges-, Sternenbanner.

bar ‹Adj.›: **1.** *in Geldscheinen oder Münzen [vorhanden]:* bares Geld; etwas [in] b. bezahlen. **2.** (geh.) *ganz eindeutig und unverkennbar, in die Augen springend:* barer Unsinn; bares Entsetzen, bare Angst. **sinnv.:** blank, pur, rein; ↑lauter. **3.** (geh.) *nicht bekleidet, nicht bedeckt:* mit barem Haupt, Busen. **sinnv.:** ↑nackt. *(geh.) **einer Sache b. sein** *(etwas nicht haben):* bar aller Vernunft, jeglichen Gefühls sein.

Bar, die; -, -s: **1.** *erhöhter Schanktisch:* er saß an der B. und trank Whisky. **sinnv.:** ↑Schanktisch. **Zus.:** Hausbar. **2.** *kleineres, intimes [Nacht]lokal:* in die B. gehen. **sinnv.:** American Bar; ↑Gaststätte; ↑Nachtlokal. **Zus.:** Milch-, Nacht-, Snack-, Tanzbar.

-bar ‹adjektivisches Suffix›: **1.** /als Ableitung von transitiven Verben/ *so geartet, daß es ... werden kann.* **a)** /die nur ein Akkusativobjekt haben/ abkassierbar, ausrechenbar, bebaubar, beeinflußbar (das ist durch ihn nicht b.), bildbar, einsehbar (Grund), erpreßbar, erwartbar, haltbar (ein nicht haltbares Tor), heizbar, korrumpierbar, öffenbar (Fenster), umrüstbare Bearbeitungsmaschinen, verallgemeinerbar, verdoppelbar, vernachlässigbar, vorhersehbar, vorzeigbar, wiederverwendbar; /auch als Teil einer Zusammensetzung/ optimal drehzahlsteuerbar, fernschaltbare Einzelraumlüftung, maschinenlesbarer Personalausweis, hochausfahrbar. **sinnv.:** -fähig. **b)** /mit Akkusativobjekt und Dativ/ vorstellbar, einbildbar (sich [Dat.] etwas vorstellen, einbilden), vorwerfbar (jmdm. etwas vorwerfen), zumutbar (jmdm. etwas zumuten, die dem Steuerzahler zumutbare Belastung), zuordenbar. **c)** /mit Akkusativ- und Präpositionalobjekt/ anwendbar (etwas auf etwas/jmdn. anwenden), herleitbar (etwas aus etwas herleiten), streckbar (Bauteile), vergleichbar, zurückführbar. **2.** /als Ableitung von intransitiven Verben/ **a)** brennbar (etwas brennt), gerinnbar, /verneint/ unfehlbar, unsinkbar, unversiegbar, unverwelkbar, unverwesbar, unverwitterbar. **b)** /mit Dativobjekt/ oft verneint/ unentrinnbar (jmdm. entrinnen), unkündbar. **c)** /mit Präpositionalobjekt/ haftbar (haften für), hantierbar, verfügbar (verfügen über), verhandelbar (verhandeln über), /meist verneint/ unverzichtbar. **3.** /als Ableitung von reflexiven Verben/ **a)** haltbar (Milch hält sich), wandelbar (Lehren). **b)** /mit Präpositionalobjekt/ anpaßbar (sich an etwas anpassen), einfühlbar (sich in etwas einfühlen, diese Verzweiflung ist nicht uneinfühlbar). **4.** /sowohl als Ableitung von transitivem wie auch von intransitivem/ reflexivem Gebrauch möglich/ dehnbar (Gummi: kann gedehnt werden/dehnt sich), erinnerbar (Erlebnis: kann erinnert werden/daran erinnert man sich), fahrbarer Untersatz/fahrbares Eigenheim (kann gefahren werden/fährt), unwiederholbare Einmaligkeit (kann nicht wiederholt werden/wiederholt sich nicht). **5.** /in Verbindung mit einem zugrundeliegenden substantivierten Infinitiv/ *geeignet zu dem im Basiswort Genannten:* badebar (See: zum Baden geeignet), flößbar (zum Flößen geeignet), tanzbarer Sound (zum Tanzen geeignet), wanderbar, wünschbar. **6.** /als Teil einer Zusammenbildung/: fernheizbar, hochausfahrbar, wasserspeicherbar.

-bar/-lich: ↑-lich/-bar.

Bär, der; -en, -en: **1.** *großes (Raub)tier mit dickem braunem Fell, gedrungenem Körper und kurzem Schwanz:* er ist stark wie ein B. **sinnv.:** [Meister] Petz. **Zus.:** Braun-, Brumm-, Eis-, Grau-, Grisly-, Tanz-, Teddy-, Wasch-, Zottelbär. **2.** *(ugs.) **jmdm. einen Bären aufbinden** *(jmdm. etwas Unwahres erzählen, so daß er es glaubt).* **sinnv.:** ↑anführen.

Ba|racke, die; -, -n: *leichter, flacher, meist zerlegbarer [Holz]bau für eine behelfsmäßige Unterbringung:* in einer B. wohnen. **sinnv.:** ↑Haus. **Zus.:** Holz-, Wellblech-, Wohnbaracke.

Bar|bar, der; -en, -en (emotional): **1.** *jmd., der sich unzivilisiert verhält und in bezug auf die Wertvorstellungen oder Gefühle des Betroffenen rücksichtslos vorgeht:* ein kulturloser B.; die faschistischen Barbaren; wir erlauben ihm das, wir sind ja keine Barbaren. **sinnv.:** Kannibale, Rohling, ↑Unmensch. **2.** *[auf einem bestimmten Gebiet] völlig ungebildeter Mensch:* was versteht dieser B. von Musik! **sinnv.:** ↑Banause.

bar|ba|risch ‹Adj.›: **1.** *keine menschlichen Empfindungen, Regungen zeigend, erkennen lassend, von einer gefühllosen, grausamen Haltung zeugend:* barbarische Maßnahmen; jmdn. b. behandeln. **sinnv.:** ↑unbarmherzig. **2.** *von Ungesittetheit, Unzivilisiertheit, Unhöflichkeit zeugend:* barbarische Sitten. **sinnv.:** ↑unhöflich. **3.** (emotional) **a)** *über das übliche Maß hinausgehend, sehr groß:* eine barbarische Kälte, Hitze; **b)** ‹intensivierend bei Adjektiven und Verben› *sehr:* b. frieren; hier ist es b. kalt.

bär|bei|ßig ‹Adj.›: *in mürrischer Weise unfreundlich:* ein bärbeißiger Alter. **sinnv.:** ↑mürrisch.

Bä|ren|dienst: ‹in der Wendung› jmdm. einen B. erweisen/leisten (ugs.): *jmdm. helfen, ihm dabei aber ungewollt Schaden zufügen.* **sinnv.:** ↑schaden.

Bä|ren|hun|ger, der; -s (ugs.): *großer Hunger.*

Ba|rett, das; -s, -e: *an den Seiten versteifte, flache Kopfbedekkung ohne Rand* /meist als Teil der Amtstracht von Professoren, Richtern u. a./.

bar|fuß: ‹in Verbindung mit bestimmten Verben› *mit bloßen Füßen, ohne Schuhe und Strümpfe:* b. laufen, gehen.

Ba|ri|ton, der; -s, -e: **1.** *Stimme in der mittleren Lage zwischen Baß und Tenor:* er hat einen wohlklingenden, weichen B. **2.** *Sänger mit einer Stimme in der mittleren Lage:* er war ein berühmter B.

barm|her|zig ‹Adj.› (geh.): *aus Mitleid und Mitgefühl helfend, Armut, Leiden zu lindern suchend:* eine barmherzige Tat; er ist, handelt b. **sinnv.:** ↑gütig.

ba|rọck ‹Adj.›: **1. a)** *im Stil des Barocks gestaltet, aus der Zeit des Barocks stammend:* ein barockes Gemälde. **b)** *von verschwenderischer Fülle und dabei oft sehr verschnörkelt:* barocke Schriftzüge; eine barocke Rede. **sinnv.:** überladen. **2.** *sonderbar, seltsam und oft verschroben, nicht ohne weiteres nachzuvollziehen:* seine Einfälle sind immer etwas b. **sinnv.:** ↑seltsam; ↑überspannt.

Ba|rọck, das und der; -s: *Stil in der europäischen Kunst, Dichtung und Musik des 17. und 18. Jahrhunderts, der durch verschwenderische Formen und pathetischen Ausdruck gekennzeichnet ist:* das Zeitalter des Barocks.

Ba|ro|me̱|ter, das; -s, -: *Gerät, das den Luftdruck mißt:* das B. steigt, fällt. **sinnv:** Luftdruckmesser; ↑Thermometer.

Bạr|ren, der; -s, -: **1.** *für den Handel übliches Stück aus nicht bearbeitetem Edelmetall in der Form eines Quaders, Zylinders o. ä.:* ein B. Gold. **Zus.:** Gold-, Metall-, Silberbarren. **2.** *ein Turngerät* (siehe Bild)

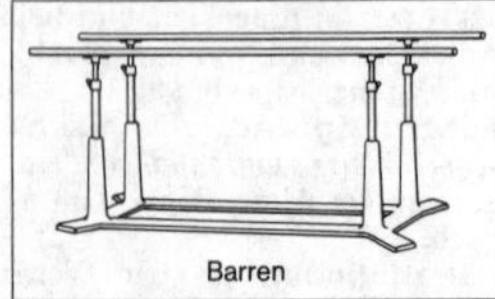
Barren

Bar|rie̱|re, die; -, -n: *Absperrung, Sperre, die jmdn./etwas von etwas fernhält:* Barrieren errichten, aufstellen, niederreißen, beseitigen. **sinnv.:** ↑Hürde; ↑Sperre.

Bar|ri|ka̱|de, die; -, -n: *zur Verteidigung bes. bei Kämpfen auf der Straße errichtetes Hindernis:* Barrikaden errichten, bauen. **sinnv.:** ↑Hürde.

bạrsch ‹Adj.›: *mit heftiger, unfreundlicher Stimme kurz und knapp geäußert:* barsche Worte; in barschem Ton sprechen; der Chef fuhr seinen Mitarbeiter b. an. **sinnv.:** brüsk, grob, hart, kurz, kurz angebunden, rüde, schroff; ↑unhöflich.

Bạrsch, der; -[e]s, -e: *(im Süßwasser lebender räuberischer) Fisch mit großem Kopf, stacheligen Kiemendeckeln und tief gespaltener Mundöffnung.*

Bart, der; -[e]s, Bärte: **1. a)** *(bei Männern) dicht wachsende Haare um die Lippen, auf Wangen und Kinn* (s. Bildleiste): sich einen B. wachsen lassen; sich (Dativ) den B. abnehmen *(abrasieren)* lassen. **sinnv.:** Bartstoppeln, Fliege, Koteletten, Menjoubärtchen, Sauerkohl, Schnauzer, Schnäuzer, Schnurrbart, Stoppeln. **Zus.:** Backen-, Blau-, Damen-, Grau-, Kinn-, Knebel-, Rausche-, Schnauz-, Spitz-, Stoppel-, Voll-, Ziegen-, Zwirbelbart. **b)** *Haare an der Schnauze bestimmter Säugetiere:* der B. der Katze. **2.** *Teil des Schlüssels, der im Schloß den Riegel bewegt:* der B. ist abgebrochen.

bä̱r|tig ‹Adj.›: *einen [dichten, langen] Bart tragend:* bärtige Gesichter, Männer. **sinnv.:** schnauzbärtig, schnurrbärtig, stoppelbärtig, stopplig, unrasiert, vollbärtig.

Ba̱r|zah|lung, die; -, -en: *sofortige Bezahlung (beim Kauf oder innerhalb einer vereinbarten Frist).* **sinnv.:** ↑Zahlung.

Ba|sa̱r, der; -s, -e: **1.** *offene Kaufhalle, Markt für verschiedenerlei Waren [im Orient].* **sinnv.:** ↑Laden. **2.** *Verkauf von Waren zu einem wohltätigen Zweck.* **Zus.:** Wohltätigkeitsbasar.

Base|ball ['beɪsbɔ:l], der; -s: *amerikanisches Schlagballspiel.*

ba|sie̱|ren ‹itr.› (geh): *etwas zur Grundlage haben; in etwas seinen Grund, seine Ursache haben:* die Erzählung basiert auf einer wahren Begebenheit. **sinnv.:** ↑beruhen; ↑stammen.

Ba̱|sis, die; -, Basen: *etwas, worauf sich etwas gründet, stützt, was den festen Grund für etwas bildet, worauf jmd. aufbauen kann:* Forschungen auf breiter B. betreiben; etwas ist, bildet die B. für etwas. **sinnv.:** ↑Grundlage · Transportmittel, Vehikel. **Zus.:** Ausgangs-, Existenz-, Gesprächs-, Rechts-, Vertrauensbasis.

Bạs|ket|ball, der; -[e]s: *Korbball[spiel].*

Bạß, der; Basses, Bässe: **1.** *Männerstimme in der tiefen Lage:* er hat einen tiefen, rauhen, sonoren B. **2.** *Sänger mit einer tiefen Stimme.* **sinnv.:** Bassist, Baßsänger. **3.** *tiefste Stimme eines Musikstücks.* **4.** *sehr tief klingendes größtes Streichinstrument* (siehe Bildleiste „Streichinstrumente"). **sinnv.:** Baßgeige, Kontrabaß; ↑Streichinstrument. **Zus.:** Kontra-, Schlagbaß.

Bạß|gei|ge, die; -, -n: ↑*Baß* (4).

Bas|sin [ba'sɛ̃:], das; -s, -s: *künstliches, ausgemauertes Wasserbecken.* **sinnv.:** Becken, Planschbecken, Schwimmbekken, Swimmingpool. **Zus.:** Schwimm-, Wasserbassin.

Bas|sịst, der; -en, -en: **1.** *ausgebildeter Sänger, der Baß singt.* **sinnv.:** ↑Baß (2). **2.** *Musiker, der die Baßgeige spielt.*

Bạst, der; -[e]s, -e: *pflanzliche Faser, die zum Binden und Flechten verwendet wird:* aus B. eine Tasche anfertigen.

bạ|sta ‹Interj.› (ugs.): *Schluß damit!, genug jetzt!:* nun weißt du es, und damit b.!

Bạ|stard, der; -s, -e: ↑*Mischling:* das ist kein reinrassiger Hund, das ist ein B.

bạ|steln: a) ‹itr.› *sich in der Freizeit, aus Liebhaberei, als Hobby mit kleineren handwerklichen Arbeiten beschäftigen:* er bastelt gerne; an einem Lampenschirm b. **b)** ‹tr.› *meist kleinere handwerkliche Arbeiten in der Freizeit aus Liebhaberei [nach eigenen Ideen] herstellen:* ein Spielzeug b. **sinnv.:** ↑anfertigen.

Ba|tail|lon [batal'jo:n], das; -s, -e: *(aus Kompanien oder Batterien bestehende) kleinste militärische Abteilung.* **sinnv.:** ↑Armee.

Bat|te|ri̱e, die; -, Batteri̱en: **1.** *kleinste militärische Einheit bei der Artillerie.* **2. a)** *Zusammenschaltung mehrerer gleichartiger technischer Geräte (z. B. Stromquellen).* **b)** *Zusammenschaltung mehrerer elektrochemischer Elemente (z. B. für die Taschenlampe).* **3.** (ugs.) *große Anzahl von et-*

Bärte

was Gleichartigem: eine B. Flaschen stand in der Ecke.

Bau, der; -[e]s, -e oder -ten: **1.** ⟨ohne Plural⟩ *das Bauen:* den B. eines Hauses planen, leiten; das Schiff ist im/(auch:) in B. *(es wird daran gebaut).* **Zus.:** Geigen-, Hoch-, Tiefbau. **2.** ⟨ohne Plural⟩ *Art, in der etwas gebaut, aus seinen Teilen zusammengesetzt ist:* der B. eines Satzes, des menschlichen Körpers. **sinnv.:** ↑Struktur. **Zus.:** Satz-, Schädel-, Über-, Versbau. **3. a)** ⟨Plural Bauten⟩ *etwas (von meist größeren Dimensionen), was gebaut, errichtet ist:* die neue Bank ist ein solider, zweckmäßiger und gewaltiger B. **sinnv.:** Anlage, Baulichkeit, Bauwerk, Gebäude; ↑Haus. **Zus.:** Backstein-, Barock-, Behelfs-, Brücken-, Erweiterungs-, Fabrik-, Flach-, Gemeinde-, Holz-, Kirchen-, Pracht-, Quer-, Seiten-, Stein-, Vorbau. **b)** ⟨nur in bestimmten Fügungen⟩ ↑*Baustelle:* er arbeitet auf dem B. **c)** ⟨Plural Baue⟩ *von bestimmten Säugetieren als Behausung in die Erde gebauter Unterschlupf:* der B. eines Fuchses, Dachses. **sinnv.:** ↑Höhle. **Zus.:** Dachs-, Fuchsbau.

Bauch, der; -[e]s, Bäuche: **a)** *unterer Teil des Rumpfes zwischen Zwerchfell und Becken:* den B. einziehen; auf dem B. liegen; (ugs.:) einen leeren B. haben *(nichts gegessen haben).* **sinnv.:** Leib, Unterleib, Ranzen, Wanst. **b)** *deutlich hervortretende Wölbung am unteren Teil des Rumpfes:* einen B. bekommen, ansetzen, haben. **sinnv.:** Rundung, Wampe. **Zus.:** Bier-, Schmer-, Spitzbauch.

bau|chig ⟨Adj.⟩: *eine Wölbung aufweisend:* eine bauchige Vase. **sinnv.:** ↑ausladend; ↑krumm; ↑rund.

bau|en: 1. a) ⟨tr.⟩ *nach einem bestimmten Plan ausführen, errichten [lassen]:* ein Haus, ein Schiff, eine Straße b.; der Vogel baut sich (Dativ) ein Nest; ⟨auch itr.:⟩ die Firma baut solide; an dieser Kirche wird schon lange gebaut. **sinnv.:** anlegen, aufbauen, aufführen, aufrichten, aufschlagen, erbauen, errichten, erstellen, hochziehen, mauern, ↑zimmern. **b)** ⟨itr.⟩ *für sich ein Haus, einen Wohnbau errichten, ausführen [lassen]:* er will nächstes Jahr b. **c)** ⟨tr.⟩ *Form und Bau eines meist technischen Objekts durch Ausarbeitung des Entwurfs gestalten und entsprechend ausführen:* eine Maschine, einen Rennwagen, ein neues Modell b. **sinnv.:** entwerfen, entwickeln, konstruieren. **d)** ⟨tr.⟩ (ugs.) *machen:* sein Bett b.; sich einen Anzug b. lassen; einen Unfall, einen Sturz, sein Examen b.; der hat Mist/Scheiße gebaut *(etwas schlecht, falsch gemacht).* **2.** ⟨itr.⟩ *sich (auf jmdn./etwas) verlassen, (auf jmdn./etwas) fest vertrauen:* auf ihn, seine Erfahrung kannst du b. **sinnv.:** ↑glauben.

Bau|er: I. der; -n, -n: **1.** *jmd., der Landwirtschaft betreibt:* der B. arbeitet auf dem Feld. **sinnv.:** Agrarier, Agronom, Bauersmann, Farmer, Landmann, Landwirt, Ökonom, Pflanzer. **Zus.:** Groß-, Klein-, Waldbauer. **2.** *niedrigste Figur im Schachspiel.* **3.** ↑*Bube.* **II.** das, auch: der; -s, -: *Käfig für Vögel.* **sinnv.:** ↑Käfig. **Zus.:** Draht-, Vogelbauer.

Bäue|rin, die; -, -nen: **a)** *Frau, die Landwirtschaft betreibt.* **sinnv.:** Bauernfrau, Bauersfrau, Landfrau. **b)** *Frau eines Bauern.*

bäu|er|lich ⟨Adj.⟩: *den Bauern[hof] betreffend, zum Bauern[hof] gehörend, vom Bauern[hof] stammend:* bäuerliche Erzeugnisse; die bäuerliche Bevölkerung. **sinnv.:** ↑ländlich.

Bau|ern|hof, der; -[e]s, Bauernhöfe: *landwirtschaftlicher Betrieb eines Bauern (mit allen Gebäuden und dem Grundbesitz).* **sinnv.:** Anwesen, Bauerngut, Farm, Gehöft, ↑Gut, Hof, Landwirtschaft, landwirtschaftlicher Betrieb.

Bau|ers|frau, die; -, -en: ↑*Bäuerin.*

bau|fäl|lig ⟨Adj.⟩: *vom Einsturz bedroht; nicht mehr stabil, in schlechtem baulichem Zustand befindlich:* eine baufällige Hütte. **sinnv.:** ↑morsch.

Bau|herr, der; -n, -[e]n: *Person, Instanz, die einen Bau errichten läßt:* B. dieses Heims ist der Staat. **sinnv.:** Bauträger, Hausbesitzer, Hauseigentümer, Hausherr, Hauswirt, Vermieter; ↑Besitzer, Eigentümer.

Bau|ka|sten, der; -s, Baukästen: *Spielzeug mit kleinen Einzelteilen zum Bauen.*

Baum, der; -[e]s, Bäume: *großes Gewächs mit einem Stamm aus Holz, aus dem Äste wachsen, die sich in Zweige (mit Laub oder Nadeln) teilen:* die Bäume schlagen aus, blühen, lassen ihre Blätter fallen; einen B. fällen. **Zus.:** Apfel-, Kastanien-, Kirsch-, Laub-, Mandel-, Nadel-, Öl-, Tannen-, Weihnachtsbaum.

Bau|mei|ster, der; -s, -: *Sachverständiger mit spezieller Ausbildung, der Pläne für Bauten entwirft und ihren Bau leitet.* **sinnv.:** ↑Architekt.

bau|meln ⟨itr.⟩ (ugs.): *lose hängend hin und her schwingen, schaukeln:* an dem Ast baumelte ein Schild; die Füße b. lassen; er baumelte mit den Beinen. **sinnv.:** ↑hängen; ↑schwingen.

Baum|schu|le, die; -, -n: *gärtnerische Anlage, in der Bäume und Sträucher gezogen werden.* **sinnv.:** ↑Gärtnerei.

Baum|wol|le, die; -: *aus den Samenfäden einer meist strauchartigen Pflanze gleichen Namens gewonnenes Garn, Gewebe:* ein Kleid aus B.

bäu|risch ⟨Adj.⟩: *nicht fein, sondern grob und schwerfällig:* sein bäurisches Benehmen fiel unangenehm auf. **sinnv.:** ↑plump; ↑unhöflich.

bau|schen: 1. ⟨tr.⟩ *schwellend auseinanderfalten, stark hervortreten lassen, prall machen:* der Wind bauscht die Segel. **sinnv.:** ↑aufblähen. **2.** ⟨sich b.⟩ *schwellend hervortreten; füllig, prall, gebläht werden:* die Vorhänge bauschen sich im Wind. **sinnv.:** sich ↑aufblähen.

Bau|stel|le, die; -, -n: *Platz, Gelände, auf dem gebaut wird.* **sinnv.:** Bau.

Bau|werk, das; -[e]s, -e: *größeres, meist eindrucksvolles Gebäude:* ein mächtiges, historisches B. **sinnv.:** ↑Bau.

be- ⟨verbales Präfix⟩: **1.** ⟨verbales Basiswort⟩ **a)** ⟨intransitiv gebrauchtes Basiswort wird transitiv⟩ */auf das Bezugswort durch das im Basiswort genannte Tun zielen, richten/:* beackern, beangeln (einen See), befummeln, bekotzen, bekritzeln, belabern, belachen, beplaudern, bereisen, besteigen (Turm), bestrahlen, betanzen, beweinen, bewerben *(die Werbung richten auf ...),* bewerten. **b)** ⟨transitiv gebrauchtes Basiswort⟩ */das Bezugswort durch das im Basiswort genannte Tun erfassen o. ä./:* bebauen, beladen (einen Wagen; Ggs. entladen), bemalen, beschlagen, beschleifen, bestreuen, bestricken, ein betipptes Blatt. **c)** */verstärkend/:* bedrängen, beschimpfen, bespritzen. **2.** ⟨substantivisches Basiswort⟩ */das Bezugswort mit dem im substantivischen Basiswort Genannten versehen, rüsten o. ä./:* **a)** eine Straße beampeln *(eine Straße mit Verkehrsampeln versehen),* beanschriften, beblumen, begittern, begrünen, belorbeeren, besaiten, beschriften, betexten, betouren (die Rockband betourte England), bevorraten, bezuschussen. **b)** ⟨in Verbindung mit Formen des 2. Partizips⟩ bebartet, bebrillt, eine bebuste Frau, bebutterte Brotscheiben, beflaumte Brust, befrackt, behaubt *(mit einer Haube versehen),* behost, bekindert, bequarzt, berangt, gummibereift, beschlipst, bestrumpft, goldbetreßt, bewaldet, bezopft.

be|ab|sich|ti|gen ⟨tr.⟩: *(tun, ausführen) wollen; die Absicht haben:* er beabsichtigt, in nächster Zeit den Wohnort zu wechseln; das war nicht beabsichtigt. **sinnv.:** ↑vorhaben.

be|ach|ten ⟨tr.⟩: *(auf jmdn./etwas) achten; (jmdm./einer Sache) Aufmerksamkeit schenken:* er beachtete ihn, seine Ratschläge überhaupt nicht; eine Vorschrift, die Spielregeln b. *(auf ihre Einhaltung achten).* **sinnv.:** ↑aufpassen; ↑bedenken; ↑befolgen; ↑berücksichtigen.

be|acht|lich ⟨Adj.⟩: **a)** *ziemlich wichtig, bedeutsam, groß; Achtung, Anerkennung verdienend:* beachtliche Fortschritte, Summen. **sinnv.:** ↑ansehnlich, ↑außergewöhnlich, außerordentlich, bedeutend, bedeutsam, beeindruckend, bemerkenswert, beträchtlich, eminent, erstaunlich, großartig, stattlich, überraschend, überragend, ungewöhnlich; ↑anständig. **b)** ⟨verstärkend bei Adjektiven und Verben⟩ *sehr, ziemlich:* der Baum ist b. groß; sein Guthaben auf der Bank ist im vergangenen Jahr b. angewachsen.

Be|ach|tung, die; -: *das Beachten:* die B. der Verkehrszeichen; jmdm./einer Sache B. schenken *(jmdn./etwas beachten);* etwas verdient B. *(etwas ist so interessant oder wichtig, daß man sich damit beschäftigen o. ä. sollte).* **sinnv.:** ↑Aufmerksamkeit; ↑Aufsehen.

Be|am|te, der; -n, -n ⟨aber: [ein] Beamter, Plural: [viele] Beamte⟩, **Be|am|tin,** die; -, -nen: *männliche bzw. weibliche Person, die im öffentlichen Dienst (bei Bund, Land, Gemeinde u. ä.) oder im Dienst einer Körperschaft des öffentlichen Rechts steht und Pension erhält:* ein höherer, mittlerer Beamter; alle Beamten sind berechtigt ...; mehrere Beamte ernennen, pensionieren; die Meinung anderer Beamter/der anderen Beamten. **sinnv.:** ↑Arbeitnehmer. **Zus.:** Aufsichts-, Bank-, Forst-, Kriminal-, Polizei-, Staats-, Untersuchungs-, Vermittlungs-, Zollbeamter.

be|äng|sti|gend ⟨Adj.⟩: *Angst hervorrufend, einflößend:* ein beängstigender Anblick; der Zustand des Kranken ist b. **sinnv.:** ↑bedenklich.

be|an|spru|chen ⟨tr.⟩: **a)** *Anspruch erheben (auf etwas):* das gleiche Recht b.; er will ihre Hilfe weiter b. *(in Anspruch nehmen).* **sinnv.:** ↑verlangen. **b)** *[jmds. Kräfte] erfordern, nötig haben, großen Anforderungen aussetzen:* die Arbeit beansprucht ihn ganz; die Maschine wurde zu stark beansprucht *(belastet);* viel Raum, Zeit b. *(brauchen, benötigen).* **sinnv.:** absorbieren, auffressen, aushöhlen, belasten, mit Beschlag belegen, ruinieren, strapazieren, überbeanspruchen, ↑wegnehmen.

be|an|stan|den ⟨tr.⟩: *als mangelhaft, als nicht annehmbar bezeichnen [und zurückweisen, nicht akzeptieren]:* an jmds. Arbeit nichts zu b. haben; eine Rechnung b.; er beanstandete die Qualität der gelieferten Ware. **sinnv.:** Anstoß nehmen, ↑attackieren, aussetzen, sich beklagen, bekritteln, bemäkeln, bemängeln, Beschwerde einlegen/einreichen/führen, Beschwerden haben/vorbringen, sich beschweren, brummen, Einspruch erheben, herummäkeln, herumnörgeln, Klage führen, klagen, kritteln, Kritik üben, kritisieren, mäkeln, meckern, mißbilligen, monieren, mosern, motzen, nörgeln, reklamieren, rügen, sich stoßen an, tadeln, unmöglich finden, verhackstücken, jmdm. etwas am Zeug flicken; ↑besprechen.

be|an|tra|gen ⟨tr.⟩: *[durch Antrag] die Gewährung von etwas, die [Beschließung und] Durchführung von etwas verlangen:* ein Stipendium, die Bestrafung des Schuldigen b. **sinnv.:** ↑einreichen.

be|ant|wor|ten ⟨tr.⟩: **a)** *(auf etwas) eine mündliche, schriftliche Antwort geben:* eine Frage, einen Brief ausführlich, kurz b. **sinnv.:** ↑anworten. **b)** *auf etwas in einer bestimmten Weise reagieren:* er beantwortete die Ohrfeige mit einem Kinnhaken.

be|ar|bei|ten ⟨tr.⟩: **1. a)** *unter bestimmten Gesichtspunkten [neu] gestalten, in bestimmter Weise behandeln; an etwas arbeiten:* die Erde [mit dem Pflug], einen Stein [mit Hammer und Meißel] b.; ein Thema b.; ein Hörspiel für die Bühne b. **sinnv.:** aufbereiten, ausformen, behandeln, formen, verarbeiten. **b)** *sich als entsprechende Instanz mit etwas prüfend, erforschend beschäftigen [und darüber befinden]:* einen Antrag, einen Kriminalfall b. **2.** *eindringlich auf jmdn. einreden, auf jmdn. einwirken, um ihn zu überzeugen, für etwas zu gewinnen:* die Wähler b.; die Bevölkerung wurde ständig von Rundfunk und Presse in dieser Richtung bearbeitet; man bearbeitete ihn so lange, bis er die Information preisgab. **sinnv.:** ↑überreden.

be|auf|sich|ti|gen ⟨tr.⟩: *Aufsicht führen (über jmdn./etwas):* die Kinder, eine Klasse, die Arbeit b. **sinnv.:** ↑aufpassen, bewachen, hüten, decken, sich kümmern um, sehen nach, ↑überwachen.

be|auf|tra|gen ⟨tr.⟩: *(jmdm.) einen Auftrag geben; (jmdm.) auftragen, etwas zu tun:* jmdn. [dienstlich] mit einer Arbeit b.; man hat ihn beauftragt, die Konferenz vorzubereiten. **sinnv.:** ↑anordnen, anweisen, auferlegen, aufgeben, auftragen, befehlen, befassen, jmdn. zu etwas bringen, bestimmen, jmdn. etwas heißen, tun lassen, ↑veranlassen, verfügen; ↑übertragen.

be|bau|en ⟨tr.⟩: **1.** *Gebäude, Häuser (auf einem Gelände) bauen:* Grundstücke, ein Gebiet [neu] b. **2.** *(Land) bearbeiten und für den Anbau nutzen:* die Felder, Äcker b. **sinnv.:** anbauen, anpflanzen, ansäen, bauen, bepflanzen, bestellen, bewirtschaften, kultivieren; ↑säen.

be|ben ⟨itr.⟩: **1.** *erschüttert werden:* die Erde, das Haus bebte. **sinnv.:** erbeben, erzittern, vibrieren. **2.** (geh.) ↑*zittern:* sie bebte vor Angst, Kälte.

be|bil|dern ⟨tr.⟩: *mit Bildern versehen:* ein Kinderbuch b.;

bunt bebilderte Zeitschriften. **sinnv.:** illustrieren.

Be|cher, der; -s, -: *höheres, etwa zylinderförmiges Trinkgefäß [ohne Henkel und ohne Fuß]* (siehe Bildleiste „Trinkgefäße"): einen B. Milch trinken. **sinnv.:** ↑Gefäß. **Zus.:** Eis-, Milch-, Papp-, Silber-, Würfelbecher.

be|chern ⟨itr.⟩ (ugs. scherzh.): *ausgiebig alkoholische Getränke trinken:* sie becherten bis in den frühen Morgen. **sinnv.:** ↑trinken.

Be|cken, das; -s, -: **1. a)** *rundes oder ovales flaches Gefäß:* neben dem Krankenbett stand ein B. mit Wasser. **sinnv.:** ↑Schüssel. **Zus.:** Abwasch-, Marmor-, Spül-, Stein-, Wasserbecken. **b)** *eine (z. B. gemauerte) Anlage für Wasser usw.:* das B. des Springbrunnens; das Schwimmbad hat mehrere B. **sinnv.:** ↑Bassin. **Zus.:** Auffang-, Klär-, Schwimm-, Staubecken. **2.** *aus Knochen gebildeter Ring, der den unteren Teil des Rumpfes mit den Beinen verbindet.* **3.** *aus zwei tellerförmigen Scheiben aus Metall bestehendes, meist zum Schlagzeug gehörendes Musikinstrument* (siehe Bildleiste „Schlaginstrumente").

Be|dacht: ⟨in den Fügungen⟩ mit, voll B.: *mit, ohne Überlegung, Sorgfalt, Besonnenheit:* etwas mit, voll B. auswählen. **sinnv.:** ↑Umsicht · ↑absichtlich; ↑ruhig.

be|däch|tig ⟨Adj.⟩: *langsam, ohne jede Hast und dabei meist besonnen, vorsichtig und sorgfältig:* b. prüfte er die Papiere; bedächtige Worte, Bewegungen. **sinnv.:** ↑ruhig; ↑umsichtig.

be|dan|ken, sich: *(jmdm.) seinen Dank aussprechen:* sich herzlich bei jmdm. b.; er bedankte sich für die Einladung. **sinnv.:** ↑danken · ↑danke.

Be|darf, der; -s: *das Verlangen nach etwas, was gebraucht wird; in einer bestimmten Lage Benötigtes, Gewünschtes:* es besteht B. an Lebensmitteln; mein B. ist gedeckt *(ich habe genug).* **sinnv.:** Anspruch, Bedürfnis, Nachfrage. **Zus.:** Büro-, Energie-, Mindest-, Nahrungs-, Tagesbedarf.

be|dau|er|lich ⟨Adj.⟩: *zu bedauern:* ein bedauerlicher Vorfall, Irrtum; das ist sehr b. **sinnv.:** betrüblich, schade, traurig; ↑leider.

be|dau|ern ⟨tr.⟩: **a)** *(mit jmdm.) Mitgefühl empfinden; (jmdm. gegenüber) sein Mitgefühl äußern:* er bedauerte sie wegen ihres Mißerfolgs; er ist zu b. **sinnv.:** bemitleiden, Mitleid haben/empfinden mit; ↑mitfühlen. **b)** *ausdrücken, daß einem etwas leid tut:* er bedauerte den Vorfall sehr, aufrichtig, von Herzen; ich bdauere, daß ich ihn nicht mehr gesehen habe. **sinnv.:** ↑bereuen; ↑beklagen; sich ↑entschuldigen.

be|decken ⟨tr.⟩ /vgl. bedeckt/: *etwas über jmdn./etwas decken:* sie bedeckte das Kind mit ihrem Mantel. **sinnv.:** abdecken, dekken (auf/über), überdecken, überziehen, umhüllen, verdekken, verhängen, verhüllen, zudecken; sich ↑anziehen.

be|deckt ⟨Adj.⟩: *von Wolken überzogen:* der Himmel ist b. **sinnv.:** bewölkt, übersät, verhangen.

be|den|ken, bedachte, hat bedacht: **1. a)** ⟨tr.⟩ *etwas im Hinblick auf ein Tun in seine Überlegungen einbeziehen:* das hatte er nicht bedacht; jmdm. etwas zu b. geben. **sinnv.:** ↑überlegen. **b)** ⟨sich b.⟩ *sich besinnen, mit sich zu Rate gehen:* er bedachte sich nicht lange und nahm ein Stück Kuchen. **sinnv.:** ↑nachdenken. **2.** ⟨tr.⟩ *(jmdm. etwas) schenken:* jmdn. mit einem Buch b. **sinnv.:** schenken. **3. *auf etwas bedacht sein** *(sorgfältig auf etwas achten, an etwas denken):* sie war stets auf ihr Äußeres, ihren guten Ruf bedacht. **sinnv.:** achten auf, achtgeben, achthaben, sich etwas angelegen sein lassen, aufpassen auf, beachten, sich ↑bemühen um, sich bestreben, bestrebt/bemüht/besorgt sein um, denken an, halten auf, sich kümmern um, sorgen für; ↑berücksichtigen.

Be|den|ken, das; -s, -: *(als Folge von Überlegungen) Vorbehalt, Zweifel, Befürchtung hinsichtlich eines Tuns:* seine B. äußern; ein B. gegen etwas vorbringen. **sinnv.:** Pessimismus, Reserve, Skepsis, Unsicherheit, Zögern, Zurückhaltung · ↑befürchten · ↑anstandslos.

be|denk|lich ⟨Adj.⟩: **1.** *Bedenken hervorrufend:* in einer bedenklichen Lage sein. **sinnv.:** ↑anrüchig · beängstigend, ↑bedrohlich, besorgniserregend; ↑schlimm; ↑delikat. **2.** *Besorgnis ausdrückend:* er wiegte b. den Kopf.

be|deu|ten, bedeutete, hat bedeutet /vgl. bedeutend/: **1.** ⟨itr.⟩ *einen bestimmten Sinn haben:* ich weiß nicht, was dieses Wort b. soll. **sinnv.:** ausdrücken, ausmachen, aussagen, die Bedeutung haben, besagen, charakterisieren, darstellen, ergeben, heißen, kennzeichnen, lauten, repräsentieren, sagen, sein, vorstellen. **2.** ⟨itr.⟩ *wichtig sein, einen bestimmten Wert haben (für jmdn.):* er/dieses Bild bedeutet mir viel, nichts. **sinnv.:** ausmachen, von Bedeutung/Belang sein. **3.** ⟨tr.⟩ (geh.) *zu verstehen geben:* sie bedeutete mir Stillschweigen; man bedeutete ihm, er könne jetzt hereinkommen. **sinnv.:** ↑andeuten, ↑mitteilen; ↑raten.

be|deu|tend ⟨Adj.⟩: **a)** *in seiner Art herausragend (über Gleichartiges) und Beachtung, Anerkennung verdienend:* ein bedeutendes Werk, Ereignis, Vermögen; der Mann ist nicht sehr b. **sinnv.:** ↑außergewöhnlich, groß, ↑wichtig · ↑berühmt · ↑bedeutungsvoll. **b)** ⟨verstärkend bei Verben und vor dem Komparativ⟩ *sehr, viel:* sein Zustand ist b. besser; der neue Turm ist b. höher als der alte. **sinnv.:** ↑sehr.

be|deut|sam ⟨Adj.⟩: *wichtig für etwas, besondere Bedeutung für etwas habend:* eine bedeutsame Entdeckung; sie lächelte ihm b. *(vielsagend)* zu. **sinnv.:** ↑bedeutungsvoll.

Be|deu|tung, die; -, -en: **1.** *das durch ein Zeichen, ein Wort o. ä. hervorgerufene Wissen eines Zusammenhangs:* das Wort hat mehrere Bedeutungen; die eigentliche B. der Geschichte hatten sie nicht verstanden. **sinnv.:** Beiklang, Essenz, Gehalt (der), Hintersinn, Idee, Inhalt, Konnotation, Nebensinn, Sinn, Substanz, Tenor · Begriff · Aussage. **Zus.:** Grund-, Haupt-, Neben-, Wortbedeutung. **2.** ⟨ohne Plural⟩ *Wichtigkeit, Wert in einem bestimmten Zusammenhang, für eine bestimmte Angelegenheit:* etwas hat große, besondere, politische, keine B.; das ist nicht von B. *(nicht wichtig).* **sinnv.:** Aktualität, ↑Ansehen · Bedeutsamkeit, Belang, Ernst, Erheblichkeit, Gewicht, Gewichtigkeit, Größe, Rang, Relevanz, Schwere, Signifikanz, Tiefe, Tragweite · Aktualität, Brisanz.

be|deu|tungs|voll ⟨Adj.⟩: *voll Bedeutung:* ein bedeutungsvoller Tag; jmdn. b. ansehen. **sinnv.:** bedeutend, bedeutsam, bedeutungsschwer, groß, inhaltsreich, inhaltsschwer, vielsagend · ↑denkwürdig · ↑außergewöhnlich · ↑wichtig · ↑ausdrucksvoll · ↑nachdrücklich.

be|die|nen: **1. a)** ⟨tr.⟩ *(für jmdn.) Dienste leisten:* seine Gäste, die Kunden b.; (ugs.) ich bin bedient *(ich habe genug, mir reicht es)*!; ⟨auch itr.⟩ welcher Kellner bedient *(serviert)* hier? **sinnv.:** ↑auftragen, ↑servieren · ↑helfen · beliefern, sorgen für, versorgen · abfertigen; ↑durchschleusen. **b)** ⟨sich b.⟩ *sich etwas von etwas, was angeboten wird, nehmen:* bitte, b. Sie sich *(höfliche Aufforderung).* **sinnv.:** sich nehmen, zugreifen, zulangen, zusprechen. **2.** ⟨tr.⟩ *darauf achten und machen, daß etwas (eine technische Anlage o. ä.) richtig funktioniert, in Gang ist und bleibt:* eine Maschine, den Fahrstuhl b. **sinnv.:** betätigen, führen, handhaben, regulieren, regeln, steuern. **3.** ⟨sich b.; mit Gen.⟩ (geh.) *etwas (als Mittel) für etwas (was man bezweckt, beabsichtigt) nehmen, wählen:* er bediente sich eines Vergleichs. **sinnv.:** ↑anwenden, ↑ausnutzen. **4.** ⟨tr./itr.⟩ /im Kartenspiel/ *eine Karte der bereits ausgespielten Farbe spielen:* du mußt Herz b.; er hat nicht bedient.

Be|die|ns|te|te, der und die; -n, -n ⟨aber: [ein] Bediensteter, Plural: [viele] Bedienstete⟩: *jmd., der im öffentlichen Dienst beschäftigt ist.* **sinnv.:** ↑Arbeitnehmer. **Zus.:** Bundes-, Bundesbahn-, Eisenbahn-, Post-, Staatsbedienstete.

Be|die|nung, die; -, -en: **1.** ⟨ohne Plural⟩ *das Bedienen* (1 a, 2): die B. erfolgte prompt; die B. einer Maschine. **sinnv.:** Betätigung, Dienst, Führung, Handhabung, Regelung, Steuerung · Abfertigung, Behandlung · Dienst, Kundendienst, Service. **Zus.:** Fern-, Geschütz-, Selbstbedienung. **2.** *jmd., der bedient:* die B. ließ lange auf sich warten. **sinnv.:** ↑Diener, ↑Kellner; ↑Serviererin.

be|din|gen /vgl. bedingt/: **1.** ⟨tr.⟩ *die Ursache für etwas sein, zur Folge haben:* ihre abweisende Art bedingte sein Verhalten; ⟨häufig im 2. Partizip⟩ die schlechte Ernte ist durch das ungünstige Wetter bedingt *(wurde durch das ungünstige Wetter hervorgerufen).* **sinnv.:** ↑verursachen; vgl. -bedingt. **2.** ⟨itr.⟩ *voraussetzen:* die Aufgabe bedingt Fleiß und Können. **sinnv.:** ↑erfordern.

be|dingt ⟨Adj.⟩: *nur unter bestimmten Voraussetzungen geltend:* eine bedingte Anerkennung, Zusage; etwas ist nur b. richtig. **sinnv.:** beschränkt, cum grano salis, eingeschränkt, mit Einschränkung/Vorbehalt, relativ, vergleichsweise, verhältnismäßig.

-be|dingt ⟨adjektivisches Suffixoid⟩: *durch das im Basiswort Genannte verursacht, davon herrührend, darin begründet:* altersbedingte Differenzen, angstbedingte Lüge, berufs-, gefühls-, generationsbedingt, krankheitsbedingte Ausfälle, kriegs-, saison-, teuerungs-, tourismus-, umweltbedingt, verletzungsbedingter Wechsel des Spielers, währungsbedingt, witterungsbedingte Schäden, zeit-, zufallsbedingt.

Be|din|gung, die; -, -en: **1.** *etwas, was gefordert wird und von dessen Erfüllung etwas anderes abhängig gemacht wird:* der Vertrag enthält einige ungünstige Bedingungen; eine B. stellen. **sinnv.:** Forderung, Grundlage, Kondition, Voraussetzung, Vorbedingung · ↑Vorbehalt · Modalität. **Zus.:** Aufnahme-, Beförderungs-, Grund-, Liefer-, Teilnahme-, Zahlungs-, Zulassungsbedingung. **2.** ⟨Plural⟩ *die gegebenen Umstände:* die klimatischen Bedingungen. **sinnv.:** Gegebenheiten, Modalitäten, Umstände, Verhältnisse, Voraussetzungen. **Zus.:** Anbau-, Arbeits-, Entwicklungs-, Existenz-, Lebens-, Umwelt-, Wachstums-, Wettkampf-, Witterungsbedingungen.

be|din|gungs|los ⟨Adj.⟩: *ohne Einschränkung:* bedingungsloses Vertrauen; b. gehorchen. **sinnv.:** ohne Vorbedingung/Vorbehalt, auf Gedeih und Verderb, rückhaltlos, unbedingt, uneingeschränkt, vorbehaltlos.

be|drän|gen ⟨tr.⟩: **a)** *hartnäckig (zu einem bestimmten Handeln) zu bewegen suchen:* jmdn. mit Forderungen, Fragen b. **sinnv.:** ↑behelligen, belästigen, ↑schikanieren, ↑unterdrücken, verfolgen, ↑zusetzen. **b)** *(als Sache) keine Ruhe lassen:* Gedanken, Sorgen bedrängen jmdn. **sinnv.:** bedrücken, ↑bekümmern · ↑bitten.

be|dro|hen ⟨tr.⟩: **a)** *(jmdm.) mit Anwendung von Gewalt drohen:* er bedrohte ihn mit dem Messer. **sinnv.:** androhen, drohen (mit), erpressen, terrorisieren; ↑nötigen. **b)** *gefährlich sein (für etwas):* eine Seuche, das Hochwasser bedroht die Stadt. **sinnv.:** drohen, gefährden · bevorstehen.

be|droh|lich ⟨Adj.⟩: *Unheil, Gefahr befürchten lassend:* eine bedrohliche Situation; die Wolken sehen b. aus, sind b. nahe. **sinnv.:** bedenklich, brenzlig, ↑ernst, fatal, folgenschwer, ↑gefährlich, gefahrvoll, kritisch, unheilvoll.

Be|dro|hung, die; -, -en: **1.** *das Bedrohen:* die B. der Demokratie durch radikale Minderheiten von rechts und links; eine massive B. darstellen. **2.** *Gefährdung:* eine B. des Friedens/für den Frieden. **sinnv.:** ↑Gefahr.

be|drü|cken ⟨tr.⟩ /vgl. bedrükkend und bedrückt/: *machen, daß der Betreffende seelisch darunter leidet:* Sorgen bedrücken ihn. **sinnv.:** ↑bekümmern; ↑bedrängen.

be|drü|ckend ⟨Adj.⟩: *ein Gefühl der Bedrückung hervorrufend:* eine bedrückende Stille. **sinnv.:** belastend, deprimierend, entmutigend, lähmend, niederdrükkend, niederschmetternd, schwer; ↑entmutigen.

be|drückt ⟨Adj.⟩: *deprimiert:* er saß b. in einer Ecke. **sinnv.:** beklommen, ↑bekümmert, besorgt; niedergeschlagen, sorgenvoll; ↑schwermütig, traurig.

be|dür|fen, bedarf, bedurfte, hat bedurft ⟨itr.; mit Gen.⟩ (geh.): *(etwas) nötig haben, brauchen:* er bedurfte seines Rates nicht; das bedarf einer näheren Erklärung.

Be|dürf|nis, das; -ses, -se: **1.** *Gefühl, jmds./einer Sache zu bedürfen:* ein großes, dringendes B. nach Ruhe fühlen. **sinnv.:** ↑Verlangen. **Zus.:** Anlehnungs-, Geltungs-, Herzens-, Mitteilungs-, Ruhe-, Schlaf-, Schutzbedürfnis. **2.** ⟨Plural⟩ *das, was man zum Leben braucht:* luxuriöse, geistige Bedürfnisse; das Haus war auf die Bedürfnisse eines Junggesellen eingerichtet. **sinnv.:** ↑Bedarf.

be|dürf|nis|los ⟨Adj.⟩: *ohne besondere Bedürfnisse oder Ansprüche:* b. sein, leben. **sinnv.:** ↑bescheiden.

be|dürf|tig ⟨Adj.⟩: **1.** *[materielle] Hilfe nötig habend:* einer bedürftigen Familie helfen; er ist nicht b. **sinnv.:** ↑arm. **2.** ***einer Sache/jmds. b. sein** *(etwas/jmdn. brauchen);* vgl. -bedürftig.

-be|dụrf|tig ⟨adjektivisches Suffixoid⟩ *das im Basiswort Genannte nötig habend, brauchend:* anlehnungs-, ausbesserungs-, behandlungs-, erholungs-, (der hochgelegene Fahrersitz ist etwas) gewöhnungsbedürftig, ein harmoniebedürftiger Mensch, hilfs-, kontroll-, kritikbedürftig, ein lackierbedürftiges Auto, liebe-, pflege-, reform-, reparatur-, revisions-, ruhe-, schonungs-, schutz-, trost-, verbesserungs-, wärmebedürftig.

Beef|steak ['bi:fste:k], das; -s, -s: **1.** *Steak vom Rind.* **sinnv.:** ↑Steak. **2.** ↑*Frikadelle.*

be|ei|len, sich: **1.** *schnell machen:* er muß sich [mit seiner Arbeit] sehr b. **sinnv.:** sich abhetzen, keinen Augenblick/keine Zeit verlieren, sich dranhalten, sich eilen, sich ↑fortbewegen, [sich] hetzen, hinmachen, sich ranhalten, schnell/rasch/fix machen, sich sputen, Tempo machen, sich tummeln, sich überstürzen, einen Zahn/Schritt zulegen, zumachen · dalli. **2.** *bestrebt sein, mit etwas (z. B. einer Zustimmung) nicht zu zögern:* er beeilte sich zu versichern, daß er nichts dagegen habe.

be|ein|drucken ⟨tr.⟩: *starken Eindruck machen, nachhaltige Wirkung haben (auf jmdn.):* sein Wissen beeindruckte ihn. **sinnv.:** bestechen, Bewunderung hervorrufen, brillieren, Eindruck machen, glänzen, imponieren, wirken; ↑auffallen · ↑außergewöhnlich.

be|ein|flus|sen ⟨tr.⟩: *(auf jmdn.) Einfluß ausüben:* jmdn. [in seinem Denken] stark, maßgeblich b. **sinnv.:** abfärben auf, anstecken, einflößen, Einfluß haben/gewinnen, Einfluß nehmen auf, einflüstern, eingeben, einreden, einwirken, gängeln, hinlenken auf, infizieren, suggerieren; mahnen, ↑manipulieren, ↑überreden, ↑verleiten, ↑zuraten.

be|ein|träch|ti|gen ⟨tr.⟩: *(auf jmdn./etwas) behindernd, hemmend einwirken:* jmdn. in seiner Freiheit sehr b. **sinnv.:** ↑behindern, ↑einschränken, ↑stören.

be|ẹn|den, beendete, hat beendet ⟨tr.⟩: *enden lassen, zum Abschluß bringen* /Ggs. anfangen/: ein Gespräch, die Arbeit b. **sinnv.:** abbrechen, abschließen, zum Abschluß/unter Dach und Fach/über die Bühne bringen, ad acta legen, ↑aufgeben, ↑aufhören, aufstecken, aussteigen, beendigen, begraben, beschließen, es dabei bewenden lassen, bleibenlassen, einstellen, ein Ende setzen, mit etwas zu Ende sein, ein Ende/Feierabend/Schluß machen, fertigmachen, fertigstellen, niederschlagen, einen Punkt machen, schließen, einen Schlußstrich/Strich unter etwas ziehen/machen, stillegen, vollenden; aufkündigen; sich legen; ↑unterbrechen.

be|er|di|gen ⟨tr.⟩: ↑*begraben:* den Toten, Verstorbenen b. **sinnv.:** ↑bestatten.

Be|er|di|gung, die; -, -en: ↑*Begräbnis:* zur B. gehen.

Bee|re, die; -, -n: *kleine, runde oder längliche Frucht mit mehreren Samenkernen:* Beeren pflükken, sammeln. **Zus.:** Bick-, Blau-, Brom-, Erd-, Heidel-, Him-, Holunder-, Johannis-, Preisel-, Stachel-, Vogel-, Wacholder-, Weinbeere.

Beet, das; -[e]s, -e: *kleineres abgegrenztes [bepflanztes] Stück Land in einem Garten, einer Anlage o. ä.:* Beete anlegen. **sinnv.:** ↑Rabatte.

be|fä|hi|gen ⟨tr.⟩: *die Voraussetzung, Grundlage (zu etwas) schaffen; in die Lage versetzen (etwas zu tun):* Fleiß und Verstand befähigen ihn zu großen Leistungen. **sinnv.:** es jmdm. ermöglichen/möglich machen, ertüchtigen, fähig machen, in die Lage/in den Stand versetzen.

Be|fä|hi|gung, die; -, -en: *das Befähigtsein:* er hat eine besondere, die beste B. zu diesem Beruf. **sinnv.:** ↑Begabung.

be|fah|ren, befährt, befuhr, hat befahren ⟨tr.⟩: *fahren (auf etwas); mit einem Fahrzeug benutzen:* eine Straße [mit dem Auto], einen Fluß mit dem Schiff b. **sinnv.:** ↑begehen, ↑bereisen.

Be|fall, der; -[e]s: *das Befallenwerden, -sein von Krankheiten oder Schädlingen* /bes. bei Pflanzen/: etwas gegen den B. von Bohnen mit Blattläusen unternehmen. **Zus.:** Blattlaus-, Pilz-, Schädlings-, Virenbefall.

be|fal|len, befällt, befiel, hat befallen ⟨tr.⟩: **a)** *plötzlich erfassen, ergreifen:* Angst, Traurigkeit befiel mich. **sinnv.:** anwandeln, sich jmds. bemächtigen, beschleichen, erfassen, ↑erfüllen, ergreifen, überfallen, überkommen · übermannen, überwältigen. **b)** *(als Krankheit, Plage o. ä.) heimsuchen:* eine furchtbare Krankheit befiel ihn; Läuse haben den Strauch befallen; vom Brand befallener Weizen.

be|fan|gen ⟨Adj.⟩: **1.** *in Verlegenheit, Verwirrung gebracht und daher gehemmt:* jmdn. b. machen. **sinnv.:** ↑ängstlich, ↑verlegen. **2.** *parteiisch, nicht objektiv:* einen Richter als b. ablehnen.

be|fas|sen: 1. ⟨sich b.⟩ *sich (mit jmdm./etwas) auseinandersetzen, beschäftigen:* sich mit jmdm., mit einem Problem, einer Frage b. **sinnv.:** sich abgeben mit, ↑arbeiten an, sich aufhalten mit, sich auseinandersetzen mit, behandeln, sich beschäftigen mit, beschäftigt sein mit, dabeisein, eingehen auf, sich einlassen, einer Sache frönen, sich in etwas hineinknien, sich einer Sache hingeben, schwanger gehen mit, sich tragen mit, sich verlegen auf, sich einer Sache überlassen/verschreiben/weihen, sich widmen · aufgehen in. **2.** ⟨tr.⟩ *(jmdn.) veranlassen, sich (mit einer Sache) auseinanderzusetzen, zu beschäftigen:* einen Beamten mit einer besonderen Aufgabe b. **sinnv.:** beauftragen, betrauen; ↑anordnen.

be|feh|den, befehdete, hat befehdet ⟨tr.⟩ (geh.): ↑*bekämpfen:* sie, ihre Pläne wurden heftig befehdet. **sinnv.:** ↑ankämpfen.

Be|fehl, der; -[e]s, -e: *Anordnung, Aufforderung (eines Vorgesetzten), daß etwas Bestimmtes ausgeführt werden soll:* einen B. geben, befolgen. **sinnv.:** Anordnung, Machtwort, ↑Weisung. **Zus.:** Einberufungs-, Gestellungs-, Marsch-, Schieß-, Tages-, Zahlungsbefehl.

be|feh|len, befiehlt, befahl, hat befohlen ⟨tr.⟩: **1.** *(jmdm.) den Befehl geben:* er befahl mir, mit ihm zu kommen. **sinnv.:** ↑anordnen; ↑bitten. **2.** *(an einen bestimmten Ort) kommen lassen, beordern:* er wurde zu seinem Vorgesetzten, dorthin befohlen. **sinnv.:** zu sich bestellen/↑rufen. **3.** (geh.) *unter jmds. Schutz stellen, anvertrauen:* sie befahl Haus und Garten dem Schutz des Bruders. **sinnv.:** anvertrauen, überantworten, übergeben, überlassen. **Zus.:** Schutzbefohlene.

be|feh|li|gen ⟨tr.⟩: *über jmdn./etwas den Befehl haben:* eine Armee b. **sinnv.:** ↑führen.

Be|fehls|ha|ber, der; -s, -: *Führer einer größeren militärischen Truppe.* **sinnv.:** Heerführer, Kapitän, Kommandant, Kommandeur, Kommodore; ↑Anführer. **Zus.:** Oberbefehlshaber.

be|fe|sti|gen ⟨tr.⟩: **1.** *(an etwas) festmachen:* ein Schild an der Tür b. **sinnv.:** ↑anbinden, anbringen, ↑anhängen, anheften, ↑anklammern, ankleben, anknöpfen, anmachen, anmontieren, annageln, annähen, ↑anschlagen, ↑anschließen, ↑anschnallen, anschrauben, anstekken, aufkleben, aufmontieren, aufschrauben, ↑aufsetzen, binden an, festmachen, festnageln, festschrauben, fixieren, montieren, schnallen an/auf, schrauben an/auf, spießen auf. **2.** *machen, daß etwas gegenüber einem Angriff, einer Beanspruchung standhalten kann:* eine Straße, den Deich, die Stadt, Grenze b.

Be|fe|sti|gung, die; -, -en: **1.** *das Befestigen.* **2.** *der Befestigung dienende [Verteidigungs]anlage.* **sinnv.:** Bastion, Befestigungsanlage, Bollwerk, Festungsbau. **Zus.:** Grenz-, Uferbefestigung.

be|fin|den, befand, hat befunden: **1.** ⟨sich b.⟩ **a)** *(an einem bestimmten Ort) sein, sich aufhalten:* sich in einem Raum, auf der Straße b. **sinnv.:** leben, lehnen, liegen, sein, sitzen, stehen · sich ↑aufhalten; ↑existieren. **b)** *sein:* sich in einer unangenehmen Lage, in schlechtem Zustand, im Irrtum b.; wie befindet *(fühlt)* sich der Patient? **sinnv.:** sein · sich fühlen, es geht jmdm. gut/schlecht, zumute sein. **2.** (geh.) **a)** ⟨tr.⟩ *halten, erachten (für etwas):* etwas für richtig, als gut b. **sinnv.:** ↑begutachten. **b)** ⟨itr.⟩ *bestimmen, was (in bezug auf jmdn. oder etwas) geschehen soll:* über ihn, über sein Schicksal befindet jetzt ein anderer. **sinnv.:** bestimmen, urteilen, verfügen; ↑anordnen.

Be|fin|den, das; -s: *gesundheitlicher Zustand:* wie ist sein B.? **sinnv.:** ↑Verfassung. **Zus.:** Allgemein-, Wohlbefinden.

be|find|lich ⟨Adj.⟩: *sich befindend:* die im Keller befindliche Pumpe. **sinnv.:** gelegen, liegend, stehend, vorhanden.

be|flei|ßi|gen, sich ⟨mit Gen.⟩ (geh.): *sich eifrig (um etwas) bemühen:* sich eines höflichen Benehmens, sich großer Zurückhaltung b. **sinnv.:** es sich angelegen sein lassen, sich ↑anstrengen, sich bemühen, bemüht/bestrebt sein, besorgt sein um, sich Mühe geben, schauen/sehen/zuschauen/zusehen, daß ...

be|flis|sen ⟨Adj.⟩ (geh.): *sehr eifrig, mit dem Wunsch, dem anderen alles recht zu machen (um etwas bemüht):* sie saß inmitten von beflissenen Journalisten; er nahm dem Chef b. die Akten ab; er zeigte sich b., ihre Gefühle nicht zu verletzen. **sinnv.:** betulich, dienstbereit, -eifrig, -willig, eifrig, pflichtbewußt, übereifrig; ↑gefällig · Übereifer. **Zus.:** bildungs-, dienstbeflissen.

be|flü|geln ⟨tr.⟩ (geh.): *beschwingt machen:* die Freude beflügelt seine Schritte; das Lob beflügelt ihn. **sinnv.:** ↑anregen, ↑anstacheln · ↑beschwingt.

be|fol|gen ⟨tr.⟩: *handeln, sich richten (nach etwas):* einen Rat, Befehl, eine Vorschrift b. **sinnv.:** beachten, beherzigen, einhalten, Folge leisten, folgen, sich (den Anordnungen) fügen, sich halten an, handeln nach, hören auf, innehalten, nachkommen, sich richten nach, sich (den Anordnungen) unterwerfen; ↑gehorchen.

be|för|dern ⟨tr.⟩: **1.** *von einem Ort an einen andern bringen:* Reisende in Omnibussen, Pakete mit der Bahn b. **sinnv.:** expedieren, fahren, rollen, schaffen, spedieren, tragen, transportieren, überführen, verfrachten. **2.** *in eine höhere Stellung aufrücken lassen:* er wurde [zum Direktor] befördert. **sinnv.:** aufrücken lassen, erheben, höherstufen; ↑aufsteigen.

Be|för|de|rung, die; -, -en: **1.** *das Befördern* (1). **sinnv.:** Expedierung, Expedition, Transport, Überführung. **Zus.:** Brief-, Gepäck-, Personenbeförderung. **2.** *das Aufrücken in eine höhere Stellung:* die B. zum Abteilungsleiter. **sinnv.:** Erhebung, Rangerhöhung; ↑Aufstieg.

be|fra|gen ⟨tr.⟩: *Fragen richten (an jmdn.):* jmdn. genau b.; den Arzt, die Kandidaten b. **sinnv.:** ↑fragen.

be|frei|en ⟨tr.⟩: **a)** *frei machen, die Freiheit geben:* einen Gefangenen b.; er hat sich befreit. **sinnv.:** freibekommen, freikämpfen, heraushauen, herausholen · abschütteln; ↑retten. **b)** *erreichen, bewirken, daß etwas/jmd. frei von einem Übel o. ä. ist:* er hat ihn von seiner Krankheit befreit. **sinnv.:** entledigen, ↑säubern · entfernen. **c)** *(von etwas) freistellen:* einen Schüler vom Unterricht b. **sinnv.:** beurlauben, dispensieren, entbinden, etwas enthebt jmdn. einer Sache, entlasten, entpflichten, jmdm. etwas erlassen, freistellen, jmdm. etwas schenken, zurückstellen · ↑begnadigen; ↑entledigen.

be|frem|den, befremdete, hat befremdet ⟨tr.⟩: *eigenartig und in gewisser Weise unangenehm anmuten:* sein Verhalten befremdete mich. **sinnv.:** ↑erstaunen.

be|freun|den, sich; befreundete sich, hat sich befreundet: *sich ↑anfreunden.*

be|frie|di|gen ⟨tr.⟩: *(jmds. Verlangen, Erwartung) erfüllen:* jmds. Wünsche, Forderungen b.; die Arbeit befriedigte ihn nicht; ⟨häufig im 1. Partizip⟩ eine befriedigende Lösung. **sinnv.:** abfinden, (Bedarf) decken, (einer Forderung) entsprechen, erfüllen, einer Sache Genüge tun/leisten, genugtun, Genugtuung leisten, das Maul/den Rachen stopfen, stillen, zufriedenstellen.

be|fruch|ten, befruchtete, hat befruchtet ⟨tr.⟩: **1.** *machen, daß etwas Frucht trägt, fruchtbar wird:* Insekten befruchten die Blüten. **sinnv.:** besamen · bestäuben · begatten, beschälen, bespringen, decken; ↑fortpflanzen, schwängern, treten, zeugen. **2.** *wertvolle, wesentliche Anregungen geben:* seine Ideen befruchteten die gesamte Forschung. **sinnv.:** ↑anregen.

Be|fruch|tung, die; -, -en: *Vereinigung von männlicher und weiblicher Keimzelle:* künstliche B. **sinnv.:** Besamung · Begattung, Schwängerung, Zeugung · Bestäubung · Empfängnis, Konzeption.

Be|fug|nis, die; -, -se: ↑*Berechtigung:* er hatte dazu keine B.

be|fugt ⟨in der Verbindung⟩ b. sein zu etwas: *berechtigt sein zu etwas:* er ist [nicht] b., dies zu tun: **sinnv.:** autorisiert, bevollmächtigt, ermächtigt, mit Fug und Recht, kompetent, maßgebend, mit gutem Recht, verantwortlich, zuständig; ↑rechtmäßig; ↑dürfen.

Be|fund, der; -[e]s, -e: *nach Untersuchung festgestelltes Ergebnis:* ein ärztlicher B. **sinnv.:** ↑Diagnose.

be|fürch|ten, befürchtete, hat befürchtet ⟨tr.⟩: *(Unangenehmes) fürchten:* das Schlimmste b.

sinnv.: Angst haben, daß ..., jmdm. ist angst/bange [davor], daß ..., einen Argwohn haben/hegen, argwöhnen, Bedenken haben/tragen, Besorgnis hegen, fürchten; ↑vermuten.

be|für|wor|ten, befürwortete, hat befürwortet ⟨tr.⟩: *durch Empfehlung unterstützen, sich einsetzen (für etwas):* einen Antrag b. **sinnv.:** ↑fördern, ↑zuraten.

be|gabt ⟨Adj.⟩: *mit besonderen Anlagen, Fähigkeiten ausgestattet:* ein [vielseitig, mäßig] begabter Schüler; er ist künstlerisch b. **sinnv.:** begnadet, (zu etwas) geboren, genial, gottbegnadet, talentiert · musisch; ↑klug · ↑tüchtig. **Zus.:** sprachbegabt.

Be|ga|bung, die; -, -en: *natürliche Anlage, angeborene Befähigung zu bestimmten Leistungen:* eine künstlerische, bemerkenswerte, große B. für/zu etwas haben. **sinnv.:** Anlage, Auffassungsgabe, Befähigung, Berufensein, ↑Berufung, Charisma, Fähigkeit, Gabe, Geistesgabe, Genialität, Genie, Ingenium, Intelligenz, Kapazität, Klugheit, Phänomen, ↑Scharfsinn, Stärke, Talent, Veranlagung. **Zus.:** Natur-, Sprachbegabung.

be|gat|ten, begattete, hat begattet: **a)** ⟨sich b.⟩ *sich paaren.* **sinnv.:** ↑koitieren. **b)** ⟨tr.⟩ *die Paarung (mit einem weiblichen Lebewesen der gleichen Art) vollziehen.* **sinnv.:** ↑befruchten.

be|ge|ben, sich; begibt sich, begab sich, hat sich begeben (geh.): **1.** *gehen:* sich an seinen Platz, nach Hause b.; sich auf eine Reise, in ärztliche Behandlung b. **sinnv.:** sich ↑fortbewegen. **2.** *sich ereignen, zutragen:* er erzählte, was sich begeben hatte. **sinnv.:** ↑geschehen. **3.** ⟨mit Gen.⟩ *verzichten (auf etwas), sich bringen (um etwas):* sich eines Anspruchs, eines Vorteils b. **sinnv.:** ↑verzichten · ↑verlieren.

Be|ge|ben|heit, die; -, -en (geh.): ↑*Ereignis:* eine seltsame, heitere, wahre B. erzählen.

be|geg|nen, begegnete, ist begegnet ⟨itr.⟩: **1. a)** *zufällig zusammentreffen (mit jmdm.):* jmdm. auf der Straße b.; sie sind sich/einander begegnet. **sinnv.:** in die Arme laufen, entgegenkommen, sehen, treffen, über den Weg laufen. **b)** *stoßen (auf etwas), antreffen:* sie begegneten überall großer Zurückhaltung. **sinnv.:** antreffen, stoßen auf, treffen auf, vorfinden; ↑finden. **2.** (geh.) ↑*widerfahren:* hoffentlich begegnet ihnen nichts Schlimmes, Böses. **sinnv.:** geschehen, passieren, unterlaufen, vorkommen, zustoßen, zuteil werden · erfahren, erleben. **3.** (geh.) *entgegentreten, Maßnahmen treffen (gegen etwas):* den Schwierigkeiten, einer Gefahr, einem Angriff [mit Klugheit, Umsicht] b. **sinnv.:** ↑ankämpfen · abhelfen, einer Sache steuern; ↑verhindern.

Be|geg|nung, die; -, -en: *das Sichbegegnen, Zusammentreffen.* **sinnv.:** Beisammensein, Meeting, Treff, Treffen, Wiedersehen, Zusammenkunft, Zusammentreffen.

be|ge|hen, beging, hat begangen ⟨tr.⟩: **1.** (geh.) *festlich gestalten:* ein Fest, jmds. Geburtstag b. **2.** *tun (was nicht gut, richtig ist):* ein Verbrechen b. **3.** *gehen (auf etwas):* den neuen Weg kann man schon b. **sinnv.:** befahren, beschreiten, betreten.

be|geh|ren ⟨tr.⟩ (geh.): **a)** *großes Verlangen haben (nach jmdm.):* er begehrte sie zur Frau *(wollte sie heiraten).* **sinnv.:** ↑lieben, ↑wünschen. **b)** *bittend fordern:* er begehrte, sie zu sprechen; er begehrte Einlaß. **sinnv.:** ↑verlangen.

be|gehr|lich ⟨Adj.⟩: *starkes Verlangen zeigend:* begehrliche Blicke. **sinnv.:** ↑begierig.

be|gei|stern: 1. ⟨tr.⟩ *in freudige Erregung versetzen:* er, seine Rede begeisterte alle; jmdn. für eine Sache, zu einer Tat b.; sie waren alle von ihm begeistert; begeisterte Zustimmung. **sinnv.:** animieren, anmachen, ↑anregen, ↑anstacheln, aufpeitschen, aufputschen, in seinen Bann ziehen, bannen, in Begeisterung versetzen, mit Begeisterung erfüllen, berauschen, bezaubern, entflammen, entzücken, ↑erfreuen, fesseln, gefangennehmen, hinreißen, mitreißen, mit sich reißen, trunken machen, zünden. **2.** ⟨sich b.⟩ *(durch etwas) in freudige Erregung geraten; ganz erfüllt sein (von etwas):* sie begeisterten sich an der Schönheit der Landschaft. **sinnv.:** angetan sein von, Begeisterung fühlen/empfinden, in Begeisterung geraten, sich erwärmen für, Feuer fangen, für jmdn. durchs Feuer gehen, Feuer und Flamme sein, schwärmen für.

Be|gei|ste|rung, die; -: *freudige Erregung:* große, jugendliche B.; etwas mit B. tun. **sinnv.:** Eifer, Ekstase, Enthusiasmus, Feuer, Gefühlsüberschwang, Glut, Idealismus, Inbrunst, ↑Leidenschaft, Schwärmerei, Schwung, Taumel, ↑Temperament, Übereifer, Überschwang, Überschwenglichkeit · Strohfeuer · Fanatismus; ↑Beifall. **Zus.:** Sportbegeisterung.

Be|gier, die; - (geh.): ↑*Begierde.*

Be|gier|de, die; -, -n: *auf Genuß, Befriedigung, Besitz gerichtetes leidenschaftliches Verlangen:* wilde, ungezügelte Begierden. **sinnv.:** ↑Leidenschaft. **Zus.:** Wißbegierde.

be|gie|rig ⟨Adj.⟩: *von großem Verlangen erfüllt:* etwas mit begierigen Blicken ansehen; sie war b., alles zu erfahren. **sinnv.:** begehrlich, geil, gierig, lüstern, scharf, ↑sinnlich, wollüstig · brünstig · erwartungsvoll, fieberhaft, fiebrig, gespannt, ↑interessiert, ungeduldig · erpicht. **Zus.:** lern-, ruhm-, wißbegierig.

be|gie|ßen, begoß, hat begossen ⟨tr.⟩: **a)** *Flüssigkeit (auf etwas) gießen:* die Blumen b. **b)** (ugs.) *ein Ereignis mit alkoholischen Getränken feiern:* das Wiedersehen müssen wir b.

Be|ginn, der; -s: ↑*Anfang:* bei, nach, vor B. der Vorstellung. **Zus.:** Arbeits-, Dienst-, Jahres-, Neu-, Schul-, Semester-, Unterrichtsbeginn.

be|gin|nen, begann, hat begonnen: **1.** ⟨tr.⟩ ↑*anfangen:* eine Arbeit, ein Gespräch b.; zu sprechen b. **2.** ⟨itr.⟩ *seinen Anfang nehmen, anfangen* /im Zeitlichen oder Räumlichen/: ein neues Jahr hat begonnen; der Wald beginnt hinter dem Haus. **sinnv.:** ↑anbrechen.

be|glau|bi|gen ⟨tr.⟩: *amtlich als echt, richtig, wahr bestätigen:* die Abschrift eines Zeugnisses b. [lassen]. **sinnv.:** attestieren, bekräftigen, ↑bescheinigen, bestätigen, bezeugen, testieren, versichern · unterschreiben; ↑anerkennen.

be|glei|chen, beglich, hat beglichen ⟨tr.⟩ (geh.): *einen noch nicht bezahlten Betrag bezahlen:* eine Rechnung b.

be|glei|ten, begleitete, hat begleitet ⟨tr.⟩: **1.** *(mit jmdm.) mitgehen; (jmdn. an einen bestimmten Ort) bringen:* jmdn. nach Hause b. **sinnv.:** anführen, sich jmdm. ↑anschließen/bei-/zugesellen, (nach Hause) bringen, eskortieren, flankieren, führen, gehen mit, das Geleit geben, geleiten,

leiten, mitgehen, schleusen. **2.** *zu einem Solo auf einem oder mehreren Instrumenten spielen:* einen Sänger auf dem Klavier b. **sinnv.:** ↑musizieren.

Be|glei|ter, der; -s, -, **Be|glei|te|rin,** die; -, -nen: **1.** *männliche bzw. weibliche Person, die jmdn., etwas begleitet; begleitende Person:* mit einem seiner B. kommen; mit seinem B. sprechen. **sinnv.:** Begleitung, Schatten, Trabant · Aufpasser, Anstandswauwau · Betreuer, Führer · Fremden-, Reiseführer, Reiseleiter; ↑Beifahrer. **Zus.:** Reise-, Transport-, Zugbegleiter. **2.** *jmd., der einen Solisten auf einem Instrument begleitet.*

Be|glei|tung, die; -: **1.** *das Mitgehen:* er bot mir seine B. an; in B. von ... **sinnv.:** ↑Geleit. **2.** *das Begleiten auf einem Musikinstrument:* Herr X kann die B. des Sängers übernehmen. **Zus.:** Instrumental-, Klavier-, Orchesterbegleitung. **3.** *begleitende Person[en]:* sie gehörte zur B. des Ministers. **sinnv.:** ↑Begleiter.

be|glü|cken ⟨tr.⟩: *jmdm. eine große Freude machen, bei jmdm. große Freude mit etwas hervorrufen:* jmdn. mit einem Geschenk, mit seiner Gegenwart b. **sinnv.:** ↑erfreuen.

be|glück|wün|schen ⟨tr.⟩: *jmdm. seine Anerkennung aussprechen:* jmdn. [zu seinem Erfolg] b. **sinnv.:** ↑gratulieren.

be|gna|det ⟨Adj.⟩: *reich mit Können und künstlerischer Begabung bedacht:* ein begnadeter Künstler. **sinnv.:** ↑begabt. **Zus.:** gottbegnadet.

be|gna|di|gen ⟨tr.⟩: *(jmdm.) die Strafe vermindern oder erlassen:* einen Gefangenen b. **sinnv.:** eine Amnestie erlassen, amnestieren, befreien, entbinden, frei-, lossprechen, schonen, verschonen, ↑verzeihen.

be|gnü|gen, sich: *(mit etwas) zufrieden sein, nicht nach mehr verlangen:* er begnügt sich mit dem [wenigen], was er hat. **sinnv.:** sich ↑behelfen, sich bescheiden, sich beschränken, sich genügen lassen/genug sein lassen an, vorliebnehmen, sich zufriedengeben mit.

be|gra|ben, begräbt, begrub, hat begraben ⟨tr.⟩: **a)** *ins Grab legen, in die Erde bringen:* einen Toten [in aller Stille] b. **sinnv.:** ↑bestatten. **b)** *(etwas) endgültig aufgeben:* seine Hoffnungen b. **sinnv.:** beenden.

Be|gräb|nis, das; -ses, -se: *das feierliche Begraben eines Toten:* an einem B. teilnehmen. **sinnv.:** Beerdigung, Beisetzung, Bestattung, Einsegnung, Exequien, Leichenbegängnis, Leichenfeier, Trauerfeier · Einäscherung, Feuerbestattung, Verbrennung. **Zus.:** Staatsbegräbnis.

be|grei|fen, begriff, hat begriffen: **a)** ⟨tr.⟩ *geistig erfassen, in seinen Zusammenhängen erkennen:* eine Aufgabe, den Sinn einer Sache b. **sinnv.:** ↑verstehen. **b)** ⟨itr.⟩ *eine bestimmte Auffassungsgabe haben:* sie begreift leicht, schlecht. **c)** ⟨itr.⟩ *Verständnis haben (für jmdn./etwas):* ich begreife nicht, wie man so etwas tun kann. **sinnv.:** ↑verstehen.

be|greif|lich ⟨Adj.⟩: *leicht zu begreifen* (c): ein begreiflicher Wunsch; es ist nicht recht b., wie er das tun konnte. **sinnv.:** ↑einleuchtend.

be|gren|zen ⟨tr.⟩: **1.** *die Grenze (von etwas) bilden:* eine Hecke begrenzt den Garten. **sinnv.:** abstecken; ↑markieren. **2.** *(einer Sache) eine Grenze setzen; eingend festlegen:* die Geschwindigkeit [in der Stadt] b.; unser Wissen ist begrenzt. **sinnv.:** beschneiden, ↑beschränken, ↑einengen, einschränken, kürzen, limitieren, vermindern, ↑verringern.

Be|griff, der; -[e]s, -e: **1.** *etwas Bestimmtes, was sich z. B. mit einem Wort, einem Namen an Vorstellungen und Inhalten verbindet; geistiger, abstrakter Gehalt:* ein schillernder, dehnbarer B.; „Moral" ist ein sinnentleerter, nebulöser B.; der B. ist die Abstraktion von der Lautgestalt des sprachlichen Zeichens; Paris ist für mich ein B.; dieser Name ist für mich kein B.; du machst dir gar keinen B. *(kannst dir gar nicht vorstellen),* wie schwer das ist. **sinnv.:** Ausdruck, Bedeutung, Benennung, Bezeichnung, Terminus, Vokabel, Wort · ↑Ansicht. **2. a)** ***im B. sein/stehen** *(gerade etwas anfangen, tun wollen):* er war im B. fortzugehen. **sinnv.:** sich ↑anschicken. **b)** *(ugs.) **schwer/langsam von B. sein** *(nur langsam begreifen, verstehen):* sei doch nicht so schwer von B.!

be|griffs|stut|zig ⟨Adj.⟩: *nicht gleich begreifend, was oder wie etwas gemeint ist.* **sinnv.:** schwer von Begriff; ↑dumm.

be|grün|den ⟨tr.⟩: **1.** *eine Grundlage schaffen (für etwas), den Grund legen (zu etwas):* jmds. Glück b.; eine Richtung, Schule b. **sinnv.:** ↑gründen. **2.** *Argumente vorbringen, Gründe anführen (für etwas):* seine Ansichten, Meinungen b.; begründete *(berechtigte)* Zweifel hegen. **sinnv.:** argumentieren, deutlich machen, motivieren, verdeutlichen.

be|grü|ßen ⟨tr.⟩: **1.** *[freundlich] persönliche Worte an jmdn. richten, den man gerade getroffen hat, mit dem man gerade zusammengetroffen ist:* er begrüßte mich mit den Worten: „Dich habe ich ja ewig nicht gesehen."; seine Gäste herzlich b. **sinnv.:** bewillkommnen, empfangen, grüßen, jmdm. die Hand drükken / geben / reichen / schütteln, den Hut abnehmen/lüften; jmdm. seine Ehrerbietung/jmdm. Reverenz erweisen, salutieren, guten Tag sagen, die Zeit bieten. **2.** *zustimmend aufnehmen:* einen Vorschlag, jmds. Entschluß b. **sinnv.:** ↑billigen.

be|gut|ach|ten, begutachtete, hat begutachtet ⟨tr.⟩: *fachmännisch beurteilen; ein Gutachten abgeben (über etwas):* ein Manuskript, ein Bild b. **sinnv.:** abschätzen, ↑ansehen, auffassen/betrachten als, befinden, beurteilen, bewerten, bezeichnen, charakterisieren, denken von/über, einschätzen, erachten/halten für, ↑kontrollieren, mustern, nehmen als, urteilen über, verstehen als, werten, würdigen.

be|gü|tert ⟨Adj.⟩: *recht wohlhabend:* eine begüterte Frau heiraten. **sinnv.:** ↑reich.

be|haart ⟨Adj.⟩: *mit Haaren versehen:* behaarte Beine. **sinnv.:** borstig, haarig, struppig.

be|hä|big ⟨Adj.⟩: **a)** *beleibt und phlegmatisch, schwerfällig:* ein behäbiger Mann. **sinnv.:** ↑dick. **b)** *sich schwerfällig und bedächtig bewegend:* mit behäbigen Schritten; b. näherkommen. **sinnv.:** ↑langsam.

be|haf|tet: ⟨in der Verbindung⟩ mit etwas b. sein (geh.): *etwas (Negatives) an sich habend:* die Sache ist mit einem Makel, Mangel b.

be|ha|gen ⟨itr.⟩: *[in Behagen bereitender Weise] zusagen:* diese Art des Vorgehens behagt mir nicht. **sinnv.:** ↑gefallen.

Be|ha|gen, das; -s: *wohltuendes Gefühl der Zufriedenheit:* etwas mit großem, sichtlichem B. genießen. **Zus.:** Miß-, Wohlbehagen.

be|hag|lich ⟨Adj.⟩: **a)** *Behagen verbreitend:* ein behaglicher Raum, Sessel. **sinnv.:** bequem, ↑gemütlich, komfortabel. **b)** *voller Behagen, genießerischer Freude, mit Behagen:* sich b. ausstrecken.

be|hal|ten, behält, behielt, hat behalten: **1.** ⟨itr.⟩ **a)** *dort lassen, belassen, wo es ist; an dem Ort, in seinem Besitz, seiner Obhut lassen:* den Hut auf dem Kopf b.; den Gewinn b.; er durfte die Waffe b.; jmdn. als Gast [bei sich] b.; ein Geheimnis für sich/bei sich b. *(nicht weitererzählen).* **sinnv.:** ↑aufbewahren; zurückhalten. **b)** *nach wie vor in gleicher Weise haben, nicht verlieren:* seine gute Laune b.; ein Haus behält seinen Wert. **sinnv.:** ↑beibehalten. **2.** ⟨tr.⟩ *im Gedächtnis bewahren und nicht vergessen:* eine Adresse, eine Melodie b.; das kann ich nicht b.; etwas im Gedächtnis, im Kopf b. **sinnv.:** sich merken.

Be|häl|ter, der; -s, -: *etwas, was zum Aufbewahren, Transportieren dient:* einen B. mit Benzin füllen; ein B. für giftige Flüssigkeiten. **sinnv.:** Ampulle, Behältnis, ↑Büchse, Bunker, Container, Dose, Faß, ↑Flasche, Gefäß, ↑Hülle, Kanister, ↑Kanne, Kessel, Reservoir, Röhrchen, Röhre, ↑Schachtel, ↑Schüssel, Silo, Tonne, Tube.

be|han|deln ⟨tr.⟩: **1.** *in einer bestimmten Weise verfahren (mit jmdm./etwas):* jmdn. unfreundlich, mit Nachsicht b.; eine Angelegenheit diskret b. **sinnv.:** sich ↑befassen; ↑umgehen. **2.** *künstlerisch, wissenschaftlich o. ä. gestaltend, bearbeitend, analysierend ausführen, darstellen:* bestimmte Probleme in einem Roman, Film, einer Arbeit b.; der Film behandelt das Thema anders als das Buch. **sinnv.:** ↑darlegen, ↑erörtern. **3.** *durch ein bestimmtes Verfahren zu heilen suchen:* eine Krankheit, einen Kranken mit Penizillin, homöopathisch, ambulant b. **sinnv.:** doktern/herumdoktern/laborieren an, therapieren, einer Therapie/Heilbehandlung unterziehen, verarzten. **4.** *(mit einer Substanz, die eine bestimmte Wirkung hat) in Berührung, Verbindung bringen, auf etwas einwirken:* den Boden mit Wachs, ein Material mit Säure b. **sinnv.:** ↑bearbeiten.

be|har|ren ⟨itr.⟩: *(an etwas) festhalten, nicht nachgeben, sich nicht (von etwas) abbringen lassen:* auf seiner Meinung, bei seinem Entschluß b. **sinnv.:** ↑bestehen auf.

be|harr|lich ⟨Adj.⟩: *mit Festigkeit, Ausdauer bei etwas bleibend, an etwas festhaltend:* ein beharrlicher Vertreter; mit beharrlichem Fleiß; b. schweigen. **sinnv.:** ausdauernd, fest, geduldig, hartnäckig, schlafwandlerisch, unbeirrbar, unbeirrt, unentwegt, ungebrochen, unverdrossen, unverwüstlich · ingrimmig, krampfhaft, verbissen, verzweifelt; ↑entschlossen; ↑unaufhörlich.

Be|harr|lich|keit, die; -: *das Beharrlichsein.* **sinnv.:** ↑Beständigkeit.

be|haup|ten, behauptete, hat behauptet: **1.** ⟨tr.⟩ *mit Bestimmtheit aussprechen, als sicher hinstellen:* etwas hartnäckig, steif und fest b.; er behauptete, nichts davon gewußt zu haben. **sinnv.:** ausgeben als, eine Behauptung aufstellen, unterstellen; ↑aussagen; sich ↑äußern. **2.** (geh.) **a)** ⟨tr.⟩ *erfolgreich verteidigen:* seine Stellung b. **sinnv.:** ↑beibehalten. **b)** ⟨sich b.⟩ *sich gegen alle möglichen Widerstände halten:* er, die Firma konnte sich nicht b. **sinnv.:** sich ↑durchsetzen, sich nicht kleinkriegen lassen, standhalten.

Be|haup|tung, die; -, -en: *Äußerung, mit der etwas behauptet, als Tatsache hingestellt wird:* eine bloße, kühne B.; eine B. aufstellen. **sinnv.:** Annahme, Hypothese, Unterstellung. **Zus.:** Schutzbehauptung.

Be|hau|sung, die; -, -en: *[einfache] Wohnung, Unterkunft.* **sinnv.:** ↑Wohnsitz.

be|he|ben, behob, hat behoben ⟨tr.⟩: *wieder in Ordnung bringen, beseitigen:* einen Schaden b. **sinnv.:** ↑reparieren.

be|hei|ma|tet ⟨Adj.⟩: *seinen festen Wohnsitz, seine Heimat habend:* er ist in einer kleinen Stadt b. **sinnv.:** ↑einheimisch.

be|hei|zen ⟨tr.⟩: *durch Heizen warm machen:* ein Haus b. **sinnv.:** ↑heizen.

be|hel|fen, sich; behilft sich, behalf sich, hat sich beholfen: *sich mit Unzureichendem, mit einem Ersatz helfen; auch ohne jmdn./etwas zurechtkommen, fertig werden:* heute müssen wir uns mit dem kleinen Tisch, ohne Auto b. **sinnv.:** sich weiterhelfen; sich ↑begnügen.

be|helfs|mä|ßig ⟨Adj.⟩: *als Notbehelf dienend:* eine behelfsmäßige Unterkunft; sich b. einrichten. **sinnv.:** ↑notdürftig · Flickschusterei.

be|hel|li|gen ⟨tr.⟩: *(mit einer Bitte o. ä.) an jmdn. herantreten, was von dem Betroffenen als eine Belastung, Störung empfunden wird:* jmdn. mit Fragen, Forderungen b.; es tut mir leid, Sie an Ihrem Geburtstag damit b. zu müssen. **sinnv.:** mit etwas ankommen, bedrängen, belästigen, insultieren, jmdm. lästig sein/fallen, ↑zusetzen; ↑ankommen.

be|hend, be|hen|de ⟨Adj.⟩: *gewandt, flink und geschickt:* behende Bewegungen; ein behender Junge; b. auf einen Baum klettern. **sinnv.:** ↑schnell.

be|her|ber|gen ⟨tr.⟩: *(jmdm.) bei sich Unterkunft bieten:* jmdn. für eine Nacht b. **sinnv.:** aufnehmen, kasernieren, logieren, unterbringen, Unterkunft/Obdach/Asyl geben/gewähren, Unterschlupf gewähren.

be|herr|schen ⟨tr.⟩: **1. a)** *Herr sein (über etwas/jmdn.), Macht ausüben/haben (über etwas/jmdn.):* jmdn., ein Land b. **sinnv.:** dominieren, gebieten über, herrschen über, Herrscher sein über; ↑regieren. **b)** *deutlich im Vordergrund stehen, alles andere überragen:* seit ein paar Jahren beherrscht dieses Produkt den Markt; der Berg beherrscht die ganze Landschaft; diese Vorstellung beherrscht sein ganzes Denken. **sinnv.:** bestimmen, dominieren. **c)** *in der Gewalt haben, unter Kontrolle halten:* er weiß sich, seine Gefühle, seinen Ärger stets zu b.; er konnte sich nicht b.; mit beherrschter *(ruhiger, gefestigter)* Stimme sprechen; er ist stets beherrscht *(ruhig, diszipliniert).* **sinnv.:** ↑bändigen, bezähmen, Herr sein über, mäßigen, im Zaum halten, zurückhalten. **2.** *sehr gut können, zu handhaben, auszuüben verstehen:* sein Handwerk, ein Musikinstrument, die lateinische Grammatik, mehrere Sprachen b. **sinnv.:** firm sein, etwas gelernt haben, Kenntnisse haben in, einer Sache mächtig sein, seine Sache verstehen.

be|her|zi|gen ⟨tr.⟩: *(einen Rat o. ä.) in sich aufnehmen, verinner-*

lichen und danach handeln: einen Rat, jmds. Worte b. **sinnv.:** ↑befolgen.

be|herzt ⟨Adj.⟩: *mutig und entschlossen:* beherzte Männer; b. vorgehen. **sinnv.:** ↑mutig.

be|hilf|lich: ⟨in der Verbindung⟩ jmdm. b. sein: *jmdm.* ↑*helfen:* er war mir bei der Arbeit b.

be|hin|dern ⟨tr.⟩: *jmdm./einer Sache hinderlich, im Wege sein:* der Nebel behindert die Sicht; jmdn. bei der Arbeit b. **sinnv.:** aufhalten, beeinträchtigen, dazwischenfunken, dazwischenkommen, erschweren, hemmen, hindern, lähmen, obstruieren, querschießen, stören, trüben, unterbrechen, verzögern.

Be|hin|der|te, der und die; -n, -n ⟨aber: [ein] Behinderter, Plural: [viele] Behinderte⟩: *jmd., der ein geistiges oder körperliches Gebrechen hat:* ein Sportfest für B. **sinnv.:** Invalide, Krüppel, Verkrüppelter, Versehrter. **Zus.:** Geh-, Hör-, Körper-, Schwer-, Sehbehinderter.

Be|hör|de, die; -, -n: *staatliche, kirchliche oder kommunale Stelle, Verwaltung.* **sinnv.:** ↑Amt. **Zus.:** Aufsichts-, Finanz-, Gesundheits-, Schulbehörde.

be|hü|ten, behütete, hat behütet ⟨tr.⟩: *sorgsam wachen (über jmdn./etwas):* jmdn. [vor Gefahr, Schaden] b.; der Hund behütet das Haus. **sinnv.:** abschirmen, beschirmen, beschützen, bewahren, decken, seine Hand über jmdn. halten, entziehen, schützen, Schutz gewähren; ↑verteidigen.

be|hut|sam ⟨Adj.⟩: *mit Vorsicht, Sorgsamkeit, Rücksicht handelnd; vorsichtig-zart:* mit behutsamen Händen; b. vorgehen, anfassen. **sinnv.:** achtsam, gnädig, lind, mild, pfleglich, sacht, sanft, schonend, schonungsvoll, sorgfältig, sorgsam, vorsichtig.

bei: **I.** ⟨Präp. mit Dativ⟩: **1.** /räumlich; *zur Angabe der Nähe, der losen Berührung, des Dazwischen-, Daruntergemischtseins o. ä., der Zugehörigkeit zu einem Wohn-, Lebensbereich, dem Bereich einer Institution o. ä., eines Geschehens, einem geistigen Bereich o. ä./:* Offenbach bei Frankfurt; er wohnt bei seinen Eltern; er arbeitet bei einer Bank; er stand, saß bei ihm; sie war bei den Demonstranten; sie nahm das Kind bei der Hand; bei ihm muß man vorsichtig sein; die Schuld liegt bei dir; er war bei einer Hochzeit; er trägt den Paß bei sich; ein Geheimnis bei sich behalten; auf dem Platz steht Zelt bei Zelt *(stehen die Zelte dicht nebeneinander).* **2.** /zeitlich; *zur Angabe eines Zeitpunktes, einer Zeitspanne, eines Geschehens o. ä./:* bei Ende der Vorstellung; bei Tag; Vorsicht bei Abfahrt des Zuges!; Paris bei Nacht. **3.** */zur Angabe von Begleitumständen, die sich ergeben aus der Art und Weise eines Zustandes, Vorgangs, aus einer gegebenen Bedingung, einem Grund, Zweck o. ä./:* bei einer Schlägerei wurde er verletzt; bei guter Gesundheit, bei Kräften sein; selbst bei größter Sparsamkeit reichte das Geld nicht; bei passender Gelegenheit; er tut es nur bei entsprechender Bezahlung; bei der hohen Miete kann er sich kein Auto leisten. **4.** /in Formeln der Beteuerung/: bei Gott/bei meiner Ehre, das habe ich nicht getan. **II. 1.** /in Verbindung mit einem Personalpronomen in Konkurrenz zu *dabei;* bezogen auf eine Sache (ugs.)/: draußen herrscht großer Lärm. Bei ihm (statt: dabei) kann man kaum arbeiten. **2.** /in Verbindung mit „was" in Konkurrenz zu *wobei;* bezogen auf eine Sache (ugs.)/: **a)** /in Fragen/: b. was (besser: wobei) hast du ihm geholfen? **b)** /in relativer Verbindung/: ich weiß nicht, b. was (besser: wobei) ich dir noch behilflich sein könnte.

bei|be|hal|ten, behält bei, behielt bei, hat beibehalten ⟨tr.⟩: *weiterhin bei etwas, was bisher üblich gewesen ist, bleiben:* eine alte Sitte b.; den politischen Kurs b. **sinnv.:** nicht aufgeben, aufrechterhalten, behalten, behaupten, bestehenlassen, bewahren, bei etwas bleiben, erhalten, an etwas festhalten, halten.

bei|brin|gen, brachte bei, hat beigebracht ⟨tr.⟩: **1.** *erklären, zeigen, wie etwas gemacht wird, so daß der Betreffende es dann kann:* jmdm. das Lesen, einen Tanz b.; er bringt den Kindern allerlei Unsinn bei. **sinnv.:** ↑lehren. **2.** (ugs.) *(Unangenehmes) vorsichtig übermitteln, davon in Kenntnis setzen:* man muß ihr diese Nachricht schonend b. **sinnv.:** ↑mitteilen. **3.** *(etwas Schlechtes) zufügen, zuleide tun:* dem Feind Verluste b. **sinnv.:** ↑schaden. **4.** *(als Beweis, Bestätigung für etwas [z. B. eine Aussage]) jmdm. vorlegen, ihm vorführen:* ein Attest, Zeugen für den Unfall b. **sinnv.:** ↑beschaffen.

Beich|te, die; -, -n: **a)** *Bekenntnis der Sünden in der christlichen Kirche:* zur B. gehen. **sinnv.:** Schuldbekenntnis, Sündenbekenntnis. **Zus.:** Ohrenbeichte. **b)** ↑*Bekenntnis:* ich hörte mir die B. meines Freundes an. **sinnv.:** Geständnis; ↑gestehen.

beich|ten, beichtete, hat gebeichtet ⟨tr.⟩: **a)** *eine Beichte ablegen:* dem Priester alle seine Sünden b.; ⟨auch itr.⟩ in die Kirche gehen, um zu b. **b)** ↑*gestehen:* ich muß dir etwas b.

bei|de ⟨Pronomen und Zahlwort⟩: **a)** ⟨mit Artikel oder Pronomen⟩ *zwei* /bezieht sich auf zwei Personen, Dinge, Vorgänge, die in bestimmter Hinsicht zusammengefaßt werden/: diese beiden Bücher hat er mir geliehen; einer der beiden Männer; wir b./(seltener:) beiden werden das tun; ihr beide[n] könnt jetzt gehen; wir, ihr beiden Armen; mit unser beider Hilfe; für uns, euch beide; die beiden sind gerade weggegangen. **b)** ⟨ohne Artikel oder Pronomen⟩ *alle zwei; der, die, das eine wie der, die, das andere* /betont den Gegensatz zu nur einer Person, einem Ding, Vorgang und drückt aus, daß die Aussage die zwei in gleicher Weise betrifft/: sie haben beide Kinder verloren; in beiden Fällen hatte er recht; b. jungen/(seltener:) junge Mädchen; ich habe b. gefragt; sie konnten b. nichts finden; keins von beiden; die Produktion beider großen/(selten:) großer Betriebe. **c)** ⟨alleinstehend gebraucht als Singular in den Formen *beides* und *beidem*⟩ /bezieht sich auf zwei verschiedenartige Dinge, Eigenschaften oder Vorgänge, die als Einheit gesehen werden/: sie liebt beides, die Musik und den Tanz; er hat sich in beidem geirrt, hat von beidem gegessen.

bei|ein|an|der ⟨Adverb⟩: *einer beim andern:* sie waren damals lange b. **sinnv.:** beisammen, zusammen · vereint.

Bei|fah|rer, der; -s, -, **Bei|fah|re|rin,** die; -, -nen: *männliche bzw. weibliche Person, die in einem Kraftfahrzeug [neben Fahrer oder Fahrerin sitzend] mitfährt.* **sinnv.:** Begleiter, Mitfahrer, Sozia, Sozius.

Bei|fall, der; -s: **1.** *Äußerung*

des Gefallens, der Begeisterung durch Klatschen, Zurufe o. ä.: rauschender, herzlicher B.; der Schauspieler bekam viel, starken B. **sinnv.:** Akklamation, Applaus, Beifallsäußerung, -kundgebung, -bezeugung, -sturm, Huldigung, Jubel, Klatschen, Ovation; ↑Begeisterung. **2.** *zustimmende, beifällige Bejahung:* etwas findet allgemeinen B. **sinnv.:** ↑Anklang; ↑Erlaubnis; Resonanz.

bei|fäl|lig ⟨Adj.⟩: *Zustimmung, Anerkennung, Wohlgefallen ausdrückend:* eine beifällige Äußerung; b. nicken. **sinnv.:** anerkennend, lobend, positiv, zustimmend.

bei|fü|gen, fügte bei, hat beigefügt ⟨tr.⟩: *(zu etwas Vorhandenem) hinzutun, -fügen, legen:* einer Sendung die Rechnung b. **sinnv.:** anhängen, beigeben, beilegen, beischließen · ↑anliegend.

beige [bɛːʒ] ⟨Adj.; indeklinabel⟩: *(in der Färbung) wie heller Sand [aussehend]:* ein beige Kleid; die Tasche ist b.

Bei|ge|schmack, der; -s: *zusätzlicher Geschmack, der den eigentlichen Geschmack von Eßbarem meist beeinträchtigt:* die Butter, der Wein hat einen [unangenehmen] B.

Bei|hil|fe, die; -, -n: **1.** *kleinere [finanzielle] Unterstützung:* monatlich eine kleine B. bekommen. **sinnv.:** ↑Zuschuß. **Zus.:** Erziehungs-, Unterhaltsbeihilfe. **2.** *Hilfe, die jmdm. bei einer Straftat wissentlich geleistet wird:* jmdn. wegen B. zum Mord anklagen. **sinnv.:** Unterstützung, Vorschub.

bei|kom|men, kam bei, ist beigekommen ⟨itr.⟩: *sich durch Hindernisse hindurch bemühen und zu jmdm./etwas gelangen und sich damit den Ausgangspunkt für entsprechende Einflußnahme bzw. Bewältigung von Schwierigkeiten o. ä. schaffen:* diesem schlauen Burschen ist nicht, nur schwer beizukommen; er versuchte dem Problem beizukommen. **sinnv.:** ↑bewältigen.

Beil, das; -s, -e: *einer Axt ähnliches Werkzeug mit breiter Schneide und kurzem Stiel* (siehe Bildleiste „Axt").

Bei|la|ge, die; -, -n: **1.** *etwas, was einer Zeitschrift, Zeitung o. ä. beigelegt ist:* samstags hat die Zeitung eine B. für die Frau. **sinnv.:** ↑Anhang. **Zus.:** Literatur-, Sonntagsbeilage. **2.** *Gemüse, Salat, Kartoffeln o. ä., die bei einem Gericht zum Fleisch serviert werden.* **sinnv.:** Beikost, Zubrot, Zukost; ↑Zutat. **Zus.:** Gemüsebeilage.

bei|läu|fig ⟨Adj.⟩: *nebenbei und wie zufällig [geäußert]:* beiläufige Fragen; etwas b. sagen, feststellen. **sinnv.:** ↑nebenbei.

bei|le|gen, legte bei, hat beigelegt ⟨tr.⟩: **1.** *(zu etwas Vorhandenem) legen:* einem Brief Geld b. **sinnv.:** ↑beifügen. **2.** *aus der Welt schaffen, vermitteln und beenden:* einen Streit b. **sinnv.:** ↑bereinigen. **3. a)** *(einen bestimmten Sinn) zuschreiben, geben:* einer Angelegenheit, Äußerung zuviel Gewicht b. **sinnv.:** beimessen. **b)** *eine bestimmte [zusätzliche] Bezeichnung geben:* sich einen Künstlernamen b. **sinnv.:** verleihen, zulegen.

Bei|leid, das; -s: *(jmdm. gegenüber bekundetes) Mitgefühl bei einem Todesfall:* jmdm. sein [herzliches, aufrichtiges] B. ausdrücken. **sinnv.:** Anteilnahme, Kondolenz, ↑Trost.

bei|lie|gen, lag bei, hat beigelegen ⟨itr.⟩: *beigefügt, beigelegt sein:* der Sendung liegt die Rechnung bei; beiliegend finden Sie die gewünschten Unterlagen. **sinnv.:** ↑anliegend.

beim ⟨Verschmelzung von bei + dem⟩: **1.** *bei dem* **a)** /die Verschmelzung kann aufgelöst werden/: der Baum steht b. Haus. **b)** /die Verschmelzung kann nicht aufgelöst werden/: jmdn. b. Wort nehmen. **2.** ⟨in Verbindung mit *sein* und einem substantivierten Infinitiv⟩ /die Verschmelzung kann nicht aufgelöst werden; bildet die Verlaufsform/: er ist b. Schreiben *(schreibt gerade).*

bei|mes|sen, mißt bei, maß bei, hat beigemessen: ↑*beilegen* (3 a): einer Affäre übertriebene Bedeutung b.

Bein, das; -[e]s, -e: **1.** *Gliedmaße zum Stehen und Sichfortbewegen bei Menschen und Tieren:* krumme Beine; die Beine ausstrekken. **sinnv.:** Fahrgestell, Gräten, Hachse, Krücke, Oberschenkel, Stelze, Lauf, Unterschenkel. **Zus.:** O-Beine, Spiel-, Standbein, X-Beine. **2.** ⟨B. + Attribut⟩ *Teil eines Möbelstücks, Geräts o. ä., mit dem es auf dem Boden steht:* die Beine eines Stativs; ein Tisch mit drei Beinen. **Zus.:** Stuhl-, Tischbein.

bei|nah, bei|na|he [auch: beinah(e), beinah(e)] ⟨Adverb⟩: *kaum noch von einem bestimmten Zustand, Ausmaß, Ergebnis, einer Anzahl, Größe o. ä. entfernt:* er wartete b. drei Stunden; b. hätte ich es vergessen. **sinnv.:** bald, fast, so gut wie, um ein Haar, nahezu, praktisch, schier, ziemlich · annähernd.

be|in|hal|ten, beinhaltete, hat beinhaltet ⟨itr.⟩: *zum Inhalt haben:* das Schreiben beinhaltet einige wichtige Fragen. **sinnv.:** ↑einschließen.

bei|pflich|ten, pflichtete bei, hat beigepflichtet ⟨itr.⟩: *nachdrücklich beistimmen, recht geben:* viele pflichteten seinem Vorschlag bei. **sinnv.:** ↑billigen.

bei|sam|men ⟨Adverb⟩: ↑*beieinander:* nach langer Zeit waren sie endlich wieder einmal ein paar Tage b.

Bei|schlaf, der; -[e]s: ↑*Koitus.*

Bei|sein: ⟨in der Fügung⟩ in jmds. B./ im B. von jmdm.: *während jmds. Anwesenheit, in Anwesenheit von:* im B. der Eltern; im B. von Herrn Maier.

bei|sei|te ⟨Adverb⟩: **a)** *auf die Seite, in gewisse Entfernung, zur Seite:* das Buch b. legen; b. springen. *(ugs.) **etwas b. legen** *([für einen bestimmten Fall] Geld sparen).* **b)** *auf der Seite, in gewisser Entfernung:* er stand b.

bei|set|zen, setzte bei, hat beigesetzt ⟨tr.⟩ (geh.): ↑*bestatten:* den Toten, die Urne b.

Bei|set|zung, die; -, -en (geh.): ↑*Begräbnis.*

Bei|spiel, das; -s, -e: **a)** *einzelner Fall, der etwas kennzeichnet, erklärt, beweist, anschaulich macht:* ein gutes, anschauliches B. nennen, anführen; er ist ein erfreuliches, abschreckendes B. für ihn. **b) *sich an jmdm./etwas ein B. nehmen** *(jmdn., etwas als Vorbild wählen).* **sinnv.:** ↑nacheifern. **ohne B. sein** *(nicht seinesgleichen haben, noch nicht dagewesen sein):* seine Tat, Leistung, diese Frechheit ist ohne B.; **[wie] zum B.** *(um ein Beispiel zu geben, zu nennen; etwa;* Abk.: z. B.): einige Farben mag er nicht, zum B. Grau; ich zum B. wäre nicht hingegangen. **sinnv.:** Exempel, ↑Muster, ↑Vorbild. **Zus.:** Muster-, Parade-, Schulbeispiel.

bei|spiel|haft ⟨Adj.⟩: ↑*vorbildlich:* eine beispielhafte Ordnung; sich b. verhalten.

bei|spiel|los ⟨Adj.⟩: *in seiner Art ohne vergleichbares Vorbild:*

beispiellose Erfolge, Triumphe; seine Frechheit ist b. **sinnv.:** einmalig, einzig, einzigartig, noch nie dagewesen, ohne Beispiel, ohnegleichen, sondergleichen, unerhört, ↑unvergleichlich, ↑vorbildlich; ↑außergewöhnlich.

bei|spiels|wei|se ⟨Adverb⟩: *zum Beispiel:* es gibt etliche Möglichkeiten, das Problem zu lösen. Eine Möglichkeit ist b. die Aufhebung der Zollschranken.

bei|sprin|gen, sprang bei, ist beigesprungen ⟨itr.⟩: *[eilig] zu Hilfe kommen:* einem Verletzten b.; jmdm. finanziell b. **sinnv.:** ↑eintreten; ↑helfen.

bei|ßen, biß, hat gebissen: **1. a)** ⟨itr.⟩ *mit den Zähnen (in etwas) eindringen:* in den Apfel b.; ich habe mir/mich aus Versehen auf die Zunge gebissen. **b)** ⟨itr.⟩ *mit den Zähnen auf etwas treffen:* auf Pfeffer b. **c)** ⟨tr.⟩ *mit den Zähnen zerkleinern:* er kann die Kruste nicht mehr b. **sinnv.:** ↑kauen. **2. a)** ⟨tr./itr.⟩ *mit den Zähnen fassen und verletzen:* eine Schlange hat ihn gebissen; der Hund hat ihm/ihn ins Bein gebissen. **sinnv.:** schnappen, zubeißen. **b)** ⟨itr.⟩ *mit den Zähnen zu packen suchen:* der Hund hat nach mir, nach meinem Bein gebissen; der Hund beißt [wild] um sich. **c)** ⟨itr.⟩ *bissig sein:* Vorsicht, das Pferd, der Hund beißt! **3.** ⟨tr.⟩ *stechen [und Blut aussaugen]* /von Insekten/: ein Floh, eine Wanze hat ihn gebissen. **4.** ⟨sich b.⟩ (ugs.) *nicht zueinander passen, nicht harmonieren* /von Farben/: das Grün und das Blau, diese Farben beißen sich. **5.** ⟨itr.⟩ *scharf sein, eine stechende, ätzende Wirkung haben:* Pfeffer beißt auf der Zunge; der Rauch beißt in den/in die Augen; beißende *(scharfe)* Kälte. **sinnv.:** ätzen, brennen, stechen; ↑jucken.

Bei|stand, der; -[e]s: ↑*Hilfe:* jmds. B. benötigen; jmdm. [ärztlichen] B. leisten. **sinnv.:** ↑Stütze.

bei|ste|hen, stand bei, hat beigestanden ⟨itr.⟩: ↑*helfen:* jmdm. mit Rat und Tat b.

bei|steu|ern, steuerte bei, hat beigesteuert ⟨tr.⟩: *einen finanziellen, künstlerischen o. ä. Beitrag (zu etwas) geben:* zu einer Sammlung eine Summe, seinen Teil b. **sinnv.:** ↑beitragen.

Bei|trag, der; -[e]s, Beiträge: **1.** *Anteil, mit dem sich jmd. an etwas beteiligt:* einen wichtigen, bedeutenden B. zur Entwicklung eines Landes, zur Lösung eines Problems leisten, liefern. **sinnv.:** ↑Zuschuß. **Zus.:** Diskussions-, Verteidigungsbeitrag. **2.** *Betrag, der regelmäßig an eine Organisation zu zahlen ist:* die Beiträge für einen Verein, eine Partei kassieren. **sinnv.:** Betrag, ↑Gabe, Obolus, Opfer, Scherflein, Spende, Summe. **Zus.:** Gewerkschafts-, Krankenkassen-, Mitglieds-, Monats-, Solidar-, Unkostenbeitrag. **3.** *schriftliche Arbeit, Aufsatz, Bericht für eine Zeitung, Zeitschrift o. ä.:* das Buch enthält mehrere Beiträge bekannter Autoren. **sinnv.:** ↑Abhandlung; ↑Aufsatz; Interview.

bei|tra|gen, trägt bei, trug bei, hat beigetragen ⟨itr.⟩: *seinen Beitrag leisten (zu etwas), mithelfen (bei etwas):* jeder wollte zum Gelingen des Festes b.; ⟨auch tr.⟩ etwas, seinen Teil dazu b., daß ... **sinnv.:** beischießen, beisteuern, sich beteiligen, hinzutun, zugeben, zusteuern; ↑helfen.

bei|tre|ten, tritt bei, trat bei, ist beigetreten ⟨itr.⟩: *Mitglied werden (in einem Verein o. ä.):* einer Partei b. **sinnv.:** sich anschließen, eintreten.

Bei|tritt, der; -[e]s: *das Beitreten:* seinen B. [zu einer Partei] erklären. **sinnv.:** Eintritt.

Bei|werk, das; -[e]s: *etwas, was ergänzend, schmückend zu etwas hinzukommt:* alles überflüssige, störende B. weglassen. **sinnv.:** Beigabe, Nebensächlichkeit, Zugabe, Zulage, Zutat.

Bei|ze, die; -, -n: *[chemisches] Mittel zur Behandlung von Holz, Häuten, Metall, Textilien und Saatgut.*

bei|zei|ten ⟨Adverb⟩: *früh genug (im Hinblick auf etwas in Aussicht Stehendes):* morgen müssen wir b. aufstehen; b. vorsorgen. **sinnv.:** ↑früh.

bei|zen ⟨tr.⟩: *mit Beize behandeln:* das Holz b.

be|ja|hen ⟨tr.⟩: **a)** *(eine Frage) mit Ja beantworten:* er bejahte meine Frage; eine bejahende Anwort. **b)** *seiner eigenen Anschauung entsprechend finden und es gutheißen, damit einverstanden sein:* das Leben, einen Staat b. **sinnv.:** ↑akzeptieren; ↑billigen.

be|jahrt ⟨Adj.⟩ (geh.): *ziemlich alt; in vorgerücktem Alter:* ein bejahrter Herr. **sinnv.:** ↑alt.

be|kämp|fen ⟨tr.⟩: *seine Kraft, seine Mittel gegen jmdn./etwas einsetzen, um seinen Einfluß, seine Wirkung einzudämmen, zu verhindern, zu überwinden:* einen Gegner, eine Seuche, ein Übel b. **sinnv.:** ↑ankämpfen.

be|kannt ⟨Adj.⟩: **1. a)** *von vielen gekannt, gewußt:* eine bekannte Melodie; die Geschichte ist [allgemein] b.; dieser Kaufmann ist für seine gute Ware b. *(hat sich damit einen Namen gemacht, ist dadurch aufgefallen).* **Zus.:** all-, alt-, stadt-, weit-, weltbekannt. **b)** *berühmt, weithin angesehen:* ein bekannter Künstler, Arzt. **sinnv.:** ↑anerkannt, ↑angesehen, berühmt, illuster, namhaft, prominent, weltberühmt, von Weltrang. **Zus.:** weit-, wohlbekannt. **2.** ⟨in den Fügungen⟩ jmdm. b. sein: **a)** *jmdm. nicht fremd sein:* er ist mir gut b. **b)** *(von etwas) Kenntnis haben:* sein Fall ist mir b.; davon ist mir nichts bekannt *(davon weiß ich nichts);* jmdm. b. vorkommen *(jmdm. nicht fremd erscheinen):* er, diese Gegend kommt mir b. vor; ⟨in bestimmten Fügungen⟩ b. sein mit jmdm./etwas: *jmdn./etwas näher kennen; vertraut sein mit jmdm./etwas:* ich bin mit ihm, mit seinen Problemen [seit langem] b.; b. werden mit jmdm./etwas: *jmdn./etwas kennenlernen; mit jmdm./etwas vertraut werden:* sie sind gestern miteinander b. geworden. **c)** jmdn. mit jmdm. b. machen: *jmdn. jmdm. vorstellen:* ich werde dich mit ihm b. machen; **d)** jmdn./sich mit etwas b. machen: *jmdn./sich über etwas informieren, mit etwas vertraut machen:* jmdn. mit einer Maßnahme b. machen; sich mit der neuen Arbeit b. machen.

Be|kann|te, der und die; -n, -n ⟨aber: [ein] Bekannter, Plural: [viele] Bekannte⟩: *jmd., mit dem jmd. gut bekannt ist:* ein Bekannter meines Vaters; gute, alte B. **sinnv.:** ↑Freund.

be|kannt|ge|ben, gibt bekannt, gab bekannt, hat bekanntgegeben ⟨tr.⟩: *öffentlich mitteilen, an die Öffentlichkeit weitergeben:* das Ergebnis, seine Verlobung b. **sinnv.:** ankündigen, ansagen, kundgeben; ↑mitteilen.

be|kannt|lich ⟨Adverb⟩: *wie allgemein bekannt, wie man weiß:* in den Bergen regnet es b. viel. **sinnv.:** bekanntermaßen, erfahrungsgemäß; ↑denn.

be|kannt|ma|chen, machte bekannt, hat bekanntgemacht

⟨tr.⟩: *von behördlicher Seite öffentlich mitteilen; der Allgemeinheit zur Kenntnis geben:* eine neue Verordnung b. **sinnv.:** ↑mitteilen; ↑veröffentlichen.

Be|kannt|schaft, die; -, -en: **1.** *Kreis von Menschen, die jmd. kennt:* in seiner B. war niemand, der ihm helfen konnte. **2.** *das Bekanntsein, persönliche Beziehung:* eine B. [mit jmdm.] anknüpfen; in der ersten Zeit unserer B. ***jmds. B. machen** *(jmdn. kennenlernen);* (ugs.) **mit etwas B. machen** *(mit etwas Unangenehmem in Berührung kommen):* mit dem Stock, mit der Polizei B. machen.

be|kannt|wer|den, wurde bekannt, ist bekanntgeworden: *in die Öffentlichkeit dringen:* der Wortlaut darf nicht b.; wenn dies bekannt wird, ist er verloren; es ist nichts Nachteiliges über ihn bekanntgeworden.

be|keh|ren: a) ⟨tr.⟩ *(bei jmdm.) eine innere Wandlung bewirken:* jmdn. zum christlichen Glauben b. **sinnv.:** ↑überzeugen; ↑überreden; ↑bessern. **b)** ⟨sich b.⟩ *eine innere Wandlung durchmachen:* sich zum Christentum, zu einer anderen Auffassung b. **sinnv.:** ↑übertreten; sich ↑bessern.

be|ken|nen, bekannte, hat bekannt: **1.** ⟨tr.⟩ *offen aussprechen, zugeben:* seine Schuld b.; er bekannte, daß er es gewußt habe. **sinnv.:** ↑gestehen. **2.** ⟨sich b.⟩ *(zu jmdm./etwas) stehen, überzeugt ja sagen:* sich zu seinem Freund, zu seinen Taten b. **sinnv.:** ↑eintreten; Flagge zeigen, die Verantwortung für etwas übernehmen.

Be|kennt|nis, das; -ses, -se: **1.** *das Bekennen, Zugeben:* das B. seiner Schuld. **sinnv.:** Beichte, Eingeständnis, Geständnis, Konfession, Offenbarung. **Zus.:** Schuld-, Sündenbekenntnis. **2.** *das Sichbekennen zu etwas, das Eintreten für etwas:* ein B. zur demokratischen Rechtsordnung. **3.** ↑*Konfession:* welchem B. gehört er an? **Zus.:** Glaubens-, Religionsbekenntnis.

be|kla|gen 1. ⟨tr.⟩ (geh.) *als traurig empfinden, schmerzlich bedauern; Empfinden des Schmerzes, des Bedauerns äußern:* jmds. Los, einen Verlust, den Tod des Freundes b. **sinnv.:** bedauern, bejammern, beseufzen, betrauern, beweinen, nachtrauern, nachweinen. **2.** ⟨sich b.⟩ *jmdm. gegenüber seine Unzufriedenheit über ein Unrecht o. ä. äußern, darüber Klage führen:* sich über einen andern, über den Lärm b. **sinnv.:** ↑beanstanden.

be|klei|den, bekleidete, hat bekleidet: **1.** ⟨in der Verbindung⟩ bekleidet sein: *mit Kleidung versehen, angezogen sein:* er war nur leicht, nur mit einer Hose bekleidet. **sinnv.:** ↑anhaben; ↑anziehen. **2.** ⟨tr.⟩ *(mit einem Amt) versehen sein:* einen hohen Posten b. **sinnv.:** ↑innehaben.

Be|klei|dung, die; -, -en: *Kleidung (im Hinblick auf das Anziehen):* in spärlicher B. öffnete sie; er wurde ohne B. auf der Treppe angetroffen; warme B. für Herbst und Winter. **Zus.:** Berufs-, Damen-, Fertig-, Kinder-, Sport-, Winterbekleidung.

be|klem|mend ⟨Adj.⟩: *in beängstigender Weise bedrückend, beengend:* ein beklemmendes Gefühl. **sinnv.:** ↑unheimlich.

Be|klem|mung, die; -, -en: *beklemmendes Gefühl.* **sinnv.:** ↑Angst. **Zus.:** Atem-, Herzbeklemmung.

be|klom|men ⟨Adj.⟩: *von einem Gefühl der Angst, Unsicherheit erfüllt; bedrückt und gehemmt, zaghaft:* mit beklommener Stimme antworten; ihr war b. zumute. **sinnv.:** ↑ängstlich.

be|kom|men ⟨itr.⟩: **I.** bekam, hat bekommen: **1. a)** *in den Besitz von etwas (was jmdm. als Geschenk, Belohnung, Bezahlung, Äquivalent für etwas, Zustellung o. ä. zuteil wird) kommen:* ein Buch, Blumen zum Geburtstag, einen Orden, Preis, Finderlohn b.; Verpflegung, Urlaub, Lohn b.; einen Brief, eine Nachricht b.; etwas zu essen b.; sie bekommt Rente *(ist Rentnerin).* **sinnv.:** beziehen, davontragen, erhalten, erlangen, erobern, an etwas kommen, kriegen, teilhaftig werden; guthaben; habhaft werden. **b)** /in verblaßter Bedeutung; *drückt aus, daß jmdm. etwas zuteil wird, daß jmd. etwas (Unerwünschtes, Negatives) hinnehmen muß, daß jmd./etwas von etwas befallen, in einen bestimmten Zustand gebracht wird, etwas erleiden muß o. ä.;* läßt sich meist passivisch mit „werden" umschreiben/: einen Kuß, ein Lob, einen Tadel, eine Strafe b. *(geküßt, gelobt, getadelt, bestraft werden);* vom Arzt eine Spritze b.; eine Ohrfeige b.; Wut, Angst, Heimweh, allmählich Hunger b.; Falten, eine Glatze b.; Fieber, Schnupfen b.; das Holz hat Risse bekommen; wir bekommen anderes Wetter; du wirst nichts als Ärger b.; er hat den Befehl bekommen, sofort abzureisen. **sinnv.:** kriegen. **2. a)** *durch eigene Bemühungen zu etwas kommen, sich etwas verschaffen, etwas für sich gewinnen:* keine Arbeit, eine neue Stellung, kein Personal b.; eine Antwort von jmdm., die gewünschte Verbindung b.; das Buch ist nicht mehr zu b.; ich habe die Sachen billig bekommen; habt ihr den Zug noch bekommen *(erreicht)*?; sie bekommt ein Kind *(ist schwanger).* **sinnv.:** erhalten, kriegen. **b)** *jmdn. zu einem bestimmten Verhalten bewegen, jmdn./etwas in einen bestimmten Zustand versetzen, etwas an eine bestimmte Stelle bringen:* ich habe ihn nicht aus dem Bett, zum Reden bekommen; dieses Fleisch ist fast nicht gar, weich zu b.; sie haben das Klavier nicht durch die Tür bekommen. **sinnv.:** kriegen. **3.** ⟨in Verbindung mit einem Infinitiv mit „zu"⟩ **a)** *die Möglichkeit haben, in die Lage versetzt sein, etwas Bestimmtes zu tun, zu erreichen:* bis 22 Uhr bekommt man in diesem Restaurant etwas zu essen. **sinnv.:** kriegen. **b)** *in die Lage versetzt sein, etwas Bestimmtes ertragen, über sich ergehen lassen zu müssen:* sie bekam seinen Haß zu spüren; er hat manches böse Wort zu hören bekommen. **sinnv.:** kriegen. **4.** ⟨in Verbindung mit einem zweiten Partizip⟩ /dient der Umschreibung des Passivs/: etwas geschickt, gesagt b. **sinnv.:** erhalten, kriegen. **II.** bekam, ist bekommen *(für jmdn.) zuträglich, förderlich, bekömmlich sein:* die Kur ist ihr [gut] bekommen; das fette Essen bekommt mir nicht.

be|kömm|lich ⟨Adj.⟩: *leicht verträglich, gut verdaulich [und daher gesund]:* eine bekömmliche Speise. **sinnv.:** gesund, labend, leicht, verträglich, zuträglich.

be|kräf|ti|gen ⟨tr.⟩: *mit Nachdruck bestätigen:* ein Versprechen, eine Aussage b. **sinnv.:** ↑beglaubigen.

be|kreu|zi|gen, sich: *mit einer Bewegung der Hand vor Kopf und Brust das Zeichen des Kreuzes andeuten:* beim Eintreten in die Kirche bekreuzigten sie sich.

sinnv.: das Kreuz machen/schlagen.

be|krie|gen ⟨tr.⟩: *(gegen jmdn./ein Land) Krieg führen:* ein feindliches Land b.; Völker, die einander, sich [gegenseitig] bekriegen. **sinnv.:** befehden, bekämpfen, in Fehde liegen.

be|küm|mern ⟨tr.⟩ /vgl. bekümmert/: *(jmdm.) Kummer, Sorge bereiten:* sein Zustand bekümmerte sie sehr. **sinnv.:** anfechten, bedrücken, betrüben, beunruhigen, drücken, Kopfzerbrechen bereiten/machen/verursachen, im Magen liegen, sich martern, quälen, zu schaffen machen.

be|küm|mert ⟨Adj.⟩: *voll Sorge, Kummer, Schwermut:* mit bekümmertem Blick; er war tief b. **sinnv.:** bedrückt, betrübt, depressiv, deprimiert, elegisch, ernst, freudlos, gedrückt, melancholisch, niedergeschlagen, schwermütig, traurig, trist, trübe, trübsinnig, unfroh, unglücklich, wehmütig · gebrochen.

be|kun|den, bekundete, hat bekundet ⟨tr.⟩: *deutlich zum Ausdruck bringen, erkennen lassen:* sein Interesse, jmdm. seine Sympathie b. **sinnv.:** ausdrücken, aussagen, besagen, dartun, dokumentieren, kundgeben, offenbaren, an den Tag legen, verraten, widerspiegeln, zeigen.

be|la|den, belädt, belud, hat beladen ⟨tr.⟩: *mit einer Ladung, Fracht versehen:* einen Wagen, ein Schiff [mit Kisten] b. **sinnv.:** befrachten, ↑laden.

Be|lag, der; -[e]s, Beläge und Belage: **1.** ⟨Plural: Beläge⟩ *dünne Schicht, mit der etwas bedeckt, belegt, überzogen ist, die sich auf etwas gebildet hat:* der B. des Fußbodens; seine Zunge hatte einen weißen B. **sinnv.:** Auflage, Überzug · Grünspan, Patina, Rost. **Zus.:** Boden-, Brems-, Gummi-, Platten-, Zahnbelag. **2.** ⟨Plural: Belage⟩ *etwas (z.B. Wurstscheiben, Käse), was aufs Brot gelegt wird.* **sinnv.:** Aufschnitt, Aufstrich, Brotaufstrich.

be|la|gern ⟨tr.⟩: **1.** *(eine Stadt, Burg o.ä.) zum Zwecke der Eroberung einschließen und umzingelt halten.* **sinnv.:** blockieren, einkesseln, einkreisen, einschließen, umzingeln · Blockade. **2.** (ugs.) *(jmdn./etwas) in Erwartung von etwas in großer Zahl umringen:* Reporter belagerten die Diva, das Hotel des Kanzlers.

Be|lang, der; -s, -e: **1.** ⟨in den Verbindungen⟩ von/ohne B. sein: *von, ohne Bedeutung, Wichtigkeit sein:* diese Tatsache ist für mich ohne B. **2.** ⟨Plural⟩ *jmdn. speziell angehende, bestimmte Bereiche betreffende Angelegenheiten:* jmds. Belange vertreten; die kulturellen Belange einer Stadt; die sozialen Belange berücksichtigen. **sinnv.:** Bestrebungen, Interessen.

be|lan|gen ⟨tr.⟩: *zur Rechenschaft, Verantwortung ziehen, verklagen:* jmdn. wegen eines Vergehens [gerichtlich] b. **sinnv.:** verantwortlich machen, verklagen; ↑bestrafen.

be|lang|los ⟨Adj.⟩: *ohne große Bedeutung, nicht weiter wichtig:* belanglose Dinge; das ist doch völlig b. **sinnv.:** ↑unwichtig.

be|las|sen, beläßt, beließ, hat belassen ⟨tr.⟩: *im gegenwärtigen Zustand, unverändert lassen:* einen Text in seiner jetzigen Form b.; dabei belassen wir es!

be|la|sten, belastete, hat belastet ⟨tr.⟩: **1. a)** *mit einer Last versehen:* einen Wagen zu stark b. **sinnv.:** beschweren. **b)** *in seiner Existenz, Wirkung, seinem Wert beeinträchtigen:* schädliche Stoffe belasten Boden, Wasser und Luft. **2.** *stark in Anspruch nehmen; schwer zu schaffen machen:* die Arbeit, die große Verantwortung belastet ihn sehr; belaste dich, dein Gedächtnis nicht mit solchen Nebensächlichkeiten; fette Speisen belasten den Magen. **sinnv.:** ↑beanspruchen. **3.** *als schuldig erscheinen lassen* /Ggs. entlasten/: ihre Aussage belastete ihn am meisten. **sinnv.:** ↑verdächtigen. **4.** *(jmdm./einer Sache) eine finanzielle Schuld auferlegen:* die Bevölkerung durch neue Steuern b.; ein Konto mit einem Betrag b.

be|lä|sti|gen ⟨tr.⟩: *(jmdm.) unbequem, lästig werden:* jmdn. mit Fragen b.; er belästigte sie auf der Straße *(wurde zudringlich).* **sinnv.:** anmachen, anpöbeln, anrempeln; ↑ansprechen; ↑behelligen.

be|lau|fen, sich; beläuft sich, belief sich, hat sich belaufen: *(einen bestimmten Betrag) ausmachen, (eine bestimmte Endsumme, ein bestimmtes Endergebnis) ergeben:* die Verpflichtungen belaufen sich auf eine beträchtliche Summe. **sinnv.:** ↑betragen.

be|le|ben: 1. ⟨tr.⟩ **a)** *lebhafter machen, mit Leben erfüllen:* das Getränk belebte ihn. **b)** *lebendig gestalten:* die Wirtschaft b. **sinnv.:** ↑aktivieren; ↑ankurbeln; ↑anregen. **2.** ⟨sich b.⟩ **a)** *lebhaft, lebendiger werden:* die Unterhaltung belebte sich. **b)** *sich mit Leben füllen:* langsam belebten sich die Straßen. **sinnv.:** sich bevölkern.

Be|leg, der; -[e]s, -e: *etwas (besonders ein Schriftstück, Dokument), was als Beweis, Nachweis dient:* eine Quittung als B. vorlegen. **sinnv.:** ↑Bescheinigung.

be|le|gen ⟨tr.⟩: **1.** *mit einem Belag versehen:* belegte Brötchen. **2.** *für jmdn., für sich selbst sichern, in Anspruch nehmen:* einen Platz im Zug b.; die Betten sind belegt; die Hotels waren alle belegt *(es waren keine Zimmer mehr frei).* **sinnv.:** besetzen, reservieren, vorbestellen · ↑überfüllt. **3.** *jmdm./einer Sache auferlegen:* jmdn. mit einer Strafe, die Waren mit Zoll b. **4.** *(durch ein Dokument o. ä.) beweisen, nachweisen:* einen Kauf mit einer Quittung b.

Be|leg|schaft, die; -, -en: *Gesamtheit der Beschäftigten in einem Betrieb.* **sinnv.:** ↑Personal.

be|leh|ren ⟨tr.⟩: *(jmdm.) sagen, wie etwas wirklich ist, wie sich etwas verhält:* du läßt dich nicht b. **sinnv.:** ↑überzeugen; ↑lehren.

be|leibt ⟨Adj.⟩: *wohlgenährt und von rundlicher Gestalt:* ein sehr beleibter Herr. **sinnv.:** ↑dick.

be|lei|di|gen ⟨tr.⟩: *(durch eine Äußerung, Handlung) in seiner Ehre angreifen, verletzen:* mit diesen Worten hat er ihn tief, sehr beleidigt. **sinnv.:** ↑kränken; jmdm. dumm kommen · ↑Rufmord.

be|le|sen ⟨Adj.⟩: *durch vieles Lesen reich an [literarischen] Kenntnissen:* ein sehr belesener Mann. **sinnv.:** ↑gebildet.

be|leuch|ten, beleuchtete, hat beleuchtet ⟨tr.⟩: *Licht richten (auf etwas):* die Bühne, die Straße b. **sinnv.:** anstrahlen, bescheinen, bestrahlen, ↑erhellen.

be|lich|ten, belichtete, hat belichtet ⟨tr.⟩: *beim Fotografieren das Licht (auf den Film) einwirken lassen (wobei ein unsichtbares Bild entsteht).* **sinnv.:** exponieren. **Zus.:** über-, unterbelichten.

Be|lie|ben: ⟨in der Fügung⟩ nach B.: *nach eigenem Wunsch, Gutdünken, Ermessen, Ge-*

schmack; wie man will: etwas ganz nach B. ändern. **sinnv.:** beliebig.

be|lie|big ⟨Adj.⟩: **a)** *nach Belieben herausgegriffen, angenommen o. ä.:* einen beliebigen Namen auswählen; ein Stoff von beliebiger Farbe. **sinnv.:** irgendein. **Zus.:** x-beliebig. **b)** *nach Belieben:* etwas b. ändern.

be|liebt ⟨Adj.⟩: **a)** *allgemein gern gesehen; von vielen geschätzt:* ein beliebter Lehrer; er ist b.; sich b. machen *(sich durch etwas die Zuneigung anderer erwerben).* **sinnv.:** angebetet, geliebt, gern gesehen, umschwärmt, vergöttert, wohlgelitten; ↑angesehen; ↑populär. **b)** *häufig, gerne angewandt, benutzt o. ä.:* ein beliebtes Buch, Thema; eine beliebte Ausrede.

be|lie|fern ⟨tr.⟩: *(in bezug auf einen bestimmten Personenkreis und eine gewisse Menge an jmdn. etwas) liefern:* seine Kunden mit Waren b. **sinnv.:** ↑liefern.

bel|len ⟨itr.⟩: *kurze, kräftige Laute von sich geben* /von Hunden und Füchsen/: **sinnv.:** anschlagen, blaffen, heulen, jaulen, kläffen, knurren, Laut geben, winseln.

be|loh|nen ⟨tr.⟩: **a)** *zum Dank, als Anerkennung mit etwas beschenken:* jmdn. für seine Bemühungen b. **b)** *mit einem anerkennenden Verhalten auf eine Tat, Leistung reagieren:* eine gute Tat b. **sinnv.:** ausgleichen, entschädigen, sich erkenntlich zeigen/ erweisen, erwidern, gutmachen, lohnen, sich revanchieren, sanktionieren, vergelten, wettmachen; ↑danken.

Be|loh|nung, die; -, -en: **1.** *das Belohnen.* **2.** *etwas, womit jmd. für etwas belohnt wird:* eine B. für etwas aussetzen. **sinnv.:** ↑Dank; ↑Preis.

be|lü|gen, belog, hat belogen ⟨tr.⟩: *(jmdm.) die Unwahrheit sagen:* er hat ihn belogen. **sinnv.:** ↑lügen.

be|lu|sti|gen: a) ⟨tr.⟩ *(bei jmdm.) eine mit leichter Ironie gemischte Heiterkeit hervorrufen:* sein seltsamer Aufzug belustigte alle; ein belustigender Vorfall; sich belustigt über etwas äußern. **sinnv.:** ↑amüsieren; ↑erfreuen. **b)** ⟨sich b.⟩ *sich (über jmdn./etwas) lustig machen:* wir belustigten uns über sein selbstgefälliges Verhalten. **sinnv.:** sich mokieren.

be|mäch|ti|gen, sich (geh.): *sich (etwas) mit Gewalt nehmen:* er bemächtigte sich [ganz einfach] des Geldes. **sinnv.:** sich ↑aneignen; ↑nehmen.

be|ma|len ⟨tr.⟩: *mit Farbe anstreichen; [durch Malen] mit bunten Bildern o. ä. versehen:* Wände bemalen. **sinnv.:** ↑anmalen.

be|män|geln ⟨tr.⟩: *als Fehler oder Mangel kritisieren, jmdm. vorhalten:* er bemängelte ihre Unpünktlichkeit/daß sie immer zu spät kamen. **sinnv.:** ↑beanstanden.

be|män|teln ⟨tr.⟩ (geh.): *verharmlosend, beschönigend darstellen, [hinter anderem] verbergen:* einen Fehler, ein Versagen b. **sinnv.:** ↑beschönigen; ↑vertuschen.

be|merk|bar ⟨Adj.⟩: **1.** *sich erkennen, wahrnehmen lassend:* ein kaum bemerkbarer Unterschied. **sinnv.:** erkennbar, spürbar, wahrnehmbar. **2.** ⟨in der Wendung⟩ sich b. machen: 1. *auf sich aufmerksam machen:* der eingesperrte Junge versuchte vergebens, sich b. zu machen. 2. *spürbar werden und eine bestimmte Wirkung ausüben:* die Müdigkeit macht sich b. **sinnv.:** sich ↑andeuten, ↑anklingen.

be|mer|ken ⟨tr.⟩: **1.** *aufmerksam werden (auf jmdn./etwas); (etwas, was nicht ohne weiteres erkennbar ist) durch Gefühl, Eingebung, Wahrnehmung der Sinne erkennen:* er bemerkte die Fehler, ihr Erstaunen nicht; sie wurden in der Menge nicht bemerkt. **sinnv.:** jmdm. etwas anhören/ ↑anmerken/↑ansehen, auffangen, aufschnappen, checken, ↑beobachten, ↑entdecken, ↑erkennen, feststellen, konstatieren, merken, mitbekommen, registrieren, sehen, spüren, verspüren, wahrnehmen. **2.** *(als Bemerkung o. ä.) einfließen lassen, einwerfen:* „Sie haben noch eine Stunde Zeit", bemerkte der Vorsitzende; er hatte noch etwas Wichtiges zu bemerken; am Rande bemerkt, das gefällt mir gar nicht; etwas nebenbei b. **sinnv.:** ↑anmerken; sich ↑äußern, ↑sprechen.

be|mer|kens|wert ⟨Adj.⟩: **a)** *wegen seiner Größe, Qualität, Leistung o. ä. Aufmerksamkeit, Beachtung verdienend:* eine bemerkenswerte Arbeit, Sammlung. **sinnv.:** ↑beachtlich; ↑interessant. **b)** ⟨verstärkend bei Adjektiven⟩ *sehr, beachtlich:* eine b. schöne Kollektion; er hat sich b. gut geschlagen, erholt.

Be|mer|kung, die; -, -en: *kurze mündliche oder schriftliche Äußerung:* eine treffende, abfällige, kritische B. machen, fallenlassen. **sinnv.:** Anmerkung, ↑Äußerung, Einwurf, Feststellung, Glosse, Kommentar. **Zus.:** Neben-, Rand-, Zwischenbemerkung.

be|mes|sen, bemißt, bemaß, hat bemessen ⟨tr.⟩: *auf Grund von Berechnungen oder genauen Überlegungen in bezug auf Größe, Menge, Dauer o. ä. festlegen, einteilen:* er hat den Vorrat zu knapp bemessen; eine zu kurz bemessene Zeit. **sinnv.:** ↑messen.

be|mü|hen: 1. ⟨sich b.⟩ **a)** *sich Mühe geben, etwas Bestimmtes zu bewältigen:* er bemühte sich sehr, das Ziel zu erreichen. **sinnv.:** sich ↑anstrengen. **b)** *sich (mit jmdm./einer Sache) Mühe machen, sich (um jmdn./eine Sache) kümmern:* sie bemühten sich alle um den Kranken; sich um eine gute Zusammenarbeit b. **sinnv.:** auf etwas bedacht sein, sich beschäftigen, sich mühen. **c)** *Anstrengungen machen, um jmdn./etwas für sich zu gewinnen; für sich zu bekommen suchen:* sich um eine Stellung b.; mehrere Bühnen bemühten sich um den Regisseur. **sinnv.:** sich bewerben um, sich interessieren für, interessiert sein an, sich interessiert zeigen, ↑vorfühlen, Wert legen auf. **d)** *sich die Mühe machen, einen Ort aufzusuchen; sich (irgendwohin) begeben:* du mußt dich schon selbst in die Stadt b. **Zus.:** her-, herauf-, hineinbemühen. **2.** ⟨tr.⟩ *zu Hilfe holen, in Anspruch nehmen:* darf ich Sie noch einmal b.? **sinnv.:** ↑bitten.

be|mut|tern ⟨tr.⟩: *wie eine Mutter umsorgen:* hilflose Menschen b. **sinnv.:** sich ↑kümmern.

be|nach|rich|ti|gen ⟨tr.⟩: *(jmdn.) unterrichten (von etwas), (jmdm.) Nachricht geben:* wir müssen sofort seine Eltern [davon] b. **sinnv.:** ↑mitteilen.

be|nach|tei|li|gen ⟨tr.⟩: *in seinen Rechten hinter andere zurücksetzen; (jmdm.) nicht die gleichen Rechte zugestehen wie anderen:* er hat den ältesten Sohn immer benachteiligt; ein wirtschaftlich benachteiligtes Gebiet. **sinnv.:** ↑diskriminieren.

be|neh|men, sich; benimmt sich, benahm sich, hat sich benommen: *jmdm. gegenüber, in bestimmten Situationen, bei be-*

stimmten Gelegenheiten eine bestimmte Haltung einnehmen, ein bestimmtes Verhalten zeigen: er benahm sich sehr merkwürdig; er hat sich ihm gegenüber anständig, höflich, schlecht, gemein benommen. **sinnv.:** sich aufführen, auftreten, handeln, sein, sich betragen/bewegen/gebärden / gebaren / geben / gehaben/gerieren/verhalten/zeigen.

Be|neh|men, das; -s: *Art, wie sich jmd. benimmt:* ein gutes, schlechtes B. **sinnv.:** Allüren, Anstand, Art, Auftreten, Benimm, Betragen, Erziehung, Gebaren, Gehabe, Haltung, Kinderstube, Konduite, Kultur, Lebensart, Manieren, Schliff, Sitten, Umgangsformen, Verhalten.

be|nei|den, beneidete, hat beneidet ⟨tr.⟩: *voller Anerkennung, Achtung, Bewunderung o. ä. für jmdn. sein und dessen Vorzüge, Besitztümer o. ä. am liebsten auch haben wollen:* ich beneide ihn um diese Sammlung, wegen seiner Fähigkeiten. **sinnv.:** ↑bestaunen; ↑neiden.

be|net|zen ⟨tr.⟩ (geh.): *leicht befeuchten:* Tränen benetzten ihre Wangen; er benetzte sich die Stirn. **sinnv.:** ↑sprengen.

be|nom|men ⟨Adj.⟩: *leicht betäubt und in seiner Reaktionsfähigkeit eingeschränkt:* sie war von dem Sturz ganz b. **sinnv.:** betäubt, dumpf, schwindlig, schwummrig, taumelig · ↑einschläfern.

be|nö|ti|gen ⟨tr.⟩: *für einen bestimmten Zweck besitzen, haben müssen, nötig haben:* er benötigte noch etwas Geld, ein Visum. **sinnv.:** ↑brauchen.

be|nut|zen ⟨tr.⟩: **a)** *Gebrauch machen (von etwas), sich (einer Sache ihrem Zweck entsprechend) bedienen:* ein Taschentuch, verschiedenes Werkzeug, sehr viel Geschirr b.; die Bahn, den Fahrstuhl b. *(damit fahren);* den vorderen Eingang b. *(vorne hineingehen).* **sinnv.:** ↑anwenden; ↑gebrauchen. **b)** *jmdn./etwas für einen bestimmten Zweck einsetzen, verwenden:* den Raum als Gästezimmer b.; du hast sie als Alibi benutzt. **sinnv.:** ↑heranziehen. **c)** ↑*ausnutzen:* er benutzte die Zeit des Wartens zum Lesen; sie benutzt jede Gelegenheit, die sich bietet, zu einem Spaziergang.

be|nüt|zen ⟨tr.⟩ (bes. südd.): *benutzen.*

be|ob|ach|ten ⟨tr.⟩: **1. a)** *aufmerksam, genau betrachten, mit den Augen verfolgen:* jmdn. lange, heimlich b.; die Natur, seltene Tiere, Sterne b. **sinnv.:** ↑betrachten. **b)** *zu einem bestimmten Zweck kontrollierend auf jmdn./etwas achten:* einen Patienten b.; er beobachtet sich dauernd selbst; jmdn., alle seine Handlungen b. lassen. **sinnv.:** unter Aufsicht stellen, im Auge behalten, nicht aus den Augen lassen, belauern, belauschen, beschatten, bespitzeln, bewachen, jmdn. aufs Korn/unter die Lupe nehmen, verfolgen, überwachen; ↑aufpassen. **2.** *eine bestimmte Feststellung (an jmdm./einer Sache) machen:* eine Veränderung, nichts Besonderes [an jmdm.] b.; das habe ich an seinem Verhalten b. können. **sinnv.:** ↑bemerken.

be|quem ⟨Adj.⟩: **1.** *in seiner Art angenehm, keinerlei Beschwerden, Mißbehagen, Anstrengung verursachend:* ein bequemer Sessel; ein bequemer Weg; bequeme *(nicht zu enge)* Schuhe; ein bequemes *(faules, nicht arbeitsreiches)* Leben führen; man kann den Ort b. *(ohne Mühe)* erreichen. **sinnv.:** ↑behaglich; ↑gemütlich; ↑mühelos. **2.** *jeder Anstrengung, Mühe abgeneigt:* zu weiten Spaziergängen ist er viel zu b. **sinnv.:** ↑faul; ↑träge.

be|que|men, sich: *sich endlich zu etwas entschließen:* es dauerte einige Zeit, bis er sich zu einer Auskunft bequemte. **sinnv.:** entgegenkommen; sich ↑entschließen.

Be|quem|lich|keit, die; -, -en: **1.** *etwas Angenehmes, was das Leben erleichtert; bequeme Einrichtung:* auf die gewohnten Bequemlichkeiten nicht verzichten wollen; in diesem Hotel fehlt jede B. **sinnv.:** Annehmlichkeit, Behaglichkeit, Gemütlichkeit, Komfort. **2.** ⟨ohne Plural⟩ *das Träge-, Faulsein:* aus lauter B. ist er zu Hause geblieben. **sinnv.:** ↑Faulheit.

be|ra|ten, berät, beriet, hat beraten: **1.** ⟨tr.⟩ *(jmdm.) einen Rat geben, mit Rat beistehen:* sich von einem Anwalt b. lassen; er hat ihn bei seinem Kauf beraten. **2. a)** ⟨tr.⟩ *gemeinsam überlegen und besprechen:* einen Plan b.; ⟨auch itr.⟩ sie haben lange über das Vorhaben beraten. **sinnv.:** beratschlagen, Kriegsrat halten, ratschlagen. **b)** ⟨sich b.⟩ *sich mit jmdm. [über etwas] besprechen [und sich dabei einen Rat holen]:* ich muß mich zuerst mit meinem Anwalt [darüber] b.; die beiden berieten sich lange. **sinnv.:** sich ↑besprechen; ↑übereinkommen.

be|rau|ben ⟨tr.⟩: *(jmdm.) gewaltsam (etwas) entwenden, rauben:* der Taxifahrer wurde getötet und beraubt; (geh.) er beraubte sie ihres gesamten Schmuckes. **sinnv.:** ↑ausnehmen, ausrauben, ↑bestehlen, einer Sache entkleiden.

be|rau|schen: 1. ⟨tr.⟩ **a)** *betrunken machen:* vom starken Wein berauscht werden. **b)** *trunken machen:* die Siege berauschten ihn; ein berauschendes Glücksgefühl. **2.** ⟨sich b.⟩ **a)** *sich* ↑*betrinken:* sie berauschten sich an dem starken Wein. **b)** *sich an etwas begeistern:* sich an den neuen Ideen b.

be|rech|nen, berechnete, hat berechnet ⟨tr.⟩ /vgl. berechnend/: **a)** *durch Rechnen feststellen, ermitteln:* den Preis, die Entfernung b. **sinnv.:** ↑ausrechnen. **b)** *in eine Rechnung einbeziehen, in Rechnung stellen:* die Verpakkung hat er [mir] nicht berechnet; das berechne ich [Ihnen] nur mit 10 Mark. **c)** *[auf Grund rechnerischer Ermittlung] veranschlagen, vorsehen:* die Bauzeit ist auf sechs Monate berechnet. **sinnv.:** ↑ausrechnen; ↑schätzen.

be|rech|nend ⟨Adj.⟩: *stets auf Gewinn, eigenen Vorteil bedacht:* sie ist sehr b. **sinnv.:** ↑eigennützig, ↑selbstsüchtig.

Be|rech|nung, die; -, -en: **1.** *das Berechnen.* **sinnv.:** ↑Kalkulation. **2. a)** *auf eigenen Vorteil zielende Überlegung, Absicht:* aus reiner, kalter B. handeln. **sinnv.:** Egoismus, Eigennutz, Selbstsucht · ↑selbstsüchtig. **b)** *sachliche Überlegung, Voraussicht:* mit kühler, kluger B. vorgehen. **sinnv.:** Kalkül.

be|rech|ti|gen ⟨itr.⟩: *das Recht, die Genehmigung geben:* die Karte berechtigt [dich] zum Eintritt; er war nicht berechtigt *(hatte nicht das Recht, war nicht befugt),* diesen Titel zu tragen.

be|rech|tigt ⟨Adj.⟩: *zu Recht bestehend, begründet:* berechtigte Klagen, Gründe; sein Vorwurf war nicht b.

Be|rech|ti|gung, die; -, -en: **1.** *das Berechtigt-, Befugtsein:* die B. zum Lehren erwerben. **sinnv.:** Anrecht, Auftrag, Autorisation, Autorisierung, Befugnis, Bevollmächtigung, Ermächtigung, Gewohnheitsrecht, Machtvollkommenheit, Recht, Verfügungsgewalt, Vollmacht. **2.** *das Rechtmäßig-, Richtigsein:* die B. seines Einspruchs wurde anerkannt.

be|red|sam ⟨Adj.⟩: ↑*beredt.*

be|redt ⟨Adj.⟩: *gewandt (im Reden); mit vielen [überzeugenden] Worten, Argumenten:* ein beredter Verteidiger seiner Ideen; mit beredten Worten; sich b. verteidigen. **sinnv.:** beredsam, eloquent, ↑gesprächig, redefreudig, redegewaltig, redegewandt, sprachgewaltig, wortreich, zungenfertig.

Be|reich, der; -[e]s, -e: **1.** *Raum, Fläche, Gebiet von bestimmter Abgrenzung, Größe:* im B. der Stadt. **sinnv.:** ↑Gebiet. **Zus.:** Herrschaftsbereich. **2.** *thematisch begrenztes, unter bestimmten Gesichtspunkten in sich geschlossenes Gebiet:* das fällt in den B. der Kunst, der Technik. **sinnv.:** Abteilung, Branche, Disziplin, Fach, Fachgebiet, Fachrichtung, Fakultät, Feld, Gebiet, Komplex, Reich, Ressort, Revier, Sachgebiet, Sektion, Sektor, Sparte, Sphäre, Zweig. **Zus.:** Anwendungs-, Arbeits-, Aufgaben-, Geltungs-, Interessen-, Wirkungsbereich.

be|rei|chern: 1. ⟨tr.⟩ *reicher, reichhaltiger machen, vergrößern:* seine Sammlung um einige wertvolle Stücke b.; die Reise hat uns bereichert *(innerlich reicher gemacht).* **sinnv.:** ↑anreichern; ↑erweitern. **2.** ⟨sich b.⟩ *sich (auf Kosten anderer) einen Gewinn, Vorteile verschaffen:* sich auf unrechte Art b.; er hat sich im Krieg am Eigentum anderer bereichert; der Konzern hat sich an den Hungerlöhnen der Arbeiter bereichert. **sinnv.:** sich die Taschen füllen, in die eigene Tasche arbeiten/wirtschaften, sich sanieren; sich etwas ↑aneignen.

Be|rei|fung, die; -, -en: *zu einem Fahrzeug gehörende Reifen:* die B. [des Autos] erneuern.

be|rei|ni|gen ⟨tr.⟩: *(etwas, was zu einer Verstimmung geführt hat) in Ordnung bringen und damit das normale Verhältnis wiederherstellen:* diese Angelegenheiten müssen bereinigt werden. **sinnv.:** ausbügeln, aussöhnen, beilegen, einrenken, Frieden schließen, geradebiegen, hinbiegen, das Kriegsbeil begraben, ins Lot/ins reine bringen, schlichten, versöhnen, aus der Welt schaffen, zurechtbiegen, zurechtrücken; ↑berichtigen.

be|rei|sen ⟨tr.⟩: *(in einem Gebiet, Land) reisen; durch Reisen kennenlernen:* viele Städte, ein Land b. **sinnv.:** befahren, besuchen, durchqueren, durchreisen, durchziehen, reisen/trampen durch; ↑durchstreifen.

be|reit: ⟨in bestimmten Verbindungen⟩ **1.** b. sein: *fertig, gerüstet sein:* ich bin b., wir können gehen. **2.** zu etwas bereit sein: *den Willen haben zu etwas, zu etwas entschlossen sein:* er ist b., dir zu helfen. **sinnv.:** gefügig, geneigt, gesonnen, gewillt, gutwillig, willfährig, willig; vgl. -bereit.

-be|reit ⟨adjektivisches Suffixoid⟩: **a)** *für das im Basiswort Genannte bereit, gerüstet:* abfahr-, abfahrt-, abmarsch-, abwehr-, alarm-, aufbruch-, aufnahme-, fahr- (fahrbereite Autobusse; ich bin f.), funktions-, gefechts-, kampf-, reise-, schlaf- (der Wohnwagen ist in 30 Sekunden s.), schuß-, sprung-, startbereit. **b)** *so beschaffen, daß das im Basiswort Genannte damit sofort getan werden kann:* abruf- (Feuerwehr ist a.), anzieh- (anziehbereite Kleidung), betriebs- (betriebsbereite Geräte = *Geräte, die sofort in Betrieb genommen werden können*), einsatz- (einsatzbereite Instrumente), eß- (eßbereite Fischkonserven), griff-, kriegs- (kriegsbereite Truppen = *die im Krieg eingesetzt werden können*), servierbereit (servierbereite Mahlzeit). **c)** *zu dem im Basiswort Genannten bereit, den Willen dazu habend:* dialog-, diskussions-, einsatz-, friedens-, gesprächs-, hilfs-, kompromiß-, konzessions-, opfer-, verhandlungs-, verständigungsbereit.

be|rei|ten, bereitete, hat bereitet ⟨tr.⟩: **1.** *machen, daß etwas zum Benutzen, Gebrauch o. ä. für jmdn. bereit ist:* jmdm. das Essen, ein Bad b. **sinnv.:** ↑anfertigen. **2.** *mit dem, was man tut, bei einem anderen eine bestimmte Empfindung o. ä. hervorrufen:* jmdm. eine Freude, Kummer, einen schönen Empfang b.

be|reit|hal|ten, hält bereit, hielt bereit, hat bereitgehalten ⟨tr.⟩: *zur Verfügung halten; so vorbereiten, daß es gleich zur Verfügung steht, wenn es gebraucht wird:* das Geld [abgezählt] b.

be|reits ⟨Adverb⟩: ↑*schon:* er wußte es b.; es ist b. sechs Uhr; er ist b. fertig.

Be|reit|schaft, die; -: *das Bereitsein:* er erklärte seine B. zur Hilfe. **sinnv.:** Bereitwilligkeit, Willfährigkeit, Willigkeit. **Zus.:** Aufnahme-, Hilfs-, Einsatz-, Opfer-, Verhandlungsbereitschaft.

be|reit|ste|hen, stand bereit, hat bereitgestanden ⟨itr.⟩: *für den Gebrauch zur Verfügung stehen:* das Auto steht bereit.

be|reit|stel|len, stellte bereit, hat bereitgestellt ⟨tr.⟩: *zur Verfügung stellen:* eine größere Summe Geld, Waren für bestimmte Zwecke b. **sinnv.:** anbieten, aufwarten, bieten, herrichten, vorbereiten; ↑geben.

be|reit|wil|lig ⟨Adj.⟩: *ohne zu zögern, gleich bereit (das Gewünschte zu tun):* b. gab er ihm Auskunft. **sinnv.:** ↑anstandslos.

be|reu|en ⟨tr.⟩: **a)** *Reue empfinden (über etwas):* er bereute diese Tat, seine Worte. **sinnv.:** bedauern, betrübt/traurig/untröstlich sein, sich bessern/an die Brust schlagen, gereuen, jmdm. leid sein/tun, reuen. **b)** *sehr bedauern (in einer Angelegenheit nicht richtig gehandelt, sich nicht richtig entschieden zu haben):* er bereute es, diesen Mann empfohlen zu haben; du wirst es noch b., daß du gestern nicht mitgekommen bist.

Berg, der; -[e]s, -e: **1. a)** *größere Erhebung im Gelände:* ein hoher, steiler B.; auf einen B. steigen, klettern. **sinnv.:** Anhöhe, Bergmassiv, Bergrücken, Buckel, Erhebung, Höhe, Hügel, Massiv, Vulkan; ↑Gebirge; ↑Steigung. **Zus.:** Eis-, Schutt-, Wein-, Wellenberg. **b)** ***ein B. [von], Berge von ...:** *viel[e], zahlreiche:* ein B. [von] Akten liegt auf dem Tisch. **2.** ⟨Plural⟩ *Gebirge:* in die Berge fahren.

-berg, der; -[e]s, -e. **1.** ⟨Suffixoid⟩ */besagt, daß das im Basiswort Genannte [in besorgniserregender Weise] in zu großer Zahl vorhanden ist/:* Betten- (am Bettenberg in den Kurzentren tragen alle ihre Schuld), Butter-, Studentenberg. **sinnv.:** -lawine, -schwemme. **2.** ⟨als Grundwort⟩ *ein Berg [von] ..., viel ...:* Bücherberg *(viele Bücher),* Kuchen-, Paket-, Schulden-, Wäscheberg *(viel [getragene oder frisch gewaschene] Wäsche).*

berg|ab ⟨Adverb⟩: *den Berg*

hinunter: b. laufen; die Straße geht b. **sinnv.:** ↑abwärts.

berg|auf ⟨Adverb⟩: *den Berg hinauf:* b. muß er das Fahrrad schieben; langsam b. gehen. **sinnv.:** ↑aufwärts.

Berg|bau, der; -s: *industrielle Gewinnung nutzbarer Bodenschätze.*

ber|gen, birgt, barg, hat geborgen /vgl. geborgen/ ⟨tr.⟩: *in Sicherheit bringen:* die Verunglückten b. **sinnv.:** ↑retten.

ber|gig ⟨Adj.⟩: *viele Berge aufweisend, reich an Bergen:* eine bergige Landschaft. **sinnv.:** alpin, bucklig, gebirgig, hügelig, wellig.

Berg|stei|ger, der; -s, -: *jmd., der das Besteigen von Bergen als Sport, Hobby o. ä. betreibt.* **sinnv.:** Alpinist, Gipfelstürmer, Kletterer.

Berg|werk, das; -s, -e: *aus der Grube und den dazugehörenden technischen Einrichtungen bestehende Anlage für den Bergbau.* **sinnv.:** Grube, Hütte, Mine, Stollen, Zeche.

Be|richt, der; -[e]s, -e: *sachliche Wiedergabe, Mitteilung, Darstellung eines Geschehens, Sachverhalts:* ein mündlicher, schriftlicher, langer, knapper B.; einen B. von/über etwas anfordern, geben. **sinnv.:** Bulletin, Interview, Rapport, Report, Reportage; ↑Beschreibung; ↑Mitteilung.

be|rich|ten, berichtete, hat berichtet ⟨tr.⟩: *(einen Sachverhalt, ein Geschehen) darstellen:* er hat seinem Vorgesetzten alles genau berichtet; ⟨auch itr.⟩ sie berichteten über ihre Erlebnisse, von ihrer Reise. **sinnv.:** bekanntgeben, bekanntmachen, Bericht erstatten, informieren, kundtun, melden, ↑mitteilen, Mitteilung machen, referieren, schreiben, vorbringen, vortragen.

be|rich|ti|gen ⟨tr.⟩: **a)** *etwas Fehlerhaftes, Falsches beseitigen und durch das Richtige, Zutreffende ersetzen:* einen Fehler b. **sinnv.:** korrigieren, verbessern. **b)** *(jmdn., der etwas gesagt hat, was in der Weise nicht zutrifft) verbessern; (etwas) richtigstellen:* ich muß mich, dich b. **sinnv.:** jmdn. eines anderen/Besseren belehren, ↑dementieren, klarmachen, korrigieren, revidieren, verbessern; ↑bereinigen.

be|rit|ten ⟨Adj.⟩: *auf einem Pferd reitend; mit Pferden ausgestattet:* berittene Polizei.

ber|sten, birst, barst, ist geborsten ⟨itr.⟩ (geh.): *plötzlich und mit großer Gewalt auseinanderbrechen:* bei diesem Erdbeben barst die Erde. **sinnv.:** ↑platzen; ↑zerbrechen.

be|rüch|tigt ⟨Adj.⟩: *durch schlechte Eigenschaften, üble Taten bekannt; in einem schlechten Ruf stehend:* ein berüchtigter Betrüger; das Lokal ist b. **sinnv.:** ↑anrüchig, notorisch.

be|rückend ⟨Adj.⟩ (geh.): *faszinierend wirkend; von hinreißender, betörender Wirkung:* eine berückende Schönheit; sie lächelte b. **sinnv.:** betörend, bezaubernd, hübsch, verführerisch; ↑hübsch; ↑faszinieren.

be|rück|sich|ti|gen ⟨tr.⟩: *in seine Überlegungen einbeziehen, bei seinem Handeln beachten, nicht übergehen:* die Verhältnisse, das Wetter b.; man muß sein Alter, seine schwierige Lage b.; wir konnten Sie, Ihren Antrag leider nicht b. *(konnten Ihren Wünschen, Vorstellungen nicht entsprechen).* **sinnv.:** anrechnen, beachten, bedacht sein auf, in Betracht ziehen, einbeziehen, einschließen, (mit) heranziehen, Rechnung tragen, in Rechnung setzen/stellen; ↑achten; ↑bedenken.

Be|ruf, der; -[e]s, -e: *[erlernte] Arbeit, Tätigkeit, mit der jmd. sein Geld verdient:* einen B. ergreifen, ausüben; seinem B. nachgehen; er ist von B. Lehrer. **sinnv.:** Amt, ↑Anstellung, Arbeit, Arbeitsbereich, Arbeitsgebiet, ↑Arbeitsplatz, Broterwerb, Dienst, Engagement, Erwerbstätigkeit, Gewerbe, Handwerk, Job, Metier, Position, Posten, Stelle, Stellung, Tätigkeit, Wirkungsbereich, Wirkungskreis.

be|ru|fen: I. berufen, berief, hat berufen: **1.** ⟨tr.⟩ *(jmdm. ein Amt) anbieten; in ein Amt einsetzen:* er wurde ins Ministerium, zum Vorsitzenden berufen. **sinnv.:** ↑rufen; ↑einstellen; ↑ernennen. **2.** ⟨sich b.⟩ *sich zur Rechtfertigung, zum Beweis o. ä. auf jmdn./etwas beziehen:* Sie können sich immer auf mich, auf diesen Befehl b. **sinnv.:** ↑anmelden, ↑appellieren an, sich beziehen, geltend machen, sich stützen auf. **II.** ⟨Adj.⟩ *für etwas besonders befähigt [und dafür vorbestimmt]:* ein berufener Vertreter seines Fachs; er ist, fühlt sich b., Großes zu leisten. **sinnv.:** ↑geeignet.

be|ruf|lich ⟨Adj.⟩: *den Beruf betreffend:* er hat berufliche Schwierigkeiten. **sinnv.:** berufsmäßig, gewerblich, gewerbsmäßig, professionell. **Zus.:** frei-, haupt-, nebenberuflich.

be|rufs|tä|tig ⟨Adj.⟩: *einen Beruf ausübend:* berufstätige Mütter; er ist nicht mehr b. **sinnv.:** tätig, werktätig.

Be|ru|fung, die; -, -en: **1.** *Angebot für ein wissenschaftliches, künstlerisches o. ä. Amt:* eine B. als Professor annehmen. **sinnv.:** Bestallung, Bestellung, Designation, Einsetzung, Einstellung, Ernennung, Ruf. **2.** ⟨ohne Plural⟩ *das Sichberufen, Sichstützen (auf jmdn./etwas):* die B. auf einen Zeugen, auf eine Aussage. **3.** ⟨ohne Plural⟩ *besondere Befähigung, die jmd. als Auftrag in sich fühlt:* die innere B. zu etwas in sich fühlen. **sinnv.:** Auftrag, Mission, Sendung; ↑Begabung. **4.** *Einspruch gegen ein Urteil:* B. einlegen; in [die] B. gehen. **sinnv.:** Rekurs; ↑Einspruch.

be|ru|hen: 1. ⟨itr.⟩ *seinen Grund, seine Ursache haben (in etwas):* seine Aussagen beruhten auf einem Irrtum. **sinnv.:** basieren, fußen, sich gründen, sich stützen; ↑stammen. **2.** ***etwas auf sich b. lassen:** *etwas nicht weiter untersuchen, so lassen, wie es ist:* diesen Fall können wir auf sich b. lassen.

be|ru|hi|gen: 1. ⟨tr.⟩ *ruhig machen, allmählich wieder zur Ruhe bringen:* das weinende Kind b. **sinnv.:** abwiegeln, ↑bändigen, begütigen, besänftigen, beschwichtigen, einlullen, einschläfern, vermitteln, die Wogen glätten. **Zus.:** Verkehrsberuhigung. **2.** ⟨sich b.⟩ *zur Ruhe kommen, ruhig werden:* er konnte sich nur langsam b.; das Meer, der Sturm beruhigte sich allmählich. **sinnv.:** sich ↑abreagieren, sich legen.

be|rühmt ⟨Adj.⟩: *durch besondere Leistung, Qualität weithin bekannt:* ein berühmter Künstler; ein berühmter Roman; sie wird eines Tages b. werden; dieses Buch hat ihn b. gemacht. **sinnv.:** ↑bedeutend, ↑bekannt, groß. **Zus.:** hoch-, weit-, weltberühmt.

be|rüh|ren ⟨tr.⟩: **1.** *(zu jmdm./etwas) [mit der Hand] eine Verbindung, einen Kontakt herstellen, ohne fest zuzufassen:* jmdn./etwas leicht, zufällig b.; ihre Hände berührten sich. **sinnv.:**

anfassen, anfühlen, angrapschen, angreifen, anlangen, anrühren, antasten, antatschen, antippen, befingern, befühlen, befummeln, begrapschen, betasten, betatschen, fassen an, fummeln an, greifen, hinlangen, nesteln, streifen, tippen an/auf, tasten. **2.** *kurz erwähnen:* eine Frage, eine Angelegenheit im Gespräch b. **sinnv.:** ↑erwähnen; ↑betreffen. **3.** *auf bestimmte Weise auf jmdn. wirken; ein bestimmtes Gefühl in jmdm. wecken:* das hat ihn seltsam, schmerzlich, peinlich, unangenehm berührt; die Nachricht berührte sie tief, im Innersten. **sinnv.:** anrühren, bewegen; ↑erschüttern.

be|sa|gen ⟨itr.⟩ /vgl. besagt/: ↑*bedeuten:* das Schild besagt, daß man hier nicht halten darf; das will nichts b. **sinnv.:** ↑aussagen.

be|sagt ⟨Adj.⟩: *bereits genannt, erwähnt:* das ist das besagte Buch. **sinnv.:** ↑obig.

be|sänf|ti|gen ⟨tr.⟩: ↑*beruhigen:* jmdn., jmds. Zorn b.

Be|satz, der; -es, Besätze: *Verzierung auf Kleidungsstücken, die aufgenäht oder eingesetzt wird:* das Kleid hat um den Ausschnitt einen roten B. **sinnv.:** Abschluß, Blende, Bordüre, Borte, Einfassung, Litze, Paspel, Rüsche, Tresse, Volant; ↑Aufschlag. **Zus.:** Pelzbesatz.

Be|sat|zer, der; -s, -: *nicht gern gesehener Soldat, der zur Besatzung* (2) *eines Landes gehört.*

Be|sat|zung, die; -, -en: **1.** *Mannschaft eines Schiffes, eines Flugzeugs o. ä.* **sinnv.:** Bemannung, Crew, Mannschaft, Team; ↑Personal. **Zus.:** Flugzeug-, Schiffsbesatzung. **2.** *Truppen, die ein fremdes Land besetzt halten:* die B. zog ab.

be|sau|fen, sich; besäuft sich, besoff sich, hat sich besoffen (derb): *sich* ↑ *betrinken.*

be|schä|di|gen ⟨tr.⟩: *Schaden (an etwas) verursachen, (etwas) schadhaft machen:* das Haus wurde durch Bomben beschädigt. **sinnv.:** anschlagen, demolieren, lädieren, in Mitleidenschaft ziehen, ramponieren, ruinieren, zurichten; ↑zerstören; ↑verunstalten.

Be|schä|di|gung, die; -, -en: **1.** *das Beschädigen.* **Zus.:** Sachbeschädigung. **2.** *beschädigte Stelle.* **sinnv.:** Defekt, Lädiertheit, Ramponiertheit, Schaden, Schadhaftigkeit.

be|schaf|fen: 1. ⟨tr.⟩ *[unter Überwindung von Schwierigkeiten] dafür sorgen, daß etwas, was gebraucht, benötigt wird, zur Verfügung steht:* jmdm./sich Geld, Arbeit b. **sinnv.:** abholen, aufbringen, auftreiben, beibringen, besorgen, bringen, herbeischaffen, holen, verhelfen, vermitteln, verschaffen, zusammenbringen, zusammenkratzen. **2.** ***beschaffen sein:** *in bestimmter Weise geartet sein:* das Material ist so beschaffen, daß es Wasser abstößt.

be|schäf|ti|gen: 1. a) ⟨sich b.⟩ *zum Gegenstand seiner Tätigkeit, seines Denkens machen; jmdm./ einer Sache seine Zeit widmen:* sich mit einem Problem, einer Frage b.; ich beschäftige mich viel mit den Kindern; die Polizei mußte sich mit diesem Fall b.; sie war damit beschäftigt *(war dabei),* das Essen zuzubereiten; er ist beschäftigt *(hat zu tun, zu arbeiten).* **sinnv.:** ↑arbeiten; sich ↑befassen. **b)** ⟨itr.⟩ *innerlich in Anspruch nehmen:* dieses Problem beschäftigte ihn. **sinnv.:** bewegen, zu denken geben, erfüllen, nachdenklich machen/ stimmen, nachgehen. **2.** ⟨tr.⟩ **a)** *(jmdm.) Arbeit geben; angestellt haben:* er beschäftigt in seiner Firma hundert Leute. **sinnv.:** ↑einstellen. **b)** *(jmdm. etwas) zu tun geben:* die Kinder [mit einem Spiel] b.

be|schä|men /vgl. beschämend/ ⟨tr.⟩: *in jmdm. ein Gefühl der Verlegenheit hervorrufen, weil er meint, etwas (das Genannte) unverdient bekommen zu haben:* ihre Güte beschämte ihn. **sinnv.:** ↑demütigen.

be|schä|mend ⟨Adj.⟩: **a)** *von schlechtem, würdelosem Verhalten [jmdm. gegenüber] zeugend:* ein beschämender Auftritt; eine beschämende Arbeitsauffassung; es ist b. ...; ich finde es b., daß ... **b)** ⟨verstärkend bei Adjektiven⟩ *in als kläglich, schändlich empfundener Weise; sehr:* die Gehälter sind b. niedrig; b. wenige sind gekommen.

be|schat|ten, beschattete, hat beschattet ⟨tr.⟩: *einem Auftrag gemäß heimlich überwachen, beobachten:* die Polizei beschattete ihn einige Zeit; einen Verdächtigen b. lassen. **sinnv.:** ↑beobachten; ↑überwachen.

be|schau|lich ⟨Adj.⟩: *in Behaglichkeit, Wohlgefühl vermittelnder Weise geruhsam:* ein beschauliches Leben führen. **sinnv.:** besinnlich, erbaulich, erhebend, kontemplativ; ↑idyllisch.

Be|scheid, der; -[e]s: *[amtliche, verbindliche] Auskunft bestimmten Inhalts über jmdn./etwas:* B. [über etwas] erwarten, geben, hinterlassen; haben Sie schon einen B. bekommen? **sinnv.:** ↑Auskunft; ↑Nachricht. **Zus.:** Einstellungs-, Entlassungs-, Renten-, Steuer-, Zwischenbescheid.

be|schei|den ⟨Adj.⟩: **1.** *sich nicht in den Vordergrund stellend; in seinen Ansprüchen maßvoll:* ein bescheidener Mensch; er ist sehr b. **sinnv.:** asketisch, anspruchslos, bedürfnislos, einfach, eingeschränkt, genügsam, schlicht, spartanisch; ↑enthaltsam; ↑zufrieden. **2.** *in seiner Einfachheit, Schlichtheit, Kargheit gehobeneren Ansprüchen nicht genügend:* ein bescheidenes Zimmer, Einkommen, **sinnv.:** ↑einfach; ↑karg.

be|schei|ni|gen ⟨tr.⟩: *schriftlich bestätigen:* den Empfang des Geldes b. **sinnv.:** attestieren, ausweisen als, beglaubigen, bestätigen, quittieren, testieren.

Be|schei|ni|gung, die; -, -en: **1.** *das Bescheinigen.* **2.** *Schriftstück, mit dem etwas bescheinigt wird:* er hat von ihm eine B. über seinen Aufenthalt im Krankenhaus verlangt. **sinnv.:** Attest, Beglaubigung, Begutachtung, Beleg, Bestätigung, Diplom, Erklärung, Expertise, Gutachten, [Leistungs]nachweis, Quittung, Schein, Testat, Zertifikat, Zeugnis. **Zus.:** Empfangs-, Gehaltsbescheinigung.

be|schen|ken ⟨tr.⟩: *(jmdm.) etwas schenken; mit Gaben, Geschenken bedenken:* jmdn. reich b. **sinnv.:** ↑schenken.

be|sche|ren ⟨tr./itr.⟩: **1.** *zu Weihnachten schenken:* den Kindern wurde viel beschert; um 17 Uhr bescheren wir *(teilen wir die Geschenke aus).* **sinnv.:** ↑schenken. **2.** *jmdn. mit einer Situation, mit der er nicht gerechnet hat, konfrontieren, überraschen:* das Schicksal hat ihm viel Gutes beschert; der gestrige Tag bescherte uns eine böse Überraschung.

be|schie|ßen, beschoß, hat beschossen ⟨tr.⟩: *längere Zeit hindurch (auf jmdn./etwas) schießen:* die Feinde haben das Dorf, die Einwohner beschossen. **sinnv.:** unter Beschuß/Feuer nehmen, bombardieren, mit

Bomben belegen, schießen auf, torpedieren; ↑schießen.

be|schimp|fen ⟨tr.⟩: *mit groben Worten beleidigen:* er hat ihn beschimpft. **sinnv.:** abqualifizieren, zur Sau machen, ↑schelten.

Be|schlag: ⟨in den Fügungen⟩ in B. nehmen, mit B. belegen: *ganz für sich in Anspruch nehmen:* die Kinder nahmen den Onkel die ganze Zeit über in B. **sinnv.:** ↑beanspruchen.

be|schla|gen: **I.** beschlagen, beschlägt, beschlug, hat/ist beschlagen: **1.** *mit etwas versehen, was durch Nägel gehalten wird:* ein Faß mit Reifen b.; er hat das Pferd beschlagen. **2.** ⟨itr.⟩ *sich mit einer dünnen Schicht überziehen:* das Fenster beschlägt schnell, ist beschlagen. **sinnv.:** anlaufen, schwitzen. **II.** ⟨Adj.⟩ *(auf einem Gebiet) gut Bescheid wissend, sich auskennend:* ein beschlagener Fachmann; er ist auf seinem Gebiet sehr b. **sinnv.:** bewandert, erfahren, firm, geübt, routiniert, sattelfest, sicher, versiert; ↑fachmännisch; ↑gebildet.

be|schlag|nah|men ⟨tr.⟩: *in amtlichem Auftrag wegnehmen:* die Polizei beschlagnahmte alle Akten, das Diebesgut. **sinnv.:** einziehen, konfiszieren, pfänden, sichern, sicherstellen.

be|schlei|chen, beschlich, hat beschlichen ⟨tr.⟩: *(als Gefühl, Gemütsbewegung o. ä. jmdn.) langsam und unbemerkt ergreifen, überkommen:* ein Gefühl der Niedergeschlagenheit beschlich ihn. **sinnv.:** ↑befallen.

be|schleu|ni|gen: **1. a)** ⟨itr.⟩ *schneller werden lassen:* seine Schritte b. **sinnv.:** aufdrehen, auf die Tube drücken, einen Zahn zulegen. **b)** ⟨itr.⟩ *eine bestimmte Fähigkeit haben, schneller zu werden:* das Auto beschleunigt gut. **c)** ⟨sich b.⟩ *schneller werden:* sein Puls beschleunigte sich. **2.** ⟨tr.⟩ *früher, schneller geschehen, vonstatten gehen lassen:* seine Abreise, die Arbeit b. **sinnv.:** forcieren, vorantreiben; ↑verstärken.

be|schlie|ßen, beschloß, hat beschlossen ⟨tr.⟩: **1.** *einen bestimmten Entschluß fassen:* sie beschlossen, doch schon früher abzureisen; die Vergrößerung des Betriebs b.; der Bundestag beschließt ein neues Gesetz. **sinnv.:** sich ↑entschließen. **2.** *auf bestimmte Weise zu Ende führen; enden lassen:* eine Feier [mit einem Lied] b. **sinnv.:** ↑beenden.

Be|schluß, der; Beschlusses, Beschlüsse: *[gemeinsam] festgelegte Entscheidung; Ergebnis einer Beratung:* einen B. verwirklichen; einen B. fassen *(beschließen).* **sinnv.:** ↑Entschließung, ↑Entschluß. **Zus.:** Gerichts-, Kabinettsbeschluß.

be|schmut|zen ⟨tr.⟩: *schmutzig machen:* du hast dich beschmutzt. **sinnv.:** anschmieren, besabbern, beflecken, beklekkern, beschmieren, bespritzen, besudeln, einsauen, verdrecken, verpesten, versauen, verschmieren, verschmutzen, verunreinigen, vollschmieren, vollspritzen.

be|schnei|den, beschnitt, hat beschnitten ⟨tr.⟩: **1.** *durch Schneiden kürzen, in die richtige Form bringen:* die Äste der knorrigen Bäume b.; Papier, Bretter b. **sinnv.:** abscheren, abschneiden, ausschneiden, kappen, kupieren, kürzen, lichten, rasieren, scheren, schneiden, stutzen, trimmen, zurechtstutzen, zurückschneiden. **2.** (geh.) *geringer, eingeschränkter, begrenzter werden lassen:* jmdm. seine Freiheit, Hoffnung b. **sinnv.:** ↑begrenzen; ↑beschränken; ↑verringern.

be|schö|ni|gen ⟨tr.⟩: *(Negatives) positiver darstellen, vorteilhafter erscheinen lassen:* jmds. Fehler, Handlungen b. **sinnv.:** bemänteln, frisieren, schönfärben, verbrämen; ↑bagatellisieren.

be|schrän|ken /vgl. beschränkt/: **a)** ⟨tr.⟩ *geringer, eingeengter, begrenzter werden lassen:* jmds. Rechte, Freiheit b.; die Zahl der Plätze ist beschränkt. **sinnv.:** ↑begrenzen, beschneiden, einengen, eingrenzen, einschränken, kürzen, relativieren, vermindern; ↑verringern. **b)** ⟨sich b.⟩ *es mit einer begrenzten Anzahl, Größe, einem begrenzten Umfang o. ä. von etwas genug sein lassen; etwas nicht unnötig ausweiten:* bei seiner Rede beschränkte er sich auf das Notwendigste; er weiß sich zu b. **sinnv.:** sich ↑begnügen.

be|schrankt ⟨Adj.⟩: *mit Schranken versehen:* der Bahnübergang ist nicht b.

be|schränkt ⟨Adj.⟩: *von geringer Intelligenz:* er ist etwas b. **sinnv.:** ↑dumm; ↑stumpfsinnig.

be|schrei|ben, beschrieb, hat beschrieben: **1.** ⟨tr.⟩ *(eine Fläche) mit Geschriebenem, Schriftzeichen versehen:* ein Blatt Papier b. **sinnv.:** bekritzeln, vollkritzeln, vollschreiben. **2.** ⟨tr.⟩ *mit Worten in Einzelheiten darstellen, wiedergeben:* seine Eindrücke b.; einen Vorgang, einen Gegenstand [genau, ausführlich] b.; es ist nicht zu b., wie schön es war. **sinnv.:** ↑mitteilen; ↑schildern. **3.** ⟨itr.⟩ *sich in einer bestimmten Bahn bewegen:* eine Kurve b.; der Fluß beschreibt einen Bogen; er beschrieb *(zeichnete)* einen Kreis mit dem Zirkel.

Be|schrei|bung, die; -, -en: **a)** *das Beschreiben, Darstellen* /mündlich oder schriftlich/: die B. der örtlichen Verhältnisse nahm viel Zeit in Anspruch. **sinnv.:** ↑Bericht, Darstellung, Deskription, Schilderung, Übersicht, Wiedergabe. **b)** *[schriftlich niedergelegte] Darstellung, Schilderung, die Besonderheiten, Kennzeichen o. ä. genau angibt:* eine B. für den Gebrauch; die B. des Täters; die einzelnen Beschreibungen dieses Vorfalls sind sehr verschieden.

be|schrif|ten, beschriftete, hat beschriftet ⟨tr.⟩: *mit einer Aufschrift, Nummer, Namens-, Inhaltsangabe o. ä. versehen:* ein Schild, einen Umschlag b. **sinnv.:** beschildern, etikettieren, signieren.

be|schul|di|gen ⟨tr.⟩: *(jmdm. etwas) zur Last legen; (jmdm.) die Schuld (an etwas) geben:* man beschuldigte ihn des Mordes; man beschuldigte ihn, einen Diebstahl begangen zu haben. **sinnv.:** ↑verdächtigen; überführen.

Be|schuß, der; Beschusses: *das Beschießen:* durch den B. der Stadt wurden viele Häuser zerstört; unter B. geraten; unter schwerem B. liegen. **sinnv.:** Bombardement, Bombardierung, Kugelhagel, Trommelfeuer.

be|schüt|zen ⟨tr.⟩: *darauf bedacht sein, daß jmdm. nichts geschieht; in seine Obhut, in seinen Schutz nehmen:* er beschützte seinen kleinen Bruder. **sinnv.:** ↑behüten.

Be|schwer|de, die; -, -n: **1.** *Klage, mit der sich jmd. über jmdn./etwas beschwert, seine Unzufriedenheit ausdrückt:* die B. hatte nichts genutzt. **sinnv.:** ↑Anklage; ↑Einspruch. **Zus.:** Dienstaufsichts-, Verfassungsbeschwerde. **2.** ⟨Plural⟩ *körperliche Leiden:* die Beschwerden des Alters. **sinnv.:** ↑Krankheit. **Zus.:** Alters-, Herz-, Magen-,

Schluck-, Verdauungsbeschwerden.

be|schwe|ren: **1.** ⟨sich b.⟩ *bei einer zuständigen Stelle Klage führen, Beschwerden vorbringen:* sich bei jmdm. über/wegen etwas b. **sinnv.:** ↑beanstanden. **2.** ⟨tr.⟩ *etwas Schweres auf etwas legen [und es so an seinem Platz festhalten]:* Briefe mit einem Stein b. **sinnv.:** belasten.

be|schwer|lich ⟨Adj.⟩: *mit Anstrengung verbunden:* eine beschwerliche Arbeit; der Weg war lang und b. **sinnv.:** anstrengend, aufregend, aufreibend, ermüdend, hart, knifflig, lästig, mühevoll, mühsam, mühselig, nervenaufreibend, sauer, schwer, strapaziös, streng.

be|schwich|ti|gen ⟨tr.⟩: *beruhigend auf jmdn./etwas einwirken:* er versuchte, seinen zornigen Freund zu b. **sinnv.:** ↑beruhigen.

be|schwin|deln ⟨tr.⟩: *(jmdm. gegenüber) nicht ganz ehrlich und aufrichtig sein; eine Frage nicht der Wahrheit entsprechend beantworten:* er hat dich gestern ganz schön beschwindelt. **sinnv.:** ↑lügen.

be|schwingt ⟨Adj.⟩: *heiter und voller Schwung:* er kam mit beschwingten Schritten; beschwingte Melodien. **sinnv.:** beflügelt, leichtfüßig, ↑schwungvoll. **Zus.:** froh-, leichtbeschwingt.

be|schwipst ⟨Adj.⟩ (ugs.): *leicht betrunken [und ausgelassen]:* bei dem Fest waren alle schon etwas b. **sinnv.:** ↑betrunken.

be|schwö|ren, beschwor, hat beschworen ⟨tr.⟩: **1.** *durch Eid bestätigen:* seine Aussagen [vor Gericht] b. **sinnv.:** beeiden, schwören, versichern; ↑versprechen. **2.** *eindringlich bitten:* er beschwor ihn, nicht zu reisen. **sinnv.:** ↑bitten. **3.** *durch Zauber (über jmdn./etwas) Gewalt erlangen:* einen Geist, Tote b. **sinnv.:** ↑bannen. **Zus.:** Geister-, Schlangen-, Teufelsbeschwörung.

be|see|len ⟨tr.⟩ (geh.): *innerlich erfüllen:* ein heißes Verlangen, das ihn beseelte; von einem starken Willen beseelt sein. **sinnv.:** bewegen; ↑erfüllen.

be|sei|ti|gen ⟨tr.⟩: *machen, daß etwas nicht mehr vorhanden ist:* den Schmutz, einen Fleck, Schaden b.; alle Schwierigkeiten, die Ursache des Übels b. **sinnv.:** abschaffen, annullieren, aufheben, auflösen, kassieren, kündigen, außer Kraft setzen, für ungültig/[null und] nichtig erklären · abtransportieren, aus den Augen schaffen, beiseite schaffen, entfernen, fortbringen, forträumen, fortschaffen, überkleben, zum Verschwinden bringen, aus dem Weg räumen, wegbringen, wegräumen, wegschaffen, wegtransportieren, zerstreuen · abstellen, aufräumen mit, ausräumen, eliminieren · herausholen, -nehmen · ↑vertreiben · ↑töten.

Be|sen, der; -s, -: *Gegenstand zum Kehren, Fegen.* **Zus.:** Kehr-, Reisig-, Strohbesen · Schneebesen.

be|ses|sen: ⟨in der Verbindung⟩ b. sein von etwas: *heftig ergriffen, ganz erfüllt sein von etwas:* von einem Gedanken, einer Idee b. sein. **sinnv.:** begeistert, beherrscht / beseelt / erfüllt / ergriffen von · berauscht, enthusiastisch, fanatisch, feurig, glühend, hingerissen, inbrünstig, leidenschaftlich, mitgerissen, passioniert, überschwenglich · eifrig, übereifrig. **Zus.:** arbeits-, ich-, kunst-, machtbesessen.

be|set|zen ⟨tr.⟩: **1. a)** *in etwas eindringen und in Besitz nehmen:* ein Land b.; ein Haus b. **sinnv.:** ↑erobern · Besatzer, Hausbesetzer. **b)** *sich widerrechtlich als Zeichen des Protestes in ein Gebäude, auf ein Gebiet begeben und dort bleiben:* eine Kirche b.; das von Atomkraftgegnern besetzte Gelände wurde von der Polizei geräumt; die Streikenden besetzten den Betrieb. **sinnv.:** ↑verstellen. **2.** *an jmdn. vergeben:* einen Posten, eine Rolle beim Theater b. **Zus.:** fehlbesetzen. **3.** *zur Verzierung (mit etwas) versehen:* einen Mantel mit Pelz b. **sinnv.:** benähen, garnieren, ↑schmücken, verzieren. **4.** ***besetzt sein** *(nicht mehr frei sein):* alle Tische sind besetzt. **sinnv.:** ↑belegen.

Be|set|zung, die; -, -en: **a)** *das Besetzen* (1): die B. eines Landes durch feindliche Truppen. **sinnv.:** ↑Invasion. **b)** *das Vergeben an jmdn.:* die B. des Postens erwies sich als notwendig. **c)** *Gesamtheit der Künstler, die bei der Aufführung eines Theaterstückes o. ä. mitwirken:* die Oper wurde in einer hervorragenden B. aufgeführt. **Zus.:** Bomben-, Fehlbesetzung.

be|sich|ti|gen ⟨tr.⟩: *aufsuchen und betrachten:* eine Kirche, eine neue Wohnung b. **sinnv.:** ↑betrachten.

be|sie|deln ⟨tr.⟩: *neue Siedlungen (in einem Land) errichten:* dieses Land wurde erst spät besiedelt; ein dicht besiedeltes Gebiet. **sinnv.:** bevölkern, bewohnen; sich ↑niederlassen.

be|sie|gen ⟨tr.⟩: *den Sieg (über jmdn.) erringen, (gegen jmdn.) gewinnen:* den Gegner [im Kampf] b. **sinnv.:** aufreiben, bezwingen, fertigmachen, außer Gefecht setzen, kampfunfähig machen, in die Knie zwingen, niederringen, in die Pfanne hauen, ruinieren, schlagen, siegen über, zur Strecke bringen, überrollen, überwältigen, überwinden, unterjochen, sich jmdn. untertan machen, unterwerfen, vernichten · auspunkten · ↑siegen; ↑übertreffen.

be|sin|nen, sich; besann sich, hat sich besonnen /vgl. besonnen/: **1.** *überlegen:* er besann sich eine Weile, ehe er antwortete. **sinnv.:** ↑nachdenken. **2.** *sich (an etwas) erinnern:* sich auf Einzelheiten b. können. **sinnv.:** sich ↑erinnern.

be|sinn|lich ⟨Adj.⟩: *der Besinnung dienend:* eine besinnliche Stunde. **sinnv.:** ↑beschaulich.

Be|sin|nung, die; -: **1.** *ruhiges Nachdenken:* nach einer Weile der B. war er ruhiger geworden. **sinnv.:** Betrachtung, Überlegung; Versenkung. **Zus.:** Rück-, Selbstbesinnung. **2.** *Bewußtsein, die Herrschaft über die Sinne:* die B. verlieren; ohne B. sein.

Be|sitz, der; -es: **1.** *etwas, was jmdm. gehört; Eigentum:* das Haus ist sein einziger B. **sinnv.:** Eigentum, Geld [und Gut], Gesamtvermögen, Habe, Habseligkeiten, [Hab und] Gut, Haus und Hof, Immobilien, Kapital, Reichtum, Sachwerte, Vermögen, Vermögenswerte · Aktie · Anwesen, Besitztum, Besitzung, Landbesitz, Ländereien, Latifundien. **Zus.:** Familien-, Gemein-, Grund-, Privatbesitz. **2.** *das Besitzen:* der B. eines Autos. **Zus.:** Allein-, Mit-, Voll-, Waffenbesitz.

be|sit|zen, besaß, hat besessen ⟨itr.⟩: **a)** *sein eigen nennen, (als Eigentum) haben:* er besitzt ein Haus. **b)** *haben:* er besaß die Frechheit, das zu behaupten. **sinnv.:** ↑haben.

Be|sit|zer, der; -s, -, **Be|sit|ze|rin,** die; -, -nen. *männliche bzw.*

weibliche Person, die etwas Bestimmtes besitzt: er ist der B. dieses Hauses. **sinnv.:** Eigentümer, Eigner, Halter, Herr, Inhaber, Nutznießer; ↑Bauherr. **Zus.:** Auto-, Fabrik-, Großgrund-, Guts-, Haus-, Hotel-, Mit-, Vorbesitzer.

Be|sit|zung, die; -, -en: *größerer Besitz an Grund und Gebäuden:* er hat alle seine Besitzungen verloren. **sinnv.:** ↑Besitz.

be|sof|fen ⟨Adj.⟩ (salopp): ↑*betrunken.*

be|soh|len ⟨tr.⟩: *mit neuen Sohlen versehen:* du mußt deine Schuhe b. lassen. **sinnv.:** sohlen.

be|sol|den, besoldete, hat besoldet ⟨tr.⟩: *(jmdm.) den Sold, das Gehalt zahlen* /bei Soldaten und Beamten/: der Staat besoldet die Beamten. **sinnv.:** bezahlen, entlohnen · honorieren, vergüten.

be|son|der... ⟨Adj.⟩: *anders als sonst üblich, sich vom sonst Üblichen abhebend:* jmdm. eine besondere Freude machen; er zählte zu den besonderen Gratulanten. **sinnv.:** ↑außergewöhnlich; ↑individuell.

Be|son|der|heit, die; -, -en: *besonderes Merkmal.* **sinnv.:** Absonderlichkeit, Eigenart, Eigenheit, Eigenschaft, Eigentümlichkeit, Kennzeichen, Kuriosität, Merkmal, Merkwürdigkeit, Seltsamkeit, Spezialität, Spezifikum, Wesen.

be|son|ders ⟨Adverb⟩: **a)** *für sich:* diese Frage müssen wir b. behandeln. **b)** *vor allem:* das möchte ich b. betonen. **sinnv.:** ausdrücklich, vor allen Dingen, eigens, im einzelnen, förmlich, in der Hauptsache, hauptsächlich, insbesondere, in erster Linie, namentlich, vor allem, vornehmlich, vorwiegend, vorzugsweise. **c)** *deutlich besser, schlechter usw. als sonst üblich:* dieses Bild ist b. schön, groß; in der Arbeit sind b. viele Fehler. **sinnv.:** selten; ↑sehr · ↑außergewöhnlich. **d)** ***nicht b.:** *mittelmäßig, in enttäuschender Weise schlecht:* dieser Film war nicht b.

be|son|nen ⟨Adj.⟩: *umsichtig und abwägend:* ein besonnener Mensch; b. handeln. **sinnv.:** ↑ruhig, ↑umsichtig; ↑reif.

be|sor|gen ⟨tr.⟩: **1.** *etwas beschaffen, kaufen:* etwas zum Essen, Geschenke b.; ich muß mir noch ein Buch b. **sinnv.:** ↑beschaffen. **2.** *sich (um jmdn./etwas) kümmern, (jmdn./etwas) versorgen:* den Haushalt b. **sinnv.:** sich ↑kümmern um. **3.** ***besorgt sein um jmdn./etwas:** *bedacht sein auf etwas, Sorge haben um jmdn.:* er war sehr besorgt um ihre Gesundheit. **sinnv.:** ↑ängstlich, ↑bedrückt; ↑bedenken; sich ↑befleißigen.

Be|sorg|nis, die; -, -se: *das Besorgtsein:* seine B. um den kranken Jungen war sehr groß. **sinnv.:** ↑Ahnung, Sorge; ↑befürchten.

be|spit|zeln ⟨tr.⟩: *durch einen Spitzel heimlich beobachten und aushorchen:* der Politiker wurde von seinem Gegner bespitzelt. **sinnv.:** ↑beobachten, ↑überwachen.

be|spre|chen, bespricht, besprach, hat besprochen: **1.** ⟨tr.⟩ *gemeinsam ausführlich (über etwas) sprechen; (etwas) im Gespräch klären:* die neuesten Ereignisse b. **sinnv.:** ↑erörtern · ↑beraten · ↑übereinkommen, verhandeln. **2.** ⟨sich b.⟩ *eine Besprechung mit jmdm. haben:* wir müssen uns noch darüber b.; er besprach sich mit ihm über diesen Fall. **3.** ⟨tr.⟩ *eine Kritik (über etwas) schreiben:* ein Buch b. **sinnv.:** kritisieren, rezensieren, würdigen · auseinandernehmen, heruntermachen, verhackstükken, verreißen; ↑beanstanden, ↑loben.

Be|spre|chung, die; -, -en: **1.** *ausführliches Gespräch über eine bestimmte Sache, Angelegenheit:* eine B. der Lage; eine B. [über etwas] abhalten; er ist in einer wichtigen B., hat eine B. mit seinem Chef. **sinnv.:** ↑Gespräch · ↑Tagung. **Zus.:** Arbeits-, Lagebesprechung. **2.** ↑*Rezension.* **Zus.:** Buch-, Filmbesprechung.

be|spren|gen ⟨tr./sich b.⟩: *durch Spritzen leicht befeuchten:* vor dem Bügeln die Wäsche mit Wasser b.; sich mit Parfüm b. **sinnv.:** ↑sprengen.

be|sprit|zen ⟨tr.⟩: **1.** *durch Spritzen naß machen:* er hat sie [mit Wasser] bespritzt. **sinnv.:** ↑sprengen. **2.** *machen, daß Spritzer auf jmdn./etwas kommen:* das vorbeifahrende Auto hat mich, meinen Mantel ganz bespritzt; er hat seinen Mitschüler mit Tinte bespritzt. **sinnv.:** ↑beschmutzen.

be|sprü|hen ⟨tr.⟩: *durch Sprühen leicht befeuchten:* Pflanzen mit einem Mittel gegen Blattläuse b. **sinnv.:** ↑sprengen.

bes|ser ⟨Adj.⟩: **1.** /Komparativ von *gut*/: in den neuen Schuhen kann er b. gehen. **2.** *einer höheren Schicht der Gesellschaft angehörend:* ein besserer Herr; bessere Leute.

bes|sern: 1. ⟨sich b.⟩ *besser werden:* das Wetter, seine Laune hat sich gebessert. **sinnv.:** ↑aufwärtsgehen, sich verbessern · sich bekehren, sich eines Besseren belehren lassen/besinnen, ein besserer Mensch werden, in sich gehen, Einkehr halten, sich läutern, umkehren; ↑bereuen. **2.** ⟨tr.⟩ *besser machen:* damit besserst du auch nichts; die Strafe hat ihn nicht gebessert. **sinnv.:** ↑verbessern · ↑lindern · bekehren, eines Besseren belehren, läutern. **Zus.:** nach-, verschlimmbessern.

Bes|ser|wis|ser, der; -s, -: *jmd., der alles besser zu wissen glaubt:* ein arroganter B. **sinnv.:** Alleswisser, Klugscheißer, Klugschnacker, Neunmalgescheiter, -kluger, -schlauer, Rechthaber; ↑Nörgler.

best... ⟨Adj.; Superlativ von *gut*⟩: sein bester Freund. **sinnv.:** allerbeste, allererste, bestmöglich, erste, oberste, optimal, sehr gut · Führungs-, Haupt-, Spitzen-, Top-; ↑Auslese.

Be|stand, der; -[e]s, Bestände: **1.** ⟨ohne Plural⟩ *das Bestehen:* den B. der Firma sichern; die Freundschaft war nicht von B. *(hielt nicht lange).* **sinnv.:** ↑Beständigkeit. **Zus.:** Tatbestand. **2.** *vorhandene Menge (von etwas); Vorrat:* den B. der Waren ergänzen. **sinnv.:** ↑Grundlage, ↑Vorrat. **Zus.:** Baum-, Vieh-, Wald-, Wildbestand.

be|stan|den ⟨Adj.⟩: *bewachsen:* ein mit alten Bäumen bestandener Garten. **sinnv.:** bedeckt, bewachsen, übersät, überzogen.

be|stän|dig ⟨Adj.⟩: **a)** *dauernd:* in beständiger Sorge leben. **sinnv.:** ↑unaufhörlich. **b)** *gleichbleibend:* das Wetter ist b. **sinnv.:** ↑treu · ↑dauerhaft. **Zus.:** wertbeständig. **c)** *widerstandsfähig, dauerhaft:* dieses Material ist b. gegen/gegenüber Hitze. **sinnv.:** ↑haltbar, ↑widerstandsfähig; vgl. -beständig.

-be|stän|dig ⟨adjektivisches Suffixoid⟩ /vor allem in der Fach- und Werbesprache/ **1.** *widerstandsfähig, unempfindlich gegenüber, geschützt vor dem im Basiswort Genannten:* anlauf- (Edelmetalle), bakterien-, feuer-, frost-, hitze-, kälte-, korrosions-, licht-, nässe-, salzwasser- (Schlauchboot), säure-, sonnen- (Schlauchboot), wärme-, wasser- (Klebstoff), wetter-, witterungsbeständig. **sinnv.:** -fest. **2.** */besagt, daß das im Basiswort Genannte mit dem Bezugswort ohne Schaden gemacht werden kann/:* bügel-, gefrier-, koch- (Wäsche), reinigungsbeständig (Stoff). **sinnv.:** -echt, -sicher. **3.** */besagt, daß das im Basiswort Genannte nicht zu befürchten ist/:* knitterbeständig (Material).

Be|stän|dig|keit, die; -: *das Beständigsein.* **sinnv.:** Ausdauer, Bestand, Dauer, Endlosigkeit, Ewigkeit, Fortbestand, Fortdauer, Kontinuität, Stetigkeit, Unwandelbarkeit, Weiterbestehen · Ausdauer, Beharrlichkeit, Beharrung, Charakterfestigkeit, Entschiedenheit, Entschlossenheit, Festigkeit, Geduld, Hartnäckigkeit, Konsequenz, Langmut, Seelenstärke, Standhaftigkeit, Stetigkeit, Sturheit, Unermüdlichkeit, Zähigkeit, Zielstrebigkeit · ↑Treue · Dauerhaftigkeit, Haltbarkeit, Härte, Festigkeit, Stabilität, Strapazierfähigkeit, Unvergänglichkeit, Unverwüstlichkeit, Widerstandsfähigkeit.

Be|stand|teil, der; -s, -e: *einzelner Teil eines Ganzen:* Fett ist ein notwendiger B. unserer Nahrung; etwas in seine Bestandteile zerlegen. **sinnv.:** Element, Ingrediens, Komponente, Seite, Teil; ↑Zutat, Zubehör. **Zus.:** Hauptbestandteil.

be|stär|ken ⟨tr.⟩: *durch Zureden o. ä. unterstützen, sicher machen:* jmdn. in seinem Vorsatz b. **sinnv.:** ↑zuraten.

be|stä|ti|gen: a) ⟨tr.⟩ *(etwas) für richtig, zutreffend erklären:* er bestätigte ihre Worte. **sinnv.:** ↑aussagen · ↑beglaubigen · ↑anerkennen. **b)** ⟨tr.⟩ *mitteilen, daß man etwas erhalten hat:* einen Brief, eine Sendung b. **c)** ⟨tr.⟩ *als richtig erweisen:* das bestätigt meinen Verdacht. **sinnv.:** ↑festigen. **d)** ⟨sich b.⟩ *sich als wahr, richtig erweisen:* die Nachricht hat sich, seine Befürchtungen haben sich bestätigt. **sinnv.:** sich ↑bewahrheiten.

be|stat|ten, bestattete, hat bestattet ⟨tr.⟩: *feierlich begraben:* einen Toten b. **sinnv.:** beerdigen, begraben, beisetzen, jmdm. die letzte Ehre erweisen, jmdm. das letzte Geleit geben, zu Grabe tragen, zur letzten Ruhe betten/geleiten · einscharren, vergraben, verscharren · ↑einäschern.

Be|stat|tung, die; -, -en: *feierliches Begräbnis.* **sinnv.:** ↑Begräbnis. **Zus.:** Erd-, Feuer-, Leichen-, Totenbestattung.

be|stau|nen ⟨tr.⟩: *staunend ansehen, betrachten; (über jmdn./etwas) staunen:* sie bestaunten das neue Auto. **sinnv.:** anstaunen, bewundern, staunen über · beneiden.

be|ste|chen, besticht, bestach, hat bestochen: **1.** ⟨tr.⟩ *durch Geschenke in nicht erlaubter Weise für seine Zwecke gewinnen:* einen Beamten [mit Geld] b. **sinnv.:** jmdm. Geld anbieten/geben, sein Geld spielen lassen, jmdm. Geschenke machen, jmdm. Handgeld geben, kaufen, korrumpieren, schmieren, Schmiergelder zahlen, jmdm. Schweigegeld geben, spicken. **2.** ⟨tr./itr.⟩ *für sich einnehmen:* sein sicheres Auftreten hat alle bestochen; sie bestach durch ihre Schönheit. **sinnv.:** ↑beeindrucken, ↑gefallen.

be|stech|lich ⟨Adj.⟩: *sich leicht bestechen lassend:* ein bestechlicher Polizist. **sinnv.:** feil, käuflich, korrupt.

Be|ste|chung, die; -, -en: *das Bestechen:* er wurde wegen B. bestraft. **sinnv.:** Korruption. **Zus.:** Beamtenbestechung.

Be|steck, das; -[e]s, -e: *zusammengehörende Gegenstände (für eine Person), mit denen man die Speisen zu sich nimmt (Messer, Gabel und Löffel).* **sinnv.:** Gerät, Instrument, Satz, Set. **Zus.:** Eß-, Fisch-, Obst-, Salatbesteck.

be|ste|hen, bestand, hat bestanden /vgl. bestanden/: **1.** ⟨itr.⟩ *vorhanden sein:* zwischen den beiden Sorten besteht kein Unterschied; das Geschäft besteht noch nicht lange. **sinnv.:** ↑existieren; ↑herrschen. **2.** ⟨itr.⟩ **a)** *sich zusammensetzen (aus etwas), gebildet sein (aus etwas):* ihre Nahrung bestand aus Wasser und Brot. **sinnv.:** sich ↑zusammensetzen. **b)** *(etwas) als Inhalt haben:* seine Aufgabe besteht in der Erledigung der Korrespondenz; der Unterschied besteht darin, daß ... **sinnv.:** ↑einschließen. **3.** ⟨tr.⟩ *den Anforderungen (einer Prüfung o. ä.) entsprechen, gewachsen sein:* eine Prüfung mit Auszeichnung b.; ein Abenteuer, einen Kampf b.; ⟨auch itr.⟩ er konnte vor ihm/vor seinen Augen nicht b. *(konnte bei ihm keine Anerkennung finden).* **sinnv.:** ↑aushalten · sich behaupten, sich bewähren, ↑bewältigen, sich halten, seinen Mann stehen; sich ↑durchsetzen. **4.** ⟨itr.⟩ *(etwas) mit Nachdruck fordern und nicht nachgeben:* auf seinem Recht b. **sinnv.:** sich von etwas nicht abbringen lassen, nicht ablassen, Ansprüche anmelden/stellen/erheben, beanspruchen, Bedingungen stellen, beharren auf, bleiben bei, dringen auf, insistieren auf, nicht lockerlassen, nicht nachgeben, pochen auf, sein Recht geltend machen/erzwingen/behaupten, von seinem Recht Gebrauch machen, verharren bei, sich versteifen auf; ↑verlangen.

be|steh|len, bestiehlt, bestahl, hat bestohlen ⟨tr.⟩: *von jmdm. etwas stehlen:* er bestahl seine eigenen Eltern. **sinnv.:** ausrauben, begaunern, berauben, erleichtern, fleddern; ↑ausnehmen, ↑wegnehmen.

be|stei|gen, bestieg, hat bestiegen ⟨tr.⟩: **a)** *(auf etwas) hinaufsteigen:* einen Berg, ein Pferd, ein Fahrrad b. **sinnv.:** ↑steigen auf, ↑aufsteigen. **b)** *durch Hinaufsteigen betreten:* den Zug, die Straßenbahn, das Schiff, das Flugzeug b. **sinnv.:** ↑einsteigen; ↑betreten. **Zus.:** Berg-, Thronbesteigung.

be|stel|len ⟨tr.⟩: **1. a)** *die Lieferung (von etwas) veranlassen:* Waren b.; sie bestellten beim Kellner eine Flasche Wein *(ließen sie sich bringen).* **sinnv.:** anfordern, in Auftrag geben, jmdm. einen Auftrag geben, erbitten, kommen lassen · abonnieren, beziehen · subskribieren, vorausbestellen; ↑kaufen. **b)** *reservieren lassen:* ein Zimmer, Karten für ein Konzert b. **c)** *(irgendwohin) kommen lassen:* jmdn. zu sich b. **sinnv.:** zu sich befehlen/↑rufen. **2.** *(Worte von einem anderen als dessen Auftrag jmdm.) übermitteln:* jmdm. Grüße, eine Botschaft b. **sinnv.:** ↑mitteilen. **3.** *bestimmen (zu etwas):* jmdn. zu seinem Nachfolger b. **sinnv.:** ↑ernennen; ↑bestimmen. **4.** *(den Boden) bebauen, bearbeiten:* Felder, Äcker b. **sinnv.:** ↑bebauen.

Be|stel|lung, die; -, -en: **1. a)** *Auftrag zur Lieferung von etwas:* eine B. auf/über/von etwas; Bestellungen aufgeben, ausführen; etwas auf B. anfertigen. **sinnv.:** Anforderung, Auftrag, Order ·

Abonnement · Subskription · Reservierung, Vorausbestellung, Vorbestellung, Vormerkung. **Zus.:** Sammel-, Zimmerbestellung. **b)** *bestellte Ware.* **2.** *Botschaft:* eine B. ausrichten. **sinnv.:** ↑Nachricht. **3.** *das Bestellen* (3): die B. eines Gutachters, Vormundes. **sinnv.:** ↑Berufung. **4.** *das Bestellen* (4): B. der Felder.

bẹ|stens ⟨Adverb⟩: *aufs beste, ausgezeichnet, sehr gut:* die Sache hat sich bei uns b. bewährt. **sinnv.:** ↑vortrefflich.

be|steu|ern ⟨tr.⟩: *mit Steuern belegen:* der Staat besteuert Einkommen und Besitz, seine Bürger.

Bẹ|stie, die; -, -n: *wildes Tier, vor dem man sich fürchtet.* **sinnv.:** ↑Tier. **Zus.:** Intelligenzbestie.

be|stịm|men ⟨tr.⟩ /vgl. bestimmt/: **1. a)** *festlegen (was oder wann, wie etwas zu geschehen hat):* einen Termin, den Preis b. **sinnv.:** ↑anordnen, ↑beauftragen, ↑befinden. **b)** *vorsehen (als/für etwas/jmdn.):* der Vater hatte ihn zu seinem Nachfolger bestimmt; sie waren [vom Schicksal] füreinander bestimmt. **sinnv.:** bestellen, bezeichnen, designieren, vorsehen, ↑wählen; ↑ernennen. **2.** *(mit Hilfe von wissenschaftlichen Untersuchungen, Überlegungen) ermitteln:* den Standort von etwas b. **sinnv.:** ↑ermitteln.

be|stịmmt: I. ⟨Adj.⟩ **1.** *genau festgelegt; feststehend:* einen bestimmten Zweck verfolgen. **sinnv.:** festgelegt, feststehend; ↑klar. **2.** *in einer Weise, die eine Änderung der gemachten Aussage aussichtslos erscheinen läßt:* etwas sehr b. ablehnen. **sinnv.:** apodiktisch, entschieden, fest, kategorisch; ↑nachdrücklich, ↑streng, ↑zielstrebig. **II.** ⟨Adverb⟩ *ganz sicher:* er wird b. kommen. **sinnv.:** mit Sicherheit, unfehlbar, ↑unweigerlich; ↑allemal, ↑gewiß, ↑wahrhaftig.

Be|stịm|mung, die; -, -en: **1.** *das Festlegen, Festsetzen:* die B. eines Termins, des Preises. **2.** *Anordnung, Vorschrift:* die neuen Bestimmungen für den Verkehr in der Innenstadt müssen beachtet werden. **sinnv.:** ↑Weisung. **Zus.:** Arbeitsschutz-, Ausführungs-, Devisen-, Durchführungs-, Einfuhr-, Gesetzesbestimmung. **3.** ⟨ohne Plural⟩ *das Bestimmtsein; Zweck, für den etwas verwendet werden soll:* ein neues Krankenhaus seiner B. übergeben. **sinnv.:** Aufgabe, Funktion, Zweck. **4.** *das Bestimmen* (2): die B. eines Begriffs, einer Größe. **sinnv.:** ↑Erklärung. **Zus.:** Begriffs-, Gewichts-, Standortbestimmung.

be|stra|fen ⟨tr.⟩: *(jmdm.) für etwas eine Strafe geben:* nur schwere Delikte sollten mit Gefängnis bestraft werden. **sinnv.:** abrechnen, ahnden, belangen, jmdm. einen Denkzettel verpassen, es jmdm. eintränken, erkennen auf, jmdn. grün und blau schlagen, [mit gleicher Münze] heimzahlen, lynchen, maßregeln, Rache üben/nehmen, rächen, zur Rechenschaft ziehen, sich revanchieren, sanktionieren, schikanieren, mit einer Strafe belegen, jmdm. eine Strafe auferlegen / zudiktieren / aufbrummen, über jmdn. eine Strafe verhängen, strafen, tadeln, teeren und federn, zur Verantwortung ziehen, vergelten, Vergeltung üben, zur Vernunft bringen, züchtigen.

be|strah|len ⟨tr.⟩: *mit Strahlen behandeln:* eine Entzündung, eine Geschwulst b.

Be|stre|ben, das; -s: *das Bemühen:* es war sein B., ihnen zu helfen. **sinnv.:** ↑Absicht.

be|strebt: ⟨in der Verbindung⟩ b. sein: *bemüht sein:* er war immer bestrebt, ihnen zu helfen. **sinnv.:** sich ↑befleißigen.

Be|stre|bung, die; -, -en: *Bemühung:* alle seine Bestrebungen waren vergebens; es sind Bestrebungen im Gange, die das verhindern sollen. **sinnv.:** ↑Absicht, ↑Belange. **Zus.:** Autonomie-, Einigungs-, Reformbestrebungen.

be|strei|chen, bestrich, hat bestrichen ⟨tr.⟩: *streichend mit etwas versehen:* ein Brot mit Butter b. **sinnv.:** aufstreichen, beschmieren, schmieren auf, streichen auf.

be|strei|ken ⟨tr.⟩: *Mittel des Streiks (gegen ein Unternehmen) einsetzen:* einen Betrieb b.

be|strei|ten, bestritt, hat bestritten ⟨tr.⟩: **1.** *für nicht zutreffend erklären:* jmds. Worte, Behauptungen b. **sinnv.:** in Abrede stellen, abstreiten, ableugnen, anfechten, angehen gegen, angreifen, leugnen, verneinen, nicht wahrhaben wollen, zurückweisen; ↑absprechen. **2.** *für etwas (das Genannte) das dafür Nötige aufbringen, machen:* er muß die Kosten der Reise selbst b.; er hat die Unterhaltung allein bestritten: **sinnv.:** ↑bezahlen.

be|streu|en ⟨tr.⟩: *streuend mit etwas versehen:* den Kuchen mit Zucker b. **sinnv.:** pudern.

Bẹst|sel|ler, der; -s, -: *Buch, das in kurzer Zeit überdurchschnittlich gut verkauft wird.* **sinnv.:** Dauerbrenner.

be|stụ̈r|men ⟨tr.⟩: *heftig bedrängen:* die Kinder bestürmten die Mutter mit Bitten. **sinnv.:** ↑bitten, überfallen.

be|stụ̈rzt ⟨Adj.⟩: *(auf Grund von etwas Unangenehmem, was ganz außerhalb der Erwartung, Gewohnheit liegt) erschrocken:* ein bestürztes Gesicht machen; er knallte die Tür zu. Bestürzt blickte man ihm nach; „Ich soll tanzen?" fragte sie b. **sinnv.:** ↑betroffen.

Be|such, der; -[e]s, -e: **1.** *das Besuchen:* den B. eines Freundes erwarten. **sinnv.:** das Kommen, Stippvisite · Visite. **Zus.:** Abschieds-, Antritts-, Arbeits-, Arzt-, Haus-, Staatsbesuch. **2.** ⟨ohne Plural⟩ *jmd., der jmdn. besucht:* B. erwarten; den B. zur Bahn bringen. **sinnv.:** ↑Gast. **Zus.:** Damen-, Herrenbesuch.

be|su|chen ⟨tr.⟩: **a)** *sich zu jmdm. [den man gern sehen möchte] begeben und dort einige Zeit verweilen:* einen Freund, Kranken b.; er besucht seine Kunden jede Woche. **sinnv.:** aufsuchen, aufwarten, jmdm. seine Aufwartung machen, [mit einem Besuch] beehren, zu Besuch kommen, einen Besuch machen/abstatten, einkehren, gehen zu, hereinschauen, hereinschneien, hingehen zu, mit jmdm. verkehren, Visite machen, vorbeikommen, vorsprechen · hereinschneien, ins Haus platzen/schneien. **b)** *sich irgendwohin begeben, um etwas zu besichtigen, an etwas teilzunehmen:* eine Ausstellung, ein Konzert, die Schule b. **sinnv.:** aufsuchen, frequentieren, gehen zu, hingehen; ↑bereisen.

Be|su|cher, der; -s, -: **a)** *jmd., der einem andern [außerhalb des privaten Bereichs] einen Besuch macht:* die B. müssen jetzt das Krankenhaus verlassen. **sinnv.:** ↑Gast. **b)** *jmd., der eine Veranstaltung besucht:* die B. des Konzerts. **sinnv.:** ↑Publikum. **Zus.:** Kino-, Konzert-, Theaterbesucher.

be|tagt ⟨Adj.⟩: *schon ein gewis-*

ses Alter habend, schon älter: ein betagter Herr. **sinnv.:** ↑alt. **Zus.:** hochbetagt.

be|tä|ti|gen: 1. ⟨sich b.⟩ *in bestimmter Weise tätig sein:* sich künstlerisch, politisch b. **sinnv.:** ↑arbeiten. **2.** ⟨tr.⟩ *in Gang, in Tätigkeit setzen, tätig werden lassen:* einen Hebel, die Bremse b. **sinnv.:** ↑bedienen.

be|täu|ben ⟨tr.⟩: **a)** *schmerzunempfindlich machen:* einen Nerv örtlich b. **b)** *in einen schlafähnlichen Zustand versetzen, bewußtlos machen:* jmdn. vor einer Operation [mit Äther] b. **sinnv.:** anästhesieren, chloroformieren, einschläfern, narkotisieren · ↑benommen. **Zus.:** ohrenbetäubend.

be|tei|li|gen: 1. ⟨sich b.⟩ *aktiv teilnehmen (an etwas):* sich an einem Gespräch, bei einem Wettbewerb b. **sinnv.:** Anteil haben, ↑beitragen. **2. *beteiligt sein an etwas:** *an etwas teilhaben:* er ist an dem Unternehmen, Vorhaben beteiligt. **sinnv.:** die Hand/die Finger im Spiel haben, mitarbeiten, mitmachen, mitmischen, mit von der Partie sein, gemeinsame Sache machen. **Zus.:** Kapitalbeteiligung. **3.** ⟨tr.⟩ *teilhaben lassen:* er beteiligte seine Brüder am Gewinn. **Zus.:** Gewinnbeteiligung.

be|ten, betete, hat gebetet ⟨itr.⟩: *ein Gebet sprechen.* **sinnv.:** anbeten, Gott anrufen, die Hände falten, auf die Knie fallen, meditieren, [zum Gebet] niederknien. **Zus.:** gesundbeten.

be|teu|ern ⟨tr.⟩: *beschwörend, nachdrücklich versichern:* seine Unschuld, seine Liebe b. **sinnv.:** bekräftigen, ↑versprechen.

Be|ton [be'tɔŋ], der; -s, -s; (bes. südd.:) [be'to:n] -s, -e: *am Bau verwendete Mischung aus Zement, Wasser, Sand o. ä., die im trockenen Zustand sehr hart und fest ist:* B. mischen. **sinnv.:** ↑Zement. **Zus.:** Eisen-, Guß-, Spritz-, Stahlbeton.

be|to|nen ⟨tr.⟩: **1.** *durch stärkeren Ton hervorheben:* ein Wort, eine Silbe, eine Note b.; vgl. -betont. **2.** *mit Nachdruck sagen:* dies möchte ich noch einmal besonders b. **sinnv.:** akzentuieren, feststellen, auf die Feststellung Wert legen, Gewicht legen auf, herausstellen, hervorheben, konstatieren, pointieren, unterstreichen; ↑hinweisen auf.

-be|tont ⟨adjektivisches Suffixoid⟩ *(in bezug auf das im substantivischen Basiswort Genannte) ausgeprägt vorhanden; in einer Weise betont, die das im Basiswort Genannte bewußt, besonders hervorhebt:* baßbetonte Stimme, bluesbetonte Gitarre, körperbetonte Kleidung, leistungs-, traditions-, unlustbetont. **sinnv.:** -bewußt (z. B. leistungsbewußt), -bezogen (z. B. traditionsbezogen), -nah (z. B. traditionsnah), -orientiert (z. B. traditionsorientiert).

Be|to|nung, die; -, -en: **1.** *das Betonen* (1). **sinnv.:** Akzent, Ton. **2.** *das Betonen* (2), *nachdrückliche Hervorhebung:* die B. des eigenen Standpunktes. **sinnv.:** ausdrückliche Feststellung/Erwähnung/Nennung, Herausstellung, Hervorhebung, Unterstreichung; ↑Nachdruck.

be|tö|ren ⟨tr.⟩: *aufreizend-verführerisch auf jmdn. wirken und für sich einnehmen [so daß ein sachliches Urteil nicht mehr möglich ist]:* seine Augen betörten sie; sie lächelte ihm betörend zu. **sinnv.:** es jmdm. angetan haben, becircen, einwickeln, täuschen, jmdm. den Kopf verdrehen, verführen, verliebt/verrückt machen; ↑bezaubern, ↑faszinieren · ↑berückend, ↑hübsch, verblendet.

Be|tracht: ⟨in bestimmten Fügungen⟩ in B. kommen *(als möglich betrachtet werden):* das kommt nicht in B.; in B. ziehen *(↑erwägen):* mehrere Möglichkeiten in B. ziehen; außer B. lassen *(nicht berücksichtigen, absehen von etwas):* diese Frage lassen wir hier außer B. **sinnv.:** ↑berücksichtigen; ↑ausscheiden, ↑ausklammern.

be|trach|ten, betrachtete, hat betrachtet ⟨tr.⟩: **1.** *den Blick längere Zeit (auf jmdn./etwas) richten:* jmdn./etwas neugierig b.; ein Bild b. **sinnv.:** anblicken, angaffen, anglotzen, anglupschen, angucken, anschauen, ↑ansehen, anstarren, anstieren, mit den Augen verschlingen, in Augenschein nehmen, beäugen, beäugeln, begaffen, begucken, begutachten, beobachten, besehen, besichtigen, den Blick heften auf, den Blick nicht abwenden können, jmdm. einen Blick zuwerfen/schenken/gönnen, einen Blick werfen auf, mit Blicken durchbohren, blicken auf, im Fadenkreuz haben, fixieren, mustern, sehen, Stielaugen machen, studieren, im Visier haben. **2.** *eine bestimmte Meinung, Vorstellung haben (von jmdm./etwas):* jmdn. als seinen Freund b.; er betrachtete es als seine Pflicht. **sinnv.:** ↑ansehen, ↑begutachten.

be|trächt|lich ⟨Adj.⟩: **a)** *ziemlich groß:* eine beträchtliche Summe. **sinnv.:** ↑anständig, ↑außergewöhnlich, ↑beachtlich. **b)** ⟨verstärkend bei Adjektiven im Komparativ und Verben⟩ *sehr, viel:* er ist in letzter Zeit b. gewachsen; er war b. schneller als du. **sinnv.:** ↑sehr.

Be|trach|tung, die; -, -en: **1.** *das Betrachten:* die B. eines Bildes. **sinnv.:** Besichtigung, Musterung. **2.** *[schriftlich formulierte] Gedanken über ein bestimmtes Thema:* eine politische, wissenschaftliche, philosophische B. **sinnv.:** ↑Besinnung; ↑Überlegung. **Zus.:** Kunst-, Literaturbetrachtung.

Be|trag, der; -[e]s, Beträge: *eine bestimmte Summe (an Geld):* ein B. von tausend Mark. **sinnv.:** Kontingent, Posten, Quantum, Summe; ↑Beitrag. **Zus.:** Fehl-, Geldbetrag.

be|tra|gen, beträgt, betrug, hat betragen: **1.** ⟨itr.⟩ *die Summe, Größe erreichen, (von einer bestimmten Höhe) sein:* der Gewinn betrug 500 Mark; die Entfernung beträgt drei Meter. **sinnv.:** angegeben werden mit, ausmachen, sich belaufen auf, sich beziffern auf. **2.** ⟨sich b.⟩ *sich benehmen:* er hat sich gut, schlecht betragen. **sinnv.:** sich ↑benehmen.

Be|tra|gen, das; -s: *das Benehmen:* sein gutes, schlechtes B. fiel auf. **sinnv.:** ↑Benehmen.

be|trau|en ⟨tr.⟩: *(mit etwas Wichtigem) beauftragen:* der Chef hat ihn mit der Führung des Geschäftes betraut. **sinnv.:** ↑befassen.

be|trau|ern ⟨tr.⟩: *(über jmdn./etwas) trauern:* wir alle betrauern den Tod dieses Mannes. **sinnv.:** ↑beklagen.

Be|treff, der; -[e]s, -e: *Gegenstand, auf den man sich [im nachfolgenden Brieftext] bezieht.* **sinnv.:** Bezug; ↑Thema.

be|tref|fen, betrifft, betraf, hat betroffen ⟨tr.⟩ /vgl. betroffen/: *sich (auf jmdn./etwas) beziehen:* das betrifft uns alle; was dies betrifft, brauchst du dir keine Sorgen zu machen; die betreffende *(genannte, in Frage kommende)* Regel noch einmal lesen. **sinnv.:**

angehen, anlangen, berühren, sich beziehen auf, Bezug haben auf/zu, sich drehen/handeln um, scheren, tangieren, zu tun haben mit, zusammenhängen mit.

be|trei|ben, betrieb, hat betrieben ⟨tr.⟩: **1. a)** *sich bemühen, darauf hinarbeiten, etwas aus-, durchzuführen:* sein Studium, seine Abreise mit Eifer b. **sinnv.:** sich dahinterklemmen, dafür sorgen, daß ... **b)** *als Beruf ausüben:* ein Handwerk, einen Handel b. **sinnv.:** ↑arbeiten. **2.** *(einen Betrieb o. ä.) unterhalten und leiten:* eine Pension, Fabrik b. **sinnv.:** ↑führen. **3.** *in Gang, in Bewegung, in Betrieb halten:* eine Maschine mit elektrischem Strom b. **sinnv.:** antreiben.

be|tre|ten: I. betreten, betritt, betrat, hat betreten ⟨tr.⟩: **a)** *(auf etwas) treten, seinen Fuß (auf etwas) setzen:* den Rasen nicht b. **b)** *(in einen Raum) hineingehen:* ein Zimmer b. **sinnv.:** besteigen, gehen in, eintreten, einziehen, Einzug halten, hereinkommen, hereinspazieren, hereintreten, hineinlaufen, hineinkommen, hineinspazieren, treten in. **II.** ⟨Adj.⟩ *in Verlegenheit, Verwirrung gebracht; unangenehm, peinlich berührt:* b. schweigen. **sinnv.:** ↑verlegen.

be|treu|en ⟨tr.⟩: **a)** *sich um jmdn. kümmern, dafür sorgen, daß er das Nötige für sein Wohlergehen hat:* einen Kranken, die Kinder b. **sinnv.:** sich ↑kümmern. **b)** *(für ein bestimmtes Gebiet o. ä. und dessen geregelte, gedeihliche Entwicklung) sorgen:* eine Abteilung, ein Arbeitsgebiet b.; sie betreut in seiner Abwesenheit das Geschäft. **sinnv.:** ↑führen.

Be|trieb, der; -[e]s, -e: **1.** *eine in bestimmter Weise organisierte, eine räumliche, technische o. ä. Einheit bildende, eine größere Anzahl von Menschen beschäftigende Einrichtung, die gewerblichen, kaufmännischen, industriellen o. ä. Zwecken dient:* ein landwirtschaftlicher, privater, staatlicher B.; einen B. leiten. **sinnv.:** ↑Fabrik, Firma, Geschäft, ↑Unternehmen. **Zus.:** Groß-, Handwerks-, Privatbetrieb. **2.** ⟨ohne Plural⟩ *reges Leben, Treiben; große Geschäftigkeit, Bewegung:* auf den Straßen, auf dem Bahnhof, in den Geschäften ist viel B., herrscht großer B. **sinnv.:** ↑Hast. **Zus.:** Geschäfts-, Hoch-, Massenbetrieb. **3.** ⟨ohne Plural⟩ *das Arbeiten, In-Funktion-Sein:* den B. aufnehmen, stören, unterbrechen; das Werk hat den B. eingestellt; außer, in B. sein; außer, in B. setzen; in B. nehmen, gehen. **Zus.:** Automatik-, Handbetrieb.

be|trieb|sam ⟨Adj.⟩: *mit [allzu] großem Eifer tätig:* er ist ein betriebsamer Mensch. **sinnv.:** geschäftig, rührig; ↑aktiv; ↑fleißig.

be|trin|ken, sich; betrank sich, hat sich betrunken /vgl. betrunken/: *trinken, bis man einen Rausch hat:* sich [aus Kummer] b. **sinnv.:** sich einen ansaufen/antrinken, sich berauschen/besaufen/besäuseln/bezechen, einen über den Durst trinken, zu tief ins Glas gucken, sich die Nase begießen, sich vollaufen lassen, sich vollsaufen.

be|trof|fen ⟨Adj.⟩: **1.** *voll plötzlicher, heftiger Verwunderung und Überraschung [über etwas Negatives, Ungünstiges]:* b. schweigen; ernstlich b. sein; dieser Vorwurf macht mich b.; er war b., daß davon gar nicht die Rede war. **sinnv.:** besorgt, bestürzt, betreten, entgeistert, entsetzt, erschrocken, fassungslos, konfus, konsterniert, starr, verdattert, verlegen, verstört, verwirrt. **2. *betroffen sein von etwas:** *die Auswirkungen (von etwas Unangenehmem) an sich erfahren, davon in Mitleidenschaft gezogen sein:* die Arbeiter sind von der Aussperrung b.; vom Streik betroffene Betriebe.

be|trü|ben ⟨tr.⟩: *traurig machen:* seine Worte betrübten sie sehr. **sinnv.:** ↑bekümmern.

be|trüb|lich ⟨Adj.⟩: *Bedauern, Traurigkeit hervorrufend:* eine betrübliche Nachricht. **sinnv.:** ↑bedauerlich.

Be|trug, der; -[e]s: *das Täuschen, Irreführen, Hintergehen eines andern:* der B. wurde aufgedeckt. **sinnv.:** Bauernfang, Bauernfängerei, Beschiß, Betrügerei, Durchstecherei, Fälschung, Gaunerei, Hintergehung, Irreführung, Machenschaft, Manipulation, Mogelei, Nepp, Schiebung, Schmu, Schummelei, Schwindel, Schwindelei, Strohmann, Täuschung, Trick, Unaufrichtigkeit, Unregelmäßigkeit. **Zus.:** Selbst-, Versicherungs-, Wahlbetrug.

be|trü|gen, betrog, hat betrogen ⟨tr.⟩: **a)** *einen andern bewußt täuschen; einen Betrug begehen:* er betrügt öfter; bei diesem Geschäft hat er mich betrogen. **sinnv.:** abkochen, andrehen, anscheißen, anschmieren, ausschmieren, behumsen, bescheißen, beschummeln, beschupsen, bluffen, für dumm verkaufen, düpieren, einseifen, einwickeln, jmdm. eine Falle stellen, jmdn. aufs Glatteis führen, hereinlegen, hintergehen, ↑irreführen, mit falschen/gezinkten Karten spielen, jmdn. aufs Kreuz legen, jmdn. leimen, jmdn. hinters Licht führen, jmdn. über den Löffel balbieren, mogeln, neppen, jmdn. übers Ohr hauen, prellen, jmdm. Sand in die Augen streuen, Schmu machen, schummeln, ein falsches Spiel treiben, täuschen, tricksen, trügen, überfahren, überlisten, übertölpeln, übervorteilen, verraten, verschaukeln. **b)** *durch Betrug um etwas bringen:* er hat ihn um hundert Mark betrogen. **c)** *ohne Wissen des [Ehe]partners mit einem anderen sexuell verkehren:* er hat seine Frau [mit einer anderen] betrogen. **sinnv.:** ↑fremdgehen, untreu werden · treulos · Hahnrei.

Be|trü|ger, der; -s, -, **Be|trü|ge|rin,** die; -, -nen: *männliche bzw. weibliche Person, die einen andern betrügt.* **sinnv.:** Bauernfänger, Fälscher, Falschmünzer, Falschspieler, Gauner, Heiratsschwindler, Hochstapler, Scharlatan, Schieber, ↑Schuft, Schwindler, Spitzbube, Urkundenfälscher, Zechpreller. **Zus.:** Trickbetrüger.

be|trun|ken ⟨Adj.⟩: *von Alkohol berauscht* /Ggs. nüchtern/. **sinnv.:** alkoholisiert, angeheitert, angesäuselt, angetrunken, beduselt, benebelt, berauscht, besäuselt, beschickert, beschwipst, besoffen, betütert, bezecht, blau, happy, high, sternhagelvoll, stinkbesoffen, stockbesoffen, stockbetrunken, trunken, voll, volltrunken, zu.

Bett, das; -[e]s, -en: *Gestell mit Matratze, Kissen und Decke, das zum Schlafen, Ausruhen o. ä. dient:* die Betten machen; sich ins B. legen; ins/zu B. gehen. **sinnv.:** Bettstatt, Koje, Lager, Lagerstatt, Liegestatt, Pritsche, Schlafgelegenheit, Schlafstätte. **Zus.:** Doppel-, Doppelstock-, Ehe-, Etagen-, Feld-, Fremden-, Gitter-, Himmel-, Kinder-, Klapp-, Lotter-, Prunk-, Ruhe-, Schrank-, Wandbett.

bet|teln ⟨itr.⟩: **a)** *bei fremden Menschen um eine Gabe bitten:* auf der Straße b.; um ein Stück Brot b. **sinnv.:** um Almosen bitten, fechten, die Klinken putzen, schnorren · Vagabund. **b)** *immer wieder, flehentlich bitten:* die Kinder bettelten, man solle sie doch mitnehmen. **sinnv.:** ↑bitten.

bet|ten, bettete, hat gebettet ⟨tr.⟩: *[behutsam] hinlegen, zur Ruhe legen:* sie betteten den Kranken auf das Sofa; das Kind in die Kissen b.

bett|lä|ge|rig ⟨Adj.⟩: *durch Krankheit gezwungen, im Bett zu liegen:* sie ist schon seit Wochen b. **sinnv.:** ↑krank.

Bett|ler, der; -s, -, **Bett|le|rin,** die; -, -nen: *männliche bzw. weibliche Person, die bettelt, vom Betteln lebt.* **sinnv.:** ↑Habenichts, ↑Vagabund.

be|tu|lich ⟨Adj.⟩: *(in bezug auf die Ausführung von etwas) mit umständlich wirkender Sorgfalt:* seine betuliche Erzählweise ging mir auf die Nerven; das betuliche Ritual des Bierzapfens; betuliche Tantensprache. **sinnv.:** altväterlich; ↑beflissen, ↑fürsorglich.

beu|gen: 1. a) ⟨tr.⟩ *krumm machen, [nach unten] biegen:* den Nacken b.; den Kopf über etwas b.; den Arm, die Knie b. **sinnv.:** abwinkeln, anwinkeln, biegen, krümmen. **b)** ⟨sich b.⟩ *sich [über etwas hinweg] nach vorn, unten neigen* (siehe Bildleiste „bücken"): sich aus dem Fenster, nach vorn, über das Geländer b. **sinnv.:** sich biegen/bücken/ducken, sich klein/krumm machen, sich krümmen, sich lehnen über, sich neigen/niederbeugen. **Zus.:** sich herab-, hinaus-, hinüber-, vorbeugen. **2. a)** ⟨tr.⟩ *zwingen, sich zu fügen, nachzugeben:* jmdn., jmds. Starrsinn b. **b)** ⟨sich b.⟩ *nicht länger aufbegehren, keinen Widerstand mehr leisten:* er hat sich ihm, seinem Willen gebeugt. **sinnv.:** ↑nachgeben. **3.** ⟨tr.⟩ ↑*flektieren:* ein Substantiv, ein Verb b.

Beu|le, die; -, -n: **a)** *durch Stoß oder Schlag entstandene deutliche Anschwellung der Haut:* eine B. am Kopf haben. **sinnv.:** Horn, Schwellung. **b)** *durch Stoß oder Schlag entstandene Vertiefung oder Wölbung in einem festen Material:* das Auto hatte mehrere Beulen. **sinnv.:** Delle.

be|un|ru|hi|gen: a) ⟨tr.⟩ *in Unruhe, Sorge versetzen:* die Nachricht beunruhigte sie. **sinnv.:** ↑alarmieren; ↑aufregen; ↑bekümmern; ↑verwirren. **b)** ⟨sich b.⟩ *in Unruhe, Sorge versetzt werden:* du brauchst dich wegen ihrer Krankheit nicht zu b. **sinnv.:** sich ↑aufregen; sich ↑sorgen.

be|ur|lau|ben ⟨tr.⟩: *(jmdn. vorläufig, bis zur Klärung eines Vorfalls) seine dienstlichen Pflichten nicht mehr ausüben lassen:* bis zum Abschluß der Untersuchungen wurde der Beamte beurlaubt. **sinnv.:** ↑befreien.

be|ur|tei|len ⟨tr.⟩: *ein Urteil (über jmdn./etwas) abgeben:* jmdn. nach seinem Äußeren b.; jmds. Arbeit, Leistung b. **sinnv.:** ↑ansehen als; ↑begutachten, sehen, zählen zu.

Beu|te, die; -: *etwas, was jmd. einem andern gewaltsam weggenommen hat:* den Dieben ihre B. wieder abnehmen. **sinnv.:** ↑Raub. **Zus.:** Diebes-, Jagd-, Kriegs-, Siegesbeute.

Beu|tel, der; -s, -: *Behältnis aus weichem Material von der Form eines kleineren Sackes.* **sinnv.:** Netz, Sack, Tasche, ↑Tüte. **Zus.:** Brust-, Eis-, Farb-, Geld-, Klingel-, Tabaks-, Windbeutel.

be|völ|kern ⟨tr.⟩: **a)** *in großer Zahl ein bestimmtes Gebiet einnehmen:* viele Menschen bevölkerten die Straßen. **sinnv.:** beleben. **b)** ⟨sich b.⟩ *sich mit [vielen] Menschen füllen:* der Strand, das Stadion bevölkerte sich rasch. **sinnv.:** sich beleben.

Be|völ|ke|rung, die; -, -en: *alle Bewohner, Einwohner eines bestimmten Gebietes:* die gesamte B. des Landes. **sinnv.:** ↑Bewohner; ↑Öffentlichkeit. **Zus.:** Erd-, Land-, Zivilbevölkerung.

be|voll|mäch|ti|gen ⟨tr.⟩: *jmdm. eine bestimmte Vollmacht geben:* der Chef hatte ihn bevollmächtigt, die Briefe zu unterschreiben. **sinnv.:** ↑ermächtigen · ↑befugt.

Be|voll|mäch|tig|te, der und die; -n, -n ⟨aber: [ein] Bevollmächtigter, Plural: [viele] Bevollmächtigte⟩: *jmd., der die Vollmacht hat, etwas Bestimmtes zu tun:* die Firma hat einen Bevollmächtigten geschickt. **sinnv.:** Abgesandter, Beauftragter, Bote, Botschafter, Delegat, Emissär, Gesandter, Kundschafter, Kurier, Ordonnanz, Parlamentär, Sendbote, Unterhändler; ↑Vertreter; ↑Verwalter.

be|vor ⟨Konj.⟩: /drückt aus, daß etwas zeitlich vor etwas anderem geschieht/ *früher als, vor dem Zeitpunkt:* b. wir verreisen, müssen wir noch vieles erledigen; kurz b. er starb; keiner geht nach Hause, b. nicht *(wenn nicht vorher)* die Arbeit beendet ist. **sinnv.:** ehe.

be|vor|mun|den, bevormundete, hat bevormundet ⟨tr.⟩: *einem andern vorschreiben, was er tun soll, ihn in seinen Entscheidungen beeinflussen:* ich lasse mich nicht länger von dir b. **sinnv.:** ↑manipulieren.

be|vor|ste|hen, stand bevor, hat bevorgestanden ⟨itr.⟩: *bald geschehen, zu erwarten sein:* seine Abreise, das Fest stand [unmittelbar, nahe] bevor. **sinnv.:** im Anzug sein, drohen, ins Haus stehen, herankommen, herannahen, in der Luft liegen, sich nähern, seine Schatten vorauswerfen, vor der Tür stehen, im Verzug sein, auf jmdn. zukommen; ↑ausstehen; ↑bedrohen.

be|vor|zu|gen ⟨tr.⟩: *(jmdm./einer Sache) den Vorzug, Vorrang geben; lieber mögen:* er bevorzugt diese Sorte Kaffee. **sinnv.:** eine Vorliebe haben für, vorziehen; ↑fördern.

be|wa|chen ⟨tr.⟩: *genau auf jmdn./etwas aufpassen, daß nichts geschieht, was nicht erlaubt ist:* die Gefangenen wurden streng, scharf bewacht; ein Lager b. **sinnv.:** ↑beaufsichtigen; ↑beobachten.

be|wach|sen ⟨Adj.⟩: *mit Pflanzen bedeckt:* die Mauer war mit Moos b. **sinnv.:** ↑bestanden.

be|waff|nen, bewaffnete, hat bewaffnet ⟨tr.⟩: *mit Waffen versehen:* die Rebellen b.; er bewaffnete sich mit einem Messer; bewaffnete Bankräuber. **sinnv.:** ↑rüsten.

be|wah|ren: 1. ⟨tr.⟩ *(etwas Unangenehmes, Schädliches o. ä.) schützend (von jmdm.) abhalten:* jmdn. vor einem Verlust, vor dem Schlimmsten, vor Enttäuschungen b.; den Verbraucher durch gründliche Aufklärung vor Fehlkäufen b. **sinnv.:** ↑behüten. **2.** ⟨tr.⟩ ↑*aufbewahren:* sie bewahrte die Bilder in einem Kästchen. **3.** ⟨itr.⟩ *weiterhin behalten, erhalten:* ich habe mir meine Freiheit bewahrt. **sinnv.:** ↑beibehalten.

be|wäh|ren, sich: *sich als brauchbar, zuverlässig, geeignet erweisen:* er muß sich in der neuen Stellung erst b.; der Mantel hat sich bei dieser Kälte bewährt; ein bewährtes Mittel. **sinnv.:** ↑bestehen.

be|wahr|hei|ten, sich, bewahrheitete sich, hat sich bewahrheitet: *sich als wahr, richtig erweisen:* deine Vermutung, das Gerücht hat sich bewahrheitet. **sinnv.:** sich bestätigen, zutreffen.

Be|wäh|rung, die; -: *das Sichbewähren:* eine Strafe zur B. aussetzen.

be|wäl|ti|gen ⟨tr.⟩: *(mit etwas Schwierigem) fertig werden:* eine schwere Aufgabe allein, nur mit Mühe b. **sinnv.:** ablegen, abschneiden, absolvieren, einer Sache beikommen, hinter sich bringen, es bringen, durchkommen, erringen, mit jmdm./etwas fertig werden, jmdm./einer Sache gewachsen sein, sich zu helfen wissen, eine Hürde nehmen, klarkommen, leisten, lösen, meistern, mit etwas zu Rande kommen, schaffen, schmeißen, vollbringen; ↑bestehen; ↑bewerkstelligen; ↑überwinden.

be|wan|dert ⟨Adj.⟩: *(auf einem bestimmten Gebiet) besonders erfahren, viel wissend:* er ist in der französischen Literatur sehr b. **sinnv.:** ↑beschlagen.

Be|wandt|nis: ⟨meist in der Fügung⟩ mit jmdm./etwas hat es seine eigene/besondere B.: *für jmdn./etwas sind besondere Umstände maßgebend:* mit diesem Preis hat es seine besondere B. **sinnv.:** ↑Umstand.

be|wäs|sern ⟨tr.⟩: *[künstlich] mit Wasser versorgen:* trockene Gebiete b. **sinnv.:** ↑sprengen.

be|we|gen: I. bewegte, hat bewegt: **1. a)** ⟨tr.⟩ *die Lage, Stellung (von etwas) verändern; nicht ruhig halten:* die Beine, den Arm b.; er konnte die Kiste nicht b.; der Wind bewegte die Blätter; die See war leicht, stark bewegt. **sinnv.:** regen. **Zus.:** fort-, herab-, hinauf-, umher-, vorwärts bewegen. **b)** ⟨sich b.⟩ *seine Lage, Stellung verändern, nicht in einer bestimmten Position, an einer bestimmten Stelle verharren:* die Blätter bewegen sich im Wind; er stand auf dem Platz und bewegte sich nicht. **sinnv.:** flattern, sich regen, sich rühren, sich tummeln. **c)** ⟨sich b.⟩ *sich an einen anderen Ort begeben, den Ort wechseln:* der Zug bewegte sich zur Festhalle; sich im Kreis b. **sinnv.:** sich ↑fortbewegen. **d)** ⟨tr., sich b.⟩ *in Bewegung halten; (jmdm., sich) Bewegung verschaffen:* du mußt dich mehr b.; die Pferde müssen jeden Tag bewegt werden. **e)** ⟨sich b.⟩ *in bestimmten Situationen eine angemessene Verhaltensweise, Haltung zeigen, sich entsprechend verhalten:* er weiß sich auf diplomatischem Parkett [sicher, ungezwungen] zu b.; er durfte sich dort frei b. **sinnv.:** sich ↑benehmen. **2.** ⟨tr.⟩ **a)** *innerlich in Anspruch nehmen, in jmdm. wirksam sein:* der Plan, Wunsch bewegte sie lange Zeit. **sinnv.:** ↑beschäftigen. **b)** *ein Gefühl des Ergriffenseins (in jmdm.) wecken; emotional stark beteiligt sein lassen:* die Nachricht bewegte alle [tief, schmerzlich]; er nahm sichtlich bewegt *(gerührt, ergriffen)* Abschied. **sinnv.:** ↑berühren, beseelen. **3.** ⟨sich b.⟩ *[als Reaktion auf etwas] aktiv werden, Aktivitäten entwickeln; eine Reaktion zeigen und selbst handeln:* die Verhandlungspartner müßten sich allmählich b.; auf der Gegenseite könnte sich in der nächsten Zeit etwas b. **sinnv.:** ↑unternehmen. **II.** bewog, hat bewogen ⟨tr.⟩: *(durch Gründe, Motive o. ä.) zu einem bestimmten Entschluß, zum Handeln bringen:* sie versuchten, ihn zum Bleiben zu b.; niemand wußte, was ihn zu der Tat bewogen hatte; er ließ sich nicht b. zu warten. **sinnv.:** ↑veranlassen.

Be|weg|grund, der; -[e]s, Beweggründe: *[innere] Veranlassung zu etwas:* etwas aus niedrigen Beweggründen tun. **sinnv.:** ↑Anlaß.

be|weg|lich ⟨Adj.⟩: **1.** *so beschaffen, daß es sich [leicht] bewegen läßt:* eine Puppe mit beweglichen Armen und Beinen. **sinnv.:** ↑biegsam; transportabel, ↑variabel. **2.** *schnell [und lebhaft] reagierend* /Ggs. unbeweglich/: sein beweglicher Geist, Verstand; er ist [geistig] sehr b. **sinnv.:** ↑geschickt; ↑lebhaft.

-be|wegt ⟨adjektivisches Suffixoid⟩ *aktiv für das im Basiswort Genannte als Inhalt einer geistigen, politischen, weltanschaulichen Bewegung, Richtung tätig, davon erfüllt:* basisbewegt (= basisdemokratiebewegt), frauenbewegt *(die Frauenbewegung unterstützend, ihr angehörend),* friedens-, jugend-, männerbewegt.

Be|we|gung, die; -, -en: **1.** *das Bewegen, Sichbewegen; Veränderung der Lage, Stellung:* er machte eine rasche, abwehrende B. [mit der Hand]; seine Bewegungen waren geschmeidig, flink. **sinnv.:** ↑Gebärde. **Zus.:** Absetz-, Abwärts-, Arm-, Bein-, Dreh-, Fort-, Kopf-, Reflex-, Rückwärtsbewegung. **2.** ⟨ohne Plural⟩ *inneres Ergriffensein, Erregtsein:* sie versuchte, ihre B. zu verbergen. **sinnv.:** ↑Ergriffenheit. **3.** *gemeinsames geistiges, weltanschauliches o. ä. Bestreben einer Gruppe und diese Gruppe selbst:* sich einer politischen B. anschließen. **sinnv.:** Initiative. **Zus.:** Arbeiter-, Frauen-, Freiheits-, Friedens-, Gewerkschafts-, Jugend-, Männer-, Massen-, Protest-, Reform-, Studenten-, Widerstandsbewegung; vgl. -bewegt.

Be|weis, der; -es, -e: **a)** *etwas, was den Nachweis enthält, daß etwas zu Recht behauptet, angenommen wird:* für seine Aussagen hatte er keine Beweise; etwas als/zum B. vorlegen. **sinnv.:** ↑Nachweis. **Zus.:** Gegen-, Gottes-, Wahrheitsbeweis. **b)** *sichtbarer Ausdruck von etwas; Zeichen, das etwas offenbar macht:* die Äußerung ist ein B. seiner Schwäche; das Geschenk war ein B. seiner Dankbarkeit. **Zus.:** Freundschafts-, Liebes-, Vertrauensbeweis.

be|wei|sen, bewies, hat bewiesen ⟨tr.⟩: **a)** *einen Beweis (für etwas) liefern, führen:* seine Unschuld, die Richtigkeit einer Behauptung b.; dieser Brief beweist gar nichts. **sinnv.:** ↑nachweisen. **b)** *erkennen, sichtbar, offenbar werden lassen:* Mut b.; ihre Kleidung beweist, daß sie Geschmack hat. **sinnv.:** ↑zeigen.

be|wen|den: ⟨in der Fügung⟩ es bei etwas b. lassen: *es mit etwas genug sein lassen; sich mit etwas begnügen:* wir wollen es diesmal noch bei einer leichten Strafe b. lassen. **sinnv.:** ↑beenden.

be|wer|ben, sich; bewirbt sich, bewarb sich, hat sich beworben: *etwas, bes. eine bestimmte Stellung o. ä., zu bekommen suchen und sich entsprechend darum bemühen:* sich um ein Amt, ein Stipendium b.; sich bei einer Firma b. **sinnv.:** sich ↑bemühen.

Be|wer|bung, die; -, -en: **1.** *das Sichbewerben.* **2.** *Schreiben, mit dem sich jmd. um etwas bewirbt.*

be|werk|stel|li|gen ⟨tr.⟩: *(etwas Schwieriges) mit Geschick erreichen, zustande bringen:* er wird es, den Verkauf schon b. **sinnv.:** anfangen, anfassen, anstellen, arrangieren, aufbauen, bewirken, deichseln, drehen, einfädeln, einleiten, fertigbekommen, fertigbringen, fertigkriegen, fingern, hinbekommen, hinbringen, hinkriegen, kriegen, managen, schmeißen, in die Wege leiten; ↑bewältigen; ↑verwirklichen.

be|wer|ten, bewertete, hat bewertet ⟨tr.⟩: *dem Wert, der Wichtigkeit o. ä. nach einschätzen:* jmds. Leistungen, einen Aufsatz b.; das Haus wurde zu hoch bewertet. **sinnv.:** ↑begutachten.

be|wil|li|gen ⟨tr.⟩: *bes. offiziell, amtlich, auf Antrag genehmigen, zugestehen:* man hat ihm den Kredit nicht bewilligt. **sinnv.:** ↑billigen; ↑gewähren.

be|wir|ken ⟨tr.⟩: *zur Folge haben; als Wirkung hervorbringen, hervorrufen:* sein Protest bewirkte, daß eine Besserung eintrat; eine Änderung b. **sinnv.:** ↑bewerkstelligen; ↑verursachen.

be|wir|ten, bewirtete, hat bewirtet ⟨tr.⟩: *(einem Gast) zu essen und zu trinken geben:* sie wurden bei ihr gut, mit Tee und Gebäck bewirtet. **sinnv.:** ↑servieren.

be|woh|nen ⟨tr.⟩: *wohnend innehaben:* sie bewohnt ein Appartement von vier Zimmern; eine karge Insel b. **sinnv.:** ↑besiedeln.

Be|woh|ner, der; -s, -, **Be|woh|ne|rin,** die; -, -nen: *männliche bzw. weibliche Person, die etwas, was sich flächenmäßig ausdehnt, bewohnt:* die B. des Hauses, der Insel, der Erde, des Planeten, des ersten Stocks. **sinnv.:** Bevölkerung, Bürger, Eingeborener, Eingesessener, Einheimischer, Einwohner, Landeskind, Population, Staatsbürger, Städter, Ureinwohner; ↑Insasse; ↑Zivilist. **Zus.:** Dorf-, Erd-, Grenz-, Haus-, Höhlen-, Insel-, Zeltbewohner.

be|wöl|ken, sich: *sich mit Wolken bedecken:* der Himmel bewölkte sich rasch. **sinnv.:** sich beziehen, sich eintrüben, sich verdunkeln, sich verdüstern, sich verfinstern, wolkig werden.

Be|wöl|kung, die; -: **1.** *das Sichbewölken.* **2.** *Gesamtheit der den Himmel bedeckenden Wolken.* **sinnv.:** Wolke.

be|wun|dern ⟨tr.⟩: *eine Person oder Sache als außergewöhnlich betrachten und staunend anerkennende Hochachtung für sie empfinden, sie imponierend finden:* jmdn. wegen seiner Leistungen b.; jmds. Wissen b.; er bewunderte im stillen ihren Mut; ein Gemälde b. **sinnv.:** ↑achten; ↑bestaunen.

be|wußt ⟨Adj.⟩: **1. a)** *mit voller Absicht handelnd:* eine bewußte Lüge, Irreführung; das hat er ganz b. getan. **sinnv.:** ↑absichtlich. **b)** *die Zusammenhänge, Gefahren o. ä. klar erkennend:* er hat den Krieg noch nicht b. erlebt; jmdm. seine Situation b. machen *(sie ihn erkennen lassen);* ich bin mir der Gefahr durchaus bewußt *(bin mir darüber im klaren).* **sinnv.:** ↑auffallen; ↑aufsteigen. **Zus.:** selbstbewußt; vgl. -bewußt. **2.** *bereits erwähnt, bekannt:* wir treffen uns in dem bewußten Haus, zu der bewußten Stunde. **sinnv.:** ↑obig.

-be|wußt ⟨adjektivisches Suffixoid⟩: **a)** *auf das im Basiswort Genannte sorgsam achtend, negative Auswirkungen in dieser Richtung zu vermeiden suchend und entsprechend handelnd:* energie-, entspannungs- (in der Politik), figur-, gesundheits-, inflations-, kalorien-, konjunktur-, kosten-, krisen-, leistungs-, preis-, umwelt-, zinsbewußt. **b)** *auf das im Basiswort Genannte gerichtet, darauf bedacht, es als Ziel habend:* emanzipations-, europa-, fortbildungs-, methoden-, mode-, pflege-, pflicht-, prestige-, problem-, sieges-, spar-, traditions-, wissenschafts-, zielbewußt. **c)** *auf das im Basiswort Genannte stolz, es betonend:* busen-, geschlechts-, klassen-, macht-, national-, sex-, staatsbewußt. **sinnv.:** -betont, -orientiert.

be|wußt|los ⟨Adj.⟩: *ohne Bewußtsein:* er brach b. zusammen. **sinnv.:** ↑ohnmächtig.

Be|wußt|sein, das; -s: **1.** *Zustand geistiger Klarheit; volle Herrschaft über seine Sinne:* bei dem schrecklichen Anblick verlor sie das B.; sie ist wieder bei B. *(ist wieder zu sich gekommen, in klarer geistiger Verfassung).* **2.** *Zustand des Sichbewußtseins einer Sache, der Dinge, Vorgänge, die für den Menschen wichtig, von Bedeutung sind; das Wissen um etwas:* das B. ihrer Macht erfüllte sie mit Stolz; er hat das B., seine Pflicht getan zu haben; kein B. für Menschenrechtsverletzungen haben; etwas ins allgemeine B. bringen; das politische B. eines Menschen. **sinnv.:** Einsicht, Gewißheit, Sicherheit, Überzeugung, Wissen · Erinnerung, Gedächtnis. **Zus.:** Geschichts-, Klassen-, Macht-, Pflicht-, Schuld-, Selbst-, Unterbewußtsein.

be|zah|len ⟨tr.⟩: **a)** *eine Summe, den Preis oder den Lohn (für etwas) zahlen:* eine Ware, das Zimmer, seine Schulden b.; er mußte viel [Geld] b.; ⟨auch itr.⟩ ich möchte bitte b.! **sinnv.:** ↑abzahlen, anlegen, aufkommen für, aufwenden, ausgeben, ↑auszahlen, begleichen, berappen, bestreiten, blechen, bluten, drauflegen, draufzahlen, entrichten, erlegen, finanzieren, Geld in etwas stecken, hinblättern, hinterlegen, investieren, die Kosten tragen, lockermachen, nachbezahlen, nachzahlen, in die Tasche greifen, verausgaben, verbraten, zahlen · zuzahlen. **b)** *(jmdm.) für etwas Geleistetes Geld geben:* einen Arbeiter, den Schneider b.; jmdn. für seine Arbeit b. **sinnv.:** ↑besolden.

be|zäh|men ⟨tr.⟩: *in Schranken halten, im Zaum halten, zurückhalten:* er konnte sich, seinen Hunger, seine Neugier nicht länger b. **sinnv.:** ↑bändigen; ↑beherrschen.

be|zau|bern ⟨tr.⟩ /vgl. bezaubernd/: *durch Anmut beeindrukken; (bei jmdm.) Entzücken hervorrufen:* sie, ihre Erscheinung bezauberte alle. **sinnv.:** ↑begeistern, berücken, bestricken, ↑betören, blenden, faszinieren, umgarnen, verhexen, verzaubern.

be|zau|bernd ⟨Adj.⟩: *besonders reizvoll, durch Anmut beeindrukkend:* ein bezauberndes junges Mädchen; b. lächeln. **sinnv.:** ↑berückend; ↑charmant; ↑hübsch.

be|zeich|nen, bezeichnete, hat bezeichnet ⟨tr.⟩ /vgl. bezeichnend/: **1. a)** *[durch ein Zeichen] kenntlich machen:* die Kisten mit Buchstaben b. **sinnv.:** ↑markieren. **b)** *genau angeben, näher beschreiben:* er bezeichnete ihm noch einmal den Ort, wo sie sich treffen wollten. **2. a)** *mit einem Namen, einer Benennung, einer Beurteilung versehen:* er bezeichnete das Haus als einfache Hütte; er bezeichnete sich als der Retter der Kinder/(seltener:) als den Retter der Kinder; er bezeichnet sich als Architekt.

sinnv.: ↑ansprechen, apostrophieren, benennen, betiteln, heißen, hinstellen, nennen, rufen, schelten, schimpfen. **b)** *ein Name, eine Benennung für jmdn./etwas sein:* das Wort bezeichnet verschiedene Dinge. **3.** *hinstellen (als etwas); so von jmdm./etwas sprechen, daß ein bestimmter Eindruck entsteht;* eine Arbeit als gut b.; er bezeichnete ihn als Verräter. **sinnv.:** ↑begutachten.

be|zeich|nend ⟨Adj.⟩: *(für jmdn.) charakteristisch und [negative] Rückschlüsse nahelegend:* dieser Ausspruch war für ihn b.; diese müde abwinkende Handbewegung blieb für sein Verhalten zu mir b.

Be|zeich|nung, die; -, -en: **1.** *passendes, kennzeichnendes Wort:* für diesen Gegenstand gibt es mehrere Bezeichnungen. **sinnv.:** ↑Begriff; ↑Wort. **Zus.:** Berufsbezeichnung. **2.** *das Kenntlichmachen, Markieren:* die genaue B. der einzelnen Kisten ist erforderlich. **Zus.:** Qualitäts-, Warenbezeichnung.

be|zeu|gen ⟨tr.⟩: *als Zeuge erklären, durch eine entsprechende Aussage bestätigen:* ich kann den Hergang, Tatbestand b. **sinnv.:** ↑aussagen; ↑beglaubigen; ↑zeugen.

be|zich|ti|gen ⟨tr.⟩: *jmdm. in anklagender Weise die Schuld für etwas geben, etwas zur Last legen:* jmdn. eines Diebstahls, eines Vergehens b.; man bezichtigte ihn, gestohlen zu haben. **sinnv.:** ↑verdächtigen.

be|zie|hen, bezog, hat bezogen: **1. a)** ⟨tr.⟩ *Stoff o. ä. (über etwas) spannen, ziehen:* einen Schirm, einen Sessel neu b.; die Betten frisch b. *(mit frischer Bettwäsche versehen).* **sinnv.:** aufspannen, bespannen, überziehen. **b)** ⟨sich b.⟩ *sich ↑bewölken.* **2.** ⟨tr.⟩ *[regelmäßig] erhalten, geliefert bekommen:* eine Zeitung durch die Post b.; er bezieht eine Rente. **sinnv.:** ↑bekommen; ↑bestellen. **3.** ⟨tr.⟩ *(in eine Wohnung) einziehen:* ein Haus, ein Zimmer b. **4.** ⟨tr.⟩ /verblaßt als Funktionsverb/ *einnehmen:* eine günstige Stellung b.; einen klaren Standpunkt b. **5. a)** ⟨sich b.⟩ *sich (auf etwas) stützen, berufen, etwas als Anknüpfungspunkt nehmen:* wir beziehen uns auf unser Gespräch von letzter Woche. **sinnv.:** ↑anknüpfen; sich ↑berufen. **b)** ⟨sich b.⟩ *(mit jmdm./etwas) in Zusammenhang oder in Verbindung stehen:* der Vorwurf bezieht sich nicht auf dich, auf deine Arbeit. **sinnv.:** ↑betreffen. **c)** ⟨tr.⟩ *(mit jmdm./etwas) in Zusammenhang oder in Verbindung bringen, gedanklich verknüpfen:* er bezieht alles auf sich; man kann diesen Paragraphen auch auf den andern ähnlich gelagerten Fall b. **sinnv.:** ↑anwenden.

Be|zie|hung, die; -, -en: **1. a)** *Verbindung zu jmdm./etwas:* die Beziehungen zu seinen Freunden pflegen; er hat überall Beziehungen. **Zus.:** Auslands-, Geschäftsbeziehung. **b)** *Liebesbeziehung:* das Kind ist aus einer frühen B.; mit jmdm. eine B. haben; unsere B. ist gescheitert. **Zus.:** Zweierbeziehung. **2.** *wechselseitiges Verhältnis, innerer Zusammenhang:* eine B. zwischen zwei Vorfällen feststellen; ihre Abreise steht in keiner B. zu seinem Rücktritt; man muß die beiden Taten zueinander in B. setzen. **sinnv.:** ↑Bezug · ↑diesbezüglich.

be|zie|hungs|wei|se ⟨Konj.⟩: **a)** *[oder] vielmehr, besser gesagt:* er war mit ihm bekannt b. befreundet. **sinnv.:** oder. **b)** *und im andern Fall:* die Fünf- und Zweipfennigstücke waren aus Nickel b. [aus] Kupfer.

be|zif|fern: 1. ⟨tr.⟩ *mit Ziffern versehen:* die einzelnen Seiten b. **sinnv.:** ↑numerieren. **2. a)** ⟨tr.⟩ *angeben (mit einer Zahl, einem Betrag):* man beziffert den Schaden auf eine Million Mark. **sinnv.:** ↑schätzen. **b)** ⟨sich b.⟩ *sich ↑belaufen:* der Verlust bezifferte sich auf eine Million Mark. **sinnv.:** ↑betragen.

Be|zirk, der; -[e]s, -e: *Bereich, Gebiet von bestimmter Abgrenzung:* er wohnt in einem anderen B. der Stadt. **sinnv.:** ↑Gebiet. **Zus.:** Lebens-, Regierungs-, Verwaltungsbezirk.

-be|zo|gen ⟨adjektivisches Suffixoid⟩: */besagt, daß etwas auf das im Basiswort Genannte abgestimmt ist, entsprechend gestaltet o. ä. ist/:* anwendungs-, aufgabenbezogene Beratung, beitrags-, du-bezogen, einkommens-, familienbezogene Mietzuschüsse, gegenwarts-, ich-, körper-, kriegsbezogen, länderbezogene Krankenhausplanung, miet-, mutter-, objekt-, opfer-, partner-, personen-, produkt-, stadtteil-, szenen-, verwaltungsbezogen. **sinnv.:** -nah.

Be|zug, der; -[e]s, Bezüge: **1.** *etwas, womit etwas bezogen oder überzogen wird:* der B. eines Kissens. **sinnv.:** Schoner, Überzug. **Zus.:** Bett-, Kissen-, Schonbezug. **2.** ⟨ohne Plural⟩ *das Beziehen, das regelmäßige Bekommen:* der B. von Waren, Zeitungen. **sinnv.:** ↑Kauf. **3.** ⟨Plural⟩ *Einkommen:* die Bezüge eines Beamten. **sinnv.:** ↑Einkünfte. **4.** *Beziehung, sachliche Verknüpftheit; Zusammenhang, Verbindung:* einen B. zu etwas herstellen. **sinnv.:** Beziehung, ↑Betreff, ↑Verhältnis · ↑diesbezüglich. **Zus.:** Gegenwartsbezug.

be|züg|lich ⟨Präp. mit Gen.⟩: *in bezug (auf etwas), hinsichtlich:* b. dieses Problems; b. seiner Pläne hat er sich nicht geäußert. **sinnv.:** ↑hinsichtlich.

be|zwe|cken ⟨tr.⟩: *einen Zweck verfolgen; zu erreichen suchen:* niemand wußte, was er damit bezweckte. **sinnv.:** abzielen, angelegt sein auf, ausgehen auf, gerichtet sein auf, hinzielen, sich richten auf, ↑zielen auf, den Zweck haben; ↑vorhaben.

be|zwei|feln ⟨tr.⟩: *zweifelnd in Frage stellen:* jmds. Fähigkeiten b.; ich bezweifle, daß das richtig ist; es ist nicht zu b., daß ... **sinnv.:** ↑zweifeln.

be|zwin|gen, bezwang, hat bezwungen ⟨tr.⟩: *(über etwas/jmdn.) Herr werden:* einen Gegner im [sportlichen] Kampf b.; seinen Ärger, sich selbst b. **sinnv.:** ↑besiegen.

bi-, Bi- ⟨Präfix⟩: */kennzeichnet eine bestehende Doppelheit in bezug auf das im Basiswort Genannte/:* bilabial *(mit beiden Lippen gebildet)*; bilateral *(zweiseitig)*, Bisexualität *(Sexualität, die sowohl auf das andere als auch auf das eigene Geschlecht gerichtet ist, also sowohl heterosexuell als auch homosexuell).*

Bi|bel, die; -, -n: **a)** ⟨ohne Plural⟩ *Schrift, auf die sich das Christentum stützt; Heilige Schrift:* die B. auslegen; in der B. steht geschrieben. **sinnv.:** Buch der Bücher, [Heilige] Schrift. **Zus.:** Lutherbibel. **b)** *Buch, in dem die gleichnamige Schrift abgedruckt ist:* er schenkte ihm zur Konfirmation eine B. **Zus.:** Bilder-, Familien-, Taschenbibel.

Bi|blio|gra|phie, die; -, Bibliographien: *umfassendes Verzeichnis von Büchern über ein bestimmtes Gebiet oder einen bestimmten Autor.* **sinnv.:** Bücher-, Literaturverzeichnis, Quellen[angabe], Schrifttum. **Zus.:** Fach-, National-, Personalbibliographie.

Bi|blio|thek, die; -, -en: **1.** *[größere] Sammlung von Büchern:* er besitzt eine schöne, große, beachtliche B. **sinnv.:** Bücherbestand, -sammlung, -schatz · Apparat. **Zus.:** Hand-, Präsenzbibliothek. **2.** *Räume, Gebäude, in dem sich eine große, der Öffentlichkeit zugängliche Sammlung von Büchern befindet:* sich ein Buch in/von der B. leihen; in der B. arbeiten. **sinnv.:** Bücherei, Leih-, Stadt-, Volksbücherei. **Zus.:** Leih-, Staats-, Stadt-, Universitäts-, Volks-, Werksbibliothek.

Bi|blio|the|kar, der; -s, -e, **Bi|blio|the|ka|rin,** die; -, -nen: *Angestellter bzw. Angestellte in einer Bibliothek mit [wissenschaftlicher] Ausbildung.* **Zus.:** Diplom-, Volksbibliothekar.

bi|blisch ⟨Adj.⟩: *aus der Bibel stammend, sich auf die Bibel beziehend:* biblische Gestalten; die biblischen Geschichten; sie erreichte ein biblisches *(sehr hohes)* Alter.

bie|der ⟨Adj.⟩: *rechtschaffen, brav, verläßlich, dabei aber kleinbürgerlich, ohne größere geistige oder ideelle Ansprüche:* ein biederer Beamter; den jungen Leuten ist er einfach zu b. und zu langweilig. **sinnv.:** ehrenhaft.

bie|gen, bog, hat/ist gebogen: **1. a)** ⟨tr.⟩ *krumm machen; durch Druck o. ä. eine gekrümmte Form geben:* er hat den Draht, das Blech gebogen. **sinnv.:** beugen, krümmen, zurechtbiegen; ↑falten. **b)** ⟨sich b.⟩ *krumm werden; durch Druck o. ä. eine gekrümmte Form bekommen:* die Zweige haben sich unter der Last des Schnees gebogen. **sinnv.:** sich ↑beugen · sich durchbiegen, durchhängen. **2.** ⟨itr.⟩ *in seiner Bewegung einen Bogen beschreiben:* sie sind um die Ecke, in eine andere Straße gebogen. **sinnv.:** ↑abbiegen.

bieg|sam ⟨Adj.⟩: *sich leicht biegen lassend:* biegsames Material; ein biegsamer Körper. **sinnv.:** beweglich, dehnbar, elastisch, federnd, flexibel, geschmeidig, schmiegsam; ↑gelenkig.

Bie|gung, die; -, -en: *Stelle, an der sich die Richtung in Form eines Bogens ändert:* die B. des Flusses, der Straße. **sinnv.:** Bogen, Knick, Krümmung; ↑Kurve. **Zus.:** Straßen-, Wegbiegung.

Bie|ne, die; -, -n: *Honig lieferndes, gelbschwarzes, fliegendes Insekt* (siehe Bildleiste „Insekten"). **sinnv.:** Honigbiene, Imme · Arbeiterin, Arbeitsbiene, Bienenkönigin, Drohne, Königin, Weisel. **Zus.:** Waldbiene.

Bier, das; -[e]s, -e: *alkoholisches Getränk, das aus Hopfen und Getreide, meist Gerste, hergestellt wird:* ein [Glas] helles, dunkles B. trinken; B. vom Faß. **sinnv.:** Gerstensaft · Ale, Doppelbock, Export, Märzen, Pils · ein [kühles] Blondes/Dunkles/Helles, eine Molle (berlin.), [Berliner] Weiße [mit Schuß], ↑Alkohol. **Zus.:** Bock-, Export-, Faß-, Flaschen-, Frei-, Lager-, Malz-, Märzen-, Stark-, Trappisten-, Weißbier.

bier|ernst ⟨Adj.⟩: *ernst (wo man eigentlich ein bißchen Humor oder Lockerheit erwarten könnte):* diese bierernste Reaktion auf diesen witzigen Einfall hatte man nicht erwartet; ein bierernster Problemfilm über die Anfechtungen eines Künstlers; selbst Unterhaltungssendungen gehen b. über die Bühne; er fand den Scherz gar nicht witzig und dementierte b. **sinnv.:** ernst, humorlos · Trauerkloß.

Bier|ru|he, die; -: *als bewundernswürdig, erstaunlich empfundene Gelassenheit in einer Situation, in der man üblicherweise in Aufregung, Unruhe gerät:* obgleich in fünf Minuten sein Zug fährt, sitzt er noch mit einer B. im Bahnhofsrestaurant. **sinnv.:** Ruhe · Gemütsmensch.

Biest, das; -[e]s, -er (emotional): *jmd./etwas, was man auf Grund seines Verhaltens, seines Aussehens o. ä. ablehnt, was man unsympathisch, beängstigend findet:* verdammtes B.!; du bist ein freches, abgebrühtes B.; der Mensch ist ein B.; er tanzt mit einem kleinen, schwarzen B.; die Ziege, dieses B., bleibt immer stehen; ganz gleich, ob Ratten oder Mäuse, ich bin kein Freund von solchen Biestern; Panzer kamen angerollt, ich sah mich schon von diesen Biestern zermalmt. **sinnv.:** ↑Tier.

bie|ten, bot, hat geboten: **1. a)** ⟨tr.⟩ *zur Verfügung, in Aussicht stellen:* jmdm. eine Summe, Ersatz für etwas b.; jmdm. eine Chance b. *(die Möglichkeit zu etwas geben).* **sinnv.:** ↑anbieten, ↑geben; ↑aussetzen. **Zus.:** feilbieten. **b)** ⟨sich b.⟩ *für jmdn. [als Möglichkeit] bestehen:* es bot sich ihm eine Chance, eine neue Möglichkeit. **sinnv.:** sich auftun, sich anbieten, sich darbieten, sich enthüllen, ↑entstehen, sich ergeben, sich eröffnen, sich erschließen, sich herausstellen, sich offenbaren, sich zeigen. **2. a)** ⟨itr.⟩ *zeigen (wie etwas als Folge von etwas aussieht):* die Stelle des Unfalls bot ein schreckliches Bild, ein Bild des Grauens. **sinnv.:** ↑darbieten, ↑zeigen. **b)** ⟨sich b.⟩ *sichtbar werden:* ein herrlicher Anblick, ein Bild des Jammers bot sich ihnen, ihren Blicken. **sinnv.:** sich ↑zeigen.

Bi|ki|ni, der; -s, -s: aus *zwei Teilen bestehender, knapper Badeanzug für Frauen.* **sinnv.:** ↑Badeanzug.

Bi|lanz, die; -, -en: *[aus einem vergleichenden Überblick gewonnenes] Ergebnis:* die B. des Tages, Jahres. **sinnv.:** Abrechnung, Rechnungslegung, Schlußrechnung. **Zus.:** Außenhandels-, Jahres-, Handels-, Schluß-, Zahlungs-, Zwischenbilanz.

Bild, das; -[e]s, -er: **1.** *[mit künstlerischen Mitteln] auf einer Fläche Dargestelltes, Wiedergegebenes:* ein B. malen, betrachten, aufhängen. **sinnv.:** ↑Bildnis, Bildwerk, Darstellung Gemälde, Malerei, Schinken · Aquarell, Fresko, Gouache, Ölbild, Ölgemälde, Pastell · Deckengemälde, Wandmalerei · Miniatur, Grafik, ↑Zeichnung; ↑Abbildung; ↑Abzug, ↑Fotografie, Poster. **Zus.:** Ahnen-, Blumen-, Frauen-, Gruppen-, Heiligen-, Hochzeits-, Kinder-, Landschafts-, Madonnen-, Männer-, Marien-, Muttergottes-, Tierbild · Abzieh-, Altar-, Aquarell-, Brust-, Bühnen-, Erinnerungs-, Farb-, Fernseh-, Funk-, Genre-, Klein-, Licht-, Luft-, Miniatur-, Pastell-, Phantom-, PIK-, Reklame-, Röntgen-, Sammel-, Schau-, Schirm-, Schwarzweiß-, Stand-, Test-, Vexier-, Votiv-, Wachsbild. **2.** *Anblick:* die Straße bot ein friedliches B.; ein B. des Jammers, Grauens *(ein jammervoller, grauenvoller Anblick);* ein B. von einer Frau, einem Mann *(eine bildschöne Frau, ein bildschöner Mann).* **sinnv.:** ↑Anblick, ↑Ansicht, ↑Aussicht. **Zus.:** Stadt-, Straßenbild · Jammer-, Schreckensbild. **3.** *Vorstellung, Eindruck:* jmdm. ein richtiges, falsches B. von etwas geben, vermitteln; sie konnten sich von dieser Zeit, von den Vorgängen kein rechtes B. machen; das B. des 12. Jahrhunderts. **sinnv.:** ↑Eindruck. **Zus.:** Traum-, Trug-, Wahn-, Wunschbild · Berufs-, Blut-, Krankheits-, Menschen-, Welt-, Zerrbild.

bi̤l|den, bildete, hat gebildet /vgl. gebildet/: **1. a)** ⟨tr.⟩ *in bestimmter Weise formen, gestalten:* Sätze b. **sinnv.:** ↑formen. **b)** ⟨tr.⟩ *aus sich heraus hervorbringen:* die Früchte bilden Saft. **sinnv.:** ↑ansetzen. **c)** ⟨sich b.⟩ *entstehen, sich entwickeln:* auf der gekochten Milch hat sich eine Haut gebildet. **sinnv.:** ↑entstehen; sich ↑ansetzen. **2.** ⟨tr.⟩ *sein, darstellen, ausmachen:* der Fluß bildet die Grenze; die Darbietung der Sängerin bildete den Höhepunkt des Abends. **3.** ⟨itr./tr./sich b.⟩ *Kenntnisse, Wissen vergrößern:* die Lektüre hat ihn, seinen Geist gebildet; er versuchte, sich durch Reisen zu b.; Lesen bildet. **sinnv.:** ↑erziehen.

Bi̤l|der|buch, das; -[e]s, Bilderbücher: *Buch [für kleine Kinder], das hauptsächlich mit Bildern und nur mit wenig Text ausgestattet ist.*

Bi̤l|der|buch- ⟨Präfixoid⟩: **1.** */besagt, daß das im Basiswort Genannte so ist, erfolgt, verläuft, wie man es sich [idealerweise] vorstellt, wie es vorgesehen ist, so, wie es in einem Bilderbuch als Anschauungsbeispiel zu finden sein könnte/:* Bilderbuchcountdown, -ehe, -ehemann, -familie, -flug, -held, -insel (Bornholm, die B.), -kapitalist (er ist ein richtiger B. und Altnazi), -karriere, -katholisch, -landung, -proletarier, -start, -tor, -wetter. **sinnv.:** Traum-. **2.** */besagt, daß es das im Basiswort Genannte nur im Bilderbuch gibt, aber nicht in der Realität; solch eine Art von ..., wie sie sich so nur in einer naiven, kindlichen Einbildung darstellt/:* es ist Bilderbuchethik, wenn man meint, die Reichen könnten etwas für die Armen tun; wenn man glaubt, daß ein christlicher Politiker auch christlich handelt, dann ist das eine Bilderbuchvorstellung.

Bi̤ld|flä|che, die; -, -n: *Leinwand im Kino oder bei der Vorführung eines Filmes:* eine große, kleine B.; die B. vergrößern. *(ugs.) **auf der B. erscheinen** *(plötzlich anwesend sein, kommen, erscheinen),* er erscheint dann auf der B., wenn man ihn am wenigsten erwartet; (ugs.) **von der B. verschwinden** *(sich plötzlich entfernen, spurlos verschwinden; in Vergessenheit geraten).*

Bi̤ld|hau|er, der; -s, -, **Bi̤ld|haue|rin,** die; -, -nen: *Künstler bzw. Künstlerin, die aus Stein, Holz o. ä. Plastiken herstellt.* **sinnv.:** Bildschnitzer, Elfenbeinschnitzer, Gemmenschneider, Herrgottsschnitzer, Holzschneider, Künstler, Schnitzer, Steinmetz, Steinschneider.

bi̤ld|lich ⟨Adj.⟩: *als Bild [gebraucht]:* bildliche Ausdrücke. **sinnv.:** bildhaft, figurativ, figürlich, gleichnishaft, metaphorisch, parabolisch · allegorisch, metonymisch, sinnbildlich, symbolisch, zeichenhaft · anschaulich, bilderreich, plastisch.

Bi̤ld|nis, das; -ses, -se (geh.): *Darstellung (eines Menschen) in der Art eines Bildes:* ein alter Stempel mit dem B. des Kaisers. **sinnv.:** Brustbild, Kopfbild, Porträt, Selbstbildnis · Akt, Aktbild, Aktstudie, Pornographie; ↑Bild. **Zus.:** Selbstbildnis.

Bi̤ld|schirm, der; -[e]s, -e: *Teil des Fernsehapparates, auf dem das Bild erscheint:* sie saßen den ganzen Abend vor dem B. **sinnv.:** ↑Fernsehapparat.

bild|schö̤n ⟨Adj.⟩ (emotional): *sehr schön:* eine bildschöne Frau; seine Wohnung ist b.; der Pullover ist b. geworden.

Bi̤l|dung, die; -, -en: **1. a)** *das Bilden; Schaffung, Entwicklung:* die B. von Schaum, Rauch; die B. einer neuen Partei. **sinnv.:** Entstehung. **Zus.:** Begriffs-, Block-, Eigentums-, Kapital-, Meinungs-, Preis-, Regierungs-, Urteils-, Vermögens-, Willens-, Wortbildung. **b)** *etwas in bestimmter Weise Gebildetes:* die eigenartigen Bildungen der Wolken. **sinnv.:** ↑Gebilde. **Zus.:** Analogie-, Wolken-, Wortbildung. **2.** ⟨ohne Plural⟩ *auf erworbenes Wissen und Erziehung gründendes persönliches Geprägtsein:* er hat eine gründliche, gediegene B. erhalten; das gehört zur allgemeinen B. **sinnv.:** Allgemeinbildung, Belesenheit, Buchgelehrsamkeit, -weisheit, -wissen, Gebildetsein, Gelehrsamkeit, Halbbildung, Kenntnisse, Wissen · Ausbildung, Kultur, Schulbildung, Schulung, Vorbildung · Erziehung, Kinderstube, Kultur, Politur, Schliff, Zucht.

Bil|lard ['bıljart], das; -s: *Spiel mit Kugeln auf einem mit Tuch bespannten Tisch:* B. spielen.

Bil|lett [bıl'jɛt], das; -s, -e und -s (veraltend): **a)** ↑*Fahrkarte:* am Schalter ein B. lösen. **b)** ↑*Eintrittskarte:* ein B. fürs Theater kaufen.

bi̤l|lig ⟨Adj.⟩: **1.** *niedrig im Preis* /Ggs. teuer/: billige Waren; etwas b. einkaufen. **sinnv.:** erschwinglich, [halb] geschenkt, günstig, herabgesetzt, im Preis gesenkt, zu zivilen Preisen, preisgünstig, preiswert, preiswürdig, spottbillig, wohlfeil. **2.** *in einer Art, die als vordergründig, einfallslos und nichtssagend empfunden wird:* eine billige Ausrede; ein billiger Trost. **sinnv.:** ↑minderwertig.

bi̤l|li|gen ⟨tr.⟩: *(einer Sache) zustimmen:* jmds. Pläne, Vorschläge b. **sinnv.:** absegnen, akzeptieren, zu etwas ja und amen sagen, anbeißen, anerkennen, annehmen, sich anschließen, begrüßen, beipflichten, beistimmen, bejahen, bewilligen, dafür sein, nichts dagegen/dawider haben, dulden, eingehen auf, einiggehen, einräumen, einverstanden sein, einwilligen, (einem Wunsch) entsprechen, erlauben, die Erlaubnis geben, etwas nicht falsch finden/nicht für falsch halten, jmdm. einen Freibrief ausstellen/geben, jmdm. etwas freistellen, genehmigen, die Genehmigung erteilen/geben, geschehen lassen, Geschmack finden an, gestatten, gewähren, gewähren lassen, gönnen, goutieren, gutheißen, jmdm. freie Hand lassen, etwas in jmds. Hände legen, hinnehmen, ja sagen zu, in Kauf nehmen, konform gehen, konzedieren, legitimieren, grünes Licht geben für, respektieren, etwas richtig finden/für richtig halten, sanktionieren, schalten und walten lassen, seinen Segen zu etwas geben, stattgeben, sympathisieren mit, tolerieren, übereinstimmen mit, unterschreiben, schreiben, verstatten, zubilligen, zugeben, zugestehen, zulassen, zustimmen, seine Zustimmung geben.

bi̤m|meln ⟨itr.⟩ (ugs.): *in hellen Tönen läuten:* die Glöckchen am Schlitten bimmelten während der ganzen Fahrt. **sinnv.:** ↑läuten.

bi̤m|sen, bimste, hat gebimst (ugs.): **1.** ⟨tr.⟩ *mit besonderer Härte behandeln, drillen, schika-*

nieren /bes. beim Militär/: er hat die Soldaten wieder anständig gebimst. **2.** ⟨tr./itr.⟩ (landsch.) *äußerst angestrengt lernen, büffeln:* [Latein] b. müssen.

Bims|stein, der; -s, -e: *meist heller, poröser Stein, mit dem man hartnäckigen Schmutz an den Händen entfernen kann:* sich die Hände mit B. abreiben.

bin|den, band, hat gebunden: **1.** ⟨tr.⟩ *mit Faden, Schnur o. ä. befestigen, zusammenfügen:* das Pferd an einen Baum b.; Blumen zu einem Strauß b. **sinnv.:** ↑anbinden, ↑befestigen, festbinden · fesseln · flechten · ↑bündeln, schnüren, zusammenbinden. **2.** ⟨tr./sich b.⟩ *bewirken, daß der Betreffende zu etwas verpflichtet ist:* das Versprechen bindet dich nicht; sich durch das Versprechen b.; sie wollte sich noch nicht b. *(sie wollte noch nicht heiraten).* **sinnv.:** festlegen, verpflichten · sich ↑festlegen, ↑versprechen. **3. *gebunden sein an etwas:** *sich an etwas halten müssen:* er ist an Vorschriften gebunden. vgl. -gebunden.

Bin|der, der; -s, -: ↑*Krawatte.* **Zus.:** Selbstbinder.

Bind|fa|den, der; -s, Bindfäden: *[dünne] Schnur zum Binden, Schnüren.* **sinnv.:** ↑Schnur.

Bin|dung, die; -, -en: **1. a)** *innere Verbundenheit:* seine B. an ihn, an die Heimat. **Zus.:** Gefühls-, Liebesbindung. **b)** *bindende Beziehung; Verbindung:* die B. zu jmdm. lösen. **sinnv.:** ↑Freundschaft. **2.** *Vorrichtung, mit der der Ski am Schuh befestigt wird.* **Zus.:** Sicherheits-, Skibindung.

bin|nen ⟨Präp. mit Dativ, seltener Gen.⟩: *im Verlauf (von etwas):* b. drei Jahren; b. einem Monat/eines Monats muß die Arbeit fertig sein. **sinnv.:** in, innerhalb, im Laufe/im Verlauf/in der Zeit von · während.

Bin|sen|wahr|heit, die; -, -en: *eine allgemein bekannte Tatsache, etwas, was jeder weiß.* **sinnv.:** ↑Gemeinplatz.

Bin|sen|weis|heit, die; -, -en: ↑*Binsenwahrheit:* es ist eine B., daß man in solchen Fällen äußerste Vorsicht walten lassen muß. **sinnv.:** ↑Gemeinplatz.

Bio- ⟨Präfix⟩: **1.** */kennzeichnet Natur, Naturgemäßes, ohne Verwendung synthetischer Zusätze Erzeugtes; im Gegensatz zu Chemie/:* Bioalkoholbenzin, Biogarten, Biogas, Biogemüse, Biomladen, Biowolle. **2.** */bezieht sich auf Forschungen in Zusammenhang mit allem Lebenden/:* Biochemie, Biochemiker, Biochips, Biolabor, Biotechnologie.

Bio|graph, der; -en, -en: *jmd., der eine Biographie schreibt.* **sinnv.:** ↑Schriftsteller.

Bio|gra|phie, die; -, Biographien: **1.** *Beschreibung des Lebens einer bekannten Person:* die B. eines Dichters. **sinnv.:** Autobiographie, Denkwürdigkeiten, Erinnerungen, Lebensbeschreibung, -bild, -erinnerungen, -geschichte, Memoiren, Selbstbiographie. **2.** *das Leben eines Menschen als Abfolge von Entwicklungen, Erlebnissen usw.:* die B. dieses Menschen ist abenteuerlich. **sinnv.:** ↑Vergangenheit.

Bio|lo|ge, der; -n, -n, **Bio|lo|gin,** die; -, -nen: *männliche bzw. weibliche Person, die Biologie studiert [hat].* **sinnv.:** Naturkundler, Naturwissenschaftler.

Bio|lo|gie, die; -: **1.** *Wissenschaft von der belebten Natur, den Gesetzmäßigkeiten im Ablauf des Lebens von Pflanze, Tier und Mensch:* B. studieren, unterrichten. **Zus.:** Bau-, Hydro-, Meeres-, Mikrobiologie. **2. a)** *die biologische* (2) *Beschaffenheit (von etwas):* für die Landwirtschaft muß das Motto lauten: Soviel B. wie möglich und nur soviel Chemie wie unbedingt nötig. **b)** *die biologische* (1) *Beschaffenheit (eines Lebewesens):* die B. der Frau ist diesen Belastungen kaum gewachsen.

Bio|lo|gin: vgl. Biologe.

bio|lo|gisch ⟨Adj.⟩: **1. a)** *auf die Biologie bezüglich, mit den Mitteln der Biologie [erfolgend]:* eine biologische Untersuchung; der biologische Vater. **b)** *die Lebensvorgänge betreffend:* die biologische Wirkung der radioaktiven Strahlen. **c)** *durch die Natur bedingt, der Natur gemäß:* das Altern stellt einen biologischen Prozeß dar. **2.** *aus natürlichen Stoffen hergestellt:* ein biologisches Präparat; der biologische Anbau; biologische Zahnpasta. **3.** *auf schädliche Bakterien o. ä. bezogen, mit deren Wirkung verknüpft:* biologische Waffen.

Bir|ke, die; -, -n: *Laubbaum mit weißer Rinde und kleinen, herzförmigen, hellgrünen Blättern* (siehe Bildleiste „Blätter"). **sinnv.:** ↑Baum.

Bir|ne, die; -, -n: **1.** *meist eirunde, sich zum Stiel hin verjüngende grüngelbe oder bräunliche Frucht des Birnbaums mit saftigem Fruchtfleisch.* **Zus.:** Butter-, Tafelbirne. **2.** ↑*Glühbirne.* **3.** (ugs.) *Kopf eines Menschen (bes. im Hinblick auf seine Form):* nimm deine B. weg! **sinnv.:** ↑Kopf.

bis: I. ⟨Präp. mit Akk.⟩ /zeitlich; *gibt das Ende eines Zeitraums an;* Frage: wie lange?/: die Konferenz dauert bis morgen, bis nächsten Sonntag; von 16 bis 18 Uhr; er ist bis 17 Uhr hier: a) *nach 17 Uhr ist er nicht mehr da.* b) *er wird bis 17 Uhr hier eingetroffen sein.* **II.** ⟨Adverb⟩ **a)** */gibt das Ende einer Strecke o. ä. an;* Frage: wie weit?/: wir fahren bis Kleines Walsertal, bis Roter Ochse; bis dorthin, bis Frankfurt, von unten bis oben; **b)** ⟨in Verbindung mit bestimmten Präpositionen⟩ bis an/in das Haus; bis zur Mauer; bis in den Morgen, bis zum Abend. **c)** ⟨in der Fügung⟩ bis auf: a) ↑*einschließlich:* der Saal war bis auf den letzten Platz besetzt. b) *mit Ausnahme (von):* alle waren einverstanden, bis auf einen. **sinnv.:** ↑ausgenommen. **d)** ⟨in Verbindung mit Zahlen⟩ */begrenzt einen nicht genau angegebenen Wert nach oben/:* eine Strecke von 8 bis 10 Metern; in 3 bis 4 Stunden; Kinder bis zu 6 Jahren *(von höchstens 6 Jahren)* haben freien Eintritt. **III.** ⟨Konj.⟩ */kennzeichnet die zeitliche Grenze, an der ein Vorgang, eine Handlung endet/:* wir warten, bis du kommst; /konditionale Nebenbedeutung/ du darfst nicht gehen, bis *(solange nicht)* die Arbeit gemacht ist.

Bi|schof, der; -s, Bischöfe: *Träger einer hohen geistlichen Würde innerhalb der katholischen und evangelischen Kirche, dem ein größerer Bereich untersteht.* **sinnv.:** ↑Geistlicher. **Zus.:** Erz-, Landes-, Weihbischof.

bis|her ⟨Adverb⟩: *bis jetzt:* b. war alles in Ordnung. **sinnv.:** bis dato/heute/zum heutigen Tage/zur Stunde, bislang.

bis|lang ⟨Adverb⟩: ↑*bisher.*

Biß, der; Bisses, Bisse: **1.** *das Beißen:* der B. dieser Schlange ist gefährlich. **Zus.:** Gewissensbiß. **2.** *durch Beißen entstandene Verletzung:* der B. des Hundes war deutlich zu sehen. **Zus.:** Floh-, Schlangenbiß. **3.** (Jargon) *Bereitschaft zum vollen Einsatz:* die Mannschaft besaß keinen B., spielte ohne B. **sinnv.:** Ehrgeiz,

Eifer, Einsatz, Temperament. **4.** *etwas, was einer Sache Würze, den Reiz des Aggressiven gibt:* dieses Auto hat durch die Extras mehr B.; sein Witz hat B. bekommen; der rechte B. fehlte; ihre Beobachtungen hatten einen enlarvenden B. **sinnv.:** Pep, Pfiff.

biß|chen: ⟨meist in der Fügung⟩ ein b.: *ein wenig; etwas:* du mußt mir ein b. mehr Zeit lassen; dazu braucht man ein b. Mut. **sinnv.:** ↑etwas; ↑klein; ↑nichts.

Bis|sen, der; -s, -: *kleine Menge einer Speise, die man auf einmal in den Mund stecken kann:* er schob den letzten B. in den Mund. **sinnv.:** Brocken, Happen, Mundvoll; ↑Stück. **Zus.:** Gabel-, Leckerbissen.

bis|sig ⟨Adj.⟩: **1.** *durch seine Neigung zum Beißen gefährlich* /von Tieren/: ein bissiger Hund. **sinnv.:** scharf. **2.** *durch scharfe Worte verletzend:* eine bissige Bemerkung; b. antworten. **sinnv.:** ↑spöttisch.

bis|wei|len ⟨Adverb⟩: ↑*manchmal.*

bit|te /Formel der Höflichkeit/ **a)** bei der Äußerung eines Wunsches, als Antwort auf einen Dank o.ä./: b. setzen Sie sich!; „Vielen Dank!" – „Bitte [sehr]!" **sinnv.:** bitte schön/sehr!, darf/dürfte ich [Sie] bitten ...?, wären Sie so freundlich ...?, würden Sie mir den Gefallen tun?, tun Sie mir den [einen/einzigen] Gefallen ...!, seien Sie so gut, haben/hätten Sie die Güte/Freundlichkeit! **b)** /bei der Äußerung einer Frage/: [wie] bitte? **sinnv.:** hä/he?, ich habe [Sie] nicht verstanden, Pardon?, was?, was haben Sie gesagt?, was meinen Sie?, wie meinen/belieben?, wie war das?

Bit|te, die; -, -n: *Wunsch, den man jmdm. gegenüber äußert:* eine höfliche, große B.; eine B. aussprechen, erfüllen. **sinnv.:** Anliegen, Ansuchen, Ersuchen, ↑Gesuch · Begehren, Verlangen, Wunsch · Anspruch, Forderung.

bit|ten, bat, hat gebeten: **a)** ⟨tr.⟩ *sich mit einer Bitte (an jmdn.) wenden:* jmdn. um Auskunft, Hilfe b.; er bat mich, ihm zu helfen. **sinnv.:** anflehen, angehen um, anhauen, ankeilen, anliegen, anrufen, ansprechen um, ansuchen, sich ausbitten, bedrängen, beknien, jmdn. bemühen, beschwören, bestürmen, betteln, bohren, jmdm. auf die Bude rücken, drängeln, drängen, einkommen um, erbitten, erflehen, ersuchen, flehen, herfallen über, jmdm. die Hölle heiß machen, jmdm. mit etwas kommen, löchern, mahnen, nachsuchen, jmdm. in den Ohren liegen, quengeln, keine Ruhe geben, jmdm. keine Ruhe lassen, jmdn. nicht in Ruhe lassen, jmdm. auf die Pelle rücken/auf der Pelle sitzen, jmdm. auf der Seele knien, vorstellig werden, sich wenden an, winseln um, jmdm. ↑zusetzen · ↑auffordern, ↑befehlen, ↑verlangen, ↑wünschen, ↑zuraten · ↑bitte. **b)** ⟨tr.⟩ *jmdm. sagen, daß er sich (bei dem Betreffenden) einfinden möchte:* jmdn. zum Essen/zu sich b. **sinnv.:** ↑einladen, zu sich ↑rufen. **c)** ⟨itr.⟩ *eine Bitte aussprechen; höflich, nachdrücklich wünschen, daß etwas gemacht wird:* so sehr er auch bat, man erfüllte ihm seine Bitte nicht; er bat um Ruhe; ich möchte sehr darum b., daß ... **sinnv.:** ↑befehlen.

bit|ter ⟨Adj.⟩: **1.** *im Geschmack unangenehm streng, scharf:* eine bittere Medizin; der Tee schmeckt sehr b. **sinnv.:** ↑sauer. **Zus.:** galle[n]-, halb-, zartbitter. **2.** ⟨in meist negativ empfundenen Zusammenhängen verstärkend bei Adjektiven und Verben⟩ ↑*sehr:* es war b. kalt; er hat sich b. beklagt, gerächt.

bit|ter- ⟨adjektivisches Präfixoid; auch das Basiswort wird betont⟩ (verstärkend): *in unangenehmer Weise sehr ...:* bitterböse, -ernst, -kalt, -schwer (ein bitterschweres Leben), -wenig. **sinnv.:** sau-.

bit|ter|lich: ⟨in Verbindung mit bestimmten Verben⟩ *sehr heftig:* b. weinen, schluchzen; wir haben b. gefroren.

Bitt|schrift, die; -, -en: *Gesuch.* **sinnv.:** ↑Gesuch; ↑Adresse.

Bitt|stel|ler, der; -s, -: *jmd., der mündlich oder schriftlich eine Bitte vorbringt.* **sinnv.:** Antragsteller, Petent.

Bi|wak, das; -s, -s und -e: *Lager im Freien, das behelfsmäßig errichtet wird* /bes. beim Militär und bei Bergsteigern/: ein B. errichten, beziehen, abbrechen. **sinnv.:** Camp, Zeltlager; ↑Campingplatz. **Zus.:** Sommer-, Winterbiwak.

bi|wa|kie|ren ⟨itr.⟩: *in einem Biwak lagern, übernachten:* die Bergsteiger biwakierten einige hundert Meter unter dem Gipfel. **sinnv.:** ↑zelten.

bi|zarr ⟨Adj.⟩: *in ungleichmäßig schroff-kantiger Weise verlaufend:* bizarre Felsen, Formen. **sinnv.:** ↑launisch · ↑seltsam.

Bi|zeps, der; -es, -e: *Muskel im Oberarm, der den Unterarm beugt.*

Bla|bla, das; - (ugs.): *nichtssagendes Gerede:* etwas mit viel B. bekanntmachen. **sinnv.:** ↑Gerede.

Black|out ['blæk'aʊt], der, auch: das; -[s], -s: *plötzlicher totaler Ausfall (insbes. des Stromnetzes, Funkkontaktes, Erinnerungsvermögens).* **sinnv.:** ↑Mangel.

blä|hen: **1.** ⟨tr./sich b.⟩ *mit Luft füllen und dadurch prall machen:* der Wind blähte die Segel; der Vorhang, die Wäsche blähte sich. **sinnv.:** ↑aufblähen. **2.** ⟨itr.⟩ *übermäßig viel Gas in Darm und Magen bilden:* frisches Brot bläht.

Blä|hung, die; -, -en: *übermäßige Ansammlung von Gas in Magen und Darm:* Blähungen haben. **sinnv.:** Darmwind, Flatus, Furz, Pup[s], Wind.

Bla|ma|ge [bla'ma:ʒə] die; -, -n: *etwas sehr Peinliches, Beschämendes:* diese Niederlage war eine große B. für den Verein. **sinnv.:** Beschämung, Bloßstellung, Desavouierung, Gesichtsverlust, Kompromittierung, Pleite, Reinfall, Schande, Schimpf, Schmach, Unehre.

bla|mie|ren ⟨tr./sich b.⟩: *in eine peinliche Lage bringen:* er hat sie, sich durch sein schlechtes Benehmen vor allen Leuten blamiert. **sinnv.:** ↑kompromittieren · sich ↑bloßstellen.

blank ⟨Adj.⟩: **1.** *sehr glatt und glänzend:* blankes Metall; blanke Stiefel. **sinnv.:** blitzblank, spiegelblank, spiegelnd. **2.** *nicht bedeckt; bloß:* die blanke Haut; sie setzten sich auf die blanke Erde, den blanken Boden. **sinnv.:** bloß, nackt, unbedeckt, unverhüllt; ↑bar. **3.** *(ugs.) **b. sein:** *kein Geld mehr haben.* **sinnv.:** ↑bankrott.

Bla|se, die; -, -n: **1.** *kleinerer, mit Luft gefüllter, hohler Raum von rundlicher Form in einem festen oder flüssigen Stoff:* Blasen im Glas, Metall, Teig; im Wasser steigen Blasen auf. **sinnv.:** Schaum. **Zus.:** Gas-, Luft-, Seifenblase. **2.** *durch Reibung, Verbrennung o.ä. hervorgerufene,*

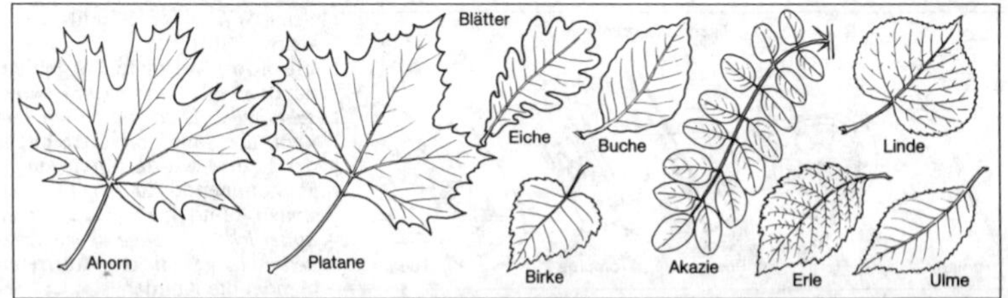

mit Flüssigkeit gefüllte Wölbung der Haut: nach der Wanderung hatte er eine B. am Fuß. **sinnv.:** ↑Ausschlag. **Zus.:** Blut-, Brandblase. **3. a)** *inneres Organ bei Menschen und bestimmten Tieren, in dem sich der Harn sammelt.* **sinnv.:** Harnblase. **Zus.:** Schweinsblase. **b)** *häutiges Hohlorgan.* **Zus.:** Fisch-, Frucht-, Gallen-, Schwimmblase.

bla|sen, bläst, blies, hat geblasen: **1.** ⟨tr./itr.⟩ *Luft aus dem Mund ausstoßen:* durch ein Rohr b.; er blies ihm den Rauch ins Gesicht. **sinnv.:** atmen, fauchen, hauchen. **2.** ⟨tr.⟩ **a)** *(ein Blasinstrument) spielen:* die Flöte, Trompete b. **sinnv.:** musizieren. **b)** *(etwas auf einem Blasinstrument) spielen:* eine Melodie, ein Signal [auf der Trompete] b. **sinnv.:** ↑tuten.

Blä|ser, der; -s, -: *Musiker, der in einem Orchester ein Blasinstrument spielt.* **sinnv.:** Fagottist, Flötist, Hornist, Klarinettist, Oboist, Posaunist, Saxophonist, Trompeter.

bla|siert ⟨Adj.⟩: *gelangweilt-überheblich, dünkelhaft-herablassend:* ein blasierter junger Mann; er hörte b. lächelnd zu. **sinnv.:** ↑dünkelhaft.

Blas|in|stru|ment, das; -[e]s, -e: *Musikinstrument, bei dem die Töne durch das Hineinblasen der Luft erzeugt werden* (siehe Bildleiste). **sinnv.:** ↑Blechblasinstrument, ↑Holzblasinstrument · Mundharmonika.

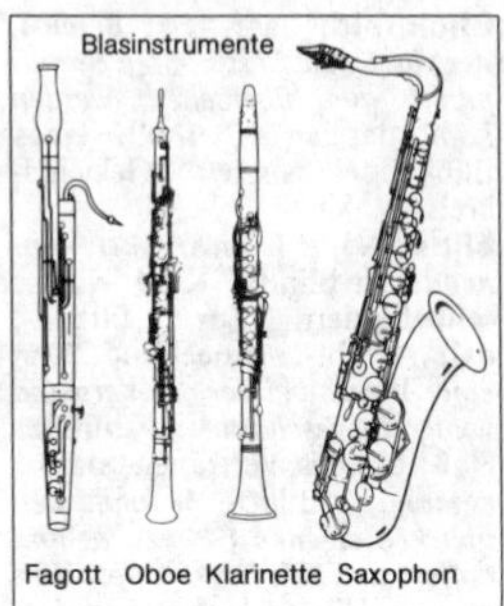

blaß ⟨Adj.⟩: **a)** *ohne die natürliche, frische Farbe des Gesichts; ein wenig bleich:* ein blasses junges Mädchen; b. sein, werden. **sinnv.:** aschfahl, aschgrau, blaßgesichtig, bläßlich, blaßwangig, bleich, bleichgesichtig, bleichsüchtig, blutarm, blutleer, fahl, geisterbleich, grau, kalkig, kalkweiß, käseweiß, käsig, kreidebleich, -weiß, leichenblaß, todblaß, totenblaß, -bleich, wachsbleich, wächsern, weiß, ↑weißlich. **b)** *in der Färbung nicht kräftig:* ein blasses Blau; die Schrift war nur noch ganz b. **sinnv.:** entfärbt, fahl, farblos, hell, matt, schwach.

Blä|sse, die; -: *das Blaßsein:* die B. ihres Gesichtes war auffallend. **sinnv.:** Bläßlichkeit, Bleichheit, Durchsichtigkeit, Fahlheit.

Blatt, das; -[e]s, Blätter: **1.** *an einem Stiel wachsender, flächiger, meist grüner Teil einer Pflanze (der der Assimilation, Atmung und Wasserverdunstung dient* (siehe Bildleiste): grüne, welke Blätter. **sinnv.:** ↑Laub · Nadel. **Zus.:** Blüten-, Eichen-, Feigen-, Klee-, Lorbeer-, Salat-, Tabakblatt. **2.** *rechteckiges [nicht gefaltetes, glattes] Stück Papier:* ein leeres B. [Papier]; /als Mengenangabe/ hundert B. Papier. **sinnv.:** ↑Seite. **Zus.:** Deck-, Falt-, Flug-, Kalender-, Linien-, Lösch-, Merk-, Noten-, Notiz-, Ruhmes-, Schmuck-, Titel-, Zifferblatt. **3.** *(eine bestimmte) Zeitung:* ein bekanntes, von vielen gelesenes B.; ich lese dieses B. nicht. **sinnv.:** ↑Zeitschrift, ↑Zeitung. **Zus.:** Abend-, Börsen-, Boulevard-, Extra-, Fach-, Groschen-, Heimat-, Hetz-, Informations-, Käse-, Partei-, Provinz-, Revolver-, Sensations-, Sonntags-, Witz-, Wochenblatt.

blät|tern ⟨itr.⟩: *die Seiten eines Heftes, Buches, einer Zeitung o. ä. flüchtig umwenden:* er blätterte hastig in den Akten. **sinnv.:** ↑lesen.

Blät|ter|teig, der; -[e]s: *Teig, der nach dem Backen aus einzelnen dünnen Schichten besteht, die wie Blätter übereinanderliegen:* Gebäck aus B.

Blatt|gold, das; -[e]s: *dünn ausgewalztes reines Gold.*

blau ⟨Adj.⟩: **1.** *in der Färbung dem wolkenlosen Himmel ähnlich:* blaue Blüten. **sinnv.:** azurn, bläulich, bleu, indigo, ultramarin. **Zus.:** baby-, dunkel-, grau-, hell-, himmel-, indigo-, kobalt-, kornblumen-, marine-, nacht-, preußisch-, saphir-, schwarz-, stahl-, tauben-, tief-, tinten-, türkis-, veilchen-, vergißmeinnicht-, wasserblau. **2.** ***b. sein:** *betrunken sein.* **sinnv.:** ↑betrunken.

blau|äu|gig ⟨Adj.⟩: **1.** *blaue Augen habend.* **2.** *in kindlicher, weltfremder Weise vertrauensvoll, alles glaubend (was aber nicht angebracht ist):* eine blauäugige Darstellung; die wahren Absichten sind so deutlich, daß man nicht mehr b. an friedliche Ziele glauben kann. **sinnv.:** arglos, gutgläubig, naiv, treuherzig, treudoof, unbedarft, vertrauensselig.

Blau|bee|re, die; -, -n: ↑*Heidelbeere.*

bläu|lich ⟨Adj.⟩: *leicht blau getönt:* ein bläulicher Schimmer. **sinnv.:** ↑blau.

Blau|licht, das; -[e]s, -er: *blaues Licht an den Kraftfahrzeugen der Polizei und der Feuerwehr, das bei Unglücksfällen eingeschaltet wird und im Straßenverkehr zur Vorfahrt berechtigt:* die Polizei raste mit B. durch die Straßen. **sinnv.:** ↑Signal.

blau|ma|chen, machte blau, hat blaugemacht ⟨itr.⟩ (ugs.):

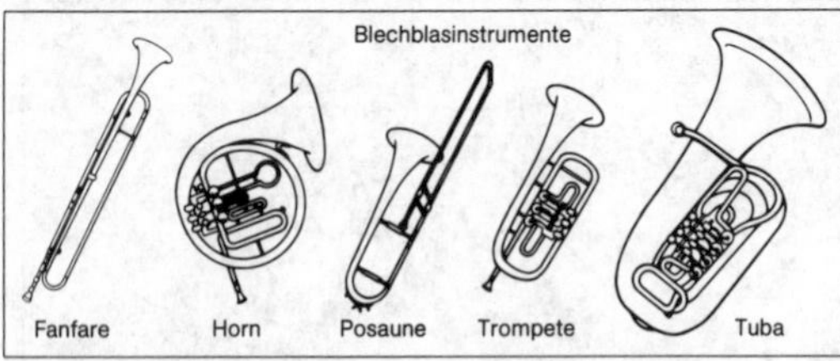

nicht zur Arbeit gehen [und dafür bummeln]: er macht heute blau. **sinnv.:** ↑faulenzen.

Blau|strumpf, der; -s, Blaustrümpfe: *intellektuell ausgerichtete Frau, die sehr selbständig und statt gefühlsbetont eher sachlich-kühl ist (und daher als unweiblich angesehen wird).* **sinnv.:** Feministin, Suffragette; ↑Intellektuelle.

Bla|zer ['ble:zɐ], der; -s, -: *sportlich-elegantes [Herren]jackett mit aufgesetzten Taschen.* **sinnv.:** ↑Jacke.

Blech, das; -[e]s, -e: **1.** *Metall in Form einer dünnen Platte.* **Zus.:** Aluminium-, Back-, Eisen-, Fein-, Kehr-, Kuchen-, Schutz-, Silber-, Weiß-, Well-, Zinkblech. **2.** ⟨ohne Plural⟩ (ugs.) *etwas (Gesprochenes), was (im Urteil des Hörers) unsinnig, sinnlos, dumm ist:* rede doch kein B.! **sinnv.:** ↑Unsinn.

Blech|blas|in|stru|ment, das; -[e]s, -e: *aus Metall bestehendes Blasinstrument von unterschiedlicher Form* (siehe Bildleiste). **sinnv.:** Fanfare, Horn, Kornett, Lure, Posaune, Trompete, Tuba; ↑Blasinstrument.

ble|chen ⟨itr.⟩ (ugs.): *zahlen, Geld geben für etwas/jmdn.:* die Männer wollen schicke Frauen, dafür blechen sie auch; der kleine Mann kann wieder b.; für diese Reparatur wirst du tüchtig b. müssen. **sinnv.:** ↑bezahlen.

ble|chern ⟨Adj.⟩: **a)** *aus Blech hergestellt:* ein blecherner Topf. **b)** *so klingend, als ob man an Blech schlägt:* eine blecherne Stimme; diese Musik klingt b. **sinnv.:** dünn, metallen.

blecken: ⟨in der Verbindung⟩ die Zähne b.: *die Lippen breit öffnen und dabei die Zähne sehen lassen:* der Hund bleckte die Zähne. **sinnv.:** (die Zähne) fletschen/zeigen.

Blei: **I.** das; -[e]s: /ein schweres Metall/: es liegt mir wie B. in den Gliedern *(die Glieder sind schwer und müde).* **II.** der oder das; -[e]s, -e: (Kurzform für:) *Bleistift.* **sinnv.:** ↑Stift.

Blei|be, die; -: *Ort, Raum, in dem man [vorübergehend] bleiben, unterkommen, wohnen kann:* keine B. haben. **sinnv.:** ↑Unterkunft.

blei|ben, blieb, ist geblieben ⟨itr.⟩: **1.** *nicht weggehen:* zu Hause b.; er blieb in Berlin. **sinnv.:** sich ↑aufhalten · ↑beibehalten · ↑bestehen auf. **Zus.:** fernbleiben. **2.** *seinen Zustand nicht ändern:* die Tür bleibt geschlossen. **sinnv.:** ↑dauerhaft. **Zus.:** fest-, gleich-, offenbleiben · haften-, hängen-, kleben-, liegen-, sitzen-, stecken-, stehenbleiben. **3.** *übrig sein:* jetzt bleibt nur noch eins [zu tun]. **sinnv.:** übrig sein, übrigbleiben, verbleiben, zurückbleiben.

blei|bend ⟨Adj.⟩: *über die Zeit hin seine Wirkung, Bedeutung o.ä. nicht verlierend:* eine bleibende Erinnerung; ein Geschenk von bleibendem Wert. **sinnv.:** dauerhaft, langfristig.

bleich ⟨Adj.⟩: *(bes. in bezug auf die Haut) [sehr] blaß und ohne die natürliche kräftigere Farbe:* bleiche Wangen; ein bleiches Gesicht; die bleiche Sichel des Mondes; sie wurde b. vor Schreck, vor Wut. **sinnv.:** ↑blaß. **Zus.:** kreide-, schreckens-, toten-, wachsbleich.

blei|chen: **I.** bleichte, hat gebleicht ⟨tr.⟩: *bleich, heller machen:* die Wäsche, die Haare b. **sinnv.:** ↑tönen. **II.** bleichte/(veraltet:) blich, ist gebleicht/(veraltet:) geblichen ⟨itr.⟩: *bleich, heller werden:* der blaue Stoff bleicht in der Sonne. **sinnv.:** ↑verblassen.

blei|ern ⟨Adj.⟩: *mit einem Gefühl großer Schwere (wie Blei) verbunden:* er erwachte aus einem bleiernen Schlaf. **sinnv.:** ↑schwer.

Blei|stift, der; -[e]s, -e: *zum Schreiben und Zeichnen verwendeter Stift:* einen B. [an]spitzen. **sinnv.:** ↑Stift.

blen|den, blendete, hat geblendet ⟨tr.⟩ /vgl. blendend/: **1.** *durch sehr helles Licht am Sehen hindern:* die Sonne blendete mich; der Fahrer wurde durch entgegenkommende Autos geblendet. **sinnv.:** blind machen. **2.** *durch äußerliche Vorzüge beeindrucken:* sein geschicktes Auftreten blendet die Kunden. **sinnv.:** ↑bezaubern.

blen|dend ⟨Adj.⟩ (emotional): *in einer Weise, die begeisterte Zustimmung findet, die sehr gut, schön gefunden wird:* er hielt eine blendende Rede; wir haben uns b. unterhalten. **sinnv.:** glänzend, ↑hervorragend, prächtig, prachtvoll · ↑meisterhaft.

Blick, der; -[e]s, -e: **1.** *das Blicken:* ein B. auf die Uhr; ein freundlicher B. **Zus.:** Augen-, Durch-, Ein-, Rück-, Scharf-, Über-, Weitblick. **2.** ⟨ohne Plural⟩ *Ausdruck der Augen:* ein offener, sanfter B. **Zus.:** Dankes-, Kenner-, Seiten-, Späher-, Unschuldsblick. **3.** *Möglichkeit, ins Freie, in die Ferne o.ä. zu sehen:* ein weiter B. ins Land. **sinnv.:** ↑Aussicht. **Zus.:** An-, Durch-, Fern-, Rundblick.

blicken ⟨itr.⟩: **a)** *die Augen auf ein Ziel richten:* auf die Tür, aus dem Fenster, in die Ferne b. **sinnv.:** ↑ansehen; ↑betrachten. **b)** *in bestimmter Weise dreinschauen:* freundlich, kühl, streng b. **sinnv.:** äugen, glotzen, gukken, kieken, linsen, luchsen, lugen, schauen, schielen, ↑sehen, spähen, starren, stieren.

Blick|fang, der; -[e]s, Blickfänge: *etwas, was durch auffallende Form, Farbe o.ä. den Blick auf sich lenkt:* ein buntes Plakat ist ein wirkungsvoller B. **sinnv.:** ↑Köder.

Blick|feld, das; -[e]s: *Bereich, der von einem bestimmten Standpunkt aus übersehen werden kann:* das lag außerhalb seines Blickfeldes. **sinnv.:** ↑Gesichtskreis.

blind ⟨Adj.⟩: **1.** *nicht sehen könnend:* ein blindes Kind. **sinnv.:** sehbehindert. **Zus.:** farben-, halb-, nacht-, schneeblind. **2.** *in einer Weise, bei der der Verstand völlig ausgeschaltet ist:* blinder Haß; blindes Vertrauen. **sinnv.:** ↑extrem; kritiklos. **3.** *(ohne den üblichen eigenen Glanz o.ä. und daher) die Möglichkeit des Hinein-, Hindurchsehens nicht* *[mehr] bietend:* ein blinder Spiegel; blinde Fensterscheiben; blinde Metallbeschläge. **sinnv.:** ↑matt.

-blind ⟨adjektivisches Suffixoid⟩: *ohne kritisch-selbständiges Nachdenken, blind, kritiklos gegenüber dem im Basiswort Genannten, es nicht bemerkend, nicht sehend oder nicht sehen wollend (obgleich es nötig wäre):* betriebs- *(Fehler und Mängel im eigenen Betrieb nicht sehend),* gefahren-, geschichtsblinde Publizisten.

Blin|de, der und die; -n, -n ⟨aber: [ein] Blinder, Plural: [viele] Blinde⟩: *jmd., der nicht sehen kann.*

Blind|flug, der; -[e]s, Blindflüge: *Flug (im Nebel o. ä.), bei dem der Pilot keine Sicht hat und sich auf seine Geräte verlassen muß.*

Blind|gän|ger, der; -s, -: *abgeworfene Bombe o. ä., die nicht detoniert ist.*

blind|lings ⟨Adverb⟩: *ohne Vorsicht und Überlegung:* er rannte b. in sein Verderben. **sinnv.:** bedenkenlos, ohne Bedenken, kritiklos.

blind|schrei|ben, schrieb blind, hat blindgeschrieben ⟨tr./itr.⟩: *mit zehn Fingern auf der Schreibmaschine schreiben, ohne dabei auf die Tasten zu sehen:* sie schreibt alles blind; eine Sekretärin muß b. können.

blin|ken ⟨itr.⟩: **a)** *blitzend, funkelnd leuchten, glänzen:* die Sterne blinken; der Spiegel blinkt in der Sonne. **b)** *durch Aufleuchtenlassen eines Lichtes Signale geben:* mit einer Lampe b.; ⟨auch tr.⟩ Signale, SOS b. **sinnv.:** ↑leuchten.

Blin|ker, der; -s, -: **a)** *blinkendes Signal an Kraftfahrzeugen, das eine Änderung der Fahrtrichtung anzeigt.* **sinnv.:** Blinkleuchte, Blinklicht. **b)** *blinkender Köder aus Metall, der beim Angeln verwendet wird.*

Blink|licht, das; -[e]s, -er: **a)** *in verschiedenen Farben blinkendes Licht, das zur Vorsicht mahnt und den Verkehr regelt.* **b)** ↑*Blinker* (a).

blin|zeln ⟨itr.⟩: *die Augen zu einem schmalen Spalt verengen und die Augenlider schnell auf und ab bewegen:* er blinzelte in der hellen Sonne. **sinnv.:** zwinkern.

Blitz, der; -es, -e: *[im Zickzack] kurz und grell aufleuchtendes Licht, das bei Gewitter entsteht:* der B. hat in einen Baum eingeschlagen; vom B. erschlagen werden. ***wie der B.** *(überraschend schnell, sehr schnell);* **wie ein B. aus heiterem Himmel** *(sich plötzlich mit Heftigkeit ereignend, ohne daß man darauf vorbereitet gewesen ist* /in bezug auf etwas Unerfreuliches/): die Nachricht von seinem Unfall traf uns wie ein B. aus heiterem Himmel. **sinnv.:** Blitzschlag, Blitzstrahl. **Zus.:** Elektronen-, Kugelblitz.

blitz-, Blitz- ⟨Präfixoid⟩ (emotional verstärkend): **1.** ⟨adjektivisch; auch das Basiswort wird betont⟩ *sehr, überaus:* blitzblank, -blau, -dumm, -gescheit, -rasch, -sauber, -schnell. **2.** ⟨substantivisch⟩ **a)** *prächtig:* Blitzjunge, -kerl, -mädel. **b)** *überraschend [schnell], überaus schnell; unerwartet, plötzlich erfolgend:* Blitzaktion, -angriff, -besuch, -entlassung (das war eine B. Ich erfuhr morgens, daß ich entlassen werde, und abends bin ich entlassen worden), -interview, -karriere, -krieg, -merker *(jmd., der schnell etwas merkt),* -offensive, -reise, -sieg, -start, -telegramm, -tempo, -transfer, -umfrage.

Blitz|ab|lei|ter, der; -s, -: *auf einem Gebäude angebrachte eiserne Stange, von der der einschlagende Blitz in den Boden abgeleitet wird.*

blit|zen ⟨itr.⟩: **a)** *(als Blitz) aufleuchten:* bei dem Gewitter hat es oft geblitzt. **b)** *[plötzlich] funkelnd, glänzend leuchten, aufleuchten, im Licht glänzen:* ihre Zähne blitzten; der Ring blitzt am Finger; mit blitzenden Augen. **sinnv.:** ↑leuchten.

Blitz|licht, das; -[e]s, -er: *(meist mit dem Auslösen eines Fotoapparates verbundenes) grell aufblitzendes Licht, das zum Fotografieren in Räumen verwendet wird.*

Block, der; -[e]s, Blöcke und Blocks: **1.** ⟨Plural: Blöcke⟩ *festes, großes Stück aus einheitlichem Material:* ein B. aus Beton. **sinnv.:** Brocken, Klotz, Klumpen, Trumm. **Zus.:** Beton-, Eis-, Eisen-, Fels-, Granit-, Marmor-, Metallblock · Showblock. **2.** ⟨Plural: Blocks oder Blöcke⟩ *ein Viereck bildende Gruppe von aneinandergebauten Häusern innerhalb eines Stadtgebietes:* einmal um den B. spazieren. **sinnv.:** Karree, Quadrat · Stadtteil. **Zus.:** Gebäude-, Häuser-, Wohnblock. **3.** ⟨Plural: Blocks oder Blöcke⟩ *an einer Kante zusammengeheftete Blätter, die einzeln abgerissen werden können:* ein B. Briefpapier. **Zus.:** Abreiß-, Kalender-, Kassen-, Notiz-, Schreib-, Stenogramm-, Zeichenblock. **4.** ⟨Plural: Blökke, seltener Blocks⟩ *in sich geschlossene Gruppe von politischen oder wirtschaftlichen Kräften, von Staaten, die sich unter bestimmten wirtschaftlichen, strategischen o. ä. Aspekten zusammengeschlossen haben:* die politischen Parteien bildeten einen B. **sinnv.:** ↑Bund; ↑Vereinigung. **Zus.:** Bündnis-, Macht-, Militär-, Ost-, Wirtschaftsblock.

Blocka|de, die; -, -n: *(als [politisches] Druckmittel eingesetzte) völlige Absperrung der Zufahrtswege einer Stadt oder eines Landes durch militärische Maßnahmen (besonders auf dem Seewege):* über ein Land die B. verhängen. **sinnv.:** ↑belagern. **Zus.:** See-, Wirtschaftsblockade.

Block|flö|te, die; -, -n: /ein Blasinstrument aus Holz/ (siehe Bildleiste „Flöten").

block|frei ⟨Adj.⟩: *keinem Block* (4) *angehörend:* die blockfreien Staaten Brasilien, Ägypten, Schweden u. a. **sinnv.:** neutral, nichtpaktgebunden · dritte Welt.

Block|haus, das; -es, Blockhäuser: *kleineres, einfaches Haus, dessen Wände aus waagerecht aufeinandergeschichteten Stämmen, Balken bestehen.* **sinnv.:** ↑Haus.

blockie|ren: 1. ⟨tr.⟩ *durch eine Blockade o. ä. einschließen, von der Außenwelt abschließen:* ein Land, einen Hafen b. **sinnv.:** ↑belagern; ↑sperren. **2.** ⟨tr.⟩ *den Zugang, die Durchfahrt, das Fließen, die Zufuhr von etwas unterbinden, unmöglich machen:* den Verkehr b.; Autos blockierten die Straße; Streikende blockieren die Tore. **sinnv.:** ↑verstellen; ↑sperren. **3. a)** ⟨tr.⟩ *(für eine bestimmte Zeit) außer Funktion setzen, in seiner Bewegung hemmen, anhalten:* den Hebel b.; die Bremse blockiert die Räder. **sinnv.:** arretieren, feststellen, sperren. **b)** ⟨itr.⟩ *außer Funktion gesetzt, in seiner Bewegung gehemmt werden, sich nicht mehr drehen, nicht mehr arbeiten:* das Rad, der Motor blockiert. **4.** ⟨tr.⟩ *durch Widerstand, Gegenmaßnahmen ins Stocken bringen, auf-*

halten: Verhandlungen, ein Gesetz b. **sinnv.:** ↑verhindern.

blöd ⟨Adj.⟩ (emotional abwertend): ↑*blöde* (1, 2).

blö|de ⟨Adj.⟩: **1.** (ugs.) *durch seine als töricht, kindisch, lächerlich empfundene Art, Verhaltensweise jmdn. störend:* ein blöder Kerl; so eine blöde Frage!; sich reichlich blöde anstellen, benehmen. **sinnv.:** ↑dumm, ↑kindisch, ↑lächerlich, ↑unsinnig. **2.** (ugs.) *Ärger, Verdruß verursachend, sich unangenehm auswirkend:* in einer ganz blöden Situation sein; zu blöde, daß ich das vergessen habe! **sinnv.:** ↑unerfreulich; ↑unangenehm. **3.** (seltener) ↑*schwachsinnig:* ein blödes Kind. **sinnv.:** ↑geistesgestört.

Blöd|sinn, der; -s: *etwas, was (im Urteil des Sprechers) blöd, dumm ist:* alles, was er sagte, war B. **sinnv.:** ↑Unsinn.

blö|ken ⟨itr.⟩: *(von Rindern und Schafen) mit langem Ton schreien:* das Kalb blökt.

blond ⟨Adj.⟩: **a)** *hell, gelblich, golden schimmernd* /vom Haar/: blonde Locken; das Haar b. färben. **b)** *blonde Haare habend:* ein blonder Junge; sie ist ganz b. **sinnv.:** blondhaarig, blondiert, erblondet, golden, hellhaarig. **Zus.:** asch-, dunkel-, hell-, flachs-, gold-, mittel-, rot-, semmel-, silber-, strohblond.

Blon|di|ne, die; -, -n: *Frau, Mädchen mit blonden Haaren.*

bloß: I. ⟨Adj.⟩ **1.** *nicht bedeckt, nicht bekleidet:* bloße Füße; mit bloßem Oberkörper; das Kind liegt b. **sinnv.:** ↑blank; ↑nackt. **2.** *nichts anderes als:* nach dem bloßen Augenschein; die bloße Nennung des Namens genügt nicht. **II.** ⟨Adverb⟩ (ugs.) ↑*nur:* er ist nicht dumm, er ist b. faul; das war b. ein Versehen; ich habe b. noch fünf Mark; da kann man b. staunen. **sinnv.:** ↑allein; ↑ausschließlich. **III.** ⟨Partikel⟩ /drückt in verstärkender Weise die persönliche Emotion aus bei Aufforderungen, Ausrufen, Wünschen, Fragen, Feststellungen/ ↑*nur:* geh mir b. aus dem Wege!; was soll ich b. machen?; er wurde b. noch frecher.

Blö|ße: ⟨in der Wendung⟩ sich eine B. geben: *eine Schwäche zeigen:* der Politiker gab sich eine B. **sinnv.:** sich ↑bloßstellen.

bloß|stel|len, stellte bloß, hat bloßgestellt: **a)** ⟨tr.⟩ *bes. durch Rügen, Verspotten o. ä. einer blamablen Handlung (vor den Ohren anderer) in eine peinliche Lage bringen:* er hat den Beamten [in aller Öffentlichkeit] bloßgestellt. **sinnv.:** ↑kompromittieren; ↑entlarven. **b)** ⟨sich b.⟩ *(bes. durch eine blamable Handlung, Äußerung) in eine peinliche Lage geraten:* damit hast du dich ziemlich bloßgestellt. **sinnv.:** sich blamieren, sich eine Blöße geben, sich dekolletieren, zum Gespött werden, sich lächerlich machen, seinem Namen keine Ehre machen, sich etwas vergeben.

blub|bern ⟨itr.⟩: **a)** *(von einem flüssigen Stoff) unter Hitzeeinwirkung fortlaufend Blasen bilden, die dann dumpf platzen:* der Brei blubbert. **b)** *in einer Art, die dem Blubbern* (a) *ähnelt, seinen Ärger über etwas äußern:* der blubbert heute schon den ganzen Tag. **sinnv.:** reden, schimpfen.

Bluff, der; -s, -s: *etwas, was (für den Sprecher) eine bewußte Täuschung, Irreführung darstellt:* ich habe diesen B. sofort durchschaut. **sinnv.:** ↑Finte, ↑Lüge.

bluf|fen ⟨tr.⟩: *bewußt irreführen, täuschen:* er blufft die Leute gern; ⟨auch itr.⟩ er blufft nur. **sinnv.:** ↑betrügen.

blü|hen ⟨itr.⟩: **1.** *Blüten hervorgebracht haben, aufgeblüht sein, in Blüte stehen:* die Rosen blühen. **2.** *sich unter günstigen Bedingungen in seiner Art voll entfalten:* Künste und Wissenschaften blühen. **sinnv.:** ↑florieren.

Blu|me, die; -, -n: **1. a)** *im allgemeinen niedrig wachsende, krautige, grüne Pflanze, die Blüten hervorbringt:* die Tulpe, die Rose ist eine B.; die Blumen blühen; Blumen pflanzen. **b)** *einzelne Blüte mit Stiel und Blättern:* frische, verwelkte Blumen; Blumen pflücken. **sinnv.:** ↑Blüte. **Zus.:** Balkon-, Feld-, Frühlings-, Gänse-, Garten-, Gebirgs-, Glocken-, Heide-, Papier-, Schlüssel-, Sonnen-, Sumpf-, Wachs-, Wiesenblume. **2. a)** *Duft des Weines:* dieser Wein hat eine köstliche B. **sinnv.:** ↑Bukett. **b)** *Schaum auf dem gefüllten Bierglas.*

Blu|men|kohl, der; -s: *Kohl, dessen knolliger, dichter weißlicher Blütenstand als Gemüse verwendet wird.*

Blu|men|stock, der; -s, Blumenstöcke: *Pflanze, die in einem Blumentopf wächst:* sie hat viele blühende Blumenstöcke an den Fenstern. **sinnv.:** Blumentopf, Topfpflanze.

Blu|men|strauß, der; -es, Blumensträuße: *zusammengebundene oder -gestellte abgeschnittene oder gepflückte Blumen, Zweige usw.:* jmdm. zum Geburtstag einen B. schenken. **sinnv.:** Blumenarrangement, Blumenbukett, Blumengruß, Bukett, Gebinde, Gesteck, Strauß.

Blu|men|topf, der; -[e]s, Blumentöpfe: **1.** *für Blumen bestimmter Topf aus Ton, Porzellan, Kunststoff o. ä.:* für diese Blattpflanze ist der B. schon zu klein. **2.** ↑*Blumenstock:* ich habe ihr einen schönen B. zum Geburtstag geschenkt.

blu|mig ⟨Adj.⟩: *(vom Stil) reichlich mit schön klingenden Wörtern und mit schönen Bildern versehen:* eine blumige Ausdrucksweise, Sprache; mit blumigen Worten schilderte er die Gefährlichkeit des Abenteuers. **sinnv.:** schwülstig.

Blu|se, die; -, -n: *(besonders von Frauen) zu Rock oder Hose getragenes Kleidungsstück, das den Oberkörper bedeckt.* **sinnv.:** Blouson, Kasack, Russenkittel, T-Shirt. **Zus.:** Seiden-, Sport-, Uniformbluse.

Blut, das; -[e]s: *im Körper des Menschen und vieler Tiere zirkulierende rote Flüssigkeit:* B. spenden, übertragen; jmdm. B. abnehmen *(mit einer auf einem kolbenähnlichen Gerät befindlichen Kanüle entnehmen).* **Zus.:** Halb-, Herz-, Kalt-, Künstler-, Voll-, Warmblut.

blut- ⟨adjektivisches Präfixoid⟩ (emotional verstärkend; auch das Basiswort wird betont): *äußerst, überaus ...* /das adjektivische Basiswort bezieht sich auf Existentielles/: blutarm, -jung, -lebendig, -nötig, -sauer (es ist ihr b. geworden, ihre Unterschrift unter die Verzichtserklärung zu setzen), -wenig (als Verkäufer verdient er dort b.).

Blut|bad, das; -[e]s, Blutbäder: *das wahllos vorgenommene, als grausig empfundene Töten von Menschen:* ein Krieg würde ein furchtbares B. zur Folge haben; bei dem B. sind über 100 Menschen getötet worden; ein B. anrichten. **sinnv.:** Blutvergießen, Gemetzel, Greuel, Massaker, Metzelei, Schlächterei; ↑Kampf.

Blü|te, die; -, -n: **1.** *in unterschiedlichsten Formen und oft leuchtenden Farben sich bilden-*

der Teil einer Pflanze, der Frucht und Samen hervorbringt: duftende, verwelkte Blüten; ein Baum voller Blüten. **sinnv.:** Blume, Blütenkelch, Kelch. **Zus.:** Apfel-, Kirsch-, Lindenblüte. **2.** ‹ohne Plural› *das Blühen:* in der Zeit der B.; die Bäume stehen in [voller] B. **Zus.:** Apfel-, Baum-, Jugend-, Kirsch-, Maienblüte. **3.** ‹ohne Plural› *hoher Entwicklungsstand:* eine Zeit der geistigen, wirtschaftlichen B. **sinnv.:** ↑Aufschwung. **4.** *gefälschte Banknote.*

blu|ten, blutete, hat geblutet ‹itr.›: **1.** *Blut verlieren:* er, seine Nase blutete; die Wunde blutete *(es trat Blut daraus hervor).* **2.** (ugs.) *(für etwas, in einer bestimmten Lage) viel Geld aufbringen:* er hat schwer b. müssen; wegen seines Unvermögens mußte sie b. **sinnv.:** ↑bezahlen; ↑einstehen.

Blut|er|guß, der; Blutergusses, Blutergüsse: *Stelle am Körper, an der sich unter der Haut nach einer Verletzung Blut gesammelt hat.*

Blü|te|zeit, die; -, -en: **1.** *Zeit, in der bestimmte Pflanzen blühen:* die Blütezeit der Obstbäume. **2.** *Zeit, in der jmd./etwas seinen Höhepunkt, seine höchste Leistung, seinen höchsten Glanz erreicht hat:* die B. der barocken Malerei.

blu|tig ‹Adj.›: **1. a)** *Spuren von Blut aufweisend:* ein blutiges Gesicht. **sinnv.:** blutbefleckt, blutend, bluttriefend, blutüberströmt, blutverschmiert. **b)** *mit Blutvergießen verbunden:* blutige Kämpfe. **2.** (emotional) ‹in bestimmten Verbindungen; kennzeichnet den hohen Grad, wirkt verstärkend›: das ist blutiger Ernst; er ist ein blutiger Laie, Anfänger.

bluts|ver|wandt ‹Adj.›: *durch gleiche Abstammung miteinander verwandt:* Geschwister sind b. **sinnv.:** ↑verwandt.

Blu|tung, die; -, -en: *das Austreten von Blut aus einer Wunde o. ä.:* die B. zum Stillstand bringen; innere Blutungen. **Zus.:** Hirn-, Magenblutung.

blut|un|ter|lau|fen ‹Adj.›: *durch das Austreten von Blut in das Gewebe bläulich gefärbt:* blutunterlaufene Augen; die Haut war an dieser Stelle b.

Blut|ver|gif|tung, die; -, -en: *von einem Herd ausgehende Verbreitung von Bakterien auf dem Weg über die Blutgefäße.* **sinnv.:** Sepsis.

Blut|wurst, die; -, Blutwürste: *aus Blut, Speckstückchen und Fleisch hergestellte Wurst.*

Bö, die; -, -en: *plötzlich heftig auftretender Wind:* eine Bö erfaßte die Segel. **sinnv.:** ↑Wind. **Zus.:** Gewitter-, Regen-, Windbö.

Bob, der; -s, -s: *für zwei oder vier Personen vorgesehener, mit beweglichen Kufen, Steuerung und Bremsen und einer einer Karosserie ähnlichen Verkleidung ausgestatteter, großer Schlitten für sportliche Wettkämpfe auf dafür vorgesehenen Bahnen.* **sinnv.:** ↑Schlitten.

Bock, der; -[e]s, Böcke: **1. a)** *männliches Tier (bestimmter Säugetiere, z. B. Ziege).* **sinnv.:** ↑Schaf. **Zus.:** Geiß-, Gems-, Karnickel-, Platz-, Reh-, Schaf-, Stein-, Sünden-, Ziegen-, Zuchtbock. **b)** (Jargon) ***[keinen, null] B. auf etwas haben:** *[keine] Lust auf etwas, zu etwas haben.* **2.** *in der Höhe verstellbares Turngerät für Übungen zum Springen* (siehe Bild).

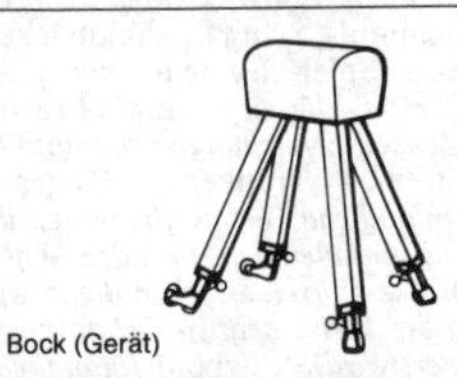
Bock (Gerät)

bock|bei|nig ‹Adj.› (emotional): ↑*störrisch:* sei doch nicht so b.! **sinnv.:** ↑unzugänglich.

Bock|bier, das; -[e]s, -e: *sehr starkes Bier.* **sinnv.:** ↑Bier, Starkbier.

bocken ‹itr.›: *störrisch stehenbleiben; widerspenstig sein:* das Pferd bockt. **sinnv.:** nicht mehr wollen.

bockig ‹Adj.›: ↑*störrisch:* ein bockiges Kind. **sinnv.:** ↑unzugänglich.

Bock|wurst, die; -, Bockwürste: *längere, dünne Wurst (aus einem Gemisch von magerem Fleisch), die vor dem Verzehr kurz warm gemacht wird.* **sinnv.:** ↑Würstchen.

Bo|den, der; -s, Böden: **1.** *[nutzbare] obere Schicht der Erde (bes. als Grundlage des Wachstums von Pflanzen):* fruchtbarer B. **sinnv.:** ↑Erde. **Zus.:** Acker-, Getreide-, Humus-, Kalk-, Lehm-, Mutter-, Sand-, Waldboden. **2.** *Grundfläche im Freien oder in einem Innenraum, auf dem man steht, sich bewegt:* betonierter, festgetretener, mit Teppichen belegter B.; das Buch ist auf den B. gefallen; zu B. fallen. **sinnv.:** ↑Fußboden. **Zus.:** Beton-, Bretter-, Fuß-, Küchen-, Parkett-, Tanzboden. **3.** *untere Fläche von etwas:* der B. eines Topfes, einer Kiste, eines Koffers; der B. des Meeres. **Zus.:** Geigen-, Hosen-, Meeres-, Resonanz-, Torten-, Zwischenboden. **4.** ↑*Dachboden.* **Zus.:** Getreide-, Heu-, Schnür-, Trokken-, Wäscheboden.

bo|den|los ‹Adj.›: *(in seiner Art) empörend, einfach unglaublich:* eine bodenlose Sauerei; bodenloser Leichtsinn; diese Methode ist b. gemein; er ist b. eitel. **sinnv.:** ↑unerhört.

Bo|den|schät|ze, die ‹Plural›: *für die Industrie wichtige Rohstoffe (Erze, Mineralien, Kohle o. ä.), die aus dem Boden gewonnen werden:* ein an Bodenschätzen reiches Land.

bo|den|stän|dig ‹Adj.›: *fest zu einer Landschaft gehörend, in der Heimat verwurzelt:* ein bodenständiges Handwerk. **sinnv.:** ↑einheimisch.

Bo|dy|buil|ding ['bɔdibɪldɪŋ], das; -[s]: *gezieltes Training an besonderen Geräten zur Ausbildung eines muskulösen Körpers (als Schönheitsideal).*

Bo|gen, der; -s, -, auch: Bögen: **I. 1.** *gekrümmte, gebogene Linie:* der Fluß fließt im B. um die Stadt. **sinnv.:** ↑Biegung. **Zus.:** Halb-, Himmels-, Licht-, Regenbogen. **2.** *gewölbter Teil eines Bauwerks, der eine Öffnung überspannt.* **sinnv.:** Arkade, Eselsrücken, Schwanenhals. **Zus.:** Brücken-, Fenster-, Rund-, Säu-

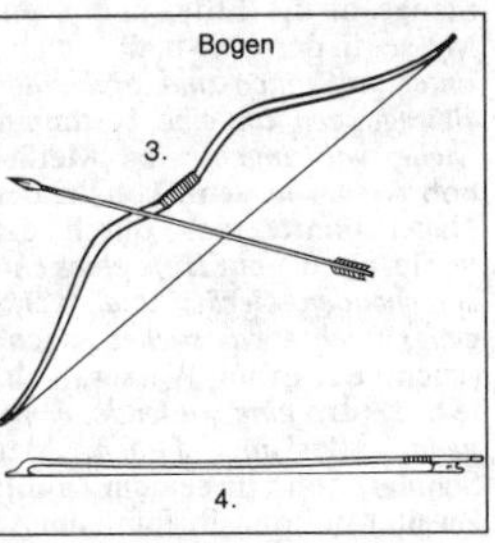

len-, Schwib-, Spitz-, Tor-, Triumphbogen. **3.** *alte Schußwaffe, Sportgerät zum Abschießen von Pfeilen* (siehe Bildleiste): mit Pfeil und B. schießen. **4.** *mit Roßhaaren bespannter Stab aus elastischem Holz, mit dem die Saiten eines Streichinstruments gestrichen und so zum Tönen gebracht werden* (siehe Bildleiste). **Zus.:** Cello-, Geigenbogen. **II.** *größeres, rechteckiges Blatt Papier:* einen B. falten. **Zus.:** Bilder-, Brief-, Doppel-, Druck-, Korrektur-, Lese-, Melde-, Papier-, Personal-, Schnittmusterbogen.

Bohlle, die; -, -n: *sehr dickes Brett:* die Brücke ist mit Bohlen belegt. **sinnv.:** ↑Brett. **Zus.:** Eichen-, Fichten-, Holzbohle.

Bohlne, die; -, -n: **a)** *im Garten gezogene, buschig wachsende oder an Stangen sich emporwindende Pflanze, deren nierenförmige Samen zu mehreren in länglichen, fleischigen Hülsen sitzen.* **Zus.:** Busch-, Feuer-, Sau-, Soja-, Stangen-, Wachs-, Zwergbohne. **b)** *als Gemüse o. ä. verwendete Frucht dieser Pflanze:* heute gibt es [grüne] Bohnen. **sinnv.:** Hülsenfrucht. **Zus.:** Brech-, Schnittbohne. **c)** *als Gemüse, in Suppen verwendeter Samen dieser Pflanze.*

bohlnern ⟨tr.⟩: *(eine gewachste Fläche) mit Hilfe eines entsprechenden Gerätes blank machen:* den Fußboden b. **sinnv.:** blokken, ↑polieren.

bohlren: 1. a) ⟨itr.⟩ *durch [drehende] Bewegung eines Werkzeugs in etwas eindringen, an etwas arbeiten:* an einem Balken, in einem Zahn b. **b)** ⟨tr.⟩ *durch drehende Bewegung eines Werkzeugs (etwas) herstellen:* ein Loch [in die Wand, durch das Brett] b.; einen Brunnen b. **c)** ⟨tr.⟩ *durch stoßende [und drehende] Bewegung in etwas drücken:* eine Stange in die Erde, jmdm. ein Messer in den Leib b. **d)** ⟨sich b.⟩ *unter stoßenden und drehenden Bewegungen an eine bestimmte Stelle vordringen:* der Meißel bohrte sich in den Asphalt; der Nagel bohrte sich durch die Sohle. **e)** ⟨itr.⟩ *mit Hilfe eines entsprechenden Geräts und Werkzeugs nach etwas suchen:* nach/ (auch:) auf Erdöl, Wasser, Kohle b. **2.** ⟨itr.⟩ *eine quälende, peinigende Wirkung haben:* der Schmerz bohrt [in seinem Zahn]; Zweifel bohrten in ihm. **sinnv.:** ↑zusetzen. **3.** ⟨itr.⟩ *drängend bitten, fragen, hartnäckig forschen:* die Kinder bohrten so lange, bis die Mutter nachgab. **sinnv.:** ↑bitten; ↑fragen.

bölig ⟨Adj.⟩: **a)** *in Böen [wehend]:* böige, b. auffrischende Winde. **b)** *reich an Böen:* böiges Wetter.

Boiller, der; -s, -: *Gerät zur Bereitung und Speicherung von heißem Wasser.*

Bolje, die; -, -n: *auf dem Wasser schwimmender, auf dem Grund verankerter Körper, der den Schiffen als Signal gilt:* seichte Stellen sind durch Bojen gekennzeichnet. **sinnv.:** Warnzeichen. **Zus.:** Heul-, Rettungsboje.

-bold, der; -s, -e ⟨Suffix⟩: */bezeichnet eine männliche Person, die in bezug auf das im Basiswort Genannte dauernd, allzusehr, gern aktiv ist, damit besonders, und zwar oft in negativer oder spöttisch-kritisierter Weise, auffällt/:* Charme- (ein junger Charmebold), Jux-, Lügen-, Lust-, Neid-, Rauf- *(männliche Person, die sich oft und gern mit anderen rauft),* Sauf-, Scherz-, Schimpf-, Schmäh-, Schmücke-, Sex-, Spiel-, Streich- *(männliche Person, die ärgerlicherweise als Zensor Streichungen vornimmt),* Streit-, Trunken-, Tugend- *(männliche Person, die wegen ihres untadeligen, in allzu enger Weise korrekten Verhaltens auf diese Weise spöttisch charakterisiert wird),* Witzbold *(männliche Person, die witzig ist, gern Spaß macht).* **sinnv.:** -er, -fritze.

Bolllwerk, das; -[e]s, -e: **1.** *Befestigung des Ufers, wo Schiffe anlegen und beladen werden können.* **sinnv.:** ↑Damm. **2.** *Anlage, die zur Befestigung und Verteidigung dient:* die Stadt wurde bis zum letzten B. eingenommen; ein B. errichten. **sinnv.:** ↑Befestigung.

Bollzen, der; -s, -: *kurzer, runder Stift aus Metall oder Holz:* ein Rad mit einem B. befestigen. **sinnv.:** ↑Nagel.

-bollzen, der; -s, - ⟨Suffixoid⟩ */bezeichnet jmdn., der das im Basiswort Genannte als herausragenden Wesenszug hat, es auch deutlich hervorkehrt/:* Charme- (alternder Charmebolzen), Gefühls-, Heiterkeits-, Temperamentsbolzen (ein quicker, vor Optimismus überquellender T.). **sinnv.:** -inski, -nudel.

Bomlbarldelment [bɔmbardə'mã:], das; -s, -s: *Abwurf von Bomben auf ein Ziel.* **sinnv.:** ↑Beschuß.

bomlbarldielren ⟨tr.⟩: **1.** *Bomben (auf ein Ziel) abwerfen:* eine Stadt b. **sinnv.:** ↑beschießen. **2.** (ugs.) *(mit belästigenden Äußerungen) überschütten:* jmdn. mit Fragen, Vorwürfen b.

bomlbalstisch ⟨Adj.⟩: *übertrieben viel Aufwand, Schwulst aufweisend:* ein bombastischer Stil. **sinnv.:** ↑hochtrabend.

Bomlbe, die; -, -n: **1.** *mit einem Zünder versehener [länglich geformter] Sprengkörper, der (von Flugzeugen abgeworfen oder in bestimmten Objekten versteckt) bei der Explosion großen Schaden anrichtet:* eine B. legen, werfen; die Nachricht schlug wie eine B. ein *(erregte großes Aufsehen).* **sinnv.:** ↑Sprengkörper. **Zus.:** Brand-, Eis-, Flieger-, Phosphor-, Sex-, Spreng-, Stink-, Zeitbombe. **2.** ⟨ohne Plural⟩ ↑*Atombombe.* **sinnv.:** ABC-Waffen, Kernwaffen. **Zus.:** H-Bombe, Neutronen-, Wasserstoffbombe.

bomlben-, Bomlben- ⟨Präfixoid, auch das Basiswort wird betont⟩ (ugs. verstärkend) */kennzeichnet eine anerkennende Einschätzung des im Basiswort Genannten/:* **1.** ⟨adjektivisch⟩ *in anzuerkennender, positiv überraschender Weise, sehr:* bombenfest, -sicher, -voll. **2.** ⟨substantivisch⟩ *großartig, hervorragend, ausgezeichnet, bombig [viel, groß]:* Bombenbesetzung, -effekt, -erfolg, -figur, -finanzierung (wir bieten eine B.), -gehalt, -geschäft, -job, -kondition, -moral, -programm, -rolle, -sieg, -staubsauger, -stimmung, -urlaub, -wirkung, -zeit (sie lief in einer B. von ...). **sinnv.:** Top-.

Bon [bɔŋ, bõ:], der; -s, -s: *als Gutschein oder Quittung dienender Zettel:* auf, für diesen B. bekommst du ein Mittagessen. **sinnv.:** Abschnitt, Chip, Coupon, Gutschein, Jeton, Kupon, Marke; ↑Quittung. **Zus.:** Essen-, Getränke-, Kassen-, Warenbon.

Bonlbon [bɔŋ'bɔŋ, bõ'bõ:], der und das; -s, -s: *[vor allem aus Zucker bestehende] Süßigkeit zum Lutschen.* **sinnv.:** Dragée, Gutsel, Klümpchen, Zeltlein, Zuckerl, Zuckerstein, Zuckerwerk, Zuckerzeug; ↑Süßigkeit; ↑Praline. **Zus.:** Frucht-, Honig-, Hustenbonbon.

bon|gen ⟨tr.⟩ (ugs.): *an der Kasse einen zu zahlenden Betrag auf den Bon tippen:* der Kellner hat das Bier schon gebongt.

Bon|mot [bõ'mo:], das; -s, -s: *witzige, geistreiche Äußerung, die den Kern einer Sache trifft:* seine Bonmots sind überall bekannt. **sinnv.:** Aperçu, Aphorismus, Witz · Esprit.

Bon|sai, das; -[s]: *in Japan geübte, von dort stammende Kunst des Ziehens von Zwergbäumen.* **sinnv.:** Ikebana.

Bo|nus, der; - und -ses, - und -se: **1.** *zusätzlicher Gewinnanteil, Sondervergütung (z. B. bei Aktien):* einen B. ausschütten. **sinnv.:** Prämie, Vergütung. **2.** *etwas, was sich positiv (auf etwas/jmdn.) auswirkt.* **sinnv.:** Plus[punkt], Positivum, Vorteil, Vorzug. **Zus.:** Kanzlerbonus.

Bon|ze, der; -n, -n: *jmd., in dem man einen Menschen sieht, der [als Funktionär] die Vorteile seiner Stellung ausnutzt, wahrnimmt, genießt [sich aber nicht um die Belange anderer kümmert]:* diese Bonzen lassen uns für sich schuften, lassen sich in Luxusautos herumchauffieren. **sinnv.:** ↑Funktionär. **Zus.:** Parteibonze.

Boom [bu:m], der; -s, -s: *(zur Zeit) besonders starke Nachfrage, sehr starkes Interesse an etwas:* im Skilanglauf ist ein B. zu verzeichnen; es besteht ein B. auf Fernsehgeräte; Kunstgegenstände aus dieser Epoche erleben heute einen ungeheueren B. **sinnv.:** ↑Aufschwung, Frühling, Hausse.

Boot, das; -[e]s, -e: *kleines, meist offenes Schiff:* mit dem B. hinausfahren. **sinnv.:** Barkasse, Barke, Dschunke, Einbaum, Einer, Gondel, Jolle, Kahn, Kajak, Kanadier, Kanu, Nachen, Nußschale, Schaluppe, Schute, Zille, Zweier; ↑Schiff. **Zus.:** Fähr-, Falt-, Fischer-, Motor-, Paddel-, Polizei-, Rettungs-, Ruder-, Schlauch-, Segel-, Tretboot, U-Boot.

Bord: I. das; -[e]s, -e: *an der Wand befestigtes Brett für Bücher o. ä.* **sinnv.:** ↑Brett; ↑Gestell. **Zus.:** Blumen-, Bretter-, Bücher-, Fenster-, Gläser-, Wandbord. **II.** der; -[e]s: *oberer Rand eines Schiffes [an den sich das Deck anschließt]* ⟨meist in bestimmten Wendungen⟩: **an B.** *([in bezug auf Schiff, Raumschiff, Flugzeug] im Inneren, ins Innere):* an B. eines Schiffes gehen; Fracht an B. nehmen; an B. sein; von B. gehen *(das Schiff, Raumschiff, Flugzeug verlassen);* **über B. gehen** *(vom Schiff ins Wasser fallen).* **Zus.:** Back-, Schiffs-, Seiten-, Steuerbord.

Bor|dell, das; -s, -e: *Räumlichkeiten, in denen Prostitution ausgeübt wird.* **sinnv.:** Eros-Center, Etablissement, Freudenhaus, öffentliches Haus, Massageinstitut, Puff; ↑Prostitution.

bor|gen: 1. ⟨tr.⟩ ↑*leihen* (1): er muß mir Geld b. **2.** ⟨itr.⟩ ↑*leihen* (2): ich habe mir das Geld geborgt.

Bor|ke, die; -, -n: *[rauhe] Rinde des Baumes:* die B. der alten Kiefer. **sinnv.:** ↑Rinde.

bor|niert ⟨Adj.⟩: *unbelehrbar auf seinen Vorstellungen beharrend und zugleich in ärgerlicher Weise eingebildet.* **sinnv.:** aufgeblasen, ignorant, ↑stumpfsinnig.

Bör|se, die; -, -n: **1.** *regelmäßig stattfindender Markt (in einem entsprechenden Gebäude) für Wertpapiere, Devisen o. ä., für die nach bestimmten festen Bräuchen Preise ausgehandelt werden.* **Zus.:** Getreide-, Warenbörse. **2.** ↑*Portemonnaie.* **Zus.:** Geld-, Lederbörse.

Bor|ste, die; -, -n: *sehr festes, dickes, steif stehendes Haar:* die Borsten des Schweins; die Borsten der Bürste. **sinnv.:** ↑Haar. **Zus.:** Haar-, Kunst-, Natur-, Schwanz-, Schweineborste.

bor|stig ⟨Adj.⟩: *unfreundlich und grob:* er war heute sehr b. **sinnv.:** ↑unhöflich.

Bor|te, die; -, -n: *Band (aus Wolle, Seide o. ä.), das als Verzierung auf Kleider, Gardinen o. ä. genäht wird.* **sinnv.:** ↑Besatz. **Zus.:** Gold-, Seiden-, Spitzenborte.

bös: ↑böse.

bös|ar|tig ⟨Adj.⟩: **1.** *auf versteckte, heimtückische Weise böse:* bösartige Bemerkungen. **sinnv.:** ↑böse. **2.** *(von Krankheiten) auf lebensbedrohende Weise gefährlich:* eine bösartige Geschwulst; etwas ist, wird b. **sinnv.:** ↑gefährlich.

Bö|schung, die; -, -en: *schräg abfallende seitliche Fläche (bes. bei Straßen und [Bahn]dämmen).* **sinnv.:** ↑Abhang. **Zus.:** Deich-, Uferböschung.

bö|se ⟨Adj.⟩: **1. a)** *moralisch schlecht; nicht gut:* ein böser Mann; eine böse Tat; etwas aus böser Absicht tun. **sinnv.:** bösartig, boshaft, böswillig, garstig, gehässig, gemeingefährlich, giftig, maliziös, schikanös, schlimm, übel, übelgesinnt, übelwollend, unausstehlich, unleidlich; ↑gemein; ↑gewöhnlich; ↑unbarmherzig. **b)** *auf gefährliche Weise übel, unangenehm, schlimm:* eine b. Geschichte; jdm. b. mitspielen; eine b. Krankheit. **sinnv.:** ↑gefährlich; ↑unerfreulich; ↑unangenehm. **2. a)** *nicht folgsam, nicht artig:* der kleine Junge war sehr b. **sinnv.:** ↑frech, widerborstig. **b)** ↑*ärgerlich:* der Vater wurde ganz b.; er ist b. auf mich. **3.** (ugs.) *(von bestimmten Körperteilen) entzündet:* einen bösen Finger, ein böses Auge haben. **sinnv.:** ↑wund. **4.** ⟨verstärkend bei Adjektiven und Verben⟩ *sehr, überaus:* sich b. irren, blamieren; es war b. kalt.

bos|haft ⟨Adj.⟩: **1.** *bestrebt, anderen zu schaden:* ein boshafter Mensch. **sinnv.:** ↑böse. **2.** *voll [gutmütig-anzüglichem] Spott:* eine boshafte Antwort; b. grinsen. **sinnv.:** ↑spöttisch.

Bos|heit, die, -, -en: **a)** ⟨ohne Plural⟩ *böse Absicht, schlechte Gesinnung:* er tat es aus reiner B. **sinnv.:** Bösartigkeit, Boshaftigkeit, Garstigkeit, Gehässigkeit, Gemeinheit, Infamie, Häme, Niedertracht, Rachsucht, Ranküne, Schadenfreude, Schikane, Schlechtigkeit, Schurkerei, Übelwollen, Unverschämtheit. **b)** *Wort oder Handlung, die boshaft gegen jmdn. gerichtet ist:* seine Bosheiten ärgern mich nicht mehr.

Boß, der; Bosses, Bosse (ugs.): *derjenige, der in einem Unternehmen, in einer Gruppe die Führungsrolle innehat, der bestimmt, was getan wird.* **sinnv.:** ↑Anführer, ↑Leiter, ↑Manager. **Zus.:** Gangsterboß.

bös|wil|lig ⟨Adj.⟩: *absichtlich boshaft, feindselig:* eine böswillige Verleumdung. **sinnv.:** ↑absichtlich; ↑böse.

Bo|ta|nik, die; -: **1.** *Wissenschaft von den Pflanzen.* **2.** (scherzh.) *Pflanzen, die das Grün, die Natur bilden:* sieh dir mal unsere B. auf dem Balkon an!

Bo|te, der; -n, -n, **Bo|tin,** die; -, -nen: *männliche bzw. weibliche Person, die etwas im Auftrag eines andern überbringt, die zur Ausführung eines Auftrags zu jmdm. geschickt wird:* der B.

überbrachte eine Einladung. **sinnv.:** Ausfahrer, Ausläufer, Botenjunge, Kurier, Laufbursche, Lieferant, Überbringer; ↑Bevollmächtigter. **Zus.:** Amts-, Brief-, Dienst-, Eil-, Friedens-, Frühlings-, Gerichts-, Glücks-, Post-, Unglücks-, Vorbote.

Bot|schaft, die; -, -en: **1.** *wichtige Nachricht, Mitteilung [die durch jmdn. überbracht wird]:* eine traurige B. **sinnv.:** ↑Nachricht; ↑Zeichen. **Zus.:** Freuden-, Friedens-, Glücks-, Himmels-, Hiobs-, Sieges-, Todes-, Unglücksbotschaft. **2.** *von einem Botschafter geleitete diplomatische Vertretung eines Staates im Ausland.*

Bot|schaf|ter, der; -s, -, **Bot|schaf|te|rin,** die; -, -nen: *höchster diplomatischer Vertreter bzw. höchste diplomatische Vertreterin eines Staates in einem fremden Staat.* **sinnv.:** ↑Bevollmächtigter; ↑Diplomat.

Bot|tich, der; -s, -e: *größerer, wannenartiger Behälter aus Holz ohne Deckel für Flüssigkeiten.* **sinnv.:** ↑Gefäß.

Bouil|lon [bʊl'jɔŋ], die; -, -s: *(durch Auskochen von Fleisch, Knochen, Suppengemüse gewonnene) Brühe:* eine Tasse B. **sinnv.:** ↑Suppe. **Zus.:** Hühner-, Kalbs-, Rindsbouillon.

bour|geois [bʊr'ʒo̯a] ‹Adj.› (abwertend): *der Bourgeoisie angehörend, ihr entsprechend:* bourgeoise Prinzipien. **sinnv.:** konservativ.

Bour|geoi|sie [bʊrʒo̯a'zi:], die; - (oft abwertend): *wohlhabendes, oft als durch Wohlstand entartet angesehenes Bürgertum:* der B. angehören. **sinnv.:** ↑Bürgertum.

Bou|tique [bu'ti:k], die; -, -n: *kleiner Laden, in dem modische Artikel, bes. Kleidungsstücke o. ä. verkauft werden.* **sinnv.:** ↑Laden. **Zus.:** Andenken-, Geschenk-, Herren-, Kinderboutique.

Bow|le ['bo:lə], die; -, -n: *kaltes Getränk, das aus Wein, Zucker und Früchten hergestellt ist:* eine B. ansetzen. **Zus.:** Erdbeer-, Mai-, Waldmeisterbowle.

Box, die; -, -en: **1.** *kleinerer, abgeteilter Raum (der mit anderen gleichartigen Teil einer Anlage ist):* das Gepäck in der Bahnhofshalle in eine B. einschließen; die Firma stellt dieses Jahr in zwei verschiedenen Boxen aus. **2.** *einfache Kamera.* **3.** *meist quaderförmiges Gehäuse mit einem oder mehreren darin eingebauten Lautsprechern* (z. B. als Teil einer Stereoanlage). **sinnv.:** ↑Lautsprecher. **Zus.:** Lautsprecher-, Musikbox.

bo|xen ‹tr../itr.›: *mit den Fäusten schlagen:* [gegen] jmdn. b. **sinnv.:** ↑kämpfen, ↑schlagen.

Bo|xer, der; -s, -: **I.** *Sportler, der Boxkämpfe austrägt.* **sinnv.:** Faustkämpfer, Fighter, Puncher. **Zus.:** Amateur-, Berufs-, Preisboxer. **II.** *mittelgroßer Hund mit kräftigem Körper, kurzem Haar und gedrungen wirkendem Kopf mit sehr kurzer, kräftiger Schnauze.* **sinnv.:** ↑Hund.

Boy [bɔy̯], der; -s, -s: **1.** *[livrierter] junger Diener:* der B. brachte ihn im Lift nach oben. **sinnv.:** ↑Diener. **Zus.:** Hotel-, Liftboy. **2.** (ugs.) *junger Mann:* sag mal den Boys Bescheid. **sinnv.:** ↑Jüngling.

Boy|kott [bɔy̯'kɔt], der; -s, -s: *gegen jmdn. gerichtete [wirtschaftliche] Maßnahme, mit der eine Person, Institution o. ä. wegen deren Verhalten isoliert werden soll:* den B. über jmdn./etwas verhängen; zum B. gegen jmdn./etwas aufrufen; durch den B. wurde die Wirtschaft des Landes geschwächt. **sinnv.:** ↑Vergeltung.

boy|kot|tie|ren [bɔykɔ'ti:rən] ‹tr.›: *mit einem Boykott belegen:* den Handel mit einem Land b.; ein Land b.; eine Arbeit b.; ein Geschäft b. **sinnv.:** ↑ächten; ↑verhindern.

brach|lie|gen, lag brach, hat brachgelegen ‹itr.›: *nicht bebaut sein:* viele Äcker haben brachgelegen.

Bran|che ['brã:ʃə], die; -, -n: *einzelnes Fachgebiet, Zweig in der Wirtschaft, im geschäftlichen Leben:* in der gleichen B. tätig sein. **sinnv.:** ↑Bereich. **Zus.:** Film-, Lebensmittelbranche.

Brand, der; -[e]s, Brände: **1.** *starkes Brennen; großes, vernichtendes Feuer:* die Feuerwehr löschte den B. ***in B. stecken/setzen** *(in zerstörerischer Absicht anzünden).* **sinnv.:** Feuer, Feuersbrunst, Feuersturm, Flamme, Flammenmeer. **2.** (ugs.) *starker Durst:* einen B. haben; seinen B. mit Bier löschen.

brand- ‹adjektivisches Präfixoid; auch das Basiswort wird betont› (emotional verstärkend): *äußerst, sehr, ganz ... /im Hinblick auf die unmittelbare Zeit, Gegenwart/:* brandaktuell (dieses Thema ist b.), -eilig, -gefährlich, -heiß *(ganz neu, wichtig),* -neu, -notwendig (er hält es für b., darüber zu sprechen).

bran|den, brandete, hat gebrandet ‹itr.›: *tosend aufprallen und schäumend wieder zurückfluten:* das Meer brandete an/gegen den Felsen. **sinnv.:** ↑fließen.

brand|mar|ken ‹tr.›: *öffentlich in scharfem Ton tadeln, scharf kritisieren:* er hat die soziale Ungerechtigkeit gebrandmarkt. **sinnv.:** anklagen, ↑anprangern, geißeln, an den Pranger stellen, über jmdn./etwas den Stab brechen, verdammen, verfemen, verfluchen, verpönen, verurteilen, verwünschen; ↑ächten; ↑tadeln.

Brand|stif|ter, der; -s, -: *jmd., der absichtlich oder fahrlässig einen Brand verursacht hat.* **sinnv.:** Brandleger, Pyromane, Herostrat · ↑anzünden.

Bran|dung, die; -, -en: *sich brechende Wellen des Meeres an der Küste.* **sinnv.:** ↑Gischt, ↑Welle. **Zus.:** Meeresbrandung.

Brannt|wein, der; -[e]s, -e: *stark alkoholisches Getränk, das durch Destillation von gegorenen Säften hergestellt wird.* **sinnv.:** Spirituosen, Sprit · Absinth, Anis, Aquavit, Arrak, Brandy, Enzian, Feuerwasser, Fusel, Genever, Gin, Klarer, Kognak, Köm, Korn, Kümmel, Kurzer, Obstler, Rum, Schnaps, Slibowitz, Wacholder, Whisky, Wodka; ↑Alkohol.

bra|ten, brät, briet, hat gebraten: **a)** ‹tr.› *durch Erhitzen in Fett gar und an der Oberfläche braun werden lassen:* eine Gans b. **sinnv.:** backen, brutzeln, ↑dämpfen, dünsten, garen, grillen, ↑kochen, rösten, schmoren, schmurgeln · brennen · toasten. **b)** ‹itr.› *in Fett unter Hitze weich, gar und braun werden:* das Fleisch brät schon eine Stunde.

Bra|ten, der; -s, -: *größeres gebratenes, zum Braten bestimmtes Stück Fleisch:* ein saftiger B. **Zus.:** Gänse-, Kalbs-, Rinder-, Rinds-, Sauer-, Sonntagsbraten.

Brat|kar|tof|feln, die ‹Plural›: *Gericht aus gebratenen, in Scheibchen oder Würfel geschnittenen Kartoffeln.* **sinnv.:** Chips, geröstete Kartoffeln, Geröstete, Kroketten, Pommes frites, Rösti, Röstkartoffeln.

Brat|sche, die; -, -n: *der Geige ähnliches, aber etwas größeres Musikinstrument* (siehe Bildleiste „Streichinstrumente").

sinnv.: Viola, Viola d'amore; ↑Streichinstrument.

Bratschist, der; -en, -en, **Bratschistin,** die; -, -nen: *Musiker bzw. Musikerin, der, die Bratsche spielt.*

Bratwurst, die; -, Bratwürste: *Wurst, die gebraten gegessen wird.* **sinnv.:** ↑Würstchen.

Brauch, der; -[e]s, Bräuche: *[aus früherer Zeit] überkommene, innerhalb einer Gemeinschaft festgewordene und in bestimmten Formen ausgebildete Gewohnheit:* man will die ländlichen Bräuche bewahren; bei uns ist es B., zu Pfingsten einen Ausflug zu machen. **sinnv.:** Althergebrachtes, ↑Angewohnheit, Brauchtum, Etikette, Form, Förmlichkeit, Gebräuche, Gepflogenheit, Gewohnheit, Herkommen, Konvention, Mode, Protokoll, Regel, Ritual, Ritus, Sitte, Tradition, Übung, Usus, Vorschrift, Zeremonie, Zeremoniell. **Zus.:** Fasten-, Hochzeits-, Oster-, Volks-, Weihnachtsbrauch.

brauchbar ⟨Adj.⟩: *für einen bestimmten Zweck verwendbar:* brauchbare Vorschläge; das Material ist noch b.; die Kleidungsstücke sind nicht mehr b. **sinnv.:** ↑zweckmäßig.

brauchen, brauchte, hat gebraucht/(nach vorangehendem Infinitiv) hat ... brauchen /vgl. gebraucht/: **1.** ⟨Vollverb: hat gebraucht⟩ **a)** ⟨itr.⟩ *nötig haben, haben müssen:* der Kranke braucht Ruhe; er hat alles, was er braucht; der Zug braucht zwei Stunden bis dahin; wenn er die neue Stellung bekommt, brauchte/(auch:) bräuchte er dringend ein Auto; das wird noch gebraucht *(darf nicht weggeworfen werden).* **sinnv:** bedürfen, benötigen, nicht entbehren/nicht missen können. **b)** ⟨tr.⟩ ↑*gebrauchen:* etwas häufig, selten b.; seinen Verstand b. **Zus.:** anbrauchen. **c)** ⟨tr.⟩ ↑*verbrauchen:* das Gerät braucht wenig Strom; sie haben das gesamte Material gebraucht. **2.** ⟨mit Infinitiv mit „zu" als Modalverb; immer verneint oder eingeschränkt; hat ... brauchen⟩: *müssen:* er braucht nicht zu laufen; er hat nicht zu kommen brauchen; du brauchst bloß/nur zu sagen, daß du nicht willst; /in Angleichung an die Modalverben auch ohne „zu"/: Hemden, die nicht gebügelt werden b.

Brauchtum, das; -s, Brauchtümer: *Gesamtheit der Bräuche:* das B. pflegen, wiederbeleben. **sinnv.:** ↑Brauch.

Braue, die; -, -n: *Haare über dem Auge in Form eines Bogens:* die Brauen runzeln. **Zus.:** Augenbraue.

brauen ⟨tr.⟩: **a)** *(Bier) aus bestimmten Zutaten, Bestandteilen herstellen:* Bier b. **b)** (ugs.) *(ein Getränk) zubereiten:* Kaffee, einen Punsch b.

Brauerei, die; -, -en: *Betrieb, in dem Bier hergestellt wird.* **Zus.:** Bierbrauerei.

braun ⟨Adj.⟩: **a)** *von der Farbe feuchter Erde:* braunes Haar. **sinnv.:** bräunlich, erdfarben, khakifarben, mahagonifarben, ocker, siena, umbra, zimtfarben. **Zus.:** dunkel-, erd-, fahl-, gold-, grau-, hell-, kaffee-, nuß-, rot-, schokoladenbraun. **b)** *von der Sonne gebräunt:* ganz b. aus dem Urlaub zurückkommen. **sinnv.:** braungebrannt, gebräunt. **Zus.:** sonnenbraun.

Bräune, die; -: *braune Farbe der Haut, die durch Sonne oder durch dem Sonnenlicht entsprechende Strahlen entsteht.* **Zus.:** Sommer-, Sonnenbräune.

bräunen, bräunte, hat/ist gebräunt: **1. a)** ⟨tr.⟩ *(jmdm.) ein braunes, gebräuntes Aussehen geben, braun werden lassen:* die Sonne hat ihn gebräunt. **b)** ⟨itr.⟩ *ein braunes, gebräuntes Aussehen bekommen, braun werden:* meine Haut ist sehr schnell in der Sonne gebräunt. **2. a)** ⟨tr.⟩ *unter Einwirkung von Hitze braun [und knusprig] werden lassen:* Mehl b.; Zwiebeln in Butter b. **b)** ⟨itr.⟩ *unter Einwirkung von Hitze braun [und knusprig] werden:* der Braten ist sehr schön gleichmäßig gebräunt.

braungebrannt ⟨Adj.⟩: *von der Sonne stark gebräunt:* b. kam sie von der Nordsee zurück. **sinnv.:** ↑braun.

bräunlich ⟨Adj.⟩: *leicht braun (getönt):* ein bräunlicher Stoff. **sinnv.:** ↑braun.

Brause, die; -, -n: **1.** ↑*Dusche.* **2.** *siebartig durchlöcherter Aufsatz an Gießkannen (zum Verteilen des Wassers).* **3.** ↑*Limonade.*

brausen, brauste, hat/ist gebraust: **1.** ⟨tr.⟩ ↑*duschen:* ich habe mich jeden Morgen gebraust. **sinnv.:** ↑baden. **2.** ⟨itr.⟩ *in heftiger Bewegung sein und dabei ein dumpfes, anhaltendes Geräusch hervorbringen:* der Wind, das Meer hat die ganze Nacht gebraust. **sinnv.:** ↑rauschen; ↑stürmen. **3.** ⟨itr.⟩ (ugs.) *mit großer Geschwindigkeit [geräuschvoll] irgendwohin fahren:* er ist mit seinem Auto durch die Stadt gebraust. **sinnv.:** ↑fahren; sich ↑fortbewegen.

Braut, die; -, Bräute: **1.** *weibliche Person (gesehen im Zusammenhang mit dem zu ihr gehörenden Partner)* **a)** *in der Zeit zwischen Verlobung und Hochzeit:* darf ich Ihnen meine B. vorstellen? **sinnv.:** Verlobte, Zukünftige. **b)** *am Hochzeitstag:* die B. sieht sehr hübsch aus mit ihrem langen Schleier. **2.** (Jargon) *junges Mädchen, Freundin:* das ist eine klasse B., die du da abgeschleppt hast; das war eine ganz miese B.

Bräutigam, der; -s, -e: *männliche Person (gesehen im Zusammenhang mit der zu ihr gehörenden Partnerin)* **a)** *in der Zeit zwischen Verlobung und Hochzeit:* darf ich Ihnen meinen B. vorstellen? **sinnv.:** Freier, Heiratskandidat, Hochzeiter, Verlobter, Zukünftiger. **b)** *am Hochzeitstag:* der B. sprach sehr laut sein Ja in der Kirche.

Brautpaar, das; -[e]s, -e: *Braut und Bräutigam zusammen am Tag der Hochzeit:* das B. ließ sich vor dem Standesamt fotografieren. **sinnv.:** ↑Ehe.

brav ⟨Adj.⟩: **1. a)** ↑*artig:* ein braves Kind; das Kind hat b. gespielt. **sinnv.:** ↑gehorsam. **b)** *ordentlich, aber ohne besondere Leistung:* er hat seine Aufgaben b. gemacht. **2.** *von rechtschaffener, biederer Art:* er ist ein braver Kerl; das Kleid ist für den Ball zu b. **sinnv.:** ehrenhaft. **Zus.:** kreuzbrav.

bravo! ⟨Interj.⟩: *sehr gut!, ausgezeichnet!:* b., das hast du gut gemacht! **sinnv.:** bravissimo, vortrefflich · ↑applaudieren.

Bravour [bra'vu:ɐ̯], die; -: *sichtbar forsche, gekonnte Art und Weise, etwas zu bewältigen:* sie sang die schwierige Arie mit B. **sinnv.:** ↑Meisterschaft.

bravourös [bravu'rø:s] ⟨Adj.⟩: *mit Bravour:* er hat eine bravouröse Leistung vollbracht. **sinnv.:** ↑meisterhaft.

brechen, bricht, brach, hat/ist gebrochen /vgl. gebrochen/: **1.** ⟨itr.⟩ *durch Druck, Anwendung von Gewalt in Stücke gehen:* das Eis auf dem See brach; der Tisch ist unter der Last der Bücher gebrochen. **sinnv.:** ↑zerbrechen. **2.** ⟨tr.⟩ **a)** *durch Druck, Gewalt in Teile zerlegen, in Stücke teilen, von etwas abtrennen:* er hat einen Zweig vom Baum gebrochen; einen Stock [in Stücke] b. **sinnv.:** durchbrechen, durchhauen, durchtrennen, entzweibrechen, entzweimachen, knikken, reißen, zerschlagen; ↑zerstören. **b)** *sich bei einem Sturz, durch Hinfallen o. ä. den Knochen eines Körperteils so beschädigen, daß er durchbricht:* sich den Arm, eine Rippe b. **sinnv.:** verletzen · Bruch, Fraktur. **3.** ⟨tr.⟩ *nicht mehr einhalten; sich nicht an eine Verpflichtung halten:* er hat den Vertrag, die Ehe, den Eid gebrochen. **4.** ⟨tr.⟩ *etwas, was sich als Barriere darstellt, überwinden:* jmds. Widerstand, eine Blockade, einen Rekord b.; er hat sein Schweigen gebrochen *(beendet).* **5.** ⟨itr.⟩ *plötzlich aus etwas hervorkommen:* eine Quelle bricht aus den Felsen; die Sonne ist durch die Wolken gebrochen. **6.** ⟨sich b.⟩ *auf etwas auftreffen und dadurch die ursprüngliche Richtung ändern:* das Licht hat sich im Wasser gebrochen; der Schall bricht sich am Gewölbe. **7.** ⟨itr.⟩ *die bisherige Verbindung, Beziehung o. ä. aufgeben, abbrechen:* mit der Partei, mit einer Gewohnheit b.; er hat mit ihm endgültig gebrochen. **sinnv.:** jmdm. die Freundschaft [auf]kündigen, jmdm. den Laufpaß geben, mit jmdm. Schluß machen, ↑sitzenlassen. **8.** ⟨tr./itr.⟩ ↑*erbrechen:* er hat nach dem Essen gebrochen. **sinnv.:** sich ↑übergeben.

Brei, der; -[e]s, -e: *dickflüssige Speise:* das Baby bekommt einen B. **sinnv.:** Grütze, Haferschleim, Mus, Müsli, Pamps, Püree, Schleim. **Zus.:** Grieß-, Hafer-, Kartoffel-, Mehl-, Milchbrei.

breit ⟨Adj.⟩: **1. a)** *von größerer Ausdehnung in seitlicher Richtung* /Ggs. schmal/: eine breite Straße, Hand. **sinnv.:** ↑dick; ↑geräumig. **b)** ⟨in Verbindung mit Angaben von Maßen⟩ *eine bestimmte Breite habend:* der Stoff ist 2 Meter b. **2.** *größere Teile des Volkes, der Öffentlichkeit betreffend:* die breite Masse; die Aktion fand ein breites *(großes)* Interesse.

Brei|te, die; -, -n: **1.** ⟨ohne Plural⟩ *seitliche Ausdehnung:* die Straße hat eine B. von fünf Metern. **Zus.:** Band-, Daumen-, Finger-, Schrank-, Zimmerbreite. **2.** *Abstand eines Ortes vom Äquator:* Berlin liegt unter 52 Grad nördlicher B.

breit|ma|chen, sich; machte sich breit, hat sich breitgemacht: **a)** *sich in ärgerlicher Weise mit seinen Sachen, seinem Körper über eine größere Fläche ausdehnen, eine größere Fläche für sich in Anspruch nehmen:* er hat sich auf der Couch, bei uns breitgemacht. **sinnv.:** sich ↑einnisten. **b)** *in ärgerlicher Weise immer mehr Bereiche, Personen erfassen, immer weiter um sich greifen:* Unsitten, die sich jetzt überall b. **sinnv.:** ↑überhandnehmen; ↑zunehmen.

Brem|se, die; -, -n: *Vorrichtung, mit der in Bewegung befindliche Fahrzeuge o. ä. verlangsamt oder zum Stillstand gebracht werden können:* er trat auf die B. *(auf das Pedal der Bremse);* die Bremsen quietschten. **Zus.:** Backen-, Fuß-, Handbremse.

brem|sen: a) ⟨itr.⟩ *die Bremse betätigen:* er hat zu spät gebremst. **b)** ⟨tr.⟩ *die Geschwindigkeit von etwas [bis zum Stillstand] verringern:* das Auto b. **sinnv.:** ↑anhalten. **c)** ⟨tr.⟩ *einschränken:* die Ausgaben müssen gebremst werden. **sinnv.:** zügeln.

bren|nen, brannte, hat gebrannt: **1. a)** ⟨itr.⟩ *eine Flamme hervorbringen; in Flammen stehen:* das Öl, das Haus brennt. **sinnv.:** aufflackern, aufleuchten, auflodern, sich entzünden, flakkern, glimmen, glühen, lodern, lohen, schmoren, schwelen, sengen, wabern. **b)** ⟨itr.⟩ *beim Brennen* (1 a) *bestimmte Eigenschaften zeigen:* das trockene Holz brennt gut, schnell, leicht, lichterloh. **c)** ⟨tr.⟩ *als Heizmaterial verwenden:* Koks, Öl, Holz b. **2.** ⟨itr.⟩ *eingeschaltet, angezündet sein und leuchten:* das Licht, die Lampe brennt. **3.** ⟨tr.⟩ *durch Hitze, Sengen o. ä. in etwas entstehen lassen:* ein Zeichen in Holz, auf das Fell eines Tieres b. **sinnv.:** einbrennen, einsengen. **4.** ⟨tr.⟩ *durch Hitze für den Gebrauch zubereiten:* Kaffee, Mehl b. **5.** ⟨tr.⟩ **a)** *unter großer Hitzeeinwirkung härten lassen:* Ziegel, Porzellan b. **b)** *zum Zwecke einer chemischen Veränderung großer Hitze aussetzen:* Kalk b. **c)** *durch Destillation herstellen:* Schnaps b. **sinnv.:** ↑destillieren. **6.** ⟨sich b.⟩ *sich durch Hitze oder Feuer verletzen:* ich habe mich [am Ofen] gebrannt. **sinnv.:** sich verbrennen, sich versengen. **7.** ⟨itr.⟩ *ein beißendes, wundes Gefühl, einen beißenden Reiz verursachen:* die Wunde brennt; mir brennen die Augen. **sinnv.:** ↑beißen; ↑jucken. **8.** ⟨itr.⟩ *heftig nach etwas trachten, streben, auf etwas sehr begierig sein:* er brennt darauf, ihn zu sprechen; er brannte vor Neugierde. **sinnv.:** ↑streben · begierig.

Bren|nes|sel, die; -, -n: *Pflanze mit gezackten Blättern und unscheinbaren gelblichen Blüten, die bei Berührung auf der Haut brennende Bläschen hervorruft.*

Brenn|stoff, der; -[e]s, -e: *leicht brennbarer Stoff, der zur Erzeugung von Wärme verwendet wird.* **sinnv.:** Brand, Brennholz, Brennmaterial, Feuerung, Gas, Hausbrand, Heizmaterial, Heizöl, Heizstoff, Holz, ↑Kohle, Öl · Energie.

brenz|lig ⟨Adj.⟩: *mit einem gewissen Risiko in bezug auf die persönliche Sicherheit o. ä. verbunden:* er bekreuzigte sich, wenn es b. für ihn wurde. **sinnv.:** ↑bedrohlich; ↑gefährlich.

Bre|sche: ⟨in bestimmten Wendungen⟩ **für jmdn./etwas eine B. schlagen** *(für jmdn./etwas durch das Beseitigen von Widerständen den Weg frei machen, sich für jmdn., etwas erfolgreich einsetzen);* **für jmdn. in die B. springen** *(für jmdn. eintreten, helfend einspringen).*

Brett, das; -[e]s, -er: **1.** *flaches, langes, aus einem Baumstamm geschnittenes Stück Holz:* Bretter schneiden, sägen; eine Wand aus Brettern. ***Schwarzes B.** *(Tafel für Mitteilungen, Anschläge).* **sinnv.:** Balken, Bohle, Bord, Daube, Diele, Latte, Leiste, Planke, Scheit, Sparren, Träger. **Zus.:** Blumen-, Bücher-, Bügel-, Hack-, Nudel-, Schach-, Sprungbrett. **2.** ⟨Plural⟩ ↑*Ski:* die Bretter wachsen; noch unsicher auf den Brettern stehen.

Bre|zel, die; -, -n: *salziges, in Lauge getauchtes oder süßes Gebäckstück* (siehe Bild). **sinnv.:**

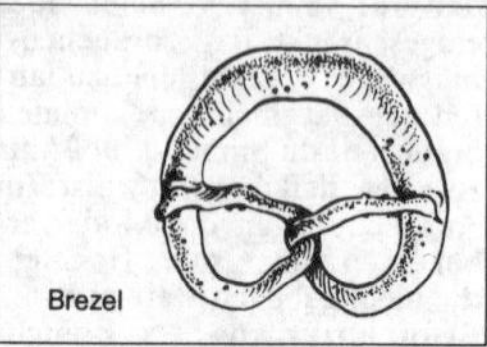
Brezel

↑Gebäck. **Zus.:** Salz-, Zuckerbrezel.

Brief, der; -[e]s, -e: *schriftliche Mitteilung, die an jmdn. in einem Umschlag geschickt wird:* einen B. schreiben. **sinnv.:** ↑Schreiben; ↑Post. **Zus.:** Abschieds-, Bekenner-, Bitt-, Dankes-, Droh-, Eil-, Fracht-, Hirten-, Leser-, Liebesbrief.

Brief|ka|sten, der; -s, Briefkästen: **a)** *von der Post angebrachter oder aufgestellter Behälter für kleinere Sendungen, bes. Briefe und Karten, der regelmäßig geleert wird.* **b)** *am Eingang eines Hauses, einer Wohnung angebrachter Behälter für die dem Empfänger zugestellte Post.*

Brief|kopf, der; -[e]s, Briefköpfe: *oberer Teil eines Briefbogens [mit der Adresse des Absenders].*

Brief|mar|ke, die; -, -n: *von der Post ausgegebene Marke von bestimmtem Wert, die zum Freimachen einer Sendung auf diese aufgeklebt wird.* **sinnv.:** Freimarke, Marke, Postwertzeichen, Sondermarke, Wertzeichen, Wohlfahrtsmarke · Philatelie.

Brief|ta|sche, die; -, -n: *eine Art kleine Mappe [mit verschiedenen Fächern], in der jmd. Ausweise, Geld usw. bei sich tragen kann.* **sinnv.:** Herrenhandtasche · ↑Portemonnaie.

Brief|trä|ger, der; -s, -: *jmd., der die Post zustellt.* **sinnv.:** ↑Zusteller.

Brief|wech|sel, der; -s: *Austausch von Briefen (zwischen zwei Personen):* der B. zwischen ihnen ist sehr rege; mit jmdm. in B. stehen. **sinnv.:** Briefaustausch, Briefverbindung, Briefverkehr, Korrespondenz, Schriftverkehr, Schriftwechsel · Absender · Empfänger.

Bri|kett, das; -s, -s: *in eine bestimmte Form gepreßte Kohle:* den Ofen mit Briketts heizen. **sinnv.:** ↑Kohle.

bril|lant [brıl'jant] ⟨Adj.⟩: *in Qualität, Leistung, Begabung o. ä. in besonderer Weise herausragend:* ein brillantes Spiel; eine brillante Rede. **sinnv.:** ↑außergewöhnlich.

Bril|le, die; -, -n: *vor den Augen getragenes Gestell mit geschliffenen oder gefärbten Gläsern, die dem besseren Sehen oder dem Schutz der Augen dienen.* **sinnv.:** Kneifer, Lorgnette, Lorgnon · Monokel · Feldstecher, Fernglas, Fernrohr, Opernglas, Operngucker · Mikroskop. **Zus.:** Gold-, Horn-, Fern-, Lese-, Nickel-, Sonnen-, Taucherbrille.

bril|lie|ren [brıl'ji:rən] ⟨itr.⟩: *sich (durch besondere Leistung) hervortun:* er brillierte mit seiner Rede. **sinnv.:** ↑beeindrucken.

Brim|bo|ri|um, das; -s: *etwas, was als unnützes Drumherum empfunden wird:* er garniert seine Auftritte mit allem möglichen B.; viel B. bei der Premiere, beim Showbusineß; das macht er ohne großes B.; auf das ganze B. darum herum kann ich verzichten. **sinnv.:** ↑Aufwand · Getue.

brin|gen, brachte, hat gebracht: **1.** ⟨tr.⟩ *an einen Ort tragen, befördern, bewegen [und jmdm. übergeben]:* der Briefträger bringt die Post; er brachte den Koffer zum Bahnhof. **sinnv.:** ↑liefern; transportieren. **2.** ⟨tr.⟩ *zur Begleitung, als Hilfe, zum Schutz o. ä. mit jmdm. an einen bestimmten Ort mitgehen:* jmdn. nach Hause, zum Zug b.; den Betrunkenen auf die Polizei b. **sinnv.:** ↑begleiten; ↑einweisen. **3.** ⟨tr.⟩ **a)** *dafür sorgen, daß jmd./etwas an einen bestimmten Ort kommt, gerät:* jmdn. ins Gefängnis, vor Gericht b.; den Satelliten in eine Umlaufbahn b. **b)** /in verblaßter Bedeutung/: das Gespräch auf ein anderes Thema b. *(lenken);* sich, jmdn. in Gefahr b. *(gefährden);* etwas zum Einsatz b. *(einsetzen);* sich nicht aus der Ruhe b. *(sich nicht nervös machen)* lassen. **4.** ⟨itr.; in Verbindung mit „es"⟩ *ein bestimmtes [berufliches] Ziel, eine bestimmte, durch das Alter o. ä. bedingte Leistungsgrenze erreichen:* er hat es [im Leben] zu hohem Ansehen, zu nichts gebracht; er hat es bis zum Direktor gebracht; es weit b.; der Wagen hat es auf 100 000 Kilometer gebracht. **sinnv.:** ↑aufsteigen. **5.** ⟨itr.⟩ *für jmdn. zu einem bestimmten Ergebnis führen:* das Geschäft brachte ihm viel Geld, hohen Gewinn, große Verluste; (ugs.) das bringt doch nichts *(lohnt sich doch nicht, dabei kommt nichts heraus).* **sinnv.:** ↑abwerfen. **6.** ⟨itr.⟩ *erreichen, verursachen, daß jmd. Schaden erleidet, etwas verliert, einbüßt:* jmdn. um seine Stellung, seinen guten Ruf b.; der Lärm brachte sie um den Schlaf. **sinnv.:** ↑betrügen. **7.** ⟨tr.⟩ *in einer Veröffentlichung, Aufführung, Sendung o. ä. darbieten:* das Programm bringt nichts Neues; die Zeitung brachte nur einen kurzen Artikel über den Unfall. **sinnv.:** ↑veröffentlichen. **8.** ⟨tr.⟩ (ugs.) *die Erwartungen, Hoffnungen, die mit jmds. Leistung verbunden werden, auch erfüllen, ihnen entsprechen:* er bringt das jederzeit; etwas gut, nicht b.; der bringt es voll! **sinnv.:** ↑bewältigen.

bri|sant ⟨Adj.⟩: *sehr aktuell und dabei ziemlich heikel und konfliktgeladen:* ein brisantes Thema. **sinnv.:** ↑aktuell; ↑akut · gefährlich.

Bri|se, die; -, -n: *leichter Wind [von der See]:* eine leichte, sanfte B. **sinnv.:** ↑Wind.

bröckeln, bröckelte, hat/ist gebröckelt ⟨itr.⟩: **a)** *in kleine Brokken zerfallen:* das Brot hat sehr gebröckelt. **sinnv.:** ↑zerfallen. **b)** *sich in kleinen Brocken ablösen:* der Putz ist von den Wänden gebröckelt.

Brocken, der; -s, -: *größeres, unförmiges, oft von etwas abgebrochenes Stück:* ein schwerer B. **sinnv.:** ↑Bissen; ↑Block; ↑Teil. **Zus.:** Fleisch-, Gesteins-, Käse-, Sprachbrocken.

bröck|lig ⟨Adj.⟩: **a)** *aus vielen kleinen Bröckchen bestehend:* bröcklige Kohle. **b)** *leicht in viele kleine Bröckchen zerfallend:* ein bröckliges, altes Gestein. **sinnv.:** ↑mürbe.

bro|deln ⟨itr.⟩: *[beim Kochen] Blasen bilden und in starker Bewegung sein:* das kochende Wasser brodelt im Topf. **sinnv.:** aufbrausen, aufkochen, aufquellen, aufwallen, blubbern, kochen, quirlen, sprudeln, wallen; ↑dampfen.

Brom|bee|re, die; -, -n: **a)** *(in Ranken oder als Strauch wachsende) Pflanze mit Stacheln:* jetzt blühen gerade die Brombeeren. **b)** *(der Himbeere in der Form ähnliche) eßbare, glänzend schwarze Frucht der Brombeere* (a): zwei Kilo Brombeeren.

Bron|ze ['brõ:sə], die; -, -n: **1.** ⟨ohne Plural⟩ *Legierung aus Kupfer und Zinn:* eine Halskette aus B. **Zus.:** Gold-, Silberbronze. **2.** *Plastik aus Bronze* (1): die Bronzen des Künstlers sind in der ersten Halle ausgestellt.

Bro|sche, die; -, -n: *Schmuckstück, das mit einer Nadel angesteckt wird.* **sinnv.:** Agraffe, Anstecknadel, Nadel, Schmuckspange, Spange, Vorstecknadel.

bro|schiert ⟨Adj.⟩: *mit einem Umschlag aus Karton o. ä. leicht und einfach gebunden:* eine broschierte Ausgabe.

Bro|schü|re, die; -, -n: *kleine Druckschrift ohne festen Einband.* **sinnv.:** ↑Buch. **Zus.:** Aufklärungs-, Werbebroschüre.

Brö|sel, der, auch: das; -s, -: *ganz kleines, von Brot o. ä. abgebröckeltes Stück:* nach dem Essen die B. vom Tisch entfernen. **sinnv.:** ↑Krume. **Zus.:** Brot-, Semmelbrösel.

Brot, das; -[e]s, -e: **a)** *(aus Mehl, Wasser, Salz und Sauerteig oder Hefe hergestelltes) zu einem Laib geformtes und gebackenes Nahrungsmittel:* gerne frisches B. essen; ein Laib B. **sinnv.:** ↑Gebäck, Laib. **Zus.:** Bauern-, Fladen-, Früchte-, Kommiß-, Knäkke-, Kümmel-, Roggen-, Schrot-, Schwarz-, Sechskorn-, Weiß-, Weizenbrot. **b)** *abgeschnittene Scheibe von einem Laib Brot* (a): Brote machen; ein B. belegen, essen. **sinnv.:** ↑Schnitte. **Zus.:** Frühstücks-, Honig-, Käse-, Marmelade-, Schinken-, Schmalz-, Wurstbrot.

Brot- ⟨Präfixoid⟩ *[nur] der Existenz, dem Lebensunterhalt dienend ...* /bezeichnet das im Basiswort Genannte als etwas, für das nicht persönliche Neigung, sondern existentielle Notwendigkeit den Ausschlag gibt bzw. gegeben hat/: Brotarbeit, Brotberuf *(Beruf, den man nicht aus Neigung ausübt, sondern nur um Geld für das tägliche Leben zu verdienen [das dann wiederum die Grundlage dafür bietet, daß man seinen Interessen nachgehen kann]),* Brotbuch *(Buch, das in einem Verlag nur verlegt wird, weil es Geld einbringt, mit dem andere, weniger einträgliche Publikationen finanziert werden können),* -kunst, -schrift, -studium.

Bröt|chen, das; -s, -: *(in vielen unterschiedlichen Formen vom Bäcker hergestellte runde oder längliche) Backware aus Weizenmehl, Hefe und Milch oder Wasser:* frische Brötchen. **sinnv.:** Knüppel, Laibchen, Rundstück, Schrippe, Schusterjunge, Semmel, Weck, Wecken · Croissant, Hörnchen, Kipfe[r]l · Salzstange; ↑Gebäck. **Zus.:** Kaiser-, Kümmel-, Laugen-, Mohn-, Roggen-, Rosen-, Rosinen-, Salz-, Sesambrötchen.

Bruch, der; -[e]s, Brüche: **1. a)** *das Brechen, Zerbrechen:* der B. eines Abkommens. **Zus.:** Achsen-, Arm-, Bein-, Damm-, Deich-, Ehe-, Knochen-, Rohr-, Schädel-, Schiff-, Stil-, Stimm-, Vertrags-, Vertrauens-, Wolkenbruch. **b)** ***in die Brüche/zu B. gehen** *(↑zerbrechen).* **2.** *Einheit aus Zahlen, die mit einem Quer- oder Schrägstrich untereinandergeschrieben, ein bestimmtes Verhältnis ausdrücken:* echte, unechte Brüche. **sinnv.:** Bruchzahl, Dezimalzahl; ↑Zahl. **Zus.:** Dezimalbruch. **3.** *das Heraustreten von Eingeweiden durch eine Lükke in der Bauchwand:* einen B. operieren. **sinnv.:** Hernie. **Zus.:** Eingeweide-, Leisten-, Nabelbruch. **4.** *zerbrochene, minderwertige Ware, Gegenstände:* was du da kaufen kannst, ist alles nur B. **sinnv.:** Schund. **5.** (Jargon) ↑*Einbruch:* nur jeder vierte B. wird aufgeklärt. **sinnv.:** Diebstahl.

brü|chig ⟨Adj.⟩: *so beschaffen, daß es leicht bricht, zerfällt:* alte Seide ist b. **sinnv.:** ↑morsch; ↑mürbe.

Bruch|stück, das -[e]s, -e: *[übriggebliebenes] Teil (von einem zusammenhängenden Ganzen); von einer Gesamtheit ein kleiner Teil (der das Ganze als Gesamt nur ahnen läßt):* er hörte nur Bruchstücke der Unterhaltung; das Gedicht ist ein B. aus einem verlorengegangenen Epos.

Bruch|teil, der; -[e]s, -e: *kleiner, ganz geringer Teil von etwas:* einen B. der Kosten decken; im B. einer Sekunde.

Brücke, die; -, -n: *Bauwerk als Verkehrsweg, der sich über etwas befindet, etwas (z. B. einen Fluß) überspannt:* die B. führt, spannt sich über den Fluß, die Schlucht; eine B. über eine Eisenbahnlinie, eine Autobahn bauen. **sinnv.:** Steg, Überführung, Übergang, Viadukt. **Zus.:** Autobahn-, Dreh-, Eisenbahn-, Hänge-, Holz-, Pfeiler-, Ponton-, Seil-, Straßen-, Zugbrücke.

Bru|der, der; -s, Brüder: *männliche Person im Verhältnis zu einer anderen, die von denselben Eltern abstammt* /Ggs. Schwester/. **sinnv.:** ↑Geschwister, Verwandter. **Zus.:** Amts-, Duz-, Glaubens-, Halb-, Ordens-, Namens-, Sauf-, Tippel-, Vereinsbruder.

brü|der|lich ⟨Adj.⟩: *wie bei guten Brüdern üblich; im Geiste von Brüdern:* etwas b. teilen. **sinnv.:** ↑einträchtig; ↑freundschaftlich.

Brü|der|lich|keit, die; -: *brüderliche Gesinnung, Haltung.* **sinnv.:** ↑Harmonie.

Brü|he, die; -, -n: **a)** *durch Kochen von Fleisch oder Knochen gewonnene Flüssigkeit:* eine heiße B. trinken. **sinnv.:** ↑Suppe. **Zus.:** Fleisch-, Gemüse-, Hühner-, Kloß-, Kraftbrühe. **b)** *Flüssigkeit, vor der Widerwillen empfunden wird, die unappetitlich, unansehnlich aussieht:* diese dünne B. soll Kaffee sein?; in dieser B. soll ich baden? **sinnv.:** ↑Getränk; ↑Flüssigkeit.

brü|hen ⟨tr.⟩: *(über etwas) kochendes Wasser gießen; (auf etwas) kochendes Wasser einwirken lassen:* Tomaten soll man vor dem Schälen kurz b. **sinnv.:** ↑sieden.

brül|len: 1. ⟨itr.⟩ *(von bestimmten Tieren) einen dumpfen, durchdringenden Laut ausstoßen:* das Vieh brüllte auf der Weide. **2. a)** ⟨itr.⟩ *[aus Erregung oder Wut] sehr laut sprechen:* er brüllte so laut, daß man ihn im Nebenzimmer hörte. **b)** ⟨tr.⟩ *sehr laut rufen, mit sehr lauter Stimme äußern:* die letzten Worte brüllte er [ihm ins Ohr]. **sinnv.:** ↑schreien. **3.** ⟨itr.⟩ **a)** *laut schreien:* er brüllte vor Schmerzen. **b)** (ugs.) *sehr laut und heftig weinen:* das Kind brüllte die ganze Nacht. **sinnv.:** ↑weinen.

brum|men: 1. ⟨itr.⟩ *längere tiefe Töne von sich geben:* der Bär brummt; ein brummender Motor. **sinnv.:** ↑surren. **2. a)** ⟨itr.⟩ *sich mürrisch, unzufrieden äußern:* vor sich hin b.; er brummt schon den ganzen Tag. **sinnv.:** ↑beanstanden; ↑murren. **b)** ⟨tr.⟩ *unverständlich [in mürrischer Weise] sagen:* eine Antwort b.; er brummte etwas ins Telefon. **sinnv.:** ↑flüstern.

Brum|mi, der; -s, -s (ugs. scherzh.): *[großer, schwerer] Lastkraftwagen:* die Zöllner fertigen die Brummis samstags nur bis 14 Uhr ab. **sinnv.:** ↑Auto.

brum|mig ⟨Adj.⟩: *(aus Ärger oder schlechter Laune) unfreundlich:* ein brummiger Mann. **sinnv.:** ↑ärgerlich; ↑mürrisch.

brü|nett ⟨Adj.⟩: *braune Haare [und bräunliche Haut] besitzend:* ein brünetter Typ. **sinnv.:** braun, braunhaarig, braunhäutig, schwarz.

Brun|nen, der; -s, -: *mit einer Einfassung, Ummauerung, einem*

Becken o. ä. versehene Stelle, an der Wasser entnommen werden kann. **Zus.:** Dorf-, Markt-, Ziehbrunnen.

Brunst, die; -: *Zeit, in der bei bestimmten Tieren die Paarung vollzogen wird, in der sie geschlechtlich erregt sind.* **Zus.:** Hirsch-, Liebesbrunst.

brün|stig ⟨Adj.⟩: *sich in der Brunst befindend:* die Kuh ist b. **sinnv.:** geil, heiß, läufig, rossig, stierig.

brüsk ⟨Adj.⟩: *in unerwartet unhöflicher Weise kurz und knapp:* einen Vorschlag b. ablehnen. **sinnv.:** ↑barsch; ↑unhöflich.

brüs|kie|ren ⟨tr.⟩: *schroff, in verletzender Weise behandeln und dadurch beleidigen:* mit dieser Äußerung brüskierte der Minister die verbündeten Staaten. **sinnv.:** ↑kompromittieren; ↑kränken.

Brust, die; -, Brüste: **a)** ⟨ohne Plural⟩ *vordere Hälfte des Rumpfes:* jmdn. an seine B. drücken. **sinnv.:** Brustkorb, Brustkasten, Thorax. **Zus.:** Gänse-, Helden-, Hühner-, Kalbs-, Männerbrust. **b)** *aus zwei halbkugeligen Teilen bestehendes Organ an der Vorderseite des weiblichen Oberkörpers, das Milch bilden kann:* üppige, hängende Brüste; dem Kind die B. geben *(es stillen).* **sinnv.:** Balkon, Busen, Büste, Holz vor der Hütte, Kurven, Titten, Vorbau. **Zus.:** Mutterbrust.

brü|sten, sich; brüstete sich, hat sich gebrüstet: *sich (einer Sache) prahlend rühmen:* sie brüstete sich mit ihrer guten Stellung. **sinnv.:** ↑prahlen.

brust|schwim|men ⟨itr.; nur im Infinitiv⟩: *(in der Lage) auf der Brust schwimmen:* er kann gut b.

Brü|stung, die; -, -en: *starkes Geländer oder Mauer in Brusthöhe (zum Schutz gegen Absturz):* er beugte sich über die B. **sinnv.:** ↑Geländer. **Zus.:** Balkon-, Fensterbrüstung.

Brut, die; -, -en: **1. a)** *das Brüten:* bei den Vögeln findet die B. im Frühling statt. **b)** *(bei bestimmten Tierarten) aus den Eiern eines Tieres geschlüpfte junge Tiere:* die B. der Bienen, Fische; der Vogel füttert seine hungrige B. **Zus.:** Bienen-, Vogelbrut. **2.** ⟨ohne Plural⟩ *Gruppe von Personen, deren Verhalten als in empörender Weise gemein o. ä. empfunden wird:* wir müssen gegen diese B. etwas unternehmen. **sinnv.:** ↑Abschaum. **Zus.:** Satans-, Teufelsbrut.

bru|tal ⟨Adj.⟩: **1.** *grausam-roh und gewalttätig:* ein brutaler Mensch. **sinnv.:** ↑unbarmherzig. **2.** *rücksichtslos und hemmungslos; ohne Rücksicht (auf die Gefühle, Empfindungen des anderen):* ich frage Sie ganz b.: „Wie alt sind Sie?"; das war Fußball b. **sinnv.:** direkt, unverblümt, unverhüllt.

Bru|ta|li|tät, die; -, -en: **a)** ⟨ohne Plural⟩ *rohes, gewalttätiges, rücksichtsloses Verhalten.* **sinnv.:** ↑Roheit. **b)** *brutale Handlung.*

Bru|ta|lo, der; -s, -s: **1.** *gewalttätig-draufgängerischer Mann.* **sinnv.:** ↑Mann. **2.** *Film voller Grausamkeiten und Gewalttätigkeiten.* **sinnv.:** ↑Film.

brü|ten, brütete, hat gebrütet ⟨itr.⟩: **1.** *(von Vögeln) auf den Eiern sitzen und sie erwärmen (so daß sich die Jungen entwickeln und schließlich ausschlüpfen können).* **sinnv.:** glucken, hecken, horsten, nisten, sitzen. **2.** (ugs.) *lange, intensiv über etwas nachdenken:* der Schüler brütete über diesem Aufsatzthema. **sinnv.:** ↑nachdenken.

brut|to ⟨Adverb⟩: *das Gewicht der Verpackung, verschiedene Abgaben (Steuern o. ä.) [noch] nicht abgezogen* /Ggs. netto/: die Ware wiegt b. 5 kg; er verdient monatlich 1 000 Mark b.

Brut|to|ge|wicht, das; -[e]s, -e: *Gewicht einer Ware einschließlich der Verpackung* /Ggs. Nettogewicht/.

brut|zeln: 1. ⟨itr.⟩ *in heißem, spritzendem Fett gar werden:* die Bratkartoffeln brutzeln in der Pfanne. **2.** ⟨tr.⟩ *in heißem, spritzendem Fett gar werden lassen:* ich brutzele mir ein Frühstück aus Speck und Eiern. **sinnv.:** ↑braten.

Bub, der; -en, -en: ↑*Junge:* er ist ein frecher B. **Zus.:** Lehr-, Schulbub.

Bu|be, der; -n, -n: *in der Rangfolge von oben an vierter Stelle stehende Spielkarte* (siehe Bildleiste „Spielkarten"). **sinnv.:** ↑Spielkarte.

Buch, das; -[e]s, Bücher: **a)** *größeres, gebundenes Druckwerk zum Lesen oder Betrachten:* ein B. von 500 Seiten. **sinnv.:** Band, Broschur, Broschüre, Druckerzeugnis, Foliant, Hardcover, Paperback, Schinken, Schmöker, Schrift, Schwarte, Titel, Wälzer, Werk. **Zus.:** Bilder-, Fach-, Gebet-, Gesang-, Gesetz-, Jahr-, Jugend-, Kinder-, Koch-, Lese-, Lieder-, Märchen-, Rechen-, Wörterbuch · Adreß-, Gäste-, Kult-, Kurs-, Log-, Mal-, Meß-, Notiz-, Scheck-, Spar-, Stamm-, Tage-, Taschen-, Telefonbuch. **b)** *in Form eines gebundenen Druckwerks veröffentlichter literarischer, wissenschaftlicher o. ä. Text:* ein spannendes B.; er hat ein B. über dieses Thema geschrieben.

Bu|che, die; -, -n: *Laubbaum mit glatter, grauer Rinde, meist hohem, schlankem Stamm und kleinen, dreikantigen, ölhaltigen Früchten* (siehe Bildleiste „Blätter"). **Zus.:** Blut-, Rotbuche.

Buch|ecker, die; -, -n: *Frucht der Buche.*

bu|chen ⟨tr.⟩: **1.** *in ein Buch für geschäftliche Angelegenheiten oder in eine Liste eintragen:* er hat Einnahmen und Ausgaben gebucht. **sinnv.:** archivieren, aufnehmen, aufschreiben, über etwas Buch führen, dokumentieren, einschreiben, erfassen, fortschreiben, kodifizieren, registrieren, sammeln, verbuchen, verzeichnen; ↑aufschreiben. **2.** *(einen Platz für eine Reise) im voraus bestellen, reservieren lassen:* er hat einen Flug nach New York gebucht.

Bü|che|rei, die; -, -en: *kleinere Bibliothek:* die Schule hat eine eigene B. **sinnv.:** ↑Bibliothek. **Zus.:** Leih-, Stadt-, Volksbücherei.

Buch|füh|rung, die; -, -en: *genaue und systematische Aufzeichnung aller Einnahmen und Ausgaben (in einem Geschäft, Betrieb o. ä.):* eine gewissenhafte B.

Buch|hal|ter, der; -s, -: *Angestellter in einem Geschäft, Betrieb, der für die Buchführung zuständig ist.*

Buch|hal|tung, die; -, -en: **a)** ↑*Buchführung:* die B. lernen. **b)** *Abteilung eines Betriebes, die für die Buchführung verantwortlich ist:* in der B. arbeiten. **Zus.:** Finanz-, Lohnbuchhaltung.

Buch|hand|lung, die; -, -en: *Geschäft, in dem Bücher verkauft werden.* **sinnv.:** Antiquariat, Bücherladen, -stube, Buchladen, Sortiment. **Zus.:** Bahnhofs-, Fach-, Universitäts-, Verlags-, Versandbuchhandlung.

Buch|se, die; -, -n: **a)** *runde Öffnung, in die ein Stecker gesteckt werden kann.* **sinnv.:** ↑Anschluß. **b)** *Hülse als Lager von*

Achsen und Wellen in Form eines Zylinders, der an beiden Enden offen ist.

Büch|se, die; -, -n: *kleineres Gefäß, Behälter mit Deckel, oft als Behältnis für Konserven o. ä.:* eine B. für Gebäck; eine B. Milch; eine B. mit Wurst. **sinnv.:** Blechdose, Dose, Konserve, Konservendose; ↑Behälter. **Zus.:** Blech-, Konserven-, Sammel-, Sparbüchse.

Buch|sta|be, der; -ns, -n: *Zeichen einer Schrift, das einem Laut entspricht.* **sinnv.:** ↑Laut, Letter, Schriftzeichen, Type. **Zus.:** Anfangs-, Block-, Druck-, Gold-, Groß-, Leuchtbuchstabe.

buch|sta|bie|ren ⟨tr.⟩: *die Buchstaben eines Wortes nacheinander nennen.*

buch|stäb|lich ⟨Adverb⟩ (emotional): *in der Tat, im wahrsten Sinne des Wortes:* mir wurden bei dem Andrang b. die Eintrittskarten aus der Hand gerissen. **sinnv.:** ↑regelrecht.

Bucht, die; -, -en: *in das Festland ragender Teil eines Meeres oder Sees.* **sinnv.:** Bai, Fjord, Förde, Golf, Meeresbusen. **Zus.:** Meeresbucht.

Buckel, der; -s, -: **1.** (ugs.) ↑*Rücken:* er nahm den Rucksack auf den B. **2.** *höckerartige Verkrümmung der Wirbelsäule zwischen den Schulterblättern.* **sinnv.:** Ast, Ausbuchtung, Beule, Erhebung, Höcker, Hügel.

buckeln ⟨itr.⟩: *sich unterwürfig verhalten:* es ist nicht seine Art, ständig zu kriechen und zu b. **Zus.:** katzbuckeln.

bücken, sich: *den Oberkörper nach vorn beugen* (siehe Bildleiste): er bückte sich nach dem heruntergefallenen Bleistift. **sinnv.:** sich ↑beugen.

buck|lig ⟨Adj.⟩: *einen Buckel* (2) *habend:* eine bucklige Frau. **sinnv.:** ↑verwachsen.

Bück|ling, der; -s, -e: **I.** (scherzh.) ↑*Verbeugung:* er verabschiedete sich mit einem tiefen B. **II.** *geräucherter Hering.*

bud|deln: a) ⟨itr.⟩ *(bes. von Kindern) im Sand graben:* der Kleine sitzt am Strand und buddelt. **sinnv.:** graben. **b)** ⟨tr.⟩ (ugs.) *durch Buddeln* (a) *herstellen:* die Arbeiter haben vor dem Haus ein großes Loch gebuddelt.

Bu|de, die; -, -n: **1.** *eine Art Häuschen, das meist aus Brettern [für kürzere Zeit] aufgebaut ist (z. B. für das Verkaufen von Waren):* dort an der B. bekommst du heiße Würstchen. **sinnv.:** Kiosk, Stand; ↑Haus. **Zus.:** Bau-, Bretter-, Holz-, Jahrmarkts-, Markt-, Schau-, Schieß-, Würstchenbude. **2.** (ugs.) *Räumlichkeit, in der jemand wohnt, sich aufhält:* 6 Mann schlafen auf einer B.; sie sind dem Pfarrer auf die B. gerückt und wollten Auskunft haben; sie ging mit ihm auf die B.; man müßte ihm die ganze B. in Klump hauen; dem Wohnungsamt die B. einrennen; gestern hatten wir die B. voll mit Gästen. **sinnv.:** ↑Raum.

Bud|get [bʏˈdʒe:], das; -s, -s: **a)** *Plan, Voranschlag für die öffentlichen Einnahmen und Ausgaben:* das B. aufstellen. **sinnv.:** ↑Etat. **Zus.:** Finanz-, Haushalts-, Staatsbudget. **b)** *laut Plan, Voranschlag zur Verfügung stehende Mittel:* Ausgaben, die das B. sehr belasten.

Bü|fett, das; -s, -e: ↑Buffet.

Büf|fel, der; -s, -: *(in Afrika und Asien) wild lebendes Rind mit massigem Körper und großen, ausladenden Hörnern.*

büf|feln ⟨tr./itr.⟩ (ugs.): *(im Hinblick auf eine bevorstehende Prüfung) angestrengt bemüht sein, zu lernen, sich ein bestimmtes Fachwissen anzueignen:* Mathematik b.; für die Prüfung b. **sinnv.:** ↑lernen.

Buf|fet, Büf|fet [bʏˈfe:], das; -s, -s: **1.** *Schrank für Geschirr.* **sinnv.:** ↑Anrichte. **2.** *Verkaufs-, Schanktisch in Gaststätten, Cafés o. ä.* **sinnv.:** ↑Schanktisch. **Zus.:** Frühstücksbuffet. **3.** *** kaltes B.** *(kalte Speisen auf einem Tisch zur Selbstbedienung).*

Bug, der; -[e]s, -e: *vorderer Teil eines Schiffes oder Flugzeuges* (siehe Bild „Segelboot"): das Wasser schäumte um den B. **Zus.:** Schiffsbug.

Bü|gel, der; -s, -: **1.** ↑*Kleiderbügel.* **2.** *am Ende gebogener Teil des Brillengestells, mit dem die Brille hinter den Ohren festgehalten wird.* **3.** *Griff oder Einfassung aus festem Material am oberen Rand von Handtaschen, Geldbeuteln o. ä.*

Bü|gel|ei|sen, das; -s, -: *[elektrisch geheiztes] Gerät zum Glätten von Wäsche o. ä.* **sinnv.:** Plätteisen · Bügelmaschine, Mange, Mangel, Rolle, Wäschemangel, Wäscherolle.

bü|geln ⟨tr./itr.⟩: *mit einem Bügeleisen glatt machen:* das Kleid b.; ich habe lange gebügelt. **sinnv.:** aufbügeln, dämpfen, glätten, plätten · mangeln, mangen, rollen.

Buh|ne, die; -, -n: *quer in einen Fluß oder ins Meer gebauter Damm, der das Ufer schützen soll.*

Büh|ne, die; -, -n: **a)** *vom Zuschauerraum abgegrenzte, meist erhöhte Fläche im Theater, auf der gespielt wird:* er betrat die B. **Zus.:** Dreh-, Theaterbühne. **b)** ↑*Theater:* die Bühnen des Landes; sie will zur B. *(sie will Schauspielerin, Sängerin werden).* **Zus.:** Freilicht-, Waldbühne.

Bu|kett, das; -[e]s, -e: **1.** *größerer, in besonderer Weise gebundener Strauß von Blumen für besondere Anlässe:* jmdm. ein B. [Rosen] überreichen. **sinnv.:** ↑Blumenstrauß. **Zus.:** Blumen-, Braut-, Rosenbukett. **2.** *Duft des Weines:* der Wein hat ein wunderbares B. **sinnv.:** Blume; ↑Geruch.

Bu|let|te, die; -, -n: ↑*Frikadelle.*

Bull|au|ge, das; -s, -n: *rundes, dicht abschließendes Fenster am Rumpf eines Schiffes.* **sinnv.:** ↑Fenster.

Bull|dog|ge, die; -, -n: *kurzhaariger Hund mit gedrungenem Körper, großem, eckigem Kopf und kurzer Schnauze.*

Bull|do|zer [ˈbʊldo:zɐ], der; -s,

-: *schweres Fahrzeug zum Ebnen des Geländes oder zum Bewegen größerer Erdmassen.*

Bul|le, der; -n, -n: **1.** *geschlechtsreifes männliches Rind.* **sinnv.:** ↑Rind. **2.** (ugs. abwertend) *Polizei-, Kriminalbeamter:* euch Bullen traue ich alles zu. **sinnv.:** ↑Polizist. **c)** (ugs.) *jmd., der einen einträglichen Posten hat.* **Zus.:** Kammerbulle.

-bul|le, der; -n, -n ⟨Suffixoid⟩ */bezeichnet [beim Militär] einen Mann, der einen selbständigen Posten innehat, bei dem er für andere bestimmte Dinge zu verwalten oder zu verteilen hat/:* Kammerbulle *(beim Militär derjenige, der die Kammer, also die [Räume für] Bekleidung, Ausrüstungsgegenstände usw., verwaltet),* Kantinen-, Küchen-, Revier-, Sanitäts-, Schreibstubenbulle.

bul|len-, Bul|len- ⟨Präfixoid⟩ (emotional verstärkend): *sehr [groß] ... /in bezug auf den Grad, die Intensität/:* **a)** ⟨substantivisch⟩ Bullenhitze. **b)** ⟨adjektivisch⟩ bullenstark.

Bul|le|tin [bʏlˈtɛ̃:], das; -s, -s: *offizieller Bericht über ein besonderes Ereignis oder über den gesundheitlichen Zustand einer hohen Persönlichkeit:* laut ärztlichem B. ist beim Präsidenten eine leichte Besserung eingetreten. **sinnv.:** ↑Bericht.

Bu|me|rang, der; -s, -e: *gekrümmte Keule, die geschleudert wird und wieder an den Ausgangspunkt zurückkehrt, falls sie ihr Ziel verfehlt:* einen B. werfen.

Bum|mel, der; -s, -: *kleiner Spaziergang innerhalb einer Stadt:* mit jmdm. einen B. durch die City machen. **sinnv.:** ↑Gang, Shopping, ↑Spaziergang. **Zus.:** Einkaufs-, Schaufenster-, Stadt-, Weihnachtsbummel.

bum|meln, bummelte, hat/ist gebummelt ⟨itr.⟩: **1.** *zum Vergnügen, schlendernd, ohne bestimmtes Ziel durch die Straßen gehen:* er ist durch die Innenstadt gebummelt. **sinnv.:** ↑spazierengehen. **2. a)** ↑*trödeln:* hättest du nicht so gebummelt, dann wärst du längst fertig. **b)** ↑*faulenzen:* er hat ein Semester lang gebummelt.

Bum|mel|streik, der; -s, -s: *Art des Streiks, bei der zwar vorschriftsmäßig, aber bewußt langsam gearbeitet wird.* **sinnv.:** Dienst nach Vorschrift, Goslow; ↑Streik.

bum|sen, bumste, hat/ist gebumst: **1.** ⟨itr.⟩ (ugs.) **a)** *dumpf dröhnen:* es hat ordentlich gebumst, als der Wagen gegen die Mauer fuhr. **sinnv.:** ↑lärmen. **b)** *heftig gegen etwas schlagen, klopfen, so daß es dumpf dröhnt:* er hat mit der Faust an/gegen die Tür gebumst. **sinnv.:** ↑klopfen. **c)** *heftig gegen etwas stoßen, auf etwas prallen:* er ist mit dem Kopf an die Wand gebumst. **sinnv.:** ↑zusammenstoßen. **2.** ⟨tr./itr.⟩ (salopp) ↑*koitieren.*

Bund: **I.** der; -[e]s, Bünde: **1.** *das Sichzusammenschließen zu gemeinsamem Handeln:* diese drei Staaten haben einen B. geschlossen. **sinnv.:** Achse, Allianz, Block, Bündnis, Ehe, Entente, Föderation, Fusion, Gemeinschaft, Kartell, Koalition, Konföderation, Liaison, Verbindung, ↑Vereinigung, Zusammenschluß. **Zus.:** Ehe-, Geheim-, Freundschafts-, Liebes-, Sänger-, Sportbund. **2.** *oberer, auf der Innenseite eingefaßter Rand bei Hosen und Röcken:* der B. der Hose ist ihm zu eng. **Zus.:** Hosen-, Rockbund. **II.** das; -[e]s, -e: *Vielzahl gleichartiger Dinge, die [geordnet] zusammengebunden sind:* ein B. Stroh; ein B. Radieschen. **sinnv.:** ↑Garbe. **Zus.:** Schlüssel-, Strohbund.

Bün|del, das; -s, -: *mehrere gleichartige, Vielzahl gleichartiger Dinge, die zu einem Ganzen zusammengebunden sind:* ein B. Akten, Briefe; ein B. schmutziger Wäsche; ein B. trockenes Stroh/(geh.) trockenen Strohs. **sinnv.:** ↑Garbe; ↑Packen. **Zus.:** Akten-, Banknoten-, Heu-, Kleider-, Papier-, Reisig-, Stroh-, Wäschebündel.

bün|deln ⟨tr.⟩: *zu einem Bündel zusammenschnüren:* alte Zeitungen b. **sinnv.:** ↑binden, ein Bündel machen, zusammenbinden, zusammenfassen, zusammenschnüren; ↑einpacken.

Bünd|nis, das; -ses, -se: *Zusammenschluß aus gemeinsamen Interessen:* ein B. schließen, lösen, erneuern; ein B. zwischen zwei Staaten. **sinnv.:** ↑Bund. **Zus.:** Freundschafts-, Herzens-, Militär-, Verteidigungsbündnis.

Bun|ga|low [ˈbʊŋgalo], der; -s, -s: *einstöckiges Haus mit flachem Dach.* **sinnv.:** ↑Haus.

Bun|ker, der; -s, -: **1.** *meist unterirdische Anlage zum Schutz gegen militärische Angriffe.* **sinnv.:** Luftschutzkeller, Luftschutzraum, Schutzraum · Unterstand. **Zus.:** Atom-, Luftschutzbunker. **2.** *großer Raum oder Behälter zum Sammeln und Lagern bestimmter Stoffe, z. B. von Kohle.* **sinnv.:** ↑Behälter. **Zus.:** Erz-, Kohlenbunker.

bunt ⟨Adj.⟩: **1.** *mehrere, oft leuchtende Farben, Farbtöne besitzend:* bunte Ostereier; der Stoff ist sehr b. **sinnv.:** buntscheckig, farbenfroh, farbenfreudig, farbenprächtig, farbig, giftig, grell, knallig, kräftig, kunterbunt, lebhaft, leuchtend, mehrfarbig, poppig, satt, scheckig, schreiend. **2.** *aus vielerlei Dingen bestehend, zusammengesetzt:* ein buntes Programm; ein bunter Abend; es ging dort recht bunt zu. **sinnv.:** ↑durcheinander; kurzweilig; ↑mannigfach. **Zus.:** kunterbunt.

Bunt|stift, der; -[e]s, -e: *Stift mit farbiger Mine, der meist zum Zeichnen verwendet wird:* etwas mit einem B. rot anmalen. **sinnv.:** Farbstift, Malstift, Wachsmalstift.

Bür|de, die; -, -n: *seelische o. ä. schwer zu tragende Last, Belastung:* die B. des Alters. **sinnv.:** ↑Anstrengung; ↑Last. **Zus.:** Amtsbürde.

Burg, die; -, -en: *in mittelalterlicher Zeit häufig auf Bergen errichtete, stark befestigte (oft durch Graben und Mauer vor Feinden geschützte) bauliche Anlage mit Wohnbau, Stallungen u. ä.* **sinnv.:** ↑Festung. **Zus.:** Flucht-, Grals-, Hoch-, Ring-, Ritter-, Wagen-, Zwingburg.

Bür|ge, der; -n, -n: *jmd., der für einen anderen Sicherheit leistet:* für dieses Darlehen brauche ich zwei Bürgen. **sinnv.:** Garant.

bür|gen ⟨itr.⟩: *Sicherheit leisten:* er hat für ihn gebürgt; ich bürge dafür, daß alles pünktlich bezahlt wird. **sinnv.:** ↑einstehen.

Bür|ger, der; -s, -: *Angehöriger einer Gemeinde oder eines Staates.* **sinnv.:** ↑Bewohner. **Zus.:** Bildungs-, Bundes-, Ehren-, Erden-, Mit-, Pfahl-, Spieß-, Staatsbürger.

Bür|ger|in|itia|ti|ve, die; -, -n: *Zusammenschluß von Bürgern mit dem Ziel, bestimmte Vorhaben, die die Gemeinde oder der Staat nicht im Sinne der Bürger löst, durch Widerstand zu Fall zu bringen.*

bür|ger|lich ⟨Adj.⟩: **1.** *den Staatsbürger betreffend, ihm zustehend:* die bürgerlichen Rechte und Pflichten. **Zus.:** staatsbürgerlich. **2. a)** *zum Stand der Bürger gehörig:* aus bürgerlichem Hause stammen; seine Herkunft ist b. **sinnv.:** bourgeois. **b)** *dem Bürgertum entsprechend, wie ein Bürger:* ein bürgerliches Leben führen; b. leben. **sinnv.:** ↑etabliert; ↑konservativ. **Zus.:** groß-, gut-, klein-, spießbürgerlich.

Bür|ger|mei|ster, der; -s, -, **Bür|ger|mei|ste|rin,** die; -, -nen: *Leiter bzw. Leiterin der Verwaltung einer Gemeinde.* **sinnv.:** Gemeindevorsteher, Stadtoberhaupt; ↑Leiter. **Zus.:** Oberbürgermeister.

Bür|ger|steig, der; -[e]s, -e: *von der Fahrbahn abgeteilter, erhöhter Weg für Fußgänger.* **sinnv.:** ↑Gehweg.

Bür|ger|tum, das; -s: *Gesellschaftsschicht, Stand der Bürger.* **sinnv.:** Bourgeoisie, Establishment, bürgerliche Gesellschaft, Mittelschicht, Mittelstand. **Zus.:** Großbürgertum.

Bürg|schaft, die; -, -en: *das Bürgen, das Haften für jmdn.:* eine B. übernehmen. **sinnv.:** ↑Sicherheit.

bur|lesk ⟨Adj.⟩: *von derber Komik [gezeichnet]:* ein burleskes Theaterstück. **sinnv.:** ↑spaßig.

Bü|ro, das; -s, -s: *Arbeitsraum, in dem schriftliche, die Verwaltung betreffende o. ä. Arbeiten eines Betriebes, einer Organisation o. ä. erledigt werden:* ins B. gehen. **sinnv.:** Amtsstube, Amtszimmer, Kanzlei, Kontor, Schreibstube. **Zus.:** Anwalts-, Auskunfts-, Bau-, Fund-, Großraum-, Lohn-, Reise-, Wettbüro.

Bü|ro|krat, der; -en, -en: *Angehöriger der Verwaltung o. ä., dessen Handlungs- und Entscheidungsweise als kleinlich, engherzig, pedantisch empfunden wird.* **sinnv.:** Aktenmensch, Bürohengst, Paragraphenreiter, Pedant · kleinkariert.

bü|ro|kra|tisch ⟨Adj.⟩: *in der Art eines Bürokraten:* er denkt b. **sinnv.:** ↑engherzig.

Bur|sche, der; -n, -n (emotional): *[jüngerer] Mann:* ein hübscher, toller B.; ein gerissener B. **sinnv.:** ↑Jüngling. **Zus.:** Handwerks-, Natur-, Stall-, Wanderbursche.

bur|schi|kos ⟨Adj.⟩: *in jungenhafter Weise natürlich-ungezwungen:* sie machte einige burschikose Bemerkungen. **sinnv.:** jungenhaft; ↑ungezwungen.

Bür|ste, die; -, -n: *Gegenstand mit Borsten (mit dem man z. B. Staub, Schmutz entfernen, Haare glätten kann).* **Zus.:** Draht-, Haar-, Hand-, Kleider-, Schuh-, Wurzel-, Zahnbürste.

bür|sten, bürstete, hat gebürstet ⟨tr.⟩: **a)** *mit der Bürste entfernen:* den Staub von den Schuhen b. **b)** *mit der Bürste [in bestimmter Weise] bearbeiten, behandeln:* du mußt dir die Haare b.; [sich] die Zähne b.; den Körper trokken b.; Samt gegen den Strich b.; ⟨auch itr.⟩ du mußt kräftig b. **sinnv.:** ↑säubern.

Bus, der; -ses, -se: ↑*Omnibus:* mit dem B. fahren. **Zus.:** Auto-, Bahn-, Klein-, Reisebus.

Busch, der; -[e]s, Büsche: **1.** *dicht gewachsener Strauch:* sich hinter einem B. verstecken. **sinnv.:** Staude, Strauch; ↑Dikkicht. **Zus.:** Dorn-, Holunderbusch. **2.** ⟨ohne Plural⟩ *unwegsames, unkultiviertes Gelände, Dickicht aus Sträuchern in tropischen Ländern, bes. in Afrika:* diese Tiere leben im afrikanischen B. **sinnv.:** ↑Urwald.

Bü|schel, das; -s, -: *Bündel vieler langgewachsener [zusammengeraffter] gleichartiger Dinge:* ein B. Gras, Stroh, Haare. **sinnv.:** Bund, Bündel; ↑Garbe. **Zus.:** Gras-, Haar-, Heubüschel.

bu|schig ⟨Adj.⟩: **1.** *mit Büschen bewachsen:* ein buschiges Gelände. **2.** *dicht mit Haaren bewachsen:* der Fuchs hat einen buschigen Schwanz. **sinnv.:** ↑dicht.

Bu|sen, der; -s, -: *weibliche Brust:* ein üppiger B. **sinnv.:** ↑Brust. **Zus.:** Hängebusen.

Bus|sard, der; -s, -e: *großer Vogel mit breiten, zum segelnden, kreisenden Flug geeigneten Flügeln und kurzen Zehen mit scharfen Krallen, der sich vorwiegend von kleinen Säugetieren und Vögeln ernährt.*

Bu|ße, die; -, -n: **1.** *Reue mit dem Willen zur Besserung:* B. tun. **sinnv.:** ↑Sühne. **2.** *Geldstrafe für ein kleineres Rechtsvergehen:* er mußte eine B. zahlen, weil er die Verkehrsregel nicht beachtet hatte. **sinnv.:** ↑Strafe. **Zus.:** Geld-, Ordnungsbuße.

bü|ßen ⟨itr.⟩: *die aus einem Vergehen, Versäumnis sich ergebenden Folgen als eine Art Strafe erleiden:* er mußte seinen Leichtsinn, seine Herzlosigkeit b.; die Kinder müssen für die Sünden ihrer Eltern b. **sinnv.:** ↑einstehen, wiedergutmachen.

Bü|ste, die; -, -n: **1.** *meist auf einem Sockel stehende, plastische Darstellung eines menschlichen Kopfes einschließlich des oberen Teiles der Brust:* die B. eines römischen Kaisers. **Zus.:** Gips-, Marmorbüste. **2.** *weibliche Brust:* eine gut entwickelte B. **sinnv.:** ↑Brust. **3.** *auf einem Ständer angebrachte Nachbildung des menschlichen Rumpfes zum Anprobieren von Kleidungsstücken.*

Bü|sten|hal|ter, der; -s, -: *Teil der Unterwäsche der Frau, der der Brust Halt [und Form] gibt.* **sinnv.:** BH.

But|ter, die; -: *aus Milch gewonnenes Fett (das bes. als Brotaufstrich verwendet wird):* B. zergehen lassen, aufs Brot streichen. **sinnv.:** ↑Fett. **Zus.:** Kakao-, Land-, Marken-, Nuß-, Pflanzenbutter.

But|ter|brot, das; -[e]s, -e: *mit Butter bestrichene Scheibe Brot.* **sinnv.:** ↑Schnitte.

But|ton ['bʌtn], der; -s, -s: *meist runde Plakette, die die politische, religiöse o. ä. Einstellung des Trägers zu erkennen gibt, oft nur eine scherzhafte Parole o. ä. wiedergibt.* **sinnv.:** ↑Abzeichen.

C

Ca|fé, das; -s, -s: *Lokal, in dem man vorwiegend Kaffee und Kuchen verzehrt:* ins C. gehen. **sinnv.:** Cafeteria, Espresso, Kaffeehaus · Eisdiele, Eissalon, Milchbar · Teestube; ↑Gaststätte. **Zus.:** Ausflugs-, Tanzcafé.

cam|pen ['kɛmpn̩] ⟨itr.⟩: *(am Wochenende oder im Urlaub) im Zelt oder im Wohnwagen leben:* wir haben im Urlaub am Meer gecampt. **sinnv.:** ↑zelten.

Cam|ping ['kɛmpɪŋ], das; -s: *das Campen:* zum C. fahren.

Cam|ping|platz ['kɛmpɪŋ...], der; -es, Campingplätze: *für das Camping bestimmter Platz.* **sinnv.:** Biwak, Camp, Campinglager, Zeltlager, Zeltplatz.

Cape [ke:p], das; -s, -s: *einem Mantel ähnliches Kleidungsstück [mit Kapuze], das keine Ärmel hat und um die Schultern gelegt wird.* **sinnv.:** ↑Umhang. **Zus.:** Pelz-, Regencape.

Cat|cher ['kɛtʃɐ], der; -s, -: *Ringer in einer Art des Ringens, bei der fast alle Griffe erlaubt sind.*

Cel|list [tʃɛ'lɪst u. ʃɛ'lɪst], der; -en, -en, **Cel|li̩s|tin,** die; -, -nen: *Musiker bzw. Musikerin, die das Cello spielt.*

Cel|lo ['tʃɛlo u. 'ʃɛlo], das; -s, -s und Celli: *der Geige ähnliches, aber erheblich größeres Musikinstrument, das beim Spielen (auf einen Stachel gestützt) zwischen den Knien gehalten wird* (siehe Bildleiste „Streichinstrumente"). **sinnv.:** Gambe, Kniegeige, Viola da gamba, Violoncello; ↑Streichinstrument.

Cem|ba|lo ['tʃɛmbalo], das; -s, -s und Cembali: *einem kleinen Flügel ähnliches Musikinstrument, bei dem aber die Saiten beim Drücken der Tasten nicht angeschlagen, sondern angerissen werden.* **sinnv.:** Clavicembalo, Kielflügel, Klavizimbel, Spinett.

Cha|let [ʃa'le:], das; -s, -s: *Haus in ländlichem Stil.* **sinnv.:** ↑Haus.

Cham|pa|gner [ʃam'panjɐ], der; -s: *(in Frankreich, bes. in der Champagne erzeugter) weißer oder roter Schaumwein.* **sinnv.:** ↑Sekt.

Cham|pi|gnon ['ʃampɪnjɔŋ], der; -s, -s: *(auch gärtnerisch angebauter, eßbarer) kleinerer, weißlicher Pilz mit weißlichen bis dunkelbraunen Lamellen.* **Zus.:** Garten-, Wiesenchampignon.

Cham|pi|on ['tʃɛmpi̯ən], der; -s, -s: *Meister einer sportlichen Disziplin.* **sinnv.:** ↑Sieger.

Chan|ce ['ʃã:s(ə)], die; -, -n: **a)** *günstige Gelegenheit, etwas Bestimmtes zu erreichen:* eine [große] C. erhalten, nützen, vergeben. **sinnv.:** ↑Möglichkeit. **b)** *Aussicht auf Erfolg:* er hat die beste, keine C. [auf den Sieg]; seine Chancen stehen gut. **sinnv.:** ↑Aussicht. **Zus.:** Aufstiegs-, Berufs-, Gewinnchance.

Chan|son [ʃã'sõ:], das; -s, -s: *ironisch-witziges, oft auch kritisches, manchmal freches, leicht sentimentales und melancholisches Lied.* **sinnv.:** ↑Lied.

Cha|os ['ka:ɔs], das; -: *völliges Durcheinander, Auflösung jeder Ordnung:* es herrschte ein unbeschreibliches C. **sinnv.:** ↑Anarchie; ↑Wirrwarr. **Zus.:** Verkehrschaos.

chao|tisch [ka'o:tɪʃ] ⟨Adj.⟩: *völlig verworren, nicht geordnet, wüst:* nach der Katastrophe herrschten in jener Gegend chaotische Zustände. **sinnv.:** ↑anarchisch; ↑durcheinander; ↑wüst.

Cha|ra̩k|ter, der; -s, Charaktere: **1.** *Gesamtheit der geistig-seelischen Eigenschaften, individuelles Gepräge eines Menschen:* er hat einen guten C.; er hat eben C. *(hat einen guten Charakter).* **sinnv.:** ↑Wesen. **2.** ⟨ohne Plural⟩ *charakteristische Eigenart einer Personengruppe, einer Sache:* der unverwechselbare C. einer Landschaft, eines Volkes; eine Stadt mit ländlichem C. **sinnv.:** Art, Gepräge, ↑Wesen. **Zus.:** Gebirgs-, Landschafts-, National-, Stadtcharakter.

cha|rak|te|ri|sie|ren ⟨tr.⟩: **1.** *den Charakter, die typische Eigenart einer Person oder Sache beschreiben, treffend schildern:* er hat ihn gut charakterisiert; eine Situation genau c. **sinnv.:** darstellen, gestalten, typisieren; ↑begutachten; ↑darlegen. **2.** *für jmdn./etwas kennzeichnend sein:* kurze Sätze charakterisieren seinen Stil. **sinnv.:** ↑bedeuten.

Cha|rak|te|ri̩|stik, die; -, -en: *treffende Schilderung der kennzeichnenden Merkmale einer Person oder Sache:* er gab eine kurze C. der Persönlichkeit des großen Forschers. **sinnv.:** Beschreibung, Charakterisierung, Kennzeichnung · Psychogramm.

Cha|rak|te|ri̩|sti|kum, das; -s, Charakteristika: *bezeichnende, ausgeprägte Eigenschaft; hervorstechendes Merkmal:* ein auffälliges C. dieser Partei. **sinnv.:** ↑Merkmal.

cha|rak|te|ri̩|stisch ⟨Adj.⟩: *die besondere Art, das Typische einer Person oder Sache erkennen lassend:* eine charakteristische Kleidung; die Farben sind für seine Bilder c. **sinnv.:** ↑kennzeichnend.

cha|ra̩k|ter|los ⟨Adj.⟩: *keinen guten Charakter zeigend:* ein charakterloser Mensch. **sinnv.:** ehrlos.

char|mant [ʃar'mant] ⟨Adj.⟩: *Charme besitzend, durch Liebenswürdigkeit gefallend:* ein charmanter Herr; sie ist sehr c. **sinnv.:** anregend, ↑anziehend, bestrickend, bezaubernd, entzückend, freundlich, gewinnend, liebenswürdig, unterhaltend, zauberhaft; ↑hübsch.

Charme [ʃarm], der; -s: *Anziehungskraft, die von jmds. gewinnendem Wesen ausgeht:* weiblicher, unwiderstehlicher C.; seinen ganzen C. aufbieten; mit seinem natürlichen männlichen C. gewann er alle für sich. **sinnv.:** ↑Anmut.

Chart [tʃart], die; -, -s: *Hitliste.*

char|tern ['tʃartɐn, 'ʃar...] ⟨tr.⟩: *(auf Grund einer Absprache, Verhandlung) erreichen, daß zur Beförderung von Personen oder Gütern ein entsprechendes Transportmittel zur Verfügung steht:* sie ist nicht mit einer Linienmaschine gekommen, sondern hat eine Privatmaschine gechartert. **sinnv.:** ↑mieten.

Chas|sis [ʃa'si:], das; - [ʃa'si:(s)], - [ʃa'si:s]: *Gestell, auf dem Teile eines Gerätes, Fahrzeuges o. ä. montiert sind* (siehe Bild „Auto"): das C. eines Autos, eines Fernsehapparates. **sinnv.:** Fahrgestell.

Chauf|feur [ʃɔ'fø:ɐ̯], der; -s, -e, **Chauf|feu|rin,** die; -, -nen: *männliche bzw. weibliche Person, die berufsmäßig andere in einem Auto fährt.* **sinnv.:** ↑Fahrer. **Zus.:** Taxichauffeur.

Chaus|see [ʃɔ'se:], die; -, Chausse̩en: ↑*Landstraße.*

Chau|vi ['ʃo:vi], der; -s, -s (ugs.): *Vertreter des männlichen Chauvinismus* (2). **sinnv.:** ↑Macho.

Chau|vi|nis|mus [ʃovi'nɪsmʊs], der; -: **1.** *übersteigerte Liebe zum eigenen Vaterland und sich daraus ergebende Nichtachtung anderer Nationalitäten.* **sinnv.:** Patriotismus; Pangermanismus, -slawismus. **2.** *aus einer Selbstgefälligkeit des Mannes erwachsendes, übertriebenes Gefühl für den eigenen Wert (zum gesellschaftlichen Nachteil der Frau):* männlicher C. **sinnv.:** Machismo, Sexismus.

chau|vi|ni|stisch [ʃovi'nɪstɪʃ] ⟨Adj.⟩: **1.** *von Chauvinismus* (1) *erfüllt, ihn vertretend.* **sinnv.:** ↑national. **2.** *von Chauvinismus* (2) *erfüllt.*

Chef [ʃɛf], der; -s, -s, **Che̩|fin,** die; -, -nen: *männliche bzw.*

weibliche Person, die anderen Personen vorgesetzt ist; Leiter[in] einer Gruppe von Personen, einer Abteilung, Firma usw.: ich möchte den C. sprechen. **sinnv.:** ↑Anführer; ↑Leiter. **Zus.:** Batterie-, Büro-, Empfangs-, Küchen-, Personal-, Polizei-, Regierungs-, Regiments-, Seniorchef.

Chef- ⟨Präfixoid⟩: **a)** *jmd., der als ... die erste Stelle einnimmt, die Leitung hat:* Chefarchitekt, -arzt, -berater, -chirurg, -choreograph, -coach, -delegierter, -dirigent, -dolmetscher, -dramaturg, -ingenieur, -kellner, -koch, -lektor, -pilot, -redakteur, -steward, -trainer. **b)** *jmd., der als ... sehr aktiv ist, eine herausragende Position einnimmt, tonangebend, maßgebend und richtungsweisend auf seinem Gebiet ist:* Chefagent, -ankläger, -attentäter, -denker, -detektiv, -dissident, -germanist, -ideologe, -inquisitor, -mathematiker, -organisator, -pädagoge, -propagandist, -soziologe, -talentsucher, -terrorist, -theoretiker. **sinnv.:** General-, Haupt-, Meister-, Ober-, Spitzen-, Top-.

Che|mie, die; -: **1.** *Naturwissenschaft, die die Eigenschaften, die Zusammensetzung und die Umwandlung der Stoffe und ihrer Verbindungen erforscht:* C. studieren. **Zus.:** Bio-, Elektro-, Lebensmittel-, Petrochemie. **2.** *(als schädlich, ungesund o. ä. abgelehnte) Chemikalien (die sich in etwas befinden):* ich bin gegen C., gegen Medikamente jeder Art; wir wollen wissen, was wir an C. in unserem Essen, in unserem Wasser und in unserer Luft haben; das ist kein Gewässer mehr, das ist fließende C.

Che|mi|ka|lie, die; -, -n: *industriell hergestellter chemischer Stoff:* den meisten Lebensmitteln sind Chemikalien zugesetzt.

che|misch ⟨Adj.⟩: *die Chemie betreffend, zu ihr gehörend, von ihr herrührend:* die chemische Industrie; etwas c. reinigen.

-chen ⟨Suffix⟩: **I.** das; -s, -; selten bei Substantiven, die auf -ch, -g, -ng enden; dort ↑-lein; nicht üblich bei bereits mit einem anderen Suffix (z. B. -ling, -schaft) versehenen Wörtern; bewirkt oft Umlaut: **1. a)** */dient der Verkleinerung mit der Nebenvorstellung des Niedlich-Kleinen, Zarten/:* Ärmchen, Fensterchen, Fläschchen, Häuschen, Keulchen, Stimmchen, /erweitert/ Anzügelchen, Blümelchen, Jüngelchen, Sächelchen. **b)** */angehängt an Pluralformen auf -er/:* Dächerchen, Häuserchen, Hörnerchen, Kinderchen, Mütterchen, Weiberchen. **2. a)** */bildet eine Koseform, die ausdrückt, daß man die betreffende Person, Sache gern hat, mag/:* Bierchen, Blondchen, Brunhildchen, Dikkerchen, Frauchen, Freßchen, Katerchen, Kindchen, Kläuschen, Muttchen, Persönchen, Vaterchen, Väterchen. **b)** */emotional-anerkennend/:* (das ist vielleicht ein) Käffchen, Maschinchen, Weinchen. **c)** */kennzeichnet gutmütig-nachsichtiges Wohlwollen/:* Altchen, Filmchen, Hintertürchen, Jährchen. **3.** */ironisch-abschätzig mit der Nebenvorstellung des Unbedeutend-Kleinen, des Belanglosen/:* Dämchen, Filmchen, Gefühlchen, Horizöntchen, Meisterstückchen, Novellchen, Pöstchen, Problemchen, Schwarzmärktchen, Skandälchen. **4.** */fest in bestimmten Verbindungen und Bedeutungen/:* Brötchen, Dummchen, Freundchen, Grübchen, Hausmütterchen, Ihmchen, Liebchen, Ständchen, Wehwehchen, Würstchen; sich ins Fäustchen lachen, Händchen halten, sein Mütchen an jmdm. kühlen, wie am Schnürchen, Spielerchen/Trinkerchen/ ein Schläfchen machen. **II.** ⟨Interjektion⟩ /freundschaftlich-familiär/: hallöchen, nanuchen, prösterchen, sachtchen, sosochen, tachchen, tschüschen.

chif|frie|ren [ʃɪ'fri:rən] ⟨tr.⟩: *einen Text so umformen, daß er nicht gelesen werden kann, wenn man den entsprechenden Schlüssel nicht kennt* /Ggs. dechiffrieren/: einen Text c.; chiffrierte Meldungen. **sinnv.:** codieren, encodieren, verschlüsseln.

-chi|ne|sisch, das; -[s] ⟨Grundwort⟩: *dem Laien unverständlich erscheinende Sprache des zum Basiswort gehörenden Personenkreises:* Befehls-, Behörden-, Fach-, Krankenkassen-, Kur-, Linguisten-, Partei-, Soziologen-, Terroristenchinesisch.

Chip [tʃɪp], der; -s, -s: **1.** *einen bestimmten Geldwert repräsentierende Marke bei Glücksspielen:* der Spieler kaufte für sein ganzes Geld Chips. **sinnv.:** ↑Bon. **2.** ⟨meist Plural⟩ *in Fett gebackene dünne Scheiben von rohen Kartoffeln:* zum Wein knabberten wir Chips. **3.** *(in der Mikroelektronik) nur wenige Quadratmillimeter großes, dünnes Plättchen als Bauelement (bes. für Schaltungen), auf dem Informationen gespeichert werden.*

Chir|urg, der; -en, -en: *Arzt, der auf dem Gebiet der Chirurgie tätig ist:* im Gespräch mit C. Burns/mit dem Chirurgen Burns.

Chir|ur|gie, die; -: *[Lehre von der] Behandlung der Krankheiten durch Operation.* **Zus.:** Gehirn-, Herz-, Knochen-, Neuro-, Unfallchirurgie.

Cho|le|ri|ker [ko'le:rikɐ], der; -s, -, **Cho|le|ri|ke|rin,** die; -, -nen: *männliche bzw. weibliche Person, die leicht reizbar und jähzornig ist.* **sinnv.:** Brausekopf, Feuerkopf, Heißsporn, Himmelsstürmer, Hitzkopf.

cho|le|risch [ko'le:rɪʃ] ⟨Adj.⟩: *leicht reizbar und oft jähzornig, aufbrausend:* ein cholerischer Mensch. **sinnv.:** ↑unbeherrscht.

Chor, der; -[e]s, Chöre: **1.** *Gruppe gemeinsam singender Personen:* ein mehrstimmiger C.; ein gemischter C. *(ein Chor mit Frauen- und Männerstimmen).* **sinnv.:** Chorgemeinschaft, Gesangverein, Kurrende, Singgemeinschaft, Singkreis, Singverein. **Zus.:** Frauen-, Knaben-, Kirchen-, Männer-, Schulchor. **2.** *meist nach Osten ausgerichteter, im Inneren abgesetzter Teil einer Kirche mit dem Altar.* **Zus.:** Doppel-, Hauptchor.

Cho|ral, der; -s, Choräle: *Lied für den Gottesdienst.* **sinnv.:** Kirchenlied; ↑Lied. **Zus.:** Orgel-, Schluß-, Weihnachtschoral.

Cho|reo|graph [koreo'gra:f], der; -en, -en, **Cho|reo|gra|phin,** die; -, -nen: *männliche bzw. weibliche Person, die [am Theater] Tänze künstlerisch gestaltet und einstudiert; Regisseur[in] eines Balletts.* **sinnv.:** ↑Regisseur[in].

Cho|reo|gra|phie [koreogra'fi:], die; -, Choreographien: *Entwurf und Gestaltung, Einstudierung des künstlerischen Tanzes.* **sinnv.:** ↑Regie.

Cho|reo|gra|phin: vgl. Choreograph.

Christ, der; -en, -en: *jmd., der sich als Getaufter zum Christentum bekennt; Anhänger des Christentums.*

Christ|baum, der; -[e]s, Christbäume: *Weihnachtsbaum.*

Christ|kind, das; -[e]s: **a)** *Jesus Christus als neugeborenes Kind (bes. in bildlicher Darstellung):* das C. in der Krippe. **sinnv.:** Heiland. **b)** *gedachte (am Jesuskind orientierte) Gestalt, die den Kindern zu Weihnachten Geschenke überbringt:* er glaubt nicht mehr ans C.

christ|lich ⟨Adj.⟩: *auf Christus und seine Lehre zurückgehend; zum Christentum gehörend; im Geiste des Christentums:* christliche Lehre, Kunst, Moral. **Zus.:** anti-, frühchristlich.

Chrom [kro:m], das; -s: *silberweiß glänzendes, sehr hartes und sprödes Metall:* ein schönes, neues Auto mit viel glänzendem C.

Chro|nik, die; -, -en: *Aufzeichnung geschichtlicher Ereignisse nach ihrem zeitlichen Ablauf.* **Zus.:** Dorf-, Familien-, Landes-, Schul-, Stadtchronik.

chro|nisch ⟨Adj.⟩: **1.** *sich langsam entwickelnd, langsam verlaufend, lange dauernd:* eine chronische (Ggs. akute) Gastritis. **2.** *gar nicht mehr aufhörend, nicht mehr zu beheben:* ein c. Arbeitsscheuer; der Geldmangel ist bei ihm schon c. [geworden]. **sinnv.:** ↑immer.

Chro|nist, der; -en, -en: *Verfasser einer Chronik.* **sinnv.:** Annalist, Geschichtsschreiber; ↑Journalist.

Ci|ty ['sɪti], die; -, -s: *Zentrum [mit den großen Geschäften] einer Stadt:* die großen Warenhäuser liegen alle in der C. **sinnv.:** ↑Innenstadt.

Clan [kla:n], der; -s, -e: *durch gemeinsame Interessen, bes. auch verwandtschaftliche Beziehungen verbundene Gruppe.* **sinnv.:** ↑Clique; ↑Familie.

cle|ver ['klɛvɐ] ⟨Adj.⟩: *wendig und taktisch geschickt alle Möglichkeiten nutzend:* ein cleverer Geschäftsmann. **sinnv.:** auf Draht/Zack, ↑schlau, smart.

Clinch [klɪntʃ, klɪnʃ], der; -[e]s: **1.** *gegenseitige Umklammerung (der Boxer im Nahkampf):* die Boxer gingen ständig in den C. **2.** *das Streiten, Ringen mit jmdm. um etwas:* ich liege, bin ständig mit dem Wohnungsamt im C.; mit jmdm. in den C. gehen, geraten; sich in den juristischen C. begeben; es gibt C. in der Gruppe, zwischen der Familie. **sinnv.:** Auseinandersetzung.

Cli|que ['klɪkə], die; -, -n: **1.** *kleinere Gruppe von Menschen, die sich gegenseitig unterstützen und sich Vorteile verschaffen.* **sinnv.:** Clan, Gruppe, Klüngel; Sippschaft; ↑Bande. **2.** *Gruppe, Kreis von Freunden, Bekannten [die gemeinsam etwas unternehmen]:* er gehört auch zu unserer C. **sinnv.:** Bekanntenkreis, Bekanntenkreis, Freundeskreis.

Clou [klu:], der; -s, -s: *Höhepunkt, wichtigstes Ereignis:* der Auftritt des Dompteurs bildete den C. des Abends. **sinnv.:** ↑Attraktion.

Clown [klaun], der; -s, -s: *jmd., der im Zirkus oder im Varieté mit allerlei lustigen Vorführungen zum Lachen reizt.* **sinnv.:** ↑Artist; ↑Narr. **Zus.:** Musik-, Zirkusclown.

co-, Co-: ↑ko-, Ko-.

Cock|pit ['kɔkpɪt], das; -s, -s: *Stelle, Raum zum Sitzen (z. B. für den Piloten, für den Fahrer eines Rennwagens).* **sinnv.:** [Pilotenkanzel.

Cock|tail ['kɔkteɪl], der; -s, -s: *Getränk, das aus verschiedenen Spirituosen, Früchten, Säften usw. gemixt ist.* **sinnv.:** Fizz, Flip, Longdrink, Mixgetränk.

Col|la|ge [kɔ'la:ʒə], die; -, -n: *etwas, was aus ganz Verschiedenartigem, aus vorgegebenen Dingen verschiedenen Ursprungs, Stils zusammengesetzt, -gestellt ist (z. B. ein Klebebild aus Papier, Gewebe, Fotos).*

Colt [kɔlt], der; -s, -s: *amerikanischer Revolver.*

Come|back [kam'bɛk], das; -[s], -s (geh.): *erfolgreiches Wiederauftreten, neuerliches Sichbetätigen eines bekannten Künstlers, Politikers, Sportlers nach längerer Pause als Neubeginn oder Fortsetzung seiner früheren Karriere, Aktivitäten.*

Co|mic ['kɔmɪk], der; -s, -s ⟨meist Plural⟩: ↑*Comic strip.*

Co|mic strip ['kɔmɪk'strɪp], der; - -s, - -s: *in einer Reihe von Bildern mit wenig Text dargestellte Geschichte meist abenteuerlichen oder komischen Inhalts.*

Com|pu|ter [kɔm'pju:tɐ], der; -s, -: *elektronische Rechenanlage.* **sinnv.:** Datenverarbeitungsanlage, -maschine, Elektronengehirn, Hollerithmaschine, Lochkartenmaschine, Nachrichtenverarbeitungsmaschine, Rechner; ↑Datenbank. **Zus.:** Heim-, Home-, Klein-, Mikrocomputer.

Con|fé|ren|cier [kõferã'sie:], der; -s, -s: *unterhaltender Ansager.* **sinnv.:** ↑Ansager, Diseur, Moderator.

Con|tai|ner [kɔn'te:nɐ], der; -s, -: *genormter größerer Behälter zur Beförderung von Gütern.* **sinnv.:** ↑Behälter.

cool [ku:l] ⟨Adj.⟩ (Jargon): **1.** *in bewundernswerter Weise kühl-gelassen und ohne Emotionen zu zeigen; sich unbeeindruckt und distanziert gebend:* ein cooler Typ; c. bleiben. **sinnv.:** arrogant, desinteressiert, ruhig, unsentimental, zurückhaltend. **2.** *in besonderer Weise dem eigenen Geschmack entsprechend und daher sehr gut:* ein cooles Café; eine coole Platte; coole Musik hören. **sinnv.:** geil, heiß, scharf.

Cord, der; -s: *strapazierfähiges, geripptes [Baumwoll]gewebe.*

Couch [kautʃ], die; -, -es und -en: *flaches, gepolstertes Möbelstück zum Liegen und Sitzen mit niedriger Rückenlehne und Seitenlehnen* (siehe Bildleiste „Liege"). **sinnv.:** ↑Liege. **Zus.:** Auszieh-, Bett-, Doppelbett-, Leder-, Schlafcouch.

Count|down ['kaunt'daun], der und das; -[s], -s: **a)** *(beim Abschuß einer Rakete) bis zum Zeitpunkt Null zurückgehende Ansage der Zeit als Einleitung eines Kommandos zum Start.* **b)** *Gesamtheit der vor dem Start auszuführenden Kontrollen:* der C. verlief planmäßig.

Coup [ku:], der; -s, -s: *kühn angelegtes, erfolgreiches Unternehmen:* ein toller C., dieser Einbruch in das Museum. **sinnv.:** ↑Aktion. **Zus.:** Überraschungscoup.

Cou|pé [ku'pe:], das; -s, -s: **1.** *sportlicher Personenkraftwagen mit (zwei Sitzen und) einer Tür auf jeder Seite.* **sinnv.:** ↑Auto. **2.** (veralt.) ↑*Abteil.* **Zus.:** Eisenbahn-, Rauchercoupé.

Cou|ra|ge [ku'ra:ʒə], die; -: *das Mutig-, Unerschrocken-, Beherztsein:* er zeigte in dieser schwierigen Situation viel C. **sinnv.:** ↑Mut. **Zus.:** Zivilcourage.

cou|ra|giert [kura'ʒi:ɐt] ⟨Adj.⟩: *beherzt, energisch und zielstrebig, ohne Furcht vorgehend:* eine couragierte Dame. **sinnv.:** ↑mutig.

Cou|sin [ku'zɛ̃:], der; -s, -s: ↑*Vetter.*

Cou|si|ne [ku'zi:nə], die; -, -n: *Tochter eines Onkels oder einer Tante.* **sinnv.:** Base, Kusine.

Cow|boy ['kaubɔy], der; -s, -s: *berittener amerikanischer Rinderhirt (der gleichzeitig als Verkörperung von Draufgängertum und sogenanntem männlichem*

Lebensstil gilt). **sinnv.:** ↑Mann · männlich.

Creme [krɛ:m], die; -, -s: **1.** *Salbe zur Pflege der Haut.* **sinnv.:** ↑Salbe. **Zus.:** Fett-, Frisier-, Haut-, Kinder-, Nacht-, Reinigungs-, Sonnenschutz-, Tagescreme. **2.** *dickflüssige, oft schaumige, lockere Süßspeise, auch als Füllung für Torten o. ä.* **sinnv.:** ↑Dessert. **Zus.:** Butter-, Zitronen-, Eis-, Weincreme.

Crew [kru:], die; -, -s: *Gruppe von Personen, die zusammen eine bestimmte Aufgabe erfüllen (z. B. auf Schiffen, in Flugzeugen, im Sport).* **sinnv.:** ↑Besatzung; ↑Mannschaft, Troß.

Cup [kap], der; -s, -s: **a)** *Pokal als Preis für den Sieger eines sportlichen Wettkampfs.* **b)** *sportlicher Wettkampf, Wettbewerb mit einem Pokal als Preis für den Sieger.* **Zus.:** Europacup.

D

da̲: **I.** ⟨Adverb⟩ **1.** ⟨lokal⟩ **a)** *an einer bestimmten Stelle:* da hinten; der Mann da; da steht er. **sinnv.:** ↑dort. **b)** *hier:* da sind wir; da hast du den Schlüssel. **2.** ⟨temporal⟩ *zu einem bestimmten Zeitpunkt, in diesem Augenblick:* von da an war sie wie verwandelt; da lachte er; da werde ich hoffentlich Zeit haben. **sinnv.:** dann; ↑damals. **3.** ⟨konditional⟩ **a)** *unter diesen Umständen, unter dieser Bedingung:* wenn ich schon gehen muß, da gehe ich lieber gleich. **b)** *in dieser Hinsicht:* da bin ich ganz Ihrer Meinung. **II.** ⟨Konj.⟩ **1.** ⟨kausal⟩ ↑*weil:* da er verreist war, konnte er nicht kommen. **2.** ⟨temporal⟩ (geh.) ↑*als:* da er noch reich war, hatte er viele Freunde.

da|be̲i [nachdrücklich auch: da̲bei] ⟨Pronominaladverb⟩: **1.** *in der Nähe, bei etwas, nahe bei der betreffenden Sache:* ich habe das Paket ausgepackt; die Rechnung lag nicht d. **sinnv.:** ↑anwesend; ↑darunter. **2.** *während dieser Zeit:* sie hatte sich einer längeren Kur zu unterziehen und mußte d. viel liegen. **sinnv.:** hierbei, im Verlaufe von, währenddessen. **3.** *obwohl:* er hat seine Arbeit noch nicht abgeschlossen, d. beschäftigt er sich schon jahrelang damit. **sinnv.:** ↑aber; ↑obgleich. **4.** *hinsichtlich des eben Gesagten, bei dieser Sache, Angelegenheit; bei alledem:* ohne sich etwas d. zu denken; sie fühlt sich nicht wohl d.; er bleibt d. *(ändert seine Meinung nicht);* es ist doch nichts d. *(ist nicht schlimm, schadet nichts, ist nicht schwierig).*

Dạch, das; -[e]s, Dächer: *Überdeckung, oberer Abschluß eines Gebäudes, eines Zeltes, eines Fahrzeugs:* ein flaches, niedriges D.; das D. mit Ziegeln, Stroh decken; das D. des Wagens ist beschädigt. **Zus.:** Flach-, Giebel-, Haus-, Kirchen-, Kupfer-, Regen-, Ried-, Sattel-, Scheunen-, Schiebe-, Schiefer-, Schindel-, Schutz-, Stroh-, Vor-, Wagen-, Walm-, Zeltdach.

Dạch|bo|den, der; -s, Dachböden: *Raum zwischen dem Dach und dem obersten Geschoß eines Hauses.* **sinnv.:** Boden, Bühne, Estrich, Speicher.

Dạch|gar|ten, der; -s, Dachgärten: *wie ein Garten angelegte Fläche auf einem Dach.*

Dạch|pfan|ne, die; -, -n: *Dachziegel für Dächer mit geringer Neigung.* **sinnv.:** ↑Dachziegel.

Dạch|rin|ne, die; -, -n: *Rinne am Rand eines Daches für das Auffangen des Regenwassers.* **sinnv.:** Dachkandel, Dachtraufe, Kandel, Regentraufe, Rinne, Traufe.

Dạchs, der; -es, -e: *silber- bis bräunlichgraues Tier mit schwarzweiß gezeichnetem Kopf mit langer Schnauze, gedrungenem Körper und kurzen Beinen mit langen, starken Krallen, das sich einen Bau gräbt und Winterschlaf hält.* **Zus.:** Frechdachs.

Dạch|stuhl, der; -[e]s, Dachstühle: *alle Balken, die das Dach tragen.*

Dạch|zie|gel, der; -s, -: *Ziegel zum Decken des Daches.* **sinnv.:** Biberschwanz, Dachpfanne, -schiefer, -schindel, Falzpfanne, Ziegel.

Dạckel, der; -s, -: *kurzbeiniger, meist brauner oder schwarzer Haus- und Jagdhund mit langgestrecktem Kopf und krummen Vorderbeinen.* **sinnv.:** ↑Hund. **Zus.:** Rauhhaardackel.

da|dụrch [nachdrücklich auch: da̲durch] ⟨Pronominaladverb⟩: **1.** *durch etwas hindurch:* das Loch im Zaun war so groß, daß er d. kriechen konnte. **2.** *durch dieses Mittel, auf Grund dieser Sache:* d. wirst du wieder gesund; er hat uns d. sehr geholfen, daß er uns vorübergehend sein Auto zur Verfügung stellte. **sinnv.:** ↑deshalb · davon · hierdurch, hiermit · indem · weil.

da|fü̲r [nachdrücklich auch: da̲für] ⟨Pronominaladverb⟩: **1.** *für dieses, für diese Sache:* das ist kein Werkzeug d.; d. stimmen, daß ...; d. hat man 25 Jahre gearbeitet, daß man nun so behandelt wird; ich gebe dir d. *(statt dessen)* eine andere Briefmarke; d. *(im Hinblick darauf),* daß er noch nicht in Frankreich war, spricht er gut französisch. **sinnv.:** im Austausch, ersatzweise, pro, statt dessen, stellvertretend · ad hoc, hierfür, zu diesem Zweck. **2.** (ugs.) *schließlich; auf Grund dessen, daß ...:* er blieb sachlich, d. war er ja auch Diplomat.

da|ge̲|gen [nachdrücklich auch: da̲gegen] ⟨Pronominaladverb⟩: **1.** *gegen dieses, diese Sache:* ein Brett d. halten; d. muß man etwas tun; die Aufsätze der anderen waren glänzend, seiner ist nichts d. *(im Vergleich dazu).* **sinnv.:** hiergegen. **2.** *jedoch:* die meisten Gäste gingen vor Mitternacht, einige d. blieben bis zum Morgen. **sinnv.:** ↑aber.

da|he̲im ⟨Adverb⟩: *zu Hause:* d. bleiben; bei uns d. **sinnv.:** zu Hause, im trauten Heim, am häuslichen Herd, im Schoß der Familie, in seinen vier Wänden · in der Heimat, im eigenen Land.

da|he̲r [nachdrücklich auch: da̲her] ⟨Adverb⟩: **1.** *von dort:* „Fahren Sie nach Hamburg?" –

„Von d. komme ich eben." **2.** ↑*deshalb:* wir sind zur Zeit in Urlaub und können Sie d. leider erst in drei Wochen besuchen; d. also seine Aufregung; er wußte nicht, ob es d. kam, daß er keine Arbeit hatte; wenn das Zeugnis so gut ausfällt, so d., weil ...; es gibt Ereignisse, die d. ihr Gewicht bekommen, daß sie plötzlich Zusammenhänge an den Tag bringen; seine Nervosität mag d. kommen, daß er nur wenig geschlafen hat.

da|hin [nachdrücklich auch: dahin] ‹Adverb›: **1.** *an diesem Ort, dorthin:* es ist nicht mehr weit bis d. **2.** *in dem Sinne:* sie haben sich d. geäußert, daß ... **3.** ‹in Verbindung mit *bis*› *bis zu dem Zeitpunkt:* bis d. muß ich mit der Arbeit fertig sein.

da|hin|ten [nachdrücklich auch: dahinten] ‹Adverb›: *an jenem entfernten Ort:* d. ziehen sich dunkle Wolken zusammen.

da|hin|ter [nachdrücklich auch: dahinter] ‹Pronominaladverb› /Ggs. davor/: **a)** *hinter der betreffenden Sache:* ein Haus mit einem Garten d. **b)** *hinter die betreffende Sache:* sie stellte die Teller in den Schrank und die Gläser d.

da|hin|ter|kom|men, kam dahinter, ist dahintergekommen ‹itr.› (ugs.): *etwas, was man gern wissen möchte, herausfinden:* wir kommen schon dahinter, was ihr vorhabt. **sinnv.:** ↑enträtseln, ↑erkennen.

da|hin|ter|stecken, steckte dahinter, hat dahintergesteckt ‹itr.› (ugs.): *der (nicht recht erkennbare) Grund, die Ursache für etwas sein:* überraschend wurde er versetzt, ich möchte wissen, was dahintersteckt. **sinnv.:** dahinterstehen, sich dahinter verbergen/verstecken.

Dah|lie, die; -, -n: *im Spätsommer und Herbst blühende Pflanze mit großen [gefüllten] Blüten in verschiedenen Formen und Farben.*

dal|li ‹Adverb der Aufforderung›: *[nun aber ganz] schnell!:* gib her, aber [bißchen] d.!; macht, daß ihr rauskommt, und zwar d./(verstärkend:) d., d.! **sinnv.:** los!, sich ↑beeilen.

da|mals ‹Adverb›: *zu einem weiter zurückliegenden Zeitpunkt:* d., bei unserem letzten Besuch, ging es ihm noch besser. **sinnv.:** vor alters, anno dazumal/dunnemals/Tobak, da, dazumal, dereinst, ehedem, ehemals, eher, einmal, einst, einstens, einstig, einstmals, früher, gestern, seinerzeit, in jenen Tagen, vordem, vormals, weiland, in/zu der/zu jener Zeit, vor Zeiten.

Da|me, die; -, -n: **1.** *(eine im Urteil des Sprechers) gebildete, gepflegte Frau* /Ggs. Herr/: sie benahm sich wie eine D.; sie ist nicht nur eine Frau, sie ist eine D.; /als höfliche Anrede/ meine Damen! **sinnv.:** gnädige Frau · ↑Frau. **Zus.:** Animier-, Bar-, Empfangs-, Gesellschafts-, Haus-, Hof-, Lebe-, Salon-, Stifts-, Tisch-, Vorführ-, Vorzimmer-, Weltdame. **2.** *Brettspiel, bei dem die Spieler versuchen, möglichst alle Spielsteine des Gegners zu schlagen oder durch Einschließen zugunfähig zu machen.* **sinnv.:** Brettspiel. **3.** *für den Angriff stärkste Figur im Schachspiel.* **sinnv.:** Königin · Schachfigur · Figur. **4.** *in der Rangfolge an dritter Stelle stehende Spielkarte* (siehe Bildleiste „Spielkarten"). **sinnv.:** ↑Spielkarte.

Da|men|wahl, die; -: *(beim Tanz) Aufforderung der Herren durch die Damen.*

da|mit I. [nachdrücklich auch: damit] ‹Pronominaladverb›: *mit der betreffenden Sache:* er hatte die Münzen genommen und war d. hinter dem Haus verschwunden; er ist d. einverstanden; d. habe ich nichts zu tun; unser Gespräch endet jedesmal d., daß wir in Streit geraten; d. *(so)* schließt das Buch. **sinnv.:** hiermit. **II.** ‹finale Konj.› *zu dem Zweck, daß:* ihm wurde eine Kur verordnet, d. er wieder voll arbeitsfähig werden sollte. **sinnv.:** auf daß, daß, um zu.

däm|lich ‹Adj.›: (ugs.) *[in ärgerlicher Weise] dumm:* dämliche Fragen stellen; wenn ich diese dämliche Visage schon sehe!; kuck nicht so d.!; ich bin doch nicht d., das mache ich nicht; der ist viel zu d., um das zu begreifen. **sinnv.:** ↑dumm. **Zus.:** kreuz-, saudämlich.

Damm, der; -[e]s, Dämme: **1.** *langer Wall aus Erde und Steinen:* einen D. bauen; der D. *(Deich)* ist gebrochen. **sinnv.:** Deich · Kai, Mole, Pier · Staumauer · Bollwerk. **Zus.:** Staudamm. **2.** (landsch.) *Fahrbahn:* über den D. gehen. **sinnv.:** ↑Fahrbahn. **Zus.:** Bahn-, Fahr-, Knüppeldamm.

däm|men ‹tr.›: *([wie] durch einen Damm) auf-, zurückhalten:* das Wasser, den Fluß d.; Außenjalousien dämmen am stärksten die Wärmestrahlen. **sinnv.:** ↑abschwächen.

däm|mern ‹itr.›: *Morgen, Abend werden:* es dämmert. **sinnv.:** grauen, hell/Tag werden, tagen · dunkel/Nacht werden, dunkeln.

Däm|me|rung, die; -: *Übergang von der Helle des Tages zum Dunkel der Nacht [und umgekehrt]:* die D. bricht herein. **sinnv.:** Dämmerdunkel, Dämmerlicht, Dunkelheit, Finsternis, Halbdunkel, Halblicht, Schatten, Schummer, Zwielicht · Frühlicht, Morgendämmerung, Morgengrauen · Abenddämmerung, Abendlicht. **Zus.:** Götterdämmerung.

dämm|rig ‹Adj.›: *(in bezug auf das Tageslicht) zwischen hell und dunkel:* dämmriges Licht; ein dämmriger Raum; in der Kirche war es schon d. **sinnv.:** halbdunkel, lichtarm, schattig, schummrig, zwielichtig · ↑dunkel.

Dä|mon, der; -s, Dämonen: *geisterhaftes, suggestive und unheimliche Macht über jmdn. besitzendes Wesen, das den Willen des Betroffenen bestimmt:* er ist von einem D. besessen; von seinem D. getrieben, arbeitete er trotz Krankheit an seinem Werk weiter. **sinnv.:** ↑Gespenst.

Dä|mo|nie, die; -: *unerklärbare, bedrohliche Macht, die von jmdm./etwas ausgeht oder die das ihr unentrinnbar ausgelieferte Objekt völlig beherrscht.* **sinnv.:** Besessenheit.

dä|mo|nisch ‹Adj.›: *eine suggestive und unheimliche Macht ausübend:* ein dämonischer Mensch; dämonische Triebe. **sinnv.:** ↑gespenstisch, ↑teuflisch, ↑unheimlich.

Dampf, der; -[e]s, Dämpfe: *sichtbarer feuchter Dunst, der beim Erhitzen von Flüssigkeit entsteht:* die Küche war voller D. **sinnv.:** ↑Nebel. **Zus.:** Pulver-, Wasserdampf · Kohl-, Volldampf.

Dampf- ‹Präfixoid› (spöttisch): */bezeichnet das im Basiswort Genannte als in seiner Art unmodern, altmodisch, von der technischen, wissenschaftlichen Entwicklung schon überholt/:* Dampfauto, -kartei, -radio *(im Gegensatz zu den modernen Medien wie z. B. Fernsehen),* -semantik, -telefon *(Telefon ohne moderne Ausstattung).*

dạmp|fen ⟨itr.⟩: *Dampf von sich geben:* die Kartoffeln dampfen in der Schüssel. **sinnv.:** brodeln, dunsten, kochen, nebeln, qualmen, rauchen, räuchern, schwelen, sieden, wabern, wallen.

dämp|fen ⟨tr.⟩: **1.** *in Dampf kochen, dünsten:* Kartoffeln, Gemüse d. **sinnv.:** dünsten, schmoren · ↑braten. **2.** *Dampf (auf etwas) einwirken lassen:* das Kleid wird nicht gebügelt, sondern gedämpft. **sinnv.:** ↑bügeln. **3.** *die Stärke von etwas reduzieren:* die Stimme d.; seine Begierden d. **sinnv.:** ↑abschwächen · abwiegeln.

Dạmp|fer, der; -s, -: *mit Dampf- oder anderer Maschinenkraft angetriebenes Schiff:* mit einem D. fahren. **sinnv.:** ↑Schiff. **Zus.:** Ausflugs-, Bananen-, Bergungs-, Fisch-, Fluß-, Fracht-, Küsten-, Luxus-, Ozean-, Passagier-, Post-, Rad-, Schlepp-, Schnell-, Schraubendampfer.

Dämp|fer, der; -s, -: *Vorrichtung bei Musikinstrumenten, die den Ton dämpft:* auf der Geige mit dem D. spielen; den D. aufsetzen. **Zus.:** Schalldämpfer.

Dạmpf|ma|schi|ne, die; -, -n: *Maschine, die die Energie des Dampfdruckes in Bewegungsenergie umsetzt.*

da|nạch [nachdrücklich auch: dạnach] ⟨Pronominaladverb⟩: **1.** *zeitlich nach etwas, hinterher, später:* erst wurde gegessen, d. getanzt. **2.** *in der Reihenfolge nach der betreffenden Person, Sache:* voran gingen die Eltern, d. kamen die Kinder. **sinnv.:** ↑hinterher. **3.** *nach etwas* /im Hinblick auf ein Ziel/: er hielt den Ball in der Hand, das Kind griff sofort d.; er hatte sich immer d. gesehnt, wieder nach Italien zurückzukehren. **4.** *entsprechend:* ihr kennt seinen Willen, nun handelt d.; die Ware ist billig, aber sie ist auch d. *(entsprechend schlecht).* **sinnv.:** ↑also.

da|nẹ|ben [nachdrücklich auch: dạneben] ⟨Pronominaladverb⟩: **1. a)** *neben einer Sache:* auf dem Tisch steht eine Lampe, d. liegt ein Buch. **b)** *neben eine Sache:* das Bild paßte so gut zu den andern, daß sie es d. hängte. **2.** *darüber hinaus:* sie steht den ganzen Tag im Beruf, d. hat sie noch ihren Haushalt zu besorgen. **sinnv.:** ↑außerdem.

da|nẹ|ben|be|neh|men, sich; benimmt sich daneben, benahm sich daneben, hat sich danebenbenommen (ugs.): *sich ungehörig, unpassend benehmen:* leider hat sie sich auf der Party gründlich danebenbenommen. **sinnv.:** sich benehmen wie die Axt im Walde, entgleisen, einen Fauxpas begehen, aus der Rolle fallen, sich vorbeibenehmen.

da|nẹ|ben|ge|hen, ging daneben, ist danebengegangen ⟨itr.⟩ (ugs.): *das Ziel verfehlen, mißlingen:* der Schuß ging daneben; der Versuch ist danebengegangen. **sinnv.:** ↑scheitern.

dạnk ⟨Präp. mit Gen., seltener mit Dativ, im Plural meist mit Genitiv⟩: *bewirkt durch:* d. des Vereins/dem Verein; d. seines Einsatzes blühten die Geschäfte; d. ihm kam es zu einer Lösung; /unflektiert bei Namen und alleinstehendem starkem Substantiv/ d. Albert Schweitzer; dank EDV; d. Beschluß der Regierung; /Plural/ d. der Veröffentlichungen/den Veröffentlichungen; d. wiederholter Veröffentlichungen; d. Haushaltsgeräten; d. derer, die sich erfolgreich darum bemühten. **sinnv.:** ↑wegen.

Dạnk, der; -[e]s: *[in Worten geäußertes] Gefühl der Verpflichtung gegenüber jmdm., von dem man etwas Gutes erfahren hat:* jmdm. D. sagen, schulden; von D. erfüllt; zum D. schenkte er mir ein Buch; herzlichen D.! **sinnv.:** Anerkennung, Belohnung, Dankeswort, Erkenntlichkeit, Lohn, Vergeltung · Dankbarkeit, Verbundenheit · Danksagung · Dankgebet; ↑danke; ↑danken. **Zus.:** Ernte-, Weidmannsdank.

dạnk|bar ⟨Adj.⟩: **1.** *vom Gefühl des Dankes erfüllt:* ein dankbares Kind; jmdm. d. sein. **sinnv.:** dankerfüllt, erkenntlich, verbunden · zu Dank verpflichtet; ↑danken. **2.** *lohnend:* eine dankbare Arbeit, Aufgabe; diese Pflanze ist sehr d. *(gedeiht, blüht, ohne viel Arbeit zu machen).* **sinnv.:** ↑ergiebig.

dạn|ke /Höflichkeitsformel/: **a)** */zur Unterstreichung einer höflichen Ablehnung oder Annahme eines Angebots o. ä./:* ja d.!; nein d.!; „Wollen Sie mitfahren?" – „Danke [nein]!"; „Soll ich Ihnen helfen?" – „Danke, es geht schon!"; d. schön!; d. sehr!; jmdm. für etwas d. sagen; kannst du nicht d. schön sagen *(dich bedanken)?;* **b)** */als kurze Form der Dankesbezeigung/:* d., das war sehr freundlich von Ihnen; „Wie geht's?" – „Mir geht's d.!" (ugs.; *danke, ich will/kann nicht klagen*); **sinnv.:** ich bedanke mich, aufrichtigen / besten / herzlichen / innigsten / schönen / vielen / wärmsten / tausend Dank, hab/habt/haben Sie Dank, danke schön/sehr/vielmals, ich danke Ihnen, ich danke [auch] schön, man dankt, ich bin Ihnen sehr verbunden, vergelt's Gott.

dạn|ken ⟨itr.⟩: *seine Dankbarkeit (jmdm. gegenüber) äußern, ausdrücken:* jmdm. für seine Hilfe d.; er dankte ihm mit einer Widmung; ich danke Ihnen. **sinnv.:** sich bedanken, Dank abstatten / ausdrücken / aussprechen / bekunden / bezeigen / bezeugen/sagen/ wissen/zollen, dankbar sein, sich dankbar erweisen, jmdm. seine Dankbarkeit zeigen/zum Ausdruck bringen, honorieren, jmdm. verbunden/verpflichtet sein; ↑belohnen; ↑danke.

Dạnk|sa|gung, die; -, -en: *[schriftlich ausgesprochener] feierlicher Dank [für die Anteilnahme an jmds. Tod].* **sinnv.:** ↑Dank.

dạnn ⟨Adverb⟩: **1.** *zeitlich, in der Reihenfolge unmittelbar danach:* erst badeten sie, d. sonnten sie sich. **sinnv.:** ↑hinterher. **2.** *zu dem betreffenden späteren Zeitpunkt:* bald habe ich Urlaub, d. besuche ich euch. **sinnv.:** da. **3.** *in dem Fall:* wenn er sich etwas vorgenommen hat, d. führt er es auch aus. **sinnv.:** so. **4.** ↑*außerdem:* und d. vergiß bitte nicht, zur Post zu gehen.

dar|ạn [nachdrücklich auch: dạran] ⟨Pronominaladverb⟩: **1. a)** *an der betreffenden Sache:* vergiß nicht, den Brief in den Kasten zu werfen, wenn du d. vorbeikommst; seine Einstellung kannst du schon d. erkennen, daß ... **sinnv.:** hieran. **b)** *an die betreffende Sache:* sie suchten sich einen Tisch und setzten sich d.; sie besichtigten die Kirche, d. anschließend stiegen sie auf den Turm. **sinnv.:** hieran. **2.** *im Hinblick auf etwas, in bezug auf eine bestimmte Sache:* ich kann mich kaum d. erinnern.

dar|auf [nachdrücklich auch: dạrauf] ⟨Pronominaladverb⟩: **1. a)** *auf der bereffenden Sache:* er bekam eine Geige geschenkt und kann auch schon d. spielen.

b) *auf die betreffende Sache:* nachdem ein Platz frei geworden war, wollten sich sogleich mehrere d. setzen. **2.** *danach, im Anschluß daran:* ein Jahr d. starb er. **sinnv.:** ↑hinterher. **3.** *deshalb:* man hatte ihn auf frischer Tat ertappt, d. war er verhaftet worden. **4.** *im Hinblick auf etwas, in bezug auf eine bestimmte Sache:* d. versessen sein.

dar|auf|hin [nachdrücklich auch: daraufhin] ⟨Adverb⟩: **1.** *deshalb, im Anschluß daran:* es kam zu einer so heftigen Auseinandersetzung, daß d. das Gespräch abgebrochen wurde. **sinnv.:** darauf, ↑hinterher · ↑deshalb. **2.** *in bezug auf etwas, unter einem bestimmten Aspekt:* er prüfte seine Bekannten in Gedanken d., von wem er noch Geld leihen könnte.

dar|aus [nachdrücklich auch: daraus] ⟨Pronominaladverb⟩: *aus der betreffenden Sache:* sie öffnete ihren Koffer und holte d. ein Kissen hervor; sie kaufte ein paar Reste, um d. etwas für die Kinder zu nähen; d. kannst du viel lernen.

dar|ben ⟨itr.⟩ (geh.): *Mangel [an Nahrung] leiden:* im Krieg hatten sie d. müssen. **sinnv.:** ↑hungern.

dar|bie|ten, bot dar, hat dargeboten (geh.): **1.** ⟨tr.⟩ *zum Entgegennehmen hinhalten, reichen:* sie bot ihm ihre Hand dar. **sinnv.:** ↑bieten; ↑geben. **2.** ⟨tr.⟩ *(künstlerische oder unterhaltende Werke) aufführen, vortragen:* in dem Kurort wurden täglich Konzerte dargeboten. **sinnv.:** ↑aufführen, ↑bieten · ↑darstellen. **3.** ⟨sich d.⟩ *sich dem Blick zeigen, sichtbar werden:* als sie auf dem Berg standen, bot sich ihnen eine schöne Aussicht dar. **sinnv.:** sich ↑bieten.

Dar|bie|tung, die; -, -en: *etwas, was innerhalb einer Veranstaltung aufgeführt, vorgetragen wird:* die musikalischen Darbietungen waren besonders schön. **sinnv.:** Aufführung, Darstellung, Schau, Show, Spiel, Vorführung, Vorstellung, Wiedergabe · Nummer; ↑Premiere. **Zus.:** Einzeldarbietung.

dar|brin|gen, brachte dar, hat dargebracht ⟨tr.⟩ (geh.): *aus Verehrung, Dank zuteil werden lassen:* jmdm. Glückwünsche, ein Ständchen d.; ein Opfer d. **sinnv.:** ↑geben, opfern, ↑schenken.

dar|ein [nachdrücklich auch: darein] ⟨Adverb⟩ (früher): *in die betreffende Sache:* ich besitze das Buch schon lange, hatte aber noch keine Zeit, mich d. zu vertiefen; sie nahm die Zeitung und vertiefte sich d. (üblich: *in sie*). **sinnv.:** hinein; ↑hin.

dar|in [nachdrücklich auch: darin] ⟨Pronominaladverb⟩: *in der betreffenden Sache:* sie mieteten einen Bungalow, um d. die Ferien zu verbringen; d. ist er dir weit überlegen. **sinnv.:** darinnen, drin, drinnen · hierin · ↑darunter.

dar|le|gen, legte dar, hat dargelegt ⟨tr.⟩: *ausführlich erläutern:* jmdm. seine Ansicht, seine Gründe d. **sinnv.:** abhandeln, aufrollen, ausbreiten, ausdrükken, auseinandersetzen, behandeln, beleuchten, betrachten, ein Bild entwerfen, charakterisieren, eine Darlegung geben, darstellen, eine Darstellung geben, entfalten, entrollen, entwickeln, erklären, erzählen, klarmachen, kommentieren, manifestieren, ↑mitteilen, schildern, skizzieren, zusammenstellen · ↑erörtern · ↑aussagen.

Dar|le|hen, das; -s, -: *[gegen Zinsen] geliehene größere Geldsumme:* ein D. aufnehmen; jmdm. ein [zinsloses] D. gewähren. **sinnv.:** ↑Anleihe. **Zus.:** Ehestands-, Wohnungsbaudarlehen.

Darm, der; -[e]s, Därme: *Verdauungskanal zwischen Magen und After.* **sinnv.:** Darmtrakt, Eingeweide, Gedärm · Blinddarm, Dickdarm, Dünndarm, Enddarm, Grimmdarm, Krummdarm, Leerdarm, Mastdarm, Zwölffingerdarm. **Zus.:** Kunstdarm.

dar|rei|chen, reichte dar, hat dargereicht ⟨tr.⟩ (geh.): *zum Entgegennehmen hinhalten, reichen:* er reichte ihr ein kostbares Geschenk dar. **sinnv.:** ↑geben.

dar|stel|len, stellte dar, hat dargestellt: **1.** ⟨tr.⟩ *in einem Bild zeigen, abbilden:* das Gemälde stellt ihn im Kostüm des Hamlet dar. **sinnv.:** auf etwas (z. B. auf einem Bild) ist jmd., etwas abgebildet/zu sehen, etwas gibt jmdn., etwas wieder/zeigt jmdn., etwas · ↑abbilden, nachbilden, nachformen, reproduzieren, wiedergeben · malen, zeichnen; ↑verfilmen. **2.** ⟨tr.⟩ *als Schauspieler eine bestimmte Rolle spielen:* er hatte den Wallenstein schon an mehreren Bühnen dargestellt. **sinnv.:** mimen, sein, ↑spielen; ↑auftreten; ↑darbieten. **3.** ⟨tr.⟩ ↑*schildern:* einen Sachverhalt ausführlich, falsch d. **sinnv.:** ↑aussagen, charakterisieren, klarmachen; ↑erörtern; ↑mitteilen. **4.** ⟨itr.⟩ *sein:* das Ereignis stellte einen Wendepunkt in seinem Leben dar. **sinnv.:** ↑bedeuten. **5.** ⟨sich d.⟩ *einen bestimmten Eindruck machen; sich herausstellen, erweisen (als etwas):* mir stellte sich die Angelegenheit sehr verwickelt dar. **sinnv.:** sich ↑zeigen.

Dar|stel|ler, der; -s, -, **Dar|stel|le|rin,** die; -, -nen: *männliche bzw. weibliche Person, die eine Rolle auf der Bühne o. ä. spielt.* **sinnv.:** ↑Schauspieler. **Zus.:** Charakter-, Haupt-, Laien-, Nebendarsteller[in].

Dar|stel|lung, die; -, -en: **a)** *Wiedergabe im Bild:* sie betrachteten eine moderne D. der Kreuzigung. **sinnv.:** ↑Bild · Graph, Schaubild, Schautafel; ↑Abbildung. **b)** *Wiedergabe auf der Bühne:* die D. des Nathan war nicht befriedigend. **sinnv.:** ↑Darbietung. **c)** *Wiedergabe durch Worte:* das Buch enthält eine realistische D. des Krieges. **sinnv.:** ↑Beschreibung; Illustration; ↑Aussage. **Zus.:** Einzel-, Gesamt-, Milieudarstellung.

dar|über [nachdrücklich auch: darüber] ⟨Pronominaladverb⟩: **1. a)** *über der betreffenden Sache:* die Bücher stehen in den unteren Fächern, d. liegen die Noten. **sinnv.:** oben, oberhalb. **b)** *über die betreffende Sache:* er packte Schuhe und Wäsche in den Koffer, d. legte er die Anzüge; ihm war dieses Thema unangenehm, deshalb ging er mit ein paar Sätzen d. hinweg. **2.** *über das betreffende Maß, die betreffende Grenze hinaus:* das Alter der Abiturienten ist heute im Durchschnitt achtzehn Jahre und d. **3.** *währenddessen, dabei:* er hatte gewartet und war d. eingeschlafen; d. habe ich völlig vergessen, daß ... **sinnv.:** inzwischen. **4.** *in bezug auf die betreffende Sache:* wir wollen uns nicht d. streiten. **sinnv.:** davon, dazu, hierüber.

dar|über|ste|hen, stand darüber, hat darübergestanden ⟨itr.⟩: *(über etwas) erhaben sein:* der Vorwurf, den man ihm machte, traf ihn nicht, er stand darüber.

dar|um [nachdrücklich auch: darum] ⟨Pronominaladverb⟩: **1.** *um die betreffende Sache:* den Blumenstrauß hatten sie in die Mitte gestellt und d. herum die Geschenke aufgebaut. **2.** *im Hinblick auf etwas, in bezug auf die betreffende Sache:* d. brauchst du dir keine Sorgen zu machen, das erledige ich schon. **sinnv.:** was das betrifft/anbelangt. **3.** *aus diesem Grund:* d. ist er auch so schlecht gelaunt; wir wollen uns Möbel anschaffen, d. müssen wir uns jetzt für einige Zeit sehr einschränken und eisern sparen. **sinnv.:** ↑deshalb.

dar|un|ter [nachdrücklich auch: darunter] ⟨Pronominaladverb⟩: **1. a)** *unter der betreffenden Sache:* im Stockwerk d. wohnen die Großeltern. **sinnv.:** ↑unterhalb. **b)** *unter die betreffende Sache:* er drehte die Dusche auf und stellte sich d. **2.** *unter, zwischen den betreffenden Personen:* er hatte eine große Anzahl Schüler, einige d. waren sehr begabt. **sinnv.:** dabei, darin, dazwischen. **3.** *unter dem betreffenden Maß, unter der betreffenden Grenze:* eine Mark das Pfund, d. kann ich die Ware nicht verkaufen. **4.** *in bezug auf die betreffende Sache:* d. kann ich mir nichts vorstellen. **sinnv.:** hierunter.

das: **I.** ⟨bestimmter Artikel der Neutra⟩ **a)** /individualisierend/: das Kind ist krank. **b)** /generalisierend/: das Gold ist ein Metall. **II.** ⟨Demonstrativpronomen⟩: die können das doch gar nicht. **sinnv.:** dies[es], jenes. **III.** ⟨Relativpronomen⟩: das Haus, das an der Ecke steht. **sinnv.:** welches.

Da|sein, das; -s: **1.** *das Leben als Existieren auf der Erde [in einer bestimmten Weise]:* der Kampf ums D.; ein bescheidenes D. führen. **sinnv.:** Bestehen, Existenz. **Zus.:** Erden-, Sklavendasein. **2.** ↑*Existenz* (1 a): er leugnet das D. Gottes. **sinnv.:** Bestehen, Sein, Vorhandensein. **Zus.:** Schattendasein.

das|je|ni|ge: siehe derjenige.

daß ⟨Konj.⟩: **I.** /leitet Gliedsätze ein/ **1. a)** ⟨in Inhaltssätzen⟩ /leitet einen Subjekt-, Objekt-, Gleichsetzungssatz ein/: daß du mir geschrieben hast, hat mich sehr gefreut; er weiß, daß du ihn nicht leiden kannst; die Hauptsache ist, daß du glücklich bist. **b)** /leitet einen Attributsatz ein/: gesetzt den Fall, d. ...; die Tatsache, d. er hier war, zeigt sein Interesse. **2.** ⟨in Adverbialsätzen⟩ **a)** /leitet einen Kausalsatz ein/: das liegt daran, d. du nicht aufgepaßt hast. **b)** /leitet einen Konsekutivsatz ein/: er schlug zu, d. es [nur so] krachte; die Sonne blendete ihn so, d. er nichts erkennen konnte/blendete ihn, so d. er nichts erkennen konnte. **c)** /leitet einen Instrumentalsatz ein/: er verdient seinen Unterhalt damit, d. er Zeitungen austrägt. **d)** /leitet einen Finalsatz ein/: hilf ihm doch, d. er endlich fertig wird. **sinnv.:** ↑damit. **3.** /in Verbindung mit bestimmten Konjunktionen, Adverbien, Präpositionen/: das Projekt ist zu kostspielig, als d. es verwirklicht werden könnte; [an]statt d. er selbst kam, schickte er seinen Vertreter; kaum d. er hier war, begann die Auseinandersetzung; man erfuhr nichts, außer/nur d. er überraschend abgereist sei; er kaufte den Wagen, ohne d. wir es wußten; (scherzh.:) dieses Proviantpaket schenke ich dir, auf d. du dick und rund wirst. **II.** /leitet Hauptsätze mit der Wortstellung von Gliedsätzen ein, die meist einen Wunsch, eine Drohung, ein Bedauern o. ä. ausdrücken/: d. ihn doch der Teufel hole!; d. mir keine Klagen kommen!; d. es so weit kommen mußte!

das|sel|be: siehe derselbe.

da|ste|hen, stand da, hat dagestanden ⟨itr.⟩: **1.** *(ruhig) an einem Ort stehen:* steif, aufrecht d. **2.** *unter bestimmten Verhältnissen leben [müssen]:* ohne Mittel d.; allein d. *(keine Angehörigen mehr haben).* **sinnv.:** ↑leben.

Da|ten, die ⟨Plural⟩: *(durch Beobachtungen, Messungen, statistische Erhebungen usw. gewonnene) [Zahlen]werte; [technische] Größen, Angaben, Befunde:* exakte D. bekanntgeben. **sinnv.:** Einzelheiten, Fakten, Tatsachen · ↑Aufschluß, Information. **Zus.:** Personal-, Prüfdaten.

Da|ten|bank, die; -, -en: *Stelle, bei der bestimmte Daten, Fakten gespeichert werden und auf Verlangen nach bestimmten Gesichtspunkten durch Maschinen ermittelt werden können.* **sinnv.:** Datei · ↑Computer.

Da|ten|ver|ar|bei|tung, die; -, -en: *Prozeß, bei dem Daten mit Hilfe von Rechenmaschinen gespeichert und weiter bearbeitet werden.*

da|tie|ren: **1.** ⟨tr.⟩ **a)** *mit einem Datum versehen:* eine Urkunde d.; der Brief ist vom 5. Februar datiert. **b)** *die Entstehungszeit (von etwas) bestimmen:* eine alte Handschrift, ein Gemälde d. **2.** ⟨itr.⟩ ↑*stammen:* diese Einrichtung datiert aus alter Zeit.

Dat|tel, die; -, -n: *dunkelbraune, längliche, sehr süße Frucht der Dattelpalme.*

Da|tum, das; -s, Daten: **1.** *Zeitpunkt, Tagesangabe nach dem Kalender:* der Brief ist ohne D.; die wichtigsten Daten der Weltgeschichte. **sinnv.:** Tag. **Zus.:** Abfüll-, Ausstellungs-, Bestell-, Eingangs-, Geburts-, Sterbe-, Verfallsdatum. **2.** ⟨Plural⟩ ↑*Daten.*

Dau|er, die; -: *bestimmte ununterbrochene Zeit:* die D. seines Aufenthaltes; für die D. von einem Jahr. * **auf die D.** *(wenn es noch lange dauert):* auf die D. macht mir die Arbeit keinen Spaß; * **auf D.** *(für unbegrenzte Zeit, immer):* auf D. möchte ich nicht im Ausland leben. **sinnv.:** Länge, Zeit, Zeitdauer · Frist, ↑Weile, Zeitspanne · ↑Beständigkeit; ↑andauern. **Zus.:** Amts-, Aufenthalts-, Ausbildungs-, Gültigkeits-, Krankheits-, Lebens-, Verweil-, Wirkungsdauer.

dau|er|haft ⟨Adj.⟩: *sich lange Zeit erhaltend:* ihre Neigungen waren nicht sehr d. **sinnv.:** von Bestand, ↑beständig, bleibend, von Dauer, dauernd, fest, treu, unveränderlich, unverbrüchlich, unverrückbar, unzerstörbar.

dau|ern ⟨itr.⟩: **I. 1.** *sich über eine bestimmte Zeit erstrecken:* die Verhandlung dauerte einige Stunden. **sinnv.:** ↑andauern. **2.** (geh.) *Bestand haben:* sie glaubten, eine solche Freundschaft müsse d. **sinnv.:** ↑andauern. **II.** (geh.) *jmds. Mitleid erregen, jmdm. leid tun:* das alte Pferd dauerte ihn; die Zeit, das Geld dauert mich *(es ist schade um die Zeit, das Geld).* **sinnv.:** erbarmen, jammern, leid tun.

dau|ernd ⟨Adj.⟩ (emotional): **a)** *für längere Zeit in gleichbleibender Weise vorhanden:* dieser Lärm von der Straße ist d. zu hören. **sinnv.:** ↑dauerhaft, ↑unaufhörlich. **b)** *(in ärgerlicher Weise) immer wieder, häufig:* er kommt d. zu spät; du unterbrichst mich ja d. **sinnv.:** fortwährend, ständig.

Dau|er|wel|le, die; -, -n:

(durch Behandlung mit entsprechenden Mitteln) gekraustes Haar, das über einen längeren Zeitraum so bleibt: ich muß mir wieder bei meinem Frisör eine D. machen lassen. **sinnv.:** ↑Frisur.

Dau|men, der; -s, -: *aus zwei Gliedern bestehender erster Finger der Hand* (siehe Bildleiste „Hand"). **sinnv.:** ↑Finger.

Dau|ne, die; -, -n: *kleine, zarte Feder:* mit Daunen gefüllte Kissen. **sinnv.:** Bettfeder · ↑Feder. **Zus.:** Eiderdaunen.

da|von [nachdrücklich auch: davon] ⟨Pronominaladverb⟩: *von der betreffenden Sache:* nicht weit d. [entfernt] befindet sich das Museum; der Schmuck ist von meiner Großmutter, ich kann mich nur schwer d. trennen; du hast zu laut gesprochen, d. ist sie wach geworden; d. fehlen mir noch einige Exemplare; d. hat er sich inzwischen erholt; d. weiß ich nichts; d. werde ich mir ein neues Kleid nähen; d. läßt sich durchaus leben. **sinnv.:** hiervon · dadurch · ↑darüber.

da|von|kom|men, kam davon, ist davongekommen ⟨itr.⟩: *einer drohenden Gefahr entgehen:* da bist du noch einmal davongekommen; er ist mit dem [bloßen] Schrecken davongekommen *(außer einem Schrecken hat er keinen Schaden erlitten);* er ist mit dem Leben davongekommen *(hat sein Leben retten können).* **sinnv.:** ↑entrinnen, ↑wegkommen.

da|von|ma|chen, sich; machte sich davon, hat sich davongemacht (ugs.): *sich [heimlich] entfernen:* als die Polizei kam, hatte er sich längst davongemacht. **sinnv.:** ↑weggehen.

da|vor [nachdrücklich auch: davor] ⟨Pronominaladverb⟩: **1. a)** *vor der betreffenden Sache* /Ggs. dahinter/: ein Haus mit einem Garten d. **b)** *vor die betreffende Sache* /Ggs. dahinter/: damit das Haus nicht so kahl aussah, pflanzten sie Sträucher d. **2.** *vor der betreffenden Zeit:* nach der Pause fiel das entscheidende Tor, d. stand das Spiel 2:2. **sinnv.:** ↑vorher. **3.** *im Hinblick auf die betreffende Sache:* er fürchtet sich d., die Verantwortung allein zu tragen; (ugs.:) da hab' ich Angst vor (= davor habe ich Angst).

da|zu [nachdrücklich auch: dazu] ⟨Pronominaladverb⟩: **1.** *zu der betreffenden Sache:* ich lasse mich von niemandem d. zwingen. **sinnv.:** hierzu. **2.** *im Hinblick auf etwas, in bezug auf die betreffende Sache:* er wollte sich nicht näher d. äußern. **sinnv.:** ↑diesbezüglich. **3.** *zu der betreffenden Art:* er ist von Natur kein verschlossener Mensch, seine Erfahrungen haben ihn erst d. gemacht. **4.** *zu diesem Zweck:* d. ist er gewählt worden. **5.** ↑*außerdem:* gibt es auch Fleisch d.?

da|zu|ge|hö|ren, gehörte dazu, hat dazugehört ⟨itr.⟩: *zu der betreffenden Sache, zu den betreffenden Personen gehören:* alles, was dazugehört, fehlt mir noch; in ihrem Kreis weiß man erst nach einiger Zeit, ob man wirklich dazugehört. **sinnv.:** ↑teilnehmen.

da|zwi|schen [nachdrücklich auch: dazwischen] ⟨Pronominaladverb⟩: **1.** *zwischen den betreffenden Sachen, Personen:* wir reisen nach Florenz und Rom, werden d. aber mehrmals Station machen. **sinnv.:** mitten darin, mittendrin, zwischendrin. **2.** *zwischen den betreffenden Ereignissen:* am Nachmittag gibt es Reportagen und d. Musik. **sinnv.:** inzwischen, zwischendurch. **3.** *darunter, dabei:* wir haben alle Briefe durchsucht, aber ihren Antrag nicht d. gefunden. **sinnv.:** ↑darunter.

da|zwi|schen|fah|ren, fährt dazwischen, fuhr dazwischen, ist dazwischengefahren ⟨itr.⟩: **1.** *eingreifen, um Lärm oder Streit zu beenden:* sie machen einen furchtbaren Krach, da müßte mal jemand d. **sinnv.:** ↑eingreifen. **2.** *jmdn. in seiner Rede durch einen Einwand o.ä. mit Heftigkeit unterbrechen:* immer mußt du d.!

da|zwi|schen|fun|ken, funkte dazwischen, hat dazwischengefunkt ⟨itr.⟩ (ugs.): *sich in etwas einschalten und dadurch den Ablauf [absichtlich] stören oder einen Plan durchkreuzen:* immer wenn alles so schön läuft, muß er [mit seinen Einwänden] d. **sinnv.:** ↑behindern.

da|zwi|schen|kom|men, kam dazwischen, ist dazwischengekommen ⟨itr.⟩: *sich unvorhergesehen ereignen und dadurch etwas unmöglich machen oder verzögern:* wenn nichts dazwischenkommt, werden wir euch noch in diesem Jahr besuchen. **sinnv.:** ↑behindern.

da|zwi|schen|tre|ten, tritt dazwischen, trat dazwischen, ist dazwischengetreten ⟨itr.⟩: *sich einschalten, um einen Streit zu schlichten:* als die Schüler nicht aufhörten sich zu streiten, mußte der Lehrer d. **sinnv.:** ↑eingreifen.

de-, De- (vor Vokal auch ↑des-, Des-) ⟨Präfix⟩: /fremdsprachliches Basiswort, das auch das Gegenwort bildet/: **1.** ⟨verbal⟩ */besagt, daß das im Basiswort Genannte aufgehoben, rückgängig gemacht, beseitigt wird/* das Basiswort bildet das Gegenwort/: dechiffrieren, degruppieren, dekodieren, demaskieren, demilitarisieren, demontieren, desensibilisieren, desexualisieren, desolidarisieren, destabilisieren, dezentralisieren; /selten vor Vokal/ deaktivieren. **sinnv.:** ab- (z.B. demaskieren/die Maske abnehmen), ent- (z.B. demilitarisieren/entmilitarisieren; dechiffrieren/entschlüsseln; demaskieren/entlarven), weg- (z.B. demontieren/wegnehmen). **2.** ⟨substantivisch⟩ / *Vorgang oder dessen Ergebnis:* entsprechend der Bedeutung von 1/: Dekolonisation, Dekolonisierung, Dekompression, Dekomprimierung, Dekontamination, Dekontaminierung, Demoralisierung, Denuklearisierung, Depotenzierung, Dequalifizierung, Desynonymisierung, Determinologisierung, Desozialisierung; /selten vor Vokal/ Deeskalation. **sinnv.:** Ab-, Ent-, Weg-. **3.** ⟨adjektivisch⟩ *weg von dem im Basiswort Genannten:* deadjektivisch *(vom Adjektiv abgeleitet),* desubstantivisch *(vom Substantiv abgeleitet),* deverbal *(vom Verb abgeleitet),* dezentral *(vom Zentrum weg gelegen).*

Dea|ler ['di:lɐ], der; -s, -: *jmd., der mit Rauschgift handelt.* **sinnv.:** ↑Händler.

De|bat|te, die; -, -n: *lebhafte Erörterung, Aussprache [im Parlament]:* die D. eröffnen; in die D. eingreifen; das steht hier nicht zur D. **sinnv.:** ↑Gespräch. **Zus.:** Bundestags-, Grundsatz-, Parlaments-, Unterhausdebatte.

de|bat|tie|ren ⟨itr./tr.⟩: *lebhaft erörtern, besprechen.* **sinnv.:** ↑erörtern.

De|büt [de'by:], das; -s, -s: *erstes Auftreten:* er gab gestern sein D. **sinnv.:** ↑Auftritt.

De|bü|tant, der; -en -en, **De|bü|tan|tin,** die; -, -nen: *männli-*

che bzw. weibliche Person, die im Theater, Konzertsaal o. ä. ihr Debüt gibt. **sinnv.:** ↑Anfänger.

de|chif|frie|ren [deʃɪ'fri:rən] ⟨tr.⟩: *aus einem verschlüsselten einen entschlüsselten, verständlichen Text herstellen* /Ggs. chiffrieren/: eine geheime Nachricht d. **sinnv.:** auflösen, dekodieren, entschlüsseln, entziffern · ↑enträtseln.

Dẹck, *das; -s, -s:* **a)** *oberstes Stockwerk eines Schiffes:* alle Mann an D.! **b)** *unter dem oberen Abschluß des Schiffsrumpfes liegendes Stockwerk:* das Kino befindet sich im unteren D. **sinnv.:** ↑Geschoß. **Zus.:** Achter-, Hinter-, Ober-, Promenaden-, Sonnen-, Zwischendeck.

Dẹcke, die; -, -n: **1.** *Gegenstand aus Stoff, mit dem man jmdn./etwas bedeckt:* eine warme D. **sinnv.:** ↑Federbett, Plaid, Schlafsack, Zudecke. **Zus.:** Damast-, Daunen-, Häkel-, Spitzen-, Stepp-, Wachstuch-, Wolldecke. **2.** *obere, äußerste Schicht, Umhüllung:* die Straße ist voller Löcher, die D. muß an mehreren Stellen repariert werden. **sinnv.:** Lage, Schicht · ↑Haut, ↑Fell. **Zus.:** Eis-, Gras-, Rasen-, Schneedecke · Bauch-, Schädeldecke. **3.** *oberer Abschluß eines Raumes:* das Zimmer hat eine niedrige, hohe D. **sinnv.:** Zimmer-, Saaldecke. **Zus.:** Holz-, Stuckdecke.

Dẹckel, der; -s, -: **1.** *abnehmbarer, aufklappbarer Teil eines Gefäßes, der die Öffnung verdeckt:* den D. des Topfes abnehmen. **sinnv.:** ↑Verschluß. **Zus.:** Abort-, Klavier-, Koffer-, Sarg-, Topfdeckel · Bierdeckel (Untersatz). **2.** *vorderer oder hinterer Teil des steifen Umschlags, in den ein Buch gebunden ist:* den D. aufschlagen. **sinnv.:** Decke, Buchdeckel, Einband. **Zus.:** Aktendeckel · Pappdeckel *(Pappe).* **3.** (ugs.; scherz.) ↑*Kopfbedekkung:* er hatte immer so einen komischen D. auf dem Kopf.

dẹcken: 1. a) ⟨tr.⟩ *(etwas) auf etwas legen:* das Dach [mit Ziegeln] d.; [den Tisch] für drei Personen d. *(Tischtuch und Bestecke auf den Tisch legen).* **sinnv.:** ↑bedecken, eindecken. **Zus.:** stroh-, ziegelgedeckt · Dachdecker. **b)** ⟨itr.⟩ *(als Farbe) nichts mehr durchscheinen lassen:* diese Farbe deckt gut. **2. a)** ⟨tr./sich d.⟩ *machen, daß jmd./man selbst bei etwas vor fremder Einwirkung geschützt ist:* den Rückzug der Truppen d.; der Boxer deckte sich schlecht. **sinnv.:** ↑behüten. **b)** ⟨tr.⟩ *sich (vor etwas oder jmdn., der rechtswidrig gehandelt hat) schützend stellen:* seinen Komplizen, ein Verbrechen d. **c)** ⟨tr.⟩ *ständig in der Nähe des gegnerischen Spielers sein und ihm keine Möglichkeit zum Spielen lassen:* die Verteidigung deckte den gegnerischen Mittelstürmer nicht konsequent. **sinnv.:** bewachen, ↑beaufsichtigen. **3.** ⟨tr.⟩ **a)** *eine Sicherheit, Geldmittel bereithalten (für etwas):* das Darlehen wurde durch eine Hypothek gedeckt; ⟨häufig im 2. Partizip⟩ er wollte wissen, ob der Scheck gedeckt sei. **b)** *die notwendigen Mittel bereitstellen, jmdn. versorgen:* die Nachfrage, den Bedarf d.; mein Bedarf ist gedeckt. **sinnv.:** ↑befriedigen. **4.** ⟨tr.⟩ *begatten:* die Stute wurde gedeckt. **sinnv.:** ↑befruchten. **5.** ⟨sich d.⟩ *einander gleich sein:* die beiden Dreiecke decken sich. **sinnv.:** gleichen.

De|fä|tịs|mus, der; -: *durch starke Neigung zum Aufgeben gekennzeichnete Haltung, [Zustand der] Mut- und Hoffnungslosigkeit, Resignation.* **sinnv.:** Nihilismus, Panikmache.

De|fä|tịst, der; -en, -en: *jmd., der in bezug auf den Ausgang einer auch ihn betreffenden Sache mut- und hoffnungslos ist.* **sinnv.:** ↑Pessimist.

de|fẹkt ⟨Adj.⟩: *einen Mangel, Schaden o. ä. aufweisend; nicht in Ordnung:* der Motor ist d. **sinnv.:** abgestoßen, angehauen, angeschlagen, angestoßen, beschädigt, durchlöchert, im Eimer, entzwei, futsch[ikato], havariert, hin[über], kaputt, lädiert, aus dem Leim gegangen, mitgenommen, porös, ramponiert, schadhaft, wurmstichig, zerbrochen, zerrissen · abgegriffen, abgenutzt, abgeschabt, abgetragen, abgewetzt, ausgedient, blank, dünn, durchgewetzt, fadenscheinig, schäbig, verschlissen, zerschlissen · hinsein.

De|fẹkt, der; -[e]s, -e: *etwas (schadhafte Stelle, Mangel), worauf zurückzuführen ist, daß etwas nicht richtig funktioniert, nicht in Ordnung ist:* einen D. an einer Maschine beheben. **sinnv.:** ↑Beschädigung, ↑Mangel. **Zus.:** Maschinen-, Motordefekt.

de|fen|sịv ⟨Adj.⟩: *verteidigend, abwehrend* /Ggs. offensiv/: der Gegner verhielt sich immer d.

de|fi|nie|ren: 1. ⟨tr.⟩ *[den Inhalt eines Begriffes] bestimmen, erklären:* einen Begriff d. **sinnv.:** ↑auslegen. **2.** ⟨tr./sich d.⟩ *seinen [gesellschaftlichen] Rang, Stand bestimmen, von jmdm./etwas erhalten, herleiten, ihn von daher gewinnen:* wer ich war, wurde von den Zwängen der Firma definiert; eine Zweierbeziehung, die sich nicht vorrangig über den Sex definiert.

De|fi|ni|ti|on, die; -, -en: *Bestimmung, Erklärung eines Begriffes:* eine D. geben. **sinnv.:** ↑Erklärung.

Dẹ|fi|zit, das; -[e]s, -e: **1.** *Fehlbetrag:* ein D. von 1 000 DM haben. **Zus.:** Außenhandels-, Haushaltsdefizit. **2.** *etwas, was als Mangel festgestellt wird:* ein D. an Geborgenheit. **sinnv.:** Ausfall, Differenz, Einbuße, Fehlbetrag, Finanzlücke, Manko, Mindereinnahme, -ertrag, Minus, Schulden, Soll, Verlust.

dẹf|tig ⟨Adj.⟩: *(in recht natürlicher, ursprünglicher Weise) derbkräftig:* ein deftiges Mittagbrot. **sinnv.:** ↑nahrhaft.

Dẹ|gen, der; -s, -: *Hieb- und Stichwaffe [zum Fechten]* (siehe Bildleiste „Waffen“). **sinnv.:** ↑Säbel. **Zus.:** Ehren-, Fecht-, Korb-, Offiziers-, Stoßdegen.

de|gra|die|ren ⟨tr.⟩: *strafweise auf eine tiefere Rangstufe stellen:* einen Unteroffizier zum Gefreiten d.; er wurde wegen Feigheit vor dem Feind degradiert. **sinnv.:** bestrafen.

dẹh|nen: 1. ⟨tr.⟩ *durch Auseinanderziehen, Spannen länger, breiter machen:* dieses Gewebe kann man nicht d. **sinnv.:** ↑ausdehnen, längen, in die Länge ziehen/strecken, recken, spannen, strecken, weiten. **2.** ⟨sich d.⟩ *breiter, länger, größer werden:* der Pullover dehnt sich am Körper. **sinnv.:** sich ↑ausdehnen/ausleiern/ausweiten, sich rekken, sich strecken, sich ziehen.

Deich, der; -[e]s, -e: *Damm an der Küste, am Flußufer zum Schutz gegen Überschwemmung:* einen D. bauen; der D. ist gebrochen. **sinnv.:** ↑Damm. **Zus.:** Außen-, Binnen-, Schutzdeich.

Deich|sel, die; -, -n: *[zum Anspannen der Pferde, Ochsen usw. dienende] Stange am Wagen.*

deich|seln ⟨tr.⟩ (ugs.): *durch Geschicklichkeit (etwas Schwieriges) zustande bringen, meistern:* mach dir keine Sorgen, ich werde die Sache schon d. **sinnv.:** ↑bewerkstelligen, hinkriegen.

dein ⟨Possessivpronomen⟩ */bezeichnet ein Besitz- oder Zugehörigkeitsverhältnis einer mit „du" angeredeten Person/:* dein Buch; deine Freunde; das Leben deiner Kinder.

de|ka|dent ⟨Adj.⟩: *Zeichen der Dekadenz zeigend:* eine dekadente Kultur. **sinnv.:** degeneriert, entartet.

De|ka|denz, die; -: *[kultureller] Zustand, der als Verfall, als durch Überfeinerung in Lebensgewohnheiten und Ansprüchen entstandene Entartung angesehen wird.* **sinnv.:** Degeneration, Niedergang; ↑Rückgang.

de|kla|mie|ren ⟨tr.⟩: *mit Pathos vortragen:* Verse d. **sinnv.:** ↑vortragen.

De|ko|ra|teur [dekora'tø:ɐ̯], der; -s, -e, **De|ko|ra|teu|rin,** die; -, -nen: *männliche bzw. weibliche Person, die Schaufenster oder Räume künstlerisch ausgestaltet.* **sinnv.:** Innenarchitekt, Raumausstatter, Raumgestalter, Polsterer, Tapezierer · Schaufensterdekorateur, -gestalter. **Zus.:** Bühnendekorateur.

De|ko|ra|ti|on, die; -, -en: **a)** ⟨ohne Plural⟩ *schmückendes, künstlerisches Ausgestalten (eines Raumes, eines Gegenstandes):* die D. der Schaufenster, der Tische nahm lange Zeit in Anspruch. **sinnv.:** Ausgestaltung, Ausschmückung, Verschönerung, Verzierung. **b)** *Dinge, mit denen etwas ausgeschmückt, künstlerisch ausgestaltet wird, ist:* die Dekorationen zu „Figaros Hochzeit"; die festliche D. auf dem Podium wurde von allen bewundert. **sinnv.:** Festschmuck, Schmuck, Verzierung · Bühnenausstattung, -bild, -dekoration, Kulisse, Szenerie, Theaterdekoration, Versatz, Versatzstück · Display, Schaufensterdekoration, Warenausstellung. **Zus.:** Fest-, Innen-, Papier-, Saal-, Stoff-, Wand-, Zimmerdekoration.

de|ko|rie|ren ⟨tr.⟩: **1.** *mit einer Dekoration* (b) *versehen:* die Schaufenster, den Saal d. **sinnv.:** ausstaffieren, ↑schmücken. **2.** *durch die Verleihung eines Ordens o. ä. ehren:* der Präsident ist auf seiner Reise mehrfach dekoriert worden. **sinnv.:** ↑auszeichnen, prämieren.

De|le|ga|ti|on, die; -, -en: *Abordnung:* eine D. entsenden. **sinnv.:** ↑Abordnung. **Zus.:** Handels-, Regierungsdelegation.

de|le|gie|ren ⟨tr.⟩: **1.** ↑*abordnen:* jmdn. zu einem Kongreß d. **2.** *(jmdm.) eine Aufgabe, Befugnis übertragen:* der Manager delegiert einen Teil seiner Arbeit auf andere. **sinnv.:** ↑übertragen.

De|le|gier|te, der u. die; -n, -n ⟨aber: [ein] Delegierter, Plural: [viele] Delegierte⟩: *männliche bzw. weibliche Person, die zu etwas abgeordnet ist.* **sinnv.:** ↑Abgeordnete.

de|li|kat ⟨Adj.⟩: **1.** *besonders fein, wohlschmeckend:* das Gemüse ist, schmeckt d. **sinnv.:** ↑appetitlich. **2. a)** *heikel:* eine delikate Angelegenheit. **sinnv.:** ↑anrüchig, bedenklich, gewagt, kitzlig, zweischneidig · ↑schwierig. **b)** *taktvoll, mit Feingefühl:* die Sache will d. behandelt sein.

De|li|ka|tes|se, die; -, -n: *Lekkerbissen, besonders feine Speise:* Lachs ist eine D. **sinnv.:** ↑Lekkerbissen.

De|likt, das; -[e]s, -e: *Vergehen, geringe Straftat:* ein D. begehen. **sinnv.:** ↑Verbrechen, ↑Verstoß. **Zus.:** Eigentums-, Kavaliers-, Roheits-, Sittlichkeits-, Verkehrsdelikt.

De|lin|quent, der; -en, -en, **De|lin|quen|tin,** die; -, -nen: *männliche bzw. weibliche Person, die ein Delikt begangen hat.* **sinnv.:** ↑Verbrecher.

Del|le, die; -, -n (landsch.): *eingedrückte Stelle; durch einen Schlag, Stoß, Zusammenprall entstandene leichte Vertiefung:* eine D. im Kotflügel des Autos. **sinnv.:** Beule.

Del|phin: I. der; -s, -e: *(zu den Zahnwalen gehörendes) im Wasser, meist in Herden lebendes Säugetier mit schnabelartig verlängertem Maul.* **sinnv.:** ↑Wal. **II.** das; -s: *Schwimmen in einem bestimmten Stil, bei dem beide Arme gleichzeitig über dem Wasser nach vorn geworfen und unter Wasser nach hinten geführt werden, während die geschlossenen Beine auf und ab bewegt werden.* **sinnv.:** Delphinschwimmen · ↑schwimmen.

Del|ta, das; -s, -s: *Gebiet an der Mündung eines Flusses, das durch die verschiedenen Arme dieses Flusses wie ein Dreieck geformt ist:* das D. des Nils. **sinnv.:** Mündung.

dem: Dativ Singular von: ↑der, ↑das.

Dem|ago|ge, der; -n, -n: *jmd., der (für den Sprecher in fragwürdiger Weise) so zu reden versteht, daß er andere in seinem Sinne beeinflußt, sie für seine Ideen und Ziele gewinnt; jmd., dessen Reden als Aufwiegelung empfunden werden:* die herrschende Feudalklasse nannte die Vertreter der freiheitlichen Ideen des Vormärz diffamierend Demagogen. **sinnv.:** Agitator, Aufhetzer, Aufwiegler, Brunnenvergifter, Hetzer, Ohrenbläser, Propagandist, Scharfmacher, Unruhestifter, Verleumder, Volksverführer, Wühler.

De|men|ti, das; -s, -s: *offizielle Berichtigung oder Widerruf einer Behauptung.* **sinnv.:** Berichtigung, Korrektur, Richtigstellung, ↑Widerruf.

de|men|tie|ren ⟨tr.⟩: *(eine Nachricht, Behauptung anderer) öffentlich für unwahr erklären:* eine Meldung d. **sinnv.:** ↑abstreiten, ↑berichtigen, ↑widerrufen.

dem|nächst ⟨Adverb⟩: *in nächster Zeit:* d. erscheint die zweite Auflage des Buches. **sinnv.:** ↑später.

De|mo, die; -, -s (Jargon): ↑*Demonstration* (1).

De|mo|kra|tie, die; -, Demokratien: *Staatsform, in der in allgemeinen Wahlen die Volksvertreter (Abgeordnete) für das Parlament gewählt werden, die die unterschiedlichen Interessen von Parteien und Verbänden auf dem Wege der Mehrheitsbildung durchzusetzen versuchen.* **sinnv.:** ↑Herrschaft. **Zus.:** Basis-, Volksdemokratie.

de|mo|kra|tisch ⟨Adj.⟩: **1.** *den Grundsätzen der Demokratie entsprechend:* eine demokratische Partei. **Zus.:** basisdemokratisch. **2.** *in einer Weise, die den Willen der Mehrheit berücksichtigt:* er hat die Entscheidung d. akzeptiert.

de|mo|lie|ren ⟨tr.⟩: *mutwillig stark beschädigen [und dadurch unbrauchbar machen]:* die Betrunkenen demolierten die Möbel. **sinnv.:** beschädigen.

De|mon|strant, der; -en, -en, **De|mon|stran|tin,** die; -, -nen: *männliche bzw. weibliche Person, die an einer Demonstration* (1) *teilnimmt:* mehrere Demonstranten wurden verhaftet. **Zus.:** Berufs-, Sitzdemonstrant.

De|mon|stra|ti|on, die; -, -en: **1.** *Massenkundgebung:* eine D. veranstalten. **sinnv.:** Blockade, Demo, Die-in, Fackelzug, Goin, Kundgebung, Mahnwache, Manifestation, Menschenkette, -kreuz, -netz, ↑Protest, Protestaktion, -marsch, Sit-in, Sitzstreik, Umzug, Versammlung. **Zus.:** Antikriegs-, Friedens-, Massen-, Protestdemonstration. **2.** *anschauliche Beweisführung:* ein Unterricht mit Demonstrationen. **sinnv.:** Illustration. **3.** *sichtbarer Ausdruck einer bestimmten Absicht:* die Olympischen Spiele sind eine D. der Völkerfreunschaft. **sinnv.:** ↑Äußerung.

de|mon|stra|tiv ⟨Adj.⟩: *betont auffällig:* daraufhin erklärte er d. seinen Rücktritt. **sinnv.:** akzentuiert, ↑nachdrücklich, plakativ, pointiert, prononciert, zugespitzt · provozierend.

de|mon|strie|ren: 1. ⟨itr.⟩ *seine Einstellung für oder gegen etwas öffentlich mit anderen zusammen kundtun:* für den Frieden, gegen den Krieg d.; die Arbeiter demonstrierten gemeinsam mit den Studenten. **sinnv.:** aufmarschieren, auf die Straße gehen, ↑protestieren. **2.** ⟨tr.⟩ *in anschaulicher Form zeigen:* er hat damit seine Entschlossenheit demonstriert; er demonstrierte, wie sich der Unfall ereignet hatte.

de|mon|tie|ren ⟨tr.⟩: *(Teil für Teil) von etwas entfernen [und auf diese Weise in seine Bestandteile zerlegen]:* eine Maschine, Fabrik d. **sinnv.:** abbauen, abbrechen, ↑zerlegen.

de|mo|ra|li|sie|ren ⟨tr.⟩: *(jmdm.) den moralischen Halt nehmen:* die ständigen Angriffe demoralisierten die Soldaten. **sinnv.:** ↑entmutigen, ↑zermürben.

De|mo|sko|pie, die; -, Demoskopien: *Erforschung der Einstellungen und Meinungen der Bevölkerung oder von Bevölkerungsteilen zu aktuellen Themen, Fragen usw. durch Umfrage, Interview.* **sinnv.:** Meinungsbefragung, Meinungsforschung · Umfrageforschung.

De|mut, die; -: *in der Einsicht in die Notwendigkeit und im Willen zum Hinnehmen der Gegebenheiten begründete Ergebenheit:* christliche D. **sinnv.:** Ergebenheit, Ergebung, Hingabe, Opferbereitschaft, Opfermut, Unterwürfigkeit.

de|mü|tig ⟨Adj.⟩: *voller Demut:* d. bitten. **sinnv.:** demutsvoll, ↑ergeben, untertänig, ↑unterwürfig.

de|mü|ti|gen ⟨tr.⟩: *(jmdn.) erniedrigen, in seinem Ehrgefühl und Stolz verletzen:* es macht ihm Freude, andere zu d. **sinnv.:** beschämen, jmds. Stolz brechen, diskriminieren, ducken, entwürdigen, erniedrigen, herabsetzen, herabwürdigen.

den: a) Akk. Singular von: ↑der. **b)** Dativ Plural von: ↑der (I), ↑die (I), ↑das (I).

Denk|art, die; -: *Art und Weise zu denken:* seine D. entspricht nicht der meinen. **sinnv.:** Denkweise, Einstellung, Geist, Gesinnung, Ideologie, Lebensanschauung, Mentalität, Sinnesart, Weltanschauung.

denk|bar ⟨Adj.⟩: **a)** *möglich [gedacht zu werden]:* ohne Luft und Licht ist kein Leben d. **sinnv.:** ↑möglich. **b)** ⟨verstärkend bei Adjektiven⟩ *äußerst:* dieser Termin ist d. ungünstig; zwischen uns besteht das d. beste *(allerbeste)* Verhältnis. **sinnv.:** ↑sehr.

den|ken, dachte, hat gedacht: **1. a)** ⟨itr.⟩ *die menschliche Fähigkeit des Erkennens und Urteilens (auf etwas) anwenden:* logisch d.; bei dieser Arbeit muß man d. **sinnv.:** ↑nachdenken; ↑beschäftigen. **Zus.:** Freidenker. **b)** ⟨tr.⟩ *einen bestimmten Gedanken haben:* jeder denkt im geheimen dasselbe; er dachte bei sich, ob es nicht besser wäre, wenn ... **Zus.:** Vordenker. **2.** ⟨itr.⟩ **a)** *gesinnt sein:* rechtlich d. **sinnv.:** eingestellt/gesinnt sein. **Zus.:** Konkurrenzdenken. **b)** *(über jmdn./etwas) eine bestimmte [vorgefaßte] Meinung haben:* die Leute denken nicht gut von dir; ich weiß nicht, was ich davon d. *(halten)* soll. **sinnv.:** beurteilen, bewerten, einschätzen, halten von, urteilen über, werten · ↑begutachten. **3.** ⟨itr.⟩ **a)** *der Meinung sein:* ich dachte, ich hätte dir das Buch schon gegeben. **sinnv.:** ↑meinen. **b)** *↑vermuten:* du hättest dir doch d. können, daß ich später komme. **c)** *sich (jmdn./etwas) in einer bestimmten Weise vorstellen:* ich denke mir das Leben auf dem Lande sehr erholsam. **Zus.:** Wunschdenken. **4.** ⟨itr.⟩ *die Absicht haben:* eigentlich denke ich, morgen abzureisen. **sinnv.:** ↑vorhaben. **5.** ⟨itr.⟩ **a)** *in Gedanken (bei jmdm./etwas) sein:* er denkt oft an seine verstorbenen Eltern. **sinnv.:** sich ↑erinnern. **b)** *auf jmds. Wohl bedacht sein, (für etwas) Vorsorge treffen:* sie denkt immer zuerst an die Kinder; ans Alter d. **sinnv.:** ↑bedenken. **c)** *(jmdn.) für eine Aufgabe o. ä. vorgesehen haben:* wir hatten bei dem Projekt an Sie gedacht. **sinnv.:** ins Auge fassen, in Aussicht nehmen, vorsehen.

-den|ken, das; -s ⟨Grundwort⟩ *eine von dem im Bestimmungswort Genannten geprägte Einstellung* /enthält einen Vorwurf/: Anspruchs-, Autoritäts-, Gruppen-, Konkurrenz-, Konsum-, Partei-, Prestige- (etwas aus falschem P. tun), Profit-, Renten-, Urlaubs-, Wunsch-, Zuständigkeitsdenken (verhaftet im traditionellen Z., fühlen sich die Kommunen für die Stadtstreicher nicht verantwortlich).

Denk|mal, das; -s, Denkmäler: **1.** *zum Gedächtnis an eine Person, ein Ereignis errichtete größere plastische Darstellung:* das D. Schillers und Goethes. **sinnv.:** Ehrenmal, Gedenkstein, Memorial, Monument; ↑Grabstein; ↑Plastik. **Zus.:** Arbeiter-, Gefallenen-, Grab-, Kriegerdenkmal. **2.** ⟨D. + Attribut⟩ *erhaltenswertes Werk, das für eine frühere Kultur Zeugnis ablegt:* diese Handschrift gehört zu den Denkmälern des Mittelalters. **sinnv.:** ↑Werk. **Zus.:** Bau-, Industrie-, Kultur-, Kunst-, Literatur-, Rechts-, Sprachdenkmal.

Denk|schrift, die; -, -en: *an eine offizielle Stelle gerichtete Schrift über eine wichtige [öffentliche] Angelegenheit:* eine D. an die Regierung richten. **sinnv.:** ↑Adresse, Aidemémoire, Eingabe, Memoire, Memorandum, Note, Pamphlet, Streitschrift.

Denk|wei|se, die; -: *Art und Weise zu denken:* seine D. unterschied sich von der seines Freundes. **sinnv.:** ↑Denkart.

denk|wür|dig ⟨Adj.⟩: *von solch einer bedeutungsvollen Art, daß man immer wieder daran denken, sich daran erinnern sollte:* ein denkwürdiges Ergebnis, Ereignis. **sinnv.:** unvergessen, unvergeßlich; ↑bedeutungsvoll.

Denk|zet|tel, der; -s, -: *Lehre, die man aus einer unangenehmen Erfahrung oder Strafe zieht und an die man bei seinem weiteren Verhalten denken wird:* er soll einen D. bekommen, und andere sollen durch dieses Urteil abgeschreckt werden; jmdm. einen D. geben, verpassen. **sinnv.:** ↑Strafe, ↑Vergeltung · ↑Tadel; ↑bestrafen.

denn ⟨Partikel⟩: **I.** ⟨kausale Konj.⟩: wir gingen wieder ins Haus, d. auf der Terrasse war es zu kühl geworden. **sinnv.:** wie bekannt ist, bekanntermaßen, bekanntlich, nämlich, wie man weiß, du mußt/ihr müßt/Sie müssen wissen, und zwar. **II.** ⟨Vergleichspartikel⟩ (selten) *als:* er ist bedeutender als Gelehrter d. als Künstler; ⟨häufig in Verbindung mit *je* nach Komparativ⟩ mehr, besser d. je. **III. a)** /drückt in Fragesätzen innere Anteilnahme, lebhaftes Interesse, Ungeduld, Zweifel o. ä. des Sprechers aus/ ↑*eigentlich:* was ist d. mit ihm?; was soll das d.?; hast du d. soviel Geld? **b)** /wirkt in Aussagesätzen verstärkend und drückt oft eine Folgerung aus/ *nun:* ihr war es d. doch zu anstrengend. **2.** ⟨ohne eigentliche Bedeutung⟩ **a)** /drückt in rhetorischen Fragen Kritik aus/: bist du d. taub?; kannst du d. nicht hören? **b)** /in Ausrufen/: wohlan d.! **3.** /in Verbindung mit Interrogativpronomen oder -adverbien/ *im Unterschied dazu; sonst:* „Liegt das Buch auf dem Tisch?" – „Nein." – „Wo d.?"

den|noch ⟨Adverb⟩: *auch unter den genannten Umständen noch:* er war krank, d. wollte er seine Reise nicht verschieben. **sinnv.:** demungeachtet, dessenungeachtet, doch, gleichwohl, jedenfalls, nichtsdestoweniger, trotz allem, trotzdem; ↑aber.

De|nun|zi|ant, der; -en, -en, **De|nun|zi|an|tin,** die; -, -nen: *männliche bzw. weibliche Person, die einen anderen denunziert:* er ist ein mieser Denunziant. **sinnv.:** Angeber, Drahtzieher, Judas, Ohrenbläser, Petze, Petzer, Verräter, Zuträger, Zwischenträger · Spitzel · Spion · Verleumder.

de|nun|zie|ren ⟨tr.⟩: **1.** *[in als niedrig o. ä. empfundener Weise] anzeigen:* er hat ihn [bei der Polizei] denunziert. **sinnv.:** die Behörde informieren, ↑verraten; ↑anklagen. **2.** *als negativ hinstellen, öffentlich verurteilen, brandmarken:* ein Verhalten, eine Meinung [als altfränkisch] d. **sinnv.:** ↑anklagen.

Deo, das; -[s], -s: ↑*Deodorant.*

De|odo|rant, das; -s, -s, auch: -e: *Mittel gegen Körpergeruch.* **sinnv.:** Deodorantspray, -stift, Fuß-, Intim-, Körperspray, Stick.

De|pe|sche, die; -, -n: *gefunkte oder durch Draht übermittelte eilige Nachricht:* eine D. schicken, erhalten. **sinnv.:** ↑Telegramm.

De|po|nie, die; -, Deponien: *Platz, große Anlage für Haushalts-, Industriemüll o. ä.* **sinnv.:** Abfallgrube, -haufen, Endlager, Müllabladeplatz, Mülldeponie, -grube, -halde, -haufen, -kippe, Schrotthaufen, -platz, Schuttabladeplatz, Schutthalde, -haufen, -platz · Autofriedhof; ↑Abfall.

De|pot [de'po:], das; -s, -s: **1.** *Lager für Vorräte:* Uniformen, Waffen aus dem D. **sinnv.:** ↑Lager, Silo, Speicher. **Zus.:** Getreide-, Lebensmittel-, Material-, Verpflegungs-, Waffendepot. **2.** *Ort, an dem in einer Bank Wertpapiere und wertvolle Gegenstände aufbewahrt werden:* Geld, Schmuck in das D. einschließen. **sinnv.:** ↑Tresor. **3.** *Ort, an dem Straßenbahnen, Omnibusse o. ä. stehen, wenn sie nicht im Einsatz sind:* die Straßenbahn in das D. fahren. **sinnv.:** Halle, Remise, Schuppen, Terminal, Verschlag, Wagenhalle, -schuppen · Garage, Parkhaus, Parkplatz · Hangar. **Zus.:** Fahrzeug-, Straßenbahndepot.

Depp, der; -en (auch: -s), -en: *Mann, der auf Grund seines Verhaltens o. ä. als in verächtlicher oder ärgerlicher Weise einfältig, dumm angesehen wird.* **sinnv.:** ↑Dummkopf.

De|pres|si|on, die; -, -en: *gedrückte, schwermütige Stimmung (als seelische Erkrankung):* an Depressionen leiden; er hat eine schwere D. **sinnv.:** ↑Trauer · ↑gemütskrank.

de|pri|mie|ren ⟨tr.⟩: *machen, daß jmd. bedrückt ist:* dieser Vorfall hat mich sehr deprimiert; ⟨häufig im 2. Partizip⟩ nach seiner Niederlage war er völlig deprimiert. **sinnv.:** ↑niedergeschlagen.

De|pu|tat, das; -[e]s, -e: **1.** *aus Naturalien bestehender Anteil des Lohnes oder Gehaltes.* **sinnv.:** Ertrag, Lohn. **2.** *Anzahl der Unterrichtsstunden, die eine Lehrkraft zu geben hat.* **sinnv.:** Soll. **Zus.:** Lehr-, Lehrer-, Stundendeputat.

De|pu|ta|ti|on, die; -, -en: *Abordnung, die einer politischen Versammlung Wünsche und Forderungen überbringt.*

De|pu|tier|te, der u. die; -n, -n ⟨aber: [ein] Deputierter, Plural: [viele] Deputierte⟩: *männliche bzw. weibliche Person, die einer Deputation angehört.* **sinnv.:** ↑Abgeordnete.

der: **I.** ⟨bestimmter Artikel der Maskulina⟩ **a)** /individualisierend/: d. König hatte einen Sohn. **b)** /generalisierend/: d. Mensch ist sterblich. **II.** ⟨Demonstrativpronomen⟩ (gilt, auf namentlich oder auf andere Weise genannte Personen bezogen, oft als unhöflich): gestern kam Herr Krause. Der blieb aber nicht lange; das hat mein Vater gesagt, d. weiß ja immer alles besser; ausgerechnet d. muß mir das sagen. **sinnv.:** dieser, jener. **III.** ⟨Relativpronomen⟩: der Mann, d. das gesagt hat ... **sinnv.:** welcher.

der|art ⟨Adverb⟩: *so, in solchem Maße, in solcher Weise:* es hat lange nicht mehr d. geregnet; man hat ihn d. [schlecht] behandelt, daß ... **sinnv.:** ↑so.

der|ar|tig ⟨Adj.⟩: *solch, so [geartet]:* eine derartige Kälte hat es seit langem nicht mehr gegeben; sie schrie d., daß ... **sinnv.:** ↑solcher.

derb ⟨Adj.⟩: *urwüchsig-robust:* ein derber Menschenschlag. **sinnv.:** grob, grobschlächtig, hart, kräftig, plump, rauh, unfein, ↑unhöflich · deftig, drastisch, gepfeffert, saftig, nicht salonfähig, ↑unanständig, vulgär.

Der|by ['dɛrbi], das; -s, -s: *jährlich stattfindendes Rennen dreijähriger Pferde aus besonderer Zucht.* **sinnv.:** ↑Rennen.

der|einst ⟨Adverb⟩ (geh.): **1.** *später einmal, in ferner Zukunft:* jetzt geht es ihnen gut, aber wie wird es ihnen d. ergehen? **sinnv.:** ↑später. **2.** *früher einmal, in der Vergangenheit:* ich bin ihr d. vorgestellt worden. **sinnv.:** ↑damals.

de|ren: **I.** ⟨Gen. Singular von ↑die⟩ **1.** /demonstrativ/: vor den Toren der Stadt betrachtete er deren zahlreiche Bauten. **2.** /relativisch/: **a)** /an Stelle eines Genitivattributs/: die Künstlerin, von deren tiefempfundenem Spiel alle ergriffen waren (= von dem tiefempfundenen Spiel der Künstlerin ...). **b)** /alleinstehend/: eine Mitteilung, auf Grund deren es zu Unruhen kam; eine ungewöhnliche Popularität, deren sich dieser Politiker erfreut. **II.** ⟨Gen. Plural von ↑der, ↑die, ↑das⟩ **1.** /demonstrativ/: **a)** /an Stelle eines Genitivattributs/: sie begrüßte ihre Freunde und deren Kinder (=

die Kinder der Freunde). **b)** /alleinstehend/: das waren frühere Erlebnisse, aber er erinnerte sich deren nicht mehr. **2.** /relativisch/: **a)** /an Stelle eines Genitivattributs/: er hörte viele Nachrichten, deren Bedeutung er aber nicht verstand (= die Bedeutung vieler Nachrichten ...). **b)** /alleinstehend/: die Straßen, oberhalb deren viele Weinberge lagen; Erlebnisse, deren sich die Eltern erinnern.

de|rer ⟨Demonstrativpronomen⟩: /Gen. Plural von ↑der, ↑die, ↑das/: wir erinnern uns derer, die früher bei uns waren; das Schicksal derer, die im Kriege ausgebombt wurden.

der|je|ni|ge, diejenige, dasjenige ⟨Demonstrativpronomen⟩ */wählt etwas Genanntes aus und weist nachdrücklich darauf hin/:* der Antiquar verkaufte diejenigen Bücher, die beschädigt waren, um die Hälfte ihres Wertes.

der|sel|be, dieselbe, dasselbe ⟨Demonstrativpronomen⟩ */kennzeichnet eine Identität, die jedoch im Unterschied zu* der gleiche *usw., das sich auf zwei oder mehrere gleichartige Dinge oder Personen bezieht, nur in einem Objekt (Person, Sache, Gattung) liegt/:* mich hat derselbe Herr besucht, der dich gestern besucht hat; er fährt dasselbe Auto (als Gattung) wie ich; ich möchte dieselbe Suppe [wie meine Frau]; er hat denselben Namen [wie mein Sohn]; er hat dieselben Probleme [wie ich]. **sinnv.:** ebender, ebenderselbe, der gleiche, der vorher Genannte, der nämliche, der Obengenannte · auch so/ebenso/genauso einer; ↑identisch.

des: Gen. Singular von: ↑der (I), das (I).

des-, Des- (vor Vokalen, sonst ↑de-, De-) ⟨Präfix⟩ /fremdsprachliches Basiswort/: **1.** ⟨verbal⟩ */besagt, daß das im Basiswort Genannte aufgehoben, rückgängig gemacht, beseitigt wird/* das Basiswort bildet das Gegenwort/: desaktivieren, desinformieren, desinfizieren, desintegrieren, desinteressiert, desodorieren, desorganisieren, desorientieren, desoxydieren. **sinnv.:** ent- (z. B. entoxydieren). **2.** ⟨substantivisch⟩ */Vorgang oder dessen Ergebnis;* entsprechend der Bedeutung von 1/: Desidentifikation, Desillusion, Desillusionierung, Desinformation, Desintegration, Desinteresse, Desinteressiertheit. **sinnv.:** Ab-, Ent-, Weg-.

De|ser|teur [dezɛr'tøːɐ̯], der; -s, -e: *jmd., der desertiert.* **sinnv.:** Fahnenflüchtiger, Überläufer, Verräter.

de|ser|tie|ren, desertierte, hat/ist desertiert ⟨itr.⟩: *als Soldat seine Truppe, Dienststelle oder den sonst für ihn bestimmten Ort verlassen oder diesem fernbleiben, um sich dem Militär- oder Kriegsdienst zu entziehen.* **sinnv.:** fahnenflüchtig werden, überlaufen, überwechseln, verraten, weglaufen.

des|halb ⟨Adverb⟩: *wegen dieser Sache, aus diesem Grund:* sie macht ihr Examen, d. kann sie nicht teilnehmen; er ist krank und fehlt d. **sinnv.:** dadurch, daher, daraufhin, darum, deswegen, dieserhalb, ebendeshalb, zu diesem Zweck · insofern; ↑also.

De|sign [di'zain], das; -s, -s: *formgerechte und funktionale Gestaltgebung sowie die so erzielte Form eines Gebrauchsgegenstandes:* Designs für Möbel entwerfen. **sinnv.:** Entwurf, Form, Modell, Muster, Plan · Aussehen.

De|si|gner [di'zainɐ], der; -s, -, **De|si|gne|rin,** die; -, -nen: *männliche bzw. weibliche Person, die Designs entwirft.*

des|il|lu|sio|nie|ren ⟨tr.⟩: *(jmdm.) die Illusion nehmen:* dieser Wille zur Macht bei den Politikern kann den Staatsbürger schon d.; der Aufenthalt in den USA hat ihn desillusioniert; diese Erlebnisse waren sehr desillusionierend. **sinnv.:** ernüchtern.

Des|in|fek|ti|on, die; -, -en: *das Desinfizieren:* die D. der Kleidungsstücke, der Wunde. **sinnv.:** Entkeimung, Entseuchung, Keimtötung.

des|in|fi|zie|ren ⟨tr.⟩: *chemische oder physikalische Mittel anwenden, um Krankheitserreger (an etwas) (z. B. Bakterien, Ungeziefer) abzutöten:* die Kleidung, einen Raum d. **sinnv.:** auskochen, ↑ausräuchern, entseuchen, keimfrei machen, sterilisieren.

Des|in|ter|es|se, das; -s: *fehlendes Interesse.* **sinnv.:** Gleichgültigkeit.

des|odo|rie|ren ⟨tr./itr.⟩: *unangenehme Gerüche des menschlichen Körpers beseitigen* ⟨meist im 1. Partizip⟩: desodorierende Seife.

de|spek|tier|lich ⟨Adj.⟩ *(den nötigen) Respekt vermissen lassend:* die Kabarettisten gehen zuweilen d. mit ihrer Obrigkeit um; sie nannte den Hut ihres Vaters d. „Speckbohne". **sinnv.:** ↑abschätzig.

Des|pot, der; -en, -en: *jmd., der (als Herrscher) mit Zwang und Willkür seinen Willen, seine Interessen durchsetzt.* **sinnv.:** ↑Diktator.

des|po|tisch ⟨Adj.⟩: *in der Art eines Despoten:* despotische Befehle; d. herrschen, regieren. **sinnv.:** autokratisch, cäsarisch, diktatorisch, gebieterisch, herrisch, herrschsüchtig, ↑selbstherrlich, ↑totalitär, tyrannisch.

des|sen: Gen. Singular von: ↑der (II, III), ↑das (II, III).

Des|sert [dɛ'seːɐ̯], das; -s, -s: *feiner Nachtisch.* **sinnv.:** Nachspeise, Nachtisch, Süßspeise · Creme, Eis, Kompott, Pudding; Sorbet.

de|stil|lie|ren ⟨tr.⟩: *flüssige Stoffe durch Verdampfen und erneutes Verflüssigen reinigen und voneinander trennen:* Alkohol, Wasser d. **sinnv.:** brennen · gewinnen · ↑produzieren.

de|sto: ↑je.

de|struk|tiv ⟨Adj.⟩: *zerstörerisch:* das war eine destruktive (Ggs. konstruktive) Kritik. **sinnv.:** subversiv, zersetzend, zerstörerisch · ↑aufrührerisch.

des|we|gen ⟨Adverb⟩: ↑*deshalb.* **Zus.:** ebendeshalb.

De|tail [de'tai], das; -s, -s: ↑*Einzelheit:* einen Vorgang bis ins kleinste D. schildern. **sinnv.:** ↑Ausschnitt, Teilstück.

de|tail|liert [deta'jiːɐ̯t] ⟨Adj.⟩: *ins Detail gehend:* auf Fragen d. antworten. **sinnv.:** genau, haarklein, minuziös.

De|tek|tiv, der; -s, -e, **De|tek|ti|vin,** die; -, -nen: *männliche bzw. weibliche Person, deren Beruf es ist, jmdn. zu beobachten und unauffällig Ermittlungen über dessen Tun und Verhalten anzustellen:* jmdn. durch einen D. beobachten lassen. **sinnv.:** ↑Agent, ↑Kriminalbeamter. **Zus.:** Hotel-, Kaufhaus-, Meister-, Privatdetektiv.

de|to|nie|ren, detonierte, ist detoniert ⟨itr.⟩: *(nur auf Grund chemischer Prozesse, die rascher und stärker als bei der Explosion verlaufen) schlagartig explodieren:* eine Granate, eine Mine, ein Torpedo, eine Bombe detonierte; der Munitionszug, die Werkshalle ist detoniert. **sinnv.:** ↑platzen.

deu|teln ⟨itr.⟩: *durch Haarspaltereien verschieden deuten, spitzfindig auslegen:* seine Antwort ist so klar, daß es daran nichts zu d. gibt. **sinnv.:** ↑auslegen.

deu|ten, deutete, hat gedeutet: **1.** ⟨itr.⟩ *(mit etwas) irgendwohin zeigen:* er deutete [mit dem Finger] nach Norden, auf ihn, in diese Richtung. **sinnv.:** ↑hinweisen; ↑zeigen. **2.** ⟨tr.⟩ *(einer Sache) einen bestimmten Sinn beilegen:* Träume, Zeichen d.; die Zukunft d. *(vorhersagen).* **sinnv.:** ↑auslegen.

deut|lich ⟨Adj.⟩: *(in dem, was damit beabsichtigt ist) klar (zu erkennen):* eine deutliche Stimme, Schrift; sich d. [an etwas] erinnern. **sinnv.:** ↑anschaulich, kristallklar; ↑verständlich.

De|vi|se, die; -, -n: **I.** ⟨Plural⟩ *Zahlungsmittel in ausländischer Währung:* keine Devisen haben. **sinnv.:** ↑Geld, Geldsorten, Währung, Zahlungsmittel. **II.** *Spruch o. ä., nach dem jmd. seine Handlungs- und Lebensweise einrichtet:* seine D. ist: leben und leben lassen; mehr Freizeit lautet heute die D. **sinnv.:** Kernspruch, Lebensregel, Losung, Maxime, Motto, Wahlspruch · ↑Ausspruch.

de|vot ⟨Adj.⟩: *sich in einer als unangenehm empfundenen Weise unterordnend, einem anderen ergeben:* eine devote Haltung; er verneigte sich d. **sinnv.:** ↑unterwürfig.

De|zem|ber, der; -[s]: *zwölfter Monat im Jahr.* **sinnv.:** Christ-, Heil[ig]-, Jul-, Wintermonat, -mond; ↑Monat.

de|zent ⟨Adj.⟩: *nur leicht, andeutungsweise [wirkend, sichtbar werdend], nur ein wenig (von seiner Funktion, Eigenschaft o. ä.) zeigend (was als angenehm empfunden wird):* ein dezentes Parfüm; eine dezente Beleuchtung; d. auf einen Fehler hinweisen. **sinnv.:** bescheiden, unaufdringlich, zurückhaltend · ↑diskret, taktvoll, verschwiegen.

Dia, das; -s, -s: ↑*Diapositiv:* Dias vom Urlaub zeigen. **sinnv.:** ↑Fotografie. **Zus.:** Farbdia.

Dia|gno|se, die; -, -n: *Bestimmung einer Krankheit:* eine richtige, falsche D. **sinnv.:** Befund, Beurteilung, Festellung. **Zus.:** Augen-, Frühdiagnose.

dia|go|nal ⟨Adj.⟩: *zwei nicht benachbarte Ecken eines Vierecks geradlinig verbindend:* die Linien verlaufen d. **sinnv.:** quer, schräg.

Dia|lekt, der; -s, -e: ↑*Mundart:* der oberdeutsche, sächsische D.; er spricht D. **Zus.:** Heimat-, Stadtdialekt.

Dia|lek|tik, die; -: *philosophische Methode, die die Position, von der sie ausgeht, durch gegensätzliche Behauptungen in Frage stellt und in der Synthese beider Positionen eine Erkenntnis höherer Art zu gewinnen sucht.*

Dia|log, der; -[e]s, -e: **a)** *Gespräch zwischen zwei oder mehr Personen* /Ggs. Monolog/. **sinnv.:** ↑Gespräch. **b)** *Gespräche, die zwischen zwei Interessengruppen geführt werden, um die gegenseitigen Standpunkte kennenzulernen:* der D. zwischen der Kirche und den Atheisten.

Dia|mant, der; -en, -en: *kostbarer Edelstein.* **sinnv.:** ↑Edelstein. **Zus.:** Industrie-, Rohdiamant.

Dia|po|si|tiv, das; -s, -e: *Bild auf einer durchsichtigen Platte (aus Glas oder Zelluloid), das zum Projizieren auf eine Leinwand verwendet wird.* **sinnv.:** ↑Fotografie.

di|ät ⟨Adj.⟩: *der Diät entsprechend:* d. kochen, essen, leben.

Di|ät, die; -, -en: **I.** ⟨ohne Plural⟩ *eine dem Leiden (des Kranken) gemäße Lebens-, Ernährungsweise:* er mußte wegen seiner Galle eine strenge D. einhalten. **sinnv.:** Abmagerungskur, Entfettungskur, FdH (Friß die Hälfte), Krankenkost, Schlankheitskur, Schonkost. **Zus.:** Nulldiät. **II.** ⟨Plural⟩ *Aufwandsentschädigung (für Abgeordnete).* **sinnv.:** ↑Spesen, Tagegelder. **Zus.:** Abgeordnetendiäten.

dich ⟨Akkusativ⟩: **a)** zu ↑du: ich lobe d. **b)** im reflexivischen Gebrauch: beeile d.!

dicht ⟨Adj.⟩: **1.** *nur mit wenig Zwischenraum:* ein dichtes Gebüsch; dichter Nebel; die Pflanzen stehen zu d. **sinnv.:** dick, gedrängt, geschlossen, undurchdringlich · buschig · eng-, feinmaschig · gerammelt, Kopf an Kopf, Mann an Mann, Schulter an Schulter. **2.** *so, daß nichts hindurchdringen kann:* die Stiefel sind nicht mehr d. **sinnv.:** geschlossen, hermetisch, undurchlässig; vgl. -dicht. **3.** ⟨in Verbindung mit einer Präp.⟩ *in unmittelbarer Nähe (von etwas):* d. am Ufer; d. vor mir machte er halt. **sinnv.:** direkt, eng, haarscharf, unmittelbar.

-dicht ⟨adjektivisches Suffixoid⟩: *das im Basiswort Genannte nicht durchlassend, in bezug auf ... undurchlässig, geschützt, gesichert gegen ...:* gas-, luft-, regen-, schall-, wasser-, winddicht.

Dich|te, die; -: **1.** *dichtes Nebeneinander (von gleichartigen Wesen oder Dingen auf einem bestimmten Raum):* die D. der Bevölkerung, des Straßenverkehrs. **sinnv.:** ↑Ausmaß. **Zus.:** Bevölkerungs-, Fahrzeug-, Flug-, Leistungs-, Verkehrsdichte. **2.** *Verhältnis der Masse eines Körpers zu dem von ihm eingenommenen Raum.* **Zus.:** Dampf-, Gas-, Luftdichte.

dich|ten, dichtete, hat gedichtet: **I.** ⟨itr./tr.⟩ *ein sprachliches Kunstwerk hervorbringen:* ein Gedicht, ein Lied d.; in meiner Jugend habe ich auch gedichtet. **sinnv.:** fabulieren, den Pegasus satteln/besteigen/reiten, reimen, schreiben, schriftstellern, Verse/Reime machen, Verse/Reime schmieden. **II. a)** ⟨tr.⟩ *abdichten, undurchlässig machen:* das Fenster, das Dach, den Wasserhahn d. **sinnv.:** abdichten, [ab]isolieren, verfugen, verstopfen, zustopfen. **b)** ⟨itr.⟩ *als Mittel zum Abdichten geeignet sein:* der Kitt dichtet gut, nicht mehr.

Dich|ter, der; -s, -, **Dich|terin,** die; -, -nen: *Schöpfer bzw. Schöpferin eines sprachlichen Kunstwerks.* **sinnv.:** ↑Schriftsteller; Stückeschreiber; ↑Künstler. **Zus.:** Arbeiter-, Balladen-, Bühnen-, Heimat-, Laien-, Mundartdichter · Tondichter.

dicht|hal|ten, hält dicht, hielt dicht, hat dichtgehalten ⟨itr.⟩ (ugs.): *sich durch nichts verleiten lassen, über etwas, was verschwiegen werden, geheim bleiben soll, zu reden:* er hat bei allen Verhören dichtgehalten. **sinnv.:** ↑schweigen.

Dich|tung, die; -, -en: **I.** *das dichterische Schaffen:* die D. des Mittelalters. **sinnv.:** Dichtkunst, Poesie · Dramatik, Epik, Lyrik, Prosa · ↑Gedicht · ↑Literatur. **Zus.:** Arbeiter-, Helden-, Volksdichtung · Tondichtung. **II. a)** ⟨ohne Plural⟩ *das Dichtmachen.* **b)** *Schicht aus einem geeigneten Material, die zwischen zwei Teile eines Gerätes o. ä. zur Abdichtung gelegt wird:* die D. am Wasserhahn muß erneuert werden. **Zus.:** Filz-, Gummi-, Kolben-, Rohrdichtung.

dick ⟨Adj.⟩: **1. a)** *von beträchtli-*

chem, mehr als normalem Umfang /Ggs. dünn/: ein dicker Mann, Ast; ein dickes Buch; sie ist in den letzten Jahren dicker geworden. **sinnv.:** behäbig, beleibt, breit, dickleibig, dicklich, dickwanstig, drall, feist, fett, fettleibig, fleischig, füllig, knubbelig, korpulent, kugelrund, mollig, pummelig, rund, rundlich, stark, umfangreich, üppig, vollschlank, voluminös, wohlbeleibt, wohlgenährt · ↑aufgedunsen · ↑untersetzt. **b)** *(als Folge einer Krankheit oder äußeren Einwirkung) angeschwollen:* eine dicke Backe, Lippe haben. **sinnv.:** geschwollen. **2.** ⟨in Verbindung mit Maßangaben; nachgestellt⟩ *eine bestimmte Dikke habend:* das Brett ist nur 1 cm d. **sinnv.:** stark; vgl. -dick. **3.** *teigig-weich, nicht mehr flüssig, schon eher fest (in seiner Beschaffenheit):* ein dicker Brei. **sinnv.:** breiartig, breiig, dickflüssig, dicklich, gallertartig, klitschig, leimartig, musartig, quatschig, sämig, schlammig, schleimig, schwerflüssig, seimig, steif, suppig, teigig, viskos, viskös, zäh, zähflüssig. **4. a)** *dicht* (1): dicker Nebel. **sinnv.:** ↑dicht. **b)** *in beträchtlicher Menge (in bezug auf den Querschnitt):* das Brot d. mit Butter bestreichen. **5.** (ugs.) *erstaunlich stark, intensiv:* eine dicke Freundschaft; ein dickes Lob. **sinnv.:** ↑außergewöhnlich, intensiv, ↑stark.

-dick ⟨Grundwort⟩: *eine Dicke (als Maß) aufweisend wie das im Basiswort Genannte:* arm-, bleistift-, daumen-, fingerdick (z. B. Spargel).

dick|fel|lig ⟨Adj.⟩ (ugs.): *gleichgültig gegenüber Vorwürfen, Aufforderungen o. ä.* **sinnv.:** dickhäutig, robust, ↑unempfindlich · ↑träge.

Dickicht, das; -s, -e: *dichtes Gebüsch, dichter junger Wald:* das Reh hat sich im D. versteckt. **sinnv.:** ↑Busch, Buschwerk, Dikkung, Geäst, Gebüsch, Gesträuch, Gestrüpp, Hecke, Unterholz · ↑Urwald. **Zus.:** Tannendickicht · Paragraphendikkicht.

Dick|kopf, der; -[e]s, Dickköpfe (ugs.): *jmd., der in eigensinniger Weise auf seinem Willen beharrt:* du bist vielleicht ein D.! **sinnv.:** sturer Bock, Dickschädel, Querkopf, Rechthaber, Starrkopf, Trotzkopf.

Di|dak|tik, die; -: *Lehre vom Unterrichten:* eine D. schreiben. **sinnv.:** Unterrichtslehre, -theorie; Pädagogik.

di|dak|tisch ⟨Adj.⟩: **1.** *die Didaktik betreffend:* eine d. zweckmäßige Unterweisung der Schüler. **sinnv.:** ↑pädagogisch. **2.** *belehrend, Wissen vermittelnd:* ein didaktisches Gedicht.

die: I. ⟨bestimmter Artikel der Feminina⟩ **a)** /individualisierend/: d. Witwe hatte zwei Töchter. **b)** /generalisierend/: d. Geduld ist eine Tugend. **II.** ⟨Demonstrativpronomen⟩ (gilt, auf namentlich oder auf andere Weise genannte Personen bezogen, oft als unhöflich): Frau Balzer bringt jeden Tag ihren Sohn Tim in die Schule. Die macht das schon vier Monate; „Wann kommt denn deine Tante?“ – „Die hat abgesagt“; ausgerechnet d. muß mir das sagen; d. können das doch gar nicht. **III.** ⟨Relativpronomen⟩: die Frau, d. das gesagt hat. **sinnv.:** welche.

Dieb, der; -[e]s, -e, **Die|bin,** die; -, -nen: *männliche bzw. weibliche Person, die stiehlt:* einen Dieb auf frischer Tat ertappen. **sinnv.:** Bandit, Einbrecher, Fassadenkletterer, Klettermaxe, ...knacker (Auto-, Geldschrankknacker), Langfinger, ...marder (Automarder), Räuber, Spitzbube, Strauchdieb, Strauchritter, Taschendieb, Wegelagerer · Plünderer, Wilderer · Seeräuber. **Zus.:** Auto-, Fahrrad-, Hotel-, Hühner-, Laden-, Pferde-, Strauch-, Trick-, Warenhaus-, Wilddieb · Herzens-, Tagedieb.

die|bisch ⟨Adj.⟩: *auf Diebstahl ausgehend:* sie ist eine diebische Person. **sinnv.:** kleptomanisch, räuberisch.

Dieb|stahl, der; -s, Diebstähle: *das Stehlen; rechtswidrige Aneignung fremden Eigentums:* einen D. begehen, aufdecken; er wurde beim D. ertappt. **sinnv.:** Aneignung, Beraubung, Eigentumsdelikt, -vergehen, Einbruch, Raub, Raubdruck · Mundraub · Unterschlagung · Plagiat. **Zus.:** Auto-, Fahrrad-, Hotel-, Juwelen-, Laden-, Trick-, Warenhausdiebstahl.

die|je|ni|ge: siehe derjenige.

Die|le, die; -, -n: **I.** *Brett für den Fußboden:* eine knarrende D. **sinnv.:** ↑Brett · ↑Fußboden. **Zus.:** Holzdiele. **II.** *[geräumiger] Flur:* in der D. warten. **sinnv.:** Entree, Flur, Gang, Halle, Korridor, Vestibül, Vorhalle, Vorraum, Windfang · Foyer · Hausflur, Treppenhaus. **Zus.:** Eß-, Wohndiele · Eis-, Tanzdiele.

die|nen ⟨itr.⟩ /vgl. gedient/: **1. a)** *für eine Institution, in einem bestimmten Bereich tätig sein:* er hat fast sein ganzes Leben dem Staat, der Wissenschaft gedient. **sinnv.:** arbeiten für/bei, Dienst tun, im Dienst stehen, in Stellung sein. **b)** *dem Militärdienst nachkommen:* bei der Luftwaffe d. **2.** *nützlich sein (für jmdn./etwas):* ihre Forschungen dienten friedlichen Zwecken, der ganzen Menschheit. **sinnv.:** nutzen. **3.** *in bestimmter Weise verwendet werden, einen bestimmten Zweck erfüllen:* das Schloß dient heute nur noch als Museum; der Graben dient dazu, das Wasser abzuleiten.

Die|ner, der; -s, -: **1. a)** *jmd., der in abhängiger Stellung in einem Haushalt tätig ist und dafür Lohn empfängt:* er war ein treuer D. seines Herrn. **sinnv.:** Bedienter, Bewacher, Boy, Bursche, Butler, Dienstbote, Domestik, Faktotum, dienstbarer Geist, Gorilla, Groom, Hausdiener, Kalfaktor, Lakai, Leibwächter, Lohndiener, Mädchen für alles, Page · ↑Bedienung · ↑Helfer. **Zus.:** Amts-, Gemeinde-, Gerichts-, Götzen-, Hotel-, Kammer-, Kirchen-, Leib-, Meß-, Museums-, Saal-, Schul-, Staatsdiener. **b)** ⟨D. + Attribut⟩ *jmd., der sich (für bestimmte Personen oder Dinge) einsetzt und sie fördert:* ein D. der Mächtigen, der Wahrheit, des Evangeliums. **2.** *Neigung des Kopfes und des Oberkörpers als Zeichen der Höflichkeit, Untergebenheit; Verbeugung bes. bei Kindern:* einen tiefen D. machen. **sinnv.:** ↑Verbeugung.

dien|lich ⟨Adj.⟩: *nützlich, zuträglich:* ein dienlicher Hinweis; er trank mehr als ihm d. war. **sinnv.:** ↑nützlich. **Zus.:** sach-, zweckdienlich.

Dienst, der; -[e]s, -e: *bestimmte Pflichten umfassende berufliche Arbeit [in einer staatlichen, kirchlichen Institution]:* ein anstrengender D.; der militärische D. **sinnv.:** ↑Arbeit, ↑Beruf · Dienstleistung, Gefallen, Gefälligkeit, ↑Hilfe; ↑Bedienung. **Zus.:** Arbeits-, Außen-, Bären-, Bereitschafts-, Boten-, Eil-, Fernschreib-, Flug-, Freundes-, Freundschafts-, Geheim-, Gottes-, Innen-, Kriegs-, Küchen-, Kunden-, Kurier-, Liebes-, Nachrichten-, Nacht-, Ordnungs-, Polizei-, Rettungs-, Samariter-, Schalter-, Schicht-, Schnell-, Schul-, Sonntags-, Spät-, Staats-, Streifen-, Stuben-, Such-, Telefon-, Verwaltungs-, Wehr-, Wetter-, Zivil-, Zubringerdienst.

Diens|tag, der; -s, -e: *zweiter Tag der mit Montag beginnenden Woche.* **sinnv.:** ↑Wochentag. **Zus.:** Fastnachtsdienstag.

dienst|be|reit ⟨Adj.⟩: *außerhalb der gewöhnlichen Arbeitszeit zum Dienst bereit:* die Apotheke war d.

dienst|eif|rig ⟨Adj.⟩: *äußerst eifrig um jmdn. bemüht:* jmdm. d. die Tür aufmachen. **sinnv.:** ↑beflissen · ↑gefällig.

Dienst|grad, der; -[e]s, -e: *militärische Rangstufe:* er hat den D. eines Leutnants. **sinnv.:** Charge, Grad, Stufe.

dienst|lich ⟨Adj.⟩: **a)** *die Ausübung des Amts, des Berufs betreffend; hinsichtlich des Dienstes:* eine dienstliche Angelegenheit; ich bin d. *(wegen meines Dienstes)* verhindert. **b)** *amtlich, streng offiziell:* das ist ein dienstlicher Befehl. **sinnv.:** ↑amtlich, von Amts wegen, berufsmäßig, geschäftlich.

dies: ↑dieser, diese, dieses.

dies|be|züg|lich ⟨Adj.⟩: *auf diese Angelegenheit bezüglich:* es ist verboten, die Straße nach 20 Uhr zu betreten. Eine diesbezügliche Vorschrift ist schon vor einigen Tagen erlassen worden. **sinnv.:** in dieser Beziehung, in bezug/mit Bezug darauf, hierauf Bezug nehmend, dazu, hierzu, in/zu diesem Punkt.

die|sel|be: siehe derselbe.

die|ser, diese, dieses (dies) ⟨Demonstrativpronomen⟩ */wählt etwas näher Liegendes aus und weist nachdrücklich darauf hin/:* dieses Abends erinnere ich mich noch; Ostern dieses (nicht: diesen) oder nächsten Jahres; dieser Mann ist es; all dies[es] war mir bekannt. **sinnv.:** der [da/dort], jener.

die|sig ⟨Adj.⟩: *dunstig, nicht klar:* diesiges Wetter. **sinnv.:** ↑dunstig.

dies|seits: *auf dieser Seite* /Ggs. jenseits/: **1.** ⟨Präp. mit Gen.⟩: d. des Flusses. **2.** ⟨Adv.⟩: d. vom Neckar.

Diet|rich, der; -s, -e: *zu einem Haken gebogener Draht, der zum Öffnen einfacher Schlösser dient:* die Tür mit einem D. öffnen. **sinnv.:** Nachschlüssel.

dif|fa|mie|ren ⟨tr.⟩: *in bösartiger Weise Übles über jmdn. sagen und ihn dadurch bei anderen herabsetzen und in einen schlechten Ruf bringen:* diffamierende Äußerungen; er wurde als Erfüllungsgehilfe, als Kollaborateur diffamiert; man hat sie politisch diffamiert; eine diffamierte Personengruppe. **sinnv.:** ↑schlechtmachen.

Dif|fe|renz, die; -, -en: **1.** *Unterschied zwischen zwei Zahlen, Größen:* die D. zwischen Einnahme und Ausgabe; die D. zwischen 25 und 17 ist 8. **sinnv.:** ↑Ausnahme, ↑Defizit, Saldo, ↑Unterschied. **Zus.:** Gewichts-, Höhen-, Lohn-, Preis-, Temperatur-, Zeitdifferenz. **2.** ⟨Plural⟩ ↑*Meinungsverschiedenheiten:* er hatte ständig Differenzen mit ihm.

di|gi|tal ⟨Adj.⟩: *(im Unterschied zum analogen System) Daten und Informationen in Ziffern darstellend; in Ziffern dargestellt:* er hat Erfahrungen mit d. und analog arbeitenden Geräten; die Telefongebühren werden d. angezeigt; digitale Uhrzeit- und Frequenzanzeige.

Dik|tat, das; -[e]s, -e: **1. a)** *Ansage eines Textes, der wörtlich niedergeschrieben werden soll:* nach D. schreiben; die Sekretärin wurde zum D. gerufen. **b)** *nach einer Ansage wörtlich niedergeschriebener Text:* ein D. aufnehmen, übertragen; die Schüler schreiben ein D. *(eine Übung zur Rechtschreibung).* **2.** ⟨D. + Attribut⟩ *etwas, was aufgezwungen [worden] ist:* das Volk wollte sich dem D. des Siegers nicht fügen; das D. der Mode. **sinnv.:** ↑Weisung, ↑Zwang. **Zus.:** Friedens-, Modediktat.

Dik|ta|tor, der; -s, Diktatoren: *jmd., der mit Gewalt und Zwang seine Herrschaft ausübt:* einen D. stürzen. **sinnv.:** Alleinherrscher, Despot, Gewaltherrscher, Tyrann, Unterdrücker.

dik|ta|to|risch ⟨Adj.⟩: *wie ein Diktator:* er bestimmte d., was zu machen sei. **sinnv.:** ↑despotisch.

Dik|ta|tur, die; -, -en: **1.** ⟨ohne Plural⟩ *unumschränkte, andere gesellschaftliche Kräfte mit Gewalt unterdrückende Ausübung der Herrschaft durch eine bestimmte Person, gesellschaftliche Gruppierung, Partei o. ä.* **2.** *Staat, in dem Diktatur* (1) *herrscht:* in einer D. leben müssen. **sinnv.:** ↑Herrschaft. **Zus.:** Militärdiktatur.

dik|tie|ren ⟨tr.⟩: **1.** *zum wörtlichen Niederschreiben ansagen:* jmdm. einen Brief d. **2.** *aufzwingen:* jmdm. seinen Willen d. **sinnv.:** ↑anordnen, ↑aufnötigen.

Dik|ti|on, die; -, -en: *Art der Ausdrucksweise, z. B. im Wortschatz, in der Syntax:* die knappe D. eines Vortrags. **sinnv.:** ↑Ausdrucksweise.

Di|lem|ma, das; -s: *Situation, in der man gezwungen ist, sich zwischen zwei gleichermaßen unangenehmen Dingen zu entscheiden:* er wußte nicht, wie er aus dem D. herauskommen sollte. **sinnv.:** ↑Not, ↑Schwierigkeit.

Di|let|tant, der; -en, -en, **Di|let|tan|tin,** die; -, -nen (oft abwertend): *männliche bzw. weibliche Person, die sich auf einem bestimmten Gebiet nur als Laie betätigt.* **sinnv.:** ↑Amateur.

di|let|tan|tisch ⟨Adj.⟩ (oft abwertend): *laienhaft, nicht fachmännisch:* ein dilettantisches Urteil abgeben. **sinnv.:** laienhaft, stümperhaft · ↑nachlässig · unzulänglich.

Di|let|tan|tis|mus, der; - (oft abwertend): *laienhafte, nicht fachmännische Betätigung:* man kann ihre Handlungen nicht als naiven D. abtun. **sinnv.:** Murkserei, Pfuscherei, Schluderei, Stückwerk, Stümperei.

Dill, der; -s: *(als Küchengewürz verwendete) krautige Pflanze mit fein gefiederten Blättern und gelblichen Blüten in großen Dolden.*

Di|men|si|on, die; -, -en: **1.** *Ausdehnung in die Länge, Höhe oder Breite:* jeder Körper hat drei Dimensionen. **sinnv.:** Ausdehnung, Erstreckung. **Zus.:** Breiten-, Längen-, Tiefendimension. **2.** ↑*Ausmaß:* die Katastrophe nahm ungeheure Dimensionen an.

Di|ner [di'ne:], das; -s, -s: *festliche Mahlzeit, die aus mehreren aufeinander abgestimmten Gerichten besteht:* an einem offiziellen D. teilnehmen. **sinnv.:** ↑Essen. **Zus.:** Galadiner.

Ding, das; -[e]s, -e und (ugs.) -er: **I.** ⟨Plural: Dinge⟩: **1.** *bestimmtes Etwas, nicht näher bezeichneter Gegenstand:* ein wertloses D.; Dinge zum Verschenken. **sinnv.:** Etwas, Gegenstand, Körper, Objekt, Sache. **Zus.:**

Einzelding. **2.** ⟨Plural⟩ **a)** *das, was geschieht, geschehen ist:* die Dinge nicht ändern können; nach Lage der Dinge. **sinnv.:** ↑Angelegenheit. **b)** *Angelegenheiten:* persönliche und geschäftliche Dinge. **Zus.:** Alltags-, Gefühls-, Glaubens-, Haushalts-, Kunst-, Liebes-, Mode-, Privat-, Staatsdinge. **II.** ⟨Plural: Dinger⟩ (ugs.): **1.** ↑*Mädchen:* ein liebes, kleines albernes D.; es waren alles junge Dinger. **2. a)** *etwas, was [absichtlich] nicht mit seinem Namen benannt wird:* ein riesiges D.; die alten Dinger solltest du endlich wegwerfen. **b)** *Sache, Affäre:* das ist ein [tolles] D.!

din|gen, dingte, hat gedungen ⟨tr.⟩: *für Entgelt mit etwas beauftragen:* Mörder d. **sinnv.:** ↑einstellen.

di|nie|ren ⟨itr.⟩: *ein Diner einnehmen:* sie haben beim Minister diniert. **sinnv.:** ↑essen.

Diph|the|rie, die; -: *eine durch Infektion hervorgerufene Krankheit des Rachens:* an D. erkranken.

Di|plom, das; -s, -e: **1.** *amtliches Zeugnis über eine an einer Universität oder Fachschule bestandene Prüfung bestimmter Art:* das D. erwerben. **sinnv.:** ↑Bescheinigung. **Zus.:** Doktor-, Ingenieur-, Meisterdiplom. **2.** *von einer offiziellen Stelle verliehene Urkunde, durch die jmd. ausgezeichnet wird:* für dieses Erzeugnis bekam der Hersteller ein D. **sinnv.:** ↑Urkunde. **Zus.:** Ausstellungs-, Ehrendiplom.

Di|plo|mat, der; -en, -en, **Di|plo|ma|tin,** die; -, -nen: *Beamter bzw. Beamtin im auswärtigen Dienst, der/die bei einem fremden Staat akkreditiert ist und dort die Interessen seines/ihres Landes vertritt.* **sinnv.:** Attaché, Botschafter, Delegationschef, Doyen, Gesandter, Geschäftsträger, Konsul, Legat, Missionschef, Nuntius, Regierungsvertreter, Resident, Wahlkonsul · ↑Bevollmächtigter. **Zus.:** Berufsdiplomat.

Di|plo|ma|tie, die; -: *Kunst des Verhandelns.* **sinnv.:** Geschicktheit, Gewandtheit. **Zus.:** Geheim-, Konferenzdiplomatie.

Di|plo|ma|tin: vgl. Diplomat.

dir ⟨Dativ⟩: **a)** zu ↑du: wie geht es d.? **b)** im reflexivischen Gebrauch: wünsche d. etwas!

di|rekt: I. ⟨Adj.⟩ **1.** *auf ein Ziel zulaufend:* ein direkter Weg; eine direkte Verbindung *(Verbindung, die kein Umsteigen erfordert).* **2.** *unverzüglich, unmittelbar, ohne einen Zwischenraum, eine Verzögerung oder eine Mittelsperson:* wir kaufen das Gemüse d. vom Bauern; er kommt d. nach Dienstschluß hierher; das Haus steht d. am Bahnhof; das Spiel wird d. *(live)* übertragen. **sinnv.:** ↑dicht; ↑geradewegs; ↑gleich. **3.** *sich unmittelbar auf jmdn./etwas beziehend, nicht vermittelt* /Ggs. indirekt/: eine direkte Einflußnahme; ein direktes Interesse. **sinnv.:** mitten, persönlich, unmittelbar. **4.** (ugs.) *unmißverständlich, eindeutig:* sie ist immer sehr d. in ihren Äußerungen. **sinnv.:** ↑rundheraus. **II.** ⟨Adverb⟩ (ugs.) *geradezu, in ganz besonderer Weise:* mit dem Wetter habt ihr d. Glück gehabt. **sinnv.:** ↑regelrecht.

Di|rek|ti|on, die; -, -en: **1.** *Leitung eines Unternehmens o. ä.:* die D. übernehmen, übertragen bekommen. **2. a)** *leitende Personen eines Unternehmens:* die neue D. führte einige Änderungen durch; an die D. schreiben. **sinnv.:** ↑Leitung. **Zus.:** Eisenbahn-, Theaterdirektion. **b)** *Büroräume der Direktion* (2 a).

Di|rek|ti|ve, die, -, -n (geh.): *von übergeordneter Stelle gegebene Weisung, Regel für das Verhalten:* ich muß mich an die Direktiven meines Chefs halten. **sinnv.:** ↑Weisung.

Di|rek|tor, der; -s, Direktoren, **Di|rek|to|rin,** die; -, -nen: *Leiter bzw. Leiterin einer Institution, einer Behörde, eines Unternehmens:* der D. einer Schule, einer Bank. **sinnv.:** ↑Leiter. **Zus.:** Bank-, Fabrik-, Generalmusik-, Stadt-, Zirkus-, Zoodirektor.

Di|rek|to|rat, das; -[e]s, -e: **1.** *Amt eines Direktors, einer Direktorin, bes. an einer Schule:* das D. des Instituts übernehmen. **2.** *Dienststelle, -zimmer eines Direktors, einer Direktorin:* auf das D. bestellt werden.

Di|rek|to|rin: die; -, -nen: vgl. Direktor.

Di|rek|to|ri|um, das; -s, Direktorien: *leitendes Gremium an der Spitze eines Unternehmens o. ä., leitende Behörde:* das vierköpfige D. der Bank. **sinnv.:** ↑Leitung.

Di|rekt|über|tra|gung, die; -, -en: *Sendung des Rundfunks, Fernsehens, die ein Geschehen unmittelbar vom Ort der Aufnahme aus übermittelt.* **sinnv.:** Direktsendung, Live-Sendung, Originalübertragung.

Di|ri|gent, der; -en, -en, **Di|ri|gen|tin,** die; -, -nen: *Leiter bzw. Leiterin eines Orchesters, eines Chors.* **sinnv.:** Bandleader, Chorleiter, Generalmusikdirektor, Kapellmeister, Musikdirektor, Orchesterchef, Orchesterleiter, Stabführer. **Zus.:** Chor-, Gast-, Orchesterdirigent.

di|ri|gie|ren ⟨tr.⟩: **1.** *(die Aufführung eines musikalischen Werkes, ein Orchester o. ä.) durch bestimmte den Takt, die Phrasierung, das Tempo o. ä. angebende Bewegungen der Arme und Hände leiten:* eine Oper, ein Orchester d.; ⟨auch itr.⟩ er dirigierte ohne Taktstock. **sinnv.:** leiten, taktieren, den Takt schlagen, den Stab führen. **2.** *in eine bestimmte Richtung lenken; an einen bestimmten Platz, Ort leiten, bringen:* ein Unternehmen d.; den Verkehr d.; man dirigierte den Betrunkenen in sein Zimmer.

Dir|ne, die; -, -n: ↑*Prostituierte.*

dis-, Dis- ⟨Präfix⟩ /fremdsprachliches Basiswort, das auch das Gegenwort bildet/ *kennzeichnet das Auseinanderrücken zum Gegenteiligen hin, das Auseinandergerücktsein; weg von dem im Basiswort Genannten, nicht ...; wird als negativ, falsch, schlecht angesehen/:* **1.** ⟨verbal⟩ disharmonieren (Ggs. harmonieren), disqualifizieren. **2.** ⟨substantivisch⟩ Disharmonie (Ggs. Harmonie), Diskontinuität (Ggs. Kontinuität), Disproportion, Disqualifikation. **3.** ⟨adjektivisch⟩ disharmonisch (Ggs. harmonisch), diskontinuierlich (Ggs. kontinuierlich), disloyal (*gegen die Regierung eingestellt;* Ggs. loyal), disproportional (Ggs. proportional), disproportioniert (Ggs. proportioniert). **sinnv.:** a-, ent-, in-, miß-, un-, zer-.

Dis|ket|te, die; -, -n: *eine in einer Schutzhülle befindliche Platte, auf der Daten elektronisch gespeichert werden können.* **sinnv.:** Floppy [disk].

Disk|jockey ['dɪskdʒɔki], der; -s, -s: *jmd., der in Rundfunk und Fernsehen und bes. in Diskotheken Schallplatten präsentiert.* **sinnv.:** ↑Ansager.

Dis|ko, die; -, -s: **1.** ↑*Diskothek* (2). **2. a)** *Tanz-, Unterhaltungsveranstaltung mit Musik von Platte oder Band.* **b)** DDR *unter* *ein bestimmtes Thema gestellte kulturelle Veranstaltung.*

Dis|ko|thek, die; -, -en: **1.** *Sammlung, Archiv von Schallplatten.* **2.** *Tanzlokal bes. für Jugendliche, in dem Schallplatten gespielt werden:* in der D. herrschte Stimmung. **sinnv.:** Disko, [Tanz]bar; ↑Gaststätte.

Dis|kre|panz, die; -, -en: *Mißverhältnis zwischen zwei miteinander in Beziehung stehenden Dingen:* eine D. zwischen Theorie und Praxis, zwischen Reden und Handeln; die D. zwischen der Qualität und dem Absatz eines Buches, zwischen Intellekt und Emotion. **sinnv.:** Unstimmigkeit, Widerspruch.

dis|kret ⟨Adj.⟩: **a)** *taktvoll zurückhaltend, voller Rücksichtnahme* /Ggs. indiskret/: ein diskretes Benehmen; sich d. abwenden; etwas d. übergehen; d. schweigen. **sinnv.:** ↑dezent; ↑zurückhaltend. **b)** *so unauffällig, daß andere nichts bemerken:* ein diskreter Hinweis; eine heikle Angelegenheit d. *(vertraulich)* behandeln; eine diskrete *(sehr persönliche)* Frage. **sinnv.:** ↑unbemerkt. **c)** *sich nicht aufdrängend, nicht aufdringlich, nicht auffällig, voller Zurückhaltung:* ein diskretes Parfüm; diskrete Farben. **sinnv.:** dezent, unaufdringlich, zurückhaltend.

Dis|kre|ti|on, die; -: **a)** *taktvolle Zurückhaltung:* ein heikles Problem mit D. lösen. **sinnv.:** Dezenz, Takt. **b)** *vertrauliche Behandlung (einer Sache):* er hat mich in dieser Angelegenheit um äußerste D. gebeten. **sinnv.:** Verschwiegenheit.

dis|kri|mi|nie|ren ⟨tr.⟩: **a)** *durch als negativ, abträglich empfundene Äußerungen über jmdn. diesen in Mißkredit bringen, seinem Ansehen schaden:* jmdn. in der Öffentlichkeit d. **sinnv.:** ↑demütigen; ↑schlechtmachen · Rufmord. **b)** *durch unterschiedliche Behandlung zurücksetzen:* in einigen Ländern werden die Schwarzen immer noch diskriminiert. **sinnv.:** benachteiligen, ungerecht behandeln · Apartheid, Randgruppe.

Dis|kus, der; -, -se und Disken: *(in der Leichtathletik verwendeter) Gegenstand in Form einer Scheibe (aus Holz und Metall) zum Werfen.*

Dis|kus|si|on, die; -, -en: **1.** *[lebhaftes, wissenschaftliches] Gespräch über ein bestimmtes Thema, Problem:* eine lange, politische D.; eine D. führen, eröffnen; sich auf keine D. mit jmdm. einlassen. **sinnv.:** ↑Gespräch. **Zus.:** Grundsatz-, Podiumsdiskussion. **2.** *in der Öffentlichkeit stattfindende Erörterung einer die Allgemeinheit oder bestimmte Gruppen betreffenden Frage:* die allgemeine D. um den Paragraphen 218.

dis|ku|ta|bel ⟨Adj.⟩: *der Erwägung, Überlegung wert* /Ggs. indiskutabel/: ein diskutables Angebot. **sinnv.:** annehmbar, erwägenswert.

dis|ku|tie|ren ⟨tr.⟩: *[in einer lebhaften Auseinandersetzung] seine Meinung über ein bestimmtes Thema austauschen:* eine Frage ausführlich d.; ⟨auch itr.⟩ über diesen Punkt wurde heftig diskutiert. **sinnv.:** ↑erörtern.

dis|po|nie|ren ⟨itr.⟩ /vgl. disponiert/: **a)** *in bestimmter Weise verfügen:* über sein Vermögen, seine Zeit d. [können]. **b)** *etwas richtig einteilen, im voraus planen:* gut, schlecht d. **sinnv.:** ↑einteilen.

dis|po|niert: ⟨in der Verbindung⟩ d. sein: **a)** *in einer bestimmten körperlich-seelischen Verfassung sein:* der Künstler war ausgezeichnet, nicht d. **b)** *für etwas empfänglich sein, zu etwas neigen:* er ist für diese Krankheit d.

Dis|po|si|ti|on, die; -, -en: **1.** *freie Verfügung, das Verfügenkönnen:* es steht ihm im Augenblick nur ein Teil seines Geldes zur D. **2. a)** *das Sicheinrichten auf etwas, das Planen von etwas:* Dispositionen treffen, umwerfen. **sinnv.:** ↑Anordnung, Einteilung, Planung; ↑Gliederung. **b)** ↑*Entwurf:* zu einem Aufsatz, einer Rede eine D. machen. **3.** *bestimmte Veranlagung, Empfänglichkeit für etwas, bes. Krankheiten.* **sinnv.:** ↑Anlage.

Dis|put, der; -[e]s, -e: *kontrovers geführtes Gespräch, Wortwechsel, Streitgespräch [zwischen zwei Personen] über einen bestimmten Gegenstand.* **sinnv.:** ↑Streit.

dis|pu|tie|ren ⟨itr.⟩: *(gelehrte) Streitgespräche führen, seine Meinung anderen gegenüber vertreten:* über ein Problem heftig d. **sinnv.:** ↑erörtern.

Dis|qua|li|fi|ka|ti|on, die; -, -en: *das Disqualifizieren:* der Boxer verlor durch D. wegen Tiefschlags. **sinnv.:** ↑Ausschluß.

dis|qua|li|fi|zie|ren: **1.** ⟨tr.⟩ *wegen grober Verletzung der sportlichen Regeln von der weiteren Teilnahme an einem Wettkampf ausschließen.* **sinnv.:** ↑ausschließen. **2.** ⟨sich d.⟩ *sein Untauglichsein für etwas erkennen lassen:* für eine solche Stellung hat er sich damit disqualifiziert.

Dis|so|nanz, die; -, -en: ↑*Mißklang.*

Di|stanz, die; -, -en: **1.** *räumlicher, zeitlicher oder innerer Abstand:* die D. zwischen beiden Läufern betrug nur wenige Meter, Sekunden; kein Gefühl für D. haben; sehr auf D. bedacht sein; alles aus der D. sehen. **sinnv.:** ↑Abstand; ↑Entfernung. **2.** *bei einem sportlichen Rennen zurückzulegende Strecke:* er war Sieger über die D. von 200 Metern.

di|stan|zie|ren: **1.** ⟨sich d.⟩ *(mit jmdm./etwas) nichts zu tun haben wollen, es zurückweisen:* sich von einem Parteifreund, einem Plan, einer Zeitungsmeldung d. **sinnv.:** sich ↑zurückziehen. **2.** ⟨tr.⟩ *im Wettkampf hinter sich lassen:* auf den Langstrecken distanzierte er alle seine Gegner.

Di|stel [auch: Di...], die; -, -n: *krautige Pflanze mit stacheligen Blättern und Stengeln und unterschiedlich großen weißen oder lila Blüten.* **Zus.:** Acker-, Silberdistel.

Dis|zi|plin, die; -, -en: **1.** ⟨ohne Plural⟩ *das bewußte Einhalten von bestimmten Vorschriften, Verhaltensregeln; das Sichunterwerfen unter eine bestimmte Ordnung:* in der Klasse herrscht keine D. **sinnv.:** Drill, Moral, Ordnung, Zucht. **Zus.:** Partei-, Selbst-, Verkehrsdisziplin. **2. a)** *wissenschaftliche Fachrichtung:* die mathematische D. **sinnv.:** ↑Bereich. **b)** *Unterabteilung des Sports:* er beherrscht mehrere Disziplinen. **sinnv.:** Sportart. **Zus.:** Wettkampfdisziplin.

dis|zi|pli|na|risch ⟨Adj.⟩: *die dienstliche Zucht, Ordnung betreffend:* gegen ihn wurde ein disziplinarisches Verfahren eingeleitet; man hat ihn d. *(sehr streng, mit der gebotenen Härte)* bestraft. **sinnv.:** ↑streng.

dis|zi|pli|nie|ren ⟨tr.⟩ /vgl. diszipliniert/: **1.** *an Disziplin gewöhnen, dazu erziehen:* eine Klasse, seine Gefühle d. **sinnv.:** ↑erziehen. **2. a)** *unter Anwendung von Druck, Gewalt machen, daß jmd. nichts mehr tut o. ä., was von dem*

Druck Ausübenden als unbotmäßig usw. angesehen worden ist: der Parteivorsitzende versuchte die störrische Basis durch seine Rücktrittsdrohung zu d.; konservative Bischöfe wollen die katholische Friedensbewegung d. **sinnv.:** den Daumen draufhalten, an die Kandare nehmen, mundtot machen · angepaßt. **b)** *maßregeln, mit einer [Ordnungs]strafe belegen:* er besaß gar keine Kompetenz, ihm unterstellte Beamte zu d.

dis|zi|pli|niert ⟨Adj.⟩: *an Zucht und Ordnung gewöhnt; Disziplin habend:* d. auftreten. **sinnv.:** beherrscht, gesittet, ordentlich, zuchtvoll.

Di|va, die; -, -s und Diven: *gefeierte Sängerin, [Film]schauspielerin, die bes. durch ihre exzentrischen Allüren von sich reden macht.* **sinnv.:** ↑Schauspieler, ↑Vamp. **Zus.:** Filmdiva.

di|vers... ⟨Adj.⟩: *mehrere [verschiedene]:* diverse Gelegenheiten; diverse Weinsorten. **sinnv.:** ↑einig...

Di|vi|den|de, die; -, -n: *jährlich auf eine Aktie entfallender Anteil vom Reingewinn:* eine D. festsetzen, ausschütten.

di|vi|die|ren ⟨tr.⟩: *bei zwei Zahlen eine andere Zahl suchen, die angibt, wie oft die niedrigere von beiden in der höheren enthalten ist* /Ggs. multiplizieren/: zwanzig dividiert durch fünf ist vier. **sinnv.:** teilen.

Di|vi|si|on, die; -, -en: **I.** *Rechnung, bei der eine Zahl, Größe dividiert wird* /Ggs. Multiplikation/: eine komplizierte, einfache D. **II.** *großer militärischer Verband:* eine D. ist im Einsatz. **Zus.:** Infanterie-, Panzerdivision.

doch: I. ⟨Konj.⟩ ↑*aber* /leitet meist knappe Aussagen ein/: sie sind arm, doch nicht unglücklich. **II.** ⟨Adverb⟩ **1.** ↑*dennoch* /steht als freie, betonte Angabe im Satz/: er fühlte sich nicht gesund, und d. machte er die Reise mit. **2.** ⟨mit Inversion der vorangehenden Verbform⟩ */schließt eine begründete Aussage an/:* er schwieg, sah er d., daß alles vergebens war. **3.** *das Gegenteil ist der Fall* /als gegensätzliche Antwort auf eine Frage, die etwas in Zweifel zieht, oder auf eine Aufforderung/: „Hast du denn die Arbeit nicht gemacht?" – „Doch! [Ich habe sie gemacht.]"; „Geht es dir nicht gut?" – „Doch! [Es geht mir gut.]"; „Komm heute nacht nicht so spät nach Hause!" – „Doch, ich werde spät nach Hause kommen." /mit Betonung auf nicht/: „War es nicht schön?" – „Doch, es war schön." Vgl. ja (1 a). **4.** */bestätigt eine Vermutung oder weist auf einen zunächst nicht für wahrscheinlich gehaltenen Sachverhalt hin/:* also d.; er blieb dann d. zu Hause. **III.** ⟨Partikel⟩ **1.** */gibt einer Aussage, Frage, Aufforderung, einem Wunsch einen gewissen Nachdruck; bekräftigt einen Tatbestand/:* das kommt mir d. bekannt vor; es wird d. nichts passiert sein?; paß d. auf!; ja d.! **2.** */drückt in Fragesätzen eine gewisse Besorgnis, die Hoffnung auf Zustimmung aus/:* du wirst d. nicht etwa absagen?; ihr kommt d. heute abend? **3.** */drückt in Fragesätzen aus, daß nach etwas eigentlich Bekanntem, dem Gedächtnis momentan Entfallenem gefragt wird/:* wie war das d. gleich? **sinnv.:** noch. **4.** */drückt in Ausrufesätzen Verwunderung, Unmut, Entrüstung o. ä. aus/:* das ist d. zu dumm!; du mußt d. immer zu spät kommen!

Docht, der; -[e]s, -e: *Faden in einer Kerze oder Petroleumlampe o. ä., der der Flamme den Brennstoff zuführt.* **Zus.:** Kerzen-, Lampendocht.

Dock, das; -s, -s: *Anlage zum Ausbessern von Schiffen:* das Schiff liegt im D.

Dog|ge, die -, -n: *großer, kräftiger Hund mit kurzem, glattem, meist einfarbig gelblichem Fell, gedrungenem Körper und breitem Kopf, der bes. als Wachhund gehalten wird.* **sinnv.:** ↑Hund.

Dok|tor, der; -s, Doktoren: **1.** ⟨ohne Plural⟩ *höchster akademischer Grad, der auf Grund einer schriftlichen Arbeit und einer mündlichen Prüfung durch eine Fakultät verliehen wird:* jmdn. zum D. promovieren; (ugs.) seinen, den D. machen *(promovieren).* **Zus.:** Ehrendoktor. **2.** *jmd., der den Grad des Doktors besitzt.* **3.** (ugs.) ↑*Arzt:* den D. holen, rufen. **Zus.:** Puppen-, Wunderdoktor.

Do|ku|ment, das; -[e]s, -e: **1.** *amtliches Schriftstück:* Dokumente einsehen, einreichen; ein wichtiges D. für den Prozeß. **sinnv.:** ↑Urkunde. **Zus.:** Geheim-, Originaldokument. **2.** ⟨D. + Attribut⟩ *etwas, was für etwas Zeugnis ablegt, was etwas deutlich zeigt, ausdrückt, dokumentiert:* der Film ist ein erschütterndes D. des Krieges. **Zus.:** Bild-, Kultur-, Zeitdokument.

do|ku|men|ta|risch ⟨Adj.⟩: **1.** *aus Urkunden, zeitgenössischen Berichten usw. bestehend, durch Urkunden belegt:* eine dokumentarische Arbeit über die jüngste Geschichte. **2.** *etwas deutlich ausdrückend, beweisend, veranschaulichend:* ein Buch, Fotos von größtem dokumentarischem Wert; jmdn. durch dokumentarisches Material belasten. **sinnv.:** anschaulich, beweiskräftig; ↑stichhaltig.

Do|ku|men|ta|ti|on, die; -, -en: **1.** *Zusammenstellung und Ordnung von Urkunden, durch die das Benutzen und Auswerten dieser Urkunden ermöglicht oder erleichtert wird:* eine D. über die Entstehung der liberalen Bewegung vorlegen. **2.** ⟨D. + Attribut⟩ *anschauliches, deutliches, beweiskräftiges Zeugnis, Ausdruck für etwas Bestimmtes:* die Verhandlungen sind eine D. der Bereitschaft beider Völker, sich zu verständigen.

do|ku|men|tie|ren: 1. ⟨tr.⟩ *durch Urkunden, Dokumente, Beweisstücke o. ä. belegen:* eine Sendung durch Aktenauszüge, Fotos d.; etwas filmisch d.; ein ausgezeichnet dokumentierter Bericht. **sinnv.:** ↑buchen; ↑nachweisen. **2. a)** ⟨tr.⟩ *deutlich zeigen, veranschaulichen, zum Ausdruck bringen:* den Willen zum Frieden d. **sinnv.:** ↑bekunden. **b)** ⟨sich d.⟩ *zum Ausdruck kommen, deutlich, offenbar werden:* in dieser Inszenierung dokumentiert sich die Freude am Experiment. **sinnv.:** sich entpuppen als, sich enthüllen / herausstellen / offenbaren/zeigen, ans Licht kommen.

Dolch, der; -[e]s, -e: *kurze Stichwaffe mit spitzer, meist zweischneidiger Klinge* (siehe Bildleiste „Waffen"). **sinnv.:** ↑Stichwaffe.

Dol|de, die; -, -n: *büschelartiger oder einem kleinen Schirm ähnlicher Teil einer Pflanze, der die Blüten trägt.* **Zus.:** Blütendolde.

dol|met|schen ⟨itr./tr.⟩: *einen Text für jmdn., ein Gespräch zwischen Personen, die verschiedene Sprachen sprechen, wechselweise übersetzen:* er mußte auf dem Kongreß d.; ein Gespräch, eine Rede d. **sinnv.:** ↑übertragen.

Dol|met|scher, der; -s, -, **Dol|met|sche|rin,** die; -, -nen: *männliche bzw. weibliche Person, die berufsmäßig ein Gespräch o. ä. dolmetscht.* **sinnv.:** Übersetzer. **Zus.:** Konferenz-, Simultandolmetscher.

Dom, der; -[e]s, -e: *große, meist künstlerisch ausgestaltete Kirche [eines Bischofs] mit ausgedehntem Chor.* **sinnv.:** ↑Kirche. **Zus.:** Felsen-, Himmelsdom.

Do|mä|ne, die; -, -n: **1.** *Teil des dem Staat gehörenden landwirtschaftlich genutzten Bodens:* eine D. pachten. **Zus.:** Staatsdomäne. **2.** *Gebiet, auf dem jmd. Bescheid weiß, sich besonders betätigt o. ä.:* eine D. der Frau; römisches Recht ist seine ureigenste D. **sinnv.:** Sondergebiet, Spezialgebiet, Spezialität.

do|mi|nie|ren: a) ⟨itr.⟩ *vorherrschen, stärker als jmd./etwas hervortreten:* in den meisten Ländern dominiert Englisch als Fremdsprache; er ist in diesem Spiel die dominierende Figur gewesen. **sinnv.:** ↑überwiegen. **b)** ⟨tr.⟩ *jmdn./etwas beherrschen, ihn/es in seinem Verhalten, Handeln bestimmen:* die Mutter dominiert die Tochter; es ist uns nicht gelungen, das Spiel zu d.; der Markt wird zunehmend von dem Kartell X dominiert.

Do|mi|no, das; -s, -s: *Spiel, bei dem rechteckige, mit Punkten versehene Steine nach einem bestimmten System aneinandergelegt werden* (siehe Bild): D. spielen.

Domino

Do|mi|zil, das; -s, -e: *Ort, Stelle, Stätte, wo jmd. wohnt:* der Bewerber für diese Stelle sollte sein D. im Raum Frankfurt haben; er traf ihn in der Nähe seines neuen Domizils; er will sein D. auf einer Pazifikinsel aufschlagen. **sinnv.:** ↑Wohnsitz.

Domp|teur [dɔmp'tø:ɐ̯], der; -s, -e, **Domp|teu|se** [...'tø:zə], die; -, -n: *männliche bzw. weibliche Person, die wilde Tiere für Vorführungen dressiert.* **sinnv.:** Dresseur, Tierbändiger. **Zus.:** Raubtierdompteur.

Don|ner, der; -s, -: *dumpf rollendes, dröhnendes Geräusch, das dem Blitz folgt:* der D. rollt, grollt. **Zus.:** Geschütz-, Theaterdonner.

don|nern, donnerte, hat/ist gedonnert ⟨itr.⟩: **1. a)** *(bei einem Gewitter) als Donner hörbar werden:* es hat geblitzt und gedonnert. **b)** *ein krachendes, polterndes, dem Donner ähnliches Geräusch ertönen lassen:* die Kanonen haben den ganzen Tag gedonnert. **sinnv.:** ↑krachen. **2.** *sich mit polterndem, dem Donner ähnlichem Geräusch fort-, irgendwohin bewegen:* der Zug ist über die Brücke gedonnert. **3.** (ugs.) **a)** *mit Wucht irgendwohin schleudern o. ä.:* er hat die Mappe in die Ecke, den Ball an die Latte gedonnert. **b)** *mit Wucht gegen etwas schlagen, klopfen und dabei ein lautes Geräusch verursachen:* er hat an die Tür, gegen die Scheiben gedonnert. **c)** *mit Wucht gegen etwas prallen:* er ist [mit dem Wagen] gegen eine Mauer gedonnert. **4.** *mit lauter, dröhnender Stimme sprechen:* er hat furchtbar gedonnert, weil wir zu spät gekommen waren. **sinnv.:** ↑schelten.

Don|ners|tag, der; -s, -e: *vierter Tag der mit Montag beginnenden Woche.* **sinnv.:** ↑Wochentag. **Zus.:** Gründonnerstag.

Don|ner|wet|ter, das; -s, - (ugs.): **1.** *lautes, heftiges Schimpfen:* mach dich zu Hause auf ein D. gefaßt! **sinnv.:** ↑Streit. **2. a)** */Ausruf des bewundernden Erstaunens/:* Donnerwetter, das hätte ich ihm nicht zugetraut! **b)** */Ausruf der Verwünschung, des Unwillens/:* [zum] Donnerwetter, hör endlich auf zu heulen!

doof ⟨Adj.⟩ (ugs.): **a)** *[in ärgerlicher Weise] einfältig und beschränkt:* ich war ja d., daß ich zugestimmt habe; er ist zu d., um das zu kapieren. **sinnv.:** ↑dumm. **b)** *nicht den eigenen Vorstellungen entsprechend, jmdm. uninteressant, langweilig erscheinend, ihm Ärger bereitend:* das war gestern ein doofer Abend; die doofe Tür bleibt nicht zu.

do|pen [auch: do...] ⟨tr.⟩: *durch unerlaubte Mittel zur Steigerung der Leistung, zu einer (vorübergehenden) sportlichen Höchstleistung zu bringen suchen:* ein Pferd, einen Läufer d.; der Sieger im Kugelstoßen hatte sich gedopt. **sinnv.:** ↑anregen.

Do|ping [auch: Do...], das; -s, -s: *Anwendung von unerlaubten Mitteln zur Steigerung der sportlichen Leistung:* einen Läufer wegen Dopings disqualifizieren. **sinnv.:** Aufputschmittel.

dop|pel|deu|tig ⟨Adj.⟩: **1.** *auf doppelte Weise zu deuten:* die Aussage war d. **2.** *bewußt zweideutig, anzüglich formuliert:* ein doppeldeutiger Witz.

Dop|pel|gän|ger, der; -s, -, **Dop|pel|gän|ge|rin,** die; -, -nen: *männliche bzw. weibliche Person in bezug auf einen anderen Menschen, dem sie zum Verwechseln ähnlich sieht:* einen D. haben. **sinnv.:** ↑Double.

Dop|pel|kinn, das; -[e]s, -e: *unter dem Kinn entstandener Wulst aus Fett:* ein gewaltiges D.

dop|pelt ⟨Adj.⟩: **1.** *zweimal der-, die-, dasselbe; ein zweites Mal [gegeben, vorhanden]:* die doppelte Länge, Menge; d. verglaste Fenster; ein Exemplar d. haben; er ist d. so alt wie du. **sinnv.:** zweifach, zweimal. **2.** *besonders groß, stark; ganz besonders:* etwas mit doppelter Anstrengung noch einmal versuchen; wir müssen uns jetzt d. vorsehen.

dop|pel|zün|gig ⟨Adj.⟩: *sich über bestimmte Dinge verschiedenen Personen gegenüber in unaufrichtiger Weise verschieden äußernd:* eine doppelzüngige Politik; er, seine Worte sind d. **sinnv.:** ↑unaufrichtig.

Dorf, das, -[e]s, Dörfer: **a)** *ländliche Siedlung mit oft bäuerlichem Charakter:* auf dem D., in einem Dorf wohnen; vom D. stammen. **sinnv.:** Kral, ↑Ort. **Zus.:** Anger-, Bauern-, Berg-, Ferien-, Fischer-, Haufen-, Heimat-, Kuh-, Ober-, Reihen-, Rund-, Straßen-, Unter-, Zeilendorf. **b)** *Gesamtheit der Bewohner eines Dorfes* (a): das ganze D. lief zusammen.

Dorn, der; -[e]s, -en: *spitzes, hartes Gebilde als Teil einer Pflanze, bes. am Stiel der Pflanze:* diese Rosen haben keine Dornen. **sinnv.:** Spitze, Stachel; ↑Nadel. **Zus.:** Hage-, Rot-, Sand-, Schleh-, Schwarz-, Weißdorn.

dor|nig ⟨Adj.⟩: *mit vielen Dornen versehen:* ein dorniger Strauch.

dor|ren, dorrte, ist gedorrt ⟨itr.⟩ (geh.): *trocken, dürr werden:* die Pflanzen dorrten in der Gluthitze. **sinnv.:** ↑eingehen; ↑trocknen.

dör|ren: **a)** ⟨tr.⟩ *trocken, dürr machen:* sie dörrte die Pflaumen im Backofen. **b)** ⟨itr.⟩ ↑ *dorren.*

dort ⟨Adverb⟩: *an jenem Platz, Ort; nicht hier:* d. oben, drüben; von d. aus ist die Stadt leicht zu erreichen. **sinnv.:** da, bei ihnen, in jenem Land, an Ort und Stelle, vor Ort; ↑hier.

dort|her [nachdrücklich auch: dorther ⟨Adverb⟩: *von jenem Ort [her], von dort:* ich komme gerade d.

dort|hin [nachdrücklich auch: dorthin] ⟨Adverb⟩: *nach jenem Ort [hin], nach dort:* stell dich d.; wie sind die Verbindungen d.? **sinnv.:** ↑hin.

Do|se, die; -, -n: **a)** *kleiner Behälter mit Deckel:* eine D. mit Pralinen füllen. **sinnv.:** ↑Behälter; ↑Büchse. **Zus.:** Blech-, Butter-, Puder-, Tabaksdose. **b)** *Büchse für Konserven:* eine D. [Erbsen] mit dem Öffner aufmachen; Wurst in Dosen. **Zus.:** Konservendose.

dö|sen ⟨itr.⟩ (ugs.): **1.** *nicht fest schlafen:* die Augen schließen und ein bißchen d. **sinnv.:** ↑schlafen. **2.** *wachend träumen; unaufmerksam, gedankenlos sein, vor sich hin blicken:* im Unterricht döste er [vor sich hin].

do|sie|ren ⟨tr.⟩: *die richtige Dosis abmessen, jmdm. zumessen:* ein Medikament d.; eine genau dosierte Menge. **sinnv.:** einteilen; messen.

Do|sis, die; -, Dosen: *abgemessene, jmdm. zugemessene Menge von etwas, bes. von einem Medikament o. ä.:* eine starke D. Morphium geben. **sinnv.:** ↑Menge, Quantität, Quantum, Trip. **Zus.:** Überdosis.

Dot|ter, der, auch: das; -s, -: *vom Eiweiß umgebene, gelbe, kugelige Masse im Inneren des Vogeleis, bes. des Hühnereis.* **sinnv.:** Eigelb, Gelbei. **Zus.:** Eidotter.

Dou|ble ['du:bl], das; -s, -s: *jmd., der für den eigentlichen Darsteller einzelne, insbesondere gefährliche Partien seiner Rolle spielt:* sich in verschiedenen Szenen von einem D. vertreten lassen. **sinnv.:** Stuntman, Stuntwoman · Doppelgänger; ↑Stellvertreter.

Do|zent, der; -en, -en, **Do|zen|tin,** die; -, -nen: *männliche bzw. weibliche Person, die an einer Hochschule, Universität, Fach-, Volkshochschule unterrichtet:* melden Sie sich bitte bei D. Balzer/beim Dozenten Balzer an. **sinnv.:** Assistenzprofessor. **Zus.:** Privatdozent.

do|zie|ren ⟨itr.⟩: *in lehrhaftem Ton reden:* er begann gleich wieder zu d.; etwas in dozierendem Ton vortragen.

Dra|che, der; -n, -n: *(in Sage und Märchen auftretendes) großes, furchterregendes, meist geflügeltes, feuerspeiendes Tier.* **sinnv.:** Lindwurm, ↑Ungeheuer.

Dra|chen, der; -s, -: **1.** *an einer langen Schnur gehaltenes, mit Papier o. ä. bespanntes Gestell, das vom Wind nach oben getragen wird und sich in der Luft hält:* einen D. steigen lassen. **Zus.:** Papierdrachen. **2.** (ugs. emotional) *Frau, die auf Grund ihres Wesens als böse, streitsüchtig angesehen wird:* mit diesem D. im Vorzimmer habe ich immer Ärger. **sinnv.:** Dragoner, Flintenweib, Furie, Gewitterziege, Giftnudel, Giftspritze, Xanthippe; ↑Ehefrau.

Dra|chen|flie|ger, der; -s, -: *jmd., der die Flugsportart des Drachenfliegens betreibt, bei der man mit einem entsprechenden Fluggerät von Bergkanten oder Abhängen startet und nach unten gleitet.*

Dra|gée [dra'ʒe:], das; -s, -s: **1.** *mit einer Masse aus Zucker oder Schokolade überzogenes Bonbon mit fester oder flüssiger Füllung.* **sinnv.:** ↑Bonbon. **2.** *mit einer Masse aus Zucker oder Schokolade überzogene Arznei in Form einer linsenförmigen Pille:* Dragées einnehmen. **sinnv.:** ↑Medikament.

Draht, der; -[e]s, Drähte: *in die Form eines Fadens oder einer Schnur ausgezogenes Metall:* ein Stück D.; Drähte spannen; etwas mit D. umwickeln. **Zus.:** Blumen-, Kupfer-, Maschen-, Silber-, Stacheldraht.

drah|tig ⟨Adj.⟩: **a)** *wie Draht:* das Haar ist d. **b)** *schlank und gut trainiert:* eine drahtige Gestalt. **sinnv.:** ↑sportlich.

Draht|zie|her, der; -s, -: *jmd., der im verborgenen Aktionen gegen jmdn./etwas plant und lenkt.* **sinnv.:** Brunnenvergifter, Dunkelmann, graue Eminenz, Hintermann, Kanalarbeiter.

dra|ko|nisch ⟨Adj.⟩: *sehr streng, hart (in bezug auf Strafen, Vorschriften):* drakonische Familiendisziplin: auf diese Vergehen standen drakonische Strafen. **sinnv.:** ↑streng.

drall ⟨Adj.⟩: *(in bezug auf [junge] weibliche Personen) sehr kräftig, mit straffen, runden Formen:* ein dralles Mädchen. **sinnv.:** ↑dick.

Drall, der; -[e]s: **1.** *(von außen bewirkte) Rotation, Drehung eines Körpers um die eigene Achse:* der D. eines Balles, einer Gewehrkugel. **Zus.:** Links-, Rechtsdrall. **2.** *Windung der Züge in Feuerwaffen.*

Dra|ma, das; -s, Dramen: **1. a)** ⟨ohne Plural⟩ *(Lustspiel und Trauerspiel umfassende) literarische Gattung, bei der eine Handlung durch die beteiligten Personen auf der Bühne dargestellt wird:* das moderne, englische D. **b)** *Schauspiel, in dem ein tragischer Konflikt dargestellt wird:* ein D. in fünf Akten. **sinnv.:** ↑Schauspiel; ↑Tragödie. **Zus.:** Bühnen-, Musikdrama. **2.** *aufregendes, erschütterndes, trauriges Geschehen:* das D. ihrer Befreiung; ihre Ehe war ein einziges D. **Zus.:** Ehe-, Familiendrama.

Dra|ma|tik, die; -: **1.** *dramatische Dichtung:* die klassische D. **sinnv.:** ↑Dichtung. **2.** *erregende Spannung, bewegter Ablauf:* das Fußballspiel verlief ohne jede D.; eine Szene voller D. **sinnv.:** Erregung.

Dra|ma|ti|ker, der; -s, -, **Dra|ma|ti|ke|rin,** die; -, -nen: *Verfasser bzw. Verfasserin von Dramen.* **sinnv.:** ↑Schriftsteller.

dra|ma|tisch ⟨Adj.⟩: **1.** *das Drama, die Gattung des Dramas betreffend:* die dramatische Dichtung des 18. Jahrhunderts. **2.** *aufregend und voller Spannung:* ein dramatischer Zwischenfall, Augenblick.

dra|ma|ti|sie|ren ⟨tr.⟩: *aufregender darstellen, als es in Wirklichkeit ist:* sie muß immer alles d.

dran (ugs.): **1.** ⟨Adverb⟩ ↑*daran:* ich gehe d. vorbei. **2.** ⟨in bestimmten Verwendungen⟩ gut, schlecht d. sein *(es gut, schlecht haben);* am Auto ist etwas d. *(ist etwas nicht in Ordnung);* er weiß nicht, wie er mit ihr d. ist *(was er von ihr, ihrem Verhältnis zu ihm halten soll);* an dem Gerücht ist sicher etwas d. *(es hat sicher einen wahren Hintergrund).* ***d. sein** *(an der Reihe sein; zur Verantwortung gezogen werden; sterben müssen).*

Drang, der; -[e]s: *starker innerer Antrieb, Bedürfnis, etwas zu tun oder zu verwirklichen:* der D. nach Freiheit; ich verspürte keinen D. mitzumachen. **sinnv.:**

↑Neigung. **Zus.:** Freiheits-, Tatendrang.

drän|geln ⟨itr.⟩: **1.** *in einer Menge andere zur Seite schieben, um möglichst schnell irgendwohin zu gelangen oder an die Reihe zu kommen:* du brauchst nicht zu d., du kommst noch dran. **sinnv.:** ↑drücken. **2.** *jmdn. ungeduldig immer wieder zu etwas zu bewegen suchen:* die Kinder drängelten, endlich nach Hause zu gehen. **sinnv.:** ↑bitten.

drän|gen: 1. a) ⟨tr.⟩ *irgendwohin, in eine bestimmte Richtung, beiseite drücken, schieben:* jmdn. an die Seite d. **sinnv.:** ↑drücken. **b)** ⟨itr.⟩ *sich ungeduldig schiebend und drückend irgendwohin bewegen:* die Menschen drängten an der Kasse, zu den Ausgängen; ⟨sich d.⟩ alles drängte sich nach vorn, zum Ausgang; er drängte sich durch die Menge. **2. a)** ⟨itr.⟩ *(von einer Menschenmenge) heftig, ungeduldig schieben, drücken mit dem Bestreben, rascher irgendwohin zu kommen:* bitte nicht d.! **b)** ⟨sich d.⟩ *(von einer Menschenmenge) sich gegenseitig auf engem Raum schieben und drücken:* die Scharen drängten sich in der Halle. **3.** ⟨tr./itr.⟩ *(jmdn.) ungeduldig (zu einem bestimmten Handeln) zu bewegen suchen:* er hat den Freund zu dieser Tat gedrängt; die Gläubiger drängten wegen der Bezahlung; sich zu etwas gedrängt fühlen. **sinnv.:** ↑bitten; ↑überreden. **4.** ⟨itr.⟩ *rasches Handeln verlangen:* die Zeit drängt; drängende Fragen, Probleme.

dra|pie|ren ⟨tr.⟩: **1.** *(einen Stoff) in kunstvolle Falten legen:* einen Vorhang [geschickt] d. **2.** *mit kunstvoll gefaltetem Stoff behängen:* eine Wand d. **sinnv.:** ↑schmücken.

dra|stisch ⟨Adj.⟩: **a)** *etwas sehr deutlich zum Ausdruck bringend:* drastische Maßnahmen; eine drastische *(derbe)* Schilderung. **sinnv.:** ↑anschaulich; ↑derb. **b)** *deutlich in seiner oft negativen Wirkung spürbar:* drastische Maßnahmen; eine drastische Änderung; die Preise d. senken. **sinnv.:** ↑einschneidend; ↑streng.

drauf (ugs.): **1.** ⟨Adverb⟩ ↑*darauf.* **2. *etwas d. haben** *(etwas einstudiert, gelernt haben, etwas beherrschen; mit einer bestimmten Geschwindigkeit fahren:* er hat 100 Kilometer, Sachen d.); **d. und dran sein, etwas zu tun** *(fast soweit sein, etwas [Negatives] zu tun:* er war d. und dran, alles hinzuwerfen).

Drauf|gän|ger, der; -s, - (emotional): *jmd., der mit einer gewissen Bewunderung angesehen wird, weil er auf verwegene Weise sein Ziel zu erreichen sucht.* **sinnv.:** Mann, Tausendsas[s]a, Teufelskerl; ↑Kämpfer.

drauf|ge|hen, ging drauf, ist draufgegangen ⟨itr.⟩ (ugs.): **1.** *bei etwas umkommen, zugrunde gehen:* bei dem Unfall sind beide draufgegangen. **sinnv.:** ↑sterben. **2.** *bei, durch etwas verbraucht, verdorben, zerstört werden:* alle Vorräte sind draufgegangen. **sinnv.:** ↑entzweigehen.

drauf|los|ge|hen, ging drauflos, ist drauflosgegangen ⟨itr.⟩ (ugs.): *ohne zu zögern, entschlossen auf ein bestimmtes Ziel zugehen, sich irgendwohin begeben.*

drau|ßen ⟨Adverb⟩: **a)** *außerhalb [eines Raumes]; im Freien* /Ggs. drinnen/: er sitzt d. und wartet; bei dem Wetter könnt ihr nicht d. spielen. **sinnv.:** ↑außerhalb. **b)** *irgendwo weit entfernt:* das Boot ist d. [auf dem Meer]; d. in der Welt.

drech|seln ⟨tr.⟩: *(Holz o. ä.) durch schnelle Drehung auf einem dazu bestimmten Gerät rund formen:* eine Schale d.

Dreck, der; -s (ugs.): **1.** ↑*Schmutz:* den D. [von den Schuhen] abkratzen. **Zus.:** Hunde-, Katzen-, Scheißdreck. **2.** (emotional) *etwas, was als minderwertig, wertlos angesehen wird:* nun hast du wieder so einen D. gekauft, den keiner gebrauchen kann! **sinnv.:** ↑Ausschuß.

dreckig ⟨Adj.⟩ (ugs.): **1.** ↑*schmutzig:* dreckige Schuhe. **2.** *in aufreizender Weise respektlos, taktlos, unanständig o. ä.:* dreckige Bemerkungen, Witze machen; d. lachen. **sinnv.:** ↑frech.

Drecks- ⟨Präfixoid⟩ (emotional derb abwertend): */kennzeichnet eine im Basiswort genannte Sache oder Person als ärgerlich, widerwärtig, unangenehm/:* Drecksagent, -arbeit, -bulle, -ding, -geld, -gesindel, -hund, -kerl, -köter, -krieg, -leben, -pack, -stadt, -zeug. **sinnv.:** Sau-, Scheiß-.

Dreh, der; -s, -s (ugs.): *zur Lösung einer alltäglichen Aufgabe nötiger Kunstgriff:* den richtigen D. finden, heraushaben; wie bist du auf diesen D. gekommen? **sinnv.:** ↑Trick.

dre|hen: 1. a) ⟨tr.⟩ *im Kreise [teilweise] um seine Achse bewegen oder mit einer ähnlichen Bewegung in eine andere bestimmte Richtung bringen:* den Schlüssel im Schloß d.; den Kopf leicht d., zur Seite d.; den Schalter am Radio [nach links] d.; sich um sich selbst, seine eigene Achse, auf den Rücken d. **b)** ⟨itr.⟩ *mit etwas eine Bewegung im Kreis o. ä. ausführen:* wer hat an dem Schalter gedreht?; du sollst nicht daran d. **sinnv.:** kurbeln, leiern, nuddeln. **c)** ⟨tr.⟩ *(einen Apparat) durch eine Bewegung eines Schalters o. ä. im Kreis in bestimmter Weise einstellen:* den Herd klein, auf klein, die Heizung höher d. **d)** ⟨sich d.⟩ *sich im Kreis [teilweise] um seine Achse bewegen:* die Räder drehen sich; das Karussell dreht sich im Kreise. **sinnv.:** ↑kreisen; ↑rollen. **e)** ⟨itr.⟩ *seine Richtung durch eine Bewegung im Kreis o. ä. ändern:* das Schiff dreht [nach Norden]; das Auto drehte und kam zurück. **sinnv.:** ↑umkehren. **2.** ⟨tr.⟩ *durch eine dem Zweck entsprechende rollende o. ä. Bewegung [maschinell] formen, herstellen:* Zigaretten d.; Pillen, Schrauben d. **3.** ⟨tr./itr.⟩ *Aufnahmen machen und so herstellen:* einen Film d.; sie drehen in Mexiko. **sinnv.:** ↑filmen. **4.** ⟨sich d.⟩ *etwas Bestimmtes zum Gegenstand haben:* das Gespräch dreht sich um Politik. **sinnv.:** ↑betreffen. **5.** ⟨tr.⟩ (ugs.) *in bestimmter Weise in seinem Sinn beeinflussen, arrangieren, einrichten o. ä.:* das hat er wieder schlau gedreht. **sinnv.:** ↑bewerkstelligen.

drei ⟨Kardinalzahl⟩: 3: d. Personen; bis d. zählen.

Drei|eck, das; -s, -e: *von drei Linien begrenzte Fläche.*

drei|ßig ⟨Kardinalzahl⟩: 30: d. Personen.

dreist ⟨Adj.⟩ (emotional): *sich ungeniert, oft unverschämt und ohne Hemmungen benehmend; auf unverfrorene Weise zudringlich, impertinent o. ä. wirkend:* ein dreister Bursche; eine dreiste Behauptung. **sinnv.:** ↑frech. **Zus.:** dummdreist.

drei|zehn ⟨Kardinalzahl⟩: 13: d. Personen.

dre|schen, drischt, drosch, hat gedroschen ⟨tr.⟩: **1.** *[mit einer Maschine] die Körner aus den Ähren des Getreides herausbringen:* Korn, Weizen d.; ⟨auch itr.⟩ auf dem Felde d. **2.** (ugs.) ↑*prü-*

geln: er hat den Jungen grün und blau gedroschen.

Dreß, der; - und Dresses, Dresse: *[sportliche] Kleidung für einen besonderen Anlaß:* der D. der Reiter, einer Mannschaft. **sinnv.:** ↑Kleidung. **Zus.:** Leder-, Sportdreß.

dres|sie|ren ⟨tr.⟩: *(einem Tier) bestimmte Fertigkeiten, Kunststücke beibringen:* einen Hund, Pferde, Tiger d. **sinnv.:** ↑abrichten.

Dres|sur, die; -, -en: **1.** ⟨ohne Plural⟩ *das Dressieren.* **2.** *eingeübte Fertigkeit, Kunststück dressierter Tiere:* schwierige Dressuren vorführen. **Zus.:** Pferde-, Raubtierdressur.

drib|beln ⟨itr.⟩: *den Fußball durch kurze Stöße vorwärts treiben.*

dril|len ⟨tr.⟩: *immer wieder ein bestimmtes Verhalten, bestimmte Bewegungen o. ä. von jmdm. ausführen, üben lassen, damit er es in einer entsprechenden Situation genauso tut:* gut gedrillte Soldaten; auf solche Fragen waren die Schüler gedrillt worden; sie waren nicht begeistert, sich als Spione d. zu lassen. **sinnv.:** dressieren, einüben, ↑erziehen, exerzieren, schikanieren, schleifen, schulen, üben.

drin ⟨Adverb⟩ (ugs.): **1.** *darin, als Inhalt enthalten:* sie sind alle in der Küche und stehen d. herum; in der Flasche ist nichts mehr d. **2.** ↑*drinnen:* d. im Zimmer.

drin...: *in (der genannten Sache, dem genannten Raum o. ä.):* drinsitzen, -stecken, -stehen (die Jahreszahl steht [in dem Buch] nicht drin).

drin|gen, drang, hat/ist gedrungen /vgl. dringend und gedrungen/ ⟨itr.⟩: **1.** *durch etwas, ein Hindernis hindurch an eine bestimmte Stelle gelangen:* Wasser ist in den Keller gedrungen. **2.** *streng fordern, darauf sehen, daß (etwas) durchgeführt wird:* er hat auf die Einführung von Änderungen im Unterricht gedrungen. **sinnv.:** ↑bestehen. **3.** *(auf jmdn. durch Reden in einer bestimmten Absicht) einzuwirken versuchen:* der Vater ist [mit Bitten] in sein Kind gedrungen, ihm alles zu gestehen.

drin|gend ⟨Adj.⟩: *unbedingt Erledigung verlangend:* eine dringende Angelegenheit; etwas d. benötigen, nötig haben; das sind die dringendsten Probleme. **sinnv.:** dringlich, eilig, keinen Aufschub duldend, unaufschiebbar; ↑nachdrücklich.

dring|lich ⟨Adj.⟩ **a)** *nachdrücklich-eindringlich:* sein Ton war fest und d.; er empfahl ihm dringlichst, Sorge dafür zu tragen; seine Stimme klang d. **b)** *als besonders nötig und wichtig empfunden:* die medizinische Physik wird als Lehrfach immer dringlicher; eine dringliche Aufgabe. **sinnv.:** ↑dringend.

Drink, der; -[s], -s: *meist alkoholisches Getränk:* einen D. mixen, reichen. **sinnv.:** ↑Getränk.

drin|nen ⟨Adverb⟩: *innerhalb [eines Raumes]* /Ggs. draußen/: er sitzt schon d. und wartet auf dich; bei dem Wetter sollte man lieber d. bleiben.

dritt... ⟨Ordinalzahl⟩: 3.: an dritter Stelle stehen.

Drit|te, der u. die; -n, -n ⟨aber: [ein] Dritter, Plural: Dritte⟩: ↑*Außenstehender.*

Drit|tel, das; -s, -: *der dritte Teil von einem Ganzen:* das erste D. unserer Reise haben wir schon hinter uns.

drit|teln ⟨tr.⟩: *in drei Teile teilen:* eine Menge d.

Dro|ge, die; -, -n: **1.** *Rauschgift (bes. im Hinblick auf jmdn., der sich damit in einen entsprechenden Zustand versetzen will, süchtig danach verlangt, davon abhängig ist):* er nimmt harte Drogen; die Sucht nach Drogen. **sinnv.:** Dope, ↑Rauschgift. **Zus.:** Einstiegs-, Sexdroge. **2.** *als Heilmittel verwendete pflanzliche oder tierische Substanz.* **sinnv.:** ↑Medikament.

Dro|ge|rie, die; -, Drogerien: *Geschäft für den Verkauf von Heilmitteln, Chemikalien und kosmetischen Artikeln.* **sinnv.:** Apotheke.

Dro|gist, der; -en, -en, **Dro|gi|stin,** die; -, -nen: *Inhaber oder Angestellter bzw. Inhaberin oder Angestellte einer Drogerie mit spezieller Ausbildung.* **sinnv.:** Apotheker.

dro|hen ⟨itr.⟩: **1. a)** *(jmdn.) mit Worten oder Gesten einzuschüchtern versuchen:* mit dem Finger, einem Stock d. **sinnv.:** ↑bedrohen. **b)** *darauf hinweisen, daß man etwas für jmdn. Unangenehmes veranlassen wird, falls er sich nicht den Forderungen entsprechend verhält:* mit einer Klage d.; er drohte, mich verhaften zu lassen. **2.** *als etwas Gefährliches, Unangenehmes möglicherweise eintreffen:* ein Gewitter, Regen droht; drohende Gefahren. **sinnv.:** ↑aufziehen, ↑bedrohen; ↑bevorstehen. **3.** ⟨d. + zu + Inf.⟩ *in Gefahr sein (etwas zu tun):* das Haus drohte einzustürzen.

dröh|nen ⟨itr.⟩: **a)** *mit durchdringendem lautem Schall tönen:* der Lärm der Motoren dröhnt mir in den Ohren. **sinnv.:** ↑schallen. **b)** *von lautem vibrierendem Schall erfüllt sein:* die Fabrik dröhnt vom Lärm der Maschinen; mir dröhnt der Kopf.

Dro|hung, die; -, -en: *das Drohen, drohende Äußerung:* eine offene, schreckliche D.; seine D. wahr machen. **Zus.:** Morddrohung.

drol|lig ⟨Adj.⟩: *[durch seine Possierlichkeit, Niedlichkeit] belustigend wirkend:* ein drolliges Kind; eine drollige Geschichte; sie hat drollige Einfälle. **sinnv.:** ↑spaßig.

Drops, der; -, -: *säuerlich schmeckender, flacher, runder Bonbon.*

Dros|sel, die; -, -n: *meist ziemlich großer Singvogel mit spitzem schlankem Schnabel und langen dünnen Beinen:* Amseln und Nachtigallen gehören zu den Drosseln. **Zus.:** Schwarz-, Singdrossel · Schnapsdrossel.

dros|seln ⟨tr.⟩: **a)** *die Zufuhr (von etwas) verringern, behindern:* den Dampf d. **b)** *in der Leistung herabsetzen, kleiner stellen:* den Motor d. **c)** *auf ein geringeres Maß herabsetzen, (bei etwas) eine Einschränkung vornehmen:* die Ausgaben, die Einfuhr d. **sinnv.:** ↑verringern.

drü|ben ⟨Adverb⟩: *auf der anderen, gegenüberliegenden Seite:* d. am Ufer; da, dort d.; von d. *(von jenseits des Ozeans, der Grenze)* kommen. **sinnv.:** ↑jenseits.

drü|ber ⟨Adverb⟩ (ugs.): ↑*darüber.*

Druck: **I.** der; -[e]s, Drücke: **1.** *senkrecht auf eine Fläche wirkende Kraft:* den D. messen; etwas steht unter hohem D. **Zus.:** Blut-, Gas-, Hoch-, Luft-, Tiefdruck. **2.** ⟨ohne Plural⟩ *das Drükken:* der kräftige D. seiner Hand. **sinnv.:** ↑Gewalt. **Zus.:** Händedruck. **3.** ⟨ohne Plural⟩ *gewaltsame, zwanghafte, jmdn. bedrängende Einwirkung von außen:* D. auf jmdn. ausüben; er konnte den ständigen politischen D. nicht mehr aushalten; jmdn. unter D. setzen *(ihn sehr* *bedrängen).* **sinnv.:** ↑Zwang. **Zus.:** Leidens-, Leistungsdruck. **II.** der; -[e]s, -e: **1.** ⟨ohne Plural⟩ *Vorgang, bei dem Typen durch Maschinen auf Papier oder Stoff gepreßt und übertragen werden:* den D. überwachen; die Kosten für den D. der Broschüre berechnen; etwas in D. geben *(es drucken lassen).* **sinnv.:** ↑Auflage. **Zus.:** Buchdruck. **2.** *Art, Qualität, in der etwas gedruckt ist:* ein klarer, kleiner D. **Zus.:** Bunt-, Fett-, Hoch-, Kupfer-, Kursiv-, Vierfarbendruck. **3.** *gedrucktes Werk, Bild:* Drucke von berühmten Gemälden. **Zus.:** Kunst-, Linoldruck.

drucken ⟨tr.⟩: **a)** *durch Druck herstellen:* Bücher, Zeitungen d. **sinnv.:** ↑verlegen. **b)** *durch Druck auf etwas übertragen und vervielfältigen:* einen Text d.; ein Muster in verschiedenen Farben d.

drücken /vgl. drückend/: **1. a)** ⟨itr.⟩ *einen Druck auf etwas ausüben, (etwas) durch Druck betätigen:* auf den Knopf d.; an einem Geschwür d. **b)** ⟨tr.⟩ *pressend Druck (auf etwas) ausüben:* den Knopf d.; jmdm. die Hand d. **sinnv.:** ↑pressen. **c)** ⟨tr.⟩ *[unter Anwendung von Kraft] bewirken, daß jmd./etwas irgendwohin gelangt:* das Gesicht in die Kissen d.; jmdm. Geld in die Hand d.; jmdn. auf einen Stuhl d. **sinnv.:** stemmen. **d)** ⟨tr.⟩ *durch Zusammenpressen herauslösen:* Wasser aus dem Schwamm d. **2.** ⟨itr.⟩ *das Gefühl unangenehmen Drukkes an einer Körperstelle hervorrufen:* die Schuhe drücken mich; der Rucksack drückt. **3.** ⟨itr.⟩ *lastend (auf jmdm.) liegen; schwer auf jmdm. lasten:* Sorgen drükken ihn; drückende Schulden. **sinnv.:** ↑bekümmern, ↑lasten. **4.** ⟨itr.⟩ *sich in einer Menge ungeduldig stoßend, schiebend o. ä. bewegen, um möglichst schnell an ein Ziel zu kommen:* wer drückt denn hier so? **sinnv.:** drängeln, drängen, sich durchzwängen, schieben. **5.** ⟨tr.⟩ *bewirken, daß etwas niedriger wird:* das große Angebot drückt die Preise; das Niveau d. **sinnv.:** ↑verringern. **6.** ⟨sich d.⟩ (ugs.) *sich [unauffällig] einer Arbeit, Verpflichtung entziehen:* sich gern [vor/von der Arbeit] d.; er versteht es, sich zu d. **sinnv.:** sich ↑entziehen.

drückend ⟨Adj.⟩: *schwül lastend:* eine drückende Hitze; es ist heute d.

Drucker, der; -s, -: *jmd., der das Handwerk des Druckens ausübt.* **Zus.:** Buchdrucker.

Drucke|rei, die; -, -en: *Betrieb, in dem gedruckte Erzeugnisse gewerbsmäßig hergestellt werden.* **Zus.:** Buchdruckerei.

Druck|knopf, der; -[e]s, Druckknöpfe: *aus zwei Plättchen bestehender Knopf, der sich durch Aneinanderdrücken der beiden Teile schließen läßt.*

Druck|mit|tel, das; -s, -: *etwas, was ausgenutzt werden kann, um Druck auf jmdn. auszuüben.* **sinnv.:** ↑Zwang.

Druck|sa|che, die; -, -n: *zu ermäßigter Gebühr beförderte, nicht verschlossene Sendung, die nur gedruckte Schriften enthält.* **sinnv.:** ↑Post.

drun|ter ⟨Adverb⟩ (ugs.): ↑*darunter.*

Drü|se, die; -, -n: *Organ, das ein Sekret produziert und dieses an den Körper oder nach außen abgibt.* **Zus.:** Bauchspeichel-, Geschlechts-, Keim-, Lymph-, Milch-, Schild-, Schweiß-, Speichel-, Tränendrüse.

Dschun|gel, der; -s, -: *undurchdringlicher, sumpfiger Wald in den Tropen:* ein dichter D.; in den D. eindringen. **sinnv.:** ↑Urwald.

du ⟨Personalpronomen⟩ */bezeichnet eine angeredete vertraute Person/:* jmdn. mit du anreden; du kannst mir das Buch morgen bringen. **sinnv.:** ↑duzen.

Dü|bel, der; -s, -: *Zapfen, Pflock zur Befestigung von Schrauben o. ä. in einer Wand oder Decke.* **sinnv.:** ↑Nagel.

Du|blet|te, die; -, -n: *das zweite von doppelt vorhandenen Stükken:* die Dubletten der Bibliothek verkaufen.

ducken, sich: *[vor irgendeiner Gefahr] den Kopf einziehen und dabei den Rücken etwas gekrümmt halten* (siehe Bildleiste „bücken"): sich vor einem Schlag d. **sinnv.:** sich ↑beugen.

Du|del|sack, der; -[e]s, Dudelsäcke: *Blasinstrument mit mehreren Pfeifen, die über einen vom Spieler durch ein Mundstück mit Luft gefüllten ledernen Sack mit Luft versorgt und zum Klingen gebracht werden.*

Du|ell, das; -s, -e: ↑*Zweikampf.*

Du|ett, das; -s, -e: *Komposition für zwei Singstimmen mit instrumentaler Begleitung.*

Duft, der; -[e]s, Düfte: *angenehmer, feiner Geruch:* der D. einer Blume, eines Parfüms. **sinnv.:** ↑Geruch. **Zus.:** Blumen-, Braten-, Rosenduft.

duf|ten, duftete, hat geduftet ⟨itr.⟩: *[einen bestimmten oder für etwas charakteristischen] angenehmen Geruch ausströmen:* die Rosen duften stark, zart; es duftet nach Veilchen. **sinnv.:** ↑riechen · aromatisch, wohlriechend.

duf|tig ⟨Adj.⟩: *fein und leicht wie ein Hauch:* duftige Spitzen, Kleider. **sinnv.:** fein, hauchdünn, hauchfein, hauchzart, zart.

dul|den, duldete, hat geduldet: **1.** ⟨itr.⟩ *[Schweres, Schreckliches] über sich ergehen lassen, mit Gelassenheit ertragen:* standhaft, still d.; d., ohne zu klagen; Not und Verfolgung d. **sinnv.:** ↑aushalten. **2.** ⟨tr.⟩ **a)** *[aus Nachsicht] fortbestehen, gelten lassen, ohne ernsthaften Widerspruch einzulegen oder Maßnahmen dagegen zu ergreifen:* Ausnahmen werden nicht geduldet; keinen Widerspruch d.; die Sache duldet keinen Aufschub. **sinnv.:** akzeptieren, ↑billigen. **b)** *(jmdn.) an einem bestimmten Ort leben, sich aufhalten lassen:* sie duldeten ihn nicht in ihrer Mitte; wir sind hier nur geduldet.

duld|sam ⟨Adj.⟩: *eine andere Denk- und Handlungsweise tolerierend; voller Geduld, Nachsicht:* ein duldsamer Mensch. **sinnv.:** ↑tolerant.

dumm ⟨Adj.⟩: **1. a)** *mangelnde Begabung auf intellektuellem Gebiet aufweisend, von schwacher, nicht zureichender Intelligenz:* ein dummer Mensch; sich d. stellen. **sinnv.:** albern, begriffsstutzig, behämmert, bekloppt, beknackt, bescheuert, beschränkt, blöd[e], blödsinnig, borniert, dämlich, doof, dümmlich, dußlig, idiotisch, langweilig, saublöd, töricht, unbedarft, unbedeutend, unerfahren, unintelligent, unklug, unterbelichtet, unverständig; ↑unbegabt. **Zus.:** sau-, strohdumm. **b)** *nicht geschickt in seinem Tun:* das war aber d. von dir, ihm das jetzt zu sagen. **2.** (ugs.) *in ärgerlicher Weise unangenehm:* das ist eine dumme Geschichte. **sinnv.:** ↑unerfreulich; ↑unangenehm.

Dumm|heit, die; -, -en: **1.** ⟨ohne Plural⟩ *mangelnde Begabung auf intellektuellem Gebiet, Unwissenheit, schwache, nicht zureichende Intelligenz.* **sinnv.:** ↑dumm. **2.** *unkluge Handlung:*

eine D. begehen. **sinnv.:** ↑Unsinn.

Dụmm|kopf, der; -[e]s, Dummköpfe: *jmd., der sich (im Urteil des Sprechers) in ärgerlicher oder zu kritisierender Weise dumm, unvernünftig verhält:* er ist ein D.; sei kein D.! **sinnv.:** Armleuchter, Blödmann, Dämlack, Depp, Dummian, Dussel, Esel, Hammel, Idiot, Kamel, Kretin, ↑Narr, doofe Nuß, Rindvieh, Schafskopf, Schwachkopf, Spinner, Trottel; ↑Ignorant; ↑Mann.

dụ̈mm|lich ⟨Adj.⟩: *ein wenig dumm, einfältig, leicht beschränkt [wirkend], durch sein Aussehen, seine Miene o. ä. einen wenig intelligenten Eindruck machend:* ein dümmlicher Gesichtsausdruck; d. grinsen. **sinnv.:** ↑albern, ↑dumm.

dụmpf ⟨Adj.⟩: **1.** *gedämpft und dunkel klingend:* der Sack fiel mit dumpfem Aufprall zu Boden. **2.** *feucht, von Feuchtigkeit verdorben o. ä. und im Geruch davon zeugend:* dumpfe Kellerluft; eine dumpfe Schwüle. **sinnv.:** abgestanden, fade, flau, schal, verbraucht. **3.** *(als Schmerz, Gefühl o. ä.) nicht ausgeprägt hervortretend:* ein dumpfes Gefühl im Kopf; eine dumpfe Ahnung. **sinnv.:** ↑unklar. **4.** *geistig unbeweglich, untätig und ohne Anteilnahme am äußeren Geschehen:* die dumpfe Atmosphäre einer Kleinstadt; d. vor sich hin brüten.

Dü̦|ne, die; -, -n: *durch den Wind entstandene, hügelartige Ablagerung von Sand.* **Zus.:** Rand-, Wanderdüne.

Dụng, der; -s: *als Dünger verwendeter Mist.* **sinnv.:** ↑Dünger. **Zus.:** Grün-, Kuh-, Stalldung.

dụ̈n|gen ⟨tr.⟩: *(dem Boden) Dünger zuführen:* das Feld, den Kohl d.

Dụ̈n|ger, der; -s, -: *Stoffe, durch deren Zufuhr der Ertrag des Bodens erhöht wird:* künstlicher D. **sinnv.:** Dung, Düngemittel, Jauche, Kompost, Mist, Pfuhl. **Zus.:** Blumen-, Kunst-, Mineral-, Naturdünger.

dụn|kel ⟨Adj.⟩: **1. a)** *nicht hell, nicht oder nur unzulänglich erhellt:* dunkle Straßen; es wird schon früh d. **sinnv.:** dämmerig, duster, finster, schummerig, trübe, zwielichtig. **Zus.:** stockdunkel. **b)** *nicht hell, sondern sich in der Farbe eher dem Schwarz nähernd:* ein dunkler Anzug; ein dunkles Grün; die Brille ist d. getönt. **2.** *(von Klängen, Tönen) nicht hell, sondern tief, gedämpft [wirkend]:* eine dunkle Stimme; d. klingen. **3.** *nicht bestimmt, nicht deutlich, sondern unklar, verschwommen und dabei oft geheimnisvoll, schwer deutbar:* ein dunkler Verdacht; dunkle Vorstellungen von etwas haben; dunkle Andeutungen; in dunkler Vorzeit. **sinnv.:** ↑rätselhaft, ↑unklar, ↑verworren. **4.** *von zweifelhafter, verdächtig wirkender Beschaffenheit, nicht recht durchschaubar:* dunkle Geschäfte machen; eine dunkle Vergangenheit, Existenz. **sinnv.:** ↑anrüchig.

Dụ̈n|kel, der; -s: *von anderen als unangenehm empfundenes, sich in jmds. Verhalten deutlich ausdrückendes Bewußtsein einer vermeintlichen (gesellschaftlichen, geistigen) Überlegenheit:* akademischer D.; ich habe keinen D. **sinnv.:** ↑Überheblichkeit.

dụ̈n|kel|haft ⟨Adj.⟩: *voller Dünkel oder davon zeugend:* eine dünkelhafte Gesellschaft; das klingt sehr d. **sinnv.:** anmaßend, arrogant, aufgeblasen, blasiert, eingebildet, eitel, gnädig, herablassend, hochfahrend, hochmütig, hochnäsig, hoffärtig, selbstgefällig, selbstgerecht, selbstüberzeugt, selbstüberzogen, snobistisch, stolz, süffisant, überheblich, wichtigtuerisch.

Dụn|kel|heit, die; -: *[fast] lichtloser Zustand, Zustand des Dunkelseins:* bei Einbruch der D. **sinnv.:** ↑Dämmerung.

dụ̈n|ken: 1. ⟨itr.⟩ *(jmdm. in einer bestimmten Weise) erscheinen, vorkommen:* die Sache dünkt mir/mich zweifelhaft. **sinnv.:** ↑anmuten, ↑vermuten. **Zus.:** Gutdünken. **2.** ⟨sich d.⟩ *sich aus Überheblichkeit zu Unrecht (für etwas) halten:* sich besser d. als andere.

dụ̈nn ⟨Adj.⟩: **1.** *von [zu] geringem Umfang, Durchmesser* /Ggs. dick/: ein dünner Ast; sie ist d.; /scherzhaft-kritisch statt *dick* in Verbindung mit einer Maßangabe/ das Brett ist [nur] 1 cm d. **sinnv.:** fein, haarfein, hauchfein, schmal, schwach · ↑schlank, ↑zart. **Zus.:** extra-, faden-, haar-, hauch-, papierdünn. **2. a)** *beinahe durchsichtig:* ein dünner Schleier. **sinnv.:** ↑durchsichtig; ↑defekt. **b)** *spärlich:* dünnes Haar; das Land ist d. bevölkert. **sinnv.:** ↑schütter, ↑spärlich. **c)** ⟨in Verbindung mit bestimmten Verben⟩ *in geringer Menge:* eine Salbe d. auftragen. **3.** *wenig gehaltvoll, wäßrig:* dünner Kaffee.

dụ̈nn|ma|chen, sich; machte sich dünn, hat sich dünngemacht (ugs.): *sich unauffällig, heimlich entfernen:* ehe man sie fassen konnte, hatten sie sich dünngemacht. **sinnv.:** ↑weggehen.

Dụnst, der; -[e]s, Dünste: **1.** ⟨ohne Plural⟩ *leichte Trübung der Atmosphäre:* die Berge sind in D. gehüllt. **sinnv.:** ↑Nebel, ↑Rauch. **Zus.:** Boden-, Nebeldunst. **2.** *von starkem Geruch [und Dampf] erfüllte Luft:* bläulicher D. von Abgasen; der warme D. *(die warme Ausdünstung)* der Pferde; aufsteigende, schädliche Dünste. **Zus.:** Benzin-, Bier-, Koch-, Schweiß-, Stall-, Tabak[s]-, Wein-, Zigaretten-, Zigarrendunst.

dụ̈n|sten, dünstete, hat gedünstet ⟨tr.⟩: *(Nahrungsmittel) in verschlossenem Topf in [Fett und] Wasserdampf weich, gar werden lassen:* Gemüse d. **sinnv.:** ↑braten, ↑dämpfen.

dụ̈n|stig ⟨Adj.⟩: *durch Dampf oder Nebel trübe.* **sinnv.:** diesig, dunstig, neblig, ↑wolkig; ↑stickig.

Dü̦|nung, die; -: *Seegang nach einem Sturm mit gleichmäßig langen Wellen:* die schwache D. schaukelte uns hin und her. **sinnv.:** ↑Welle.

Du̦o, das; -s, -s: **a)** *Musikstück für zwei Stimmen oder zwei Instrumente.* **b)** *Gruppe von zwei Personen (z. B. Sänger oder Musiker):* sie sind öfter als D. aufgetreten.

Du|pli|ka̦t, das; -[e]s, -e: *zweite Ausfertigung eines Schriftstücks:* das D. eines Vertrages. **sinnv.:** ↑Abschrift.

Du|pli|zi|tä̦t, die; -, -en: *doppeltes Auftreten; zufälliges Zusammentreffen zweier gleicher Ereignisse:* die D. der Ereignisse. **sinnv.:** Gleichzeitigkeit, Simultanität, Zusammentreffen.

dụrch: I. ⟨Präp. mit Akk.⟩: **1.** */kennzeichnet eine Bewegung, die auf der einen Seite in etwas hinein- und auf der anderen Seite wieder hinausführt/:* d. die Tür, den Wald gehen. **2.** */kennzeichnet die vermittelnde, bewirkende Person, das Mittel, die Ursache, den Grund/:* etwas d. das Los entscheiden; die Stadt wurde d. ein Erdbeben zerstört. **sinnv.:**

an Hand von, mit Hilfe von, kraft, mit, mittels[t], per, vermittels[t], vermöge · ↑wegen. **II. 1.** /in Verbindung mit einem Personalpronomen in Konkurrenz zu *dadurch;* bezogen auf eine Sache (ugs.)/: er hat eine gute Berufsausbildung. Durch sie (statt: dadurch) steigen seine Chancen auf dem Arbeitsmarkt. **2.** /in Verbindung mit „was" in Konkurrenz zu *wodurch;* bezogen auf eine Sache (ugs.)/: **a)** /in Fragen/: d. was (besser: wodurch) komme ich zu dieser Auszeichnung? **b)** /in relativer Verbindung/: ich weiß nicht, d. was (besser: wodurch) ich da hineingeraten bin.

durch- ⟨verbales Präfix; wenn betont, dann trennbar, wenn unbetont, dann untrennbar; oft bestehen beide Möglichkeiten nebeneinander, wobei die trennbaren Verben stärker die Tätigkeit o. ä. der Person hervorheben, während die untrennbaren stärker die Tätigkeit am Objekt, das Ergebnis betonen, z. B. ich bohre das Brett durch (= ich bin bohrend tätig), ich durchbohre das Brett (= das Brett erhält durch mein Bohren ein Loch). Die untrennbaren Verben werden oft übertragen gebraucht: er hat mich mit Blicken durchbohrt.⟩ **1.** *hindurch* **a)** /als Bewegung/: durchfahren (er fuhr durch die Stadt durch), durchfahren (er durchfuhr kreuz und quer das Land), durchkriechen (er kriecht unter dem Zaun durch), durchkriechen (er durchkriecht das ganze Gelände), durchmarschieren. **b)** */eine Materie o. ä. durchdringend, durchtrennend/:* durchbrechen (er brach den Stock durch), durchbrechen (er durchbrach die Absperrung), durchbrennen, durchlöchern, durchsägen (er hat das Brett durchgesägt), durchsägen (der Gefangene hat die Gitterstäbe durchsägt), durchstechen (er hat das Bild durchstochen), einen Faden durchziehen. **c)** */als Abnutzung/:* durchscheuern. **d)** */in gleichmäßig verteilter Weise/:* gut durchblutet, durchwuchern (der Garten ist von Unkraut durchwuchert), ein durchseuchtes Gebiet. **2.** *von Anfang bis Ende* **a)** /zeitlich/: durcharbeiten (er hat die Nacht durchgearbeitet), durchtanzen (er hat die Nacht durchgetanzt = *er hat die ganze Nacht getanzt*), durchtanzen (er hat die Nacht durchtanzt = *er hat die Nacht mit Tanzen, tanzend verbracht*). **b)** /räumlich/: durchblättern, sich durchfragen, sich durchfressen (sie hat sich durch die viele Arbeit durchgefressen), durchmustern, durchnumerieren. **c)** (verstärkend) *ganz und gar; gründlich:* durchatmen, durchfrieren (er ist durchgefroren), durchgliedern, durchkonstruieren, jmdn. durchprügeln, durchreifen, durchtesten. **3.** *nach unten:* sich durchliegen, durchhängen.

durch|ar|bei|ten, arbeitete durch, hat durchgearbeitet: **1.** ⟨tr.⟩ *genau durchlesen und sich mit dem Inhalt auseinandersetzen:* ein Buch gründlich d. **sinnv.:** beackern, bearbeiten, durchlesen, durchpflügen, durchstudieren · präparieren, vorbereiten; ↑durchnehmen. **2.** ⟨itr.⟩ *ohne Pause arbeiten:* sie arbeiten mittags durch.

durch|aus [durchaus] ⟨Adverb⟩: **a)** *unter allen Umständen:* er will d. dabei sein. **sinnv.:** ↑unbedingt. **b)** *völlig, ganz:* was Sie sagen, ist d. richtig. **sinnv.:** ↑ganz.

durch|bei|ßen, biß durch, hat durchgebissen: **1.** ⟨tr.⟩ *ganz durch etwas beißen und es in zwei Stücke zerteilen:* einen Faden d. **2.** ⟨sich d.⟩ (ugs.) *verbissen und zäh alle Schwierigkeiten überwinden:* mach dir nur keine Sorgen, ich werde mich schon d. **sinnv.:** sich ↑durchschlagen.

Durch|blick, der; -[e]s, -e (ugs.): *das Verstehen von Zusammenhängen; Überblick über etwas:* sich den nötigen D. verschaffen; keinen D. haben. **sinnv.:** ↑Erfahrung.

durch|blicken, blickte durch, hat durchgeblickt ⟨itr.⟩: **1.** *(durch etwas) blicken:* er nahm sein Fernglas und blickte durch. **2.** (ugs.) *die Zusammenhänge (von etwas) verstehen:* da blicke ich nicht mehr durch. **sinnv.:** ↑verstehen.

durch|blu|tet ⟨Adj.⟩: *mit Blut versorgt:* gut durchblutete Haut.

durch|boh|ren: I. durchbohren, bohrte durch, hat durchgebohrt ⟨tr.⟩: *(in etwas) durch Bohren eine Öffnung herstellen:* ein Loch [durch die Wand] d. **II. durchbohren,** durchbohrte, hat durchbohrt ⟨tr.⟩: *bohrend (durch etwas) dringen:* ein Brett d.; das Geschoß durchbohrte die Tür des Autos; man hatte ihn gefunden, von mehreren Kugeln durchbohrt. **sinnv.:** ↑durchlöchern.

durch|bo|xen, boxte durch, hat durchgeboxt ⟨tr./sich d.⟩ (ugs.): *mit Energie durchsetzen:* er boxte durch, daß er eine Gehaltserhöhung bekam; er hat sich durchgeboxt *(auf seinem Weg zum Erfolg alle Hindernisse energisch überwunden).* **sinnv.:** ↑erwirken, sich ↑durchschlagen.

durch|bre|chen: I. durchbrechen, bricht durch, brach durch hat/ist durchgebrochen: **1. a)** ⟨tr.⟩ *in zwei Teile zerbrechen:* er hat den Stock durchgebrochen. **sinnv.:** ↑brechen. **b)** ⟨itr.⟩ *durch Brechen entzweigehen:* der Stuhl ist durchgebrochen. **sinnv.:** ↑zerbrechen. **2.** ⟨tr.⟩ *(eine Öffnung) in eine Wand brechen:* wir haben eine Tür [durch die Wand] durchgebrochen. **3.** ⟨itr.⟩ *unter Überwindung von Hindernissen durch etwas dringen oder an die Oberfläche gelangen:* die Mutter stellte fest, daß bei ihrem Kind der erste Zahn durchgebrochen war. **sinnv.:** durchdringen, sich durchfressen, durchgehen, durchkommen, durchschlagen, durchtreten, hervorbrechen, hervorkommen. **II. durchbrechen,** durchbricht, durchbrach, hat durchbrochen ⟨tr.⟩: *mit Gewalt durch eine Absperrung dringen:* die Fluten durchbrachen den Deich.

durch|bren|nen, brannte durch, ist durchgebrannt ⟨itr.⟩: **1.** *durch langes Brennen, starke Belastung mit Strom entzweigehen:* die Sicherung ist durchgebrannt. **sinnv.:** durchglühen, durchschmelzen, durchschmoren. **2.** *bis zum Glühen brennen:* die Kohlen sind noch nicht durchgebrannt. **sinnv.:** durchglühen. **3.** (ugs.) *sich heimlich und überraschend davonmachen:* mit der Kasse d. **sinnv.:** ↑weggehen.

durch|brin|gen, brachte durch, hat durchgebracht (ugs.): **1. a)** ⟨tr.⟩ *durch ärztliche Kunst erreichen, daß jmd. eine Krise übersteht und gesund wird:* die Ärzte haben den Patienten durchgebracht. **sinnv.:** ↑heilen. **b)** ⟨tr.⟩ *mit gewisser Anstrengung dafür sorgen, daß das Nötigste zum Leben (für jmdn., für die eigene Person) vorhanden ist:* sich, seine Kinder ehrlich d. **sinnv.:** ↑ernähren · sich ↑durchschlagen. **c)** ⟨tr.⟩ *gegen eine mögliche Opposi-*

tion durchsetzen: einen Kandidaten d. **sinnv.:** ↑erwirken. **2.** ⟨tr.⟩ *(Geld, Besitz) in kurzer Zeit bedenkenlos verschwenden:* sein Vermögen, Erbe d. **sinnv.:** aasen mit, aufbrauchen, um die Ecke bringen, zum Fenster hinauswerfen, hausen, auf den Kopf hauen, ↑verbrauchen, vergeuden, verjubeln, verjuxen, verplempern, verprassen, verpulvern, verschleudern, verschwenden, vertun, verwirtschaften.

Durch|bruch, der; -[e]s, Durchbrüche: **1.** *das Durchbrechen, [deutliches Hervortreten nach] Überwindung von Hindernissen:* ein D. durch die Stellung des Feindes. **2.** *Öffnung in etwas:* den D. im Deich schließen. **sinnv.:** Bresche, Durchgang, Durchlaß, Durchstich, Einschnitt, Enge, Engpaß, Stollen. **Zus.:** Mauerdurchbruch.

durch|den|ken: I. durchdenken, dachte durch, hat durchgedacht ⟨tr.⟩: *bis zu Ende denken:* ich habe die Sache noch einmal durchgedacht. **sinnv.:** nachdenken. **II. durchdenken,** durchdachte, hat durchdacht ⟨tr.⟩: *hinsichtlich der Möglichkeiten und Konsequenzen bedenken:* etwas gründlich d.; ein in allen Einzelheiten durchdachter Plan. **sinnv.:** ↑überlegen.

durch|dre|hen, drehte durch, hat/ist durchgedreht: **1.** ⟨tr.⟩ *durch eine Maschine drehen:* wer hat das Fleisch durchgedreht? **2.** ⟨itr.⟩ (ugs.) *kopflos werden, die Nerven verlieren:* kurz vor dem Examen hat er durchgedreht; er hat/ist völlig durchgedreht. **sinnv.:** sich ↑aufregen, die Beherrschung/die Fassung/den Kopf/die Nerven verlieren, einen Rappel kriegen.

durch|drin|gen: I. durchdringen, drang durch, ist durchgedrungen ⟨itr.⟩: *Hindernisse überwinden, gegen etwas ankommen:* bei dem Lärm konnte er [mit seiner Stimme] nicht d.; er konnte mit seinem Vorschlag nicht d. *(konnte seinen Vorschlag nicht durchsetzen).* **sinnv.:** ↑durchbrechen, sich ↑durchsetzen. **II. durchdringen,** durchdrang, hat durchdrungen ⟨tr.⟩: **1.** *trotz Behinderung (durch etwas) dringen und wahrnehmbar sein:* einzelne Strahlen durchdringen die Wolken. **2.** *innerlich ganz erfüllen:* ein Gefühl der Begeisterung durchdrang alle.

durch|drücken, drückte durch, hat durchgedrückt ⟨tr.⟩ (ugs.): *gegenüber starken Widerständen durchsetzen:* seinen Willen d. **sinnv.:** ↑erwirken.

durch|ein|an|der ⟨Adverb⟩: **1.** *ungeordnet.* **sinnv.:** bunt, chaotisch, wie Kraut und Rüben, kunterbunt, ungeordnet, vermischt, vermengt, wirr, ↑wüst. **2.** *wahllos (das eine und das andere):* alles d. essen und trinken.

Durch|ein|an|der [Durch...], das; -s: *Unordnung, allgemeine Verwirrung:* in seinem Zimmer herrschte ein großes D. **sinnv.:** ↑Mischung, ↑Wirrwarr.

durch|ein|an|der|brin|gen, brachte durcheinander, hat durcheinandergebracht ⟨tr.⟩: **1.** *in Unordnung bringen:* meine Bücher waren alle durcheinandergebracht worden. **sinnv.:** ↑verquicken. **2.** *miteinander verwechseln:* zwei verschiedene Begriffe d. **3.** *in Verwirrung bringen:* die Nachricht hat mich ganz durcheinandergebracht.

durch|ein|an|der|ge|hen, ging durcheinander, ist durcheinandergegangen ⟨itr.⟩ (ugs.): *sich in völliger Unordnung, in Wirrwarr befinden:* wenn er so etwas organisiert, geht immer alles durcheinander. **sinnv.:** ↑verwirren.

durch|ein|an|der|re|den, redete durcheinander, hat durcheinandergeredet (ugs.): **1.** ⟨itr.⟩ *gleichzeitig reden:* jedes Kind wollte antworten, und so redeten alle durcheinander. **2.** ⟨tr./itr.⟩ *wirr, nicht zusammenhängend reden:* in der Narkose redete er [alles mögliche] durcheinander. **sinnv.:** ↑phantasieren.

durch|fah|ren: I. durchfahren, fährt durch, fuhr durch, ist durchgefahren ⟨itr.⟩: *ohne Halt durch einen Ort, ein Gebiet fahren:* wir konnten [durch Köln] d. **sinnv.:** durchjagen, durchrasen, durchreisen, durchrollen. **II. durchfahren,** durchfährt, durchfuhr, hat durchfahren **1.** ⟨tr.⟩ **a)** *(einen bestimmten Weg) zurücklegen:* eine Strecke d. **b)** *[nach allen Richtungen] durch einen Ort, ein Gebiet fahren:* eine Stadt, ein Land d. **sinnv.:** durchkreuzen, durchlaufen, durchmessen, durchreisen, durchrollen, durchschiffen, durchschneiden; ↑durchqueren. **2.** ⟨itr.⟩ *plötzlich in jmds. Bewußtsein dringen und eine heftige Empfindung auslösen:* ein Schreck, ein Gedanke durchfuhr mich. **sinnv.:** durchblitzen, durchschießen, durchzucken.

Durch|fahrt, die; -, -en: **1.** *das Durchfahren durch etwas:* auf der D. von Berlin nach Hamburg sein. **sinnv.:** Durchreise · Durchfuhr, Transit. **2.** *Öffnung, Tor zum Durchfahren:* vor der D. parken. **sinnv.:** Durchgang, Durchlaß · Meerenge, Passage, Straße (z. B. von Gibraltar). **Zus.:** Ortsdurchfahrt.

Durch|fall, der; -s, Durchfälle: *[durch Infektion hervorgerufene] häufige Entleerung von dünnem, flüssigem Stuhl.* **sinnv.:** Darmkatarrh, Diarrhö, Dünnpfiff, Dünnschiß, Durchmarsch, Dysenterie, Enteritis, Ruhr, Scheißerei. **Zus.:** Brechdurchfall.

durch|fal|len, fällt durch, fiel durch, ist durchgefallen ⟨itr.⟩: **a)** *eine Prüfung nicht bestehen:* im Examen d. **sinnv.:** durchrasseln, ↑versagen. **b)** *keinen Erfolg beim Publikum haben:* das neue Stück des Autors ist durchgefallen. **sinnv.:** ↑scheitern.

durch|fin|den, fand durch, hat durchgefunden (ugs.): **1.** ⟨itr.⟩ *dorthin finden, wohin man will; die Orientierung nicht verlieren; sich zurechtfinden:* ich kannte die Stelle zwar nicht, doch fand ich leicht durch. **2.** ⟨sich d.⟩ *(etwas) verstehen; die Übersicht (über etwas) haben:* mir ist das alles zu schwierig, ich finde mich da nicht mehr durch. **sinnv.:** ↑verstehen.

durch|flie|ßen: I. durchfließen, floß durch, ist durchgeflossen ⟨itr.⟩: *(durch eine Öffnung) fließen:* sie nahm den Filter von der Kanne, weil das Wasser durchgeflossen war. **sinnv.:** durchlaufen. **II. durchfließen,** durchfloß, hat durchflossen ⟨tr.⟩: *(durch ein Gebiet o. ä.) fließen:* der Bach durchfließt eine Wiese. **sinnv.:** durchfluten, durchlaufen, durchrauschen, durchrinnen, durchströmen.

durch|frie|ren, fror durch, ist durchgefroren ⟨itr.⟩: *langsam durch und durch kalt werden* /von Personen/: ich mußte lange draußen warten und fror dabei ganz schön durch; ⟨häufig im 2. Partizip⟩: er kam völlig durchgefroren /(auch:) durchfroren nach Hause.

durch|füh|ren, führte durch, hat durchgeführt ⟨tr.⟩: **a)** *so, wie das Betreffende geplant wurde, in allen Einzelheiten verwirklichen:* ein Vorhaben d. **b)** *in der für das*

angestrebte Ergebnis erforderlichen Weise vornehmen, damit beschäftigt sein: eine Untersuchung d. **sinnv.:** ausführen. **c)** *stattfinden lassen:* eine Abstimmung d. **sinnv.:** ↑veranstalten.
Durch|gang, der; -[e]s, Durchgänge: **1.** ⟨ohne Plural⟩ *das Durchgehen durch etwas:* D. verboten. **2.** *Stelle zum Durchgehen:* kein öffentlicher D. **sinnv.:** Durchlaß, Durchschlupf, Gasse, Passage, Schlupfloch · Paß · Furt · ↑Durchfahrt · ↑Durchbruch. **3.** *eine von mehreren [gleichartigen] Phasen eines Geschehens, eines Gesamtablaufs:* der erste D. einer Versuchsreihe; ein Wettbewerb mit drei Durchgängen. **sinnv.:** Durchlauf.
durch|ge|hen, ging durch, ist durchgegangen /vgl. durchgehend/: **1.** ⟨itr.⟩ *durch etwas gehen:* ich ließ ihn vor mir [durch die Tür] d. **sinnv.:** durchlaufen, durchmarschieren, durchschlendern, [hin]durchschreiten. **2.** ⟨itr.⟩ *plötzlich nicht mehr den Zügeln gehorchen und davonlaufen:* die Pferde sind [dem Bauern] durchgegangen. **sinnv.:** scheuen, wild werden. **3.** ⟨itr.⟩ **a)** *durch etwas hindurchkommen:* der dicke Faden geht nur schwer [durch das Öhr] durch. **b)** *ohne Beanstandung angenommen werden:* der Antrag ging durch. **sinnv.:** durchkommen, genehmigt/bewilligt/angenommen werden. **c)** ⟨in der Verbindung⟩ d. lassen: *unbeanstandet lassen:* sie ließ alle Unarten d. **sinnv.:** ↑verzeihen. **4.** ⟨tr.⟩ *durchsehen:* eine Rechnung noch einmal d. **sinnv.:** ↑durchsehen, ↑kontrollieren.
durch|ge|hend ⟨Adj.⟩: **1.** *direkt bis ans eigentliche Ziel einer Reise fahrend:* ein durchgehender Zug. **2.** *ohne Pause oder Unterbrechung:* die Geschäfte sind d. geöffnet.
durch|grei|fen, griff durch, hat durchgegriffen ⟨itr.⟩: *mit drastischen Maßnahmen gegen Mißstände o. ä. vorgehen:* die Polizei hat rücksichtslos durchgegriffen. **sinnv.:** ↑eingreifen.
durch|hal|ten, hält durch, hielt durch, hat durchgehalten ⟨itr.⟩: *einer Belastung standhalten:* bis zum Schluß d.; ⟨auch tr.⟩ die Strapazen halte ich [gesundheitlich] nicht durch. **sinnv.:** nicht aufgeben / nachgeben / schlappmachen, ↑aushalten, ausharren, ↑standhalten.
durch|hel|fen, hilft durch, half durch, hat durchgeholfen ⟨itr.⟩ (ugs.): *helfen, eine schwierige Situation zu bestehen:* als er arbeitslos wurde, versuchte sein Bruder, ihm durchzuhelfen; ich half mir schließlich selbst durch. **sinnv.:** durchschleppen; ↑helfen.
durch|käm|men: I. durchkämmen, kämmte durch, hat durchgekämmt ⟨tr.⟩: *gründlich und sorgfältig kämmen:* das vom Wind zersauste Haar d. **sinnv.:** ↑frisieren. **II. durchkämmen,** durchkämmte, hat durchkämmt ⟨tr.⟩: *(ein Gebiet) gründlich durchsuchen* /von mehreren nebeneinandergehenden Menschen/: die Polizisten durchkämmten den Wald nach einem Verbrecher. **sinnv.:** ↑durchsuchen.
durch|kau|en, kaute durch, hat durchgekaut ⟨tr.⟩ (ugs.): *bis zum Überdruß besprechen:* eine Lektüre im Unterricht d. **sinnv.:** ↑erörtern.
durch|kom|men, kam durch, ist durchgekommen ⟨itr.⟩: **1.** *an einer Stelle vorbeikommen;* der Zug kommt hier durch. **sinnv.:** durchziehen, vorüberkommen. **2.** *trotz räumlicher Behinderung durch etwas an sein Ziel gelangen:* durch die Menge war kaum durchzukommen. **sinnv.:** durchdringen, durchgelangen, sich durchkämpfen/durchwinden. **3.** (ugs.) **a)** *sein Ziel erreichen:* er wird nicht überall mit seiner Faulheit d.; mit Englisch kommt man überall durch *(kann man sich überall verständigen).* **b)** *eine Prüfung bestehen:* alle Schüler sind durchgekommen. **c)** *die Krise überstehen, gesund werden:* der Patient ist durchgekommen. **sinnv.:** davonkommen, dem Tode entrinnen, am Leben bleiben · ↑entrinnen · ↑überstehen. **d)** *(eine Arbeit) bewältigen können:* ich komme [mit der Arbeit] nicht durch. **sinnv.:** ↑bewältigen. **4.** (ugs.) *gemeldet, bekanntgegeben werden:* die Meldung vom Putsch kam gestern in den Nachrichten durch.
durch|kreu|zen: I. durchkreuzen, kreuzte durch, hat durchgekreuzt ⟨tr.⟩: *mit einem Kreuz durchstreichen:* eine Zahl d. **sinnv.:** ↑ausstreichen. **II. durchkreuzen,** durchkreuzte, hat durchkreuzt: *durch Gegenmaßnahmen behindern, vereiteln:* jmds. Pläne d. **sinnv.:** ↑hindern, ↑verhindern.
Durch|laß, der; Durchlasses, Durchlässe: **1.** ⟨ohne Plural⟩ *das Durchlassen:* jmdm. D. gewähren, verschaffen; Polizisten sorgten für einen geregelten D. **2.** *Stelle, an der man durch ein Hindernis hindurchkann; Durchgang, der durch eine Mauer o. ä. hindurchführt:* der D. war für ein Auto zu schmal. **sinnv.:** ↑Durchfahrt, ↑Durchgang · Durchbruch.
durch|las|sen, läßt durch, ließ durch, hat durchgelassen: **a)** ⟨tr.⟩ *(in bezug auf eine Absperrung, Grenze o. ä.) durchgehen, vorbeigehen lassen:* ohne Ausweis wird niemand durchgelassen. **b)** ⟨itr.⟩ *(für etwas) durchlässig sein, (etwas) durch-, eindringen lassen:* die Schuhe lassen Wasser durch.
durch|läs|sig ⟨Adj.⟩: *nicht dicht; (Luft, Wasser o. ä.) durchlassend:* durchlässige Gefäße, Zellen; etwas ist für Wasser, für Gase d. **sinnv.:** durchlöchert, leck, löcherig, perforiert, porös, undicht. **Zus.:** licht-, luft-, wasserdurchlässig.
durch|lau|fen: I. durchlaufen, läuft durch, lief durch, ist durchgelaufen ⟨itr.⟩: *durch eine Öffnung laufen:* durch ein Tor d. **sinnv.:** ↑durchgehen. **II. durchlaufen,** durchläuft, durchlief, hat durchlaufen ⟨tr.⟩: **1.** *(einen Weg, eine Strecke) laufend zurücklegen.* **sinnv.:** durchfahren, durchrollen. **2.** *(etwas, was der Ausbildung, dem Fortkommen dient) bis zum Ende besuchen:* sie hat die höhere Schule durchlaufen. **sinnv.:** absolvieren, durchmachen, hinter sich bringen, mitmachen.
durch|le|ben ⟨tr.⟩: **a)** *(eine bestimmte Zeit) verbringen:* fröhliche Tage d. **sinnv.:** ↑verleben. **b)** *(ein Gefühl) in allen Nuancen kennenlernen:* Seligkeiten, Qualen d. **sinnv.:** ↑erleben.
durch|le|sen, liest durch, las durch, hat durchgelesen ⟨tr.⟩: *von Anfang bis Ende lesen:* ein Buch d. **sinnv.:** ↑lesen.
durch|leuch|ten, durchleuchtete, hat durchleuchtet ⟨tr.⟩: **1.** *mit Licht, Röntgenstrahlen durchdringen, um das Innere sichtbar zu machen:* sich vom Arzt d. lassen. **sinnv.:** röntgen. **2.** *aufklären, kritisch untersuchen:* das Treiben dieser Gruppe muß gründlich durchleuchtet werden. **sinnv.:** ↑erörtern, ↑nachforschen.
durch|lö|chern ⟨tr.⟩: *mit Löchern versehen; (in jmdn./etwas)*

Löcher bohren, schlagen, schießen: die Zielscheibe war von Kugeln durchlöchert. **sinnv.:** durchbohren, durchschlagen, durchsieben, durchstoßen, zersieben · lochen, perforieren · ↑defekt.

durch|ma|chen, machte durch, hat durchgemacht ⟨tr.⟩: **1.** *eine Zeitlang einer schweren körperlichen, seelischen oder wirtschaftlichen Belastung ausgesetzt sein:* wer weiß, was er alles durchgemacht hat. **sinnv.:** ↑aushalten. **2.** *(einen Lehrgang bis zum Ende) besuchen:* er hat nach dem Studium noch eine praktische Ausbildung durchgemacht. **sinnv.:** ↑durchlaufen. **3.** (ugs.) *in einer bestimmten Tätigkeit keine Pause machen, bis zum Schluß weitermachen:* ich werde mit der Arbeit nicht fertig und muß die Nacht d. **sinnv.:** ununterbrochen.

durch|neh|men, nimmt durch, nahm durch, hat durchgenommen ⟨tr.⟩: *im Unterricht behandeln:* der Lehrer nahm den schwierigen Stoff noch einmal durch. **sinnv.:** ↑durcharbeiten, ↑erörtern.

durch|peit|schen, peitschte durch, hat durchgepeitscht ⟨tr.⟩ (emotional): *dafür sorgen, daß etwas in aller Eile noch behandelt und schnell erledigt wird:* ein Gesetz im Parlament d. **sinnv.:** ↑erwirken.

durch|que|ren ⟨tr.⟩: *sich gehend, fahrend quer von einer Seite auf die andere bewegen:* er durchquerte den Saal; Schiffe durchqueren die See. **sinnv.:** ↑durchfahren, durchschwimmen · ↑bereisen · ↑passieren.

durch|reg|nen, regnete durch, hat durchgeregnet ⟨itr.⟩: *durch etwas durchdringen* /vom Regen/: es hatte an mehreren Stellen der Decke durchgeregnet. **sinnv.:** durchsickern.

Durch|rei|se, die; -, -n: *Reise durch einen Ort, ein Land:* sich auf der D. befinden. **sinnv.:** Durchfahrt.

durch|rei|sen: I. durchreisen, reiste durch, ist durchgereist ⟨itr.⟩: **a)** *ohne längere Unterbrechung (durch einen Ort, ein Land) reisen:* nein, ich kenne die Stadt nicht, ich bin nur durchgereist. **sinnv.:** ↑durchfahren. **b)** *ohne längere Unterbrechung (während einer bestimmten Zeit) reisen:* bei seiner Ankunft wird er sehr müde sein, denn er muß die ganze Nacht d. **II. durchreisen,** durchreiste, hat durchreist ⟨tr.⟩: *durch eine längere Reise, durch viele Reisen genau kennenlernen:* ein Gebiet mehrere Wochen lang d. **sinnv.:** ↑bereisen, ↑durchfahren.

durch|rei|ßen, riß durch, hat/ist durchgerissen: **a)** ⟨tr.⟩ *in zwei Teile zerreißen:* er hat das Heft durchgerissen. **sinnv.:** auseinanderreißen, durchtrennen, entzweireißen, zerreißen · ↑zerlegen. **b)** ⟨itr.⟩ *in zwei Teile reißen:* der Faden ist durchgerissen.

durch|rin|gen, sich; rang sich durch, hat sich durchgerungen: *sich nach inneren Kämpfen entschließen:* sich zum Handeln d. **sinnv.:** sich ↑entschließen.

durchs ⟨Verschmelzung von durch + das⟩: **a)** *durch das:* d. Gebirge. **b)** /nicht auflösbar in Wendungen/: für jmdn. d. Feuer gehen.

durch|schau|en: I. durchschauen, schaute durch, hat durchgeschaut ⟨itr.⟩: *durch etwas sehen:* durch das Mikroskop d. **II. durchschauen,** durchschaute, hat durchschaut ⟨tr.⟩: *(über Hintergründe und Zusammenhänge in bezug auf jmdn./etwas) Klarheit gewinnen; erkennen:* jmdn., jmds. Motive nicht sogleich d. **sinnv.:** ↑erkennen, ↑verstehen; ↑entlarven.

durch|schei|nen: I. durchscheinen, schien durch, hat durchgeschienen ⟨itr.⟩: *(durch etwas) scheinen, zu sehen sein:* die Vorhänge waren so dick, daß kein Licht durchgeschienen hat; durchscheinend *(Licht durchlassend)* wie Pergament. **sinnv.:** durchleuchten, durchschimmern. **II. durchscheinen,** durchschien, hat durchschienen ⟨tr.⟩: *mit Licht erfüllen; hell machen:* Sonne hatte das Zimmer durchschienen.

Durch|schlag, der; -[e]s, Durchschläge: *durch untergelegtes Kohlepapier hergestellte Kopie eines maschinegeschriebenen Schriftstücks:* etwas mit zwei Durchschlägen auf der Schreibmaschine schreiben. **sinnv.:** ↑Abschrift.

durch|schla|gen, schlägt durch, schlug durch, ist durchgeschlagen: **1.** ⟨itr.⟩ *in jmds. äußerer Erscheinung, jmds. Wesen sichtbar, spürbar werden:* im Enkel ist der Großvater durchgeschlagen. **2.** ⟨sich d.⟩ *mühsam seine Existenz behaupten:* nach dem Krieg haben sie sich kümmerlich durchgeschlagen. **sinnv.:** sich durchbeißen, sich durchboxen, sich durchbringen, sich durchfechten, sich durchhauen, sich durchkämpfen, sich durchquälen, sich durchwursteln, sich ernähren, sich durchs Leben schlagen, durch die Welt kommen; sich ↑durchsetzen.

durch|schleu|sen, schleuste durch, hat durchgeschleust ⟨tr.⟩: **1. a)** *(ein Schiff) durch eine Schleuse leiten:* nachdem wir lange gewartet hatten, wurde das Schiff gegen Abend doch noch durchgeschleust. **b)** *(Fahrzeuge) durch eine enge Stelle o. ä. leiten:* die Straßen waren so eng, daß die Polizisten Mühe hatten, die vielen Autos durchzuschleusen. **2.** (ugs.) *(Personen) [kontrollierend] durch einen engen Durchgang leiten:* die Reisenden, die sich vor der Kontrollstelle drängten, wurden langsam durchgeschleust. **sinnv.:** abchekken, abfertigen, bedienen, einchecken; ↑kontrollieren.

durch|schnei|den: I. durchschneiden, schnitt durch, hat durchgeschnitten ⟨tr.⟩: *in zwei Teile schneiden:* er schnitt die Leine durch; jmdm. die Kehle d. **sinnv.:** durchsäbeln, durchteilen, durchtrennen, ↑halbieren, kappen, teilen, trennen, zerschneiden. **II. durchschneiden,** durchschnitt, hat durchschnitten ⟨tr.⟩: *schneidend (durch etwas) dringen:* die Säge durchschnitt das Brett. **sinnv.:** ↑durchfahren.

Durch|schnitt, der; -[e]s, -e: *mittleres Ergebnis zwischen zwei Extremen der Qualität oder Quantität:* seine Leistungen liegen über dem D. **sinnv.:** Durchschnittswert, Mittel, Mittelwert, Norm, Schnitt · Mittelmaß, Mittelmäßigkeit. **Zus.:** Alters-, Jahres-, Leistungs-, Preisdurchschnitt.

durch|schnitt|lich ⟨Adj.⟩: **1.** *dem Durchschnitt entsprechend; im allgemeinen:* ein durchschnittliches Einkommen von 1000 DM; sie sind d. nicht älter als 15 Jahre. **sinnv.:** im Durchschnitt, im Schnitt. **2.** *von mittlerer Qualität, mittelmäßig:* eine durchschnittliche Bildung. **sinnv.:** ↑alltäglich, ↑mäßig, mittler...

Durch|schnitts- ⟨Präfixoid⟩: */kennzeichnet das im Basiswort Genannte als eine Person oder Sache, die dem üblichen Mittel-*

maß, Durchschnitt entspricht, die nicht außergewöhnlich oder irgendwie auffällig herausragend ist; ohne [positiv] hervorstechende Merkmale/: Durchschnittsbrieftasche (diese Mietpreise sind für die D. nicht geeignet), -bürger, -denken, -ehe, -geschmack, -gesicht (er hatte ein D.), -hotel, -intelligenz (er verfügt über eine D.), -konsument, -mensch, patient (der D. hat Schmerzen und macht sich Sorgen), -publikum, -schüler, -schwede, -sonntag. **sinnv.:** Allerwelts-, Feld-Wald-und-Wiesen-, Nullachtfünfzehn-.

durch|se|hen, sieht durch, sah durch, hat durchgesehen: **1.** ⟨itr.⟩ *durch etwas sehen:* laß mich einmal [durch das Fernrohr] d.! **2.** ⟨tr.⟩ *auf etwas hin untersuchen, durchlesen:* die Arbeiten der Schüler [auf Fehler] d. **sinnv.:** durchgehen, durchgucken, durchmustern, durchschauen, mustern, sichten · durchblättern · ↑kontrollieren; ↑nachschlagen.

durch|set|zen: I. durchsetzen, setzte durch, hat durchgesetzt: **a)** ⟨tr.⟩ *gegenüber Widerständen verwirklichen:* Reformen d. **sinnv.:** ↑erwirken. **b)** ⟨sich d.⟩ *Widerstände überwinden und sich Geltung verschaffen:* du wirst dich schon d. **sinnv.:** ankommen gegen, ankönnen gegen, aufkommen gegen, auftrumpfen, sich behaupten, bestehen vor, durchdringen, die Oberhand gewinnen/behalten, seinen Willen bekommen/haben/durchdrükken/durchsetzen · ↑siegen; sich ↑durchschlagen. **II. durchsetzen,** durchsetzte, hat durchsetzt ⟨tr.⟩: *in wenig auffallender Weise sich negativ auswirkende Gedanken o. ä. in einen Kreis von Personen hineinbringen und ihn dadurch zu beeinflussen suchen:* das Volk mit aufrührerischen Ideen d. **sinnv.:** infiltrieren.

Durch|sicht, die; -: *das Durchsehen, Durchlesen, Überprüfen:* nach D. des gesamten Materials kam er zu folgendem Ergebnis. **sinnv.:** Inspektion, Musterung, Sichtung; ↑Kontrolle.

durch|sich|tig ⟨Adj.⟩: **1.** *[als Materie] so beschaffen, daß man hindurchsehen kann:* durchsichtiges Papier. **sinnv.:** dünn, durchscheinend, gläsern, lichtdurchlässig, transparent. **2.** *leicht zu durchschauen:* seine Absichten waren sehr d. **sinnv.:** durchschaubar, erkennbar, fadenscheinig, transparent, ↑vordergründig.

durch|spre|chen, spricht durch, sprach durch, hat durchgesprochen ⟨tr.⟩: *ausführlich (über etwas) sprechen:* einen Plan d. **sinnv.:** ↑erörtern.

durch|ste|hen, stand durch, hat durchgestanden ⟨tr.⟩: *sich (in einer schwierigen Lage) behaupten und sie bis zu Ende ertragen:* wir wissen selbst nicht, wie wir alles d. sollen. **sinnv.:** ↑aushalten.

durch|sto|ßen: I. durchstoßen, stößt durch, stieß durch, hat/ist durchgestoßen: **1.** ⟨tr.⟩ **a)** *(durch etwas) stoßen:* er hat den Stock [durch die Spalte] durchgestoßen. **sinnv.:** durchschieben, durchstecken. **b)** *durch Stoßen öffnen, aufbrechen:* sie haben die Tür durchgestoßen. **c)** *durch Stoßen (in etwas eine Öffnung) herstellen:* er hat [durch die dünne Eisdecke] ein Loch durchgestoßen. **sinnv.:** ↑durchlöchern. **2.** ⟨tr.⟩ *sich unter Anwendung von Gewalt einen Weg bahnen:* der Feind ist bereits an mehreren Punkten [durch unsere Linien] durchgestoßen. **sinnv.:** sich durchkämpfen. **II. durchstoßen,** durchstößt, durchstieß, hat durchstoßen ⟨tr.⟩: *mit Gewalt (durch ein Hindernis) stoßen:* das Regiment hat die feindliche Front durchstoßen.

durch|strei|chen, strich durch, hat durchgestrichen ⟨tr.⟩: *einen Strich durch etwas ziehen und es damit entwerten, ungültig machen:* eine Zeile, ein Wort d. **sinnv.:** ↑ausstreichen.

durch|strei|fen, durchstreifte, hat durchstreift ⟨tr.⟩: *(durch ein Gebiet) kreuz und quer streifen:* den Wald d. **sinnv.:** durchschweifen, durchstreichen, durchwandern, durchziehen; ↑bereisen.

durch|su|chen, durchsuchte, hat durchsucht ⟨tr.⟩: *an einer Stelle gründlich nach jmdm./etwas suchen:* eine Wohnung [nach Waffen] d. **sinnv.:** absuchen, abtasten, durchkämmen, durchmustern, durchstöbern, durchwühlen, filzen, eine Haussuchung machen/vornehmen; ↑kontrollieren.

Durch|su|chung, die; -, -en: *das Durchsuchen.* **sinnv.:** Haussuchung, Razzia. **Zus.:** Wohnungsdurchsuchung.

durch|trie|ben ⟨Adj.⟩: *(in einer als unangenehm o. ä. empfundenen Weise) [schon] recht erfahren in Kniffen und Dingen, die zum eigenen Nutzen dienen können:* ein durchtriebener Bursche; dieses Mädchen ist ganz schön d. **sinnv.:** hinterfotzig, ↑schlau, schlitzohrig · Pfiffikus.

durch|wach|sen ⟨Adj.⟩: **1.** *aus mageren und fetten Schichten bestehend /vom Speck/:* durchwachsener Speck. **2.** (ugs.) *(in bezug auf jmds. Befinden o. ä.) nicht überaus gut, aber auch nicht ganz schlecht:* „Wie geht es dir?" – „Na, so d." **sinnv.:** ↑mäßig.

durch|wäh|len, wählte durch, hat durchgewählt ⟨itr.⟩: *ohne Vermittlung eines Amtes selbst eine telefonische Verbindung herstellen:* ich brauche das Gespräch nach London nicht anzumelden, ich kann d.

durch|weg [...weg] ⟨Adverb⟩: *meist, fast ohne Ausnahme:* das Wetter war d. gut. **sinnv.:** ↑generell, ↑überall.

durch|zie|hen: I. durchziehen, zog durch, ist durchgezogen: ⟨itr.⟩: *durch eine Gegend ziehen:* ein Treck von Flüchtlingen ist hier durchgezogen. **sinnv.:** ↑durchkommen. **II. durchziehen,** durchzog, hat durchzogen ⟨tr.⟩: *sich in einer Linie, in Linien in einem Gebiet ausdehnen:* viele Flüsse durchziehen das Land. **sinnv.:** durchsetzen, durchwuchern.

Durch|zug, der; -s: *durch zwei einander gegenüberliegende Öffnungen entstehender Luftzug:* die Luft im Zimmer ist verbraucht, ich werde mal D. machen. **sinnv.:** Luftzug, Zug, Zugluft.

dür|fen, darf, durfte, hat gedurft/ (nach vorangehendem Infinitiv) hat ... dürfen ⟨itr.⟩: **1.** ⟨mit Infinitiv als Modalverb: hat ... dürfen⟩ **a)** *die Erlaubnis haben, berechtigt, autorisiert sein, etwas zu tun:* „Darf ich heute nachmittag schwimmen gehen?" – „Du darfst [schwimmen gehen]"; ich habe nicht kommen d.; (in höflicher Ausdrucksweise, in Form einer Frage:) darf ich Sie bitten, das Formular auszufüllen?; darf ich bitten? (höfliche Form der Aufforderung zum Tanz, zum Essen, zum Betreten eines Raumes o. ä.). **sinnv.:** befugt/ermächtigt sein, können, das Recht/die Erlaubnis/Einwilligung/Genehmigung haben; ↑befugt. **b)** *drückt einen Wunsch,* *eine Bitte, eine Aufforderung aus* (oft verneint): du darfst jetzt nicht aufgeben!; ihm darf nichts geschehen; das darf doch nicht wahr sein (ugs.; *das ist doch nicht zu fassen, nicht zu verstehen*), daß ... **c)** *die moralische Berechtigung, das Recht haben, etwas zu tun* (verneint): du darfst Tiere nicht quälen!; das hätte er nicht tun d.! **sinnv.:** sollen. **d)** *Veranlassung zu etwas haben, geben:* wir durften annehmen, daß der Film ein voller Erfolg werden würde. **sinnv.:** können. **e)** ‹nur im 2. Konjunktiv + Inf.› *es ist wahrscheinlich, daß ...:* diese Zeitung dürfte die größte Leserzahl haben; es dürfte nicht schwer sein, das zu zeigen; es dürfte ein Gewitter geben. **2.** ‹Vollverb; darf, durfte, hat gedurft› *die Erlaubnis zu etwas Bestimmtem, vorher Genanntem haben:* er hat nicht gedurft; darfst du das?; um diese Zeit dürfen die Kinder nicht mehr [zum Spielen] nach draußen; ich durfte nicht nach Hause.

dürf|tig ‹Adj.›: **1.** *(in einer als kritikwürdig empfundenen Weise) für den Gebrauch, einen Zweck nicht ausreichend:* eine dürftige Leistung. **sinnv.:** kümmerlich, spärlich, unergiebig. **2.** *von Armut zeugend:* dürftige Verhältnisse; d. leben. **sinnv.:** ↑karg.

dürr ‹Adj.›: **1.** *durch und durch ohne die eigentlich dazugehörende Feuchtigkeit und daher abgestorben:* ein dürrer Ast. **sinnv.:** verdorrt, vertrocknet, verwelkt. **2.** *trocken und deshalb unfruchtbar:* dürrer Boden. **sinnv.:** ↑trokken, ↑unfruchtbar. **3.** (emotional) *sehr mager und schmal:* ein dürrer Mensch. **sinnv.:** ↑schlank. **Zus.:** klapper-, spindeldürr.

Durst, der; -[e]s: *Bedürfnis zu trinken:* großen D. haben; seinen D. löschen, stillen. **sinnv.:** Brand · sich ↑betrinken. **Zus.:** Bier-, Blut-, Kaffee-, Rache-, Taten-, Wissensdurst.

dur|sten, durstete, hat gedurstet ‹itr.› (geh.): *Durst leiden:* er mußte d. **sinnv.:** Durst haben, durstig sein, eine trockene Kehle haben, jmdm. klebt die Zunge am Gaumen.

dür|sten, dürstete, hat gedürstet ‹itr.›: **1.** (geh.) *dursten:* mich dürstet/es dürstet mich. **sinnv.:** schmachten. **2.** *Verlangen haben (nach etwas):* er dürstet/ihn dürstet es nach Ruhm. **sinnv.:** ↑streben.

dur|stig ‹Adj.›: *Durst habend:* hungrig und d. kamen wir zu Hause an.

-dur|stig ‹adjektivisches Suffixoid› *nach dem im Basiswort Genannten dürstend, heftiges Verlangen habend:* abenteuer- (er ist a. = *möchte viel Abenteuer erleben*), freiheits- (er ist f. = *will frei von äußeren Einschränkungen leben*), rache- (er ist r. = *will sich rächen*), taten- (er ist t. = *möchte gern viel vollbringen, leisten*), wissensdurstig. **sinnv.:** -freudig, -geil, -süchtig.

Du|sche [auch: Du...], die; -, -n: **1.** *Vorrichtung zum intensiven Besprühen/Bespritzen des Körpers mit Wasser:* unter die D. gehen. **sinnv.:** Brause. **Zus.:** Luft-, Mundddusche. **2.** *das Duschen:* eine kalte, warme D.

du|schen [auch: du...], duschte, hat geduscht ‹itr./tr., sich d.›: *[sich] unter einer Dusche erfrischen, reinigen:* [sich, die Beine] kalt, warm d. **sinnv.:** brausen; ↑baden.

Dü|se, die; -, -n: *sich verengender Teil eines Rohres, der die Umsetzung von Druck in Geschwindigkeit ermöglicht, auch zum Zerstäuben von Flüssigkeiten dient oder als Meßinstrument gebraucht wird.* **Zus.:** Brems-, Einspritz-, Gas-, Kraftstoff-, Öl-, Schub-, Schwenk-, Spinn-, Spritz-, Strahl-, Vergaser-, Zerstäuberdüse.

dü|sen ‹itr.› (ugs.): **a)** *mit einem Düsenflugzeug irgendwohin fliegen:* die Abgeordneten düsten nach Südamerika. **sinnv.:** fahren, fliegen, touren. **b)** *sich schnell fortbewegen:* über die Autobahn d. **sinnv.:** flitzen.

Dus|sel, der; -s, - (ugs.): *jmd., der sich in ärgerlicher, kritikwürdiger Weise dumm, unvernünftig verhält:* du D.!; ich D. frage auch noch, ob das erlaubt ist! **sinnv.:** ↑Dummkopf.

dü|ster ‹Adj.›: **1.** *ziemlich dunkel, nicht genügend hell:* ein düsterer Gang. **sinnv.:** dunkel. **2.** *als optischer Eindruck unheimlich und bedrohlich oder bedrückend:* eine düstere Landschaft; ein düsterer Blick; ein düsteres Bild von etwas zeichnen; eine düstere Prognose stellen.

Dut|zend, das; -s, -e: **1.** *Menge von zwölf Stück:* ein D. Eier kostet/(auch:) kosten 3,60 DM. **2.** ***Dutzende von** *(sehr viele):* Dutzende von Beispielen. **sinnv.:** ↑viele.

du|zen ‹tr.›: *mit du anreden* /Ggs. siezen/: er duzte ihn. **sinnv.:** mit jmdm. Brüderschaft getrunken haben, du sagen, per du sein.

Dy|na|mik, die; -: *auf Veränderung, Entwicklung gerichtete Kraft (in etwas):* die D. der wirtschaftlichen Entwicklung. **sinnv.:** ↑Schwung.

dy|na|misch ‹Adj.›: *voller Dynamik:* eine dynamische Politik. **sinnv.:** energiegeladen, kraftvoll, ↑lebhaft, ↑schwungvoll.

Dy|na|mit, das; -s: *ein Sprengstoff:* eine Brücke mit D. in die Luft sprengen.

D-Zug ['de:...], der; -[e]s, D-Züge: *auf längeren Strecken verkehrender, schnell fahrender Zug, der nur an wichtigen Stationen hält.* **sinnv.:** ↑Zug.

E

Eb|be, die; -, -n: *regelmäßig wiederkehrendes, im Zurückgehen des Wassers sichtbar werdendes Fallen des Meeresspiegels* /Ggs. Flut/: es ist E.; bei [Eintritt der] E. **sinnv.:** Tiefstand · ↑Gezeiten.

eben: **I.** ‹Adj.›: **a)** *flach, ohne Erhebungen:* ebenes Land. **b)** *glatt, ohne Hindernis:* ein ebener Weg. **II.** ‹Adverb›: **1.** ‹temporal› **a)** *gerade jetzt, in diesem Augen-*

blick: e. tritt er ein. **sinnv.:** ↑jetzt. **b)** *gerade vorhin:* sie war e. noch im Zimmer. **2.** ⟨modal⟩ *gerade noch; mit Mühe und Not:* mit dem Geld komme ich e. aus. **III.** ⟨Partikel⟩ **a)** */verstärkt, unterstreicht die folgende Aussage/:* e. das *(gerade, genau das)* wollte ich sagen. **sinnv.:** ↑genau. **b)** */verstärkt eine oft resignierende Feststellung/:* das ist e. *(nun einmal, einfach)* so.

Eben|bild, das; -[e]s, -er: *genaues Abbild (eines anderen Menschen):* der Sohn war das E. seines Vaters.

eben|bür|tig ⟨Adj.⟩: *mit vergleichbaren oder gleichen Fähigkeiten, Gaben ausgestattet:* ein ebenbürtiger Gegner; er ist ihm geistig e.

Ebe|ne, die; -, -n: *flaches Land:* eine weite, fruchtbare E.

-ebe|ne ⟨Grundwort⟩: /üblich in der Verbindung „auf ...ebene"/ *in dem im Bestimmungswort genannten Bereich, auf der betreffenden Stufe:* Übungen auf Bataillonsebene, Gewerkschaften dürfen nur auf Betriebsebene eingerichtet werden, Bezirks-, Botschafter-, Gemeinde-, Gewerkschafts-, Kantons-, Kommissions-, Landes-, Minister-, Partei-, Regierungs-, Staatsebene; Wettbewerb auf Verbandsebene.

eben|er|dig ⟨Adj.⟩: *zu ebener Erde, im Erdgeschoß gelegen:* die Wohnung lag e.

eben|falls ⟨Adverb⟩: *in gleicher Weise wie jmd./etwas anderes:* er war e. verhindert zu kommen. **sinnv.:** ↑auch.

Eben|maß, das; -es: *harmonische Regelmäßigkeit (der Bildung, Form):* ein Gesicht, eine Gestalt von klassischem E. **sinnv.:** Ebenmäßigkeit, Gleichmaß, Harmonie, Wohlgeformtheit.

eben|mä|ßig ⟨Adj.⟩: *Ebenmaß besitzend:* ein schönes, ebenmäßiges Gesicht. **sinnv.:** ausgeglichen, edel, gleichmäßig, harmonisch, klassisch, proportioniert, regelmäßig, symmetrisch, wohlgeformt, ↑schön.

eben|so ⟨Adverb⟩: *in dem gleichen Maße, in der gleichen Weise:* er war über das Ergebnis e. froh wie du. **sinnv.:** ↑auch.

Eber, der; -s, -: *männliches Schwein.* **sinnv.:** ↑Schwein.

Echo, das; -s, -s: **1.** *Laut, Ton, der auf einen Felsen, eine Wand trifft und von dort hallend zurückgeworfen wird.* **sinnv.:** ↑Widerhall. **2.** * **E. finden** *(positiv aufgenommen, zur Kenntnis genommen werden);* **das E. auf etwas** *(die Reaktion auf etwas).* **sinnv.:** ↑Resonanz.

echt: I. ⟨Adj.⟩: **1. a)** *nicht künstlich hergestellt, nicht imitiert:* ein echter Pelz; e. *(reines)* Gold. **sinnv.:** natürlich, originell, ungekünstelt, unverfälscht, ursprünglich, urwüchsig. **b)** *nicht gefälscht* /Ggs. unecht/: ein echter Picasso. **sinnv.:** rein. **2.** *wahr, wirklich, wie es die Bezeichnung ausdrückt:* echte Freundschaft. **3.** *in der Farbe beständig:* echte Farben; das Blau ist e. **II.** ⟨Adverb⟩: (ugs., verstärkend) *tatsächlich, in der Tat:* ich bin e. frustriert; du hast mich damit e. überrascht; das finde ich e. gut.

-echt ⟨adjektivisches Suffixoid⟩: **a)** *in bezug auf das im Basiswort Genannte beständig, haltbar trotz äußerer Einwirkungen; geschützt, widerstandsfähig, so gut wie unempfindlich gegen ...:* farb-, kuß- (ein kußechter Lippenstift; *Lippenstift, der beim Küssen nicht abfärbt*), licht-, motten-, säure-, wasserecht. **b)** *kann ohne Schaden ... werden:* bügel-, koch-, waschecht *(kann gewaschen werden).* **sinnv.:** -beständig, -fest, -sicher.

Eck- ⟨Präfixoid⟩: */kennzeichnet das im Basiswort Genannte als etwas, was als Richtschnur, als Orientierung dienen soll, kann/:* Eckdaten *(Richtdaten einer Planung o. ä.)*, -lohn *(tariflicher Normallohn als Richtwert)*, -wert, -zins *(Zinssatz für Sparkonten mit gesetzlicher Kündigung als Richtsatz für die Verzinsung anderer Einlagen).*

Ecke, die; -, -n: **a)** *Stelle, an der zwei Seiten eines Raumes aufeinanderstoßen:* die vier Ecken des Zimmers. **sinnv.:** Winkel. **b)** *spitz hervorstehender Rand oder Kante von etwas:* die Ecken des Tisches. **c)** *Stelle, an der zwei Reihen von Häusern, zwei Straßen aufeinanderstoßen:* an der E. stehen. **Zus.:** Haus-, Straßenecke.

eckig ⟨Adj.⟩: **1.** *Ecken, Kanten aufweisend:* ein eckiger Tisch. **sinnv.:** kantig, nicht oval, nicht rund; ↑scharf; ↑spitz. **2.** *in steifer, verkrampfter Weise unbeholfen:* seine Bewegungen waren e. **sinnv.:** ↑linkisch.

edel ⟨Adj.⟩: **a)** *von hoher Qualität; besonders wertvoll:* ein edles Holz, ein edles Tier. **sinnv.:** hochwertig, ↑kostbar. **b)** *(im Urteil des Sprechers) menschlich vornehm und selbstlos:* ein edler Mensch; e. handeln, denken. **sinnv.:** ↑gut, ↑gütig. **c)** *schön und harmonisch gebildet, geformt:* die edlen Züge dieses Gesichts. **sinnv.:** ↑ebenmäßig.

Edel- ⟨Präfixoid⟩: */bezeichnet scherzhaft oder ironisch das im Basiswort Genannte als etwas Besseres, als etwas, was in seiner Qualität etwas Besonderes, Hochwertigeres darstellt, die veredelte Form von etwas, hervorragend ist/:* Edelaktie, -bordell, -gammler, -ganove, -geschäft, -getränk, -journalist, -kitsch *(Kitsch, der sich den Anschein von Kunst gibt)*, -kommunist, -krimi *(anspruchsvollerer Krimi)*, -likör *(hochwertiger Likör)*, -limousine, -nutte, -preise (Reformhaus mit Edelpreisen), -prostituierte *(Prostituierte mit einem exklusiven, wohlhabenderen Kundenkreis)*, -puff, -schmiede (dieses Auto kommt aus der E. von ...), -schnulze, -tourist *(Tourist, der in anspruchsvollerer Weise reist)*, -western (E. mit Charles Bronson).

Edel|me|tall, das; -s, -e: *seltenes, kostbares Metall:* Gold und Silber sind Edelmetalle.

Edel|stein, der; -[e]s, -e: *selten vorkommender, kostbarer Stein, der wegen seiner Farbe und seines Glanzes als Schmuckstein Verwendung findet:* der Armreif war mit Edelsteinen besetzt. **sinnv.:** Schmuckstein, Solitär, Stein, Straß · Amethyst, Aquamarin, Bernstein, Brillant, Diamant, Granat, Jade, Rubin, Saphir, Smaragd, Topas, Turmalin. **Zus.:** Halbedelstein.

Edel|weiß, das; -[es], -[e]: *Pflanze (des Hochgebirges) mit grauweißen, sternförmigen Blüten.*

Efeu, der; -s: *kletternde Pflanze mit glänzenden dunkelgrünen Blättern.*

Ef|fekt, der; -[e]s, -e: *[außerordentliche] Wirkung, die etwas hat:* einen großen E. mit etwas erzielen; der E. seiner Anstrengungen war gleich Null; etwas macht, hat [wenig] E. **Zus.:** Knall-, Lichteffekt.

ef|fek|tiv ⟨Adj.⟩: **a)** *sich tatsächlich feststellen lassend:* der effektive Wert eines Hauses. **sinnv.:** ↑wirklich. **b)** *Wirkung zeigend, erzielend; mit Erfolg wirkend:* Reformen sind effektiver als Verbote. **sinnv.:** lohnend, nutzbringend, ↑wirksam, ↑wirkungsvoll.

ef|fekt|voll ⟨Adj.⟩: *von besonderem Effekt, durch Effekte beeindruckend:* diese Farben und Muster sind sehr e. **sinnv.:** dekorativ, wirkungsvoll.

egal ⟨Adj.⟩: **1.** *gleich [in der Art]:* die Kleider sind e. gearbeitet. **sinnv.:** gleichartig. **2.** ↑*einerlei:* das ist [mir] doch e. **sinnv.:** ↑gleichviel.

Eg|ge, die; -, -n: *landwirtschaftliches Gerät mit mehreren Reihen von Zinken, das besonders der Lockerung des Bodens dient.*

eg|gen ⟨tr./itr.⟩: *mit einem Zugtier oder Traktor die Egge über den Acker ziehen:* nach dem Pflügen eggte der Bauer [das Feld].

Ego|is|mus, der; -, Egoismen: **a)** ⟨ohne Plural⟩ *nur auf den eigenen Vorteil gerichtete Art des Denkens und Handelns:* sein E. kennt keine Grenzen. **sinnv.:** Eigennutz, Ichbezogenheit, Ichsucht, Selbstsucht. **b)** *egoistische Verhaltensweise:* nationale Egoismen.

Ego|ist, der; -en, -en, **Egoi|stin,** die; -, -nen: *männliche bzw. weibliche Person, die egoistisch ist.* **sinnv.:** Ich-Mensch · Habgier.

egoi|stisch ⟨Adj.⟩: *nur an sich denkend:* ein egoistischer Mensch; er ist sehr e. **sinnv.:** nicht altruistisch, egozentrisch, eigennützig, ichbezogen, ichsüchtig, selbstsüchtig · Ellbogengesellschaft.

ehe ⟨Konj.⟩: ↑*bevor:* es vergingen drei Stunden, ehe das Flugzeug landen konnte; ehe ihr nicht still seid, werde ich die Geschichte nicht vorlesen.

Ehe, die; -, -n: *[gesetzlich anerkannte] Lebensgemeinschaft zweier Menschen:* eine glückliche, harmonische, kinderlose, zerrüttete E.; die E. blieb kinderlos, wurde nach 5 Jahren geschieden; er hat einen Sohn aus erster E.; E. ohne Trauschein, auf Probe. **sinnv.:** Beziehung, Beziehungskiste, Lebensbund, Lebensgemeinschaft, Partnerschaft, Zweierbeziehung · Bigamie, Monogamie · ↑Heirat, Vermählung · Brautpaar. **Zus.:** Onkel-, Vernunft-, Vielehe.

Ehe|bruch, der; -[e]s, Ehebrüche: *Beischlaf eines in gültiger Ehe lebenden Ehegatten mit einem Dritten.* **sinnv.:** Abenteuer, Seitensprung · Untreue · untreu.

Ehe|frau, die; -, -en: *weiblicher Partner in der Ehe.* **sinnv.:** Angetraute, Ehepartner, Ehepartnerin, Gattin, Gefährte, Gefährtin, Gemahlin, ↑Frau, Lebensgefährtin, ↑Mutter · bessere/schönere Hälfte · Drachen, Xanthippe · Alte, Olle.

Ehe|leu|te, die ⟨Plural⟩: *Ehemann und Ehefrau.* **sinnv.:** Ehepaar, Gatten, Mann und Frau.

ehe|lich ⟨Adj.⟩: **1.** *auf die Ehe bezogen, in der Ehe [üblich]:* die eheliche Gemeinschaft. **2.** *aus gesetzlicher Ehe stammend* /Ggs. unehelich/: sie hat drei eheliche Kinder; das Kind ist e. [geboren].

ehe|mals ⟨Adverb⟩: *vor längerer Zeit:* er war e. Beamter. **sinnv.:** ↑damals.

Ehe|mann, der; -[e]s, Ehemänner: *männlicher Partner in der Ehe.* **sinnv.:** Angetrauter, Ehepartner, Gatte, Gefährte, Gemahl, Lebensgefährte, ↑Mann, ↑Vater · bessere Hälfte · Haustyrann, Pantoffelheld, Pascha · Alter, Oller.

Ehe|paar, das; -[e]s, -e: *verheiratetes Paar.* **sinnv.:** Eheleute, Gatten, Mann und Frau · Gespann · Paar.

Ehe|part|ner, der; -s, -: *Partner in der Ehe.* **sinnv.:** Ehefrau, Ehemann.

eher ⟨Adverb⟩: **a)** *zu einem [noch] früheren Zeitpunkt:* ich konnte nicht e. kommen. **sinnv.:** ↑damals, früh, früher. **b)** *wahrscheinlicher; mit ziemlich großer Sicherheit:* er wird es um so e. tun, als es für ihn ja von Vorteil ist; es ist e. möglich, daß er einfach keine Lust hat zu kommen, als daß er krank ist. **sinnv.:** lieber, leichter, mehr. **c)** *genauer betrachtet, richtiger gesagt:* das ist e. eine Frage des Geschmacks. **sinnv.:** mehr, ↑vielmehr.

Ehe|schlie|ßung, die; -, -en: *das Eingehen der Ehe vor einer staatlichen oder kirchlichen Instanz.* **sinnv.:** Vermählung.

Eh|re, die; -, -n: **1.** *äußeres Ansehen, Geachtetsein durch andere [und dessen Ausdruck in einer besonderen Auszeichnung], Anerkennung:* jmdn. mit Ehren überhäufen. **2.** ⟨ohne Plural⟩ *innerer Wert, persönliche Würde:* die E. eines Menschen, einer Familie. **sinnv.:** Ansehen, ↑Gunst, Lob. **Zus.:** Berufs-, Soldatenehre.

eh|ren: **1.** ⟨tr.⟩ *(jmdm.) Ehre erweisen:* jmdn. mit einem Orden e. **sinnv.:** ↑anerkennen, ↑achten · Hommage à. **2.** ⟨itr.⟩ *Anerkennung verdienen:* seine Großmut ehrt ihn.

eh|ren|amt|lich ⟨Adj.⟩: *ohne Bezahlung ausgeübt:* eine ehrenamtliche Tätigkeit. **sinnv.:** freiwillig, unentgeltlich.

eh|ren|rüh|rig ⟨Adj.⟩: *die Ehre verletzend:* ein ehrenrühriges Verhalten, Wort.

Eh|ren|wort, das; -[e]s: *jmds. feierliche [sich auf seine Ehre stützende] Versicherung zur Bekräftigung einer Aussage oder eines Versprechens:* der Strafgefangene gab sein E., wieder zurückzukehren. **sinnv.:** ↑Versprechen.

Ehr|furcht, die; -: *hohe Achtung, achtungsvolle Scheu vor der Würde, Erhabenheit einer Person, eines Wesens oder einer Sache:* E. vor jmdm., dem Leben haben. **sinnv.:** ↑Achtung, Scheu · verehren.

ehr|fürch|tig ⟨Adj.⟩: *von Ehrfurcht erfüllt:* wir verharrten in ehrfürchtigem Schweigen; e. zuhören. **sinnv.:** ehrfurchtsvoll, respektvoll, ↑unterwürfig.

Ehr|geiz, der; -es: *stark ausgeprägtes Streben nach Erfolg, Geltung, Anerkennung:* politischer E.; er ist von E. besessen. **sinnv.:** Ambition, Geltungsbedürfnis, Geltungsdrang, Geltungssucht, Ruhmsucht · ↑Fleiß.

ehr|gei|zig ⟨Adj.⟩: *voll Ehrgeiz:* ein ehrgeiziger Politiker; er ist sehr e. **sinnv.:** anspruchsvoll, geltungsbedürftig, geltungssüchtig, ruhmsüchtig, streberhaft · ↑fleißig.

ehr|lich ⟨Adj.⟩: **1.** *in geldlichen Angelegenheiten zuverlässig:* ein ehrlicher Kassierer; e. abrechnen; ein ehrlicher Finder *(jmd., der gefundene Wertsachen nicht behält, sondern abliefert).* **sinnv.:** anständig. **2.** *ohne Lüge, Verstellung:* ein ehrliches Kind; sei e.! **sinnv.:** ↑aufrichtig.

-ei: vgl. -[er]ei.

Ei, das; -[e]s, -er: *von einer Henne, einem weiblichen Vogel hervorgebrachtes, von einer zerbrechlichen Schale umschlossenes, die Eizelle und meist Dotter und Eiweiß enthaltendes kugeliges, oft ovales Gebilde:* Eier legen, ausbrüten; ein frisches Ei; ein Ei kochen. **Zus.:** Hühner-, Kuckucks-, Schlangen-, Vogelei.

Ei|be, die; -, -n: *Nadelbaum mit*

weichen, dunkelgrünen Nadeln und roten, beerenähnlichen Samen.

Ei|che, die; -, -n: *Laubbaum mit Eicheln als Früchten* (siehe Bildleiste „Blätter").

Ei|chel, die; -, -n: *länglichrunde Frucht der Eiche.*

Eich|hörn|chen, das; -s, -: *kletterndes, meist rotbraunes Nagetier mit langem, buschigem Schwanz, das sich von Samen, Nüssen, Eicheln usw. ernährt und davon einen Vorrat anlegt.* **sinnv.:** ↑Nagetier.

Eid, der; -[e]s, -e: *in feierlicher Form [vor Gericht] abgegebene Versicherung, daß eine Aussage der Wahrheit entspricht oder ein Versprechen gehalten wird:* einen E. [auf die Verfassung] schwören, leisten. **sinnv.:** Gelübde, Schwur · schwören, vereidigen. **Zus.:** Fahnen-, Meineid.

Ei|dech|se, die; -, -n: *sehr flinkes, kleines, eierlegendes Kriechtier mit schuppiger, meist grün bis braun gefärbter Haut und langem Schwanz.*

ei|des|statt|lich ⟨Adj.⟩: *für einen Eid stehend, an Eides Statt:* eine eidesstattliche Erklärung abgeben; etwas e. versichern.

Ei|fer, der; -s: *unablässiges, ständiges Streben, Bemühen:* ein unermüdlicher, fieberhafter E.; sein E. erlahmte bald. **sinnv.:** Begeisterung, ↑Fleiß, ↑Hingabe.

Ei|fe|rer, der; -s, -: *jmd., dessen Eintreten für eine Idee o. ä. als in unangenehmer Weise fanatisch angesehen wird:* ein religiöser, politischer E. **sinnv.:** Fanatiker, Kämpfer/Streiter für, Verfechter [einer Idee] · Apostel, Prophet, Schwärmer, Schwarmgeist · fanatisch.

ei|fern ⟨itr.⟩: *leidenschaftlich (für oder gegen jmdn./etwas) sprechen, Stellung nehmen:* er eiferte heftig gegen diese Mißstände. **sinnv.:** sich einsetzen für, wettern (gegen).

Ei|fer|sucht, die; -: **a)** *starke, übersteigerte Furcht, jmds. Liebe, Zuneigung mit einem oder mehreren anderen teilen zu müssen, an andere zu verlieren:* eine rasende, blinde E.; ihre E. auf seine Sekretärin ist fast schon krankhaft. **sinnv.:** Mißtrauen, ↑Neid. **b)** *[übersteigerte] Furcht davor, Erfolge, Vorteile o. ä. mit einem anderen teilen zu müssen:* voller E. wachte er darüber, daß keiner der jungen Kollegen Einblick in seine Arbeit erhielt. **sinnv.:** Konkurrenzdenken, ↑Neid.

ei|fer|süch|tig ⟨Adj.⟩: **a)** *voll Eifersucht* (a): ein eifersüchtiger Mensch, Blick; jmdn. e. beobachten. **b)** *von Eifersucht* (b), *Konkurrenzdenken bestimmt:* e. auf jmds. Erfolge sein. **sinnv.:** ↑neidisch.

eif|rig ⟨Adj.⟩: *voll Eifer [tätig]:* ein eifriger Verfechter einer Idee; er war e. um sie bemüht; ein eifriger Schüler. **sinnv.:** ↑beflissen, emsig, ↑fleißig.

Ei|gelb, das; -s, -e: ↑*Dotter:* das E. mit dem Teig verrühren; /als Maßangabe/ drei E.

ei|gen ⟨Adj.⟩: **1. a)** *jmdm. selbst gehörend:* ein eigenes Haus, Auto; sie hat keine eigenen Kinder; /emotional verstärkend/ das habe ich mit meinen eigenen Augen gesehen; sein eigener Vater hat ihn angezeigt. **b) *jmds. eigen sein:** *jmds. Eigentum sein;* vgl. -eigen. **c)** *allein dem Betreffenden zur Benutzung zur Verfügung stehend:* er hat ein eigenes Zimmer. **sinnv.:** einzeln, persönlich, ↑privat, separat. **d)** *nicht von jmdm./etwas beeinflußt:* eine eigene Meinung, einen eigenen Willen haben. **sinnv.:** ↑selbständig. **2.** *für jmdn. bezeichnend, typisch; jmdn./etwas kennzeichnend:* ein ihm eigener Zug; ein Hang zum Grübeln war ihm e. **sinnv.:** ↑kennzeichnend. **3.** *in fast übertriebener Weise auf Genauigkeit, Sorgfalt achtend:* er ist sehr e. in seinen Angelegenheiten. **sinnv.:** kleinkariert, kleinlich, pingelig; ↑gewissenhaft.

-ei|gen ⟨adjektivisches Suffixoid⟩: **1.** *dem im Basiswort Genannten – in der Regel einer Institution o. ä. – (als Besitz) gehörend:* betriebseigenes Erholungsheim, bundeseigen, eine europaeigene Rakete, familien-, firmen-, gemeindeeigenes Krankenhaus, gewerkschaftseigene Bank, hauseigene Steuerabteilung, konzern-, landeseigene Wirtschaftskraft, plattenfirmen-, post-, schlachthofeigene Einrichtungen, schuleigene Geräte, universitäts-, vatikaneigene Galerie, verlagseigener Parkplatz, verwaltungseigener Bunker, volks-, werft-, werkseigen. **sinnv.:** -lich. **2.** *zu dem im Basiswort Genannten (als Charakteristikum) gehörend, in seiner Art dem im Basiswort Genannten entsprechend:* erb-, geräteeigene Störanzeige, körper-, rundfunkeigene Kunst (z. B. Hörspiele), sprach-, wesens-, zeit-, zelleigen.

Ei|gen|art, die; -, -en: *etwas, was für jmdn./etwas typisch ist:* es war eine E. von ihm, seine Vorträge mit langen Zitaten zu versehen. **sinnv.:** Eigenheit; ↑Angewohnheit.

ei|gen|ar|tig ⟨Adj.⟩: *[auffallend] fremd anmutend:* ein eigenartiges Wesen; eine eigenartige Veranlagung. **sinnv.:** ↑seltsam.

Ei|gen|bröt|ler, der; -s, -, **Ei|gen|bröt|le|rin,** die; -, -nen: *männliche bzw. weibliche Person, die sich absondert und anderen in ihrem Verhalten merkwürdig erscheint:* er war immer schon ein Eigenbrötler. **sinnv.:** ↑Außenseiter, Einzelgänger, Sonderling.

ei|gen|hän|dig ⟨Adj.⟩: *von der eigenen Hand ausgeführt:* ein Bild mit eigenhändiger Unterschrift des Schauspielers; einen Brief e. unterschreiben. **sinnv.:** persönlich, selbst, selbständig.

Ei|gen|heit, die; -, -en: ↑*Eigenart:* das ist eine typisch deutsche E.

ei|gen|mäch|tig ⟨Adj.⟩: *ohne Auftrag oder Befugnis, ohne vorher um Erlaubnis gefragt zu haben [ausgeführt]:* eine eigenmächtige Handlung; e. verfahren, handeln. **sinnv.:** nach eigenem Ermessen, nach Gutdünken, selbständig, selbstherrlich, unbefugt, unberechtigt, ohne Auftrag · Übergriff.

Ei|gen|nutz, der; -es: *Streben nach dem eigenen Vorteil:* aus E. handeln. **sinnv.:** ↑Egoismus.

ei|gen|nüt|zig ⟨Adj.⟩: *auf eigenen Vorteil, Nutzen bedacht, bezogen:* ein eigennütziges Verhalten; e. denken. **sinnv.:** berechnend, ↑egoistisch, nicht gemeinnützig.

ei|gens ⟨Adverb⟩ (nachdrücklich): *speziell:* der Tisch war e. für ihn gedeckt worden. **sinnv.:** allein, ↑besonders, extra, exklusiv, nur.

Ei|gen|schaft, die; -, -en: *zum Wesen einer Person oder Sache gehörendes Merkmal:* gute, schlechte Eigenschaften haben; die Eigenschaften von Mineralien, Tieren. **sinnv.:** Attribut, Beschaffenheit, Besonderheit, Charakteristikum, Form, Kennzeichen, Merkmal, Tugend · substantiell.

Ei|gen|sinn, der; -s: *als starrsinnig empfundenes beharrliches Festhalten an seiner Meinung:* sein E. verärgerte die anderen.

sinnv.: Aufmüpfigkeit, Aufsässigkeit, Bockbeinigkeit, Dickköpfigkeit, Dickschädeligkeit, Eigenwilligkeit, Halsstarrigkeit, Rechthaberei, Starrköpfigkeit, Starrsinn, Sturheit, Trotz, Trotzköpfigkeit, Ungehorsam, Verstocktheit, Widerspenstigkeit, mit dem Kopf durch die Wand wollen · störrisch.

ei|gen|sin|nig ⟨Adj.⟩: *von Eigensinn bestimmt, voller Eigensinn:* ein eigensinniger Mensch; e. seine Ansicht vertreten. **sinnv.**: ↑unzugänglich.

ei|gen|stän|dig ⟨Adj.⟩: *nach eigenen Gesetzen gewachsen, auf eigener Grundlage fußend:* eine eigenständige Kultur, Dichtung. **sinnv.**: ↑selbständig.

ei|gent|lich: **I.** ⟨Adj.⟩: **1.** *zu Anfang, zuerst vorhanden:* die eigentliche Bedeutung eines Wortes. **sinnv.**: ↑ursprünglich. **2.** *wirklich, tatsächlich:* das ist der eigentliche Grund für diese Entwicklung. **II.** ⟨Adverb⟩: **1.** *in Wirklichkeit (im Unterschied zum äußeren Anschein):* er heißt e. Karl, doch alle nennen ihn Bill. **sinnv.**: alias, anonym, inkognito. **2.** *im Grunde, bei genauer Betrachtung:* ich mußte zugeben, daß er e. recht hatte; e. geht das nicht. **sinnv.**: an und für sich, genaugenommen, strenggenommen; ↑gewissermaßen. **II.** ⟨Partikel⟩ */drückt bes. in Fragesätzen verstärkte Anteilnahme, einen verstärkten Vorwurf aus/:* was denkst du dir e.?; wer sind Sie e.? **sinnv.**: denn, überhaupt.

Ei|gen|tum, das; -s: *etwas, was in jmds. Besitz ist:* persönliches E.; das Grundstück ist sein E. **sinnv.**: ↑Besitz. **Zus.**: Privat-, Staatseigentum.

Ei|gen|tü|mer, der; -s, -, **Ei|gen|tü|me|rin**, die; -, -nen: *männliche bzw. weibliche Person, der etwas als Eigentum gehört:* der Eigentümer eines Geschäftes, Hauses. **sinnv.**: ↑Besitzer. **Zus.**: Wohnungseigentümer.

ei|gen|tüm|lich [auch: ..tümlich] ⟨Adj.⟩: **1.** *von sonderbarer Art:* eine eigentümliche Person, Sprechweise. **sinnv.**: ↑seltsam. **2.** *als typisch zu jmdm. gehörend:* mit dem ihm eigentümlichen Stolz lehnte er jede Hilfe ab. **sinnv.**: ↑kennzeichnend.

ei|gen|wil|lig ⟨Adj.⟩: *seine eigene Art deutlich und nachdrücklich zur Geltung, zum Ausdruck bringend:* einen eigenwilligen Stil entwickeln; der kleine Junge ist sehr e. **sinnv.**: eigenbrötlerisch, eigensinnig, einzelgängerisch, individualistisch, individuell, kapriziös, persönlich, subjektiv.

eig|nen, sich, eignete sich, hat sich geeignet /vgl. geeignet/: **a)** *Befähigung (zu etwas) haben:* er eignet sich für diese Beschäftigung; ich eigne mich nicht zum Lehrer. **sinnv.**: befähigt sein, fähig sein, geeignet sein, tauglich sein · prädestiniert · Berufung. **b)** *sich gut (für/als etwas) verwenden lassen:* dieser Teppich eignet sich nicht für das Büro. **sinnv.**: in Betracht/in Frage kommen, zu gebrauchen sein, passen.

Ei|le, die; -: *Bestreben, etwas rasch zu erledigen:* in großer E. handeln; er ist immer in E. **sinnv.**: ↑Geschwindigkeit, ↑Hast. **Zus.**: Windeseile.

ei|len, eilte, hat/ist geeilt ⟨itr.⟩: **1.** *sich schnell (irgendwohin) begeben:* er war sofort nach dem Einbruch zur Polizei geeilt; jmdm. zu Hilfe e. **sinnv.**: sich ↑fortbewegen. **2.** *schnell erledigt werden müssen:* dieses Schreiben hat sehr geeilt; ⟨auch unpersönlich⟩ es eilt mir nicht damit. **sinnv.**: drängen, dringend sein, keinen Aufschub dulden, Eile haben, eilig sein · ↑Geschwindigkeit.

ei|lig ⟨Adj.⟩: **1.** *in Eile:* e. davonlaufen; er hat es immer e. *(ist immer in Eile).* **sinnv.**: eilends, ↑schnell. **2.** *keinen Aufschub zulassend:* ein eiliger Auftrag. **sinnv.**: ↑dringend.

Ei|mer, der; -s, -: *dem Aufbewahren und Transportieren bes. von Flüssigkeiten dienendes, hohes, meist zylindrisches Gefäß mit beweglichem Henkel.* **sinnv.**: ↑Gefäß. **Zus.**: Abfall-, Müll-, Tret-, Wassereimer.

ein: **I.** ⟨unbestimmter Artikel⟩ /unbetont/ **a)** /individualisierend/: eine [große] Freude. **b)** /klassifizierend/: er ist ein Künstler; dies ist ein Rembrandt *(ein Bild von Rembrandt).* **c)** /generalisierend/: ein Baum ist eine Pflanze. **II.** ⟨Indefinitpronomen⟩ /betont; alleinstehend/ **a)** *jemand, irgendeiner:* einer von uns; die Rückkehr eines meiner Mitarbeiter. **b)** /im Dativ und Akkusativ als Ersatz für *man*/: wie es einem gefällt; diese Musik läßt einen nicht mehr los; (ugs. auch im Nominativ) da kann einer doch völlig verrückt werden. **III.** ⟨Kardinalzahl⟩ /betont/: ein Mann und zwei Frauen saßen auf der Bank; ein Jahr später; er hat nicht einen Tag gefehlt.

ein- ⟨trennbares, betontes verbales Präfix⟩: */(von außen) in etwas hinein/:* **1. a)** einatmen, einbauen, einbringen, einfädeln, einfahren, eingießen, eingraben, einheften, einkleben, einlagern, einmarschieren, jmdm. einen Herzschrittmacher einoperieren, einordnen, einparken, einprogrammieren, einprügeln, einräumen, einschließen, einspeisen, eintopfen, eintrichtern. **b)** */in eine andere Richtung/:* einbiegen, einschwenken, einwinken. **c)** */in etwas prägend o. ä./:* einätzen, eingravieren, einprägen, einritzen, einschleifen. **2.** */um – herum, ringsherum/:* einbalsamieren, einbegreifen, einbehalten, einbetonieren, eincremen, einhüllen, einkesseln, einkreisen, einpacken, einsargen, einschneien, einwickeln, einzäunen. **3.** */zu sich heran/:* einfordern, einholen (Fahne), einkaufen, einklagen, einziehen. **4.** */Beginn und Übergang):* sich einarbeiten, eindeutschen, einebnen, sich einfahren, sich einleben, einlullen, einnicken, einschlafen, einschläfern, einschwärzen. **5. a)** */zerstörend, beschädigend/:* eindellen, einreißen, einschlagen. **b)** */zugrunde gehend/:* einfallen, eingehen. **6. a)** */an Umfang o. ä. verlierend, kleiner werdend/:* eindampfen, einlaufen, einschrumpfen. **b)** */konservierend, bewahrend/:* eindicken, einfrieren (Lebensmittel), einkochen. **7.** */wiederholtes Tun/:* einreden auf jmdn., jmdm. die Bude einrennen. **8.** */verstärkend/:* einberechnen, einberufen, einbestellen, eintüten.

ein|an|der ⟨Pronomen⟩: ↑*sich:* die Mädchen frisierten einander; sie küßten einander (üblicher: sich).

ein|ar|bei|ten, arbeitete ein, hat eingearbeitet ⟨tr.⟩: **1.** *mit der neuen Arbeit vertraut machen:* er ist gründlich eingearbeitet worden; ⟨auch: sich e.⟩ er muß sich noch e. **sinnv.**: anleiten, anlernen, einführen, einweisen; ↑lehren, ↑lernen. **2.** *einem vorhandenen Ganzen hinzufügen, nachträglich beifügen:* Nachträge in einen Aufsatz e. **sinnv.**: ↑einfügen.

ein|äschern, äscherte ein, hat

eingeäschert ⟨tr.⟩: **1.** *(einen Leichnam) verbrennen:* der Tote wurde eingeäschert. **sinnv.:** bestatten, ↑verbrennen · Feuerbestattung · Urne. **2.** *niederbrennen, durch Brand zerstören:* ein Haus e.

ein|at|men, atmete ein, hat eingeatmet ⟨itr./tr.⟩: *(den Atem in die Lunge) einziehen* /Ggs. ausatmen/: die frische Luft e.; bitte e. und die Luft anhalten. **sinnv.:** ↑atmen, inhalieren.

Ein|bahn|stra|ße, die; -, -n: *Straße, die nur in einer Richtung befahren werden darf.* **sinnv.:** Sackgasse.

Ein|band, der; -[e]s, Einbände: *aus den beiden Deckeln und dem Rücken bestehender Teil eines Buches o. ä., der die zusammengehefteten Seiten zusammenhält und schützt:* das Buch hat einen E. aus Leinen. **sinnv.:** ↑Umschlag. **Zus.:** Bucheinband.

ein|bau|en, baute ein, hat eingebaut ⟨tr.⟩: **1.** *in etwas [nachträglich, zusätzlich] bauen, einsetzen, montieren:* einen Schrank e.; eine Kamera mit eingebautem Belichtungsmesser. **sinnv.:** ↑einfügen. **2.** *[als gute Ergänzung] einem einheitlichen Ganzen, einem Ablauf o. ä. einfügen:* eine kurze Szene in das Schauspiel e. **sinnv.:** ↑einfügen.

ein|be|grif|fen ⟨Adj.⟩: *mit erfaßt, mit berücksichtigt:* im Preis sind Unterkunft und Verpflegung einbegriffen. **sinnv.:** ↑einschließlich.

ein|be|hal|ten, behält ein, behielt ein, hat einbehalten ⟨tr.⟩: *etwas behalten und aus bestimmten Gründen nicht dem [zurück]geben, der es hätte haben, [wieder]bekommen sollen:* die Firma hat sein Gehalt einbehalten; nach der Blutprobe behielt die Polizei seinen Führerschein ein. **sinnv.:** zurückhalten.

ein|be|ru|fen, berief ein, hat einberufen ⟨tr.⟩: **a)** *zu einer Versammlung zusammenrufen; (Mitglieder, Abgeordnete o. ä.) auffordern, sich zu versammeln:* das Parlament e. **sinnv.:** ↑ansetzen. **b)** *jmdn. amtlich auffordern, seinen Wehrdienst anzutreten:* mein Freund wurde [zu einer Wehrübung] einberufen. **sinnv.:** einziehen, zu den Fahnen/Waffen rufen, rekrutieren · mobil machen · Musterung · ↑Soldat.

ein|be|zie|hen, bezog ein, hat einbezogen ⟨tr.⟩: **a)** *(jmdn./etwas) zu jmdm./etwas in eine bestimmte Beziehung bringen und so mit einschließen:* ein Ergebnis in seine Arbeit [mit] e.; einen Gast in eine Unterhaltung [mit] e. **sinnv.:** ↑berücksichtigen. **b)** *als dazugehörend betrachten; dazu-, mitrechnen:* in diese Kritik beziehe ich mich [mit] ein. **sinnv.:** aufnehmen; ↑einschließen.

ein|bie|gen, bog ein, ist eingebogen ⟨itr.⟩: *um die Ecke biegen und in eine andere Straße hineingehen, -fahren:* das Auto bog in eine Seitenstraße, nach links ein; ich bog in einen dunklen Seitengang ein. **sinnv.:** ↑abbiegen, ↑abdrehen.

ein|bil|den, sich; bildete sich ein, hat sich eingebildet ⟨itr.⟩ /vgl. eingebildet/: **1.** *sich (bes. auf die eigene Person Bezügliches) fälschlich, unbegründeterweise als existierend vorstellen, irrtümlich der Meinung sein:* du bildest dir ein, krank zu sein. **sinnv.:** ↑vermuten. **2.** *besonders stolz auf sich, seine Leistung o. ä. sein und sich besonders herausgehoben fühlen:* er bildet sich viel auf sein Wissen ein. **sinnv.:** sich schmeicheln, sich überschätzen.

Ein|bil|dung, die; -, -en: **1.** *Vorstellung, die nicht der Wirklichkeit entspricht:* diese Probleme gibt es nur in deiner E. **sinnv.:** Abstraktion, Ausgeburt/Auswüchse der Phantasie, Einbildungskraft, Erdichtung, Erfindung, Fata Morgana, Fiktion, Gaukelei, Gaukelspiel, Gaukelwerk, Halluzination, Hirngespinst, Illusion, Imagination, Irrealität, Luftschloß, ↑Phantasie, Phantasmagorie, Schimäre, Seifenblase, Sinnestäuschung, Spekulation, ↑Täuschung, Theorie, Trugbild, Utopie, Vision, Vorstellung, Vorstellungskraft, ↑Wahn, Wunschbild, Wunschtraum. **2.** *trügerische, falsche Vorstellung:* seine Krankheit ist reine E.

ein|blen|den, blendete ein, hat eingeblendet: **a)** ⟨tr.⟩ *in eine Sendung oder einen Film einschalten, einfügen:* eine Reportage e. **b)** ⟨sich e.⟩ *sich mit einer laufenden Sendung in eine andere laufende Sendung einschalten:* wir blenden uns in wenigen Sekunden in die Direktübertragung von Radio Bremen ein.

ein|bleu|en, bleute ein, hat eingebleut ⟨tr.⟩ (ugs.): *durch ständige, eindringliche Wiederholung beibringen:* sie hat den Kindern eingebleut, sich von fremden Leuten nichts schenken zu lassen. **sinnv.:** ↑einprägen.

Ein|blick, der; -[e]s, -e: **1. a)** *Blick in etwas hinein:* er hatte E. in düstere Hinterhöfe. **b)** *(einem Außenstehenden ermöglichtes) Durchsehen, Durchlesen in bestimmter Absicht, prüfendes [Hin]einsehen:* E. in die Unterlagen nehmen, bekommen; jmdm. E. in die Akten gewähren. **sinnv.:** Einsicht, Kenntnis, Recherche · recherchieren. **2.** *Zugang zu einigen typischen Fakten eines größeren Zusammenhangs und dadurch vermittelte Kenntnis, Einsicht:* einen E., Einblicke in eine Methode gewinnen. **sinnv.:** ↑Erfahrung.

ein|bre|chen, bricht ein, hat/ist eingebrochen ⟨itr.⟩: **1. a)** *gewaltsam in einen Raum, ein Gebäude eindringen, besonders um zu stehlen:* die Diebe sind in die Werkstatt eingebrochen. **b)** *einen Einbruch verüben, unternehmen:* Diebe haben in der Werkstatt eingebrochen. **sinnv.:** einen Einbruch begehen, verüben, eindringen, einsteigen, stehlen · Dieb. **2. a)** *durch die Oberfläche brechen:* der Junge war auf dem zugefrorenen See eingebrochen. **sinnv.:** ↑einsinken. **b)** *[im mittleren Teil zuerst] in sich zusammenstürzen, nach unten [durch]brechen:* die Decke, das Gewölbe war eingebrochen. **sinnv.:** ↑einstürzen.

Ein|bre|cher, der; -s, -: *jmd., der einbricht* (1). **sinnv.:** ↑Dieb.

ein|brin|gen, brachte ein, hat eingebracht: **1.** ⟨tr.⟩ *in etwas hineinschaffen, -bringen:* die Ernte, das Heu e. **sinnv.:** ↑ernten. **2.** ⟨tr.⟩ *zum Beschluß vorlegen:* ein Gesetz e. **sinnv.:** ↑vorschlagen. **3.** ⟨itr.⟩ *Gewinn, Ertrag bringen:* die Arbeit bringt [mir] viel, nichts ein; das bringt nichts ein. **sinnv.:** eintragen, einträglich sein. **4.** ⟨tr./sich e.⟩ *etwas von sich, von seiner Persönlichkeit in eine Gruppe oder Beziehung mit hineinbringen und damit zur Bereicherung usw. beitragen:* in eine Zweierbeziehung kann man am besten seine Gefühle e.; seine Probleme konnte er nicht e.; die jungen Lehrer haben viel einzubringen in die gemeinsame Arbeit; wer Interesse hat, kann sich voll e.

ein|brocken, brockte ein, hat eingebrockt ⟨tr.⟩ (ugs.): *jmdn./*

sich durch ein Versehen oder ungeschicktes Verhalten in eine unangenehme Situation bringen: diese Sache hast du dir selbst eingebrockt. **sinnv.:** hineinmanövrieren, hineinziehen, ↑verstricken, ↑verwickeln.

Ein|bruch, der; -[e]s, Einbrüche: **1.** *gewaltsames, unbefugtes Eindringen in ein Gebäude, besonders um zu stehlen:* an dem E. waren drei Männer beteiligt. **sinnv.:** Bruch, ↑Diebstahl · einbrechen. **Zus.:** Bankeinbruch. **2.** ⟨ohne Plural⟩ *das Herannahen, plötzlicher Beginn:* sie wollten vor E. der Nacht zurückkehren. **Zus.:** Kälte-, Wintereinbruch.

ein|bür|gern, bürgerte ein, hat eingebürgert: **1.** ⟨tr.⟩ *die Staatsangehörigkeit verleihen* /Ggs. ausbürgern/: er wird bald eingebürgert werden. **sinnv.:** nationalisieren, naturalisieren · einwandern · Staatsbürgerschaft. **2.** ⟨sich e.⟩ *heimisch, üblich werden:* diese Sitte, das Wort hat sich allmählich bei uns eingebürgert. **sinnv.:** Aufnahme finden, sich durchsetzen, sich einfahren, einreißen, sich einschleichen, zur Gewohnheit werden, um sich greifen, überhandnehmen.

Ein|bu|ße, die; -, -n: *Beeinträchtigung, Schädigung durch Schwinden, Minderung:* seine Äußerung bedeutete für ihn eine E. an Ansehen; die Firma hat schwere finanzielle Einbußen erlitten. **sinnv.:** Defizit; ↑Mangel; ↑Schaden; ↑Verlust. **Zus.:** Lohn-, Werteinbuße.

ein|bü|ßen, büßte ein, hat eingebüßt ⟨itr.⟩: *den Verlust einer Person, einer Sache erleiden:* er hat sein ganzes Vermögen, im Krieg einen Arm eingebüßt; bei diesem Kommando haben wir zwei unserer besten Leute eingebüßt. **sinnv.:** draufzahlen, Einbuße erleiden, Federn/Haare lassen, hergeben, zusetzen, ↑verlieren.

ein|däm|men, dämmte ein, hat eingedämmt ⟨tr.⟩: *an weiterer Ausbreitung hindern:* das Hochwasser, einen Waldbrand, eine Seuche, die Kriminalität e. **sinnv.:** ↑abschwächen, begrenzen, einschränken.

ein|decken, deckte ein, hat eingedeckt: **a)** ⟨sich e.⟩ *sich mit Vorräten versorgen:* sich mit Kartoffeln, Kohlen e. **sinnv.:** ↑kaufen, sich versorgen. **b)** ⟨tr.⟩ (ugs.) *im Übermaß geben, zuteil werden lassen:* ich bin mit Arbeit eingedeckt [worden]. **sinnv.:** überhäufen, überschütten.

ein|deu|tig ⟨Adj.⟩: *keine zweite Deutung zulassend, keinen Zweifel entstehen lassend:* eine eindeutige Anordnung; er bekam eine eindeutige Abfuhr. **sinnv.:** ↑einwandfrei, ↑klar, unzweideutig.

ein|drin|gen, drang ein, ist eingedrungen ⟨itr.⟩: **1. a)** *[durch etwas hindurch] sich einen Weg bahnend in etwas dringen:* Wasser drang in den Keller ein; die Kugel war tief ins Fleisch eingedrungen. **b)** *durch intensives Bemühen nach und nach immer besser kennenlernen, erkennen:* in die Geheimnisse der Natur e. **sinnv.:** erforschen, ↑forschen, ergründen. **2. a)** *sich gewaltsam Zutritt verschaffen:* Diebe drangen in das Geschäft ein. **sinnv.:** ↑einbrechen, sich einschleichen · heimlich, unbefugt. **b)** ↑*einmarschieren:* feindliche Truppen drangen in das Land ein.

ein|dring|lich ⟨Adj.⟩: *durch Nachdrücklichkeit, Überzeugungskraft nachhaltig wirkend, ins Bewußtsein dringend:* e. auf etwas hinweisen; mit eindringlichen Worten sprach er auf sie ein.

Ein|dring|ling, der; -s, -e: *jmd., der in etwas eindringt, sich mit Gewalt Zutritt verschafft.* **sinnv.:** Einbrecher; Störenfried.

Ein|druck, der; -[e]s, Eindrükke: *Vorstellung, die durch Einwirkung von außen in jmdm. entsteht; im Bewußtsein haftende Wirkung, die jmd./etwas auf jmdn. ausübt:* ein positiver, bleibender E.; flüchtige Eindrücke; einen falschen E. bekommen. **sinnv.:** Bild, Einwirkung, Empfindung, Gefühlseindruck, Impression, Sinneswahrnehmung, Vorstellung, Wahrnehmung · aufnehmen, wahrnehmen. **Zus.:** Gesamt-, Sinneseindruck.

ein|drücken, drückte ein, hat eingedrückt ⟨tr.⟩: **a)** *nach innen drücken und dadurch beschädigen, verbiegen o. ä., um einen Zugang zu etwas zu bekommen:* die Einbrecher haben die Tür, das Fenster eingedrückt. **sinnv.:** aufbrechen, einschlagen. **b)** *durch einen Aufprall, Aufschlag, durch Druck, Stoß beschädigen, eine Vertiefung hervorrufen:* der Kotflügel war eingedrückt. **sinnv.:** verbeulen, zerdrücken.

ein|en|gen, engte ein, hat eingeengt ⟨tr.⟩: *in der Bewegungsfreiheit, Entfaltung einschränken, behindern:* er fühlte sich durch diese Vorschrift eingeengt. **sinnv.:** beengen, begrenzen, behindern, beschränken, dressieren, einschnüren, einschränken, festhalten, hindern.

ei|ner|lei ⟨Adj.⟩: **a)** *ohne jede Bedeutung; kein Interesse erwekkend:* das ist [mir] alles e. **sinnv.:** egal; ↑gleichgültig. **b)** ↑*gleichviel:* denke immer daran, e., was du tust.

ei|ner|seits ⟨meist in Verbindung mit and[e]rerseits⟩ **einerseits ... and[e]rerseits** ⟨Adverb⟩: nennt zwei zu ein und derselben Sache gehörende [gegensätzliche] Gesichtspunkte; *auf der einen Seite ... auf der anderen Seite:* e. machte es Freude, andererseits kostete es besondere Anstrengung.

ein|fach: I. ⟨Adj.⟩ **1.** *(besonders in bezug auf die Lebenshaltung) ganz schlicht, ohne besonderen Aufwand:* in einfachen Verhältnissen leben; seine Eltern waren einfache Leute; ein einfaches Essen; sie kleidet sich, gibt sich betont e. **sinnv.:** anspruchslos, bescheiden, farblos, frugal, kunstlos, nichtssagend, nüchtern, primitiv, schlicht, schmucklos, unauffällig, unscheinbar. **2.** *ohne Mühe lösbar; leicht durchführbar:* eine einfache Aufgabe; das ist gar nicht so e. **sinnv.:** leicht, mühelos, nicht schwierig, ohne Schwierigkeiten, simpel, unkompliziert. **3.** *einmal vorhanden, gemacht, nicht doppelt:* ein einfacher Knoten, eine einfache Fahrt *(Fahrkarte für eine Fahrt ohne Rückfahrt* /bei der Eisenbahn/). **II.** ⟨Partikel⟩ */drückt eine [emotionale] Verstärkung einer Aussage, einer Behauptung, eines Wunsches aus/:* das ist e. unmöglich!; er lief e. weg; das wäre e. toll; es ist e. schwierig.

ein|fä|deln, fädelte ein, hat eingefädelt: **1.** ⟨tr.⟩ **a)** *durch ein Nadelöhr stecken und durchziehen:* einen Faden e. **b)** *bewirken, machen, daß ein Faden in etwas eingezogen ist:* eine Nadel e. **2.** ⟨tr.⟩ *in geschickter Weise bewerkstelligen, ins Werk setzen:* eine Intrige, eine Verbindung klug, fein e. **sinnv.:** ↑bewerkstelligen. **3.** ⟨sich e.⟩ *sich im fließenden Verkehr in eine Fahrspur, eine Wagenkolonne einreihen.* **sinnv.:** sich einordnen, einscheren.

ein|fah|ren, fährt ein, fuhr ein, hat/ist eingefahren: **1.** ⟨itr.⟩ *fahrend (in etwas) kommen; hineinfahren (in etwas):* der Zug ist soeben in den Bahnhof eingefahren. **sinnv.:** ankommen, einlaufen. **2.** ⟨tr.⟩ *(als Ernte) in die Scheune bringen, fahren:* der Bauer hat die Ernte eingefahren. **sinnv.:** ↑ernten. **3.** ⟨tr.⟩ *durch entsprechende Fahrweise allmählich zu voller Leistungsfähigkeit bringen:* er hat das neue Auto eingefahren. **4.** ⟨sich e.⟩ (ugs.) *zur Gewohnheit werden:* inzwischen hat es sich eingefahren, daß wir uns nur noch zu Weihnachten schreiben. **sinnv.:** sich ↑einbürgern, sich einspielen.

Ein|fahrt, die; -, -en: **1.** *das Hineinfahren:* die E. in das enge Tor war schwierig; der Zug hat keine E. *(darf noch nicht in den Bahnhof einfahren).* **sinnv.:** ↑Ankunft. **2.** *Stelle, an der ein Fahrzeug in einen bestimmten Bereich hineinfährt* /Ggs. Ausfahrt/: die E. in den Hafen; die E. muß freigehalten werden. **sinnv.:** ↑Tür. **Zus.:** Hafen-, Werk[s]einfahrt.

Ein|fall, der; -s, Einfälle: **1.** *Gedanke, der jmdm. plötzlich in den Sinn kommt:* ein guter E.; einen E. haben; ihm kam der E./er kam auf den E., daß ... **sinnv.:** Eingebung, Entwurf, Erleuchtung, Gag, Gedanke, Geistesblitz, Idee, Inspiration, Intuition, Laune, Plan, Schnapsidee, Wahnsinnsidee · ↑Laune · denken, planen, vorhaben. **2.** *gewaltsames, feindliches Eindringen:* einen E. in ein Land planen. **sinnv.:** ↑Invasion.

ein|fal|len, fällt ein, fiel ein, ist eingefallen ⟨itr.⟩: **1.** *in sich zusammenfallen:* die Mauer ist eingefallen. **sinnv.:** ↑einstürzen. **2.** *gewaltsam, überfallartig (in ein Land) eindringen:* der Feind fiel in unser Land ein. **sinnv.:** ↑einmarschieren. **3.** *(jmdm.) [unerwartet] in den Sinn, ins Gedächtnis kommen:* mir fällt sein Name nicht ein. **sinnv.:** sich ↑erinnern.

Ein|falt, die; -: **1.** *auf einer gewissen geistigen Beschränktheit, mangelndem Urteilsvermögen beruhende naive Art:* in seiner E. schenkte er ihr volles Vertrauen. **sinnv.:** Ahnungslosigkeit, Blauäugigkeit, Gutgläubigkeit, Leichtgläubigkeit, Naivität · arglos, gutgläubig · vertrauensselig. **2.** *schlichte, lautere Gesinnung:* die E. des Herzens. **sinnv.:** Arglosigkeit, Aufrichtigkeit, Biederkeit, Geradheit, Redlichkeit.

ein|fäl|tig ⟨Adj.⟩: *geistig etwas beschränkt und daher nicht von rascher Auffassungsgabe:* ein einfältiger Mensch; er fragte ziemlich e. **sinnv.:** ahnungslos, blauäugig, gutgläubig, leichtgläubig, naiv.

ein|far|big ⟨Adj.⟩: *nur eine Farbe aufweisend, in nur einer Farbe gehalten:* ein einfarbiger Stoff; ein einfarbiges Kleid. **sinnv.:** monochrom, uni, nicht ↑bunt.

ein|fas|sen, faßte ein, hat eingefaßt ⟨tr.⟩: *mit einem Rahmen, Rand, einer Borte umgeben:* einen Edelstein in Gold e.; einen Garten mit einer Hecke e. **sinnv.:** abstecken, begrenzen, eingrenzen, einrahmen, einsäumen, einschließen, fassen, rahmen, säumen, umgeben, umrahmen, umranden, umsäumen, umschließen, umzäunen · Rand, Umzäunung · Zaun.

ein|fin|den, sich; fand sich ein, hat sich eingefunden: *an einem festgelegten Ort, zu einem festgelegten Zeitpunkt erscheinen:* sich in der Hotelhalle um 18 Uhr e. **sinnv.:** ↑kommen.

ein|flech|ten, flicht ein, flocht ein, hat eingeflochten ⟨tr.⟩: *während eines Gesprächs, einer Unterhaltung o. ä. beiläufig erwähnen:* er flocht gerne ein paar Zitate in seine Reden ein. **sinnv.:** bemerken, einfließen lassen, einstreuen, erwähnen · Zitat.

ein|flö|ßen, flößte ein, hat eingeflößt ⟨tr.⟩: **1.** *in kleinsten Mengen vorsichtig zu trinken geben:* einem Kranken Medizin e. **sinnv.:** tränken, zu ↑trinken geben. **2.** *(in jmdm. ein bestimmtes Gefühl) hervorrufen:* seine Worte flößten mir Angst ein. **sinnv.:** bewirken, wachrufen, wecken; ↑beeinflussen.

Ein|fluß, der; Einflusses, Einflüsse: *Wirkung auf das Verhalten einer Person oder Sache:* sie übte keinen guten E. auf ihn aus; der E. der französischen Literatur auf die deutsche; er stand lange unter dem E. seines Freundes; ich hatte auf diese Entscheidung keinen E. **sinnv.:** Autorität, Beeinflussung, Einwirkung, Geltung, Gewalt, Gewicht, Macht, Wirkung · ↑beeinflussen.

ein|för|mig ⟨Adj.⟩: *immer in gleicher Weise verlaufend, wenig Abwechslung bietend:* ihr Leben war sehr e. **sinnv.:** langweilig.

ein|frie|ren, fror ein, ist/hat eingefroren: **1.** ⟨itr.⟩ *durch das Gefrieren des darin vorhandenen Wassers nicht mehr funktionieren können:* die Wasserleitungen sind eingefroren. **sinnv.:** ↑gefrieren, erstarren, vereisen. **2.** ⟨tr.⟩ *durch Frost konservieren:* wir haben das Fleisch eingefroren. **sinnv.:** tiefkühlen. **3.** ⟨itr.⟩ *von Eis umgeben sein und dadurch festgehalten werden:* das Schiff ist eingefroren. **sinnv.:** festfrieren, festsitzen · eingeschlossen. **4.** ⟨tr.⟩ *auf dem gegenwärtigen Stand ruhenlassen, nicht weiterführen:* sie haben die Verhandlungen eingefroren.

ein|fü|gen, fügte ein, hat eingefügt: **1.** ⟨tr.⟩ *in etwas fügen, machen, daß etwas noch in etwas bereits Vorhandenes hineinkommt:* ein Zitat in einen Text e. **sinnv.:** dazwischenschieben, einarbeiten, einbauen, einbetten, einblenden, eingliedern, einlegen, einordnen, einpassen, einreihen, einschieben, einspielen, in etwas fügen, integrieren, komplettieren, ↑vervollständigen. **2.** ⟨sich e.⟩ *sich in eine vorhandene Ordnung, Umgebung einordnen:* er muß sich [in die Gemeinschaft] e. **sinnv.:** sich ↑anpassen.

ein|füh|len, sich; fühlte sich ein, hat sich eingefühlt: *sich (in die Situation eines anderen) versetzen:* er konnte sich nur schwer in die Stimmung seines Freundes e. **sinnv.:** sich einleben in, sich hineindenken/hineinversetzen, nachempfinden, nachfühlen, nachvollziehen, sich versetzen in · Lage, Rolle.

Ein|fuhr, die; -, -en: *das Einführen von Waren* /Ggs. Ausfuhr/: die E. von Spirituosen beschränken. **sinnv.:** Außenhandel, Außenwirtschaft, Import. **Zus.:** Wareneinfuhr.

ein|füh|ren, führte ein, hat eingeführt ⟨tr.⟩: **1.** *Waren aus dem Ausland in das eigene Land hereinbringen* /Ggs. ausführen/: Erdöl, Getreide [aus Übersee] e. **sinnv.:** importieren, ↑kaufen. **2.** *jmdn. in einen Personenkreis bringen, der ihn noch nicht kennt, und ihn dort bekannt machen:* er hat sie bei den Eltern eingeführt. **sinnv.:** einschleusen, einschmuggeln, präsentieren, vorstellen, [vor]zeigen. **3.** *↑einarbeiten:* in den ersten drei Monaten wurde er [in seine Arbeit] eingeführt. **4.** *etwas Neues in eine Institution, in den Handel o. ä. bringen:* neue Lehrbücher, Artikel e.; eine neue Währung e. **sinnv.:** in Umlauf bringen, ↑verbreiten. **5.** *durch eine Öffnung (in etwas), in eine Öffnung hineinschieben, -stecken:* eine Sonde in den Magen e. **sinnv.:** bringen in, durchstecken, hineinstecken, hineintun, stecken in.

Ein|ga|be, die; -, -n: *an eine Behörde gerichtete schriftliche Bitte oder Beschwerde:* eine E. prüfen. **sinnv.:** ↑Gesuch.

Ein|gang, der; -[e]s, Eingänge: **1. a)** *Stelle, an der man durch etwas in ein Haus o. ä. hineingehen kann* /Ggs. Ausgang/: das Haus hat zwei Eingänge. **sinnv.:** ↑Tür. **Zus.:** Bühnen-, Hauseingang. **b)** *Stelle, an der man in ein Gebiet o. ä. hineingehen kann:* am E. des Dorfes. **Zus.:** Ortseingang. **2.** *eingetroffene, eingegangene Post, Ware* /Ggs. Ausgang/: die Eingänge sortieren. **Zus.:** Wareneingang.

ein|gän|gig ⟨Adj.⟩: *in der Art, daß es ohne Mühe verstanden und leicht behalten wird:* ein eingängiger Spruch. **sinnv.:** ↑einleuchtend, verständlich.

ein|ge|ben, gibt ein, gab ein, hat eingegeben ⟨tr.⟩: **1.** *(eine Arznei) einflößen:* dem Kranken die Tropfen stündlich e. **sinnv.:** geben, reichen, verabreichen. **2.** *(Daten) in eine Rechenanlage hineingeben, übertragen:* Zahlen, ein Programm in den Computer e. **sinnv.:** füttern, einspeichern, speichern. **3.** (geh.) *in jmdm. einen Gedanken, Wunsch o. ä. hervorrufen:* diese Reaktion gab ihm der Augenblick ein. **sinnv.:** ↑beeinflussen, bei jmdm. bewirken, veranlassen.

ein|ge|bet|tet ⟨Adj.⟩: *von etwas [Schützendem] umgeben:* eingebettet in sattes Grün/im satten Grün liegen die Häuser. **sinnv.:** umschlossen.

ein|ge|bil|det ⟨Adj.⟩: *von sich, seinen Fähigkeiten allzusehr überzeugt:* ein eingebildeter Mensch; sie ist e. **sinnv.:** ↑dünkelhaft.

Ein|ge|bo|re|ne, der u. die; -n, -n ⟨aber: [ein] Eingeborener, Plural: [viele] Eingeborene⟩: *Angehörige[r] eines Naturvolkes; ursprünglicher Bewohner bzw. Bewohnerin eines später von einem anderen Volk, einer anderen Rasse besiedelten Gebietes:* die Eingeborenen Australiens. **sinnv.:** ↑Bewohner, Einheimischer, Indianer, Neger, Urbevölkerung, Ureinwohner.

Ein|ge|bung, die; -, -en: *plötzlich auftauchender Gedanke, der den Betroffenen in einer bestimmten Angelegenheit sinnvoll handeln läßt:* in einer plötzlichen E. änderte er seinen Entschluß. **sinnv.:** ↑Einfall.

ein|ge|fleischt ⟨Adj.⟩: *die der angesprochenen Lebensweise, Eigenschaft o. ä. entsprechende innere Einstellung ganz und gar, durch und durch verkörpernd (was als dauerhaft, unveränderbar betrachtet wird):* ein eingefleischter Junggeselle, Optimist. **sinnv.:** hoffnungslos, überzeugt, unbekehrbar, unbelehrbar, unverbesserlich.

ein|ge|hen, ging ein, ist eingegangen /vgl. eingehend/: **1.** ⟨itr.⟩ *an der entsprechenden Stelle eintreffen:* es geht täglich viel Post ein. **sinnv.:** ankommen, einlaufen, übermittelt werden, zugestellt werden. **2.** ⟨itr.⟩ *aufhören zu existieren:* das Pferd ist eingegangen; der Baum ist eingegangen. **sinnv.:** absterben, dorren, kaputtgehen, ↑sterben, verdorren, ↑verenden, verkümmern, verrecken, vertrocknen. **3.** ⟨als Funktionsverb⟩ *sich (auf etwas) einlassen und sich daran gebunden fühlen:* einen Handel, Vertrag e.; eine Wette e. *(wetten);* eine Ehe e. *(heiraten);* ein Risiko e. *(etwas riskieren).* **4.** ⟨itr.⟩ **a)** *sich mit jmdm./etwas auseinandersetzen; zu etwas Stellung nehmen:* auf eine Frage, einen Gedanken, ein Problem e. **sinnv.:** sich ↑befassen mit. **b)** *etwas, was ein anderer vorgeschlagen hat, annehmen:* auf einen Plan, Vorschlag e. **sinnv.:** ↑billigen. **5.** ⟨itr.⟩ ↑*einlaufen* (4): die neuen Jeans sind beim Waschen eingegangen.

ein|ge|hend ⟨Adj.⟩: *sorgfältig und bis ins einzelne gehend:* eine eingehende Beschreibung; sich mit jmdm./etwas e. befassen; etwas e. erörtern. **sinnv.:** ↑ausführlich.

Ein|ge|mach|te, das; -n ⟨aber: [viel] Eingemachtes⟩: *etwas (bes. Obst), was durch Kochen oder auf andere entsprechende Weise haltbar gemacht worden ist und sich für einen späteren Verbrauch in Dosen, Gläsern o. ä. befindet:* im Keller steht noch Eingemachtes vom letzten Jahr. **sinnv.:** Vorrat, eiserne Ration · einwecken.

ein|ge|ses|sen ⟨Adj.⟩: *seit langem an einem Ort ansässig:* die eingesessene Bevölkerung stand den Ausländern skeptisch gegenüber. **sinnv.:** ↑einheimisch.

Ein|ge|ständ|nis, das; -ses, -se: *das Eingestehen eines Fehlers, einer Schuld o. ä.:* das E. seiner Schuld fiel ihm äußerst schwer. **sinnv.:** ↑Bekenntnis.

Ein|ge|wei|de, die ⟨Plural⟩: *alle Organe im Innern des Leibes.* **sinnv.:** ↑Darm.

Ein|ge|weih|te, der u. die; -n, -n ⟨aber: [ein] Eingeweihter, Plural: [viele] Eingeweihte⟩: *jmd., der eingeweiht ist:* nur den Eingeweihten war sein Aufenthaltsort bekannt. **sinnv.:** ↑Fachmann, Insider, ↑Komplize.

ein|ge|wöh|nen, sich; gewöhnte sich ein, hat sich eingewöhnt: *allmählich in einer anfangs fremden Umgebung heimisch, mit ihr vertraut werden:* sie hat sich inzwischen bei uns eingewöhnt. **sinnv.:** ↑anpassen.

ein|glei|sig ⟨Adj.⟩: *mit nur einem Gleis [ausgestattet]:* eine eingleisige Strecke. **sinnv.:** einspurig.

ein|gra|ben, gräbt ein, grub ein, hat eingegraben ⟨tr.⟩: **1.** *durch Graben ganz oder teilweise in die Erde bringen:* der Hund grub den Knochen ein. **sinnv.:** begraben, einbuddeln, verbuddeln, vergraben, verscharren. **2.** ⟨sich e.⟩ *sich eine Vertiefung schaffend in etwas eindringen:* der Fluß hat sich in den Felsen eingegraben.

ein|grei|fen, griff ein, hat eingegriffen ⟨itr.⟩: *sich [auf Grund seiner entsprechenden Position] in etwas, was nicht in gewünschter Weise verläuft, einschalten und es am weiteren Fortgang hindern bzw. beeinflussen, lenken:* in die Diskussion e.; die Polizei mußte bei der Schlägerei e. **sinnv.:** aufräumen, dazwischenfahren, -funken, -gehen, -treten, dreinreden, durchgreifen, sich einmengen, sich einmischen, einschreiten, nicht lange fackeln, mit der Faust auf den Tisch hauen/schlagen, ↑helfen, ein Machtwort sprechen, Ordnung schaffen, kurzen Prozeß machen, andere Saiten aufziehen, schlichten, reinen Tisch/Tabula rasa machen, vermitteln, ↑vorgehen · Maßnahme · Schritt.

Ein|griff, der; -[e]s, -e: **1.** *Operation, bes. an inneren Organen [die an jmdm. vorgenommen wer-*

den muß]: ein chirurgischer E.; der Arzt mußte einen E. machen. **sinnv.:** ↑Operation. **2.** *ungebührliches oder unberechtigtes Eingreifen in den Bereich eines andern:* ein E. in die private Sphäre, in die Rechte eines andern. **sinnv.:** Beeinträchtigung, Übergriff.

Ein|halt: ⟨in der Wendung⟩ E. gebieten: *durch energisches Entgegentreten, Einschreiten jmds. als schädlich, störend angesehenes Handeln o. ä. oder etwas als schädlich o. ä. Angesehenes unterbinden, ihm ein Ende setzen:* einer Seuche E. gebieten. **sinnv.:** einen Riegel vorschieben, ↑verhindern.

ein|hal|ten, hält ein, hielt ein, hat eingehalten: **1.** ⟨tr.⟩ *sich an etwas, was als verbindlich gilt, [weiterhin] halten, sich danach richten:* eine Bestimmung e.; einen Termin e. **sinnv.:** ↑befolgen. **2.** ⟨tr.⟩ *nicht von etwas abweichen:* die vorgeschriebene Geschwindigkeit, einen Kurs e. **3.** ⟨itr.⟩ *(mit seinem Tun) plötzlich für kürzere Zeit innehalten:* im Lesen, in der Arbeit e. **sinnv.:** aufhören, ↑unterbrechen.

ein|hän|gen, hängte ein, hat eingehängt: **a)** ⟨tr.⟩ *in eine Haltevorrichtung, einen Haken, eine Öse o. ä. hängen und dadurch daran befestigen:* eine Tür in ihre Scharniere e. **b)** ⟨tr./itr.⟩ *den Telefonhörer auf die Gabel legen bzw. in die Haltevorrichtung hängen und dadurch das Gespräch beenden:* er hängte plötzlich [den Hörer] ein. **sinnv.:** aufhängen, auflegen.

ein|hei|misch ⟨Adj.⟩: *an einem Ort, in einem Land seine Heimat habend und mit den Verhältnissen dort vertraut:* die einheimische Bevölkerung eines Landes. **sinnv.:** alteingesessen, ansässig, beheimatet, bodenständig, daheim, eingeboren, eingebürgert, eingesessen, nicht ↑fremd, geboren, zu Hause, ↑heimatlich, heimisch, niedergelassen, seßhaft, wohnhaft · Heimat · wohnen.

ein|hei|ra|ten, heiratete ein, hat eingeheiratet ⟨itr.⟩: *durch Heirat an einem Unternehmen o. ä. beteiligt werden oder in eine [reiche] Familie gelangen:* er heiratete in eine vornehme Familie ein; sie hat in eine Brauerei eingeheiratet. **sinnv.:** sich ins gemachte Bett legen, sich ins warme/gemachte Nest setzen; ↑heiraten.

Ein|heit, die; -, -en: **1.** *als Ganzes wirkende Geschlossenheit, innere Zusammengehörigkeit:* eine territoriale, nationale, wirtschaftliche E. **sinnv.:** Ganzheit, Verbundenheit; ↑Struktur. **2.** *zahlenmäßig nicht festgelegte militärische Formation:* eine motorisierte E. **sinnv.:** ↑Abteilung, ↑Armee. **3.** *bei der Bestimmung eines Maßes zugrunde gelegte Größe:* die E. der Längenmaße ist der Meter. **sinnv.:** Längenmaß, Maß, Maßeinheit. **Zus.:** Verrechnungseinheit.

ein|heit|lich ⟨Adj.⟩: **a)** *eine Einheit erkennen lassend, zum Ausdruck bringend:* ein einheitliches System; die Struktur ist e. **sinnv.:** ↑organisch. **b)** *für alle in gleicher Weise beschaffen, geltend:* eine einheitliche Kleidung, Regelung. **sinnv.:** unterschiedslos · ↑übereinstimmen.

ein|hel|lig ⟨Adj.⟩: *von allen ausnahmslos vertreten; in allen Punkten übereinstimmend:* nach der einhelligen Meinung der Kritiker war dieses das schwächste Stück des Autors. **sinnv.:** ↑einmütig.

ein|ho|len, holte ein, hat eingeholt ⟨tr.⟩: **1. a)** *an jmdn., der einen Vorsprung hat, [schließlich] herankommen:* er konnte ihn noch e. **sinnv.:** einkriegen, jmdn. erreichen, ereilen, zu fassen bekommen/kriegen, schnappen. **b)** *(einen [Leistungs]rückstand) aufarbeiten, wettmachen:* einen Vorsprung e.; jmdn. in seinen Leistungen e. **sinnv.:** ↑aufholen. **2.** *sich [bei jmdm.] holen, sich geben lassen:* jmds. Rat, Erlaubnis e.; Auskünfte über jmdn. e. **sinnv.:** einziehen, recherchieren. **3.** *einkaufen:* Brot, Wurst e.; sie ist e. gegangen.

ei|nig ⟨Adj.⟩: **a)** *in seiner Meinung, seiner Gesinnung zu Übereinstimmung gekommen; einer Meinung, eines Sinnes:* die einigen Geschwister; sie sind jetzt wieder e.; sie haben e. erklärt, hierbleiben zu wollen; ich bin mir jetzt über den Preis mit ihm e.; wir sind uns mit ihm darin e., daß er die Reparaturkosten übernimmt. **sinnv.:** ↑einträchtig, handelseinig. **b)** *in Einheit verbunden, zusammenstehend:* eine einige Nation. **sinnv.:** geeint, unteilbar, vereint.

ei|nig... ⟨Indefinitpronomen und unbestimmtes Zahlwort⟩: **1.** einiger, einige, einiges ⟨Singular⟩: *eine unbestimmte kleine Menge; nicht allzu viel:* mit einigem guten Willen hätte man dieses Problem lösen können; er wußte wenigstens einiges. **sinnv.:** ↑etwas. **2.** einige ⟨Plural⟩: *mehr als zwei bis drei, aber nicht viele:* er war einige Wochen verreist; in dem Ort gibt es einige Friseure; er hat nur einige Fehler. **sinnv.:** allerlei, divers..., ↑einzeln..., etlich..., manch..., mehrer..., ein paar, verschiedene · eine Anzahl/Reihe. **3.** *ziemlich groß, nicht gerade wenig, ziemlich viel:* das wird noch einigen Ärger bringen; die Reparatur wird sicher einige hundert Mark/einiges kosten. **sinnv.:** beträchtlich, etlich, reichlich, viel, zahlreich · sehr.

ei|ni|gen, sich: *(mit jmdm.) zu einer Übereinstimmung kommen:* sich auf einen Kompromiß e.; sie haben sich über den Preis geeinigt. **sinnv.:** ↑übereinkommen.

ei|ni|ger|ma|ßen ⟨Adverb⟩: *in erträglichem [Aus]maß; bis zu einem gewissen Grade:* auf diesem Gebiet weiß er e. Bescheid; die Arbeit ist ihm e. gelungen. **sinnv.:** annähernd, approximativ, ausreichend, ↑genug, halbwegs, mittelmäßig, notdürftig, recht, soso, ungefähr · gerade so.

ein|imp|fen, impfte ein, hat eingeimpft ⟨tr.⟩ (ugs.): *so eindringlich sagen, daß es im Gedächtnis haften bleibt, daß es nicht vergessen wird:* die Mutter hatte ihren Kindern eingeimpft, mit keinem Fremden mitzugehen.

Ein|kauf, der; -s, Einkäufe: *das Einkaufen:* sie erledigten ihre Einkäufe und fuhren nach Hause; dieser Mantel war wirklich ein guter E.

ein|kau|fen, kaufte ein, hat eingekauft ⟨tr./itr.⟩: *etwas, was der Vorratshaltung dient, zum Verbrauch oder Weiterverkauf benötigt wird, durch Kauf erwerben:* Lebensmittel, Material e.; en gros e.; er kauft immer im Warenhaus ein; sie ist e. gegangen. **sinnv.:** Besorgungen/Einkäufe/Shopping machen, kaufen [gehen]; ↑handeln.

ein|keh|ren, kehrte ein, ist eingekehrt ⟨itr.⟩: *unterwegs (besonders auf einer Wanderung) in eine Gaststätte o. ä. gehen:* sie sind auf ihrer Wanderung zweimal [in einem Lokal] eingekehrt. **sinnv.:** ↑besuchen, eine Pause/Rast machen.

ein|kel|lern, kellerte ein, hat eingekellert ⟨tr.⟩: *für den Bedarf während des Winters im Keller als Vorrat anlegen:* im Herbst kellerten wir Kartoffeln ein. **sinnv.:** einlagern.

ein|kes|seln, kesselte ein, hat eingekesselt ⟨tr.⟩: *(Truppen, Soldaten) von allen Seiten, völlig einschließen:* die Armee wurde vom Gegner eingekesselt. **sinnv.:** ↑belagern.

ein|klam|mern, klammerte ein, hat eingeklammert ⟨tr.⟩: *(Geschriebenes) in einem Text durch Klammern einschließen:* die Erklärung des Wortes wurde eingeklammert.

Ein|klang: ⟨in den Wendungen⟩ in E. stehen/sein mit etwas *(mit etwas übereinstimmen):* seine Worte und seine Taten stehen nicht miteinander in E.; in E. bringen mit etwas *(auf etwas abstimmen):* man muß versuchen, die eigenen Wünsche mit den Forderungen des Partners in E. zu bringen.

ein|klei|den, kleidete ein, hat eingekleidet ⟨tr.⟩: *mit [neuer] Kleidung ausstatten:* seine Kinder neu e.; die Rekruten wurden eingekleidet. **sinnv.:** anziehen, ausstaffieren.

ein|ko|chen, kochte ein, hat eingekocht ⟨tr.⟩: *durch längeres Kochen [und gleichzeitiges luftdichtes Verschließen] haltbar machen:* Kirschen, Gemüse e. **sinnv.:** ↑konservieren.

Ein|kom|men, das; -s, -: *Summe der [regelmäßigen] Einnahmen in einem bestimmten Zeitraum:* ein hohes monatliches E. haben. **sinnv.:** ↑Einkünfte.

Ein|künf|te, die ⟨Plural⟩: *Summe der [in einem bestimmten Zeitraum] eingehenden Gelder:* feste, regelmäßige E.; E. aus Grundbesitz haben. **sinnv.:** Apanage, Bezüge, Dividende, Einkommen, Einnahmen, Erträge, Erwerb, Fixum, ↑Gehalt, ↑Geld, Honorar, Pension, Rendite, Rente, ↑Spesen, ↑Vermögen, Wehrsold, Zinsen.

ein|la|den, lädt ein, lud ein, hat eingeladen ⟨tr.⟩: **I.** *in ein Fahrzeug zum Transport bringen, hineinschaffen* /Ggs. ausladen/: Pakete, Kisten e. **sinnv.:** ↑laden. **II. a)** *als Gast zu sich bitten:* jmdn. zu sich, zum Geburtstag e. **sinnv.:** bitten, ↑laden. **b)** *(jmdn.) zu einer [für den Betreffenden kostenlosen, unverbindlichen o. ä.] Teilnahme an etwas auffordern:* jmdn. ins Theater, zum Essen, zu einer Autofahrt e. **sinnv.:** ↑spendieren.

Ein|la|ge, die; -, -n: **1.** *etwas, was in etwas hineingebracht wird:* eine Suppe mit E.; eine E. im Kragen (zur Versteifung); der Zahnarzt machte eine E. **sinnv.:** Farce, Füllsel · Füllung, Plombe. **2.** *stützende Unterlage für den Fuß, die in den Schuh eingelegt wird:* in den Sandalen kann er keine Einlagen tragen. **3.** *Darbietung, die als Unterbrechung in ein Programm eingeschoben wird:* ein Konzert mit tänzerischen Einlagen. **sinnv.:** Einschub, Showblock, Zugabe.

Ein|laß ⟨in bestimmten Wendungen⟩ E. begehren/um E. bitten *(wünschen, eingelassen zu werden);* E. erhalten/finden *(eingelassen werden);* sich (Dativ) E. verschaffen *(erreichen, daß man eingelassen wird).* **sinnv.:** Eingang, Zugang, Zutritt · ↑einlassen.

ein|las|sen, läßt ein, ließ ein, hat eingelassen: **1.** ⟨tr.⟩ *jmdm. Zutritt gewähren:* er wollte niemanden e. **sinnv.:** aufmachen, eintreten lassen, hereinkommen lassen, hereinlassen, jmdm. ↑öffnen, Zutritt gewähren · ↑Einlaß. **2.** ⟨tr.⟩ *(in einen Behälter o. ä.) einlaufen lassen:* Wasser in die Wanne e. **3.** ⟨sich e.⟩ **a)** *Kontakt aufnehmen mit jmdm., den man eigentlich meiden sollte, der aus gesellschaftlichen, moralischen o. ä. Gründen nicht als guter Umgang angesehen wird:* wie konnte er sich nur mit diesem gemeinen Kerl e. **sinnv.:** sich ↑abgeben, verkehren · Beziehung · Umgang. **b)** *bereit sein, bei etwas mitzumachen, auf eine Sache einzugehen, die eigentlich als [moralisch] zweifelhaft, nicht sicher o. ä. angesehen, empfunden wird:* sich auf ein Abenteuer e.; sich nicht in ein Gespräch mit jmdm. e. **sinnv.:** sich ↑befassen mit, teilnehmen.

ein|lau|fen, läuft ein, lief ein, hat/ist eingelaufen: **1.** ⟨itr.⟩ *(in einen Behälter o. ä.) hineinfließen:* das Wasser ist in die Wanne eingelaufen. **sinnv.:** einfließen. **2.** ⟨itr.⟩ *in einen Bahnhof, einen Hafen hineinfahren:* der Zug läuft gerade ein; einlaufende (Ggs. auslaufende) Schiffe. **sinnv.:** ↑einfahren. **3.** ⟨itr.⟩ *an der entsprechenden Stelle eintreffen:* es sind viele Spenden, Beschwerden eingelaufen. **sinnv.:** ↑eingehen. **4.** ⟨itr.⟩ *(von textilen Geweben) beim Naßwerden, bes. beim Waschen, sich zusammenziehen, enger werden:* das Kleid ist beim Waschen eingelaufen. **sinnv.:** eingehen, enger werden, kleiner/kürzer werden, schrumpfen, zusammenlaufen, -schnurren. **5.** ⟨tr.⟩ *(neue Schuhe) durch Tragen ausweiten und so bequemer machen:* er hat die Schuhe allmählich eingelaufen.

ein|le|ben, sich; lebte sich ein, hat sich eingelebt: *allmählich in neuer Umgebung heimisch werden:* er hat sich gut bei uns eingelebt. **sinnv.:** ↑anpassen.

ein|le|gen, legte ein, hat eingelegt ⟨tr.⟩: **1.** *(in etwas) hineinlegen:* einen neuen Film in den Fotoapparat e.; Sohlen in die Schuhe e. **sinnv.:** einsetzen, hineinbringen. **2.** *in eine in bestimmter Weise zubereitete Flüssigkeit legen [und dadurch haltbar machen]:* Heringe, Gurken e. **sinnv.:** ↑konservieren. **3.** *als Verzierung einfügen:* in die Tischplatte war ein Muster eingelegt. **4.** *zusätzlich dazwischen-, einschieben:* zwischen die Szenen wurden Tänze eingelegt; eine Pause e. **sinnv.:** ↑einfügen; unterbrechen. **5.** ⟨als Funktionsverb⟩: ein gutes Wort für jmdn. e. *(sich bei jmdm. für jmdn. verwenden; jmdm. durch eine positive Aussage helfen);* Protest e. *(protestieren);* Beschwerde e. *(sich beschweren).*

ein|lei|ten, leitete ein, hat eingeleitet ⟨tr.⟩: **1.** *etwas [zur Einführung, Einstimmung o. ä.] an den Anfang stellen und damit eröffnen:* eine Feier mit Musik e. **sinnv.:** ↑anfangen, mit etwas beginnen. **2.** *(die Ausführung, den Vollzug von etwas) vorbereiten und in Gang setzen:* einen Prozeß, ein Verfahren gegen jmdn. e. **sinnv.:** ↑anbahnen.

Ein|lei|tung, die; -, -en: *Teil, mit dem eine Veranstaltung beginnt, einen Aufsatz, ein Buch o. ä. einleitendes Kapitel:* eine kurze E.; die E. eines Buches. **sinnv.:** Ansage, Einführung, Geleitwort, Motto, Präludium, Prolog, Vorbemerkung, Vorrede, Vorspann, Vorspiel, Vorwort.

ein|len|ken, lenkte ein, hat eingelenkt ⟨itr.⟩: *von seiner starren ablehnenden Haltung abgehen und sich nachgiebiger zeigen, zu gewissen Kompromissen bereit sein:* nach dieser scharfen Entgegnung lenkte er sofort wieder ein. **sinnv.:** ↑nachgeben.

ein|leuch|ten, leuchtete ein, hat eingeleuchtet ⟨itr.⟩: *(jmdm.) verständlich, begreiflich sein, auf jmdn. überzeugend wirken:* es leuchtete mir ein, daß er wegen seiner vielen Arbeit nicht kommen konnte. **sinnv.:** leicht zu fassen sein, faßlich sein, klar sein, jmdn. überzeugen, für jmdn. zu verstehen sein, ↑verstehen.

ein|leuch|tend ⟨Adj.⟩: *so, daß es leicht zu verstehen, ohne Mühe gedanklich nachzuvollziehen ist:* eine einleuchtende Erklärung; einen Sachverhalt e. darstellen. **sinnv.:** augenfällig, begreiflich, bestechend, eingängig, einsichtig, erklärlich, ersichtlich, evident, faßbar, faßlich, glaubhaft, ↑klar, plausibel, ↑stichhaltig, vernünftig, verständlich.

ein|lie|fern, lieferte ein, hat eingeliefert ⟨tr.⟩: *einer entsprechenden Stelle zur besonderen Behandlung, zur Beaufsichtigung übergeben:* die Verletzten wurden ins Krankenhaus eingeliefert; jmdn. in eine Anstalt, ins Gefängnis e. **sinnv.:** ↑einweisen.

ein|lö|sen, löste ein, hat eingelöst ⟨tr.⟩: **a)** *vorlegen und so die Auszahlung des entsprechenden Geldbetrages erwirken:* einen Scheck e. **b)** *(einen verpfändeten Gegenstand) gegen Zahlung des entsprechenden Betrages zurückkaufen:* ein Pfand, ein Schmuckstück [im Pfandhaus] e. **sinnv.:** auslösen, frei-, loskaufen.

ein|ma|chen, machte ein, hat eingemacht ⟨tr.⟩: *(in Einmachgläsern o. ä.) einkochen, haltbar machen:* Bohnen, Kirschen e. **sinnv.:** ↑konservieren.

ein|mal: I. ⟨Adverb⟩ **1.** *ein einziges Mal, nicht zweimal oder mehrmals:* er war nur e. da; ich versuche es noch e. *(wiederhole den Versuch).* ***auf e.:** a) *(gleichzeitig):* sie kamen alle auf e. b) *(plötzlich):* auf e. stand sie auf und ging. **2. a)** *eines Tages, später:* er wird sein Verhalten e. bereuen. **b)** *einst, früher:* es ging ihm e. besser als heute; /formelhafter Anfang im Märchen/ es war e. **sinnv.:** damals, einstmals. **II.** ⟨Partikel⟩ **1.** */wirkt verstärkend in Aussagen, Fragen und Aufforderungen/:* so liegen die Dinge e.; darf ich auch e. etwas sagen?; komm doch e. her! **2.** */wirkt nach bestimmten Adverbien einschränkend, eingrenzend/:* wir wollen erst e. *(zuerst)* essen; er kann nicht e. schreiben *(sogar schreiben kann er nicht).*

ein|ma|lig ⟨Adj.⟩: **a)** ⟨nicht adverbial⟩ *nur ein einziges Mal vorkommend:* eine einmalige Zahlung, Gelegenheit. **b)** (emotional) *kaum noch einmal in der vorhandenen Güte, in solcher Qualität o. ä. vorkommend:* dieser Film ist e. **sinnv.:** ↑außergewöhnlich, unersetzlich.

ein|mar|schie|ren, marschierte ein, ist einmarschiert ⟨itr.⟩: *sich marschierend in ein Gebiet o. ä. begeben:* die Truppen sind gestern in die Stadt einmarschiert. **sinnv.:** besetzen, eindringen, einfallen, einrücken, einziehen, ↑erobern.

ein|mi|schen, sich; mischte sich ein, hat sich eingemischt: *sich redend oder handelnd an etwas beteiligen, womit man eigentlich nichts zu tun hat:* die Erziehung der Kinder ist eure Sache, ich will mich da nicht e. **sinnv.:** ↑eingreifen.

ein|mot|ten, mottete ein, hat eingemottet ⟨tr.⟩: *(Kleidung o. ä., was eine längere Zeit nicht gebraucht wird) mit einem Mittel gegen Motten schützen und irgendwo unterbringen, verstauen:* Pullover, Mäntel, Pelze e. **sinnv.:** schützen.

ein|mü|tig ⟨Adj.⟩: *völlig übereinstimmend; einer Meinung, eines Sinnes.* die Abgeordneten stimmten e. dem Vorschlag zu. **sinnv.:** einhellig, einstimmig, einträchtig, einvernehmlich, im Einvernehmen mit, in gegenseitigem Einverständnis · ↑Harmonie.

ein|nä|hen, nähte ein, hat eingenäht ⟨tr.⟩: **1.** *durch Nähen (in etwas) befestigen:* das Futter in den Rock e. **sinnv.:** annähen, festnähen. **2.** *durch Nähen enger machen:* das Kleid an der Hüfte etwas e.

Ein|nah|me, die; -, -n: **1.** *eingenommenes Geld:* seine monatlichen Einnahmen schwanken. **sinnv.:** ↑Einkünfte. **2.** ⟨ohne Plural⟩ *das Einnehmen* (2 b): die E. von Tabletten einschränken. **3.** ⟨ohne Plural⟩ *das Einnehmen* (4): bei der E. der Stadt wurde kein Widerstand geleistet. **sinnv.:** Eroberung.

ein|neh|men, nimmt ein, nahm ein, hat eingenommen ⟨tr.⟩: **1.** *(Geld) in Empfang nehmen, als Verdienst o. ä. erhalten:* wir haben heute viel eingenommen; er gibt mehr aus, als er einnimmt. **sinnv.:** ↑verdienen. **2. a)** *(Eß- u. Trinkbares) zu sich nehmen:* einen Imbiß e.; das Frühstück wird in der Halle eingenommen. **sinnv.:** ↑essen. **b)** *(Arzneimittel) zu sich nehmen:* Pillen, seine Tropfen e. **sinnv.:** nehmen, schlucken. **3.** *als Raum, Platz beanspruchen:* der Schrank nimmt viel Platz ein; das Bild nimmt die halbe Seite ein. **sinnv.:** ausfüllen, ↑wegnehmen. **4.** *kämpfend in Besitz nehmen:* die Stadt, Festung konnte eingenommen werden. **sinnv.:** ↑erobern. **5.** *auf jmdn. einen günstigen Eindruck machen und dadurch seine Sympathie gewinnen:* durch seine Liebenswürdigkeit nahm er alle Gäste für sich ein. **6.** *sich auf eine [vorgesehene] Stelle niederlassen, stellen:* die Besucher werden gebeten, ihre Plätze einzunehmen. **sinnv.:** sich ↑setzen. **7.** ⟨in Verbindung mit bestimmten Substantiven⟩ *innehaben, besitzen:* er nimmt einen wichtigen Posten ein; er hat in dieser Frage keinen festen Standpunkt eingenommen; er hat eine abwartende Haltung eingenommen.

ein|nicken, nickte ein, ist eingenickt ⟨itr.⟩ (ugs.): *[über einer Tätigkeit] für kurze Zeit einschlafen:* er ist beim Lesen eingenickt.

ein|nis|ten, sich; nistete sich ein, hat sich eingenistet (ugs.): *sich an einem Ort, bei jmdm. niederlassen und unerwünscht längere Zeit dort bleiben:* ich nistete mich bei Verwandten ein. **sinnv.:** sich ausbreiten, sich breitmachen, sich einquartieren, sich festsetzen, Wurzeln schlagen, seine Zelte aufschlagen.

Ein|öde, die; -: *einsame, meist öde und eintönig wirkende Gegend:* in dieser E. könnte ich nicht leben. **sinnv.:** Einsamkeit, Öde, Ödland, Ödnis, Wüste, Wüstenei.

ein|ord|nen, ordnete ein, hat eingeordnet: **1.** ⟨tr.⟩ *in eine bestehende Ordnung einfügen:* die neuen Bücher in den Bücherschrank e. **sinnv.:** einbauen, einfügen, einräumen, einreihen, einrichten, einstellen, hineinlegen, hineinstellen. **2.** ⟨sich e.⟩ **a)** *sich in eine vorhandene Ordnung, Umgebung einfügen:* sich in eine Gemeinschaft e. **sinnv.:** sich ↑anpassen. **b)** *auf eine vorgeschriebene Fahrbahn überwechseln:* der Fahrer muß sich rechtzeitig vor dem Abbiegen e. **sinnv.:** sich einfädeln, einscheren.

ein|packen, packte ein, hat eingepackt ⟨tr.⟩ /Ggs. auspakken/: **1.** *zum Transport in einen dafür vorgesehenen Gegenstand legen:* ich habe schon alles für die Reise eingepackt. **sinnv.:** packen, verpacken, verstauen. **2.** *mit einer Hülle aus Papier o. ä. umwickeln [und zu einem Paket machen]:* Geschenke e. **sinnv.:** abpacken, bündeln, einrollen, einschlagen, einwickeln, in etwas hüllen, umhüllen, verschnüren, (in Papier) wickeln.

ein|prä|gen, prägte ein, hat eingeprägt: **a)** ⟨tr.⟩ *so eindringlich ins Bewußtsein bringen, daß es nicht vergessen wird, im Gedächtnis haftenbleibt:* du mußt dir diese Vorschrift genau e.; er hat den Kindern eingeprägt, nicht mit Fremden mitzugehen. **sinnv.:** jmdn. anhalten zu, beibringen, einbleuen, einhämmern, einimpfen, einschärfen, eintrichtern, ↑lehren, ↑lernen. **b)** ⟨sich e.⟩ *im Gedächtnis bleiben:* der Text prägt sich leicht ein.

ein|quar|tie|ren, quartierte ein, hat einquartiert: **a)** ⟨tr.⟩ *(jmdm.) ein Quartier geben, zuweisen:* die Flüchtlinge wurden bei einem Bauern einquartiert. **sinnv.:** einweisen, stationieren, unterbringen. **b)** ⟨sich e.⟩ *sich ein Quartier verschaffen:* sich bei Freunden, im Nachbarort e. **sinnv.:** ↑wohnen.

ein|ram|men, rammte ein, hat eingerammt ⟨tr.⟩: *mit Wucht in etwas stoßen, rammen:* Pfähle in die Erde e. **sinnv.:** ↑einschlagen.

ein|ra|sten, rastete ein, ist eingerastet ⟨itr.⟩: **1.** *in eine Haltevorrichtung hineingleiten und sich dort festhaken:* das Lenkradschloß war nicht eingerastet. **sinnv.:** einschnappen. **2.** (Jargon) ↑*einschnappen* (2).

ein|räu|men, räumte ein, hat eingeräumt ⟨tr.⟩: **1. a)** *[in einer bestimmten Anordnung] hineinstellen oder -legen* /Ggs. ausräumen/: die Möbel (ins Zimmer) e.; das Geschirr [in den Schrank] e. **sinnv.:** ↑einordnen. **b)** *mit Gegenständen, die (in einen Schrank, Raum usw.) hineingehören, versehen, ausstatten:* das Zimmer, den Schrank e. **sinnv.:** ↑ausstatten, ↑einordnen. **2.** *(jmdm.) zugestehen, gewähren:* jmdm. ein Recht, eine gewisse Freiheit e. **sinnv.:** ↑billigen, ↑gewähren.

ein|rei|ben, rieb ein, hat eingerieben ⟨tr.⟩: **a)** *durch Reiben (in etwas) eindringen lassen, reibend (auf etwas) auftragen:* Salbe in die Haut e. **sinnv.:** einmassieren. **b)** *(auf etwas) reibend auftragen:* die Schuhe mit Fett e.; ich rieb [mir] mein Gesicht mit Creme ein; ⟨auch: sich e.⟩ du mußt dich vor dem Sonnenbad gut e. **sinnv.:** balsamieren, einbalsamieren, cremen, eincremen, einfetten, einölen, einsalben, einschmieren, fetten, ölen, salben; ↑abschmieren.

ein|rei|chen, reichte ein, hat eingereicht ⟨tr.⟩: *der dafür zuständigen Instanz o. ä. zur Prüfung oder Bearbeitung übergeben:* ein Gesuch, eine Rechnung, Examensarbeit e.; Beschwerden sind bei der Hausverwaltung einzureichen. **sinnv.:** ↑abgeben, beantragen, einkommen um, ↑vorlegen.

ein|rei|hen, sich; reihte sich ein, hat sich eingereiht: *sich innerhalb einer geordneten Gruppe an einen bestimmten Platz stellen:* ich reihte mich noch in den Zug der Demonstranten ein. **sinnv.:** sich ↑einfügen, sich ↑einordnen.

Ein|rei|se, die; -, -n: *das Einreisen* /Ggs. Ausreise/: die E. in ein Land beantragen; bei der E. in die Schweiz, nach Frankreich. **sinnv.:** Grenzübertritt.

ein|rei|sen, reiste ein, ist eingereist ⟨itr.⟩: *(vom Ausland her) in ein Land reisen, indem man ordnungsgemäß die Grenze überschreitet* /Ggs. ausreisen/. **sinnv.:** einwandern, hinfahren, zuziehen.

ein|rei|ßen, riß ein, hat/ist eingerissen: **1. a)** ⟨itr.⟩ *vom Rand her einen Riß bekommen:* die Zeitung ist eingerissen. **sinnv.:** brüchig/rissig werden. **b)** ⟨tr.⟩ *vom Rand her einen Riß in etwas machen:* sie hat die Seite an der Ekke eingerissen. **sinnv.:** anreißen, einschneiden. **2.** ⟨tr.⟩ *machen, daß etwas in sich zusammenfällt:* sie haben das alte Haus eingerissen. **3.** ⟨itr.⟩ *zur schlechten Gewohnheit werden:* wir wollen das nicht erst e. lassen. **sinnv.:** sich ↑einbürgern.

ein|ren|ken, renkte ein, hat eingerenkt: **1.** ⟨tr.⟩ *(ein ausgerenktes Glied) wieder ins Gelenk drehen und in die richtige Lage bringen:* einen Arm, ein Bein e. **sinnv.:** einkugeln, richten. **2.** (ugs.) **a)** ⟨tr.⟩ *(etwas, was zu einer Verstimmung geführt hat) in Ordnung bringen:* ich weiß nicht, ob ich das wieder e. kann, was ihr angestellt habt. **b)** ⟨sich e.⟩ *[wieder] in Ordnung kommen:* zum Glück hat sich alles wieder eingerenkt.

ein|ren|nen, rannte ein, hat eingerannt (ugs.): **1.** ⟨tr.⟩ *aus einer Bewegung heraus gegen etwas stoßen und es beschädigen, gewaltsam öffnen:* mit der Leiter die Glasscheibe e. **sinnv.:** einschlagen, einstoßen. **2.** ⟨sich e.⟩ *aus einer Bewegung heraus unabsichtlich gegen etwas stoßen und sich dabei (einen Körperteil) verletzen:* ich hätte mir bald den Schädel an dem Pfahl eingerannt.

ein|rich|ten, richtete ein, hat eingerichtet: **1.** ⟨tr.⟩ *mit Möbeln, Geräten ausstatten:* sie haben ihre Wohnung neu eingerichtet; modern eingerichtet sein. **sinnv.:** möblieren; ↑ausstatten. **2.** ⟨tr.⟩ *nach einem bestimmten Plan, in bestimmter Weise vorgehen:* wir müssen es so e., daß wir uns um 17^{h} am Bahnhof treffen. **sinnv.:** arrangieren. **3.** ⟨tr.⟩ *neu oder zusätzlich schaffen, gründen:* in den Vororten werden Filialen der Bank eingerichtet. **sinnv.:** aufbauen, aufmachen, eröffnen, ↑gründen. **4.** ⟨sich e.⟩ (ugs.) *sich (auf etwas) einstellen, vorbereiten:* sie hatte sich nicht auf einen längeren Aufenthalt eingerichtet. **sinnv.:** sich einstellen/rüsten/vorbereiten/wappnen.

Ein|rich|tung, die; -, -en: **1.** *Möbel, mit denen ein Raum eingerichtet ist:* eine geschmackvolle E. **sinnv.:** Ausstattung, Inventar, Möbel, Mobiliar, Möblierung. **Zus.:** Wohnungseinrichtung. **2.** *etwas, was von einer Institution zum Nutzen der Allgemeinheit geschaffen worden ist:* soziale, kommunale, öffentliche Einrichtungen; Kinderhorte sind eine wichtige öffentliche E. **sinnv.:** ↑Institution.

ein|ro|sten, rostete ein, ist eingerostet ⟨itr.⟩: *sich allmählich mit Rost überziehen und sich dadurch nicht mehr bewegen o. ä. lassen:* das Türschloß war eingerostet.

eins ⟨Kardinalzahl⟩ 1: e. und e. ist/macht/gibt zwei.

ein|sam ⟨Adj.⟩: **a)** *völlig allein [und verlassen]; ohne Kontakte zur Umwelt:* sie lebt sehr e. **sinnv.:** allein, einsiedlerisch, für sich [lebend], vereinsamt, verlassen, zurückgezogen · solo. **b)** *wenig von Menschen besucht; wenig bewohnt:* eine einsame Gegend;

der Bauernhof liegt sehr e. **sinnv.:** abgelegen, abgeschieden, abseits, entlegen, gottverlassen, jwd, lauschig, menschenleer, öde, verborgen, verschwiegen; ↑fern.

ein|sam|meln, sammelte ein, hat eingesammelt ⟨tr.⟩: *von jedem einzelnen einer Gruppe entgegennehmen, sich aushändigen lassen:* Ausweise, Schulhefte, Geld e. **sinnv.:** einkassieren, eintreiben, einziehen, ↑kassieren.

Ein|satz, der; -es, Einsätze: **1.** ⟨ohne Plural⟩ *das Einsetzen:* der E. von Flugzeugen, Soldaten im Krieg; der Beruf verlangt den vollen E. der Persönlichkeit. **sinnv.:** ↑Anwendung; Hingabe. **Zus.:** Ernte-, Ersteinsatz. **2.** *zusätzliches Teil eines Behälters, Gerätes o. ä., das bei bestimmten Funktionen in dieses eingesetzt werden kann:* zu dem Topf gehört ein E. **3.** *bei einer Wette, beim [Glücks]spiel eingesetzter Betrag:* er spielte mit einem niedrigen, hohen E. **4.** *das Beginnen, Einsetzen einer Stimme oder eines Instruments in einem musikalischen Werk:* die Einsätze waren ungenau; der Dirigent gab den E.

ein|schal|ten, schaltete ein, hat eingeschaltet: **1.** ⟨tr.⟩ *durch Betätigen eines Schalters o. ä. zum Fließen bringen, in Gang setzen* /Ggs. ausschalten/: den Strom, die Maschine e. **sinnv.:** anknipsen, ↑anstellen. **2. a)** ⟨sich e.⟩ *(in eine Angelegenheit) eingreifen:* er schaltete sich in die Verhandlungen ein. **b)** ⟨tr.⟩ *jmdn. [zur Unterstützung] hinzuziehen, zum Eingreifen (in eine laufende Angelegenheit) veranlassen:* die Polizei zur Aufklärung eines Verbrechens e.

ein|schär|fen, schärfte ein, hat eingeschärft ⟨tr.⟩: *(jmdn.) eindringlich (zu einem bestimmten Verhalten, zur Befolgung einer Vorschrift) anhalten; dringend (zu etwas) ermahnen:* jmdm. eine Verhaltensregel e. **sinnv.:** ↑anhalten, ↑einprägen.

ein|schät|zen, schätzte ein, hat eingeschätzt ⟨tr.⟩: *(etwas, eine Situation o. ä.) auf eine bestimmte Eigenschaft hin beurteilen, bewerten:* er hatte die Lage völlig falsch eingeschätzt. **sinnv.:** ansehen für, auffassen als, ↑begutachten, betrachten, charakterisieren, denken über, erachten für, halten für, überbewerten, unterbewerten.

ein|schen|ken, schenkte ein, hat eingeschenkt ⟨tr.⟩: *(ein Getränk) in ein vorhandenes Trinkgefäß gießen:* [jmdm.] Kaffee e. **sinnv.:** eingießen, gießen/schütten in.

ein|schicken, schickte ein, hat eingeschickt ⟨tr.⟩: *[zur Verwertung, Prüfung] (an eine Stelle) schicken:* er hatte die Lösung des Rätsels an die Zeitung eingeschickt. **sinnv.:** ↑schicken.

ein|schif|fen, schiffte ein, hat eingeschifft: **a)** ⟨tr.⟩ *zum Zweck des Verschiffens auf ein Schiff bringen:* Truppen, Waren e. **sinnv.:** an Bord bringen, aufs Schiff verladen, verschiffen · ↑laden. **b)** ⟨sich e.⟩ *sich zu einer Reise an Bord eines Schiffes begeben:* er schiffte sich in Genua nach Amerika ein. **sinnv.:** an Bord gehen, eine Schiffsreise antreten.

ein|schla|fen, schläft ein, schlief ein, ist eingeschlafen ⟨itr.⟩: **1.** *in Schlaf sinken, fallen* /Ggs. aufwachen/: sofort, beim Lesen e. **sinnv.:** eindösen, einnicken, einpennen, einschlummern, entschlummern, vom Schlaf übermannt werden. **2.** *(von einem Körperteil) vorübergehend das Gefühl verlieren:* mein Bein ist beim Sitzen eingeschlafen. **sinnv.:** ↑absterben. **3.** *[ruhig, ohne große Qualen] sterben.* **sinnv.:** ↑sterben. **4.** *allmählich aufhören; nicht weitergeführt werden:* der Briefwechsel zwischen uns ist eingeschlafen; die Sache schläft mit der Zeit ein *(gerät in Vergessenheit).* **sinnv.:** aufhören, ↑enden.

ein|schlä|fern, schläferte ein, hat eingeschläfert ⟨tr.⟩: **1.** *in Schlaf versetzen:* diese Musik schläfert mich ein. **sinnv.:** einlullen, in den Schlaf wiegen/lullen/singen; ↑betäuben · ↑benommen · ↑Schlafmittel. **2.** *sorglos und sicher machen (gegenüber einer möglichen Gefahr):* diese Rede sollte nur die Gegner e. **sinnv.:** ↑beruhigen.

ein|schla|gen, schlägt ein, schlug ein, hat eingeschlagen: **1.** ⟨tr.⟩ *mit Hilfe z. B. eines Hammers in etwas eintreiben:* einen Nagel in die Wand e. **sinnv.:** einklopfen, einrammen, klopfen/schlagen in. **2.** ⟨tr.⟩ *durch Schläge (mit einem harten Gegenstand) zertrümmern [um Zugang zu etwas zu bekommen]:* eine Tür, jmdm. die Fenster e.; dem werde ich den Schädel e. **3.** ⟨itr.⟩ *(von Blitz, Geschoß o. ä.) aus größerer Entfernung mit großer Gewalt in etwas treffen, in etwas fahren:* der Blitz, die Bombe hat [in das Haus] eingeschlagen. **4.** ⟨itr.⟩ *(im Zorn) auf jmdn./ein Tier schlagen, ohne darauf zu achten, wohin man schlägt:* er hat auf das Pferd, auf sein Opfer eingeschlagen. **sinnv.:** ↑schlagen. **5.** ⟨tr.⟩ *(in Papier o. ä.) locker einwikkeln:* die Verkäuferin schlug den Salat in Zeitungspapier ein. **sinnv.:** ↑einpacken. **6.** ⟨itr.⟩ *jmds. entgegengestreckte Hand zum Zeichen der Zustimmung ergreifen:* er bot mir die Hand, und ich schlug ein. **7.** ⟨itr.⟩ **a)** *(einen bestimmten Weg, in eine bestimmte Richtung) gehen:* sie schlugen den Weg nach Süden ein. **b)** *(als Berufsrichtung) wählen:* welche Laufbahn will er denn e.? **8.** ⟨itr.⟩ **a)** *sich erfolgreich in der gewählten Richtung entwickeln:* der neue Mitarbeiter hat [gut] eingeschlagen. **b)** *Anklang finden:* das neue Produkt schlägt ein. **9.** ⟨tr.⟩ *am unteren Ende nach innen umlegen [u. dadurch kürzer machen]:* die Ärmel e.

ein|schlä|gig ⟨Adj.; nicht prädikativ⟩ *zu einem bestimmten Gebiet oder Fach gehörend, es betreffend; für etwas Bestimmtes in Frage kommend:* er kennt die einschlägige Literatur zu diesem Problem; diese Ware kann man in allen einschlägigen Geschäften erhalten; er ist e. vorbestraft. **sinnv.:** betreffend, dazugehörend, entsprechend.

ein|schlei|chen, sich; schlich sich ein, hat sich eingeschlichen: **a)** *heimlich, unbemerkt eindringen, sich Zugang verschaffen:* die Diebe hatten sich in das Haus eingeschlichen. **sinnv.:** ↑eindringen. **b)** *unbemerkt in etwas hineinkommen:* einige Fehler haben sich in die Arbeit eingeschlichen.

ein|schlep|pen, schleppte ein, hat eingeschleppt ⟨tr.⟩: *(eine Krankheit o. ä. [von einem anderen Ort] mitbringen und auf andere übertragen:* die Seuche wurde durch Reisende aus Indien eingeschleppt. **sinnv.:** mitbringen.

ein|schleu|sen, schleuste ein, hat eingeschleust ⟨tr.⟩: *(jmdn./etwas) unbemerkt (durch eine Kontrolle hindurch) an einen bestimmten Ort bringen, schaffen:* Agenten, Spione, Opium e. **sinnv.:** einschmuggeln, heimlich einführen/über die Grenze bringen; infiltrieren.

ein|schlie|ßen, schloß ein, hat eingeschlossen: **1. a)** ⟨tr.⟩ *(jmdn.) durch Abschließen der Tür daran hindern, einen Raum zu verlassen:* sie haben die Kinder [in der Wohnung] eingeschlossen. **b)** ⟨sich e.⟩ *durch Abschließen der Tür hinter sich anderen den Zugang, Zutritt verwehren:* sie hat sich [in ihrem Zimmer] eingeschlossen. **sinnv.:** sich abkapseln/abschließen / ↑absondern / entziehen/isolieren/in sein Schneckenhaus zurückziehen/ separieren/verschließen. **c)** ⟨tr.⟩ *zur sicheren Aufbewahrung in einen Behälter, Raum bringen, den man abschließt:* er hatte sein Geld, den Schmuck [in die/in der Schublade] eingeschlossen. **2.** ⟨tr.⟩ *in etwas mit einbeziehen:* ich habe dich in mein Gebet mit eingeschlossen; die Fahrtkosten sind, die Bedienung ist im Preis eingeschlossen *(darin enthalten).* **sinnv.:** in sich begreifen, beinhalten, bestehen aus, enthalten, implizieren, zum Inhalt haben, in sich schließen, umfassen; ↑berücksichtigen; ↑einbeziehen.

ein|schließ|lich: *(jmdn./etwas) mit einbegriffen/eingeschlossen; mit berechnet:* **I.** ⟨Präp. mit Gen.⟩ /Ggs. ausschließlich/: die Kosten e. des Portos, der Gebühren; ⟨aber: starke Substantive bleiben im Singular ungebeugt, wenn sie ohne Artikel und ohne adjektivisches Attribut stehen; im Plural dann im Dativ⟩ e. Porto; e. Getränken. **II.** ⟨Adverb⟩ bis zum 20. März e. **sinnv.:** einbegriffen, eingerechnet, inbegriffen, inklusive, [mit]samt.

ein|schmei|cheln, sich; schmeichelte sich ein, hat sich eingeschmeichelt /vgl. einschmeichelnd/: *sich durch entsprechendes Benehmen (indem man Angenehmes, Schmeichelhaftes sagt, kleine Geschenke macht o. ä.) bei jmdm. beliebt machen:* er hat sich bei ihr [mit einem großen Blumenstrauß, durch kleine Aufmerksamkeiten] eingeschmeichelt. **sinnv.:** sich ↑anbiedern.

ein|schmei|chelnd ⟨Adj.⟩ *bes. melodisch, angenehm, sanft klingend:* eine einschmeichelnde Stimme, Musik. **sinnv.:** harmonisch, wohlklingend.

ein|schmug|geln, schmuggelte ein, hat eingeschmuggelt ⟨tr.⟩: *[Verbotenes] heimlich in ein Land, in einen Raum hineinbringen:* Haschisch [aus der Türkei in die Bundesrepublik] e. **sinnv.:** heimlich einführen, einschleusen.

ein|schnap|pen, schnappte ein, ist eingeschnappt ⟨itr.⟩: **1.** *(von einem Schloß) sich fest schließen:* das Schloß ist nicht sofort eingeschnappt; die Tür ist eingeschnappt *(ist ins Schloß gefallen).* **sinnv.:** ↑zufallen. **2.** (ugs.) *auf etwas (meist bei einem geringfügigen Anlaß) beleidigt, gekränkt reagieren:* wenn man ihn einmal korrigiert, schnappt er gleich ein; jetzt ist sie eingeschnappt, weil wir sie nicht mitnehmen. **sinnv.:** ↑verübeln.

ein|schnei|den, schnitt ein, hat eingeschnitten /vgl. einschneidend/: **1.** ⟨itr.⟩ *zu fest oder stramm sitzen und sich dadurch in die Haut hineindrücken:* der Riemen, das Gummiband schnitt [in den Arm] ein. **2.** ⟨tr.⟩ *mit dem Messer zerkleinernd in einen Behälter tun:* Apfelsinen und Äpfel e. **sinnv.:** zubereiten.

ein|schnei|dend ⟨Adj.⟩: *einen drastischen Eingriff darstellend:* einschneidende Änderungen, Maßnahmen. **sinnv.:** drastisch, durchgreifend, empfindlich, entscheidend, erkennbar, fühlbar, gravierend, merkbar, merklich, nachhaltig, spürbar, tiefgreifend; ↑zusehends.

Ein|schnitt, der; -[e]s, -e: *wichtiges, eine Zäsur darstellendes, Veränderungen mit sich bringendes Ereignis (in jmds. Leben, in einer Entwicklung):* der Tod des Vaters war ein E. in seinem Leben. **sinnv.:** Bruch, Schnitt, Unterbrechung, Zäsur · ↑unterbrechen.

ein|schrän|ken, schränkte ein, hat eingeschränkt: **1.** ⟨tr.⟩ *auf ein geringeres Maß herabsetzen:* seine Ausgaben e. **sinnv.:** ↑antasten, beeinträchtigen, ↑beschränken, ↑verringern. **2.** ⟨sich e.⟩ *(aus einer Zwangslage heraus) seine Bedürfnisse reduzieren:* sie müssen sich sehr e.; sie leben sehr eingeschränkt. **sinnv.:** sich bescheiden/Entbehrungen auferlegen, den Gürtel enger schnallen, sich krummlegen, kürzertreten, ↑sparen.

ein|schrei|ben, schrieb ein, hat eingeschrieben /vgl. Einschreiben/ ⟨tr.⟩: *etwas an dafür vorgesehenem Ort eintragen:* eine Postsendung, Einnahmen und Ausgaben in ein Heft e.; ⟨auch: sich e.⟩ ich habe mich *(meinen Namen)* in die Liste der Teilnehmer eingeschrieben. **sinnv.:** ↑anmelden, ↑buchen, inskribieren, registrieren; ↑immatrikulieren.

Ein|schrei|ben, das; -s, -: *Postsendung, die eine besondere Gebühr kostet und die bei der Einlieferung von der Post quittiert und dem Empfänger persönlich oder seinem Vertreter gegen eine Empfangsbescheinigung zugestellt wird.* **sinnv.:** eingeschriebene/rekommandierte Sendung; ↑Post.

ein|schrei|ten, schritt ein, ist eingeschritten ⟨itr.⟩: *(als Autorität) gegen jmdn./etwas vorgehen, eingreifen, um etwas einzudämmen:* die Polizei mußte gegen die Randalierer, gegen den Handel mit Waffen e. **sinnv.:** ↑eingreifen.

ein|schüch|tern, schüchterte ein, hat eingeschüchtert ⟨tr.⟩: *jmdm. (mit Drohungen o. ä.) angst machen, um ihn an bestimmten Handlungen zu hindern:* wir ließen uns durch nichts e.; ganz eingeschüchtert sein. **sinnv.:** ↑entmutigen, verschüchtern.

ein|schu|len, schulte ein, hat eingeschult ⟨tr.⟩: *(ein schulpflichtig gewordenes Kind) in einer Schule zum Unterricht anmelden, in die es dann hineinkommt:* er wurde mit sechs Jahren eingeschult.

Ein|schuß, der; Einschusses, Einschüsse: *Stelle, an der ein Geschoß (in einen Körper, Gegenstand) eingedrungen ist:* das Auto wies an der Seite fast ein Dutzend Einschüsse auf.

ein|seg|nen, segnete ein, hat eingesegnet ⟨tr.⟩: **a)** *(in der evangelischen Kirche)* ↑*konfirmieren:* er wurde am Sonntag vor Ostern eingesegnet. **b)** *(in der katholischen Kirche) über jmdn./etwas einen Segen sprechen:* den Toten e.; die neue Kirche e.

ein|se|hen, sieht ein, sah ein, hat eingesehen ⟨tr.⟩: **1. a)** *zu der Erkenntnis, Einsicht kommen, daß etwas, was man nicht wahrhaben wollte, doch zutrifft:* seinen Irrtum, ein Unrecht, einen Fehler e. **sinnv.:** ↑erkennen. **b)** *(nach anfänglichem Zögern) die Richtigkeit der Handlungsweise o. ä. eines anderen anerkennen:* ich sehe ein, daß du unter diesen Umständen nicht kommen kannst. **sinnv.:** ↑verstehen. **2.** *(in* *der Absicht, sich eine Information o. ä. zu verschaffen) in etwas (Schriftliches) Einblick nehmen, darin lesen:* Akten, Unterlagen e.

Ein|se|hen: ⟨in der Fügung⟩ ein E. haben: *(für jmdn./etwas) Verständnis haben und sich deshalb (in einer bestimmten Sache) nachgiebig zeigen:* eigentlich sollte er erst seine Aufgaben machen, aber die Mutter hatte bei dem schönen Wetter ein E. und ließ ihn draußen spielen. **sinnv.:** ↑tolerant (sein).

ein|sei|tig ⟨Adj.⟩: **1. a)** *nur eine [Körper]seite betreffend; nur auf einer [Körper]seite bestehend:* er ist e. gelähmt; das Papier ist nur e. bedruckt. **b)** *nur von einer Seite, einer Person oder Partei, nicht auch von der Gegenseite ausgehend:* eine einseitige Zuneigung; ein einseitiger Beschluß. **c)** *nur auf ein bestimmtes Gebiet beschränkt und nicht vielseitig:* eine einseitige Begabung. **2.** *[in subjektiver oder parteiischer Weise] nur eine Seite einer Sache, nur einen Gesichtspunkt berücksichtigend, hervorhebend:* eine einseitige Beurteilung. **sinnv.:** ↑parteiisch.

ein|sen|den, sandte/(seltener:) sendete ein, hat eingesandt/ (seltener:) eingesendet ⟨tr.⟩: *[zur Verwertung, Prüfung] an eine zuständige Stelle senden:* Unterlagen, Manuskripte e. **sinnv.:** ↑schicken.

ein|set|zen, setzte ein, hat eingesetzt: **1.** ⟨tr.⟩ *(zur Ergänzung, Vervollständigung o. ä.) in etwas einfügen, einbauen:* eine Fensterscheibe e.; einen Flicken [in die Hose] e.; einen Stein in den Ring e. **sinnv.:** ↑ausfüllen; bringen in, einlegen, hineintun, legen in, reinlegen, -machen, -tun, tun in. **2.** ⟨tr.⟩ **a)** *ernennen, (für ein Amt, eine Aufgabe) bestimmen:* einen Kommissar, Ausschuß e.; er wurde als Verwalter eingesetzt. **sinnv.:** ↑einstellen. **b)** *(jmdn./etwas) planmäßig für eine bestimmte Aufgabe verwenden, in Aktion treten lassen:* jmdn. in einer neuen Abteilung e.; Polizei, Truppen, Flugzeuge e. **c)** *zusätzlich fahren, verkehren lassen:* zur Entlastung des Verkehrs weitere Busse, Züge e. **3.** ⟨tr.⟩ **a)** *beim Spiel als Einsatz geben:* er hat fünf Mark eingesetzt. **b)** *aufs Spiel setzen; riskieren:* sein Leben e. **4.** ⟨itr.⟩ *(zu einem bestimmten Zeitpunkt) beginnen:* bald setzte starke Kälte ein. **sinnv.:** ↑anfangen. **5. a)** ⟨sich e.⟩ *sich bemühen, etwas/jmdn. in etwas zu unterstützen:* er hat sich stets für dieses Projekt, für diesen Mann eingesetzt. **sinnv.:** ↑eifern. **b)** ⟨tr.⟩ *voll und ganz [für etwas/jmdn.] tätig sein:* er setzte seine ganze Kraft für die Verwirklichung dieses Planes ein. **sinnv.:** ↑anwenden.

Ein|sicht, die; -, -en: **1.** *Erkenntnis, auf Grund von Überlegungen gewonnenes Verständnis für oder Verstehen von etwas:* er hat neue Einsichten gewonnen; er kam zu der E., daß seine Bemühungen erfolglos geblieben waren. **sinnv.:** ↑Bewußtsein, ↑Vernunft. **2. *E. nehmen in etwas** *([ein Schriftstück] in bestimmter Absicht einsehen).* **sinnv.:** einsehen, ↑prüfen.

ein|sich|tig ⟨Adj.⟩: **1.** *Einsicht habend, zeigend:* er war e. und versprach, sich zu bessern. **sinnv.:** ↑tolerant (sein) · ↑Vernunft (annehmen). **2.** *leicht einzusehen, zu verstehen:* ein einsichtiger Grund; es ist nicht e., warum er die Prüfung nicht gemacht hat. **sinnv.:** ↑einleuchtend.

ein|sil|big ⟨Adj.⟩: *nur wenig zum Reden geneigt:* er antwortete sehr e. **sinnv.:** ↑wortkarg.

ein|sin|ken, sank ein, ist eingesunken ⟨itr.⟩: *bes. mit den Füßen, mit den Rädern o. ä. in weichen Untergrund hineinsinken [so daß die Fortbewegung erschwert wird]:* ich sank tief, bis zu den Knöcheln in den/dem Morast ein. **sinnv.:** einbrechen, versinken.

ein|spa|ren, sparte ein, hat eingespart ⟨tr.⟩: *(durch bestimmte [Spar]maßnahmen) zurückbehalten, erübrigen, einen bestimmten Aufwand nicht machen müssen:* die Firma will eine Million Mark, Arbeitskräfte, Material e.; es soll Energie eingespart werden. **sinnv.:** ↑erübrigen, ↑sparen · ↑sparsam · Ersparnis.

ein|sper|ren, sperrte ein, hat eingesperrt ⟨tr.⟩: **a)** *in einen Raum bringen und dort einschließen:* den Hund in die/der Wohnung e. **b)** (ugs.) *ins Gefängnis bringen, gefangensetzen:* einen Verbrecher e. **sinnv.:** ↑festsetzen.

ein|spie|len, spielte ein, hat eingespielt: **1.** ⟨sich e.⟩ *(von einer Tätigkeit) auf einen Stand reibungslosen Funktionierens gelangen:* die neue Regelung hat sich gut eingespielt. ***aufeinander eingespielt sein** *(gut zusammenarbeiten).* **2.** ⟨sich e.⟩ *sich durch kürzeres, übendes Spielen auf ein unmittelbar folgendes Spiel vorbereiten:* die Mannschaft spielt sich erst ein. **sinnv.:** ↑anfangen. **3.** ⟨tr.⟩ *(in bezug auf einen Spielfilm o. ä.) durch Aufführungen [wieder] einnehmen (gesehen im Zusammenhang mit den [Produktions]kosten):* der Film hat die Unkosten, 2 Millionen eingespielt. **sinnv.:** einträglich sein.

ein|sprin|gen, sprang ein, ist eingesprungen ⟨itr.⟩: *kurzfristig an jmds. Stelle treten, jmdn. (der verhindert ist, der ausfällt) vertreten:* als er krank wurde, ist ein Sänger aus Frankfurt für ihn eingesprungen. **sinnv.:** ↑vertreten.

Ein|spruch: ⟨in der Wendung⟩ E. erheben: *etwas nicht hinnehmen wollen, (gegen etwas) protestieren:* gegen ein Urteil E. erheben. **sinnv.:** ↑Berufung, Beschwerde, Demarche, Einsprache, Einwand, Einwendung, Gegenstimme, Klage, Mängelrüge, Protest, Reklamation, Rekurs · beanstanden · einwenden.

ein|spu|rig ⟨Adj.⟩: **a)** *nur eine Fahrspur aufweisend:* die Fahrbahn ist, verläuft hier e. **b)** ↑*eingleisig:* eine einspurige Strecke.

einst ⟨Adverb⟩: **a)** *vor langer Zeit:* e. erhob sich hier eine Burg der Staufer. **b)** *in ferner Zukunft:* du wirst es e. bereuen. **sinnv.:** ↑später.

ein|stecken, steckte ein, hat eingesteckt ⟨tr.⟩ **1.** *(in eine dafür vorgesehene Vorrichtung o. ä.) hineinstecken:* den Stecker e. **2. a)** ↑*einwerfen:* er hat den Brief eingesteckt. **sinnv.:** expedieren. **b)** *etwas in die Tasche stecken, um es bei sich zu haben:* den Schlüssel e.; sich (Dativ) etwas Geld e.; (ugs.) hast du genügend Geld e.? *(bei dir; in der Tasche).* **sinnv.:** mitführen, mitnehmen. **3.** (ugs.) *(etwas Negatives) widerstandslos, stumm, ohne Aufbegehren hinnehmen:* Demütigungen, Kritik e.; die Mannschaft mußte eine schwere Niederlage e.; er hat manches einzustecken. **sinnv.:** ↑aushalten.

ein|ste|hen, stand ein, hat/ist eingestanden ⟨itr.⟩: **a)** *sich für die Richtigkeit o. ä. von etwas verbürgen:* ich habe/bin dafür eingestanden, daß er seine Sache gut macht. **sinnv.:** bürgen für, Bürgschaft leisten/stellen, die Bürgschaft/Garantie übernehmen, garantieren, gewährleisten, gutsagen, haften, die Hand ins Feuer legen, sich verbürgen; ↑eintreten (für) · Garantie; ↑Sicherheit. **b)** *(für einen Schaden o. ä., den man selbst oder ein anderer verursacht hat) die Kosten tragen:* die Eltern haben/sind für den Schaden eingestanden, den ihre Kinder verursacht haben. **sinnv.:** aufkommen müssen (für), sich aufopfern, ausbaden, bezahlen/bluten (für), den Buckel hinhalten [müssen], büßen (für), die Folgen tragen [müssen], geradestehen (für), haften (für), etwas auf seine Kappe nehmen, die Kastanien aus dem Feuer holen, den Kopf hinhalten [müssen] (für), Schadenersatz leisten, eine Scharte auswetzen, sühnen, die Suppe auslöffeln [müssen], verantworten, die Verantwortung tragen; [wieder]gutmachen · ↑Ersatz.

ein|stei|gen, stieg ein, ist eingestiegen ⟨itr.⟩: **1. a)** *in ein Fahrzeug steigen* /Ggs. aussteigen/: in eine Straßenbahn, ein Auto e. **sinnv.:** besteigen, klettern/steigen in. **b)** (ugs.) *(in ein Unternehmen) als Teilhaber eintreten* /Ggs. aussteigen/: er ist mit einer hohen Summe in das Projekt eingestiegen. **c)** *beginnen, sich in einem bestimmten Bereich zu betätigen:* in die große Politik e. **sinnv.:** sich ↑beteiligen, sich engagieren. **2.** *sich durch Hineinklettern [unrechtmäßig] Zugang verschaffen:* ein Unbekannter ist während der Nacht in das Geschäft eingestiegen.

ein|stel|len, stellte ein, hat eingestellt: **1.** ⟨tr.⟩ *in etwas (als den dafür bestimmten Platz) stellen:* Bücher [ins Regal] e. **sinnv.:** ↑einordnen. **2.** ⟨tr.⟩ *(jmdm. in seinem Unternehmen) Arbeit, eine Stelle geben:* neue Mitarbeiter e. **sinnv.:** anheuern, anstellen, anwerben, aufnehmen, berufen, beschäftigen, bestallen, betrauen (mit einer Arbeit), dingen, einsetzen, engagieren, heranziehen, heuern, in Lohn und Brot nehmen, verpflichten · ↑Anstellung. **3.** ⟨tr.⟩ *(eine Tätigkeit o. ä.) [vorübergehend] nicht fortsetzen:* die Produktion, die Arbeit e.; das Rauchen e. **sinnv.:** ↑beenden. **4.** ⟨tr.⟩ *(ein technisches Gerät) so richten, daß es nach Wunsch funktioniert:* das Radio leise e.; den Fotoapparat auf eine bestimmte Entfernung e.; er stellte einen anderen Sender ein. **sinnv.:** ↑anstellen. **5.** ⟨sich e.⟩ *zu einem festgelegten Zeitpunkt kommen, sich einfinden:* er will sich um 8 Uhr bei uns e. **sinnv.:** ↑kommen. **6.** ⟨sich e.⟩ **a)** *sich innerlich (auf etwas) vorbereiten:* sie hatten sich auf großen Besuch eingestellt. **sinnv.:** sich ↑wappnen; sich ↑rüsten. **b)** *sich (jmdm.) anpassen, sich (nach jmdm.) richten:* man muß sich auf sein Publikum e. **sinnv.:** ↑abstimmen.

Ein|stel|lung, die; -, -en: *inneres Verhältnis, das jmd. zu einer bestimmten Sache oder Person hat:* wie ist deine E. zu diesen politischen Ereignissen? **sinnv.:** ↑Ansicht, ↑Denkart.

Ein|stieg, der; -[e]s, -e: *Stelle (an einem Fahrzeug), an der man einsteigen kann* /Ggs. Ausstieg/: bei dieser Straßenbahn ist der E. hinten. **sinnv.:** ↑Tür.

ein|stig ⟨Adj.; nur attributiv⟩: *in einer zurückliegenden Zeit, zu einem früheren Zeitpunkt:* der einstige Weltmeister. **sinnv.:** ↑alt, damalig, ↑damals, ehemalig, früher.

ein|stim|mig ⟨Adj.⟩: **a)** *(bei einer Wahl o. ä.) mit allen abgegebenen Stimmen:* der Präsident wurde e. gewählt. **b)** *von allen gleichermaßen gebilligt:* ein einstimmiger Beschluß; der Vorschlag fand einstimmige Billigung. **sinnv.:** ↑einmütig.

einst|mals ⟨Adverb⟩ (geh.): **1.** *vor langer Zeit:* in diesem Wald lebte e. ein Riese. **sinnv.:** ↑damals. **2.** *später einmal:* daran wirst du noch e. denken. **sinnv.:** ↑später.

ein|strei|chen, strich ein, hat eingestrichen ⟨tr.⟩ (ugs.): *für sich vereinnahmen, nehmen:* den ganzen Profit, hohe Gewinne e. **sinnv.:** ↑kassieren.

ein|stu|die|ren, studierte ein, hat einstudiert ⟨tr.⟩: **a)** *sich etwas (was man vor einem Publikum vortragen möchte) durch intensives Üben, Auswendiglernen aneignen:* eine Rolle, ein Lied e. **sinnv.:** einüben, ↑lernen, proben, probieren. **b)** *(ein Bühnenwerk o. ä.) in längerer Probenarbeit für eine Aufführung vorbereiten:* eine Oper, ein Ballett e.; einstudiert von ...

ein|stu|fen, stufte ein, hat eingestuft ⟨tr.⟩: *jmdn./etwas (nach einem bestimmten Bewertungsmaßstab) in ein Stufensystem einordnen:* jmdn. in eine höhere Steuerklasse, Gehaltsklasse e.

Ein|sturz, der; -es, Einstürze: *das Einstürzen:* beim E. der Ruine wurden zwei Menschen verletzt.

ein|stür|zen, stürzte ein, ist eingestürzt ⟨itr.⟩: *mit großer Gewalt, plötzlich in sich zusammenbrechen, in Trümmer fallen:* das alte Gemäuer stürzte ein. **sinnv.:** einbrechen, einfallen, einkrachen, zusammenfallen, -krachen, -stürzen.

einst|wei|len ⟨Adverb⟩: **a)** *fürs erste, zunächst einmal:* e. bleibt uns nichts übrig, als abzuwarten. **sinnv.:** als erstes/nächstes, fürs erste, vorab, vorderhand, vorerst, vorläufig, bis auf weiteres, ↑zunächst. **b)** *in der Zwischenzeit (während gleichzeitig etwas anderes geschieht):* ich muß noch den Salat anmachen, du kannst e. schon den Tisch decken. **sinnv.:** ↑inzwischen.

Ein|tags- ⟨Präfixoid⟩: */kennzeichnet in Verbindung mit dem Basiswort eine Entwicklung o. ä. leicht abwertend als etwas, was nur von kurzer Dauer, nur kurzlebig sein wird/:* Eintagsblüte (ich hoffe, das Angebot ist ernsthaft und nicht nur eine E.), -liebschaft, -pflänzchen (wenn dieser Erfolg kein E. sein soll, muß man weiterhin noch viel Zeit und Geduld aufwenden).

ein|tau|chen, tauchte ein, hat eingetaucht ⟨tr.⟩: *(in eine Flüssigkeit) hineintauchen:* er hat die Feder in die Tinte eingetaucht. **sinnv.:** senken (in), ↑tauchen, tunken, versenken.

ein|tau|schen, tauschte ein, hat eingetauscht ⟨tr.⟩: *hingeben und dafür etwas von gleichem Wert erhalten, (gegen etwas) tauschen:* Briefmarken gegen/für/in andere e. **sinnv.:** ↑tauschen · Umtausch.

ein|tei|len, teilte ein, hat eingeteilt ⟨tr.⟩: **1.** *in Teile, Teilstücke auf-, untergliedern:* Pflanzen in/nach Arten e.; ein Buch in Kapitel e. **sinnv.:** ↑gliedern, aufteilen, ↑teilen, ↑unterteilen. **2.** *planvoll, überlegt aufteilen:* er teilte sich (Dativ) seine Zeit, sein Geld gut ein; ich habe mir die Arbeit genau eingeteilt. **sinnv.:** abmessen, disponieren, dosieren, ↑haushalten, planen, rationieren, verplanen, zumessen, zusprechen, zuteilen, zuweisen · ↑sparsam.

ein|tö|nig ⟨Adj.⟩: *auf Grund von Gleichförmigkeit [als] langweilig, ohne Reiz [empfunden]:* ein eintöniges Leben; eine eintönige

Gegend; diese Arbeit ist zu e. **sinnv.:** gleichförmig; ↑langweilig · ↑Langeweile.

Ein|tracht, die; -: *Zustand der Einmütigkeit, der Harmonie mit anderen:* in E. miteinander leben. **sinnv.:** ↑Harmonie.

ein|träch|tig ⟨Adj.⟩: *in Harmonie mit anderen [lebend]:* e. beieinandersitzen. **sinnv.:** brüderlich, einig, einmütig, ↑freundschaftlich, friedlich, harmonisch.

ein|tra|gen, trägt ein, trug ein, hat eingetragen: **1. a)** ⟨tr.⟩ *in etwas dafür Vorgesehenes schreiben:* seinen Namen in eine/(seltener:) einer Liste e.; einen Vermerk ins Klassenbuch e. **sinnv.:** ↑aufschreiben, ↑ausfüllen; ↑anmelden. **b)** ⟨sich e.⟩ *seinen Namen in etwas hineinschreiben:* er hat sich in das Goldene Buch der Stadt eingetragen. **2.** ⟨itr.⟩ *(jmdm. Gewinn, Erfolg o. ä.) verschaffen, bringen:* sein Fleiß trug ihm Anerkennung ein. **sinnv.:** ↑abwerfen, einträglich sein.

ein|träg|lich ⟨Adj.⟩: *Gewinn oder Vorteil bringend; so geartet, daß es lohnt:* ein einträgliches Geschäft; diese Tätigkeit war für ihn sehr e. **sinnv.:** fett, gewinnbringend, ↑lukrativ, profitabel, rentabel · abwerfen.

ein|tref|fen, trifft ein, traf ein, ist eingetroffen ⟨itr.⟩: **1.** *am Zielort ankommen:* die Reisenden werden um fünf Uhr e.; die Pakete sind noch nicht eingetroffen. **sinnv.:** ↑ankommen, ↑kommen · ↑Ankunft. **2.** *sich entsprechend einer Voraussage oder Ahnung erfüllen:* alles ist eingetroffen, wie man es ihm prophezeit hatte. **sinnv.:** sich erfüllen, in Erfüllung gehen, sich realisieren/verwirklichen, wahr werden · ↑Voraussage.

ein|trei|ben, trieb ein, hat eingetrieben ⟨tr.⟩: *(eine geschuldete Geldsumme, Außenstände) durch nachdrückliche Zahlungsaufforderung oder durch Zwangsmaßnahmen einziehen:* Schulden, Steuern e. **sinnv.:** ↑kassieren.

ein|tre|ten, tritt ein, hat/ist eingetreten: **1.** ⟨itr.⟩ *in einen Raum hineingehen oder hereinkommen:* er war in das Zimmer eingetreten; bitte treten Sie ein! **sinnv.:** ↑betreten. **2.** ⟨itr.⟩ **a)** *in ein neues Stadium gelangen, kommen:* die Verhandlungen sind in eine neue Phase eingetreten. **b)** ⟨als Funktionsverb⟩ */drückt den Beginn einer Handlung oder eines Geschehens aus, das über einen längeren Zeitraum andauert/:* in ein Gespräch, in den Krieg, in Verhandlungen e. *(mit ihnen beginnen);* eine Stille war eingetreten *(es war still geworden);* eine Besserung ist eingetreten *(es ist besser geworden).* **sinnv.:** ↑anbrechen, ↑anfangen. **c)** *sich ereignen; Wirklichkeit werden:* der Tod war unerwartet eingetreten; was wir befürchteten, ist nicht eingetreten. **sinnv.:** ↑geschehen. **3.** ⟨itr.⟩ *Mitglied werden* /Ggs. austreten/: er ist in eine Partei, einen Verein eingetreten. **sinnv.:** ↑beitreten, Mitglied werden. **4.** ⟨tr.⟩ *(um sich Zugang zu verschaffen, eine verschlossene Tür) durch heftiges Dagegentreten zertrümmern:* als niemand öffnete, hat er die Tür eingetreten. **sinnv.:** ↑zerstören. **5.** ⟨itr.⟩ *für jmdn./etwas öffentlich, mit Entschiedenheit Partei ergreifen, sich zu jmdm./einer Sache bekennen:* er ist mutig für mich, für seinen Glauben eingetreten. **sinnv.:** beispringen, sich bekennen zu, einstehen, sich engagieren für, eine Lanze brechen für, Partei ergreifen für, plädieren für, den Rücken stärken, sich scheren um, die Stange halten, in Schutz nehmen, sich hinter/vor jmdn. stellen, verfechten, verteidigen, sich verwenden für · kämpfen für; sich ↑identifizieren mit.

Ein|tritt, der; -[e]s, -e: **1.** ⟨ohne Plural⟩ *das Eintreten:* beim E. in das Zimmer schwiegen plötzlich alle; bei E. *(mit Beginn)* der Dunkelheit. **sinnv.:** Anbeginn, Anbruch, Anfang, Ausbruch, Einbruch. **2.** *(für den Besuch oder die Besichtigung von etwas) zu entrichtende Gebühr:* der E. kostet drei Mark.

Ein|tritts|kar|te, die; -, -n: *kleines, rechteckiges Stück Karton mit bestimmtem Aufdruck, das zum Besuch von etwas berechtigt:* eine E. lösen, kaufen. **sinnv.:** Billett, Einlaßkarte, Karte.

ein|üben, übte ein, hat eingeübt ⟨tr.⟩: **1.** ↑*einstudieren:* ein Lied, einen Volkstanz e. **sinnv.:** ↑lernen. **2.** *sich ein Verhalten o. ä. bewußt zu eigen machen:* Toleranz e.

ein|ver|lei|ben, verleibte ein, hat einverleibt ⟨tr.⟩: *etwas in etwas mit hineinnehmen, darin aufgehen lassen:* drei Ferienhotels auf Mallorca wurden dem Konzernbesitz einverleibt; er verleibt alle neuen Bierdeckel seiner Sammlung ein; er hat diesen Zwischenruf seiner Rede gleich einverleibt; diese Gebiete wurden dem Staat einverleibt; ich habe mir drei Stücke Kuchen einverleibt *(mit Behagen, Genuß gegessen).* **sinnv.:** sich ↑aneignen; ↑essen.

ein|ver|stan|den: ⟨in der Verbindung⟩ e. sein mit jmdm./etwas: *keine Einwände gegen jmdn./etwas haben, einer Sache zustimmen:* er war mit dem Vorschlag e. **sinnv.:** ↑akzeptieren, ↑billigen.

Ein|ver|ständ|nis, das; -ses: *das Einverstandensein:* sein E. erklären; im E. mit seinem Partner handeln. **sinnv.:** ↑Erlaubnis · ↑einmütig.

Ein|wand, der; -[e]s, Einwände: *(gegen etwas vorgebrachte) abweichende Auffassung:* ein berechtigter E. **sinnv.:** ↑Einspruch · ↑ungewiß.

Ein|wan|de|rer, der; -s, -, **Ein|wan|de|rin, Ein|wand|re|rin,** die; -, -nen: *männliche bzw. weibliche Person, die in ein Land einwandert oder eingewandert ist* /Ggs. Auswanderer/. **sinnv.:** Immigrant, Kolonist, Siedler.

ein|wan|dern, wanderte ein, ist eingewandert ⟨itr.⟩: *sich in ein fremdes Land begeben, um dort eine neue Heimat zu finden* /Ggs. auswandern/: er ist 1848 eingewandert. **sinnv.:** sich ↑ansiedeln, einreisen, immigrieren, sich ↑niederlassen, zuziehen.

ein|wand|frei ⟨Adj.⟩: **a)** *zu keiner Beanstandung Anlaß gebend, ohne Fehler oder Mängel:* eine einwandfreie Ware; e. funktionieren. **sinnv.:** ↑eßbar; ↑vollkommen. **b)** *eindeutig, zu keinem Zweifel Anlaß gebend:* es ist e. erwiesen, daß ... **sinnv.:** ↑eindeutig, ↑klar, unzweifelhaft, ↑zweifellos.

Ein|wand|re|rin: vgl. Einwanderer.

ein|wärts ⟨Adverb⟩: *nach innen (gerichtet, gebogen o. ä.):* ein e. gebogener Stab.

ein|wech|seln, wechselte ein, hat eingewechselt ⟨tr.⟩: *(Geld in eine andere Währung) eintauschen:* Dollars in/(seltener:) gegen Gulden e. **sinnv.:** tauschen, wechseln.

Ein|weg- ⟨Bestimmungswort⟩: *(bes. von Glasflaschen o. ä.) nach dem Gebrauch wegzuwerfen; nicht für eine wiederholte Verwen-*

dung vorgesehen: Einwegflasche, -spritze. **sinnv.:** Wegwerf-.

ein|wei|chen, weichte ein, hat eingeweicht ⟨tr.⟩: **a)** *(Wäsche) vor dem Waschen in eine bestimmte Lauge legen, damit sich der Schmutz löst:* Wäsche e. **b)** *in Wasser o. ä. legen, damit es weich wird:* Erbsen, Brötchen e. **sinnv.:** weichen.

ein|wei|hen, weihte ein, hat eingeweiht ⟨tr.⟩: **1. a)** *(ein Bauwerk nach seiner Fertigstellung) in einem Festakt seiner Bestimmung übergeben:* ein Theater, eine Kirche e. **sinnv.:** in Betrieb nehmen, eröffnen, aus der Taufe heben. **b)** (ugs.; scherzh.) *zum erstenmal tragen, verwenden; in Gebrauch nehmen:* gestern hat sie ihr neues Kleid eingeweiht. **2.** *jmdn. von einer Sache [die man als geheim o. ä. betrachtet] in Kenntnis setzen, ihn über etwas informieren:* sie weihten ihn in ihre Pläne ein; er ist nicht eingeweiht. **sinnv.:** ↑wissen.

ein|wei|sen, wies ein, hat eingewiesen ⟨tr.⟩: **1.** *(in amtlicher Funktion) veranlassen, daß jmd. an einem bestimmten Ort aufgenommen, untergebracht wird:* jmdn. ins Krankenhaus, in ein Heim e. **sinnv.:** bringen lassen, einliefern, ↑einquartieren. **2.** *(jmdm. an seinem [neuen] Arbeitsplatz) die nötigen Instruktionen und Weisungen zu seiner Arbeit geben:* der Chef hat ihn [in seine neue Arbeit] eingewiesen. **sinnv.:** ↑anleiten, ↑einarbeiten. **3.** *(einen Autofahrer, ein Fahrzeug) durch Handzeichen an eine bestimmte Stelle o. ä. dirigieren:* er wies ihn in die Parklücke ein. **sinnv.:** bugsieren, dirigieren, lotsen, manövrieren.

ein|wen|den, wandte/wendete ein, hat eingewandt/eingewendet ⟨tr.⟩: *einen Einwand gegen jmdn./etwas vorbringen:* gegen diesen Vorschlag hatte er nichts einzuwenden. **sinnv.:** ↑antworten, entgegenhalten · ↑Einspruch.

ein|wer|fen, wirft ein, warf ein, hat eingeworfen ⟨tr.⟩: **1.** *(durch eine Öffnung, einen Schlitz) in einen Behälter o. ä. hineinschieben, -fallen lassen:* eine Münze in den Automaten e.; eine Postkarte [in den Briefkasten] e. **sinnv.:** zum Briefkasten bringen, in den Briefkasten werfen, einstecken, zur Post bringen. **2.** *durch einen Wurf zertrümmern:* ein Fenster e. **sinnv.:** ↑zerstören. **3.** *einen Einwurf machen:* eine kritische Bemerkung e.; er warf ein, daß ... **sinnv.:** ↑antworten.

ein|wickeln, wickelte ein, hat eingewickelt ⟨tr.⟩: **1.** *(zum Schutz o. ä.) in etwas wickeln:* ein Geschenk in buntes Papier e.; einen Kranken in warme Decken e. **sinnv.:** ↑einpacken. **2.** (ugs.) *jmdn. durch geschickte Reden, Schmeicheleien o. ä. für sich gewinnen:* sie hat ihn vollkommen eingewickelt. **sinnv.:** ↑betören, ↑betrügen.

ein|wil|li|gen, willigte ein, hat eingewilligt ⟨itr.⟩: *(einer Sache) zustimmen, (mit etwas) einverstanden sein:* er willigte [in den Vorschlag] ein. **sinnv.:** ↑billigen.

ein|wir|ken, wirkte ein, hat eingewirkt ⟨itr.⟩: *von (bestimmter) Wirkung sein:* ungünstig, nachteilig, wohltuend auf jmdn./etwas e. **sinnv.:** ↑beeinflussen, ↑wirken.

Ein|woh|ner, der; -s, -, **Ein|woh|ne|rin,** die; -, -nen: *männliche bzw. weibliche Person, die innerhalb von etwas, in etwas (Gebiet, Raum) wohnt:* die Stadt hat zwei Millionen E. **sinnv.:** ↑Bewohner.

Ein|wurf, der; -[e]s, Einwürfe: *kurze, meist kritische Zwischenbemerkung, die jmd. (in einer Diskussion o. ä.) macht:* einen berechtigten E. machen. **sinnv.:** ↑Bemerkung, ↑Spitze, Zwischenruf.

ein|zah|len, zahlte ein, hat eingezahlt ⟨tr.⟩: **a)** *(eine Geldschuld auf das Konto des Empfängers) überweisen:* er zahlte seine Miete auf ein Konto ein. **b)** *(einen Geldbetrag) als Einlage auf sein Sparkonto buchen lassen* /Ggs. abheben/: monatlich 100 Mark auf sein Sparkonto e. **sinnv.:** ↑zahlen.

ein|zäu|nen, zäunte ein, hat eingezäunt ⟨tr.⟩: *mit einem Zaun umgeben:* einen Garten e. **sinnv.:** einfriedigen, umzäunen, mit einem Zaun versehen.

Ein|zel|gän|ger, der; -s, -, **Ein|zel|gän|ge|rin,** die; -, -nen: *männliche bzw. weibliche Person, die lieber für sich ist, sich nicht an andere anschließt:* er ist ein E. **sinnv.:** ↑Außenseiter, ↑Eigenbrötler.

Ein|zel|heit, die; -, -en: *einzelner Teil, Umstand eines größeren Ganzen:* er berichtete den Vorfall in allen Einzelheiten; auf Einzelheiten kann ich jetzt nicht weiter eingehen. **sinnv.:** ↑Daten, ↑Detail.

ein|zeln ⟨Adj.⟩: *(einer, jeder) für sich allein; von andern getrennt; gesondert:* der einzelne [Mensch]; jeder einzelne; die Gäste kamen e. **sinnv.:** abgesondert, abgetrennt, ↑allein, alleinstehend, apart, extra, für sich, gesondert, isoliert, separat, solo.

ein|zeln... ⟨Indefinitpronomen und unbestimmtes Zahlwort⟩: *manche[s], einige[s] aus einer größeren Anzahl oder Menge:* einzelnes ⟨Neutrum Singular⟩: einzelnes hat mir gefallen; einzelne ⟨Plural⟩: einzelne sagen, daß ... **sinnv.:** dieser und jener, divers..., einig..., etlich..., manch..., mehrer..., ein paar.

ein|zie|hen, zog ein, hat/ist eingezogen: **1.** ⟨tr.⟩ *nach innen ziehen, [an seinen Ausgangsort] zurückziehen:* er hat den Bauch eingezogen, um dünner zu erscheinen; die Netze, die Segel e. **sinnv.:** bergen, einholen, niederholen, streichen. **2.** ⟨tr.⟩ **a)** *(privaten Besitz) beschlagnahmen:* der Staat hat ihren Besitz eingezogen. **sinnv.:** ↑beschlagnahmen; enteignen. **b)** *(Beträge, zu deren Zahlung man [gesetzlich] verpflichtet ist) kassieren:* die Bank hat den Betrag eingezogen. **sinnv.:** ↑einsammeln, kassieren. **3.** ⟨tr.⟩ *zum [Militär]dienst einberufen:* man hat einen weiteren Jahrgang eingezogen. **sinnv.:** ↑einberufen · ↑Soldat. **4.** ⟨itr.⟩ *(in einem [feierlichen] Zug) gemeinsam, in einer Kolonne hineinmarschieren:* die Mannschaften sind in das Stadion eingezogen. **sinnv.:** ↑betreten, ↑einmarschieren. **5.** ⟨itr.⟩ *(mit seiner Habe) in eine Wohnung, ein Haus, ein Zimmer ziehen:* wir sind am gleichen Tag aus der alten Wohnung ausgezogen und in das neue Haus eingezogen. **sinnv.:** beziehen, sich einmieten, seine Zelte aufschlagen. **6.** ⟨itr.⟩ *eindringen:* die Salbe ist [in die Haut] eingezogen.

ein|zig: I. ⟨Adj.⟩ **a)** */hebt hervor, daß dieser/dieses/diese eine überhaupt nur einmal vorhanden, geschehen ist/:* sie verlor ihre einzige Tochter; das ist der einzige Weg ins Dorf; mit einem einzigen Schlag zerschlug er den Ziegelstein. **sinnv.:** alleinig. **b)** *nicht mehr als nur dieses wenige/diese wenigen:* wir waren die einzigen Gäste; das war das einzige, was ich erreichen konnte. **c)** *nicht* *häufig vorkommend; unvergleichlich in seiner Art:* diese Leistung steht e. da. **sinnv.:** ↑außergewöhnlich, ↑beispiellos. **II.** ⟨Adverb⟩ *allein, nur (dieser, diese, dieses Bestimmte):* e. er ist schuld. **sinnv.:** ↑ausschließlich.

ein|zig|ar|tig ⟨Adj.⟩: *unvergleichlich in seiner Art, Qualität o. ä.:* eine einzigartige Leistung. **sinnv:** ↑außergewöhnlich, ↑beispiellos, ↑unnachahmlich.

Ein|zug, der; -[e]s, Einzüge: **1.** *das Einziehen, Beziehen* /Ggs. Auszug/: der E. in eine neue Wohnung. **sinnv.:** ↑Umzug. **2.** *[feierliches] Einmarschieren, Einziehen in etwas (z. B. in eine Stadt):* der E. der Athleten in das Stadion.

Eis, das; -es: **a)** *hart-spröde Masse, die durch gefrierendes Wasser entsteht:* das E. schmilzt, bricht, trägt noch nicht; zu E. werden. **sinnv.:** ↑Scholle. **Zus.:** Glatt-, Gletscher-, Grund-, Pack-, Polar-, Treibeis. **b)** *durch Gefrierenlassen in mehr oder weniger feste Form gebrachte, als Gefrorenes gegessene Süßspeise:* [ein] E. essen, lecken, schlecken; E. am Stiel. **sinnv.:** Eisbecher, Eisbombe, Eiscreme, Eistorte, Gefrorenes, Halbgefrorenes. **Zus.:** Erdbeer-, Schokoladen-, Speise-, Vanilleeis.

Ei|sen, das; -s: *weißlichgraues, schweres, leicht rostendes Metall:* das Tor ist aus E.

Ei|sen|bahn, die; -, -en: *auf Schienen fahrendes Verkehrsmittel, das weit[er] voneinander entfernt liegende Orte miteinander verbindet:* er fuhr mit der E. nach Paris. **sinnv.:** Bahn, Bimmelbahn, Bummelzug, Eilzug, Expreßzug, D-Zug, Fernschnellzug, F-Zug, Güterzug, IC, Intercity, Nahverkehrszug, TEE · ↑Verkehrsmittel.

ei|sern ⟨Adj.⟩: **1.** ⟨nur attributiv⟩ *aus Eisen bestehend:* ein eisernes Geländer. **sinnv.:** ↑metallen. **2. a)** *durch nichts zu beirren:* ein eiserner Wille; e. schweigen. **sinnv.:** ↑standhaft. **b)** *unerbittlich hart, streng (an etwas festhaltend):* mit eiserner Strenge. **c)** *mit großer Konsequenz:* eiserner Fleiß; e. sparen, arbeiten. **sinnv.:** ↑fleißig.

ei|sig ⟨Adj.⟩: **1.** *sehr kalt:* ein eisiger Wind. **sinnv.:** ↑kalt. **2.** *(in bezug auf die Verhaltensweise) abweisend und ablehnend:* eisiges Schweigen. **sinnv.:** frostig, kalt, ↑unzugänglich.

eis|kalt ⟨Adj.⟩: *[als] sehr kalt, eisig [empfunden]:* ein eiskalter Raum; ein Getränk e. servieren. **sinnv.:** ↑kalt.

Eis|lauf, der; -s: *Sportart des Eislaufens.* **sinnv.:** Eiskunstlauf, Eistanz.

eis|lau|fen, läuft eis, lief eis, ist eisgelaufen ⟨itr.⟩: *sich mit Schlittschuhen auf dem Eis bewegen.* **sinnv.:** Schlittschuh laufen.

Eis|zeit, die; -, -en: *Zeitalter in der Geschichte der Erde, in dem große Gebiete ihrer Oberfläche mit Eis bedeckt waren.*

ei|tel ⟨Adj.⟩: *auf sein Äußeres (z. B. Kleidung) in einer als selbstgefällig empfundenen Weise besonderen Wert legend:* für diesen eitlen Mann ist es eine Qual, daß er hinken muß; er ist e. und freut sich, wenn er von Frauen auf sein Herrenparfüm angesprochen wird. **sinnv.:** affektiert, affig, geckenhaft, gefallsüchtig, kokett, putzsüchtig, stutzerhaft.

Ei|tel|keit, die; -, -en: *das Eitelsein.* **sinnv.:** Gefallsucht, ↑Überheblichkeit.

Ei|ter, der; -s: *gelbliche, dickflüssige Absonderung, die sich bei einer Entzündung bildet:* in der Wunde hat sich E. gebildet.

ei|tern ⟨itr.⟩: *Eiter absondern:* die Wunde eitert. **sinnv.:** ↑ausscheiden.

eit|rig ⟨Adj.⟩: *Eiter absondernd:* eine eitrige Wunde. **sinnv.:** eiternd, entzündet.

Ei|weiß, das; -es, -e: **1.** ⟨ohne Plural⟩ *der farblose, den Dotter umgebende Bestandteil des Hühner-, Vogeleis:* das E. zu Schnee schlagen; /als Maßangabe/ zwei E. in den Teig rühren. **2.** *Substanz, die einen wichtigen Baustoff von pflanzlichen und tierischen Körpern darstellt:* am Aufbau der Eiweiße sind verschiedene Elemente beteiligt.

Ekel, der; -s: *(durch Geruch, Geschmack oder Aussehen erregter) heftiger Widerwille:* einen E. vor fettem Fleisch haben; sich voll E. von jmdm. abwenden. **sinnv.:** ↑Abneigung, ↑Abscheu.

ekel|haft ⟨Adj.⟩: **1.** *in als besonders widerlich empfundener Weise Abscheu, Widerwillen erregend, Ekel hervorrufend:* ein ekelhaftes Tier; eine ekelhafte Tat; e. riechen, schmecken, aussehen. **sinnv.:** abscheuerregend, abscheulich, abstoßend, ekelerregend, eklig, fies, garstig, greulich, ↑häßlich, scheußlich, unappetitlich, widerlich · ↑abstoßen. **2.** ⟨verstärkend bei Adjektiven und Verben⟩ (ugs.) *sehr:* es ist e. kalt draußen; ich habe mich e. gestoßen. **sinnv.:** ↑sehr.

ekeln: a) ⟨sich e.⟩ *Ekel empfinden:* ich ekele mich davor. **sinnv.:** sich ↑entsetzen. **b)** ⟨itr.⟩ *jmdm. Ekel einflößen:* es ekelt mich/mir vor ihm. **c)** ⟨itr.⟩ *bei jmdm. Ekel hervorrufen:* der Anblick ekelt mich. **sinnv.:** abstoßen, ↑anekeln, ↑verabscheuen.

ek|lig ⟨Adj.⟩: **1.** *so beschaffen, daß es jmdm. Ekel einflößt:* eine eklige Kröte. **sinnv.:** ↑ekelhaft · ↑abstoßen. **2.** ⟨verstärkend bei Adjektiven und Verben⟩ (ugs.) *sehr:* ich habe mir e. weh getan. **sinnv.:** ↑sehr.

Ek|zem, das; -s, -e: *juckende, entzündliche Erkrankung der Haut.* **sinnv.:** ↑Ausschlag.

ela|stisch ⟨Adj.⟩: *sich auseinanderziehen, dehnen lassend:* eine Uhr mit elastischem Armband. **sinnv.:** ↑biegsam.

Ele|fant, der; -en, -en: *großes, massiges (Säuge)tier von grauer Hautfarbe mit sehr großen Ohren, einem Rüssel und Stoßzähnen.*

ele|gant ⟨Adj.⟩: **1.** *sich durch Eleganz auszeichnend:* eine elegante Dame; er, sie ist immer sehr e. **sinnv.:** ↑apart, ↑geschmackvoll; ↑schnittig. **2.** *in gewandt und harmonisch wirkender Weise ausgeführt:* eine elegante Verbeugung.

Ele|ganz, die; -: **a)** *(in bezug auf eine Person, ihre Kleidung, Erscheinung) modischer Geschmack von besonderer Erlesenheit:* sie trug Kleidung von auffallender E. **sinnv.:** Schick. **b)** *(die Form, den Ausdruck betreffende) Gewandtheit, Kultiviertheit:* der Aufsatz besticht durch die E. des Stils. **sinnv.:** Gewandtheit.

elek|trisch ⟨Adj.⟩: **1.** *durch Elektrizität bewirkt:* elektrische Energie. **2.** *durch Elektrizität angetrieben:* ein elektrisches Gerät.

Elek|tri|zi|tät, die; -: *(Form der) Energie, mit deren Hilfe Licht, Wärme, Bewegung u. a. erzeugt wird.* **sinnv.:** [elektrischer] Strom.

elek|tro-, Elek|tro- ⟨als erster Wortbestandteil⟩: *elektrisch, Elektrizitäts-, auf Elektrizität beruhend, mit ihrer Hilfe, mit ihr angetrieben o. ä.:* Elektroauto *(mit einem Elektromotor, der elektrische Energie in mechanische umwandelt, angetriebenes*

Auto), -boot, -chirurgie, -chirurgisch, -fischerei, -gitarre, -herd, -kamin, -karren, -mäher, -rasierer *(elektrischer Rasierapparat),* -technik, -technisch.

Elek|tro|nik, die; -: *Gebiet der Elektrotechnik, auf dem man sich mit der Entwicklung und Verwendung von Geräten mit Elektronenröhren, Photozellen, Halbleitern u. ä. befaßt.*

Ele|ment, das; -[e]s, -e: **1.** *Stoff, der [als Baustein für andere, zusammengesetzte Stoffe] in der Natur vorkommt:* Sauerstoff ist ein chemisches E. **sinnv.:** Grundstoff. **2.** *Erscheinung der Natur von gewaltiger, schwer zu bändigender Kraft (z. B. Feuer, Wasser):* der Kampf mit den Elementen. **sinnv.:** Naturgewalt, Naturkraft. **3.** *einzelner Bestandteil, Wesenszug (von etwas):* die Elemente eines Baustils. **4.** *Bereich, in dem jmd. gern und gut in bezug auf sein Können und seine Interessen tätig ist:* das Tanzen war ihr E. **5.** ⟨Plural⟩ *Menschen, die wegen ihrer Verhaltens-, Lebensweise vom Sprecher als verachtenswert, verabscheuungswürdig angesehen werden:* wir müssen bestrebt sein, daß sich solche Elemente nicht durchsetzen; kriminelle, asoziale Elemente. **sinnv.:** Gelichter, Gesindel, ↑Verbrecher.

elend ⟨Adj.⟩: **a)** *in bedauernswerter Weise von Kummer und Sorge bestimmt, erfüllt:* sie hatten ein elendes Los. **sinnv.:** ↑kläglich. **b)** *von Armut und Not zeugend:* eine elende Unterkunft. **sinnv.:** ↑ärmlich, ↑armselig. **c)** (ugs.) *in einem sehr schlechten, geschwächten körperlichen Zustand:* ein elendes Aussehen; sich e. fühlen. **sinnv.:** ↑erschöpft; ↑hinfällig. **d)** (emotional) *niederträchtig (in seinem Denken und Handeln):* ein elender Schurke. **sinnv.:** ↑gemein.

Elend, das; -s: *große Armut und Not (in denen jmd. lebt):* das E. der Armen; ein großer Teil der Bevölkerung lebte im E. **sinnv.:** ↑Armut.

elf ⟨Kardinalzahl⟩: 11: e. Personen; e. und eins ist/macht/gibt zwölf.

El|fen|bein, das; -[e]s: *Substanz der Stoßzähne des Elefanten:* eine Kette aus E.

elf|t... ⟨Ordinalzahl⟩: 11.: der e. Mann.

Eli|te, die; -, -n: **a)** *Gruppe der Fähigsten, Tüchtigsten (einer Gemeinschaft):* eine Schule für die Heranbildung einer E. **sinnv.:** ↑Auslese. **b)** *führende, eine privilegierte Stellung einnehmende soziale Personengruppe:* die kulturelle, administrative, meinungsbildende E.: die Eliten des internationalen Fußballs. **Zus.:** Macht-, Radsport-, Schauspieler-, Unternehmerelite.

-ell: ↑-al/-ell.

El|bo|gen, der; -s, -: *Stelle des Arms, an der Ober- und Unterarm zusammentreffen:* ich stieß ihn heimlich mit dem E. an.

El|le, die; -, -n: *Knochen an der Außenseite des unteren Arms.*

El|len|bo|gen, der; -s, -: ↑*Ellbogen.*

El|lip|se, die; -, -n: *eine geometrische Figur* (siehe Bildleiste „geometrische Figuren", S. 292).

El|ster, die; -, -n: *(zu den Raben gehörender) größerer Vogel mit schwarzweißem Gefieder.*

El|tern, die ⟨Plural⟩: *Vater und Mutter:* die Eltern spielten mit ihren Kindern. **sinnv.:** die Alten, Erzeuger, Erziehungsberechtigte, die alten Herrschaften, Oldies, Regierung · ↑Mutter · ↑Vater. **Zus.:** Adoptiv-, Braut-, Groß-, Raben-, Schwieger-, Zieheltern.

-em, das; -s, -e ⟨zweiter Wortbestandteil⟩ /kennzeichnet eine theoretische Annahme, eine hypothetische Einheit als Element, Bestandteil von etwas/ *ein unter einem bestimmten, im ersten Wortbestandteil genannten Aspekt gedachter Bestandteil, eine diesbezügliche Abstraktion:* Europem (er arbeitete 16 Europeme [= *europäische Universalien*] aus den 65 europäischen Sprachen heraus), Ideologem (die Ideologeme von Rasse und Deutschherrentum), Klassem (*semantisches Merkmal, durch das eine ganze Gruppe von Wörtern erfaßt wird,* z. B. bei Substantiven „Lebewesen"), Lexem (z. B. Haus), Lexogrammem (z. B. das), Flektem (z. B. Hauses), Derivatem (z. B. häuslich), Kompositem (z. B. Haustür), Mythologem, Phrasem, Philosophem, Semem *(sprachliches Zeichen als Inhaltsträger, der sich aus einzelnen Merkmalen zusammensetzt),* Stilem, Theorem, Virtuem (bei der Bedeutung des Wortes „Truhe" gehören das Material, der gewölbte Deckel usw. zum Virtuem).

Email|le [e'maljə], die; -, -n: *glasartiger, glänzender Überzug auf Gegenständen aus Metall o. ä.:* hier und da war die E. von der Badewanne abgesprungen.

Eman|zi|pa|ti|on, die; -, -en: *rechtliche und gesellschaftliche Gleichstellung [bes. der Frauen mit den Männern]:* für die E. der Frau kämpfen. **sinnv.:** Befreiung, ↑Gleichberechtigung, Gleichstellung · Emanze, emanzipierte Frau, Frauenrechtlerin, Suffragette · ↑selbständig.

eman|zi|pie|ren, sich: *sich aus einem Zustand der Abhängigkeit befreien:* in einigen Ländern haben sich die Frauen auch heute noch nicht emanzipiert. **sinnv.:** ↑selbständig.

Emi|grant, der; -en, -en, **Emi|gran|tin,** die; -, -nen: *männliche bzw. weibliche Person, die ihr Land verlassen hat [um der Verfolgung auf Grund ihrer Religion, ihrer politischen Überzeugung, ihrer Rasse o. ä. zu entgehen]:* er sprach mit dem polnischen Emigranten. **sinnv.:** ↑Auswanderer.

emi|grie|ren, emigrierte, ist emigriert ⟨itr.⟩: *(aus politischen, religiösen, rassischen o. ä. Gründen) in ein anderes Land auswandern:* er emigrierte in die Schweiz, nach Frankreich. **sinnv.:** ↑auswandern.

emo|tio|nal ⟨Adj.⟩: *vom Gefühl bestimmt:* ein emotionales, nicht objektives Urteil; ein sehr emotionaler Mensch. **sinnv.:** affektiv, emotionell, expressiv, gefühlsbetont, gefühlsmäßig, irrational.

Emp|fang, der; -[e]s, Empfänge: **1.** ⟨ohne Plural⟩ **a)** *das Entgegennehmen (von etwas, was jmdm. gebracht, geschickt wird):* den E. einer Ware bestätigen. **sinnv.:** ↑Annahme. **b)** *das Hören bzw. Sehen einer Sendung (in Rundfunk oder Fernsehen):* ein gestörter, guter E. im Radio. **2.** ⟨ohne Plural⟩ *[offizielle] Begrüßung, das Willkommenheißen:* ein freundlicher, kühler, herzlicher E. **sinnv.:** großer Bahnhof, Begrüßung, Bewillkommnung, Willkommen. **3.** *offizielle Einladung von kürzerer Dauer [bei einer Person des öffentlichen Lebens]:* der E. beim Botschafter; einen E. geben. **sinnv.:** Audienz; ↑Essen. **Zus.:** Neujahrs-, Presseempfang.

emp|fan|gen, empfängt, empfing, hat empfangen ⟨tr.⟩: **1.** *etwas, was einem zugedacht, an einen gerichtet ist, entgegenneh-*

men: Geschenke, einen Brief e. **2.** *(eine Sendung) im Radio, Fernsehen hören bzw. sehen können:* dieser Sender ist nicht gut zu e. **3.** *(einen Gast) bei sich begrüßen:* jmdn. freundlich e. **sinnv.:** ↑begrüßen.

Emp|fän|ger, der; -s, -: **1.** ↑*Adressat* /Ggs. Absender/: der E. [des Briefes] war verzogen. **2.** *Gerät zum Empfangen ausgestrahlter Sendungen des Rundfunks:* den E. leiser stellen. **sinnv.:** ↑Radio.

Emp|fän|ge|rin, die; -, -nen: ↑*Adressatin.*

emp|fäng|lich: ⟨in der Verbindung⟩ e. sein für etwas: *für bestimmte Eindrücke, Einflüsse zugänglich sein:* für die Schönheit der Natur e. sein. **sinnv.:** aufgeschlossen sein, zu haben sein für, Interesse haben für, interessiert sein an, vielseitig sein.

Emp|fäng|nis, die; -: *das Schwangerwerden, die Befruchtung des Eis.* **sinnv.:** ↑Befruchtung.

emp|feh|len, empfiehlt, empfahl, hat empfohlen: **a)** ⟨tr.⟩ *(zu etwas) raten; (jmdm. etwas) als besonders vorteilhaft nennen, vorschlagen:* er empfahl mir eine Kur in einem Moorbad; er empfahl mir, meinen Urlaub im Süden zu verbringen; dieses Fabrikat ist sehr zu e. **sinnv.:** ↑vorschlagen. **b)** ⟨sich e.⟩ *ratsam sein:* es empfiehlt sich, einen Regenschirm mitzunehmen. **sinnv.:** ↑zweckmäßig. **c)** ⟨sich e.⟩ *sich (von jmdm., einer Gruppe) entfernen, (von ihm, ihr) Abschied nehmen, weggehen:* ich bin jetzt müde und empfehle mich; sie empfahlen sich erst, als Mitternacht vorbei war. **sinnv.:** sich ↑trennen; ↑weggehen.

emp|feh|lens|wert ⟨Adj.⟩: *so beschaffen, daß man es empfehlen kann; zu empfehlen:* dieses billige Gerät ist weniger e.; ein empfehlenswertes Produkt.

Emp|feh|lung, die; -, -en: **1. a)** *etwas, was man jmdm. in einer bestimmten Situation empfiehlt:* dieses Hotel war eine E. unserer Freunde. **sinnv.:** ↑Vorschlag. **b)** *empfehlende Fürsprache:* durch die E. eines Vorgesetzten wurde er befördert. **sinnv.:** Förderung, Fürsprache, Gönnerschaft, Protektion. **2.** (geh.) *Gruß an jmdn., den man auszurichten bittet:* bitte eine freundliche E. an ihre Eltern! **sinnv.:** ↑Gruß.

emp|fin|den, empfand, hat empfunden ⟨tr.⟩: **a)** *(als einen über die Sinne vermittelten Reiz) verspüren:* Durst, Kälte, einen Schmerz e. **sinnv.:** ↑fühlen. **b)** *von etwas im Innern ergriffen werden:* Ekel, Reue e.; Liebe für jmdn. e. **sinnv.:** ↑fühlen, nachempfinden.

emp|find|lich ⟨Adj.⟩: **1. a)** *leicht auf bestimmte, von außen kommende Reize reagierend:* eine empfindliche Haut. **sinnv.:** allergisch. **Zus.:** überempfindlich. **b)** *(durch körperliche Schwäche) anfällig für gesundheitliche Störungen:* ein empfindliches Kind. **sinnv.:** zart, von zarter Gesundheit; ↑anfällig. **2.** *sehr sensibel, seelisch leicht verletzbar:* die empfindliche Natur eines Künstlers; er ist sehr e. *(ist leicht beleidigt).* **sinnv.:** dünnhäutig, empfindsam, fein, ↑feinfühlig, mimosenhaft, nachtragend, reizbar, sensibel, sensitiv, übelnehmerisch, verletzbar, verletzlich, wählerisch, zartbesaitet. **3. a)** *(von Instrumenten o. ä.) feinste Veränderungen anzeigend, auf sie reagierend:* das Barometer ist ein empfindliches Gerät. **b)** *leicht schmutzig werdend:* eine empfindliche Tapete; diese Farbe ist nicht so e. **4.** *in unangenehmer Weise recht deutlich spürbar (und keineswegs unbedeutend):* eine empfindliche Strafe; es ist e. kalt; das bedeutet einen empfindlichen Verlust. **sinnv.:** ↑einschneidend.

emp|find|sam ⟨Adj.⟩: *feinfühlig und sich einfühlen, sich in jmdn./etwas hineinversetzen könnend:* ein empfindsamer Mensch; ein empfindsames Gemüt. **sinnv.:** ↑empfindlich; ↑innerlich.

Emp|fin|dung, die; -, -en: **a)** *Wahrnehmung eines körperlichen Reflexes (durch ein Sinnesorgan):* eine E. von Schmerz, Druck, Wärme; das gelähmte Glied war ohne E. **Zus.:** Kälte-, Schmerz-, Sinnes-, Wärmeempfindung. **b)** *seelische Regung, bestimmte Gemütsbewegung:* ihn bewegten die widersprechendsten Empfindungen. **sinnv.:** ↑Gefühl. **Zus.:** Unlustempfindung.

em|por ⟨Adverb⟩: *in die Höhe, hinauf:* e. zu den Sternen. **sinnv.:** ↑aufwärts; ↑hin.

em|por- ⟨trennbares verbales Präfix⟩: *[von unten] nach oben ...:* emporflattern, -fliegen, -heben, -klettern, -lodern, -ragen, -schauen, sich emporschlängeln, -springen, -stilisieren, -tauchen, -tragen, -züngeln. **sinnv.:** aufwärts-, hoch-.

em|por|ar|bei|ten, sich; arbeitete sich empor, hat sich emporgearbeitet: *sich* ↑*hocharbeiten:* er hat sich vom Lehrling zum Direktor emporgearbeitet.

em|pö|ren: a) ⟨sich e.⟩ *sich heftig, mit aufgeregten Äußerungen über jmdn./etwas entrüsten:* ich empörte mich über diese Ungerechtigkeit; er war über dein Verhalten empört. **sinnv.:** sich ↑ärgern, sich ↑entrüsten. **b)** ⟨tr.⟩ *(in jmdm.) Ärger, Entrüstung hervorrufen:* diese Behauptung empörte ihn; sein Benehmen war empörend. **sinnv.:** ↑ärgern; ↑entrüsten, ↑reden.

em|por|kom|men, kam empor, ist emporgekommen ⟨itr.⟩: ↑*hochkommen:* er wollte rasch in dieser Firma e. **sinnv.:** aufrükken, aufsteigen, arrivieren, avancieren, befördert werden, es zu etwas bringen, emporsteigen, Karriere machen, vorwärtskommen, etwas werden.

Em|por|kömm|ling, der; -s, -e: *jmd, der auf eine als fragwürdig hingestellte Weise von einer niedrigeren sozialen Schicht in eine höhere aufgestiegen ist:* eine Horde von Emporkömmlingen regiert; eine Zeit der Spekulanten und Emporkömmlinge, in der mit Geld alles möglich ist. **sinnv.:** Parvenü.

Em|pö|rung, die; -, -en: *sich in aufgebrachten, heftigen Worten entladende Erregung über jmdn./etwas:* er war voller E. über diese Ungerechtigkeit. **sinnv.:** Entrüstung, Erbitterung, Erregung; ↑Ärger.

em|sig ⟨Adj.⟩: *(bei der Arbeit) unermüdlich und mit großem Fleiß und Eifer am Werk:* e. arbeiten. **sinnv.:** ↑eifrig.

End- ⟨Präfixoid⟩: */kennzeichnet das im Basiswort Genannte als den endgültigen Schlußpunkt nach mehreren Zwischenstationen oder -ergebnissen oder auch als letzten und somit eigentlichen oder ausschlaggebenden Abschnitt/:* Endabrechnung *(endgültige Abrechnung, Schlußabrechnung),* -benotung, -bilanz, -deponie, -effekt *(der schließlich erzielte Effekt),* -erfolg, -ergebnis (im Unterschied zum Zwischenergebnis), -fassung, -fertigung *(letzter Abschnitt in der Fertigung eines Produkts),* -katastrophe (die atomare E.), -konsequenz, -kontrolle, -lagerung, -phase, -resultat, -runde *(letzte, entscheidende Runde)*, -sieg, -summe, -turnier, -verbraucher, -wertung (die Sportlerin belegte in der E. den dritten Platz), -ziel *(endgültiges, eigentliches Ziel)*, -zweck *(eigentlicher Zweck)*.

En|de, das; -s, -n: **1. a)** *Stelle, wo etwas aufhört* /Ggs. Anfang/: das E. des Zuges, der Straße. **sinnv.:** Schluß, Schwanz, ↑Zipfel. **Zus.:** Fuß-, Kopfende. **b)** ⟨ohne Plural⟩ *Zeitpunkt, an dem etwas aufhört* /Ggs. Anfang/: das E. der Veranstaltung; E. Oktober *(die letzten Tage im Oktober)*. **sinnv.:** Abschluß, Ausgang, Ausklang, Beendigung, Beschluß, Finale, Happy-End, Neige, Rüste, Schluß. **Zus.:** Kriegsende. **2.** (ugs.) **a)** *kleines [abgetrenntes oder übriggebliebenes] Stück von etwas:* ein E. Draht. **sinnv.:** Ecke, Endchen, Stückchen, Zipfel. **b)** ⟨ohne Plural⟩ *Teilstück (eines Weges o. ä.):* das letzte E. des Weges mußte sie laufen. **sinnv.:** Distanz, ↑Etappe, Teilstrecke, Wegstrecke.

en|den, endete, hat geendet ⟨itr.⟩: **a)** *(an einer bestimmten Stelle) ein Ende haben, nicht weiterführen:* der Weg endet hier. **sinnv.:** aufhören, auslaufen, schließen. **b)** *(zu einem bestimmten Zeitpunkt) nicht länger andauern, sondern aufhören, zu einem Abschluß kommen:* der Vortrag endete pünktlich. **sinnv.:** abschließen, aufhören, ausgehen, ausklingen, einschlafen, ein Ende haben/nehmen, zu Ende gehen, endigen, zum Erliegen kommen, auf etwas hinauslaufen, sich legen, sich neigen, es ist Schluß [mit]; vergehen.

end|gül|tig ⟨Adj.⟩: *(in seiner jetzigen, vorliegenden Form) festgelegt, entschieden:* das ist noch keine endgültige Lösung. **sinnv.:** unabänderlich; ↑verbindlich.

End|la|ge|rung, die; -, -en: *sichere, endgültige Lagerung – im Unterschied zur sogenannten Zwischenlagerung – radioaktiver Abfälle.* **sinnv.:** Deponie, Entsorgung.

end|lich ⟨Adverb⟩: *nach längerer Zeit (des ungeduldigen Wartens, des Zweifelns o. ä.):* e. wurde das Wetter etwas freundlicher. **sinnv.:** ↑schließlich, ↑spät.

end|los ⟨Adj.⟩: *sich (räumlich oder zeitlich) sehr in die Länge ziehend:* eine endlose Straße; ein endloser Streit; etwas dauert e. lange. **sinnv.:** ↑unendlich; ↑ewig; ↑unaufhörlich.

Ener|gie, die; -, Energien: **1.** *körperliche und geistige Spannkraft, das Vermögen, tätig zu sein:* große E. besitzen; nicht die nötige E. haben. **sinnv.:** ↑Tatkraft. **Zus.:** Arbeits-, Lebens-, Schaffensenergie. **2.** *physikalische Kraft (die zur Ausführung von Arbeit nötig ist):* elektrische E.; Energien nutzen; E. [ein]sparen. **Zus.:** Arbeits-, Atom-, Bewegungs-, Kern-, Sonnen-, Verbrennungsenergie.

ener|gisch ⟨Adj.⟩: **a)** *voller Energie und Tatkraft:* ein energischer Mann; e. durchgreifen. **sinnv.:** ↑zielstrebig. **b)** *mit Nachdruck (ausgeführt):* energische Maßnahmen; ich habe mir diesen Ton e. verbeten. **sinnv.:** ↑streng.

eng ⟨Adj.⟩: **1. a)** *von geringer Ausdehnung nach den Seiten:* enge Straßen. **sinnv.:** schmal. **b)** *dicht gedrängt, so daß nur noch wenig Zwischenraum da ist:* die Bäume stehen zu e. [nebeneinander]. **sinnv.:** ↑dicht. **c)** *(von Kleidungsstücken) dem Körper fest anliegend* /Ggs. weit/: ein enges Kleid; der Rock ist mir zu eng. **sinnv.:** knapp, stramm. **Zus.:** haut-, knalleng. **2.** *eingeschränkt und mit wenig Überblick:* einen engen Gesichtskreis haben; er sieht die Sache zu e. **sinnv.:** ↑engherzig. **3.** *sehr vertraut; auf Vertrautheit beruhend:* eine enge Freundschaft; e. mit jmdm. befreundet sein. **sinnv.:** innig, intim, nahe.

en|ga|gie|ren [ãga'ʒi:rən]: **1.** ⟨tr.⟩ *zur Erfüllung bestimmter künstlerischer oder anderer beruflicher Aufgaben verpflichten:* der Schauspieler wurde nach seinem Erfolg an ein größeres Theater engagiert. **2.** ⟨sich e.⟩ *sich zu etwas bekennen und sich dafür einsetzen:* er ist sozial sehr engagiert. **sinnv.:** ↑eintreten für, ↑streitbar.

En|ge, die; -: *Mangel an Raum oder an Möglichkeit, sich zu bewegen:* die E. einer kleinen Wohnung. **sinnv.:** Beengtheit, Eingeschränktheit.

En|gel, der; -s, -: **a)** *(nach christlicher Vorstellung) mit Flügeln ausgestattetes, überirdisches Wesen von menschlicher Gestalt (als Bote Gottes):* der E. der Verkündigung. **sinnv.:** Cherub, himmlische Heerscharen, Himmelsbote, Seraph, himmlisches Wesen. **Zus.:** Erz-, Posaunen-, Schutz-, Weihnachtsengel. **b)** *jmd., über dessen Hilfsbereitschaft, Freundlichkeit man froh, glücklich ist:* sie ist mein guter E.; er kam als rettender E.; Sie sind ein E.! Ohne Sie hätte ich das nicht geschafft; „gelbe E." vom ADAC leisteten Pannenhilfe. **sinnv.:** Helfer, Retter.

eng|her|zig ⟨Adj.⟩: *in seinem Handeln durch Ängstlichkeit und kleinliche Bedenken bestimmt:* ein engherziger Mensch; er ist sehr e.; e. urteilen. **sinnv.:** bürokratisch, ehrpusselig, eng, hinterwäldlerisch, intolerant, kleinbürgerlich, kleinkariert; kleinlich, pedantisch, philiströs, ↑provinziell, spießbürgerlich, spießig, unduldsam, verbissen.

eng|stir|nig ⟨Adj.⟩: *(in ärgerlicher Weise) nicht fähig, über seinen beschränkten Gesichtskreis hinauszusehen:* ein engstirniger Mensch; e. handeln. **sinnv.:** ↑kurzsichtig.

En|kel, der; -s, -, **En|ke|lin,** die; -, -nen: *männliches bzw. weibliches Kind des Sohnes oder der Tochter.* **sinnv.:** Enkelkind, Enkelsohn, Enkeltochter, Kindeskind; Verwandter.

enorm ⟨Adj.⟩: **a)** *in einer den Sprecher beeindruckenden Weise (in Größe, Ausmaß, Kraft o. ä.) über das Gewohnte oder Erwartete hinausgehend:* ein enormer Aufwand; diese Leistung war e. **sinnv.:** ↑außergewöhnlich. **b)** ⟨verstärkend bei Adjektiven und Verben⟩ (ugs.) *in ungewöhnlichem Maß:* das neue Gerät ist e. praktisch; die Preise sind e. gestiegen. **sinnv.:** äußerst, ↑gewaltig, ↑sehr, überaus, über die/über alle Maßen.

En|sem|ble [ã'sã:bl], das; -s, -s: *Gruppe von Künstlern, die gemeinsam auftreten:* einem E. angehören. **Zus.:** Opern-, Theaterensemble.

ent- ⟨verbales Präfix⟩: **1.** */drückt aus, daß etwas wieder rückgängig gemacht, in den Ausgangszustand zurückgeführt wird/* **a)** /Ggs. ver-/: entgesellschaften, sich entlieben, (sich) entloben, entkorken, entkrampfen, entmieten, entschlüsseln, entsiegeln, entstofflichen, entzaubern, entzerren. **sinnv.:** weg-. **b)** /Ggs. be-/: entkleiden, entladen, entvölkern, entwaffnen, sich entweiben. **sinnv.:** ab-, aus-. **c)**

/Ggs. das betreffende Grundwort/: entadeln, entdiskriminieren, entflechten, entionisieren, entknoten, entkuppeln, entmotivieren, entsichern, entspannen (ein Gewehr), entsperren (das Sparbuch entsperren), enttarnen, entwarnen. **d)** */drückt aus, daß das im Basiswort Genannte aus/von etwas entfernt, von etwas befreit wird/:* entästen, entblähen, entbörsen (man hatte sie entbörst = *ihr die Börse gestohlen*), entflimmern, entgiften, entgräten, entgrenzen, enthaupten, enthülsen, entjungfern, entkeimen, entkernen, entknittern, entlausen, entmotten, entölen, entrunzeln, entrüsten (= Rüstung abbauen), entschärfen, entschwefeln, entspitzen (Pflanzenteile e.), entstempeln (ein entstempeltes Kennzeichenschild), entstören, entwässern. **e)** /oft in Verbindung mit einem fremdsprachlichen Basiswort, an dessen Stamm meist -isieren angehängt wird, z. B. entpolitisieren (aus: ent-polit[isch]-isieren), entprivilegisieren [aus: entprivileg-isieren]/ *machen, daß das Objekt nicht mehr von dem im Basiswort Genannten bestimmt, beherrscht wird, nicht mehr so ist:* entbürokratisieren, entdemokratisieren *(immer weniger demokratisch machen),* entdramatisieren, enterotisieren, enthierarchisieren, entideologisieren, entindividualisieren, entkonkretisieren, entkriminalisieren *(vom Kriminellen befreien),* entmystifizieren, entnazifizieren, entnuklearisieren, entproblematisieren, entsakralisieren, entstalinisieren, enttabuisieren, entterminologisieren. **2.** ⟨verstärkend⟩ *machen, daß es so wird, wie es das Basiswort angibt:* entblößen, entleeren. **3.** */drückt aus, daß ein Vorgang, eine Handlung beginnt, einsetzt/:* entbrennen, entfachen, sich entspinnen, entflammen. **4. a)** */drückt aus, daß sich jmd./etwas von etwas entfernt/:* enteilen, entfliehen, entgleiten, enthüpfen, entlaufen, entschreiten, entschweben, entspringen, entweichen. **b)** */kennzeichnet, daß etwas aus etwas heraus und zu einer anderen Stelle gelangt/:* entleihen. **c)** */drückt aus, daß etwas aus etwas herausgelangt/:* entlocken, entnehmen, entreißen, entsteigen.

ent|be̱h|ren: a) ⟨itr.⟩ *(auf etwas/jmdn.) verzichten; (ohne etwas/jmdn.) auskommen:* er kann ihn, seinen Rat nicht e.; er hat in seiner Kindheit viel e. müssen. **sinnv.:** ↑brauchen; ↑mangeln. **b)** ⟨itr.; mit Gen.⟩ (geh.) *einer Sache ermangeln, sie nicht haben:* diese Behauptung entbehrt jeder Grundlage; seine übertriebene Angst entbehrt nicht einer gewissen Komik *(ist recht komisch).* **sinnv.:** abgehen, fehlen an, gebrechen, hapern an, mangeln an.

ent|be̱hr|lich ⟨Adj.⟩: *nicht unbedingt nötig; so, daß man darauf verzichten kann:* ein entbehrlicher Luxus. **sinnv.:** ↑überflüssig.

Ent|be̱h|rung, die; -, -en: *schmerzlich empfundener Mangel an Notwendigem:* sie mußten viele Entbehrungen auf sich nehmen, leiden. **sinnv.:** ↑Mangel, ↑Not.

ent|bi̱n|den, entband, hat entbunden: **1.** ⟨tr.⟩ *von einer Verpflichtung lösen, befreien:* jmdn. von einer Aufgabe, seinem Versprechen e. **sinnv.:** ↑befreien. **2. a)** ⟨itr.⟩ *ein Kind gebären, zur Welt bringen:* seine Frau hat heute entbunden. **sinnv.:** ↑gebären. **b)** ⟨tr.⟩ *einer Frau Geburtshilfe leisten:* eine Frau e.; seine Frau ist heute von einem Jungen entbunden worden *(hat einen Jungen zur Welt gebracht).*

ent|blö|ßen ⟨tr.⟩: *(von einem Körperteil) die Bekleidung entfernen, wegnehmen:* den Oberkörper e.; mit entblößtem Kopf *(ohne Kopfbedeckung).* **sinnv.:** ↑ausziehen, frei machen.

ent|de̱cken ⟨tr.⟩: **1.** *als erster etwas finden, was der Wissenschaft und der Forschung dient:* einen Bazillus, einen neuen Stern e. **sinnv.:** ↑finden · ↑Erfinder. **2.** *jmdn./etwas, was verborgen ist oder vermißt wird, überraschend, an unvermuteter Stelle o. ä. bemerken, erkennen, finden:* einen Fehler e.; er hat ihn in der Menge entdeckt; je genauer er hinsah, um so mehr Einzelheiten entdeckte er. **sinnv.:** antreffen, auffinden, auffrischen, aufgabeln, auflesen, aufspüren, aufstöbern, auftreiben, ausfindig machen, ausmachen, begegnen, ermitteln, feststellen, herausbekommen, herausfinden, herauskriegen, auf die Spur kommen.

Ent|de̱cker, der; -s, -: *jmd., der etwas entdeckt (was für die Wissenschaft interessant ist).* **sinnv.:** ↑Erfinder.

Ent|de̱ckung, die; -, -en: *das Entdecken:* die E. eines neuen Planeten; das Zeitalter der Entdeckungen. **sinnv.:** ↑Erfindung.

E̱n|te, die; -, -n: **I.** *(am und auf dem Wasser lebender, auch als Haustier gehaltener) Schwimmvogel mit kurzem Hals, breitem Schnabel und Schwimmfüßen* (siehe Bildleiste „Gans"). **sinnv.:** ↑Geflügel. **Zus.:** Eider-, Krick-, Mast-, Schnatter-, Wildente. **II.** (Jargon) *falsche Meldung (bes. in der Presse):* die Nachricht von einem geheimen Treffen der Minister erwies sich als eine E. **sinnv.:** Desinformation, Falschmeldung. **Zus.:** Zeitungsente.

ent|ei̱g|nen, enteignete, hat enteignet ⟨tr.⟩: **a)** *(jmdm.) bestimmtes Eigentum durch legalen staatlichen Eingriff für öffentliche, dem Gemeinwohl dienende Zwecke entziehen:* der Grundeigentümer wurde enteignet. **sinnv.:** ↑wegnehmen. **b)** *durch Anordnung oder Gesetz dem Eigentümer wegnehmen:* die Fabriken wurden enteignet. **sinnv.:** beschlagnahmen, einziehen, vergesellschaften, verstaatlichen, in Volkseigentum überführen.

ent|ei̱|len enteilte, ist enteilt ⟨itr.⟩: (geh.) *eilig weglaufen, sich entfernen:* er ist, ohne sich zu verabschieden, enteilt. **sinnv.:** ↑weggehen.

e̱n|tern ⟨tr.⟩: *(ein Schiff von einem anderen aus) besteigen, um es gewaltsam in seinen Besitz zu bringen:* die Piraten enterten das Schiff auf hoher See. **sinnv.:** kapern.

ent|fa̱h|ren, entfährt, entfuhr, ist entfahren ⟨itr.⟩: *(von Lauten, Worten o. ä.) unbeabsichtigt aus jmds. Mund kommen:* vor Ärger entfuhr ihm ein derber Fluch. **sinnv.:** entschlüpfen, herausfahren, herausrutschen.

ent|fal|len, entfällt, entfiel, ist entfallen ⟨itr.⟩: **1.** *(jmdm.) plötzlich aus dem Gedächtnis kommen:* der Name ist mir entfallen. **sinnv.:** vergessen. **2.** *(jmdm.) bei einer Teilung als Anteil zugesprochen werden:* vom Gewinn entfallen 500 Mark auf ihn. **sinnv.:** ↑zufallen. **3.** *sich erübrigen, ausfallen, weil die Voraussetzungen für den betreffenden Fall nicht gelten:* dieser Punkt des Antrags entfällt. **sinnv.:** ↑wegfallen. **4.** (geh.) *aus der Hand fallen:* die

Tasse war ihr entfallen. **sinnv.:** entgleiten, herunterfallen.

ent|fal|ten, entfaltete, hat entfaltet: **1.** ⟨tr./sich e.⟩ *auseinanderfalten:* die Pflanze entfaltet ihre Blätter; die Blüten haben sich entfaltet. **sinnv.:** ↑aufwickeln, ↑ausbreiten, auseinanderlegen, entwickeln · sich ausbreiten · sich entwickeln · ↑ansetzen · ↑aufblühen; ↑entstehen. **2.** ⟨tr./sich e.⟩ *[voll] entwickeln:* sein Können e.; sich beruflich nicht voll e. können; seine Begabung soll sich frei e. **sinnv.:** entwickeln · sich entwickeln, voranschreiten · ↑gedeihen; ↑aufblühen. **3.** ⟨tr.⟩ *(mit etwas) beginnen:* eine fieberhafte Tätigkeit e. **sinnv.:** entwickeln, an den Tag legen.

ent|fer|nen /vgl. entfernt/: **1.** ⟨tr.⟩ *machen, daß jmd./etwas nicht mehr da ist:* ein Schild e.; Flecke e.; jmdn. aus seinem Amt e. **sinnv.:** ↑abbekommen, ↑abbinden, ↑abmachen, abnehmen, ↑absaugen, absetzen, ↑abtransportieren, ↑abtrennen, ↑abwaschen, ↑amputieren, ausfliegen, ausmerzen, ausräumen, ↑ausreißen, ↑ausschließen, ↑ausspülen, ↑befreien, ↑beseitigen, eliminieren, ↑entlassen, fortbringen, forträumen, fortschaffen, herausholen, herausnehmen, herausreißen, hinausfliegen, kehren, aus dem Weg räumen, beiseite/aus den Augen schaffen, zum Verschwinden bringen, ↑vertreiben, wegbringen, wegnehmen, wegräumen, wegschaffen. **2.** ⟨sich e.⟩ *einen Ort verlassen:* er hat sich heimlich entfernt. **sinnv.:** ↑weggehen.

ent|fernt ⟨Adj.⟩: **1.** *weit fort von jmdm./etwas:* bis in die entferntesten Teile des Landes; der Ort liegt weit e. von der nächsten Stadt. **sinnv.:** ↑fern. **2. a)** *weitläufig:* entfernte Verwandte; sie ist e. mit mir verwandt. **b)** *gering, schwach, undeutlich:* eine entfernte Ähnlichkeit haben; ich kann mich ganz e. daran erinnern.

Ent|fer|nung, die; -, -en: **1.** *kürzester Abstand zwischen zwei Punkten:* die E. beträgt 100 Meter. **sinnv.:** Abstand, Distanz, Strecke, Weite, Zwischenraum. **2.** *das Entfernen, Beseitigen:* die E. der Trümmer; die E. aus dem Amt. **sinnv.:** Ablösung, Abtrennung, Loslösung, Lostrennung, Lösung, Trennung; ↑Ausschluß, Beseitigung, ↑Entlassung.

ent|fes|seln ⟨tr.⟩: (geh.) *zu einem heftigen Ausbruch kommen lassen:* einen Aufruhr e.; entfesselte Naturgewalten. **sinnv.:** ↑verursachen.

ent|flie|hen, entfloh, ist entflohen ⟨itr.⟩: *die Flucht ergreifen, sich fliehend entfernen:* der Häftling war aus dem Gefängnis entflohen. **sinnv.:** ↑fliehen.

ent|frem|den, entfremdete, hat entfremdet ⟨tr.⟩: *bewirken, daß ein enger Kontakt, eine enge Beziehung verlorengeht:* durch den Umgang mit diesem Mädchen wurde er seiner Familie völlig entfremdet. **sinnv.:** auseinanderbringen, entzweien, gleichgültig/uneins machen, sich nichts mehr zu sagen haben.

ent|füh|ren ⟨tr.⟩: *(jmdn.) gewaltsam fortschaffen:* ein Kind e. **sinnv.:** ↑verschleppen.

Ent|füh|rer, der; -s, -: *jmd., der eine Person entführt:* es gelang der Polizei, die E. bald zu verhaften. **sinnv.:** Kidnapper, Luftpirat.

Ent|füh|rung, die; -, -en: *gewaltsames Wegschaffen, Wegführen (von Personen):* die E. der beiden Kinder des Präsidenten. **sinnv.:** Kidnapping, Luftpiraterie, Menschenraub. **Zus.:** Flugzeug-, Kindesentführung.

ent|ge|gen: I. ⟨Präp. mit Dativ⟩ *im Widerspruch, Gegensatz zu etwas:* e. anderslautenden Meldungen hat der Sänger seine Tournee nicht abgesagt; e. dem Antrag wurde diese Bestimmung nicht geändert. **sinnv.:** gegen, wider, im Widerspruch/Gegensatz zu. **II.** ⟨Adverb⟩ *[in Richtung] auf jmdn./etwas hin/zu:* ihm e. kam ein Motorradfahrer; der Sonne e.!

ent|ge|gen- ⟨trennbares verbales Präfix⟩: */besagt, daß das im Basiswort genannte Tun, Geschehen o. ä. auf jmdn./etwas hin oder zu erfolgt/:* entgegenbangen, -blicken, -drängen, -eilen, -fahren, -gehen, -harren, -jauchzen, -quellen, -rollen, -stemmen, -werfen.

ent|ge|gen|brin|gen, brachte entgegen, hat entgegengebracht ⟨tr.; in Verbindung mit bestimmten Substantiven⟩: jmdm. Vertrauen e. *(vertrauen);* einer Sache Interesse e. *(sich für etwas interessieren).* **sinnv.:** ↑erweisen.

ent|ge|gen|ge|hen, ging entgegen, ist entgegengegangen ⟨itr.⟩: *sich (jmdm.) gehend aus der entgegengesetzten Richtung nähern:* sie ging ihm bis zum Bahnhof entgegen. **sinnv.:** ↑entgegensehen.

ent|ge|gen|ge|setzt ⟨Adj.⟩: **a)** *sich an einem Ort befindend, der in völlig anderer Richtung liegt:* der Bahnhof liegt am entgegengesetzten Ende der Stadt. **b)** *umgekehrt:* sie liefen in entgegengesetzter Richtung. **c)** *gegenteilig, völlig verschieden:* bei der Diskussion wurden ganz entgegengesetzte Standpunkte vertreten. **sinnv.:** ↑gegensätzlich.

ent|ge|gen|hal|ten, hält entgegen, hielt entgegen, hat entgegengehalten ⟨tr.⟩: *jmdm./einer Sache gegenüber) einwenden:* er hielt ihm, der Anschuldigung entgegen, daß er betrunken gewesen sei. **sinnv.:** ↑antworten, ↑einwenden.

ent|ge|gen|kom|men, kam entgegen, ist entgegengekommen ⟨itr.⟩: **1.** *auf jmdn. zukommen:* sie kam mir auf der Treppe entgegen; das entgegenkommende Auto blendete ihn. **sinnv.:** begegnen. **2.** *Zugeständnisse machen, (auf jmds. Wünsche) eingehen:* wir wollen Ihnen e., indem wir Ihnen die Hälfte des Betrages zurückzahlen; der Chef war sehr entgegenkommend. **sinnv.:** sich bequemen, jmdm. goldene Brücken/eine goldene Brücke bauen, auf jmds. Forderungen/Wünsche eingehen, jmdm. etwas erleichtern/ermöglichen, geruhen, sich herablassen, sich herbeilassen, konzessionsbereit sein, ↑nachgeben, mit sich reden lassen, nicht so sein, kein Unmensch sein, verhandlungsbereit sein, Verständnis zeigen für · ↑freundlich; ↑gefällig; ↑höflich; tolerant.

Ent|ge|gen|kom|men, das; -s: *sich in einer Handlung, einem Verhalten ausdrückende Freundlichkeit.* **sinnv.:** ↑Freundlichkeit, Gefälligkeit, Konzilianz; ↑Aufmerksamkeit; ↑Zugeständnis.

ent|ge|gen|neh|men, nimmt entgegen, nahm entgegen, hat entgegengenommen ⟨tr.⟩: *(etwas, was von jmdm. gebracht wird) annehmen:* ein Geschenk, ein Paket e.; Glückwünsche, eine Bestellung e. **sinnv.:** abnehmen, annehmen, in Empfang nehmen · ↑nehmen · fassen.

ent|ge|gen|se|hen, sieht entgegen, sah entgegen, hat entgegengesehen ⟨itr.⟩: *(etwas) erwarten, mit dem Eintreffen (von et-*

was) rechnen: er sah der Gefahr gelassen entgegen. **sinnv.:** entgegenfiebern, entgegengehen, erwarten, zu erwarten haben, rechnen mit · ↑hoffen.
ent|ge|gen|set|zen, setzte entgegen, hat entgegengesetzt /vgl. entgegengesetzt/ ⟨tr.⟩: *in Widerstreit (zu etwas anderem) treten lassen:* der körperlichen Überlegenheit des Gegners hatte er nur seinen Mut entgegenzusetzen.
ent|ge|gen|ste|hen, stand entgegen, hat entgegengestanden ⟨itr.⟩: *ein Widerspruch (zu etwas), ein Hindernis (für etwas) sein:* einer Beförderung steht seine mangelhafte Ausbildung entgegen. **sinnv.:** etwas paßt jmdm. nicht [in den Kram]/ schmeckt jmdm. nicht/geht jmdm. gegen den Strich, etwas ist jmdm. unangenehm/kommt jmdm. ungelegen, etwas widerspricht einer Sache/steht in Widerspruch zu etwas, zuwiderlaufen.
ent|ge|gen|stel|len, stellte entgegen, hat entgegengestellt: **1.** ⟨tr.⟩ *(als anderes, Besseres) gegenüberstellen:* ihren Argumenten stellte er seine entgegen. **2.** ⟨sich e.⟩ *jmdn. oder dessen Tun usw. behindern, aufzuhalten versuchen:* Schwierigkeiten stellten sich ihm entgegen; sich der Mehrheit e. **sinnv.:** sich abheben von, sich absetzen gegen, sich nicht der herrschenden Meinung anschließen/beugen, nicht alles mitmachen, gegen den Strom schwimmen, nicht mit den Wölfen heulen · ↑hindern, ↑verhindern · ↑protestieren.
ent|ge|gen|tre|ten, tritt entgegen, trat entgegen, ist entgegengetreten ⟨itr.⟩: *energische Maßnahmen (gegen etwas) ergreifen:* Vorurteilen e.; man suchte noch nach einem wirksamen Mittel, um der Krankheit entgegenzutreten. **sinnv.:** ↑ankämpfen, ↑verhindern.
ent|geg|nen, entgegnete, hat entgegnet ⟨itr.⟩: *auf eine Frage, ein Argument usw. etwas als Antwort sagen, sich bzw. seine Ansicht dazu äußern:* dieser Meinung begegnet man immer wieder, und man kann darauf nichts Rechtes e.; dem läßt sich übrigens e., daß ...; „Das habe ich nie behauptet", entgegnete er gereizt.
ent|ge|hen, entging, ist entgangen ⟨itr.⟩: **a)** *durch einen glücklichen Umstand von etwas nicht betroffen werden:* dem Tod knapp e. **sinnv.:** ↑entrinnen. **b)** ⟨in der Fügung⟩ sich (Dativ) etwas e. lassen: *(die Gelegenheit, etwas Wichtiges, Interessantes wahrzunehmen) ungenutzt vorübergehen lassen:* diesen Vorteil wollte ich mir nicht e. lassen. **sinnv.:** ↑versäumen. **c)** *nicht bemerken:* das ist mir ganz entgangen. **sinnv.:** ↑übersehen.
ent|gei|stert ⟨Adj.⟩: *sprachlos und sichtbar verstört durch etwas, was völlig unerwartet kommt:* entgeisterte Blicke; er starrte mich e. an. **sinnv.:** ↑betroffen.
Ent|gelt, das; -[e]s, -e: *für eine Arbeit oder aufgewandte Mühe gezahlte Entschädigung:* er mußte gegen ein geringes E., ohne E. arbeiten. **sinnv.:** ↑Gehalt, ↑Lohn, Provision, Vergütung · ↑Spesen · Almosen.
ent|glei|sen, entgleiste, ist entgleist ⟨itr.⟩: *aus dem Gleis springen:* der Zug ist entgleist.
ent|glei|ten, entglitt, ist entglitten (geh.) ⟨itr.⟩: *aus der Hand gleiten:* das Messer entglitt ihm, seiner Hand. **sinnv.:** ↑entfallen.
ent|hal|ten, enthält, enthielt, hat enthalten: **1.** ⟨itr.⟩ *als/zum Inhalt haben:* die Flasche enthält Alkohol; das Buch enthält alle wichtigen Vorschriften. **sinnv.:** ↑einschließen. **2.** ⟨sich e.⟩ (geh.) *darauf verzichten, sich in einer bestimmten Form zu äußern:* ich enthalte mich eines Urteils; ich konnte mich nicht e., laut zu lachen. **sinnv.:** ↑verzichten · unterlassen.
ent|halt|sam ⟨Adj.⟩: *auf Genüsse usw. weitgehend verzichtend:* sexuell e.; er lebte e.: keine Frauen, kein Alkohol. **sinnv.:** abstinent, asketisch, entsagend, gemäßigt, mäßig, maßvoll · ↑bescheiden.
Ent|halt|sam|keit, die; -: *das Enthaltsamsein.* **sinnv.:** Abstinenz, Askese, Enthaltung, Mäßigkeit · Entsagung, Verzicht · Anspruchslosigkeit, Bedürfnislosigkeit, Bescheidenheit, Genügsamkeit, Selbstbescheidung, Selbstbeschränkung.
ent|haup|ten, enthauptete, hat enthauptet ⟨tr.⟩ (geh.): *(jmdm.) den Kopf vom Rumpf trennen:* der Verbrecher wurde mit einem Beil enthauptet. **sinnv.:** guillotinieren, den Kopf abschlagen, einen Kopf kürzer machen, köpfen, die Rübe abhacken · hinrichten · ↑töten.
ent|he|ben, enthob, hat enthoben ⟨tr.; mit Gen.⟩: *(jmdm. sein Amt, seinen Posten o. ä.) nehmen, (von seinem Amt, Posten o. ä) entbinden:* er ist sämtlicher Ämter enthoben worden. **sinnv.:** ↑entlassen.
ent|hem|men ⟨tr.⟩: *(jmdm.) alle Hemmungen und somit die Kontrolle über sich selbst nehmen:* der Alkohol hat ihn völlig enthemmt. **sinnv.:** jmdn. von seinen Hemmungen befreien, etwas läßt jmdn. seine Hemmungen/ jede Hemmung verlieren.
ent|hül|len ⟨tr.⟩: **1.** *durch Entfernen einer Hülle der Öffentlichkeit übergeben:* ein Denkmal e. **sinnv.:** ↑auspacken, ↑ausziehen. **2.** (geh.) *etwas vor jmdm. nicht länger geheimhalten, sondern es ihm [im Vertrauen] mitteilen:* jmdm. ein Geheimnis, einen Plan e. **sinnv.:** ↑aufdecken. **3.** ⟨sich e.⟩ *offenbar werden.* **sinnv.:** sich ↑bieten, sich ↑dokumentieren, zutage treten.
En|thu|si|as|mus, der; -: *überschwengliche [schwärmerische] Begeisterung:* der E. des Publikums kannte keine Grenzen; mit jugendlichem E. traten sie für die neue Idee ein. **sinnv.:** ↑Begeisterung. **Zus.:** Arbeitsenthusiasmus.
en|thu|sia|stisch ⟨Adj.⟩: *überschwenglich begeistert:* enthusiastischer Beifall; e. setzte er sich für den Bau einer Schule ein. **sinnv.:** ↑besessen.
ent|jung|fern ⟨tr.⟩ (veraltend): *mit einem Mädchen, das noch keinen Geschlechtsverkehr hatte, diesen zum ersten Mal vollziehen.* **sinnv.:** deflorieren, entehren, jmdm. die Ehre/Jungfräulichkeit/Unschuld rauben; zur Frau machen; ↑koitieren.
ent|klei|den, entkleidete, hat entkleidet: **1.** ⟨tr.⟩ (geh.) *die Kleider ausziehen:* einen Kranken, ein Kind, sich e. **sinnv.:** ↑ausziehen. **2.** ⟨tr.; mit Gen.⟩ (geh.) *jmdm./einer Sache etwas nehmen:* jmdn. seiner Macht, seines Amtes e.; das Gebäude wurde seines Schmuckes entkleidet. **sinnv.:** ↑berauben, ↑entlassen.
ent|kom|men, entkam, ist entkommen ⟨itr.⟩: *sich glücklich (einer Gefahr o. ä.) entziehen; fliehen können:* seinen Verfolgern e.; über die Grenze e.; er ist aus dem Gefängnis entkommen. **sinnv.:** ↑entrinnen, entschlüpfen, entwischen, jmdm. durch die Lappen gehen, jmdm. durch

die Finger schlüpfen · ↑fliehen · ↑weggehen.

ent|kräf|ten, entkräftete, hat entkräftet ⟨tr.⟩: **1.** *von Kräften kommen lassen, seiner Kräfte berauben:* die Überanstrengung hat ihn völlig entkräftet. **sinnv.:** abnutzen, angreifen, aufreiben, auslaugen, enervieren, entnerven, schwächen, verbrauchen, verschleißen, ↑zehren an, zusetzen. **2.** ↑*widerlegen:* Beweise, einen Verdacht e.

ent|la|den, entlädt, entlud, hat entladen: **1.** ⟨tr.⟩ *eine Ladung (von etwas) herunternehmen:* einen Wagen e. **sinnv.:** ↑ausladen. **2.** ⟨sich e.⟩ *losbrechen, heftig zum Ausbruch kommen:* ein Unwetter entlud sich; sein Zorn entlud sich auf uns. **sinnv.:** ↑platzen; ↑auslassen.

ent|lang: *an der Seite, am Rand (von etwas Langgestrecktem) hin:* **I.** ⟨Präp.⟩: ⟨bei Nachstellung mit Akk., selten Dativ⟩ die Straße, den Wald e.; ⟨bei Voranstellung mit Dativ, selten Gen.⟩ e. dem Fluß. **II.** ⟨Adverb⟩ am Ufer, am Bahndamm e. **sinnv.:** an ... hin, längs, neben.

ent|lar|ven ⟨tr.⟩: *den wahren Charakter einer Person, Sache, jmds. verborgene [üble] Absichten aufdecken:* jmds. Pläne e.; jmdn. als Betrüger e.; damit hat er sich selbst entlarvt. **sinnv.:** bloßstellen, demaskieren, durchschauen, jmdm. die Maske abreißen/vom Gesicht reißen, jmdm. auf die Schliche kommen · ↑aufdekken; ↑erkennen.

ent|las|sen, entläßt, entließ, hat entlassen ⟨tr.⟩: **1.** *(jmdn.) erlauben, etwas zu verlassen:* einen Gefangenen, die Schüler aus der Schule e. **sinnv.:** ↑freilassen. **2.** *nicht weiter beschäftigen:* einen Angestellten fristlos e.; jmdn. aus seinem Amt e. *(entfernen).* **sinnv.:** abbauen, abhalftern, ablösen, absägen, abschieben, den Abschied geben, abschießen, abservieren, absetzen, aufs Abstellgleis schieben, ausbooten, beurlauben, davonjagen, zum alten Eisen werfen, ↑entfernen, seines Amtes entheben/entkleiden, entmachten, entthronen, feuern, fortschicken, freisetzen, freistellen, hinausfliegen, hinauskatapultieren, hinausschmeißen, hinauswerfen, kaltstellen, über die Klinge springen lassen, kündigen, jmdm. den Laufpaß geben, rausfeuern, rauspfeffern, rausschmeißen, rauswerfen, in den einstweiligen Ruhestand versetzen, schassen, jmdn. auf die Straße setzen/werfen, jmdm. den Stuhl vor die Tür setzen, stürzen, suspendieren, verabschieden, wegschicken, in die Wüste schicken.

Ent|las|sung, die; -, -en: *das Entlassen, Entlassenwerden.* **sinnv.:** Abhalfterung, Ablösung, Absetzung, Amtsenthebung, Entfernung, Entmachtung, Entthronung, Fall, Hinauswurf, Kündigung, Rausschmiß, Rauswurf, Sturz, Suspendierung, Zwangsbeurlaubung, Zwangspensionierung. **Zus.:** Haft-, Massen-, Schulentlassung.

ent|la|sten, entlastete, hat entlastet ⟨tr.⟩: **1. a)** *jmdm. etwas von seiner Arbeit abnehmen:* den Chef, einen Kollegen [bei der Arbeit] e. **sinnv.:** abnehmen; ↑helfen. **b)** *die Beanspruchung von etwas mindern, verringern:* den Verkehr e.; die Straße vom Durchgangsverkehr e.; das Herz e. **c)** *von seelischer Belastung frei machen, indem man sich einem anderen anvertraut:* sein Gewissen e. **sinnv.:** erleichtern. **2.** *durch seine Aussage teilweise von einer Schuld freisprechen* /Ggs. belasten/: einen Angeklagten e. **sinnv.:** entschuldigen, rechtfertigen.

ent|lau|fen, entläuft, entlief, ist entlaufen ⟨itr.⟩: *jmdm. fortlaufen:* der Hund war entlaufen. **sinnv.:** ↑fliehen.

ent|le|di|gen ⟨mit Gen.⟩ (geh.): **1.** ⟨tr.⟩ ↑*befreien:* jmdn. seiner Schulden e. **2.** ⟨sich e.⟩ *sich befreien (von etwas):* sich seiner Feinde, seiner Sorgen e.; sich seines Mantels e. *(seinen Mantel ausziehen);* sich eines Auftrags e. *(einen Auftrag ausführen).* **sinnv.:** abtun, die Fesseln abstreifen, freikommen von, sich jmdn./etwas vom Halse schaffen, loskommen von, loswerden, von sich tun.

ent|lee|ren ⟨tr.⟩: **1.** *leer machen:* einen Behälter e.; den Darm e. **sinnv.:** ↑leeren, ↑ausladen, ↑auspumpen. **2.** *seines eigentlichen Inhalts berauben; nichtssagend, hohl werden lassen:* allzu häufige Verwendung hat dieses Wort mit der Zeit entleert.

ent|le|gen ⟨Adj.⟩: *von allem Verkehr weit entfernt:* eine entlegene Gegend. **sinnv.:** ↑einsam. **Zus.:** weltentlegen.

ent|leh|nen ⟨tr.⟩: *(aus einem anderen geistigen, bes. sprachlichen Bereich) übernehmen und umsetzen:* das Wort „Keller" ist aus dem Lateinischen entlehnt. **sinnv.:** ↑leihen · ↑Anleihe.

ent|lei|hen, entlieh, hat entliehen ⟨tr.⟩: *(von einem andern) für sich leihen:* ich habe mir ein Buch von ihm entliehen. **sinnv.:** ↑leihen.

ent|locken ⟨tr.⟩: *(jmdn.) durch Geschick dazu bringen, daß er etwas mitteilt oder sich in einer gewünschten Weise äußert:* jmdm. ein Geständnis e.; er entlockte ihm einen Blick des Einverständnisses. **sinnv.:** jmdm. etwas ablocken/abringen/abtrotzen, herausbringen, herauslocken, hervorlocken, entringen.

ent|loh|nen ⟨tr.⟩: *(jmdm.) den Lohn zahlen:* die Arbeiter wurden jede Woche entlohnt. **sinnv.:** besolden.

ent|mach|ten, entmachtete, hat entmachtet ⟨tr.⟩: *(jmdm.) seinen Einfluß nehmen; seiner Macht berauben:* die Regierung, einen Konzern e. **sinnv.:** ↑entlassen.

ent|mi|li|ta|ri|sie|ren ⟨tr.⟩: *(ein Gebiet) von militärischen Einrichtungen befreien:* nach dem Krieg wurde das Land entmilitarisiert; eine entmilitarisierte Zone. **sinnv.:** abrüsten.

ent|mün|di|gen ⟨tr.⟩: *(jmdm.) das Recht, die Gewalt entziehen, bestimmte juristische Handlungen auszuführen:* man hat den kranken Greis entmündigt. **sinnv.:** unter Aufsicht/Kuratel stellen, für unmündig/unzurechnungsfähig erklären.

ent|mu|ti|gen ⟨tr.⟩: *(jmdm.) den Mut, das Selbstvertrauen nehmen:* der Mißerfolg hat ihn entmutigt; er ließ sich durch nichts e.; jmdn. mit seiner Kritik e. **sinnv.:** Angst machen, ängstigen, jmdm. bange machen, ↑demoralisieren, einschüchtern, jmdm. alle Hoffnung nehmen/rauben, jmdm. den Mut/das Selbstvertrauen nehmen, schrecken, verängstigen; warnen · ↑bedrückend.

Ent|nah|me, die; -, -n: *das Entnehmen:* die E. von Wasser aus dem Fluß ist verboten. **Zus.:** Blut-, Geld-, Strom-, Wasserentnahme.

ent|neh|men, entnimmt, entnahm, hat entnommen ⟨tr.⟩: **1.** *(aus einem Behälter o. ä., aus einer Menge gleichartiger Dinge einen Teil) herausnehmen:* der

Kasse Geld e.; das Zitat einem Buch e. **sinnv.:** herausholen, ↑herausnehmen, nehmen aus/von, wegnehmen · ↑auspacken. **2.** *(aus etwas) erkennen:* wie ich [aus] Ihrem Schreiben entnehme, wollen Sie Ihr Geschäft aufgeben. **sinnv.:** ↑erkennen.

ent|pup|pen, sich: *sich überraschend (als etwas) erweisen:* er entpuppte sich als große musikalische Begabung; die Sache hat sich als Schwindel entpuppt. **sinnv.:** sich ↑erweisen, zutage treten · sich ↑dokumentieren.

ent|rät|seln ⟨tr.⟩: *(etwas Rätselhaftes) verstehen, durchschauen:* dem Forscher war es gelungen, die alte Schrift zu e. **sinnv.:** aufdecken, dahinterkommen, entwirren, klären, lösen; ↑dechiffrieren, entschlüsseln; ↑erkennen; ↑aufdecken.

ent|rei|ßen, entriß, hat entrissen ⟨tr.⟩: *gewaltsam mit einer heftigen Bewegung wegnehmen:* er entriß ihr die Tasche. **sinnv.:** ↑wegnehmen.

ent|rich|ten, entrichtete, hat entrichtet ⟨tr.⟩: *(eine festgelegte Summe) [be]zahlen:* Steuern, eine Gebühr e. **sinnv.:** ↑bezahlen.

ent|rin|nen, entrann, ist entronnen ⟨itr.⟩ (geh.): *entkommen, entfliehen:* er ist der Gefahr entronnen. **sinnv.:** [mit einem blauen Auge/mit heiler Haut] davonkommen, durchkommen, entgehen, ↑entkommen, noch einmal Glück haben, sich retten können, ↑wegkommen.

ent|rol|len ⟨tr.⟩: *(etwas Zusammengerolltes) ausbreiten, entfalten, öffnen:* eine Fahne e. **sinnv.:** ↑aufwickeln · ↑darlegen.

ent|rü|sten, entrüstete, hat entrüstet: **a)** ⟨sich e.⟩ *seiner Empörung über etwas Ausdruck geben:* er hat sich über diese Zustände entrüstet; ich war entrüstet über diese Ungerechtigkeit. **sinnv.:** sich aufregen, sich empören, sich ereifern, sich erregen · ↑ärgerlich. **b)** ⟨itr.⟩ *zornig machen:* deine Beschuldigung entrüstete sie sehr. **sinnv.:** ↑aufregen, empören, schockieren.

ent|sa|gen ⟨itr.⟩ (geh.): *in einem schmerzlichen, aber freiwilligen Verzicht (etwas) aufgeben, was einem besonders lieb ist und worauf man eigentlich ein gewisses Recht hat:* der Herrschaft, den Freuden des Lebens, einer Gewohnheit e.; er hatte in seinem Leben e. gelernt. **sinnv.:** absagen, ↑aufgeben · enthaltsam.

ent|schä|di|gen ⟨tr.⟩: *(jmdm. für einen Schaden [für den man selbst verantwortlich ist]) einen angemessenen Ausgleich zukommen lassen, einen Ersatz geben:* jmdn. für einen Verlust e. **sinnv.:** abfinden, ausbezahlen, auszahlen, entgelten, Ersatz/Schadenersatz leisten, ersetzen, erstatten, gutmachen, rückvergüten, vergüten, wiedergutmachen; ↑belohnen.

Ent|schä|di|gung, die; -, -en: *angemessener Ausgleich, Ersatz für einen erlittenen Schaden:* eine E. erhalten. **sinnv.:** Abfindung, Abstand, ↑Ersatz, ↑Spesen, Vergütung. **Zus.:** Aufwands-, Haft-, Trennungsentschädigung.

ent|schär|fen ⟨tr.⟩: **1.** *die Vorrichtung zum Zünden (von Sprengkörpern) entfernen:* die Bombe wurde von einem Spezialisten entschärft. **2.** *einer Auseinandersetzung o. ä. die Schärfe nehmen:* ein Problem, eine Krise e. **sinnv.:** abmildern, entspannen, mildern, die Spitze nehmen/abbrechen, den Stachel nehmen, temperieren.

ent|schei|den, entschied, hat entschieden /vgl. entschieden/: **1. a)** ⟨tr.⟩ *(in einer Sache) ein Urteil fällen; zu einem abschließenden Urteil kommen:* das Gericht wird den Streit, den Fall e.; etwas von Fall zu Fall e. **sinnv.:** ↑austragen. **b)** ⟨itr./tr.⟩ *bestimmen:* der Arzt entscheidet über die Anwendung dieses Medikaments; er soll e., was zu tun ist. **sinnv.:** ↑befinden. **c)** ⟨tr./itr.⟩ *in einer bestimmten Richtung festlegen, den Ausschlag (für etwas) geben:* der erneute Angriff hat die Schlacht entschieden; das Los entscheidet; ein entscheidendes Ereignis. **sinnv.:** ↑einschneidend. **2.** ⟨sich e.⟩ *nach [längerem] Prüfen oder kurzem Besinnen den Entschluß fassen, jmdn. oder etwas für seine Zwecke auszuersehen:* ich habe mich für ihn, für dieses Angebot entschieden; du mußt dich so oder so e. **sinnv.:** ↑auswählen; sich ↑entschließen. **3.** ⟨sich e.⟩ *sich endgültig herausstellen, zeigen:* morgen wird es sich e., wer recht behält. **sinnv.:** sich ↑herausstellen.

Ent|schei|dung, die; -, -en: **a)** *Lösung eines Problems durch eine hierfür zuständige Person oder Instanz:* eine klare gerichtliche E. **sinnv.:** ↑Urteil; ↑Weisung. **Zus.:** Fehlentscheidung. **b)** *das Sichentscheiden für eine von mehreren Möglichkeiten:* einer E. ausweichen; die E. ist ihm schwergefallen. **sinnv.:** Ermessen, Wahl · Alternative, Entweder – Oder; sich ↑entschließen.

ent|schie|den ⟨Adj.⟩: **1.** *eine eindeutige Meinung vertretend, fest entschlossen [seine Ansicht vertretend]:* er war ein entschiedener Gegner dieser Richtung; etwas e. ablehnen. **sinnv.:** ↑bestimmt. **2.** *eindeutig, klar ersichtlich:* das bedeutet einen entschiedenen Gewinn für die Sache; das geht e. zu weit. **sinnv.:** ↑bestimmt.

ent|schla|fen, entschläft, entschlief, ist entschlafen ⟨itr.⟩ (geh.): *sanft sterben:* nach kurzem, schwerem Leiden ist er gestern sanft [im Herrn] e. **sinnv.:** ↑sterben.

ent|schlie|ßen, sich; entschloß sich, hat sich entschlossen /vgl. entschlossen/: *sich etwas überlegen und beschließen, etwas Bestimmtes zu tun:* sich rasch e.; ich habe mich entschlossen *(bin bereit),* mit dir zu kommen; er ist entschlossen, nicht nachzugeben. **sinnv.:** sich aufraffen, sich bequemen, beschließen, einen Beschluß fassen, sich durchringen, sich entscheiden, eine Entscheidung treffen/fällen, einen Entschluß fassen, zu einem Entschluß kommen, sich schlüssig werden, sich etwas vornehmen/geloben; ↑vorhaben.

Ent|schlie|ßung, die; -, -en: *(bes. von Behörden, Parlamenten) gemeinsamer Beschluß:* eine E. einbringen, annehmen. **sinnv.:** Beschluß, Entschluß, Resolution, Willensäußerung, Willenserklärung.

ent|schlos|sen ⟨Adj.⟩: **1.** *schnell zu einer Absicht gelangend und an ihr festhaltend* /Ggs. unentschlossen/: ein entschlossener Mensch, Charakter; er zeigte sich kühn und e. **sinnv.:** ↑beharrlich; ↑bereit; ↑geistesgegenwärtig; ↑zielstrebig. **2.** *energisch:* hier heißt es, e. zu handeln, für etwas zu kämpfen.

Ent|schlos|sen|heit, die; -: **1.** *fester Wille, etwas Bestimmtes zu tun, entschlossene Haltung.* **sinnv.:** ↑Beständigkeit, Entschlußfähigkeit, Entschlußfreudigkeit, Entschlußkraft; ↑Geistesgegenwart; ↑Initiative. **2.** *Energie.*

Ent|schluß, der; Entschlusses,

Entschlüsse: *durch Überlegung gewonnene Absicht, etwas Bestimmtes zu tun:* ein weiser, rascher E.; einen E. bereuen. **sinnv.:** Beschluß, Willensäußerung, Willenserklärung · ↑Entschließung.

ent|schlüs|seln ⟨tr.⟩: *in einen verständlichen Text umwandeln* /Ggs. verschlüsseln/: die von dem Satelliten übermittelten Daten wurden von einem Computer entschlüsselt. **sinnv.:** ↑dechiffrieren · ↑enträtseln.

ent|schul|di|gen: **1. a)** ⟨sich e.⟩ *(für etwas) um Nachsicht, Verständnis, Verzeihung bitten:* sich für eine Bemerkung, seine Vergeßlichkeit e. **sinnv.:** Abbitte tun/leisten, jmdm. etwas abbitten, um Entschuldigung/Verzeihung bitten; ↑bedauern. **b)** ⟨tr.⟩ *jmds. Fehlen mitteilen und begründen:* sie hat ihr Kind beim Lehrer entschuldigt. **2.** ⟨tr.⟩ *Nachsicht zeigen (für etwas):* ich kann dieses Verhalten nicht e.; entschuldigen Sie bitte die Störung; ⟨auch itr.⟩ /Höflichkeitsformel/ entschuldigen Sie bitte. **sinnv.:** verzeihen. **3.** ⟨tr.⟩ **a)** *verständlich, entschuldbar erscheinen lassen:* seine Krankheit entschuldigt seinen Mißmut. **sinnv.:** entlasten, rechtfertigen. **b)** *begründen und rechtfertigen:* er entschuldigte sein Verhalten mit Nervosität. **sinnv.:** ↑rechtfertigen.

Ent|schul|di|gung, die; -, -en: **1.** *Begründung und Rechtfertigung:* keine E. gelten lassen. **sinnv.:** Entschuldigungsgrund, Ehrenrettung, Rechtfertigung · ↑Ausrede. **2.** *Mitteilung über das Fehlen in der Schule:* er gab bei dem Lehrer die E. ab. **3.** ⟨in der Wendung⟩ [ich bitte um] E.: *entschuldigen Sie bitte.* **sinnv.:** Verzeihung.

ent|schwin|den, entschwand, ist entschwunden ⟨itr.⟩: **1. a)** *sich (jmds. Blicken) entziehen:* lautlos war der Bettler [unseren Blikken] entschwunden. **sinnv.:** ↑verschwinden. **b)** *sich jmds. Gedächtnis entziehen:* sein Name und seine Anschrift sind mir ganz entschwunden. **sinnv.:** ↑vergessen. **2.** (geh.) ↑*vergehen:* die Stunden mit dem Freund sind wie im Fluge entschwunden.

ent|sen|den, entsandte/entsendete, hat entsandt/entsendet ⟨tr.⟩ (geh.): *mit einem bestimmten Auftrag o. ä. an einen Ort senden:* der Staat entsandte eine Delegation zu dem Kongreß. **sinnv.:** ↑abordnen.

ent|set|zen: **a)** ⟨sich e.⟩ *in Schrecken, außer Fassung geraten:* alle entsetzten sich bei diesem Anblick. **sinnv.:** erbleichen, [sich] ↑erschrecken, erzittern, eine Gänsehaut bekommen, sich graulen/gruseln, das große/kalte Grau[s]en kriegen, jmdm. grau[s]t/wird gruselig, jmdm. stehen die Haare zu Berge/sträuben sich die Haare, kopfstehen, schaudern, schauern, vom Stuhl gehauen werden · sich ↑fürchten · sich ekeln, sich schütteln [können]. **b)** ⟨tr.⟩ *in Schrecken versetzen, aus der Fassung bringen:* dieser Anblick hat mich entsetzt; ich war darüber entsetzt. **sinnv.:** ↑erschrecken · ↑anekeln; ↑betroffen.

Ent|set|zen, das; -s: *mit Grauen, Angst verbundener heftiger Schrecken:* ein lähmendes, furchtbares E.; bleich vor E. sein. **sinnv.:** Bestürzung, Grauen, Grausen, Horror, Schauder, Schauer, Schock, Schreck, Schrecken · ↑Angst.

ent|setz|lich ⟨Adj.⟩: **1.** *Schrekken und Entsetzen erregend:* ein entsetzliches Unglück. **sinnv.:** ↑schrecklich. **2.** (ugs.) *sehr [groß], stark* /dient im allgemeinen der negativen Steigerung/: entsetzliche Schmerzen haben; er war e. müde; er hat sich e. geärgert. **sinnv.:** ↑sehr.

ent|si|chern ⟨tr.⟩: *die Sicherung (einer Waffe) lösen und sie dadurch zum Schießen bereit machen:* eine Pistole, ein Gewehr e.

ent|sin|nen, sich; entsann sich, hat sich entsonnen: *sich (einer Person, einer Sache) erinnern:* ich kann mich [dessen] nicht mehr e.; ich entsinne mich gern an diesen Tag. **sinnv.:** sich ↑erinnern.

Ent|sor|gung, die; -, -en: *Abtransport und Beseitigung (Aufbereitung und/oder Deponierung) von Abfallstoffen aller Art:* die E. von Kernkraftwerken ist problematisch. **sinnv.:** Deponie.

ent|span|nen: **a)** ⟨tr.⟩ *lockern, von einer Anspannung befreien:* den Körper, die Muskeln e. **sinnv.:** ↑auflockern. **b)** ⟨sich e.⟩ *sich körperlich und seelisch für kurze Zeit von seiner anstrengenden Tätigkeit ganz frei machen und auf diese Weise neue Kraft schöpfen:* sich im Urlaub, auf einem Spaziergang e. **sinnv.:** ↑ruhen. **c)** ⟨sich e.⟩ *sich beruhigen, friedlicher werden:* die Lage, die Stimmung hat sich entspannt. **sinnv.:** sich geben, zur Ruhe kommen, ruhig werden; ↑entschärfen.

Ent|span|nung, die; -, -en: **1.** *das [Sich]entspannen:* bei seinem Hobby E. finden. **sinnv.:** Auflokkerung, Beruhigung, Entkrampfung, Lockerung, Lösung · Erholung, Ruhe. **2.** *Abbau politischer und militärischer Spannungen:* eine weltweite [Politik der] E.; zur E. [der Atmosphäre] beitragen. **sinnv.:** Disengagement, Entschärfung, Deeskalation.

ent|spin|nen, sich; entspann sich, hat sich entsponnen: *sich entwickeln, allmählich entstehen:* nach dem Essen entspann sich ein lebhaftes Gespräch. **sinnv.:** ↑entstehen.

ent|spre|chen, entspricht, entsprach, hat entsprochen /vgl. entsprechend/ ⟨itr.⟩: **a)** *angemessen sein; gleichkommen; übereinstimmen (mit etwas):* das entspricht [nicht] der Wahrheit, seinen Fähigkeiten, meinen Erwartungen; dieser Kunststoff entspricht in seinen Eigenschaften dem Holz. **sinnv.:** ↑gleichen · ↑passen. **b)** *(etwas) durch sein Handeln erfüllen:* den Wünschen, Anforderungen e. **sinnv.:** ↑befriedigen; ↑gewähren.

ent|spre|chend: **I.** ⟨Adj.⟩ **a)** *angemessen; [zu etwas] passend:* eine [dem Unfall] entsprechende Entschädigung erhalten. **sinnv.:** ↑ähnlich, gebührend, passend. **Zus.:** zweckentsprechend. **b)** *zuständig, kompetent:* bei der entsprechenden Behörde anfragen. **sinnv.:** ↑einschlägig. **II.** ⟨Präp. mit Dativ⟩ *gemäß, zufolge, nach:* e. seinem Vorschlag; seinem Vorschlag e. **sinnv.:** ↑gemäß.

ent|sprin|gen, entsprang, ist entsprungen ⟨itr.⟩: **1.** *als Quelle aus dem Boden kommen:* der Rhein entspringt in den Alpen. **2.** *stammen, sich erklären lassen:* aus dieser Haltung entspringt seine Fürsorge für andere. **sinnv.:** ↑stammen von.

ent|stam|men, entstammte, (ungebräuchlich:) ist entstammt ⟨itr.⟩: *aus einem bestimmten Bereich ↑stammen:* einer vornehmen Familie e.; dieser Gedanke entstammt der Antike.

ent|ste|hen, entstand, ist entstanden ⟨itr.⟩: *ins Dasein treten, seinen Anfang nehmen; sich bilden, entwickeln:* aus Vorurteilen können Kriege e.; immer größere Pausen entstanden. **sinnv.:** sich anbahnen, sich anlassen, ansetzen, sich ansetzen, sich anspinnen, aufkommen, aufsteigen, auftauchen, auftreten, sich ausbilden, sich ausprägen, sich bieten, sich bilden, sich entfalten, sich entspinnen, sich entwickeln, sich erheben, erscheinen, erwachen, erwachsen, in Gebrauch kommen, herauskommen, hervorgerufen werden, wie Pilze aus dem Boden/aus der Erde schießen, sich regen, in Schwung kommen, üblich werden, zum Vorschein kommen, werden, sich zeigen.

ent|stel|len ⟨tr.⟩: **1.** *fast bis zur Unkenntlichkeit verunstalten, häßlich machen:* diese Verletzung entstellte ihn, sein Gesicht. **sinnv.:** ↑verunstalten · ↑häßlich. **2.** *verändern, so daß etwas einen falschen Sinn erhält:* einen Text e.; einen Vorfall entstellt wiedergeben. **sinnv.:** ↑verfälschen.

Ent|stel|lung, die; -, -en: **1.** *das Entstelltsein* (1): die E. durch einen Unfall. **sinnv.:** Verhunzung, Verschandelung, Verstümmelung, Verunstaltung, Verunzierung. **2.** *das Entstellen* (2). **sinnv.:** Erdichtung, Verbiegung, Verdrehung, Verfälschung, Verzerrung, ↑Zerrbild.

ent|stö|ren ⟨tr.⟩: *Störungen [des Funkempfangs], etwas als Störungsquelle ausschalten:* eine [Telefon]leitung, Elektrogeräte e.

ent|strö|men, entströmte, ist entströmt ⟨itr.⟩: *(von Gasen, Flüssigkeiten) strömend (aus etwas) austreten:* eine große Menge Gas ist dem Behälter entströmt. **sinnv.:** entweichen; ↑ausfließen.

ent|täu|schen ⟨tr.⟩: *jmds. Hoffnungen oder Erwartungen nicht erfüllen und ihn dadurch betrüben:* er hat mich sehr enttäuscht; ich will sein Vertrauen nicht e.; das Ergebnis war enttäuschend; ich bin enttäuscht. **sinnv.:** frustrieren, vor den Kopf stoßen, verprellen; ernüchtern.

Ent|täu|schung, die; -, -en: *Nichterfüllung einer Hoffnung oder Erwartung:* eine bittere, schmerzliche E.; das war für ihn eine große E. **sinnv.:** Desillusion, Desillusionierung, kalte Dusche, Ernüchterung, Frustration, Katzenjammer; Überraschung.

ent|völ|kern ⟨tr.⟩: *[zum größten Teil] menschenleer machen:* der Krieg hatte das Land entvölkert.

ent|waff|nen ⟨tr.⟩: *(jmdm.) die Waffe[n] wegnehmen:* die gefangenen Soldaten e.

ent|we|der [auch: ...weder] ⟨nur in Verbindung mit *oder*⟩ **entweder ... oder** ⟨Konj.⟩: */betont nachdrücklich, daß von zwei oder mehreren Möglichkeiten nur die eine oder die andere besteht/:* e. kommt mein Vater oder mein Bruder; e. kommt er heute oder erst nächste Woche; e. Klaus oder Tim muß abwaschen; e. ich oder du sprichst mit ihr; e. ich spreche mit ihr oder du.

ent|wei|chen, entwich, ist entwichen ⟨itr.⟩: **a)** *(von gasförmigen Stoffen) aus etwas ausströmen:* Dampf, Gas entweicht [aus dem Behälter]. **sinnv.:** ausfließen, ausströmen, austreten, ↑entströmen, sich verbreiten. **b)** *sich unbemerkt [aus einem Gewahrsam, von einem gefährlichen, unsicheren Ort] davonmachen, davonstehlen:* aus dem Gefängnis, ins Ausland e. **sinnv.:** ↑fliehen.

ent|wen|den, entwendete, hat entwendet ⟨tr.⟩ (geh.): *(bei sich bietender Gelegenheit) wegnehmen und sich unbemerkt aneignen:* Geld aus der Kasse, jmdm. ein Buch e. **sinnv.:** ↑wegnehmen.

ent|wer|fen, entwirft, entwarf, hat entworfen ⟨tr.⟩: **a)** *einen Entwurf von etwas zu Gestaltendem machen:* ein neues Modell, Möbel, Plakate e. **sinnv.:** ↑anlegen; ↑bauen, erarbeiten, erstellen. **b)** *etwas skizzierend, in großen Zügen in schriftliche Form bringen (um es später auszuarbeiten):* einen Vortrag, einen Brief, eine Ansprache e. **sinnv.:** aufschreiben, aufstellen, konzipieren, skizzieren, umreißen, umschreiben · ausarbeiten.

ent|wer|ten, entwertete, hat entwertet ⟨tr.⟩: **a)** *ungültig machen:* eine Eintrittskarte, Fahrkarte e. **sinnv.:** knipsen, lochen, stempeln. **b)** *den Wert, die Qualität o. ä. (von etwas) mindern:* das Geld ist entwertet. **sinnv.:** ↑abwerten; ↑verringern.

ent|wickeln: 1. ⟨sich e.⟩ *allmählich entstehen, sich herausbilden:* aus der Raupe entwickelt sich der Schmetterling; das Werk hat sich aus bescheidenen Anfängen entwickelt. **sinnv.:** aufblühen, aufleben, ↑aufwachsen, sich auswachsen/entfalten, heranreifen, heranwachsen, sich herausmachen, keimen, sich mausern, reifen, wachsen; ↑sprießen. **2.** ⟨sich e.⟩ *Fortschritte machen:* die Diskussion hat sich schnell entwickelt; die Verhandlungen entwickeln sich ausgezeichnet. **sinnv.:** sich ↑anlassen. **Zus.:** aufwärts-, fort-, weiterentwickeln. **3.** ⟨sich e.⟩ *(zu etwas Neuem) werden, (in etwas anderes) übergehen:* das Dorf entwickelt sich zur Stadt; sich zu einer Persönlichkeit e. **4.** ⟨tr.⟩ *aus sich entstehen lassen:* das Feuer entwickelt Hitze; der Same entwickelt den Keim. **sinnv.:** sich ↑entfalten; ↑entstehen. **5.** ⟨tr.⟩ *(eine neue Art, einen neuen Typ von etwas) konstruieren, erfinden:* ein schnelleres Flugzeug e.; ein neues Verfahren, Heilmittel e. **sinnv.:** ↑bauen; ↑erfinden. **6.** ⟨tr.⟩ *in Einzelheiten darlegen, erklären:* einen Plan, einen Gedanken e. **sinnv.:** ↑darlegen, erklären. **7.** ⟨tr.⟩ *(eine bestimmte Eigenschaft, Fähigkeit o. ä.) aus sich hervorbringen:* Geschmack, Talent, einen eigenen Stil e. **sinnv.:** entfalten, erkennen lassen, an den Tag legen, zeigen. **8.** ⟨tr.⟩ *(einen belichteten Film) mit Chemikalien behandeln, so daß das Aufgenommene sichtbar wird:* einen Film, ein Negativ e.

Ent|wick|lung, die, -, -en: *das [Sich]entwickeln.* **sinnv.:** Bewegung, Entfaltung, Entstehung, Entwicklungsprozeß, Evolution, Metamorphose, Reifung, Tendenz, Trend, Veränderung, Wachstum, Werdegang.

ent|wi|schen, entwischte, ist entwischt ⟨itr.⟩ (ugs.): *sich (durch heimliches Weglaufen) einer Bedrohung, Ergreifung oder Bewachung entziehen:* noch einmal wird er ihnen nicht e.; der Gefangene ist entwischt. **sinnv.:** ↑entkommen.

ent|wöh|nen: a) ⟨tr.⟩ *(einen Säugling) allmählich von der Ernährung mit Muttermilch auf andere Nahrung umstellen:* einen Säugling e. **sinnv.:** abgewöhnen, absetzen, abstillen. **b)** ⟨in der Fügung⟩ einer Sache entwöhnt sein (geh.): *etwas nicht mehr gewöhnt sein:* nach einer schweren Krankheit des Laufens entwöhnt sein; der Körper ist nach dem Winter der Sonne entwöhnt. **sinnv.:** sich abgewöhnen, abgehen/ablassen von, aufgeben, aufhören, brechen mit, einstellen.

ent|wür|di|gend ⟨Adj.⟩: *(durch die Unzumutbarkeit der Umstände) die Menschenwürde verletzend:* in dem Lager herrschen entwürdigende Zustände. **sinnv.:** demütigend, erniedrigend, herabwürdigend · ↑demütigen.

Ent|wụrf, der; -[e]s, Entwürfe: **a)** *ausgearbeiteter Plan, Muster für etwas zu Gestaltendes:* den E. eines Hauses, eines Designs vorlegen. **sinnv.:** Modell, Plan, Typ. **b)** *schriftliche Fixierung von etwas in seinen Hauptpunkten:* der E. eines Vertrages, Vortrages, eines Briefes; der E. zu einem Drama, einem Brief; etwas im E. lesen. **sinnv.:** Disposition, Exposé, ↑Grundriß, Konzept, Plan, Skizze. **Zus.:** Gesetz-, Haushalts-, Vertragsentwurf.

ent|wụr|zelt ‹Adj.›: *[heimatlos und] bindungslos geworden:* ein entwurzelter Mensch; seit der Vertreibung aus der Heimat ist er entwurzelt. **sinnv.:** haltlos.

ent|zie|hen, entzog, hat entzogen: **1.** ‹tr.› **a)** *nicht länger gewähren, geben oder zuteil werden lassen:* jmdm. die Unterstützung e.; jmdm. das Vertrauen e.; jmdm. den Alkohol e. *(Alkoholgenuß untersagen);* jmdm. die Nahrung e. *(jmdn. hungern lassen).* **sinnv.:** aberkennen, absprechen, einstellen, aus der Hand nehmen, sperren, verweigern. **b)** *nicht länger überlassen, nicht mehr in jmds. Besitz, Verfügungsgewalt o.ä. lassen:* jmdm. den Führerschein, das Sorgerecht für sein Kind e.; jmdm. das Wort e. **sinnv.:** ↑wegnehmen. **c)** *(vor jmdm./etwas) bewahren, schützen:* etwas jmds. Zugriff e.; jmdn. der Wut der Menge e. **sinnv.:** ↑behüten. **2.** ‹sich e.› **a)** (geh.) *sich zurückziehen, sich (von etwas/jmdm.) fernhalten:* sie entzog sich ihrer Umgebung. **sinnv.:** sich absondern/↑einschließen. **b)** *(einer Sache) aus dem Wege gehen; (eine Aufgabe) nicht erfüllen:* er entzog sich seinen Pflichten. **sinnv.:** ausweichen, einen Bogen machen um, sich drücken vor, sich fernhalten, fliehen, sich herumdrücken, herumkommen, kneifen, mauern, meiden, umgehen, vermeiden, Vogel-Strauß-Politik treiben. **c)** (geh.) *entgehen, entkommen:* sich einer Verhaftung durch die Flucht e. *(fliehen, bevor man verhaftet werden konnte).* **d)** *sich von etwas frei machen, nicht anrühren lassen:* sich jmds. Reiz, einer Stimmung, einem Zauber [nicht] e. können.

ent|zịf|fern ‹tr.›: *den Sinn verstehend lesen (obwohl es nicht gut geschrieben o.ä. ist):* diese Schrift, diesen Text kann man kaum e. **sinnv.:** aufschlüsseln, entschlüsseln, ↑dechiffrieren, dekodieren; ↑lesen.

ent|zụ̈cken /vgl. entzückend/ ‹tr.›: *einen Zustand höchster Begeisterung bei jmdm. hervorrufen:* der Anblick der köstlichen Speisen entzückte ihn. **sinnv.:** ↑begeistern.

ent|zụ̈ckend ‹Adj.›: *reizvoll und höchstes Gefallen erregend:* ein entzückendes Kind, Kleid; e. aussehen. **sinnv.:** ↑anziehend; ↑hübsch; ↑schön.

ent|zụ̈n|den, sich; entzündete sich, hat sich entzündet: **1.** *in Brand geraten, zu brennen beginnen:* das Heu hat sich entzündet. **sinnv.:** Feuer fangen, in Flammen aufgehen · ↑brennen. **2.** *sich auf einen schädigenden Reiz hin schmerzend röten und anschwellen:* der Hals, die Wunde hat sich entzündet; entzündete Augen. **sinnv.:** ↑wund. **3.** *durch etwas hervorgerufen werden, aufbrechen:* der Streit entzündete sich an der Frage der Bezahlung.

ent|zwei ‹Adj.›: *in Stücke gegangen, in einzelne Teile auseinandergefallen:* das Glas, der Teller ist e. **sinnv.:** ↑defekt.

ent|zwei|ge|hen, ging entzwei, ist entzweigegangen ‹itr.›: *in Stücke gehen, in einzelne Teile auseinanderfallen:* das Schaufenster, meine Brille ist entzweigegangen. **sinnv.:** auseinanderbrechen, auseinandergehen, sich in seine Bestandteile auflösen, in die Binsen gehen, defekt werden, dran glauben müssen, draufgehen, aus den Fugen gehen, kaputtgehen, aus dem Leim gehen, sich in Wohlgefallen auflösen, das Zeitliche segnen, zerbrechen.

Ẹn|zi|an, der; -s, -e: *Gebirgspflanze mit blauen oder gelben, glockenförmigen Blüten [auf kurzem Stengel].*

Epi|de|mie, die; -, Epidemien: *das Auftreten einer ansteckenden Krankheit in einem bestimmten begrenzten Verbreitungsgebiet (wobei eine große Zahl von Menschen gleichzeitig von der Krankheit befallen wird).* **sinnv.:** Seuche · ↑Krankheit. **Zus.:** Grippe-, Typhusepidemie.

Epik, die; -: *erzählende Vers- und Prosadichtung:* die E. des Mittelalters. **sinnv.:** ↑Dichtung.

Epi|sọ|de, die; -, -n: *Begebenheit, Ereignis von kürzerer Dauer innerhalb eines größeren Zeitabschnitts:* eine kurze, traurige E.; eine E. in seinem Leben. **sinnv.:** Einschub, Ereignis, Intermezzo, Zwischenspiel.

Epọ|che, die; -, -n: *durch eine Persönlichkeit oder ein Ereignis geprägter geschichtlicher Zeitabschnitt:* der Beginn, das Ende einer E.; eine E. des Aufschwungs begann. **sinnv.:** ↑Zeitraum.

er ‹Personalpronomen› /vertritt ein männliches Substantiv im Singular/: er ist krank; er (der Bleistift) ist gespitzt.

er- ‹verbales Präfix›: /besagt, daß etwas erfolgreich abgeschlossen wird, zum [gewünschten] Erfolg führt, daß durch die im intransitiven Basiswort genannte Tätigkeit ein bestimmtes Ergebnis erzielt wird/ *durch ... zu ... kommen, durch das im Basiswort Genannte das angestrebte Objekt erlangen:* (den Europatitel) erboxen, (eine Neubauwohnung) ermieten, (den ersten Preis) ersingen, (die Sicherheit läßt sich nicht) errüsten, (drei Goldmedaillen) erspurten, (2 000 Mark) ertanzen, (den Lichtschalter) ertasten, (Ergebnisse) ertesten, (zwei Prozent Rendite) erwirtschaften; /oft in Verbindung mit „sich"/ *durch ... bewirken, daß man das als Akkusativobjekt Genannte hat, bekommt, erreicht:* sich (Beispiele im Wörterbuch) erblättern, sich (Zugaben) erklatschen, sich (Olympiagold) erlaufen, sich (den Baubeginn des Reaktors) erprügeln, sich (ein Souveniralbum) ersammeln, sich (eine Plakette) erschwimmen, sich (Millionen) ersingen, sich (gute Kritiken) erspielen.

-er, der; -s, - ‹Suffix› **1.** (gelegentlich ugs.) *jmd., der etwas berufsmäßig, gewohnheits- bzw. anlagemäßig oder nur im Augenblick tut* /Basis: Verb, verbale Verbindung oder Substantiv; bewirkt heute keinen Umlaut mehr/: Aufputscher, Aufsteiger, Aussteiger, Bauzeichner, Bluter, Busser *(jmd., der einen Bus fährt),* Demonstrierer, (wissenschaftlicher) Drübersteher, Durchfaller, Endlöser, Entwerfer, Fixer, Flugblattverteiler, Fußballer, Geiferer, Geldanleger, Gesetzesmacher, Grenzer *(Angehöriger einer Einheit, die eine Grenze überwacht),* Handballer, Handgranater *(jmd., der mit Handgranaten wirft),* Handwerker, Hochzeiter, Instandhalter, [Jung]filmer, Kanaler (= Kanalarbeiter), Karrierekanaler *(jmd., der als sogenannter „Kanalarbeiter" [in der Politik] Karriere gemacht hat),* Kiffer, Kriegsherbeiführer, Macher, Maler, Milcher, Muntermacher, Ofensetzer, Platzanweiser, Raubüberfaller *(jmd., der einen Raubüberfall gemacht hat),* Rebeller, Rempler, Schlagzeuger, Schornsteinfeger, Skateboarder, Sprinter, Veränderer, Vereinfacher, Verhinderer, Wegbereiter; Zeitvertreiber · **sinnv.:** -ant, -ende (z. B. der Aufputschende, Filmende), -ier, -inski, -ling (z. B. Geiferling). **2.** (gelegentlich ugs.) *jmd., der zu dem im Basiswort genannten Substantiv (eine Vereinigung o. ä.) gehört:* Gewerkschafter, Metaller *(jmd., der zur IG Metall gehört),* Polizeier, Straßenbahner, Wohngemeinschafter. **3.** *Gerät, Maschine, die einem bestimmten Zweck dient; Werkzeug* /Basiswort: Verb oder verbale Verbindung/: Entsafter, Geschirrspüler, Löscher, Öffner, Telefonbeantworter. **4.** *Gegenstand, mit dem etwas gemacht wird* /Basiswort Verb/: Aufkleber, Filzschreiber, Füller, Schwenker, Vorleger. **5.** *Einwohner* /geographischer Name als Basiswort/: Münch[e]ner, Pfälzer, Schweizer. **6.** *Tatsache eines bestimmten Geschehens* /Basiswort Verb/: Abrutscher, Seufzer. **7.** *Bezeichnung von jmdm./etwas mit Hilfe eines für ihn/es charakteristischen Merkmals:* **a)** /Basis besteht aus Attribut + Substantiv/: Dickhäuter, Dreimaster, Fünfakter, Oldtimer, Sechssitzer. **b)** /Basis besteht aus einem Zahlwort/: Dreitausender, Fünfziger. **c)** /Basis besteht aus einem Substantiv/: Benziner (= Auto, das mit einem Motor für Benzin [im Unterschied zum Diesel] ausgestattet ist), Rauscher.

er|ach|ten, erachtete, hat erachtet ⟨tr.⟩: *auf Grund von Überlegungen eine bestimmte Meinung von etwas haben und es für etwas halten:* ich erachte dies für eine übertriebene Forderung; jmdn. einer Ehrung für würdig e. **sinnv.:** ↑ansehen, ↑begutachten.

er|ar|bei|ten, erarbeitete, hat erarbeitet ⟨tr.⟩: **1.** *sich durch eigene Anstrengung, Arbeit erwerben, schaffen:* mit viel Mühe habe ich mir dieses Vermögen erarbeitet. **sinnv.:** ↑erschaffen. **2.** *sich durch intensives Studium geistig aneignen:* du hast dir ein umfassendes Wissen erarbeitet. **sinnv.:** ↑lernen. **3.** *in Einzelheiten ausarbeiten:* ein Ausschuß soll die Richtlinien, einen Plan, ein Modell e. **sinnv.:** ↑entwerfen.

er|bar|men, sich ⟨mit Gen.⟩: *sich (jmds.) aus Mitleid annehmen:* du erbarmtest dich meiner. **sinnv.:** ↑dauern; ↑mitfühlen.

Er|bar|men, das; -s: *Verständnis und Mitgefühl (das sich in Hilfsbereitschaft zu erkennen gibt):* er hatte [kein] E. mit seinen Feinden; er kennt kein E., wenn es um seinen Vorteil geht. **sinnv.:** ↑Mitgefühl.

er|bärm|lich ⟨Adj.⟩: **1. a)** *heruntergekommen und armselig [so daß man lebhaftes Mitgefühl mit dem Betreffenden hat]:* er lebt in erbärmlichen Verhältnissen; das Gebäude befindet sich in einem erbärmlichen Zustand **sinnv.:** ↑armselig. **b)** *in seiner Qualität in ärgerlicher, verachtenswerter Weise sehr schlecht:* eine erbärmliche Leistung, Arbeit. **sinnv.:** ↑minderwertig; ↑schlecht. **c)** *(in bezug auf eine Person oder deren Handlungsweise) in verabscheuungswürdiger Weise [charakterlich] schlecht:* ich finde ihn e.; das ist eine erbärmliche Tat. **sinnv.:** ↑gemein. **2.** (ugs.) **a)** *unangenehm groß, stark:* ich hatte erbärmliche Angst. **b)** ⟨verstärkend vor Adjektiven und Verben⟩ *in höchst unangenehmer Weise, sehr:* es ist e. kalt in dem Zimmer; ich habe e. gefroren. **sinnv.:** ↑sehr.

er|bau|en: **1.** ⟨tr.⟩ *(ein Gebäude) errichten [lassen]:* die Kirche wurde in fünf Jahren erbaut; diese Burg erbauten die Staufer. **sinnv.:** ↑bauen. **2. a)** ⟨tr.⟩ *(das Gemüt) erheben, innerlich stärken, positiv stimmen:* solche religiöse Literatur erbaut ihn. **sinnv.:** ↑aufrichten. **b)** ⟨sich e.⟩ *sich von etwas innerlich erheben lassen:* an dieser Musik kann man sich e. **c)** ⟨in der Fügung⟩ von etwas nicht erbaut sein: *von etwas nicht begeistert sein, über etwas nicht glücklich sein:* von dieser/über diese Nachricht wird er nicht erbaut sein. **sinnv.:** ↑ärgerlich.

Er|bau|er, der; -s, -: *jmd., der etwas erbaut [hat]:* der E. der Kirche. **sinnv.:** ↑Architekt.

er|bau|lich ⟨Adj.⟩: **1.** *(das Gemüt) erbauend, erhebend:* eine erbauliche Predigt. **sinnv.:** ↑beschaulich. **2.** ⟨in der Fügung⟩ nicht e. sein: *wenig erfreulich sein:* dieses Resultat ist nicht gerade e.

Er|be: I. das; -s: *Vermögen, das jmd. bei seinem Tode hinterläßt und das jmdm. als Erbschaft zufällt:* sein E. antreten; auf sein E. [nicht] verzichten. **sinnv.:** Erbschaft, Erbteil, Hinterlassenschaft, Legat, Nachlaß, Pflichtteil, Schenkung, Vermächtnis. **II.** der; -n, -n: *jmd., der etwas erbt oder erben wird:* der alleinige E.; jmdn. als Erben einsetzen. **sinnv.:** Erbberechtigter. **Zus.:** Allein-, Haupt-, Hof-, Leibes-, Mit-, Thron-, Universalerbe.

er|ben ⟨tr.⟩: **1.** *als Erbteil erhalten:* der Sohn hat Geld und Häuser geerbt. **sinnv.:** ererben, eine Erbschaft machen/antreten. **Zus.:** fort-, vererben. **2.** *als Veranlagung von den Vorfahren mitbekommen:* dieses Talent hat er von seinem Großvater geerbt.

er|beu|ten, erbeutete, hat erbeutet ⟨tr.⟩: *(durch Raub, Plünderung, Einbruch) in seinen Besitz bringen:* Waffen, Pelze e. **sinnv.:** ↑nehmen; ↑wegnehmen.

Er|bin, die; -, -nen: vgl. Erbe (II).

er|bit|ten, erbat, hat erbeten ⟨tr.⟩: *förmlich, höflich um etwas für sich selbst bitten:* er erbat die Genehmigung zum Bau einer Garage; ich habe mir eine längere Bedenkzeit erbeten. **sinnv.:** ↑bestellen; ↑bitten.

er|bit|tert ⟨Adj.⟩: *sehr heftig, mit äußerstem Einsatz (ausgeführt):* es entstand ein erbitterter Kampf. **sinnv.:** ↑ärgerlich.

erb|lich ⟨Adj.⟩: *durch Vererbung auf jmdn. kommend:* eine erbliche Krankheit; diese Eigenschaften sind nicht e.; e. *(durch Vererbung)* belastet sein. **sinnv.:** ↑angeboren, ererbt, vererbbar.

er|blicken ⟨tr.⟩ (geh.): **1.** *(mit den Augen) [plötzlich, unvermutet] wahrnehmen:* am Horizont erblickten sie die Berge; sie erblickte sich im Spiegel. **sinnv.:** ↑sehen. **2.** *(in jmdm./etwas) zu erkennen glauben; als jmdn./etwas betrachten:* hierin erblickte er den eigentlichen Fortschritt; er erblickte in ihm seinen Retter. **sinnv.:** ↑ansehen als; ↑begutachten.

er|blin|den, erblindete, ist erblindet ⟨itr.⟩: *blind werden:* er war nach dem Unfall auf einem Auge erblindet. **sinnv.:** das Augenlicht verlieren.

er|blü|hen, erblühte, ist erblüht ⟨itr.⟩: *voll aufblühen, zur Blüte kommen:* über Nacht waren die Kirschbäume im Garten erblüht. **sinnv.:** ↑aufblühen.

er|bo|sen: 1. ⟨itr.⟩ *zornig, böse machen:* dieser Gedanke hat ihn, mich sehr erbost. **2.** ⟨sich e.⟩ *zornig, böse werden:* ich habe mich über dein empörendes Benehmen erbost. **sinnv.:** ↑ärgerlich · ↑ärgern.

er|bre|chen, erbricht, erbrach, hat erbrochen ⟨tr./itr.⟩: *(bei einem Zustand von Übelkeit) den Mageninhalt durch den Mund wieder von sich geben:* er hat [das ganze Essen] erbrochen. **sinnv.:** brechen, sich ↑übergeben.

er|brin|gen, erbrachte, hat erbracht ⟨tr.⟩: **a)** *als Ergebnis bringen:* die Versteigerung erbrachte einen großen Gewinn. **sinnv.:** ↑abwerfen; ↑ergeben. **b)** *(Gefordertes) herbeischaffen, vorlegen:* einen geforderten Betrag e. **c)** ⟨als Funktionsverb⟩: für diese Behauptung müssen Sie erst den Beweis/Nachweis e. **sinnv.:** ↑nachweisen.

Erb|schaft, die, -, -en: *etwas, was jmd. erbt, als Erbe bekommt:* eine E. antreten, ausschlagen. **sinnv.:** ↑Erbe.

Erb|se, die; -, -n: *Pflanze mit in Ranken auslaufenden Blättern und grünen, in Hülsen sitzenden, kugeligen Samen, die als Gemüse gegessen werden.* **Zus.:** Kicher-, Zuckererbse · Knallerbse.

Erd|bee|re, die; -, -n: *wild und im Garten wachsende, niedrige Pflanze mit in Rosetten stehenden Blättern und roten, fleischigen, aromatischen Früchten.* **Zus.:** Garten-, Monats-, Walderdbeere.

Er|de, die; -: **1.** *Gemisch aus verwittertem Gestein und organischen Stoffen von unterschiedlich brauner Farbe (woraus der nicht von den Meeren bedeckte Teil der Erdoberfläche besteht):* fruchtbare, humusreiche, lockere E.; E. in einen Blumentopf füllen. **sinnv.:** Boden, Erdboden, Erdreich, Grund, Humus, Krume, Land, Lehm, Sand, Scholle, Ton. **Zus.:** Blumen-, Garten-, Heil-, Mutter-, Porzellan-, Tonerde. **2.** *fester Boden, Grund, auf dem man steht:* etwas von der E. aufnehmen; weil kein Bett frei war, mußte er auf der E. schlafen. **sinnv.:** ↑Fußboden. **3.** *der von Menschen bewohnte Planet:* die Bevölkerung der E.; die E. dreht sich um die Sonne. **sinnv.:** Erdball, Erdkugel, Globus, Mutter Erde, der blaue Planet, ↑Welt.

er|denk|lich ⟨Adj.⟩: *sich nur denken lassend, überhaupt denkbar, möglich seiend:* ich gab mir alle erdenkliche Mühe, ihm zu helfen. **sinnv.:** ↑möglich.

Erd|nuß, die; -, Erdnüsse: *(in den Tropen und Subtropen wachsende) Pflanze, deren längliche Hülsenfrüchte mit strohgelber, zähfaseriger Schale meist zwei ölhaltige eßbare Samen enthalten, die wiederum mit einer papierartigen rotbraunen Schale umgeben sind, die zum Verzehr (geröstet, gesalzen) entfernt wird.*

Erd|öl, das, -s, -e: *aus dem Inneren der Erde geförderter, dickflüssiger, öliger Rohstoff.* **sinnv.:** Mineralöl, Öl, Petroleum.

er|dol|chen ⟨tr.⟩: *mit einem Dolch töten:* bei dem Attentat wurde der Minister von hinten erdolcht. **sinnv.:** ↑töten.

er|drei|sten, sich; erdreistete sich, hat sich erdreistet (geh.): *so dreist sein:* er hat sich erdreistet, ihn zu duzen; (veraltet mit Gen.) wer hat sich des Einbruchs in ihr Gemach erdreistet? **sinnv.:** sich erfrechen.

er|dros|seln ⟨tr.⟩: *durch Zuschnüren oder Zudrücken der Kehle töten:* der Täter hat die Frau mit einem Strick erdrosselt; ⟨auch sich e.⟩ der Häftling versuchte sich in seiner Zelle zu e. **sinnv.:** ↑töten; ↑würgen.

er|drücken ⟨tr.⟩: **1.** *(durch sein Gewicht, durch Druck o. ä.) zu Tode drücken:* zehn Menschen wurden von einer Lawine erdrückt; die Boa hat ihre Beute erdrückt. **sinnv.:** totdrücken. **2.** *(jmdn.) in einem Übermaß belasten und in seiner Existenz bedrohen:* seine Schulden, Sorgen erdrückten ihn.

er|dul|den, erduldete, hat erduldet ⟨tr.⟩: *[mit Geduld und Tapferkeit] auf sich nehmen, ertragen müssen:* Leid, Schmerzen e. **sinnv.:** ↑aushalten, einstecken können, ↑ertragen.

-[er]ei, die; -, -en ⟨Suffix⟩: **1.** *drückt das sich wiederholende, andauernde [lästige] Tun oder Geschehen aus* /Basis ist ein – meist intransitives – Verb oder eine verbale Verbindung; bei Verben auf -eln/-ern nur -ei, sonst meist -erei; kennzeichnet üblicherweise menschliches Verhalten, Tun/ (oft abwertend): Anmacherei, Anstellerei, Anstreicherei, Ausbeuterei, Bombardiererei, Brotausfahrerei, Bumserei, Fahrerei, Faulenzerei, Fragerei, Fremdgeherei, Geschlechtswünscherei (ob Junge oder Mädchen), Großtuerei, Herumsteherei, Knopfdrückerei, Kocherei, Küsserei, Lauferei, Lebewohlsagerei, Reiserei, Regiererei, Rumlügerei, Schmutzerei, Schälerei, Schulmeisterei, Schreierei, Stehlerei, Tanzerei, Testerei, Versteckerei, Vorsagerei, Warterei. **sinnv.:** ↑Ge...[e] (Geblödel[e]), ↑-itis (Frageritis). **2.** /Basiswort Substantiv; *nennt jmds. Verhalten, Tun, das dem im Basiswort Genannten entspricht, ähnelt*/ (oft abwertend): Außenseiterei, Erbauungstheaterei, Gaunerei, Hitlerei, Kompromißlerei, Lumperei, Phantasterei, Schweinerei, Sodomiterei, Unterweltlerei, Zuhälterei.

er|ei|fern, sich: *sich aufgebracht oder erregt über jmdn./etwas äußern, zu etwas Stellung nehmen:* sich über jmds. Verhalten e.; er hat sich bei dem Gespräch über nebensächliche Dinge ereifert. **sinnv.:** sich ↑aufregen, sich ↑entrüsten.

er|eig|nen, sich; ereignete sich, hat sich ereignet: *sich (als etwas Bemerkenswertes, etwas, wovon man Kenntnis nimmt, was Aufsehen erregt) zutragen:* wo und wann hat sich der Unfall ereignet?; es hat sich nichts Besonderes ereignet. **sinnv.:** ↑geschehen.

Er|eig|nis, das; -ses, -se: *Geschehen (das den normalen alltäglichen Ablauf als etwas Bemerkenswertes unterbricht):* ein wichtiges, trauriges, seltenes E. **sinnv.:** ↑Affäre, Begebenheit, Episode, Erlebnis, Geschehen, Geschehnis, Phänomen, Politikum, Vorfall, ↑Vorgang, Vorkommnis, Zwischenfall.

er|ei|len ⟨tr.⟩: *(von etwas Unangenehmem, Traurigem) überraschend treffen:* die Nachricht vom Tod seiner Mutter ereilte ihn kurz vor der Abfahrt; der Tod hat sie ereilt *(sie ist unerwartet gestorben).*

er|fah|ren: I. erfahren, erfährt, erfuhr, hat erfahren: **1.** ⟨itr.⟩ *(von etwas) Kenntnis bekommen; von* *anderen mitgeteilt, erzählt bekommen:* etwas, von etwas, durch jmdn., durch Zufall e. **sinnv.:** aufschnappen, in Erfahrung bringen, hören, jmdm. zur Kenntnis/zu Ohren kommen, mitbekommen, Wind bekommen von. **2.** ⟨itr.⟩ *an sich, in seinem Dasein erleben, zu spüren bekommen:* sie hat viel Leid, aber auch viel Gutes erfahren. **sinnv.:** ↑begegnen; ↑erleben; ↑finden. **3.** ⟨als Funktionsverb⟩: das Buch soll eine Überarbeitung e. *(soll überarbeitet werden);* der Verlag wird eine beträchtliche Erweiterung e. *(wird beträchtlich erweitert werden).* **II.** ⟨Adj.⟩: *(auf einem bestimmten Gebiet) Erfahrung, Routine habend:* ein erfahrener Arzt; er ist auf seinem Gebiet sehr e. **sinnv.:** ↑beschlagen.

Er|fah|rung, die; -, -en: **1.** *bei der praktischen Arbeit (auf einem bestimmten Gebiet) erworbene Routine:* er hat viel E. auf diesem Gebiet. **sinnv.:** Beschlagenheit, Bildung, Durchblick, Einblick, Einsicht, Erfahrenheit, Erkenntnis, Fertigkeit, Kenntnis, Know-how, Praxis, Sachkenntnis, Überblick, Übersicht, Übung, ↑Weitblick, Weltkenntnis, Weltläufigkeit, Wissen. **2.** *[wiederholtes] Erleben von gleicher oder ähnlicher Art (aus dem man Lehren zieht):* Erfahrungen sammeln; die E. hat gezeigt, daß ...; das weiß ich aus eigener E.; ich habe mit ihm schlechte Erfahrungen gemacht; nach dieser E. war er vorsichtiger. **sinnv.:** Erkenntnis, Lehre, Lebenserfahrung; ↑Gewandtheit.

er|fas|sen ⟨tr.⟩: **1. a)** *(bes. von Fahrzeugen) im Vorbeifahren zu Boden reißen oder mitreißen:* der Radfahrer wurde von der Straßenbahn erfaßt und zur Seite geschleudert. **sinnv.:** erwischen. **b)** *(als heftige Empfindung von jmdm.) Besitz ergreifen:* Angst, Furcht erfaßte ihn. **sinnv.:** ↑befallen; ↑überkommen. **2.** *mit dem Verstand oder Gefühl aufnehmen und begreifen:* er erfaßt den Zusammenhang nicht. **sinnv.:** ↑verstehen. **3.** *(in einem Verzeichnis) aufführen, registrieren:* die Statistik soll alle Personen über 65 Jahre e. **sinnv.:** ↑buchen.

er|fin|den, erfand, hat erfunden ⟨tr.⟩: **1.** *durch Forschen und Experimentieren (etwas Neues, bes. auf technischem Gebiet) hervorbringen:* er hat ein neues Verfahren zur Rauchgasentschwefelung erfunden. **sinnv.:** ↑ausdenken, entdecken, entwickeln, erdenken. **2.** *mit Hilfe der Phantasie hervorbringen:* diese Ausrede hat er erfunden; die Handlung des Romans ist frei erfunden. **sinnv.:** sich ↑ausdenken, erdenken, erdichten, fingieren, vortäuschen.

Er|fin|der, der; -s, -, **Er|fin|de|rin,** die; -, -nen: *männliche bzw. weibliche Person, die etwas erfunden, eine Erfindung gemacht hat.* **sinnv.:** Entdecker · entdecken.

er|fin|de|risch ⟨Adj.⟩: *mit Einfallsreichtum begabt:* ein erfinderischer Geist; er ist e. [veranlagt]. **sinnv.:** ↑schöpferisch.

Er|fin|dung, die; -, -en: **1.** *das Erfinden von etwas:* die E. dieser Maschine bedeutet einen großen Fortschritt. **sinnv.:** Entdekkung, ↑Entwicklung. **2.** *etwas, was erfunden, neu entwickelt wurde:* der neue Motor ist eine bahnbrechende E. **3.** *etwas, was sich jmd. ausgedacht hat und was nicht auf Wahrheit beruht:* diese Behauptung ist eine reine E. **sinnv.:** ↑Einbildung; ↑Lüge.

Er|folg, der; -[e]s, -e: *positives Ergebnis einer Bemühung* /Ggs. Mißerfolg/: das Experiment führte zum E.; die Aufführung war ein großer E. **sinnv.:** ↑Aufstieg, Auswirkung, Durchbruch, Effekt, Ergebnis, Fazit, ↑Folge, Frucht, Höhenflug, Lösung, Renner, Resultat, Wirksamkeit, Wirkung. **Zus.:** Achtungs-, Anfangs-, Bomben-, Heiterkeits-, Kur-, Riesen-, Teilerfolg.

er|fol|gen, erfolgte, ist erfolgt ⟨itr.⟩: **1.** *als Folge (von etwas) geschehen:* der Tod erfolgte wenige Stunden nach dem Unfall. **sinnv.:** ↑geschehen. **2.** ⟨als Funktionsverb⟩ */drückt aus, daß etwas vollzogen wird/:* die Preisverleihung erfolgt im Rahmen einer Feier; es erfolgt keine weitere Benachrichtigung.

er|for|der|lich ⟨Adj.⟩: *für einen bestimmten Zweck notwendig:* die erforderlichen Mittel bereitstellen; für den Grenzübertritt ist ein Reisepaß e. **sinnv.:** ↑nötig.

er|for|dern ⟨itr.⟩: *(zu seiner Verwirklichung) notwendig machen, verlangen:* das Projekt erfordert viel Geld; diese Arbeit erfordert Geduld, Erfahrung. **sinnv.:** beanspruchen, ↑bedingen, bedürfen, kosten, verlangen, voraussetzen.

Er|for|der|nis, das; -ses, -se: *etwas, was eine Notwendigkeit, eine Voraussetzung für etwas darstellt:* eine gewisse Reife ist ein wichtiges E. für diese Tätigkeit. **sinnv.:** Notwendigkeit, notwendiges Übel, Unerläßlichkeit, Unumgänglichkeit; ↑Zwang.

er|for|schen ⟨tr.⟩: *(bisher nicht oder nicht genügend Bekanntes) wissenschaftlich untersuchen:* den Weltraum e.; historische Zusammenhänge e. **sinnv.:** ↑forschen.

er|fra|gen ⟨tr.⟩: *durch Fragen erfahren:* ich erfragte ihre Adresse. **sinnv.:** ↑auskundschaften.

er|freu|en: 1. a) ⟨tr.⟩ *(jmdm.) Freude bereiten, machen:* jmdn. mit einem Geschenk e.; sein Besuch hat ihn sehr erfreut. **sinnv.:** begeistern, beglücken, belustigen, beseligen, entzücken, freuen, jmdm. Spaß, Freude machen, freudig stimmen, froh, glücklich machen. ↑gefallen. **b)** ⟨sich e.⟩ (geh.) *bei oder über etwas Freude empfinden, sich freuen:* sie erfreute sich am Anblick der Blumen. **sinnv.:** sich ↑freuen. **2.** ⟨sich e.; mit Gen.⟩ (geh.) *im glücklichen Besitz (von etwas) sein:* er erfreut sich großen Ansehens; sie erfreute sich bester Gesundheit *(gesundheitlich ging es ihr sehr gut).* **sinnv.:** ↑haben.

er|freu|lich ⟨Adj.⟩: *so geartet, daß man sich darüber freuen kann, daß man es gut, positiv o. ä. findet:* eine erfreuliche Mitteilung; das ist nicht gerade e. **sinnv.:** ↑angenehm, erquicklich, fein, ↑freudig, freundlich, ↑froh, günstig, gut, positiv, rosig, vorteilhaft, willkommen, den Wünschen entsprechend; ↑schön.

er|frie|ren, erfror, ist erfroren ⟨itr.⟩: *durch Kälteeinwirkung zu Tode kommen:* er wurde erfroren aufgefunden; viele Pflanzen sind erfroren *(durch Frosteinwirkung eingegangen).* **sinnv.:** auswintern, Frost bekommen/abbekommen/abkriegen, verfrieren.

er|fri|schen: 1. ⟨sich e.⟩ *sich (mit Wasser) frisch machen, erquicken:* du kannst dich im Badezimmer e. **sinnv.:** sich erquikken/laben. **2.** ⟨tr./itr.⟩ *(auf jmdn.) belebend wirken:* dieses Getränk wird dich e.; ein erfrischendes Bad nehmen. **sinnv.:** aufmöbeln, erlaben, erquicken, laben, letzen.

Er|fri|schung, die; -, -en: *etwas, was – wenn man es zu sich nimmt – erfrischt:* an Erfrischungen reichte man Bier, Limonade und Eis. **sinnv.:** ↑Essen; ↑Getränk.

er|fül|len: **1.** ⟨tr.⟩ *sich ausbreitend einen Raum allmählich ganz ausfüllen, einnehmen:* der Rauch, ein übler Geruch, Lärm erfüllte das Haus, die Straßen. **sinnv.:** durchdringen, durchfluten, durchströmen, durchziehen; ↑verseuchen. **2.** ⟨tr.⟩ *(einer Bitte, Forderung) entsprechen:* eine Bitte e.; er hat seine Aufgabe zur Zufriedenheit erfüllt; sie hat dem Kind jeden Wunsch erfüllt. **sinnv.:** ↑befriedigen. **3.** ⟨tr.⟩ **a)** *innerlich ganz in Anspruch nehmen, ausfüllen:* seine Aufgabe erfüllt ihn ganz. **sinnv.:** beschäftigen, beseelen, bewegen. **b)** *jmds. Gedanken völlig beherrschen:* die Krankheit des Kindes erfüllte die Eltern mit Sorge; etwas erfüllt jmdn. mit Abscheu, mit Stolz. **sinnv.:** ↑befallen. **4.** ⟨sich e.⟩ *Wirklichkeit werden:* mein Wunsch, seine Prophezeiung hat sich erfüllt. **sinnv.:** ↑eintreffen.

er|gän|zen: **1.** ⟨tr.⟩ *(durch Hinzufügen von etwas erweitern oder vervollständigen:* eine Liste, eine Sammlung, ein Lager, seine Vorräte e. **sinnv.:** ↑vervollständigen. **2.** ⟨sich e.⟩ *einander in seinen Fähigkeiten, Eigenschaften ausgleichen:* die beiden ergänzen sich/einander [bei der Arbeit] aufs beste.

er|gat|tern ⟨tr.⟩: *sich etwas Seltenes oder knapp Gewordenes (mit List, Ausdauer, Geschick) verschaffen:* er hat noch einen Platz, eine Eintrittskarte ergattert. **sinnv.:** ↑kaufen.

er|gau|nern ⟨tr.⟩ (emotional): *sich durch Betrug, Schwindel verschaffen:* dieses Geld hat er [sich] ergaunert. **sinnv.:** erschleichen, erschwindeln.

er|ge|ben: **I.** ergeben, ergibt, ergab, hat ergeben: **1. a)** ⟨itr.⟩ *(als Ergebnis) liefern, hervorbringen:* die Untersuchung ergab keinen Beweis seiner Schuld. **sinnv.:** eintragen, erbringen, einen bestimmten Ertrag bringen; ↑bedeuten. **b)** ⟨sich e.⟩ *als Folge von etwas entstehen, zustande kommen:* aus der veränderten Lage ergeben sich ganz neue Probleme. **sinnv.:** ↑anfallen, ↑auftreten, sich ↑bieten, folgen. **2.** ⟨sich e.⟩ *sich (nach inneren Kämpfen) widerstandslos in etwas fügen:* sich in sein Schicksal e. **sinnv.:** sich ↑anpassen, ↑aushalten; ↑nachgeben. **3.** ⟨sich e.⟩ *(von Soldaten in einem Krieg) die Waffen strecken:* die Truppen haben sich ergeben. **sinnv.:** ↑nachgeben. **II.** ⟨Adj.⟩ *(jmdm.) in als untertänig empfundener Weise anhängend:* er ist ihm bedingungslos, blind e.; er verneigte sich e. **sinnv.:** demütig, demutsvoll, folgsam, fügsam, ↑unterwürfig; ↑geduldig. **Zus.:** gott-, schicksals-, treuergeben.

Er|geb|nis, das; -ses, -se: **a)** *das, was sich als Folge aus etwas ergibt, Ertrag einer Bemühung:* das E. war, daß er davonlief; ein gutes, negatives E.; die Verhandlungen führten zu keinem E. **sinnv.:** ↑Folge. **Zus.:** Untersuchungs-, Verhandlungsergebnis. **b)** *das, was durch Rechnen, Zählen, Messen o. ä. ermittelt wird:* das E. einer Mathematikaufgabe, einer Auszählung. **sinnv.:** Lösung, Resultat. **Zus.:** End-, Gesamtergebnis.

er|ge|hen, erging, ist/hat ergangen: **1.** ⟨itr.⟩ *(von amtlicher Stelle) erlassen, verfügt, verordnet werden:* eine Anweisung ist ergangen; ein [gerichtliches] Urteil e. lassen. **2.** *** etwas über sich e. lassen** *(etwas geduldig mit sich geschehen lassen):* er hat die Untersuchung über sich e. lassen. **3.** ⟨itr.⟩ *(jmdm.) als eine bestimmte Erfahrung zuteil werden:* es ist ihm dort nicht besser ergangen als den anderen. **4.** ⟨sich e.⟩ *sich in einer als langatmig empfundenen Weise über etwas verbreiten:* er hat sich in langen Reden über diese Sache ergangen. **sinnv.:** sich ↑äußern.

er|gie|big ⟨Adj.⟩: **a)** *reiche Erträge, Ausbeute versprechend, bringend:* ein ergiebiges Erdölvorkommen; die Ernten hier sind e. **sinnv.:** dankbar, lohnend, reich. **b)** *(als Ausgangsstoff o. ä. viel ergebend:* die Wolle ist sehr e. **sinnv.:** ↑nützlich.

er|gie|ßen, sich; ergoß sich, hat sich ergossen: *in großer Menge an/über eine bestimmte Stelle fließen:* der Inhalt der Flasche hat sich auf den Fußboden, über den Tisch ergossen. **sinnv.:** ↑fließen.

er|grei|fen, ergriff, hat ergriffen ⟨tr.⟩: **1. a)** *mit der Hand, den Händen fassen und festhalten:* jmds. Hand, ein Glas, ein Messer, den Bleistift e.; das Kind an/bei der Hand e. **sinnv.:** ↑anrühren, ↑fassen. **b)** *einen Flüchtigen, nach dem gesucht, gefahndet wurde, festnehmen:* der Täter wurde bei einer Polizeikontrolle ergriffen. **sinnv.:** auffliegen lassen, aufgreifen, anstreben, ausheben, ertappen, erwischen, ↑fangen, fassen, ↑festsetzen, jmds. habhaft werden, hochgehen lassen, hochnehmen, hoppnehmen, kriegen, schnappen, überraschen, verhaften, beim Wickel kriegen. **2.** *als [plötzliche] Empfindung (in jmds. Bewußtsein) dringen und (ihn) ganz erfüllen:* Angst, Begeisterung ergriff sie. **sinnv.:** ↑befallen. **3.** *(jmds. Gemüt) im Innersten bewegen:* sein Schicksal hat sie tief ergriffen; eine ergreifende Szene; die Zuhörer waren tief ergriffen. **sinnv.:** ↑erschüttern, unter die Haut gehen · ↑Ergriffenheit. **4.** ⟨als Funktionsverb⟩ /drückt den Entschluß zu etwas aus/: einen Beruf e. *(wählen);* die Flucht e. *(fliehen);* die Initiative e. *(zu handeln beginnen).*

Er|grif|fen|heit, die; -: *tiefe Gemütsbewegung (unter dem Eindruck eines bestimmten Ereignisses, Vorganges):* sie standen voller E. vor den aufgebahrten Opfern des Unglücks. **sinnv.:** Betroffenheit, Bewegung, Erschütterung, Rührung.

er|ha|ben ⟨Adj.⟩: **1.** ⟨nur attributiv⟩ *von Würde und Feierlichkeit bestimmt:* ein erhabener Anblick, Augenblick. **sinnv.:** ehrwürdig, erlaucht, ↑feierlich, ↑festlich, glänzend, hehr, solenn, würdig. **2.** ⟨nicht attributiv⟩ *von etwas innerlich nicht [mehr] berührt oder irritiert:* über solche kleinliche Kritik muß man e. sein. **sinnv.:** souverän, überlegen · ↑selbständig. **3.** *aus der Oberfläche reliefartig hervortretend:* die Vase hat ein erhabenes Muster. **sinnv.:** konvex, reliefartig.

er|hal|ten, erhält, erhielt, hat erhalten: **1.** ⟨itr.⟩ **a)** *mit etwas bedacht werden:* er hat einen Orden erhalten; ein Buch als/zum Geschenk e. **sinnv.:** ↑bekommen. **Zus.:** wieder-, zurückerhalten. **b)** *jmdm. (als Äquivalent, als Bezahlung o. ä.) zuteil werden:* für seine Mithilfe ein Geschenk, für den Auftritt ein großes Honorar e. **sinnv.:** ↑bekommen. **c)** *jmdm. zugestellt, übermittelt o. ä. werden:* einen Brief, eine Nachricht e. **sinnv.:** ↑bekommen. **d)** *(als Strafe o. ä.) hinnehmen müssen:* einen Tadel, drei Jahre Gefängnis e. **sinnv.:**

↑bekommen. **e)** *jmdm. gegeben, erteilt werden:* einen Auftrag, eine Erlaubnis, einen bestimmten Namen e. **sinnv.:** ↑bekommen. **2.** ⟨tr.⟩ *in seinem Bestand, Zustand bewahren:* ein Gebäude e.; die Möbel sind gut erhalten; er möchte sich seine Gesundheit e. **sinnv.** konservieren, ↑retten; ↑beibehalten, ↑wahren. **3.** ⟨tr.⟩ *für jmds. Lebensunterhalt sorgen:* er hat eine große Familie zu e. **sinnv.:** ↑ernähren. **4.** ⟨in Verbindung mit einem 2. Partizip⟩ /dient der Umschreibung des Passivs/: etwas bestätigt, zugesprochen e. *(etwas wird bestätigt, zugesprochen).* **sinnv.:** bekommen, kriegen.

er|hält|lich: ⟨in der Verbindung⟩ e. sein: *im Handel zu haben sein:* der neue Artikel ist noch nicht in allen Geschäften e.

er|hän|gen, sich: *Selbstmord begehen, sich selbst töten, indem man sich an einem Strick mit um den Hals gelegter Schlinge aufhängt und sich damit die Atemluft entzieht:* er hatte sich unter dem Dach an einem Balken erhängt. **sinnv.:** sich aufhängen/aufknüpfen, sich ↑umbringen.

er|här|ten, erhärtete, hat erhärtet ⟨tr.⟩: *durch Argumente untermauern:* eine Behauptung e. **sinnv.:** ↑festigen.

er|he|ben, erhob, hat erhoben: **1.** ⟨tr.⟩ *in die Höhe heben:* die Hand zum Schwur e.; sie erhoben ihr Glas, um auf die Gesundheit des Jubilars zu trinken. **sinnv.:** ↑heben. **2.** ⟨sich e.⟩ **a)** *(vom Sitzen oder Liegen) aufstehen:* das Publikum erhob sich von den Plätzen; der Betrunkene war nicht mehr in der Lage, sich zu e. **sinnv.:** sich aufbäumen, sich aufraffen, sich ↑aufrichten, ↑aufspringen, aufstehen, aufstreben · ↑auffliegen. **b)** *in die Höhe ragen:* in der Ferne erhebt sich ein Gebirge. **3.** ⟨sich e.⟩ *einen Aufstand machen, gegen etwas rebellierend aufstehen:* das Volk erhob sich gegen den Diktator. **sinnv.:** ↑protestieren. **4.** ⟨tr.⟩ *(einer Sache) einen höheren Rang verleihen:* der Ort wurde zur Stadt erhoben; jmdn. in den Adelsstand e. **sinnv.:** ↑befördern. **5.** ⟨tr.⟩ *(einen bestimmten Betrag für etwas) verlangen:* der Verein erhebt einen monatlichen Beitrag von 5 Mark. **sinnv.:** ↑kassieren. **6.** ⟨als Funktionsverb⟩ */drückt eine Äußerung, das Vorbringen von etwas aus/:* Anspruch auf sein Erbe erheben *(sein Erbe beanspruchen);* Einspruch e. *(widersprechen, protestieren).*

er|heb|lich ⟨Adj.⟩: *von/in großem Ausmaß:* ein erheblicher Schaden, Unterschied; die Preise wurden e. erhöht. **sinnv.:** ↑außergewöhnlich, ↑sehr.

Er|he|bung, die; -, -en: **1.** *sich aus der Ebene erhebender Berg:* der Montblanc ist die höchste E. Europas. **sinnv.:** ↑Berg. **Zus.:** Bodenerhebung. **2.** *das Sicherheben in einem Aufstand:* die E. des Volkes gegen den Diktator. **sinnv.:** ↑Aufruhr. **3.** *das Fordern, Einziehen (bestimmter Geldbeträge):* die E. von Steuern, Gebühren, Abgaben. **4.** ⟨meist Plural⟩ *auf Befragungen o. ä. basierende Ermittlung von etwas:* statistische, amtliche Erhebungen; Erhebungen anstellen, machen. **5.** *Verleihung eines höheren Ranges:* seine E. in den Adelsstand. **sinnv.:** ↑Beförderung.

er|hei|tern ⟨tr.⟩: *heiter stimmen, zum Lachen bringen:* seine Späße erheiterten das Publikum; eine erheiternde Episode. **sinnv.:** amüsieren, aufheitern, aufmuntern, auf andere Gedanken bringen, Leben in die Bude bringen, Stimmung machen, zerstreuen.

er|hel|len: 1. ⟨tr.⟩ *hell machen:* die Lampe erhellte den Raum nur spärlich. **sinnv.:** beleuchten, ↑erleuchten. **2.** ⟨tr.⟩ *deutlich machen, klären:* dieser Vergleich erhellt das ganze Problem. **sinnv.:** jmdm. bewußt/deutlich machen, deutlich werden, ergeben, hervorgehen. **2.** ⟨sich e.⟩ *einen freundlichen, fröhlichen Ausdruck bekommen:* sein Gesicht erhellte sich bei dieser guten Nachricht. **sinnv.:** sich aufhellen, fröhlich werden.

er|hit|zen ⟨tr.⟩: *heiß machen, stark erwärmen:* der Physiker erhitzte das Metall, bis es schmolz. **sinnv.:** wärmen.

er|hof|fen ⟨itr.⟩: *(auf etwas) hoffen:* der Kranke erhoffte Genesung von seinem Leiden; bei diesem Geschäft erhoffe ich mir einen hohen Gewinn. **sinnv.:** ↑hoffen, ↑wünschen.

er|hö|hen: 1. ⟨tr.⟩ *höher machen:* einen Damm, Deich [um einen Meter] e. **2.** ⟨tr.⟩ *(in seinem Grad, Ausmaß o. ä.) steigern, vermehren:* der starke Erfolg bei den Wahlen erhöhte das Ansehen der Partei. **sinnv.:** ↑steigern. **3.** ⟨sich e.⟩ *(von Preisen, Ausgaben o. ä.) höher werden:* Steuern, Mieten, Kosten erhöhen sich; die Preise haben sich um zehn Prozent erhöht. **sinnv.:** ↑anheben, heraufsetzen.

er|ho|len, sich: **a)** *(durch Krankheit oder anstrengende Tätigkeit) verlorene Kräfte wiedererlangen:* sich von den Strapazen der Reise, von einer Krankheit e.; sich im Urlaub gut e.; er sieht sehr erholt aus. **sinnv.:** abschalten, auftanken, ausspannen, wieder zu Kräften kommen, sich regenerieren, relaxen, Urlaub machen; ↑ruhen. **b)** *(nach einer seelischen Erschütterung o. ä.) seine innere Fassung wiedererlangen:* ich habe mich von dem Schreck noch gar nicht erholt. **sinnv.:** sich ↑abreagieren.

er|hol|sam ⟨Adj.⟩: *der Erholung dienend, Erholung bewirkend:* ein erholsamer Urlaub; die Ferientage waren wenig/sehr e.

Er|ho|lung, die; -: *das Sicherholen, Wiedererlangen der verlorengegangenen bes. körperlichen Kräfte:* der Urlaub dient der E.; E. suchen, nötig haben; zur E. fahren, reisen. **sinnv.:** Atempause, Ausspannung, ↑Entspannung, Regeneration. **Zus.:** Naherholung.

er|in|nern: 1. ⟨sich e.⟩ *länger, lange Zurückliegendes im Gedächtnis bewahrt haben, noch wissen, sich ins Bewußtsein zurückrufen:* ich erinnere mich noch an ihn, an diesen Vorfall; er erinnert sich in seinem Buch lange vergangener Tage. **sinnv.:** jmdm. noch klar vor Augen stehen, sich besinnen, jmdm. dämmern, denken an, jmdm. einfallen, sich entsinnen, sich ins Gedächtnis zurückrufen, jmds./einer Sache ↑gedenken, präsent haben, jmdm. in den Sinn kommen, jmdm. durch den Sinn gehen. Rückschau halten, zehren von, zurückblicken, zurückdenken, zurückrufen, zurückschauen, sich zurückversetzen. **2.** ⟨tr.⟩ *veranlassen, an jmdn./etwas zu denken, jmdn./etwas nicht zu vergessen:* jmdn. an einen Termin, an sein Versprechen e. **sinnv.:** ↑anmahnen. **3.** ⟨tr.⟩ *durch seine Ähnlichkeit jmdm. eine bestimmte andere Person oder Sache ins Bewußtsein, Gedächtnis rufen:* sie erinnert mich an meine Tante. **sinnv.:** ↑ähneln; ↑anklingen.

Er|in|ne|rung, die; -, -en: **1.** ⟨ohne Plural⟩ *Fähigkeit, sich an* *etwas zu erinnern:* meine E. setzt hier aus. **sinnv.:** Erinnerungsvermögen, Gedächtnis. **2.** ⟨ohne Plural⟩ *Gesamtheit der Eindrücke, die man in sich aufgenommen hat:* jmdn./etwas in der E. behalten/bewahren. **sinnv.:** ↑Bewußtsein. **3.** *Eindruck, an den man sich erinnert:* bei dem Gedanken an seine Flucht wurden schreckliche Erinnerungen in ihm wach. **Zus.:** Jugend-, Kindheits-, Lebenserinnerungen. **4.** ⟨ohne Plural⟩ ↑*Andenken:* ein Denkmal zur E. an die Opfer des Krieges.

er|käl|ten, sich; erkältete sich, hat sich erkältet: *eine Erkältung bekommen:* ich habe mich im Zug erkältet. **sinnv.:** sich eine Erkältung zuziehen/holen, einen Schnupfen bekommen/kriegen, sich verkühlen.

Er|käl|tung, die; -, -en: *durch Kälte oder Unterkühlung hervorgerufene, mit Schnupfen und Husten verbundene Erkrankung der Atmungsorgane:* eine leichte, schwere E.; sich (Dativ) eine E. zuziehen, holen. **sinnv.:** Grippe, Husten, Schnupfen, Verkühlung.

er|kämp|fen ⟨tr.⟩: *durch entschiedenes Sicheinsetzen erreichen; in kämpferischem Einsatz erringen:* einen Sieg e.; ich habe mir diesen Erfolg mühsam erkämpft. **sinnv.:** erfechten, erringen, erstreiten.

er|kau|fen ⟨tr.⟩: *(unter Opfern, indem man Nachteile in Kauf nimmt) für sich erlangen:* die Flüchtlinge hatten ihre Freiheit teuer, mit dem Verlust all ihrer Habe erkauft.

er|ken|nen, erkannte, hat erkannt: **1.** ⟨tr.⟩ *(mit Augen oder Ohren) deutlich wahrnehmen:* etwas ohne Brille nicht e. können; jmds. Stimme am Telefon e.; in der Dämmerung konnte man die einzelnen Personen, die Farben nicht e. **sinnv.:** bemerken, gewahr werden, identifizieren, ↑wahrnehmen. **Zus.:** wiedererkennen. **2.** ⟨tr.⟩ **a)** *(auf Grund bestimmter Merkmale) ausmachen:* der Täter wurde an seiner Kleidung erkannt; der Arzt hatte die Krankheit sofort erkannt. **sinnv.:** diagnostizieren, ↑entlarven, entnehmen, ↑enträtseln, feststellen, identifizieren. **b)** *Klarheit (über jmdn./etwas) gewinnen:* einen Freund erkennt man oft erst, wenn man in Not gerät; die Bedeutung dieses Buches wurde zunächst kaum erkannt. **sinnv.:** jmdm. aufgehen, ↑dahinterkommen, jmdm. dämmern, ↑durchschauen, einsehen, zu der Erkenntnis kommen, ermessen, innewerden, klarsehen, [sich] klarwerden, jmdm. wie Schuppen von den Augen fallen, ↑sehen, überschauen, ↑verstehen. **3.** ⟨itr.⟩ *ein bestimmtes Urteil fällen [und das Maß der Strafe festlegen]:* das Gericht erkannte auf Freispruch, auf drei Jahre Gefängnis. **sinnv.:** ↑bestrafen. **Zus.:** ab-, an-, zuerkennen.

er|kennt|lich: ⟨in der Fügung⟩ sich e. zeigen: *seinen Dank (für eine Gefälligkeit) durch eine Gabe o. ä. zum Ausdruck bringen:* mit ihrem Geschenk wollte sie sich für unsere Hilfe e. zeigen. **sinnv.:** ↑belohnen · ↑dankbar.

Er|kennt|nis, die; -, -se: **1.** *durch geistige Verarbeitung von Eindrücken und Erfahrungen gewonnene Einsicht:* eine wichtige E.; neue Erkenntnisse der Forschung; er kam zu der E., daß es besser sei nachzugeben. **sinnv.:** ↑Erfahrung. **Zus.:** Selbsterkenntnis. **2.** ⟨ohne Plural⟩ *das Erkennen, Fähigkeit des Erkennens (auf dem Weg philosophischen Fragens):* bei diesen Fragen stößt man an die Grenzen der menschlichen E. **sinnv.:** ↑Vernunft · Weisheit, Wissen.

Er|ker, der; -s, -: *mit Fenstern versehener Vorbau an der Front oder an einer Ecke eines Gebäudes.* **sinnv.:** ↑Veranda.

er|klä|ren: 1. a) ⟨tr.⟩ *(jmdm. etwas) [was er nicht versteht] in den Einzelheiten auseinandersetzen:* einen Text, Zusammenhänge e. **sinnv.:** ↑darlegen. **b)** ⟨tr.⟩ *sich (einen Vorgang, eine Handlung) deuten, zu deuten suchen:* ich wußte nicht, wie ich mir sein plötzliches Verschwinden e. sollte; er versuchte, ihr ungewöhnliches Verhalten psychologisch zu e. **sinnv.:** ↑auslegen. **c)** ⟨sich e.⟩ *seine Begründung (in etwas) finden:* der hohe Preis des Buches erklärt sich aus der geringen Auflage. **sinnv.:** ↑verursachen. **2.** ⟨tr.⟩ *[offiziell] mitteilen:* der Minister erklärte, er werde zu Verhandlungen nach Amerika fliegen; ⟨meist in bestimmten Fügungen⟩ seinen Rücktritt e. *(zurücktreten);* jmdm. den Krieg e. *(mit jmdm. einen Krieg beginnen);* ⟨sich e.; in Verbindung mit bestimmten Adjektiven⟩ sich einverstanden e. *(einverstanden sein);* sich bereit e. *(bereit sein).* **sinnv.:** ↑aussagen, ↑äußern, bekanntgeben, dartun, deklarieren, eine Erklärung abgeben, klarmachen, klarstellen, ↑mitteilen, schreiben, verkünden, verkündigen. ↑versprechen. **3.** ⟨tr./sich e.⟩ *[amtlich] bezeichnen als:* jmdn. für tot e.; die alten Ausweise wurden für ungültig erklärt; der Beamte erklärte sich für nicht zuständig.

er|klär|lich ⟨Adj.; nicht adverbial⟩: *sich aus etwas erklären lassend:* ihr Verhalten ist durchaus e., wenn man ihre Situation bedenkt. **sinnv.:** ↑einleuchtend. **Zus.:** unerklärlich.

Er|klä|rung, die; -, -en: **1.** *das Erklären, Deuten, Begründen von etwas:* diese Stelle im Text bedarf keiner weiteren E.; ich habe keine E. für sein Verhalten. **sinnv.:** ↑Argument, ↑Aufschluß, Ausdeutung, Auslegung, ↑Aussage, [Begriffs]bestimmung, Definition, Deklaration, Deutung, Erläuterung, Explikation, Interpretation, Kommentar. **Zus.:** Wort-, Zeichenerklärung. **2.** *offizielle Äußerung, Mitteilung:* eine eidesstattliche E. abgeben; die E. einer Regierung, eines Ministers. **sinnv.:** ↑Bescheinigung. **Zus.:** Beitritts-, Ehren-, Kriegs-, Liebes-, Regierungs-, Steuer-, Sympathie-, Verzicht-, Zollerklärung.

er|kran|ken, erkrankte, ist erkrankt ⟨itr.⟩: *(von einer Krankheit) befallen werden:* sie ist schwer an Grippe erkrankt; er hatte einen erkrankten Kollegen zu vertreten. **sinnv.:** sich anstekken, etwas aufgabeln, aufschnappen, ausbrüten, fangen, sich etwas holen/zuziehen, sich infizieren, krank werden, eine Krankheit bekommen.

er|kun|den, erkundete, hat erkundet ⟨tr⟩: *durch Nachforschungen in Erfahrung bringen, sich von etwas Kenntnisse verschaffen:* militärische Geheimnisse, ein Gelände e. **sinnv.:** ↑auskundschaften.

er|kun|di|gen, sich: *nach etwas/jmdm. fragen, Auskünfte einholen:* sich nach jmdm./jmds. Ergehen e.; hast du dich erkundigt, wieviel die Fahrt kosten soll? **sinnv.:** ↑anfragen, nachfragen.

er|lah|men, erlahmte, ist erlahmt ⟨itr.⟩: *den Schwung verlieren und schwächer werden, in seiner Intensität nachlassen:* sein

Eifer war bald erlahmt; das Interesse des Publikums erlahmte immer mehr. **sinnv.:** ↑stocken.

er|lạn|gen ⟨tr.⟩: *durch Bemühung, nach einer Zeit des Wartens bekommen, zu etwas Bestimmtem kommen:* er erlangte Ruhm, Ehre, eine wichtige Position; nach Jahren der Gefangenschaft hatte er endlich die Freiheit erlangt. **sinnv.:** ↑bekommen. **Zus.:** wieder-, zurückerlangen.

Er|lạß, der; Erlasses, Erlasse: *von einer Behörde oder einer anderen amtlichen Stelle ausgehende Anordnung:* ein amtlicher E.; ein E. des Ministers. **sinnv.:** Weisung.

er|lạs|sen, erließ, hat erlassen ⟨tr.⟩: **1.** *amtlich verfügen:* ein Gesetz, eine Verordnung e. **sinnv.:** ↑anordnen. **2.** *(jmdn. von einer Verpflichtung) entbinden; auf etwas, was dem Betroffenen unangenehm ist, nicht mehr bestehen, die Verpflichtung zur Ausführung o. ä. aufheben:* ihm wurde die Steuer, der Rest der Strafe erlassen. **sinnv.:** ↑befreien.

er|lau̲|ben: 1. ⟨tr.⟩ *(jmdm.) die Zustimmung (zu einem geplanten Tun) geben:* meine Eltern haben es erlaubt; ich habe ihm erlaubt mitzugehen. **sinnv.:** ↑billigen; ↑gewähren. **2.** ⟨itr.⟩ *in die Lage setzen, jmdm. ermöglichen (etwas Bestimmtes zu tun):* seine Mittel erlauben es ihm [nicht], sich einen Anwalt zu nehmen. **sinnv.:** drin sein, ermöglichen, gestatten, in die Lage versetzen, möglich machen, die Möglichkeit bieten/geben, in den Stand setzen, zulassen. **3.** ⟨sich e.⟩ **a)** *sich die Freiheit nehmen (etwas [nicht Erwartetes] zu tun):* solche Frechheiten, Scherze darfst du dir nicht noch einmal e. **sinnv.:** sich anmaßen, so dreist sein, die Dreistigkeit haben, sich nicht entblöden, sich erfrechen/erkühnen, die Frechheit haben, besitzen, sich leisten, die Stirn haben/besitzen, nicht zurückschrecken vor. **b)** *sich (in finanzieller Hinsicht) leisten:* ich kann mir diese teure Anschaffung nicht e. **sinnv.:** sich etwas genehmigen/gönnen, sich leisten, nicht sparen müssen.

Er|lau̲b|nis, die; -: *das Erlauben, Zustimmen:* jmdm. die E. zu etwas erteilen, verweigern, geben; etwas mit/ohne E. tun. **sinnv.:** Annahme, Beifall, Billigung, Einverständnis, Genehmigung, Lizenz, Sanktion, Zustimmung. **Zus.:** Aufenthalts-, Einreise-, Fahrerlaubnis.

er|läu̲|tern ⟨tr.⟩: *(etwas Kompliziertes, einen komplizierten Sachverhalt) ausführlich, an Hand von Beispielen o. ä. erklären:* einen Text, eine Graphik e.; erläuternde Zusätze, Anmerkungen. **sinnv.:** ↑darlegen.

Ẹr|le, die; -, -n: *(in Wassernähe wachsender) Kätzchen tragender Baum mit rundlichen Blättern und kleinen, eiförmigen, verholzenden Zapfen* (siehe Bildleiste „Blätter").

er|le̲|ben ⟨itr.⟩: **1. a)** *in seinem Leben erfahren:* er hat Schreckliches erlebt; eine Überraschung, Enttäuschungen e. **sinnv.:** durchleben, durchmachen, am eigenen Leibe erfahren, die Erfahrung machen, herumkommen, kennenlernen, mitmachen. **Zus.:** nacherleben. **b)** *(an einem Geschehen) teilnehmen und (es) auf sich wirken lassen:* das Publikum erlebte eine außergewöhnliche Aufführung. **sinnv.:** ↑begegnen. **2.** *an sich erfahren:* die Wirtschaft erlebt einen Aufschwung; der Künstler hat ein Comeback erlebt; das Buch erlebte die zehnte Auflage *(wurde zum zehnten Mal aufgelegt).* **3.** *(zu einer bestimmten Zeit) [noch] leben, etwas als Zeitgenosse miterleben:* er möchte das Jahr 2000 noch e. **Zus.:** miterleben.

Er|le̲b|nis, das; -ses, -se: *Geschehen, an dem jmd. beteiligt war und durch das er (in bestimmter Weise) beeindruckt wurde:* die Ferien auf dem Land waren ein schönes E. für die Kinder; auf ihrer Reise hatten sie einige aufregende Erlebnisse. **sinnv.:** Abenteuer, ↑Ereignis, Erleben, Story. **Zus.:** Kriegs-, Liebes-, Reiseerlebnis.

er|le̲|di|gen ⟨tr.⟩: *(etwas, was zur Ausführung ansteht, was getan werden muß) ausführen, zu Ende führen:* er wollte erst seine Arbeit e.; die Bestellung wurde sofort erledigt. **sinnv.:** abmachen, abwickeln, aufarbeiten, ↑ausführen, besorgen, durchführen, verwirklichen · vom Tisch sein.

er|le̲|digt ⟨Adj.; nicht attributiv⟩ (ugs.): *(nach einer großen Anstrengung) völlig erschöpft:* ich bin [völlig] e.; sie kam ganz e. heim. **sinnv.:** ↑erschöpft.

er|lei̲ch|tern: 1. ⟨tr.⟩ *so verändern, daß es weniger Mühe, Anstrengung o. ä. kostet:* ein neues Verfahren erleichtert ihnen die Arbeit; du mußt versuchen, dir das Leben zu e. **sinnv.:** ↑entgegenkommen, ↑lindern. **2.** ⟨sich e./tr.⟩ *sich bei jmdm. aussprechen und sich dadurch von einer seelischen Last befreien:* er hat sich, sein Gewissen, sein Herz in einer Aussprache erleichtert. **sinnv.:** ↑mitteilen. **3.** ⟨tr.⟩ (ugs.; scherzh.) *(jmdm. Geld oder einen Gegenstand von gewissem Wert) [durch Bitten] abnehmen:* sie erleichterte ihre Mutter um fünfzig Mark. **sinnv.:** ↑ausnehmen.

er|lei̲ch|tert ⟨Adj.⟩: *von einer Sorge oder Angst befreit:* sie war e., daß ihm bei dem Unfall nichts passiert war; er atmete e. auf. **sinnv.:** befreit, beruhigt, froh, glücklich, heilfroh.

er|lei̲|den, erlitt, hat erlitten ⟨tr.⟩: **1.** (geh.) *Leiden körperlicher oder seelischer Art ausgesetzt sein, die einem von anderen bewußt zugefügt werden:* Unrecht e.; es ist kaum zu fassen, was sie alles in diesem Hause e. mußte. **sinnv.:** ↑aushalten, ausstehen, sich bieten lassen müssen, dulden, erdulden, ertragen, mitmachen, verkraften. **2.** *(Schaden) zugefügt bekommen:* die Truppen erlitten schwere Verluste; eine Niederlage e. **sinnv.:** davontragen. **3.** ⟨als Funktionsverb⟩ Demütigungen e. *(gedemütigt werden);* Spott e. *(verspottet werden).*

er|lẹr|nen ⟨tr.⟩: *sich in einer Lehre oder durch Üben aneignen, in etwas eine bestimmte Qualifikation oder Fertigkeit erlangen:* einen Beruf, ein Handwerk, eine Fremdsprache e.; er wollte das Reiten e. **sinnv.:** sich anlernen, ↑lernen.

er|le̲|sen ⟨Adj.⟩: *von auserlesener Art, Qualität:* einen erlesenen Geschmack haben; erlesene Speisen. **sinnv.:** ↑kostbar.

er|leu̲ch|ten, erleuchtete, hat erleuchtet ⟨tr.⟩: *hell machen, mit Licht erfüllen:* ein Blitz erleuchtete das Dunkel; die Fenster waren hell erleuchtet. **sinnv.:** ausleuchten, beleuchten, erhellen.

er|lie̲|gen, erlag, ist erlegen ⟨itr.⟩: **a)** *(gegen etwas) (mit seinen Kräften) nicht ankommen, ihm unterliegen:* schlechten Einflüssen e.; er ist seinen Verletzungen erlegen *(an seinen Verletzungen gestorben).* **b)** ⟨als Funktionsverb⟩: einer Täuschung e. *(sich täuschen);* einer Verlockung e. *(sich verlocken lassen).*

Er|lös, der; -es, -e: *das, was man (bei dem Verkauf einzelner Dinge) erlöst, eingenommen hat; eingenommener Geldbetrag:* der E. aus der Tombola, aus der Versteigerung kam den Behinderten zugute; er lebte vom E. seiner Bilder; der Konzernherr hatte in Etappen seinen Warenhauskonzern verkauft und den E. von über 1 Milliarde Mark unversteuert ins Tessin gebracht. **sinnv.:** ↑Ertrag. **Zus.:** Devisen-, Liquidations-, Netto-, Reinerlös.

er|lö|schen, erlischt, erlosch, ist erloschen ⟨itr.⟩: *zu brennen, zu leuchten aufhören:* das Feuer, Licht ist erloschen. **sinnv.:** ausgehen, auslöschen, verglimmen, verglühen, verlöschen.

er|lö|sen ⟨tr.⟩: *(von Not, Schmerzen, Bedrängnis o. ä.) befreien:* der Tod hatte ihn von seinen Qualen erlöst; ein Anruf erlöste sie von ihrer Sorge; das erlösende Wort sprechen. **sinnv.:** ↑retten.

er|mäch|ti|gen ⟨tr.⟩: *(jmdm.) eine Vollmacht für etwas, für eine bestimmte Handlung erteilen:* die Regierung ermächtigte den Botschafter, offizielle Verhandlungen zu führen; dazu war er nicht ermächtigt. **sinnv.:** autorisieren, bevollmächtigen, mit einer Vollmacht ausstatten; ↑übertragen.

er|mah|nen ⟨tr.⟩: *jmdn. mit eindringlichen Worten an etwas, was ihm zu tun obliegt, was er bisher versäumt hat o. ä., erinnern:* jmdn. zur Pünktlichkeit, zur Vorsicht e.; sie ermahnten die Kinder, ruhig zu sein. **sinnv.:** ↑anhalten · ↑mahnen, verwarnen.

er|man|geln ⟨itr.; mit Gen.⟩ (geh.): *etwas (eigentlich zu Erwartendes, Wünschenswertes) nicht haben, nicht aufweisen:* er ermangelte jedes Gefühls für Takt. **sinnv.:** entbehren, jmdm. fehlen, nicht haben, vermissen lassen; ↑mangeln.

er|mä|ßi|gen ⟨tr.⟩: *(Kosten o. ä.) senken:* für Familienmitglieder wurden die Beiträge ermäßigt; ein Angebot zu stark ermäßigten Preisen. **sinnv.:** ablassen, herabsetzen, [mit dem Preis] heruntergehen, die Preise heruntersetzen/senken, [im Preis] nachlassen, verbilligen.

Er|mä|ßi|gung, die; -, -en: **1.** *das Ermäßigen:* eine E. der Preise, Gebühren befürworten. **2.** *Summe, um die etwas ermäßigt wird; Nachlaß (auf einen Preis o. ä.):* eine E. von 10% auf alle Preise. **sinnv.:** Abschlag, Abzug, Diskont, Nachlaß, Prozente, Rabatt. **Zus.:** Beitrags-, Gebührenermäßigung.

er|mat|ten, ermattete, hat/ist ermattet ⟨itr.⟩ (geh.): **1.** *matt, schwach werden:* er war sehr schnell ermattet bei der Arbeit in der Hitze. **sinnv.:** ↑ermüden. **2.** *sehr müde und schwach machen:* die großen Anstrengungen haben ihn ermattet. **sinnv.:** ↑ermüden.

er|mes|sen, ermißt, ermaß, hat ermessen ⟨tr.⟩: *in seinem ganzen Ausmaß bzw. in seiner Bedeutung erfassen:* das Ausmaß der Schäden ist noch gar nicht zu e.; du kannst daran e., wie wertvoll mir diese Kritik ist. **sinnv.:** einschätzen, erkennen, ↑überblicken.

er|mit|teln ⟨tr.⟩: *durch geschicktes Nachforschen feststellen, herausfinden:* den Täter e.; es läßt sich nicht e., ob und wann sie angekommen sind. **sinnv.:** aufspüren, aufstöbern, ausfindig machen, ausmachen, bestimmen, ↑entdecken, ↑finden, recherchieren, auf die Spur kommen.

er|mög|li|chen ⟨tr.⟩: *möglich machen:* sein Onkel hatte ihm das Studium ermöglicht, die veränderte politische Situation ermöglichte die Aufnahme diplomatischer Beziehungen. **sinnv.:** ↑befähigen, ↑erlauben.

er|mor|den, ermordete, hat ermordet ⟨tr.⟩: *(einen Menschen) vorsätzlich töten:* aus Eifersucht hat er seine Frau ermordet; er wurde heimtückisch ermordet. **sinnv.:** ↑töten.

er|mü|den, ermüdete, hat/ist ermüdet: **1.** ⟨itr.⟩ *müde, schläfrig werden:* auf der langen Fahrt sind die Kinder ermüdet; ganz ermüdet kamen wir abends an. **2.** ⟨tr.⟩ *müde, schläfrig machen:* die schlechte Strecke hat den Fahrer schnell ermüdet; sein Vortrag war ermüdend. **sinnv.:** ermatten, erschöpfen, müde/schläfrig machen.

er|mun|tern ⟨tr.⟩: *(jmdm.) durch Worte, Beispiel o. ä. Mut oder Lust (zu etwas) machen:* jmdn. zu einer Arbeit, zu einem Spaziergang e. **sinnv.:** ↑anregen, ↑zuraten.

er|mu|ti|gen ⟨tr.⟩: *(jmdm. zu etwas Bestimmtem) Mut machen, ihn in seinem Vorhaben bestärken:* der Professor hat ihn zur Bearbeitung dieses Themas ermutigt; seine Erfahrungen waren nicht sehr ermutigend. **sinnv.:** ↑anregen.

er|näh|ren: 1. a) ⟨tr.⟩ *[regelmäßig] mit Nahrung versorgen:* die Kinder in den Hungergebieten werden nicht ausreichend ernährt; er sieht gut ernährt aus. **sinnv.:** abfüttern, zu essen geben, füttern, herausfüttern, mästen, nähren, säugen, tränken, verköstigen, verpflegen. **b)** ⟨sich e.⟩ *sich in bestimmter Weise mit Nahrung versorgen:* sie ernähren sich von Früchten und Wurzeln; sich vegetarisch e. **2. a)** ⟨tr.⟩ *für jmds. Lebensunterhalt sorgen:* er hat eine große Familie zu e. **sinnv.:** aufkommen für jmdn., aushalten, durchfüttern, nähren, säugen, sorgen für, ↑stillen, unterhalten. **b)** ⟨sich e.⟩ *seinen Lebensunterhalt bestreiten:* von dieser Tätigkeit kann er sich kaum e. **sinnv.:** sich durchbringen, sich ↑durchschlagen, (von etwas) leben.

Er|näh|rung, die; -: **1. a)** *das Ernähren* (1a), *Mit-Nahrung-Versorgen:* eine natürliche, künstliche E. **sinnv.:** Nahrung. **Zus.:** Zwangsernährung. **b)** *Nahrung:* hauptsächlich von pflanzlicher E. leben. **2.** ↑*Lebensunterhalt:* für die E. der Familie sorgen.

er|nen|nen, ernannte, hat ernannt ⟨tr.⟩: *(jmdm. ein bestimmtes Amt) übertragen, ihn zu etwas bestimmen:* jmdn. zum Nachfolger, Botschafter, Minister e. **sinnv.:** aufstellen, berufen, bestallen, ↑bestellen, ↑bestimmen, betrauen mit, einsetzen; nominieren.

er|neu|ern ⟨tr.⟩: **1.** *durch Neues ersetzen, gegen Neues auswechseln:* den Fußboden, die Reifen des Autos e. **sinnv.:** auffrischen, ↑aufpolieren, ↑austauschen, modernisieren, renovieren, ↑reparieren, restaurieren, sanieren, wiederherstellen; ↑verbessern. **2.** *ein weiteres Mal für gültig, als weiterhin gültig erklären, von neuem genehmigen:* ein Stipendium e.; einen Vertrag e.

er|neut ⟨Adj.⟩: *von neuem, ein weiteres Mal (ausgeführt, geschehend):* ein erneuter Versuch; es kam zu erneuten Zusammenstößen zwischen beiden Parteien. **sinnv.:** ↑wieder.

ernst ⟨Adj.⟩: **1.** *von Ernst, Nachdenklichkeit bestimmt, erfüllt:*

ein ernstes Gesicht; ein ernster Mensch. **sinnv.:** ↑bekümmert. **Zus.:** bierernst. **2.** *eindringlich und von einem bestimmten Gewicht, nicht leicht zu nehmend:* ernste Ermahnungen; ernste Bedenken sprachen gegen seine Entscheidung. **sinnv.:** bedeutungsvoll, ernsthaft, gewichtig, schwerwiegend. **Zus.:** bitter-, todernst. **3.** *wirklich so gemeint, nicht nur zum Schein [vorgebracht]:* es ist seine ernste Absicht; es ist ihr e. mit dem Vorhaben; er nimmt die Sache nicht e. **sinnv.:** ↑wichtig. **4.** *bedrohlich und zur Besorgnis Anlaß gebend:* eine ernste Situation; sein Zustand ist e. **sinnv.:** ↑bedrohlich, ↑fatal, folgenschwer, ↑gefährlich, kritisch.

Ẹrnst, der; -[e]s: **1.** *durch Nachdenklichkeit, Überlegtheit [und Schwerblütigkeit] gekennzeichneter Wesenszug eines Menschen:* in seinem Gesicht spiegeln sich großer E. und innere Sammlung; sie geht mit großem E. an ihre schwierige Aufgabe. **sinnv.:** Ernsthaftigkeit, Seriosität, Strenge, Humorlosigkeit. **2.** *Bedrohlichkeit, Gefährlichkeit einer Situation:* jetzt erkannte er den E. der Lage. **sinnv.:** ↑Gefahr. **3.** *Bedeutung, Gewichtigkeit einer Sache:* den E. der Stunde erkennen; der E. seiner Rede übertrug sich auf die Hörer. **sinnv.:** Bedeutsamkeit, Bedeutung, Belang, Erheblichkeit, Gewicht, Gewichtigkeit, Größe, Rang, Wichtigkeit.

Ẹrnst|fall, der; -[e]s, Ernstfälle: *das tatsächliche Eintreten eines gefürchteten, gefährlichen Ereignisses:* sich, alles für den E. vorbereiten; im E.; mit dem E. rechnen.

ẹrnst|haft ⟨Adj.⟩: **1.** *von Ernst zeugend, von Ernst, Sachlichkeit bestimmt:* e. mit jmdm. sprechen. **sinnv.:** ↑ernst, ernstlich, seriös. **2.** *gewichtig und nicht leicht zu nehmend:* ernsthafte Zweifel an etwas haben; ernsthafte Mängel. **sinnv.:** schwerwiegend · ↑gewaltig. **3.** *wirklich so gemeint, wie es vorgebracht o. ä. wird:* ein ernsthaftes Angebot. **4.** *in besorgniserregender Weise [vorhanden]:* eine ernsthafte Verletzung; er ist e. erkrankt. **sinnv.:** ↑sehr.

ẹrnst|lich ⟨Adj.⟩: **1.** *schwerwiegend und ernst zu nehmend:* ernstliche Bedenken hielten ihn davon ab. **2.** *wirklich so gemeint:* sie hatte die ernstliche Absicht zu kommen. **3.** *in ernst zu nehmender, bedenklicher Weise:* sie ist e. krank. **sinnv.:** ↑sehr.

Ẹrn|te, die; -, -n: **1.** *das Ernten:* die E. hat begonnen; bei der E. helfen. **sinnv.:** Grummet, Lese, Mahd, Schnitt. **Zus.:** Getreide-, Obsternte. **2.** *Gesamtheit der auf dem Feld oder im Garten geernteten Früchte:* es gab reiche Ernten an Getreide und Obst; das Unwetter vernichtete die E. **Zus.:** Rekord-, Mißernte.

ẹrn|ten, erntete, hat geerntet ⟨tr.⟩: *(die reifen Früchte des Feldes oder Gartens) einbringen:* Weizen, Obst, Kartoffeln e. **sinnv.:** einbringen, einfahren, Kartoffeln buddeln, (Wein) lesen, (Obst) pflücken, mähen. **Zus.:** abernten.

er|ọbern ⟨tr.⟩: **1.** *(fremdes Gebiet) durch eine militärische Aktion in Besitz nehmen:* der Feind konnte zwei wichtige Städte e. **sinnv.:** ↑besetzen, Besitz ergreifen von, einmarschieren, einnehmen, nehmen, okkupieren, stürmen. **Zus.:** zurückerobern. **2.** *durch eigene Anstrengung, Bemühung für sich gewinnen:* die Macht, den Weltmeistertitel e.; der Sänger eroberte sich (Dativ) die Sympathien des Publikums. **sinnv.:** erlangen, gewinnen.

er|ọ̈ff|nen, eröffnete, hat eröffnet: **1.** ⟨tr.⟩ **a)** *der Öffentlichkeit, dem Publikum zugänglich machen:* eine Ausstellung e. **sinnv.:** ↑einweihen. **b)** *(als Dienstleistungsbetrieb bestimmter Art) begründen:* ein Geschäft, eine Praxis e. **sinnv.:** aufmachen, begründen, einrichten, gründen. **2.** ⟨tr.⟩ *(mit etwas) offiziell beginnen:* einen Kongreß, eine Diskussion e. **sinnv.:** ↑anfangen. **3.** ⟨tr.⟩ *(jmdm. etwas Unerwartetes oder auch Unangenehmes) mitteilen:* der Sohn eröffnete den Eltern seine Absicht, das Studium abzubrechen. **sinnv.:** ↑gestehen. **4.** ⟨sich e.⟩ *sich (von nun an) jmdm. als Möglichkeit bieten:* nach dieser Prüfung eröffnen sich ihm bessere Aussichten in seinem Beruf. **sinnv.:** sich ↑bieten.

er|ọ̈r|tern ⟨tr.⟩: *in eingehendem Gespräch, das Für und Wider erwägend, besprechen:* eine Frage, einen Fall [mit jmdm.] e. **sinnv.:** auseinandersetzen, behandeln, beleuchten, ↑besprechen, ↑darlegen, ↑darstellen, debattieren, diskutieren, disputieren, durchkauen, ↑durchleuchten, durchnehmen, durchsprechen, handeln, mitreden, mitteilen, zur Sprache bringen, sprechen über, verhandeln, vorbringen, vortragen.

ero̩|tisch ⟨Adj.⟩: *die sinnliche Liebe betreffend:* erotische Beziehungen; erotische Literatur; erotische Anziehungskraft besitzen. **sinnv.:** ↑sexuell.

er|pịcht: ⟨in der Verbindung⟩ auf etwas e. sein: *auf etwas begierig, versessen sein:* der Reporter war immer auf Sensationen e. **sinnv.:** ↑begierig.

er|prẹs|sen, erpreßte, hat erpreßt ⟨tr.⟩: **1.** *(jmdn.) durch Drohungen, durch Androhung von Gewalt zu etwas zwingen:* er wurde von ihr mit seinen früheren Briefen erpreßt; die Entführer des Kindes haben die Eltern zu einem hohen Lösegeld erpreßt. **sinnv.:** ↑bedrohen; nötigen. **2.** *durch Drohungen, durch Androhung von Gewalt von jmdm. erhalten:* Geld, eine Unterschrift e.; das Geständnis war nur erpreßt. **sinnv.:** ↑verlangen.

er|pro̩|ben ⟨tr.⟩: *über eine gewisse Zeit hin wiederholten Prüfungen hinsichtlich seiner Tauglichkeit, Qualität o. ä. unterziehen, prüfen:* eine Methode, die Wirksamkeit eines Mittels e.; die Techniker hatten das Auto in harten Tests erprobt; seine eigenen Kräfte e.; ein erprobtes Präparat. **sinnv.:** ↑prüfen.

er|ra̩|ten, errät, erriet, hat erraten ⟨tr.⟩: *mit Hilfe seiner Einfühlungsfähigkeit bzw. Vorstellungskraft erkennen, herausfinden:* du hast meinen Wunsch, meine Absichten erraten; es ist nicht schwer zu e., wie die Sache ausgehen wird. **sinnv.:** herausfinden.

er|rẹch|nen, errechnete, hat errechnet ⟨tr.⟩: *durch Rechnen, rechnerische Prozesse ermitteln:* der Computer errechnete die Flugbahn des Satelliten. **sinnv.:** ↑ausrechnen.

er|re̩|gen: 1. a) ⟨tr.⟩ *in einen Zustand heftiger Gemütsbewegung (bes. heftigen Zornes, Unmuts o. ä.) versetzen:* ihn erregt jede Kleinigkeit; sie erregte sich darüber so sehr, daß es ihr Herz angriff; eine erregte Diskussion. **sinnv.:** ↑aufpeitschen, ↑aufputschen, ↑aufregen. **b)** ⟨sich e.⟩ *in einen Zustand heftiger Gemütsbewegung (bes. heftigen Zornes, Unmuts) geraten:* er hat sich über den Vorwurf furchtbar erregt. **sinnv.:** sich ↑aufregen/↑entrüsten. **2.** ⟨als Funktionsverb⟩: jmds. Neugier e. *(jmdn. neugierig machen);* Aufsehen e. *(auffallen);* Anstoß e. *(unangenehm auffallen; sich den Unwillen anderer zuziehen).*

Er|re|gung, die; -, -en: **1.** ⟨ohne Plural⟩ *das Erregen, Bewirken von etwas:* die E. öffentlichen Ärgernisses. **2.** *Zustand des Erregt-, Aufgeregtseins:* seine E. nicht verbergen können; in E. geraten; er zitterte vor E. **sinnv.:** Affekt, Aufregung, ↑Empörung, Entrüstung, Gemütsbewegung.

er|rei|chen ⟨tr.⟩: **1.** *(mit dem ausgestreckten Arm, mit einem Gegenstand) an etwas reichen [und es ergreifen können]:* sie erreichte das oberste Regal, ohne auf die Leiter steigen zu müssen. **sinnv.:** herankommen, heranreichen, zu fassen kriegen. **2.** *(mit jmdm.) in [telefonische] Verbindung treten:* unter welcher Nummer kann ich Sie e.?; du warst gestern nirgends zu e. **sinnv.:** ↑finden. **3.** *(zu jmdm., an ein Ziel, eine Grenze) gelangen:* mein letzter Brief hat ihn nicht mehr vor seiner Abfahrt erreicht; der kleine Ort ist nur mit dem Auto zu e.; sie mußten sich beeilen, um den Zug zu e. **sinnv.:** ankommen. **4.** *durchsetzen, gegen Widerstände verwirklichen:* er hat seine Ziele, hat alles erreicht, was er wollte; bei ihm wirst du [damit] nichts e. **sinnv.:** ↑erwirken.

er|ret|ten, errettete, hat errettet ⟨tr.⟩: *(jmdn.) aus einer bedrohlichen Situation, aus einer Notlage retten; rettend von etwas befreien:* jmdn. vom Tod e.; nur Gottes Hilfe kann ihn e.; er hoffte auf das Glück, das ihn aus dem Elend e. würde; er hatte ihn vor dem Tod des Ertrinkens errettet.

er|rich|ten, errichtete, hat errichtet ⟨tr.⟩: **a)** *aus Teilen zusammenbauen, aufstellen:* eine Tribüne, Barrikaden e. **b)** *(einen Bau) aufführen:* ein Gebäude, Wohnblocks e. **sinnv.:** ↑aufrichten; ↑bauen; ↑gründen.

er|rin|gen, errang, hat errungen ⟨tr.⟩: *(in einem Wettbewerb o. ä.) durch Einsatz, Anstrengung erlangen:* er errang den Sieg, den ersten Preis; die Partei konnte weitere Sitze im Parlament e. **sinnv.:** ↑erkämpfen; ↑bewältigen.

er|rö|ten, errötete, ist errötet ⟨itr.⟩: *(durch eine bestimmte seelische Regung verursacht) plötzlich im Gesicht rot werden:* vor Scham, Verlegenheit e. **sinnv.:** sich ↑schämen; ↑anlaufen.

Er|run|gen|schaft, die; -, -en: *etwas, was durch große Anstrengung erreicht wurde und einen Fortschritt bedeutet:* eine E. der Forschung; die Fabrik ist mit den neuesten Errungenschaften der Technik ausgestattet. **sinnv.:** ↑Anschaffung.

Er|satz, der; -es: *Person oder Sache, die an die Stelle einer nicht mehr vorhandenen Sache oder nicht mehr verfügbaren Person tritt:* für den erkrankten Sänger mußte ein E. gefunden werden; er bot ihm ein neues Buch als E. für das beschädigte an. **sinnv.:** Abfindung, Abgeltung, Abstand, Abstandszahlung, Äquivalent, Ausgleich, ↑Entschädigung, Lastenausgleich, Trostpflaster, Versatzstück; ↑Stellvertreter · ↑einstehen. **Zus.:** Haar-, Kaffee-, Schaden[s]-, Zahnersatz.

er|schaf|fen, erschuf, hat erschaffen ⟨tr.⟩: *(in einem schöpferischen Akt) erstehen lassen:* Gott hat Himmel und Erde erschaffen. **sinnv.:** erarbeiten, hervorbringen, schaffen, schöpfen · aus dem Boden stampfen, kreieren, ins Leben rufen.

er|schei|nen, erschien, ist erschienen ⟨itr.⟩: **1. a)** *sich an einem Ort, an dem man erwartet wird, einfinden:* er ist heute nicht zum Dienst erschienen. **sinnv.:** ↑auftauchen, ↑auftreten, ↑kommen. **b)** *in jmds. Blickfeld treten:* der Vater erschien in der Tür und forderte die Kinder auf, leise zu sein; die Küste erscheint am Horizont. **sinnv.:** ↑auftauchen, ↑auftreten, ↑kommen, sich zeigen, zutage treten. **2.** *(als Buch, Zeitung o. ä.) herausgebracht werden und in den Handel kommen:* sein neuer Roman erscheint im Herbst; die Zeitschrift erscheint einmal im Monat. **sinnv.:** ediert/gedruckt/herausgebracht werden, herauskommen, publiziert/verlegt/veröffentlicht werden · Printmedien. **3.** *sich (jmdm.) in einer bestimmten Weise darstellen:* seine Erklärung erscheint mir unverständlich. **sinnv.:** ↑anmuten; sich ↑erweisen (als), ↑vermuten, ↑wirken.

Er|schei|nung, die; -, -en: **1.** *wahrnehmbarer Vorgang:* eine totale Sonnenfinsternis ist eine seltene E. **sinnv.:** ↑Vorgang. **Zus.:** Alters-, Begleit-, Folge-, Krankheits-, Natur-, Zeiterscheinung. **2.** *(durch eine bestimmte, äußerlich erkennbare, hervorstechende Eigenschaft charakterisierter) Mensch:* sie ist eine anmutige, er ist eine stattliche E. **sinnv.:** ↑Mensch; ↑Aussehen.

er|schie|ßen, erschoß, hat erschossen ⟨tr.⟩: *mit der Schußwaffe töten:* einige Aufständische wurden erschossen; sich e. *(sich mit einer Schußwaffe selbst töten).* **sinnv.:** ↑töten.

er|schlaf|fen, erschlaffte, ist erschlafft ⟨itr.⟩: **a)** *schlaff, kraftlos werden:* die Arme, seine Muskeln erschlafften. **b)** *welk werden, die Spannung verlieren:* die Haut ist erschlafft. **sinnv.:** ↑welken · ↑faltig.

er|schla|gen, erschlägt, erschlug, hat erschlagen ⟨tr.⟩: **a)** *durch einen oder mehrere Schläge mit einem harten Gegenstand töten:* er hatte sein Opfer mit einem Hammer erschlagen. **sinnv.:** ↑töten. **b)** *durch Herabstürzen töten:* ein abbrechender Ast erschlug einen Passanten; der Bauer wurde vom Blitz erschlagen *(durch Blitzschlag getötet).* **sinnv.:** ↑töten.

er|schlie|ßen, erschloß, hat erschlossen ⟨tr.⟩: **a)** *(bisher wenig Bekanntes o. ä.) zugänglich machen:* einzelne Gebiete Afrikas sind noch nicht erschlossen; für ein Produkt neue Absatzmärkte e. **b)** *(bisher nicht Genutztes) für einen bestimmten Zweck nutzbar machen:* Bodenschätze, Ölvorkommen e.; das Gelände ist noch nicht (als Baugelände) erschlossen. **sinnv.:** ↑auswerten.

er|schöpft ⟨Adj.⟩: *auf Grund größerer Anstrengung kraftlos und matt:* e. sanken sie ins Bett. **sinnv.:** abgeschafft, abgeschlafft, abgespannt, ausgelaugt, ausgepumpt, elend, erledigt, ermattet, erschossen, fertig, groggy, kaputt, k. o., ↑müde, zerschlagen; ↑hinfällig; ↑überlastet.

Er|schöp|fung, die; -, -en: *durch größere Anstrengung hervorgerufener Zustand der Mattigkeit, Kraftlosigkeit:* sie arbeitet bis zur E.; vor E. umfallen. **sinnv.:** Abgeschlagenheit, Abgespanntheit, Abspannung, Ermattung, Mattigkeit, Übermüdung, Zerschlagenheit.

er|schre̩cken: **I.** erschrickt, erschrak, ist erschrocken ⟨itr.⟩: *einen Schrecken bekommen:* er erschrak, als er den Knall hörte; ich bin bei der Nachricht furchtbar erschrocken; erschrocken sprang sie auf. **sinnv.:** ↑aufschrecken, sich ↑entsetzen, sich erschrecken, in die Knochen fahren, einen Schreck/Schrekken bekommen/kriegen, vor Schreck erstarren, zusammenfahren, zusammenzucken. **II.** erschreckte, hat erschreckt ⟨tr.⟩: *(jmdn.) in Angst versetzen:* die Explosion erschreckte die Bevölkerung; diese Nachricht hat uns furchtbar erschreckt; die Seuche nimmt erschreckende *(beängstigende)* Ausmaße an. **sinnv.:** ängstigen, angst machen, Angst/einen Schreck[en] einjagen, entsetzen; ↑aufscheuchen.

er|schü̩t|tern ⟨tr.⟩: **1.** *(von etwas Feststehendem) in eine zitternde, schwankende Bewegung versetzen:* die Explosion erschütterte alle Häuser im Umkreis. **sinnv.:** schwanken lassen, ins/zum Wanken bringen · beben, ↑schwanken. **2.** *im Innersten bewegen, ergreifen:* der Tod des Kollegen hat uns tief erschüttert; ihn kann so leicht nichts e.; erschütternde Szenen spielten sich ab. **sinnv.:** anrühren, ↑aufwühlen, berühren, ergreifen, jmdm. nahegehen, jmdm. unter die Haut/zu Herzen/an die Nieren gehen, rühren, jmdm. einen Schock versetzen, schocken, schockieren, treffen.

Er|schü̩t|te|rung, die; -, -en: **1.** *bebende Bewegung:* die Explosion verursachte eine heftige E. **sinnv.:** Gerüttel, Stoß, Vibration. **Zus.:** Gehirnerschütterung. **2.** *tiefe Ergriffenheit:* eine schwere seelische E. **sinnv.:** ↑Ergriffenheit.

er|schwe̩|ren ⟨tr.⟩: *(ein Tun oder Vorhaben) durch Widerstand oder Hindernisse schwierig und mühevoll machen:* seine Haltung erschwert die Verhandlungen; durch Glatteis wird das Fahren erschwert. **sinnv.:** ↑behindern, hindern.

er|schwi̩n|deln ⟨tr.⟩: (emotional) *durch Schwindeln erlangen, zu etwas kommen:* sich (Dativ) Steuervorteile, Eintrittskarten e. **sinnv.:** besorgen, ↑ergaunern.

er|schwi̩ng|lich ⟨Adj.⟩: *eine Summe erfordernd, die man noch bezahlen kann:* kaum erschwingliche Preise; die Kosten für einen Urlaub sind dort noch e. **sinnv.:** ↑billig. **Zus.:** unerschwinglich.

er|se̩t|zen ⟨tr.⟩: **1. a)** *an die Stelle (einer nicht mehr verfügbaren oder ungeeigneten Person oder Sache) setzen:* in der zweiten Halbzeit wurde in beiden Mannschaften je ein Spieler ersetzt. **sinnv.:** ↑austauschen. **b)** *an die Stelle (einer nicht mehr verfügbaren oder ungeeigneten Person oder Sache) treten:* sein Onkel mußte ihm jetzt den Vater e.; die Waschmaschine ersetzt heute die Waschfrau. **2.** *(für einen erlittenen Schaden o. ä.) Ersatz leisten:* Sie müssen mir den Mantel e., den mir Ihr Hund zerrissen hat. **sinnv.:** ↑entschädigen.

er|si̩cht|lich ⟨Adj.⟩: *(aus dem Zusammenhang) erkennbar:* aus dem Schreiben ist seine Auffassung klar e.; ohne ersichtlichen Grund begann er zu weinen. **sinnv.:** ↑einleuchtend, einsehbar, einsichtig, verständlich.

er|spa̩|ren ⟨tr.⟩: *(etwas Unangenehmes, Lästiges o. ä. von jmdm., von sich selber) fernhalten:* ich möchte ihm die Aufregungen e.; diesen Ärger hätte ich mir gerne erspart; ich kann ihm den Vorwurf nicht e., daß ... **sinnv.:** bleibenlassen, ↑unterlassen, vermeiden.

Er|spar|nis, die; -, -se: **a)** *Verringerung (im Verbrauch o. ä. von etwas):* der neue Entwurf bringt eine E. von mehreren tausend Mark. **sinnv.:** Einsparung, Ersparung. **Zus.:** Arbeits-, Platz-, Zeitersparnis. **b)** ⟨Plural⟩ *ersparte Summe:* er hat alle seine Ersparnisse verloren. **sinnv.:** Guthaben, Notgroschen, Spargeld, Spargroschen, Sparguthaben.

e̩rst: I. ⟨Adverb⟩ **1. a)** *an erster Stelle, als erstes (bevor etwas anderes geschieht):* e. kommt er an die Reihe, danach die andern; du mußt ihn e. näher kennenlernen, um ihn zu beurteilen; /abgeschwächt/ das muß sich e. noch zeigen. **sinnv.:** ↑zunächst. **b)** *zu Beginn:* e. ging alles gut, dann ... **sinnv.:** anfänglich, ↑anfangs. **2. a)** *nicht eher als:* er will e. morgen abreisen; ich schreibe ihm e. nach dem Fest wieder; das Kino fängt e. um acht Uhr an. **b)** *nicht mehr als:* ich habe e. dreißig Seiten in dem Buch gelesen; er ist e. zehn Jahre alt. **c)** *vor gar nicht langer Zeit, nämlich ...:* ich habe ihn e. gestern noch, e. vor kurzem gesehen. **II.** ⟨Partikel⟩ **1.** /drückt eine Steigerung, Hervorhebung aus/ *um wieviel mehr, aber:* sie ist sowieso schon unfreundlich, aber e., wenn sie schlechte Laune hat! **2.** /gibt der Aussage bes. in Wunschsätzen eine gewisse Nachdrücklichkeit/ *nur schon:* wären wir e. zu Hause!

e̩rst... ⟨Ordinalzahl⟩: 1.: **a)** *in einer Reihe oder Folge den Anfang bildend:* die erste Etage; den ersten Schritt zur Versöhnung tun; am ersten Juli; am Ersten [des Monats] gibt es Geld; das erste Grün *(die ersten Blätter im Frühjahr).* **b)** *nach Rang oder Qualität an der Spitze stehend:* sie ist eine erste Kraft; das erste *(beste)* Hotel am Ort; er war der Erste *(der beste Schüler)* der Klasse.

er|sta̩r|ren, erstarrte, ist erstarrt ⟨itr.⟩: *starr, unbeweglich werden:* zu Stein, Eis, zu einer Salzsäule e.; erstarrte Lava; rasch erstarrendes Harz; er erstarrte beim Anblick der Uniform; vor Entsetzen, Schreck e.; sein Gesicht, sein Blut erstarrte; Nerv um Nerv erstarrte, mir wurde kalt. **sinnv.:** versteinern · starr.

er|sta̩t|ten, erstattete, hat erstattet ⟨tr.⟩: **1.** *(jmdm. entstandene Unkosten) ersetzen; durch einen entsprechenden Geldbetrag ausgleichen:* man hat ihm die Fahrtkosten erstattet; Unkosten, Auslagen werden erstattet. **sinnv.:** ↑entschädigen; ↑zahlen. **Zus.:** rück-, zurückerstatten. **2.** */drückt als Funktionsverb aus, daß etwas in bestimmter, meist offizieller Form an entsprechender Stelle vorgebracht wird/:* Bericht e. *(über etwas berichten);* Anzeige e. *(jmdn./etwas anzeigen);* Meldung e. *(etwas melden).*

er|stau̲|nen /vgl. erstaunt/ ⟨itr.⟩: *jmds. Vorstellungen, Erwartungen übertreffen oder ihnen nicht entsprechen und dadurch Bewunderung oder Befremden auslösen:* seine Reaktion hat uns sehr erstaunt; ihre Unfreundlichkeit erstaunte mich nicht weiter. **sinnv.:** befremden, frappieren, überraschen, verblüffen, verwundern, wundern.

er|stau̲n|lich ⟨Adj.⟩: **1.** *ungewöhnlich und daher Erstaunen, Bewunderung hervorrufend:* eine erstaunliche Leistung; es ist e., wie er das alles schafft. **sinnv.:**

↑beachtlich, bewundernswert, bewunderungswürdig, phänomenal, staunenswert, verblüffend. **2. a)** *in bewunderndes Staunen hervorrufender Weise groß:* ein Mensch mit erstaunlichen Fähigkeiten. **sinnv.:** ↑beachtlich. **b)** ⟨verstärkend bei Adjektiven⟩ *sehr:* die Wirtschaft hat sich e. schnell erholt. **sinnv.:** ↑sehr.

er|stau̲nt ⟨Adj.⟩: *Verwunderung, Staunen ausdrückend, auslösend o. ä.:* ein erstaunter Blick traf sie; sie waren über die Ergebnisse sehr erstaunt. **sinnv.:** sprachlos, überrascht, verblüfft, verdutzt, verwundert · ↑erstaunen.

er|ste̜|chen, ersticht, erstach, hat erstochen ⟨tr.⟩: *durch Stiche (mit einer spitzen Waffe) töten:* er hat ihn mit einem Messer erstochen. **sinnv.:** ↑töten.

er|ste̲|hen, erstand, hat erstanden ⟨tr.⟩ (geh.): *(meist in bezug auf kleinere Dinge) [käuflich] erwerben:* er hat noch drei Eintrittskarten erstanden; sie hatte beim Schlußverkauf billig ein Kleid erstanden; etwas zu günstigen Bedingungen e.; für den Rest des Geldes erstand sie noch einen Füllfederhalter; diese Bilder hatte er in Hamburg erstanden. **sinnv.:** ↑kaufen.

er|ste̜l|len ⟨tr.⟩: **a)** *(bes. im öffentlichen Bereich als Bauherr oder als Unternehmen) bauen:* die Neue Heimat erstellt hier Wohnungen für Familien mit Kindern. **sinnv.:** ↑bauen. **b)** *(vollständig, in Einzelheiten) ausarbeiten:* ein Gutachten, einen Plan e. **sinnv.:** ↑entwerfen.

er|sti̜cken, erstickte, hat/ist erstickt: **1.** ⟨itr.⟩ *durch Mangel an Luft, an Sauerstoff sterben:* sie waren im Rauch, das Kind war unter der Bettdecke erstickt. **sinnv.:** den Erstickungstod sterben. **2.** ⟨tr.⟩ *(durch Hemmen der Atmung) töten:* sie hat das Kind mit einem Kissen erstickt. **sinnv.:** ↑töten.

e̲rst|mals ⟨Adverb⟩: *zum ersten Mal:* vor kurzer Zeit ist uns dieser Versuch e. gelungen. **sinnv.:** das erstemal/erste Mal, zum erstenmal/ersten Mal.

er|stre̲|ben ⟨tr.⟩: *zu erreichen, erlangen suchen, nach etwas streben:* sie erstrebt einen leitenden Posten; sie erstreben Freiheit und Wohlstand für alle; sie haben das erstrebte Ziel nicht erreicht. **sinnv.:** ↑streben.

er|stre̜cken, sich: **1. a)** *eine bestimmte räumliche Ausdehnung haben:* der Wald erstreckt sich bis zur Stadt. **sinnv.:** sich ausbreiten/ausdehnen, gehen, hinziehen, langen, reichen, verlaufen. **b)** *eine bestimmte zeitliche Erstreckung, Dauer haben:* seine Forschungen erstreckten sich über zehn Jahre. **sinnv.:** ↑andauern. **2.** *einen bestimmten Bereich umfassen:* seine Aufgabe erstreckt sich nur auf die Planung. **sinnv.:** einschließen, in sich schließen, umfassen.

er|su̲|chen ⟨tr.⟩: *(jmdn.) förmlich und zugleich nachdrücklich (um etwas) bitten, zu etwas auffordern:* jmdn. um eine Aussprache e.; wir ersuchen Sie, den Betrag sofort zu überweisen. **sinnv.:** ↑bitten.

Er|su̲|chen, das; -s, -: *schriftlich formulierte, förmliche Bitte, Aufforderung:* ein E. an jmdn. richten; auf sein E. [hin] wurde er versetzt. **sinnv.:** ↑Bitte.

er|ta̜p|pen ⟨tr.⟩: *bei heimlichem oder verbotenem Tun überraschen:* der Dieb wurde auf frischer Tat ertappt. **sinnv.:** ↑ergreifen, ↑erwischen.

er|te̲i̲|len: */drückt als Funktionsverb aus, daß man jmdm. etwas offiziell zuteil werden oder zukommen läßt/:* jmdm. eine Abfuhr e. *(jmdn. schroff abweisen);* jmdm. eine Genehmigung e. *(jmdm. etwas genehmigen);* jmdm. einen Auftrag e. *(jmdn. mit etwas beauftragen).* **sinnv.:** zuerteilen.

er|tö̲|nen, ertönte, ist ertönt ⟨itr.⟩: *hörbar werden:* vor dem Essen ertönte ein Gong; plötzlich ertönte eine Sirene. **sinnv.:** ↑schallen.

Er|tra̲g, der; -[e]s, Erträge: **a)** *gesamte Menge der (in einer bestimmten Zeit) erzeugten Produkte einer bestimmmten Art (bes. in der Landwirtschaft):* gute Erträge; der E. eines Ackers; durch Düngung höhere Erträge erzielen. **sinnv.:** Ausbeute, Ernte. **Zus.:** Boden-, Durchschnitts-, Ernteertrag. **b)** *(bes. aus Besitz erzielter) finanzieller Gewinn:* seine Häuser bringen einen guten E.; er verfügt über Erträge aus Beteiligungen und Vermietungen. **sinnv.:** Ausbeute, Einkünfte, Einnahmen, Erlös, Gewinn, Plus, ↑Profit, Überschuß, Zins; ↑Vorteil.

er|tra̲|gen, erträgt, ertrug, hat ertragen ⟨tr.⟩: *(etwas Quälendes, Bedrückendes oder Lästiges) aushalten (ohne sich dagegen aufzulehnen, aber auch ohne sich davon überwältigen zu lassen):* er mußte furchtbare Schmerzen e.; ich weiß nicht, wie ich diese Ungewißheit e. soll; sein Geschwätz ist schwer/nicht zu e. **sinnv.:** ↑aushalten, erdulden.

er|trä̲g|lich ⟨Adj.⟩: **a)** *so geartet, daß es sich aushalten läßt:* die Schmerzen sind e.; die augenblickliche Hitze ist kaum noch e. **sinnv.:** auszuhalten, ertragbar. **Zus.:** unerträglich. **b)** *weder besonders schlecht oder übel noch besonders gut; so, daß man es (noch) akzeptieren kann:* er lebt in erträglichen Umständen. **sinnv.:** akzeptabel, annehmbar, auskömmlich, leidlich, passabel, zufriedenstellend; ↑genug.

er|tra̲g|reich ⟨Adj.⟩: *reichen Ertrag oder Gewinn bringend:* eine ertragreiche Ernte; das Geschäft war sehr e. **sinnv.:** einbringlich, einträglich, gewinnbringend, lohnend.

er|trä̲u̲|men, sich: *sich in seinen Träumen, seiner Vorstellung ausdenken, wünschen:* alles war noch schöner, als ich es mir erträumt hatte. **sinnv.:** ↑wünschen.

er|tri̜n|ken, ertrank, ist ertrunken ⟨itr.⟩: *im Wasser untergehen und dadurch zu Tode kommen:* das Kind ist beim Baden ertrunken; jmdn. vor dem Tod des Ertrinkens retten. **sinnv.:** absaufen, ersaufen, sein Grab in den Wellen finden, untergehen, versaufen.

er|tü̜ch|ti|gen ⟨tr.⟩: *(durch Übung) körperlich stählen, leistungsfähig machen:* sich, die Schüler durch konsequente sportliche Betätigung e. **sinnv.:** ↑befähigen.

er|ü̲b|ri|gen: **1.** ⟨tr.⟩ *(durch Sparsamkeit o. ä.) übrigbehalten, einsparen und für anderes verwenden können:* ich habe diesmal einen größeren Betrag erübrigt; für etwas [keine] Zeit e. können *([keine] Zeit haben).* **sinnv.:** abdarben, abknapsen, [sich vom Munde] absparen, abzweigen, einsparen; überhaben; ↑übrigbehalten. **2.** ⟨sich e.⟩ *nicht mehr nötig, überflüssig geworden sein:* weitere Nachforschungen erübrigen sich.

er|wa̜|chen, erwachte, ist erwacht ⟨itr.⟩: **a)** *(aus dem Schlaf, aus einem Zustand des Träumens, aus einer Bewußtlosigkeit) aufwachen, wach werden:* als er erwachte, war es schon Tag; er erwachte erst nach mehreren Tagen aus der Bewußtlosigkeit. **sinnv.:** ↑aufwachen. **b)** *(von einer bestimmten Regung) in jmds. Bewußtsein treten und jmdn. innerlich erfassen:* sein Ehrgeiz, Mißtrauen, Argwohn, Interesse ist plötzlich erwacht. **sinnv.:** ↑entstehen.

er|wach|sen: I. erwachsen, erwächst, erwuchs, ist erwachsen ⟨itr.⟩: *als Folge von etwas allmählich entstehen:* daraus kann ihm nur Schaden e.; aus dieser Erkenntnis erwuchs die Forderung nach härteren Maßnahmen. **sinnv.:** ↑entstehen. **II.** ⟨Adj.⟩: *sich in einem Alter befindend, in dem man sich nicht mehr in kindlicher Abhängigkeit befindet, sondern in dem man schon selbständig Entscheidungen treffen kann:* sie haben drei erwachsene Töchter. **sinnv.:** flügge, groß, herangewachsen; ↑reif; ↑volljährig.

Er|wach|se|ne, der und die; -n, -n ⟨aber: [ein] Erwachsener, Plural: [viele] Erwachsene⟩: *männliche bzw. weibliche Person, die erwachsen ist:* die Erwachsenen haben oft wenig Verständnis für die Ängste der Kinder. **sinnv.:** die Älteren/Großen.

er|wä|gen, erwog, hat erwogen ⟨tr.⟩: *ins Auge fassen, in Gedanken auf seine möglichen Konsequenzen hin prüfen:* eine Möglichkeit ernstlich e.; er erwog, den Vertrag zu kündigen. **sinnv.:** bedenken, heranziehen, in Betracht/in Erwägung ziehen, mit dem Gedanken spielen/umgehen, sich etwas durch den Kopf gehen lassen, ↑prüfen, ↑sehen, überdenken, überschlafen.

er|wäh|nen ⟨tr.⟩: **1.** *nur kurz, beiläufig von jmdm./etwas sprechen:* er hat die letzten Ereignisse mit keinem Satz erwähnt; er hat dich lobend in seinem Brief erwähnt. **sinnv.:** andeuten, ↑anführen, angeben, anreißen, anschneiden, ansprechen, antippen, ↑aufrühren, aufwärmen, aufwerfen, aufzählen, ausgraben, auskramen, berühren, nennen, zitieren. **2.** *(urkundlich) nennen, anführen:* die Stadt wurde um 1000 erstmals erwähnt.

er|wär|men: 1. ⟨tr.⟩ *(langsam, allmählich) warm werden lassen, auf eine bestimmte Wärme bringen:* die Sonne erwärmt die Erde; Wasser auf 50° e. **sinnv.:** aufwärmen, erhitzen, wärmen. **2.** ⟨sich e.⟩ *warm werden:* das Wasser hat sich im Laufe des Tages erwärmt. **3.** ⟨sich e.⟩ *an jmdm./etwas Gefallen finden:* ich konnte mich für seine Ideen nicht e. **sinnv.:** sich ↑begeistern (für).

er|war|ten, erwartete, hat erwartet ⟨tr.⟩: **1.** *(zu einer bestimmten, verabredeten Zeit) auf jmdn./etwas warten, jmds. Kommen, dem Eintreffen von etwas entgegensehen:* ich erwarte Sie um 9 Uhr am Flugplatz; Besuch, ein Paket e. **sinnv.:** ↑entgegensehen. **2.** *(mit etwas) rechnen:* etwas Ähnliches hatte ich erwartet; daß es so kam, hatte niemand erwartet. **sinnv.:** ↑hoffen, ↑vermuten.

er|weh|ren, sich (geh.): *jmdn./etwas mit Mühe abwehren, von sich fernhalten:* sie konnten sich der zudringlichen Straßenverkäufer kaum e. **sinnv.:** ↑abwehren.

er|wei|sen, erwies, hat erwiesen: **1. a)** ⟨sich e.⟩ *sich herausstellen, sich zeigen als:* er erwies sich als Betrüger; ihre Behauptung erwies sich als wahr. **sinnv.:** dastehen, sich ↑entpuppen, erscheinen, sich herausstellen (als). **b)** ⟨tr.⟩ *den Beweis (für etwas) liefern:* der Prozeß hat seine Unschuld erwiesen; es ist noch nicht erwiesen, ob er recht hatte. **sinnv.:** sich ↑bewahrheiten. **2.** ⟨in Verbindung mit bestimmten Substantiven⟩ */drückt aus, daß man jmdm. etwas zuteil werden läßt, entgegenbringt/:* jmdm. einen Dienst, eine Gunst, Aufmerksamkeit, Vertrauen e. **sinnv.:** angedeihen lassen, bezeigen, entgegenbringen, erzeigen, zuteil werden lassen.

er|wei|tern ⟨tr.⟩: *in seinem Umfang vergrößern:* das Warenangebot, die Produktion e.; das Areal um einige Hektar e. **sinnv.:** aufschwellen, ↑aufstocken, ↑ausbauen, ausdehnen, ausweiten, bereichern, verbreitern, vergrößern.

Er|werb, der; -s: **a)** *Tätigkeit, durch die man seinen Lebensunterhalt verdient:* seinem E. nachgehen. **sinnv.:** ↑Arbeit. **b)** *das Erwerben (von etwas als Eigentum):* der E. eines Grundstücks. **sinnv.:** ↑Kauf.

er|wer|ben, erwirbt, erwarb, hat erworben ⟨tr.⟩: **a)** *durch Arbeit erlangen:* er hat mit seinem Handel ein beträchtliches Vermögen erworben. **sinnv.:** ↑verdienen. **b)** *sich (durch Lernen, durch geistige Bemühung) aneignen:* er hatte sein Wissen durch Lektüre erworben. **sinnv.:** ↑lernen. **c)** *durch Kauf in seinen Besitz bringen:* das Museum hat drei wertvolle Gemälde erworben. **sinnv.:** ↑kaufen.

er|werbs|los ⟨Adj.⟩: *ohne Erwerb* (a): nach dem Krieg waren viele lange Zeit e.

er|wi|dern: 1. ⟨itr.⟩ *auf eine im Gespräch geäußerte Meinung oder Frage hin [als gegenteilige oder abweichende Ansicht] vorbringen:* er wußte nichts zu e.; sie erwiderte, daß sie das nicht glauben könne. **sinnv.:** ↑antworten. **2.** ⟨tr.⟩ *(auf etwas von einem anderen Entgegengebrachtes o. ä.) in gleicher Weise, mit einer gleichen oder ähnlichen Handlung reagieren:* jmds. Gefühle, Gruß e.; sie haben den Besuch erwidert.

er|wir|ken ⟨tr.⟩: *(bei jmdm., der mit entsprechender Macht ausgestattet ist) durch Bemühung, Bitten oder Fürsprache erreichen:* ich habe die Erlaubnis erwirkt, ihn im Gefängnis zu besuchen. **sinnv.:** ausrichten, durchboxen, durchbringen, durchdrücken, durchkämpfen, durchpeitschen, durchsetzen, erzielen, erzwingen, herausholen, herausschlagen.

er|wi|schen ⟨tr.⟩ (ugs.): **1. a)** *gerade noch ergreifen können, zu fassen bekommen:* erst vor dem Garten erwischte sie die Kleine, die ihr weggelaufen war. **b)** *bei heimlichem oder verbotenem Tun überraschen:* er wurde beim Verteilen von Flugblättern erwischt; sie hatte ihren Mann mit ihrer Freundin erwischt. **sinnv.:** ↑ergreifen, ↑fangen, überraschen. **c)** *gerade noch bekommen, erreichen:* für das Konzert hatte er keine Karte mehr erwischt; ich habe den Zug noch erwischt. **2. * (ugs.) jmdn. hat es erwischt:** a) *jmd. ist krank geworden, hat sich verletzt:* vorige Woche hatte ich die Grippe, jetzt hat es ihn erwischt. b) *jmd. ist verunglückt, gestorben:* bei dem Flugzeugabsturz hat es viele erwischt.

er|wünscht ⟨Adj.⟩: **a)** *jmds. Wünschen, Vorstellungen entsprechend:* die ärztliche Behandlung hatte die erwünschte Wirkung. **Zus.:** hoch-, unerwünscht. **b)** *(an einem bestimmten Ort) gern gesehen:* du bist hier nicht e.; Fremdsprachenkenntnisse sind e. **sinnv.:** ↑willkommen.

er|wür|gen ⟨tr.⟩: *durch Würgen (jmds.) Atmung unterbinden und ihn dadurch töten:* er war mit einer Krawatte erwürgt worden. **sinnv.:** ↑töten.

erz-, Erz- ⟨adjektivisches und substantivisches Präfix; auch das Basiswort wird betont⟩ (emotional verstärkend, meist in negativer Bedeutung): *von Grund auf (in bezug auf das im Basiswort Genannte), das im Basiswort Genannte ganz und gar [verkörpernd]:* **a)** ⟨adjektivisch⟩ *durch und durch, sehr, überaus, extrem:* erzattraktiv, -beredt, -böse, -dumm, -faul, -föderalistisch, -frech, -gescheit, -katholisch, -konservativ, -mißtrauisch, -protestantisch, -reaktionär, -solide. **b)** ⟨substantivisch⟩: Erzbösewicht, -demokrat, -dummheit, -faschist, -feindschaft, -gauner, -halunke, -heuchler, -kapitalist, -kiffer, -kommunist, -laster, -lobbyist, -lüge, -lügner, -musikant, -philister, -rationalist, -revanchist, -rivale, -sauerei, -schelm, -schurke. **sinnv.:** hyper-, scheiß-, stink-, stock-, super-, ur-.

Erz, das; -es, -e: *Mineral, das ein Metall enthält:* E. abbauen, schmelzen.

er|zäh|len ⟨tr.⟩: **a)** *(etwas Geschehenes oder frei Erfundenes) in Worten wiedergeben, schildern:* eine Geschichte e.; er weiß immer viel zu e. **sinnv.:** ↑darlegen. **b)** *(etwas von sich oder anderen) mitteilen, es einem anderen sagen:* er erzählt nie etwas von sich selbst; sie hat mir erzählt, daß sie in Scheidung lebt. **sinnv.:** ↑mitteilen.

Er|zäh|ler, der; -s, -, **Er|zäh|le|rin,** die; -, -nen: **1.** *männliche bzw. weibliche Person, die erzählt* (a): er ist ein guter Erzähler. **2.** *Verfasser bzw. Verfasserin erzählender Dichtung:* er gehört zu den großen Erzählern des 19. Jahrhunderts. **sinnv.:** ↑Schriftsteller. **Zus.:** Anekdoten-, Geschichten-, Märchenerzähler.

Er|zäh|lung, die; -, -en: **1.** ⟨ohne Plural⟩ *das Erzählen:* sie hörte aufmerksam seiner E. zu. **2.** *meist längeres Werk der erzählenden Dichtung:* er schrieb mehrere Erzählungen. **sinnv.:** Anekdote, Epos, Fabel, Geschichte, Kurzgeschichte, Legende, Märchen, Novelle, Roman, Sage, Schnurre, Schwank, Story; ↑Literatur. **Zus.:** Nach-, Rahmenerzählung.

er|zeu|gen ⟨tr.⟩: **1.** *entstehen lassen:* Reibung erzeugt Wärme; er versteht es, Spannung zu e. **sinnv.:** ↑verursachen. **2.** *durch bestimmte Arbeitsvorgänge (als Produkt) herstellen:* Waren e. **sinnv.:** ↑produzieren.

Er|zeug|nis, das; -ses, -se: *etwas, was als Ware o. ä. hergestellt, erzeugt worden ist:* landwirtschaftliche Erzeugnisse; diese Vase ist ein deutsches E. **sinnv.:** ↑Ware. **Zus.:** Chemie-, Druck-, Spitzenerzeugnis.

er|zie|hen, erzog, hat erzogen ⟨tr.⟩: *jmds. (bes. eines Kindes) Charakter bilden, seine Fähigkeiten entwickeln und seine Entwicklung fördern:* ein Kind e.; er wurde in einem Internat erzogen; jmdn. zur Sparsamkeit e. **sinnv.:** ausbilden, bilden, disziplinieren, dressieren, drillen, schulen, stählen, trainieren, ↑trimmen; ↑abrichten; ↑bimsen.

Er|zie|her, der; -s, -, **Er|zie|he|rin,** die; -, -nen: *männliche bzw. weibliche Person, die Kinder, Jugendliche erzieht:* er ist der geborene Erzieher. **sinnv.:** ↑Lehrer.

Er|zie|hung, die; -: **1.** *das Erziehen:* sie haben ihren Kindern eine gute E. gegeben. **sinnv.:** Ausbildung, ↑Bildung, Drill, Schulung. **Zus.:** Kinder-, Körper-, Sexualerziehung. **2.** *das Erzogensein, anerzogene gute Manieren:* ihm fehlt jegliche E. **sinnv.:** ↑Benehmen.

er|zie|len ⟨tr.⟩: *(ein bestimmtes Ziel, etwas Angestrebtes) erreichen:* keine Einigkeit, eine hohe Geschwindigkeit e. **sinnv.:** ↑erwirken; trainieren.

er|zür|nen ⟨tr.⟩: *zornig machen:* ihr freches Benehmen hat ihn sehr erzürnt; er war sehr erzürnt, als er das hörte. **sinnv.:** ↑ärgern; ↑aufregen.

er|zwin|gen, erzwang, hat erzwungen ⟨tr.⟩: *durch Zwang, trotzige Beharrlichkeit erreichen, herbeiführen:* eine Entscheidung, Genehmigung e.; das Geständnis war erzwungen worden. **sinnv.:** ↑erwirken.

es ⟨Personalpronomen⟩: **1.** */vertritt ein sächliches Substantiv im Singular oder bezieht sich auf den Gesamtinhalt eines Satzes, Nominativ u. Akkusativ/:* es (das Mädchen) ist krank; es (das Buch) wird dir gefallen; du hast es (das Mädchen) gekannt; er bat mich darum, und ich tat es auch; es ist schön, daß du gekommen bist. **2.** */steht als Subjekt unpersönlicher oder unpersönlich gebrauchter Verben oder bei passivischer oder reflexiver Konstruktion/:* es regnet; es klopft; es wurde viel gelacht; hier wohnt es sich gut. **3.** */ist formales Objekt bei bestimmten verbalen Verbindungen/:* er hat es gut; du bekommst es mit mir zu tun.

Esche, die; -, -n: *Laubbaum mit gefiederten Blättern, unscheinbaren, in Rispen oder Trauben wachsenden Blüten und glatter, grauer Rinde* (siehe Bildleiste „Blätter").

Esel, der; -s, -: *dem Pferd ähnliches, aber kleineres Tier mit grau- em bis braunem Fell, kurzer Mähne und langen Ohren.* **sinnv.:** Maultier. **Zus.:** Draht-, Maul-, Packesel.

-esk ⟨adjektivisches Suffix⟩ /Basis in der Regel ein Name oder ein namenähnliches, fremdsprachliches Wort/ *dem im Basiswort Genannten im Charakteristischen, Typischen ähnlich;* mit dem Nebensinn des durch seine nicht übliche Art Auffallenden (bildungssprachlicher Jargon): balladesk, cabaretesk, chansonesk, chaplineske Bewegungen, clowneske Züge, dantesk, gigantesk, goyaeske Visionen, hippiesk, hoffmanneske Märchenszene, kafkaeske Gestalten, karnevalesk, mansardesk, molièreske Mediziner, rembrandtesk, sadeskes Denken, statueske Frau. **sinnv.:** -ähnlich (hippieähnlich), -artig (picassoartig), -haft (balladenhaft, kafkahaft), -isch (gigantisch, kafkaisch), -oid.

Es|ka|la|ti|on, die; -, -en: *allmähliche Verschärfung, Steigerung (bes. beim Einsatz militärischer oder politischer Mittel):* eine E. des Krieges, der atomaren Rüstung.

es|ka|lie|ren ⟨tr.⟩: *allmählich verschärfen, steigern, zur Eskalation bringen:* der Gegner hat den Konflikt, den Krieg eskaliert. **sinnv.:** ↑steigern.

Es|pe, die; -, -n: *Laubbaum mit kleinerer, lichter Krone, dessen oft kreisrunde Blätter leicht in zitternde Bewegung geraten.*

Es|pres|so, der; -[s], -s und Espressi: *in einer speziellen Maschine aus sehr dunkel gerösteten Kaffeebohnen zubereiteter, starker Kaffee:* einen E. trinken. **sinnv.:** ↑Kaffee.

eß|bar ⟨Adj.⟩: *als Nahrung für*

Menschen, zum Essen geeignet: eßbare Pilze. **sinnv.:** einwandfrei, genießbar.

es|sen, ißt, aß, hat gegessen: **a)** ⟨tr.⟩ *als Nahrung zu sich nehmen:* einen Apfel e.; er ißt kein Fleisch. **sinnv.:** aufnehmen, futtern, genießen, knabbern, löffeln, mampfen, schlucken, schmatzen, spachteln, verschlingen, verzehren; schlucken. **b)** ⟨itr.⟩ *Nahrung zu sich nehmen:* im Restaurant e.; ich habe noch nicht zu Mittag gegessen; heute abend werde ich warm *(warme Speisen)* e.; sich satt e. *(essen, bis man satt ist).* **sinnv.:** zu Abend essen, Brotzeit machen, dinieren, das Essen einnehmen, sich etwas einverleiben, fressen, frühstücken, futtern, sich etwas zu Gemüte führen, über etwas herfallen, sich über etwas hermachen, lunchen, zu Mittag essen, mampfen, Nahrung aufnehmen, naschen, etwas zu sich nehmen, Picknick halten/machen, picknicken, prassen, reinhauen, schlemmen, schlingen, schmausen, schnabulieren, schwelgen, soupieren, speisen, stopfen, sich stärken, tafeln, sich an etwas gütlich tun, vespern, sich vollfressen, sich den Wanst/Bauch vollschlagen, zugreifen.

Es|sen, das; -s, -: **1.** *Speise, die für eine Mahlzeit zubereitet ist:* das E. kochen, das E. schmeckte uns nicht; warmes, kaltes E. **sinnv.:** Erfrischung, Fraß, Gericht, Mahl, Mahlzeit, Nahrung, Schlangenfraß, Schweinefraß · Gang, Gedeck, Menü, Speisenfolge · Gabelbissen, Imbiß, Kleinigkeit, Picknick, Snack, Stärkung · Brotzeit, Frühstück, Gabelfrühstück, Jause, Kaffee, Morgenkaffee, Sektfrühstück · Lunch, Mittagessen, Mittagsmahl · Fünfuhrtee, Jause, Kaffee, Nachmittagskaffee, Tee, Vesper · Abendbrot, Abendmahlzeit, Dinner, Nachtessen, Souper. **Zus.:** Abend-, Abonnements-, Fest-, Lieblings-, Mittag-, Stammessen. **2. a)** *Einnahme von Speisen:* ich lud ihn zum E. ein; mit dem E. pünktlich beginnen. **sinnv.:** Fressen, Gelage, Mahlzeit, Nahrungsaufnahme, Schmaus. **b)** *größere Mahlzeit mit offiziellem oder festlichem Charakter:* ein E. geben; im Anschluß findet ein E. statt. **sinnv.:** Bankett, Diner, Empfang, Festmahl, Galadiner, Galaempfang, Gastmahl, Tafel. **Zus.:** Abschieds-, Arbeits-, Fest-, Galaessen.

Es|senz, die; -, -en: **1.** *konzentrierte, meist alkoholische Lösung, bes. zur Verfeinerung des Geschmacks von Nahrungsmitteln:* in der Flasche befand sich eine stark duftende E. **sinnv.:** ↑Extrakt. **Zus.:** Essigessenz. **2.** ⟨ohne Plural⟩ *das Wesentliche, wichtigster Punkt von etwas:* die E. dieses Problems betrifft ein anderes Gebiet. **sinnv.:** ↑Bedeutung; ↑Hauptsache. **Zus.:** Quintessenz.

Es|sig, der; -s: *saure Flüssigkeit zum Würzen und Konservieren:* Gurken in E. einlegen. **Zus.:** Gewürz-, Kräuter-, Salat-, Weinessig.

Eß|löf|fel, der; -s, -: *größerer Löffel bes. zum Essen der Suppe:* einen E. [voll] Essig in die Suppe geben; mit 3 Eßlöffel[n] Milch. **sinnv.:** Löffel · Besteck.

eta|bliert ⟨Adj.⟩: *einen sicheren Platz innerhalb einer bürgerlichen Ordnung, Gesellschaft innehabend, sich irgendwo festgesetzt, breitgemacht habend:* etablierte Gruppen, Parteien. **sinnv.:** angepaßt, bürgerlich, verbürgerlicht.

Eta|ge [e'ta:ʒə], die; -, -n: ↑*Geschoß:* er wohnt in der ersten E.

Etap|pe, die; -, -n: **1.** *zu bewältigender (räumlicher oder zeitlicher) Abschnitt:* eine Strecke in Etappen zurücklegen; eine neue E. in der technischen Entwicklung. **sinnv.:** Abschnitt, ↑Ende, Teilstrecke, Teilstück. **Zus.:** Schlußetappe. **2.** *(im Krieg) Versorgungsgebiet hinter der Front.*

Etat [e'ta:], der; -s, -s: *Geldmittel, die über einen begrenzten Zeitraum für bestimmte Zwecke zur Verfügung stehen:* der E. ist ausgeglichen; den E. *(den Plan für einen Etat)* aufstellen, erweitern; in der letzten Sitzung des Parlaments wurde über den E. beraten. **sinnv.:** Budget, Finanzen, Finanzplan, Haushalt, Haushaltsplan · Voranschlag. **Zus.:** Haushaltsetat.

ethisch ⟨Adj.⟩: *von sittlichen Gesichtspunkten bestimmt, darauf beruhend:* ethische Werte, Motive. **sinnv.:** ↑sittlich.

Eti|kett, das; -s, -e[n] und -s: *[mit einer Aufschrift versehenes] Schildchen [aus Papier zum Aufkleben]:* Flaschen mit Etiketten versehen. **sinnv.:** Aufkleber, Aufklebezettel, Schild. **Zus.:** Preis-, Warenetikett.

Eti|ket|te, die; -, -n: *Gesamtheit der herkömmlichen Regeln, die die gesellschaftlichen Umgangsformen vorschreiben:* die E. wahren, verletzen; gegen die E. verstoßen. **sinnv.:** ↑Brauch.

et|lich... ⟨Indefinitpronomen und unbestimmtes Zahlwort⟩: ↑*einig...* (3).

Etui [ɛt'vi:], das; -s, -s: *kleiner, flacher Behälter, meist aus festerem Material, zum Mitführen, Aufbewahren von etwas:* ein E. für die Brille; Zigarren in ein E. stecken. **sinnv.:** ↑Hülle. **Zus.:** Brillen-, Leder-, Zigarettenetui.

et|wa: **I.** ⟨Adverb⟩ **1.** ↑*ungefähr:* er mag e. dreißig Jahre alt sein. **2.** *um dies als Beispiel aus mehreren möglichen herauszugreifen:* wenn man Europa e. mit Australien vergleicht; einige wichtige Städte wie e. München, Köln, Hamburg. **II.** ⟨Partikel⟩ **1.** */verstärkend; drückt eine angenommene Möglichkeit aus/*: wenn er e. doch noch kommt, dann sage es bitte; ist sie e. krank? **sinnv.:** gar, ↑vielleicht, womöglich. **2.** */verstärkt die Aussage in verneinten Aussage-, Frage- und Wunschsätzen/:* ich habe es nicht e. vergessen; ist es e. nicht seine Schuld?

et|was ⟨Indefinitpronomen⟩: **1.** */bezeichnet eine kleine, nicht näher bestimmte Menge, einen Anteil o. ä., das geringe Maß von etwas/:* er nahm e. Salz; kann ich e. davon haben?; jetzt ist sie e. ruhiger; e. höher; e. darüber. **sinnv.:** ein ↑bißchen, ein geringes, einig..., ein kleines, ein Klecks, eine Kleinigkeit, ein Schluck, eine Spur/Winzigkeit, ein [klein] wenig. **2.** */bezeichnet eine nicht näher bestimmte Sache, ein Ding, Wesen o. ä./:* er wird ihm schon e. schenken; er kauft e., was ihr Freude macht; e. Schönes; es muß e. geschehen; aus ihm wird einmal e.

euch ⟨Dativ und Akk.⟩: **a)** zu ↑ihr: ich gebe es e.; ich sehe euch. **b)** in reflexivem Gebrauch: ihr irrt e.; macht e. keine Sorgen!

eu|er ⟨Possessivpronomen⟩ */bezeichnet ein Besitz- oder Zugehörigkeitsverhältnis von mit „ihr" angeredeten Personen/:* euer Haus ist zu klein; das ist nicht unser Verdienst, sondern eu[e]res.

Eu|le, die; -, -n: *in Wäldern lebender, nachts aktiver, größerer Vogel mit großen, runden Augen* *und kurzem, krummem Schnabel.* **Zus.:** Nacht-, Schleiereule.

-eur [...'...øːɐ̯], der; -s, -e ⟨Suffix⟩: *männliche Person, die das im [fremdsprachlichen] Basiswort Genannte tut, damit in irgendeiner Weise umgeht:* Arrangeur *(jmd., der etwas arrangiert),* Boykotteur *(jmd., der etwas boykottiert),* Friseur, Hypnotiseur, Konspirateur, Kontrolleur, Masseur, Plakateur, Rationalisateur, Rüstungsprofiteur *(jmd., der durch die Rüstung Profit macht),* Souffleur; /auch scherzhaft/: frustriert die Frustreure, Latrineur *(jmd., der die Latrinen reinigt),* Pedaleur *(Radrennfahrer),* Pianeur (statt: *Pianist*). **sinnv.:** -ant, -ator, -ent, -er, -ier.

-eu|se [...'...øːzə], die; -, -n ⟨Suffix⟩: *weibliche Person, die das im [fremdsprachlichen] Basiswort Genannte tut, damit in irgendeiner Weise umgeht:* Friseuse *(frisiert),* Masseuse *(massiert);* /auch scherzhaft oder abwertend/: Amateuse, Chauffeuse, Kommandeuse, Kontrolleuse, Regisseuse, Tippeuse *(die auf der Schreibmaschine tippt).* **sinnv.:** -esse, -ice, -in, -ine.

Eu|ter, das; -s, -: *in der Leistengegend bestimmter weiblicher Säugetiere sack- oder beutelartig herabhängendes Organ, in dem sich die Milch abgebenden Drüsen befinden:* ein pralles, volles E. **Zus.:** Kuh-, Ziegeneuter.

eva|ku|ie|ren ⟨tr.⟩: **a)** *(die Bevölkerung) aus einem [bedrohten] Gebiet wegbringen:* wegen der Überschwemmung mußte die Bevölkerung evakuiert werden. **sinnv.:** ↑verlagern. **b)** *(ein [bedrohtes] Gebiet) von Menschen räumen:* einen Ort e.

evan|ge|lisch ⟨Adj.⟩: *zu den auf die Reformation zurückgehenden Kirchen gehörend:* die evangelische Konfession; er ist e. **sinnv.:** protestantisch.

even|tu|ell: I. ⟨Adj.⟩ *möglicherweise eintretend, unter Umständen möglich:* eventuelle Beschwerden sind an die Direktion zu richten. **II.** ⟨Adverb⟩ *unter Umständen; es könnte sein, daß ...:* e. komme ich früher. **sinnv.:** ↑vielleicht.

ewig ⟨Adj.⟩: **1. a)** *zeitlich ohne Ende:* das ewige Leben. **sinnv.:** bleibend, endlos, immerdar, immerwährend, jenseits von Zeit und Raum, unendlich, unveränderlich, unvergänglich, unwandelbar, unzerstörbar, [raumund] zeitlos; ↑immer. **b)** *die Zeiten, den Wechsel überdauernd, immer bestehend:* sie gelobten sich ewige Treue; zum ewigen Andenken! **2.** (emotional) *sich in als verdrießlich empfundener Weise immer wiederholend, nicht endend:* ich habe das ewige Einerlei satt; soll das e. so weitergehen? **sinnv.:** ↑unaufhörlich.

Ex- ⟨Präfix⟩ /mit einer Personenbezeichnung als Basiswort, das ein Amt, einen gesellschaftlichen Status, eine Verwaltungsfunktion o. ä. nennt/ (besonders Journalistensprache): *jmd., der das im Basiswort genannte früher, vorher [vor jmdm.] gewesen ist:* Exangehöriger (der Wehrmacht), -außenminister, -bauunternehmer, -beatle *(jmd., der früher zur Beatles-Band gehörte),* -berliner, -bundespräsident, -champion, -chef, -diplomat, -ehefrau, -fixer, -freund, -freundin, -gatte, -gattin, -gefährte, -geisel, -general, -genosse, -häftling, -jesuit, -kanzler, -kunde, -lover, -mann (sie traf ihren Exmann), -präsident, -premier, -schwiegervater, -student, -torwart, -verlobte, -weltmeister. **sinnv.:** Alt- (z. B. Altkanzler).

ex|akt ⟨Adj.⟩: *in sachgerechter Weise genau:* eine exakte Beschreibung. **sinnv.:** ↑klar.

Ex|amen, das; -s, - und Examina: *ein Studium o. ä. abschließende Prüfung:* ein schweres E.; er hat das E. bestanden. **sinnv.:** ↑Prüfung. **Zus.:** Doktor-, Staatsexamen.

Ex|em|plar, das; -s, -e: *einzelnes Stück, Individuum einer Serie, Art oder Menge gleichartiger Stücke, Individuen:* die ersten tausend Exemplare des Buches waren schon verkauft; der Schmetterling war ein besonders schönes E. seiner Art. **sinnv.:** ↑Modell, Muster, Stück. **Zus.:** Beleg-, Einzel-, Prachtexemplar.

ex|er|zie|ren ⟨itr.⟩: *militärische Übungen machen:* die Truppe hat den ganzen Tag exerziert.

Exil, das; -s, -e: *auf Grund bestimmter politischer Verhältnisse, von Verbannung, Ausbürgerung o. ä. bewirkter, langfristiger Aufenthalt außerhalb des Heimatlandes:* die Jahre seines Exils; ins E. gehen.

exi|stent ⟨Adj.⟩: *wirklich existierend, vorhanden:* für ihn waren irgendwelche Vorschriften anscheinend nicht e. **sinnv.:** ↑wirklich.

Exi|stenz, die, -, -en: **1.** ⟨ohne Plural⟩ **a)** *Vorhandensein in der Realität:* die E. eines Staates. **b)** *(menschliches) Leben:* eine armselige E.; die nackte E. retten. **sinnv.:** ↑Dasein; ↑Leben. **Zus.:** Koexistenz. **2.** /in Verbindung mit einem entsprechenden adjektivischen Attribut/ *in negativer Weise beurteilte Person:* eine verkrachte, zweifelhafte E.; es gibt seltsame Existenzen. **sinnv.:** ↑Mensch. **3.** ⟨ohne Plural⟩ *materielle Grundlage für den Lebensunterhalt:* eine E. haben; ich baue mir eine neue E. auf.

exi|stie|ren ⟨itr.⟩: **1.** *in bestimmter Weise vorhanden sein:* diese Person existiert nur in deiner Phantasie; das alte Haus existiert noch. **sinnv.:** ↑bestehen, ↑herrschen, ↑leben, es gibt, vorhanden sein, vorkommen; sich ↑befinden. **2.** *von einem [geringen] Geldbetrag leben; sein Auskommen haben* /oft in Verbindung mit *können*/: von zweihundert Mark im Monat kann man kaum e.; sie hat wenigstens das Notwendigste, um e. zu können. **sinnv.:** ↑leben.

ex|klu|siv ⟨Adj.⟩: *als vornehm, vorzüglich, anspruchsvoll o. ä. geltend; höchsten Ansprüchen genügend und dabei meist bestimmten Zwecken, Dingen vorbehalten, auf bestimmte Personen beschränkt, nur wenigen zugänglich:* ein exklusiver Zirkel; ein exklusives Modell, Restaurant; e. leben; einer Zeitung e. *(auf Grund einer Vereinbarung nur ihr allein)* über etwas berichten. **sinnv.:** ↑eigens; ↑geschmackvoll; ↑gewählt; ↑individuell.

Ex|kre|ment, das; -s, -e: *menschliche oder tierische Ausscheidung, bes. Kot.* **sinnv.:** ↑Ausscheidung, Fäkalien, Fäzes, Kacke, Kot, Losung, Scheiße, Stuhl, Stuhlgang.

Ex|kur|si|on, die; -, -en: *Ausflug in einer Gruppe zu wissenschaftlichen o. ä. Zwecken:* eine botanische, geographische E. [in die Alpen] unternehmen. **sinnv.:** ↑Reise.

exo|tisch ⟨Adj.⟩: **a)** *aus einem fremden Land stammend, fremdartig wirkend und dabei einen gewissen Zauber ausstrahlend:* exotische Tiere, Pflanzen, Menschen; exotische Musik. **sinnv.:** ↑fremd. **b)** *(in seiner Art) als ganz und gar ungewöhnlich und ausgefallen empfunden:* in seinem Bekanntenkreis galt seine Rolle als

Hausmann als e.; e. hohe Renditen.

Ex|pan|si|on, die; -, -en: *Erweiterung, Vergrößerung bes. des Macht-, Leistungs-, Einflußbereiches:* eine politische, wirtschaftliche E. betreiben. **sinnv.:** Steigerung · sich ↑ausweiten.

Ex|pe|di|ti|on, die; -, -en: **1.** *Reise, die von einer Gruppe von Menschen zur Erforschung eines unbekannten Gebietes unternommen wird:* eine E. zum Nordpol; an einer E. teilnehmen. **sinnv.:** ↑Reise. **2.** *Abteilung einer Firma, die für die Abfertigung und den Versand von Waren zuständig ist.* **sinnv.:** Abfertigung, Abfertigungsstelle, Versand, Versandabteilung · ↑Beförderung.

Ex|pe|ri|ment, das; -[e]s, -e: **a)** *wissenschaftlicher Versuch:* ein E. durchführen; das E. ist gelungen. **sinnv.:** Pilotstudie, Probe, Studie, Test, Untersuchung, ↑Versuch, Versuchsballon. **b)** *gewagter Versuch, mit einem Risiko verbundenes Unternehmen:* das ist ein E.; wir wollen keine Experimente machen *(uns auf kein Risiko einlassen).* **sinnv.:** ↑Versuch.

ex|pe|ri|men|tell ⟨Adj.⟩: *auf Experimenten beruhend, mit Hilfe von Experimenten [erfolgend]:* der Wissenschaftler bemühte sich um eine experimentelle Bestätigung seiner Theorie.

ex|pe|ri|men|tie|ren ⟨itr.⟩: *Experimente machen, Versuche anstellen:* er experimentierte mit verschiedenen chemischen Flüssigkeiten. **sinnv.:** ↑probieren.

Ex|per|te, der; -n, -n, **Ex|per|tin,** die, -, -nen: ↑*Sachverständige[r]:* in dieser schwierigen Frage sind sich selbst die Experten nicht einig. **sinnv.:** Crack, Champion, ↑Fachmann, Nummer eins. **Zus.:** Finanz-, Wirtschaftsexperte.

ex|plo|die|ren, explodierte, ist explodiert ⟨itr.⟩: **1.** *durch übermäßigen Druck (z. B. von Dampf oder chemischen Gasen) von innen plötzlich unter lautem Geräusch zerspringen:* das Pulverfaß, eine Mine, der Kessel, ein Geschoß, der Blindgänger explodierte; der Gasometer ist explodiert. **sinnv.:** ↑platzen. **2.** *sich wie eine Explosion auswirken, weitere Bereiche auf diese Weise erfassen:* die Kosten e.; Städte explodieren und verringern den Lebensraum; die Universität X explodiert: Jetzt studieren dort schon 30000 Studenten. **sinnv.:** ↑zunehmen. **3.** *plötzlich in Zorn, Wut o. ä. ausbrechen:* er explodierte, weil er ungerecht behandelt wurde. **sinnv.:** sich ärgern; sich ↑aufregen.

Ex|plo|si|on, die; -, -en: **1.** *heftiges, lautes Zerplatzen durch übermäßigen Druck von innen.* **sinnv.:** Detonation, Entladung, Implosion. **Zus.:** Gasexplosion. **2.** *rapides Ansteigen, Anwachsen:* eine E. der Kosten, der Bevölkerungszahlen. **sinnv.:** ↑Zunahme.

ex|plo|siv ⟨Adj.⟩: **1.** *leicht explodierend:* Dynamit ist ein explosiver Stoff. **sinnv.:** ↑feuergefährlich. **Zus.:** hochexplosiv. **2.** *zu Gefühlsausbrüchen neigend:* ein explosiver Charakter. **sinnv.:** ↑lebhaft; ↑gespannt.

Ex|port, der; -[e]s, -e: ↑*Ausfuhr* /Ggs. Import/: den E. fördern; in den E. gehen. **sinnv.:** ↑Außenhandel. **Zus.:** Warenexport.

ex|por|tie|ren ⟨tr.⟩: *(Waren)* ↑*ausführen* /Ggs. importieren/: dieses Land exportiert landwirtschaftliche Produkte. **sinnv.:** in den Export gehen.

ex|qui|sit ⟨Adj.⟩: *von vorzüglicher, erlesener Qualität, Art; in hervorragender, geschmackvollster Weise gestaltet:* exquisite Genüsse, Speisen; etwas ist von exquisiter Eleganz. **sinnv.:** ↑kostbar.

ex|tra ⟨Adverb⟩: **1.** *nicht mit anderen zusammen, sondern davon getrennt, für sich:* etwas e. einpacken; meine Ansicht darüber schreibe ich dir noch e. **sinnv.:** ↑einzeln. **2.** *über das Übliche hinaus:* es kostet noch etwas e. **sinnv.:** ↑außerdem; ↑zusätzlich. **3.** *ausschließlich zu einem bestimmten Zweck:* e. deinetwegen habe ich es getan. **sinnv.:** ↑eigens.

ex|tra-: 1. ⟨adjektivisches Präfix mit meist fremdsprachlichem Basiswort⟩: */besagt, daß das Bezugswort außerhalb des Bereichs liegt, der mit dem Basiswort angedeutet wird/:* extrafunktional, -kommunikativ *(außerhalb der Kommunikation gelegen),* -korporal *(außerhalb des Körpers [erfolgend]),* -lingual *(außersprachlich; nicht zur Sprache gehörend;* Ggs. intralingual*),* -zellulär *(außerhalb der Zellen;* Ggs. intrazellulär*).* **sinnv.:** außer-, über. **2.** ⟨adjektivisches Präfixoid⟩ *besonders ..., außerordentlich ...:* extrafein, -flach, -groß, -gut (extragute Schulleistungen), -lang (extralanger Schal), -stark. **sinnv.:** hyper-, super-, über-, ultra-.

Ex|tra, das; -s, -s: *Teil des Zubehörs (bes. an Personenkraftwagen), das über die übliche serienmäßige Ausrüstung hinausgeht:* der Wagen hat viele modische Extras.

Ex|tra- ⟨Präfixoid⟩: /kennzeichnet das im Basiswort Genannte als etwas Zusätzliches, Besonderes/ *Sonder-, außer der Reihe:* Extraanzug, -ausgabe *(Sonderausgabe),* -blatt *(Sonderausgabe einer Zeitung aus bestimmtem, aktuellem Anlaß mit sensationeller Nachricht),* -bonus, -budget, -dividende, -einladung, -einlage, -empfang, -fahrt, -klasse, -platz, -portion, -profit, -ration, -raum, -tour, -urlaub, -vorstellung, -wurst (jmdm. eine Extrawurst braten), -zug, -zulage. **sinnv.:** Meister-, Sonder-, Spezial-, Spitzen-, Super-.

Ex|trakt, der; -[e]s, -e: *Auszug aus pflanzlichen, tierischen Stoffen:* ein E. aus Kräutern, Rindfleisch. **sinnv.:** Absud, Auszug, Destillat, Essenz. **Zus.:** Fleisch-, Fruchtextrakt.

ex|tra|va|gant [auch: ...gant] ⟨Adj.⟩: *in seiner äußeren Erscheinung, in seinen Gewohnheiten und Ansichten in außergewöhnlicher, überspannter, übertriebener o. ä. Weise bewußt abweichend und dadurch auffallend:* eine extravagante Aufmachung; sie ist e. gekleidet; sein Lebensstil ist mir allzu e. **sinnv.:** ↑überspannt.

ex|trem ⟨Adj.⟩: *bis an die äußerste Grenze gehend:* extreme Temperaturen; extreme *(krasse)* Fälle, Beispiele, Gegensätze; er hat extreme Ansichten. **sinnv.:** auffällig, ausgeprägt, ↑ausschweifend, blind, hochgradig, krankhaft, kraß, maßlos, radikal, scharf, stark, übersteigert, unüberbrückbar, unversöhnlich; ↑unerreicht.

ex|zel|lent ⟨Adj.⟩: *sich in ganz besonderer Weise durch Qualität, Qualifikation o. ä. auszeichnend:* das war ein exzellentes Essen. **sinnv.:** ↑vortrefflich.

ex|zen|trisch ⟨Adj.⟩: *auf übertriebene, überspannte Weise ungewöhnlich, im Auftreten und Verhalten stark vom Üblichen abweichend:* ein exzentrischer Mensch. **sinnv.:** ↑launisch; ↑überspannt.

Ex|zeß, der; Exzesses, Exzesse: ↑*Ausschweifung:* es kam zu wilden Exzessen.

F

Fa|bel, die; -, -n: **1.** *[kurze] von Tieren handelnde Geschichte mit belehrendem Inhalt:* die F. vom Fuchs und dem Raben. **sinnv.:** ↑Erzählung. **Zus.:** Tierfabel. **2.** ↑*Handlung* (2).

fa|bel|haft ⟨Adj.⟩ (emotional): *in Bewunderung hervorrufender Weise schön, überaus gut:* er hat eine fabelhafte Stellung; seine Wohnung ist f. eingerichtet. **sinnv.:** ↑außergewöhnlich.

Fa|brik, die; -, -en: *Betrieb der Industrie, in dem bestimmte Produkte in großer Stückzahl hergestellt werden.* **sinnv.:** ↑Betrieb, Fabrikationsstätte, Manufaktur, Werk, Werkstätte. **Zus.:** Maschinen-, Möbel-, Papier-, Zigarettenfabrik.

-fa|brik, die; -, -en ⟨Suffixoid⟩: */kennzeichnet etwas [negativ] als einen Ort, eine Einrichtung, wo wie in einer Fabrik fließbandmäßig gearbeitet, wo etwas serienmäßig in großen Mengen hergestellt wird [was eigentlich individuelle Gestaltung verlangt]/:* Bildungs-, Buch-, Denk-, Ferien-, Gesundheits-, Ideen-, Illusions-, Lehr-, Lern-, Lügen-, Medien-, Nachwuchs- (Babys aus der Retorte – Ansätze für Nachwuchsfabriken), Patienten- *(Universitätsklinik),* Psychiatrie-, Psycho-, Traum-, Untertanenfabrik.

Fa|bri|kant, der; -en, -en: *Besitzer einer Fabrik.* **sinnv.:**↑Unternehmer.

Fa|bri|kat, das; -[e]s, -e: *[bestimmtes] Erzeugnis der Industrie.* **sinnv.:** ↑Ware. **Zus.:** Marken-, Massenfabrikat.

fa|bri|zie|ren ⟨tr.⟩: *mit einfachen Mitteln, recht und schlecht herstellen, basteln:* die Kinder haben ihr Spielzeug selbst fabriziert. **sinnv.:** ↑anfertigen.

Fach, das; -[e]s, Fächer: **1.** *abgeteilter Raum (in einem Schrank, Behälter o. ä.):* ein F. im Schrank, in der Handtasche. **sinnv.:** Kasten, Lade, Schubkasten, Schublade. **Zus.:** Bücher-, Geheim-, Kühl-, Post-, Schließ-, Schub-, Wäschefach. **2.** *Gebiet des Wissens, einer praktischen Tätigkeit:* er studiert das F. Geschichte; er beherrscht sein F. **sinnv.:** ↑Bereich. **Zus.:** Bank-, Bau-, Hotel-, Haupt-, Lehr-, Prüfungs-, Studien-, Unterrichtsfach.

Fach|ar|bei|ter, der; -s, -, **Fach|ar|bei|te|rin,** die; -, -nen: *Arbeiter bzw. Arbeiterin, der/die über eine abgeschlossene Ausbildung in einem bestimmten Beruf verfügt.* **sinnv.:** ↑Arbeiter.

Fach|arzt, der; -es, Fachärzte, **Fach|ärz|tin,** die; -, -nen: *Arzt bzw. Ärztin, der/die sich auf ein bestimmtes Gebiet der Medizin spezialisiert hat:* Facharzt für Hals-, Nasen-, Ohrenkrankheiten. **sinnv.:** ↑Arzt.

Fach|frau: vgl. Fachmann.

fach|lich ⟨Adj.; nicht prädikativ⟩: *ein bestimmtes Fach betreffend:* er hat ein großes fachliches Wissen.

Fach|mann, der; -[e]s, Fachleute und Fachmänner, **Fach|frau,** die; -, -en: *männliche bzw. weibliche Person, die in einem bestimmten Fach ausgebildet ist und entsprechende Kenntnisse hat.* **sinnv.:** As, Autorität, Eingeweihter, Experte, Fachgröße, Größe, Insider, Kanone, Kapazität, Kenner, Könner, Koryphäe, Kundiger, Meister, Phänomen, Praktiker, Profi, Routinier, Sachkenner, Sachkundiger, Sachverständiger, Spezialist.

fach|män|nisch ⟨Adj.⟩: **a)** *als Fachmann von ihm ausgehend:* ein fachmännisches Urteil einholen. **b)** *wie ein Fachmann:* sein Sohn hat die Maschine ganz f. repariert. **sinnv.:** fachgerecht, fachkundig, gekonnt, gut, kundig, kunstgerecht, professionell, qualifiziert, routiniert, sachgemäß, sachgerecht, sachkundig, sachverständig, sicher, zünftig; ↑beschlagen.

fach|sim|peln, fachsimpelte, hat gefachsimpelt ⟨itr.⟩: *sich lange, mit Ausdauer über rein fachliche, berufliche Angelegenheiten unterhalten:* er fachsimpelte den ganzen Abend mit seinen Freunden.

Fach|werk, das; -[e]s, -e: **a)** ⟨ohne Plural⟩ *Bauweise, bei der die Wände von Häusern aus einem Gerippe von nach außen sichtbaren und farblich meist hervorgehobenen Balken hergestellt werden, deren Zwischenräume mit Mauerwerk ausgefüllt werden* (siehe Bild). **b)** *Gerippe von Balken beim Fachwerk* (a).

Fachwerk

Fackel, die; -, -n: *Stab [aus Holz] mit einer brennbaren Schicht am oberen Ende.* **sinnv.:** ↑Kerze, ↑Lampe.

fa|de ⟨Adj.⟩: **a)** *ohne Geschmack, schlecht gewürzt:* die Suppe ist sehr f. **sinnv.:** geschmacklos, kraftlos, ohne Saft und Kraft, ungewürzt, ↑wäßrig; ↑dumpf. **b)** *ohne jeden Reiz und daher als langweilig empfunden:* ein fader Mensch; er redet immer nur fades Zeug. **sinnv.:** ↑langweilig.

Fa|den, der; -s, Fäden: *längeres, sehr dünnes, aus Fasern gedrehtes, aus Kunststoff o. ä. hergestelltes Gebilde:* ein seidener F.; den F. einfädeln. **sinnv.:** Garn, Nähseide, Zwirn; ↑Faser; ↑Schnur. **Zus.:** Bind-, Woll-, Zwirnsfaden.

fa|den|schei|nig ⟨Adj.⟩: *so beschaffen, daß hinter dem genannten Grund o. ä. der eigentliche, aber nicht genannte leicht zu erkennen ist:* ein fadenscheiniger Grund. **sinnv.:** ↑durchsichtig, ↑vordergründig.

Fa|gott, das; -[e]s, -e: *Holzblasinstrument (in tiefer Lage) mit U-förmig gebogener Röhre, Grifflöchern und Klappen, dessen Ton in der Höhe leicht gepreßt und näselnd klingt* (siehe Bildleiste „Blasinstrumente"). **sinnv.:** ↑Holzblasinstrument.

fä|hig ⟨Adj.⟩: **a)** *auf Grund seiner Intelligenz, Tüchtigkeit, Geschicktheit in der Lage, gestellte Aufgaben zu bewältigen:* ein fähiger Beamter. **sinnv.:** ↑tüchtig. **b)** *** zu etwas/einer Sache f. sein:** *zu etwas in der Lage, imstande sein:* er ist zu dieser Tat, dieses Verbrechens fähig; er war nicht mehr f., einen klaren Gedanken zu fassen. **sinnv.:** sich ↑eignen; ↑können.; vgl. -fähig.

-fä|hig ⟨adjektivisches Suffixoid⟩: **1.** ⟨aktivisch⟩ **a)** *(von Personen) zu etw., was im Basiswort genannt wird, in der Lage:* (mit Verben:) gebär-, geh-, leidens-, lernfähig; (mit Substantiv:) anpassungs-, aufnahme-, aufopferungs-, bindungs-, diskussions- (Jugendliche), kritik- (Publikum), verhandlungs- (Person), wandlungsfähig. **b)** *(als Sache) über die im Basiswort angesprochene, angegebene Eigenschaft, Möglichkeit verfügend:* (mit Verb:) explodier-, hörfähig (Ohr), saugfähig (Papier); /auch als Teil einer Zusammensetzung, die das Akkusativobjekt enthält/ wasserspeicherfähig *(kann Wasser speichern);* (mit Substantiv:) explosions-, flug- (Maschinen), funktions-, leistungsfähig (Maschine) /auch als Teil einer Zusammensetzung/ feuerwiderstandsfähige Bauteile. **2.** ⟨passivisch⟩ *von der Art, daß das im Basiswort Genannte gemacht, getan werden kann:* (mit Verb:) dehn- *(kann gedehnt werden),* rate- (Bilder), sende- (Film), strapazier-, streich- (Käse), streu- (Kräuter), zitierfähig; (mit Substantiv:) abzugsfähige Ausgaben, beleidigungsfähig (eine Katze ist nicht b.), diskussions- (Antrag), durchsetzungs-, (dieser Schaden ist nicht) ersatzfähig, steigerungsfähige Erträge, transport-, verbesserungs-, verhandlungs- (Angebot), vernehmungs- (der Angeklagte ist noch nicht v.), vorladungs-, wiederverwendungsfähig (Verpackung); /auch mit *un-* negiert/: er ist vernehmungsunfähig. **sinnv.:** -bar. **3. a)** *für das im Basiswort Genannte gut geeignet:* (mit Substantiv:) bündnis-, kabarett-, kinofähig (Wirklichkeit). **b)** *für das im Basiswort Genannte die Voraussetzung habend:* (mit Substantiv:) beihilfe-, ein einigungsfähiges Angebot der Arbeitgeber, endlager-, friedens- (Politik), lexikon-, mehrheits- (Kompromisse), politik-, recyclingfähiges Telefonbuch, steigerungs-, team- (in einem Team arbeiten könnend, sich gut darin einfügend), urlaubs-, weltmarktfähig; (mit Adjektiv:) nuklearfähig.

Fä|hig|keit, die; -, -en: **a)** *zu etwas befähigende geistige, praktische Anlage, das Befähigtsein:* er hat große schöpferische Fähigkeiten; Fähigkeiten erwerben, nutzen. **sinnv.:** ↑Begabung. **b)** *das Fähigsein, Imstandesein, In-der-Lage-Sein zu etwas:* die F. zur Anpassung; die F., jmdn. zu überzeugen; die F. intensiven Erlebens. **sinnv.:** Gewalt, Können, Kraft, Leistung, Macht, Potenz, Qualifikation, Stärke, Tauglichkeit, Tüchtigkeit, Vermögen. vgl. -fähig.

fahl ⟨Adj.⟩: *von blasser Farbe, fast ohne Farbe:* ein fahles Gesicht; der Himmel war f. **sinnv.:** ↑blaß, ↑farblos. **Zus.:** aschfahl.

fahn|den, fahndete, hat gefahndet ⟨itr.⟩: *[zur Verhaftung, Beschlagnahme] polizeilich suchen:* nach einem Verbrecher f. **sinnv.:** ↑suchen; Zivilfahnder; Fahndung.

Fah|ne, die; -, -n: *meist rechteckiges, an einer Seite an einer Stange befestigtes Tuch, das die Farben, das Zeichen eines Landes, Vereins o.ä. zeigt* (siehe Bildleiste): eine seidene, gestickte, die schwarzrotgoldene F.; die F. hissen, einholen. **sinnv.:** Banner, Flagge, Gösch, Standarte, Stander, Wimpel. **Zus.:** Kirchenfahne · Rauch-, Schnaps-, Wetterfahne.

Fahr|bahn, die; -, -en: *Teil der Straße, auf dem die Fahrzeuge fahren:* die F. überqueren. **sinnv.:** Bahn, Damm, Fahrdamm, Spur; ↑Straße.

Fäh|re, die; -, -n: *Schiff, mit dem Fahrzeuge und Personen über einen Fluß o.ä. übergesetzt werden können.* **sinnv.:** ↑Schiff. **Zus.:** Auto-, Eisenbahnfähre.

fah|ren, fährt, fuhr, hat/ist gefahren: **1. a)** ⟨itr.⟩ *sich auf Rädern rollend, gleitend [mit Hilfe einer antreibenden Kraft] fortbewegen:* das Auto, der Zug, das Schiff ist schnell gefahren; die Bahn fährt zur Endstation. **sinnv.:** sich fortbewegen, verkehren. **b)** ⟨itr.⟩ *sich mit einem Fahrzeug o.ä. fortbewegen, ein Fahrzeug, Verkehrsmittel benutzen:* in einer Kolonne, mit großer Geschwindigkeit f.; ihr fahrt, und wir laufen; er ist mit der Eisenbahn gefahren. **sinnv.:** brausen, flitzen, gondeln, herumkarriolen, herumkutschieren, kreuzen, rasen, sausen, schippern, schleichen, stuckern, tukkern, einen Zahn draufhaben. **c)** ⟨itr.⟩ *sich mit einem Fahrzeug, Verkehrsmittel an einen bestimmten Ort begeben, eine Reise machen:* auf/in Urlaub f.; er ist nach Frankfurt gefahren. **sinnv.:** ↑pilgern; ↑reisen. **d)** ⟨itr.⟩ *ein Fahrzeug führen:* er ist bis jetzt immer gut gefahren. **sinnv.:** ↑steuern. **e)** ⟨tr.⟩ *(ein bestimmtes Fahrzeug) lenken, steuern, es besitzen:* ein schweres Motorrad f.; er hat den Traktor [aufs Feld] gefahren; er hat einen Mercedes gefahren. **f)** ⟨tr.⟩ *sich auf, mit etwas Beweglichem fortbewegen:* Karussell, Ski, Schlittschuh f.; wir sind Schlitten gefahren. **g)** ⟨tr.⟩ *mit einem Fahrzeug beför-*

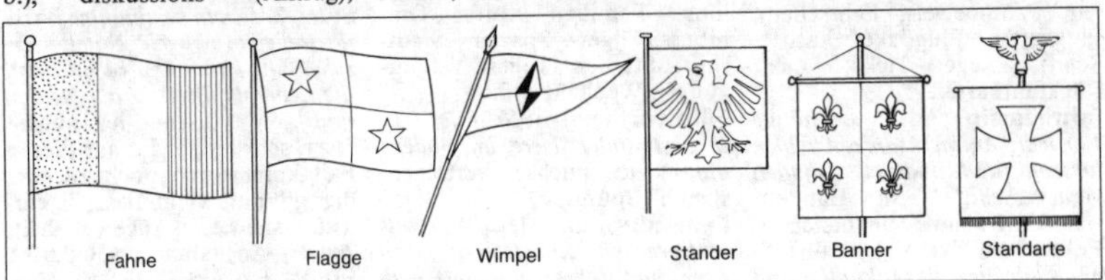
Fahne Flagge Wimpel Stander Banner Standarte

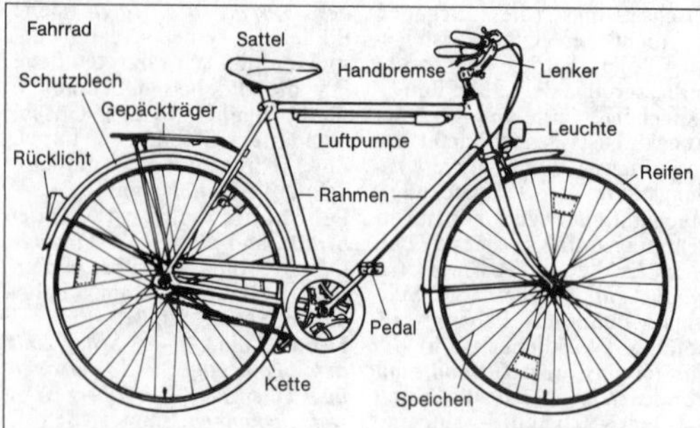

dern, irgendwohin transportieren: Sand, Mist f.; er hat ihn ins Krankenhaus gefahren. **sinnv.:** ↑befördern · Fuhre. **h)** ⟨tr.⟩ (Jargon) *[nach Plan] ablaufen lassen, organisieren:* eine Sonderschicht im Betrieb f.; um die weiterführenden Schulen zweizügig f. zu können, müssen wir ... **2.** ⟨itr.⟩ **a)** *sich rasch, hastig in eine bestimmte Richtung, an einen bestimmten Ort bewegen:* aus dem Bett, in die Kleider f.; er ist vor Schreck in die Höhe gefahren. **b)** *mit der Hand eine Bewegung machen, über, durch etwas streichen, wischen:* er ist dem Kind, sich mit der Hand durchs Haar gefahren.

Fah|rer, der; -s, -, **Fah|re|rin,** die; -, -nen: *männliche bzw. weibliche Person, die ein Fahrzeug fährt:* er ist ein sicherer Fahrer; die Firma sucht noch einen Fahrer. **sinnv.:** Chauffeur, Führer, Lenker. **Zus.:** Auto-, Geister-, Herrenfahrer.

fah|rig ⟨Adj.⟩: *unkontrolliert, unausgeglichen und hastig (in seinen Bewegungen):* fahrige Bewegungen; er ist sehr f. **sinnv.:** hektisch, ↑nervös, ruhelos, unstet.

Fahr|kar|te, die; -, -n: *kleine Karte, die (gegen Entrichtung eines bestimmten Geldbetrags) zum Fahren mit einem öffentlichen Verkehrsmittel, bes. mit der Eisenbahn, berechtigt.* **sinnv.:** Billett, Fahrausweis, Fahrschein, Flugkarte, Flugticket, Karte, Schiffspassage, Ticket. **Zus.:** Rückfahrkarte.

fahr|läs|sig ⟨Adj.⟩: *die nötige Vorsicht, Aufmerksamkeit fehlen lassend [und dadurch Schaden verursachend]:* sein Handeln war sehr f. **sinnv.:** ↑unvorsichtig.

Fahr|plan, der; -[e]s, Fahrpläne: *Plan, der die Ankunfts- und Abfahrtszeiten von Zügen o. ä. enthält.* **Zus.:** Sommer-, Taschen-, Winterfahrplan.

Fahr|rad, das; -[e]s, Fahrräder: *zweirädriges Fahrzeug, dessen Räder hintereinander angeordnet sind und das der Fahrer mit eigener Kraft durch Treten der Pedale fortbewegt* (siehe Bild). **sinnv.:** Drahtesel, Klapprad, Rad, Rennrad, Sportrad, Stahlroß, Tandem, Tourenrad, Velo · Mofa, Mokick, Motorrad. **Zus.:** Damen-, Kinder-, Herrenfahrrad.

Fahr|schein, der; -[e]s, -e: *Schein, der (gegen Entrichtung eines entsprechenden Geldbetrags) zum Fahren mit einem öffentlichen Verkehrsmittel, bes. mit der Straßenbahn o. ä., berechtigt.* **sinnv.:** ↑Fahrkarte.

Fahr|schu|le, die; -, -n: *Unternehmen, in dem man das Fahren eines Kraftfahrzeugs lernen kann.*

Fahr|stuhl, der; -[e]s, Fahrstühle: ↑*Aufzug* (1a).

Fahrt, die; -, -en: **1.** *das Fahren:* während der F. ist die Unterhaltung mit dem Fahrer verboten; der Zug verlangsamt die F. *(die Geschwindigkeit des Fahrens)* **Zus.:** Auto-, Heim-, Her-, Hin-, Irr-, Rück-, Vor-, Weiterfahrt. **2.** ↑*Reise:* eine F. nach München. **Zus.:** Auto-, Bahn-, Butter-, Dienst-, Entdeckungs-, Erholungs-, Familien-, Kaffee-, Omnibus-, Pilger-, Spazier-, Stadtrund-, Studien-, Tages-, Vergnügungs-, Wochenendfahrt.

Fähr|te, die; -, -n: *Spur der Tritte bestimmter Tiere im Boden:* die F. des Fuchses verfolgen. **sinnv.:** ↑Spur.

Fahr|zeug, das; -[e]s, -e: *etwas (entsprechend Konstruiertes), mit dem man fahren und mit dem man fahrend Menschen und Lasten befördern kann.* **sinnv.:** ↑Auto; ↑Flugzeug; ↑Schiff; Verkehrsmittel. **Zus.:** Amphibien-, Kraft-, Last-, Motor-, Schienen-, Straßenfahrzeug.

fair [fɛ:ɐ̯] ⟨Adj.⟩: *anständig, gerecht in seinem Verhalten gegenüber anderen:* ein fairer Kampf; sein Spiel war f. **sinnv.:** ↑anständig.

Fair|neß ['fɛ:ɐ̯nɛs], die; -: *das Fairsein, anständiges Verhalten:* er hat große F. gezeigt.

fak|tisch: **I.** ⟨Adj.⟩ *tatsächlich, in Wirklichkeit vorhanden, gegeben:* der faktische Nutzen einer Maßnahme. **sinnv.:** ↑wirklich. **II.** ⟨Adverb⟩ *in der Tat, im Grunde:* er hat f. keine Chance; das ist f. unmöglich. **sinnv.:** ↑wirklich.

Fak|tor, der; -s, Faktoren: **1.** *Zahl, Größe, mit der eine andere multipliziert wird:* eine Zahl in ihre Faktoren zerlegen. **2.** *etwas, was in bestimmten Zusammenhängen bestimmte Auswirkungen hat:* der Erfolg hängt von mehreren Faktoren ab. **sinnv.:** ↑Umstand. **Zus.:** Macht-, Schuld-, Wirtschafts-, Zeitfaktor.

Fak|tum, das; -s, Fakten: *nachweisbare Tatsache, tatsächliches Ereignis:* ein geschichtlich, politisch einmaliges F.; in seinem Vortrag stützte er sich auf Fakten. **sinnv.:** ↑Daten; ↑Tatsache.

fa|kul|ta|tiv ⟨Adj.⟩: *der freien Wahl überlassen* /Ggs. obligatorisch/: die Vorlesung ist f. **sinnv.:** freiwillig.

Fal|ke, der; -n, -n: *Vogel mit graubraunem, an der Unterseite meist hellem Gefieder, mit langem Schwanz, einem hakenartig gebogenen Schnabel und kräftigen, gebogenen, spitzen Krallen, die dem Ergreifen und Töten der Beute dienen.* **Zus.:** Turm-, Wanderfalke.

Fall, der; -[e]s, Fälle: **1.** ⟨ohne Plural⟩ *das Fallen:* der Fallschirm öffnet sich während des Falles; er hat sich beim F. schwer verletzt. **sinnv.:** Absturz, Sturz. **2.** *sich in bestimmter Weise darstellende Angelegenheit, Erscheinung [womit zu rechnen ist, die einkalkuliert o. ä. werden muß]:* ein typischer, hoffnungsloser, schwieriger F.; auf diesen Fall komme ich noch zurück; dies gilt nur, wenn dieser F. eintritt. **sinnv.:** ↑Angelegenheit. **Zus.:** Ausnahme-, Bedarfs-, Ernst-, Extrem-, Glücks-, Härte-, Modell-, Not-, Sonder-, Stör-, Streit-, Todes-, Unglücks-, Wiederholungs-, Zweifels-, Zwischenfall. **3.** *das Auftreten, Vorkommen von Krankheiten:* Fälle von schweren Erkrankungen, Vergiftungen. **4.** *Form der Beugung (eines Substantivs, Adjektivs u. a.):* das Wort steht hier im 4. Fall *(im Akkusativ).* **sinnv.:** Kasus.

Fal|le, die; -, -n: *Vorrichtung zum Fangen von Tieren:* eine F. aufstellen. **sinnv.:** Fallgrube, Fangeisen, Leimrute, Netz, Schlinge. **Zus.:** Mäuse-, Wildfalle · Radarfalle.

fal|len, fällt, fiel, ist gefallen ‹itr.›: **1. a)** *sich (durch sein Gewicht, seine Schwere) aus einer bestimmten Höhe rasch abwärts bewegen:* Dachziegel sind vom Dach gefallen; der Baum fiel krachend zu Boden. **sinnv.:** abstürzen, niedersinken, sinken. **b)** *das Gleichgewicht, den festen Halt verlieren und mit dem Körper auf den Boden geraten:* nach hinten, auf die Nase, über einen Stein, in den Schmutz f.; das Kind ist gefallen. **sinnv.:** fliegen, hinfallen, hinfliegen, hinknallen, hinplumpsen, hinpurzeln, hinsausen, hinschlagen, hinsegeln, hinsinken, auf etwas knallen, plumpsen, purzeln, auf etwas sausen, auf etwas schlagen, auf etwas segeln, stolpern, stürzen. **2. a)** *niedriger werden, seine Höhe vermindern:* das Hochwasser, die Temperatur, das Barometer *fällt.* **sinnv.:** ↑schwinden. **b)** *(im Wert) geringer werden:* die Preise sind gefallen. **sinnv.:** ↑schwinden. **3.** *sich plötzlich mit einer bestimmten Heftigkeit irgendwohin bewegen:* auf die Knie, jmdm. um den Hals f. **4.** *sein Leben im Kampf, Krieg verlieren:* er ist im letzten Krieg gefallen. **sinnv.:** einen kalten Arsch kriegen, nicht [aus dem Krieg] heimkehren, den Heldentod sterben, im Krieg bleiben; ↑sterben. **5.** *keine Geltung mehr haben:* das Tabu ist jetzt gefallen. **6. a)** *zu einem bestimmten Zeitpunkt stattfinden:* der Heilige Abend fällt dieses Jahr auf einen Sonntag. **b)** *zu einem bestimmten Bereich gehören, von etwas erfaßt werden:* in/unter dieselbe Kategorie f. **7.** *(in bezug auf einen Beschluß) bekanntgegeben werden:* die Entscheidung, das Urteil ist gefallen. **8.** *sich plötzlich ereignen:* Schüsse sind gefallen; ein Tor ist gefallen. **9.** *(plötzlich von einem Zustand in einen anderen) geraten:* in Ohnmacht, Schlaf f.; er ist in Lethargie gefallen.

fäl|len, fällte, hat gefällt ‹tr.›: **1.** *einen Baum zum Fallen bringen:* er hat die Eiche mit der Axt gefällt. **sinnv.:** ↑roden. **2.** ‹als Funktionsverb›: ein Urteil, eine Entscheidung f. *(urteilen, entscheiden).*

fal|len|las|sen, läßt fallen, ließ fallen, hat fallen[ge]lassen ‹tr.›: **1.** *(von etwas) ablassen, es nicht weiter verfolgen, auf seine Ausführung verzichten:* seinen ursprünglichen Plan ließ er fallen. **sinnv.:** ↑abwählen; ↑abweichen; ↑aufgeben. **2.** *sich (von jmdm.) abwenden, trennen, ihn nicht weiter unterstützen:* nachdem der Sohn dies getan hatte, ließ der Vater ihn fallen. **sinnv.:** auf Distanz zu jmdm. gehen, sich ↑lossagen. **3.** *beiläufig, am Rande bemerken:* er ließ einige Andeutungen über den Kauf des Gemäldes fallen. **sinnv.:** sich ↑äußern; ↑mitteilen.

fäl|lig ‹Adj.›: **a)** *(zu einem bestimmten Zeitpunkt) zu zahlen:* der fällige Betrag; die Miete ist am ersten Tag des Monats f. **sinnv.:** zahlbar. **Zus.:** überfällig. **b)** *seit längerer Zeit, zu einem bestimmten Zeitpunkt notwendig, zur Erledigung anstehend, zu erwarten:* den fälligen Dank abstatten; eine Renovierung der Wohnung ist f.

falls ‹Konj.›: *für den Fall, unter der Voraussetzung, daß:* f. du Lust hast, kannst du mitgehen. **sinnv.:** ↑wenn. **Zus.:** andern-, besten-, eben-, gegebenen-, gleich-, jeden-, keines-, schlimmstenfalls.

falsch ‹Adj.›: **1.** *nicht richtig, nicht so, wie es sein sollte, wie es den realen Gegebenheiten entsprechen würde:* unter falschem Namen reisen; das hast du f. verstanden; die Uhr geht f.; ein falsches Wort gebrauchen; die Antwort ist f.; f. singen; falsche *(nicht der Wahrheit entsprechende, irreführende)* Angaben machen; **sinnv.:** fehlerhaft, grundfalsch, grundverkehrt, inkorrekt, irrig, schief, mißbräuchlich, unrichtig, unwahr, unzutreffend, verfehlt, verkehrt. **2.** *künstlich und meist täuschend ähnlich nachgebildet, nicht echt:* falsche Zähne; falsche Haare; falsches *(gefälschtes)* Geld. **sinnv.:** ↑unecht. **3.** *seine eigentlichen Absichten in heuchlerischer, hinterhältiger Weise verbergend:* ein falscher Mensch; er ist f. **sinnv.:** ↑unaufrichtig.

fäl|schen ‹tr.›: *in betrügerischer Absicht etwas nachbilden, um es als echt auszugeben:* Geld, eine Unterschrift f.; ein gefälschtes Gemälde.

fälsch|lich ‹Adj.›: *auf einem Irrtum, Versehen, Fehler beruhend:* eine fälschliche Behauptung; er wurde f. beschuldigt.

Fäl|schung, die; -, -en: **1.** *das Fälschen:* die F. des Bildes. **sinnv.:** ↑Betrug. **Zus.:** Geschichts-, Urkundenfälschung. **2.** *gefälschter Gegenstand, etwas Gefälschtes:* dieses Bild ist eine F. **sinnv.:** Falsifikat, Falsifikation; ↑Imitation.

Fal|te, die; -, -n: **1. a)** *etwas (länglich u. schmal), was beim Bügeln oder durch Druck (beim Sitzen) in einem Stoff entsteht:* als sie aufstand, war ihr Rock kreuz und quer voller Falten. **sinnv.:** Falz, Knick, Kniff, Knitter. **b)** *schmaler, langgestreckter, wellenförmiger oder geknickter Teil in einem Stoff:* lose, aufspringende Falten. **Zus.:** Längs-, Plissee-, Quer-, Rockfalte. **2.** *tiefe, unregelmäßig geformte Linie in der Haut des Gesichtes:* sie hat schon viele Falten; Falten des Zorns zeigten sich auf seiner Stirn. **sinnv.:** ↑Runzel. **Zus.:** Lach-, Sorgen-, Speck-, Unmutsfalte · Gesäßfalte.

fal|ten, faltete, hat gefaltet ‹tr.›: *sorgfältig zusammenlegen, so daß an der umgeschlagenen Stelle eine Falte, ein Knick entsteht:* einen Brief, eine Zeitung f. **sinnv.:** biegen, knicken, knittern.

Fal|ter, der; -s, -: ↑*Schmetterling.* **Zus.:** Nacht-, Tag-, Zitronenfalter.

fal|tig ‹Adj.›: *von Falten, Runzeln durchzogen:* ein faltiges Gesicht. **sinnv.:** hutzelig, knittrig, kraus, runzlig, schlaff, schrumplig, verhutzelt, verschrumpelt, welk, zerfurcht, zerklüftet, zerknittert · erschlaffen.

fa|mi|li|är ‹Adj.›: **1.** *die Familie betreffend:* familiäre Sorgen, Pflichten. **sinnv.:** familial. **2.** *in freundschaftlicher, Vertrautheit erkennen lassender Weise ungezwungen:* eine familiäre Atmosphäre; sie redeten in familiärem Ton miteinander. **sinnv.:** ↑vertraut.

Fa|mi|lie, die; -, -n: **a)** *Gemein-*

schaft von Eltern und Kindern: eine F. mit vier Kindern; eine F. gründen; er hat eine große F. **sinnv.:** die Meinen, Weib und Kind. **Zus.:** Bauern-, Lehrers-, Nachbarsfamilie. **b)** *Gruppe aller verwandtschaftlich zusammengehörenden Personen:* das Haus ist schon seit zweihundert Jahren im Besitz der F. **sinnv.:** Anhang, Clan, Geschlecht, Großfamilie, Haus, Sippe, Sippschaft, Verwandtschaft. **Zus.:** Adels-, Großfamilie.

Fa|mi|li|en|na|me, der; -ns, -n: *zum Vornamen einer Person hinzutretender Name der Familie, der die Zugehörigkeit zu dieser ausdrückt.* **sinnv.:** Eigenname, Nachname, Name, Vatersname, Zuname · Geburtsname, Mädchenname; ↑Vorname.

fa|mos ⟨Adj.⟩ (ugs.): *so geartet, daß man an der betreffenden Person oder Sache Vergnügen, Gefallen findet:* sie ist ein famoses Mädchen; das ist eine famose Idee; es schmeckt f. **sinnv.:** ↑vortrefflich.

Fan [fɛn], der; -s, -s: *begeisterter Anhänger einer Person oder Sache:* ein F. der Popmusik; viele Fans kamen, um die Band zu hören. **sinnv.:** ↑Anhänger. **Zus.:** Film-, Fußball-, Jazz-, Sportfan.

Fa|na|ti|ker, der; -s, -, **Fa|na|ti|ke|rin,** die; -, -nen: *männliche bzw. weibliche Person, die einer Idee oder einer Sache mit Leidenschaft anhängt, sie mit [rücksichtslosem] Eifer vertritt.* **sinnv.:** ↑Eiferer. **Zus.:** Fußball-, Glaubens-, Rassen-, Wahrheitsfanatiker.

fa|na|tisch ⟨Adj.⟩: *sich leidenschaftlich und rücksichtslos für etwas einsetzend:* ein fanatischer Anhänger des Fußballs; f. für eine Idee kämpfen. **sinnv.:** ↑besessen.

Fa|na|tis|mus, der; -: *unduldsamer, leidenschaftlicher Einsatz für etwas; fanatisches Auftreten:* er ließ sich von dem blinden F. ringsum anstecken. **sinnv.:** ↑Begeisterung.

Fan|fa|re, die; -, -n: *lange, einfache Trompete ohne Ventile* (siehe Bildleiste „Blechblasinstrumente"): die F./auf der F. blasen. **sinnv.:** ↑Blechblasinstrument.

Fang, der; -[e]s, Fänge: **a)** ⟨ohne Plural⟩ *das Fangen:* der F. von Fischen. **Zus.:** Fisch-, Kunden-, Lachs-, Männer-, Vogelfang. **b)** *beim Fangen gemachte Beute:* der Angler hat seinen F. nach Hause getragen.

fan|gen, fängt, fing, hat gefangen: **1.** ⟨tr.⟩ *(ein Tier, einen Menschen) [verfolgen und] zu fassen kriegen, in seine Gewalt bekommen:* einen Dieb f.; Vögel, Fische f. **sinnv.:** einfangen, erhaschen, haschen, erwischen; ↑ergreifen. **2.** ⟨tr.⟩ *etwas, was geworfen o. ä. wird, mit der Hand ergreifen und festhalten:* einen Ball f. **sinnv.:** auffangen, greifen, haschen. **3.** ⟨sich f.⟩ *wieder ins Gleichgewicht kommen; die Balance wiedergewinnen:* fast wäre er gestürzt, aber er fing sich im letzten Augenblick.

Far|be, die; -, -n: **1.** *vom Auge wahrgenommene Tönung von etwas:* die F. des Kleides ist rot: die meisten Bilder sind in F. *(farbig, bunt).* **sinnv.:** Couleur, Farbton, Färbung, Kolorierung, Kolorit, Nuance, Schattierung, Schimmer, Ton, Tönung. **Zus.:** Augen-, Haar-, Haut-, Lieblings-, Mode-, Spektralfarbe. **2.** *färbendes Mittel, Substanz zum Färben, Anmalen:* schnell trocknende, deckende Farben; die Farben sind ineinandergelaufen. **sinnv.:** Farbstoff, Färbemittel, Lack, Tusche. **Zus.:** Aquarell-, Blei-, Deck-, Druck-, Leucht-, Öl-, Pastell-, Schutz-, Stoff-, Tempera-, Wasserfarbe.

fär|ben: a) ⟨tr.⟩ *farbig, bunt machen; mit einer Farbe versehen:* zu Ostern Eier bunt f.; sie hat sich die Haare gefärbt. **sinnv.:** anmalen. **b)** ⟨sich f.⟩ *eine bestimmte Farbe bekommen:* die Blätter der Bäume färben sich gelb.

far|ben|blind ⟨Adj.⟩: *unfähig, Farben richtig zu erkennen oder zu unterscheiden.*

far|ben|präch|tig ⟨Adj.⟩: *reich an leuchtenden Farben, sehr farbig:* ein farbenprächtiges Gemälde.

far|big ⟨Adj.⟩: **1.** *eine oder mehrere Farben aufweisend:* ein farbiger Druck. **sinnv.:** ↑bunt. **Zus.:** bunt-, drei-, korallen-, mehr-, sand-, verschieden-, zartfarbig. **2.** *eine braune oder schwarze, auch rote oder gelbe Hautfarbe habend:* ein farbiger Amerikaner.

Far|bi|ge, der; -n, -n: ⟨aber: [ein] Farbiger; Plural: [viele] Farbige⟩: *Mensch, der farbig ist, keine weiße Hautfarbe hat.* **sinnv.:** ↑Neger.

farb|los ⟨Adj.⟩: **1.** *keine Farbe aufweisend, enthaltend; nicht gefärbt:* eine farblose Flüssigkeit. **sinnv.:** ↑blaß, fahl. **2.** *durch keinerlei hervorstechende positive Eigenschaften, Merkmale auffallend:* ein farbloser Politiker; eine farblose Schilderung. **sinnv.:** ↑einfach.

Farm, die; -, -en: **1.** *größerer landwirtschaftlicher Betrieb (in angelsächsischen Ländern).* **sinnv.:** Anwesen, ↑Bauernhof, Grundbesitz, Grundstück, Rittergut. **Zus.:** Groß-, Rinderfarm. **2.** *größerer Betrieb für die Zucht von Geflügel oder Pelztieren.* **Zus.:** Hühner-, Nerz-, Schlangenfarm.

Far|mer, der; -s, -: *Besitzer oder Pächter einer Farm.* **sinnv.:** ↑Bauer.

Farn, der; -s, -e: *staudenartig wachsende Pflanze mit großen, meist gefiederten Blättern, die sich durch Sporen vermehrt.* **Zus.:** Adler-, Tüpfel-, Wald-, Zimmerfarn.

Fa|san, der; -[e]s, -e: *größerer, auf dem Boden (bes. in Gehölzen auf Feldern) lebender Vogel, bei dem die Henne unauffällig graubraun und der Hahn meist sehr farbenprächtig gefiedert ist.* **Zus.:** Goldfasan.

Fa|sching, der; -s: ↑*Karneval.* **sinnv.:** ↑Fastnacht.

Fa|schis|mus, der; -: *extrem nationalistische, nach dem Führerprinzip organisierte, antiliberale und antimarxistische Bewegung oder solch ein Herrschaftssystem.*

fa|seln ⟨itr./tr.⟩: *in einer als unüberlegt, wirr empfundenen Weise meist weitschweifig und ohne genaue Sachkenntnis daherreden:* er hat [etwas] von einem Roman gefaselt; was faselst du da? **sinnv.:** ↑sprechen.

Fa|ser, die; -, -n: *feines, dünnes fadenähnliches Gebilde (das aus pflanzlichem oder tierischem Rohstoff besteht oder synthetisch erzeugt ist und als Ausgangsmaterial für Garn u. ä. dient).* **sinnv.:** ↑Faden, Fussel, Gewebe.

fa|sern ⟨itr.⟩: *sich in Fasern auflösen, Fasern verlieren:* dieser Stoff fasert sehr. **sinnv.:** ↑fusseln.

Faß, das; Fasses, Fässer: *größeres, zylindrisches, oft bauchig geformtes Behältnis (aus Holz oder Metall, das der Aufnahme, Aufbewahrung meist flüssiger Substanzen, auch von Nahrungsmitteln und anderen Materialien* *dient):* drei Fässer aus Eichenholz; Bier vom F. /als Maßangabe/ drei F. Bier. **sinnv.:** Tonne; ↑Behälter. **Zus.:** Bier-, Herings-, Pulver-, Regen-, Salz-, Teer-, Tinten-, Weinfaß.

Fas|sa|de, die; -, -n: *vordere (gewöhnlich der Straße zugekehrte) Seite (eines Gebäudes):* das Haus hat eine schöne F. **sinnv.:** ↑Vorderseite. **Zus.:** Barockfassade.

fas|sen, faßt, faßte, hat gefaßt /vgl. gefaßt/: **1.** ‹tr.› **a)** *ergreifen und festhalten:* jmdn. am Arm, an der Hand f.; das Seil mit beiden Händen f.; den Dieb f. *(festnehmen).* **sinnv.:** ergreifen; ↑greifen; ↑verhaften. **b)** *mit der Hand an eine bestimmte Stelle greifen:* an den heißen Ofen, in den Schnee f. **sinnv.:** ↑berühren. **2.** ‹itr.› *(als Inhalt) aufnehmen können:* das Gefäß faßt einen Liter Flüssigkeit. **3.** ‹tr.› *als Zuteilung in Empfang nehmen:* Essen, Munition f. **sinnv.:** ↑entgegennehmen. **4.** ‹tr.› *mit einer Einfassung, Umrahmung versehen:* einen Edelstein f. **sinnv.:** ↑einfassen. **5.** ‹tr.› *geistig erfassen, in seinen Zusammenhängen, Auswirkungen begreifen:* den Sinn der Worte, die Vorgänge nicht f. können. **sinnv.:** ↑verstehen. **6.** ‹sich f.› *sein inneres Gleichgewicht, seine Haltung wiederfinden:* sie erschrak, faßte sich aber schnell. **sinnv.:** ↑abreagieren. **7.** ‹als Funktionsverb›: einen Plan f. *(etwas Bestimmtes planen);* einen Entschluß f. *(sich zu etwas entschließen).*

Fas|sung, die; -, -en: **1.** *Vorrichtung zum Festschrauben oder Festklemmen elektrischer Birnen, Röhren o. ä.:* eine Glühbirne in die F. schrauben. **sinnv.:** Halter, Halterung, Haltevorrichtung. **Zus.:** Lampen-, Schraubfassung. **2.** *der Befestigung von etwas dienende, oft kunstvoll ausgearbeitete Umrandung:* der Diamant steckte in einer wertvollen F.; **sinnv.:** Einfassung, Einrahmung, Rahmung, Umrahmung, Umrandung. **Zus.:** Blei-, Brillen-, Ein-, Steinfassung. **3.** ‹ohne Plural› *gelassene innere Haltung, Besonnenheit:* seine F. bewahren, verlieren; jmdn. aus der F. bringen. **sinnv.:** Gelassenheit. **4.** *ausgearbeitete Gestalt und Form eines literarischen, künstlerischen o. ä. Werkes:* die zweite F. eines Romans. **sinnv.:** ↑Auflage; Wortlaut. **Zus.:** Bühnen-, End-, Kurz-, Original-, Urfassung.

fas|sungs|los ‹Adj.›: *erschüttert und völlig verwirrt:* f. sah sie ihn an. **sinnv.:** ↑betroffen.

Fas|sungs|ver|mö|gen, das; -s: *durch den vorhandenen Raum vorgegebene Möglichkeit zur Aufnahme einer bestimmten Menge, Anzahl:* das F. dieses Kessels beträgt 50 Liter. **sinnv.:** Aufnahmefähigkeit, Fassungskraft, Kapazität, Volumen.

fast ‹Adverb›: ↑*beinahe:* er ist mit seiner Arbeit f. fertig.

fa|sten, fastete, hat gefastet ‹itr.›: *(für eine bestimmte Zeit) wenig oder nichts essen, auf den Genuß bestimmter Speisen verzichten:* weil sie zu dick ist, will sie eine Woche f.

Fast|nacht, die; -: *die letzten drei oder vier Tage, bes. der letzte Tag vor der beginnenden Fastenzeit, an dem der Karneval seinen Höhepunkt erreicht.* **sinnv.:** Fasching, Fastnachtszeit, Karneval, die närrische Zeit, die drei tollen Tage.

Fas|zi|na|ti|on, die; -, -en: *fesselnde, anziehende Wirkung, bezaubernde Ausstrahlung:* sie, das Bild strahlte eine eigenartige F. [auf ihn] aus. **sinnv.:** Anziehungskraft, Bezauberung, ↑Reiz, Verzauberung, Zauber.

fas|zi|nie|ren ‹tr.›: *eine Faszination auf jmdn. ausüben:* der Gedanke faszinierte ihn; eine faszinierende Frau. **sinnv.:** ↑betören; ↑bezaubern · ↑berükkend.

fa|tal ‹Adj.›: *sehr unangenehm und peinlich; Ärger und Unannehmlichkeiten verursachend, schlimme Folgen nach sich ziehend:* eine fatale Lage; fatale Folgen; das wirkt sich f. aus; seine Situation war sehr f. **sinnv.:** ↑ernst, ↑schlimm, ↑unangenehm, ↑unerfreulich.

fau|chen ‹itr.›: *(bes. von Tieren) drohende, zischende Laute ausstoßen:* die Katze fauchte wütend. **sinnv.:** schnauben, zischen; ↑blasen.

faul ‹Adj.›: **I. a)** *zersetzt, in Gärung, Verwesung geraten [und dadurch verdorben, ungenießbar geworden]:* faule Äpfel. **sinnv.:** ↑ungenießbar. **b)** *als sehr zweifelhaft, bedenklich, als nicht in Ordnung, nicht einwandfrei empfunden:* ein fauler Kompromiß; eine faule Ausrede; an der Sache ist etwas f. **sinnv.:** ↑anrüchig. **II.** (emotional) *nicht gern tätig; abgeneigt zu arbeiten, sich zu bewegen, anzustrengen; nicht fleißig:* er ist ein fauler Mensch. **sinnv.:** arbeitsscheu, bequem, müßig, tatenlos, untätig; ↑träge. **Zus.:** maul-, mund-, schreib-, stinkfaul.

fau|len, faulte, ist gefault ‹itr.›: *in Fäulnis übergehen; durch Fäulnis verderben, ungenießbar werden.* **sinnv.:** modern, schlecht werden, schimmeln, umkommen, verderben, verfaulen, vergammeln, verkommen, vermodern, verrotten, verschimmeln, verwesen, sich zersetzen.

fau|len|zen ‹itr.›: *ohne etwas zu tun, die Zeit verbringen:* er hat während der ganzen Ferien gefaulenzt. **sinnv.:** blaumachen, bummeln, Daumen/Däumchen drehen, die Hände in den Schoß legen, auf der faulen Haut liegen, krankfeiern, keinen Strich tun, die Zeit totschlagen; ↑ruhen.

Fau|len|zer, der; -s, -: *jmd., der faulenzt.* **sinnv.:** Dünnbrettbohrer, Faulpelz, Faultier, Müßiggänger, Nichtstuer, Tagedieb.

Faul|heit, die; -: *das Faul-, Bequemsein:* alle ärgern sich über seine F. **sinnv.:** Arbeitsscheu, Bequemlichkeit, Faulenzerei, Müßiggang, Trägheit. **Zus.:** Denk-, Schreibfaulheit.

Fäul|nis, die; -: *das Faulen, Faulwerden:* ein Teil des Obstes war durch F. zerstört. **sinnv.:** Schimmel, Verwesung; ↑Verfall.

Faust, die; -, Fäuste: *fest geschlossene Hand:* er schlug mit der F. gegen die Tür.

Faust|re|gel, die; -, -n: *einfache (auf Erfahrung gegründete) Regel:* eine bewährte F. anwenden. **sinnv.:** ↑Regel.

Faux|pas [fo'pa], der; - [fo'pa(s)], - [fo'pas]: *Verstoß gegen allgemein anerkannte gesellschaftliche Sitten und Gebräuche:* einen groben F. begehen. **sinnv.:** ↑Ausrutscher; ↑Fehler.

Fa|vo|rit, der; -en, -en, **Fa|vo|ri|tin,** die; -, -nen: *männliche bzw. weibliche Person, der erklärtermaßen der Vorzug [bei der Einschätzung ihrer Person oder Leistung] vor anderen gegeben wird:* als Favoriten gehen zwei Deutsche an den Start; Favorit in der Popszene ist eine britische Gruppe. **sinnv.:** Günstling, ↑Liebling, ↑Sieger.

Fa|zit, das; -s: *zusammenfassend festgestelltes Ergebnis:* das F. der Untersuchungen war in beiden Fällen gleich. **sinnv.:** ↑Erfolg; ↑Zusammenfassung.

Fe|bru|ar, der; -[s]: *zweiter Monat des Jahres.* **sinnv.:** Feber, Hornung.

fech|ten, ficht, focht, hat gefochten ⟨itr.⟩: *mit einem Degen, Säbel oder Florett in sportlichem Wettkampf mit jmdm., miteinander kämpfen:* die beiden fechten mit Säbeln. **sinnv.:** ↑kämpfen.

Fe|der, die; -, -n: **1.** *Gebilde, das in großer Zahl auf dem Körper der Vögel wächst (und dem Fliegen sowie dem Wärmeschutz dient)* (siehe Bild): ein mit Federn gefülltes Kissen. **sinnv.:** ↑Daune, Dune, Flaum; ↑Gefieder. **Zus.:** Deck-, Gänse-, Hühner-, Pfauen-, Schwanz-, Straußen-, Vogelfeder. **2.** *spitzer Gegenstand aus Metall, der Teil eines Gerätes zum Schreiben oder Zeichnen ist* (siehe Bild): mit einer breiten, spitzen Feder schreiben. **sinnv.:** ↑Stift. **Zus.:** Füll-, Gold-, Reiß-, Zeichenfeder. **3.** *elastisches, spiraliges oder blattförmiges Teil aus Metall, mit dem eine Spannung erzeugt werden kann, das einen Zug oder Druck aushalten oder ausüben soll:* die F. der Uhr ist gespannt, gebrochen. **Zus.:** Spann,- Spiral-, Sprung-, Trieb-, Uhr-, Zugfeder.

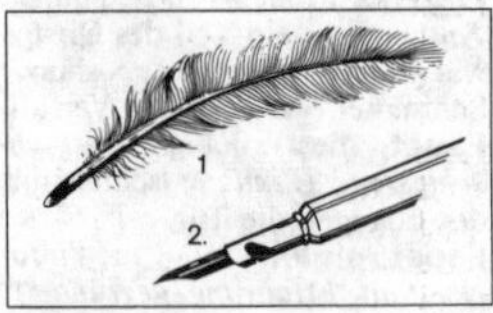

Fe|der|bett, das; -[e]s, -en: *mit Federn gefülltes Deckbett:* ich deckte mich mit dem F. zu. **sinnv.:** Bettdecke, Daunendekke, Deckbett, ↑Decke, Federdeckbett, Federdecke, Oberbett, Plumeau, Steppdecke, Überbett.

fe|dern: 1. ⟨itr.⟩ *bei einer Belastung nachgeben und danach wieder in die alte Lage zurückkehren:* die Matratzen federn gut. **sinnv.:** abfedern abprallen, zurückprallen, zurückschnellen, zurückspringen. **2.** ⟨tr.⟩ *durch Federn o. ä. elastisch machen:* die Sitze gut f.; ein schlecht, gut gefederter Wagen. **sinnv.:** ↑biegsam.

Fee, die; -, Feen: *mit Zauberkraft ausgestattete, meist schöne weibliche Gestalt aus dem Märchen, die Gutes oder auch Böses bewirkt.* **Zus.:** Küchen-, Märchen-, Puppen-, Waldfee.

fe|gen: a) ⟨tr./itr.⟩ (bes. nordd.) *mit einem Besen von Staub, Schmutz o. ä. befreien:* er hat die Straße gefegt; ich muß noch f. **sinnv.:** ↑säubern. **b)** *mit dem Besen irgendwohin bewegend entfernen:* sie hat den Schmutz aus dem Zimmer gefegt.

fehl-, Fehl- ⟨Präfixoid⟩: **I.** *falsch ..., fehlerhaft ..., verfehlt ... [und folglich unangebracht, ungeeignet, unerwünscht, unbeabsichtigt, unpassend, erfolglos o. ä.] (in bezug auf das im Basiswort [meistens ein Verbalsubstantiv] Genannte):* **1.** ⟨substantivisch⟩: Fehlabspiel, -angabe, -auslegung, -behandlung, -belegung, -belichtung, -bildung, -bitte, -darstellung, -deutung, -diagnose, -disposition, -einsatz (Fehleinsätze von Rettungshubschraubern), -einschätzung, -entscheidung, -entwicklung, -ernährung, -farbe, -form (Fehlformen der Religiosität), -handlung, -investition *(unrentable und daher falsche Investition),* -kalkulation, -konstruktion, -leistung, -paß *(fehlerhaftes Zuspiel, bes. im Fußball, bei dem der Ball den angespielten Mannschaftsspieler nicht erreicht)* -planung, -prognose, -start, -tritt, -urteil, -verhalten. **sinnv.:** Miß-, Un-. **2.** ⟨verbal⟩: fehlbelegen (eine Wohnung f.), -besetzen (eine Rolle im Theater f. = *mit jmdm. besetzen, der dafür nicht besonders geeignet ist*), -deuten, -ernähren, -geraten, -greifen *(danebengreifen),* -investieren, -leiten, -schießen, -treten, -verteilen (Investitionszuschüsse f.); /mit Partizip II/: fehlangepaßte Kinder. **II.** ⟨substantivisch⟩ *fehlend ...:* Fehlbestand, -betrag, -gewicht, -zeit (Fehlzeiten bei der Pflichtversicherung).

fehl|len ⟨itr.⟩: **1. a)** *nicht anwesend, nicht vorhanden sein:* er fehlte unter den Gästen; besondere Kennzeichen fehlen. **sinnv.:** ↑ausfallen · ↑abwesend. **b)** *nicht zu jmds. Verfügung stehen:* es fehlt ihm an Zeit, Geld. **sinnv.:** ↑entbehren; ↑mangeln. **c)** *herbeigewünscht, entbehrt, vermißt werden:* die Mutter fehlt ihnen sehr; das Auto fehlt mir gar nicht. **d)** *nicht mehr dasein, verschwunden, verlorengegangen sein:* in der Kasse fehlen drei Mark; an der Jacke fehlt ein Knopf. **e)** *zur Erreichung eines bestimmten Zieles erforderlich sein:* zum Sieg fehlen noch drei Punkte. **sinnv.:** ↑ausstehen. **2.** ⟨unpersönlich⟩ *nicht in genügendem Maße vorhanden sein, nicht ausreichen, zu knapp sein:* es fehlt uns am Nötigsten, an ausgebildeten Kräften; wo fehlt es denn *(was gibt es für Sorgen, Probleme)?;* mir fehlt nichts *(ich bin nicht krank, habe keinen Kummer o. ä.).*

Fehl|ler, der; -s, -: **1. a)** *etwas, was falsch ist, falsch gemacht worden ist, was von der richtigen Form abweicht:* er macht beim Schreiben viele F.; in dem Gewebe, dem Material sind einige F. *(fehlerhafte, schlechte Stellen).* **sinnv.:** Falschschreibung. **Zus.:** Flüchtigkeits-, Rechen-, Rechtschreib-, Übersetzungs-, Webfehler. **b)** *irrtümliche Entscheidung, Maßnahme; falsches Verhalten:* einen F. begehen, machen; einen F. wiedergutmachen; es war ein F. *(es war falsch),* so schnell zu handeln. **sinnv.:** Ausrutscher, Entgleisung, Fauxpas, Fehlgriff, Irrtum, Lapsus, Mißgriff, Mißverständnis, Patzer, Schnitzer, Unterlassungssünde, Versehen. **Zus.:** Grund-, Kardinalfehler. **2.** *schlechte Eigenschaft:* er hat viele F. und Eigenarten. **sinnv.:** ↑Mangel. **Zus.:** Charakter-, Geburts-, Sprachfehler.

feh|ler|haft ⟨Adj.⟩: *Fehler aufweisend und daher nicht einwandfrei:* fehlerhaftes Material. **sinnv.:** ↑falsch.

feh|ler|los ⟨Adj.⟩: *keine Fehler aufweisend, ohne Fehler:* er schreibt f. **sinnv.:** ↑vollkommen.

Fehl|ge|burt, die; -, -en: *vorzeitige Geburt, bei der das Kind nicht lebt.* **sinnv.:** Abort, Abortus, Schwangerschaftsabbruch, Schwangerschaftsunterbrechung · Abtreibung.

Fehl|griff, der; -[e]s, -e: *falsche Maßnahme:* diesen F. hätte er vermeiden müssen. **sinnv.:** ↑Fehler.

Fehl|schlag, der; -[e]s, Fehlschläge: *etwas, was sich in bezug auf den [erwarteten] Erfolg als verfehlt erweist:* nach dem F. des Versuches, eine neue Partei zu gründen; diese Maßnahme erwies sich als [ein] F.; er wußte nichts vom F. des Attentats. **sinnv.:** Flop, ↑Mißerfolg.

fehl|schla|gen, schlägt fehl, schlug fehl, ist fehlgeschlagen

⟨itr.⟩: *(als Sache) keinen Erfolg haben, mißlingen:* alle Versuche zur Rettung des Verunglückten schlugen fehl. **sinnv.:** ↑scheitern.

Feiler, die; -, -n: *Fest, festliche Veranstaltung anläßlich eines besonderen Ereignisses, eines Gedenktages:* zu seinem Jubiläum fand eine große F. statt. **sinnv.:** Feierstunde, Festabend, Festakt, Festsitzung, Festveranstaltung, Fete, Tanztee; ↑Fest. **Zus.:** Abschluß-, Beisetzungs-, Einweihungs-, Familien-, Geburtstags-, Gedenk-, Hochzeits-, Schul-, Sieges-, Trauer-, Weihnachtsfeier.

Feilerlabend, der; -s, -e: **a)** *Ende der Arbeitszeit:* in diesem Betrieb ist um fünf Uhr F. **sinnv.:** Büroschluß, Dienstschluß, Geschäftsschluß. **b)** *Zeit am Abend, Freizeit nach der Arbeit:* er verbringt seinen F. mit Lesen. **sinnv.:** ↑Muße.

feilerllich ⟨Adj.⟩: *der Festlichkeit, dem Ernst, der Würde des Geschehens, eines Vorganges angemessen:* ein feierlicher Augenblick; es herrschte feierliche Stille; die Trauung war sehr f. **sinnv.:** erhebend, festlich, weihevoll, würdevoll, würdig; ↑erhaben.

feilern: 1. a) ⟨tr.⟩ *würdig, festlich begehen:* einen Geburtstag, eine Verlobung, Weihnachten f. **sinnv.:** begehen, begießen. **b)** ⟨itr.⟩ *fröhlich, lustig beisammen sein:* sie feierten fast jede Nacht. **sinnv.:** einen draufmachen, ein Faß aufmachen, ein Fest/eine Party geben, eine Fete/eine Sause machen, auf die Pauke/auf den Putz hauen, sumpfen. **2.** ⟨tr.⟩ *durch lebhaften Beifall, Jubel ehren:* der Sänger, Sieger, Sportler wurde sehr gefeiert. **sinnv.:** ↑loben.

Feilerltag, der; -[e]s, -e: *jährlich wiederkehrender, gesetzlich festgelegter Tag, an dem nicht gearbeitet wird:* der 1. Mai ist ein F.; ein kirchlicher, gesetzlicher, hoher F. **sinnv.:** Festtag; ↑Ruhetag.

feilge ⟨Adj.⟩: *in einer als verachtenswert angesehenen Weise die Gefahr scheuend, vor jedem Risiko zurückschreckend; ohne Mut:* er ist ein feiger Kerl; er hat sich f. versteckt; er hat uns f. im Stich gelassen. **sinnv.:** ↑ängstlich, memmemhaft; ↑gemein; zimperlich.

Feilge, die; -, -n: *(von einem im tropischen und subtropischen Klima wachsenden Baum mit großen, fingerförmig gelappten Blättern stammende) grüne oder violette, birnenförmige, süße Frucht, die frisch oder getrocknet gegessen wird.*

Feiglling, der; -s, -e: *jmd., der feige ist:* er ist ein großer F. **sinnv.:** Angsthase, Bangbüx, Drückeberger, Duckmäuser, Flasche, Hasenfuß, Hasenherz, Hosenscheißer, Memme, Scheißer, Schlappschwanz, ↑Schwächling, Waschlappen; ↑Mann.

Feille, die; -, -n: *Werkzeug aus Stahl mit vielen kleinen Zähnen oder Rillen zum Bearbeiten, Glätten von Metall oder Holz:* eine grobe, feine F. **Zus.:** Dreikant-, Flach-, Nagelfeile.

feillen: a) ⟨tr./itr.⟩ *mit einer Feile bearbeiten:* etwas rund, glatt f.; diese Kante muß noch ein wenig gefeilt werden; er hat an dem Schlüssel so lange gefeilt, bis er paßte. **sinnv.:** ↑polieren. **b)** ⟨tr.⟩ *mit der Feile in etwas herstellen:* eine Kerbe f.

feillschen ⟨itr.⟩: *hartnäckig um einen niedrigeren Preis handeln:* bei allen Käufen versucht er zu f. **sinnv.:** ↑handeln.

fein ⟨Adj.⟩: **1. a)** *von dünner, zarter, nicht grober Beschaffenheit:* feines Gewebe; ihre Haare sind sehr f.; du mußt den Kaffee f. mahlen. **sinnv.:** ↑duftig. **b)** *von angenehm-zartem Äußeren:* ein feines Profil; feine Hände. **sinnv.:** ↑zart. **2.** *von ausgezeichneter, hoher Qualität:* eine sehr feine Seife; feines Gebäck; ein feines Essen. **sinnv.:** ↑kostbar; ↑vortrefflich. **3.** *große Genauigkeit, Empfindlichkeit, Schärfe besitzend, aufweisend; alle, viele Einzelheiten erkennend, wahrnehmend, berücksichtigend:* er hat ein feines Gehör; ein Instrument f. einstellen; die Unterschiede f. herausarbeiten. **sinnv.:** einfühlsam, ↑empfindlich, exakt, feinsinnig, genau, scharf; ↑klar. **4.** *in seinem Denken, Handeln, Auftreten einwandfrei, anständig, vornehm; von Anständigkeit, Vornehmheit zeugend:* er ist ein feiner Mensch; sein Benehmen war nicht f. **sinnv.:** ↑geschmackvoll; ↑gewählt; ↑vornehm. **5.** *angenehm, erfreulich wirkend; Lob, Anerkennung verdienend:* das ist eine feine Sache; es ist f., daß ihr gekommen seid; das hast du f. gemacht. **sinnv.:** ↑erfreulich.

Feind, der; -es, -e: **1.** *männliche Person in bezug auf einen anderen Menschen, gegen den sie Haß empfindet, dem sie Schaden zufügen will:* er ist sein größter, schlimmster F.; ein F. des Volkes, der Arbeiterklasse. **sinnv.:** ↑Gegner. **Zus.:** Frauen-, Glaubens-, Klassen-, Menschen-, Staatsfeind. **2.** *gegnerische, feindliche Macht, Angehöriger einer gegnerischen Macht; gegnerische Truppen:* der F. steht vor der Hauptstadt; sie waren im Krieg unsere Feinde. **Zus.:** Erz-, Staats-, Todfeind. **3.** ⟨F. + Attribut⟩ *jmd., der etwas entschieden bekämpft:* er ist ein F. von Gewalttätigkeiten.

Feinldin, die; -, -nen: vgl. Feind (1).

feindllich ⟨Adj.; nur attributiv⟩: **1.** *dem Feind* (1) *entsprechend:* eine feindliche Haltung einnehmen. **sinnv.:** ↑gegnerisch. **2.** *dem Feind* (2) *entsprechend:* die feindlichen Truppen. **3.** *von entschiedener Ablehnung, Gegnerschaft zeugend:* eine feindliche Haltung gegenüber jmdm. einnehmen; vgl. -feindlich.

-feindllich ⟨adjektivisches Suffixoid⟩ /Ggs. -freundlich/: **1.** *in seiner Art, Beschaffenheit für das im Basiswort Genannte ungünstig, es behindernd, ihm schadend, sich nachteilig auswirkend:* arbeiterfeindlicher Gesetzentwurf, arbeitnehmerfeindlicher Vorschlag, bildungs-, bürger-, familien-, fortschritts-, Frauen demonstrieren gegen frauenfeindliche Medizin, fußgängerfeindliche Straßenführung, kinderfeindliche Wohnungen, kommunikationsfeindliches Hochhaus, lebensfeindliche Umwelt, lustfeindliche Moral, reform-, sexfeindliche Erziehung, sexual-, technikfeindliche Gesellschaft, zivilisationsfeindlich. **2.** *gegen das im Basiswort Genannte gerichtet, eingestellt, es ablehnend:* frauenfeindlich eingestellt, homosexuellenfeindliche Umwelt, justizfeindlich werden, raketen-, regierungsfeindliche Truppen. **sinnv.:** anti-.

Feindlschaft, die; -, -en: *feindliche Einstellung, Haltung gegenüber anderen, die dadurch geprägte Beziehung:* sich jmds. F. zuziehen; sie lebten miteinander in F. **sinnv.:** ↑Abneigung.

feindlsellig ⟨Adj.⟩: *voll Haß und Feindschaft:* er schaute seinen Gegner mit feindseligen Blicken an. **sinnv.:** ↑gegnerisch.

Feind|se|lig|keit, die; -, -en: **1.** ‹ohne Plural› *feindselige Haltung, feindliche Gesinnung:* sein Benehmen mir gegenüber war voller F. **sinnv.:** ↑Abneigung; ↑Aggression. **2.** ‹Plural› *kriegerische Handlungen:* die Truppen eröffneten noch in der Nacht die Feindseligkeiten. **sinnv.:** ↑Angriff, ↑Kampf.

fein|füh|lig ‹Adj.›: *fein empfindend:* er ist ein sehr feinfühliger Mensch. **sinnv.:** einfühlsam, empfindsam, feinsinnig, gefühlvoll, sensibel, zartfühlend; ↑empfindlich; ↑rücksichtsvoll; ↑vornehm.

Fein|kost, die; -: *feine Lebens- und Genußmittel:* ein Geschäft, das sich auf F. spezialisiert hat. **sinnv.:** ↑Leckerbissen.

Fein|schmecker, der; -s, -: *jmd., der einen ausgeprägten Geschmack bes. in bezug auf feine, ausgefallene Speisen hat.* **sinnv.:** Genießer, Gourmet, Leckermaul · Gourmand, Schlemmer, Schwelger.

feist ‹Adj.›: *[in unangenehmer Weise] dick, fett:* ein feistes Gesicht. **sinnv.:** ↑dick.

fei|xen, feixte, hat gefeixt ‹itr.›: *sich mit boshaftem, schadenfrohem Grinsen über jmdn. lustig machen:* die Schüler feixten hinter dem Rücken des Lehrers. **sinnv.:** ↑lachen.

Feld, das; -[e]s, -er: **1.** *für den Anbau genutzter Boden, genutztes abgegrenztes Stück Land:* Felder und Wiesen; die Bauern arbeiten auf dem F. **sinnv.:** Ackerland, Boden, Flur, Grund, Grundstück, Grund und Boden; ↑Acker; ↑Gebiet. **Zus.:** Baumwoll-, Gemüse-, Getreide-, Kartoffel-, Korn-, Raps-, Stoppelfeld. **2.** *von einer zusammenhängenden Fläche abgeteiltes, abgetrenntes Stück:* die Felder des Schachbretts; die leeren Felder eines Formulars ausfüllen. **Zus.:** Fußball-, Spiel-, Wappenfeld. **3.** ↑*Bereich* (2): das F. der Forschung. **Zus.:** Arbeits-, Betätigungs-, Gesichts-, Tätigkeits-, Wirkungsfeld.

Feld|ste|cher, der; -s, -: ↑*Fernglas.*

Feld - Wald - und - Wie|sen- ‹Präfixoid› (ugs.): */besagt, daß das im Basiswort Genannte (Berufs- oder Sachbezeichnung) geringschätzig als nichts Besonderes, nur als etwas Durchschnittliches, nur als das allgemein Übliche abqualifiziert wird/:* Feld-Wald-und-Wiesen-Ansprache, -Dichter, -Erkältung, -Maler, -Philosophie, -Predigt, -Themen. **sinnv.:** Allerwelts-, Durchschnitts-, Nullachtfünfzehn-.

Feld|we|bel, der; -s, -: *Soldat im Rang eines Unteroffiziers.*

Feld|zug, der; -[e]s, Feldzüge: **1.** *größeres kriegerisches Unternehmen:* einen F. gegen ein Nachbarland führen. **sinnv.:** Kriegszug, Kampagne; ↑Kampf; ↑Krieg. **2.** *gemeinschaftliche Aktion für oder gegen jmdn./etwas:* zum F. gegen die Armut aufrufen. **sinnv.:** ↑Aktion; ↑Versuch.

Fel|ge, die; -, -n: *Teil des Rades, auf dem der Reifen sitzt.*

Fell, das; -[e]s, -e: *dicht behaarte Haut (bestimmter Tiere):* er hat dem toten Hasen das F. abgezogen. **sinnv.:** Balg, Decke, Haarkleid, Pelz. **Zus.:** Bären-, Hasen-, Kalb-, Katzen-, Lamm-, Tiger-, Wolfsfell.

Fels, der; -en, -en: **1.** ‹ohne Genitiv, ohne Plural, Dativ und Akkusativ unverändert› *zusammenhängende Masse harten Gesteins:* beim Graben stießen sie auf F. **sinnv.:** ↑Gestein. **2.** ↑*Felsen:* er stand da wie ein F. [in der Brandung].

Fel|sen, der; -s, -: *großer Block, große aufragende Masse aus hartem Gestein:* sie kletterten auf einen F. **sinnv.:** ↑Gestein.

fe|mi|nin ‹Adj.›: **a)** *weiblich:* eine rein feminine Besatzung: 3 Frauen. **sinnv.:** ↑weiblich. **b)** *für die Frau als charakteristisch geltend:* ihre Züge waren gar nicht f.; Schmuck wurde als f. abgelehnt; er hat ein feminines Talent zur Anpassung. **c)** *das Weibliche betonend:* ein feminines Parfum; ein sehr feminines Mädchen. **d)** *(als Mann) weiblich-weich und nicht die für den Mann als charakteristisch geltenden Eigenschaften habend:* er gilt als f.; seine Bewegungen sind f. **sinnv.:** halbseiden, unmännlich, weibisch.

Fe|mi|nis|mus, der; -: *Frauenbewegung, die die Befreiung der Frau von gesellschaftlicher Diskriminierung und Unterdrückung durch Veränderung der gesellschaftlichen Verhältnisse und damit der geschlechtsspezifischen Rollen anstrebt.* **sinnv.:** Frauenfrage.

Fe|mi|ni|stin, die; -, -nen: *Vertreterin des Feminismus.* **sinnv.:** Blaustrumpf.

Fen|ster, das; -s, -: *Öffnung in der Wand von Gebäuden, Fahrzeugen o. ä., die durch Glasscheiben verschlossen ist:* er schaut zum F. hinaus; die F. *(Fensterscheiben)* müssen geputzt werden. **sinnv.:** Bullauge, Luke · Scheibe, Transparent. **Zus.:** Atelier-, Blumen-, Dach-, Doppel-, Eck-, Keller-, Klapp-, Rund-, Schiebefenster.

Fen|ster|schei|be, die; -, -n: *in den Rahmen eines Fensters eingesetzte Scheibe aus Glas.*

Fe|ri|en, die ‹Plural›: **a)** *der Erholung dienende, in bestimmten Abständen immer wiederkehrende Zeit von mehreren Tagen oder Wochen, in der Institutionen wie Parlament, Schule, Universität u. a. geschlossen sind, nicht arbeiten:* das Theater hat im Sommer F.; die F. beginnen bald. **Zus.:** Betriebs-, Herbst-, Hitze-, Oster-, Parlaments-, Schul-, Semester-, Sommer-, Weihnachtsferien. **b)** *Zeit der Erholung:* F. an der See; gemeinsam F. machen; er braucht dringend F. **sinnv.:** ↑Urlaub.

Fer|kel, das; -s, -: *junges Schwein.* **sinnv.:** ↑Schwein. **Zus.:** Spanferkel.

fern: I. ‹Adj.› **1.** *weit entfernt, in großer Entfernung befindlich:* fernes Donnern; er erzählte von fernen Ländern; f. von jmdm. sein; von f. zuschauen. **sinnv.:** abgelegen, abseits, entfernt, fernab, fernliegend, himmelweit, weit, weitab; ↑einsam. **2. a)** *weit zurückliegend, lange vergangen; der Vergangenheit angehörend:* das ist eine Geschichte aus fernen Tagen. **b)** *in weiter Zukunft, in zukünftiger Ferne liegend* /Ggs. nah, nahe/: diese Pläne wird man erst in ferner Zukunft verwirklichen können; der Tag ist nicht mehr f.; vgl. -fern. **II.** ‹Präp. mit Dativ› *weit entfernt von:* f. der Heimat; f. allem Trubel leben.

-fern ‹adjektivisches Suffixoid› /Ggs. -nah/: **1.** *in einer als negativ empfundenen Weise ohne Bezug zu dem im Basiswort Genannten, nicht darauf gerichtet, nicht daran orientiert:* gegenwarts-, lebensferne Ansichten, praxisferne Wissenschaft, realitätsferne Vorschläge, wirklichkeits-, zivilisationsfern. **sinnv.:** -fremd. **2.** *in einem gewissen Abstand zu dem im Basiswort Genannten sich befindend:* halsferner Kragen, körperfern.

Fer|ne, die; -, -n: *große räumliche oder zeitliche Entfernung:* in der F. war ein Schuß zu hören; ein Gruß aus der F. *(aus einem fernen Land);* das Vorhaben ist in weite F. gerückt. **Zus.:** Himmels-, Lebensferne.

fer|ner: I. ⟨Adverb⟩ *in Zukunft:* an diesem Brauch werden wir auch f. festhalten. **sinnv.:** ↑später. **II.** ⟨Konj.⟩ *des weiteren, und darüber hinaus:* die Kinder brauchen neue Mäntel, f. Kleider und Schuhe. **sinnv.:** ↑außerdem.

Fern|glas, das; -es, Ferngläser: *optisches Gerät zum genaueren Erkennen entfernter Objekte.* **sinnv.:** Feldstecher, Fernrohr, Opernglas, Refraktor, Teleskop, Theaterglas, Sehrohr; ↑Brille.

fern|hal|ten, hält fern, hielt fern, hat ferngehalten: **a)** ⟨tr.⟩ *nicht in die Nähe kommen lassen; verhindern, daß jmd./etw. mit jmdm./einer Sache in Berührung kommt:* sie hat den Kranken von den Kindern ferngehalten; das Mittel soll Mücken f. **sinnv.:** ↑abwehren; ↑abweisen. **b)** ⟨sich f.⟩ *jmdm./einer Sache bewußt ausweichen, aus dem Weg gehen:* sie hat sich lange Zeit von den anderen, von diesem Treiben ferngehalten. **sinnv.:** sich ↑entziehen.

fern|lie|gen, lag fern, hat ferngelegen ⟨itr.⟩: **a)** *kaum in Betracht kommen, abwegig sein:* dieser Gedanke lag nicht fern. **sinnv.:** ↑ausgefallen. **b)** *jmdm. nicht in den Sinn kommen, keineswegs in jmds. Absicht liegen:* der Gedanke, ihn zu schädigen, lag mir fern. **sinnv.:** ausschließen.

Fern|rohr, das; -[e]s, -e: *meist fest montiertes, größeres optisches Gerät, mit dem weit entfernte Objekte erkannt werden können.* **sinnv.:** ↑Brille; ↑Fernglas.

Fern|seh|ap|pa|rat, der; -[e]s, -e: *Gerät zum Empfang von Sendungen des Fernsehens.* **sinnv.:** Bildschirm, Farbfernsehempfänger, Farbfernseher, Fernsehempfänger, Fernsehen, Fernseher, Fernsehgerät, Flimmerkiste, Glotze, Heimkino, Kasten, Mattscheibe, Pantoffelkino, Portable, Schwarzweißempfänger, Schwarzweißgerät; ↑Fernsehen.

fern|se|hen, sieht fern, sah fern, hat ferngesehen ⟨itr.⟩: *Sendungen im Fernsehen ansehen, verfolgen:* er sah den ganzen Abend fern.

Fern|se|hen, das; -s: *technische Einrichtung, die Bild und Ton sendet:* das F. *(bestimmte Anstalten des Fernsehens)* zeigt heute einen Kriminalfilm; im F. *(in einer Sendung des Fernsehens)* auftreten; (ugs.) unser F. *(Fernsehapparat)* ist kaputt. **sinnv.:** Bildschirmtext, Medium, Television; ↑Fernsehapparat. **Zus.:** Kabel-, Privat-, Regional-, Satellitenfernsehen.

Fern|se|her, der; -s, -: ↑*Fernsehapparat.*

Fern|spre|cher, der; -s, -: ↑*Telefon.*

Fern|weh, das; -s: *Sehnsucht nach der Ferne:* immer wieder wurde er vom F. gepackt. **sinnv.:** Reiselust, Wanderlust, Wandertrieb; ↑Sehnsucht.

Fer|se, die; -, -n: **a)** *hinterer Teil des Fußes.* **sinnv.:** Hacke, Hakken. **Zus.:** Achillesferse. **b)** *den hinteren Teil des Fußes bedeckender Teil des Strumpfes:* der Strumpf hat ein Loch an der F.

fer|tig ⟨Adj.⟩: **1. a)** *im endgültigen Zustand befindlich, zu Ende geführt:* er lieferte die fertige Arbeit ab; das Haus ist f.; ein fertiger *(vollkommener, ausgereifter)* Künstler. **sinnv.:** abgeschlossen, alle, ausgeführt, beendet, erledigt, fix und fertig, vollendet. **Zus.:** halb-, unfertig. **b)** *so weit, daß nichts mehr zu tun übrigbleibt; zu Ende:* die Koffer noch f. packen; du mußt erst f. essen; er ist noch rechtzeitig f. geworden. **c)** *vollständig vorbereitet, bereit:* sie sind f. zur Abreise; bist du endlich f., daß wir gehen können?; vgl. -fertig (2). **2.** (ugs.) *am Ende seiner Kräfte, sehr müde, erschöpft:* körperlich und seelisch f. sein. **sinnv.:** ↑erschöpft.

-fer|tig ⟨adjektivisches Suffixoid⟩: **1.** ⟨passivisch⟩ *bereits so weit fertiggestellt o. ä., daß das im Basiswort Genannte sofort, ohne weitere Vorbereitungen damit gemacht werden kann:* back-, bezugsfertige Wohnung, brat-, druck-, einbau-, gebrauchs-, kochfertige Suppe *(die gleich gekocht werden kann, nicht mehr zubereitet werden muß),* sendefertiger Rundfunkbeitrag, trinkfertiger Kakao, versandfertig; /elliptisch/: betriebsfertige Anlage *(die gleich in Betrieb genommen werden kann),* küchenfertiges Gemüse, pfannen-, schlüssel-, schrankfertige Wäsche, tafel-, tassenfertiger Tee *(der gleich in die Tasse getan und getrunken werden kann),* tischfertige Gerichte *(die gleich auf den Tisch gebracht, serviert werden können).* **sinnv.:** -bereit, -fähig. **2.** ⟨aktivisch⟩ *bereit zu dem im Basiswort Genannten:* ausgehfertig, marsch-, reisefertig. **3.** *eine bestimmte Fertigkeit besitzend, die mit dem im Basiswort Genannten angedeutet ist:* kunst-, sprachfertig; /elliptisch/: nadel-, ein zungenfertiger Politiker *(ein Politiker, der sehr beredt ist).*

fer|tig|brin|gen, brachte fertig, hat fertiggebracht ⟨itr.⟩: *zu etwas imstande sein, es erreichen, zustande bringen:* er hat es fertiggebracht, den Posten zu bekommen; er bringt es nicht fertig *(vermag es nicht),* den Bettler wegzuschicken; ich bringe die Arbeit heute nicht mehr fertig *(zum Abschluß).* **sinnv.:** hinbringen, hinkriegen; ↑bewerkstelligen; ↑verwirklichen.

fer|ti|gen ⟨tr.⟩: *herstellen (besonders in einer gewissen Anzahl):* in der Werkstätte fertigten sie Schemel; Filme und Druckplatten f.; sie fertigten ununterbrochen die gleichen Werkstükke. **sinnv.:** ↑anfertigen.

Fer|tig|keit, die; -, -en: *beim Ausführen bestimmter Arbeiten, Tätigkeiten erworbene Geschicklichkeit:* er hat große F. im Malen. **sinnv.:** ↑Erfahrung; ↑Gewandtheit; ↑Technik.

fer|tig|ma|chen, machte fertig, hat fertiggemacht: **1.** ⟨tr.⟩ *zu Ende bringen:* er muß die begonnene Arbeit f. **sinnv.:** ↑beenden. **2.** ⟨tr.⟩ *Vorbereitungen treffen und für etwas bereitmachen:* sich, das Kind zur Abreise f. **sinnv.:** sich ↑anschicken; ↑vorbereiten. **3.** ⟨itr.⟩ (ugs.) *jmds. Widerstandskraft brechen, ihn sehr ermüden, zur Verzweiflung bringen:* der Lärm, der Marsch hat mich ganz fertiggemacht. **sinnv.:** ↑zermürben. **4.** ⟨tr.⟩ (ugs.) *scharf zurechtweisen:* er wurde wegen des Fehlers von seinem Chef fertiggemacht. **sinnv.:** ↑schelten; ↑schikanieren. **5.** ⟨tr.⟩ (ugs.) *[unter Anwendung von Gewalt, brutal] körperlich erledigen:* sie haben den Gefangenen total fertiggemacht. **sinnv.:** ↑besiegen.

fer|tig|stel|len, stellte fertig, hat fertiggestellt ⟨tr.⟩: *die Herstellung (von etwas) abschließen:*

das Haus muß bis zum Ende des Monats fertiggestellt sein. **sinnv.:** ↑beenden.

Fes|sel, die; -, -n: **I.** *Kette, Strick o. ä., womit jmd. [an etwas] gefesselt wird:* der Gefangene hatte Fesseln an Händen und Füßen. **sinnv.:** Handschelle. **Zus.:** Fuß-, Handfessel. **II.** *Teil des Beines zwischen Fuß und Wade:* sie hat schlanke Fesseln.

fes|seln ⟨tr.⟩: **1.** *an den Händen [und Füßen] binden, an etwas festbinden und so seiner Bewegungsfreiheit berauben:* der Verbrecher wurde gefesselt und ins Gefängnis gebracht; sie fesselten den Gefangenen an einen Baum. **sinnv.:** ↑anbinden; ↑binden. **2.** *jmds. ganze Aufmerksamkeit auf sich lenken; Spannung wecken, in Bann halten:* der Vortrag fesselte die Zuhörer; ein fesselndes Buch. **sinnv.:** bannen, gefangennehmen; ↑begeistern.

fest ⟨Adj.⟩: **1.** *nicht flüssig oder gasförmig, sondern von harter, kompakter Beschaffenheit:* Metall ist ein fester Stoff; das Wachs ist f. geworden. **sinnv.:** hart, knochenhart, steif, steinhart. **2.** *stabil und solide [gearbeitet]:* feste Schuhe; das Material ist sehr f. **sinnv.:** ↑gediegen; ↑haltbar. **Zus.:** druck-, feuer-, maschen-, reiß-, wetter-, winterfest. **3. a)** *nicht locker, sondern straff [sitzend]:* ein fester Verband; den Schuh f. binden. **sinnv.:** gespannt, straff, stramm. **b)** *nicht leicht, sondern stark, kräftig [ausgeführt]:* ein fester Händedruck; die Tür f. schließen. **c)** (ugs.) ⟨verstärkend bei Substantiven und Verben⟩ ↑*gehörig:* du mußt f. mitfeiern. **d)** *nicht zu erschüttern, zu beirren, umzuwandeln, sondern in gleicher Weise [endgültig] so bleibend:* eine feste Zusage; ein festes Einkommen, einen festen Wohnsitz haben; nach festen Grundsätzen handeln; dafür gibt es keine festen Regeln; sich etwas f. vornehmen; er ist f. *(für die Dauer)* angestellt. **sinnv.:** ↑beharrlich, ↑dauerhaft, ↑standhaft, unabänderlich; ↑unaufhörlich. **Zus.:** felsen-, sattel-, taktfest; vgl. -fest.

-fest ⟨adjektivisches Suffixoid⟩ /nur selten in bezug auf Personen; besonders in der Fach- und Werbesprache/: **I.** ⟨mit substantivischem Basiswort⟩ **1.** *gesichert, geschützt, widerstandsfähig, resistent, unempfindlich gegenüber dem im Basiswort Genannten* **a)** *das sich schädlich auf etwas auswirken könnte:* druck-, dürre-, feuer-, frost-, hieb- und stich-, hitze-, kälte-, klima-, krisen-, kugel-, kuß-, prügel-, säure-, stoß-, temperatur-, wärme-, wasser-, wetterfeste Verkleidung, winterfeste Kleidung; /elliptisch/ autofest *(widerstandsfähig gegen schädigende Einflüsse, die durch das Auto oder Autofahren entstehen können),* kurven-, rollstuhlfester Teppichboden *(Teppichboden, der die Beanspruchung durch einen Rollstuhl oder Rollstühle gut verträgt, darunter nicht leidet),* spülmaschinenfest *(von einer solchen Beschaffenheit, daß die Beanspruchung durch die Spülmaschine nicht schadet),* vollgasfeste Motoren, waschmaschinenfest. **sinnv.:** -beständig, -echt, -freundlich, -geeignet, -gerecht, -sicher, -stark. **b)** *das als Schaden o. ä. hervorgerufen werden könnte:* abrieb-, bruch-, korrosionsfeste Legierung, verschleißfester Maschinenteil. **sinnv.:** -frei. **2.** *beständig hinsichtlich des im Basiswort Genannten:* charakter-, maschen-, ortsfeste Funksprechstation, prinzipienfest. **3.** *in dem im Basiswort Genannten gut Bescheid wissend:* bibel-, satzungsfest. **II.** ⟨mit verbalem Basiswort⟩ **a)** ⟨transitiv gebrauchtes Verb als Basis⟩ *(als Objekt) die im Basiswort genannte Tätigkeit ohne qualitätsmindernden Schaden vertragend; (als Objekt) so beschaffen, daß ... werden kann, ohne daß es dadurch beschädigt, beeinträchtigt wird:* biegefest *(kann gebogen werden),* bügel-, drehfester Maschinenteil, koch-, kratz-, prügel-, scheuerfester Gummibelag, strapazier-, waschfest. **sinnv.:** -sicher. **b)** ⟨intransitiv gebrauchtes Verb als Basis⟩ *der betreffende Gegenstand (das Bezugswort) tut das im Basiswort Genannte nicht:* klopf-, knick-, knitterfester Stoff *(der Stoff knittert nicht),* reiß-, zerreißfest. **c)** *standfest in bezug auf das im Basiswort Genannte:* sauf-, trinkfest.

Fest, das; -[e]s, -e: **1.** *[größere] gesellschaftliche Veranstaltung:* nach dem Einzug in das neue Haus gaben sie ein großes F. **sinnv.:** bunter Abend, Ball, Barbecue, Budenzauber, Cocktailparty, Festivität, Festlichkeit, Festveranstaltung, Fete, Gartenfest, Gesellschaft, Party, Remmidemmi, Ringelpiez, Runde, Sause, Veranstaltung, Vergnügen; ↑Feier. **Zus.:** Betriebs-, Familien-, Faschings-, Frühlings-, Garten-, Heimat-, Sommer-, Sport-, Volks-, Wiegenfest. **2.** *kirchlicher Feiertag:* die Kirche feiert mehrere Feste im Laufe des Jahres. **Zus.:** Oster-, Pfingst-, Reformations-, Weihnachtsfest.

fest|fah|ren, fährt fest, fuhr fest, hat/ist festgefahren ⟨itr./sich f.⟩: **a)** *beim Fahren in etwas steckenbleiben:* das Auto ist im Schnee festgefahren; der Lastkraftwagen hat sich im Schlamm festgefahren. **b)** *nicht weitergehen, blockiert werden:* die Verhandlungen sind, haben sich festgefahren. **sinnv.:** ↑stocken.

fest|hal|ten, hält fest, hielt fest, hat festgehalten: **1.** ⟨tr.⟩ *nicht loslassen, mit der Hand halten und so daran hindern, sich zu entfernen:* sie hielt das Kind am Arm fest. **sinnv.:** zurückhalten. **2.** ⟨sich f.⟩ *sich an etwas halten (um nicht zu fallen):* sie hielten sich am Geländer fest; in der Straßenbahn mußt du dich f. **3.** ⟨itr.⟩ *jmdn./etwas nicht aufgeben; von jmdm./etwas nicht abgehen; (bei etwas) bleiben:* er hält an ihm, an seiner Meinung, Überzeugung fest. **sinnv.:** ↑beibehalten; ↑festigen. **4.** ⟨tr.⟩ *in Bild, Ton, Schrift fixieren:* ein Ereignis im Film f.; eine Person in Stein, Erz f. **sinnv.:** ↑aufschreiben; ↑aufzeichnen.

fe|sti|gen: a) ⟨tr.⟩ *widerstandsfähiger, kräftiger, stärker, fester machen:* der Aufenthalt in den Bergen festigte seine Gesundheit; er hat seine Stellung gefestigt. **sinnv.:** befestigen, bekräftigen, besiegeln, bestärken, bestätigen, erhärten, festhalten, halten, konsolidieren, kräftigen, stabilisieren, stärken, stützen, unterstützen, ↑verankern, vertiefen, zementieren. **b)** ⟨sich f.⟩ *widerstandsfähiger, fester, kräftiger, stärker werden:* durch den Erfolg festigte sich seine Position.

Fe|stig|keit, die; -: **1.** *Widerstandsfähigkeit gegen Bruch durch Härte, Dichte, feste Beschaffenheit:* Beton besitzt eine hohe Festigkeit. **2.** *standhaftes, entschlossenes Verhalten, Sicherheit:* die F. seines Charakters, Glaubens. **sinnv.:** ↑Beständigkeit.

Fẹst|land, das; -[e]s, Festländer: **1.** *zusammenhängende Fläche einer geographischen Einheit im Unterschied zu den dazugehörenden Inseln:* das europäische, griechische F. **sinnv.:** ↑Kontinent. **2.** ⟨ohne Plural⟩ *aus festem Boden bestehender Teil der Erdoberfläche im Unterschied zum Meer.* **sinnv.:** Land.

fẹst|le|gen, legte fest, hat festgelegt ⟨tr.⟩: **a)** *auf Grund von Überlegungen, Gesprächen o. ä. bestimmen, was oder wann etwas gemacht werden soll:* sie legten den Tag für ihre Reise fest. **sinnv.:** ↑anordnen. **b)** *jmdn./sich in bezug auf etwas binden:* den Hersteller auf einen frühen Liefertermin f.; du hast dich mit diesen Äußerungen festgelegt. **sinnv.:** festnageln, verpflichten, beim Wort nehmen.

fẹst|lich ⟨Adj.⟩: **a)** *einem Fest angemessen, entsprechend:* ein festliches Kleid. **b)** *den Charakter eines Festes habend:* die Veranstaltung war sehr f. **sinnv.:** ↑erhaben, ↑feierlich, sonntäglich, weihnachtlich.

fẹst|lie|gen, lag fest, hat festgelegen ⟨itr.⟩: **1.** *sich [auf einem Untergrund] festgefahren haben und nicht mehr weiterkommen:* das Schiff liegt außerhalb der Fahrrinne fest. **sinnv.:** festsitzen, auf Grund gelaufen sein. **2.** *fest abgemacht, festgesetzt sein:* der Termin für diese Konferenz hat schon lange festgelegen. **sinnv.:** ↑feststehen.

fẹst|ma|chen, machte fest, hat festgemacht: **1.** ⟨tr.⟩ **a)** *fest anbringen, binden (an etwas):* das Boot am Ufer f.; sie machte den Hund an der Kette fest. **sinnv.:** ↑anbinden, ↑befestigen. **b)** *auf etwas zurückführen, beziehen:* diese Behauptung läßt sich an drei Beobachtungen f.; meine Wünsche und Phantasien machen sich niemals nur an einer Person fest; dieser Begriff läßt sich an bestimmten Eigenschaften f. **sinnv.:** ableiten von, stützen auf. **2.** ⟨tr.⟩ *fest vereinbaren:* einen Termin f. **sinnv.:** ↑anordnen. **3.** ⟨itr.⟩ *anlegen* /von Schiffen/: die Jacht hat im Hafen festgemacht. **sinnv.:** ankern, ↑landen.

fẹst|na|geln, nagelte fest, hat festgenagelt ⟨tr.⟩ (ugs.): *jmdn. zwingen, bei einer eingenommenen Haltung zu bleiben:* man hat ihn auf sein Versprechen festgenagelt. **sinnv.:** ↑festlegen.

fẹst|neh|men, nimmt fest, nahm fest, hat festgenommen ⟨tr.⟩: *in polizeilichen Gewahrsam nehmen:* die Polizei nahm den Verbrecher fest. **sinnv.:** ↑verhaften

fẹst|schrei|ben, schrieb fest, hat festgeschrieben ⟨tr.⟩: *als gültig, unveränderbar festlegen, sanktionieren:* die Männer haben ihre Vormachtstellung festgeschrieben; er wollte den geringen Zuwachs der Renten nicht f. **sinnv.:** festsetzen.

fẹst|set|zen, setzte fest, hat festgesetzt: **1.** ⟨tr.⟩ *durch Absprache, Beschluß bestimmen:* die Gehälter wurden neu festgesetzt. **sinnv.:** ↑anordnen, fixieren, terminieren. **2.** ⟨sich f.⟩ *haftenbleiben:* der Schnee setzt sich an den Skiern, der Schmutz an den Schuhen fest. **sinnv.:** sich ansammeln, klebenbleiben, liegenbleiben, zusammenkommen. **3.** ⟨tr.⟩ *in Haft nehmen:* einige der Demonstranten wurden vorübergehend festgesetzt. **sinnv.:** einbuchten, einlochen, einsperren, ↑ergreifen, gefangenhalten, in Gewahrsam nehmen, in Arrest/Haft halten, internieren, hinter Schloß und Riegel bringen, sperren in, ins Loch stekken, ↑verhaften · Strafanstalt; Strafe.

fẹst|sit|zen, saß fest, hat festgesessen ⟨itr.⟩: **1.** *gut befestigt sein:* er schlug mit dem Hammer auf den Nagel, bis er im Brett festsaß. **sinnv.:** fest sein, haften-, klebenbleiben. **2.** *sich (auf/in etwas) festgefahren haben und nicht mehr weiterkommen:* das Schiff saß [auf dem Grund] fest. **sinnv.:** ↑festliegen.

fẹst|ste|hen, stand fest, hat festgestanden ⟨itr.⟩: *fest abgemacht, sicher, gewiß sein:* es steht fest, daß er morgen kommt; der Termin steht noch nicht genau fest. **sinnv.:** bestimmt sein, endgültig sein, festgelegt sein, festliegen, fixiert, geregelt, normiert, terminiert sein · unabänderlich, verbindlich.

fẹst|stel|len, stellte fest, hat festgestellt: **1.** ⟨tr.⟩ *in Erfahrung bringen, ausfindig machen:* man hat seinen Geburtsort nicht f. können. **sinnv.:** ↑finden, ↑nachforschen. **2.** ⟨tr.⟩ *↑bemerken:* er stellte plötzlich fest, daß sein Portemonnaie nicht mehr da war. **3.** ⟨itr.⟩ *mit Entschiedenheit sagen, zum Ausdruck bringen:* ich möchte feststellen, daß dies nicht zutrifft. **sinnv.:** ↑betonen.

Fẹ|stung, die; -, -en: *befestigte Anlage zur Verteidigung:* bei der Eroberung war die F. zerstört worden. **sinnv.:** Bastei, Bastille, Bastion, Bollwerk, Burg, Feste, Fort, Kastell, Palast, Schanze, Stützpunkt, Wall, Zitadelle · Hort.

fẹtt ⟨Adj.⟩: **1.** *viel Fett enthaltend:* fetter Käse; f. essen. **sinnv.:** fettreich, gehaltreich, gehaltvoll, kräftig. **2.** *Fett an, in sich habend; mit viel Fett[gewebe] ausgestattet, viel Fett angesetzt habend* /Ggs. mager/: fetter Speck; ein fettes Schwein. **3.** (emotional) *[reichlich] dick:* ein fetter Boß; er ist in letzter Zeit richtig f. geworden. **sinnv.:** ↑dick. **4.** *auf Grund guten Nährbodens fruchtbar-üppig:* fettes Gras; eine fette Weide. **sinnv.:** ergiebig, ertragreich, fruchtbar, reich.

Fẹtt, das; -[e]s, -e: **a)** *im Körper von Menschen und Tieren vorkommendes weiches Gewebe:* die Gans hat viel F. **b)** *aus tierischen und pflanzlichen Zellen gewonnenes Nahrungsmittel:* der Arzt empfahl ihm, tierische Fette zu meiden. **sinnv.:** Butter, Flom[en], Margarine, Öl, Schmalz, Speck, Talg · Brotaufstrich. **Zus.:** Pflanzen-, Schweine-, Speisefett.

fẹt|ten, fettete, hat gefettet: **1.** ⟨tr.⟩ *mit Fett einschmieren:* das Lager einer Maschine f. **sinnv.:** ↑abschmieren, ↑einreiben. **2.** ⟨itr.⟩ **a)** *Fett durchlassen:* das Papier, in das die Butter eingewikkelt war, fettete. **b)** *viel Fett enthalten* /von Salben o. ä./: eine fettende Salbe; diese Creme fettet nicht.

fẹt|tig ⟨Adj.⟩: **a)** *(in unerwünschter oder unangenehmer Weise) mit Fett durchsetzt; mit Fett bedeckt:* fettiges Papier; die Haare waren f. geworden. **sinnv.:** ↑schmutzig. **b)** *Fett enthaltend:* eine fettige Salbe. **sinnv.:** fetthaltig, -reich.

Fẹt|zen, der; -s, -: *abgerissenes Stück (Stoff, Papier o. ä.):* F. von Papier lagen auf dem Boden. **sinnv.:** ↑Flicken.

fẹt|zig ⟨Adj.⟩ (Jargon): *in einer Weise, die als besonders mitreißend, wirkungsvoll empfunden wird:* fetzige Musik. **sinnv.:** ↑flott, prima, schmissig, toll.

feucht ⟨Adj.⟩: *ein wenig naß; ein wenig mit Wasser o. ä. durch-*

zogen, bedeckt: die Wäsche ist noch f.; feuchte Luft. **sinnv.:** klamm, ↑naß.

Feuch|tig|keit, die; -: *das Feuchtsein; leichte Nässe:* die F. der Luft war gering. **sinnv.:** Feuchte, Naß, Nässe · ↑Nebel, ↑Niederschlag, ↑Wasser.

Feu|er, das; -s, -: **1. a)** *sichtbarer Vorgang der Verbrennung, bei dem sich Flammen und Hitze entwickeln:* das F. im Ofen brennt gut; bei dem Unfall hatte das Auto F. gefangen. **sinnv.:** ↑Flamme. **Zus.:** Herd-, Holz-, Kamin-, Kohlen-, Lager-, Wachfeuer. **b)** *[sich ausbreitendes] Schaden anrichtendes, zerstörendes Feuer* (1a): das F. vernichtete mehrere Häuser. **sinnv.:** ↑Brand. **2.** ⟨ohne Plural; in bestimmten Verwendungen⟩ *das Schießen:* die Feinde haben das F. eröffnet *(zu schießen begonnen).*

Feu|er|be|stat|tung, die; -, -en: *Form der Bestattung, bei der die Leiche verbrannt wird.* **sinnv.:** Einäscherung, Kremation, Verbrennung · Begräbnis · Krematorium.

feu|er|ge|fähr|lich ⟨Adj.⟩: *leicht zu entzünden:* feuergefährliche Stoffe dürfen nicht in der Garage gelagert werden. **sinnv.:** leicht brennbar/entflammbar/entzündbar/entzündlich, explosiv, inflammabel.

Feu|er|lö|scher, der; -s, -: *mit feuerlöschendem Pulver oder Schaum gefülltes, tragbares Gerät zur Bekämpfung von kleineren Bränden.* **sinnv.:** Feuerlöschgerät, Schaumlöscher, Trockenlöscher.

feu|ern: 1. ⟨itr.⟩ ↑*schießen:* die Soldaten feuerten ohne Unterbrechung. **2.** ⟨tr.⟩ (ugs.) *mit Wucht irgendwohin befördern:* die Kinder feuerten ihre Schultaschen in die Ecke. **sinnv.:** ↑werfen. **3.** ⟨tr.⟩ (ugs.) ↑*entlassen:* er ist nach dem Skandal gefeuert worden.

Feu|er|wehr, die; -, -en: *Mannschaft, die Brände bekämpft.* **sinnv.:** Löschmannschaft, Löschtrupp. **Zus.:** Betriebs-, Werk[s]feuerwehr.

Feu|er|werk, das; -[e]s, -e: *durch das Abschießen von explosiven Produkten hervorgerufene akustische und optische Effekte (am dunklen nächtlichen Himmel).*

Feu|er|zeug, das; -[e]s, -e: *für Raucher bestimmter kleiner, handlicher Gegenstand, mit dem man eine kleine Flamme entzünden kann.*

feu|rig ⟨Adj.⟩: *voller Temperament:* er war ein feuriger Liebhaber. **sinnv.:** begeistert, ↑lebhaft, leidenschaftlich, temperamentvoll.

Fich|te, die; -, -n: *Nadelbaum mit meist gleichmäßig um den Zweig angeordneten kurzen, einzelnen Nadeln und länglichen, hängenden Zapfen* (siehe Bildleiste „Nadelbäume").

fi|del ⟨Adj.⟩ (ugs.): *vergnügt, von unbeschwerter Fröhlichkeit:* dein Freund ist ein ganz fideler Bursche. **sinnv.:** ↑lustig.

Fie|ber, das, -s: *Körpertemperatur, die höher ist als normal* /als Anzeichen einer Krankheit/: er hat hohes F. **sinnv.:** (erhöhte, hohe, leichte) Temperatur; ↑Krankheit.

fie|ber|haft ⟨Adj.; nicht prädikativ⟩: *mit großer Hast bemüht (etwas Bestimmtes noch rechtzeitig zu schaffen):* eine fieberhafte Suche nach den Verschütteten setzte ein; er arbeitet f. an fünf neuen Songs. **sinnv.:** ↑hektisch.

fie|bern, fieberte, hat gefiebert ⟨itr.⟩: **1.** *Fieber haben:* der Kranke fiebert seit zwei Tagen. **sinnv.:** fiebrig sein, Temperatur haben. **2.** *(vor Erwartung) voll innerer Unruhe sein:* er fieberte danach, sie kennenzulernen; er war voll fiebernder Sinnlichkeit. **sinnv.:** aufgeregt sein, gespannt sein.

fieb|rig ⟨Adj.⟩: *mit Fieber verbunden:* eine fiebrige Erkrankung.

fies ⟨Adj.⟩ (ugs.): *(von dem Sprecher empfunden als) widerwärtig, gemein, höchst unangenehm in seiner Art:* ein fieser Kerl; fieses Verhalten; der sieht f. aus. **sinnv.:** ↑ekelhaft, unsympathisch.

Fi|gur, die; -, -en: **1.** *Körperform, äußere Erscheinung eines Menschen im Hinblick auf ihre Proportioniertheit:* sie hat eine gute F. **sinnv.:** ↑Gestalt. **Zus.:** Schießbudenfigur. **2.** *[künstlerische] plastische Darstellung von einem Menschen oder Tier:* dieser Künstler schafft Figuren aus Holz und Stein. **sinnv.:** ↑Plastik. **Zus.:** Galionsfigur. **3.** *Gebilde aus Linien oder Flächen:* er malte Figuren aufs Papier. **sinnv.:** ↑Bild. **4. a)** *Person, Persönlichkeit (in ihrer Wirkung auf ihre Umgebung, auf die Gesellschaft):* er war eine beherrschende F. seiner Zeit; an der Bar standen ein paar merkwürdige Figuren. **sinnv.:** ↑Mensch. **Zus.:** Identifikations-, Integrations-, Schlüssel-, Symbol-, Vaterfigur. **b)** *handelnde Person in einem Werk der Dichtung:* die Figuren des Dramas; eine F. aus einem Märchen. **sinnv.:** ↑Gestalt, Rolle. **Zus.:** Märchenfigur. **5.** *Spielstein bes. beim Schachspiel.* **Zus.:** Schachfigur.

fik|tiv ⟨Adj.⟩: *nur angenommen, erdacht, erdichtet:* er schildert in dem Roman ein fiktives Geschehen. **sinnv.:** ausgedacht, erfunden, erstunken und erlogen, fingiert, hypothetisch, vorgetäuscht · Fiktion.

Fi|lia|le, die; -, -n: *kleineres Geschäft, Unternehmen o. ä., das zu einem größeren entsprechenden Geschäft oder Unternehmen gehört:* dieses Geschäft hat noch eine F. in einem anderen Teil der Stadt. **sinnv.:** Agentur, Außenstelle, Geschäftsstelle, Nebenstelle, Niederlassung, Verkaufsstelle, Vertretung, Zweiggeschäft, Zweigniederlassung, Zweigstelle.

Film, der; -[e]s, -e: **1.** *[zu einer Rolle aufgewickelter] Streifen aus einem mit einer lichtempfindlichen Schicht überzogenen Material für fotografische Aufnahmen.* **Zus.:** Farb-, Mikro-, Schmal-, Schwarzweiß-, Umkehrfilm. **2.** *mit der Filmkamera aufgenommene Abfolge von bewegten Bildern, Szenen, Handlungsabläufen o.ä., die zur Vorführung im Kino oder Fernsehen bestimmt ist:* in diesem F. spielen bekannte Schauspieler. **sinnv.:** Blue movie, Brutalo, Feature, [Italo]western, Klamotte, Krimi, Politthriller, Streifen, Thriller · Kino. **Zus.:** Abenteuer-, Antikriegs-, Dokumentar-, Fernseh-, Heimat-, Horror-, Kriegs-, Kriminal-, Kino-, Kult-, Kultur-, Kurz-, Liebes-, Mantel-und-Degen-, Porno-, Spiel-, Wildwestfilm. **3.** *dünne Schicht, die die Oberfläche von etwas bedeckt:* das Glas war mit einem dünnen F. von Öl bedeckt.

fil|men: 1. ⟨tr./itr.⟩ *(einen Vorgang, ein Geschehen) mit der Kamera aufnehmen.* **sinnv.:** aufnehmen, aufzeichnen, [Film]aufnahmen machen, einen Film drehen/machen · ↑fotografieren. **2.** ⟨itr.⟩ *bei einem Film mitwirken:* dieser Schauspieler filmt häufig im Ausland. **sinnv.:** auftreten, einen Film drehen/machen, schauspielern.

Fil|ter, der, (fachspr.) auch: das; -s, -: **a)** *durchlässiges Material, das zum Filtern von flüssigen oder gasförmigen Stoffen verwendet wird:* in dieser Anlage dient Kies als F. **sinnv.:** ↑Sieb. **b)** *Vorrichtung, mit deren Hilfe feste Stoffe von Flüssigkeiten oder Gasen getrennt werden:* eine Zigarette mit F. **c)** *Vorrichtung, durch die bestimmte Strahlen von etwas ferngehalten werden:* bei Sonne und Schnee muß man mit einem F. fotografieren.

fil|tern ⟨tr.⟩: **a)** *Flüssigkeit durch einen Filter laufen lassen und so von festen Bestandteilen trennen:* Kaffee, Tee f. **sinnv.:** durchseihen, durchsieben, filtrieren, klären, seihen, sieben. **b)** *(Licht) durch einen Filter gehen lassen und dadurch unerwünschte Bestandteile entfernen:* durch das Glas werden die Strahlen gefiltert. **sinnv.:** absorbieren, ausfiltern.

Filz, der; -es, -e: **1.** *dicker Stoff aus gepreßten Fasern:* ein aus F. hergestellter Hut. **2.** (ugs.) *ineinander verflochtene Machtverhältnisse, die durch Begünstigung bei der Ämterverleihung o. ä. zustande kommen:* die Opposition hat schon mehrmals den F. im Rathaus angeprangert. **sinnv.:** Filzokratie, Günstlingswirtschaft, Nepotismus, ↑Protektion, Vetternwirtschaft. **Zus.:** Ämterfilz.

fil|zen, filzte, hat/ist gefilzt: **1.** ⟨itr.⟩ *wie Filz werden* /von Stoffen/: nach der ersten Wäsche ist/hat die Wolle gefilzt. **2.** ⟨tr.⟩ (ugs.) **a)** ↑*durchsuchen:* der Aufseher hat den Gefangenen gefilzt. **b)** *stehlen:* er hat mir meine Uhr gefilzt. **sinnv.:** ↑wegnehmen.

Fi|na|le, das; -s, -: **1.** *letzter Satz eines größeren Instrumentalwerkes:* das F. einer Sinfonie. **sinnv.:** ↑Ende. **2.** *abschließender Kampf bei einem sportlichen Wettbewerb, in dem der endgültige Sieger ermittelt wird:* die Mannschaft hat sich für das F. qualifiziert. **sinnv.:** Endkampf, -lauf, -spiel, Schlußrunde.

Fi|nan|zen, die ⟨Plural⟩: **a)** *Einkünfte des Staates oder einer Körperschaft:* die F. der Gemeinde waren geordnet. **sinnv.:** ↑Etat, ↑Vermögen. **Zus.:** Staatsfinanzen. **b)** (ugs.) *Geld, das jmd. zur Verfügung hat:* mit meinen F. steht es schlecht. **sinnv.:** Bargeld, Barschaft, ↑Geld.

fi|nan|zi|ell ⟨Adj.; nicht prädikativ⟩: *das Geld, Vermögen betreffend:* er hat finanzielle Schwierigkeiten. **sinnv.:** geldlich, materiell, pekuniär, wirtschaftlich.

fi|nan|zie|ren ⟨tr.⟩: **a)** *(für etwas) das erforderliche Geld zur Verfügung stellen:* dieses Projekt hat der Staat finanziert. **sinnv.:** ↑bezahlen. **b)** *mit Hilfe eines Kredits kaufen:* ein Auto f. **sinnv.:** einen Kredit aufnehmen, ↑leihen.

Fin|del|kind, das; -[e]s, -er: *[meist als Säugling] ausgesetztes Kind:* das F. wurde in ein Waisenhaus gebracht. **sinnv.:** ↑Waise.

fin|den, fand, hat gefunden: **1. a)** ⟨tr.⟩ *zufällig oder durch Suchen entdecken:* ein Geldstück, den verlorenen Schlüssel f. **sinnv.:** antreffen, auffinden, auflesen, aufspüren, aufstöbern, auftreiben, auftun, ausfindig machen, auskundschaften, ausmachen, ↑begegnen, entdecken, ↑ermitteln, erreichen, den Standort bestimmen, stoßen auf, treffen auf, vorfinden. **b)** ⟨sich f.⟩ *wieder entdeckt werden, zum Vorschein kommen:* das gesuchte Buch hat sich jetzt gefunden. **sinnv.:** [wieder] auftauchen, gefunden werden. **c)** ⟨tr.⟩ *durch Überlegen, Nachdenken auf etwas kommen:* einen Fehler f. **sinnv.:** erfahren, feststellen, ↑forschen, herausbekommen, -bringen, -finden, -kriegen, lokalisieren, auf die Spur kommen. **2.** ⟨itr./sich f.⟩ *halten (für etwas), der Meinung sein:* sie findet sich schön; ich finde, daß er recht hat. **sinnv.:** die Ansicht haben/der Ansicht sein, beurteilen, einschätzen, empfinden, ↑meinen, sich stellen zu.

fin|dig ⟨Adj.⟩: *in einer mit gewisser Bewunderung betrachteten Weise klug und gewitzt:* er ist ein findiger Kopf. **sinnv.:** ↑schlau.

Fin|ger, der; -s, -: *eines der fünf beweglichen Glieder der Hand des Menschen* (siehe Bild „Hand"): die Hand hat fünf F.; der kleine F. **sinnv.:** Daumen, Griffel, Wichsgriffel · ↑Gliedmaße. **Zus.:** Lang-, Mittel-, Ring-, Schwur-, Zeigefinger.

fin|ger|fer|tig ⟨Adj.⟩: *geschickt mit den Fingern (bei einer Tätigkeit, zu der man bes. die Finger gebraucht):* der Zauberer war sehr f. **sinnv.:** anstellig, beweglich, brauchbar, flink, gelehrig, gewandt, kunstfertig, praktisch, verwendbar, wendig.

Fin|ger|na|gel, der; -s, Fingernägel: *kleine, schildförmige Platte aus Horn auf der Oberseite des vordersten Fingergliedes:* sie lackierte sich die Fingernägel; sich die Fingernägel schneiden. **sinnv.:** Kralle, Nagel.

Fin|ger|spit|zen|ge|fühl, das; -s: *Einfühlungsvermögen im Umgang mit Menschen und Dingen:* für diese schwierige Aufgabe fehlt ihm das F. **sinnv.:** Diplomatie, Feingefühl, Rücksicht, Rücksichtnahme, Taktik, Zartgefühl, Zurückhaltung.

Fink, der; -en, -en: *kleiner Singvogel mit buntem Gefieder und kegelförmigem Schnabel.* **Zus.:** Berg-, Buchfink · Schmutzfink.

fin|ster ⟨Adj.⟩: **1.** *als besonders dunkel empfunden: völlig ohne Licht:* draußen war finstere Nacht. **sinnv.:** ↑dunkel. **2.** *(als optischer Eindruck) düster und bedrohlich:* er macht ein finsteres Gesicht; ein finsterer Bursche. **sinnv.:** ↑unheimlich

Fin|ster|nis, die; -: *als besonders tief empfundene Dunkelheit:* bei der F. im Treppenhaus konnte er ihn nicht erkennen. **sinnv.:** ↑Dämmerung.

Fin|te, die; -, -n: *Äußerung, Handlung o. ä., die das Ziel hat, einen anderen über seine eigentliche Absicht, sein eigentliches Vorhaben zu täuschen, ihn irrezuführen:* sein Ticket galt bis Rio. Mit dieser F. wollte er die Polizei auf die falsche Spur lenken. **sinnv.:** Bluff, Kniff, List, ↑Lüge, Schachzug, Scheinmanöver, ↑Täuschung, Täuschungsmanöver, Trick, Volte, Vorwand.

Fir|le|fanz, der; -es: *etwas, was als überflüssiges Beiwerk, wertloses Zeug angesehen wird:* an den Buden auf dem Markt gab es kitschige Andenken und anderen F. zu kaufen. **sinnv.:** Flitter.

firm: ⟨in der Verbindung⟩ in etwas f. sein: *in einem Fachgebiet sicher, geübt sein:* auf dem Gebiet der Datenverarbeitung ist er f. **sinnv.:** ↑beschlagen.

Fir|ma, die; -, Firmen: *Geschäft; Unternehmen der Wirtschaft, Industrie* (Abk.: Fa.). **sinnv.:** ↑Betrieb. **Zus.:** Bau-, Konkurrenz-, Liefer-, Zulieferfirma.

Fir|ma|ment, das; -[e]s (geh.): *Himmel[sgewölbe]:* die Sterne am F. strahlten hell und klar. **sinnv.:** Äther, Azur, Himmel, Himmelsdach, Himmelsgewölbe, Himmelszelt, Sternenhimmel, Sternenzelt · Horizont.

Fisch, der; -[e]s, -e: **1.** *im Wasser lebendes, durch Kiemen atmendes Wirbeltier mit einem von Schuppen bedeckten Körper und Flossen, mit deren Hilfe es sich fortbewegt:* Fische fangen, braten, räuchern. **Zus.:** Aquarien-, Fluß-, Raub-, See-, Speise-, Süßwasser-, Zierfisch. **2.** *Gericht, Speise aus zubereitetem Fisch* (1): heute gibt es F. **sinnv.:** Meeresfrüchte. **Zus.:** Back-, Brat-, Kochfisch.

fi|schen ⟨tr./itr.⟩: *Fische fangen:* sie fischen [Heringe] mit Netzen. **sinnv.:** angeln, Fischfang betreiben, auf Fischfang/Fischzug gehen, das Netz/die Netze auswerfen, den Wurm baden.

Fi|scher, der; -s, -: *jmd., dessen Beruf das Fangen von Fischen ist.* **sinnv.:** Angler, Fischersmann, Petrijünger, Sportangler, Walfänger. **Zus.:** Hochsee-, Küsten-, Muschelfischer.

Fi|sche|rei, die; -: *das gewerbsmäßige Fangen von Fischen.* **sinnv.:** Fischfang. **Zus.:** Binnen-, Fluß-, Hochsee-, Küstenfischerei.

Fi|stel|stim|me, die; -, -n: *unangenehm hohe Stimme.* **sinnv.:** Eunuchenstimme, Falsett, Falsettstimme, Kastratenstimme, Kopfstimme.

fit ⟨Adj., nicht attributiv⟩: *in guter körperlicher, gesundheitlicher Verfassung:* in seinem Beruf muß er immer f. sein. **sinnv.:** gut drauf sein, durchtrainiert, in Form, ↑frisch, ↑gesund, leistungsfähig, quick, topfit, trainiert, vorbereitet · Kondition.

Fit|tich, der; -s, -e: *[größerer] Flügel (eines Vogels):* der Falke breitete seine Fittiche aus. **sinnv.:** Schwinge.

fix ⟨Adj.⟩: *in bewundernswerter, erfreulicher Weise schnell (in der Ausführung von etwas):* er arbeitet sehr f. **sinnv.:** ↑schnell.

fi|xie|ren ⟨tr.⟩: **1.** *schriftlich in verbindlicher Form formulieren:* das Ergebnis der Verhandlungen wurde im Protokoll fixiert. **sinnv.:** ↑aufschreiben, schriftlich festhalten/festmachen, [schriftlich] niederlegen, niederschreiben, zur Niederschrift bringen, protokollieren. **2. a)** ↑*befestigen:* das Gestell wurde mit Klammern fixiert. **b)** *(einen entwickelten Film) unempfindlich gegen den Einfluß von Licht machen.* **c)** *(Zeichnungen, Bilder, die leicht verwischen) durch Besprühen mit einem schnell trocknenden Mittel haltbar, beständig machen:* der Maler fixierte das Bild. **3.** *scharf und ohne seinen Blick abzuwenden ansehen, anstarren:* der Richter setzte seine Brille auf und fixierte den Angeklagten. **sinnv.:** ↑betrachten.

FKK [ɛfka:'ka:]: (Abkürzung für:) *Freikörperkultur; das Baden und Sichbewegen in der freien Natur mit nacktem Körper.* **sinnv.:** Naturismus, Nudismus · Abessinien, textilfreier Strand.

flach ⟨Adj.⟩: **1.** *ohne größere Erhebung oder Vertiefung; in der Breite ausgedehnt:* flaches Gelände; er mußte sich f. hinlegen; ein Schlag mit der flachen Hand. **sinnv.:** ausgebreitet, ausgestreckt, breitgedrückt, eben, glatt, plan, platt, waagrecht. **2.** *von geringer Höhe:* ein flacher Bau; sie trägt flache Absätze. **sinnv.:** ↑niedrig. **3.** *nicht sehr tief:* ein flaches Gewässser; ein flacher Teller. **sinnv.:** ↑seicht. **4.** *ohne [gedankliche] Tiefe und daher als nichtssagend, unwesentlich empfunden:* eine flache Unterhaltung; seine Ausführungen waren ziemlich f. **sinnv.:** abgeschmackt, ↑banal, ohne Gehalt, gehaltlos, geistlos, inhaltsleer, ↑oberflächlich, phrasenhaft, schal, trivial, unbedeutend.

Flä|che, die; -, -n: **1.** *Gebiet mit einer Ausdehnung in Länge und Breite:* eine F. von 1 000 Quadratmetern. **sinnv.:** ↑Gebiet. **Zus.:** Grün-, Nutz-, Sitz-, Tanz-, Wasserfläche. **2.** *[glatte] Seite, Oberfläche (eines Gegenstandes):* ein Würfel hat sechs Flächen. **sinnv.:** Flachseite, Seite, Seitenfläche.

flach|fal|len, fällt flach, fiel flach, ist flachgefallen ⟨itr.⟩ (ugs.): *(von einem erwarteten oder erhofften Ereignis) nicht stattfinden:* wegen des Regens fiel die Veranstaltung flach. **sinnv.:** ↑ausfallen, nicht eintreffen, hinfällig werden, wegfallen.

Flachs, der; -es: **1.** *blau- oder weißblühende Pflanze mit bastreichen Stengeln und ölhaltigen Samen:* F. spinnen. **2.** (ugs.) *leichthin gemachte spaßige Äußerung [mit der man einen anderen neckt]:* F. machen. **sinnv.:** ↑Scherz, ↑Unsinn.

flach|sen ⟨itr.⟩ (ugs.): *scherzend Unsinn reden:* was er sagte, war nicht ernst gemeint, er hat nur geflachst. **sinnv.:** ↑aufziehen.

flackern ⟨itr.⟩: **a)** *unruhig, mit zuckender Flamme brennen:* die Kerzen flackerten im Wind. **b)** *(vom elektrischen Licht) ungleichmäßig hell leuchten, in kurzen, unregelmäßigen Abständen an- und ausgehen:* die Neonröhre flackert.

Fla|geo|lett [flaʒo'lɛt], das; -s, -e und -s: *besonders hohe Flöte* (siehe Bildleiste „Flöten").

Flag|ge, die; -, -n: *an einer Leine befestigte Fahne als Hoheits-, Ehrenzeichen eines Staates, [im Seewesen] als Erkennungszeichen und Verständigungsmittel, die an einem Flaggenmast gehißt oder befestigt wird* (siehe Bildleiste „Fahnen").

flag|gen ⟨itr.⟩: *eine Fahne hissen:* wegen des Feiertages hatten die öffentlichen Gebäude geflaggt. **sinnv.:** aufhissen, die Fahne/Flagge aufziehen, beflaggen, heißen, hissen, die Fahne raushängen.

fla|grant ⟨Adj.⟩: *offenkundig, ins Auge fallend:* ein besonders flagranter Verstoß gegen das internationale Abkommen. **sinnv.:** ↑offenbar.

Flair [flɛ:ɐ̯], das; -s: *die einen Menschen oder eine Sache umgebende, als angenehm empfundene persönliche Note:* das F. der Großstadt; sie umgab sich mit einem F. von Extravaganz. **sinnv.:** ↑Atmosphäre.

Flam|me, die; -, -n: *leuchtende, nach oben spitz auslaufende, zungenförmige, meist bläuliche oder gelbrote Erscheinung, die bei der Verbrennung von bestimmten brennbaren Stoffen entsteht:* die F. der Kerze brennt ruhig. **sinnv.:** Feuer, Feuersäule, Feuerzunge, Flammenmeer, Lohe · ↑Brand. **Zus.:** Gas-, Heiz-, Spar-, Stichflamme.

fla|nie|ren, flanierte, hat/ist flaniert ⟨itr.⟩: *ohne ein bestimmtes Ziel langsam umherschlendern [um andere zu sehen und sich sehen zu lassen]:* durch die belebten Geschäftsstraßen f. **sinnv.:** ↑spazierengehen.

Flan|ke, die; -, -n: **1.** *weicher seitlicher Teil des Rumpfes [von Tieren]:* das Pferd stand mit zitternden Flanken da. **sinnv.:** Hüfte, Lende, Seite, Weiche; ↑Taille. **2.** *rechte oder linke Seite einer marschierenden oder in Stellung*

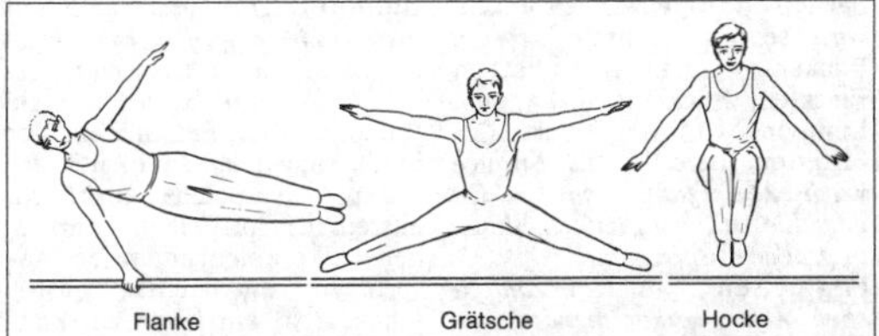

gegangenen militärischen Einheit: wir wurden an der linken F. von Panzern angegriffen. **sinnv.:** Seite. **Zus.:** Ost-, Westflanke. **3. a)** *Sprung über ein Turngerät, bei dem sich der Sportler mit einer Hand auf dem Gerät abstützt und eine gestreckte Körperseite dem Gerät zuwendet* (siehe Bildleiste): mit einer F. vom Barren abgehen. **sinnv.:** ↑Übung. **b)** *das [halb]hohe Zuspielen des Balles vor das gegnerische Tor von der Seite her:* eine hohe F. schlagen.

flan|kie|ren ‹tr.›: *zu beiden Seiten (von jmdm./etwas) stehen, gehen:* ein Oberleutnant, flankiert von zwei Grenadieren, schritt hinter dem Sarg her; eine von Gummibäumen flankierte Ecke der Halle; flankierende *(unterstützende)* Maßnahmen. **sinnv.:** ↑begleiten.

Fla|sche, die; -, -n: *[verschließbares] Gefäß (aus Glas, Metall oder Kunststoff) mit enger Öffnung und Halsansatz, bes. für Flüssigkeiten.* **sinnv.:** Buddel, Flachmann, Flakon, Pulle · ↑Behälter, ↑Gefäß. **Zus.:** Feld-, Milchflasche.

Fla|schen|zug, der; -[e]s, Flaschenzüge: *Vorrichtung zum Heben von Lasten, bei der ein Seil oder eine Kette über eine oder mehrere Rollen geführt wird* (siehe Bild).

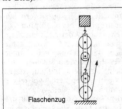

Flaschenzug

flat|ter|haft ‹Adj.›: *(in bezug auf die als weniger erfreulich empfundene Wesensart eines Menschen) unbeständig und oberflächlich:* er ist f. **sinnv.:** ↑untreu.

flat|tern, flatterte, ist/hat geflattert ‹itr.›: **1. a)** *mit schnellen Bewegungen der Flügel [aufgeregt hin und her] fliegen:* Schmetterlinge sind um die Blüten geflattert. **b)** *(von Blättern, Papierstücken o. ä.) vom Wind oder einem Luftzug bewegt weitergetragen werden:* die Geldscheine sind auf die Erde geflattert. **2.** *im Wind wehen; heftig hin und her bewegt werden:* eine Fahne hat auf dem Dach geflattert. **sinnv.:** baumeln, wedeln, wehen · sich ↑bewegen.

flau ‹Adj.›: *ein unangenehmes Gefühl der Mattheit, Schwäche habend:* er hat ein flaues Gefühl im Magen; ihm ist, wird f. **sinnv.:** blümerant, schlecht, übel, unpäßlich, unwohl.

Flaum, der; -[e]s: **a)** *die weichen, zarten Federn unter dem eigentlichen Gefieder der Vögel.* **b)** *[erster] dünner zart-weicher Haarwuchs (z. B. in bezug auf den Bart).* **sinnv.:** ↑Haar.

Flausch, der; -[e]s, -e: *weiches Gewebe aus Wolle:* ein Mantel aus dickem F.

flau|schig ‹Adj.›: *weich wie Flausch:* sie hüllte sich in ihren flauschigen Bademantel. **sinnv.:** flaumweich, kuschelig, wollig.

Flau|sen, die ‹Plural›: *etwas, was (meist wohlwollend-nachsichtig) als unernst, als Spaß am Unsinn angesehen wird:* er hat nichts als F. im Kopf. **sinnv.:** ↑Laune, Spinnerei, ↑Unsinn.

Flau|te, die; -, -n: *als negativ empfundener Zustand der Ruhe: Zustand, in dem es an Bewegung, Antrieb mangelt:* eine berufliche F.; die F. der Textilindustrie. **sinnv.:** Kalme, Windstille · Absatzkrise, Depression, Konjunkturrückgang, ↑Rückgang, Wirtschaftskrise. **Zus.:** Absatz-, Konjunkturflaute.

flä|zen, sich: *sich in einer als kritikwürdig empfundenen Weise ungeniert-zwanglos, mehr liegend als sitzend auf etwas niederlassen, befinden:* er fläzte sich in die Sofaecke; in den Nischen fläzen sich Menschen auf den Bänken. **sinnv.:** sich ↑rekeln.

Flech|te, die; -, -n: **1.** *Ausschlag der Haut in Form von Krusten oder Schuppen:* er hatte eine nasse F. am Hals. **sinnv.:** ↑Ausschlag. **Zus.:** Bart-, Schuppenflechte. **2.** *den Boden bewachsende Algen oder Pilze:* das Rentier ernährt sich hauptsächlich von Flechten.

flech|ten, flicht, flocht, hat geflochten ‹tr.›: *Haarsträhnen, Blumen, Weidenruten o. ä. ineinanderschlingen und auf diese Weise etwas herstellen* (z. B. einen Zopf, einen Kranz, einen Korb). **sinnv.:** ↑binden.

Fleck, der; -[e]s, -e: *Stelle, die sich von der übrigen Fläche durch Verschiedenheit der Farbe unterscheidet.* **a)** /als Unsauberkeit/: die Tischdecke hat einige Flekke. **sinnv.:** Flecken, Klacks, Klecks, Kleckser, Spritzer. **Zus.** Fett-, Schmutzfleck. **b)** /als Auffallendes/: das Pferd hat einen weißen F. auf der Stirn; er hatte vom Sturz blaue Flecke am ganzen Körper. **sinnv.:** Blesse, Bluterguß. **Zus.:** Alters-, Haut-, Knutsch-, Leber-, Pigmentfleck.

Fle|der|maus, die; -, Fledermäuse: *kleines, meist insektenfressendes, nachtaktives (Säuge-)tier mit Flughäuten zwischen den Gliedmaßen und kurzem Kopf mit großen Ohren, der dem einer Maus ähnelt.*

Fle|gel, der; -s, -: *[junger] Mann, dessen Benehmen als ärgerlich schlecht, ungehörig empfunden wird.* **sinnv.:** Botokude, Grobian, ungehobelter Klotz, Lorbaß, Lümmel, Pachulke, ↑Raufbold, Rüpel, Schnösel, Stiesel; ↑Mann.

fle|gel|haft ‹Adj.›: *wie ein Flegel:* er ist ein flegelhafter Bursche; sein Benehmen war f. **sinnv.:** ↑unhöflich.

fle|hen ‹itr.›: *inständig bitten:* der Gefangene flehte um sein Leben; ein flehender Blick. **sinnv.:** ↑bitten, drängen, dringen in jmdn., nötigen.

Fleisch, das; -[e]s: **1.** *aus Muskeln bestehende weiche Teile des menschlichen und tierischen Körpers:* er hat sich mit dem Messer tief ins F. geschnitten. **2. a)** *eßbare Teile des tierischen Körpers:*

das Essen bestand aus F., Kartoffeln und Gemüse. **Zus.:** Rind-, Schweine-, Suppenfleisch. **b)** *weiche, eßbare Teile von Früchten:* das F. der Pfirsiche ist sehr saftig. **Zus.:** Fruchtfleisch.

Flei|scher, der; -s, -: *jmd., der Vieh schlachtet, das Fleisch verarbeitet und verkauft.* **sinnv.:** Fleischhauer, Metzger, Metzler, Schlachter, Schlächter, Selcher, Wurster.

Flei|sche|rei, die; -, -en: *Betrieb, Laden eines Fleischers:* wir kauften in der F. Wurst und Speck. **sinnv.:** Fleischerladen, Fleischhauerei, Metzgerei, Metzgerladen, Schlachterladen, Schlächterladen, Selcherei, Wursterei.

flei|schig ⟨Adj.⟩: **a)** *viel Fleisch* (1) *habend:* fleischige Hände. **sinnv.:** ↑dick. **b)** *viel weiche Substanz habend:* diese Früchte sind sehr f.

Fleiß, der; -es: *strebsames Arbeiten; ernsthafte und beharrliche Beschäftigung mit einer Sache:* sein F. ist sehr groß; durch F. hat er sein Ziel erreicht. **sinnv.:** Arbeitseifer, Arbeitsamkeit, Beflissenheit, ↑Eifer, Emsigkeit, Geschäftigkeit, Rastlosigkeit, Strebsamkeit, Unermüdlichkeit · ↑Aktivität, ↑Ehrgeiz. **Zus.:** Bienenfleiß.

flei|ßig ⟨Adj.⟩: *unermüdlich und zielstrebig viel arbeitend:* er ist ein sehr fleißiger Mensch; das ist eine fleißige *(großen Fleiß beweisende)* Arbeit. **sinnv.:** ambitioniert, arbeitsam, arbeitswillig, beflissen, ehrgeizig ↑eifrig, eisern, emsig, geschäftig, rastlos, rührig, strebsam, tätig, tüchtig, unermüdlich · ↑aktiv, ↑betriebsam. **Zus.:** bienenfleißig.

flek|tie|ren ⟨tr.⟩: *ein Wort in seinen Formen abwandeln:* ein Substantiv, Adjektiv f. **sinnv.:** beugen, biegen, deklinieren, konjugieren.

flen|nen ⟨itr.⟩ (emotional): *weinen:* der Kleine fiel hin und flennte.

flet|schen: ⟨in der Verbindung⟩ die Zähne f.: *drohend die Zähne zeigen:* der Hund, der Löwe fletschte die Zähne. **sinnv.:** (die Zähne) blecken/zeigen.

flicken ⟨tr.⟩: *(etwas, was schadhaft geworden ist) ausbessern:* eine zerrissene Hose, Wäsche f. **sinnv.:** ↑nähen, ↑reparieren.

Flicken, der; -s, -: *kleines Stück Stoff, Leder o. ä., das zum Ausbessern von etwas gebraucht wird:* seine Hose hatte mehrere Flicken. **sinnv.:** Fetzen, Fleck[en], Flicklappen, Lappen, Lumpen, Schnipsel, Stück.

Flie|der, der; -s: *als Strauch wachsende Pflanze mit weißen oder lila, stark duftenden Blüten in großen Rispen.*

Flie|ge, die; -, -n: **1.** *(in zahlreichen Arten vorkommendes) gedrungenes, kleines Insekt mit zwei Flügeln und kurzen Fühlern:* eine F. fangen. **Zus.:** Eintagsfliege. **2.** *quer gebundene, feste Schleife, die an Stelle einer Krawatte getragen wird.* **3.** *schmales, gestutztes Bärtchen auf der Oberlippe oder zwischen Unterlippe und Kinn.* **sinnv.:** ↑Bart.

flie|gen, flog, ist/hat geflogen: **1.** ⟨itr.⟩ *sich (mit Flügeln oder durch die Kraft eines Motors) in der Luft fortbewegen:* die Vögel sind nach Süden geflogen; die Flugzeuge fliegen sehr hoch. **sinnv.:** flattern, flirren, gaukeln, gleiten, schweben, schwingen, schwirren, segeln; ↑abschwirren. **2.** ⟨itr.⟩ *sich mit einem Luft-, Raumfahrzeug fortbewegen:* er ist nach Amerika, in die USA, auf die Seychellen geflogen; die Astronauten fliegen zum Mond. **sinnv.:** jetten, ↑reisen, touren. **3.** ⟨tr.⟩ *(ein Flugzeug o. ä.) steuern:* er sucht den Piloten, der das Flugzeug geflogen hat. **4.** ⟨itr.⟩ *sich (durch einen Anstoß) in der Luft fortbewegen:* Blätter, Steine sind durch die Luft geflogen. **sinnv.:** geschleudert/getrieben/geworfen werden, ↑stieben. **5.** ⟨itr.⟩ *sich flatternd hin und her bewegen:* die Fahnen sind im Wind geflogen. **6.** ⟨itr.⟩ (ugs.) *hinfallen, stürzen:* auf die Nase f.; er ist von der Leiter geflogen. **sinnv.:** ↑fallen. **7.** ⟨itr.⟩ (ugs.) *hinausgewiesen, entlassen werden:* nach dem Skandal ist er [aus seiner Stellung] geflogen. **sinnv.:** entlassen, jmdn. feuern, in die Wüste schicken, den Hut nehmen müssen. **8.** ⟨itr.⟩ (ugs.) *von etwas stark angezogen werden:* er fliegt auf schnelle Wagen. **sinnv.:** gieren nach, scharf/geil auf etwas sein, auf jmdn./etwas stehen, wild nach etwas sein.

Flie|ger, der; -s, -: **1.** *jmd., der ein Flugzeug fliegt:* die abgeschossenen F. konnten sich mit dem Fallschirm retten. **sinnv.:** ↑Pilot. **Zus.:** Drachenflieger. **2.** (ugs.) ↑*Flugzeug:* der Himmel war schwarz von Fliegern.

flie|hen, floh, ist geflohen ⟨itr.⟩: *sich in großer Eile, Hast entfernen, um sich vor einer Gefahr in Sicherheit zu bringen:* sie flohen vor den Feinden aus der Stadt. **sinnv.:** abhauen, sich absetzen, ausbrechen, ausbüxen, ausreißen, ausrücken, entfliehen, entkommen, entlaufen, entspringen, entweichen, entwischen, sich ↑entziehen, die Flatter/Fliege machen, die Flucht/das Hasenpanier ergreifen, sein Heil in der Flucht suchen, flüchten, Reißaus nehmen, sich aus dem Staub[e] machen, türmen, untertauchen, ↑weggehen · Flucht.

Flie|se, die; -, -n: *kleine Platte zum Verkleiden von Wänden oder als Belag für Fußböden:* der Fußboden im Badezimmer war mit Fliesen aus gebranntem Ton ausgelegt. **sinnv.:** Bodenbelag, Fußbodenbelag, Kachel, Mosaikstein, Wandverkleidung. **Zus.:** Teppichfliese.

Fließ|band, das; -[e]s, Fließbänder: *mechanisch bewegtes Förderband in einer Fabrik, auf dem ein Gegenstand von einem Arbeitsplatz zum anderen befördert wird und in einzelnen Arbeitsgängen stufenweise hergestellt wird:* in diesem Betrieb wird am F. gearbeitet. **sinnv.:** Band, Fertigungsstraße.

flie|ßen, floß, ist geflossen ⟨itr.⟩/vgl. fließend/: *sich gleichmäßig fortbewegen* /von flüssigen Stoffen, bes. Wasser/: ein Bach fließt durch die Wiesen; Blut floß aus der Wunde; ein Zimmer mit fließendem Wasser *(mit Anschluß an die Wasserleitung).* **sinnv.:** abfließen, ausfließen, auslaufen, ausströmen, branden, sich ergießen, fluten, gluckern, glucksen, gurgeln, heranbrechen, heranwogen, herauslaufen, herausquellen, herausrieseln, herausrinnen, herausschießen, heraussickern, herauströpfeln, heraustropfen, laufen, lecken, perlen, plätschern, quellen, rieseln, rinnen, schießen, ↑schmelzen, schwimmen, sickern, sprudeln, strömen, strudeln, ↑träufeln, treiben, triefen, tröpfeln, tropfen, versickern, wallen, wegfließen, wogen.

flie|ßend ⟨Adj.⟩: **1.** ⟨nicht prädikativ⟩ *ohne Stocken:* das Kind liest schon f.; er spricht f. Englisch. **sinnv.:** nicht abgehackt, fehlerlos, flüssig, geläufig, perfekt, ohne steckenzubleiben, ohne zu stocken, ohne Unterbrechung. **2.** *ohne feste Abgrenzung:* die Grenzen sind f. **sinnv.:** ohne feste Abgrenzung, nicht genau definiert, offen, unbestimmt.

flim|mern ⟨itr.⟩: *zitternd, unruhig glänzen:* die Sterne haben am nächtlichen Himmel geflimmert. **sinnv.:** ↑leuchten.

flink ⟨Adj.⟩: *rasch und geschickt:* sie arbeitet mit flinken Händen. **sinnv.:** ↑fingerfertig, ↑schnell.

Flin|te, die; -, -n: *Jagdgewehr zum Schießen mit Schrot.* **sinnv.:** Gewehr, Schußwaffe.

Flirt [flœrt, auch: flırt], der; -s, -s: **a)** *das Flirten:* ein harmloser F. **b)** *kurze, unverbindliche Liebesbeziehung:* einen F. mit jmdm. haben/anfangen. **sinnv.:** ↑Liebelei.

flir|ten ['flœrtn̩, auch: 'flırtn̩], flirtete, hat geflirtet ⟨itr.⟩: *jmdm. durch ein bestimmtes Verhalten, durch Gesten, Blicke, scherzhafte Worte o. ä. seine erotische Zuneigung bekunden und so eine erotische Beziehung anzubahnen suchen:* die beiden flirteten den ganzen Abend miteinander. **sinnv.:** anmachen, jmdm. schöne Augen machen, kokettieren, poussieren, umwerben.

Flitt|chen, das; -s, -: *[junge] Frau, die als ein Mensch angesehen wird, der in anstößig-verwerflicher Weise schnell sexuelle Beziehungen zu Männern eingeht.* **sinnv.:** ↑Prostituierte.

Flit|ter|wo|chen, die ⟨Plural⟩: *erste Wochen der Ehe:* die F. in Venedig verbringen. **sinnv.:** Honeymoon, Honigmond.

flit|zen, flitzte, ist geflitzt ⟨itr.⟩ (ugs.): *sich sehr schnell [in einem Fahrzeug] bewegen:* er flitzte über die Straße, um die Ecke; der Wagen flitzt über die Autobahn. **sinnv.:** sich ↑fortbewegen.

Flocke, die; -, -n: *etwas, was aus leicht-lockerer Substanz besteht und bei geringem Lufthauch auffliegt oder in der Luft schwebt:* Flocken von Staub wirbelten auf; dicke Flocken (Schneeflocken) fielen vom Himmel.

Floh, der; -s, Flöhe: *kleines Insekt, das sich hüpfend fortbewegt und Blut saugend auf Vögeln, Säugetieren und Menschen lebt.*

Floh|markt, der; -[e]s, Flohmärkte: *Markt, auf dem Trödel und gebrauchte Gegenstände verkauft werden.* **sinnv.:** Krempel-, Trödelmarkt.

Flo|rett, das; -s, -e: *Waffe zum Fechten mit biegsamer, vierkantiger Klinge und Handschutz* (siehe Bildleiste „Waffen"). **sinnv.:** ↑Stichwaffe.

flo|rie|ren ⟨itr.⟩: *sich [geschäftlich] günstig entwickeln:* nach dem Tode des Inhabers florierte das Geschäft nicht mehr; ein gut florierender Betrieb. **sinnv.:** blühen, gedeihen, gut gehen, in Schwung sein.

Flos|kel, die; -, -n: *nichtssagende, formelhafte Redewendung:* seine Ansprache enthielt viele Floskeln. **sinnv.:** ↑Redensart.

Floß, das; -es, Flöße: *Wasserfahrzeug aus zusammengebundenen Baumstämmen o. ä.:* als Kinder haben wir uns oft kleine Flöße gebaut.

Flos|se, die; -, -n: **1.** *meist fächerförmiges, aus Haut und Knorpel bestehendes Organ, mit dem sich Fische und bestimmte andere im Wasser lebende Tiere fortbewegen.* **2.** (ugs.) ↑*Hand:* nimm deine Flossen da weg!

Flö|te, die; -, -n: *rohrförmiges Blasinstrument aus Holz oder Metall, dessen Tonlöcher mit Klappen oder mit den Fingern geschlossen werden* (siehe Bildleiste). **sinnv.:** ↑Holzblasinstrument.

flö|ten, flötete, hat geflötet ⟨itr.⟩: **1.** *den Tönen einer Flöte ähnliche Laute erzeugen:* er flötete [ein Lied] vor sich hin. **sinnv.:** pfeifen. **2.** *mit einschmeichelnder [hoher] Stimme sprechen:* „Ich komme gleich", flötete sie. **sinnv.:** ↑sprechen.

flott ⟨Adj.⟩: **1.** *in einem angenehmen, erfreulichen Tempo [vor sich gehend, erfolgend]:* eine flotte Bedienung; er arbeitet sehr f.; die Kapelle spielte flotte Musik. **sinnv.:** ↑fetzig, wie am Schnürchen, ↑schwungvoll. **2.** *lustig-locker [aussehend]:* er lebt sehr f.; ein flotter Hut.

Flot|te, die; -, -n: **a)** *alle Schiffe, die einem Staat oder einem privaten Eigentümer gehören:* die englische F.; dieser Reeder hat eine große F. **sinnv.:** Geschwader, Marine, Seemacht, Seestreitkräfte. **Zus.:** Handels-, Kriegsflotte. **b)** *größere Anzahl von Schiffen, Booten o. ä.:* eine F. von Fischerbooten verließ den Hafen. **sinnv.:** Armada, Flottenverband, Flottille, Konvoi, Schiffsverband, Verband.

Fluch, der; -[e]s, Flüche: **1.** *im Zorn gesprochenes, böses Wort [mit dem man jmdn. oder etwas verwünscht]:* mit einem kräftigen F. verließ er das Haus. **sinnv.:** Drohung, Drohwort, Gotteslästerung, Schmähung, Verdammung, Verwünschung. **2.** ⟨ohne Plural⟩ *Unheil, Verderben:* ein F. liegt über dieser Familie. **sinnv.:** schlechter/ungünstiger Stern, Unsegen, Verhängnis.

flu|chen ⟨itr.⟩: *mit heftigen oder derben Ausdrücken schimpfen:* die Soldaten fluchten über das schlechte Essen, das man ihnen gab. **sinnv.:** ↑schelten.

Flucht, die; -: *das Fliehen (vor einer Gefahr o. ä.):* er rettete sich durch eine schnelle F. **sinnv.:** Absetzbewegung, Ausbruch,

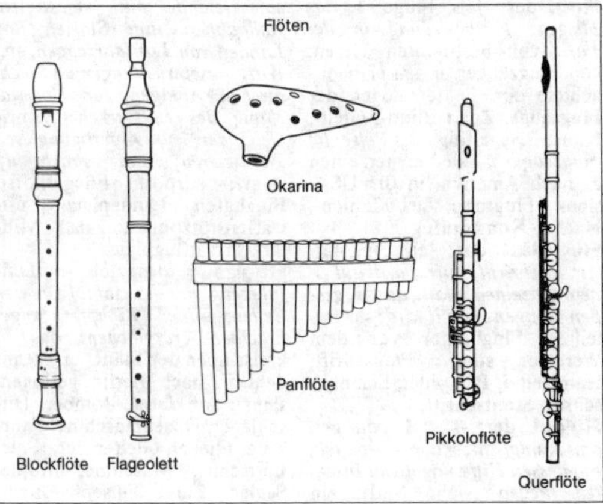

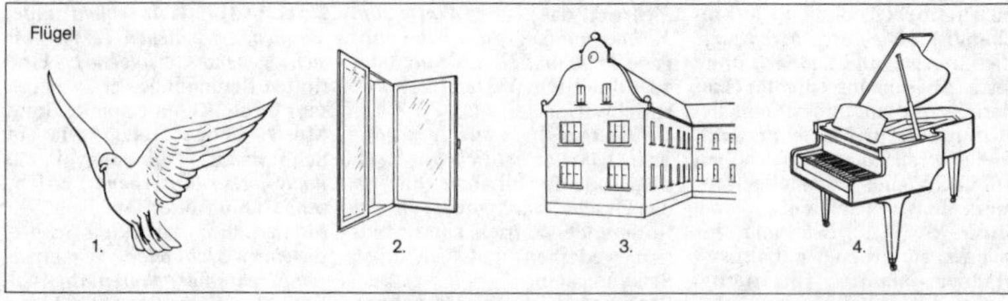

Entkommen, Rückzug · ↑fliehen. **Zus.:** Fahnen-, Fahrer-, Republik-, Steuer-, Unfallflucht.

flüch|ten, flüchtete, ist geflüchtet ⟨itr.⟩: *(vor einer Gefahr) davonlaufen; sich in Sicherheit bringen:* als die fremden Soldaten kamen, flüchteten die Bewohner der Stadt; sie sind vor dem Gewitter in ein nahes Gebäude geflüchtet. **sinnv.:** ↑fliehen.

flüch|tig ⟨Adj.⟩: **1.** ⟨nicht adverbial⟩ *flüchtend; geflüchtet:* der flüchtige Verbrecher wurde wieder gefangen. **sinnv.:** ausgebrochen, entflohen, entlaufen, verschwunden. **2.** ⟨nicht prädikativ⟩ *von kurzer Dauer [und geringer Intensität]:* ein flüchtiger Blick; er hat die Bilder nur f. angesehen. **3.** *schnell und daher ohne Sorgfalt:* er arbeitet sehr f. **sinnv.:** ↑nachlässig. **4.** ⟨nur attributiv⟩ *[leider] schnell vergehend:* flüchtige Augenblicke des Glücks. **sinnv.:** ↑vorübergehend.

Flücht|ling, der; -s, -e: *jmd., der vor jmdm. oder etwas flieht oder geflohen ist:* ein politischer F. **sinnv.:** ↑Auswanderer.

Flug, der; -[e]s, Flüge: **1.** *das Fliegen; Fortbewegung in der Luft* /von bestimmten Tieren, von Flugzeugen u. ä./: er beobachtete den F. der Vögel, der Flugzeuge. **Zus.:** Blind-, Gleit-, Kunst-, Segelflug. **2.** *Reise im Flugzeug o. ä.:* sie buchten einen F. nach Amerika, in die USA. **sinnv.:** Flugreise. **Zus.:** Linien-, Nacht-, Nonstopflug.

Flug|blatt, das; -[e]s, Flugblätter: *Nachricht, Aufruf o. ä. auf einem einzelnen Blatt, das in großen Mengen verteilt wird:* sie verteilten Flugblätter vor dem Werkstor. **sinnv.:** Flugschrift, Handzettel, Pamphlet, Schmähschrift, Streitschrift.

Flü|gel, der; -s, -: **1.** *paariger, am Rumpf sitzender Körperteil, mit dessen Hilfe Vögel und Insekten fliegen* (siehe Bild): ein Schmetterling mit gelben Flügeln. **sinnv.:** Fittich, Schwinge. **2.** *beweglicher Teil eines mehrgliedrigen [symmetrischen] Ganzen* (siehe Bild): der rechte F. des Altars. **3.** *seitlicher Teil eines Gebäudes* (siehe Bild): sein Zimmer lag im linken F. des Krankenhauses. **sinnv.:** Nebengebäude, [Seiten]trakt. **Zus.:** Seitenflügel. **4.** *größeres, dem Klavier ähnliches Musikinstrument auf drei Beinen, dessen Deckel hochgestellt werden kann (und in dem die Saiten waagerecht in Richtung der Tasten gespannt sind)* (siehe Bild). **sinnv.:** ↑Klavier. **Zus.:** Konzert-, Stutzflügel.

flüg|ge ⟨Adj.; nicht adverbial⟩: *(von jungen Vögeln) zum Fliegen fähig, so weit bereits entwickelt:* nach einigen Tagen waren die jungen Sperlinge f. und verließen das Nest. **sinnv.:** flugfähig · ↑erwachsen.

Flug|ha|fen, der; -s, Flughäfen: *größerer Flugplatz mit den dazugehörenden Gebäuden [für den Linienverkehr].* **sinnv.:** ↑Flugplatz.

Flug|platz, der; -es, Flugplätze: *Gelände mit [befestigten] Rollbahnen zum Starten und Landen von Luftfahrzeugen, mit Wartungseinrichtungen und technischen Anlagen zur Überwachung des Luftverkehrs [sowie Gebäuden zur Abfertigung von Passagieren und Frachtgut].* **sinnv.:** Airport, Fliegerhorst, Flughafen, Landeplatz, Luftwaffenstützpunkt. **Zus.:** Militär-, Privatflugplatz.

Flug|zeug, das; -[e]s, -e: *Luftfahrzeug mit horizontal an den Seiten seines Rumpfes angebrachten Tragflächen:* das F. kreist über der Stadt; er ist mit dem F. nach Berlin geflogen. **sinnv.:** Aufklärer, Bomber, Düsenjäger, Düsenmaschine, Fahrzeug, Flieger, Gleiter, Jet, Kiste, Luftschiff, Maschine, Mühle, Segler. **Zus.:** Düsen-, Jagd-, Kampf-, Passagier-, Transport-, Überschall-, Wasserflugzeug.

Flui|dum, das; -s: *Wirkung, die von einer Person oder Sache ausgeht und die eine bestimmte Atmosphäre schafft:* diese Stadt hat ein besonderes F. **sinnv.:** ↑Atmosphäre.

flun|kern ⟨itr.⟩: *(beim Erzählen) nicht ganz bei der Wahrheit bleiben:* man kann nicht alles glauben, was er sagt, denn er flunkert gerne. **sinnv.:** ↑lügen.

Flur: I. der; -[e]s, -e: *Gang, der die einzelnen Räume einer Wohnung oder eines Gebäudes miteinander verbindet:* er wartete auf dem F., bis er ins Zimmer gerufen wurde. **sinnv.:** ↑Diele. **II.** die; -, -en (geh.): *offenes, unbebautes Kulturland:* blühende Fluren; auf freier Flur. **sinnv.:** ↑Feld, ↑Gebiet.

Fluß, der; Flusses, Flüsse: **1.** *größeres fließendes Wasser:* sie badeten in einem F. **sinnv.:** Flußlauf, Strom, Wasserlauf; ↑Bach. **Zus.:** Neben-, Quellfluß. **2.** *stetige, fließende Bewegung, ununterbrochener Fortgang:* der F. der Rede, des Straßenverkehrs. **Zus.:** Rede-, Verkehrsfluß.

flüs|sig ⟨Adj.⟩: **1.** ⟨nicht adverbial⟩ *so beschaffen, daß es fließen kann:* flüssige Nahrung; die Butter ist durch die Wärme f. geworden. **sinnv.:** aufgetaut, breiig, geschmolzen, schleimig, verflüssigt, viskos. **Zus.:** dick-, dünn-, zähflüssig. **2.** *ohne Stokken:* er schreibt und spricht sehr f. **sinnv.:** ↑fließend. **3.** *(von Geld, Kapital o. ä.) verfügbar:* flüssige Gelder; ich bin zur Zeit nicht f. **sinnv.:** liquid, solvent, zahlungsfähig.

Flüs|sig|keit, die; -, -en: *ein Stoff in flüssigem Zustand:* in der Flasche war eine helle F. **sinnv.:** Brühe, Lauge, Lösung, Lotion, Sud, Tinktur · Getränk.

flü|stern ⟨itr./tr.⟩: *mit leiser Stimme sprechen:* er flüstert immer; er flüsterte ihm schnell die Lösung der Aufgabe ins Ohr. **sinnv.:** brummeln, brummen, flöten, hauchen, lispeln, munkeln, murmeln, pispern, raunen, säuseln, ↑sprechen, tuscheln, wispern, zischeln, zischen.

Flut, die; -, -en: **1.** ⟨ohne Plural⟩ *das Ansteigen des Meeres, das auf die Ebbe folgt* /Ggs. Ebbe/: sie badeten bei F. **sinnv.:** Hochwasser, Nipptide, Sprungtide, Tidehochwasser, ansteigendes/auflaufendes Wasser · ↑Gezeiten. **Zus.:** Spring-, Sturmflut. **2.** ⟨Plural⟩ *[tiefes] strömendes Wasser:* viele Tiere waren in den Fluten umgekommen. **3. *eine F. von etwas:** *eine große Menge von etwas:* er bekam eine F. von Briefen. **Zus.:** Briefflut.

Foh|len, das; -s, -: *neugeborenes bzw. junges Tier von Pferd, Esel, Kamel und Zebra.* **sinnv.:** Füllen.

Föhn, der; -[e]s, -e: *warmer, trockener Wind von den Hängen der Alpen:* bei F. bekommt sie immer Kopfschmerzen.

Fol|ge, die; -, -n: **1.** *etwas, was aus einem bestimmten Handeln, Geschehen folgt:* sein Leichtsinn hatte schlimme Folgen. **sinnv.:** Ausfluß, Auswirkung, ↑Erfolg, Ergebnis, Fazit, Konsequenz, Nachspiel, Nachwirkung, Wirkung. **Zus.:** Todes-, Unfallfolge. **2.** *Reihe von zeitlich aufeinanderfolgenden Dingen, Geschehnissen o. ä.:* es kam zu einer ganzen F. von Unfällen; in rascher F. erschienen mehrere Romane dieses Autors. **sinnv.:** ↑Reihenfolge; ↑Zyklus.

fol|gen, folgte, ist/hat gefolgt: ⟨itr.⟩: **1.** *hinter jmdm./einer Sache hergehen:* er ist dem Vater ins Haus gefolgt; er folgte den Spuren im Schnee; er folgte ihnen mit den Augen. **sinnv.:** ↑nachgehen. **2.** *verstehend nachvollziehen:* sie sind aufmerksam seinem Vortrag gefolgt. **sinnv.:** ↑zuhören; ↑verstehen. **3.** *zeitlich nach jmdm./etwas kommen:* dem kalten Winter ist ein schönes Frühjahr gefolgt; auf Kaiser Karl V. folgte Ferdinand I. **sinnv.:** ↑anschließen, ↑nachfolgen. **4.** *aus etwas hervorgehen:* aus seinem Brief ist gefolgt, daß er sich geärgert hatte. **sinnv.:** sich ↑ergeben. **5.** *sich von etwas leiten lassen:* sie ist immer ihrem Gefühl gefolgt. **6.** *↑gehorchen:* die Kinder haben der Mutter immer gefolgt.

fol|gen|der|ma|ßen ⟨Adverb⟩: *auf folgende Art und Weise:* der Unfall hat sich f. ereignet. **sinnv.:** auf diese Art/Weise, derart, daß ..., dergestalt, daß ...; so, solchermaßen

fol|gern ⟨tr.⟩: *eine Schlußfolgerung aus etwas ziehen:* aus seinen Worten folgerte man, daß er zufrieden sei mit der Arbeit. **sinnv.:** ableiten, deduzieren, herleiten, induzieren, das Resümee ziehen, resümieren, schließen, zu dem Schluß kommen, den Schluß ziehen, seine Schlüsse ziehen, schlußfolgern, urteilen, zurückführen auf.

folg|lich ⟨Adverb⟩: *darum; aus diesem Grunde:* es regnet, f. müssen wir zu Hause bleiben. **sinnv.:** ↑also.

folg|sam ⟨Adj.⟩: *sich den Wünschen der Erwachsenen ohne Widerspruch fügend:* die Kinder waren sehr f. **sinnv.:** ↑gehorsam.

Fo|lie, die; -, -n: *aus Metall oder einem Kunststoff in Bahnen hergestelltes, sehr dünnes Material zum Bekleben oder Verpacken.* **sinnv.:** Cellophan ⓦ, Papier, Stanniol[papier], Verpackung, Verpackungsmaterial. **Zus.:** Alu-, Klarsicht-, Silberfolie.

Fol|ter, die; -, -n: *das Foltern:* der Häftling starb bei der F.; das Verbot der F. fordern. **sinnv.:** Mißhandlung; ↑Schmerz.

fol|tern ⟨tr.⟩: *jmdm. große körperliche Qualen bereiten:* die Gefangenen wurden gefoltert. **sinnv.:** martern, ↑mißhandeln, peinigen, quälen.

Fön ⓦ, der; -s, -e: *elektrisches Gerät, das einen [heißen] Luftstrom erzeugt, der zum Trocknen der Haare dient.*

Fon|tä|ne, die; -, -n: **a)** *aufsteigender starker Wasserstrahl [eines Springbrunnens]:* aus dem Wasserbecken stieg eine hohe F. auf. **b)** *Springbrunnen mit starkem Wasserstrahl:* im Schloßgarten stand eine barocke F.

fop|pen ⟨tr.⟩: *im Scherz etwas sagen, was nicht stimmt, und einen anderen damit irreführen:* er foppt gerne andere. **sinnv.:** ↑anführen, ↑aufziehen.

for|cie|ren [fɔr'siːrən] ⟨tr.⟩: *mit größerer Energie betreiben:* das Tempo der Arbeit mußte forciert werden, damit sie rechtzeitig fertig wurden. **sinnv.:** ↑beschleunigen, ↑verstärken.

for|dern ⟨tr.⟩: **1.** *einen Anspruch erheben [und ihn mit Nachdruck kundtun]:* er forderte die Bestrafung der Täter; er hat 100 Mark für seine Arbeit gefordert. **sinnv.:** Ansprüche/Forderungen stellen, ein Postulat aufstellen, postulieren, ↑verlangen. **2.** *(von jmdm.) eine Leistung verlangen, die alle Kräfte beansprucht:* die Mannschaft wurde vom Gegner gefordert; sein Beruf fordert ihn sehr. **sinnv.:** ↑abverlangen, sich ↑anstrengen, jmdn. rannehmen.

för|dern ⟨tr.⟩: **1.** *in seiner Entfaltung, bei seinem Vorankommen unterstützen:* er hat viele junge Künstler gefördert. **sinnv.:** aufbauen, ↑befürworten, begünstigen, sich einsetzen für, eintreten für, favorisieren, ins Geschäft bringen, ↑helfen, herausbringen, herausstellen, lancieren, protegieren, sponsern, sich verwenden für, vorziehen; ↑bevorzugen. **2.** *(aus dem Innern der Erde) gewinnen:* in dieser Gegend wird Kohle gefördert. **sinnv.:** abbauen, ausbeuten, graben.

For|de|rung, die; -, -en: **1.** *das Fordern* (1): seine Forderungen sind unannehmbar. **sinnv.:** ↑Anforderung, ↑Bitte. **2.** *aus einer Warenlieferung oder Leistung resultierender Anspruch:* Forderungen an jmdn. haben; die ausstehende F. beträgt 20 000 Mark. **sinnv.:** Liquidation, ↑Rechnung. **Zus.:** Lohn-, Restforderung.

För|de|rung, die; -en: **1.** ⟨ohne Plural⟩ *das Fördern* (1). **sinnv.:** Empfehlung, Fürsprache, Gönnerschaft, ↑Hilfe, Protektion, Stipendium. **Zus.:** Begabtenförderung. **2.** ⟨ohne Plural⟩ *das Fördern* (2). **sinnv.:** Abbau, Gewinnung. **Zus.:** Erdöl-, Kohleförderung. **3.** *geförderte Menge:* eine tägliche F. von 1 000 Tonnen. **Zus.:** Tagesförderung.

Fo|rel|le, die; -, -n: *(in Bächen lebender) räuberischer Lachsfisch (der wegen seines schmackhaften Fleisches gern gegessen wird).* **Zus.:** Bach-, Regenbogenforelle.

Form, die; -, -en: **1.** *(äußere plastische) Gestalt, in der etwas erscheint, sich darstellt:* die Vase hat eine schöne F., hat die F. einer Kugel; die F. dieses Gedichtes ist die Ballade. **sinnv.:** Art [und Weise], Ausführung, Ausgabe, Beschaffenheit, Design, ↑Eigenschaft, Fasson, Format, Gebilde, Gestaltung, Größe, Machart, Manier, Schnitt, Struktur, Styling, Weise. **2.** *vorgeschriebene Art des gesellschaft-*

lichen Umgangs: hier herrschen strenge Formen; er hat sich in aller F. bei seinem Vorgesetzten entschuldigt. **sinnv.:** Anstand, Brauch, Förmlichkeit, Höflichkeit, Konvention, Manieren, Sitte, Verhaltensweise. **3.** *Gefäß, in das eine weiche Masse gegossen wird, damit sie darin die gewünschte feste Gestalt bekommt:* in der Gießerei wird das flüssige Metall in Formen gefüllt; sie hat den Kuchenteig in eine F. gefüllt. **sinnv.:** Back-, Kuchenblech. **Zus.:** Back-, Guß-, Kasten-, Kuchen-, Springform. **4.** ⟨ohne Plural⟩ *leistungsfähige, körperliche Verfassung:* gut, nicht in F. sein; allmählich wieder in F. kommen, zu guter F. auflaufen. **sinnv.:** Fitneß, Kondition, Leistungsfähigkeit. **Zus.:** Best-, Höchst-, Tages-, Topform. **5.** ⟨F. + Attribut⟩ *Art und Weise, in der etwas vorhanden ist, erscheint, sich darstellt:* die Formen des menschlichen Zusammenlebens. **sinnv.:** Erscheinungsweise, Erscheinungsform.

for|mal ⟨Adj.⟩: *die Form* (1, 2) *betreffend:* die formale Gliederung des Buches muß überarbeitet werden; seine Arbeit bereitet ihm manche formale Schwierigkeiten. **sinnv.:** äußerlich, der Form nach, ↑formell, vorschriftsmäßig.

For|ma|li|tät, die; -, -en: **a)** *[behördliche] Vorschrift:* vor seinem Aufenthalt im Ausland mußte er viele Formalitäten erledigen. **b)** *etwas, was nur der Form wegen geschieht:* sie hielten sich nicht mit Formalitäten auf. **sinnv.:** Äußerlichkeit, Förmlichkeit, Formsache.

For|mat, das; -[e]s, -e: **1.** *[genormte] Größe, [festgelegtes] Größenverhältnis eines Gegenstandes nach Länge und Breite:* das Buch, Bild hat ein großes F. **sinnv.:** ↑Form. **2.** ⟨ohne Plural⟩ *stark ausgeprägtes Persönlichkeitsbild; außergewöhnlicher Rang auf Grund der Persönlichkeit, bedeutender Fähigkeiten usw.:* ihm fehlt [das] F. dazu; er ist ein Künstler von F. **sinnv.:** ↑Ansehen, Klasse, Niveau, Qualität, Rang, Spitze.

For|mel, die; -, -n: **1.** *fester sprachlicher Ausdruck, feste Formulierung für etwas Bestimmtes:* die F. des Eides sprechen. **Zus.:** Eides-, Gruß-, Leerformel. **2.** *Folge von Zeichen (Buchstaben, Zahlen), die etwas Bestimmtes bezeichnen:* chemische, physikalische, mathematische Formeln; die F. für Wasser ist H_2O.

for|mel|haft ⟨Adj.⟩: *in der Art einer Formel* (1): formelhafte Wendungen, Ausdrücke. **sinnv.:** erstarrt, feststehend, gleichbleibend, ständig, stereotyp, unveränderlich, sich wiederholend.

for|mell ⟨Adj.⟩: *sich streng an die Formen* (2) *haltend:* eine formelle Begrüßung; er ist immer sehr f. **sinnv.:** ↑formal, förmlich, offiziell, steif, unpersönlich, zeremoniell.

for|men ⟨tr.⟩: *(einer Sache) eine bestimmte Form geben:* sie formten Gefäße aus Ton. **sinnv.:** ↑anfertigen, ausprägen, ↑bearbeiten, bilden, gestalten, modellieren, nachbilden, prägen, ↑trimmen.

-för|mig ⟨adjektivisches Suffix⟩: *(im Unterschied zu -artig nur) in der Form, äußeren Gestalt wie das im Basiswort Genannte, damit vergleichbar; von Gestalt wie ...; die Form des im Basiswort Genannten habend:* ballen-, ei-, ellipsen-, finger-, gas-, glocken-, hufeisen-, keil-, knoten-, kreis-, kugel-, mulden-, pilz-, quadrat-, rüssel-, strahlen-, stromlinien-, treppenförmig. **sinnv.:** -ig.

förm|lich ⟨Adj.⟩: **1.** *streng die gesellschaftlichen Formen beachtend:* das war eine förmliche Begrüßung; er verabschiedete sich sehr f. **sinnv.:** ↑formell. **2.** *tatsächlich (in dem Maße sich äußernd, auf etwas reagierend):* ich bin f. verzweifelt bei dieser nervtötenden Arbeit; der überschlägt sich f. vor Hilfsbereitschaft; der Posten wurde ihm f. aufgedrängt. **sinnv.:** ↑regelrecht, schier.

form|los ⟨Adj.⟩: **1.** *ohne feste Gestalt oder Form* (1): der Schneemann war zu einem formlosen Klumpen geschmolzen. **sinnv.:** amorph, gestaltlos, konturenlos, ungeformt. **2.** *ohne Form* (2), *ohne Formalitäten:* eine formlose Begrüßung; für die vorzeitige Einschulung des Kindes ist ein formloser Antrag zu stellen. **sinnv.:** ↑ungezwungen.

For|mu|lar, das; -[e]s, -e: *Blatt, Schein zur Beantwortung bestimmter Fragen oder für bestimmte Angaben:* er mußte bei seiner Anmeldung ein F. ausfüllen. **sinnv.:** Formblatt, Fragebogen, Vordruck. **Zus.:** Anmelde-, Auftrags-, Überweisungsformular.

for|mu|lie|ren ⟨tr.⟩: *in sprachliche Form bringen:* er hat seine Fragen klar formuliert. **sinnv.:** artikulieren, ↑aufschreiben, ↑aussprechen, auf den Punkt bringen, in Worte fassen/kleiden; ↑mitteilen, schreiben.

forsch ⟨Adj.⟩: *entschlossen und energisch auftretend, handelnd:* ein forscher junger Mann. **sinnv.:** dynamisch, flott, frisch, resolut, schneidig, ↑schwungvoll, ↑wacker, zackig, zielbewußt; ↑schnell.

for|schen ⟨itr.⟩: *durch intensives Bemühen zu erkennen oder aufzufinden suchen:* er forschte nach den Ursachen des Unglücks; die Polizei forschte nach den Tätern; er sah mit forschendem Blick in die Ferne. **sinnv.:** auskundschaften, eindringen, erforschen, ermitteln, eruieren, fahnden, finden, ↑nachforschen, recherchieren, sondieren, studieren.

For|scher, der; -s, -, **For|sche|rin,** die; -, -nen: *männliche bzw. weibliche Person, die auf einem bestimmten Gebiet [wissenschaftliche] Forschung betreibt.* **sinnv.:** ↑Gelehrter.

For|schung, die; -, -en: **a)** *das Arbeiten an wissenschaftlichen Erkenntnissen:* ihre Forschungen beschäftigten sie viele Jahre. **sinnv.:** Erforschung, Studium. **b)** ⟨ohne Plural⟩ *die forschende Wissenschaft:* in den letzten Jahren machte die F. große Fortschritte.

Forst, der; -[e]s, -e (auch: -en): *Wald, der wirtschaftlich genutzt wird.*

För|ster, der; -s, -, **För|ste|rin,** die; -, -nen: *männliche bzw. weibliche Person, die mit der Hege des Waldes und der Pflege des Wildes beauftragt ist.*

fort ⟨Adverb⟩: *[von einem Ort] weg:* die Kinder sind f.; wir müssen morgen f. von hier; **sinnv.:** ↑abwesend.

fort- ⟨trennbares verbales Präfix⟩: **1.** *weg-:* fortgleiten, -huschen, -laufen, -räumen, -reisen. **2.** *weiter-:* fortentwickeln, -erben, -schreiten.

fort|be|we|gen, bewegte fort, hat fortbewegt: **1.** ⟨tr.⟩ *von der Stelle bewegen:* er versuchte, den schweren Stein vom Höhleneingang fortzubewegen. **sinnv.:** fortschaffen, vorwärts bewegen, wegschaffen. **2.** ⟨sich f.⟩ *sich in bestimmter Richtung vorwärts bewegen:* nach seinem Unfall konnte er sich wochenlang nur mit Krücken f. **sinnv.:** sich ↑arbeiten, sich ↑beeilen, sich begeben, sich bewegen, brausen, eilen, ↑fahren, flitzen, gehen, hasten, huschen, jagen, laufen, marschieren, pilgern, preschen, rasen, rennen, sausen, schieben, schießen, schlappen, schleichen, schlendern, sich schleppen, schlurfen, schreiten, segeln, springen, sprinten, spritzen, spurten, stampfen, stapfen, stelzen, stieben, stiefeln, stolzieren, streben, stürmen, stürzen, tappen, tippeln, tigern, traben, trippeln, trotten, wandeln, wandern, waten, watscheln, ↑weggehen, ziehen.

fort|bil|den, bildete fort, hat fortgebildet ⟨tr.⟩: *jmds. oder seine eigene Bildung weiterentwickeln, vervollkommnen:* die Angestellten wurden in speziellen Kursen fortgebildet; ⟨auch: sich f.⟩ er hat sich durch den Besuch einer Abendschule fortgebildet. **sinnv.:** sich weiterbilden.

fort|fah|ren, fährt fort, fuhr fort, ist/hat fortgefahren ⟨itr.⟩: **1.** *(mit einem Fahrzeug) einen Ort verlassen:* er ist gestern mit dem Auto fortgefahren. **sinnv.:** abfahren, abreisen, ↑reisen, verreisen, wegfahren, ↑weggehen. **2.** *(nach einer Unterbrechung) wieder beginnen:* nach einer kurzen Pause hat/ist er dann fortgefahren zu erzählen. **sinnv.:** ↑fortsetzen.

Fort|ge|schrit|te|ne, der und die; -n, -n ⟨aber: [ein] Fortgeschrittener, Plural: [viele] Fortgeschrittene⟩: *männliche bzw. weibliche Person, die mit den Grundlagen eines Gebietes völlig vertraut ist, auf einem Gebiet Fortschritte gemacht hat:* dieser Kurs ist nur für F., nicht für Anfänger.

fort|ge|setzt ⟨Adj.⟩: *in als ärgerlich o. ä. empfundener Weise andauernd, immer wieder:* er stört den Unterricht f. durch sein Schwätzen; fortgesetzte schwere Bestechung; wegen fortgesetzter Beleidigung; der Alkoholismus nimmt f. zu. **sinnv.:** ↑unaufhörlich.

fort|pflan|zen, sich; pflanzte sich fort, hat sich fortgepflanzt: **1.** *Nachkommen hervorbringen:* manche Tiere pflanzen sich in der Gefangenschaft nicht fort. **sinnv.:** die Art erhalten, ↑befruchten, ↑gebären, für Nachwuchs sorgen, sich vermehren. **2.** *sich verbreiten:* das Licht pflanzt sich schnell fort. **sinnv.:** sich ↑ausbreiten.

fort|schrei|ben, schrieb fort, hat fortgeschrieben: *ergänzend weiterführen:* die finanzielle Förderung der musischen Ausbildung wurde fortgeschrieben; die Ergebnisse können sich sehen lassen und sollen fortgeschrieben werden.

fort|schrei|ten, schritt fort, ist fortgeschritten ⟨itr.⟩: *sich [positiv] weiterentwickeln:* die Arbeit schreitet gut fort.

Fort|schritt, der; -[e]s, -e: *das Erreichen einer höheren Stufe der Entwicklung:* der F. der Technik. **sinnv.:** ↑Aufstieg, Aufwärtsentwicklung, Erfolg, Fortgang, Progreß, Revolution, Verbesserung, Weiterentwicklung.

fort|schritt|lich ⟨Adj.⟩: *für den Fortschritt eintretend, ihn repräsentierend:* er ist ein fortschrittlicher Mensch; er denkt sehr f. **sinnv.:** avantgardistisch, ↑links, ↑modern, progressiv, revolutionär, zeitgemäß, zukunftsorientiert.

fort|set|zen, setzte fort, hat fortgesetzt ⟨tr.⟩ /vgl. fortgesetzt/: *(eine begonnene Tätigkeit) nach einer Unterbrechung wiederaufnehmen und weiterführen:* nach einer kurzen Pause setzte er seine Arbeit fort. **sinnv.:** ↑aufnehmen, aufrechterhalten, dabeibleiben, fortfahren, fortführen, weitermachen.

Fort|set|zung, die; -, -en: **1.** *das Fortsetzen:* man beschloß die F. des Gesprächs. **sinnv.:** Fortführung, Weiterführung. **2.** *fortsetzender Teil eines in einzelnen Teilen hintereinander veröffentlichten Werkes:* der Roman erscheint in der Illustrierten in Fortsetzungen; F. folgt. **sinnv.:** Lieferung. **Zus.:** Romanfortsetzung.

fort|wäh|rend ⟨Adj.⟩: *[in als ärgerlich o. ä. empfundener Weise] anhaltend, ständig:* das fortwährende Reden störte sie; es regnete f. **sinnv.:** fortgesetzt, unaufhörlich.

Fo|to, das; -s, -s: Kurzform von ↑Fotografie. **Zus.:** Akt-, Familien-, Farb-, Paßfoto.

Fo|to|ap|pa|rat, der; -[e]s, -e: ↑*Kamera.*

Fo|to|gra|fie, die; -, Fotografien: **1.** *durch Fotografieren entstandenes Bild, fotografische Aufnahme:* eine alte, verblaßte F.; eine F. von jmdm. machen; auf dieser F. hätte ich dich fast nicht erkannt. **sinnv.:** Aufnahme, ↑Bild, Dia[positiv], Farbaufnahme, Foto, Großaufnahme, Gruppenbild, Klassenbild, Lichtbild, Luftaufnahme, Luftbild, Nahaufnahme, Porträt, Schnappschuß, Schwarzweißaufnahme. **2.** ⟨ohne Plural⟩ *[Verfahren zur] Herstellung dauerhafter, durch elektromagnetische Strahlen oder Licht erzeugter Abbildungen:* einen Kurs für experimentelle F. belegen.

fo|to|gra|fie|ren ⟨tr./itr.⟩: *durch entsprechendes Einstellen eines Fotoapparates und Auslösen eines Verschlusses ein lichtempfindliches Material belichten [und dadurch eine Abbildung von jmdm./etwas machen]:* sie fotografiert gerne; bleibt stehen, ich will die ganze Hochzeitsgesellschaft f.! **sinnv.:** ↑abbilden, ablichten, eine Aufnahme machen, aufnehmen, aufzeichnen, ein Bild machen, ↑filmen, ein Foto machen/schießen, knipsen, auf die Platte bannen, einen Schnappschuß machen.

Fo|to|ko|pie, die; -, Fotokopien: *fotografisch hergestellte Kopie eines Schriftstücks, einer Druckseite o. ä.:* wir haben unserem Brief eine F. der angemahnten Rechnung beigefügt. **sinnv.:** ↑Reproduktion.

Fracht, die; -, -en: *zu befördernde Last:* F. an Bord nehmen; die F. ein-, ausladen. **sinnv.:** ↑Ladung. **Zus.:** Bahn-, Eil-, Leer-, Luft-, Schiffsfracht.

Frack, der; -[e]s, Fräcke: *vorne kurze, hinten mit langen, bis zu den Knien reichenden Rockschößen versehene, meist schwarze Jacke, die bei festlichen Anlässen oder von Kellnern und Musikern als Berufskleidung getragen wird:* der Redner trug einen F.; die Musiker der Combo traten in weißen Fräcken auf.

Fra|ge, die; -, -n: **1.** *Äußerung, mit der man sich an jmdn. wendet und auf die man eine Antwort erwartet:* er konnte die Fragen des Lehrers nicht beantworten; die Minister stellten dem Kanzler die F./richteten an ihn die F., ob er diese Entscheidung verantworten könne; diese Mannschaft gehört ohne F. *(zweifellos)* zum Kreis der Favoriten. **sinnv.:** ↑Anfrage, Befragung, Erkundigung, Erkundung, Ermittlung, Interview, Konsultation. **Zus.:** Entscheidungs-, Fang-, Gretchen-, Nach-, Prüfungs-, Rück-, Scherz-, Suggestivfrage. **2.** *Problem; Angelegenheit (die besprochen werden muß):* sie diskutierten über politische Fragen; ⟨F. + Attribut⟩ das ist eine F. des Taktes, des Überlebens. **sinnv.:** Fall, Problematik, Punkt, Kern-, Knackpunkt, Sache, ↑Schwierigkeit, Thema. **Zus.:** Ermessens-, Geld-, Geschmacks-, Kern-, Sach-, Schicksals-, Schuldfrage; vgl. -frage.

-fra|ge, die; -, -n ⟨Grundwort⟩: *im Hinblick auf das im ersten Wortbestandteil Genannte zu erörterndes Thema, zu klärendes Problem:* Arbeiter-, Bürgerrechts-, Deutschland-, Disziplin-, Existenz-, Form-, Frauen-, Gebühren-, Geld-, Geschmacks-, Juden-, Kosten-, Lebens-, Macht-, Männer-, Rassen-, Stil-, Umwelt-, Verfahrensfrage.

Fra|ge|bo|gen, der; -s, -: *[amtlicher] Vordruck, der bestimmte Fragen enthält, die beantwortet werden sollen:* man gab ihm einen F., den er ausfüllen sollte. **sinnv.:** ↑Formular.

fra|gen: 1. ⟨tr./itr.⟩ *sich mit einer Frage* (1) *an jmdn. wenden:* er fragte [den Lehrer], ob er nach Hause gehen dürfe. **sinnv.:** ↑anfragen, ansprechen, antippen, ausforschen, ausfragen, aushorchen, ausquetschen, befragen, bohren, erfragen, sich erkundigen, eine Frage stellen, sich informieren, interviewen, konsultieren, sich unterrichten, verhören. **Zus.:** aus-, hinter-, rückfragen. **2.** ⟨sich f.⟩ *sich etwas überlegen, sich die Frage stellen:* er fragte sich, wie er sein Ziel am schnellsten erreichen könne. **sinnv.:** sich Gedanken machen, nachdenken, neugierig auf etw. sein. **3.** ⟨itr.⟩ *sich um jmdn./etwas kümmern* ⟨nur verneinend⟩: der Vater fragt überhaupt nicht nach seinen Kindern. **sinnv.:** ↑vernachlässigen.

frag|lich ⟨Adj.⟩: **1.** ⟨nur prädikativ⟩ *ungewiß (ob etwas geschieht, gemacht wird o. ä.):* f. ist/bleibt, ob er das schaffen kann; es ist noch sehr f., ob wir kommen können. **sinnv.:** ↑ungewiß. **2.** ⟨nur attributiv⟩ *in Frage kommend, betreffend:* zu der fraglichen Zeit war er nicht zu Hause. **sinnv.:** ↑obig.

Frag|ment, das; -[e]s, -e: *nicht vollendetes Kunstwerk; etwas Unvollendetes:* sein letzter Roman ist F. geblieben. **sinnv.:** Bruchstück, Rest, Stückwerk, Torso, Überrest. **Zus.:** Roman-, Säulenfragment.

frag|wür|dig ⟨Adj.⟩: *(rechtlich, ethisch o. ä.) keinen einwandfreien Eindruck machend:* die Angelegenheit kam ihm sehr f. vor; sie betraten ein fragwürdiges Lokal. **sinnv.:** ↑anrüchig.

Frak|ti|on, die; -, -en: *Gesamtheit der Abgeordneten einer Partei im Parlament:* die F. stimmte geschlossen gegen diesen Antrag. **sinnv.:** ↑Gruppe.

fran|kie|ren ⟨tr.⟩: *(einen Brief, ein Paket o. ä., was man mit der Post verschicken will) mit Briefmarken versehen:* er frankierte die Briefe und brachte sie zur Post. **sinnv.:** ↑freimachen.

frap|pie|ren ⟨tr.⟩: *bei jmdm. Verblüffung hervorrufen:* mich frappierte immer wieder, wie schnell er alle Fehler fand; diese Nachricht hat mich sehr frappiert; die Mannschaft errang einen frappierenden Sieg. **sinnv.:** ↑erstaunen.

Fraß, der; -es: **1.** (derb) *Essen, das als in ärgerlicher Weise schlecht, eintönig o. ä. befunden wird:* es ist immer der gleiche F.; ein abscheulicher F. aus süßen Kartoffeln und verschimmeltem Brot. **sinnv.:** ↑Essen. **Zus.:** Hunde-, Sau-, Schlangenfraß. **2.** *Nahrung (von Tieren):* den Löwen große Mengen Fleisch als F. vorwerfen.

Frat|ze, die; -, -n: *Widerwillen hervorrufendes Gesicht:* wenn man diese F. schon sieht, vergeht einem der Appetit. **sinnv.:** ↑Miene.

Frau, die; -, -en: **1.** *erwachsene weibliche Person:* auf der Straße gingen drei Frauen. **sinnv.:** Alte, Blaustrumpf, Dame, Dragoner, Ehefrau, Emanze, Eva, Evastochter, Feministin, First Lady, Frauchen, Frauensperson, Frauenzimmer, Fräulein, Gans, Gänschen, Glucke, ↑Großmutter, Hexe, Jungfer, Jungfrau, Klatschbase, Klatschweib, Lady, Lesbe, Lesbierin, Luxusgeschöpf, Madam, ↑Mädchen, Mannweib, Matrone, Mensch, ↑Mutter, Mutti, Oma, Person, Pute, Schlampe, Schönheit, Schrulle, Seniorin, Sie, Vamp, Walküre, Waschweib, Weib, Weibchen, Weibsbild, Weibsstück, Zicke, Ziege. **Zus.:** Alibi-, Bauern-, Burg-, Geschäfts-, Haus-, Karriere-, Kauf-, Land-, Traumfrau. **2.** ↑*Ehefrau:* er brachte seiner F. Blumen mit; Herr Balzer und F.; Herr Balzer mit F. Brigitte. **3.** ⟨in der Anrede⟩: guten Tag, F. Frings!; gnädige F.; F. Professorin, Ministerin.

Fräu|lein, das; -s, -: **1.** *nicht verheiratete, kinderlose weibliche Person:* in dieser Wohnung wohnt ein älteres F. **sinnv.:** ↑Frau. **2.** ⟨in der Anrede, heute weitgehend durch „Frau" ersetzt⟩: guten Tag, F. Simon. **3.** ⟨Anrede für eine Verkäuferin, Kellnerin⟩: F., bitte zahlen!

frau|lich ⟨Adj.⟩: *der Art einer [gereiften] Frau entsprechend:* sie kleidete sich betont f. **sinnv.:** ↑weiblich.

Freak [fri:k], der; -s, -s: **1.** *jmd., der sich in besonders starker Weise für etwas/jmdn. begeistert, der sich für eine bestimmte Sache (z. B. Motorrad, Musik, Umweltschutz) engagiert zeigt.* **2.** *jmd., der sich nicht ins bürgerliche Leben einordnet.* **sinnv.:** Ausgeflippter, Außenseiter, Aussteiger, Sonderling.

frech ⟨Adj.⟩: **1.** *in Empörung, Unwillen hervorrufender Weise ungehörig-dreist, respektlos:* eine freche Antwort; er war sehr f. zu seiner Mutter; er lachte f. **sinnv.:** ausfallend, ausfällig, böse, drekkig, dreist, gemein, gewöhnlich, impertinent, keck, kühn, lose, naseweis, naßforsch, pampig, patzig, plump, rüde, schamlos, schnippisch, schnoddrig, unartig, ungezogen, unverfroren, unverschämt, vorlaut, vorwitzig. **2.** *in Eindruck machender Weise keck:* sie trug ein freches Hütchen; ein freches Chanson. **sinnv.:** draufgängerisch, frivol, keck, keß.

Frech|heit, die; -, -en: **a)** ⟨ohne Plural⟩ *freches* (1) *Benehmen:* F. muß bestraft werden. **sinnv.:** Arroganz, Chuzpe, Dreistheit, Dreistigkeit, Impertinenz, Kaltschnäuzigkeit, Ungezogenheit, Unverfrorenheit, Unverschämtheit. **b)** *freche* (1) *Handlung oder Äußerung:* Frechheiten darfst du dir nicht gefallen lassen.

frei ⟨Adj.⟩: **1.** *ohne etwas, was als bindend, hemmend, einschränkend, als Zwang u. ä. empfunden wird; sich in einem Zustand befindend, in dem man nicht an etwas gebunden, nicht zu etwas verpflichtet ist, seine Entscheidungen nach eigenem Willen treffen kann:* freie Wahlen; sich

f. entscheiden; hier herrscht ein recht freier Ton; er ist wieder auf freiem Fuß *(nicht mehr in Haft)*. **sinnv.:** autonom, autark, sein eigener Herr, selbständig, selbstverantwortlich, unabhängig, ungebunden. **2. *frei [von] ...:** *ohne ....:* f. von Sorgen, aller Sorgen; vgl. -frei. **3.** *so, daß darüber noch verfügt werden kann:* der Stuhl ist noch f.; er hat nur wenig freie Zeit. **sinnv.:** leer, unbenutzt, unbesetzt, vakant, verfügbar, vorhanden. **4.** *so, daß es offen daliegt, durch nichts verdeckt o. ä. ist:* von hier aus hat man einen freien Blick auf das Gebirge; mit freiem Oberkörper arbeiten; das Kleid läßt die Schultern f. **5.** ↑*kostenlos:* Kinder bis zu 6 Jahren haben freien Eintritt.

-frei ⟨adjektivisches Suffixoid⟩: **1.** *an das im Basiswort Genannte nicht gebunden* /wird als positiv empfunden/ **a)** /Ggs. -gebunden/ *von dem im Basiswort Genannten nicht abhängig:* block-, bündnis-, kreisfrei. **b)** *das im Basiswort Genannte nicht benötigend, für das im Basiswort Genannte nicht erforderlich:* lizenz-, rezept-, schienen-, waffenschein-, zulassungsfrei. **2.** /Ggs. -pflichtig/ *ohne das im Basiswort Genannte leisten zu müssen:* /wird als positiv empfunden/: abgaben-, beitrags-, gebühren-, kosten-, miet-, münz-, porto-, schuldgeld-, steuer-, zins-, zoll-, zuschlagfrei, /elliptisch:/ bahn-, frachtfrei. **3.** *ohne Verpflichtung zu dem im Basiswort Genannten* /wird als positiv empfunden/: arbeits-, berufsschul-, bundeswehr-, dienst-, schul-, sozialversicherungs-, unterrichts-, vorlesungsfrei. **4.** /wird als positiv empfunden/ **a)** *besagt, daß das im Basiswort Genannte (etw. Unerwünschtes) nicht [als Folge] eintritt:* blend-, knautsch-, knick-, knitter-, rost- (Stahl), schadstofffreies Auto, splitter-, stör-, störungs-, straf-, verschleiß-, vorwurfsfrei. **b)** *besagt, daß das im Basiswort Genannte nicht nötig ist:* bügel- (Stoff), pflege-, wartungsfrei. **5.** *ohne das im Basiswort Genannte:* **a)** zweckfrei. **b)** /*besagt, daß das im Basiswort Genannte nicht vorhanden ist [was als ungewöhnlich empfunden wird]*/: auto-, keim-, noten- (Zeugnis), textilfrei (Urlaub); /Ggs. -haltig/: alkohol- (Bier), koffein- (Kaffee), nikotinfrei. **c)** /*wird als positiv empfunden, da das im Basiswort Genannte [im Textzusammenhang] als negativ gilt; enthält im Unterschied zu konkurrierenden Bildungen mit -los keine emotionale Wertung*/: aggressions-, akzent-, angst-, atomwaffen-, blei- (Benzin), chemie-, eis-, emotions-, falten-, fehler-, fernseh-, fieber-, gewalt-, herrschafts-, hürden-, ideologie-, kalorien-, konflikt-, niederschlags-, problem-, prüfungs-, risiko-, schmerz-, tabu-, täuschungs-, teer-, vorurteils-, widerspruchs-, zinsfrei. **6.** *das im Basiswort Genannte (Körperteil) nicht bedeckend* /mit einem Kleidungsstück als Bezugswort/: busen-, fuß- (Kleid), hals-, knie-, knöchel-, rücken-, schulter-, wadenfrei. **7. a)** *frei wegen:* hitzefrei. **b)** *frei, zugelassen, erlaubt für:* jugendfrei. **c)** *frei zu:* wahlfrei *(frei zu wählen)*.

-frei/-los: ↑-los/-frei.

frei|ge|big ⟨Adj.⟩: *großzügig, gern schenkend, anderen von dem, was man hat, [ab]gebend:* er ist sehr f. **sinnv.:** freizügig, gebefreudig, nicht geizig, generös, großzügig, hochherzig, honorig, nicht kleinlich, mildtätig, nobel, spendabel, die Spendierhosen anhabend, splendid, verschwenderisch, verschwendungssüchtig, weitherzig, wohltätig.

frei|hal|ten, hält frei, hielt frei, hat freigehalten ⟨tr.⟩: **1.** *in einem Lokal (für jmdn.) bezahlen:* ich werde euch heute f.; er hat sein fünfundzwanzigjähriges Jubiläum gefeiert und bei dieser Gelegenheit all seine Kollegen freigehalten. **sinnv.:** ↑spendieren. **2.** *dafür sorgen, daß ein Platz o. ä. für jmdn., der noch kommt, frei bleibt, nicht von einem anderen besetzt wird:* würden sie mir einen Platz f., denn ich kann erst kurz vor Beginn des Vortrags kommen? **sinnv.:** ↑reservieren.

Frei|heit, die; -, -en: **1.** ⟨ohne Plural⟩ *Zustand, in dem jmd. frei von bestimmten persönlichen oder gesellschaftlichen, als Zwang oder Last empfundenen Bindungen oder Verpflichtungen ist, unabhängig ist und sich in seinen Entscheidungen nicht eingeschränkt fühlt:* F. ist immer nur die F. des Andersdenkenden; wenn ich aus dem Gefängnis komme und wieder in der F. bin, dann ...; Leben ist immer eine Mischung von F. und Unfreiheit. **sinnv.:** Autarkie, Autonomie, Eigenständigkeit, Freizügigkeit, Selbständigkeit, Selbstbestimmung, Unabhängigkeit, Ungebundenheit, Ungezwungenheit, Zwanglosigkeit; ↑Spielraum. **Zus.:** Meinungs-, Presse-, Rede-, Unfreiheit. **2.** *Recht, Möglichkeit, etwas, was als frei, ungezwungen o. ä. betrachtet wird, zu tun:* dichterische F.; demokratische, gesellschaftliche Freiheiten; zu Hause hatten sie verhältnismäßig viele Freiheiten. **sinnv.:** Ausschweifung, Libertinage, ↑Vorrecht, Zügellosigkeit.

frei|heit|lich ⟨Adj.⟩: *vom Willen zur Freiheit geprägt, bestimmt:* die freiheitliche demokratische Grundordnung; eine freiheitliche Verfassung. **sinnv.:** antiautoritär, demokratisch, freiheitsliebend, lax, liberal, ohne Repressionen, tolerant, ohne Zwang.

Frei|heits|stra|fe, die; -, -n: *Strafe, bei der jmdm. seine persönliche Freiheit entzogen wird, indem er ins Gefängnis o. ä. kommt:* der Dieb wurde zu einer F. von acht Wochen verurteilt. **sinnv.:** Arrest, Bau, Freiheitsberaubung, Freiheitsentzug, Gefangenschaft, Gefängnis[strafe], Gewahrsam, Haft, Karzer, Knast, Sicherungsverwahrung, Zuchthaus[strafe].

frei|las|sen, läßt frei, ließ frei, hat freigelassen ⟨tr.⟩: *aus der Gefangenschaft o. ä. entlassen:* die Gefangenen wurden freigelassen; er hat den Vogel wieder freigelassen. **sinnv.:** entlassen, freigeben, jmdm. die Freiheit [wieder]geben, auf freien Fuß setzen, laufenlassen, loslassen.

frei|lich ⟨Adverb⟩: **1.** /schränkt eine vorherige Aussage ein/ *allerdings:* er ist ein guter Arbeiter, f. nur auf seinem engen Fachgebiet. **sinnv.:** ↑aber. **2.** (südd.) /bestätigt auf emotionale Weise eine Frage, Vermutung/ *das ist doch selbstverständlich:* „Du kommst doch morgen?" „Ja f." **sinnv.:** ↑ja.

frei|ma|chen, machte frei, hat freigemacht: **1.** ⟨tr.⟩ *durch Aufkleben von Briefmarken die Gebühr (für Sendungen, die durch die Post befördert werden) im voraus entrichten:* er hat den Brief freigemacht. **sinnv.:** frankieren, die Postgebühren bezahlen/entrichten. **2.** ⟨sich f.⟩ (ugs.) *sich [freie] Zeit nehmen:* bei dem starken Andrang konnte sich der

Verkäufer nur kurze Zeit f. **sinnv.:** sich losmachen, sich losreißen, sich lossagen.

frei|mü|tig ‹Adj.›: *sich im Hinblick auf Überraschung Auslösendes oder weniger Erfreuliches offen äußernd:* sie gestand f., daß sie Angst hatte; f. Fehler eingestehen; er bekennt f., daß er onaniert hat, schwul ist; er gab f. zu, daß er ihr Verhalten schäbig finde; f. schreiben die Autorinnen von den Begierden ihres Körpers; in einer freimütigen Aussprache bereinigten wir alle Differenzen. **sinnv.:** frei, frisch von der Leber weg.

frei|spre|chen, spricht frei, sprach frei, hat freigesprochen ‹tr.›: *in einem gerichtlichen Urteil feststellen, daß jmd., der angeklagt war, nicht schuldig ist oder daß seine Schuld nicht bewiesen werden kann:* der Angeklagte wurde freigesprochen. **sinnv.:** ↑begnadigen.

frei|ste|hen, stand frei, hat freigestanden ‹itr.›: **1.** *jmds. Entscheidung überlassen sein:* es steht jedem frei, wie er seine Freizeit verbringt. **sinnv.:** anheimgestellt sein, offenstehen, unbenommen sein. **2.** *leer, nicht bewohnt sein:* die Wohnung hat nicht lange freigestanden. **sinnv.:** frei sein, leer stehen.

frei|stel|len, stellte frei, hat freigestellt ‹tr.›: **1.** *jmdn. zwischen mehreren Möglichkeiten entscheiden lassen:* man stellte ihm frei, in München oder in Berlin zu studieren. **sinnv.:** ↑überlassen. **2.** *aus bestimmten Gründen, für bestimmte Zwecke vom Dienst befreien:* er ist vom Wehrdienst freigestellt worden. **sinnv.:** ausmustern, ↑befreien.

Frei|tag, der; -s, -e: *fünfter Tag der mit dem Montag beginnenden Woche.* **sinnv.:** ↑Wochentag.

Frei|tod, der; -[e]s, -e: *Tod, durch den man aus eigenem Entschluß sein Leben beendet.* **sinnv.:** Selbstmord, Suizid.

frei|wil|lig ‹Adj.›: *aus eigenem freiem Willen:* er hat f. auf einen Teil seines Gewinns verzichtet. **sinnv.:** von allein, aus eigenem Antrieb, ohne Aufforderung, ehrenamtlich, fakultativ, von sich aus, spontan, aus freien Stükken, unaufgefordert, ungeheißen.

Frei|zeit, die; -, -en: **1.** ‹ohne Plural› *Zeit, in der man nicht zu arbeiten braucht, über die man frei verfügen kann:* er liest viel in seiner F. **sinnv.:** ↑Muße. **2.** *[mehrtägige] Zusammenkunft für Personen mit bestimmten gemeinsamen Interessen:* das Jugendamt veranstaltet Freizeiten für Schüler.

frei|zü|gig ‹Adj.›: **1.** *frei in der Wahl des Wohnsitzes, des Aufenthalts.* **sinnv.:** nicht ortsgebunden, ungebunden. **2.** *großzügig:* f. im Geldausgeben sein. **sinnv.:** ↑freigebig. **3.** *nicht den bürgerlichen Moralvorschriften entsprechend:* die Beziehungen zwischen den Geschlechtern sind freizügiger geworden. **sinnv.:** ↑tolerant.

fremd ‹Adj.›: **1.** *nicht bekannt, nicht vertraut:* ein fremder Mann sprach ihn an; er ist f. in dieser Stadt. **sinnv.:** andersartig, fremdartig, anders geartet, neu, unbekannt, ungeläufig, ungewöhnlich. **Zus.:** wildfremd. **2.** ‹nur attributiv› *von anderer Herkunft:* fremde Völker; eine fremde Sprache. **sinnv.:** ausländisch, von außerhalb, auswärtig, von auswärts, nicht ↑einheimisch, exotisch, fremdländisch, orientalisch. **Zus.:** landes-, ortsfremd. **3.** ‹nur attributiv› *einem anderen gehörend; einen anderen betreffend:* fremdes Eigentum; das ist nicht für fremde Ohren bestimmt. **4.** *nicht zu der Vorstellung, die man von jmdm./etwas hat, passend:* das ist ein fremder Ton an ihm; in der neuen Frisur sieht sie ganz f. aus. **sinnv.:** anders, neu, ungewohnt.

-fremd ‹adjektivisches Suffixoid›: **a)** *zu dem im Basiswort Genannten üblicherweise nicht gehörend:* art-, berufs-, betriebs-, branchen-, fachfremd, familienfremder Spender von Knochenmark, gewebsfremd, kirchenfremde Themen, körperfremd, ortsfremde Bräuche *(die dort nicht üblich sind),* situationsfremder Ablauf, studienfremde Bereiche, wesensfremd. **b)** *auf dem im Basiswort genannten Gebiet o. ä. nicht Bescheid wissend, ihm fernstehend:* lebens-, praxis-, wein-, weltfremd, wirklichkeitsfremde Ideale. **sinnv.:** -fern, -extern. **c)** *in dem im Basiswort genannten Bereich o. ä. fremd, ein Fremder:* ein lokalfremdes Paar *(das fremd in dem Lokal ist),* er ist ortsfremd, ein revierfremder Hund *(der dort nicht hingehört).*

Frem|de: I. der und die; -n, -n ‹aber: [ein] Fremder, Plural: [viele] Fremde›: **a)** *jmd., der an einem Ort fremd ist, der an diesem Ort nicht wohnt:* im Sommer kommen viele Fremde in die Stadt. **sinnv.:** Ausländer, Besucher, Gast, Tourist, Urlauber, Zugereister. **b)** *jmd., den man nicht kennt:* die Kinder fürchteten sich vor dem Fremden. **sinnv.:** Fremdling, Unbekannter. **II.** die; -: *Land fern der Heimat; weit entferntes Ausland:* er lebte lange in der F.; er ist aus der F. heimgekehrt. **sinnv.:** Ferne, Übersee, die weite Welt.

Frem|den|füh|rer, der; -s, -, **Frem|den|füh|re|rin,** die; -, -nen: *jmd., dessen Aufgabe es ist, Touristen die Sehenswürdigkeiten einer Stadt o. ä. zu zeigen und zu erläutern.* **sinnv.:** Begleiter, Betreuer, Cicerone, Führer, Reiseleiter.

fremd|ge|hen, ging fremd, ist fremdgegangen ‹itr.› (ugs.): *sexuellen Kontakt, eine sexuelle Beziehung zu einem anderen als dem festen Partner haben, aufnehmen:* ihr Ehemann geht ab und zu einmal fremd. **sinnv.:** ↑betrügen, die Ehe brechen, Ehebruch begehen, ↑untreu sein.

fres|sen, frißt, fraß, hat gefressen: **1.** /von Tieren/ **a)** ‹itr.› *feste Nahrung zu sich nehmen:* die Tiere fressen gerade. **sinnv.:** äsen, ↑essen, grasen, picken, weiden. **b)** ‹tr.› *als Nahrung zu sich nehmen:* Kühe fressen Gras. **sinnv.:** ↑essen. **2.** ‹itr./tr.› (derb) /in bezug auf Menschen/ **a)** (emotional) *recht viel [und in unkultivierter Weise] essen:* der ißt ja nicht, der frißt; wir haben gefressen bis zum Magnichtmehr. **sinnv.:** ↑essen, Hunger haben. **b)** *↑essen:* wenn ich nach Haus komme, muß ich erst mal was Gutes f.; damals im Krieg haben wir Rüben f. müssen; ich hatte nichts zu f.; er soff Weißwein, und sie fraß Orangen. **3.** ‹tr.› (ugs.) *verbrauchen, verschlingen:* der Motor frißt viel Benzin. **4.** ‹itr.› *angreifen und langsam zerstören:* Rost frißt am Metall.

Freu|de, die; -, -n: **1. a)** ‹ohne Plural› *das Frohsein:* ihre F. über den Besuch war groß; er hat keine F. an dieser Arbeit. **sinnv.:** Begeisterung, Entzücken, Glück, Glückseligkeit, Jubel, ↑Lust, Pläsier, Seligkeit, Spaß, Stolz, Wonne. **Zus.:** Schaden-, Vorfreude. **b)** *freudiges, frohes Erlebnis:* die kleinen Freuden des Alltags. **2.** ‹Freuden + Attribut› *alles Beglückende, Schöne, was mit etwas verbunden ist:* die Freuden der Liebe; er wollte die Freuden des Lebens genießen. **Zus.:** Gaumenfreuden.

freu|dig ‹Adj.›: **a)** *voll Freude:* die Kinder waren in freudiger Erwartung; er wurde von allen f. begrüßt. **sinnv.:** ↑froh, ↑lustig. **b)** *Freude bereitend:* eine freudige Nachricht bringen. **sinnv.:** ↑erfreulich, ↑froh.

-freu|dig ‹adjektivisches Suffixoid›: **1. a)** *gern, oft das im verbalen Basiswort Genannte machend:* diskutier-, erzähl-, eß-, experimentier-, gebe-, impf-, kauf-, lauf-, lese-, putz-, spendier-, reise-, straf-, trinkfreudig. **sinnv.:** -süchtig. **b)** *zu dem im substantivischen Basiswort Genannten schnell, gern, oft bereit:* aufnahme-, auskunfts-, beifalls-, diskussions-, einsatz-, entscheidungs-, entschluß-, export-, fortschritts-, geburten-, geständnis-, import-, innovations-, interview-, kommunikations-, konsum-, kontakt-, kuß-, leistungs-, meinungs-, opfer-, publicity-, reaktions-, reform-, risiko-, sanges-, schaffens-, scheidungs-, sport-, verantwortungsfreudig. **2. a)** *Freude an dem im Basiswort Genannten habend, zeigend:* berg-, camping-, dessin-, farb-, kostüm- (Theaterszene), stimm-, wehrfreudig. **b)** *besonders gut in bezug auf das im Basiswort Genannte:* riesel- (Salz), startfreudig (Motor).

freu|en: **a)** ‹sich f.› *Freude empfinden:* er freute sich, daß sie gekommen waren; sie hat sich über die Blumen gefreut; er freut sich an seinem Besitz; die Kinder freuen sich auf Weihnachten. **sinnv.:** sich ↑erfreuen, ergötzen, Freude haben, voller Freude sein, Gefallen finden (an etwas), strahlen, triumphieren, sich weiden an etwas. **b)** ‹itr.› *(jmdm.) Freude bereiten:* die Anerkennung freute ihn. **sinnv.:** beglücken, ↑erfreuen, Freude machen, glücklich machen, Spaß machen.

Freund, der; -es, -e, **Freundin,** die; -, -nen: **1.** *männliche bzw. weibliche Person, gesehen im Zusammenhang mit dem dazugehörigen Partner, dem sie [in wechselseitiger Beziehung] verbunden ist:* mein Freund Klaus; meine Freundin Karen; er traf sich mit seinem Freund/seiner Freundin; sie traf sich mit ihrem Freund/ihrer Freundin; er hat schon eine Freundin; sie hat schon einen Freund. **sinnv.:** Gefährte, Genosse, Gespiele, Intimus, ↑Kamerad, Kumpan, Kumpel, Verbündeter, Vertrauter · ständiger Begleiter, Bekannter, ↑Geliebter, Kavalier, ↑Liebhaber, Macher, Partner, Scheich · Alte, Braut, Ische, Klunte, Tussi, Weib. **Zus.:** Brief-, Busen-, Duz-, Geschäfts-, Jugend-, Partei-, Schul-, Studienfreund. **2.** ‹F. + Attribut› *männliche bzw. weibliche Person, die etwas besonders schätzt, die für etwas besonderes Interesse hat:* er ist ein Freund der Oper, der modernen Malerei. **sinnv.:** Anhänger, Fan, ↑Liebhaber.

freund|lich ‹Adj.›: **a)** *im Umgang mit anderen liebenswürdig und zuvorkommend:* er ist immer sehr f.; würden Sie so f. sein, mir zu helfen? **sinnv.:** entgegenkommend, gefällig, gönnerhaft, großmütig, großzügig, gut, ↑höflich, huldvoll, jovial, konziliant, kulant, leutselig, lieb, liebenswürdig, nett, sanft, sanftmütig, verbindlich, warm, weitherzig, wohlgesinnt, wohlmeinend, wohlwollend · gewogen; ↑entgegenkommen. **Zus.:** gast-, katzen-, scheißfreundlich; vgl. -freundlich. **b)** *so, daß es als angenehm empfunden wird:* an der See herrschte freundliches Wetter; die Farben des Kleides sind sehr f. **sinnv.:** ansprechend, ↑erfreulich, heiter.

-freund|lich ‹adjektivisches Suffixoid› /Ggs. -feindlich/: **1.** *in seiner Art, Beschaffenheit für das im Basiswort Genannte günstig, ihm helfend, entgegenkommend, es begünstigend, ihm angenehm:* wenig alten- und schwachenfreundlicher Straßenverkehr, arbeiter-, behinderten-, benutzerfreundliches Wörterbuch, familien-, fußgänger-, gardinenfreundliche Jalousien, hausfrauen-, hautfreundliche Unterwäsche, käuferfreundlicher Preis, kinder-, körperfreundliche Seife, kunden-, magen-, menschen-, mieter-, mütterfreundliche Arbeitsplätze, preisfreundliche Neuheit, spül-, umweltfreundliche Autos, verbraucher-, wartungs-, zuschauerfreundlicher Service; /elliptisch/ brieftaschenfreundliche Preise *(Preise, die die Brieftasche, d.h. das darin sich befindende Geld, schonen),* regenschirmfreundlicher Tag *(Tag, an dem es nicht regnet, an dem man keinen Regenschirm braucht).* **2.** *dem im Basiswort Genannten gegenüber wohlgesinnt; freundlich zu, gegenüber ...:* alliierten-, auslandsfreundliche Gesinnung, deutsch-, hundefreundliche Stadt, kommunisten-, kuba-, presse-, regierungsfreundliche Truppen.

Freund|lich|keit, die; -, -en: **1.** ‹ohne Plural› *freundliches* (a) *Wesen, Verhalten, freundliche Art:* wir wurden mit einer nicht erwarteten F. empfangen. **sinnv.:** Anteilnahme, ↑Entgegenkommen, Gunst, Güte, Herzlichkeit, Liebenswürdigkeit, Nettigkeit, ↑Sanftmut, Verbindlichkeit, Wohlwollen, ↑Zuneigung. **2.** *freundliche* (a) *Handlung, Äußerung:* jmdn. um eine F. bitten; deine Freundlichkeiten kannst du dir sparen, ich weiß, wie du es meinst.

Freund|schaft, die; -, -en: *auf gegenseitiger Zuneigung beruhendes Verhältnis von Menschen zueinander:* ihre F. dauerte ein ganzes Leben lang. **sinnv.:** Beziehung, Bindung, Brüderschaft, Kameradschaft, Partnerschaft, Verbundenheit. **Zus.:** Brief-, Jugend-, Männer-, Völkerfreundschaft.

freund|schaft|lich ‹Adj.›: *in Freundschaft:* sie haben freundschaftliche Beziehungen; er war ihm f. zugetan. **sinnv.:** brüderlich, ↑einträchtig, kameradschaftlich, kollegial, partnerschaftlich.

Fre|vel, der; -s, - (geh.): *etwas, was als bewußter, Empörung hervorrufender Verstoß gegen die göttliche oder menschliche Ordnung empfunden wird:* durch diesen unerhörten F. wurde die Kirche entweiht. **sinnv.:** ↑Verstoß. **Zus.:** Jagd-, Waldfrevel.

Frie|de, der; -ns, -n und **Frieden,** der; -s, -: **1. a)** ‹ohne Plural› *Zustand von Ruhe und Sicherheit; Zeit, in der kein Krieg herrscht:* der F. dauerte nur wenige Jahre; für den Frieden kämpfen; den Frieden sichern. **sinnv.:** Friedenszeit, Friedenszustand, Ruhe, Versöhnung, Verständigung, Waffenruhe, Waffenstillstand. **Zus.:** Völker-, Weltfriede[n]. **b)** *Friedensschluß:* einen ehrenvollen Frieden aushandeln; die Frieden von Münster und Osnabrück beendeten den Dreißigjährigen Krieg. **Zus.:** Separat-, Sonderfriede[n]. **2.** *Zustand der Eintracht:* in dieser Familie herrscht kein F. **sinnv.:** Einigkeit, Harmonie. **Zus.:** Arbeits-, Ehe-, Familienfriede[n].

fried|fer|tig ⟨Adj.⟩: *das friedliche Zusammenleben, die Eintracht liebend; nicht zum Streiten neigend:* er ist ein sehr friedfertiger Mensch. **sinnv.:** ↑friedlich, friedliebend, friedvoll, gewaltfrei, umgänglich, versöhnlich, verträglich.

Fried|hof, der; -[e]s, Friedhöfe: *Ort, an dem die Toten beerdigt werden:* der Verstorbene wurde auf dem F. des Dorfes beerdigt. **sinnv.:** Begräbnisstätte, Gottesacker, Gräberfeld, Kirchhof, Nekropole, Totenacker. **Zus.:** Ehren-, Soldaten-, Urnen-, Waldfriedhof.

fried|lich ⟨Adj.⟩: **1. a)** *nicht für den Krieg bestimmt:* die friedliche Nutzung der Kernenergie. **b)** *ohne Gewalt und Krieg [bestehend], nicht kriegerisch:* die friedliche Koexistenz der Völker; f. zusammenleben. **sinnv.:** ↑einträchtig, ↑friedfertig. **2. a)** *↑friedfertig:* er ist ein friedlicher Mensch. **b)** *wohltuend still, ruhig, von Ruhe erfüllt, zeugend:* ein friedlicher Anblick; f. einschlafen. **sinnv.:** beschaulich, idyllisch, ↑ruhig.

fried|lie|bend ⟨Adj.⟩: *gern in Frieden lebend:* alle friedliebenden Völker sollten diesem Vertrag zustimmen. **sinnv.:** ↑friedfertig.

frie|ren, fror, hat/ist gefroren ⟨itr.⟩: **1. a)** *Kälte empfinden:* sie friert sehr leicht; ich habe ganz erbärmlich gefroren; er friert immer an den Füßen. **sinnv.:** bibbern, frösteln, jmdm. ist kalt, Kälte empfinden, schaudern, schauern, schlottern, zittern. **b)** *das Gefühl der Kälte empfinden lassen:* es friert mich; ihn hat [es] ganz jämmerlich an den Ohren gefroren. **2. a)** *unter den Gefrierpunkt sinken* /von der Temperatur/: heute nacht hat es gefroren. **b)** *zu Eis werden:* das Wasser ist gefroren. **sinnv.:** gefrieren, vereisen, zufrieren.

Fri|ka|del|le, die; -, -n: *[flacher] in der Pfanne gebratener Kloß aus Hackfleisch.* **sinnv.:** deutsches Beefsteak, Bratklops, Bulette, Fleischkloß, Fleischküchlein, Hackbraten, Klops. **Zus.:** Fischfrikadelle.

Fri|kas|see, das; -s, -s: *Gericht aus hellem, gekochtem, in Stücke geschnittenem Fleisch in einer hellen [leicht säuerlichen] Soße:* aus einem gekochten Huhn ein F. [zu]bereiten. **sinnv.:** Haschee, Ragout. **Zus.:** Hühner-, Kalbsfrikassee.

frisch ⟨Adj.⟩: **1.** *erst vor kurzer Zeit hergestellt* /Ggs. alt/: frisches Brot; die Waren sind f. **sinnv.:** von heute, ofenwarm, [noch] warm. **Zus.:** druck-, post-, taufrisch; vgl. -frisch. **2.** *gewaschen u. danach noch nicht getragen, gebraucht:* f. bezogene Betten; ein frisches Hemd anziehen; die Handtücher sind f. **sinnv.:** gewaschen, neu, rein, unberührt, ungebraucht, ungetragen. **3.** *in spürbarer Weise nicht warm (was als unangenehm empfunden wird):* es weht ein frischer Wind; heute ist es sehr f. draußen. **sinnv.:** ↑kalt. **4.** *sichtbar gesund [aussehend]:* ein frisches Mädchen; sie hat ein frisches Aussehen; er fühlt sich wieder f. **sinnv.:** adrett, ausgeruht, blühend, erholt, ↑fit, knakkig, rüstig. **Zus.:** jugend-, taufrisch.

-frisch ⟨adjektivisches Suffixoid⟩ /vor allem in der Werbesprache/: **a)** *gerade aus, von dem im Basiswort (meist Ort) Genannten kommend und daher (in bezug auf Nahrungs-, Genußmittel) qualitativ recht gut:* allgäu- (Käse), garten- (Gemüse), kutter- (Krabben), meister- (Fleisch vom Fleischermeister), mühlen- (Vollkornmehl), ofenfrisch (Brot). **b)** *unmittelbar im Anschluß an das im Basiswort (Tätigkeit) Genannte und daher (in bezug auf Nahrungs-, Genußmittel) qualitativ recht gut:* ernte- (Obst), fang- (frisch vom Fangen; Fisch), röst- (frisch vom Rösten; Kaffee), schlacht- (Wurst).

Fri|seur [fri'zø:ɐ̯], der; -s, -e, **Fri|seu|rin,** die; -, -nen, **Fri|seu|se** [fri'zø:zə], die; -, -n: *männliche bzw. weibliche Person, die anderen die Haare wäscht, schneidet, frisiert o. ä.* **sinnv.:** Barbier, Coiffeur, Figaro, Haarkünstler, Haarschneider. **Zus.:** Damen-, Herrenfriseur.

fri|sie|ren ⟨tr.⟩: **1.** *das Haar in bestimmter Weise ordnen, zu einer Frisur formen:* die Mutter hat ihre Tochter frisiert; du mußt dich noch f. **sinnv.:** bürsten, durchkämmen, jmdm. eine Frisur machen, das Haar machen, kämmen, ondulieren, wellen. **2. a)** *verändern, um etwas vorteilhafter erscheinen zu lassen:* man hat die Nachricht frisiert. **sinnv.:** ↑beschönigen. **b)** *die Leistung eines serienmäßig hergestellten Kfz-Motors durch nachträgliche Veränderungen steigern:* einen Motor f. **sinnv.:** aufmöbeln, aufmotzen, hochkitzeln, tunen, verbessern.

Frist, die; -, -en: **a)** *Zeitraum (in dem oder nach dem etwas geschehen soll):* er gab ihm eine F. von 8 Tagen für seine Arbeit; nach einer F. von einem Monat muß er bezahlen. **sinnv.:** ↑Dauer, Spanne, Stichtag, Termin, Zeitpunkt. **Zus.:** Kündigungs-, Liefer-, Sperr-, Wartefrist. **b)** *begrenzter Aufschub:* der Schuldner erhielt eine weitere F., um das Geld aufzutreiben. **sinnv.:** Kunstpause, Stundung. **Zus.:** Galgen-, Gnaden-, Schamfrist.

Fri|sur, die; -, -en: *Art und Weise, in der jmds. Haar frisiert ist:* sie hat eine andere, neue, praktische, moderne F. **sinnv.:** Dauerwelle, Haarpracht, Haarschnitt, Haartracht, Ondulation · ↑frisieren.

-frit|ze, der; -n, -n ⟨Suffixoid⟩: */kennzeichnet leicht geringschätzig eine meist nicht näher bekannte männliche Person, die durch das im Basiswort angedeutete Tun, Tätigsein auf einem bestimmten Gebiet sehr allgemein charakterisiert wird,* z. B. kann ein Fernsehfritze ein Mann sein, der beim Fernsehen tätig ist, aber auch einer, der Fernsehapparate repariert/: Auto- *(jmd., der Autos verkauft),* Bild- *(Redakteur, der für die Bilder in der Zeitung zuständig ist),* Bummel- *(jmd., der bummelt),* Fahrrad-, Film- *(jmd., der in der Filmproduktion tätig ist),* Hotel-, Immobilien- *(jmd., der mit Immobilien handelt),* Mecker-, Möbel-, Pressefritze, er ist zu einem Psychofritzen in Behandlung gegangen, Quassel-, Radio-, Reifenfritze, der Jargon der Technofritzen, Versicherungs-, Werbe-, Wurst-, Zeitungs-, Zigarrenfritze. **sinnv.:** -august, -bruder, -hans, -heini, -mann, -maxe, -meier, -peter · -liese, -suse, -tante, -trine.

froh ⟨Adj.⟩: **1.** *von einem Gefühl der Freude erfüllt; innere Freude widerspiegelnd:* frohe Menschen, Gesichter; sie ist f., daß die Kinder gesund zurückgekehrt sind. **sinnv.:** befreit, beruhigt, erfreut, erleichtert, fidel, ↑freudig, fröhlich, ↑glücklich, gutgelaunt, ↑lustig, optimistisch, zufrieden. **Zus.:** erwartungs-, heil-, hoffnungs-, lebens-, schaden-, tatenfroh. **2.** *Freude bringend, freudig stimmend:* eine frohe Kunde, Nachricht. **sinnv.:** ↑erfreulich, freudig.

fröh|lich ⟨Adj.⟩: *vergnügt, in froher Stimmung:* fröhliche Gesichter; sie lachten f. **sinnv.:** ↑froh, ↑lustig.

froh|locken ⟨itr.⟩: *sich [heimlich] über den Schaden eines anderen freuen; schadenfroh sein:* er frohlockte über die Niederlage seines Gegners.

fromm, frommer/frömmer, frommste/frömmste ⟨Adj.⟩: *vom Glauben an Gott erfüllt:* er ist ein sehr frommer Mensch. **sinnv.:** andächtig, bigott, gläubig, gottesfürchtig, kirchlich, orthodox, religiös, strenggläubig · glauben.

Fröm|mig|keit, die; -: *das Frommsein:* er ist ein Mensch ohne F. **sinnv.:** Andacht, ↑Glaube, Gläubigkeit, Gottesfürchtigkeit, Gottesglaube, Religiosität.

frö|nen ⟨itr.⟩ (geh.): *sich (einer Leidenschaft) ergeben, hingeben:* einem Laster, einer Leidenschaft f. **sinnv.:** sich ↑befassen.

Front, die; -, -en: **1. a)** *vordere Seite (eines Gebäudes):* die F. des Hauses ist 10 Meter lang. **sinnv.:** Fassade, Vorderseite. **Zus.:** Hinter-, Vorderfront. **b)** *vordere Linie einer Truppe, die angetreten ist:* die F. [der Ehrenkompanie] abschreiten. **sinnv.:** ↑Reihe. **2.** *(im Unterschied zur Etappe) vorderste Linie (der kämpfenden Truppe):* an der F. kämpfen. **sinnv.:** Feuerlinie, Frontlinie, Gefechtslinie, Hauptkampflinie, Kampflinie, Kampfzone, Kriegsschauplatz, Schlachtfeld. **Zus.:** Heimat-, Ost-, Westfront.

fron|tal ⟨Adj.⟩: *mit/an der vorderen Seite; von vorn kommend:* ein frontaler Angriff; die Autos stießen f. zusammen. **sinnv.:** frontseitig, an der Vorderseite, vorn befindlich, von vorn.

Frosch, der; -[e]s, Frösche: *im und am Wasser lebendes Tier mit gedrungenem Körper von grüner oder brauner Färbung, flachem Kopf mit breitem Maul, großen, oft stark hervortretenden Augen und langen, als Sprungbeine dienenden Hintergliedmaßen:* die Frösche quaken. **sinnv.:** Froschlurch, Kröte, Unke. **Zus.:** Gras-, Laub-, Wasserfrosch.

Frost, der; -[e]s, Fröste: *Temperatur unter dem Gefrierpunkt:* draußen herrscht strenger Frost. **sinnv.:** ↑Kälte.

frö|steln ⟨itr.⟩: **a)** *vor Kälte leicht zittern:* sie fröstelte in ihrem dünnen Kleid. **sinnv.:** ↑frieren. **b)** *jmdn. als unangenehmes Gefühl leichter Kälte überkommen:* mich fröstelt; ihn fröstelte [es], als er in die kühle Morgenluft hinaustrat.

frot|tie|ren ⟨tr.⟩: *(jmdm.) mit einem Tuch den Körper [abtrocknen und] kräftig abreiben:* sie hat das Baby mit dem Badetuch frottiert. **sinnv.:** ↑abtrocknen, ↑reiben.

frot|zeln (ugs.): **a)** ⟨tr.⟩ *mit spöttischen Bemerkungen necken:* er wurde von seinen Kameraden häufig gefrotzelt; mußt du deine kleine Schwester immer f.? **sinnv.:** ↑aufziehen. **b)** ⟨itr.⟩ *spöttische oder anzügliche Bemerkungen machen:* seine Kollegen frotzelten gern über ihn; daß du aber auch immer f. mußt. **sinnv.:** lästern, spotten.

Frucht, die; -, Früchte: **1.** *eßbares Produkt bestimmter Pflanzen (bes. von Bäumen und Sträuchern).* **sinnv.:** ↑Getreide; Obst. **Zus.:** Baum-, Beeren-, Hülsen-, Kapsel-, Körner-, Sommer-, Trocken-, Wildfrucht. **2.** ⟨F. + Attribut⟩ *etwas, was Ergebnis, Ertrag bestimmter Bemühungen, Handlungen ist:* die Früchte seines Fleißes ernten; das Buch ist eine F. langjähriger Arbeit. **sinnv.:** ↑Erfolg.

frucht|bar ⟨Adj.⟩: **a)** *Frucht tragend; ertragreich:* das Land ist sehr f.; fruchtbarer Boden. **sinnv.:** ↑nützlich, ↑urbar. **b)** *zahlreiche Nachkommen hervorbringend:* ein fruchtbares Adelsgeschlecht; Mäuse und Kaninchen sind besonders f. **sinnv.:** fertil, fortpflanzungsfähig, gebärfreudig, ↑potent, vermehrungsfähig, zeugungsfähig.

fruch|ten, fruchtete, hat gefruchtet ⟨itr.⟩: *Erfolg haben:* die Ermahnungen des Vaters haben bei seinem Sohn nicht gefruchtet. **sinnv.:** von Erfolg sein, nutzen, nützlich sein, verschlagen, wirken, wirksam sein; ↑zustatten kommen.

frucht|los ⟨Adj.⟩: *keinen Erfolg bringend:* seine Bitten blieben f., sie ließ sich nicht umstimmen.

früh: I. ⟨Adj.⟩ **a)** *am Beginn eines bestimmten Zeitraumes liegend:* am frühen Morgen, Nachmittag, Abend; in früher Jugend. **sinnv.:** am/zu Anfang, bald, beizeiten, in aller/der Frühe, frühmorgens, frühzeitig, in aller Herrgottsfrühe, am Morgen, ↑pünktlich, rechtzeitig, bei Tagesanbruch, zeitig; ↑früher. **b)** *vor einem bestimmten Zeitpunkt [liegend, eintretend o. ä.]:* ein früher Winter; wir nehmen den früheren Zug; er kam eher als du an. **sinnv.:** ↑eher, vorzeitig, vor der Zeit. **II.** ⟨Adverb⟩ *morgens; am Morgen:* heute f.; um sechs Uhr f.

frü|her: I. ⟨Adj.⟩ **a)** *vergangen:* in früheren Zeiten. **sinnv.:** alt, zurückliegend. **b)** *einstig, ehemalig:* der frühere Eigentümer des Hauses; frühere Freunde. **sinnv.:** damalig, vormalig. **II.** ⟨Adverb⟩ **a)** *einst, ehemals:* alles sieht noch aus wie f.; f. ging es ihm besser. **sinnv.:** ↑damals. **b)** ⟨in Verbindung mit einer Zeitangabe⟩ /vor einem festgelegten Zeitpunkt/ *davor, vorher:* er kam 3 Stunden f. zurück. **sinnv.:** ↑eher, ↑früh.

frü|he|stens ⟨Adverb⟩: *nicht vor (einem bestimmten Zeitpunkt)* /Ggs. spätestens/: er kommt f. morgen; er kann f. um 12 Uhr zu Hause sein. **sinnv.:** ehest..., ehestens, nicht früher als.

Früh|jahr, das; -s, -e: *erster Abschnitt des Jahres bis zum Beginn des Sommers:* im F. 1960 unternahm er eine Reise nach Italien.

Früh|ling, der; -s, -e: *Jahreszeit zwischen Winter und Sommer, bes. als die Zeit, in der die Natur wieder zu erwachen beginnt:* es wird F.; es riecht nach F.; der F. brachte die ersten Kräuter hervor; der Wind aus dem Süden brachte so etwas wie den ersten F. mit sich. **sinnv.:** Frühjahr, Lenz, Vorsaison.

früh|reif ⟨Adj.⟩: *körperlich, geistig über sein Alter hinaus entwikkelt* /von Kindern/: ein frühreifes Kind. **sinnv.:** ↑altklug.

Früh|stück, das; -s, -e: **a)** *im allgemeinen aus einem warmen Getränk, Brot und verschiedenem Belag bestehende, am [frühen] Vormittag eingenommene erste Mahlzeit am Tag:* ein kräftiges F. **sinnv.:** Brunch, Kaffee, Morgenkaffee · ↑Essen, Picknick. **b)** *dasjenige, was man für eine Frühstückspause, zum Frühstück* (a) *vorsieht, mitnimmt:* sein F. auspacken, vergessen haben. **sinnv.:** Brotzeit, Frühstücksbrot, Vesper[brot].

früh|stücken ⟨itr.⟩: **a)** *das Frühstück einnehmen:* wir wollen jetzt f.; er hat ausgiebig gefrühstückt. **sinnv.:** ↑essen, Kaffee trinken. **b)** *zum Frühstück* (a) *einnehmen:* ein Schinkenbrot f.

früh|zei|tig ⟨Adj.⟩: *schon recht früh:* eine frühzeitige Bestellung der Karten; er ist f. aufgebrochen. **sinnv.:** ↑früh.

Fru|stra|ti|on, die; -, -en: *etwas, was man als Enttäuschung erlebt, die dann eintritt, wenn ein mit ziemlicher Bestimmtheit erwartetes oder geplantes Ereignis, Geschehen o. ä. völlig anders verläuft und die hinter der Erwartung stehenden Bedürfnisse nicht befriedigt werden, verbunden mit dem Gefühl, übergangen, zurückgesetzt oder ungerecht behandelt worden zu sein.* **sinnv.:** ↑Enttäuschung, Frust.

Frust, der; -[e]s (ugs.): *das Frustriertsein, Frustration.*

fru|strie|ren ⟨tr.⟩: *(bei jmdm.) eine Frustration bewirken;* diese Kritiken frustrierten den Regisseur. **sinnv.:** ↑enttäuschen.

Fuchs, der; -es, Füchse: *kleineres Raubtier mit rötlichbraunem Fell, spitzer Schnauze, großen, spitzen Ohren und buschigem Schwanz.*

fuch|teln ⟨itr.⟩: *etwas (Arm, Gegenstand) heftig in der Luft hin und her bewegen (bes. als Ausdruck von Emotionen):* aufgeregt fuchtelte der Polizist mit den Armen; einige aus der Menge fuchtelten mit ihren verbundenen Armen; sie fuchtelten mit Stöcken und Latten. **sinnv.:** ↑gestikulieren.

Fu|ge, die; -, -n: **I.** *schmaler Zwischenraum zwischen zwei [zusammengefügten] Teilen:* er versucht die Fugen in der Wand zu schließen. **sinnv.:** ↑Riß. **II.** *mehrstimmiges Musikstück mit festem Thema und streng gegliedertem Aufbau.*

fü|gen: **1.** ⟨sich f.⟩ **a)** *gehorchen:* nach anfänglichem Widerstand fügte er sich; wir mußten uns seinen Anordnungen f. **sinnv.:** sich ↑anpassen; ↑befolgen; ↑nachgeben. **b)** *etwas gefaßt auf sich nehmen, ertragen:* die Partei mußte sich in das Unabänderliche f. und die Wahlniederlage hinnehmen. **sinnv.:** ↑aushalten. **2.** ⟨tr.⟩ *bewirken, daß etwas zu etwas anderem hinzukommt, daran angefügt, darin eingepaßt wird:* einen Satz an den anderen f.; einen Stein auf den anderen f. **sinnv.:** ↑einfügen.

Fü|gung, die; -, -en: *schicksalhaftes Geschehen:* es war wie eine F., daß er nicht mit dem abgestürzten Flugzeug geflogen war. **sinnv.:** ↑Schicksal.

füh|len, fühlte, hat gefühlt/(nach vorangehendem Infinitiv auch) hat ... fühlen: **1.** ⟨tr.⟩ *durch Betasten oder Berühren feststellen:* man konnte die Beule am Kopf f. **sinnv.:** ↑tasten. **2.** ⟨tr.⟩ **a)** *mit den Nerven wahrnehmen, als Sinnesreiz (körperlich) bemerken:* er fühlte heftige Schmerzen im Bein; er hat seine Kräfte wachsen f./gefühlt. **b)** *seelisch empfinden:* sie fühlten Abneigung, Mitleid; er fühlte sofort, daß er einen Fehler gemacht hatte. **sinnv.:** empfinden, hegen, merken, spüren, verspüren, wahrnehmen. **3.** ⟨sich f.⟩ **a)** *sich (in einem bestimmten inneren Zustand) befinden:* sie fühlt sich glücklich, krank. **sinnv.:** sein. **b)** *sich halten für:* er fühlte sich schuldig, verantwortlich.

Füh|ler, der; -s, -: *bei bestimmten niederen Tieren paarig am Kopf sitzendes Tast-, Geruchs- u. Geschmackssinnesorgan:* die Schnecke hat zwei F.

Füh|lung, die; -: *Verbindung, Beziehung:* auch nach dem Abitur blieb er mit seinen Lehrern in F.; mit jmdm. F. behalten. **sinnv.:** ↑Kontakt.

Fu|hre, die; -, -n: *Wagenladung:* er kaufte eine F. Holz. **sinnv.:** ↑Ladung. **Zus.:** Holz-, Lohn-, Mistfuhre.

füh|ren: **1.** ⟨tr.⟩ *jmdm. den Weg, eine Richtung zeigen, indem man mit ihm geht oder ihm vorangeht; einen Menschen, ein Tier in eine bestimmte Richtung in Bewegung setzen und zu einem Ziel bringen:* einen Fremden durch die Stadt f.; einen Blinden f.; er führte sie [nach dem Tanz] an ihren Tisch; Hunde sind im Stadtpark an der Leine zu f. **sinnv.:** ↑begleiten. **2.** ⟨tr.⟩ *die Leitung von etwas innehaben:* ein Geschäft, eine Firma f.; ein Heer f. **sinnv.:** befehligen, betreiben, betreuen, gebieten über, leiten, herrschen über, lenken, jmdm. präsidieren, an der Spitze stehen, unterhalten, verwalten, vorstehen; regieren. **3.** ⟨itr.⟩ *(in einem Wettbewerb o. ä.) an erster Stelle sein:* er führte bei dem Rennen; diese Zeitung ist führend in Deutschland; eine führende *(wichtige)* Rolle spielen. **sinnv.:** anführen, an der Spitze liegen, vorne liegen. **4.** ⟨tr.⟩ *steuern, lenken:* ein Fahrzeug, Flugzeug f. **5.** ⟨tr.⟩ *(mit etwas, was man in der Hand hält) sachgerecht, geschickt umgehen:* den Pinsel, Geigenbogen gekonnt f. **sinnv.:** bedienen, gebrauchen, handhaben, ↑hantieren. **6.** ⟨itr.⟩ *in einer bestimmten Richtung verlaufen; eine bestimmte Richtung auf ein Ziel hin nehmen:* die Straße führt in die Stadt; die Brücke führt über den Fluß. **7.** ⟨tr.⟩ *enthalten und transportieren:* der Zug führt einen Speisewagen; die Leitung führt keinen Strom. **8.** ⟨tr.⟩ **a)** *als offizielles Kennzeichen haben:* die Stadt führt einen Löwen in ihrem Wappen. **b)** *(einen bestimmten Titel) tragen:* er führt den Doktortitel. **9.** ⟨itr.⟩ *Anlaß dafür sein, daß jmd. an einen bestimmten Ort gelangt, zu jmdm. kommt:* seine Reise führte ihn nach Afrika; was führt Sie zu mir? **10.** ⟨tr.⟩ *(eine bestimmte Ware) zum Verkauf vorrätig haben:* das Geschäft führt diese Ware nicht. **sinnv.:** präsent haben. **11.** ⟨als Funktionsverb⟩: Klage f. *(klagen),* einen Beweis f. *(beweisen),* Verhandlungen f. *(verhandeln),* die Aufsicht f. *(beaufsichtigen).* **12.** ⟨sich f.⟩ *sich (in bestimmter Weise) betragen:* er hat sich während seiner Lehrzeit gut geführt.

Füh|rer, der; -s, - (zu 1 und 2:) **Füh|re|rin,** die; -, -nen: **1.** *männliche bzw. weibliche Person, die eine Gruppe von Personen führt* (1), *der Sehenswürdigkeiten erklärt, bei Besichtigungen die notwendigen Erläuterungen gibt:* der F. einer Gruppe von Wanderern, Touristen. **sinnv.:** ↑Fremdenführer. **Zus.:** Berg-, Karawanen-, Museumsführer. **2.** *männliche bzw. weibliche Person, die eine Organisation, Bewegung o. ä. leitet:* der [geistige] F. einer Bewegung. **sinnv.:** ↑Anführer, Guru, ↑Leiter, Lenker, Spiritus rector. **Zus.:** Fraktions-, Gewerkschafts-, Korporalschafts-, Oppositions-, Partei-, Rebellen-, Söldnerführer. **3.** *Buch, das Informationen gibt, z. B. über eine Stadt, ein Museum o. ä.:* sie kauften einen F. durch Paris. **sinnv.:** Ratgeber, Vademekum, Wegweiser. **Zus.:** Hotel-,

Opern-, Reise-, Schauspiel-, Sprach-, Stadtführer.

Füh|rer|schein, der; -[e]s, -e: *behördliche Erlaubnis zum Führen eines Kraftfahrzeugs.* **sinnv.:** Fahrerlaubnis.

Füh|rung, die; -, -en: **1.** ‹ohne Plural› *das Führen* (2), *verantwortliches Leiten:* der Sohn hat die F. des Geschäftes übernommen. **sinnv.:** ↑Leitung; ↑Verwaltung. **2.** ‹ohne Plural› *führende Position, das Führen* (3): dieser Läufer hatte von Anfang an die F. **sinnv.:** Spitze, Spitzenposition, Tabellenspitze. **Zus.:** Tabellenführung. **3.** *führende* (2) *Personengruppe:* die F. des Konzerns, einer Partei. **sinnv.:** ↑Leitung. **Zus.:** Firmen-, Geschäfts-, Konzern-, Partei-, Staatsführung. **4.** *Besichtigung mit Erläuterungen:* die nächste F. durch das Schloß findet um 15 Uhr statt.

Fül|le, die; -: *große Menge, Vielfalt:* es gibt eine F. von Waren im Kaufhaus. **sinnv.:** Anzahl, Ausmaß, ↑Menge · ↑reichlich.

fül|len: 1. ‹tr.› **a)** *durch Hineinfüllen, -schütten o. ä. vollmachen:* einen Sack mit Kartoffeln f.; ein Glas bis zum Rand f. **sinnv.:** hineintun, vollgießen, vollschütten; ↑tanken. **Zus.:** ab-, an-, auf-, vollfüllen. **b)** *mit einer Füllung* (a) *versehen:* eine Gans f.; gefüllte Schokolade. **c)** *gießen, schütten (in ein Gefäß):* Milch in eine Flasche, Kohle in einen Sack f. **sinnv.:** einschenken, hineingießen, hineinschütten. **Zus.:** ein-, hineinfüllen. **2.** ‹tr.› *(Platz) einnehmen, beanspruchen:* der Aufsatz füllte viele Seiten. **sinnv.:** in Anspruch nehmen, fordern, nötig haben. **Zus.:** ausfüllen. **3.** ‹sich f.› *voll werden:* die Badewanne füllte sich langsam.

fül|lig ‹Adj.›: *rundliche Körperformen aufweisend:* eine füllige Dame; er ist etwas f. geworden. **sinnv.:** ↑dick.

Fül|lung, die; -, -en: **a)** *Masse, die (als besonderer Bestandteil) in bestimmte Speisen, Backwaren, Süßigkeiten o. ä. hineingefüllt wird:* die F. der Schokolade. **sinnv.:** Farce, Füllsel · Inhalt. **b)** *Masse, die den Hohlraum in einem defekten Zahn nach dem Ausbohren der schadhaften Stelle verschließt.* **sinnv.:** Krone, Plombe, Zahnersatz. **Zus.:** Gold-, Porzellan-, Zahnfüllung. **c)** *das Füllen* (1 c): die F. des Behälters war schwierig.

fum|meln ‹itr.› (ugs.): **1.** *sich (an etwas) zu schaffen machen, mit den Händen (etwas) betasten:* er fummelt an dem Schloß, an seiner Krawatte. **sinnv.:** ↑berühren. **2.** *jmdn. berühren, streicheln, um erotisch-sexuellen Kontakt herzustellen:* mit Mädchen im Park f.

Fund, der; -[e]s, -e: **1.** *das Finden von etwas:* einen seltsamen, grausigen F. machen; du mußt den F. bei der Polizei melden. **sinnv.:** Entdeckung, Enthüllung. **2.** *gefundener Gegenstand:* ein F. aus alter Zeit. **sinnv.:** Ausgrabung, Fundsache. **Zus.:** Boden-, Gräber-, Münzfund.

Fun|da|ment, das; -[e]s, -e: *[unter der Oberfläche des Bodens liegende] Mauern, die ein Gebäude tragen:* das F. des Hauses. **sinnv.:** Basis, Fuß, Grundfeste, Grundlage, Grundmauer, Grundstein, Sockel, Unterbau.

fünf ‹Kardinalzahl›: 5: f. Personen.

fünft... ‹Ordinalzahl›: 5.: der fünfte Mann.

fünf|zig ‹Kardinalzahl›: 50: f. Personen.

Funk, der, -s: **1.** *Rundfunk:* die Beeinflussung der Bevölkerung durch F. und Fernsehen. **sinnv.:** ↑Rundfunk. **2. a)** *Übermittlung von Nachrichten durch Ausstrahlen und Empfangen elektrisch erzeugter Wellen von hoher Frequenz:* die Streifenwagen wurden von der Zentrale über F. verständigt. **Zus.:** Amateur-, Bild-, Draht-, Flug-, Hör-, Polizei-, Richt-, Schiffs-, Sprech-, Strecken-, Taxifunk. **b)** *Einrichtung zur Übermittlung von Nachrichten durch elektrisch erzeugte Wellen von hoher Frequenz:* heute sind alle größeren Schiffe mit F. ausgerüstet. **Zus.:** Bord-, Richt-, Sprechfunk.

Fun|ke, der; -ns, -n, **Fun|ken,** der; -s, -: *glimmendes, glühendes Teilchen, das sich von einer brennenden Materie löst und durch die Luft fliegt:* bei dem Brand flogen Funken durch die Luft. **Zus.:** Feuerfunke · Geistes-, Lebensfunke[n].

fun|keln ‹itr.›: *glitzernd leuchten, einen strahlenden Glanz haben:* die Sterne, die Gläser funkelten. **sinnv.:** ↑leuchten.

Fun|ken, der; -s, -n: ↑*Funke.*

Fun|ker, der; -s, -: *jmd., der für das Funken ausgebildet ist.* **Zus.:** Amateur-, Bordfunker.

Funk|ti|on, die; -, -en: **a)** *Amt, Aufgabe [in einem größeren Ganzen]:* er hat die F. eines Kassierers; er erfüllt seine F. gut. **sinnv.:** ↑Aufgabe, ↑Bestimmung · ↑Anstellung. **Zus.:** Doppel-, Grund-, Haupt-, Hilfs-, Schlüsselfunktion. **b)** *Tätigkeit, das Arbeiten:* die F. des Herzens, der inneren Organe war in Ordnung. **sinnv.:** Wirken, Wirksamkeit. **Zus.:** Körper-, Lebens-, Schutz-, Über-, Unterfunktion.

Funk|tio|när, der; -s, -e: *jmd., der im Auftrag einer Partei, einer bestimmten Organisation arbeitet.* **sinnv.:** ↑Agent, Apparatschik, Beauftragter, Bonze, Kommissar, Politruk, Technokrat · ↑Abgeordneter · ↑Helfer. **Zus.:** Gewerkschafts-, Partei-, Sportfunktionär.

funk|tio|nie|ren ‹itr.›: *[ordnungsgemäß] arbeiten:* wie funktioniert diese Maschine?; der Apparat funktioniert wieder. **sinnv.:** angestellt sein, ansein, arbeiten, in Betrieb/in Funktion sein, in Gang sein, gehen, [auf Hochtouren] laufen, etwas tut es [noch/wieder].

Fun|zel, die; -, -n: *schlecht brennende und wenig Licht gebende Lampe:* bei dem Licht dieser F. verdirbt man sich ja die Augen. **sinnv.:** ↑Lampe. **Zus.:** Öl-, Petroleum-, Tranfunzel.

für: I. ‹Präp. mit Akk.› **a)** */bezeichnet den bestimmten Zweck/:* er arbeitet f. sein Examen. **b)** */bezeichnet den Empfänger, die Bestimmung/:* das Buch ist f. dich. **c)** */drückt aus, daß jmd./etwas durch jmdn./ etwas vertreten wird/:* er springt f. den kranken Kollegen ein. **sinnv.:** ↑anstatt. **d)** */drückt ein Verhältnis aus/:* f. den Preis ist der Stoff zu schlecht. **e)** */bei der Nennung eines Preises, Wertes/:* er hat ein Haus f. viel Geld gekauft. **f)** */bei der Nennung eines Grundes/:* f. seine Frechheit bekam er eine Strafe. **g)** */bei der Nennung einer Dauer/:* er geht f. zwei Jahre nach Amerika **II. 1.** /in Verbindung mit einem Personalpronomen in Konkurrenz zu *dafür;* bezogen auf eine Sache (ugs.)/: ein neues Gesetz liegt vor, die Parteien haben schwer f. es (statt: dafür) gekämpft. **2.** /in Verbindung mit „was" in Konkurrenz zu *wofür;* bezogen auf eine Sache (ugs.)/: **a)** /in Fragen/: f. was (besser: wofür) hast du das Geld bekommen? **b)** /in relativer Verbindung/: sie fragte sich, f. was (besser: wofür) sie den Preis erhalten habe. **III.** ⟨in der Fügung⟩ **was f- [ein]** zur Angabe der Art oder Qualität; *welch:* was f. ein Kleid möchten Sie kaufen?; aus was f. Gründen auch immer.

Fur|che, die; -, -n: *[mit dem Pflug hervorgebrachte] Vertiefung im Boden:* die Furchen im Acker. **sinnv.:** ↑Riß, ↑Runzel. **Zus.:** Acker-, Saatfurche.

Furcht, die; -: *Angst angesichts einer Bedrohung oder Gefahr:* große F. haben; seine F. überwinden; die F. vor Strafe. **sinnv.:** ↑Angst. **Zus.:** Gespenster-, Kriegs-, Todesfurcht · Ehr-, Gottesfurcht.

furcht|bar ⟨Adj.⟩: **1.** *(in seinen Folgen) schrecklich:* ein furchtbares Unwetter, Verbrechen. **sinnv.:** ↑schrecklich. **2.** (ugs.) ⟨verstärkend bei Adjektiven und Verben⟩ *sehr:* es war f. nett, daß ... **sinnv.:** ↑sehr.

fürch|ten, fürchtete, hat gefürchtet: **a)** ⟨tr./sich f.⟩ *Furcht haben (vor jmdm./etwas):* er fürchtet den Tod; er fürchtet sich vor dem Hund. **sinnv.:** jmdm. ist angst [und bange], Angst haben vor, jmdm. sitzt die Angst im Nacken, vor Angst sterben /eingehen/ mehr tot als lebendig sein, sich ängstigen, ängstlich sein, Bammel haben vor, jmdm. ist bange, Bange haben vor, befürchten, Blut und Wasser schwitzen, Fracksausen haben, Furcht haben/hegen, es graut/graust jmdm./jmdn., sich graulen, grausen, es gruselt jmdm./jmdn., Heidenangst haben, jmdm. ist himmelangst, einen Horror haben vor, die Hosen voll haben, jmdm. ist die Kehle wie zugeschnürt, Komplexe haben, Lampenfieber haben, Manschetten haben, scheuen, Schiß haben, jmdm. ist schwummerig, zurückscheuen, zurückschrecken · sich ↑entsetzen. **b)** ⟨tr.⟩ *die Befürchtung haben:* er fürchtete, zu spät zu kommen. **sinnv.:** ↑befürchten. **c)** ⟨itr.⟩ *in Sorge sein (um jmdn./etwas):* sie fürchtete für seine Gesundheit. **sinnv.:** sich ↑sorgen.

fürch|ter|lich ⟨Adj.⟩: **a)** *sehr schlimm:* fürchterliche Schmerzen; ein fürchterliches Unglück; der Lärm war f. **sinnv.:** ↑schrecklich. **b)** ⟨verstärkend bei Adjektiven und Verben⟩ *sehr:* sie hat sich f. aufgeregt; es war f. kalt. **sinnv.:** ↑sehr.

furcht|los ⟨Adj.⟩: *ohne Furcht:* ein furchtloser Mensch. **sinnv.:** ↑mutig.

furcht|sam ⟨Adj.⟩: *voll Furcht:* ein furchtsames Kind; er blickte sich f. um. **sinnv.:** ↑ängstlich.

für|ein|an|der ⟨Adverb⟩: *einer für den andern:* keine Zeit f. haben; f. einspringen.

Fu|rie, die; -, -n: *rasende, wütende, Furcht und Schrecken verbreitende Rachegöttin (in der römischen Mythologie):* wie von Furien gehetzt; sie war wie eine F.; wenn mich etwas ärgert, dann werde ich zur F. **sinnv.:** ↑Drachen, Erinnyen.

Fur|nier, das; -s, -e: *dünne Schicht aus Holz, die auf anderes, weniger wertvolles Holz aufgeleimt wird:* das F. der Möbel war aus Eiche. **Zus.:** Eichen-, Mahagonifurnier.

Fu|ro|re: ⟨in der Wendung⟩ F. machen: *überall großes Aufsehen erregen; großen Anklang finden:* damals hat der Minirock F. gemacht. **sinnv.:** ↑auffallen · ↑Aufsehen.

fürs ⟨Verschmelzung von für + das⟩: **a)** (oft ugs.) *für das:* f. Kind. **b)** /die Verschmelzung kann nicht aufgelöst werden/: f. erste.

Für|sor|ge, die; -: *Pflege, Hilfe, die man jmdm. zuteil werden läßt:* nur durch ihre F. ist der Kranke wieder gesund geworden. **sinnv.:** Fürsorglichkeit, Sorge, Sorgfalt · Obhut, ↑Pflege · Armenpflege, Diakonie, Gemeindedienst, Sozialhilfe, Wohlfahrt. **Zus.:** Alters-, Arbeitslosen-, Gefangenen-, Gesundheits-, Sozialfürsorge.

für|sorg|lich ⟨Adj.⟩: *liebevoll um jmdn./etwas besorgt:* eine fürsorgliche Mutter; etwas f. behandeln. **sinnv.:** besorgt, betulich, liebevoll, mütterlich.

Für|spra|che, die; -: *das Eintreten für einen anderen:* jmdn. um seine F. bitten. **sinnv.:** ↑Empfehlung.

Für|spre|cher, der; -s, -: *jmd., der für jmdn. Fürsprache einlegt:* der Geistliche fand in dem Politiker einen eifrigen F. **sinnv.:** Advocatus Diaboli, Advokat, Anwalt, Verteidiger; ↑Jurist.

Fürst, der; -en, -en: *Angehöriger des hohen Adels:* er sprach mit F. Bismarck/mit dem Fürsten Bismarck. **sinnv.:** ↑Regent. **Zus.:** Duodez-, Groß-, Kur-, Landes-, Stammesfürst · Dichter-, Geistes-, Höllenfürst.

fürst|lich ⟨Adj.⟩: **1.** *einem Fürsten gehörend, ihn betreffend:* das fürstliche Schloß. **sinnv.:** ↑adlig. **2.** *wie ein Fürst:* der Filmstar gab dem Kellner ein fürstliches Trinkgeld. **sinnv.:** ↑üppig.

Furt, die; -, -en: *seichte Stelle eines Flusses, die das Überqueren gestattet:* durch die F. gelangten wir ohne Mühe zum anderen Ufer. **sinnv.:** ↑Durchgang.

Fu|run|kel, der; -s, -: *eitriges Geschwür:* er hatte einen dicken F. hinter dem Ohr. **sinnv.:** ↑Geschwür.

für|wahr ⟨Adverb⟩ (geh.): *tatsächlich, wahrhaftig* /bekräftigt eine Aussage/: das ist f. eine lobenswerte Einstellung; f., ein Wein für Kenner! **sinnv.:** ↑gewiß, ↑wahrhaftig.

Furz, der; -es, Fürze (derb): *abgehende Blähung:* einen F. lassen. **sinnv.:** ↑Blähung.

fur|zen ⟨itr.⟩ (derb): *einen Furz lassen.* **sinnv.:** einen fahren/fliegen/gehen/streichen/ziehen lassen, pup[s]en, scheißen.

Fu|sel, der; -s, -: *schlechter Schnaps.* **sinnv.:** ↑Branntwein.

Fu|si|on, die; -, -en: *Verschmelzung [zweier oder mehrerer Unternehmen, Organisationen].* **sinnv.:** ↑Bund. **Zus.:** Kernfusion.

Fuß, der; -es, Füße: **1.** *unterster Teil des Beines:* im Schnee bekam er kalte Füße. **sinnv.:** Quadratlatschen, Quanten; ↑Gliedmaße, ↑Pfote. **Zus.:** Klump-, Knick-, Platt-, Schweiß-, Senk-, Spreiz-, Stelzfuß · Bocks-, Hahnen-, Hasen-, Hinter-, Kalbs-, Kuh-, Pferde-, Schwimm-, Vogel-, Vorderfuß · Kratzfuß, Leichtfuß. **2.** ⟨F. + Attribut⟩ *Teil, auf dem ein Gegenstand steht:* die Füße des Schrankes. **sinnv.:** ↑Sockel. **Zus.:** Bett-, Drei-, Lampen-, Säulenfuß. **3.** ⟨F. + Attribut; ohne Plural⟩ *Stelle, an der ein Berg oder ein Gebirge sich aus dem Gelände erhebt:* eine Siedlung am Fuße des Berges.

Fuß|ball, der; -[e]s, Fußbälle: **1.** *im Fußballspiel verwendeter Ball.* **sinnv.:** Ball, Leder. **2.** ⟨ohne Plural⟩ *Fußballspiel als Sportart.* **sinnv.:** Football, Rugby, Soccer. **Zus.:** Amateur-, Profi-, Standfußball.

Fuß|ball|spiel, das; -[e]s, -e: *Spiel von zwei Mannschaften mit je elf Spielern, bei dem der Ball mit dem Fuß, Kopf oder Körper möglichst oft in das Tor des Geg-*

ners geschossen werden soll. **sinnv.:** ↑Fußball.

Fuß|bo|den, der; -s, Fußböden: *untere, begehbare Fläche eines Raumes:* ein F. aus Stein. **sinnv.:** Boden, Bretterboden, Dielen, Estrich, Fliesen, Parkett[boden], Steinboden, Terrazzo[boden], Unterboden, Zementboden · Erdboden, Erde, Grund. **Zus.:** Holz-, Parkett-, Steinfußboden.

Fus|sel, die; -, -n und der; -s, -[n]: *kleiner Faden o. ä., der sich irgendwo störend festgesetzt hat:* an deiner Jacke hängen viele Fusseln. **sinnv.:** ↑Faser.

fus|seln ⟨itr.⟩: *so beschaffen sein, daß sich leicht Fäden o. ä. davon lösen:* der Stoff fusselt sehr. **sinnv.:** fasern, Fasern/Fusseln/Haare verlieren, haaren.

fu|ßen ⟨itr.⟩: *sich gründen, stützen (auf etwas):* diese Theorie fußt auf genauen Untersuchungen. **sinnv.:** ↑beruhen.

Fuß|gän|ger, der; -s, -, **Fußgän|ge|rin,** die; -, -nen: *zu Fuß gehende[r] Verkehrsteilnehmer[in].* **sinnv.:** ↑Passant.

Fuß|gän|ger|zo|ne, die; -, -n: *Bereich einer Stadt, der für den Autoverkehr gesperrt ist, damit die Fußgänger dort ungehindert sich bewegen, einkaufen und flanieren können.*

Fuß|mat|te, die; -, -n: **a)** *Matte zum Abstreifen des Schmutzes von den Schuhen:* vor dem Eingang zur Wohnung lag eine F. **sinnv.:** Abstreifer, Abtreter, Fußabtreter, Matte, Türvorleger, Vorleger. **b)** *Matte als Belag für den Boden eines Autos:* bunte Fußmatten, passend zur Farbe des Polsters.

Fuß|no|te, die; -, -n: *Anmerkung, die unter dem Text einer gedruckten Seite steht.* **sinnv.:** ↑Anmerkung.

Fut|ter, das; -s: **I.** *Nahrung der Tiere:* den Hühnern F. geben. **sinnv.:** ↑Nahrung. **Zus.:** Fisch-, Grün-, Hühner-, Kraft-, Misch-, Pferde-, Schweine-, Vieh-, Vogelfutter · Kanonenfutter. **II.** *Stoff auf der Innenseite von Kleidungsstücken.* **Zus.:** Ärmel-, Hut-, Mantel-, Rock-, Seiden-, Taschenfutter.

Fut|te|ral, das; -s, -e: *aus einer Hülle bestehender Behälter für Gegenstände, die leicht beschädigt werden können:* ein gefüttertes, ledernes F. für die Brille. **sinnv.:** ↑Hülle. **Zus.:** Brillen-, Flöten-, Gewehr-, Leder-, Schirmfutteral.

fut|tern ⟨tr./itr.⟩: (ugs.) *(mit großem Appetit) essen:* die Kinder haben die ganze Schokolade gefuttert; die Kinder futterten tüchtig. **sinnv.:** ↑essen.

füt|tern ⟨tr.⟩: **I. a)** *(einem Tier) Futter geben:* er füttert die Vögel im Winter. **sinnv.:** ↑ernähren. **b)** *(einem Kind, einem hilflosen Kranken) Nahrung geben:* das Baby, der Kranke muß gefüttert werden. **sinnv.:** ↑ernähren. **c)** *als Futter, Nahrung geben:* sie füttern ihre Schweine mit Kartoffeln; das Baby wird mit Brei gefüttert. **II.** *(ein Kleidungsstück) mit Futter versehen:* der Schneider hat den Mantel gefüttert. **sinnv.:** ↑auskleiden.

Fu|tu|ro|lo|gie, die; -: *Wissenschaft, die sich mit der voraussichtlichen zukünftigen Entwicklung der Menschheit und bes. ihrer Technik befaßt.* **sinnv.:** Zukunftsforschung.

G

Ga|be, die; -, -n: **1.** *etwas, was man jmdm. als Geschenk, Aufmerksamkeit überreicht, gibt:* er verteilte die Gaben; er gab dem Bettler eine kleine G. **sinnv.:** Almosen, Angebinde, ↑Aufmerksamkeit, Freßpaket, Geschenk, Geschenksendung, Liebesgabe, Mitbringsel, Präsent · Danaergeschenk, Trojanisches Pferd · ↑Beitrag. **Zus.:** Ehren-, Fest-, Gegen-, Gottes-, Liebes-, Morgen-, Opfer-, Weihnachtsgabe. **2.** *jmds. [als Vorzug betrachtete, über das Übliche hinausgehende] Befähigung zu etwas:* er hat die G. des spannenden Erzählens, des Zuhörens. **Zus.:** Auffassungs-, Beobachtungs-, Einfühlungs-, Geistes-, Kombinations-, Rednergabe.

Ga|bel, die; -, -n: *Gerät mit mehreren Zinken, das beim Essen zum Aufnehmen fester Speisen dient:* mit Messer und G. essen. **sinnv.:** ↑Besteck. **Zus.:** Fleisch-, Kuchengabel.

ga|beln, sich: *in mehrere Richtungen auseinandergehen:* der Weg gabelt sich hinter der Brükke. **sinnv.:** sich teilen, sich verzweigen · ↑abbiegen, abgehen, abzweigen, ausgehen von.

Ga|bel|stap|ler, der; -s, -: *kleines, motorgetriebenes Fahrzeug, das an seiner Vorderseite mit einer Vorrichtung zum Aufnehmen und Verladen oder Stapeln von Stückgut ausgestattet ist.*

ga|ckern ⟨itr.⟩: *helle, kurze Töne in rascher Folge ausstoßen* /vom Huhn/: die Henne gackert, wenn sie ein Ei gelegt hat. **sinnv.:** ↑krächzen; ↑lachen.

gaf|fen ⟨itr.⟩: **a)** *mit weit geöffneten Augen und offenem Mund auf jmdn./etwas blicken.* **sinnv.** glotzen, gucken, starren. **b)** (emotional) *in als aufdringlich empfundener Weise auf jmdn./etw. blicken:* was gibt es denn hier zu g.?; anstatt zu helfen, stehen sie da und g. **sinnv.:** sehen, ↑zuschauen.

Gag [gæg], der; -s, -s: *witziger Einfall in Theater, Film o. ä.* **sinnv.:** ↑Einfall.

Ga|ge ['ga:ʒə], die; -, -n: *Gehalt, Honorar eines Künstlers.* **sinnv.:** ↑Gehalt, das.

gäh|nen ⟨itr.⟩: **1.** *vor Müdigkeit oder Langeweile den Mund weit öffnen und dabei tief atmen:* er gähnte laut. **2.** *sich in eine große Tiefe o. ä. hinein öffnen:* ein Abgrund gähnte vor ihnen. **sinnv.:** ↑klaffen.

gal|lant ⟨Adj.⟩: *einer Dame gegenüber sehr höflich:* er bot ihr g. den Arm. **sinnv.:** ↑höflich.

Ga|lee|re, die; -, -n (früher): *zweimastiges, bes. von Sträflingen, Gefangenen, Sklaven gerudertes Segelkriegsschiff des Mittelmeerraums.* **sinnv.:** ↑Schiff.

Ga|le|rie, die; -, Galerien: **1.** *oberster Rang in einem Theater:* die G. ist voll besetzt. **sinnv.:** Empore, Olymp, Rang, Tribüne, Zuschauertribüne. **2.** *Sammlung, Ausstellung von Bildern:* in der Städtischen G. ist eine Ausstellung von mittelalterlichen Gemälden. **sinnv.:** ↑Museum. **Zus.:** Ahnen-, Bilder-, Gemäldegalerie. **3.** *langgestreckter, repräsentativer Raum in einem Schloß:* der Graf führte seine Gäste durch die G. **4.** *höher gelegener, nach einer Seite offener Gang an einem Gebäude, in einem großen Saal o. ä., der nach außen durch Säulen oder ein Geländer abgegrenzt ist:* eine umlaufende G. auf der Innenhofseite des Schlosses. **Zus.:** Flüster-, Holz-, Spiegelgalerie.

Gal|gen, der; -s, -: *Gerüst, an dem man einen zum Tode Verurteilten erhängt:* am G. hängen. **sinnv.:** elektrischer Stuhl, Fallbeil, Garrotte, Gaskammer, Guillotine, Halseisen, Richtbeil, -schwert, Todesspritze · ↑töten.

Gal|le, die; -, -n: **1.** *von der Leber ausgeschiedenes Sekret.* **2.** *mit der Leber verbundenes Organ, in dem Galle* (1) *gespeichert wird, die für die Verdauung nötig ist:* sie wurde an der G. operiert. **sinnv.:** Gallenblase.

Gal|lert, das; -[e]s, -e, **Gal|ler|te,** die; -, -n: *leicht durchsichtige, steife Masse, die aus dem abgekühlten Saft von gekochtem Fleisch, Knochen o. ä. hergestellt ist und bei geringer Bewegung zittert.* **sinnv.:** Aspik, Gelatine, Gelee, Sülze.

Ga|lopp, der; -s, -s und -e: *springender Lauf des Pferdes:* er ritt im G. davon. **sinnv.:** ↑Gang. **Zus.:** Links-, Rechts-, Schweinsgalopp.

ga|lop|pie|ren, galoppierte, hat/ist galoppiert ⟨itr.⟩: *im Galopp reiten:* der Reiter, das Pferd galoppierte; ein Reiter ist über das Feld galoppiert; das Pferd hatte/war galoppiert und wurde deshalb disqualifiziert. **sinnv.:** ↑reiten.

Ga|ma|sche, die; -, -n: *seitlich geknöpfte, den Spann bedeckende und bis zum Knöchel oder bis zum Knie reichende, über Schuh und Strumpf getragene Bekleidung der Beine.* **Zus.:** Leder-, Stoffgamasche.

gam|meln ⟨itr.⟩: *die Zeit nutzlos und untätig verbringen.*

Gang, der; -[e]s, Gänge: **1.** ⟨ohne Plural⟩ *Art des Gehens:* er erkannte ihn an seinem Gang. **sinnv.:** Gangart · Galopp, Lauf, Paßgang, Schritt, Trab, Tritt, Zotteltrab. **Zus.:** Allein-, Krebs-, Schneckengang. **2.** *das jeweilige Gehen (zu einem bestimmten Ziel):* ein G. durch den Park. **sinnv.:** Bummel, ↑Spaziergang, Streifzug. **Zus.:** Bitt-, Boten-, Buß-, Dienst-, Erkundungs-, Inspektions-, Kanossa-, Kirch-, Kontroll-, Opfer-, Patrouillen-, Schul-, Spazier-, Streifengang. **3.** ⟨ohne Plural⟩ *Bewegung der einzelnen Teile der Maschine:* der Motor hat einen ruhigen G. **4.** ⟨ohne Plural⟩ *Verlauf:* der G. der Geschichte. **sinnv.:** ↑Prozeß. **Zus.:** Arbeits-, Ausbildungs-, Bildungs-, Entwicklungs-, Erb-, Gedanken-, Geschäfts-, Lebens-, Studien-, Unterrichts-, Werdegang. **5.** *schmaler, langer, an beiden Seiten abgeschlossener Weg:* zu seinem Zimmer kommt man durch einen langen Gang. **sinnv.:** ↑Diele · ↑Weg. **Zus.:** Arkaden-, Bogen-, Geheim-, Haus-, Kreuz-, Säulen-, Wandelgang · Gehör-, Gewinde-, Schraubengang. **6.** *jeweils besonders aufgetragenes Gericht, Speise eines größeren Mahles:* das Essen beim Botschafter hatte vier Gänge. **sinnv.:** ↑Essen. **Zus.:** Fleisch-, Gemüsegang. **7.** *Stufe der Übersetzung eines Getriebes bei einem Kraftfahrzeug:* er fährt auf der Autobahn im vierten G. **Zus.:** Rückwärtsgang.

gän|geln ⟨tr.⟩: *jmdm. in unangenehmer Weise dauernd vorschreiben, wie er sich zu verhalten hat:* der junge Mann wollte sich nicht länger von seiner Mutter g. lassen. **sinnv.:** ↑beeinflussen, ↑führen, ↑manipulieren.

gän|gig ⟨Adj., nicht adverbial⟩: **1.** *allgemein bekannt:* eine gängige Meinung. **sinnv.:** ↑üblich. **2.** *oft gekauft; leicht zu verkaufen:* eine gängige Ware. **sinnv.:** begehrt, gefragt, gesucht, marktgängig, leicht verkäuflich, verlangt.

Gang|ster ['gɛŋstɐ], der; -s, -: *Verbrecher [der zu einer organisierten Bande gehört].* **sinnv.:** ↑Verbrecher; Mafia. **Zus.:** Auto-, Geiselgangster.

Gang|way ['gæŋweɪ], die; -, -s: *an ein Schiff oder Flugzeug heranzuschiebende, einem Steg oder einer Treppe ähnliche Vorrichtung, über die die Passagiere ein- und aussteigen.* **sinnv.:** ↑Treppe.

Ga|no|ve, der; -n, -n: *männliche Person, die in betrügerischer Absicht und mehr im verborgenen andere in verabscheuungswürdiger Weise zu täuschen, zu schädigen sucht.* **sinnv.:** Betrüger, Gauner, Spitzbube, ↑Verbrecher.

Gans, die; -, Gänse: *(seines Fleisches wegen als Haustier gehaltenes) größeres, meist weiß gefiedertes Tier (Schwimmvogel) mit gedrungenem Körper, langem Hals und nach oben gebogenem Schnabel* (s. Bildleiste). **sinnv.:** Gänserich, Ganter · ↑Geflügel. **Zus.:** Grau-, Haus-, Martins-, Mast-, Weihnachts-, Wildgans.

Gän|se|rich, der; -s, -e: *männliche Gans.* **sinnv.:** ↑Gans.

ganz: I. ⟨Adj.⟩ **1.** ⟨nur attributiv⟩ *gesamt:* er kennt g. Europa; die Sonne hat den ganzen Tag geschienen. **sinnv.:** ↑all · von A bis Z, von Anfang bis Ende, ungekürzt, von vorn bis hinten; absolut, bis zum äußersten, in jeder Beziehung, durchaus, zur Gänze, gänzlich, bis zum Gehtnichtmehr, geradezu, gesamt, bis an die Grenze des Erlaubten, von Grund auf/aus, in Grund und Boden, an Haupt und Gliedern, mit Haut und Haar[en], hundertprozentig, in extenso, in toto, kläglich, komplett, von Kopf bis Fuß, bis zum letzten, lückenlos, bis aufs Messer, nachgerade, von oben bis unten pauschal, platterdings, radikal, ↑regelrecht, restlos, vom Scheitel bis zur Sohle, schlechterdings, schlechthin, schlechtweg, mit Stumpf und Stiel, bis zum Tezett, total, über und über, überhaupt, ↑unbedingt, universal, vollauf, völlig, vollkommen, vollständig, vom Wirbel bis zur Zehe. **2.** ↑*heil, unbeschädigt:* ist das Spielzeug noch g.?; sie hat kein ganzes Paar Strümpfe mehr. **3.** ⟨ganze + Kardinalzahl⟩ (ugs.) *nicht mehr als:* der Fotoapparat hat auf dem Flohmarkt ganze 7 Mark gekostet. **sinnv.:** nur. **II.** ⟨Adverb⟩ **1.** *völlig:* er blieb g. ruhig; er hat g. aufgegessen. **2.** *ziemlich:* er hat g. gut gesprochen. **sinnv.:** recht. **3.** *sehr:* er ist ein g. großer Künstler; er war g. glücklich; (ugs.) g. viele Zuschauer waren gekommen.

gänz|lich ⟨Adj.⟩ (emotional): *völlig, vollkommen:* er hat es g. vergessen; zwei g. verschiedene Meinungen. **sinnv.:** ↑ganz.

gar: I. ⟨Adj.⟩: *genügend gekocht, gebraten oder gebacken:* die Kartoffeln sind gar. **sinnv.:** durch, durchgebacken, gargekocht. **II.** ⟨Adverb⟩ **a)** ⟨verstärkend bei Vermutungen, Befürchtungen o. ä.⟩ ↑*etwa:* ist sie g. schon verlobt? **b)** ⟨verstärkend bei einer Behauptung⟩ *ja wirklich:* er tut g., als ob ich ihn beleidigt hätte. **sinnv.:** ↑wahrhaftig. **c)** ⟨in Verbindung mit *kein* oder *nicht* ⟩ *absolut:* er hat gar kein Interesse; das ist gar nicht wahr.

Ga|ra|ge [ga'ra:ʒə], die; -, -n: *Raum, in dem man ein Kraftfahrzeug einstellen kann.* **sinnv.:** ↑Depot, Terminal. **Zus.:** Auto-, Groß-, Tiefgarage · Laternengarage (scherzh.; *ständiger Parkplatz in der Nähe einer Straßenlaterne*).

Ga|rant, der; -en, -en: *Person, Institution o. ä., die die Gewähr für etwas bietet:* ein Garant für Frieden und Sicherheit. **sinnv.:** Bürge.

Ga|ran|tie, die; -, Garantien: *Versicherung, daß man für etwas aufkommt, daß etwas den Abmachungen entspricht:* die Firma leistet für den Kühlschrank ein Jahr G. **sinnv.:** Gewißheit, ↑Sicherheit · ↑einstehen für. **Zus.:** Preis-, Sicherheitsgarantie.

ga|ran|tie|ren ⟨tr./itr.⟩: *versichern, daß etwas den Anforderungen entspricht:* wir garantieren [für] die gute Qualität der Ware. **sinnv.:** ↑einstehen für.

Gar|be, die; -, -n: **1.** *Bündel geschnittener und gleichmäßig zusammengelegter Halme von Getreide.* **sinnv.:** Bund, Bündel, ↑Büschel, Strohbund, -bündel. **Zus.:** Getreide-, Korngarbe. **2.** *größere Anzahl von schnell aufeinanderfolgenden Schüssen:* eine G. abfeuern. **sinnv.:** ↑Schuß. **Zus.:** Feuer-, Flammen-, Licht-, Maschinengewehrgarbe.

Gar|de, die; -, -n: *repräsentatives Regiment, bes. Leibwache eines Herrschers:* der König schreitet die G. ab. **sinnv.:** Elitetruppe, Gardeducorps, Leibgarde, Leibwache · Bewacher, Leibwächter, ↑Wächter. **Zus.:** Ehren-, Nationalgarde.

Gar|de|ro|be, die; -, -n: **1. a)** *Einrichtungsgegenstand zum Aufhängen, Ablegen von Mänteln, Hüten o. ä.:* Hut und Mantel an die G. hängen. **sinnv.:** Garderobenständer, Haken, Kleiderablage, -haken, -ständer. **Zus.:** Flurgarderobe. **b)** *abgeteilte Stelle im Foyer eines Theaters o. ä., bei der man Mäntel o. ä. ablegen kann.* **2.** *Raum, in dem sich ein Künstler für eine Vorstellung umkleiden kann.* **sinnv.:** Theatergarderobe, Umkleidekabine, -raum. **3.** ⟨ohne Plural⟩ *gesamte Kleidung, die jmd. besitzt:* sie beneidete die Freundin um ihre G. **sinnv.:** ↑Kleidung. **Zus.:** Sommer-, Wintergarderobe.

Gar|di|ne, die; -, -n: *Vorhang aus leichtem Stoff für die Fenster:* die Gardinen aufhängen. **sinnv.:** Store, Übergardine, Vorhang · Schal · Querbehang, Schabrakke · Portiere, Türvorhang. **Zus.:** Spitzen-, Tüllgardine.

ga|ren ⟨tr./itr.⟩: *gar werden [lassen]:* den Fisch in der Pfanne langsam g. **sinnv.:** ↑braten, ↑sieden.

gä|ren, gärte/gor, ist/hat gegärt/gegoren ⟨itr.⟩: **a)** *sich in bestimmter Weise durch chemische Zersetzung verändern:* der Wein hat gegoren; der Saft ist gegoren *(nicht mehr zu trinken).* **sinnv.:** in Gärung übergehen, sauer werden, säuern. **b)** *in jmdm. Unruhe und Unzufriedenheit erzeugen:* der Haß gärte in ihm; vor dem Aufstand hatte es schon lange im Volk gegärt *(war man unzufrieden und unruhig).*

Garn, das; -[e]s, -e: *Faden, der aus Fasern gesponnen ist:* sie kaufte eine Rolle G. **sinnv.:** ↑Faden. **Zus.:** Baumwoll-, Haar-, Kamm-, Näh-, Perl-, Seiden-, Stick-, Stopf-, Streich-, Wollgarn · Seemannsgarn.

Gar|ne|le, die; -, -n: *(im Meer lebender) Krebs mit langen Fühlern, schlankem, seitlich abgeflachtem, meist durchsichtigem Körper und langem, kräftigem Hinterleib* (siehe Bildleiste „Schalentiere"). **sinnv.:** ↑Krebs.

gar|nie|ren ⟨tr.⟩: *(bes. eine Speise) mit etwas versehen, was dem Ganzen ein schöneres Aussehen geben soll:* eine kalte Platte mit Gemüse g. **sinnv.:** ↑besetzen, dressieren, ↑schmücken.

Gar|ni|tur, die; -, -en: *mehrere zusammengehörende und zusammenpassende Stücke, die einem bestimmten Zweck dienen:* eine G. Wäsche. **sinnv.:** Ensemble, Kombination, Reihe, Satz, Serie, Service, Set. **Zus.:** Couch-, Kinderwagen-, Klub-, Möbel-, Schreibtisch-, Wäschegarnitur.

gar|stig ⟨Adj.⟩: *von einer Beschaffenheit, Art, die dem Betroffenen stark mißfällt:* ein garstiger Geruch; ein garstiges Kind. **sinnv.:** ↑böse, ↑ekelhaft, ↑gemein.

Gar|ten, der; -s, Gärten: *[kleines] Stück Land, in dem Gemüse, Obst oder Blumen gepflanzt werden* /oft in Verbindung mit einem Haus/. **sinnv.:** ↑Park, ↑Wiese · ↑Grundstück. **Zus.:** Bier-, Blumen-, Dach-, Gemüse-, Irr-, Klein-, Kloster-, Küchen-, Kur-, Landschafts-, Nutz-, Obst-, Palmen-, Rosen-, Schloß-, Schreber-, Stein-, Tier-, Vor-, Wein-, Ziergarten · Kinder-, Wintergarten.

Gärt|ner, der; -s, -, **Gärt|ne|rin,** die; -, -nen: *männliche bzw. weibliche Person, die beruflich Pflanzen züchtet und betreut.* **Zus.:** Friedhofs-, Klein-, Landschaftsgärtner.

Gärt|ne|rei, die; -, -en: *Betrieb eines Gärtners.* **sinnv.:** Baumschule, Blumenzüchterei, Gartenbaubetrieb, Gartencenter, Pflanzschule, Saatzuchtbetrieb. **Zus.:** Blumen-, Gemüse-, Obst-, Stadtgärtnerei.

Gas, das; -es, -e: **1.** *unsichtbarer Stoff in der Form wie Luft:* giftige Gase. **sinnv.:** ↑Brennstoff. **Zus.:** Ab-, Auspuff-, Chlor-, Edel-, Erd-, Fern-, Flaschen-, Flüssig-, Generator-, Gift-, Gruben-, Heiz-, Holz-, Industrie-, Kampf-, Knall-, Lach-, Leucht-, Methan-, Propan-, Stadt-, Sumpf-, Tränen-, Wassergas. **2.** ***Gas geben:** *[beim Auto] die Ge-*

schwindigkeit [stark] erhöhen. **sinnv.:** ↑ankurbeln. **Zus.:** Hand-, Voll-, Zwischengas.

Gas|mas|ke, die; -, -n: *etwas, was man zum Schutz der Atmungsorgane und der Augen gegen die Einwirkung von Gas, Rauch o. ä. vor das Gesicht setzt.* **sinnv.:** Schutzmaske.

Gas|se, die; -, -n: *schmale Straße zwischen zwei Reihen von Häusern.* **sinnv.:** ↑Durchgang, ↑Straße. **Zus.:** Brand-, Dorf-, Neben-, Quer-, Sack-, Seitengasse · Ehrengasse *(Spalier).*

Gast, der; -[e]s, Gäste: **a)** *jmd., der von jmdm. eingeladen worden ist* /Ggs. Gastgeber/: wir haben heute abend Gäste. **sinnv.:** Besuch, Besucher, Geladener. **Zus.:** Dauer-, Ehren-, Fest-, Hochzeits-, Kaffee-, Logier-, Mittags-, Nacht-, Tafel-, Tischgast. **b)** *jmd., der da, wo er sich gerade befindet, fremd ist, dort nur vorübergehend ist (in bezug zu dem, der dort zu Hause ist, dafür zuständig ist und für den Betreffenden in entsprechender Weise sorgt):* der Ober bedient die Gäste sehr freundlich; als G. dirigiert Herbert von Karajan; die Gäste des Hotels. **Zus.:** Bade-, Dauer-, Fahr-, Ferien-, Flug-, Haus-, Hotel-, Kur-, Sommer-, Stamm-, Urlaubs-, Winter-, Wirtshausgast · Zaungast

Gast|ar|bei|ter, der; -s, -: *Arbeiter, der in einem für ihn fremden Land arbeitet.* **sinnv.:** ausländischer Arbeitnehmer, Fremdarbeiter.

gast|freund|lich ⟨Adj.⟩: *gern bereit, Gäste zu empfangen und zu bewirten:* eine gastfreundliche Familie. **sinnv.:** gastfrei, gastlich.

Gast|ge|ber, der; -s, -, **Gast|ge|be|rin,** die; -, -nen: *männliche bzw. weibliche Person, die jmdn. zu sich einlädt, bei sich zu Gast hat* /Ggs. Gast/: G. sein. **sinnv.:** Hausherr, Wirt.

Gast|haus, das; -es, Gasthäuser: *Haus ohne größeren Komfort, in dem man gegen Bezahlung essen [und übernachten] kann.* **sinnv.:** ↑Gaststätte, ↑Hotel.

Gast|hof, der; -[e]s, Gasthöfe: *größeres Gasthaus auf dem Lande:* in einem G. essen. **sinnv.:** ↑Gaststätte.

ga|stie|ren ⟨itr.⟩: *an einer fremden Bühne als Gast* (b) *auftreten:* er gastierte [an der Deutschen Oper] in Berlin.

gast|lich ⟨Adj.⟩: *behaglich, gemütlich für den Gast* (a): er fühlte sich in dem gastlichen Haus sehr wohl. **sinnv.:** gastfreundlich.

Ga|stro|no|mie, die; -: *Gewerbe, das sich mit der Betreuung und Verpflegung der Besucher von Gaststätten, Restaurants, Hotels o. ä. befaßt.* **sinnv.:** Gaststättengewerbe · Kochkunst, Küche.

Gast|spiel, das; -[e]s, -e: *Aufführung, die von einem Künstler oder Ensemble an einer fremden Bühne geboten wird:* sie geben in allen größeren Städten des Landes ein G. **sinnv.:** ↑Auftritt. **Zus.:** Konzert-, Theatergastspiel.

Gast|stät|te, die; -, -n: *Unternehmen, in dem man Essen und Getränke gegen Bezahlung erhalten kann.* **sinnv.:** Ausschank, Backhendlstation, Bar, Beisel, Biergarten, Bistro, Bräu, Bräustüberl, Destille, Gartenwirtschaft, Gasthaus, Gasthof, Gastwirtschaft, Grillrestaurant, Hähnchengrill, Imbißstube, Jausenstation, Kneipe, Krug, Lokal, Pinte, Pizzeria, Pub, Restaurant, Restauration, Schenke, Schnellbuffet, Schnellgaststätte, Schuppen, Schwemme, Snackbar, Speiserestaurant, Speisewirtschaft, Stehbierhalle, Straußwirtschaft, Taverne, Weinstube, Wirtschaft, Wirtshaus · Kaschemme, Spelunke, Stampe · Beatschuppen, Bums, Bumslokal, Dancing, Disko, Diskothek, Saloon, Tanzbar, Tanzdiele, Tanzlokal, Tingeltangel · Autobahnraststätte, Rasthaus, Raststätte · Bahnhofsbuffet, -gaststätte · Buffetwagen, Speisewagen · Kantine, Kasino, Mensa · ↑Café, Cafeteria · ↑Hotel · ↑Nachtlokal. **Zus.:** Schnell-, Selbstbedienungs-, Speisegaststätte.

Gast|stu|be, die; -, -n: *Raum in einem Gasthaus, in dem die Gäste bewirtet werden:* in einer gemütlichen G. ein Glas Bier trinken. **sinnv.:** Gastzimmer, Saal, Wirtsstube.

Gast|wirt, der; -[e]s, -e: *jmd., der eine Gaststätte besitzt oder führt.* **sinnv.:** ↑Wirt.

Gast|wirt|schaft, die; -, -en: *[einfache, ländliche] Gaststätte.* **sinnv.:** ↑Gaststätte.

Gat|te, der; -n, -n: **1.** *Ehemann* /wird auf den Ehemann einer anderen Frau bezogen/: wie geht es Ihrem Gatten?; sie besuchte in Begleitung ihres Gatten das Konzert. **sinnv.:** ↑Ehemann. **Zus.:** Ehe-, Götter-, Mustergatte. **2.** ⟨Plural⟩ ↑*Eheleute:* beide Gatten stammen aus München.

Gat|ter, das; -s, -: *Zaun, Tür aus breiten Latten:* die Schafe werden in ein G. gesperrt. **sinnv.:** ↑Zaun. **Zus.:** Fall-, Holzgatter.

Gat|tin, die; -, -nen: *Ehefrau* /wird auf die Ehefrau eines anderen Mannes bezogen/: wie geht es Ihrer G.? **sinnv.:** ↑Ehefrau.

Gat|tung, die; -, -en: *Gruppe von Dingen, Lebewesen, die wichtige Merkmale oder Eigenschaften gemeinsam haben:* eine G. in der Dichtung ist das Drama; die Kuh gehört zur G. der Säugetiere. **sinnv.:** ↑Art. **Zus.:** Kunst-, Literatur-, Pflanzen-, Tier-, Waffen-, Warengattung.

Gau, der; -[e]s, -e (hist.): *in sich geschlossene Landschaft, großer landschaftlicher Bezirk.* **sinnv.:** ↑Gebiet.

gau|keln, gaukelte, ist gegaukelt ⟨itr.⟩: *schwankend durch die Luft gleiten:* Schmetterlinge gaukeln von Blume zu Blume. **sinnv.:** ↑fliegen.

Gaul, der; -[e]s, Gäule: *[schlechtes] Pferd.* **sinnv.:** ↑Pferd. **Zus.:** Acker-, Droschken-, Karrengaul.

Gau|men, der; -s, -: *obere Wölbung im Innern des Mundes:* er hatte Durst, sein G. war ganz trocken.

Gau|ner, der; -s, -, **Gau|ne|rin,** die; -, -nen: *männliche bzw. weibliche Person, deren Handlungsweise als in verachtenswerter Weise betrügerisch, hinterhältig o. ä. angesehen wird:* dieser G. wollte mich erpressen; du alter G. hast mich reinlegen wollen. **sinnv.:** ↑Betrüger, raffinierter Hund · hinterfotzig. **Zus.:** Erzgauner.

Ga|ze ['ga:zə], die; -, -n: *weicher, sehr locker gewebter, durchsichtiger Stoff:* eine Wunde mit G. verbinden. **sinnv.:** ↑Stoff. **Zus.:** Drahtgaze.

Ge-[e], auch: -ge-e (Typ.: Nachgelaufe), das; -s: *drückt das sich wiederholende [lästige o. ä.] Tun oder Geschehen aus* /verbales Basiswort; ausgenommen sind solche Verben, die keine verbalen Formen mit ge- bilden können: Verben mit untrennbarer Vorsilbe (also nicht: Geentwerte, dafür: Entwerterei), Verben mit einer trennbaren Vorsilbe vor einem fremdsprachlichen Verb (also nicht: Nachgepoliere, dafür Nachpoliererei) und Verben, die aus zusammengesetzten Substantiven abgeleitet sind (also nicht: Geschulmeistere, dafür: Schulmeisterei)/ (oft abwertend): Gefeilsche, Gefrage, Geklotze, Gelabere, Geschrei[e], Gesuche, Gesülze, Gezappel[e]; in Verbindung mit Verben mit trennbarer Vorsilbe: das Großgetue, Großgeschreibe, Mitgebringe, Mitgeklatsche, Nachgepfeife, Vorgesage, Zugeknalle; /im Unterschied zu -[er]ei auch in Verbindung mit Verben, deren Subjekt kein belebtes Wesen ist/ Gedonner[e], Geratter[e]. **sinnv.:** ↑-[er]ei (Feilscherei).

Ge|bạ̈ck, das; -[e]s, -e: *feines [süßes], aus [Kuchen]teig [und anderen Zutaten] (bes. in geformten, etwas festeren Einzelstücken] Gebackenes:* zum Tee aßen wir G. **sinnv.:** Backware, Backwerk · Konfekt, Kuchen, Plätzchen, Torte · Amerikaner, Apfeltasche, Baiser, Berliner, Bienenstich, Biskuit, Brezel, Dominostein, Eclair, Florentiner, Früchtebrot, Keks, Kräcker, Krapfen, Kräppel, ↑Lebkuchen, Liebesknochen, Makrone, Meringe, Mohrenkopf, Negerkuß, Nonnenfürzchen, Nußknacker, Pastete, Petits fours, [Berliner] Pfannkuchen, Plundergebäck, Russisch Brot, Schillerlocke, Schnecke, Schneckennudel, Schweineohr/Schweinsohr, Spekulatius, Spritzkuchen, Stollen, Striezel, Strudel, Waffel, Windbeutel, Zimtstern, Zopf, Zwieback; Pizza, Zwiebelkuchen · ↑Brot · ↑Brötchen. **Zus.:** Biskuit-, Butter-, Fein-, Klein-, Tee-, Weihnachtsgebäck.

Ge|bạ̈lk, das; -[e]s: *Gesamtheit der Balken* /bes. bei einem Dachstuhl/: das alte G. ächzte. **sinnv.:** Balkenwerk, Verstrebung. **Zus.:** Dach-, Decken-, Eichengebälk.

Ge|bär|de, die; -, -n: *Bewegung der Arme oder des ganzen Körpers, die eine Empfindung o. ä. ausdrückt:* er machte eine drohende G. **sinnv.:** Bewegung, Geste, Handzeichen, Pantomime, Wink, Zeichen. **Zus.:** Droh-, Schmerzgebärde.

ge|bä̱r|den, sich; gebärdete sich, hat sich gebärdet: *eine in bestimmter Weise auffällige, meist als unangenehm, ärgerlich o. ä. empfundene Verhaltensweise zeigen (bes. als kritische Feststellung):* sich kriegerisch, fotoscheu g.; er gebärdete sich wie wild; eine sich klerikal gebärdende Zeitung. **sinnv.:** sich ↑benehmen.

Ge|ba̱|ren, das; -s: *auffälliges Benehmen:* er fiel durch sein sonderbares G. auf. **sinnv.:** ↑Benehmen. **Zus.:** Geschäftsgebaren.

ge|bä̱|ren, gebar, hat geboren ⟨tr.⟩ /vgl. geboren/: *(ein Kind) zur Welt bringen:* die Frau hat zwei Kinder geboren; er wurde im Jahre 1950 in München geboren. **sinnv.:** entbunden werden, den hat der Esel im Galopp verloren, ein Kind bekommen/in die Welt setzen/zur Welt bringen, einem Kind das Leben schenken, Mutter werden, niederkommen · hecken, jungen, Junge bekommen, werfen · ferkeln, fohlen, kalben, laichen, lammen; ↑fortpflanzen.

Ge|bäu̱|de, das; -s, -: *größerer Bau, in dem meist Büros, Schulen, Wohnungen o. ä. untergebracht sind:* das neue G. des Theaters wird im nächsten Jahr fertiggestellt. **sinnv.:** Anbau, ↑Bau, ↑Haus. **Zus.:** Amts-, Ausstellungs-, Bahnhofs-, Bank-, Bibliotheks-, Dienst-, Eck-, Fabrik-, Haupt-, Hinter-, Museums-, Neben-, Parlaments-, Regierungs-, Schul-, Stations-, Theater-, Universitäts-, Verwaltungs-, Wohngebäude · Gedanken-, Glaubens-, Lehr-, Lügengebäude.

ge|bau̱t ⟨Adj.⟩: *(in bestimmter Weise) gewachsen:* gut, athletisch, zart g. sein.

Ge|bei̱n, das; -[e]s, -e: **a)** ⟨Plural⟩ *Knochen (eines Toten):* erst nach Jahren fand man die Gebeine des Vermißten. **sinnv.:** ↑Skelett. **b)** *sämtliche Glieder des Menschen:* ein jäher Schreck fuhr ihm durch das G.

ge|ben, gibt, gab, hat gegeben: **1.** ⟨tr.⟩ *(durch Übergeben, Überreichen, [Hin]reichen, Aushändigen) in jmds. Hände, Verfügungsgewalt gelangen lassen:* der Lehrer gibt dem Schüler das Heft. **sinnv.:** ↑abgeben, ↑aufwarten mit, ausrüsten, ↑ausstatten, bereitstellen, ↑bieten, darbieten, ↑darbringen, darreichen, an/in die Hand geben, in die Hand drücken, herausgeben, herausrücken, hergeben, jmdm. etwas hinreichen/langen/reichen, übergeben, überlassen, ↑verabreichen, zur Verfügung stellen, verpassen, versehen mit, versorgen mit, zuspielen, zustekken, zuteil werden lassen, zuwenden · ↑schenken, ↑spenden · ↑vergeben, ↑verbleiben. **2.** ⟨sich g.⟩ *sich in einer bestimmten Weise benehmen:* er gibt sich, wie er ist; er gibt sich gelassen. **sinnv.:** sich ↑benehmen. **3.** ⟨in der Fügung⟩ es gibt jmdn./etwas: *jmd./etwas kommt vor, ist vorhanden:* es gibt heute weniger Bauern als vor zwanzig Jahren. **sinnv.:** ↑existieren. **4.** ⟨als Funktionsverb⟩: einen Bericht geben über etwas *(über etwas berichten);* einen Befehl g. *(etwas befehlen);* [eine] Antwort g. *(antworten);* [eine] Auskunft g. *(etwas, wonach man gefragt wurde, mitteilen);* einen Rat g. *(raten);* ein Versprechen g. *(versprechen);* die Erlaubnis g. *(erlauben);* eine Garantie g. *(garantieren);* einen Stoß g. *(stoßen);* einen Kuß geben *(küssen);* ein Fest, Konzert, eine Party g. *(ein Fest, Konzert, eine Party veranstalten);* die Räuber von Schiller g. *(aufführen).* **sinnv.:** ↑aufführen; ↑gewähren.

Ge|bẹt, das; -[e]s, -e: *an Gott gerichtete Bitte:* er faltete seine Hände und sprach ein G. **sinnv.:** Anrufung, Bitten, Fürbitte, Litanei, Andacht. **Zus.:** Abend-, Bitt-, Buß-, Dank-, Morgen-, Nacht-, Schluß-, Sterbe-, Stoß-, Tischgebet.

Ge|bie̱t, das; -[e]s, -e: **1.** *Fläche von bestimmter Ausdehnung:* weite Gebiete des Landes sind überschwemmt. **sinnv.:** Areal, Bereich, Bezirk, Feld, Fläche, Flur, Gau, Gefilde, Gegend, Gelände, Gemarkung, Komplex, Land, Landschaft, Landstrich, Raum, Region, Revier, Terrain, Territorium, Zone; ↑Stelle. **Zus.:** Absatz-, Anbau-, Aufmarsch-, Ausbreitungs-, Einzugs-, Fang-, Front-, Gefahren-, Grenz-, Hochdruck-, Industrie-, Jagd-, Kampf-, Katastrophen-, Naturschutz-, Notstands-, Rand-, Quell-, Schlechtwetter-, Schutz-, Sperr-, Überschwemmungs-, Vogelschutz-, Wohngebiet. **2.** *Sach-, Fachbereich:* dieses Land ist auf wirtschaftlichem G. führend. **sinnv.:** ↑Bereich. **Zus.:** Anwendungs-,

Arbeits-, Aufgaben-, Fach-, Grenz-, Rand-, Sach-, Spezial-, Teil-, Wissensgebiet.

ge|bie|ten, gebot, hat geboten: **1.** ⟨itr.⟩ *als eine Art Befehl äußern, verlangen:* seine Hand gebot den anderen stillzuschweigen; mach es, wie es der Augenblick gebietet; das gebot ihm sein Gerechtigkeitsgefühl; sie gebot herrisch: „Warten Sie draußen!"; das gebietet die Achtung, daß ... **sinnv.:** ↑anordnen. **2.** ⟨in der Fügung⟩ etwas ist geboten: *etwas ist erforderlich, nötig:* Vorsicht ist geboten; für das kranke Kind ist rasche Hilfe dringend geboten. **sinnv.:** ↑nötig.

Ge|bil|de, das; -s, -: *etwas, was in nicht näher bestimmter Weise gestaltet, geformt ist:* diese Wolken waren feine, luftige Gebilde. **sinnv.:** Bildung, Form, Gestalt; ↑Struktur. **Zus.:** Laut-, Phantasie-, Staaten-, Ton-, Traum-, Wahn-, Wolken-, Wunschgebilde.

ge|bil|det ⟨Adj.⟩: *großes Wissen, Bildung [und feine Umgangsformen] habend* /Ggs. ungebildet/: ein gebildeter Mann. **sinnv.:** belesen, ↑beschlagen, gelehrt, kenntnisreich, studiert; ↑geistreich. **Zus.:** halb-, hochgebildet.

Ge|bir|ge, das; -s, -: *zusammenhängende Gruppe von hohen Bergen:* auch dieses Jahr fahren wir ins G. **sinnv.:** Bergkette, Bergmassiv, Massiv · ↑Berg. **Zus.:** Falten-, Felsen-, Fels-, Hoch-, Mittel-, Schiefer-, Tafelgebirge.

Ge|biß, das; Gebisses, Gebisse: **a)** *Ober- und Unterkiefer mit den Zähnen.* **sinnv.:** Kauwerkzeuge, Zähne. **Zus.:** Milch-, Pferdegebiß. **b)** *vollständiger Zahnersatz:* sie muß leider schon ein Gebiß tragen. **sinnv.:** Brücke, Ersatz, Prothese, dritte/falsche/künstliche Zähne, Zahnersatz, Zahnprothese; ↑Zahn.

ge|blümt ⟨Adj.⟩: *mit Blümchen verziert, gemustert:* den Kaffee aus einer rosa geblümten Tasse trinken. **sinnv.:** ↑Muster. **Zus.:** blau-, bunt-, groß-, kleingeblümt.

ge|bo|ren ⟨Adj.; nur attributiv⟩: **1. a)** /zur Angabe des Mädchennamens bei einer verheirateten Frau/ (Abk.: geb.): Frau Marie Berger, geb. Schröder; sie ist eine geborene Schröder. **b)** *in ... auf die Welt gekommen und dort auch noch lebend (im Unterschied zu den dort Lebenden, aber dort nicht zur Welt Gekommenen):* er ist ein geborener Berliner, während seine Freunde gebürtige Hamburger sind (die aber in Berlin wohnen). **2.** *von Natur aus zu etwas begabt:* er ist ein geborener Schauspieler. **sinnv.:** ↑begabt.

ge|bor|gen: ⟨in der Fügung⟩ sich g. fühlen: *sich gut beschützt, sicher fühlen:* sie fühlt sich bei ihm g. **sinnv.:** ↑sicher.

Ge|bot, das; -[e]s, -e: *von einer höheren Instanz ausgehende Willenskundgebung, die den Charakter eines Befehls, einer Anordnung hat:* ein G. befolgen, mißachten. **sinnv.:** ↑Weisung. **Zus.:** Halte-, Schweigegebot.

Ge|brauch, der; -[e]s, Gebräuche: **1.** ⟨ohne Plural⟩ *das Gebrauchen:* vor allzu häufigem G. des Medikamentes wird gewarnt. **sinnv.:** ↑Anwendung · ↑anwenden. **Zus.:** Dienst-, Haus-, Privat-, Schul-, Sprachgebrauch. **2.** ⟨nur Plural⟩ *Sitten, Bräuche:* im Dorf gibt es noch viele alte Gebräuche. **sinnv.:** ↑Brauch. **Zus.:** Hochzeits-, Oster-, Weihnachtsgebräuche.

ge|brau|chen ⟨tr.⟩ /vgl. gebraucht/: *als Gegenstand, Mittel für etwas benutzen, damit umgehen:* Werkzeuge richtig g.; er gebraucht gern Beispiele, um etwas zu erklären. **sinnv.:** benutzen, in Benutzung haben/nehmen, brauchen, nutzen, nützen, verwenden; ↑anwenden; ↑ausnutzen.

ge|bräuch|lich ⟨Adj.⟩: *allgemein verwendet:* ein gebräuchliches Sprichwort. **sinnv.:** ↑üblich.

Ge|brauchs|an|wei|sung, die; -, -en: *Anleitung, wie man etwas gebrauchen, anwenden soll:* vor der Benutzung des Gerätes die G. lesen. **sinnv.:** ↑Anleitung.

ge|braucht ⟨Adj.⟩: *bereits benutzt* /Ggs. neu/: das Handtuch ist schon g. **sinnv.:** aus zweiter Hand, Secondhand..., ↑alt.

Ge|braucht|wa|gen, der; -s, -: *ein zum Verkauf bestimmtes Auto, das von einem früheren Besitzer bereits gekauft wurde.* **sinnv.:** Jahreswagen.

ge|bre|chen, gebricht, gebrach ⟨itr.⟩ ⟨geh.⟩: *(etwas, was man für etwas nötig hätte, bedauerlicherweise) nicht haben:* es gebrach ihm an Geld, Zeit, Ausdauer, Talent. **sinnv.:** ↑entbehren, ↑mangeln.

Ge|bre|chen, das; -s, -: *dauernder, bes. körperlicher Schaden:* die G. des Alters. **sinnv.:** ↑Krankheit · ↑Mangel.

ge|brech|lich ⟨Adj.⟩: *durch Alter körperlich schwach:* er ist alt und g. **sinnv.:** ↑hinfällig.

ge|bro|chen ⟨Adj.⟩: **a)** *vollkommen mutlos; sehr niedergeschlagen:* sie stand g. am Grab ihres Mannes. **sinnv.:** ↑niedergeschlagen. **b)** *holprig, nicht fließend* /von einer Sprache/: er spricht g. Englisch; sich in gebrochenem Deutsch unterhalten.

Ge|brüll, das; -[e]s: *[lang andauerndes] als unangenehm empfundenes Brüllen:* das G. der begeisterten Menge. **sinnv.:** ↑Geschrei. **Zus.:** Freuden-, Löwen-, Schmerz-, Sieges-, Wutgebrüll.

Ge|bühr, die; -, -en: *Betrag, der für öffentliche Leistungen zu bezahlen ist:* die G. für einen neuen Paß beträgt 5 Mark. **sinnv.:** Abgabe, Satz, ↑Steuer, Taxe; ↑Preis. **Zus.:** Abfertigungs-, Abnutzungs-, Anmelde-, Aufnahme-, Benutzungs-, Einschreib[e]-, Fernsprech-, Grund-, Leih-, Makler-, Nach-, Nachnahme-, Park-, Post-, Prüfungs-, Rundfunk-, Schutz-, Schreib-, Straf-, Vermittlungs-, Zustellgebühr.

ge|büh|ren ⟨itr.⟩ /vgl. gebührend/: *(jmdm. für etwas) [als entsprechende Anerkennung, Gegenleistung] zustehen:* ihm gebührt unser Dank; Ehre, wem Ehre gebührt; eigentlich gebührt ihm der Titel, die Auszeichnung; ihm gebührt das Lob. **sinnv.:** ↑zustehen.

ge|büh|rend ⟨Adj.⟩: *seinem Rang, Verdienst entsprechend:* der Gast wurde mit der [ihm] gebührenden Achtung begrüßt. **sinnv.:** ↑angemessen, ↑entsprechend, ↑gehörig, ↑geziemend.

ge|büh|ren|frei ⟨Adj.⟩: ↑*kostenlos* /Ggs. gebührenpflichtig/: die Auskunft ist g.

ge|büh|ren|pflich|tig ⟨Adj.⟩: *mit einer Gebühr verbunden* /Ggs. gebührenfrei/: das Ausstellen eines Reisepasses ist g.

-ge|bun|den ⟨adjektivisches Suffixoid⟩: *an das im Basiswort Genannte gebunden, nur im Zusammenhang damit zu sehen, existierend:* fondsgebundene Versicherung; klassen-, landschafts-, orts-, personen-, schienen-, standort-, termingebunden, zweckgebundene Gelder.

Ge|burt, die; -, -en: *das Her-*

austreten des Kindes aus dem Leib der Mutter /Ggs. Tod/: die Frau hat die G. ihres Kindes gut überstanden. **sinnv.:** Ankunft, Entbindung, Fortpflanzung, freudiges Ereignis, Niederkunft. **Zus.:** Erst-, Fehl-, Früh-, Steiß-, Sturz-, Wieder-, Zangengeburt · Aus-, Miß-, Totgeburt.

Ge|bur|ten|kon|trol|le, die; -, -n: *von den Eltern geplante Beschränkung der Zahl ihrer Kinder.* **sinnv.:** Familienplanung, Geburtenbeschränkung, -regelung, Empfängnisverhütung, Kontrazeption.

ge|bür|tig ‹Adj.›: *stammend (aus); in ... geboren, aber dort nicht mehr lebend, wohnend:* er ist aus Berlin g.; er ist gebürtiger Schweizer. **sinnv.:** geboren.

Ge|burts|tag, der; -[e]s, -e: *Jahrestag der Geburt:* er feiert seinen 50. Geburtstag. **sinnv.:** Ehrentag, Wiegenfest. **Zus.:** Kindergeburtstag.

Ge|büsch, das; -[e]s, -e: *mehrere dicht beisammenstehende Büsche:* sich im G. verstecken. **sinnv.:** ↑Dickicht. **Zus.:** Holundergebüsch.

Geck, der; -en, -en: *eitler junger Mann, der ein geziertes Benehmen hat und übertriebenen Wert auf Mode legt:* er kleidet sich wie ein G. **sinnv.:** [eitler] Affe, Camp, Dandy, Elegant, Fant, Fatzke, Gent, Lackaffe, Laffe, feiner Pinkel, Snob, Stenz, Stutzer, Zieraffe, Zierbengel. **Zus.:** Modegeck.

Ge|dächt|nis, das; -ses: **1.** *Fähigkeit, sich an etwas zu erinnern:* er hat ein gutes G. **sinnv.:** ↑Erinnerung, Erinnerungsfähigkeit, -vermögen, Gedächtniskraft. **Zus.:** Namen-, Personen-, Zahlengedächtnis. **2.** ↑*Erinnerung* (2): die Erlebnisse seiner Jugend sind ihm deutlich im G. geblieben. **sinnv.:** ↑Bewußtsein.

Ge|dan|ke, der; -ns, -n: *etwas, was gedacht wird:* das war ein kluger G. **sinnv.:** Vorstellung · ↑Einfall. **Zus.:** Freiheits-, Grund-, Haupt-, Hinter-, Leit-, Staatsgedanke · Heirats-, Selbstmord-, Todesgedanken.

ge|dan|ken|los ‹Adj.›: **1.** *ohne daran zu denken, daß man mit seinen Worten o. ä. jmdn. verletzen kann:* es war sehr g. von dir, ihr dies in dieser Situation zu erzählen. **sinnv.:** ↑unvorsichtig. **2.** *zerstreut, in Gedanken:* er ging ganz g. über die Straße. **sinnv.:** ↑unachtsam.

Ge|dan|ken|lo|sig|keit, die; -, -en: *gedankenlose Art und Weise, gedankenloses Verhalten.* **sinnv.:** Achtlosigkeit, Gleichgültigkeit, Nachlässigkeit, Sorglosigkeit, Unachtsamkeit, Unbedachtheit, Unbedachtsamkeit, Unbesonnenheit, Unüberlegtheit.

ge|dan|ken|voll ‹Adj.›: *in Gedanken versunken:* g. dasitzen. **sinnv.:** entrückt, in Gedanken [vertieft], gedankenverloren, grüblerisch, nachdenklich, selbstvergessen, träumerisch, versonnen, verträumt · versponnen.

ge|dank|lich ‹Adj.›: *das Denken betreffend:* er hat das Buch g. noch nicht verarbeitet. **sinnv.:** abstrakt, begrifflich, gedacht, ideell, immateriell, spekulativ, theoretisch, vorgestellt.

Ge|deck, das; -[e]s, -e: **a)** *Geräte, die eine Person zum Essen braucht; Teller und Besteck:* ein G. für den Gast auflegen. **sinnv.:** ↑Geschirr. **Zus.:** Frühstücks-, Kaffee-, Tafelgedeck. **b)** *auf der Speisekarte festgelegte Folge von Speisen:* er bestellte im Restaurant zwei Gedecke. **sinnv.:** ↑Essen.

ge|dei|hen, gedieh, ist gediehen ‹itr.›: *[gut] wachsen, sich [gut] entwickeln:* diese Pflanze gedeiht nur bei viel Sonne; das neue Haus ist schon weit gediehen *(der Bau des Hauses ist gut vorangekommen).* **sinnv.:** aufblühen, blühen, sich ↑entfalten, ↑florieren, sprießen, wachsen.

ge|den|ken, gedachte, hat gedacht ‹itr.›: **1.** ‹mit Gen.› *(an jmdn.) in ehrfürchtiger Weise denken:* er gedachte seines toten Vaters. **sinnv.:** sich ↑erinnern · ↑Andenken. **2.** ‹g. + zu + Inf.› *beabsichtigen:* was gedenkst du jetzt zu tun? **sinnv.:** ↑vorhaben.

Ge|denk|mün|ze, die; -, -n: *(nicht zum Zahlen verwendbare) Münze zur Erinnerung an ein Ereignis oder eine Persönlichkeit:* nach dem Tod des Präsidenten wurde eine G. mit seinem Bild geprägt. **sinnv.:** Denkmünze, Medaille, Schaumünze · ↑Münze.

Ge|denk|stät|te, die; -, -n: *Stätte, die zur Erinnerung an ein Ereignis oder eine Person angelegt ist:* eine G. für die Opfer des Krieges.

Ge|dicht, das; -[e]s, -e: *sprachliches Kunstwerk in Versen, Reimen oder in besonderem Rhythmus:* der Dichter veröffentlichte einen Band Gedichte. **sinnv.:** ↑Dichtung, Lied, Poem, Vers · Ballade, Dithyrambe, Elegie, G[h]asel, Hymne, Limerick, Ode, Romanze, Sonett. **Zus.:** Gelegenheits-, Helden-, Lehr-, Liebes-, Reim-, Sinn-, Spott-, Weihnachtsgedicht.

ge|die|gen ‹Adj.›: **a)** *auf einer guten und soliden Basis beruhend:* er hat eine gediegene Ausbildung; ein gediegener Charakter. **sinnv.:** ordentlich, reell, solide, verläßlich, zuverlässig. **b)** *sorgfältig hergestellt:* gediegener Schmuck; gediegene Möbel. **sinnv.:** echt, solide, wertbeständig · fest.

ge|dient ‹Adj.; nur attributiv›: *militärisch ausgebildet:* ein gedienter Soldat.

Ge|drän|ge, das; -s: *dichte, drängelnde Menschenmenge:* in der Straßenbahn war ein großes Gedränge. **sinnv.:** ↑Ansammlung.

ge|drun|gen ‹Adj.›: *nicht sehr groß und ziemlich breit gebaut:* der Mann hat eine gedrungene Gestalt. **sinnv.:** ↑untersetzt.

Ge|duld, die; -: *ruhiges und beherrschtes Ertragen von etwas, was unangenehm ist oder sehr lange dauert* /Ggs. Ungeduld/: der Lehrer hat sehr viel G. mit dem schlechten Schüler; er trug seine Krankheit mit viel G. **sinnv.:** ↑Beständigkeit, Langmut, ↑Sanftmut. **Zus.:** Engelsgeduld.

ge|dul|den, sich; geduldete sich, hat sich geduldet: *geduldig warten:* du mußt dich noch ein bißchen g. **sinnv.:** ↑abwarten, ↑ausharren, Geduld haben, sich mit Geduld wappnen, warten können · ↑warten.

ge|dul|dig ‹Adj.›: *Geduld habend, mit Geduld* /Ggs. ungeduldig/: er hörte mir g. zu. **sinnv.:** ergeben, voller Geduld, gottergeben, quietistisch · ↑nachsichtig, ↑tolerant · ↑beharrlich.

ge|eig|net ‹Adj.›: *zu einer bestimmten Aufgabe fähig:* der Betrieb sucht einen geeigneten Mitarbeiter für die Werbung. **sinnv.:** ↑angemessen, auserwählt, berufen, ↑fähig, gegeben, wie geschaffen für, goldrichtig, ideal, passend, recht, richtig, vernünftig, ↑zweckmäßig.

Ge|fahr, die; -, -en: *Möglichkeit, daß jmdm. etwas zustößt, daß ein Schaden eintritt:* eine drohende, tödliche G.; die G. eines Krieges, einer Blockbildung, einer Entfremdung; die G. besteht, daß ...; einer G. entrinnen; das ist eine G. für unsere Aktion; er liebt die G.; sich in eine G. begeben; die G. ist gebannt. **sinnv.:** Bedrohung, Ernst, Gefährdung, Gefährlichkeit, Unsicherheit; ↑Not. **Zus.:** Ansteckungs-, Brand-, Einsturz-, Explosions-, Feuer-, Frost-, Kriegs-, Lawinen-, Lebens-, Todes-, Überschwemmungs-, Unfall-, Verdunk[e]lungsgefahr.

ge|fähr|den, gefährdete, hat gefährdet ⟨tr.⟩: *(jmdn.) in Gefahr bringen:* der Fahrer des Omnibusses gefährdete die Fahrgäste durch sein unvorsichtiges Fahren. **sinnv.:** ↑bedrohen, einer Gefahr aussetzen, aufs Spiel setzen; ↑wagen.

Ge|fähr|dung, die; -: *das Gefährden, das Gefährdetsein:* die G. der öffentlichen Sicherheit. **sinnv.:** ↑Gefahr. **Zus.:** Staatsgefährdung.

ge|fähr|lich ⟨Adj.⟩ /Ggs. ungefährlich/: **a)** *mit Gefahr verbunden:* an der gefährlichen Kurve sind schon viele Unfälle geschehen. **sinnv.:** ↑bedrohlich, bösartig, böse, tückisch. **b)** *in seinen Folgen mit Gefahr verbunden:* er ließ sich auf dieses gefährliche Unternehmen nicht ein. **sinnv.:** abenteuerlich, brenzlig, ↑ernst, gefahrvoll, gewagt, halsbrecherisch, kritisch, lebensgefährlich, riskant, selbstmörderisch, tödlich, ↑unsicher.

Ge|fährt, das; -[e]s, -e: *etwas, womit man fahren kann:* der Gebrauchtwagenhändler versuchte, uns ein lebensgefährliches G. als ein sicheres Auto zu verkaufen; er stellte sein Fahrrad vor die Post und bat den Jungen, das G. zu bewachen; zwei Straßenbahnen kollidierten im Nebel, wobei an beiden Gefährten erheblicher Schaden entstand. **sinnv.:** ↑Wagen.

Ge|fähr|te, der; -n, -n, **Ge|fähr|tin,** die; -, -nen: *männliche bzw. weibliche Person – gesehen im Zusammenhang mit einem oder mehreren Partnern -, mit denen sie durch Freundschaft oder gleiche Lebensumstände wechselseitig verbunden ist:* die Gefährten meiner Jugend; die vertraute Gefährtin so vieler Jahre; er ruft seinem Gefährten zu, daß er sich festhalten solle; sie lebte natürlich nicht ohne einen Gefährten. **sinnv.:** Begleiter, ↑Freund. **Zus.:** Lebens-, Leidens-, Reise-, Schicksals-, Spielgefährte.

Ge|fäl|le, das; -s, -: *Grad der Neigung:* das Gelände hat ein starkes G.; das G. des Wassers wird zur Erzeugung von elektrischem Strom ausgenutzt. **sinnv.:** Abfall, ↑Abhang, Abschüssigkeit, schiefe Ebene, Neigung, Neigungswinkel, Schräge, Steigung, Steilabfall, Steilheit. **Zus.:** Preis-, Temperaturgefälle.

ge|fal|len, gefällt, gefiel, hat gefallen ⟨itr.⟩: *in Aussehen, Eigenschaften o. ä. für jmdn. angenehm sein:* dieses Bild gefällt mir; das Mädchen hat ihm sehr [gut] gefallen; ⟨auch sich g.⟩ ich gefiel mir in der Rolle des Helden. **sinnv.:** jmdm. angenehm/genehm sein, es jmdm. angetan haben, Anklang finden, bei jmdm. [gut] ankommen, ansprechen, behagen, bestechen, jmd. hat Blut geleckt, jmdn. für sich einnehmen, jmds. Fall sein, Gefallen/Geschmack finden an, auf den Geschmack kommen, nach jmds. Herzen sein, imponieren, jmd./etwas liegt jmdm., jmdm. schmeicheln, schön finden, auf jmdn./etwas stehen, jmdm. sympathisch sein, jmds. Typ sein, zusagen · ↑erfreuen, ↑passen · mögen · wohltun.

Ge|fal|len: **I.** der; -s, -: *etwas, wodurch man sich jmdm. gefällig erweist:* er hat mir den G. getan/erwiesen, den Brief zur Post mitzunehmen. **sinnv.:** ↑Dienst · ↑bitte. **II.** das; -s: *persönliche Freude an jmdm./etwas, was man als angenehm in seiner Wirkung auf sich empfindet:* er hatte G. an ihm gefunden; sein G. an diesem Hobby dauerte nicht lange. **sinnv.:** ↑Zuneigung · ↑gefallen. **Zus.:** Wohlgefallen.

Ge|fal|le|ne, der; -n, -n ⟨aber: [ein] Gefallener; Plural: [viele] Gefallene⟩: *Soldat, der im Krieg sein Leben verloren hat:* ein Denkmal für die Gefallenen des letzten Krieges. **sinnv.:** ↑Toter.

ge|fäl|lig ⟨Adj.⟩: **a)** *gern bereit, einen Gefallen zu tun:* er ist sehr g. und gibt immer Auskunft, wenn man etwas fragt. **sinnv.:** ↑beflissen, dienstbeflissen, dienstbereit, diensteifrig, dienstfertig, dienstwillig, eilfertig, hilfreich, hilfsbereit; ↑entgegenkommen. **b)** *angenehm im Aussehen, Benehmen:* sie hat ein gefälliges Wesen. **sinnv.:** ↑schön. **Zus.:** gott-, selbst-, wohlgefällig.

Ge|fäl|lig|keit, die; -, -en: *kleiner, aus Freundlichkeit erwiesener Dienst:* jmdm. eine G. erweisen. **sinnv.:** ↑Dienst, ↑Entgegenkommen.

ge|fäl|ligst ⟨Adverb⟩: */als Ausdruck des Unwillens und emotionale Verstärkung eines Vorwurfs/:* paß g. auf! **sinnv.:** ↑tunlichst.

Ge|fan|ge|ne, der und die; -n, -n ⟨aber: [ein] Gefangener; Plural: [viele] Gefangene⟩: **a)** *männliche bzw. weibliche Person, die im Krieg gefangengenommen wurde:* die Gefangenen kehrten heim. **sinnv.:** Kriegsgefangener · Geisel. **b)** *inhaftierte männliche bzw. weibliche Person:* der G. wurde aus dem Gefängnis entlassen. **sinnv.:** Arrestant, Gefängnisinsasse, Häftling, Inhaftierter, Insasse, Knacki, Knastbruder, Knasti, Knastologe, Strafgefangener, Zuchthäusler.

ge|fan|gen|hal|ten, hält gefangen, hielt gefangen, hat gefangengehalten ⟨tr.⟩: *in Gefangenschaft halten:* er wurde vier Jahre gefangengehalten. **sinnv.:** ↑festsetzen.

ge|fan|gen|neh|men, nimmt gefangen, nahm gefangen, hat gefangengenommen ⟨tr.⟩: **1.** *(einen Soldaten) im Krieg festnehmen:* er wurde von den Russen gefangengenommen. **sinnv.:** ↑verhaften. **2.** *stark beeindrucken und in seinen Bann ziehen:* diese Musik hat mich gefangengenommen. **sinnv.:** ↑begeistern, von jmdm. Besitz ergreifen, zu nichts anderem mehr fähig sein.

Ge|fan|gen|schaft, die; -, -en: *Situation eines Soldaten, der vom Feind gefangengehalten wird:* er ist in G. geraten. **sinnv.:** Kriegsgefangenschaft; ↑Haft.

Ge|fäng|nis, das; -ses, -se: *Gebäude, in dem Häftlinge ihre Strafen abbüßen:* das G. wird bewacht. **sinnv.:** ↑Strafanstalt. **Zus.:** Frauen-, Gerichts-, Jugend-, Untersuchungsgefängnis.

Ge|fäß, das; -es, -e: *kleinerer Behälter:* er holte in einem G. Wasser. **sinnv.:** Bottich, Bütte, Eimer, Kübel, Mulde, Napf, Tank, Topf, Trog, Wanne, Zuber · Vase · Becher, Glas, Humpen, Kelch, Krug, Pokal, Römer, Schale, Schwenker, Seidel, Tasse, Tulpe; ↑Behälter; ↑Flasche; ↑Kanne. **Zus.:** Glas-, Trink-, Wassergefäß.

ge|faßt ⟨Adj.⟩: *in einer schwierigen, schicksalhaften Situation* *nach außen hin ruhig, beherrscht:* der Angeklagte hörte g. das Urteil des Gerichts; sie war ganz g., als sie die Nachricht vom Tod ihres Mannes erhielt. **sinnv.:** ↑ruhig · ↑gewärtigen.

Ge|fẹcht, das; -[e]s, -e: *kleinerer militärischer Kampf:* an der Grenze gab es ein blutiges G. **sinnv.:** ↑Kampf · ↑besiegen. **Zus.:** Feuer-, Rückzugs-, Schein-, Seegefecht · Wortgefecht.

ge|feit: ⟨in der Verbindung⟩ g. sein gegen etwas (geh.): *geschützt sein vor etwas:* durch die Impfung ist er gegen Grippe g. **sinnv.:** ↑widerstandsfähig.

Ge|fie|der, das; -s: *alle Federn eines Vogels:* der Hahn hat ein buntes G. **sinnv.:** Federkleid, Federn; ↑Feder. **Zus.:** Bauch-, Brust-, Schwanzgefieder.

Ge|fi|lde, die ⟨Plural⟩ (geh.): *Gegend (als Gesamtheit und in gewisser Ausdehnung):* die vertrauten G. verlassen. **sinnv.:** Flur, ↑Gebiet.

ge|flis|sent|lich ⟨Adj.⟩: *(in bezug auf andere oder einen anderen) mit Absicht [und Eifer] (in einer bestimmten Weise) handelnd:* diese Drohung hat er g. überhört, ignoriert; hinter geflissentlicher Geschäftigkeit verbarg sich Unsicherheit. **sinnv.:** angelegentlich, ↑absichtlich.

Ge|flü|gel, das; -s: *gefiederte Tiere wie Huhn, Gans, Ente, die der Mensch zu seiner Ernährung hält.* **sinnv.:** Federvieh, Nutzvögel · Ente, Fasan, ↑Gans, ↑Huhn, Pute, Puter, Truthahn, Truthenne.

Ge|fol|ge, das; -s: *alle Personen, die eine Person von hohem Rang begleiten:* im G. des Präsidenten waren mehrere Minister; der König trat mit großem G. auf. **sinnv.:** ↑Geleit. **Zus.:** Trauergefolge.

Ge|folg|schaft, die; -, -en: *alle Anhänger (von jmdm.):* sie gehören zu seiner G. **sinnv.:** ↑Anhänger.

ge|fragt ⟨Adj.⟩: *so gut, schön o. ä., daß das oder der Betreffende viel verlangt wird:* ein gefragter Künstler; Schnupftabak ist in unserem Laden wenig g. **sinnv.:** begehrt, gängig, gesucht, in, leicht verkäuflich.

ge|frä|ßig ⟨Adj.⟩: *in als unangenehm empfundener Weise übermäßig viel essend.* **sinnv.:** eßlustig, verfressen; ↑genießerisch.

Ge|frei|te, der; -n, -n ⟨aber: [ein] Gefreiter, Plural: [viele] Gefreite⟩: *um einen Dienstgrad beförderter einfacher Soldat:* Gefreiter X. meldet sich. **Zus.:** Haupt-, Ober-, Stabsgefreiter.

ge|frie|ren, gefror, ist gefroren ⟨itr.⟩: *infolge von Kälte erstarren:* der Regen gefror augenblicklich zu Eis. **sinnv.:** ein-, über-, zufrieren, erstarren, vereisen.

Ge|fü|ge, das; -s, -: *innerer Aufbau:* das soziale G. des Staates. **sinnv.:** ↑Struktur. **Zus.:** Preis-, Satz-, Staatsgefüge.

ge|fü|gig ⟨Adj.⟩: *in als unsympathisch empfundener Weise sich dem Willen eines andern beugend:* er war ein gefügiges Werkzeug der Partei. **sinnv.:** ↑bereit.

Ge|fühl, das; -[e]s, -e: **1.** ⟨ohne Plural⟩ *Wahrnehmung durch den [Tast]sinn:* vor Kälte kein G. in den Fingern haben. **sinnv.:** Empfindung, Sinne, Tastsinn, Wahrnehmung. **Zus.:** Ekel-, Gleichgewichts-, Hitze-, Hunger-, Schwindel-, Völle-, Zeitgefühl. **2.** *seelische Regung, Empfindung:* ein G. der Freude; es ist ein herrliches G., im Meer zu schwimmen; er zeigte nie seine Gefühle. **sinnv.:** Emotion, Empfinden, Empfindung, Feeling, Regung, ↑Seele, Stimmung. **Zus.:** Angst-, Anstands-, Ehr-, Fein-, Fingerspitzen-, Gemeinschafts-, Gerechtigkeits-, Glücks-, Haß-, Heimat-, Hoch-, Minderwertigkeits-, Mit-, National-, Natur-, Pflicht-, Rache-, Scham-, Schuld-, Sprach-, Stil-, Takt-, Verantwortungsgefühl, Wir-Gefühl, Zart-, Zusammengehörigkeitsgefühl. **3.** ⟨ohne Plural⟩ *Ahnung, undeutlicher Eindruck:* er hatte das G., als sei er nicht allein im Zimmer. **sinnv.:** Flair, Gespür, Instinkt, Organ, Riecher, Sensorium, Sinn, Spürsinn, Witterung; ↑Ahnung. **Zus.:** Vorgefühl.

ge|fühl|los ⟨Adj.⟩: **1.** *mit dem Tastsinn nichts fühlen könnend:* seine Hand war vor Kälte steif und g. **sinnv.:** abgestorben, blutleer, eingeschlafen, empfindungslos, taub. **2.** *ohne Mitgefühl:* wie kannst du nur so g. sein. **sinnv.:** ↑unbarmherzig.

Ge|fühls|du|se|lei, die; -, -en: *als übertrieben und sentimental empfundenes Gefühl, Mitgefühl:* bei meinem harten Job kann ich mir keine Gefühlsduseleien leisten; ist Naturschutz eine G.? **sinnv.:** Gefühligkeit, Gefühlsseligkeit, Larmoyanz, Rührseligkeit, Sentimentalität, Tränenseligkeit, Weinerlichkeit.

ge|ge|be|nen|falls ⟨Adverb⟩: *wenn es notwendig, passend ist; wenn der betreffende Fall eintritt:* g. muß auch die Polizei eingesetzt werden; ich nenne dir einen Arzt, an den du dich g. wenden kannst. **sinnv.:** ↑vielleicht.

Ge|ge|ben|hei|ten, die ⟨Plural⟩: *Tatsachen, Zustände, mit denen man rechnen muß und von denen das Tun des Menschen bestimmt wird:* man muß beim Bau eines Hauses die natürlichen G. der Landschaft berücksichtigen. **sinnv.:** ↑Bedingung; ↑Tatsache, ↑Verhältnis.

ge|gen: I. ⟨Präp. mit Akk.⟩: **1.** /bezeichnet einen Gegensatz, Widerstand, eine Abneigung/ *wider:* ein Medikament g. Husten; eine Versicherung g. Feuer *(zum Schutz gegen Schaden durch Feuer).* **sinnv.:** ↑entgegen. **2.** /bezeichnet eine Beziehung zu jmdm. oder etwas/ *gegenüber:* der Chef ist freundlich g. seine Mitarbeiter; er war taub g. meine Bitten. **3.** /drückt einen Vergleich aus/ *im Verhältnis (zu jmdm./etwas); verglichen (mit jmdm./etwas):* g. ihn ist er sehr klein; was bin ich g. diesen berühmten Mann? **4.** */bezeichnet eine räumliche oder zeitliche Annäherung an ein Ziel oder einen Zeitpunkt/:* er wandte sich g. das Haus *(dem Haus zu).* **5.** /in Abhängigkeit von bestimmten Wörtern/: g. jmdn. kämpfen; Widerstand g. etwas. **II.** ⟨Adverb⟩ ↑*ungefähr:* g. 1 000 Menschen befanden sich im Saal; es war schon g. *(nahezu)* Mitternacht, als er zu Bett ging. **III. 1.** /in Verbindung mit einem Personalpronomen in Konkurrenz zu *dagegen;* bezogen auf eine Sache (ugs.)/: sie hat seit Jahren mit Heuschnupfen zu tun, aber bislang noch keine wirksame Therapie g. ihn (statt: dagegen) gefunden. **2.** /in Verbindung mit „was" in Konkurrenz zu *wogegen;* bezogen auf eine Sache (ugs.)/: **a)** /in Fragen/: g. was (besser: wogegen) sprichst du dich eigentlich aus? **b)** /in relativer Verbindung/: keiner wußte, g. was (besser: wogegen) er eigentlich votierte.

Ge|gen- ⟨Präfixoid⟩: **1.** */drückt in Verbindung mit dem im Basiswort Genannten aus, daß es bewußt in Opposition zu der sonst* *üblichen, etablierten Form steht/:* Gegenbuchmesse, -gesellschaft, -ideologie, -kirche, -kultur, -öffentlichkeit (*das Bekanntmachen, das öffentliche Zur-Diskussion-Stellen von Dingen, die sonst in der offiziellen Öffentlichkeit nicht besprochen oder bekanntgegeben werden,* z. B.: feministische Gegenöffentlichkeit; Gegenöffentlichkeit gegen die Stadtverwaltung), -ökonomie. **2. a)** */drückt eine gleichgeartete Erwiderung aus/:* Gegenbesuch, -einladung, -essen (zu einem G. einladen), -geschenk, -lächeln. **b)** */zur Bezeichnung einer entgegengesetzten Richtung oder Lage/:* Gegenecke, -richtung, -verkehr. **3.** */drückt aus, daß etwas [Gleichartiges] zur Entkräftung, Bekämpfung entgegengestellt, -gesetzt wird/:* Gegenangebot, -angriff, -beispiel, -bemerkung, -demonstration, -druck, -erklärung, -gift, -information, -kandidat, -papst, -plan, -programm, -reformation *(die gegen die Reformation gerichtet ist),* -rezept, -veranstaltung, -wirtschaftsgipfel. **4.** */drückt eine Kontrolle aus/:* Gegenprobe, -rechnung, -zeichnung (eines Briefes).

Ge|gend, die; -, -en: *bestimmtes, aber nicht näher abgegrenztes Gebiet:* eine schöne G.; er lebt jetzt in der G. von Hamburg; ein Haus in einer vornehmen G. von Paris. **sinnv.:** ↑Gebiet. **Zus.:** Herz-, Magen-, Nierengegend.

ge|gen|ein|an|der ⟨Adverb⟩: *einer gegen den andern:* g. kämpfen.

ge|gen|ein|an|der|pral|len ⟨itr.⟩: *einer gegen den andern prallen:* wir sind an der Ecke gegeneinandergeprallt.

Ge|gen|ge|wicht, das; -[e]s, -e: *etwas, was einer Sache in [beinahe] gleicher Stärke entgegenwirkt und dadurch ihre Wirkung abschwächt oder ausschaltet:* ein wirksames G. zu etwas schaffen. **sinnv.:** Ersatz; ↑Kontrast.

Ge|gen|satz, der; -es, Gegensätze: *etwas, was einem anderen völlig entgegengesetzt ist:* der G. von „kalt" ist „warm"; zwischen den beiden Parteien besteht ein tiefer G. **sinnv.:** ↑Kontrast.

ge|gen|sätz|lich ⟨Adj.⟩: *einen Gegensatz bildend, darstellend:* die beiden Parteien vertreten gegensätzliche Ansichten. **sinnv.:** adversativ, antinomisch, antithetisch, disjunktiv, disparat, [diametral] entgegengesetzt, folgewidrig, gegenteilig, inkonsequent, komplementär, kontradiktorisch, konträr, korrelativ, oppositionell, paradox, polar, umgekehrt, ungleichartig, unlogisch, unvereinbar, widersinnig, widersprechend, widersprüchlich, widerspruchsvoll.

ge|gen|sei|tig ⟨Adj.⟩: **a)** *für einen in bezug auf den andern und umgekehrt zutreffend:* sie helfen sich g. bei den Schulaufgaben. **sinnv.:** ↑wechselseitig. **b)** *beide Seiten betreffend:* sie schlossen den Vertrag im gegenseitigen Einverständnis.

Ge|gen|stand, der; -[e]s, Gegenstände: **1.** *etwas (Konkretes), was nicht näher bezeichnet, charakterisiert ist:* ein schwerer, runder G.; auf dem Tisch lagen verschiedene Gegenstände. **sinnv.:** ↑Ding. **Zus.:** Ausstellungs-, Einrichtungs-, Gebrauchs-, Haushalts-, Kunst-, Luxus-, Wertgegenstand. **2.** ⟨ohne Plural⟩ ⟨G. + Attribut⟩ **a)** *etwas, was den gedanklichen Mittelpunkt bildet, worum es in einem Gespräch o. ä. geht:* der G. einer Unterredung. **sinnv.:** Aufgabenstellung, Motiv, Stoff, Sujet, Thema, Thematik, Themenstellung. **Zus.:** Forschungs-, Gesprächs-, Satzgegenstand. **b)** *jmd./etwas, worauf jmds. Handeln, Denken, Fühlen gerichtet ist:* sie war der G. seiner Liebe; zum G. allgemeiner Kritik werden. **sinnv.:** Objekt, Ziel.

ge|gen|ständ|lich ⟨Adj.⟩: *die Welt der Gegenstände, des Dinglichen betreffend; so geartet, daß konkrete Vorstellungen damit verbunden werden können:* g. malen; einen komplizierten Vorgang g. darstellen. **sinnv.:** ↑konkret; ↑wirklich.

ge|gen|stands|los ⟨Adj.; nicht adverbial⟩: **a)** *für eine weitere Diskussion o. ä. nicht [mehr] notwendig; sich erübrigend:* nachdem die Verbesserungen vorgenommen wurden, waren seine Einwände g. geworden. **sinnv.:** ↑überflüssig. **b)** *jeder Grundlage entbehrend:* gegenstandslose Verdächtigungen; seine Befürchtungen waren ganz g. **sinnv.:** ↑grundlos.

Ge|gen|stück, das; -[e]s, -e: **1.** *Person oder Sache, die einer Person oder Sache in einem anderen Bereich entspricht, völlig gleicht:* es gibt kein ausländisches G. zu diesem Roman. **sinnv.:** Entsprechung, Korrelat, Pendant. **2.** *etwas, was das Gegenteil von etwas ist:* die Demokratie ist das G. zur Diktatur. **sinnv.:** ↑Gegenteil.

Ge|gen|teil, das; -[e]s, -e: *etwas, was den genauen Gegensatz zu etwas darstellt, was etwas anderem völlig entgegengesetzt ist:* er behauptete das G.; mit deinem dauernden Schimpfen erreichst du nur das G.

ge|gen|tei|lig ⟨Adj.⟩: *das Gegenteil bildend, ausdrückend:* gegenteilige Behauptungen; das Mittel hatte gerade gegenteilige Wirkung. **sinnv.:** ↑gegensätzlich.

ge|gen|über: I. ⟨Präp. mit Dativ⟩: **1.** *auf der entgegengesetzten Seite von etwas:* die Schule steht g. der Kirche, dem Rathaus g. **sinnv.:** auf der anderen Seite, vis-à-vis. **2.** *in bezug (auf jmdn.):* er ist dem Lehrer g. sehr höflich; seinem Vater g. *(zu seinem Vater)* wagt er das nicht zu sagen. **3.** *verglichen (mit jmdm./etwas); im Vergleich (zu jmdm./etwas):* er ist dir g. eindeutig im Vorteil; g. den vergangenen Jahren hatten wir dieses Jahr viel Schnee. **sinnv.:** ↑verhältnismäßig. **II.** ⟨Adverb⟩ *auf der entgegengesetzten Seite:* Mannheim liegt g. von Ludwigshafen; seine Eltern wohnen schräg g. *(etwas weiter links oder rechts auf der anderen Seite der Straße).*

ge|gen|über|ste|hen, stand gegenüber, hat gegenübergestanden ⟨itr.⟩: **a)** *gegenüber (von jmdm./etwas) stehen; jmdm. zugewandt stehen:* jmdm. Auge in Auge g. **b)** *zu jmdm./etwas in Opposition stehen:* im Parlament steht der konservativen Partei eine äußerst fortschrittliche gegenüber. **c)** *sich (einer Sache, einer Person gegenüber in bestimmter Weise) verhalten:* einem Plan kritisch, feindlich, ablehnend g.

ge|gen|über|stel|len, stellte gegenüber, hat gegenübergestellt ⟨tr.⟩: **a)** *nebeneinanderstellen, in Beziehung bringen, um vergleichen zu können:* zwei Werke eines Dichters g. **sinnv.:** ↑vergleichen. **b)** *(zwei Gegner o. ä.) zu einer Begegnung zusammenbringen, um eine Entscheidung herbeizuführen:* dem Angeklagten wurde vor Gericht ein Zeuge gegenübergestellt. **sinnv.:** ↑konfrontieren.

Ge|gen|wart, die; -: **1.** *Zeit, in der jmd. gerade lebt; Zeit zwischen Vergangenheit und Zukunft:* die Kunst der G. **2.** ↑*Anwesenheit:* seine G. ist nicht erwünscht; er tat es in ihrer G. **Zus.:** Geistesgegenwart.

ge|gen|wär|tig ⟨Adj.⟩: **1.** *in der Gegenwart [vorkommend, gegeben, geschehend], ihr angehörend:* die gegenwärtige Lage; er ist g. in Urlaub. **sinnv.:** ↑augenblicklich; ↑jetzt. **2.** ↑*anwesend:* der Vorsitzende war bei der Sitzung nicht g.

ge|gen|zeich|nen, zeichnete gegen, hat gegengezeichnet ⟨tr.⟩: *zur Kontrolle, Genehmigung o. ä. als zweiter unterschreiben:* der Vertrag muß noch gegengezeichnet werden. **sinnv.:** ↑unterschreiben.

Geg|ner, der; -s, -: **1.** *jmd., der gegen eine Person oder Sache eingestellt ist, sie bekämpft:* er wollte den G. mit Argumenten überzeugen; ein G. der Diktatur; der G. wurde in die Flucht geschlagen. **sinnv.:** Antagonist, Antipode, Feind, Gegenspieler, Kontrahent, Opponent, die andere Seite, Widersacher; ↑Kämpfer, Kampfhahn, Streithahn, Streithammel. **Zus.:** Prozeßgegner. **2.** *als Konkurrent auftretender Sportler bzw. Mannschaft, gegen die eine andere Mannschaft antreten muß:* der G. war für uns viel zu stark.

geg|ne|risch ⟨Adj.; nur attributiv⟩: *einen Gegner betreffend; der Partei des Gegners angehörend; vom Gegner, Feind ausgehend:* die gegnerische Mannschaft läuft auf das Spielfeld; der gegnerische Angriff konnte abgewehrt werden. **sinnv.:** animos, feindlich, feindschaftlich, feindselig, haßerfüllt.

Ge|ha|be, das; -s: *als unangenehm, ärgerlich o. ä. empfundene Art und Weise, wie sich jmd. gibt:* sonderbares, dummes, militärisches, provokantes G.; mit dem G. einer Glucke. **sinnv.:** ↑Benehmen; ↑Getue.

Ge|halt: I. das; -[e]s, Gehälter: *regelmäßige [monatliche] Bezahlung der Beamten und Angestellten:* ein G. beziehen; die Gehälter werden erhöht. **sinnv.:** Besoldung, Bezahlung, Einkünfte, ↑Entgelt, Entlohnung, Fixum, Gage, Honorar, ↑Lohn, Salär, Sold, Verdienst. **Zus.:** Anfangs-, Beamten-, Brutto-, Jahres-, Mindest-, Monats-, Netto-, Ruhegehalt. **II.** der; -[e]s, -e: **1.** *gedanklicher, ideeller Inhalt, geistiger Wert:* der G. einer Dichtung. **sinnv.:** ↑Bedeutung. **Zus.:** Aussage-, Erlebnis-, Ideen-, Wahrheitsgehalt. **2.** *Anteil eines Stoffes in einer Mischung oder in einem anderen Stoff:* der G. an Gold in diesem Erz ist gering. **Zus.:** Alkohol-, Eiweiß-, Fett-, Gold-, Salz-, Wassergehalt.

ge|halt|voll ⟨Adj.⟩: *reich an Nährstoffen; von hohem Nährwert:* ein gehaltvolles Essen. **sinnv.:** ↑fett; ↑nahrhaft.

ge|häs|sig ⟨Adj.⟩: *in bösartiger Weise mißgünstig:* g. über jmdn. sprechen. **sinnv.:** ↑böse; ↑schadenfroh.

Ge|häu|se, das; -s, -: *feste, schützende Hülle:* das G. der Uhr, eines Apparates; das G. *(Kerngehäuse)* aus dem Apfel schneiden. **Zus.:** Apfel-, Blech-, Holz-, Radio-, Stahl-, Uhrgehäuse.

Ge|he|ge, das; -s, -: *umzäunter Bereich für Tiere:* ein G. für Affen im Zoo; in einem G. im Wald werden Rehe gehalten. **sinnv.:** ↑Käfig; ↑Tiergarten. **Zus.:** Frei-, Tier-, Wildgehege.

ge|heim ⟨Adj.⟩: **1.** *nicht öffentlich bekannt; vor andern, vor der Öffentlichkeit absichtlich verborgen gehalten; nicht für andere bestimmt:* seine geheimsten Wünsche; es fanden geheime Verhandlungen statt; ein geheimer Wunsch; eine geheime Wahl *(Wahl, bei der die Meinung des einzelnen Wählers nicht bekannt wird).* **sinnv.:** ↑heimlich; ↑intern. **2.** *in einer verstandesmäßig nicht erklärbaren Weise wirksam:* geheime Kräfte besitzen. **sinnv.:** ↑rätselhaft.

ge|heim|hal|ten, hält geheim, hielt geheim, hat geheimgehalten ⟨tr.⟩: *verhindern, daß etwas allgemein bekannt wird; vor andern, vor der Öffentlichkeit verborgen halten:* das Ergebnis der Verhandlungen wurde geheimgehalten. **sinnv.:** ↑schweigen.

Ge|heim|nis, das; -ses, -se: *etwas, was (anderen) verborgen, unbekannt ist:* das ist mein G.; wie sie das gemacht hat, wird immer ein G. bleiben; von G. umwittert. **sinnv.:** Heimlichkeit, Heimlichtuerei, ↑Rätsel. **Zus.:** Amts-, Bank-, Beicht-, Berufs-, Dienst-, Familien-, Post-, Staats-, Wahlgeheimnis.

ge|heim|nis|voll ⟨Adj.⟩: **1.** *nicht zu durchschauen, voller Geheimnisse:* eine geheimnisvolle Angelegenheit; er verschwand auf geheimnisvolle Weise. **sinnv.:** ↑rätselhaft; ↑unerklärlich; ↑unfaßbar. **2.** *ein Geheimnis andeutend und dabei Bedeutsamkeit erkennen lassend:* ein geheimnisvolles Gesicht machen; er sprach, tat sehr g.

ge|hen, ging, ist gegangen ⟨itr.⟩: **1. a)** *sich in aufrechter Haltung auf den Füßen fortbewegen:* über die Straße g.; er muß auf Krücken g. **sinnv.:** sich ↑fortbewegen. **b)** *eine bestimmte Strecke zu Fuß zurücklegen:* einen Umweg, 5 km g.; ein Stück mit jmdm. g. *(ihn begleiten).* **c)** (ugs.) *mit jmdm. ein Freundschafts- oder Liebesverhältnis haben [und in der Öffentlichkeit mit ihm gesehen werden]:* er geht schon lange mit ihr; die beiden gehen fest miteinander. **Zus.:** fremdgehen. **2. a)** *sich (zu einem bestimmten Zweck) an einen Ort begeben:* schwimmen, tanzen g.; auf den Markt, ins Bett g. **sinnv.:** sich begeben. **b)** *in einem bestimmten Bereich [beruflich] tätig werden:* in die Politik, zum Film g. **3. a)** *sich von einem Ort entfernen:* ich muß jetzt leider g. **b)** *seine berufliche Stellung aufgeben:* er hat gekündigt und wird nächsten Monat g. **sinnv.:** ↑ausscheiden. **c)** *[laut Fahrplan] abfahren:* der nächste Zug geht erst in zwei Stunden. **4. a)** *in bestimmter Weise in Bewegung, in Gang sein:* die Klingel, das Telefon ist gegangen; die Uhr geht richtig. **sinnv.:** ↑funktionieren. **b)** *sich in bestimmter Weise entwickeln oder so verlaufen:* das Geschäft geht gut, überhaupt nicht; es geht alles wie geplant, nach Wunsch; **sinnv.:** ↑geschehen. **c)** *in bestimmter Weise zu handhaben, zu machen, durchzuführen sein:* es geht schwer, ganz leicht, einfach; wie geht dieses Spiel? **d)** *absetzbar, verkäuflich sein:* dieser Artikel geht bei uns schlecht, geht überall gut. **5. a)** *sich machen lassen, möglich sein:* das wird nur schwer g.; das geht bestimmt nicht. **b)** (ugs.) *einigermaßen akzeptabel sein, gerade noch angehen:* das geht ja noch; es geht so; die ersten Tage des Urlaubs gingen so. **6. a)** *sich (bis zu einem bestimmten Punkt) erstrecken, ausdehnen:* sein kleiner Bruder geht ihm nur bis zur Schulter; das Wasser ging mir bis an den Hals. **b)** *eine bestimmte Richtung haben; auf etwas gerichtet sein:* der Weg geht geradeaus, durch den Wald; das Fenster geht zum Hof. **c)** *sich einem bestimmten Zustand, Zeit-*

punkt nähern: etwas geht zu Ende; es geht auf/gegen Mitternacht. **d)** *sich nach jmdm./etwas richten, etwas als Maßstab nehmen:* danach kann man nicht g.; es kann nicht immer nach dir g. **7. a)** *in etwas Raum finden:* in den Krug geht gerade ein Liter. **b)** *(als Zahl, Maß) in etwas enthalten sein:* wie oft geht 2 in 10? **c)** *in etwas aufgeteilt werden:* die Erbschaft geht in fünf gleiche Teile. **8.** *sich (in einem bestimmten seelischen oder körperlichen Zustand) befinden:* es geht ihm nach der Kur wieder besser; wie geht es Ihnen? **sinnv.:** sich ↑befinden. **9.** *sich (um jmdn./etwas) handeln:* es geht um meine Familie; worum geht es hier eigentlich? **sinnv.:** sich drehen/handeln um.

ge|hen|las|sen, sich; läßt sich gehen, ließ sich gehen, hat sich gehen[ge]lassen: *sich nicht beherrschen; unbeherrscht, nachlässig sein:* zu Hause läßt er sich einfach gehen. **sinnv.:** die Sau rauslassen, sich nicht mehr zügeln/zurückhalten, sich keine Zurückhaltung [mehr] auferlegen.

ge|heu|er: ⟨in der Verbindung⟩ nicht g. sein: *unheimlich, verdächtig, nicht ganz sicher sein:* der dunkle Wald, die ganze Sache war mir nicht g.

Ge|hil|fe, der; -n, -n, **Ge|hil|fin,** die; -, -nen (geh.): *männliche bzw. weibliche Person, die einem anderen bei etwas hilft.* **sinnv.:** ↑Helfer · ↑Geselle. **Zus.:** Büro-, Forst-, Handelsgehilfe.

Ge|hirn, das; -[e]s, -e: *aus einer weichen, hellen, an der Oberfläche reliefartige Windungen aufweisenden Masse bestehendes, im Schädel von Menschen und Wirbeltieren gelegenes Organ, das beim Menschen u. a. Sitz des Bewußtseins ist:* er zog sich bei dem Unfall eine Verletzung des Gehirns zu. **sinnv.:** Hirn. **Zus.:** Elektronengehirn.

ge|ho|ben ⟨Adj.⟩: **1.** *sozial auf einer höheren Stufe stehend:* eine gehobene Position bei einem Ministerium haben. **2.** *sich über das Alltägliche erhebend, sich davon abhebend:* bei der Feier herrschte eine gehobene Stimmung; eine gehobene Sprache, Rede. **sinnv.:** ↑gewählt.

Ge|höft, das; -[e]s, -e: ↑*Bauernhof.*

Ge|hör, das; -s: *Fähigkeit, Töne durch die Ohren wahrzunehmen; Sinn für die Wahrnehmung von Schall:* er hat ein gutes G.

ge|hor|chen ⟨itr.⟩: *sich dem Willen eines andern, einer Autorität unterordnen; so handeln, wie es eine andere [höhergestellte] Person will, befiehlt:* das Kind gehorchte den Eltern; einem Befehl g. **sinnv.:** sich ducken, Folge leisten, folgen, gehorsam sein, auf jmdn. hören, kuschen, nachkommen, parieren, nach jmds. Pfeife tanzen, spuren; ↑befolgen.

ge|hö|ren ⟨itr.⟩: **1.** *von jmdm. rechtmäßig erworben sein; jmds. Besitz, Eigentum sein:* das Buch gehört mir. **sinnv.:** in jmds. Besitz sein/sich befinden, jmds. eigen sein, jmdm. sein, jmdm. zur Verfügung stehen; ↑haben. **2.** *Glied, Teil von etwas sein:* er gehört schon ganz zu uns; er gehört zu den besten Spielern. **sinnv.:** ↑angehören. **3.** *an einer bestimmten Stelle den richtigen Platz haben, passend sein:* das Fahrrad gehört nicht in die Wohnung; diese Frage gehört nicht hierher. **4.** *für etwas erforderlich, Voraussetzung sein:* es gehört viel Mut dazu, diese Aufgabe zu übernehmen; dazu gehört nicht viel. **5.** ⟨sich g.⟩ *den Regeln des Anstands, den Normen der Sittlichkeit entsprechen:* das gehört sich nicht [für dich]. **sinnv.:** sich ↑ziemen.

ge|hö|rig ⟨Adj.⟩: **1.** ⟨nur attributiv⟩ *so, wie es [jmdm., einer Sache] angemessen ist:* der Sache wurde nicht die gehörige Aufmerksamkeit geschenkt; ihm fehlt der gehörige Respekt. **sinnv.:** adäquat, angemessen, geziemend, passend. **2. a)** *(in Ausmaß, Menge o. ä.) beträchtlich, nicht gering; dem Anlaß entsprechend [hoch oder groß]:* eine gehörige Strafe. **sinnv.:** anständig, ausreichend, deftig, fest, gebührend, ↑gewaltig, daß es sich gewaschen hat, gründlich, nach Herzenslust, herzhaft, nicht zu knapp, kräftig, ordentlich, schön, nach Strich und Faden, tüchtig, weidlich; ↑angemessen. **b)** ⟨verstärkend bei Verben⟩ ↑*sehr:* jmdn. g. ausschimpfen.

ge|hor|sam ⟨Adj.⟩: *sich ganz dem Willen einer Person, die eine entsprechende Autorität besitzt, unterordnend, ihre Anordnungen genau und widerspruchslos befolgend:* er setzte sich g. auf die Bank; „wir gehen jetzt", sagte sie. Und der Junge folgte ihr g. **sinnv.:** artig, brav, folgsam, fügsam, gesittet, lieb, manierlich, treu, willig, wohlerzogen.

Geh|weg, der; -[e]s, -e: ↑*Bürgersteig.* **sinnv.:** Bürgersteig, Fußgängersteig, Fußgängerweg, Fußsteig, Fußweg, Gehbahn, Gehsteig, Trottoir.

Gei|er, der; -s, -: *(sich bes. von Aas nährender) großer Greifvogel mit nacktem Kopf und Hals, starkem, nach unten gebogenem Schnabel und kräftigen, gebogenen, spitzen Krallen.* **Zus.:** Aas-, Lämmergeier · Pleitegeier.

gei|fern ⟨itr.⟩: *sich abfällig und gehässig äußern:* er geiferte gegen alles Moderne in der Kunst. **sinnv.:** ↑schelten.

Gei|ge, die; -, -n: *hell klingendes Streichinstrument mit vier (in Quinten gestimmten) Saiten, das beim Spielen auf der Schulter ruht* (siehe Bildleiste „Streichinstrumente"). **sinnv.:** Fiedel, Violine · Guarneri, Stradivari; ↑Streichinstrument. **Zus.:** Baß-, Knie-, Meistergeige · Zupfgeige.

geil ⟨Adj.⟩: **1.** *sexuell erregt und starkes, drängendes Verlangen nach geschlechtlicher Befriedigung habend:* ihr Anblick machte ihn g.; sie war ganz g. **sinnv.:** ↑begierig. **2.** (ugs.; emotional) *toll, großartig:* diese Platten finde ich einfach g. **3.** ***g. sein auf etwas:** *auf etwas sehr versessen sein, es um jeden Preis haben wollen:* er ist g. auf dieses Amt. vgl. -geil. **4.** *meist lang, aber weniger kräftig in die Höhe wachsend* /von Pflanzen/: im dunklen Keller bekommen die Pflanzen geile Triebe.

-geil ⟨adjektivisches Suffixoid⟩ (ugs.): *auf das im Basiswort Genannte versessen, es um jeden Preis [haben] wollend:* applaus-, arbeits-, die formulargeile Verwaltung, geld-, gewalt-, karriere-, konsum-, macht-, publicity-, raketen-, reiz-, sensations-, todesgeil. **sinnv.:** -durstig, -süchtig, -wütig.

Gei|sel, die; -, -n: *jmd., der mit Gewalt festgehalten, gefangengenommen wird zu dem Zweck, daß für seine Freilassung bestimmte Forderungen erfüllt werden:* jmdn. als/zur G. nehmen; Geiseln stellen müssen. **sinnv.:** ↑Gefangener.

Geist, der; -[e]s, -er: **1.** ⟨ohne Plural⟩ *denkendes Bewußtsein des Menschen; Fähigkeit, zu denken:* der menschliche G.; sein lebendiger G. brachte viele neue Ideen hervor; sie hat G. *(Scharfsinn, Esprit)* und Witz. **sinnv.:** ↑Vernunft. **Zus.:** Erfinder-, Forscher-, Menschen-, Schöpfergeist. **2.** *Mensch im Hinblick auf seine geistigen Eigenschaften, seine künstlerische oder intellektuelle Begabung:* ein genialer, schöpferischer G.; er ist ein unruhiger G. *(Mensch).* **Zus.:** Abenteurer-, Frei-, Quäl-, Schön-, Schwarmgeist. **3.** ⟨G. + Attribut⟩ ⟨ohne Plural⟩ *geistige Haltung; grundsätzliche Einstellung gegenüber jmdm./etwas:* es herrschte ein G. der Kameradschaft; der G. der Freiheit; der G. der Zeit. **sinnv.:** ↑Denkart. **Zus.:** Bekenner-, Gemeinschafts-, Geschäfts-, Kampf-, Sport-, Zeitgeist. **4.** *geistige Wesenheit:* Gott ist G. **5.** ↑*Gespenst:* gute, böse Geister; Geister beschwören. **Zus.:** Berg-, Burg-, Erd-, Haus-, Klopf-, Spukgeist.

gei|stes|ab|we|send ⟨Adj.⟩: ↑*abwesend* (2): g. stand er am Fenster.

Gei|stes|blitz, der; -es, -e (ugs.): *plötzlicher guter Einfall.* **sinnv.:** ↑Einfall.

Gei|stes|ge|gen|wart, die; -: *Fähigkeit, bei überraschenden Vorfällen schnell zu reagieren, entschlossen handeln zu können:* durch seine G. rettete er das Kind. **sinnv.:** Entschlossenheit, Entschlußkraft, Reaktionsschnelligkeit, Reaktionsvermögen.

gei|stes|ge|gen|wär|tig ⟨Adj.⟩: *Geistesgegenwart besitzend, beweisend:* g. handeln. **sinnv.:** entschlossen, kaltblütig, reaktionsschnell; ↑ruhig.

gei|stes|ge|stört ⟨Adj.⟩: *infolge einer krankhaften Störung des Verstandes oder Gemüts [zeitweise] nicht mehr fähig zu normalem Denken und Handeln:* er ist g. **sinnv.:** blöd[e], debil, geisteskrank, geistesschwach, idiotisch, irr[e], irrsinnig, konfus, mongoloid, schwachsinnig, schizophren, stumpfsinnig, umnachtet, verblödet, verrückt, verwirrt, wahnsinnig; ↑gemütskrank.

gei|stes|krank ⟨Adj.⟩: *(infolge einer Erkrankung des Gehirns) nicht mehr fähig, normal zu denken und zu handeln.* **sinnv.:** ↑geistesgestört.

gei|stes|schwach ⟨Adj.⟩: *einen erheblichen Mangel an Intelligenz aufweisend; leicht schwachsinnig:* ein geistesschwaches Kind. **sinnv.:** ↑geistesgestört.

Gei|stes|wis|sen|schaf|ten, die ⟨Plural⟩: *Gesamtheit der Wissenschaften, die sich mit den verschiedenen Gebieten der Kultur und des geistigen Lebens beschäftigen:* die Germanistik gehört zu den G. **sinnv.:** Humanwissenschaft.

gei|stig ⟨Adj⟩: **1. a)** *den Geist, Verstand, das Denkvermögen des Menschen, seine Fähigkeit, Dinge zu durchdenken und zu beurteilen, betreffend:* geistige (Ggs. körperliche) Arbeit; geistige Fähigkeiten; das Kind ist g. zurückgeblieben. **sinnv.:** mental, ↑psychisch. **b)** *nur gedacht, nur in der Vorstellungswelt vorhanden:* geistige Wesen. **2.** ⟨nur attributiv⟩ ↑*alkoholisch:* geistige Getränke.

geist|lich ⟨Adj.; nur attributiv⟩: *die Religion, den kirchlichen und gottesdienstlichen Bereich betreffend:* geistliche Lieder; der geistliche Stand; der geistliche Herr *(Pfarrer).* **sinnv.:** ↑kirchlich.

Geist|li|che, der; -n, -n ⟨aber: [ein] Geistlicher, Plural: [viele] Geistliche⟩: *jmd., der als Pfarrer, Priester dem geistlichen Stand der christlichen Kirche angehört.* **sinnv.:** Bischof, Dechant, Dekan, geistlicher Herr/Würdenträger, Gottesmann, Kaplan, Kardinal, Kirchenmann, Kleriker, Missionar, Pastor, Pater, Pfaffe, Pfarrer, Pfarrherr, Pfarrvikar, Prälat, Präses, Prediger, Priester, Schwarzrock, Seelsorger, Superintendent, Theologe, Vikar. **Zus.:** Gefängnis-, Militärgeistlicher.

geist|los ⟨Adj.⟩: *dumm und langweilig; ohne Einfälle, eigene Gedanken:* er machte nur geistlose Bemerkungen; seine Witze sind g. **sinnv.:** ↑flach; ↑oberflächlich.

geist|reich ⟨Adj.⟩: *viel Geist und Witz zeigend, voller Esprit:* ein geistreicher Autor; eine geistreiche Unterhaltung. **sinnv.:** einfallsreich, geistvoll, launig, schlagfertig, spritzig, sprühend, witzig; ↑gebildet.

geist|voll ⟨Adj.⟩: *gedankliche Tiefe, Originalität aufweisend:* eine geistvolle Rede. **sinnv.:** ↑geistreich.

Geiz, der; -es: *als unfreundlich-abstoßend empfundene Eigenschaft (eines Menschen), die sich darin äußert, daß er von seinem Geld, Besitz nichts oder nur wenig und auch das nur ungern gibt:* seine Sparsamkeit grenzt schon an G. **sinnv.:** Habsucht, Knauserei, Knickrigkeit, Pfennigfuchserei, Sparsamkeit.

Geiz|hals, der; -es, Geizhälse: *wegen seines Geizes als ärgerlich, unangenehm o. ä. empfundener Mensch.* **sinnv.:** Filz, Geizkragen, Knauser, Knicker, Pfennigfuchser; ↑Mann.

gei|zig ⟨Adj.⟩: *voller Geiz:* er ist sehr g., er wird dir nichts schenken. **sinnv.:** filzig, hartleibig, knauserig, knickerig, popelig, schäbig, schofel, sparsam.

ge|konnt ⟨Adj.⟩: *[in der technischen, handwerklichen Ausführung] von hohem Können zeugend:* die Mannschaft zeigte ein sehr gekonntes Spiel; die Bilder des Künstlers sind g. **sinnv.:** ↑fachmännisch.

ge|kün|stelt ⟨Adj.⟩: *in verkrampfter Weise bemüht, angenehm oder originell zu erscheinen:* sie benimmt sich in Gesellschaft immer so g.; ein gekünsteltes Lächeln. **sinnv.:** ↑geziert.

Ge|läch|ter, das; -s: *[anhaltendes] lautes Lachen:* die Zuhörer brachen in schallendes G. aus. **sinnv.:** Gekichere, Gewieher, Heiterkeitsausbruch, Lache, Lachsalve. **Zus.:** Hohngelächter.

Ge|la|ge, das; -s, -: *üppiges und übermäßiges Essen und Trinken in größerem Kreis:* ein wüstes G. fand statt. **sinnv.:** ↑Essen. **Zus.:** Fest-, Sauf-, Trinkgelage.

Ge|län|de, das; -s: **a)** *Landschaft, Fläche in ihrer natürlichen Beschaffenheit:* ein hügeliges G.; das ganze G. ist mit Büschen bewachsen. **sinnv.:** ↑Gebiet. **b)** *größeres Grundstück, das einem bestimmten Zweck dient:* das G. der Fabrik, des Bahnhofs. **sinnv.:** Land. **Zus.:** Bahnhofs-, Bau-, Fabrik-, Versuchsgelände.

Ge|län|der, das; -s, -: *an der freien Seite von Treppen, Balkonen, an Brücken o. ä. angebrachte, einem Zaun ähnliche Vorrichtung zum Schutz vor dem Abstürzen und zum Festhalten:* sie beugte sich über das G. und schaute ins Wasser. **sinnv.:** Balustrade, Brüstung · Reling. **Zus.:** Eisen-, Holz-, Treppengeländer.

ge|lan|gen, gelangte, ist gelangt ⟨itr.⟩: **1.** *(ein bestimmtes Ziel) erreichen; (an ein bestimmtes Ziel) kommen:* der Brief gelangte nicht in seine Hände;

durch diese Straße gelangt man zum Bahnhof. **2. a)** *etwas, einen angestrebten Zustand erreichen, zu etwas kommen:* zu Geld, Ehre, Ansehen g.; zur Erkenntnis g. *(erkennen),* daß ... **b)** /dient als Funktionsverb zur Umschreibung des Passivs/: zum Druck g. *(gedruckt werden);* zur Aufführung g. *(aufgeführt werden);* zur Auszahlung g. *(ausgezahlt werden).*

Ge|laß, das; Gelasses, Gelasse: *Raum, in dem man etwas lassen, verwahren kann:* in seinem Zimmer stand nur ein Stuhl, und Fenster hatte das G. nicht; unter dem Dach befand sich ein enges G. **sinnv.:** ↑Raum. **Zus.:** Nebengelaß.

ge|las|sen ⟨Adj.⟩: *kühl und ruhig trotz ärgerlichen, unangenehmen Geschehens o. ä.:* er hörte sich die Beschuldigungen g. an; er hatte nicht die Nerven, das Unabänderliche g. hinzunehmen. **sinnv.:** geduldig, gefaßt, gemäßigt, leidenschaftslos, ↑ruhig.

Ge|la|ti|ne [ʒela'ti:nə] die; -: *pulverige oder zu dünnen Blättern gepreßte, leimartige Substanz ohne Geschmack, die sich in aufgelöstem Zustand zu Gallerte verdickt und daher zum Eindicken und Binden von Speisen verwendet wird.* **sinnv.:** ↑Gallerte.

ge|launt ⟨Adj.; in Verbindung mit einer näheren Bestimmung⟩: *sich in einer bestimmten Stimmung, Laune befindend:* er ist gut g.; ein immer schlecht gelaunter Kerl; wie ist er heute g.?

gelb ⟨Adj.⟩: *von der Farbe einer reifen Zitrone:* eine gelbe Bluse; die Blätter werden schon g. **sinnv.:** bernsteinfarben, gold[en], goldfarben, pastellfarben. **Zus.:** blaß-, hell-, quittegelb.

gelb|lich ⟨Adj.⟩: *leicht gelb getönt:* ein gelbliches Licht.

Geld, das; -[e]s, -er: **1.** ⟨ohne Plural⟩ *vom Staat herausgegebenes Mittel zum Zahlen in Form von Münzen und Banknoten:* G. verdienen; G. vom Konto abheben; das kostet viel G. **sinnv.:** Blech, Draht, Eier, Finanzen, Flocken, Flöhe, Geldmittel, ↑Geldschein, Geldstück, Kies, Knete, Knöpfe, Kohle[n], Koks, Kröten, Lappen, Mammon, Marie, Mäuse, Mittel, Moneten, Moos, Möpse, Mücken, Penunzen, Piepen, Pimperlinge, Pinke[pinke], Pulver, Zaster, Zunder, Zwirn; ↑Besitz; ↑Devisen; ↑Einkünfte. **Zus.:** Bar-, Bedienungs-, Bestechungs-, Eintritts-, Fahr-, Hand-, Hart-, Kinder-, Klein-, Kost-, Kranken-, Lehr-, Papier-, Plastik-, Schlechtwetter-, Schmerzens-, Schul-, Streik-, Taschen-, Trink-, Wechsel-, Weihnachtsgeld. **2.** ⟨Plural⟩ *[zu einem bestimmten Zweck zur Verfügung gestellte] größere Geldsumme:* öffentliche Gelder; er hat die Gelder veruntreut; die Straße wird mit staatlichen Geldern gebaut.

Geld|beu|tel, der; -s, -: ↑*Portemonnaie.*

Geld|bör|se, die; -, -n: ↑*Portemonnaie.*

geld|gie|rig ⟨Adj.⟩: *auf Besitz, Erwerb von Geld versessen:* er ist [furchtbar] g. **sinnv.:** ↑habgierig.

Geld|schein, der; -[e]s, -e: *Schein (von bestimmter Größe mit Wasserzeichen, schmalem Metallstreifen), der den aufgedruckten Geldwert repräsentiert.* **sinnv.:** Brauner (50 DM), Blauer (100 DM), Riese (1000 DM); Mille; Papiergeld; ↑Geld.

Geld|stück, das; -[e]s, -e: ↑*Münze.* **sinnv.:** Hartgeld; ↑Geld.

Ge|lee [ʒe'le:], der oder das; -s, -s: **1.** *gallertartig eingedickter, aus dem Saft von Früchten und Zucker hergestellter Aufstrich fürs Brot:* G. aus Äpfeln bereiten. **sinnv.:** ↑Marmelade. **Zus.:** Apfel-, Himbeer-, Quittengelee. **2.** *gallertartig eingedickter Saft von Fleisch oder Fisch:* Aal, Hering in G. **sinnv.:** ↑Gallerte.

Ge|le|gen|heit, die; -, -en: **1.** *geeigneter Augenblick, günstige Umstände für die Ausführung von etwas, eines Plans, Vorhabens:* die G. ist günstig; jmdm. G. geben, etwas zu tun; wir regeln dies bei G. *(wenn es sich gerade ergibt, gelegentlich).* **sinnv.:** ↑Aussicht; ↑Möglichkeit. **Zus.:** Bade-, Fahr-, Koch-, Mitfahr-, Schlaf-, Sitzgelegenheit. **2.** *Ereignis, Geschehnis, Umstand o. ä. als Anlaß, Möglichkeit für etwas:* mir fehlt ein Kleid für besondere Gelegenheiten. **sinnv.:** Anlaß.

ge|le|gent|lich ⟨Adj.; nicht prädikativ⟩: **a)** *bei passenden Umständen [geschehend]:* ich werde dich g. besuchen. **b)** *hie und da, nicht regelmäßig, unterschiedlich häufig [geschehend, erfolgend]:* gelegentliche Niederschläge; er trinkt g. ein Glas Bier. **sinnv.:** ↑manchmal.

ge|leh|rig ⟨Adj.⟩: *schnell eine bestimmte Fertigkeit erlernend, sich bestimmte Kenntnisse zu eigen machend:* ein gelehriger Schüler; der Hund ist sehr g. **sinnv.:** ↑fingerfertig.

Ge|lehr|sam|keit, die; -: *große, meist wissenschaftlich fundierte Bildung, verbunden mit einer regen geistigen Betätigung:* die G. dieser Mönche ist bekannt. **sinnv.:** ↑Bildung. **Zus.:** Stubengelehrsamkeit.

ge|lehrt ⟨Adj.⟩: **a)** *wissenschaftlich gründlich gebildet:* ein gelehrter Mann. **sinnv.:** ↑gebildet; ↑wissenschaftlich. **b)** *auf wissenschaftlicher Grundlage beruhend:* ein gelehrtes Buch. **sinnv.:** ↑akademisch. **c)** *wegen wissenschaftlicher Ausdrucksweise schwer verständlich:* er drückt sich sehr g. aus. **sinnv.:** ↑akademisch.

Ge|lehr|te, der u. die; -n, -n ⟨aber: [ein] Gelehrter, Plural: [viele] Gelehrte⟩: *männliche bzw. weibliche Person, die gelehrt, wissenschaftlich gebildet ist:* ein berühmter Gelehrter. **sinnv.:** Akademiker, Forscher, Studierter, Theoretiker, Wissenschaftler. **Zus.:** Fach-, Privat-, Schrift-, Stubengelehrter.

Ge|leit, das; -[e]s, -e: *das Geleiten:* unter sicherem G. erreichte er die Küste; man sicherte ihm freies G. zu; mein G. waren zwei Motorräder: eins rechts, eins links; zwei Torpedoboote gaben den Handelsschiffen das G.; jmdm. das letzte G. geben *(an jmds. Beerdigung teilnehmen).* **sinnv.:** Bedeckung, Begleitung, Eskorte, Gefolge, Geleitzug, Konvoi, Polizeieskorte; ↑Gesellschaft; ↑Schutz. **Zus.:** Ehren-, Schutzgeleit.

ge|lei|ten, geleitete, hat geleitet ⟨tr.⟩: *(jmdn. zu seiner Sicherheit oder ehrenhalber) begleiten:* einen Blinden sicher über die Straße g.; sie geleiteten den Ehrengast zu seinem Platz. **sinnv.:** ↑begleiten.

Ge|leit|wort, das; -[e]s, -e: *einer Veröffentlichung vorangestellte Einführung.* **sinnv.:** ↑Einleitung.

Ge|lenk, das; -[e]s, -e: *durch Muskeln bewegliche Verbindung zwischen Körperteilen, die mehr oder weniger starr sind, bes. zwischen zwei aneinanderstoßenden Knochenenden:* steife, knotige Gelenke; in den Gelenken einknicken. **Zus.:** Arm-, Ellbogen-, Fuß-, Hand-, Hüft-, Knie-, Kugel-, Sprunggelenk.

ge|len|kig ⟨Adj.⟩: *[leicht] beweglich und wendig; von besonderer Beweglichkeit in den Gelenken:* für sein Alter ist er noch ganz schön g. **sinnv.:** ↑biegsam, geschmeidig, gewandt, graziös, leichtfüßig.

ge|lernt ⟨Adj.⟩: *vollständig für ein Handwerk o. ä. ausgebildet:* er ist [ein] gelernter Mechaniker.

Ge|lieb|te, der und die; -n, -n ⟨aber: [viele] Geliebte⟩: **a)** *männliche bzw. weibliche Person, die mit einer [verheirateten] Frau bzw. mit einem [verheirateten] Mann sexuelle Beziehungen, ein Verhältnis hat:* seine G. hat ihn verlassen. **sinnv.:** Angebetete[r], ständige[r] Begleiter[in], Bekannte[r], Flamme, Freund[in], Galan, Gspusi, Hausfreund, Kavalier, Konkubine, Kurtisane, Lebensgefährte, -gefährtin, Liebchen, Liebhaber, Liebste[r], Macker, Mätresse, Nymphchen, Partner[in], Scheich, Verehrer[in], Verhältnis, Zahn. **b)** *geliebter Mann bzw. geliebte Frau, geliebtes Mädchen* /in der Anrede/.

ge|lin|gen, gelang, ist gelungen ⟨itr.⟩: *nach Planung, Bemühung mit Erfolg zustande kommen, glücken:* die Arbeit ist ihm gelungen; es gelang mir, ihn zu überzeugen. **sinnv.:** geraten, glattgehen, glücken, gutgehen, hinhauen, klappen, nach Wunsch gehen, wunschgemäß verlaufen; ↑ausfallen; ↑ausschlagen.

gel|len ⟨itr.⟩: *hell, laut und durchdringend ertönen, schallen:* das Geschrei gellte mir in den Ohren. **sinnv.:** ↑schallen.

ge|lo|ben: a) ⟨tr.⟩ *feierlich, fest versprechen:* jmdm. Treue g. **sinnv.:** ↑versprechen. **b)** ⟨sich g.⟩ *sich etwas fest vornehmen:* ich habe mir gelobt, nicht mehr zu trinken. **sinnv.:** sich ↑entschließen.

Ge|löb|nis, das; -ses, -se: *feierliches, festes Versprechen:* er hatte hoch und heilig versprochen, nicht bei Rot über die Straße zu gehen, doch schon nach einer Stunde hatte er sein G. vergessen. **sinnv.:** Beteuerung, Gelübde, ↑Versprechen, Zusage.

ge|löst ⟨Adj.⟩: *[nach einer Anspannung] frei von Belastung, Sorge und daher entspannt und locker:* wir befanden uns in gelöster Stimmung; sie wirkt heute so g. **sinnv.:** ↑ungezwungen.

gel|ten, gilt, galt, hat gegolten ⟨itr.⟩: **1.** *gültig sein:* diese Briefmarke gilt nicht mehr. **2.** *wert sein:* sein Wort gilt [nicht] viel. **3.** *in bestimmter Weise eingeschätzt werden, als etwas Bestimmtes betrachtet, angesehen werden:* er gilt als reich, als guter Kamerad; es gilt als sicher, daß er kommt. **4.** *(für jmdn./etwas) bestimmt, (auf jmdn./etwas) gerichtet sein, sich (auf jmdn./etwas) beziehen:* der Beifall, der Vorwurf hat ihm gegolten; sein ganzes Interesse galt diesem Problem. **5.** ***es gilt** *(es ist nötig, man muß, es kommt darauf an):* es gilt, sich zu entscheiden; jetzt gilt es, Zeit zu gewinnen.

Gel|tung: ⟨meist in bestimmten Wendungen⟩ G. haben *(gültig sein);* zur G. bringen *(vorteilhaft wirken lassen);* zur G. kommen *(vorteilhaft wirken):* in diesem Licht kommt dein Schmuck erst richtig zur G.

Ge|lüb|de, das; -s, -: *feierliches [durch einen Eid bekräftigtes] Gelöbnis:* in seiner Not tat er ein G.; das G. brechen. **sinnv.:** ↑Versprechen. **Zus.:** Ehegelübde.

ge|lü|sten, gelüstete, hat gelüstet ⟨itr.⟩: *jmdn. (nach etwas) Lust verspüren lassen:* es gelüstete sie nach etwas Süßem; es gelüstete ihn, allen seine Meinung zu sagen. **sinnv.:** ↑streben.

Ge|mach, das; -[e]s, Gemächer (geh.): *[schön ausgestattetes] Zimmer:* sie verläßt nur selten ihre Gemächer. **sinnv.:** ↑Raum. **Zus.:** Braut-, Privat-, Schlafgemach.

ge|mäch|lich [auch: gemächlich] ⟨Adj.⟩: *langsam, ruhig und ohne Eile:* eine gemächliche Gangart; g. zog er sich um. **sinnv.:** ↑langsam; ↑ruhig.

Ge|mahl, der; -s, -e, **Ge|mahlin,** die; -, -nen (geh.): ↑*Ehemann bzw.* ↑*Ehefrau:* „Wie geht es Ihrem Herrn Gemahl?" – „Danke, meinem Mann geht es gut!", „Wie geht es Ihrer Frau Gemahlin?" – „Danke, meiner Frau geht es gut!" **Zus.:** Ehe-, Prinzgemahl.

Ge|mäl|de, das; -s, -: *in Öl o. ä. gemaltes Bild:* ein G. an die Wand hängen. **sinnv.:** ↑Bild. **Zus.:** Altar-, Decken-, Öl-, Rund-, Wandgemälde.

ge|mäß ⟨Präp. mit Dativ⟩: *in Entsprechung, Übereinstimmung mit:* dem Vertrag, seinem Wunsche g.; g. dem Vertrag. **sinnv.:** analog, entsprechend, laut, nach, zufolge.

-ge|mäß ⟨adjektivisches Suffixoid⟩: *wie es das im Basiswort Genannte verlangt, vorsieht, vorschreibt, ihm angemessen, [genau] entsprechend, sich nach ihm richtend, in Übereinstimmung mit ihm:* abmachungs-, art-, auftrags-, befehls- (b. handeln = *wie es der Befehl verlangt*), erfahrungs-, fach-, frist-, kind-, kur-, natur-, ordnungs- (Transport), pflicht-, plan-, programm- (Ablauf), sach-, situations-, standes- (Heirat), traditions-, turnus-, vereinbarungs-, verfassungs-, vertrags-, weisungs-, wunschgemäß. **sinnv.:** -gerecht, -getreu, -mäßig.

ge|mä|ßigt ⟨Adj.⟩: **a)** *in seiner Art nicht so streng, extrem, nicht radikal:* eine gemäßigte Politik betreiben. **sinnv.:** ausgeglichen, maßvoll, zivil; ↑enthaltsam. **b)** *nicht ins Übertriebene gehend [und daher im Ausmaß reduziert]:* gemäßigter Optimismus; ein gemäßigtes Klima.

Ge|mäu|er, das; -s, -: *altes, oft verfallenes Mauerwerk; aus alten Mauern bestehendes Bauwerk:* das G. eines alten Klosters; ein allmählich abbröckelndes G.

ge|mein ⟨Adj.⟩: **1. a)** *in als empörend empfundener Weise abstoßend, moralisch schlecht, niederträchtig:* ein gemeines Lachen; eine gemeine Gesinnung; ein gemeiner Betrüger; er hat g. gehandelt. **sinnv.:** arg, abscheuerregend, abscheulich, böse, elend, erbärmlich, feige, ↑garstig, häßlich, hundsföttisch, infam, niederträchtig, niedrig, perfid, sauber, schäbig, schandbar, schändlich, schimpflich, schmachvoll, schmählich, schmutzig, schnöde, schofel, schurkisch, übel, verabscheuenswert, verächtlich, verachtenswert, verwerflich. **Zus.:** hundsgemein. **b)** *in als unverschämt, rücksichtslos empfundener Weise frech, grob, unanständig:* jmdm. einen gemeinen Streich spielen; gemeine Redensarten. **sinnv.:** ↑gewöhnlich; ↑unanständig; ↑unfair. **2.** (ugs.) **a)** *ungerecht, für jmdn. ungünstig und daher ärgerlich:* ich habe nie solches Glück, das ist einfach g. **sinnv.:** ↑unerfreulich. **b)** ⟨verstärkend bei Adjektiven und Verben⟩ ↑*sehr:* das tut g. weh.

Ge|mein|de, die; -, -n: **1.** *unterster politischer oder kirchlicher Bezirk mit eigener Verwaltung:* wir wohnen in der gleichen G.;

die beiden Gemeinden grenzen aneinander. **sinnv.:** Gemeinwesen, Kommune. **Zus.:** Kirchen-, Landgemeinde. **2.** *Gesamtheit der Einwohner, Angehörigen eines solchen Bezirks:* er hat das Vertrauen der G. **3.** *Gesamtheit der Teilnehmer eines Gottesdienstes o. ä.:* die G. sang einen Choral. **Zus.:** Trauergemeinde.

ge|mein|ge|fähr|lich ⟨Adj.⟩: *eine Gefahr für die Allgemeinheit bildend:* ein gemeingefährlicher Verbrecher. **sinnv.:** ↑böse.

Ge|mein|heit, die; -, -en: **1. a)** ⟨ohne Plural⟩ *gemeine* (1) *Gesinnung, das Gemeinsein:* seine G. stößt mich ab. **sinnv.:** ↑Bosheit. **b)** *gemeine* (1) *Handlung, Ausdrucksweise:* eine G. begehen; er ist zu jeder G. fähig. **2.** *etwas, was (vom Sprecher) als ärgerlich-unerfreulich empfunden wird:* ich gehe wieder leer aus, so eine G.!

ge|mein|nüt|zig ⟨Adj.⟩: *dem allgemeinen Nutzen, sozialen Aufgaben dienend:* das Geld wird für gemeinnützige Zwecke verwendet. **sinnv.:** sozial, wohltätig.

Ge|mein|platz, der; -es, Gemeinplätze: *allgemeine, nichtssagende Redensart:* er redet fast nur in Gemeinplätzen. **sinnv.:** Albernheit, Allgemeinheit, Allgemeinplatz, Binsenwahrheit, Binsenweisheit, Klischee, Platitüde, Plattheit, Selbstverständlichkeit.

ge|mein|sam ⟨Adj.⟩: **1.** *dem einen wie dem/den anderen zukommend, zugehörend, in gleicher Weise eigen:* unser gemeinsamer Garten. **2.** *von zwei oder mehreren Personen zusammen unternommen, zu bewältigen; in Gemeinschaft:* gemeinsame Aufgaben, Wanderungen; wir gingen g. ins Theater. **sinnv.:** allgemein, gemeinschaftlich, genossenschaftlich, Hand in Hand, kooperativ, miteinander, Seite an Seite, im Team, im Verbund, im Verein, vereint, zusammen, in Zusammenarbeit; ↑und.

Ge|mein|schaft, die; -, -en: **1.** ⟨ohne Plural⟩ *das Zusammensein, das Zusammenleben in gegenseitiger Verbundenheit:* mit jmdm. in G. leben; eheliche G. **Zus.:** Ehe-, Lebensgemeinschaft. **2.** *Gruppe von Personen, die durch gemeinsame Gedanken, Ideale o. ä. verbunden sind:* eine G. bilden; einer G. angehören. **sinnv.:** ↑Mannschaft. **Zus.:** Erben-, Glaubens-, Haus-, Interessen-, Religions-, Solidar-, Sprachgemeinschaft.

ge|mein|schaft|lich ⟨Adj.; nicht prädikativ⟩: *mehreren Personen (als Gruppe) gehörend; von mehreren (als Gruppe) durchgeführt:* das Haus ist unser gemeinschaftlicher Besitz; ein gemeinschaftlicher Spaziergang; etwas g. verwalten. **sinnv.:** ↑gemeinsam.

ge|mein|ver|ständ|lich ⟨Adj.⟩: *so abgefaßt, daß jeder es verstehen kann:* eine gemeinverständliche Abhandlung. **sinnv.:** ↑populär.

Ge|mein|wohl, das; -[e]s: *das Wohl[ergehen] eines jeden einzelnen innerhalb einer Gemeinschaft:* die neue Einrichtung dient dem G. **sinnv.:** Gemeingeist, Gemeinnutz, Gemeinnützigkeit, ↑Solidarität, Verbundenheit, Zusammengehörigkeit.

ge|mes|sen ⟨Adj.⟩: **a)** *langsam und würdevoll:* er kam mit gemessenen Schritten daher. **sinnv.:** ↑ruhig. **b)** *würdevoll und zurückhaltend:* sein Benehmen war ernst und g. **sinnv.:** ↑majestätisch.

Ge|met|zel, das; -s, -: *das Verwunden und Töten durch wiederholtes und länger andauerndes, als verabscheuungswürdig empfundenes Stechen, Schlagen mit spitzen oder scharfen Waffen usw.:* ein furchtbares, blutiges G. **sinnv.:** ↑Blutbad.

Ge|misch, das; -[e]s, -e: *etwas, was durch Vermischen von festen, flüssigen oder gasförmigen Stoffen entsteht, Mischung aus zwei oder mehreren verschiedenen Stoffen, deren Bestandteile meist sehr fein verteilt sind:* ein G. aus Sand, Kalk und Gips; ein G. [aus Öl und Benzin] tanken. **sinnv.:** ↑Mischung. **Zus.:** Gas-, Ölgemisch.

Gem|se, die; -, -n: *im Hochgebirge lebendes, der Ziege ähnliches Tier mit gelblich- bis rotbraunem Fell und nach hinten gekrümmten Hörnern, das gewandt klettern und springen kann.*

Ge|mü|se, das; -s, -: *Pflanzen, deren verschiedene Teile in rohem oder gekochtem Zustand als Nahrung dienen:* G. anbauen, kochen; heute mittag gibt es G. **Zus.:** Frisch-, Früh-, Gefrier-, Kohl-, Spargel-, Wildgemüse.

Ge|müt, das; -[e]s, -er: **1.** ⟨ohne Plural⟩ **a)** *Gesamtheit der geistigen und seelischen Kräfte eines Menschen:* sie hat ein kindliches, liebevolles G. **sinnv.:** ↑Seele. **b)** *Empfänglichkeit für Eindrücke, die das Gefühl ansprechen:* er hat viel G.; das rührt ans G. **2.** *Mensch (in bezug auf seine geistig-seelischen Regungen):* er ist ein ängstliches G.; der Vorfall beunruhigte die Gemüter.

ge|müt|lich ⟨Adj.⟩: **a)** *eine angenehme, behaglich-zwanglose Atmosphäre schaffend, in einer solchen Atmosphäre geschehend:* ein gemütliches Zimmer; wir plauderten g. miteinander. **sinnv.:** ↑angenehm, anheimelnd, behaglich, bequem, heimelig, idyllisch, lauschig, traulich, traut, wohlig, wohltuend, wohnlich. **b)** *Freundlichkeit, Ruhe ausstrahlend:* ein gemütlicher Beamter saß am Schalter. **c)** *in aller Ruhe, ganz gemächlich:* ein gemütliches Tempo; ganz g. spazierengehen.

ge|müts|krank ⟨Adj.⟩: *psychisch krank, an Depressionen leidend:* die Einsamkeit machte ihn schließlich g. **sinnv.:** depressiv, hysterisch, manisch, manisch-depressiv, nervenkrank, neurotisch, psychopathisch, psychotisch, schwermütig; ↑geistesgestört · Depression.

-gen ⟨zweiter Wortbestandteil von Adjektiven; oft mit Bindevokal -o-⟩: **a)** *in einer Art, die mit dem im ersten Wortbestandteil Genannten charakterisiert wird:* filmogen (er muß nicht nur filmogen sein wie der Schauspieler X, sondern er muß auch filmogen morden können), fotogen (sie ist fotogen = sieht auf Fotografien gut aus), hysterogen *(auf Hysterie beruhend, hysterisch bedingt),* schizophrenogen (eine schizophrenogene Situation), schmalzogen (der schmalzogene Schmerz, der seine Worte umhüllte), telegen. **sinnv.:** -ig. **b)** *das im ersten Wortbestandteil Genannte erzeugend, bildend, hervorbringend, aus ... entstanden, ... entsprechend:* hämatogen *(blutbildend),* karzinogen *(Karzinome hervorrufend, krebserzeugend),* onkogen. **sinnv.:** -haltig, -trächtig, -verdächtig.

ge|nau: I. ⟨Adj.⟩: **a)** *mit einem Muster, Vorbild, einer Vergleichsgröße [bis in die Einzelheiten] übereinstimmend, einwandfrei stimmend:* eine genaue Waage; genaue Angaben machen; sich g. an etwas erinnern; das ist g. das gleiche; haben Sie genaue

Zeit? *(können Sie mir genau sagen, wie spät es ist?).* **sinnv.:** ↑getreu; ↑klar. **b)** *gründlich, gewissenhaft ins einzelne gehend:* genaue Kenntnis von etwas haben; das mußt du g. unterscheiden; er ist, arbeitet sehr g. **sinnv.:** ↑detailliert; ↑fein; ↑gewissenhaft; ↑planmäßig. **II.** ⟨Adverb⟩ */betont die Exaktheit einer Angabe; drückt bestätigend aus, daß etwas gerade richtig, passend für etwas ist/:* er kam g. zur rechten Zeit; das reicht g. [noch] für zwei Personen; g. das wollte ich sagen. **sinnv.:** eben, gerade. **Zus.:** haargenau.

ge|nau|so ⟨Adverb⟩: *[genau] in der gleichen Weise, im gleichen Maße:* er hat es g. gemacht wie sein Chef; g. muß man auch bei dieser Sache verfahren. **sinnv.:** ↑auch.

ge|nehm: ⟨in der Verbindung⟩ jmdm. g. sein (geh.): *jmdm. willkommen, passend, angenehm sein:* die vorgeschlagene Zeit war ihr nicht g.

ge|neh|mi|gen ⟨tr.⟩: *der Verwirklichung einer [in einem Gesuch o. ä. vorgebrachten] Absicht zustimmen:* die Behörde hat seinen Antrag, sein Gesuch genehmigt. **sinnv.:** absegnen, ↑billigen.

Ge|neh|mi|gung, die; -, -en: **a)** *das Genehmigen:* eine G. einholen, erhalten. **sinnv.:** ↑Erlaubnis. **b)** *Schriftstück, durch das etwas genehmigt wird:* eine G. vorlegen. **Zus.:** Arbeits-, Aufenthalts-, Ausreise-, Baugenehmigung.

ge|neigt: ⟨in der Verbindung⟩ g. sein: *bereit sein, die Absicht haben:* ich bin [nicht] g., auf seinen Vorschlag einzugehen. **sinnv.:** ↑bereit.

Ge|ne|ral, der; -s, -e und Generäle: *Offizier der höchsten Rangklasse.*

ge|ne|ral-, Ge|ne|ral- ⟨Präfixoid⟩: **1.** *das im Basiswort Genannte ganz allgemein betreffend, für alles geltend, zutreffend; generell ...:* **a)** ⟨substantivisch⟩: Generalamnestie *(Amnestie für eine größere Anzahl von Personen),* -angriff, -attacke, -aussperrung, -bebauungsplan, -beichte, -debatte, -dispens, -durchschnitt, -kurs, -kompetenz, -linie, -mobilmachung, -pardon, -planung, -reinigung, -revision, -streik, -tarif, -überholung, -untersuchung, -urteil, -vollmacht. **b)** ⟨verbal⟩: generalsanieren, -überholen, -untersuchen. **2.** *Haupt-, oberster ... /*oft in Titeln/: Generaldirektion, -direktor, -fehler, -intendant, -musikdirektor, -nenner, -probe, -sekretär, -staatsanwalt, -thema, -these, -versammlung. **sinnv.:** Chef-, Haupt-, Ober-.

Ge|ne|ral|pro|be, die; -, -n: *die letzte große Probe vor der Premiere, vor der ersten Aufführung eines Konzerts o. ä.*

Ge|ne|ral|streik, der; -s, -s: *Streik aller Arbeiter und Angestellten eines Landes:* den G. ausrufen. **sinnv.:** ↑Streik.

Ge|ne|ra|ti|on, die; -, -en: **1.** *einzelne Stufe in der Folge der Altersstufen, bei der Großeltern, Eltern, Kinder, Enkel unterschieden werden:* der Ring wurde von G. zu G. weitergegeben. **sinnv.:** Geschlecht. **2.** *Gesamtheit der Angehörigen ungefähr einer Altersstufe:* die G. der Eltern; die junge G. **sinnv.:** Altersklasse, Altersstufe, Jahrgang. **Zus.:** Nachkriegsgeneration. **3.** *Zeitraum, der ungefähr die Lebenszeit eines Menschen umfaßt:* es wird noch Generationen dauern. **sinnv.:** Menschenalter. **4.** *Gesamtheit von Apparaten, Geräten, Maschinen, die durch einen bestimmten Stand in der technischen Entwicklung, eine neue Konzeption in der Konstruktion o. ä. gekennzeichnet sind:* ein Computer der letzten, einer neuen G.

ge|ne|rell ⟨Adj.⟩: *[ohne Unterschied] alle[s] betreffend, alle[s] umfassend, für alle Fälle derselben Art zutreffend:* eine generelle Lösung finden; etwas g. verbieten. **sinnv.:** allgemein, im allgemeinen, ausnahmslos, ohne Ausnahme, durch die Bank, durchgängig, durchgehend, durchweg, gemeinhin, [für] gewöhnlich, im großen [und] ganzen, fast immer, mehr oder weniger, mehr oder minder, weitgehend, weithin.

ge|ne|sen, genas, ist genesen ⟨itr.⟩: *von [schwerer] Krankheit befreit und wieder gesund werden:* er betete zu Gott, daß dieser Mensch genesen möge; er ist von seiner langen Krankheit genesen; endlich kann die Welt g. **sinnv.:** aufkommen, sich aufrappeln, ausheilen, sich bessern, wieder auf die Beine/den Damm kommen, gesunden, heilen, auf dem Weg[e] der Besserung sein/sich befinden.

ge|ni|al ⟨Adj.⟩: **a)** *mit einer hohen schöpferischen Begabung ausgestattet:* ein genialer Dichter; er schreibt g. **sinnv.:** ↑begabt. **b)** *von einer hohen schöpferischen Begabung zeugend:* eine geniale Erfindung. **sinnv.:** bahnbrechend.

Ge|nick, das; -s, -e: *der hintere Teil des Halses (bes. in bezug auf das Gelenk):* ein steifes G. haben; den Hut ins G. schieben; er hatte dem Hasen ins G. geschossen; jmdm. das G. brechen. **sinnv.:** ↑Nacken.

Ge|nie [ʒe'ni:], das; -s, -s: **a)** *Mensch mit einer hohen schöpferischen Begabung:* er ist in seinem Fach ein wahres G. **Zus.:** Universalgenie. **b)** ⟨ohne Plural⟩ *hohe schöpferische Begabung:* sein G. wurde lange Zeit verkannt. **sinnv.:** ↑Begabung; ↑Talent.

ge|nie|ren [ʒe'ni:rən], sich: *sich in einer Situation, die als peinlich, unangenehm empfunden wird, entsprechend gehemmt, unsicher fühlen:* er genierte sich, weil er nackt war; deswegen braucht er sich nicht zu g.; wenn Sie Schwierigkeiten haben, genieren Sie sich nicht, zu mir zu kommen. **sinnv.:** sich ↑schämen, sich ↑zieren.

ge|nieß|bar ⟨Adj.⟩: *so beschaffen, daß es ohne Bedenken gegessen oder getrunken werden kann:* diese Wurst, diese Milch ist nicht mehr g. **sinnv.:** ↑eßbar.

ge|nie|ßen, genoß, hat genossen ⟨tr.⟩: **1.** *[mit Vergnügen, Befriedigung] zu sich nehmen:* er konnte nur wenig von den Leckerbissen g. **sinnv.:** ↑essen. **2.** *mit Freude, Vergnügen, Wohlbehagen auf sich wirken lassen:* seinen Urlaub g.; er genoß die herrliche Aussicht. **sinnv.:** auskosten, durchkosten, zu schätzen wissen. **3.** *(einer Sache) teilhaftig werden, sie [zu seinem Nutzen, Vorteil] bekommen, erhalten:* sie hat eine gründliche Ausbildung genossen; /oft in verblaßter Bedeutung/ jmds. Achtung g. *(von jmdm. geachtet werden);* er genießt *(hat)* unser Vertrauen.

ge|nie|ße|risch ⟨Adj.⟩: *(etwas) mit größtem Behagen genießend, voll Genuß:* ein genießerischer Schluck; sich während des Essens g. zurücklehnen. **sinnv.:** genußfreudig, genußfroh, genüßlich, genußreich, genußsüchtig, genußvoll, geschmäcklerisch, hedonistisch, schwelgerisch, sinnenfreudig; ↑gefräßig.

Ge|ni|ta|le, das; -s, Genitalien: ↑*Geschlechtsorgan:* das männliche G.; die Genitalien der Frau.

Ge|nos|se, der; -n, -n, **Ge|nos|sin,** die; -, -nen: **1.** *männliche bzw. weibliche Person, die Anhänger[in] der gleichen linksgerichteten politischen Weltanschauung ist; Mitglied einer sozialistischen Partei* /bes. als Anrede zwischen Mitgliedern einer solchen Partei/: alte kampferprobte Genossen [der SPD]; Genosse Vorsitzender; Genossin Neumann. **sinnv.:** Parteifreund. **Zus.:** Parteigenosse. **2.** (veraltend) ↑*Kamerad:* er trifft sich jeden Mittwoch mit seinen Genossen in der Kneipe. **sinnv.:** ↑Freund. **Zus.:** Alters-, Glaubens-, Leidens-, Zeitgenosse.

Ge|nos|sen|schaft, die; -, -en: *Zusammenschluß mehrerer Personen zu einem bestimmten wirtschaftlichen Zweck:* eine G. gründen; einer G. beitreten. **sinnv.:** Kollektiv, Kombinat · Organisation, Verband · Gilde, Innung, Zunft. **Zus.:** Berufs-, Produktionsgenossenschaft.

Ge|nos|sin: vgl. Genosse.

ge|nug ⟨Adverb⟩: *in zufriedenstellendem, seinen Zweck erfüllendem Maß:* ich habe g. Geld, Geld g.; der Schrank ist groß g. **sinnv.:** akzeptabel, angemessen, annehmbar, auskömmlich, ausreichend, befriedigend, einigermaßen, erträglich, genügend, gut, hinlänglich, hinreichend, leidlich, manierlich, passabel, ↑reichlich, schlecht und recht, zufriedenstellend, zureichend; ↑notdürftig · ↑ausreichen.

ge|nü|gen ⟨itr.⟩: *genug sein, für etwas reichen, für seine Zwecke ausreichen:* dies genügt für unsere Zwecke; zwei Zimmer genügen mir [nicht]; ⟨häufig 1. Partizip⟩ seine Leistungen waren nicht genügend. **sinnv.:** ↑ausreichen.

ge|nüg|sam ⟨Adj.⟩: *mit wenigem zufrieden:* er ist sehr g. [im Essen]. **sinnv.:** ↑bescheiden; ↑zufrieden.

Ge|nug|tu|ung, die; -, -en: **1.** ⟨ohne Plural⟩ *tiefe innere Befriedigung:* etwas mit G. vernehmen. **sinnv.:** Befriedigung. **2.** *Entschädigung für ein zugefügtes Unrecht:* für etwas G. verlangen. **sinnv.:** ↑Sühne.

Ge|nuß, der; Genusses, Genüsse: **1.** ⟨ohne Plural⟩ *Aufnahme von Nahrung u. ä.:* er ist nach dem G. von altem Fleisch krank geworden. **Zus.:** Alkohol-, Fleisch-, Kaffee-, Tabakgenuß. **2.** *Freude, Wohlbehagen bei etwas, was jmd. auf sich wirken läßt:* dieses Konzert war ein besonderer G.; ein Buch mit G. lesen; die Genüsse des Lebens. **sinnv.:** Labsal · Gaumenkitzel · Genießer, Genußspecht. **Zus.:** Hoch-, Kunstgenuß.

ge|nüß|lich ⟨Adj.⟩: *bewußt [den Genuß] genießend:* ein genüßliches Seufzen; g. schlürfte er den Wein.

Ge|nuß|mit|tel, das; -s, -: *etwas (Speise, Getränk o. ä.), was wegen seines guten Geschmacks, seiner anregenden Wirkung o. ä., nicht wegen seines möglicherweise vorhandenen Nährwertes genossen wird.*

Geo|gra|phie, die; -: **1.** *Wissenschaft von der Erde und ihrem Aufbau, von der Verteilung und Verknüpfung der verschiedenen Erscheinungen o. ä. der Erdoberfläche bes. auch im Hinblick auf den Menschen:* G. studieren. **2.** *geographische Lage, Beschaffenheit; [örtliche] Gegebenheit:* die G. der großen Räume beeinträchtigt die Fahndung; ob einer melancholisch oder heiter ist, ist oft eine Frage der G.

Geo|lo|gie, die; -: *Wissenschaft der Entstehung, Entwicklung und Veränderung der Erde und der sie bewohnenden Lebewesen.*

Geo|me|trie, die; -: *Teilgebiet der Mathematik, auf dem man sich mit den ebenen und räumlichen Gebilden beschäftigt.* **sinnv.:** ↑Mathematik.

geo|me|trisch ⟨Adj.⟩: **1.** *die Geometrie betreffend; auf Gesetzen der Geometrie beruhend:* die geometrische Lösung einer Aufgabe. **2.** *Formen aufweisend, die der Geometrie entlehnt sind:* geometrische Muster, Formen.

Ge|päck, das; -s: *Sachen, die jmd., der reist oder wandert, mit sich führt:* das G. aufgeben, versichern. **sinnv.:** Beutel, Bordcase, Koffer, Matchbeutel, Matchsack, Reisekoffer, Reisetasche, Rucksack, Seesack, Tasche, Tornister. **Zus.:** Hand-, Reisegepäck.

Ge|pflo|gen|heit, die; -, -en: *zur Gewohnheit gewordene, oft bewußt gepflegte Handlung, Handlungsweise:* das entspricht nicht unseren Gepflogenheiten. **sinnv.:** ↑Brauch.

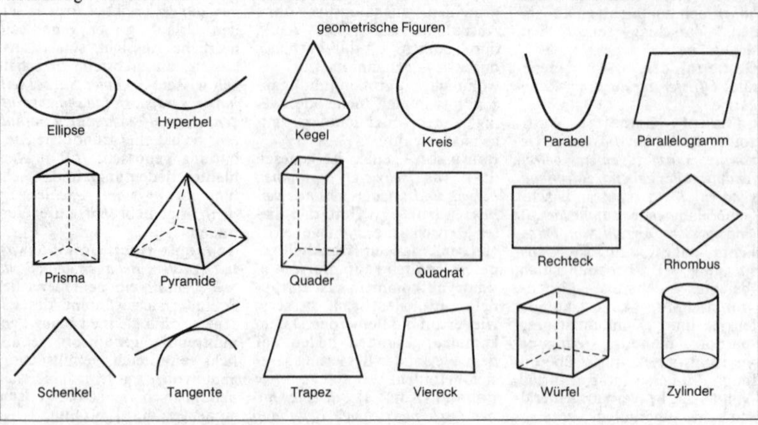

Ge|prä|ge, das; -s: *kennzeichnendes Aussehen, charakteristische Eigenart:* eine Stadt von altertümlichem G.; dieser Mann gab seiner Zeit das G. **sinnv.:** ↑Veranlagung; ↑Wesen.

ge|ra|de: I. ⟨Adj.⟩ **1. a)** *in immer gleicher Richtung verlaufend, nicht gekrümmt:* eine g. Linie. **b)** *in natürlicher, für richtig, passend, angemessen empfundener Richtung [verlaufend], nicht schief:* ein gerader Baumstamm; eine gerade *(aufrechte)* Haltung; g. gewachsen sein; das Bild hängt g. **sinnv.:** aufrecht, stocksteif, stramm. **Zus.:** kerzengerade. **2.** *offen seine Meinung äußernd, ohne sich beirren zu lassen:* ein gerader Mensch. **sinnv.:** ↑aufrichtig. **II.** ⟨Adverb⟩ **1.** *in diesem Augenblick:* er ist g. hier; er ist g. *(kurz vorher)* hinausgegangen. **sinnv.:** ↑jetzt. **2. a)** (ugs.) *kurz, rasch einmal; für [ganz] kurze Zeit:* kannst du mir g. [mal] das Buch geben? **b)** *in unmittelbarer Nähe, genau da:* er wohnt g. an der Ecke. **sinnv.:** ↑genau. **c)** *mit Mühe und Not, ganz knapp:* er kam g. zur rechten Zeit; das reicht g. [noch] für zwei Personen. **sinnv.:** mit Ach und Krach, eben [noch], mit Hängen und Würgen, kaum, mit knapper/genauer Not, mehr schlecht als recht. **d)** *erst recht:* nun werde ich es g. tun! **III.** ⟨Partikel⟩ **1.** */drückt eine Verstärkung aus; weist mit Nachdruck auf etwas hin/:* g. das wollte ich nicht; g. er sollte lieber ruhig sein. **2.** */drückt Ärger, Unwillen o. ä. aus/:* warum g. ich?; g. heute muß es regnen. **sinnv.:** ausgerechnet. **3.** (ugs.) */schwächt eine Verneinung ab, mildert einen Tadel o. ä./:* das ist nicht g. viel; er ist nicht g. fleißig.

Ge|ra|de, die; -, -n ⟨im Plural ohne Artikel und in Verbindung mit einer Kardinalzahl auch: – [vier Gerade]⟩: **1.** *gerade [an beiden Seiten nicht begrenzte] Linie:* eine G., zwei Gerade[n] zeichnen. **2.** *gerader Teil einer Rennstrecke:* auf der Geraden kann er seine Geschwindigkeit erhöhen. **3.** *in gerader Richtung nach vorn ausgeführter Stoß mit der Faust beim Boxen:* den Gegner mit einer rechten Geraden treffen.

ge|ra|de|aus ⟨Adverb⟩: *in gerader Richtung weiter; ohne die Richtung zu ändern:* g. fahren.

ge|ra|de|bie|gen, bog gerade, hat geradegebogen ⟨tr.⟩: **1.** *etwas Gebogenes, Verbogenes in gerade Form bringen:* einen Draht g. **2.** (ugs.) *in Ordnung bringen:* wir werden die Sache schon g. **sinnv.:** ↑bereinigen.

ge|ra|de|her|aus ⟨Adverb⟩: *ohne sich einen Zwang anzutun, in aller Offenheit und ohne Umschweife:* etwas g. sagen. **sinnv.:** ↑aufrichtig; ↑rundheraus.

ge|ra|de|ste|hen, stand gerade, hat geradegestanden ⟨itr.⟩: **1.** *aufrecht, in gerader Haltung stehen:* bleib doch g.!; er konnte nicht mehr g. *(war betrunken).* **2.** *für jmdn./etwas die Verantwortung übernehmen:* ich kann nicht für ihn, für die Folgen g. **sinnv.:** ↑einstehen.

ge|ra|de|wegs ⟨Adverb⟩: **1.** *ohne einen Umweg zu machen, auf direktem Weg:* er ging g. nach Hause. **sinnv.:** direkt, geradenwegs, schnurstracks. **2.** *unmittelbar und ohne Umschweife:* er kam g. darauf zu sprechen. **sinnv.:** ↑gleich.

ge|ra|de|zu ⟨Adverb⟩: /drückt eine Verstärkung aus/ *man kann sogar, fast sagen:* ein g. ideales Beispiel; g. in infamer Weise; er hat ihn g. angefleht. **sinnv.:** ↑ganz; ↑regelrecht.

ge|rad|li|nig ⟨Adj.⟩: **1.** *gerade verlaufend:* eine geradlinige Front von Häusern. **2.** *klar und aufrichtig:* ein g. denkender Mensch. **sinnv.:** ↑aufrichtig.

Ge|rät, das; -[e]s, -e: **1. a)** *[beweglicher] Gegenstand, mit dessen Hilfe etwas bearbeitet, bewirkt oder hergestellt wird:* die Geräte instand halten; ein elektrisches G. anschließen. **sinnv.:** ↑Apparat. **b)** *dem Turnen dienende Vorrichtung:* an den Geräten turnen. **2.** ⟨ohne Plural⟩ *Gesamtheit von Geräten* (1 a), *die bes. als Ausrüstung für etwas dienen:* sein G. in Ordnung halten.

ge|ra|ten, gerät, geriet, ist geraten ⟨itr.⟩: **1. a)** *am Ende einer Herstellung, eines Prozesses bestimmte positive oder negative Eigenschaften haben:* alles, was er tat, geriet ihm gut. **sinnv.:** ↑ausfallen. **b)** *gut ausfallen:* der Kuchen ist heute [nicht] geraten. **sinnv.:** ↑gelingen. **2. a)** *ohne Absicht an eine Stelle kommen, gelangen:* in einen Sumpf g. **b)** *in einen bestimmten Zustand, in eine bestimmte Lage kommen:* in Schwierigkeiten, unter schlechten Einfluß g.; ⟨häufig in verblaßter Bedeutung⟩ in Streit g. *(zu streiten anfangen);* in Vergessenheit g. *(vergessen werden).* **3.** *(einem Verwandten, bes. einem Elternteil) ähnlich werden:* er gerät [ganz] nach dem Vater, nach der Großmutter. **sinnv.:** ↑ähneln.

Ge|ra|te|wohl: ⟨in der Fügung⟩ aufs G.: *ohne zu wissen, wie etwas ausgeht, was sich daraus ergibt:* etwas aufs G. versuchen. **sinnv.:** auf gut Glück.

ge|räu|mig ⟨Adj.⟩: *viel Platz, Raum bietend:* eine geräumige Wohnung. **sinnv.:** ausgedehnt, breit, groß, großflächig, großräumig, weit.

Ge|räusch, das; -[e]s, -e: *etwas, was [aus mehreren Tönen gemischt] akustisch mehr oder weniger stark wahrgenommen wird (und durch etwas in Bewegung Befindliches oder Gesetztes entstanden ist); im Unterschied zum Klang eine Gehörsempfindung von ungleichmäßiger Stärke:* ein verdächtiges, unangenehmes, zischendes, knackendes G.; keine unnötigen Geräusche machen; Geräusche vernehmen; ein G. hatte ihn aufgeweckt; kein Laut war zu hören, kein G. **sinnv.:** ↑Klang, ↑Lärm, ↑Laut, Ton. **Zus.:** Motoren-, Nebengeräusch.

ge|räusch|los ⟨Adj.⟩: *kein Geräusch verursachend:* g. eintreten. **sinnv.:** ↑leise.

ger|ben ⟨tr.⟩: *(Häute und Felle) zu Leder verarbeiten:* Häute g.

ge|recht ⟨Adj.⟩: **1. a)** *dem geltenden Recht entsprechend, danach handelnd, urteilend:* ein gerechter Richter; ein gerechter Anspruch; g. sein, handeln. **sinnv.:** ausgewogen, rechtdenkend, rechtmäßig, unparteiisch. **b)** *den allgemeinen Auffassungen vom Recht, von Gerechtigkeit, Wertmaßstäben entsprechend:* eine gerechte Verteilung, Sache; gerechte Forderungen stellen; etwas g. aufteilen. **2.** *bestimmten Ansprüchen, Gegebenheiten angepaßt, entsprechend:* eine jeder Witterung gerechte Kleidung; bestimmten Anforderungen g. werden *(ihnen genügen, entsprechen).* vgl. -gerecht.

-ge|recht ⟨adjektivisches Suffixoid⟩: *dem im Basiswort Genannten entsprechend, angemessen:* alten-, alters-, auto-, bandscheiben-, bedarfs-, behinderten- (Fahrzeug), bühnen-, familien-, fernseh-, fuß-, gesichts- (Rasur), gesundheits-, jugend-, kind- (Umwelt), körper-, leistungs-, markt-, medien-, menschen- (Arbeitsbedingungen), milieu-, produkt- (Verpackung), protokoll-, saison-, situations-, sport-, status- (Villa), strapazier-, tanz-, termin-, umwelt-, verkaufsgerecht.

Ge|rech|tig|keit, die; -: *das Gerechtsein, gerechtes Verhalten:* die G. des Richters; die soziale G.

Ge|re|de, das; -s: **1.** *wiederholtes, als in ärgerlicher Weise überflüssig, nichtssagend angesehenes Reden:* das G. von der Sicherheit; dieses dumme G. kann man ja nicht ernst nehmen. **sinnv.:** Blabla, Deklamation, Erguß, Gedöns, Geschwätz, Gewäsch, Palaver, Schmus, Sermon. **2.** *abfälliges Reden über einen Abwesenden:* sich dem G. der Leute aussetzen. **3.** ***jmdn. ins G. bringen:** *schuld daran sein, daß Nachteiliges über jmd. geredet wird;* **ins G. kommen:** 1. *in negativer Weise Gesprächsthema werden:* wegen seiner Beteiligung an Spekulationen ist der Beamte ins G. gekommen. 2. *Gesprächsstoff werden; in gewisser Weise interessant werden, so daß man darüber spricht:* Stars treten gern in einer Talkshow auf, weil sie dann so schön ins G. kommen. **sinnv.:** ↑Klatsch.

ge|reizt ⟨Adj.⟩: *durch etwas Unangenehmes erregt, verärgert, darauf nervös, empfindlich, böse reagierend:* in gereizter Stimmung sein. **sinnv.:** ↑ärgerlich; ↑nervös.

Ge|richt, das; -[e]s, -e: **I.** *öffentliche Institution, die Verstöße gegen die Gesetze bestraft und Streitigkeiten schlichtet:* jmdn. bei G. verklagen; eine Sache vor das G. bringen; das G. *(das Kollegium der Richter)* zieht sich zur Beratung zurück. **sinnv.:** Feme, Gerichtsbehörde, Gerichtshof, Kammer, Senat, Strafkammer, Strafsenat, Tribunal, Zivilkammer, Zivilsenat. **Zus.:** Amts-, Arbeits-, Feme-, Jugend-, Kriegs-, Landes-, Schieds-, Schwur-, Sonder-, Verwaltungs-, Vormundschaftsgericht · Scherbengericht. **II.** *als Mahlzeit zubereitete Speise:* ein G. auftragen. **sinnv.:** ↑Essen.

ge|richt|lich ⟨Adj.⟩: *das Gericht* (I) *betreffend, zu ihm gehörend, mit seiner Hilfe [durchherbeigeführt]:* eine gerichtliche Entscheidung; jmdn. g. bestrafen.

ge|ring ⟨Adj.⟩: **1.** *in bezug auf Menge, Anzahl, Umfang, Maß, Grad von etwas als unbedeutend, geringfügig, als wenig zu erachten:* nur geringe Einkünfte haben; die Kosten sind [nicht] g.; das spielt nur eine geringe Rolle; er war in nicht geringer *(ziemlich großer)* Verlegenheit. **sinnv.:** ↑klein, minder ..., ↑minimal, niedrig, ↑wenig. **2.** *sozial niedrig gestellt:* von geringer Herkunft sein. **sinnv.:** gewöhnlich, niedrig.

ge|ring|fü|gig ⟨Adj.⟩: *unbedeutend, nicht ins Gewicht fallend:* er hatte nur geringfügige Verletzungen. **sinnv.:** ↑klein.

ge|ring|schät|zig ⟨Adj.⟩: *in herabsetzender Weise:* jmdn. g. behandeln. **sinnv.:** ↑abschätzig.

ge|rin|nen, gerann, ist geronnen ⟨itr.⟩: *in Form von kleinen Klumpen und Flocken dickflüssig, fest werden:* saure Milch gerinnt beim Kochen; geronnenes Blut. **sinnv.:** dick/flockig/grisselig werden, stocken, zusammengehen, zusammenlaufen.

Ge|rinn|sel, das; -s, -: *kleine Menge einer geronnenen Flüssigkeit, bes. von Blut:* im Gehirn hatte sich ein G. festgesetzt. **sinnv.:** Blutpfropf, Thrombus. **Zus.:** Blutgerinnsel.

Ge|rip|pe, das; -s, -: *Skelett, bes. als übriggebliebener Teil von toten Menschen oder Tieren:* in dem alten Keller hat man ein G. gefunden. **sinnv.:** ↑Skelett. **Zus.:** Pferde-, Totengerippe.

ge|ris|sen ⟨Adj.⟩: *(im Urteil des Sprechers) überaus listig, schlau und verschlagen:* er war ein ganz gerissener Anwalt, der mit seinen Fragen den Zeugen verwirrte. **sinnv.:** ↑schlau.

gern, ger|ne ⟨Adverb⟩: **1.** *ganz bereitwillig, mit Vergnügen; mit Vorliebe:* g. lesen; ich helfe Ihnen g.; er geht g. früh schlafen; das kannst du g. tun. **sinnv.:** ↑anstandslos. **2.** ***jmdn. g. haben:** *Zuneigung zu jmdm. empfinden;* **etwas g. haben:** *Gefallen an etwas finden:* ich habe es g., wenn sie die alten Lieder spielt. **3. a)** /drückt eine Bestätigung, Billigung aus/ *ohne weiteres:* das glaube ich dir g.; du kannst g. mitkommen. **b)** /drückt einen Wunsch aus, dient der höflichen Äußerung eines Wunsches/ *wenn es geht, möglich ist:* ich wüßte es g.; ich hätte g. ein Kilo Äpfel.

Ge|röll, das; -s: *Ansammlung loser Steine:* der Bach fließt durch G. **sinnv.:** ↑Gestein, ↑Schutt.

Ger|ste, die; -: *Getreide mit relativ kurzem Halm, langen Grannen und kantigen Körnern, die bes. als Viehfutter und zum Bierbrauen verwendet werden* (siehe Bildleiste „Getreide"). **sinnv.:** ↑Getreide. **Zus.:** Futter-, Sommer-, Wintergerste.

Ger|te, die; -, -n: *dünner, biegsamer Stock:* sich eine G. schneiden; sie ist schlank wie eine G. **sinnv.:** ↑Stock.

Ge|ruch, der; -[e]s, Gerüche: *Art, wie etwas riecht:* Zwiebeln haben einen scharfen G. **sinnv.:** Aroma, Duft, Gestank, Mief, Odeur · Blume, Bouquet, Bukett; ↑Ausdünstung. **Zus.:** Brand-, Körper-, Mund-, Schweiß-, Wild-, Wohlgeruch.

ge|ruch|los ⟨Adj.⟩: *ohne Geruch:* diese Knoblauchperlen sind völlig g.

Ge|rücht, das; -[e]s, -e: *etwas, was allgemein weitererzählt wird, ohne daß es als wahr erwiesen ist:* das ist nur ein G.; es geht das G., daß er wieder heiraten wolle. **sinnv.:** Fama, Flüsterpropaganda, Latrinenparole, Ondit, Sage, Scheißhausparole; ↑Klatsch.

ge|ruh|sam ⟨Adj.⟩: *nicht von Eile getrieben, sondern behaglich-ruhig:* ein geruhsamer Abend. **sinnv.:** ↑ruhig.

Ge|rüm|pel, das; -s: *etwas, was als alt und wertlos angesehen wird, was weggeworfen werden kann:* das G. aus der Wohnung entfernen. **sinnv.:** ↑Kram.

Ge|rüst, das; -[e]s, -e: *Konstruktion aus Stangen, Stahlrohren, Brettern o. ä., mit deren Hilfe ein Bau errichtet oder ausgebessert wird:* ein G. aufstellen. **Zus.:** Bau-, Bretter-, Knochengerüst.

ge|samt ⟨Adj.⟩: *alle[s] ohne Ausnahme umfassend, zusammengenommen:* die gesamte Bevölkerung. **sinnv.:** ↑all; ↑ganz; ↑insgesamt.

Ge|samt|heit, die; -: *als Einheit erscheinende Menge von Personen, Dingen, Vorgängen o. ä.:* das deutsche Volk in seiner G. billigt diesen Beschluß. **sinnv.:** das Ganze, Ganzheit, das Gesamte, Totalität, Vollständigkeit.

Ge|sand|te, der; -n, -n ⟨aber: [ein] Gesandter, Plural: [viele] Gesandte⟩: *diplomatischer Vertreter eines anderen Staates, der* *im Rang unter dem Botschafter steht.* **sinnv.:** ↑Bevollmächtigter; ↑Diplomat.

Ge|sandt|schaft, die; -, -en: *von einem Gesandten geleitete diplomatische Vertretung eines Staates im Ausland.*

Ge|sang, der; -[e]s, Gesänge: **1.** ⟨ohne Plural⟩ *das Singen:* froher G. ertönte; der G. der Vögel. **sinnv.:** Gesinge, Singerei, Singsang. **Zus.:** Chor-, Lob-, Solo-, Sprechgesang. **2.** *etwas Gesungenes, zum Singen Bestimmtes in seiner charakteristischen Form:* geistliche, weltliche Gesänge. **sinnv.:** ↑Lied. **Zus.:** Bänkel-, Chor-, Schwanengesang.

Ge|säß, das; -es, -e: *Teil des Körpers, auf dem man sitzt.* **sinnv.:** After · Allerwertester, Arsch, vier Buchstaben, Dokus (Tokus), Hintern, Hinterteil, Kiste, Po, Podex, Popo, verlängerter Rücken, Steiß, Sterz.

Ge|schäft, das; -[e]s, -e: **1. a)** *gewerbliches, kaufmännisches Unternehmen:* ein G. eröffnen, führen, leiten. **sinnv.:** ↑Betrieb. **Zus.:** Fuhr-, Versandgeschäft. **b)** *Räumlichkeiten, in denen ein gewerbliches Unternehmen Waren ausstellt und zum Verkauf anbietet:* das G. ist heute geschlossen. **sinnv.:** ↑Laden. **Zus.:** Antiquitäten-, Blumen-, Fach-, Feinkost-, Lebensmittel-, Schuh-, Spielwaren-, Sport-, Textil-, Wäschegeschäft. **2.** *auf Gewinn abzielende [kaufmännische] Unternehmung; [abgeschlossener] Verkauf:* die Geschäfte gehen gut, stocken; das G. kommt zustande; das G. *(der Verkauf, Absatz)* ist rege, belebt sich; diese Sache war kein G. *(brachte keinen Gewinn)* für uns. **sinnv.:** Handel, Schiebung, Transaktion. **Zus.:** Abzahlungs-, Börsen-, Geld-, Millionen-, Tausch-, Verlust-, Weihnachtsgeschäft. **3.** *Angelegenheit, Tätigkeit, Aufgabe, die zu erledigen ist, mit der ein bestimmter Zweck verfolgt wird:* ein nützliches, undankbares G.; er hat viele Geschäfte zu erledigen. **sinnv.:** ↑Arbeit; ↑Aufgabe. **Zus.:** Amts-, Dienst-, Rechtsgeschäft.

ge|schäf|tig ⟨Adj.⟩: *unentwegt tätig, sich mit etwas beschäftigend:* g. hin und her laufen. **sinnv.:** ↑betriebsam; ↑fleißig.

ge|schäft|lich ⟨Adj.⟩: *die Angelegenheiten eines gewerblichen Unternehmens, einen Handel betreffend, nicht privat:* geschäftliche Dinge besprechen; mit jmdm. g. verhandeln; er hat hier g. zu tun. **sinnv.:** ↑dienstlich; ↑finanziell.

Ge|schäfts|mann, der; -[e]s, Geschäftsleute: *Mann, der Geschäfte tätigt, ein kaufmännisches Unternehmen o. ä. führt:* er ist ein schlechter G. **sinnv.:** Businessman, Geschäftemacher, Kaufmann, Krämer; ↑Händler.

Ge|schäfts|stel|le, die; -, -n: *Stelle, Büro einer Institution, wo die laufenden Geschäfte erledigt und Kunden bedient werden:* die G. des Vereins befindet sich im Rathaus. **sinnv.:** ↑Filiale.

ge|schäfts|tüch|tig ⟨Adj.⟩: *erfolgreich bestrebt, für sich gewinnbringende Vorteile zu erreichen:* Geschäftsmann sucht geschäftstüchtige Partnerin kennenzulernen; den Vorteil seiner adligen Geburt nutzte er g. aus. **sinnv.:** ↑schlau.

ge|sche|hen, geschieht, geschah, ist geschehen ⟨itr.⟩: **1.** *(als etwas Bemerkenswertes, Auffallendes o. ä.) in eine bestimmte Situation eintreten und vor sich gehen, eine bestimmte Zeitspanne durchlaufen und zum Abschluß kommen:* es ist ein Unglück geschehen; das geschieht *(das tut man)* zu deinem Besten; in dieser Sache muß etwas g. *(unternommen werden);* etwas g. lassen *(einen Vorgang, ein Ereignis dulden).* **sinnv.:** ablaufen, sich abspielen/begeben, über die Bühne gehen, eintreten, sich ereignen, erfolgen, vor sich gehen, kommen, passieren, sein, stattfinden, verlaufen, vonstatten gehen, vorfallen, sich vollziehen, vorgehen, zugehen, zustande kommen, sich zutragen. **2.** ↑*widerfahren:* ihm ist Unrecht geschehen; das geschieht dir ganz recht *(das hast du verdient).* **sinnv.:** ↑begegnen.

Ge|sche|hen, das; -s: *etwas (Vorgänge, Ereignisse), was sich innerhalb einer bestimmten Zeit zuträgt, was geschieht, vor sich geht:* ein dramatisches G.; das politische G. der letzten zehn Jahre. **sinnv.:** ↑Ereignis. **Zus.:** Kriegs-, Sport-, Weltgeschehen.

-ge|sche|hen, das; -s ⟨Suffixoid⟩: *etwas, was sich im Hinblick auf das im Basiswort Genannte in bestimmter Weise [als Prozeß] entwickelt o. ä.:* das Arbeitsgeschehen wissenschaftlich erfassen, Bau-, Billard-, Ehe-, Erziehungs-, Freundschaftsgeschehen (das man niemals vergißt), Gruppen-, Klang-, Kommunikations-, Krankheits-, Krebs- (die Natur des Krebsgeschehens), Musik-, Schul-, Spiel-, Tat-, Unfall-, Unterrichts- (in der Grundschule), Vereins-, Verkehrs-, Wettergeschehen.

Ge|scheh|nis, das; -ses, -se: *etwas, was geschieht:* neue Geschehnisse überschatteten diesen Tag; er befragte mich zur Person und über einige Geschehnisse um die Tat. **sinnv.:** ↑Ereignis.

ge|scheit ⟨Adj.⟩: *einen guten, praktischen Verstand, ein gutes Urteilsvermögen besitzend, erkennen lassend, von Verstand zeugend:* ein gescheiter Mensch; ein gescheiter Einfall; er ist sehr g.; du bist wohl nicht ganz/nicht recht g. *(du bist wohl nicht bei Verstand)!;* es wäre gescheiter *(vernünftiger),* gleich anzufangen. **sinnv.:** ↑klug.

Ge|schenk, das; -[e]s, -e: *Gegenstand, den jmd. jmdm. schenkt, den er von jmdm. geschenkt bekommt:* ein großzügiges G.; ein G. überreichen; jmdm. etw. zum G. machen. **sinnv.:** ↑Gabe. **Zus.:** Abschieds-, Gast-, Geburtstags-, Hochzeits-, Weihnachtsgeschenk.

Ge|schich|te, die; -, -n: **1. a)** ⟨ohne Plural⟩ *politische, gesellschaftliche, kulturelle Entwicklung eines bestimmten geographischen, kulturellen Bereichs und die dabei entstehende Folge von Ereignissen:* die G. des Römischen Reiches, der Musik; G. *(Geschichtswissenschaft)* studieren. **sinnv.:** ↑Tradition. **Zus.:** Entwicklungs-, Erd-, Geistes-, Kirchen-, Kranken-, Kultur-, Literatur-, Menschheits-, Sprach-, Weltgeschichte. **b)** ⟨G. + Attribut⟩ *wissenschaftliche Darstellung einer historischen Entwicklung:* er hat eine G. des Dreißigjährigen Krieges geschrieben. **2.** *mündliche oder schriftliche Schilderung eines tatsächlichen oder erdachten Geschehens, Ereignisses o. ä.:* die G. von Robinson Crusoe; eine spannende G. erzählen; das ist die G. um eine nicht standesgemäße Liebesbeziehung/über die Unmöglichkeit einer Freundschaft. **sinnv.:** ↑Erzählung. **Zus.:** Apostel-, Bilder-, Grusel-, Indianer-, Klatsch-, Kurz-, Lebens-, Mord-, Schöpfungs-, Tier-, Titelgeschichte. **3.** (ugs.) *[unange-*

nehme] Angelegenheit, Sache: das ist eine dumme, verzwickte G.; er hat von der ganzen G. nichts gewußt; das sind alte Geschichten *(längst bekannte Tatsachen).* **sinnv.:** ↑Angelegenheit. **Zus.:** Frauen-, Liebes-, Magen-, Skandalgeschichte.

ge|schicht|lich ⟨Adj.⟩: *die Geschichte betreffend, ihr gemäß, durch sie verbürgt:* ein geschichtliches Ereignis. **sinnv.:** diachronisch, historisch. **Zus.:** entwicklungsgeschichtlich.

Ge|schick: I. das; -[e]s, -e: **1.** ⟨ohne Plural⟩ *eine Art schicksalhafte Macht:* ein gütiges G. hat uns davor bewahrt. **sinnv.:** ↑Schicksal. **2.** *alles, was im Laufe der Zeit geschieht, getan wird:* sein Neffe lenkt heute die Geschicke des Unternehmens. **Zus.:** Mißgeschick. **II.** das; -[e]s: *das Geschicktsein:* handwerkliches G.; etwas mit großem G. tun; [kein] G. zu etwas haben. **sinnv.:** ↑Gewandtheit.

Ge|schick|lich|keit, die; -: *Fertigkeit, besondere Gewandtheit beim raschen, zweckmäßigen Ausführen, Abwickeln, bei der Handhabung o. ä. einer Sache:* handwerkliche G.; alle bewunderten seine G. bei den Verhandlungen. **sinnv.:** ↑Gewandtheit.

ge|schickt ⟨Adj.⟩: *Geschicklichkeit, Gewandtheit, Wendigkeit zeigend:* ein geschickter Handwerker; etwas g. einrichten. **sinnv.:** agil, beweglich, flexibel, ↑gewandt, lebenstüchtig, routiniert, wendig.

Ge|schirr, das; -s, -e: **I.** *Gefäße aus Porzellan o. ä. im Haushalt:* das G. abwaschen, spülen. **sinnv.:** Gedeck, Porzellan, Service. **Zus.:** Kaffee-, Porzellan-, Silber-, Tafelgeschirr. **II.** *Riemenzeug, mit dem Zugtiere vor den Wagen gespannt werden:* dem Pferd das G. anlegen. **Zus.:** Ochsen-, Pferdegeschirr.

Ge|schlecht, das; -[e]s, -er: **1. a)** ⟨ohne Plural⟩ *Gesamtheit der Merkmale, wonach ein Lebewesen als männlich oder weiblich zu bestimmen ist:* junge Leute beiderlei Geschlechts. **b)** *die Gesamtheit der Lebewesen, die entweder männlich oder weiblich sind:* das ist eine Beleidigung des weiblichen Geschlechts *(der Frauen).* **2.** ↑*Geschlechtsorgan.* **3. a)** *Gattung von Lebewesen:* das menschliche G. **Zus.:** Menschengeschlecht. **b)** ↑*Familie* (b): das G. der Hohenstaufen. **Zus.:** Adels-, Bauern-, Herrschergeschlecht. **c)** ↑*Generation:* die kommenden Geschlechter.

ge|schlecht|lich ⟨Adj.⟩: **a)** *das Geschlecht betreffend:* die geschlechtliche Fortpflanzung. **Zus.:** gleichgeschlechtlich. **b)** ↑*sexuell:* geschlechtliche Fragen; mit jmdm. g. verkehren.

Ge|schlechts|or|gan, das; -s, -e: *Organ, das unmittelbar der geschlechtlichen [Befriedigung und] Fortpflanzung dient.* **sinnv.:** Geschlechtsteil, Genitale, Scham, Schamteile; ↑Penis; ↑Scheide.

Ge|schlechts|ver|kehr, der; -s: *sexueller Kontakt mit einem Partner:* mit jmdm. G. haben. **sinnv.:** ↑Koitus.

ge|schlos|sen ⟨Adj.⟩: **a)** *gemeinsam und ohne Ausnahme:* geschlossener Abmarsch; sie stimmten g. für die neue Verfassung. **sinnv.:** ↑komplett. **b)** *in sich zusammenhängend:* eine geschlossene Ortschaft. **sinnv.:** ↑dicht.

Ge|schmack, der; -s: **1. a)** *Fähigkeit, etwas zu schmecken:* er hat wegen seines Schnupfens keinen G. **b)** *Art, wie etwas schmeckt:* die Suppe hat einen kräftigen G. **sinnv.:** Aroma, Würze. **Zus.:** Nachgeschmack. **2.** *Fähigkeit zu ästhetischem Urteil:* einen guten G. haben; im G. *(nach dem ästhetischen Wertmaßstab, Urteil)* des Biedermeiers. **Zus.:** Publikumsgeschmack. **3.** *subjektives Urteil über das, was für jmdn. schön, angenehm o. ä. ist, was ihm gefällt, wofür er eine Vorliebe hat:* das ist nicht mein, nach meinem G.; über den G. läßt sich [nicht] streiten. **sinnv.:** ↑Neigung · ↑billigen.

ge|schmack|los ⟨Adj.⟩: **1.** *keinen Sinn für Schönheit erkennen lassend, ästhetische Grundsätze verletzend:* ein geschmackloses Bild; sie war g. gekleidet. **sinnv.:** geschmackswidrig, kitschig, stillos, stilwidrig · Kitsch. **2.** *die guten Sitten verletzend, ohne Taktgefühl:* ein geschmackloser Witz; ich finde seine Antwort g. **sinnv.:** ↑taktlos. **3.** *ohne Geschmack, Würze:* ein geschmackloses weißes Pulver. **sinnv.:** ↑fade.

ge|schmack|voll ⟨Adj.⟩: *Sinn für Schönheit erkennen lassend:* eine geschmackvolle Ausstattung; das Schaufenster ist g. dekoriert. **sinnv.:** adrett, apart, ästhetisch, distinguiert, elegant, exklusiv, fein, fesch, flott, gefällig, keß, kleidsam, kultiviert, mondän, nobel, raffiniert, schick, schmuck, ↑schön, smart, vornehm; ↑gewählt.

Ge|schmei|de, das; -s, -: *kostbarer Schmuck:* ein goldenes G. mit funkelnden Edelsteinen. **sinnv.:** ↑Schmuck. **Zus.:** Goldgeschmeide.

ge|schmei|dig ⟨Adj.⟩: **1.** *schmiegsam und glatt; weich und dabei voll Spannkraft:* dieses Leder ist g. **sinnv.:** ↑biegsam. **2.** *biegsame, gelenkige Glieder besitzend und daher gewandt und kraftvoll:* geschmeidige Tänzerinnen, Bewegungen; sie ist g. wie eine Katze. **sinnv.:** ↑gelenkig. **3.** *wendig im Gespräch oder im Verhalten; stets in der Lage, sich schnell anzupassen:* ein geschmeidiger Diskussionsleiter. **sinnv.:** anpassungsfähig.

Ge|schöpf, das; -[e]s, -e: *geschaffenes lebendiges Wesen:* die Frauen, die so bemerkenswerten Geschöpfe; dieses allerliebste G.; sie ist ein undankbares G. *(eine undankbare Person).* **sinnv.:** Kreatur, Lebewesen, Wesen. **Zus.:** Gottes-, Luxusgeschöpf.

Ge|schoß, das; Geschosses, Geschosse: **I.** *aus oder mit Hilfe einer Waffe geschossener, meist länglicher Körper:* das G. traf ihn am Arm. **sinnv.:** ↑Munition, Schuß. **Zus.:** Fern-, Wurfgeschoß. **II.** *alle auf gleicher Höhe liegenden Räume umfassender Teil eines Gebäudes:* er wohnt im vierten G. **sinnv.:** Basement, Beletage, Deck, Etage, Penthouse, Parterre, Souterrain, Stock, Stockwerk, Tiefparterre. **Zus.:** Dach-, Erd-, Keller-, Ober-, Unter-, Zwischengeschoß.

ge|schraubt ⟨Adj.⟩: *im Ausdruck gewollt gewählt und umständlich, nicht natürlich und schlicht:* er drückte sich sehr g. aus. **sinnv.:** ↑geziert.

Ge|schrei, das; -s: *längere Zeit andauerndes Schreien:* man hörte lautes G.; ein G. erheben. **sinnv.:** Gebrüll, Gegröle, Gejohle, Gekreische, Gezeter. **Zus.:** Freuden-, Kinder-, Wehgeschrei.

Ge|schütz, das; -es, -e: *fahrbare oder fest montierte schwere Schußwaffe:* Geschütze in Stellung bringen. **sinnv.:** Haubitze, Kanone. **Zus.:** Atom-, Schiffsgeschütz.

Ge|schwätz, das; -es: *als in ärgerlicher Weise nichtssagend, überflüssig empfundenes Reden:* das ist nur [leeres, dummes] G. **sinnv.:** ↑Gerede; ↑Klatsch. **Zus.:** Altweibergeschwätz.

ge|schwät|zig ‹Adj.›: *in als unangenehm, ärgerlich empfundener Weise viel redend:* eine geschwätzige alte Frau; er ist schrecklich g. **sinnv.:** ↑gesprächig.

ge|schwei|ge ‹Konj.; nur nach einer verneinten oder einschränkenden Aussage, oft in Verbindung mit *denn*›: *erst recht nicht, noch viel weniger, ganz zu schweigen von:* ich kann kaum gehen, g. [denn] Treppen steigen; so etwas sagt man nicht, g. [denn], daß man es täte.

ge|schwind ‹Adj.› (veraltend, noch landsch.): ↑*schnell:* komm g.!; das geht nicht so g.

Ge|schwin|dig|keit, die; -, -en: **a)** *Verhältnis der Zeit zu der in ihr ausgeführten Bewegung o. ä., bes. zu dem zurückgelegten Weg:* die G. messen; die G., mit der eine Maschine arbeitet, herabsetzen, erhöhen; das Auto fuhr mit einer G. von 150 km in der Stunde. **Zus.:** Anfangs-, Fall-, Flug-, Höchst-, Licht-, Überschall-, Umlauf-, Windgeschwindigkeit. **b)** *das Schnellsein; [große] Schnelligkeit, mit der etwas geschieht, getan wird:* die Zeit verging mit rasender G. **sinnv.:** ↑Eile, Fixigkeit, Hast, Rasanz, Schnelligkeit, Tempo · ↑eilen. **Zus.:** Arbeitsgeschwindigkeit.

Ge|schwi|ster, die ‹Plural›: *(männliche wie weibliche) Kinder derselben Eltern (meist Bruder und Schwester):* Karen und Tim sind G.; meine G. gehen noch zur Schule. **sinnv.:** Brüder, Bruder und Schwester, Gebrüder, Drillinge, Zwillinge. **Zus.:** Stief-, Zwillingsgeschwister.

ge|schwol|len ‹Adj.›: *(in bezug auf den Ausdruck, die Formulierung von etwas) wichtigtuerisch und hochtrabend:* sein Stil ist g.; er redet immer so g. **sinnv.:** ↑geziert.

Ge|schwulst, die; -, Geschwülste: *krankhafte Anschwellung oder Wucherung von Gewebe im Körper:* eine G. operieren. **sinnv.:** Gewächs, Karzinom, Krebs, Metastase, Polyp, Schwellung, Tumor, Wucherung, Zyste; ↑Geschwür. **Zus.:** Krebs-, Tochtergeschwulst.

Ge|schwür, das; -s, -e: *mit einer Schwellung verbundene [eitrige] Entzündung auf der Haut:* das G. mußte geschnitten werden. **sinnv.:** Abszeß, ↑Ausschlag, Ekzem, Fistel, Furunkel, Karbunkel, Ulkus; ↑Geschwulst. **Zus.:** Darm-, Magen-, Zahngeschwür.

Ge|sel|le, der; -n, -n: **1.** *Handwerker, der seine Lehre mit einer Prüfung abgeschlossen hat:* der Meister beschäftigt zwei Gesellen. **sinnv.:** Gehilfe, Lehrling, Stift · Handelsgehilfe, Kommis, Ladenschwengel, Verkäufer · Meister. **Zus.:** Bäcker-, Handwerksgeselle. **2.** *[junger] Mann (in einer bestimmten Charakterisierung durch den Sprecher):* das ist ein ganz lustiger G.; wenn ich diesem Gesellen noch einmal begegne ...!; ein wüster, langweiliger G.; man nannte ihn einen vaterlandslosen Gesellen. **sinnv.:** ↑Jüngling; ↑Mann. **Zus.:** Jung-, Mord-, Wandergeselle.

ge|sel|len, sich: *sich (jmdm.) anschließen, zu jmdm./einer Sache dazukommen:* er gesellte sich zu anderen jungen Leuten; zu all dem Unglück gesellte sich noch eine schwere Krankheit. **sinnv.:** ↑dazukommen.

ge|sel|lig ‹Adj.› **a)** *sich leicht und gern an andere anschließend:* ein geselliger Mensch; g. leben. **sinnv.:** extrovertiert, kontaktfähig, kontaktfreudig, soziabel, umgänglich. **b)** *in zwangloser Gesellschaft stattfindend:* ein geselliger Abend. **sinnv.:** kurzweilig.

Ge|sel|lin, die; -, -nen: vgl. Geselle (1).

Ge|sell|schaft, die; -, -en: **1. a)** ‹ohne Plural› *das Zusammen-, Befreundet-, Begleitetsein; gesellschaftlicher Verkehr:* in schlechte G. geraten; man sah sie in [der] G. von zwei Herren. **sinnv.:** Begleitung, Umgang; ↑Geleit. **Zus.:** Damen-, Herrengesellschaft. **b)** *geselliges, festliches Beisammensein:* eine G. geben. **sinnv.:** ↑Fest. **Zus.:** Abend-, Hochzeits-, Kaffeegesellschaft. **c)** *Kreis von Menschen:* eine gemischte *(sehr unterschiedlich zusammengesetzte)* G. **sinnv.:** Runde. **2.** *Gesamtheit der unter bestimmten politischen, wirtschaftlichen, sozialen Verhältnissen und Formen zusammenlebenden Menschen:* die bürgerliche G. **sinnv.:** ↑Öffentlichkeit. **Zus.:** Ellbogen-, Feudal-, Klassengesellschaft. **3.** *durch Vermögen, Stellung, Bildung o. ä. maßgebende obere Schicht der Bevölkerung:* zur G. gehören. **sinnv.:** Creme [de la Creme], Elite, Establishment, Geldadel, Hautevolee, High-Society, High-Snobiety, Honoratioren, Jet-set, führende Kreise, Notabeln, Oberschicht, Schickeria, Society, die Spitzen/Stützen der Gesellschaft, Upperclass, Upper ten, die oberen Zehntausend. **4.** *Vereinigung [auf Zeit] mit bestimmten Zwekken:* eine wissenschaftliche G.; eine bankrotte G. [mit beschränkter Haftung]. **sinnv.:** ↑Unternehmen. **Zus.:** Aktien-, Bau-, Bibel-, Film-, Flug-, Handels-, Kommandit-, Reise-, Transportgesellschaft.

ge|sell|schaft|lich ‹Adj.›: *die Gesellschaft betreffend, in der Gesellschaft üblich:* die gesellschaftlichen Formen beachten; politische und gesellschaftliche Verhältnisse.

Ge|setz, das; -es, -e: **1.** *[vom Staat erlassene] rechtlich bindende Vorschrift:* ein G. beschließen; gegen ein G. verstoßen. **sinnv.:** Novelle; ↑Weisung. **Zus.:** Arbeitsschutz-, Auswanderungs-, Beamten-, Ehe-, Handels-, Jugendschutz-, Notstands-, Schul-, Strafgesetz. **2.** *festes Prinzip, das das Verhalten oder den Ablauf von etwas bestimmt:* die Gesetze der Natur; das G. der Serie; nach dem G. von Angebot und Nachfrage. **sinnv.:** ↑Regel. **Zus.:** Fall-, Hebel-, Laut-, Moral-, Naturgesetz.

ge|setz|lich ‹Adj.›: *dem Gesetz entsprechend, vom Gesetz bestimmt:* die Eltern sind die gesetzlichen Vertreter des Kindes; ich bin g. zu dieser Abgabe verpflichtet. **sinnv.:** ↑rechtmäßig.

ge|setz|mä|ßig ‹Adj.›: *einem inneren Gesetz folgend:* eine gesetzmäßige Entwicklung; etwas läuft g. ab. **sinnv.:** naturgemäß, natürlich.

ge|setzt ‹Adj.›: *reif, ruhig und besonnen:* für seine Jugend wirkt er überraschend g.; in gesetztem Alter *(nicht mehr ganz jung)* sein. **sinnv.:** ↑ruhig.

ge|setz|wid|rig ‹Adj.›: *gegen das Gesetz verstoßend:* eine gesetzwidrige Handlung. **sinnv.:** illegal, illegitim, kriminell, strafbar, sträflich, unerlaubt, ungesetzlich, unrechtmäßig, unstatthaft, untersagt, unzulässig, verboten, widerrechtlich.

Ge|sicht, das; -s, -er: **1.** *vordere Seite des Kopfes:* ein ovales G.; das G. abwenden. **sinnv.:** Angesicht, Antlitz, Arsch mit Ohren, Fratze, Fresse, Ohrfeigengesicht, Physiognomie, Pokerface, Visage. **Zus.:** Backpfeifen-, Bleich-, Bulldoggen-, Bullenbeißer-, Durchschnitts-, Dutzend-, Galgen-, Kinder-, Madonnen-, Milch-, Mond-, Poker-, Puppengesicht. **2.** ↑*Miene:* ein freundliches, böses G. zeigen, machen.

Ge|sichts|kreis, der; -es, -e: *überschaubarer Umkreis:* er konnte seinen G. erweitern. **sinnv.:** Blickfeld, Gedankenwelt, Gesichtsfeld, Horizont.

Ge|sichts|punkt, der; -[e]s, -e: *bestimmte Möglichkeit, eine Sache anzusehen und zu beurteilen:* das ist ein neuer G.; er geht von einem politischen G. aus. **sinnv.:** Aspekt, Betrachtungsweise, Blickpunkt, -richtung, -winkel, Perspektive, Seite; ↑Argument.

Ge|sichts|was|ser, das; -s, Gesichtswässer: *in flüssiger Form verwendetes kosmetisches Mittel zur Pflege und Reinigung des Gesichts.* **sinnv.:** ↑Lotion.

Ge|sims, das; -es, -e: *waagerecht verlaufender Vorsprung an einer Mauer.* **sinnv.:** Absatz, Sims. **Zus.:** Dach-, Fenster-, Kamingesims.

Ge|sin|del, das; -s: *Menschen, die man verachtet:* ich kann dieses G. nicht ausstehen. **sinnv.:** ↑Abschaum, ↑Element, Pack. **Zus.:** Dieb[e]s-, Lumpengesindel.

ge|sinnt ⟨Adj.; in Verbindung mit einer näheren Bestimmung⟩: *eine bestimmte Gesinnung habend:* er ist sozial g.; jmdm. freundlich g. sein. **sinnv.:** ↑denken. **Zus.:** anders-, edel-, gleich-, gut-, übel-, wohlgesinnt.

Ge|sin|nung, die; -, -en: *Art des Denkens (als Grundlage für das entsprechende Handeln):* von anständiger G. sein; jmdm. seine feindliche G. zeigen; seine [politische] G. wechseln. **sinnv.:** ↑Denkart.

ge|sit|tet ⟨Adj.⟩: *sich gut benehmend:* die Kinder gingen recht g. vor ihren Eltern. **sinnv.:** brav, ↑diszipliniert, ↑gehorsam, wohlerzogen. **Zus.:** wohlgesittet.

Ge|söff, das; -s, -e: *in bezug auf Geschmack, Qualität als in ärgerlicher Weise schlecht empfundenes Getränk:* dieses G. kannst du selber trinken! **sinnv.:** ↑Getränk.

ge|son|nen: ⟨in der Verbindung⟩ g. sein: *die Absicht haben, gewillt sein:* ich bin nicht g., meinen Plan aufzugeben. **sinnv.:** ↑bereit.

Ge|spann, das; -[e]s, -e: **1.** *Wagen mit einem oder mehreren davorgespannten Zugtieren:* ein G. mit vier Pferden. **sinnv.:** Joch, ↑Wagen. **Zus.:** Drei-, Hunde-, Ochsen-, Pferde-, Vier-, Zweigespann. **2.** *zwei auf bestimmte Weise zusammengehörende Menschen:* die beiden Freunde sind ein eigenartiges G. **sinnv.:** Ehepaar, Freundespaar · Paar · Gruppe; ↑Team.

ge|spannt ⟨Adj.⟩: **1.** *voller Erwartung den Ablauf eines Geschehens verfolgend:* ich bin g., ob es ihm gelingt; wir sahen dem Spiel g. zu. **sinnv.:** ↑aufmerksam, neugierig; ↑begierig. **2.** *leicht in Streit übergehend:* die politische Lage ist g.; gespannte Beziehungen. **sinnv.:** explosiv, getrübt, kritisch, spannungsgeladen, verhärtet.

Ge|spenst, das; -[e]s, -er: *furchterregender spukender Geist (in Menschengestalt):* er glaubt an Gespenster. **sinnv.:** Alp, Astralwesen, Dämon, Drude, Erscheinung, Geist, Geistererscheinung, Golem, Mahr, Nachtgespenst, Nachtmahr, Phantom, Schemen, Spuk, Spukgestalt. **Zus.:** Schreckgespenst.

ge|spen|stisch ⟨Adj.⟩: *(wie ein Gespenst) unheimlich, Furcht hervorrufend:* eine gespenstische Erscheinung. **sinnv.:** ↑dämonisch, geisterhaft, gespensterhaft, irrlichternd, koboldhaft, makaber, spukhaft; ↑unheimlich.

Ge|spinst, das; -[e]s, -e: *gesponnenes Garn; [lockeres] Gewebe:* ein feines, grobes G. **sinnv.:** ↑Gewebe. **Zus.:** Seiden-, Wollgespinst · Hirn-, Lügengespinst.

Ge|spräch, das; -[e]s, -e: *mündlicher Austausch von Gedanken zwischen zwei oder mehreren Personen:* ein G. führen; an einem G. teilnehmen. **sinnv.:** Auseinandersetzung, Aussprache, Beratschlagung, Besprechung, Debatte, Dialog, Diskurs, Diskussion, Erörterung, Gedankenaustausch, Geplauder, Hickhack, Interview, Kolloquium, Konversation, Meinungsaustausch, Monolog, Plauderei, Plausch, Podiumsdiskussion, Rede, Redeschlacht, Round-table-Gespräch, Rücksprache, Small talk, Teach-in, Unterhaltung, Unterredung, Verhandlung. **Zus.:** Abrüstungs-, Fach-, Fern-, Orts-, Podiums-, Privat-, Selbst-, Streit-, Telefon-, Tisch-, Unterrichts-, Verkaufs-, Vorstellungs-, Zwiegespräch.

ge|sprä|chig ⟨Adj.⟩: *zum Reden, Erzählen aufgelegt, sich gern unterhaltend:* er ist [heute] nicht sehr g. **sinnv.:** geschwätzig, klatschsüchtig, mitteilsam, quatschig, redefreudig, redelustig, redselig, schwatzhaft, tratschsüchtig; ↑beredt.

Ge|sprächs|part|ner, der; -s, -, **Ge|sprächs|part|ne|rin,** die; -, -nen: *Partner bzw. Partnerin bei einem Gespräch:* er fand in ihr eine anregende Gesprächspartnerin. **sinnv.:** Diskussionsteilnehmer, -partner, Diskutant, Gesprächsteilnehmer.

ge|spreizt ⟨Adj.⟩: *(in bezug auf die Ausdrucksweise) geziert und unnatürlich [wirkend]:* er redet immer so g. **sinnv.:** ↑geziert.

ge|spren|kelt ⟨Adj.⟩: *mit vielen kleinen Tupfen versehen:* eine blau gesprenkelte Krawatte. **sinnv.:** ↑fleckig · ↑Muster. **Zus.:** buntgesprenkelt.

Ge|spür, das; -s: *Fähigkeit, etwas [im voraus] zu erfassen, zu ahnen:* er hatte ein ausgeprägt praktisch-politisches G.; ein G. für die Kunst des Machbaren. **sinnv.:** ↑Gefühl.

Ge|sta|de, das; -s, - (geh.): *Teil des festen Landes, der an das Wasser grenzt:* die G. des Meeres, des Flusses. **sinnv.:** ↑Ufer.

Ge|stalt, die; -, -en: **1. a)** ⟨ohne Plural⟩ *sichtbare äußere Erscheinung (des Menschen im Hinblick auf die Art des Wuchses):* er hat eine kräftige G. **sinnv.:** Erscheinung, Figur, Habitus, Konstitution, Körper, Körperbau, -form, Leib, Statur, Wuchs. **b)** *Person (von der der Sprecher keine genaue und eher eine ungünstige Vorstellung hat):* es waren alles farblose Gestalten; eine heruntergekommene G. mit Schlapphut; mit diesen Gestalten wollte er gar nicht verhandeln. **Zus.:** Elends-, Jammer-, Leidensgestalt. **2. a)** *Persönlichkeit (wie sie sich im Bewußtsein anderer herausgebildet hat):* eine der großen Gestalten des Abendlandes. **sinnv.:** ↑Mensch. **Zus.:** Märtyrergestalt. **b)** *von einem Dichter geschaffene Figur:* die G. des

Hamlet. **sinnv.:** Figur, Person · Charge · Partie, Rolle. **Zus.:** Bühnen-, Christus-, Frauen-, Helden-, Herrscher-, Märchen-, Phantasiegestalt. **3.** ⟨G. + Attribut⟩ *Form eines Gegenstandes:* die Wurzel hat die G. eines Sternes. **sinnv.:** ↑Gebilde. **Zus.:** Blatt-, Boden-, Schädelgestalt.

ge|stal|ten, gestaltete, hat gestaltet: **a)** ⟨tr.⟩ *(einer Sache) eine bestimmte Form, ein bestimmtes Aussehen geben:* einen Stoff literarisch g.; der Park wurde völlig neu gestaltet. **sinnv.:** anfertigen, anlegen; ↑formen; ↑charakterisieren. **b)** ⟨sich g.⟩ *eine bestimmte Form annehmen.* das Fest gestaltete sich ganz anders, als wir erwartet hatten; in der Zukunft wird sich manches anders g. *(wird manches anders aussehen).* **sinnv.:** sich entwickeln, werden.

ge|stän|dig: ⟨in der Verbindung⟩ g. sein: *(eine Tat, ein Unrecht o. ä.) gestehen:* der Angeklagte ist g.

Ge|ständ|nis, das; -ses, -se: *Erklärung, mit der man eine Schuld zugibt:* jmdm. ein G. machen *(jmdm. etwas gestehen);* ein G. ablegen *(eine Schuld [vor dem Richter] gestehen).* **sinnv.:** ↑Bekenntnis · ↑gestehen. **Zus.:** Liebes-, Schuldgeständnis.

Ge|stank, der; -s: *Geruch, der als belästigend, abstoßend, höchst unangenehm empfunden wird:* ein abscheulicher G.; der G. war nicht mehr zu ertragen. **sinnv.:** ↑Geruch. **Zus.:** Aas-, Schwefelgestank.

ge|stat|ten, gestattete, hat gestattet: **a)** ⟨tr.⟩ *[in förmlicher Weise] einwilligen, daß jmd. etwas tut und nicht tut:* er gestattete mir, die Bibliothek zu benutzen; gestatten Sie, daß ich das Fenster öffne?; ⟨auch: sich g.⟩ ich gestatte mir gewisse Freiheiten. **sinnv.:** ↑billigen. **b)** ⟨itr.⟩ *die Möglichkeit geben:* mein Einkommen gestattet mir keine großen Reisen. **sinnv.:** ↑erlauben.

Ge|ste, die; -, -n: *Bewegung der Hände oder Arme, die die Rede begleitet oder auch ersetzt:* er sprach mit lebhaften Gesten; sie machte eine zustimmende G. **sinnv.:** ↑Gebärde.

ge|ste|hen, gestand, hat gestanden ⟨tr.⟩: **1.** *eine Tat, ein Unrecht zugeben, das getan zu haben man in Verdacht steht:* eine Schuld g.; er hat gestanden, daß er den Mord begangen hat; „Ich habe dein Zimmer durchsucht", gestand er beschämt. **2.** *etwas, worüber man eigentlich nicht so ohne weiteres spricht, weil man Hemmungen oder Bedenken hat, offen aussprechen:* er gestand ihr/ihm seine Liebe; ich muß g., daß ich großen Hunger habe; offen gestanden habe ich Angst vor dieser Entscheidung. **sinnv.:** auspacken, eine Aussage machen, aussagen, eine Beichte ablegen, beichten, bekennen, eingestehen, einräumen, jmdm. etwas entdecken/eröffnen, Farbe bekennen, geständig sein, ein Geständnis ablegen/machen, sein Gewissen erleichtern, [mit der Sprache] herausrücken, die Hosen runterlassen, die Karten aufdecken/offen auf den Tisch legen, offenbaren, singen, zugeben.

Ge|stein, das; -s, -e: *die festen Bestandteile in der Erde.* **sinnv.:** Fels, Felsblock, Felsbrocken, Felsen, Geröll, Stein. **Zus.:** Eruptiv-, Sediment-, Tiefen-, Urgestein.

Ge|stell, das; -s, -e: **a)** *Aufbau aus Stangen, Brettern o. ä., auf den man etwas stellen oder legen kann:* die Flaschen liegen auf einem G. **sinnv.:** Ablage, Bord, Etagere, Regal, Stellage · Bock, Dreifuß, Fußgestell, Ständer, Stativ, Untergestell, Unterteil. **Zus.:** Blumen-, Bücher-, Flaschen-, Holzgestell. **b)** *fester Rahmen:* das G. der Maschine.

ge|stern ⟨Adverb⟩: *einen Tag vor heute:* ich habe ihn g. gesehen; g. abend. **sinnv.:** ↑damals.

ge|sti|ku|lie|ren ⟨itr.⟩: *mit Händen und Armen lebhafte Gebärden machen:* die Leute gestikulieren und reden aufgeregt durcheinander. **sinnv.:** Gesten machen, mit den Händen fuchteln, herumfuchteln.

Ge|stirn, das; -[e]s, -e: *leuchtender Körper am Himmel:* der Lauf der Gestirne. **sinnv.:** ↑Himmelskörper. **Zus.:** Drei-, Siebengestirn.

ge|streift ⟨Adj.⟩: *mit Streifen versehen:* der Tiger hat ein gestreiftes Fell. **sinnv.:** geringelt · ↑Muster. **Zus.:** grün-, längs-, quergestreift.

ge|stri|chelt ⟨Adj.⟩: *aus kurzen Strichen bestehend:* eine gestrichelte Linie.

gest|rig ⟨Adj.⟩: *am vorangegangenen Tage gewesen; von gestern:* die gestrige Zeitung; unser gestriges Gespräch.

Ge|strüpp, das; -s, -e: *dichtes, nach allen Seiten wachsendes Gesträuch:* er bahnte sich einen Weg durch das G. **sinnv.:** ↑Dikkicht, Dschungel, Strauchwerk. **Zus.:** Dornen-, Paragraphengestrüpp.

Ge|stüt, das; -[e]s, -e: *Zuchtstätte für Pferde:* der Hengst kommt aus einem berühmten G. **sinnv.:** Pferdezucht, Pferdezuchtanstalt, Pferdezüchterei.

Ge|such, das; -[e]s, -e: *schriftlich abgefaßte Bitte [an eine Behörde]:* ein G. einreichen, ablehnen. **sinnv.:** ↑Anfrage, Antrag, Bettelbrief, Bittschreiben, ↑Bittschrift, Eingabe, Petition, Supplik; ↑Bitte.

ge|sund, gesünder, gesündeste ⟨Adj.⟩: **1. a)** *frei von Krankheit* /Ggs. krank/: ein gesundes Kind; gesunde Zähne haben; g. sein, werden. **sinnv.:** über den Berg, blühend, frisch, kraftstrotzend, kregel, [gesund und] munter, normal, rüstig, stabil; ↑fit · gutgehen; kurieren. **Zus.:** kerngesund. **b)** *der allgemeinen Beurteilung nach richtig, vernünftig:* er hat gesunde Anschauungen. **2.** *die Gesundheit fördernd:* gesunde Luft; Wandern ist g. **sinnv.:** ↑bekömmlich; ↑nahrhaft.

ge|sun|den, gesundete, ist gesundet ⟨itr.⟩: *gesund werden:* nach der schweren Krankheit ist er verhältnismäßig schnell wieder gesundet. **sinnv.:** ↑genesen.

Ge|sund|heit, die; -: *das Gesundsein* /Ggs. Krankheit/: du mußt etwas für deine [angegriffene] G. tun. **sinnv.:** gutes Befinden, Rüstigkeit, Wohlbefinden, Wohlsein. **Zus.:** Volksgesundheit.

ge|sund|heit|lich ⟨Adj.⟩: *die Gesundheit betreffend:* er hat gesundheitlichen Schaden erlitten; es geht ihm g. nicht gut. **sinnv.:** körperlich, physisch.

ge|sund|sto|ßen, sich; stößt sich gesund, stieß sich gesund, hat sich gesundgestoßen (ugs.): *bei einem Geschäft o. ä. auf geschickte, mit gewissem Argwohn betrachtete Weise zu reichlich viel Geld kommen:* die Firma hat sich mit diesem Artikel gesundgestoßen. **sinnv.:** ↑Profit.

Ge|tränk, das; -[e]s, -e: *zum Trinken zubereitete Flüssigkeit:* Getränke verkaufen; er bat um ein erfrischendes G. **sinnv.:** Alkoholitäten, Brühe, Drink, Erfrischung, ↑Flüssigkeit, Gebräu, Gesöff, Plempe, Plörre, Trank,

Trinkbares, Trunk. **Zus.:** Erfrischungs-, Heiß-, Kalt-, Mix-, Nationalgetränk.

ge|trau|en, sich: *den Mut haben (etwas zu tun):* ich getraue mich nicht, ihn anzureden. **sinnv.:** ↑wagen.

Ge|trei|de, das; -s, -: *Pflanzen, die angebaut werden, um aus den Körnern Mehl u. ä. zu gewinnen:* das G. wird reif; Weizen ist ein wichtiges G. **sinnv.:** Dinkel, Feldfrucht, ↑Frucht, Gerste, Grünkern, Hafer, Hirse, Korn, Körnerfrucht, Mais, Reis, Roggen, Weizen. **Zus.:** Brot-, Futter-, Saat-, Sommer-, Wintergetreide.

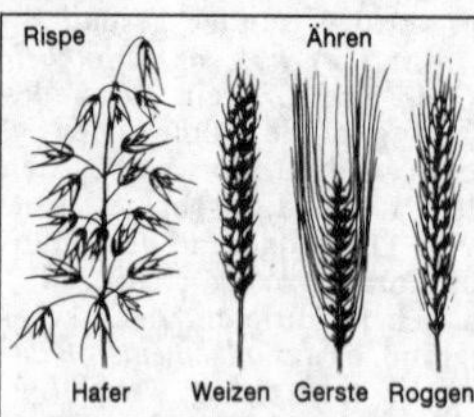

ge|treu ‹Adj.›: **1.** ↑*treu:* g. bis in den Tod. **2.** ***einer Sache g. /g. einer Sache:** *einer Sache gemäß, entsprechend:* seinem Vorsatz, Entschluß g. handeln; etwas der Wahrheit g. berichten; vgl. -getreu. **3.** *der Wahrheit, Wirklichkeit entsprechend:* eine getreue Wiedergabe. **sinnv.:** ↑genau, minuziös, präzise.

-ge|treu ‹adjektivisches Suffixoid›: */dem im Basiswort Genannten genau entsprechend, es genau wiedergebend; genauso, wie die im Basiswort genannte Vorlage/:* buchstaben- (eine buchstabengetreue Übersetzung = *eine Übersetzung, die sich ganz genau an den vorliegenden Text hält*), detail- (einen Film detailgetreu nach den Akten der Polizei drehen), klang-, laut-, lebens-, maßstab-, natur-, original- (originalgetreuer Nachdruck), stil-, tatsachen-, text-, wahrheits- (wahrheitsgetreuer Bericht), wirklichkeits-, wortgetreu. **sinnv.:** -gemäß, -genau, -gerecht, -mäßig.

Ge|trie|be, das; -s, -: *Vorrichtung in Maschinen und Fahrzeugen, die Bewegungen überträgt:* das G. des Autos. **sinnv.:** Maschinerie, Räderwerk. **Zus.:** Ausgleichs-, Differential-, Zahnradgetriebe.

ge|trost ‹Adj.›: *vertrauensvoll, ruhig, ohne etwas fürchten zu müssen:* du kannst g. zu ihm gehen.

Get|to, das; -s, -s: *[von den übrigen Stadtvierteln abgetrenntes] Wohngebiet, in dem eine bestimmte Gruppe von [diskriminierten] Menschen wohnt.* **sinnv.:** Viertel. **Zus.:** Ausländer-, Judengetto.

Ge|tue, das; -s: *unecht wirkendes Benehmen, als geziert empfundenes Verhalten:* vornehmes, väterliches, christliches G.; ich habe genug von diesem dummen G. **sinnv.:** Affentheater, Affenzeck, Gedöns, viel Lärm um nichts, Mache, Rummel, Spektakel, Tamtam, Theater, Wirbel, Zirkus · Gehabe, Sperenzchen, Umstände, Ziererei.

Ge|tüm|mel, das; -s: *erregtes Durcheinander von Menschen:* das G. eines Kampfes, eines Festes. **sinnv.:** ↑Ansammlung. **Zus.:** Kampf-, Schlacht-, Weltgetümmel.

Ge|wächs, das; -es, -e: *(aus der Erde) Gewachsenes, nicht näher charakterisierte Pflanze:* in seinem Garten gibt es seltene Gewächse. **sinnv.:** ↑Pflanze; ↑Wein. **Zus.:** Dolden-, Garten-, Nachtschatten-, Stauden-, Tropengewächs.

ge|wach|sen: ‹in der Verbindung› jmdm./einer Sache g. sein: *mit jmdm./mit einer Sache fertig werden, zum Widerstand gegen jmdn., zur Bewältigung von etwas fähig sein.* **sinnv.:** ↑aufnehmen; ↑bewältigen.

ge|wagt ‹Adj.›: *so beschaffen, daß der Erfolg, die Resonanz fraglich ist, daß Ablehnung, Mißerfolg einkalkuliert werden muß:* gewagte Chansons; ein gewagtes Unternehmen. **sinnv.:** ↑delikat; ↑gefährlich.

ge|wählt ‹Adj.›: *(in der Ausdrucksweise) gehoben:* er drückt sich immer sehr g. aus. **sinnv.:** exklusiv, fein, gehoben, gepflegt, geschmackvoll, kultiviert, nobel, vornehm; ↑geziert.

Ge|währ, die; -: *etwas, was die Versicherung enthält, was verbürgt, daß etwas so, wie erwartet, angegeben o. ä., ist:* der hohe Preis ist noch keine G. für Güte; das ist eine G. für Sicherheit, gegen Erkältungen; G. für etwas bieten, leisten; die Angaben erfolgen ohne G. [für die Richtigkeit]. **sinnv.:** ↑Sicherheit.

ge|wäh|ren 1. ‹tr.›: **a)** *(jmdm. etwas Gewünschtes o. ä.) großzügig geben, bewilligen:* die Bank gewährte dem Unternehmen einen hohen Kredit; er gewährte *(gab, bot)* den Flüchtlingen Unterkunft und Schutz. **sinnv.:** bewilligen, einräumen, erlauben, geben, zugestehen, zuteil werden lassen. **b)** (geh.) *(jmds. Wunsch o. ä.) nachkommen, erfüllen:* er hat ihm die Bitte gewährt. **sinnv.:** (einem Wunsch) entsprechen, (einer Bitte) stattgeben. **2. *jmdn. g. lassen:** *jmdn. bei seinem Tun nicht stören, nicht hindern.* **sinnv.:** die Freiheit lassen, freien Lauf lassen, den Willen lassen; ↑billigen.

ge|währ|lei|sten, gewährleistete, hat gewährleistet ‹tr.›: *dafür sorgen, Gewähr dafür sein, daß etwas so ist, verläuft, wie erwartet, angegeben:* die Sicherheit g. **sinnv.:** bürgen für, verbriefen, verbürgen; ↑einstehen.

Ge|wahr|sam: ‹in bestimmten Verbindungen› etwas in G. haben/halten/nehmen *(etwas verwahren, sicher aufbewahren);* jmdn. in G. nehmen/setzen *(jmdn. in Haft nehmen, verhaften).* **sinnv.:** ↑aufbewahren; ↑verhaften; ↑Freiheitsstrafe; ↑Haft.

Ge|währs|mann, der; -[e]s, Gewährsmänner und Gewährsleute: *jmd., auf dessen Aussage man sich berufen kann:* er ist mein G. **sinnv.:** Hintermann, Informant, Kontaktmann, Quelle, Verbindungsmann, V-Mann; ↑Spion.

Ge|walt, die; -, -en: **1.** *Macht und Befugnis, Recht und die Mittel, über jmdn./etwas zu bestimmen, zu herrschen:* die elterliche, staatliche G.; G. über jmdn. haben. **sinnv.:** ↑Fähigkeit; ↑Einfluß. **Zus.:** All-, Amts-, Befehls-, Exekutiv-, Kommando-, Polizei-, Regierungs-, Staats-, Verfügungsgewalt. **2.** ‹ohne Plural› *rücksichtslos angewandte Macht; unrechtmäßiges Vorgehen:* G. leiden müssen; in diesem Staat geht G. vor Recht. **sinnv.:** Macht, Willkür, Zwang. **Zus.:** Waffengewalt. **3.** ‹ohne Plural› *körperliche Kraft; Anwendung physischer Stärke:* er öffnete die Tür mit G.; der Betrunkene wurde mit G. aus der Gaststätte gebracht. **sinnv.:** Gewaltsamkeit. **Zus.:** Brachialgewalt. **4.** ‹G. + Attribut› *elementare Kraft:* die G. des Sturmes, der Wellen, den Gewalten des Unwetters trotzen. **sinnv.:** Druck, Härte, Vehemenz, Wucht. **Zus.:** Elementar-, Natur-, Schicksals-, Urgewalt.

ge|wạlt|frei ⟨Adj.⟩: *frei von aggressiver physischer Gewaltanwendung:* gewaltfreie Aktionen. **sinnv.:** friedlich, gewaltlos.

ge|wạl|tig ⟨Adj.⟩: **1.** *über eine große Macht verfügend:* er war der gewaltigste Herrscher in Europa. **sinnv.:** ↑mächtig. **2.** (emotional) **a)** *sehr groß:* ein gewaltiger Felsen; er hat gewaltige Schmerzen; der Fortschritt ist g.; er hat einen gewaltigen Hunger. **sinnv.:** ausgedehnt, ↑außergewöhnlich, ↑enorm, ernsthaft, exorbitant, ↑gehörig, gigantisch, grob, groß, heftig, immens, irre, irrsinnig, kolossal, kompakt, ↑mächtig, märchenhaft, massiv, monströs, monumental, reich, riesig, schwer, schwerwiegend, stark, titanisch, überdimensional, überlebensgroß, ↑übermäßig, ↑übermenschlich, umfangreich, ungeheuer, ↑unsagbar, voluminös. **b)** ⟨verstärkend bei Adjektiven und Verben⟩ ↑*sehr:* er hat sich g. angestrengt.

ge|wạlt|sam ⟨Adj.⟩: **1.** *unter Anwendung physischer Kraft [durchgeführt]:* er öffnete g. die Tür. **sinnv.:** mit Gewalt. **2.** *mit Zwang [durchgeführt]:* der Streik wurde g. unterdrückt. **sinnv.:** zwangsweise.

ge|wạlt|tätig ⟨Adj.⟩: *seinen Willen mit [roher] Gewalt durchsetzend:* er ist ein gewalttätiger Mensch. **sinnv.:** ↑handgreiflich; ↑unbarmherzig.

Ge|wạnd, das; -[e]s, Gewänder: *[festliches] Kleidungsstück:* ein prächtiges, wallendes G. **sinnv.:** ↑Kleid. **Zus.:** Frauen-, Buß-, Fest-, Meß-, Mönchs-, Nacht-, Ober-, Pracht-, Priester-, Prunk-, Purpur-, Sonntags-, Sterbe-, Untergewand.

ge|wạndt ⟨Adj.⟩: *sicher und geschickt:* er hat ein gewandtes Auftreten; er ist sehr g. und weiß mit Menschen umzugehen. **sinnv.:** agil, flexibel, geschliffen, weltgewandt, weltläufig, weltmännisch · praktisch; ↑fingerfertig; ↑gelenkig; ↑geschickt; ↑schlau. **Zus.:** geschäfts-, lebens-, rede-, sprachgewandt.

Ge|wạndt|heit, die; -: *das Gewandtsein, gewandtes Wesen.* **sinnv.:** Agilität, Beweglichkeit, Eleganz, Flexibilität, Gelenkigkeit, Geschicklichkeit, Körperbeherrschung, Mobilität · Erfahrenheit, Erfahrung, Fertigkeit, Fingerfertigkeit, Geschick, Geschicklichkeit, Kunstfertigkeit, Praxis, Routine · sicheres Auftreten, Diplomatie, Sicherheit. **Zus.:** Geschäfts-, Lebens-, Rede-, Weltgewandtheit.

Ge|wạ̈sch, das; -s: *nichtssagendes, als lästig empfundenes Reden:* mit diesem G. wird dieser Schwätzer nichts erreichen. **sinnv.:** ↑Gerede.

Ge|wạ̈s|ser, das; -s, -: *Ansammlung von [stehendem] Wasser, deren Größe nicht näher bestimmt ist:* ein stilles, mit Schilf fast zugewachsenes G. **sinnv.:** Binnenmeer, -see, -wasser, ↑Meer, ↑See, Wasser; ↑Mündung. **Zus.:** Binnen-, Küstengewässer.

Ge|we̱|be, das; -s, -: **1.** *Stoff aus kreuzförmig gewebten Fäden:* ein feines, leinenes G. **sinnv.:** Gespinst, Gestrick, Gewirk, Stoff · Geflecht, Netz; ↑Faser; ↑Textilien. **Zus.:** Baumwoll-, Leinen-, Misch-, Wollgewebe · Lügengewebe · weben. **2.** *Substanz, die aus miteinander in Zusammenhang stehenden Zellen mit annähernd gleicher Struktur und Funktion besteht* /bei Pflanzen, Tieren und beim Menschen/: viele Krankheiten zerstören das G. des Körpers. **Zus.:** Bindegewebe.

Ge|we̱hr, das; -s, -e: *Schußwaffe mit langem Lauf* (siehe Bildleiste „Schußwaffen"): das G. laden. **sinnv.:** ↑Schußwaffe. **Zus.:** Dienst-, Jagd-, Kleinkaliber-, Luft-, Maschinen-, Schieß-, Schnellfeuergewehr · Seitengewehr.

Ge|we̲ih, das; -[e]s, -e: *zackige Hörner (auf dem Kopf von Hirsch, Rehbock u. a.).* **sinnv.:** Gehörn, Gestänge, Hörner, Schaufeln, Spieße, Stangen. **Zus.:** Elch-, Hirsch-, Schaufelgeweih.

Ge|wẹr|be, das; -s, -: *[selbständige] auf Erwerb ausgerichtete berufsmäßige Tätigkeit:* ein G. ausüben. **sinnv.:** ↑Beruf. **Zus.:** Bau-, Gast-, Kunstgewerbe.

Ge|wẹrk|schaft, die; -, -en: *Organisation der Arbeitnehmer zur Durchsetzung ihrer [sozialen] Interessen:* er ist Mitglied der G. **sinnv.:** Arbeitnehmerorganisation, -verband, -vertretung · Tarifpartner. **Zus.:** Eisenbahner-, Hafenarbeiter-, Industrie-, Transportarbeitergewerkschaft.

Ge|wẹrk|schaf|ter, Ge|wẹrk|schaft|ler, der; -s, -: *Mitglied einer Gewerkschaft [mit besonderen führenden Aufgaben].*

Ge|wịcht, das; -[e]s, -e: **1. a)** ⟨ohne Plural⟩ *Größe der Kraft, mit der ein Körper auf seine Unterlage drückt oder nach unten zieht; Schwere, Last eines Körpers:* das Paket hatte ein G. von 3 kg. **sinnv.:** Last, Schwere · Doppelzentner, Gramm, Kilo, Kilogramm, Pfund, Tonne, Zentner · Karat · Gran, Lot, Quentchen, Unze; ↑wiegen; ↑schwer. **Zus.:** Atom-, Bantam-, Brutto-, Eigen-, Feder-, Fliegen-, Frisch-, Füll-, Gegen-, Gesamt-, Gleich-, Körper-, Lebend-, Leer-, Leicht-, Maximal-, Mittel-, Molekular-, Münz-, Netto-, Schlacht-, Schwer-, Über-, Unter-, Verpackungsgewicht. **b)** *Körper mit einer bestimmten Schwere:* er legte drei Gewichte auf die Waage. **Zus.:** Blei-, Eich-, Kilo-, Zentnergewicht. **2.** *Bedeutung, Wichtigkeit:* dieser Vorfall hat kein G., ist ohne G.; er legt großes G. *(großen Wert)* auf gute Umfangsformen. **sinnv.:** ↑Ansehen, ↑Bedeutung, ↑Einfluß, ↑Ernst, ↑Nachdruck · ↑betonen · ↑wichtig; ↑nachdrücklich.

ge|wịch|tig ⟨Adj.⟩: *[in einem bestimmten Zusammenhang] bedeutungsvoll:* er hat gewichtige Gründe für diese Ansicht; er tat sehr g. **sinnv.:** ↑ernst, ↑wichtig; ↑hochtrabend, ↑nachdrücklich.

ge|wi̲eft ⟨Adj.⟩ (ugs.): *so schlau und gewitzt, daß der Betreffende sich nicht übervorteilen läßt und eigene Vorteile wahrzunehmen versteht:* das ist ein ganz gewiefter Geschäftsmann, der jede Gelegenheit zum Profit nutzt. **sinnv.:** ↑schlau.

Ge|wịn|de, das; -s, -: *an einer Schraube oder in der Mutter einer Schraube fortlaufende eingeschnittene Rille.* **sinnv.:** Windung. **Zus.:** Links-, Rechts-, Schrauben-, Whitworthgewinde.

Ge|wịnn, der; -[e]s, -e: **1.** *Summe, Ertrag, der mehr erzielt, eingenommen worden ist als die Menge dessen, die ursprünglich vorhanden gewesen ist oder die aufgewendet worden ist* /Ggs. Verlust/: das Unternehmen arbeitet mit G. **sinnv.:** ↑Ertrag. **Zus.:** Börsen-, Brutto-, Millionen-, Netto-, Rein-, Riesen-, Unternehmergewinn · Geländede-, Stimmen-, Zeitgewinn. **2. a)** *Los, das gewinnt:* jedes Los ist ein G. **sinnv.:** ↑Treffer; ↑Preis. **Zus.:** Höchst-, Millionengewinn. **b)** *etwas, was als Preis für etwas ausgesetzt worden ist:* als G. winkt eine Reise in die USA.

ge|win|nen, gewann, hat gewonnen: **1.** ⟨tr.⟩ *(einen Kampf) zu seinen Gunsten, für sich entscheiden; in etwas Sieger sein* /Ggs. verlieren/: ein Spiel, einen Kampf, Prozeß g.; er gewann den 100-m-Lauf *(wurde Erster);* ⟨auch itr.⟩ er hat [in diesem Spiel] hoch gewonnen. **sinnv.:** ↑siegen. **2. a)** ⟨tr.⟩ *durch eigene Anstrengungen und zugleich durch günstige Umstände erwerben, erlangen, bekommen:* einen Vorteil, Vorsprung g.; Reichtümer g.; großes Ansehen, jmds. Gunst, Einblick in etwas g. **b)** ⟨tr./itr.⟩ *durch Glück erlangen, bekommen:* er hat im Lotto [100 Mark] gewonnen; bei der Verlosung ein Auto g.; jedes Los gewinnt *(jedes Los ist ein Treffer, bringt einen Gewinn).* **c)** ⟨itr.⟩ *(an etwas) zunehmen* /Ggs. verlieren/: das Flugzeug gewann an Höhe; er hat an Ansehen gewonnen; das Problem gewinnt an Klarheit *(wird klarer);* durch den Rahmen hat das Bild sehr gewonnen *(ist das Bild eindrucksvoller, schöner geworden).* **3.** ⟨tr.⟩ *(jmdn.) überreden, dazu bringen, sich an etwas zu beteiligen oder sich für etwas einzusetzen:* die Firma hat mehrere Fachleute für das neue Projekt gewonnen. **sinnv.:** (jmdn. für etwas) interessieren/werben, sich jmds. Mitarbeit/Unterstützung sichern; ↑erobern. **4.** ⟨tr.⟩ *aus der Erde herausholen, fördern:* Kohlen, Erze g.; Saft aus Äpfeln g. *(herstellen).* **sinnv.:** ↑destillieren.

Ge|wirr, das; -[e]s: *wirres Durcheinander:* ein G. von Straßen und Gassen; ein G. von Stimmen. **sinnv.:** ↑Wirrwarr. **Zus.:** Menschen-, Stimmengewirr.

ge|wiß: I. ⟨Adj.⟩ **1.** *ohne jeden Zweifel; gesichert* /Ggs. ungewiß/: seine Niederlage, Bestrafung ist g.; er war sich seines Erfolges g. *(war von seinem Erfolg überzeugt);* soviel ist g. *(es steht fest),* daß wir dieses Jahr nicht verreisen können; etwas als g. *(gesichert)* ansehen. **sinnv.:** ausgemacht, bestimmt, feststehend, sicher, unbezweifelbar, ↑unstreitig, verbürgt. **Zus.:** siegesgewiß. **2. a)** *nicht näher bezeichnet; nicht genauer bestimmt:* ich habe ein gewisses Gefühl, als ob...; aus einem gewissen Grunde möchte ich zu dieser Frage nicht Stellung nehmen; in gewissen Kreisen spricht man über diese Vorgänge. **b)** *nicht sehr groß, aber doch vorhanden:* eine gewisse Distanz einhalten; sein Buch erregte ein gewisses Aufsehen. **sinnv.:** bestimmt, ziemlich. **II.** ⟨Adverb⟩ *sicherlich, wahrscheinlich; auf jeden Fall; ohne jeden Zweifel:* er wird g. bald kommen. **sinnv.:** ↑allemal, ↑bestimmt, auf Ehre und Gewissen, ehrlich [wahr], [traun] fürwahr, weiß Gott, bei Gott, Hand aufs Herz, ↑ja, ohne daß ich lüge, sage und schreibe, sicher, mit Sicherheit, in der Tat, tatsächlich, ohne Übertreibung, nicht übertrieben, ungelogen, unstreitig, unweigerlich, wahrhaftig, wahrlich, wirklich.

Ge|wis|sen, das; -s, -: *sittliches Bewußtsein von Gut und Böse:* er hat ein sehr kritisches G. **sinnv.:** innere Stimme, Über-Ich · Reue, Schuldgefühl · ↑gestehen.

ge|wis|sen|haft ⟨Adj.⟩: *mit großer Genauigkeit und Sorgfalt vorgehend:* ein gewissenhafter Beamter; g. arbeiten. **sinnv.:** akkurat, ängstlich, ↑eigen, [peinlich] genau, gründlich, minuziös, pedantisch, peinlich, penibel, pünktlich, ↑säuberlich, sorgfältig, sorgsam, verantwortungsvoll.

ge|wis|sen|los ⟨Adj.⟩: *kein sittliches Empfinden für Gut und Böse [besitzend]:* ein gewissenloser Verbrecher; g. handeln. **sinnv.:** ↑hemmungslos; ↑rücksichtslos.

Ge|wis|sens|bis|se, die ⟨Plural⟩: *quälendes Bewußtsein, unrecht gehandelt zu haben; Bewußtsein, schuld an etwas zu sein:* heftige G. haben. **sinnv.:** ↑Skrupel.

ge|wis|ser|ma|ßen ⟨Adverb⟩: *in gewissem Sinne, Grade; soviel wie:* er war g. nur Helfer. **sinnv.:** an und für sich, eigentlich, gleichsam, im Grunde [genommen], quasi, so gut wie, sozusagen.

Ge|wiß|heit, die; -: *sichere Kenntnis (von etwas); nicht zu bezweifelndes Wissen:* es war keine G. über den Vorfall zu erlangen; ich muß G. darüber bekommen, ob er uns betrügt oder nicht. **sinnv.:** ↑Bewußtsein; ↑Garantie. **Zus.:** Selbst-, Siegesgewißheit.

Ge|wit|ter, das; -s, -: *vorübergehendes Unwetter mit Blitz, Donner [und heftigen Niederschlägen]:* ein schweres, nächtliches G. **sinnv.:** Wetterleuchten; ↑Unwetter. **Zus.:** Wärme-, Wintergewitter.

ge|wit|zigt: ⟨in der Wendung⟩ durch Erfahrung g. sein: *durch Erfahrung schlau geworden sein.*

ge|witzt ⟨Adj.⟩: *mit praktischem Verstand begabt:* ein gewitzter Geschäftsmann. **sinnv.:** ↑schlau.

ge|wöh|nen ⟨tr./sich g.⟩: *(jmdm./sich etwas) zur Gewohnheit machen; (mit jmdm.) vertraut machen:* ein Kind an Sauberkeit g.; sie konnte sich nicht an die Kälte g.; er ist an schwere Arbeit gewöhnt. **sinnv.:** sich abfinden/anfreunden/aussöhnen mit; sich ↑anpassen.

Ge|wohn|heit, die; -, -en: *das, was man immer wieder tut, so daß es schon selbstverständlich ist; zur Eigenschaft gewordene Handlungsweise:* das abendliche Glas Wein war ihm zur lieben G. geworden; sie trank gegen ihre G. einen Whisky; das widersprach seinen Gewohnheiten. **sinnv.:** ↑Brauch. **Zus.:** Kauf-, Lebens-, Trinkgewohnheit.

ge|wöhn|lich ⟨Adj.⟩: **1.** *durchschnittlichen, normalen Verhältnissen entsprechend; durch keine Besonderheit hervorgehoben, auffallend:* unsere gewöhnliche Beschäftigung; ein Mensch wie er findet sich im gewöhnlichen Leben nur schwer zurecht; [für] g. *(im allgemeinen)* kommt er um sieben. **sinnv.:** ↑alltäglich, ↑banal, profan; ↑generell; ↑üblich. **2.** *in seinem Erscheinen oder Auftreten niedriges Niveau verratend:* ein äußerst gewöhnlicher Mensch; er benahm sich sehr g. **sinnv.:** ↑gemein, ordinär, pöbelhaft, ↑primitiv, proletenhaft, schnöde, unfein, unflätig, vulgär; ↑böse; ↑frech; ↑unhöflich · ↑anrüchig; ↑gering.

ge|wohnt ⟨Adj.⟩: *(jmdm. durch langen Umgang o. ä.) vertraut, zur Gewohnheit geworden:* die gewohnte Arbeit, Umgebung; in gewohnter Weise; er war es g., daß man ihm wenig Aufmerksamkeit schenkte; er ist schwere Arbeit g. **sinnv.:** ↑üblich; ↑vertraut. **Zus.:** ungewohnt.

Ge|wöh|nung, die; -: *das Sichgewöhnen:* die G. an eine neue Umgebung. **sinnv.:** Anpassung, Akklimatisation, Akklimatisierung. **Zus.:** Ein-, Umgewöhnung.

Ge|wöl|be, das; -s, -: **1.** *ge-*

wölbte Decke eines Raumes: das G. der Kapelle wird von acht Säulen getragen. **sinnv.:** Dom, Kuppel, Wölbung. **Zus.:** Decken-, Kreuz-, Tonnengewölbe. **2.** *niedriger, dunkler Raum mit gewölbter Decke:* der Laden des Antiquars war ein dunkles G.

Ge|wühl, das; -[e]s: *lebhaftes Durcheinander sich hin und her bewegender und sich drängender Menschen:* er verschwand im G. **sinnv.:** ↑Ansammlung.

Ge|würz, das; -es, -e: *(aus bestimmten Pflanzenteilen bestehendes oder künstlich hergestelltes) Mittel zum Würzen von Speisen:* ein scharfes G. **sinnv.:** Aroma, Würze, Würzmittel. **Zus.:** Fisch-, Gurken-, Küchengewürz.

ge|zackt ⟨Adj.⟩: *mit Zacken versehen:* ein gezacktes Blatt. **sinnv.:** gezähnt, zackig.

Ge|zänk, das; -[e]s: *länger andauerndes Zanken:* das G. der streitenden Nachbarn. **sinnv.:** ↑Streit.

Ge|zei|ten, die ⟨Plural⟩: *Ebbe und Flut in ihrem Wechsel.* **sinnv.:** Gezeitenwechsel, Tide; ↑Ebbe; ↑Flut.

Ge|ze|ter, das; -s: *länger andauerndes Zetern:* über etwas ein G. anstimmen. **sinnv.:** ↑Geschrei.

ge|zie|men ⟨itr.⟩ /vgl. geziemend/: **1.** *(jmdm.) auf Grund seiner Stellung o. ä. zukommen:* es geziemt dir nicht, hier mitzureden. **2.** ⟨sich g.⟩ *sich gehören, dem Gebot der Höflichkeit entsprechen:* es geziemt sich nicht für dich, als erster Wünsche anzumelden; er blickte ernst, wie es sich bei solch einem Anlaß geziemt. **sinnv.:** sich ↑ziemen.

ge|zie|mend ⟨Adj.⟩: *dem Takt, der Höflichkeit entsprechend:* für etwas die geziemenden Worte finden. **sinnv.:** angebracht, angemessen, gebührend, schuldig, schicklich.

ge|ziert ⟨Adj.⟩: *unnatürlich, gekünstelt, unecht wirkend:* sich g. benehmen. **sinnv.:** affektiert, affig, geschraubt, geschwollen, gespreizt, gestelzt, gesucht, ↑gewählt, manieriert, theatralisch.

Ge|zwit|scher, das; -s: *länger andauerndes Zwitschern:* das G. der Vögel.

Gicht, die; -: *(durch eine Störung des Stoffwechsels verursachte) Krankheit, die sich bes. in schmerzhaften Entzündungen an den Gelenken äußert:* an G. leiden; von der G. gekrümmte Finger.

Gie|bel, der; -s, -: *der spitz zulaufende dreieckige, obere Teil der Wand eines Gebäudes, der zu beiden Seiten von dem schräg ansteigenden Dach begrenzt wird:* der G. hatte keine Fenster. **Zus.:** Dach-, Treppen-, Volutengiebel.

Gier, die; -: *auf Genuß, Besitz und Erfüllung von Wünschen gerichtetes, heftiges, ungezügeltes Verlangen:* seine G. nicht bezähmen können. **sinnv.:** ↑Leidenschaft.

gie|rig ⟨Adj.⟩: *von Gier erfüllt:* gierige Blicke; etwas g. verschlingen. **sinnv.:** ↑begierig.

gie|ßen, goß, hat gegossen: **1.** ⟨tr.⟩ *(eine Flüssigkeit) durch Neigen des Gefäßes aus diesem herausfließen, in ein anderes Gefäß fließen, über etwas rinnen, laufen lassen:* Tee in die Tasse g.; ich habe mir den Kaffee aufs/übers Kleid gegossen. **sinnv.:** ↑einschenken, ↑schütten. **2.** ⟨tr.⟩ *(mit Hilfe einer Gießkanne) mit Wasser versorgen:* Blumen, die Beete g. **sinnv.:** ausgießen, begießen, vergießen. **3.** ⟨tr.⟩ *(etwas) herstellen, indem man eine geschmolzene Masse in eine Form fließen läßt:* Kugeln, Glocken g.; eine Statue aus Metall g. **4.** ⟨itr.⟩ (emotional) *sehr stark regnen:* es gießt in Strömen. **sinnv.:** ↑regnen.

Gift, das; -[e]s, -e: *Stoff, der im Körper eine schädliche oder tödliche Wirkung hervorruft:* ein sofort wirkendes, schleichendes G. **sinnv.:** Giftstoff, Toxikum, Toxin. **Zus.:** Gegen-, Genuß-, Leichen-, Ratten-, Rausch-, Schlangengift.

gif|tig ⟨Adj.⟩: **1.** *ein Gift enthaltend:* giftige Pflanzen, Pilze. **sinnv.:** gifthaltig, schädlich, toxisch, ungenießbar. **Zus.:** ungiftig. **2.** (emotional) **a)** *böse und haßerfüllt:* giftige Blicke; er wird leicht g. in seinen Reden. **sinnv.:** animos, ↑böse, feindselig, ↑rabiat. **b)** *(auf eine stechende Farbe, einen stechenden Farbton, bes. auf Grün bezogen) für den Betrachter unangenehm grell:* ein giftiges Grün. **sinnv.:** ↑bunt.

Gift|müll, der; -s: *(bes. aus Industriebetrieben stammende) giftige Abfallstoffe (die Umweltschäden verursachen).*

Gi|gant, der; -en, -en: *etwas, was in seinen Ausmaßen als überaus, in beeindruckender Weise groß angesehen wird:* die neuen Tanker sind die Giganten der Meere.

gi|gan|tisch ⟨Adj.⟩: *von beeindruckend großem Ausmaß:* ein gigantisches Unternehmen. **sinnv.:** ↑gewaltig.

Gip|fel, der; -s, -: **1.** *Spitze eines höheren oder hohen Berges:* einen G. besteigen. **sinnv.:** Bergkuppe, Bergspitze, Horn, Kuppe, Spitze, Zinne. **Zus.:** Berg[es]gipfel. **2.** *höchster Punkt (in einer Entwicklung o. ä.):* er war damals auf dem G. seines Ruhmes. **sinnv.:** ↑Höhepunkt.

gip|feln ⟨itr.⟩: *in etwas seinen Höhepunkt erreichen:* seine Rede gipfelte in der Feststellung, daß ... **sinnv.:** in etwas den Gipfel/den Höhepunkt/Kulminationspunkt/Zenit erreichen, in etwas kulminieren.

Gips, der; -es, -e: *grauer oder weißer pulvriger (bes. im Baubereich verwendeter) Stoff, der, mit Wasser vermischt, schnell zu einer harten Masse wird:* Fugen, ein Loch in der Wand mit G. verschmieren; eine Büste aus G.

gip|sen ⟨tr.⟩: **1.** *mit Gips ausbessern:* die rissige Mauer g. **2.** *(zur Heilung an einem Körperglied) einen Gipsverband anlegen:* das gebrochene Bein wurde gegipst. **sinnv.:** eingipsen.

Gi|raf|fe, die; -, -n: *(in Afrika heimisches) großes Tier mit sehr langem Hals, langen Beinen und unregelmäßig braun geflecktem, gelblichem Fell.*

Gir|lan|de, die; -, -n: *längeres, aus Blumen, Blättern, Tannengrün o. ä. bestehendes Gebinde oder etwas Entsprechendes aus buntem Papier, was zur Dekoration in Räumen oder auf der Straße so angebracht wird, daß es bogenförmig nach unten hängt.*

Gischt, der; -[e]s, -e, (auch:) die; -, -en: *Schaum, der auf heftig bewegtem Wasser entsteht:* der weiße G. der Brandung. **sinnv.:** Brandung, Schaum, Schaumkrone.

Gi|tar|re, die; -, -n: *meist sechssaitiges Zupfinstrument mit flachem Klangkörper und langem Hals* (siehe Bildleiste „Zupfinstrumente"). **sinnv.:** Klampfe, Laute, Zupfgeige. **Zus.:** Baß-, Elektro-, Konzert-, Wandergitarre.

Git|ter, das; -s, -: *meist aus parallel angeordneten oder gekreuzten miteinander verbundenen Stäben bestehende Vorrichtung, die bes. dem Zweck dient, etwas* *unzugänglich zu machen:* ein Haus mit Gittern vor den Fenstern. **sinnv.:** Tralje, Vergitterung; ↑Zaun. **Zus.:** Draht-, Eisen-, Scherengitter.

Gla|dio|le, die; -, -n: *hochwachsende Pflanze mit breiten, schwertförmigen Blättern und trichterförmigen Blüten in leuchtenden Farben.*

Glanz, der; -es: **1.** *Licht, das bes. Körper, Stoffe mit glatter, spiegelnder Oberfläche reflektieren:* der G. des Goldes; der seidige G. seines Haares. **sinnv.:** ↑Schein. **Zus.:** Hoch-, Lichter-, Seiden-, Sternen-, Talmiglanz. **2.** ⟨G. + Attribut⟩ *innewohnender bewunderter Vorzug, der in entsprechender Weise nach außen hin in Erscheinung tritt:* der G. der zwanziger Jahre; der G. der Jugend, der Schönheit. **sinnv.:** Erhabenheit, Herrlichkeit, Pracht, Schönheit, Strahlkraft.

glän|zen ⟨itr.⟩: **1.** *Glanz haben, einen Lichtschein reflektieren:* die Metallteile des Autos glänzen in der Sonne; seine Augen glänzten vor Freude. **sinnv.:** ↑leuchten. **Zus.:** auf-, er-, überglänzen. **2.** *durch ungewöhnliche Gaben o. ä. hervorstechen, Bewunderung erregen:* er glänzte durch sein Wissen, Können [vor seinen Mitbewerbern]; sie glänzte in der Rolle der Carmen; er hat glänzende *(hervorragende)* Zeugnisse. **sinnv.:** ↑beeindrucken, ↑prunken.

glanz|los ⟨Adj.⟩: **a)** *keinen Glanz aufweisend:* sein Haar ist g. **sinnv.:** ↑matt. **b)** *sich durch nichts Besonderes, einer Sache Glanz Verleihendes auszeichnend:* eine völlig glanzlose Leistung; das Fest verlief g. **sinnv.:** ↑langweilig.

glanz|voll ⟨Adj.⟩: **a)** *sich durch Festlichkeit, Prachtentfaltung auszeichnend:* ein glanzvolles Fest. **sinnv.:** ↑erhaben. **b)** *(von einer Leistung o. ä.) überaus beeindruckend:* ein glanzvoller Sieg; das Examen g. bestehen. **sinnv.:** blendend, glänzend, hervorragend.

Glas, das; -es, Gläser: **1.** ⟨ohne Plural⟩ *hartes, sprödes, leicht zerbrechliches, meist durchsichtiges Material:* farbiges, gepreßtes G.; G. blasen, schleifen; die Ausstellungsstücke sind hinter/unter G. **sinnv.:** Bleikristall, Kristall. **Zus.:** Fenster-, Isolier-, Milch-, Preß-, Rauch-, Spiegel-, Verbundglas. **2. a)** *gläsernes Trinkgefäß:* sein G. erheben, leeren; /als Maßangabe/ fünf G. Bier. **sinnv.:** ↑Gefäß. **Zus.:** Bier-, Likör-, Schnaps-, Sekt-, Trink-, Wasser-, Wein-, Zahnputzglas. **b)** *(unterschiedlichen Zwecken dienendes) Gefäß aus Glas:* Gläser für Honig, Eingemachtes; Bonbons in Gläsern stehen auf der Theke. **sinnv.:** ↑Gefäß. **Zus.:** Einmach-, Goldfisch-, Gurken-, Zierglas.

Gla|ser, der; -s, -: *Handwerker, der u. a. Fenster verglast und Bilder rahmt:* der G. setzte eine neue Fensterscheibe ein.

Gla|se|rei, die; -, -en: **a)** ⟨ohne Plural⟩ *das Handwerk des Glasers:* die G. lernen. **b)** *Betrieb, Werkstatt eines Glasers:* in einer G. arbeiten.

glä|sern ⟨Adj.⟩: *aus Glas hergestellt:* eine gläserne Tür. **sinnv.:** ↑durchsichtig.

gla|sie|ren ⟨tr.⟩: *mit einer Glasur versehen:* eine Vase aus Ton g.; einen Kuchen g.

gla|sig ⟨Adj.⟩: **a)** *(in bezug auf die Augen) starr und ausdruckslos:* mit glasigen Augen starrte der Betrunkene ins Leere. **sinnv.:** ↑stier. **b)** *von durchscheinender Beschaffenheit:* glasige Früchte.

Gla|sur, die; -, -en: *wie Glas aussehender, glänzender Überzug:* die G. an der Vase ist abgesprungen; der Kuchen war mit einer hellen G. überzogen. **sinnv.:** Guß, Lasur, Schmelz; ↑Politur. **Zus.:** Schokoladen-, Zuckerglasur.

glatt ⟨Adj.⟩: **1. a)** *ohne (erkennbare) Unebenheit:* eine glatte Fläche; der Wasserspiegel ist ganz glatt. **sinnv.:** ↑flach. **b)** *an der Oberfläche so beschaffen, daß es keinen Halt bietet, daß man leicht darauf ausrutscht:* die Straßen sind g.; er ist auf den glatten Steinen ausgerutscht. **sinnv.:** glitschig, rutschig, schlüpfrig; regennaß. **Zus.:** eis-, regen-, spiegelglatt. **2.** *ohne auftretende Schwierigkeiten, Komplikationen:* eine glatte Landung; die Operation ist g. verlaufen. **sinnv.:** ↑mühelos. **3.** (emotional) *eindeutig; so, daß kein Zweifel daran auftreten kann:* eine glatte Lüge; das hätte ich g. vergessen. **sinnv.:** ↑ganz; ↑rundheraus. **4.** *allzu gewandt, unverbindlich und höflich auf eine Weise, daß man Unaufrichtigkeit, Heuchelei dahinter vermutet:* ein glatter Mensch; seine glatte Art ist mir unangenehm. **sinnv.:** ↑höflich. **Zus.:** aalglatt.

Glät|te, die; -: **a)** *das Ebensein:* die G. der Wasseroberfläche. **b)** *rutschige Beschaffenheit:* die G. des Eises, der Straße bei Glatteis. **sinnv.:** ↑Glatteis. **Zus.:** Eis-, Schnee-, Straßenglätte.

Glatt|eis, das; -es: *dünne Eisschicht, die sich durch Gefrieren von Feuchtigkeit auf Straßen bildet und Glätte* (b) *verursacht:* bei G. muß gestreut werden. **sinnv.:** Eisglätte, Glätte, Schneeglätte, Straßenglätte, Vereisung.

glät|ten, glättete, hat geglättet: **1.** ⟨tr.⟩ *durch Darüberstreichen, Ziehen o. ä. [wieder] glatt erscheinen lassen, von Unebenheiten befreien:* die Falten des Kleides g. **sinnv.:** ↑bügeln. **2.** ⟨sich g.⟩ *[wieder] glatt werden:* der Wasserspiegel, der See hat sich wieder geglättet.

glatt|weg ⟨Adverb⟩ (emotional): *ohne Zögern, ohne Bedenken zu haben, ohne weiter darüber nachzudenken:* sie hat die Kritik g. ignoriert. **sinnv.:** ↑kurzerhand, ↑rundheraus.

Glat|ze, die; -, -n: *(meist bei Männern vorkommende) durch Haarausfall entstandene kahle Stelle auf dem Kopf:* eine G. bekommen, haben. **sinnv.:** Geheimratsecken, Glatzenbildung, Glatzkopf, Platte, Spielwiese, Tonsur. **Zus.:** Stirnglatze.

Glau|be, der -ns: **1.** *gefühlsmäßige, nicht von Beweisen abhängige Gewißheit, Überzeugung von etwas, was man für wahr hält:* ein blinder, [felsen]fester, starker, unerschütterlicher G. **sinnv.:** ↑Frömmigkeit, Gesinnung, Gewißheit, Gläubigkeit, Gottvertrauen, Überzeugung. **Zus.:** Aber-, Buchstaben-, Fortschritts-, Geister-, Köhler-, Volks-, Wunderglaube. **2.** *Konfession, der jmd. angehört:* der christliche G.; seinen Glauben bekennen; an seinem Glauben festhalten; für seinen Glauben sterben; jmdn. zu einem Glauben bekehren. **sinnv.:** Bekenntnis, Glaubensbekenntnis, Religion, Staats-, Weltreligion. **Zus.:** Christen-, Gottes-, Kirchenglaube.

glau|ben: 1. ⟨tr.⟩ *einer bestimmten Überzeugung sein:* er glaubte, sie gesehen zu haben; glaubst du, daß er kommt? **sinnv.:** ↑meinen. **2.** ⟨tr.⟩ *gefühlsmäßig für wahr, richtig, glaubwürdig halten:* du darfst nicht alles g., was er sagt; ich habe es nicht g. wollen. **sinnv.:** abnehmen, abkaufen, Glauben schenken, für bare Münze nehmen, für wahr halten. **3.** ⟨itr.⟩ *jmdm., einer Sache vertrauen, sich auf jmdn./etwas verlassen:* sie glaubte an ihn, an seine Ehrlichkeit, Zuverlässigkeit; an das Gute im Menschen g. **sinnv.:** bauen/rechnen auf, trauen, sich verlassen auf, Vertrauen schenken, zählen auf. **4.** ⟨itr.⟩ **a)** *von der Wahrheit eines bestimmten Glaubensinhalts überzeugt sein, ihn für wahr halten:* an Gott, an ein höheres Wesen g.; er glaubt nicht an eine Wiedergeburt. **b)** *von einem religiösen Glauben erfüllt, gläubig sein:* fest, unbeirrbar g. **sinnv.:** ↑fromm.

glaub|haft ⟨Adj.⟩: *(von einem Sachverhalt) so geartet oder dargestellt, daß man es für wahr halten kann, daß es einem einleuchtet:* sie hatten eine glaubhafte Entschuldigung parat; etwas g. darstellen; etwas klingt g. **sinnv.:** ↑einleuchtend.

gläu|big ⟨Adj.⟩: **1.** *eine bestimmte religiöse Überzeugung habend; von seinem Glauben erfüllt:* ein gläubiger Christ; g. sein. **sinnv.:** ↑fromm. **Zus.:** anders-, bibel-, gott-, strenggläubig. **2.** *allzu naiv vertrauend:* alles g. hinnehmen. **sinnv.:** ↑gutgläubig. **Zus.:** autoritäts-, blind-, leichtgläubig.

Gläu|bi|ge, der u. die; -n, -n ⟨aber: [ein] Gläubiger, Plural: [viele] Gläubige⟩: *gläubiger Mensch:* am Sonntag versammeln sich die Gläubigen in der Kirche.

Gläu|bi|ger, der; -s, -: *jmd., der Forderungen an einen Schuldner hat* /Ggs. Schuldner/: seine G. befriedigen und alle Schulden bezahlen. **sinnv.:** Geld-, Kreditgeber.

Gläu|big|keit, die; -: **1.** *überzeugte Hingabe an den Glauben:* seine G. bewahrte ihn vor der Verzweiflung. **sinnv.:** ↑Frömmigkeit, ↑Glaube. **2.** *Vertrauen, das etwas naiv hinnimmt:* seine G. anderen gegenüber ist grenzenlos. **sinnv.:** Arglosigkeit, Einfalt, Gutgläubigkeit, Harmlosigkeit, Kinderglaube, Kritiklosigkeit, Leichtgläubigkeit, Vertrauensseligkeit.

glaub|lich: ⟨in der Fügung⟩ es/das ist kaum g.: *es/das ist ziemlich unwahrscheinlich:* es ist kaum g., daß es in dieser Weise abgelaufen ist. **sinnv.:** ↑unerhört.

glaub|wür|dig ⟨Adj.⟩: *so geartet, daß man der Person, der Sache glauben kann:* eine glaubwürdige Aussage; dieser Zeuge ist g. **sinnv.:** ↑verläßlich.

gleich: **I.** ⟨Adj.⟩ **1. a)** *in seinen Merkmalen völlig übereinstimmend:* die gleiche Farbe, Wirkung; das gleiche Ziel haben; g. alt, groß sein. **sinnv.:** ↑derselbe. **Zus.:** deckungsgleich. **b)** *mit einem Vergleichsobjekt in bestimmten Merkmalen, in seiner Art übereinstimmend oder vergleichbar:* die beiden Schwestern haben die gleiche Figur; er sucht seinem Vorbild g. zu werden. **sinnv.:** ↑ähnlich, ↑identisch. **Zus.:** chancengleich. **2.** *sich gleichbleibend, nicht verändernd:* sie antwortet mit immer gleicher Freundlichkeit. **II.** ⟨Adverb⟩ **1.** *in relativ kurzer Zeit:* ich komme g. **sinnv.:** alsbald, auf Anhieb, ohne Aufschub, brühwarm, direkt, stehenden Fußes, geradewegs, postwendend, schnurstracks, sofort, sogleich, stante pede, auf der Stelle, stracks, umgehend, unverzüglich. **2.** *in unmittelbarer Nähe von ..., unmittelbar:* sein Zimmer ist g. am Fahrstuhl, neben dem Eingang; g. hinter dem Haus beginnt der Wald. **III.** ⟨Präp. mit Dativ⟩ (geh.) *genauso wie:* g. einem roten Ball ging die Sonne unter. **IV.** ⟨Partikel⟩ **a)** ⟨unbetont⟩ /drückt in Fragesätzen aus, daß der Sprecher nach etwas fragt, woran er sich im Moment nicht erinnert/ *noch:* wie war g. Ihr Name? **b)** ⟨betont⟩ */drückt in Aussage- oder Aufforderungssätzen Unmut oder Resignation aus/:* wenn dir alles nicht paßt, dann laß es doch g. bleiben.

gleich|be|rech|tigt ⟨Adj.⟩: *rechtlich gleichgestellt, mit gleichen Rechten ausgestattet:* Weiße und Farbige sind g. **sinnv.:** gleichrangig, gleichgestellt.

Gleich|be|rech|ti|gung, die; -: *das Zugestehen von gleichen Rechten für jmdn., bes. von gleichen Rechten für Mann und Frau:* die G. der Frau, der Schwarzen mit den Weißen; für die G. [der Frau] kämpfen. **sinnv.:** ↑Emanzipation, Gleichheit [vor dem Gesetz], Gleichrangigkeit, Gleichstellung.

gleich|blei|ben, blieb gleich, ist gleichgeblieben: **a)** ⟨itr.⟩ *(von Sachverhalten) unverändert bleiben:* die Arbeitsbedingungen bleiben gleich; kürzere Arbeitszeit bei gleichbleibendem Lohn. **b)** ⟨sich g.⟩ *keinen Unterschied machen:* es bleibt sich gleich, ob ich diese oder die andere Strekke fahre. **c)** ⟨sich g.⟩ *(von einem Menschen) sich in seinem Wesen nicht verändern:* er ist sich über all die Jahre immer gleichgeblieben.

glei|chen, glich, hat geglichen ⟨itr./sich g.⟩: *jmdm., einander sehr ähneln:* die Brüder g. sich, einander wie ein Ei dem andern; er gleicht seinem Bruder. **sinnv.:** ↑ähneln, gleichkommen; ↑entsprechen. **Zus.:** ab-, an-, aus-, be-, vergleichen.

glei|cher|ma|ßen ⟨Adverb⟩: *in gleichem Maße:* als Architekt und Konstrukteur hatte er g. Erfolg; Presse und Rundfunk waren g. daran beteiligt. **sinnv.:** ↑auch.

gleich|falls ⟨Adverb⟩: ↑*ebenfalls:* der Mann blieb g. stehen; danke, g. *(ich wünsche Ihnen das gleiche)!* **sinnv.:** ↑auch.

gleich|för|mig ⟨Adj.⟩: *(in seinem Ablauf, seiner Zusammensetzung o. ä.) immer gleich, ohne Abwechslung:* der gleichförmige Rhythmus; ein gleichförmiger Tagesablauf. **sinnv.:** einförmig, ↑eintönig; ↑langweilig.

Gleich|ge|wicht, das; -[e]s: *ausbalancierter Zustand eines Körpers, in dem sich die entgegengesetzt wirkenden Kräfte aufheben:* die Balken sind im G. **sinnv.:** Balance.

gleich|gül|tig ⟨Adj.⟩: **1.** *(in einem bestimmten Zusammenhang) weder Lust noch Unlust empfindend oder erkennen lassend:* gegen alles g. bleiben; die Sache ließ ihn völlig g. **sinnv.:** ↑achtlos, desinteressiert, teilnahmslos, innerlich unbeteiligt, ↑unempfindlich, ungerührt; ↑unachtsam. **2.** *ohne Bedeutung oder Wichtigkeit (für jmdn.):* über gleichgültige Dinge sprechen; die Sache war ihr nicht g. **sinnv.:** egal, einerlei, gleich, piepe, piepegal, schnuppe, schnurz, schnurzpiepe, schnurzpiepegal; ↑unwichtig.

Gleich|heit, die; -, -en: **a)** *Übereinstimmung (in bezug auf Beschaffenheit, Zusammensetzung, Aussehen o. ä.):* die G. ihrer Empfindungen, Worte. **sinnv.:** Identität, Übereinstimmung. **Zus.:** Wesensgleichheit. **b)** ⟨ohne Plural⟩ *gleiche rechtliche*

Stellung des einzelnen (in der Gemeinschaft): die G. aller Menschen vor dem Gesetz. **sinnv.:** ↑Gleichberechtigung.

gleich|kom|men, kam gleich, ist gleichgekommen ⟨itr.⟩: *gleichwertig sein:* an Fleiß kam mir keiner gleich. **sinnv.:** ↑gleichen.

gleich|lau|tend ⟨Adj.⟩: *mit denselben Worten:* die Nachricht wurde g. auch der Öffentlichkeit verkündet. **sinnv.:** gleichklingend, gleichnamig, homonym.

gleich|ma|chen, machte gleich, hat gleichgemacht ⟨tr.⟩: *mit dem Ziel der Aufhebung aller Unterschiede an andere, anderes angleichen:* sie lehnten eine Weltanschauung, die alles gleichmacht, ab. **sinnv.:** ↑ausgleichen.

Gleich|maß, das; -es: **a)** *ausgewogenes, harmonisches Verhältnis (von Teilen zueinander):* das G. ihrer Züge. **sinnv.:** ↑Ebenmaß, Harmonie. **b)** *ruhiger, gleichmäßiger Ablauf:* aus dem G. der Bewegungen geraten; das G. der Tage. **sinnv.:** Rhythmus.

gleich|mä|ßig ⟨Adj.⟩: **a)** *in einem ruhigen Gleichmaß erfolgend:* ein gleichmäßiger Puls; g. atmen. **sinnv.:** rhythmisch. **b)** ↑*ebenmäßig:* gleichmäßige Züge. **c)** *zu gleichen Teilen (aufgeteilt o. ä.):* die Beute g. verteilen.

Gleich|mut, der; -[e]s: *(auf innerer Ausgeglichenheit beruhende) Gelassenheit:* mit stoischem G. alles ertragen. **sinnv.:** Ausgeglichenheit, Beherrschtheit, Beherrschung, Gefaßtheit, Gemütsruhe, Ruhe, Seelenruhe.

gleich|mü|tig ⟨Adj.⟩: *Gleichmut zeigend; mit Gelassenheit:* eine Nachricht g. aufnehmen. **sinnv.:** ↑ruhig.

Gleich|nis, das; -ses, -se: *kurze Erzählung, die einen abstrakten Sachverhalt im Bild deutlich zu machen sucht:* das G. vom verlorenen Sohn. **sinnv.:** ↑Sinnbild.

gleich|sam ⟨Adverb⟩: *(einer anderen Sache) vergleichbar:* sein Brief ist g. eine Anklage. **sinnv.:** ↑gewissermaßen, wie.

Gleich|schritt, der; -[e]s: *Art des Gehens, Marschierens, bei der Länge und Rhythmus der Schritte aller Beteiligten gleich sind* /bes. beim Marschieren in einer geschlossenen Reihe/: G. halten; im G., marsch! /Kommando, im Gleichschritt zu marschieren/. **sinnv.:** Paradeschritt, Stechschritt, Taktschritt.

gleich|set|zen, setzte gleich, hat gleichgesetzt ⟨tr.⟩: *als dasselbe ansehen:* er setzt Kritik mit Ablehnung gleich. **sinnv.:** ↑gleichstellen.

gleich|stel|len, stellte gleich, hat gleichgestellt ⟨tr.⟩: *in gleicher Weise behandeln, den gleichen Rang zuweisen:* die Arbeiter wurden den Angestellten gleichgestellt. **sinnv.:** angleichen, gleichsetzen, über einen Leisten schlagen, in einen Topf werfen, nicht unterscheiden, zusammenwerfen.

Glei|chung, die; -, -en: *(durch eine Reihe von Zeichen dargestellte) Gleichsetzung zweier mathematischer Größen:* eine G. mit mehreren Unbekannten; die G. geht auf.

gleich|viel [auch: gleichviel] ⟨Adverb⟩: *ohne Rücksicht darauf:* ich tu's, g. ob es Sinn hat oder nicht. **sinnv.:** egal, einerlei, gleichgültig, wie auch immer, wie dem auch sei.

gleich|wer|tig ⟨Adj.⟩: *ebensoviel wert, von gleichem Wert:* ein gleichwertiger Ersatz. **sinnv.:** äquivalent, angemessen, entsprechend, von entsprechendem Wert, vollwertig.

gleich|wie [auch: gleichwie] ⟨Konj.⟩: *nicht anders als:* etwas mit neuen Augen ansehen, g. zum ersten Mal.

gleich|wohl [auch: gleichwohl] ⟨Adverb⟩: *trotz einer vorangegangenen gegenteiligen Feststellung:* er hat alles gut begründet, g. spricht manches gegen ihn. **sinnv.:** ↑dennoch.

gleich|zei|tig ⟨Adj.⟩: *zur gleichen Zeit [stattfindend]:* eine gleichzeitige Überprüfung aller Teile; alle redeten g. **sinnv.:** parallel, simultan, synchron, zeitgleich.

gleich|zie|hen, zog gleich, hat gleichgezogen ⟨itr.⟩: **a)** *den gleichen Leistungsstand o. ä. erreichen:* er konnte beim Training mit den anderen nicht g. **sinnv.:** ↑aufholen. **b)** *sich (jmdm./einer Sache) angleichen:* in einigen Jahren werden die Preise in den beiden Ländern g. **sinnv.:** ↑ausgleichen.

Gleis, das; -es, -e: *aus zwei in gleichbleibendem Abstand voneinander laufenden [auf Schwellen verlegten] Stahlschienen bestehende Fahrspur für Schienenfahrzeuge:* die Gleise überqueren. **sinnv.:** Schiene; ↑Bahnsteig. **Zus.:** Abstell-, Nebengleis.

glei|ten, glitt, ist geglitten ⟨itr.⟩: **a)** *sich leicht und lautlos auf einer Fläche oder durch die Luft schwebend fortbewegen:* Schlitten gleiten über das Eis; das Segelboot glitt in die Bucht; Adler gleiten durch die Luft. **sinnv.:** ↑fliegen. **b)** *sich (über eine geneigte Fläche) sanft, ohne Widerstand abwärts bewegen:* er glitt über die Steine ins Wasser. **sinnv.:** rutschen. **Zus.:** herab-, hinabgleiten.

Glet|scher, der; -s -: *(im Hochgebirge) größere Fläche, über die sich Eismassen erstrecken (die sich durch den von den Bergen abschmelzenden Schnee bilden).* **sinnv.:** Eisstrom, Ferner, Kees.

Glied, das; -[e]s, -er: **1. a)** *Teil eines Ganzen:* die Glieder einer Kette; er ist ein nützliches G. der Gesellschaft. **sinnv.:** Teil, Teilstück. **Zus.:** Binde-, Ketten-, Mit-, Verbindungs-, Zwischenglied. **b)** ↑*Gliedmaße:* gesunde, heile Glieder haben. **sinnv.:** Extremität, Glieder; ↑Pfote. **Zus.:** Fingerglied. **c)** ↑*Penis:* das [männliche] G. **2.** *eine von mehreren hintereinander angetretenen Reihen einer Mannschaft:* im ersten G., in Reih und G. stehen. **sinnv.:** ↑Reihe.

glie|dern: a) ⟨tr.⟩ *(etwas schriftlich Niedergelegtes) nach bestimmten Gesichtspunkten in einzelne Abschnitte einteilen:* ein Buch in 20 Kapitel g.; der Vortrag war gut, schlecht gegliedert. **sinnv.:** ↑anordnen, auffächern, aufschlüsseln, ↑aufteilen, ↑differenzieren, einteilen, klassifizieren, ordnen, staffeln, systematisieren. **Zus.:** auf-, unter-, zergliedern. **b)** ⟨sich g.⟩ *in verschiedene Teile untergliedert sein:* das Fach gliedert sich in drei Untergruppen.

Glie|de|rung, die; -, -en: *durch Gliedern entstandene Ordnung:* die G. des Vortrages, des Buches; eine G. machen. **sinnv.:** ↑Anlage, Anordnung, Aufbau, Aufschlüsselung, Aufteilung, ↑Disposition, Systematisierung. **Zus.:** An-, Auf-, Aus-, Durch-, Ein-, Rück-, Unter-, Zergliederung.

Glied|ma|ße, die; -, -n ⟨meist Plural⟩: *Extremität (Arm oder Bein beim Menschen, Vorder-, Hinterbein beim Säugetier):* die vorderen, hinteren Gliedmaßen des Hundes; das Kind hat gesunde Gliedmaßen. **sinnv.:** ↑Finger, ↑Fuß, ↑Glied.

glim|men, glomm/glimmte,

hat geglommen/geglimmt ⟨itr.⟩: *(ohne Flamme) schwach brennen oder glühen:* die Zigaretten glimmten in der Dunkelheit; Kohlen glimmen unter der Asche. **sinnv.:** ↑brennen.

glimpf|lich ⟨Adj.⟩: *ohne größeren Schaden oder schlimme Folgen [abgehend]:* g. davonkommen, verlaufen; ein glimpflicher Ausgang. **sinnv.:** gnädig, ohne Härte.

glit|schig ⟨Adj.⟩: *(bes. in bezug auf den Untergrund) feucht und glatt, so daß man leicht ausrutscht:* der Boden ist g. **sinnv.:** ↑glatt.

glit|zern ⟨itr.⟩: *(von einer Lichtquelle getroffen) funkelnd aufblitzen:* das Eis, der Schnee glitzert. **sinnv.:** ↑leuchten.

glo|bal ⟨Adj.⟩: **1.** *die ganze Erde betreffend:* ein globaler Konflikt; eine globale Krise. **sinnv.:** international, weltumspannend, weltweit. **2. a)** *allgemein und ohne zu differenzieren:* man kann nicht ein ganzes Volk g. verurteilen. **sinnv.:** ↑allgemein. **b)** *einen großen Bereich umfassend:* ein globales Wissen haben. **sinnv.:** umfangreich.

Glo|be|trot|ter, der; -s, -: *jmd., der (als Tourist) durch die Welt reist, weite Reisen macht.* **sinnv.:** Schlachtenbummler, Weltenbummler, Weltreisender.

Glo|bus, der; - und -ses, -se, auch: Globen: **a)** *Modell der Erde in Form einer drehbaren Kugel:* einen Ort auf dem G. suchen. **Zus.:** Erd-, Himmels-, Sternglobus. **b)** ↑*Erde* (3): er hat den ganzen G. bereist.

Glocke, die; -, -n: **1.** *etwa kegelförmiger, hohler, nach unten offener, mit einem Klöppel versehener Klangkörper aus Metall:* die Glocken läuten. **sinnv.:** Bimmel, Gong, Klingel, Schelle. **Zus.:** Freiheits-, Kirchen-, Kuh-, Laden-, Schiffs-, Totenglocke. **2.** *in der Form an eine Glocke erinnernder Gegenstand (der vielfach zum Schutz über etwas gestülpt wird):* der Käse liegt unter der G. **sinnv.:** Glassturz, Sturz. **Zus.:** Dunst-, Glas-, Käse-, Taucherglocke.

glockig ⟨Adj.⟩: *(in bezug auf bestimmte Kleidungsstücke) sich nach unten wie eine Glocke erweiternd:* ein g. geschnittenes Kleid. **sinnv.:** glockenförmig.

Glos|se, die; -, -n: *[spöttische] Randbemerkung, Kommentar:* die beste G. in dieser Zeitung; seine Glossen über etwas machen. **sinnv.:** ↑Bemerkung. **Zus.:** Rand-, Sprachglosse.

glos|sie|ren ⟨tr.⟩: *einen [ironischen oder spöttischen] Kommentar (zu etwas) geben:* in allen Zeitungen wurde das Ereignis glossiert. **sinnv.:** besprechen, interpretieren, kommentieren.

glot|zen ⟨itr.⟩: **1.** *mit großen Augen und dümmlicher Miene schauen:* glotz nicht so blöd! **sinnv.:** ↑blicken. **2.** (emotional) *blicken, schauen:* was glotzt du denn da durch das Fenster? **sinnv.:** ↑sehen.

Glück, das; -[e]s: **1.** *günstiger Umstand, günstige Fügung des Geschicks* /Ggs. Pech/: er hatte bei der Sache großes G.; ein G., daß du da bist; bei dem Unfall hatte er mehr G. als Verstand; jmdm. G. wünschen; du kannst von G. sagen, daß nichts Schlimmeres passiert ist. **sinnv.:** Dusel, Erfolg, Fortuna, gedeihen, gelingen, Glücksfall, -sache, -stern, -strähne, Massel, Schwein, Segen, guter Stern, Sternstunde · ↑Heil. **Zus.:** Mords-, Unglück. **2.** *Zustand innerer Harmonie und Zufriedenheit:* das häusliche, ungetrübte G.; etwas bringt G. **sinnv.:** ↑Freude, Seligkeit. **Zus.:** Lebens-, Liebes-, Mutterglück.

Glucke, die; -, -n: *Henne, die brütet oder ihre Jungen führt:* die Küken verstecken sich unter den Flügeln der G. **sinnv.:** ↑Huhn.

glücken, glückte, ist geglückt ⟨itr.⟩: *nach Wunsch gehen, geraten* /Ggs. mißglücken/: alles glückt ihm; die Torte will mir nicht g. **sinnv.:** ↑gelingen.

gluckern ⟨itr.⟩: *(von einer in Bewegung befindlichen Flüssigkeit) ein leises, dunkel klingendes Geräusch verursachen:* das Wasser gluckert an der Schiffswand. **sinnv.:** ↑fließen, ↑plätschern.

glück|lich: I. ⟨Adj.⟩ **1.** *von tiefer Freude erfüllt:* ein glückliches Paar; man sieht ihm an, daß er g. verheiratet ist; glückliche Tage, eine glückliche Zeit verleben; jmdn. g. machen. **sinnv.:** beglückend, beglückt, ↑erleichtert, freudestrahlend, ↑froh, glückhaft, glückselig, glückstrahlend, selig, zufrieden; ↑unbesorgt. **Zus.:** überglücklich. **2.** *vom Glück begünstigt:* der glückliche Gewinner. **sinnv.:** ↑erfolgreich. **3.** *ohne Störung verlaufend:* eine glückliche Reise; g. landen, wiederkehren, enden. **sinnv.:** erfreulich, günstig, gut, sorglos. **4.** *sich als günstig erweisend:* ein glücklicher Zufall; ein glücklicher Gedanke; etwas nimmt einen glücklichen Verlauf. **II.** ⟨Adverb⟩ *[nun] endlich:* hast du es g. geschafft?; ihre Tochter – die hat sie nun auch g. verheiratet. **sinnv.:** ↑letztlich.

glück|li|cher|wei|se ⟨Adverb⟩: *zum Glück:* g. wurde niemand verletzt. **sinnv.:** erfreulicherweise, Gott sei Dank!, gottlob!, dem Himmel sei Dank!

glück|se|lig ⟨Adj.⟩: *ganz von Glück erfüllt:* die beiden lächelten g. **sinnv.:** ↑glücklich.

Glücks|fall, der; -[e]s, Glücksfälle: *günstiger Umstand, der sich ohne jmds. eigenes Zutun ergibt:* daß er als Mitarbeiter so gut eingeschlagen hat, ist als G. zu betrachten. **sinnv.:** ↑Glück.

Glücks|pilz, der; -es, -e: *jmd., der Glück hat:* du bist ein G.! **sinnv.:** Glückskind, Hans im Glück, Sonntagskind.

Glücks|sa|che: ⟨in der Fügung⟩ etwas ist G.: *etwas läßt sich nicht beeinflussen oder lenken, es hängt allein von einem glücklichen Zufall ab:* ob der Versuch gelingt oder nicht, das ist [reine] G. **sinnv.:** ↑Glück, Zufall.

Glücks|spiel, das; -[e]s, -e: **1.** *Spiel, bei dem Gewinn und Erfolg vom Zufall abhängen.* **2.** *Spiel, bei dem um Geld gespielt wird:* verbotene Glücksspiele. **sinnv.:** Bingo, Hasardspiel, Lotterie, Lotto, Poker, Roulett, Tombola, Toto, Verlosung, Wette.

Glücks|sträh|ne, die; -, -n: *Reihe glücklicher Zufälle, von denen jmd. in kürzester Zeit betroffen wird:* er hat zur Zeit eine G. **sinnv.:** ↑Glück.

glück|strah|lend ⟨Adj.⟩: *sehr glücklich [aussehend]:* g. erzählte er vom Ausgang der Prüfung. **sinnv.:** ↑glücklich.

Glück|wunsch, der; -[e]s, Glückwünsche: *(meist formelhafter) Wunsch, mit dem man jmdm. (bei einem bestimmten Anlaß) seine Mitfreude bekundet und ihm Glück wünscht:* herzlichen G.!; die besten Glückwünsche zum Geburtstag! **sinnv.:** Beglückwünschung, Gratulation, Segenswünsche.

Glüh|bir|ne, die; -, -n: *(birnenförmige) Glühlampe:* eine neue G. [in die Lampe] einschrauben. **sinnv.:** Birne, Glühlampe, Leuchtstoffröhre, Neonröhre.

glü|hen ⟨itr.⟩: **1.** *rot leuchten und starke Hitze ausstrahlen:* die Kohlen glühen; das Eisen glüht im Feuer. **sinnv.:** ↑brennen. **2.** *vor Hitze stark gerötet sein:* ihre Wangen glühen; das Gesicht glüht vor Hitze, Fieber.

Glüh|lam|pe, die; -, -n: *aus Glas bestehender Gegenstand (als Teil einer Lampe o. ä.), in dessen Innerem ein Metallfaden oder -stift mittels hindurchfließenden elektrischen Stroms zum Leuchten gebracht wird.* **sinnv.:** ↑Glühbirne.

Glüh|wein, der; -[e]s, -e: *heiß getrunkener, gewürzter und gesüßter Rotwein.* **sinnv.:** Gewürzwein, Punsch · Grog.

Glut, die; -: **1.** *glühende (nicht mit offener Flamme brennende) Masse (von Brennstoff oder verbrannter Materie):* im Ofen ist noch ein wenig G. **2.** *sehr große Hitze:* eine furchtbare G. liegt über der Stadt. **sinnv.:** ↑Wärme. **Zus.:** Höllen-, Sonnenglut.

Gna|de, die; -: **1.** *mit Herablassung gewährte Gunst eines sozial oder gesellschaftlich Höhergestellten gegenüber einem sozial Tieferstehenden:* jmdm. eine G. erweisen, gewähren; von jmds. G. abhängen. **sinnv.:** ↑Gunst. **2.** *(einem schuldig Gewordenen gegenüber geübte) Milde, Nachsicht:* um G. bitten; keine G. finden, verdienen. **sinnv.:** Absolution, Amnestie, Begnadigung, Pardon, Straferlaß, Vergebung, Verzeihung.

gnä|dig ⟨Adj.⟩: **1. a)** *mit herablassendem Wohlwollen:* er war so g., mir zu helfen; /oft ironisch/ g. lächeln; jmdn. g. anhören. **sinnv.:** ↑dünkelhaft. **Zus.:** ungnädig. **b)** */in höflicher Anrede einer Dame gegenüber/:* gnädige Frau. **sinnv.:** [sehr] geehrt, hochverehrt, lieb, [sehr] verehrt, wert. **2.** *Nachsicht zeigend, ohne Härte:* ein gnädiger Richter; seien Sie g. mit ihm. **sinnv.:** ↑behutsam.

Gnom, der; -en, -en: *Erdgeist von Zwergengestalt.* **sinnv.:** ↑Zwerg.

Go|be|lin [gob(ə)'lɛ̃:], der; -s, -s: *Wandteppich, in den kunstvoll bunte Bilder gewirkt sind:* alte französische Gobelins. **sinnv.:** Bildteppich, Tapisserie, Verdure, Wandbehang, Wandteppich.

Gockel, der; -s, -: *männliches Huhn:* er stolziert wie ein G. über die Straße. **sinnv.:** ↑Hahn.

Gold, das; -es: *wertvolles Edelmetall von rotgelber Farbe:* 24karätiges G. **Zus.:** Barren-, Blatt-, Fein-, Gelb-, Weißgold.

gol|den ⟨Adj.⟩: **1.** *aus Gold bestehend:* eine goldene Uhr, Münze; ein goldener Ring. **sinnv.:** ↑metallen. **2.** *von der Farbe des Goldes:* goldenes Haar; goldene Ähren. **sinnv.:** ↑blond, goldfarben.

Gold|fisch, der; -[e]s, -e: *kleiner Zierfisch meist von goldgelber Färbung, der in Teichen oder Aquarien gehalten wird.*

gol|dig ⟨Adj.⟩: *(bes. in bezug auf Kinder oder kleine Tiere) hübsch und niedlich anzusehen:* ein goldiges Kind; das Hündchen ist ja g.! **sinnv.:** ↑hübsch.

Gold|schmied, der; -[e]s, -e: *Handwerker, der Schmuck oder künstlerisch gestaltete Gebrauchsgegenstände aus Edelmetallen anfertigt.*

Golf: I. der; -[e]s, -e: *größere Meeresbucht:* das Schiff hat im G. geankert; der G. von Genua. **sinnv.:** Bai, Bucht, Busen, Förde, Meerbusen. **II.** das; -s: *Spiel auf einem größeren, mit Gras bewachsenen Gelände, bei dem ein kleiner, harter Ball aus Gummi mit einem nach unten gekrümmten Stock mit möglichst wenig Schlägen nacheinander in eine bestimmte Anzahl von Löchern geschlagen werden muß:* G. spielen. **sinnv.:** Golfspiel, Krokket[spiel]. **Zus.:** Minigolf.

Gon|del, die; -, -n: **a)** *langes, schmales [zum Teil überdachtes] venezianisches Boot mit hochgezogenem, oft verziertem Vordersteven.* **sinnv.:** ↑Boot. **b)** *Kabine an Seilbahnen oder Luftschiffen, Korb an Ballons, in denen die zu transportierenden Personen oder Lasten Aufnahme finden:* die G. faßt 20 Personen. **sinnv.:** Kabine.

gon|deln, gondelte, ist gegondelt ⟨itr.⟩ (ugs.): *gemächlich, ohne festes Ziel fahren, reisen:* im Urlaub ist er durch halb Europa gegondelt; ich sah ihn auf dem Fahrrad durch die Stadt g. **sinnv.:** ↑fahren. **Zus.:** herumgondeln.

Gong, der; -s, -s: *[frei aufzuhängende] runde Scheibe aus Metall, die, mit einem Klöppel angeschlagen, einen vollen, hallenden Ton hervorbringt, der als eine Art Signal dienen soll* (siehe Bildleiste „Schlaginstrumente"): der G. ertönte. **sinnv.:** ↑Glocke · Sirene.

gon|gen ⟨itr.⟩: **1.** *mit dem Gong ein Zeichen (für etwas) geben:* der Kellner hat in der Halle gegongt. **sinnv.:** ↑läuten. **2.** *(vom Gong) ertönen:* es gongte zum Abendessen. **sinnv.:** ↑läuten.

gön|nen: 1. ⟨tr.⟩ *(jmdm. etwas) neidlos zugestehen, weil man der Meinung ist, daß der Betreffende es braucht oder es verdient hat* /Ggs. mißgönnen/: dem Lehrer die Ferien, jmdm. sein Glück, seinen Erfolg g. **sinnv.:** ↑billigen. **2.** ⟨sich g.⟩ *sich etwas (Besonderes, etwas, was eine Ausnahme darstellt o. ä.) erlauben, zubilligen:* sich einen Tag Ruhe g.; wir werden uns jetzt eine Portion Eis g. **sinnv.:** ↑erlauben.

Gön|ner, der; -s, -, **Gön|ne|rin,** die; -, -nen: *männliche bzw. weibliche Person, die eine andere Person in ihren Bestrebungen (finanziell, durch Geltendmachen ihres Einflusses o. ä.) fördert:* ein reicher Gönner hat ihm den Studienaufenthalt im Ausland ermöglicht. **sinnv.:** Beschützer, Förderer, Geldgeber, Mäzen, Spender, Sponsor.

gön|ner|haft ⟨Adj.⟩: *in einer als herablassend-überheblich empfundenen Weise [sich darstellend, äußernd]:* mit gönnerhafter Miene; er klopfte mir g. auf die Schulter. **sinnv.:** ↑freundlich.

Go|ril|la, der; -s, -s: *großer Menschenaffe mit kräftigem Körperbau und dunkelbraunem bis schwarzem Fell.* **sinnv.:** ↑Affe.

Gos|se, die; -, -n: *an der Bordkante einer Straße entlanglaufende Rinne, durch die das Regenwasser abfließen kann.* **sinnv.:** Rinnstein · Gully, Kanalisation.

Go|tik, die; -: *Kunststil des späten Mittelalters, für den bes. in der Baukunst eine starke Betonung der Vertikalen (durch Türmchen, hohe, spitze Bogen, hohe Fenster o. ä.) charakteristisch ist:* die Baukunst, Malerei, Plastik der G. **Zus.:** Backstein-, Früh-, Spätgotik.

Gott, der; -es, Götter: **1.** ⟨ohne Plural⟩ *(im christlichen Glauben) höchstes gedachtes und verehrtes überirdisches Wesen:* der liebe, gütige, allmächtige G.; G. lieben; G. der Allmächtige; an G. glauben; auf G. vertrauen; es steht, liegt in Gottes Hand. **sinnv.:** der Allmächtige, Ewige, Gottvater, Herrgott, der Herr [der Heerscharen], Herr Zebaoth, Jehowa, Jahwe, der Schöpfer, Vater im Himmel. **2.** *(in der Mythologie) unsterbliches höhe-*

res Wesen von Menschengestalt, das die Verkörperung einer Naturkraft oder einer geistigen oder sittlichen Macht darstellt: die Götter der Griechen, der Germanen. **sinnv.:** die Unsterblichen; ↑Götze. **Zus.:** Donner-, Halb-, Kriegs-, Liebes-, Sonnen-, Wettergott.

Got|tes|dienst, der; -[e]s, -e: *(in den christlichen Kirchen) religiöse Feier der Gemeinde (mit Predigt, Gebet, Gesang):* den G. besuchen; am G. teilnehmen. **sinnv.:** Amt, Andacht, Messe, Vesper. **Zus.:** Abendmahls-, Bitt-, Dank-, Fest-, Früh-, Tauf-, Trauergottesdienst.

got|tes|fürch|tig ‹Adj.›: *von Ehrfurcht vor Gott erfüllt:* ein gottesfürchtiger Mensch. **sinnv.:** ↑fromm.

Göt|tin, die; -, -nen: ↑*Gott* (2). **sinnv.:** die Unsterblichen. **Zus.:** Friedens-, Glücks-, Liebes-, Mond-, Rache-, Schutz-, Siegesgöttin.

gött|lich ‹Adj.›: *Gott zugehörig:* göttliche Allmacht, Gerechtigkeit. **sinnv.:** heilig, himmlisch, numinos.

gott|los ‹Adj.›: *ohne Glauben an Gott:* ein gottloser Mensch. **sinnv.:** ↑ungläubig.

gott|ver|las|sen ‹Adj.›: *abseits vom Verkehr, von städtischem Getriebe gelegen, so daß man es als bedrückend und trostlos empfindet:* eine gottverlassene Gegend. **sinnv.:** ↑einsam.

Göt|ze, der; -n, -n: **a)** *Darstellung, Abbild einer heidnischen Gottheit:* im Tempel verehrten sie ihre Götzen. **sinnv.:** Abgott, Fetisch, Gott, Gottheit, Idol, Götzenbild. **b)** *Sache (von nur materiellem Wert), die in abzulehnender Weise von Menschen als ihr höchstes zu erstrebendes Ziel angesehen wird, auf die sich ihr ganzes Streben oder Begehren richtet:* Fernsehen und schnelle Autos sind seine Götzen.

Gour|mand [gʊr'mã:], der; -s, -s: *jmd., der gern und viel ißt.* **sinnv.:** Esser, Fresser, Freßsack, Genußmensch, Schlemmer; ↑Feinschmecker.

Gour|met [gʊr'me:], der; -s, -s: ↑*Feinschmecker:* es gab zur Freude unseres Gourmets die erlesensten Speisen. **sinnv.:** Genießer, Leckermaul.

Gou|ver|nan|te [guvɛr'nantə], die; -, -n: *Frau, der in einer Familie die Erziehung der Kinder obliegt (und mit der sich die Vorstellung von [moralisierender, bevormundender] Strenge verbindet):* für die Kinder wurde eine englische G. angestellt. **sinnv.:** Erzieherin, Kinderfräulein, Kindergärtnerin, Kindermädchen, Kinderpflegerin.

Grab, das; -[e]s, Gräber: *Stelle [auf einem Friedhof], wo ein Toter beigesetzt wird oder ist:* ein G. schaufeln; das G. pflegen, schmücken; den Toten ins G. legen. **sinnv.:** Begräbnisstätte, Erbbegräbnis, Grabgewölbe, -hügel, -kammer, -stätte, Grube, Gruft, Krypta, Mausoleum, Ruhestätte. **Zus.:** Einzel-, Doppel-, Familien-, Hünen-, Kinder-, Massen-, Seemanns-, Soldaten-, Urnen-, Wahlgrab.

gra|ben, gräbt, grub, hat gegraben: **1. a)** ‹itr.› *(mit dem Spaten o. ä.) Land, Boden bearbeiten:* im Garten g. **Zus.:** auf-, aus-, ein-, um-, unter-, vergraben. **b)** ‹tr.› *mit dem Spaten o. ä. herstellen:* einen Stollen, ein Beet g. **sinnv.:** baggern, buddeln, schanzen, schaufeln, schippen. **2.** ‹itr.› *im Boden, in der Tiefe der Erde nach etwas (einem Rohstoff) suchen:* nach Erz, Kohle g. **sinnv.:** buddeln, schürfen; ↑fördern.

Gra|ben, der; -s, Gräben: *in die Erde gegrabene Vertiefung von einiger Länge und verhältnismäßig geringer Breite:* ein tiefer, langer, breiter G.; einen G. ziehen, damit das Wasser abfließen kann. **sinnv.:** ↑Kanal; Rinne. **Zus.:** Abzugs-, Burg-, Chaussee-, Orchester-, Schützen-, Straßengraben.

Grab|stät|te, die; -, -n: *[mit einem Grabmal geschmücktes] größeres Grab:* die G. der Familie Meier. **sinnv.:** ↑Grab.

Grab|stein, der; -[e]s, -e: *einem Toten zum Gedächtnis (am Kopfende des Grabes) aufgestellter Gedenkstein (mit dem Namen, Geburts- und Sterbedatum des Toten):* jmdm. einen G. setzen [lassen]. **sinnv.:** Epitaph, Grabdenkmal, Grabmal, Stele ↑Denkmal.

Gra|bung, die; -, -en: *das Graben nach historisch wertvollen Funden:* bei den Grabungen stieß man auf alte römische Münzen.

Grad, der; -[e]s, -e: **1.** *Maßeinheit eines in gleiche Teile geteilten Ganzen* ‹Zeichen: °›: wir haben heute 20 G. Celsius im Schatten; es sind 20 G.; heute ist es um einen halben Grad wärmer als gestern; der Winkel hat 45 G. **Zus.:** Breiten-, Hitze-, Kälte-, Längengrad. **2.** ‹G. + Attr.› *(meßbare) Stärke, Maß, in dem etwas Bestimmtes vorhanden ist:* der G. der Helligkeit, der Reife; einen hohen G. von Verschmutzung aufweisen. **sinnv.:** ↑Ausmaß. **Zus.:** Entwicklungs-, Härte-, Sättigungs-, Wirkungsgrad. **3.** *durch ein Examen o. ä. erworbener Rang:* ein akademischer G. **sinnv.:** ↑Dienstgrad. **Zus.:** Doktor-, Magistergrad.

Graf|fi|to, der und das; -[s], Graffiti: *auf Mauern, Fassaden o. ä. aufgesprühte oder gemalte Parole, Figur o. ä.* **sinnv.:** ↑Ausspruch.

Gra|fik: vgl. Graphik.

Gram, der; -[e]s: *andauernder, nagender Kummer:* G. zehrte an ihr; von G. gebeugt. **sinnv.:** Harm, ↑Leid.

grä|men, sich: *über jmdn./etwas sehr bekümmert sein:* gräm[e] dich nicht wegen ihres Schweigens! **sinnv.:** ↑trauern.

Gramm, das; -s, -e: *tausendster Teil eines Kilogramms:* ein Kilogramm hat 1 000 G. **sinnv.:** ↑Gewicht.

Gram|ma|tik, die; -, -en: **a)** ‹ohne Plural› *Lehre vom Bau einer Sprache, ihren Formen und deren Funktion im Satz:* die Regeln der lateinischen G. **b)** *Buch, das den Bau einer Sprache behandelt:* er hat einige moderne Grammatiken. **sinnv.:** Sprachlehre. **Zus.:** Schulgrammatik.

Gra|na|te, die; -, -n: *mit Sprengstoff gefülltes Geschoß.* **sinnv.:** ↑Munition; ↑Sprengkörper. **Zus.:** Handgranate.

Gra|nit, der; -s, -e: *ein sehr hartes, körnig wirkendes Gestein:* eine Balustrade aus G.

Gran|ne, die; -, -n: *stachlige Spitze an den Ähren* /beim Getreide und bei bestimmten Gräsern/: Gerste und Roggen haben lange Grannen.

Grape|fruit ['greɪpfru:t], die; -, -s: *große, runde Südfrucht mit gelber Schale und saftreichem, süß-säuerlich schmeckendem Fruchtfleisch:* die G. ist reich an Vitaminen. **sinnv.:** Pampelmuse; ↑Südfrucht.

Gra|phik, die; -, -en: **a)** ‹ohne Plural› *Kunst, die in den verschiedensten Techniken Zeichnungen und Schriften herstellt, die zum Vervielfältigen geeignet sind:* Malerei und G. studieren. **sinnv.:** Holzschneidekunst, Lithographie, Kupferstechkunst, Steindruck. **Zus.:** Gebrauchs-, Werbegraphik. **b)** *Zeichnung oder Bild, das durch eine für Vervielfältigungen geeignete Technik entstanden ist:* eine Ausstellung von Graphiken besuchen. **sinnv.:** Holzschnitt, Kupferstich, Lithographie, Stahlstich, Stich. **Zus.:** Druckgraphik.

Gras, das; -es, Gräser: **1.** *grüne, in Halmen wachsende Pflanze:* seltene Gräser sammeln. **Zus.:** Ried-, Woll-, Zier-, Zittergras. **2.** ⟨ohne Plural⟩ *Pflanzendecke, die in der Hauptsache aus Gräsern besteht:* das G. muß gemäht werden; im G. liegen. **sinnv.:** ↑Rasen, ↑Wiese.

gra|sen ⟨itr.⟩: *(von Wild und von Tieren auf der Weide) sich (auf bes. mit Gras bewachsenem Boden) Nahrung suchen:* die Kühe grasen auf der Weide; grasende Rehe am Waldrand. **sinnv.:** ↑fressen. **Zus.:** abgrasen.

gräß|lich ⟨Adj.⟩ (emotional): **1.** *Schauder, Entsetzen hervorrufend:* ein gräßlicher Anblick; der Ermordete war g. verstümmelt. **sinnv.:** ↑schrecklich. **2.** *so geartet oder beschaffen, daß die betreffende Person oder Sache einem ganz und gar zuwider ist, mißfällt:* ein gräßlicher Kerl; das Wetter war ganz g. **sinnv.:** abscheulich, greulich, schauerlich, schaurig, scheußlich, verabscheuenswert, widerlich. **3. a)** *in sehr unangenehmem Maß:* gräßliche Angst haben. **b)** ⟨negativ verstärkend bei Adjektiven und Verben⟩ ↑*sehr:* sie haben g. geschrien; ein g. schreiender Farbton.

Grat, der; -[e]s, -e: *schmaler Kamm eines Berges (im Hochgebirge):* den G. entlanggehen. **sinnv.:** Kamm, Rücken. **Zus.:** Berg-, Felsen-, Gebirgs-, Rückgrat.

Grä|te, die; -, n: *nadeldünnes, knochenähnliches Gebilde im Fleisch des Fisches:* er hat eine G. verschluckt; Fisch von den Gräten befreien. **sinnv.:** Knochen. **Zus.:** Fischgräte.

gra|tis ⟨Adverb⟩: *ohne dafür bezahlen zu müssen:* der Eintritt ist g.; etwas g. bekommen. **sinnv.:** ↑kostenlos.

Grät|sche, die; -, -n: *turnerische Übung, bei der die Beine gespreizt werden:* er sprang in der G. über den Kasten. **sinnv.:** ↑Übung.

grät|schen, grätschte, hat/ist gegrätscht: **a)** ⟨tr.⟩ *(die gestreckten Beine) spreizen:* er hat die Beine gegrätscht; mit gegrätschten Beinen über das Pferd springen. **b)** ⟨itr.⟩ *mit gespreizten Beinen springen:* er ist über das Pferd gegrätscht. **sinnv.:** spreizen, zur Seite strecken.

Gra|tu|lant, der; -en, -en: *jmd., der einem anderen gratuliert:* am frühen Morgen seines Geburtstages kamen bereits die ersten Gratulanten.

Gra|tu|la|ti|on, die; -, -en: ↑*Glückwunsch:* die Gratulationen entgegennehmen; meine herzliche G.

gra|tu|lie|ren ⟨itr.⟩: *(jmdm.) zu einem besonderen Anlaß seine Mitfreude ausdrücken:* ich gratuliere dir [zum Geburtstag, zu dem Erfolg]!; [ich] gratuliere! **sinnv.:** beglückwünschen, jmdm. Glück wünschen / Glückwünsche übermitteln / die Hand drücken.

grau ⟨Adj.⟩: **1.** *[in der Färbung] zwischen schwarz und weiß liegend:* ein grauer Anzug; graue Augen, Haare; der Himmel ist g. **sinnv.:** anthrazit, sepia, taupe. **Zus.:** asch-, blaß-, blau-, blei-, dunkel-, feld-, hell-, perl-, silbergrau. **2.** *gleichförmig und öde erscheinend:* der graue Alltag. **sinnv.:** ↑langweilig.

grau|en ⟨itr.⟩: **1.** *(bei dem Gedanken an etwas Zukünftiges) Angst, Unbehagen empfinden:* ihm graute vor den langen Nächten; es graut mir vor der Prüfung. **sinnv.:** sich ↑entsetzen, [sich] ↑fürchten. **2.** ↑*dämmern* /vom anbrechenden Tag/: sie gingen erst nach Hause, als der Morgen graute.

Grau|en, das; -s: *von einem unbestimmten Gefühl der Bedrohung durch etwas Unheimliches bewirkter Schauder:* ein G. überkam mich bei dem Gang durch den dunklen Wald. **sinnv.:** ↑Entsetzen.

grau|en|haft ⟨Adj.⟩: **1.** (emotional) *Entsetzen hervorrufend:* ein grauenhafter Anblick. **sinnv.:** ↑schrecklich. **2.** ⟨verstärkend bei Adjektiven und Verben⟩ *sehr [schlimm]:* es war g. kalt; die Leiche war g. verstümmelt. **sinnv.:** ↑sehr.

grau|en|voll ⟨Adj.⟩. **1.** *Entsetzen hervorrufend:* da herrschen grauenvolle Zustände. **2.** (emotional) *sehr schlimm:* er mußte diese grauenvolle Tat mit ansehen. **sinnv.:** ↑schrecklich.

grau|peln ⟨itr.⟩: *als Hagel in Form von kleinen [weichen], aus gefrorenem Schnee oder auch aus Eis bestehenden Körnchen herabfallen:* heute morgen hat es etwas gegraupelt.

grau|sam ⟨Adj.:⟩ **1.** *gefühllos und roh anderen Schmerz zufügend, Gewalt gegen andere anwendend:* er ist ein grausamer Mensch; sich g. rächen. **sinnv.:** ↑unbarmherzig. **2. a)** (emotional) *sehr schlimm (in seinem Ausmaß):* eine grausame Kälte, Enttäuschung. **b)** *hart und unmenschlich:* ein grausames Urteil; die Bestrafung war g. **sinnv.:** ↑streng.

grau|sen: 1. ⟨itr.⟩ *von Furcht oder Widerwillen befallen werden:* mir/mich graust; es grauste ihm/ihn bei dem Gedanken an die bevorstehende Prüfung. **sinnv.:** sich ↑entsetzen, [sich] ↑fürchten. **2.** ⟨sich g.⟩ *sich ekeln, Furcht empfinden:* sie graust sich vor Schlangen. **sinnv.:** [sich] ↑fürchten.

grau|sig ⟨Adj.⟩: *Grauen, Entsetzen erregend:* eine grausige Entdeckung machen. **sinnv.:** ↑schrecklich.

gra|vie|rend ⟨Adj.⟩: *(in einem gegebenen Zusammenhang) sehr ins Gewicht fallend, von großer Bedeutung in negativer Hinsicht:* ein gravierender Fehler, Irrtum; diese Tatsache ist g.; etwas als g. ansehen, werten. **sinnv.:** ↑einschneidend, schwerwiegend.

Gra|zie, die; - *besondere Anmut (in der Bewegung):* die Gazelle bewegt sich mit unnachahmlicher G.; viel G. haben, besitzen. **sinnv.:** ↑Anmut.

gra|zil ⟨Adj.⟩: *schlank und feingliedrig, fast zerbrechlich wirkend:* ein graziles Mädchen. **sinnv.:** ↑schlank, ↑zart.

gra|zi|ös ⟨Adj.⟩: *(in der Bewegung) voll/mit Grazie:* mit graziösen Bewegungen; eine graziöse Haltung; g. tanzen. **sinnv.:** ↑gelenkig; ↑hübsch.

greif|bar ⟨Adj.⟩: **1.** *deutlich sichtbar:* greifbare Erfolge, Ergebnisse, Vorteile. **sinnv.:** erkennbar, wahrnehmbar. **2.** *in der Nähe befindlich, so daß man es schnell zur Hand hat, an sich nehmen kann:* seine Papiere g. haben; der Dieb nahm alles mit, was g. war. **3.** *vorhanden, anwesend, so daß darüber, über jmdn. verfügt werden kann:* die Ware ist zur Zeit nicht g.; der zuständige Beamte war nicht g.; jetzt müßte ein Arzt g. sein. **sinnv.:** ↑abwesend; ↑anwesend.

grei|fen, griff, hat gegriffen: **1.** ⟨tr.⟩ *ergreifen [und festhalten]:* einen Bleistift, [sich] einen Stock g.; etwas mit der Hand g. **sinnv.:** anfassen, anpacken, ↑berühren, erfassen, ergreifen, fassen, in die Hand nehmen, packen. **Zus.:** an-, auf-, aus-, daneben-, durch-, ein-, fehl-, heraus-, herein-, hin-, hinein-, ineinander-, über-, ver-, vor-, zu-, zurückgreifen. **2.** ⟨tr.⟩ *(einen Flüchtigen, Straffälligen) fassen und festnehmen:* der Dieb, Ausbrecher wurde gegriffen. **sinnv.:** ↑fangen. **3.** ⟨itr.⟩ *die Hand in eine bestimmte Richtung führen [um jmdn./etwas zu ergreifen, etwas an sich zu nehmen]:* das Baby greift mit der Hand nach dem Spielzeug; in den Korb g., um einen Apfel herauszuholen. **sinnv.:** sich etwas angeln/aneignen/sich einer Sache bemächtigen, in Besitz nehmen, einheimsen, ergreifen, erhaschen, grapschen, langen, an sich reißen. **Zus.:** an-, aus-, daneben-, ein-, fehl-, heraus-, hin[ein]-, ineinander-, über-, zugreifen.

greis ⟨Adj.⟩: *(von einem Menschen) sehr alt [und von dem hohen Alter auch gekennzeichnet in bezug auf Aussehen und Bewegung]:* er hat seinen greisen Vater besucht. **sinnv.:** ↑alt.

Greis, der; -es, -e, **Grei|sin,** die; -, -nen: *Mann bzw. Frau von hohem Alter [mit weißem Haar].* **sinnv.:** der Alte, Großvater, graues Haupt, alter Herr/Knabe/Knacker, Methusalem, Opa; die Alte, alte Dame/Frau, Großmutter, Oma; ↑Mann. **Zus.:** Mummel-, Taper-, Tattergreis.

grei|sen|haft ⟨Adj.⟩: *(in Aussehen, körperlicher Verfassung) einem Greis ähnlich:* er ist schon richtig g. geworden.

grell ⟨Adj.⟩: **1.** *in unangenehmer Weise blendend hell:* in der grellen Sonne; das Licht ist sehr g. **sinnv.:** blendend, gleißend, hell, sonnig. **2.** *(von Farben) in auffallender, unangenehmer Weise hervorstechend, stark kontrastierend:* in grellen Farben. **sinnv.:** ↑bunt. **3.** *(von Geräuschen) durchdringend und schrill:* grelle Pfiffe, Dissonanzen. **sinnv.:** ↑laut.

Gre|mi|um, das; -s, Gremien: *zur Erfüllung einer bestimmten Aufgabe berufene Kommission:* ein G. von Fachleuten. **sinnv.:** ↑Ausschuß.

Gren|ze, die; -, -n: **a)** *der Teil eines fest umrissenen Gebietes, der sich mit einem danebenliegenden Gebiet unmittelbar berührt:* über die G. gehen; die Grenzen zwischen Deutschland und Frankreich; die G. zur Tschechoslowakei; an der G. nach Bayern stauten sich die Lkws; über die grüne G. gehen; jmdn. über die G. abschieben. **sinnv.:** Grenzlinie, Eiserner Vorhang, Grenzscheide, Markscheide. **Zus.:** Landes-, Ost-, Reichs-, Staats-, Zoll-, Zonengrenze. **b)** ⟨G. + Attribut⟩ *(nur gedachte) Trennungslinie zwischen unterschiedlichen oder gegensätzlichen Bereichen, Erscheinungen o. ä.:* die G. zwischen Kitsch und Kunst; etwas bewegt sich an der G. zum Kriminellen; die G. des Erlaubten überschreiten. **sinnv.:** Höchstmaß · Schallmauer. **Zus.:** Baum-, Einkommens-, Sprachgrenze.

gren|zen ⟨itr.⟩: **1.** *[mit seiner Grenze] an etwas, an einen anderen Bereich stoßen:* Mexiko grenzt an Guatemala; das Wohnzimmer grenzt an die Küche. **sinnv.:** ↑anschließen. **Zus.:** ab-, an-, be-, ein-, umgrenzen. **2.** *(in seiner Art, seinen Ausmaßen o. ä. einer anderen Sache) fast gleichkommen:* das grenzt schon an Erpressung. **sinnv.:** ↑ähneln.

gren|zen|los ⟨Adj.⟩: *(in seinem Ausmaß) überaus groß:* eine grenzenlose Ausdauer haben; sein Vertrauen war g. **sinnv.:** ↑sehr, ↑unendlich.

Grenz|fall, der; -[e]s, Grenzfälle: *Fall, der an der Grenze zwischen zwei Möglichkeiten liegt und sich daher nicht eindeutig entscheiden läßt:* bei dieser Entscheidung handelt es sich um einen G. **sinnv.:** Zweifelsfall.

Greu|el, der; -s, -: **a)** *Empfindung der äußersten Abneigung, des äußersten Abscheus:* dieser Mensch, diese Arbeit ist mir ein G.; er hat einen G. davor, ... **sinnv.:** ↑Abneigung. **b)** ⟨Plural⟩ *(in großer Zahl begangene Untaten, schreckliche Gewalttaten:* die im Krieg geschehenen Greuel. **sinnv.:** ↑Blutbad, Greueltat, Untat, ↑Verbrechen.

greu|lich ⟨Adj.⟩ (emotional): **1.** *großen Abscheu, Entsetzen hervorrufend:* ein greulicher Anblick; ein greuliches Verbrechen. **2.** *überaus widerwärtig:* ein greulicher Gestank; das Wetter war g. **sinnv.:** ↑gräßlich.

gries|grä|mig ⟨Adj.⟩: *mürrisch und verdrossen:* er ist ein griesgrämiger Mensch. **sinnv.:** ↑mürrisch.

Grieß, der; -es: *körnig gemahlenes Getreide (bes. Weizen, Reis oder Mais):* einen Brei aus G. kochen.

Griff, der; -[e]s, -e: **1.** *Teil eines Gegenstandes oder einer Vorrichtung, an dem man diese anfassen und festhalten o. ä. kann:* der G. der Aktentasche, des Messers, der Tür. **sinnv.:** Bügel, Handhabe, Halter, Heft, Henkel, Klinke, Knauf, Kurbel, Schaft, Stiel. **Zus.:** Fenster-, Halte-, Hand-, Koffer-, Trage-, Türgriff. **2.** *das Greifen, zufassende Handbewegung:* ein G. nach dem Hut; einen G. in die Pralinenschachtel tun. **sinnv.:** ↑Handgriff.

griff|be|reit ⟨Adj.⟩: *parat-, bereitliegend, so daß man es schnell greifen kann:* alles ist, liegt g.

Grill, der; -s, -s: *Gerät, mit dem [über offenem Feuer] Fleisch (auf einem Rost liegend) ohne Verwendung von Fett zum Verzehr geeignet gemacht wird:* ein Hähnchen, Steaks, Bratwürste vom Grill. **sinnv.:** Barbecue, Bratrost, Rost.

Gril|le, die; -, -n: *den Heuschrecken ähnliches, bes. in der Nacht aktives Insekt, dessen Männchen zirpende Laute hervorbringt:* die Grillen zirpen.

gril|len ⟨tr.⟩: *auf dem Grill zum Verzehr geeignet machen:* das Fleisch g. **sinnv.:** ↑braten.

Gri|mas|se, die; -, -n: *(mit Absicht) verzerrtes Gesicht [mit dem jmd. etwas Bestimmtes ausdrükken will):* das Gesicht zu einer G. verziehen; er zog eine G., als man ihm mitteilte, daß er Sonntagsdienst habe; die Kinder unterhielten sich damit, Grimassen zu schneiden/zu machen. **sinnv.:** ↑Miene.

grim|mig ⟨Adj.⟩: **1.** *von verhaltenem Groll erfüllt:* ein grimmiges Aussehen; g. dreinschauen. **sinnv.:** ↑ärgerlich, ↑mißmutig. **2.** (emotional) *als sehr heftig, stark empfunden:* grimmige Schmerzen; eine grimmige Kälte. **sinnv.:** ↑schlimm.

grin|sen ⟨itr.⟩: *breit [mit einem höhnischen, schadenfrohen, boshaften o. ä. Ausdruck] lächeln:* er grinste unverschämt. **sinnv.:** ↑lachen.

Grip|pe, die; -, -n: **a)** *Infektionskrankheit mit [hohem] Fieber und Katarrh.* **sinnv.:** Influenza. **b)** *starke Erkältung:* an [einer] G. erkrankt. **sinnv.:** ↑Erkältung.

Grips, der; -es (ugs.): *[wacher, beweglicher] Verstand (als Voraussetzung für kluges, richtiges Handeln, Reagieren, Beurteilen):* ihr G. reicht bestenfalls dazu aus, klare Anordnungen zu befolgen; er hat den G. eines Kaninchens; es gehört nicht viel G. dazu, das zu verstehen; du mußt einmal deinen G. anstrengen. **sinnv.:** Aufgewecktheit, Durchblick, Einblick, Einsicht, Gewitztheit, Grütze, Intelligenz, Klugheit, Kombinationsgabe, Überblick, Weisheit, Weitsicht, Zeug; ↑Vernunft.

grob ⟨Adj.⟩: **1. a)** *von derber, rauher Beschaffenheit:* grobes Leinen, Papier. **b)** *nicht sehr fein (zerkleinert o. ä.):* grober Sand; der Kaffee ist g. gemahlen. **c)** *ohne Feinheit (in seiner Form, Gestalt):* sie hat grobe Hände; die Gesichtszüge sind g. **2.** *nur auf das Wichtigste beschränkt:* etwas in groben Zügen darstellen. **3.** (emotional) *(in seinem Ausmaß) schlimm:* ein grober Fehler, Irrtum; das war grobe Fahrlässigkeit. **sinnv.:** ↑schlimm. **4.** *(im Umgang mit anderen) ohne Feingefühl, ohne Manieren:* er ist ein grober Kerl; sein Benehmen, sein Ton ist furchtbar g. **sinnv.:** ↑barsch, ↑derb. **Zus.:** saugrob.

Grob|heit, die; -, -en: **a)** ⟨ohne Plural⟩ *unhöfliches, grobes Verhalten:* er ist wegen seiner G. bekannt. **sinnv.:** Barschheit, Flegelhaftigkeit, Grobschlächtigkeit, Plumpheit, Rüpelhaftigkeit, Ruppigkeit, Unaufmerksamkeit, Unfreundlichkeit, Ungefälligkeit, Unliebenswürdigkeit. **b)** *etwas (eine Äußerung), was äußerst unhöflich und grob ist:* jmdm. Grobheiten an den Kopf werfen. **sinnv.:** Frechheit, Unhöflichkeit, Unverschämtheit.

Gro|bi|an, der; -s, -e: *Mann, dessen Benehmen, Äußerungen man als grob, ungehobelt empfindet:* er ist ein furchtbarer G. **sinnv.:** ↑Flegel, grober Klotz.

grob|schläch|tig ⟨Adj.⟩: *von derber, unfeiner, plumper Art:* ein grobschlächtiger Mensch. **sinnv.:** ↑plump, ↑unhöflich.

Grog, der; -s, -s: *heißes Getränk aus Rum, Zucker und Wasser.*

grog|gy: ⟨in der Verbindung⟩ g. sein (ugs.): *(körperlich) sehr erschöpft sein:* nach dem Turnier war er ganz g. **sinnv.:** ↑erschöpft.

gröl|len ⟨itr.⟩ (ugs.): *in als störend, belästigend, unangenehm empfundener Weise laut singen:* Betrunkene grölten im Lokal. **sinnv.:** ↑schreien, ↑singen.

Groll, der; -s: *verhaltener Zorn, Ärger; im Inneren rumorende Haßgefühle:* seinen tiefen G. versuchte er zu überspielen; er fraß seinen G. in sich hinein; mit G. an jmdn./etwas denken. **sinnv.:** ↑Verstimmung.

grol|len ⟨itr.⟩: **1.** *Groll gegen jmdn. hegen:* jmdm. g. **sinnv.:** sich ↑ärgern, hadern, schmollen, Zorn haben, zürnen. **2.** *dumpf rollend tönen:* der Donner grollt. **sinnv.:** ↑krachen.

Gros [gro:], das; - [gro:, gro:s], - [gro:s]: *überwiegender Teil, Mehrzahl der Angehörigen einer Gruppe:* das G. der Bevölkerung, der Studenten. **sinnv.:** Hauptmasse, ↑Mehrheit.

Gro|schen, der; -s, -: **1.** *kleinste Einheit der Währung in Österreich in Form einer Münze:* ein Schilling hat hundert G. **2.** *Zehnpfennig[stück]:* das kostet nur ein paar G. **Zus.:** Not-, Spar-, Steuergroschen.

groß, größer, größte: **I.** ⟨Adj.⟩ **1. a)** *in Ausdehnung oder Umfang, im Längenwachstum den Durchschnitt oder einen Vergleichswert übertreffend* /Ggs. klein/: ein großes Haus, Auto; die Zimmer sind g.; das Kind ist sehr g. für sein Alter. **sinnv.:** ↑ansehnlich, ↑geräumig, ↑gewaltig · Apparat, Kaventsmann, so ein Otto. **b)** /einer Maßangabe nachgestellt/ *eine bestimmte räumliche Ausdehnung, Größe aufweisend:* er ist fast zwei Meter g.; wie g. ist das Haus? **c)** *von verhältnismäßig langer Dauer, zeitlicher Erstreckung:* eine große Verzögerung, Zeitspanne; die großen Ferien; der zeitliche Abstand ist zu g. **2.** /bezeichnet Ausmaß, Intensität des im Substantiv Genannten/ *erheblich:* großen Hunger, große Angst haben; bei großer Kälte; große Schmerzen; großes Aufsehen erregen. **sinnv.:** ↑außergewöhnlich. **3.** *von Bedeutung, Gewichtigkeit:* ein großer Name, Dichter, Redner, Geist, Tag; eine große Aufgabe, Sache. **sinnv.:** ↑bedeutungsvoll, ↑berühmt. **4.** ↑*erwachsen:* mein großer Bruder ist schon verheiratet; wenn ich g. bin, ... **II.** ⟨Adverb⟩ (ugs.) *besonders:* du brauchst nicht g. zu fragen, ob du das darfst; nicht g. auf etwas achten; der Verlag hat diesen Autor g. herausgebracht. **sinnv.:** extra.

groß|ar|tig ⟨Adj.⟩ (emotional): *so geartet, daß es jmdn. beeindruckt, ihm Bewunderung o. ä. abnötigt:* eine großartige Leistung, Idee; das hast du g. gemacht! **sinnv.:** ↑außergewöhnlich, ↑beachtlich, fetzig, phantastisch, riesig, triumphal, wunderbar.

Grö|ße, die; -, -n: **1. a)** *flächenhafte Ausdehnung von etwas:* die G. einer Stadt, eines Landes. **sinnv.:** Ausbreitung, Ausdehnung, Erstreckung. **b)** *räumliche Ausdehnung, Umfang eines Körpers:* die G. eines Hauses, eines Gefäßes; ein Mann von mittlerer G. **c)** *zahlen-, mengenmäßiger Umfang:* die G. einer Schulklasse, eines Volkes. **d)** *genormtes Maß bei Kleidungsstücken für die verschiedenen Körpergrößen:* sie trägt G. 38. **sinnv.:** ↑Form. **Zus.:** Kleider-, Schuh-, Zwischengröße. **e)** ⟨G. + Attribut, ohne Plural⟩ *Ausmaß von etwas; Bedeutsamkeit und Tragweite einer Sache, eines Vorganges o. ä.:* die G. des Unheils, der Katastrophe; sich der G. des Augenblicks bewußt sein. **sinnv.:** Ausmaß, Bedeutung, ↑Ernst, Größenordnung, Maß. **2.** *Mensch, der Bedeutendes leistet:* er ist eine G. auf diesem Gebiet. **sinnv.:** ↑Fachmann. **Zus.:** Film-, Geistesgröße.

Groß|el|tern, die ⟨Plural⟩: *Großvater und Großmutter.* **sinnv.:** ↑Großmutter, ↑Großvater. **Zus.:** Ur-, Ururgroßeltern.

groß|her|zig ⟨Adj.⟩: *von edler Gesinnung, ohne Kleinlichkeit:* jmdm. etwas g. gestatten. **sinnv.:** ↑selbstlos.

Groß|macht, die; -, Großmächte: *Staat, der über große wirtschaftliche und militärische Macht verfügt und in der internationalen Politik seinen Einfluß entscheidend geltend machen kann.* **sinnv.:** Macht, Supermacht, Weltmacht; ↑Staat.

Groß|mut, die; -: *edle, sich in Großzügigkeit, Toleranz erweisende Gesinnung:* G. gegen jmdn. zeigen. **sinnv.:** Edelmut, Großmütigkeit, Hochherzigkeit.

Groß|mut|ter, die; -, Großmütter: *die Mutter von Mutter oder Vater eines Kindes.* **sinnv.:** Großmama, Oma, Omama, Omi; Ahne; ↑Frau; ↑Großeltern.

Groß|raum|wa|gen, der; -s, -: **1.** *Straßenbahnzug, der aus zwei oder drei durch Gelenke miteinander verbundenen Wagen besteht.* **2.** *Eisenbahnwagen, bei dem die Sitze rechts und links vom Mittelgang hintereinander angeordnet sind (im Unterschied zu einem Wagen mit Abteilen).*

Groß|rei|ne|ma|chen, das; -s: *gründlicher Hausputz:* ein G. veranstalten. **sinnv.:** Frühjahrsputz, Großputz, Hausputz, Reinemachen.

groß|spre|che|risch ⟨Adj.⟩: *in der Weise eines Menschen, der angibt, prahlt:* ein großsprecherischer Mensch. **sinnv.:** ↑prahlerisch.

groß|spu|rig ⟨Adj.⟩: *(im Auftreten, Benehmen) angeberisch:* seine großspurige Art ist ihr zuwider. **sinnv.:** ↑prahlerisch.

groß|städ|tisch ⟨Adj.⟩: *zu einer Großstadt gehörend, typisch für eine Großstadt:* der großstädtische Verkehr. **sinnv.:** urban.

Groß|teil, der; -s: *der größte, überwiegende Teil, die Mehrheit (von Personen oder Sachen):* der G. der Menschen lebt heute schon in den Städten; die Bücher stammen zum G. aus dem Nachlaß seines Vaters.

größ|ten|teils ⟨Adverb⟩: *zum größten Teil:* viele Ausländer kamen, g. Türken. **sinnv.:** ↑oft.

groß|tun, sich, tat sich groß, hat sich großgetan: *sich (in Eitelkeit, Selbstüberschätzung) mit etwas brüsten:* er tut sich immer groß mit seinen Leistungen. **sinnv.:** ↑prahlen.

Groß|va|ter, der; -s, Großväter: *der Vater von Vater oder Mutter eines Kindes.* **sinnv.:** Opa, Opapa, Opi; Ahn[e]; ↑Mann; ↑Großeltern.

groß|zie|hen, zog groß, hat großgezogen ⟨tr.⟩: *ein Kind oder ein junges Tier so lange betreuen, bis es erwachsen bzw. ausgewachsen und selbständig ist:* sie mußte ihren Sohn allein g.; Jungtiere [mit der Flasche] g. **sinnv.:** aufpäppeln, aufziehen, heranziehen, hochpäppeln.

groß|zü|gig ⟨Adj.⟩: **1.** *in der Lage, über Fehler anderer hinwegzusehen, das Denken oder Tun anderer gelten lassend (wenn es mit der eigenen Einstellung nicht übereinstimmt):* g. über vieles hinwegsehen. **sinnv.:** ↑freundlich. **2.** *im Geben, Schenken nicht kleinlich:* eine großzügige Spende; er hat sich g. gezeigt. **sinnv.:** ↑freigebig. **3.** *(in seinem Stil, seiner Form o. ä.) weiträumig angelegt; Enge, Kleinheit, vermeidend:* ein großzügiger Bau; die Gartenanlage ist sehr g. **sinnv.:** ↑üppig.

gro|tesk ⟨Adj.⟩: *durch Übersteigerung und Verzerrung komisch oder unsinnig wirkend:* eine groteske Geschichte, Situation; dieser Einfall ist geradezu g. **sinnv.:** ↑lächerlich.

Grot|te, die; -, -n: *[künstlich angelegte] Höhle oder Nische [im Fels].* **sinnv.:** Höhle. **Zus.:** Felsengrotte.

Grüb|chen, das; -s, -: *kleine (als hübsch empfundene) Vertiefung im Kinn oder (beim Lachen entstehend) in der Wange:* beim Lachen hat sie zwei G.

Gru|be, die; -, -n: **1.** *künstlich angelegte Vertiefung, größeres Loch in der Erde:* eine tiefe G. graben, ausheben; in eine G. fallen. **sinnv.:** Kuhle, Loch, Mulde, Senke, Senkung. **Zus.:** Abort-, Bau-, Fall-, Fund-, Jauche-, Mörder-, Sickergrube. **2.** *Schacht[anlage] eines Bergwerks:* diese G. ist reich an Erz. **sinnv.:** ↑Bergwerk. **Zus.:** Erz-, Gold-, Kies-, Kohlen-, Lehm-, Silber-, Tongrube.

Grü|be|lei, die; -, -en: *das Grübeln:* in G. versinken.

grü|beln ⟨itr.⟩: **a)** *lange, intensiv (über etwas) nachdenken:* ich habe oft über dieses Problem gegrübelt. **sinnv.:** ↑nachdenken. **Zus.:** nachgrübeln. **b)** *(sich ängstigend) quälenden, unnützen oder fruchtlosen Gedanken nachhängen:* du grübelst zuviel. **sinnv.:** brüten, Grillen fangen, simulieren, sinnieren, spintisieren. **Zus.:** sich zergrübeln.

grüb|le|risch ⟨Adj.⟩: *in Grübeleien versunken, sehr nachdenklich:* er ist ein grüblerischer Mensch. **sinnv.:** gedankenverloren, gedankenvoll, in Gedanken versunken, nachdenklich, versonnen, versunken.

Gruft, die; -, Grüfte: *[gemauerte] Grabstätte.* **sinnv.:** ↑Grab. **Zus.:** Familien-, Fürsten-, Totengruft.

grün ⟨Adj.⟩: **1.** *von der Farbe der meisten Pflanzen:* grünes Gras; grüne Blätter; die Wälder sind wieder g. *(sind belaubt).* **sinnv:** grünlich, lind, oliv, türkis[farben], smaragd. **Zus.:** dunkel-, flaschen-, gelb-, gift-, gras-, lind-, meer-, moos-, oliv-, russisch-, smaragd-, spinat-, tiefgrün. **2.** *(an der Farbe erkennbar) noch nicht reif:* grünes Obst; der Apfel ist noch g. **sinnv.:** unreif. **3.** *noch wenig Erfahrung und innere Reife besitzend:* ein grüner Junge. **sinnv.:** ↑jung. **4.** *die Bewegung der Umweltschützer betreffend, zu ihr gehörend:* eine grüne Partei; sie haben g. gewählt. **sinnv.:** alternativ.

Grün, das; -s, - und (ugs.) -s: **1.** *Farbton, der der Farbe der meisten Pflanzen entspricht:* ein giftiges G.; bei G. *(bei grüner Ampel)* über die Straße gehen. **2.** ⟨ohne Plural⟩ *Pflanzen:* sie haben viel G. in der Wohnung; das erste frische G.

Grund, der; -es, Gründe: **1.** ⟨ohne Plural⟩ *[Stück] Land, Acker o. ä. (das jmd. als Besitz hat):* auf eigenem, fremdem G.; G. und Boden *(Grundbesitz).* **sinnv.:** ↑Feld, ↑Grundstück, ↑Immobilien. **Zus.:** Baugrund. **2.** ⟨ohne Plural⟩ **a)** *Boden eines Gewässers:* bei dem klaren Wasser kann man bis auf den G. sehen; das Schiff lief auf G. **sinnv.:** [Meeres]boden, Untergrund. **Zus.:** Ab-, Meeresgrund. **b)** *Boden eines Gefäßes:* die Teeblätter haben sich auf dem G. der Kanne abgesetzt. **3.** *Ursache, Motiv für ein Verhalten;* ein einleuchtender, stichhaltiger G.; die Gründe für die Tat sind unbekannt. **sinnv.:** ↑Anlaß, ↑Argument. **Zus.:** Beweg-, Entlassungs-, Haupt-, Hinderungs-, Krankheits-, Scheidungs-, Sicherheits-, Vernunft-, Zeitgrund.

grund- ⟨adjektivisches Präfixoid, auch das Basiswort wird betont⟩ (emotional verstärkend): *von Grund auf ..., sehr ..., durch und durch ..., ganz und gar ..., in hohem Grade ...* /bes. in bezug auf ethische, ästhetische, intellektuelle Qualität/: grundanständig, -brav, -ehrlich, -falsch, -geizig, -gelehrt, -gescheit, -gesund, -gut, -gütig, -häßlich, -miserabel, -musikalisch, -schlecht, -solide, -sonderbar, -treu, -verdorben, -verkehrt, -verschieden.

Grund- ⟨Präfixoid⟩: */bezeichnet das im Basiswort Genannte als etwas, was grundlegend, fundamental, wesentlich die eigentliche Grundlage, die Voraussetzung ist, was einer Sache zugrunde liegt/:* Grundaussage, -bedingung, -bedürfnis, -begriff, -bestandteil, -betrag, -erfahrung, -erkenntnis, -fehler, -frage, -gedanke, -gerät, -idee, -kapital, -kenntnis, -konzeption, -kurs, -lehrgang, -tendenz, -tugend, -übel, -wissen. **sinnv.:** Haupt-, Kern-, Ur-.

grün|den, gründete, hat gegründet: **1.** ⟨tr.⟩ *ins Leben rufen:* einen Orden, eine Partei g.; er hat eine Familie gegründet *(hat geheiratet).* **sinnv.:** begründen, einrichten, errichten, etablieren, instituieren, konstituieren, schaffen; ↑eröffnen. **Zus.:** begründen. **2.** ⟨sich g.⟩ *sich stützen (auf etwas):* der Vorschlag gründet sich auf diese Annahme. **sinnv.:** ↑beruhen.

Grün|der, der; -s, -, **Grün|de|rin,** die; -, -nen: *männliche bzw. weibliche Person, die etwas gründet, ins Leben ruft.* **sinnv.:** Begründer, Initiator, Mitbegründer, Schöpfer, Stifter, Urheber, [geistiger] Vater. **Zus.:** Be-, Firmen-, Ordensgründer.

Grund|la|ge, die; -, -n: *etwas (bereits Vorhandenes), von dem man ausgehen kann, auf dem sich etwas aufbauen, von dem sich etwas ableiten läßt:* die theoretischen, gesetzlichen Grundlagen für etwas schaffen; die Behauptungen entbehren jeder G. *(sind unwahr, gründen sich nicht auf Tatsachen).* **sinnv.:** Ausgangspunkt, Basis, ↑Bedingung, Bestand, Einmaleins, Fundament, Grundstock, Plattform, Voraussetzung. **Zus.:** Arbeits-, Diskussions-, Existenz-, Geschäftsgrundlage.

grund|le|gend: **I.** ⟨Adj.⟩ *von entscheidender Bedeutung:* ein grundlegender Unterschied. **sinnv.:** absolut, fundamental. **II.** ⟨Adverb⟩ *von Grund auf, in jeder Weise:* sie hat ihre Ansicht g. geändert. **sinnv.:** ganz und gar, völlig, vollkommen; ↑sehr.

gründ|lich ⟨Adj.⟩: **1.** *sehr sorgfältig, nicht nur oberflächlich:* eine gründliche Untersuchung; sich g. waschen. **sinnv.:** ↑gehörig, ↑gewissenhaft. **2.** ⟨verstärkend bei Verben⟩ ↑*sehr:* die Prüfung ist g. danebengegangen; du hast dich g. geirrt.

grund|los ⟨Adj.⟩: *ohne innere Begründung:* ein grundloses Mißtrauen; g. verärgert sein. **sinnv.:** gegenstandslos, haltlos, hinfällig, aus der Luft gegriffen, unbegründet, ungerechtfertigt, ungültig, unmotiviert, wesenlos.

Grund|riß, der; Grundrisses, Grundrisse: **1.** *zeichnerische Darstellung der Grundfläche eines Gebäudes, einer geometrischen Figur u. a.:* den G. eines Hauses entwerfen. **sinnv.:** Aufriß, Entwurf, Plan. **2.** *kurzgefaßtes Lehrbuch:* ein G. der deutschen Grammatik. **sinnv.:** ↑Zusammenfassung.

Grund|satz, der; -es, Grundsätze: **a)** *Prinzip, das jmd. für sich zur Richtschnur gemacht hat, nach dem er handelt:* strenge, sittliche, moralische Grundsätze; Grundsätze haben. **sinnv.:** ↑Prinzipien. **b)** *allgemeingültiges Prinzip, das einer Sache zugrunde liegt:* ein demokratischer, rechtsstaatlicher G. **sinnv.:** ↑Regel. **Zus.:** Rechtsgrundsatz.

grund|sätz|lich ⟨Adj.⟩: **a)** *einen Grundsatz betreffend:* eine grundsätzliche Frage; etwas ist von grundsätzlicher Bedeutung. **sinnv.:** fundamental. **b)** *einem Prinzip folgend, aus Prinzip:* sie gibt g. keinem Bettler etwas. **sinnv.:** ↑prinzipiell. **c)** ⟨in Verbindung mit entgegensetzenden Konjunktionen wie *aber, doch* u. a.⟩ *im allgemeinen:* ich bin g. für Gleichbehandlung, aber ...

Grund|stock, der; -[e]s Grundstöcke: *den Anfang, Ausgangspunkt bildender, wichtigster Bestand (an etwas), auf dem aufgebaut werden kann:* diese Bücher bildeten den G. für seine Bibliothek. **sinnv.:** ↑Grundlage.

Grund|stück, das; -[e]s, -e: *Stück Land, das jmdm. gehört:* ein G. kaufen, erben. **sinnv.:** ↑Feld, Garten, Grund, ↑Immobilien, Land, Parzelle · Baugelände, -grund, -land, -platz. **Zus.:** Bau-, Gartengrundstück.

Grün|dung, die; -, -en: *das Gründen, Schaffen einer Einrichtung o. ä.:* die G. einer Partei. **sinnv.:** Begründung, Grundlegung, Schaffung, Stiftung. **Zus.:** Existenz-, Familien-, Partei-, Vereinsgründung.

Grund|zahl, die; -, -en: *ganze Zahl:* die Zahlen 1, 2, 3 usw. sind Grundzahlen. **sinnv.:** Kardinalzahl.

grü|nen ⟨itr.⟩: *(von der Vegetation im Frühjahr, bes. von Bäumen, Wiesen) Blätter usw. hervortreiben, grün werden:* Büsche, Bäume grünen; es grünt und blüht überall. **sinnv.:** ↑sprießen.

grün|lich ⟨Adj.⟩: *der Farbe Grün nahe, leicht grün:* ein g. schimmerndes Licht. **sinnv.:** ↑grün.

grun|zen, ⟨itr.⟩: *(bes. von Schweinen): dumpfe, kehlige Laute ausstoßen:* das Schwein grunzt.

Grup|pe, die; -, -n: **a)** *kleinere zusammengehörende oder zufällig zusammen gehende, stehende o. ä. Zahl von Menschen:* eine G. von Kindern, Schauspielern, Touristen; die Menschen standen in Gruppen zusammen und unterhielten sich. **sinnv.:** Duett, Duo, Haufen, Horde, Korona, Meute, Pulk, Sauhaufen, Schar, ↑Abteilung; ↑Bande; ↑Gespann. **b)** *Gemeinschaft, Kreis von Menschen, die sich auf Grund gemeinsamer Interessen, Ziele o. ä. zusammengeschlossen haben:* konservative, radikale Gruppen. **sinnv.:** Duett, Duo, Gruppierung, Fraktion, Kollektiv, Kreis, Quartett, Runde, Terzett, Trio. **Zus.:** Arbeits-, Berufs-, Rand-, Rhythmus-, Spitzen-, Splitter-, Trachten-, Wandergruppe. **c)** ⟨G. + Attribut⟩ *Anzahl von Dingen, Lebewesen mit gemeinsamen Eigenschaften o. ä.:* eine G. von Inseln, Säugetieren. **Zus.:** Baum-, Häuser-, Insel-, Raubtier-, Sessel-, Sitzgruppe.

grup|pie|ren: **1.** ⟨tr.⟩ *zu einer Gruppe zusammenstellen, ordnen:* die Familie zu einem Foto g.; Stühle um einen Tisch g. **sinnv.:** ↑anordnen. **Zus.:** ein-, umgruppieren. **2.** ⟨sich g.⟩ *sich (als Gruppe) in einer bestimmten Ordnung aufstellen o. ä.:* die Betrachter gruppieren sich um die aufgebauten Kunstwerke. **sinnv.:** sich ↑aufstellen.

Grup|pie|rung, die; -, -en: **1.** *das Gruppieren, Sichgruppieren.* **sinnv.:** ↑Anordnung. **2.** *Gruppe von Personen, die sich wegen der Gleichheit der Interessen, der verfolgten Ziele o. ä. zusammengeschlossen haben bzw. Kontakt zueinander haben:* verschiedene politische Gruppierungen. **sinnv.:** ↑Gruppe.

gru|se|lig ⟨Adj.⟩: *(bes. von Märchen, Spukgeschichten) ein Gruseln (bei den Hörern od. Lesern) hervorrufend:* eine gruselige Geschichte. **sinnv.:** ↑unheimlich.

gru|seln ⟨itr.⟩: *Schauder, Furcht (vor etwas Unheimlichem) empfinden:* mir/mich gruselt es allein in der Wohnung, vor dem Weg durch den Wald; ⟨auch: sich g.⟩ ich gruselte mich, als ich das Gerippe sah. **sinnv.:** sich ↑entsetzen, sich ↑fürchten.

Gruß, der; -es, Grüße: *freundliche Worte oder Geste der Verbundenheit bei der Begegnung, beim Abschied, im Brief:* einen G. ausrichten; er reichte ihm zum G.

die Hand; mit besten, freundlichen, herzlichen Grüßen ... (als Briefschluß). **sinnv.:** Ehrenbezeigung, Empfehlung, Grußformel · ↑begrüßen. **Zus.:** Abschieds-, Blumen-, Geburtstags-, Karten-, Neujahrs-, Oster-, Urlaubs-, Weihnachts-, Willkommensgruß.

grü|ßen ⟨tr./itr.⟩: **1.** *(jmdm.) einen Gruß zurufen, durch Kopfneigen oder eine andere Geste zu erkennen geben:* jmdn. freundlich g.; er grüßte nach allen Seiten; die beiden grüßen einander nicht mehr. **sinnv.:** ↑begrüßen. **2.** *jmdm. Grüße übermitteln:* ich soll dich von ihm g. **sinnv.:** ↑mitteilen.

Grüt|ze, die; -, -n: **1. a)** *geschältes und grob gemahlenes Getreide (bes. Hafer und Gerste):* in die heiße Milch die G. geben. **b)** *Brei aus grob gemahlenem Getreide:* die Kinder essen gern G. **sinnv.:** ↑Brei. **2.** (ugs.) *wacher Verstand, Verstandeskraft (als Voraussetzung für überlegtes Handeln, kluges Denken):* er hat mehr G. im Kopf als ihr alle zusammen!; der kann ja nicht denken, hat keine G. im Kopf. **sinnv.:** ↑Grips, ↑Vernunft.

gucken: 1. ⟨itr.⟩ *in eine bestimmte Richtung sehen:* aus dem Fenster, ins Buch g. **Zus.:** hin-, weg-, zugucken. **2.** ⟨itr.⟩ *seine Umwelt, andere mit bestimmtem, die seelische Verfassung spiegelndem Gesichtsausdruck ansehen:* freundlich, verständnislos g. **3.** ⟨tr./itr.⟩ (ugs.) *(Bilder, einen Film, ein Fernsehstück o. ä.) ansehen:* einen Film, Bilder g. **sinnv.:** ↑ansehen.

Guil|lo|ti|ne [gɪljo'ti:nə, gijo'ti:nə], die; -, -n: *(während der Französischen Revolution eingeführte) Vorrichtung, mit der jmd. durch Abschlagen des Kopfes hingerichtet wurde.* **sinnv.:** Fallbeil.

Gu|lasch, das oder der; -s, -e und -s: *aus in Würfeln geschnittenem, geschmortem Schweine-, Kalbs-, Rindfleisch bestehendes, scharf gewürztes Gericht.* **Zus.:** Paprika-, Rindsgulasch.

gül|tig ⟨Adj.⟩: *bestimmten gesetzlichen, rechtlichen Bestimmungen oder Festlegungen entsprechend [und daher gegenwärtig auch verwendbar]:* ein gültiger Fahrschein, Ausweis; der Vertrag ist g. bis 31. Dezember; diese Eintrittskarte ist nicht mehr g. **sinnv.:** anerkannt, eingeführt, geltend, in Umlauf befindlich, valid. **Zus.:** allgemein-, end-, gleich-, muster-, rechts-, ungültig.

Gum|mi, der oder das; -s, -[s]: *Produkt aus Kautschuk:* Dichtungen, Autoreifen aus G.

Gunst, die; -: **a)** *[durch eine höhergestellte Person] auf jmdn. gerichtete wohlwollende Gesinnung:* jmds. G. erwerben, genießen; in jmds. G. stehen. **sinnv.:** Auszeichnung, Ehre, Gnade, Huld; ↑Achtung. **Zus.:** Mißgunst. **b)** *Zeichen des Wohlwollens, das man jmdm. zuteil werden läßt:* jmdn. um eine G. bitten; jmdm. eine G. erweisen, gewähren.

gün|stig ⟨Adj.⟩: *(in seiner Beschaffenheit, seinem Verlauf, seiner Entwicklung o. ä.) vorteilhaft:* ein günstiger Eindruck, Verlauf; die Bedingungen sind g. **sinnv.:** ↑angenehm; ↑erfreulich; ↑glücklich; hoffnungsvoll; vgl. -günstig.

-gün|stig ⟨adjektivisches Suffixoid⟩: *sich als günstig für das im Basiswort Genannte erweisend, sich positiv auf das im Basiswort Genannte auswirkend:* empfangs- (Campingplätze sind oft wenig e. für Fernsehgeräte), import-, kosten-, preis-, verkaufs- (verkaufsgünstiges Image), verkehrs-, wetter-, zinsgünstig (ein zinsgünstiges Darlehen); /elliptisch/ lärm- *(im Hinblick auf die [geringe] Beeinträchtigung durch Lärm günstig;* die Kapazität des lärmgünstigen Bonner Flughafens besser nutzen).

Gur|gel, die; -, -n: *vordere Seite des Halses mit dem Kehlkopf:* jmdn. an/bei der G. packen; er wollte, sprang ihr an die G. **sinnv.:** Adamsapfel, ↑Rachen.

gur|geln ⟨itr.⟩: *den Hals spülen, indem man die in der Kehle befindliche Flüssigkeit durch Ausstoßen der Luft in Bewegung setzt:* bei Halsschmerzen [mit Salbei], nach dem Zähneputzen g. **sinnv.:** [den Mund] ausspülen, spülen.

Gur|ke, die; -, -n: **1.** *längliche, auf dem Boden wachsende Frucht mit grüner Schale, die meist als Salat oder in Essig o. ä. eingelegt gegessen wird.* **Zus.:** Essig-, Gewürz-, Salat-, Salz-, Schlangen-, Senfgurke. **2.** (ugs.) *als auffallend groß empfundene Nase (meist bei einem Mann).* **sinnv.:** ↑Nase.

gur|ren ⟨itr.⟩: *(von Tauben) kehlig-dumpfe, weich rollende, langgezogene Töne von sich geben:* die Tauben gurren auf den Dächern.

Gurt, der; -[e]s, -e: **1.** *festes, breites Band, das die Funktion des Haltens, Tragens o. ä. hat:* den G. anlegen. **sinnv.:** Band, Riemen · sich angurten; Gurtmuffel. **Zus.:** Leder-, Sicherheits-, Tragegurt. **2.** *breiter (bes. von Männern getragener) Gürtel:* einen G. umschnallen. **sinnv.:** ↑Gürtel.

Gür|tel, der; -s, -: *Band aus Stoff, Leder o. ä., das zur Zierde über der Kleidung um die Taille getragen wird:* ein G. aus Schlangenleder. **sinnv.:** Bauchriemen, Gurt, Koppel, Leibriemen, Schärpe.

Guß, der; Gusses, Güsse: **1.** *das Gießen von Metall in eine Form:* beim G. der Glocke zusehen. **Zus.** Bronze-, Glockenguß. **2. a)** *geschüttete, gegossene Menge Wasser:* kalte Güsse; den Pflanzen einen G. Wasser geben. **Zus.:** Aufguß. **b)** (emotional) *kurzer, heftiger Regenschauer:* ein plötzlicher G. **Zus.:** Gewitter-, Regenguß. **3.** *Überzug, Glasur auf Gebäck, bes. auf einer Torte:* die Torte mit einem süßen G. überziehen. **Zus.:** Schokoladen-, Torten-, Zuckerguß.

gut, besser, beste ⟨Adj.⟩: **1.** *bestimmten Erwartungen, einer bestimmten Norm, bestimmten Zwecken in hohem Maß entsprechend; so, daß man damit einverstanden ist* /Ggs. schlecht/: ein guter Schüler, Arzt, Redner; ein gutes Mittel gegen Husten; gute Arbeit leisten; ein gutes Geschäft machen; der Anzug sitzt g.; kein gutes Deutsch schreiben. **sinnv.:** angemessen, ↑erfreulich, ↑fachmännisch, hervorragend, perfekt, nicht schlecht, schön, trefflich, nicht übel, nicht zu verachten, ↑vortrefflich. **2.** *von hohem sittlich-moralischem Rang* /Ggs. schlecht/: ein guter Mensch; eine gute Tat; seine Absicht war g. **sinnv.:** edel, ↑gütig, hochherzig, ↑menschlich, ↑selbstlos. **3.** *(als Ergebnis o. ä.) erfreulich, günstig* /Ggs. schlecht/: eine gute Ernte; ein gutes Zeugnis bekommen; jmdm. ein gutes neues Jahr, gute Reise wünschen, guten Tag sagen; das Geschäft, die Erträge waren g. **sinnv.:** ↑angenehm, ↑erfreulich, ↑genug, ↑glücklich. **4.** *jmdm. freundschaftlich verbunden und zugetan:* ein guter

Freund, Bekannter. **sinnv.:** ↑freundlich. **5.** ⟨nicht prädikativ⟩ *nur für besondere [feierliche] Anlässe vorgesehen:* die gute Stube; der gute Anzug; das Kleidungsstück ist nur für g. **sinnv.:** feierlich, festlich, sonntäglich. **6.** *(von einer Menge) mindestens (so groß usw.):* eine gute Stunde von hier; hier ist g. Platz für zwei. **7.** ⟨nur adverbial⟩ *leicht, ohne Mühe:* du hast g. lachen; das ist [nicht] g. möglich. **sinnv.:** mühelos.

Gut, das; -[e]s, Güter: **I. 1.** *Besitz, der einen materiellen oder geistigen Wert darstellt:* gestohlenes G.; Gesundheit ist das höchste G.; bewegliches G. (z. B. Möbel); jmds. Hab und G. *(alles, was jmd. besitzt).* **sinnv.:** ↑Besitz. **Zus.:** Allgemein-, Bildungs-, Diebes-, Erb-, Gedanken-, Ideen-, Sagen-, Strand-, Umzugsgut. **2.** *[zum Versand bestimmte, im Versand befindliche] Ware:* leicht verderbliche Güter; Güter umladen, umschlagen. **sinnv.:** ↑Ware. **Zus.:** Bedarfs-, Eil-, Expreß-, Fracht-, Handels-, Massen-, Passagier-, Stück-, Versandgut. **II.** *Bauernhof mit größerem Grundbesitz:* er bewirtschaftet ein großes G. **sinnv.:** ↑Bauernhof, Gutshof, Plantage. **Zus.:** Bauern-, Landgut.

-gut, das; -[e]s ⟨Suffixoid⟩ /bes. in fachsprachlichen Texten mit Substantiv, Verb oder Adjektiv als Basis/: **a)** *Gesamtheit von Dingen, die im Zusammenhang mit dem im Basiswort Genannten (z. B. Herkunft, Zweck) stehen:* Ausstellungs-, Back-, Beute-, Bildungs-, Brenn-, Diebes-, Ernte- (das E. kommt in die Labors), Fracht-, Gedanken-, Ideen-, Konsum-, Leer-, Leih-, Lied-, Messe-, Pflanzen-, Rüstungs-, Saat-, Sach-, Schütt-, Strand- *(Gegenstände, die vom Meer an den Strand gespült worden sind),* Streu-, Treib- *(all das, was auf dem Wasser treibt, z. B. Holz, Tang),* Wortgut. **b)** *Gesamtheit von Personen als die im Basiswort Genannten (unter statistischem o. ä. Gesichtspunkt):* Kranken-, Menschen-, Patienten-, Schülergut. **sinnv.:** -material.

Gu̱t|ach|ten, das; -s, -: *fachmännisches Urteil:* ein G. abgeben, einholen. **sinnv.:** ↑Bescheinigung. **Zus.:** Rechts-, Sachverständigengutachten.

Gu̱t|ach|ter, der; -s, -, **Gu̱t|ach|te|rin,** die; -, -nen: *männliche bzw. weibliche Person, die ein Gutachten abgibt:* bei der Verhandlung wurden zwei Gutachter gehört. **sinnv.:** Bearbeiter, Berichterstatter, Dezernent, Referent, Sachbearbeiter.

Gu̱t|dün|ken: ⟨in der Fügung⟩ nach G.: *in der Weise, so, wie es einem richtig erscheint:* das kannst du nach eigenem G. entscheiden, machen. **sinnv.:** ↑eigenmächtig.

Gü̱|te, die; -: **1.** *(auf seine Mitmenschen gerichtete) milde, freundliche, von Wohlwollen und Nachsicht bestimmte Gesinnung:* er war ein Mensch voller G.; sie war von unendlicher G. gegen uns. **sinnv.:** ↑Freundlichkeit, Gutheit, Gutherzigkeit, Gutmütigkeit, Sanftmut, Weichherzigkeit. **Zus.:** Engels-, Herzens-, Seelengüte. **2.** *Beschaffenheit, Qualität (einer Ware):* Trauben von geringer G.; das Fabrikat ist ein Begriff für G.; die G. dieser Ware ist bekannt. **sinnv.:** ↑Qualität.

gu̱t|ge|hen ging gut, ist gutgegangen ⟨itr.⟩: **1. a)** *in guter gesundheitlicher Verfassung sein:* es geht uns gut. **sinnv.:** ↑gesund. **b)** *sich (in einer bestimmten Umgebung, unter bestimmten Voraussetzungen) wohl fühlen:* ihm geht es in den USA recht gut. **sinnv.:** sich heimisch, wie zu Hause/sich pudelwohl/sauwohl/wohl fühlen. **2.** *einen zufriedenstellenden Verlauf nehmen, ein gutes Ende haben:* das ist noch einmal gutgegangen. **sinnv.:** ↑gelingen.

gu̱t|gläu|big ⟨Adj.⟩: *bei jmdm. oder jedem Ehrlichkeit, gute Absicht voraussetzend und ihm vertrauend [d. h. ohne die vielleicht angebrachte Skepsis]:* eine gutgläubige Frau; er ist sehr g. **sinnv.:** ↑arglos, gläubig.

gu̱t|ha|ben, hat gut, hatte gut, hat gutgehabt ⟨itr.⟩: *(etwas, meist eine Geldsumme, von jmdm.) noch zu bekommen haben:* du hast [bei mir] noch zehn Mark gut. **sinnv.:** ↑bekommen.

Gu̱t|ha|ben, das; -s, -: *(auf jmds. Sparkonto vorhandenes) Geld oder Geld, das man bei einem anderen noch guthat:* ein großes G. auf der Bank haben; sie hat ein kleines G. bei mir. **sinnv.:** ↑Ersparnis. **Zus.:** Bank-, Spar-, Zinsguthaben.

gu̱t|hei|ßen, hieß gut, hat gutgeheißen ⟨tr.⟩: *(ein Vorhaben oder Tun) für richtig halten:* einen Plan, Entschluß g. **sinnv.:** absegnen, ↑akzeptieren, ↑billigen.

gü̱|tig ⟨Adj.⟩: *voller Güte:* ein gütiger Mensch; g. lächeln. **sinnv.:** barmherzig, edel, gnädig, ↑gut, gutherzig, gutmütig, herzensgut, herzlich, mild, sanftmütig, seelengut, ↑warm, warmherzig, weichherzig. **Zus.:** grundgütig.

gü̱t|lich ⟨Adj.; nicht prädikativ⟩: *im guten, im Einvernehmen der Partner [erfolgend]:* die gütliche Beilegung dieser Differenzen; sich g. einigen. **sinnv.:** im guten, ohne Streit · ↑tolerant.

gu̱t|ma|chen, machte gut, hat gutgemacht ⟨tr.⟩: **1.** *(etwas Böses oder Falsches, was man getan hat) wieder in Ordnung bringen:* einen Fehler, Schaden g. **sinnv.:** ↑einstehen für, ↑entschädigen. **Zus.:** wiedergutmachen. **2.** *sich für etwas erkenntlich zeigen:* Sie haben mir so oft geholfen. Wie kann ich das g.? **sinnv.:** ↑belohnen. **3.** *bei etwas einen bestimmten Gewinn machen, etwas als Überschuß behalten:* bei dem Geschäft hat er Geld gutgemacht.

gu̱t|mü|tig ⟨Adj.⟩: *von geduldigem, hilfsbereitem, freundlichem Wesen:* ein gutmütiger Mensch; sie ist g. [veranlagt]. **sinnv.:** ↑gütig.

Gu̱t|schein, der; -[e]s, -e: *eine Art Zettel, der als Beleg dafür gilt, daß man eine bestimmte Ware, Geld o. ä. darauf bekommen kann:* ich habe alle Gutscheine für freien Eintritt eingelöst: ein G. im Werte von 100 Mark. **sinnv.:** ↑Bon. **Zus.:** Geschenk-, Warengutschein.

gu̱t|schrei|ben, schrieb gut, hat gutgeschrieben ⟨tr.⟩: *als Guthaben anrechnen, eintragen:* das Geld wurde ihm gutgeschrieben.

Gu̱t|schrift, die; -, -en: **a)** *gutgeschriebener Betrag:* die Verrechnung erbrachte für ihn eine G. von 200 Mark. **sinnv.:** Bonus, Prämie; Vergütung. **b)** *Bescheinigung über einen gutgeschriebenen Betrag:* es wurde ihm eine G. über 200 Mark ausgehändigt.

gu̱t|tun, tat gut, hat gutgetan ⟨itr.⟩: *eine wohltuende Wirkung auf jmdn. haben:* der heiße Tee tut gut; die Sonne wird ihr g. **sinnv.:** angenehm sein, wohltun.

gu̱t|wil|lig ⟨Adj.⟩: **a)** *guten Willen zeigend:* ein gutwilliger Junge. **b)** *freiwillig, ohne Schwierig-*

keiten zu machen: g. mitkommen. **sinnv.:** ↑bereit.

Gym|na|si|ast, der; -en, -en, **Gym|na|si|a|stin,** die; -, -nen: *Schüler bzw. Schülerin eines Gymnasiums:* das Gespräch zwischen dem Gymnasiasten und dem Studenten/zwischen Gymnasiast und Student. **sinnv.:** ↑Schüler.

Gym|na|si|um, das; -s, Gymnasien: *höhere, zum Abitur führende Schule.* **sinnv.** ↑Schule. **Zus.:** Abend-, Aufbau-, Real-, Wirtschaftsgymnasium.

Gym|na|stik, die; -: **1.** *sportliche Betätigung, bei der bestimmte, den Körper trainierende Übungen ausgeführt werden:* G. treiben. **sinnv.:** Aerobic, Bodybuilding, Breakdance, Freiübungen, Jogging, Körpertraining, Lockerungsübungen, Stretching, gymnastische Übungen; ↑Sport; ↑Übung. **Zus.:** Früh-, Heil-, Jazz-, Kranken-, Morgengymnastik. **2.** *Gymnastikstunde:* in die G. gehen. **sinnv.:** Turnen, Turnstunde, -unterricht.

H

Haar, das; -[e]s, -e: **1.** *auf dem Körper von Menschen und den meisten Säugetieren (in großer Zahl) wachsendes, fadenartiges Gebilde (aus Hornsubstanz):* die Haare kämmen, bürsten; die Haare unter der Achsel, an den Beinen. **sinnv.:** Borste, Flaum, Locke, Naturkrause, Negerkrause. **Zus.:** Achsel-, Bart-, Dachs-, Frauen-, Kamel-, Kraus-, Natur-, Pferde-, Roß-, Scham-, Wuschelhaar. **2.** ⟨ohne Plural⟩ *Gesamtheit der Kopfhaare:* blondes, lockiges, langes H.; das H. kurz tragen; sich das H. färben lassen. **sinnv.:** Haare, Haarschopf, Locken, Löwenmähne, Mähne, Schopf, Wuschelkopf. **Zus.:** Deck-, Haupt-, Kopf-, Kurzhaar.

haa|ren ⟨itr./sich h.⟩: *Haare verlieren:* die Katze haart [sich]. **sinnv.:** ↑fusseln.

Haa|res|brei|te: ⟨in der Verbindung⟩ um H.: *um ein weniges, gerade noch:* um H. dem Tod, der Vernichtung entgehen. **sinnv.:** es hätte nicht viel gefehlt ..., mit knapper Not.

haar|ge|nau ⟨Adverb⟩ (emotional): *sehr, ganz genau:* h. dasselbe erzählen. **sinnv.:** ↑genau.

haa|rig ⟨Adj.⟩: **1.** *stark behaart:* haarige Beine. **sinnv.:** ↑behaart. **2.** (ugs.) *Schwierigkeiten, Unwägbarkeiten in sich bergend:* eine haarige Sache. **sinnv.:** ↑schwierig.

Haar|na|del, die; -, -n: *Nadel zum Feststecken des Haars.* **sinnv.:** Haarklammer, [Haar]schleife, [Haar]spange.

haar|scharf ⟨Adverb⟩ (emotional): **1.** *sehr dicht (so daß es fast zu einer Berührung gekommen wäre):* der Wagen raste h. an den Zuschauern vorbei. **sinnv.:** ↑dicht. **2.** *sehr genau (z. B. in bezug auf die Wiedergabe von etwas):* die Konturen kommen auf dem Bild h. heraus. **sinnv.:** genau.

Haar|schnitt, der; -[e]s, -e: *durch Schneiden des Kopfhaares entstandene Frisur:* ein kurzer H. **sinnv.:** ↑Frisur.

Haar|spal|te|rei, die; -, -en: **a)** ⟨ohne Plural⟩ *das Heranziehen unwichtiger Kleinigkeiten in der Argumentation für oder gegen etwas:* das ist H.! **sinnv.:** Spitzfindigkeit. **b)** *einzelne spitzfindige Äußerung:* seine Haarspaltereien sind schwer erträglich.

Haar|spray, der oder das; -s, -s: *Flüssigkeit, die auf das Haar gesprüht wird, damit die Frisur in der gewünschten Form erhalten bleibt und nicht durch Wind o. ä. beeinträchtigt wird.* **sinnv.:** Brillantine, Frisiercreme, Pomade.

haar|sträu|bend ⟨Adj.⟩: *Empörung, Ablehnung, Ärger o. ä. hervorrufend:* ein haarsträubender Unsinn; das ist ja h.! **sinnv.:** ↑unerhört.

Ha|be, die; -: *jmds. gesamtes Eigentum, alles, was jmd. hat, besitzt:* seine ganze H. ging verloren. **sinnv.:** ↑Besitz.

ha|ben, hat, hatte, hat gehabt: **1.** ⟨itr.⟩ **a)** *sein eigen nennen, als Eigentum haben:* einen Wagen, einen Hund, einen Garten h.; Anspruch auf etwas h.; Geld h. **sinnv.:** besitzen, im Besitz von etwas sein, in Besitz haben, verfügen über. **Zus.:** drauf-, inne-, wieder-, zurückhaben. **b)** *(als Eigenschaft o. ä.) besitzen, aufweisen:* blaue Augen, ein gutes Herz h. **sinnv.:** ↑aufweisen, sich erfreuen. **Zus.:** an-, auf-, beisammen-, da-, dabei-, los-, mit-, teilhaben. **c)** *über etwas Bestimmtes verfügen:* Zeit, Muße h.; er hat hierin wenig Erfahrung. **d)** *von etwas ergriffen, befallen sein:* Husten, Hunger, Angst, Heimweh h. **e)** ⟨in Verbindung mit Substantiven⟩ *bedrückt werden (von etwas):* Kummer, Sorgen h. **2.** ⟨h. + zu + Inf.⟩ ↑*müssen:* als Schüler hat man viel zu lernen. **3.** ⟨itr.⟩ *aus einer bestimmten Anzahl, Menge bestehen:* ein Kilo hat 1 000 Gramm; das Haus hat 10 Wohnungen. **4.** dient als Hilfsverb in der Verbindung mit dem 2. Partizip der Perfektumschreibung: er hat gerufen; wir haben gegessen.

Ha|be|nichts, der; - und -es, -e (emotional): *jmd., der keinen Besitz vorzuweisen hat:* als H. hatte er nichts zu verlieren. **sinnv.:** Armer, Besitzloser, Berber, Bettler, Clochard, Hungerleider, Mittelloser, armer Schlucker, Schnorrer, Stadtstreicher, armer Teufel.

Hab|gier; die; - (emotional): *von anderen als übertrieben empfundenes Streben nach Vermehrung des Besitzes:* seine H. wird immer größer. **sinnv.:** Besitzgier, Geiz, Geldgier, Gewinnsucht, Habsucht, Raffgier, Tanz um das Goldene Kalb.

hab|gie|rig ⟨Adj.⟩ (emotional): *durch Habgier geprägt, voller Habgier:* ein habgieriger Mensch; die Beute h. an sich reißen. **sinnv.:** geldgierig, gewinnsüchtig, habsüchtig, materialistisch, raffgierig.

hab|haft: ⟨in der Verbindung⟩ jmds./einer Sache h. werden: **a)** *jmdn., den man gesucht hat, finden und festnehmen:* die Polizei wurde des Täters h. **sinnv.:** ↑ergreifen. **b)** *bekommen, erlangen können:* er sammelt alles Alte, dessen er h. werden kann. **sinnv.:** ↑bekommen.

Ha|bicht, der; -s, -e: *Greifvogel mit braunem Gefieder, stark gekrümmtem Schnabel und scharfen Krallen an den Zehen, der aus dem Flug auf seine Beute herabstößt.*

Hab|se|lig|keit, die; -, -en ⟨meist Plural⟩: *jmds. als unzureichend, dürftig, kümmerlich angesehene Habe:* auf der Flucht konnten sie nur ein paar Habseligkeiten mitnehmen. **sinnv.:** ↑Besitz.

Hab|sucht, die; - (emotional): *als rücksichtslos und in unangenehmer Weise stark empfundenes Streben nach Besitz:* das Verhalten dieses Mannes war nur von H. bestimmt. **sinnv.:** ↑Habgier.

hab|süch|tig ⟨Adj.⟩ (emotional): *von Habsucht bestimmt, beherrscht:* h. sein. **sinnv.:** ↑habgierig.

Hach|se, die; -, -n: **1.** *unterer Teil des Beines (von Schwein oder Kalb):* H. mit Sauerkraut. **2.** (ugs.) *Bein (des Menschen):* paß auf, sonst brichst du dir die Hachsen. **sinnv.:** Bein, untere Extremität.

Hacke, die; -, -n: **I.** *Gerät zum Bearbeiten, bes. zum Auflockern des Bodens (auf dem Feld und im Garten):* das Unkraut mit der H. aushacken. **II.** (landsch.) **1.** ↑*Ferse:* jmdm. auf die H. treten. **2.** *Absatz des Schuhes.*

hacken: **a)** ⟨tr.⟩ *mit einer Hacke den Boden locker machen.* **b)** ⟨tr.⟩ *mit einem Messer oder mit dem Beil zerkleinern:* Holz h. **c)** ⟨itr.⟩ *mit dem Schnabel nach jmdm., nach etwas schlagen, picken:* das Huhn hackte nach ihm.

Hacken, der; -s, - (landsch.): **a)** ↑*Ferse:* er trat ihm auf den H. **b)** *Absatz des Schuhes:* der Soldat schlug die H. zusammen.

Hack|fleisch, das; -[e]s: *rohes, durch einen Fleischwolf gedrehtes Fleisch von Rind oder Schwein:* aus H. Frikadellen machen. **sinnv.:** gemahlenes Fleisch, Gehacktes, Hackepeter, Mett, Tatar.

Hack|frucht, die; -, Hackfrüchte: *Feldfrucht, die zum Gedeihen lockeren Boden braucht (der wiederholt gehackt werden muß):* Rüben und Kartoffeln sind Hackfrüchte.

Häck|sel, der oder das; -s: *klein gehacktes Stroh, das als Futter verwendet wird.*

ha|dern ⟨itr.⟩ (geh.): *(mit seinem Schicksal) unzufrieden sein und darüber Klage führen oder innerlich aufbegehren:* er hadert mit seinem Schicksal. **sinnv.:** enttäuscht sein, ein langes Gesicht machen, ↑grollen, murren, mit sich und der Welt zerfallen sein.

Ha|fen, der; -s, Häfen: *(im allgemeinen) künstlich angelegter Anker- und Liegeplatz für Schiffe:* ein eisfreier H.; einen [fremden] H. anlaufen. **sinnv.:** Port, Schiffslände, Schiffslandeplatz. **Zus.:** Binnen-, Boots-, Fischerei-, Frei-, Handels-, Heimat-, Jacht-, Zollhafen.

Ha|fer, der; -s: *Getreide, das an Stelle von Ähren Rispen aufweist* (siehe Bildleiste „Getreide"): H. anbauen. **sinnv.:** ↑Getreide.

Ha|fer|flocken, die ⟨Plural⟩: *aus den geschälten Körnern des Hafers (durch Dämpfen und Quetschen) hergestelltes Nahrungsmittel:* aus H. und Milch eine Suppe kochen.

Haff, das; -[e]s, -s und -e: *flaches Gewässer, das von der See durch Inseln oder einen schmalen Streifen von Dünen getrennt ist.* **sinnv.:** ↑Ufer.

-haft ⟨adjektivisches Suffix⟩: *in der Art eines/einer ..., wie ein ...* /in bezug auf bestimmte als charakteristisch angesehene Merkmale/: ammen- (ammenhaftes Aussehen = *wie eine Amme*), automaten-, baby-, balladen-, bilderbuch-, bruchstück-, clown-, fratzen-, glucken (gluckenhaftes Verhalten), gönner-, gouvernanten-, greisen-, hasen- (hasenhafte Friedfertigkeit), helden-, jungen-, jungmädchen-, knaben-, kobold-, konflikt-, konkurrenz-, kumpel-, lawinen-, lehrer-, marionetten-, meister-, modell-, muttchen-, nestroy-, onkel-, papageien-, pharisäer-, profi-, rattenfänger-, rätsel-, reflex-, rekonvaleszenten- (sie lächelte r.), reportage-, ressentiment-, roman-, rowdy-, schicksal-, stümper-, tanten-, tölpel-, vorbild-, weibchen-, zwanghaft; /elliptisch/: ammen- (ammenhafte Besorgnis = *voller Besorgnis, wie es für eine Amme kennzeichnend ist*), disney- (dieses disneyhafte Nonstoptheater), kino- (*so wie es im Kino, Film üblich, möglich ist,* z. B. kinohaft gelingen die großen Gebärden der Liebe), zeitungshaft (*wie es in einer Zeitung gemacht wird;* er formuliert z.). **sinnv.:** -al/-ell, -ähnlich, -artig, -esk, -gleich, -ig.

Haft, die; -: **1.** *Zustand des Verhaftetseins:* jmdn. mit drei Tagen H. bestrafen; er wurde vorzeitig aus der H. entlassen; er befindet sich noch in H. **sinnv.:** Arrest, Einschließung, ↑Gefangenschaft, ↑Gewahrsam, Hausarrest, Knast, Sicherheitsverwahrung. **Zus.:** Beuge-, Dunkel-, Einzel-, Festungs-, Kerker-, Schutz-, Untersuchungshaft. **2.** *in Freiheitsentzug bestehende Strafe:* seine H. verbüßen; er wurde zu zwei Jahren, zu lebenslänglicher H. verurteilt. **sinnv.:** ↑Freiheitsstrafe.

Haft|be|fehl, der; -[e]s, -e: *Anordnung eines Richters, jmdn. zu verhaften:* gegen den Betrüger war ein H. erlassen worden. **sinnv.:** Knollen, Strafbefehl, Strafmandat, Strafzettel, gebührenpflichtige Verwarnung.

haf|ten, haftete, hat gehaftet ⟨itr.⟩: **I. 1.** *[mittels Klebstoff o. ä.] an/auf etwas festkleben:* das Pflaster haftet fest an der verletzten Stelle; das Etikett haftet nicht an/auf der Flasche. **sinnv.:** ankleben, festbacken, festkleben, festsitzen, kleben, pappen. **Zus.:** anhaften. **2.** *sich hartnäkkig auf der Oberfläche von etwas festgesetzt haben:* Schmutz, Farbe haftet an den Sachen. **sinnv.:** an/auf etwas sitzen. **II.** *für jmdn., jmds. Handlungen die Haftung tragen, verantwortlich sein:* Eltern haften für ihre Kinder; für die Garderobe wird nicht gehaftet *(bei Verlust wird der Schaden nicht ersetzt).* **sinnv.:** ↑einstehen.

Häft|ling, der; -s, -e: *jmd., der sich in Haft befindet:* politische Häftlinge. **sinnv.:** ↑Gefangener.

Ha|ge|but|te, die; -, -n: *kleine, hellrote Frucht der Heckenrose:* aus Hagebutten einen Tee bereiten.

Ha|gel, der; -s: *Niederschlag, der aus mehr oder weniger großen Körnern von Eis besteht:* der H. richtete großen Schaden an. **sinnv.:** Hagelkorn, Graupel, Schloße; ↑Niederschlag.

ha|geln ⟨itr.⟩: **1.** *(von Niederschlag) in Form von Hagel niedergehen:* es fing an zu h. **sinnv.:**

graupeln, schloßen; ↑regnen; ↑schneien. **2.** *(in bezug auf Unangenehmes o. ä.) viel und in dichter Folge auf jmdn./etwas [her]niedergehen:* es hagelte Proteste, Vorwürfe gegen den Politiker.

ha|ger ⟨Adj.⟩: *(vom menschlichen Körper oder einzelnen Körperteilen) mager und knochig (und dabei meist groß):* eine hagere Gestalt; er ist sehr h. **sinnv.:** drahtig, ↑schlank, sehnig.

Hahn, der; -[e]s, Hähne: **1.** *männliches Tier mancher Vögel, bes. das männliche Huhn:* der H. kräht. **sinnv.:** Gickel, Gockel, Kapaun; ↑Huhn. **Zus.:** Auer-, Birk-, Gockel-, Haus-, Kampf-, Streit-, Trut-, Turm-, Wetterhahn. **2.** *Vorrichtung zum Absperren von Rohrleitungen:* den H. zudrehen; der H. tropft. **Zus.:** Absperr-, Abstell-, Gas-, Haupt-, Schwenk-, Wasser-, Zapfhahn.

Hähn|chen, das; -s, -: *[geschlachteter, gebratener o. ä.] junger Hahn:* ein gegrilltes H. verspeisen. **sinnv.:** Backhendl, Brathendl, Backhuhn, Broiler, Goldbroiler, Hendl; Masthuhn, Suppenhuhn. **Zus.:** Back-, Brathähnchen.

Hai, der; -[e]s, -e: *(im Meer lebender) großer Raubfisch mit in mehreren Reihen angeordneten spitzen Zähnen und großer Schwanzflosse.* **sinnv.:** Haifisch.

-hai, der; -[e]s, -e ⟨Suffixoid⟩: *Mann, der als jmd. gilt, der sich in seiner im Basiswort genannten Tätigkeit o. ä. auf Kosten anderer skrupellos bereichert:* Abschlepp-, Abschreibungs-, Börsen-, Finanz-, Investment-, Kredit-, Miet-, Modernisierungs-, Profit-, Versicherungs-, Wohnungshai (dieser W. erhöhte die Miete für diese Bruchbude).

Hai|fisch, der; -[e]s, -e: ↑*Hai.*

hä|keln ⟨tr./itr.⟩: *eine Handarbeit aus Garn mit einem besonderen, hakenartigen Gerät anfertigen:* eine Tischdecke, einen Pullover h. **sinnv.:** ↑stricken.

Ha|ken, der; -s, -: **1.** *zu einem Winkel, einem Halbkreis oder in S-Form gebogener Gegenstand, an dem etwas aufgehängt werden kann:* einen H. eindübeln; ein Bild an einem H. aufhängen. **sinnv.:** ↑Nagel. **2.** (ugs.) *etwas (zunächst Verborgenes), was eine Sache schwierig, kompliziert macht, die Lösung eines Problems o. ä. erschwert, behindert:* die Angelegenheit hat einen H.; der H. bei der Sache ist, daß wir das Geld nicht rechtzeitig zusammenbringen können. **sinnv.:** ↑Schwierigkeit.

Ha|ken|na|se, die; -, -n: *stark gekrümmte Nase* (siehe Bildleiste „Nasen“).

halb ⟨Adj.; nicht prädikativ⟩: **1.** *die Hälfte von etwas umfassend:* h. Dänemark; eine halbe Stunde; das Glas ist h. voll; auf halber Höhe des Berges. ***halb ... halb** *(das eine wie das andere, je zur Hälfte, teils ... teils):* h. lachend, h. weinend ... **2.** ⟨häufig in Verbindung mit *nur*⟩ *nicht ordentlich, nicht richtig; mit geringerer Stärke, ziemlich abgeschwächt:* etwas nur h. tun; nur h. angezogen sein. **sinnv.:** ↑unvollständig. **3.** *fast [ganz], so gut wie:* es sind ja noch halbe Kinder; er hat schon h. zugestimmt; h. verdurstet.

hal|ber ⟨Präp. mit Gen.; nachgestellt⟩: *den/die/das ... als Beweggrund, Anlaß für etwas habend, um diesem zu entsprechen, zu genügen:* der Ordnung h.; dringender Geschäfte h. verreisen. **sinnv.:** wegen. **Zus.:** abwechslungs-, anstands-, ehren-, interesse-, krankheits-, sicherheits-, spaßes-, studien-, umstände-, vorsichtshalber.

-hal|ber ⟨adverbiales Suffix⟩: *wegen des im substantivischen Basiswort Genannten:* anstands-, ausgleichs-, ferienhalber geschlossen, gaudi-, gerechtigkeits-, krankheits-, nützlichkeits-, ordnungs-, pflicht-, sicherheits-, trainings-, umständehalber.

Halb|heit, die; -, -en: *unvollkommene und deshalb unbefriedigende Sache, Handlung, Lösung:* sich nicht mehr mit Halbheiten zufriedengeben.

hal|bie|ren ⟨tr.⟩: *in zwei gleiche Teile teilen.* **sinnv.:** zweiteilen; ↑durchschneiden; ↑teilen.

halb|mast ⟨Adv.⟩: *(als Zeichen offizieller Trauer) nur in halber Höhe des Mastes:* h. flaggen; die Fahnen auf h. setzen.

halb|wegs ⟨Adverb⟩ (ugs.): ↑*einigermaßen:* der Lehrer ist mit ihm h. zufrieden.

Halb|wüch|si|ge, der und die; -n, -n ⟨aber: [ein] Halbwüchsiger, Plural: [viele] Halbwüchsige⟩: *noch nicht ganz erwachsener, junger Mensch.* **sinnv.:** ↑Jüngling; ↑Mädchen.

Halb|zeit, die; -, -en: **a)** *Hälfte der Spielzeit:* in der zweiten H. wurde das Spiel sehr hektisch. **b)** *Pause zwischen der ersten und zweiten Hälfte der Spielzeit:* in der H. erfrischten sich die Spieler in der Kabine.

Hal|de, die; -, -n: *Aufschüttung von bergbaulich gewonnenen Produkten, Rückständen usw.:* die Abfälle und der Schutt türmten sich zu riesigen Halden. **Zus.:** Abraum-, Geröll-, Kohlen-, Koks-, Schlacken-, Schutthalde · Auto-, Wohnungshalde.

Hälf|te, die; -, -n: *halber Teil von etwas; einer von zwei gleichen Teilen eines Ganzen:* die H. des Apfels, des Vermögens; in der ersten H. des vorigen Jahrhunderts; zur H. gehört es mir. **sinnv.:** ↑Teil. **Zus.:** Ehe-, Gesichts-, Jahres-, Monats-, Straßen-, Weghälfte.

Hal|le, die; -, -n: **1.** *größeres Gebäude mit hohem, weitem Raum:* in [der] H. 2 werden Bücher der wissenschaftlichen Verlage ausgestellt. **sinnv.:** ↑Depot; ↑Raum. **Zus.:** Bahnhofs-, Fabrik-, Fest-, Kauf-, Kühl-, Lager-, Montage-, Schwimm-, Sport-, Stadt-, Turn-, Verkaufs-, Werkhalle. **2.** *größerer, oft repräsentativen Zwecken dienender Raum in einem [öffentlichen] Gebäude:* er wartete in der H. des Hotels auf ihn. **sinnv.:** ↑Diele. **Zus.:** Eingangs-, Empfangs-, Hotel-, Säulen-, Vorhalle.

hal|len ⟨itr.⟩: **a)** *mit lautem, hohlem Klang weithin tönen:* die Schritte hallten im Gang; ein Schrei hallt durch die Nacht. **sinnv.:** ↑schallen. **b)** *von einem lauten, länger anhaltenden Klang, Schall erfüllt sein:* der Hof hallte [von seinen Schritten].

Halm, der; -[e]s, -e: *eine Art hohler Stengel (von Getreide, Gras).* **sinnv.:** ↑Stamm. **Zus.:** Gras-, Schachtel-, Strohhalm.

Hals, der; -es, Hälse: **1.** *Teil des Körpers zwischen Kopf und Rumpf:* ein kurzer, langer H.; jmdm. vor Freude um den H. fallen. **sinnv.:** ↑Nacken. **Zus.:** Pferde-, Schlangen-, Schwanenhals. **2.** *Rachen und Kehle:* der H. ist trocken, entzündet; der H. tut mir weh. **sinnv.:** ↑Rachen. **3.** ⟨H. + Attribut⟩ *längerer, schmaler, oft sich verjüngender [oberer] Teil bestimmter Dinge:* der H. der Geige, Gitarre, Flasche. **Zus.:** Flaschen-, Geigen-, Zahnhals.

hals|bre|che|risch ⟨Adj.⟩: *sehr*

gewagt und dabei oft lebensgefährlich: eine halsbrecherische Kletterpartie. **sinnv.:** ↑gefährlich.

Hals|schmer|zen, die ⟨Plural⟩: *Schmerzen im Hals:* er hatte sich erkältet und bekam starke H. **sinnv.:** Halsentzündung, Halsweh, Schluckbeschwerden.

hals|star|rig ⟨Adj.⟩: *[gegen bessere Einsicht] voller Eigensinnigkeit auf seinem Willen, seiner Meinung beharrend:* ein halsstarriger Mensch; h. sein. **sinnv.:** ↑unzugänglich.

Hals|tuch, das; -[e]s, Halstücher: *Tuch, das (als Teil der Kleidung) um den Hals gelegt wird.* **sinnv.:** ↑Schal.

Halt, der; -[e]s: **1.** *etwas, was zum Festhalten, zum Befestigen von etwas, als Stütze o. ä. dient:* H. suchen; keinen H. finden; den H. verlieren; in diesem Schuh hat der Fuß keinen H. *(wird er nicht gestützt).* **sinnv.:** ↑Stütze. **Zus.:** Rückhalt. **2.** *das Anhalten, [kurzes] Unterbrechen bes. einer Fahrt:* der Zug fährt ohne H. durch. **sinnv.:** ↑Aufenthalt, Stopp; ↑Haltestelle.

halt|bar ⟨Adj.⟩: **1. a)** *nicht leicht verderbend:* haltbare Lebensmittel. **b)** *von fester, dauerhafter Beschaffenheit; nicht leicht entzweigehend:* diese Schuhe sind sehr h. **sinnv.:** beständig, fest, langlebig, robust, strapazierfähig, unverwüstlich, ↑widerstandsfähig. **2.** *glaubhaft, einleuchtend und sich so durchaus aufrechterhalten lassend:* eine nicht länger haltbare Theorie. **3.** *(von einem Ball, Schuß) so geworfen, geschossen, daß er gehalten, gefangen, abgewehrt werden kann:* der Ball war durchaus h.

hal|ten, hält, hielt, hat gehalten: **1.** ⟨tr.⟩ **a)** *gefaßt haben und nicht loslassen:* eine Stange, die Tasse am Henkel h.; etwas in der Hand h. **b)** *(als Sache) bewirken, daß etwas Halt hat, in seiner Lage o. ä. bleibt:* der Haken hat nicht viel zu h.; ihre Haare werden von einem Band gehalten. **2. a)** ⟨tr.⟩ *an eine bestimmte Stelle bewegen und dort in einer bestimmten Stellung, Lage, Haltung lassen:* den Arm ausgestreckt, die Hand an/gegen den Ofen h. **b)** ⟨sich h.⟩ *an einer bestimmten Stelle in einer bestimmten Lage, Stellung, Haltung bleiben, verharren:* er hält sich aufrecht; sie hielt sich nur kurz auf dem Pferd. **3.** ⟨tr.⟩ *(einen aufs Tor geschossenen Ball, Puck) abfangen, abwehren können:* einen Ball, einen Strafstoß h. **4.** ⟨tr.⟩ *zum Bleiben bewegen, nicht weggehen lassen:* es hält dich niemand; die Firma wollte ihn h. **5.** ⟨tr.⟩ *in sich behalten, nicht ausfließen, herauslaufen lassen:* das Faß, der Teich hält das Wasser nicht. **6. a)** ⟨tr.⟩ *erfolgreich verteidigen:* die Festung, Stellung h. **b)** ⟨tr.⟩ *nicht aufgeben, nicht weggeben müssen:* er wird seinen Laden nicht mehr lange h. können; den Rekord h. *(innehaben, nicht verlieren).* **c)** ⟨sich h.⟩ *sich mit Erfolg behaupten, erfolgreich bestehen, sich durchsetzen, den Anforderungen genügen:* er, das Geschäft hat sich gehalten; du hast dich in der Prüfung gut gehalten. **sinnv.:** ↑bestehen. **7. a)** ⟨tr.⟩ *in gleicher Weise weiterführen, (bei etwas) bleiben:* den Ton, Takt h.; Diät h.; den Abstand, Kurs h. **b)** ⟨tr.⟩ *nicht (von etwas) abgehen, es nicht aufgeben, sondern [vereinbarungsgemäß] einhalten, bewahren:* sein Wort, ein Versprechen h.; Disziplin, Ordnung h. **sinnv.:** ↑beibehalten. **c)** ⟨sich h.⟩ *sich nach etwas richten, einer Vorschrift, Vorlage, Verpflichtung o. ä. gemäß handeln:* sich an die Gesetze, an die Tatsachen h. **sinnv.:** sich ↑anlehnen; ↑befolgen. **8.** ⟨sich h.⟩ *sich mit seinen Anliegen, Ansprüchen an jmdn. wenden, mit ihm in Kontakt zu bleiben suchen:* wenn du etwas erreichen willst, mußt du dich an ihn h. **9.** ⟨itr.⟩ *auf etwas besonderen Wert legen, besonders achten:* auf Ordnung, Sauberkeit h. **sinnv.:** ↑achten; ↑bedenken. **10.** ⟨itr.⟩ *auf jmds. Seite stehen, seine Partei ergreifen:* die meisten haben zu ihm gehalten; ich halte es lieber mit den Bescheidenen *(sie sind mir lieber).* **11.** ⟨sich h.⟩ *einen bestimmten Platz, eine bestimmte Richtung beibehalten:* er hielt sich immer an ihrer Seite, hinter ihr; du mußt dich mehr [nach] links h. **12.** ⟨tr.⟩ *als Durchführender, Veranstaltender stattfinden, vonstatten gehen lassen:* Hochzeit h.; Unterricht h.; einen Vortrag über etwas h. **sinnv.:** ↑veranstalten. **13.** ⟨tr.⟩ *zum eigenen Nutzen angestellt, angeschafft haben und unterhalten:* ich halte [mir] Katzen, Hunde; sich mehrere Zeitungen h. *(sie abonniert haben).* **14.** ⟨tr.⟩ *(für jmdn./etwas) in bestimmter Weise sorgen: in bestimmter Weise behandeln:* seine Kinder streng h.; die Sachen werden bei ihm gut gehalten. **sinnv.:** ↑umgehen. **15.** ⟨itr.⟩ **a)** *in seinem augenblicklichen Zustand, in der gleichen Weise, Form bestehen bleiben, nicht schnell verderben, schlechter werden:* diese Waren halten noch einige Tage; ob das Wetter wohl hält?; ⟨meist sich h.⟩ diese Äpfel, die Rosen halten sich nicht lange. **b)** *trotz Beanspruchung ganz bleiben, in seinem bestehenden [unversehrten] Zustand erhalten bleiben; nicht entzweigehen:* die Schuhe haben lange gehalten; ob die Farbe wohl h. wird?; der Nagel hält *(sitzt fest).* **16. a)** ⟨tr.⟩ *der Meinung, Auffassung sein, daß sich etwas in bestimmter Weise verhält; jmdn./etwas als etwas betrachten:* jmdn. für ehrlich, aufrichtig, tot h.; etwas für denkbar h.; er hat ihn immer für seinen Freund gehalten. **sinnv.:** ↑ansehen, ↑ansprechen, ↑begutachten, ↑einschätzen. **b)** ⟨itr.⟩ *über jmdn./etwas ein bestimmtes Urteil haben:* von ihm, von seinem Vorschlag halte ich viel, wenig, nichts. **sinnv.:** ↑denken. **17.** ⟨itr.⟩ *in seiner Vorwärtsbewegung innehalten, zum Stillstand kommen, sich nicht weiter fortbewegen:* das Auto mußte plötzlich h.; wir hielten genau vor der Tür. **sinnv.:** ↑anhalten.

Hal|ter, der; -s, -: **1.** *Vorrichtung, die etwas festhält, an der etwas befestigt werden kann:* die Rolle Toilettenpapier hing an einem H. **Zus.:** Büsten-, Feder-, Handtuch-, Hüft-, Kerzen-, Sokkenhalter. **2.** *jmd., der etwas in Gebrauch hat, hält, besitzt:* für den Schaden haftet der H. des Wagens; die H. von Haustieren haben Verschmutzungen umgehend zu beseitigen. **sinnv.:** Besitzer. **Zus.:** Fahrzeug-, Geflügel-, Hunde-, Pferdehalter.

Hal|te|stel|le, die; -, -n: *mit einem Schild o. ä. gekennzeichnete Stelle, an der ein öffentliches Verkehrsmittel regelmäßig anhält, damit die Fahrgäste ein- und aussteigen können:* zur H. gehen., **sinnv.:** Bahnhof, Halt, Haltepunkt, Station. **Zus.:** Bus-, Straßenbahnhaltestelle.

-hal|tig ⟨adjektivisches Suffix⟩: *das im substantivischen Basiswort Genannte enthaltend* /Ggs. -frei/: alkohol-, blei-, chlor-, dioxin-, eisen-, eiweiß-, fehler-, informations-, jod-, kalk-, koffein-, ozon-, protein-, risiko-, salz-, sauerstoff-, säure-, schlakkenhaltig.

halt|los ⟨Adj.⟩: **1.** *ohne innere Festigkeit, seelischen, moralischen Halt:* ein haltloser Mensch. **sinnv.:** ↑entwurzelt; ↑willensschwach. **2.** *einer kritischen Beurteilung nicht standhaltend:* haltlose Behauptungen; seine Beschuldigung ist völlig h. **sinnv.:** ↑grundlos.

halt|ma|chen, machte halt, hat haltgemacht ⟨itr.⟩: *während einer Fahrt, Wanderung o. ä. halten, eine Pause einlegen:* auf der langen Fahrt haben wir nur an wenigen Orten haltgemacht. **sinnv.:** ↑anhalten.

Hal|tung, die; -: **1.** *Art, in der jmd. dauernd oder vorübergehend seinen Körper hält:* eine aufrechte H.; in verkrampfter H. dasitzen; H. annehmen *(strammstehen).* **sinnv.:** ↑Stellung. **Zus.:** Arm-, Kopf-, Körper-, Sitzhaltung. **2.** *innere Einstellung und das dadurch geprägte Denken, Handeln, Auftreten, Verhalten:* eine ablehnende, feindliche H.; er weiß nicht, welche H. er dazu einnehmen soll; die H. *(innere Fassung, Beherrschtheit)* verlieren, bewahren. **sinnv.:** ↑Benehmen. **Zus.:** Abwehr,- Erwartungs-, Geistes-, Grund-, Willenshaltung. **3.** ⟨H. + Attribut⟩ *Besitz und Unterhalt:* die H. von Haustieren; die H. eines Autos kommt [ihm] zu teuer. **Zus.:** Geflügel-, Schweine-, Tierhaltung.

Hal|lun|ke, der; -n, -n: **a)** *Mann, dessen Tun als in empörender Weise gemein, boshaft angesehen wird.* **sinnv.:** Gauner, ↑Schuft. **b)** (scherzh.) *Schelm, durchtriebener, frecher [junger] Mann.*

hä|misch ⟨Adj.⟩: *auf eine hinterhältige Weise boshaft und heimlich Freude empfindend über peinliche, unangenehme Situationen anderer:* h. grinsen, lächeln. **sinnv.:** ↑schadenfroh.

Ham|mel, der; -s, -: **a)** *kastriertes männliches Schaf.* **sinnv.:** ↑Schaf. **Zus.:** Leithammel. **b)** (als Schimpfwort) *Mann, dessen Verhalten man für ungeschicktdumm hält.* **Zus.:** Streithammel.

Ham|mer, der; -s, Hämmer: *Werkzeug zum Schlagen und Klopfen aus einem je nach Verwendungszweck unterschiedlich geformten, meist metallenen Klotz und einem darin eingepaßten Stiel:* mit dem H. einen Nagel in die Wand schlagen. **Zus.:** Holz-, Preßluft-, Schmiede-, Vorschlaghammer.

häm|mern: 1. a) ⟨itr.⟩ *mit dem Hammer arbeiten, klopfen, schlagen:* er hämmert schon den ganzen Tag. **sinnv.:** ↑ballern; ↑klopfen. **b)** ⟨tr.⟩ *mit einem Hammer bearbeiten:* Blech h.; gehämmerter Schmuck. **2.** ⟨itr.⟩ *in kurzen Abständen [heftig] (auf etwas) schlagen, klopfen:* er hämmerte mit den Fäusten gegen das Tor; auf die Tasten [eines Klaviers] h.; der Specht hämmert. **3.** ⟨itr.⟩ *(von Herz und Puls) stark und rasch in Tätigkeit sein:* das Blut, Herz hämmert.

hä|mo-, Hä|mo- ⟨erster Wortbestandteil von Adjektiven und Substantiven⟩ *blut-, Blut-, das Blut betreffend ...*

Ham|ster, der; -s, -: *kleines Nagetier mit gedrungenem Körper, stummelartigem Schwanz und großen Backentaschen, mit deren Hilfe es Vorräte [für den Winterschlaf] zusammenträgt.* **Zus.:** Goldhamster.

ham|stern ⟨tr./itr.⟩: *(in Notzeiten aus Furcht vor [weiterer] Verknappung) Vorräte in über den unmittelbaren Bedarf hinausgehenden Mengen für sich aufhäufen, sammeln:* Lebensmittel h.; als die Waren knapp wurden, fingen alle an zu h. **sinnv.:** ↑horten.

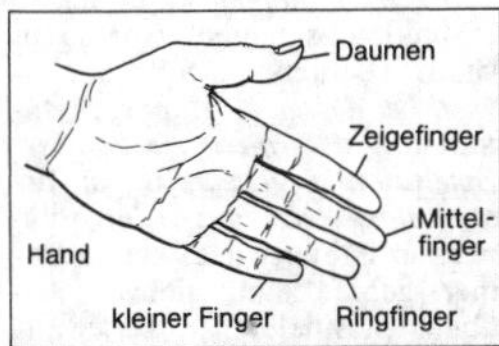

Hand, die; -, Hände: *unterster Teil des Armes bei Menschen und Affen, der mit fünf Fingern ausgestattet ist und bes. die Funktionen des Greifens, Haltens o. ä. hat:* die linke, rechte H.; jmdm. die H. geben, schütteln; das Kind an die H. nehmen; etwas in die H. nehmen; die Kinder gingen H. in H. *(hielten sich an den Händen);* der Brief ist mit der H. geschrieben. **sinnv.:** Flosse, Patsche, Pfote, Pranke, Tatze. **Zus.:** Bruder-, Feindes-, Kinder-, Künstler-, Meister-, Menschen-, Mörder-, Patsch-, Privat-, Schöpferhand.

Hand|ar|beit, die, -, -en: **1.** *Arbeit, die mit der Hand ausgeführt wird:* ihm liegt die H. mehr als die Kopfarbeit; etwas in H. herstellen. **2.** *manuell, nicht serienmäßig hergestellter Gegenstand, bes. aus textilen Werkstoffen:* Handarbeiten anfertigen; sie sitzt an einer H. **sinnv.:** Flechtarbeit, Häkelarbeit, Häkelei, Klöppelarbeit, Knüpfarbeit, Nadelarbeit, Stickarbeit, Stickerei, Strickarbeit, Webarbeit · ↑stricken.

Hand|ball, der; -s, Handbälle: **1.** ⟨ohne Plural⟩ *Spiel zweier Mannschaften, bei dem der Ball nach bestimmten Regeln mit der Hand ins gegnerische Tor zu werfen ist:* H. spielen. **Zus.:** Hallenhandball. **2.** *(im Handball* (1) *verwendeter) Ball aus Leder.*

Hand|be|we|gung, die; -, -en: *Bewegung mit der Hand, durch die etwas ausgedrückt wird, werden soll:* schwungvolle Handbewegungen; eine einladende, abwehrende H. machen.

Hand|buch, das; -[e]s, Handbücher: *Buch in handlichem Format, das das Wissen über ein Fachgebiet in komprimierter Form darbietet:* ein H. der Physik.

Hän|de|druck, der; -[e]s, Händedrücke: *Drücken der Hand eines anderen bei der Begrüßung, als bestimmte Geste o. ä.:* er verabschiedete sich von ihm mit einem kräftigen H.

Han|del, der; -s: **1. a)** *Kauf und Verkauf von Waren, Gütern:* ein lebhafter, blühender H. mit Lederwaren, Medikamenten; internationaler H. **sinnv.:** ↑Geschäft. **Zus.:** Außen-, Buch-, Einzel-, Getreide-, Groß-, Holz-, Kunst-, Mädchen-, Menschen-, Rauschgift-, Schwarz-, Straßen-, Tausch-, Weinhandel. **b)** *kleineres Unternehmen, Ladengeschäft:* er betreibt in einem Vorort einen kleinen H. mit Gebrauchtwagen. **sinnv.:** ↑Laden. **2.** *[geschäftliche] Abmachung, Vereinbarung, bei der etwas ausgehandelt wird:* ein vorteilhafter, schlechter H.; einen H. abschließen, rückgängig machen. **Zus.:** Kuhhandel.

Hän|del, die ⟨Plural⟩ (geh.): *handgreifliche Auseinandersetzungen:* er sucht dauernd H. mit den jungen Leuten. **sinnv.:** ↑Streit.

han|deln: 1. ⟨itr.⟩ **a)** *(einer Notwendigkeit o. ä. folgend) tätig werden, eingreifen, in bestimmter*

Weise vorgehen: schnell, unverzüglich, richtig, fahrlässig h.; er durfte nicht zögern, er mußte h.; **sinnv.:** ↑agieren; ↑unternehmen. **b)** *sich in bestimmter Weise andern gegenüber verhalten:* großzügig, als Freund h. **sinnv.:** sich ↑benehmen. **2. a)** ⟨itr.⟩ *kaufen und verkaufen, Geschäfte machen; ein Geschäft betreiben, mit jmdm. Handel treiben:* mit Wein, Obst h.; er handelt mit vielen Ländern, ausländischen Firmen. **sinnv.:** ↑verkaufen. **b)** ⟨tr.⟩ *zum Kauf anbieten:* die Aktien werden nicht an der Börse gehandelt; die Ware wird heute zu günstigen Preisen gehandelt. **3.** ⟨itr.⟩ *beim Kauf von etwas einen möglichst günstigen Preis zu erreichen suchen:* er versucht immer zu h.; auf diesem Markt muß man h. **sinnv.:** feilschen, herunterhandeln, den Preis [herunter]drücken, schachern; ↑einkaufen. **4. a)** ⟨itr.⟩ *zum Inhalt haben, ausführlich behandeln:* das Werk handelt vom Untergang, über den Untergang des Reiches. **sinnv.:** ↑erörtern. **b)** *** es handelt sich um jmdn./etwas:** *es betrifft jmdn./etwas, es ist jmd./etwas Bestimmtes; es kommt auf jmdn./etwas Bestimmtes an:* es handelt sich [dabei] um ein schwieriges Problem, um einen Verwandten von uns; es kann sich jetzt nicht darum h., wer zuerst da war. **sinnv.:** ↑betreffen.

hän|de|rin|gend ⟨Adj.⟩: *in höchster Not, sehr eindringlich:* sie bat ihn h. um schnelle Hilfe. **sinnv.:** ↑nachdrücklich; ↑sehr.

hand|fest ⟨Adj.⟩: **1.** *kräftig gebaut und robust wirkend:* einige handfeste Burschen. **sinnv.:** ↑stark. **2.** *einfach, aber sehr kräftig und nahrhaft:* eine handfeste Mahlzeit. **sinnv.:** ↑nahrhaft. **3.** *sehr deutlich, greifbar, konkret, ganz offensichtlich, mit aller Kraft, Deutlichkeit, mit großem Nachdruck dargeboten, vorgebracht o. ä.:* handfeste Beweise, Informationen; ein handfester Skandal, Krach. **sinnv.:** eindeutig, klar.

Hand|flä|che, die; -, -n: *Innenseite der Hand.*

Hand|ge|lenk, das; -[e]s, -e: *Gelenk zwischen Hand und Unterarm:* ein kräftiges, schmales H.

Hand|ge|men|ge, das; -s: *unter mehreren Personen entstehende Schlägerei; Tätlichkeiten:* es kam zu einem H. **sinnv.:** ↑Streit.

Hand|ge|päck, das; -[e]s: *Gepäck, das jmd. z. B. auf einer Reise bei sich hat.* **sinnv.:** ↑Gepäck.

hand|greif|lich ⟨Adj.⟩: **1.** *in der Weise, daß jmd. tätlich angreift, angegriffen wird:* eine handgreifliche Auseinandersetzung; er wird leicht h. *(schlägt leicht zu, wird rasch tätlich).* **sinnv.:** gewalttätig, handgemein, tätlich · sich an jmdm. vergreifen. **2.** *klar vor Augen liegend, deutlich erkennbar, konkret faßbar:* ein handgreiflicher Beweis, Erfolg. **sinnv.:** ↑offenbar.

Hand|griff, der; -[e]s, -e: **1.** *kleine, mit der Hand auszuführende, greifende, fassende o. ä. Bewegung als Teil einer Tätigkeit, Arbeit:* bei der schwierigen Operation war selbst der kleinste H. vorher geübt worden. **sinnv.:** Bewegung, Griff, Handbewegung. **2.** *Griff, an dem etwas mit der Hand angefaßt, festgehalten, getragen wird:* der H. des Koffers war aus Kunststoff.

Hand|ha|be, die; -, -n: *Sachverhalt, der jmdm. die Möglichkeit gibt, gegen jmdn. wegen bestimmter Vorkommnisse vorzugehen:* etwas dient jmdm. als H. gegen jmdn.; die Situation bietet keine H. zum Einschreiten. **sinnv.:** ↑Anlaß, ↑Mittel.

hand|ha|ben, handhabte, hat gehandhabt ⟨tr.⟩: **1.** *(ein Werkzeug) richtig gebrauchen, damit sachgerecht umgehen:* er lernte es bald, das neue Gerät zu h. **sinnv.:** ↑bedienen; ↑führen. **2.** *etwas, bei dessen Ausführung, Anwendung o. ä. meist ein gewisser Spielraum gegeben ist, in bestimmter Weise aus-, durchführen:* so haben wir es schon immer gehandhabt. **sinnv.:** ausüben, praktizieren; ↑verwirklichen.

Han|di|kap ['hɛndikɛp] das; -s, -s: *sich auf eine Tätigkeit, einen Wettkampf auswirkendes Hindernis, das einen Nachteil mit sich bringt:* die hereinbrechende Dunkelheit war ein schweres H. für uns. **sinnv.:** Behinderung, Erschwernis, Erschwerung, Fessel, Hemmschuh, Hemmung, Hindernis.

Hand|lan|ger, der; -s, -: *jmd., der nur untergeordnete Arbeiten für andere zu verrichten hat.* **sinnv.:** ↑Helfer.

Händ|ler, der; -s, -: *jmd., der Handel treibt:* der H. verdiente bei dem Verkauf des Gebrauchtwagens eine Menge Geld; ein fliegender H. *(jmd., der herumzieht und einen kleineren Handel betreibt).* **sinnv.:** Ankäufer, Aufkäufer, Dealer, Hausierer, billiger Jakob, Marktschreier; ↑Geschäftsmann; ↑Kaufmann, Schieber. **Zus.:** Antiquitäten-, Auto-, Buch-, Einzel-, Groß-, Kohlen-, Mädchen-, Schrott-, Vieh-, Wein-, Zeitungs-, Zwischenhändler.

hand|lich ⟨Adj.⟩: *bequem, leicht zu handhaben, zu benutzen:* das Buch hat ein handliches Format; ein handlicher Schirm. **sinnv.:** ↑zweckmäßig.

Hand|lung, die; -, -en: **1.** *das Vollziehen oder das Ergebnis eines menschlichen Handelns, Tuns:* eine strafbare, symbolische, unzüchtige H.; sich zu einer unbedachten H. hinreißen lassen. **sinnv.:** ↑Tat. **Zus.:** Amts-, Kampf-, Kurzschluß-, Miß-, Zwangshandlung. **2.** *Ablauf des Geschehens, Abfolge der zusammenhängenden Vorgänge in einer dargestellten Geschichte:* die H. des Romans, Films. **sinnv.:** Fabel, Handlungsgerüst, Idee, Inhalt, Stoff, Story. **Zus.:** Film-, Haupt-, Rahmenhandlung.

Hand|schlag: ⟨in Wendungen wie⟩ **mit/durch H.** *(mit/durch einen Händedruck):* jmdn. mit H. begrüßen; jmdn. durch H. zu etwas verpflichten; (ugs.) **keinen H. tun** *(gar nichts arbeiten, tun).*

Hand|schrift, die, -, -en: **1.** *Schrift, die jmd., mit der Hand schreibend, hervorbringt und die für ihn charakteristisch ist:* eine unleserliche *(schwer zu lesende)* H. **sinnv.:** Hand, Klaue, Pfote, Schrift. **2.** *mit der Hand geschriebener alter Text (bes. aus der Zeit des Mittelalters):* eine H. des 14. Jahrhunderts. **sinnv.:** ↑Text.

hand|schrift|lich ⟨Adj.⟩: *mit der Hand geschrieben:* der Bewerbung ist ein handschriftlicher Lebenslauf beizufügen.

Hand|schuh, der; -s, -e: *etwas, was z. B. zum Schutz gegen Kälte über die Hand gezogen wird:* gefütterte Handschuhe; Handschuhe anziehen, anhaben, ausziehen. **sinnv.:** Fäustling. **Zus.:** Box-, Faust-, Finger-, Glacéhandschuh.

Hand|ta|sche, die; -, -n: *kleinere, in der Hand, am Arm, über der Schulter zu tragende Tasche (für Damen):* sie steckte Spiegel, Kamm und Lippenstift wieder in ihre H. **sinnv.:** Theatertasche. **Zus.:** Herrenhandtasche.

Hand|tuch, das; -s, Handtücher: *Tuch zum Abtrocknen der Hände, des Körpers nach dem Waschen.* **sinnv.:** Badelaken, Badetuch, Frotteetuch, Gästetuch.

Hand|werk, das; -s, -e: *(in einer traditionell geprägten Ausbildung zu erlernender) Beruf, der in einer manuell und mit einfachen Werkzeugen auszuführenden Arbeit besteht:* das H. des Schuhmachers erlernen.

Hand|wer|ker, der; -s, -: *jmd., der ein Handwerk betreibt.*

Hand|werks|zeug, das; -[e]s: *das, was zur Ausübung eines bestimmten Handwerks oder einer handwerklichen Tätigkeit an Werkzeugen benötigt wird.* **sinnv.:** ↑Rüstzeug.

Hand|zei|chen, das; -s, -: *mit der Hand gegebenes Zeichen:* der Polizist forderte den Kraftfahrer durch ein energisches H. auf, die Kreuzung zu räumen; der Präsident bat die Abgeordneten um das H. *(um ihre Zustimmung oder Ablehnung durch Heben der Hand).* **sinnv.:** ↑Gebärde.

Hanf, der; -[e]s: *hochwachsende, krautige Pflanze, deren Stengel Fasern enthalten, aus denen Seile o. ä. hergestellt werden und aus deren Blättern und Blüten Haschisch und Marihuana gewonnen werden.*

Hang, der; -[e]s, Hänge: **1.** *Seite eines Berges, die nicht sehr steil abfällt:* das Haus liegt am H. **sinnv.:** ↑Abhang; ↑Steigung. **Zus.:** Berg-, Steilhang. **2.** ⟨ohne Plural⟩ *ausgeprägte, oft unbewußte, nicht gesteuerte Neigung zu einer bestimmten, oft negativen Verhaltensweise:* ein krankhafter, gefährlicher H:, ein H. zur Bequemlichkeit, Übertreibung. **sinnv.:** ↑Neigung.

hän|gen: **I.** hing, hat gehangen ⟨itr.⟩: **1.** *oben, an seinem oberen Teil an einer bestimmten Stelle [beweglich] befestigt sein:* der Mantel hing am Haken, über einem Bügel; das Bild hängt an der Wand, hängt schief; die Äpfel hängen am Baum; der Schrank hängt voller Kleider *(im Schrank hängen viele Kleider).* **sinnv.:** bammeln, baumeln. **2.** *vom Eigengewicht nach unten gezogen werden; schwer, schlaff o. ä. nach unten fallen:* die Zweige hängen bis auf die Erde; die Haare hingen ihm ins Gesicht. **3.** *jmdm., einer Sache sehr zugetan sein und nicht darauf verzichten, sich nicht davon trennen wollen:* am Geld, am Leben, an seiner Heimat, an seinen Eltern h. **II.** hängte, hat gehängt ⟨tr.⟩: **1.** *etwas oben, an seinem oberen Teil an einer bestimmten Stelle frei beweglich befestigen:* er hat den Mantel an den Haken, in den Schrank, die Fahne aus dem Fenster gehängt; die Bilder h. **2.** *schwer, schlaff o. ä. nach unten bewegen, fallen lassen:* den Arm aus dem Fenster h.; er ließ die Beine ins Wasser h. **3.** *durch Aufhängen am Galgen o. ä. töten:* der Mörder wurde gehängt. **sinnv.:** ↑töten.

hän|gen|blei|ben, blieb hängen, ist hängengeblieben ⟨itr.⟩: **1. a)** *bei einer Bewegung durch ein Hindernis, eine Behinderung festgehalten, aufgehalten werden und im Augenblick nicht mehr davon loskommen können:* er ist [mit der Hose] am Stacheldraht hängengeblieben. **b)** (ugs.) *unbeabsichtigt, unnötig lange bei etwas, irgendwo verweilen:* bei jeder Einzelheit h.; die beiden sind in der Kneipe hängengeblieben. **c)** (ugs.) *in der Schule nicht versetzt werden:* wenn er weiterhin so faul bleibt, wird er dieses Jahr h. **sinnv.:** ↑sitzenbleiben. **2.** *sich haftend an etwas festsetzen:* die Kletten sind an den Kleidern, in den Haaren hängengeblieben.

hän|gen|las|sen, läßt hängen, ließ hängen, hat hängen[ge]lassen: **1.** ⟨itr.⟩ **a)** *ein irgendwo aufgehängtes Kleidungsstück o. ä. vergessen mitzunehmen:* in der Eile hat er gar nicht mehr an seinen Mantel gedacht und ihn im Klassenraum h. **b)** *ein irgendwo aufgehängtes Kleidungsstück o. ä. absichtlich dort lassen:* weil es so warm war, hat er seinen Mantel im Klassenraum h. **2.** ⟨tr.⟩ (ugs.) *jmdm. eine versprochene Hilfe, Arbeit nicht gewähren und so im Stich lassen:* die Lieferanten haben ihn h. **3.** ⟨sich h.⟩ (ugs.) *ohne Mut und Energie sein, sich nicht beherrschen, sich keine Disziplin mehr auferlegen:* du darfst dich nicht so h.!

hän|seln ⟨tr.⟩: *sich über jmdn. ohne Rücksicht auf dessen Gefühle lustig machen, ihn immer wieder verspotten, ohne daß er sich wehren kann:* die Jungen hänselten ihn wegen seiner abstehenden Ohren. **sinnv.:** ↑aufziehen.

han|tie|ren ⟨itr.⟩: *mit den Händen irgendwo, an irgend etwas tätig sein:* die Mutter hantiert am Herd. **sinnv.:** ↑arbeiten, fuhrwerken, herumfuhrwerken, herumhantieren, herumwirtschaften, nesteln, wirtschaften; ↑führen.

Hap|pen, der; -s, - (ugs.): *↑Bissen:* einen H. Fleisch essen. **Zus.:** Appetithappen.

Hap|py-End ['hæpɪ'ɛnd], das; -[s], -s: *glücklicher Ausgang (eines Geschehens):* der Film hat ein H. **sinnv.:** ↑Ende.

Har|fe, die; -, -n: *großes, etwa die Form eines auf einer Spitze stehenden Dreiecks aufweisendes Saiteninstrument, dessen senkrecht gespannte Saiten von beiden Seiten her mit beiden Händen gezupft werden* (siehe Bildleiste „Zupfinstrumente"). **Zus.:** Äols-, Windharfe.

Har|ke, die; -, -n (bes. nordd.): *aus einem Stiel und einer mit Zinken versehenen kurzen Querleiste bestehendes Gartengerät.* **sinnv.:** Rechen.

harm|los ⟨Adj.⟩: **a)** *nichts Schlimmes, keine Gefahren in sich bergend, nicht gefährlich:* ein harmloses Tier; eine harmlose Verletzung; es fing ganz h. an. **sinnv.:** ↑ungefährlich. **b)** *ohne jede Falschheit, ohne böse Absichten, Gedanken, Wirkungen, aber auch nicht gerade anregend, anspruchsvoll o. ä.:* eine harmlose Frage; ein harmloses Vergnügen. **sinnv.:** ↑arglos.

Har|mo|nie, die; -, Harmonien: **1.** ⟨H. + Attribut⟩ *ausgewogenes, ausgeglichenes Verhältnis, Zusammenstimmen verschiedener Töne, Farben oder Formen:* die H. eines Akkordes; die H. einer Gartenanlage. **sinnv.:** ↑Ebenmaß; ↑Gleichmaß, Konsens. **2.** ⟨ohne Plural⟩ *innere und äußere Übereinstimmung:* sie lebten in H. miteinander. **sinnv.:** Brüderlichkeit, Einigkeit, Einmütigkeit, Eintracht, Einvernehmen, Frieden, Gleichklang, Gleichtakt · ↑einmütig.

har|mo|nie|ren ⟨itr.⟩: **1.** *(von Tönen, Farben, Formen) in einer als angenehm empfundenen Weise zusammenstimmen, zueinander passen:* die beiden Farben harmonieren gut miteinander. **sinnv.:** passen, stimmen, zusammenpassen. **2.** *gut miteinander auskommen, in gutem Einvernehmen stehen, miteinander leben, arbeiten o. ä.:* die Freunde haben miteinander harmoniert. **sinnv.:** ↑übereinstimmen.

har|mo|nisch ⟨Adj.⟩: **1.** *(von*

Tönen, Farben, Formen) gut zusammenpassend, übereinstimmend, ein ausgewogenes Ganzes bildend: harmonische Klänge; ein harmonisches Zusammenspiel von Farben und Formen. **sinnv.:** ↑ebenmäßig; ↑einschmeichelnd; ruhig. **2.** *im Einklang mit sich, mit anderen; in Übereinstimmung, in gutem Einvernehmen stehend, lebend, arbeitend o. ä.:* ein harmonisches Wesen; eine harmonische Ehe; es verlief alles h. **sinnv.:** ↑einträchtig.

Harn, der; -[e]s, -e: *die im Unterleib in der Blase sich sammelnde Flüssigkeit im Zusammenhang mit dem Stoffwechsel (im Unterschied zu „Urin", das weitgehend für das bereits Ausgeschiedene gebraucht wird).* **sinnv.:** ↑Urin.

har|ren ‹itr.› (geh.): *mit bestimmter innerer Erwartung, sehnsüchtig warten:* sie harrten seiner; auf Gottes Hilfe h. **sinnv.:** ↑hoffen; ↑warten.

hart: I. ‹Adj› **1.** *nicht weich, elastisch, sondern fest und widerstandsfähig, kaum nachgebend:* hartes Brot; ein harter Knochen; hartes *(kalkreiches)* Wasser; eine harte *(sichere)* Währung. **sinnv.:** ↑fest. **Zus.:** eisen-, knochen-, steinhart. **2.** *schmerzlich, belastend, nur schwer erträglich:* ein hartes Schicksal, Los; ein harter Schlag; die Geduld auf eine harte Probe stellen; das Unglück trifft ihn h. **sinnv.:** ↑beschwerlich. **3.** *ohne Mitgefühl und Rücksicht auf Gefühle anderer; Strenge und Unerbittlichkeit zeigend:* eine harte Lehre, Schule; harte Worte; h. durchgreifen. **sinnv.:** ↑barsch; ↑streng; ↑unbarmherzig. **4.** *von großer, oft als unangenehm empfundener Stärke, Intensität, Heftigkeit, Wucht o. ä.:* ein harter Winter; eine harte Auseinandersetzung; ein harter Aufprall; ein hartes *(mit großem Einsatz geführtes)* Spiel. **sinnv.:** heftig, scharf, streng. **II.** ‹Adverb› *in nächster Nähe, ganz dicht:* er fuhr h. am Abgrund vorbei; h. an der Grenze. **sinnv.:** ↑nahe.

Här|te, die; -, -n: **1.** *harte* (1), *feste, widerstandsfähige Beschaffenheit:* die H. des Gesteins. **2.** *schwere Belastung, Bedingung, Benachteiligung:* die H. des Schicksals; soziale Härten. **3.** *das Streng-, Unerbittlich-, Grausamsein:* er bekam die H. des Gesetzes zu spüren; etwas mit rücksichtsloser H. durchsetzen. **4.** ‹ohne Plural› *das Heftig-, Wuchtigsein, große Intensität, Stärke:* die H. des Kampfes, des Aufpralls; es kam viel H. in das Spiel. **sinnv.:** ↑Gewalt.

här|ten, härtete, hat gehärtet ‹tr.›: *hart machen:* der Stahl ist besonders gehärtet.

hart|her|zig ‹Adj.›: *von den Nöten, dem Leid anderer nicht berührt:* eine hartherzige Frau. **sinnv.:** ohne Mitgefühl/Mitleid, mitleidlos.

hart|näckig ‹Adj.›: *eigensinnig, beharrlich, unnachgiebig an etwas festhaltend, auf etwas beharrend; nicht bereit, auf- oder nachzugeben:* ein hartnäckiger Bursche; h. schweigen; er bestand h. auf seinen Forderungen; eine hartnäckige *(trotz intensiver Behandlung lange dauernde)* Krankheit. **sinnv.:** ↑beharrlich.

Harz, das; -es, -e: *zähflüssige, klebrige Masse von weißlicher bis gelbbrauner Färbung, die aus dem Holz bes. von Nadelbäumen austritt.* **Zus.:** Baum-, Fichten-, Kunst-, Tannenharz.

Hasch, das; -s (ugs.), **Haschisch,** das, auch: der; -[s]: *aus dem Blütenharz einer indischen Hanfsorte gewonnenes Rauschgift:* H. rauchen, schmuggeln. **sinnv.:** Shit; ↑Rauschgift.

Ha|se, der; -n, -n: *wild (bes. an Feld- und Waldrändern) lebendes, größeres Nagetier mit langen Ohren, Stummelschwanz, einem dichten, weichen, bräunlichen Fell und langen Hinterbeinen.* **sinnv.:** ↑Nagetier. **Zus.:** Angst-, Dach-, Feld-, Oster-, Schi-, Stallhase.

Ha|sel|nuß, die; -, Haselnüsse: *an einem (mit Kätzchen blühenden) Strauch wachsende, kleine, rundliche Nuß mit glatter, bräunlicher, harter Schale und rundem, wohlschmeckendem Kern.*

Haß, der; Hasses: *feindselige Abneigung, starkes Gefühl der Ablehnung und Feindschaft:* wilder, blinder, tödlicher H.; einen H. auf/gegen jmdn. haben; von H. erfüllt sein. **sinnv.:** ↑Abneigung. **Zus.:** Klassen-, Rassen-, Völkerhaß.

has|sen, haßt, haßte, hat gehaßt ‹tr.›: *(gegen jmdn.) Haß empfinden; eine sehr feindselige Haltung gegenüber jmdm. haben, einen starken Widerwillen, eine Abscheu gegen etwas empfinden:* jmdn./etwas zutiefst, auf den Tod h.; er haßte es *(empfand es als äußerst unangenehm),* so früh gestört zu werden. **sinnv.:** anfeinden, nicht ↑ausstehen/leiden/riechen können, jmdn. dick/gefressen haben, jmdm. nicht grün sein, nicht mögen, einen Pik auf jmdn. haben, mit jmdm./etwas nichts zu tun haben wollen, für jmdn./etwas nichts übrig haben, unsympathisch finden, ↑verabscheuen.

häß|lich ‹Adj.›: **1.** *im Aussehen nicht schön, das ästhetische Empfinden verletzend:* ein häßliches Gesicht, Gebäude; ein häßlicher Kerl. **sinnv.:** abstoßend, entstellt, unschön, unvorteilhaft, widerwärtig · ↑ekelhaft. **2.** *sehr unerfreulich, unangenehm auf jmdn. wirkend, sich unangenehm auf jmdn. auswirkend:* häßliches Wetter; er war h. zu ihr. **sinnv.:** ↑gemein; ↑unerfreulich; ↑unschön.

Hast, die; -: *überstürzte Eile:* mit wilder H.; er ging ohne H. zum Bahnhof. **sinnv.:** Betrieb, Betriebsamkeit, Eile, Geschäftigkeit, Getriebe, Hektik, Hetze, Treiben, Trubel, Wirbel.

ha|sten, hastete, ist gehastet ‹itr.›: *unruhig, aufgeregt eilen, hetzen:* zum Bahnhof h. **sinnv.:** sich ↑fortbewegen.

ha|stig ‹Adj.›: *aus innerer Unruhe, Aufgeregtheit heraus eilig, überstürzt:* h. essen; eine hastige Sprechweise. **sinnv.:** ↑schnell.

hät|scheln ‹tr.›: *zärtlich liebkosen, mit übertriebener Sorgfalt behandeln:* ein Kind h. **sinnv.:** ↑liebkosen; ↑verwöhnen.

Hau|be, die; -, -n: *Kopfbedeckung für Frauen, die dicht am Kopf anliegt:* die alte Frau trug im Bett eine H. **sinnv.:** ↑Kopfbedeckung. **Zus.:** Bade-, Flügel-, Nacht-, Schwesternhaube · Kühler-, Motorhaube.

Hauch, der -[e]s: **1. a)** *sichtbarer oder fühlbarer Atem:* in der Kälte war der H. zu sehen. **b)** *leiser Luftzug:* ein sanfter, kühler H. **sinnv.:** ↑Luft. **Zus.:** Abend-, Duft-, Frühlings-, Glut-, Luft-, Windhauch. **2.** ‹H. + Attribut› *spürbares Vorhandensein, Wirkung (von etwas):* ein H. [von] Rouge; ein H. von Weihrauch; der H. eines Lächelns, des Orients; ein H. von Hollywood. **sinnv.:** ↑Nuance.

hauch|dünn ‹Adj.›: *sehr dünn:* hauchdünne Strümpfe. **sinnv.:** ↑duftig.

hau|chen: 1. ⟨itr.⟩ *Hauch ausstoßen:* er hauchte gegen die gefrorene Fensterscheibe. **sinnv.:** ↑blasen. **2.** ⟨tr.⟩ *(etwas) fast ohne Ton aussprechen:* die Braut hauchte ein leises Ja. **sinnv.:** flüstern.

hau|en, haute/hieb, hat gehauen: **1. a)** ⟨tr. haute, hat gehauen⟩ *(jmdm.) einen Schlag, mehrere Schläge versetzen:* er haute den Jungen immer wieder, windelweich; du sollst dich nicht immer mit ihm h. **sinnv.:** ↑schlagen. **Zus.:** ver-, zusammenhauen. **b)** ⟨itr. haute/(geh.) hieb, hat gehauen⟩ *einen Schlag, Hieb (gegen etwas) führen; (auf, gegen, in etwas) schlagen:* er haute ihm freundschaftlich auf die Schulter; er hat ihm/(seltener:) ihn ins Gesicht gehauen; mit der Faust auf den Tisch h.; der Betrunkene haute gegen die Tür. **c)** ⟨itr. hieb/(ugs.) haute, gehauen⟩ *(mit einer Waffe) kämpfend angreifen, schlagen:* er hieb mit dem Schwert auf den Feind. **2.** ⟨tr. haute, hat gehauen⟩ **a)** (ugs.) *(mit einem Werkzeug) etwas in etwas schlagen:* er haute den Nagel in die Wand. **b)** *durch Schlagen auf etwas, in etwas entstehen lassen, bewirken:* jmdm. ein Loch in den Kopf, Stufen in den Fels h.

Hau|fen, der -s, -: **1.** *Menge übereinanderliegender Dinge:* ein H. Steine, trockenes Stroh; ein H. faulender/(seltener:) faulende Äpfel lag/lagen auf dem Boden; H. von Abfällen beseitigen; alles auf einen H. legen. **sinnv.:** ↑Ansammlung. **Zus.:** Abfall-, Ameisen-, Dreck-, Heu-, Kompost-, Maulwurfs-, Mist-, Sand-, Scheiter-, Schutthaufen. **2.** (ugs.) *große Menge, Anzahl, sehr viel:* sie besitzt einen H. Kleider; das kostet einen H. Geld; ein H. Menschen stand/standen umher. **sinnv.:** ↑Gruppe; ↑viel.

häu|fen: **1.** ⟨tr.⟩: *in größerer Menge sammeln, stapeln:* Vorräte h. **sinnv.:** ↑aufschichten; ↑horten. **2.** ⟨sich h.⟩ *bedeutend zunehmen, mehr werden:* die alten Kartons häufen sich im Keller; gehäuft *(mehr als anderswo üblich)* auftreten. **sinnv.:** ↑überhandnehmen.

hau|fen|wei|se ⟨Adverb⟩ (ugs.): *sehr viel, in großen Mengen:* er hat h. Geld; die Leute strömten h. ins Kino. **sinnv.:** ↑reichlich.

häu|fig ⟨Adj.⟩: *in großer Zahl vorkommend, sich wiederholend:* häufige Krankheiten, Reisen; er kam h. zu spät. **sinnv.:** ↑oft · häufen.

Häu|fung, die; -, -en: **1.** *Lagerung in großen Mengen:* die H. von landwirtschaftlichen Vorräten bei staatlichen Stellen. **sinnv.:** Ansammlung. **2.** *häufigeres Vorkommen:* die H. von schweren Verkehrsunfällen in der letzten Zeit.

Haupt, das; -[e]s, Häupter (geh.): **1.** ↑*Kopf:* das H. neigen; das H. des Löwen. **Zus.:** Greisen-, Locken-, Medusenhaupt. **2.** ⟨H. + Attribut⟩ *wichtigste Person (mit führender, leitender Funktion):* das H. der Familie, des Staates. **sinnv.:** ↑Anführer; ↑Oberhaupt. **Zus.:** Familien-, Oberhaupt.

Haupt- ⟨Präfixoid⟩: *das/der im Basiswort Genannte als etwas/jmd., was bzw. der am hauptsächlichsten, wichtigsten, bedeutungsvollsten, größten von anderen dieser Art ist, an der Spitze von allen steht (im Unterschied zu weniger Wichtigem, Nebensächlichem):* Hauptabnehmer, -akteur, -angeklagter, -anliegen, -argument, -attraktion, -aufgabe, -augenmerk, -beruf (Ggs. Nebenberuf), -beschäftigung, -eingang (Ggs. Nebeneingang), -einwand, -erbe, -faktor, -favorit, -figur, -funktion, -gebäude (Ggs. Nebengebäude), -geschäftszeit, -gewinn, -interesse, -jux, -last, -macker, -mahlzeit, -person, -problem, -quelle, -reisezeit, -saison (im Unterschied zu Vor- und Nachsaison), -sorge, -verantwortung, -verbündeter, -werk, -widersacher. **sinnv.:** Chef-, Grund-, Meister.

Haupt|bahn|hof, der; -[e]s, Hauptbahnhöfe; *größter [zentral gelegener] Bahnhof eines Ortes für den Personenverkehr.*

Häupt|ling, der; -s, -e: *Anführer eines Stammes, Vorsteher eines Dorfes bei Naturvölkern:* der weise H. beschwichtigte seine Krieger. **sinnv.:** ↑Oberhaupt.

Haupt|mann, der; -[e]s, Hauptleute: *Offizier (zwischen Oberleutnant und Major).* **Zus.:** Feuerwehr-, Räuberhauptmann.

Haupt|rol|le, die; -, -n: *wichtigste Rolle in Schauspiel, Oper oder Film:* die H. in einem Film, Fernsehspiel übernehmen, spielen. **sinnv.:** Hauptdarsteller, Hauptfigur, Hauptperson, Held, Protagonist.

Haupt|sa|che, die; -, -n: *etwas, was in erster Linie beachtet, berücksichtigt werden muß:* Geld war für ihn die H.; (ugs.) H., du bist gesund. **sinnv.:** das A und O, Angelpunkt, Essenz, Kernpunkt, der Kern der Sache, der springende Punkt, des Pudels Kern, Quintessenz, das Wesentliche, das Wichtigste, Zentrum.

haupt|säch|lich: **I.** ⟨Adj.⟩ *die Hauptsache ausmachend:* ein hauptsächlicher Bestandteil der Demokratie sind freie Wahlen. **II.** ⟨Adv.⟩ *vor allem, in erster Linie:* ihm fehlt es h. an Geld. **sinnv.:** ↑besonders.

Haupt|stadt, die; -, Hauptstädte: *Stadt mit dem Sitz der Regierung eines Staates.* **sinnv.:** ↑Stadt.

Haupt|stra|ße, die; -, -n: *breite, wichtige [Geschäfts]straße.*

Haus, das; -es, Häuser: **1.** *Gebäude bes. im Hinblick darauf, daß es Menschen zum Wohnen dient oder zu anderen ganz bestimmten Zwecken errichtet wurde:* ein modernes, baufälliges, einstöckiges H.; ein H. bauen, bewohnen; ich bin hier zu Haus[e] *(bin hier daheim, nicht fremd).* **sinnv.:** Baracke, ↑Bau, Baulichkeit, Bauwerk, Behelfsheim, Bude, Bungalow, Chalet, Datscha, Datsche, Gartenlaube, ↑Gebäude, Hütte, Iglu, Kasten, Kate, Kral, Laube, Mietshaus, Pavillon, Schuppen, Villa, Wohnmaschine, Wohnsilo, Wolkenkratzer; ↑Heim. **Zus.:** Appartement-, Bauern-, Block-, Einfamilien-, Eltern-, Fertig-, Frauen-, Freuden-, Funk-, Garten-, Gast-, Kur-, Lager-, Land-, Leichen-, Miets-, Pent-, Pfarr-, Rat-, Reform-, Reihen-, Schnekken-, Schul-, Stein-, Treib-, Treppen-, Versand-, Vogel-, Waren-, Wirts-, Wochenend-, Wohn-, Zuchthaus. **2.** *[Herrscher]geschlecht:* das H. Habsburg. **sinnv.:** ↑Familie. **Zus.:** Fürsten-, Herrscher-, Königshaus.

Haus|auf|ga|be, die; -, -n: *zu Hause zu erledigende Aufgabe für die Schule:* als der Junge seine Hausaufgaben gemacht hatte, durfte er spielen. **sinnv.:** Aufgaben, Hausarbeit, Hausübung, Schularbeit, Schulaufgabe.

haus|backen ⟨Adj.⟩: *in einer als langweilig-solide empfundenen Weise:* ein hausbackenes Kleid. **sinnv.:** ↑langweilig.

hau|sen ⟨itr.⟩: **1.** *in einer dem ei-*

genen Empfinden nach wenig angenehmen Weise irgendwo wohnen: nach dem Erdbeben hausten die Menschen in zerfallenen Häusern. **sinnv.:** sich ↑aufhalten. **2.** *wüten, große Unordung machen, Verwüstungen anrichten:* der Sturm hat hier schlimm gehaust.

Haus|flur, der; -s, -e: *Vorraum, Gang, der sich zwischen der Haustür und der Treppe befindet.* **sinnv.:** ↑Diele, Eren, Ern.

Haus|frau, die; -, en, **Hausmann,** der; -[e]s, Hausmänner: *weibliche bzw. männliche Person, die die Arbeiten im Haus ausführt, während der Partner beruflich tätig ist.*

Haus|halt, der; -[e]s, -e: **1.** *gemeinsame Wirtschaft der in einer Gruppe lebenden Personen, bes. einer Familie:* jmdm. den H. führen. **sinnv.** Haushaltung, Hausstand, Hauswesen, Hauswirtschaft, Wirtschaft. **Zus.:** Einzel-, Geschäfts-, Privat-, Vitamin-, Wärme-, Wasserhaushalt. **2.** *Einnahmen und Ausgaben eines Staates o. ä.:* über den H. beraten. **sinnv.:** ↑Etat. **Zus.:** Bundes-, Landes-, Staatshaushalt.

haus|hal|ten, hält haus, hielt haus, hat hausgehalten ⟨itr.⟩: *sparsam umgehen (mit etwas):* er kann mit seinem Geld nicht h.; mit seinen Kräften h. **sinnv.:** ↑einteilen, rechnen, wirtschaften; ↑sparen.

Haus|herr, der; -n, -en: **1.** *Haupt der Familie.* **sinnv.:** ↑Gastgeber; ↑Vater. **2.** *Besitzer, Vermieter eines Hauses.* **sinnv.:** ↑Hauswirt.

hau|sie|ren ⟨itr.⟩: *von Haus zu Haus gehen und Waren zum Verkauf anbieten:* er hausierte mit bunten Tüchern. **sinnv.:** ↑verkaufen.

häus|lich ⟨Adj.⟩: **1.** ⟨nur attributiv⟩ *die Familie, das Zuhause betreffend:* sie vernachlässigte ihre häuslichen Pflichten immer mehr. **2.** *sich dem Leben in der Familie und den Arbeiten im Haushalt widmend:* er ist sehr h. geworden.

Haus|mann: vgl. Hausfrau.

Haus|mei|ster, der; -s, -: *jmd., der angestellt ist, um in einem größeren Gebäude für die Reinhaltung, Einhaltung der Ordnung o. ä. zu sorgen.* **sinnv.:** Hauswart · Pedell, Schuldiener.

Haus|mu|sik, die; -: *Musik, die im Kreis der Familie, im Freundeskreis o. ä. ausgeübt wird.*

Haus|num|mer, die; -, -n: *Nummer eines Gebäudes in einer bestimmten Straße:* bei der Anschrift bitte die H. nicht vergessen!

Haus|rat, der; -[e]s: *Gesamtheit der Möbel und Geräte eines Haushalts.* **sinnv.:** Mobiliar.

Haus|schlüs|sel, der; -s, -: *Schlüssel für die Haustür.*

Haus|schuh, der; -[e]s, -e: *leichter, bequemer Schuh, der zu Hause getragen wird.* **sinnv.:** ↑Pantoffel.

Haus|su|chung, die; -, -en: *polizeiliche Durchsuchung eines Hauses oder einer Wohnung:* eine H. durchführen. **sinnv.:** ↑Durchsuchung.

Haus|tier, das; -[e]s, -e: *zahmes, nicht freilebendes Tier, das der Mensch [zum Nutzen] hält.* **sinnv.:** Heimtier, Nutztier.

Haus|tür, die; -, -en: *Tür am [Haupt]eingang eines Hauses.*

Haus|wart, der; -[e]s, -e: ↑*Hausmeister.*

Haus|wirt, der; -[e]s, -e: *Besitzer eines Hauses mit Mietwohnungen.* **sinnv.:** Hausbesitzer, Hausherr.

Haut, die; -, Häute: **1.** *aus mehreren Schichten bestehendes, den Körper eines Menschen oder eines Tieres umgebendes, schützendes Gewebe:* eine zarte, glatte, rosige, weiche, trockene, unreine, dunkle, dünne, dicke, lederne H. **sinnv.:** Epidermis, Pelle · Teint. **Zus.:** Bären-, Binde-, Gänse-, Horn-, Kopf-, Netz-, Rot-, Schlangen-, Schleim-, Schwimm-, Tier-, Vorhaut. **2. a)** *dünne Schicht auf der Oberfläche von Flüssigkeiten:* die heiße Milch hat eine H. **b)** *hautähnliche Schicht, Hülle:* die H. der Wurst, des Pfirsichs. **sinnv.:** ↑Schale · ↑Decke. **Zus.:** Pfirsich-, Wursthaut.

häu|ten, häutete, hat gehäutet: **1.** ⟨tr.⟩ *bei einem getöteten Tier die Haut, das Fell entfernen:* einen Hasen häuten. **sinnv.:** ↑abziehen. **2.** ⟨sich h.⟩ *die Haut, ihre äußere Schicht von sich streifen, abstoßen und erneuern:* die Schlange häutet sich.

haut|eng ⟨Adj.⟩: *eng am Körper anliegend:* die Tänzerin trug ein hautenges Trikot. **sinnv.:** ↑eng.

Hea|ring ['hi:rıŋ], das; -s, -s: *Sitzung einer Körperschaft, in der Fachleute, die keine Mitglieder dieser Körperschaft sind, zu bestimmten Problemen angehört werden:* der Bundestag hatte einige Experten zu einem H. geladen. **sinnv.:** Anhörung; ↑Verhör.

Heb|am|me, die; -, -n: *ausgebildete Helferin bei einer Geburt.* **sinnv.:** weise Frau, Geburtshelferin · Entbindungspfleger.

He|bel, der; -s, -: **1.** *länglicher Körper, der sich um einen festen Punkt bewegen läßt und mit dem Kräfte übertragen, Lasten, Gegenstände gehoben, von der Stelle bewegt werden können:* einen Felsbrocken mit Hilfe eines Hebels anheben. **2.** *Griff zum Einschalten, Steuern o. ä. einer Maschine:* einen H. bedienen, betätigen, herumlegen. **Zus.:** Abzugs-, Gas-, Schalthebel.

he|ben, hob, hat gehoben ⟨tr.⟩ /vgl. gehoben/: **1. a)** *in die Höhe bewegen:* eine Kiste h.; die Hand [zum Schwur] h.; ein gesunkenes Schiff h.; sie hoben den Sieger auf die Schultern. **sinnv.:** anheben, ↑aufheben, ↑aufnehmen, ↑aufziehen, erheben, hochheben, lüften, lupfen; ↑stemmen · Aushub. **b)** ⟨sich h.⟩ *sich in eine andere, erhöhte Lage, Stellung bewegen; in die Höhe gehen:* die Schranke hebt sich langsam; das Schiff hob und senkte sich in der Dünung. **2.** *etwas in seiner Wirkung, Entfaltung fördern, verbessern, steigern:* den Umsatz, die Stimmung h. **sinnv.:** ↑steigern.

he|cheln ⟨itr.⟩: **1.** *(bes. von Hunden) mit offenem Maul und heraushängender Zunge schnell und hörbar atmen:* der Hund lag hechelnd im Schatten. **sinnv.:** ↑atmen. **2.** (ugs.) *kritisch, spöttisch, boshaft über andere reden:* alle Nachbarn haben über sie gehechelt. **sinnv.:** ↑reden.

Hecht, der; -[e]s, -e: *räuberisch lebender, größerer Fisch mit langgestrecktem, an der Oberseite grünlichem, an der Unterseite weißlich gefärbtem Körper, schnabelartigem Maul und starken Zähnen.*

Heck, das; -s, -s: *hinterer Teil eines Schiffes, Flugzeugs, Autos.* **Zus.:** Flugzeug-, Schiffs-, Wagenheck.

Hecke, die; -, -n: *dicht [in einer Reihe] stehende, häufig als Umzäunung, Begrenzung angepflanzte Büsche, Sträucher:* die H. schneiden. **sinnv.:** ↑Dickicht; ↑Zaun. **Zus.:** Brombeer-, Rosen-, Taxus-, Weißdornhecke.

Hecken|schüt|ze, der; -n, -n: *Schütze, der aus dem Hinterhalt schießt.* **sinnv.:** ↑Partisan.

Heer, das; -[e]s, -e: **1. a)** *Gesamtheit der Truppen eines Staates:* ein siegreiches H.; ein H. aufstellen. **sinnv.:** ↑Armee; ↑Militär, Miliz. **b)** *für den Krieg auf dem Land bestimmter Teil der Truppen eines Staates:* H. und Marine. **Zus.:** Bauern-, Söldnerheer. **2.** ⟨H. + Attribut⟩ *große Menge:* ein H. von Beamten. **Zus.:** Beamten-, Millionenheer.

He|fe, die; -, -n: *(aus bestimmten Pilzen bestehendes) Mittel, das beim Backen zum Treiben, Aufgehen des Teigs und bei der Herstellung von Bier zum Gären verwendet wird.* **Zus.:** Bier-, Nähr-, Trocken-, Weinhefe.

Heft, das; -[e]s, -e: **I. a)** *zusammengeheftete und mit einem Einband versehene Blätter aus Papier, auf die geschrieben werden kann, vor allem für die Schule:* der Lehrer sammelte die Hefte ein. **sinnv.:** Diarium, Kladde, Malbuch. **Zus.:** Kolleg-, Rechen-, Schreib-, Schul-, Vokabel-, Zeichenheft. **b)** *einzelne Nummer einer Zeitschrift:* von dieser Zeitschrift sind nur drei Hefte erschienen. **c)** *dünnes, broschiertes, nicht fest gebundenes Buch:* ein H. Gedichte, mit Kurzgeschichten. **Zus.:** Dreigroschen-, Porno-, Schundheft. **II.** (geh.) *Griff an einer Stichwaffe o. ä.:* das H. des Messers. **sinnv.:** ↑Griff.

hef|ten, heftete, hat geheftet ⟨tr.⟩: **1.** *mit Nadeln, Klammern o. ä. befestigen, locker verbinden:* er heftete das Foto an den Brief. **2.** *mit Nadeln oder mit lockeren, großen Stichen lose annähen, vorläufig zusammenhalten:* den Saum, die Naht [mit ein paar Stichen] h. **sinnv.:** anreihen, reihen. **Zus.:** an-, zusammenheften.

hef|tig ⟨Adj.⟩: **1.** *von starkem Ausmaß, großer Intensität; sich mit großer Wucht, großem Schwung, Ungestüm auswirkend:* ein heftiger Aufprall, Schlag; ein heftiger Sturm; heftige Schmerzen; h. atmen, zittern, schimpfen. **sinnv.:** ↑hart; ↑gewaltig. **2.** *leicht erregbar; nicht gelassen; unwillig und unbeherrscht:* sie ist unberechenbar in ihrer heftigen Art; h. reagieren; er wird leicht h. **sinnv.:** ↑ausschweifend; ↑hektisch; ↑rabiat, ↑reizbar; ↑unbeherrscht.

he|gen ⟨tr.⟩ (geh.): **1.** *behüten, schützen und pflegen:* der Jäger hegt das Wild. **sinnv.:** ↑pflegen. **2.** *(etwas als Empfinden, Vorhaben o. ä.) in sich tragen, bewahren:* ein Mißtrauen gegen jmdn., freundschaftliche Gefühle für jmdn. h.; ⟨als Funktionsverb⟩ Zweifel, Wünsche h. *(zweifeln, wünschen).* **sinnv.:** ↑fühlen.

Hehl: ⟨in der Wendung⟩ kein/(auch:) keinen H. aus etwas machen: *etwas nicht verheimlichen, verbergen:* er machte aus seiner Freude kein H.

hehr ⟨Adj.⟩ (geh.): *in seiner Erhabenheit Ehrfurcht einflößend:* ein hehres Ideal. **sinnv.:** ↑erhaben.

Hei|de: I. der; -n, -n: *jmd., der nicht der christlichen, jüdischen oder islamischen Religion angehört.* **sinnv.:** ↑Atheist. **II.** die; -, -n: *meist sandige, weite Landschaft, in der fast nur Sträucher und Gräser wachsen:* die blühende, unfruchtbare H.

Hei|del|bee|re, die; -, -n: *an einem sehr kleinen (in Wäldern und Heiden vorkommenden) Strauch wachsende, blauschwarze, wohlschmeckende Beere:* Heidelbeeren sammeln, pflücken. **sinnv.:** Bickbeere, Blaubeere, Mollbeere, Schwarzbeere.

Hei|den- ⟨Präfixoid; auch das Basiswort wird betont⟩ (verstärkend): *sehr groß, viel, riesig* /in bezug auf Intensität oder Menge, was meistens als negativ empfunden wird/: Heidenangst, -arbeit, -geld (das kostet ein H.; der verdient ein H.), -krach, -lärm, -respekt, -schreck, -spaß, -spektakel, -stunk. **sinnv.:** Mammut-, Monster-, Riesen-, Super-, Top-.

heid|nisch ⟨Adj.⟩: *die Heiden, ihren Kult betreffend, dazu gehörend, davon geprägt:* heidnische Bräuche; eine heidnische Bevölkerung. **sinnv.:** ↑ungläubig.

hei|kel ⟨Adj.⟩: **1.** *recht schwierig, oft auch gefährlich und nicht leicht zu behandeln, zu lösen:* ein heikles Thema; er geriet in eine heikle Situation. **sinnv.:** brisant, ↑delikat; ↑heiß; ↑schwierig. **2.** (ugs.) *bes. beim Essen wählerisch, nicht leicht zufriedenzustellen:* sei nicht so h.! **sinnv.:** ↑wählerisch.

heil ⟨Adj.⟩: **a)** *nicht verletzt, nicht versehrt:* er hat den Unfall h. überstanden. **sinnv.:** ganz, unbeschädigt, unverletzt, unversehrt. **b)** *wieder gesund, wieder geheilt:* das Knie ist wieder h. **c)** (ugs.) *nicht entzwei, nicht zerstört, sondern ganz, erhalten:* das Glas war noch heil; eine Puppe wieder h. machen; er hatte kein heiles Hemd mehr.

Heil, das; -[e]s: **1.** (geh.) *jmds. Glück, Wohlergehen; etwas, was jmdm. das ersehnte Gute bringt:* sein H. in der Zukunft suchen; diese Entwicklung gereichte ihr zum Heil[e]. **sinnv.:** Glück, Segen, Wohl. **2.** *Erlösung von Sünden und ewige Seligkeit:* das ewige H.; das H. der Seele.

hei|len, heilte, hat/ist geheilt: **1.** ⟨tr.⟩ **a)** *gesund machen:* er hat den Kranken geheilt. **sinnv.:** wieder auf die Beine bringen, durchbringen, helfen, kurieren, retten, ↑wiederherstellen. **b)** *[mit Medikamenten o. ä.] erfolgreich behandeln:* der Arzt hat die Krankheit geheilt. **sinnv.:** auskurieren, beheben. **2.** ⟨itr.⟩ *(von einer Verletzung o. ä.) vergehen, verschwinden:* die Wunde ist nur sehr langsam geheilt. **sinnv.:** abklingen, ↑genesen, gesund werden, verheilen, zurückgehen. **Zus.:** ab-, ausheilen.

heil|froh: ⟨in der Verbindung⟩ h. sein: *sehr froh sein (daß man etwas Unangenehmes hinter sich gebracht hat oder ihm entgehen konnte):* ich bin h., daß die Prüfung vorbei ist. **sinnv.:** ↑erleichtert.

hei|lig ⟨Adj.⟩: **a)** *(von Gott) geweiht, gesegnet:* das heilige Abendmahl. **sinnv.:** ↑göttlich. **Zus.:** hoch-, unheilig. **b)** (geh.) *durch seinen Ernst o. ä. Ehrfurcht einflößend:* eine heilige Scheu vor etwas haben; er schwor bei allem, was ihm h. war; ihr ist nichts heilig. **sinnv.:** ernst, tabu, unantastbar.

heil|kräf|tig ⟨Adj.⟩: *heilende Kraft besitzend:* die Kamille ist eine heilkräftige Pflanze. **sinnv.:** gesund, gesundheitsfördernd.

heil|los ⟨Adj.⟩: *(meist in bezug auf etwas, was als unangenehm empfunden wird) in hohem Grad [vorhanden]:* auf seinem Schreibtisch herrschte ein heilloses Durcheinander; sie waren h. zerstritten. **sinnv.:** ↑schrecklich, ↑sehr.

Heil|mit|tel, das; -s, -: *Mittel zum Heilen von Krankheiten.* **sinnv.:** Mittel, ↑Medikament. **Zus.:** All-, Volksheilmittel.

heil|sam ⟨Adj.⟩: *nützlich (dadurch, daß man aus schlechter Erfahrung die Lehre zieht):* es war mir eine heilsame Lehre; diese Erfahrung war für mich h. **sinnv.:** ↑nützlich.

Hei|lung, die; -, -en: **1.** *das Heilen* (1 a, b): diese H. durch neuartige Methoden erregte Aufsehen. **sinnv.:** Behandlung, Heilmethode, Kur, Therapie. **Zus.:** Wunderheilung. **2.** *das Heilen* (2): die H. macht gute Fortschritte. **sinnv.:** Erholung, Genesung, Gesundung, Rekonvaleszenz, Wiederherstellung.

heim... ⟨trennbares, betontes verbales Präfix⟩: *nach Hause ...:* heimfahren, heimgehen, heimholen, heimschicken, heimtragen. **sinnv.:** heimwärts.

Heim, das; -[e]s, -e: **1.** ⟨ohne Plural⟩ *jmds. Wohnung, Zuhause (unter dem Aspekt der Geborgenheit, angenehmer Häuslichkeit):* ein gemütliches H. **sinnv.:** Bleibe, Daheim, Domizil, Haus, Unterkunft, ↑Wohnsitz. **Zus.:** Behelfs-, Eigenheim. **2.** *Wohnstätte [als öffentliche Einrichtung] (für einen bestimmten Personenkreis):* die alten Leute wohnten in einem H. **sinnv.:** Anstalt, Gästehaus, Heilanstalt, Heilstätte, Hort, Internat, Sanatorium. **Zus.:** Alten[wohn]-, Alters-, Feierabend-, Fremden-, Kinder-, Säuglings-, Schulland-, Senioren-, Studenten[wohn]-, Wohnheim.

Hei|mat, die; -: *Land, Landesteil oder Ort, wo jmd. [geboren und] aufgewachsen ist, woher jmd./etwas stammt:* die Gastarbeiter reisten in ihre H. zurück; er hat in Deutschland eine neue H. gefunden. **sinnv.:** Geburtsland, Geburtsort, Heimatland, Heimatort, Herkunftsland, Ursprungsland, Vaterland · Inland. **Zus.:** Ur-, Wahlheimat.

hei|mat|lich ⟨Adj.⟩: **1.** *zur Heimat gehörend:* die heimatlichen Bräuche haben sie selbst in der Fremde nicht aufgegeben. **sinnv.:** ↑einheimisch. **2.** *die Heimat betreffend:* die heimatliche Verbundenheit. **sinnv.:** heimisch, vertraut.

hei|misch ⟨Adj.⟩: **a)** ⟨nicht adverbial⟩ *aus der Heimat stammend:* die heimischen Pflanzen; die Produkte der heimischen Industrie. **sinnv.:** ↑einheimisch, ↑heimatlich. **b)** ⟨nicht attributiv⟩ *wie zu Hause:* er fühlte sich, war, wurde in der fremden Stadt [nie] h. **sinnv.:** ↑heimatlich.

heim|keh|ren, kehrte heim, ist heimgekehrt ⟨itr.⟩: *[nach langer Zeit] nach Hause zurückkehren.* **sinnv.:** ↑zurückkommen.

heim|lich ⟨Adj.⟩: *(aus Scheu vor Bloßstellung oder weil man ein Verbot umgehen will) vor anderen verborgen; so unauffällig, daß andere nicht merken, was geschieht:* eine heimliche Zusammenkunft; sie trafen sich h. **sinnv.:** diskret, geheim, im geheimen, insgeheim, bei Nacht und Nebel, hinter jmds. Rücken, im stillen, hinter verschlossenen Türen, unbemerkt, unerkannt, unterderhand, im verborgenen, verbotenerweise, verstohlen; ↑vertraulich. **Zus.:** klammheimlich.

heim|su|chen, suchte heim, hat heimgesucht ⟨tr.⟩: *als Unglück (über jmdn.) kommen:* eine schwere Krankheit suchte ihn heim; das Land wurde von einem schweren Unwetter heimgesucht.

Heim|tücke, die; -: *Wesen, Verhalten, das von dem Streben bestimmt ist, jmdm. heimlich, auf versteckte Art und Weise zu schaden:* der Mörder hatte sein Opfer voller H. von hinten erschlagen. **sinnv.:** Arglist, Bosheit, Falschheit, Hinterfotzigkeit, Hinterhältigkeit, Hinterlist, Intrige, Kabale, Ränke[spiel], Tükke; ↑Hintergedanke; ↑Hinterhalt.

heim|tückisch ⟨Adj.⟩: *voller Heimtücke:* ein heimtückischer Mensch. **sinnv.:** ↑unaufrichtig.

Heim|weh, das; -s: *sehnsüchtiger Wunsch, zu Hause, in der Heimat zu sein.* **sinnv.:** ↑Sehnsucht.

heim|zah|len, zahlte heim, hat heimgezahlt ⟨tr.⟩: *angetanes Übel [in gleicher Weise] vergelten:* ich werde es dir schon h.! **sinnv.:** ↑bestrafen.

-hei|ni, der; -s, -s ⟨Suffixoid⟩ (emotional): */bezeichnet eine männliche Person leicht geringschätzig im Zusammenhang mit dem im Basiswort Genannten, das situationsbedingt für ihn charakteristisch ist/:* Couchheini *(= Psychotherapeut, für den die Couch, auf der der Patient liegt, charakteristisch ist)* Kaugummi-, Platten- *(Mann von der Plattenfirma),* Wackel- *(Schlagersänger, der mit den Hüften wackelt),* Weltanschauungsheini (wir wollen einen Leiter, der zu uns paßt, und keinen W.). **sinnv.:** -august, -fritze, -maxe.

Hei|rat, die; -, -en: *Verbindung von Mann und Frau zu einer Ehe.* **sinnv.:** Eheschließung, Hochzeit, Trauung; ↑Ehe.

hei|ra|ten, heiratete, hat geheiratet: **a)** ⟨itr.⟩ *eine Ehe schließen:* sie hat früh, jung, aus Liebe geheiratet. **sinnv.:** die Ehe eingehen, Hochzeit feiern/halten/machen, in den [heiligen] Stand der Ehe treten, sich trauen lassen, sich verehelichen/verheiraten/vermählen; ↑einheiraten. **b)** ⟨tr.⟩ *mit jmdm. eine Ehe eingehen, schließen:* er hat sie nur wegen ihres Geldes geheiratet. **sinnv.:** jmdn. zum Altar/Traualtar führen, ehelichen, zur Frau/zum Mann nehmen, jmdm. das/sein Jawort geben.

hei|ser ⟨Adj.⟩: **a)** *(von der menschlichen Stimme) durch Erkältung oder durch vieles Reden, Singen, Schreien u. ä. rauh und fast tonlos:* eine heisere Stimme haben; sich h. schreien. **sinnv.:** belegt, rauh, krächzend, kratzig, rauchig. **b)** *mit heiserer* (a) *Stimme [sprechend o. ä.]:* der heisere Redner war kaum zu verstehen; ich bin heute ganz heiser.

heiß ⟨Adj.⟩: **1.** *sehr warm* /Ggs. kalt/: heiße Würstchen; ein heißer Sommer; der Kaffee, die Suppe ist noch h.; sich h. duschen. **sinnv.:** glühend, kochend, siedend. **Zus.:** glühend-, kochend-, siedendheiß. **2.** *sehr heftig, leidenschaftlich (in bezug auf Gefühlsäußerungen):* ein heißer Kampf; sich h. nach jmdm. sehnen; heiße Rhythmen. **sinnv.:** erregt, hitzig. **3.** *gefährlich, mit Konflikten verbunden:* ein heißes Thema, eine heiße Forderung. **sinnv.:** brenzlig, brisant, explosiv, gefährlich, heikel. **4.** (emotional) *(in seiner Art, durch seine Art) mitreißende Begeisterung, Bewunderung hervorrufend:* ein heißer Typ; ein heißes Buch für junge Leute; heiße Songs, Scheiben *(Platten);* heißer Rock, Thriller; das Auto finde ich h.; der Junge ist h., aus dem wird mal was. **sinnv.:** [affen]geil, fetzig, großartig, phantastisch, stark, toll, umwerfend.

heiß-: ⟨adjektivisches Präfixoid; in Verbindung mit dem 2. Partizip⟩ (emotional): /kennzeichnet das starke innere Beteiligtsein, bes. in bezug auf die Erfüllung eines Wunsches, das Erreichen eines Zieles/ *sehr:* heißerfleht, -ersehnt, -geliebt, -umkämpft, -umstritten.

hei|ßen, hieß, hat geheißen/(nach vorangehendem Infinitiv auch) hat ... heißen: **1.** ⟨itr.⟩ *den Namen haben; genannt werden:*

er heißt Wolfgang; wie heißt du? **sinnv.:** ↑lauten, sich nennen. **2.** ⟨itr.⟩ ↑*bedeuten:* was soll das h.? Ich kann das Wort nicht lesen; heißt das, daß ich gehen soll?; jetzt heißt es *(ist es nötig)*, bereit [zu] sein; ⟨häufig als Erklärung oder Einschränkung von etwas vorher Gesagtem in der Fügung „das heißt“:⟩ ich komme morgen zu dir, das heißt, wenn ich nicht selbst Besuch habe. **3.** ⟨tr.⟩ *befehlen:* wer hat dich geheißen, das zu tun?; wer hat dich kommen h./geheißen? **sinnv.:** ↑anordnen, ↑beauftragen. **4.** ⟨itr.⟩ *(als Vermutung, Behauptung) gesagt werden, (an bestimmter Stelle) zu lesen sein, geschrieben stehen:* es heißt, er war lange im Ausland; bei Marx heißt es im „Kapital“ ...

Heiß|hun|ger, der; -s: *besonders großes Verlangen, etwas [Bestimmtes] zu essen:* nach der Wanderung verschlangen sie mit H., was ihnen vorgesetzt wurde. **sinnv.:** ↑Appetit.

-heit/-ung: ↑-ung/-heit.

hei|ter ⟨Adj.⟩: **a)** *durch Unbeschwertheit, Frohsinn und innere Ausgeglichenheit gekennzeichnet:* ein heiteres Gemüt. **b)** ↑*lustig:* eine heitere Geschichte für Kinder. **sinnv.:** ↑humoristisch. **c)** *klar, mit viel Sonnenschein* /vom Wetter/: h. bis wolkig. **sinnv.:** ↑sonnig.

Hei|ter|keit, die; -: **a)** *heitere* (a) *Gemütsverfassung, fröhliche Stimmung, in der man sich befindet und in der man sich frei und unbeschwert fühlt:* ihr gefiel seine unbekümmerte H.; Jubel, Trubel, H.! **sinnv.:** Behagen, Fröhlichkeit, Frohsinn, Humor, gute Laune, Wohlbehagen, Zufriedenheit. **b)** *[in Gelächter sich ausdrückendes] Belustigtsein:* seine Schilderung löste H. aus, erregte H.

hei|zen: 1. ⟨tr.⟩ **a)** *(einen Raum) erwärmen:* eine Wohnung h. **sinnv.:** anwärmen, beheizen, temperieren, warm machen. **b)** *Feuer machen (in etwas):* den Ofen h. **2.** ⟨itr.⟩ *Wärme hervorbringen, erzeugen* /vom Ofen o.ä./: der Ofen heizt gut.

Hei|zung, die; -, -en: *Anlage, Gerät zum Beheizen von Räumen.* **sinnv.:** Klimaanlage. **Zus.:** Fußboden-, Gas-, Koks-, Luft-, Ofen-, Warmwasser-, Zentralheizung.

Hek|tik, die; -: *nervöse Betriebsamkeit; aufgeregte Eile, mit der etwas geschieht:* die H. des Großstadtverkehrs; was soll diese H., laß dir doch Zeit! **sinnv.:** ↑Hast.

hek|tisch ⟨Adj.⟩: *von Hektik erfüllt, durch Hektik gekennzeichnet:* auf der Straße herrschte ein hektisches Treiben. **sinnv.:** aufgeregt, eilig, erregt, ↑fahrig, fieberhaft, gehetzt, geschäftig, hastig, heftig, kribbelig, kopflos, nervös, turbulent, überhastet, unruhig, zappelig.

Held, der; -en, -en, **Hel|din,** die; -, -nen: **1.** *jmd., dessen persönlicher Einsatz für etwas als in bewundernswerter Weise mutig, vorbildlich angesehen wird:* jmdn. als Helden feiern. **sinnv.:** Berühmtheit, Champion, Draufgänger, Gigant, Haudegen, Heros, Matador, Recke, Sieger; ↑Kämpfer. **Zus.:** Kriegs-, Maul-, Volks-, Weiberheld. **2.** *Hauptperson [einer Dichtung usw.]:* der tragische, jugendliche H. **sinnv.:** ↑Hauptrolle.

hel|den|haft ⟨Adj.⟩: *wie ein Held:* er führte einen heldenhaften Kampf. **sinnv.:** ↑mutig.

Hel|din: vgl. Held.

hel|fen, hilft, half, hat geholfen/(nach vorangehendem Infinitiv auch) hat ...helfen ⟨itr.⟩: **1. a)** *jmdn. bei etwas unterstützen:* dem Bruder bei den Schularbeiten, der Mutter beim Saubermachen h. **b)** *einen Teil von dem machen, was ein anderer machen soll oder will, um diesen zu entlasten, ihm die Arbeit zu erleichtern:* er hilft ihm umgraben; ich habe ihm tragen helfen/geholfen; kann ich [dir] h.? **sinnv.:** abnehmen, anpacken, unter die Arme greifen, assistieren, aushelfen, bedienen, behilflich sein, beispringen, Beistand leisten, beistehen, beitragen, durchhelfen, eingreifen, entlasten, fördern, an die/zur Hand gehen, Hebammendienste leisten, Hand anlegen, Hilfe bringen/leisten, zu Hilfe kommen, Hilfestellung geben/leisten, nachhelfen, zur Seite stehen, sekundieren, zuarbeiten, zugreifen, zupacken; ↑vertreten · Helfer · Hilfe. **Zus.:** auf-, durch-, heraus-, hoch-, mithelfen. **2.** *(im Hinblick auf die Erreichung eines angestrebten Ziels, die Durchführung einer bestimmten Absicht o.ä.) förderlich sein:* das Mittel hilft gegen Schmerzen; seine Lügen halfen ihm nicht. **sinnv.:** dienlich sein, guttun, hilfreich sein, nutzen/nützen, von Nutzen sein, nützlich sein.

Hel|fer, der; -s, -: *jmd., der einem anderen bei etwas hilft:* bei der Katastrophe wurden auch viele freiwillige H. eingesetzt. **sinnv.:** Adjutant, Adlatus, Assistent, Beistand, Betreuer, Diener, Funktionär, Gehilfe, Handlanger, Hilfe, Hilfskraft, Sekundant · Hilfe · helfen. **Zus.:** Ernte-, Geburts-, Wahlhelfer.

hell ⟨Adj.⟩: **1. a)** *viel Licht ausstrahlend:* eine helle Lampe. **sinnv.:** glänzend, grell, leuchtend. **b)** *von Licht erfüllt:* ein heller Raum. **sinnv.:** beleuchtet, erleuchtet, freundlich, klar, licht, lichtdurchflutet, lichterfüllt, silbern, ↑sonnig. **Zus.:** stern[en]-, taghell. **2.** *nicht dunkel* /von der Farbe/: ein helles Blau. **sinnv.:** freundlich, licht. **3.** *hoch im Ton:* eine helle Stimme. **sinnv.:** hoch, klar, rein, silbern. **Zus.:** glokken-, silberhell. **4.** (emotional) *sehr [groß]:* das ist ja heller Wahnsinn!; seine helle Freude an jmdm. haben; ich war h. begeistert. **sinnv.:** hellauf, ↑sehr.

hell|hö|rig ⟨Adj.⟩: **1.** *den Schall leicht durchlassend, gegen den Schall nicht oder nur unzureichend isoliert:* diese Wohnung ist sehr h., man hört das Fernsehen vom Nachbarn. **sinnv.:** dünn. **2.** *aufmerksam-kritisch:* seit dem letzten Dammbruch ist die Bevölkerung h. geworden in Sachen Stauweiher; seine Erfahrungen hatten ihn h. und mißtrauisch gemacht. **sinnv.:** wachsam · schlafende Hunde wecken.

hellicht: ⟨in der Fügung⟩ am hellichten Tag[e]: *sogar am Tage und nicht in der Nacht bei Dunkelheit, wo man es sich noch vorstellen könnte:* das Verbrechen geschah am hellichten Tag[e].

Hel|lig|keit, die; -: *das Hellsein:* seine Augen mußten sich erst an die H. gewöhnen. **sinnv.:** ↑Licht.

Hell|se|her, der; -s, -, **Hell|se|he|rin,** die; -, -nen: *männliche bzw. weibliche Person, die zukünftige oder weit entfernt stattfindende Ereignisse, die außerhalb jeder normalen Sinneswahrnehmung liegen, angeblich wahrnimmt.* **sinnv.:** Astrologe, Prophet, Rufer in der Wüste, Seher, Sterndeuter, Wahrsager.

Helm, der; -[e]s, -e: *vor Verletzungen, besonders durch Schlag oder Stoß, schützende Kopfbe-*

deckung: Motorradfahrer, Bauarbeiter und Bergleute tragen bei ihrer Tätigkeit Helme. **sinnv.:** Kopfschutz, Schutzhaube · ↑Kopfbedeckung. **Zus.:** Schutz-, Stahl-, Sturzhelm.

Hemd, das; -es, -en: **a)** *als Unterwäsche getragenes, über die Hüften reichendes [ärmelloses] Kleidungsstück; Unterhemd.* **b)** *von männlichen Personen als Oberbekleidung getragenes, den Oberkörper bedeckendes Kleidungsstück; Oberhemd.* **sinnv.:** T-Shirt. **Zus.:** Freizeithemd.

hem|men ⟨tr.⟩: *in der Bewegung, Entwicklung aufhalten:* eine Entwicklung h.; den Fortschritt h. **sinnv.:** ↑behindern.

Hem|mung, die; -, -en: *das Sich-nicht-Trauen, etwas Bestimmtes zu tun:* er hatte keine Hemmungen und nahm sich das größte Stück Kuchen. **sinnv.:** ↑Angst.

hem|mungs|los ⟨Adj.⟩: *ohne Hemmungen:* ein hemmungsloser Mensch; er gab sich h. seinen Leidenschaften hin. **sinnv.:** ↑ausschweifend, bedenkenlos, enthemmt, exzessiv, gewissenlos, rücksichtslos, skrupellos, triebhaft, ↑unbeherrscht, ungehemmt, ungeniert, ungezügelt, verantwortungslos; ↑ungezwungen · die Sau rauslassen.

Hengst, der; -[e]s, -e: *männliches Tier* /bes. beim Pferd/.

Hen|kel, der; -s, -: *[gebogener] Griff zum Heben oder Tragen:* der H. der Tasse ist abgebrochen.

Hen|ker, der; -s, -: *jmd., der ein Todesurteil vollstreckt.*

Hen|ne, die; -, -n: *weibliches Haushuhn:* die H. gackert, legt ein Ei.

her ⟨Adverb⟩: **1.** ⟨räumlich⟩ *von dort nach hier (zu mir, wo ich, der gerade Sprechende/Schreibende mich befinde):* h. mit dem Geld!; vor sich h. treiben, jagen. **sinnv.:** herbei, herein, herüber. **Zus.:** hierher. **2.** ⟨zeitlich⟩ *(vom gegenwärtigen Zeitpunkt aus) zurückliegend:* es ist schon drei Jahre h. **sinnv.:** früher, vergangen.

her- ⟨trennbares, betontes verbales Präfix⟩: **1.** *von dort nach hier (zu mir) ...:* herbringen, herkommen, herlaufen, herschleifen, hersehen. **2.** */das im Basiswort Genannte ohne inneres Beteiligtsein, fast mechanisch tun/:* herbeten, herplappern.

her|ab ⟨Adverb⟩: *von dort oben nach hier unten.*

her|ab- ⟨trennbares, betontes verbales Präfix⟩: *von (dort) oben nach (hier) unten (zu mir) ...:* herabfallen, -flehen (Gottes Segen), -fließen, -hängen, -steigen, -strömen, -stürzen.

her|ab|blicken, blickte herab, hat herabgeblickt ⟨itr.⟩: *(jmdn.) abschätzig und mit dem Gefühl der eigenen Überlegenheit ansehen:* mit Verachtung blickte er auf diese Geschöpfe herab.

her|ab|las|send ⟨Adj.⟩: *(einem anderen gegenüber) kühl-freundlich und die eigene soziale Überlegenheit fühlen lassend:* mit herablassender Geste; h. grüßen; der Offizier verhandelte h. mit den Bauern. **sinnv.:** ↑dünkelhaft.

her|ab|set|zen, setzte herab, hat herabgesetzt ⟨tr.⟩: **1.** *niedriger machen, senken:* bei Nebel muß man die Geschwindigkeit seines Fahrzeuges erheblich h.; herabgesetzte Preise. **sinnv.:** ↑verringern. **2.** *jmds. Leistung, Verdienst o. ä. abwerten:* er hat ihre Verdienste herabgesetzt. **sinnv.:** ↑schlechtmachen.

her|an ⟨Adverb⟩: *von dort nach hier.*

her|an- ⟨trennbares, betontes verbales Präfix⟩: **1.** */bezeichnet die Annäherung/:* heranbrausen, -kommen, -locken, -reichen, -treten, -winken. **2.** */bezeichnet die Aufwärtsentwicklung bis zum möglichen Endpunkt/:* heranbilden, -reifen, -wachsen, -züchten.

her|an|ge|hen, ging heran, ist herangegangen ⟨itr.⟩: **1.** *sich mit wenigen Schritten (jmdm./einer Sache) nähern:* er ging an das Schaufenster heran und betrachtete die Auslagen näher. **sinnv.:** ↑kommen, sich ↑nähern. **2.** *(mit etwas) beginnen:* mutig ist er an diese schwierige Aufgabe herangegangen. **sinnv.:** ↑anfangen.

her|an|ma|chen, sich; machte sich heran, hat sich herangemacht (ugs.): **1.** *sich (jmdm.) in einer bestimmten Absicht nähern:* er hat sich an das Mädchen herangemacht. **sinnv.:** sich ↑nähern. **2.** *(mit etwas, was man machen will oder muß) beginnen:* schließlich hat man sich doch an diese Aufgabe herangemacht. **sinnv.:** ↑anfangen.

her|an|zie|hen, zog heran, hat/ist herangezogen: **1. a)** ⟨tr.⟩ *in die Nähe (von jmdm./etwas) ziehen:* er hat den Sessel näher an die Couch herangezogen. **sinnv.:** beiziehen, herbeiziehen. **b)** ⟨itr.⟩ *sich nähern:* von den Bergen ist ein Gewitter herangezogen. **2.** ⟨tr.⟩ **a)** *zum Gedeihen bringen, aufziehen:* man hat die Pflanzen, die jungen Tiere sorgsam herangezogen. **b)** *heranbilden:* der Betrieb hat [sich (Dativ)] seinen eigenen Nachwuchs herangezogen. **3.** ⟨tr.⟩ **a)** *jmdn. [zusätzlich, zu anderen Fachkräften o. ä.] beauftragen, eine bestimmte Sache zu überprüfen und seine Meinung, sein Urteil dazu abzugeben:* zur Klärung dieser Fragen hat man Sachverständige herangezogen. **sinnv.:** beiziehen, bemühen, benutzen, hinzuziehen, konsultieren, zu Rate ziehen. **b)** *(bei etwas) einsetzen:* zu diesen Arbeiten hat man ausländische Arbeitskräfte herangezogen. **sinnv.:** ↑einstellen. **c)** *in Betracht ziehen:* bei der Beurteilung dieses Falles hatte man alle möglichen Aspekte herangezogen; etwas zum Vergleich h. **sinnv.:** ↑berücksichtigen, ↑erwägen.

her|auf ⟨Adverb⟩: *von dort unten nach hier oben.* **sinnv.:** ↑aufwärts.

her|auf- ⟨trennbares, betontes verbales Präfix⟩: */bezeichnet eine Bewegung von (dort) unten nach (hier) oben/:* heraufholen, -klettern (Ggs. hinunterklettern), -schauen (Ggs. hinunterschauen).

her|auf|be|schwö|ren, beschwor herauf, hat heraufbeschworen ⟨tr.⟩: **1.** *durch [unüberlegte, unbedachte] Handlungen (ein Unglück) verursachen:* die Äußerungen des Ministers beschworen eine ernste Krise herauf. **sinnv.:** ↑verursachen. **2.** *[zur Mahnung] in Erinnerung rufen:* der Redner beschwor die Schrecken des letzten Krieges herauf.

her|aus ⟨Adverb⟩: *von dort drinnen nach hier draußen.*

her|aus- ⟨trennbares, betontes verbales Präfix⟩: **1.** */bezeichnet die Richtung von (dort) drinnen nach (hier) draußen/:* herausdringen, sich -mogeln, -reiten, -strömen, -tragen (Ggs. hineintragen), -tropfen. **2.** */besagt, daß etwas aus etwas entfernt und nach draußen geholt wird/:* herausdrehen, -schneiden, -stanzen, -trennen. **3.** */besagt, daß aus dem, was vorliegt, ein bestimmtes Urteil o. ä. gebildet wird/:* herausbuchstabieren, -deuten, -lesen, -schmecken, -spüren.

her|aus|be|kom|men, bekam heraus, hat herausbekommen ⟨tr.⟩: **1.** *entfernen [können]:* er hat die Schraube aus dem Brett [nicht] herausbekommen. **2. a)** *in Erfahrung bringen, ausfindig machen:* mein Geheimnis werdet ihr nie h.; in diesem Fall hat man die Wahrheit bis heute nicht herausbekommen. **sinnv.:** ↑entdecken. **b)** (ugs.) *die Lösung (von etwas) finden:* er bekam das schwierige Kreuzworträtsel einfach nicht heraus. **3.** *bei der Bezahlung von etwas die Differenz zwischen dem hingegebenen und dem zu zahlenden Betrag erhalten:* er bekam beim Bezahlen noch zwei Mark heraus.

her|aus|brin|gen, brachte heraus, hat herausgebracht ⟨tr.⟩: **1.** *von dort drinnen nach hier draußen bringen:* sie hat den Korb herausgebracht. **2.** *etwas neu auf den Markt bringen:* der Verlag hat ein neues Buch herausgebracht; die Firma brachte ein neues Auto heraus. **3.** *jmdn./etwas mit einem gewissen Aufwand zum Erfolg o. ä. in der Öffentlichkeit bringen:* diesen Sänger hat man ganz groß herausgebracht. **sinnv.:** fördern. **4.** *entfernen [können]:* er hat den Nagel [nicht] aus der Wand herausgebracht. **5.** (ugs.) **a)** *(jmdm.) entlocken können:* man hat nichts aus ihm herausgebracht. **b)** *durch Nachforschungen in Erfahrung bringen:* in dieser Sache hat die Polizei noch nichts herausgebracht. **sinnv.:** herausfinden. **c)** *die Lösung (von etwas) finden:* er brachte das Rätsel einfach nicht heraus. **6.** *(Laute o. ä.) von sich geben:* vor Schreck brachte sie keinen Ton, die Worte nur mühsam heraus. **sinnv.:** ↑sprechen.

her|aus|for|dern, forderte heraus, hat herausgefordert: **a)** ⟨tr.⟩ *zum Kampf auffordern:* er hatte seinen Beleidiger herausgefordert. **b)** ⟨itr.⟩ *zum Widerspruch reizen:* seine Worte forderten zur Kritik heraus. **sinnv.:** ↑provozieren.

her|aus|ge|ben, gibt heraus, gab heraus, hat herausgegeben: **1.** ⟨tr./itr.⟩ *[für die Bezahlung einer Ware großes Geld erhalten und] den zuviel gezahlten Betrag in Kleingeld zurückgeben:* ich kann Ihnen nicht h.; können Sie zwanzig Pfennig, auf hundert Mark h.? **2.** ⟨tr.⟩ *(ein Buch o. ä. als Verleger) veröffentlichen:* ein Buch über Goethe h. **sinnv.:** abdrucken, in Druck geben, drukken, edieren, herausbringen, in Satz geben, verlegen, ↑veröffentlichen. **3.** ⟨tr.⟩ *jmdn./etwas, was man in seinem Besitz festgehalten hat, freigeben, dem eigentlichen Besitzer wieder überlassen:* die Beute, einen Gefangenen h. **sinnv.:** ausliefern, freigeben, übergeben, wiedergeben, zurückgeben.

her|aus|ho|len, holte heraus, hat herausgeholt ⟨tr.⟩: **1.** *von (dort) drinnen (hierher) nach draußen holen:* er öffnete seine Tasche und holte die Zeitung heraus; die eingeschlossenen Bergleute h. **2.** (ugs.) *jmdn. durch geschicktes Fragen dahin bringen, daß er bestimmte Informationen gibt:* die Polizei konnte aus dem Einbrecher nicht viel h. **3.** (ugs.) *machen, daß jmd./etwas eine möglichst hohe Leistung erbringt:* in der letzten Runde holte der Läufer das Letzte, alles aus sich heraus; bei der Rallye wurde aus Motoren und Fahrern das Äußerste herausgeholt. **4.** *durch besondere Fähigkeiten, besonderes Geschick o. ä. als Vorteil erreichen, als Gewinn o. ä. erzielen:* er hat bei den Verhandlungen viel [für uns] herausgeholt. **sinnv.:** ↑erwirken.

her|aus|kom|men, kam heraus, ist herausgekommen ⟨itr.⟩: **1. a)** *von dort drinnen nach hier draußen kommen:* er ist aus seinem Zimmer herausgekommen. **sinnv.:** ins Freie treten, herausgehen, heraustreten, rausgehen, rauskommen, ↑vorkommen. **b)** *(durch etwas) ins Freie gelangen, nach außen dringen:* aus dem Schornstein ist schwarzer Qualm herausgekommen. **2. a)** *erscheinen, veröffentlicht werden:* dieses Buch wird erst im Herbst h. **sinnv.:** auf den Markt kommen, publiziert werden. **b)** (ugs.) *öffentlichen Erfolg haben, populär werden:* dieser Sänger ist ganz groß herausgekommen. **c)** (ugs.) *öffentlich bekanntwerden:* wenn der Schwindel herauskommt, gibt es einen Skandal. **3.** *sich als Ergebnis zeigen, sich ergeben:* bei den Verhandlungen ist nichts herausgekommen. **4.** *deutlich, sichtbar werden:* der komische Zug des Stückes ist bei dieser Aufführung nicht herausgekommen.

her|aus|neh|men, nimmt heraus, nahm heraus, hat herausgenommen: **1.** ⟨tr.⟩ **a)** *aus dem Inneren von etwas nach draußen nehmen:* Wäsche aus dem Schrank, Geld aus dem Portemonnaie h. **sinnv.:** ausbauen, beseitigen, ↑entfernen, ↑entnehmen, herausholen, herausmachen, holen/nehmen aus, rausholen, rausnehmen. **b)** *operativ entfernen:* den Blinddarm h. **c)** *(aus seiner Umgebung) entfernen:* einen Schüler aus einer Klasse h. **2.** ⟨itr.⟩ (ugs.) *sich dreisterweise erlauben:* er hat sich ihr gegenüber zuviel herausgenommen; sich Freiheiten jmdm. gegenüber h. **sinnv.:** sich anmaßen, sich erdreisten, sich erfrechen, nicht scheuen, so vermessen sein.

her|aus|re|den, sich; redete sich heraus, hat sich herausgeredet (ugs.): *sich durch Ausreden von einem Verdacht o. ä. befreien:* er hatte keine plausible Entschuldigung vorzubringen und versuchte sich herauszureden. **sinnv.:** Ausflüchte machen, eine Ausrede gebrauchen, sich entschuldigen, sich verschanzen, etwas verschieben, sich winden.

her|aus|rücken, rückte heraus, hat/ist herausgerückt (ugs.): **a)** ⟨tr.⟩ *sich (von etwas, was man besitzt) nach anfänglichem Schweigern trennen:* schließlich hat er das Geld herausgerückt. **sinnv.:** ↑geben. **b)** ⟨itr.⟩ *sich nach längerem Zögern, nach anfänglichem Widerstand (über etwas Vorgefallenes) äußern, eine Aussage machen:* er ist mit der Sprache, der Wahrheit herausgerückt. **sinnv.:** ↑gestehen.

her|aus|rut|schen, rutschte heraus, ist herausgerutscht ⟨itr.⟩: **1.** *(aus etwas) nach draußen rutschen:* ihm ist das Portemonnaie [aus der Tasche] herausgerutscht. **2.** (ugs.) *(etwas) übereilt und ungewollt aussprechen:* diese Worte sind mir einfach so herausgerutscht. **sinnv.:** ↑entfahren.

her|aus|schla|gen, schlägt heraus, schlug heraus, hat/ist herausgeschlagen: **1.** ⟨tr.⟩ *durch Schlagen entfernen:* er hat die Wand zwischen den beiden Räumen herausgeschlagen. **sinnv.:** herausbrechen, heraushauen. **2.** ⟨itr.⟩ *von drinnen nach draußen dringen:* die Flammen sind aus dem Fenster herausgeschlagen. **3.** ⟨tr.⟩ (ugs.) *durch großes Geschick und Schlauheit erlangen:* bei den Verhandlungen hat sie einen hohen Gewinn herausgeschlagen. **sinnv.:** ↑erwirken.

her|aus|stel|len, stellte heraus, hat herausgestellt: **1.** ⟨sich h.⟩ *deutlich werden, sich zeigen:* es stellte sich heraus, daß der Mann ein Betrüger war. **sinnv.:** sich entscheiden, sich ↑erweisen; sich ↑dokumentieren, zutage treten. **2.** ⟨tr.⟩ *hervorheben, in den Mittelpunkt stellen:* das Wesentliche h.; (ugs.) der Sänger wurde groß herausgestellt. **sinnv.:** ↑betonen, ↑fördern.

herb ⟨Adj.⟩: **1. a)** *(durch fehlende Süße) leicht bitter, säuerlich im Geschmack:* ein herber Wein; die Schokolade schmeckt h. **sinnv.:** bitter, ↑sauer, scharf, streng, trocken. **b)** *von kräftigem, nicht süßlichem Geruch:* ein herbes Parfüm. **sinnv.:** dezent, frisch, nicht schwer. **2.** *Kummer verursachend, schwer zu ertragen:* eine herbe Enttäuschung, einen herben Verlust erleiden. **sinnv.:** bitter, hart, schmerzlich, schwer. **3. a)** *nicht lieblich, sondern von strengem, verschlossen wirkendem Wesen:* sie hat einen herben Zug um den Mund; er wirkt manchmal etwas h. **sinnv.:** distanziert, kühl, reserviert, schroff, spröde, ↑unzugänglich, verbittert. **b)** *(in bezug auf eine Handlungsweise, eine Äußerung) besonders streng urteilend, kritisierend o. ä.:* für ihr Verhalten ernteten sie herbe Worte, herbe Kritik. **sinnv.:** hart, streng, unfreundlich.

her|bei ⟨Adverb⟩ (geh.): *von dort nach hier.* **sinnv.:** ↑her.

her|bei- ⟨trennbares, betontes verbales Präfix⟩: *von irgendwo hierher, an den Ort des Geschehens ...:* herbeibomben (den Frieden h. = *durch Bombardierung bewirken, daß Frieden geschlossen wird*), -eilen, -holen, -reden (eine Krise h. = *indem man davon spricht, bewirken, daß es zu einer Krise kommt*), -rufen, -schleppen, -sehnen, -strömen, -winken, -wünschen, -zaubern, -zwingen (ein Bild, herbeigezwungen von der Sehnsucht).

her|bei|füh|ren, führte herbei, hat herbeigeführt ⟨tr.⟩: *(durch entsprechendes, gezieltes Handeln) bewirken (daß etwas [Entscheidendes] geschieht, daß es zu etwas kommt):* eine Entscheidung h. **sinnv.:** ↑verursachen.

Herbst, der; -[e]s -e: *Jahreszeit zwischen Sommer und Winter:* ein sonniger H.; es wird H.

herbst|lich ⟨Adj.⟩: *zum Herbst gehörig, für ihn kennzeichnend:* herbstliches Laub; herbstliche Farben. **sinnv.:** ↑kalt.

Herd, der; -[e]s, -e: **1.** *Vorrichtung zum Kochen, Backen und Braten (bei der die Töpfe, Pfannen o. ä. auf kleinen, runden, elektrisch beheizten Platten, auf Gasbrennern oder auf einer über der Feuerung angebrachten großen Stahlplatte erhitzt werden):* auf dem H. stehen Töpfe. **sinnv.:** Kocher, Kochplatte, Ofen, Röhre. **Zus.:** Elektro-, Gas-, Heißluft-, Koch-, Kohlen-, Küchen-, Mikrowellenherd. **2.** ⟨H. + Attribut⟩ *Stelle, von der etwas Übles ausgeht, sich weiter verbreitet:* der H. der Krankheit. **sinnv.:** Ausgangspunkt, Quelle, Zentrum. **Zus.:** Brand-, Gefahren-, Infektions-, Krankheits-, Krisen-, Seuchen-, Unruheherd.

Her|de, die; -, -n: *größere Anzahl von zusammengehörenden (zahmen oder wilden) Tieren der gleichen Art [unter Führung eines Hirten oder eines Leittiers]:* eine H. Rinder, Schafe, Elefanten. **sinnv.:** Meute, Rotte, Rudel, Schar, Schwarm. **Zus.:** Elefanten-, Rinder-, Schaf-, Ziegenherde.

her|ein ⟨Adverb⟩: *von dort draußen nach hier drinnen.* **sinnv.:** ↑her.

her|ein- ⟨trennbares, betontes verbales Präfix⟩: *von (dort) draußen (hierher) nach drinnen ...:* sich hereinbemühen *(sich die Mühe machen, hereinzukommen),* jmdn. hereinbitten *(ihn bitten hereinzukommen, einzutreten),* -holen (Ggs. hinausbringen), -kommen (Ggs. hinausgehen), -schneien, -spazieren (Ggs. hinausspazieren), -tragen (Ggs. hinaustragen).

her|ein|fal|len, fällt herein, fiel herein, ist hereingefallen ⟨itr.⟩: *getäuscht, betrogen werden (bei etwas, von jmdm.):* mit dem Kauf des billigen Kühlschranks bin ich hereingefallen; auf jmdn. h. **sinnv.:** jmdm. aufsitzen, betrogen werden, geleimt werden, hintergangen werden, jmdm. auf den Leim gehen, übers Ohr gehauen werden, reinfallen, reingelegt werden, überlistet werden.

her|ein|le|gen, legte herein, hat hereingelegt ⟨tr.⟩ (ugs.): *jmdn. auf geschickte Weise, durch einen Trick, eine List zu etwas veranlassen, was der betreffenden Person schadet, zum Nachteil gereicht:* er wollte mich h. **sinnv.:** ↑betrügen.

her|fal|len, fällt her, fiel her, ist hergefallen ⟨itr.⟩: *jmdn./etwas zum Ziel seiner mit einer gewissen Intensität, Heftigkeit vorgenommenen Aktivitäten machen:* pöbelnde Fußballfans waren über die Passanten hergefallen; die Zeitungen sind über den Politiker hergefallen; voller Heißhunger sind die Jungen über den Kaffetisch, den Kuchen hergefallen. **sinnv.:** ↑angreifen, ↑schlechtmachen.

Her|gang, der; -[e]s, Hergänge: *Beginn und Verlauf eines Geschehens:* der Zeuge erzählte den H. des Unfalls. **sinnv.:** ↑Prozeß, Verlauf.

her|ge|ben, gibt her, gab her, hat hergegeben: **1.** ⟨tr.⟩ *(dem Sprechenden) reichen:* gib mir bitte einmal das Buch her. **sinnv.:** ↑geben. **2. a)** ⟨tr.⟩ *(für einen bestimmten Zweck, für andere) zur Verfügung stellen, abtreten:* für diese gute Sache hat er viel Geld hergegeben. **sinnv.:** ↑opfern, ↑schenken, übergeben. **b)** ⟨sich h.⟩ *(etwas, was von einem verlangt wird, was man aber als schlecht oder unwürdig empfindet) tun:* dafür gebe ich mich nie her. **3.** ⟨itr.⟩ (ugs.) *von einer gewissen Ergiebigkeit sein, so daß man etwas davon hat:* dieser Aufsatz gibt [nicht] viel her. **sinnv.:** etwas bieten, ergiebig sein.

her|ge|lau|fen ⟨Adj.; nur attributiv⟩ (emotional): *(in den Augen des Sprechers) in verachtenswerter Weise ohne jedes gesellschaftliche Ansehen, nichts geltend:* was macht denn dieses hergelaufene Gesindel für einen Krach! **sinnv.:** fremd, von zweifelhafter Herkunft, unbekannt.

He|ring, der; -s, -e: **1.** *(in großen Schwärmen auftretender) Meeresfisch mit grünlichblauem Rücken und silberglänzenden, leicht gewölbten Körperseiten, der als Speisefisch verwendet wird.* **2.** *schmaler Holz- oder Metallpflock mit einer Einkerbung oder einem hakenförmigen Kopf zum Einhängen der Zeltschnüre, der beim Aufbauen eines Zeltes am Zeltrand in den Boden geschlagen wird.* **sinnv.:** Pflock, Zeltpflock.

her|kom|men, kam her, ist hergekommen ⟨itr.⟩: **1.** *an den Ort des Sprechenden, zum Spre-*

chenden kommen: er hat mich in einer wichtigen Angelegenheit h. lassen; komm bitte mal her! **2.** *(jmdn./etwas) als Grundlage, Ursprung haben; (von etwas) herrühren:* wo kommen Sie her *(wo sind Sie geboren, aus welchem Ort o. ä. stammen Sie)*?; dieser Dichter kommt vom Existentialismus her *(ist vom Existentialismus beeinflußt);* wo kommt dieses Geld her? **sinnv.:** ↑stammen.

her|kömm|lich ⟨Adj.⟩: *nicht von der überlieferten Art, Tradition o. ä. abweichend; so, wie es früher schon war:* etwas in herkömmlicher Weise tun; ein h. konstruierter Motor. **sinnv.:** althergebracht, ererbt, wie gewohnt, klassisch, konventionell, traditionell, überkommen, überliefert, ↑üblich.

Her|kunft, die; -: **1.** *bestimmter sozialer, nationaler, kultureller Bereich, aus dem jmd. herkommt* (2): seine H. ist unbekannt; er ist adliger H. **sinnv.:** ↑Abstammung, Couleur. **2.** *Ort, Bereich, woher etwas stammt:* die Ware ist ausländischer H.

her|lei|ten, leitete her, hat hergeleitet: **1.** ⟨tr.⟩ *(etwas auf Grund eines Tatbestandes aus etwas) als Folgerung ableiten:* aus dieser Bestimmung leitete er seinen Anspruch auf eine Entschädigung her. **2. a)** ⟨tr.⟩ *in der Abstammung (auf jmdn./etwas) zurückführen:* ein Wort aus dem Spanischen h. **sinnv.:** ableiten. **b)** ⟨sich h.⟩ *aus etwas, von jmdm./etwas stammen:* die Familie leitet sich aus altem Adel her. **sinnv.:** sich ↑ableiten, ↑abstammen.

her|ma|chen, machte her, hat hergemacht (ugs.): **1.** ⟨sich h.⟩ *(etwas) in Angriff nehmen; sofort mit etwas (der Arbeit an etwas) beginnen:* ich machte mich über die Arbeit, über das Buch her; sich über etwas Eßbares h. *(etwas hastig, gierig essen).* **2.** ⟨sich h.⟩ *unerwartet und plötzlich über jmdn. herfallen, ihn hart anfallen:* sie haben sich zu mehreren über ihn hergemacht und ihn übel zugerichtet. **3.** ⟨itr.⟩ *(jmdn./etwas) wichtig nehmen und viel darüber sprechen:* man macht von dieser Sache viel zuviel her. **4.** ⟨itr.⟩ *von besonderer Wirkung sein:* das macht mehr her, nicht viel her. **sinnv.:** ↑wirken.

He|ro|in, das; -s: *sehr starkes Rauschgift.* **sinnv.:** H, Harry, Snow; ↑Rauschgift.

Herr, der; -n, -en: **1.** *(ein im Urteil des Sprechers) gebildeter, gepflegter Mann* /auch als übliche höfliche Bezeichnung für eine männliche Person im gesellschaftlichen Verkehr; Ggs.: Dame/: ein junger, älterer H.; ein H. möchte Sie sprechen; sein Vater war ein vornehmer, netter H.; ein feiner H.; /als Ausdruck der ironischen Distanz/ die Herren Journalisten; /als Teil der Anrede/ H. Müller; H. Professor; die Rede des Herrn Abgeordneten Müller; wir erwarten des Herrn Ministers Müller Rede; meine [Damen und] Herren! **2.** ⟨H. + Attribut⟩ *jmd., der über andere oder über etwas herrscht:* er ist H. über große Güter; kann ich einmal den Herrn des Hauses sprechen?; die Eroberer machten sich zu Herren des Landes. **sinnv.:** Besitzer, Gebieter, ↑Oberhaupt, Vorgesetzter. **Zus.:** Dienst-, Guts-, Lehrherr. **3.** ⟨ohne Plural⟩ (christliche Rel.) ↑*Gott* /mit bestimmtem Artikel außer in der Anrede/: den Herrn anrufen, zum Herrn beten.

Herr|gott, der; -[e]s: ↑*Gott:* zu seinem H. beten.

herr|isch ⟨Adj.⟩: *über andere bestimmen wollend:* er hat ein herrisches Auftreten, ist immer sehr h. **sinnv.:** despotisch, gebieterisch, herrschsüchtig, streng, tyrannisch, unerbittlich; ↑rücksichtslos.

herr|lich ⟨Adj.⟩ (emotional): *in einem so hohen Maße als gut empfunden, daß man es sich nicht besser vorstellen kann:* ein herrlicher Wein; eine herrliche Aufführung; im Urlaub war es h. **sinnv.:** himmlisch, ↑schön; ↑vortrefflich.

Herr|schaft, die; -, -en: **1.** ⟨ohne Plural⟩ *das Herrschen* (1) *über etwas/jmdn.:* die H. über ein Land ausüben; die H. an sich reißen, antreten; der Fahrer hatte die H. über den Wagen verloren *(war nicht mehr fähig, den Wagen richtig zu lenken).* **sinnv.:** Absolutismus, Demokratie, Diktatur, Gewalt, Macht, Monarchie, Regentschaft, Regierung, Regime. **Zus.:** Allein-, Gewalt-, Volksherrschaft. **2.** ⟨Plural⟩ *die anwesenden, versammelten Personen* /oft als Anrede/: die Herrschaften werden gebeten, ihre Plätze einzunehmen.

herr|schen ⟨itr.⟩: **1.** *Macht, Gewalt (über jmdn., etwas) ausüben, haben:* über viele Länder h.; ein unumschränkt herrschender Diktator; der herrschenden Partei, Klasse angehören. **sinnv.:** ↑regieren. **2.** ⟨in Verbindung mit einem Abstraktum⟩ (nachdrücklich): *in beeindruckender, auffallender Weise sein:* es herrschte völlige Stille; hier herrscht [Un]ordnung; damals herrschten furchtbare Zustände. **sinnv.:** ↑bestehen, ↑existieren, vorhanden sein, walten; ↑überwiegen.

Herr|scher, der; -s, -, **Herr|sche|rin,** die; -, -nen: *männliche bzw. weibliche Person, die herrscht* (1): ein absoluter H.; H. über ein Land sein. **sinnv.:** ↑Regent; Mogul.

herrsch|süch|tig ⟨Adj.⟩: *in als unangenehm, ärgerlich empfundener Weise stark von dem Willen geleitet, über andere und ihr Tun zu bestimmen, sie zu beherrschen:* sie ist eine herrschsüchtige Frau. **sinnv.:** ↑herrisch.

her|stel|len, stellte her, hat hergestellt ⟨tr.⟩: **1.** *(etwas) [meist in mehreren Arbeitsgängen] gewerbsmäßig produzieren:* diese Firma stellt Motoren her; das Radio wurde in Japan hergestellt. **sinnv.:** anbieten, ↑anfertigen. **2.** *durch bestimmte Anstrengungen, Bemühungen erreichen, daß etwas zustande kommt:* eine [Telefon]verbindung h.; das Gleichgewicht h. **sinnv.:** ermöglichen, möglich machen, schaffen, zuwege bringen.

her|über ⟨Adverb⟩: *von [der anderen Seite] drüben nach hier.* **sinnv.:** ↑her.

her|um ⟨Adverb; in Verbindung mit *um*⟩: **1.** ⟨räumlich⟩ *in kreis- oder bogenförmiger Anordnung oder Bewegung (um etwas):* um das Haus h. standen Bäume; um das Gebäude h. tobte eine Schar von Kindern. **sinnv.:** rings[um], rund[um], auf/von allen Seiten. **Zus.:** rings-, rundherum. **2.** (ugs.) /in bezug auf Raum-, Zeit-, Mengenangaben/ *ungefähr, etwa (um):* ich rufe dich um die Mittagszeit h. an; das Buch kostet so um die 30 Mark h. **sinnv.:** oder so, zirka.

her|um- ⟨trennbares, betontes verbales Präfix⟩: **a)** */charakterisiert [in leicht abschätziger Weise] das im Basiswort genannte, sich über einen gewissen [Zeit]raum erstreckende Tun o. ä. als weitgehend ziellos, planlos, wahllos, als nicht genau auf ein bestimmtes Ziel mal hierhin und mal dorthin gerichtet/:* sich herumaalen,

-blödeln, -flanieren, -fuchteln, -kommandieren, -kutschieren, -reisen, -schleppen, -schreien, -sitzen, -tollen. **b)** */besagt, daß sich das im Basiswort genannte [oft als unnütz, ärgerlich o. ä. angesehene] Geschehen, Tun über eine gewisse Zeit hinzieht, daß man damit immer wieder einige Zeit beschäftigt ist/:* herumexperimentieren, -laborieren, -telefonieren. **sinnv.:** rum-, umher-. **c)** */bedeutet eine Kritik an dem im Basiswort genannten Tun/:* herumerzählen, -erziehen, -lamentieren, -mäkeln, -motzen, -nörgeln, -stochern. **d)** */auf die andere Seite, in eine andere Richtung/:* das Steuer herumreißen. **e)** */bezeichnet eine kreis-, bogenförmige Richtung;* oft in Verbindung mit „um"/: um das Hindernis herumfahren, sich um ein Problem herummogeln, die Pflanze ringelt sich um den Baumstamm herum.

her|ụm|drü|cken, drückte herum, hat herumgedrückt: **1.** ⟨tr.⟩ *auf die andere Seite drücken:* es gelang ihm, den Hebel herumzudrücken. **2.** ⟨sich h.⟩ (ugs.) *sich (einer Sache)* ↑*entziehen:* geschickt hat er sich um diese Arbeit herumgedrückt. **3.** ⟨sich h.⟩ (ugs.) *sich müßig herumtreiben:* er hat sich den ganzen Tag in Lokalen, auf der Straße herumgedrückt. **sinnv.:** nichts arbeiten, arbeitsscheu sein, faulenzen, gammeln, die Zeit totschlagen.

her|ụm|kom|men, kam herum, ist herumgekommen ⟨itr.⟩: **1.** *weit und viel reisen und dadurch etwas von der Welt sehen:* er ist viel in der Welt herumgekommen. **sinnv.:** ↑erleben, kennenlernen, sich den Wind um die Nase wehen lassen. **2.** ⟨in Verbindung mit *um*⟩ *(etwas Unangenehmes) nicht tun müssen, vermeiden können:* um diese Arbeit wirst du nicht h. **sinnv.:** sich ↑entziehen, umgehen.

her|ụm|krie|gen, kriegte herum, hat herumgekriegt ⟨tr.⟩ (ugs.): **1.** *durch beharrliches Reden, geschicktes Vorgehen o. ä. bewirken, daß jmd. seine Meinung ändert und das tut, was man selbst will:* er wollte eigentlich nicht mit zum Schwimmen gehen, aber wir haben ihn dann doch noch herumgekriegt. **sinnv.:** ↑überreden. **2.** *einen bestimmten Zeitraum hinter sich bringen:* der Zug ist weg. Wie kriege ich nur die Wartezeit bis zum nächsten Anschluß herum? **sinnv.:** rumkriegen, verbringen.

her|ụm|lun|gern, lungerte herum, hat herumgelungert ⟨itr.⟩: *nichts zu tun haben oder nichts tun wollen und sich irgendwo untätig aufhalten:* arbeite etwas, statt herumzulungern!; vor den Bars lungerten verwahrloste Halbwüchsige herum. **sinnv.:** sich ↑herumtreiben.

her|ụm|schla|gen, sich; schlägt sich herum, schlug sich herum, hat sich herumgeschlagen: *sich [gezwungenermaßen] fortwährend mit jmdm./etwas auseinandersetzen:* dauernd muß ich mich mit meinem Hauswirt h.; er schlägt sich mit Problemen herum. **sinnv.:** sich ↑abmühen.

her|ụm|trei|ben, sich; trieb sich herum, hat sich herumgetrieben: *sich ohne Beschäftigung bald hier, bald dort aufhalten:* er hat seine Arbeit aufgegeben und treibt sich jetzt nur noch herum. **sinnv.:** herumlungern, müßiggehen, streunen, streichen, streifen, strolchen, stromern, auf [die] Trebe gehen, treiben, vagabundieren, zigeunern.

her|ụn|ter ⟨Adverb⟩: *von dort oben nach hier unten:* vom Berg h. weht ein kalter Wind. **sinnv.:** ↑abwärts.

her|ụn|ter- ⟨trennbares, betontes verbales Präfix⟩: **1. a)** *von (dort) oben (hierher) nach unten:* herunterbeugen, -brennen, -holen (Ggs. hinaufbringen), -klettern (Ggs. hinaufklettern), -kurbeln (Autofenster), -lassen (Jalousie), -rinnen, -rutschen, -schauen, -steigen (Ggs. hinaufsteigen). **sinnv.:** abwärts-, herab-, hinab-, hinunter-, nieder-, runter-. **b)** *geringer machen:* ein Problem heruntergrinsen *(durch Grinsen so tun, als ob es kein großes Problem sei),* herunterhandeln. **c)** */im negativen Sinne/:* herunterkommen *(verwahrlosen),* jmdn. -machen *(jmdn. scharf kritisieren),* jmdn. -putzen *(jmdn. scharf zurechtweisen),* -wirtschaften (einen Betrieb). **2.** *nach unten:* herunterbaumeln, -hängen. **3.** */kennzeichnet das Entfernen von einer Oberfläche; weg von/:* herunterkratzen, einen Span herunterschnitzen. **4. a)** */kennzeichnet die Monotonie, Eintönigkeit, Interesselosigkeit in bezug auf das im Basiswort genannte Tun/:* herunterbeten, -leiern. **b)** */von Anfang bis Ende, hintereinander/:* er reißt neun Songs herunter, und das Publikum tobt; er hat den Schlager flott heruntergespielt.

her|ụn|ter|ge|kom|men ⟨Adj.⟩: *in einem gesundheitlich, moralisch, wirtschaftlich schlechten Zustand befindlich:* eine heruntergekommene Familie, Firma. **sinnv.:** abgewirtschaftet, ↑bankrott, ruiniert, verkommen, verlebt, verlottert, verwahrlost.

her|ụn|ter|hau|en, haute herunter, hat heruntergehauen: ⟨in der Fügung⟩ (ugs.) jmdm. eine h.: *jmdm. eine Ohrfeige geben.* **sinnv.:** ↑ohrfeigen.

her|ụn|ter|ma|chen, machte herunter, hat heruntergemacht ⟨tr.⟩ (ugs.): *in der Beurteilung seiner Leistung, Qualität o. ä. herabsetzen:* der Kritiker hat den Schauspieler ziemlich heruntergemacht. **sinnv.:** ↑schlechtmachen.

her|vo̱r ⟨Adverb⟩: **1.** *von dort hinten nach hier vorn:* aus der Ecke h. kam ein kleiner Junge. **2.** *(zwischen oder unter etwas) heraus:* aus dem Wald h. sprang ein Reh.

her|vo̱r- ⟨trennbares, betontes verbales Präfix⟩: *von (dort) hinten/unten/drinnen (hierher) nach vorn/oben/draußen:* hervorbringen, -fischen, -holen, -kommen, -kramen, -locken, -ragen, -stehen. **sinnv.:** heraus-, hinaus-, vor-.

her|vo̱r|brin|gen, brachte hervor, hat hervorgebracht ⟨tr.⟩: *(aus eigener schöpferischer Leistung) entstehen lassen:* der Dichter hat bedeutende Werke hervorgebracht; die Stadt hat schon viele Musiker hervorgebracht. **sinnv.:** ↑erschaffen, (Frucht) tragen, ↑produzieren.

her|vo̱r|ge|hen, ging hervor, ist hervorgegangen ⟨itr.⟩: **1.** *in etwas seinen Ursprung haben:* aus ihrer Ehe gingen drei Kinder hervor; aus dieser Schule gingen bedeutende Männer hervor. **sinnv.:** ↑stammen. **2.** *sich am Ende einer Entwicklung, eines Geschehens o. ä. in einer bestimmten [positiv zu bewertenden] Lage, Beschaffenheit befinden:* die Partei ist gestärkt aus dem Wahlkampf hervorgegangen; zur Überraschung der Zuschauer ging das letztplazierte Pferd als Sieger aus dem Rennen hervor.

her|vo̱r|he|ben, hob hervor, hat hervorgehoben ⟨tr.⟩: *besonders in den Vordergrund stellen:*

seine sozialen Verdienste wurden besonders hervorgehoben. **sinnv.:** ↑betonen.

her|vor|ra|gend ⟨Adj.⟩: *durch Qualität, Begabung, Leistung herausragend:* wir sahen im Theater eine hervorragende Aufführung; er arbeitet h. **sinnv.:** ausgezeichnet, ↑blendend, ↑meisterhaft, ↑vortrefflich.

her|vor|ste|chen, sticht hervor, stach hervor, hat hervorgestochen ⟨itr.⟩: *sich stark von seiner Umgebung unterscheiden und sich dadurch deutlich abheben:* diese grelle Farbe sticht zu sehr hervor; eine seiner hervorstechenden Eigenschaften war sein Geiz. **sinnv.:** ↑auffallen.

Herz, das; -ens, -en: **1.** *in der Brust befindliches Organ, das den Kreislauf des Blutes durch regelmäßiges Sichzusammenziehen und Dehnen in Gang hält:* das H. schlägt schnell, gleichmäßig; das H. setzt aus. **Zus.:** Kunst-, Spenderherz. **2.** (meist geh.) *in der Vorstellung im Herzen* (1) *lokalisiertes, dem Herzen* (1) *zugedachtes Zentrum von Empfindungen, Gefühlen, Eigenschaften:* sie hat ein gütiges, fröhliches H.; er faßte sich ein H. *(überwand seine Angst, seine Hemmungen)* und bat den Chef um Gehaltserhöhung; sie hat ein H. aus Stein *(ist gefühllos, mitleidlos).* **sinnv.:** ↑Seele. **3.** *Figur o. ä. mit zwei symmetrisch in einer Spitze auslaufenden Rundungen, die der Form des Herzens* (1) *nachgebildet ist:* er hat auf dem Jahrmarkt ein H. aus Lebkuchen geschossen; sie trägt eine Kette mit einem kleinen goldenen Herzen daran. **4. a)** ⟨ohne Artikel; ohne Plural⟩ *[dritthöchste] Farbe im Kartenspiel:* H. sticht, ist Trumpf. **b)** ⟨Plural Herz⟩ *Spielkarte mit Herz* (4 a) *als Farbe* (siehe Bildleiste „Spielkarten"): er hat noch drei H. auf der Hand. **sinnv.:** ↑Spielkarte.

her|zens|gut ⟨Adj.⟩: *von uneingeschränkt herzlicher, sehr gutmütiger Art (aber dabei oft etwas unkritisch):* er ist ein herzensguter Mensch. **sinnv.:** ↑gütig.

herz|haft ⟨Adj.⟩: **1.** *von beträchtlicher Heftigkeit, Festigkeit, Größe, Stärke o. ä.:* h. lachen; einen herzhaften Schluck aus der Flasche nehmen. **sinnv.:** ↑gehörig. **2.** *sehr gehaltvoll und von kräftigem Geschmack:* ein herzhaftes Essen. **sinnv.:** ↑würzig.

her|zie|hen, zog her, ist hergezogen ⟨itr.⟩: *(über jmdn. [der abwesend ist]) bewußt abfällig und gehässig reden, indem man seine [angeblichen] Fehler und Schwächen bewußt hervorhebt:* die Nachbarn zogen heftig über das Mädchen her. **sinnv.:** ↑schlechtmachen.

her|zig ⟨Adj.⟩: *(besonders von Kindern) durch besondere Anmut, Niedlichkeit o. ä. Gefallen erregend:* ein herziges Kind.

Herz|in|farkt, der; -[e]s, -e: *eine durch Zerstörung von Gewebe im Herzmuskel erfolgte Verstopfung in den Herzkranzgefäßen und die dadurch lebensgefährliche unterbrochene Versorgung mit Blut:* einen H. erleiden; an einem H. sterben. **sinnv.:** Herzschlag, Herztod, Herzversagen.

herz|lich: I. ⟨Adj.⟩ *eine von Herzen kommende Freundlichkeit, großes und tiefes Mitgefühl besitzend und nach außen zeigend:* herzliche Worte; jmdn. h. begrüßen; herzlichen Dank! (Dankesformel). **sinnv.:** ↑gütig. **II.** ⟨Adverb⟩ (emotional) /drückt ablehnende Distanz aus, weil es nicht den persönlichen Vorstellungen usw. entspricht/ *ziemlich, sehr:* das war h. wenig; der Vortrag war h. schlecht, langweilig; was er macht, ist mir h. gleichgültig. **sinnv.:** ↑sehr.

herz|los ⟨Adj.⟩: *kein Mitleid zeigend, ohne Mitgefühl:* ein herzloser Mensch. **sinnv.:** ↑unbarmherzig.

Herz|schlag, der; -[e]s, Herzschläge: **1.** *zum Tod führender plötzlicher Stillstand des Herzens:* einen H. erleiden; an einem H. sterben. **sinnv.:** ↑Herzinfarkt. **2.** *Tätigkeit, das Schlagen des Herzens:* der H. setzt aus.

herz|zer|rei|ßend ⟨Adj.⟩: *höchstes Mitleid erregend, äußerst jämmerlich:* das weinende Kind bot einen herzzerreißenden Anblick. **sinnv.:** ↑kläglich.

he|te|ro, He|te|ro- ⟨als erster Wortbestandteil⟩ */besagt, daß etwas andersartig, ungleichartig, verschiedenartig ist/:* **a)** ⟨substantivisch⟩ Heterogenität (Ggs. Homogenität), Heterosexualität (*Geschlechtsempfinden, das sich auf das andere Geschlecht richtet;* Ggs. Homosexualität). **b)** ⟨adjektivisch⟩ heterogen *(aus Ungleichartigem zusammengesetzt;* Ggs. homogen), heterosexuell (Ggs. homosexuell).

he|te|ro|se|xu|ell ⟨Adj.⟩: *in seinem sexuellen Empfinden und Verhalten zum anderen Geschlecht hinneigend* /Ggs. homosexuell/: **sinnv.:** hetero, straight · bisexuell.

Het|ze, die; -: **1.** *übertriebene, überstürzte Eile, das Getrieben-, Gehetztsein:* in großer H. leben; die Fahrt zum Bahnhof war eine furchtbare H. *(ging in größter Eile vor sich).* **sinnv.:** ↑Hast. **2.** *Äußerungen, die als aggressive Aufforderung empfunden werden, sich einer bestimmten Person, Instanz zu widersetzen:* die Zeitungen und das Fernsehen begannen, betrieben eine wilde H. gegen den Präsidenten. **sinnv.:** Jagd, Kesseltreiben, Verfolgung; ↑Propaganda. **Zus.:** Kriegs-, Rassenhetze.

het|zen: 1. ⟨tr.⟩ **a)** *mit großer Intensität, Anstrengung verfolgen, vor sich her treiben:* die Polizei hetzt den Verbrecher; der Hund hetzt das Reh. **sinnv.:** ↑verfolgen. **b)** *(ein Tier, bes. einen Hund) dazu veranlassen, jmdn. anzufallen, zu verfolgen:* die Hunde auf jmdn. h. **2.** ⟨itr.⟩ *zum Haß (gegen jmdn.) reizen, Hetze betreiben:* gegen die Regierung h. **sinnv.:** ↑aufwiegeln. **3.** ⟨itr.⟩ *in großer Eile sein, etwas hastig tun:* es ist noch Zeit, wir müssen nicht h.; ⟨auch: sich h.⟩ du brauchst dich nicht so zu h. **sinnv.:** sich ↑beeilen.

Heu, das; -s: *getrocknetes Gras, das als Futter verwendet wird:* das H. wenden. **sinnv.:** Grummet.

heu|cheln: a) ⟨tr.⟩ *(eine nicht vorhandene gute Eigenschaft, ein Gefühl o ä.) als vorhanden erscheinen lassen:* Liebe, Trauer, Überraschung h. **sinnv.:** ↑vortäuschen. **b)** ⟨itr.⟩ *sich verstellen und nicht seine wirklichen Gedanken äußern, erkennen lassen:* du heuchelst doch nur.

heu|er ⟨Adverb⟩ (landsch.): *in diesem Jahr:* h. haben wir dauernd schlechtes Wetter.

Heu|er, die; -: *Lohn, den ein Seemann erhält:* die H. auszahlen, bekommen. **sinnv.:** ↑Lohn.

heu|ern ⟨tr.⟩: **1.** *für den Dienst auf einem Schiff anwerben:* der Kapitän heuerte eine neue Mannschaft. **sinnv.:** ↑einstellen. **2.** *ein Schiff mieten:* einen Schlepper h.

heu|len ⟨tr.⟩: **1.** (ugs.) ↑*weinen:* hör endlich auf zu h.! **2.** *laute, langgezogene und dumpfe [kla-*

gende] Töne von sich geben: die Wölfe heulen; der Wind heult.

Heu|schrecke, die; -, -n: *(bes. auf Wiesen vorkommendes) unterschiedlich großes, bräunliches bis grünes Insekt mit Flügeln und meist kräftigen, nach oben gewinkelten, zum Springen ausgebildeten Hinterbeinen.*

heu|te ‹Adverb›: **1.** *an diesem Tag:* h. ist Sonntag. **2.** *in der Gegenwart, in der gegenwärtigen Zeit:* früher arbeitete man mit der Hand, h. machen alles die Maschinen. **sinnv.:** ↑jetzt.

heu|tig ‹Adj.; nur attributiv›: **1. a)** *heute stattfindend:* auf der heutigen Veranstaltung spricht ein bekannter Politiker. **b)** *heute eingetroffen, von heute:* die heutigen Briefe, Zeitungen. **2.** *in der jetzigen, gegenwärtigen Zeit gültig, vorhanden:* der heutige Stand der Technik. **sinnv.:** ↑augenblicklich, ↑modern.

heut|zu|ta|ge ‹Adverb› (emotional): *in der gegenwärtigen Zeit (im Vergleich zu früher):* h. lebt man gefährlicher als früher; 50 000 Mark ist eine Menge Geld, selbst h.; h. ist das nicht mehr üblich. **sinnv.:** ↑jetzt.

He|xe, die; -, -n: **1.** *(bes. in Märchen und Sage) [alte, böse] Frau, die zaubern kann.* **sinnv.:** böse Fee, Zauberin. **2.** *als bösartig, zänkisch empfundene weibliche Person.* **sinnv.:** ↑Frau.

Hieb, der; -[e]s, -e: *gezielter, heftiger Schlag:* ein H. mit der Axt genügte, um das Holz zu spalten. **sinnv.:** ↑Stoß. **Zus.:** Faust-, Peitschenhieb.

hier ‹Adverb›: *an dieser Stelle, diesem Punkt; nicht dort:* h. ist der Weg!; h. machte der Redner eine Pause. **sinnv.:** da, hierzulande, in diesem Land, an diesem Ort; ↑dort.

hier|her [nachdrücklich auch: hierher] ‹Adverb›: *von dort nach hier, an diese Stelle, diesen Ort hier:* auf dem Weg h.; h. mit dir! **sinnv.:** ↑her.

hier|her|ge|hö|ren, gehörte hierher, hat hierhergehört ‹itr.›: **1.** *an diese Stelle, diesen Ort hier gehören:* der Stuhl gehört nicht hierher. **2.** *in diesen Zusammenhang gehören, dafür wichtig sein:* dieser persönliche Vorwurf gehört nicht hierher.

hier|in [nachdrücklich auch: hierin] ‹Pronominaladverb›: *in diesem Punkte, in dieser Beziehung:* h. hat er sich geirrt. **sinnv.:** ↑darin.

hier|mit [nachdrücklich auch: hiermit] ‹Pronominaladverb›: **1.** *mit dieser Sache, Angelegenheit, diesem soeben erwähnten Gegenstand, Mittel o. ä.:* h. hatte der Betrieb großen Erfolg. **sinnv.:** ↑dadurch · damit. **2.** *auf diese Weise; [gleichzeitig] mit diesem Geschehen, Vorgang o. ä.:* h. beendete er seine Rede. **sinnv.:** ↑so.

hier|über [nachdrücklich auch: hierüber] ‹Pronominaladverb›: **1. a)** *über dieser soeben erwähnten Sache, diesem Gegenstand o. ä.:* wir sind hier in der Garage, h. liegt das Wohnzimmer. **b)** *über diese soeben erwähnte Sache, diesen Gegenstand. o. ä.:* h. legen wir einen Teppich. **2.** *in bezug auf die soeben erwähnte Sache, Angelegenheit:* h. sollte man sich nicht streiten. **sinnv.:** ↑darüber.

hier|un|ter [nachdrücklich auch: hierunter] ‹Pronominaladverb›: **1. a)** *unter dieser soeben erwähnten Stelle, diesem Gegenstand o. ä.:* wir sind hier im Wohnzimmer, h. liegt der Keller. **b)** *unter diese soeben erwähnte Stelle, diesen Gegenstand o. ä.:* du sollst die Schüssel h. stellen. **2.** *in bezug auf diese soeben erwähnte Sache, Angelegenheit:* h. kann ich mir nichts vorstellen. **sinnv.:** darunter.

hier|von [nachdrücklich auch: hiervon] ‹Pronominaladverb›: ↑*davon.*

hier|zu [nachdrücklich auch: hierzu] ‹Pronominaladverb›: **1.** ↑*dazu:* h. bin ich in der Eile nicht mehr gekommen. **2.** *im Hinblick auf, in bezug auf diese soeben erwähnte Sache, Angelegenheit:* h. gab der Politiker keinen Kommentar ab. **sinnv.:** ↑diesbezüglich.

hier|zu|lan|de ‹Adverb› (emotional): *hier in diesem Lande, in dieser Gesellschaft, bei uns (im Vergleich zu anderen Ländern):* italienische Möbel sind h. sehr teuer; h. haben die ausländischen Jugendlichen von allen sozialen Gruppen die schlechtesten beruflichen Aussichten.

hie|sig ‹Adj.; nur attributiv›: *hier [in dieser Gegend] ansässig, vorhanden, von hier stammend:* die hiesige Bevölkerung; die hiesigen Zeitungen, Gebräuche.

Hil|fe, die; -, -n: **1.** ‹ohne Plural› *Tat o. ä., die dazu beiträgt, eine Schwierigkeit zu überwinden, eine Unterstützung zu leisten, eine Aufgabe zu erfüllen:* H. in der Not; H zur Selbsthilfe; um H. rufen; jmdm. zu H. eilen; eine Unterstützung, mit Hilfe deren das Projekt durchgeführt werden konnte. **sinnv.:** Assistenz, Beistand, Dazutun, ↑Förderung, Handreichung, Hilfeleistung, Hilfestellung, Hoffnung, Rettungsanker, Strohhalm, ↑Stütze, Unterstützung, Wohltat, Zutun; ↑Dienst. **Zus.:** Ab-, Ausbildungs-, Bei-, Entwicklungs-, Mit-, Nachbarschafts-, Orientierungs-, Sofort-, Schützen-, Sterbehilfe. **2.** *jmd., der für Arbeiten in einem Haushalt, Geschäft angestellt ist:* die Frau braucht eine H. für den Haushalt. **sinnv.:** ↑Helfer. **Zus.:** Haushalts-, Küchenhilfe.

hilf|los ‹Adj.›: **a)** *sich selbst nicht helfen könnend, auf Hilfe angewiesen:* er lag h. auf der Straße. **sinnv.:** machtlos; ↑ratlos. **b)** *sich aus Ungeschicklichkeit, Verwirrtheit o. ä. nicht recht zu helfen wissend:* h. stammelte er ein paar Worte. **sinnv.:** unbeholfen, ungeschickt, verwirrt · im Regen stehenlassen.

hilf|reich ‹Adj.›: **1.** ↑*hilfsbereit.* **sinnv.:** ↑gefällig. **2.** *in einer bestimmten Situation sehr förderlich und nützlich:* diese Kritik war sehr h. **sinnv.:** ↑nützlich.

hilfs|be|reit ‹Adj.›: *bereit zu helfen, andern mit seiner Hilfe im entsprechenden Augenblick zur Verfügung stehend:* ein hilfsbereiter Mensch; h. sein. **sinnv.:** ↑gefällig.

Hilfs|mit|tel, das; -s, -: *Mittel als Hilfe zum Erreichen eines Ziels:* technische H.; der Schüler benutzte verbotene H.

Him|bee|re, die; -, -n: *an einem stacheligen Strauch wachsende rote, wohlschmeckende Beere (die aus vielen kleinen Früchten zusammengesetzt ist).*

Him|mel, der; -s: **1.** *(scheinbar sich am Horizont erhebendes) über der Erde liegendes Gewölbe (an dem die Sterne erscheinen):* der H. ist blau, wolkig; die Sonne steht hoch am H. **sinnv.:** Äther, ↑Firmament. **Zus.:** Abend-, Sternen-, Wolkenhimmel. **2.** *der Erde (oder der Hölle) als dem Diesseits gegenüberstehend gedachter Aufenthalt Gottes (der Engel und der Seligen):* in den H. kommen. **sinnv.:** Ewigkeit, Jenseits, Reich Gottes, ewige Seligkeit · Nirwana · Olymp · Walhalla.

Him|mels|kör|per, der; -s, -: *außerhalb der Erde, im All befindlicher (von der Astronomie zu untersuchender) Körper.* **sinnv.:** Gestirn, ↑Mond, Planet, Satellit, ↑Sonne, Stern.

Him|mels|rich|tung, die; -, -en: *eine der vier Seiten des Horizonts:* sie kamen aus allen Himmelsrichtungen *(von überallher).* **sinnv.:** Himmelsgegend · Norden, Osten, Süden, Westen.

himm|lisch ⟨Adj.⟩: **1.** *den Himmel, das Jenseits betreffend, von dort, von Gott ausgehend:* eine himmlische Fügung; die himmlischen Mächte. **sinnv.:** ↑göttlich. **2.** (emotional) *jmds. Entzücken, Wohlbehagen o.ä. hervorrufend:* hier draußen herrscht eine himmlische Ruhe; das Wetten ist [einfach] h. **sinnv.:** ↑herrlich.

hin ⟨Adverb⟩: **1. a)** ⟨räumlich⟩ *in Richtung auf; zu einem bestimmten Punkt:* zur Straße, nach rechts h. **sinnv.:** hinzu · empor, hinan, hinauf, hoch · hinab, hinunter, nieder, runter · darein, hinein, rein · hinaus, raus · hinüber, rüber · vor · zurück. **Zus.:** dorthin, wohin. **b)** ⟨zeitlich⟩ *auf ... zu:* gegen Mittag, zum Winter h. **2.** */drückt die Erstreckung aus/:* **a)** ⟨räumlich⟩: über die ganze Welt h.; vor sich h. *(für sich)* reden, gehen. **b)** ⟨zeitlich⟩: durch Jahre h. **3. * auf ... hin: a)** *auf Grund:* er wurde auf seine Anzeige h. verhaftet. **b)** *in Hinblick auf:* jmdn. auf Tuberkulose h. untersuchen.

hin- ⟨trennbares, betontes verbales Präfix⟩: **1.** *nach dort, auf ein Ziel zu ...:* hingehen, -laufen. **2.** *nach unten an eine bestimmte Stelle:* (das Buch) hinlegen, hinwerfen. **3.** */bezeichnet das allmähliche Aufhören/:* hinschlachten, hinsiechen. **4.** */nur flüchtig/:* (etwas so) hinsagen, hinschreiben.

hin|ab ⟨Adverb⟩: *von hier oben nach dort unten:* der Sprung von der Mauer h. **sinnv.:** ↑hin.

hin|ab- ⟨trennbares, betontes verbales Präfix⟩: *von oben nach dort unten ...:* hinabwerfen.

hin|auf ⟨Adverb: *von hier unten nach dort oben:* los, h. mit dir auf den Wagen!; den Berg h. ging es schwerer; jmdn. bis h. begleiten. **sinnv.:** aufwärts; ↑hin.

hin|auf- ⟨trennbares, betontes verbales Präfix⟩: *von unten nach dort oben ...:* hinaufklettern.

hin|auf|ar|bei|ten, sich; arbeitete sich hinauf, hat sich hinaufgearbeitet: **1.** *sich unter Anstrengung nach oben bewegen:* sich an der Wand h. **2.** *sich* ↑*hocharbeiten:* du hast dich ja schnell zum Direktor hinaufgearbeitet.

hin|aus ⟨Adverb⟩: **1.** *aus diesem [engeren] Bereich in einen anderen [weiteren], bes. aus dem Inneren von etwas nach draußen:* h. aus dem Zimmer mit euch!; h. in die Ferne; zur Seite h. **sinnv.:** ↑hin. **2. * auf ... h.** *(auf die Dauer von, für):* er hat auf Jahre h. vorgesorgt.

hin|aus- ⟨trennbares, betontes verbales Präfix⟩: **1.** *von drinnen nach dort draußen ...:* hinaustragen (Ggs. hereintragen), hinauswerfen. **2.** *weiter als ein bestimmter Punkt ...:* darüber hinausgehen, -gelangen.

hin|aus|ekeln, ekelte hinaus, hat hinausgeekelt ⟨tr.⟩ (emotional): *(jmdn.) durch schlechtes Behandeln, Schikanieren zum Verlassen (von etwas) veranlassen:* durch dauernde unsachliche Kritik hat man ihn aus der Versammlung hinausgeekelt.

hin|aus|flie|gen, flog hinaus, hat/ist hinausgeflogen: **1.** ⟨itr.⟩ *nach draußen, in die Ferne fliegen:* der Vogel ist zum Fenster hinausgeflogen; der Ballon ist auf das Meer hinausgeflogen. **2.** ⟨tr.⟩ ↑*ausfliegen* (3b). **sinnv.:** ↑entfernen. **3.** ⟨itr.⟩ (ugs.) *(in/bei etwas) seine Stellung verlieren, entlassen werden:* nach dem Diebstahl ist er aus dem Betrieb hinausgeflogen. **sinnv.:** ↑entlassen.

hin|aus|ge|hen, ging hinaus, ist hinausgegangen ⟨itr.⟩: **1. a)** *von drinnen nach draußen gehen.* **sinnv.:** ins Freie treten, gehen aus, hinaustreten, verlassen. **b)** *in die Ferne gehen, wandern:* in die Welt h. **2.** *den Weg, die Sicht in eine bestimmte Richtung ermöglichen:* die Tür geht in den Garten, das Fenster geht auf die Straße hinaus. **sinnv.:** führen. **3.** *eine Grenze, ein gewisses Maß überschreiten:* sein Wissen ging weit über den Durchschnitt hinaus. **sinnv.:** ↑überschreiten; ↑übertreffen.

hin|aus|lau|fen, läuft hinaus, lief hinaus, ist hinausgelaufen ⟨itr.⟩: **1.** *von drinnen nach dort draußen laufen.* **2.** *zur Folge, im Lauf einer Entwicklung als Endpunkt haben:* der Plan läuft auf eine Stillegung hinaus; es läuft darauf hinaus, daß ich die Arbeit allein machen muß. **sinnv.:** ↑enden.

hin|aus|zie|hen, zog hinaus, hat/ist hinausgezogen: **1.** ⟨itr.⟩ **a)** *nach draußen, in die Ferne ziehen, wandern, sich bewegen:* in die Welt h.; die Musikanten sind zur Stadt hinausgezogen. **b)** *seinen Wohnsitz (nach außerhalb) verlegen:* zuerst wohnten wir in der Stadt, sind dann aber aufs Land hinausgezogen. **2.** ⟨itr.⟩ *nach draußen ziehen, dringen:* der Rauch ist [durch die Luke] hinausgezogen. **3. a)** ⟨tr.⟩ *aufschieben, verschieben, sich über längere Zeit erstrecken lassen und so verzögern, in die Länge ziehen:* geschickt hat er die Verhandlungen hinausgezogen; der Politiker hat seine Entscheidung hinausgezogen. **sinnv.:** ↑verschieben. **b)** ⟨sich h.⟩ *sich über [unerfreulich, unerwartet] lange Zeit erstrecken, verzögern:* die Verhandlungen haben sich hinausgezogen; der Abflug zog sich immer mehr hinaus. **sinnv.:** ↑andauern.

Hin|blick: ⟨in der Fügung⟩ in /im H. auf: *bei Betrachtung/ Berücksichtigung von etwas:* in H. auf die besondere Lage kann hier eine Ausnahme gemacht werden. **sinnv.:** ↑angesichts.

hin|brin|gen, brachte hin, hat hingebracht ⟨tr.⟩: **1.** *(an einen bestimmten Ort) bringen:* er hat die Waren [zu ihr] hingebracht. **2.** (ugs.) *(eine bestimmte Zeit mit etwas) verbringen, (für etwas) brauchen:* das Gericht hat zwei Wochen mit dem Prozeß hingebracht. **3.** (ugs.) ↑*fertigbringen.* **sinnv.:** ↑bewerkstelligen; ↑verwirklichen.

hin|der|lich ⟨Adj.⟩: *eine Behinderung, ein Hindernis darstellend:* der Verband ist sehr h.; das kann für dich h. werden. **sinnv.:** hemmend, lästig, nachteilig, störend.

hin|dern ⟨tr.⟩: **1.** *jmdn. in die Lage bringen, daß er etwas Beabsichtigtes nicht tun kann, es ihm unmöglich machen:* er hat ihn am Davonlaufen gehindert; er hat ihn daran gehindert, das Buch aufzuheben. **sinnv.:** von etwas abhalten, durchkreuzen, sich ↑entgegenstellen, jmdm. das Konzept verderben, lähmen, lahmlegen, jmdm. einen Strich durch die Rechnung machen; jmdm. etwas unmöglich machen, verhindern; vereiteln; ↑abschrecken; ↑erschweren. **2.**

sich als störend (bei etwas) erweisen: der Verband hindert mich beim Schreiben. **sinnv.:** behindern, stören · hinderlich, unbequem.

Hịn|der|nis, das; -ses, -se: *etwas, was das Erreichen eines Ziels, das Weiterkommen be- oder verhindert, für jmdn./etwas hinderlich ist:* ein H. errichten, beseitigen, aus dem Weg räumen; wir mußten viele Hindernisse überwinden. **sinnv.:** ↑Handikap, ↑Sperre, Widerstand.

hịn|deu|ten, deutete hin, hat hingedeutet ⟨itr.⟩: **1.** *(auf etwas/jmdn.) deuten:* er hat mit dem Kopf auf den Schrank hingedeutet. **2.** *(auf etwas) schließen lassen:* diese Spuren deuten auf ein Verbrechen hin. **sinnv.:** ↑anzeigen.

hin|ein ⟨Adverb⟩: *von einem Bereich in diesen anderen, bes. von hier draußen nach dort drinnen:* h. [mit euch] ins Haus!; oben h.; zur Tür h. **sinnv.:** ↑hin.

hin|ein- ⟨trennbares, betontes verbales Präfix⟩: *von draußen nach dort drinnen ...:* hineinsprechen, hineintragen (Ggs. heraustragen).

hin|ein|den|ken, sich; dachte sich hinein, hat sich hineingedacht: *sich (an jmds. Stelle) versetzen; (jmds. Lage o. ä.) verstehen wollen:* du sträubst dich einfach dagegen, dich in meine Lage hineinzudenken. **sinnv.:** sich ↑einfühlen.

hin|ein|knien, sich; kniete sich hinein, hat sich hineingekniet (ugs.): *sich (mit etwas) gründlich beschäftigen, sich (in etwas) sehr vertiefen:* er hat sich in seine Arbeit hineingekniet. **sinnv.:** sich ↑befassen.

hin|ein|stei|gern, sich; steigerte sich hinein, hat sich hineingesteigert: *sich (in eine immer stärker werdende Erregung o. ä.) versetzen:* er hat sich in [eine] unbändige Wut hineingesteigert. **sinnv.:** ↑übertreiben.

hin|ein|ver|set|zen, sich; versetzte sich hinein, hat sich hineinversetzt: *sich in jmds. Lage versetzen; (jmdn. in seinem Denken, Empfinden) gut verstehen:* er konnte sich in seinen Freund, ihre Situation gut h. **sinnv.:** sich ↑einfühlen.

hịn|fah|ren, fährt hin, fuhr hin, hat/ist hingefahren: **1.** ⟨itr.⟩ *(an einen bestimmten Ort, zu einer bestimmten Person) fahren:* wir sind mit dem Auto zu ihm hingefahren. **sinnv.:** ↑einreisen. **2.** ⟨tr.⟩ *(mit einem Fahrzeug an einen bestimmten Ort, zu einer bestimmten Person) bringen:* ich habe ihn mit dem Auto zu ihr hingefahren. **3.** ⟨itr.⟩ *[mit der Hand] (über etwas) streichen, fahren, wischen:* er ist mit der Hand über die Zeitung hingefahren, um sie zu glätten.

Hịn|fahrt, die; -, -en: *Fahrt von einem Ort hin zu einem anderen (wobei eine spätere Rückfahrt vorgesehen ist)* /Ggs. Rückfahrt/: auf der H. traf ich einen Freund, auf der Rückfahrt war ich allein. **sinnv.:** ↑Anreise.

hịn|fal|len, fällt hin, fiel hin, ist hingefallen ⟨itr.⟩: *beim Gehen, Laufen zu Boden fallen, stürzen:* das Kind ist hingefallen. **sinnv.:** ↑fallen.

hịn|fäl|lig ⟨Adj.⟩: **1.** *inzwischen nicht mehr notwendig, nicht mehr geltend:* meine Einwände sind h. geworden. **sinnv.:** ↑grundlos. **2.** *durch Krankheit, vielerlei Beschwerden bes. des Alters stark geschwächt:* er ist schon sehr h. **sinnv.:** altersschwach, elend, gebrechlich, klapprig, schwach, schwächlich, senil, tatterig, verfallen; ↑alt; ↑erschöpft.

Hịn|ga|be, die; -: **1.** *völliges Aufgehen (in etwas), großer Eifer (für etwas):* er spielte mit H. Klavier. **sinnv.:** ↑Eifer, Einsatz, Einsatzbereitschaft, Hingebung, ↑Idealismus. **2.** *Aufgabe, Opferung seiner selbst für eine Sache, Idee, Person:* sie pflegte ihn mit selbstloser H. **sinnv.:** ↑Demut; ↑Opfer.

hịn|ge|ben, gibt hin, gab hin, hat hingegeben: **1.** ⟨tr.⟩ (geh.) ↑*opfern:* sein Leben für jmdn. h. **2.** ⟨sich h.⟩ *sich einer Sache eifrig widmen, völlig überlassen:* sich seinen Träumen, dem Trunk h. **sinnv.:** sich ↑befassen.

hịn|ge|hen, ging hin, ist hingegangen ⟨itr.⟩: **1.** *(an einen bestimmten Ort) gehen, jmdn./etwas aufsuchen:* wo willst du h.?; er ist krank, du mußt einmal h. **sinnv.:** ↑besuchen. **2.** *ein bestimmtes Ziel haben:* niemand wußte, wo die Reise, das Schiff hinging. **3.** *(seinen Blick über jmdn./etwas) streifen lassen, sich gleitend, schweifend hinbewegen:* sein Blick ging über die Versammlung hin. **4.** *(von etwas) betroffen werden, (etwas) über sich ergehen lassen müssen:* viele Schrecken waren über dieses Volk hingegangen. **5.** ↑*vergehen:* bei dieser Arbeit war der Nachmittag schnell hingegangen. **6.** *unbeanstandet akzeptiert, hingenommen werden, durchgehen:* diese Arbeit mag h., geht noch hin; das kann man ihm nicht h. lassen *(kann nicht ungestraft bleiben).*

hịn|ge|hö|ren, gehörte hin, hat hingehört ⟨itr.⟩: **a)** *(an einer Stelle, wo es fehlt) eingefügt werden müssen, seinen Platz haben:* wo gehört diese Seite hin? **b)** *angebracht, passend sein:* diese Bemerkung hat hier, da, dort nicht hingehört.

hịn|ken, hinkte, hat/ist gehinkt ⟨itr.⟩: **1. a)** *[infolge eines Leidens an Bein oder Hüfte in der Fortbewegung behindert sein und daher] in der Hüfte einknickend oder ein Bein nachziehend gehen:* seit seiner Verletzung hat er gehinkt; auf dem rechten Fuß h. **sinnv.:** humpeln, lahmen. **b)** *sich hinkend* (1 a) *irgendwohin bewegen:* er ist nach Hause gehinkt. **2.** *nicht passen, nicht zutreffen:* deine Vergleiche haben gehinkt.

hịn|kom|men, kam hin, ist hingekommen ⟨itr.⟩: **1.** *(an einen bestimten Ort) kommen:* als ich hinkam, war der Vortrag schon zu Ende. **2.** *irgendwo seinen Platz erhalten:* wo kommen die Bücher hin?; wo ist nur meine Uhr hingekommen *(wohin ist sie geraten)*? **3.** (ugs.) ↑*auskommen:* ich bin mit dem Geld nicht hingekommen. **sinnv.:** ↑ausreichen. **4.** (ugs.) *in Ordnung kommen; richtig, ausreichend sein, das richtige Ausmaß erreichen:* das kann gerade h.; die Sache wird schon h.

hịn|krie|gen, kriegte hin, hat hingekriegt ⟨tr.⟩ (ugs.): ↑*fertigbringen.* **sinnv.:** ↑bewerkstelligen; ↑verwirklichen.

hịn|läng|lich ⟨Adj.⟩: *so, daß es schon genügt:* das ist h. bekannt. **sinnv.:** ↑genug.

hịn|le|gen, legte hin, hat hingelegt: **1.** ⟨tr.⟩ *(an einen bestimmten Ort) legen:* er legte die Zeitung wieder hin. **sinnv.:** ↑plazieren. **2. a)** ⟨sich h.⟩ *sich (für kürzere Zeit) liegend ausruhen:* ich habe mich für eine halbe Stunde hingelegt. **b)** ⟨tr.⟩ *zu Bett bringen, auf ein Lager, zur Ruhe legen:* nach dem Essen legte die Mutter das Baby hin.

hịn|neh|men, nimmt hin, nahm hin, hat hingenommen ⟨tr.⟩: *mit Gleichmut aufnehmen; sich (etwas) gefallen lassen:* etwas als selbstverständlich h.; er nahm die Vorwürfe gelassen hin. **sinnv.:** ↑aushalten; ↑billigen.

hin|rei|chend ⟨Adj.⟩: *genügend, nicht zuwenig für einen bestimmten Zweck:* hinreichende Mittel stehen dafür zur Verfügung; sich h. informieren. **sinnv.:** ↑genug.

hin|rei|ßen, riß hin, hat hingerissen ⟨tr.⟩: **1.** *bei jmdm. Entzükken, große Begeisterung auslösen:* er konnte das Publikum h.; sie sang hinreißend; sie war hinreißend schön; wir waren ganz hingerissen von ihrem Gesang. **sinnv.:** ↑begeistern. **2.** *gefühlsmäßig überwältigen und zu etwas verleiten:* sich von seinen Gefühlen, sich zu einer Beleidigung h. lassen. **sinnv.:** ↑verleiten.

hin|rich|ten, richtete hin, hat hingerichtet ⟨tr.⟩: *ein Todesurteil (an jmdm.) vollstrecken:* der Verräter wurde öffentlich hingerichtet. **sinnv.:** ↑enthaupten, hängen, kreuzigen, steinigen; ↑töten.

hin|sein, ist hin, war hin, ist hingewesen (ugs.) ⟨itr.⟩: **a)** *zerstört, nicht mehr brauchbar sein:* ich sehe, daß der Teller, das Auto hin ist. **sinnv.:** entzwei sein · ↑defekt. **b)** *verloren, weg sein:* da der gute Ruf schon hin war, störte es ihn nicht mehr. **c)** *entzückt, begeistert sein:* wir waren ganz h. von der Musik.

Hin|sicht: ⟨in der Fügung⟩ in ... H.: *in ... Beziehung:* in dieser, mancher H.; in finanzieller H. ging es der Familie gut.

hin|sicht|lich ⟨Präp. mit Gen.⟩: *was (eine bestimmte Sache) angeht, betrifft:* h. eines neuen Termins wurde keine Einigung erzielt. **sinnv.:** betreffend, betreffs, in bezug auf, bezüglich, in ... Hinsicht, in puncto.

Hin|spiel, das; -[e]s, -e: *erstes von zwei festgesetzten, vereinbarten Spielen zwischen zwei Mannschaften* /Ggs. Rückspiel/. **sinnv.:** ↑Spiel.

hin|stel|len, stellte hin, hat hingestellt: **1. a)** ⟨tr.⟩ *auf eine Stelle, an einen bestimmten Platz stellen, dort absetzen, abstellen o. ä.:* die Schüssel vor jmdn. h.; stell den Stuhl hier hin! **sinnv.:** ↑absetzen; ↑plazieren. **b)** ⟨sich h.⟩ *sich an eine bestimmte Stelle stellen, dort Aufstellung nehmen:* stell dich dort hin!. **sinnv.:** sich ↑aufstellen. **2.** ⟨tr.⟩ *so (von jmdm.) sprechen, daß ein bestimmter Eindruck (von ihm) entsteht:* er hat ihn als Betrüger, als Vorbild hingestellt. **sinnv.:** ↑ansprechen als, ↑bezeichnen als.

hin|ten ⟨Adverb⟩ /Ggs. vorn[e]/: **1.** *auf der entfernter gelegenen, abgewandten, zurückliegenden Seite; im entfernter gelegenen Teil:* die Öffnung ist h.; da h., dort h.; er ist h. im Garten. **sinnv.:** achtern, im Hintergrund. **2.** *an letzter Stelle [einer Reihe]; im hinteren Teil:* du mußt dich h. anstellen; h. einsteigen.

hin|ter: I. ⟨Präp. mit Dativ und Akk.⟩ **1. a)** ⟨Dativ; Lage; Frage: wo?⟩ *auf der Rückseite (von etwas/jmdm.):* h. dem Haus, Vorhang; die Tür h. sich schließen. **b)** ⟨Akk.; Richtung; Frage: wohin?⟩ *auf die Rückseite (von etwas/jmdm.):* h. das Haus, den Vorhang gehen; ich stelle mich h. ihn. **2.** ⟨in Abhängigkeit von bestimmten Wörtern⟩: zurückbleiben h. jmdm.; etwas h. sich haben. **II. 1.** /in Verbindung mit einem Personalpronomen in Konkurrenz zu *dahinter;* bezogen auf eine Sache (ugs.)/: dort ist eine Säule. Hinter ihr (statt: dahinter) kannst du dich gut verstecken. **2.** /in Verbindung mit „was" in Konkurrenz zu *wohinter;* bezogen auf eine Sache (ugs.)/ **a)** /in Fragen/: h. was (besser: wohinter) versteckst du dich? **b)** /in relativer Verbindung/: in der Dunkelheit war nicht zu erkennen, h. was (besser: wohinter) er seinen Kopf verborgen hielt.

hin|ter... ⟨Adj.⟩: *sich hinten befindend: wir wohnen im hinteren Teil des Hauses.*

hin|ter- ⟨verbales Präfix⟩ **1.** ⟨unbetont, wird nicht getrennt⟩ **a)** */drückt etwas Heimliches, Verstecktes, Unehrliches aus/:* hinterbringen (er hinterbringt/hinterbrachte ihm diese Nachricht/hat sie ihm hinterbracht/um sie zu hinterbringen), hintertreiben. **b)** */drückt ein Zurückbleiben, -lassen aus/:* hinterlassen (er hinterläßt/hinterließ ein kleines Vermögen/hat ein kleines Vermögen hinterlassen/um es zu hinterlassen). **c)** *dahinter:* hinterfragen (er hinterfragt/hinterfragte/hat hinterfragt/um zu hinterfragen; *zu ergründen suchen, was sich dahinter* [z. B. einer Äußerung] *tatsächlich verbirgt*), hinterglasen *(hinter Glas bringen),* hinterschleifen. **2.** ⟨betont, trennbar⟩ **a)** *nach hinten:* hinterbringen (ich bringe/brachte die Kiste hinter/habe sie hintergebracht/um sie hinterzubringen), hinterstellen (die Kisten h.), hintertragen. **b)** *hinunter:* hintergießen (er gießt/goß einen Schnaps hinter/hat ihn hintergegossen/um ihn hinterzugießen), hinterkippen.

Hin|ter|blie|be|nen, die ⟨Plural; ohne Artikel: [viele] Hinterbliebene⟩: *nächste Angehörige, Verwandte eines Verstorbenen:* die trauernden H. **sinnv.:** ↑Leidtragender, Trauergemeinde.

hin|ter|brin|gen, hinterbrachte, hat hinterbracht ⟨tr.⟩: *heimlich berichten:* die Pläne des Ministers waren dem Präsidenten hinterbracht worden. **sinnv.:** ↑mitteilen; ↑verraten.

hin|ter|ein|an|der ⟨Adverb⟩: **1.** *einer hinter dem andern:* sich h. aufstellen. **2.** *unmittelbar aufeinanderfolgend:* ich arbeitete acht Stunden h.; die Vorträge finden an drei Abenden h. statt.

Hin|ter|ge|dan|ke, der; -ns, -n: *heimliche, nicht ausgesprochene Absicht:* ohne Hintergedanken; etwas mit einem Hintergedanken sagen. **sinnv.:** Nebenabsicht, Nebengedanke; ↑Heimtücke.

hin|ter|ge|hen, hinterging, hat hintergangen ⟨tr.⟩: *durch ein heimliches Tun betrügen, durch unaufrichtiges Verhalten täuschen:* sie hat ihn mit einem anderen Mann hintergangen. **sinnv.:** ↑betrügen.

Hin|ter|grund, der; -[e]s, Hintergründe: **1.** *hinterer, anschließender Teil von etwas, was im Blickfeld liegt [und von dem sich anderes abhebt]* /Ggs. Vordergrund/: im H. des Saales; das Gebirge bildet einen prächtigen H. für die Stadt. **sinnv.:** Background, Folie, Fond, Tiefe. **2.** ⟨Plural⟩ *innere, verborgene Zusammenhänge:* die Hintergründe der Affäre reichen mehrere Jahre zurück.

Hin|ter|halt, der; -[e]s, -e: *Ort, Versteck, von dem aus jmd. in feindlicher Absicht auf jmdn. lauert, ihn angreifen will:* den Gegner aus einem H. überfallen; in einen H. geraten. **sinnv.:** Falle, Versteck; ↑Heimtücke.

hin|ter|häl|tig ⟨Adj.⟩: *mit einem scheinbar harmlosen Verhalten einen bösen Zweck verfolgend:* er hat sein Ziel mit hinterhältigen Methoden erreicht. **sinnv.:** ↑unaufrichtig.

hin|ter|her ⟨Adverb⟩: **1.** ⟨räumlich⟩ *nach jmdm./etwas:* sie ging voran und er h. **2.** ⟨zeitlich⟩ *in der Zeit nach einem bestimmten Vorgang, Ereignis o. ä.:* ich gehe essen und werde h. ein wenig schlafen. **sinnv.:** [hieran] anschließend, im Anschluß an, danach, dann, darauf, hernach, hintennach, nachher, im nachhinein, nachträglich, sodann, sonach, später · retrospektiv, rückblickend, rückschauend; ↑daraufhin.

hin|ter|las|sen, hinterläßt, hinterließ, hat hinterlassen ⟨tr.⟩: **1. a)** *nach dem Tode zurücklassen:* eine Frau und vier Kinder h.; viele Schulden h. **b)** *nach dem Tode als Vermächtnis, Erbe überlassen:* jmdm. ein großes Grundstück h. **sinnv.:** übergeben, vererben, vermachen, verschreiben, zurücklassen; ↑schenken. **2. a)** *beim Verlassen eines Ortes zurücklassen:* ein Zimmer in großer Unordnung h. **b)** *beim Verlassen eines Ortes zur Kenntnisnahme zurücklassen:* [jmdm., für jmdn.] eine Nachricht h. **3.** *durch vorausgehende Anwesenheit, Einwirkung verursachen, hervorrufen; als Wirkung zurücklassen:* im Sand Spuren h.; [bei jmdm.] einen guten Eindruck h.

hin|ter|le|gen, hinterlegte, hat hinterlegt ⟨tr.⟩: *an einen sicheren Ort bringen und verwahren lassen:* Geld auf der Bank h.; einen Vertrag beim Notar h.; bei jmdm. eine Kaution h. *(jmdm. als Sicherheit geben).*

Hin|ter|list, die; -: *hinterlistiges Verhalten, Wesen:* er handelte dabei ohne jede H. **sinnv.:** ↑Heimtücke.

hin|ter|li|stig ⟨Adj.⟩: *heimlich bestrebt, jmdm. zu schaden, sich einen Vorteil zu verschaffen:* ein hinterlistiger Mensch; jmdn. h. betrügen. **sinnv.:** ↑unaufrichtig.

Hin|ter|mann, der; -[e]s, Hintermänner: **1.** *jmd., der sich (in einer Reihe, Gruppe o. ä.) hinter einem anderen befindet* /Ggs. Vordermann/: der Schüler flüsterte mit seinem H. **sinnv.:** ↑Nachbar. **2.** ⟨Plural⟩ *Personen, die etwas aus dem Hintergrund lenken, ohne selbst in Erscheinung zu treten:* die Hintermänner dieses Attentats konnte man nicht belangen. **sinnv.:** ↑Drahtzieher.

Hin|tern, der; -s, - (ugs.): ↑*Gesäß:* jmdm. den H. verhauen.

hin|ter|rücks ⟨Adverb⟩ *überraschend und in böser Absicht, heimtückisch von hinten:* jmdn. h. überfallen, erschlagen. **sinnv.:** ↑unaufrichtig.

hin|ter|trei|ben, hintertrieb, hat hintertrieben ⟨tr.⟩: *insgeheim und oft mit zweifelhaften Mitteln versuchen, einen Plan, das Vorhaben eines anderen zu vereiteln:* sie wollte die Heirat ihres Sohnes h. **sinnv.:** ↑verhindern.

hin|ter|zie|hen, hinterzog, hat hinterzogen ⟨tr.⟩: *(nicht zum Versteuern oder Verzollen anmelden und so) nicht bezahlen:* Steuern h. **sinnv.:** ↑unterschlagen.

hin|über ⟨Adverb⟩: *von hier über jmdn./etwas nach drüben:* h. auf die andere Seite; nach rechts h.; es schallte bis h. **sinnv.:** ↑hin.

hin|un|ter ⟨Adverb⟩: *von hier oben nach dort unten:* die Straße h.; h. ins Tal; jmdn. bis h. begleiten. **sinnv.:** ↑abwärts; ↑hin.

hin|un|ter- ⟨trennbares, betontes verbales Präfix⟩: *von (hier) oben nach dort unten:* hinunterbeugen, -klettern (Ggs. heraufklettern), -schauen (Ggs. heraufschauen), -steigen (Ggs. heraufsteigen).

hin|weg ⟨Adverb⟩: **1.** *fort, weg von hier:* h. damit! **2.** ⟨in der Fügung⟩ über ... h.: *über ... hinüber [und weiter]:* über die Zeitung h. konnte er ihn beobachten.

hin|weg|setzen, sich; setzte sich hinweg, hat sich hinweggesetzt: *(etwas) bewußt nicht beachten, unbeachtet lassen:* er setzte sich über die Warnungen, Befehle hinweg. **sinnv.:** ↑ignorieren; ↑überwinden; ↑verstoßen.

Hin|weis, der; es, -e: **a)** *kurze Mitteilung, die auf etwas aufmerksam machen oder zu etwas anregen soll:* einen H. geben [auf etwas]; einem H. folgen. **sinnv.:** ↑Anregung, Anspielung, Fingerzeig, Geheimtip, Tip, Wink. **Zus.:** Programmhinweis. **b)** *Andeutung auf, hinweisendes Zeichen für etwas; Sachverhalt, der auf etwas hindeutet:* ein wertvoller H. auf die Beschaffenheit von etwas; dafür gibt es nicht den geringsten H. **sinnv.:** ↑Anhaltspunkt; ↑Anzeichen.

hin|wei|sen, wies hin, hat hingewiesen ⟨tr.⟩: *aufmerksam machen, jmds. Aufmerksamkeit auf etwas lenken:* jmdn. auf eine Gefahr, eine günstige Gelegenheit h.; alle Umstände weisen darauf hin. **sinnv.:** andeuten, deuten, hindeuten, verweisen auf, mit dem Zaunpfahl winken, zeigen; ↑aufzeigen; ↑betonen.

hin|zu- ⟨trennbares, betontes verbales Präfix⟩: *zu etwas anderem:* **a)** *[zusätzlich] zu etwas:* hinzuaddieren, -dichten, -erfinden, -erwerben, -erwirtschaften, -fügen, -lernen, -rechnen, -verdienen. **sinnv.:** bei-, dazu-. **b)** *zu einem Ort, einer Stelle kommend:* hinzueilen, -gesellen, -springen, -stürzen, -treten, -wollen. **sinnv.:** bei-, hin-.

Hirn, das; -s, -e: **a)** *Gehirn des Menschen als Sitz des Verstandes, mit der Fähigkeit zu denken (weniger als konkrete Masse betrachtet).* **Zus.:** Groß-, Kleinhirn. **b)** *als Speise verwendetes Gehirn eines Schlachttieres.* **sinnv.:** Bregen (Brägen). **Zus.:** Kalbshirn.

Hirn|ge|spinst, das; -[e]s, -e: *etwas,* (*Gedanken o. ä.*), *was (für den Sprecher) abwegig, verworren ist:* das halte ich für ein H. **sinnv.:** ↑Einbildung.

hirn|ver|brannt ⟨Adj.⟩ (emotional): *in einer als ärgerlich empfundenen Weise unvernünftig, töricht:* eine hirnverbrannte Idee. **sinnv.:** ↑unsinnig.

Hirsch, der; -[e]s, -e: *wild bes. in Wäldern lebendes, größeres Tier mit glattem, braunem Fell, langer Schnauze, kurzem Schwanz, Hufen und einem (beim männlichen Tier) oft sehr ausladenden Geweih.*

Hir|se, die; -: *als Speise verwendete, kleine, runde Körner einer Getreideart (mit ährenähnlichen Rispen):* H. kochen. **sinnv.:** ↑Getreide · Couscous (Kuskus).

Hirt, der; -en, -en: *jmd., der eine Herde hütet:* das Unwetter überraschte H. und Herde/den Hirten und die Herde. **sinnv.:** Cowboy, Gaucho, Senn, Schäfer. **Zus.:** Dorf-, Schweinehirt.

his|sen, hißte, hat gehißt ⟨tr.⟩: *(von einer Fahne o. ä.) an einer Stange o. ä. in die Höhe ziehen:* die Flagge, das Segel h. **sinnv.:** ↑aufziehen, ↑flaggen.

hi|sto|risch ⟨Adj.⟩: **a)** *die Geschichte betreffend, zu ihr gehörend, ihr gemäß, durch sie verbürgt:* die historische Entwicklung Deutschlands; diese Gestalt ist h. **sinnv.:** ↑geschichtlich. **b)** *für die Geschichte bedeutend:* ein historischer Augenblick.

Hit, der; -[s], -s: *etwas (bes. ein Schlager), was (für eine bestimmte Zeit) besonders erfolgreich, be-*

liebt ist: dieses Lied verspricht ein H. zu werden. **sinnv.:** ↑Schlager.

Hit|ze, die; -: *sehr starke, meist als unangenehm empfundene Wärme:* eine glühende H. **sinnv.:** ↑Wärme. **Zus.:** Bullen-, Mittagshitze.

hit|ze|frei ⟨Adj.⟩: *frei von Schulunterricht, auch von Arbeit wegen zu großer Hitze.*

hit|zig ⟨Adj.⟩: *leicht erregbar und dabei oft heftig, leidenschaftlich, jähzornig in seinen Reaktionen:* ein hitziger Mensch, Kopf; er wird leicht h. **sinnv.:** ↑reizbar; ↑streitbar; ↑unbeherrscht. **b)** *erregt, mit Leidenschaft [geführt]:* eine hitzige Debatte.

Hitz|kopf, der; -[e]s, Hitzköpfe: *jmd., der schnell in Erregung gerät und sich dann unbeherrscht, unbesonnen benimmt:* die beiden Hitzköpfe gerieten schnell in einen heftigen Streit. **sinnv.:** ↑Choleriker.

Hitz|schlag, der; -[e]s, Hitzschläge: *körperlicher Zusammenbruch als Folge von Anstrengung in heißer und schwüler Luft:* einen H. erleiden.

Hob|by, das; -s, -s: *in der Freizeit aus Neigung, Freude an der Sache mit einem gewissen Eifer betriebene Beschäftigung auf einem bestimmten Gebiet:* er hat ein teures H.; der Garten, das Orgelspielen ist sein H. **sinnv.:** ↑Liebhaberei, Steckenpferd.

Hob|by- ⟨Präfixoid⟩: *die im Basiswort durch eine bestimmte Tätigkeit gekennzeichnete Person betreibt diese als Hobby, nicht berufsmäßig:* Hobbyarchäologe, -bastler, -filmer, -fischer, -funker, -gärtner, -geologe, -handwerker, -koch, -skipper, -sportler, -werker, -winzer, -züchter. **sinnv.:** Amateur-, Laien-.

Ho|bel, der; -s, -: *Werkzeug des Tischlers mit einer Stahlklinge, das benutzt wird, um die rauhe Oberfläche oder Unebenheiten des Holzes zu beseitigen* (siehe Bild).

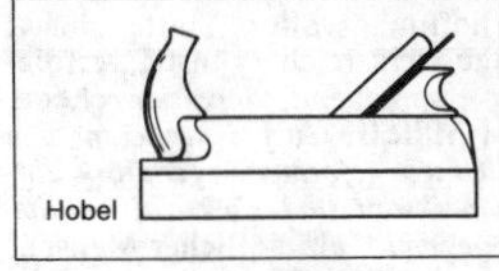

ho|beln ⟨tr./itr.⟩: *mit einem Hobel arbeiten; die Oberfläche mit einem Hobel glätten:* ein Brett h.; er hobelt und sägt den ganzen Tag. **sinnv.:** ↑polieren.

hoch, höher, höchst ... ⟨Adj.⟩ /vgl. höchst/: **1. a)** *nach oben weit ausgedehnt:* ein hoher Turm, Raum; h. aufragen. **sinnv.:** aufragend, emporragend. **Zus.:** haus-, turmhoch. **b)** *in großer, beträchtlicher Entfernung vom Boden:* das Flugzeug fliegt sehr h. (Ggs. niedrig, tief). **c)** *[weit] nach oben, bis [weit] nach oben:* die Arme h. über den Kopf heben; das Wasser steigt immer höher. **sinnv.:** ↑aufwärts; ↑hin. **2.** ⟨in Verbindung mit Angaben von Maßen⟩ **a)** *eine bestimmte Höhe habend:* das Zimmer ist drei Meter h. **b)** *sich in einer bestimmten Höhe befindend:* der Ort liegt 800 Meter h. **3.** *[gesellschaftlich] in einer Rangordnung oben stehend, bedeutend:* ein hohes Gut; ein hoher Feiertag; ein hoher Beamter; ein höherer Rang; hoher Adel. **4. a)** *eine große Menge, Summe beinhaltend:* hohe Mieten; ein zu hohes Gewicht; ein hoher Gewinn; hohe Strafe, Leistung. **b)** *einen Wert in einem oberen Bereich (etwa einer Skala) kennzeichnend:* hohes Fieber; er fuhr mit höchster Geschwindigkeit. **5. a)** *sehr groß:* hohe, höchste Ansprüche stellen. **b)** ⟨verstärkend bei Adjektiven und Verben⟩ *sehr:* er ist h. begabt; jmdm. etwas h. anrechnen. **6.** *(durch eine große Zahl von Schwingungen) hell klingend* /Ggs. tief/: hoher Ton; hohe Stimme. **sinnv.:** ↑hell.

hoch-: **I.** ⟨adjektivisches Präfixoid⟩ /nicht in Verbindung mit negativ bewerteten Adjektiven/ *sehr [stark, gut], in hohem Maße/Grad, überaus:* hochaktuell, -amüsant, -anfällig, -angesehen, -anständig, -bedeutsam, -begabt, -beglückt, -berühmt, -bezahlt, -elegant, -empfindlich, -entwickelt, -erfreut, -erstaunt, -explosiv, -fein, -gefährlich, -gelehrt, -herrschaftlich, -hitzebeständig, -industrialisiert, -intelligent, -interessant, -kompliziert, -konzentriert, -mechanisiert, -modern, -offiziell, -politisch, -produktiv, -qualifiziert, -rot, -schwanger, -sensibel, -ungesättigt, -verdient, -verehrt, -wichtig, -willkommen, -wirksam. **sinnv.:** grund-, hyper-, super-, top-. **II.** ⟨trennbares, betontes verbales Präfix⟩ *nach oben, empor-, hinauf-:* hocharbeiten (sich), -binden, -drehen, -drücken, -fliegen, -halten, -heben, -jubeln, -klappen, -schnellen, -schrauben, -springen, -treiben, -ziehen.

Hoch, das; -s, -s: **I.** *Gebiet mit hohem Luftdruck* /Ggs. Tief/: ein H. wandert über Europa, bildet sich; ein kräftiges H. **Zus.:** Azoren-, Zwischenhoch. **II.** *Ruf, mit dem jmd. gefeiert, geehrt, beglückwünscht wird:* ein dreifaches H. auf den Jubilar.

Hoch- ⟨Präfixoid⟩: */kennzeichnet den Höhepunkt, den höchsten Entwicklungsstand, Zustand des im Basiswort Genannten/:* Hochblüte, -glanz, -konjunktur, -romantik, -saison, -sommer.

hoch|ar|bei|ten, sich; arbeitete sich hoch, hat sich hochgearbeitet: *durch Zielstrebigkeit und Fleiß eine höhere berufliche Stellung erlangen:* er hat sich in kurzer Zeit vom Buchhalter zum Prokuristen hochgearbeitet. **sinnv.:** sich emporarbeiten, sich hinaufarbeiten.

Hoch|burg, die; -, -en: *Ort, der das Zentrum von etwas, einer Bewegung, eines Brauchtums o. ä. ist, von dem etwas ausstrahlt:* Köln ist die H. des Karnevals. **sinnv.:** ↑Mittelpunkt.

hoch|fah|rend ⟨Adj.⟩: *arrogant [und aufbrausend]:* hochfahrendes Benehmen. **sinnv.:** ↑dünkelhaft.

hoch|ge|hen, ging hoch, ist hochgegangen ⟨itr.⟩ (ugs.): **1.** *in Zorn, Erregung geraten:* reize ihn nicht, er geht leicht hoch. **2.** *von der Polizei gefaßt, aufgedeckt werden:* die Bande ist hochgegangen.

hoch|gra|dig ⟨Adj.⟩: *in hohem Grad, Ausmaß:* hochgradige Erschöpfung; sie ist h. nervös. **sinnv.:** ↑extrem.

hoch|hal|ten, hält hoch, hielt hoch, hat hochgehalten ⟨tr.⟩: **1.** *in die Höhe halten:* den Arm h.; der Vater hielt das Kind hoch, damit es im Gedränge etwas sehen konnte. **2.** *aus Achtung weiterhin bewahren, pflegen:* eine alte Tradition h.

Hoch|haus, das; -es, Hochhäuser: *sehr hohes Gebäude mit vielen Geschossen.*

hoch|kom|men, kam hoch, ist hochgekommen ⟨itr.⟩: *eine höhere berufliche, gesellschaftliche o. ä. Stellung erreichen:* er wollte niemanden neben sich h. lassen. **sinnv.:** ↑emporkommen.

hoch|le|ben: ⟨in der Verbindung⟩ jmdn./etwas h. lassen: *auf jmdn./etwas ein Hoch ausbrin-*

gen: wir ließen den Jubilar dreimal h.

Hoch|mut, der; -[e]s: *auf Überheblichkeit beruhendes, stolzes, herablassendes Wesen:* voll H. auf jmdn. herabsehen. **sinnv.:** ↑Überheblichkeit.

hoch|mü|tig ⟨Adj.⟩: *durch Hochmut geprägt; Hochmut ausdrückend:* eine hochmütige Person; ein hochmütiges Gesicht. **sinnv.:** ↑dünkelhaft.

Hoch|schu|le, die; -, -n: *höchste staatliche Bildungseinrichtung:* an einer H. studieren. **sinnv.:** Akademie, Alma mater, TH, TU, Uni, Universität. **Zus.:** Fach-, Gesamt-, Handels-, Musik-, Wirtschaftshochschule.

Hoch|som|mer, der; -s: *Mitte, Höhepunkt des Sommers:* im H. kann man im Fluß baden.

Hoch|span|nung, die; -, -en: *hohe elektrische Spannung (von mehr als 1 000 Volt):* Vorsicht, H.!

hoch|spie|len, spielte hoch, hat hochgespielt ⟨tr.⟩: *etwas stärker als gerechtfertigt ins Licht der Öffentlichkeit rücken:* eine Affäre h. **sinnv.:** ↑übertreiben.

Hoch|spra|che, die; -: *über den Mundarten und der Umgangssprache stehende, genormte und allgemein verbindliche gesprochene und geschriebene Sprache.* **sinnv.:** Bühnensprache, Hochdeutsch, Hochlautung, Literatursprache, Schriftdeutsch, Schriftsprache, Standardsprache.

höchst ⟨Adj.⟩: ⟨verstärkend bei Adjektiven⟩ *sehr:* h. seltsam; das kommt h. selten vor.

höchst...: ↑hoch.

Hoch|stap|ler, der; -s, -: *jmd., der in betrügerischer Absicht den Eindruck erwecken möchte, eine höhere gesellschaftliche Stellung innezuhaben:* sie ist auf einen H. hereingefallen. **sinnv.:** ↑Betrüger.

höch|stens ⟨Adverb⟩: **1.** *nicht mehr als* /Ggs. mindestens/: er schläft h. sechs Stunden. **sinnv.:** maximal. **2.** *es sei denn:* er geht nicht oft aus, h. gelegentlich ins Kino. **sinnv.:** ↑aber.

Höchst|maß, das; -es: *höchstes Maß* /Ggs. Mindestmaß/: für dieses Vergehen war als H. der Strafe vier Wochen Gefängnis vorgeschrieben. **sinnv.:** ↑Höhepunkt; ↑Maximum.

hoch|tra|bend ⟨Adj.⟩ (emotional): *voller Pathos (dem man aber skeptisch gegenübersteht):* er hält hochtrabende Reden; hochtrabende Worte. **sinnv.:** anspruchsvoll, bombastisch, gewichtig, hochgestochen, pathetisch, pompös, salbungsvoll, schwülstig, überfrachtet, überladen.

Hoch|ver|rat, der; -[e]s: *Verbrechen, das die Sicherheit eines Staates gefährdet:* der Minister wurde wegen Hochverrats angeklagt. **sinnv.:** Landesverrat.

Hoch|was|ser, das; -s: *sehr hoher, bedrohlicher Wasserstand des Meeres, eines Flusses oder Sees:* bei H. trat der Fluß oft weit über seine Ufer. **sinnv.:** ↑Flut.

Hoch|zeit, die; -, -en: *mit einer Eheschließung verbundene Feier, verbundenes Fest:* wann ist denn deine H.?; H. feiern, halten. **sinnv.:** ↑Heirat; Vermählung. **Zus.:** Bauern-, Silberhochzeit.

Hocke, die; -, -n: **1.** *turnerische Übung, bei der mit angezogenen Beinen über ein Gerät gesprungen werden muß:* eine H. über das Pferd machen. **sinnv.:** ↑Übung. **2.** *Haltung (im Sitzen) bei der die Beine an den Oberkörper herangezogen werden:* in der H. sitzen.

hocken: 1. a) ⟨itr.⟩ *in der Hocke sitzen; mit an den Oberkörper angezogenen Beinen so sitzen, daß das Gewicht des Körpers auf den Fußspitzen ruht:* die Kinder hokken am Boden. **sinnv.:** ↑sitzen. **b)** ⟨sich h.⟩ *sich in die Hocke setzen:* sich auf den Boden h. **sinnv.:** sich ↑setzen. **2.** ⟨itr.⟩ (ugs.): **a)** (emotional) *in als ärgerlich o. ä. empfundener Weise sich zu lange, zu oft irgendwo aufhalten:* alle Abende im Wirtshaus, stundenlang vor dem Fernseher h. **b)** *sich irgendwo [sitzend] befinden:* er blieb gelassen an seinem Platz, auf seinem Stuhl h. **sinnv.:** sich befinden, ↑sitzen. **Zus.:** beieinander-, herum-, zusammenhocken.

Hocker, der; -s, -: *Möbel zum Sitzen ohne Lehne und meist von der Höhe eines Stuhles (aber auch höher oder niedriger), auf dem eine Person Platz hat* (siehe Bildleiste „Sitzmöbel"): ein niedriger, hoher, runder H. **sinnv.:** Schemel; ↑Sitzmöbel. **Zus.:** Bar-, Küchenhocker.

Höcker, der; -s, -: *(aus Fett bestehende) Erhebung auf dem Rücken vom Kamelen.*

Hockey ['hɔke, 'hɔki], das; -s: *Spiel von zwei Mannschaften auf dem Rasen, bei dem ein kleiner Ball mit gekrümmten Schlägern in das gegnerische Tor geschlagen werden soll.* **Zus.:** Eishockey.

Ho|den, der; -s, -: *in einem sackartigen Gebilde befindliches paarweise angelegtes Organ, in dem der Samen (des Mannes und der meisten Säugetiere) gebildet wird.* **sinnv.:** Ei.

Hof, der; -[e]s, Höfe: **1.** *zu einem Gebäude gehörender, an mehreren Seiten von Zäunen, Mauern o. ä. umgebener Platz:* die Kinder spielen auf dem H. **Zus.:** Betriebs-, Burg-, Fried-, Gefängnis-, Hinter-, Innen-, Schlacht-, Schloß-, Schulhof. **2.** ↑*Bauernhof.* **sinnv.:** Anwesen, Farm, Ranch. **Zus.:** Erb-, Gutshof. **3.** *Wohnsitz und Haushalt eines Fürsten:* der kaiserliche H.; am Hofe.

hof|fen ⟨itr.⟩: *wünschen, damit rechnen, daß etwas eintritt, in Erfüllung geht; zuversichtlich erwarten:* ich hoffe, daß alles gutgeht; ich hoffe auf schönes Wetter. **sinnv.:** erhoffen, erwarten, harren, die Hoffnung haben, sich in der Hoffnung wiegen, reflektieren/spekulieren auf, träumen; ↑entgegensehen.

hof|fent|lich ⟨Adverb⟩: *wie ich hoffe:* du bist doch h. gesund.

Hoff|nung, die; -, -en: *das Hoffen; Vertrauen in die Zukunft; Erwartung, daß etwas Gewünschtes geschieht:* er hatte keine H. mehr; seine H. hat sich erfüllt. **sinnv.:** Ende des Tunnels in Sicht, Silberstreifen am Horizont, Vertrauen, Zutrauen, Zuversicht; ↑Aussicht; ↑Trost.

hoff|nungs|los ⟨Adj.⟩: **a)** *ohne Hoffnung, ohne Aussicht auf eine positive Entwicklung:* in einer hoffnungslosen Lage sein; h. in die Zukunft blicken. **sinnv.:** ↑aussichtslos. **b)** ⟨verstärkend bei Adjektiven und Verben⟩ (ugs.) *sehr:* ein h. überfüllter Zug; sie hatte sich h. in ihn verliebt.

hoff|nungs|voll ⟨Adj.⟩: **a)** *voller Hoffnung:* h. wartete er auf ihren Anruf. **sinnv.:** ↑zuversichtlich. **b)** *Erfolg verheißend:* ein hoffnungsvoller Start. **sinnv.:** aussichtsreich, günstig, erfolgversprechend, vielversprechend.

höf|lich ⟨Adj.⟩: *anderen den Umgangsformen gemäß aufmerksam und rücksichtsvoll begegnend:* ein höflicher Mensch; jmdn. h. grüßen. **sinnv.:** artig, aufmerksam, galant, gentlemanlike, glatt, pflichtschuldigst, ritterlich, rücksichtsvoll, taktvoll, zuvorkommend; ↑freundlich · ↑entgegenkommen.

Hö|he, die; -, -n: **1. a)** *Ausmaß, Größe in vertikaler Richtung:* die H. des Tisches; der Berg hat eine H. von 2000 m. **b)** *bestimmte Entfernung über dem Boden:* das Flugzeug fliegt in niedriger, großer H. **2.** *kleinere Erhebung in einem Gelände:* dort auf der H. wohnen wir. **sinnv.:** ↑Berg. **3.** *in Zahlen ausdrückbare Größe; meßbare Stärke o. ä. von etwas:* die H. der Temperatur, der Preise.

Ho|heit, die; -, -en: **1. a)** *fürstliche Person:* die ausländischen Hoheiten wurden feierlich empfangen. **b)** *Anrede an eine fürstliche Person:* Eure [Königliche] H. **2.** ⟨ohne Plural⟩ *Würde, Erhabenheit, die von jmdm. ausgeht:* sie schritt voller H. in den Saal. **sinnv.:** ↑Adel. **3.** ⟨ohne Plural⟩ *unabhängige Gewalt, Herrschaft (eines Staates):* das Gebiet untersteht nicht mehr der H. dieses Staates.

Hö|he|punkt, der; -[e]s, -e: *wichtigster [schönster] Teil innerhalb eines Vorgangs, einer Entwicklung:* der H. des Abends, der Vorstellung. **sinnv.:** Gipfel, Höchstmaß, Höchstwert, Maximum, Nonplusultra, Optimum.

hö|her: vgl. hoch.

hohl Adj.⟩: *innen leer, ohne Inhalt:* ein hohler Baum.

Höh|le, die; -, -n: **1.** *[natürlicher] größerer unterirdischer (Hohl)raum:* der Bär schlief in seiner H. **sinnv.:** Grotte · Bau, Loch. **Zus.:** Erd-, Tropfsteinhöhle · Dachs-, Fuchshöhle. **2.** *Raum, der (im Urteil des Sprechers) unwohnlich, primitiv ist:* die Armen hausten in feuchten, finsteren Höhlen. **Zus.:** Laster-, Räuberhöhle.

Hohn, der; -[e]s: *unverhohlener, verletzender, beißender Spott.* **sinnv.:** ↑Humor.

höh|nen: 1. ⟨tr.⟩ *durch Hohn kränken:* zynisch höhnte er seine Gegner. **sinnv.:** ↑aufziehen. **2.** ⟨itr.⟩ *(zu jmdm.) höhnisch sprechen:* „Du Feigling!" höhnte sie.

höh|nisch ⟨Adj.⟩: *voll höhnender Verachtung:* eine höhnische Grimasse; h. grinsen. **sinnv.:** ↑spöttisch.

ho|len: 1. ⟨tr.⟩ **a)** *an einen Ort gehen und von dort herbringen:* ein Buch aus der Bibliothek h. **sinnv.:** ↑beschaffen. **b)** *[schnell] herbeirufen, an einen bestimmten Ort bitten:* die Feuerwehr h.; den Arzt zu einem Kranken h. **sinnv.:** herbeordern, herbestellen, kommen lassen, rufen, nach jmdm. schicken. **2.** ⟨sich h.⟩ *sich etwas geben lassen, verschaffen; sich (um etwas) bemühen und es bekommen:* ich wollte mir bei ihm Rat, Trost h. **3.** ⟨sich h.⟩ (ugs.) *sich (etwas Unangenehmes, bes. eine Krankheit) zuziehen:* ich habe mir eine Erkältung geholt. **sinnv.:** ↑erkranken.

Höl|le, die; -: *dem himmlischen Jenseits gegenüberstehend gedachtes Reich des Teufels und Ort der ewigen Verdammnis für die Sünder:* die Schrecken, Flammen der H.; in die H. kommen. **sinnv.:** Fegefeuer · Hades, Inferno, Orkus, Ort, Schattenreich, Tartarus, Totenreich, Unterwelt · Apokalypse.

Höl|len- ⟨Präfixoid, auch das Basiswort wird betont⟩ (emotional verstärkend): *höllisch ..., sehr groß, überaus stark, heftig:* Höllenangst *(höllische, sehr große Angst),* -arbeit, -brand *(höllischer, sehr großer Brand = Durst),* -durst, -galopp, -gelächter, -geschwindigkeit, -gestank, -glut, -hitze, -krach, -lärm, -pein, -qual, -radau, -schmerz, -spaß, -spektakel, -tempo, -wut. **sinnv.:** Affen-, Bomben-, Heiden-, Mords-, Riesen-.

höl|lisch ⟨Adj.⟩ (emotional) /in bezug auf Intensität, Grad von etwas/: **a)** *ganz besonders groß, heftig:* höllischen Respekt vor jmdm. haben; höllische Schmerzen. **b)** ⟨verstärkend bei Adjektiven und Verben⟩ *sehr, überaus:* es ist h. kalt; er mußte h. aufpassen.

Ho|lo|caust, der; -[s], -[s]: *durch Unterdrückung, Schrecken, Zerstörung und [Massen]vernichtung gekennzeichnetes Geschehen, Tun, bes. die Judenvernichtung während des Nationalsozialismus:* Überlebende des H.; atomarer, nuklearer, ökologischer, psychiatrischer H.; H. in Kambodscha, in unseren Kinderstuben. **sinnv.:** Endlösung, Schrecken, Vernichtung. **Zus.:** Atom-, Zigeunerholocaust.

hol|pern, holperte, ist geholpert ⟨itr.⟩: *auf unebener Strecke mit rüttelnden, unruhigen Bewegungen fahren:* der Wagen holpert über das schlechte Pflaster. **sinnv.:** rattern, rumpeln, stukkern.

holp|rig ⟨Adj.⟩: *infolge von Löchern, Steinen o. ä. nicht eben und daher schlecht zu befahren:* ein holpriger Weg. **sinnv.:** ↑rauh.

Ho|lun|der, der; -s: *als großer Strauch wachsende Pflanze mit dunkelgrünen Blättern, gelblichweißen Blüten in großen Dolden und schwarzen Beeren als Früchten.*

Holz, das; -es, Hölzer: **1.** ⟨ohne Plural⟩ *feste, harte Substanz des Stammes, der Äste und Zweige von Bäumen und Sträuchern:* weiches, hartes H.; der Tisch ist aus massivem H. **sinnv.:** ↑Brennstoff. **Zus.:** Brenn-, Buchen-, Edel-, Eichen-, Kiefern-, Klein-, Linden-, Nadel-, Nutz-, Rosen-, Sperr-, Süß-, Treibholz. **2.** *Holzart:* edle Hölzer.

Holz|blas|in|stru|ment, das; -[e]s, -e: *vorwiegend aus Holz gefertigtes Blasinstrument* (siehe Bildleiste „Blasinstrumente"). **sinnv.:** Englischhorn, Fagott, Flöte, Klarinette, Oboe, Schalmei; ↑Blasinstrument.

höl|zern ⟨Adj.⟩: **1.** ⟨nur attributiv⟩ *aus Holz bestehend:* ein hölzerner Löffel. **2.** *nicht gewandt im Auftreten, sondern steif und ungeschickt in seinen Bewegungen:* der junge Mann ist recht h. **sinnv.:** ↑linkisch.

hol|zig ⟨Adj.⟩: *(von Pflanzenteilen, Früchten o. ä.) nicht mehr zart und weich, mit harten, zähen Fasern durchsetzt:* die Kohlrabi, die Radieschen sind h.

Holz|wol|le, die; -: *schmale, gekräuselte Späne von Holz, die zum Verpacken, Füllen von Polstern o. ä. verwendet werden:* die Gläser in H. verpacken.

ho|mo-, Ho|mo- ⟨als erster Wortbestandteil⟩ */besagt, daß etwas gleich, gleichartig ist/:* **a)** ⟨substantivisch⟩: Homoerotik, Homonym *(Wort, das mit einem anderen äußerlich [Ausdrucksseite] gleich ist, sich aber in Bedeutung und Grammatik [z. B. Genus] von dem anderen unterscheidet, z. B. der/das Gehalt),* Homophobie *([krankhafte] Angst vor und Abneigung gegen Homosexualität).* **b)** ⟨adjektivisch⟩: homogen *(aus Gleichartigem zusammengesetzt;* Ggs. heterogen), homophil (= homosexuell), homophob *(die Homophobie betreffend),* homophon (gleichstimmig), homosexuell *(in sexueller Hinsicht auf das gleiche Geschlecht gerichtet;* Ggs. heterosexuell).

Ho|mo|se|xua|li|tät, die; -: *auf das gleiche Geschlecht gerich-*

tetes sexuelles Empfinden, Verhalten. **sinnv.:** Schwulsein.

ho|mo|se|xu|ell ⟨Adj.⟩: *von Homosexualität bestimmt* /Ggs. heterosexuell/: homosexuelle Männer, Frauen; homosexuelle Beziehungen; h. empfindende, liebende Menschen. **sinnv.:** andersherum, gay, gleichgeschlechtlich, homo, homoerotisch, homophil, lesbisch, rosa, schwul, tuntig, warm.

Ho|nig, der; -s, -e: *von Bienen vorwiegend aus Blüten gewonnene, dickflüssige bis feste, gelbliche, sehr süße Masse, die als Nahrungsmittel verwendet wird:* flüssiger, fester, echter H. **Zus.:** Bienen-, Blüten-, Heide-, Kunst-, Scheiben-, Waben-, Waldhonig.

Ho|no|rar, das; -s, -e: *Bezahlung, die Angehörige der freien Berufe für einzelne (wissenschaftliche oder künstlerische) Leistungen erhalten:* der Arzt, Sänger erhielt ein hohes H. **sinnv.:** ↑Einkünfte.

ho|no|rie|ren ⟨tr.⟩: **1.** *(für etwas/jmdn.) ein Honorar zahlen:* einen Vortrag h.; sich etwas h. lassen. **sinnv.:** ↑zahlen. **2.** *dankend, würdigend anerkennen [und durch Gegenleistung abgelten]:* eine Leistung mit einer Auszeichnung h.; Offenheit wird hier nicht honoriert. **sinnv.:** anerkennen, jmdm. etwas danken, Tribut zollen, würdigen.

Hop|fen, der; -s: *rankende Pflanze, die bei der Herstellung von Bier als Würze verwendet wird:* H. anbauen.

hop|peln, hoppelte, ist gehoppelt ⟨itr.⟩: *sich in ungleichmäßigen, kleinen Sätzen springend fortbewegen:* einige Hasen hoppelten über das Feld. **sinnv.:** ↑springen.

hop|sen, hopste, ist gehopst ⟨itr.⟩: *kleine, unregelmäßige Sprünge machen, sich hüpfend fortbewegen:* die Kinder hopsen vor Freude durch das Zimmer. **sinnv.:** ↑springen.

hör|bar ⟨Adj.⟩: *mit dem Gehör wahrnehmbar:* im Flur wurden Schritte h.; seine leise Stimme war kaum h. **sinnv.:** ↑laut.

hor|chen ⟨itr.⟩: *mit großer Aufmerksamkeit versuchen, sich bemühen, etwas [heimlich] zu hören:* wir horchten, ob sich Schritte näherten; [neugierig] an der Tür h. **sinnv.:** abhorchen, abhören, anhören, behorchen, hinhören, hören, lauschen, mithören, die Ohren aufsperren/spitzen, ↑zuhören.

Hor|de, die; -, -n (emotional): *ohne äußere Ordnung umherziehende Schar:* jugendliche Horden rasen mit Rad und Moped durch die Gegend; Horden von Touristen. **sinnv.:** ↑Bande, ↑Gruppe, Schar.

hö|ren, hörte, hat gehört/ (nach vorangehendem Infinitiv auch) hat ... hören: **1. a)** ⟨tr.⟩ *mit dem Gehör wahrnehmen:* eine Stimme h.; ich habe ihn kommen gehört/h. **sinnv.:** vernehmen, verstehen. **b)** ⟨itr.⟩ *in bestimmter Weise fähig sein, mit dem Gehör wahrzunehmen:* gut, schlecht h. **2.** ⟨tr.⟩ **a)** *durch das Gehör in sich aufnehmen und geistig verarbeiten:* ein Konzert, bei jmdm. Vorlesungen h. **sinnv.:** anhören, ↑aufnehmen, besuchen. **b)** *jmdm. aufmerksam zuhören, um sich ein Urteil zu bilden:* man muß beide Parteien h. **sinnv.:** ↑anhören. **3.** ⟨tr.⟩ *bes. im Gespräch mit anderen Kenntnis von etwas bekommen:* hast du etwas Neues gehört?; ich habe gehört, er sei krank; ich habe nur Gutes von ihm/über ihn gehört. **sinnv.:** ↑erfahren. **4.** ⟨itr.⟩ **a)** *eine akustische Wahrnehmung bewußt, aufmerksam verfolgen:* er hörte auf die Glockenschläge. **sinnv.:** ↑achten · ↑horchen. **b)** *jmds. Worten Aufmerksamkeit schenken und sich danach richten:* auf jmdn., jmds. Worte, einen Rat h.; der Junge hört wieder nicht (ugs.; *kommt einer Aufforderung wieder nicht nach).* **sinnv.:** ↑befolgen; ↑gehorchen.

Hö|rer, der; -s, -: **1.** *jmd., der eine Rundfunksendung hört, zuhört:* liebe Hörerinnen und H.! **Zus.:** Radio-, Rundfunk-, Schwarzhörer. **2.** *der Teil des Telefons, den man beim Telefonieren ans Ohr hält, um zu hören, was gesprochen wird:* den H. abheben, auflegen.

Hö|re|rin, die; -, -nen: vgl. Hörer (1).

hö|rig ⟨Adj.⟩: *an jmdn. [triebhaft] sehr stark gebunden und von ihm völlig abhängig, sich seinem Willen völlig unterwerfend:* er ist ihr h. **sinnv.:** ↑unselbständig.

Ho|ri|zont, der; -[e]s, -e: **1.** *Linie in der Ferne, an der sich Himmel und Erde scheinbar berühren:* am H. sind die Alpen sichtbar. **sinnv.:** ↑Firmament. **2.** *geistiger Bereich, den jmd. überblickt und zu bewältigen fähig ist:* einen beschränkten, engen, weiten H. haben. **sinnv.:** ↑Gesichtskreis.

ho|ri|zon|tal ⟨Adj.⟩: *sich in einer waagerechten Linie erstrekkend* /Ggs. vertikal/: horizontale Wanderwege. **sinnv.:** gerade, linear.

Hor|mon, das; -s, -e: *von den Drüsen erzeugter und ins Blut abgegebener Wirkstoff, der spezifisch auf bestimmte Organe einwirkt und deren Funktion reguliert.* **Zus.:** Sexual-, Wachstumshormon.

Horn, das; -[e]s, Hörner und Horne: **1.** ⟨Plural Horne⟩ *harte, von bestimmten Tieren an den Hörnern und Hufen gebildete Substanz.* **2.** ⟨Plural Hörner⟩ *spitzes, oft gebogenes Gebilde am Kopf bestimmter Tiere:* die Hörner des Stiers. **sinnv.:** ↑Geweih. **3.** ⟨Plural Hörner⟩ *Blechblasinstrument* (siehe Bildleiste „Blechblasinstrumente"): er bläst H./[eine Melodie] auf dem H. **Zus.:** Alp-, Englisch-, Jagd-, Waldhorn.

Hor|nis|se, die; -, -n: *großes, der Wespe ähnliches Insekt mit schwarzem Vorderkörper und gelbgeringeltem Hinterleib.*

Hor|ror, der; -s: *etwas (im Bereich der seelischen Empfindung), was jmdn. mit Abscheu, Angst, Furcht, Schrecken, Schauder, Widerwillen erfüllt:* er hatte einen H. vor dem Älterwerden; sie hatte einen H. vor Schlangen. **sinnv.:** ↑Entsetzen.

Hor|ror- ⟨Präfixoid⟩ (emotional): **a)** *Grusel ..., gruselig ..., grausam ..., schreckenerregend ...:* Horrorbild, -film, -geschichte, -literatur, -roman, -story, -streifen *(= Horrorfilm),* -szene. **b)** *schreckliche Vorstellungen, beängstigende Befürchtungen auslösend:* Horrormeldung, -mitteilung, -trip, -vision (die Verdoppelung der Arbeitslosenzahl ist eine H.), -waffen, -zahl (z. B. in bezug auf die Anzahl der Arbeitslosen).

Hör|spiel, das; -[e]s, -e: *für den Rundfunk geschriebenes oder bearbeitetes (ganz aufs Akustische ausgerichtetes) Stück.*

Horst, der; -[e]s, -e: *(in schwer erreichbarer Höhe gebautes) großes Nest großer Vögel:* der Adler kehrte in seinen H. zurück.

Hort, der; -[e]s, -e: **1.** *Heim, in dem Kinder, die sich tagsüber nicht zu Hause aufhalten können, während des Tages unterge-*

bracht, betreut werden können. **sinnv.:** ↑Heim; ↑Kindergarten. **Zus.:** Kinderhort. **2.** ⟨H. + Attribut⟩ *Stätte, wo etwas Bestimmtes besonders gepflegt wird, gedeiht:* ein H. der Freiheit, der Bedrängten und Verfolgten.

hor|ten, hortete, hat gehortet ⟨tr.⟩: *als Vorrat in oft übermäßig großer Menge sammeln und aufbewahren:* Geld, Lebensmittel h. **sinnv.:** anhäufen, hamstern, häufen, sammeln, speichern, zurücklegen; ↑aufbewahren.

Ho|se, die; -, -n ⟨häufig auch im Plural mit singularischer Bedeutung⟩: *Kleidungsstück, das den Körper von der Taille an abwärts und dabei jedes Bein für sich (ganz oder teilweise) bedeckt:* eine enge, kurze, lange H.; die Hose[n] bügeln. **sinnv.:** Beinkleid, Bermudas, Bluejeans, Buxe, Jeans, Shorts. **Zus.:** Bade-, Cord-, Herren-, Latz-, Leder-, Pump-, Reit-, Strumpf-, Trainings-, Turn-, Unterhose.

Ho|steß, Ho|stess, die; -, Hostessen: *sprach-, ortskundige weibliche Angestellte, die auf dem Flugplatz, auf dem Flug, im Hotel, bei einer Veranstaltung, Reisegesellschaft o. ä. Kunden, Gäste betreut.* **sinnv.:** Stewardeß.

Ho|stie, die; -, -n: *runde, dünne Oblate, die bei Abendmahl oder Kommunion den Leib Christi darstellt.*

Ho|tel, das; -s, -s: *größeres Haus, in dem Gäste gegen Bezahlung übernachten [und essen] können:* in einem H. übernachten, absteigen. **sinnv.:** Absteige, Bettenburg, Botel, Gästehaus, Gasthaus, Gasthof, Herberge, Hotel garni, Hotelpension, Jugendherberge, Motel, Pension, Raststätte; ↑Gaststätte. **Zus.:** Luxus,- Nobel-, Sporthotel.

Ho|te|lier [hotə'li̯e:], der; -s, -s: *Eigentümer, Pächter eines Hotels.*

-hu|ber, der; -s, - ⟨Suffixoid⟩: */bezeichnet eine männliche Person leicht geringschätzig in bezug auf das im Basiswort Genannte/:* Geil- (dieses Nacktfoto sollte irgendwelche Geilhuber anturnen), Geschaftl- *(Mann, der unangenehm betriebsam, übertrieben geschäftig ist),* Stoff-, *(Mann, der nur viel Stoff, Material für eine Dokumentation o. ä. gesammelt, aber geistig gar nicht verarbeitet hat),* Zipfelhuber (die Eltern hätten lieber ein Mädchen bekommen, nun aber war es ein Zipfelhuber = *ein Junge*). **sinnv.:** -fritze.

-hu|be|rei, die; -, -en ⟨Suffixoid⟩: */kennzeichnet eine bestimmte Tätigkeit o. ä. geringschätzig als etwas, was in übertriebener Weise auf das im Basiswort Genannte abzielt/:* Angst-, Faktenhuberei.

hübsch ⟨Adj.⟩: **1.** *in Art, Aussehen angenehm; von einer Beschaffenheit, Erscheinung, die Wohlgefallen erregt, jmdm. gefällt, jmds. Zustimmung findet:* ein hübsches Mädchen; eine hübsche Melodie, Landschaft. **sinnv.:** allerliebst, ↑angenehm, anmutig, ↑anziehend, attraktiv, ↑berückend, bestrickend, betörend, bezaubernd, ↑charmant, entzückend, gewinnend, goldig, graziös, gutaussehend, herzig, lieb, lieblich, nett, niedlich, reizend, reizvoll, sauber, ↑schön, süß, traumhaft. **Zus.:** bild-, wunderhübsch. **2.** (ugs.) **a)** *beachtlich [groß]:* eine hübsche Summe Geld; der Ort ist eine hübsche Strecke von hier entfernt. **b)** ⟨verstärkend bei Adjektiven und Verben⟩ *sehr, ziemlich:* er hat noch ganz h. zugelegt; es war ganz h. kalt.

Hub|schrau|ber, der; -s, -: *Flugzeug, das schmale, sich in der Waagerechten drehende Flügel hat und senkrecht startet.* **sinnv.:** Drehflügelflugzeug, Helikopter, Rotorflugzeug.

Huf, der; -[e]s, -e: *mit Horn überzogener unterer Teil des Fußes bei manchen Tieren:* der H. des Pferdes, Rindes. **Zus.:** Hinter-, Pferde-, Vorderhuf.

Huf|ei|sen, das; -s, -: *flaches, gebogenes Stück Eisen, das als Schutz an der Unterseite des Hufes befestigt wird* (siehe Bild).

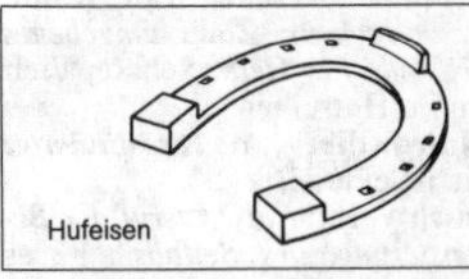
Hufeisen

Hüf|te, die; -, -n: *Teil des Körpers seitlich vom oberen Ende des Schenkels bis zur Taille:* schmale, breite Hüften. **sinnv.:** ↑Flanke.

Hü|gel, der; -s, -: *leicht ansteigende Erhebung, kleiner Berg.* **sinnv.:** ↑Berg.

hü|ge|lig ⟨Adj.⟩: *Hügel, kleinere Erhebungen aufweisend:* eine hügelige Landschaft. **sinnv.:** ↑bergig.

Huhn, das; -[e]s, Hühner: **a)** *größerer, kaum flugfähiger Vogel mit gedrungenem Körper und einem roten Kamm auf dem Kopf, der wegen der Eier und des Fleisches als Haustier gehalten wird.* **sinnv.:** Gickel, Glucke, Hendl, Henne, Hinkel, Küchlein, Küken, Poularde, Poulet; ↑Hahn; ↑Geflügel. **Zus.:** Haus-, Lege,- Mast-, Perl-, Suppen-, Zwerghuhn. **b)** ↑*Henne:* das H. hat ein Ei gelegt.

Hül|le, die; -, -n: *etwas, was einen Gegenstand, Körper zum Schutz o. ä. ganz umschließt:* die H. entfernen. **sinnv.:** Cover, Deckel, Einband, Etui, Futteral, Hülse, Kapsel, Mantel, Scheide; ↑Behälter; ↑Schale, Schutzhülle.

hül|len ⟨tr.⟩: *(mit etwas als Hülle) umgeben:* ich habe das Kind, mich in eine Decke gehüllt. **sinnv.:** ↑einpacken, ein-, verhüllen.

Hül|se, die; -, -n: **1.** *fester, röhrenförmiger Behälter, der einen Gegenstand ganz umschließt:* den Bleistift in die H. stecken. **sinnv.:** ↑Hülle. **Zus.:** Leder-, Metall-, Patronenhülse · Worthülse. **2.** *längliche Frucht bestimmter Pflanzen, in der mehrere runde oder längliche Samen nebeneinander aufgereiht sind:* die H. der Erbsen, Bohnen. **Zus.:** Bohnen-, Erbsenhülse.

hu|man ⟨Adj.⟩: *dem Menschen und seiner Würde entsprechend* /Ggs. inhuman/: eine humane Tat; die Gefangenen h. behandeln. **sinnv.:** ↑menschlich.

hu|ma|ni|tär ⟨Adj.⟩: *auf das Wohlergehen der Menschen gerichtet; auf die Linderung menschlicher Not bedacht, ausgerichtet:* humanitäre Hilfe; humanitäre Aufgaben. **sinnv.:** karitativ; ↑menschlich.

Hu|ma|ni|tät, die; -: *humane Gesinnung, Haltung:* sein Leben war von echter H. erfüllt. **sinnv.:** Barmherzigkeit, Menschenfreundlichkeit, Menschenliebe, Menschlichkeit, Mildtätigkeit, Nächstenliebe, Wohltätigkeit.

Hum|mel, die; -, -n: *größeres Insekt mit rundlichem, dichtbehaartem Körper.*

Hum|mer, der; -s, -: *eine besonders große Art von Krebsen, deren Fleisch als Delikatesse gilt.*

Hu|mor, der; -s: *Gabe eines Menschen, die Unzulänglichkeit der Welt und des Lebens heiter* *und gelassen zu betrachten und zu ertragen:* [keinen] H. haben. **sinnv.:** ↑Heiterkeit, Hohn, Ironie, Sarkasmus, Spott, Zynismus. **Zus.:** Galgenhumor.

hu|mo|ri|stisch ⟨Adj.⟩: *sich durch Humor auszeichnend:* humoristische Darbietungen. **sinnv.:** heiter, humorig, humorvoll, launig, lustig, scherzhaft.

hum|peln, humpelte, ist/hat gehumpelt ⟨itr.⟩: **a)** *auf einem Fuß nicht richtig gehen, auftreten können:* nach dem Unfall hat/ist er noch lange gehumpelt. **sinnv.:** ↑hinken. **b)** *sich hinkend irgendwohin bewegen:* er ist allein nach Hause gehumpelt.

Hund, der; -es, -e: *(bes. wegen seiner Wachsamkeit und Anhänglichkeit) als Haustier gehaltenes, kleines bis mittelgroßes Tier, das bellen und durch Beißen angreifen, sich wehren kann:* ein bissiger H.; der H. bellt, beißt. **sinnv.:** Kläffer, Köter, Promenadenmischung, Töle, Wauwau · Rüde, Hündin. **Zus.:** Blinden-, Hirten-, Jagd-, Polizei-, Schäfer-, Schoß-, Wachhund.

hun|de-, Hun|de- ⟨Präfixoid, auch das Basiswort wird betont⟩ (ugs. verstärkend) /dient der negativen Kennzeichnung und drückt Ablehnung aus/: **1.** ⟨adjektivisch⟩ *überaus, sehr, in ganz besonderer Weise:* hundeelend, -kalt, -müde. **2.** ⟨substantivisch⟩ **a)** *überaus schwer, groß:* Hundearbeit, -kälte. **b)** *sehr schlecht, minderwertig:* Hundefraß, -leben, -lohn, -wetter.

hun|dert ⟨Kardinalzahl⟩: 100: h. Personen.

hun|dert|pro|zen|tig ⟨Adj.⟩: *bis aufs letzte, ganz und gar:* ich kann mich h. auf ihn verlassen; die Kapazität der Maschine wird h. ausgenützt. **sinnv.:** ↑ganz.

hun|dertst... ⟨Ordinalzahl⟩: 100.: der hundertste Besucher.

Hü|ne, der; -n, -n: *sehr großer, breitschultriger Mann.* **sinnv.:** ↑Riese.

Hun|ger, der; -s: *Bedürfnis nach Nahrung; Verlangen, etwas zu essen:* H. bekommen; großen H. haben. **sinnv.:** ↑Appetit. **Zus.:** Bären-, Heiß-, Mords-, Riesenhunger.

hun|gern ⟨itr.⟩: **a)** *Hunger leiden, ertragen:* im Krieg mußte die Bevölkerung h. **sinnv.:** darben, nichts zu essen haben, am Hungertuch nagen, schmachten. **b)** (geh.) *Hunger haben, empfinden:* mich hungert. **sinnv.:** ausgehungert/hungrig sein, Kohldampf haben, jmdm. knurrt der Magen.

hung|rig ⟨Adj.⟩: *Hunger empfindend:* h. sein. **Zus.:** heißhungrig.

-hung|rig ⟨adjektivisches Suffixoid⟩: *starkes Verlangen, Bedürfnis nach dem im Basiswort Genannten habend und danach strebend, es besonders begehrend, es mit einem gewissen Eifer zu erlangen suchend:* abenteuer- *(Abenteuer suchend, gern erlebend),* ball- (ein ballhungriger Teenager), bildungs-, bräunungs-, devisen-, erlebnis-, ferien-, fortschritts-, geld-, land-, lebens-, leistungs-, lese-, licht-, luft-, macht-, reise-, sensations-, sex-, sinnes-, sonnen-, tanz-, wissenshungrig. **sinnv.:** -begierig, -durstig, -geil, -süchtig.

Hu|pe, die; -, -n: *Vorrichtung an Fahrzeugen, mit der hörbare Signale gegeben werden können:* die H. betätigen; [bei Gefahr] auf die H. drücken. **sinnv.:** Horn, Martinshorn, Nebelhorn. **Zus.:** Auto-, Lichthupe.

hu|pen ⟨itr.⟩: *mit der Hupe ein Signal ertönen lassen:* der Fahrer hupte mehrmals. **sinnv.:** tuten · Hupkonzert.

hüp|fen ⟨itr.⟩: *kleine Sprünge machen, sich in kleinen Sprüngen fortbewegen:* die Kinder hüpften vor Freude; der Frosch hüpft durch das Gras. **sinnv.:** ↑springen.

Hür|de, die; -, -n: **1.** *Hindernis, über das der Läufer oder das Pferd bei entsprechenden sportlichen Wettbewerben springen muß:* eine H. nehmen. **sinnv.:** Absperrung, Barriere, Barrikade, Mauer, Schlagbaum, Schranke, Verhau, Wall, Wand. **2.** *von einem Zaun umgebenes Gelände für Tiere:* Schafe, Vieh in die H. treiben.

Hu|re, die; -, -n: ↑*Prostituierte:* sie ist eine H.

hur|ra ⟨Interj.⟩: */Ausruf der Begeisterung, des Beifalls/:* h., es hat geschneit!

hur|tig ⟨Adj.⟩: *flink und behende in der Bewegung:* h. laufen, arbeiten. **sinnv.:** ↑schnell.

hu|schen, huschte, ist gehuscht ⟨itr.⟩: *sich lautlos und flink fortbewegen:* leise huschte das Mädchen ins Zimmer; schnell über die Straße h. **sinnv.:** sich ↑fortbewegen.

hü|steln ⟨itr.⟩: *mehrmals kurz und schwach husten:* ärgerlich, verlegen h. **sinnv.:** ↑husten.

hu|sten, hustete, hat gehustet ⟨itr.⟩: *(infolge einer krankhaften Reizung der Atemwege) Luft mehr oder weniger laut anfallartig aus der Lunge durch den offenen Mund nach draußen stoßen:* er ist erkältet und hustet stark. **sinnv:** bellen, hüsteln, krächzen, sich räuspern.

Hu|sten, der; -s: *durch Erkältung hervorgerufene Krankheit, bei der jmd. oft und stark husten muß.* **sinnv.:** ↑Erkältung. **Zus.:** Keuch-, Raucherhusten.

Hut, der; -[e]s, Hüte: *aus einem geformten Teil für den Kopf bestehende Kopfbedeckung, die meist mit einer Krempe versehen ist:* den H. abnehmen, aufsetzen. **sinnv.:** ↑Kopfbedeckung. **Zus.:** Damen-, Doktor-, Filz-, Jäger-, Schlapp-, Sommer-, Strohhut.

hü|ten, hütete, hat gehütet: **1.** ⟨tr.⟩ *darauf aufpassen, achten, daß jmd./etwas nicht geschädigt wird oder keinen Schaden verursacht:* das Vieh [auf der Weide] h.; die Kinder h. **sinnv.:** ↑beaufsichtigen. **2.** ⟨sich h.⟩ *(jmdm./einer Sache gegenüber) sehr vorsichtig sein und sich in acht nehmen:* hüte dich vor dem Hund, vor falschen Schritten; hüte dich davor, so etwas zu tun. **sinnv.:** sich ↑vorsehen.

Hüt|te, die; -, -n: *kleines, einfaches, meist nur aus einem Raum bestehendes Haus:* eine kleine, niedrige H.; die Wanderer übernachteten in einer H. im Gebirge. **sinnv.:** ↑Haus. **Zus.:** Alm-, Bambus-, Bau-, Block-, Holz-, Hunde-, Jagd-, Lehm-, Nissen-, Schäfer-, Senn-, Skihütte.

hutz|lig ⟨Adj.⟩: *viele Falten, Runzeln habend:* hutzliges Obst; ein altes hutzliges Männlein. **sinnv.:**↑faltig.

Hyä|ne, die; -, -n: *einem Hund ähnliches Tier mit borstiger Rükkenmähne und buschigem Schwanz, das sich überwiegend von Aas ernährt und nachts auf Beute ausgeht.*

Hya|zin|the, die; -, -n: *(aus einer Zwiebel herauswachsende) Pflanze mit langen, schmalen Blättern und einer großen, stark duftenden, aus vielen einzelnen Blüten bestehenden Blütentraube.*

Hy|gie|ne, die; -: *Gesamtheit der Maßnahmen zur Sauberhaltung, zur Erhaltung und Hebung* *des Gesundheitszustands, zur Verhütung und Bekämpfung von Krankheiten.* **Zus.:** Ehe-, Körper-, Sexualhygiene.

hy|gie|nisch ⟨Adj.⟩: *die Hygiene betreffend, auf ihr beruhend; hinsichtlich der Sauberkeit einwandfrei und für die Gesundheit nicht schädlich:* etwas ist h. verpackt. **sinnv.:** ↑sauber.

Hym|ne, die; -, -n: **1.** *feierliches, preisendes Gedicht.* **sinnv.:** ↑Gedicht. **2.** *Gesangs- oder Instrumentalstück von besonders feierlichem Ausdruck.* **Zus.:** Landes-, Nationalhymne.

hy|per-, Hy|per- ⟨Präfix⟩ *über das normale, übliche Maß o. ä. weit hinausgehend:* **1.** (emotional verstärkend) /im Unterschied zu super- oft als negative, kritisch-mißbilligende Bewertung/ **a)** ⟨adjektivisch⟩ *das im Basiswort Genannte über die Maßen, in äußerster oder übertriebener Weise seiend; übermäßig:* hyperaktuell, -elegant, -empfindlich, -korrekt, -kritisch, -laut, -modern, -modisch, -mondän, -nationalistisch, -nervös, -schnell, -sensibel. **b)** ⟨substantivisch⟩ *in besonderem Maße ausgeprägt, groß, stark:* Hypercharakterisierung, -format, -korrektheit, -kritik, -kultur, -modernität, -realist, -sensibilität, -sexualität, -vitalisierung. **c)** ⟨selten: verbal⟩ *das im Basiswort Genannte in übermäßiger Weise tun:* hypersensibilisieren, -vitalisieren. **sinnv.:** erz-, hoch-, super-, supra-, über-, ultra-. **2.** /in Fachsprachen/ *besonders stark, gesteigert; übermäßig, zuviel* (Ggs. hypo-, Hypo-) hyperchrom, Hyperfunktion, Hypertonie, Hypertrophie.

Hy|per|bel, die; -, -n: /eine geometrische Figur/ (siehe Bildleiste „geometrische Figuren", S. 292).

Hyp|no|se, die; -, -n: *dem Schlaf oder Halbschlaf ähnlicher, durch Suggestion hervorgerufener Zustand:* jmdn. in H. versetzen.

hyp|no|ti|sie|ren ⟨tr.⟩: *jmdn. in Hypnose versetzen:* der Arzt hypnotisierte den Patienten.

hy|po-, Hy|po- ⟨adjektivisches und substantivisches Präfix⟩ *unter, darunter* /in Fachsprachen/ *weniger als das Übliche, unter dem Normalen (Anzahl, Grad, Norm) liegend* (Ggs. hyper-, Hyper-): hypochrom, Hypofunktion, Hypotonie, Hypotrophie. **sinnv.:** sub-.

Hy|po|the|se, die; -, -n: *Annahme, Aussage, die noch nicht bewiesen ist [aber als Grundlage für weitere wissenschaftliche Forschung dient]:* eine H. aufstellen, widerlegen. **sinnv.:** ↑Ansicht; ↑Behauptung.

Hy|ste|rie, die; -: *starke, krankhafte Aufregung, Erregtheit:* sie litt an H. **Zus.:** Massenhysterie.

hy|ste|risch ⟨Adj.⟩: *in übertriebener Weise aufgeregt; in krankhafter Weise reizbar:* h. schreien; eine hysterische Frau. **sinnv.:** ↑gemütskrank.

I

-i ⟨Suffix⟩: **1.** der; -s, -s (Jargon) */gutmütig abschwächend in bezug auf eine männliche Person/:* Alki *(= Alkoholiker),* Antiimpi *(= Antiimperialist),* Drogi *(= Drogenabhängiger),* Feldi *(= Feldwebel),* Ini *(= jmd. der zur Bürgerinitiative gehört),* Knacki *(jmd., der zu einer Strafe „verknackt" worden ist und in der Vollzugsanstalt ist),* Knasti *(= jmd. aus dem Knast),* Schlaffi/Schlappi *(= schlapper, antriebschwacher Mann),* Schwuli *(= Schwuler),* Sponti (= *jmd., der einer undogmatischen linksgerichteten Gruppe angehört*), Sympi *(= Sympathisant),* Transi *(= Transvestit).* **2.** *der und die; bei Namen als Ausdruck der Liebe oder Zuneigung:* Bruni (für: Brunhilde), Ecki (für: Eckehard), Klausi (für: Klaus), Wolfi (für: Wolfgang); /bei Nachnamen/ Bolli (für: Boltenhagen), Lindi (für: Udo Lindenberg), Sterzi (für: Sterzenbach).

-ia|de, die; -, -n ⟨Suffix⟩ **1. a)** */bezeichnet eine Handlung, Gestaltung, einen Vorgang in der Art der im Basiswort genannten Person oder Sache/:* Boccacciade *(Film in der Art einer Erzählung des Boccaccio),* Eisenbartiade (Ruhmestaten und Eisenbartiaden; nach einem Arzt Dr. Eisenbart), Galoppiade, Hanswurstiade, Harlekiniade, Historiade, Kneippiade, Köpenickiade *(geschickte Täuschung in der Art der des Hauptmanns von Köpenick),* Münchhausiade. **sinnv.:** -ade. **b)** */bezeichnet eine für die im Basiswort genannte Person typische Handlung/:* die jüngste Bondiade (von James Bond); die neueste Wallraffiade *(Untersuchung nach der Art von Günter Wallraff).* **2.** */bezeichnet eine Veranstaltung, einen Wettbewerb, der durch das im Basiswort Genannte in seiner Art gekennzeichnet wird/:* Olympiade, Schubertiade *(Musikwettbewerb mit Werken Franz Schuberts),* Spartakiade *(Sportwettkampf),* Trimmiade *(Trimmwettbewerb),* Universiade *(Sportwettkampf von Studenten).*

-i|cal [...ıkl], das; -s, -s ⟨Suffix⟩: */kennzeichnet eine Darbietung (z. B. Bühnenstück, Film) wegen ihres Showcharakters oder ihrer entsprechenden Effekte auf scherzhaft-ironische Weise als eine Art Musical mit den im Basiswort genannten entsprechenden charakteristischen Elementen/:* Biblical (das Fernsehen zeigt ein musikalisches Biblical = *Fernsehstück mit biblischer Thematik*), Clownical, Grusical *(Film mit gruseligen Effekten),* Morbidical, Mysterical, Olympical, Schmusical, Suizidical (die 4. Folge des Suizidicals „Die Mitschüler" = *Fernsehfilm, in dem ein Suizid vorkommt*).

ich ⟨Personalpronomen⟩: */bezeichnet die eigene Person/:* ich lese; ich Dummkopf!; Menschen wie du und ich; ich für mein/meinen Teil.

-id: ↑-oid.

ide|al ⟨Adj.⟩: *den höchsten Vor-*

stellungen entsprechend; von einer Art, wie sie (für bestimmte Zwecke) nicht besser vorstellbar ist: ein idealer Partner; ideale Bedingungen; die Voraussetzungen waren i. **sinnv.:** ↑geeignet; ↑vollkommen.

Ide|al, das; -s, -e: *Inbegriff des Vollkommenen, höchstes erstrebtes Ziel:* einem I. nachstreben. **sinnv.:** Muster. **Zus.:** Lebens-, Menschheits-, Schönheitsideal.

idea|li|sie|ren ⟨tr.⟩: *(von der Unvollkommenheit in der Wirklichkeit absehend) Personen und Sachen für schöner, besser halten oder schöner und besser darstellen, als sie sind:* in seinem Buch hat der Verfasser die Antike idealisiert. **sinnv.** ↑loben.

Idea|lis|mus, der; -: **1.** *der Glaube an Ideale, das Streben nach Verwirklichung dieser Ideale und die Neigung, die Wirklichkeit nicht zu sehen, wie sie ist, sondern wie sie sein sollte:* von jugendlichem I. erfüllt; sie ist aus I. *(Liebe zum Nächsten)* Krankenschwester geworden. **sinnv.:** ↑Begeisterung; ↑Hingabe. **2.** *philosophische Lehre, die die Idee als das objektiv Wirkliche bestimmt und in der Materie eine Erscheinungsform des Geistes sieht; die von dieser Lehre bestimmten Richtungen in Kunst und Wissenschaft* /Ggs. Materialismus/: der deutsche I. des 18. Jahrhunderts.

Idea|list, der; -en, -en, **Idea|listin,** die; -, -nen: *männliche bzw. weibliche Person, die selbstlos, dabei aber auch die Wirklichkeit etwas außer acht lassend, nach der Verwirklichung bestimmter Ideale strebt.* **sinnv.:** ↑Optimist.

idea|li|stisch ⟨Adj.⟩: **1.** *an Ideale glaubend, nach der Verwirklichung von Idealen strebend:* ein idealistischer junger Arzt. **sinnv.:** ↑selbstlos. **2.** *durch die philosophische Lehre von den Ideen als dem objektiv Wirklichen geprägt* /Ggs. materialistisch/: die idealistische Philosophie, Weltanschauung.

Idee, die; -, Ideen: *Gedanke, Einfall:* eine gute, geniale I.; auf eine I. kommen; eine I. haben. **sinnv.:** ↑Bedeutung; ↑Einfall; ↑Handlung; ↑Spleen. **Zus.:** Geschenk- Gottes-, Grund-, Haupt-, Heils-, Kreuzzugs-, Leit-, Lieblings-, Reform-, Schnaps-, Staats-, Wahn-, Zwangsidee.

ide|ell ⟨Adj.⟩: *geistig; nicht materiell:* etwas aus ideellen Gründen tun. **sinnv.:** ↑gedanklich.

iden|ti|fi|zie|ren ⟨tr.⟩: **1.** *die Identität, Echtheit einer Person oder Sache feststellen:* einen Toten i. **sinnv.:** ↑erkennen. **2.** ⟨sich i.⟩ *jmds. Anliegen/etwas zu seiner eigenen Sache machen; aus innerlicher Überzeugung voll mit jmdm./etwas übereinstimmen:* sich mit seinem Staat, mit den Beschlüssen der Partei i. **sinnv.:** sich hinter etwas/jmdn. stellen; ↑eintreten für.

iden|tisch ⟨Adj.⟩: *völlig gleich, übereinstimmend, eins.* **sinnv.:** ↑ähnlich, der- /die-/ dasselbe, gleich, kongruent, übereinstimmend, zusammenfallend.

Iden|ti|tät, die; -: *Echtheit einer Person oder Sache, völlige Übereinstimmung mit dem, was sie ist oder als was sie bezeichnet wird:* die I. des tot aufgefundenen Mannes feststellen. **sinnv.:** ↑Deckung; ↑Gleichheit.

Ideo|lo|ge, der; -n, -n: *[exponierter] Vertreter oder Lehrer einer Ideologie.* **sinnv.:** ↑Vordenker. **Zus.:** Chef-, Parteiideologe.

Ideo|lo|gie, die; -, Ideologien: **1.** *an eine soziale Gruppe o. ä. gebundene Weltanschauung, Grundeinstellung, Wertung.* **2.** *politische Theorie, in der bestimmte Ideen der Erreichung politischer und wirtschaftlicher Ziele dienen.* **sinnv.:** ↑Denkart. **Zus.:** Partei-, Rassen-, Staatsideologie.

ideo|lo|gisch ⟨Adj.⟩: *eine Ideologie betreffend.*

Idi|ot, der; -en, -en: *jmd., dessen Verhalten, Benehmen als in ärgerlicher Weise dumm o. ä. angesehen wird:* so ein I.! **sinnv.:** ↑Dummkopf. **Zus.:** Halb-, Vollidiot.

Idio|tie, die; -, Idiotien: **a)** ⟨ohne Plural⟩ *Geisteskrankheit, Schwachsinn.* **sinnv.:** ↑Wahnsinn. **b)** *(im Urteil des Sprechers) dummes, törichtes Verhalten:* du willst ein halbes Jahr vor dem Abitur die Schule verlassen? Aber das ist doch eine I.! **sinnv.:** ↑Unsinn.

idio|tisch ⟨Adj.⟩ (emotional): *in ärgerlicher Weise unsinnig:* ein idiotischer Plan; es war i., das zu tun. **sinnv.:** ↑dumm; ↑geistesgestört.

Idol, das; -s, -e: *jmd., den man schwärmerisch als Vorbild verehrt:* er ist das I. der Teenager. **sinnv.:** Abgott, Ideal, Publikumsliebling, Schwarm; ↑Götze. **Zus.:** Film-, Sportidol.

Idyll, das; -s, -e: *Bereich, Zustand eines friedlichen und einfachen Lebens in meist ländlicher Einsamkeit:* ein dörfliches I.

idyl|lisch ⟨Adj.⟩: *voll Harmonie und Frieden:* dieses Tal liegt sehr i. **sinnv.:** beschaulich, bukolisch, friedlich; ↑gemütlich.

-ier [-ie:], der; -s, -s ⟨Suffix⟩ /dient in Verbindung mit einem substantivischen Basiswort zur Bildung von Personenbezeichnungen/ (in neuen Bildungen meist scherzhaft oder ironisch): **a)** *jmd., der das im Basiswort Genannte hat, dafür zuständig ist:* Bankier, Bordellier, Brigadier *(= jmd., der eine Arbeitsbrigade leitet),* Garderobier, Hotelier, Kantinier, Klamottier *(= jmd., der die „Klamotten" [= Bühnengarderobe] verwaltet),* Kneipier, Lappier *(= Bankier; der für „Lappen" [= Geldscheine] zuständig ist),* Liftier *(= jmd., der einen Lift bedient),* Lottier *(= jmd., der für das Lotto zuständig ist).* **b)** *jmd., für den das im Basiswort Genannte – meist in bezug auf seine Tätigkeit – charakteristisch ist:* Grimmassier, Kitschier, Pleitier *(= jmd., der Pleite gemacht hat),* Romancier *(= jmd., der Romane schreibt),* Schmalzier *(= jmd., der „Schmalz" [= Sentimentales] produziert),* Schnulzier *(= jmd., der Schnulzen produziert).* **sinnv.:** -ant, -ende, -er, -inski, -ling.

-ie|ren ⟨verbales Suffix⟩: *zu dem im adjektivischen oder substantivischen – meist fremdsprachlichen – Basiswort Genannten machen, in einen entsprechenden Zustand versetzen:* attraktivieren *(attraktiv machen),* effektivieren *(effektiv machen),* komplettieren, legitimieren *(legitim machen),* negativieren, relativieren, tabuieren *(zu einem Tabu machen)* /auch in Verbindung mit ver-/: verabsolutieren. **sinnv.:** ↑-isieren.

-ierung, -[at]ion: ↑-[at]ion/ierung.

-ig ⟨adjektivisches Suffix⟩: **1. a)** /in Zusammenbildungen mit adjektivischem Attribut und Substantiv/ *das im Basiswort Genannte habend:* bravgesichtig, dickschalig *(= eine dicke Schale habend),* dreifenstrig, feinnervig, großflächig, großflockig, großformatig, großohrig, hochhackig, höherklassig, langzinkig, mehrgeschossig, raschwüchsige Sonnenblume, rotgesichtig, schmalfenstrig, schmallippig, schnellfüßig, schwarzbärtig, weißrindig. **b)** *das im substantivischen Basiswort Genannte habend, damit versehen:* glatzköpfig *(einen Glatzkopf habend),* mitternächtig, sommersprossig, schweißig, übergewichtig, vorschulaltrig. **2. a)** *in der Art des im substantivischen Basiswort genannten, ihm ähnlich, gleichend:* erdbrockig *(= wie ein Erdbrokken),* flegelig, freakig, gemeinplätzig, jazzig, kerlig, krawallig, kumpelig, mackerig. **sinnv.:** -al/-ell, -artig. **b)** *in der Art des im verbalen Basiswort Genannten:* flirrig, kicherig, klimprig, knakkig, knarrig (Schaukelstuhl), lallig, rauschig, stinkig, triefig.

Igel, der; -s, -: *braunes, Stacheln tragendes, kurzbeiniges Säugetier, das sich bei Gefahr zu einer stachligen Kugel zusammenrollt.*

-ig|keit, die; -, -en: /Ableitung von Adjektiven auf -haft oder -los und von einigen einsilbigen Adjektiven sowie von zwei- oder dreisilbigen, die mit ge- oder be- beginnen; sonst -heit oder -keit; vgl. -keit, -ung/-heit/: **1.** auf -haft: Lebhaftigkeit. **2.** auf -los: Hilflosigkeit, Kopflosigkeit, Lautlosigkeit, Schwerelosigkeit. **3.** Basis sind Adjektive, die auf -e auslauten, oder Adjektive, die früher auf -e auslauteten und nun einsilbig geworden sind: Bangigkeit, Engigkeit, Festigkeit, Helligkeit, Leichtigkeit, Müdigkeit, Schnelligkeit, Sprödigkeit, Zähigkeit. **4.** bei mit ge- oder be- beginnenden: Behendigkeit, Genauigkeit, Gerechtigkeit.

-ig/-lich: ↑-lich/-ig.

Igno|rant, der; -en, -en, **Igno|ran|tin,** die; -, -nen: *männliche bzw. weibliche Person, die ohne Sachkenntnis ist, aber trotzdem auf dem betreffenden Gebiet handelt, urteilt:* er bezeichnete ihn als kulturlosen Ignoranten. **sinnv.:** ↑Amateur, Banause, Barbar, ↑Dummkopf, Einfaltspinsel, Trottel.

Igno|ranz, die; -: *Unwissenheit, Unkenntnis auf einem Gebiet, auf dem man von dem Betreffenden eine gewisse Sachkenntnis erwartet:* er ärgerte sich ständig über I. und Unfähigkeit bei den Verantwortlichen; ihr Kommentar zu diesem Thema zeugt von haarsträubender I. **sinnv.:** Ahnungslosigkeit, ↑Unkenntnis.

igno|rie|ren ⟨tr.⟩: *nicht beachten, nicht zur Kenntnis nehmen:* sie hat ihn, es ignoriert. **sinnv.:** nicht [mehr] ansehen, keine Beachtung schenken, keines Blikkes würdigen, hinwegsehen/sich hinwegsetzen über, sich über etwas hinwegtäuschen, links liegenlassen, wie Luft behandeln, mit Nichtachtung/Verachtung strafen, keine Notiz nehmen von, schneiden, übersehen, ↑verachten.

ihm ⟨Dativ⟩: zu ↑er, ↑es: wie geht es i. (dem Patienten, dem Kind)?

ihn ⟨Akk.⟩: zu ↑er: hast du i. (den Vater) gesehen?

ih|nen ⟨Dativ⟩: zu ↑sie: das kommt i. (den Männern, Frauen, Kindern) sehr gelegen.

Ih|nen ⟨Dativ⟩: zu ↑Sie: darin stimme ich mit I. überein, meine Dame[n], mein[e] Herr[en].

ihr: I. ⟨Personalpronomen⟩: **1.** */bezeichnet angeredete vertraute Personen/:* ihr habt den Nutzen davon; ihr Deutschen. **2.** ⟨Dativ⟩: zu ↑sie: ich habe i. (der Tochter) ein Kleid gekauft. **II.** ⟨Possessivpronomen⟩: */bezeichnet ein Besitz- oder Zugehörigkeitsverhältnis einer weiblichen oder mehrerer Personen/:* ihr Kleid ist zu lang; ihre (der Nachbarn) Hunde; ⟨substantiviert:⟩ das Ihre *(das ihr Gehörende, Zukommende).*

Ihr ⟨Possessivpronomen⟩: */bezeichnet ein Besitz- oder Zugehörigkeitsverhältnis zu einer oder mehreren mit „Sie" angeredeten Personen/:* wo steht I. Wagen?; ⟨substantiviert:⟩ das Ihre.

ih|rer ⟨Gen.⟩: zu ↑sie: man gedachte i. (der Mutter, der Vorfahren).

Ih|rer ⟨Gen.⟩: zu ↑Sie.

-ik, die; -, -en ⟨Suffix⟩ **1.** */bezeichnet die durch das Basiswort gekennzeichnete Beschaffenheit, das Wesen, Verhalten als etwas Ganzheitliches/:* Bombastik, Chaotik, Dogmatik, Egozentrik, Erotik (mit E. in der Stimme), Exotik, Exzentrik, Hektik, Heroik, Idyllik, Lakonik, Phantastik, Realistik, Spezifik, Theatralik. **2.** */eine Gesamtheit bezeichnend/:* Begriffspyramidik, Biographik, Erotik (der Bereich der E.), Essayistik, Gestik, Hygienik (die Fortschritte der H.), Kombinatorik, Mimik *(Mienenspiel),* Obligatorik *(Stoff der Pflichtfächer),* Ökonomik, Prognostik, Programmatik, Thematik *(Themenkreis; der allgemeine gedankliche Inhalt für eine Darlegung),* Touristik; /als Fachgebiet, Kulturepoche/: Elektronik, Gotik, Hispanistik, Informatik, Kybernetik, Linguistik, Optik, Pädagogik, Physiognomik, Publizistik, Romantik, Romanistik, Russistik. **sinnv.:** -ie, -ion, -ismus, -izität.

-i|ker, der; -s, - ⟨Suffix⟩: *männliche Person, die durch das im Basiswort Genannte charakterisiert wird:* Alkoholiker *(jmd., der gewohnheitsmäßig und in größeren Mengen Alkohol trinkt, alkoholabhängig ist),* Asthmatiker *(jmd., der an Asthma leidet),* Choleriker, Diabetiker *(jmd., der Diabetes, die Zuckerkrankheit hat),* Exzentriker, Fanatiker *(jmd., der fanatisch ist),* Gichtiker *(jmd., der Gicht hat),* Hektiker, Ironiker, Rhythmiker, Satiriker *(jmd., der Satiren schreibt, satirisch ist),* Zyniker. **sinnv.:** -er, -inski, -ist, -ling.

il- ⟨adjektivisches Präfix; vor Adjektiven, die mit l anlauten⟩: *un-, nicht-* /vgl. in-/: illegal, illegitim, illiberal, illiquid, illoyal.

il|le|gal ⟨Adj.⟩: *ungesetzlich, ohne behördliche Genehmigung,* /Ggs. legal/: illegale Geschäfte. **sinnv.:** ↑gesetzwidrig.

il|le|gi|tim ⟨Adj.⟩: *unrechtmäßig, im Widerspruch zur Rechtsordnung [stehend], nicht im Rahmen bestehender Vorschriften [erfolgend]* /Ggs. legitim/: eine Regierung für i. erklären; ein illegitimes *(nichteheliches)* Kind. **sinnv.:** ↑gesetzwidrig; ↑unehelich.

Il|lu|mi|na|ti|on, die; -, -en: *festliche Beleuchtung:* die I. der Straßen in den Wochen vor Weihnachten.

il|lu|mi|nie|ren ⟨tr.⟩: *festlich erleuchten:* zur Feier des Tages wurden abends die Straßen illuminiert. **sinnv.:** anleuchten, anstrahlen, bestrahlen.

Il|lu|si|on, die; -, -en: *Einbildung, falsche Hoffnung:* sich keine Illusionen machen; jmdm. seine Illusionen lassen, rauben. **sinnv.:** ↑Einbildung. **Zus:** Raum-, Theater-, Tiefenillusion.

il|lu|so|risch ⟨Adj.⟩: **a)** *nur in der Illusion existierend:* sie trug sich mit illusorischen Hoffnungen. **sinnv.:** ↑trügerisch. **b)** *gegenstandslos:* die veränderten Umstände machten unser ganzes Vorhaben i. **sinnv.:** ↑nutzlos; ↑wirkungslos.

il|lu|strie|ren ⟨tr.⟩: **1.** *mit Bildern ausschmücken:* ein Märchenbuch i. **sinnv.:** bebildern; ↑zeichnen. **2.** *erläutern, deutlich machen:* den Vorgang an einem Beispiel i. **sinnv.:** ↑veranschaulichen.

Il|lu|strier|te, die; -n, -n ⟨ohne bestimmten Artikel im Plural: [viele] Illustrierte⟩: *Zeitschrift mit Bildern und Artikeln allgemein interessierenden und unterhaltenden Inhalts.* **sinnv.:** ↑Zeitschrift.

im: ⟨Verschmelzung von *in* + *dem*⟩: **1.** *in dem:* **a)** /die Verschmelzung kann aufgelöst werden/: im Garten. **b)** /die Verschmelzung kann nicht aufgelöst werden/: im Oktober; im Grunde. **2.** ⟨in Verbindung mit *sein* und einem substantivierten Infinitiv⟩ /die Verschmelzung kann nicht aufgelöst werden; bildet die Verlaufsform/: im Vorübergehen.

im- ⟨adjektivisches Präfix; vor Adjektiven, die mit m oder p anlauten⟩: *un-, nicht-* /vgl. in-/: immateriell, immobil, implausibel, impotent.

Image ['ımıdʒ], das; -[s], -s: *das Bild, das sich ein einzelner oder eine Gruppe von einem einzelnen, einer Gruppe oder Sache macht; feste Vorstellung vom Charakter oder von der Persönlichkeit:* das I. eines Politikers prägen; diese Vorfälle haben dem I. der Bundesrepublik sehr geschadet. **sinnv.:** ↑Ansehen.

Im|biß, der; Imbisses, Imbisse: *kleine Mahlzeit:* einen I. einnehmen. **sinnv.:** ↑Essen. **Zus.:** Schnellimbiß.

Imi|ta|ti|on, die; -, -en: *[minderwertige] Nachahmung:* die Brosche, die sie trug, sah nach I. aus. **sinnv.:** Abklatsch, Attrappe, Klischee, Kopie, Nachahmung, Nachbildung, Schablone · Parodie, Travestie; ↑Fälschung. **Zus.:** Leder-, Tierstimmenimitation.

imi|tie|ren ⟨tr.⟩: ↑*nachahmen:* die Stimme eines Vogels, einen Clown i.

Im|ker, der; -s, -, **Im|ke|rin,** die; -, -nen: *männliche bzw. weibliche Person, die Bienen züchtet.* **sinnv.:** Bienenvater, Bienenzüchter.

im|ma|tri|ku|lie|ren ⟨tr./sich i.⟩: *in die Liste der eine Hochschule besuchenden Studenten eintragen:* ich habe mich immatrikuliert, mich i. lassen. **sinnv.:** sich einschreiben, sich in die Matrikel einschreiben/eintragen; ↑anmelden.

im|mens ⟨Adj.⟩: *staunens-, bewundernswert groß; unermeßlich [groß]:* ein immenser Vorrat an Anekdoten; immenses Glück gehabt haben. **sinnv.:** ↑gewaltig.

im|mer ⟨Adverb⟩: *gleichbleibend oder sich jeweils wiederholend:* sie ist i. fröhlich. **sinnv.:** chronisch; ↑ewig; ↑generell; ↑unaufhörlich.

im|mer|hin ⟨Adverb⟩: *auf jeden Fall, wenigstens* er hat sich i. Mühe gegeben. **sinnv.:** ↑aber, ↑allerdings, freilich, jedenfalls, schließlich, wohl.

im|mer|zu ⟨Adverb⟩: *ständig [sich wiederholend], immer wieder:* er ist i. krank. **sinnv.:** ↑unaufhörlich.

Im|mo|bi|li|en, die ⟨Plural⟩: *nicht bewegliche Güter (z.B. Häuser, Grundstücke) (im Gegensatz zu beweglichen Gegenständen):* mit I. handeln. **sinnv.:** Grundeigentum, Grund [und Boden], Grundvermögen, Land, Landbesitz, Liegenschaft, unbewegliches Vermögen; ↑Grundstück; ↑Besitz.

im|mun ⟨Adj.; nicht adverbial⟩: **1.** *widerstandsfähig gegen bestimmte Krankheitserreger:* i. sein. **sinnv.:** ↑widerstandsfähig. **2.** *(als Abgeordneter, Diplomat) gesetzlichen Schutz vor strafrechtlicher Verfolgung genießend.*

im|mu|ni|sie|ren ⟨tr.⟩: *immun* (1) *machen:* wer diese Krankheit übersteht, bleibt für immer gegen ihre Erreger immunisiert. **sinnv.:** feien, schützen.

Im|mu|ni|tät, die; -: **1.** *Widerstandskraft (gegenüber Giften oder den Erregern von Krankheiten):* dieses Mittel bewirkt eine mehrere Jahre andauernde I. gegen eine Infektion. **sinnv.:** Abgehärtetsein, Abhärtung, Gefeitsein, Gestähltsein, Resistenz, Unempfänglichkeit, Unempfindlichkeit, Widerstandsfähigkeit. **2.** *(bei Abgeordneten, Diplomaten) durch Gesetz garantierter Schutz vor Strafverfolgung:* die I. eines Abgeordneten aufheben.

Im|pe|ria|lis|mus, der; -: *Streben einer Großmacht nach ständiger Ausdehnung ihrer Macht und ihres Einflusses.* **sinnv.:** Expansionsstreben, Weltmachtstreben.

-im|pe|ri|um, das; -s, -imperien ⟨Suffixoid⟩: *weit ausgebautes Macht- und Herrschaftsgebiet in bezug auf das im Basiswort Genannte (Bereich oder Besitzer):* Bier-, Finanz-, Ford-, Gastronomie-, Industrie-, Kirch-, Öl-, Playboy-, Textil-, Schiffahrts-, Zigarettenimperium.

im|per|ti|nent ⟨Adj.⟩: *in herausfordernder Weise frech, unverschämt:* er lümmelte sich mit impertinenter Lässigkeit in den Sessel; er hatte eine impertinente Art aufzufallen.

imp|fen ⟨tr.⟩: *[jmdm.] einen Schutzstoff gegen eine bestimmte gefährliche Krankheit zuführen:* Kinder [gegen Pocken] i. **Zus.:** schutzimpfen.

im|po|nie|ren ⟨itr.⟩: *Bewunderung hervorrufen (bei jmdm.), großen Eindruck machen (auf jmdn.):* seine Leistungen imponierten den Zuschauern; mit deinem Geld kannst du mir gar nicht i. **sinnv.:** ↑beeindrucken; ↑gefallen · ↑außergewöhnlich.

Im|port, der; -[e]s, -e: *Einfuhr von Waren, Gütern aus dem Ausland* /Ggs. Export/: den I. beschränken. **Zus.:** Erdöl-, Fleischimport.

Im|por|teur [ımpɔr'tøːɐ̯], der; -s, -e: *jmd., der gewerbsmäßig Waren aus dem Ausland einführt; auf diesem Gebiet tätige Firma:* dieses Unternehmen ist der größte I. unseres Landes für Kaffee.

im|por|tie|ren ⟨tr.⟩: *(Waren aus dem Ausland) einführen* /Ggs. exportieren/: Südfrüchte [aus Israel] i.

im|po|sant ⟨Adj.⟩ (geh.): *sehr eindrucksvoll, durch Größe auffallend:* eine imposante Erscheinung; ein imposanter Anblick. **sinnv.:** ↑ansehnlich; ↑außergewöhnlich.

im|po|tent ⟨Adj.⟩: /vom Mann/ (Ggs. potent): **a)** *nicht fähig zum Geschlechtsverkehr:* in der Hochzeitsnacht war er i. **b)** *nicht fähig, ein Kind zu zeugen:* eine Verletzung hat ihn i. gemacht. **sinnv.:** infertil, steril, unfruchtbar, zeugungsunfähig.

im|prä|gnie|ren ⟨tr.⟩: *(einen Stoff o.ä.) wasserdicht machen:* einen Mantel i.

Im|pres|si|on, die; -, -en: *Eindruck, den Empfindungen, Gefühle, Wahrnehmungen vermitteln:* Impressionen wiedergeben; sich an Impressionen erinnern. **sinnv.:** ↑Eindruck.

Im|pres|sio|nis|mus, der; -:

Richtung in der Kunst des späten 19. Jahrhunderts, die sich zwar der Umwelt zuwendet, sie aber nicht objektiv darstellen will, sondern ihre Wirkung auf das Innere des einzelnen Menschen beobachtet und diese Eindrücke möglichst differenziert wiederzugeben versucht.

Im|pro|vi|sa|ti|on, die; -, -en: *das ohne Vorbereitung, aus dem Stegreif Dargebotene:* ihre I. gefiel den Gästen sehr. **sinnv.:** Stegreifrede, -schöpfung.

im|pro|vi|sie|ren ⟨tr.⟩: *ohne Vorbereitung, aus dem Stegreif ausführen:* eine Rede i.; ⟨auch itr.⟩ er improvisiert gern; am Klavier i. **sinnv.:** extemporieren, phantasieren.

Im|puls, der; -es, -e: *Anstoß, Antrieb (zu etwas):* einen I. geben, empfangen. **sinnv.:** ↑Anregung; ↑Anlaß; ↑Neigung. **Zus.:** Denk-, Schaffensimpuls.

im|pul|siv ⟨Adj.⟩: *spontan, einem plötzlichen Antrieb folgend:* eine impulsive Handlung; er ist sehr i. **sinnv.:** ↑leichtsinnig.

im|stan|de: ⟨in der Verbindung⟩ zu etwas i. sein: *zu etwas fähig, in der Lage sein* /Ggs. außerstande/: er war nicht i., ruhig zu sitzen; er ist zu einer großen Leistung i. **sinnv.:** befähigt, tauglich · ↑können.

in: **I.** ⟨Präp. mit Dativ und Akk.⟩: **1.** /räumlich/ **a)** ⟨mit Dativ; Frage: wo?⟩ */zur Angabe des Sichbefindens, des Vorhandenseins innerhalb eines Raumes o. ä., der Stelle, des Platzes, wo sich jmd./etwas befindet, des Zusammenhangs o. ä., in dem jmd./etwas zu finden ist, vorkommt o. ä./:* er ist in Berlin; er ist Mitglied in einer Partei. **sinnv.:** innerhalb, inmitten, mittendrin, zwischen; ↑zentral. **b)** ⟨mit Akk.; Frage: wohin?⟩ */zur Angabe eines Zieles, auf das hin eine Bewegung stattfindet, der Stelle, des Platzes, wohin sich jmd. begibt, wohin etwas gebracht wird o. ä., eines größeren Zusammenhangs o. ä., in den sich jmd. begibt, in den etwas hineingebracht wird/:* in die Stadt fahren; das Kleid in den Schrank hängen. **2.** /zeitlich/ **a)** ⟨mit Dativ; Frage: wann?⟩ */zur Angabe eines Zeitpunktes oder Zeitraumes, in dem, in dessen Verlauf oder nach dessen in der Zukunft liegendem Ende etwas Bestimmtes vor sich geht o. ä./:* in zwei Tagen ist er fertig; in diesem Sommer hat es viel geregnet; im Jahr 1976. **sinnv.:** ↑binnen; ↑während. **b)** ⟨mit Akk.; häufig mit vorangehendem „bis"⟩ */zur Angabe einer zeitlichen Erstreckung/:* seine Erinnerungen reichen [bis] in die früheste Kindheit zurück. **3.** /modal/ ⟨mit Dativ⟩ */zur Angabe der Art und Weise, in der etwas geschieht o. ä/:* er geht in Stiefeln; in vielen Farben; er war in Schwierigkeiten. **4.** /unabhängig von räumlichen, zeitlichen oder modalen Vorstellungen/ ⟨mit Dativ oder Akk.⟩ */stellt eine Beziehung zu einem Objekt her/:* er ist tüchtig in seinem Beruf; sie hat sich in ihn verliebt. **5.** in der Verbindung **in sich: a)** /auf Personen bezogen/: nach den Anschuldigungen ging er in sich *(dachte er über sein Verhalten [mit Bedauern] nach, um es zu ändern).* **b)** /auf Sachen bezogen/: das Klavier hat es aber in sich *(ist aber schwer);* dieser Wein hat es in sich *(hat eine starke Wirkung).* **II. 1.** /in Verbindung mit einem Personalpronomen in Konkurrenz zu *darin;* bezogen auf eine Sache (ugs.)/: sie schaute in den Briefkasten, aber es war keine Post in ihm (statt: darin). **2.** /in Verbindung mit „was" in Konkurrenz zu *worin;* bezogen auf eine Sache (ugs.)/: **a)** /in Fragen/: in was (besser: worin) liegt der Unterschied beider Maschinen? **b)** /in relativer Verbindung/: es gibt mancherlei, in was (besser: worin) ich mit ihm übereinstimme. **III.** in der Verbindung **in sein** (ugs.): **a)** *im Brennpunkt des Interesses stehen, gefragt sein:* dieser Schlagersänger ist zur Zeit in. **sinnv.:** angesagt, ↑gefragt. **b)** *sehr in Mode sein, von vielen begehrt sein, betrieben werden:* Windsurfing ist heute in. **sinnv.:** ↑modern, ↑schick.

in- ⟨adjektivisches Präfix⟩: *un-, nicht-* /vgl. il-, im-, ir-; meist fremdsprachliches Basiswort/: inaktiv, inakzeptabel, indiskret, indiskutabel, informell, inhomogen, inhuman, inkorrekt, inoperabel, inpraktikabel, intolerant. **sinnv.:** a-, des-, dis-, non-.

-in, die; -, -nen ⟨Suffix⟩: */bezeichnet weibliche Personen oder Tiere und wird in der Regel an die Bezeichnung männlicher Wesen angehängt/:* **a)** /oft an Suffixe wie -ant, -ar, -ent, -er, -eur, -ist, -or/: Ausländerin, Chefin, Delinquentin, Demonstrantin, Designerin, Dramaturgin, Familienministerin, Floristin, Fragerin, Friseurin, Gastwirtin, Gemahlin, Greisin, Innenarchitektin, Kapitänin, Kellnerin, Masseurin, Medizinerin, Partnerin, Passagierin, Passantin, Pastorin, Philosophin, Platzanweiserin, Pragerin, Prinzipalin, Schwesternschülerin, Seniorin, Soldatin, Sozialdemokratin, Sozialistin, Sportlerin, Telefonistin, Tigerin, Verkäuferin, Volkskommissarin; /abgeleitet von Wörtern auf -erer/: Veräußerin, Veräußrerin (nicht: Veräußererin), Bewunderin/Bewundrerin/ (selten) Bewundrin; /gelegentlich scherzhaft/: Typin. **sinnv.:** -esse (Baronesse), -essin (Prinzessin), -euse (Friseuse), -ice (Direktrice), -ine (Karline), -issin (Äbtissin, Diakonissin). **b)** /mit gleichzeitigem Umlaut/: Amtmännin, Anwältin, Ärztin, Bäuerin, Füchsin, Hündin, Landsmännin, Schwägerin, Staatsmännin, Törin. **c)** /unter gleichzeitigem Verlust des auslautenden -e beim Basiswort/: Beamtin, Dienstbotin, Genossin, Kundin, Nachfahrin, Nachkommin, Patin, Psychologin, Türkin, Vorfahrin. **d)** / mit Umlaut und Verlust des auslautenden -e/: Äffin, Französin, Häsin. **e)** /ohne ein männliches Bezugswort/: Arzthelferin, Gebärerin, Stenotypistin, Wöchnerin. **f)** /ugs.; angehängt an Familiennamen/: die Gleitzin (= Frau Gleitze), die Schmidtin (= Frau Schmidt). **sinnv.:** -sche (die Müllersche, die Schmidtsche). **g)** /früher; zur Kennzeichnung der Ehefrau/: Försterin (= Frau des Försters), Hofrätin (= Frau des Hofrats).

In|be|griff, der; -[e]s: *vollkommenste, reinste Verkörperung:* der I. der Schönheit, des Bösen. **sinnv.:** Inkarnation, Muster, Prototyp, Verkörperung.

in|be|grif|fen ⟨Adj.; nur prädikativ⟩: *(in etwas) mit enthalten:* alles i.; [die] Bedienung [ist] i. **sinnv.:** ↑einschließlich · ↑abzüglich; ↑ausgenommen.

In|brunst, die; - (geh.): *starkes, leidenschaftliches Gefühl, mit dem jmd. etwas tut, sich jmdm./einer Sache zuwendet:* die I. seines Glaubens. **sinnv.:** ↑Begeisterung.

in|brün|stig ⟨Adj.⟩ (geh): *voller Inbrunst:* i. hoffen, beten. **sinnv.:** ↑besessen.

in|dem ⟨Konj.⟩: **1.** ⟨zeitlich⟩

↑*während:* i. er sprach, öffnete sich die Tür. **2.** ⟨instrumental⟩ *dadurch, daß; damit, daß:* er öffnete das Paket, i. er die Schnur zerschnitt. **sinnv.:** ↑dadurch.

in|des ⟨Konj. und Adverb⟩: ↑*indessen.*

in|des|sen: **I.** ⟨Konj.; temporal⟩ ↑*während:* i. er las, unterhielten sich die anderen. **II.** ⟨Adverb⟩ **1.** ↑*inzwischen:* es hatte i. zu regnen begonnen; du kannst i. schon anfangen. **2.** *jedoch:* man machte ihm mehrere Angebote. Er lehnte i. alles ab. **sinnv.:** ↑aber, ↑allerdings.

in|di|rekt ⟨Adj.⟩: *nicht unmittelbar, sondern über einen Umweg* /Ggs. direkt/: etwas i. beeinflussen; indirekte Beleuchtung *(bei der man die Lichtquelle selbst nicht sieht).* **sinnv.:** mittelbar, auf Umwegen, vermittelt.

in|dis|kret ⟨Adj.⟩: *ohne den gebotenen Takt oder die gebotene Zurückhaltung in bezug auf die Privatsphäre eines anderen* /Ggs. diskret/: sie wollte nicht i. sein, aber sie hätte doch gern gewußt, wer der Herr sei; eine indiskrete Frage. **sinnv.:** ↑aufdringlich.

in|dis|ku|ta|bel ⟨Adj.; nicht adverbial⟩: *(als Möglichkeit der Erörterung) nicht in Frage kommend* /Ggs. diskutabel/: ein indiskutabler Vorschlag; diese Pläne sind i. **sinnv.:** ↑unmöglich.

In|di|vi|dua|lis|mus, der; -: *Weltanschauung, die den einzelnen Menschen für wichtiger hält als die großen Gemeinschaften, deshalb die Rechte und Bedürfnisse des einzelnen betont und den in der Gemeinschaft üblichen Regeln und Ansprüchen zurückhaltend gegenübersteht:* den schrankenlosen I. bekämpfen. **sinnv.:** Abkapselung, Eigenbrötelei, Einzelgängertum, Nonkonformismus.

In|di|vi|dua|list, der; -en, -en, **In|di|vi|dua|li|stin,** die; -, -nen: *Anhänger[in] des Individualismus:* [ein] extremer I. sein. **sinnv.:** ↑Außenseiter.

In|di|vi|dua|li|tät, die; -: *Eigenart, durch die sich jemand von anderen unterscheidet:* seine I. nicht aufgeben. **sinnv.:** Identität, Natur, Person, Persönlichkeit; ↑Wesen.

in|di|vi|du|ell ⟨Adj.⟩: **a)** *das Individuum betreffend; dem Individuum eigentümlich:* die individuellen Bedürfnisse, Ansichten; die Wirkung ist i. *(bei den einzelnen)* verschieden. **sinnv.:** persönlich, subjektiv; ↑eigenwillig. **b)** *(mit besonderer, von der einzelnen Persönlichkeit geprägter Note:* eine individuelle Verpakkung; einen Raum i. gestalten. **sinnv.:** besonder..., ↑exklusiv, speziell; ↑kennzeichnend.

In|di|vi|du|um, das; -s, Individuen: **1.** *der Mensch als einzelnes Wesen:* das I. in der Masse. **sinnv.:** ↑Mensch. **2.** (emotional) *Person, die (vom Sprecher) auf Grund besonderer Eigenschaften o. ä. negativ eingeschätzt, als fragwürdig abgelehnt wird:* mit diesem I. will ich nichts zu tun haben. **sinnv.:** Gestalt.

In|du|strie, die; -, Industrien: *Gesamtheit der Unternehmen, die Produkte entwickeln und herstellen:* eine I. aufbauen; in dieser Gegend gibt es nicht viel I. **sinnv.:** ↑Wirtschaft. **Zus.:** Auto-, Baustoff-, Elektro-, Farben-, Gebrauchsgüter-, Maschinen-, Möbel-, Rüstungs-, Schuh-, Schwer-, Stahl-, Textil-, Vergnügungs-, Umweltindustrie.

in|du|stri|ell ⟨Adj.⟩: *die Industrie betreffend, zur Industrie gehörend:* die industrielle Fertigung.

In|du|stri|el|le, der und die; -n, -n ⟨aber: [ein] Industrieller, Plural: [viele] Industrielle⟩: *Eigentümer[in] einer Industrieanlage; Unternehmer[in] in der Industrie.* **sinnv.:** ↑Unternehmer. **Zus.:** Großindustrieller.

in|ein|an|der ⟨Adverb⟩: **a)** *einer in den anderen:* Zweige i. verflechten; i. verliebt sein. **b)** *einer im anderen:* die Fäden sind i. verwoben.

in|ein|an|der- ⟨trennbares, betontes verbales Präfix⟩: *einer in den anderen ..., eines in das andere ...:* ineinanderfließen, -fügen, -greifen, -legen.

In|fan|te|rie, die; -: *Gesamtheit der auf den Nahkampf spezialisierten Kampftruppen des Heeres (z. B. Gebirgs-, Fallschirm-, Panzerjäger).* **sinnv.:** Waffengattung. **Zus.:** Marineinfanterie.

in|fan|til ⟨Adj.⟩: *sich dem Alter nicht angemessen auf einer kindlichen [Entwicklungs]stufe befindend:* ein infantiles Geschöpf; die alte Frau, sein Vater ist i. geworden. **sinnv.:** ↑kindisch.

In|farkt, der; -[e]s, -e: *plötzliches Absterben eines Gewebe- oder Organteils, bedingt durch eine längere Unterbrechung der Zufuhr von Blut:* der Arzt stellte einen I. fest. **sinnv.:** Embolie, Gefäßverstopfung, Thrombose. **Zus.:** Herz-, Lungeninfarkt.

In|fekt, der; -[e]s, -e: *akutes Erkranktsein durch eine Infektion:* wegen der schlechten Luft dauerte der I. wesentlich länger als normal; er ist für Infekte besonders anfällig. **sinnv.:** Infektion, Krankheit.

In|fek|ti|on, die; -, -en: *Ansteckung durch Krankheitserreger.* **sinnv.:** Ansteckung, Infekt, Infektionskrankheit, Übertragung. **Zus.:** Darm-, Pilz-, Virusinfektion.

in|fi|zie|ren: **1.** ⟨tr.⟩ *eine Krankheit, Krankheitserreger übertragen:* jmdn. mit Krankheitserregern i. **sinnv.:** anstecken, verseuchen. **2.** ⟨sich i.⟩ *Krankheitskeime aufnehmen:* du hast dich bei dem Kranken infiziert. **sinnv.:** ↑erkranken.

In|fla|ti|on, die; -, -en: *Entwertung des Geldes und gleichzeitige Erhöhung der Preise.* **sinnv.:** Abwertung, Geldentwertung.

In|fo, das; -s, -s: /Kurzform von: Information[sblatt]/. **sinnv.:** ↑Information.

in|fol|ge ⟨Präp. mit Gen.⟩: /weist auf die Ursache, die etwas Bestimmtes zur Folge hat/ *wegen:* das Spiel mußte i. schlechten Wetters ausfallen. **sinnv.:** ↑wegen.

In|for|mant, der; -en, -en, **In|for|man|tin,** die; -, -nen: *männliche bzw. weibliche Person, die Informationen liefert:* die Zeitung hat in ihm einen wichtigen Informanten gewonnen. **sinnv.:** ↑Gewährsmann.

In|for|ma|tik, die; -: *Wissenschaft von den elektronischen Datenverarbeitungsanlagen und den Grundlagen ihrer Anwendung.*

In|for|ma|ti|on, die; -, -en: **a)** *das Informieren:* die I. des Parlaments durch die Regierung war ungenügend. **sinnv.:** ↑Mitteilung. **Zus.:** Falschinformation. **b)** *[auf Anfrage erteilte] über alles Wissenswerte in Kenntnis setzende, offizielle, detaillierte Mitteilung über jmdn./etwas:* Informationen erhalten, bekommen. **sinnv.:** Briefing, Info · Klatsch; ↑Angabe; ↑Auskunft; ↑Daten; ↑Nachricht; ↑Mitteilung. **Zus.:** Presseinformation.

in|for|ma|tiv ⟨Adj.⟩ (geh.): *Einblicke bietend, Aufschlüsse gebend:* sie führten ein informatives Gespräch. **sinnv.:** aufschlußreich, belehrend, informierend, instruktiv.

in|for|ma|to|risch ‹Adj.›: *dem Zwecke der Information dienend.*
in|for|mie|ren: a) ‹tr.› *[offiziell] unterrichten, in Kenntnis setzen:* er hat die Öffentlichkeit über die Ereignisse informiert. **sinnv.:** ↑aufklären; ↑mitteilen; ↑orientieren. **b)** ‹sich i.› *sich unterrichten, sich Kenntnis verschaffen:* er informierte sich über die Vorgänge. **sinnv.:** ↑anfragen; ↑fragen.
In|fra|struk|tur, die; -, -en: *Gesamtheit der (für etwas, z. B. für die Wirtschaft) notwendigen Anlagen, Einrichtungen, die die Grundlage, den Unterbau für die Arbeit, Tätigkeit bildet, auf der weitere Planung usw. aufgebaut werden kann.*
In|ge|nieur [ɪnʒeˈni̯ø:ɐ̯], der; -s, -e, **In|ge|nieu|rin,** die; -, -nen: *männliche bzw. weibliche Person, die [an einer Hochschule] eine technische Ausbildung erhalten hat.* **sinnv.:** Techniker. **Zus.:** Bau-, Berg-, Betriebs-, Bord-, Chef-, Diplom-, Elektro-, Maschinenbau-, Ober-, Sicherheits-, Textilingenieur.
In|ha|ber, der; -s, -, **In|ha|be|rin,** die; -, -nen: *männliche bzw. weibliche Person, die etwas besitzt, innehat:* die Inhaberin des Geschäftes. **sinnv.:** ↑Besitzer. **Zus.:** Aktien-, Allein-, Firmen-, Geschäfts-, Konto-, Laden-, Mit-, Weltrekordinhaber.
In|halt, der; -[e]s, -e: **1.** *etwas, was in etwas (z. B. in einem Gefäß) enthalten ist:* der I. der Flasche, des Pakets. **sinnv.:** Füllung. **Zus.:** Darm-, Flächen-, Magen-, Rauminhalt. **2.** *das, was in etwas mitgeteilt, ausgedrückt, dargelegt ist:* der I. des Briefes; den I. eines Romans erzählen. **sinnv.:** ↑Bedeutung; Gehalt, ↑Handlung · beinhalten. **Zus.:** Begriffs-, Denk-, Erlebnis-, Gesamt-, Gesprächs-, Lebens-, Vertrags-, Wortinhalt.
in|hu|man ‹Adj.›: *in kritikwürdiger Weise nicht human, menschliche Gesichtspunkte ganz außer acht lassend:* sich i. verhalten; jmdn. i. behandeln. **sinnv.:** ↑unbarmherzig.
In|itia|ti|ve, die; -, -n: *von Entschlußfreudigkeit geprägter Antrieb zum Handeln:* etwas aus eigener I. tun; die I. ergreifen *(eine Sache selbst in die Hand nehmen; zu handeln beginnen).* **sinnv.:** Entschlossenheit, Entschlußfähigkeit, -freudigkeit, -kraft, ↑Tatkraft, Unternehmungsgeist; Wille. **Zus.:** Eigen-, Privat-, Unternehmerinitiative; Bürger-, Friedensinitiative.
In|itia|tor, der; -s, Initiatoren, **In|itia|to|rin,** die; -, -nen: *männliche bzw. weibliche Person, die (etwas) anregt, anstiftet:* er ist der Initiator der gegen mich gerichteten Angriffe. **sinnv.:** ↑Gründer, Organisator; Anregung, Stimulans. **Zus.:** Hauptinitiator.
In|jek|ti|on, die; -, -en: *das Einspritzen (von Flüssigkeit) in den Körper:* Schmerzen durch eine I. von Morphium lindern. **sinnv.:** Einspritzung, Infusion, Spritze · Schuß · Verabreichung. **Zus.:** Blut-, Kontrastmittelinjektion.
in|klu|si|ve: *einschließlich, inbegriffen:* **I.** ‹Präp. mit Gen.›: i. aller Gebühren; ‹aber: starke Substantive bleiben im Singular ungebeugt, wenn sie ohne Artikel und ohne adjektivisches Attribut stehen; im Plural stehen sie dann im Dativ› i. Porto; i. Getränken. **sinnv.:** ↑einschließlich. **II.** ‹Adverb›: bis zum 4. April i. **sinnv.:** einschließlich.
in|ko|gni|to ‹Adv.›: *unter einem fremden Namen:* er reiste i.; er hat sich i. hier aufgehalten. **sinnv.:** ↑anonym; ↑eigentlich.
in|kon|se|quent ‹Adj.›: *nicht konsequent, obgleich man Konsequenz hätte erwarten können* /Ggs. konsequent/: sein Verhalten ist i.: Er ist für den Umweltschutz, aber gegen das Katalysatorauto. **sinnv.:** ↑gegensätzlich.
in|kor|rekt ‹Adj.›: *nicht so, wie es den Regeln entspricht:* ein inkorrektes (Ggs. korrektes) Verhalten. **sinnv.:** ↑falsch.
In|land, das; -[e]s: *Bereich innerhalb der Grenzen eines Landes* /Ggs. Ausland/: die Erzeugnisse des Inlandes. **sinnv.:** ↑Heimat.
in|ne|ha|ben, hat inne, hatte inne, hat innegehabt ‹itr.›: *(eine bestimmte Position, Stellung o. ä.) einnehmen, besitzen:* einen Posten, ein Amt i. **sinnv.:** amtieren, ausüben, bekleiden, Dienst tun, einen Rang/eine Stellung haben, sein, tätig sein als, versehen.
in|ne|hal|ten, hält inne, hielt inne, hat innegehalten ‹itr.›: *(mit etwas) plötzlich für kürzere Zeit aufhören:* in der Arbeit i. **sinnv.:** ↑aussetzen; ↑unterbrechen.
in|nen ‹Adverb›: *im Innern, inwendig* /Ggs. außen/: ein Gebäude i. renovieren. **sinnv.:** auf der Innenseite/inneren Seite, inwendig; ↑anliegend.
In|nen|po|li|tik, die; -: *der Teil der Politik, der sich mit den inneren Angelegenheiten eines Staates beschäftigt* /Ggs. Außenpolitik/: in der I. kam es endlich zu neuen Entwicklungen.
In|nen|stadt, die; -, Innenstädte: *im Inneren liegender Teil, Kern einer Stadt:* in der I. einkaufen. **sinnv.:** Altstadt, City, Stadtkern, -mitte, -zentrum, Zentrum.
in|ner... ‹Adj.; nur attributiv›: *sich innen befindend, inwendig vorhanden* /Ggs. äußer.../: die inneren Bezirke der Stadt; die inneren Organe. **sinnv.:** ↑innen; ↑intern.
in|ner- ‹adjektivisches Präfixoid›: *in dem Bereich, innerhalb des Bereichs liegend, sich vollziehend, der mit dem im Basiswort Genannten angesprochen ist:* innerbetrieblich, -deutsch, (Ggs. außerdeutsch), -dienstlich (Ggs. außerdienstlich), -europäisch (Ggs. außereuropäisch), -familiär, -gewerkschaftlich, -kapitalistisch, -katholisch, -kirchlich (Ggs. außerkirchlich), -menschlich, -organisatorisch, -parteilich (Ggs. außerparteilich), -psychisch, -schulisch (Ggs. außerschulisch), -sozialistisch, -sprachlich (Ggs. außersprachlich), -städtisch, -universitär (Ggs. außeruniversitär), -verbandlich (innerverbandliche Aufgaben), -wissenschaftlich. **sinnv.:** binnen-, endo-, -immanent, -inter-, -intern (z. B. parteiintern), intra-, zwischen-.
In|ne|re, das; Inner[e]n ‹aber: [sein] Inneres›: **1.** *umschlossener Raum; Mitte; Tiefe; etwas, was innen ist:* das I. des Hauses, des Landes. **sinnv.:** Innenraum, Innenseite. **Zus:** Erd-, Landes-, Schiffs-, Wagen-, Wortinnere. **2.** *Kern des menschlichen Wesens:* sein Inneres offenbaren. **sinnv.:** ↑Seele.
In|ne|rei|en, die ‹Plural›: *eßbare Eingeweide von Tieren:* I. kaufen. **sinnv.:** Gekröse, Kaldaunen, Kutteln, Herz, Leber, Lunge, Magen, Niere.
in|ner|halb: I. ‹Präp. mit Gen.›: **a)** *im Bereich, in* /Ggs. außerhalb/: i. des Hauses; i. der Familie. **sinnv.:** ↑in. **b)** ↑*während:* i. der Arbeitszeit; die Zeit[en], i. deren ... **c)** *im Verlauf (von etwas):* i. eines Jahres; ‹mit

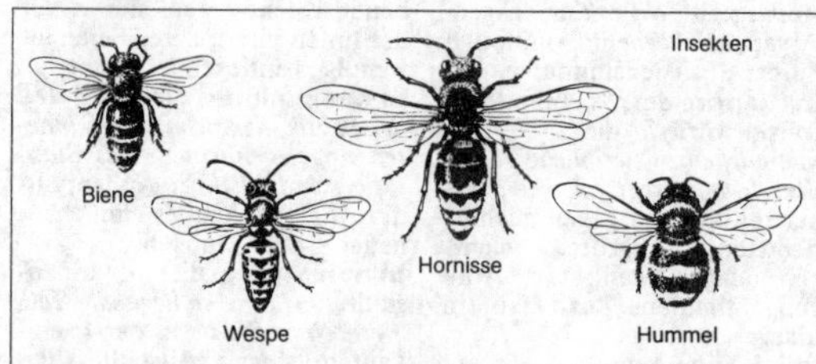

Dativ, wenn der Gen. formal nicht zu erkennen ist⟩ i. fünf Monaten. **II.** ⟨Adverb in Verbindung mit *von*⟩ **a)** *im inneren Bereich* /Ggs. außerhalb/: er wohnt i. von Berlin. **b)** *im Laufe:* i. von zwei Jahren. **sinnv.:** ↑binnen.

in|ner|lich ⟨Adj.⟩: **a)** *nach innen gewandt, auf das eigene Innere gerichtet:* ein innerlicher Mensch. **sinnv.:** empfindsam, gefühlvoll, gemütvoll, romantisch, schwärmerisch, seelenvoll, verinnerlicht · verinnerlichen. **b)** *im Innern:* er war i. belustigt. **sinnv.:** inner...

In|ner|ste, das; -n ⟨aber: [sein] Innerstes⟩: *das innerste, tiefste Wesen (eines Menschen):* von etwas bis ins I. getroffen sein. **sinnv.:** ↑Seele.

in|ne|woh|nen, wohnte inne, hat innegewohnt ⟨itr.⟩: *(in jmdm./etwas) enthalten sein:* sich auf Kräuter verstehen, denen heilende Kräfte innewohnen. **sinnv.:** ↑anhaften.

in|nig ⟨Adj.⟩: *besonders herzlich, tief empfunden:* sich i. lieben. **sinnv.:** ↑eng; ↑nachdrücklich; ↑besessen. **Zus.:** herz-, verständnisinnig.

In|nung, die; -, -en: *Zusammenschluß von Handwerkern desselben Handwerks, der der Absicht dient, die gemeinsamen Interessen zu fördern:* in die I. aufgenommen werden. **sinnv.:** ↑Genossenschaft. **Zus.:** Bäcker-, Fleischerinnung.

in|of|fi|zi|ell ⟨Adj.⟩: *nicht offiziell, nicht amtlich* /Ggs. offiziell/: eine inoffizielle Mitteilung; die Verhandlungen wurden i. geführt. **sinnv.:** außerdienstlich, nichtamtlich; ↑vertraulich.

ins: ⟨Verschmelzung von *in + das*⟩: *in das:* **a)** /die Verschmelzung kann aufgelöst werden/: i. Haus. **b)** /die Verschmelzung kann nicht aufgelöst werden/: i. Gerede kommen; i. Schwärmen geraten.

In|sas|se, der; -n, -n: *jmd., der sich in einem Fahrzeug befindet, in einem Heim, einer Anstalt lebt:* die Insassen des Gefängnisses; alle Insassen des Flugzeugs kamen ums Leben. **sinnv.:** Bewohner, Hausbewohner; ↑Gefangener; ↑Passagier. **Zus.:** Auto-, Gefängnis-, Lagerinsasse.

ins|be|son|de|re ⟨Adverb⟩: *vor allem, besonders:* er hat große Kenntnisse, i. in englischer Literatur. **sinnv.:** ↑besonders.

In|schrift, die; -, -en: *(meist zum Gedenken an jmdn./etwas) auf Stein, Metall, Holz o. ä. durch Einritzen, Einmeißeln o. ä. entstandener Text:* eine alte I. auf einem Grabstein. **sinnv.:** ↑Aufschrift.

In|sekt, das; -s, -en: *kleines Tier, bei dem Kopf, Brust und Hinterleib meist deutlich gegliedert sind und das meist auch zwei Paar Flügel hat* (siehe Bildleiste): Mücken, Fliegen, Schmetterlinge, Wanzen, Libellen sind Insekten. **sinnv.:** Käfer, Kerbtier, Kerf.

In|sel, die; -, -n: *Land, das ringsum von Wasser umgeben ist:* eine einsame I.; eine I. bewohnen. **sinnv.:** Atoll, Eiland, Hallig, Klippe, Sandbank, Schäre. **Zus.:** Halbinsel.

In|se|rat, das; -[e]s, -e: ↑*Annonce:* viele Leute lasen das I.

In|se|rent, der; -en, -en: *jmd., der inseriert:* wir bitten unsere Inserenten, ihre Anzeigen rechtzeitig aufzugeben.

in|se|rie|ren: 1. ⟨itr.⟩ ↑*annoncieren:* er inserierte in der Zeitung. **2.** ⟨tr.⟩ *durch ein Inserat (in einer Zeitung, Zeitschrift) anbieten, suchen:* er hat sein Haus [zum Verkauf] inseriert.

ins|ge|heim ⟨Adverb⟩: ↑*heimlich:* i. beneidete er die anderen.

ins|ge|samt ⟨Adverb⟩: *alles/alle zusammengenommen; in der Gesamtheit* /verstärkt die Aussage/: er war i. 10 Tage krank; es dürfen i. nicht mehr als 8 Personen in den Lift; es war gut organisiert, so daß ein Gedränge i. vermieden werden konnte. **sinnv.:** alles in allem, im ganzen, als Ganzes, gesamt, unter dem Strich, summa summarum, überhaupt, zusammen.

-in|ski, der; -s, -s ⟨Suffix⟩: *jmd., der durch das im adjektivischen Basiswort Genannte in verächtlicher, wegwerfender Weise charakterisiert wird:* Brutalinski *(jmd., der brutal ist);* Buckelinski *(jmd., der buckelig ist);* Radikalinski *(jmd., der rücksichtslos, radikal ist).* **sinnv.:** -er, -ier, -iker, -ling.

in|so|fern: I. ⟨Adverb⟩ **insofern:** *in dieser Hinsicht:* i. hat er recht. **sinnv.:** hierin, insoweit, in diesem Punkt; ↑deshalb. **II.** ⟨Konj.⟩ **insofern:** *für den Fall; vorausgesetzt, daß:* i. sie in der Lage ist, will sie dir helfen; der Vorschlag ist gut, i. als er niemandem schadet. **sinnv.:** ↑wenn.

in|so|weit: I. ⟨Adverb⟩ insoweit: ↑*insofern:* i. hat er recht. **II.** ⟨Konj.⟩ insoweit: *in dem Maße, wie:* i. es möglich ist, wird man ihm helfen. **sinnv.:** ↑wenn.

In|spek|ti|on, die; -, -en: *das Inspizieren, Überprüfung von etwas:* eine gründliche I.; die I. des Gebäudes nahm ein Sachverständiger vor; ich muß meinen Wagen nächste Woche zur I. bringen. **sinnv.:** ↑Durchsicht; ↑Kontrolle, TÜV, ↑Wartung.

In|spek|tor, der; -s, Inspektoren, **In|spek|to|rin,** die; -, -nen: *Beamter bzw. Beamtin des öffentlichen Dienstes zu Beginn der gehobenen Laufbahn.* **sinnv.:** Inspekteur.

In|spi|ra|ti|on, die; -, -en: *plötzlich auftauchender Gedanke, der jmdn. (zu etwas) inspiriert:* der Dichter lebt von der I. **sinnv.:** ↑Einfall.

in|spi|rie|ren ⟨tr.⟩: *jmdm./einer Sache Impulse verleihen, Anregungen geben:* das Ereignis inspirierte ihn zu seinem Roman. **sinnv.:** ↑anregen.

in|spi|zie|ren ⟨tr.⟩: *in allen Einzelheiten prüfend besichtigen:* der General inspizierte die Truppen; als Sachverständiger ein Gebäude i. **sinnv.:** ↑kontrollieren, ↑überwachen.

In|stal|la|teur [ınstala'tøːɐ̯], der; -s, -e: *jmd., der technische Anlagen (bes. für Heizung, Was-*

ser, Gas) installiert und wartet. **sinnv.:** Klempner, Spengler; ↑Schlosser.

in|stal|lie|ren ⟨tr.⟩: *(eine technische Vorrichtung, ein Gerät) an der dafür vorgesehenen Stelle anbringen:* den Kühlschrank, Herd i. **sinnv.:** anschließen, befestigen, einbauen, montieren.

in|stand: ⟨in Verbindung mit bestimmten Verben⟩ **i. halten** *(in brauchbarem Zustand halten);* **i. setzen** *(↑reparieren).*

in|stän|dig ⟨Adj.; nicht prädikativ⟩: *sehr dringlich und flehend:* i. bitten. **sinnv.:** ↑nachdrücklich.

In|stanz, die; -, -en: *für eine Entscheidung o. ä. zuständige Stelle (bes. einer Behörde):* sich an eine höhere I. wenden.

In|stinkt, der; -[e]s, -e: **1.** *ererbte Fähigkeit bes. der Tiere, in bestimmten Situationen ein nicht bewußt gelenktes, aber richtiges (bes. lebens- und arterhaltendes) Verhalten zu zeigen:* der tierische I. der Brutpflege, der Fortpflanzung. **2.** *innerer Impuls, der jmdn. in bestimmten Situationen ohne Überlegen das Richtige tun läßt:* sein I. sagte ihm, daß hier eine Gefahr lauerte; der Minister hat mit dieser Äußerung gezeigt, daß er keinen politischen I. besitzt. **sinnv.:** ↑Gefühl.

In|sti|tut, das; -[e]s, -e: *Einrichtung, Anstalt [als Teil einer Hochschule], die wissenschaftlicher Arbeit, der Forschung, Erziehung o. ä. dient:* er ist Assistent am Pädagogischen I. der Universität Saarbrücken. **sinnv.:** Anstalt, Ausbildungsstätte, Forschungsanstalt, Seminar. **Zus.:** Forschungs-, Hochschul-, Universitäts-, Wirtschaftsinstitut.

In|sti|tu|ti|on, die; -, -en: *Einrichtung, die für bestimmte Aufgaben zuständig ist, bestimmte Befugnisse hat:* die Universitäten sind Institutionen des öffentlichen Rechts.

In|stru|ment, das; -[e]s, -e: **1.** *meist fein gearbeitetes, oft kompliziert gebautes [kleines] Gerät für wissenschaftliche oder technische Arbeiten:* optische, medizinische Instrumente; ein I. zur Messung der Luftfeuchtigkeit. **sinnv.:** ↑Mittel, ↑Werkzeug. **Zus.:** Meß-, Präzisionsinstrument. **2.** *↑Musikinstrument:* er spielt, beherrscht mehrere Instrumente; die Musiker waren noch beim Stimmen der Instrumente. **Zus.:** Blas-, Schlag-, Streich-, Tasten-, Zupfinstrument.

In|tel|lek|tu|el|le, der und die; -n, -n ⟨aber: [ein] Intellektueller, Plural: [viele] Intellektuelle⟩: *jmd., der wissenschaftlich oder künstlerisch gebildet ist und geistig arbeitet.* **sinnv.:** Blaustrumpf, Egghead, Eierkopf, Geistesarbeiter, Intelligenzbestie, Intelligenzler, Kopfarbeiter, Künstler, Wissenschaftler.

in|tel|li|gent ⟨Adj.⟩: **1.** *Intelligenz* (1) *besitzend, zeigend:* ein intelligenter Mensch; sie ist sehr i. **sinnv.:** ↑klug. **2.** *(von einem zu einem Computer gehörenden Gerät) Fähigkeiten besitzend, die über die Eingabe-Ausgabe-Funktion hinausgehen:* diese Steuerung ist i.; an jeder Radseite des Autos wirken fünf Lenker i. gegen alle auftretenden Kräfte und Störmomente.

In|tel|li|genz, die; -: **1.** *Fähigkeit des Menschen, abstrakt und vernünftig zu denken und daraus zweckvolles Handeln abzuleiten:* sein Vater war ein Mensch von großer I.; mit dieser Frage wollte er deine I. testen. **sinnv.:** ↑Begabung. **2.** *Gesamtheit der Intellektuellen [eines Landes]:* die I. des Landes stand geschlossen auf der Seite der Befreiungsbewegung. **sinnv.:** die Gebildeten, Intelligenzija.

in|ten|siv ⟨Adj.⟩: **1.** *gründlich und auf die betreffende Sache zielbewußt ausgerichtet:* er hat intensive Forschungen im Bereich der Meeresbiologie betrieben; ich habe mich lange i. mit den Robben beschäftigt. **sinnv.:** geballt, gehäuft, konzentriert, stark. **2.** *(von Sinneseindrücken o. ä.) von so hohem Grad, von so großer Stärke, daß es alle Teile des Körpers, eines Raumes o. ä. durchdringt:* das intensive Licht der Scheinwerfer ließ seine Augen tränen; der Schmerz in der linken Brustseite wurde immer intensiver. **sinnv.:** durchdringend, heftig, ↑stark.

-in|ten|siv ⟨adjektivisches Suffixoid⟩: **a)** *von dem im Basiswort Genannten besonders viel besitzend, zeigend, aufweisend:* diskussions- (die diskussionsintensiven fünfziger Jahre), exportintensive Branche, farb-, gefühlsintensives Klavierspiel, kontaktintensiver Mensch *(der viele und intensive Kontakte hat),* lärm-, produktions-, schaum-, traumintensive Schlafphasen, verkaufs-, verlustintensives Unternehmen, wirk- (Journalisten, die schnell und zugleich w. schreiben). **sinnv.:** -aktiv, -betont, -freudig, -froh, -kräftig, -reich, -stark, -selig. **b)** *das im Basiswort Genannte in höherem Maße nötig machend, erfordernd:* arbeits-, bewegungsintensive Spiele, energie-, forschungs-, gruppenintensive Mitwirkung, kapital-, know-how-intensive Fertigung, kosten-, lese-, lohn-, material-, personal-, zeitintensiv.

in|ter-, In|ter- ⟨Präfix, meist mit fremdsprachlichem Basiswort⟩: **1.** ⟨adjektivisch⟩ *zwischen zwei oder mehreren ... bestehend, sich befindend, sich vollziehend* /drückt in bezug auf das Basiswort das Gemeinsame, Übergreifende, Überbrückende aus/: interafrikanisch (interafrikanische Streitkräfte), -alliiert (interalliierte Operationen), -arabisch (interarabische Beziehungen), -disziplinär, -fachlich (interfachliche Kommunikation), -fraktionell, -generational (intergenerationale Bindung im Alter), -individuell (Ggs. intraindividuell), -kantonal (interkantonale Vereinbarung), -kontinental (interkontinentale Rakete), -kulturell, -lingual (Ggs. extralingual, intralingual), -ministeriell, -national, -parlamentarisch, -personal (Liebe ist interpersonal), -personell, (interpersonelle Wahrnehmungen), -planetar, -planetarisch, -religiös, -rituell, -sexuell, -struktural, -subjektiv. **sinnv.:** über-. **2.** ⟨substantivisch⟩ **a)** /entsprechend 1/: Intercityzug, -disziplin, -linguistik *(Lehre von den Zwischensprachen [Plansprachen]),* -sexualismus, -sexualität, -subjektivismus. **b)** /verkürzt aus: *international/:* Interbrigade, -flug, -hotel, -kosmonauten, -lager (die Teilnehmer an den Interlagern), -pol, -shop, -tankstelle (an den Transitstraßen durch die DDR). **3.** ⟨verbal⟩ *zwischen-, miteinander-:* interagieren.

in|ter|es|sant ⟨Adj.⟩: *Interesse* (1) *erweckend, hervorrufend:* eine interessante Geschichte; unser Großvater kann so i. erzählen; der will sich mit dieser Geschichte nur i. machen *(Aufmerksamkeit auf sich lenken).* **sinnv.:** anregend, ansprechend, aufschlußreich, ↑außergewöhnlich, bemerkenswert, fesselnd, instruktiv, lehrreich, mitreißend, packend, reizvoll, spannend, wissenswert.

In|ter|es|se, das; -s, -n: **1.** ⟨ohne Plural⟩ *besondere Aufmerksamkeit, die man jmdm./etwas schenkt:* etwas mit I. verfolgen; für/an etwas großes, geringes I. haben. **sinnv.:** Anteilnahme, Beachtung, Erkenntnisdrang, Neugier, ↑Offenheit, Wißbegier, Wissensdurst; ↑Aufsehen. **2.** ⟨Plural⟩ *das, woran jmdm. sehr gelegen ist, was für jmdn. wichtig, nützlich ist:* als leitender Angestellter muß er die Interessen des Betriebes vertreten. **sinnv.:** Belange.

in|ter|es|sie|ren: a) ⟨sich i.⟩ *Interesse* (1) *haben (für etwas/ jmdn.):* ich interessiere mich nicht für Kunst; er ist an Fußball nicht interessiert; die kleine Blonde an der Bar interessiert mich schon lange; ich interessiere mich für den blauen Kombi, der im Schaufenster steht. **sinnv.:** ein Auge auf jmdn./etwas geworfen haben, Interesse zeigen. **b)** ⟨itr.⟩ *(jmds.) Interesse* (1) *wecken:* der Fall interessiert ihn sehr. **c)** ⟨tr.⟩ *jmds. Interesse* (1) *auf etwas lenken:* er hat ihn für seine Pläne zur Erweiterung der Firma interessiert. **sinnv.:** jmds. Anteilnahme wecken, jmds. Aufmerksamkeit lenken (auf etwas), jmdn. für etwas gewinnen, ↑überreden.

in|ter|es|siert ⟨Adj.⟩: *[großes] Interesse* (1) *habend, zeigend:* er sprach vor interessierten Zuhörern; sie hörte ihm nicht richtig zu, machte aber dennoch ein interessiertes Gesicht; ich bin schon seit meiner Schulzeit politisch i. **sinnv.:** Anteil nehmend, aufgeschlossen, aufmerksam; ↑begierig. **Zus.:** fußball-, kunst-, musik-, sportinteressiert.

in|tern ⟨Adj.⟩: *nur den engsten Kreis (einer Gruppe) betreffend:* eine interne Angelegenheit, Besprechung; i. über etwas beraten. **sinnv.:** geheim, im vertrauten Kreis, inner..., inoffiziell, nicht öffentlich, ↑privat, vertraulich.

-in|tern ⟨adjektivisches Suffixoid⟩: *[nur] innerhalb des im Basiswort Genannten bestehend:* anstaltsinterne Vorkommnisse, berlininterne Wettkämpfe, berufs-, betriebs-, fach- (Ggs. fachextern), firmen-, gewerkschafts-, gruppen-, haus-, koalitions-, parteiinterne Meinungsverschiedenheiten, vereins-, verwaltungsinternes Konzept, werkinterne Monatsschrift, ZDF-intern. **sinnv.:** binnen-, endo-, inner-, intra-.

In|ter|nat, das; -[e]s, -e: *Schule mit angeschlossenem Wohnheim für die Schüler.* **sinnv.:** ↑Heim.

in|ter|na|tio|nal ⟨Adj.⟩: *zwischen mehreren Staaten bestehend, mehrere Staaten umfassend, einschließend:* ein internationales Abkommen; er ist ein i. *(in vielen Teilen der Welt)* bekannter Popstar; bei der Verbrechensbekämpfung arbeiten die meisten Staaten der Welt i. zusammen. **sinnv.:** global, multilateral, überstaatlich, weltweit, zwischenstaatlich.

In|ter|nist, der; -en, -en, **In|ter|ni|stin,** die; -, -nen: *Facharzt bzw. Fachärztin für innere Medizin.*

In|ter|pret, der; -en, -en, **In|ter|pre|tin,** die; -, -nen: **1.** *männliche bzw. weibliche Person, die etwas interpretiert* (1a): ein kluger Interpret der Bonner Außenpolitik. **sinnv.:** Ausleger, Erklärer, Deuter. **2.** *reproduzierender Künstler bzw. Künstlerin, bes. Musiker[in], Sänger[in]:* sie ist eine virtuose Interpretin Bachscher Fugen; die Menge umjubelte Komponist und Interpret/ den Komponisten und den Interpreten. **sinnv.:** Solist, Star, Virtuose.

In|ter|pre|ta|tion, die; -, -en: *auslegende Deutung (von etwas):* die I. eines Textes, seiner Worte. **sinnv.:** ↑Erklärung.

in|ter|pre|tie|ren ⟨tr.⟩: **1. a)** *etwas, was mehrere Deutungsmöglichkeiten zuläßt, in bestimmter Art und Weise erklären, deuten:* ein Gedicht, einen Gesetzestext i. **sinnv.:** ↑auslegen. **b)** *jmds. Verhalten in bestimmter Weise deuten:* sein Rücktritt wurde als Feigheit interpretiert. **sinnv.:** ↑auslegen, verstehen (als). **2.** *ein Musikstück, ein Lied o. ä. in persönlicher Deutung, Auslegung künstlerisch wiedergeben:* nicht jede Chansonsängerin kann Lieder von Brecht feinfühlig i. **sinnv.:** ↑vortragen.

In|ter|view [ɪntɐˈvju:, (auch:) ˈɪntɐ...], das; -s, -s: *zur Veröffentlichung durch Presse, Rundfunk oder Fernsehen bestimmtes Gespräch zwischen einer [bekannten] Person und einem Reporter, in dem diese sich zu gezielten, aktuelle [politische] Themen oder die eigene Person betreffenden Fragen äußert:* jmdm. ein I. gewähren, geben; mit jmdm. ein I. führen. **sinnv.:** ↑Gespräch. **Zus.:** Fernseh-, Rundfunkinterview.

in|ter|view|en [ɪntɐˈvju:ən] ⟨tr.⟩: *(mit jmdm.) ein Interview führen:* einen Politiker i. **sinnv.:** befragen, ein Gespräch führen (mit jmdm.).

in|tim ⟨Adj.⟩: **1.** *sehr nahe und vertraut:* er ist ein intimer Freund der Familie; das Verhältnis zu seinem Vorgesetzten ist sehr i. **sinnv.:** ↑eng; ↑vertraut. **2.** *bis ins Innerste, bis in alle Einzelheiten vordringend:* zu diesem Urteil kann man nur aus einer intimen Kenntnis der Verhältnisse in diesem Betrieb gelangen; sie ist als intime Kennerin der Barockmusik bekannt. **sinnv.:** fundiert, sehr genau, gründlich, profund. **3.** *den sexuellen Bereich betreffend, sexuellen Kontakt habend:* der Zeuge leugnete, intime Beziehungen zu der Ermordeten gehabt zu haben; als sie in der Wohnung angekommen waren, wollte sie gleich i. mit ihm werden.

In|to|le|ranz, die; -: *mangelnde Toleranz, unduldsames Verhalten:* durch seine I. ihren künstlerischen Ambitionen gegenüber zerstörte er die Freundschaft. **sinnv.:** Abneigung, Unduldsamkeit, Voreingenommenheit.

in|tra-: ⟨Präfix mit meist fremdsprachlichem Basiswort⟩: **1.** *in, innerhalb von etwas befindlich oder vor sich gehend:* intragruppal (intragruppale Konflikte), -individuell (Ggs. interindividuell), -kardial *(innerhalb des Herzens gelegen),* -konfessionell, -kulturell, -lingual (Ggs. interlingual), -molekular *(sich innerhalb der Moleküle vollziehend),* -personal, -psychisch (intrapsychische Vorgänge), -spezifisch (intraspezifisches Kampfverhalten beim Hirsch), -subjektiv (intrasubjektive Verifizierbarkeit), -zellulär (Ggs. extrazellulär). **sinnv.:** inner-, -intern. **2.** *in ... hinein:* intrakardial *(unmittelbar in das Herz hinein erfolgend),* -muskulär (intramuskulär spritzen), -venös *(in die Vene hinein erfolgend;* eine intravenöse Injektion).

In|tri|ge, die; -, -n: *hinterhältige, heimtückische Machenschaften, mit denen man jmds. Pläne zu durchkreuzen, jmdm. zu schaden sucht.* **sinnv.** ↑Heimtücke.

In|tui|ti|on, die; -, -en: *sponta-*

nes, aber geistig motiviertes Erfassen, Erkennen (das eine Handlung bestimmt): er folgte seiner I. **sinnv.:** ↑Einfall.

In|va|li|de, der; -n, -n: *jmd., der infolge von Krankheit, Verletzung oder Verwundung körperlich behindert (und [dauernd] arbeits- oder erwerbsunfähig) ist.* **sinnv.:** Behinderter.

In|va|li|di|tät, die; -: *[dauernde] körperliche Behinderung und erhebliche Beeinträchtigung der Arbeits-, Erwerbsfähigkeit infolge einer Krankheit, Verletzung oder Verwundung.*

In|va|si|on, die; -, -en: *das Eindringen feindlicher Truppen in ein Land:* eine I. planen. **sinnv.:** Besetzung, Einfall, Einmarsch, Eroberung, Okkupation, Überfall.

In|ven|tar, das; -s, -e: *alle Einrichtungsgegenstände und Vermögenswerte, die zu einem Unternehmen, Betrieb, Haus o. ä. gehören:* das ganze I. wurde versteigert. **sinnv.:** ↑Mobiliar.

in|ve|stie|ren ⟨tr.⟩: **a)** *(Geld) anlegen* (5 a): er hat sein Vermögen in Häusern investiert; sein Kapital nutzbringend, zinsgünstig, falsch i. **b)** *(auf jmdn./etwas) in großem Ausmaß verwenden:* er hat viel Zeit in den Aufbau seiner Modelleisenbahn investiert; die Geschäftsleitung hat ihre ganze Kraft in die Durchführung der Erweiterungspläne investiert. **sinnv.:** ↑aufwenden.

In|ve|sti|ti|on, die; -, -en: **a)** *langfristige Anlage von Kapital:* Investitionen vornehmen. **b)** *Aufwendung von Geld, Arbeit o. ä.:* die neue Heizung war eine gute I.

in|wen|dig ⟨Adj.⟩: *im Inneren; auf der Innenseite:* die Äpfel waren i. faul. **sinnv.:** ↑innen.

in|zwi|schen ⟨Adverb⟩: **1.** /drückt aus, daß etwas in der abgelaufenen Zeit geschehen ist/ *unterdessen:* i. ist das Haus fertig geworden; es geht ihm i. finanziell wieder besser. **sinnv.:** mittlerweile, ↑seither. **2.** /drückt aus, daß etwas gleichzeitig mit etwas anderem geschieht/ *währenddessen:* ich muß diesen Brief noch schreiben, du kannst ja i. den Tisch decken. **sinnv.:** derweil, dieweil, einstweilen, indessen, in der Zwischenzeit, zwischenzeitlich.

-ion: ↑-[at]ion/-ierung.

ir- ⟨adjektivisches Präfix; vor Adjektiven, die mit r anlauten⟩: *un-, nicht-* /vgl. in-/: irrational, irreal, irregulär, irrelevant, irreparabel, irreversibel.

ir|gend ⟨Adverb⟩: **1.** */drückt in Verbindung mit „jemand, etwas“ aus, daß es sich um eine nicht näher bestimmte Person oder Sache handelt/:* i. jemand muß helfen; i. etwas war falsch gemacht worden. **2.** *nur immer:* er nahm soviel mit, wie i. möglich. **sinnv.:** irgendwie.

ir|gend- */drückt in Zusammensetzungen mit „ein..., was, welch..., wer“* und *„einmal, wann, wie, wo, woher, wohin“ aus, daß es sich um eine nicht näher bestimmte Person, Sache, Orts-, Raum- oder Zeitangabe handelt/:* irgendein Herr Krause hat angerufen; irgendwie muß ich die Arbeit schaffen.

Iro|nie, die; -: *versteckter Spott, mit dem man etwas dadurch zu kritisieren o. ä. versucht, indem man es unter dem Schein der eigenen Zustimmung oder Billigung lächerlich macht:* eine leise, verletzende Ironie lag in seinen Worten; wenn ich sage, daß ich jetzt gern an deiner Stelle wäre, so meine ich das ohne jede I. **sinnv.:** ↑Humor.

iro|nisch ⟨Adj.⟩: *voll Ironie:* ironische Bemerkungen; er lächelt i. **sinnv.:** ↑spöttisch.

irr ⟨Adj.⟩: ↑*irre* (1,2).

ir|re ⟨Adj.⟩: **1.** *verwirrt und verstört wirkend:* mit irrem Blick; er redete völlig i. **sinnv.:** ↑geistesgestört. **2.** * **an jmdm./etwas i. werden:** *den Glauben an jmdn./etwas verlieren.* **3.** (emotional; Jargon) **a)** *in begeisternder, aufregender Weise beeindruckend:* Los Angeles war für sie eine ganz i. Stadt; ich habe gestern einen irren Typ kennengelernt. **sinnv.:** ↑ausgefallen. **b)** *sehr groß, stark:* in der Diskothek war eine i. Hitze. **sinnv.:** ↑gewaltig. **c)** ⟨verstärkend bei Adjektiven und Verben⟩ ↑*sehr:* es war i. heiß in der Disko; der Film war i. komisch; ich habe mich i. gefreut, als er kam.

Ir|re, der und die; -n, -n ⟨aber: [ein] Irrer, Plural: [viele] Irre⟩: *männliche bzw. weibliche Person, die an einer Geisteskrankheit leidet.* **sinnv.:** Geistesgestörte[r], Geisteskranke[r], Verrückte[r], Wahnsinnige[r].

ir|re|füh|ren, führte irre, hat irregeführt ⟨tr.⟩: *absichtlich einen falschen Eindruck (bei jmdm.) entstehen lassen:* jmdn. durch falsche Angaben i.; seine Darstellung der Ereignisse ist irreführend; durch den Scheinangriff sollte der Feind irregeführt werden. **sinnv.:** ↑betrügen, in die Irre führen/leiten, irreleiten, täuschen, trügen.

ir|ren, irrte, hat/ist geirrt: **1.** ⟨sich i.⟩ **a)** *etwas fälschlich für wahr oder richtig halten:* du irrst dich sehr, wenn du das glaubst; ich habe mich gründlich mit meiner Voraussage geirrt; ich habe mich im Datum geirrt; ⟨auch itr.⟩ da kommt der neue Chef, wenn ich nicht irre. **sinnv.:** fehlgehen, auf dem Holzweg/im Irrtum sein, schiefliegen, sich täuschen, sich vergaloppieren, sich verlesen, sich verrechnen, sich versehen, sich vertun. **b)** *jmdn. falsch einschätzen:* ich glaubte, er sei ehrlicher als seine Schwester, aber ich habe mich [in ihm] geirrt. **sinnv.:** jmdn. falsch beurteilen, sich täuschen in jmdm. **2.** ⟨itr.⟩ *ohne Ziel umherwandern:* er ist die ganze Nacht durch die Stadt geirrt; sie war nach dem Krieg von Ort zu Ort geirrt, um ihren Sohn wiederzufinden. **sinnv.:** ziellos umhergehen, umgetrieben werden, umherziehen. **Zus.:** herumirren.

ir|rig ⟨Adj.⟩: *auf einem Irrtum beruhend und daher nicht zutreffend:* eine irrige Ansicht haben; diese Meinung ist i. **sinnv.:** abwegig, ↑falsch.

ir|ri|tie|ren ⟨tr.⟩: *(jmdn.) in seinem Verhalten, Handeln unsicher, nervös machen:* das Licht, das Gerede irritierte ihn. **sinnv.:** irremachen, nervös machen, stören, vermiesen.

Irr|leh|re, die; -, -n: *für falsch gehaltene Lehre:* Irrlehren verbreiten; einer I. glauben. **sinnv.:** Aberglaube, Abweichung, Häresie, Irrglaube, Ketzerei, Sektierertum.

Irr|sinn, der; -s (emotional): *ein bestimmtes Handeln, Verhalten, das (vom Sprecher) als unvernünftig empfunden wird:* so ein I., bei diesem Wetter zu baden! **sinnv.:** Absurdität, Blödsinn, Dummheit, Hirnrissigkeit, Irrwitz, Schwachsinn, ↑Unsinn, Unvernunft, Wahnsinn, Wahnwitz.

irr|sin|nig ⟨Adj.⟩: **1. a)** *geistig gestört, so daß die Gedanken keinen Zusammenhang untereinander und keine Übereinstimmung mit der Wirklichkeit haben:* die Folter hat ihn i. gemacht; wie i. raste er plötzlich davon. **sinnv.:** ↑geistesgestört. **b)** (emotional) *(in seinem Handeln oder Verhalten) keine Vernunft erkennen lassend:* eine irrsinnige Tat, Vorstellung; wer bei diesem Nebel ins Watt hinausgeht, muß i. sein. **sinnv.:** absurd, hirnrissig, unvernünftig, ohne Verstand, wahnsinnig. **2.** (emotional) **a)** *von einer kaum vorstellbaren Größe, Gewalt, Kraft o. ä.:* er hatte irrsinnige Schmerzen im Bein; nach der Rede des Regierungschefs brach ein irrsinniger Lärm im Parlament los. **sinnv.:** ↑gewaltig. **b)** ⟨verstärkend bei Adjektiven und Verben⟩ ↑*sehr:* in diesem Kleid siehst du i. komisch aus; er freute sich i. über das Geschenk.

Irr|tum, der; -s, Irrtümer: *aus Mangel an Urteilskraft, Konzentration o. ä. fälschlich für richtig gehaltener Gedanke:* ein großer I.; seine Annahme erwies sich als I. **sinnv.:** ↑Fehler.

irr|tüm|lich ⟨Adj.; nicht prädikativ⟩: *auf einem Irrtum beruhend:* er hat die Rechnung i. zweimal bezahlt. **sinnv.:** ↑versehentlich.

-isch ⟨adjektivisches Suffix⟩: /bezeichnet Zugehörigkeit, Herkunft, Vergleich, Entsprechung; meist substantivisches, auch zusammengesetztes, oft fremdsprachliches Basiswort; häufig mit Tilgung der Endung (technisch), auch mit Suffixerweiterung (tabell/ar/isch, charakter/ist/isch) oder Einschub (schema/t/isch, theor/et/isch, idealis/t/isch); vgl. -isch/-; -isch/-lich: abspalterisch, aktivistisch, amerikanisch, astronomisch, betreuerisch, elektromechanisch, heidnisch, platonisch, polnisch, schweizerisch, sportsmännisch, transvestitisch, unterdrückerische Arbeitsverhältnisse, vorhitlerisch, zeichnerisch, ein zeitrafferischer Zukunftsblick.

-isch/-: /wenn ein Adjektiv mit dem Suffix -isch mit dem gleichen Basiswort ohne Endung konkurriert, dann kennzeichnet die -isch-Bildung oft die Zugehörigkeit und ist eine Art Zuweisung zu etwas, während das endungslose Konkurrenzwort die Eigenschaft oder Art der Beschaffenheit charakterisiert/: analogisch (= *die Analogie betreffend, auf Analogie beruhend;* z. B. analogische Ableitung von Wörtern)/analog (= *entsprechend, vergleichbar, gleichartig,* z. B. etwas a. nachbilden), antikisch/antik, diachronisch/diachron, diätetisch/diät, genialisch/genial, interplanetarisch/interplanetar, kolossalisch/kolossal, sentimentalisch/sentimental, synchronisch/synchron, synonymisch (synonymische Bildungen)/synonym (synonyme Wörter).

-isch/-lich ⟨adjektivische Suffixe⟩: /bei konkurrierenden Bildungen enthält die -isch-Bildung eine Abwertung, während die -lich-Bildung die Zugehörigkeit kennzeichnet/: bäu[e]risch (= *grobschlächtig, plump, unfein)*/bäuerlich (= *die Bauern betreffend),* dörfisch/dörflich, kindisch (= *sich als Erwachsener in unangemessener Weise wie ein Kind benehmend)*/kindlich (= *einem Kind gemäß, die Kinder betreffend),* weibisch/weiblich.

-i|sie|ren ⟨Suffix von transitiven Verben⟩ /meist mit fremdsprachlichem Basiswort/: **1.** *zu etwas (in bezug auf das im Basiswort Genannte) machen:* aktualisieren *(aktuell machen),* amerikanisieren *(amerikanisch machen),* atomisieren *(machen, daß es in kleinste Einheiten, Atome zerfällt),* bagatellisieren *(zu einer Bagatelle machen),* brutalisieren *(brutal machen),* computerisieren *(machen, daß es von einem Computer gelesen werden kann),* emotionalisieren, entkriminalisieren, erotisieren *(erotisch machen),* fanatisieren *(fanatisch machen),* gettoisieren, harmonisieren, hierachisieren *(zu einer Hierarchie machen),* hysterisieren, illegalisieren, kanalisieren, kapitalisieren *(zu Kapital, Geld machen),* gettoisieren, harmo- *Kriminellen machen),* magnetisieren *(magnetisch machen),* miniaturisieren, modernisieren, politisieren, problematisieren *([als Gegenstand der Reflexion] zu einem Problem machen),* proletarisieren, pulverisieren *(zu Pulver machen),* einen Rundfunksender) regionalisieren *(machen, daß das Regionale mehr in Programmen berücksichtigt wird),* ritualisieren, russifizieren *(russisch machen),* sensibilisieren *(sensibel machen für etwas),* sexualisieren, skandalisieren, tabuisieren, thematisieren. **sinnv.:** ver-. **2.** *mit dem im Basiswort Genannten versehen:* aromatisieren *(mit Aroma versehen),* automatisieren, computerisieren *(mit Computern versehen),* instrumentalisieren, lemmatisieren, robotisieren *(mit Robotern ausrüsten),* stigmatisieren.

-i|sie|rung, die; -, -en (Suffix): /Ableitung von Verben auf ↑-isieren/: Akademisierung, Banalisierung, Flexibilisierung, Islamisierung, Kafkaisierung, Neurotisierung, Pädagogisierung, Psychiatrisierung (der Perversionen), die Souveränisierung beider deutscher Staaten, Sozialdemokratisierung, Vietnamisierung.

-is|mus, der; -, -ismen ⟨Suffix⟩: **1.** ⟨ohne Plural⟩ */kennzeichnet in Verbindung mit dem im Basiswort (bes. Name, fremdsprachliches Adjektiv) Genannten eine damit verbundene geistige, kulturelle Richtung, Geisteshaltung o. ä./:* Anarchismus, Bürokratismus, Dadaismus, Despotismus, Extremismus, Fanatismus, Faschismus, Feminismus, Heroismus, Hitlerismus, Humanismus, Idealismus, Impressionismus, Isolationismus, Kapitalismus, Kommunismus, Konservativismus, Leninismus, Liberalismus, Maoismus, Marxismus, Masochismus, Militarismus, Nazismus, Objektivismus, Ökonomismus, Professionalismus, Protestantismus, Sadismus, Sexismus, Snobismus, Sozialismus, Stalinismus, Thatcherismus, Vandalismus, Zynismus; /bei Personennamen gelegentlich erweitert durch -ian-, z. B. (Freud)ianismus, (Kant)ianismus/. **sinnv.:** -erei, -heit, -ik, -istik, -ität, -tum. **2.** /kennzeichnet eine Form, Erscheinung, die mit dem im Basiswort Genannten charakterisiert wird/ *etwas, was das im (adjektivischen) Basiswort Genannte zeigt:* Anachronismus *(etwas, was anachronistisch ist),* Anglizismus *(ein in einer nichtenglischen Sprache auftretendes englisches Wort o. ä.),* Euphemismus, Infantilismus, Mystizismus, Provinzialismus *(etwas, was provinziell ist).*

iso|lie|ren ⟨tr.⟩: **1.** *(von etwas/jmdm.) streng trennen, um jede Berührung, jeden Kontakt auszuschließen:* die mit dem Giftstoff infizierten Kranken wurden sofort isoliert; man isolierte die als Terroristen verdächtigten Häftlinge im Sicherheitstrakt des Gefängnisses; ⟨auch: sich i.⟩ er hat sich in der letzten Zeit ganz [von uns] isoliert *(zurückgezogen).* **sinnv.:** ↑absondern, separieren.

2. *eine Leitung o. ä. zum Schutz gegen etwas mit etwas versehen:* Rohre, Zimmerwände, Kabel i. **sinnv.:** dichten.

-ist, der; -en, -en, **-istin,** die; -, -nen: */kennzeichnet eine männliche bzw. weibliche Person in bezug auf Beruf, Tätigkeit, Überzeugung, Haltung durch das im Basiswort Genannte/:* **a)** ⟨substantivisches Basiswort⟩ *jmd., der in einer bestimmten Weise oder auf einem bestimmten Gebiet tätig ist:* Anglist, Bassist[in] *(jmd., der Baß spielt),* Bratschist[in], Flötist[in], Germanist[in], Hornist[in], *(jmd., der das Horn bläst),* Pamphletist, Prosaist[in] *(jmd., der Prosa schreibt),* Putschist, Romanist[in], Schnulzist, Slawist, Solist[in], Terrorist[in]. **sinnv.:** -er (z. B. Bratscher), -eur, -iker, -ler. **b)** ⟨verbales Basiswort⟩ *jmd., der in der im Basiswort genannten Weise tätig ist:* Komponist[in], *(jmd., der komponiert),* Onanist *(jmd., der onaniert),* Porträtist[in], Telefonist[in] *(jmd., der die Telefonanlage bedient).* **c)** ⟨Name als Basiswort⟩ *Anhänger[in] des im Basiswort Genannten:* Hitlerist, Kohlist, Maoist[in] *(jmd., der der Lehre Maos anhängt),* Reaganist, Straußist, Thatcherist. **d)** ⟨fremdsprachliches adjektivisches oder substantivisches Basiswort auf -istisch bzw. -ismus/-istik⟩ *jmd., der in der im Basiswort genannten Weise aktiv ist oder empfindet:* Aktionist[in], Antikommunist[in], Expansionist, Individualist[in], Nostalgist, Pazifist[in], Optimist[in], *(jmd., der optimistisch ist),* Sadomasochist; ⟨scherzh.⟩ Pingelist *(jmd., der pingelig ist).*

-itis, die; -, -itiden ⟨Suffix⟩ **a)** ⟨ohne Plural⟩ *etwas (das im verbalen oder substantivischen Basiswort Genannte), was als zu oft, zu viel benutzt, getan angesehen wird:* Abkürzeritis *(wenn zuviel abgekürzt wird, zuviel Abkürzungen gebraucht werden),* Adjektivitis *(wenn zuviel Adjektive gebraucht werden),* Apostrophitis, Festivalitis *(übertrieben häufiges Veranstalten von Festivals),* Klatscheritis, Labyrinthitis, Reformitis, Strichelitis, Substantivitis, Subventionitis, Telefonitis *(wenn zuviel telefoniert wird),* Transparentitis *(wenn überall und immer Transparente angebracht werden).* **sinnv.:** (bei verbaler Basis) -[er]ei (z. B. Abkürzerei, Strichelei), (bei substantivischer Basis) -seuche (Substantivseuche). **b)** */kennzeichnet in der Medizin eine entzündliche, akute Krankheit/:* Arthritis, Bronchitis, Bronchitiden *(Fälle von Bronchitis).*

-iv ⟨adjektivisches Suffix⟩: */kennzeichnet eine Eigenschaft, Beschaffenheit oder die Fähigkeit, von sich aus in einer bestimmten Weise zu reagieren, zu handeln, eine Wirkung zu erzielen/:* agitativ, argumentativ, assoziativ, defektive Texte, expansiv, explosiv, impulsiv, informativ, integrativ, kognitiv, konzentrative Selbstentspannung, kreativ, manipulativ, negativ, plakativ, positiv, produktiv, provokativ.

-iv/-orisch ⟨adjektivische Suffixe⟩: gelegentlich miteinander konkurrierende Adjektivendungen, von denen im allgemeinen die Bildungen auf -iv besagen, daß das im Basiswort Genannte ohne ausdrückliche Absicht in etwas enthalten ist (z. B. informativ = Information enthaltend, informierend), während die Bildungen auf -orisch den im Basiswort genannten Inhalt auch zum Ziel haben (z. B. informatorisch = zum Zwecke der Information [verfaßt], den Zweck habend zu informieren).

J

ja ⟨Partikel⟩: **1. a)** */drückt eine zustimmende Antwort auf eine Entscheidungsfrage aus/:* „Kommst du?" – „Ja" (Ggs. nein); „Habt ihr schon gegessen?" – „Ja"; auf eine negierte Frage lautet die Antwort „doch" (↑doch II,3): „War es nicht schön?" – „Doch, es war schön!"; wird jedoch „schön" betont, dann lautet die Antwort auch „ja": „War es nicht schön?" – „Ja (du hast recht), es war schön." **sinnv.:** allerdings, doch, freilich, ↑gewiß, jawohl, natürlich, sehr wohl, selbstredend, ↑selbstverständlich. **b)** */drückt in Verbindung mit einem Modaladverb [freudige] Bekräftigung aus/:* ja gewiß, ja sicher, ja gern; o ja!; aber ja doch! **2.** ⟨betont⟩ /nachgestellt bei [rhetorischen] Fragen, auf die eine zustimmende Antwort erwartet wird/ *nicht wahr?:* du bleibst doch noch ein bißchen, ja? **3.** ⟨unbetont⟩ **a)** /drückt im Aussagesatz eine resümierende Feststellung aus, weist auf etwas Bekanntes hin oder dient der Begründung für ein nicht explizites Geschehen oder für etwas Allgemeingültiges/ *doch; bekanntlich:* ich komme ja schon; das habe ich ja gewußt; du kennst ihn ja; die haben's ja (salopp; *haben genug Geld, um soviel ausgeben zu können).* **b)** /drückt im Aussage-, Ausrufesatz Erstaunen über etwas oder Ironie aus/ *wirklich; tatsächlich:* es schneit ja; er ist ja rothaarig; da seid ihr ja [endlich]!; das kann ja heiter werden (ugs. iron.; *man wird mit mancherlei Schwierigkeiten o. ä. rechnen müssen*). **c)** /einschränkend, meist in Korrelation mit „aber"/ *zwar:* ich möchte ja, aber ich kann nicht; er mag ja *(vielleicht)* recht haben. **4.** ⟨betont⟩ /in Aufforderungssätzen als Ausdruck dringender Mahnung/ *unbedingt, ganz bestimmt; auf jeden/keinen Fall:* laß das ja sein!; sage ja *(nur)* nichts meinem Vater!; zieh dich ja warm an! **5.** ⟨unbetont⟩ /zur steigernden Anreihung von Sätzen oder Satzteilen/ *mehr noch; sogar; um nicht zu sagen:* ich schätze [ihn], ja verehre ihn. **6.** ⟨betont oder unbetont⟩ /reiht einen Satz an, in dem konzessiv Bezug auf vorangegangene Aussagen oder Gedanken genommen wird/ *allerdings:* ja, das waren noch Zeiten! 7. ⟨alleinstehend⟩ (ugs.) **a)** */bestätigt [statt Namensnennung] am Telefon Gesprächsbereitschaft und Verständnis/:* ja? *(wer ist dort?; was wünschen Sie?; hallo!);* ja *(habe verstanden, nur weiter!).* **b)** */drückt einen Zweifel, eine Frage aus, wenn man etwas nicht verstanden hat oder nicht glauben will/:* ja? *(wie bitte?; tatsächlich?).*

Jacke, die; -, -n: *den Oberkörper bedeckender, bis an oder über die Hüfte reichender, meist langärmeliger (meist mit mehreren Knöpfen oder mit einem Reißverschluß zu verschließender) Teil der Oberbekleidung:* sie trug eine helle, baumwollene J. zu ihrer dunklen Hose; er steckte die Papiere in die Innentasche seiner J. **sinnv.:** ↑Anorak, Blazer, Jakkett, Joppe, Mieder, Rock, Sakko. **Zus.:** Fell-, Klub-, Kord-, Parka, Pelz-, Trachten-, Windjacke · Zwangsjacke.

Jackett, das; -s, -s: *zum Herrenanzug gehörender jackenartiger Teil.* **sinnv.:** ↑Jacke, Sakko. **Zus.:** Dinner-, Smokingjackett.

Jagd, die; -, -en: **1. a)** *das Jagen* (1) *von Wild:* die J. auf Hasen; wir wollen am nächsten Wochenende auf die J. gehen. **sinnv.:** Hatz, Weidwerk. **Zus.:** Bären-, Beiz-, Falken-, Fasanen-, Fuchs-, Großwild-, Hasen-, Hetz-, Treib-, Wildschweinjagd. **b)** *Veranstaltung, bei der eine Gruppe von Jägern auf bestimmtes Wild jagt:* wir sind zur J. in die Eifel eingeladen worden; Jagdhornbläser spielten zur Eröffnung der J. **2.** *Gebiet, Gelände mit dem dazugehörenden Wildbestand:* sein Freund hat eine J. im Odenwald gepachtet. **sinnv.:** Jagdgebiet, Revier. **3.** *das Jagen* (2) *von jmdm./etwas:* bei der J. auf die Geiselgangster/nach den Bankräubern wurden auch Hubschrauber eingesetzt; schon lange vor der Urlaubszeit beginnt die J. auf die Quartiere an der See.

Jagd|flug|zeug, das; -[e]s, -e: *für den Kampf in der Luft ausgerüstetes, schnelles und wendiges Flugzeug.* **sinnv.:** Jagdbomber, Jäger.

ja|gen, jagte, hat/ist gejagt: **1. a)** ⟨tr.⟩ *Wild aufspüren und verfolgen, um es zu fangen oder zu töten:* er hat den Keiler vier Wochen lang gejagt, bis er ihn erlegen konnte; Wildenten dürfen von August an gejagt werden. **b)** ⟨itr.⟩ *die Jagd* (1 a), *das Weidwerk ausüben:* im Urlaub haben wir in den Bergen gejagt; es gibt noch südamerikanische Indianer, die mit Pfeil und Bogen jagen. **sinnv.:** auf die Jagd/ Pirsch gehen, pirschen. **2.** ⟨tr.⟩ *(jmdm.) [sehr schnell laufend, fahrend o. ä.] nacheilen und zu ergreifen versuchen:* die Polizei hat die Entführer mit Streifenwagen und Hubschraubern gejagt; der Führer der Aufständischen wurde monatelang vergeblich gejagt. **sinnv.:** ↑verfolgen. **3.** ⟨itr.⟩ *schnell und wie gehetzt irgendwohin laufen, fahren o. ä.:* er ist mit seinem Auto zum Flughafen gejagt, erreichte die Maschine aber nicht mehr; sie jagte aus dem Haus, um ihn noch an der Haltestelle zu erwischen. **sinnv.:** sich ↑fortbewegen.

Jä|ger, der; -s, -: **1.** *Mann, der auf die Jagd geht.* **sinnv.:** Förster, Grünrock, Jägersmann, Nimrod, Weidmann. **Zus.:** Autogramm-, Großwild-, Kopf-, Schürzen-, Sonntagsjäger. **2.** ↑*Jagdflugzeug.*

jäh ⟨Adj.⟩: **1.** *ganz schnell [und mit Heftigkeit] sich vollziehend, ohne daß man darauf vorbereitet war:* durch den schweren Sturz nahm seine Karriere als Hochseilartist ein jähes Ende. **sinnv.:** ↑plötzlich. **2.** *sehr stark, nahezu senkrecht abfallend oder auch ansteigend:* ein jäher Abgrund lag plötzlich vor ihnen; nach wenigen Metern standen sie vor einer jäh ansteigenden Felswand. **sinnv.:** ↑steil.

Jahr, das; -[e]s, -e: *Zeitraum von zwölf Monaten:* er ist sechs Jahre alt; Kinder bis zu 14 Jahren zahlen die Hälfte des Eintrittspreises; wir wünschen Euch ein gutes, glückliches, gesundes neues J.; in diesem J. wird es wohl nichts mit dem Sommer. **sinnv.:** ↑Zeitraum.

-jahr, das; -[e]s, -e ⟨Grundwort⟩ **1. a)** *Einheit der Zeitrechnung, die nach dem im Bestimungswort genannten Gestirn benannt wird:* Mond-, Sonnenjahr. **b)** *Einheit der Zeitrechnung, die in dem im Bestimmungswort genannten Bereich angewendet wird:* Finanz-, Haushalts-, Kalender-, Kirchen-, Planjahr. **2.** *Zeitpunkt des im Bestimmungswort genannten Ereignisses:* Bau-, Druck-, Gründungsjahr. **3.** *Zeitraum, in dem der in dem Bestimmungswort genannte Zustand herrscht:* Glücks-, Krisen-, Not-, Regen-, Unglücksjahr. **4.** *Zeitraum, in dem das im Bestimmungswort genannte Produkt in der – meist als Adjektiv, z. B. gut, mäßig, schlecht, toll – mitgenannten Weise war:* (ein gutes, schlechtes) Auto-, Herings-, Obst-, Weinjahr. **5.** *Zeit, die sich auf die als Bestimmungswort genannte Phase o. ä. bezieht* /meist im Plural oder mit Ordinalzahl/: Dienst-, Ehe-, Gesellen-, Jugend-, Kinderjahre; (das erste) Probejahr. **6.** *Zeitraum, der der im Bestimmungswort genannten Person gewidmet ist* /meist anläßlich eines Jubiläums/: Goethe-, Luther-, Shakespeare-, Telemannjahr.

jah|re|lang ⟨Adj.⟩: *viele Jahre [dauernd, anhaltend]:* die jahrelange Ungewißheit hat nun ein Ende. **sinnv.:** ↑langjährig.

jäh|ren, sich: *sich vor einem Jahr zugetragen haben:* heute jährt sich ihr Tod/der Tag ihres Todes [zum fünften Male]. **sinnv.:** sich ↑wiederholen.

Jah|res|tag, der; -[e]s, -e: *Tag, an dem ein oder mehrere Jahre zuvor ein wichtiges Ereignis stattgefunden hat:* am J. der Revolution wurden Kränze an den Gräbern der Gefallenen niedergelegt. **sinnv.:** Gedenktag, Jahresgedächtnis, Jubiläum.

Jah|res|zeit, die; -, -en: *einer der vier Zeitabschnitte (Frühling, Sommer, Herbst, Winter), in die das Jahr eingeteilt ist:* bald beginnt wieder die warme J.; das Wetter ist für die J. zu kühl.

Jahr|gang, der; -[e]s, Jahrgänge: **a)** *alle in dem gleichen Jahr geborenen Menschen:* seine Frau ist J. 1949; für die geburtenstarken Jahrgänge gibt es nicht genügend Lehrstellen; er ist mein J. *(im selben Jahr wie ich geboren).* **sinnv.:** ↑Generation. **b)** *Wein aus den in einem bestimmten Jahr geernteten Trauben:* der 1982er war ein guter J. **c)** *alle Nummern einer Zeitung oder Zeitschrift, die in einem Jahr erschienen sind:* ich brauche für meine Arbeit die Jahrgänge 1951 bis 1956 dieser Zeitschrift.

Jahr|hun|dert, das; -s, -e: *Zeitraum von hundert Jahren:* wir leben im 20. J.

Jahr|hun|dert- ⟨Präfixoid⟩ (emotional verstärkend): */charakterisiert das im Basiswort Genannte als in dieser Weise besonders selten vorkommend und alles andere übertreffend/:* Jahrhundertbauwerk, -desaster, -ereignis, -hochwasser, -kerl, -medikament, -mörder, -pleite, -projekt, -wein.

...jäh|rig: *... Jahr[e] dauernd, eine bestimmte Zahl an Jahren habend, alt:* halbjährig geöffnet; ganzjährige Pause; dreijähriges Kind; ein sechsjähriges Studium; vgl. -ig.

jähr|lich ⟨Adj.⟩: *im Jahr, in jedem Jahr [erfolgend]:* der jährliche Ertrag; die Bezahlung erfolgt j.

Jahr|markt, der; -s, Jahrmärkte: *einmal oder mehrmals im Jahr stattfindender Markt mit Karussells, Verkaufs- und Schaubuden o. ä.:* heute gehen wir auf den J. **sinnv.:** Kirchweih, Kirmes, Messe, Rummel, Volksfest, ↑Zirkus.

Jahr|zehnt, das; -s, -e: *Zeitraum von zehn Jahren:* die Erfahrungen der letzten Jahrzehnte zeigen, wie notwendig die Abrüstung ist. **sinnv.:** Dekade, Dezennium.

Jäh|zorn, der; -s: *plötzlicher Zornesausbruch (der aus einer Neigung zur Heftigkeit entsteht und durch einen bestimmten Vorfall ausgelöst wird).* **sinnv.:** ↑Ärger.

jäh|zor|nig ⟨Adj.⟩: *zu Jähzorn neigend:* er ist ein jähzorniger Mensch. **sinnv.:** ↑unbeherrscht.

Jam|mer, der; -s: **a)** *[lautes] weinerliches Klagen:* der J. um die zerbrochene Puppe war groß. **b)** *Elend, zu beklagender Zustand:* sie boten ein Bild des Jammers.

jäm|mer|lich ⟨Adj.⟩ (emotional): **a)** *in erbarmungswürdiger Weise großen Schmerz ausdrükkend:* dem kleinen Jungen blutete das Knie, und er weinte j. **sinnv.:** ↑kläglich. **b)** *sich in einem elenden und beklagenswerten Zustand befindend:* während seiner Studienzeit hauste er in einer jämmerlichen Dachkammer. **sinnv.:** ↑armselig. **c)** *in einer Art und Weise, die der Sprecher nur mit Verachtung betrachten kann:* für so einen jämmerlichen Kerl, der seine Kollegen im Stich läßt, ist hier kein Platz. **sinnv.:** elend, verächtlich, verachtenswert. **d)** ⟨verstärkend bei Adjektiven und Verben⟩ *(mit einer unangenehmen Wirkung) heftig und übermäßig:* ich hatte eine jämmerliche Angst; wir froren j. in unseren dünnen T-Shirts. **sinnv.:** ↑sehr.

jam|mern ⟨itr.⟩: *unter Seufzen und Stöhnen seinen Kummer, seine Schmerzen o. ä. äußern:* ich mache meine Arbeit, ich jammere nicht; sie jammerte über das verlorene Geld. **sinnv.:** ↑klagen.

Ja|nu|ar, der; -[s]: *erster Monat des Jahres.* **sinnv.:** Eismonat, Eismond, Hartung, Jänner; ↑Monat.

jap|sen ⟨itr.⟩ (ugs.): *schnell und geräuschvoll mit offenem Mund Luft zu bekommen versuchen:* ich stieg die Treppe so schnell hinauf, daß ich japste, als ich oben ankam; „Ich kriege keine Luft mehr", japste er. **sinnv.:** ↑atmen.

Jau|che, die; -: *in einer Grube gesammelte, als Dünger verwendete tierische Ausscheidungen in flüssiger Form:* den Acker mit J. düngen.

jauch|zen ⟨itr.⟩: *seiner Freude, Begeisterung durch Rufe, Schreie o. ä. laut Ausdruck geben:* die Kinder jauchzten vor Freude. **sinnv.:** ↑jubeln.

jau|len ⟨itr.⟩: *(in bezug auf einen Hund) langgezogene, klagend klingende Töne von sich geben:* der Hund hat die ganze Nacht gejault. **sinnv.:** ↑bellen, heulen, wehklagen, winseln.

ja|wohl ⟨Gesprächspartikel⟩: *ja* /verstärkt den Ausdruck der Zustimmung/: j., ich bin bereit.

Jazz [dʒɛs, auch: dʒæz, jats], der; -: *Musik für bestimmte Schlag- und Blasinstrumente, die ihren Ursprung in der Musik der nordamerikanischen Schwarzen hat.*

je: **I.** ⟨Adverb⟩ **1.** /gibt eine unbestimmte Zeit an/ *überhaupt [einmal]:* wer hätte das je gedacht!; das ist das Schlimmste, was ich je erlebt habe. **sinnv.:** irgendwann, jemals. **2. a)** *jedesmal in einer bestimmten Anzahl:* je 10 Personen; die Kinder stellen sich je zwei und zwei auf; je erwachsener Teilnehmer müssen 5 DM Gebühren gezahlt werden. **sinnv.:** immer, jeweils. **b)** *jede einzelne Person od. Sache für sich genommen:* die Schränke sind je einen Meter breit. **3.** /in Verbindung mit „nach"; *drückt aus, daß etwas von einer bestimmten Bedingung abhängt/:* je nach Geschmack. **II.** ⟨Präp. mit Akk.⟩ *für jede einzelne Person od. Sache:* die Kosten betragen 5 DM je [angebrochene] Stunde, Erwachsenen. **sinnv.:** à, jeweils, pro. **III.** ⟨Konj.⟩ **1.** ⟨mehrgliedrig⟩ */setzt zwei Komparative zueinander in Beziehung/:* je früher du kommst, desto mehr Zeit haben wir. **2.** /in Verbindung mit „nachdem"; *drückt aus, daß etwas von einem bestimmten Umstand abhängt/:* er geht mit, je nachdem [ob] er Zeit hat.

Jeans [dʒi:nz], die ⟨Plural; auch Singular⟩: Jeans, die; -, -: *an den Nähten gesteppte Hose aus einem unempfindlichen Stoff, die bei groben Arbeiten und während der Freizeit getragen wird:* er fühlt sich in J. am wohlsten; ideal sind die weißen J./ist die weiße J. für Mädchen und zierliche Frauen. **sinnv.:** ↑Hose. **Zus.:** Bluejeans.

je|den|falls ⟨Adverb⟩: *soviel ist sicher; gewiß:* er hat j. nichts davon gewußt; er j. wird das nicht tun. **sinnv.:** vor allem, in jedem Falle, jedoch; ↑dennoch; ↑immerhin.

je|der, jede, jedes ⟨Indefinitpronomen und unbestimmtes Zahlwort⟩: */alle einzelnen von einer Gesamtheit/:* jeder bekam ein Geschenk; jedes der Kinder; das kann jeder. **sinnv.:** ↑all, jedweder.

je|der|mann ⟨Indefinitpronomen und unbestimmtes Zahlwort⟩: *jeder [ohne Ausnahme]:* j. wußte davon. **sinnv.:** ↑all.

je|der|zeit ⟨Adverb⟩: *immer; zu jeder Zeit:* er ist j. bereit, dir zu helfen. **sinnv.:** ↑unaufhörlich.

je|des|mal ⟨Adverb⟩: *immer; in jedem einzelnen Fall:* er kommt j. zu spät. **sinnv.:** ↑unaufhörlich.

je|doch ⟨Konj. oder Adverb⟩: *aber, doch:* die Sonne schien, j. es war kalt. **sinnv.:** ↑allerdings; ↑jedenfalls.

Jeep [dʒi:p], der; -s, -s: *kleiner Kraftwagen, der bes. in unwegsamem Gelände brauchbar ist:* am Steuer eines Jeeps sitzen. **sinnv.:** ↑Auto.

je|mals ⟨Adverb⟩: *überhaupt einmal:* es ist nicht sicher, ob er j. kommt; er bestritt, ihn j. gesehen zu haben. **sinnv.:** irgendwann, ↑je.

je|mand ⟨Indefinitpronomen⟩: */bezeichnet eine nicht näher bestimmte, beliebige Person;* Ggs. niemand/: er sucht jemand[en], der ihm hilft; es steht j. vor der Tür. **sinnv.:** irgend jemand, irgendein, irgendwer.

je|ner, jene, jenes ⟨Demonstrativpronomen⟩ */wählt etwas entfernter Liegendes aus und weist nachdrücklich darauf hin/:* die Anschauungen jener finsteren Zeiten; ein Spaziergang zu jener Bank. **sinnv.:** ↑der; ↑dieser. **Zus.:** ebenjener.

jen|seits: *auf der anderen Seite* /Ggs. diesseits/: **1.** ⟨Präp. mit Gen.⟩ j. des Flusses. **sinnv.:** drüben, auf der anderen Seite, am anderen Ufer. **2.** ⟨Adverb⟩: j. von Australien.

jetzt ⟨Adverb⟩: *in diesem Augenblick:* ich habe j. keine Zeit; j. ist es zu spät. **sinnv.:** im Augenblick, augenblicklich, derzeit, diesmal, eben, gegenwärtig, gerade, heute, heutzutage, jetzt, just, im Moment, momentan, nun[mehr], soeben, zur Stunde, am heutigen Tage, zur Zeit; ↑augenblicklich.

je|weils ⟨Adverb⟩: *immer, jedesmal:* er muß j. die Hälfte abgeben; er kommt j. am ersten Tag des Jahres. **sinnv.:** ↑unaufhörlich.

Job [dʒɔp], der; -s, -s: *[beliebige] Arbeit, durch die man seinen Unterhalt verdient:* er hat einen guten J. gefunden. **sinnv.:** ↑Beruf. **Zus.:** Teilzeitjob.

Joch, das; -[e]s, -e: *Teil des Geschirrs, das über der Stirn oder dem Nacken der Zugtiere liegt:* die Rinder ins J. spannen. **sinnv.:** ↑Last; ↑Zwang. **Zus.:** Ehejoch.

jo|deln ⟨itr.⟩: *ohne Text in schnellem Wechsel einmal tief, ein andermal hoch singen, wobei die Resonanz einmal in der Brust, das anderemal im Kopf liegt* /in den Alpen üblich/: die Touristen waren begeistert, als eines der einheimischen Mädchen zu j. begann. **sinnv.:** ↑singen.

Jog|ging ['dʒɔgɪŋ] das; -s: *Fitneßtraining, bei dem man entspannt in mäßigem Tempo läuft.* **sinnv.:** ↑Gymnastik.

Jo|ghurt, der und das; -s: *unter Einwirkung von Bakterien hergestellte saure Milch:* sie aßen J. mit Früchten. **sinnv.:** ↑Milch, Quark. **zus.:** Bio-, Fruchtjoghurt.

Jo|han|nis|bee|re, die; -, -n: *(bes. in Gärten gezogener) Strauch mit kleinen, in Trauben wachsenden roten, auch weißlichen oder schwarzen, säuerlich oder herb schmeckenden Beeren:* rote, schwarze Johannisbeeren. **sinnv.:** Johannistraube.

joh|len ⟨itr.⟩: *wild schreien und lärmen:* die Menschen johlten auf der Straße. **sinnv.:** ↑schreien.

Joint [dʒɔɪnt], der; -s, -s: *selbstgedrehte Zigarette, deren Tabak Haschisch oder Marihuana beigemischt ist:* einen J. nehmen, kreisen lassen. **sinnv.:** ↑Zigarette.

Jon|gleur [ʒɔŋ'lø:ɐ̯], der; -s, -e: *Artist, der für Geld seine Geschicklichkeit im Spiel mit Bällen, Ringen o. ä. zeigt:* in einem Varieté als J. auftreten; wie ein J. balancieren **sinnv.:** ↑Artist.

jon|glie|ren [ʒɔŋ'li:rən] ⟨itr.⟩: *seine Geschicklichkeit im Spiel (mit Bällen, Ringen o. ä.) zeigen:* mit acht Bällen j. **sinnv.:** balancieren; ↑lavieren.

Jop|pe, die; -, -n: *einfache Jakke für Männer* **sinnv.:** ↑Jacke. **Zus.:** Haus-, Leder-, Loden-, Trachtenjoppe.

Joule [dʒu:l, insbes. nach DIN, sonst auch: dʒaul], das; -[s], -: *Maßeinheit für die Energie* (z. B. des Energieumsatzes des menschlichen Körpers; 1 Kalorie = 4,186 Joule).

Jour|nal [ʒʊr'na:l], das; -s, -e: *Zeitung oder Zeitschrift:* in einem J. blättern. **sinnv.:** ↑Zeitschrift. **Zus.:** Herren-, Modejournal.

Jour|na|lis|mus [ʒʊrna'lɪsmʊs], der; -: *Tätigkeit von Schriftstellern für Presse, Rundfunk, Fernsehen:* der J. ist ein wichtiger Faktor bei der Bildung der öffentlichen Meinung. **sinnv.:** Journalistik, Pressewesen, Zeitungswesen.

Jour|na|list [ʒʊrna'lɪst], der; -en, -en, **Jour|na|li|stin,** die; -, -nen: *männliche bzw. weibliche Person, die Artikel für Zeitungen schreibt:* ein Gespräch mit dem Journalisten Balzer/mit J. Balzer. **sinnv.:** Berichter, Berichterstatter, Chronist, Kolumnist, Kommentator, Korrespondent, Leitartikler, Publizist, Reporter, Zeitungsmann, Zeitungsschreiber · Schmierfink, Schmock; ↑Redakteur; ↑Schriftsteller. **Zus.:** Auslands-, Fach-, Fernseh-, Film-, Lokal-, Musik-, Rundfunk-, Sport-, Wirtschaftsjournalist.

jo|vi|al ⟨Adj.⟩: *(nur in bezug auf Männer) im Umgang mit Niedrigerstehenden betont wohlwollend:* er, sein Benehmen ist mir zu j.; jmdn. j. begrüßen. **sinnv.:** ↑freundlich, herablassend.

Ju|bel, der; -s: *große, lebhaft geäußerte Freude:* sie begrüßten den Vater mit großem J. **sinnv.:** Freudengeschrei, Freudentaumel, Indianergeheul, Triumphgeschrei; ↑Freude; ↑Beifall.

ju|beln ⟨itr.⟩: *seine Freude laut und lebhaft äußern:* die Kinder jubelten, als sie die Mutter sahen. **sinnv.:** aufjauchzen, aufjubeln, aufjuchzen, einen Freudenschrei/-ruf ausstoßen, frohlocken, jauchzen, jubilieren, juchzen.

Ju|bi|lar, der; -s, -e, **Ju|bi|la|rin,** die; -, -nen: *männliche bzw. weibliche Person, die ein Jubiläum feiert.*

Ju|bi|lä|um, das; -s, Jubiläen: *[festlich begangener bestimmter] Jahrestag eines Ereignisses:* das hundertjährige J. der Firma feiern. **sinnv.:** ↑Jahrestag. **Zus.:** Dienst-, Doktorjubiläum.

Juch|ten, der und das; -s: *feines Leder, das mit einem bestimmten Öl wasserdicht gemacht worden ist:* eine Handtasche aus J.; nach J. riechen.

jucken: 1. ⟨itr.⟩ *einen Reiz auf der Haut empfinden, der den Drang auslöst, sich zu kratzen:* die Hand juckt [mir]. **sinnv.:** ↑beißen, brennen, kitzeln, kratzen, kribbeln, piken, piksen, stechen. **2.** ⟨sich j.⟩ (ugs.) *sich kratzen:* der Hund juckt sich. **sinnv.:** sich ↑kratzen/reiben/scheuern.

Ju|de, der; -n, -n, **Jü|din,** die; -, -nen: *Angehörige[r] eines semitischen Volkes, das seine historisch-religiöse Grundlage in den Schriften des Alten Testaments und der rabbinischen Tradition hat:* ein orthodoxer, amerikanischer J.

jü|disch ⟨Adj.⟩: *zu den Juden gehörend, von ihnen abstammend:* das jüdische Volk; ein jüdischer Schriftsteller.

Ju|do, das; -[s]: *als Sport betriebene, festen Regeln unterworfene Verteidigung der eigenen Person ohne Waffen:* J. lernen. **sinnv.:** Kampfsport, Selbstverteidigung · Budo, Jiu-Jitsu, Karate.

Ju|gend, die; - /Ggs. Alter/: **1.** *Zeit des Jungseins:* er verbrachte seine J. auf dem Lande. **sinnv.:** Flegelalter, Flegeljahre, Jugendzeit, Jünglingsalter, Pubertät. **2.** *junge Leute:* die J. tanzte bis in die Nacht. **Zus.:** Arbeiter-, Dorf-, Gewerkschafts-, Land-, Schuljugend.

ju|gend|lich ⟨Adj.⟩: **a)** *der Altersstufe zwischen Kindheit und*

Erwachsensein angehörend: die jugendlichen Zuschauer, Käufer. **b)** *(als nicht mehr junger Mensch) die Wirkung, Ausstrahlung eines jungen Menschen besitzend:* eine jugendliche Erscheinung. **sinnv.:** infantil, jungenhaft, juvenil, kindlich, knabenhaft, mädchenhaft, pueril.

Ju|gend|li|che, der und die; -n, -n ⟨aber: [ein] Jugendlicher, Plural; [viele] Jugendliche⟩: *junger Mensch.* **sinnv.:** ↑Jüngling, Teen, Teenager, Teenie.

Ju|li, der; -[s]: *siebenter Monat des Jahres.* **sinnv.:** Heumonat, Heumond, Heuet; ↑Monat.

jung, jünger, jüngste ⟨Adj.⟩: *sich in jugendlichem Alter befindend* /Ggs. alt/: ein junges Mädchen; ein junges Pferd; eine junge *(erst wenige Jahre bestehende)* Firma; ein junges *(erst seit kurzer Zeit verheiratetes)* Ehepaar; /scherzh. statt alt (2) in Verbindung mit einer Zahlenangabe: sie ist 15 Jahre j. **sinnv.:** grün, halbwüchsig, klein, unerfahren, unfertig, unreif.

Jun|ge: I. der; -n, -n: *Kind oder jüngere Person männlichen Geschlechts* /Ggs. Mädchen/. **sinnv.:** Bengel, Bösewicht, Bub, Bübchen, Bube, Bubi, Bürschchen, Frechdachs, Früchtchen, Galgenstrick, Gassenjunge, Goldjunge, Jungchen, Jüngelchen, kleiner Kerl, Kerlchen, Knabe, Lausbub, Lausebengel, Lausejunge, Lauser, Lümmel, Musterknabe, Nichtsnutz, Pimpf, Piepel, Popel, Rotzlöffel, Rotznase, Rüpel, Schelm, Schlingel, Spitzbube, Strick, Strolch, Tunichtgut; ↑Mensch. **Zus.:** Ball-, Bauern-, Boten-, Hüte-, Kegel-, Küchen-, Lauf-, Lehr-, Schiffs-, Schul-, Zeitungsjunge. **II.** das; -n, -n ⟨aber: [ein] Junges, Plural: [viele] Junge⟩: *junges [gerade geborenes] Tier:* die Jungen füttern.

jun|gen ⟨itr.⟩: *[ein] Junge[s] zur Welt bringen:* das Kaninchen hat gejungt. **sinnv.:** ↑gebären.

jun|gen|haft ⟨Adj.⟩: *wie ein Junge im Benehmen:* dieses Mädchen ist sehr j.; ihr jungenhaftes Benehmen fiel auf. **sinnv.:** burschikos, ↑jugendlich · knabenhaft.

Jün|ger, der; -s, -: *(einem religiösen oder wissenschaftlichen Lehrer) ergebener Schüler, Anhänger einer Religion oder Wissenschaft o. ä.:* die zwölf J. Christi; ein J. der Kunst. **sinnv.:** ↑Anhänger. **Zus.:** Kunst-, Petrijünger.

Jung|fer, die; -, -n (veralt.): *[junge] noch nicht verheiratete Frau.* **sinnv.:** ↑Frau; ↑Mädchen. **Zus.:** Braut-, Kammer-, Küchenjungfer.

Jung|fern- ⟨Präfixoid⟩: */charakterisiert das im Basiswort Genannte als etwas, was zum ersten Mal in bezug auf das Bezugswort geschieht o. ä./:* die Jungfernfahrt des Luxusdampfers *(die erste Fahrt des Luxusdampfers),* -flug, -rede (eines Abgeordneten), -reise (eines Schiffes).

Jung|frau, die; -, -en (veraltend; oft noch iron.): *Mädchen, das noch keinen Geschlechtsverkehr gehabt hat.* **sinnv.:** ↑Frau; ↑Mädchen. **Zus.:** Ehrenjungfrau.

jung|fräu|lich ⟨Adj.⟩: **1.** *einer Jungfrau gemäß, wie eine Jungfrau:* j. erröten. **sinnv.:** anständig, keusch, unberührt, unschuldig. **2.** *[in einer als angenehm empfundenen Weise] bisher von keinem berührt, genutzt, benutzt:* eine jungfräuliche Landschaft; ein jungfräuliches Fachgebiet; die Neubausiedlung entstand auf jungfräulichem Boden.

Jung|ge|sel|le, der; -n, -n, **Jung|ge|sel|lin,** die; -, -nen: *Mann bzw. Frau, die [noch] nicht geheiratet hat.* **sinnv.:** Einspänner, Hagestolz; Single; Mann.

Jüng|ling, der; -s, -e: *junger, noch nicht ganz erwachsener Mann.* **sinnv.:** Boy, Bursche, [junger] Dachs, Fant, Geselle, Halbstarker, Halbwüchsiger, Heranwachsender, ↑Jugendlicher, junger Kerl, Laffe, junger Mann/Mensch/Herr, Jungmann, Milchbart, Minderjähriger, junger Spund, Teen, Twen · Mod, Popper, Punk[er], Skinhead, Ted; ↑Mann. **Zus.:** Tangojüngling.

jüngst: I. ⟨Adj.; nur attributiv⟩ *vor kurzer Zeit geschehen:* die jüngsten Ereignisse. **II.** ⟨Adverb⟩ *vor kurzem:* dieser Vorfall hat sich erst j. zugetragen. **sinnv.:** ↑kürzlich.

Ju|ni, der, -[s]: *sechster Monat des Jahres.* **sinnv.:** Brachmonat, Brachmond; ↑Monat.

Ju|ni|or, der; -s, Junioren, **Ju|nio|rin,** die; -, -nen: **1.** *Sohn bzw. Tochter (im Verhältnis zum Vater, zur Mutter)* /Ggs. Senior (1)/: der Junior hilft dem Vater im Geschäft. **sinnv.:** ↑Sohn · ↑Tochter. **2.** ⟨Plural⟩ *junge Sportler bzw. Sportlerinnen bis zu einem bestimmten Alter:* die Junioren haben gewonnen.

Jun|ker, der; -s, -: **a)** (hist.) *junger Adliger.* **Zus.:** Fahnen-, Kammerjunker. **b)** *adliger Besitzer eines Gutes:* ein baltischer, konservativer J. **sinnv.:** Feudalherr, Großgrundbesitzer, Gutsbesitzer, Gutsherr, Magnat. **Zus.:** Kraut-, Landjunker.

Jun|ta ['xʊnta, auch: 'jʊnta], die; -, Junten: *[aus hohen Offizieren bestehende] Regierung, bes. in spanisch oder portugiesisch sprechenden Ländern:* nach dem Putsch wurde das Land von einer J. hoher Offiziere regiert. **sinnv.:** ↑Regierung. **Zus.:** Militär-, Offiziersjunta.

Ju|rist, der; -en, -en, **Ju|ri|stin,** die; -, -nen: *männliche bzw. weibliche Person, die die Rechte studiert [hat].* **sinnv.:** Rechtsgelehrter, Rechtsverdreher · [Ober]staatsanwalt · Amtsgerichtsrat, Amtsrichter, Kadi, Landgerichtsdirektor, Landgerichtsrat, Richter [Straf]verteidiger · Advokat, Anwalt, ↑Fürsprecher, Rechtsanwalt, Rechtsbeistand, Rechtsvertreter, Winkeladvokat · Justitiar, Justizrat, Notar, Rechtsberater, Rechtskonsulent, Syndikus ↑Vertreter. **Zus.:** Verwaltungs-, Voll-, Wirtschaftsjurist.

ju|ri|stisch ⟨Adj.⟩: *das Recht, die Rechtswissenschaft betreffend:* eine juristische Abhandlung lesen; j. *(den Gesetzen der Rechtswissenschaft entsprechend)* denken; j. *(allzu genau, spitzfindig)* argumentieren. **sinnv.:** rechtlich. **Zus.:** formaljuristisch.

Ju|ry [ʒy'ri:, 'ʒy:ri], die; -, -s: *Gruppe von Personen, die die Aufgabe hat, aus einer Anzahl von Personen oder Sachen die besten auszuwählen.* **sinnv.:** Kampfgericht, Preisgericht, Schiedsgericht.

just ⟨Adverb⟩: /bezieht sich auf etwas, was in irgendwie ungünstiger oder eigenartiger Weise mit etwas anderem zeitlich oder räumlich zusammentrifft/ *gerade:* j. an dem Tage war er verhindert; j. neun Jahre nach dem verlorenen Krieg gewann ein deutsches Team den Weltmeistertitel. **sinnv.:** ausgerechnet, ↑jetzt, man stelle sich vor, man sollte es nicht glauben, das ist schon seltsam.

Ju|stiz, die; -: **1.** *Rechtspre-*

chung, Pflege des Rechts: eine strenge J. **sinnv.:** Gerichtsbarkeit, Gerichtswesen, Jurisdiktion, Rechtspflege, Rechtsprechung, Rechtswesen. **Zus.:** Lynch-, Militär-, Straf-, Terror-, Ziviljustiz. **2.** *Behörde, die für die Rechtsprechung verantwortlich ist:* die J. reformieren.

Ju|wel, das; -s, -en: *kostbarer Schmuck, Kostbarkeit.* **sinnv.:** ↑Schmuck. **Zus.:** Kronjuwel.

Ju|we|lier, der; -s, -e: *jmd., der mit Schmuck u. ä. handelt.*

Jux, der; -es (ugs.): ↑*Scherz:* das war doch alles nur [ein] J.; er hat es nur aus J. *(zum Spaß)* gesagt.

K

Ka|ba|rett, das; -s, -e und -s: **1. a)** *[künstlerische] Darbietung, bei der besonders in satirischen Chansons und Sketchen Kritik an meist politischen Zuständen oder Ereignissen geübt wird.* **sinnv.:** Kleinkunst, die zehnte Muse; ↑Komödie. **b)** *Kleinkunstbühne.* **sinnv.:** Brettl, Überbrettl; ↑Theater. **Zus.:** Nachtkabarett. **2.** *[drehbare] in Fächer aufgeteilte Platte, auf der Speisen angeboten werden.* **sinnv.:** Platte.

Ka|ba|ret|tist, der; -en, -en, **Ka|ba|ret|ti|stin,** die; -, -nen: *Künstler bzw. Künstlerin an einem Kabarett:* er sprach mit dem Kabarettisten Jonas/mit K. Jonas.

kab|beln, sich: *sich – aber nicht sehr heftig – zanken (weil man verschiedener Meinung ist, etwas anderes will):* die an der Basis kabbeln sich öfter einmal; die Vertrauensleute kabbelten sich mit den Betriebsräten. **sinnv.:** sich ↑streiten.

Ka|bel, das; -s, -: *isolierte elektrische Leitung:* ein K. legen. **Zus.:** Anschluß-, Erd-, Schwachstrom-, See-, Starkstrom-. Telefon-, Zündkabel.

Ka|bel|jau, der; -s, -e und -s: *(bes. im Nordatlantik heimischer) großer, olivgrün gefleckter Raubfisch.*

ka|beln ⟨tr./itr.⟩: *(in entfernte Länder) telegrafieren:* er kabelte [die Nachricht] an die Redaktion. **sinnv.:** ↑telegrafieren.

Ka|bi|ne, die; -, -n: *kleiner, abgeteilter Raum (für Fahrgäste, zum Umkleiden, zum Telefonieren usw.).* **sinnv.:** Fernsprecher, Fernsprechzelle, Sprechzelle, Telefon, Telefonhäuschen, Telefonzelle · Gondel; ↑Raum. **Zus.:** Ankleide-, Bade-, Dolmetscher-, Druck-, Druckausgleich[s]-, Dusch-, Fahrer-, Führer-, Funker-, Luxus-, Raumschiff-, Schlaf-, Telefon-, Umkleide-, Wahlkabine.

Ka|bi|nett, das; -s, -e: **1.** *aus den Ministern und dem Kanzler oder Ministerpräsidenten bestehende Regierung:* der Kanzler berief eine Sitzung des Kabinetts ein. **sinnv.:** ↑Regierung. **Zus.:** Minderheits-, Schattenkabinett. **2.** *kleiner Raum [in Museen], in dem etwas ausgestellt wird:* im K. wurden Raritäten gezeigt. **sinnv.:** ↑Raum. **Zus.:** Kunst-, Kupferstich-, Lach-, Münz-, Raritäten-, Wachsfigurenkabinett.

Ka|brio|lett, das; -s, -e: *Personenkraftwagen mit einem Verdeck aus Stoff, das sich zusammenklappen läßt.* **sinnv.:** ↑Auto.

Ka|chel, die; -, -n: *gebrannte, meist glasierte Platte aus Ton.* **sinnv.:** ↑Fliese. **Zus.:** Ofen-, Wandkachel.

ka|cheln ⟨tr.⟩: *mit Kacheln versehen:* ein gekacheltes Bad. **sinnv.:** ↑auskleiden.

Kacke, die; - (derb): *Kot* /oft als abwertende Bezeichnung für etwas oder als Fluch gebraucht/. **sinnv.:** ↑Exkrement. **Zus.:** Hundekacke.

kacken ⟨itr./tr.⟩ (derb): *Kot ausscheiden:* er hat [einen großen Haufen] gekackt. **sinnv.:** ↑ausscheiden.

Ka|da|ver, der; -s, -: *toter Körper eines Tieres.* **sinnv.:** Aas, Leiche. **Zus.:** Pferde-, -Tierkadaver.

Ka|da|ver|ge|hor|sam, der; -s: *blinder Gehorsam, das Ausführen eines Befehls ohne Widerspruch.*

Ka|der, der; -s, -: *Gruppe von erfahrenen Personen, die den Kern einer Truppe oder Mannschaft bildet:* er gehört zum K. der Nationalmannschaft. **sinnv.:** Stamm[personal]; ↑Auslese. **Zus.:** Führungs-, Leitungs-, Olympia-, Parteikader.

Kä|fer, der; -s, -: *(in vielen Arten verbreitetes) Insekt mit gepanzertem Körper und harten Flügeldekken.* **sinnv.:** ↑Insekt. **Zus.:** Gold-, Hirsch-, Johannis-, Juni-, Kartoffel-, Lauf-, Leucht-, Mai-, Marien-, Mehl-, Mist-, Wasserkäfer.

Kaff, das; -s, -s und -e: *kleinerer Ort, kleinere Ortschaft, die (vom Sprecher) als langweilig, unattraktiv angesehen wird:* in dieses K. würde ich nie ziehen; in diesem K. ist nichts los. **sinnv.:** ↑Ort. **Zus.:** Bauernkaff.

Kaf|fee [auch: Kaffee], der; -s: **1.** *Samen, der die Form einer Bohne hat und der gemahlen und geröstet zur Herstellung eines anregenden Getränks dient:* Kaffee mahlen. **Zus.:** Bohnen-, Ersatz-, Korn-, Malz-, Pulver-, Rohkaffee. **2.** *anregendes, leicht bitter schmeckendes, meist heiß getrunkenes Getränk von dunkelbrauner bis schwarzer Farbe aus gemahlenem, mit kochendem Wasser übergossenem Kaffee* (1): schwarzer K.; der K. ist stark; K. kochen, aufbrühen, trinken. **sinnv.:** Bohnenkaffee, Cappuccino, Espresso, Filterkaffee, Irish coffee, Melange, Mokka, Negerschweiß · Lorke, Plörre · Mukkefuck. **Zus.:** Blümchen-, Malz-, Milch-, Zichorienkaffee. **3. a)** *Zwischenmahlzeit am Nachmittag, bei der man Kaffee trinkt:* jmdm. zum K. einladen. **sinnv.:** ↑Essen. **Zus.:** Nachmittagskaffee. **b)** *erste kleine Mahlzeit am Morgen, Frühstück mit Kaffee.* **sinnv.:** ↑Frühstück. **Zus.:** Morgenkaffee.

Kaf|fee|boh|ne, die; -, -n: *Samen einer tropischen Pflanze, der die Form einer Bohne hat und der gemahlen und geröstet zur Zubereitung von Kaffee verwendet wird:* eine Handvoll Kaffeebohnen mahlen.

Kä|fig, der; -s, -e: *mit Gittern versehener Raum für bestimmte Tiere:* im K. sitzen fünf Affen. **sinnv.:** Bauer, Voliere, Zwinger · Gehege.
kahl ⟨Adj.⟩: **1.** *entblößt von etwas; nichts mehr, nichts weiter aufweisend:* er hat einen kahlen Kopf *(hat keine Haare);* die Bäume sind k. *(ohne Laub);* kahle Berge. **sinnv.:** baumlos, unbewachsen, versteppt · entlaubt · glatzköpfig, haarlos, kahlköpfig. **Zus.:** ratzekahl. **2.** *entgegen den Erwartungen nur wenig oder gar nichts als Ausstattung habend:* ein kahler Raum; kein Bild, alles nur kahle Wände. **sinnv.:** dürftig, leer, schmucklos.
Kahn, der; -[e]s, Kähne: **1.** *kleines Boot zum Rudern:* [mit dem] K. fahren. **sinnv.:** ↑Boot. **2.** *kleines Schiff zum Befördern von Lasten.* **sinnv.:** ↑Schiff. **Zus.:** Äppel-, Elb-, Fracht-, Last-, Schleppkahn.
Kai, der; -s, -e und -s: *befestigtes Ufer zum Beladen und Entladen von Schiffen:* ein Schiff liegt am K. **sinnv.:** ↑Damm. **Zus.:** Passagier-, Verladekai.
Kai|ser, der; -s, -: *oberster Herrscher (in einer bestimmten Staatsform):* er wurde zum K. gekrönt. **sinnv.:** ↑Regent.
Kai|se|rin, die; -, -nen: **1.** vgl. Kaiser. **2.** *Ehefrau eines Kaisers.*
Kai|ser|schnitt, der; -[e]s, -e: *Entbindung durch einen operativen Schnitt.*
Ka|jü|te, die; -, -n: *Wohn- und Schlafraum auf größeren Booten und Schiffen.* **sinnv.:** ↑Raum. **Zus.:** Boots-, Kapitäns-, Offizierskajüte.
Ka|kao [auch: ka'kau], der; -s: **1.** *tropische Frucht, die die Form einer Bohne hat und die gemahlen zur Herstellung eines nahrhaften Getränks dient.* **2.** *aus Kakaopulver, Milch und Zucker bereitetes Getränk:* eine Tasse K. trinken. **sinnv.:** Kakaogetränk, Schokolade, Trinkschokolade. **Zus.:** Milch-, Wasserkakao.
Kak|tus, der; -, Kakteen: *(in vielen Arten in Trockengebieten vorkommende) meist säulen- oder kugelförmige Pflanze, die (in ihrem verdickten Stamm Wasser speichert und) meist Dornen hat.* **Zus.:** Feigen-, Glieder-, Kugel-, Säulenkaktus.
Ka|la|mi|tät, die; -, -en: *unangenehme Situation, die durch bestimmte Verhältnisse, Vorgänge, Entwicklungen entstanden ist:* einen Weg aus der K. suchen; das waren die täglichen Kalamitäten, mit denen sie kämpfte. **sinnv.:** Mißstand, Schwierigkeit, Schwulität; ↑Not; ↑Auswüchse. **Zus.:** Geldkalamität.
Ka|lau|er, der; -s, -: *wenig geistreicher Witz, meist in Form eines Wortspiels.* **sinnv.:** ↑Witz.
Kalb, das; -[e]s, Kälber: *junges Rind.* **Zus.:** Elefanten-, Hirsch-, Kuh-, Mast-, Rehkalb.

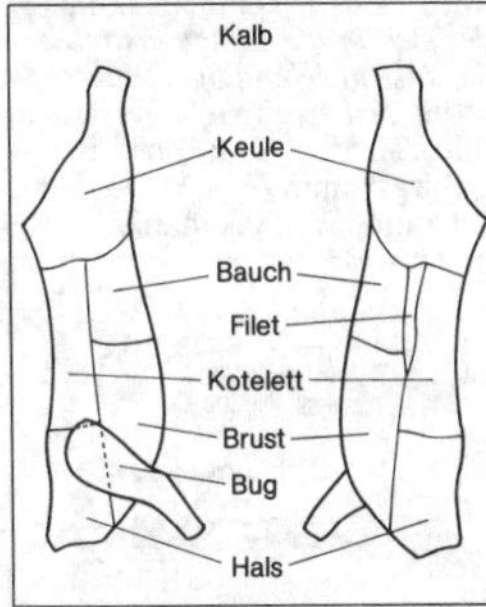

Kal|dau|nen, die ⟨Plural⟩ (landsch.): ↑*Innereien.*
Ka|len|der, der; -s, -: *Verzeichnis der Tage, Wochen, Monate eines Jahres.* **sinnv.:** Kalendarium. **Zus.:** Abreiß-, Advents-, Bauern-, Geschichts-, Kunst-, Künstler-, Notiz-, Reklame-, Taschen-, Termin-, Tier-, Umlege-, Wand-, Wochenkalender.
Ka|li|ber, das; -s, -: **1.** *innerer Durchmesser von Rohren, bes. vom Lauf einer Feuerwaffe:* der Revolver hat ein großes K. **Zus.:** Kleinkaliber. **2. a)** (emotional) *besondere [imponierende] Art, Sorte:* einen Mann solchen Kalibers wird man so leicht nicht mehr finden; Künstler älteren Kalibers; eine Frau von diesem K. wird nicht lange zögern. **b)** *eine Sorte Mensch, die in ihrer Art als wenig angenehm empfunden wird:* dieser Gauner ist das gleiche K./vom gleichen K. wie ...; die Clique, die klatscht, ist das gleiche K. wie die Clique, die pfeift; Leute dieses Kalibers sind mir verdächtig. **sinnv.:** ↑Art.
Kalk, der; -s, -e: *[durch Brennen] aus einer bestimmten Gesteinsart gewonnenes weißes Material, das bes. beim Bauen verwendet wird:* aus K., Zement, Sand und Wasser stellt man Mörtel her. **Zus.:** Brannt-, Lösch-, Muschelkalk.
Kal|ku|la|ti|on, die; -, -en: *Kosten[vor]anschlag.* **sinnv.:** Abschätzung, Ansatz, Berechnung, Kostenanschlag, Schätzung, Überschlag, Veranschlagung, Voranschlag, Vorausberechnung · Kalkül. **Zus.:** Fehl-, Nach-, Vorkalkulation.
kal|ku|lie|ren ⟨tr.⟩: *in bezug auf etwas, was sich später ergeben wird (z. B. Kosten), Überlegungen anstellen:* den Preis sehr niedrig k. **sinnv.:** ↑ausrechnen.
Ka|lo|rie, die; - Kalorien: *frühere Maßeinheit für den (Energie)wert von Lebensmitteln:* Gemüse enthält wenig Kalorien. **sinnv.:** Joule.
kalt, kälter, kälteste ⟨Adj.⟩: **1.** *[nur noch] wenig oder keine Wärme [mehr] enthaltend, ausstrahlend* /Ggs. warm, heiß/: das Essen ist k.; die Getränke k. stellen *(damit sie kühl werden).* **sinnv.:** abgekühlt, ausgekühlt, bitterkalt, eisig, eisigkalt, eiskalt, frisch, frostig, frostklar, frostkalt, frostklirrend, froststarr, herbstlich, hundekalt, kühl, lausekalt, saukalt, unterkühlt, winterlich. **Zus.:** feucht-, fuß-, naßkalt. **2. a)** *vom Gefühl unbeeinflußt; nüchtern:* mit kalter Berechnung. **sinnv.:** ↑ungerührt. **Zus.:** eiskalt. **b)** *abweisend und unfreundlich, ohne jedes Mitgefühl:* er fragte mich k., was ich wünschte. **sinnv.:** ↑spöttisch; ↑unbarmherzig; ↑unzugänglich. **Zus.:** eis-, gefühlskalt.
kalt|blü|tig ⟨Adj.⟩: **1.** *trotz Gefahr sehr ruhig bleibend, beherrscht:* k. stellte er sich den Einbrechern entgegen. **sinnv.:** ↑geistesgegenwärtig; ↑ruhig. **2.** *kein Mitleid habend, ungerührt:* ein kaltblütiger Verbrecher. **sinnv.:** ↑umbarmherzig.
Käl|te, die; -: **1. a)** *die Empfindung des Mangels an Wärme:* bei der K. kann man nicht arbeiten. **sinnv.:** Frische, Frost, Frostwetter, Kühle. **Zus.:** Eises-, Hunde-, Lause-, Sau-, Verdunstungs-, Winterkälte. **b)** *Temperatur unter 0 Grad Celsius:* Berlin meldet 15 Grad K. **2.** *Unverbindlichkeit, Unfreundlichkeit aus Mangel an innerer Teilnahme:* jmdn. mit eisiger K. empfangen. **sinnv.:** ↑Roheit. **Zus.:** Gefühlskälte.
kalt|las|sen, läßt kalt, ließ kalt, hat kaltgelassen ⟨itr.⟩: *innerlich unberührt, unbeeindruckt lassen:* ihre Tränen ließen ihn kalt. **sinnv.:** nicht rühren.
kalt|ma|chen, machte kalt, hat

kaltgemacht ⟨tr.⟩: *skrupellos [aus Wut oder um den Betreffenden an etwas zu hindern] töten.* **sinnv.:** ↑töten.

kalt|schnäu|zig ⟨Adj.⟩ (emotional): *völlig gleichgültig den Problemen, Sorgen o. ä. anderer gegenüber, in keiner Weise darauf Rücksicht nehmend bei seinen Entscheidungen:* er hat die Flüchtlinge k. abgeschoben; in ihrer kaltschnäuzigen Art hat sie sich über meine Warnungen hinweggesetzt. **sinnv.:** ohne Mitgefühl, unbeeindruckt, ↑ungerührt.

kalt|stel|len, stellte kalt, hat kaltgestellt ⟨tr.⟩ (ugs.): *aus einflußreicher Stellung verdrängen, des Einflusses berauben:* jmdn. politisch k. **sinnv.:** abschieben, abservieren; ↑entlassen.

Ka|mel, das; -s, -e: **1.** *(in Wüsten- und Steppengebieten beheimatetes) großes, hochbeiniges Huftier [mit einem oder zwei Hökkern], das als Last- und Reittier verwendet wird:* auf einem K. reiten. **Zus.:** Last-, Reitkamel. **2.** /als Schimpfwort/ *jmd., der (vom Sprecher) auf Grund seiner Verhaltens-, Handlungsweise als einfältig-dumm angesehen wird:* du bist doch ein K.! **sinnv.:** ↑Dummkopf. **Zus.:** Riesenkamel.

Ka|me|ra, die; -, -s: *Gerät, mit dem man Bilder aufnehmen, Fotografien machen kann.* **sinnv.:** Apparat, Fotoapparat, Kasten · Box. **Zus.:** Atelier-, Detektiv-, Fernseh-, Film-, Kleinbild-, Loch-, Luftbild-, Schmalfilm-, Spiegelreflex-, Studio-, Unterwasser-, Zielkamera.

Ka|me|rad, der; -en, -en, **Ka|me|ra|din,** die; -, -nen: *männliche bzw. weibliche Person, gesehen im Zusammenhang mit dem dazugehörigen Partner, mit dem sie durch gemeinsame Tätigkeiten oder Interessen eng verbunden ist:* seinen Kameraden fragen. **sinnv.:** Genosse; ↑Freund. **Zus.:** Arbeits-, Klassen-, Klub-, Kriegs-, Lebens-, Spiel-, Sport-, Wanderkamerad.

Ka|me|rad|schaft, die; -: *auf Vertrauen, gemeinsame Tätigkeiten oder Interessen begründetes engeres Verhältnis zwischen Menschen:* die beiden Männer verband eine gute K. **sinnv.:** ↑Freundschaft.

Ka|min, der; -s, -e: **1.** (bes. südd.) ↑*Schornstein.* **2.** *in einem Zimmer befindliche offene Feuerstelle mit Abzug:* am K. sitzen. **sinnv.:** ↑Ofen. **Zus.:** Außenkamin.

Kamm, der; -[e]s, Kämme: **1.** *Gegenstand zum Glätten, gleichmäßigen Legen des Haares* (siehe Bild). **Zus.:** Einsteck-, Frisier-, Haar-, Horn-, Staub-, Stiel-, Taschen-, Zelluloid-, Zierkamm. **2.** *am Kopf von Hühnern befindlicher, länglicher, rötlicher, fleischiger Teil* (siehe Bild). **Zus.:** Hahnenkamm. **3.** *der sich in die Länge erstreckende, fast gleichmäßig verlaufende obere Teil eines Gebirges* (siehe Bild). **sinnv.:** ↑Grat. **Zus.:** Berg-, Gebirgskamm · Dünen-, Schaum-, Wellenkamm.

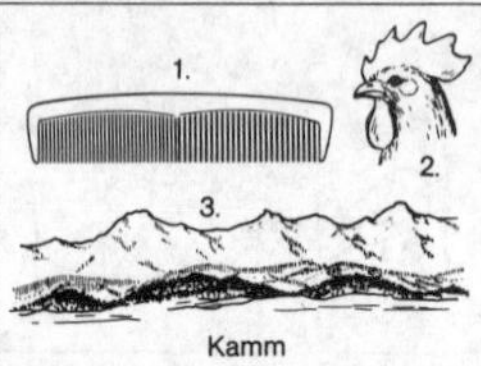

Kamm

käm|men ⟨tr.⟩: *bei jmdm./sich das Haar mit einem Kamm in eine gewünschte Form bringen:* das Mädchen hat die Puppe gekämmt; ich habe mir das Haar gekämmt; sie kämmt sich. **sinnv.:** ↑frisieren. **Zus.:** glatt-, hochkämmen.

Kam|mer, die; -, -n: *kleiner Raum.* **sinnv.:** ↑Raum. **Zus.:** Abstell-, Besen-, Boden-, Dach-, Futter-, Getreide-, Kleider-, Korn-, Mädchen-, Requisiten-, Rumpel-, Rüst-, Schatz-, Schlaf-, Segel-, Speicher-, Speise-, Vorrats-, Waffen-, Wäschekammer.

Kam|mer|mu|sik, die; -: *Musik für ein kleines Ensemble.*

Kam|pa|gne [kam'panjə], die; -, -n: *auf Propaganda beruhende [politische] Aktion:* man startete eine K. gegen die Herstellung von Kernwaffen. **sinnv.:** ↑Aktion; ↑Versuch. **Zus.:** Aufklärungs-, Hetz-, Presse-, Wahl-, Werbekampagne · Ernte-, Herbst-, Rüben-, Zuckerkampagne.

Kampf, der -[e]s, Kämpfe: **a)** *größere militärische Auseinandersetzung feindlicher Truppen:* es tobte ein blutiger K. um die Hauptstadt. **sinnv.:** Fehde, Feindseligkeiten, Feldschlacht, Feuerüberfall, Feuergefecht, ↑Gefecht, Geplänkel, kriegerische Handlungen, Kampfhandlungen, Kesselschlacht, Konfrontation, Kugelwechsel, Luftkampf, Luftschlacht, Materialschlacht, Nahkampf, Offensive, Plänkelei, Ringen, Rückzugsgefecht, Scharmützel, Schlacht[getümmel], Schußwechsel, Seeschlacht, Treffen, Überfall, Waffengang; ↑Angriff; ↑Blutbad; ↑Feldzug; ↑Krieg. **Zus.:** Abwehr-, Befreiungs-, End-, Entscheidungs-, Erd-, Freiheits-, Graben-, Guerilla-, Stellungs-, Straßenkampf. **b)** *handgreifliche Auseinandersetzung:* ein ungleicher K. **Zus.:** Zweikampf. **c)** *Ringen (um etwas), heftiges Streben (nach etwas):* der K. für die Freiheit; der K. um die Macht. **sinnv.:** Auseinandersetzung, Ringen · Hin und Her, Tauziehen. **Zus.:** Existenzkampf, Grabenkämpfe, Interessen-, Kirchen-, Klassen-, Konkurrenz-, Kultur-, Lebens-, Lohn-, Macht-, Preiskampf, Richtungskämpfe, Wahl-, Widerstandskampf. **d)** *das Kämpfen:* der K. gegen den Hunger in der Welt. **sinnv.:** Befehdung, Bekämpfung. **Zus.:** Gewissens-, Seelen-, Todeskampf. **e)** *sportlicher Wettkampf.* **sinnv.:** ↑Spiel. **Zus.:** Ausscheidungs-, Box-, Faust-, Länder-, Mannschafts-, Mehr-, Punkt-, Qualifikations-, Ring-, Städte-, Titel-, Wett-, Zehnkampf · Hahnen-, Stierkampf.

Kampf|ab|stim|mung, die; -, -en: *Abstimmung, bei der es zu scharfen Auseinandersetzungen kommt und sich zwei fast gleich starke Parteien gegenüberstehen.*

kämp|fen ⟨itr.⟩: *seine Kräfte [im Kampf] (gegen, für etwas) einsetzen:* bis zur Erschöpfung, um seine Existenz, für seinen Glauben, gegen die Unterdrükkung k. **sinnv.:** boxen, catchen, fechten, fighten, einen Kampf austragen, sich mit jmdm. messen, ringen, sich schlagen, einen Wettkampf austragen · sich ein Gefecht liefern · ↑streiten; ↑ankämpfen; ↑eintreten für. **Zus.:** durch-, freikämpfen.

Kämp|fer, der; -s, -, **Kämp|fe|rin,** die; -, -nen: *männliche bzw. weibliche Person, die (für oder gegen jmdn./etwas) kämpft.* **sinnv.:** Desperado, ↑Draufgänger, Haudegen, Heißsporn, Kampfhahn, Kombattant; ↑Eiferer, ↑Gegner; ↑Held; ↑Raufbold; ↑Revolutionär; ↑Soldat; ↑Sportler. **Zus.:**

Einzel-, Freiheits-, Front-, Olympia-, Ring-, Stier-, Vor-, Zehnkämpfer.

Kampf|rich|ter, der; -s, -: *Schiedsrichter bei bestimmten sportlichen Wettkämpfen.* **sinnv.:** ↑Schiedsrichter.

kampf|un|fä|hig ⟨Adj.⟩: *nicht mehr fähig zu kämpfen.* **sinnv.:** ↑besiegen.

kam|pie|ren ⟨itr.⟩: *notdürftig wohnen, übernachten:* in der Scheune, im Zelt, auf dem Feld k. **sinnv.:** ↑übernachten.

Ka|nal, der; -s, Kanäle: **1.** *künstlich hergestellter Wasserlauf, der von Schiffen befahren wird (und eine Verbindung darstellt zwischen Flüssen, Seen, Meeren):* Kanäle durchziehen das Land. **sinnv.:** Wasserstraße, Wasserweg; ↑Graben. **Zus.:** Seitenkanal. **2.** *unterirdisches System von Leitungen, durch das die Abwässer einer Siedlung abgeleitet werden.* **Zus.:** Abwasserkanal. **3.** (Rundf., Fernsehen) *bestimmter Frequenzbereich eines Senders:* einen K. wählen, einstellen.

Ka|na|li|sa|ti|on, die; -, -en: **a)** *System aus Rohren und Kanälen zum Ableiten der Abwässer und des Wassers von Regen oder Schnee:* das Dorf hat keine K. **sinnv.:** Abflußkanal, Entwässerungsgraben, -kanal. **b)** *das Kanalisieren:* die K. des Flusses kostet vier Millionen Mark. **sinnv.:** Kanalisierung.

ka|na|li|sie|ren ⟨tr.⟩: **a)** *schiffbar machen:* einen Fluß k. **sinnv.:** begradigen, regulieren. **b)** *in eine bestimmte Richtung, Bahn lenken:* Vorstellungen, den Verkehr k.

Ka|na|ri|en|vo|gel, der; -s, Kanarienvögel: *kleiner, schön singender, im Zimmer gehaltener Vogel meist mit leuchtendgelbem Gefieder.* **sinnv.:** Kanari, Harzer Roller.

Kan|de|la|ber, der; -s, -: **a)** *mehrarmiger Leuchter, Kerzenständer* (siehe Bildleiste „Lampen"). **sinnv.:** Armleuchter, Chanukkaleuchter, Kerzenleuchter, Leuchter. **b)** *mehrarmiger Mast für die Straßenbeleuchtung.* **sinnv.:** Gaslaterne, Laterne, Peitschenlampe, Straßenlampe, -laterne, -beleuchtung.

Kan|di|dat, der; -en, -en, **Kan|di|da|tin,** die-, -nen: **a)** *männliche bzw. weibliche Person, die sich um etwas bewirbt:* um diesen Posten bewerben sich drei Kandidaten; ein Gespräch zwischen K. Krause /dem Kandidaten Krause und den Wählern. **sinnv.:** ↑Anwärter · ↑kandidieren. **Zus.:** Gegen-, Heirats-, Präsidentschafts-, Selbstmord-, Spitzen-, Todeskandidat. **b)** *männliche bzw. weibliche Person, die sich einer Prüfung unterzieht:* die Kandidaten für das Examen. **sinnv.:** Absolvent, Examinand, Prüfling. **Zus.:** Examenskandidat.

Kan|di|da|tur, die; -, -en: *das Kandidieren:* die bürgerlichen Parteien haben seine/ihre K. unterstützt.

kan|di|die|ren ⟨itr.⟩: *sich als Vertreter einer Gruppe zur Wahl stellen:* er kandidiert für das Amt des Präsidenten. **sinnv.:** sich bewerben für, als Kandidat aufgestellt sein/werden.

Kän|gu|ruh, das; -s, -s: *(bes. in Australien vorkommendes) größeres Säugetier mit kleinem Kopf, kurzen Vorderbeinen und langen, kräftigen Hinterbeinen, auf denen es sich springend fortbewegt, dessen Junges sich nach der Geburt in einer beutelartigen Einstülpung der Haut über den Zitzen am Bauch der Mutter bis zur Lebensfähigkeit entwickelt.*

Ka|nin|chen, das; -s, -: *dem Hasen ähnliches, wild und als Haustier gehaltenes Säugetier:* K. halten; ein K. schlachten. **sinnv.:** Feldhase, Hase, Karnikkel, Stallhase; ↑Nagetier. **Zus.:** Angora-, Haus-, Versuchs-, Wildkaninchen.

Ka|ni|ster, der; -s, -: *tragbarer viereckiger Behälter für Flüssigkeiten:* drei K. Benzin. **sinnv.:** ↑Behälter. **Zus.:** Benzin-, Öl-, Reservekanister.

Kan|ne, die; -, -n: *für Flüssigkeiten bestimmtes Gefäß mit Henkel, Schnabel [und Deckel]:* Milch, den Kaffee in einer K. auf den Tisch stellen; eine K. Tee. **sinnv.:** Amphore, Karaffe, Krug; ↑Behälter; ↑Gefäß. **Zus.:** Blech-, Gieß-, Kaffee-, Kupfer-, Milch-, Teekanne.

Kan|ni|ba|le, der; -n, -n: **1.** *Angehöriger eines primitiven Volkes, das auch Fleisch von Menschen verzehrt.* **sinnv.:** Menschenfresser, Wilder. **2.** (emotional) *Mensch, der auf Grund seiner Handlungsweise (vom Sprecher) als roh, brutal charakterisiert wird:* dieser K. hat sein eigenes Kind ermordet. **sinnv.:** Barbar, Rohling.

Ka|non, der; -s, -s: *Lied, bei dem in einem bestimmten zeitlichen Abstand zwei oder mehrere Stimmen nacheinander mit der gleichen Melodie einsetzen, so daß ein mehrstimmiger Gesang entsteht:* der Chor sang einen K. **sinnv.:** ↑Lied, Rundgesang.

Ka|no|ne, die; -, -n: **1.** *schweres Geschütz mit langem Rohr:* eine K. abfeuern. **sinnv.:** ↑Geschütz. **Zus.:** Gulasch-, Schneekanone. **2.** (emotional) *jmd., dessen Können auf einem bestimmten Gebiet als großartig, ganz besonders bewundernswert angesehen wird:* im Schwimmen ist er eine K. **sinnv.:** ↑Fachmann. **Zus.:** Fußball-, Ski-, Sports-, Stimmungskanone. **3.** (ugs.) **unter aller K. sein:** *sehr schlecht sein in seiner Qualität:* deine Aufsätze sind unter aller K. **sinnv.:** ↑schlecht.

Ka|no|nier, der; -s, -e: *Soldat, der ein Geschütz bedient.*

Kan|ta|te, die; -, -n: *Gesangstück für Einzelstimmen, Chor und begleitendes Orchester:* eine K. von Bach singen. **sinnv.:** ↑Lied. **Zus.:** Chor-, Choral-, Kirchen-, Solokantate.

Kan|te, die; -, -n: *Linie, Stelle, an der zwei Flächen aneinanderstoßen; Rand einer Fläche:* eine scharfe K. **sinnv.:** Ecke, Rand. **Zus.:** Außen-, Bahnsteig-, Bett-, Bordstein-, Hand-, Innen-, Schnitt-, Tisch-, Web[e]kante.

Kan|ti|ne, die; -, -n: *Speiseraum in Fabriken, Kasernen o. ä., in der die Betriebsangehörigen, Soldaten o. ä. essen können:* in der K. essen. **sinnv.:** ↑Gaststätte. **Zus.:** Werkskantine.

Kan|tor, der; -s, Kantoren: *Leiter eines Kirchenchors [der zugleich auch Organist ist].* **sinnv.:** Kirchenchorleiter, Vorsänger; ↑Organist.

Ka|nü|le, die; -, -n: **a)** *Röhrchen, das in den Körper eingeführt wird und Luft oder Flüssigkeit in ihn befördert oder aus ihm ableitet:* durch eine K. Eiter ableiten. **b)** *spitze, hohle Nadel an einer Injektionsspritze:* eine sterile K. **sinnv.:** Hohlnadel, [Injektions]nadel.

Kan|zel, die; -, -n: **1.** *auf einer Säule ruhende oder an einem Pfeiler angebrachte, von einer Brüstung umgebene Plattform, von der aus der Geistliche seine Predigt hält:* auf der K. stehen; etwas von der K. herab verkündigen. **sinnv.:** Katheder, Lesepult, Predigtstuhl, Pult, Rednerpult. **Zus.**: Lehrkanzel. **2.** ↑*Cockpit (im Flugzeug).*

Kanz|ler, der; -s, -: **1.** *(in der Bundesrepublik Deutschland und in Österreich) Regierungschef.* **Zus.**: Bundes-, Reichs-, Schatz-, Vizekanzler. **2.** *Leiter der Verwaltung einer Hochschule.*

Kap, das; -s, -s: *ins Meer vorspringender Teil einer felsigen Küste.* **sinnv.**: Vorgebirge.

Ka|pa|zi|tät, die; -, -en: **1.** ‹ohne Plural› **a)** *Fähigkeit, (eine bestimmte Menge von etwas) aufzunehmen:* der Kessel hat eine K. von 5 000 Litern. **sinnv.**: ↑Fassungsvermögen. **b)** *maximale Leistung in der Produktion eines Unternehmens [für einen bestimmten Zeitraum]:* die K. der Fabrik war erschöpft. **Zus.**: Betriebs-, Maschinenkapazität. **2.** *hervorragender Fachmann, Experte für etwas Bestimmtes:* diese Forscher sind Kapazitäten auf dem Gebiet der Chemie. **sinnv.**: ↑Fachmann.

Ka|pel|le, die; -, -n: **I. 1.** *kleine für Andachten o. ä. vorgesehene Kirche oder entsprechender Raum in einem Gebäude (einem Schloß oder Krankenhaus).* **sinnv.**: ↑Kirche. **Zus.**: Burg-, Friedhofs-, Grab-, Haus-, Schloßkapelle. **2.** *kleiner Raum innerhalb einer Kirche.* **Zus.**: Chor-, Seiten-, Taufkapelle. **II.** *kleineres Orchester, das Musik zur Unterhaltung, zum Tanz spielt:* zu dem Fest wird eine K. engagiert. **sinnv.**: Combo, ↑Orchester. **Zus.**: Blas-, Jazz-, Kur-, Militär-, Musik-, Tanz-, Zigeunerkapelle.

Ka|per, die; -, -n ‹meist Plural›: *in Essig eingelegte, als Gewürz verwendete Blütenknospe des Kapernstrauchs von leicht bitterem Geschmack:* die Soße war mit Kapern gewürzt.

ka|pern ‹tr.›: *auf entsprechende Weise bewerkstelligen, daß man über jmdn./jmds. Bereitschaft zu etwas verfügen kann:* er hat mich für diesen Auftrag gekapert; er machte den Versuch, sie mit einem tollen Essen zu k.

ka|pie|ren ‹tr./itr.› (ugs.): *etwas, was man geistig erfassen soll, verstehen; die Zusammenhänge, einen Sachverhalt erfassen:* hast du [das] kapiert? **sinnv.**: ↑verstehen.

Ka|pi|tal, das; -s, -e, auch: -ien: **a)** *Geld (das zu Geschäften verwendet wird und Gewinn abwirft.):* sein K. anlegen, in ein Geschäft stecken. **sinnv.**: ↑Besitz. **b)** *Vermögen eines Unternehmens:* die Aktiengesellschaft will ihr K. erhöhen. **sinnv.**: ↑Vermögen. **Zus.**: Aktien-, Anfangs-, Anlage-, Auslands-, Betriebs-, Grund-, Stammkapital.

Ka|pi|ta|lis|mus, der; -: *eine Form der Wirtschaft und Gesellschaft auf der Grundlage des freien Wettbewerbs und des Strebens nach Kapitalbesitz des einzelnen.* **Zus.**: Früh-, Monopol-, Spätkapitalismus.

Ka|pi|tän, der; -s, -e: **a)** *Kommandant eines Schiffes.* **sinnv.**: Schiffsführer; ↑Befehlshaber. **Zus.**: Fregatten-, Korvetten-, Schiffskapitän. **b)** *Anführer einer Mannschaft.* **sinnv.**: Mannschaftsführer. **Zus.**: Mannschaftskapitän.

Ka|pi|tel, das; -s, -: *größerer Abschnitt eines Buches o. ä.:* ein K. lesen. **sinnv.**: ↑Abschnitt. **Zus.**: Anfangs-, Eingangs-, Schlußkapitel.

Ka|pi|tu|la|ti|on, die; -, -en: **a)** *das Kapitulieren:* eine Armee zur K. zwingen; eine bedingungslose K. **b)** *Vertrag, mit dem sich eine Truppe oder Festung dem Feind ergibt:* die K. unterzeichnen.

ka|pi|tu|lie|ren ‹itr.›: **1.** *(in einer kriegerischen Auseinandersetzung) sich für besiegt erklären und nicht weiterkämpfen:* alle Truppen haben, das Land hat kapituliert. **sinnv.**: sich ergeben, die weiße Fahne hissen/zeigen, die Hände heben, sich unterwerfen, die Waffen niederlegen/strecken; ↑nachgeben. **2.** *(vor etwas nach längerem, vergeblichem Widerstand) resignierend den Kampf aufgeben:* sie haben vor den sich auftürmenden Schwierigkeiten kapituliert. **sinnv.**: ↑aufgeben.

Ka|plan, der; -s, Kapläne: *katholischer Geistlicher, der einem Pfarrer als Hilfe zugeteilt oder mit besonderen Aufgaben betraut ist.* **sinnv.**: ↑Geistlicher.

Kap|pe, die; -, -n: **1.** *eng anliegende Kopfbedeckung mit oder ohne Schirm:* sie trug eine modische K. **sinnv.**: ↑Kopfbedeckung. **Zus.**: Bade-, Narren-, Pelz-, Tarn-, Wollkappe. **2.** *abnehmbarer Teil, der etwas zum Schutz umschließt, bedeckt:* die Kappe eines Füllfederhalters. **sinnv.**: ↑Verschluß. **Zus.**: Verschlußkappe. **3.** *Verstärkung des Schuhs an der Spitze oder Ferse:* die Kappen der Stiefel waren aus Leder. **Zus.**: Lack-, Schuhkappe.

kap|pen ‹tr.›: **1.** ↑*durchschneiden:* die Leinen, das Tau k. **2. a)** *(die Spitze von Bäumen) abschneiden:* die Krone, den Wipfel k. **b)** *(Bäume) an den Kronen kürzer schneiden:* die Bäume müssen gekappt werden. **sinnv.**: ↑beschneiden.

ka|pri|zi|ös ‹Adj.›: *(von jüngeren weiblichen Personen) auf eine leicht überspannt wirkende, kokette Art eigenwillig:* ein kapriziöses Mädchen; sie ist sehr k. **sinnv.**: ↑eigenwillig.

Kap|sel, die; -, -n: *kleines rundes oder ovales Behältnis.* **sinnv.**: ↑Hülle.

ka|putt ‹Adj.› (ugs.): **a)** *defekt und daher nicht mehr funktionierend:* die Uhr, die Maschine, das Auto ist k. **sinnv.**: ↑defekt. **b)** *in Stücke gegangen, entzweigebrochen:* der Teller ist k. **sinnv.**: entzwei, hin, hinüber, zerbrochen, zerschlagen, zerstört. **c)** *völlig erschöpft:* er machte einen kaputten Eindruck; ich bin ganz k., fühle mich ganz k. **sinnv.**: ↑erschöpft.

ka|putt|ge|hen, ging kaputt, ist kaputtgegangen ‹itr.› (ugs.): **a)** *defekt werden:* die Maschine ist kaputtgegangen. **b)** ↑*zerbrechen:* das Spielzeug, die Tasse ist [mir] kaputtgegangen. **sinnv.**: ↑enzweigehen.

ka|putt|ma|chen, machte kaputt, hat kaputtgemacht ‹tr.› (ugs.): *zerstören, unbrauchbar machen, zerschlagen:* er hat die Lampe kaputtgemacht. **sinnv.**: ↑zerstören.

Ka|pu|ze, die; -, -n: *(an Mantel, Anorak o. ä.) am Halsrand angeknöpfte oder festgenähte Kopfbedeckung, die sich (als Schutz gegen Regen oder Kälte) über den Kopf ziehen läßt:* ein Mantel mit K.; die K. aufsetzen, über den Kopf ziehen. **sinnv.**: ↑Kopfbedeckung.

Ka|ra|bi|ner, der; -s, -: *Gewehr mit kurzem Lauf:* **sinnv.**: ↑Schußwaffe.

Ka|raf|fe, die; -, -n: *bauchiges, sich nach oben hin verjüngendes Gefäß aus Glas [mit einem Stöpsel]:* aus einer K. Wein einschenken. **sinnv.**: ↑Kanne. **Zus.**: Glas-, Wasserkaraffe.

Ka|ram|bo|la|ge [karambo'la:ʒə], die; -, -n: *Zusammenstoß, Zusammenprall (von Fahrzeugen):* im dichten Nebel wäre es fast zu einer K. gekommen. **sinnv.:** ↑Zusammenstoß.

Ka|rat, das; -[e]s, -e: **1.** *Einheit für die Bestimmung des Gewichts von Edelsteinen:* 1 K. entspricht einem Gewicht von 0,2 g. **sinnv.:** ↑Gewicht. **2.** *Einheit einer in 24 Stufen eingeteilten Skala zum Messen des Gehaltes an Gold:* reines Gold hat 24 K. **sinnv.:** ↑Gewicht.

Ka|ra|wa|ne, die; -, -n: **1.** *(früher im Orient) Zug von reisenden Kaufleuten [mit Lasten transportierenden Tieren]:* die K. näherte sich der Oase. **2.** *[zusammengehörende] größere Gruppe von Personen, Fahrzeugen, die sich in einem langen Zug hintereinander fortbewegen:* Karawanen von Autos, Spaziergängern, Messebesuchern. **Zus.:** Autokarawane.

Kar|di|nal, der; -s, Kardinäle: *nach dem Papst höchster katholischer Geistlicher:* die Kardinäle wählen den Papst. **sinnv.:** ↑Geistlicher.

Kar|di|nal|zahl, die; -, -en: ↑*Grundzahl* (z. B. eins) /Ggs. Ordinalzahl/.

karg ⟨Adj.⟩: *sehr bescheiden, ohne jeden Aufwand, Überfluß o. ä.:* die Ausstattung ist sehr k.; ein karges Leben. **sinnv.:** ärmlich, armselig, bescheiden, beschränkt, dürftig, frugal, kärglich, kläglich, knapp, kümmerlich, mager, popelig, schmal, schwach, ↑spärlich, spartanisch, unergiebig, wenig; ↑stiefmütterlich; ↑unfruchtbar.

kärg|lich ⟨Adj.⟩: *nur die nötigsten Bedürfnisse befriedigend:* eine kärgliche Mahlzeit; in kärglichen Verhältnissen leben. **sinnv.:** ↑karg.

ka|riert ⟨Adj.⟩: *ein Muster aus Karos habend* /bes. bei Stoffen/: ein kariertes Hemd. **sinnv.:** gewürfelt, schachbrettartig gemustert. **Zus.:** groß-, klein-, rot-, schwarzweißkariert.

Ka|ri|es, die; -: *Erkrankung der Zähne, die bes. eine Zerstörung des Zahnschmelzes verursacht.* **Zus.:** Zahnkaries.

Ka|ri|ka|tur, die; -, -en: *Zeichnung, bei der zum Zweck der Verspottung charakteristische Merkmale übertrieben hervorgehoben werden:* eine politische K.; eine K. zeichnen. **sinnv.:** Cartoon, Witzzeichnung; ↑Satire, ↑Zerrbild.

ka|ri|ta|tiv ⟨Adj.⟩: *Notleidende unterstützend,* /von entsprechenden Organisationen/: eine karitative Einrichtung. **sinnv.:** barmherzig, humanitär, mildtätig, Nächstenliebe übend, wohltätig.

Kar|ne|val, der; -s: *Zeit vieler Feste mit Kostümen [und Masken], die der Fastenzeit vorausgeht.* **sinnv.:** ↑Fastnacht.

Kar|nickel, das; -s, - (ugs.): ↑*Kaninchen.*

Ka|ro, das; -s, -s: **1.** *[auf der Spitze stehendes] Viereck.* **sinnv.:** ↑Viereck. **Zus.:** Schottenkaro. **2. a)** ⟨ohne Artikel; ohne Plural⟩ *[niedrigste] Farbe im Kartenspiel.* **b)** ⟨Plural Karo⟩ *Spielkarte mit Karo* (2 a) *als Farbe* (siehe Bildleiste „Spielkarten"): K. ausspielen. **sinnv.:** ↑Spielkarte.

Ka|ros|se|rie, die; -, Karosserien: *der auf dem Fahrgestell ruhende [Blech]teil des Autos.*

Ka|rot|te, die; -, -n: ↑*Möhre.*

Karp|fen, der; -s, -: *großer, im Süßwasser lebender Fisch mit hohem Rücken und einem vorgestülpten, Barteln aufweisenden Maul.*

Kar|re, die; -, -n: *kleiner, schiebend vorwärtsbewegter Wagen zum Befördern von Lasten:* Säcke auf die K. laden. **sinnv.:** Karren. **Zus.:** Schieb-, Schubkarre.

Kar|ren, der, -s, -: ↑*Karre.*

Kar|rie|re, die; -, -n: *erfolgreicher Aufstieg im Beruf:* eine große K. vor sich haben. **sinnv.:** ↑Laufbahn. **Zus.:** Beamtenkarriere.

Kar|te, die; -, -n: **a)** ↑*Postkarte:* jmdm. eine K. schicken. **Zus.:** Ansichts-, Beileids-, Brief-, Glückwunsch-, Neujahrs-, Weihnachtskarte. **b)** ↑*Eintrittskarte:* zwei Karten kaufen. **Zus.:** Kino-, Konzert-, Theaterkarte. **c)** ↑*Fahrkarte:* wo hast du die K. für die Rückfahrt? **Zus.:** Monats-, Netz-, Platz-, Rückfahr-, Wochen-, Zuschlagkarte. **d)** ↑*Speisekarte:* bringen Sie mir bitte die K.! **e)** ↑*Spielkarte:* die Karten mischen, geben. **Zus.:** Bridge-, Rommé-, Skat-, Spiel-, Trumpfkarte. **f)** ↑*Landkarte:* einen Ort auf der K. suchen. **Zus.:** Auto-, Gelände-, Generalstabs-, See-, Straßen-, Wanderkarte.

Kar|tei, die; -, -en: *für einen bestimmten Zweck mit besonderen Aufzeichnungen versehene [alphabetisch] geordnete Sammlung von Karten:* eine K. anlegen, führen. **sinnv.:** ↑Verzeichnis. **Zus.:** Kranken-, Stichwort-, Verbrecher-, Zettelkartei.

Kar|ten|spiel, das, -[e]s; -e: **1.** *Spiel mit Spielkarten.* **2.** *Gesamtheit der zu einem Spiel nötigen Spielkarten.* **sinnv.:** Blatt, Karte.

Kar|tof|fel, die; -, -n: **a)** *krautige Pflanze, die unterirdisch eßbare Knollen ausbildet.* **Zus.:** Frühkartoffel. **b)** *Knolle der Kartoffelpflanze, die ein wichtiges Nahrungsmittel darstellt.* **sinnv.:** Erdapfel; ↑Bratkartoffeln. **Zus.:** Einkellerungs-, Futter-, Pell-, Saat-, Salz-, Speise-, Winterkartoffel.

Kar|ton [kar'tɔŋ], der; -s, -s: **1.** *sehr festes Papier:* die Verpakkung ist aus K. **sinnv.:** ↑Pappe. **Zus.:** Zeichenkarton. **2.** *Schachtel aus Pappe:* die Ware in einen K. verpacken; 10 Karton[s] Seife. **sinnv.:** ↑Schachtel. **Zus.:** Pappkarton.

kar|to|niert ⟨Adj.⟩: *in Karton geheftet* /von Büchern o. ä./: diese Ausgabe erscheint auch k. **sinnv.:** broschiert.

Ka|rus|sell, das; -s, -s und -e: *sich drehende Vorrichtung mit verschiedenartigen Aufbauten (Pferde, Autos o. ä.), auf denen sitzend man sich im Kreise bewegt (bes. auf Jahrmärkten):* [mit dem] K. fahren. **sinnv.:** Achterbahn, Berg-und-Tal-Bahn, Reitschule, Ringelspiel. **Zus.:** Ketten-, Kinderkarussell.

Kä|se, der; -s, -: *aus Milch hergestelltes Nahrungsmittel, das als Brotaufstrich oder -belag dient.* **Zus.:** Frisch-, Hart-, Rahm-, Schafs-, Schicht-, Schmelz-, Streich-, Weich-, Weiß-, Ziegenkäse.

Ka|ser|ne, die; -, -n: *Gebäude, das als Unterkunft von Truppen dient:* eine K. bewachen; in die K. einrücken. **Zus.:** Mietskaserne.

ka|ser|nie|ren ⟨tr.⟩: *(Soldaten, Polizisten) in Kasernen unterbringen:* Truppen k.; die kasernierte Polizei. **sinnv.:** ↑beherbergen.

kä|sig ⟨Adj.⟩ (ugs.): *sehr blaß (und von ungesundem Aussehen):* ein käsiges Gesicht. **sinnv.:** ↑blaß.

Kas|per|le, das und der; -s, -: *lustige männliche Hauptfigur des Puppenspiels (mit Zipfelmütze, einer großen Nase und einem großen, lachenden Mund):* das K. verprügelte die Hexe; K. *(Kasperletheater)* spielen. **sinnv.:** Kasper, Kasperl, Kasperlepuppe.

Kas|per|le|thea|ter, das; -s, -: *Puppentheater mit der Figur des Kasperle als Hauptperson.*

sinnv.: Marionettentheater, Puppenspiel, Puppentheater.

Kas|se, die; -, -n: **1. a)** *Behälter, Kassette, in der Geld aufbewahrt wird.* **sinnv.**: Geldkassette. **b)** *Stelle (in einem Geschäft, Kaufhaus o. ä.), an der die Käufer ihre Einkäufe bezahlen:* Eintrittskarten an der K. *(Theaterkasse)* abholen; an der K. bezahlen. **Zus.**: Abend-, Kino-, Laden-, Tages-, Theaterkasse. **c)** *Stelle in einer Bank o. ä., an der Geld ausgezahlt wird:* an der K. einen Scheck einlösen. **sinnv.**: Kassenschalter, Schalter. **2. a)** ↑*Krankenkasse:* die K. zahlt die Behandlung **sinnv.**: Assekuranz, Versicherung. **b)** ↑*Bank* (II): das Geld auf die K. bringen. **sinnv.**: ↑Bank. **Zus.**: [Bau]sparkasse.

Kas|set|te, die; -, -n: **a)** *kleinerer, verschließbarer Behälter für Geld oder für kleinere wertvolle Gegenstände.* **sinnv.**: Kästchen, Schatulle. **Zus.**: Geld-, Schmuckkassette. **b)** *Hülle aus festem Material für Bücher, Schallplatten, Filme, Tonbänder, Dias.*

Kas|set|ten|re|cor|der, der; -s, -: *Gerät, mit dem Tonbänder abgespielt werden können.*

kas|sie|ren ⟨tr.⟩: *(Geld, einen zur Zahlung fälligen Betrag) einziehen:* das Geld, die Beiträge k. **sinnv.**: beitreiben, einheimsen, einnehmen, ↑einsammeln, einstecken, einstreichen, eintreiben, erheben, jmdn. zur Kasse bitten, vereinnahmen. **Zus.**: ab-, einkassieren.

Ka|sta|nie, die; -, -n: **a)** *Laubbaum mit großen, handförmigen Blättern und harten, braunen Früchten, die in einer stachligen Schale wachsen.* **b)** *Frucht des Kastanienbaums.*

Ka|sten, der; -s, Kästen: *rechtwinkliger, aus festem Material bestehender Behälter (meist mit Deckel), der für die Aufbewahrung, den Transport o. ä. unterschiedlicher Dinge bestimmt ist:* die Bücher beim Umziehen in Kästen verpacken; ein K. für Flaschen; 2 K./Kästen Bier. **sinnv.**: Box, Kiste. **Zus.**: Balkon-, Blech-, Blumen-, Brief-, Brot-, Farben-, Geigen-, Holz-, Kartei-, Sand-, Schmuck-, Spülkasten, Werkzeugkasten.

ka|strie|ren ⟨tr.⟩: *(einem Manne oder männlichen Tier) die Hoden entfernen und damit bewirken, daß er nicht mehr zur Fortpflanzung fähig ist:* einen Eber k. **sinnv.**: entmannen, sterilisieren, unfruchtbar / zeugungsunfähig machen, verschneiden.

Ka|ta|log, der; -[e]s, -e: *nach einem bestimmten System aufgebautes Verzeichnis von Sachen, Büchern o. ä.:* einen K. aufstellen; etwas in den K. aufnehmen; etwas nach einem K. bestellen, kaufen. **sinnv.**: ↑Prospekt, ↑Verzeichnis. **Zus.**: Ausstellungskatalog.

ka|ta|pul|tie|ren ⟨tr.⟩: *mit einem Katapult in die Höhe schießen:* ein Flugzeug von einem Schiff k. **sinnv.**: ↑werfen. **Zus.**: hinauskatapultieren.

Ka|tarrh, der; -s, -e: *(mit Absonderung von Schleim verbundene) Entzündung der Schleimhaut, bes. der Atmungsorgane:* einen K. im Hals haben. **Zus.**: Blasen-, Bronchial-, Darmkatarrh.

ka|ta|stro|phal ⟨Adj.⟩: *(in seinem Ausmaß) sehr schlimm, verhängnisvoll:* der Mangel an Wasser war k.; die anhaltende Dürre hat katastrophale Folgen. **sinnv.**: ↑schrecklich.

Ka|ta|stro|phe, die; -, -n: *[unerwartet eintretendes, viele Menschen betreffendes] verhängnisvolles Geschehen:* es kam beinahe zur K.; eine K. verhindern; das Hochwasser wuchs sich zu einer schweren K. aus. **sinnv.**: ↑Unglück. **Zus.**: Hunger-, Natur-, Unwetterkatastrophe.

Ka|te|go|rie, die; -, Kategorien: *Klasse, Gruppe, in die jmd. oder etwas eingeordnet wird:* etwas in eine /unter einer K. einordnen; eine häufig anzutreffende K. Mensch. **sinnv.**: ↑Art, ↑Klasse.

ka|te|go|risch ⟨Adj.⟩: *keinen Widerspruch zulassend:* etwas k. ablehnen, behaupten. **sinnv.**: ↑bestimmt.

Ka|ter, der; -s, -: **1.** *männliche Katze.* **2.** (ugs.) *schlechte körperliche und seelische Verfassung nach unmäßigem Genuß von Alkohol:* am nächsten Morgen hatte er einen K. **sinnv.**: Katerstimmung, Katzenjammer, Moralischer. **Zus.**: Muskel-, Strahlenkater.

Ka|the|der, das; -s, -: *Pult für den Lehrer oder den Vortragenden (in einer Klasse, einem Lehrsaal o. ä.):* die Mappe des Lehrers liegt auf dem K.; der Professor spricht von einem K. **sinnv.**: [Lese]pult, Rednerpult; ↑Kanzel.

Ka|the|dra|le, die; -, -n: *mit dem Sitz eines Bischofs verbundene Kirche* /bes. in Spanien, Frankreich und England/: die K. von Reims. **sinnv.**: ↑Kirche.

Ka|tho|lik, der; -en, -en, **Ka|tho|li|kin**, die; -, -nen: *männliche bzw. weibliche Person, die der katholischen Kirche angehört:* er ist ein strenger Katholik. **sinnv.**: Kathole.

ka|tho|lisch ⟨Adj.⟩: *der vom Papst als Stellvertreter Christi angeführten Kirche angehörend, von ihr bestimmt, sie betreffend:* ein katholischer Geistlicher; er ist k.

Kat|ze, die; -, -n: *kleineres, vor allem Mäuse fangendes Haustier mit schlankem Körper, kleinem runden Kopf und langem Schwanz:* die K. faucht, miaut, macht einen Buckel; eine K. ist uns zugelaufen. **sinnv.**: Dachhase, Miez[e], Miezekatze. **Zus.**: Haus-, Raub-, Wildkatze.

Kau|der|welsch, das; -[s]: *verworrene, unverständliche Sprache, Sprechweise:* er spricht ein furchtbares K.

kau|en ⟨tr./itr.⟩: *mit den Zähnen zerkleinern:* du mußt [das Brot] gut k. **sinnv.**: beißen, knabbern, mahlen, mümmeln, nagen. **Zus.**: zerkauen.

kau|ern: a) ⟨itr.⟩ *zusammengekrümmt hocken:* die Gefangenen kauerten auf dem Boden. **sinnv.**: ↑sitzen. **b)** ⟨sich k.⟩ *sich zusammengekrümmt hinsetzen:* die Kinder kauerten sich in die Ecke. **sinnv.**: ↑setzen. **Zus.**: sich hin-, zusammenkauern.

Kauf, der; -[e]s, Käufe: *Erwerb von etwas für Geld:* ein günstiger K.; ein Haus zum K. anbieten. **sinnv.**: Anschaffung, Bezug, Errungenschaft, Erwerb, [Neu]erwerbung, Okkasion. **Zus.**: An-, Angst-, Ein-, Gelegenheits-, Hamster-, Raten-, Ver-, Zukauf.

kau|fen ⟨tr.⟩: **a)** *für Geld erwerben:* ich will [mir] ein Auto k.; etwas billig, für viel Geld k.; hier gibt es alles zu k. **sinnv.**: anschaffen, ↑bestellen, sich mit etwas eindecken, einführen, ergattern, erstehen, käuflich erwerben, einen Kauf tätigen, die Katze im Sack kaufen, leisten, lösen, mitnehmen, ramschen, sich mit etwas versorgen, sich etwas zulegen. **Zus.**: ab-, an-, auf-, er-, leer-, los-, [sich] ver-, zusammenkaufen. **b)** ↑*einkaufen:* sie kauft nur im Supermarkt.

Käu|fer, der; -s, -, **Käu|fe|rin**,

die; -, -nen: *männliche bzw. weibliche Person, die etwas kauft oder gekauft hat:* einen Käufer für etwas suchen, gefunden haben. **sinnv.:** Abnehmer, Interessent; ↑Konsument, ↑Kunde.

Kauf|frau: vgl. Kaufmann.

Kauf|haus, das; -es, Kaufhäuser: *großes, meist mehrere Etagen einnehmendes Geschäft, in dem Waren verschiedenster Art angeboten werden:* in einem K. einkaufen. **sinnv.:** ↑Laden.

käuf|lich ⟨Adj.⟩: **a)** *gegen Geld erhältlich:* etwas k. erwerben. **sinnv.:** feil. **b)** ↑*bestechlich:* ein käuflicher Beamter; er ist k.

Kauf|mann, der; -[e]s, Kaufleute, **Kauf|frau,** die; -, -en: *männliche bzw. weibliche Person, die eine kaufmännische Ausbildung hat und [selbständig] im Handel oder Gewerbe tätig ist:* er ist Kaufmann. **sinnv.:** Krämer; ↑Händler. **Zus.:** Diplom-, Einzelhandels-, Export-, Industriekaufmann.

kauf|män|nisch ⟨Adj.⟩: *die Arbeit, Stellung des Kaufmanns betreffend, nach Art eines Kaufmanns:* er ist kaufmännischer Angestellter. **sinnv.:** geschäftlich, kommerziell, ökonomisch.

kaum ⟨Adverb⟩: **1. a)** *wahrscheinlich nicht, vermutlich nicht:* sie wird es k. tun. **sinnv.:** ↑schwerlich. **b)** *fast nicht, nur mit Mühe:* das ist k. zu glauben; ich kann es k. erwarten. **c)** *nur sehr wenig, fast gar nicht:* er hatte k. geschlafen; er ist k. älter als sie. **2.** *gerade eben; erst seit ganz kurzer Zeit:* k. war er zu Hause, rief er mich an; sie hatten k. mit der Arbeit begonnen, da rief man sie wieder ab. **sinnv.:** gerade.

Kau|tschuk, der; -s: *pflanzlicher Rohstoff, aus dem Gummi hergestellt wird.*

Kauz, der; -es, Käuze: **1.** *der Eule verwandter, kleinerer Vogel mit großem, rundem Kopf:* der Ruf des Kauzes. **Zus.:** Stein-, Waldkauz. **2.** (ugs.) *Mann, der auf seine Umgebung eigenbrötlerisch, wunderlich wirkt:* er ist ein seltsamer, ein komischer K. **sinnv.:** ↑Außenseiter.

kau|zig ⟨Adj.⟩: *eigenbrötlerisch, wunderlich wirkend:* ein kauziger Mensch. **sinnv.:** ↑seltsam.

Ka|va|lier, der; -s, -e: *Mann, der sich bes. Frauen gegenüber als liebenswürdig, höflich, hilfsbereit zeigt:* dieser Mann ist ein K. **sinnv.:** Gentleman; ↑Mann.

Ka|val|le|rist, der; -en, -en: *Angehöriger einer berittenen Truppe.* **sinnv.:** ↑Soldat; ↑Reiter.

Ka|vi|ar, der; -s: *mit Salz konservierter Rogen des Störs.*

keck ⟨Adj.⟩: *in unbefangenmunterer Weise dreist [wirkend]:* eine kecke Antwort, Nase; er hatte die Mütze k. in die Stirn gezogen. **sinnv.:** ↑frech.

Ke|gel, der; -s, -: **1.** /eine geometrische Figur/ (siehe Bildleiste „geometrische Figuren", S. 292). **Zus.:** Licht-, Scheinwerfer-, Strahlenkegel. **2.** *Figur für das Kegelspiel:* alle K. gleichzeitig umwerfen. **sinnv.:** Holz.

Ke|gel|bahn, die; -, -en: *Anlage (mit einer Bahn von bestimmter Länge), auf der gekegelt wird:* die Gaststätte hat zwei automatische Kegelbahnen. **sinnv.:** Bowlingbahn.

ke|geln ⟨itr.⟩: *das Kegelspiel betreiben (und dabei Kegel mit einer Kugel umzuwerfen versuchen):* wir wollen heute abend k. **sinnv.:** bowlen, Bowling spielen, kegelschieben.

ke|gel|schie|ben, schob Kegel, hat Kegel geschoben ⟨itr.⟩: ↑*kegeln.*

Keh|le, die; -, -n: **1.** *vorderer Teil des Halses (beim Menschen und bei bestimmten Tieren):* er packte ihn an der K.; der Marder hat dem Huhn die K. durchgebissen. **sinnv.:** Gurgel, Hals. **2.** *der Rachen (mit Luft- und Speiseröhre):* als er den Fisch aß, blieb ihm eine Gräte in der K. stecken. **sinnv.:** ↑Rachen.

Kehl|kopf, der; -[e]s, Kehlköpfe: *im Hals vor der Speiseröhre liegendes Organ, das bei der Stimmbildung von entscheidender Bedeutung ist:* ein hervortretender K. **sinnv.:** Adamsapfel.

Keh|re, die; -, -n: **1.** *Biegung eines Weges o. ä., durch die sich die Richtung fast bis in die Gegenrichtung umkehrt:* die Straße führt in Kehren zur Paßhöhe. **sinnv.:** ↑Kurve. **2.** *Übung an Barren, Reck oder Pferd:* bei der K. schwingen die Beine vorwärts.

keh|ren: a) ⟨tr./itr.⟩ (bes. südd.) *mit einem Besen von Schmutz, Staub befreien:* die Straße k.; ich muß noch k. **sinnv.:** ↑säubern. **b)** ⟨tr.⟩ *mit einem Besen entfernen:* die Blätter von der Terrasse k. **sinnv.:** ↑entfernen.

Keh|richt, der und das; -s: *mit dem Besen Zusammengekehrtes:* den K. in den Mülleimer schütten. **sinnv.:** Müll, Unrat.

Kehr|sei|te, die; -, -n: *negative oder nachteilige Seite, die eine Sache hat:* die K. bei der Sache ist, daß... **sinnv.:** ↑Mangel.

kehrt|ma|chen, machte kehrt, hat kehrtgemacht ⟨itr.⟩: *sich [spontan] (auf einem Weg o. ä.) umdrehen und sich wieder in die Gegenrichtung bewegen:* er machte kehrt und ging weg. **sinnv.:** ↑umkehren.

kei|fen ⟨itr.⟩: *auf eine giftige, böse Art laut schimpfen:* die Frau keift den ganzen Tag. **sinnv.:** ↑schelten.

Keil, der; -[e]s, -e: *(bes. zum Spalten von Holz verwendetes) Werkzeug aus Holz oder Metall in Form eines dreieckigen, an einem Ende spitz zulaufenden Klotzes.* **Zus.:** Faustkeil.

Kei|ler, der; -s, -: *männliches Wildschwein:* der K. hatte mächtige Hauer. **sinnv.:** ↑Schwein.

Keim, der; -[e]s, -e: **a)** *Trieb einer Pflanze, der sich aus dem Samen entwickelt:* die jungen Keime wurden schon sichtbar. **sinnv.:** Keimling, Sämling. **Zus.:** Pflanzenkeim. **b)** ⟨K. + Attribut⟩ *kleinste Anfänge, aus denen sich etwas entwickelt oder entwikkeln kann:* den K. der Hoffnung in jmdm. zerstören. **c)** *organischer Erreger von Krankheiten:* vorhandene Keime mit einem Desinfektionsmittel abtöten. **sinnv.:** ↑Bakterien. **Zus.:** Krankheitskeim.

kei|men ⟨itr.⟩: *(von einem Samen) zu wachsen, sich zu entwikkeln beginnen:* die Bohnen keimen schon. **sinnv.:** sich ↑entwikkeln; ↑sprießen.

keim|frei ⟨Adj.⟩: *frei von Erregern einer Krankheit:* Instrumente, Milch k. machen. **sinnv.:** aseptisch, sauber, steril.

kein ⟨Indefinitpronomen⟩: **1. a)** *nicht ein, nicht irgendein:* k. Wort sagen; keine Arbeit finden; k. Mensch war da. **b)** *nichts an:* k. Geld, keine Zeit haben; er kann k. Englisch. **c)** kehrt das nachstehende Adjektiv ins Gegenteil: das ist keine schlechte Idee; er ist k. schlechter Lehrer. **d)** vor Zahlwörtern; *nicht ganz, nicht einmal:* es hat keine 10 Minuten gedauert; er wird k. Jahr bleiben. **2.** ⟨alleinstehend⟩ *keine Person, keine Sache:* keiner rührte sich; keines der Mittel hat geholfen.

kei|ner|lei ⟨unbestimmtes Zahlwort⟩: *nicht der, die, das geringste; keine Art von:* er will

k. Verpflichtungen eingehen; es lagen k. tatsächliche Feststellungen zugrunde.

kei|nes|falls ⟨Adverb⟩: *gewiß nicht, auf keinen Fall:* ich werde ihn k. besuchen. **sinnv.:** ↑keineswegs; ↑nein.

kei|nes|wegs ⟨Adverb⟩: *durchaus nicht:* das ist k. der Fall. **sinnv.:** durchaus/ganz und gar nicht, keinesfalls, mitnichten, unter keinen Umständen, ↑nein.

-keit, die; -, -en: /Ableitung nur von Adjektiven, die mit unbetonter Silbe enden und der eine betonte vorausgeht; vgl. -ung/-heit, -igkeit/: **1.** auf -bar: Kostbarkeit, Trennbarkeit, Wünschbarkeit. **2.** auf -ig: Abhängigkeit, Bockigkeit, Dickköpfigkeit, Einigkeit, Farbigkeit, Gefälligkeit, Kleinmütigkeit, Lebendigkeit, Notwendigkeit, Pulvrigkeit, Richtigkeit, Schafsköpfigkeit, Widerständigkeit. **3.** auf -lich: Ärmlichkeit, Deutlichkeit, Erblichkeit, Ganzheitlichkeit, Gastfreundlichkeit, Herzlichkeit, Höflichkeit, Kläglichkeit, Öffentlichkeit, Ritterlichkeit, Scheußlichkeit. **4.** auf -sam: Betriebsamkeit, Gelehrsamkeit. **5.** selten auf -isch: Ausländischkeit, Bäurischkeit, Hektischkeit, Lesbischkeit, Linkischkeit. **6.** auf -er: Biederkeit (neben: Biederheit), Hagerkeit, Magerkeit, Sauberkeit, Tapferkeit. **7.** auf -el: Eitelkeit, Übelkeit.

Keks, der, seltener: das; - und -es, - und -e: *trockenes und haltbares Plätzchen:* diese Keks[e] esse ich nicht gern; ich habe drei Kekse gegessen. **sinnv.:** ↑Gebäck.

Kelch, der; -[e]s, -e: *Trinkgefäß (aus Glas, Kristall oder Metall) mit Stiel und Fuß meist für besondere Zwecke.* **sinnv.:** ↑Gefäß. **Zus.:** Abendmahls-, Leidens-, Sekt-, Spitzkelch.

Kel|le, die; -, -n: **a)** *Werkzeug des Maurers, mit dem der Putz auf die Wand aufgetragen wird.* **b)** *großer, in bestimmter Weise geformter Löffel mit langem Stiel, der dazu dient, eine Flüssigkeit aus einem Gefäß zu schöpfen:* die Bowle, Suppe mit der K. aus dem Topf schöpfen. **sinnv.:** Schöpfer, Schöpflöffel. **Zus.:** Schöpf-, Suppenkelle.

Kel|ler, der; -s, -: **a)** *teilweise oder ganz unter der Erde liegendes Geschoß eines Hauses.* **b)** *einzelner Raum (als Abstell- oder Vorratsraum) im Kellergeschoß eines Hauses:* zu jeder Wohnung gehört ein K.

Kell|ner, der; -s, -, **Kell|ne|rin,** die; -, -nen: *männliche bzw. weibliche Person, die in Restaurants oder Cafés den Gästen Speisen und Getränke serviert und das Geld dafür kassiert:* er arbeitet als Kellner; dem Kellner/nach dem Kellner rufen. **sinnv.:** ↑Bedienung, Chef de rang, Ganymed, Garçon, Ober, Pikkolo, Steward · Ordonnanz. **Zus.:** Etagen-, Ober-, Speisewagen-, Zahlkellner.

kell|nern ⟨itr.⟩ (ugs.): *(zur Aushilfe, nebenberuflich) als Kellner arbeiten:* er kellnert auf Kirchweihen. **sinnv.:** ↑auftragen, bedienen, als Kellner arbeiten, servieren.

kel|tern ⟨tr.⟩: *(zum Zwecke der Weinbereitung) Obst, bes. Trauben, in der Kelter auspressen:*

ken|nen, kannte, hat gekannt ⟨itr.⟩: **1.** *Kenntnis von etwas haben:* jmds. Namen, Adresse k.; ich kenne den Grund für sein Verhalten. **sinnv.:** ↑wissen. **2.** *mit etwas vertraut sein, sich auskennen:* ich kenne Berlin; er kennt die Verhältnisse. **sinnv.:** sich ↑auskennen. **3.** *mit jmdm. bekannt sein:* jmdn. näher, nur flüchtig k.; wir kennen einander/uns seit Kindertagen. **sinnv.:** jmdm. bekannt /kein Unbekannter sein. **4.** *mit jmdm. /einer Sache Erfahrung haben, so daß man mit ihm/damit umzugehen weiß:* ich kenne dieses Verfahren noch nicht gut genug; er kennt die Fahrschüler und ihre Schwierigkeiten; eine Katastrophe von nie gekanntem Ausmaß. **Zus.:** erkennen.

ken|nen|ler|nen, lernte kennen, hat kennengelernt ⟨itr.⟩: **1.** *mit jmdm./etwas bekannt, vertraut werden:* ich habe ihn, die Stadt letztes Jahr kennengelernt. **sinnv.:** Bekanntschaft machen. **2.** *mit etwas, was man bis dahin nicht kannte, konfrontiert werden, etwas zum erstenmal erfahren:* Kummer und Sorgen k.; das Leben unter harten Bedingungen k. **sinnv.:** ↑erleben.

Ken|ner, der; -s, -, **Ken|ne|rin,** die; -, -nen: *männliche bzw. weibliche Person, die auf einem bestimmten Gebiet fundierte Kenntnisse hat:* er ist ein hervorragender Kenner der griechischen Mythologie. **sinnv.:** ↑Fachmann. **Zus.:** Kunst-, Menschen-, Pflanzen-, Sach-, Weinkenner.

kennt|lich ⟨Adj.⟩: *(mit den Augen) gut wahrzunehmen, zu erkennen:* Zitate durch abweichenden Druck im Text k. machen *(kennzeichnen).* **sinnv.:** erkennbar, sichtbar, wahrnehmbar.

Kennt|nis, die; -, -se: **1.** ⟨ohne Plural⟩ *das Wissen von etwas; das Bekanntsein mit bestimmten Fakten o. ä.:* es geschah ohne meine K.; er hatte [keine] K. von dem Vorhaben; sich aus eigener K. ein Bild von etwas machen können; nach meiner K. ist die Sache anders gelaufen. **sinnv.:** ↑Erfahrung. **Zus.:** Menschen-, Orts-, Sachkenntnis. **2.** ⟨Plural⟩ *[durch Erfahrung oder Studium erworbenes] Sach-, Fachwissen:* auf einem bestimmten Gebiet vorzügliche, ausgebreitete Kenntnisse haben, besitzen; Kenntnisse in mehreren Fremdsprachen aufzuweisen haben. **sinnv.:** ↑Bildung. **Zus.:** Elementar-, Fach-, Grund-, Schul-, Sprachkenntnisse.

Kenn|wort, das; -[e]s, Kennwörter: **a)** *einzelnes Wort als Kennzeichen für einen Bewerber, Inserenten o. ä. statt der Angabe von Name und Adresse:* Angebote sind unter dem K. „Flughafen" einzusenden. **sinnv.:** Chiffre, Code, Geheimzeichen, Zeichen. **b)** *nur bestimmten Personen bekanntes Wort, das jmdn. zu etwas berechtigt:* er vereinbarte mit der Bank ein K., so daß kein Unbefugter Geld von seinem Sparbuch abheben konnte. **sinnv.:** Losung, Losungswort, Parole, Schibboleth, Stichwort.

Kenn|zei|chen, das; -s, -: **1.** *charakteristisches Merkmal, an dem man jmdn./etwas erkennt:* auffälliges K. des Gesuchten ist eine große Narbe im Gesicht. **sinnv.:** ↑Besonderheit, ↑Eigenschaft, ↑Merkmal. **2.** *Blechschild mit Buchstaben und/oder Zahlen, das als amtliches Zeichen an einem Kraftfahrzeug angebracht sein muß:* das polizeiliche K. des Fahrzeugs ist nicht bekannt. **Zus.:** Autokennzeichen.

kenn|zeich|nen ⟨tr.⟩ /vgl. kennzeichnend/: *mit einem Kennzeichen versehen:* alle Waren k. *(mit Preisschildern versehen).* **sinnv.:** ↑markieren.

kenn|zeich|nend ⟨Adj.; nicht adverbial⟩: *für jmdn./etwas charakteristisch, typisch:* die Farben sind k. für diesen Maler. **sinnv.:** bezeichnend, charakteristisch, ↑eigen, eigentümlich, individuell, klassisch, spezifisch, typisch, unverkennbar.

Kẹnn|zif|fer, die; -, -n: *Ziffer, Zahl als verschlüsseltes Kennzeichen:* Bewerbungen sind unter der K. 10/27 an den Verlag zu richten. **sinnv.:** ↑Zeichen.

kẹn|tern, kenterte, ist gekentert ⟨itr.⟩: *(von Wasserfahrzeugen) sich seitwärts neigend aus der normalen Lage geraten und auf die Seite oder kieloben zu liegen kommen:* das Boot ist bei Sturm gekentert. **sinnv.:** kippen, ↑umkippen.

Ke|ra|mik, die; -, -en: **1.** *Gefäß oder anderer Gegenstand aus gebranntem [und glasiertem] Ton:* eine Ausstellung alter Keramiken. **sinnv.:** Fayence, Majolika. **2.** ⟨ohne Plural⟩ *Gesamtheit der Erzeugnisse aus gebranntem Ton.* **sinnv.:** Porzellan, Steingut, Steinzeug, Terrakotta, Ton-, Töpferware, Wedgewood.

Kẹr|be, die; -, -n: *einen spitzen Winkel bildender Einschnitt (bes. in Holz):* eine K. in die Rinde der Eiche schneiden. **sinnv.:** Einkerbung, Scharte, Schnitt, Spalt.

Kẹr|bel, der; -s: *(als Gewürz verwendete) Pflanze mit gefiederten Blättern und Blüten in weißen Dolden:* eine Speise mit K. würzen.

Kẹrb|holz: ⟨in der Wendung⟩ etwas auf dem K. haben: *etwas Unrechtes begangen haben:* der Dieb hat mehrere Straftaten auf dem K.

Kẹr|ker, der; -s, - (früher): *Gefängnis, in dem eine schwere Strafe abgebüßt werden mußte:* jmdn. zu lebenslänglichem K. verurteilen. **sinnv.:** ↑Strafanstalt.

Kẹrl, der; -s, -e und (abwertend auch:) -s (ugs.): **1.** *(in negativer Weise charakterisierte) männliche Person:* ein grober, gemeiner K.; ich kann den K. nicht leiden. **sinnv.:** ↑Mann. **Zus.:** Drecks-, Sau-, Scheißkerl. **2.** *(positiv eingeschätzter) Mensch:* sie ist ein lieber K.; er ist ein feiner, netter K.; ein junger K. **sinnv.:** ↑Mensch. **Zus.:** Pfunds-, Prachtkerl.

Kẹrn, der; -s, -e: **1.** *im Kerngehäuse sitzender bzw. von einer harten Schale umgebener Same (z. B. von Apfel, Kirsche, Haselnuß).* **sinnv.:** Stein. **Zus.:** Apfel-, Kirsch-, Pfirsich-, Sonnenblumen-, Zwetschenkern. **2.** *wichtigster innerster Teil, Mittelpunkt von etwas:* der K. des Problems; die Sache hat einen wahren Kern. **sinnv.:** ↑Mittelpunkt. **Zus.:** Erd-, Stadt-, Wesenskern.

Kẹrn|ener|gie, die; -: *bei der Kernspaltung freiwerdende Energie:* die friedliche Nutzung der K. **sinnv.:** Atomenergie.

kẹr|nig ⟨Adj.⟩: **1.** *urwüchsig und kraftvoll:* ein kerniger Mann, Ausspruch. **sinnv.:** aus rechtem Holz geschnitzt, ↑urig. **2.** *(von bestimmten Früchten) in unerwünschter Weise voll von Kernen:* die Mandarinen sind sehr k.

Kẹrn|sei|fe, die; -: *einfache Seife ohne Parfümierung, die mehr für Waschzwecke verwendet wird:* **sinnv.:** ↑Seife.

Kẹr|ze, die; -, -n: *im allgemeinen zu einem zylindrischen Gebilde gegossenes Wachs o. ä. mit einem Docht in der Mitte, der mit ruhiger Flamme langsam brennt und dessen Funktion es ist, Licht zu spenden:* eine K. anzünden. **sinnv.:** Licht, Talglicht · Fackel. **Zus.:** Advents-, Duft-, Räucher-, Stearin-, Wachs-, Weihnachtskerze.

kẹr|zen|ge|ra|de ⟨Adj.⟩: *(in auffallender Weise) völlig gerade, senkrecht in die Höhe gerichtet:* der k. Stamm der Tanne; er saß k. in seinem Sessel. **sinnv.:** ↑gerade.

kẹß ⟨Adj.⟩: **a)** *(bes. von jungen Personen) im Auftreten unbekümmert, respektlos, ein wenig vorlaut:* ein kesses Mädchen; sie ist sehr k. **sinnv.:** ↑frech. **b)** *(in bezug auf die Kleidung) modisch und flott:* sie trägt einen kessen Overall; er hat ein kesses Hütchen auf. **sinnv.:** ↑geschmackvoll.

Kẹs|sel, der; -s, -: **1.** *Behälter (unterschiedlicher Art und Größe) für Flüssigkeiten, Gase u. a.* **sinnv.:** ↑Behälter. **Zus.:** Dampf-, Heiz-, Kaffee-, Kupfer-, Tee-, Wasser-, Waschkessel. **2.** *von Bergen ringsum eingeschlossenes Tal:* der Ort liegt in einem K. **Zus.:** Berg-, Gebirgs-, Hexen-, Talkessel.

Ketch|up ['kɛtʃap], der und das; -[s], -s: *pikante, dickflüssige Soße zum Würzen:* Nudeln mit K. aus Tomaten. **sinnv.:** ↑Marinade. **Zus.:** Tomatenketchup.

Kẹt|te, die; -, -n: **1.** *aus einzelnen beweglichen Gliedern, Teilen bestehender, wie ein Band aussehender Gegenstand aus Metall oder anderen Materialien (für unterschiedliche Zwecke):* sie trägt eine goldene K.; den Hund an die K. legen. **Zus.:** Absperr-, Anker-, Bernstein-, Eisen-, Hals-, Korallen-, Perlen-, Schnee-, Uhrkette. **2.** *Reihe von Menschen, die sich an den Händen gefaßt oder untergehakt haben:* die Polizisten, Demonstranten bildeten eine K. **sinnv.:** Kordon, ↑Schlange. **Zus.:** Menschenkette.

Kẹt|ten|rau|cher, der; -s, -: *jmd., der eine Zigarette nach der anderen raucht.* **sinnv.:** ↑Raucher.

Kẹt|zer, der; -s, -, **Kẹt|ze|rin,** die; -, -nen (hist.): *männliche bzw. weibliche Person, die in bestimmten, die Öffentlichkeit, die Kirche, den Staat betreffenden Angelegenheiten öffentlich eine andere Meinung vertritt als die für allgemein gültig erklärte:* Hus wurde als Ketzer verbrannt. **sinnv.:** Abweichler, ↑Atheist, ↑Außenseiter, Häretiker, Irrgläubiger, Sektierer.

kẹt|ze|risch ⟨Adj.⟩: *von der für allgemein gültig erklärten Meinung (in bestimmten, die Öffentlichkeit, die Kirche, den Staat betreffenden Angelegenheiten) abweichend:* der Kabarettist sang ein ketzerisches Chanson; ketzerische Gedanken, eine ketzerische Meinung haben, vertreten. **sinnv.:** eigenwillig, unkonventionell, unorthodox, unpersönlich.

keu|chen ⟨itr.⟩: *schwer, mühsam und geräuschvoll atmen:* er keuchte schwer unter seiner Last; sein Atem ging keuchend. **sinnv.:** ↑atmen.

Keuch|hu|sten, der; -s: *Kinderkrankheit mit starkem, lang anhaltendem Husten.*

Keu|le, die; -, -n: **1.** *(als Waffe zum Schlagen bestimmter) länglicher Gegenstand mit verdicktem Ende.* **2.** *Schenkel von bestimmtem Geflügel; Oberschenkel von Schlachttieren.* (siehe Bild „Rind"). **sinnv.:** Schlegel. **Zus.:** Gänse-, Hasen-, Kalbs-, Rehkeule.

keusch ⟨Adj.⟩ (geh.): *in geschlechtlicher Hinsicht enthaltsam:* ein keusches Leben führen. **sinnv.:** ↑jungfräulich.

ki|chern ⟨itr.⟩: *leise, mit hoher Stimme unterdrückt lachen:* die Mädchen kicherten dauernd. **sinnv.:** ↑lachen.

kịcken (ugs.): **1.** ⟨tr.⟩ *(den Ball)*

mit dem Fuß schießen: der Stürmer kickte den Ball ins Tor. **2.** ⟨itr.⟩ *Fußball spielen:* er kickt jetzt für einen anderen Verein.

Kicker, der; -s, -, **Kickelrin,** die; -, -nen (ugs.): *männliche bzw. weibliche Person, die Fußball spielt:* die besten Kicker der Welt standen in dieser Mannschaft. **sinnv.:** Fußballer, Fußballspieler.

kid|nap|pen ['kɪtnɛpn̩] ⟨tr.⟩: *(einen Menschen, bes. ein Kind) entführen:* Gangster haben den Sohn des Präsidenten gekidnappt. **sinnv.:** ↑verschleppen.

Kid|nap|per ['kɪtnɛpɐ], der; -s, -: *jmd., der einen Menschen kidnappt:* die K. forderten ein hohes Lösegeld. **sinnv.:** ↑Entführer.

Kie|fer: I. die; -, -n: *Nadelbaum mit langen, in Bündeln wachsenden Nadeln und kleinen, kegelförmigen Zapfen* (siehe Bildleiste „Nadelbäume"). **II.** der; -s, -: *Teil des Schädels, in dem die Zähne sitzen, dessen unterer Teil beweglich und dessen oberer Teil fest mit den Knochen des Gesichts verwachsen ist.* **Zus.:** Ober-, Unterkiefer.

Kiel, der; -[e]s, -e: *vom Bug zum Heck verlaufender Teil des Schiffsrumpfes.* **Zus.:** Boots-, Schiffskiel.

Kie|me, die; -, -n: *Atmungsorgan vieler im Wasser lebender Tiere:* Fische atmen durch K.

Kies, der; -es: *aus kleineren Steinen bestehendes Geröll, das u. a. als Material zum Bauen verwendet wird:* der Weg ist mit K. bedeckt. **sinnv.:** Schotter. **Zus.:** Fluß-, Schwemmkies.

Kie|sel, der; -s, -: *kleiner, vom Wasser rundgeschliffener Stein.* **sinnv.:** ↑Stein. **Zus.:** Bachkiesel.

kil|len ⟨tr.⟩ (ugs.): *kaltblütig ermorden:* der Gangster hat seinen Rivalen gekillt. **sinnv.:** ↑töten.

Kil|ler, der; -s, - (ugs.): *kaltblütiger Mörder:* der K. wurde zum Tode verurteilt. **sinnv.:** ↑Mörder.

Kil|ler- ⟨Präfixoid⟩ (Jargon): *das im Basiswort Genannte, das etwas verhindert oder äußerst gefährlich, schädlich [für etwas] ist:* Killerbakterien, -biene, -knüppel, -krebs, -phrase *(ein Werbespruch, der nicht werbewirksam ist und eher schadet),* -phänomen, -pille *(Pille, die innere Unruhe beseitigen soll),* -pilz *(der Wälder bedroht),* -satellit, *(Satellit, mit dem der Satellit eines Gegners vernichtet werden kann),* -preis *(niedriger Preis, der konkurrierende Angebote aus dem Feld schlägt),* -wal, -zelle *(Zelle, die Krebszellen zerstört).*

-kil|ler, der; -s, - ⟨Suffixoid⟩ (Jargon): *etwas, was dem im Basiswort Genannten abträglich ist, ihm Schaden zufügt, es verhindert:* Altstadtkiller (z. B. Warenhauskonzern), Bakterien- *(etwas, was Bakterien zerstört),* Baum- (z. B. Schwefeldioxyd), Eis- *(Auftaugerät für Autoschlösser),* Video – ein Freizeitkiller, Job- *(etwas [z. B. Textautomaten], was Arbeitsplätze vernichtet),* Kälte- *(Pelz als Kleidung, gegen den die Kälte machtlos ist),* Konjunktur- (z. B. steigende Ölpreise), Kontroll- (womit Radarstrahlen aufgespürt und signalisiert werden), Lack- *(Frost und Schnee, die den Lack am Auto zerstören),* Kleinbestellungen sind Renditekiller, Schnupfen-, Staub- *(Mittel für die Reinigung),* Videokopfkiller *(was dem Videokopf schadet).*

Ki|lo, das; -s, -[s]: ↑*Kilogramm:* zwei K. Apfelsinen. **sinnv.:** ↑Gewicht.

Ki|lo|gramm, das; -s, -e: /Maßeinheit für Masse/: vier K. Mehl. **sinnv.:** ↑Gewicht.

Ki|lo|me|ter, der; -s, -: 1 000 Meter.

Kim|me, die; -, -n: *dreieckiger Einschnitt (als Teil der Vorrichtung zum Zielen beim Gewehr), der mit dem Korn in eine Linie gebracht werden muß:* ein Ziel über K. und Korn anvisieren.

Kind, das; -es, -er: **1.** *noch nicht erwachsener Mensch:* die Kinder spielen im Garten; Kinder bis zu 12 Jahren/bis 12 Jahre; ein K. von einem halben Jahr; sie kennen sich von K. an/auf. **sinnv.:** ↑Baby, Balg, Bankert, Benjamin, Dreikäsehoch, Fratz, Göre, Kleines, Knirps, Matz, Nachkömmling, Racker, Spatz, Steppke, Teenie, Wurm; ↑Mensch. **Zus.:** Adoptiv-, Christ-, Christus-, Einzel-, Enkel-, Ferien-, Findel-, Flaschen-, Geburtstags-, Heim-, Jesus-, Klein-, Kleinst-, Lieblings-, Muster-, Natur-, Paten-, Pflege-, Puppen-, Schoß-, Schlüssel-, Schul-, Siebenmonats-, Sonntags-, Sorgen-, Stief-, Waisen-, Wickel-, Wunder-, Wunsch-, Zieh-, Zwillingskind. **2.** *jmds. unmittelbarer Nachkomme:* sein eigenes, leibliches K.; seine Kinder sind alle verheiratet. **sinnv.:** Älteste[r], Erbe, Nachwuchs, Sprößling, Stammhalter. **Zus.:** Kindeskind.

Kin|de|rei, die; -, -en: *kindische Handlung:* hör doch auf mit deinen albernen Kindereien! **sinnv.:** Alberei, Albernheit.

Kin|der|gar|ten, der; -s, Kindergärten: *Einrichtung zur Betreuung von noch nicht schulpflichtigen Kindern.* **sinnv.:** Hort, Kinderhort, Kinderkrippe, Kinderladen, Kindertagesstätte, Krippe.

Kin|der|gärt|ne|rin, die; -, -nen: *staatlich ausgebildete Erzieherin in einem Kindergarten.* **sinnv.:** ↑Gouvernante.

Kin|der|krank|heit, die; -, -en: **1.** *Krankheit, die man gewöhnlich als Kind durchmacht:* Masern sind eine K. **2.** ⟨meist Plural⟩ *anfänglich (bes. bei einer technischen Neuentwicklung) auftretender Mangel:* dieses neue Auto steckt noch voller Kinderkrankheiten. **sinnv.:** ↑Mangel.

Kin|der|läh|mung, die; -: *Kinderkrankheit, die schwere Lähmungen hervorrufen kann.* **sinnv.:** Polio, Poliomyelitis.

kin|der|leicht ⟨Adj.⟩ (emotional): *sehr einfach, ohne jede Schwierigkeit:* eine kinderleichte Aufgabe; die Prüfung war k. **sinnv.:** mühelos.

kin|der|lieb ⟨Adj.⟩: *Kinder liebend, gerne mit Kindern umgehend:* sein Onkel ist sehr k. **sinnv.:** kinderfreundlich.

kin|der|reich ⟨Adj.; nicht adverbial⟩: *viele Kinder habend:* eine kinderreiche Familie.

Kin|der|stu|be, die; -: *Erziehung durch das Elternhaus, die jmdm. Höflichkeit, Takt, Umgangsformen vermittelt:* er hat eine gute, schlechte K. gehabt. **sinnv.:** ↑Benehmen; ↑Bildung.

Kin|der|wa|gen, der; -s, -: *Wagen, in dem Säuglinge ausgefahren werden:* die Mutter fuhr das Baby im K. spazieren. **sinnv.:** Buggy, Kinderchaise, Sportwagen; Korbwagen.

Kind|heit, die; -: *Zeitspanne zwischen Geburt und Eintreten der Geschlechtsreife eines Menschen:* er hat eine fröhliche K. verlebt. **sinnv.:** Kinderjahre, Kinderzeit, Kindesalter.

kin|disch ⟨Adj.⟩: *unreif, albern (in seinem Verhalten):* ein kindisches Benehmen; du bist sehr k. **sinnv.:** ↑albern, blöd[e], infantil, pueril, unfertig.

kind|lich ⟨Adj.⟩: **a)** *in der Art,*

dem Ausdruck, Aussehen eines Kindes: eine kindliche Figur; ein kindliches Gesicht; sie wirkt noch sehr k. **sinnv.:** ↑jugendlich. **b)** *einem Kind (seinen Eltern gegenüber) zukommend, gebührend:* der kindliche Gehorsam. **c)** *ein wenig naiv wirkend:* er hat ein kindliches Vergnügen an der elektrischen Eisenbahn; kindliche Freude an etwas haben.

Kinds|kopf, der; -[e]s, Kindsköpfe (ugs.): *jmd., der sich in einer bestimmten Situation, in bezug auf etwas Bestimmtes kindlich naiv verhält, sich an etwas freut, was eigentlich nur Kindern anstünde:* du bist doch ein richtiger K. **sinnv.:** ein richtiges Kind, ↑Narr, Tor.

Kin|ker|litz|chen, die ⟨Plural⟩ (ugs.): *unwichtige Kleinigkeiten, Nichtigkeiten:* mit solchen K. wollte er sich nicht aufhalten. **sinnv.:** ↑Kleinigkeit.

Kinn, das; -s: *unterster, vorspringender Teil in der Mitte des Unterkiefers:* ein spitzes, vorstehendes K.

Kinn|ha|ken, der; -s, -: *Fausthieb gegen das Kinn:* mit einem wuchtigen K. schlug er seinen Gegner knockout.

Ki|no, das; -s, -s: **1.** *Raum, Gebäude, in dem Spielfilme gezeigt werden:* was wird heute im K. gespielt? **sinnv.:** Aki, Filmpalast, Filmtheater, Kintopp, Lichtspiele, Lichtspielhaus, Lichtspieltheater. **Zus.:** Aktualitäten-, Auto-, Heim-, Nonstopkino. **2.** ⟨ohne Plural⟩ *Vorstellung, bei der ein Spielfilm vorgeführt wird:* ins K. gehen; das K. fängt um 9 Uhr an. **sinnv.:** Filmvorführung. **Zus.:** Sexkino.

Ki|osk, der; -s, -e: *kleines Häuschen, [in ein Haus eingebauter] Stand, wo Zeitungen, Getränke usw. verkauft werden.* **sinnv.:** Bude, Häuschen; Stand. **Zus.:** Zeitungskiosk.

Kip|pe, die; -, -n (ugs.): *Rest einer gerauchten Zigarette:* die K. in den Aschenbecher legen. **sinnv.:** [Zigaretten]stummel. **Zus.:** Zigarettenkippe.

kip|pen, kippte, hat/ist gekippt: **1.** ⟨tr.⟩ **a)** *in eine schräge Stellung bringen:* er hat die Kiste, den Waggon gekippt. **sinnv.:** hochkant stellen. **b)** *ausschütten, wobei man den Behälter schräg hält:* er hat den Sand vom Wagen auf die Straße gekippt. **2.** ⟨itr.⟩ *umfallen:* der Tisch kippt; das Boot ist gekippt. **sinnv.:** ↑kentern. **Zus.:** umkippen. **3.** ⟨tr.⟩ (ugs.) **a)** *etwas absetzen, zurückziehen, nicht stattfinden lassen:* man hat die heikle Sendung (aus dem Programm) gekippt; eine Entscheidung k. **b)** *jmdn. entlassen, zum Rücktritt o. ä. zwingen:* die eigene Partei hat den Staatschef gekippt.

Kir|che, die; -, -n: **a)** *Gebäude für den christlichen Gottesdienst:* eine K. besichtigen. **sinnv.:** Basilika, Dom, Kapelle, Kathedrale, Moschee, Münster, Pagode, Synagoge, Tempel. **Zus.:** Dorf-, Garnison-, Hallen-, Kloster-, Pfarr-, Stifts-, Wallfahrtskirche. **b)** ⟨ohne Plural⟩ *christlicher Gottesdienst:* wann ist heute K.?; die K. hat schon angefangen. **sinnv.:** Kirchgang. **c)** *(zu einer Institution zusammengeschlossene) christliche Glaubensgemeinschaft:* die katholische, anglikanische K.; aus der K. austreten. **sinnv.:** Gemeinschaft, Religionsgemeinschaft, Sekte. **Zus.:** Frei-, Hoch-, Mutter-, Staatskirche.

Kir|chen|jahr, das; -[e]s, -e: *(im Unterschied zum bürgerlichen Jahr) mit dem ersten Advent beginnendes Jahr mit seiner Abfolge von Feiertagen und kirchlichen Festen (in der christlichen Kirche).* **sinnv.:** liturgisches Jahr.

kirch|lich ⟨Adj.⟩: *die Kirche betreffend, der Kirche gehörend, nach den Formen, Vorschriften der Kirche:* eine kirchliche Einrichtung; sich k. trauen lassen. **sinnv.:** christlich, geistlich, klerikal; ↑fromm.

Kir|mes, die; -, -sen (landsch.): ↑*Jahrmarkt.*

Kir|sche, die; -, -n: *an einem langen Stiel wachsende kleine, fast runde, meist rote, süß bis säuerlich schmeckende Frucht.* **sinnv.:** Schattenmorelle. **Zus.:** Herz-, Sauer-, Süß-, Vogel-, Weichselkirsche.

Kis|sen, das; -s, -: *mit weichem Material gefüllte Hülle, die als weiche Unterlage oder als Polster dient.* **sinnv.:** Polster, Schlummerrolle. **Zus.:** Feder-, Heiz-, Kopf-, Sitz-, Sofa-, Steckkissen.

Ki|ste, die; -, -n: *(bes. zum Transport von Dingen verschiedenster Art bestimmter) rechteckiger Behälter aus einem festen Material meist mit Deckel:* etwas in Kisten verpacken. **sinnv.:** ↑Kasten. **Zus.:** Bücher-, Holz-, Koch-, Motten-, Wein-, Zigarrenkiste · Beziehungskiste.

Kitsch, der; - [e]s: *Kunstprodukt (bes. Gegenstand aus dem Bereich des Kunstgewerbes, Musikstück, Film o. ä.), das in Inhalt und Form als geschmacklos und meist als sentimental empfunden wird:* die Bilder sind reiner K.; die Andenkenläden sind voller K. **sinnv.:** Geschmacklosigkeit, Geschmacksverirrung, Plunder, Schund. **Zus.:** Edelkitsch.

kit|schig ⟨Adj.⟩: *Kitsch darstellend:* kitschige Farben; die Bilder sind k. **sinnv.:** ↑geschmacklos.

Kitt, der; -[e]s, -e: *an der Luft hart werdende Masse, die zum Dichten verwendet wird:* die Fugen mit K. verschmieren.

Kitt|chen, das; -s, - (ugs.): ↑*Gefängnis:* er sitzt im K. **sinnv.:** ↑Strafanstalt.

Kit|tel, der; -s, -: *mantelartiges Kleidungsstück, das bei der Arbeit getragen wird:* der Arzt trägt einen weißen K. **sinnv.:** ↑Schürze. **Zus.:** Arbeits-, Arzt-, Bauernkittel.

kit|ten, kittete, hat gekittet ⟨tr.⟩: **1.** *[Zerbrochenes] mit Kitt [wieder] zusammenfügen:* die zerbrochene Tasse k. **sinnv.:** ↑kleben. **Zus.:** zusammenkitten. **2.** *mit Hilfe von Kitt an, auf etwas befestigen:* den Henkel an die Kanne k. **sinnv.:** ↑kleben. **Zus.:** ankitten.

Kit|zel, der; -s, -: *Reiz, den etwas Verlockendes, Gefahrvolles oder Verbotenes an sich hat:* dieses gefährliche Rennen war ein K. für seine Nerven; plötzlich verspürte ich einen K. nach Schokolade. **sinnv.:** ↑Reiz. **Zus.:** Gaumen-, Nervenkitzel.

kit|zeln: a) ⟨itr.⟩ *(an jmds. Körper) einen Juckreiz hervorrufen:* das Haar kitzelt im Ohr. **sinnv.:** ↑jucken. **b)** ⟨tr.⟩ *jmdn. wiederholt an einer bestimmten empfindlichen Körperstelle berühren (was meist einen Lachreiz hervorruft):* jmdn. an den Fußsohlen k. **sinnv.:** krabbeln, kratzen, kraulen.

Kitz|ler, der; -s, -: *am vorderen Ende der kleinen Schamlippen gelegener Teil der weiblichen Geschlechtsorgane.* **sinnv.:** Klitoris.

kitz|lig ⟨Adj.⟩: *auf Kitzeln leicht reagierend:* sie ist sehr k.

Klad|de|ra|datsch, der -[e]s, -e (ugs.): **1.** *chaotisches Ende, in das etwas (eine Untersuchung o. ä.) ausläuft:* seine Versuche endeten mit einem großen K. **2.** *heftiger Streit, Krach, Skandal:* es kam zwischen den beiden zum K. **sinnv.:** ↑Streit; ↑Aufsehen.

klaf|fen ⟨itr.⟩: *einen länglichen und zugleich tiefen Spalt in etwas bilden:* in der Mauer klaffen große Risse; eine klaffende Wunde. **sinnv.:** aufsein, gähnen, offen sein, offenstehen. **Zus.:** auf-, auseinanderklaffen.

kläf|fen ⟨itr.⟩: **1.** *(auf eine unangenehme, störende Weise) laut, in hellen Tönen bellen:* der Hund kläfft den ganzen Tag. **sinnv.:** ↑bellen. **Zus.:** ankläffen. **2.** (ugs.) *mit schriller Stimme schimpfen:* er kläfft den ganzen Tag. **sinnv.:** ↑schelten.

Kla|ge, die; -, -n: **1.** *Äußerung, durch die man Unmut, Ärger o. ä. zum Ausdruck bringt:* über etwas K. führen; sie hatten keinen Grund zur K.; die Klagen über ihn wurden häufiger. **sinnv.:** Gejammer, Jammerrede, Jeremiade, Klagelied, Lamento. **2.** *Worte, Laute, durch die man Schmerz, Kummer, Trauer zum Ausdruck bringt:* die Angehörigen des Toten brachen in laute Klagen aus. **Zus.:** Toten-, Wehklage. **3.** *bei Gericht vorgebrachte Beschwerde; das Geltendmachen einer Forderung o. ä. vor Gericht:* eine K. einreichen; der Staatsanwalt hat K. gegen ihn erhoben. **sinnv.:** ↑Anklage, Beschwerde, Einspruch. **Zus.:** Beleidigungs-, Räumungs-, Verfassungs-, Verleumdungsklage.

kla|gen ⟨itr.⟩: **1.** *(über etwas Bestimmtes) Klage führen, Unzufriedenheit äußern:* er klagte, es gehe ihm gesundheitlich, finanziell nicht gut; über Schmerzen k. **sinnv.:** die Hände ringen, jammern, lamentieren, murren, jmdm. die Ohren volljammern. **2.** *(bei Gericht) eine Klage anstrengen gegen jmdn.:* er will gegen die Firma k. **sinnv.:** ↑prozessieren. **Zus.:** an-, ein-, verklagen.

Klä|ger, der; -s, -, **Klä|ge|rin,** die; -, -nen: *männliche bzw. weibliche Person, die vor Gericht Klage erhebt:* der K. wurde bei der Verhandlung von seinem Anwalt vertreten. **sinnv.:** ↑Ankläger.

kläg|lich ⟨Adj.⟩ (abwertend): **1.** *sehr gering:* der Verdienst ist k.; ein klägliches Ergebnis. **sinnv.:** ↑karg. **2.** *in beklagenswerter, Mitleid erregender Weise schlecht:* in einem kläglichen Zustand sein. **sinnv.:** arm, armselig, bedauernswert, bejammernswert, beklagenswert, -würdig, bemitleidenswert, -würdig, elend, herzzerreißend, jämmerlich, jammervoll, mitleiderregend, ↑unrühmlich. **3.** *in beschämender Weise völlig:* er hat k. versagt; seine Bemühungen sind k. gescheitert. **sinnv.:** ↑ganz.

Kla|mauk, der; -s (ugs.): *lautes, lärmendes Treiben:* die Jugendlichen machten großen K. **sinnv.:** ↑Lärm.

klamm ⟨Adj.⟩: **a)** *leicht feucht:* die Betten waren k. **sinnv.:** ↑naß. **b)** *(bes. in bezug auf Finger oder Hände) steif vor Kälte:* klamme Finger haben. **sinnv.:** ↑steif.

Klamm, die; -, -en: *felsige Schlucht [mit Wasserfall].* **sinnv.:** ↑Schlucht.

Klam|mer, die; -, -n: **1.** *kleiner Gegenstand von unterschiedlicher Form (aus Holz, Metall o. ä.), mit dem etwas befestigt oder zusammengehalten werden kann:* die Wäsche mit Klammern befestigen. **sinnv.:** Klemme. **Zus.:** Büro-, Haar-, Hosen-, Wäsche-, Wundklammer. **2.** *graphisches Zeichen, mit dem man einen Teil eines Textes einschließen kann:* eckige, runde Klammern.

klam|mern: 1. ⟨tr.⟩ *mit Klammern befestigen:* einen Zettel an ein Schriftstück, Wäsche an die Leine k.; eine Wunde k. *(mit Wundklammern zusammenhalten).* **sinnv.:** ↑anklammern. **2.** ⟨sich k.⟩ *sich ängstlich, krampfhaft an jmdm./etwas festhalten:* das Kind klammerte sich ängstlich an die Mutter, als der Hund angesprungen kam. **sinnv.:** sich anklammern.

Kla|mot|te, die; -, -n (ugs.): **a)** *etwas Altes, Verachtetes, wertlos Erscheinendes:* die alten Klamotten vom Dachboden wegschaffen. **sinnv.:** ↑Kram. **b)** ⟨Plural⟩ *[altes, schäbiges] Kleidungsstück:* pack deine Klamotten und verschwinde! **sinnv.:** ↑Kleidung.

Klamp|fe, die; -, -n: *einfache Gitarre.* **sinnv.:** ↑Gitarre.

Klang, der; -[e]s, Klänge: **1.** *das Erklingen:* beim K. der Glocke. **sinnv.:** Hall, ↑Laut, Melodie, Schall, Ton[folge]; ↑Geräusch. **Zus.:** Harfen-, Hörner-, Orgelklang. **2.** *in bestimmter Weise gearteter (bes. durch ein Instrument oder durch die Stimme hervorgebrachter) Ton:* ein heller K.; das Klavier hat einen schönen K. **sinnv.:** Klangfarbe; Timbre. **Zus.:** Miß-, Wohl-, Zusammenklang. **3.** ⟨Plural⟩ ↑*Musik:* moderne, wohlbekannte Klänge; sie tanzten nach den Klängen eines Walzers.

klang|voll ⟨Adj.⟩: *einen vollen, angenehmen Klang besitzend:* der Sänger hatte eine klangvolle Stimme. **sinnv.:** ↑einschmeichelnd.

Klap|pe, die; -, -n: **1.** *an einer Seite befestigter Deckel als Vorrichtung zum Schließen einer Öffnung:* die K. am Briefkasten. **sinnv.:** ↑Verschluß. **2.** (ugs.) ↑*Mund:* halt die K.!

klap|pen ⟨itr.⟩ (ugs.): *wunschgemäß ablaufen:* der Versuch klappte [nicht]; es hat alles geklappt. **sinnv.:** ↑gelingen.

klap|pern ⟨itr.⟩: *ein durch wiederholtes Aneinanderschlagen von harten Gegenständen o. ä. entstehendes Geräusch hervorrufen:* die Tür klappert; klappernde Fensterläden; das Kind klapperte mit den Deckeln. **sinnv.:** klappen, klimpern, klirren, lärmen, rappeln, rasseln, scheppern.

Klap|per|storch, der; -[e]s, Klapperstörche (Kinderspr.): *Storch (der angeblich die kleinen Kinder bringt):* das Kind glaubt noch an den K.; der K. hat ihm ein Schwesterchen gebracht. **sinnv.:** Adebar, Storch.

klapp|rig ⟨Adj.⟩ (ugs.): **a)** *(von einem Gebrauchsgegenstand o. ä.) alt und nicht mehr sehr stabil oder funktionstüchtig:* ein klappriges Auto. **b)** *(von einem alten Menschen) körperlich schwach, hinfällig geworden:* der Großvater ist sehr k. geworden. **sinnv.:** ↑hinfällig.

Klapp|sitz, der; -es, -e: *bei Bedarf nach unten zu klappender [zusätzlicher] Sitz:* der Omnibus, der D-Zug-Wagen hat in den Gängen zusätzlich Klappsitze. **sinnv.:** ↑Stuhl.

Klaps, der; -es, -e: **1.** *leichter Schlag auf den Körper:* sie gab dem Kind einen K. **sinnv.:** ↑Stoß. **2.** (ugs.) *leichte Verrücktheit:* du hast wohl einen K. *(bist wohl verrückt!)!*

klar ⟨Adj.⟩: **1.** *(von Flüssigkeiten) vollkommen durchsichtig und keine Trübung aufweisend:* klares Wasser; eine klare Fleischbrühe; das Wasser des Sees ist ganz k. und sauber. **sinnv.:** lauter, rein. **Zus.:** kristall-, wasserklar. **2.** *(von der Atmosphäre) frei von Wolken, Nebel, Dunst:* klares

Wetter; der Himmel ist k. **sinnv.:** ↑hell, unbewölkt, wolkenlos. **Zus.:** stern[en]klar. **3.** *deutlich wahrnehmbar, erkennbar, nicht verschwommen:* klare Konturen; die Abgrenzung der einzelnen Farben ist k. und deutlich zu erkennen. **sinnv.:** deutlich; ↑fein. **4.** *fest umrissen und verständlich:* klare Begriffe verwenden; seine Darstellung ist k.; etwas k. und deutlich zum Ausdruck bringen. **sinnv.:** anschaulich, bildhaft, deutlich, ↑eindeutig, einleuchtend, ↑einwandfrei, exakt, genau, prägnant, präzis, ↑treffend; ↑rundheraus. **Zus.:** glas-, sonnenklar. **5.** *sachlich-nüchtern und überlegt; von Einsicht und Urteilsfähigkeit zeugend:* er hat einen klaren Verstand; seine Entscheidung ist nüchtern und k. **sinnv.:** ↑umsichtig.

klä|ren: **1.** ⟨tr.⟩ *(durch [Rück]fragen o. ä.) Klarheit in einer bestimmten Sache schaffen:* diese Angelegenheit muß noch geklärt werden. **sinnv.:** ↑enträtseln, sich über etwas Klarheit verschaffen, klarlegen, -stellen, korrigieren, revidieren, richtigstellen. **Zus.:** ab-, auf-, erklären. **2.** ⟨sich k.⟩ *(in bezug auf etwas, worüber Zweifel, Unklarheit besteht) sich aufklären, durchschaubar werden:* die Sache, Angelegenheit hat sich geklärt. **sinnv.:** sich aufklären/auflösen, Klarheit/Licht in etwas bringen.

Kla|ri|net|te, die; -, -n: *Holzblasinstrument mit zylindrischem Rohr und schnabelförmigem Mundstück* (siehe Bildleiste „Blasinstrumente"). **sinnv.:** ↑Holzblasinstrument.

klar|kom|men, kam klar, ist klargekommen ⟨itr.⟩ (ugs.): **a)** *mit etwas [was einem anfänglich Schwierigkeiten macht] zurechtkommen, fertig werden:* er kam mit dieser schwierigen Aufgabe einfach nicht klar. **sinnv.:** ↑bewältigen. **b)** *mit jmdm. (gut) auskommen:* wie kommst du klar mit dem neuen Chef? **sinnv.:** ↑übereinkommen.

klar|le|gen, legte klar, hat klargelegt ⟨tr.⟩: *jmdm. etwas deutlich machen, (seinen Standpunkt) auseinandersetzen:* ich habe ihm meine Meinung, meinen Standpunkt klargelegt. **sinnv.:** ↑klären.

klar|ma|chen, machte klar, hat klargemacht ⟨tr.⟩ (ugs.): **a)** *jmdm., sich selbst einen Sachverhalt deutlich vor Augen führen:* er hat mir die Unterschiede, die Wichtigkeit der Sache klargemacht. **sinnv.:** ↑darstellen. **b)** *jmdm. unmißverständlich sagen, was man in bezug auf etwas Bestimmtes denkt:* ich wollte ihm meinen Standpunkt k. **sinnv.:** ↑erklären.

klar|se|hen, sieht klar, sah klar, hat klargesehen ⟨itr.⟩: *die Zusammenhänge erkennen; einen Sachverhalt durchschauen:* ich sehe in dieser Angelegenheit noch nicht ganz klar. **sinnv.:** ↑erkennen.

klar|stel|len, stellte klar, hat klargestellt ⟨tr.⟩ (ugs.): *Mißverständnisse, jmds. falsche Vorstellungen in bezug auf etwas durch unmißverständliche Erklärungen beseitigen:* es muß zuerst einmal klargestellt werden, was hier erlaubt ist und was nicht. **sinnv.:** ↑erklären.

klar|wer|den, wird klar, wurde klar, ist klargeworden ⟨sich k./ itr.⟩: *Einsicht in bezug auf etwas gewinnen; etwas erkennen:* ich bin mir über meinen Fehler klargeworden; ihm ist sein falsches Handeln zu spät klargeworden. **sinnv.:** sich etwas bewußtmachen, ↑erkennen, sich Rechenschaft über etwas ablegen.

klas|se ⟨indekl. Adj.⟩ (ugs.): *so geartet, beschaffen, daß jmd./etwas großen Anklang findet, für sehr gut, schön o. ä. befunden wird:* ein k. Typ/Film; das ist k. **sinnv.:** ↑vortrefflich.

Klas|se, die; -, -n: **1. a)** *Gruppe von Lebewesen, Dingen, die durch gemeinsame Merkmale, Eigenschaften, Fähigkeiten o. ä. gekennzeichnet sind:* die K. der Säugetiere. **sinnv.:** Abteilung, Gattung, Gruppe, Kategorie, Ordnung. **b)** *Bevölkerungsgruppe, deren Angehörige sich in der gleichen ökonomischen und sozialen Lage befinden:* die K. der Arbeiter. **Zus.:** Arbeiter-, Ausbeuterklasse. **2.** *Einrichtung, Abteilung mit besonderer Ausstattung:* ich fahre erster K. in der Eisenbahn; der Patient liegt dritter K. im Krankenhaus. **Zus.:** Luxus-, Polster-, Touristenklasse. **3. a)** *Raum in einer Schule, in dem Unterricht stattfindet:* die K. erhält eine neue Tafel. **sinnv.:** Aula, Klassenraum, Klassenzimmer, Schulstube. **b)** *Gesamtheit der Schüler (im allgemeinen eines Jahrgangs), die gemeinsam unterrichtet werden:* die K. ist sehr unruhig. **sinnv.:** Klassenverband · Sexta, Quinta, Quarta, Untertertia, Obertertia, Untersekunda, Obersekunda, Unterprima, Oberprima. **Zus.:** Abitur-, Abschluß-, Parallel-, Schulklasse. **4.** ⟨ohne Plural⟩ (ugs.) ↑*klasse:* dein Motorrad ist K. **sinnv.:** ↑vortrefflich. **Zus.:** Spitzen-, Superklasse.

Klas|se- ⟨Präfixoid⟩ (ugs. verstärkend): /drückt persönliche Begeisterung, Bewunderung für den/das im Basiswort Genannte aus/ *ganz besonders gut, hervorragend, erstklassig, großartig, ausgezeichnet, toll, klasse:* Klassebier, -buch, -fahrer, -fahrrad, -figur, -film, -frau, -fußball, -hotel, -läufer, -läuferin, -leistung, -mann, -mannschaft, -pianist, -platte, -sänger, -schuß, -spiel, -spieler, -torhüter, -unterkunft, -weib. **sinnv.:** Meister-, Spitzen-, Top-.

Klas|sen|ar|beit, die; -, -en: *schriftliche Arbeit, die von der Schulklasse während des Unterrichts angefertigt wird:* eine K. schreiben. **sinnv.:** Arbeit, Extemporale, Klausur, Test.

Klas|sen|buch, das; -[e]s, Klassenbücher: *von den Lehrern geführtes Heft von größerem Format, das über den Lehrstoff, die Schüler und deren Leistungen sowie über die besonderen Vorkommnisse in der jeweiligen Klasse Auskunft gibt:* einen Schüler in das K. eintragen; eine Eintragung ins K. vornehmen.

Klas|sen|kampf, der; -[e]s, Klassenkämpfe: *(nach der Ideologie des Kommunismus) die Auseinandersetzung zwischen der Klasse der Besitzenden und dadurch Herrschenden und der Klasse der Arbeiter.*

klas|si|fi|zie|ren ⟨tr.⟩: *(nach Merkmalen, Eigenschaften o. ä.) in Klassen einteilen, einordnen:* Tiere, Pflanzen, Waren nach ihren Merkmalen k. **sinnv.:** ↑gliedern.

Klas|sik, die; -: *Kulturepoche oder Kunstrichtung (bes. im Bereich von Literatur und Musik), die sich durch Ausgewogenheit, Harmonie und Vollkommenheit in ihren Werken auszeichnet:* die K. der deutschen Literatur war durch das Wirken Schillers und Goethes bestimmt. **Zus.:** Hoch-, Nach-, Vorklassik.

Klas|si|ker, der; -s, -: **1.** *Vertreter der Klassik:* Mozart und Beethoven als K.; die großen

Werke unserer K. **2.** *Künstler oder Wissenschaftler, dessen Werk sich als wegweisend, mustergültig erwiesen hat:* dieser Forscher gilt als K. der Medizin.

klas|sisch ⟨Adj.⟩: **1. a)** *zur Klassik gehörend:* ein klassisches Drama; klassische Musik; das klassische *(griechische und römische)* Altertum. **b)** *dem antiken Schönheitsideal entsprechend:* eine schmale, k. gebogene Nase. **sinnv.:** ↑ebenmäßig. **2.** *wegen der [künstlerisch] hervorragenden Qualität oder mustergültigen Form von zeitloser Gültigkeit:* ein Werk von klassischer Schönheit; ein Stoff mit klassischem Muster. **sinnv.:** ↑vollkommen. **3.** *von/in herkömmlicher, traditioneller, nicht moderner Art:* klassischer Fußball; die klassische Mechanik, Physik. **sinnv.:** ↑herkömmlich. **4.** *ein typisches Beispiel für etwas darstellend:* ein klassisches Beispiel für falsche Bescheidenheit; ein klassischer, immer wieder gemachter Fehler. **sinnv.:** ↑kennzeichnend.

Klatsch, der; -[e]s, -e: **1.** *klatschendes Geräusch:* mit einem K. fiel die Tasche ins Wasser. **2.** ⟨ohne Plural⟩ *häßliches, oft gehässiges Gerede über jmdn., der nicht anwesend ist:* der K. der Nachbarn störte ihn wenig; der Zwischenfall gab Anlaß zu bösem K. **sinnv.:** Geklatsche, Gemunkel, Gerede, Geschwätz, Palaver, Stadtgespräch; ↑Gerücht; ↑Information.

klat|schen ⟨itr.⟩: **1. a)** *ein helles, einem Knall ähnliches Geräusch verursachen:* sie schlug ihm ins Gesicht, daß es klatschte. **sinnv.:** knallen. **b)** *mit klatschendem* (1 a) *Geräusch auftreffen:* der Regen klatschte gegen das Fenster. **sinnv.:** ↑prasseln. **2.** *Beifall spenden:* das Publikum klatschte lange. **sinnv.:** ↑applaudieren. **Zus.:** be-, herausklatschen. **3.** *meist negativ über jmdn., der selbst nicht anwesend ist, sprechen:* die Frauen standen auf der Straße und klatschten über den Pfarrer. **sinnv.:** tratschen; ↑reden.

klatsch|naß ⟨Adj.⟩ (ugs.): *durch und durch naß:* die Wäsche ist noch k.; sie waren in den Regen gekommen und k. geworden. **sinnv.:** ↑naß.

Klaue, die; -, -n: **1. a)** *Zehe (bei Wiederkäuern und Schweinen)* **b)** *Kralle (bei Raubtieren):* der Tiger schlug seine scharfen Klauen in das Fleisch des erbeuteten Tieres. **2.** (ugs.) *schlechte, unleserliche Handschrift:* er hat eine fürchterliche K. **sinnv.:** ↑Handschrift.

klau|en: (ugs.) **1.** ⟨tr./itr.⟩ (ugs.) ↑*stehlen:* er hat [das Geld] geklaut. **2.** ⟨itr.⟩ *ein Dieb sein:* du kannst ihm nicht vertrauen, er klaut. **sinnv.:** unehrlich sein.

Klau|se, die; -, -n: *Raum, der (vom Sprecher) als angenehm ruhig und abgeschieden empfunden wird:* er arbeitet am liebsten zu Hause in seiner [stillen] K. **sinnv.:** ↑Raum.

Klau|sel, die; -, -n: *einschränkende [zusätzliche] Vereinbarung in einem Vertrag:* eine K. in den Vertrag einbauen. **sinnv.:** ↑Vorbehalt.

Kla|vier, das; -s, -e: *Musikinstrument mit Tasten, dessen Saiten durch Hämmerchen angeschlagen werden:* K. spielen; eine Sonate auf dem K. spielen; ein Konzert für K. und Orchester. **sinnv.:** Cembalo, Drahtkommode, Flügel, Keyboard, Klavichord, Klavizimbel, Piano, Pianoforte, Spinett, Synthesizer. **Zus.:** Hammer-, Tafelklavier.

kle|ben: 1. ⟨tr.⟩ *mit Hilfe von Klebstoff an/auf/in etwas befestigen:* eine Briefmarke auf die Postkarte, Fotos ins Album k. **sinnv.:** kitten, kleistern, leimen. **Zus.:** an-, auf-, be-, ein-, über-, ver-, zu-, zusammenkleben. **2.** ⟨itr.⟩ *fest (mittels Klebstoff oder durch eigene Klebkraft) an/auf/in etwas haften:* der Kaugummi klebt an seinen Zähnen; Plakate klebten auf der Bretterwand. **sinnv.:** [fest]backen, haften, pappen. **Zus.:** an-, aneinander-, festkleben.

kleb|rig ⟨Adj.⟩: *so beschaffen, daß etwas leicht daran festklebt, haftenbleibt:* du hast klebrige Finger; die Bonbons sind k. **sinnv.:** [an]haftend, kleist[e]rig, pappig, schmierig.

Kleb|stoff, der; -[e]s, -e: *zähflüssiger oder pastenartiger Stoff, mit dem man etwas festkleben, aneinanderkleben kann:* etwas mit K. festkleben. **sinnv.:** ↑Leim.

kleckern (ugs.): **a)** ⟨itr.⟩ *etwas Flüssiges, Breiiges unbeabsichtigt verschütten und dadurch Flecke verursachen:* du hast [beim Essen, beim Malen] gekleckert. **sinnv.:** Flecke/einen Fleck machen, klecksen, schlabbern, schmieren; ↑vergießen. **Zus.:** be-, ver-, vollkleckern. **b)** ⟨tr.⟩ *kleckernd auf etwas fallen lassen:* Eis auf das T-Shirt k. **sinnv.:** fallen/tropfen lassen.

Klecks, der; -es, -e: **1.** *kleine Menge von Flüssigem oder Breiigem, die auf etwas gefallen ist:* du hast einen K. Marmelade auf das Tischtuch fallen lassen; im Heft einen K. *(Tintenklecks)* machen. **sinnv.:** ↑Fleck. **Zus.:** Tintenklecks. **2.** (ugs.) *kleine Menge (etwa ein gehäufter Löffel) einer weichen, breiigen Masse:* jmdm. einen K. Marmelade, Schlagsahne auf den Teller geben. **sinnv.:** ↑etwas.

kleck|sen ⟨itr.⟩: *Kleckse machen, verursachen:* der Füller kleckst. **sinnv.:** ↑kleckern.

Klee, der; -s: *kleine, bes. auf Wiesen wachsende Pflanze mit meist dreiteiligen Blättern und kugeligen weißen, gelben oder rötlichen Blüten.* **Zus.:** Futter-, Glücks-, Sauer-, Steinklee.

Klee|blatt, das; -[e]s, Kleeblätter: *meist aus drei Teilen bestehendes Blatt des Klees:* der Glückspilz fand ein K. mit vier Blättern.

Kleid, das; -[e]s, -er: **1.** *(meist aus einem Stück bestehendes) Kleidungsstück von unterschiedlicher Länge für Frauen und Mädchen:* ein neues, elegantes K. tragen. **sinnv.:** Fähnchen, Fummel, Gewand, Robe. **Zus.:** Abend-, Ball-, Bein-, Braut-, Cocktail-, Damen-, Dirndl-, Kinder-, Modell-, Puppen-, Sommer-, Strand-, Umstandskleid. **2.** ⟨Plural⟩ *Gesamtheit der Kleidungsstücke, die jmd. trägt:* morgens mußten sie schnell in die Kleider schlüpfen *(sich schnell anziehen).*

klei|den, kleidete, hat gekleidet: **1.** ⟨itr.⟩ *(als Kleidungsstück) jmdm. stehen, zu jmdm. passen:* der Mantel kleidet dich gut; die Brille kleidet ihn nicht. **sinnv.:** passen, jmdm. schmeicheln, von jmdm. getragen werden können, jmdm. stehen. **2.** ⟨tr./sich k.⟩ *[sich] in einer bestimmten Weise anziehen:* die Mutter kleidet ihre Kinder sehr adrett; er kleidet sich auffällig; er ist immer gut gekleidet. **sinnv.:** ↑anziehen. **Zus.:** an-, aus-, be-, ein-, ent-, um-, verkleiden.

Klei|der|bü|gel, der; -s, -: *mit einem Haken versehener, zu einem Bogen gekrümmter Gegenstand zum Aufhängen von Kleidungsstücken:* das Kleid auf, über einen K. hängen. **sinnv.:** Bügel, Haken, Kleiderhaken.

Klei|der|schrank, der; -[e]s, Kleiderschränke: *hoher Schrank, in dem bes. Kleidung hängend aufbewahrt wird:* den Anzug in den K. hängen. **sinnv.:** ↑Schrank.

kleid|sam ⟨Adj.⟩: *(von einem Kleidungsstück, seiner Farbe, Form o. ä.) so beschaffen, daß es jmdn. gut kleidet:* die Farbe, Machart ist sehr k. **sinnv.:** ↑geschmackvoll.

Klei|dung, die; -: *Gesamtheit der Kleidungsstücke:* seine K. ist sehr gepflegt; er gibt für K. viel Geld aus. **sinnv.:** Dreß, ↑Garderobe, Klamotten, Kledage, Kleider, Kleidungsstück, Kluft, Kutte, Livree, Sachen, Tracht, Zeug; ↑Aufmachung; Overall, ↑Talar. **Zus.:** Arbeits-, Be-, Berufs-, Damen-, Herren-, Kinderkleidung.

Klei|dungs|stück, das; -[e]s, -e: *einzelnes, zur Kleidung gehörendes Teil:* sie hat nach der Reise verschiedene Kleidungsstükke in die Reinigung gegeben. **sinnv.:** ↑Kleidung.

Kleie, die; -, -n: *beim Mahlen von Getreide abfallendes Produkt aus Schalen, Spelzen und Resten von Mehl:* das Vieh mit K. füttern. **Zus.:** Gersten-, Mandel-, Weizenkleie.

klein ⟨Adj.⟩: **a)** *von geringem Umfang, geringer Größe (im Verhältnis zu einem Vergleichswert)* /Ggs. groß/: ein kleines Haus, Land; er ist k. von Gestalt. **sinnv.:** fipsig, kleinwinzig, kleinwüchsig, zu kurz geraten, lütt, winzig. **Zus.:** klitzeklein. **b)** *wenig bedeutend:* das sind alles nur kleine Fehler; der Unterschied zwischen beiden ist k. **sinnv.:** gering[fügig], lächerlich, minimal, nicht nennenswert, unbedeutend, unbeträchtlich, unerheblich; ↑bißchen. **c)** *(bes. von Kindern und Tieren) noch sehr jung und daher noch nicht ausgewachsen:* kleine Kinder; als du noch k. warst, ... **sinnv.:** ↑jung. **d)** *aus einer verhältnismäßig geringen Menge, Anzahl bestehend:* eine kleine Menge, Zahl; die Teilnehmerzahl wird immer kleiner. **sinnv.:** gering, minimal, nicht nennenswert, unbedeutend, unbeträchtlich, unerheblich. **e)** ⟨nicht prädikativ⟩ *(von Rang oder Bedeutung einer Person) ohne große Bedeutung:* ein kleiner Angestellter; die kleinen Leute; sie haben k. (ugs.; *sehr bescheiden, ohne viel Geld) angefangen.*

klein|bür|ger|lich ⟨Adj.⟩: *engstirnig und kleinlich (im Denken und Handeln):* er hat sehr kleinbürgerliche Ansichten. **sinnv.:** ↑engherzig.

Klein|geld, das; -[e]s: *Geld in Münzen (zum Bezahlen kleinerer Beträge oder zum Herausgeben auf eine größere Summe):* zum Bezahlen bitte K. bereithalten. **sinnv.:** ↑Geld.

klein|gläu|big ⟨Adj.⟩: *wenig Vertrauen habend; von Zweifeln niedergedrückt:* ein kleingläubiger Mensch. **sinnv.:** ↑mutlos.

Klein|heit, die; -: *geringe Größe:* trotz seiner K. war er ein hervorragender Sportler; Partikelchen von unvorstellbarer K. **sinnv.:** Kleinsein.

Klein|holz, das; -es: *in kleine Stücke gehacktes Holz (das als Brennholz verwendet wird):* ein Feuer mit K. und Papier anmachen. **sinnv.:** Brennholz, Spreißelholz.

Klei|nig|keit, die; -, -en: **1.** *kleiner (nicht näher bezeichneter) Gegenstand:* noch ein paar Kleinigkeiten besorgen; jmdm. eine K. mitbringen; in dem Laden gibt es hübsche Kleinigkeiten. **2.** *Sache, Angelegenheit von geringer Bedeutung:* er muß sich mit so vielen Kleinigkeiten herumschlagen; du regst dich bei jeder, über jede K. auf. **sinnv.:** Bagatelle, kleine Fische, Kinkerlitzchen, Kleinkram, Lappalie, Quisquilien; ↑Spielerei.

klein|ka|riert ⟨Adj.⟩ (ugs.): *kleinlich und engstirnig (im Denken und Handeln):* seine Einstellung ist schrecklich k. **sinnv.:** borniert, eng, ↑engherzig; verbissen.

Klein|kram, der; -s (ugs.): *nicht wichtige, aber unumgängliche, lästige, täglich anfallende Arbeiten o. ä.:* dieser tägliche K. gehört zum Haushalt. **sinnv.:** Mühsal.

klein|krie|gen, kriegte klein, hat kleingekriegt ⟨tr.⟩ (ugs.): **1. a)** *zerkleinern können:* den Holzklotz kannst du nur mit der Axt k.; er kriegte das zähe Fleisch mit seinen schlechten Zähnen nicht klein. **b)** *zerstören können:* das Kind hat das neue Spielzeug in kürzester Zeit kleingekriegt. **sinnv.:** ↑zerstören. **2.** *(jmds.) Widerstand brechen und ihn gefügig machen:* die Aufseher haben den randalierenden Gefangenen kleingekriegt. **sinnv.:** ↑zermürben. **3.** *es schaffen, etwas mehr oder weniger schnell aufzubrauchen, zu verbrauchen:* sie haben den Kuchen, das Erbe in kurzer Zeit kleingekriegt.

klein|laut ⟨Adj.⟩: *nach vorher vorlautem oder allzu selbstsicherem Auftreten plötzlich sehr gedämpft und bescheiden:* nach dem Debakel war er auf einmal ganz k.; sie bat k. um Verzeihung. **sinnv.:** ↑niedergeschlagen.

klein|lich ⟨Adj.⟩: *auf eine pedantische, engstirnige Weise Kleinigkeiten, Belanglosigkeiten übertrieben wichtig nehmend:* ein kleinlicher Mensch; sei nicht so k.! **sinnv.:** ↑engherzig.

klein|mü|tig ⟨Adj.⟩: *mutlos und verzagt:* allzu k. sein, werden. **sinnv.:** ↑mutlos; ↑niedergeschlagen.

klein|städ|tisch ⟨Adj.⟩: *zu einer Kleinstadt gehörend; typisch für eine Kleinstadt:* kleinstädtisches Leben. **sinnv.:** ↑städtisch.

Klei|ster, der; -s, -: *Klebstoff aus Stärke oder Mehl und Wasser:* K. anrühren. **sinnv.:** ↑Leim. **Zus.:** Büro-, Mehlkleister.

Klem|me, die; -, -n: **1.** *Gegenstand, mit dem man etwas festklemmt:* Haarsträhnen mit einer K. feststecken; die Lampe mit Klemmen anschließen. **sinnv.:** Klammer. **Zus.:** Haarklemme. **2.** (ugs.) *peinliche oder schwierige Situation, in der sich jmd. befindet:* mit seinem Versprechen befand er sich jetzt in einer K.; er versuchte uns aus der K. zu helfen. **sinnv.:** ↑Schwierigkeit. **Zus.:** Finanz-, Geldklemme.

klem|men: 1. ⟨tr.⟩ *fest an sich pressen und auf diese Weise halten:* die Bücher unter den Arm k. **2.** ⟨itr.⟩ *(von etwas, was sich aufschieben, -ziehen läßt) sich nicht glatt, ungehindert öffnen, bewegen lassen:* die Tür, die Schublade klemmt. **sinnv.:** ↑sperren. **3.** ⟨tr.⟩ *(von einem Körperteil, bes. Fuß oder Hand) zwischen etwas geraten und davon zusammengepreßt werden, so daß es schmerzt:* ich habe mir den Finger geklemmt. **sinnv.:** ↑quetschen. **Zus.:** ein-, festklemmen.

Klemp|ner, der; -s, - (bes. nordd.): *jmd., der Gegenstände aus Blech usw. herstellt, Rohre für Gas und Wasser verlegt und repariert.* **sinnv.:** ↑Installateur.

Klet|te, die; -, -n: *krautige Pflanze mit kugeligen, meist rötlichen, mit Widerhaken versehenen Blütenköpfen.*

klẹt|tern ‹itr.›: **1.** *(meist sich festhaltend) an etwas Halt suchend auf etwas hinauf-, von etwas herunter-, bzw. über etwas hinwegsteigen:* auf einen Stuhl k.; die Kinder sind auf die Mauer, vom Kirschbaum, über den Zaun geklettert. **sinnv.:** ↑steigen. **Zus.:** herab-, herauf-, herunter-, hinauf-, hinunter-, hochklettern. **2.** (ugs.) *in etwas ein- bzw. aus etwas aussteigen:* ins Auto k.; die Passagiere klettern aus dem Flugzeug. **Zus.:** hinaus-, hineinklettern. **3.** *im Hochgebirge wandern und dabei mehr oder weniger steile Strecken überwinden:* sie klettern jedes Jahr in den Dolomiten; sie sind/haben früher viel geklettert. **sinnv.:** bergsteigen, klimmen, kraxeln. **Zus.:** erklettern.

Klẹt|ter|pflan|ze, die; -, -n: *rankendes Gewächs:* Efeu und wilder Wein sind Kletterpflanzen. **sinnv.:** Liane, Rankengewächs, Schlinggewächs, Schlingpflanze.

klịcken ‹itr.›: *ein helles, metallenes Geräusch (beim Einrasten) von sich geben:* der Verschluß des Fotoapparats klickte bei der Aufnahme.

Kli|ẹnt, der; -en, -en: *jmd., den ein Rechtsanwalt berät, vertritt:* der Anwalt informierte seinen Klienten über seine Rechte. **sinnv.:** Mandant; ↑Kunde.

Kli|ma, das; -s: *für ein bestimmtes Gebiet oder eine geographische Zone charakteristischer, alljährlich wiederkehrender Ablauf der Witterung:* ein mildes K. **sinnv.:** ↑Wetter. **Zus.:** Heil-, Kontinental-, Land-, Reiz-, See-, Treibhausklima.

kli|mạ|tisch ‹Adj.; nicht prädikativ›: *das Klima betreffend:* die klimatischen Verhältnisse, Bedingungen an diesem Ort sind nicht günstig. **sinnv.:** wettermäßig. **Zus.:** heilklimatisch.

klịm|pern: 1. ‹tr./itr.› *(bes. auf dem Klavier) in einer Weise spielen, die als stümperhaft, schlecht empfunden wird:* unser Nachbar hat heute wieder drei Stunden auf dem Klavier geklimpert; Lieder, Melodien k. **sinnv.:** ↑musizieren. **Zus.:** herumklimpern. **2.** ‹itr.› *(von kleinen Gegenständen aus Metall) durcheinanderfallend eine Abfolge von hellen Tönen hervorbringen:* die Münzen klimperten in seiner Rocktasche. **sinnv.:** ↑klappern.

Klịn|ge, die; -, -n: *flacher, aus Stahl o. ä. bestehender, am Rand [einseitig] scharfgeschliffener Teil eines Schneidwerkzeugs, Messers, Schwertes o. ä.* **Zus.:** Degen-, Rasierklinge.

Klịn|gel, die; -, -n: *Vorrichtung (z. B. an der Haustür, am Fahrrad), mit deren Hilfe ein mehr oder weniger lauter Ton hervorgebracht werden kann, durch den jmds. Aufmerksamkeit erregt bzw. eine bestimmte andere Reaktion bewirkt werden soll:* eine laute, schrille K.; die K. geht nicht, ist abgestellt; auf die K. drücken; die K. betätigen. **sinnv.:** ↑Glocke. **Zus.:** Fahrrad-, Türklingel.

klịn|geln: 1. ‹itr.› *die Klingel betätigen:* ich habe dreimal geklingelt; ‹unpers.:› es hat [an der Tür] geklingelt *(die Klingel wurde soeben betätigt).* **sinnv.:** läuten. **2. a)** ‹tr.› (ugs.) *durch Klingeln aus einem bestimmten Zustand o. ä. herausholen:* jmdn. aus dem Schlaf, aus dem Bett k. **sinnv.:** herausklingeln, -schellen. **Zus.:** anklingeln. **b)** ‹itr.› *durch Klingeln ein Signal für etwas Bestimmtes geben:* zur Pause, zum Beginn (des Konzertes), zum Unterricht k. **sinnv.:** läuten.

klịn|gen, klang, hat geklungen ‹itr.›: **1. a)** *einen hellen, eine kurze Weile hallenden Ton, Klang hervorbringen:* die Gläser klingen beim Anstoßen; man hört von ferne Glocken k. **sinnv.:** ↑schallen. **b)** *einen bestimmten Klang haben:* das Echo klingt hohl; etwas klingt unschön, silberhell. **Zus.:** ab-, aus-, er-, ver-, zusammenklingen. **2.** *(durch seinen Klang) etwas Bestimmtes ausdrücken, mitschwingen lassen:* seine Worte klangen zuversichtlich, wie ein Vorwurf. **sinnv.:** sich ↑anhören.

Kli|nik, die; -, -en: [großes] Krankenhaus, das auf die Behandlung bestimmter Erkrankungen spezialisiert ist. **sinnv.:** ↑Krankenhaus. **Zus.:** Augen-, Frauen-, Herz-, Kinder-, Nerven-, Poli-, Privat-, Universitätsklinik · Puppenklinik.

kli|nisch ‹Adj.›: *die Klinik betreffend, in einem Krankenhaus erfolgend:* das Medikament hat sich in klinischen Tests bewährt; die klinische Ausbildung eines Arztes; eine klinische Behandlung erfordern. **sinnv.:** ↑stationär.

Klịn|ke, die; -, -n: *Griff an einer Tür, mit dem man sie öffnen oder schließen kann.* **sinnv.:** ↑Griff. **Zus.:** Türklinke.

Klịn|ker, der; -s, -: *hartgebrannter Ziegel:* eine aus Klinkern gemauerte Wand. **sinnv.:** ↑Ziegel.

Klịp|pe, die; -, -n: *für die Schiffahrt gefährlicher Felsen (an einer Steilküste, in einem Fluß):* das Schiff lief auf eine K. und sank, zerschellte an einer K. **Zus.:** Fels-, Felsenklippe.

klịr|ren ‹itr.›: *einen in kurzer Folge sich wiederholenden hellen und harten Klang hervorbringen:* als ein Lastkraftwagen vorbeifuhr, klirrten die Fensterscheiben. **sinnv.:** ↑klappern.

Kli|schee, das; -s, -s: *eingefahrene, überkommene, in der Konvention befangene Vorstellung von etwas, die jmds. Denken beherrscht:* viele Menschen denken in Klischees. **sinnv.:** ↑Gemeinplatz, Schablone.

Klo, das; -s, -s (fam.): ↑*Klosett.* **sinnv.:** ↑Toilette.

Kloa|ke, die; -, -n: *meist unterirdisch angelegter Kanal für Abwässer.* **sinnv.:** Abwasserkanal.

klo|big ‹Adj.›: *von eckiger, plumper Form:* etwas sieht k. aus; ein klobiger Schrank. **sinnv.:** ↑plump.

klö|nen ‹itr.› (nordd.; ugs.): *gemütlich plaudern:* sie saßen den ganzen Abend zusammen und klönten. **sinnv.:** sich ↑unterhalten.

klọp|fen: 1. ‹itr.› **a)** *mehrmals leicht gegen etwas schlagen (um auf sich aufmerksam zu machen):* an die Scheibe, an die Wand k.; wer klopft denn da an der Wand?; nachdem er geklopft hatte, öffnete sie die Tür; es hat geklopft *(jmd. hat an die Tür geschlagen, hat angeklopft).* **sinnv.:** ballern, bumsen, hämmern, pochen. **Zus.:** beklopfen. **2.** ‹tr.› **a)** *schlagend bearbeiten:* den Teppich k. (um den Staub zu entfernen). **sinnv.:** ausklopfen. **b)** *durch Schlagen entfernen:* den Staub aus dem Teppich k. **sinnv.:** herausklopfen. **c)** *mit einem Hammer o. ä. in etwas hineintreiben:* einen Nagel in die Wand k. **sinnv.:** ↑einschlagen.

Klọps, der; -es, -e: *gekochter, auch gebratener Kloß aus Hackfleisch.* **sinnv.:** ↑Frikadelle. **Zus.:** Fleischklops.

Klo|sẹtt, das; -s, -s (ugs.): *Toilette mit Wasserspülung.* **sinnv.:** ↑Toilette. **Zus.:** Wasserklosett.

Kloß, der; -es, Klöße: *aus einer*

zu Kugeln o. ä. geformten Teigmasse bestehende Speise: Klöße aus Fleisch, Kartoffeln. **sinnv.:** Knödel. **Zus.:** Fleisch-, Hefe-, Kartoffelkloß.

Klo|ster, das; -s, Klöster: *Gebäudekomplex, in dem Mönche oder Nonnen (mehr oder weniger von der Welt abgeschieden) leben:* ins K. gehen *(Mönch/Nonne werden).* **sinnv.:** Abtei, Einsiedelei, Eremitage, Konvent, Stift. **Zus.:** Frauen-, Mönchs-, Nonnenkloster.

Klotz, der; -es, Klötze: *großer, plumper, oft eckiger Gegenstand aus Holz o. ä.:* Klötze zerhakken, spalten. **sinnv.:** ↑Block. **Zus.:** Bau-, Beton-, Brems-, Hack-, Hau-, Holzklotz.

klot|zen ⟨itr.⟩ (ugs.): *bei etwas großzügig verfahren, nicht an finanziellem Einsatz, Aufwand sparen:* die Veranstalter des Festes haben mächtig geklotzt. **sinnv.:** ↑ausgeben.

klot|zig ⟨Adj.⟩: *plump und unförmig:* ein klotziges Gebäude. **sinnv.:** ↑plump.

Klub, der; -s, -s: *Vereinigung von Personen mit bestimmten gemeinsamen Interessen (z. B. auf dem Gebiet des Sports, der Politik o. ä.):* einen K. gründen; einem K. angehören. **sinnv.:** ↑Partei; ↑Vereinigung. **Zus.:** Fußball-, Herren-, Kegel-, Ruder-, Skat-, Sportklub.

Kluft: I. die; -, Klüfte **1.** *tiefer Riß im Gestein, Felsspalte.* **sinnv.:** Abgrund, Cañon, Klamm, Krater, Schrunde, Spalte, Tal, Tiefe. **2.** *tiefreichender Gegensatz:* es besteht eine tiefe K. zwischen den Parteien. **sinnv.:** Dissens, Gegensätzlichkeit, Meinungsverschiedenheit. **II.** die; -, -en **a)** *die Zugehörigkeit zu einer bestimmten Gruppe erkennen lassende Kleidung:* die K. der Pfadfinder. **sinnv.:** Uniform; **b)** (ugs.) *Kleidung:* er trägt immer die gleiche K. **sinnv.:** ↑Kleidung. **Zus.:** Arbeits-, Festtags-, Sonntags-, Sträflingskluft.

klug, klüger, klügste ⟨Adj.⟩: **a)** *mit Intelligenz, logischem Denkvermögen begabt:* ein kluger Mensch; sie ist sehr klug. **sinnv.:** aufgeweckt, ↑begabt, gescheit, intelligent, scharfsinnig, schlau, ↑umsichtig, vernünftig, verständig, ↑wach, ↑weise, weitsichtig. **Zus.:** alt-, lebens-, neunmal-, super-, weltklug. **b)** *(im Vorgehen, Handeln) Klugheit erkennen lassend:* es ist wenig k. von dir, so vorzugehen. **sinnv.:** ↑schlau. **Zus.:** unklug.

Klug|heit, die; -: **a)** *scharfer Verstand:* ein Mann von großer K. **sinnv.:** ↑Begabung. **Zus.:** Lebens-, Weltklugheit. **b)** *kluges, besonnenes Verhalten, Handeln:* durch seine K. wurden sie vor Schlimmerem bewahrt. **sinnv.:** Schachzug.

klum|pen ⟨itr.⟩: *Klumpen bilden:* das Mehl klumpt.

Klum|pen, der; -s, -: *[zusammenklebende] Masse ohne bestimmte Form:* ein K. Blei, Lehm. **sinnv.:** Batzen, Brocken; ↑Block. **Zus.:** Eis-, Erd-, Goldklumpen.

klum|pig ⟨Adj.⟩: *voller Klumpen:* die Suppe war k.

Klün|gel, der; -s, -: *Gruppe von Personen, die sich auf Kosten anderer gegenseitig Vorteile verschaffen o. ä.* **sinnv.:** ↑Clique, Sippschaft.

knab|bern ⟨tr./itr.⟩: *etwas Hartes, Knuspriges essen, indem man kleine Stückchen davon abbeißt und sie bes. mit den Schneidezähnen kleinkaut:* Nüsse k.; der Hase knabbert an einem Kohlstrunk. **sinnv.:** ↑essen; ↑kauen.

Kna|be, der; -n, -n (geh.): ↑*Junge.*

kna|ben|haft ⟨Adj.⟩: *(von Mädchen, jungen Frauen) sehr schlank und anmutig, also ohne weibliche Rundungen:* ein knabenhaftes Mädchen. **sinnv.:** ↑jugendlich.

Knäcke|brot, das; -[e]s, -e: *knuspriges, in dünnen Scheiben gebackenes Brot.* **sinnv.:** Fladenbrot, Matze[n].

knacken: 1. ⟨itr.⟩ *einen kurzen, harten, hellen Ton von sich geben:* das Telefon, das Gebälk knackt; ⟨unpers.:⟩ es knackt im Radio. **sinnv.:** ↑rascheln. **2.** ⟨tr.⟩ *die harte äußere Hülle von etwas zerbrechen (um an den darin enthaltenen Kern zu gelangen):* Mandeln, Nüsse k. **sinnv.:** ↑öffnen. **Zus.:** aufknacken.

knackig ⟨Adj.⟩ (ugs.): **1.** *(von Eßbarem) saftig und zugleich fest, prall:* knackige Äpfel; eine knackige Wurst; der Salat ist frisch und k. **sinnv.:** ↑frisch. **2.** *sinnlich-prall, ohne jedoch dick zu sein; von sinnlich anziehender, elastisch wirkender und zu kraftvoll-prallen Formen neigender Körperlichkeit:* ein knackiges Mädchen; ein knackiger Bademeister; ihr/sein knackiger Körper; ein knackiger Busen, Hintern. **sinnv.:** anziehend, attraktiv, jugendfrisch, jung, kernig, sportlich, verführerisch.

Knacks, der; -es: **1.** *knackendes Geräusch:* das Glas zersprang mit einem K. **2.** *Sprung, Riß (in einem spröden Material):* die Vase hat beim Umzug einen K. bekommen. **sinnv.:** ↑Riß.

knall- ⟨adjektivisches Präfixoid⟩ (emotional verstärkend; auch das Basiswort wird betont): **a)** *in auffallender, knalliger Weise ...:* knallblau *(auffallend, knallig blau),* -bunt, -gelb, -rot. **b)** /drückt aus, daß etwas nahe an der Grenze des Fassungsvermögens o. ä. ist/ *überaus:* knallbesoffen, -blond, -doof, -eng (knallenge Hosen), -gesund, -hart, -heiß, -hell, -komisch, -modern, -nervös, -scharf, -vergnügt, -verrückt, -voll, -wach (schon um 6 Uhr war sie k.).

Knall, der; -[e]s, -e: *kurzes, scharfes peitschendes Geräusch, von dem ein Schuß, eine Explosion o. ä. begleitet ist:* mit einem K. zerbarsten die Fensterscheiben. **sinnv.:** Bums, Detonation, Krach, Schlag, Schuß. **Zus.:** Peitschenknall.

knal|len, knallte, hat/ist geknallt: **1.** ⟨itr.⟩ **a)** *einen Knall hervorbringen:* die Peitsche knallt; bei dem Wind haben immerzu die Türen geknallt; Schüsse knallten; ⟨unpers.:⟩ es knallt *(Knalle, Schüsse sind zu hören).* **sinnv.:** ↑krachen. **b)** *mit etwas einen Knall erzeugen, hervorbringen:* er hat mit der Peitsche, mit der Tür geknallt. **2.** ⟨tr.⟩ (ugs.) *mit Wucht an eine bestimmte Stelle werfen, stellen:* er hat seine Tasche in die Ecke geknallt. **sinnv.:** ↑werfen. **Zus.:** hinknallen. **3.** ⟨itr.⟩ (ugs.) *mit Heftigkeit gegen etwas prallen:* bei seinem Sturz ist er mit dem Kopf auf die Bordsteinkante geknallt. **sinnv.:** ↑fallen. **Zus.:** herunter-, hinknallen. **4.** ⟨itr.⟩ (ugs.) *(von der Sonne) heiß, brennend sein:* die Sonne hat [von einem wolkenlosen Himmel] geknallt. **sinnv.:** ↑scheinen.

knal|lig ⟨Adj.⟩ (ugs.): *(von Farben) sehr grell und schreiend:* ein knalliges Kleid. **sinnv.:** ↑bunt.

knapp ⟨Adj.⟩: **1.** *gerade noch ausreichend; fast zu gering:* ein knappes Einkommen; die Lebensmittel werden k. **sinnv.:** ↑karg. **2.** *etwas weniger als, nicht ganz:* er ist k. fünfzig; vor einer knappen Stunde/k. vor einer

Stunde. **sinnv.:** ↑ungefähr. **3.** *(von Kleidungsstücken) sehr eng anliegend, fast zu eng:* die Hose ist/sitzt sehr k.; ein knapper Pullover. **sinnv.:** ↑eng. **4.** *(von einer mündlichen oder schriftlichen Äußerung) kurz und auf das Wesentliche beschränkt:* etwas mit knappen Worten mitteilen; seine Rede war kurz und k. **sinnv.:** ↑kurz.

knar|ren ⟨itr.⟩: *klanglose, ächzende [schnell aufeinanderfolgende] Töne von sich geben:* die Tür knarrt; eine knarrende Treppe. **sinnv.:** ächzen, knarzen, krachen, schnarren.

Knast, der; -[e]s, Knäste, (auch:) -e (ugs.): **a)** ↑*Haft:* er bekam drei Monate K. **sinnv.:** ↑Haft. **b)** ↑*Gefängnis:* er sitzt im K. **sinnv.:** ↑Strafanstalt.

knat|tern ⟨itr.⟩: *kurz aufeinanderfolgende harte, einem Knall ähnliche Töne hervorbringen:* das Segel knattert im Wind. **sinnv.:** ↑krachen.

Knäu|el, das und der; -s, -: *zu einer Kugel aufgewickelte Wolle, Schnur usw.* **Zus.:** Garn-, Wollknäuel.

Knauf, der; -[e]s, Knäufe: *Griff in Form einer Kugel (in den ein in/mit der Hand zu haltender Gegenstand, z.B. ein Stock, ausläuft):* der Stock hat einen silbernen K. **sinnv.:** ↑Griff. **Zus.:** Silber-, Stock-, Türknauf.

knau|se|rig ⟨Adj.⟩ (ugs.): *übertrieben sparsam, geizig; ohne jede Großzügigkeit im Schenken oder im Ausgeben von etwas:* er ist sehr k. **sinnv.:** ↑geizig.

knau|sern ⟨itr.⟩ (ugs.): *knauserig, mit etwas übertrieben sparsam sein:* mit dem Geld, Material k. **sinnv.:** ↑sparen.

knaut|schen ⟨itr.⟩ (ugs.): *unter Einwirkung von Druck o.ä. leicht Knitter bekommen:* der Stoff, der Anzug knautscht. **sinnv.:** Falten/Knicke kriegen, knittern, knitterig werden, krumpeln. **Zus.:** ver-, zer-, zusammenknautschen.

kne|beln ⟨tr.⟩: *(jmdm.) gewaltsam einen Knebel in den Mund stecken und ihn dadurch am Sprechen und Schreien hindern:* den Überfallenen k.

Knecht, der; -[e]s, -e (veraltet): *männliche Person, die als Arbeiter auf einem Bauernhof schwere Arbeiten zu verrichten hat* /Ggs. Magd/: er hatte sich als K. verdingt; als K. arbeiten. **sinnv.:** Feld-, Landarbeiter. **Zus.:** Acker-, Fuhr-, Groß-, Pferde-, Reit-, Stallknecht.

knei|fen, kniff, hat gekniffen: **1.** ⟨itr./tr.⟩ *(bei jmdm.) ein Stückchen Haut zwischen Daumen und Zeigefinger so zusammendrükken, daß es schmerzt:* er hat mich gekniffen; er hat ihm/ihn in den Arm gekniffen. **sinnv.:** kneipen, petzen, zwacken, zwicken. **2.** ⟨itr.⟩ *(von Kleidungsstücken) dem Träger zu eng sein und unangenehm in die Haut, ins Fleisch einschneiden:* die Hose, das Gummiband kneift. **3.** ⟨itr.⟩ (ugs.) *sich aus Angst oder Feigheit einer bestimmten Anforderung nicht stellen [und sich heimlich entfernen]:* er hat [vor der Gefahr] gekniffen. **sinnv.:** sich ↑entziehen. **Zus.:** auskneifen.

Knei|pe, die; -, -n (ugs.): *einfaches Lokal (in dem besonders Getränke serviert werden):* in die K. gehen; sie saßen in der K. beim Kartenspiel. **sinnv.:** ↑Gaststätte.

kne|ten, knetete, hat geknetet ⟨tr.⟩: *eine weiche Masse mit den Händen drückend bearbeiten [und formen]:* den Teig k. **sinnv.:** ↑mischen. **Zus.:** durch-, zusammenkneten.

Knick, der; -[e]s, -e: *Stelle, an der etwas stark abgewinkelt, abgebogen ist:* der Stab hat einen K. **sinnv.:** Biegung, Bogen. **2.** *[unbeabsichtigter] scharfer Falz, Bruch (in einem flächenhaften Gegenstand):* einen K. in die Pappe machen. **sinnv.:** ↑Falte.

knicken ⟨tr.⟩: **a)** *einen Knick, Falz in etwas hervorbringen oder verursachen:* er hat mehrere Seiten des Buchs geknickt; ⟨auch itr.:⟩ bitte nicht k.! **sinnv.:** ↑falten. **b)** *etwas Steifes, Sprödes so brechen, daß die noch zusammenhängenden Teile einen scharfen Winkel miteinander bilden:* ein Streichholz, einen Zweig k. **sinnv.:** ↑brechen. **Zus.:** ab-, um-, zerknicken.

knick|rig ⟨Adj.⟩ (ugs.): *(bes. in bezug auf Geld) von seinem Naturell her sehr kleinlich, nicht in der Lage, leichten Herzens etwas zu geben, zu spendieren o.ä.:* er ist so k., von ihm kannst du nichts erwarten. **sinnv.:** ↑geizig.

Knicks, der; -es, -e: *das [angedeutete] Beugen eines Knies beim Begrüßen von älteren oder höhergestellten Personen* /von Mädchen/: die Kinder machten einen K. vor der alten Dame. **sinnv.:** ↑Verbeugung. **Zus.:** Hofknicks.

Knie, das; -s, -: **1.** *verbindendes Gelenk zwischen Ober- und Unterschenkel:* das K. beugen; auf die K. fallen. **2.** *gebogenes Stück Rohr:* das K. am Abfluß.

knien ⟨itr.⟩: **1.** *sich mit einem oder beiden Knien auf dem Boden aufstützen* (siehe Bildleiste „bücken"): er kniet auf dem Teppich, vor dem Altar. **2.** ⟨sich k.⟩ *eine Körperhaltung einnehmen, bei der die Knie auf dem Boden aufgestützt sind:* sie kniete sich, um den Ball unter dem Tisch hervorzuholen. **sinnv.:** sich auf den Boden/auf die Erde/jmdm. zu Füßen werfen, sich hinknien, auf die Knie fallen, sich auf die Knie werfen.

Kniff, der; -s, -e (ugs.): *Kunstgriff, mit dem man sich die Handhabung von etwas erleichtert:* man muß ein paar Kniffe kennen, um sich diese Arbeit zu erleichtern/um das Schloß aufzubringen. **sinnv.:** ↑Trick; ↑Finte.

kniff|lig ⟨Adj.⟩: **a)** *(in bezug auf die Ausführung o.ä. von etwas) Geduld und Geschicklichkeit erfordernd:* eine knifflige Arbeit; das Entwirren der Fäden ist sehr k. **sinnv.:** ↑beschwerlich. **b)** *gewisse Schwierigkeiten bietend und darum nicht leicht zu lösen, zu beantworten o.ä.:* eine knifflige Frage; das Thema ist etwas k. **sinnv.:** ↑schwierig.

knip|sen (ugs.): **1.** ⟨tr.⟩ *(eine Fahrkarte o.ä.) lochen [und dadurch entwerten]:* die Fahrkarten k. **sinnv.:** ↑entwerten. **2.** ⟨tr./itr.⟩ *[jmdn./etwas] als Amateur fotografieren:* er hat sie geknipst; er hat unterwegs dauernd geknipst. **sinnv.:** ↑fotografieren.

Knirps, der; -es, -e: *kleiner Junge:* er ist noch ein K. **sinnv.:** ↑Kind; ↑Zwerg.

knir|schen ⟨itr.⟩: **a)** *ein mahlendes, hartes, helles Geräusch von sich geben:* der Sand, der Schnee knirscht unter den Schuhen. **sinnv.:** ↑rascheln. **b)** *ein knirschendes* (a) *Geräusch hervorbringen:* mit den Zähnen k.

kni|stern ⟨itr.⟩: *ein helles, feines Geräusch von sich geben, das von etwas Trockenem, Sprödem oder von etwas Verbrennendem ausgeht:* das Stroh, das Feuer knistert. **sinnv.:** ↑rascheln.

knit|tern ⟨itr.⟩: *(im Gebrauch in unerwünschter Weise) viele unregelmäßige Falten bekommen:* der Stoff knittert leicht. **sinnv.:** ↑knautschen; ↑falten. **Zus.:** ver-, zerknittern.

kno|beln ⟨itr.⟩: **1.** *mit Würfeln o. ä. eine Zufallsentscheidung über etwas herbeiführen:* wir knobelten um eine Runde Bier. **sinnv.:** ↑würfeln. **2.** *lange und angestrengt über etwas nachdenken:* er hat einige Stunden an/über diesem Problem geknobelt. **sinnv.:** ↑nachdenken. **Zus.:** ausknobeln.

Knob|lauch [auch: Knob...], der; -s: *als Gewürz und als Heilmittel verwendete Pflanze mit einer Wurzelknolle von strengem, durchdringendem Geruch und Geschmack.*

Knö|chel, der; -s, -: **a)** *hervorspringender Knochen am Fußgelenk.* **b)** *mittleres Fingergelenk.*

Kno|chen, der; -s, -: **a)** *einzelner Teil des Skeletts (bei Mensch und Wirbeltieren):* der Fuß besteht aus mehreren K. **sinnv.:** Gräte. **Zus.:** Arm-, Backen-, Becken-, Fuß-, Hand-, Mark-, Röhrenknochen. **b)** ⟨Plural⟩ (ugs.) *jmds. Gliedmaßen; der ganze Körper:* nach dem Sturz taten ihm alle K. weh.

kno|chig ⟨Adj.⟩: *stark hervortretende Knochen aufweisend:* ein knochiges Gesicht; knochige Hände; seine Gestalt ist sehr k. **sinnv.:** ↑schlank. **Zus.:** fein-, grobknochig.

Knö|del, der; -s, - (südd.): ↑*Kloß:* K. aus gekochten Kartoffeln.

Knol|le, die; -, -n: *über bzw. unter der Erde wachsender, verdickter Teil einer Pflanze (der als Gemüse o. ä. gegessen wird):* Kohlrabi, Kartoffeln sind Knollen.

Knopf, der; -[e]s, Knöpfe: **1.** *kleiner, meist runder und flacher Gegenstand, der an Kleidungsstücken zum Zusammenhalten oder als Schmuck dient:* einen K. annähen; der K. ist abgerissen. **Zus.:** Druck-, Glas-, Perlmuttknopf. **2.** *ein an technischen Anlagen und Geräten befindliches Teil, das auf Druck oder durch Drehen eine Funktion in Gang setzt bzw. beendet:* als er auf den K. drückte, öffnete sich die Tür; an den Knöpfen des Fernsehers drehen. **Zus.:** Klingel-, Schaltknopf.

knöp|fen ⟨tr.⟩: *mit Hilfe von Knöpfen schließen:* er hatte den Mantel falsch geknöpft. **Zus.:** ab-, an-, auf-, durch-, ein-, zuknöpfen.

Knor|pel, der; -s, -: *feste, aber im Gegensatz zum Knochen elastische Substanz im menschlichen und tierischen Körper.* **Zus.:** Gelenkknorpel.

knor|rig ⟨Adj.⟩: **1.** *(von Bäumen, Ästen) mit dicken Knoten gewachsen, verwachsen:* knorrige Kiefern. **sinnv.:** knorzig, knubbelig. **2.** *(von Holz) von vielen Astansätzen durchzogen:* ein knorriger Stock.

Knos|pe, die; -, -n: *Blüte, die sich noch nicht entfaltet hat, noch geschlossen ist:* Knospen ansetzen, bilden. **Zus.:** Blüten-, Rosenknospe.

Kno|ten, der; -s, -: **1.** *eine rundliche Verdickung bildende, festgezogene Verschlingung von Fäden, Schnüren o. ä.:* einen K. schlingen, machen; der K. ist aufgegangen; die Kordel hat viele K. **Zus.:** Weberknoten. **2.** *kleine, verdickte bzw. verhärtete Stelle im Körpergewebe:* durch Gicht verursachte K. an den Fingern. **Zus.:** Gicht-, Lymph-, Nervenknoten. **3.** *im Nacken geschlungenes, am Hinterkopf festgestecktes langes Haar (als Haartracht von Frauen):* einen K. tragen, haben. **sinnv.:** Chignon, Dutt, Nest. **Zus.:** Haarknoten.

Kno|ten|punkt, der; -[e]s, -e: *Ort, an dem sich mehrere Verkehrswege schneiden:* B. ist ein K. mehrerer Eisenbahnlinien.

Know-how [noʊ'haʊ], das; -[s]: *(bes. in der Wirtschaft) für die Verwirklichung bestimmter technischer Projekte, den Einsatz neuer Maschinen, neuer Techniken o. ä. nötige theoretische Voraussetzungen, Kenntnisse, Erfahrungen:* das technische, nötige K. haben, nicht besitzen. **sinnv.:** ↑Erfahrung.

knuf|fen ⟨tr.⟩ (ugs.): *[heimlich] mit der Faust, dem Ellenbogen stoßen:* du sollst mich nicht dauernd k. **sinnv.:** ↑schlagen.

knül|len ⟨tr.⟩: *in der Hand [zu einem ballförmigen Gebilde] zusammendrücken:* Stoff, Papier k. **sinnv.:** zusammendrücken. **Zus.:** zer-, zusammenknüllen.

Knül|ler, der; -s, - (ugs.): *etwas, was plötzlich großes Aufsehen erregt, großen Anklang findet:* der Film ist ein K.; die Nachricht vom Verkauf des Unternehmens war ein echter K. **sinnv.:** ↑Attraktion.

knüp|fen ⟨tr.⟩: **1.** *in einer bestimmten Technik, durch kunstvolles Knoten von Fäden herstellen:* Teppiche, Netze k. **sinnv.:** ↑stricken. **Zus.:** an-, auf-, verknüpfen. **2.** *im Geiste mit etwas verbinden:* Hoffnungen, Erwartungen an etwas k. **sinnv.:** verknüpfen.

Knüp|pel, der; -s, -: *kurzer, derber Stock:* ein Tier mit dem K. schlagen. **sinnv.:** ↑Stock.

knur|ren ⟨itr.⟩: **1.** *(von bestimmten Tieren) als Zeichen von Feindseligkeit brummende, rollende Laute von sich geben:* der Hund knurrt. **sinnv.:** ↑bellen. **Zus.:** anknurren. **2.** (ugs.) *seiner Unzufriedenheit mit etwas in ärgerlichem Ton Ausdruck geben:* er knurrte wegen des schlechten Essens. **sinnv.:** ↑schelten. **Zus.:** anknurren.

knusp|rig ⟨Adj.⟩: *(von etwas Gebratenem, Gebackenem) mit harter, leicht platzender Kruste:* knusprige Brötchen. **sinnv.:** kroß, resch.

Knu|te, die; -, -n: *kurze Peitsche aus Leder:* die Reiter schwangen ihre Knuten. **sinnv.:** ↑Peitsche.

knut|schen ⟨tr./itr.⟩ (ugs.): *umarmen, drücken und küssen:* er hat sie, mit ihr geknutscht; sie knutschten [sich/einander] in einer dunklen Ecke. **sinnv.:** ↑küssen. **Zus.:** abknutschen.

k. o. [ka:'|o:] ⟨Adj.; nur prädikativ⟩: **1.** *beim Boxen nach einem Niederschlag kampfunfähig und besiegt:* k. o. sein; den Gegner k. o. schlagen. **sinnv.:** kampfunfähig. **2.** (ugs.) *(nach einer großen Anstrengung o. ä.) körperlich erschöpft:* nach der zehnstündigen Reise waren sie völlig k. o. **sinnv.:** ↑erschöpft.

ko-, Ko- ⟨Präfix; mit fremdsprachlichem Basiswort⟩: *mit anderen, einem anderen ... zusammen:* **1.** ⟨substantivisch⟩ **a)** ⟨Personenbezeichnung als Basiswort⟩ /weist auf die Partnerschaft zwischen zwei oder mehr Personen hin/ *Mit-:* Koautor, -autorin, -Chaote, -direktor, -favorit, -pilot, -preisträger, -regisseur. **b)** ⟨Sachbezeichnung als Basiswort⟩ /weist auf eine Wechselbeziehung hin/ *Nebeneinander-, Zusammen-, gemeinschaftlich ...:* Koartikulation, -edition, -edukation, -existenz, -hyponym, -karzinogen, -operation, -produktion, -text. **2.** ⟨seltener adjektivisch⟩ koedukativ, -existent, -operativ. **3.** ⟨seltener verbal⟩ koexistieren, -operieren.

Koa|li|ti|on, die; -, -en: *Bündnis zweier oder mehrerer Parteien, die auf diese Weise eine parlamentarische Mehrheit mit dem Ziel der Regierungsbildung errei-*

chen: die Parteien gingen eine K. ein. **sinnv.:** ↑Bund. **Zus.:** Regierungskoalition.

Ko|bold, der; -[e]s, -e: *(im Volksglauben) meist gutartiger, zu neckischen Streichen aufgelegter Zwerg.* **sinnv.:** ↑Zwerg.

Koch, der; -[e]s, Köche: *männliche Person, die im Zubereiten von Speisen ausgebildet ist, die berufsmäßig kocht.* **sinnv.:** Küchenbulle, Smutje; Gastronom. **Zus.:** Bei-, Chef-, Schiffskoch. Vgl. Köchin.

ko|chen: 1. a) ⟨tr./itr.⟩ *(warme Speisen, Getränke) auf dem Herd o. ä. durch Einwirkenlassen von Hitze zubereiten:* das Essen, Suppe, Tee k.; sie kann gut k. **sinnv.:** abkochen, Essen machen, das Essen zubereiten/bereiten; ↑ansetzen · backen, ↑braten, brühen, dämpfen, dünsten, grillen, rösten, schmoren, toasten; ↑anrichten. **b)** ⟨itr.⟩ *(bestimmte Nahrungsmittel auf dem Herd o. ä. durch Einwirkenlassen von Hitze gar werden lassen:* der Brei muß fünf Minuten k. **sinnv.:** ↑sieden. **Zus.:** durchkochen. **2. a)** ⟨tr.⟩ *bis zum Sieden erhitzen:* Wasser k. **sinnv.:** heiß machen; ↑aufwärmen. **b)** ⟨itr.⟩ *bis zum Siedepunkt erhitzt und in wallender Bewegung sein:* das Wasser kocht. **sinnv.:** sieden; ↑brodeln; ↑dampfen; ↑überkochen. **c)** ⟨itr.⟩ *zum Zweck des Garwerdens in kochendem Wasser liegen:* der Reis, die Kartoffeln müssen 20 Minuten k. **sinnv.:** ziehen. **Zus.:** an-, auf-, durch-, ein-, vor-, zerkochen.

Ko|cher, der; -s, -: *kleineres Gerät, auf dem man Speisen o. ä. kochen kann:* ein elektrischer K. **sinnv.:** ↑Herd. **Zus.:** Gas-, Spirituskocher.

Kö|chin, die; -, -nen: *weibliche Person, die im Zubereiten von Speisen ausgebildet ist, die berufsmäßig kocht:* sie arbeitet als Köchin in einem Großbetrieb; seine Frau ist eine gute K. *(sie kocht gut).* **sinnv.:** Kaltmamsell, Kochfrau, Küchendragoner, -fee. **Zus.:** Bei-, Diätköchin.

Koch|topf, der; -[e]s, Kochtöpfe: *Topf, in dem Speisen gekocht werden:* den K. auf den Herd stellen. **sinnv.:** Bräter, Kasserolle, Kessel, Pfanne, Suppentopf, Tiegel, Topf.

Kö|der, der; -s, -: **1.** *[beim Angeln benutztes] Mittel, mit dem man Fische anlockt:* er fing mit einer künstlichen Fliege als K. Forellen. **sinnv.:** Lockspeise, Luder. **Zus.:** Angelköder. **2.** (ugs.) *Anreiz, mit dem man versucht, jmdn. zu etwas zu gewinnen:* mit dem Köder der Gehaltserhöhung will er dich nur zu halten versuchen. **sinnv.:** Blickfang, Lockvogel.

kö|dern ⟨tr.⟩ (ugs.): *(jmdn. mit verlockenden Angeboten, Versprechungen o. ä.) für ein Vorhaben, einen Plan gewinnen:* jmdn. mit etwas k. **sinnv.:** ↑anlocken, gewinnen, interessieren, für etwas werben, sich jmds. Mitarbeit sichern.

Ko|edu|ka|ti|on, die; -: *Prinzip der gemeinsamen Erziehung von Jungen und Mädchen in der Schule.*

Ko|exi|stenz, die; -: *friedliches Nebeneinanderbestehen von Staaten mit entgegengesetztem ideologischem und wirtschaftlichem System sowie gegensätzlichen politischen Interessen.*

Kof|fer, der; -s, -: *tragbarer Gegenstand mit aufklappbarem Deckel und Handgriff zum Tragen, der dazu bestimmt ist, Kleider und andere auf der Reise benötigte Dinge aufzunehmen:* die K. packen. **sinnv.:** ↑Gepäck. **Zus.:** Hand-, Kosmetik-, Reise-, Überseekoffer.

Ko|gnak ['kɔnjak], der; -s, -s: *[aus Weinen des Gebietes um Cognac in Frankreich hergestellter] Weinbrand:* er trank einen K. **sinnv.:** ↑Branntwein.

Kohl, der; -[e]s, -e (bes. nordd.): *in vielen Arten vorkommendes, meist große Köpfe ausbildendes Gemüse:* K. anbauen. **sinnv.:** Kappes, Kohlrabi, Kraut. **Zus.:** Blumen-, China-, Grün-, Kraus-, Rosen-, Rot-, Weiß-, Winterkohl.

Kohl|dampf, der; -s (ugs.): *starkes Hungergefühl; großer Hunger:* nach dem Schwimmen bekamen/hatten wir großen K. **sinnv.:** ↑Appetit.

Koh|le, die; -, -n: *ein schwarzglänzender, wie Stein aussehender, aus dem Erdinnern gewonnener Brennstoff:* mit Kohle[n] heizen; K. fördern. **sinnv.:** Anthrazit, Brikett, Koks; ↑Brennstoff. **Zus.:** Braun-, Holz-, Steinkohle.

kohl|ra|ben|schwarz ⟨Adj.⟩: *tiefschwarz:* er hat kohlrabenschwarzes Haar. **sinnv.:** ↑schwarz.

Kohl|ra|bi, der; -[s], -[s]: *Kohlart, bei der der Stengel zu einer rundlichen, als Gemüse verwendeten Knolle verdickt ist.* **sinnv.:** ↑Kohl.

ko|itie|ren ⟨itr.⟩: *den Geschlechtsakt vollziehen:* er hatte mit der Frau koitiert; ⟨auch tr.⟩ der ältere Affe koitierte den jüngeren. **sinnv.:** ein Abenteuer mit jmdm. haben, begatten, beischlafen, beiwohnen, beschlafen, mit jmdm. ins Bett gehen, mit jmdm. intime Beziehungen haben, bumsen, ficken, mit jmdm. Geschlechtsverkehr haben, jmdn./sich lieben, sich paaren, rammeln, mit jmdm. schlafen/verkehren, es mit jmdm. treiben, vögeln; ↑entjungfern.

Ko|itus, der; -, - und -se: *Geschlechtsakt, der in der genitalen Vereinigung der Partner besteht:* den K. ausüben. **sinnv.:** Akt, Beischlaf, Geschlechtsakt, -verkehr, Verkehr.

Ko|je, die; -, -n: *in der Kajüte eines Schiffes eingebautes Bett.* **sinnv.:** ↑Bett.

Ko|ka|in, das; -s: *(als Betäubungsmittel und als Rauschgift verwendetes) Alkaloid aus den Blättern des Kokastrauchs:* K. schnupfen. **sinnv.:** Charley, Koks, Schnee; ↑Rauschgift.

ko|kett ⟨Adj.⟩: *eitel-selbstgefällig danach strebend, zu gefallen, Aufmerksamkeit zu erregen, auf andere zu wirken* /bes. von weiblichen Personen/: sie ist mir zu k.; ein kokettes Benehmen. **sinnv.:** ↑eitel.

ko|ket|tie|ren ⟨itr.⟩: **1.** *sich kokett benehmen:* die hübsche junge Dame kokettierte eifrig mit ihrem Gegenüber. **sinnv.:** ↑flirten. **2.** *(etwas) vorsichtig erwägen; mit einem Plan, Gedanken o. ä. spielen, ohne sich ernstlich darauf einzulassen:* die Stadt kokettiert schon lange mit dem Ausbau des Hafens. **3.** *sich (durch etwas) interessant machen wollen:* er hat mit seinem Alter kokettiert. **sinnv.:** ↑prahlen.

Ko|kos|nuß die; -, Kokosnüsse: *große, mit einer braunen Faserschicht bedeckte, eiförmige Frucht der Kokospalme, die eine genießbare milchige Flüssigkeit und eine weiße fleischige Schicht enthält.*

Koks, der; -es: *grauer bis schwarzer, fester und als Brennstoff verwendeter Rückstand, der verbleibt, wenn der Steinkohle in luftdicht abgeschlossenen Kammern durch Erhitzen Gase entzogen werden:* K. verfeuern; mit K. heizen. **sinnv.:** ↑Kohle.

Kol|ben, der; -s, -: *sich auf und ab bewegender Teil im Zylinder eines Motors.*

Ko|lik [auch: Kolik], die; -, -en: *krampfartiger Schmerz im Bereich von Magen, Darm oder Nieren.* **sinnv.:** ↑Anfall. **Zus.:** Gallen-, Nierenkolik.

Kol|la|bo|ra|teur [kɔlabora'tø:ɐ̯], der; -s, -e (abwertend): *jmd., der mit einer Macht, die das eigene Land besetzt hält, zusammenarbeitet:* die Kollaborateure wurden erschossen oder zu hohen Freiheitsstrafen verurteilt. **sinnv.:** Quisling, Verräter.

Kol|laps, der; -es, -e: *körperlicher Zusammenbruch auf Grund eines Kreislaufversagens:* einen K. erleiden. **sinnv.:** ↑Anfall.

Kol|leg, das; -s, -s, selten: -ien: *Vorlesung an einer Hochschule:* ein K. halten, besuchen, über etwas hören. **sinnv.:** Vorlesung; ↑Unterricht.

Kol|le|ge, der; -n, -n, **Kol|le|gin,** die; -, -nen: **a)** *männliche bzw. weibliche Person, mit der man beruflich zusammenarbeitet oder die den gleichen Beruf hat:* wir sind Kollegen; sie ist eine meiner Kolleginnen. **sinnv.:** Arbeitskamerad, Kollega, Kumpel. **Zus.:** Arbeits-, Berufs-, Fachkollege. **b)** *männliche bzw. weibliche Person, die der gleichen Organisation, bes. der Gewerkschaft, angehört:* die Kollegen sind mit dem Ergebnis nicht einverstanden. **sinnv.:** Genosse.

kol|le|gi|al ⟨Adj.⟩: *für seine Kollegen eintretend, ihnen helfend o. ä.* /Ggs. unkollegial/: er hat sich sehr k. verhalten. **sinnv.:** ↑freundschaftlich.

Kol|lek|te, die; -, -n: *Sammlung von Geld während des Gottesdienstes bzw. nach dem Gottesdienst:* die K. ist für die Hungernden in der Welt bestimmt. **sinnv.:** Opfer, Sammlung, Spende.

Kol|lek|ti|on, die; -, -en: *Sammlung von Mustern bestimmter Waren:* auf der Modenschau wurde die neueste K. von Mänteln und Kostümen gezeigt. **sinnv.:** ↑Sortiment. **Zus.:** Musterkollektion.

Kol|lek|tiv, das; -s, -e und -s: *durch gemeinsame, bes. berufliche Interessen und Aufgaben miteinander verbundene Gruppe von Menschen:* in einem K. leben, arbeiten; die Bauern schlossen sich zu einem K. zusammen. **sinnv.:** ↑Genossenschaft; ↑Gruppe; ↑Team. **Zus.:** Arbeits-, Autoren-, Künstler-, Verfasserkollektiv.

Kol|ler, der; -s, - (ugs.): *(durch etwas Bestimmtes ausgelöste) heftige, anfallartige Entladung von aufgestauten Emotionen:* wenn er lange allein ist, bekommt er einen K. **sinnv.:** Rappel, Wutanfall, -ausbruch. **Zus.:** Insel-, Tropenkoller.

Kol|li|si|on, die; -, -en: **1.** *Zusammenstoß von Fahrzeugen, bes. von Schiffen:* eine K. eines Fischkutters mit einem Frachter in dichtem Nebel. **sinnv.:** Havarie, Schiffsunfall; ↑Zusammenstoß. **2.** *Zusammenprall von Interessen o. ä. [der jmdn. in eine Konfliktsituation bringt]:* mit jmdm./einer Sache in K. geraten; es kam zu einer K. der verschiedensten Forderungen, Wünsche, Bedürfnisse.

Kol|lo|qui|um, das; -s, Kolloquien: **a)** *wissenschaftliches Gespräch zwischen Lehrern einer Hochschule und Studenten:* parallel zu seiner Vorlesung hielt der Professor ein K. [ab]. **sinnv.:** ↑Gespräch. **b)** *Zusammenkunft, Beratung von Fachleuten:* ein internationales K. über Fragen der modernen Medizin. **sinnv.:** Meeting, Symposium, Treffen, Versammlung.

Ko|lo|nie, die; -, Kolonien: **1.** *Besitzung eines Staates (bes. in Übersee), die politisch und wirtschaftlich von diesem abhängig ist:* die afrikanischen Kolonien strebten nach Selbständigkeit. **sinnv.:** Niederlassung, Siedlung. **2.** *Gruppe von Ausländern gleicher Nationalität in einem fremden Staat oder einer fremden Stadt:* die deutsche K. in Paris.

Ko|lon|na|de, die; -, -n: *Säulengang, bei dem das Gebälk horizontal verläuft und im Unterschied zur Arkade keine Bogen aufweist.*

Ko|lon|ne, die; -, -n: *aus Menschen (bes. Soldaten) bzw. aus Fahrzeugen bestehende, in geordneter Fortbewegung befindliche Formation:* eine K. von Militärfahrzeugen. **sinnv.:** ↑Abteilung. **Zus.:** Fahrzeug-, Marsch-, Wagenkolonne.

Ko|loß, der; Kolosses, Kolosse (emotional): **a)** *große, schwergewichtige, massige menschliche Gestalt:* er, sie ist ein K. von zwei Zentnern; die Ringer waren wahre Kolosse. **sinnv.:** ↑Riese. **b)** *Gebilde von gewaltigen Ausmaßen:* diese Lokomotive ist ein stählerner K.

ko|los|sal ⟨Adj.⟩: **1.** (emotional) *von ungewöhnlicher Größe und beeindruckender Wucht:* eine kolossale Plastik. **sinnv.:** ↑gewaltig. **2.** (ugs.) **a)** *sehr groß, stark (in bezug auf Ausmaß, Intensität, Wirkung):* sie hatten kolossales Glück bei dem Unfall. **b)** ⟨verstärkend bei Adjektiven und Verben⟩ *ganz besonders, sehr;* die Sache hat ihn k. geärgert. **sinnv.:** ↑sehr.

Kol|por|ta|ge [kɔlpɔr'ta:ʒə], die; -: *auf billige Effekte zielende Literatur von geringem Rang:* dieser Roman bleibt reine K.

kol|por|tie|ren ⟨tr.⟩: *(Gerüchte o. ä.) weitererzählen, weiterverbreiten:* diese Vermutungen wurden von der Presse sofort kolportiert. **sinnv.:** ↑mitteilen.

Ko|lum|ne, die; -, -n: **1.** *Spalte /in einer Zeitung o. ä./:* der Leitartikel steht auf der ersten Seite in der linken K. **2.** *immer an der gleichen Stelle der jeweiligen Zeitung, Zeitschrift plazierter Artikel eines Kolumnisten:* er schreibt wöchentlich eine K. **sinnv.:** Artikel, Zeitungsartikel.

Kom|bi|nat, das; -[e]s, -e: *großer industrieller Betrieb, der mehrere einzelne Zweige der Produktion vereinigt* /in kommunistischen Staaten/: zum K. gehörten mehrere Zechen und Hochöfen. **sinnv.:** ↑Genossenschaft.

Kom|bi|na|ti|on, die; -, -en: **1.** *Zusammenstellung von Verschiedenem:* eine K. dieser Farben macht den Raum heller. **sinnv.:** Synthese, Verbindung, Zusammenfügung. **Zus.:** Farbkombination. **2. a)** *Anzug, dessen Jacke und Hose zwar in Muster und Farbe verschieden, aber aufeinander abgestimmt sind:* diese K. besteht aus einer blauen Hose und einem sportlichen weißen Jackett. **sinnv.:** ↑Garnitur. **b)** *aus einem Stück bestehender Anzug* /für Flieger, Monteure o. ä./: über der K. trug der Pilot eine Jacke aus Leder. **3.** *gedankliche, logische Folgerung, die zu einer bestimmten Mutmaßung oder Einsicht führt:* seine Vermutungen und Kombinationen erwiesen sich als richtig. **sinnv.:** Assoziation, Folgerung, Gedankenverbindung, Schluß, Schlußfolgerung, Synthese.

kom|bi|nie|ren ⟨tr./itr.⟩: **1.** *Verschiedenartiges (zu einem bestimmten Zweck) zusammenstel-*

len, miteinander verbinden: Farben k.; ein kombiniertes Wohn-Schlaf-Zimmer. **2.** *gedankliche Beziehungen zwischen verschiedenen Dingen, Ereignissen o. ä. herstellen:* er hat gut, schnell kombiniert, daß beide Ergebnisse zusammenhängen.

Kom|bü|se, die; -, -n: *Küche auf einem Schiff:* der Schiffskoch arbeitete in der K. **sinnv.:** ↑Küche.

Ko|met, der; -en, -en: *Stern, der einen Schweif hat.* **sinnv.:** Meteor, Schweifstern, Sternschnuppe.

Kom|fort [kɔm'foːɐ̯], der; -s: *der Annehmlichkeit, behaglicher Bequemlichkeit dienende, mit einem gewissen Luxus verbundene Einrichtung und technische Ausstattung bes. von Wohn- und Arbeitsräumen:* eine Wohnung mit allem K. **sinnv.:** Annehmlichkeit, Bequemlichkeit. **Zus.:** Wohnkomfort.

kom|for|ta|bel ⟨Adj.⟩: *Komfort bietend, mit allem Komfort ausgestattet:* eine komfortable Wohnung. **sinnv.:** bequem; ↑behaglich.

Ko|mik, die; -: *komische Wirkung (die von Worten, Gesten, Situationen usw. ausgeht):* die Angelegenheit entbehrte nicht einer gewissen K.; er hatte keinen Sinn für K./für die K. der Situation. **sinnv.:** Drolligkeit, Lächerlichkeit. **Zus.:** Situationskomik.

Ko|mi|ker, der; -s, -, **Ko|mi|ke|rin,** die; -, -nen: **a)** *mit Possen und lustigen Vorführungen unterhaltender Künstler/unterhaltende Künstlerin.* **sinnv.:** Spaßmacher; ↑Artist. **b)** *Darsteller/Darstellerin spaßiger Rollen auf der Bühne.* **Zus.:** Charakterkomiker.

ko|misch ⟨Adj.⟩: **a)** *seltsam, sonderbar und mit jmds. Erwartungen, Vorstellungen nicht in Einklang zu bringen:* ein komischer Mensch; er war so k. zu mir; k., daß ich noch keinen Brief erhalten habe. **sinnv.:** ↑seltsam, ↑lächerlich. **b)** *zum Lachen reizend, auf Komik beruhend:* eine komische Situation. **sinnv.:** ↑spaßig. **Zus.:** tragi-, urkomisch.

Ko|mi|tee, das; -s, -s: *gewählte Gruppe von Personen, die eine besondere Aufgabe zu erfüllen hat.* **sinnv.:** ↑Ausschuß. **Zus.:** Festkomitee.

Kom|man|dant, der; -en, -en: *jmd., der eine bestimmte Gruppe von Personen führt, befehligt:* er war K. eines Schiffs, Flugzeugs. **sinnv.:** ↑Befehlshaber. **Zus.:** Festungs-, Stadtkommandant.

Kom|man|deur [kɔman'døːɐ̯], der; -s, -e: *Befehlshaber größerer militärischer Einheiten.* **sinnv.:** ↑Befehlshaber. **Zus.:** Bataillons-, Regimentskommandeur.

kom|man|die|ren: **1.** ⟨tr.⟩ **a)** *(bes. im Bereich des Militärs) die Befehlsgewalt über Personen, Sachen haben:* eine Kompanie, Einheit k. **sinnv.:** anführen, befehligen, führen. **b)** *(im Bereich des Militärs) zur Erfüllung einer Aufgabe an einen bestimmten Ort entsenden:* er wurde an die Front kommandiert. **sinnv.:** ↑abordnen. **Zus.:** abkommandieren. **2.** ⟨itr.⟩ *jmdm. im Befehlston Anweisungen geben:* er, sie versteht [es] zu k.; ich lasse mich nicht k. **sinnv.:** ↑schikanieren, verfügen über. **Zus.:** herumkommandieren.

Kom|man|do, das; -s, -s: **1.** *kurzer, meist in seinem Wortlaut festgelegter Befehl:* ein K. ertönte; Kommandos geben. **sinnv.:** ↑Weisung. **2.** *Befehlsgewalt bei der Durchführung einer Aufgabe:* er hat das K. über die Miliz erhalten. **sinnv.:** Oberbefehl.

kom|men, kam, ist gekommen ⟨itr.⟩: **1. a)** *an einem bestimmten Ort anlangen:* pünktlich k.: wir sind vor einer Stunde gekommen; da kommt der Omnibus *(ich sehe ihn herankommen);* ich komme mit der Bahn; der nächste Zug kommt in einer halben Stunde. **sinnv.:** ↑ankommen, ↑anreisen, ↑anrücken, anspringen, antanzen, antreten, auftauchen, sich einfinden, einlaufen, sich einstellen, eintreffen, eintrudeln, ↑erscheinen, herangehen, hereinschneien, ins Haus schneien, sich nähern. **b)** *sich auf ein Ziel hin bewegen und dorthin gelangen:* nach Hause, ans Ziel k.; komme ich hier zum Bahnhof?; wie komme ich am schnellsten auf die Autobahn?; ⟨in Verbindung mit einem Verb der Bewegung im 2. Partizip:⟩ angebraust k. **sinnv.:** erreichen, gelangen. **c)** *von irgendwoher eintreffen:* aus Berlin, aus dem Theater, von der Arbeit k.; der Zug kommt aus [Richtung] Mailand; der Wagen kam von rechts. **2.** *jmdn. besuchen, in einer bestimmten Absicht aufsuchen:* wir kommen gern einmal zu euch: morgen wird ein Sachverständiger zu Ihnen k. **3.** ⟨k. + lassen⟩ *veranlassen, daß jmd. kommt* (1 a) *oder etwas gebracht wird:* einen Arzt k. lassen: ich habe [mir] ein Taxi k. lassen. **sinnv.:** bestellen, herbeirufen, rufen. **4.** *[bei jmdm.] in Erscheinung treten:* die ersten Blüten kommen; bei unserer Kleinen kommt der erste Zahn. **sinnv.:** hervorbrechen, sich zeigen. **Zus.:** herauskommen. **5.** *irgendwo aufgenommen, untergebracht, eingestellt o. ä. werden:* zur Schule, aufs Gymnasium, ins Krankenhaus, ins Gefängnis k. **6. a)** *ordnungsgemäß an einen bestimmten Platz gestellt, gelegt werden:* das Buch kommt ins Regal; diese Löffel kommen rechts ins Fach. **b)** *irgendwo seinen Platz erhalten:* der Aufsatz kommt in die nächste Nummer der Zeitschrift; er kommt auf den ersten Platz in der Rangliste. **7.** *in einen Zustand, eine bestimmte Lage geraten:* in Gefahr, Verlegenheit k.; es ist alles ins Stocken gekommen. **8.** *Zeit, Gelegenheit für etwas finden:* endlich komme ich dazu, dir zu schreiben. **9.** *[langsam herankommend] eintreten:* der Tag, die Nacht kommt: es kam alles ganz anders; das kam für mich völlig überraschend. **sinnv.:** ↑geschehen. **10.** *etwas Wünschenswertes, Erstrebtes erlangen:* zu Geld, großen Ehren, zu Kräften, zur Besinnung, Ruhe k.; wenn du dich nicht anstrengst, wirst du nie zu etwas k. (ugs.; *nie Besitz o. ä. erwerben).* **11.** *etwas Grundlegendes, äußerst Wichtiges verlieren:* um seine Ersparnisse, um sein Geld, ums Leben k. **sinnv.:** ↑verlieren. **12.** *sich durch eigene Anstrengung in den Besitz von etwas bringen, etwas für sich erreichen:* wie bist du an das Foto, an das Engagement gekommen? **sinnv.:** ↑bekommen. **13.** *in einem bestimmten Zahlenverhältnis entfallen:* bald wird auf jeden zweiten Einwohner ein Auto k. **14.** *von etwas herstammen; seinen Ursprung, Grund in etwas haben:* woher kommt das viele Geld?; wie kommt es, daß du noch nichts unternommen hast *(warum hast du ...)?* **15.** (ugs.) *einen bestimmten Preis haben, kosten:* die Reparatur kommt [mich] auf etwa 50 Mark; deine Ansprüche kommen aber teuer! **sinnv.:** kosten. **16.** verblaßt in festen Wendungen mit Verbalsubstantiven zur Umschreibung des Vollverbs (z. B. zu Fall k. = fallen), als Ersatz für ein Passiv (z. B. zum Einsatz k. = eingesetzt werden).

Kom|men|tar, der; -s, -e: *Erklärung, die zu einem Text, Ereignis o. ä. gegeben wird:* sich jedes Kommentars enthalten; einen K. abgeben. **sinnv.:** ↑Aufsatz, Ausdeutung, Auslegung, Definition, Deutung, ↑Erklärung, Interpretation, Stellungnahme; ↑Bemerkung.

Kom|men|ta|tor, der; -s, Kommentatoren: *jmd., der etwas in Presse, Rundfunk oder Fernsehen kommentiert:* ein K. für politische, wirtschaftliche Ereignisse. **sinnv.:** ↑Journalist; ↑Kritiker.

kom|men|tie|ren ⟨tr.⟩: **a)** *einen Kommentar zu etwas geben:* er hat das Geschehen im Saal kommentiert. **sinnv.:** ↑glossieren. **b)** *mit Erläuterungen, Erklärungen versehen:* einen Text k.; eine kommentierte Ausgabe von Goethes Werken. **sinnv.:** ↑darlegen.

Kom|mi|li|to|ne, der; -n, -n:, **Kom|mi|li|to|nin,** die; -, -nen: *Student/Studentin, mit dem/der man zusammen studiert:* er diskutierte mit einigen seiner Kommilitonen. **sinnv.:** Mitstudent, Studiengenosse, -kollege.

Kom|mis|sar, der; -s, -e: **1.** *jmd., der von einem Staat mit einem besonderen Auftrag ausgestattet ist und spezielle Vollmachten hat:* ein K. übernahm die Verwaltung des Gebietes. **sinnv.:** ↑Funktionär. **2.** *Träger eines bestimmten Dienstgrades bes. bei der Polizei.* **Zus.:** Kriminal-, Polizeikommissar.

Kom|miß|brot, das; -[e]s, -e: *in eckiger Form gebackenes Brot aus Roggenmehl.* **sinnv.:** ↑Brot.

Kom|mis|si|on, die; -, -en: *mit einer bestimmten Aufgabe betrautes Gremium:* eine K. einsetzen. **sinnv.:** ↑Ausschuß. **Zus.:** Mord-, Tarif-, Verhandlungskommission.

Kom|mo|de, die; -, -n: *kastenförmiges Möbelstück (meist etwa von Tischhöhe), das nur Schubladen aufweist.* **sinnv.:** Anrichte, Schränkchen, Sideboard: **Zus.:** Friseur-, Herren-, Wasch-, Wäsche-, Wickelkommode.

kom|mu|nal ⟨Adj.⟩: *die Kommune, Gemeinde betreffend, der Kommune gehörend:* kommunale Einrichtungen. **sinnv.:** gemeindlich, städtisch.

Kom|mu|ne, die; -, -n: ↑*Gemeinde:* Bund, Länder und Kommunen teilen sich in die Finanzierung des Projektes.

Kom|mu|ni|ka|ti|on, die; -, -en: *Verständigung durch die Verwendung von Zeichen und Sprache:* die K. bedarf bestimmter Mittel der Übertragung. **sinnv.:** ↑Kontakt.

Kom|mu|ni|on, die; -, -en: *Feier, Empfang des Abendmahls in der katholischen Kirche:* zur K. gehen. **sinnv.:** ↑Abendmahl; ↑Konfirmation. **Zus.:** Erstkommunion.

Kom|mu|nis|mus, der; -: *gegen den Kapitalismus gerichtetes, zentral gelenktes System mit sozialistischen Zielen in Wirtschaft und Gesellschaft.* **Zus.:** Euro-, Gulasch-, Konsumkommunismus.

Ko|mö|di|ant, der; -en, -en, **Ko|mö|di|an|tin,** die; -, -nen: *Schauspieler bzw. Schauspielerin (bes. im Hinblick auf seine/ihre schauspielerische Begabung):* die Komödianten einer Wanderbühne. **sinnv.:** ↑Schauspieler. **Zus.:** Erz-, Schmierenkomödiant.

Ko|mö|die, die; -, -n: *Bühnenstück mit heiterem Inhalt (in dem menschliche Schwächen dargestellt und Konflikte heiter gelöst werden).* **sinnv.:** Burleske, Commedia dell'arte, Farce, Klamotte, Lustspiel, Posse, Schwank, Sketch; ↑Kabarett; ↑Schauspiel. **Zus.:** Tragikomödie.

kom|pakt ⟨Adj.⟩: **a)** *dicht zusammen, festgefügt:* kompaktes Mauerwerk. **sinnv.:** ↑gewaltig. **b)** (ugs.) *gedrungen und dabei oft massig:* eine kompakte Statue. **sinnv.:** ↑untersetzt.

Kom|pa|nie, die; -, Kompanien: *untere militärische Einheit, die zwischen 100 und 250 Mann umfaßt.* **sinnv.:** ↑Armee. **Zus.:** Ehren-, Straf-, Wachkompanie.

Kom|paß, der; Kompasses, Kompasse: *Gerät zur Bestimmung der Himmelsrichtung.*

kom|pe|tent ⟨Adj.⟩: *sachverständig, befähigt zu etwas und dafür zuständig:* an kompetenter Stelle nach etwas fragen; jmd. ist für etwas k. **sinnv.:** befugt.

kom|plett ⟨Adj.⟩: *als Ganzes, Vollständiges vorhanden, mit allen dazugehörenden Teilen, Stükken:* eine komplette Ausstattung; die Einrichtung ist k. **sinnv.:** abgeschlossen, fertig, geschlossen, komplettiert, vervollständigt, vollständig, vollzählig; ↑all; ↑ganz.

Kom|plex, der; -es, -e: **1. a)** *geschlossenes, in seinen Teilen vielfältig verknüpftes Ganzes:* ein K. von Fragen. **sinnv.:** ↑Bereich. **Zus.:** Aufgaben-, Fragen-, Themenkomplex. **b)** *in sich geschlossene Einheit von Gebäuden, von [bebautem] Land:* der K. des Schlosses. **sinnv.:** ↑Gebiet. **Zus.:** Gebäude-, Wohnkomplex. **2.** *seelisch bedrückende negative Vorstellung in bezug auf die eigene Person:* an Komplexen leiden; Komplexe haben. **Zus.:** Minderwertigkeits-, Ödipuskomplex.

Kom|pli|ka|ti|on, die; -, -en: *[plötzlich auftretende] Erschwerung, Verschlimmerung, Verwicklung:* es hat Komplikationen gegeben; der Patient kann bald aus dem Krankenhaus entlassen werden, wenn keine Komplikationen eintreten *(wenn keine plötzlichen Veränderungen den Prozeß der Heilung stören).* **sinnv.:** ↑Schwierigkeit.

Kom|pli|ment, das; -[e]s, -e: *lobende, schmeichelhafte Äußerung, die an jmdn. gerichtet wird:* jmdm. Komplimente machen; ein unverbindliches K.; mein K.! *(meine Bewunderung!).* **sinnv.:** Artigkeit, Höflichkeit, Lobhudelei, Schmeichelei, Schmus.

Kom|pli|ze, der; -n, -n, **Kom|pli|zin,** die; -, -nen: *männliche bzw. weibliche Person, die einer andern bei einer Straftat hilft.* **sinnv.:** Eingeweihter, Hehler, Helfershelfer, Kumpan, Mitbeteiligter, Mitschuldiger, Spießgeselle.

kom|pli|ziert ⟨Adj.⟩: *in seiner Vielfältigkeit, Unübersichtlichkeit o. ä. schwer zu durchschauen, zu handhaben:* eine komplizierte Angelegenheit; ein komplizierter Knochenbruch; diese Aufgabe ist k. **sinnv.:** ↑schwierig.

Kom|plott, das; -[e]s, -e: *geheime Planung eines Anschlags auf jmdn., eine Institution:* ein K. aufdecken. **sinnv.:** ↑Verschwörung.

kom|po|nie|ren ⟨tr.⟩: *ein Musikstück schaffen, verfassen:* eine Sonate k. **sinnv.:** ↑vertonen.

Kom|po|nist, der; -en, -en, **Kom|po|ni|stin,** die; -, -nen: *männliche bzw. weibliche Person, die komponiert.* **sinnv.:** Liedermacher, Tonsetzer. **Zus.:** Opern-, Schlagerkomponist.

Kom|po|si|ti|on, die; -, -en: **1. a)** *das Komponieren:* die K. der Oper dauerte mehrere Jahre. **b)** *in Noten fixiertes Musikstück:* eine moderne K. aufführen. **sinnv.:** ↑Melodie. **2. a)** *nach bestimmten Gesichtspunkten erfolgte kunstvolle Gestaltung, Zusammenstellung:* die innere K. eines Romans; die K. eines neuen Parfüms. **b)** *kunstvoll Gestaltetes:* eine K. aus Beton und Glas. **sinnv.:** ↑Anordnung.

Kom|post, der; -[e]s, -e: *Gemisch aus pflanzlichen oder tierischen Abfällen, das als Dünger verwendet wird.* **sinnv.:** ↑Dünger.

Kom|pott, das; -[e]s, -e: *mit Zucker gekochtes Obst, das zu bestimmten Speisen oder als Nachtisch gegessen wird.* **sinnv.:** ↑Dessert. **Zus.:** Erdbeer-, Pflaumenkompott.

kom|pri|miert ⟨Adj.⟩: *zusammengedrängt und nur das Wesentliche enthaltend:* eine komprimierte Darstellung des Themas. **sinnv.:** ↑kurz.

Kom|pro|miß, der; Kompromisses, Kompromisse: *Übereinkunft, Einigung durch gegenseitige Zugeständnisse:* einen K. schließen, eingehen; der K. über die Zukunft der neuen Medien. **sinnv.:** ↑Vereinbarung.

kom|pro|mit|tie|ren ⟨tr.⟩: *durch eine Äußerung oder ein Verhalten dem Ansehen einer Person, seiner selbst schaden:* jmdn., sich durch etwas k. **sinnv.:** blamieren, bloßstellen, brüskieren, desavouieren, jmdn. zum Gespött/lächerlich machen; sich ↑bloßstellen.

Kon|di|ti|on, die; -, -en: **1.** ⟨ohne Plural⟩ *körperlich-seelische Verfassung eines Menschen, bes. als Voraussetzung für eine Leistung:* der Sportler hat eine gute K. **sinnv.:** Ausdauer ↑Form · ↑fit. **2.** *Zahlungs-, Lieferungsbedingung im Geschäftsverkehr:* etwas zu günstigen Konditionen anbieten. **sinnv.:** ↑Bedingung.

Kon|di|tor, der; -s, Konditoren, **Kon|di|to|rin,** die; -, -nen: *männliche bzw. weibliche Person, die feines Gebäck und Süßigkeiten herstellt.* **sinnv.:** ↑Bäcker.

Kon|di|to|rei, die; -, -en: *Geschäft, in dem feines Gebäck und Süßigkeiten hergestellt und verkauft werden und zu dem meist ein Café gehört.* **sinnv.:** ↑Bäckerei.

Kon|di|to|rin: vgl. Konditor.

kon|do|lie|ren ⟨itr.⟩: *jmdm. sein Beileid aussprechen:* er hat ihm zum Tode seines Vaters kondoliert.

Kon|fekt, das; -[e]s: *feine Süßigkeiten.*

Kon|fek|ti|on, die; -: **a)** *in serienmäßiger Anfertigung hergestellte Kleidung:* nur K. tragen. **b)** *Kleidung serienmäßig anfertigende Industrie:* in der K. tätig sein. **Zus.:** Damen-, Herrenkonfektion.

Kon|fe|renz, die; -, -en: *Zusammenkunft mehrerer Personen, eines Kreises von Experten zur Beratung fachlicher, organisatorischer, politischer, wirtschaftlicher o. ä. Fragen:* eine K. einberufen; an einer K. teilnehmen. **sinnv.:** ↑Tagung. **Zus.:** Abrüstungs-, Friedens-, Lehrer-, Presse-, Wirtschaftskonferenz.

Kon|fes|si|on, die; -, -en: *religiöse Gemeinschaft des gleichen [christlichen] Glaubens.* **sinnv.:** Bekenntnis, Religionsgemeinschaft, Religionszugehörigkeit.

Kon|fir|mand, der; -en, -en, **Kon|fir|man|din,** die; -, -nen: *Jugendliche[r] während der Vorbereitungszeit auf die Konfirmation und am Tage der Konfirmation selbst.*

Kon|fir|ma|ti|on, die; -, -en: *im Rahmen einer gottesdienstlichen Feier vollzogene Aufnahme eines Jugendlichen in die kirchliche Gemeinschaft und Zulassung zum Abendmahl in der evangelischen Kirche.* **sinnv.:** Einsegnung, Erstkommunion, Firmung, Jugendweihe, Kommunion; ↑Abendmahl.

kon|fir|mie|ren ⟨tr.⟩: *in die kirchliche Gemeinschaft der evangelischen Kirche aufnehmen und zum Abendmahl zulassen.* **sinnv.:** einsegnen, firmen.

Kon|fi|tü|re, die; -, -n: *Marmelade aus einer Obstsorte [die noch ganze Stücke des Obstes enthält].* **sinnv.:** ↑Marmelade. **Zus.:** Erdbeer-, Kirschkonfitüre.

Kon|flikt, der; -[e]s, -e: **a)** *durch widerstreitende Auffassungen, Interessen o. ä. hervorgerufene schwierige Situation:* einen K. diplomatisch lösen. **sinnv.:** ↑Streit. **Zus.:** Ehe-, Generations-, Rassenkonflikt. **b)** *innerer Widerstreit:* aus einem [inneren] K. wieder herauskommen; ich bin in einem K. **sinnv.:** ↑Zwiespalt. **Zus.:** Gewissens-, Herzenskonflikt.

kon|fron|tie|ren ⟨tr.⟩: **a)** *(jmdn. einem anderen) gegenüberstellen, um einen Sachverhalt aufzuklären:* er wird ihn [mit] dem Dieb k. **sinnv.:** gegenüberstellen, vorführen; ↑vergleichen. **b)** *(jmdn.) in eine Lage bringen, die ihn zwingt, sich mit etwas Unangenehmem auseinanderzusetzen:* er hat ihn [mit] den schwierigen Verhältnissen konfrontiert.

kon|fus ⟨Adj.⟩: **a)** ↑*verworren:* eine konfuse Angelegenheit. **b)** *innerlich völlig durcheinander und verwirrt:* er ist ganz k. durch die vielen Fragen. **sinnv.:** ↑betroffen.

Kon|greß, der; Kongresses, Kongresse: *meist größere Versammlung von Vertretern politischer Gruppierungen, fachlicher Verbände o. ä., bei der über bestimmte Themen gesprochen, beraten wird.* **sinnv.:** ↑Tagung. **Zus.:** Ärzte-, Schriftsteller-, Weltkongreß.

kon|gru|ent ⟨Adj.⟩: **1.** (geh.) *in allen Punkten übereinstimmend, völlig gleich:* ihre Ansichten waren in diesem Punkt k. **sinnv.:** ↑identisch. **2.** *(von geometrischen Figuren) in der Größe der Winkel und der Länge der Seiten gleich:* kongruente Dreiecke. **sinnv.:** sich deckend, deckungsgleich, gleich.

Kö|nig, der; -s, -e: **1.** *oberster Herrscher in bestimmten Monarchien:* jmdn. zum K. krönen. **sinnv.:** ↑Regent. **Zus.:** Frosch-, Himmels-, Soldatenkönig. **2.** *wichtigste Figur beim Schachspiel.* **3.** *in der Rangfolge von oben an zweiter Stelle stehende Spielkarte* (siehe Bildleiste „Spielkarten"). **sinnv.:** ↑Spielkarte. **Zus.:** Herz-, Kreuzkönig.

Kö|ni|gin, die; -, -nen: vgl. König (1).

kö|nig|lich ⟨Adj.⟩: **1.** ⟨nur attributiv⟩ *den König, das Amt des Königs betreffend, dem König gehörend, von ihm stammend:* das königliche Schloß. **sinnv.:** ↑adlig. **2.** *großzügig, reichlich und oft auch wertvoll:* königliche Geschenke. **sinnv.:** ↑kostbar. **3.** ⟨verstärkend bei Verben⟩ (ugs.) ↑*sehr:* wir haben uns k. gefreut.

kon|ju|gie|ren ⟨tr.⟩: *ein Verb in seinen grammatischen Formen abwandeln.* **sinnv.:** ↑flektieren.

Kon|junk|tur, die; -, -en: *gesamte wirtschaftliche Lage mit bestimmter Entwicklungstendenz:* eine steigende, rückläufige K. **sinnv.:** ↑Aufschwung. **Zus.:** Hochkonjunktur.

kon|kav ⟨Adj.⟩: *nach innen gewölbt* /Ggs. konvex/: konkave Linsen.

kon|kret ⟨Adj.⟩: **a)** *wirklich [vorhanden], als etwas sinnlich Gegebenes erfahrbar:* die konkreten Dinge des Alltags; dieses Haus ist für mich konkretes Kapital; wie ist deine konkrete *(tatsächliche, genau dargelegte)* Meinung?; ein konkreter *(gerade so anstehender, im Augenblick gegebener)* Anlaß. **sinnv.:** ↑bildlich, darstellend, dinglich, figürlich, gegenständlich. **b)** *fest umrissen, anschaulich und deutlich ausgedrückt* (Ggs. abstrakt): eine konkrete Vorstellung haben; konkrete Angaben, Vorschläge machen.

Kon|kur|rent, der; -en, -en, **Kon|kur|ren|tin,** die; -, -nen: *männliche bzw. weibliche Person, die mit einer anderen auf einem bestimmten Gebiet in Wettstreit steht:* einen gefährlichen Konkurrenten auszuschalten versuchen. **sinnv.:** ↑Rivale.

Kon|kur|renz, die; -, -en: **1.** ⟨ohne Plural⟩ *das Konkurrieren bes. im wirtschaftlichen Bereich:* eine starke K.; sich, einander K. machen; mit jmdm. in K. treten, stehen, liegen. **sinnv.:** Existenzkampf, Gegnerschaft, Nebenbuhlerschaft, Rivalität, Wettbewerb, Wetteifer, Wettstreit, Wirtschaftskampf. **2.** *in einer sportlichen Disziplin stattfindender Wettkampf, Wettbewerb:* in verschiedenen Konkurrenzen starten. **3.** ⟨ohne Plural⟩ *Konkurrent, Gesamtheit von Konkurrenten:* die K. verkauft billiger; zur K. gehen. **sinnv.:** ↑Rivale.

kon|kur|rie|ren ⟨itr.⟩: *sich gleichzeitig mit anderen um etwas bewerben; mit anderen in Wettbewerb treten:* diese Firmen konkurrieren miteinander. **sinnv.:** ↑rivalisieren.

Kon|kurs, der; -es, -e: *wirtschaftlicher Zusammenbruch, Einstellung aller Zahlungen einer Firma:* den K. abwenden; in K. gehen, geraten. **sinnv.:** ↑Mißerfolg.

kön|nen, kann, konnte, hat gekonnt/(nach vorangehendem Infinitiv) hat ... können ⟨itr.⟩: **1.** ⟨mit Infinitiv als Modalverb: hat ... können⟩ **a)** *imstande sein, etwas zu tun; etwas zu tun vermögen:* er kann Auto fahren; wer kann mir das erklären?; ich konnte vor Schmerzen nicht schlafen; ich kann mir vorstellen, wie es war; ich könnte mir [gut] vorstellen *(ich halte die Vermutung für naheliegend),* daß er es getan hat. **sinnv.:** fähig/imstande/in der Lage sein zu, vermögen. **b)** *(auf Grund entsprechender Beschaffenheit, Umstände o. ä.) die Möglichkeit haben, etwas zu tun:* das Flugzeug kann bis zu 300 Passagiere aufnehmen; ich habe nicht kommen k.; da kann man nichts machen!; man kann nie wissen *(weiß nie),* was noch kommt; können Sie mir bitte sagen, wie spät es ist? **c)** *auf Grund bestimmter Umstände die Berechtigung zu einem Verhalten o. ä. haben; in bestimmten Gegebenheiten die Voraussetzungen für ein Verhalten o. ä. finden:* du kannst ohne Sorge sein; darauf kannst du dich verlassen *(verlaß dich darauf)!;* er kann einem leid tun (ugs.; *ist zu bedauern*); darin kann ich Ihnen nur *(muß ich Ihnen)* zustimmen; können wir (ugs.; *können wir gehen, anfangen usw.*)?; **d)** (schwächer als „dürfen“) *insofern es freisteht, zugelassen ist, die Möglichkeit haben, etwas zu tun:* Sie können hier telefonieren; kann ich jetzt gehen?; so etwas kannst du doch nicht machen *(es geht nicht an, daß du so etwas tust)!* **sinnv.:** ↑dürfen. **e)** *möglicherweise ...* + entsprechendes Verb: das Paket kann verlorengegangen sein; der Arzt kann jeden Augenblick kommen. **2.** ⟨Vollverb: hat gekonnt⟩ **a)** *fähig, in der Lage sein, etwas auszuführen, zu leisten; etwas beherrschen:* er kann etwas, viel; er kann [gut] Russisch, kein Russisch; diese Übungen habe ich früher alle gekonnt. **sinnv.:** draufhaben, auf der Pfanne/in seinem Repertoire haben. **b)** *in bestimmter Weise zu etwas fähig, in der Lage sein:* er lief so schnell[, wie] er konnte; er lief, was er konnte; ich kann nicht anders *(ich kann mich nicht anders verhalten);* ich kann nicht anders als ablehnen *(muß ablehnen).* **c)** *die Möglichkeit, Erlaubnis haben, etwas zu tun:* Mutti, kann ich in den Garten?; **d)** (ugs.) *weiterhin Kraft zu etwas haben:* kannst du noch?; der Läufer konnte nicht mehr und gab auf; er aß, bis er nicht mehr konnte.

Kön|nen, das; -s: *erworbenes Vermögen, etwas zu leisten:* in dieser entscheidenden Phase zeigte er sein ganzes K. **sinnv.:** ↑Fähigkeit.

Kön|ner, der; -s, -, **Kön|ne|rin,** die; -, -nen (ugs.): *männliche bzw. weibliche Person, die auf einem bestimmten Gebiet Außerordentliches leistet:* im Sport ist er ein großer Könner. **sinnv.:** ↑Fachmann. **Zus.:** Alles-, Nichtskönner.

kon|se|quent ⟨Adj.⟩: **1.** *logisch zwingend:* k. denken, handeln. **sinnv.:** ↑planmäßig. **2.** *fest entschlossen und beharrlich bei etwas bleibend:* ein konsequenter Gegner des Regimes; die Untersuchungen k. zu Ende führen. **sinnv.:** ↑zielstrebig.

Kon|se|quenz, die; -, -en: **1.** *sich ergebende Folge aus einer Handlung o. ä.:* die Konsequenzen tragen müssen, ziehen. **sinnv.:** ↑Folge. **2.** ⟨ohne Plural⟩ *beharrliche, zielstrebige, von Entschlußkraft zeugende Haltung, Handlungsweise:* mit letzter K. arbeiten. **sinnv.:** ↑Beständigkeit.

kon|ser|va|tiv ⟨Adj.⟩: *in Gewohnheiten, Anschauungen am Alten, Hergebrachten, Überlieferten festhaltend:* eine konservative Partei; er ist sehr k. **sinnv.:** ↑altmodisch, ↑altväterlich, bourgeois, bürgerlich, ↑reaktionär, rechts, restaurativ, rückschrittlich, rückständig, unmodern, unzeitgemäß, zurückgeblieben. **Zus.:** stock-, erzkonservativ.

Kon|ser|ve, die; -, -n: *durch Sterilisieren haltbar gemachtes Nahrungs- oder Genußmittel in Büchsen oder Gläsern.* **sinnv.:** ↑Büchse. **Zus.:** Fleisch-, Obstkonserve · Musikkonserve.

kon|ser|vie|ren ⟨tr.⟩: *durch spezielle Behandlung haltbar machen:* Gemüse, Fleisch k. **sinnv.:** eindicken, einfrieren, eingefrieren, einkochen, einlegen, einmachen, einpökeln, einwecken, gefrieren, pökeln, tiefkühlen; ↑erhalten.

kon|stant ⟨Adj.⟩: *nicht veränderlich; ständig gleichbleibend:* ein konstanter Wert. **sinnv.:** ↑unaufhörlich.

kon|sta|tie|ren ⟨tr.⟩: *[einen bestimmten Tatbestand] feststellen:* mit Befriedigung konstatierte er die Bereitschaft der Partner zu Verhandlungen. **sinnv.:** ↑bemerken; ↑betonen.

Kon|stel|la|ti|on, die; -, -en: *Lage, Situation, wie sie sich aus dem Zusammentreffen von bestimmten Verhältnissen, Umstän-*

den ergibt: bei dieser politischen K. darf man auf Reformen hoffen. **sinnv.:** ↑Lage. **Zus.:** Kräfte-, Machtkonstellation.

kon|sti|tu|ie|ren: 1. ⟨tr.⟩ *ins Leben rufen:* der Vorstand der Firma konstituierte einen Rat aus erfahrenen Mitarbeitern. **sinnv.:** ↑gründen. **2.** ⟨sich k.⟩ *zur Gründung zusammentreten und sich bilden:* morgen konstituiert sich das neue Gremium; eine konstituierende *(zur Gründung von etwas einberufene)* Versammlung.

Kon|sti|tu|ti|on, die; -: *körperliche [und seelische] Verfassung:* er hat eine robuste K. **sinnv.:** ↑Gestalt. **Zus.** Gesamtkonstitution.

kon|stru|ie|ren ⟨tr.⟩: *maßgebend gestalten, entwerfen und bauen, zusammenfügen o. ä.:* ein Flugzeug k. **sinnv.:** ↑bauen.

Kon|struk|teur [kɔnstrʊk'tøːɐ̯], der; -s, -e, **Kon|struk|teu|rin,** die; -, -nen: *männliche bzw. weibliche Person, die ein technisches o. ä. Objekt plant, entwirft und ausführt:* der Konstrukteur dieser Brücke. **Zus.:** Chef-, Flugzeugkonstrukteur.

Kon|struk|ti|on, die; -, -en: **a)** ⟨ohne Plural⟩ *das Entwerfen, Planen (von technischen oder architektonischen Objekten):* die K. der Maschine bereitete Schwierigkeiten. **b)** *technischer Entwurf, Plan:* der Ingenieur reichte mehrere Konstruktionen ein. **c)** *mit besonderen technischen Mitteln oder Methoden errichtetes Bauwerk:* eine imposante K. aus Glas und Beton. **sinnv.:** ↑Struktur. **Zus.:** Brücken-, Dach-, Eisenkonstruktion.

kon|struk|tiv ⟨Adj.⟩: *den sinnvollen Aufbau, die Zweckmäßigkeit von etwas fördernd, entwickelnd:* ein konstruktiver Vorschlag; konstruktive (Ggs. destruktive) Kritik. **sinnv.:** ↑nützlich; ↑zweckmäßig.

Kon|sul, der; -s, -n, **Kon|sulin,** die; -, -nen: *Vertreter[in] eines Staates in einem fremden Staat mit bestimmten sachlichen und örtlich begrenzten Aufgaben.* **sinnv.:** ↑Diplomat. **Zus.:** Honorarkonsul.

Kon|su|lat, das; -[e]s, -e: *Dienststelle eines Konsuls, bes. Gebäude, in dem ein Konsul mit seinem Amt untergebracht ist:* er hat die Genehmigung auf dem K. beantragt. **Zus.:** Generalkonsulat.

Kon|sul|ta|ti|on, die; -, -en: **1.** *Untersuchung und Beratung durch einen Fachmann, bes. durch einen Arzt:* einen Facharzt zur K. hinzuziehen. **sinnv.:** ↑Frage. **2.** *gemeinsame Beratung, Besprechung, bes. zwischen Regierungen, Vertragspartnern:* die Konsultationen der beiden Regierungen zogen sich in die Länge.

kon|sul|tie|ren ⟨tr.⟩: *um ein fachliches Urteil bitten:* einen Arzt, einen Anwalt k; es mußte ein Experte konsultiert werden. **sinnv.:** ↑fragen; ↑heranziehen.

Kon|sum, der; -s: *Verbrauch (von Nahrungs-, Genußmitteln):* der K. von Zigaretten ist sehr groß. **sinnv.:** ↑Verbrauch. **Zus.:** Bier-, Lebensmittel-, Weinkonsum.

Kon|su|ment, der; -en, -en, **Kon|su|men|tin,** die; -, -nen: *männliche bzw. weibliche Person, die etwas konsumiert:* dem Konsumenten ein großes Angebot an Waren präsentieren; die Beziehungen zwischen Konsument und Produzent. **sinnv.:** Käufer, Verbraucher.

Kon|sum|gut, das; -[e]s, Konsumgüter: *Artikel, Ware für den täglichen Bedarf:* die Versorgung der Bevölkerung mit Konsumgütern. **sinnv.:** ↑Ware.

kon|su|mie|ren ⟨tr.⟩: *(Nahrungs- und Genußmittel) verbrauchen:* im Winter konsumiert die Bevölkerung mehr Fett als im Sommer. **sinnv.:** ↑verbrauchen.

Kon|takt, der; -[e]s, -e: *Verbindung, die (einmal oder in bestimmten Abständen wieder) für eine kurze Dauer hergestellt wird:* persönliche, diplomatische Kontakte; mit jmdm. in K. bleiben. **sinnv.:** Annäherung, Anschluß, Berührung, Brückenschlag, Fühlung, Fühlungnahme, Kommunikation, Verbindung. **Zus.:** Hautkontakt.

kon|tern ⟨itr.⟩: **a)** *(im sportlichen Wettkampf) den Gegner im Angriff abfangen, ihn durch einen schnellen Gegenangriff aus der Verteidigung überraschen.* **b)** *scharf auf einen Angriff antworten:* der Politiker konterte sehr geschickt. **sinnv.:** ↑antworten.

Kon|ti|nent [auch:... nent], der; -s, -e: *eine der großen zusammenhängenden Landmassen der Erde (mit den jeweils vorgelagerten Inseln):* die fünf Kontinente. **sinnv.:** Erdteil, Festland. **Zus.:** Subkontinent.

Kon|tin|gent, das; -s, -e: *für etwas anteilmäßig zu erbringende, vorgesehene Menge, Anzahl, Leistung o. ä.:* die Kontingente für den Import von Waren erhöhen. **sinnv.:** ↑Betrag.

kon|ti|nu|ier|lich ⟨Adj.⟩: *[ohne Veränderung, Bruch] fortdauernd, lückenlos zusammenhängend, gleichmäßig sich fortsetzend, weiterbestehend:* eine kontinuierliche Entwicklung; Forschung k. betreiben. **sinnv.:** ↑unaufhörlich.

Kon|to, das; -s, Konten: *(von einem Unternehmen, bes. von einer Bank für einen Kunden geführte) laufende Gegenüberstellung von geschäftlichen Vorgängen, besonders von Einnahmen und Ausgaben:* ein K. bei der Bank eröffnen, einrichten; Geld auf das K. überweisen. **Zus.:** Gehalts-, Giro-, Postgiro-, Postscheck-, Spar-, Spendenkonto.

kon|tra-, Kon|tra- ⟨Präfix⟩: *entgegen, gegen, Gegen-, dem im Basiswort Genannten entgegengesetzt [wirkend o. ä.]:* **a)** ⟨adjektivisch⟩: kontraindiziert (*als Heilverfahren aus bestimmten Gründen nicht anwendbar;* Ggs. indiziert), kontrakonfliktär, diese Maßnahmen sind kontraproduktiv. **sinnv.:** anti-, -feindlich, gegen-. **b)** ⟨verbal⟩: kontrasignieren *(gegenzeichnen).* **c)** ⟨substantivisch⟩: Kontraindikation *(Gegenanzeige, die die Anwendung bestimmter therapeutischer Mittel, Maßnahmen verbietet),* Kontrasignatur *(Gegenzeichnung).*

Kon|tra|hent, der; -en, -en, **Kon|tra|hen|tin,** die; -, -nen: *Gegner[in] in einer Auseinandersetzung, einem sportlichen Wettkampf o. ä.:* er hat seinen Kontrahenten niedergeschlagen; die zwei Vereine sind alte Kontrahenten. **sinnv.:** ↑Gegner.

Kon|trakt, der; -[e]s, -e: ↑*Vertrag:* der K. des Schauspielers wurde erneuert. **sinnv.:** ↑Vereinbarung.

kon|trär ⟨Adj.⟩: ↑*gegensätzlich:* er vertrat konträre Ansichten.

Kon|trast, der; -[e]s, -e: *starker Gegensatz, auffallender Unterschied:* die Farben bilden einen auffallenden K. **sinnv.:** Antagonismus, Divergenz, Gegengewicht, Gegenpol, Gegensatz, Unterschied, Widerspruch. **Zus.:** Farbkontrast.

kon|tra|stie|ren ⟨itr.⟩: *(zu etwas) einen augenfälligen Kontrast bilden, sich (von etwas) ab-*

heben: die Farben kontrastierten miteinander. **sinnv.:** sich abheben, abstechen, ↑abweichen, sich ↑abzeichnen, auseinandergehen, differieren, divergieren, in Gegensatz/Opposition stehen zu, sich scheiden, sich unterscheiden.

Kon|trol|le, die; -, -n: **1.** *Überprüfung, der jmd./etwas unterzogen wird:* eine genaue, scharfe K.; die Kontrollen an der Grenze sind verschärft worden. **sinnv.:** ↑Aufsicht, Beaufsichtigung, Beobachtung, Beschattung, Bespitzelung, ↑Durchsicht, Inspektion, Inspizierung, Nachprüfung, Observation, Prüfung, Revision, Überwachung, Untersuchung, Zensur. **Zus.:** Fahrkarten-, Geburten-, Gesichts-, Gewichts-, Grenz-, Polizei-, Rüstungs-, Verkehrs-, Zollkontrolle. **2.** ⟨ohne Plural⟩ *Beherrschung, Gewalt:* er hat die K. über das Auto verloren; der Brand wurde nach drei Stunden unter K. gebracht.

Kon|trol|leur [kɔntrɔˈløːɐ̯], der; -s, -e, **Kon|trol|leu|rin,** die; -, -nen: *männliche bzw. weibliche Person, die etwas (bes. Fahrausweise) kontrolliert:* der Kontrolleur ließ sich die Fahrkarten zeigen. **sinnv.:** Aufsichtsbeamter, Aufsichtsführender, Inspekteur, Prüfer. **Zus.:** Fahrkartenkontrolleur.

kon|trol|lie|ren ⟨tr.⟩: **1.** *zur Überwachung, Überprüfung, Untersuchung o. ä. Kontrollen ausüben:* die Qualität k.; beim Zoll wird [das Gepäck] scharf kontrolliert; der Pilot kontrollierte seine Instrumente. **sinnv.:** abchecken, abnehmen, begutachten, checken, durchgehen, ↑durchschleusen, ↑durchsehen, ↑durchsuchen, einchecken, einsehen, ↑inspizieren, nachprüfen, nachschauen, nachsehen, prüfen, revidieren, einer Revision unterziehen, ↑überprüfen, sich überzeugen/vergewissern, sich einer Sache versichern; ↑überwachen, ↑warten. **2.** *(in einem bestimmten Bereich) beherrschenden Einfluß haben:* der Konzern kontrolliert mit seiner Produktion den europäischen Markt. **sinnv.:** beherrschen, in der Gewalt haben.

Kon|tro|ver|se, die; -, -n: *heftige Auseinandersetzung (um eine Sachfrage):* mit jmdm. eine K. haben; es kam zu einer K. **sinnv.:** ↑Streit.

Kon|tur, die; -, -en: *äußere Linie eines Körpers [die sich von einem Hintergrund abhebt]:* im Nebel waren die Konturen der Brücke kaum zu erkennen. **sinnv.:** ↑Silhouette.

kon|ven|tio|nell ⟨Adj.⟩: *von herkömmlicher Art, dem Brauch entsprechend:* eine konventionelle Konstruktion; er ist k. gekleidet. **sinnv.:** ↑herkömmlich.

Kon|ver|sa|ti|on, die; -, -en: *unverbindliches, oft nur um der Unterhaltung willen geführtes, zwangloses Gespräch:* eine [lebhafte] K. führen. **sinnv.:** ↑Gespräch.

kon|vex ⟨Adj.⟩: *nach außen gewölbt* /Ggs. konkav/: konvexe Linsen. **sinnv.:** ↑erhaben.

Kon|voi [kɔnˈvɔy], der; -s, -s: *Verband von transportierenden Schiffen oder [militärischen] Fahrzeugen und die sie zu ihrem Schutz begleitenden Fahrzeuge.* **sinnv.:** ↑Flotte; ↑Geleit.

Kon|zen|tra|ti|on, die; -, -en: **1.** *das Zusammenlegen, Zusammenballen, Vereinigen [wirtschaftlicher oder militärischer Kräfte] an einem Punkt, in einer Hand:* die K. der Industrie, der Presse. **Zus.:** Macht-, Truppenkonzentration. **2.** *geistige Anspannung, höchste Aufmerksamkeit, die auf eine bestimmte Tätigkeit o. ä. gerichtet ist:* er arbeitet mit großer K. **sinnv.:** ↑Aufmerksamkeit. **Zus.:** Willenskonzentration.

kon|zen|trie|ren: 1. ⟨tr.⟩ *[wirtschaftliche oder militärische Kräfte, Abteilungen] an einem Punkt, in einer Hand zusammenballen, zusammenlegen, vereinigen:* Truppen, die Verwaltung eines Konzerns k. **sinnv.:** in einem Mittelpunkt vereinigen, zentralisieren, von einem Zentrum aus leiten/verwalten. **2. a)** ⟨tr.⟩ *seine Gedanken, seine Aufmerksamkeit auf etwas richten:* seine Bemühungen, Überlegungen auf jmdn./etwas k.; seine ganze Kraft auf das Examen k. **b)** ⟨sich k.⟩ *die geistig-seelischen Kräfte ganz nach innen richten und Störendes, Ablenkendes nicht beachten:* ich muß mich bei der Arbeit k. **sinnv.:** ↑aufpassen, sich sammeln; sich ↑versenken.

Kon|zept, das; -[e]s, -e: *knapp gefaßter Entwurf, erste Fassung einer Rede oder einer Schrift:* ein K. ausarbeiten. **sinnv.:** ↑Entwurf.

Kon|zern, der; -[e]s, -e: *Zusammenschluß zweier oder mehrerer selbständiger Firmen gleicher, ähnlicher oder sich ergänzender Produktion.* **sinnv.:** ↑Unternehmen. **Zus.:** Bank-, Industrie-, Mammut-, Öl-, Presse-, Rüstungskonzern.

Kon|zert, das; -[e]s, -e: **1.** *Komposition (aus mehreren Sätzen) für Orchester und meist ein oder mehrere Soloinstrumente:* ein K. für Klavier und Orchester. **Zus.:** Flöten-, Klavier-, Violinkonzert. **2.** *Aufführung eines oder mehrerer Musikwerke meist in einer öffentlichen Veranstaltung:* ein K. geben; ins K. gehen. **Zus.:** Abschieds-, Früh-, Kammer-, Kirchen-, Kurkonzert, Open-air-Konzert, Opern-, Wohltätigkeits-, Wunschkonzert · Pfeifkonzert.

Kon|zes|si|on, die; -, -en: **1.** *Genehmigung einer Behörde für eine gewerbliche Tätigkeit:* die K. für die Eröffnung eines Restaurants erteilen, entziehen. **2.** ↑*Zugeständnis:* zu Konzessionen bereit sein.

kon|zi|li|ant ⟨Adj.⟩: *zum Entgegenkommen, zu Zugeständnissen bereit; umgänglich:* ein sehr konzilianter Vorgesetzter. **sinnv.:** ↑freundlich.

Ko|ope|ra|ti|on, die; -, -en: *Zusammenarbeit bes. auf politischem oder wirtschaftlichem Gebiet:* die K. der Industrie mit staatlichen Stellen. **sinnv.:** Arbeitsteilung, Mitarbeit, Teamarbeit, Teamwork, Zusammenarbeit, Zusammenwirken.

ko|or|di|nie|ren ⟨tr.⟩: *aufeinander abstimmen, untereinander in Einklang bringen:* dieses Gremium koordiniert die Belange der einzelnen Länder. **sinnv.:** ↑abstimmen; ↑verknüpfen.

Kopf, der; -[e]s, Köpfe: *meist rundlicher, auf dem Hals sitzender Teil des menschlichen oder tierischen Körpers (zu dem Gehirn, Augen, Nase, Mund und Ohren gehören):* ein dicker, kahler K.; der K. einer Katze, eines Vogels; den K. neigen; verneinend den K. schütteln. **sinnv.:** Ballon, Birne, Dach, Dez, Haupt, Kürbis, Oberstübchen, Rübe, Schädel. **Zus.:** Eier-, Frauen-, Kinds-, Kalbs-, Pferde-, Puppen-, Toten-, Wuschelkopf.

Kopf|be|deckung, die; -, -en: *Teil der Kleidung, der zum Schutz, zum Schmuck auf dem Kopf getragen wird* (siehe Bild-

leiste): mit, ohne K. **sinnv.:** Barett, Deckel, Fes, Haube, ↑Helm, Hut, Kappe, Käppi, Kapuze, Kopftuch, Mütze, Schiffchen, Schute, Tschako, Turban, Zylinder.

köp|fen: **1.** ⟨tr.⟩ *(jmdm.) den Kopf abschlagen:* früher wurden Verbrecher geköpft. **sinnv.:** ↑enthaupten; ↑töten. **2.** ⟨tr./itr.⟩ *(den Ball) mit dem Kopf stoßen:* er köpfte [den Ball] in die untere Ecke des Tors.

kopf|los ⟨Adj.⟩: *völlig verwirrt; unfähig, einen klaren Gedanken zu fassen; ohne Überlegung:* er rannte k. aus dem Zimmer, als er die Nachricht von dem Unfall hörte. **sinnv.:** ↑hektisch.

Kopf|schmer|zen, die ⟨Plural⟩: *Schmerzen im Kopf:* K. haben. **sinnv.:** Brummschädel, Kopfweh, Migräne.

kopf|ste|hen, stand kopf, hat kopfgestanden ⟨itr.⟩: *völlig überrascht, durcheinander, ganz bestürzt, verwirrt sein:* als sie die Nachricht erhielten, standen alle kopf. **sinnv.:** sich ↑entsetzen.

Kopf|tuch, das; -[e]s, Kopftücher: *von Frauen getragenes Tuch, das um den Kopf gebunden wird.* **sinnv.:** ↑Kopfbedeckung.

kopf|über ⟨Adverb⟩: *mit dem Kopf voran:* k. ins Wasser springen.

Ko|pie, die; -, Kopien: **1.** *originalgetreue Wiedergabe eines im Original vorliegenden Textes o. ä.:* die K. einer Urkunde. **sinnv.:** ↑Abschrift; ↑Reproduktion. **Zus.:** Film-, Fotokopie. **2.** *genaue Nachbildung eines Gegenstandes, bes. eines Kunstwerks:* die K. des Haustürschlüssels; die schlechte K. eines Gemäldes. **sinnv.:** ↑Imitation.

ko|pie|ren ⟨tr.⟩: **1.** *(einen im Original vorliegenden Text) in einer Abschrift, Durchschrift, Kopie wiedergeben:* einen Brief k. **sinnv.:** ↑abschreiben; ↑vervielfältigen. **2.** *(ein Kunstwerk o. ä.) genau nachbilden; ein zweites Exemplar nach einem Original herstellen:* ein Gemälde k. **3.** *(von einem entwickelten Film) einen Abzug herstellen:* den Film zum Kopieren ins Labor geben.

kop|peln ⟨tr.⟩: **a)** *(mehrere Tiere) durch Leinen o. ä. miteinander verbinden:* Hunde k. **b)** *(ein Fahrzeug an ein anderes) anhängen; (zwei Fahrzeuge) untereinander verbinden:* den Anhänger an den Traktor k. **c)** *durch eine technische Vorrichtung miteinander verbinden:* das Telefon war mit dem Tonbandgerät gekoppelt.

Ko|ral|le, die; -, -n: **1.** *(in tropischen Gewässern meist in Kolonien lebendes) festsitzendes, sehr einfaches Tier mit einem verzweigten Gerüst aus Kalk.* **2.** *Stück aus dem Kalkgerüst der Koralle* (1) *als Material für Schmuck:* eine Kette aus Korallen.

Korb, der; -[e]s, Körbe: *aus biegsamem, meist von bestimmten Pflanzen stammendem Material geflochtener Behälter mit Griffen, Henkeln o. ä.:* der K. war voll Äpfel. **Zus.:** Blumen-, Brot-, Draht-, Einkaufs-, Näh-, Obst-, Präsent-, Wäsche-, Waschkorb.

Kor|del, die; -, -n: **1.** *aus mehreren Fäden zusammengedrehte, bes. zur Zierde irgendwo verwendete, dicke Schnur.* **2.** ↑*Schnur.*

Ko|rin|the, die; -, -n: *kleinere, dunkle Rosine ohne Kerne.* **sinnv.:** ↑Rosine.

Kork, der; -s: **1.** *aus der Rinde der Korkeiche gewonnenes, braunes, sehr leichtes Material.* **2.** (landsch.) ↑*Korken.* **sinnv.:** ↑Stöpsel.

Kor|ken, der; -s-, -: *Verschluß aus Kork (oder Plastik) für Flaschen.* **sinnv.:** ↑Stöpsel. **Zus.:** Flaschen-, Kron[en]-, Sektkorken.

Kor|ken|zie|her, der; -s, -: *Gerät zum Herausziehen des Korkens aus einer Flasche mit einem spitzen gewundenen Teil, der in den Korken hineingedreht wird.*

Korn: I. das; -[e]s, Körner: **1.** *kleine, rundliche, mit einer festen Schale umgebene Frucht einer Pflanze:* die Körner des Weizens. **Zus.:** Gersten-, Getreide-, Pfeffer-, Senf-, Weizenkorn. **2.** ⟨ohne Plural⟩ *Getreide, bes. Roggen:* das K. mahlen. **sinnv.:** ↑Getreide. **3.** *[sehr] kleines, festes Teilchen in Form eines Korns* (1): einige Körner Salz. **Zus.:** Gold-, Salz-, Sandkorn. **II.** der; -[e]s, -: *aus Getreide gewonnener, klarer Schnaps:* K. trinken. **sinnv.:** ↑Branntwein. **III.** das; -[e]s, Korne: *als Teil der Vorrichtung zum Zielen beim Gewehr kurz vor der Mündung befindliche, kleinere Erhöhung, die mit der Kimme in eine Linie gebracht werden muß.*

Korn|blu|me, die; -, -n: *(bes. auf Getreidefeldern wachsende) Pflanze mit schmalen Blättern und einzelstehenden Blüten von leuchtendblauer Farbe.*

kör|nig ⟨Adj.⟩: *in Form kleiner Körner, aus Körnern bestehend:* körniger Sand. **Zus.:** fein-, grobkörnig.

Kör|per, der; -s, -: **1.** *Organismus eines Lebewesens, der die jeweilige Erscheinung, Gestalt eines Menschen oder Tieres ausmacht:* der menschliche, ein schöner K.; den ganzen K. waschen; ein gedrungener K. *(Rumpf)* mit langen Gliedmaßen. **sinnv.:** Leib, Rumpf; ↑Gestalt. **Zus.:** Knaben-, Frauen-, Ober-, Tier-, Unterkörper. **2.** *Gegenstand, der gesehen, gefühlt werden kann, der eine begrenzte Menge eines bestimmten Stoffes, ein ringsum begrenztes Gebilde darstellt:* ein bewegter, fester K.; den Inhalt eines Körpers berechnen. **sinnv.:** ↑Ding. **Zus.:** Anti-, Beleuchtungs-, Feuerwerks-, Flug-, Fremd-, Heiz-, Himmels-, Knall-, Schiffs-, Spreng-, Zellkörper.

kör|per|lich ⟨Adj.⟩: *auf den Körper bezogen, ihn betreffend:* körperliche (Ggs. geistige) Anstrengungen; sie muß k. viel leisten. **sinnv.:** ↑physisch.

kor|pu|lent ⟨Adj.⟩: *zu körperlicher Fülle neigend:* sie ist ziemlich k. **sinnv.:** ↑dick.

kor|rekt ⟨Adj.⟩: *ohne Fehler; dem Sachverhalt, bestimmten Normen, Grundsätzen, den Vorschriften entsprechend:* die Übersetzung ist k.; ein korrektes (Ggs. inkorrektes) Benehmen. **sinnv.:** ↑anständig; ↑richtig. **Zus.:** hyper-, in-, unkorrekt.

Kor|rek|tur, die; -, -en: *Verbesserung, Berichtigung eines Fehlers, bes. in einem geschriebenen oder gedruckten Text:* kleine Korrekturen in einem Text anbringen; den Vertrag mit allen Korrekturen vorlegen. **sinnv.:** Berichtigung, Erratum, Revision, Richtigstellung, Verbesserung; ↑Dementi. **Zus.:** Aufsatz-, Grenz-, Preis-, Satzkorrektur.

Kor|re|spon|denz, die; -, -en: *Austausch von schriftlichen Äußerungen:* mit jmdm. in K. stehen. **sinnv.:** ↑Briefwechsel. **Zus.:** Geheim-, Geschäfts-, Privatkorrespondenz.

kor|re|spon|die|ren ⟨itr.⟩: *in Briefwechsel stehen:* ich korrespondiere mit ihm. **sinnv.:** Briefe wechseln, brieflich mit jmdm. verkehren, sich [mit jmdm.] schreiben, mit jmdm. in Verbindung stehen.

kor|ri|gie|ren ⟨tr.⟩: **a)** *auf Fehler hin durchsehen und von Fehlern frei machen:* einen Text k. **b)** *(etwas Fehlerhaftes, Ungenügendes) durch das Richtige, Zutreffende ersetzen, positiv verändern, es bei jmdm. verbessern:* einen Irrtum k.; jmdn., jmds. Aussprache k. **sinnv.:** ausbügeln, ↑berichtigen.

kor|rum|pie|ren ⟨tr.⟩: **a)** *durch Bestechung o. ä. für zweifelhafte Interessen, Ziele gewinnen:* dieser Politiker ließ sich k. **sinnv.:** ↑bestechen. **b)** *moralisch verderben:* der Alkohol hat ihn völlig korrumpiert; eine korrumpierte Gesellschaft.

kor|rupt ⟨Adj.⟩: **a)** *bestechlich, käuflich o. ä. und deshalb nicht vertrauenswürdig:* ein korrupter Beamter. **sinnv.:** ↑bestechlich. **b)** *moralisch verdorben:* ein korruptes politisches System.

Kor|rup|ti|on, die; -, -en: *das Korrumpieren, Korrumpiertwerden; korruptes Handeln, korrupte Geschäfte, Machenschaften.* **sinnv.:** Bestechung.

Kos|me|tik, die; -: *einem ansprechenderen, gepflegten, schöneren Aussehen dienende Behandlung des menschlichen Körpers, besonders des Gesichtes mit bestimmten Mitteln.* **sinnv.:** Gesichts-, Haut-, Körper-, Schönheitspflege. **Zus.:** Haar-, Haut-, Naturkosmetik.

kos|me|tisch ⟨Adj.⟩: *die Kosmetik betreffend:* ein kosmetisches Mittel.

Kos|mo|naut, der; -en, -en, **Kos|mo|nau|tin,** die; -, -nen: *[sowjetischer] Teilnehmer bzw. Teilnehmerin an einer Weltraumfahrt.* **sinnv.:** ↑Astronaut.

Kos|mos, der; -: ↑*Weltall.*

Kost, die; -: *Nahrung, bes. sofern sie für jmdn. speziell vorbereitet, zubereitet wurde, zu jmds. Verpflegung, Beköstigung dient:* einfache, gesunde K.; er hat freie K. **sinnv.:** ↑Nahrung. **Zus.:** Bio-, Natur-, Rohkost.

kost|bar ⟨Adj.⟩: **1.** *von erlesener Qualität, aus teurem Material und daher sehr wertvoll:* kostbare Bilder, Möbel; kostbarer Schmuck. **sinnv.:** auserlesen, ausgesucht, ausgewählt, ↑edel, erlesen, exquisit, fein, hochwertig, königlich, qualitätsvoll, teuer, wertvoll. **2.** *für jmdn. so wichtig, wertvoll, daß es gut genutzt, nicht unnütz vertan werden sollte:* die Zeit ist k.

ko|sten, kostete, hat gekostet: **I.** ⟨tr./itr.⟩ *den Geschmack (von Speisen oder Getränken) feststellen; schmeckend probieren:* er kostete die Soße/von der Soße. **sinnv.:** abschmecken, eine Kostprobe/Probe nehmen, probieren, prüfen, verkosten, versuchen. **II.** ⟨itr.⟩ **1.** *einen Preis von einer bestimmten Höhe haben:* das Buch kostet 10 Mark; das Haus hat mich 100 000 Mark gekostet *(für das Haus mußte ich 100 000 Mark bezahlen)* **2.** *(zur Verwirklichung von etwas) notwendig, erforderlich machen, von jmdm. verlangen:* das kostet dich doch nur ein Wort, ein Lächeln. **sinnv.:** ↑erfordern. **3.** *für jmdn. einen Verlust von etwas nach sich ziehen:* dieser Fehler kann dich/-(selten:) dir die Stellung k.; das kostete die Mannschaft den Sieg.

Ko|sten, die ⟨Plural⟩: *finanzielle Ausgaben, die für die Ausführung einer Arbeit o. ä. entstehen:* die K. für den Bau des Hauses waren hoch; die K. ersetzen. **sinnv.:** ↑Preis. **Zus.:** Anschaffungs-, Anwalts-, Arzt-, Behandlungs-, Fahrt-, Gesamt-, Hotel-, Herstellungs-, Instandhaltungs-, Instandsetzungs-, Lebenshaltungs-, Lohn-, Material-, Mehr-, Neben-, Personal-, Reinigungs-, Reise-, Selbst-, Wartungskosten.

ko|sten|los ⟨Adj.⟩: *keine Kosten verursachend:* eine kostenlose Untersuchung. **sinnv.:** franko, frei, freigemacht, gebührenfrei, ohne Geld, geschenkt, um Gotteslohn, gratis, kostenfrei, für nichts, portofrei, postfrei, umsonst, unentgeltlich, als Zugabe.

köst|lich ⟨Adj.⟩: **1.** *besonders gut, ausgezeichnet schmeckend; jmds. besonderes Wohlgefallen erregend:* eine köstliche Speise. **sinnv.:** ↑appetitlich. **2.** *unterhaltsam, amüsant und daher großes Vergnügen bereitend:* eine köstliche Geschichte. **sinnv.:** ↑schön; ↑vortrefflich.

Kost|pro|be, die; -, -n: *kleines Stück (von etwas), das auf seinen Geschmack hin geprüft werden soll:* die Köchin reichte ihm eine kleine K. von dem Braten. **sinnv.:** ↑Probe.

kost|spie|lig ⟨Adj.⟩: *mit hohen Kosten verbunden:* ein kostspieliger Prozeß. **sinnv.:** ↑teuer.

Ko|stüm, das; -s, -e: **1.** *aus Rock und Jacke bestehendes Kleidungsstück für weibliche Personen.* **sinnv.:** Ensemble, Komplet · Hosenanzug. **Zus.:** Frühjahrs-, Reise-, Schneider-, Trachten-, Wollkostüm · Nervenkostüm. **2.** *Kleidung, die in einer bestimmten historischen Epoche typisch war, bzw. für Schauspieler, Artisten o. ä. bei Aufführungen zur Darstellung, Charakterisierung einer bestimmten Person od. Funktion dient oder auch zur Verkleidung bei bestimmten Anlässen verwendet wird.* **sinnv.:** Kostümierung, Maske, Maskerade, Maskierung, Verkleidung, Vermummung. **Zus.:** Adams-, Faschings-, Narren-, Pagenkostüm.

ko|stü|mie|ren ⟨tr.⟩: *(zur Verkleidung) in ein Kostüm kleiden:* zum Karneval kostümierte ich mich als Matrose; seine Mutter hatte ihn als Indianer kostümiert. **sinnv.:** ↑verkleiden.

Kot, der; -[e]s: *Ausscheidung aus dem Darm.* **sinnv.:** ↑Exkrement; ↑Schmutz. **Zus.:** Hunde-, Tierkot.

Ko|te|lett, das; -s, -s: *Stück Fleisch von den Rippen von Kalb, Schwein oder Hammel, das als Speise gebraten wird* (siehe Bild „Schwein"). **sinnv.:** Karbonade · Schnitzel. **Zus.:** Kalbs-, Kamm-, Lamm-, Schweine-, Stielkotelett.

Kö|ter, der; -s, -: **a)** *Hund, dessen Verhaltensweise als ärgerlich empfunden wird:* ständig kläfft dieser K., wenn ich vorbeigehe. **b)** (emotional) ↑*Hund:* dieser kleine K. ist ihre ganze Liebe.

Krab|be, die; -, -n: *(vorwiegend*

im Meer lebendes) kleines, zu den Krebsen gehörendes Tier mit zurückgebildetem Hinterleib und oft großen Scheren am vierten Beinpaar (siehe Bildleiste „Schalentiere"). **sinnv.:** ↑Krebs. **Zus.:** Süßwasser-, Wollhandkrabbe.

krab|beln, krabbelte, ist gekrabbelt ⟨itr.⟩: **a)** *(von Käfern o. ä.) sich kriechend fortbewegen:* ein Käfer ist an der Wand gekrabbelt. **sinnv.:** kriechen. **b)** *(bes. von Kleinkindern) sich auf Händen und Füßen fortbewegen:* das Baby fängt an zu k.

Krach, der; -s, Kräche: **1.** ⟨ohne Plural⟩ **a)** *sehr lautes, unangenehmes Geräusch:* die Maschine macht viel K. **sinnv.:** ↑Lärm. **Zus.:** Heiden-, Mords-, Riesenkrach. **b)** *plötzliches, hartes, sehr lautes Geräusch:* mit furchtbarem K. stürzte das Haus ein. **sinnv.:** ↑Knall. **2.** (ugs.) *heftige, laute Auseinandersetzung:* in der Familie ist ständig K. **sinnv.:** ↑Streit; ↑Unannehmlichkeit. **Zus.:** Ehe-, Familienkrach.

kra|chen, krachte, hat/ist gekracht ⟨itr.⟩: **a)** *einen lauten Knall von sich geben:* der Donner hat gekracht; ein Schuß krachte. **sinnv.:** böllern, donnern, grollen, knallen, knattern, poltern, rollen. **b)** *mit einem Knall, einem lauten Geräusch brechen:* das Eis ist gekracht. **sinnv.:** ↑zerbrechen. **c)** *mit einem Knall, einem lauten Geräusch gegen etwas prallen, irgendwo heftig auftreffen:* das Auto ist gegen den Baum gekracht. **sinnv.:** ↑zusammenstoßen.

kräch|zen ⟨itr.⟩: *heiser klingende Laute von sich geben:* der Rabe krächzt. **sinnv.:** gackern, glukken, glucksen, gurren, kollern, krähen, rucksen, schnarren, schnattern.

kraft ⟨Präp. mit Gen.⟩: *durch den Einfluß, das Gewicht, die Autorität von ...:* er veranlaßte dies k. [seines] Amtes; k. Gesetzes, richterlichen Urteils; eine Idee, k. deren ...; k. dieser Kompetenzen; k. ihrer Fähigkeiten ist sie zuständig für ... **sinnv.:** ↑wegen.

Kraft, die; -, Kräfte: **1.** *körperliche Stärke; Fähigkeit zu wirken:* der Junge hat viel, große K.; er ist wieder zu Kräften gekommen *(er ist wieder stark und gesund geworden).* **Zus.:** Arm-, Bären-, Menschen-, Muskel-, Pferde-, Spann-, Zeugungskraft. **2.** *in bestimmter Weise wirkende Gewalt, einer Sache als Ursache einer Wirkung innewohnende Macht:* die Kräfte der Natur; die K. der Wahrheit. **sinnv.:** ↑Fähigkeit, Power, Wille. **Zus.:** Anziehungs-, Atom-, Brems-, Elementar-, Gestaltungs-, Kern-, Natur-, Schwer-, Zentrifugalkraft. **3.** ↑*Arbeitskraft* (2): wir brauchen noch eine neue K. **Zus.:** Büro-, Führungs-, Halbtags-, Hilfs-, Lehr-, Schreib-, Spitzenkraft.

Kraft|fah|rer, der; -s, -, **Kraft|fah|re|rin,** die; -, -nen: *männliche bzw. weibliche Person, die einen Kraftwagen fährt.* **sinnv.:** ↑Autofahrer.

Kraft|fahr|zeug, das; -s, -e: *durch einen Motor angetriebenes, nicht an Schienen gebundenes Fahrzeug.* **sinnv.:** ↑Auto.

kräf|tig ⟨Adj.⟩: **1.** *Kraft habend, [in der äußeren Erscheinung] von körperlicher Kraft, von gesundem Wuchs, von Widerstandsfähigkeit o. ä. zeugend:* eine kräftige Konstitution; ein kräftiger Hieb; die Pflanzen sind schon recht k. **sinnv.:** ↑athletisch; ↑stark. **2. a)** *in hohem Maße ausgeprägt, vorhanden:* ein kräftiges Hoch; einen kräftigen *(großen)* Schluck nehmen; kräftige Farben. **b)** *große Nachdrücklichkeit, Entschiedenheit zeigend, mit großem Nachruck:* jmdm. k. die Meinung sagen. **sinnv.:** ↑gehörig. **c)** *in sehr deutlicher, oft derber, grober Ausdrucksweise geäußert:* ein kräftiger Fluch, Ausdruck. **sinnv.:** ↑derb. **3.** *reich an Nährstoffen:* eine kräftige Suppe, Mahlzeit. **sinnv.:** ↑nahrhaft.

-kräf|tig ⟨adjektivisches Suffixoid⟩: **a)** *in als positiv, als wichtig für etwas angesehener Weise reichlich von dem im Basiswort Genannten habend, enthaltend:* aussage-, beweis-, ertrags-, finanz-, kapitalkräftig. **sinnv.:** -intensiv, -reich, -stark. **b)** *zu dem im Basiswort Genannten in der Lage:* kauf-, lebens-, zahlungskräftig.

kraft|los ⟨Adj.⟩: **1.** *wenig Kraft habend:* ganz k. fiel er in den Sessel. **sinnv.:** entkräftet, ermattet, geschwächt, lahm, lasch, matt, schlapp, schwach, schwächlich. **2.** *wenige nahrhaft:* eine kraftlose Suppe. **sinnv.:** ↑fade.

Kraft|pro|be, die; -, -n: *das gegenseitige vergleichende Messen von Kräften, Fähigkeiten, Macht:* er ließ es auf eine K. mit der zuständigen Behörde ankommen.

Kraft|stoff, der; -[e]s, -e: *Stoff, durch dessen Verbrennung in einem Motor Energie erzeugt wird:* Benzin ist ein K. **sinnv.:** Treibstoff.

kraft|voll ⟨Adj.⟩: *viel Kraft habend, davon zeugend:* ein kraftvoller Sprung. **sinnv.:** dynamisch; ↑stark; ↑wuchtig.

Kraft|wa|gen, der; -s, -: ↑*Auto.*

Kraft|werk, das; -[e]s, -e: *industrielle Anlage zur Gewinnung elektrischer Energie:* ein mit Braunkohle betriebenes K. **Zus.:** Kern-, Kohlekraftwerk.

Kra|gen, der; -s, -: *am Hals befindlicher Teil eines Kleidungsstücks:* der K. am Hemd; den K. des Mantels hochschlagen. **Zus.:** Hemd-, Mantel-, Pelz-, Stehkragen.

Krä|he, die; -, -n: *großer Vogel mit glänzendem, schwarzem Gefieder und kräftigem Schnabel, der krächzende Laute von sich gibt.*

krä|hen ⟨*itr.*⟩: *(vom Hahn) einen hellen, lauten, gequetscht klingenden, in charakteristischer Weise ausgestoßenen Laut von sich geben.* **sinnv.:** ↑krächzen.

Kral|le, die; -, -n: *aus Horn bestehendes, langes, gebogenes, an den Enden spitz zulaufendes Gebilde an den letzten Gliedern der Zehen bestimmter Tiere:* die Katze hat scharfe Krallen. **sinnv.:** ↑Fingernagel. **Zus.:** Katzen-, Vogelkralle.

Kram, der; -s: **1.** *eine als wertlos betrachtete, nach Art und Anzahl nicht näher bezeichnete Menge von Gegenständen:* es befindet sich viel K. im Keller. **sinnv.:** Bettel, Dreck, Gelump, Gerümpel, Klamotte, Krempel, Krimskrams, Mist, Plunder, Trödel, Trödelkram, Zeug, Zimt, Zinnober. **Zus.:** Flitter-, Papier-, Trödelkram. **2.** *Angelegenheit, die (vom Sprecher) als unwichtig, lästig empfunden wird:* am liebsten würde ich den ganzen K. hinschmeißen. **Zus.:** Alltags-, Büro-, Routine-, Verwaltungskram.

kra|men ⟨itr.⟩: *zwischen (durcheinanderliegenden) Gegenständen herumwühlen [und nach etwas suchen]:* in allen Schubladen nach Bildern k. **sinnv.:** ↑suchen.

Krampf, der; -[e]s, Krämpfe: **1.** *plötzliches, schmerzhaftes Sichzusammenziehen der Muskeln:* er hat einen K. in der Wade. **Zus.:** Herz-, Husten-, Lach-, Magen-, Muskel-, Schrei-, Schreib-,

Starr-, Waden-, Weinkrampf. **2.** ‹ohne Plural› (ugs.) *krampfhafte Bemühung, um jeden Preis etwas zu erreichen:* das ist doch alles K.! **sinnv.:** ↑Unsinn.

krampf|haft ‹Adj.›: **1.** *als Krampf, wie ein Krampf verlaufend:* krampfhafte Zuckungen. **2.** *alle Kräfte aufbietend, mit Verbissenheit:* er machte krampfhafte Anstrengungen, seine Stellung zu halten. **sinnv.:** ↑beharrlich.

Kran, der; -[e]s, Kräne/(auch:) Krane: *aus einer fahr- und drehbaren, einem Gerüst ähnlichen Konstruktion (mit Führerhaus) bestehende Vorrichtung zum Heben und Versetzen schwerer oder sperriger Dinge.* **Zus.:** Bau-, Hebe-, Lastkran.

Kra|nich, der; -s, -e: *(bes. in sumpfigen Gebieten lebender) großer, grau gefiederter Vogel mit langem, kräftigem Schnabel, langem Hals und langen, dünnen Beinen.* **Zus.:** Kronen-, Pfauenkranich.

krank, kränker, kränkste ‹Adj.›: *eine Krankheit habend, physisch oder psychisch leidend* /Ggs. gesund/: ein krankes Tier; er ist [schwer] k., liegt k. zu Bett. **sinnv.:** angekränkelt, arbeitsunfähig, bettlägerig, fiebrig, indisponiert, kränkelnd, kränklich, leidend, malade, marod, mies, morbid, moribund, siech, unpäßlich; ↑krankhaft. **Zus.:** geschlechts-, herz-, krebs-, sterbens-, todkrank.

krän|keln ‹itr.›: *über längere Zeit hin immer ein wenig krank, nie ganz gesund sein.* **sinnv.:** ↑leiden.

kran|ken ‹itr.›: *durch einen Mangel in seiner Funktionstüchtigkeit o. ä. gestört, beeinträchtigt sein:* die Firma krankt an der schlechten Organisation. **sinnv.:** unter etwas leiden.

krän|ken ‹tr.›: *(jmdn.) seelisch verletzen, in seinem Selbstgefühl durch eine Tat oder Äußerung, durch die er sich gedemütigt, verkannt o. ä. fühlt, treffen:* diese Bemerkung hatte ihn sehr gekränkt. **sinnv.:** ↑anstoßen bei, beleidigen, brüskieren, insultieren, ins Herz treffen, vor den Kopf stoßen, jmdm. auf den Schlips treten, schmähen, jmdn. schmerzen, treffen, verletzen, verprellen, verwunden.

Kran|ken|haus, das; -es, Krankenhäuser: *Gebäude, in dem Kranke vorwiegend stationär behandelt werden:* der Kranke wurde ins/im K. aufgenommen. **sinnv.:** Ambulanz, Ambulatorium, Anstalt, Entbindungsheim, Heilanstalt, Hospital, Klinik, Krankenanstalt, Lazarett, Poliklinik, Sanatorium, Spital.

Kran|ken|kas|se, die; -, -n: *Institution, bei der sich jmd. gegen die durch eine Krankheit entstehenden Kosten versichern kann.* **sinnv.:** ↑Kasse.

Kran|ken|schwe|ster, die; -, -n: *weibliche Person, die in der Pflege von Kranken ausgebildet ist.* **sinnv.:** Pfleger.

krank|fei|ern, feierte krank, hat krankgefeiert ‹itr.› (ugs.): **a)** *wegen angeblicher Krankheit nicht arbeiten.* **sinnv.:** ↑faulenzen. **b)** (selten) *krank sein und nicht zur Arbeit gehen.*

krank|haft ‹Adj.›: **1.** *von einer Krankheit herrührend, sich als Krankheit äußernd:* eine krankhafte Veränderung des Gewebes. **sinnv.:** pathologisch; ↑anormal; ↑krank. **2.** *sich wie eine Krankheit äußernd, nicht mehr normal:* ein krankhafter Ehrgeiz; diese übertriebene Sparsamkeit ist schon k. **sinnv.:** ↑extrem.

Krank|heit, die; -, -en: **1.** *Störung der normalen Funktion eines Organs oder Körperteils, auch des geistigen, seelischen Wohlbefindens* /Ggs. Gesundheit/: eine ansteckende K.; an einer K. leiden. **sinnv.:** Beschwerden, Bettlägerigkeit, Bresthaftigkeit, Epidemie, Erkrankung, Fieber, Gebrechen, Gebresten, Leiden, Seuche, Siechtum, Übel, Unpäßlichkeit, Unwohlsein, Wehwehchen. **Zus.:** Berufs-, Geschlechts-, Haut-, Infektions-, Kinder-, Legionärs-, Manager-, Mangel-, Papageien-, Pflanzen-, Zivilisationskrankheit. **2.** ‹ohne Plural› *Zustand des Krankseins:* während meiner K. hat mich mein Freund oft besucht.

kränk|lich ‹Adj.›: *nicht richtig gesund, stets etwas leidend und anfällig für Krankheiten:* ein kränkliches Aussehen habend. **sinnv.:** ↑krank.

Krän|kung, die; -, -en: *jmdn. kränkende Äußerung, Handlung; Verletzung der Gefühle eines andern.* **sinnv.:** Beleidigung · ↑kränken.

Kranz, der; -es, Kränze: *in Form eines Ringes geflochtene oder gebundene Blumen, Zweige o. ä.* **Zus.:** Ahnen, Blumen-, Dornen-, Ernte-, Haar-, Lorbeer-, Myrten-, Ruhmes-, Sieges-, Trauerkranz.

kraß, krasser, krasseste ‹Adj.›: *in seiner Art besonders und in oft schroffer Weise extrem:* seine Handlungen stehen in krassem Gegensatz zu seinen Worten; er ist ein krasser Außenseiter. **sinnv.:** ↑extrem.

-krat, der; -en, -en, **-kra|tin,** die; -, -nen ‹zweiter Wortbestandteil›: *männliche bzw. weibliche Person, die zu einer herrschenden Gruppe gehört, die mit dem im [fremdsprachlichen] Basiswort Genannten gekennzeichnet ist* /vgl. -kratie/: Aristokrat, Demokrat, Plutokrat; /auch ironisch/: Grammatokrat *(jmd., der im Bereich der Grammatik herrscht, bestimmte Regeln vertritt),* Pornokrat (zu Pornographie).

Kra|ter, der; -s, -: *in der Erde bes. durch einen Vulkanausbruch hervorgerufene tiefe Öffnung in Form eines Trichters.* **sinnv.:** ↑Kluft. **Zus.:** Bomben-, Mondkrater.

-kra|tie, die; -, -ien ‹zweiter Wortbestandteil›: *Herrschaftsform, Herrschaft, die von dem/den im Basiswort Genannten ausgeht:* Aristokratie *(Adelsherrschaft),* Autokratie *(unumschränkte Staatsgewalt in der Hand eines einzelnen),* Bürokratie *(Herrschaft der Bürokraten als Verwaltungsapparat),* Demokratie *(Herrschaft des Volkes),* Gerontokratie *(Herrschaft der Alten),* Plutokratie *(Geldherrschaft),* Theokratie *(religiös legitimierte Herrschaftsform);* /auch ironisch/: Bonzokratie *(Herrschaft der Bonzen),* Fernsehkratie, Sexokratie (er nannte Schweden die Sexokratie Europas).

-kra|tin: vgl. -krat.

Krät|ze, die; -: *stark juckende Hautkrankheit:* die K. haben.

krat|zen: 1. a) ‹tr.› *mit etwas Scharfem, Rauhem, Spitzem (bes. mit Nägeln oder Krallen) ritzend, schabend o. ä. Spuren auf etwas hinterlassen:* die Katze hat mich gekratzt. **b)** ‹itr.› *mit etwas Scharfem, Rauhem, Spitzem an oder auf etwas reiben, scheuern [und ein entsprechendes Geräusch verursachen]:* mit dem Messer im Topf k.; der Hund kratzt an der Tür; Vorsicht, die Katze kratzt *(gebraucht ihre Krallen).* **sinnv.:** ritzen, schaben, scharren, schrammen, schrappen, schürfen, schurren; ↑reiben. **c)** *wegen eines Juckreizes mit den Fingerspitzen, -nägeln an einer Körperstelle scheuern, reiben:* jmdn. auf dem Rücken k.; ich kratze mich am Kopf. **sinnv.:** ↑kitzeln. **d)** ⟨itr.⟩ *ein Jucken auf der Haut verursachen:* der Stoff des Kleides kratzt fürchterlich. **sinnv.:** jukken, scheuern. **2.** ⟨tr.⟩ **a)** *durch Ritzen, Schaben o. ä. auf, in etwas erzeugen:* seinen Namen, ein Zeichen in die Wand k. **b)** *schabend, scharrend o. ä. entfernen:* das Eis von der Scheibe k.

Kratlzer, der; -s, -: *vertiefte Linie, die durch einen scharfen Gegenstand unabsichtlich auf etwas entstanden ist.* **sinnv.:** ↑Schramme.

kraullen: **I.** ⟨tr.⟩ *jmdn./ein Tier liebkosen in der Art, daß man z. B. in dessen Haaren, Fell seine Fingerspitzen leicht hin und her bewegt (als Zeichen liebevoll-zärtlicher Zuneigung):* jmdn. am Kinn, einen Hund am Hals k. **sinnv.:** ↑kitzeln; ↑liebkosen. **II.** ⟨itr.⟩ *schwimmen, indem die Arme abwechselnd kreisförmig von hinten über den Kopf nach vorn bewegt werden, während sich die gestreckten Beine leicht und abwechselnd auf- und abwärts bewegen:* er kann gut k. **sinnv.:** ↑schwimmen.

kraus ⟨Adj.⟩: **1. a)** *stark geringelt, gewellt, aus vielen sehr kleinen Locken bestehend.: er hat krauses Haar.* **sinnv.:** ↑lockig. **b)** *voller unregelmäßiger Linien, Falten:* eine krause Stirn machen. **sinnv.:** ↑faltig. **2.** *[absonderlich und] ziemlich wirr, ungeordnet:* er hat nur krause Ideen. **sinnv.:** ↑verworren; ↑wirr.

Kraulse, die; -, -n: **1.** *in dichte Falten gelegter Saum oder Kragen:* sie trug eine Bluse mit K. **Zus.:** Halskrause. **2.** ⟨ohne Plural⟩ *lockiger, gewellter Zustand (des Haares):* das Haar hat seine K. verloren. **Zus.:** Naturkrause.

kräullseln: **a)** ⟨tr.⟩ *leicht kraus, wellig o. ä. machen:* jmds. Haar k.; der Wind kräuselte die Wasseroberfläche. **b)** ⟨sich k.⟩ *sich in viele kleine Locken, Falten, Wellen legen, eine leicht krause Form annehmen:* die Haare kräuseln sich. **sinnv.:** sich ↑ringeln.

Kraut, das; -[e]s, Kräuter: **1.** *Pflanze, die zum Heilen oder Würzen verwendet wird:* ein Tee aus Kräutern. **Zus.:** Arznei-, Bohnen-, Farn-, Gewürz-, Heide-, Heil-, Küchen-, Suppen-, Würzkraut. **2.** ⟨ohne Plural⟩ **a)** *Blätter mit Stengel an Rüben, Kohl usw., die nicht für die menschliche Ernährung verwertbar sind.* **b)** ↑*Kohl.* **Zus.:** Rot-, Sauer-, Weißkraut.

Kralwall, der; -s, -e: **a)** *heftiger, tumultartiger Aufruhr:* auf den Straßen kam es zu Demonstrationen und Krawallen. **sinnv.:** ↑Aufruhr; ↑Streit. **Zus.:** Straßenkrawall. **b)** ⟨ohne Plural⟩ (ugs.) *sehr lebhaftes, erregtes Lärmen und Treiben:* macht doch nicht so einen K. **sinnv.:** ↑Lärm. **Zus.:** Mords-, Riesenkrawall.

Kralwatlte, die; -, -n: *etwa streifenförmiges schmückendes Teil bes. der Herrenkleidung, das unter dem Kragen des Hemdes um den Hals gelegt und vorne zu einem Knoten gebunden wird.* **sinnv.:** Binder, Schleife, Schlips, Selbstbinder · Fliege, Schmetterling.

krealtiv ⟨Adj.⟩: *auf geistigem, künstlerischem Gebiet eigene Initiative, Ideen entwickelnd:* die kreativen Fähigkeiten des Menschen; sie ist sehr k. **sinnv.:** ↑schöpferisch.

Krealtur, die; -, -en: **1.** ↑*Geschöpf:* jede K. sehnt sich bei dieser Hitze nach Abkühlung. **2.** *bedauernswerter oder verachtenswerter Mensch:* er ist eine elende K.

Krebs, der; -es, -e: **1.** *im Wasser lebendes, durch Kiemen atmendes, sich kriechend fortbewegendes Tier mit einem Panzer aus Chitin und mindestens vier Beinpaaren, von denen das vordere Teil zu großen Scheren umgebildet ist* (siehe Bildleiste „Schalentiere"). **sinnv.:** Krustentier, Schalentier · Garnele, Hummer, Krabbe, Languste. **Zus.:** Einsiedler-, Fluß-, Taschenkrebs. **2.** *gefährliche, wuchernde Geschwulst im Gewebe menschlicher oder tierischer Organe:* sie starb an K. **sinnv.:** ↑Geschwulst. **Zus.:** Darm-, Lungen-, Magenkrebs.

Kreldit, der; -s, -e: *für eine bestimmte Zeit zur Verfügung gestellter Betrag an Geld:* er brauchte einen K., um ein Haus bauen zu können. **sinnv.:** ↑Anleihe. **Zus.:** Bank-, Bau-, Warenkredit.

Kreilde, die; -, -n: **1.** ⟨ohne Plural⟩ *in unvermischter Form weißer und weiß färbender, erdiger, weicher Kalkstein:* Felsen aus K. **2.** *als Stift, Mine o. ä. geformtes Stück aus weißem Kalkstein, festem Gips o. ä. zum Schreiben, Zeichnen, Markieren o. ä.:* weiße, rote, grüne K.; etwas mit K. an die Tafel schreiben.

kreilielren ⟨tr.⟩: *schöpferisch entwerfen, entwickeln:* eine neue Mode, ein neues Modell k. **sinnv.:** ↑erschaffen.

Kreis, der; -es,-e: **1.** /eine geometrische Figur/ (siehe Bildleiste „geometrische Figuren", S. 292). **Zus.:** Erd-, Längen-, Wendekreis. **2.** *kreisförmige, einem Kreis ähnliche Gruppierung, Bewegung o. ä.:* die Kinder bildeten einen K.; sich im K. drehen. **Zus.:** Dunst-, Strom-, Teufelskreis. **3.** ⟨K. + Attribut⟩ *Gruppe, Gruppierung, Gemeinschaft von Personen:* ein K. interessierter Leute, von jungen Leuten; ein exklusiver K.; einflußreiche Kreise; **sinnv.:** ↑Ausschuß, ↑Gruppe. **Zus.:** Bekannten-, Familien-, Freundes-, Interessenten-, Leserkreis.

kreilschen ⟨itr.⟩: *mit mißtönender, schriller Stimme schreien:* der Papagei kreischt seit einer Stunde. **sinnv.:** ↑schreien.

kreilsen, kreiste, hat/ist gekreist ⟨itr.⟩: *sich in einem Kreis [um etwas] bewegen:* das Flugzeug hat/ist drei Stunden über der Stadt gekreist; der Hund kreist um die Herde. **sinnv.:** sich drehen, sich im Kreis drehen, rotieren, umlaufen.

Kreisllauf, der; -[e]s: **1.** *durch die Tätigkeit des Herzens bewirkte umlaufende Bewegung des Blutes in den Adern:* etwas belastet den K. **2.** *sich stets wiederholende, zu ihrem Ausgangspunkt zurückkehrende Bewegung:* der ewige K. des Lebens. **sinnv.:** ↑Zyklus.

Krem, die; -, -s: ↑*Creme.*

Krelmaltolrilum, das; -s, Krematorien: *Anlage und Gebäude, in dem Tote verbrannt werden.* **sinnv.:** Feuerhalle.

Kremlpe, die; -, -n: *Rand an einem Hut.*

krelpielren, krepierte, ist krepiert ⟨itr.⟩: **1.** *durch Zündung eines Sprengstoffs zerplatzen:* die Granaten krepierten. **sinnv.:** ↑platzen. **2.** (ugs.) *[elend] sterben, verenden.* **sinnv.:** ↑sterben.

Kreslse, die; -, -n: *meist sehr schnell wachsende, bes. als Salat und Gewürz verwendete Pflanze mit stark gespaltenen Blättern und kleinen, weißlichen oder* *grünlichen, in Trauben stehenden Blüten.* **Zus.:** Brunnen-, Garten-, Kapuzinerkresse.

kreuz- ⟨adjektivisches Präfixoid, auch das Basiswort wird betont⟩ (emotional verstärkend): *(aus der Sicht des Sprechers) ganz besonders ..., sehr* /in Verbindung mit einer Eigenschaft, einer Befindlichkeit/: kreuzanständig, -brav, -dämlich, -dumm, -ehrlich, -elend, -fidel, -fuchtig, -gefährlich, -gemütlich, -langweilig, -lustig, -normal, -notwendig, -peinlich (mir ist das k.), -unglücklich, -vergnügt. **sinnv.:** blitz-, hoch-, hunde-, mords-, sau-, stink-, tod-, ur-.

Kreuz, das; -es, -e: **1. a)** *Zeichen, Gegenstand aus zwei sich meist rechtwinklig schneidenden Linien, Armen:* etwas mit einem K. kennzeichnen; ein K. aus Metall, aus zwei Ästen. **Zus.:** Achsen-, Ehren-, Faden-, Koordinaten-, Verdienstkreuz. **b)** *bes. in der Kunst dargestelltes, die Form des Kreuzes* (1 a) *zeigendes Symbol der christlichen Kirche, des Leidens:* ein verziertes K. auf dem Altar; im Zeichen des Kreuzes. **2.** *Leid, schwere Bürde, die jmd. zu tragen hat.* **sinnv.:** ↑Last, ↑Plage. **3.** *unterer Teil des Rückens:* mir tut das K. weh. **sinnv.:** ↑Rücken. **Zus.:** Hohlkreuz. **4. a)** ⟨ohne Artikel; ohne Plural⟩ *[höchste] Farbe im Kartenspiel.* **b)** ⟨Plural Kreuz⟩ *Spielkarte mit Kreuz* (4 a) *als Farbe* (siehe Bildleiste „Spielkarten"): K. ausspielen. **sinnv.:** ↑Spielkarte.

kreu|zen, kreuzte, hat/ist gekreuzt: **1.** ⟨tr.⟩ *schräg übereinanderlegen, -schlagen:* sie hat die Arme, Beine gekreuzt. **2. a)** ⟨tr.⟩ *schräg, quer über etwas hinwegführen, sich [über]schneiden:* die Straße kreuzt nach 10 km die Bahn; die Straßen haben sich/einander gekreuzt. **b)** ⟨sich k.⟩ *sich zur gleichen Zeit in entgegengesetzter Richtung bewegen:* die Züge, unsere Briefe haben sich/einander gekreuzt. **3.** ⟨tr.⟩ *zwei verschiedene Arten, Rassen, Sorten beim Züchten vereinigen:* er hat einen Esel mit einem Pferd gekreuzt. **sinnv.:** ↑züchten. **4.** ⟨itr.⟩ *(von Fahrzeugen, bes. von Schiffen) ohne angesteuertes Ziel hin und her fahren:* das Schiff kreuzt vor Kuba; die Flugzeuge haben/sind einige Male über dem Gelände gekreuzt. **sinnv.:** ↑fahren.

kreu|zi|gen ⟨tr.⟩: *(einen zum Tode Verurteilten) durch Annageln oder Festbinden an einem großen, aus Holz gefertigten Kreuz zu Tode bringen:* Jesus wurde gekreuzigt. **sinnv.:** ↑töten.

Kreu|zung, die; -, -en: **1.** *Stelle, wo sich zwei oder mehrere Straßen treffen:* das Auto mußte an der K. halten; die K., auf der sich der Unfall ereignete ... **Zus.:** Straßen-, Verkehrs-, Wegkreuzung. **2. a)** *das Kreuzen, Paaren bei Pflanzen oder Tieren.* **b)** *züchterisches Ergebnis des Kreuzens:* das Maultier ist eine K. zwischen Esel und Pferd. **sinnv.:** ↑Mischung.

krib|be|lig ⟨Adj.⟩ (ugs.): *aus einer inneren Spannung heraus unruhig, nervös:* der Schüler wurde ganz k., als er keine Lösung der Aufgabe fand. **sinnv.:** ↑hektisch; ↑nervös.

krib|beln ⟨itr.⟩ (ugs.): *einen prickelnden Reiz spüren, von einem prickelnden Gefühl befallen sein:* mein Rücken kribbelt; es kribbelt mir in den Fingern. **sinnv.:** ↑jucken.

krie|chen, kroch, ist/hat gekrochen ⟨itr.⟩: **1.** *sich dicht am Boden fortbewegen:* eine braune Schlange kriecht durch das Gebüsch; er ist auf dem Bauch, auf allen vieren durchs Zimmer gekrochen. **sinnv.:** krabbeln, krauchen, robben. **2.** *sich in einer als unangenehm, widerlich empfundenen Weise einem Höhergestellten gegenüber unterwürfig zeigen, allzu dienstfertig sein:* er ist/hat stets vor seinem Chef gekrochen; **sinnv.:** antichambrieren, vor jmdm. auf dem Bauch liegen/rutschen, einen krummen Buckel machen, dienern, um jmdn. herumscharwenzeln/herumschwänzeln, jmdn. in den Hintern/Arsch kriechen, katzbuckeln, liebedienern, radfahren.

krie|che|risch ⟨Adj.⟩: *(im Urteil des Sprechers) in verachtenswerter Weise unterwürfig, allzu dienstfertig gegenüber einem Vorgesetzten.* **sinnv.:** ↑unterwürfig.

Krieg, der; -[e]s, -e: *längerer mit Waffengewalt ausgetragener Konflikt, größere Auseinandersetzung zwischen Völkern mit militärischen Mitteln:* einem Land den K. erklären. **sinnv.:** bewaffnete/kriegerische Auseinandersetzung, bewaffneter Konflikt, Konfrontation; ↑Feldzug; ↑Kampf. **Zus.:** Angriffs-, Atom-, Bauern-, Bürger-, Eroberungs-, Glaubens-, Graben-, Klein-, Luft-, Papier-, Stellungs-, Verteidigungs-, Welt-, Zweifrontenkrieg.

krie|gen ⟨itr.⟩: **1.** ↑*bekommen* (I): Verpflegung, einen Brief k.; einen Kuß, ein Lob k. *(geküßt, gelobt werden);* Angst, Heimweh, Hunger k.; keine Arbeit k.; sie kriegt ein Kind *(ist schwanger);* das Fleisch ist fast nicht weich zu k.; kann man hier noch etwas zu essen k.?; sie kriegt seinen Haß zu spüren; etwas geschickt, gesagt k. **2.** (ugs.) *(mit etwas, was Schwierigkeiten macht) fertig werden, zum Erfolg kommen:* das kriegen wir schon noch. **sinnv.:** ↑bewerkstelligen. **3.** *jmds. habhaft werden, ihn fangen können:* den Dieb, Flüchtling k. **sinnv.:** ↑ergreifen.

Kri|mi, der; -[s], -[s] (ugs.): **a)** ↑*Kriminalfilm.* **b)** ↑*Kriminalroman.*

Kri|mi|nal|be|am|te, der; -n, -n ⟨aber: [ein] Kriminalbeamter, Plural: [viele] Kriminalbeamte⟩: *meist nicht uniformierter Beamter der Kriminalpolizei.* **sinnv.:** Bulle, ↑Detektiv, Kriminaler, Kriminalist.

Kri|mi|nal|film, der; -[e]s, -e: *Film, der von einem Verbrechen und dessen Aufklärung handelt.* **sinnv.:** Krimi.

Kri|mi|na|li|tät, die; -: **1.** *das Straffällig-, Kriminellsein:* in die K. absinken. **2.** *Zahl und Umfang der kriminellen Handlungen:* die steigende K. Jugendlicher. **Zus.:** Computer-, Jugend-, Verkehrskriminalität.

Kri|mi|nal|po|li|zei, die; -: *Abteilung der Polizei, die für die Verhütung, Bekämpfung und Aufklärung von Verbrechen zuständig ist.* **sinnv.:** Kripo.

Kri|mi|nal|ro|man, der; -[e]s, -e: *Roman, der von einem Verbrechen und dessen Aufklärung handelt.* **sinnv.:** Krimi, Kriminalliteratur.

kri|mi|nell ⟨Adj.⟩: **1. a)** *zu strafbaren, verbrecherischen Handlungen neigend:* kriminelle Jugendliche. **b)** *als strafbare Handlung, Verbrechen geltend:* eine kriminelle Tat. **sinnv.:** ↑gesetzwidrig. **2.** (ugs.) *besonders empörend, Aufsehen erregend; als unglaublich, skandalös anzusehen:* es ist k., wie er fährt. **sinnv.:** ↑unerhört.

Krims|krams, der; -[es] (ugs.): *kleinere, ungeordnet herumlie-*

gende Dinge, die (im Urteil des Sprechers) als unbedeutend, unwichtig, in gewisser Weise lästig angesehen werden: in der Kellerecke lag allerlei K. herum. **sinnv.:** ↑Kram.

Krịn|gel, der; -s, -: **1.** *kreisähnlicher Schnörkel, nicht exakt gezeichneter Kreis:* ein paar K. aufs Papier malen. **2.** *ringförmiges Gebilde, bes. Gebäck o. ä.:* ein K. aus Schokolade. **Zus.:** Schokoladen-, Zuckerkringel.

Kri̱|po, die; -: ↑*Kriminalpolizei.*

Krịp|pe, die; -, -n: **1.** *trogartiger Behälter für Futter von Vieh oder größerem Wild:* der Bauer warf frisches Heu in die K. **Zus.:** Futter-, Pferdekrippe. **2.** *Einrichtung zur Unterbringung von Säuglingen, Kleinkindern für bestimmte Stunden während des Tages:* am Vormittag gab die berufstätige Frau den Säugling in eine K. **sinnv.:** ↑Kindergarten. **Zus.:** Kinderkrippe.

Kri̱|se, die; -, -n: *schwierige Situation; Zeit, die den Höhe- und Wendepunkt einer gefährlichen Entwicklung darstellt:* eine wirtschaftliche, finanzielle, politische K.; sich in einer K. befinden. **sinnv.:** ↑Not. **Zus.:** Ehe-, Finanz-, Führungs-, Identitäts-, Lebens-, Währungskrise.

kri|seln ⟨itr.⟩: *in einem Zustand sein, der kurz vor einer Krise zu stehen scheint:* im Nahen Osten kriselt es seit langer Zeit; es kriselte zwischen den Eheleuten. **sinnv.:** ein gespanntes Verhältnis haben.

Kri|stạll: **I.** der; -s, -e: *(chemisch einheitlich zusammengesetzter) fester, regelmäßig geformter, von gleichmäßig angeordneten ebenen Flächen begrenzter Körper:* ein durchsichtiger, natürlicher K. **Zus.:** Berg-, Schneekristall. **II.** das; -s: *stark glänzendes, meist geschliffenes Glas (von bestimmter chemischer Zusammensetzung):* Weingläser aus. K. **sinnv.:** ↑Glas. **Zus.:** Bleikristall.

Kri|ti̱k, die; -, -en: **1.** *[wissenschaftliche, künstlerische] Beurteilung, Besprechung einer künstlerischen Leistung, eines Werkes (in einer Zeitung, im Rundfunk) nach sachlichen Gesichtspunkten:* eine K. über ein Buch, eine Aufführung schreiben; der Künstler bekam eine gute K. **sinnv.:** Besprechung, Referat, Rezension, Verriß, Würdigung. **Zus.:** Buch-, Film-, Konzert-, Literatur-, Theater-, Zeitungskritik. **2.** *prüfende, oft tadelnde, negativ sich äußernde Beurteilung:* eine sachliche, harte, konstruktive K.; keine K. vertragen können; an jmds. Entscheidung, Haltung K. üben. **sinnv.:** ↑Anklage; **Zus.:** Gesellschafts-, Manöver-, Selbst-, Sprach-, Zeitkritik.

Kri̱|ti|ker, der; -s, -, **Kri̱|ti|ke|rin,** die; -, -nen: **1.** *männliche bzw. weibliche Person, die jmdn./etwas prüfend, oft sehr streng beurteilt, kritisiert:* ein scharfer Kritiker der öffentlichen Moral. **sinnv.:** Beckmesser, Besserwisser, Kritikaster, Meckerer, Nörgler, ↑Querulant. **Zus.:** Gesellschafts-, Sozial-, Zeitkritiker. **2.** *männliche bzw. weibliche Person, die in Zeitungen, Zeitschriften [berufsmäßig] Kritiken, Beurteilungen wissenschaftlicher oder künstlerischer Werke nach sachlichen Gesichtspunkten schreibt:* ein bekannter Kritiker berichtete über die Aufführung der Oper. **sinnv.:** Kommentator, Kunstrichter, Rezensent. **Zus.:** Film-, Kunst-, Theaterkritiker.

kri̱|tisch ⟨Adj.⟩: **1. a)** *[wissenschaftlich, künstlerisch] gewissenhaft, streng beurteilend, prüfend:* ein kritischer Leser; eine kritische Besprechung zu einem Buch schreiben; etwas k. betrachten. **Zus.:** gesellschafts-, selbst-, sozial-, zeitkritisch. **b)** *negativ beurteilend, eine tadelnde, mißbilligende Beurteilung enthaltend:* seine kritischen Bemerkungen verletzten sie; sich k. über jmdn./etwas äußern. **sinnv.:** ↑argwöhnisch. **2.** *entscheidend für eine meist gefährliche, schwierige Entwicklung:* eine kritische Phase, Entwicklung; in einer kritischen Situation sein. **sinnv.:** ↑bedrohlich; ↑ernst; ↑gefährlich.

kri|ti|si̱e|ren ⟨tr.⟩: **1.** *[als Kritiker nach bestimmten sachlichen Gesichtspunkten] fachlich beurteilen, besprechen:* ein Buch, eine Aufführung k.; etwas gut, negativ k. **sinnv.:** austeilen, ↑besprechen. **2.** *mit jmdm./etwas nicht einverstanden sein und dies in tadelnden, mißbilligenden Worten zum Ausdruck bringen:* die Regierung k.; eine Entscheidung scharf k. **sinnv.:** ↑anklagen, ↑attackieren, ↑beanstanden, schulmeistern.

krịt|zeln: **a)** ⟨tr.⟩ *in kleiner, unregelmäßiger und schlecht lesbarer Schrift schreiben:* Bemerkungen an den Rand k. **sinnv.:** ↑schreiben. **b)** ⟨itr.⟩ *wahllos Schnörkel, Striche o. ä. zeichnen:* das Kind kritzelt [mit seinen Stiften] auf einem Blatt Papier.

Kro|ko|di̱l, das; -s, -e: *(in tropischen und subtropischen Gewässern lebendes) großes, räuberisches Reptil mit einer von Schuppen oder Platten aus Horn bedeckten Haut, langgestrecktem Kopf und großem Maul mit scharfen, unregelmäßigen Zähnen und einem langen, kräftigen Schwanz.*

Kro̱|kus, der; -, - und -se: *sehr früh im Frühling (auf Wiesen und in Gärten) blühende Pflanze mit trichterförmigen violetten, gelben oder weißen Blüten und grasartigen Blättern.*

Kro̱|ne, die; -, -n: **1.** *als Zeichen der Macht und Würde eines Herrschers auf dem Kopf getragener, breiter, oft mit Edelsteinen verzierter goldener Reif mit Zacken, sich kreuzenden Bügeln o. ä.:* die K. der deutschen Kaiser; sich die K. aufsetzen. **Zus.:** Gold-, Kaiser-, Königs-, Märtyrer-, Papier-, Zackenkrone. **2.** *oberster, oft aufgesetzter oder in der Form etwas abgesetzter Teil von etwas:* die Wellen hatten weiße Kronen aus Schaum; die K. eines Baumes. **Zus.:** Baum-, Gischt-, Laub-, Mauer-, Schaumkrone.

krö|nen ⟨tr.⟩: **1.** *(jmdm.) die Krone aufsetzen und die mit ihr verbundene Macht übertragen:* jmdn. zum König k. **2. a)** *mit einem Höhepunkt erfolgreich oder wirkungsvoll abschließen, beenden:* der Sportler krönte seine Laufbahn mit einem Sieg auf der Olympiade. **b)** *den abschließenden Höhepunkt von etwas bilden:* diese Arbeit krönt sein Lebenswerk. **3.** *als oberster aufgesetzter Teil den wirkungsvollen Abschluß von etwas bilden, nach oben wirkungsvoll abschließen:* eine Kuppel krönte die Kirche.

Krọpf, der; -[e]s, Kröpfe: **1.** *nach außen meist sichtbare Verdickung des Halses an der Vorderseite durch eine krankhafte Vergrößerung der Schilddrüse.* **2.** *(bei vielen Vogelarten) Erweiterung der Speiseröhre, in der die Nahrung vorübergehend aufbewahrt wird.*

Krö|te, die; -, -n: *dem Frosch ähnliches, plumpes Tier mit breitem Maul, vorquellenden Augen und warziger, giftige Sekrete ab-*

sondernder Haut. **sinnv.:** Frosch, Unke. **Zus.:** Gift-, Schildkröte.

Krụ̈cke, die; -, -n: **1.** *Stock für einen beim Gehen behinderten Menschen, der mit einer Stütze für den Unterarm versehen ist:* er ging eine Zeitlang an Krücken. **sinnv.:** ↑Spazierstock. **2.** *Griff eines Stockes, Schirmes:* der Spazierstock hat eine silberne K.

Krug, der; -[e]s, Krüge: *zylindrisches oder bauchig geformtes Gefäß (aus Steingut, Glas, Porzellan o. ä.) mit einem oder auch zwei Henkeln, das zum Aufbewahren, Ausschenken einer Flüssigkeit dient.* **sinnv.:** ↑Gefäß; ↑Kanne. **Zus.:** Bier-, Glas-, Milch-, Porzellan-, Ton-, Wasser-, Wein-, Zinnkrug.

Kru|me, die; -, -n: **1.** *oberste Schicht des bearbeiteten Ackerbodens:* die K. des Ackers war lokker. **sinnv.:** ↑Erde. **Zus.:** Ackerkrume. **2.** *weiche innere Masse vom Brot o. ä.:* Brötchen sollen eine ganz lockere K. haben. **3.** *sehr kleines [abgebröckeltes] Stück von Brot, Kuchen o. ä.:* die Krumen von der Tischdecke entfernen. **sinnv.:** Bröckchen, Brosame, Brösel, Krümel. **Zus.:** Brotkrume.

Krü|mel, der; -s, -: ↑*Krume* (3). **Zus.:** Brot-, Tabakkrümel.

krü|me|lig ⟨Adj.⟩: *in sehr kleine Stücke zerfallend, sich auflösend:* krümelige Erde.

krü|meln ⟨itr.⟩: *in sehr kleine Stücke zerfallen:* das Brot krümelt.

krumm ⟨Adj.⟩: *in seiner Form, seinem Wuchs nicht gerade, sondern eine oder mehrere bogenförmige Abweichungen aufweisend:* der Nagel ist k.; er hat krumme Beine. **sinnv.:** bauchig, gebaucht, gebogen, gekrümmt, geschweift, geschwungen, gewölbt, halbrund, rund, schief, verbogen, verkrümmt; ↑verwachsen.

krüm|men: a) ⟨tr.⟩ *krumm machen:* den Rücken k.; in gekrümmter Haltung sitzen. **sinnv.:** ↑beugen; ↑biegen. **b)** ⟨sich k.⟩ *krumm, gebogen werden; eine krumme Haltung annehmen:* die Blätter krümmen sich in der Sonne; sich vor Lachen, Schmerzen k. **sinnv.:** sich ↑beugen.

Krüp|pel, der; -s, - (emotional): *jmd., der durch körperliche Mißbildung, fehlende Gliedmaßen in seiner Bewegung oder Haltung stark beeinträchtigt ist:* der Krieg hat ihn zum K. gemacht; zum K. werden. **sinnv.:** ↑Behinderter. **Zus.:** Ehekrüppel.

Kru|ste, die; -, -n: *harte, hart gewordene, oft trockene, spröde äußere Schicht, Oberfläche von etwas Weicherem:* auf der Wunde hat sich eine K. gebildet; die K. der Erde; die K. des Brotes abschneiden. **sinnv.:** ↑Ausschlag; ↑Schale. **Zus.:** Brot-, Erd-, Schmutz-, Zuckerkruste.

Kru|zi|fix [auch: Kruzifix], das; -es, -e: *plastische Darstellung des am Kreuz hängenden Christus.*

Kü|bel, der; -s, -: *größeres rundes oder ovales Gefäß (mit einem oder zwei Henkeln) für Flüssigkeiten:* ein K. Wasser; ein K. mit Abfällen; Sekt in einem K. mit Eis. **sinnv.:** ↑Gefäß. **Zus.:** Abfall-, Eis-, Wasserkübel.

Ku|bik|me|ter, der, (auch:) das; -s, -: *Raummaß von je 1 m Länge, Breite und Höhe:* vier K. Beton, Gas.

Kü|che, die; -, -n: **1.** *Raum zum Kochen, Backen, Zubereiten der Speisen:* in der K. essen, helfen. **sinnv.:** Kochnische, Kombüse. **Zus.:** Bauern-, Futter-, Gemeinschafts-, Groß-, Puppen-, Tee-, Wasch-, Werk[s]-, Wohnküche. **2.** *Art der Zubereitung von Speisen:* die französische, die Wiener K.; **sinnv.:** ↑Gastronomie. **Zus.:** Diätküche.

Ku|chen, der; -s, -: *etwas in großem, länglichem oder rundem Format Gebackenes, das aus Mehl, Eiern, Butter, Zucker usw. in mannigfacher Weise bereitet wird.* **sinnv.:** ↑Gebäck. **Zus.:** Apfel-, Eier-, Geburtstags-, Hefe-, Hunde-, Käse-, Obst-, Pfeffer-, Reibe-, Rühr-, Schokoladen-, Streusel-, Zuckerkuchen.

Kuckuck, der; -s, -e: *(bes. in Wäldern lebender) größerer Vogel mit unauffälligem braungrauem Gefieder und langem Schwanz, der seine Eier zum Ausbrüten in die Nester anderer Vögel legt.*

Ku|fe, die; -, -n: *(bes. unter einem Schlitten, Schlittschuh) schmale, vorn hochgebogene Schiene zum Gleiten.* **Zus.:** Schlittenkufe.

Ku|gel, die; -, -n: **1.** *Gegenstand, der regelmäßig rund ist:* eine schwere, eiserne K.; die Kugel rollt. **sinnv.:** Perle. **Zus.:** Billard-, Christbaum-, Erd-, Glas-, Mond-, Motten-, Papier-, Weltkugel. **2.** *oft kugelförmiges Geschoß für Gewehr, Pistole, Kanone:* er wurde von einer K. tödlich getroffen. **sinnv.:** ↑Munition. **Zus.:** Blei-, Gewehr-, Kanonen-, Leucht-, Revolver-, Schrotkugel.

ku|geln, kugelte, hat/ist gekugelt: **a)** ⟨itr.⟩ *wie eine Kugel sich um sich selbst drehend irgendwohin rollen:* der Ball ist unter die Bank gekugelt. **sinnv.:** ↑rollen. **b)** ⟨tr./sich k.⟩ *wie eine Kugel rollen lassen:* er hat den Ball über die Dielen gekugelt; die Kinder kugelten sich *(rollten, wälzten sich)* auf der Wiese.

ku|gel|rund ⟨Adj.⟩ (emotional): **1.** *rund wie eine Kugel:* ein kugelrunder Kopf, Apfel. **2.** *wohlgenährt und entsprechend dick und glatt:* ein kugelrundes Baby; er ist im Urlaub k. geworden. **sinnv.:** ↑dick.

Kuh, die; -, Kühe: **1.** *weibliches Rind:* die K. melken. **sinnv.:** ↑Rind; ↑Vieh. **Zus.:** Leit-, Melk-, Milchkuh. **2.** *weibliches Tier von Hirschen, Elefanten, Flußpferden u. a.* **Zus.:** Elefanten-, Hirschkuh.

kühl ⟨Adj.⟩: **1.** *mehr kalt als warm:* ein kühler Abend; es ist hier schön k.; das Wetter ist für die Jahreszeit zu k. **sinnv.:** ↑kalt. **2.** *mit einer gewissen Distanz:* jmdn. k. empfangen. **sinnv.:** ↑herb.

küh|len ⟨tr.⟩: *machen, daß etwas kühl wird:* Getränke k.; sie kühlte ihre heiße Stirn [mit Wasser].

Küh|ler, der; -s, -: **a)** *Behälter zum Kühlen von Getränken mit Hilfe von Eis:* die Flasche Sekt in einen K. stellen. **sinnv.:** Kühlbox. **Zus.:** Sekt-, Weinkühler. **b)** *Vorrichtung zur Kühlung von Verbrennungsmotoren bei Kraftfahrzeugen* (siehe Bild „Auto"): nach langer Bergfahrt kochte der K. **Zus.:** Auto-, Öl-, Spitzkühler.

Kühl|schrank, der; -[e]s, Kühlschränke: *einem Schrank ähnlicher Gegenstand, in dem bes. Speisen, Lebensmittel, Getränke gekühlt oder kühl gehalten werden: etwas in den K. legen, im K. aufbewahren.*

kühn ⟨Adj.⟩: **1.** *in verwegener Weise wagemutig:* ein kühner Fahrer; eine kühne Tat. **sinnv.:** ↑mutig · sich erdreisten. **Zus.:** tollkühn. **2.** *in dreister Weise gewagt:* er sprach einen kühnen Verdacht aus; er provozierte sie mit einer kühnen Frage. **sinnv.:** ↑frech.

Kü|ken, das; -s, -: *Junges /bes. vom Huhn/:* das K. war gerade aus dem Ei geschlüpft. **sinnv.:** ↑Huhn.

Kụ|ku|ruz, der; -[es]: ↑*Mais.*

ku|lạnt ⟨Adj.⟩: *entgegenkommend, großzügig* /bes. bei der Abwicklung von Geschäften/: ein kulantes Angebot, Verhalten. **sinnv.:** ↑freundlich.

Kụ|li, der; -s, -s: *jmd., der bes. für körperliche Arbeit von einem anderen ausgenutzt wird:* mach das selber, ich bin doch nicht dein K.! **sinnv.:** Arbeitstier, Kalfaktor, Mädchen für alles.

ku|li|na|risch ⟨Adj.⟩: *die Kochkunst betreffend, durch vorzügliche Kochkunst hervorgebracht:* das Menü war ein kulinarischer Genuß. **sinnv.:** lukullisch, üppig.

Ku|lịs|se, die; -, -n: *Gegenstand, der auf der Bühne eines Theaters einen bestimmten Schauplatz vortäuschen oder als Dekoration gelten soll:* die Bühnenarbeiter bauen die Kulissen auf; **sinnv.:** Bühnendekoration.

kụl|lern, kullerte, ist gekullert ⟨itr.⟩: *(in der eingeschlagenen Richtung oder zeitlich) ein wenig ungleichmäßig rollen:* der Apfelkorb fiel um, und die Äpfel kullerten durch die Küche, über den Fußboden; ihr kullerten die Tränen über die Backen; der Motorradhelm ist plötzlich vom Tisch gekullert. **sinnv.:** ↑rollen.

Kụlt, der; -[e]s, -e: **1.** *Formen der religiösen Verehrung:* der K. der orthodoxen Kirche. **Zus.:** Ahnen-, Feuer-, Heroen-, Marien-, Sonnen-, Totenkult. **2.** *als übertrieben empfundene Hochachtung, Verehrung:* mit diesem Star wird ein richtiger K. getrieben. **Zus.:** Personenkult.

Kult- ⟨als Bestimmungswort⟩ */bezeichnet das im Basiswort Genannte als jmdn./etwas, der bzw. das dem Zeitgeschmack entspricht, mit dem sich die Mehrheit gefühlsmäßig identifiziert und in dem sie ihre Wünsche und Vorstellungen dargestellt oder verwirklicht findet/:* Kultautor, -buch, Kultfigur (Watteau war als Meister der galanten Feste die K. des Rokoko), Kultfilm (ein K. der sechziger Jahre), -filmer, Kultkino (K. ist Konsumierkino, Nichtkunstkino), Kultobjekt (dieses Buch hat sich zu einem Millionenerfolg und K. entwickelt), -thriller.

kul|ti|vie|ren ⟨tr.⟩: **1.** *für die Landwirtschaft ertragreich machen:* der Bauer hat ein neues Stück Land kultiviert. **sinnv.:** bebauen. **2.** *sich bemühen, etwas in eine gepflegtere, verfeinerte Form o. ä. zu bringen; pflegend weiter ausbauen:* ein kultivierter Mensch. **sinnv.:** ↑verbessern, ↑verfeinern, zivilisieren.

Kul|tụr, die; -, -en: **1.** *Gesamtheit der geistigen und künstlerischen Äußerungen einer Gemeinschaft, eines Volkes:* die Griechen hatten eine hohe K. **sinnv.:** Zivilisation. **Zus.:** Gegen-, National-, Sub-, Un-, Volkskultur. **2.** ⟨ohne Plural⟩ *gepflegte, kultivierte Lebensweise, -art:* ein Mensch mit K. **sinnv.:** Benehmen, Bildung, Niveau, Stil. **Zus.:** Bau-, Eß-, Freikörper-, Sprach-, Wohnkultur. **3. a)** *angebaute (junge) Pflanzen:* ein Boden für anspruchsvolle Kulturen. **b)** *gezüchtete Mikroorganismen oder Gewebszellen.* **Zus.:** Bakterien-, Pilzkultur.

kul|tu|rẹll ⟨Adj.⟩: *den Bereich der Bildung, Kunst betreffend:* kulturelle Veranstaltungen; k. interessiert sein.

Kụ̈m|mel, der; -s: **1.** *als Gewürz verwendete Körner, die Frucht der gleichnamigen Pflanze sind:* Käse mit K. bestreuen. **2.** *ein unter Zusatz von Körnern der gleichnamigen Pflanze und daraus gewonnenem Öl hergestellter Branntwein.*

Kụm|mer, der; -s: *durch eine akute Sorge, verbunden mit Befürchtungen in bezug auf die Zukunft, hervorgerufener traurig-niedergedrückter Gemütszustand:* mit jmdm. [großen] K. haben; die kranke Mutter machte ihr K. **sinnv.:** ↑Leid, Schuldgefühl. **Zus.:** Herzens-, Liebeskummer.

kụ̈m|mer|lich ⟨Adj.⟩: *(in seiner Art) nur dürftig [entwickelt]:* ein kümmerlicher Dreikäsehoch; er ernährte seine Familie nur k. durch Klavierstimmen; er lebte k., in einem kümmerlichen Zimmer; sein Französisch, das Gehalt ist k. **sinnv.:** dürftig, karg, kläglich, klein, mick[e]rig, schwächlich, unzureichend, verkümmert, vermickert.

kụ̈m|mern, sich: *sich (einer Person/Sache) annehmen, sich (um jmdn./etwas) sorgen:* er kümmerte sich nicht um den Kranken; kümmere dich nicht um Dinge, die dich nichts angehen! **sinnv.:** Beachtung schenken, bemuttern, betreuen, schauen/sehen nach, sich sorgen um.

Kum|pạn, der; -s, -e (ugs.): *jmd., den man [gut] kennt od. mit dem man [beruflich] zu tun hat und der bei gewissen Dingen (Abenteuern, Streichen o. ä.), aber auch bei zweifelhaften Unternehmungen mitmacht:* er zechte mit seinen Kumpanen bis zum frühen Morgen; der Dieb brach mit seinem Kumpan in die Villa ein. **sinnv.:** ↑Freund; ↑Komplize.

Kụm|pel, der; -s, - und (ugs.:) -s: **1.** *Arbeiter im Tage- oder Untertagebau, der unmittelbar beim Abbauen und Fördern beschäftigt ist:* die K. drohten der Zechenleitung mit Streik. **2.** (ugs.) *[Arbeits]kamerad:* er ist ein dufter, richtiger K. **sinnv.:** ↑Freund; ↑Kollege; Spießgeselle.

Kụn|de, der; -n, -n, **Kụn|din,** die; -, -nen: *männliche bzw. weibliche Person, die [regelmäßig] in einem Geschäft kauft oder bei einer Firma einen Auftrag erteilt:* ein guter, langjähriger Kunde. **sinnv.:** Abnehmer, Auftraggeber, Endverbraucher, Interessent, ↑Käufer, Klient, Kundschaft, Mandant, Patient. **Zus.:** Dauer-, Lauf-, Post-, Stammkunde.

kụ̈n|den, kündete, hat gekündet (geh.) ⟨itr.⟩: *von etwas Zeugnis ablegen, (etwas) beweisen:* versunkene Paläste künden von ihrem Reichtum. **sinnv.:** bekanntgeben.

Kụn|den|dienst, der; -[e]s, -e: *Einrichtung oder Personen, die mit der Montage, Wartung usw. von Geräten beauftragt sind:* Reparaturen werden von unserem K. schnell und preiswert ausgeführt. **sinnv.:** ↑Bedienung, Service, Wartungsdienst, ↑Wartung.

Kụnd|ge|bung, die; -, -en: *öffentliche Zusammenkunft vieler Menschen, die ihren Willen, ihre Meinung zu einem bestimmten [politischen] Plan, Ereignis zum Ausdruck bringen wollen:* der Arbeitsminister sprach auf einer K. zum 1. Mai. **sinnv.:** Demonstration, Informationsveranstaltung, Manifestation.

kụn|dig ⟨Adj.⟩: *sich auf einem Gebiet auskennend:* wir hatten einen kundigen Führer. **sinnv.:** erfahren, fachmännisch, geschickt, informiert, orientiert. **Zus.:** akten-, fach-, gesetzes-, heil-, landes-, orts-, sach-, sprach-, stadt-, wetterkundig.

kụ̈n|di|gen: **a)** ⟨tr.⟩ *eine vertrag-*

liche Vereinbarung zu einem bestimmten Termin für beendet erklären: ich habe meinen Vertrag bei der Versicherung gekündigt; der Vermieter drohte, ihr die Wohnung zum Quartalsende zu k. **sinnv.:** aufheben, beenden, niederlegen. **b)** ⟨itr.⟩ *jmdn. aus einem Dienst entlassen:* jmdm. zum Ende des Monats k. **sinnv.:** ausscheiden, entlassen.

Kun|din, die; -, -nen: vgl. Kunde.

Kund|schaft, die; -: *Gesamtheit der Kunden:* die unzufriedene K. blieb nach einiger Zeit weg; er zählt zur festen K. des Geschäfts. **sinnv.:** Geschäftsfreunde, -partner, Käufer, Klientel, Kunden, Kundenkreis. **Zus.:** Dauer-, Lauf-, Stammkundschaft.

künf|tig: **I.** ⟨Adj.⟩ *in der Zukunft liegend; in kommender, späterer Zeit:* künftige Generationen werden noch stärker mit Energieproblemen zu tun haben; sie stellte mir ihren künftigen Mann vor. **sinnv.:** ↑später. **II.** ⟨Adverb⟩ *von heute an, in Zukunft:* ich bitte dies k. zu unterlassen. **sinnv.:** ↑später.

Kunst, die; -, Künste: **1. a)** *die Schöpfungen des menschlichen Geistes in Dichtung, Malerei, Musik u. a.:* er ist ein Verehrer der antiken K. **b)** *schöpferische Tätigkeit des Menschen:* er ist ein Förderer der K. **Zus.:** Bau-, Dicht-, Erzähl-, Film-, Goldschmiede-, Handwerks-, Schauspiel-, Schmiede-, Tanz-, Zeichenkunst. **2.** *besondere [erworbene] Fertigkeit auf einem bestimmten Gebiet:* die K. des Reitens, Fechtens. **sinnv.:** Fähigkeit, Fertigkeit, Geschick, Können, Perfektion; ↑Technik. **Zus.:** Fahr-, Heil-, Koch-, Rechen-, Rede-, Reit-, Überredungs-, Verführungs-, Zauberkunst.

Kunst- ⟨Bestimmungswort⟩: *künstlich; nicht echt, sondern industriell, synthetisch, chemisch hergestellt, nachgebildet:* Kunstblume, -darm-, dünger, -harz, -honig, -leder. **sinnv.:** Ersatz-.

Künst|ler, der; s, -, **Künst|lerin,** die; -, -nen: *männliche bzw. weibliche Person, die ein Kunstwerk schafft oder es (als Schauspieler[in], Sänger[in] usw.) wiedergibt:* er ist ein begabter, genialer Künstler. **sinnv.:** Akrobat, Bildhauer, Dichter, Goldschmied, Maler, Meister, Musiker, Sänger, Schauspieler, Tänzer. **Zus.:** Hunger-, Lebens-, Rechen-, Verwandlungs-, Zauberkünstler.

künst|le|risch ⟨Adj.⟩: **a)** *die Kunst betreffend:* der künstlerische Wert dieses Gemäldes ist gering. **sinnv.:** kunstvoll, musisch, schöpferisch. **b)** *einem Künstler gemäß:* künstlerischer Gestaltungswille.

künst|lich ⟨Adj.⟩: *auf chemische oder technische Art [synthetisch] hergestellt:* die künstlichen Blumen sahen täuschend echt aus; ein großer Garten mit künstlichem See; bei künstlichem Licht kann er nicht arbeiten. **sinnv.:** artifiziell, synthetisch, unecht, unnatürlich, unwirklich.

Kunst|stoff, der; -[e]s, -e: *synthetisch hergestellter Werkstoff:* Karosserieteile, Spielzeug, Geschirr aus K. **sinnv.:** Ersatzstoff, Plast, Plastik, Surrogat, Werkstoff.

Kunst|stück, das; -s, -e: *Tat, die Talent, besonderes Geschick erfordert:* der Clown führte einige Kunststücke vor. **sinnv.:** Kniff, ↑Trick.

Kunst|werk, das; -[e]s, -e: *Ergebnis des künstlerischen Schaffens.*

kun|ter|bunt ⟨Adj.⟩ (emotional): *in einer Weise, die vielerlei Verschiedenartiges als ungeordnet, willkürlich zusammengefügt o. ä. erscheinen läßt:* ein recht kunterbuntes Programm; alles lag k. auf dem Fußboden herum. **sinnv.:** bunt, durcheinander.

Kup|fer, das; -s: *rötlich glänzendes, verhältnismäßig weiches, dehnbares Metall:* eine Münze aus K.

Kup|pe, die; -, -n: *oberer abgerundeter Teil* /bes. eines Berges o. ä./: auf der K. des Berges stand eine kleine Kapelle. **sinnv.:** ↑Gipfel. **Zus.:** Berg-, Fels-, Fingerkuppe.

Kup|pel, die; -, -n: *Wölbung, meist in Form einer Halbkugel, über einem Raum:* die Peterskirche in Rom hat eine große K. **sinnv.:** ↑Gewölbe. **Zus.:** Glas-, Himmels-, Kirchen-, Rund-, Zirkuskuppel.

Kupp|lung, die; -, -en: *Vorrichtung zum Herstellen oder Unterbrechen der Verbindung zwischen Motor und Getriebe bei Kraftfahrzeugen:* wenn man schaltet, muß man gleichzeitig die K. treten.

Kur, die; -, -en: *bestimmtes, unter ärztlicher Aufsicht und Betreuung durchgeführtes Heilverfahren:* wegen seines schwachen Herzens mußte er eine K. machen. **sinnv.:** Heilbehandlung, Kurlaub, Urlaub, Verschickung. **Zus.:** Abmagerungs-, Bade-, Blutreinigungs-, Entfettungs-, Entziehungs-, Gewalt-, Heil-, Hunger-, Kneipp-, Liege-, Mast-, Nach-, Pferde-, Radikal-, Roß-, Saft-, Schlankheits-, Schönheits-, Schwitz-, Verjüngungskur.

Kür, die; -, -en: *Übung, deren einzelne Teile der Sportler nach freier Wahl zusammenstellen kann:* sie lief (beim Eiskunstlauf) eine hervorragende K. **sinnv.:** ↑Übung. **Zus.:** Damen-, Herrenkür.

Kur|bel, die; -, -n: *Gegenstand, mit dem eine Kreisbewegung ausgeführt werden kann, wodurch etwas in Bewegung gebracht wird.:* früher wurde der Automotor mit der K. angeworfen. **sinnv.:** ↑Griff, Hebel. **Zus.:** Fenster-, Handkurbel.

kur|beln ⟨tr.⟩: *durch Drehen einer Kurbel bewegen:* er kurbelte den Eimer aus dem Brunnen langsam in die Höhe. **sinnv.:** ↑drehen. **Zus.:** an-, hochkurbeln.

Kür|bis, der; -ses, -se: **1.** *rankende (einjährige) Pflanze mit großen Blättern und trichterförmigen, gelben Blüten, deren Früchte recht groß und meist kugelig sind:* der größte K. wog 6 Kilo. **2.** (ugs.) *Kopf eines Menschen (bes. im Hinblick auf das Äußere):* er haute ihm eins auf den K. **sinnv.:** ↑Kopf.

Ku|rier, der; -s, -e: *jmd., der [im diplomatischen Dienst] Nachrichten o. ä. überbringt.* **sinnv.:** Abgesandter, ↑Bevollmächtigter, ↑Bote, Übermittler, Verbindungsmann.

ku|rie|ren ⟨tr.⟩: *jmdn., jmds. Krankheit behandeln und heilen:* er versuchte, sich mit Pillen zu k. **sinnv.:** ↑heilen, versorgen · ↑gesund. **Zus.:** auskurieren.

ku|ri|os ⟨Adj.⟩: *durch seine Art, die anders als gewöhnlich ist und vom sonst Üblichen abweicht, sonderbar anmutend:* es ist mehr als k., wenn sich die Parlamentarier selbst ihre Diäten erhöhen; es ist zum Teil k., wie solche Urteile zustande kommen. **sinnv.:** ↑seltsam.

Kur|pfu|scher, der; -s, - (emotional): *jmd., der ohne die erfor-*

derliche medizinische Ausbildung jmdn. mit zweifelhaften Mitteln zu heilen versucht: einige K. empfehlen Petroleum als Mittel gegen Krebs. **sinnv.:** ↑Stümper.

Kụrs, der; -es, -e: **1.** *eingeschlagene oder einzuschlagende Fahrtrichtung eines Schiffes od. Flugzeuges.* **sinnv.:** Richtung, Route, Weg. **Zus.:** Regierungs-, Schiffs-, Zickzackkurs. **2.** ↑*Kursus.* **3.** *Marktpreis von Wertpapieren, Devisen o. ä.:* der amtliche K. des Dollars ist schon wieder gestiegen; die Kurse für Automobilaktien sind leicht gefallen. **sinnv.:** Preis, Wert. **Zus.:** Börsen-, Devisen-, Schwindel-, Tages-, Umrechnungs-, Wechselkurs.

Kụ̈rsch|ner, der; -s, -: *jmd., der Pelze und Kleidung aus Pelzen herstellt.*

kur|si̱e|ren, kursierte, hat/ist kursiert ⟨itr.⟩: *im Umlauf sein, die Runde machen:* falsche Banknoten kursieren in der Stadt; es kursiert das Gerücht, daß ... **sinnv.:** kreisen, die Runde machen, umgehen, im Umlauf sein, umlaufen, zirkulieren.

Kụr|sus, der; -, Kurse: *zusammengehörende Folge von Unterrichtsstunden, Vorträgen o. ä.:* an einem K. in Erster Hilfe teilnehmen. **sinnv.:** Fortbildung, Lehrgang, Unterricht. **Zus.:** Abend-, Anfänger-, Ferien-, Fern-, Fortbildungs-, Sanitäts-, Schneider-, Schnell-, Schreibmaschinen-, Ski-, Sprach-, Stenographie-, Tanz-, Wiederholungskursus.

Kụr|ve, die; -, -n: *abbiegende Wegführung [einer Straße]:* der Wagen wurde aus der K. getragen; die Straße windet sich in vielen Kurven den Berg hinauf. **sinnv.:** Abbiegung, Abknickung, ↑Biegung, Kehre, Krümmung, Schleife, Windung. **Zus.:** Doppel-, Links-, Rechts-, S-Kurve, Spitz-, Steil-, Zickzackkurve.

kụr|ven, kurvte, ist gekurvt ⟨itr.⟩ (ugs.): *in Kurven fahren, fliegen:* das Flugzeug mußte eine Stunde in der Luft k., ehe es die Landeerlaubnis bekam; mit dem Auto, Fahrrad durch die Gegend k.

kụrz, kürzer, kürzeste ⟨Adj.⟩: **1.** *von geringer Länge, Ausdehnung; geringe Länge habend* /Ggs. lang/: eine kurze Strecke, ein kurzer Rock; das Haar ist k. geschnitten; er hat nur einen kurzen Brief geschrieben; /scherzh. für *lang* als Maßangabe/ dieser Urlaub war nur eine Woche k. **sinnv.:** abgekürzt, aphoristisch, gedrängt, klein, knapp, komplex, komprimiert, lakonisch, lapidar, summarisch, verkürzt · auf Streichholzlänge. **2.** *nicht lange dauernd, von geringer Dauer:* er kam kurze Zeit nach dem Unglück; eine kurze Pause. **sinnv.:** kurzfristig, -lebig, -zeitig, schnell, ↑vorübergehend. **3.** *sich betont knapp fassend, um dadurch eine Zurechtweisung oder seine Ablehnung auszudrücken:* er war heute sehr k. zu mir. **sinnv.:** barsch.

kụ̈r|zen ⟨tr.⟩: *kürzer machen:* einen Rock, Text k. **sinnv.:** abschneiden, begrenzen, beschneiden, beschränken, herabsetzen, kupieren, verkürzen, vermindern, verringern. **Zus.:** ab-, verkürzen.

kụr|zer|hand ⟨Adverb⟩: *rasch und ohne langes Überlegen:* er ist k. in Urlaub gefahren. **sinnv.:** glattweg, kurzum, kurzweg; ↑rundheraus.

kụrz|fri|stig ⟨Adj.⟩: **a)** *ohne lange Vorbereitung, in unvermittelter Art und Weise:* k. einen Termin festsetzen; eine kurzfristige Absage. **sinnv.:** ↑plötzlich, überraschend. **b)** *nur für kurze Zeit Geltung habend; nur kurze Zeit dauernd* /Ggs. langfristig/: kurzfristige Verträge, Darlehen. **sinnv.:** baldig, ↑kurz, schnell.

kụrz|le|big ⟨Adj.⟩: *nur kurze Zeit lebend* /Ggs. langlebig/: kurzlebige Pflanzen. **sinnv.:** ephemer, kurzfristig, transitorisch, vergänglich.

kụ̈rz|lich ⟨Adverb⟩: *vor nicht langer Zeit; irgendwann in letzter Zeit:* wir haben k. davon gesprochen. **sinnv.:** eben erst, jüngst, letztens, letzthin, neulich, unlängst, vorhin; ↑neuerdings.

Kụrz|schluß, der; Kurzschlusses, Kurzschlüsse: *[sich als Störung auswirkende] unmittelbare Verbindung zweier unter elektrischer Spannung stehender Leitungen:* als er das defekte Gerät an den Strom anschloß, gab es einen K. **sinnv.:** Defekt, Fehler, Störung, Unterbrechung.

kụrz|sich|tig ⟨Adj.⟩ /Ggs. weitsichtig/: **a)** *nur auf kurze Entfernung gut sehend:* er muß eine Brille tragen, weil er k. ist. **sinnv.:** ↑sehbehindert. **b)** *zum eigenen Schaden noch nicht an die Folgen o. ä. in der Zukunft denkend, sie nicht mit bedenkend:* k. handeln; eine kurzsichtige Politik treiben. **sinnv.:** beschränkt, borniert, eng, engstirnig, verblendet.

kurz|ụm ⟨Adverb⟩: *um es kurz, zusammenfassend zu sagen:* er las Bücher, Zeitungen, Magazine, k. alles, was er sich verschaffen konnte. **sinnv.:** kurz, ↑kurzerhand.

kụ|scheln, sich: *(aus einem Bedürfnis nach Wärme und Geborgenheit) sich an jmdn./in etwas schmiegen [wobei man Kopf u. Glieder an den Leib zieht]:* sie hatte sich an ihn, er hatte sich ins Bett gekuschelt. **sinnv.:** sich anlehnen, ↑anschmiegen.

kụ|schen ⟨itr.⟩: *sich in demütiger Weise den Anordnungen o. ä. beugen und sie widerspruchslos befolgen:* er kuscht vor seiner Frau, vor seinem Vorgesetzten. **sinnv.:** ↑gehorchen, ↑nachgeben, die Schnauze halten, stillhalten · demütig, hörig · Jasager.

Ku|si̱|ne, die; -, -n: ↑*Cousine.*

Kụß, der; Kusses, Küsse: *das Berühren von jmdm./etwas mit den Lippen zum Zeichen der Liebe, Verehrung, zur Begrüßung oder zum Abschied:* er gab ihr einen zarten Kuß [auf den Mund, die Stirn]. **sinnv.:** Busserl, Küßchen, Schmatz. **Zus.:** Abschieds-, Begrüßungs-, Bruder-, Freundschafts-, Gutenacht-, Hand-, Judas-, Versöhnungs-, Zungenkuß.

kụ̈s|sen, küßte, hat geküßt ⟨tr./itr.⟩: *einen Kuß geben:* er küßte seine Frau, seine Freundin auf den Mund; er küßte ihr die Hand; sie küßten sich/einander stürmisch, als sie sich nach vielen Jahren wiedersahen; er kann gut k. **sinnv.:** abschmatzen, einen aufdrücken, busse[r]ln, knutschen, ↑liebkosen, schnäbeln. **Zus.:** abküssen.

Kụ̈|ste, die; -, -n: *der unmittelbar an das Meer grenzende Teil des Landes:* eine flache, felsige K. **sinnv.:** ↑Ufer. **Zus.:** Felsen-, Flach-, Meeres-, Steilküste.

Kụt|sche, die; -, -n: *von Pferden gezogener Wagen zur Beförderung von Personen.* **sinnv.:** Droschke, Einspänner, Fiaker, Kalesche, Karosse, Kremser, Landauer; ↑Taxi, ↑Wagen. **Zus.:** Benzin-, Hochzeits-, Miet-, Post-, Reise-, Retourkutsche.

Kụt|te, die; -, -n: *Gewand eines Mönches.* **sinnv.:** ↑Kleidung, Mönchshabit, -kleid.

Kụt|ter, der; -s, -: **1.** *einmasti-*

ges Segelboot mit besonderer Takelung. **sinnv.:** ↑Segelschiff. **2.** *[kleines] Fischereifahrzeug bes. für die Küstenfischerei:* die K. stachen in See. **sinnv.:** ↑Schiff, Trawler. **Zus.:** Fisch-, Krabben-, Motorkutter.

Ku|vert [ku'vɛːr], das; -s, -s: ↑*Umschlag:* er steckte den Brief in das K.

Ky|ber|ne|tik, die; -: *Wissenschaft, die sich mit der Regelung und Steuerung von Vorgängen auf dem Gebiet der Technik, Biologie und Soziologie befaßt.*

L

la|ben, sich: *sich auf behaglich-genießerische Weise durch Essen, Trinken stärken:* sich am frischen Obst l. **sinnv.:** sich delektieren, ↑erfrischen, erquicken, gütlich tun, stärken, versorgen.

la|bern ⟨itr.⟩: **a)** (emotional) *(im Urteil des Sprechers) Unwichtiges, nicht Interessierendes reden:* hör auf zu l.!; wenn der Moderator weniger l. würde, hätte er mehr Zeit für seine Gäste. **b)** (ugs.) *reden, sprechen:* komm heute abend zu Besuch, damit wir ein bißchen l. können. **sinnv.:** sich ↑unterhalten.

la|bil ⟨Adj.⟩: *leicht aus dem inneren Gleichgewicht zu bringen:* er hat eine labile Gesundheit. **sinnv.:** ↑anfällig.

La|by|rinth, das; -[e]s, -e: *Anlage, Gebäude o. ä. mit vielen Gängen, in denen man sich nicht zurechtfindet.* **sinnv.:** Irrgarten.

lä|cheln ⟨itr.⟩: *durch eine dem Lachen ähnliche Mimik Freude, Freundlichkeit o. ä. erkennen lassen:* er lächelte kühl, nachsichtig; überlegen lächelnd schaute sie uns zu. **sinnv.:** ↑lachen.

la|chen ⟨itr.⟩: *Freude, Spott o. ä. durch Hervorbringen einzelner Laute ausdrücken* /Ggs. weinen/: über einen Witz laut l. **sinnv.:** sich ausschütten, belächeln, feixen, gackern, gickeln, grienen, grinsen, herausplatzen, kichern, sich kringeln, lächeln, losbrüllen, losplatzen, losprusten, prusten, schmunzeln, strahlen, wiehern · ↑Gelächter · ↑lustig. **Zus.:** hohnlachen.

lä|cher|lich ⟨Adj.⟩: **1.** *ärgerliche Ablehnung hervorrufend:* ihr affiges Getue wirkte einfach l.; mit diesem lächerlichen Vorschlag kannst du dich nur blamieren; sie gab dem Ober lächerliche zwei Groschen Trinkgeld. **sinnv.:** absurd, albern, blöde, blödsinnig, dumm, grotesk, komisch, lachhaft, ridikül, sinnwidrig, töricht, überspannt, unsinnig. **2.** ⟨verstärkend vor Adjektiven⟩ *in einem (ärgerlicherweise] hohen Maß, viel zu:* l. wenig Geld verdienen; er hat für das Haus einen l. niedrigen Preis bezahlt. **sinnv.:** ↑sehr.

lach|haft ⟨Adj.⟩: *(in ärgerlicher Weise) nicht ernst zu nehmend:* seine Behauptung ist einfach l. **sinnv.:** ↑lächerlich.

Lachs, der; -es, -e: *großer, im Meer lebender, räuberischer Fisch mit rötlichem Fleisch.* **sinnv.:** Salm.

Lack, der; -[e]s, -e: *[farbloses] flüssiges Gemisch, mit dem z. B. Möbel angestrichen werden und das nach dem Trocknen einen glänzenden Überzug bildet.* **sinnv.:** Anstrich, Farbe, Glasur; ↑Politur. **Zus.:** Nagel-, Schleif-, Schutz-, Siegel-, Spritzlack.

lackie|ren ⟨tr.⟩: *mit Lack überziehen:* lackierte Möbel; er hat sein Auto neu l. lassen. **sinnv.:** anmalen, ↑streichen.

la|den, lädt, lud, hat geladen: **I.** ⟨tr./itr.⟩ **1.** *zum Transport (in oder auf etwas) bringen, (etwas mit einer Last, Fracht) versehen, anfüllen:* er lädt Holz auf den Wagen; das Schiff hat Weizen geladen *(ist mit Weizen beladen);* die Abfahrt wird sich verzögern, wir haben noch nicht geladen. **sinnv.:** aufbürden, -packen, -sakken, befrachten, beladen, einladen, einschiffen, verladen, verschiffen, vollpacken. **Zus.:** ab-, auf-, aus-, be-, ein-, um-, über-, ver-, volladen. **2.** *elektrischen Strom (in etwas) speichern:* eine Batterie l. **3.** *(eine Schußwaffe) mit Munition versehen:* ein Gewehr l. **II.** ⟨tr.⟩ *zum Kommen auffordern:* er wird [als Zeuge] vor Gericht geladen; ein Vortrag vor geladenen *(eingeladenen)* Gästen. **sinnv.:** bitten, einladen, rufen. **Zus.:** aus-, ein-, vorladen.

La|den, der; -s, Läden: **1.** *Räumlichkeit zum Verkauf von Waren:* sonntags sind die Läden geschlossen; er will sich selbständig machen und einen L. eröffnen. **sinnv.:** Basar, Boutique, Drugstore, Duty-free-Shop, Geschäft, Großmarkt, Handel, Handlung, Kaufhaus, Secondhandshop, Supermarkt, Trafik, Verkaufsstätte. **Zus.:** Andenken-, Blumen-, Buch-, Discount-, Gebrauchtwaren-, Gemüse-, Kolonialwaren-, Milch-, Porzellan-, Ramsch-, Spielzeug-, Zigarrenladen · Bauch-, Eck-, Kauf-, Keller-, Kram-, Saft-, Selbstbedienungsladen. **2.** *Vorrichtung, mit der ein Fenster von außen geschützt oder verdunkelt werden kann:* wegen des starken Sturms schloß sie alle Läden. **Zus.:** Fenster-, Rolladen.

lä|die|ren ⟨tr.⟩: *in einer das Aussehen beeinträchtigenden Weise beschädigen:* beim Transport wurde der Schrank lädiert. **sinnv.:** ↑beschädigen.

La|dung, die; -, -en: *zum Transport bestimmter Inhalt eines Fahrzeugs.* **sinnv.:** Ballast, Fracht, Frachtgut, Fuder, Fuhre, Transport[gut]. **Zus.:** Holz-, Kohlen-, Nutz-, Schiffs-, Schrott-, Wagen-, Waren-, Zu-, Zugladung.

La|ge, die; -, -n: **1. a)** *Art und Weise des Liegens:* der Kranke hatte eine unbequeme L. **sinnv.:** ↑Stellung. **Zus.:** Bauch-, Rükken-, Ruhelage. **b)** *Stelle, wo etwas (in bezug auf seine Umgebung) liegt/gelegen ist:* ein Haus in sonniger, ruhiger, verkehrsgünstiger L. **sinnv.:** ↑Stelle. **Zus.:** Hang-, Höhen-, Kamm-, Toplage. **c)** *[augenblickliche] Umstände, allgemeine Verhältnisse:* er ist in einer unangenehmen L.; die wirtschaftliche L. ist ernst; ich bin in der L., dir zu helfen. **sinnv.:** Konstellation, Sachlage, Situation, Stadium, Stand, Status, Stellung, Verhältnisse, Zustand. **Zus.:** Beschäftigungs-, Ertrags-, Finanz-, Geschäfts-, Großwetter-, Not-, Rechts-, Sach-, Zwangslage. **2.** *in flächenhafter Ausdehnung und in einer gewissen Höhe über, unter etwas anderem liegende einheitliche Masse:* einige Lagen Papier. **sinnv.:** Decke, Schicht. **Zus.:** Ab-, An-, Auf-, Aus-, Bei-, Ein-, Nieder-, Preis-, Rück-, Um-, Unter-, Zu-, Zwischenlage. **3.** (ugs.) *ein spendiertes Glas Bier, Schnaps o. ä. für jeden eines bestimmten Kreises:* eine L. Bier ausgeben, werfen. **sinnv.:** Runde.

La|ger, das; -s, -: **1.** *für das vorübergehende Verbleiben einer größeren Anzahl Menschen eingerichteter [provisorischer] Wohn- oder Übernachtungsplatz:* ein L. aufschlagen, abbrechen; die Flüchtlinge sind in Lagern untergebracht. **sinnv.:** Baracke, Biwak, Camp, Campingplatz, Lagerstelle, ↑Unterkunft, Zelt. **Zus.:** Auffang-, Durchgangs-, Flüchtlings-, Internierungs-, Jugend-, Konzentrations-, Quarantäne-, Trainings-, Zeltlager. **2.** *Magazin, Raum für die Lagerung von Warenbeständen, Vorräten o. ä.:* im Schlußverkauf räumen die Geschäfte ihre Lager. **sinnv.:** Depot, Lagerhaus, -raum, Magazin, Speicher, Vorrats-, Speicherraum, Warenbestand, -vorrat. **Zus.:** Auslieferungs-, Lebensmittel-, Munitions-, Verkaufs-, Waffen-, Warenlager. **3.** *Stelle, wo man liegt, Schlafplatz:* ein hartes L. von Stroh. **sinnv.:** ↑Bett. **Zus.:** Kranken-, Nacht-, Stroh-, Totenlager. **4.** *Maschinenteil, der sich drehende Teile stützt:* die L. des Motors müssen geölt werden. **sinnv.:** Laufbuchse. **Zus.:** Kugellager.

la|gern: 1. ⟨tr.⟩ *in eine bestimmte [ruhende] Stellung legen, Lage bringen:* du mußt das verletzte Bein hoch l.; den Verletzten flach l. **sinnv.:** hinlegen, ruhigstellen. **2. a)** ⟨itr.⟩ *zur Aufbewahrung oder zur späteren Verwendung [an einem geeigneten Ort] liegen, stehen, bleiben:* die Ware lagert in einem Schuppen; Medikamente müssen kühl und trocken l. **sinnv.:** ↑liegen. **Zus.:** zwischenlagern · bahn-, postlagernd. **b)** ⟨tr.⟩ *zur Aufbewahrung oder zur späteren Verwendung [an einem geeigneten Ort] [liegen, stehen] lassen:* er hat im Keller viele Weinsorten gelagert. **sinnv.:** abstellen, aufbewahren, aufschichten, deponieren, speichern, verwahren. **Zus.:** aus-, einlagern. **3.** ⟨itr./sich l.⟩ *sein Lager haben; vorübergehend an einem Rast-, Ruheplatz bleiben, nachdem man sein Lager aufgeschlagen hat:* sie lagerten im Freien; wir lagerten uns im Kreise. **sinnv.:** campen, rasten, ↑ruhen, zelten.

La|gu|ne, die; -, -n: *vom offenen Meer durch einen natürlich entstandenen Streifen Land, Riffe o. ä. abgetrenntes [flaches] Wasser:* die Lagunen Venedigs. **sinnv.:** Fjord, Meeresarm, Siel.

lahm ⟨Adj.⟩: **1.** *die eigentlich dazugehörende Beweglichkeit und Kraft nicht besitzend:* ein lahmes Bein. **sinnv.:** gehbehindert, kraftlos. **Zus.:** flügel-, hüft-, kreuz-, lendenlahm. **2.** (ugs.) *(in der Art der Ausführung) nur schwach und daher wenig wirkungsvoll, wenig überzeugend:* lahme Argumente; eine lahme Diskussion; der Umsatz ist l.; sie spielten sehr l. **sinnv.:** ↑langweilig.

lah|men ⟨itr.⟩: *lahm gehen:* das Pferd lahmt. **sinnv.:** ↑hinken.

läh|men ⟨tr.⟩: *lahm machen, die Kraft zur Bewegung nehmen:* die Angst lähmte ihn; er ist seit dem Schlaganfall gelähmt. **sinnv.:** ↑behindern, ↑hindern.

lahm|le|gen, legte lahm, hat lahmgelegt ⟨tr.⟩: *zum Erliegen, zum Stillstand bringen:* der Nebel hat den ganzen Verkehr lahmgelegt. **sinnv.:** abwürgen; ↑hindern.

Läh|mung, die; -, -en: *das Gelähmtsein:* er hat nach dem Schlaganfall eine L. auf der rechten Seite; **Zus.:** Gesichts-, Kinder-, Muskel-, Nervenlähmung.

Laib, der; -[e]s -e: *rund oder oval geformte, feste Masse (Brot, Käse):* sich von dem L. [Brot] eine Scheibe abschneiden. **sinnv.:** Brot. **Zus.:** Brotlaib.

Laich, der; -[e]s: *die von Schleim oder Gallert umgebenen Eier der Fische, Amphibien und Schnecken.* **Zus.:** Fisch-, Froschlaich.

lai|chen ⟨itr.⟩: *Laich absetzen:* die Frösche haben in dem Teich gelaicht. **sinnv.:** ↑gebären.

Laie, der; -n, -n: *jmd., der auf einem bestimmten Gebiet keine Fachkenntnisse hat:* er ist [ein] L. auf diesem Gebiet. **sinnv.:** Amateur, Dilettant, Liebhaber, Nichtfachmann; ↑Außenseiter; ↑Außenstehender.

La|kai, der; -en, -en: **1.** (früher) *herrschaftlicher Diener.* **2.** ⟨L. + Attribut⟩ *jmd., in dem man einen Menschen sieht, der sich ganz in Abhängigkeit eines anderen befindet und sich dessen Willen willfährig unterordnet:* die schmutzigen Geschäfte erledigten die Lakaien des Bandenchefs; die Herrschenden und ihre Lakaien; diese Regierung erweist sich als treuer L. ihrer Herren in ... **sinnv.:** Handlanger, Marionette, Satellit, Schmeichler, Vasall; ↑Speichellecker.

La|ke, die; -, -n: *salzige Lösung zum Einlegen von Fisch, Fleisch oder anderen Lebensmitteln:* Heringe in die L. legen. **sinnv.:** Lauge, Salzbrühe, Salzlösung. **Zus.:** Gurken-, Herings-, Salzlake.

La|ken, das; -s, -: *großes Tuch, das als Unterlage für den im Bett Liegenden dient.* **sinnv.:** Bettuch, Leintuch. **Zus.:** Bade-, Bett-, Spannlaken.

la|ko|nisch ⟨Adj.⟩: *kurz, einfach und ohne weitere Erläuterung:* eine lakonische Antwort; etwas l. sagen. **sinnv.:** ↑wortkarg.

lal|len ⟨tr./itr.⟩: *nicht völlig verständlich sprechen, undeutlich artikulierte Laute hervorbringen:* das Kind lallt; der Betrunkene lallte ein paar Worte. **sinnv.:** ↑sprechen, ↑stottern · unartikuliert.

La|ma, das; -s, -s: *(besonders in den Anden heimisches, als Haustier gehaltenes) höckerloses Kamel (das Milch, Fleisch und Wolle liefert).*

la|men|tie|ren ⟨itr.⟩: *in als lästig empfundener Weise längere Erklärungen, Kommentare zu etwas abgeben, sich klagend o. ä. dazu äußern:* er lamentierte, daß er mit diesem wenigen Geld nicht auskomme; der Lehrer ärgerte sich über die lamentierenden Eltern; er lamentierte über die Dunkelheit im Zimmer. **sinnv.:** ↑klagen, reden, sprechen.

La|met|ta, das; -s: *papierdünne, schmale, dünne Streifen aus Metallfolie, die besonders als Christbaumschmuck dienen:* wir hängen L. an/in den Weihnachtsbaum.

Lamm, das; -[e]s, Lämmer: *junges Schaf.* **sinnv.:** ↑Schaf.

lamm|fromm ⟨Adj.⟩: *gehorsam und sanft, geduldig wie ein*

Lamm: die Schüler sind alles andere als l. **sinnv.:** ↑zahm.

Lam|pe, die; -, -n: *als Träger einer künstlichen Lichtquelle (besonders von Glühbirnen) dienendes, je nach Zweck unterschiedlich gestaltetes, irgendwo hängendes, stehendes oder auch frei bewegliches Gerät* (siehe Bildleiste). **sinnv.:** Ampel, Beleuchtungskörper, Deckenleuchte, Fackel, Flurlicht, Funzel, Kerze, Kronleuchter, Lampion, Laterne, Leuchte, ↑Leuchter, Licht, Lichtquelle, Neonleuchte, Neonröhre, Oberlicht, Scheinwerfer, Wandleuchte; Rückstrahler. **Zus.:** Bogen-, Büro-, Decken-, Gas-, Glüh-, Gruben-, Halogen-, Hänge-, Karbid-, Kontroll-, Küchen-, Lese-, Nachttisch-, Petroleum-, Positions-, Stab-, Taschenlampe.

Lam|pen|fie|ber, das; -s: *nervöse Erregung vor öffentlichem Auftreten:* vor dem Konzert hatte der Sänger jedesmal L. **sinnv.:** Herzklopfen, Nervosität, Prüfungsangst; ↑Unrast.

Lam|pi|on [lam'pi̯ɔŋ], der; -s, -s: *bunte Laterne aus Papier:* Lampions für eine Gartenparty aufhängen. **sinnv.:** ↑Lampe.

lan|cie|ren [lã'si:rən, auch: laŋ'si:rən] ⟨tr.⟩: **1.** *geschickt an eine gewünschte Stelle bringen:* er hat die Nachricht in die Presse lanciert. **sinnv.:** ↑fördern. **2.** *(jmdm.) im Beruf, in der Gesellschaft zu einem [ersten] Erfolg verhelfen:* er hat den jungen Maler lanciert. **sinnv.:** ↑managen.

Land, das; -[e]s, Länder: **1.** *geographisch oder politisch abgeschlossenes Gebiet:* die Länder Europas; er reist gern in ferne Länder. **sinnv.:** ↑Staat. **Zus.:** Abend-, Agrar-, Aus-, Ausfuhr-, Binnen-, Bruder-, Entwicklungs-, Gast-, Geburts-, Heimat-, Herkunfts-, In-, Märchen-, Mitglieds-, Morgen-, Mutter-, Nachbar-, Niemands-, Reise-, Schlaraffen-, Vaterland. **2.** ⟨ohne Plural⟩ *nutzbares Stück Erdboden; bebautes, genutztes Gelände:* fruchtbares L.; ein Stück L. besitzen. **sinnv.:** ↑Feld. **Zus.:** Acker-, Bau-, Neu-, Pacht-, Weide-, Wiesenland. **3.** ⟨ohne Plural⟩ *Teil der nicht vom Wasser bedeckten Erdoberfläche:* an L. gehen; diese Tiere leben im Wasser und auf dem L. **sinnv.:** Festland. **Zus.:** Berg-, Flach-, Gebirgs-, Grün-, Heide-, Hinter-, Hoch-, Hügel-, Ödland.

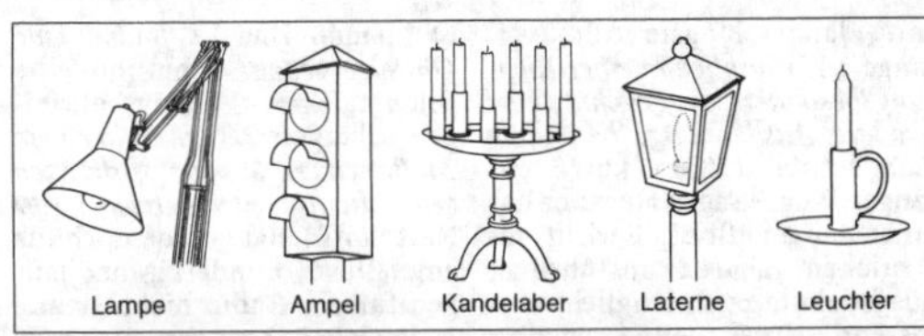
Lampe Ampel Kandelaber Laterne Leuchter

lan|den, landete, hat/ist gelandet: **1.** ⟨itr.⟩ **a)** *(vom Wasser her) an Land ankommen:* das Schiff ist pünktlich [im Hafen, auf der Insel] gelandet. **sinnv.:** ankern, ankommen, anlegen, ↑festmachen. **b)** *(von der Luft aus) auf die Erde niedergehen* /Ggs. starten/: das Flugzeug ist sicher auf dem Flughafen gelandet; der Pilot konnte wegen Nebel[s] in Frankfurt nicht l. **sinnv.:** aufsetzen, niedergehen, wassern. **Zus.:** not-, zwischenlanden. **c)** (ugs.) *schließlich an eine bestimmte Stelle gelangen (die dafür eigentlich nicht vorgesehen war):* der Betrunkene ist im Graben gelandet; die Werbung landete im Papierkorb; wenn er so weitermacht, landet er im Gefängnis. **sinnv.:** sich wiederfinden. **2.** ⟨tr.⟩ *an Land setzen:* die Regierung hat [auf der Insel] Truppen gelandet.

Län|de|rei|en, die ⟨Plural⟩: *Felder, Wiesen, Wald umfassender, großer Grundbesitz:* der Gutsherr inspiziert von Zeit zu Zeit seine L. **sinnv.:** ↑Besitz.

Land|kar|te, die; -, -n: *auf einem (meist zusammenfaltbaren) Blatt in maßstäblicher Verkleinerung dargestellte Abbildung der Erdoberfläche oder bestimmter Ausschnitte davon:* eine L. von Europa. **sinnv.:** Atlas, Globus, ↑Karte, Meßtischblatt.

land|läu|fig ⟨Adj.⟩: *allgemein verbreitet und üblich:* die landläufige Meinung ist, daß ...; er entspricht mehr der landläufigen Vorstellung von einem kleinen Finanzbeamten. **sinnv.:** ↑üblich.

länd|lich ⟨Adj.⟩: *für das Land, das Leben auf dem Land charakteristisch, ihm entsprechend:* der Ort hat den ländlichen Charakter bewahrt; dieser Brauch entspricht einer alten ländlichen Sitte. **sinnv.:** bäuerlich, dörflich, hinterwäldlerisch, kleinstädtisch, provinziell, rustikal.

Land|schaft, die; -, -en: *hinsichtlich des äußeren Erscheinungsbildes (der Gestalt des Bodens, des Bewuchses, der Besiedelung o. ä) in bestimmter Weise geprägter Bereich der Erdoberfläche:* eine schöne L. **sinnv.:** ↑Gebiet, Gegend; ↑Natur. **Zus.:** Fluß-, Gebirgs-, Heide-, Hügel-, Industrie-, Küsten-, Winterlandschaft.

land|schaft|lich ⟨Adj.⟩: **1.** *die Landschaft betreffend:* die landschaftlichen Schönheiten Tirols. **2.** *für eine Landschaft charakteristisch, zu ihr gehörend:* dieses Wort ist nur l. verbreitet. **sinnv.:** regional.

Land|stra|ße, die; -, -n: *außerhalb von Ortschaften verlaufende, befestigte Straße.* **sinnv.:** Chaussee.

Land|strei|cher, der; -s, -, **Land|strei|che|rin,** die; -, -nen: *männliche bzw. weibliche Person, die keine feste Arbeit hat und im Land umherzieht.* **sinnv.:** Berber, Stadtstreicher, ↑Vagabund.

Land|strich, der; -[e]s, -e: *kleinerer Bereich, schmaler Teil einer Landschaft:* ein hübscher, ein dichtbevölkerter L.; ganze Landstriche wurden durch den Krieg entvölkert. **sinnv.:** ↑Gebiet, Gegend.

Land|weg, der; -[e]s: *Weg, der über das Festland führt:* er ist nicht auf dem Seeweg, sondern auf dem L. von Europa nach China gereist. **sinnv.:** Schienenweg, ↑Straße.

Land|wirt, der; -[e]s, -e: ↑*Bauer.*

Land|wirt|schaft, die; -, -en: **1.** ⟨ohne Plural⟩ *planmäßiges Betreiben von Ackerbau und Viehzucht zum Erzeugen von pflanzlichen und tierischen Produkten:* L. treiben. **sinnv.:** Ackerbau, Agrikultur, Agronomie, Bodenkultur, Milchwirtschaft, Pflanzenzucht, Viehzucht, Weidewirtschaft. **2.** *landwirtschaftlicher Betrieb:* er hat eine kleine L. **sinnv.:** ↑Bauernhof.

Land|zun|ge, die; -, -n: *schmaler, weit in das Wasser reichender Streifen Land.* **sinnv.:** Landspitze, Landvorsprung.

lạng, länger, längste ⟨Adj.⟩ /vgl. lange/: **1.** *räumlich in einer Richtung besonders ausgedehnt; eine größere Ausdehnung, besondere Länge habend* /Ggs. kurz/: ein langer Weg; langes Haar; er hat einen langen Brief, Bericht geschrieben. **sinnv.:** ausführlich, ausgedehnt, groß, länglich, umfassend. **Zus.:** ellen-, halb-, schulterlang. **2.** ⟨in Verbindung mit Angaben von Maßen⟩ *eine bestimmte Länge habend:* das Brett ist 2 m l. **3.** *zeitlich besonders ausgedehnt; von größerer Dauer:* ein langes Leben; nach langem Überlegen; seit langem *(seit langer Zeit).* **sinnv.:** andauernd, ↑langfristig, ↑langlebig, langzeitig. **Zus.:** jahre-, lebens-, minuten-, nächte-, stunden-, tage-, wochenlang.

lạng|at|mig ⟨Adj.⟩: *in einer Weise, die als allzu ausführlich und weit ausholend empfunden wird:* er ließ sich in seiner Darstellung l. über Details aus. **sinnv.:** ↑ausführlich.

lạn|ge ⟨Adverb⟩ /vgl. lang/: **1.** *einen relativ großen Zeitraum lang; viel Zeit beanspruchend:* er mußte l. warten. **sinnv.:** ausgedehnt, auf Jahre hinaus, ewig [und drei Tage], extensiv, langwierig, zeitaufwendig. **2.** ⟨nur in Verbindung mit *„nicht"*⟩ *bei weitem:* das ist [noch] lange nicht alles; er spielt l. nicht so gut wie du. **sinnv.:** längst.

Län|ge, die; -, -n: **1. a)** ⟨ohne Plural⟩ *räumliche Ausdehnung in einer Richtung:* eine Stange von drei Meter[n] L.; er fiel der L. nach *(so lang, wie er war)* hin. **sinnv.:** ↑Ausmaß. **Zus.:** Arm[es]-, Hauptes-, Nasen-, Streichholz-, Wellen-, Zigarettenlänge. **b)** *(in der Geographie) Abstand eines Ortes der Erdoberfläche vom Nullmeridian (in Greenwich):* Berlin liegt 13 Grad östlicher L. **2. a)** ⟨ohne Plural⟩ *zeitliche Ausdehnung, längere Zeitspanne* /Ggs. Kürze/: die L. der Veranstaltung ist noch nicht bekannt. **sinnv.:** ↑Dauer. **Zus.:** Tages-, Überlänge. **b)** ⟨Plural⟩ *als zu lang empfundene Stellen:* der Film, das Drama hat einige Längen.

lạn|gen (ugs.): **1. a)** ⟨tr.⟩ *mit der Hand packen, ergreifen; nehmen, holen:* lang mir mal den Teller vom Tisch!; kannst du mal ein sauberes Glas [aus dem Regal] l.? **sinnv.:** ↑geben. **Zus.:** hin-, hinein-, hinüber-, zulangen. **b)** ***jmdm. eine l.:** *jmdm. eine Ohrfeige geben:* er hat ihm eine gelangt. **sinnv.:** hauen, ohrfeigen, schlagen. **2.** ⟨itr.⟩ **a)** *in einem Maß, einer Menge vorhanden sein, die für etwas reicht:* der Rest Stoff langt gerade noch für eine Bluse; hundert Mark langen für ein Radio nicht. **sinnv.:** ↑ausreichen, genügen. **b)** *(bis zu einem bestimmten Ort, einer bestimmten Stelle) reichen:* der Rock langte ihr kaum bis an die Knie. **sinnv.:** ↑sich erstrecken. **c)** *die Hand ausstrecken, um (etwas) zu fassen:* er langte nach seinem Stock; er langte in die Tasche und holte 5 Mark heraus. **sinnv.:** ↑greifen. **Zus.:** hinlangen.

Län|gen|maß, das; -es, -e: *Maß zum Messen der Länge:* Elle, Fuß und Meile sind veraltete deutsche Längenmaße. **sinnv.:** Dezimeter, ↑Einheit, Elle, Fuß, Kilometer, Klafter, Knoten, Lichtjahr, Meile, Meter, Millimeter, Seemeile, Zentimeter.

Lạn|ge|wei|le, die; -: *Gefühl der Eintönigkeit infolge fehlender Anregung oder Beschäftigung:* L. haben; vor L. vergehen; tödliche L.; wegen L./wegen der Lange[n]weile; aus L./Langerweile. **sinnv.:** Eintönigkeit, Fadheit, Gleichförmigkeit, Monotonie, Öde, Stumpfsinn, Tristheit, Trostlosigkeit.

Lạng|fin|ger, der; -s, - (ugs.): ↑*Dieb.*

lạng|fri|stig ⟨Adj.⟩ /Ggs. kurzfristig/: *lange Zeit Geltung habend; lange Zeit dauernd:* langfristige Verträge, Darlehen; eine langfristige Planung. **sinnv.:** bleibend, ↑lang, ↑langlebig.

lạng|jäh|rig ⟨Adj.⟩: *viele Jahre, sehr lange existierend; von langer Dauer:* ein langjähriger Kunde, Freund, Vertrag; eine langjährige Gefängnisstrafe; der Mitarbeiter verfügt über langjährige Erfahrungen. **sinnv.:** jahrelang, mehrjährig; ↑alt.

lạng|le|big ⟨Adj.⟩: *lange Zeit lebend* /Ggs. kurzlebig/: langlebige Tiere, Pflanzen. **sinnv.:** beständig, haltbar, ↑lang, ↑langfristig.

lạng|le|gen, sich; legte sich lang, hat sich langgelegt (ugs.): *sich zum Ausruhen, Schlafen hinlegen:* sich nach dem Mittagessen für eine Stunde l.

läng|lich ⟨Adj.⟩: *schmal und von einer gewissen Länge:* ein länglicher Kasten. **sinnv.:** ↑lang, langgestreckt, schmal.

Lạng|mut, die; -: *durch ruhiges, beherrschtes, nachsichtiges Ertragen oder Abwarten von etwas gekennzeichnete Verhaltensweise:* du darfst seine L. nicht mit Schwäche verwechseln. **sinnv.:** ↑Geduld, Nachsicht, ↑Sanftmut.

längs: 1. ⟨Adverb⟩ *der Längsachse nach* /Ggs. quer/: ein Brötchen l. durchschneiden. **2.** ⟨Präp. mit Gen. oder Dativ⟩ *an etwas in der ganzen Länge hin:* l. des Flusses; die Wälder l. dem Fluß. **sinnv.:** ↑entlang.

lạng|sam: I. ⟨Adj.⟩ *im Vergleich zu der beanspruchten Zeit wenig vorankommend* /Ggs. schnell/: ein langsames Tempo; die Sache macht nur langsame Fortschritte; er spazierte l. durch den Park. **sinnv.:** behäbig, bedächtig, behutsam, bummelig, gemach, gemächlich, gemessenen Schrittes, im Schnecken-, Schrittempo, lahm, pomadig, ruhig, säumig, saumselig, schleppend, schwerfällig, ↑träge, umständlich, tranig · trödeln. **II.** ⟨Adverb⟩ (ugs.) *nach und nach:* so l. habe ich die Nase voll davon; jetzt könnte sie aber l. mit dem Gequatsche aufhören; er denkt nun l. auch ans Heiraten. **sinnv.:** ↑allmählich.

Lạng|schlä|fer, der; -s, -, **Lạng|schlä|fe|rin,** die; -, -nen: *männliche bzw. weibliche Person, die [gern] lange [bis in den Morgen hinein] schläft.* **sinnv.:** Schlafmütze.

Lạng|spiel|plat|te, die; -, -n: *große Schallplatte mit langer Spieldauer:* eine L. auflegen. **sinnv.:** Album, LP.

längst ⟨Adverb⟩: **1.** *seit langer, geraumer Zeit:* das habe ich l. gewußt. **sinnv.:** lange [vorher], seit langem/längerem, von langer Hand, schon; ↑vorher. **2.** ⟨nur in Verbindung mit *nicht*⟩ *bei weitem:* er ist l. nicht so fleißig wie du. **sinnv.:** lange.

läng|stens ⟨Adverb⟩ (ugs.): *nicht später als :* l. in zwei Tagen bringe ich das Buch zurück. **sinnv.:** spätestens.

lạng|stie|lig ⟨Adj.⟩: **1.** *mit einem langen Stiel [versehen]:* eine langstielige Rose. **2.** *(in bezug auf die Ausführung von etwas) so, daß es als in ermüdender Weise ausführlich empfunden wird:* der Vortrag war furchtbar l. **sinnv.:** ↑langweilig.

Lan|gu|ste, die; -, -n: *großer, meist rötlichviolетter bis weinroter*

Krebs ohne Scheren (siehe Bildleiste „Schalentiere"). **sinnv.:** ↑Krebs.

Lang|wei|le: ↑Langeweile.

lang|wei|len: **1.** ⟨tr.⟩ *(jmdm.) Langeweile bereiten:* er langweilt mich mit seinen Geschichten. **sinnv.:** anöden. **2.** ⟨sich l.⟩ *Langeweile haben, empfinden:* ich habe mich sehr gelangweilt. **sinnv.:** sich ennuyieren, von etwas angeödet sein, sich mopsen, die Zeit totschlagen, sich die Zeit lang werden lassen, Daumen/Däumchen drehen, fast einschlafen bei etwas.

lang|wei|lig ⟨Adj.⟩: *voller Langeweile:* ein langweiliger Vortrag; es war sehr l. auf der Party; er fand sie sehr l. **sinnv.:** akademisch, altbekannt, doof, einförmig, einschläfernd, ↑eintönig, ennuyant, ermüdend, fade, flau, geisttötend, glanzlos, gleichförmig, grau [in grau], hausbacken, humorlos, nicht kurzweilig, lahm, langstielig, monoton, nüchtern, öde, papieren, reizlos, steril, stumpfsinnig, stupid, tonlos, tranig, trist, trocken, trostlos, uninteressant, unlebendig, witzlos. **Zus.:** kotz-, sterbens-, stink-, todlangweilig.

lang|wie|rig ⟨Adj.⟩: *lange dauernd und nicht ganz einfach:* langwierige Verhandlungen. **sinnv.:** ↑lange; ↑schwierig; ↑zeitraubend · chronisch.

Lan|ze, die; -, -n: *aus einem Schaft und einer Spitze aus Metall o. ä. bestehende, für Stoß und Wurf bestimmte alte Waffe* (siehe Bildleiste „Waffen"): der Ritter legte seine L. ein. **sinnv.:** ↑Speer.

la|pi|dar ⟨Adj.⟩: *ohne weitere Erklärung überraschend kurz und knapp [aber sehr wirkungsvoll]:* ein lapidarer Stil; in lapidarer Kürze. **sinnv.:** ↑kurz.

Lap|pa|lie, die; -, -n: *als unbedeutend empfundene Sache, Angelegenheit:* sich mit Lappalien aufhalten. **sinnv.:** Belanglosigkeit, ↑Kleinigkeit, Nichtigkeit.

Lap|pen, der; -s, -: *[altes] Stück Stoff, Fetzen:* etwas mit einem L. putzen. **sinnv.:** ↑Flicken. **Zus.:** Abwasch-, Aufwasch-, Fuß-, Leder-, Putz-, Staub-, Topf-, Waschlappen.

läp|pisch ⟨Adj.⟩: *(im Urteil des Sprechers) lächerlich, kindisch-albern:* ein läppisches Spiel; sich l. benehmen. **sinnv.:** ↑albern (I).

Lär|che, die; -, -n: *(in kühleren Regionen wachsender) Nadelbaum mit hellgrünen, büscheligen Nadeln, die im Herbst oder Winter abfallen* (siehe Bildleiste „Nadelbäume").

Lärm, der; -s: *als störend empfundenes Gewirr von lauten, durchdringenden Geräuschen* (z. B. durch Schreien, Klappern): die Kinder, die Maschinen machen L. **sinnv.:** Dröhnen, Geklapper, Geklirr, Geknatter, Gepolter, Gerassel, Geratter, ↑Geräusch, Getöse, Heidenspektakel, Höllenspektakel, Klamauk, Krach, Krakeel, Krawall, Lautstärke, Rabatz, Radau, Ruhestörung, Rummel, Schreihals, Spektakel, Stimmengewirr, Tamtam, Trara, Trubel, Tumult, Unruhe. **Zus.:** Großstadt-, Heiden-, Kampf[es]-, Kinder-, Kriegs-, Mords-, Motoren-, Riesen-, Straßen-, Verkehrslärm.

lär|men ⟨itr.⟩: *Lärm machen:* die Schüler lärmen auf dem Hof. **sinnv.:** bumsen, donnern, dröhnen, ↑klappern, Krach machen, krakeelen, Krawall machen, laut sein, poltern, Rabatz machen, Radau machen, randalieren, rasseln, rattern, rumoren, rumpeln, toben.

Lar|ve, die; -, -n: **1.** *aus einem Ei geschlüpftes Tier (z. B. Insekt), das eine Entwicklungsstufe zu einem höher entwickelten Tier darstellt:* Larven fangen. **sinnv.:** Engerling, Kaulquappe, Made, Puppe, Raupe. **Zus.:** Ameisen-, Bienen-, Fliegen-, Frosch-, Mückenlarve. **2.** *vor dem Gesicht getragene Maske:* die Schauspieler trugen Larven. **sinnv.:** ↑Maske.

lasch ⟨Adj.⟩: (ugs.) *Kraft, Energie, Engagement vermissen lassend; ohne sich für die betreffende Sache mit persönlicher Kraft einsetzend:* ein lascher Händedruck; eine lasche Spielweise, Gesetzgebung, Führung; Vorschriften nur l. befolgen; die Kontrollen wurden nur l. durchgeführt. **sinnv.:** energielos, kraftlos, ↑schlaff.

La|sche, die; -, -n: *[schmales] Stück Stoff, Leder, Papier o. ä. [als Verschluß oder Teil eines Verschlusses, z. B. der Lederstreifen am Schnürschuh über der Mitte des Fußes].* **sinnv.:** Zunge.

las|sen, läßt, ließ, hat gelassen/ (nach vorangehendem Infinitiv auch) hat ... lassen /vgl. gelassen/: **1.** ⟨itr.⟩ *veranlassen (daß etwas geschieht):* ich lasse mir einen Anzug machen; sie hat ihn rufen l. **sinnv.:** ↑anordnen. **Zus.:** veranlassen. **2. a)** ⟨itr.⟩ *erlauben, dulden (daß etwas geschieht):* er läßt die Kinder toben. **sinnv.:** ↑billigen. **Zus.:** zulassen. **b)** ⟨tr.⟩ *jmdm. etwas zugestehen, jmdn. nicht behindern:* sie ließ ihm den Spaß; er läßt uns nicht ins Zimmer. **sinnv.:** ↑gewähren. **Zus.:** heraus-, herunter-, hinaus-, hinein-, vorbei-, vorüberlassen. **3.** ⟨sich l.⟩ *die Möglichkeit bieten, geeignet sein (daß etwas damit geschieht):* der Draht läßt sich gut biegen. **4.** ⟨tr.⟩ *einen Zustand nicht ändern:* wir lassen ihn schlafen; die Sachen im Koffer lassen; die Nachricht ließ ihn kalt; laß mich in Ruhe!; lassen Sie einen Franzosen einen Franzosen sein/lassen Sie einen Franzosen Franzose sein. **Zus.:** belassen, bleibenlassen. **5.** ⟨itr.⟩ *nicht tun, von etwas absehen:* laß das!; er kann das Trinken nicht l. **sinnv.:** ↑aufgeben. **Zus.:** ablassen, bleibenlassen, unterlassen. **6.** ⟨tr.⟩ *zur Verfügung stellen:* läßt du mir das Buch bis morgen?; ich lasse mir Zeit. **sinnv.:** ↑leihen. **Zus.:** hinterlassen, überlassen. **7.** *so handeln, daß etwas an einer bestimmten Stelle belassen wird* **a)** ⟨tr.⟩ */absichtlich/:* weil es nicht regnete, habe ich den Schirm zu Hause gelassen; heute lasse ich das Auto in der Garage. **sinnv.:** zurücklassen. **b)** ⟨itr.⟩ */unabsichtlich/:* laß beim Aussteigen nachher nicht wieder deinen Schirm im Bus!; als ich zahlen sollte, merkte ich, daß ich meinen Geldbeutel zu Hause gelassen hatte. **sinnv.:** ↑vergessen. **Zus.:** liegen-, hängen-, stecken-, stehen-, zurücklassen.

läs|sig ⟨Adj.⟩: *ungezwungen und ohne große Förmlichkeit:* sich l. bewegen. **sinnv.:** ↑ungezwungen.

Last, die; -, -en: *etwas, was durch sein Gewicht nach unten drückt oder zieht:* eine L. tragen, heben; das Paket war eine schwere L. für die Frau. **sinnv.:** Ballast, Belastung, Bürde, Crux, Druck, ↑Gewicht, ↑Joch, Kreuz, ↑Leid, Schwere. **Zus.:** Beweis-, Zentnerlast.

la|sten, lastete, hat gelastet ⟨itr.⟩: *als Last auf etwas liegen:* ein Teil des Gewichts lastet auf dem Oberarm; auf dem Grundstück lasten hohe Abgaben. **sinnv.:** ↑drücken, ↑liegen.

La|ster: **I.** das; -s, -: *etwas (Gewohnheit o. ä.), was als tadelns-*

wert, als schädlich, abträglich für den Betreffenden angesehen wird: sein L. ist der Alkohol. **sinnv.:** Ausschweifung, Sünde, Untugend, ↑Verbrechen. **II.** der; -s, -: ↑*Lastkraftwagen.*

la|ster|haft ⟨Adj.⟩: *einem Laster verfallen:* ein lasterhafter Mensch; sein lasterhaftes Leben bereuen. **sinnv.:** ↑anstößig, ↑ausschweifend, liederlich, ruchlos, ↑schlecht, sittenlos, unanständig, ungebührlich, ungehörig, unkeusch, unmoralisch, unschicklich, unsittlich, unsolide, unziemlich, unzüchtig, verderbt, verdorben, verkommen, verrucht, verworfen, wüst, zuchtlos.

lä|ster|lich ⟨Adj.⟩: *lästernd:* lästerliche Reden führen. **sinnv.:** frevelhaft, gottlos, sittenlos. **Zus.:** gotteslästerlich.

lä|stern: 1. ⟨tr.⟩ *(Gott oder etwas als heilig Geltendes) beschimpfen:* er hat Gott gelästert. **sinnv.:** schmähen. **2.** ⟨itr.⟩ *sich über jmdn. spöttisch oder ein wenig boshaft äußern:* wir haben über ihn gelästert. **sinnv.:** ↑frotzeln, herziehen, klatschen, ↑reden.

-la|stig ⟨adjektivisches Suffix⟩: */drückt aus, daß das Bezugswort ein gewisses Übergewicht in bezug auf das im Basiswort Genannte hat, davon ungleich stärker als gewünscht beeinflußt wird/:* CDU-lastig (ein CDU-lastiger Fernsehausschuß), kopf-, links- *(politisch links ausgerichtet und dementsprechend handelnd),* literatur- (ein literaturlastiges Unterrichtsbuch), pop- (poplastiges Programm), rechts- (eine rechtslastige Ministerliste), theorie-, wortlastig (der Film ist w.).

lä|stig ⟨Adj.⟩: *jmdn. in unangenehmer Weise beanspruchend, störend, ihn in seinem Tun behindernd:* eine lästige Pflicht; die Fliegen werden l. **sinnv.:** ↑aufdringlich, ↑beschwerlich, ↑hinderlich, mühsam, störend, unangenehm, ↑ungebeten.

Last|kraft|wa|gen, der; -s, -: *größeres Kraftfahrzeug mit Ladefläche zum Transport größerer Mengen von Gütern.* **sinnv.:** Laster, Lastwagen, Lkw, Tieflader · ↑Auto.

-la|tein, das; -s ⟨Grundwort⟩: **1.** *Übertreibungen und Flunkereien enthaltende Erzählung von Erlebnissen o. ä. von seiten eines Menschen, der der im Bestimmungswort angesprochenen Personengruppe angehört:* Angler-, Gärtner- (2½ Zentner Gemüse von 10 qm – kein G.), Jäger-, Skilatein. **2.** *dem Nichtfachmann unverständliche Ausdrucksweise o. ä. der im Bestimmungswort genannten Personengruppe:* Technikerlatein. **sinnv.:** -chinesisch.

la|tent ⟨Adj.⟩: *[der Möglichkeit nach] vorhanden, aber nicht hervortretend, nicht offenkundig:* ein latenter Gegensatz; eine latente Krankheit. **sinnv.:** unter der Oberfläche, potentiell, schlummernd, unmerklich, unterschwellig, verborgen, verdeckt, versteckt.

La|ter|ne, die; -, -n: *zum Leuchten dienendes Gerät, dessen Lichtquelle von einem durchsichtigen Gehäuse geschützt ist* (siehe Bildleiste „Lampen"). **sinnv.:** ↑Kandelaber, ↑Lampe. **Zus.:** Blend-, Glas-, Papier-, Stall-, Straßenlaterne.

La|tri|ne, die; -, -n: *behelfsmäßige, primitive Anlage (z. B. mit einer Grube) für die Verrichtung der Notdurft.* **sinnv.:** ↑Toilette.

lat|schen, latschte, ist gelatscht ⟨itr.⟩: **a)** *langsam schlurfend, schwerfällig oder nachlässig gehen:* er latscht in Pantoffeln über den Hof. **sinnv.:** sich ↑fortbewegen, schlurfen, trotten. **b)** (emotional) *[ohne besondere Lust irgendwohin] gehen:* morgen muß ich schon wieder zum Finanzamt l.; jeden Tag zur Arbeit l. [müssen]; am ersten Tag sind wir 40 km gelatscht.

Lat|schen, der; -s, -: **a)** *bequemer Schuh (aus Stoff), den man zu Hause trägt:* seine L. anziehen; sie kam in Latschen die Treppe herunter. **sinnv.:** ↑Pantoffel. **Zus.:** Hauslatschen. **b)** (emotional) *Schuh:* wem gehören denn diese Latschen?; „Hast du deine Latschen gefunden?" – „Ja, die Schuhe standen in der Diele." **sinnv.:** ↑Schuh. **Zus.:** Holz-, Quadratlatschen.

Lat|te, die; -, -n: *längliches, schmales, meist kantiges Holz:* eine L. vom Zaun reißen. **sinnv.:** ↑Brett, ↑Stange. **Zus.:** Dach-, Holz-, Meß-, Quer-, Zaunlatte.

Latz, der; -es, Lätze: **a)** ↑*Lätzchen.* **b)** *an eine Hose, einen Rock, eine Schürze angesetzter Teil, der die Brust bedeckt und von Trägern gehalten wird.*

Lätz|chen, das; -s, -: *eine Art Stoffserviette, die kleinen Kindern beim Essen umgebunden wird.* **sinnv.:** ↑Serviette. **Zus.:** Baby-, Kinderlätzchen.

lau ⟨Adj.⟩: **a)** *(in bezug auf Flüssigkeiten, Essen) mäßig warm:* die Suppe ist nur l. **sinnv.:** handwarm, lauwarm, überschlagen, ↑warm. **b)** *(in bezug auf Luft o. ä.) angenehm mild, in angenehmer Weise leicht warm:* laue Lüfte. **sinnv.:** mild, lind.

Laub, das; -[e]s: *die Blätter der Bäume:* frisches L.; das L. wird bunt, fällt. **sinnv.:** ↑Blatt, Blattwerk, Kraut, Laubwerk. **Zus.:** Eichen-, Espen-, Weinlaub.

Laub|baum, der; -[e]s, Laubbäume: *Baum, der Blätter trägt* /Ggs. Nadelbaum/.

Lau|be, die; -, -n: *kleines, leicht gebautes [nach einer Seite offenes] Häuschen in einem Garten.* **sinnv.:** Datscha, Datsche, Gartenhäuschen, Gartenhaus, ↑Haus. **Zus.:** Garten-, Weinlaube.

Laub|frosch, der; -[e]s, Laubfrösche: *grüner, auf Bäumen und Sträuchern lebender Frosch.* **sinnv.:** ↑Frosch.

Lauch, der; -[e]s, -e: *als Gemüse angebaute, aus einer Zwiebel entstehende Pflanze mit dickem, rundem Schaft.* **sinnv.:** Porree. **Zus.:** Knoblauch, Schnittlauch.

lau|ern ⟨itr.⟩: *in feindlicher Absicht versteckt, hinterhältig auf jmdn./etwas angespannt warten:* die Katze lauert auf eine Maus. **sinnv.:** abpassen, im Hinterhalt liegen, auf der Lauer liegen, ↑warten. **Zus.:** auflauern.

Lauf, der; -[e]s, Läufe: **1.** ⟨ohne Plural⟩ *das Laufen:* in schnellem L.; im L. anhalten. **sinnv.:** ↑Gang, ↑Spaziergang. **Zus.:** Spießruten-, Wald-, Wettlauf. **2.** ***im L.:** *während, innerhalb:* im L. der Untersuchung. **sinnv.:** ↑binnen. **3.** *Laufen als Sport:* einen L. gewinnen. **sinnv.:** Rennen, Sprint. **Zus.:** Dauer-, Hindernis-, Hürden-, Marathon-, Skilauf. **4.** *Rohr einer Schußwaffe:* den L. des Gewehrs reinigen. **Zus.:** Gewehrlauf. **5.** *Bein, Fuß bestimmter Tiere:* die Läufe des Hasen. **sinnv.:** ↑Bein. **Zus.:** Hinter-, Vorderlauf.

Lauf|bahn, die; -, -en: *beruflicher oder persönlicher Werdegang:* die L. eines Beamten. **sinnv.:** Curriculum vitae, Entwicklungsgang, Entwicklungsgeschichte, Karriere, Lebenslauf, Lebensweg.

lau|fen, läuft, lief, hat/ist gelaufen /vgl. laufend/: **1. a)** ⟨itr.⟩: *sich schnell vorwärts bewegen:* ein Kind, eine Katze ist über die

Straße gelaufen; um die Wette l. **sinnv.:** flitzen, sich ↑fortbewegen, gehen, rennen, sausen · bummeln, schleichen. **Zus.:** auseinander-, davon-, fort-, hinterher-, nach-, vor-, voraus-, weg-, zurücklaufen. **b)** ⟨itr./tr.⟩: *eine Strecke im Lauf zurücklegen:* er ist/hat 100 Meter in 12 Sekunden gelaufen. **sinnv.:** rennen, zurücklegen. **c)** ⟨itr.⟩ *sich mit einem an den Füßen befestigten Sportgerät fortbewegen:* ich bin/habe Rollschuh gelaufen; Schlittschuhe, Ski l. **sinnv.:** ↑fahren. **Zus.:** eislaufen. **d)** ⟨itr.⟩: *zu Fuß gehen, sich irgendwohin begeben:* er ist zum Bahnhof gelaufen, nicht gefahren; wir sind im Gebirge viel gelaufen; das Kind kann schon l. **sinnv.:** sich ↑fortbewegen. **2.** ⟨itr.⟩ *in Tätigkeit, in Betrieb sein:* die Maschine läuft; der Wagen ist gut gelaufen. **sinnv.:** ↑funktionieren. **Zus.:** heißlaufen. **3.** ⟨itr.⟩ *fließen:* der Wein läuft aus dem Faß. **sinnv.:** ↑fließen, heraustreten, tropfen. **Zus.:** heraus-, über-, vollaufen. **4.** ⟨itr.⟩ *in bestimmter Weise vor sich gehen:* die Sache ist bestens gelaufen; wie ist die Prüfung gelaufen? **sinnv.:** vonstatten gehen. **Zus.:** ablaufen, verlaufen. **5.** ⟨itr.⟩ *Gültigkeit haben:* der Wechsel ist auf meinen Namen gelaufen; der Vertrag läuft zwei Jahre. **sinnv.:** gelten, gültig sein, wirksam sein. **6.** ⟨itr.⟩ *eingeleitet, aber noch nicht abgeschlossen oder entschieden sein:* die Ermittlungen sind noch bis Jahresende gelaufen; eine Anzeige lief gegen ihn; meine Bewerbung läuft. **sinnv.:** ↑andauern.

lau|fend ⟨Adj.⟩: *immer wieder [vorkommend]:* laufende Ausgaben, Unkosten; er hat mich l. betrogen. **sinnv.:** regelmäßig, ↑unaufhörlich.

lau|fen|las|sen, läßt laufen, ließ laufen, hat laufen[ge]lassen ⟨tr.⟩: (ugs.) *freilassen, nicht bestrafen:* einen Dieb l. **sinnv.:** ↑freilassen.

Läu|fer, der; -s, -: **1.** *langer, schmaler Teppich:* ein roter L. lag im Korridor. **sinnv.:** ↑Teppich. **Zus.:** Kokos-, Linoleum-, Tisch-, Treppenläufer. **2.** *jmd., der das Laufen als Sport betreibt.* **sinnv.:** Skifahrer · Sprinter. **Zus.:** Schlittschuh-, Skiläufer. **3.** *Figur im Schachspiel, die man nur in diagonaler Richtung ziehen darf.*

läu|fig ⟨Adj.⟩: *(bes. von Hündinnen) sich in der ↑Brunst befindend.* **sinnv.:** ↑brünstig.

Lau|ge, die; -, -n: *Wasser, in dem Waschmittel o. ä. aufgelöst sind:* Wäsche in der L. einweichen. **sinnv.:** ↑Flüssigkeit. **Zus.:** Seifen-, Waschlauge.

Lau|ne, die; -, -n: **a)** ⟨ohne Plural⟩ *vorübergehende besondere Gemütsverfassung:* heitere, schlechte L.; guter L. sein. **sinnv.:** Gemütsverfassung, Gemütszustand, ↑Heiterkeit, Stimmung, ↑Verstimmung. **Zus.:** Geber-, Sekt-, Stinklaune. **b)** *einer Laune* (a) *entspringende, spontane Idee:* dieser Vorschlag war nur so eine L. von ihm. **sinnv.:** Anwandlung, ↑Einfall, Idee. **c)** ⟨Plural⟩ *Stimmungen, mit denen jmd. seiner Umgebung lästig wird:* wir müssen seine Launen ertragen. **sinnv.:** ↑Flausen, Grille, Kaprice, Kapriole, Mucke, Stimmungen.

lau|nen|haft ⟨Adj.⟩: *von wechselnden Stimmungen, Launen* (c) *abhängig:* ein launenhafter Mensch. **sinnv.:** ↑launisch.

lau|nig ⟨Adj.⟩: *in einer Art, die von einem heiteren und geistig-lebendigen Gemüt zeugt:* ein launiger Einfall; sie hat die Geschichte des Sichkennenlernens sehr l. erzählt. **sinnv.:** ↑geistreich, ↑humoristisch.

lau|nisch ⟨Adj.⟩: *von wechselnden Stimmungen, Launen* (c) *beherrscht:* er ist sehr l. **sinnv.:** bizarr, ↑exzentrisch, kapriziös, launenhaft, ↑mißmutig, unberechenbar, wetterwendisch.

Laus, die; -, Läuse: *kleines, an Menschen oder Tieren lebendes, Blut saugendes Insekt:* Läuse haben. **Zus.:** Blatt-, Blut-, Filz-, Kleider-, Kopf-, Reb-, Schildlaus.

Laus|bub, der; -en, -en: *Junge, der zu allerlei Streichen aufgelegt ist.* **sinnv.:** Frechdachs, Lausebengel, Lausejunge, Lauser · ↑Junge.

lau|schen ⟨itr.⟩: *mit gespannter Aufmerksamkeit zuhören, (auf etwas) horchen:* der Musik, einer Erzählung l.; sie lauschte heimlich an der Tür. **sinnv.:** ↑horchen.

lau|schig ⟨Adj.⟩: *verborgen und gemütlich gelegen:* ein lauschiges Plätzchen, Eckchen. **sinnv.:** ↑einsam, ↑gemütlich, ↑still.

Lau|se|jun|ge, der; -n, -n (ugs.): ↑*Lausbub.*

lau|sig ⟨Adj.⟩ (ugs.): **1.** *in seiner Art so beschaffen, daß es als minderwertig, schlecht angesehen wird:* lausige Zeiten; die Mannschaft hat l. gespielt. **sinnv.:** schlecht, übel. **2.** *(in bezug auf den Wert o. ä.) in einer Höhe, Menge, die als lächerlich wenig, gering, als geringfügig angesehen wird:* er hat bei der Unterschriftensammlung nur lausige 105 Unterschriften bekommen; über jeden lausigen Pfennig mußte ich Rechenschaft ablegen; lausige drei Mark hat er mir gegeben; er hat seine Schuhe gegen ein paar lausige Zwiebeln eingetauscht. **sinnv.:** schäbig, unbedeutend. **3. a)** *sehr groß, stark:* eine lausige Kälte. **b)** ⟨verstärkend bei Adjektiven und Verben⟩ *sehr:* es ist l. kalt; er war damals l. arm; hier zieht es l.

laut: I. ⟨Adj.⟩ **a)** *auf weite Entfernung hörbar* /Ggs. leise/: l. singen, sprechen; laute Musik. **sinnv.:** durchdringend, gellend, grell, aus vollem Hals, hörbar, aus voller Kehle, lauthals, lautstark, aus Leibeskräften, durch Mark und Bein gehend, markerschütternd, schrill, vernehmbar, vernehmlich; ↑verständlich. **Zus.:** halb-, klein-, über-, vorlaut. **b)** *voller Lärm, Unruhe; nicht ruhig:* hier ist es zu l.; eine laute Straße. **sinnv.:** geräuschvoll, lärmerfüllt, ohrenbetäubend, unruhig. **II.** ⟨Präp. mit Gen., auch mit Dativ⟩ *nach den Angaben, dem Wortlaut des/der/von ...:* l. eines Gutachtens/einem Gutachten; l. beiliegender/beiliegenden Rechnungen; /im Plural mit Dativ, wenn ein stark flektierendes Substantiv ohne Artikel, Pronomen oder Attribut angeschlossen ist/ l. Gesetzen; /besonders ein stark flektierendes Substantiv im Singular oder ein unmittelbar angeschlossener Name bleibt ungebeugt/ l. Bericht vom 1. Oktober; l. Gesetz; l. Paragraph 12; l. [Professor] Schmidt. **sinnv.:** ↑gemäß.

Laut, der; -[e]s, -e: **a)** ↑*Ton:* man hörte keinen L.; klagende Laute. **sinnv.:** ↑Geräusch, ↑Klang. **Zus.:** Wohllaut. **b)** *kleinste Einheit der gesprochenen Sprache:* der L. a; Laute bilden. **sinnv.:** Buchstabe, Konsonant, Vokal. **Zus.:** Ab-, An-, Aus-, In-, Mit-, Selbst-, Um-, Zwielaut.

Lau|te, die; -, -n: *Zupfinstrument mit ovalem, an einer Seite spitz zulaufendem, bauchigem Resonanzkörper und einem Griffbrett mit kurzem, meist abge-*

knicktem Hals (siehe Bildleiste „Zupfinstrumente").

lau|ten, lautete, hat gelautet ⟨itr.⟩: *einen bestimmten Wortlaut haben:* der Text des Liedes lautet wie folgt ... **sinnv.:** ↑bedeuten, ↑heißen.

läu|ten, läutete, hat geläutet: **1.** ⟨itr.⟩ *(von einer Glocke) in Schwingung gebracht werden und dadurch ertönen:* die Glocke läutet. **sinnv.:** bimmeln, gongen, klingen. **Zus.:** einläuten. **2. a)** ⟨tr./itr.⟩ *[die Glocke] ertönen lassen:* er läutet [die Glocke]. **b)** ⟨itr.⟩ ↑*klingeln* (1): an der Tür l.; es hat geläutet.

lau|ter: I. ⟨Adj.⟩ *rein und unverfälscht:* das ist die lautere Wahrheit; er hat einen lauteren Charakter. **sinnv.:** ↑bar, ↑klar, makellos, sauber, ungetrübt, unvermischt. **II.** ⟨Adverb⟩ *nur, nichts als:* das sind l. Lügen; er redete l. dummes Zeug.

läu|tern (geh.): **a)** ⟨tr.⟩ *von charakterlichen Schwächen, Fehlern befreien:* das Leid hat ihn geläutert. **sinnv.:** ↑bessern. **b)** ⟨sich l.⟩ *innerliche Reife erlangen:* sie hatten sich nicht geläutert. **sinnv.:** sich ↑bessern.

laut|hals ⟨Adverb⟩: *mit [bewußt] lauter Stimme, besonders, nachdrücklich laut:* l. nach der Todesstrafe schreien; er stritt l. eine Unterstützung des Regimes ab; l. schimpfen; l. etwas verkünden; /nicht korrekt der Gebrauch als Adjektiv:/ das lauthalse Geschrei nach Freiheit. **sinnv.:** ↑laut.

laut|los ⟨Adj.⟩: *nicht hörbar, ohne jedes Geräusch:* lautlose Stille; l. schleichen. **sinnv.:** ↑leise.

Laut|spre|cher, der; -s, -: *elektrisches Gerät, das Töne [verstärkt] wiedergibt:* der Vortrag wurde mit Lautsprechern übertragen; eine neue Meldung kam über den L. **sinnv.:** Box, Flüstertüte, Megaphon, Verstärker.

laut|stark ⟨Adj.⟩: *[aus einer erregten Stimmung heraus] unüberhörbar laut [sich Gehör verschaffend]:* etwas l. verkünden. **sinnv.:** ↑laut.

Laut|stär|ke, die; -: *große Intensität des Schalls (eines Tones, einer Stimme o. ä.).* **sinnv.:** ↑Lärm. **Zus.:** Zimmerlautstärke.

lau|warm ⟨Adj.⟩: *nur mäßig warm:* lauwarme Milch. **sinnv.:** ↑lau.

La|va, die; -: *die beim Ausbruch eines Vulkans an die Oberfläche der Erde tretende flüssige Masse und das daraus entstehende Gestein.*

La|ven|del, der; -s, -: *Pflanze mit schmalen Blättern und violetten, stark duftenden Blüten (aus denen Öl für Parfüm gewonnen wird).*

la|vie|ren ⟨itr.⟩: *sich in schwierigen Lagen geschickt verhalten:* er lavierte zwischen den Parteien. **sinnv.:** ↑jonglieren, manövrieren, taktieren.

La|wi|ne, die; -, -n: **1.** *herabstürzende [und im Abrollen immer größer werdende] Masse von Schnee oder Eis:* eine L. begrub die Hütte. **Zus.:** Eis-, Preis-, Schneelawine. **2.** ***eine Lawine von ...:** *besonders viel[e]:* eine L. von Protesten. **sinnv.:** -berg, ↑Menge, -schwemme, Unzahl.

-la|wi|ne, die; -, -n: **1.** ⟨Suffixoid⟩ (emotional): */besagt, daß das im Basiswort Genannte [in besorgniserregender Weise] immer mehr wird, nicht einzudämmen ist [und auf den Betroffenen zukommt]/:* Antrags-, Ausgaben-, Kauf-, Kosten-, Prozeß-, Schuldenlawine. **sinnv.:** -berg, -schwemme. **2.** ⟨als Grundwort⟩ *wie eine Lawine [von] ..., viel ...:* Erd-, Gäste-, Geröll-, Sand-, Schutt-, Staub-, Steinlawine; /elliptisch/ (ugs.) Blechlawine *(viele sich langsam vorwärtsbewegende Autos).*

lax ⟨Adj.⟩: *nachlässig, ohne feste Grundsätze:* eine laxe Auffassung. **sinnv.:** ↑freiheitlich, nachlässig.

La|za|rett, das; -s, -e: *Krankenhaus für Soldaten.* **sinnv.:** Militärhospital, Militärkrankenhaus, Truppenverbandsplatz · ↑Krankenhaus. **Zus.:** Feld-, Kriegs-, Schiffslazarett.

Lea|sing ['li:zɪŋ], das; -s, -s: *Form des Mietens bzw. Vermietens von Gütern, wobei deren Produzenten selbst oder eine spezielle Firma als Vermieter fungiert.* **sinnv.:** Verleih · mieten.

le|ben ⟨itr.⟩: **1.** *am Leben sein:* das Kind lebt [noch]. **sinnv.:** lebendig sein. **2.** *auf der Welt sein, existieren:* dieser Maler lebte im 18. Jahrhundert. **sinnv.:** dasein, ↑existieren, vorhanden sein. **3.** *sein Leben (in bestimmter Weise) verbringen:* gut, schlecht, in Frieden l.; leb[e] wohl! /Abschiedsgruß/. **sinnv.:** sein Dasein fristen, dastehen, sich durchschlagen, es sich gutgehen lassen, ein Hundeleben führen, schwelgen, vegetieren. **4.** *längere Zeit wohnen:* er hat in Köln gelebt. **sinnv.:** sich ↑aufhalten. **5.** *sich ernähren, erhalten:* er lebt von den Zinsen seines Vermögens; diät l. **sinnv.:** sich ↑ernähren.

Le|ben, das; -s, -: **1.** *Dasein, Existenz eines Lebewesens:* ein schönes, langes L.; sein L. genießen. **sinnv.:** Dasein, Existenz, Lebensweg, Sein, Vita. **Zus.:** Doppel-, Ehe-, Eigen-, Familien-, Soldaten-, Studentenleben. **2.** *Gesamtheit der Vorgänge und Regungen:* das gesellschaftliche, geistige L. [in dieser Stadt]. **Zus.:** Berufs-, Nacht-, Vereinsleben.

le|ben|dig ⟨Adj.⟩: **a)** *in munterer Weise lebhaft:* eine lebendige Phantasie. **sinnv.:** ↑angeregt. **Zus.:** quick-, springlebendig. **b)** *lebend [und nicht tot]:* der Fisch ist noch l. **sinnv.:** am Leben.

Le|bens|ge|fahr, die; -: *das Leben bedrohende, tödliche Gefahr:* jmdn. unter L. retten; bei dem Patienten besteht L.; der Kranke ist in, außer L. **sinnv.:** ↑Gefahr.

Le|bens|ge|fähr|te, der; -n, -n, **Le|bens|ge|fähr|tin,** die; -, -nen: *männliche bzw. weibliche Person, die ihr Leben mit einem Partner gemeinsam verbringt:* sie lebt mit ihrem Lebensgefährten auf einem Bauernhof. **sinnv.:** ↑Ehemann, ↑Ehefrau, ↑Geliebte[r]; Freund[in].

Le|bens|hal|tung, die; -, -en: *Gestaltung des Lebens in bezug auf die privaten wirtschaftlichen Verhältnisse:* ihre L. war sehr bescheiden. **sinnv.:** Lebensunterhalt.

le|bens|läng|lich ⟨Adj.⟩: *(in bezug auf Freiheitsstrafen) bis zum Tode dauernd, auf Lebenszeit:* ein l. Inhaftierter. **sinnv.:** auf Dauer, lebenslang.

Le|bens|lauf, der; -[e]s, Lebensläufe: *[schriftlich dargestellter] Ablauf des Lebens eines Menschen, bes. seiner Ausbildung und beruflichen Entwicklung:* seinen L. schreiben; bei seiner Bewerbung mußte er einen L. einreichen. **sinnv.:** ↑Laufbahn; ↑Vergangenheit.

Le|bens|mit|tel, das; -s, -: *Ware zum Essen oder Trinken, die zum Bedarf des täglichen Lebens gehört.* **sinnv.:** Eßwaren, Fressalien, Genußmittel, Nahrungsmittel, Naturalien, Viktualien.

le|bens|mü|de ⟨Adj.⟩: *ohne Willen zum Weiterleben, den Tod* *herbeiführen wollend:* ein Polizist rettete die l. Frau. **sinnv.:** ↑mutlos · Freitod.

le|bens|nah ‹Adj.›: *den tatsächlichen Gegebenheiten des menschlichen Lebens entsprechend, ihnen gerecht werdend:* lebensnahen Unterricht geben.

Le|bens|ret|ter, der; -s, -: *jmd., der [unter Einsatz des eigenen Lebens] einen Menschen vor dem Tod rettet:* bei dem Einsatz wurde einer der L. selbst schwer verletzt.

le|bens|tüch|tig ‹Adj.›: *den Forderungen des Lebens gewachsen:* er hat seine Kinder zu lebenstüchtigen Menschen erzogen. **sinnv.:** ↑geschickt, mitten im Leben stehend, tüchtig.

Le|bens|un|ter|halt, der; -[e]s: *gesamter finanzieller Aufwand, den man für die Dinge braucht, die zum Leben nötig sind:* seinen L. als Zeichner/mit Zeichnen verdienen. **sinnv.:** Alimentation, Erhaltung, Ernährung, Fortkommen, Haushaltungskosten, Lebenshaltung, Lebenshaltungskosten, Unterhalt, Versorgung.

Le|bens|wan|del, der; -s: *Art des sittlichen Verhaltens im Leben:* einen vorbildlichen L. führen; ein lockerer L.

Le|bens|weg, der; -[e]s, -e: *Verlauf des Lebens:* ein langer, gemeinsamer L. **sinnv.:** ↑Laufbahn, ↑Leben.

Le|bens|wei|se, die; -, -n: *die Art und Weise, wie jmd. (im Hinblick auf Ernährung, Bewegung, Gesundheit) sein Leben gestaltet:* eine gesunde, solide L. **sinnv.:** Lebensart, Lebensform, Lebensführung, Lebensgestaltung, Lebensgewohnheit, Lebensstil.

le|bens|wich|tig ‹Adj.›: *für die Erhaltung und den weiteren Verlauf des Lebens wichtig:* lebenswichtige Nährstoffe. **sinnv.:** entscheidend, äußerst ↑wichtig.

Le|bens|zei|chen, das; -s, -: *Anzeichen, Beweis dafür, daß jmd. noch lebt:* der Verunglückte gab kein L. mehr von sich; ein L. von jmdm. erhalten.

Le|ber, die; -, -n: *menschliches oder tierisches Organ, das der Regelung des Stoffwechsels sowie der Entgiftung des Blutes dient.* **sinnv.:** ↑Innereien. **Zus.:** Fett-, Gänse-, Hühner-, Kalbs-, Schrumpf-, Schweins-, Trinkerleber.

Le|ber|fleck, der; -[e]s, -e: *dunkelbrauner Fleck auf der Haut:* er hat einen L. auf dem Rücken. **sinnv.:** Muttermal.

Le|ber|tran, der; -s: *aus der Leber bestimmter Fische gewonnenes, vitaminreiches Öl (das besonders Kindern als Arznei- und Stärkungsmittel verabreicht wird):* L. einnehmen.

Le|ber|wurst, die; -, Leberwürste: *aus gekochter Leber und Speck bestehende Wurst, die leicht geräuchert ist:* eine Scheibe Brot mit L. bestreichen. **sinnv.:** ↑Wurst. **Zus.:** Hausmacher-, Kalbs-, Landleberwurst.

Le|be|we|sen, das; -s, -: *Wesen mit organischem Leben, bes. Mensch oder Tier.* **sinnv.:** ↑Geschöpf.

leb|haft ‹Adj.›: **a)** *viel Lebendigkeit, Mobilität und Vitalität erkennen lassend:* ein lebhafter Mensch; eine lebhafte Diskussion; lebhaftes Treiben auf der Straße. **sinnv.:** alert, ↑angeregt, ausgelassen, beweglich, bunt, ↑dynamisch, explosiv, feurig, getrieben, heftig, heißblütig, mobil, quecksilbrig, rassig, rege, sanguinisch, stürmisch, schwung-, temperamentvoll, unruhig, vehement, vif, vital, wild. **b)** *(in bezug auf das Vorstellungsvermögen) sehr deutlich (bis in die Einzelheiten):* etwas in lebhafter Erinnerung haben; das kann ich mir l. vorstellen. **sinnv.:** ↑anschaulich. **c)** *kräftig (in den Farben):* ein lebhaftes Rot; eine l. gemusterte Krawatte. **sinnv.:** ↑bunt. **d)** *sehr stark:* lebhafter Beifall; das interessiert mich l. **sinnv.:** ↑sehr.

Leb|ku|chen, der; -s, -: *ein mit Sirup oder Honig und vielen Gewürzen hergestelltes Gebäck.* **sinnv.:** Honigkuchen, Lebzelten, Pfefferkuchen, Printe; ↑Gebäck.

leb|los ‹Adj.›: *ohne Anzeichen von Leben:* l. daliegen. **sinnv.:** ↑tot.

lech|zen ‹itr.›: (geh.) *(nach etwas, was man für seine Existenz o. ä. dringend braucht oder herbeisehnt) mit heftiger Begierde verlangen:* er lechzt nach einem Trunk Wasser. **sinnv.:** gieren nach, ↑streben.

leck ‹Adj.›: *(von Schiffen, Tanks o. ä. in bezug auf einen Schaden) nicht dicht, Flüssigkeit durchlassend:* das Schiff, das Faß ist l. **sinnv.:** ↑durchlässig.

Leck, das; -s, -s: *Loch, undichte Stelle, bes. in Schiffen:* ein L. haben. **sinnv.:** ↑Riß.

lecken: I. ‹tr./itr.› *(etwas) mit der Zunge streichend berühren:* das Kind leckt am Eis; der Hund leckt mir die Hand. **sinnv.:** abschlecken, lutschen, schlecken. **Zus.:** ab-, auslecken. **II.** ‹itr.› *ein Leck haben, Flüssigkeit durchlassen:* das Boot, das Faß leckt. **sinnv.:** ↑fließen.

lecker ‹Adj.›: *besonders wohlschmeckend:* ein leckeres Mahl; dieses Gericht sieht l. aus. **sinnv.:** ↑appetitlich.

Lecker|bis|sen, der; -s, -: *etwas besonders Wohlschmeckendes:* ein köstlicher L. **sinnv.:** Delikatesse, Feinkost, Gaumenfreude, Gaumenkitzel, Gaumenreiz, Köstlichkeit, Schmankerl.

Lecke|rei, die; -, -en: *etwas besonders Leckeres, insbesondere etwas Süßes.* **sinnv.:** ↑Süßigkeit.

Le|der, das; -s, -: **1.** *aus Tierhaut durch Gerben gewonnenes Material (z. B. für Kleidung, Taschen):* L. verarbeiten; ein Buch in L. binden. **Zus.:** Krokodil-, Kunst-, Schweins-, Velours-, Wildleder. **2.** (Jargon) ↑*Fußball:* das L. rollte ins Tor.

le|dig ‹Adj.›: *nicht verheiratet:* ein lediger junger Mann; l. bleiben; eine ledige Mutter. **sinnv.:** alleinstehend, ehelos, noch zu haben, unbemannt, unbeweibt, unverheiratet · Junggeselle, Single.

le|dig|lich ‹Adverb›: *nur, weiter nichts als:* er berichtet l. Tatsachen. **sinnv.:** ↑ausschließlich.

Lee: ‹in den Fügungen› in/nach L.: *auf/nach der vom Wind abgewandten Seite [eines Schiffes].*

leer ‹Adj.›: **a)** *nichts enthaltend, ohne Inhalt* /Ggs. voll/: ein leeres Faß; der Tank ist l.; mit leerem Magen zur Arbeit gehen. **b)** *ohne daß jmd./etwas auf/in etwas vorhanden ist:* ein leeres Nest; der Stuhl blieb l. **sinnv.:** ↑frei. **Zus.:** menschenleer. **c)** *überraschend wenig besetzt, besucht o. ä.:* heute war es beim Arzt ganz l., nur zwei Patienten waren vor mir dran; im Kino ist es gestern leerer gewesen als heute. **d)** *Sinn und Inhalt vermissen lassend:* leere Worte, Versprechungen; leerer Prunk. **sinnv.:** ↑banal. **Zus.:** gedanken-, inhaltsleer.

-leer ‹adjektivisches Suffixoid›: *ohne das im substantivischen Basiswort Genannte* /drückt Bedauern in bezug auf das Fehlen von etwas üblicherweise Vorhandenem, Kritik an dem Mangel aus/: ausdrucks-, gedanken-, inhaltsleer. **sinnv.:** -arm, -frei, -los, -schwach.

Lee|re, die; -: *das Leersein:* eine innere L.; im Stadion herrschte gähnende L. **sinnv.:** Öde, Vakuum, Verlassenheit.

lee|ren: a) ‹tr.› *(etwas) leer machen:* ein Faß l. **sinnv.:** ausgießen, ↑ausladen, ↑auspacken, ↑auspumpen, ausräumen, ausschütten, ↑austrinken. **Zus.:** aus-, entleeren. **b)** ‹sich l.› *leer werden:* der Saal leerte sich schnell.

Leer|gut, das; -[e]s: *Gesamtheit leerer Behältnisse (die zur Wiederverwendung bestimmt sind):* das L. abtransportieren.

Leer|lauf, der; -[e]s: **1.** *das Laufen, Inbetriebsein (einer Maschine), ohne dabei Arbeit zu leisten:* die Maschine auf L. schalten; der Wagen läuft im L. **2.** *nutzlose, nicht sinnvolle, nicht rationelle Tätigkeit:* in diesem Betrieb gibt es viel L.

leer|ste|hend ‹Adj.›: *(von Räumen usw.) nicht bewohnt:* eine leerstehende Wohnung. **sinnv.:** unbewohnt.

Lee|rung, die; -, -en: *das Leeren (bes. eines Briefkastens):* die nächste L. erfolgt in einer Stunde. **Zus.:** Briefkasten-, Nachtleerung.

Lef|ze, die; -, -n: *Lippe (bei Hund und Raubwild):* der Wolf öffnete die Lefzen, so daß seine Zunge sichtbar wurde.

le|gal ‹Adj.›: *gesetzlich [erlaubt], dem Gesetz gemäß, entsprechend* /Ggs. illegal/: sich l. verhalten; auf legalem Wege gegen jmdn. vorgehen. **sinnv.:** ↑rechtmäßig.

le|ga|li|sie|ren ‹tr.›: *legal machen:* einen Umsturz l.; sie legalisierten ihre Beziehungen durch die Eheschließung.

Le|ga|li|tät, die; -: *Rechtmäßigkeit (in bezug auf eine Handlung):* den Anordnungen den Schein der L. verleihen. **sinnv.:** Gesetzlichkeit, Gesetzmäßigkeit.

le|gen: 1. ‹tr.› *bewirken, daß jmd. oder etwas (an einer bestimmten Stelle) liegt:* das Buch auf den Tisch, das Brot in den Korb l.; ‹auch sich l.› sich ins Bett l. **sinnv.:** ↑packen, ↑plazieren, ↑stellen, ↑tun. **Zus.:** ab-, fort-, um-, zurücklegen. **2.** ‹sich l.› *(in bezug auf etwas, was vorübergehend ein ungewöhnliches Ausmaß angenommen hat) wieder still werden, aufhören:* der Wind legt sich; sein Zorn hat sich gelegt. **sinnv.:** ↑beenden, sich beruhigen, ↑enden, ↑nachlassen.

le|gen|där ‹Adj.›: *wie aus einer Legende stammend; in einzelnen Zügen nicht mehr faßbar, aber berühmt und verehrt:* bereits zehn Jahre nach seinem Tod war er zu einer legendären Gestalt geworden. **sinnv.:** berühmt, legendenhaft, legendenumwoben, mythisch, sagenhaft, sagenumwoben.

Le|gen|de, die; -, -n: **1.** *von [einem] Heiligen handelnde religiöse Erzählung.* **sinnv.:** Heiligenerzählung, Heiligenleben · ↑Erzählung. **Zus.:** Heiligen-, Marienlegende. **2.** *nicht den Tatsachen entsprechende Behauptung:* daß er Geld haben soll, halte ich für eine L. **sinnv.:** ↑Lüge. **Zus.:** Dolchstoßlegende. **3.** *Erklärung der (auf einer Landkarte o. ä.) verwendeten Zeichen.*

le|ger [leˈʒɛːɐ̯] ‹Adj.›: *(in bezug auf die Art und Weise, wie jmd. etwas tut o. ä.) locker und lässig:* eine legere, kameradschaftliche Atmosphäre; legere Kleidung; ein l. geknoteter Seidenschal; sie lebten im Urlaub im Wohnwagen ganz l.; sein Benehmen war sehr l. **sinnv.:** ↑ungezwungen.

Le|gie|rung, die; -, -en: *durch Zusammenschmelzen entstandenes Gemisch verschiedener Metalle:* Bronze ist eine L. aus Kupfer und Zinn. **sinnv.:** ↑Mischung. **Zus.:** Chrom-, Gold-, Kupferlegierung.

Le|gi|on, die; -, -en: **1.** *[altrömische] Heereseinheit.* **2. *a) Legionen von ...:** *sehr viele:* Legionen von Ameisen ... **b) etwas ist L.:** *etwas ist in überaus großer Anzahl vorhanden:* die Zahl der Orden, die er hat, ist L. **sinnv.:** ↑Menge. **Zus.:** Fremden-, Ehrenlegion.

le|gi|tim ‹Adj.›: **a)** *im Rahmen bestehender Vorschriften [erfolgend]* /Ggs. illegitim/: ein legitimer Anspruch; die legitime Regierung. **sinnv.:** ↑rechtmäßig. **b)** *verständlich und vertretbar:* eine Gehaltserhöhung wäre nur l.; das legitime Interesse, schnell einen Nachfolger zu finden. **sinnv.:** berechtigt, begründet.

le|gi|ti|mie|ren: 1. ‹tr.› *jmdn./etwas für legitim erklären:* sein Vorgehen wurde nachträglich legitimiert. **sinnv.:** ↑billigen. **2.** ‹sich l.› *bestimmte Eigenschaften oder Rechte durch ein Schriftstück nachweisen:* er legitimierte sich als Vertreter seiner Firma. **sinnv.:** sich ausweisen.

Lehm, der; -s: *aus Ton und Sand bestehende, schmierig-klebrige, gelblichbraune Erde.* **sinnv.:** ↑Erde.

Leh|ne, die; -, -n: *Stütze für Rücken oder Arme an Stühlen, Bänken o. ä.* **Zus.:** Arm-, Rükken-, Stuhllehne.

leh|nen: 1. ‹tr.› *schräg an einen stützenden Gegenstand stellen:* das Brett an/gegen die Wand l. **2.** ‹sich l.› **a)** *sich schräg gegen oder auf etwas/jmdn. stützen:* sie lehnte sich an ihn. **sinnv.:** sich ↑aufstützen. **b)** *sich ↑beugen:* er lehnt sich über den Zaun, aus dem Fenster. **3.** ‹itr.› *schräg gegen etwas gestützt stehen oder sitzen:* das Fahrrad lehnt an der Wand. **sinnv.:** sich ↑befinden.

Leh|re, die; -, -n: **1.** *[Zeit der] Ausbildung für einen bestimmten Beruf, bes. in Handel und Gewerbe:* bei jmdm. in die L. gehen; eine L. abschließen. **sinnv.:** Ausbildung, Berufsausbildung, Lehrjahr, Lehrzeit, Vorbereitung. **2.** *System der Anschauung und der belehrenden Darstellung auf einem bestimmten Gebiet:* die L. Hegels; die L. vom Schall. **sinnv.:** ↑Ansicht, Behauptung, Dogma, Doktrin, Gedankensystem, Glaubenssystem, Lehrmeinung, Lehrsatz, Moral, Satz, Schulmeinung, Theorie, These, Weltanschauung. **Zus.:** Abstammungs-, Betriebswirtschafts-, Glaubens-, Irrlehre. **3.** *Erfahrung, die man auf Grund bestimmter Vorfälle macht:* das soll eine L. für ihn sein; eine bittere L. **sinnv.:** ↑Erfahrung, Richtschnur, Verhaltensregel.

leh|ren ‹tr.› /vgl. gelehrt/: **a)** *(jmdn.) in etwas unterrichten, (jmdm.) Kenntnisse, Erfahrungen beibringen:* Deutsch, Geschichte l.; er lehrt die Kinder rechnen. **sinnv.:** anhalten, ↑anleiten, beibringen, belehren, dozieren, einarbeiten, einprägen, eintrichtern, instruieren, nahebringen, schulmeistern, unterrichten, unterweisen, vermitteln, vertraut machen, vormachen, ↑zeigen. **Zus.:** belehren. **b)** *(als Sache) etwas ganz deutlich zeigen, deutlich werden lassen:* die Geschichte lehrt, ...; das wird die Zukunft l. **sinnv.:** deutlich machen, zeigen.

Leh|rer, der; -s, -, **Leh|re|rin,**

die; -, -nen: **1.** *männliche bzw. weibliche Person, die an einer Schule o. ä. Unterricht erteilt* /Ggs. Schüler/. **sinnv.:** ↑Ausbilder, Erzieher, Lehrkraft, Lehrmeister, Pädagoge, Pauker, Schulmeister. **Zus.:** Dorfschul-, Grundschul-, Gymnasial-, Hauptschul-, Haus-, Realschullehrer. **2.** *männliche bzw. weibliche Person, von der jmd. etwas (eine bestimmte Kunst, Fertigkeit) gelernt hat, die ihm Vorbild für die eigene Ausübung von etwas ist:* sein Lehrer war der große Gründgens; er sprach enthusiastisch von seinem berühmten Lehrer Sauerbruch; die Lyrikerin Sarah Kirsch betrachtet die Droste als ihre Lehrerin; Käthe Kollwitz war seine Lehrerin. **sinnv.:** Vorbild, Leitbild.

Lehr|gang, der; -[e]s, Lehrgänge: *Einrichtung zur planmäßigen Schulung mehrerer Teilnehmer innerhalb einer bestimmten Zeit:* einen L. mitmachen. **sinnv.:** ↑Unterricht.

Lehr|jahr, das; -[e]s, -e: *Jahr der Lehrzeit:* im ersten L. stehen; an einer kleinen Bühne seine Lehrjahre absolvieren. **sinnv.:** ↑Lehre, Lehrzeit; ↑-jahr.

Lehr|ling, der; -s, -e: *jmd., der in einer Lehre ausgebildet wird.* **sinnv.:** Anlernling, Auszubildende[r], Azubi, Lehrbub, Lehrjunge, Lehrmädchen, Stift · Geselle. **Zus.:** Bank-, Fleischer-, Tischlerlehrling.

lehr|reich ⟨Adj.⟩: *gute und wirkungsvolle Belehrung vermittelnd:* eine lehrreiche Abhandlung; der Versuch war sehr l. **sinnv.:** ↑interessant.

Lehr|satz, der; -es, Lehrsätze: *grundlegende wissenschaftliche Aussage.* **sinnv.:** ↑Lehre.

Lehr|stoff, der; -[e]s, -e: *im Unterricht durchzunehmender oder durchgenommener Stoff:* ein umfangreicher L. **sinnv.:** ↑Pensum.

Lehr|stuhl, der; -[e]s, Lehrstühle: *planmäßige Stelle eines Professors an einer Universität oder Hochschule:* ein L. für Physik. **sinnv.:** Ordinariat, Professur.

Leib, der; -es, Leiber: **a)** (geh.) ↑*Körper.* **b)** *der untere Teil des Körpers:* jmdn. in den L. treten. **sinnv.:** ↑Bauch. **Zus.:** Unterleib.

Leib|ei|gen|schaft die; - (hist.): *persönliche und wirtschaftliche Abhängigkeit von einem Herrn:* die L. aufheben. **sinnv.:** Abhängigkeit, Hörigkeit, Knechtschaft, Sklaverei, Unfreiheit, Unselbständigkeit.

Lei|bes|vi|si|ta|ti|on, die; -, -en: *Durchsuchung der auf dem Körper getragenen Kleidung einer Person durch Polizisten oder Beamte beim Zoll:* er mußte sich einer L. unterziehen. **sinnv.:** Durchsuchung, Kontrolle · filzen.

Leib|ge|richt, das; -[e]s, -e: *Speise, die jmd. am liebsten ißt:* an seinem Geburtstag gab es sein L. **sinnv.:** Leibspeise, Leib-und-Magen-Gericht, Lieblingsessen, Lieblingsgericht, Lieblingsspeise.

leib|haf|tig [auch: leib...]: **a)** *mit den Sinnen unmittelbar wahrnehmbar, konkret vorhanden, körperhaft:* der leibhaftige Tod; plötzlich stand sie l. vor uns. **sinnv.:** körperlich, in eigener Person, ↑wirklich. **b)** (emotional) *(in bezug auf ein Lebewesen) ganz echt (wie man es sonst nie oder nur ganz selten sieht):* eine leibhaftige Prinzessin; ein leibhaftiger Indianer. **sinnv.:** in persona, richtig, ↑wirklich.

leib|lich ⟨Adj.⟩: **1.** *unmittelbar verwandt:* das ist nicht sein leiblicher Vater; /als Vorwurf verstärkend/ mein leiblicher Bruder hat mich angezeigt. **sinnv.:** blutsverwandt. **2.** *den Leib betreffend:* leibliche Bedürfnisse; auf das leibliche Wohl der Gäste bedacht sein. **sinnv.:** ↑physisch.

Leib|spei|se, die; -, -n: ↑*Leibgericht.*

Leib|wa|che, die; -, -n: *die für den Schutz einer exponierten Persönlichkeit verantwortliche Wache:* eine L. haben. **sinnv.:** Bodyguard, ↑Garde, Leibgarde.

Lei|che, die; -, -n: *toter menschlicher Körper:* er mußte eine L. sezieren. **sinnv.:** Leichnam, Mumie, Tote[r], sterbliche Überreste · ↑Kadaver. **Zus.:** Bier-, Kartei-, Tier-, Wasserleiche.

lei|chen|blaß ⟨Adj.⟩: *(durch Schreck, Angst o. ä.) in höchstem Grade blaß:* als sie von dem tödlichen Unfall hörte, sank sie l. in den Sessel. **sinnv.:** ↑blaß.

Leich|nam, der; -s, -e (geh.): ↑*Leiche.*

leicht ⟨Adj.⟩: **1. a)** *geringes Gewicht habend, nicht schwer [zu tragen]* /Ggs. schwer/: das Paket ist l. **Zus.:** federleicht. **b)** /scherzh. als Maßangabe für *schwer* in bezug auf ein bestimmtes, vergleichsweise geringes Gewicht/ sie ist 44 Kilo l. **2.** *bekömmlich (weil es den Magen nicht belastet):* eine leichte Reismahlzeit. **sinnv.:** leichtverdaulich, verträglich. **3.** *nur schwach ausgeprägt, von geringem Ausmaß, kaum merklich:* eine leichte Verletzung; leichter Regen; sein Gesicht war l. gerötet. **sinnv.:** geringfügig, ↑ minimal, ↑schwach. **4.** *keine Schwierigkeiten bereitend, mühelos [zu bewältigen]:* leichte Arbeit; dieses Problem läßt sich l. lösen. **sinnv.:** ↑mühelos. **Zus.:** baby-, kinder-, pflegeleicht. **5.** *beim geringsten Anlaß:* er wird l. böse. **sinnv.:** ↑schnell. **6.** *ohne besonderen geistigen Anspruch, nur unterhaltend:* leichte Musik, Lektüre. **sinnv.:** ↑einfach.

-leicht ⟨adjektivisches Suffixoid⟩: *in bezug auf das im Basiswort Genannte keine Schwierigkeiten o. ä. bereitend:* funktions-, gebrauchs-, pflegeleicht (pflegeleichte Oberhemden).

Leicht|ath|let, der; -en, -en, **Leicht|ath|le|tin,** die; -, -nen: *Sportler bzw. Sportlerin, der/die Leichtathletik betreibt:* er übergab dem Leichtathleten den Preis.

Leicht|ath|le|tik, die; -: *Gesamtheit der sportlichen Übungen, die Laufen, Springen, Werfen umfassen:* L. treiben.

Leicht|ath|le|tin: vgl. Leichtathlet.

leicht|fal|len, fällt leicht, fiel leicht, ist leichtgefallen ⟨itr.⟩: *keine Mühe machen:* diese Arbeit ist ihm leichtgefallen.

leicht|fer|tig ⟨Adj.⟩: *(im Urteil des Sprechers) unbedacht, in verantwortungsloser Weise gedankenlos:* ein leichtfertiger Mensch; sein Geld l. verschwenden; leichtfertige Worte. **sinnv.:** ↑leichtsinnig.

leicht|gläu|big ⟨Adj.⟩: *einem anderen und dessen Worten leicht, arglos glaubend, ihm Vertrauen schenkend:* dieser Reinfall war für mich eine ständige Mahnung, nicht zu l. zu sein. **sinnv.:** ↑arglos.

leicht|hin ⟨Adj.⟩: *ohne zu überlegen, ohne sich viele Gedanken zu machen:* etwas l. versprechen.

leicht|le|big ⟨Adj.⟩: *das Leben leichtnehmend, unbekümmert und fröhlich lebend:* ein leichtlebiger junger Mann. **sinnv.:** ↑lustig.

Leicht|sinn, der; -s: *unvorsichtige, [allzu] sorglose Haltung; fahrlässiges Verhalten:* ein beispielloser L.; etwas durch seinen L. verderben. **sinnv.:** Draufgängertum, Fahrlässigkeit, Sorglosigkeit, Übermut, Unbekümmertheit, Unvorsichtigkeit, Verantwortungslosigkeit.

leicht|sin|nig ⟨Adj.⟩: *durch Leichtsinn gekennzeichnet:* 1. bei Rot über die Straße laufen. **sinnv.:** fahrlässig, gedankenlos, impulsiv, leichtfertig, ↑planlos, ohne Sinn und Verstand, ↑unachtsam, unbedacht, unbesonnen, unüberlegt, unverantwortlich, unverzeihlich, ↑unvorsichtig.

leid: ⟨in der Fügung⟩ **jmdm. l. tun** *(Mitleid, Bedauern erregen):* das Kind tut mir l.; es tut mir l., daß ich dir nicht helfen kann. **sinnv.:** bedauern, ↑bereuen.

Leid, das; -[e]s: **a)** *tiefer seelischer Schmerz als Folge erfahrenen Unglücks:* der Krieg hat unermeßliches L. über die Menschen gebracht. **sinnv.:** Alpdruck, Drangsal, Gram, Jammer, Kummer, Kümmernis, ↑Last, Marter, Martyrium, Pein, Qual, Schmerz, Sorge, Tortur, ↑Unglück, Weh. **Zus.:** Herzeleid. **b)** *Unrecht, Böses, das jmdm. zugefügt wird:* dir soll kein L. geschehen. **sinnv.:** ↑Unglück, Unrecht.

lei|den, litt, hat gelitten ⟨itr.⟩: **1.** *einen Zustand von schwerer Krankheit, seelischem Leiden oder Schmerzen zu ertragen haben:* er hat bei dieser Krankheit viel l. müssen. **sinnv.:** ↑aushalten. **Zus.:** durch-, erleiden. **2.** *an einem bestimmten Leiden erkrankt sein, von etwas körperlich oder seelisch stark beeinträchtigt werden:* unter der Einsamkeit l.; an einer schweren Krankheit l. **sinnv.:** bedrückt sein, etwas mit sich herumschleppen, kranken, kränkeln, in Not sein, in der Tinte sitzen. **3.** ⟨als Funktionsverb⟩ *von etwas (Negativem) betroffen sein:* Mangel l.; Hunger l. **sinnv.:** betroffen sein, ertragen. **4. *jmdn./etwas nicht l. können:** *jmdn./etwas nicht gern haben, nicht mögen; jmdm. nicht gut gesinnt sein:* ich kann ihn, diese Musik nicht l. **sinnv.:** ↑hassen.

Lei|den, das; -s, -: **1.** *lang dauernde Krankheit:* ein schweres L. **sinnv.:** ↑Krankheit. **Zus.:** Leber-, Magen-, Nervenleiden. **2.** ⟨Plural⟩ *leidvolles Erleben:* die L. und Freuden des Lebens. **sinnv.:** Kummer, Schmerz.

Lei|den|schaft, die; -, -en: *heftiges, kaum zu beherrschendes, von innerer Spannung erfülltes Verlangen:* er spielt mit L. Schach; er war frei von jeder L. **sinnv.:** ↑Begeisterung, Begehren, Begehrlichkeit, Begier, Begierde, Geilheit, Gelüst, Gier, Liebe, Lust, Passion, Sinnlichkeit, Trieb, Verlangen. **Zus.:** Jagd-, Sammel-, Theaterleidenschaft.

lei|den|schaft|lich ⟨Adj.⟩: **1.** *mit heftiger Leidenschaft [sich äußernd]:* jmdn. l. lieben; leidenschaftlicher Haß. **sinnv.:** heftig, ↑sehr, stark, streitbar. **2.** *mit großer Leidenschaft an (dem genannten Tun) hängend, es betreibend:* er ist ein leidenschaftlicher Jäger. **sinnv.:** ↑besessen · abfahren auf.

lei|der ⟨Adverb⟩: *zu meinem Bedauern, unglücklicherweise:* ich kann l. nicht kommen. **sinnv.:** ↑bedauerlich, bedauerlicherweise, zu jmds. Bedauern, dummerweise, ein Jammer, jammerschade, zu meinem Leidwesen, schade, zu allem Unglück, unglücklicherweise, unglückseligerweise.

lei|dig ⟨Adj.⟩: *schon lange, immer wieder als unangenehm und lästig empfunden:* wenn das leidige Geld nicht wäre; dieses leidige Thema, diese leidige Angelegenheit wollen wir erst einmal ausklammern; sie suchten eine Lösung dieses leidigen Müllproblems; ein Abschluß in der langsam leidigen Frage scheint erreicht zu sein. **sinnv.:** ↑unerfreulich; ↑unangenehm.

leid|lich ⟨Adj.⟩: *einigermaßen [den Erwartungen entsprechend]:* die Straßen sind in leidlichem Zustand; mir geht es l. [gut]. **sinnv.:** ↑genug, ↑passabel.

Leid|tra|gen|de, der und die; -n, -n ⟨aber: [ein] Leidtragender, Plural: [viele] Leidtragende⟩: *Angehöriger bzw. Angehörige eines gerade Verstorbenen:* die Leidtragenden folgten dem Sarge. **sinnv.:** Betroffener, Hinterbliebener, Trauernder · Trauergemeinde.

Lei|er|kas|ten, der; -s, Leierkästen: *(von Straßenmusikanten benutzte) Art kleiner Orgel (in Form eines auf einem fahrbaren Gestell befindlichen Kastens), bei der durch das Drehen einer Kurbel Musik zum Erklingen gebracht wird.* **sinnv.:** Drehorgel · Bänkelsänger.

lei|hen, lieh, hat geliehen: **1.** ⟨tr.⟩ *(jmdm.) zum vorübergehenden Gebrauch geben:* er lieh mir hundert Mark. **sinnv.:** ausborgen, ausleihen, borgen, ein Darlehen gewähren, finanzieren, lassen, pumpen, zur Verfügung stellen. **Zus.:** aus-, verleihen. **2.** ⟨itr.⟩ *sich zu vorübergehendem Gebrauch geben lassen:* ich habe mir das Buch [von meinem Freund] geliehen. **sinnv.:** anpumpen, anschreiben, anzapfen, aufnehmen, [sich] ausleihen, borgen, entlehnen, entleihen, pumpen, Schulden machen, Verbindlichkeiten eingehen. **Zus.:** aus-, entleihen.

Leim, der; -[e]s, -e: *[zähflüssiges] Mittel zum Kleben von Holz o. ä.* **sinnv.:** Alleskleber, Bindemittel, Kitt, Kleber, Klebstoff, Kleister. **Zus.:** Tischlerleim.

lei|men ⟨tr.⟩: **1.** *mit Leim kleben:* ein Spielzeug l. **sinnv.:** ↑kleben. **Zus.:** an-, zusammenleimen. **2.** ⟨ugs.⟩ *hereinlegen, übertölpeln:* wie konntest du dich so l. lassen? **sinnv.:** ↑betrügen.

-lein, das; -s, - ⟨Suffix; bewirkt Umlaut⟩ /Verkleinerungssilbe entsprechend -chen, jedoch oft mit poetischem, märchenhaftem oder altertümelndem Charakter, auch landschaftlich; bes in Verbindung mit Substantiven auf -ch, -g, -ng; selten in Verbindung mit Substantiven auf -el und dann meist mit Ausfall des e, z. B. Schlüsselein, Spieglein; bei Substantiven mit auslautendem -e fällt die Endung aus, z. B. Katze/Kätzlein; vgl. -chen/: **1.** Äuglein, Bächlein, Bettlein, Brüderlein, Döslein, Englein, Figürlein, Flüßlein, Geißlein, Häuslein, Hütlein, Kämmerlein, Kindlein, Knäblein, Männlein, Mäuslein, Mönchlein, Mütterlein, Näslein, Pöstlein (verkürzt aus: Posten), Ränzlein, Röslein, Sängerlein, Schwesterlein, Spätzlein, Täßlein, Tischlein, Tüchlein, Väslein, Vög[e]lein, Zwerglein. **2.** /fest in bestimmten Verbindungen und Bedeutungen/ Fähnlein, Fräulein, Mägd[e]lein, Scherflein, Stündlein (dein letztes S. hat geschlagen), Zünglein (das Z. an der Waage).

Lei|ne, die; -, -n: *kräftige, längere Schnur, an oder mit der etwas befestigt wird:* die Wäsche hängt auf der L.; den Hund an der L. führen. **sinnv.:** ↑Seil. **Zus.:** Hunde-, Wäscheleine.

Lei|nen, das; -s: *aus Fasern der Flachspflanze hergestelltes, stra-*

pazierfähiges Gewebe: ein Tischtuch aus L. **sinnv.:** ↑Stoff. **Zus.:** Bauern-, Halb-, Sackleinen.

Lein|sa|men, der; -s: *stark ölhaltiger, brauner Samen aus den Kapseln des Flachses.*

Lein|wand, die; -, Leinwände: **1.** *in bestimmter Art gewebtes Tuch (das besonders als Untergrund für Bilder verwendet wird):* auf L. malen. **2.** *aufgespannte helle Bahn aus Kunststoff o. ä., auf die Filme und Dias projiziert werden.*

lei|se ⟨Adj.⟩: **1.** *schwach hörbar* /Ggs. laut/: eine l. Stimme; l. gehen. **sinnv.:** flüsternd, im Flüsterton, geräuschlos, heimlich, kaum hörbar, lautlos, ruhig, still. **2.** *kaum wahrnehmbar, nur schwach ausgeprägt:* noch eine l. Hoffnung haben; etwas l. berühren. **sinnv.:** leicht, ↑minimal.

Lei|ste, die; -, -n: *etwas (aus Holz o. ä.), was lang und verhältnismäßig dünn und schmal ist und was an oder auf etwas Breiterem angebracht wird (z. B. als Einfassung, Rand):* vergoldete Leisten rahmten das Bild. **sinnv.:** ↑Brett. **Zus.:** Holz-, Quer-, Zierleiste.

lei|sten, leistete, hat geleistet ⟨tr.⟩: **1.** *durch Arbeiten erreichen (daß ein bestimmtes Ergebnis erzielt wird):* viel l.; er hat Großes geleistet. **sinnv.:** ausführen, ↑bewältigen, schaffen, vollbringen. **Zus.:** ableisten. **2.** (ugs.) **a)** *sich etwas anschaffen, zukommen lassen, was (für den Sprecher) etwas Besonderes darstellt:* wir leisten uns ein neues Auto; jetzt leiste ich mir ein Eis. **sinnv.:** ↑kaufen. **b)** *etwas zu tun wagen, ohne auf Normen o. ä. Rücksicht zu nehmen:* was der sich heute wieder geleistet hat!; bei deiner schlanken Figur kannst du es dir l., so etwas zu tragen. **sinnv.:** sich ↑erlauben.

Lei|sten, der; -s, -: *aus Eisen oder Holz hergestellte Nachbildung des Fußes, die für die Anfertigung und Reparatur von Schuhen verwendet wird:* Schuhe über den L. schlagen. **Zus.:** Schuhleisten.

Lei|stung, die; -, -en: **1. a)** *Produkt einer körperlichen oder geistigen Arbeit:* große Leistungen vollbringen. **sinnv.:** Tat, Werk · Rekord; ↑Verdienst. **Zus.:** Arbeits-, Best-, Glanz-, Höchst-, Meister-, Spitzen-, Vorleistung. **b)** *[finanzielle] Aufwendung:* die sozialen Leistungen einer Firma. **sinnv.:** ↑Unkosten. **Zus.:** Eigen-, Gegen-, Sozialleistung. **2.** *nutzbare Kraft [einer Maschine]:* die Maschine erreichte sehr bald ihre volle L. **sinnv.:** ↑Ausmaß, ↑Fähigkeit, Leistungsfähigkeit.

Lei|stungs|sport, der; -s: *Sport mit dem Ziel, hohe Leistungen zu erreichen.*

Leit|ar|ti|kel, der; -s, -: *Aufsatz, meist auf der ersten Seite einer Zeitung, in dem ein wichtiges aktuelles Problem kommentiert wird.* **sinnv.:** ↑Aufsatz.

Leit|bild, das; -[e]s, -er: *das den Menschen in seinem Empfinden und Handeln bestimmende Ideal:* einem religiösen, ethischen L. folgen. **sinnv.:** ↑Muster.

lei|ten, leitete, hat geleitet: **1.** ⟨tr.⟩ *[als Vorgesetzter] lenken, führen:* einen Betrieb, Verband l.; ein leitender Beamter. **sinnv.:** ↑dirigieren, ↑führen, ↑regieren. **Zus.:** anleiten. **2.** ⟨tr.⟩ *machen, daß etwas an eine bestimmte Stelle kommt, in eine bestimmte Bahn lenken, hinweisend führen:* Wasser in ein Becken l.; wir ließen uns vom Gefühl l. **sinnv.:** ↑führen. **3.** ⟨tr./itr.⟩ *hindurchgehen lassen:* Kupfer leitet [Elektrizität] gut.

Lei|ter: I. der; -s, -, **Lei|te|rin,** die; -, -nen: *verantwortliche, leitende Persönlichkeit:* der L. einer Abteilung. **sinnv.:** ↑Ältester, Boß, Bürgermeister, Chef, Dezernent, Direktor, Führer, Generaldirektor, Geschäftsführer, Gruppenführer, Intendant, ↑Meister, Referent, Vorarbeiter, Vorgesetzter, Vorsteher. **Zus.:** Abteilungs-, Delegations-, Filial-, Projekt-, Reiseleiter. **II.** die; -, -n: *Gerät mit Sprossen oder Stufen zum Hinauf- und Hinuntersteigen:* eine L. aufstellen; von der L. fallen. **sinnv.:** ↑Treppe. **Zus.:** Feuerwehr-, Strick-, Stehleiter.

Leit|fa|den, der; -s, Leitfäden: *knapp gefaßte Darstellung zur Einführung in ein bestimmtes Fach:* ein L. der Chemie. **sinnv.:** Grundriß, Hand-, Lehrbuch, Ratgeber.

Leit|ge|dan|ke, der; -ns, -n: *(eine Rede, ein schriftliches Werk) bestimmender Gedanke:* der L. dieser Abhandlung läßt sich mit wenigen Worten wiedergeben. **sinnv.:** roter Faden, Grundgedanke, Grundmotiv, Leitmotiv.

Leit|mo|tiv, das; -s, -e: *immer wiederkehrendes, charakteristisches Motiv:* die Leitmotive in Wagners Opern. **sinnv.:** ↑Leitgedanke.

Leit|plan|ke, die; -, -n: *[an gefährlichen Kurven, Böschungen] seitlich der Straße angebrachte Planke, die ein Abkommen der Fahrzeuge von der Fahrbahn verhindern soll:* der Wagen geriet ins Schleudern und prallte gegen die L.

Lei|tung, die; -, -en: **1. a)** ⟨ohne Plural⟩ *das Leiten, die Führung:* die L. übernehmen. **sinnv.:** Direktion, ↑Führung, Management, Moderation, Präsidium, Regie, Vorsitz; ↑Verwaltung. **Zus.:** Diskussions-, Gesamtleitung. **b)** *leitende Personengruppe:* der L. eines Warenhauses angehören. **sinnv.:** Direktion, Direktorium, Führung, Führungsgremium, Führungsstab, Management, Präsidium, Vorstand. **Zus.:** Gewerkschafts-, Parteileitung. **2.** *aus Rohren, Kabeln o. ä. bestehende Anlage zum Weiterleiten von Flüssigkeiten, Gas, Elektrizität:* eine L. verlegen. **sinnv.:** Pipeline, Röhre. **Zus.:** Rohr-, Telefon-, Wasserleitung.

Lei|tungs|was|ser, das; -s: *Wasser aus der Wasserleitung.* **sinnv.:** ↑Wasser.

Lek|ti|on, die; -, -en: **1.** *Abschnitt eines Lehrbuchs, der als Ganzes, als Übungseinheit behandelt werden soll.* **sinnv.:** ↑Pensum. **Zus.:** Einführungslektion.

Lek|tor, der; -s, Lektoren, **Lek|to|rin,** die; -, -nen: **1.** *Lehrer bzw. Lehrerin [an einer Hochschule], der/die Übungen in einer fremden Sprache abhält:* sich um die Stellung eines deutschen Lektors an einer schwedischen Universität bewerben. **sinnv.:** Lehrbeauftragter, Übungsleiter. **2.** *[wissenschaftlich ausgebildeter/ausgebildete] Mitarbeiter/Mitarbeiterin eines Verlages, der/die die eingehenden Manuskripte prüft.* **Zus.:** Chef-, Verlagslektor.

Lek|tü|re, die; -, -n: **1.** *Literatur, die [in der Schule] gelesen wird:* gute L. auswählen. **sinnv.:** Lesestoff, ↑Literatur. **Zus.:** Bett-, Pflicht-, Privatlektüre. **2.** ⟨ohne Plural⟩ *das Lesen [eines Buches]:* wir setzten die L. dieses Buches am Abend fort.

Len|de, die; -, -n: **a)** *Teil des Rückens unterhalb der Rippen.* **sinnv.:** ↑Flanke. **b)** *(beim Schlachtvieh) Fleisch der Lendengegend.* **sinnv.:** Filet. **Zus.:** Rinder-, Schweinelende.

lẹn|ken ⟨tr.⟩: **1.** *(einem Fahrzeug) eine bestimmte Richtung geben:* ein Auto l.; ⟨auch itr.⟩ du mußt richtig l.! **sinnv.:** ↑führen, ↑steuern. **2.** *veranlassen, daß sich etwas auf jmdn./etwas richtet:* den Verdacht auf jmd. anders l.; das Gespräch auf ein anderes Thema l. **sinnv.:** leiten, richten. **Zus.:** ablenken.

Lẹn|ker, der; -s, -: **1.** *jmd., der [ein Fahrzeug] lenkt.* **sinnv.:** Führer. **2.** *der Teil, z. B. an einem Fahrrad, mit dem gelenkt wird.* **sinnv.:** ↑Steuer (das).

Lẹnk|rad, das; -[e]s, Lenkräder: *einem Ring ähnliche Vorrichtung zum Lenken z. B. eines Autos.* **sinnv.:** ↑Steuer (das).

Lẹnk|stan|ge, die; -, -n: ↑*Lenker* (2). **sinnv.:** ↑Steuer (das).

Lẹnz, der; -es, -e (dicht.): **1.** ↑*Frühling.* **2.** ⟨nur Plural⟩ (scherzh.) *Lebensjahre:* sie zählt zwanzig Lenze.

-ler, der, -s, - ⟨Suffix; bewirkt in der Regel Umlaut, wenn das Basiswort ein Substantiv ist, das im Plural umlautfähig ist⟩ /häufig in der Journalistensprache; gelegentlich abwertend und dann in der Bedeutung *zu sehr, zu viel...*/: *jmd., der durch das im Basiswort Genannte (z. B. Beruf, Wohnort, Zugehörigkeit, Tätigkeit, bestimmte Eigenschaft) charakterisiert ist, das tut, vertritt, dazu gehört, auf dem Gebiet arbeitet:* **1.** ⟨mit substantivischem Basiswort⟩ **a)** ⟨als eigenständiges Substantiv⟩: Abstinenzler *(jmd., der abstinent lebt),* Altenheimler, Alternativler, Arbeitsrechtler, Ausflügler, Barackler *(jmd., der in einer Baracke wohnt),* Bürgerrechtler, Dolchstößler, Ehrgeizler, Ersatzdienstler, Fastnachtler, Friedensinitiativler, Gewerkschaftler, Impotenzler *(jmd., der impotent ist),* Infarktler *(jmd., der einen Herzinfarkt gehabt hat),* Kompromißler, Konsumverzichtler, Kriegsgewinnler *(jmd., der durch Krieg große Gewinne macht),* Kulturbetriebler, Langstreckler *(Langstreckenläufer),* Mittelständler, Postler, Protestler, Provinzler, Ruheständler, Ruhrgebietler *(jmd., der im Ruhrgebiet wohnt),* Showgeschäftler *(jmd., der im Showgeschäft tätig ist),* Sonnenwendler, Sozialausschüßler, Statusquoler, Südstaatler, Taxler, Übergewichtler *(jmd., der Übergewicht hat),* Umzügler, Untergründler, Unzüchtler, Vorständler, Widerständler, Wissenschaftler, Zeitgeschichtler. **sinnv.:** -er (z. B. Gewerkschafter). **b)** ⟨als substantivische Wortgruppe⟩: Altsprachler, Erstsemestler *(jmd., der im ersten Semester ist),* Freiberufler, Idealsprachler, Zweitkläßler *(Schüler der zweiten Klasse).* **c)** ⟨als Abkürzung⟩: CDUler *(jmd., der der CDU angehört),* DDRler. **2.** (selten) **a)** ⟨mit verbalem Basiswort⟩: Abweichler *(jmd., der von der Parteilinie abweicht),* Altertümler, Mißhandler, Versöhnler, Verwüstler. **b)** ⟨verbales oder substantivisches Basiswort⟩: Gewinnler, Umstürzler, Verzichtler. **3.** (selten) ⟨mit adverbialem Basiswort; als elliptischer Rest eines Substantivs⟩: Allroundler.

Lẹr|che, die; -, -n: *(am Boden nistender) Singvogel von unauffälliger Färbung, der mit trillerndem Gesang steil in die Höhe fliegt.* **Zus.:** Haubenlerche.

lẹr|nen /vgl. gelernt/: **a)** ⟨tr.⟩ *sich Kenntnisse und Fähigkeiten aneignen:* das Kind lernt sprechen; schwimmen l.; eine Sprache, einen Beruf l. **sinnv.:** sich aneignen, annehmen, ↑aufnehmen, sich zu eigen machen, sich einarbeiten, erarbeiten, erlernen, etwas gelehrt bekommen, sich Kenntnisse erwerben, studieren. **Zus.:** er-, verlernen. **b)** ⟨tr./itr.⟩ *sich (durch Übung) einprägen:* ein Gedicht [auswendig] l.; er lernt leicht. **sinnv.:** ackern, arbeiten, büffeln, ↑einprägen, ↑einstudieren, einüben, erarbeiten, exerzieren, ochsen, pauken, sich präparieren, trainieren.

lẹrn|fä|hig ⟨Adj.⟩: *die Fähigkeit besitzend, sich Neues anzueignen, sich auf veränderte Situationen einzustellen:* als Politiker sollte man l. sein.

Lẹs|be, die; -, -n (ugs.): *lesbische Frau.* **sinnv.:** Lesbierin.

lẹs|bisch ⟨Adj.⟩: *(von Frauen) in ihren sexuellen Empfindungen zum gleichen Geschlecht hinneigend:* lesbische Feministinnen; lesbische Liebe. **sinnv.:** ↑homosexuell.

le̱|sen, liest, las, hat gelesen: **a)** ⟨tr./itr.⟩ *einen Text mit den Augen und dem Verstand erfassen:* ein Buch, einen Brief l.; in der Zeitung l. **sinnv.:** blättern, durchschauen, entziffern, schmökern, studieren, überfliegen, verschlingen, sich versenken, sich vertiefen. **Zus.:** aus-, durchlesen. **b)** ⟨itr.⟩ *einen Text lesend vortragen:* der Dichter liest aus seinem neuen Buch. **sinnv.:** verlesen, vorlesen. **c)** ⟨itr./tr.⟩ *Vorlesungen (an einer Hochschule) halten:* er liest [über] englische Literatur.

Le̱|ser, der; -s, -, **Le̱|se|rin,** die; -, -nen: *männliche bzw. weibliche Person, die (etwas) liest:* im Vorwort wendet sich der Verfasser des Buches an seine L. **sinnv.:** Bücherwurm, Leseratte. **Zus.:** Zeitungsleser.

Le̱|se|rat|te, die; -, -n (ugs.; scherzh.): *jmd., der gern und viel liest:* sie ist eine richtige L.

le̱|ser|lich ⟨Adj.⟩: *gut zu lesen, zu entziffern* /Ggs. unleserlich/: eine leserliche Handschrift haben. **sinnv.:** lesbar.

Le̱|sung, die; -, -en: **1.** *das Lesen aus dichterischen oder religiösen Werken:* die L. hat sehr lange gedauert. **Zus.:** Dichterlesung, Vortrag. **2.** *parlamentarische Beratung über einen Gesetzesentwurf:* bei der dritten L. können noch Abänderungsanträge gestellt werden.

Le|thar|gi̱e, die; -: *Zustand der Interesselosigkeit und Teilnahmslosigkeit.* **sinnv.:** Apathie, Desinteresse, Gleichgültigkeit, Passivität, Trägheit.

le|thạr|gisch ⟨Adj.⟩: *durch Lethargie gekennzeichnet.* **sinnv.:** ↑träge.

Lẹt|ter, die; -, -n: **a)** *metallenes Stäbchen mit einem in Metall gegossenen Buchstaben, mit dessen Hilfe beim Drucken Buchstaben auf das Papier übertragen werden.* **b)** *gedruckter Buchstabe:* die Bekanntmachung ist in großen Lettern gedruckt. **sinnv.:** ↑Buchstabe; ↑Type.

lẹtzt... ⟨Adj.⟩ **a)** *in einer Reihe oder Folge den Schluß bildend:* der letzte sein; das letzte Haus links. **b)** *von einer Qualität, die als besonders, als nicht zu übertreffen schlecht empfunden wird:* das sind wirklich die letzten Äpfel, völlig verschrumpelt; das ist ja die letzte Musik; dieser Minister ist ja das Letzte; ich stand da wie der letzte Trottel; die guckten mich an wie den letzten Dreck. **sinnv.:** schlecht. **c)** *(als einziges) noch übriggeblieben:* mein letztes Geld; die letzten Exemplare. **sinnv.:** ↑restlich. **Zus.:** allerletzt... **d)** *gerade vergangen, unmittelbar vor der Gegenwart liegend:* am letzten Dienstag habe ich ihn noch gesehen. **sinnv.:** ↑vorig... **Zus.:** vorletzt...

lẹtz|tens ⟨Adverb⟩: *(in bezug auf die Gegenwart) vor kurzem:* l. hörte ich, daß er gestorben ist. **sinnv.:** ↑kürzlich.

lẹtzt|lich ⟨Adverb⟩: *schließlich und endlich:* l. hängt alles von dir ab; das ist l. die Hauptsache. **sinnv.:** letzten Endes, im Endeffekt, glücklich, im Grunde, letztendlich.

Leuch|te, die; -, -n: *Gegenstand, der als Träger einer künstlichen Lichtquelle (bes. von Glühbirnen) dient.* **sinnv.:** ↑Lampe. **Zus.:** Neon-, Wandleuchte.

leuch|ten, leuchtete, hat geleuchtet ⟨itr.⟩: **a)** *Licht von sich geben, verbreiten:* die Lampe leuchtet. **sinnv.:** blenden, blinken, blitzen, flimmern, funkeln, glänzen, glitzern, scheinen, schillern, schimmern, spiegeln, strahlen. **Zus.:** aufleuchten. **b)** *auf Grund seiner Farbe deutlich sichtbar werden:* das weiße Haus leuchtet durch die Bäume. **sinnv.:** blitzen, prangen, schillern. **Zus.:** hervorleuchten.

Leuch|ter, der; -s, -: *Gestell für eine oder für mehrere Kerzen* (siehe Bildleiste „Lampen"). **sinnv.:** Flambeau, Girandola, Kandelaber, Kerze, Kerzenständer, ↑Lampe, Menora. **Zus.:** Arm-, Chanukka-, Kerzen-, Kronleuchter.

leug|nen, leugnete, hat geleugnet ⟨tr.⟩: *behaupten, daß etwas von anderen Gesagtes nicht wahr sei:* die Existenz Gottes l.; eine Schuld l.; er leugnet, den Mann zu kennen; ⟨auch itr.⟩ der Angeklagte leugnete hartnäckig. **sinnv.:** ↑bestreiten. **Zus.:** ab-, verleugnen.

Leu|mund, der; -[e]s: *Ruf, in dem jmd. auf Grund seines Lebenswandels steht:* einen guten, schlechten L. haben. **sinnv.:** ↑Ansehen.

-leu|te, die ⟨Suffixoid⟩: *bezeichnet die im Basiswort genannte Personengruppe als Gesamtheit:* Dichters-, Försters-, Frauens-, Nachbars-, Reitersleute. **sinnv.:** -volk.

Leu|te, die ⟨Plural⟩: *mit anderen zusammen auftretende, als Menge o. ä. gesehene Menschen:* die Menschen sind gut, bloß die L. sind schlecht; das sind nette L. **sinnv.:** ↑Mensch; ↑Öffentlichkeit.

-leu|te/-män|ner: ↑-männer/-leute.

Leut|nant, der; -s, -s: *Offizier des untersten Grades.* **Zus.:** General-, Oberst-, Reserveleutnant.

leut|se|lig ⟨Adj.⟩: *herablassend-freundlich im Umgang mit Untergebenen und einfacheren Menschen:* er hat heute seinen leutseligen Tag; leutseliges Schulterklopfen; er gab sich l. **sinnv.:** ↑freundlich, jovial.

Lẹ|xi|kon, das; -s, Lexika: *nach Stichwörtern alphabetisch geordnetes Nachschlagewerk:* im L. nachschlagen, nachsehen. **sinnv.:** Enzyklopädie, ↑Nachschlagewerk. **Zus.:** Konversations-, Taschenlexikon.

Li|ai|son [liɛ'zõ:], die; -, -s: *[in bezug auf Liebe] engere persönliche Bindung:* er sprach von seiner bereits ein Jahr währenden L. mit Claudia; aus der anfänglichen L. ist eine berufliche Freundschaft geworden; für sie war diese L. nur ein Spiel; es besteht eine L. zwischen den beiden Firmen. **sinnv.:** ↑Liebelei.

Li|bẹl|le, die; -, -n: *am Wasser lebendes, größeres Insekt mit langem, schlankem Körper und zwei Paar schillernden Flügeln.* **sinnv.:** Wasserjungfer.

li|be|ral ⟨Adj.⟩: **1.** *den Liberalismus betreffend:* liberale Politik. **2.** *dem einzelnen weitgehend die Möglichkeit uneingeschränkter, eigener Lebensgestaltung usw. lassend:* er denkt sehr l.; eine liberale Erziehung. **sinnv.:** ↑freiheitlich, tolerant. **Zus.:** links-, nationalliberal.

li|be|ra|li|sie|ren ⟨tr.⟩: *liberal gestalten:* den Handel l.

Li|be|ra|lịs|mus, der; -: *im Individualismus wurzelnde Denkrichtung und Lebensform, die eine freie Entfaltung der Persönlichkeit vertritt und staatliche Eingriffe auf ein Minimum beschränkt sehen will.*

Li|brẹt|to, das; -s, -s und Libretti: *Text[buch] von Opern, Operetten, Oratorien o. ä.:* das L. der Oper schrieb...

-lich ⟨adjektivisches Suffix⟩: **a)** *das im Basiswort Genannte betreffend, sich darauf beziehend:* anwaltlich, betrieblich, bezirklich (bezirkliche Bauvorhaben), bräutlich, devisenbörslich, familienväterlich, gebietlich, gemeindlich (gemeindliche Sozialeinrichtungen), gewerbliche Klimaanlagen, kindliche Frakturen, kleinräumlich, programmliche Ausgestaltung, profitlich, regielich, septemberlich, textlich, das väterliche Haus, verkehrlich, volksmundlich, weltverbesserlich, werbliche Texte. **sinnv.:** -eigen. **b)** */dient der ungefähren, undeutlichen Qualitätsbezeichnung/:* ältlich, bläulich, gelblich, länglich, rötlich, rundlich.

-lich/-bar ⟨adjektivische Suffixe⟩: bei den konkurrierenden Wörtern bezeichnen die mit -lich gebildeten eine bestimmte Eigenschaft, während die mit -bar gebildeten eine Möglichkeit angeben: bestechlich (er ist b. [als Eigenschaft])/bestechbar (er ist b. [als Möglichkeit]), unbegreiflich/unbegreifbar, unbeweglich/unbewegbar, unvermeidlich/unvermeidbar, veränderlich (das Wetter ist veränderlich = unbeständig)/veränderbar (das Wetter ist nicht veränderbar = kann man nicht verändern).

-lich/-ig ⟨adjektivische Suffixe⟩: **a)** /in Verbindung mit einer Zeitangabe/ *-lich kennzeichnet die Wiederholung, -ig die Dauer:* halbjährlich *(jedes halbe Jahr)*/halbjährig *(ein halbes Jahr dauernd; ein halbes Jahr alt)*, fünfminütlich/fünfminütig, dreimonatlich/dreimonatig, siebensekündlich/siebensekündig, einstündlich/einstündig, zweiwöchentlich/zweiwöchig. **b)** /in Verbindung mit einer Sprache/ *-lich hat die betreffende Sprache als Gegenstand; -ig bedeutet, daß etwas in der betreffenden Sprache verfaßt o. ä. ist:* fremdsprachlicher Unterricht ist Unterricht über eine fremde Sprache; fremdsprachiger Unterricht ist Unterricht, der in einer fremden Sprache abgehalten wird.

-lich/-isch: ↑-isch/-lich.

lịcht ⟨Adj.⟩: **1.** *dünn bewachsen, kleinere Zwischenräume aufweisend:* eine lichte Stelle im Wald; seine Haare werden l. **sinnv.:** ↑schütter. **2.** (geh.) **a)** *von Licht, Helligkeit erfüllt:* der lichte Tag. **sinnv.:** ↑hell. **b)** *von angenehm heller Farbe:* das lichte Grün der jungen Birken. **3.** *von Innenseite zu Innenseite gemessen:* die lichte Weite des Rohres.

Lịcht, das; -[e]s, -er: **1.** ⟨ohne Plural⟩ *das, was durch etwas, was leuchtet, ausgestrahlt wird; Helligkeit, die von etwas ausgeht:* das L. der Sonne; die Pflanzen brauchen viel L.; bei diesem L. kann man wirklich nicht arbeiten. **sinnv.:** Beleuchtung, Helle,

Helligkeit, ↑Schein, Spotlight. **Zus.:** Dämmer-, Flut-, Kerzen-, Neon-, Tageslicht. **2.** *etwas, was Licht ausstrahlt:* das L. anmachen, anknipsen, ausmachen. Vom Flugzeug aus sah man die Lichter der Stadt. **sinnv.:** ↑Lampe, Leuchte. **Zus.:** Brems-, Lebens-, Windlicht.

Licht|bild, das; -[e]s, -er: **1.** *für einen Ausweis oder Paß bestimmte Fotografie (Brustbild) in Kleinformat.* **sinnv.:** Paßbild · ↑Fotografie. **2.** ⟨Plural⟩ *Diapositive, die in einer bestimmten Abfolge vorgeführt werden:* in der Schule wurden Lichtbilder gezeigt. **sinnv.:** Dia, Diapositiv · ↑Fotografie; Schmalfilm.

lich|ten, sich; lichtete sich, hat sich gelichtet: *(in bezug auf eine anfangs größere Dichte o. ä.) allmählich immer weniger werden:* die Haare lichten sich; je höher wir stiegen, desto mehr lichtete sich der Wald.

Licht|hu|pe, die; -, -n: *Vorrichtung im Auto, durch die man mit den Scheinwerfern Lichtsignale geben kann.*

licht|scheu ⟨Adj.⟩: *verdächtigerweise das Licht der Öffentlichkeit scheuend:* für euch sind wir Spinner, lichtscheue Schmarotzer; lichtscheues Gesindel treibt sich abends in dieser Gegend herum. **sinnv.:** ↑anrüchig, bedenklich, berüchtigt, dubios, fragwürdig, halbseiden, obskur, ominös, suspekt, undurchsichtig, verdächtig, verrufen, verschrien, zweifelhaft, zwielichtig.

Lich|tung, die; -, -en: *helle, von Bäumen freie Stelle im Wald.* **sinnv.:** ↑Schneise.

Lid, das; -[e]s, -er: *bewegliche Haut über den Augen.* **Zus.:** Augenlid.

lieb ⟨Adj.⟩ /vgl. lieber/: **1. a)** *Freundlichkeit, Zuneigung zum Ausdruck bringend:* ein lieber Brief; sei so l. und komm nicht zu spät! **sinnv.:** edel, ↑freundlich, gut, herzlich, liebenswürdig, nett. **Zus.:** kinderlieb. **b)** *durch eine liebenswerte Wesensart Zuneigung auf sich ziehend, Freude bereitend:* ein lieber Freund; er ist wirklich ein lieber Junge. **sinnv.:** charmant, einnehmend, ↑gehorsam, nett, reizend, sympathisch. **c)** *jmds. Zuneigung besitzend:* liebe Mutter!; der liebe Gott; das liebe Geld; verschwinde, wenn dir dein Leben l. ist! **sinnv.:** geliebt, geschätzt, teuer, wert. **2.** *sehr willkommen:* es wäre mir l., wenn er nicht käme. **sinnv.:** ↑angenehm.

lieb|äu|geln ⟨itr.⟩: *sich (gedanklich) mit etwas, was man gern verwirklichen, besitzen möchte, beschäftigen und sich die Verwirklichung als sehr angenehm vorstellen:* er liebäugelte mit den Ideen der Französischen Revolution; ich liebäugele mit dem Gedanken, nach Australien auszuwandern; er hat schon lange mit einem neuen Wagen geliebäugelt. **sinnv.:** ↑erwägen.

Lie|be, die; -: *starkes [inniges] Gefühl der Zuneigung, des Hingezogenseins:* seine L. wurde von ihr nicht erwidert; die L. zur Heimat. **sinnv.:** Anhänglichkeit, Herzenswärme, Herzlichkeit, Hingabe, Hinneigung, Innigkeit, Leidenschaft, Liebesgefühl, Schwäche für jmdn., ↑Sex, Verbundenheit, Verliebtheit, Zärtlichkeit, Zuneigung. **Zus.:** Affen-, Eigen-, Freiheits-, Gegen-, Nächsten-, Vorliebe.

Lie|be|lei, die; -, -en: *flüchtige, von den Liebenden oder einem der beiden Liebenden nicht allzu ernst genommene Beziehung.* **sinnv.:** Abenteuer, ↑Affäre, Bettgeschichte, Flirt, Liaison, Liebesabenteuer, Liebesverhältnis, Liebschaft, Romanze, Techtelmechtel, Verhältnis.

lie|ben: 1. ⟨tr.⟩ *innige Zuneigung zu jmdm./etwas empfinden:* ein Mädchen, die Eltern, seine Heimat l.; einander, sich [gegenseitig] l. **sinnv.:** auf jmdn. abfahren, einen Affen an jmdm. gefressen haben, ↑begehren, Bock haben auf jmdn., geil sein auf jmdn./nach jmdm., jmdm. geneigt sein, jmdn. [zum Fressen] gern haben, jmdm. gewogen sein, gut sein, Händchen halten, an jmdm. hängen, jmdm. sein Herz geschenkt haben, jmdn. ins Herz geschlossen haben, sich zu jmdm. hingezogen fühlen, jmdn. leiden können, liebhaben, mögen, an jmdm. einen Narren gefressen haben, rumschmusen, scharf sein auf jmdn., jmdm. schätzen, schmachten nach jmdm., eine Schwäche haben für jmdn., spitz sein auf jmdn., auf jmdn. stehen, etwas/viel übrig haben für jmdn., jmdn. ↑verehren, vergöttern, wild nach jmdm. sein, jmdm. zugetan sein. **Zus.:** verlieben. **2.** ⟨tr.⟩ ↑*koitieren.* **3.** ⟨tr./itr.⟩ *eine gewisse Vorliebe für etwas haben:* er liebt den Wein; sie liebt es nicht aufzufallen. **sinnv.:** bevorzugen, gern haben/tun, mögen.

lie|bens|wert ⟨Adj.⟩: *von so angenehmem Wesen, daß man ihn/sie/es gern mag:* ein liebenswertes junges Mädchen. **sinnv.:** ↑anziehend; ↑sympathisch.

lie|bens|wür|dig ⟨Adj.⟩: *(im Umgang mit andern) freundlich und entgegenkommend:* ein liebenswürdiger Gastgeber. **sinnv.:** aufmerksam, ↑freundlich, gefällig, großzügig, hilfsbereit, ↑sympathisch, zuvorkommend.

lie|ber ⟨Adverb⟩ /vgl. gern/: **a)** *mit mehr Vergnügen:* ich möchte l. lesen. **sinnv.:** eher, vielmehr, vorzugsweise. **b)** *besser, mit mehr Nutzen:* ich hätte l. warten sollen; geh l. nach Hause! **sinnv.:** klugerweise, tunlichst, zweckmäßigerweise.

lieb|ha|ben, hat lieb, hatte lieb, hat liebgehabt ⟨itr.⟩: *jmdn. sehr gern haben:* man muß die Kleine einfach l. **sinnv.:** mögen · ↑lieben.

Lieb|ha|ber, der; -s, -: **1.** *Mann, der zu einer erwachsenen Person eine sexuelle Beziehung hat:* sie hat schon wieder einen neuen L. **sinnv.:** ↑Geliebter. **2.** ⟨L. + Attribut⟩ *jmd., der aus persönlichem Interesse bestimmte Dinge kauft, sammelt oder sich mit ihnen beschäftigt:* ein L. alter Münzen. **sinnv.:** Freak, Freund, Interessent, Kenner, Sammler.

lieb|ko|sen, liebkoste, hat liebkost ⟨tr.⟩ (geh.): *liebevoll streicheln o. ä. (und dadurch seine Zuneigung ausdrückend):* die Mutter liebkoste das Kind. **sinnv.:** hätscheln, herzen, kosen, kraulen, küssen, schmusen, streicheln, tätscheln, turteln, zärtlich sein.

lieb|lich ⟨Adj.⟩: *(in bezug auf Sanftheit, Milde) einen angenehmen Sinneseindruck hinterlassend:* eine liebliche Landschaft; es duftet l. **sinnv.:** ↑hübsch.

Lieb|ling, der; -s, -e: *jmd., der von jmdm. besonders geliebt, bevorzugt wird:* sie war Mutters L.; dieser Sänger ist der L. des Publikums. **sinnv.:** Augapfel, Darling, Favorit, Goldkind, Hätschelkind, Herzblatt, Herzchen, Nesthäkchen, Schatz, Schätzchen, Schoßkind. **Zus.:** Frauen-, Publikumsliebling.

Lieb|lings- ⟨Präfixoid⟩: /besagt, daß das im Basiswort Genannte vor allen anderen Personen, Dingen dieser Art den Vorzug erhält/ *liebst...:* Lieblingsbeschäftigung, -buch, -dichter, -essen, -fach, -farbe, -melodie, -platz, -schülerin, -thema.

lieb|los ⟨Adj.⟩: *persönliches Interesse, Zuneigung, Herzlichkeit, Freundlichkeit vermissen lassend:* er hatte eine lieblose Kindheit; ein l. gekochtes Essen. **sinnv.:** freudlos, interesselos, rüde; ↑stiefmütterlich.

Lied, das; -[e]s, -er: *zum Singen bestimmte Einheit aus Melodie und einem meist aus mehreren Strophen bestehenden Text.* **sinnv.:** Arie, Chanson, Choral, Couplet, ↑Gedicht, Gesang, Gospel[song], Kanon, Kantate, Moritat, Ohrwurm, ↑Schlager, Shanty, Song. **Zus.:** Kinder-, Liebes-, Seemanns-, Volkslied.

lie|der|lich ⟨Adj.⟩: *(in bezug auf einen Zustand) nachlässig [ausgeführt] und unordentlich:* im Zimmer sieht es sehr l. aus; die Hose ist l. verarbeitet; alles lag l. durcheinander; ein liederlicher Mensch. **sinnv.:** ↑nachlässig; ↑unanständig.

Lie|fe|rant, der; -en, -en: *jmd., der bestellte Waren liefert.* **sinnv.:** ↑Bote.

lie|fern ⟨tr.⟩: *(bestellte Waren) bringen oder schicken:* wir liefern Ihnen die Möbel ins Haus. **sinnv.:** ausfahren, bringen, schicken, übergeben, zuleiten, zustellen. **Zus.:** an-, aus-, beliefern.

Lie|fe|rung, die; -, -en: **1.** *das Liefern:* die L. erfolgt in drei Tagen. **sinnv.:** Abgabe, Überbringung, Übergabe, Übermittlung, Überstellung, Versand, Weitergabe, Weiterleitung, Zufuhr, Zuführung, Zuleitung, Zusendung, Zustellung. **Zus.:** An-, Aus-, Belieferung. **2.** *die zu liefernde oder gelieferte Ware:* die lang erwartete L. ist eingetroffen. **Zus.:** Material-, Waffen-, Warenlieferung.

Lie|ge, die; -, -n: *flaches [gepolstertes] Möbelstück, das zum Liegen und Ausruhen dient* (siehe Bildleiste). **sinnv.:** ↑Bett, Chaiselongue, Couch, Diwan, Kanapee, Ottomane, Sofa.

lie|gen, lag, hat/(südd., östr., schweiz.:) ist gelegen ⟨itr.⟩: **1.** *in waagerechter Lage sein, der Länge nach ausgestreckt auf etwas sein, ausruhen:* auf dem Rücken l.; im Bett l. **sinnv.:** sich aalen, lagern, ↑ruhen, alle viere von sich strecken. **Zus.:** langliegen. **2. a)** *sich (als Gegenstand) in waagerechter Lage auf einer Grundfläche befinden (wobei die Ausdehnung in der Länge größer ist als die der Höhe):* der Bleistift liegt auf dem Tisch; einige Bücher stehen im Regal, einige liegen auf dem Schreibtisch. **sinnv.:** sich ↑befinden, ↑lasten, vorhanden sein. **b)** *eine bestimmte geographische Lage haben:* München liegt an der Isar. **3.** *jmds. Begabung, Einstellung entsprechen:* diese Arbeit liegt ihm nicht. **sinnv.:** angenehm sein, entgegenkommen, sympathisch sein.

lie|gen|blei|ben, blieb liegen, ist liegengeblieben ⟨itr.⟩: **1.** *in liegender Stellung bleiben:* als der Wecker klingelte, blieb sie noch liegen. **sinnv.:** nicht aufstehen, ausschlafen, im Bett bleiben. **2.** (ugs.) *(infolge einer Panne o. ä.) seinen Weg mit dem Auto o. ä. nicht fortsetzen können:* wir sind mit einer Panne auf der Autobahn liegengeblieben. **sinnv.:** festsitzen. **3.** (ugs.) *nicht abgesetzt werden:* die Waren konnten nicht verkauft werden, sie sind liegengeblieben. **4.** *(von einem Gegenstand, der vergessen worden ist) weiterhin dort bleiben, wo er sich befindet:* ein Schirm und ein Paar Handschuhe sind im Zug liegengeblieben. **sinnv.:** liegengelassen/stehengelassen/vergessen/zurückgelassen werden. **5.** (ugs.) *nicht erledigt werden:* da ich so viel anderes zu tun hatte, sind diese Arbeiten liegengeblieben. **sinnv.:** aufgeschoben/beiseite gelegt werden, unerledigt bleiben. **6.** *nicht schmelzen, nicht verschwinden /von Schnee o. ä./:* es war so kalt, daß der Schnee liegenblieb.

lie|gen|las|sen, läßt liegen, ließ liegen, hat liegen[ge]lassen ⟨tr.⟩: **a)** *etwas/jmdn. dort [zurück]lassen, wo es/er sich gerade befindet:* die Gangster ließen ihren angeschossenen Kumpan liegen; laß die Sachen auf dem Boden liegen! **sinnv.:** lassen, stehenlassen, zurücklassen. **b)** *etwas unabsichtlich zurücklassen:* er läßt oft seine Zigaretten liegen. **sinnv.:** lassen, nicht mitnehmen, stehenlassen, ↑vergessen.

Lie|ge|stuhl, der; -[e]s, Liegestühle: *eine Art Liege, die aus einem verstellbaren [Holz]gestell besteht, das mit Tuch bespannt und zusammenklappbar ist.* **sinnv.:** Gartenliege, Hängematte, Hollywoodschaukel, Strandkorb; ↑Stuhl.

Lie|ge|wa|gen, der; -s, -: *Eisenbahnwaggon mit Abteilen, deren Sitze zu je zwei oder drei übereinander befindlichen Liegemöglichkeiten umgebaut werden können.*

Lift, der; -[e]s, -e und -s: ↑*Aufzug* (1 a).

li|ie|ren, sich: *eine Liaison eingehen:* sie hat sich mit ihm liiert. **sinnv.:** sich binden, sich ↑verbinden.

Li|kör, der; -s, -e: *süßes, stark alkoholisches Getränk.* **sinnv.:** ↑Alkohol. **Zus.:** Eier-, Orangen-, Pfefferminzlikör.

li|la ⟨Adj.; indeklinabel⟩: *(in der Färbung) wie blauer Flieder [aussehend]:* l. Herbstastern. **sinnv.:** ↑violett.

Li|lie, die; -, -n: *[Garten]blume mit einem langen Stengel, schmalen Blättern und trichterförmigen oder fast glockigen Blüten.* **Zus.:** Feuer-, Schwert-, Tag-, Wasserlilie.

Li|li|pu|ta|ner, der; -s, -: *Mensch von sehr kleinem Wuchs.* **sinnv.:** ↑Zwerg.

Li|me|rick, der; -[s], -s: *nach einem bestimmten Reim- und Versschema verfaßtes Gedicht in fünf Zeilen mit ironischem oder grotesk-komischem Inhalt.* **sinnv.:** ↑Gedicht.

Li|mit, das; -s, -s: *nach oben oder unten festgelegte Grenze.* **sinnv.:** Begrenzung, Grenze. **Zus.:** Preis-, Tempolimit.

li|mi|tie|ren ⟨tr.⟩: *(in bezug auf Anzahl o. ä.) eine Grenze festsetzen, die nicht über-, unterschritten werden soll:* die Teilnehmerzahl ist auf 30 limitiert; die Höchstgeschwindigkeit l.; die steuerlich akzeptierten Anschaffungskosten wurden mit 100 000 Mark limitiert. **sinnv.:** ↑begrenzen.

Li|mo|na|de, die; -, -n: *erfrischendes [kohlensäurehaltiges] Getränk [aus natürlichen Essenzen, Wasser, Genußsäuren oder Fruchtsäften].* **sinnv.:** Brause, Limo · ↑Mineralwasser. **Zus.:** Orangen-, Zitronenlimonade.

Li|mou|si|ne [limu'zi:nə], die; -, -n: **a)** (fachspr.) *Personenwagen mit festem Verdeck oder Schiebedach im Unterschied zum Kombi, Coupé oder Kabriolett.* **sinnv.:** ↑Auto. **b)** *großer, repräsentativer Personenwagen mit meist vier Türen.*

lind ⟨Adj.⟩ (geh.): *(in bezug auf Luft o. ä.) angenehm mild:* ein linder Abend. **sinnv.:** ↑lau.

Lin|de, die; -, -n: *Laubbaum mit ausladender Krone und gelblichen, süß duftenden Blüten* (siehe Bildleiste „Blätter"). **Zus.:** Dorf-, Zimmerlinde.

lin|dern ⟨tr.⟩: *(in bezug auf eine unangenehme Empfindung) verringern, erträglicher machen:* Not, Schmerzen l. **sinnv.:** abschwächen, ↑bessern, dämpfen, erleichtern, mildern.

Li|ne|al, das; -s, -e: *mit einer Meßskala versehenes, langes, schmales, dünnes Stück aus Holz oder Plastik zum Ziehen gerader Linien:* er geht, als ob er ein L. verschluckt hätte. **sinnv.:** ↑Maß.

-ling, der; -s, -e ⟨Suffix⟩: **1.** (ironisch oder abschätzig) *männliche Person, die mit der im Basiswort genannten Eigenschaft oder dem genannten Bereich charakterisiert wird* /Basiswörter sind vor allem Adjektive, oft solche, die einsilbig oder nicht abgeleitet sind/: Alternativling, Biederling, Blendling, Bleichling, Blondling, Düsterling, Ehrgeizling, Empfindling, Fiesling, Filmboßling, Finsterling, Frechling, Fürchterling, Geiferling, Geistling, Genießling, Heraufkömmling, Hübschling, Jämmerling, Keckling, Konservativling, Kriegsling, Miesling, Naivling, Perversling, Primitivling, Progressivling, Scheußling, Schläuling, Schönling, Schüchterling, Seichtling, Unterling, Unterweltsbrutalling, Unwiderstehling, Widerling. **sinnv.:** -ant, -e (von Adjektiven, z. B. der Naive, Freche), -er (von Verben, z. B. Blender, Geiferer), -ier, -inski. **2.** /kennzeichnet wohlwollend besonders kleinere Wesen (z. B. Kinder) mit Hilfe eines oft verbalen Basiswortes/: Erdling, Firmling, Impfling, Kicherling, Zweitling.

Li|nie, die; -, -n: **1.** *längerer Strich:* Linien ziehen. **sinnv.:** Strich · Diagonale, Durchmesser, Kurve, Parallele, Sekante, Strecke, Tangente, Zeile; ↑Peripherie. **Zus.:** Grund-, Schlangen-, Verbindungslinie. **2.** *eine Anzahl von Personen, Dingen, die in einer Richtung nebeneinanderstehen oder -liegen, sich in die Länge ausdehnen:* in einer L. stehen. **sinnv.:** Reihe. **3. a)** *von [öffentlichen] Verkehrsmitteln regelmäßig benutzte Verkehrsstrekke zwischen bestimmten Punkten:* die stark beflogene L. Frankfurt–New York; die L. Schloß–Stadion. **sinnv.:** ↑Strecke. **Zus.:** Verkehrslinie. **b)** *Verkehrsmittel auf dieser Linie* (3 a): die L. 16 der Straßenbahn. **4.** *Folge der Generationen:* in gerader L. von jmdm. abstammen. **sinnv.:** Ahnenreihe, Generationenfolge, Verwandtschaftszweig.

li|nie|ren, li|ni|ie|ren ⟨tr.⟩: *mit Linien versehen:* lin[i]iertes Papier.

link ⟨Adj.⟩ (ugs.): *als anrüchig oder hinterhältig empfunden:* der hat ein Heidengeld mit linken Geschäften gemacht; diesem linken Vogel traue ich nicht. **sinnv.:** ↑unaufrichtig.

link... ⟨Adj.⟩ /Ggs. recht.../: **1.** *sich auf der Seite befindend, auf der das Herz ist und die der rechten Seite entgegengesetzt ist:* die linke Hand. **2.** *(von Stoffen o. ä.) die nach innen zu tragende bzw. nach unten zu legende, weniger schöne Seite betreffend:* er hatte versehentlich die linke Seite der Tischdecke nach oben gelegt. **3.** *(in politischer oder weltanschaulicher Hinsicht) die Linke* (3) *betreffend, zur Linken gehörend:* der linke Flügel der Partei; man warf ihm vor, linke Politik zu betreiben; manche leben rechts und wählen links.

Lin|ke, die; -n /Ggs. Rechte/: **1.** *linke Hand:* etwas in der Linken tragen. **2.** *(im Boxsport) Schlag mit der linken Faust:* seine harte L. ist gefürchtet. **3.** *Gruppe von Leuten, die kommunistisches oder sozialistisches Gedankengut vertreten.*

lin|ken ⟨tr.⟩ (ugs.): ↑*hintergehen:* er wurde von der Firma gelinkt. **sinnv.:** ↑betrügen, leimen, täuschen.

lin|kisch ⟨Adj.⟩: *ungeschickt und unbeholfen:* dieser linkische Mensch hat schon wieder ein Glas zerbrochen. **sinnv.:** eckig, hölzern, lahm, steif, ungelenk[ig], ungewandt, unsportlich.

links /Ggs. rechts/: **I.** ⟨Adverb⟩: **a)** *auf der linken* (1) *Seite:* nach l. gehen; jmdn. l. überholen; die Garage steht l. von dem Haus. **b)** *die linke* (2) *Seite betreffend:* den Stoff [von] l. bügeln. **c)** *eine linke* (3) *Auffassung habend:* l. stehen; l. eingestellt sein. **sinnv.:** ↑fortschrittlich, linkslastig, progressiv, revolutionär, ↑sozialistisch. **II.** ⟨Präp. mit Gen.⟩ *auf der linken* (1) *Seite von etwas gelegen:* die Garage steht l. des Hauses; der Ort liegt l. des Rheins.

Links|hän|der, der; -s, -: *jmd., der statt der rechten (üblichen) die linke Hand zum Arbeiten gebraucht.*

Lin|se, die; -, -n: **I.** *als Nahrungsmittel verwendeter, brauner, flach-runder Samen einer bestimmten Gemüsepflanze:* heute Mittag gibt es Linsen mit Speck. **sinnv.:** Hülsenfrucht. **II.** *(in der Optik) Körper aus lichtdurchlässigem Material mit zwei lichtbrechenden Flächen (Vorder- und Rückseite), von denen mindestens eine kugelförmig gekrümmt ist.*

Lip|pe, die; -, -n: *einer der beiden rötlichen Ränder des Mundes beim Menschen:* sinnliche, aufgesprungene Lippen. **sinnv.:** ↑Mund. **Zus.:** Ober-, Unterlippe.

li|qui|die|ren ⟨tr.⟩: **1.** *(eine Handelsgesellschaft, ein Geschäft o. ä.) auflösen:* man hat die Firma liquidiert. **2.** *(bes. aus politischen Gründen) töten:* Mordkommandos haben die Führungsschicht liquidiert. **sinnv.:** ↑ausrotten, beseitigen, ermorden, hinrichten, umbringen · ↑töten.

lis|peln ⟨itr.⟩: **1.** *beim Aussprechen der S-Laute die Zunge fehlerhafterweise zwischen die Schneidezähne legen oder mit ihr* *bei der z-Aussprache an die oberen Schneidezähne stoßen.* **2.** (geh.) *leise und sanft sprechen.* **sinnv.:** ↑flüstern.

List, die; -, -en: *listige Vorgehensweise:* er ersann eine L., um uns in das Haus zu locken. **sinnv.:** Diplomatie, Doppelspiel, Falschheit, Fallstrick, Finte, Heimtücke, Heuchelei, Hinterhältigkeit, Intrige, Kniff, Ränke, Schlauheit, Schliche, ↑Trick, Tücke, Verrat, Verschlagenheit, Verstellung, Winkelzug. **Zus.:** Hinterlist.

Li|ste, die; -, -n: *[alphabetisch in Form einer Tabelle angeordnete] Zusammenstellung von unter einem bestimmten Gesichtspunkt aufgeführten Personen oder Sachen:* der Name fehlt in meiner L. **sinnv.:** ↑Verzeichnis · auflisten. **Zus.:** Redner-, Teilnehmer-, Wunschliste.

li|stig ‹Adj.›: *so beschaffen, daß durch Anwendung besonderer Mittel, die der davon Betroffene nicht durchschaut, in intelligent-gewitzter Weise ein Ziel erreicht wird:* er hat die Sache sehr l. eingefädelt. **sinnv.:** ↑schlau.

Li|ter, der, (auch:) das; -s, -: /Maß für Flüssigkeiten/: zwei L. Milch.

li|te|ra|risch ‹Adj.›: *die Literatur betreffend.*

Li|te|ra|tur, die; -, -en: **1.** *alle [in einer Sprache vorhandenen] dichterischen und schriftstellerischen Werke.* **sinnv.:** Belletristik, ↑Dichtung, ↑Erzählung, schöne Literatur, Schriftgut, Schrifttum; ↑Lektüre. **Zus.:** Trivial-, Unterhaltungsliteratur. **2.** *alle Bücher und Aufsätze, die über ein bestimmtes Thema geschrieben wurden:* er kennt die einschlägige L. **Zus.:** Fach-, Sekundärliteratur.

Lit|ze, die; -, -n: *schmale, flache, geflochtene oder gedrehte Schnur (als Besatz, zur Einfassung, als Rangabzeichen an Uniformen).* **sinnv.:** ↑Besatz. **Zus.:** Gold-, Silberlitze.

live [laɪv] ‹Adjektiv; indeklinabel›: **a)** *unmittelbar vom Ort der Aufnahme aus, als Direktsendung (und nicht als Aufzeichnung):* das Fußballspiel l. übertragen; die Fernsehzuschauer sehen l., wie manche Nachricht entsteht. **sinnv.:** direkt. **b)** *real vorhanden, zu erleben (nicht nur als Bild im Fernsehen oder in der Zeitung):* er hat den Filmstar l. auf der Bühne gesehen; sie konnte den Vorfall l. vom Fenster aus beobachten; in der Disko hat er den Sänger l. erlebt. **sinnv.:** von Angesicht zu Angesicht, in concert, in natura, leibhaftig, original, persönlich, realiter, unmittelbar, ↑wirklich.

Live-Sen|dung [laɪv...], die; -, -en: *Sendung des Rundfunks oder Fernsehens, die unmittelbar vom Ort der Aufnahme aus, direkt ausgestrahlt wird.* **sinnv.:** ↑Direktübertragung.

Li|vree, die; -, Livreen: *uniformartige Kleidung der Diener in einem Hotel o. ä.* **sinnv.:** Uniform; ↑Kleidung.

Li|zenz, die; -, -en: *[gegen eine Gebühr erteilte] amtliche Genehmigung (z. B. zur Ausübung eines Gewerbes, zur Nutzung eines Patents, zum Nachdruck oder zur Übersetzung eines Werkes):* er hatte die L. bekommen, alkoholische Getränke auszuschenken; jmdm. die L. entziehen; etwas in L. bauen. **sinnv.:** Befugnis, ↑Erlaubnis. **Zus.:** Bau-, Produktions-, Verkaufslizenz.

Lob, das; -[e]s: *anerkennende Worte, ermunternder Zuspruch* /Ggs. Tadel/: das Lob seines Lehrers freute den Schüler. **sinnv.:** Anerkennung, Auszeichnung, Belobigung, Belobung, Ehre, Ehrung, Lobpreis[ung], Preis, Ruhm. **Zus.:** Eigenlob.

Lob|by, die; -, -s und Lobbies: *Interessengruppe, die versucht, zu ihren Gunsten Entscheidungen [von Abgeordneten] zu beeinflussen:* sie konnten sich auf eine starke L. stützen; Kinder und arme Leute haben keine L.; der Frieden braucht eine L. **sinnv.:** Interessengemeinschaft, Pressure-group.

lo|ben ‹tr.›: *jmdn., sein Tun, Verhalten o. ä. mit anerkennenden Worten (als Ermunterung, Bestätigung) positiv beurteilen und damit seiner Freude, Zufriedenheit Ausdruck geben* /Ggs. tadeln/: er wurde wegen seiner Hilfsbereitschaft gelobt. **sinnv.:** anerkennen, anpreisen, auszeichnen, belobigen, positiv ↑besprechen, beweihräuchern, ehren, feiern, glorifizieren, in den Himmel heben, idealisieren, jmds. Loblied singen, sich in Lobesworten ergehen, lobpreisen, preisen, rühmen, schwärmen von, in den höchsten Tönen von jmdm. reden, verherrlichen, verklären, würdigen.

Lob|hu|de|lei, die; -, -en: *als übertrieben und unberechtigt empfundenes Loben:* er soll mich mit seiner L. verschonen. **sinnv.:** ↑Kompliment.

Loch, das; -[e]s, Löcher: **a)** *offene, leere Stelle in der Oberfläche von etwas [die durch Beschädigung, absichtliche Einwirkung o. ä. entstanden ist]:* der Strumpf hat ein L.; ein L. ins Kleid reißen. **sinnv.:** Lücke, Öffnung, ↑Riß. **Zus.:** Arsch-, Guck-, Schlupf-, Sommerloch. **b)** *(eine im Verhältnis zu ihrer Umgebung kleinere) runde Vertiefung:* ein L. in der Erde. **sinnv.:** ↑Grube. **Zus.:** Erdloch.

lo|chen ‹tr.›: *mit einem Loch, mit Löchern versehen:* die Rechnungen l. und im Ordner abheften.

Locke, die; -, -n: *Büschel von welligem, geringeltem Haar:* eine L. abschneiden. **sinnv.:** ↑Haar. **Zus.:** Haarlocke, Korkenzieher-, Naturlocken.

locken ‹tr.›: **1.** *durch Rufe, Zeichen, Versprechungen o. ä. heranzuholen suchen:* die alte Frau lockte das Eichhörnchen mit Nüssen; jmdn. aus seinem Versteck, in einen Hinterhalt l. **sinnv.:** ködern, heranrufen. **Zus.:** anlocken. **2.** *so gut oder angenehm erscheinen, daß man die betreffende Sache gern tun, haben oder sich damit beschäftigen möchte:* diese Arbeit lockt mich nicht. **sinnv.:** ↑reizen.

locker ‹Adj.›: **1.** *in seinen einzelnen Teilen nur lose zusammenhängend, kleinere Zwischenräume habend, wodurch eine gewisse [unerwünschte] Beweglichkeit gegeben ist:* ein lockerer Zahn, die Schraube ist l. **sinnv.:** lose. **2.** *so, daß eine gewisse [erwünschte] Beweglichkeit gegeben ist:* die Haare sind zu einem lockeren Knoten gesteckt. **sinnv.:** nicht straff. **3.** *mit einer gewissen Leichtigkeit [agierend]; lässig, zwanglos und entspannt:* er hat die Sendung l. moderiert; er war humorvoll und l. **sinnv.:** flockig, mühelos, souverän, ↑ungezwungen, unkonventionell. **4.** *leichtfertig in seiner Art zu leben, sich zu benehmen und davon zeugend:* ein lockerer Lebenswandel; lockere Sitten. **sinnv.:** schamlos, unmoralisch.

locker|las|sen, läßt locker, ließ locker, hat lockergelassen ‹itr.; nur verneint›: *seine Bemühungen aufgeben:* wir dürfen nicht l. **sinnv.:** nicht ablassen, aufgeben, klein beigeben, nachgeben; ↑bestehen auf.

lọcker|ma|chen, machte lokker, hat lockergemacht ⟨tr.⟩ (ugs.): **1.** *aus seinem Besitz hergeben:* als Brautvater werde ich für die Hochzeit meiner Tochter schon ein paar Tausender l. müssen. **sinnv.:** ausgeben, ↑bezahlen, hergeben, spendieren. **2.** *jmdn. dazu bewegen, für einen bestimmten Zweck Geld aufzuwenden:* bei den Eltern Geld für den Ausflug l.

lọckern: 1. ⟨tr.⟩ *locker machen:* den Gürtel, die Muskeln l. **2.** ⟨sich l.⟩ *locker werden:* das Brett hat sich gelockert. **sinnv.:** sich lösen.

lọckig ⟨Adj.⟩: *Locken habend:* lockiges Haar. **sinnv.:** gelockt, gekräuselt, geringelt, gewellt, kraus, onduliert, wellig.

Lo|den, der; -s, -: *dunkler, haariger oder filziger, dichter Wollstoff besonders für Jäger- und Wanderkleidung:* ein Mantel aus grobem L.

lo|dern ⟨itr.⟩: *mit großer Flamme in heftiger Bewegung brennen:* die Flammen lodern bis zum Himmel. **sinnv.:** ↑brennen. **Zus.:** auf-, emporlodern.

Lọ̈f|fel, der; -s, -: **1.** *Gerät, mit dem man Brei, Suppe u. ä. essen kann* (siehe Bild): ein silberner L. **sinnv.:** Besteck. **Zus.:** Eß-, Kaffee-, Koch-, Suppen-, Teelöffel. **2.** *Ohr des Hasen und des Kaninchens* (siehe Bild): der Hase stellt die L. hoch. **sinnv.:** ↑Ohr.

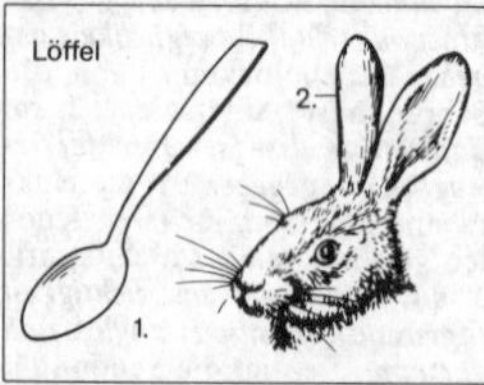

lọ̈f|feln ⟨tr.⟩: *mit dem Löffel essen:* ohne Appetit löffelte er seine Suppe. **sinnv.:** ↑essen. **Zus.:** auslöffeln.

Lo|ge ['lo:ʒə], die; -, -n: *abgeteilter, kleiner Raum mit Sitzplätzen für Zuschauer im Theater.* **sinnv.:** Parkett, Rang. **Zus.:** Opern-, Proszeniums-, Seiten-, Theaterloge.

Log|gia ['lɔdʒ(i̯)a], die; -, Loggien: *nicht oder kaum vorspringender, nach der Außenseite hin offener, überdachter, balkonartiger Raum im [Ober]geschoß eines Hauses:* in der L. sitzen **sinnv.:** ↑Veranda.

Lo|gik, die; -: **a)** *exakte Art des Denkens, bei der die Gedanken folgerichtig auseinander entwikkelt werden:* das widerspricht aller L. **sinnv.:** ↑Vernunft. **b)** *Folgerichtigkeit von etwas:* sich der L. der Tatsachen fügen.

lo|gisch ⟨Adj.⟩: *der Logik entsprechend:* er denkt in logischen Zusammenhängen; deine Argumente sind l. (Ggs. unlogisch): es war nur l., daß er von seinem Amt zurücktrat. **sinnv.:** folgerichtig.

Lo|he, die; -, -n (geh.): *große Flamme:* die flackernde L.; die L. schlug zum Himmel. **sinnv.:** ↑Flamme.

Lohn, der; -[e]s, Löhne: *Vergütung für geleistete Arbeit; bes. die Bezahlung, die einem Arbeiter für einen bestimmten Zeitraum zusteht:* den L. erhöhen, kürzen; jeden Freitag die Löhne auszahlen. **sinnv.:** Akkord, ↑Entgelt, ↑Gehalt, Heuer, Sold. **Zus.:** Brutto-, Hunger-, Mindest-, Wochenlohn · Tagelöhner.

loh|nen: 1. ⟨sich l.⟩ *in ideeller oder materieller Hinsicht ein Gewinn sein:* der Aufwand hat sich gelohnt. **sinnv.:** ↑abwerfen, sich auszahlen, ↑belohnen, einträglich sein. **2.** ⟨tr.⟩ *(aufzuwendende Mühe oder Kosten) rechtfertigen:* das alte Auto lohnt keine Reparatur mehr.

Lok, die; -, -s: /Kurzform von Lokomotive/.

lo|kal ⟨Adj.⟩: *einen bestimmten Ort oder Bereich betreffend:* er ist eine lokale Berühmtheit; es ergaben sich Schwierigkeiten zwischen den lokalen und den auswärtigen Organisatoren. **sinnv.:** örtlich, räumlich, regional.

Lo|kal, das; -s, -e: *Räumlichkeit, wo man gegen Bezahlung essen und trinken kann:* ein L. besuchen. **sinnv.:** ↑Gaststätte. **Zus.:** Bums-, Garten-, Nacht-, Speise-, Tanz-, Weinlokal.

lo|ka|li|sie|ren ⟨tr.⟩: **1.** *örtlich beschränken:* es gelang der Feuerwehr, den Brand zu l. **2.** *(den Ort von etwas) bestimmen:* den Herd einer Krankheit l. **sinnv.:** ↑finden.

Lo|ko|mo|ti|ve, die; -, -n: *Fahrzeug auf Schienen zum Ziehen von Eisenbahnwaggons.* **sinnv.:** Dampfroß, Lok. **Zus.:** Dampf-, Elektrolokomotive.

Look [lʊk], der; -s, -s: *(besonders in bezug auf Mode) bestimmter Stil:* einen sportlichen L. bevorzugen; einen neuen L. kreieren. **sinnv.:** Aussehen, Moderichtung, Modestil, Note, Optik. **Zus.:** Afro-, Astronauten-, Gammel-, Safarilook.

Lor|beer, der; -s, -en: *immergrüner Baum, dessen Blätter getrocknet als Gewürz dienen.* **Zus.:** Siegeslorbeer, Vorschußlorbeeren.

Lo|re, die; -, -n: *offener, auf Schienen laufender Wagen zum Transport von Gütern in Bergwerken, Steinbrüchen o. ä.:* Kohlen in eine L. schaufeln.

los /vgl. lose/: **I.** ⟨Adj.⟩ *[ab]getrennt, frei (von etwas):* der Knopf ist l.; der Hund ist [von der Kette] l. **sinnv.:** abgerissen, locker, losgelöst. **II.** ⟨Adverb⟩ *weg!, fort!, schnell!* /als Aufforderung/: l., beeil dich!

los- ⟨trennbares, stets betontes verbales Präfix⟩: **1.** *mit dem im Basiswort Genannten beginnen:* losarbeiten, losfahren, losheulen, loskichern, loslaufen, lospowern, losrocken, losschicken, losschlagen (auf jmdn.). **2.** *durch das im Basiswort Genannte etwas/jmdn. von etwas/jmdm. lösen, trennen:* losbinden, losdrehen, loskaufen, losketten, loskoppeln, loslassen, losmachen, sich losreißen, sich lossagen, (etwas) losschlagen (von etwas), jmdn. lossprechen. **sinnv.:** ab-.

-los ⟨adjektivisches Suffix⟩: *ohne (das im Basiswort Genannte)*/es kann sowohl erwünscht als auch nicht erwünscht sein, z. B. er bevorzugt fleischlose Kost (erwünscht), es gab leider nur fleischlose Gerichte (nicht erwünscht)/: die antwortlose Einsamkeit, ärmellos, augenlos, ausweglos, badlose Wohnung, bargeldlos, bartlos, baumlos, drahtlos, ehrgeizlos, elternlos, ereignislos, euterlos, fensterlos, fleischlos, freudlos, funktionslos, gehörlos, geschlechtslos, glücklos, interesselos, kinderlos, kompressorlos, konzeptionslos, kraftlos, laublos, lautlos, motivlos, neidlos, obdachlos, orientierungslos, schaffnerlos, schleifringlos, schlipslos, schnurlos (Telefon), schwunglos, sexlos, torlos, tränenlos, übergangslos, vaterlos, verlustlos, vertragslos, wohnsitzlos, wutlos. **sinnv.:** -arm, -leer, un-.

-los/-frei: 1. */während -los ein*

Fehlen kennzeichnet, das sowohl erwünscht als auch nicht erwünscht sein kann, stellt -frei nur neutral das Nichtvorhandensein (aber nie als etwas Negatives) fest: atomwaffenlos/atomwaffenfrei, fehlerlos/fehlerfrei, gefahrlos/gefahrfrei, geruchlos/geruchsfrei, gewaltlos/gewaltfrei, konfliktlos/konfliktfrei, risikolos/risikofrei, schmerzlos/schmerzfrei, wolkenlos/wolkenfrei. **2.** */mit deutlichen inhaltlichen Unterschieden; wobei die -los-Bildungen emotionale Bewertungen sind, während die Bildungen mit -frei sachlich-feststellend, beschreibend sind:* arbeitslos/arbeitsfrei, geschmacklos/geschmacksfrei, kampflos (übergeben)/kampffreier Tag, niveaulos (Benehmen)/niveaufrei (Kreuzung), widerspruchslos (etwas hinnehmen)/widerspruchsfrei (Theorie), zwecklos (Bitten)/zweckfrei (Forschung); vgl. -frei; vgl. -los.

Los, das; -es, -e: **1. a)** *verdeckt gekennzeichneter Zettel oder sonstiger Gegenstand, dessen man sich als Mittel bedient, um den Zufall (z. B. durch willkürliches Herausziehen) über etwas entscheiden zu lassen:* das L. soll entscheiden; die Reihenfolge wird durch das L. bestimmt. **sinnv.:** Auslosung, Verlosung. **b)** *mit einer Nummer versehener, käuflich zu erwerbender Zettel, durch den man einen Gewinn bei einer Lotterie erzielen kann:* die drei Lose waren Nieten; ein Gewinn von 10000 Mark entfiel auf das L. mit der Nummer ...; er hat das Große Los gezogen. **Zus.:** Glücks-, Klassen-, Lotterielos. **2.** *das, was einem Menschen als Unvermeidliches widerfährt:* mit seinem L. zufrieden sein; das L. der Gefangenen erleichtern. **sinnv.:** Geschick, ↑Schicksal.

lö|schen: I. ⟨tr.⟩ **a)** *machen, daß etwas zu brennen aufhört:* die Kerzen l.; das Feuer wurde schnell gelöscht. **sinnv.:** ausblasen, austreten, ersticken. **Zus.:** aus-, er-, verlöschen · Feuerlöscher. **b)** *(durch Betätigen einer Mechanik) ausschalten:* er hat das Licht gelöscht. **c)** *etwas, was durch Schrift o. ä. auf etwas festgehalten worden ist, wieder auf entsprechende Weise beseitigen:* den mit Kreide auf die Tafel geschriebenen Satz l.; ein Konto, eine Tonbandaufnahme l.; eine Eintragung in das/im Strafregister l. **sinnv.:** ↑abwaschen, ↑auswischen, ↑beseitigen, streichen, tilgen. **II.** ⟨tr.⟩ *(aus einem Schiff) ausladen:* die Ladung eines Schiffes l.

lo|se ⟨Adj.⟩ /vgl. los/: **1.** *sich nur locker an etwas befindend:* ein loses Blatt; der Knopf ist, hängt l. **sinnv.:** locker, wack[e]lig. **2.** *unbekümmert und ein wenig leichtfertig:* mit seinem losen Mundwerk verspottet er alles. **sinnv.:** ausgelassen, dreist, flott, ↑frech, freizügig, frivol, keck, kess, lebenslustig, leichtsinnig, munter. **3.** *frei von Verpackung o. ä.:* Zucker, Marmelade l. verkaufen; das Geld l. in der Tasche haben. **sinnv.:** nicht abgepackt, vom Faß, unverpackt.

lo|sen ⟨itr.⟩: *eine Entscheidung durch das Los herbeiführen:* um etwas l.; wir losten, wer zuerst fahren sollte. **Zus.:** aus-, verlosen.

lö|sen /vgl. gelöst/: **1. a)** ⟨tr.⟩ *bewirken, daß etwas lose wird:* Fesseln, einen Knoten l. **sinnv.:** aufbinden, lockern, losmachen. **Zus.:** ab-, loslösen. **b)** ⟨sich l.⟩ *lose werden:* ein Ziegel hat sich gelöst. **sinnv.:** abfallen, abgehen. **c)** ⟨tr.⟩ *nicht länger bestehen lassen:* einen Vertrag, seine Verlobung l. **sinnv.:** annullieren, aufheben, für nichtig erklären. **Zus.:** auflösen. **d)** ⟨tr.⟩ *(in einer Flüssigkeit) zergehen [lassen]:* Salz in Wasser l. **Zus.:** auflösen. **2.** ⟨tr.⟩ *(durch Nachdenken) klären:* ein Problem, ein Rätsel l. **sinnv.:** ↑bewältigen, ↑enträtseln, meistern. **3.** ⟨tr.⟩ *(einen Berechtigungsschein) käuflich erwerben:* eine Fahrkarte l. **sinnv.:** ↑kaufen. **Zus.:** nachlösen.

los|las|sen, läßt los, ließ los, hat losgelassen ⟨tr.⟩: *nicht mehr festhalten:* einen Hund [von der Kette] l.; sie ließ seine Hände los. **sinnv.:** freigeben, freilassen, laufen lassen.

los|rei|ßen, riß los, hat losgerissen: **a)** ⟨tr.⟩ *gewaltsam (von einer Person oder Sache, von der jmd./etwas festgehalten wird) lösen:* der Sturm hat die Wäsche von der Leine losgerissen. **sinnv.:** ↑abmachen. **b)** ⟨sich l.⟩ *sich [gewaltsam] lösen:* die Kuh hat sich losgerissen. **sinnv.:** sich ↑trennen.

los|sa|gen, sich; sagte sich los, hat sich losgesagt: *mit jmdm./etwas nichts mehr zu tun haben wollen und sich deshalb von jmdm./etwas trennen:* er hat sich von seinem Sohn losgesagt; sich von einer Partei l. **sinnv.:** abfallen, abschwören, ↑aufgeben, fallenlassen, fortgehen, sich ↑freimachen, sich lösen, verbannen, verstoßen.

Lo|sung, die; -, -en: **a)** *vereinbartes Wort, durch das man sich als zugehörig zu einem bestimmten Personenkreis ausweist* /beim Militär/. **sinnv.:** ↑Kennwort. **b)** *Spruch, der die Grundsätze enthält, nach denen man sich richtet:* politische Losungen auf den Transparenten. **sinnv.:** Devise, Leitspruch, Parole, Wahlspruch.

Lö|sung, die, -, -en: **1. a)** ⟨ohne Plural⟩ *das Lösen:* die L. des Rätsels war schwer. **Zus.:** Auflösung. **b)** *Ergebnis des Nachdenkens darüber, wie etwas Schwieriges zu bewältigen ist:* dies ist eine befriedigende L. des Problems. **sinnv.:** Antwort, Ausweg, ↑Erfolg, Patentrezept, Resultat, Schlüssel. **2.** *Flüssigkeit, in der ein anderer Stoff gelöst ist:* diese L. enthält keinen Zucker. **sinnv.:** ↑Flüssigkeit.

los|wer|den, wird los, wurde los, ist losgeworden ⟨itr.⟩: **1.** (ugs.) *erreichen, daß jmd., der einem lästig ist, einen in Ruhe läßt, von einem weggeht:* so schnell wirst du mich nicht los. **2.** *sich (von etwas, was einem lästig ist) frei machen:* ich kann die Erinnerung an diesen Tag nicht l. **sinnv.:** sich ↑entledigen. **3.** (ugs.) *einen Käufer für etwas (was man gern verkaufen möchte und zum Kauf anbietet) finden, es verkaufen können:* wir sind die alte Schreibmaschine auf dem Flohmarkt losgeworden; auf Anhieb bin ich alle 100 Exemplare losgeworden. **4.** (ugs.) *etwas nicht mehr haben (was mit Bedauern o. ä. festgestellt wird):* beim Einkaufen bin ich wieder mal viel Geld losgeworden; im Gedränge ist er seine goldene Uhr losgeworden. **sinnv.:** einbüßen, ↑verbrauchen, ↑verlieren.

Lot, das; -[e]s, -e: *an einer Schnur hängendes Gewicht zur Bestimmung der Senkrechten oder Messung einer Wassertiefe:* eine Mauer mit dem L. prüfen. **sinnv.:** Blei, ↑Gewicht, Senkblei. **Zus.:** Echolot.

lo|ten, lotete, hat gelotet ⟨tr.⟩: *mit dem Lot messen:* die Tiefe des Wassers l. **Zus.:** ausloten.

lö|ten, lötete, hat gelötet ⟨tr.⟩: *(zwei Metallteile) mit Hilfe von* *geschmolzenem Metall miteinander verbinden:* der Henkel wird an die Kanne gelötet. **sinnv.:** schweißen, zusammenschweißen. **Zus.:** hart-, weichlöten.

Lo|ti|on, die; -, -en: *Flüssigkeit zur Reinigung und Pflege der Haut.* **sinnv.:** Creme, Emulsion, Gesichtswasser, Reinigungsmilch. **Zus.:** Körperlotion.

Lot|se, der; -n, -n: *erfahrener, ortskundiger Seemann, der Schiffe durch Hafeneinfahrten, Flußmündungen usw. leitet.* **Zus.:** Fluß-, Hafen-, Schiffs-, Schüler-, Verkehrslotse.

lot|sen ⟨tr.⟩: *(wie ein Lotse) hinleiten, lenken:* ein Schiff in den Hafen l.; er wurde per CB-Funk durch die Stadt gelotst; das Flugzeug auf die dritte Landebahn l. **sinnv.:** dirigieren, einweisen, führen, hinführen. **Zus.:** heraus-, hindurchlotsen.

Lot|te|rie, die; -, Lotterien: *Glücksspiel, an dem man durch den Kauf von Losen teilnimmt:* in der L. spielen. **sinnv.:** Bingo, Lotto, Toto; Glücksspiel. **Zus.:** Fernseh-, Klassenlotterie.

Lot|to, das; -s, -s: *eine Art Lotterie, bei der die Gewinne nach der Anzahl der richtig getippten Zahlen (aus einer begrenzten Anzahl) gestaffelt werden:* vier Richtige im L. haben. **sinnv.:** ↑Lotterie. **Zus.:** Zahlenlotto.

Lö|we, der; -n, -n: *in Afrika heimisches, großes, katzenartiges Raubtier mit kurzem, graugelbem bis ockerfarbenem Fell, langem Schwanz und (beim männlichen Tier) üppiger Mähne um Nacken und Schultern.* **sinnv.:** König der Tiere/Wüste, Leu. **Zus.:** Bau-, Salon-, Seelöwe.

loy|al [loa'ja:l] ⟨Adj.⟩: *von wohlwollend-treuer Gesinnung zeugend:* ein loyaler Bürger; sich l. verhalten. **sinnv.:** ↑anständig, redlich, respektvoll.

LP [ɛl'pe:], die; -, -[s]: *↑Langspielplatte.*

LSD [ɛl|ɛs'de:], das; -[s]: *ein aus Bestandteilen des Mutterkorns gewonnenes Rauschgift, das bewußtseinsverändernd wirkt.* **sinnv.:** ↑Rauschgift.

Luchs, der; -es, -e: *kleines, hochbeiniges, katzenartiges Raubtier mit gelblichem, häufig dunkel geflecktem Fell, kleinerem, rundlichem Kopf und kurzem Schwanz.*

Lücke, die; -, -n: *Stelle, an der etwas fehlt (in bezug auf ein zusammenhängendes Ganzes):* eine L. im Zaun. **sinnv.:** ↑Loch, ↑Riß, Zwischenraum; ↑Spielraum. **Zus.:** Bildungs-, Gedächtnis-, Markt-, Versorgungs-, Wissens-, Zahnlücke.

Lu|der, das; -s, - (emotional): *Person (in bezug auf eine ganz bestimmte, meist negative Eigenschaft):* sie ist ein ganz durchtriebenes L.; sie ist ein kleines L. *(ein raffiniertes Mädchen);* ein dummes L.; ein armes L. **sinnv.:** Bursche, Kerl, das Mensch, Miststück, Weibsbild, -stück, Zicke, Ziege.

Luft, die; -: *das (gasförmiger Stoff), was Menschen und Tiere zum Atmen (und damit zum Leben) brauchen:* frische, gute, verbrauchte, verschmutzte L. **sinnv.:** Atem, Äther, Atmosphäre, Hauch, Lufthauch, Mief, Ozon, Sauerstoff. **Zus.:** Ab-, Festlands-, Frisch-, Frühlings-, Höhen-, Land-, See-, Treibhaus-, Um-, Winterluft.

Luft|bal|lon [...balɔŋ], der; -s, -s; (bes. südd.:) [...balo:n] -s, -e: *kleinerer, mit Gas oder Luft gefüllter und dadurch meist einem Ball ähnlicher Körper als Spielzeug für Kinder:* auf dem Jahrmarkt kaufte ihm sein Großvater einen roten L.

Luft|brücke, die; -, -n: *zur Versorgung eines von der Außenwelt abgeschnittenen Gebietes errichtete Verbindung, die durch Luftfahrzeuge hergestellt wird:* die Stadt wurde über eine L. versorgt.

luft|dicht ⟨Adj.⟩: *für Luft nicht durchlässig:* ein Glas l. verschließen. **sinnv.:** undurchlässig.

Luft|druck, der; -[e]s: *von der Luft auf eine Fläche ausgeübter Druck:* der L. steigt, fällt.

lüf|ten, lüftete, hat gelüftet: **1.** ⟨itr./tr.⟩ *Luft in einen Raum o. ä. lassen:* hier ist eine stickige Luft, wir müssen [das Zimmer] mal l. **Zus.:** durch-, entlüften. **2.** ⟨tr.⟩ *von [frischer] Luft durchdringen lassen:* die Betten l. **Zus.:** aus-, belüften.

luf|tig ⟨Adj.⟩: **a)** *(besonders in bezug auf einen Raum) [hell und groß und] mit genügend Luftzufuhr:* ein luftiger Raum. **sinnv.:** windig, zugig. **b)** *leicht und luftdurchlässig (besonders in bezug auf Kleidung):* luftige Sommerkleider.

Luf|ti|kus, der; -[ses], -se: *Mann, von dem man den Eindruck hat, daß seine Lebensweise leicht und oberflächlich ist (woraus man Unzuverlässigkeit u. ä. ableitet).* **sinnv.:** Leichtfuß, Libertin, Liederjan, Tausendsas[s]a, Windbeutel, Windhund; ↑Mann.

luft|leer ⟨Adj.⟩: *keine Luft enthaltend:* ein luftleeres Gefäß.

Luft|schloß, das; Luftschlosses, Luftschlösser: *etwas, was man gern hätte, was man sich wünscht, was aber nur in der Phantasie existiert:* ich baue keine Luftschlösser, sondern denke ganz nüchtern; ich erwog die Möglichkeiten, machte Pläne und baute Luftschlösser. **sinnv.:** Bild, ↑Einbildung, Hirngespinst, Phantom, Wahn, Wolkenkuckucksheim.

Lüf|tung, die; -, -en: **1.** ⟨ohne Plural⟩ *das Lüften.* **sinnv.:** Luftzufuhr, Luftzuführung, Ventilator. **2.** *Vorrichtung, Anlage zum Lüften.* **sinnv.:** Luftschacht.

Luft|waf|fe, die; -, -n: *Truppe, die für Angriff und Abwehr des in der Luft geführten Krieges ausgebildet ist.* **sinnv.:** Luftstreitkräfte.

Lü|ge, die; -, -n: *falsche Aussage, die bewußt gemacht wird und jmdn. täuschen soll:* daß du gestern abend noch gearbeitet hast, ist eine glatte L. **sinnv.:** Ammenmärchen, Bluff, Dichtung und Wahrheit, Erfindung, ↑Finte, Flunkerei, Geflunker, Heuchelei, Jägerlatein, Legende, Lügenmärchen, Lug und Trug, Meineid, Schwindel, Seemannsgarn, -latein, Unaufrichtigkeit, Unredlichkeit, Unwahres, Unwahrheit · Geheimnistuerei, Hinterhältigkeit, Räuberpistole, Story, Verdunk[e]lungsgefahr, Verschleierungstaktik, Versteckspiel. **Zus.:** Lebens-, Notlüge.

lü|gen, log, hat gelogen ⟨itr.⟩: *bewußt die Unwahrheit sagen, um jmdn. zu täuschen:* du lügst, wenn du das behauptest. **sinnv.:** anschwindeln, belügen, beschwindeln, bluffen, jmdm. blauen Dunst vormachen, erdichten, erfinden, fabeln, fabulieren, färben, sich aus den Fingern saugen, flunkern, kohlen, etwas aus der Luft greifen, phantasieren, schwindeln, spintisieren, unaufrichtig sein, die Unwahrheit sagen, verkohlen, vorgeben, jmdm. etwas vormachen/vorschwindeln, nicht bei der Wahrheit bleiben, es mit der Wahrheit nicht so genau nehmen, weismachen, zusammen-

phantasieren; ↑vortäuschen. **Zus.:** an-, belügen · verlogen.
Lüg|ner, der; -s, -, **Lüg|ne|rin,** die; -, -nen: *männliche bzw. weibliche Person, die lügt.* **sinnv.:** Heuchler, Scheinheiliger, Schwindler.
Lu|ke, die; -, -n: **a)** *eine Art kleines Fenster zum Auf- und Zuklappen [in einem Dach]:* er öffnete die L., so daß ein Luftzug entstand. **sinnv.:** ↑Fenster. **Zus.:** Dach-, Kellerluke. **b)** *verschließbare Öffnung im Deck oder in der Wand des Schiffes:* die Luken aufdecken, schließen. **Zus.:** Lade-, Schiffsluke.
lu|kra|tiv ⟨Adj.⟩: *vorteilhaft (in bezug auf einen materiellen Gewinn):* ein lukratives Angebot erhalten. **sinnv.:** ↑einträglich, gewinnbringend, lohnend.
lu|kul|lisch ⟨Adj.⟩ (geh.): *(von einem Essen) üppig und dabei erlesen:* ein lukullisches Mahl einnehmen. **sinnv.:** delikat, erlesen, ↑üppig · Feinschmecker, Gourmet.
Lu|latsch, der; -[e]s, -e (ugs.): *eine schlaksig wirkende, größere, dünnere männliche Person:* ein langer L. **sinnv.:** ↑Riese.
Lüm|mel, der; -s, -: **a)** *männliche Person, deren Verhalten, Benehmen als in empörender Weise frech, ungezogen empfunden wird:* der betrunkene L. belästigte das Mädchen. **sinnv.:** ↑Flegel. **Zus.:** Bauern-, Dorflümmel. **b)** *(in familiär-wohlwollender Redeweise) Junge, junger Mann:* der L. ist ja groß geworden; na, du L., wie geht's? **sinnv.:** ↑Junge.
lüm|meln, sich (ugs.): *sich in betont lässiger Weise irgendwohin setzen, legen o. ä.:* er lümmelte sich aufs Sofa, in einen Sessel. **Zus.:** sich hinlümmeln.
Lump, der; -en, -en: *Mann, dessen Handlungsweise man in verachtenswerter Weise niedrig, gemein findet:* diese Lumpen haben mir mein Geld gestohlen. **sinnv.:** ↑Schuft.
lum|pig ⟨Adj.⟩: *[in ärgerlicher Weise] wenig (meist in bezug auf Geld):* ich habe nur ein paar lumpige Pfennige verdient. **sinnv.:** erbärmlich, gering, kümmerlich, unbedeutend, lächerlich wenig, nichts wert, wertlos.
Lun|ge, die; -, -n: *Organ des Menschen und der höheren Tiere, das der Atmung dient:* eine kräftige, gesunde L. haben. **Zus.:** Raucher-, Staublunge.
Lu|pe, die; -, -n: *optisches Gerät, dessen Linse beim Durchsehen ein vergrößertes Bild liefert:* mit der L. lesen; etwas unter der L. betrachten. **sinnv.:** Mikroskop, Vergrößerungsglas.
Lurch, der; -[e]s, -e: *Tier, das sowohl am als auch im Wasser lebt (Frosch, Kröte u. ä.).* **sinnv.:** Amphibie, Laubfrosch, Unke, Wasserfrosch. **Zus.:** Frosch-, Schwanzlurch.
Lust, die; -, Lüste: **1.** *hoher Grad [sinnlich] angenehmer Empfindung:* große L. empfinden; es war eine L., sie singen zu hören. **sinnv.:** Auftrieb, Entzücken, ↑Freude, Glück, Spaß, Vergnügen, Wohlgefallen, ↑Wollust, Wonne. **Zus.:** Fleisches-, Sinnen-, Wollust. **2.** ⟨in Verbindungen mit *zu, auf*⟩ *auf die Befriedigung eines Wunsches gerichtetes, stärkeres Verlangen:* keine große Lust zum Arbeiten haben; L. auf ein Stück Preiselbeerkuchen haben. **sinnv.:** Begier[de], Gier, Verlangen.
lü|stern ⟨Adj.⟩: **1.** *von lebhafter sinnlicher Begierde erfüllt:* lüsterne Blicke, Gedanken. **sinnv.:** ↑begierig. **2.** ***l. nach/auf etwas sein:** *mit einer gewissen Gierigkeit haben wollen:* l. nach Ruhm sein; vgl. -lüstern.
-lü|stern ⟨adjektivisches Suffixoid⟩: *das im Basiswort Genannte sehr gern wollend und auf eine Gelegenheit dazu mit gewisser Begierigkeit wartend, darauf ausseiend:* aggressions-, angriffs-, expansions-, heirats-, karriere-, kriegs-, macht-, profit-, sensationslüstern. **sinnv.:** -geil, -gierig.
lu|stig ⟨Adj.⟩: *heiteres Vergnügen bereitend:* ein lustiger Bursche; lustige Geschichten, Streiche; das Feuer flackert l. im Kamin. **sinnv.:** ↑amüsant, aufgedreht, aufgekratzt, aufgeräumt, ausgelassen, erheiternd, fidel, freudig, froh, frohgemut, fröhlich, heiter, humorig, humoristisch, komisch, lebenslustig, leichtlebig, locker, lose, munter, neckisch, putzmunter, quietschvergnügt, spaßig, unbekümmert, unbeschwert, unkompliziert, vergnügt; ↑unbesorgt. vgl. -lustig.
-lu|stig ⟨adjektivisches Suffixoid⟩: *zu dem im Basiswort Genannten gern bereit, stets aufgelegt, neigend, reges Interesse daran habend, es gern machend:* abenteuer-, aggressions-, angriffs-, arbeits-, bade-, bau-, begattungs-, beute-, eroberungs-, eß-, freß-, heirats-, kampfes-, kauf-, kriegs-, lebens-, legelustige (Hennen), oppositions-, reise-, sanges-, schau-, schreib-, sensations-, spring-, streit-, trink-, unternehmungs-, vergnügungs-, wanderlustig. **sinnv.:** -geil, -gierig, -hungrig-, -süchtig.
lust|los ⟨Adj.⟩: *ohne Lust, Freude:* l. arbeiten; l. im Essen stochern. **sinnv.:** gleichgültig, ↑widerwillig.
Lust|spiel, das; -[e]s, -e: ↑*Komödie.*
lut|schen ⟨tr./itr.⟩: *über etwas, was man in den Mund gesteckt hat, mit der Zunge hin und her fahren [es mit der Zunge im Mundraum hin und her bewegen und dadurch zergehen lassen]:* am Daumen, an einem Eis l.; ein Bonbon l. **sinnv.:** lecken, ↑saugen. **Zus.:** ab-, auslutschen · Daumenlutscher.
Luv [lu:f] ⟨in den Wendungen⟩ in/nach/von L.: *(auf/nach/von der dem Wind zugewandten Seite [eines Schiffes]).*
lu|xu|ri|ös ⟨Adj.⟩: *großen Luxus aufweisend:* er wohnt l.; die Ausstattung in den modernen Zügen ist geradezu l. **sinnv.:** ↑prunkvoll, ↑üppig.
Lu|xus, der; -: *kostspieliger, verschwenderischer, den üblichen Rahmen (der Lebenshaltung) stark übersteigender, nur dem Genuß und Vergnügen dienender Aufwand:* ein Auto ist für ihn kein L.; diesen L. kann ich mir nicht leisten, erlauben; ich gönne mir den L. einer Fernostreise. **sinnv.:** ↑Prunk, Überfluß, Verschwendung · Edel-, Fünfsterne-, Klasse-, Nobel-, Spitze- · Jetset, Schickeria.
lyn|chen ⟨tr.⟩: *(aufgebracht über jmds. als verräterisch o. ä. empfundene Handlungsweise) sich zum Richter über ihn machen, indem man ihn durch grausames Mißhandeln oder Töten bestraft:* die Menge stürzte sich auf den Sittlichkeitsverbrecher und lynchte ihn. **sinnv.:** ↑bestrafen.
Ly|rik, die; -: *literarische Gattung, in der subjektives Erleben, Gefühle, Stimmungen oder Gedanken mit den formalen Mitteln von Reim, Rhythmus u. a. ausgedrückt werden.* **sinnv.:** ↑Dichtung. **Zus.:** Alters-, Gedanken-, Liebes-, Naturlyrik.
ly|risch ⟨Adj.⟩: *die Lyrik betreffend, in der Art der Lyrik:* lyrische Passagen; Goethes lyrisches Werk. **sinnv.:** dichterisch.

M

Maat, der; -[e]s, -[e]n: *Unteroffizier bei der Marine.* **sinnv.:** ↑Matrose.

Mach|art, die; -, -en: *Art, wie etwas gemacht ist (bes. bei Kleidungsstücken):* die M. dieser Mäntel ist äußerst schlicht. **sinnv.:** Fasson, ↑Form, Schnitt.

Ma|che, die; - (ugs.): *etwas, was als unecht, gekünstelt empfunden (und daher abgelehnt) wird:* sein freundliches Entgegenkommen war nur M. **sinnv.:** ↑Getue.

-ma|che, die; - ⟨als zweiter Wortbestandteil⟩: *bewußte, als negativ empfundene Beeinflussung, die zu dem im Basiswort Genannten führt, es hervorruft:* Meinungs-, Panik-, Sensations-, Stimmungsmache.

ma|chen: 1. ⟨tr.⟩ **a)** *aus/mit etwas herstellen:* sich ein Kleid m. lassen; Fotos, eine Tasse Kaffee, einen Knoten ins Taschentuch m. **sinnv.:** ↑anfertigen. **Zus.:** fertig-, zurechtmachen · Schuh-, Uhrmacher. **b)** *etwas Bestimmtes durchführen, erledigen; sich in einer bestimmten Weise mit etwas beschäftigen:* Hausaufgaben m.; einen Spaziergang, das Abitur m. **sinnv.:** ↑ausführen, durchführen, treiben, tun; veranstalten; ↑verwirklichen. **c)** *in einen bestimmten Zustand o. ä. bringen:* die Hosen länger m.; jmdn. zu seinem Vertrauten m. **Zus.:** kaputt-, saubermachen · Herzschrittmacher · Engelmacherin. **2.** ⟨itr.⟩ ↑*tun:* was machst du gerade?; die Kinder durften alles m. **3.** ⟨sich m.⟩ *in einer bestimmten Weise wirken:* der Blazer macht sich gut zu diesem Rock. **sinnv.:** harmonisieren. **4.** ⟨als Funktionsverb⟩: einen Sprung m. *(springen);* den Anfang m. *(anfangen);* einen Fehler m. *(sich irren);* Musik m. *(musizieren);* einen Versuch m. *(versuchen).*

Ma|chen|schaft, die; -, -en: *als unlauter empfundene Handlung, durch die jmd. ein Ziel, einen persönlichen Vorteil [heimlich] zu erreichen versucht:* bei dem Prozeß wurden die dunklen Machenschaften der Parteiführung aufgedeckt. **sinnv.:** ↑Betrug, Intrige.

Ma|cher, der; -s, -: *jmd., der bei einem Unternehmen die treibende Kraft ist:* der M. dieses neuen Vereins ist ein junger, tüchtiger Kerl. **sinnv.:** ↑Manager.

-ma|cher, der; -s, - ⟨als zweiter Wortbestandteil⟩: **1.** (Jargon): *jmd., der das im ersten Wortbestandteil Genannte (als kulturell Tätiger, als Gestalter von etwas) herstellt, produziert, macht:* Bücher-, Fernseh-, Festival-, Filme-, Hit-, Lieder-, Mode-, Objekte-, Platten-, Reise-, Schlager-, Styling-, Theater-, Unterhaltungs-, Verse-, Wörterbuchmacher. **sinnv.:** -er, -schreiber (Stückeschreiber). **2.** *jmd., der das im ersten Wortbestandteil Genannte macht, tut:* Faxen-, Krawall-, Mies-, Radau-, Spaß-, Wirtschaftswundermacher. **3.** *etwas, was das im adjektivischen ersten Wortbestandteil Genannte bewirkt:* Fröhlich-, Munter-, Süchtigmacher (Dallas – der Süchtigmacher des deutschen Fernsehers). **4.** *jmd., der das im ersten Wortbestandteil Genannte (als Handwerker) herstellt:* Bürsten-, Korb-, Tau-, Werkzeugmacher.

Ma|cho ['matʃo], der; -s, -s: *Mann, der sich bewußt, überbetont männlich gibt, verhält [und kleidet]:* sie fällt von einem Extrem ins andere: Nach dem M. hat sie jetzt einen Softie zum Freund. **sinnv.:** Brutalo, Chauvi, Macker, Pascha, Patriarch, Sexist, Tyrann.

Macht, die; -, Mächte: **1.** ⟨ohne Plural⟩ *die Befugnis und die Fähigkeit, über jmdn./etwas zu bestimmen:* die M. haben, ausüben; M. gewinnen [über jmdn.]. **sinnv.:** ↑Einfluß, ↑Fähigkeit, ↑Gewalt, Stärke. **Zus.:** All-, Über-, Vollmacht. **2.** *etwas, was über besondere Kräfte, Einfluß, Mittel verfügt:* geheimnisvolle Mächte; die verbündeten Mächte England und Frankreich. **sinnv.:** Schaltzentrum, ↑Staat. **Zus.:** Atom-, Feind[es]-, Groß-, Seemacht, Westmächte.

Macht|ha|ber, der; -s, -: *jmd., der die Macht* (1) *innehat.* **sinnv.:** ↑Oberhaupt.

mäch|tig ⟨Adj.⟩: **1.** *Macht, Gewalt habend:* ein mächtiger Herrscher; die wirtschaftlich mächtigen Unternehmer. **sinnv.:** einflußreich, gewaltig, machtvoll, maßgebend, potent, ↑stark, tonangebend. **Zus.:** all-, eigenmächtig. **2.** *(in bezug auf Umfang o. ä.) groß:* ein mächtiger Balken; eine mächtige Eiche, Stimme. **sinnv.:** achtunggebietend, beeindruckend, beträchtlich, dick, ↑gewaltig. **3.** (ugs.) ⟨verstärkend bei Adjektiven und Verben⟩ ↑*sehr:* der Junge ist m. gewachsen.

Mäd|chen, das; -s, -: **1.** /Ggs. Junge/ *Kind oder jüngere Person weiblichen Geschlechts:* sie hat ein M. bekommen; die Freundin meines Sohnes ist ein nettes M. **sinnv.:** Biene, Ding, Dirn, Dirndl, Dulzinea, Fratz, ↑Frau, Fräulein, Girl, Göre, Halbwüchsige, Ische, Jungfer, Jungfrau, Käfer, Kleine, Landpomeranze, Lolita, Mädel, Maid, Mensch, Mieze, Puppe, Schwester, Tante, Teenager, Teenie, Thusnelda, Tochter, Tussi, Twen, Unschuld vom Lande. **Zus.:** Blumen-, Freuden-, Schul-, Straßenmädchen. **2.** *weibliche Angestellte in einem Haushalt, die Hausarbeiten verrichtet.* **sinnv.:** Aufwartung, Dienerin, Hausangestellte, Hausgehilfin, Haushälterin, Haushaltshilfe, Haustochter, Kammerzofe, Putzfrau, Raumpflegerin, Wirtschafterin, Zofe, Zugehfrau · Gouvernante, Nurse. **Zus.:** Au-pair-Mädchen, Dienst-, Kinder-, Zimmermädchen.

mäd|chen|haft ⟨Adj.⟩: *wie ein Mädchen (sanft, zart):* sie ist sehr m. **sinnv.:** anmutig, graziös, jugendlich.

Mäd|chen|na|me, der; -ns, -n: **1.** *weiblicher Vorname.* **2.** *Nachname der Frau vor der Heirat.*

Ma|de, die; -, -n: *Larve eines Insekts.* **sinnv.:** ↑Larve.

ma|dig ⟨Adj.⟩: **1.** *(vom Obst) Maden oder eine Made enthaltend:* der Apfel ist m. **2.** * **jmdn. m. machen** *(jmdn. herabsetzen).* **sinnv.:** ↑schlechtmachen; **jmdm. etwas m. machen** *(jmdm. die Freude an etwas nehmen).* **sinnv.:** ↑verleiden.

Ma|don|na, die; -, Madonnen: *Statue, die die Jungfrau Maria darstellt:* in dieser Kirche steht eine berühmte barocke M.

-ma|fia, die; - ⟨Suffixoid⟩: *in bezug auf das im Basiswort Genannte einflußreiche Personengruppe, die ihre Interessen unter Ausnutzung der ihr zur Verfügung stehenden Macht- und Druckmittel skrupellos gegenüber Konkurrierenden o. ä. durchsetzt, diese unterdrückt, ausschaltet:* Bayern-, Büro-, Drogen-, Geld-, Kapitalisten-, Kokain-, Kritiker-, Kunst-, Margarine-, Opium-, Porno-, Schwarzhandels-, Spielbankmafia.

Ma|ga|zin, das; -s, -e: **1.** *[größerer] Raum zum Lagern von Waren:* etwas aus dem Magazin holen. **sinnv.:** ↑Lager. **2.** *unterhaltsame, reich bebilderte oder auch politisch informierende Zeitschrift.* **sinnv.:** ↑Zeitschrift. **Zus.:** Mode-, Nachrichtenmagazin. **3.** *der Teil in oder an einer Handfeuerwaffe, aus dem die Patronen durch einen Mechanismus nacheinander in den Lauf gelangen:* das M. leer geschossen haben.

Magd, die; -, Mägde (veraltet): *weibliche Arbeitskraft auf einem Bauernhof* /Ggs. Knecht/: die M. füttert die Schweine. **sinnv.:** Landarbeiterin. **Zus.:** Küchen-, Stallmagd.

Ma|gen, der; -s, Mägen: *Körperorgan, das die zugeführte Nahrung (nachdem sie bis zu einem bestimmten Grad verdaut ist) in den Darm weiterleitet:* mit leerem M. zur Schule gehen.

ma|ger ⟨Adj.⟩: **1. a)** *wenig Fleisch am Körper habend (so daß die Knochen zum Teil hervortreten):* früher war er sehr beleibt, jetzt ist er richtig m. **sinnv.:** hager, ↑schlank. **b)** *wenig oder gar kein Fett habend (in bezug auf Fleisch als Nahrungsmittel)* /Ggs. fett/: manche mögen mageres, andere wieder fettes Fleisch. **sinnv.:** fettarm. **2. a)** *wenig von dem enthaltend, was Wachstum und Fruchtbarkeit fördert:* magerer Boden. **sinnv.:** ↑karg; ↑unfruchtbar. **b)** *wenig Ertrag bringend:* eine magere Ernte. **sinnv.:** kümmerlich, spärlich.

Ma|ger|milch, die; -: *stark entfettete Milch.*

Ma|gie, die; -, Magien: **a)** *geheime Kunst, die sich übernatürliche Kräfte dienstbar zu machen sucht:* bei primitiven Völkern spielt die M. noch eine große Rolle. **sinnv.:** ↑Zauber. **b)** ⟨ohne Plural⟩ *geheimnisvolle Kraft, die von etwas ausgeht:* sie konnte sich der M. seiner Worte nicht entziehen. **sinnv.:** ↑Reiz.

Ma|gi|ster, der; -s, -: *von der Universität verliehener, dem Staatsexamen entsprechender akademischer Grad in den geisteswissenschaftlichen Hochschulfachgebieten.*

Ma|gi|strat, der; -[e]s, -e: *städtische Verwaltungsbehörde* (in manchen Städten, z. B. in Frankfurt, Ost-Berlin). **sinnv.:** Administration, Gemeinderat, Senat, Stadtverwaltung.

Ma|gnet, der; -s und -en, -e[n]: *Eisen- oder Stahlstück, das die Eigenschaft hat, Eisen u. a. anzuziehen und an sich haften zu lassen.* **Zus.:** Elektro-, Kassenmagnet.

Ma|gno|lie, die; -, -n: *Strauch oder Baum, der große weiße bis rosa Blüten trägt, die an Tulpen erinnern.*

Ma|ha|go|ni, das; -s: *kostbares Holz mit rötlicher Maserung, das von bestimmten Bäumen der afrikanischen Tropen stammt und besonders für Möbel verwendet wird:* ein Wohnzimmer aus M.

mä|hen ⟨tr.⟩: *mit einer Sense o. ä. über dem Erdboden abschneiden:* Gras, Getreide m. **sinnv.:** ↑ernten. **Zus.:** ab-, niedermähen.

Mahl, das; -[e]s, Mähler und -e (geh.): *↑Essen:* ein einfaches, reichliches, ländliches, festliches M. **Zus.:** Abend-, Fest-, Nachtmahl.

mah|len, mahlte, hat gemahlen ⟨tr.⟩: **a)** *(körniges o. ä. Material) in sehr kleine Teile zerkleinern:* Kaffee, Korn, Getreide m. **sinnv.:** ↑kauen, pulverisieren, zerquetschen, zerreiben, zerstampfen. **Zus.:** ver-, zermahlen. **b)** *durch Mahlen herstellen:* der Müller mahlt Mehl.

Mahl|zeit, die; -, -en: *[das zu bestimmten Zeiten des Tages eingenommene] Essen:* eine warme M.; drei Mahlzeiten am Tag. **sinnv.:** ↑Essen. **Zus.:** Haupt-, Henkers-, Zwischenmahlzeit.

Mäh|ne, die; -, -n: *dichtes, langes Haar am Kopf, Hals und Nacken bestimmter Säugetiere:* die M. des Pferdes, des Löwen. **sinnv.:** ↑Haar. **Zus.:** Löwenmähne.

mah|nen ⟨tr.⟩: **a)** *an eine Verpflichtung erinnern:* jmdn. öffentlich m.; jmdn. wegen einer Schuld m. **sinnv.:** ↑appellieren. **Zus.:** an-, gemahnen. **b)** *nachdrücklich zu einem bestimmten, geboten erscheinenden Verhalten oder Tun auffordern:* jmdn. zur Ruhe, Eile m. **sinnv.:** ↑anhalten, ↑aufrütteln, ↑beeinflussen, beschwören, ↑bitten, drängen, ersuchen, predigen, zureden. **Zus.:** ab-, ermahnen.

Mah|nung, die; -, -en: **a)** *[amtliche] schriftliche Erinnerung an eine Verpflichtung:* er bekam eine M., die Steuern zu bezahlen. **sinnv.:** Mahnbrief, Mahnschreiben. **Zus.:** Anmahnung. **b)** *eindringliche Worte, die jmdn. zu etwas auffordern sollen:* M. zur Eile, zum Frieden. **sinnv.:** ↑Aufruf. **Zus.:** Ab-, Ermahnung.

Mai, der; -[s]: *fünfter Monat des Jahres.* **sinnv.:** Wonnemonat, Wonnemond; ↑Monat.

Mai|glöck|chen, das; -s, -: *Blume, die im Frühjahr blüht und deren kleine, weiße, stärker duftende Blüten sich dicht übereinander an einem Stengel befinden.*

Mai|kä|fer, der; -s, -: *größerer Käfer mit braunen Flügeldecken, der im Mai schwärmt und sich von Laubblättern ernährt.*

Mais, der; -es: *hochwachsende Pflanze mit breiten, langen Blättern und einem großen, als Kolben wachsenden Fruchtstand mit leuchtendgelben Körnern.* **sinnv.:** Kukuruz; ↑Getreide.

Ma|je|stät, die; -, -en: **1.** *Titel und Anrede von Kaisern/Kaiserinnen und Königen/Königinnen:* Seine M., der Kaiser; Ihre M., die Königin, wird den Ball eröffnen. **2.** ⟨ohne Plural⟩ *Erhabenheit und Größe, die einer Sache innewohnt, von ihr ausgeht:* von der M. der Berge beeindruckt sein. **sinnv.:** ↑Adel.

ma|je|stä|tisch ⟨Adj.⟩: *Erhabenheit und Würde erkennen lassend:* der majestätische Anblick des Gebirges; sie schreitet m. durch den Saal. **sinnv.:** feierlich, gemessen, gravitätisch, hoheitsvoll, königlich, würdevoll.

Ma|jor, der; -s, -e: *Offizier des*

untersten Dienstgrades bei den Stabsoffizieren. **Zus.**: General-, Tambourmajor.

Ma|jo|ran [auch: majo'ra:n], der; -s, -e: *in den Mittelmeerländern heimische Pflanze mit kleinen, weißen Blüten, deren Blätter getrocknet als Gewürz verwendet werden.* **sinnv.**: Oregano.

Ma|jo|ri|tät, die; -, -en: ↑*Mehrheit:* die M. der Abgeordneten stimmte dem Entwurf des Gesetzes zu.

ma|ka|ber ⟨Adj.⟩: **a)** *mit dem Tod, mit Traurigem, Schrecklichem spaßend:* ein makabrer Scherz; makabre Lieder. **b)** *unheimlich (durch eine bestimmte Beziehung zum Tod):* ein makabrer Anblick. **sinnv.**: düster, ↑gespenstisch, grauenerregend, grauenvoll, schaudererregend, ↑schrecklich, ↑unheimlich.

Ma|kel, der; -s, -: *etwas (ein Fehler, Mangel o. ä.), was für jmdn. in seinen eigenen Augen oder im Urteil anderer als Schmach, als herabsetzend empfunden wird:* seine bäuerliche Herkunft wird von ihm als M. empfunden. **sinnv.**: Minus, Negativum, Odium, Schandfleck.

mä|keln ⟨itr.⟩ (ugs.): *an jmdm. oder einer Sache (besonders am Essen) etwas auszusetzen haben:* er hat immer etwas zu m. **sinnv.**: ↑beanstanden · heikel, kiesätig. **Zus.**: bemäkeln, herummäkeln.

Make-up [me:k'|ap], das; -s, -s: *kosmetisches Mittel, das auf das Gesicht aufgetragen wird, um ihm ein bestimmtes Aussehen (z. B. von Frische) zu geben.* **sinnv.**: Abdeckcreme, Rouge, Schminke. **Zus.**: Abend-, Augen-Make-up.

Mak|ka|ro|ni, die ⟨Plural⟩: *lange, röhrenförmige Nudeln.* **sinnv.**: ↑Teigware.

Mak|ler, der; -s, -, **Mak|le|rin,** die; -, -nen: *männliche bzw. weibliche Person, die Verkauf oder Vermietung von Häusern, Grundstücken, Wohnungen usw. vermittelt.* **sinnv.**: Immobilienhändler, Mittelsmann, Mittelsperson, Mittler, Vermittler. **Zus.**: Börsen-, Grundstücks-, Immobilienmakler.

Ma|kre|le, die; -, -n: *im Meer lebender silbrig-weißer Fisch.*

ma|kro-, Ma|kro- ⟨als erster Wortbestandteil⟩: *groß..., Groß..., lang..., Lang..., langdauernd* (Ggs. mikro-, Mikro-): **1.** *im großen* /in Korrelation zu mikro- = im kleinen/: Makroklima, -kosmos, -ökonomie, makrosozial, Makrostruktur. **2.** /bezeichnet einen hohen Grad/ *sehr groß, lange, intensiv:* makroseismisch *(ohne Instrumente wahrnehmbar* [von starken Erdbeben]), -skopisch *(ohne optische Hilfsmittel, mit bloßem Auge erkennbar).* **3.** *größer als normal:* Makroaufnahme (Ggs. Mikroaufnahme), -phänomen, makroporig, makrozephal *(einen abnorm großen Kopf habend).* **sinnv.**: hyper-, maxi-, super-. **4.** *zeitlich länger als normal:* Makrobiotik *(die Kunst, das Leben zu verlängern),* makrobiotische Kost *(Kost, die sich hauptsächlich aus Getreide und Gemüse zusammensetzt).*

Mal, das; -[e]s, -e: **I.** (geh.) *kennzeichnender Fleck auf der Haut:* an diesem M. erkennt man ihn. **sinnv.**: ↑Narbe. **Zus.**: Mutter-, Wundmal. **II.** *durch eine bestimmte Angabe o. ä. gekennzeichneter Zeitpunkt eines sich wiederholenden oder als wiederholbar geltenden Geschehens:* das nächste, einzige M.; mehrere Male, von M. zu M.

ma|len ⟨tr./itr.⟩: **a)** *mit Pinsel und Farbe herstellen:* ein Bild, Gemälde m. **sinnv.**: ↑auftragen, klecksen, pinseln, schmieren; ↑zeichnen. **b)** *das Aussehen (von jmdm./etwas) mit Pinsel und Farbe nachahmen:* eine Landschaft, Frau m.; nach der Natur m. **sinnv.**: ↑darstellen, porträtieren; ↑zeichnen. **Zus.**: ab-, an-, ausmalen.

Ma|ler, der; -s, -: **a)** *Künstler, der malt.* **sinnv.**: Bohemien, Designer, Graphiker, ↑Künstler, Kupferstecher, Zeichner. **Zus.**: Historien-, Kunst-, Landschafts-, Pflastermaler. **b)** *Handwerker, der Wände o. ä. streicht.* **sinnv.**: Anstreicher, Tapezierer, Tüncher, Weißbinder. **Zus.**: Dekorations-, Plakat-, Schildermaler.

Ma|le|rei, die; -, -en: **1.** ⟨ohne Plural⟩ *Kunst des Malens:* die M. des 20. Jahrhunderts. **Zus.**: Buch-, Landschafts-, Öl-, Schwarzmalerei. **2.** *einzelnes Werk der Malerei* (1): an den Wänden der Kirche waren Malereien zu sehen. **sinnv.**: ↑Bild, Gemälde, Ölbild-, gemälde. **Zus.**: Decken-, Wandmalerei.

Ma|le|rin, die; -, -nen: vgl. Maler (a).

ma|le|risch ⟨Adj.⟩: *als so schön empfunden, als ob es gemalt wäre:* ein malerischer Anblick; das Dorf liegt m. am Berg. **sinnv.**: idyllisch, ↑märchenhaft, pittoresk.

Mal|heur [ma'lø:ɐ̯], das; -s, -e und -s (ugs.): *kleines Mißgeschick [das jmdm. peinlich ist]:* mir ist ein M. passiert: Ich habe deinen Geburtstag vergessen. **sinnv.**: ↑Unglück.

ma|lo|chen ⟨itr.⟩ (salopp): *[körperlich] schwer arbeiten:* jeden Tag in der Fabrik m. **sinnv.**: ↑arbeiten.

mal|trä|tie|ren ⟨itr.⟩: *mit jmdm. oder einer Sache so übel umgehen, daß er/sie/es verletzt, kaputt o. ä. ist:* jmdn. mit Fäusten m.; ein Musikinstrument m. **sinnv.**: ↑schikanieren.

Malz, das; -es: *bis zu einem gewissen Grad zum Keimen gebrachtes Getreide, das für die Herstellung von Bier o. ä. verwendet wird:* in diesem Bier ist viel Hopfen und wenig M. enthalten.

Ma|ma [geh.: Mama], die; -, -s: (in familiärer Redeweise) ↑*Mutter.*

Mam|mon, der; -s: ↑*Geld (als ein materielles, im Gegensatz zu geistigen Interessen stehendes, negativ angesehenes Bedürfnis):* um des schnöden Mammons willen verzichtete er auf seinen Urlaub.

Mam|mut- ⟨Präfixoid⟩ (emotional verstärkend): /besagt, daß das im Basiswort Genannte räumlich oder zeitlich von besonders großer, gewaltiger, überdimensionaler Ausdehnung, Anzahl, Menge, von gewaltigem Ausmaß, Umfang ist; im Unterschied zu *Riesen-* erstrecken sich die Basiswörter nicht auch auf Gefühle u. ä. wie Schreck, Blamage/ *sehr lang, sehr groß, langandauernd:* Mammutanlage, -aufgebot (an Darstellern), -bau, -betrieb, -etat, -film, -gebilde, -gemeinde, -institut, -konzert, -organisation, -produktion, -programm, -prozeß, -redeschlacht (acht Tage dauerte diese M.), -sammlung, -show, -sitzung, -team, -tournee, -unternehmen, -veranstaltung, -verbrauch, -werk. **sinnv.**: Marathon-, Monster-, Riesen-, Super-, Wahnsinns-.

mamp|fen (ugs.): **a)** ⟨tr.⟩ *mit vollen Backen essen, kauen:* der Dicke saß da und mampfte gemütlich seinen Streuselkuchen. **b)** ⟨itr.⟩ (emotional) *essen:* du mampfst ja schon wieder!

man ⟨Indefinitpronomen, nur im Nominativ⟩ **a)** *(in einer bestimmten Situation) der/die Betreffende:* von dort oben hat m. eine tolle Aussicht; m. nehme ... **sinnv.:** frau, jedermann. **b)** *bestimmte oder irgendwelche Leute; irgendeiner:* m. klopft; m. vermutete, daß du krank seiest; m. denkt heute anders darüber. **sinnv.:** irgendeine[r], irgend jemand, jemand, die Leute. **c)** *ich, wir; du, ihr:* bei dem Lärm versteht m. ja sein eigenes Wort nicht; mit ihr kann m. Pferde stehlen. **sinnv.:** eine[r], frau.

Ma|na|ge|ment ['mænɪdʒmənt], das; -s, -s: *Führung eines Unternehmens o. ä., die Planung, Grundsatzentscheidungen o. ä. umfaßt.* **sinnv.:** ↑Leitung.

ma|na|gen ['mɛnɪdʒn̩], managte, hat gemanagt ⟨tr.⟩: **a)** (ugs.) *etwas geschickt organisieren und bewältigen:* er hat vom Telefon aus die ganze Sache gemanagt; daß man dich eingeladen hat, habe ich gemanagt. **sinnv.:** ↑bewerkstelligen. **b)** *einen Künstler oder Berufssportler geschäftlich betreuen und zu lancieren versuchen:* der Star wird von seiner Frau gemanagt. **sinnv.:** aufbauen, betreuen, groß herausbringen, lancieren.

Ma|na|ger ['mɛnɪdʒɐ], der; -s, -, **Ma|na|ge|rin**, die; -, -nen: **a)** *leitende Persönlichkeit eines Unternehmens o. ä., deren Aufgabe Planungen, Grundsatzentscheidungen o. ä. umfaßt.* **sinnv.:** Boß, Führungskraft, Macher, Promoter. **Zus.:** Topmanager. **b)** *männliche bzw. weibliche Person, die einen Künstler oder Berufssportler managt* (b). **sinnv.:** Betreuer, Fürsorger, Impresario.

manch ⟨Indefinitpronomen und unbestimmtes Zahlwort⟩: **a)** **man|cher, man|che, man|ches;** /unflektiert/ **manch** ⟨Singular⟩ *der, die, das eine oder andere:* manch einer/mancher hat sich schon darüber gewundert; manch nettes Wort/manches nette Wort; die Ansicht manches bedeutenden Gelehrten; in manchem schwierigen Fall; mancher Beamte. **sinnv.:** ↑einzeln. **b)** **man|che** ⟨Plural⟩ *einige Personen, Sachen o. ä. unter anderen:* die Straße ist an manchen Stellen beschädigt; für manche ältere/(auch): älteren Leute; manche Grüne/Grünen. **sinnv.:** ↑einzelne.

man|cher|lei ⟨unbestimmtes Zahlwort⟩: *verschiedene einzelne Dinge, Arten o. ä. umfassend:* es lassen sich m. Ursachen feststellen; ich habe in der Zeit m. gelernt; m. gute Ratschläge. **sinnv.:** ↑vielerlei.

manch|mal ⟨Adverb⟩: *öfter, aber nicht regelmäßig:* ich treffe ihn m. auf der Straße. **sinnv.:** ab und an, ab und zu, bisweilen, dann und wann, gelegentlich, hie und da, hin und wieder, ein oder das andere Mal, mitunter, ↑öfter, des öfteren, vereinzelt, von Zeit zu Zeit, zuweilen, zuzeiten.

Man|dant, der; -en, -en, **Man|dan|tin,** die; -, -nen: *(vom Blickwinkel eines Rechtsanwalts aus) männliche bzw. weibliche Person, die er juristisch berät und (vor Gericht o. ä.) vertritt:* in der Pause beriet sich der Verteidiger mit seinem Mandanten; zwischen Rechtsanwalt und Mandant/Mandantin wurde vereinbart, daß ... **sinnv.:** ↑Kunde.

Man|da|ri|ne, die; -, -n: *der Apfelsine ähnliche, aber kleinere und süßere Zitrusfrucht mit leicht ablösbarer Schale.* **sinnv.:** Klementine; ↑Apfelsine.

Man|dat, das; -[e]s, -e: **a)** *Auftrag, jmdn. in einer Angelegenheit juristisch zu vertreten:* ich kann ihr M. leider nicht übernehmen. **b)** *Auftrag und Amt eines Abgeordneten:* bereits kurz nach der Wahl legte er sein M. nieder. **Zus.:** Abgeordnetenmandat.

Man|del, die; -, -n: **I.** *von einer dünnen braunen Haut umgebener, harter, gelblichweißer Samenkern der Frucht des Mandelbaums.* **sinnv.:** ↑Nuß. **Zus.:** Bitter-, Salzmandel. **II.** *mandelförmiges Organ, das beiderseits in den Nischen des hinteren Gaumens und im Rachen liegt und zur Abwehr einer Infektion dient:* seine Mandeln sind gerötet. **Zus.:** Gaumen-, Rachenmandel.

Man|do|li|ne, die; -, -n: *lautenähnliches Musikinstrument mit meist bauchigem Schallkörper, kurzem Hals und vier Doppelsaiten aus Stahl, die mit einem Stäbchen o. ä. angerissen werden* (siehe Bildleiste „Zupfinstrumente").

-ma|ne: ↑omane.

Ma|ne|ge [ma'ne:ʒə], die; -, -n: *runder Platz im Zirkus, auf dem die Darbietungen stattfinden.* **sinnv.:** ↑Arena. **Zus.:** Zirkusmanege.

Man|gel, der; -s, Mängel: **1.** ⟨ohne Plural⟩ *das Fehlen von etwas, was man braucht:* wegen des Mangels an Facharbeitern kann die Firma den Auftrag nicht annehmen. **sinnv.:** ↑Armut, Ausfall, Blackout, Defizit, Einbuße, Entbehrung, Flaute, ↑Gebrechen, ↑Kehrseite, Lücke, Minus, Nachteil, Schattenseite. **Zus.:** Eiweiß-, Lehrer-, Vitaminmangel. **2.** *etwas, was nicht so ist, wie es sein sollte:* an der Maschine traten schwere Mängel auf. **sinnv.:** ↑Defekt, Fehler, Kinderkrankheit, Macke, Makel, Manko, Schaden, Schönheitsfehler, Schwäche, Versager.

man|gel|haft ⟨Adj.⟩: *schlecht, nicht den Anforderungen entsprechend:* mangelhafte Leistungen; die Ware ist m. verpackt; eine mangelhafte Durchblutung, Herztätigkeit; sein Gedächtnis ist m.; die Gefahrenstelle war nur m. beleuchtet; er spricht Französisch nur sehr m. **sinnv.:** ↑unzulänglich.

man|geln ⟨itr.⟩ (geh.): *etwas Wichtiges nicht oder nur in unzureichendem Maß haben:* es mangelt ihm an Geld, an Zeit; dir mangelt der rechte Ernst. **sinnv.:** abgehen, ↑entbehren, fehlen, ↑gebrechen, nicht haben, Mangel haben an, Mangelware sein, missen, vermissen · nicht vorhanden sein. **Zus.:** ermangeln.

man|gels ⟨Präp. mit Gen.⟩: *aus Mangel an:* m. [eines] Beweises; m. eines Reizes; m. jeglichen guten Willens; er wurde m. genügender Beweise freigesprochen; ⟨aber: starke Substantive bleiben im Singular ungebeugt, wenn sie ohne Artikel und ohne adjektivisches Attribut stehen; im Plural stehen sie dann im Dativ⟩ m. Gewinn; m. Beweisen, Erfolgen.

Ma|nie, die; -, Manien: *krankhaft anmutender Drang, etwas zu tun:* das Aufräumen und Saubermachen ist bei ihr schon zu einer M. geworden. **sinnv.:** ↑Neigung. **Zus.:** Kleptomanie.

Ma|nier, die; -, -en: **1.** ⟨ohne Plural⟩ *typischer Stil eines Künstlers:* er malt in Breughelscher M. **sinnv.:** Art [und Weise], ↑Form, Masche, Zuschnitt. **2.** ⟨Plural⟩ *Art, sich zu benehmen:* ein Mann von guten, ausgezeichneten, weltmännischen Manieren; er hat keine Manieren; dir muß man erst Manieren beibringen; feine, schlechte Manieren haben. **sinnv.:** ↑Benehmen, ↑Form. **Zus.:** Tischmanieren.

ma|nier|lich ⟨Adj.⟩: **a)** *guten Manieren entsprechend:* sich m. benehmen; die Kinder saßen m. am Tisch. **sinnv.:** ↑gehorsam. **b)** *ohne daß etwas oder viel auszusetzen wäre:* er spielt ganz m. Klavier. **sinnv.:** ↑genug.

Ma|ni|fest, das; -[e]s, -e: *öffentliche Darlegung von Grundsätzen oder eines Programms:* die Partei gab ein M. heraus. **sinnv.:** Deklaration, ↑Programm.

Ma|ni|fe|sta|ti|on, die; -, -en: **a)** *das deutliche Darlegen von etwas [wozu sich jmd./etwas offen bekennt]:* das Ganze war als M. unserer Freude zu verstehen. **sinnv.:** Ausdruck, Bekundung, Demonstration, Zeichen. **b)** *das Offenbarwerden, Sichtbarwerden:* eine M. bisher unbekannter Erscheinungen.

Ma|ni|kü|re, die; -, -n: **a)** ⟨ohne Plural⟩ *Pflege der Hände, besonders der Fingernägel:* sie ist mit der M. noch nicht fertig. **sinnv.:** Handpflege, Nagelpflege. **b)** *weibliche Person, die beruflich bei andern Maniküre* (a) *macht:* sie arbeitet als M. in einem Salon.

Ma|ni|pu|la|ti|on, die; -, -en: *das Manipulieren:* die M. der Öffentlichkeit durch die Massenmedien; die M. von Bedürfnissen und Meinungen. **sinnv.:** Beeinflussung, Leitung, Lenkung, Verführung, Verleitung. **Zus.:** Gen-, Wahlmanipulation.

ma|ni|pu|lie|ren ⟨tr.⟩: *durch bewußte Beeinflussung in eine bestimmte Richtung lenken:* die Meinung des Volkes wird durch die Presse manipuliert. **sinnv.:** andressieren, beeinflussen, bevormunden, ↑führen, gängeln, indoktrinieren, kommandieren, leiten, lenken.

Man|ko, das; -s, -s: *etwas, was fehlt und als Mangel, Nachteil empfunden wird:* es ist ein M., daß er keine Fremdsprachen kann; am Schluß ist bei dem Geschäft ein M. herausgekommen; ein M. an Bildungspolitik. **sinnv.:** ↑Mangel.

Mann, der; -[e]s, Männer und /als Mengenangabe nach Zahlen/ -: **1.** *erwachsene Person männlichen Geschlechts:* ein junger, alter M. **sinnv.:** Er, Herr, Mannsbild, Mannsperson; Adonis, Aushängeschild, Beau, Bruder, Brutalo, Casanova, Cowboy, Dickwanst, Don Juan, ↑Draufgänger, ↑Dummkopf, ↑Feigling, ↑Flegel, Flitzpiepe, Freund, ↑Geizhals, Geselle, Gigolo, ↑Greis, Griesgram, Großvater, Hahn im Korb, Held, Herkules, Herzensbrecher, ↑Junggeselle, ↑Jüngling, ↑Kavalier, Kerl, Latin Lover, ↑Luftikus, Macho, Macker, Mensch, Miesepeter, Muffel, Muskelprotz, ↑Nachbar, Naturbursche, Onkel, Opa, Papagallo, Platzhirsch, Playboy, ↑Riese, ↑Schuft, Schürzenjäger, Schwerenöter, ↑Sportler, Typ, ↑Vagabund, Verführer, Weiberheld, Wichser, Zugpferd, ↑Zwerg. **Zus.:** Fach-, Haus-, Hinter-, Kauf-, Muskel-, Stroh-, Vordermann. **2.** ↑*Ehemann:* darf ich Ihnen meinen M. vorstellen?

-mann, der; -s ⟨Suffixoid; vgl. -männer/-leute⟩: *bezeichnet nur ganz allgemein einen Mann, der als Mensch in bezug auf seine im Basiswort genannte Tätigkeit o. ä. gesehen wird:* Adelsmann *(der zum Adel gehört),* Bank- *(der im Bankwesen tätig ist),* Film-, Finanz-, Grinse-, Honig- *(der Honig verkauft),* ein Kanzlermann *(der dem Kanzler nahesteht),* Kirchen- *(der ein Vertreter der Kirche ist),* Lau-, Partei-, der Pistolenmann *(der eine Pistole hat)* ruft: Hände hoch!, Presse- *(der von der Presse kommt),* Prügel- *(der prügelt),* Rundfunk- *(der zum Rundfunk gehört),* Sauber-, Spitzen-, Streifen- *(der als Polizist Streife hat),* Taxi-, Verlags-, Zeitungsmann. **sinnv.:** -ant, -er, -erich, -fritze, -huber, -ler, -maxe, -meier; vgl. -leute.

Man|ne|quin ['manəkɛ̃], das; -s, -s: *weibliche Person, die auf Modenschauen Kleider vorführt und/oder für Modezeitschriften o. ä. in modischer Kleidung fotografiert wird.* **sinnv.:** Fotomodell, Model, Modell.

-män|ner/-leu|te ⟨Plurale von Substantiven auf -mann⟩: der Plural -männer kennzeichnet noch deutlich das männliche Geschlecht und drückt stärker die Individualität aus, während -leute eine Sammelbezeichnung ist, die eine Gruppe von Menschen, einen bestimmten Beruf oder Stand, eine Gesamtheit bezeichnet, die auch Frauen (z. B. Geschäftsleute) mit einschließen kann: Dienstmänner/-leute, Fachmänner/-leute, Feuerwehrmänner/-leute, Geschäftsmänner/-leute, Kirchenmänner/-leute, Müllmänner/-leute, Obmänner/-leute, Seemänner/-leute, Sportsmänner/-leute, Zimmermänner/-leute.

man|nig|fach ⟨Adj.⟩: *in großer Anzahl und von verschiedener, auf verschiedene Art:* Gewalt kann in mannigfachen Formen auftreten. **sinnv.:** abwechslungsreich, allerhand, diverse, kunterbunt, mancherlei, mannigfaltig, mehrere, reichhaltig, verschiedenartig, verschiedenerlei, vielfältig, vielförmig, vielgestaltig.

man|nig|fal|tig ⟨Adj.⟩: *[in großer Anzahl vorhanden und] auf vielerlei Art gestaltet.* **sinnv.** ↑mannigfach.

männ|lich ⟨Adj.⟩ /Ggs. weiblich/: **1.** *zum Geschlecht des Mannes gehörend:* ein Kind männlichen Geschlechts; ein männlicher Nachkomme. **2.** *Eigenschaften des männlichen* (1) *Geschlechts in Aussehen und Verhalten in ausgeprägter Weise besitzend:* männliches Auftreten, männliche Stärke; er wirkt sehr m. **sinnv.:** maskulin, viril.

Mann|schaft, die; -, -en: **a)** *Gruppe von Sportlern, die für ein gemeinsames Ziel einen Wettkampf bestreitet:* die siegreiche M. **sinnv.:** Achter, Crew, Duo, Elf, Equipe, Kleeblatt, Kollektiv, Quartett, Quintett, Riege, Sextett, Septett, Staffel-, Team, Trio, Vierer. **Zus.:** Fußball-, National-, Olympiamannschaft. **b)** *Besatzung eines Schiffes, Flugzeuges.* **sinnv.:** Crew, Flugzeugbesatzung, Schiffsbesatzung. **Zus.:** Boots-, Schiffsmannschaft. **c)** *alle Soldaten einer militärischen Einheit ohne Offiziere.* **sinnv.:** Gemeinschaft, Gruppe. **d)** (Jargon) *Gruppe von Leuten, mit denen man zusammen arbeitet:* der Kanzler und seine M. **sinnv.:** Crew, Kollektiv, Team · Truppe. **Zus.:** Regierungsmannschaft.

Ma|nö|ver, das; -s, -: **1.** *größere Übung eines Heeres im Gelände unter kriegsmäßigen Bedingungen:* die Truppen nehmen an einem M. teil. **sinnv.:** [Gefechts]übung. **Zus.:** Flotten-, Herbstmanöver. **2.** *geschicktes Ausnutzen von Personen oder Situationen, um ein bestimmtes Ziel zu erreichen:* er konnte durch ein taktisches M. den Vertragsabschluß hinauszögern. **sinnv.:** Winkelzug. **Zus.:** Ablenkungsmanöver. **3.** *Bewegung, Richtungsänderung eines Fahr-*

zeuges, die eine gewisse Geschicklichkeit und Überlegung erfordert: er überholte das vor ihm fahrende Auto in einem gefährlichen M. **Zus.:** Anlege-, Kopplungs-, Lande-, Überhol-, Wendemanöver.

ma|nö|vrie|ren ‹tr./itr.›: *ein Manöver (2, 3) ausführen:* das Auto in eine Parklücke m.; er mußte sehr geschickt m., um niemanden zu verärgern. **sinnv.:** ↑einweisen, ↑lavieren, ↑steuern. **Zus.:** hinaus-, hineinmanövrieren.

Man|sar|de, die; -, -n: *für Wohnzwecke ausgebauter Teil des Dachgeschosses [mit einer schrägen Wand].* **sinnv.:** Mansardenstube, Mansardenzimmer; ↑Raum.

Man|schet|te, die; -, -n: **1.** *am Ende eines langen Ärmels (von einem Hemd, einer Bluse o. ä.) angenähter, verstärkter, zuknöpfbarer Teil:* die Manschette bügeln. **sinnv.:** ↑Aufschlag. **2.** *Streifen aus Kreppapier o. ä., der z. B. zur Verschönerung um einen Blumentopf (als Geschenk) gelegt wird.*

Man|tel, der; -s, Mäntel: **1.** *zum Schutz gegen die Witterung über der sonstigen Kleidung getragenes, vorne durchgeknöpftes Kleidungsstück mit langen Ärmeln:* ein dicker, warmer, leichter M.; den M. anziehen, ausziehen. **sinnv.:** Cape, Paletot, Redingote, Trenchcoat, Überwurf, Ulster. **Zus.:** Damen-, Herren-, Leder-, Pelz-, Staub-, Übergangs-, Wintermantel. **2.** *etwas, was sich zum Schutz um etwas befindet* (z. B. beim Reifen des Fahrrads): der M. des Fahrrads muß erneuert werden. **sinnv.:** ↑Hülle, Umhüllung. **Zus.:** Fahrrad-, Geschoß-, Stahlmantel.

ma|nu|ell ‹Adj.›: *mit der Hand [durchgeführt]:* die Maschine muß m. bedient werden; die manuelle Herstellung von Waren. **sinnv.:** von Hand.

Ma|nu|skript, das; -[e]s, -e: *[zum Druck bestimmte] mit der Hand oder Schreibmaschine angefertigte Niederschrift eines literarischen oder wissenschaftlichen Textes, eines Vortrags o. ä.:* das M. muß mit Maschine geschrieben sein. **sinnv.:** ↑Aufzeichnung, Ausarbeitung, Handout, Paper, Papier, Skript, Textvorlage, Typoskript; ↑Text.

Map|pe, die; -, -n: **a)** *rechteckige, flache Tasche:* mit einer M. unter dem Arm. **sinnv.:** Aktenkoffer, Aktenköfferchen, Aktentasche, Diplomatenköfferchen, Diplomatentasche, Kollegtasche, Ranzen, Schultasche. **Zus.:** Akten-, Diplomaten-, Kolleg-, Schulmappe. **b)** *Pappe o. ä., die in der Mitte umgeknickt ist und als Hülle zum Aufbewahren von Papieren o. ä. dient.* **sinnv.:** ↑Ordner. **Zus.:** Brief-, Kunst-, Sammel-, Zeichenmappe.

Ma|ra|thon- ‹Präfixoid› (ugs. verstärkend): *sehr viel länger dauernd als gewöhnlich /in bezug auf Veranstaltungen, Tätigkeiten o. ä./:* Marathondiskussion, -festival, -prozeß, -rede, -sitzung, -tanzturnier, -training, -veranstaltung.

-ma|ra|thon, das; -s, -s ‹Suffixoid›: *etw., was in bezug auf das im Basiswort Genannte überaus lange andauert:* Abstimmungs-, Aussprache-, Beratungs-, Lese-, Sitzungs-, Verhandlungsmarathon.

Mär|chen, das; -s, -: *ursprünglich im Volk überlieferte, phantastische Geschichte, in der übernatürliche Kräfte und Gestalten in das Leben der Menschen eingreifen:* die Großmutter erzählt den Kindern ein M.; die M. aus 1001 Nacht. **sinnv.:** Fabel, Fantasy, Legende, Mythos, Sage, Science-fiction; ↑Erzählung. **Zus.:** Ammen-, Greuel-, Kinder-, Kunst-, Volksmärchen.

mär|chen|haft ‹Adj.›: **a)** *(in verzaubernder Weise) schön:* eine märchenhafte Schneelandschaft. **sinnv.:** bezaubernd, ↑malerisch, wunderbar, zauberhaft. **b)** (emotional) *(in positiver Weise) sehr [groß], sehr gut:* ein märchenhafter Reichtum. **sinnv.:** ↑außergewöhnlich, ↑gewaltig.

Mar|der, der; -s, -: *kleines, hauptsächlich von Nagetieren lebendes Säugetier mit langgestrecktem Körper, kurzen Beinen, langem Schwanz und dichtem, feinem Fell.*

Mar|ga|ri|ne, die; -: *aus tierischen und pflanzlichen oder rein pflanzlichen Fetten bestehendes Speisefett (das besonders als Brotaufstrich verwendet wird).* **sinnv.:** ↑Fett. **Zus.:** Diät-, Pflanzenmargarine.

Mar|ge|ri|te, die; -, -n: *[Wiesen]blume mit einer großen Blüte, die aus einem Kranz weißer, zungenförmiger Blütenblätter gebildet wird, die ein gelbes Körbchen umsäumen.* **sinnv.:** Wucherblume.

Ma|ri|en|kä|fer, der; -s, -: *kleiner Käfer mit meist roter Oberseite und schwarzen Punkten darauf.* **sinnv.:** Glückskäfer, Herrgottskäfer, Johanniskäfer, Marienwürmchen, Muttergotteskäfer.

Ma|ri|hua|na, das; -[s]: *(aus getrockneten, zerriebenen Blättern, Stengeln und Blüten des in Mexiko angebauten indischen Hanfs gewonnenes) Rauschgift.* **sinnv.:** Grass, Heu, [Lady] Mary Jane, Pot; ↑Rauschgift.

Ma|ri|na|de, die; -, -n: *aus Essig, Öl oder saurer Sahne, Kräutern, Gewürzen o. ä. bestehende Flüssigkeit zum Einlegen von Fleisch, Fisch u. a. oder als Salatsoße.* **sinnv.:** Beize, Dressing, Soße, Tunke; Chutney, Ketchup, Relish.

Ma|ri|ne, die; -: *Gesamtheit der Schiffe und der für die Seefahrt notwendigen Einrichtungen eines Staates.* **sinnv.:** ↑Flotte. **Zus.:** Handels-, Kriegsmarine.

ma|ri|ne|blau ‹Adj.›: *eine dunkelblaue Farbe habend:* ein marineblauer Anzug. **sinnv.:** ↑blau.

Ma|rio|net|te, die; -, -n: **1.** *mit Hilfe von Fäden, die an den einzelnen Gliedern angebracht sind, zu bewegende Puppe.* **sinnv.:** Gliederpuppe. **2.** ‹M. + Attribut› *jmd., der als willenloser, anderen als Werkzeug dienender Mensch angesehen wird:* er wurde als M. des linken Flügels abqualifiziert; der Rassistenchef Smith und seine Marionetten ... **sinnv.:** ↑Lakai.

Mark: I. die; -, -: */deutsche Währungseinheit (100 Pfennig)/:* die Deutsche M.; der Eintritt kostet zwei M. **sinnv.:** ↑Münze. **Zus.:** D-Mark, Ost-, Reichs-, Renten-, Westmark. **II.** das; -[e]s: *Substanz im Innern von Knochen o. ä.* **Zus.:** Knochen-, Rückenmark.

mar|kant ‹Adj.›: *stark ausgeprägte Merkmale habend:* eine markante Persönlichkeit; er hat ein markantes Gesicht. **sinnv.:** auffallend, charakteristisch, deutlich, einprägsam, scharfkantig, scharf umrissen.

Mar|ke, die; -, -n: **1.** ↑*Briefmarke:* eine M. auf den Brief kleben. **2.** *unter einem bestimmten Namen, Warenzeichen hergestellte Warensorte:* welche M. rauchst du? **sinnv.:** ↑Art. **Zus.:** Auto-, Zigarettenmarke. **3.** *kleiner Gegenstand (aus Metall o. ä.), Schein, der als Ausweis dient oder* *zu etwas berechtigt:* der Hund trägt eine M. am Hals; die Garderobe wird nur gegen eine M. ausgegeben; für diese M. erhält man in diesem Gasthaus ein Mittagessen. **sinnv.:** ↑Bon. **Zus.:** Dienst-, Erkennungs-, Essen-, Hunde-, Lebensmittel-, Polizeimarke.

mark|er|schüt|ternd ⟨Adj.⟩: *durchdringend laut und (beim Beurteilenden) Mitleid, Erbarmen hervorrufend:* ein markerschütternder Schrei. **sinnv.:** ↑laut.

Mar|ke|ting, das; -[s]: *Gesamtheit aus Marktforschung und Marktaufbereitung mit dem Ziel, einen größtmöglichen Gewinn zu erwirtschaften und langfristig abzusichern.*

mar|kie|ren ⟨tr.⟩: **1.** *(durch Zeichen o. ä.) kenntlich machen:* einen Weg durch Stangen m. **sinnv.:** abhaken, abstecken, ankreuzen, anstreichen, anzeichnen, begrenzen, bezeichnen, einzeichnen, kennzeichnen, ein Zeichen machen, zeichnen, zinken. **2.** ⟨auch itr.⟩ (ugs.) *jmdn./etwas darstellen, was nicht der Wirklichkeit entspricht:* der Betrüger markierte den Harmlosen; den Dummen m.; er ist nicht krank, er markiert bloß. **sinnv.:** ↑vortäuschen.

Mar|kie|rung, die; -, -en: **a)** *das Markieren:* die M. der Wege ist Angelegenheit der Gemeinde. **sinnv.:** das Kennzeichnen. **b)** *optisches Zeichen (z. B. in Form eines kleinen Schildes, einer Schnur, eines Streifens o. ä.) in bezug auf eine Fläche, eine Strekke o. ä.:* die Markierungen des Weges sind deutlich sichtbar angebracht; die M. auf der Fahrbahn, auf dem Fußballplatz. **sinnv.:** Kennzeichen, Schild. **Zus.:** Fahrbahn-, Grenz-, Streckenmarkierung.

mar|kig ⟨Adj.⟩: *kraftvoll und fest:* eine markige Stimme. **sinnv.:** kernig, kräftig, ↑stark.

Mar|ki|se, die; -, -n: *wie ein Dach oberhalb von [Schau]fenstern oder über Balkons gespannte Leinwand, die Sonne, Regen abhalten soll.* **sinnv.:** Fensterladen, Jalousette, Jalousie, Rolladen, Rollo, Rouleau, Schirm, Schutz, Sonnendach · Plane.

Markt, der; -[e]s, Märkte: **1.** *Marktplatz:* das Haus steht am M. **sinnv.:** ↑Platz. **2.** *Verkauf und Kauf von Waren, Handel mit Waren auf einem Markt* (1) *o. ä.:* jeden Donnerstag ist M. **Zus.:** Floh-, Vieh-, Weihnachts-, Wochenmarkt. **3.** *Gesamtheit von Waren und Geldverkehr:* Japan erobert mit seinen Waren den europäischen M. **Zus.:** Arbeits-, Auslands-, Bau-, Verbraucher-, Weltmarkt.

markt|schreie|risch ⟨Adj.⟩: *(im Urteil des Sprechers) laut und aufdringlich:* marktschreierische Methoden. **sinnv.:** plakativ, reißerisch, unbescheiden.

Mar|me|la|de, die; -, -n: *[süßer] Aufstrich aus eingekochten Früchten:* M. aufs Brot streichen. **sinnv.:** Gelee, Konfitüre, Mus, Pflaumenmus, Sirup. **Zus.:** Aprikosen-, Erdbeer-, Himbeermarmelade.

Mar|mor, der; -s, -e: *ein sehr hartes, in verschiedenster Färbung auftretendes Kalkgestein mit leichter Zeichnung (das besonders in der Bildhauerei verwendet wird):* eine Statue aus M.

mar|mo|riert ⟨Adj.⟩: *eine leichte Zeichnung wie Marmor habend:* eine marmorierte Platte aus Kunststoff.

Ma|ro|ne, die; -, -n: *geröstete eßbare Kastanie.* **sinnv.:** Eßkastanie, Maroni.

Ma|rot|te, die; -, -n: *als seltsam, eigenartig empfundene Angewohnheit:* es ist eine M. von ihm, nie ohne Schirm auszugehen. **sinnv.:** ↑Spleen.

Marsch: I. der; -[e]s, Märsche: **1.** *das Zurücklegen einer längeren Strecke zu Fuß in relativ schnellem Tempo:* nach einem M. von zwei Stunden/über 20 Kilometer erreichten wir ein Gasthaus. **sinnv.:** ↑Spaziergang. **Zus.:** Gewalt-, Nacht-, Oster-, Protest-, Schweigemarsch. **2.** *Musikstück, das im Takt dem Marschieren entspricht:* einen M. spielen, tanzen. **Zus.:** Hochzeits-, Trauermarsch. **II.** die; -, -en: *flaches Land hinter den Deichen an der Nordseeküste mit sehr fruchtbarem Boden:* die Kühe weiden auf der Marsch. **sinnv.:** Schwemmland. **Zus.:** Brack-, Fluß-, Seemarsch.

mar|schie|ren, marschierte, ist marschiert ⟨itr.⟩: **a)** *in geschlossener Reihe [und gleichem Schritt] gehen:* die Soldaten marschierten aus der Stadt. **b)** *in relativ schnellem Tempo eine größere Strecke zu Fuß zurücklegen:* er ist heute drei Stunden marschiert. **sinnv.:** sich ↑fortbewegen. **Zus.:** ab-, los-, zurückmarschieren.

Mar|ter, die; -, -n: *hoher Grad von Schmerzempfindung (auf Grund bestimmter Einwirkungen):* er mußte in der Hitze höllische Martern ertragen; jeder Besuch bei ihm war für mich eine M. **sinnv.:** Fegefeuer, ↑Leid, Pein, Qual, Tortur.

mar|tern ⟨tr.⟩: *jmdm. Martern zufügen:* jmdn. zu Tode m.; Zweifel marterten ihn; er hat sich mit Vorwürfen gemartert. **sinnv.:** ↑mißhandeln, peinigen.

mar|tia|lisch [mar'tsi̯a:lɪʃ] ⟨Adj.⟩: *[durch kriegerische Attribute] furchteinflößend:* ein martialisches Aussehen. **sinnv.:** bedrohlich, grimmig, ↑streitbar, verwegen, ↑wild.

Mär|ty|rer, der; -s, -, **Mär|ty|re|rin, Mär|ty|rin,** die; -, -nen: *männliche bzw. weibliche Person, die für ihre Überzeugung leidet, Verfolgungen und den Tod auf sich nimmt:* er ist als Märtyrer gestorben. **sinnv.:** Bekenner, Blutzeuge, Opfer.

Mar|ty|ri|um, das; -s, Martyrien: *schwere Qual um des Glaubens oder der Überzeugung willen:* das M. eines Heiligen; er hat ein wahres M. durchmachen müssen. **sinnv.:** ↑Leid.

Mar|xis|mus, der; -: *Lehre, die die revolutionäre Umgestaltung der Klassengesellschaft in eine klassenlose Gesellschaft zum Ziel hat.* **sinnv.:** Bolschewismus, Kommunismus, Leninismus, Maoismus, ↑Materialismus, Sozialismus, Stalinismus, Titoismus, Trotzkismus.

März, der; -: *dritter Monat des Jahres.* **sinnv.:** Lenzing, Lenzmonat, Lenzmond; ↑Monat.

Mar|zi|pan [auch: Marzipan], das und (östr.:) der; -s, -e: *weiche Masse aus Mandeln, Aromastoffen und Zucker, die zu Süßigkeiten verarbeitet wird:* ein Schweinchen aus M. **sinnv.:** ↑Süßigkeit.

Ma|sche, die; -, -n: *beim Häkeln oder Stricken entstandene Schlinge:* an ihrem Strumpf läuft eine M. **sinnv.:** Schlaufe. **Zus.:** Lauf-, Luftmasche.

Ma|schi|ne, die; -, -n: **1.** *Vorrichtung, Apparat, der selbständig Arbeit leistet:* etwas mit einer M. herstellen; eine M. ölen. **sinnv.:** ↑Apparat. **Zus.:** Bohr-, Dampf-, Geschirrspül-, Kaffee-, Näh-, Rechen-, Schreib-, Waschmaschine. **2. a)** ↑*Flugzeug:* die M. nach Paris hat Verspätung. **Zus.:** Charter-, Düsen-,

Linien-, Militär-, Transport-, Verkehrsmaschine. **b)** ↑*Schreibmaschine:* sie schreibt den Brief mit der M. **sinnv.:** Schreibcomputer.

ma|schi|nell ⟨Adj.⟩: *mit Hilfe einer Maschine [durchgeführt, hergestellt]:* etwas m. herstellen. **sinnv.:** ↑automatisch, mechanisch.

ma|schi|ne|schrei|ben, schrieb Maschine, hat maschinegeschrieben ⟨itr.⟩: *etwas auf der Schreibmaschine schreiben:* er hat den ganzen Nachmittag maschinegeschrieben. **sinnv.:** Schreibmaschine schreiben, tippen.

Ma|sern, die ⟨Plural⟩: *meist bei Kindern auftretende, sehr ansteckende Krankheit, die sich besonders durch Fieber und rote Flekken auf der Haut zeigt:* das Kind hat [die] M.

Ma|se|rung, die; -, -en: *wellige Musterung in bearbeitetem Holz, Marmor, Leder o. ä.:* das Brett hat eine starke M. **sinnv.:** Äderung, Maser, Muster.

Mas|ke, die; -, -n: **1.** *etwas, was man vor dem Gesicht trägt, um nicht erkannt zu werden:* er trug beim [Faschings]ball die M. eines Teufels. **sinnv.:** Fastnachtsgesicht, Larve. **Zus.:** Fastnachts-, Strumpf-, Teufelsmaske; Gas-, Schutz-, Totenmaske. **2.** *kosmetisches Präparat, das aufs Gesicht aufgetragen wird.* **sinnv.:** Creme, Lotion. **Zus.:** Gesichtsmaske.

Mas|ken|ball, der; -[e]s, Maskenbälle: *Ball, bei dem die Gäste maskiert sind.* **sinnv.:** Faschingsball, Kostümball, Kostümfest, Maskenfest, Maskerade, Mummenschanz.

mas|kie|ren, sich: *eine Maske, ein Kostüm anlegen:* die Gangster waren alle maskiert; sie maskierte sich als Bäuerin. **sinnv.:** sich ↑verkleiden.

Mas|kott|chen, das; -s, -: *kleiner Gegenstand, der Glück bringen soll:* an der Windschutzscheibe seines Autos baumelt als M. ein weißes Kätzchen. **sinnv.:** ↑Talisman.

Ma|so|chis|mus, der; - /Ggs. Sadismus/: **a)** *Lust, Freude am Erdulden von Grausamkeiten, Leiden o. ä.* **b)** *das Empfinden von sexueller Lust, Erregung, das Erleben von Befriedigung bei solchen sexuellen Handlungen, die in Form von Demütigungen und körperlichen Mißhandlungen erlitten werden.* **sinnv.:** Perversion. **Zus.:** Sadomasochismus.

Maß, das; -es, -e: **1.** *Einheit, mit der die Größe oder Menge von etwas gemessen wird:* das M. für die Bestimmung der Länge ist das Meter. **sinnv.:** ↑Einheit, Meß-, Zählgröße · Lineal. **Zus.:** Augen-, Band-, Einheits-, Flächen-, Hohl-, Längen-, Liter-, Meter-, Raum-, Winkelmaß. **2.** *Zahl, Größe, die durch Messen ermittelt worden ist:* die Maße des Zimmers; einen Anzug nach M. machen lassen. **sinnv.:** Abmessung, ↑Ausmaß, ↑Größe. **Zus.:** Ideal-, Körper-, Straf-, Versmaß. **3.** *Größe, Menge o. ä. des Vorhandenseins einer Eigenschaft, eines Zustandes:* sie brachte ihm ein hohes M. an Vertrauen entgegen. **sinnv.:** ↑Ausmaß, Grad, Umfang. **Zus.:** Gleich-, Höchst-, Mindest-, Mittel-, Übermaß; ↑-maßen.

Mas|sa|ge [ma'sa:ʒə], die; -, -n: *Behandlung des menschlichen Körpers oder einzelner Körperteile durch Klopfen, Kneten, Walken, Reiben, Streichen (zur Steigerung der Durchblutung, zur Lockerung verspannter Muskulatur o. ä.):* der Arzt hat ihm gegen die Rückenschmerzen Massagen verschrieben. **Zus.:** Bürsten-, Körper-, Unterwasser-, Vibrationsmassage.

Mas|sa|ker, das; -s, -: *das als grausam-wild und willkürlich empfundene Töten vieler Menschen auf einmal.* **sinnv.:** ↑Blutbad.

Maß|ar|beit, die; -, -en: **a)** ⟨ohne Plural⟩ *Anfertigung von Möbeln, Kleidern o. ä. genau nach angegebenen Maßen:* etwas in M. herstellen. **b)** *etwas, was in Maßarbeit hergestellt wurde:* eine saubere M. **sinnv.:** ↑Arbeit.

Mas|se, die; -, -n: **1.** *ungeformter, meist breiiger Stoff:* eine weiche, klebrige, zähe M. **sinnv.:** ↑Material. **2. a)** *große Anzahl von Menschen:* die Massen strömten zum Sportplatz. **sinnv.:** ↑Menge. **b)** *als undifferenziert empfundener großer Teil der Bevölkerung:* die M. wird immer die Partei wählen, die ihr das meiste verspricht. **sinnv.:** Menge, Meute, Plebs, Pöbel, Volk. **Zus.:** Volksmasse.

-ma|ßen ⟨adverbiales Suffix⟩: */in der im Basiswort (Adjektiv, bes. Partizip II + -er-) genannten Weise/* **a)** *was [auch] ...:* anerkannter- *(was auch anerkannt ist),* angeborener- *(was angeboren ist),* bekannter-, bewußter-, eingestandener-, sie will erklärtermaßen *(was sie auch erklärt hat)* das Einkaufen erleichtern, erwiesener-, gezwungener-, nachgewiesener-, verdienter-, zugegebener-, zugestandenermaßen *(was man auch zugestehen muß).* **sinnv.:** -weise. **b)** *weil ..., da ...:* diese Eigenschaften sind ererbtermaßen *(weil/da sie ererbt sind)* festgelegt.

Mas|sen- ⟨Bestimmungswort⟩: **a)** */besagt, daß das im Grundwort Genannte in großer Zahl erfolgt/:* Massenabfertigung, -absatz, -andrang, -fabrikation, -kriminalität, -motorisierung, -start. **b)** */besagt, daß von dem im Grundwort Genannten sehr viele betroffen sind/:* Massenarbeitslosigkeit, -entlassungen, -hinrichtungen, -hysterie, -karambolage, -streik, -suggestion, -verelendung, -verhaftungen. **c)** */besagt, daß das im Grundwort Genannte für viele bestimmt ist/:* Massenbedarfsartikel, -grab, -medien, -sport, -tourismus, -unterkunft, -verkehrsmittel.

mas|sen|haft ⟨Adj.⟩: *in auffallend großer Zahl, Menge [vorhanden]:* ein massenhaftes Auftreten von Maikäfern; derartige Fehler sind ihm m. unterlaufen. **sinnv.:** ↑reichlich.

Mas|sen|me|di|um, das; -s, Massenmedien: *Kommunikationsmittel (z. B. Fernsehen, Rundfunk, Zeitung), das mit seinen Informationen usw. einen sehr großen Personenkreis erreicht:* eine von den Massenmedien hochgespielte Affäre. **sinnv.:** Printmedium.

Mas|seur [ma'sø:ɐ̯], der; -s, -e, **Mas|seu|rin,** die; -, -nen, **Mas|seu|se** [ma'sø:zə], die; -, -n: *männliche bzw. weibliche Person, die (beruflich) massiert.*

maß|ge|bend ⟨Adj.⟩: *als Richtschnur, Maß für ein Handeln, Urteil dienend:* sein Beispiel ist auch für andere m. geworden. **sinnv.:** ↑befugt, ↑maßgeblich.

maß|geb|lich ⟨Adj.⟩: *von entscheidender Bedeutung; in bedeutendem Maße:* seine Meinung ist m.; an einer Entscheidung m. beteiligt sein. **sinnv.:** ausschlaggebend, autoritativ, ↑befugt, beherrschend, bestimmend, entscheidend, federführend, maßgebend, normativ, richtungweisend, ↑wichtig.

maß|hal|ten, hält maß, hielt

maß, hat maßgehalten ⟨itr.⟩: *das rechte Maß einhalten; Mäßigung üben:* beim Essen m. **sinnv.:** ↑sparen.

mas|sie|ren ⟨tr.⟩: **I.** *bei jmdm. eine Massage vornehmen:* der Sportler wird vor dem Wettkampf massiert. **sinnv.:** kneten, reiben, streichen. **II.** *(bes. im militärischen Bereich) an einem Ort, an einer Stelle in größerer Masse zusammenziehen:* Truppen an der Grenze m. **sinnv.:** sammeln, zentralisieren.

mas|sig ⟨Adj.⟩: **a)** *groß und wuchtig:* der Schrank wirkt in dem kleinen Zimmer zu m.; ein massiger Körper. **sinnv.:** ↑schwer. **b)** ⟨verstärkend bei Verben⟩ (ugs.) *sehr viel:* m. Geld haben. **sinnv.:** ↑reichlich.

mä|ßig ⟨Adj.⟩: **a)** *das rechte Maß einhaltend:* m. trinken; mäßige *(nicht zu hohe)* Preise. **sinnv.:** ↑enthaltsam, maßvoll. **b)** *als zu gering, nicht ausreichend empfunden:* ein mäßiges Einkommen; seine Leistungen sind nur m. **sinnv.:** ↑durchschnittlich, durchwachsen, enttäuschend, mittelmäßig, mittelprächtig, schwach, ↑soso, unbefriedigend, nicht das Wahre.

-mä|ßig ⟨adjektivisches Suffix⟩: **1.** *in der Art von ..., nach Art, wie ...:* discomäßige Atmosphäre *(= wie in einer Disco),* feldmarsch-, friedens-, geschäfts-, gewerbs-, gewohnheits-, er hatte das Glas kellnermäßig *(= wie ein Kellner)* zurechtgerückt, motorradmäßiges Aussehen (Fahrzeug), robotermäßig arbeiten, routine-, serienmäßige Herstellung. **sinnv.:** -artig, -esk, -getreu, -haft, -ig. **2.** /entsprechend dem im Basiswort Genannten/ *wie es ... verlangt, vorsieht* /Ggs. -widrig/: fahrplan-, gesetz-, komment-, pflicht-, plan-, recht-, status-, turnus-, verfassungs-, vorschriftsmäßig. **sinnv.:** -gemäß, -gerecht. **3.** /das im Basiswort Genannte nennt das Mittel, die Bedingung oder Ursache eines Vorgangs bzw. Zustands/ *mit Hilfe von, durch:* blutsmäßig verwandt, fabrikmäßig herstellen, pressemäßig auswerten, werbemäßig vertreiben, willens-, zwangsmäßig. **4.** (ugs.) *in bezug auf, hinsichtlich, was das im Basiswort Genannte betrifft:* arbeitsmäßig kann ich nicht klagen, arbeitsplatzmäßig bringt diese Maßnahme gar nichts; ernährungs-, gedächtnis-, gefühls-, gehaltsmäßig könnte es besser sein, lage-, liefer-, material-, mengen-, stil-, wohnungsmäßig sind die Aussichten schlecht, zahlenmäßig. **sinnv.:** -al, -technisch.

mä|ßi|gen /vgl. gemäßigt/: **a)** ⟨itr.⟩: *auf ein geringeres, das rechte Maß herabmindern:* seine Ungeduld, seinen Zorn m. **b)** ⟨sich m.⟩ *maßvoller werden, das rechte Maß gewinnen:* mäßige dich beim Essen und Trinken. **sinnv.:** sich ↑beherrschen, sich bezähmen, sich zurückhalten, zurückstecken.

mas|siv ⟨Adj.⟩: **a)** *von fester, stabiler, solider Beschaffenheit und dabei oft schwer, wuchtig wirkend:* ein massiver Tisch; m. gebaute Häuser. **sinnv.:** ↑gewaltig. **b)** *(von etwas Unangenehmem) heftig; in grober Weise erfolgend:* eine massive Drohung, Forderung; m./massiven Druck auf jmdn. ausüben. **sinnv.:** ↑nachdrücklich, stark, ↑streng.

Mas|siv, das; -s, -e: *mächtiger Gebirgsstock, gedrungen wirkende Bergkette:* das M. der Zugspitze, der Watzmanngruppe. **sinnv.:** ↑Berg, ↑Gebirge. **Zus.:** Berg-, Gebirgsmassiv.

maß|los ⟨Adj.⟩: **1.** *(im Urteil des Sprechers) nicht das richtige Maß einhaltend:* er ist m. in seinen Forderungen. **sinnv.:** ↑ausschweifend, ↑extrem, übertrieben, ↑unersättlich, unmäßig. **2.** ⟨verstärkend⟩ **a)** *sehr groß, heftig:* eine maßlose Wut. **b)** ⟨bei Adjektiven und Verben⟩ ↑*sehr:* er ist m. eifersüchtig; er übertreibt m.

Maß|nah|me, die; -, -n: *Handlung, Regelung o. ä., die etwas veranlassen oder bewirken soll:* [geeignete] Maßnahmen gegen die Inflation, zur Verhütung von Unfällen ergreifen, treffen. **sinnv.:** ↑Aktion. **Zus.:** Abwehr-, Gegen-, Schutz-, Spar-, Vergeltungs-, Vorsichts-, Zwangsmaßnahme.

maß|re|geln ⟨tr.⟩: *durch bestimmte Maßnahmen strafen:* der Beamte, der gegen die Vorschriften verstoßen hatte, wurde durch Versetzung auf einen niedrigeren Posten gemaßregelt. **sinnv.:** ↑bestrafen.

Maß|stab, der; -[e]s, Maßstäbe: **1.** *Verhältnis zwischen nachgebildeter und natürlicher Größe:* die Karte ist im M. 1:100 000 gezeichnet. **sinnv.:** ↑Metermaß. **2.** *Norm, mit der eine Leistung oder die Güte einer Sache verglichen wird und die als Vorbild dient:* ein M. für eine Leistungsbewertung; seine Erfindung hat Maßstäbe gesetzt. **sinnv.:** Kriterium, Prinzip, Prüfstein, Regel, Richtlinie, Richtschnur. **Zus.:** Bewertungs-, Vergleichsmaßstab.

maß|voll ⟨Adj.⟩: *das rechte Maß einhaltend:* maßvolle Forderungen stellen. **sinnv.:** ↑mäßig, zurückhaltend.

Mast: **I.** der; -[e]s, -e und -en: *hoch aufragende Stange* (siehe Bild „Segelboot"): der M. eines Segelschiffs, eines Zirkuszeltes; die Antenne ist an einem M. befestigt. **sinnv.:** ↑Pfahl. **II.** die; -, -en: *das Mästen:* die M. von Schweinen. **sinnv.:** Mästung.

Mast|darm, der; -[e]s, Mastdärme: *letzter Abschnitt des Darmes, der mit dem After endet.* **sinnv.:** ↑Darm.

mä|sten, mästete, hat gemästet ⟨tr.⟩: *(besonders von Schlachtvieh) reichlich mit Futter versorgen, um eine Zunahme an Fleisch, Fett zu bewirken:* Schweine m. **sinnv.:** ↑ernähren, füttern.

ma|stur|bie|ren: **a)** ⟨itr.⟩ *sich selbst sexuell befriedigen:* er pflegt zu m. **sinnv.:** onanieren, sich selbst befriedigen, sich einen runterholen, wichsen · Selbstbefriedigung. **b)** ⟨tr.⟩ *durch manuelle Reizung der Geschlechtsorgane sexuell befriedigen:* jmdm. m. **sinnv.:** ↑reizen.

Match [mɛtʃ], das; -[e]s, -s: *sportlicher Wettkampf im Rahmen eines Turniers o. ä.:* die Tennisspieler lieferten sich ein hartes M. **sinnv.:** ↑Spiel. **Zus.:** Fußball-, [Tisch]tennismatch.

Ma|te|ri|al, das; -s, Materialien: **1.** *Rohstoff, Werkstoff, aus dem etwas besteht, gefertigt wird:* hochwertiges, strapazierfähiges M.; ein Produkt aus solidem M. **sinnv.:** Masse, Materie, Stoff, Substanz, Zeug. **Zus.:** Arbeits-, Bau-, Film-, Heiz-, Menschen-, Roh-, Schreib-, Verpackungsmaterial. **2.** *Unterlagen, Belege, Nachweise o. ä.:* statistisches, belastendes M.; M. zusammentragen, auswerten, sichten. **sinnv.:** ↑Vorrat. **Zus.:** Akten-, Alt-, Agitations-, Anschauungs-, Archiv-, Bild-, Beweis-, Informations-, Studien-, Zahlenmaterial.

-ma|te|rial, das; -s: ⟨Suffixoid⟩: *eine bestimmte Anzahl von den im Basiswort genannten Per-*

sonen, die als Grundlage für eine bestimmte Aufgabe zur Verfügung stehen: Menschen-, Patienten- (ihm stand ein großes P. für seine Untersuchung zur Verfügung), Schüler-, Spielermaterial (die Vereine haben ihr S. verstärkt).

Ma|te|ria|lis|mus, der; -: *Weltanschauung, die nur das Stoffliche als wirklich existierend, als Grund und Substanz der gesamten Wirklichkeit anerkennt und Seele und Geist als bloße Funktionen des Stofflichen betrachtet* /Ggs. Idealismus/. **sinnv.:** Deismus, ↑Marxismus.

ma|te|ria|li|stisch ⟨Adj.⟩: **1.** *auf dem Materialismus beruhend* /Ggs. idealistisch/: eine materialistische Auffassung der Geschichte. **sinnv.:** marxistisch. **2.** *in allen Belangen in erster Linie auf den wirtschaftlichen und finanziellen Vorteil bedacht:* ein materialistischer Mensch; äußerst m. eingestellt sein. **sinnv.:** ↑habgierig.

Ma|te|rie, die; -, -n: **a)** ⟨ohne Plural⟩ *rein Stoffliches als Grundlage von dinglich Vorhandenem:* organische, licht[un]durchlässige, tote M. **sinnv.:** ↑Material. **b)** *Gegenstand, Thema eines Wissensgebiets, eines Gesprächs o. ä.; spezielle Angelegenheit:* sich mit einer schwierigen M. vertraut machen, sie beherrschen; in dieser M. bin ich nicht bewandert. **sinnv.:** Fach, Sache, Sachgebiet, Stoff.

ma|te|ri|ell ⟨Adj.⟩: **a)** *die lebensnotwendigen Dinge, Güter, Mittel betreffend, zu ihnen gehörend:* er ist m. sehr gut gestellt; die materiellen Grundlagen für den neuen Plan wurden geschaffen. **sinnv.:** ↑finanziell, geldlich, wirtschaftlich. **b)** ↑*materialistisch:* m. eingestellt sein.

Ma|the|ma|tik, die; -: *Wissenschaft, die sich mit den Beziehungen zahlenmäßiger oder räumlicher Verhältnisse beschäftigt:* M. studieren. **sinnv.:** Arithmetik, Algebra, Bruchrechnung, Differentialrechnung, Dreisatzrechnung, Geometrie, Infinitesimalrechnung, Informatik, Integralrechnung, Kombinatorik, Prozentrechnung, Rechnen, Stereometrie, Trigonometrie, Vektorrechnung, Wahrscheinlichkeitsrechnung, Zahlentheorie. **Zus.:** Elementar-, Finanz-, Versicherungs-, Wirtschaftsmathematik.

Ma|ti|nee, die; -, Matineen: *künstlerische Veranstaltung am Vormittag.* **sinnv.:** Morgenvorführung, Vormittagsveranstaltung.

Mat|jes|he|ring, der; -s, -e: *junger, mild gesalzener Hering.* **sinnv.:** Salzhering.

Ma|trat|ze, die; -, -n: **a)** *Rahmen in Form eines Kastens mit aufrecht stehenden oder waagerecht gespannten Federn aus Stahl, der in das Gestell eines Bettes gelegt wird.* **sinnv.:** Lattenrost, Sprung[feder]rahmen. **Zus.:** Sprungfedermatratze. **b)** *festes Polster in der Größe eines Bettes, das der Matratze* (a) *aufliegt.* **sinnv.:** Polster. **Zus.:** Federkern-, Roßhaar-, Schaumgummi-, Seegrasmatratze.

Mä|tres|se, die; -, -n: **a)** *(früher) Geliebte einer höhergestellten Persönlichkeit, z. B. eines Königs.* **b)** (abwertend) *Geliebte eines [verheirateten] Mannes:* sie ist die M. eines Großfabrikanten; er hält sich die Schauspielerin als M. **sinnv.:** ↑Geliebte.

Ma|tro|se, der; -n, -n: *Seemann, der einfache Tätigkeiten bei der Handelsschiffahrt oder bei der Marine ausübt.* **sinnv.:** Bootsmann, Maat, Schiffsjunge, ↑Seemann. **Zus.:** Leicht-, Vollmatrose.

Matsch, der; -[e]s (ugs.): *aufgeweichter Boden; breiartige, feuchte Masse [aus Schnee oder Schlamm]:* wenn es taut, ist viel M. auf der Straße. **sinnv.:** ↑Schlamm. **Zus.:** Schnee-, Straßenmatsch.

mat|schig ⟨Adj.⟩ (ugs.): **a)** *von Matsch bedeckt:* matschige Feldwege; wenn es auf den Schnee regnet, sind alle Straßen m. **sinnv.:** ↑weich. **b)** *(auf Grund von Überreife, beginnender Fäulnis o. ä.) weich und schmierig:* matschiges Obst, Gemüse. **sinnv.:** ↑weich.

matt ⟨Adj.⟩: **1.** *von Müdigkeit, Erschöpfung o. ä. schwach:* er ist nach dieser Anstrengung, der Krankheit ganz m. **sinnv.:** ↑kraftlos. **Zus.:** schach-, sterbens-, todmatt. **2.** *ohne rechten Glanz; nur schwach leuchtend:* mattes Licht; matte Farben. **sinnv.:** blind, ↑blaß, glanzlos, stumpf.

Mat|te, die; -, -n: **I.** *etwas, was als Vorleger, Unterlage o. ä. dient (und je nach Verwendungszweck aus grobem Geflecht oder Gewebe aus Binsen, künstlichen Fasern o. ä. oder auch aus weichem, federndem Material besteht):* auf der M. turnen; sie legte eine M. vor die Tür. **sinnv.:** ↑Teppich. **Zus.:** Bade-, Filz-, ↑Fuß-, Hänge-, Kokos-, Ringer-, Schilf-, Turnmatte. **II.** (dicht.) *Wiese in den Bergen:* die Kühe weiden auf den Matten.

Matt|schei|be, die; -, -n (ugs.): *Bildschirm eines Fernsehgeräts:* er hockt dauernd vor der M. **sinnv.:** ↑Fernsehapparat.

Ma|tu|ra, die; - (östr.; schweiz.): ↑*Abitur:* die M. machen.

Mätz|chen, die ⟨Plural⟩ (ugs.): *kleinere Aktionen, die etwas vortäuschen oder eine besondere Wirkung haben sollen, aber nicht ernst genommen werden können:* seine M. habe ich schon längst durchschaut; mach keine M.! **sinnv.:** ↑Unsinn.

Mau|er, die; -, -n: *Wand aus Steinen [und Mörtel], Beton o. ä.:* eine hohe M. um ein Haus bauen; eine M. hochziehen. **sinnv.:** ↑Wall, ↑Wand.

mau|ern: 1. ⟨itr./tr.⟩ *aus [Bau]steinen [und Mörtel] bauen, errichten:* eine Wand, eine Treppe m.; sie haben bis in die Nacht hinein gemauert. **sinnv.:** ↑bauen. **Zus.:** ein-, zumauern. **2.** ⟨itr.⟩ **a)** (Ballspiele Jargon) *das eigene Tor mit [fast] allen Spielern verteidigen; übertrieben defensiv spielen:* in der zweiten Halbzeit hat die Mannschaft nur noch gemauert. **sinnv.:** abwehren, blokkieren, dichtmachen, verteidigen. **b)** (Jargon) *beim Kartenspiel trotz guter Karten zurückhaltend spielen, kein Spiel wagen:* beim Skat mauert er mir zuviel. **sinnv.:** sich ↑entziehen.

Maul, das; -[e]s, Mäuler: **1.** *dem Aufnehmen der Nahrung dienende Öffnung an der Vorderseite des Kopfes bei manchen Tieren:* das M. der Kuh; einem Pferd ins M. schauen. **sinnv.:** ↑Mund. **Zus.:** Fisch-, Frosch-, Löwenmaul. **2.** (derb) ↑*Mund:* halt's M. *(sei still, schweig!).* **sinnv.:** Groß-, Klatsch-, Läster-, Lügen-, Plapper-, Schand-, Schleckermaul.

mau|len ⟨itr.⟩ (ugs.): *aus Unmut über etwas, wegen eines Auftrags o. ä. unfreundlich, mürrisch sein:* die Schüler maulten wegen der vielen Hausaufgaben; hör auf zu m.! **sinnv.:** ↑murren.

maul|faul ⟨Adj.⟩ (ugs.): *kaum und unwillig sprechend, antwortend:* sei nicht so m. und gib eine ordentliche Antwort! **sinnv.:** ↑wortkarg.

Maul|held, der; -en, -en: *jmd., der als großsprecherisch angesehen wird, als einer, der sich zwar rühmt, ein Held zu sein, es aber nicht durch Taten beweist.* **sinnv.:** ↑Angeber.

Maul|korb, der; -[e]s, Maulkörbe: *aus schmalen Riemen netzartig geflochtener Korb, der Tieren (besonders Hunden) vors Maul gebunden wird, damit sie nicht beißen können.* **sinnv.:** Beißkorb.

Maul|tier, das; -[e]s, -e: *aus Pferd und Esel gekreuztes, pferdeähnliches Huftier.* **sinnv.:** ↑Esel, ↑Mischling.

Maul|wurf, der; -[e]s, Maulwürfe: *unter der Erde lebendes, Insekten und Regenwürmer fressendes Tier mit kurzhaarigem, dichtem Fell, kleinen Augen, rüsselförmiger Schnauze und kurzen Beinen, von denen die vorderen zwei als Grabwerkzeuge ausgebildet sind.*

Mau|rer, der; -s, -: *Handwerker, der beim Bau [eines Hauses] die Mauern errichtet, verputzt usw.* **sinnv.:** Gipser, Polier, Verputzer.

Maus, die; -, Mäuse: *kleines [graues] Nagetier mit spitzer Schnauze, nackten Ohren und nacktem, langem Schwanz.* **sinnv.:** Mäuserich; ↑Nagetier. **Zus.:** Erd-, Feld-, Fleder-, Hasel-, Haus-, Kirchen-, Micky-, Spitz-, Wald-, Wühl-, Zwergmaus.

mau|sen ⟨tr.⟩ (ugs.): *(in bezug auf Dinge von geringerem Wert) sich unerlaubt und heimlich aneignen:* Äpfel aus dem Garten des Nachbarn m.; in dem Selbstbedienungsladen wird viel gemaust. **sinnv.:** ↑stehlen.

mau|sern: 1. ⟨itr.⟩ *(von Vögeln) das Federkleid wechseln:* die Hühner mausern. **sinnv.:** in der Mauser sein. **2.** ⟨sich m.⟩ *sich durch eine starke, der Entfaltung der eigenen Anlagen, Möglichkeiten förderliche Entwicklung deutlich verändern:* die Kleine hat sich ganz schön gemausert, jetzt ist sie keß, früher war sie so schüchtern; er beginnt sich zu m. und läßt sich nicht mehr alles gefallen; die Provinzstadt hat sich zur reichsten Kommune des Landes gemausert. **sinnv.:** sich ↑entwickeln.

Maut, die; -, -en (österr.): *Gebühr für das Benutzen von Straßen, Brücken o. ä.:* M. bezahlen. **sinnv.:** ↑Abgabe, ↑Steuer.

ma|xi|mal: I. ⟨Adj.⟩ *größt-, höchstmöglich:* der maximale Kraftstoffverbrauch, die maximale Geschwindigkeit eines Pkw. **II.** ⟨Adverb⟩ ↑*höchstens:* er arbeitet m. zehn Stunden am Tag.

Ma|xi|mum, das; -s, Maxima: *das Höchst-, Größtmögliche* /Ggs. Minimum/: Autos, die ein M. an Sicherheit bieten. **sinnv.:** das Höchste, Höchstmaß, Höchstwert, ↑Höhepunkt, Optimum.

Ma|yon|nai|se [majɔ'nɛ:zə], die; -, -n: *eine Art dick-steife, kalte Soße, die aus Eigelb und Öl [auf kaltem Wege] hergestellt ist und pikant-säuerlich schmeckt:* Kartoffelsalat mit M.; Avocados, gefüllt mit Krabben und M. **sinnv.:** Dressing.

Mä|zen, der; -s, -e, **Mä|ze|nin, Mä|ze|na|tin,** die; -, -nen: *männliche bzw. weibliche Person, die künstlerische o. ä. Tätigkeit [finanziell] fördert.* **sinnv.:** ↑Agent, Förderer, ↑Gönner, Nestor, Promoter, Sponsor, Tutor, Ziehvater.

Me|cha|nik, die; -: **a)** *Teil der Physik, der sich mit den Bewegungen der Körper und den Beziehungen der dadurch entstehenden Kräfte befaßt:* diese Maschine ist ein Wunder der M. **Zus.:** Feinmechanik. **b)** *Art der Konstruktion und des Funktionierens einer Maschine:* die M. der Maschine ist ausgezeichnet. **sinnv.:** Mechanismus, Technik.

Me|cha|ni|ker, der; -s, -: *Fachmann, der Maschinen, technische Geräte o. ä. zusammenbaut, prüft, instand hält und repariert.* **sinnv.:** ↑Schlosser. **Zus.:** Auto-, Elektro-, Fein-, Fernseh-, Flugzeug-, Kraftfahrzeug-, Rundfunkmechaniker.

me|cha|nisch ⟨Adj.⟩: **a)** ↑*maschinell:* der mechanische Webstuhl; etwas m. fertigen. **sinnv.:** ↑automatisch, maschinell, mechanisiert. **Zus.:** fotomechanisch. **b)** *ohne Willenssteuerung, ohne Nachdenken, Überlegung [vor sich gehend]:* eine mechanische Bewegung, Arbeit; m. grüßen, antworten, vorlesen. **sinnv.:** ↑automatisch, instinktiv.

Me|cha|nis|mus, der; -, Mechanismen: **a)** *etwas, was ein Funktionieren auf mechanischer Grundlage ermöglicht:* die Maschine hat einen komplizierten M. **sinnv.:** Konstruktion, Triebwerk. **b)** *alles Geschehen, das gesetzmäßig und wie selbstverständlich abläuft:* biologische, psychische Prozesse sind durch ganz bestimmte Mechanismen gekennzeichnet. **sinnv.:** Automatismus.

meckern ⟨itr.⟩: **a)** *(von Ziegen) [langgezogene] helle, in schneller Folge stoßweise unterbrochene Laute von sich geben.* **b)** (ugs.) *in einer als unfreundlich empfundenen Weise ärgerlich seine Unzufriedenheit äußern:* er meckerte über die Arbeit, das Essen; er hat immer etwas zu m. **sinnv.:** ↑beanstanden. **Zus.:** [he]rummeckern.

Me|dail|le [me'daljə], die; -, -n: *runde oder ovale Plakette zum Andenken (an etwas) oder als Auszeichnung für besondere Leistungen:* jmdm. eine M. [für etwas] verleihen. **sinnv.:** ↑Gedenkmünze, ↑Preis. **Zus.:** Bronze-, Erinnerungs-, Gedenk-, Gold-, Rettungs-, Silbermedaille.

Me|di|ka|ment, das, -[e]s, -e: *Mittel, das der Heilung von Krankheiten, der Vorbeugung dient.* **sinnv.:** Arznei, Beruhigungsmittel, Betäubungsmittel, Dragée, Droge, Heilmittel, Kapsel, Linderungsmittel, Medizin, Mittel, Mittelchen, Pastille, Pille, Placebo, Pharmakon, Präparat, Psychopharmakon, Salbe, Schmerzmittel, Schlafmittel, Sedativum, Spritze, Suppositorium, Tablette, Therapeutikum, Tinktur, Tranquilizer, Tropfen, Zäpfchen.

me|di|tie|ren ⟨itr.⟩: *sich in tiefsinnige Gedanken verlieren; sich ganz in Gedanken versenken:* über das Leben, über einen Text m. **sinnv.:** ↑beten, ↑nachdenken.

Me|di|um, das; -s, Medien: **1.** *etwas, was eine Verbindung oder Beziehung zwischen mehreren Personen oder Gegenständen herstellt oder ermöglicht:* Rundfunk und Fernsehen sind die akustischen Medien unserer Zeit; etwas durch das M. [der] Sprache verbreiten. **sinnv.:** Kommunikationsmittel, Nachrichtenträger. **Zus.:** Massen-, Printmedium. **2.** *jmd., der für Verbindungen zum übersinnlichen Bereich als besonders befähigt angesehen wird.* **sinnv.:** Mittler.

Me|di|zin, die; -, -en: **1.** ⟨ohne Plural⟩ *Wissenschaft vom gesunden und kranken Organismus des Menschen, von seinen Krankhei-*

ten, ihrer Verhütung und Heilung. **sinnv.:** Heilkunde, Heilkunst · Chirurgie, Gynäkologie, Orthopädie, Psychiatrie, Urologie · Allopathie, Homöopathie. **Zus.:** Arbeits-, Gerichts-, Human-, Sport-, Veterinär-, Zahnmedizin. **2.** (ugs.) ↑*Medikament.*

Meer, das; -[e]s, -e: **1.** *sich weithin ausdehnende Menge des Wassers auf der Erdoberfläche.* **sinnv.:** Atlantik, Ozean, Pazifik, See; ↑Gewässer. **Zus.:** Binnen-, Eis-, Mittel-, Watten-, Weltmeer. **2. *ein M. von ...** (emotional): *in kaum übersehbarer großer Anzahl vorhanden, sehr viel[e]:* ein M. von Blüten.

Mee|res|spie|gel, der; -s: *bestimmter Wasserstand des Meeres, der als Grundlage für Höhenmessungen auf dem Festland dient:* der Ort liegt 200 m über dem M. **sinnv.:** Pegel, Wasserspiegel.

Meer|ret|tich, der; -s, -e: *Pflanze mit großen, grünen, länglichen Blättern, deren dicke, lange, fleischige, weiße Wurzel in geriebenem Zustand ein scharfes Gewürz liefert.*

Meer|schwein|chen, das; -s, -: *(aus Südamerika stammendes) kleines Nagetier mit gedrungenem Körper, kurzen Beinen und einem Stummelschwanz.* **sinnv.:** ↑Nagetier.

Mee|ting ['mi:tɪŋ], das; -s, -s: **a)** *[offizielle] Zusammenkunft zum Austausch von Interessen und Meinungen:* ein M. zwischen führenden Politikern. **sinnv.:** ↑Begegnung. **b)** *sportliche Veranstaltung in kleinerem Rahmen:* ein M. der weltbesten Turner. **sinnv.:** Sportfest.

Mehl, das; -[e]s: *pulver-, puderförmiges Nahrungsmittel, das durch Mahlen von Getreidekörnern entstanden ist und vorwiegend zum Backen verwendet wird.* **Zus.:** Futter-, Mais-, Panier-, Roggen-, Schrot-, Stärke-, Weizenmehl.

Mehl|spei|se, die; -, -n: *aus Mehl und Milch, Butter, Eiern u. a. bereitetes Gericht:* Strudel, Knödel und Nudeln sind Mehlspeisen. **sinnv.:** ↑Teigware.

mehr: I. ⟨Indefinitpronomen und unbestimmtes Zahlwort⟩ */drückt aus, daß etwas über ein bestimmtes Maß hinausgeht, eine vorhandene Menge übersteigt/:* wir brauchen m. Geld; mit m. Sorgfalt an etwas herangehen; es kamen immer m. Gäste; m. als die Hälfte waren erkrankt; ein Grund m. aufzuhören. **II.** ⟨Adverb⟩ **1. a)** *in höherem Maße:* sie raucht m. als ich; du mußt m. aufpassen; die Straßen sind m. befahren als üblich. **b)** ↑*eher:* die Seekranken fühlten sich m. tot als lebendig; die Plastik steht besser m. links. **2.** */drückt in Verbindung mit einer Negation aus, daß ein Geschehen, ein Zustand, eine Reihenfolge o. ä. nicht fortgesetzt wird/:* es war niemand m. da; es blieb nichts m. übrig; sie wußte nicht m., was sie tun sollte.

mehr|deu|tig ⟨Adj.⟩: *auf verschiedene Art deutbar, auszudeuten:* diese Formulierung ist m. **sinnv.:** ambivalent, doppeldeutig, doppelsinnig, homonym, janusgesichtig, mißverständlich, polysemantisch, zweideutig; ↑rätselhaft.

meh|ren (geh.) ⟨tr.⟩: *bewirken, daß etwas zunimmt:* den Besitz, den Ruhm durch etwas m. **sinnv.:** ↑vermehren.

meh|rer... ⟨Indefinitpronomen und unbestimmtes Zahlwort⟩: **a)** *eine unbestimmte größere Anzahl, Menge; ein paar; nicht viele:* er war mehrere Tage unterwegs; mehrere Häuser wurden zerstört; die Wahl mehrerer Abgeordneter / Abgeordneten. **sinnv.:** ↑einig... **b)** *nicht nur ein oder eine; verschiedene:* es gibt mehrere Möglichkeiten; das Wort hat mehrere Bedeutungen. **sinnv.:** ↑einzelne.

mehr|fach ⟨unbestimmtes Zahlwort⟩: *sich in gleicher Form oder auf verschiedene Weise wiederholend:* m. vorbestraft sein; er ist m. als Schauspieler aufgetreten; mehrfacher Meister im Tennis. **sinnv.:** ↑oft.

Mehr|heit, die; -, -en /Ggs. Minderheit/: *der größere Teil einer bestimmten Anzahl von Personen (als Einheit):* wechselnde Mehrheiten; die schweigende M.; diese Partei hat im Stadtrat die M.; diese Gruppierung bildet die M.; die M. des Volkes hat sich dafür entschieden; die M. der Abgeordneten stimmte/stimmten zu. **sinnv.:** Gros, Großteil, Majorität, Mehrzahl, die meisten, über/mehr als die Hälfte, der überwiegende Teil, Überzahl. **Zus.:** Zweidrittelmehrheit.

mehr|mals ⟨Adverb⟩: *mehrere Male; des öfteren:* er hat mich schon m. besucht. **sinnv.:** ↑oft.

Mehr|zahl, die; -: *der größere Teil einer bestimmten Anzahl:* die M. der Schüler lernt Englisch; die Teilnehmer sind in der M. junge Männer. **sinnv.:** ↑Mehrheit.

mei|den, mied, hat gemieden ⟨tr.⟩: *jmdm., einer Sache, mit der man nicht in Berührung kommen will, aus dem Wege gehen:* die beiden meiden sich/einander; Alkohol m.; er mied laute Veranstaltungen. **sinnv.:** sich ↑entziehen.

Mei|le, die; -, -n: *frühere Längeneinheit unterschiedlicher Größe (als Wegemaß).* **sinnv.:** ↑Längenmaß.

mein ⟨Possessivpronomen⟩ */bezeichnet ein Besitz- oder Zugehörigkeitsverhältnis zur eigenen Person/:* mein Buch; meine Freunde; die Kleider meiner Schwestern.

Mein|eid, der; -[e]s, -e: *Eid, mit dem wissentlich, vorsätzlich etwas Unwahres beschworen wird.* **sinnv.:** Eid, ↑Lüge.

mei|nen ⟨itr.⟩: **1. a)** *(in bezug auf jmdn./etwas) eine bestimmte Ansicht haben:* ich meine, daß er recht hat, daß man so verfahren sollte; was meinst du zum Wetter? **sinnv.:** annehmen, denken, ↑finden, glauben, schließen, sein, sich stellen zu. **b)** *(als Ansicht) äußern:* er meinte zu Klaus, er habe nun Gelegenheit, sich zu bewähren. **2.** *(bei einer Äußerung, Handlung o. ä.) im Sinne haben:* sie hatte ihn [damit] gemeint; welches Buch meinst du? **sinnv.:** abzielen auf, im Auge haben.

mei|net|we|gen ⟨Adverb⟩: *von mir aus; was mich betrifft:* m. brauchst du dir keine Mühe zu geben. **sinnv.:** meinethalben, mir zuliebe.

Mei|nung, die; -, -en: *das, was jmd. glaubt, für richtig hält, als Tatsache annimmt:* was ist ihre M. zu diesem Vorfall? **sinnv.:** ↑Ansicht. **Zus.:** Gegen-, Lehr-, Volksmeinung.

Mei|nungs|ver|schie|den|heit, die; -, -en: *Unterschiedlichkeit, Gegensätzlichkeit in der Beurteilung, Einschätzung von etwas:* in einigen Punkten bestehen noch Meinungsverschiedenheiten. **sinnv.:** Differenz, Dissens, ↑Kluft, Nichtübereinstimmung, Unstimmigkeit.

Mei|se, die; -, -n: *(in zahlreichen Arten vorkommender) kleiner Singvogel mit spitzem Schnabel und verschiedenfarbigem Ge-*

fieder. **Zus.:** Beutel-, Blau-, Hauben-, Kohl-, Tannen-, Weidenmeise.

Mei|ßel, der; -s, -: *Werkzeug (aus Stahl), das an einem Ende keilförmig ist und mit einer scharfen Schneide versehen ist.* **sinnv.:** Brechstange, Keil, Stemmeisen.

mei|ßeln: 1. ⟨itr.⟩ *mit einem Meißel arbeiten:* er mußte lange an dem Stein m. **sinnv.:** behauen. **2.** ⟨tr.⟩ *durch Meißeln* (1) *schaffen:* er hat schöne Figuren gemeißelt. **sinnv.:** anfertigen.

meist ⟨Adverb⟩: *fast regelmäßig; gewöhnlich; fast immer:* er geht m. diesen Weg. **sinnv.:** ↑oft.

meist... ⟨Adj.⟩: *die größte Anzahl, Menge von etwas:* die meisten Menschen waren dagegen; die meiste Zeit; das meiste Geld.

mei|stens ⟨Adverb⟩: *in den meisten Fällen, fast immer:* er macht seine Reisen m. im Sommer. **sinnv.:** ↑oft.

Mei|ster, der; -s, -: **1.** *Handwerker, der seine Ausbildung mit der Meisterprüfung abgeschlossen hat:* bei einem M. in die Lehre gehen. **sinnv.:** Handwerker, ↑Leiter. **Zus.:** Bäcker-, Elektro-, Fleischer-, Keller-, Klempner-, Küchen-, Metzger-, Schlosser-, Schneider-, Tischlermeister. **2.** ⟨M. + Attribut⟩ *jmd., der ein Fach, eine Kunst o. ä. hervorragend beherrscht:* ein berühmter M.; die alten M. der Malerei; er ist ein M. seines Faches, der Sprache. **sinnv.:** ↑Fachmann, Künstler. **Zus.:** Fußball-, Hexen-, Weltmeister.

Mei|ster- ⟨Präfixoid⟩: **a)** *jmd., der die im Basiswort genannte, in bestimmter Weise tätige Person in meisterhafter Weise verkörpert, seine Tätigkeit meisterhaft beherrscht; jmd., der als ... ein großer Könner ist:* Meisterdetektiv, -dieb, -fahrer, -knobler, -koch, -schütze, -spion. **sinnv.:** Chef-, General-, Haupt-, Klasse-, Ober-, Spitzen-, Top-. **b)** *etwas, was in hervorragender, vollendeter, geschickter, perfekter Weise ausgeführt ist:* Meisterleistung, -schuß, -streich.

mei|ster|haft ⟨Adj.⟩: *großes Können zeigend:* eine meisterhafte Aufführung; die Mannschaft hat m. gespielt. **sinnv.:** ↑blendend, bravourös, fachmännisch, famos, fulminant, glänzend, ↑hervorragend, perfekt, prächtig, vollendet, ↑vollkommen.

Mei|ste|rin, die; -, -nen: **1.** *Frau, die ihre Ausbildung in einem Handwerk mit der Meisterprüfung abgeschlossen hat.* **Zus.:** Friseurmeisterin. **2.** (veraltend) *Frau des Meisters.*

mei|stern ⟨tr.⟩: *mit etwas, was Schwierigkeiten bietet, [gekonnt] fertig werden:* eine Aufgabe, Situation m. **sinnv.:** ↑bewältigen.

Mei|ster|schaft, die; -, -en: **1.** ⟨ohne Plural⟩ *meisterhaftes Können (auf einem bestimmten Gebiet):* mit großer M.; er hat es in der Malerei zur M. gebracht. **sinnv.:** Bravour, ↑Perfektion. **2. a)** *[Wett]kampf oder eine Reihe von [Wett]kämpfen, durch die der beste Sportler oder die beste Mannschaft in einer bestimmten Disziplin ermittelt wird:* die deutsche M. im 100-m-Lauf. **sinnv.:** Turnier. **Zus.:** Fußball-, Leichtathletik-, Tennismeisterschaft. **b)** ⟨ohne Plural⟩ *Sieg in einer Meisterschaft* (2 a): die Borussen haben die [deutsche] M. errungen. **sinnv.:** Titelgewinn.

Mek|ka, das; -s: *Stelle, Ort, der ein Zentrum für etwas ist, das bietet, was man erwartet, und darum eine große Anziehungskraft ausübt* ⟨M. + Attribut⟩: ein M. für Hungerstreikende, für Verliebte, der Campingfreunde.

Me|lan|cho|li|ker, der; -s, -, **Me|lan|cho|li|ke|rin,** die, -, -nen: *männliche bzw. weibliche Person, die zu Depressivität und Schwermütigkeit neigt.* **sinnv.:** Nihilist, Pessimist, Skeptiker.

me|lan|cho|lisch ⟨Adj.⟩: *zu Depressivität und Schwermütigkeit neigend, davon erfüllt, zeugend:* ein melancholischer Mensch; er macht einen melancholischen Eindruck. **sinnv.:** ängstlich, bedrückt, bekümmert, depressiv, elegisch, elend, freudlos, gemütskrank, hypochondrisch, miesepetrig, ↑pessimistisch, schwermütig, traurig, trübe, unglücklich, wehmütig.

mel|den, meldete, hat gemeldet: **1.** ⟨tr.⟩ **a)** *(einer zuständigen Stelle) zur Kenntnis bringen:* einen Unfall [bei] der Polizei m. **sinnv.:** ↑mitteilen. **b)** *als Nachricht bekanntgeben:* der Rundfunk meldet schönes Wetter. **sinnv.:** ↑mitteilen. **Zus.:** vermelden. **2.** ⟨sich m.⟩ **a)** *von sich hören lassen, Nachricht geben:* wenn ich auf dem Bahnhof bin, melde ich mich gleich bei dir. **sinnv.:** sich ↑ankündigen, sich bemerkbar machen. **Zus.:** sich ab-, an-, zurückmelden. **b)** *sich für etwas anbieten, zur Verfügung stellen:* er meldete sich zur Hilfe bei einer Katastrophe.

Mel|dung, die; -, -en: **a)** *das Melden:* eine M. für eine Prüfung, einen sportlichen Wettkampf. **sinnv.:** ↑Anmeldung, ↑Mitteilung. **Zus.:** An-, Krank-, Rück-, Such-, Verlust-, Vermißten-, Wortmeldung. **b)** *etwas, was der Öffentlichkeit (besonders durch die Massenmedien) zur Kenntnis gebracht wird:* eine aktuelle, wichtige, die letzte M. **sinnv.:** ↑Nachricht. **Zus.:** Agentur-, Falsch-, Kurz-, Presse-, Rundfunk-, Verkehrs-, Wasserstands-, Wetter-, Zeitungsmeldung.

me|liert ⟨Adj.⟩: *(vom Haar) leicht ergraut:* ein älterer, melierter Herr; sein Haar ist grau meliert. **sinnv.:** angegraut, ergraut, grauhaarig, silbrig.

mel|ken, molk/melkte, gemolken ⟨tr.⟩: *(bei einem milchgebenden Haustier) die Milch (durch pressendes Streichen mit den Händen bzw. maschinell) aus dem Euter zum Heraustreten bringen:* Kühe [mit der Melkmaschine] m.

Me|lo|die, die; -, Melodien: *singbare, in sich geschlossene Folge von Tönen:* eine M. pfeifen; die M. eines Liedes. **sinnv.:** ↑Klang, Musik, Stimme, Thema, Weise; Komposition.

Me|lo|ne, die; -, -n: *runde, saftige Frucht von einem dem Kürbis verwandten Gewächs.*

Mem|me, die; -, -n: *männliche Person, die (im Urteil des Sprechers) weichlich, furchtsam ist, sich etwas Bestimmtes nicht zu machen traut:* eine feige M.; keiner hätte gedacht, daß diese angebliche M. so zurückschlägt. **sinnv.:** ↑Feigling, Muttersöhnchen, Schleimer.

Me|moi|ren [me'mo̯a:rən], die ⟨Plural⟩: *[als Buch o. ä.] veröffentlichte Lebenserinnerungen [unter besonderer Berücksichtigung des persönlichen Entwicklungsganges sowie der Darstellung zeitgeschichtlicher Ereignisse]:* der Altkanzler schreibt seine/an seinen M. **sinnv.:** ↑Biographie, Tagebuch.

Men|ge, die; -, -n: **1. a)** *bestimmte Anzahl, Größenordnung:* er darf Speisen nur in kleinen Mengen zu sich nehmen. **sinnv.:** Batzen, Dosis, Fülle, Masse, Portion, Quantität,

Quantum, Schuß, Zahl. **Zus.:** Teilmenge. **b)** ***eine M.:** *viel[e]:* eine M. Geld, Freunde; eine M. Leute kam/kamen zusammen; in unserer Gruppe sind eine ganze M. Jugendlicher/(seltener:) Jugendliche, denen das nicht schwerfällt. **sinnv.:** -berg (z. B. Schuldenberg), -lawine (z. B. Antragslawine), -schwemme (z. B. Lehrerschwemme), -welle (z. B. Reisewelle); Legion. **2.** *große Anzahl von dicht beieinander befindlichen Menschen:* eine große M. drängte sich auf dem Marktplatz; der Politiker sucht den Beifall der M. **sinnv.:** ↑Ansammlung, Heer, Menschenmassen, Schar, Volk. **Zus.:** Menschenmenge.

Men|sa, die; -, Mensen: *restaurantähnliche Einrichtung in einer Hochschule oder Universität, wo Studenten essen können:* in der M. billig essen können. **sinnv.:** ↑Gaststätte.

Mensch, der; -en, -en: *mit Vernunft und Sprache ausgestattetes höchstentwickeltes Lebewesen:* einen Menschen lieben, verachten; die Menschen sind gut, bloß die Leute sind schlecht. **sinnv.:** Ebenbild Gottes, Erdenbürger, Erscheinung, Existenz, Figur, ↑Frau, Geschöpf, Gestalt, Halbgott, Homo sapiens, Individuum, ↑Junge, Kerl, ↑Kind, Krone der Schöpfung, Leute, ↑Mädchen, ↑Mann, Person, Persönlichkeit, Seele, Sterblicher, Type, Wesen. **Zus.:** Durchschnitts-, Gemüts-, Höhlen-, Mars-, Mit-, Nacht-, Schlangen-, Über-, Un-, Unter-, Vernunft-, Willensmensch.

Mensch|heit, die; -: *Gesamtheit der Menschen:* Krebs, eine Geißel der M. **sinnv.:** Erdbevölkerung.

mensch|lich ⟨Adj.⟩: **a)** *zum Menschen gehörend:* der menschliche Körper; menschliches Versagen. **Zus.:** mit-, über-, zwischenmenschlich · ent-, vermenschlichen. **b)** *andere Menschen gütig und voll Verständnis behandelnd* /Ggs. unmenschlich/: der Chef hat eine menschliche Art, behandelt seine Leute immer m. **sinnv.:** barmherzig, entgegenkommend, freundlich, ↑gut, gutherzig, hilfsbereit, human, humanitär, menschenfreundlich, mitfühlend, philanthropisch, sozial, tolerant, wohltätig, wohlwollend.

Mensch|lich|keit, die; -: *menschliche Haltung und Gesinnung:* er tut es aus bloßer M. **sinnv.:** ↑Humanität.

Men|strua|ti|on, die; -, -en: *periodisch auftretende Blutung aus der Gebärmutter.* **sinnv.:** [Monats]blutung, Monatsfluß, Periode, Regel[blutung], Zyklus · sie hat ihre Tage.

Men|ta|li|tät, die; -: *(die einem bestimmten einzelnen oder einer Gruppe eigene) Art zu denken und zu fühlen:* die M. eines Volkes. **sinnv.:** ↑Denkart.

Me|nü, das; -s, -s: *aus mehreren Gängen bestehende Mahlzeit.* **sinnv.:** ↑Essen, Speisenfolge.

Me|nu|ett, das; -s, -e: *alter, mäßig schneller Tanz im ¾-Takt:* ein M. spielen, tanzen. **sinnv.:** ↑Tanz.

mer|ken: 1. ⟨itr.⟩ *gefühlsmäßig, beobachtend wahrnehmen:* er merkte gar nicht, daß man sich über ihn lustig machte. **sinnv.:** ↑bemerken, mitbekommen, ↑wahrnehmen. **2.** ⟨sich m.⟩ *im Gedächtnis behalten:* sich Zahlen, Namen m.; ich habe mir deine Telefonnummer gemerkt.

merk|lich ⟨Adj.⟩: *so, daß man es bemerken kann:* ein merklicher Unterschied. **sinnv.:** ↑einschneidend.

Merk|mal, das; -s, -e: *Zeichen, Eigenschaft, woran man etwas erkennen kann:* ein typisches, untrügliches M.; keine besonderen Merkmale. **sinnv.:** ↑Anzeichen, Attribut, ↑Besonderheit, Charakteristikum, Erkennungszeichen, ↑Kennzeichen, Prüfstein, Statussymbol, Wesen. **Zus.:** Geschlechts-, Qualitäts-, Tätigkeits-, Unterscheidungsmerkmal.

merk|wür|dig ⟨Adj.⟩: *Staunen, Verwunderung, manchmal auch leises Mißtrauen hervorrufend:* eine merkwürdige Geschichte; das kommt mir doch m. vor. **sinnv.:** ↑seltsam.

Mes|se, die; -, -n: **I. a)** *katholischer Gottesdienst:* die heilige M.; eine M. feiern, lesen. **sinnv.:** ↑Gottesdienst. **Zus.:** Christ-, Früh-, Mitternachts-, Seelen-, Toten-, Weihnachtsmesse · Lichtmeß. **b)** *Komposition als Vertonung der liturgischen Bestandteile der Messe:* eine M. von Bach aufführen, singen. **sinnv.:** Oratorium. **II.** *große [internationale] Ausstellung von Warenmustern eines oder mehrerer Wirtschaftszweige:* die M. war gut besucht; die Frankfurter, Leipziger M. **sinnv.:** ↑Ausstellung. **Zus.:** Buch-, Herbst-, Verkaufsmesse.

mes|sen, mißt, maß, hat gemessen /vgl. gemessen/: **1. a)** ⟨tr.⟩ *nach einem Maß bestimmen:* die Länge, Höhe von etwas m.; die Temperatur, den Blutdruck m.; [bei jmdm.] Fieber m.; die Zeit mit der Stoppuhr m. **sinnv.:** abzirkeln, berechnen, dosieren, ermitteln, feststellen. **Zus.:** ab-, aus-, be-, nach-, vermessen · Belichtungs-, Grad-, Winkelmesser. **b)** ⟨itr.⟩ *(ein bestimmtes Maß) haben:* er mißt 1,85 m. **sinnv.:** ausmachen, betragen, sich erstrecken auf · Halbmesser. **2.** ⟨sich m.⟩ *die eigenen Kräfte, Fähigkeiten im Vergleich mit denen eines anderen im Wettstreit zu ermitteln, festzustellen suchen:* er wollte sich mit ihm einmal m.; die Spitzenpolitiker maßen sich in einer Fernsehdiskussion.

Mes|ser, das; -s, -: *Gegenstand mit einem Griff und einer scharfen Klinge zum Schneiden:* ein spitzes M.; das M. schärfen. **sinnv.:** ↑Besteck, ↑Stichwaffe. **Zus.:** Brot-, Butter-, Fleisch-, Jagd-, Käse-, Klapp-, Küchen-, Obst-, Taschen-, Wiegemesser.

Mes|sing, das; -s: *hell- bis rotgelbe Legierung aus Kupfer und Zink:* ein Schild aus M.

me|ta-, Me|ta- ⟨Präfix⟩: **1.** */bezeichnet diejenige Sprach- bzw. Theorieebene, von der aus über das im Basiswort Genannte, das seinerseits eine sprachliche bzw. gedankliche Ausdrucksform ist, geredet wird/:* **a)** ⟨substantivisch⟩ Metakommunikation *(Kommunikation über die Kommunikation),* Metakritik *(Kritik der Kritik),* Metalinguistik, Metametaperspektive, Metaperspektive, Metapsychologie, Metasprache *(Sprache, mit der Sprachliches beschrieben wird),* Metatheorie. **b)** ⟨adjektivisch⟩ metabereichlich, metaethisch, metakommunikativ, metasprachlich. **2.** */über dem im Basiswort Genannten stehend, sich auf einer höheren Ebene, Stufe befindend/:* **a)** ⟨substantivisch⟩ Metamarketing, Metamethode, Metamusik. **b)** ⟨adjektivisch⟩ metahuman.

Me|tall, das; -s, -e: *(zu den chemischen Grundstoffen gehörender) nicht, durchsichtiger [glänzender], Wärme und Elektrizität gut leitender, [fester] dehn- und schmelzbarer Stoff (der als Material für etwas dient):* edle Metalle wie Gold und Silber. **Zus.:** Bunt-, Edel-, Halb-, Leicht-, Schwermetall.

me|tal|len ⟨Adj.⟩: **a)** *aus Metall bestehend:* metallene Gefäße, Geräte. **sinnv.:** blechern, bronzen, eisern, golden, ↑metallisch, silbern. **b)** ↑*metallisch (b):* ein metallener Klang. **sinnv.:** blechern, scheppernd.

me|tal|lisch ⟨Adj.⟩: **a)** *im Aussehen dem Metall ähnlich:* ein metallischer Glanz. **sinnv.:** metallartig, ↑metallen, metallic, silbrig. **b)** *hart klingend; (im Klang) hell und durchdringend:* die Sängerin hat eine metallische Stimme.

Me|ta|mor|pho|se, die; -, -n: *Verwandlung von einer Form, Gestalt o. ä. in eine andere:* seine M. von Rot (SPD) zu Grün; deine M. in einen Jüngling wird dir nichts nützen, die Polizei wird dich doch erkennen. **sinnv.:** Anpassung, ↑Entwicklung, Mimikry, Umwandlung.

Me|ta|pher, die; -, -n: *sprachlicher Ausdruck, bei dem ein Wort (eine Wortgruppe) aus seinem Bedeutungszusammenhang in einen anderen übertragen, als Bild verwendet wird* (z. B. das Gold ihrer Haare): in Metaphern reden. **sinnv.:** ↑Sinnbild.

Me|te|or, der; -s, -e: *fester kosmischer Körper, der bei Eintritt in die Atmosphäre der Erde aufleuchtet.* **sinnv.:** ↑Komet.

Me|teo|ro|lo|ge, der; -n, -n, **Me|teo|ro|lo|gin,** die; -, -nen: *Wissenschaftler bzw. Wissenschaftlerin auf dem Gebiet der Wetterkunde.* **sinnv.:** Wetterfrosch, Wetterkundler, Wetterprophet.

Me|ter, der, (auch:) das; -s, -: *Maßeinheit der Länge:* die Mauer ist drei M. hoch; mit drei Meter Stoff/mit drei Metern kommen wir aus; der Ort liegt in 1 000 Meter Höhe. **sinnv.:** ↑Längenmaß. **Zus.:** Dezi-, Kilo-, Kubik-, Milli-, Quadrat-, Zentimeter.

Me|ter|maß, das; -es, -e: *Band oder Stab mit einer Einteilung in Zentimeter und Millimeter zum Messen von Längen.* **sinnv.:** Bandmaß, Elle, Lineal, Maßstab, Meßlatte, Zollstock. **Zus.:** Zentimetermaß.

Me|tho|de, die; -, -n: *Art der Durchführung; Weg, wie man zu einem angestrebten Ziel gelangen kann.* **sinnv.:** ↑Mittel, ↑Verfahren, ↑Weg; ↑Technik. **Zus.:** Arbeits-, Holzhammer-, Unterrichtsmethode.

me|tho|disch ⟨Adj.⟩: **a)** *die Methode betreffend:* methodische Mängel. **sinnv.:** ↑planmäßig. **b)** *eine bestimmte Methode zugrunde legend, nach einer Methode vorgehend:* methodische Vorbereitung; m. arbeiten. **sinnv.:** pädagogisch.

Me|tier [meˈtie:], das; -s, -s: *bestimmte berufliche o. ä. Tätigkeit als jmds. Aufgabe, die er durch die Beherrschung der dabei erforderlichen Fertigkeiten erfüllt:* davon verstehe ich nichts, das ist nicht mein M.; das M. des Politikers, Kritikers. **sinnv.:** ↑Beruf.

Me|tro|po|le, die; -, -n: *Hauptstadt (mit Weltstadtcharakter):* München, die M. Bayerns. **sinnv.:** ↑Stadt. **Zus.:** Handels-, Kunst-, Messemetropole.

Metz|ger, der; -s, - (besonders westd., südd.): ↑*Fleischer.*

meu|cheln ⟨tr.⟩ (emotional geh.): *heimtückisch ermorden:* er wurde im Schlaf gemeuchelt. **sinnv.:** ↑töten. **Zus.:** Meuchelmord · meuchlings.

Meu|te, die; -: *[mit innerer Ablehnung betrachtete] größere Zahl, Gruppe von Menschen, die gemeinsam auftreten, agieren o. ä.:* eine M. Halbstarker; eine ganze M. war hinter dem vermeintlichen Übeltäter her; unsere ganze M. macht einen Ausflug. **sinnv.:** ↑Gruppe.

Meu|te|rei, die; -, -en: *das gemeinsame Auflehnen gegen jmdn./etwas und das Verweigern des Gehorsams durch Soldaten o. ä.:* auf dem Schiff gab es eine M. **sinnv.:** ↑Aufruhr, ↑Verschwörung. **Zus.:** Gefangenenmeuterei.

meu|tern ⟨itr.⟩: **a)** *sich gegen einen Vorgesetzten, gegen Anordnungen, Zustände auflehnen:* die Truppe meuterte [gegen die Offiziere]. **sinnv.:** den Gehorsam verweigern, rebellieren. **b)** (ugs.) *seinen Unwillen über etwas äußern:* du mußt nicht immer gleich m. **sinnv.:** aufbegehren, sich um Kopf und Kragen reden, ↑protestieren.

mi|au|en, miaute, hat miaut: *(von Katzen) einen wie „miau" klingenden Laut von sich geben.* **sinnv.:** schreien.

mick|rig ⟨Adj.⟩ (ugs.): *(im Urteil eines Sprechers) schwächlich, zurückgeblieben oder zu dürftig aussehend:* ein kleiner, mickriger Kerl. **sinnv.:** ↑kümmerlich.

Mid|life-cri|sis [ˈmɪdlaɪfˈkraɪsɪs], die; -: *(vor allem in bezug auf Männer) krisenhafte Phase in der Mitte des Lebens, in der der Betroffene den Sinn seines bisherigen Lebens (Ehe, Beruf, Sexualität) kritisch überdenkt und in Zweifel zieht.* **sinnv.:** Depression.

Mie|der, das; -s, -: **a)** *Teil der Unterkleidung für Frauen mit stützender und formender Wirkung.* **sinnv.:** Hüfthalter, Korsage, Korselett, Korsett, Schnürleib. **b)** *eng anliegendes [vorn geschnürtes], ärmelloses Oberteil besonders bei Trachtenkleidern:* ein bunt besticktes M. **sinnv.:** ↑Jacke, Wams.

Mief, der; -s (ugs.): *als unangenehm empfundene, verbrauchte, stickig riechende Luft (in einem Raum):* der M. im Schlafsaal. **sinnv.:** ↑Geruch, ↑Luft.

Mie|ne, die; -, -n: *Ausdruck des Gesichtes, der eine Stimmung, Meinung o. ä. erkennen läßt:* eine ernste, freundliche M.; eine saure, finstere M. machen. **sinnv.:** ↑Ausdruck, Fratze, Gesicht, Gesichtsausdruck, Grimasse, Mienenspiel, Mimik; Pantomime. **Zus.:** Amts-, Leichenbitter-, Leidens-, Sieger-, Unschuldsmiene.

mies ⟨Adj.⟩: **1.** *in Verdruß, Ärger, Ablehnung hervorrufender Weise schlecht:* ein mieser Charakter, Kerl; das Geschäft geht m. **sinnv.:** ↑schlecht. **2.** *(im Hinblick auf die gesundheitliche Verfassung) unwohl:* ihm geht es m.; sie fühlt sich schon seit Tagen ziemlich m. **sinnv.:** ↑krank.

mies|ma|chen, machte mies, hat miesgemacht ⟨tr.⟩: *etwas in abfällig-herabmindernder Weise darstellen [und dadurch die Freude daran nehmen]:* du kannst mir meine Reisepläne nicht m. **sinnv.:** ↑schlechtmachen, ↑verleiden.

Mie|te, die; -, -n: *Preis, den man für das Mieten (von etwas) bezahlen muß:* die M. für die Wohnung bezahlen, erhöhen; die M. ist fällig. **sinnv.:** Mietzins, Pacht. **Zus.:** Kalt-, Laden-, Saal-, Wohnungsmiete.

mie|ten, mietete, hat gemietet ⟨tr.⟩ /Ggs. vermieten/: *gegen Bezahlung die Berechtigung erwerben, etwas zu benutzen:* eine Wohnung, ein Zimmer m.; ein Auto m. **sinnv.:** chartern, heuern, leasen, leihen, pachten. **Zus.:** entmieten, vermieten.

Mie|ter, der; -s, -: *jmd., der et-*

was mietet: der M. einer Wohnung. **sinnv.:** Einlieger, Hausbewohner, Pächter, Partei. **Zus.:** Haupt-, Untermieter.

Miets|haus, das; -es, Mietshäuser: *größeres Wohnhaus, in dem man zur Miete wohnt:* in einem M. wohnen. **sinnv.:** ↑Haus, Mietskaserne, Wohnblock.

Mi|grä|ne, die; -, -n: *starke, meist auf einer Seite des Kopfes auftretende Schmerzen:* [eine fürchterliche] M. haben. **sinnv.:** ↑Kopfschmerzen.

mi|kro-, Mi|kro- ⟨als erster Wortbestandteil⟩: **I.** mikro-, Mikro-: *klein..., Klein..., gering..., fein...* (Ggs. makro-, Makro-): **1.** *im kleinen* /in Korrelation zu makro-: im großen/: mikrobiologisch, Mikroklima, -kosmos, mikrologisch, Mikromethode, -ökonomie, mikrosozial, Mikrostruktur. **2.** /bezeichnet einen Intensitätsgrad/ *gering:* mikroseismisch (*nur mit Instrumenten wahrnehmbar* [von schwächeren Erdbeben]). **3.** *kleinst..., Kleinst..., sehr klein, kleiner als normal:* Mikrochip, -elektronik, -fauna, -film, mikrographieren, mikrominiaturisieren, Mikrometeorit, Mikroprozessor. **sinnv.:** mini-. **II.** Mikro-: /vor Maßeinheiten/ *ein Millionstel ...* (Ggs. Mega-): Mikrofarad *(ein Millionstel Farad* = elektrische Maßeinheit für die Kapazität), Mikrogramm, -sekunde.

Mi|kro|phon, das; -s, -e: *Gerät, durch das Töne auf ein Tonbandgerät oder über einen Lautsprecher übertragen werden können:* der Reporter spricht ins M. **Zus.:** Kehlkopfmikrophon.

Mi|kro|skop, das; -s, -e: *optisches Gerät, mit dem sehr kleine Dinge aus geringer Entfernung stark vergrößert und [deutlich] sichtbar gemacht werden können:* etwas durch das M. betrachten, unter dem M. untersuchen. **sinnv.:** ↑Lupe.

Milch, die; -: *besonders von Kühen durch Melken gewonnene und vielseitig als Nahrungsmittel genutzte, weißliche Flüssigkeit:* kondensierte, saure M.; frische M. trinken. **sinnv.:** Joghurt, Kefir, Sahne. **Zus.:** Büchsen-, Butter-, Dick-, Dosen-, Frisch-, H-Milch, Kondens-, Kuh-, Mager-, Mutter-, Sauer-, Trink-, Trokken-, Vorzugs-, Ziegenmilch.

mil|chig ⟨Adj.⟩: *weißlich-trüb wie Milch:* eine milchige Flüssigkeit.

mild ⟨Adj.⟩: **a)** *in angenehmer Weise leicht warm:* mildes Klima; ein milder Abend. **sinnv.:** ↑lau. **b)** *von nachsichtiger Beurteilung o. ä. zeugend:* kein strenger, sondern ein milder Richter; er fand trotz allem milde Worte. **sinnv.:** ↑behutsam, ↑nachsichtig, sanft.

mil|dern ⟨tr.⟩: *milder machen:* ein Urteil m. **sinnv.:** ↑entschärfen. **Zus.:** strafmildernd.

mild|tä|tig ⟨Adj.⟩: *in wohltätiger Weise Bedürftigen (durch Gaben) helfend:* mildtätige Spenden. **sinnv.:** ↑karitativ · Erbarmen, Mitleid.

Mi|lieu [mi'li̯ø:], das; -s, -s: *soziales Umfeld, Umgebung, in der ein Mensch lebt und die ihn prägt:* das soziale, häusliche M. **sinnv.:** ↑Umwelt.

mi|li|tant ⟨Adj.⟩: *mit kämpferischen Mitteln für eine Überzeugung eintretend:* eine militante Sozialistin; militante Gruppen, Pazifisten. **sinnv.:** extremistisch, ↑streitbar.

Mi|li|tär, das; -s: **a)** *Gesamtheit der Soldaten eines Landes:* das englische M. **sinnv.:** Armee, Heer, Luftwaffe, Marine, Miliz, Streitkräfte. **b)** *(eine bestimmte Anzahl von) Soldaten:* gegen die Demonstranten wurde M. eingesetzt. **sinnv.:** ↑Soldat, ↑Armee.

mi|li|tä|risch ⟨Adj.⟩: **a)** *das Militär betreffend, von ihm ausgehend:* militärische Verteidigungsanlagen; ein militärischer Putsch. **sinnv.:** militaristisch. **Zus.:** paramilitärisch. **b)** *den Vorstellungen des Militärs (in bezug auf Gesinnung, Verhalten usw.) entsprechend:* militärische Disziplin; ein kurzer, militärischer Haarschnitt; mit militärischer Pünktlichkeit kam er an; er grüßte m. **sinnv.:** soldatisch, zackig.

Mi|li|ta|ris|mus, der; -: *Denk- und Handlungsweise, die das politische und gesellschaftliche Leben eines Volkes militärischen Gesichtspunkten und Grundsätzen unterordnet:* M. ist die Unterwerfung der politischen Vernunft unter militärisches Denken. **sinnv.:** Aggressivität, Chauvinismus, Patriotismus, Revanchismus.

Mi|liz, die; -, -en: **1.** *im Unterschied zum stehenden Heer im Frieden eine für den Kampf bestimmte Truppe, die nur im Bedarfsfall aus Bürgern mit einer kurzen militärischen Ausbildung aufgestellt wird.* **Zus.:** Volksmiliz. **2.** ↑*Heer.*

Mil|li|ar|de, die; -, -n: *tausend Millionen.*

Mil|li|me|ter, der, (auch:) das; -s, -: *der tausendste Teil eines Meters:* eine Schraube von fünf M. Durchmesser. **sinnv.:** ↑Längenmaß.

Mil|lio|när, der; -s, -e: *jmd., der ein Millionenvermögen besitzt.* **sinnv.:** Kapitalist, Krösus, Milliardär, Nabob, Plutokrat.

mi|men ⟨tr.⟩: *(durch entsprechende Mimik, durch Gesten) so tun, als ob man jmd. Bestimmtes sei oder als ob man eine bestimmte Regung o. ä. habe:* er mimt gern den Mann von Welt; den Unschuldigen m.; Bewunderung, Verbundenheit m. **sinnv.:** ↑vortäuschen.

Mi|mik, die; -: *Veränderungen der Miene als Ausdruck von Empfindungen, Gedanken oder Wünschen:* seine M. erinnert an einen Pokerspieler. **sinnv.:** ↑Miene.

min|der ⟨Adverb⟩: *in geringerem Grade; nicht so sehr:* das würde mir m. gefallen; ein m. kompliziertes Verfahren. **sinnv.:** kaum, weniger.

min|der... ⟨Adj.⟩: ↑*gering:* eine mindere Qualität. **sinnv.:** ↑minderwertig.

Min|der|heit, die; -, -en: *kleinerer Teil einer bestimmten Anzahl von Personen* /Ggs. Mehrheit/: eine religiöse M.; in der M. sein. **sinnv.:** Diaspora, Minderzahl, Minorität.

min|der|jäh|rig ⟨Adj.⟩: *noch nicht das Erwachsenenalter erreicht habend* /Ggs. volljährig/: er ist [mit 17 Jahren noch] m. **sinnv.:** halbwüchsig, minorenn, unmündig, unreif.

min|dern ⟨tr.⟩: *geringer werden, erscheinen lassen:* der kleine Fehler mindert die gute Leistung des Schülers keineswegs. **sinnv.:** ↑verringern.

min|der|wer|tig ⟨Adj.⟩: *von geringerer Qualität:* minderwertige Waren. **sinnv.:** billig, dürftig, erbärmlich, inferior, lausig, minder..., miserabel, saumäßig, schäbig, ↑schlecht, schwach, wertlos.

min|dest... ⟨Adj.⟩: */drückt aus, daß etwas nur im geringsten Maße vorhanden ist/:* ich habe davon nicht die mindeste Ahnung; etwas ohne die mindesten Vorkehrungen wagen.

min|de|stens ⟨Adverb⟩: *auf*

keinen Fall weniger als /Ggs. höchstens/: das Zimmer ist m. fünf Meter lang. **sinnv.**: wenigstens.

Min|dest|maß, das; -es: *die kleinstmögliche Menge* /Ggs. Höchstmaß/: das ist das M. an Toleranz, das man erwarten kann. **sinnv.**: ↑Minimum.

Mi|ne, die; -, -n: **I.** *hochexplosiver Sprengkörper, der durch einen Zünder oder bei Berührung zur Explosion gebracht wird:* an der Grenze sind Minen gelegt; auf eine M. treten. **sinnv.**: ↑Sprengkörper. **Zus.**: Land-, See-, Teller-, Treib-, Tretmine. **II.** *dünnes Stäbchen in einem Bleistift, Kugelschreiber o. ä., mit dem geschrieben wird:* eine rote M.; die M. auswechseln.

Mi|ne|ral, das; -s, -e und -ien: *in der Erde vorkommender Stoff (der z. B. Bedeutung als Erz zur Gewinnung von Metallen hat oder als Schmuckstein verwendet werden kann).*

Mi|ne|ral|was|ser, das; -s, Mineralwässer: *von einer Quelle stammendes [kohlensäurehaltiges] Wasser, in dem Spuren von Mineralien und Salzen enthalten sind.* **sinnv.**: Kribbelwasser, saure Limo, Limonade, Selter, Selters[wasser], Soda[wasser], Sprudel[wasser], stilles Wasser, Tafelwasser, Tonic water, Wasser.

Mi|ni- ⟨Präfix⟩: **1.** *sehr klein ..., winzig ..., niedrigst ..., in Miniatur:* Miniauto, -bar, -bikini, -demonstration, -eisenbahn, -format, -kapitalismus, -küche, -metropole, -oper, -partei, -preise, -slip, -staubsauger, -U-Boot, -verbrauch, -wert. **sinnv.**: -chen, -lein, Liliput-, Mikro-. **2.** *sehr kurz ...:* Minikleid, -mode, -rock.

mi|ni|mal ⟨Adj.⟩: *nur ein sehr geringes Ausmaß an Größe, Stärke o. ä. aufweisend:* ein minimaler Preis; die Verluste waren m. **sinnv.**: gering, ↑klein, ↑leicht, ↑leise, schmal, unbedeutend, winzig.

Mi|ni|mum, das; -s, Minima: *geringstes, niedrigstes Maß* /Ggs. Maximum/: die Unfälle wurden auf ein M. reduziert; ein M. an Kraft aufwenden. **sinnv.**: Mindestmaß, Tiefstand, Untergrenze, das wenigste. **Zus.**: Existenzminimum.

Mi|ni|ster, der; -s, -, **Mi|ni|ste|rin,** die; -, -nen: *männliche bzw. weibliche Person als Mitglied einer Regierung, die einen bestimmten Geschäftsbereich verwaltet:* jmdn. zum Minister ernennen; die Sekretärin Minister Meyers/des Ministers Meyer; Frau Minister/Frau Ministerin Schulze. **sinnv.**: Bundesrat, Kabinettsmitglied, Landrat, Regierungsmitglied, Ressortchef, Senator. **Zus.**: Außen-, Fach-, Familien-, Finanz-, Innen-, Justiz-, Kultur-, Premier-, Staats-, Verteidigungsminister.

Mi|ni|ste|ri|um, das; -s, Ministerien: *oberste Verwaltungsbehörde eines Staates mit bestimmtem Aufgabenbereich:* das M. für Wohnungsbau. **sinnv.**: ↑Amt.

Mi|ni|strant, der; -en, -en, **Mi|ni|stran|tin,** die; -, -nen: *Junge bzw. Mädchen, das dem katholischen Priester beim Gottesdienst bestimmte Handreichungen macht.*

Mi|no|ri|tät, die; -, -en: ↑*Minderheit:* die religiösen Minoritäten in einem Land. **Zus.**: Sperrminorität.

mi|nus /Ggs. plus/: **I.** ⟨Konj.⟩ /drückt aus, daß die folgende Zahl von der vorangehenden abgezogen wird/ *weniger:* fünf m. drei ist, macht, gibt zwei. **sinnv.**: ↑abzüglich. **II.** ⟨Präp. mit Gen.⟩ */drückt aus, daß etwas um eine bestimmte Summe vermindert ist/:* dieser Betrag m. der üblichen Abzüge; 24 000 Mark m. des üblichen Verlegeranteils; ⟨aber: starke Substantive bleiben im Singular ungebeugt, wenn sie ohne Artikel und ohne adjektivisches Attribut stehen; im Plural stehen sie dann im Dativ⟩ m. Rabatt; m. Abzügen. **sinnv.**: ↑abzüglich. **III.** ⟨Adverb⟩ **1.** */drückt aus, daß eine Zahl, ein Wert negativ, kleiner als null ist/:* m. drei; die Temperatur beträgt m. fünf Grad/fünf Grad m. **2.** */drückt aus, daß die Leistungsbewertung ein bißchen unter der genannten Note liegt/:* im Diktat hatte er zwei m. **3.** */drückt aus, daß eine negative elektrische Ladung vorhanden ist/:* der Strom fließt von plus nach m.

Mi|nus, das; -, - /Ggs. Plus/: **1.** *etwas, was bei der [End]abrechnung fehlt:* ein M. von zehn Mark. **sinnv.**: ↑Defizit. **2.** *Nachteil, der durch einen Mangel hervorgerufen wird:* der schlechte Kundendienst dieser Firma ist ein großes M. gegenüber deutschen Konkurrenten. **sinnv.**: ↑Mangel.

Mi|nu|te, die; -, -n: *Zeitspanne von 60 Sekunden:* der Zug kommt in wenigen Minuten. **sinnv.**: ↑Zeitraum. **Zus.**: Gedenk-, Schweigeminute.

Mi|ra|bel|le, die; -, -n: *kleine, runde, gelbe, sehr süße und aromatische Steinfrucht.*

misch-, Misch- ⟨als erster Wortbestandteil⟩ /weist auf die verschiedenartigen Anteile, Aufgaben, Stoffe o. ä. in bezug auf das im Basiswort Genannte hin/ *aus einer Mischung von etwas bestehend.* **a)** ⟨substantivisch⟩ Mischarbeitsplatz (z. B. in einem Hotel, in dem sowohl Korrespondenzabwicklung als auch Gästebetreuung erledigt werden müssen); -bauweise, -bestand, -brot *(aus einer Mischung von verschiedenen Mehlen bestehendes Brot),* -ehe *(Ehe zwischen Partnern verschiedener Konfessionen oder verschiedener Rassen),* -finanzierung, -form, -futter, -gas, -gemüse, -gewebe *(Gewebe aus verschiedenartigen Fasern),* -kalkulation (bei der Berechnung des Durchschnittspreises einer Ware, die in verschiedenen Mengen zu unterschiedlichen Preisen eingekauft wird), -klassifikation, -konzern *(Konzern, in dem Unternehmen verschiedener Wirtschaftszweige usw. vereinigt sind),* -volk, -wald *(aus Nadel- und Laubbäumen bestehender Wald).* **b)** ⟨adjektivisch⟩ mischerbig (Ggs. reinerbig). **c)** ⟨verbal; nicht trennbar⟩ mischfinanzieren.

mi|schen: 1. ⟨tr.⟩ *verschiedene Flüssigkeiten oder Stoffe so zusammenbringen, daß eine [einheitliche] Flüssigkeit, Masse, ein Gemisch entsteht:* Sirup und Wasser m.; der Maler mischt die Farben für das Bild. **sinnv.**: ↑anrühren, kneten, mengen, mixen, vernetzen mit, verrühren, zusammenbrauen. **Zus.**: bei-, durch-, unter-, ver-, zumischen. **2.** ⟨itr./tr.⟩ *(Spielkarten) vor dem Austeilen in eine absichtlich ungeordnete Reihenfolge bringen:* er hat [die Karten] gut gemischt. **sinnv.**: durcheinanderbringen.

Misch|ling, der; -s, -e: **a)** *Mensch, dessen Eltern verschiedenen Rassen angehören.* **sinnv.**: Bastard, Halbblut, Kastize, Ladino, Mestize, Mischblut, Mulatte. **b)** *Tier, Pflanze, die Merkmale verschiedener Rassen oder Gattungen geerbt hat.* **sinnv.**: Bastard, Hybride, Maultier, Promenadenmischung.

Mi|schung, die; -, -en: **a)** *etwas, was durch Mischen mehrerer Sorten oder Bestandteile entstanden ist:* eine gute, schlechte, kräftige M.; dieser Kaffee, Tee, Tabak ist eine M. edelster Sorten. **sinnv.:** Allerlei, Durcheinander, Emulsion, Gemenge, Gemisch, Klitterung, Konglomerat, Kreuzung, Kunterbunt, Legierung, Melange, Mischmasch, Mixtur, Pelemele, ↑Potpourri, Sammelsurium, ↑Sammlung. **Zus.:** Promenadenmischung. **b)** *das Mischen:* bei der M. dieser Stoffe muß auf das richtige Verhältnis geachtet werden.

mi|se|ra|bel ⟨Adj.⟩ (emotional): *auf ärgerliche Weise sehr schlecht:* er spricht ein miserables Deutsch; das Wetter, das Essen ist m. **sinnv.:** ↑minderwertig, ↑schlecht.

Mi|se|re, die; -, -n: *als beklagenswert angesehene Lage, Situation:* die M. an Schulen und Universitäten; jmdm. aus der M. helfen. **sinnv.:** ↑Not.

miß- ⟨Präfix⟩: **1.** ⟨verbal; nicht trennbar⟩ **a)** *das im Basiswort Genannte falsch, nicht richtig, nicht gut tun:* mißdeuten, -interpretieren, -leiten. **b)** *besagt, daß das im im Basiswort Genannte in einer Weise geschieht, die das Gegenteil des Basiswortes ist:* mißachten, -billigen, -fallen, -glükken, -gönnen, -lingen, -raten, -trauen. **2.** ⟨substantivisch⟩ **a)** */entsprechend dem verbalen Gebrauch unter* 1.a/: Mißbildung, -einschätzung, -ergebnis, -ernte, -farbe, -form, -geburt, -gestalt, -griff, -heirat, -idee, -jahr, -management, -ton, -wirtschaft, -wuchs. **sinnv.:** Falsch-, Fehl-. **b)** */entsprechend dem verbalen Gebrauch unter* 1.b/: Mißerfolg, -gunst, -vergnügen, -verstand. **sinnv.:** Un-. **3.** ⟨adjektivisch; meist Partizip als Basiswort⟩ **a)** *schlecht:* mißgelaunt, -gestimmt, -tönend. **b)** *nicht:* mißvergnügt, -zufrieden.

miß|ach|ten, mißachtete, hat mißachtet ⟨tr.⟩: *sich über etwas hinwegsetzen, nicht beachten:* einen Rat, ein Verbot m. **sinnv.:** außer acht lassen, in den Wind schlagen, nicht ernst nehmen, pfeifen auf, überfahren, übergehen, verkennen; ↑verstoßen.

Miß|bil|dung, die; -, -en: *(in unschöner Weise) vom Korrekten abweichende Bildung, Ausgestaltung eines Körperteils, eines Organs:* Conterganskinder mit Mißbildungen an Armen und Beinen. **sinnv.:** Abnormität, Abweichung, Anomalie, Deformation, Deformierung.

miß|bil|li|gen, mißbilligte, hat mißbilligt ⟨tr.⟩: *seine ablehnende Haltung in bezug auf etwas deutlich zum Ausdruck bringen und es nicht billigen:* einen Entschluß, ein Verhalten m. **sinnv.:** ↑ablehnen, ↑beanstanden.

Miß|brauch, der; -[e]s, Mißbräuche: *das Mißbrauchen:* der M. eines Amtes, von Medikamenten.

miß|brau|chen, mißbrauchte, hat mißbraucht ⟨tr.⟩: **a)** *(vorsätzlich) falsch, der eigentlichen Bestimmung o. ä. zuwiderlaufend gebrauchen:* jmds. Güte, Vertrauen m.; er mißbrauchte seine Macht. **sinnv.:** ↑ausnutzen, Mißbrauch treiben/begehen. **b)** ↑*vergewaltigen:* der Verbrecher hat die Frau überfallen und mißbraucht.

miß|bräuch|lich ⟨Adj.⟩: *einen Mißbrauch darstellend; zu einem schlechten, falschen Zweck:* die mißbräuchliche Verwendung von Medikamenten. **sinnv.:** ↑falsch, unerlaubt.

mis|sen: ⟨in der Fügung⟩ jmdn./etwas nicht m. wollen/können/mögen: *ohne jmdn./etwas nicht auskommen wollen/können/mögen:* er kann seinen täglichen Kaffee nach dem Essen nicht mehr m. **sinnv.:** ↑brauchen, ↑mangeln.

Miß|er|folg, der; -[e]s, -e: *negatives Ergebnis einer Bemühung* /Ggs. Erfolg/: einen M. erleben, haben; das Konzert wurde ein M. **sinnv.:** Bankrott, Desaster, Fehlschlag, Fiasko, Flop, Konkurs, Mißgeschick, Mißlingen, Niederlage, Pech, Pleite, Reinfall, Schlag ins Wasser, Schlappe.

miß|fal|len, mißfällt, mißfiel, hat mißfallen ⟨itr.⟩: *Unzufriedenheit, Nichteinverstandensein mit einem Vorgang, einer Verhaltensweise o. ä. auslösen, hervorrufen:* mir mißfiel die Art, wie er behandelt wurde.

Miß|ge|schick, das; -[e]s, -e: *[durch Ungeschicklichkeit oder Unvorsichtigkeit hervorgerufener] peinlicher, ärgerlicher Vorfall:* jmdm. passiert, widerfährt ein M. **sinnv.:** Debakel, Desaster, Dilemma, ↑Pech, ↑Unglück.

miß|glücken, mißglückte, ist mißglückt /Ggs. glücken/ ⟨itr.⟩: *ein schlechtes, nicht das gewünschte Ergebnis haben:* der erste Versuch ist mißglückt. **sinnv.:** ↑scheitern.

miß|han|deln, mißhandelte, hat mißhandelt ⟨tr.⟩: *(durch Schlagen Quälen o. ä.) körperliche Schmerzen zufügen:* ein Kind, einen Gefangenen m. **sinnv.:** foltern, martern, massakrieren. quälen · ↑schikanieren.

Mis|si|on, die; -, -en: **a)** ⟨ohne Plural⟩ *Verbreitung einer Religion, besonders der christlichen Lehre unter Andersgläubigen:* M. [be]treiben; in der M. tätig sein. **Zus.:** Bahnhofsmission. **b)** *besonderer Auftrag, verpflichtende Aufgabe:* eine M. erfüllen; der Minister war in geheimer M. unterwegs.

Mis|sio|nar, der; -s, -e: *jmd., der mit der [christlichen] Mission beauftragt ist.* **sinnv.:** ↑Geistlicher.

Miß|klang, der; -[e]s, Mißklänge: *als unharmonisch, unschön empfundenes Zusammenklingen von Tönen.* **sinnv.:** Dissonanz.

miß|lich ⟨Adj.⟩: *Ärger, Unannehmlichkeiten bereitend:* sich in einer mißlichen Lage befinden; dieser Zustand ist äußerst m. **sinnv.:** unangenehm, unerfreulich, unvorteilhaft.

miß|lin|gen, mißlang, ist mißlungen ⟨itr.⟩: *nicht so werden wie beabsichtigt, gewünscht:* das Unternehmen ist mißlungen; ein mißlungener Aufsatz.

Miß|ma|na|ge|ment, das; -s, -s: *schlechtes, falsches Management.*

miß|mu|tig ⟨Adj.⟩: *durch etwas gestört oder enttäuscht und daher schlecht gelaunt:* ein mißmutiges Gesicht machen. **sinnv.:** ↑ärgerlich, bärbeißig, brummig, fuchsteufelswild, fuchtig, gekränkt, griesgrämig, grimmig, launisch, maulig, mißgelaunt, mißgestimmt, mißlaunig, mißvergnügt, muffig, mürrisch, sauer, sauertöpfisch, schweigsam, ungnädig, unleidlich, unwirsch, unzufrieden, verdrießlich, verdrossen, verschlossen, wutschnaubend, zähneknirschend.

miß|ra|ten, mißriet, ist mißraten ⟨itr.⟩: *nicht den Vorstellungen, der Absicht gemäß ausfallen, geraten:* der Kuchen ist ihr mißraten; ein mißratenes Kind. **sinnv.:** ↑scheitern.

miß|trau|en, mißtraute, hat mißtraut ⟨itr.⟩: *kein Vertrauen zu jmdm./etwas haben; Böses hinter* *jmdm./etwas vermuten:* er mißtraute dem Mann; wir mißtrauten ihren Worten. **sinnv.:** ↑argwöhnen; zweifeln an.

Miß|trau|en, das; -s: *skeptisch-argwöhnische Einstellung jmdm./ einer Sache gegenüber:* sie sah ihn mit unverhohlenem M. an; tiefes M. erfüllte ihn. **sinnv.:** ↑Argwohn, ↑Eifersucht, Skepsis.

miß|trau|isch ⟨Adj.⟩: *voller Mißtrauen:* ein mißtrauischer Mensch; m. verfolgte er jede Bewegung. **sinnv.:** ↑argwöhnisch, ↑skeptisch.

Miß|ver|hält|nis, das; -ses, -se: *schlechtes, nicht richtiges, nicht passendes Verhältnis:* sein Gewicht steht im M. zu seiner Größe. **sinnv.:** Abweichung, Unproportionalität, Unverhältnismäßigkeit.

miß|ver|ständ|lich ⟨Adj.⟩: *leicht zu einem Mißverständnis führend, nicht klar und eindeutig:* wegen der mißverständlichen Formulierung kam es zu zahlreichen Anfragen; wenn der Text zu kurz ist, kann er m. sein. **sinnv.:** ↑mehrdeutig. **Zus.:** unmißverständlich.

Miß|ver|ständ|nis, das; -ses, -se: *(unbeabsichtigtes) falsches Auslegen einer Aussage oder Handlung:* sein Einwand beruht auf einem M.; ein M. aufklären. **sinnv.:** ↑Fehler.

miß|ver|ste|hen, mißverstand, hat mißverstanden ⟨tr.⟩: *eine Aussage, eine Handlung (unbeabsichtigt) falsch deuten, auslegen:* ich habe es anders gemeint, du hast mich mißverstanden; er fühlte sich mißverstanden. **sinnv.:** mißdeuten, sich täuschen, sich verhören, verkennen, vorbeireden an.

Mist, der; -[e]s: **1.** *mit Kot und Urin bestimmter Haustiere vermischte Streu, die als Dünger verwendet wird:* M. streuen, aufs Feld fahren; eine Fuhre M. **sinnv.:** ↑Dünger. **Zus.:** Hühner-, Pferde-, Schaf-, Stallmist. **2.** (ugs.) *etwas, was als in ärgerlicher Weise wertlos, schlecht, unnütz angesehen wird:* ich werfe den ganzen M. weg; diese Möbel sind ja der reinste M.!; rede keinen M.! **sinnv.:** ↑Unsinn.

Mi|stel, die; -, -n: *auf Bäumen wachsende Pflanze mit gelbgrünen, länglichen, ledrigen Blättern, kleinen gelben Blüten und weißen, beerenartigen Früchten.*

mit: **I.** ⟨Präp. mit Dativ⟩: **1. a)** */drückt die Gemeinsamkeit, das Zusammensein, Zusammenwirken mit einem oder mehreren anderen bei einer Tätigkeit o. ä. aus/:* er war m. uns in der Stadt; willst du m. uns essen? **b)** */drückt die Wechselseitigkeit bei einer Handlung aus/:* sich m. jmdm. streiten, abwechseln. **c)** */drückt eine aktive oder passive Beteiligung an einer Handlung, einem Vorgang aus/:* Verkehrsunfälle m. Kindern *(in die Kinder verwickelt sind).* **2. a)** */drückt eine Zugehörigkeit aus/:* eine Flasche m. Schraubverschluß; ein Haus m. Garten; ein Hotel mit 70 Zimmern; Familien m. und ohne Kinder/ohne und mit Kindern; Herr Balzer m. Frau. **b)** /drückt ein Einbezogensein aus/: *einschließlich; samt:* die Flasche kostet m. Pfand 2,70 DM; Zimmer m. Frühstück; m. mir waren es 8 Gäste. **3.** */drückt aus, daß ein Behältnis verschiedenster Art etwas enthält/:* ein Glas m. Honig; ein Sack m. Kartoffeln. **4.** */gibt die Begleitumstände, die Art und Weise o. ä. einer Handlung an/:* sie aßen m. Appetit; das hat er m. Absicht getan; er lag m. Fieber im Bett. **5.** */bezeichnet das [Hilfs]mittel oder Material, mit dem etwas ausgeführt oder das für etwas verwendet wird/:* sich die Hände m. Seife waschen; der Brief ist mit der Maschine geschrieben; er ist m. der Bahn gefahren. **6. a)** */stellt einen bestimmten allgemeinen Bezug zwischen Verb und Objekt her/:* was ist los m. dir?; es geht langsam voran m. der Arbeit. **b)** /als Teil eines präpositionalen Attributes/ (ugs.) *in bezug (auf etwas/ jmdn.), in Anbetracht (einer Sache):* trink nicht so viel, du m. deiner kranken Leber. **7.** */kennzeichnet das Zusammenfallen eines Vorganges, Ereignisses o. ä. mit einem anderen/:* m. [dem] *(bei)* Einbruch der Nacht; m. dem Tode des Vaters änderte sich die Lage. **8.** /in Abhängigkeit von bestimmten Wörtern/: sich beschäftigen, befassen m. etwas; Ärger m. jmdm. haben; die Umstände brachten es m. sich, daß ... **II. 1.** /in Verbindung mit einem Personalpronomen in Konkurrenz zu *damit;* bezogen auf eine Sache (ugs.)/: hier ist die neue Maschine. Mit ihr (statt: damit) kann man gut arbeiten. **2.** /in Verbindung mit „was" in Konkurrenz zu *womit;* bezogen auf eine Sache (ugs.)/: **a)** /in Fragen/: m. was (besser: womit) hast du dich beschäftigt? **b)** /in relativer Verbindung/: ich weiß nicht, m. was (besser: womit) sie ihren Lebensunterhalt verdient. **III.** ⟨Adverb⟩ **1.** *neben anderem, neben [einem, mehreren] anderen; auch; ebenfalls:* **a)** das gehört m. zu deinen Aufgaben; es lag m. an ihm, daß ... **b)** /selbständig in Verbindung mit Verben, wenn nur eine vorübergehende Beteiligung ausgedrückt wird/: kannst du ausnahmsweise mal m. arbeiten?; das mußt du m. berücksichtigen. **2.** /als Teil eines zusammengesetzten Verbs vor einer adverbialen Bestimmung/: sie will wissen, wie viele m. zum Essen kommen (... wie viele zum Essen mitkommen); ich weiß nicht, ob ich m. an diesem Projekt arbeite (... ob ich an diesem Projekt mitarbeite); ich nehme das Buch m. nach Hause (ich nehme das Buch nach Hause mit). **3.** ⟨in Verbindung mit einem Superlativ⟩: das ist m. das wichtigste der Bücher (eines der wichtigsten). **4.** /elliptisch als Teil eines Verbs/ (ugs.): da darfst du nicht m. (mitkommen); ich will m. nach Berlin (nach Berlin mitfahren); da kann ich nicht m. (mithalten); der Koffer muß aber noch m. (mitgenommen werden).

mit- ⟨trennbares, betontes verbales Präfix⟩: **1.** *das im Basiswort Genannte mit einem oder anderen gemeinsam tun, auch daran beteiligt sein:* mitarbeiten, -benutzen, -machen, -schreiben (eine Klassenarbeit m.), -verantworten. **2.** */bezeichnet die Gleichzeitigkeit eines Vorgangs, Geschehens mit einem anderen Vorgang, Geschehen/:* mithören (er hat alles mithören können, was wir gesprochen haben), -schreiben (bitte schreiben Sie mit, was ich diktiere).

Mit- ⟨Präfix; das Basiswort bezeichnet eine Person⟩: *jmd. zusammen mit anderen, einem anderen ...:* Mitangeklagter, -autor, -begründer, -besitzer, -bewerberin, -bürger, -eigentümer, -erbe, -gefangener, -häftling, -mensch, -musiker, -patient, -schwuler. **sinnv.:** Ko-.

mit|ar|bei|ten, arbeitete mit, hat mitgearbeitet ⟨itr.⟩: **a)** *(in einem bestimmten Bereich, an ei-*

nem bestimmten Projekt o. ä.) mit anderen zusammen tätig sein: an dem neuen Projekt werden fünf Personen m. **sinnv.:** ↑teilnehmen. **b)** *sich am Unterricht o. ä. beteiligen:* der Junge müßte im Unterricht besser m. **sinnv.:** sich beteiligen, sich einsetzen, sich engagieren, mittun.

Mi̱t|ar|bei|ter, der; -s, -, **Mi̱t|ar|bei|te|rin,** die; -, -nen: *männliche bzw. weibliche Person, die einem Betrieb, Unternehmen o. ä. angehört oder die bei etwas mitarbeitet:* er arbeitet als freier Mitarbeiter einer Zeitung, an, bei einer Zeitung. **sinnv.:** ↑Angehöriger; ↑Team.

mi̱t|be|kom|men, bekam mit, hat mitbekommen ‹itr.›: **1.** *[auf einen Weg, als Ausstattung o. ä.] zum Mitnehmen bekommen:* ein Lunchpaket m.; sie hat nichts bei ihrer Heirat mitbekommen. **2.** *etwas, was eigentlich nicht für einen bestimmt ist, hören, wahrnehmen:* die Kinder haben den Streit der Eltern mitbekommen. **sinnv.:** ↑bemerken, ↑erfahren. **3.** *eine Äußerung o. ä. akustisch bzw. in ihrer Bedeutung erfassen, aufnehmen:* es war so laut, er war so müde, daß er nur die Hälfte mitbekommen hat. **sinnv.:** ↑verstehen.

Mi̱t|be|stim|mung, die; -: *das Mitwirken, Teilhaben, Beteiligtsein an einem Entscheidungsprozeß:* das Recht auf M. **sinnv.:** Mitspracherecht.

mi̱t|brin|gen, brachte mit, hat mitgebracht ‹tr.›: **a)** *mit an den Ort bringen, an den man sich begibt:* er bringt seiner Frau Blumen mit; einen Freund [zum Essen, auf eine Party] m.; mitgebrachte Brote essen. **sinnv.:** anschleppen. **b)** *als Voraussetzung haben, aufweisen:* für eine Arbeit bestimmte Fähigkeiten m. **sinnv.:** können.

Mi̱t|bring|sel, das; -s, -: *kleines Geschenk, das man für einen anderen mitbringt:* er brachte seinen Kindern ein M. aus Berlin mit. **sinnv.:** ↑Gabe.

mit|ein|a̱n|der ‹Adverb›: **a)** *einer zusammen mit [einem] andern:* sie gehen m. nach Hause. **sinnv.:** ↑gemeinsam. **b)** *einer mit dem andern:* wir kommen m. gut aus. **sinnv.:** untereinander, ↑wechselseitig.

mi̱t|füh|len, fühlte mit, hat mitgefühlt ‹itr.›: *(in bezug auf etwas) teilnehmend mit [einem] anderen fühlen, empfinden:* mit jmdm. m.; ein mitfühlender Mensch; mitfühlende Worte. **sinnv.:** Anteil nehmen, Anteilnahme bezeigen, ↑bedauern, den Daumen halten/drücken, sich erbarmen, mitempfinden, Mitgefühl zeigen, mitleiden, den Schmerz o. ä. teilen, Teilnahme zeigen, teilnehmen, Verständnis haben.

mi̱t|ge|ben, gibt mit, gab mit, hat mitgegeben ‹tr.›: **a)** *zum Mitnehmen geben:* dem Kind Geld für die Reise m. **sinnv.:** ↑schenken. **b)** *zuteil werden lassen:* er hat seinen Kindern eine gute Erziehung mitgegeben. **sinnv.:** ermöglichen.

Mi̱t|ge|fühl, das; -[e]s: *Anteilnahme am Leid, an der Not o. ä. anderer:* tiefes M. zeigen; für jmdn. kein M. aufbringen. **sinnv.:** Anteilnahme, Erbarmen, Interesse, Mitempfinden, Mitleid, Nächstenliebe, Teilnahme.

mi̱t|ge|hen, geht mit, ging mit, ist mitgegangen ‹itr.›: **a)** *(mit jmdm.) gemeinsam gehen:* darf ich ins Kino m.? **sinnv.:** ↑begleiten. **b)** *einem Vortragenden o. ä. aufmerksam zuhören, sich von ihm mitreißen lassen:* die Zuschauer gingen begeistert mit. **sinnv.:** ↑zuhören.

Mi̱t|gift, die; -: *Geschenk von größerem Wert, das die Tochter bei der Heirat von ihren Eltern erhält:* sie hat eine große M. mitbekommen. **sinnv.:** Aussteuer.

Mi̱t|glied, das; -[e]s, -er: *Angehöriger einer [fest organisierten] Gemeinschaft:* aktives, passives, zahlendes M. sein; einem Verein, einer Partei als M. beitreten; M. werden; Mitglieder werben. **sinnv.:** ↑Angehöriger. **Zus.:** Ehren-, Familien-, Gemeinde-, Klub-, Partei-, Vereins-, Vorstandsmitglied.

Mi̱t|läu|fer, der; -s, -: *jmd., der sich einer (politischen) Bewegung, Gruppe anschließt, ohne darin wirklich engagiert zu sein.* **sinnv.:** ↑Anhänger, ↑Opportunist, Trittbrettfahrer.

Mi̱t|leid, das; -s: *stärkere (sich in einem Impuls zum Helfen, Trösten o. ä. äußernde) innere Anteilnahme am Leid, an der Not o. ä. anderer:* M. haben, fühlen [mit jmdm.]; er tat es nur aus M. **sinnv.:** ↑Mitgefühl.

mi̱t|lei|dig ‹Adj.›: *von Mitleid erfüllt, von Mitleid zeugend:* ein mitleidiges Lächeln. **sinnv.:** mitfühlend, teilnahmsvoll.

mi̱t|ma|chen, machte mit, hat mitgemacht: **a)** ‹tr.› *bei etwas (mit) dabeisein; (an etwas) [aktiv] teilnehmen:* einen Kurs, Ausflug m.; jede Mode m. **sinnv.:** ↑teilnehmen. **b)** ‹itr.› (ugs.) *sich einer Unternehmung anschließen:* er hat bei allen unseren Spielen mitgemacht. **sinnv.:** sich ↑beteiligen, mithalten. **c)** ‹tr.› (ugs.) *(Schweres, Schwieriges o. ä.) durchmachen, durchstehen:* er hat im Krieg viel mitgemacht. **sinnv.:** ↑aushalten, ↑erleben, ↑erleiden.

Mi̱t|mensch, der; -en, -en ‹meist Plural›: *Mensch, mit dem man zusammen in der menschlichen Gemeinschaft lebt:* auf seine Mitmenschen Rücksicht nehmen. **sinnv.:** ↑Zeitgenosse.

mi̱t|rei|ßen, riß mit, hat mitgerissen ‹tr.›: *durch seinen inneren Schwung, seine Überzeugungskraft o. ä. für etwas begeistern:* seine Rede riß alle mit. **sinnv.:** anmachen, ↑begeistern.

Mi̱t|schü|ler, der; -s, -, **Mi̱t|schü|le|rin,** die; -, -nen: *Schüler bzw. Schülerin, der/die (mit anderen zusammen) die gleiche Klasse oder Schule besucht.* **sinnv.:** ↑Schüler.

mi̱t|spie|len, spielte mit, hat mitgespielt ‹itr.›: **a)** *bei einem Spiel mitmachen:* laßt den Kleinen auch m.! **sinnv.:** ↑teilnehmen. **b)** *unter anderem auch Ursache sein (für etwas):* bei der geringen Ernte dieses Sommers hat auch das schlechte Wetter mitgespielt; es spielen mehrere Gründe mit. **sinnv.:** sich mit auswirken, mit im Spiel sein.

mi̱t|tag ‹Adverb; stets der Angabe eines bestimmten Tages nachgestellt›: *am, zu Mittag, um die Mittagszeit:* gestern, heute, morgen m.; Montag m.

Mi̱t|tag, der; -s, -e: *Zeit um die Mitte des Tages (gegen und nach 12 Uhr):* ich treffe ihn zu, gegen M.; zu Mittag essen; über M. machen sie eine Pause. **sinnv.:** High-noon, Mittagsstunde; zwölf [Uhr mittags].

Mi̱t|tag|es|sen, das; -s, -: *Hauptmahlzeit zur Mittagszeit:* das M. ist fertig; ich bin zum M. eingeladen. **sinnv.:** ↑Essen.

mi̱t|tags ‹Adverb›: *jeden Mittag, zu Mittag:* m. um eins; [bis] m. hatte es geregnet. **sinnv.:** am Mittag, mittäglich, in der/um die Mittagszeit, um zwölf Uhr.

Mi̱t|tags|pau|se, die; -, -n: *Arbeitspause um die Mittagszeit:* wir haben, machen von 12 bis 1

Uhr M. **sinnv.:** Mittagsruhe, Mittagsschläfchen, Siesta.

Mịt|te, die; -, -n: *Punkt in einem Raum, auf einer Strecke oder in einem Zeitraum, von dem aus die Enden gleich weit entfernt sind:* die M. eines Kreises, eines Zimmers; in der M. der Straße, des Monats; er ist M. Fünfzig *(ungefähr 55 Jahre alt).* **sinnv.:** ↑Mittelpunkt.

mịt|tei|len, teilte mit, hat mitgeteilt ⟨tr.⟩: *jmdn. über etwas informieren, ihn etwas wissen lassen:* jmdm. etwas schriftlich, mündlich m.; ich teile ihm mit, daß du krank bist. **sinnv.:** anbringen, androhen, angeben, ankünden, ↑ankündigen, anmelden, ansagen, antworten, anvertrauen, anzeigen, aufklären, auftischen, ausdrücken, Auskunft erteilen/geben, ↑auspacken, ↑ausplaudern, ↑ausposaunen, ausrichten, ausrufen, ↑aussagen, äußern, [sich] ↑aussprechen, austauschen, auswalzen, ↑bedeuten, beibringen, bekanntgeben, bekanntmachen, bekunden, benachrichtigen, Bescheid geben, berichten, beschreiben, bestellen, ↑darlegen, darstellen, durchblicken/verlauten lassen, erklären, sich erleichtern, erörtern, erzählen, fallenlassen, flüstern, ↑formulieren, grüßen, sich/sein Herz erleichtern, jmdm. sein Herz ausschütten, hinterbringen, ↑informieren, in Kenntnis/ins Bild setzen, kolportieren, kundgeben, losschießen, melden, mit der Tür ins Haus fallen, nennen, ↑preisgeben, ↑reden, referieren, sagen, sich etwas von der Seele reden, ↑sprechen, ↑stottern, unterbreiten, unterrichten, ↑verbreiten, verkünden, verkündigen, vermelden, verklickern, verlautbaren, verlauten lassen, ↑verraten, verständigen, vorausschicken, ↑vorbringen, vortragen, ↑vorwerfen, weitererzählen, weitergeben, weitersagen, zu erkennen geben, ↑zutragen.

Mịt|tei|lung, die; -, -en: *etwas, was man jmdm. mitteilt, wovon man jmdm. Kenntnis gibt:* eine kurze, geheime M.; jmdn. eine M. machen; eine traurige, überraschende M. **sinnv.:** ↑Adresse, Ankündigung, Ansage, Aufgebot, Aufruf, Aushang, Aussage, Bekanntgabe, Bekanntmachung; Benachrichtigung, ↑Bericht, Bulletin, Denkschrift, Information, Kommuniqué, Kundgabe, Kundmachung, Meldung, Memorandum, ↑Nachricht, ↑Rundschreiben, ↑Schreiben, Veröffentlichung.

Mịt|tel, das; -s, -: **I. a)** *etwas, was die Erreichung eines Zieles ermöglicht:* ein gutes, erlaubtes M.; jmdn. mit allen Mitteln bekämpfen. **sinnv.:** Handhabe, Instrument, Methode, Möglichkeit, Vehikel, Vorwand, Zweck. **Zus.:** Desinfektions-, Kommunikations-, Produktions-, Putz-, Stil-, Unterrichts-, Waschmittel. **b)** ↑*Heilmittel:* ein wirksames M. gegen Husten; ein bestimmtes M. verschreiben, nehmen. **c)** *Gelder, Geldmittel:* der Staat muß die M. für neue Schulen bereitstellen; nicht die nötigen M. haben. **sinnv.:** ↑Geld. **II.** *mittlerer Wert, Durchschnittswert:* das M. ausrechnen; die Temperatur betrug im M. 10 Grad Celsius. **sinnv.:** ↑Durchschnitt. **Zus.:** Jahres-, Tagesmittel.

Mịt|tel|al|ter, das; -s: *Zeit zwischen Altertum und Neuzeit in der europäischen Geschichte:* im M. wurden Tausende von Frauen als Hexen verbrannt.

mịt|tel|los ⟨Adj.⟩: *ohne Geld oder Besitz:* er stand völlig m. da. **sinnv.:** ↑arm.

mịt|tel|mä|ßig ⟨Adj.⟩: *nicht eigentlich schlecht, aber auch nicht besonders gut; nur durchschnittlich:* eine mittelmäßige Leistung; seine Bilder sind [sehr] m. **sinnv.:** ↑einigermaßen, ↑mäßig.

Mịt|tel|punkt, der; -[e]s, -e: **a)** *Punkt in der Mitte eines Kreises oder einer Kugel, von dem aus alle Punkte des Umfanges oder der Oberfläche gleich weit entfernt sind:* der M. des Kreises, der Erde. **sinnv.:** Achse, Kern, Mitte, Pol, Schnittpunkt, Schwerpunkt, Zentrum. **Zus.:** Erdmittelpunkt. **b)** *jmd., der, etwas, was im Zentrum des Interesses steht:* sie war der M. des Abends, der Gesellschaft; diese Stadt ist der künstlerische, geistige M. des Landes. **sinnv.:** Brennpunkt, Herz[stück], Hochburg, Nabel, Sammelpunkt, Zentrale, Zentralpunkt.

mịt|tels ⟨Präp. mit Gen.⟩: *mit Hilfe von:* m. eines Flaschenzuges; eine Spielbankaffäre, m. deren er die Partei ruinierte; m. strenger Gesetze; ⟨aber: starke Substantive bleiben im Singular ungebeugt, wenn sie ohne Artikel und ohne adjektivisches Attribut stehen; im Plural stehen sie dann im Dativ⟩ m. Kaiserschnitt; m. Kabel und Satellit; m. Telefonkontakten. **sinnv.:** ↑durch.

Mịt|tel|schicht, die; -, -en: *Bevölkerungsschicht mit einem gewissen Status an Kultur, Bildung, ökonomischer Sicherheit, die in der sozialen Struktur etwa in der Mitte steht.* **sinnv.:** ↑Bürgertum, Mittelstand.

Mịt|tels|per|son, die; -, -en: *jmd., der zwischen zwei Parteien vermittelt, wenn Verhandlungspartner sich nicht direkt treffen können oder wollen:* die Kontakte mit der ausländischen Firma wurden durch eine M. hergestellt. **sinnv.:** ↑Vermittler.

mịt|ten ⟨Adverb⟩: *in der/die Mitte von etwas/jmdm.* /oft in Verbindung mit einer Präposition/: der Teller brach m. durch; der Zug hielt m. auf der Strecke; m. im Zimmer; der Verkehr geht m. durch die Stadt; m. in der Nacht; sich m. unter die Leute mischen. **sinnv.:** direkt, mittendrin, unmittelbar. **Zus.:** inmitten.

Mịt|ter|nacht, die; -, Mitternächte: *[Zeitpunkt um] 12 Uhr nachts, 24 Uhr:* es ist M.; er hat bis M. gearbeitet; nach, gegen, um M. **sinnv.:** Geisterstunde.

mịtt|ler... ⟨Adj.⟩: **a)** *in der Mitte (von mehreren) liegend:* im mittleren Haus wohne ich. **b)** *in Ausmaß, Zeitraum, Rang usw. nicht sehr niedrig und nicht sehr hoch:* eine mittlere Größe, Temperatur; mittleres Alter; ein mittlerer Bildungsabschluß, Beamter. **sinnv.:** ↑durchschnittlich.

Mịtt|woch, der; -s, -e: *dritter Tag der mit Montag beginnenden Woche.* **sinnv.:** ↑Wochentag.

mit|ụn|ter ⟨Adverb⟩: *es kann schon vorkommen, daß...; nicht oft, aber doch ab und zu einmal [vorkommend]* /in bezug auf etwas innerhalb einer Abfolge/: der m. anhaltende Regen erfordert feste Kleidung; diese Praktiken muten m. seltsam an; m. wurde ihr schlecht vor Beklemmung. **sinnv.:** ↑manchmal.

mịt|wir|ken, wirkte mit, hat mitgewirkt ⟨itr.⟩: *mit [einem] anderen zusammen an/bei der Durchführung o. ä. von etwas wirken, tätig sein:* bei einer Aufführung, bei der Aufklärung eines Verbrechens m.; er wirkte bei dem Konzert als Sänger mit. **sinnv.:** mitarbeiten, ↑teilnehmen.

Mit|wis|ser, der; -s, -, **Mit|wis|se|rin,** die; -, -nen: *männliche bzw. weibliche Person, die von einer [unrechtmäßigen o. ä.] Handlung, von einem Geheimnis eines anderen oder anderer Kenntnis hat:* er war, wurde M. eines Mordes. **sinnv.:** Geheimnisträger, Hehler, Komplize, Mitschuldiger.

mi|xen ⟨tr.⟩: *durch Mischen (von verschiedenen Getränken o. ä.) zubereiten:* einen Cocktail, [sich] einen Drink m. **sinnv.:** ↑mischen. **Zus.:** zusammenmixen.

Mi|xer, der; -s, -: **1.** *jmd., der in einer Bar o. ä. Getränke mixt.* **sinnv.:** Barkeeper. **Zus.:** Barmixer. **2.** *(bei der Zubereitung von Getränken, Speisen gebrauchtes) elektrisches Gerät zum Zerkleinern und Mischen:* Eier im M. verquirlen. **sinnv.:** Mixgerät.

Mö|bel, das; -s, -: *Einrichtungsgegenstand, z. B. Schrank, Tisch, Stuhl:* moderne, praktische, neue M. kaufen. **sinnv.:** ↑Einrichtung, ↑Mobiliar. **Zus.:** Anbau-, Büro-, Einbau-, Garten-, Klein-, Korb-, Küchen-, Kühl-, Mehrzweck-, Polster-, Sitz-, Stahl-, Stil-, Ton-, Wohnzimmermöbel · aufmöbeln.

mo|bil ⟨Adj.⟩: **1.** *recht munter und rege:* der Kaffee hat mich wieder m. gemacht; sie ist eine ganz mobile alte Dame. **sinnv.:** ↑lebhaft. **2.** *beweglich, nicht an einen festen Standort gebunden:* mobile Büchereien; mobile Sachwerte; ein mobiles Arbeitskräftereservoir; das Auto als mobile Zweitwohnung.

Mo|bi|li|ar, das; -s: *Gesamtheit der Möbel und der in einer Wohnung benötigten Einrichtungsgegenstände:* **sinnv.:** Einrichtung, Hausrat, Inventar, Klamotten, Möbel.

mo|bi|li|sie|ren ⟨tr.⟩: **1.** *dazu bringen, (in einer Angelegenheit) [politisch, sozial] aktiv zu werden, sich (dafür) einzusetzen:* die Gewerkschaften mobilisierten die Massen gegen die Rüstung. **sinnv.:** ↑aufwenden, einsetzen. **2.** *für den [Kriegs]einsatz bereitstellen, verfügbar machen:* das Heer m. **sinnv.:** ↑aktivieren, mobil machen, ↑rüsten.

möb|liert ⟨Adj.⟩: *mit zum Wohnen nötigen Möbeln eingerichtet:* ein möbliertes Zimmer, eine möblierte Wohnung mieten. **sinnv.:** eingerichtet.

Möch|te|gern- ⟨Präfixoid⟩ (ironisch): */charakterisiert den so Bezeichneten als eine Person, die das im Basiswort Genannte gern sein möchte, sich dafür hält, es aber in Wirklichkeit nicht oder nur schlecht ist/:* ein Möchtegernaufsteiger, -casanova, -dichter, -kanzler, -künstler, -rennfahrer, -schlagerstar, -schriftsteller, -showmaster, -unterdrücker.

Mo|de, die; -, -n: **a)** *Geschmack einer Zeit, besonders in der Kleidung;* sich nach der neuesten M. kleiden; aus der, in M. kommen; mit der M. gehen. **Zus.:** Damen-, Haar-, Herbst-, Herren-, Hut-, Kinder-, Sommer-, Wintermode. **b)** *etwas, was gerade sehr beliebt ist und von vielen getan wird:* es ist jetzt große M., nach Spanien zu reisen. **sinnv.:** ↑Brauch. **Zus.:** Tages-, Zeitmode.

Mo|dell, das; -s, -e: **1.** *verkleinerte plastische Ausführung eines Bauwerks, eines Flugzeugs usw.:* der Architekt legt ein M. des geplanten Gebäudes vor. **sinnv.:** ↑Exemplar, Miniatur, Schaustück. **Zus.:** Eisenbahn-, Flugzeug-, Schiffsmodell. **2. a)** *Muster, Vorlage für ein Objekt, für die (serienweise) Herstellung von etwas:* er entwirft ein M. für eine neue Universität. **sinnv.:** ↑Entwurf. **Zus.:** Ausstellungsmodell. **b)** *Ausführungsart eines Fabrikats:* sein Auto ist ein ganz neues M. **sinnv.:** Bauart, Baureihe, Produktionsreihe, Serie, Typ. **Zus.:** Luxus-, Spitzen-, Standardmodell. **3.** *Objekt, Lebewesen usw., das als Vorlage für das Werk eines Künstlers dient:* einem Maler M. stehen. **Zus.:** Akt-, Fotomodell. **4.** *Kleidungsstück, das nach einem eigens dafür geschaffenen Entwurf hergestellt wurde:* das neueste M.; ein Pariser M.

mo|del|lie|ren ⟨tr./itr.⟩: *(formbares Material) plastisch formen, gestalten:* [das] Wachs m.; ihr Bild war in Ton modelliert. **sinnv.:** ↑anfertigen.

mo|de|rie|ren ⟨tr./itr.⟩: *(eine Sendung) mit verbindenden Kommentaren in ihrem Ablauf begleiten:* ein politisches Magazin m.; er moderiert schon seit Jahren beim Fernsehen. **sinnv.:** ↑ansagen.

Mo|de|ra|tor, der; -s, Moderatoren, **Mo|de|ra|to|rin,** die; -, -en: *männliche bzw. weibliche Person, die eine Sendung moderiert.* **sinnv.:** ↑Ansager.

mo|dern: I. modern, moderte, hat/ist gemodert ⟨itr.⟩: *durch Feuchtigkeit aufgelöst werden und verwesen /bes. von Pflanzlichem/:* das Holz modert im Keller. **Zus.:** vermodern. **II. modern** ⟨Adj.⟩: **a)** *dem neuesten Stand der kulturellen, geschichtlichen, gesellschaftlichen, technischen o. ä. Entwicklung entsprechend:* die moderne Physik, Literatur. **sinnv.:** ↑fortschrittlich, heutig, neuzeitlich, zeitgemäß, zeitgenössisch. **b)** *dem Geschmack und dem Stil der Gegenwart entsprechend* /Ggs. altmodisch/: die Wohnung ist m. eingerichtet. **sinnv.:** in, modebewußt, modernistisch, modisch, neu, neuartig, neumodisch, up to date. **Zus.:** hoch-, hyper-, post-, super-, übermodern.

mo|der|ni|sie|ren ⟨tr.⟩: *durch [Ver]änderung[en], Umgestaltung technisch o. ä. auf einen neuen Stand bringen:* eine Fabrik, die Produktion m. **sinnv.:** ↑ändern, ↑erneuern.

mo|di|fi|zie|ren ⟨tr.⟩: *[im Hinblick auf bestimmte Erfordernisse, Gegebenheiten] leicht verändern, [teilweise] umwandeln:* das Gesetz kann durch verschiedene Zusätze modifiziert werden. **sinnv.:** ↑abwandeln, ↑ändern.

mo|disch ⟨Adj.⟩: *dem gerade aktuellen Geschmack entsprechend, nach dem neuesten Chic:* ein modisches Kostüm; sich m. kleiden. **sinnv.:** chic, kleidsam, ↑modern.

Mo|fa, das; -s, -s: *einsitziges Kraftrad (mit einer Höchstgeschwindigkeit bis 25 Stundenkilometer).* **sinnv.:** Fahrrad, ↑Motorrad.

mo|geln ⟨itr.⟩: *(z. B. beim Kartenspiel, bei einer Prüfung) nicht ganz ehrlich spielen, sein, sich nicht korrekt an die Vorschriften halten, um auf diese Weise den Ausgang des Spiels, der Prüfung o. ä. für sich positiv zu beeinflussen:* beim Schachspiel, Mensch-ärgere-dich-nicht m.; in der Schule hat er immer ein bißchen gemogelt. **sinnv.:** ↑betrügen, schummeln.

mö|gen, mag, mochte, hat gemocht/(nach vorangehendem Inf.) hat ... mögen: **1.** ⟨mit Inf. als Modalverb; hat ... mögen⟩ ⟨itr.⟩ **a)** /zum Ausdruck der Vermutung/ *vielleicht, möglicherweise sein, geschehen, tun o. ä.:* jetzt mag er denken, wir legten keinen Wert auf seinen Besuch; es mochten dreißig Leute sein *(es waren schätzungsweise dreißig Leute);* was mag das bedeuten *(was kann das bedeuten, was bedeutet das wohl)?;* Hinz, Kunz und wie sie alle heißen mögen. **b)** *zum Ausdruck der Einräumung od. des Zugeständnisses:* er mag es [ruhig] tun; wenn auch das Geschrei groß sein mag, ich bleibe dabei. **c)** ⟨Konjunktiv Präteritum meist in der Bedeutung eines Indikativs Präsens⟩ *den Wunsch haben:* ich möchte [gern] kommen; ich möchte nicht *(hätte nicht gern),* daß du das tust; er möchte [es, das] nicht *(wünscht es, das nicht);* man möchte meinen *(ist, wäre geneigt anzunehmen),* daß ...; das möchte ich sehen, hätte ich gern sehen m. **d)** *wollen, geneigt sein, die Neigung und die Möglichkeit haben* (besonders verneint): ich mag nicht [gern] weggehen; ich mag keinen Fisch essen; Bier hat er noch nie trinken m. **e)** /zum Ausdruck der [Auf]forderung o. ä./ *sollen:* er mag sich ja in acht nehmen!; dieser Hinweis mag *(sollte)* genügen; sag ihm, er möge/möchte zu mir kommen. **2.** (Vollverb; mochte, hat gemocht⟩ **a)** ⟨tr.⟩ *für etwas eine Neigung, Vorliebe haben; etwas nach seinem Geschmack finden; gern haben o. ä.:* er mag [gern] *(ißt gern)* Rinderbraten, mag keinen *(trinkt nicht gern)* Rotwein; er mag klassische Musik, Rosen *(ist ein Freund klassischer Musik, von Rosen).* **sinnv.:** ↑gefallen. **b)** ⟨tr.⟩ *für jmdn. Sympathie od. Liebe empfinden; leiden mögen, gern haben:* jmdn. m.: die beiden mögen sich, einander nicht; niemand hat ihn [so recht] gemocht. **sinnv.:** ↑lieben. **c)** ⟨itr.⟩ *den Wunsch haben:* er hat nicht in die Schule gemocht; wenn du noch magst, sag es ruhig, es ist genug Suppe da. **sinnv.:** ↑wollen, sich ↑wünschen.

mög|lich ⟨Adj.⟩ /vgl. möglichst/ *so, daß es sein, geschehen oder durchgeführt werden kann:* alle möglichen Fälle untersuchen; das ist leicht m.; es ist m., daß ich mich täusche *(vielleicht täusche ich mich);* alle möglichen *(sehr viele [verschiedene])* Arten von Tieren; so schnell wie m. **sinnv.:** ↑anscheinend, ausführbar, denkbar, durchführbar, erdenklich, erreichbar, gangbar, machbar, potentiell. **Zus.:** bald-, best-, frühest-, größt-, höchst-, letzt-, menschen-, schnellst-, un-, womöglich · ermöglichen; verunmöglichen.

Mög|lich|keit, die; -, -en: **a)** *etwas Mögliches, mögliches Verhalten, Vorgehen, Verfahren; möglicher Weg:* es gibt mehrere Möglichkeiten, nach Amerika zu reisen. **sinnv.:** ↑Aussicht, ↑Mittel, ↑Weg. **b)** *etwas, was eintreten kann und was man berücksichtigen sollte:* man muß auch mit der M. rechnen, daß man krank wird. **sinnv.:** Eventualität, Fall, Umstand, Vorfall. **c)** *Freiheit, Gelegenheit, etwas Gewünschtes zu verwirklichen:* in diesem Beruf hat er viele Möglichkeiten, sich hochzuarbeiten. **sinnv.:** Chance, Gelegenheit. **Zus.:** Arbeits-, Aufstiegs-, Einkaufs-, Erholungs-, Orientierungs-, Qualifizierungs-, Übernachtungs-, Verdienstmöglichkeit.

mög|lichst ⟨Adverb⟩: **1.** *so ... wie möglich* /in Verbindung mit Adjektiven/: er soll m. schnell *(so schnell wie möglich)* kommen; m. gut, viel, schön. **sinnv.:** ↑tunlichst. **Zus.:** baldmöglichst. **2.** *nach Möglichkeit:* ich will mich da m. raushalten; er sucht eine Wohnung, m. mit Balkon.

Mohn, der; -[e]s, -e: **a)** *(Milchsaft enthaltende) Pflanze mit – vor allem – kräftig roten Blüten und runden Kapselfrüchten (aus deren ölhaltigen Samen beruhigende und betäubende Stoffe gewonnen werden).* **Zus.:** Klatschmohn. **b)** *Samen des Mohns* (a).

Möh|re, die; -, -n: *Pflanze mit roter bis gelber Wurzel, die als Gemüse verwendet wird.* **sinnv.:** gelbe Rübe, Karotte, Mohrrübe, Rübli, Wurzel; ↑Rübe.

Mohr|rü|be, die; -, -n (landsch.): ↑*Möhre.*

Mo|kick, das; -s, -s: *Moped mit Kickstarter (d. i. ein Fußhebel, der zum Anwerfen des Motors kräftig heruntergetreten wird) und mit einer Höchstgeschwindigkeit bis 40 Stundenkilometer.* **sinnv.:** Fahrrad, ↑Motorrad.

Mok|ka, der; -s, -s: *stark zubereiteter schwarzer Kaffee einer besonders aromatischen Sorte:* nach dem Essen wurde der M. in kleinen Tassen serviert. **sinnv.:** ↑Kaffee.

Mo|le, die; -, -n: *Damm, der Hafeneinfahrt und Hafen gegen Brandung, Strömung und Versandung schützen soll:* das Schiff legte an der M. an. **sinnv.:** ↑Damm. **Zus.:** Hafenmole.

Mol|ke|rei, die; -, -en: *Betrieb, in dem Milch verarbeitet wird:* in der M. wird Butter und Käse hergestellt. **sinnv.:** Meierei, Meierhof · Milchwirtschaft.

mol|lig ⟨Adj.⟩: **a)** *weiche, runde Körperformen habend:* ein molliges Mädchen. **sinnv.:** ↑dick. **b)** *eine angenehm warme, behagliche Zimmertemperatur aufweisend:* ein molliges Zimmer; hier ist es m. warm. **sinnv.:** ↑warm.

Mo|ment: I. der; -s, -e: **a)** *sehr kurzer Zeitraum:* warte einen M., ich komme gleich. **sinnv.:** ↑Augenblick. **b)** *bestimmter Zeitpunkt:* ein wichtiger, entscheidender M.; ein M., auf den es ankommt. **Zus.:** Schicksalsmoment. **II.** das; -s, -e: *Gesichtspunkt, der etwas bewirkt:* das wichtigste M. für seine Verurteilung waren die Fingerabdrücke; die Diskussion brachte keine neuen Momente. **sinnv.:** ↑Umstand. **Zus.:** Gefahren-, Gefühls-, Spannungs-, Verdachts-, Vergleichsmoment.

mo|men|tan ⟨Adj.⟩: **a)** *zur Zeit [herrschend], gegenwärtig:* er hat m. keine Arbeit; seine momentane Lage ist nicht glücklich. **sinnv.:** ↑augenblicklich, ↑jetzt. **b)** *nur kurz andauernd, schnell vorübergehend:* er befindet sich in einer momentanen Verlegenheit.

Mon|arch, der; -en, -en: *gekrönter Herrscher in einem Staat mit entsprechender Verfassung.* **sinnv.:** ↑Regent.

Mon|ar|chie, die; -, Monarchien: *Staatsform mit einem durch seine Herkunft legitimierten Herrscher an der Spitze:* die M. abschaffen. **sinnv.:** Absolutismus, ↑Herrschaft.

Mo|nat, der; -s, -e: *Zeitraum von 30 bzw. 31 (im Falle des Februar von 28 bzw. 29) Tagen:* das Jahr hat 12 Monate. **sinnv.:** ↑Januar, ↑Februar, ↑März, ↑April, ↑Mai, ↑Juni, ↑Juli, ↑August, ↑September, ↑Oktober, ↑November, ↑Dezember; ↑Zeitraum. **Zus.:** Ernte-, Frühlings-, Herbst-, Heu-, Sommer-, Vergleichs-, Winter-, Wonnemonat.

-mo|na|tig ⟨Teil einer Zusammenbildung⟩: *... Monate dauernd, alt:* ein dreimonatiges Baby; ein zweimonatiger Kursus.

mo|nat|lich ⟨Adj.⟩: *in jedem Monat [vorkommend, fällig]:* das monatliche Gehalt; die Miete wird m. bezahlt. **sinnv.:** periodisch, ↑regelmäßig. **Zus.:** zweimonatlich *(alle zwei Monate wiederkehrend).*

Mönch, der; -[e]s, -e: *Angehöriger eines Männerordens:* der M. trägt eine Kutte. **sinnv.:** Frater, Klosterbruder, Laienbruder, Ordensmann, Pater. **Zus.:** Benediktiner-, Bettel-, Dominikaner-, Wandermönch.

Mond, der; -es: *die Erde umkreisender und die Nacht mehr oder weniger stark erhellender Himmelskörper:* das Raumschiff umkreiste den M. **sinnv.:** Erdtrabant, ↑Himmelskörper, Luna, Nachtgestirn. **Zus.:** Halb-, Neu-, Vollmond.

mon|dän ⟨Adj.⟩: *im Stil der großen Welt gehalten, von extravaganter Eleganz geprägt:* m. gekleidet sein; ein mondäner Kurort. **sinnv.:** ↑apart, ↑geschmackvoll.

mo|nie|ren ⟨tr.⟩: *[rügend] bemängeln:* er hat immer etwas zu m.; die Polizei monierte die schlechte Beleuchtung des Fahrzeugs. **sinnv.:** ↑beanstanden.

mo|no-, Mo|no- [auch: mono-, Mo|no-] ⟨als erster Wortbestandteil⟩: *allein..., Allein..., einzig, einzeln, ein..., Ein...:* monochrom (*einfarbig;* Ggs. polychrom), Monodrama *(Drama mit nur einer Person),* Monogamie (*Einehe; das Zusammenleben, Ehe mit nur einem Partner;* Ggs. Polygamie), Monokini *(Bikini ohne Oberteil),* Monosexualität, monothematisch.

Mo|no|log, der; -s, -e: *Selbstgespräch in einer Dichtung, besonders im Drama* /Ggs. Dialog/. **sinnv.:** ↑Gespräch.

Mo|no|pol, das; -s, -e: *Recht auf alleinige Herstellung und alleinigen Verkauf eines Produkts:* der Staat hat ein M. auf Salz. **sinnv.:** ↑Vorrecht. **Zus.:** Branntwein-, Salz-, Staats-, Tabak-, Zündholzmonopol.

mo|no|ton ⟨Adj.⟩: *als gleichförmig, eintönig und dadurch oft ermüdend und uninteressant empfunden:* ein monotones Geräusch; ein monotoner Vortrag; er singt das Lied m. **sinnv.:** ↑langweilig.

Mon|ster, das; -s, -: *furchterregendes, häßliches Fabelwesen, Ungeheuer von phantastischer, meist riesenhafter Gestalt:* in dem Film bedroht ein M. die Stadt. **sinnv.:** ↑Ungeheuer. **Zus.:** Filmmonster.

Mon|ster- ⟨Präfixoid⟩ (verstärkend): *von überaus großen, in ihrer Überdimensionalität auffallenden Ausmaßen (in räumlicher oder zeitlicher Hinsicht):* Monsteranlage, -bau, -betrieb, -film, -hit, -manöver, -prozeß, -show, -veranstaltung. **sinnv.:** Heiden-, Mammut-, Riesen-, Super-, Top-.

Mon|strum, das; -s, Monstren: **a)** ↑*Monster:* in den alten Sagen haben die Menschen mit allen möglichen Monstren zu kämpfen. **b)** *etwas von großen, als zu gewaltig [und unförmig] empfundenen Ausmaßen:* ein M. von Koffer. **sinnv.:** ↑Ungeheuer, Ungetüm.

Mon|tag, der; -s, -e: *erster Tag der mit dem Sonntag endenden Woche.* **sinnv.:** ↑Wochentag.

Mon|ta|ge [mɔn'taːʒə], die; -, -n: *Aufbau, Zusammenbau (von Maschinen, technischen Anlagen o. ä.):* die Firma übernimmt auch die M. der Maschinen, der Brücke. **sinnv.:** Konstruktion · Kollage. **Zus.:** Bild-, Film-, Foto-, Fahrzeug-, Heizungsmontage.

Mon|teur [mɔn'tøːɐ̯], der; -s, -e: *[Fach]arbeiter, der Montagen ausführt:* er arbeitet als M. bei einer großen Firma. **sinnv.:** ↑Schlosser. **Zus.:** Elektro-, Heizungsmonteur.

mon|tie|ren ⟨tr.⟩: **a)** *mit technischen Hilfsmitteln an einer bestimmten Stelle anbringen:* die Lampe an der Decke m. **sinnv.:** ↑befestigen. **b)** *aus einzelnen Teilen zusammenbauen, betriebsbereit machen;* einen Bausatz, eine Waschmaschine m. **sinnv.:** ↑installieren.

Mo|nu|ment, das; -[e]s, -e: *großes Denkmal:* ein M. für die Gefallenen errichten. **sinnv.:** Ehrenmal, [Mahn]mal, Memorial, Obelisk.

mo|nu|men|tal ⟨Adj.⟩: *in großen Dimensionen gehalten und daher beeindruckend; ins Gewaltige, Übermächtige gesteigert:* die monumentalen Denkmäler und Bauten der alten Römer. **sinnv.:** ↑gewaltig.

Moor, das; -[e]s, -e: *sumpfähnliches Gelände mit weichem, schwammartigem, großenteils aus unvollständig zersetzten Pflanzen bestehendem Boden:* ein weites M.; im M. versinken. **sinnv.:** Sumpf.

Moos, das; -es: *bes. an feuchten, schattigen Stellen den Boden, Baumstämme o. ä. überziehendes Polster aus kleinen, immergrünen Pflanzen:* weiches, grünes M.; die Steine sind mit M. bedeckt. **Zus.:** Torf-, Weißmoos · be-, übermoost · vermoosen.

Mo|ped, das; -s, -s: *Kleinkraftrad (mit geringem Hubraum und begrenzter Höchstgeschwindigkeit).* **sinnv.:** ↑Motorrad.

Mo|ral, die; -: **a)** *sittliche Grundsätze des Verhaltens:* bürgerliche, sexuelle M; er hat keine M. **sinnv.:** Ethik, ↑Sitte. **Zus.:** Arbeits-, Doppel-, Kampf-, Schein-, Staats-, Zahlungsmoral. **b)** *gefestigte innere Haltung, Selbstvertrauen; Bereitschaft, sich einzusetzen:* die M. der Mannschaft, der Truppen ist gut. **sinnv.:** ↑Disziplin. **c)** ⟨M. + Attribut⟩ *Lehre, die aus etwas gezogen wird:* die M. einer Geschichte, eines Theaterstükkes. **sinnv.:** Beurteilung, ↑Lehre, Urteil, Weisheit.

mo|ra|lisch ⟨Adj.⟩: **a)** *die Moral* (a) *betreffend; der Sitte, Moral entsprechend:* ein Buch von hohem moralischem Wert. **sinnv.:** ↑sittlich. **b)** *in bezug auf die [sexuelle] Moral streng; sittlich einwandfrei:* er führt ein moralisches Leben. **sinnv.:** ↑anständig, sittenstreng.

Mo|rast, der; -[e]s: *schlammiges Stück Land; sumpfiges Gelände:* das Auto blieb im M. stecken. **sinnv.:** ↑Schlamm, ↑Sumpf.

Mord, der; -es, -e: *vorsätzliche Tötung:* ein heimtückischer, grausamer, feiger M.; einen M. begehen. **sinnv.:** Bluttat, Ermordung, Totschlag, Tötung, Vernichtung; Hinrichtung. **Zus.:** Bruder-, Doppel-, Feme-, Gatten-, Gift-, Justiz-, Kinder-, Lust-, Lynch-, Massen-, Meuchel-, Raub-, Ruf-, Selbst-, Sexual-, Völkermord.

mor|den, mordete, hat gemordet: **1.** ⟨tr./itr.⟩ *einen Mord begehen:* jmdn. kaltblütig m.; er hat aus Liebe gemordet. **sinnv.:** ↑töten. **Zus.:** ermorden. **2.** ⟨tr.⟩ (emotional abwertend) *töten:* in Kriegen wurden Millionen gemordet; viele Versuchstiere werden in pharmazeutischen Labors gemordet.

Mör|der, der; -s, -, **Mör|de|rin,** die; -, -nen: *männliche bzw. weibliche Person, die einen Mord begangen hat:* der Mörder wurde von der Polizei verhaftet. **sinnv.:** ↑Attentäter, Blaubart,

Killer, Verbrecher, Würger. **Zus.:** Bruder-, Feme-, Kindes-, Lust-, Massen-, Meuchel-, Raub-, Selbst-, Sexual-, Vatermörder.

mör|de|risch ‹Adj.›: *in einer als unerträglich hoch, stark empfundenen Weise [sich äußernd]:* eine mörderische Hitze; er fährt in einem mörderischen Tempo. **sinnv.:** ↑sehr.

mords-, Mords- ‹Präfixoid; auch das Basiswort wird betont› (ugs. verstärkend) /kennzeichnet das große, positiv oder negativ beeindruckende Ausmaß, die hohe Intensität des im Basiswort Genannten/: **1.** ‹adjektivisch› *überaus:* mordsdumm, -fidel, -fit, -gemütlich, -groß, -häßlich, -komisch, -langweilig, -lustig, -wenig. **2.** ‹substantivisch› **a)** *überaus groß, viel:* Mordsangst, -aufsehen, -arbeit, -dummheit, -durst, -erfolg, -gaudi, -geld, -geschrei, -glück, -spektakel, -wut. **b)** /drückt Bewunderung, Anerkennung aus/ *in seiner Art imponierend, großen Eindruck machend:* Mordsauto, -fernsicht, -karriere, -kerl, -stimme, -weib.

mor|gen ‹Adverb›: **1.** *an dem Tag, der dem heutigen folgt:* wenn ich heute keine Zeit habe, komme ich m.; m. früh, abend; ich arbeite heute, um m. *(in der Zukunft)* sicher zu leben; der Stil von m. *(der Stil der Zukunft).* **Zus.:** übermorgen. **2.** ‹in Verbindung mit der Angabe eines bestimmten Tages› *am Morgen* /Ggs. abend/: gestern, heute m.; Dienstag m. **sinnv.:** ↑morgens.

Mor|gen, der; -s, -: *Beginn des Tages*/Ggs. Abend/: ein schöner, sonniger M.; vom M. bis zum Abend; am M. geht die Sonne auf; guten M.! *(Gruß zu Beginn des Tages).* **sinnv.:** Sonnenaufgang, Tagesanbruch, Vormittag. **Zus.:** Mai-, Montag-, Oster-, Wintermorgen.

mor|gend|lich ‹Adj.›: *zum Morgen gehörend; am Morgen geschehend:* die morgendliche Stille; die morgendliche Fahrt zur Arbeit.

Mor|gen|land, das; -[e]s: ↑*Orient.*

mor|gens ‹Adverb›: *zur Zeit des Morgens; jeden Morgen* /Ggs. abends/: er steht m. sehr früh auf; die Schule beginnt m. um acht Uhr. **sinnv.:** allmorgendlich, (gestern, heute, Dienstag usw.) morgen, am [frühen] Morgen, bei Tagesanbruch, beim Morgengrauen, des Morgens, früh [am Tag], in aller Frühe, vormittags. **Zus.:** frühmorgens.

mor|gig ‹Adj.; nur attributiv›: *den Tag betreffend, der dem heutigen folgt:* er kann den morgigen Tag kaum erwarten.

Mor|phi|um, das; -s: *aus Opium gewonnenes Rauschgift, das in der Medizin bes. als schmerzlinderndes Mittel eingesetzt wird:* der Arzt gab dem Kranken M. **sinnv.:** ↑Rauschgift.

morsch ‹Adj.›: *bes. durch Fäulnis, auch durch Alter, Verwitterung o. ä. brüchig, leicht zerfallend:* eine morsche Brücke; ein morsches Dach; morsche Balken. **sinnv.:** alt, altersschwach, baufällig, brüchig, schrottreif, ↑spröde, verfallen, zerfallen.

mor|sen: a) ‹itr.› *mit dem Morseapparat Morsezeichen geben:* der Funker morst. **sinnv.:** telegrafieren. **b)** ‹tr.› *in Morsezeichen übermitteln:* eine Nachricht, SOS m. **sinnv.:** ↑senden.

Mör|tel, der; -s: *Masse, mit der Ziegel, Steine o. ä. zu einer festen Mauer verbunden werden können.* **sinnv.:** ↑Zement.

Mo|sa|ik, das; -s, -en: *aus verschiedenfarbigem Glas oder Steinen zusammengestelltes Bild oder Ornament:* das M. stellt einen römischen Kaiser dar. **Zus.:** Fußboden-, Glas-, Stein-, Wandmosaik.

Mo|schee, die; -, Moscheen: *islamisches Gotteshaus.* **sinnv.:** ↑Kirche.

Most, der; -[e]s, -e: *aus Obst gewonnener [noch nicht gegorener] Saft:* M. machen, trinken; der M. gärt. **sinnv.:** ↑Saft, ↑Wein. **Zus.:** Apfel-, Kirsch-, Süßmost.

Mo|tel, das; -s, -s: *an Autostraßen gelegenes Hotel mit Garagen.* **sinnv.:** ↑Hotel.

Mo|tiv, das; -s, -e: **1.** *Überlegung, Gefühlsregung, Umstand o. ä., durch den sich jmd. bewogen fühlt, etwas Bestimmtes zu tun:* das M. des Mordes war Eifersucht; die Arbeiter streikten nicht aus sozialen, sondern aus politischen Motiven. **sinnv.:** ↑Anlaß. **Zus.:** Haupt-, Tatmotiv. **2.** *Gegenstand, Melodie, Thema o. ä. als Material oder Anregung zu künstlerischer o. ä. Gestaltung:* diese Landschaft ist ein schönes M. für den Maler; der Komponist verwendete ein M. aus einem alten Volkslied. **sinnv.:** ↑Gegenstand.

mo|ti|vie|ren ‹tr.›: **a)** *zu etwas anregen, veranlassen:* Schüler m.; jmdn. zur Arbeit m. **sinnv.:** ↑anregen. **b)** ↑*begründen:* der Antrag war schlecht motiviert.

Mo|tor, der; -s, Motoren: *Maschine, die durch Umwandlung von Energie Kraft zum Antrieb (z. B. eines Fahrzeugs) erzeugt:* das Fahrzeug wird mit einem M. betrieben; den M. laufen lassen, abstellen. **sinnv.:** Aggregat, Antrieb, Kraftquelle, Triebwerk. **Zus.:** Achtzylinder-, Außenbord-, Diesel-, Elektro-, Heck-, Hilfs-, Kolben-, Otto-, Schiffs-, Verbrennungs-, Vergaser-, Wankel-, Zweitaktmotor.

Mo|tor|rad, das; -[e]s, Motorräder: *im Reitsitz zu fahrendes Kraftfahrzeug mit zwei hintereinander angeordneten gummibereiften [Speichen]rädern und einem Tank zwischen Sitz und Lenker.* **sinnv.:** Feuerstuhl, Krad, Kraftrad, Mofa, Mokick, Moped, Motorroller.

Mo|tor|rol|ler, der; -s, -: *dem Motorrad ähnliches Fahrzeug.* **sinnv.:** ↑Motorrad.

Mot|te, die; -, -n: *kleines fliegendes (zu den Schmetterlingen gehörendes) Insekt [das als Kleidermotte im Stadium der Raupe Pelze und Wollsachen zerfrißt]:* der [Pelz]mantel ist von Motten zerfressen. **sinnv.:** Nachtfalter, ↑Schmetterling. **Zus.:** Kleider-, Mehlmotte · einmotten.

Mot|to, das; -s, -s: *Leitsatz, der Inhalt oder Absicht einer Veranstaltung, eines Buches u. a. kennzeichnen soll:* der Parteitag findet unter einem bestimmten M. statt; über dem ersten Kapitel steht als M.: ... **sinnv.:** ↑Ausspruch, ↑Einleitung.

Mö|we, die; -, -n: *am Meer, an Seen oder Flüssen lebender (mittelgroßer, gut schwimmender) Vogel mit vorwiegend weißem Gefieder und hakig gebogenem Schnabel:* Möwen begleiteten das Schiff und schnappten nach den in die Luft geworfenen Brotstükken. **Zus.:** Lach-, Silber-, Sturmmöwe.

Mücke, die; -, -n: *kleines [blutsaugendes] Insekt, das stechen kann und oft in einem größeren Schwarm auftritt.* **sinnv.:** Schnake. **Zus.:** Malaria-, Stechmücke.

muck|sen /meist verneint/ **1.** *sich durch einen Laut oder eine Bewegung bemerkbar machen:* sie hat beim Zahnarzt nicht gemuckst; ‹meist sich m.› die Kinder wagten nicht, sich zu m. **2.** *seinen Unwillen, seine Unzufriedenheit äußern:* er nahm das hin, ohne zu m. **sinnv.:** ↑protestieren.

mü|de ⟨Adj.⟩: **1.** *in einem Zustand, der nach Schlaf verlangt*/Ggs. munter/: Bier macht m.; m. wie ein Hund; zum Umsinken, Umfallen m. sein. **sinnv.:** schlafbedürftig, schläfrig, verschlafen. **Zus.:** hundemüde, sterbensmüde, todmüde. **2.** *von einer Anstrengung erschöpft, ohne Kraft und Schwung:* vom Wandern m. **sinnv.:** ↑erschöpft, kraftlos, matt, ruhebedürftig, schlapp, übermüdet, übernächtigt. **Zus.:** frühjahrs-, fuß-, nimmer-, pflaster-, wandermüde. **3.** *** einer Sache m. werden, sein:** die Lust zu/an etwas verlieren; keine Lust mehr zu etwas haben: er ist der ständigen Vorhaltungen m.; vgl. -müde.

-mü|de ⟨adjektivisches Suffixoid⟩: *des im Basiswort Genannten überdrüssig, daran keine Freude, Lust mehr habend, es nicht mehr wollend:* ehe-, europa-, -freiheits-, gegenwarts-, kino-, kriegs-, krimi-, pillen-, prozeß-, sex-, steuer-, wehr-, winter-, zivilisationsmüde.

Muf|fel, der; -s, -; *Mann, der (im Urteil des Sprechers) mürrisch, unfreundlich ist:* dieser Pförtner ist ein richtiger M.: Wenn man ihn fragt, antwortet er kaum. **sinnv.:** Langweiler, Miesepeter, Nieselpriem, Trauerkloß.

-muf|fel, der; -s, - ⟨Suffixoid⟩ (abwertend): *jmd., der dem im Basiswort Genannten [im Unterschied zu anderen] gleichgültig, desinteressiert gegenübersteht, sich nicht darum kümmert:* Auto-, Benimm-, Bewegungs- *(jmd. der sich aus gesundheitlichen Gründen mehr bewegen, sportlich betätigen sollte, es aber nicht tut),* Duft-, Ehe-, Erfolgs-, Fernseh- (sie/er ist ein F.), Fisch- *(jmd., der Fisch nicht oder nicht gern ißt),* Flug-, Fußball-, Gemüse-, Gesundheits-, Gurt-, Heirats-, Kosmetik-, Krawatten-, Lese-, Lotto-, Mode-, Sex-, Sport-, Tanz-, Technik-, Umwelt-, Vorsorgemuffel.

muf|fig ⟨Adj.⟩: **1.** *modrig, dumpf, schlecht riechend:* im Keller riecht es m. **sinnv.:** miefig, stinkig, ungelüftet, vermieft. **2.** *in einer als mürrisch, unfreundlich empfundenen Weise:* er sitzt m. in der Ecke. **sinnv.:** ↑mißmutig.

Mü|he, die; -, -n: *mit Schwierigkeiten, Belastungen verbundene Anstrengung; zeitraubender [Arbeits]aufwand:* unter großen Mühen erreichte er den Gipfel des Berges; alle Mühen waren umsonst; keine M. scheuen *(mit allen Mitteln zu erreichen suchen),* ein Ziel zu erreichen. **sinnv.:** ↑Anstrengung. **Zus.:** Liebesmühe.

mü|he|los ⟨Adj.⟩: *ohne Mühe; wenig Anstrengung verursachend:* er erreichte m. den Gipfel des Berges. **sinnv.:** babyleicht, bequem, einfach, glatt, idiotensicher, kinderleicht, leicht, mit Leichtigkeit, ohne Mühe, narrensicher, spielend, unkompliziert, unproblematisch, unschwer.

Müh|le, die; -, -n: **1.** *Anlage, Maschine o.ä. zum Zermahlen, Zerkleinern bes. von Getreide.* **Zus.:** Getreide-, Gewürz-, Kaffee-, Mandel-, Mohn-, Pfeffer-, Zementmühle. **2.** *Haus mit einer Mühle:* eine idyllisch gelegene M. **Zus.:** Papier-, Säge-, Wasser-, Windmühle. **3.** *als in verächtlicher Weise alt, unattraktiv angesehenes Flug-, Fahrzeug:* wir sind mit einer alten M. nach Spanien geflogen. **sinnv.:** ↑Auto, ↑Flugzeug.

Müh|sal, die; -, -e: *große mit Mühe und Beschwerlichkeiten verbundene Anstrengung:* diese Arbeit war eine unmenschliche M.; ein Umzug bedeutet immer M. und Unkosten; unter großer M. erreichten wir den Gipfel des Berges. **sinnv.:** ↑Anstrengung.

müh|sam ⟨Adj.⟩: *mit großer Mühe verbunden:* eine mühsame Aufgabe; der alte Mann kann nur m. gehen. **sinnv.:** ↑beschwerlich, ↑lästig.

müh|se|lig ⟨Adj.⟩: *mit Mühe, Plage verbunden [und viel Geduld erfordernd]:* es ist eine mühselige Arbeit, diese Zettel zu ordnen. **sinnv.:** ↑beschwerlich.

Mu|lat|te, der; -n, -n, **Mu|lat|tin,** die; -, -nen: *Mischling als Kind eines schwarzen und eines weißen Elternteils.* **sinnv.:** ↑Mischling.

Mul|de, die; -, -n: *leichte [natürliche] Vertiefung im Boden, in einem Gelände:* das Haus liegt in einer M. **sinnv.:** ↑Grube.

Müll, der; -s: *Abfälle, Abfallstoffe aus Haushalt, Gewerbe und Industrie, die zum Abtransport in bestimmten Behältern gesammelt werden.* **sinnv.:** ↑Abfall, ↑Kehricht · Deponie. **Zus.:** Atom-, Gift-, Haus-, Industrie-, Konsum-, Problem-, Sperr-, Wohlstandsmüll.

mul|mig ⟨Adj.⟩: **a)** *sich aus Angst, Beklemmung unwohl fühlend, unbehaglich:* bei dem hohen Seegang wurde mir ganz m. **b)** *Gefahr in sich bergend, bedrohlich wirkend:* als es m. wurde, verließ er schnell das Lokal. **sinnv.:** ↑unangenehm; ↑unerfreulich.

mul|ti-, Mul|ti- ⟨als erster Wortbestandteil⟩: *viel..., Viel..., vielfach ..., mehrere:* multifil (*vielfädig;* Ggs. monofil), multifunktional *(viele Funktionen erfüllend),* Multiinstrumentalist, Multimediakünstlerin, Multimillionär, multinational, multiplex *(vielfältig),* Multiprogramm, multirassisch, Multitalent *(jmd., der Talente auf vielen Gebieten hat, vielseitig begabt ist).* **sinnv.:** poly-.

Mul|ti|pli|ka|ti|on, die; -, -n: *Rechnung, bei der eine Zahl, Größe multipliziert wird* /Ggs. Division/.

mul|ti|pli|zie|ren ⟨tr.⟩: *um eine bestimmte Zahl vervielfachen*/Ggs. dividieren/: zwei multipliziert mit drei gibt sechs. **sinnv.:** malnehmen.

Mund, der; -es, Münder: **1.** *der von den Lippen gebildete Teil des Gesichts:* er küßte sie/ihn auf den Mund; sie nahm die Zigarette aus dem M. **sinnv.:** Lippen, Schnute. **Zus.:** Fisch-, Frauen-, Kirschen-, Kuß-, Schmollmund · vollmundig. **2.** *der hinter den Lippen sich befindende Raum, der von den Kiefern gebildet wird:* er hatte einen Bonbon im M. **sinnv.:** Klappe, Maul, Rachen, Schnabel, Schnauze.

Mund|art, die; -, -en: *besondere Form der Sprache einer Landschaft innerhalb eines Sprachgebietes im Gegensatz zur Hochsprache.* **sinnv.:** Dialekt, Idiom, Idiolekt. **Zus.:** Heimat-, Orts-, Stadtmundart.

mun|den, mundete, hat gemundet ⟨itr.⟩ (geh.): *beim Genuß jmds. Geschmackssinn auf besonders angenehme Weise ansprechen:* hat Ihnen das Essen gemundet? **sinnv.:** ↑schmecken.

mün|den, mündete, ist gemündet ⟨itr.⟩: *in etwas hineinfließen:* der Neckar mündet in den Rhein. **sinnv.:** enden, zusammenfließen, zusammenströmen. **Zus.:** einmünden.

mün|dig ⟨Adj.⟩: *alt genug für bestimmte rechtliche Handlungen:* mit 18 Jahren wird man m. **sinnv.:** ↑volljährig · entmündigen. **Zus.:** straf-, unmündig.

münd|lich ⟨Adj.⟩: *in der Form des Gesprächs stattfindend, sich vollziehend* /Ggs. schriftlich/: eine mündliche Prüfung, Verhandlung; die Nachricht wurde m. verbreitet; einen Termin m. vereinbaren. **sinnv.:** gesprächsweise, gesprochen, verbal. **Zus.:** fernmündlich.

mund|tot: ⟨in der Verbindung⟩ jmdn. m. machen: *(jmdm.) jede Möglichkeit nehmen, mit seiner Meinung, seinen Äußerungen hervorzutreten:* Leute, die andere Meinungen vertraten, wurden m. gemacht.

Mün|dung, die; -, -en: *Stelle, an der ein Fluß o. ä. mündet:* an der M. ist der Fluß am breitesten. **sinnv.:** Delta · ↑Gewässer. **Zus.:** Ein-, Flußmündung.

Mu|ni|ti|on, die; -, -en: *Material zum Schießen für Gewehre, Kanonen usw.:* die Soldaten werden mit M. versorgt. **sinnv.:** blaue Bohne, Bolzen, Geschoß, [Gewehr]kugel, Granate, Patrone, Projektil, Schrot, Schuß. **Zus.:** Leuchtmunition.

mun|keln ⟨itr.⟩: *im geheimen reden, erzählen:* man munkelte schon lange davon; man munkelt so allerlei. **sinnv.:** ↑flüstern.

Mün|ster, das; -s, -: *große Kirche eines Klosters oder Domkapitels:* das Freiburger, Straßburger M. **sinnv.:** ↑Kirche.

mun|ter ⟨Adj.⟩: **a)** *nicht mehr oder noch nicht schläfrig* /Ggs. müde/: er war bereits um 6 Uhr m. **sinnv.:** ↑wach · ermuntern. **b)** *von Heiterkeit, Fröhlichkeit, Lebhaftigkeit zeugend:* ein munteres Kind; das Mädchen singt ein munteres Lied. **sinnv.:** ↑angeregt, ↑lose, ↑lustig · aufmuntern. **Zus.:** putzmunter.

Mün|ze, die; -, -n: *mit einer Prägung versehenes Geldstück aus Metall:* in Münzen zahlen; Münzen fälschen, sammeln. **sinnv.:** Fünfziger, ↑Gedenkmünze, Geldstück, Groschen, Hartgeld, Kleingeld, Mark[stück], Pfennig[stück], Taler. **Zus.:** Erinnerungs-, Gold-, Kupfer-, Nickel-, Scheide-, Silbermünze.

mür|be ⟨Adj.⟩: **a)** *so beschaffen, daß die noch bestehende gewisse Festigkeit leicht verlorengeht und es sogleich in seine Teile zerfällt:* ein mürber Apfel, Kuchen. **sinnv.:** bröcklig, brüchig, morsch, ↑weich; ↑zart. **b)** ***jmdn. m. machen/bekommen:** *jmds. Widerstand, Kraft brechen, ihn weich, nachgiebig machen:* die ständige Diskriminierung hat ihn m. gemacht.

murk|sen ⟨itr.⟩ (ugs.): *(im Urteil des Sprechers) [ohne sichtbaren Erfolg] sich mit etwas beschäftigen, unsachgemäß an etwas arbeiten:* er murkst schon den ganzen Tag an dem Motor, und der funktioniert immer noch nicht. **sinnv.:** ↑pfuschen. **Zus.:** herum-, ver-, weitermurksen.

mur|meln ⟨tr.⟩: *mit tiefer Stimme und wenig geöffnetem Mund leise und undeutlich vor sich hin sprechen:* er murmelte unverständliche Worte [vor sich hin]; „Ich gehe nach Hause", murmelte er. **sinnv.:** ↑flüstern · Gemurmel.

mur|ren ⟨itr.⟩: *seine Unzufriedenheit, Auflehnung mit brummender Stimme und unfreundlichen Worten zum Ausdruck bringen:* er murrt immer über das Essen; gegen die Befehle eines Vorgesetzten m.; er ertrug alles, ohne zu m. **sinnv.:** brummen, grummeln; ↑klagen, knurren, maulen, ↑protestieren, schmollen.

mür|risch ⟨Adj.⟩: *Unzufriedenheit, Übellaunigkeit durch eine unfreundliche, einsilbige, abweisende Art erkennen lassend:* er macht ein mürrisches Gesicht. **sinnv.:** ärgerlich, bärbeißig, brummig, griesgrämig, ↑mißmutig.

Mus, das; -es: *bes. aus Obst für den Verzehr hergestellte breiartige Masse:* M. kochen. **sinnv.:** ↑Brei. **Zus.:** Apfel-, Erbs-, Kartoffel-, Pflaumenmus.

Mu|schel, die; -, -n: **a)** *im Wasser lebendes (Weich)tier mit zwei die weichen Teile des Körpers umschließenden Schalen aus Kalk, die durch einen Muskel zusammengehalten werden* (siehe Bildleiste „Schalentiere"): eßbare Muscheln. **sinnv.:** Auster. **Zus.:** Fluß-, Meer-, Mies-, Perlmuschel. **b)** *Schale einer Muschel* (a): am Strand Muscheln suchen.

Mu|se, die; -, -n: *eine der neun griechischen Göttinnen der Künste.* **sinnv.:** Göttin.

Mu|se|um, das; -s, Museen: *Sammlung von [künstlerisch, historisch] wertvollen Gegenständen, die besichtigt werden kann:* wir gehen ins M.; in unserem M. sind Bilder von van Gogh ausgestellt. **sinnv.:** ↑Ausstellung, Galerie, Kunsthalle, [Kunst]sammlung, Pinakothek. **Zus.:** Altertums-, Freilicht-, Heimat-, Landes-, National-, Naturkunde-, Verkehrs-, Waffenmuseum.

Mu|si|cal ['mju:zikl], das; -s, -s: *eine Art Operette mit Elementen aus Revue und Kabarett.* **sinnv.:** ↑Operette.

Mu|sik, die; -, -en: **1.** ⟨ohne Plural⟩ *Kunst, Töne in bestimmter Gesetzmäßigkeit hinsichtlich Rhythmus, Melodie, Harmonie zu einer Gruppe von Klängen und zu einer Komposition zu ordnen:* klassische, moderne M.; er versteht etwas von M. **sinnv.:** Klänge, Tonkunst. **Zus.:** Barock-, Country-, Renaissance-, Rokokomusik; E-, U-Musik. **2.** *Musikwerk[e]:* M. [von Bach] hören; aus dem Radio tönte, kam laute, ernste M.; die M. zu einem Film schreiben. **sinnv.:** Komposition, ↑Melodie. **Zus.:** Blas-, Film-, Instrumental-, Kammer-, Marsch-, Opern-, Tanzmusik · Zukunftsmusik.

mu|si|ka|lisch ⟨Adj.⟩: **a)** *zur Musik gehörend:* musikalische Darbietungen; die größten Leistungen dieses Volkes liegen auf musikalischem Gebiet. **b)** *für Musik begabt:* das Kind ist sehr m.

Mu|si|ker, der; -s, -, **Mu|si|ke|rin,** die; -, -nen: *männliche bzw. weibliche Person, die [in einem Orchester o. ä.] ein Musikinstrument spielt.* **sinnv.:** Drummer, Instrumentalist, ↑Künstler, Musikant, [Musik]interpret, Tonkünstler, Virtuose. **Zus.:** Kammer-, Laienmusiker.

Mu|sik|in|stru|ment, das; -[e]s, -e: *Instrument, auf dem Musik gespielt wird.* **sinnv.:** Instrument.

mu|sisch ⟨Adj.⟩: **a)** *die schönen Künste betreffend, darauf ausgerichtet:* die musische Erziehung in der Schule. **sinnv.:** künstlerisch. **b)** *den Künsten gegenüber aufgeschlossen; künstlerisch begabt:* ein musischer Mensch; er ist m. veranlagt. **sinnv.:** ↑begabt, kunstempfänglich, kunstsinnig, kunstverständig, schöpferisch. **Zus.:** amusisch.

mu|si|zie|ren ⟨itr.⟩: *[mit jmdm. zusammen] Musik machen:* sie musizieren oft bei Feiern, zu dritt oder zu viert. **sinnv.:** aufspielen, begleiten, blasen, dudeln, fiedeln, geigen, improvisieren, klimpern, spielen.

Mus|kel, der; -s, -n: *aus elastischen Fasern bestehendes Gewebe, das beim menschlichen und tierischen Körper die Bewegung ermöglicht:* er hat Muskeln *(er ist kräftig).* **Zus.:** Herz-, Kau-, Schließ-, Streckmuskel.

mus|ku|lös ‹Adj.›: *stark hervortretende, kräftige Muskeln habend:* der Läufer hat muskulöse Beine. **sinnv.:** ↑athletisch.

Mu|ße, die; -: *freie Zeit und [innere] Ruhe, in der man seinen eigenen Interessen nachgehen kann:* im Urlaub hat er M., ein Buch zu lesen. **sinnv.:** Feierabend, Freizeit, Nichtstun, Otium, Ruhe, Zeit.

müs|sen, mußte, hat gemußt/ (nach vorangehendem Infinitiv) hat ... müssen ‹itr.›: **1.** ‹mit Infinitiv als Modalverb: hat ... müssen› **a)** *einem [von außen kommenden] Zwang unterliegen, gezwungen sein, etwas zu tun; zwangsläufig notwendig sein, daß etwas Bestimmtes geschieht:* er muß um 8 Uhr im Büro sein; ich habe es tun, sagen müssen; wir mußten lachen. **b)** *auf Grund gesellschaftlicher Normen, einer inneren Verpflichtung nicht umhinkönnen, etwas zu tun; verpflichtet sein, sich verpflichtet fühlen, etwas Bestimmtes zu tun:* ich muß ihre Einladung annehmen; du mußt mir helfen. **c)** *auf Grund bestimmter vorangegangener Ereignisse, aus logischer Konsequenz o. ä. notwendig sein, daß etwas Bestimmtes geschieht:* der Brief muß heute noch abgeschickt werden; muß es denn ausgerechnet heute sein?; warum hat gerade mir so etwas passieren müssen?; das mußt du doch verstehen; diese Bilder muß man gesehen haben. **d)** (nordd.) für *dürfen, sollen* (verneint): das mußt du nicht tun, sagen; ihr müßt das nicht so ernst nehmen. **e)** */drückt eine hohe, sich auf bestimmte Tatsachen stützende Wahrscheinlichkeit aus; drückt aus, daß man etwas als ziemlich sicher annimmt/:* so muß es gewesen sein; das mußte ja so kommen; er muß jeden Moment kommen. **f)** ‹nur 2. Konjunktiv› */drückt aus, daß etwas erstrebenswert, wünschenswert ist/:* so müßte es immer sein; Geld müßte man haben. **2.** ‹Vollverb; hat gemußt› **a)** *gezwungen sein, etwas zu tun, sich irgendwohin zu begeben:* er hat gemußt, ob er wollte oder nicht; ich muß noch in die Stadt, zum Arzt; er hat zum Chef gemußt; ich muß mal [zur Toilette]. **b)** *notwendig sein, daß etwas Bestimmtes geschieht:* der Brief muß noch zur Post.

Mu|ster, das; -s, -: **1.** *Vorlage, Modell, nach dem etwas gefertigt, hergestellt wird:* ein Kleid nach einem M. schneidern. **sinnv.:** Archetyp, Form, Ideal, Leitbild, Modell, Plan, Schnitt, Typ, ↑Vorbild; ↑Schaustück; Schnittmuster. **Zus.:** Druck-, Geschmacks-, Häkel-, Schnitt-, Strickmuster. **2.** *sich auf einer Fläche, auf Stoff, Papier o. ä. wiederholende Verzierung:* das M. der Tapete, des Kleides. **sinnv.:** Aufdruck, Dekor, Dessin, Maserung, Musterung, Ornament, Verzierung. **Zus.:** Spitzen-, Stick-, Stoff-, Tapetenmuster. **3.** *Probe, kleine Menge zur Ansicht, an der man die Beschaffenheit des Ganzen erkennen kann:* M. von Stoffen, Tapeten; der Vertreter zeigte ein M. der neuen Ware. **sinnv.:** Auswahl, ↑Beispiel, ↑Exemplar, ↑Probe, Vorschlag. **Zus.:** Warenmuster.

mu|stern ‹tr.›: **1.** *prüfend anschauen:* sie musterte ihn mit einem herausfordernden Blick. **sinnv.:** taxieren; ↑ansehen, ↑betrachten, ↑durchsehen. **Zus.:** durchmustern. **2.** *Wehrpflichtige auf ihre Wehrtauglichkeit hin untersuchen:* er wurde gestern gemustert. **sinnv.:** ↑begutachten. **Zus.:** ausmustern.

Mut, der; -[e]s: *Bereitschaft, etwas zu unternehmen, auch wenn es schwierig oder gefährlich ist:* er hatte nicht den M., den Plan auszuführen; M. zu unkonventionellen Methoden haben. **sinnv.:** Bravour, Courage, Draufgängertum, Furchtlosigkeit, Herzhaftigkeit, Kühnheit, Mumm, Schneid, Tapferkeit, Unerschrockenheit, Unverzagtheit, Zivilcourage. **Zus.:** Bekenner-, Helden-, Lebens-, Löwen-, Mannes-, Wagemut.

mu|tig ‹Adj.›: *Mut habend; von Mut zeugend:* durch seine mutige Tat konnte das Kind gerettet werden; er verteidigt m. seine Ansicht. **sinnv.:** beherzt, couragiert, draufgängerisch, frech, furchtlos, heldenhaft, heldenmütig, heroisch, kämpferisch, kühn, mannhaft, tapfer, tollkühn, unerschrocken, unverzagt, vermessen, verwegen, waghalsig. **Zus.:** kampfes-, lebens-, miß-, todes-, wagemutig · ent-, ermutigen.

mut|los ‹Adj.›: *ohne Mut und Zuversicht:* er war schon ganz m., weil ihm nichts gelang. **sinnv.:** ↑ängstlich, kleingläubig, kleinmütig, ↑niedergeschlagen.

mut|maß|lich ‹Adj.›: *wie man auf Grund bestimmter Tatsachen, Anzeichen als möglich annehmen kann:* der mutmaßliche Täter wurde von der Polizei verhaftet. **sinnv.:** ↑anscheinend, vermutlich.

Mut|ter, die: **I.** -, Mütter: **a)** *Frau, die ein oder mehrere Kinder geboren hat:* sie ist M. von drei Kindern; Vater und M. **sinnv.:** Alte, ↑Ehefrau, ↑Eltern, ↑Frau, Mama, Mami, Mutti. **Zus.:** Braut-, Groß-, Königin-, Leih-, Raben-, Schwieger-, Stammutter; Gebärmutter · bemuttern. **b)** *Frau, die in der Rolle einer Mutter ein oder mehrere Kinder versorgt, erzieht:* es wäre gut, wenn die Kinder wieder eine M. hätten. **sinnv.:** Kinderfrau. **Zus.:** Pflege-, Stief-, Tages-, Ziehmutter · Herbergs-, Landesmutter. **II.** -, -n: *innen mit einem Gewinde versehener [flacher] zylindrischer Hohlkörper [aus Metall], der das Gewinde einer Schraube drehbar umschließt:* die M. fest anziehen, lockern. **sinnv.:** ↑Nagel. **Zus.:** Flügel-, Konter-, Rad-, Schrauben-, Sechskant-, Vierkantmutter.

müt|ter|lich ‹Adj.›: **1.** ‹nur attributiv› *von der Mutter kommend, stammend:* die Firma stammt aus dem mütterlichen Erbteil. **2.** *in der Art einer Mutter; liebevoll und besorgt:* die Lehrerin behandelt die Kinder sehr m. **sinnv.:** ↑fürsorglich.

Mut|ter|spra|che, die; -, -n: *Sprache, die man als Kind gelernt [und primär im Sprachgebrauch] hat* /Ggs. Fremdsprache/: er spricht jetzt englisch, aber seine M. ist Deutsch. **sinnv.:** Ausgangssprache.

mut|wil|lig ‹Adj.›: *aus Absicht, provozierender Boshaftigkeit, Leichtfertigkeit geschehend:* er hat das Auto m. beschädigt. **sinnv.:** ↑absichtlich.

Müt|ze, die; -, -n: *(überwiegend aus weichem Material bestehende) Kopfbedeckung mit oder ohne Schirm:* eine wollene M. aufsetzen. **sinnv.:** ↑Kopfbedeckung. **Zus.:** Bäcker-, Bade-, Ballon-, Bärenfell-, Basken-, Bischofs-, Dienst-, Golf-, Jockei-, Matrosen-, Nacht-, Pelzmütze, Prinz-Heinrich-Mütze, Pudel-, Schirm-, Sport-, Strick-, Studenten-, Teller-, Woll-, Zipfelmütze · Schlafmütze.

my|ste|ri|ös ⟨Adj.⟩: *in seinen Zusammenhängen seltsam und unerklärlich, nicht genau durchschaubar:* das Ganze ist eine mysteriöse Angelegenheit; die Regierung trat unter mysteriösen Umständen zurück; der Vorfall wird immer mysteriöser. **sinnv.:** ↑rätselhaft; ↑unfaßbar.

N

Na|bel, der; -s, -: *kleine, rundliche Vertiefung mit einer mehr oder weniger wulstigen Vernarbung darin in der Mitte des menschlichen Bauches (wo ursprünglich die Nabelschnur ansetzte).* **Zus.:** Bauchnabel.

nach: **I.** ⟨Präp. mit Dativ⟩ **1.** (räumlich) **a)** */bezeichnet eine bestimmte Richtung/:* n. oben, unten, hinten, vorn; n. außen, innen; n. links; von links n. rechts schreiben; von Osten n. Westen ziehen. **b)** */bezeichnet ein bestimmtes Ziel/:* n. Amerika fliegen; n. Hause gehen; der Zug fährt von Hamburg n. München. **2.** (zeitlich) */drückt aus, daß etwas dem genannten Zeitpunkt oder Vorgang [unmittelbar] folgt/:* n. wenigen Minuten; er fährt erst n. Weihnachten; n. allem, was geschehen ist, ...; einen Tag n. seiner Rückkehr; fünf Minuten n. drei. **3.** */zur Angabe einer Reihenfolge oder Rangfolge/:* er verließ das Zimmer n. dir; wer kommt n. Ihnen dran?; eins n. dem andern. **4. a)** *so, wie ... ist:* meiner Ansicht, meiner Meinung n./n. meiner Ansicht, Meinung; aller Wahrscheinlichkeit n.; [ganz] n. Wunsch; n. menschlichem Ermessen. **sinnv.:** ↑gemäß. **b)** */bezeichnet das Muster, Vorbild o. ä. für etwas/:* [frei] n. Goethe; n. der neuesten Mode gekleidet sein; einen Anzug n. Maß arbeiten; n. Vorschrift, altem Brauch, geltendem Recht; seinem Wesen n. ist er eher ruhig; er hat dem Sinn n. folgendes gesagt; seiner Sprache n. ist er Norddeutscher; der Größe n./n. der Größe antreten lassen. **II. 1.** /in Verbindung mit einem Personalpronomen in Konkurrenz zu *danach;* bezogen auf eine Sache (ugs.)/: es gibt eine Reihe von Vorschriften. Nach ihnen (statt: danach) muß der Anbau genehmigt werden. **2.** /in Verbindung mit „was“ in Konkurrenz zu *wonach;* bezogen auf eine Sache (ugs.)/: **a)** /in Fragen/: n. was (besser: wonach) soll ich mich richten? **b)** /in relativer Verbindung/: er hat erreicht, n. was (besser: wonach) er verlangte. **III.** ⟨Adv.⟩ **a)** */drückt aus, daß jmd. jmdm./einer Sache folgt, nachgeht/:* mir n.!; dem Dieb n.!; **b)** ⟨in Wortpaaren⟩ n. und n. *(allmählich, langsam fortschreitend; schrittweise erfolgend):* sich n. und n. wieder erholen; n. wie vor *(noch immer [in gleicher Weise fortbestehend]):* er arbeitet n. wie vor in dieser Firma.

nach-: **I.** ⟨trennbares, betontes verbales Präfix⟩ **1.** *hinterher-* **a)** ⟨räumlich⟩: jmdm. nachdrängen, nacheilen, nachfahren, nachreiten, nachrufen, nachschleichen, nachstarren, (jmdm. etwas) nachwerfen. **b)** ⟨zeitlich⟩: (den Geburtstag) nachfeiern (Ggs. vorfeiern), (der Entwicklung) nachhinken, (Kreuzas) nachspielen, (der Jugend) nachtrauern, (reines Wasser) nachtrinken. **2. a)** */besagt, daß das im Basiswort genannte Tun, Geschehen [zur Ergänzung] noch einmal erfolgt/:* etwas nachbehandeln, nachbestellen, nachbezahlen, nachfüllen, nachgießen, nachkassieren, nachkaufen, nachliefern, (operierte Patienten) nachoperieren, nachsatteln, nachwachsen. **b)** */besagt, daß das im Basiswort genannte Tun noch einmal, und zwar zur Verbesserung, erfolgt/* nachbessern, nachbohren, nacheffilieren, nachfärben, nachfeilen, nachfetten, (das Essen) nachpfeffern, (Bäume) nachpflanzen, nachpolieren, nachrecherchieren, nachsalzen, nachschleifen, nachschulen, nachwürzen. **c)** */besagt, daß der im Basiswort genannte Vorgang nach der eigentlichen Beendigung noch fortdauert/:* nachbluten, nachdunkeln, nachglühen, nachhallen, nachleuchten, nachwirken. **d)** */besagt, daß das im Basiswort genannte Tun zur Überprüfung erfolgt/:* nachmessen, nachprüfen, nachrechnen, nachwiegen, nachzählen. **3. a)** */besagt, daß das im Basiswort genannte Tun eine Vorlage, ein Muster kopiert, noch einmal herstellt/:* etwas nachbauen, nachbilden, nachdrucken, nachgestalten, (ein Gericht) nachkochen, nachmachen, (eine Melodie) nachpfeifen, etwas nachschnitzen, (die Wirklichkeit, eine Schachpartie) nachspielen, nachzeichnen. **b)** */besagt, daß mit dem im Basiswort genannten Tun das getan, wiederholt wird, was bereits ein anderer vorgemacht hat/:* etwas nachbeten, nachplappern, nachsingen, nachsprechen. **c)** */besagt, daß das im Basiswort genannte Tun, Erleben o. ä. ebenso ist wie das (vorausgegangene) eines anderen/:* etwas nachempfinden, nacherleben, nachfühlen, jmdm. nachgeraten, nachvollziehen. **4.** */besagt, daß ein Tun auf ein Ziel gerichtet ist und intensiv erfolgt/:* nachfassen, nachforschen, nachgrübeln, nachspionieren. **5.** */besagt, daß das im Basiswort genannte Tun über die vorgesehene Zeit hinaus verlängert wird/:* (eine Stunde) nachsitzen, (beim Fußball; 3 Minuten) nachspielen lassen. **II.** ⟨adjektivisches und substantivisches Präfix⟩ */zeitlich nach dem im Basiswort Genannten* Ggs. vor-/: **a)** ⟨adjektivisch⟩: nachgeburtlich *(nach der Geburt),* nachklassisch *(nach der Klassik),* nachkolonial *(nach der kolonialen Epoche),* nachösterlich *(nach Ostern),* nachstalinistisch *(nach Stalin).* **sinnv.:** post-. **b)** ⟨substantivisch⟩ Nachkriegsroman, Nachsaison *(die Zeit nach der Saison).*

nach|äf|fen, äffte nach, hat nachgeäfft ⟨tr.⟩: *Handlungen, Verhalten, Gewohnheiten einer Person in scherzhafter oder boshafter Absicht oft in übertreibender, verzerrender, herabsetzender Weise nachmachen:* die Schüler äfften den Lehrer nach. **sinnv.:** ↑nachahmen.

nach|ah|men, ahmte nach, hat nachgeahmt ⟨tr.⟩: **1.** *(etwas in Eigenart, Verhalten o. ä.) möglichst genauso tun wie ein anderer:* er ahmte seine Bewegungen sehr gut nach; einen Vogelruf, jmds. Art zu sprechen n. **sinnv.:** imitieren, kopieren, nachäffen, nachmachen · parodieren, simulieren. **2.** *sich eifrig bemühen, es jmdm. gleichzutun:* den zähen Fleiß des Vaters n. **sinnv.:** ↑nacheifern.

Nach|bar, der; -n und -s, -n, **Nach|ba|rin,** die; -, -nen: **a)** *männliche bzw. weibliche Person, die neben jmdm. wohnt, deren Haus, Grundstück [unmittelbar] in der Nähe liegt:* wir sind Nachbarn geworden; ein ruhiger Nachbar; gute Nachbarn sein. **sinnv.:** ↑Anwohner; ↑Mann. **b)** *männliche bzw. weibliche Person, die sich in jmds. [unmittelbarer] Nähe befindet, bes. neben ihm sitzt:* er ist mein Nachbar am Tisch. **sinnv.:** Hintermann, Nebenmann, Vordermann. **Zus.:** Bett-, Tisch-, Zimmernachbar.

Nach|bar|schaft, die; -: **1.** *unmittelbare räumliche Nähe zu jmdm.:* in der N. wohnen; in jmds. N. ziehen. **sinnv.:** ↑Umgebung. **2. a)** *Verhältnis zwischen Personen, die nahe beieinander wohnen:* gute N. halten. **b)** *Gesamtheit der Nachbarn:* die ganze N. spricht davon.

nach|bil|den, bildete nach, hat nachgebildet ⟨tr.⟩: *so wiedergeben, daß das Ergebnis dem Original weitgehend entspricht; nach einem Vorbild, Muster gestalten:* etwas historisch getreu n.; eine Plastik n. **sinnv.:** ↑darstellen; ↑formen; ↑nachempfinden; ↑rekonstruieren; ↑reproduzieren.

nach|dem ⟨Konj.⟩: **1.** ⟨temporal⟩ *nach dem Zeitpunkt, als:* n. er seine Partner begrüßt hatte, kam er sehr schnell zu dem eigentlichen Thema. **2.** ⟨kausal mit gleichzeitig temporalem Sinn⟩ (landsch.) */drückt eine Begründung des Geschehens im Gliedsatz aus/:* n. sich die Arbeiten verzögerten, verloren viele das Interesse daran.

nach|den|ken, dachte nach, hat nachgedacht ⟨itr.⟩: *sich in Gedanken eingehend mit jmdm./etwas beschäftigen, gründlich überlegen:* denk einmal darüber nach!; er hat über dieses Ereignis lange nachgedacht. **sinnv.:** sich bedenken, sich besinnen, brüten, denken, durchdenken, sich ↑fragen, sich Gedanken machen, einem Gedanken/seinen Gedanken nachhängen, seine Gedanken zusammennehmen, seinen Geist anstrengen, grübeln, herumrätseln, sich das Hirn zermartern, knobeln, sich den Kopf zerbrechen, meditieren, nachgrübeln, nachsinnen, philosophieren, rätseln, reflektieren, sinnen, sinnieren, spinnen, spintisieren, tüfteln, überdenken, überlegen, den Verstand gebrauchen.

nach|denk|lich ⟨Adj.⟩: *mit etwas gedanklich beschäftigt, in Gedanken versunken:* er machte ein nachdenkliches Gesicht; er blickte n. auf seine Hände; das stimmte ihn n. *(das veranlaßte ihn, darüber nachzudenken).* **sinnv.:** gedankenvoll, grüblerisch.

Nach|druck: I. der; -[e]s: *besondere Betonung, Eindringlichkeit, mit der die Wichtigkeit einer Sache hervorgehoben wird:* er sagte dies mit N.; einer Sache N. verleihen. **sinnv.:** Akzent, Ausdrücklichkeit, Bestimmtheit, ↑Betonung, Deutlichkeit, Drastik, Emphase, Gewicht, Gewichtigkeit, Inständigkeit, Nachdrücklichkeit, Überzeugungskraft, Unmißverständlichkeit. **II.** der; -[e]s, Nachdrucke: *unveränderter Abdruck (eines Buches, Bildes o. ä.):* N. verboten. **sinnv.:** ↑Reproduktion.

nach|drück|lich ⟨Adj.⟩: *mit Nachdruck, Eindringlichkeit:* auf etwas n. hinweisen. **sinnv.:** ausdrücklich, ↑bedeutungsvoll, beschwörend, ↑bestimmt, betont, ↑demonstrativ, deutlich, drastisch, ↑dringend, eindringlich, emphatisch, gewichtig, flehend, flehentlich, händeringend, innig, inständig, mahnend, ↑massiv, ostentativ, ultimativ, unmißverständlich, ↑wirkungsvoll · Gewicht.

nach|ei|fern, eiferte nach, hat nachgeeifert ⟨itr.⟩: *eifrig bemüht sein, etwas ebenso gut zu tun wie ein anderer:* er eiferte diesem Künstler nach. **sinnv.:** sich an jmdm. ein Beispiel nehmen, nachahmen, nachfolgen, nachmachen, nachstreben, in jmds. Spuren wandeln, sich jmdn. zum Vorbild nehmen.

nach|ein|an|der ⟨Adverb⟩: **1.** *einer, eine, eines nach dem anderen; in kurzen Abständen [unmittelbar] aufeinanderfolgend:* sie betraten n. den Saal; n. reichte sie ihnen die Hand; die Wagen starten n. **sinnv.:** aufeinanderfolgend, darauffolgend, folgend, im Gänsemarsch, hintereinander, nachfolgend, der Ordnung/Reihe nach, in Reih und Glied. **2.** *(wechselseitig) einer nach dem andern:* sie sehnten sich n.

nach|emp|fin|den, empfand nach, hat nachempfunden ⟨tr.⟩: **1.** *sich so in einen anderen Menschen hineinversetzen, daß man das gleiche empfindet wie er:* ich habe seinen Schmerz nachempfunden. **sinnv.:** sich ↑einfühlen. **2.** *in Anlehnung an das Werk eines Künstlers gestalten:* ein Gedicht, Bild n. **sinnv.:** ablauschen, ↑nachbilden, nachformen, nachgestalten.

nach|fol|gen, folgte nach, ist nachgefolgt ⟨itr.⟩ (geh.): **1. a)** *hinter jmdm./etwas gehen, laufen, fahren:* das Brautpaar ging voran, die Gäste folgten nach. **sinnv.:** ↑nachgehen. **b)** *(nach einer bestimmten Person, einem bestimmten Ereignis) kommen; (auf jmdn./etwas) folgen:* jmdm. im Amt n.; dem Winter folgte ein nasses Frühjahr nach. **sinnv.:** sich ↑anschließen, folgen, die Nachfolge antreten. **2.** *als einem Vorbild folgen:* jmdm. demütig, begeistert n. **sinnv.:** ↑nacheifern.

Nach|fol|ger, der; -s, -, **Nach|fol|ge|rin,** die; -, -nen: *männliche bzw. weibliche Person, die jmds. Arbeit, Aufgabe, Amt übernimmt* /Ggs. Vorgänger/: jmdn. zum Nachfolger ernennen, berufen. **sinnv.:** Kronprinz, Wachablösung. **Zus.:** Amts-, Rechtsnachfolger.

nach|for|schen, forschte nach, hat nachgeforscht ⟨itr.⟩: *durch intensive Bemühungen versuchen, sich genaue Kenntnisse, Informationen über jmdn./etwas zu verschaffen:* er forschte nach, wie sich der Vorgang ereignet hatte. **sinnv.:** abklopfen auf, ausleuchten, ↑durchleuchten, erkunden, ermitteln, Ermittlungen anstellen, ↑feststellen, ↑forschen, einer Sache auf den Grund gehen/nachgehen, nachspüren, recherchieren, untersuchen; ↑spionieren.

Nach|fra|ge, die; -: *Bereitschaft, Verlangen der Käufer nach bestimmten Waren:* es herrschte eine starke N. nach dieser Neuheit. **sinnv.:** ↑Bedarf.

nach|fra|gen, fragte nach, hat nachgefragt ⟨itr.⟩: **a)** *sich* ↑*erkundigen:* fragen Sie doch bitte morgen noch einmal nach! **sinnv.:** ↑anfragen. **b)** *sich an jmdn. wenden, um etwas zu erbitten:* um Genehmigung n.

nach|ge|ben, gibt nach, gab nach, hat nachgegeben ⟨itr.⟩: **1.** *dem Willen oder den Forderungen eines anderen nach anfänglichem Widerstand entsprechen, schließlich doch zustimmen, sich überreden lassen:* nach langer Diskussion gab er endlich nach. **sinnv.:** ↑aufgeben, sich beugen, einlenken, entgegenkommen, sich ergeben, erhören, sich erweichen lassen, sich fügen, ↑kapitulieren, in die Knie gehen, kuschen, passen, resignieren, einen Rückzieher machen, den Rückzug antreten, schwach/weich werden, den Schwanz einziehen, die Segel streichen, unterliegen, sich unterordnen/unterwerfen, die Waffen strecken, weichen, willfahren, Zugeständnisse machen, zurückstecken. **2.** *einem Druck nicht standhalten:* der Boden, die Wand gibt nach.

nach|ge|hen, ging nach, ist nachgegangen ⟨itr.⟩: **1. a)** *(hinter jmdm./etwas) hergehen, folgen:* er ist dem Mädchen nachgegangen; einer Spur, den Klängen der Musik n. **sinnv.:** folgen, hinterhergehen, hinterherlaufen, nacheilen, nachfolgen, nachlaufen, nachrennen, nachschleichen, verfolgen; ↑nachkommen. **b)** *(etwas) genau überprüfen, in seinen Einzelheiten zu klären, zu ergründen suchen:* einem Hinweis, einem Problem n. **sinnv.:** nachforschen. **2.** *(eine [berufliche] Tätigkeit regelmäßig ausüben:* seinem Beruf, einem Gewerbe n. **sinnv.:** ↑arbeiten. **3.** *(jmdn.) noch lange innerlich beschäftigen:* dieses Erlebnis ging ihm noch lange nach. **sinnv.:** ↑beschäftigen. **4.** *(von Meßgeräten) zu wenig anzeigen, zu langsam gehen:* der Tacho geht nach; die Uhr geht fünf Minuten nach.

nach|gie|big ⟨Adj.⟩: *so veranlagt, daß die Neigung besteht, sich dem Willen anderer anzupassen; leicht umzustimmen:* ein nachgiebiger Mensch; du bist ihm gegenüber viel zu n. **sinnv.:** ↑willensschwach.

nach|hal|tig ⟨Adj.⟩: *sich für längere Zeit stark auswirkend:* einen nachhaltigen Eindruck hinterlassen; jmdn. n. beeinflussen. **sinnv.:** ↑einschneidend.

nach|hel|fen, hilft nach, half nach, hat nachgeholfen ⟨itr.⟩: *helfen, daß etwas besser funktioniert; Hilfe, Unterstützung gewähren [bei bestimmten Aufgaben]:* dem Schüler in Englisch n.; bei ihm geht es sehr langsam, da muß man etwas n. *(man muß ihn antreiben).* **sinnv.:** ↑helfen.

nach|her [auch: nachher] ⟨Adverb⟩: **a)** *etwas später; in näherer, nicht genau bestimmter Zukunft:* n. gehen wir einkaufen. **sinnv.:** ↑später. **b)** *unmittelbar nach einem Geschehen; dann, wenn etwas vorbei ist:* vorher hatte er keine Zeit und n. kein Geld, den Mantel zu kaufen; n. will es keiner gewesen sein. **sinnv.:** ↑hinterher.

nach|ho|len, holte nach, hat nachgeholt ⟨tr.⟩: **1.** *nachträglich an einen bestimmten Ort holen:* seine Familie an den neuen Wohnort n. **2.** *(Versäumtes oder bewußt Ausgelassenes) später erledigen:* er hat alles in kurzer Zeit nachgeholt. **sinnv.:** ↑aufholen.

Nach|kom|me, der; -n, -n: *Lebewesen, das in gerader Linie von einem anderen Lebewesen abstammt:* ohne Nachkommen sterben. **sinnv.:** ↑Sproß.

nach|kom|men, kam nach, ist nachgekommen ⟨itr.⟩: **1.** *später kommen:* ich werde in einer halben Stunde n. **sinnv.:** folgen, hinterherkommen; ↑nachgehen. **2.** *etwas schnell genug tun, um Schritt zu halten, nicht damit zurückzubleiben:* beim Diktat mit dem Schreiben gut, nicht n. **3.** *(etwas, was ein anderer wünscht oder verlangt) erfüllen oder vollziehen:* einem Wunsch, einer Aufforderung n. **sinnv.:** ↑gehorchen.

Nach|laß, der; Nachlasses, Nachlasse und Nachlässe: **1.** *Gesamtheit dessen, was ein Verstorbener an Gütern und Verpflichtungen hinterläßt:* jmds. N. verwalten. **sinnv.:** ↑Erbe. **2.** *Ermäßigung des Preises:* er wird mir beim Kauf dieses Autos fünf Prozent N. gewähren. **sinnv.:** ↑Ermäßigung.

nach|las|sen, läßt nach, ließ nach, hat nachgelassen: **1.** ⟨itr.⟩ *an Intensität, Stärke, Wirkung verlieren, weniger, schwächer werden:* die Spannung, der Widerstand, der Regen läßt nach. **sinnv.:** abbauen, abebben, abflauen, abklingen, sich ↑legen, zurückgehen; ↑schwinden. **2.** ⟨tr.⟩ *weniger berechnen:* er hat keinen Pfennig, die Hälfte des Preises nachgelassen. **sinnv.:** ↑ermäßigen. **3.** ⟨tr.⟩ *vermindern, [teilweise] erlassen:* Schulden, Strafen n.

nach|läs|sig ⟨Adj.⟩: **a)** *ohne die nötige Sorgfalt, nicht gründlich:* das ist eine nachlässige Arbeit; er ist ein nachlässiger Schüler. **sinnv.:** flüchtig, huschelig, lax, liederlich, oberflächlich, schlampig, schludrig, ungenau, unordentlich; ↑dilettantisch. **b)** *weder Interesse noch Teilnahme, Aufmerksamkeit erkennen lassend; voller Gleichgültigkeit:* du gehst mit deinen Sachen sehr n. um; jmdn. n. grüßen. **sinnv.:** unachtsam.

nach|lau|fen, läuft nach, lief nach, ist nachgelaufen ⟨itr.⟩: **a)** *[eilig] zu Fuß folgen:* jmdm. n. **sinnv.:** ↑nachgehen; verfolgen. **b)** *sich jmdm. aufdrängen:* ich will ihm nicht n. **c)** *als Anhänger folgen:* einem falschen Messias n.

nach|ma|chen, machte nach, hat nachgemacht ⟨tr.⟩ (ugs.): **1. a)** *genau das tun, was ein anderer tut:* das Kind macht den Geschwistern alles nach. **sinnv.:** ↑nacheifern. **b)** ↑*nachahmen:* er konnte die Stimme und die Bewegungen bekannter Politiker n. **c)** *nach einer Vorlage ganz genauso herstellen, machen:* Stilmöbel n:, die Unterschrift war schlecht nachgemacht.**2.** ↑*nachholen:* die Hausaufgaben n. **sinnv.:** ↑aufholen.

nach|mit|tag ⟨Adverb; in Verbindung mit der Angabe eines bestimmten Tages⟩: *am Nachmittag:* heute n. bin ich nicht zu Hause.

Nach|mit|tag, der; -s, -e: *Zeit vom Mittag bis zum Beginn des Abends:* den N. im Schwimmbad verbringen. **Zus.:** Spätnachmittag.

nach|mit|tags ⟨Adverb⟩: *am Nachmittag; jeden Nachmittag:* wir sind n. zu Hause.

Nach|na|me, der; -ns, -n: ↑*Familienname.*
nach|prü|fen, prüfte nach, hat nachgeprüft ⟨tr.⟩: *zur Kontrolle [nochmals] prüfen:* jmds. Angaben n.; ich mußte alle Rechnungen noch einmal n. **sinnv.:** ↑kontrollieren.
Nach|re|de, die; -, -n: *unzutreffende Behauptung, die den, auf den sie sich bezieht, in den Augen anderer herabsetzt, verächtlich macht:* schlechte, üble Nachreden über jmdn. verbreiten. **sinnv.:** ↑Rufmord.
Nach|richt, die; -, -en: **1.** *Mitteilung von neuesten Ereignissen oder Zuständen von oft besonderer Wichtigkeit:* eine schlechte, amtliche, politische N.; keine N. erhalten; eine N. überbringen, mitbringen. **sinnv.:** Ankündigung, Anzeige, Auskunft, Äußerung, Benachrichtigung, Bescheid, Bestellung, Botschaft, Durchsage, Info, Information, Kunde, Meldung, ↑Mitteilung, Neuigkeit, Notiz. **Zus.:** Greuel-, Kultur-, Sieges-, Todesnachricht. **2.** ⟨Plural⟩ *Sendung im Rundfunk oder Fernsehen, in der die aktuellen, bes. die politischen Ereignisse mitgeteilt werden:* die Nachrichten hören. **Zus.:** Abend-, Kurznachrichten.
nach|rücken, rückte nach, ist nachgerückt ⟨itr.⟩: **1.** ↑*aufrücken:* rücken Sie bitte etwas nach! **sinnv.:** ↑aufschließen. **2.** *als Nachfolger jmds. Amt, Posten einnehmen:* auf die Stelle des Direktors n. **sinnv.:** rotieren; ↑aufsteigen.
Nach|ruf, der; -[e]s, -e: *gesprochener oder geschriebener Text, in dem die Verdienste eines Verstorbenen gewürdigt werden:* einen N. in die Zeitung setzen. **sinnv.:** Gedächtnisrede, Grabrede, Leichenrede, Nekrolog, Totenrede, Würdigung.
nach|rü|sten, rüstete nach, hat nachgerüstet ⟨itr.⟩: *den Bestand an militärischen Waffen, Kampfmitteln ergänzen, vergrößern, um gegenüber einem potentiellen Gegner das als verloren betrachtete Gleichgewicht wiederzugewinnen.* **sinnv.:** aufrüsten; ↑rüsten.
nach|sa|gen, sagte nach, hat nachgesagt ⟨tr.⟩: **1.** *(etwas, was jmd. gesagt hat) wiederholen:* die Kinder sagten nach, was man ihnen vorgesprochen hatte. **sinnv.:** echoen, nachbeten, nachplappern, nachreden, nachsprechen, ↑wiederholen. **2.** *von jmdm. in dessen Abwesenheit behaupten, sagen:* jmdm. Hochmut, große Fähigkeiten n. **sinnv.:** zuschreiben.
nach|schie|ben, schob nach, hat nachgeschoben ⟨tr.⟩: *(in einem Interview o. ä.) einer Mitteilung, Frage o. ä. eine weitere anschließen:* der Politiker schob ein Argument nach.
nach|schla|gen, schlägt nach, schlug nach, hat nachgeschlagen: **1.** ⟨tr./itr.⟩ *sich in einem Lexikon oder [Wörter]buch Auskunft holen (über etwas/jmdn.):* ein Zitat, ein Wort n.; in einem Buch n. **sinnv.:** ↑aufsuchen, in etwas blättern, durchblättern, durchsehen, in etwas nachblättern/nachlesen, nachsehen, suchen. **2.** ⟨itr.⟩ *im Wesen einer verwandten Person ähnlich sein, werden:* der Sohn schlägt dem Vater nach. **sinnv.:** ↑ähneln.
Nach|schla|ge|werk, das; -[e]s, -e: *ein- oder mehrbändiges Werk, in dem übersichtlich, meist alphabetisch geordnet bestimmte Sachgebiete behandelt sind und das zur schnellen Orientierung dient:* ein handliches, kleines, großes N. **sinnv.:** Diktionär, Enzyklopädie, Glossar, Lexikon, Namenbuch, Thesaurus, Vokabular, Wörterbuch, Zitatenschatz.
Nach|schub, der; -[e]s: **a)** *laufende Versorgung der Truppen bes. an der Front mit Verpflegung und Material:* der N. ist gestört. **Zus.:** Truppen-, Verpflegungsnachschub. **b)** *Verpflegung, Material, mit dem die Truppen versorgt werden:* der N. ist ausgeblieben.
nach|se|hen, sieht nach, sah nach, hat nachgesehen: **1.** ⟨itr.⟩ *hinter jmdm./etwas hersehen; mit den Blicken folgen:* jmdm. sinnend n.; er sah dem Zug, Auto nach. **sinnv.:** hinterherschauen, hinterhersehen, nachblicken, nachschauen. **2.** ⟨itr.⟩ *prüfen, sich mit prüfenden Blicken überzeugen, ob etwas im gewünschten Zustand ist oder in gewünschter Weise geschehen ist:* ich muß n., ob das Fenster geschlossen ist. **sinnv.:** ↑kontrollieren. **3.** ⟨tr./itr.⟩ ↑*nachschlagen* (1): ich muß n., wie das Gedicht genau lautet. **4.** ⟨tr.⟩ *kontrollierend, prüfend auf Fehler, Mängel hin ansehen, durchsehen:* Rechnungen auf Fehler, die Schularbeiten n. **5.** ⟨tr.⟩ *mit jmdm. (in bezug auf etwas zu Beanstandendes, Tadelndes o. ä.) nachsichtig sein:* er sah seinem Sohn vieles nach. **sinnv.:** ↑verzeihen.
Nach|sicht, die; -: *verzeihendes Verständnis für die Schwächen eines anderen:* **sinnv.:** ↑Langmut, ↑Schonung.
nach|sich|tig ⟨Adj.⟩: *Nachsicht übend, zeigend:* eine nachsichtige Behandlung; nachsichtige Eltern. **sinnv.:** ↑geduldig, milde, ↑tolerant.
Nach|spei|se, die; -, -n: ↑*Nachtisch.* **sinnv.:** ↑Dessert.
Nach|spiel, das; -s, -e: *meist unangenehme Folge, Nachwirkung einer Handlung, Angelegenheit:* die Sache wird noch ein gerichtliches N. haben. **sinnv.:** ↑Folge.
nächst... ⟨Adj.; nur attributiv⟩: **1.** *räumlich als erstes folgend, unmittelbar in der Nähe befindlich:* jmdn. an der nächsten Ecke erwarten; lies die nächste Strophe. **2.** *zeitlich als erstes, unmittelbar folgend:* wir machen im nächsten Monat Urlaub; der nächste [Patient], bitte!
nach|ste|hend ⟨Adj.; nur attributiv⟩: *(in einem Text) an späterer Stelle stehend:* die nachstehenden Bemerkungen.
näch|stens ⟨Adverb⟩: *in nächster Zeit, in naher Zukunft:* sie wollen n. heiraten. **sinnv.:** ↑später.
nacht ⟨Adverb; in Verbindung mit der Angabe eines bestimmten Tages⟩: *in der Nacht:* heute n. hat es bei uns geklingelt.
Nacht, die; -, Nächte: *Zeit der Dunkelheit zwischen Abend und Morgen:* eine kalte, angenehme N.; bei Anbruch der N.; in der N. von Samstag auf Sonntag. **Zus.:** Ball-, Fast-, Frühlings-, Hochzeits-, Mitter-, Mond-, November-, Schreckens-, Weihnacht.
Nach|teil, der; -[e]s, -e: *ungünstiger Umstand; etwas, was sich für jmdn. gegenüber anderen negativ auswirkt* /Ggs. Vorteil/: es ist ein N., daß wir kein Auto haben; dieser Vertrag brachte ihm nur Nachteile; er ist dir gegenüber im N. *(ist benachteiligt).* **sinnv.:** ↑Mangel.
nach|tei|lig ⟨Adj.⟩: *Nachteile bringend:* nachteilige Folgen; etwas wirkt sich n. aus. **sinnv.:** ↑hinderlich; ↑unangenehm; ↑unerfreulich; ↑unvorteilhaft.
Nach|ti|gall, die; -, -en: *versteckt lebender, unscheinbar röt-*

lichbrauner Singvogel, dessen sehr melodisch klingender Gesang bes. nachts ertönt.

näch|ti|gen (geh.): ↑*übernachten:* er hat bei uns genächtigt. **sinnv.:** ↑absteigen.

Nach|tisch, der; -[e]s, -e: *nach dem eigentlichen Essen gereichte, meist süße, oft aus Pudding, Eis, Obst o. ä. bestehende Speise.* **sinnv.:** ↑Dessert.

Nacht|le|ben, das; -s: *nächtlicher Betrieb in Bars, Kabaretts, Spielbanken o. ä.*

nächt|lich ⟨Adj.; nur attributiv⟩: *in, während der Nacht [stattfindend, vorhanden]:* die nächtliche Kühle; er traf seinen Freund auf einem nächtlichen Spaziergang.

Nacht|lo|kal, das; -s, -e: *Lokal, oft mit Musik und unterhaltendem Programm, das die Nacht hindurch geöffnet ist.* **sinnv.:** Amüsierbetrieb, Amüsierlokal, Bar, Lasterhöhle, Nachtbar, Nachtcafé, Nachtklub, Nightclub; ↑Gaststätte.

Nach|trag, der; -[e]s, Nachträge: *Ergänzung, Zusatz am Schluß einer schriftlichen Arbeit:* dem Aufsatz noch einen N. hinzufügen. **sinnv.:** ↑Anhang; ↑Nachwort.

nach|tra|gen, trägt nach, trug nach, hat nachgetragen /vgl. nachtragend/: **1.** ⟨tr.⟩ *jmdm. tragend nachbringen; hinter jmdm. hertragen:* er hat ihm seinen Schirm, den er vergessen hatte, nachgetragen. **2.** ⟨itr.⟩ *jmdn. längere Zeit seine Verärgerung (über etwas von ihm Gesagtes, Getanes) spüren lassen; nicht verzeihen können:* sie trug ihm seine Äußerung noch lange nach. **sinnv.:** ↑übelnehmen. **3.** ⟨tr.⟩ *nachträglich ergänzend hinzufügen:* ich muß in dem Aufsatz noch etwas n. **sinnv.:** ↑vervollständigen.

nach|tra|gend ⟨Adj.⟩: *längere Zeit nicht verzeihen könnend:* sei doch nicht so n.! **sinnv.:** ↑empfindlich.

nach|träg|lich ⟨Adj.; nicht prädikativ⟩: *hinterher erfolgend, nach dem Zeitpunkt des Geschehens liegend:* n. sah er alles ein; ein nachträglicher Glückwunsch. **sinnv.:** ↑hinterher.

nachts ⟨Adverb⟩: *in der Nacht, während der Nacht:* er arbeitet häufig n.; um 3 Uhr n.; spät n./n. spät nach Hause kommen.

Nacht|tisch, der; -[e]s, -e: *kleines, neben dem Bett stehendes Schränkchen, Tischchen.*

Nach|weis, der; -es, -e: *das Beschaffen, Vorlegen von Beweismaterial, mit dem eine Behauptung belegt wird; die Richtigkeit, das Vorhandensein von etwas eindeutig bestätigende Feststellung:* der N. seiner Unschuld ist gelungen; einen N. führen. **sinnv.:** Alibi, Beweis, Beweisgrund, Beweismaterial, Beweismittel, Beweisstück, Indiz, Rechtfertigung; ↑Aussage; ↑Bescheinigung. **Zus.:** Arbeits-, Befähigungs-, Literatur-, Stellen-, Zimmernachweis.

nach|wei|sen, wies nach, hat nachgewiesen ⟨tr.⟩: **1.** *den Nachweis für etwas erbringen:* etwas läßt sich nur schwer n.; jmdm. einen Fehler, eine Schuld, einen Irrtum n. **sinnv.:** ↑aufzeigen, belegen, beweisen, bringen (Beweis), dokumentieren, erbringen (Nachweis), untermauern. **2.** *jmdm. etwas, was ihm vermittelt werden soll, angeben und ihm entsprechende Informationen darüber geben:* jmdm. eine Stellung, ein Zimmer n.

Nach|welt, die; -: *Gesamtheit der später lebenden Menschen, Generationen:* über diese Persönlichkeiten wird die N. ein Urteil fällen.

nach|wir|ken, wirkte nach, hat nachgewirkt ⟨itr.⟩: *nachhaltig wirken, eine lange Zeit (über die eigentliche Ursache hinaus) seine Wirkung ausüben:* diese Rede, Lektüre wirkte noch lange nach.

Nach|wort, das; -[e]s, -e: *einer größeren schriftlichen Arbeit oder Darstellung nachgestellter, ergänzender, erläuternder o. ä. Text.* /Ggs. Vorwort/. **sinnv.:** ↑Anhang, Epilog, Nachsatz, Nachschrift, Nachtrag, Postskriptum, Schlußwort.

Nach|wuchs, der; -es: **1.** *Kind oder Kinder (in einer Familie):* wir haben N. bekommen. **sinnv.:** ↑Kind **2.** *jüngere, heranwachsende Kräfte, Mitarbeiter:* die Industrie klagt über den Mangel an N. **Zus.:** Handwerker-, Filmnachwuchs.

nach|zäh|len, zählte nach, hat nachgezählt ⟨tr.⟩: *zur Kontrolle [noch einmal] zählen:* das Geld sorgfältig n.

nach|zie|hen, zog nach, hat/ist nachgezogen: **1.** ⟨tr.⟩ *(ein Bein) beim Gehen nicht richtig bewegen können:* er hat das linke Bein nachgezogen. **2.** ⟨tr.⟩ *(einer Linie mit einem Stift o. ä.) folgen und sie dadurch kräftiger machen:* er zog die Linien mit roter Tusche nach; ich habe mir die Augenbrauen nachgezogen. **3.** ⟨tr.⟩ *(eine Schraube) durch erneutes Ziehen, Drehen noch fester machen:* er hat die Seile, die Schrauben nachgezogen. **4.** ⟨tr.⟩ *(eine Pflanze) noch einmal ziehen, züchten:* von diesen Blumen hat der Gärtner noch einige Beete voll nachgezogen. **5.** ⟨itr.⟩ *(einer sich bewegenden Person/Sache) folgen, hinter jmdm./etwas herziehen:* den Musikanten n.; dem Schiff sind viele Möwen nachgezogen. **6.** ⟨itr.⟩ **a)** *einem Beispiel folgen; etwas, was andere vorgemacht haben, ebenso machen, nachmachen:* andere Staaten haben nachgezogen. **b)** *den Vorsprung eines anderen verringern, einen Rückstand wettmachen:* fast war die Konkurrenz für sie nicht mehr zu erreichen, aber sie sind ganz schön nachgezogen. **sinnv.:** ↑aufholen.

Nacken, der; -s, -: *hinterer, unterer Teil des Halses, der in einer Wölbung in den Rücken übergeht:* ein ausrasierter, schmaler, feister N.; den N. beugen; den Kopf in den N. legen; sie rannten los, als säße ihnen der Teufel im N.; er spürte die Faust im N. **sinnv.:** Genick · Hals. **Zus.:** Speck-, Stiernacken.

nackt ⟨Adj.⟩: *ohne Bekleidung, Bedeckung (soweit sie im allgemeinen üblich ist):* mit nacktem Oberkörper; n. baden. **sinnv.:** im Adamskostüm, ausgezogen, bar, barfuß bis zum Hals, blank, bloß, entblößt, enthüllt, entkleidet, im Evaskostüm, frei, wie Gott ihn/sie schuf, hüllenlos, nackend, textilarm, textilfrei, unangezogen, unbedeckt, unbekleidet. **Zus.:** pudel-, splitterfaser-, splitternackt.

Na|del, die; -, -n: **1.** *dünner, langgestreckter, meist spitzer Gegenstand, der aus Metall (oder einem ähnlich festen Material) besteht und je nach Verwendungszweck (wie Nähen, Stopfen, Stricken, Stecken, Spritzen u. a.) in Einzelheiten unterschiedlich geformt ist:* die Nadeln klappern beim Stricken; eine N. einfädeln; sich mit einer N. stechen; etwas mit Nadeln feststecken; sie trug eine N. *(schmale Brosche)* mit einer prächtigen Perle; die N. des Kompasses zeigte genau nach Norden. **sinnv.:** Dorn, Stachel, Stift; ↑Brosche. **Zus.:** Ansteck-, Haar-, Häkel-, Hut-,

Injektions-, Kompaß-, Krawatten-, Magnet-, Näh-, Radier-, Sicherheits-, Steck-, Stopf-, Stricknadel. **2.** *in der Funktion dem Blatt vergleichbares Gebilde von nadelähnlicher Form an Nadelbäumen:* die Fichte verliert die Nadeln. **sinnv.:** ↑Blatt. **Zus.:** Fichten-, Kiefern-, Tannennadel.

Na̱|del|baum, der; -[e]s, Nadelbäume: *Baum, der Nadeln* (2) *hat* /Ggs. Laubbaum/: Tannen, Kiefern, Lärchen sind Nadelbäume.

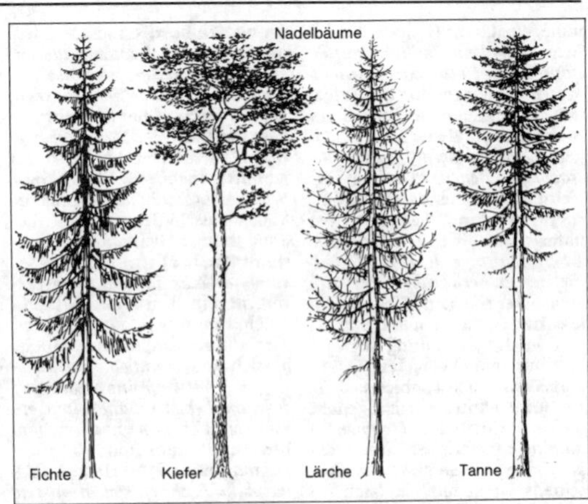

Na̱|gel, der; -s, Nägel: **1.** *Stift aus Metall mit Spitze und meist flachem, abgerundetem Kopf, der (zum Befestigen, Aufhängen von etwas) in etwas hineingetrieben wird:* der N. sitzt fest, hält nicht; er schlug einen N. in die Wand; etwas mit Nägeln befestigen. **sinnv.:** Bolzen, Drahtstift, Dübel, Haken, Holzstift, Krampe, Metallstift, Niete, Mutter, ↑Reißzwecke, Schraube, Stift, Zapfen, Zimmermannsstift. **Zus.:** Draht-, Eisen-, Haken-, Huf-, Kopf-, Polster-, Sarg-, Schrauben-, Schuhnagel · Notnagel. **2.** *hornartiger Teil an den äußeren Enden von Fingern und Zehen:* die Nägel schneiden. **sinnv.:** ↑Fingernagel. **Zus.:** Finger-, Fuß-, Zehennagel.

na̱|geln: 1. a) ⟨tr.⟩ *mit einem Nagel befestigen:* ein Bild an die Wand n. **b)** ⟨tr.⟩ *mit Nägeln versehen:* Schuhe n. **c)** ⟨tr.⟩ *mit Hilfe von Nägeln zusammenfügen:* eine Kiste aus Brettern n. **d)** ⟨itr.⟩ *mit Hammer und Nägeln arbeiten:* er nagelt schon den ganzen Vormittag. **2.** ⟨tr.⟩ *mit einem speziellen Stift wieder zusammenfügen:* der Knochen, das Bein, der Bruch muß genagelt werden.

na̱|gel|neu ⟨Adj.⟩: *noch völlig neu:* ein nagelneues Auto.

na̱|gen: a) ⟨itr.⟩ *(bes. von bestimmten Tieren) mit den Zähnen kleine Stücke von einem harten Gegenstand abbeißen:* der Hund nagt an einem Knochen. **sinnv.:** ↑kauen. **b)** ⟨tr.⟩ *durch Abbeißen von etwas entfernen:* das Wild hat die Rinde von den Bäumen genagt. **c)** ⟨tr.⟩ *durch Abbeißen, Zerbeißen entstehen lassen:* die Ratten haben Löcher ins Holz genagt.

Na̱|ge|tier, das; -[e]s, -e: *kleines, pflanzenfressendes Säugetier, das je zwei starke und scharfe, zum Nagen ausgebildete Zähne im Ober- und Unterkiefer hat.* **sinnv.:** Nager; Biber · Eichhörnchen · Hamster · Hase · Kaninchen · Maus · Meerschweinchen · Ratte.

na̱h, na̱|he: I. ⟨Adj.⟩ näher, nächste /vgl. nächst .../ **1.** *nicht weit entfernt; in kurzer Entfernung befindlich:* der nahe Wald; in der näheren Umgebung; geh nicht zu n. an das Feuer heran!; nahe bei der Kirche. **sinnv.:** benachbart, dicht an/bei, gleich um die Ecke, hart, [nur] ein Katzensprung, in der Nähe, nahebei, nebenan, umliegend, unweit. **2.** *bald, in absehbarer Zeit eintretend, bevorstehend, folgend* /Ggs. fern/: in naher Zukunft; die nahe Abreise; Hilfe war nahe. **3.** *in enger, direkter Beziehung zu jmdm./etwas stehend:* ein naher Angehöriger; nahe mit jmdm. verwandt, befreundet sein. **sinnv.:** ↑eng. **Zus.:** lebens-, natur-, zeitnah[e]; vgl. -nah. **II.** ⟨Präp. mit Dativ⟩ (geh.) *in der Nähe (einer Person, Sache):* nahe dem Fluß. **sinnv.:** unweit.

-nah ⟨adjektivisches Suffixoid⟩ /Ggs. -fern/: **1.** *in einer als positiv empfundenen Weise mit direktem Bezug zu dem im Basiswort Genannten, darauf gerichtet, daran orientiert:* bürgernahe Kontakte, gegenwarts-, klienten-, lebensnahes Buch, praxisnahe Ausbildung, verbrauchernahes Wirtschaftsmagazin, wirklichkeits-, zeitnahe Schilderung. **sinnv.:** -betont, -bezogen, -orientiert. **2. a)** *dem im Basiswort Genannten in Art o. ä. nahestehend, ihm ähnelnd, Verbindungen dazu aufweisend:* bluesnahe Lieder, gewerkschaftsnahe Bank, landwirtschaftsnahes Unternehmen, mafianahe Firma, polizei-, schulnahe Zeitschrift, SPD-nahe Schülerzeitung. **b)** *in der Nähe von dem im Basiswort Genannten, sich dicht daran befindend:* front-, grenznahe Stadt, körpernahe Sakkolinie, im wiennahen Schloß Laxenburg; /elliptisch/ fußnahe Polizeireviere *(Polizeireviere, die so nahe liegen, daß sie zu Fuß erreicht werden können).*

Nä̱|he, die; -: *geringe räumliche oder zeitliche Entfernung:* das Theater liegt ganz in der N.; die N. zur Stadt macht die Wohnung noch attraktiver; etwas aus nächster N. beobachten; etwas rückt in greifbare N. **Zus.:** Boden-, Erd-, Körper-, Natur-, Ruf-, Zeitnähe.

na̱|he|brin|gen, brachte nahe, hat nahegebracht ⟨tr.⟩: **1.** *jmdm. bestimmte Kenntnisse vermitteln und bei ihm Interesse, Verständnis wecken:* der Lehrer hat versucht, den Schülern diese Werke nahezubringen. **sinnv.:** ↑lehren. **2.** *jmdn. mit einem andern vertraut machen, eine enge Beziehung entstehen lassen:* gemeinsames Erleben brachte sie einander nahe.

na̱|he|ge|hen, ging nahe, ist nahegegangen ⟨itr.⟩: *(jmdn.) innerlich bewegen, [schmerzlich] berühren:* sein Tod, seine Krankheit geht mir nahe. **sinnv.:** ↑erschüttern.

na̱|he|le|gen, legte nahe, hat

nahegelegt ⟨tr.⟩: **1.** *(jmdn.) auf etwas hinlenken, indirekt auffordern, etwas zu tun oder zu unterlassen:* man legte ihm den Rücktritt nahe, legte ihm nahe zurückzutreten. **sinnv.:** ↑vorschlagen. **2.** *veranlassen, etwas in Betracht zu ziehen:* dies legt die Vermutung nahe, daß er es war.

na|he|lie|gen, lag nahe, hat nahegelegen ⟨itr.⟩: *sich beim Überlegen sogleich einstellen, anbieten; zu erwarten sein, sich sinnvoll ergeben:* in diesem Fall läge der Gedanke nahe, daß ...; eine solche Vermutung liegt nahe; aus naheliegenden Gründen. **sinnv.:** sich ↑anbieten.

na|hen, nahte, hat/ist genaht (geh.): **1.** ⟨itr.⟩ *näher kommen, in unmittelbare (zeitliche) Nähe rükken:* der Augenblick des Abschieds ist genaht. **2.** ⟨sich n.⟩ *sich [langsam] auf jmdn./etwas zubewegen:* sie haben sich der Kirche genaht. **sinnv.:** sich ↑nähern.

nä|hen: a) ⟨itr.⟩ *Teile von Textilien, Leder o. ä. mit Hilfe von Nadel und Faden fest miteinander verbinden:* mit der Maschine, mit der Hand n.; n. lernen; sie näht gern. **sinnv.:** flicken, mit Nadel und Faden umgehen, säumen, schneidern, steppen, sticheln, stopfen. **Zus.:** ab-, aneinander-, fest-, zusammennähen. **b)** ⟨tr.⟩ *mit Hilfe von Nadel und Faden herstellen:* ein Kleid n.; eine Naht n. **c)** ⟨tr.⟩ *mit Hilfe von Nadel und Faden befestigen:* Knöpfe an das Kleid, eine Borte auf die Schürze n. **sinnv.:** ↑annähen.

nä|her ⟨Adj.⟩: **1.** /Komparativ zu *nah, nahe*/. **2.** *genauer ins einzelne gehend:* nähere Auskünfte erteilen; du mußt ihn n. kennenlernen; darauf wollen wir nicht n. eingehen.

nä|hern, sich: **1.** *sich [langsam] auf jmdn./etwas zubewegen; näher herankommen:* der Feind nähert sich der Stadt; niemand darf sich dem Kranken n. **sinnv.:** herangehen, herankommen, sich heranmachen, heranziehen, sich nahen, zugehen auf; ↑aufziehen; ↑kommen. **2.** *in zeitliche Nähe von etwas kommen; eine bestimmte Zeit bald erreichen:* der Sommer nähert sich dem Ende; wir nähern uns dem Jahr 2000. **sinnv.:** ↑bevorstehen. **3.** *in bestimmter Absicht zu jmdm. in Beziehung treten:* sich einem Mädchen n.

na|he|ste|hen, stand nahe, hat nahegestanden ⟨itr.⟩: *zu jmdm. in enger Beziehung stehen, mit jmdm. gut bekannt, vertraut sein:* der Verstorbene hat uns sehr nahegestanden.

na|he|zu ⟨Adverb⟩: *einer genannten Angabe in Zahl, Grad o. ä. ziemlich nahe; nicht ganz:* n. 5 000 Zuschauer sahen das Spiel. **sinnv.:** ↑beinahe.

näh|ren: 1. a) ⟨tr.⟩ *auf eine bestimmte Weise mit Nahrung versorgen:* ein Kind mit Muttermilch, Brei n.; ein gut genährtes Tier. **sinnv.:** ↑ernähren; ↑stillen. **b)** ⟨sich n.⟩ *sich auf eine bestimmte Weise mit Nahrung versorgen; sich am Leben erhalten (mit etwas):* er nährt sich vor allem von Brot und Kartoffeln. **2.** ⟨itr.⟩ *nahrhaft sein:* Brot nährt. **3.** ⟨tr.⟩ *in jmdm./sich entstehen lassen und aufrechterhalten:* einen Verdacht, eine Idee, Hoffnung n.

nahr|haft ⟨Adj.⟩: *reich an Stoffen, die für das Wachstum und die Kräftigung des Körpers wichtig sind:* eine nahrhafte Speise; Brot ist sehr n. **sinnv.:** deftig, gehaltvoll, gesund, handfest, kalorienreich, kräftigend, kräftig, nährend, nährstoffreich, sättigend.

Nah|rung, die; -, -en: *alles Eßbare, Trinkbare, was ein Mensch oder ein Tier zur Ernährung, zum Aufbau und zur Erhaltung des Organismus braucht und zu sich nimmt:* fette, flüssige, pflanzliche N. **sinnv.:** Atzung, Ernährung, ↑Essen, Essen und Trinken, Fressalien, Fressen, ↑Futter, Kost, Nahrungsmittel, ↑Proviant, Rohkost, Speise und Trank, Wegzehrung, das leibliche Wohl. **Zus.:** Baby-, Fertig-, Haupt-, Kinder-, Kraftnahrung.

Nah|rungs|mit|tel, das; -s, -: *etwas, was (roh oder zubereitet) als Nahrung dient:* Kartoffeln sind ein billiges N. **sinnv.:** ↑Lebensmittel; ↑Nahrung.

Naht, die; -, Nähte: *Linie, die beim Zusammennähen von etwas an der Verbindungsstelle entsteht:* eine N. nähen, auftrennen. **Zus.:** Hosen-, Quer-, Saum-, Stepp-, Ziernaht.

naht|los ⟨Adj.⟩: **1.** *keine Naht aufweisend, ohne Naht:* nahtlose Strümpfe. **2.** *sich ohne Schwierigkeiten, Hindernisse, Störungen o. ä. mit etwas verbindend:* n. ineinander übergehen. **sinnv.:** fugenlos, lückenlos, aus einem Guß.

na|iv ⟨Adj.⟩: **a)** *kindlich unbefangen, von argloser Gemüts-, Denkart:* naive Freude. **sinnv.:** ↑arglos; ↑einfältig. **b)** *wenig Erfahrung, Sachkenntnis oder Urteilsvermögen besitzend, erkennen lassend und dadurch oft lächerlich wirkend:* alle haben über seine naiven Fragen gelacht.

Nai|vi|tät, die; -: *das Naivsein, naive Art.* **sinnv.:** ↑Einfalt.

Na|me, der; -ns, -n: **1.** *besondere Benennung eines Wesens oder Dinges, durch die es von ähnlichen Wesen oder Dingen unterschieden wird:* das Kind erhielt den Namen Peter; ich kenne ihn nur dem Namen nach *(nicht persönlich);* den Namen des Dorfes habe ich vergessen. *** im Namen** *(im Auftrag, in Vertretung):* ich spreche hier im Namen aller Kollegen. **Zus.:** Adels-, Bei-, Deck-, Doppel-, Familien-, Firmen-, Fluß-, Frauen-, Handels-, Künstler-, Länder-, Mädchen-, Männer-, Marken-, Monats-, Orts-, Nach-, Personen-, Phantasie-, Ruf-, Spitz-, Tauf-, Vor-, Zuname. **2.** *Wort, mit dem etwas als Vertreter einer Art, Gattung von Gleichartigem benannt wird:* wie lautet der N. dieser Tiere, Pflanzen; die Veranstaltung läuft jetzt unter einem anderen Namen. **sinnv.:** Appellativ, Gattungsname. **3.** *mit einem gewissen Ansehen verbundener Bekanntheitsgrad:* der Autor hat bereits einen N.; er hat schließlich einen [guten] N. zu verlieren. **sinnv.:** ↑Ansehen.

na|ment|lich: I. ⟨Adj.; nicht prädikativ⟩ *mit, nach Namen:* namentliche Angaben; jmdn. n. nennen. **II.** ⟨Adverb⟩ *in besonderer Weise, ganz besonders:* n. die Arbeitnehmer sind von dieser Maßnahme betroffen. **sinnv.:** ↑besonders.

nam|haft ⟨Adj.⟩: **1.** *einen bekannten Namen habend:* ein namhafter Gelehrter. **sinnv.:** ↑bekannt. **2.** ↑*ansehnlich:* eine namhafte Summe.

näm|lich: I. ⟨Adj.⟩ (geh.): *der-, die-, dasselbe:* die nämlichen Leute; am nämlichen Tag. **II.** ⟨Adverb⟩: **1.** */drückt eine Begründung der vorangehenden Aussage aus/:* ich komme sehr früh an, ich fahre n. mit dem ersten Zug; sonntags n. sind sie nie da. **sinnv.:** ↑denn. **2.** *und zwar, genauer gesagt:* einmal in der Woche, n. am Mittwoch.

Napf, der; -[e]s, Näpfe: *kleine*

[flache] runde Schüssel. **sinnv.:** ↑Gefäß; ↑Schüssel. **Zus.:** Blech-, Fett-, Freß-, Futter-, Hunde-, Milch-, Spucknapf.

Nar|be, die; -, -n: *auf der Hautoberfläche sichtbare Spur einer verheilten Wunde.* **sinnv.:** Mal, Schmiß, Wundmal. **Zus.:** Brand-, Operations-, Pocken-, Schußnarbe.

Nar|ko|se, die; -, -n: *durch betäubende Mittel bewirkter, schlafähnlicher Zustand, in dem das Bewußtsein (und damit die Schmerzempfindung) ausgeschaltet ist:* aus der N. erwachen. **sinnv.:** Betäubung. **Zus.:** Tropf-, Vollnarkose.

Narr, der; -en, -en, **När|rin,** die; -, -nen: **1.** *männliche bzw. weibliche Person, die (vom Sprecher) für dumm, einfältig gehalten wird:* ein alter Narr.; du bist ein Narr, wenn du ihm noch länger glaubst. **sinnv.:** ↑Dummkopf, Einfaltspinsel, Gimpel, Hinterwäldler, ↑Kindskopf, Simpel, Tolpatsch, Tölpel, Tor, Tropf. **Zus.:** Blumen-, Bücher-, Hunde-, Kinder-, Pferdenarr. **2.** *(früher an Fürstenhöfen, im Theater) männliche Person, deren Aufgabe es war, andere durch ihre Späße zum Lachen zu bringen.* **sinnv.:** Hofzwerg, Possenreißer, Spaßmacher; ↑Clown. **Zus.:** Hofnarr.

När|risch ⟨Adj.⟩: *unvernünftig, einfältig o. ä. und so den Spott anderer herausfordernd:* närrische Leute; närrische Einfälle haben; du bist ja n. **sinnv.:** ↑überspannt.

Nar|zis|se, die; -, -n: *im Frühling blühende Blume mit langen, schmalen Blättern und stark duftenden Blüten auf hohen Stielen.* **sinnv.:** Märzenbecher, Osterblume, Osterglocke.

na|schen: 1. ⟨tr./itr.⟩ *weil es einem gut schmeckt und weniger aus Hunger kleine Mengen von etwas (z. B. Süßigkeiten) essen:* Schokolade n.; sie nascht gern, viel. **sinnv.:** ↑essen. **2.** ⟨itr.⟩ *[heimlich] (etwas von einer größeren Menge) wegnehmen und essen:* sie hat von den Mandeln, dem Teig genascht.

nasch|haft ⟨Adj.⟩: *gern und häufig Süßigkeiten o. ä. essend.* **sinnv.:** genäschig, verleckert.

Na|se, die; -, -n: *über dem Mund herausragender Teil des Gesichts, mit dem Gerüche wahrgenommen werden* (siehe Bildleiste): eine spitze, gebogene, große N.; sich die N. putzen. **sinnv.:** Geruchsorgan, Gesichtserker, Gurke, Riechorgan, Rüssel, Zinken. **Zus.:** Adler-, Haken-, Himmelfahrts-, Kartoffel-, Knollen-, Papp-, Sattel-, Schnaps-, Stupsnase.

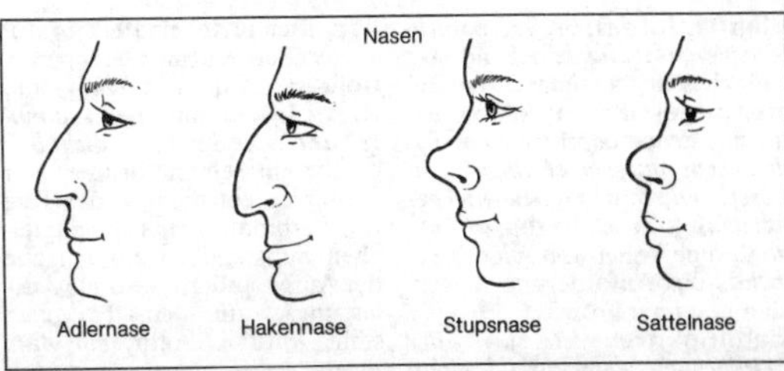

nä|seln ⟨itr.⟩: *durch die Nase, nasal sprechen:* er näselte ein wenig.

na|se|weis ⟨Adj.⟩: *(meist von Kindern) sich vorwitzig einmischend, ein bißchen vorlaut:* sei doch nicht so n.! **sinnv.:** ↑frech.

naß, nasser, nasseste ⟨Adj.⟩: **1.** *viel Feuchtigkeit, meist Wasser, enthaltend oder damit bedeckt; nicht trocken:* seine Kleider waren völlig n.; die Straße ist n. **sinnv.:** beschlagen, durchnäßt, ↑feucht, klamm, [vor Nässe] triefend. **Zus.:** klatsch-, patsch-, regen-, tropfnaß. **2.** *durch häufiges Regnen gekennzeichnet:* es war ein nasser Sommer. **sinnv.:** regenreich, verregnet.

Näs|se, die; -: *das Naßsein, starke Feuchtigkeit:* vor N. triefen. **Zus.:** Boden-, Regennässe.

Na|ti|on, die; -, -en: *größere Gemeinschaft von Menschen mit gleicher Abstammung, Geschichte, Sprache, Kultur und dem Bewußtsein politisch-kultureller Zusammengehörigkeit, die ein politisches Staatswesen bilden:* die europäischen Nationen; eine geteilte N.; Buhmänner, Prügelknaben, Watschenmänner der N. sein. **sinnv.:** ↑Volk. **Zus.:** Fußball-, Industrienation.

na|tio|nal ⟨Adj.⟩: **a)** *die Nation betreffend, von ihr ausgehend, zu ihr gehörend:* nationale Eigentümlichkeiten; die nationale Unabhängigkeit; nationale Interessen verfolgen; auf nationaler *(innerstaatlicher)* Ebene. **sinnv.:** staatlich. **b)** *überwiegend und in oft übertriebener Weise die Interessen der eigenen Nation vertretend:* eine nationale Partei; n. denken, fühlen. **sinnv.:** chauvinistisch, nationalistisch, patriotisch, rechtsextremistisch, vaterländisch, völkisch.

Na|tio|na|lis|mus, der; -: *politische Haltung, aus der heraus in übersteigerter, intoleranter Weise Größe und Macht des eigenen Staates als die höchsten Werte angesehen werden.*

Na|tio|na|li|tät, die; -, -en: **1.** *Zugehörigkeit zu einem bestimmten Volk oder Staat:* jmdn. nach seiner N. fragen. **sinnv.:** Staatsangehörigkeit, Staatszugehörigkeit. **2.** *nationale Minderheit innerhalb eines Staates:* den verschiedenen Nationalitäten in einem Staat gerecht zu werden suchen. **sinnv.:** ↑Volk.

Nat|ter, die; -, -n: *(in vielen Arten vorkommende) meist nicht giftige Schlange mit deutlich vom Körper abgesetztem Kopf.*

Na|tur, die; -, -en: **1.** ⟨ohne Plural⟩ *Gesamtheit aller organischen und anorganischen, ohne menschliches Zutun entstandenen, existierenden, sich entwikkelnden Erscheinungen:* die unbelebte N.; die Geheimnisse der N. erforschen; die Kräfte der N. nutzen. **2.** ⟨ohne Plural⟩ *Pflanzen, Tiere, Gewässer, Gesteine als Teil eines bestimmten Gebietes, der Erdoberfläche überhaupt (bes. im Hinblick auf das noch nicht vom Menschen Berührt-, Umgestaltet-, Besiedeltsein):* die unverfälschte N.; diese Pflanze gedeiht nur in der [freien] N. **sinnv.:** Feld und Wald, das Freie, das Grüne, Landschaft, frische Luft, Umwelt. **3.** *Art, Wesen, Charakter, körperliche Eigenart einer Person, eines Tieres:* die männliche, tierische N.; ihre Naturen sind zu verschieden; er hat eine glückliche N. **sinnv.:** ↑Individualität. **Zus.:** Froh-, Kämpfer-, Künstlernatur. **4.** ⟨ohne Plural⟩ *einer Sache eigentümliche Beschaffenheit:* Fragen von allgemeiner N.; es liegt in der N. der Sache, daß Schwierigkeiten entstehen.

Na|tu|rẹll, das; -s, -e: *natürliche Veranlagung:* ein Kind von glücklichem N. **sinnv.:** ↑Wesen.

na|tur|ge|mäß: **I.** ⟨Adj.⟩ *der Natur, dem Charakter eines Lebewesens oder einer Sache entsprechend:* n. leben. **sinnv.:** ↑gesetzmäßig. **II.** ⟨Adverb⟩ *sich (wie die Dinge liegen) von selbst ergebend:* die Anforderungen werden n. immer größer.

na|tur|ge|treu ⟨Adj.⟩: *der Wirklichkeit, dem Vorbild genau entsprechend:* eine naturgetreue Nachbildung der Figur.

na|tür|lich: **I.** ⟨Adj.⟩ **1. a)** *zur Natur gehörend, in der Natur vorkommend, von der Natur geschaffen; nicht künstlich:* natürliche Blumen; der Fluß ist eine natürliche Grenze. **sinnv.:** ↑echt; ↑rein. **b)** *in der Natur liegend; durch die Natur bedingt:* die natürlichen Funktionen des Körpers. **Zus.:** über-, un-, widernatürlich. **c)** *der Wirklichkeit entsprechend:* eine Figur in natürlicher Größe; der Künstler malte sehr n. **2.** *nicht gekünstelt, sondern frei, locker und ohne falsche Zwänge:* sie hat ein natürliches Wesen. **sinnv.:** ↑ungezwungen. **3.** *in der Natur der Sache begründet und daher ganz in der Erwartung liegend, ganz folgerichtig:* es ist doch ganz n., daß er jetzt traurig ist. **II.** ⟨Adverb⟩ *wie zu erwarten ist; ganz sicher, ganz selbstverständlich:* er hat n. recht; n. käme ich gerne, aber ich habe keine Zeit. **sinnv.:** ↑ja; ↑zwar; ↑zweifellos.

-naut, der; -en, -en, **-nau|tin,** die; -, -nen ⟨als zweiter Wortbestandteil⟩: *männliche bzw. weibliche Person, die zu dem in der Basis genannten Bereich fährt, fliegt o. ä. und sich darin forschend aufhält:* Aquanaut *(Forscher, der die besonderen Lebensbedingungen in größeren Meerestiefen erforscht),* Aeronaut, Astronaut, Kosmonaut.

Ne|bel, der; -s, -: *dichter, weißer Dunst, Trübung der Luft durch sehr kleine Wassertröpfchen:* die Sicht war durch dichten N. behindert. **sinnv.:** Brodem, Brühe, Dampf, Dunst, ↑Feuchtigkeit, Smog, Suppe, Waschküche. **Zus.:** Abend-, Früh-, Herbst-, Hoch-, Morgen-, Novembernebel.

ne|bel|haft ⟨Adj.⟩: *nicht deutlich, nicht fest umrissen (in jmds. Vorstellung, Bewußtsein):* mir ist das alles noch ziemlich n.; das liegt noch in nebelhafter *(in sehr weiter)* Ferne. **sinnv.:** ↑unklar.

ne|ben ⟨Präp. mit Dativ und Akk.⟩: **I. 1. a)** ⟨mit Dativ⟩ *unmittelbar an der Seite von; dicht bei:* er sitzt n. seinem Bruder; der Schrank steht dicht n. der Tür; /in Verbindung mit zwei gleichen Substantiven zur Angabe der Aufeinanderfolge ohne Auslassung/: auf dem Parkplatz steht Auto n. Auto *(ein Auto dicht neben dem anderen).* **sinnv.:** ↑seitlich. **b)** ⟨mit Akk.⟩ *unmittelbar an die Seite von; dicht bei:* er stellte seinen Stuhl n. den meinen; /in Verbindung mit zwei gleichen Substantiven zur Angabe der Aufeinanderfolge ohne Auslassung/: sie bauten Bungalow n. Bungalow *(einen Bungalow dicht neben den anderen).* **sinnv.:** ↑seitlich. **2.** ⟨mit Dativ⟩ *zugleich mit:* n. ihrem Beruf hat sie einen großen Haushalt zu versorgen; wir brauchen n. *(zusätzlich zu)* Papier und Schere auch Leim. **sinnv.:** außer. **3.** ⟨mit Dativ⟩ *verglichen mit; im Vergleich zu:* n. ihm bist du ein Waisenknabe. **II. 1.** /in Verbindung mit einem Personalpronomen in Konkurrenz zu *daneben;* bezogen auf eine Sache (ugs.)/: dort drüben liegt die Stadtkirche. Neben ihr (statt: daneben) findest du die Apotheke. **2.** in Verbindung mit „was" in Konkurrenz zu *woneben;* bezogen auf eine Sache (ugs.)/: **a)** /in Fragen/: neben was (besser: woneben) soll ich die Blumen stellen? **b)** /in relativer Verbindung/: ich weiß nicht mehr, n. was (besser: woneben) dieses Gemälde hing.

ne|ben|an ⟨Adverb⟩: *unmittelbar daneben, in umittelbarer Nachbarschaft:* das Haus n.; der Herr von n. **sinnv.:** ↑nahe.

ne|ben|bei ⟨Adverb⟩: **1.** *gleichzeitig mit etwas anderem, noch außerdem:* diese Arbeit kann ich noch n. tun. **2.** *ohne besonderen Nachdruck, wie zufällig:* er erwähnte dies nur n. **sinnv.:** beiläufig, gesprächsweise, nebenher, obenhin, en passant, am Rande; ↑übrigens.

ne|ben|ein|an|der ⟨Adverb⟩: **a)** *einer neben den anderen:* die Bilder n. legen, nicht stellen. **b)** *einer neben dem anderen:* n. die Treppe hinaufgehen.

Ne|ben|fach, das; -[e]s, Nebenfächer: *weniger wichtiges Fach in der Schule, zweites oder drittes Fach beim Studieren.*

Ne|ben|fluß, der; Nebenflusses, Nebenflüsse: *Fluß, der in einen anderen Fluß mündet.*

Ne|ben|rol|le, die; -, -n: *kleinere Rolle in Schauspiel, Oper, Film.*

Ne|ben|sa|che, die; -, -n: *Sache, Angelegenheit, die in einem bestimmten Zusammenhang weniger wichtig ist:* das ist [eine] N.

ne|ben|säch|lich ⟨Adj.⟩: *als Nebensache geltend, von geringer Bedeutung:* es ist jetzt n., ob es teuer ist oder nicht. **sinnv.:** marginal, sekundär, unbedeutend, ↑unwichtig · Randerscheinung.

Ne|ben|stra|ße, die; -, -n: *Straße von untergeordneter Bedeutung, die neben einer größeren Straße entlangführt oder von ihr abzweigt.*

neb|lig ⟨Adj.⟩: *durch Nebel getrübt, von Nebel erfüllt:* heute ist es sehr n. **sinnv.:** ↑dunstig.

nẹcken ⟨tr.⟩: *aus Übermut mit spottenden, stichelnden, nicht ernstgemeinten Äußerungen seinen Scherz mit jmdm. treiben:* ihr sollt ihn nicht immer n.: **sinnv.:** ↑aufziehen.

nẹckisch ⟨Adj.⟩: **1.** *durch Nekken, Scherzen, Spotten gekennzeichnet:* ein neckisches Geplänkel. **sinnv.:** ↑spaßig. **2.** *verspielt und zugleich keß, im ganzen etwas komisch und belustigend:* neckisches Beiwerk; ein neckisches Hütchen. **sinnv.:** ↑lustig.

Nẹf|fe, der; -n, -n: *Sohn von jmds. Bruder, Schwester, Schwager oder Schwägerin.*

ne|ga|tiv ⟨Adj.⟩: **1.** *Ablehnung, Verneinung ausdrückend, enthaltend* /Ggs. positiv/: er erhielt einen negativen Bescheid; er nahm eine negative Haltung dazu ein. **sinnv.:** ablehnend, abschlägig, verneinend, zurückweisend. **2.** *nicht wünschenswert, nicht günstig, kein positives Ergebnis bringend, keine positiven, erfreulichen Auswirkungen habend* /Ggs. positiv/: eine negative Entwicklung; die Verhandlungen verliefen n. **sinnv.:** ↑unangenehm; ↑unerfreulich. **3.** *bei einer Wertung im unteren Bereich angesiedelt; nicht gut, sondern eher schlecht* /Ggs. positiv/: negative Leistungen; etwas n. bewerten. **4.** *unter Null liegend:* negative Zahlen. **5.** *(bes. bei medizinischen Untersuchungen) einen Verdacht nicht bestätigend* /Ggs. positiv/: ein negativer Befund; der Abstrich war n.

Ne|ger, der; -s, -: *Mensch einer*

(in Afrika beheimateten) Rasse mit dunkelbrauner bis schwarzer Hautfarbe und krausen schwarzen Haaren. **sinnv.:** Afrikaner, Farbiger, Mohr, Nigger, Schwarzer.

ne|gie|ren ⟨tr.⟩: **a)** *die Berechtigung (von etwas) leugnen, bestreiten, nicht anerkennen:* eine Tatsache, seine Schuld n.; sie negierten alle sozialen Unterschiede. **sinnv.:** ↑abstreiten. **b)** *eine ablehnende Haltung (einer Sache gegenüber) einnehmen; negativ beurteilen:* jmds. Ansicht n. **sinnv.:** ↑ablehnen.

neh|men, nimmt, nahm, hat genommen ⟨tr.⟩: **1. a)** *mit der Hand greifen, erfassen u. festhalten:* er nahm seinen Mantel und ging; er nimmt sie am Arm, um sie hinauszuführen. **b)** *[ergreifen und] an sich, in seinen Besitz bringen:* er nahm, was er bekommen konnte; sich eine Frau n. (ugs.; *eine Frau heiraten*). **2.** *(etwas Angebotenes) annehmen:* er nimmt kein [Trink]geld; n. Sie noch eine Zigarette? **sinnv.:** sich ↑bedienen; ↑entgegennehmen. **3. a)** *(fremdes Eigentum) in seinen Besitz bringen:* die Einbrecher nahmen alles, was ihnen wertvoll erschien. **sinnv.:** sich etwas ↑aneignen, angeln, sich einer Sache bemächtigen, Besitz ergreifen/nehmen von, einheimsen, erbeuten, erhaschen, grapschen, greifen, sich etwas unter den Nagel reißen, an sich reißen, schnappen, ↑wegnehmen, wegschnappen, zusammenraffen; ↑erobern. **b)** *jmdn. um etwas bringen; entziehen:* jmdm. die Sicht n.; dieses Recht kann ihm niemand n. **c)** *bewirken, daß sich jmd. von etwas Unangenehmem befreit fühlt:* die Angst, den [Alp]druck von jmdm. n. **4.** *(für einen bestimmten Zweck) benutzen, verwenden:* sie nimmt nur Öl zum Braten; man nehme: 250 g Zucker, 300 g Mehl ... **sinnv.:** verarbeiten. **5. a)** *[ergreifen und] an eine [bestimmte] Stelle bei sich bringen, bewegen:* die Tasche unter den Arm n.; er hat das Kind auf den Schoß genommen; ich nahm die Sachen an mich *(nahm sie, um sie aufzubewahren).* **sinnv.:** ↑aufbewahren. **b)** *ergreifen und von etwas weg-, aus etwas herausbringen:* Geschirr aus dem Schrank, Geld aus der Brieftasche n.; er nahm den Hut vom Kopf. **sinnv.:** ↑entnehmen. **6.** *sich (einer Person oder Sache) bedienen:* [sich] einen Anwalt n.; den Bus, das Auto n. **7.** *für seine Zwecke aussuchen, sich (für jmdn./etwas) entscheiden:* diese Wohnung nehmen wir. **8.** *bei sich unterbringen, aufnehmen:* eine Waise ins Haus n.; jmdn. zu sich n. **9. * etwas auf sich n.** *(etwas Schwieriges, Unangenehmes übernehmen):* die Verantwortung, alle Schuld auf sich n. **sinnv.:** ↑aushalten. **10.** *in Anspruch nehmen, sich geben lassen:* Unterricht in Latein n.; Urlaub n. **11.** *als Preis fordern:* er hat für die Fahrt zehn Mark genommen. **12.** (geh.) **a)** *(eine Mahlzeit o. ä.) einnehmen:* wir werden das Frühstück um neun Uhr n. **b)** *(Speisen, Getränke o. ä.) dem Körper zuführen:* ich habe heute noch nichts zu mir genommen. **sinnv.:** ↑essen. **13.** *(ein Medikament) einnehmen:* seine Arznei n.; sie nimmt die Pille. **14. a)** *als etwas ansehen, auffassen, verstehen:* etwas als gutes Zeichen n. **sinnv.:** ↑begutachten. **b)** *in einer bestimmten Weise betrachten, auffassen, bewerten, einschätzen:* etwas [sehr] ernst n.; er nimmt dich nicht ernst. **15.** *sich ins Bewußtsein bringen, vor Augen führen:* nehmen wir den Fall, daß alles mißlingt, alles mißlänge; nehmen wir einmal eine Gestalt wie Caesar. **sinnv.:** sich ↑vorstellen. **16.** *(mit jmdm.) auf eine bestimmte Weise umgehen; (auf jmdn.) auf eine bestimmte Art reagieren:* jmdn. zu n. wissen. **17.** /in verblaßter Bedeutung/: den, seinen Abschied n. (geh.; *entlassen werden, aus dem Amt scheiden*); von etwas Abstand n. *(etwas unterlassen);* an etwas Anstoß n. *(sich über etwas ärgern);* etwas in Arbeit n. *(beginnen, an etwas zu arbeiten);* etwas in Betrieb, in Dienst n. *(beginnen, etwas zu benutzen, einzusetzen);* in etwas Einsicht, Einblick n. *(etwas einsehen);* auf jmdn./etwas Einfluß n. *(jmdn./etwas beeinflussen),* jmdn. ins Verhör n. *(verhören).*

Neid, der; -[e]s: *Empfindung, Haltung, bei der jmd. einem anderen einen Erfolg oder einen Besitz nicht gönnt oder Gleiches besitzen möchte:* vor N. vergehen. **sinnv.:** ↑Eifersucht, Konkurrenzdenken, Mißgunst, Ressentiment, Scheelsucht. **Zus.:** Amts-, Brot-, Futter-, Konkurrenzneid.

nei|den, neidete, hat geneidet ⟨tr.⟩: *nicht gönnen:* jmdm. den Erfolg, Gewinn n. **sinnv.:** beneiden, mißgönnen, mißgünstig/neidisch sein, vor Neid bersten/platzen.

nei|disch ⟨Adj.⟩: *von Neid erfüllt, bestimmt, geleitet:* neidische Nachbarn; auf jmdn./etwas n. sein. **sinnv.:** eifersüchtig, mißgünstig, scheel.

nei|gen /vgl. geneigt/: **1. a)** ⟨tr.⟩ *zur Seite drehen, in eine schräge Lage bringen oder nach unten biegen, senken:* das Glas n.; den Kopf zum Gruß n.; der Baum neigt seine Zweige bis zur Erde. **b)** ⟨sich n.⟩ *sich in eine schräge Lage bringen, sich nach unten biegen, senken:* das Schiff neigt sich zur Seite; sich über das Geländer n. **sinnv.:** sich ↑beugen. **2.** ⟨sich n.⟩ *schräg abfallen:* das Gelände neigt sich zum Fluß. **3.** ⟨sich n.⟩ (geh.) *zu Ende gehen:* der Tag hat sich geneigt. **sinnv.:** ↑enden. **4.** ⟨itr.⟩ **a)** *einen Hang (zu etwas) haben:* er neigt zur Schwermut. **b)** *eine bestimmte Richtung im Denken oder Handeln erkennen lassen, vertreten:* er neigt zur Verschwendung; ich neige mehr zu deiner Ansicht. **sinnv.:** tendieren.

Nei|gung, die, -, -en: **1.** *das Geneigtsein, Schrägabfallen:* die N. einer Straße. **sinnv.:** ↑Gefälle. **2.** *besonderes Interesse für etwas, bestimmter Hang zu etwas:* etwas aus N. tun; ein Mensch mit starken künstlerischen Neigungen. **sinnv.:** Drang, Drift, Einschlag, Färbung, Geneigtheit, Geschmack, Gusto, Hang, Impetus, Impuls, Manie, Richtung, Strömung, Sucht, Tendenz, Trend, Trieb, Vorliebe, Zug; ↑Anlage. **3.** *liebevolle Gesinnung, herzliches Gefühl des Hingezogenseins:* jmds. N. erwacht; seine Neigung zu diesem Mädchen wurde erwidert. **sinnv.:** ↑Zuneigung.

nein: **I.** ⟨Adverb⟩ **1.** */drückt eine verneinende Antwort oder eine Bekräftigung der Ablehnung aus/:* n. danke; „Bist du fertig?“ – „Nein!“ (Ggs. ja); aber n.; n., niemals; n., natürlich nicht. **sinnv.:** absolut nicht, ausgeschlossen, unter keiner Bedingung, beileibe nicht, durchaus nicht, ganz und gar nicht, auf keinen Fall, kommt nicht in Frage, kein Gedanke, keinesfalls, keineswegs, mitnichten, nicht, nie, nie und nimmer, niemals, um keinen Preis, keine Spur, unter keinen Umständen, undenkbar, unmöglich, in keiner Weise, nicht um alles in der Welt. **2.** /nachgestellt als [rhetorische] Frage bei verneinten Sätzen, auf die eine zustimmende Antwort erwartet wird, als Bitte od. Ausdruck leisen Zweifels/ *nicht wahr?:* du gehst doch jetzt noch nicht, n.? **II.** ‹Partikel› **1.** ‹unbetont› */leitet einen Ausruf des Erstaunens, der Überraschung, Freude o. ä. ein/:* n., so ein Glück!; n., sowas! **2.** ‹unbetont› /zur steigernden Anreihung von Sätzen od. Satzteilen/ *mehr noch, sogar:* er schätzte [ihn], n., er verehrte ihn. **3.** */schließt einen Satzteil od. Satz an, in dem die vorangegangene Aussage verneint wird [und verstärkt diese Verneinung]/:* n., das kann ich nicht glauben: n., das ist unmöglich. **4.** ‹alleinstehend; betont› (ugs.) /drückt einen Zweifel aus; drückt aus, daß man etwas nicht glauben will/ *das ist doch nicht möglich:* n., das darf nicht wahr sein!

Nel|ke, die; -, -n: *Pflanze mit schmalen Blättern an knotigen Stengeln und würzig duftenden Blüten mit gefransten oder geschlitzten Blütenblättern in verschiedenen Farben.* **Zus.:** Feder-, Garten-, Pech-, Steinnelke · Pißnelke.

nen|nen, nannte, hat genannt ‹tr.›: **1. a)** *mit einem bestimmten Namen bezeichnen, (jmdm.) einen bestimmten Namen geben:* wie wollt ihr das Kind n.?; als Künstler nannte er sich Reno. **b)** ↑*bezeichnen* (2 a): jmdn. einen Lügner n.; das nenne ich *(das ist wirklich)* Mut/mutig; **c)** *mit einer bestimmten Anrede ansprechen:* sie nannte ihn beim/bei seinem/ mit seinem Vornamen; du kannst mich ruhig Kalle n. **2.** *als Angabe, Auskunft o. ä. mitteilen, sagen:* er nannte seinen Namen; jmdm. den Grund für etwas n.; er, sein Name wurde nicht, wurde an erster Stelle genannt *(angeführt, erwähnt);* nennen Sie die wichtigsten Punkte *(zählen Sie sie auf).* **sinnv.:** ↑anführen, ↑erwähnen; ↑mitteilen. **3.** ‹sich n.› **a)** *einen bestimmten Namen haben:* die Kneipe nennt sich „Zum Ochsen". **sinnv.:** ↑lauten. **b)** *für sich in Anspruch nehmen; zu sein behaupten:* er nennt sich freier Schriftsteller; und so was nennt sich nun dein Freund.

neo-, Neo- ‹Präfix, meist mit fremdsprachlichem Basiswort›: *neu-, Neu-:* **1.** */bezieht sich auf etwas, was es früher schon gegeben hat und was es nun in neuer, ähnlicher, vergleichbarer Weise wieder gibt, was wiederbelebt wird/* **a)** ‹adjektivisch›: neofaschistisch, -futuristisch, -impressionistisch, -klassizistisch, -konservativ, -liberal, -nazistisch, -platonisch, -realistisch, -stalinistisch. **b)** ‹substantivisch›: Neobarockbau, -dadaismus, -faschismus, -gotik, -impressionismus, -klassizismus, -kolonialismus, -marxismus, -naturalismus, -nazi. **2.** */bezieht sich auf etwas, was neu an sich oder in seiner Art, Qualität ist/* **a)** ‹adjektivisch›: neoafrikanisch *(das in seiner Art neue Afrika betreffend).* **b)** ‹substantivisch›: Neosemantismus, Neostadtrat.

nen|nens|wert ‹Adj.; meist in Verbindung mit Negationen›: *so beschaffen, daß es wert ist, erwähnt oder beachtet zu werden:* es sind keine nennenswerten Niederschläge zu erwarten. **sinnv.:** ↑außergewöhnlich.

nep|pen ‹tr.› (ugs.): *(von jmdm.) zu hohe Preise fordern:* der Händler versuchte bei jeder Gelegenheit, seine Kunden zu n. **sinnv.:** ↑betrügen.

Nerv, der; -s, -en: *Faserstrang im Körper, der Reize zwischen dem Zentralnervensystem und dem übrigen Organismus vermittelt:* bei der Spritze wurde ein N. getroffen; gute, starke, schlechte Nerven *(eine gute, schlechte nervliche Konstitution)* haben; die Nerven behalten *(ruhig und beherrscht bleiben).* **sinnv.:** Nervenkostüm. **Zus.:** Geruchs-, Geschmacks-, Haut-, Ischias-, Lebens-, Sehnerv.

ner|ven ‹tr.› (ugs.): *jmdm. sehr lästig werden, ihn nervlich strapazieren, bes. ihm durch hartnäckiges Bedrängen in zermürbender Weise zusetzen:* der Kerl nervt mich. **sinnv.:** ↑ärgern, auf den Wecker fallen; schikanieren.

ner|vös ‹Adj.›: *von innerer Unruhe, Zerfahrenheit, Unsicherheit erfüllt, Nervosität zeigend; leicht gereizt:* sie ist heute sehr n.; der Lärm macht mich n. **sinnv.:** aufgeregt, außer sich, erregt, ↑fahrig, fickrig, fiebrig, gereizt, ↑hektisch, kribbelig, nervenschwach, neurasthenisch, ↑reizbar, ruhelos, schußlig, ungeduldig, unruhig, unstet, zappelig.

Ner|vo|si|tät, die; -: *erhöhte Reizbarkeit der Nerven, nervöses Aufgeregtsein:* durch seine N. verpatzte der Spieler alle seine Chancen. **sinnv.:** ↑Lampenfieber; ↑Unrast; ↑Unruhe.

Nerz, der; -es, -e: **1.** *(zu den Mardern gehörendes, bes. in Nordasien und Nordamerika lebendes) kleines Tier mit braunem Fell und Schwimmhäuten zwischen den Zehen, das wegen seines wertvollen Fells auch gezüchtet wird.* **2. a)** *Fell des Nerzes* (1): Nerze verarbeiten. **b)** *Pelz aus Nerzen* (2 a): sie trägt einen N.

Nest, das; -[e]s, -er: *aus Zweigen, Gräsern, Lehm o. ä. meist rund geformte Wohn- und Brutstätte bes. von Vögeln und kleinen Säugetieren:* die Vögel bauen, verlassen ihre Nester. **sinnv.:** Horst, Nistplatz. **Zus.:** Eulen-, Schlangen-, Schwalben-, Storchen-, Vogel-, Wespennest · Agenten-, Liebes-, Räuber-, Widerstandsnest.

ne|steln ‹itr.›: *sich (an etwas) mit den Fingern [ungeschickt, nervös] zu schaffen machen:* er nestelte an seinem Anzug, Gürtel. **sinnv.:** ↑hantieren.

nett ‹Adj.›: **1. a)** *freundlich und liebenswürdig, angenehm im Wesen:* sie sind nette Leute; er war sehr n. zu mir; (ironisch) du bist mir ja ein netter Freund. **sinnv.:** ↑anständig; ↑freundlich; ↑lieb; ↑sympathisch. **b)** *jmds. Gefallen erweckend, hübsch und ansprechend:* es war ein netter Abend; das Kleid ist recht n. **sinnv.:** ↑hübsch. **2.** *ziemlich groß, beträchtlich:* ein netter Profit.

net|to ‹Adverb›: *das Gewicht der Verpackung, verschiedene Abgaben (Steuern o. ä.) bereits abgezogen* /Ggs. brutto/: die Ware wiegt n. fünf Kilo; er verdient 900 Mark n.

Net|to|ge|wicht, das; -[e]s, -e: *Gewicht einer Ware ohne ihre Verpackung* /Ggs. Bruttogewicht/.

Netz, das; -es, -e: **1.** *durch Flechten oder Verknoten von Fäden oder Seilen entstandenes Gebilde aus Maschen, das in unterschiedlicher Ausführung den verschiedensten Zwecken dient:* zum Fischen die Netze *(Fischer-, Fangnetze)* auswerfen; den Ball ins N. *(in die aus netzartigem Stoff bestehende Abgrenzung zwischen den Spielhälften)* schlagen. **sinnv.:** ↑Beutel; ↑Falle; ↑Gewebe. **Zus.:** Einkaufs-, Fang-, Fischer-, Gepäck-, Haar-, Maschen-, Moskito-, Schmetterlings-, Stahl-, Tennis-, Vogelnetz. **2.** *vielfältig verflochtenes, netzartig verzweigtes System, verzweigte Anlage:* das N. von Schienen, elektrischen Leitungen, Kanälen. **Zus.:** Eisenbahn-, Funk-, Linien-, Schienen-, Straßen-, Verkehrsnetz · vernetzen, Vernetzung.

neu ⟨Adj.⟩: **1. a)** *vor kurzer Zeit hergestellt, entstanden, begonnen; seit kurzer Zeit vorhanden* /Ggs. alt/: ein neues Haus; zum neuen Jahr Glück wünschen; neuer Wein; neue Lieder; eine neue Wissenschaft. **b)** *frisch, noch nicht verbraucht, berührt, getragen, benutzt* /Ggs. gebraucht/: ein neues Auto; neue Schuhe, Kleider; das Geschirr sieht noch aus wie n. **sinnv.:** ↑frisch. **Zus.:** brand-, fabrik-, funkelnagel-, nagel-, nigelnagelneu. **c)** *bisher unbekannt, noch nicht dagewesen, noch nicht üblich:* eine neue Methode entdekken; die neuesten Nachrichten; das ist mir n. *(das kenne ich noch nicht, davon habe ich noch nichts gehört).* **sinnv.:** neuartig; ↑modern; ↑weiter.... **2.** *noch nicht lange irgendwo anwesend [und daher noch nicht Bescheid wissend]; seit kurzer Zeit erst dazugehörend:* neue Mitglieder; ich bin hier n.; er ist n. in diesem Beruf. **sinnv.:** ↑fremd. **3.** *noch zur Gegenwart gehörend, noch nicht lange zurückliegend:* in neuerer, neuester Zeit; das ist neueren Datums. **4.** *gerade erst an die Stelle einer anderen Person oder Sache getreten oder zu dieser gerade hinzukommend:* eine neue Stellung, Wohnung haben; der neue Chef; wir machen eine neue *(weitere)* Flasche auf; etwas n. formulieren.

neu|ar|tig ⟨Adj.⟩: *noch nicht üblich, noch ungewohnt:* in dem Betrieb wird ein ganz neuartiges Verfahren angewendet. **sinnv.:** neu; ↑modern.

Neu|bau, der; -[e]s, -ten: **1.** *neu gebautes oder relativ neues Gebäude:* in einen N. einziehen. **2.** ⟨ohne Plural⟩ *das Bauen, Errichten (eines neuen Bauwerks):* den N. eines Theaters planen.

neu|er|dings ⟨Adverb⟩: *seit kurzer Zeit:* er fährt n. mit der Straßenbahn. **sinnv.:** seit kurzem, seit neuem, in letzter Zeit; ↑kürzlich.

neu|er|lich ⟨Adj., nicht prädikativ⟩: *(nach einem gewissen Zeitraum) erneut, nochmals [vorkommend, geschehend]:* neuerliche Erfolge; es gab n. Proteste. **sinnv.:** ↑wieder.

Neue|rung, die; -, -en: *etwas Neues, Ungewohntes (neue Methode o. ä.), dessen Einführung eine Änderung, Neugestaltung des Bisherigen bedeutet:* eine technische, sensationelle N.; Neuerungen vorstellen. **sinnv.:** Neuheit; ↑Reform.

Neu|gier, Neu|gier|de, die; -: *Verlangen, etwas [Neues] zu erfahren, zu wissen (bes. aus dem Privatleben anderer):* seine N. befriedigen; ich frage aus reiner N. **sinnv.:** ↑Interesse.

neu|gie|rig ⟨Adj.⟩: *von Neugier erfüllt, voller Neugier:* neugierige Blicke; ein neugieriges Kind; n. fragen. **sinnv.:** interessiert, wißbegierig, wissensdurstig · schaulustig, sensationslüstern.

Neu|heit, die; -, -en: **1.** ⟨ohne Plural⟩ *das Neusein:* die N. einer Erfindung bezweifeln. **2.** *etwas, was neu erschienen ist, erst kürzlich auf den Markt gekommen ist:* das Geschäft führt die letzten Neuheiten der Mode; die Neuheiten auf dem Buchmarkt. **sinnv.:** Dernier cri, Neubearbeitung, Neuerscheinung, Neuerung, Novität, Novum. **Zus.:** Messeneuheit.

Neu|ig|keit, die; -, -en: *etwas, was noch nicht allgemein bekannt ist, etwas Neues:* jmdm. eine N. erzählen. **sinnv.:** ↑Nachricht.

Neu|jahr [auch: ... jahr], das; -s: *erster Tag des Jahres:* N. fällt diesmal auf einen Sonntag. **sinnv.:** Jahreswechsel; ↑Silvester.

neu|lich ⟨Adverb⟩: *vor kurzer Zeit, vor einiger Zeit:* ich bin ihm n. begegnet. **sinnv.:** ↑kürzlich.

Neu|ling, der; -s, -e: *jmd., der in eine neue Umgebung kommt oder auf einem neuen Gebiet arbeitet, noch unerfahren ist:* er ist noch ein N. auf diesem Gebiet. **sinnv.:** ↑Anfänger.

neu|mo|disch ⟨Adj.⟩: *(im Urteil des Sprechers) in kritikwürdiger Weise Hergebrachtes über Bord werfend, allzu modern:* neumodische Sitten, Ansichten. **sinnv.:** ↑modern.

neun ⟨Kardinalzahl⟩: 9: n. Personen; die n. Musen.

neunt... ⟨Ordinalzahl⟩: 9.: der neunte Mann.

neun|zig ⟨Kardinalzahl⟩: 90: n. Personen.

Neu|ro|se, die; -, -n: *seelische oder körperliche Krankheit, die auf psychischen Störungen beruht:* eine schwere, leichte N. **sinnv.:** ↑Psychose; ↑Zwang. **Zus.:** Angst-, Herz-, Zwangsneurose · Profilneurose.

neu|ro|tisch ⟨Adj.⟩: **a)** *durch eine Neurose bedingt:* eine neurotische Krankheit **b)** *an einer Neurose leidend:* ein neurotischer Mensch. **sinnv.:** ↑ängstlich; ↑gemütskrank.

neu|tral ⟨Adj.⟩: **1.** *nicht an eine bestimmte Interessengruppe, Partei o. ä. gebunden, keine von diesen unterstützend:* ein neutrales Land; ein neutraler Beobachter; sich n. verhalten. **sinnv.:** ↑unparteiisch. **2.** *nichts Hervorstechendes, Einengendes, Besonderes aufweisend und deshalb mit anderem harmonierend, für alle möglichen Zwecke o. ä. geeignet:* eine neutrale Farbe; geschmacklich n.; neutrales Briefpapier; vgl. -neutral.

-neu|tral ⟨adjektivisches Suffixoid⟩ (gilt in der Regel als positiv): **a)** *auf das im Basiswort Genannte sich nicht auswirkend:* erfolgsneutral, geschmacksneutrale Verpackung, kostenneutrale Schulreform. **b)** *von dem im Basiswort Genannten nicht bestimmt, nicht charakterisiert:* geschlechtsneutrale Erziehung, leistungsneutrales Einkommen. **c)** *ohne das im Basiswort Genannte:* geruchsneutrale Seife *(Seife ohne Geruch), geschmacksneutrales Salatöl, ein wertneutrales Wort.* **sinnv.:** -frei, -los.

Neu|tra|li|tät, die; -: *neutrales Verhalten:* sich zur N. verpflichten. **sinnv.:** Objektivität, Sachlichkeit, Überparteilichkeit, Unvoreingenommenheit, Unparteilichkeit, Vorurteilslosigkeit.

nicht: **I.** ⟨Adverb⟩ */drückt eine Verneinung aus/:* ich habe ihn n. gesehen; die Pilze sind n. eßbar; das war n. schlecht *(war recht gut).* **II.** ⟨Partikel; meist unbetont⟩ */drückt bei Fragen, Ausrufen, Ausdrücken des Sichwunderns, Staunens eine Verstärkung aus/:* hast du n. gehört?; willst du n. gehorchen?; was du n. alles kannst!; was es n. alles gibt!

Nich|te, die; -, -n: *Tochter von jmds. Bruder, Schwester, Schwager oder Schwägerin.*

Nicht|rau|cher, der; -s, -: **1.** *jmd., der nicht raucht.* **2.** *Eisenbahnabteil, in dem nicht geraucht werden darf:* hier ist N.; er fährt im N.

Nicht|rau|che|rin, die; -, -nen: vgl. Nichtraucher (1).
nichts ⟨Indefinitpronomen⟩: **a)** *nicht das mindeste, geringste; in keiner Weise etwas:* n. sagen; n. zu essen haben; er will n. mehr davon hören; er ist mit n. zufrieden; absolut n.; n. von alledem. **sinnv.:** kein bißchen, nicht das geringste/mindeste, nicht die Bohne/Spur. **b)** *nicht etwas:* er kauft n. Unnötiges; n. dergleichen; er spricht von n. anderem mehr.
nichts|nut|zig ⟨Adj.⟩ (abwertend): *nichts Nützliches, Sinnvolles tuend, leistend; zu nichts nütze; für keine Arbeit o. ä. brauchbar:* ein nichtsnutziger Kerl.
nichts|sa|gend ⟨Adj.⟩: *nichts oder wenig aussagend, ohne Aussagekraft:* eine nichtssagende Antwort geben; ein nichtssagendes Gesicht. **sinnv.:** ↑banal; ↑einfach.
nicken ⟨itr.⟩: *(zum Zeichen der Zustimmung, des Verstehens o. ä. oder als Gruß) den Kopf [mehrmals] leicht und kurz senken und wieder heben:* beifällig, nachdenklich n.
nie ⟨Adverb⟩: *zu keiner Zeit, unter keinen Umständen, überhaupt nicht:* das werde ich n. vergessen; das schafft er n.; n. wieder [Krieg]!; jetzt oder n.; ich werde n. meine Zustimmung geben. **sinnv.:** ↑nein; ↑niemals.
nie|der: I. ⟨Adj.⟩ **1.** (landsch.) *von geringer Höhe; nahe am Boden:* der Tisch ist sehr n.; ein niederer Wald. **sinnv.:** ↑niedrig. **2.** *in einer Rangordnung, Hierarchie unten stehend:* der niedere Adel; dem niederen Stand [des Volkes] angehören. **3.** *nicht sehr hoch entwickelt:* niedere Tiere, Pflanzen. **II.** ⟨Adverb⟩ *nach unten, zu Boden:* n. mit ihm!; auf und n. **sinnv.:** ↑abwärts; ↑hin.
nie|der- ⟨trennbares, betontes verbales Präfix⟩: *nach unten, zu Boden:* niederbrennen, jmdn. niederbrüllen *(am [Weiter]reden hindern),* -drücken, -gehen, -halten, -knien, -reißen, jmdn. niederschießen *(auf ihn schießen, so daß er zu Boden stürzt),* -schlagen, einen Antrag niederstimmen *(gegen einen Antrag stimmen und ihn dadurch verhindern, zu Fall bringen),* -walzen. **sinnv.:** ab-, herab-, herunter-, hinab-, hinunter-, zusammen-.
Nie|der|gang, der; -[e]s: *das Untergehen, Zugrundegehen, Zerfallen:* der N. der Kultur, Landwirtschaft. **sinnv.:** ↑Dekadenz; ↑Rückgang.
nie|der|ge|schla|gen ⟨Adj.⟩: *durch einen Mißerfolg, eine Enttäuschung o. ä. traurig, unglücklich und ratlos:* nach dem Besuch im Krankenhaus war er sehr n. **sinnv.:** deprimiert, down, entmutigt, gebrochen, ↑gedrückt, geknickt, kleinlaut, kleinmütig, ↑mutlos, niedergedrückt, niedergeschmettert, resigniert, verzagt, verzweifelt.
Nie|der|kunft, die; -: *das Gebären:* die Frau erwartete in Kürze ihre N. **sinnv.:** ↑Geburt.
Nie|der|la|ge, die; -, -n: *das Verlieren, Unterliegen in einer Auseinandersetzung, im Wettkampf, Kampf:* eine schwere N. erleiden, hinnehmen müssen. **sinnv.:** ↑Mißerfolg. **Zus.:** Abstimmungs-, Heim-, Wahlniederlage.
nie|der|las|sen, sich; läßt sich nieder, ließ sich nieder, hat sich niedergelassen: **1.** *sich* ↑*setzen:* er hat sich auf dem Sofa niedergelassen. **2.** *an einen bestimmten Ort ziehen, dort ansässig werden [und eine selbständige Tätigkeit ausüben]:* die Firma hat sich in Mannheim niedergelassen; er hat sich als Arzt, als Anwalt niedergelassen. **sinnv.:** sich anbauen, sich ankaufen, sich ↑ansiedeln, besiedeln, einwandern, eine Existenz aufbauen, Fuß fassen, ein Geschäft/eine Praxis eröffnen, sich selbständig machen, Wurzeln schlagen.
Nie|der|las|sung, die; -, -en: *selbständig arbeitender Teil eines Betriebes in einem anderen Ort als dem dieses Betriebes:* das Unternehmen hat Niederlassungen in verschiedenen Städten. **sinnv.:** ↑Filiale. **Zus.:** Handels-, Zweigniederlassung.
nie|der|le|gen, legte nieder, hat niedergelegt ⟨tr.⟩: **1.** *aus der Hand, auf etwas, auf den Boden legen:* sie legten Kränze am Grabe nieder. **2.** (geh.) *zur Ruhe, schlafen legen:* das Kind n.; sich ein bißchen n. **3.** *nicht weitermachen, ausüben:* er legte sein Amt, die Arbeit nieder. **sinnv.:** ↑kündigen. **4.** (geh.) *schriftlich festhalten:* er legte seine Gedanken schriftlich nieder; etwas in seinem Testament n. **sinnv.:** ↑aufschreiben; ↑fixieren.
nie|der|rei|ßen, riß nieder, hat niedergerissen ⟨tr.⟩: *(ein Gebäude o. ä.) zerstören, zum Einsturz bringen:* eine Mauer, ein Haus n. **sinnv.:** abbrechen, abreißen, schleifen.
Nie|der|schlag, der; -[e]s, Niederschläge: **1.** *(in Form von Regen, Schnee, Tau o. ä.) aus der Atmosphäre auf die Erde fallendes Wasser:* es gab Niederschläge in Form von Regen und Schnee. **sinnv.:** ↑Feuchtigkeit, ↑Hagel, ↑Regen, ↑Reif, ↑Schnee. **2.** *Schlag (bes. beim Boxen), durch den jmd. zu Boden sinkt:* er gab nach zwei Niederschlägen auf.
nie|der|schla|gen, schlägt nieder, schlug nieder, hat niedergeschlagen /vgl. niedergeschlagen/: **1.** ⟨tr.⟩ *durch einen Schlag zu Boden werfen:* er hat ihn niedergeschlagen. **sinnv.:** ↑prügeln. **2.** ⟨tr.⟩ *sich nicht weiter entwickeln lassen; einer Sache ein Ende setzen:* er hat den Aufstand niedergeschlagen; der Prozeß wurde niedergeschlagen. **sinnv.:** ↑beenden. **3.** ⟨tr.⟩ *(den Blick o. ä.) nach unten lenken:* die Augen, die Lider, den Blick n. **sinnv.:** senken. **4.** ⟨sich n.⟩ *als Niederschlag auf etwas entstehen, sich bilden, ablagern:* der Nebel hat sich am nächsten Morgen als Tau niedergeschlagen.
nie|der|schrei|ben, schrieb nieder, hat niedergeschrieben ⟨tr.⟩: *etwas, was man erlebt oder überlegt hat, aufschreiben:* er hat seine Gedanken, Erlebnisse niedergeschrieben. **sinnv.:** ↑aufschreiben; ↑fixieren.
Nie|der|schrift, die; -, -en: **a)** *das Niederschreiben:* er war bei der N. seiner Überlegungen. **sinnv.:** ↑Aufzeichnung. **b)** *etwas Niedergeschriebenes:* eine N. von etwas anfertigen. **sinnv.:** ↑Aufsatz; ↑Aufzeichnung.
Nie|der|tracht, die; -: **a)** *gemeine, niederträchtige Gesinnung:* eine solche N. hätte ich ihm nicht zugetraut. **sinnv.:** ↑Bosheit. **b)** *niederträchtige Handlung:* eine N. verüben.
Nie|de|rung, die; -, -en: *tief, oft tiefer als die Umgebung liegendes Gebiet (bes. an Flüssen und Küsten):* sumpfige Niederungen. **sinnv.:** Tiefebene. **Zus.:** Flußniederung.
nied|lich ⟨Adj.⟩: *durch seine Kleinheit, Zierlichkeit, Anmut hübsch anzusehen, Gefallen erregend:* ein niedliches Mädchen, Kätzchen. **sinnv.:** ↑hübsch.
nied|rig ⟨Adj.⟩: **1. a)** *relativ wenig nach oben ausgedehnt, von*

geringer Höhe: ein niedriger Wasserstand; der Stuhl ist mir zu n. **sinnv.:** flach, klein, nieder. **b)** *sich in geringer Höhe befindend:* die Lampe hängt sehr n. (Ggs. hoch). **2.** *zahlen-, mengenmäßig gering, wenig:* ein niedriges Einkommen; niedrige Temperaturen. **sinnv.:** ↑gering. **3.** *gesellschaftlich wenig geachtet:* von niedriger Herkunft; die Arbeit war ihr zu n. **sinnv.:** ↑gering. **4.** *moralisch, sittlich tiefstehend:* niedrige Triebe; aus niedrigen Beweggründen handeln. **sinnv.:** ↑gemein.

nie|mals ⟨Adverb⟩: ↑*nie:* das werde ich n. tun. **sinnv.:** keinen Augenblick, auf keinen Fall, nie [und nimmer], nie im Leben, nimmer, nimmermehr, keine Sekunde, zu keinem Zeitpunkt/keiner Zeit.

nie|mand ⟨Indefinitpronomen⟩: *nicht ein einziger, überhaupt keiner, kein Mensch* /Ggs. jemand/: n. hat mich besucht; ich habe den Plan niemandem erzählt.

Nie|re, die; -, -n: *paariges, in der oberen Bauchhöhle liegendes Organ, das Harn bildet und ausscheidet.* **Zus.:** Kalbs-, Neben-, Schrumpf-, Schweine-, Wanderniere.

nie|seln ⟨itr.⟩: *leicht, in feinen Tropfen regnen:* es nieselt heute den ganzen Tag. **sinnv.:** ↑regnen.

nie|sen ⟨itr.⟩: *(infolge einer Reizung in der Nase) die Luft ruckartig [und meist mit einem lauten Geräusch] durch Nase und Mund ausstoßen:* laut, heftig n. müssen.

Nie|te, die; -, -n: **I.** *Bolzen aus Metall mit verbreitertem Ende, mit dem etwas fest verbunden werden kann:* Bleche mit Nieten verbinden. **sinnv.:** ↑Nagel. **II. 1.** *Los, das keinen Gewinn bringt:* er hat eine N. gezogen. **2.** (ugs.) *jmd., der (in den Augen des Sprechers) nichts leistet, zu nichts taugt:* er ist eine ausgesprochene N. **sinnv.:** ↑Versager.

nie|ten, nietete, hat genietet ⟨tr.⟩: *mit Nieten verbinden:* Platten, Träger n.

Ni|ko|tin, das; -s: *bes. im Tabak enthaltener öliger, farbloser, sehr giftiger Stoff, der beim Rauchen als anregendes Genußmittel dient:* diese Zigarette enthält wenig N.

nip|pen ⟨itr.⟩: *mit kurz geöffneten Lippen nur wenig trinken; nur einen kleinen Schluck nehmen:* er hat [am Glas, am Wein] genippt. **sinnv.:** ↑trinken.

nir|gends ⟨Adverb⟩: *an keinem Ort, an keiner Stelle* (Ggs. überall): er fühlt sich n. so wohl wie hier; n. sonst/sonst n. ist es so schön. **sinnv.:** nirgendwo.

Ni|sche, die; -, -n: **a)** *Vertiefung in einer Wand:* er stellte die Figur in eine N. **b)** *kleine Erweiterung eines Raumes:* der Stuhl stand in einer N.

ni|sten, nistete, hat genistet ⟨itr.⟩: *(von Vögeln) ein Nest bauen und darin Eier ausbrüten, Junge aufziehen:* unter dem Dach nisten Schwalben. **sinnv.:** ↑brüten.

Ni|veau [ni'vo:], das; -s: **1.** *waagerechte ebene Fläche in bestimmter Höhe:* Straße und Bahn haben das gleiche N. **2.** *geistiger Rang, Grad; kulturelle Stufe:* ein literarisches Werk von beachtlichem N.; das N. heben. **sinnv.:** Bildungsgrad, Bildungsstand, ↑Format, ↑Kultur, Leistungsstufe, Rangstufe, Standard. **Zus.:** Bildungs-, Durchschnitts-, Lebensniveau.

ni|veau|los [ni'vo:lo:s] ⟨Adj.⟩: *kulturell, geistig nicht hochstehend; wenig Niveau besitzend:* niveaulose Unterhaltung.

Ni|xe, die; -, -n: *(in Mythologie, Märchen, Sage) weibliches, im Wasser lebendes Wesen mit einem in einem Fischschwanz endenden Unterkörper.* **Zus.:** Meer-, Wassernixe.

no|bel ⟨Adj.⟩: **1.** *in bewundernswerter Weise großzügig und edel gesinnt, menschlich vornehm:* ein nobler Mann, Charakter. **sinnv.:** edel, hochherzig, vornehm. **2.** *(in Eleganz, Luxus o. ä.) hohen Ansprüchen genügend:* ein nobles Hotel. **sinnv.:** ↑geschmackvoll; ↑gewählt. **3.** *nicht kleinlich, Großzügigkeit zeigend, erkennen lassend:* er zeigt sich sehr n.; noble Geschenke machen. **sinnv.:** ↑freigebig.

No|bel- ⟨Präfixoid⟩ (emotional, meist leicht spöttisch): **a)** *mit ganz besonderem Komfort o. ä.:* Nobelausführung, -auto, der mit Bordelektronik reichhaltig bestückte Nobelfranzose (= ein Renault), -herberge *(exklusives Hotel),* -hotel, -kutsche *(komfortabel ausgestattetes Auto),* -markt, -restaurant, -ski, -villa. **b)** *besonders exklusiv:* Nobelbäkker, -ball, -boutique, -diskothek, -garderobe, -gegend *(wo vor allem Reiche wohnen),* -juwelier, -ort, -schule, -skiort.

noch: I. ⟨Adverb⟩ **1. a)** */drückt aus, daß ein Zustand, Vorgang weiterhin anhält [aber möglicherweise bald beendet sein wird]/:* sie ist n. wach, krank; ein n. ungelöstes Problem; das gibt es n. heute/heute n.; es regnet kaum n. *(fast nicht mehr);* (betont, meist in Spitzenstellung:) n. regnet es nicht *(es regnet jetzt noch nicht, aber [vielleicht, wahrscheinlich] bald).* **b)** */drückt aus, daß es sich um etwas handelt, was von etwas übriggeblieben ist/:* ich habe [nur] n. zwei Mark; es dauert jetzt n. fünf Minuten. **2. a)** *bevor etwas anderes geschieht:* ich mache das n. fertig; ich möchte [bevor du gehst] n. etwas fragen. **b)** /drückt aus, daß etwas nach der Überzeugung des Sprechers (zu einem unbestimmten Zeitpunkt) in der Zukunft eintreten wird/ *irgendwann später einmal, zu gegebener Zeit:* er wird n. kommen; vielleicht kann man es n. mal gebrauchen. **c)** *wenn nichts geschieht, es zu verhindern; womöglich [sogar]:* du kommst n. zu spät [wenn du so trödelst]. **3. a)** */drückt aus, daß der genannte Zeitpunkt relativ kurz vor einem bestimmten anderen liegt/:* gestern habe ich n./n. gestern habe ich mit ihm gesprochen. **b)** */räumt ein, daß es sich um einen den Umständen nach sehr frühen Zeitpunkt, sehr begrenzten Zeitraum handelt, und betont gleichzeitig die Zeit- bzw. Ortsangabe/:* n. ehe er/ehe er n. antworten konnte, legte sie auf; er wurde n. am Unfallort operiert. **c)** */drückt aus, daß ein Geschehen, ein Zustand einige Zeit später nicht mehr möglich [gewesen] wäre/:* daß er das n. erleben durfte!; **d)** */drückt aus, daß sich etwas im Rahmen des Akzeptablen, Möglichen o. ä. hält, obwohl zum Gegenteil nur wenig fehlt/:* das lasse ich mir [gerade] n. gefallen; das [allein] ist n. [lange] kein Grund. **4. a)** */drückt aus, daß etwas [Gleiches] zu etwas anderem, bereits Vorhandenem hinzukommt, oft als Verstärkung anderer Adverbien/:* dumm und dazu n./n. dazu frech; er ist nebenbei n. Maler; (betont:) was soll ich denn n. tun? **b)** */betont den höheren Grad o. ä./:* es ist heute n. wärmer als gestern. **5.** */verstärkt in Verbindung mit „so" das folgende Wort und zeigt ein konzessives Verhältnis an/:* er lacht über jeden n. so albernen Witz. **sinnv.:** ↑sehr. **II.** ⟨Konj.⟩ /schließt in Korrelation mit einer Negation ein zweites Glied [und weitere Glieder] einer Aufzählung an/ *und auch nicht:* er kann weder lesen n. schreiben; nicht er n. seine Frau, n. seine Kinder. **III.** ⟨Partikel; unbetont⟩ **1.** */drückt in Aussagesätzen eine Verstärkung aus, wobei der Sprecher andeutet, daß er eine Bestätigung, Zustimmung seines Gesprächspartners erwartet od. voraussetzt/:* das ist n. Qualität; auf ihn kann man sich n. verlassen. **2.** */drückt in Aussage- oder Ausrufesätzen eine gewisse Erregung o. ä. aus, wobei der Sprecher seinen Gesprächspartner auf zu erwartende Konsequenzen in bezug auf dessen Äußerungen, Handlungen o. ä. hinweisen will/:* das wirst du n. bereuen!; der wird sich n. wundern! **3.** */drückt, oft in Verbindung mit „doch", in Aussagesätzen od. [rhetorischen] Fragesätzen Empörung, Erstaunen o. ä. aus/:* man wird [doch] n. fragen dürfen; da kannst du n. lachen? **4.** */drückt, immer in Verbindung mit einer Negation, in Aussagesätzen aus, daß der Sprecher einen Sachverhalt o. ä. als nicht schwerwiegend, als etwas nicht besonders Beachtenswertes o. ä. ansieht/:* das kostet n. keine fünf Mark; das dauert n. keine zehn Minuten. **5.** */drückt in Fragesätzen aus, daß der Sprecher nach etwas eigentlich Bekanntem fragt, das ihm gerade nicht einfällt/:* wie hieß er n. gleich?; wie war das n.? **sinnv.:** doch.

noch|mals ⟨Adverb⟩: *ein weiteres Mal; noch einmal:* den Text n. schreiben. **sinnv.:** ↑wieder.

nö|lig ⟨Adj.⟩: *in ärgerlicher Weise langsam (beim Arbeiten o. ä.).* **sinnv.:** langsam, schwerfällig.

No|ma|de, der; -n, -n: *Angehöriger eines Volkes [von Hirten], das innerhalb eines begrenzten Gebietes von Ort zu Ort zieht:* Stämme, die als Nomaden leben.

no|mi|nell ⟨Adj.⟩: *nur dem Namen nach [bestehend]; nur nach außen so bezeichnet:* er gehört n. zu unserer Abteilung, praktisch jedoch arbeitet er in einer anderen Gruppe.

no|mi|nie|ren ⟨tr.⟩: *für einen Posten vorschlagen; als Kandidat bei einer Wahl, als Anwärter auf etwas, als Teilnehmer an einem Wettkampf bestimmen:* der Diplomat wurde als Leiter der Delegation nominiert. **sinnv.:** ↑ernennen.

Non|ne, die; -, -n: *Angehörige eines Frauenordens.* **sinnv.:** Klosterfrau, Konventualin, Ordensfrau, Ordensschwester, geistliche Schwester · Mönch.

Nor|den, der; -s: **1.** ⟨meist ohne Artikel; gewöhnlich in Verbindung mit einer Präposition⟩ *Himmelsrichtung, die dem Süden entgegengesetzt ist:* von, im, nach N. **sinnv.:** Nord; ↑Himmelsrichtung. **2. a)** *im Norden* (1) *gelegener Teil eines Landes, einer Stadt o. ä.:* der N. Deutschlands. **b)** *nördlicher Bereich der Erde, bes. Skandinavien:* diese Tiere leben im hohen N.

nörd|lich: I. ⟨Adj.; attributiv⟩: **1.** *im Norden liegend:* der nördliche Teil der Stadt. **2.** *nach Norden gerichtet:* das Schiff steuert nördlichen Kurs. **II.** ⟨Präp. mit Gen.⟩ *im Norden von:* die Autobahn verläuft n. der Stadt. **III.** ⟨Adverb; in Verbindung mit *von*⟩: n. von Mannheim.

Nord|pol, der; -s: *nördlicher Schnittpunkt der Erdachse mit der Oberfläche der Erde.* **sinnv.:** ↑Pol.

nör|geln ⟨itr.⟩: *in ärgerlicher Weise an allen Dingen auf kleinliche, verdrossene Art Kritik üben:* er hat heute an allem zu n. **sinnv.:** ↑beanstanden. **Zus.:** herumnörgeln.

Nörg|ler, der; -s, -: *jmd., der ständig nörgelt, unzufrieden ist:* dieser N. hat doch immer etwas auszusetzen. **sinnv.:** Kritiker, Krittler, Meckerer, Miesmacher, Nörgelfritze; ↑Besserwisser; ↑Querulant.

Norm, die; -, -en: **1.** *Vorschrift, Regel, nach der etwas durchgeführt oder hergestellt werden soll:* für die Herstellung der Maschinen, für die Breite der Schienen wurden bestimmte Normen festgesetzt. **sinnv.:** ↑Regel. **Zus.:** DIN-Norm. **2.** *das Übliche, der Durchschnitt des im allgemeinen Geleisteten o. ä.:* seine Begabung geht über die N. seiner Klasse hinaus; von der N. abweichen. **sinnv.:** ↑Durchschnitt.

nor|mal ⟨Adj.⟩ /Ggs. anormal/: **a)** *der Norm* (2) *entsprechend:* ein normales Gewicht haben; die Apparate funktionieren, arbeiten wieder n. **sinnv.:** ohne Abweichung, einwandfrei, regelgemäß, regelmäßig, ohne Störung; ↑üblich. **b)** *geistig, körperlich gesund:* ihr Blutdruck ist n., zeigt normale Werte; er ist [geistig] nicht n. **sinnv.:** zurechnungsfähig; ↑gesund.

nor|ma|li|sie|ren: a) ⟨sich n.⟩ *wieder in den normalen Zustand kommen:* nachdem die ärgsten Katastrophenschäden behoben sind, hat sich das Leben in der Stadt wieder normalisiert. **sinnv.:** sich beruhigen, wieder ins Gleichgewicht kommen, sich legen, wieder normal werden, sich ordnen. **b)** ⟨tr.⟩ *wieder in den Normalzustand bringen:* die Polizei war kaum in der Lage, die Verhältnisse zu n. **sinnv.:** wieder ins rechte Gleis/ins Lot/in Ordnung bringen.

nor|men ⟨tr.⟩: *nach einer bestimmten Norm einheitlich festlegen:* die Papierformate wurden genormt; genormte Maschinenteile. **sinnv.:** [als Norm] festlegen, festsetzen, normieren, regeln, regulieren, typisieren, vereinheitlichen.

nor|mie|ren ⟨tr.⟩: **a)** *nach einem einheitlichen Schema festlegen, behandeln o. ä.:* nicht alle Arbeiten lassen sich n. **sinnv.:** ↑normen. **b)** ↑*normen:* Formate n.; normierte Größen von Schreibpapier.

not: ⟨in der Verbindung⟩ etwas tut n.: *etwas ist dringend nötig, erforderlich:* rasche Hilfe tut n. **sinnv.:** es ist angebracht/angezeigt, am Platze, etwas zu tun.

Not, die; -, Nöte: **1.** ⟨Plural selten⟩ *Zustand der Entbehrung, des Mangels an lebenswichtigen Dingen:* N. leiden; sie sind in große wirtschaftliche N. geraten. **sinnv.:** ↑Armut, Elend, Entbehrung, Misere, Notlage. **Zus.:** Geld-, Raum-, Wohnungsnot. **2.** *schlimme [gefahrvolle] Lage, in die jmd. geraten ist:* Rettung aus höchster N.; jmdm. in der Stunde der N. helfen, beistehen. **sinnv.:** Bedrängnis, Bredouille, Dilemma, ↑Gefahr, ↑Kalamität, Schlamassel. **Zus.:** Berg-, Feuers-, Todesnot. **3.** ⟨häufig Plural⟩ *durch ein Gefühl von Ausweglosigkeit, durch Verzweiflung, Angst gekennzeichneter innerer, seelischer Zustand:* seelische N., innere Nöte; mit seinen Nöten zu jmdm. kommen. **sinnv.:** Angst, Ausweglosigkeit, Dilemma, Hoffnungslosigkeit, Krise, Sackgasse, Zwickmühle.

Not|durft: ⟨in der Verbindung⟩ seine N. verrichten: *Darm oder*

Blase durch Ausscheidung des Kotes bzw. des Harnes entleeren: er stand auf, um seine N. zu verrichten. **sinnv.:** ↑austreten.

not|dürf|tig ⟨Adj.⟩: *so, daß es nur einen Notbehelf darstellt:* etwas n. reparieren. **sinnv.:** behelfsmäßig, ↑einigermaßen, ↑genug, zur Not, provisorisch, schlecht und recht, vorläufig, vorübergehend.

No|te, die; -, -n: **1. a)** *(in der Musik) graphisches Zeichen für einen bestimmten Ton, der zu singen oder auf einem bestimmten Instrument zu spielen ist:* Noten lesen können; eine halbe, ganze N. **sinnv.:** Neume, Notenzeichen. **Zus.:** Achtel-, Sechzehntel-, Viertelnote. **b)** ⟨Plural⟩ *einzelnes Blatt, Heft o. ä. mit einer oder mehreren in Noten* (1 a) *aufgezeichneten Kompositionen:* die Noten der Lieder liegen auf dem Klavier. **sinnv.:** Notenblatt, -heft, -text, Partitur. **Zus.:** Klavier-, Orchesternoten. **2.** *(durch eine Ziffer oder ein Wort ausgedrückte) Bewertung:* er hat die Prüfung mit der N. „gut" bestanden. **sinnv.:** ↑Zensur. **Zus.:** Aufsatz-, Zeugnisnote. **3.** *diplomatisches Schriftstück:* der Botschafter überreichte eine N. **sinnv.:** ↑Denkschrift. **Zus.:** Protest-, Verbalnote. **4.** *persönliche Eigenart:* eine besondere N. **sinnv.:** Anstrich; ↑Look. **Zus.:** Geschmacksnote.

Not|fall, der; -[e]s, Notfälle: *(unvorhergesehen eintretende) schwierige, gefahrvolle o. ä. Situation:* für den N. habe ich vorgesorgt; im N. *(↑notfalls)* kannst du bei uns übernachten.

not|falls ⟨Adverb⟩: *wenn es nicht anders geht, wenn es sein muß:* n. bleiben wir hier. **sinnv.:** im Ausnahmefall, zur Not, im Notfall, wenn alle Stränge/Stricke reißen · Notnagel, Lückenbüßer, Verlegenheitslösung.

not|ge|drun|gen ⟨Adj.; nicht prädikativ⟩: *aus der gegebenen Situation heraus zu einem bestimmten Tun gezwungen:* er mußte n. auf die Fahrt verzichten. **sinnv.:** in Ermangelung eines Besseren, gezwungenermaßen, schweren Herzens, der Not gehorchend, unfreiwillig, ungern, ob man will oder nicht, wohl oder übel, zwangsläufig, zwangsweise.

Not|gro|schen, der; -s, -: *für Zeiten der Not zurückgelegtes Geld.* **sinnv.:** ↑Ersparnis.

no|tie|ren ⟨tr.⟩: *aufschreiben, damit man es nicht vergißt:* hast du [dir] die Autonummer notiert? **sinnv.:** ↑aufschreiben.

nö|tig ⟨Adj.⟩: *für einen bestimmten Zweck unerläßlich, erforderlich:* die nötige Zeit, das nötige Geld nicht haben; es wäre nicht n. gewesen, daß ...; er hätte Erholung [bitter] n. *(brauchte sie dringend).* **sinnv.:** erforderlich, geboten, obligat, notwendig, unausweichlich, unentbehrlich, unerläßlich, unumgänglich, unvermeidlich.

nö|ti|gen ⟨tr.⟩: **a)** *mit Worten heftig bedrängen, einladen, auffordern, etwas Bestimmtes zu tun:* jmdn. zum Bleiben n.; er nötigte uns ins Haus. **sinnv.:** ↑überreden. **Zus.:** ab-, aufnötigen. **b)** *(jmdn.) gegen dessen Willen, unter Androhung oder Anwendung von Gewalt zu etwas zwingen:* die Gangster nötigten den Kassierer, das Geld herauszugeben. **sinnv.:** ↑bedrohen, unter Druck setzen, erpressen, zwingen. **c)** *(von einem Sachverhalt, Umstand o. ä.) jmdn. zu einem bestimmten Verhalten, Tun zwingen:* der Wetterumschlag nötigte die Bergsteiger zum Umkehren; er sah sich dazu genötigt, weil ... **sinnv.:** ↑veranlassen, zu etwas bringen.

No|tiz, die; -, -en: *kurze Aufzeichnung (als Gedächtnisstütze):* sich Notizen über etwas machen.

not|lan|den, notlandete, ist notgelandet ⟨itr.⟩: *eine Notlandung machen:* das Flugzeug, der Pilot mußte auf einem flachen Feld n. **sinnv.:** ↑landen.

Not|lan|dung, die; -, -en: *durch einen technischen Schaden oder durch schlechtes Wetter verursachte Landung eines Flugzeuges außerhalb eines Flugplatzes.*

Not|lü|ge, die; -, -n: *Lüge, mit der man eine peinliche Situation, eine Unannehmlichkeit o. ä. zu vermeiden sucht:* zu einer N. greifen. **sinnv.:** ↑Lüge.

no|to|risch ⟨Adj.; nicht prädikativ⟩: *als solcher längst bekannt; gewohnheitsmäßig:* er ist ein notorischer Trinker, Lügner, Linksfahrer; er kommt n. zu spät.

Not|ruf, der; -[e]s, -e: **a)** *Telefonnummer, unter der Feuerwehr, Polizei o. ä. in dringenden Fällen erreicht werden können:* über [den] N. die Polizei herbeirufen. **sinnv.:** Notsignal, SOS-Ruf. **b)** *Anruf bei Feuerwehr, Polizei o. ä. über eine besondere Telefonnummer für dringende Fälle:* auf einen N. hin wurde sie von einem Krankenwagen in die Klinik gebracht. **sinnv.:** Hilferuf.

Not|sitz, der; -es, -e: *behelfsmäßiger Sitz, der benutzt wird, wenn alle Sitzplätze besetzt sind:* er mußte die ganze Bahnfahrt auf einem N. verbringen.

Not|wehr, die; -: *das (straffrei bleibende) Abwehren eines Angriffs gegen die eigene oder gegen eine fremde Person (bei der dem Angreifer Schaden zugefügt wird):* jmdn. in N. töten; etwas in, aus N. tun. **sinnv.:** ↑Abwehr.

not|wen|dig ⟨Adj.⟩: **a)** *in einem bestimmten Zusammenhang unbedingt erforderlich:* die für eine Arbeit notwendige Zeit; etwas für n. erachten. **sinnv.:** ↑nötig. **Zus.:** lebens-, naturnotwendig. **b)** *nicht zu vermeiden:* der Verkauf des Hauses war n. **sinnv.:** nötig.

No|vem|ber, der; -[s], -: *elfter Monat des Jahres.* **sinnv.:** Nebelmonat, Nebelmond, Neb[e]lung; ↑Monat.

Nu|an|ce ['nyã:sə], die; -, -n: **1.** *feine Abstufung (einer Farbe):* eine Farbe, ein Blau in vielen verschiedenen Nuancen; eine kaum merkliche N. **sinnv.:** ↑Farbe. **Zus.:** Farbnuance. **2.** *ein wenig, in einem ganz geringen Grad:* die Farbe ist eine N. zu hell; der Wein müßte um eine N. kälter sein. **sinnv.:** ein Geringes, Hauch, Spur; ↑Anflug.

nüch|tern ⟨Adj.⟩: **1. a)** *ohne (nach dem nächtlichen Schlaf) schon etwas gegessen zu haben:* n. zur Arbeit gehen. **sinnv.:** ungefrühstückt, ungegessen. **b)** *nicht [mehr] unter Alkoholeinwirkung stehend* /Ggs. betrunken/: er ist völlig n.; der Fahrer muß heute abend n. bleiben *(darf nichts trinken);* nicht mehr ganz n. sein *(leicht betrunken sein);* am nächsten Morgen war er wieder n. **2. a)** *ohne Beteiligung des Gefühls, der Phantasie; ohne Illusion:* er betrachtet alles sehr n.; er ist sehr n., ein sehr nüchterner Mensch. **sinnv.:** ↑sachlich. **b)** *ohne etwas, was das Gefühl anspricht; ohne Reiz, Schmuck:* die Zimmer sind alle sehr n. eingerichtet. **sinnv.:** kahl, schmucklos; ↑einfach.

Nu|del, die; -, -n ⟨meist Plural⟩: *aus einem Eierteig hergestelltes Nahrungsmittel (in unterschiedli-*

chen Formen), das vor dem Verzehr in Wasser gar gemacht wird: Nudeln kochen; Suppe mit Nudeln. **sinnv.:** ↑Teigware. **Zus.:** Band-, Eier-, Faden-, Suppennudel.

-nu|del, die; -, -n ⟨Suffixoid⟩: *jmd., für dessen Wesensart man das im Basiswort Genannte als charakteristische Eigenschaft ansieht, die sich in entsprechenden Aktivitäten äußert:* Amüsier- *(jmd., der für Stimmung, Amüsement sorgt),* Betriebs- *(jmd., der immer für Betrieb sorgt, betriebsam ist),* Gift- *(jmd., der giftig, bissig ist),* Skandal- *(jmd., der immer wieder Skandale hervorruft),* Ulknudel. **sinnv.:** -bolzen.

nu|kle|ar ⟨Adj.⟩: **1. a)** *den Atomkern betreffend:* nukleare Spaltung. **sinnv.:** Atom-, Kern-. **b)** *auf Kernenergie beruhend, durch sie hervorgerufen:* nukleare Explosion; nuklearer Winter. **2. a)** *die Kernwaffen betreffend:* nukleare Verteidigungspolitik. **b)** *mit Kernwaffen ausgerüstet:* nukleare Streitkräfte.

null: 1. ⟨Kardinalzahl⟩: 0: n. Komma eins; das Thermometer zeigt n. Grad. **2.** ⟨Adj.; indeklinabel⟩ (ugs.) *überhaupt kein, nicht der/die/das geringste:* er hat n. Ahnung von der Sache; n. Bock haben.

Null- ⟨Präfixoid⟩: */kennzeichnet das Nichtvorhandensein des im Basiswort Genannten/:* Nullahnung, -beziehungen, -durchblick, -emission, -ergebnis, -komfort, -tarif *(kostenlose Gewährung bestimmter, üblicherweise nicht unentgeltlicher Leistungen),* -wachstum.

Null|acht|fünf|zehn- ⟨Präfixoid⟩: */besagt, daß das im Basiswort Genannte ohne Originalität, nicht mehr als nur unbedeutender Durchschnitt ist/:* Nullachtfünfzehnaufführung, -frisur, -mode, -soße. **sinnv.:** Allerwelts-, Durchschnitts-, Feld-Wald-und-Wiesen- · ↑alltäglich.

nu|me|rie|ren ⟨tr.⟩: *mit [fortlaufenden] Nummern, Zahlen versehen (um eine Reihenfolge festzulegen oder etwas zu kennzeichnen):* die Zimmer sind numeriert; numerierte Plätze. **sinnv.:** benummern, beziffern, paginieren. **Zus.:** durchnumerieren

Num|mer, die; -, -n: *Zahl, mit der etwas gekennzeichnet wird:* die N. des Loses; er wohnt [im Zimmer] N. 10. **sinnv.:** ↑Zahl. **Zus.:** Auto-, Haus-, Konto-, Schuh-, Zimmernummer.

nun: I. ⟨Adverb⟩ /bezeichnet einen Zeitpunkt, zu dem etwas eintritt, einsetzt/ *jetzt:* von n. an soll alles anders werden; n. kann ich ruhig schlafen. **sinnv.:** ↑jetzt. **II.** ⟨Partikel⟩ **a)** /unterstreicht die Einsicht in einen Tatbestand, der für unabänderlich gehalten wird/ *eben:* es ist n. [einmal] nicht anders. **b)** /leitet am Satzanfang eine resümierende Feststellung ein oder bildet den Auftakt zu einer Frage/ *also:* n., so sprich doch!

nur: I. ⟨Adverb⟩ **a)** *nicht mehr als:* es war n. ein Traum; n. noch zwei Minuten; ich habe n. [noch] eine Mark. **sinnv.:** bloß. **b)** *nichts anderes als:* ich konnte n. staunen. **c)** *nichts weiter als:* ich habe ihr n. gesagt, sie solle nichts erzählen. **sinnv.:** ↑allein, bloß, lediglich. **d)** /Nachdruck verleihend/ *doch:* er soll n. kommen; wenn er dies n. nicht getan hätte! **II.** ⟨Konj.⟩ /schränkt die Aussage des vorangegangenen Hauptsatzes ein/ *aber:* sie ist schön, n. müßte sie schlanker sein. **III.** ⟨Partikel⟩ */gibt einer Frage, Aussage, Aufforderung oder einem Wunsch eine bestimmte Nachdrücklichkeit/:* was hat er sich n. dabei gedacht?; n. Mut!; was hat er n.? **sinnv.:** bloß.

nu|scheln ⟨itr./tr.⟩ (ugs.): *undeutlich sprechen:* man versteht ihn kaum, weil er so nuschelt; er nuschelte einige Worte. **sinnv.:** ↑sprechen.

Nuß, die; -, Nüsse: *Frucht mit harter, holziger Schale, die einen ölhaltigen, meist eßbaren Kern enthält:* Nüsse knacken. **sinnv.:** Mandel, Mandel-, Nußkern. **Zus.:** Erd-, Hasel-, Kokos-, Para-, Walnuß.

Nuß|knacker, der; -s, -: *Gerät, mit dessen Hilfe sich die harte Schale von Nüssen aufknacken läßt.*

Nu|te, die; -, -n: *längliche Einkerbung, durch die verschiedene Teile von Maschinen, Möbeln usw. miteinander verbunden werden können:* der Zapfen muß genau in die N. passen.

Nut|te, die; -, -n (ugs. abwertend): ↑*Prostituierte.*

nutz|bar ⟨Adj.⟩: *so beschaffen, daß es für einen bestimmten Zweck genutzt werden kann:* etwas in nutzbare Energie umwandeln; etwas n. machen. **sinnv.:** brauchbar, geeignet, praktikabel, praktisch, tauglich.

nüt|ze: ⟨in den Verbindungen⟩ zu nichts n. sein *(für nichts brauchbar, wertlos sein):* der Rest ist zu nichts n.; das ist doch zu gar nichts n.!; zu etwas n. sein *(für etwas brauchbar, wertvoll sein):* wozu ist denn das n.?

nut|zen, nüt|zen: 1. ⟨tr.⟩ *eine bestehende Möglichkeit, eine Gelegenheit ausnutzen, sie sich zunutze machen; aus einer gegebenen Situation Vorteil ziehen:* in diesem Gebiet nutzt/nützt man die Wasserkraft der großen Flüsse [zur Stromerzeugung]; er nutzt/ nützt jede Gelegenheit, Geld zu verdienen; wir müssen die Zeit gut n. **sinnv.:** ↑anwenden, ↑auswerten, ↑gebrauchen, Kapital schlagen aus. **Zus.:** aus-, benutzen. **2.** ⟨itr.⟩ *für das Erreichen eines Zieles geeignet sein:* seine Erfahrungen nützen ihm sehr viel; alle seine Bemühungen nutzen nichts, wenn beim andern der gute Wille fehlt. **sinnv.:** ↑fruchten; ↑zustatten.

Nut|zen, der; -s, -: *Vorteil, Gewinn, den man aus dem Gebrauch einer Sache o. ä. zieht:* aus etwas N. ziehen; etwas bringt N.; etwas ist von N. *(ist nützlich).* **sinnv.:** ↑Vorteil.

nütz|lich ⟨Adj.⟩: *für einen bestimmten Zweck sehr brauchbar, Nutzen bringend:* allerlei nützliche Dinge kaufen; das Lexikon erweist sich als n. für meine Arbeit. **sinnv.:** brauchbar, dienlich, ergiebig, förderlich, fruchtbar, gut, heilsam, hilfreich, konstruktiv, lohnend, nutzbringend, tauglich, ↑wirksam, ↑zweckmäßig.

nutz|los ⟨Adj.⟩: *keinen Nutzen, Gewinn bringend:* nutzlose Anstrengungen; die Bemühungen waren nicht völlig n. **sinnv.:** entbehrlich, illusorisch, überflüssig, unnötig, unnütz, ↑wirkungslos.

Nutz|nie|ßer, der; -s, -, **Nutz|nie|ße|rin,** die; -, -nen: *männliche bzw. weibliche Person, der der Nutzen, Vorteil (aus etwas) zufällt:* der Nutznießer des Streites war die Konkurrenz. **sinnv.:** der lachende Dritte, Gewinner.

Nut|zung, die; -: *das Anwenden, Benutzen, Einsetzen o. ä. von etwas (in der Weise, daß es einen Nutzen, Ertrag bringt):* die friedliche N. der Kernenergie; die landwirtschaftliche N. eines Gebietes. **sinnv.:** ↑Anwendung.

O

-o, der; -s, -s ⟨Auslaut, der eine durch die Basis bestimmte Art von Mann kennzeichnet⟩ (ugs.): Brutalo *(brutaler Mann),* Fascho, Fundamentalo, Prolo *(proletenhafter Mann),* Realo. **sinnv.:** -nik, -ist.

Oa̱|se, die; -, -n: *fruchtbare Stelle mit Wasser und üppiger Vegetation inmitten einer Wüste:* in einer O. übernachten. **sinnv.:** ↑Paradies.

o̱b ⟨Konj.⟩: **1.** /leitet einen indirekten Fragesatz ein/: er fragte mich, ob du morgen kommst. **2.** /als Wortpaar/ *sei es ... sei es:* alle, ob arm, ob reich, waren von der Sache betroffen.

O̱b|dach, das; -[e]s: *vorübergehende Aufnahme, Unterkunft, die jmdm. in einer Notsituation gewährt wird o. ä.:* er hatte bei Wildfremden [ein] O. gefunden; sie hatten tagelang kein O. **sinnv.:** ↑Unterkunft.

Ob|duk|ti|o̱n, die; -, -en: *Öffnung einer Leiche zu medizinischen Zwecken:* eine O. bei dem Verunglückten vornehmen. **sinnv.:** Autopsie, Leichenöffnung, Leichenschau, Sektion.

o̱ben ⟨Adverb⟩ /Ggs. unten/: **1. a)** *an einer (vom Sprecher aus betrachtet) höher gelegenen Stelle:* die Flasche steht im Regal o. links; der Ort liegt weiter o. in den Bergen. **sinnv.:** oberhalb. **b)** *am oberen Ende von etwas:* den Sack o. zubinden. **c)** *von der Unterseite abgewandt:* die glänzende Seite des Papiers gehört nach o. **d)** *in/aus der Höhe:* hier o. liegt noch Schnee. **2.** (ugs.) *an der Spitze einer Hierarchie, einer Rangordnung:* die da o. haben keine Ahnung; wenn er erst o. ist, wird er uns nicht mehr kennen.

o̱ben|dre̱in ⟨Adverb⟩: *noch zusätzlich zu anderem (Negativem):* er hat mich betrogen und o. ausgelacht. **sinnv.:** ↑auch, ↑außerdem, überdies.

O̱ber, der; -s, -: ↑*Kellner:* [Herr] O., bitte ein Bier!

o̱ber... ⟨Adj.; nur attributiv⟩: **1.** *sich (räumlich gesehen) [weiter] oben befindend:* die obere Hälfte; in der oberen Schublade; in einem der oberen Stockwerke. **2.** *dem Rang nach über anderem, anderen stehend:* die oberen Klassen, Schichten der Bevölkerung.

o̱ber-, O̱ber-: I. ⟨Präfixoid⟩ **1.** (emotional verstärkend) */das im Basiswort Genannte in ganz besonderer, kaum zu übertreffender Weise/* **a)** ⟨substantivisch⟩ *größt...:* Oberbonze, -gangster, -gauner, -idiot, -langweiler, -macker, -schieber, -zicke. **sinnv.:** Chef-, Meister-, Riesen-. **b)** ⟨adjektivisch⟩ *besonders, höchst:* oberbeschissen, -doof, -faul, -flau, -mies, -schlau. **sinnv.:** blitz-, grund-, hunde-, knall-, mords-, riesen-, sau-, stink-, stock-, tod-. **2.** */kennzeichnet einen höheren oder den höchsten Rang in bezug auf den im Basiswort genannten Personenkreis/:* Oberarchivrat, -arzt, -bibliotheksdirektor, -bibliotheksrat, -brigadeführer, -bürgermeister, -feuerwehrmann, -förster, -kriminalrat, -landgerichtsrat, -lehrer, -leutnant, -melker, -postrat, -schwester, -schwimmeister, -spielleiter, -staatsanwalt, -studienrat, -zahlmeister; /auch innerhalb des Wortes/: Bibliotheksoberinspektor, Bibliotheksoberrat, Brandobermeister, Justizoberwachtmeister, Kriminaloberkommissar, Kriminalobermeister, Polizeioberrat, Polizeioberwachtmeister, Postoberschaffner. **II.** ⟨Präfix⟩ **a)** *über etwas anderem:* Oberbekleidung. **b)** */kennzeichnet die Lage oberhalb/:* Oberhitze (Ggs. Unterhitze), Oberkiefer, Oberlippe, Oberschenkel.

O̱ber|flä|che, die; -, -n: **a)** *Gesamtheit der Flächen, die einen Körper von außen begrenzen:* eine rauhe, polierte O.; die O. einer Kugel. **sinnv.:** ↑Äußeres. **Zus.:** Erdoberfläche. **b)** *waagerechte Fläche, die einen flüssigen Stoff (in einem Gefäß o. ä.) nach oben begrenzt:* die verschmutzte O. des Tümpels; etwas schwimmt an der O. **Zus.:** Wasseroberfläche.

o̱ber|fläch|lich ⟨Adj.⟩: **1.** *sich an/auf der Oberfläche von etwas befindend, nicht tief in die Oberfläche von etwas eindringend:* die Wunde ist nur o. **sinnv.:** ↑äußerlich, an der Oberfläche befindlich. **2. a)** *am Äußeren haftend, ohne Gefühlstiefe oder Innerlichkeit:* ein oberflächlicher Mensch. **sinnv.:** ↑flach, geistlos, niveaulos, glatt, seicht, ohne Tiefgang, trivial. **b)** *nicht gewissenhaft oder gründlich:* etwas nur o. untersuchen. **sinnv.:** flüchtig, ↑vordergründig.

o̱ber|halb /Ggs. unterhalb/: **I.** ⟨Präp. mit Gen.⟩ *höher (gelegen, stehend o. ä.) als:* die Burg liegt o. des Dorfes. **sinnv.:** ob, über. **II.** ⟨Adverb; in Verbindung mit „von"⟩ *über etwas [gelegen]:* die Strahlenburg liegt o. von Schriesheim. **sinnv.:** ob, über.

O̱ber|haupt, das; -[e]s, Oberhäupter: *jmd., der als Autorität an der Spitze einer Institution o. ä. steht:* seit dem Tod seines Vaters ist er das O. der Familie; das O. des Staates war der Staatspräsident. **sinnv.:** ↑Ältester, Haupt, Häuptling, Herr; Machthaber, Präsident, ↑Regent. **Zus.:** Familien-, Staatsoberhaupt.

O̱ber|hemd, das; -[e]s, -en: *auf dem Oberkörper getragenes Hemd mit langen Ärmeln (als Teil der Oberbekleidung von Männern).*

O̱ber|kör|per, der; -s, -: *oberer Teil des menschlichen Rumpfes.* **sinnv.:** Rumpf.

O̱ber|licht, das; -[e]s, -e[r]: **1.** ⟨ohne Plural⟩ *von oben her in einen Raum einfallendes Tageslicht:* der Saal hat O. **2.** *oberer, selbständig zu öffnender Teil eines Fensters:* der Dieb war durch das O. gestiegen.

O̱ber|schen|kel, der; -s, -: *(beim menschlichen Körper) Teil des Beines zwischen Knie und Hüfte:* er hat sich den O. gebrochen. **sinnv.:** Schenkel; ↑Bein.

O̱berst, der; -en und -s, -en, seltener: -e: *Offizier mit dem höchsten Dienstgrad der Stabsoffiziere:* er ist zum Oberst[en] befördert worden.

o̱berst... ⟨Adj.; Superlativ von

ober...; nur attributiv): **1.** *sich (räumlich gesehen) ganz oben, an der höchsten Stelle befindend* /Ggs. unterst.../: im obersten Stockwerk. **2.** *dem Rang nach an höchster Stelle stehend:* die oberste Behörde, Schicht der Bevölkerung. **sinnv.:** ↑best...

ob|glei̱ch ⟨konzessive Konj.⟩: ↑*obwohl:* er kam sofort, o. er nicht viel Zeit hatte. **sinnv.:** dabei, obschon, obwohl, obzwar, wenn, wenngleich, wennschon.

O̱b|hut: ⟨in bestimmten Wendungen⟩ **jmdn./etwas in O. nehmen** *(jmdn./etwas fürsorglich betreuen);* **unter jmds. O. stehen** *(von jmdm. fürsorglich betreut werden).* **sinnv.:** ↑Fürsorge.

o̱big ⟨Adj.; nur attributiv⟩: *(in einem Text) weiter oben stehend:* das obige Zitat. **sinnv.:** besagt, betreffend, bewußt, fraglich, genannt, obengenannt, in Rede stehend, vorerwähnt, vorgenannt, vorstehend.

Ob|je̱kt, das; -[e]s, -e: *Person, auf die, Gegenstand, auf den das Denken, Handeln, jmds. Interesse gerichtet ist:* die Fremden waren das O. der Neugier; das Grundstück erschien ihnen als geeignetes O. für ihr Vorhaben. **sinnv.:** ↑Ding, ↑Gegenstand. **Zus.:** Lust-, Tausch-, Wertobjekt.

ob|jek|ti̱v ⟨Adj.⟩: *nicht von Gefühlen und Vorurteilen bestimmt:* ein objektives Urteil abgeben; etwas o. betrachten. **sinnv.:** ↑sachlich.

o̱b|lie|gen [auch: obli̱egen], lag ob (auch: oblag), hat obgelegen ⟨itr.⟩ (geh.): *jmds. Pflicht, Schuldigkeit sein:* der Nachweis liegt der Behörde ob/obliegt der Behörde/hat der Behörde obgelegen, scheint der Behörde obzuliegen/zu obliegen. **sinnv.:** müssen, zu etwas verpflichtet sein.

O̱b|lie|gen|heit [auch: Obli̱egenheit], die; -, -en ⟨meist Plural⟩: *etwas, was zu jmds. [routinemäßig zu erledigenden] Aufgaben, Pflichten gehört:* das gehört zu den Obliegenheiten des Hausmeisters. **sinnv.:** ↑Aufgabe; Pensum.

ob|li|ga|to̱|risch ⟨Adj.; nicht adverbial⟩: *verbindlich vorgeschrieben* /Ggs. fakultativ/: obligatorischer Unterricht. **sinnv.:** obligat; ↑verbindlich.

Obo̱e, die; -, -n: *näselnd klingendes Holzblasinstrument, dessen Tonlöcher mit Klappen geschlossen werden* (siehe Bildleiste „Blasinstrumente"). **sinnv.:** ↑Holzblasinstrument.

O̱b|rig|keit, die; -, -en: *Behörde o. ä. (als Träger der Staatsgewalt):* etwas geschieht auf Anordnung der O. **sinnv.:** Behörde, Instanz, Regierung, Regime.

ob|scho̱n ⟨konzessive Konj.⟩ (geh.): ↑*obwohl:* er tat es, o. er wußte, daß es nicht gern gesehen wurde. **sinnv.:** ↑obgleich.

Ob|ser|va|to̱|ri|um, das; -s, Observatorien: *(bes. wissenschaftlichen Zwecken dienende) astronomische Beobachtungsstation.* **sinnv.:** Sternwarte · Planetarium · Wetterwarte.

ob|sku̱r ⟨Adj.⟩: **a)** *schwer durchschaubar und etwas verdächtig, anrüchig wirkend:* eine obskure Angelegenheit. **sinnv.:** ↑anrüchig; ↑lichtscheu. **b)** *wenig bekannt und entlegen bzw. unbedeutend:* er hat sein Buch in irgendeinem obskuren Verlag herausgebracht. **sinnv.:** ↑unbekannt.

O̱bst, das; -[e]s: *eßbare, meist süße Früchte bestimmter Bäume und Sträucher:* frisches, reifes O.; O. pflücken, einmachen. **sinnv.:** Früchte. **Zus.:** Beeren-, Dörr-, Fall-, Spalier-, Stein-, Tafelobst.

ob|szö̱n ⟨Adj.⟩: *(bes. den Sexualbereich betreffend) von einem Mangel an Schamgefühl zeugend:* obszöne Bilder; seine Reden waren o. **sinnv.:** ↑anrüchig, anstößig; lasziv, pornographisch, ↑unanständig.

ob|wo̱hl ⟨konzessive Konj.⟩: *ungeachtet der Tatsache, daß ...:* wir gingen spazieren, o. es regnete. **sinnv.:** ↑obgleich; wenn.

O̱ch|se, der; -n, -n: *kastriertes männliches Rind:* mit Ochsen pflügen. **sinnv.:** ↑Rind · ↑Vieh. **Zus.:** Auer-, Buckel-, Horn-, Mast-, Moschus-, Pfingstochse.

o̱ch|sen ⟨tr./itr.⟩ (ugs.): *angestrengt lernen, um sich einen Wissensstoff, Prüfungsstoff einzuprägen (den sich anzueignen einem Schwierigkeiten bereitet):* er ochste Latein; für das Examen o. **sinnv.:** ↑lernen.

ö̱de ⟨Adj.⟩: **a)** ⟨nicht adverbial⟩ *(von einer Örtlichkeit o. ä.) verlassen und menschenleer, ein Gefühl von Trostlosigkeit vermittelnd:* eine öde Gegend. **sinnv.:** ↑einsam. **b)** *ohne Sinn und Gehalt, ohne Leben und daher jmdm. langweilig, leer erscheinend:* ein ödes Dasein; die Unterhaltung war ihm zu ö. **sinnv.:** ↑langweilig.

o̱der ⟨nebenordnende Konj.⟩: **1.** */verbindet Satzteile, Satzglieder, die alternative Möglichkeiten darstellen, von denen eine in Frage kommt/:* einer muß die Arbeit machen: du o. dein Bruder; der Arbeitgeber o. der Arbeitnehmer (= einer von beiden) muß Abstriche machen. **2. a)** */verbindet Sätze, Satzglieder, die Möglichkeiten für eine bestimmte Entscheidung anbieten/:* das Papier kann weiß o. rot o. [auch] blau sein; wir spielen jetzt, o. ich gehe nach Hause. **b)** */reiht Möglichkeiten, die zur Wahl stehen, für etwas bereitstehen, aneinander/:* Sie können Herrn X o. [auch] Frau Y danach fragen; der Direktor o. sein Stellvertreter kann Verträge unterzeichnen; er o. seine Frau ist bestimmt da. **sinnv.:** beziehungsweise. **c)** /leitet einen Satz ein, der enthält, was eintritt, wenn das zuvor Genannte nicht gemacht wird oder nicht eintritt/ *sonst, andernfalls:* komm jetzt endlich, o. ich gehe allein (= sonst gehe ich allein)!; ⟨in Verknüpfung mit einem vorausgehenden *entweder ...*⟩ entweder du kommst jetzt, o. ich gehe allein (= andernfalls gehe ich allein). **d)** */leitet eine Art Apposition, eine Zweitbezeichnung für das vorher Genannte, ein/:* Der Kopf o. Die Lust an Adam (als Bildtitel); Das Käthchen von Heilbronn o. Die Feuerprobe; Armee der Liebenden o. Aufstand der Perversen; Alfred o. [auch] das Ekel [genannt]. **3.** ⟨elliptisch⟩ **a)** */als provokative, einen ganzen Satz vertretende Scheinfrage, die nur die vom Sprecher gemachte Aussage bekräftigen soll/:* wir leben doch hier nicht in einer Diktatur, o.? (erwartete Antwort: nein); daß ich viel Arbeit habe, weißt du ja. Oder? (erwartete Antwort: ja). **b)** /als [rhetorische] Frage im Anschluß an eine selbst geäußerte Vermutung, Feststellung, deren Richtigkeit der Sprecher bestätigt haben möchte/ *das ist doch so, nicht wahr?; etwa nicht?:* du gehst doch auch bald in Urlaub, o.? **c)** */steht an einer Stelle des Satzes – in mündlicher Rede –, an der der Sprecher sich bzw. einen Versprecher auf indirekte Weise korrigieren will/:* ich habe das ja gewußt o. [besser (gesagt)/ vielmehr] geahnt; unsere gemeinsamen Gespräche sollen dazu beitragen, Defizite zu verbessern o. zu beseitigen.

Odys|see, die; -, Odysseen (geh.): *langer Weg, lange, mit großen, zu überwindenden Hindernissen verbundene, einem Abenteuer gleichende Reise o. ä.:* unsre Fahrt zu den Ausgrabungsstätten war eine O. **sinnv.:** ↑Reise; Abenteuer.

Ofen, der; -s, Öfen: **a)** *Vorrichtung zum Heizen eines Raumes mit Hilfe brennbaren Materials wie Holz, Kohlen, Öl:* den O. anzünden, ausgehen lassen. **sinnv.:** Heizkörper, ↑Heizung, Herd, Kamin. **Zus.:** Kachel-, Öl-, Zimmerofen. **b)** *Teil des Herdes zum Backen von Kuchen o. ä.:* den Kuchen aus dem O. holen. **sinnv.:** Backofen, -röhre, Bratröhre.

of|fen ⟨Adj.⟩: **1.** *(von etwas, was geschlossen bzw. verschlossen werden kann) nicht verschlossen; nicht versperrt bzw. frei zugänglich:* er hat etwas aus der offenen Schublade gestohlen; das Fenster, die Tür ist o. **sinnv.:** aufgeschlossen, aufgesperrt, geöffnet, offenstehend, unverschlossen. **2.** *(in bezug auf Ausgang oder Ende von etwas) noch nicht entschieden, noch in der Schwebe:* der Ausgang, die Angelegenheit ist noch völlig o. **sinnv.:** ↑fließend; ↑ungewiß. **3.** *(jmds. Verhalten oder jmds. Äußerungen anderen gegenüber betreffend) ehrlich und aufrichtig; seine jeweilige Meinung unverstellt erkennen lassend:* offene Worte; o. zu jmdm. sein; etwas o. sagen, zugeben. **sinnv.:** ↑aufrichtig.

of|fen|bar [auch: ...bar]: **I.** ⟨Adj.⟩ *klar ersichtlich, offen zutage tretend:* ein offenbarer Irrtum; es wurde o. *(es kam heraus),* daß er gelogen hatte. **sinnv.:** augenfällig, augenscheinlich, deutlich, eklatant, erwiesen, flagrant, handgreiflich, manifest, offenkundig, offensichtlich, sichtlich; ↑zusehends. **II.** ⟨Adverb⟩ *allem Anschein nach; wie man annehmen muß:* er hat sich o. verspätet. **sinnv.:** ↑anscheinend; ↑zweifellos.

of|fen|ba|ren, offenbarte, hat offenbart/(selten:) geoffenbart. ⟨tr.⟩: **1.** *jmdm. bisher Geheimgehaltenes oder Unausgesprochenes entdecken, bekennen:* [jmdm.] seine Gefühle, seine Liebe o.; er offenbarte mir seine Schuld. **sinnv.:** ↑aussagen, ↑gestehen. **2.** ⟨sich o.⟩ (christl. Rel.) *(in bezug auf Gott) sich dem Menschen zu erkennen geben:* Gott hat sich offenbart, geoffenbart. **sinnv.:** sich ↑artikulieren. **3.** ⟨sich o.⟩ *sich anvertrauen* (2b): er hatte sich dem Freund offenbart, ihm seine geheimsten Gedanken mitgeteilt.

Of|fen|heit, die; -: **1.** *das Aufgeschlossensein, Bereitschaft, sich mit Personen, Fragen, Problemen unvoreingenommen auseinanderzusetzen:* jmds. O. für die Probleme anderer, für alles Neue. **sinnv.:** Anteilnahme, Aufgeschlossenheit, Interesse, Teilnahme. **2.** ↑*Aufrichtigkeit:* er sprach mit großer O. von seinen Fehlern.

of|fen|her|zig ⟨Adj.⟩: *offen und freimütig sich mitteilend:* eine offenherzige Antwort. **sinnv.:** ↑aufrichtig.

of|fen|kun|dig ⟨Adj.⟩: *eindeutig erkennbar:* eine offenkundige Lüge; es war o., daß er nicht bezahlen wollte. **sinnv.:** ↑offenbar.

of|fen|sicht|lich [auch: ...sicht...]: **I.** ⟨Adj.⟩ *so, daß man es nicht übersehen kann:* er hörte mit offensichtlichem Interesse zu; er hatte das ganz o. getan, um den Verdacht von sich abzulenken. **sinnv.:** ↑offenbar. **II.** ⟨Adverb⟩ *wie es scheint:* er hatte o. zuviel getrunken. **sinnv.:** ↑anscheinend.

of|fen|siv ⟨Adj.⟩: *angreifend, den Angriff bevorzugend* /Ggs. defensiv/: eine offensive Politik; die Mannschaft spielte o. **sinnv.:** angriffslustig, kämpferisch, kampfbereit, provokativ.

Of|fen|si|ve, die; -, -n: *planmäßig angelegter [militärischer] Angriff* /Ggs. Defensive/: die O. des Gegners abwehren. **sinnv.:** ↑Angriff, ↑Kampf.

of|fen|ste|hen, stand offen, hat offengestanden ⟨itr.⟩: **1.** *geöffnet sein:* das Tor stand noch offen. **sinnv.:** ↑aufsein, aufstehen. **2.** *nicht beglichen sein, noch bezahlt werden müssen:* zwei Rechnungen stehen noch offen. **sinnv.:** noch unbezahlt sein. **3.** *jmds. freier Entscheidung überlassen sein:* es steht dir offen, von der Sache zurückzutreten. **sinnv.:** ↑freistehen.

öf|fent|lich ⟨Adj.⟩: **1. a)** *für alle hörbar, sichtbar:* etwas ö. verkünden; öffentliches Auftreten. **sinnv.:** coram publico, vor allen Leuten, in/vor aller Öffentlichkeit, vor aller Welt. **b)** *für alle zugänglich:* eine öffentliche Sitzung; ein öffentlicher Platz; die Verhandlung ist nicht ö. **2.** *den Staat, die Allgemeinheit betreffend, ihr zugehörend:* öffentliche Gebäude, Gelder.

Öf|fent|lich|keit, die; -: *die Gesellschaft, die Allgemeinheit, in der sich das öffentliche Leben abspielt:* mit etwas vor die [breite] Ö. treten; etwas in aller Ö. *(vor allen Leuten)* tun, sagen; unter Ausschluß der Ö. tagen. **sinnv.:** Allgemeinheit, Bevölkerung, Bürger; Gesellschaft, die Leute, Menschen, Mitbürger. **Zus.:** Weltöffentlichkeit.

of|fi|zi|ell ⟨Adj.⟩: **a)** *von einer Regierung, Behörde ausgehend, bestätigt* /Ggs. inoffiziell/: eine offizielle Nachricht, Verlautbarung. **sinnv.:** ↑amtlich. **b)** *sehr förmlich und unpersönlich, ohne Privatheit:* ein offizieller Empfang, Besuch; es ging ganz o. zu. **sinnv.:** ↑formell. **Zus.:** hochoffiziell.

Of|fi|zier, der; -s, -e: *Vertreter, Träger eines militärischen Rangs (vom Leutnant aufwärts).* **sinnv.:** ↑Soldat. **Zus.:** Berufs-, Reserve-, Sanitäts-, Schiffs-, Stabsoffizier.

of|fi|zi|ös ⟨Adj.⟩: *(bes. in bezug auf Nachrichten, Meldungen o. ä.) nur indirekt offiziell; zwar mit dem Wissen der amtlichen Stelle, aber nicht amtlich bestätigt:* nach offiziösen Angaben. **sinnv.:** ↑amtlich.

öff|nen: 1. a) ⟨tr.⟩ *(durch Aufschließen, Aufklinken o. ä.) zugänglich machen* /Ggs. schließen/: die Tür ö.; das Geschäft wird um 8 Uhr geöffnet. **sinnv.:** aufmachen, aufschieben, aufschließen, aufsperren, aufstoßen, auftun, einlassen; ↑aufbrechen. **Zus.:** eröffnen. **b)** *durch Entfernen, Lösen der Verschlußvorrichtung o. ä. bewirken, daß etwas offen ist:* die Dose, das Schraubglas, die Tube ö. **sinnv.:** aufklappen, aufknacken, aufknöpfen, aufreißen, aufschrauben, aufziehen; knacken; ↑aufbrechen. **2.** ⟨sich ö.⟩ **a)** *sich (von selbst) entfalten, auseinanderfalten:* die Blüten haben sich über Nacht geöffnet; einer der Fallschirme öffnete sich nicht. **sinnv.:** aufgehen, ↑aufplatzen, sich auftun. **b)** *geöffnet werden:* auf sein Klopfen hin öffnete sich die Tür; das Tor öffnet sich selbsttätig. **sinnv.:** aufgehen, auffliegen, sich auftun.

Öff|nung, die; -, -en: *Stelle, an der etwas offen ist (so daß jmd./etwas hindurchkann):* sie waren durch eine Ö. im Zaun hereingekommen; aus einer Ö. in der Wand strömte Wasser. **sinnv.:** ↑Loch.

oft ⟨Adverb⟩ /Ggs. selten/: **a)** *viele Male; immer wieder:* ich bin o. dort gewesen; so etwas erlebt man [nicht so] o. **sinnv.:** gehäuft, größtenteils, häufig, mehrfach, mehrmals, meist, meistens, öfter, des öfteren, öfters, oftmals, vermehrt, verschiedentlich, verstärkt, viel, vielfach, vorwiegend, wiederholt, x-mal, zumeist. **b)** *in kurzen Zeitabständen:* der Bus fährt ziemlich o.

öf|ter ⟨Adverb⟩: *ziemlich oft:* wir haben uns ö. gesehen. **sinnv.:** manchmal, ↑oft.

oh|ne: I. ⟨Präp. mit Akk.⟩ */drückt aus, daß jmd./etwas nicht mit jmdm./etwas versehen ist/:* ein Kind o. Eltern; o. Mantel gehen; die Miete beträgt 500 Mark o. Nebenkosten. **sinnv.:** ↑abzüglich; ausgenommen. **II.** ⟨Konj.; in Verbindung mit „daß" oder Infinitiv mit „zu"⟩ */drückt aus, daß jmd. etwas unterläßt, nicht tut oder daß etwas nicht geschieht/:* er half uns, o. daß ihn einer dazu aufgefordert hatte; er nahm das Geld, o. zu fragen.

oh|ne|dies ⟨Adverb⟩: ↑*ohnehin:* du hättest o. keine Chancen gehabt.

oh|ne|glei|chen ⟨Adverb⟩: *so, daß es mit nichts verglichen werden kann:* sein Hochmut ist o. **sinnv.:** ↑ausgefallen, ↑außergewöhnlich, ↑beispiellos.

oh|ne|hin ⟨Adverb⟩: *ja bereits:* nimm dich in acht, du bist o. schon erkältet. **sinnv.:** eh, auf jeden Fall, ohnedies, sowieso.

Ohn|macht, die; -, -en: **1.** *vorübergehende Bewußtlosigkeit:* eine tiefe O. **2.** ⟨ohne Plural⟩ *Unfähigkeit zu handeln:* ein Gefühl menschlicher O. **sinnv.:** Hilflosigkeit, Kraftlosigkeit, Machtlosigkeit, Schwäche, ↑Unvermögen.

ohn|mäch|tig ⟨Adj.⟩: **1.** *für eine kürzere Zeit ohne Bewußtsein:* o. sein, werden. **sinnv.:** ohne Besinnung, besinnungslos, bewußtlos, ohne Bewußtsein. **2.** *(in bezug auf ein Geschehen o. ä.) nichts ausrichten könnend (obgleich man es möchte):* ohnmächtige Wut; die Feuerwehr mußte den Flammen o. zusehen. **sinnv.:** machtlos, scheintot.

Ohr, das; -[e]s, -en: *an beiden Seiten des Kopfes sitzendes, dem Hören dienendes Organ (bei Menschen und bei Wirbeltieren):* abstehende Ohren haben; er hat gute/schlechte Ohren *(hört gut/schlecht);* sich die Ohren zuhalten; jmdm. etwas ins O. flüstern. **sinnv.:** Gehörorgan, Löffel, Schalltrichter. **Zus.:** Esels-, Innen-, Schlapp-, Schlitz-, Schweine-, Schweinsohr.

Öhr, das; -[e]s, -e: *kleine Öffnung am oberen Ende einer Nähnadel, durch die der Nähfaden gezogen wird.* **Zus.:** Nadelöhr.

Ohr|fei|ge, die; -, -n: *Schlag mit der flachen Hand auf jmds. Backe:* eine schallende O. **sinnv.:** Backpfeife, Knallschote, Maulschelle, Watsche.

ohr|fei|gen ⟨tr.⟩: *jmdm. einen Schlag auf die Wange geben:* er hat ihn geohrfeigt. **sinnv.:** jmdn. dachteln, jmdm. eine langen/herunterhauen, jmdm. eine/eins/ein paar hinter die Löffel/hinter die Ohren geben, jmdm. eine Ohrfeige geben; ↑schlagen.

Ohr|läpp|chen, das; -s, -: *(beim Menschen) kleiner (aus Fettgewebe bestehender) Zipfel am unteren Rand der Ohrmuschel:* jmdn. zur Strafe am O. ziehen.

okay [o'ke:] ⟨in bestimmten Verbindungen oder als bestätigende Partikel⟩: *in Ordnung:* die Sache, er ist o.; o., das machen wir! **sinnv.:** abgemacht, einverstanden, ist gebongt/geritzt, alles palletti.

-o|id ⟨Suffix⟩ /Basiswort meist fremdsprachlicher Herkunft/: **I.** ⟨adjektivisch⟩ *dem im Basiswort Genannten in Form oder Eigenschaft ähnlich, wie das im Basiswort Genannte:* anarchistoid *(wie ein Anarchist),* eunuchoid, faschistoid, fellachoid, humanoides *(menschenähnliches)* Wesen, hysteroides Reagieren, mongoloid, negroid, psychoider Urgrund, systemoide Struktur, tigroid (Geflecht). **sinnv.:** -ähnlich, -artig, -esk, -haft, -isch. **II.** ⟨substantivisch⟩ das; -[e]s, -e: *etwas, was dem im Basiswort Genannten ähnlich ist:* Kristalloid, Metalloid, Präfixoid, Suffixoid, Systemoid, Textoid, Trapezoid.

Ok|kul|tis|mus, der; -: *Lehre von übersinnlichen, unerklärlichen Kräften und Erscheinungen.* **sinnv.:** Spiritismus, Spökenkiekerei.

ok|ku|pie|ren ⟨tr.⟩: *(fremdes Gebiet) in einer militärischen Aktion besetzen:* das Land wurde von englischen Truppen okkupiert. **sinnv.:** ↑erobern.

Öko- ⟨als erster Wortbestandteil; verkürzt aus Ökologie⟩: */besagt, daß der, die oder das im zweiten Wortbestandteil Genannte in einer bestimmten Beziehung zum Lebensraum, zur Ökologie, zur bewußten Beschäftigung mit Umweltproblemen steht/:* Ökoarchitekt, -bauer, -bett *(Bett z. B. ohne Kunststoff, Metall und Spanplatten),* -bewegung, -bewußtsein, -film, -frau, -freak, -haus, -kampf, -laden *(Geschäft für Naturkost),* -lyrik, -markt, -partei, -pax *(Umweltschützer und Anhänger der Friedensbewegung),* -paxbewegung *(Bewegung, die bes. für die Bewahrung des Friedens und die Erhaltung der natürlichen Umwelt eintritt),* -politik, -referent, -sozialismus, -system *(kleinste ökologische Einheit eines Lebensraumes und die in ihm wohnenden Lebewesen),* -terrorist (emotional abwertend; *Mann, der umweltschädliche Projekte o. ä. mit Gewalt zu verhindern sucht*), -top *(kleinste ökologische Einheit einer Landschaft),* -trip (Biogas – mehr als ein Ökotrip), -zentrum.

Öko|lo|gie, die; -: *Wissenschaft von den Wechselbeziehungen zwischen den Lebewesen und ihrer Umwelt.*

öko|lo|gisch ⟨Adj.⟩: *die Ökologie betreffend:* das ökologische Gleichgewicht in der Natur. **sinnv.:** natürlich.

öko|no|misch ⟨Adj.⟩: **1.** *die Wirtschaft betreffend:* ökonomische Faktoren; ein Land ö. stärken. **sinnv.:** wirtschaftlich; ↑kaufmännisch. **2.** *sparsam, mit überlegt eingesetzten Mitteln:* die vorhandenen Gelder, Vorräte ö. einsetzen. **sinnv.:** ↑sparsam.

-o|krat: ↑-krat.

-o|kra|tie: ↑-kratie.

Ok|ta|ve, die; -, -n: *achter Ton [vom Grundton an]:* die Oktave greifen, anschlagen.

Ok|to|ber, der; -[s]: *zehnter Monat des Jahres.* **sinnv.:** Gilbhard, Weinmonat, Weinmond; ↑Monat.

Öl, das; -[e]s, -e: **1.** *dickflüssiges Speisefett pflanzlicher Herkunft:* Salat mit Essig und Öl anrichten. **sinnv.:** ↑Fett. **Zus.:** Oliven-, Salat-, Sonnenblumen-, Speise-, Tafelöl. **2.** ↑*Erdöl:* nach Ö. bohren. **sinnv.:** ↑Brennstoff.

Öl|bild, das; -[e]s, -er: *(von einem Künstler) mit Ölfarben gemaltes Bild.* **sinnv.:** Ölgemälde; ↑Malerei.

ölen ⟨tr.⟩: *mit Öl versehen:* eine Maschine, das Fahrrad, ein Schloß ö. **sinnv.:** ↑abschmieren. **Zus.:** einölen.

ölig ⟨Adj.⟩: *mit Öl verschmiert, beschmutzt:* eine ölige Montur; seine Hände waren ö. **sinnv.:** fettig, ölverschmiert; ↑schmutzig.

Oli|ve, die; -, -n: *eßbare, sehr fettreiche grüne Frucht des Ölbaums.*

Öl|sar|di|ne, die; -, -n: *in Olivenöl eingelegte Sardine* /als Konserve/.

Olym|pia|de, die; -, -n: *alle vier Jahre stattfindendes Treffen der Sportler der Welt zum sportlichen Wettkampf:* er nimmt an der O. teil. **sinnv.:** Olympia, Olympische Spiele, die Spiele.

Olym|pio|ni|ke, der; -, -n, **Olym|pio|ni|kin,** die; -, -nen: *Teilnehmer bzw. Teilnehmerin an einer Olympiade:* der Einzug der Olympioniken ins Stadion. **sinnv.:** Olympiakämpfer, Olympiateilnehmer; ↑Sportler.

olym|pisch ⟨Adj.; nur attributiv⟩: *die Olympiade betreffend:* die olympischen Kämpfe; das olympische Feuer; olympischen Ruhm erringen.

Oma, die; -, -s: **1.** *(in familiärer Redeweise) Großmutter.* **sinnv.:** ↑Greisin. **Zus.:** Uroma. **2.** (ugs.) *(in den Augen des Sprechers alte, nicht mehr ganz ernst zu nehmende) Frau:* was will denn die O.? **sinnv.:** ↑Frau.

-o|ma|ne, der; -n, -n, **-o|ma|nin,** die; -, -nen ⟨als zweiter Wortbestandteil⟩: */kennzeichnet ironisch-scherzhaft eine männliche bzw. weibliche Person, die auf das im Basiswort Genannte fast suchtartig fixiert, ganz versessen darauf ist/:* Ballettomane *(Mann, dessen Interessen ganz oder fast ausschließlich auf das Ballett gerichtet sind),* Erotomane *(Mann mit stark alles andere dominierendem sexuellem Verlangen),* Filmomane, Logomane, Pornomane, Toxikomane.

Ome|lett, das; -[e]s, -e und -s: *aus Eiern hergestellter, mit den verschiedensten Zutaten vermischter oder gefüllter flacher Kuchen.*

Om|ni|bus, der; -ses, -se: *größerer Kraftwagen mit vielen Sitzen zur Beförderung einer größeren Zahl von Fahrgästen:* mit dem O. fahren. **sinnv.:** Autobus, Bus.

Ona|nie, die; -: *geschlechtliche Befriedigung durch [eigene] manuelle Reizung der Geschlechtsorgane* /von Mann oder Frau/. **sinnv.:** ↑Selbstbefriedigung.

ona|nie|ren ⟨itr./tr.⟩: *[sich/jmdn.] durch Onanie befriedigen* /von Mann oder Frau/: während der Pubertät wird besonders häufig onaniert; er onanierte seinen Mithäftling. **sinnv.:** ↑masturbieren.

-o|naut: ↑-naut.

On|kel, der; -s, -: **1. a)** *Bruder oder Schwager der Mutter oder des Vaters.* **sinnv.:** Oheim; Ohm. **Zus.:** Erb-, Groß-, Patenonkel. **b)** *(aus der Sicht von Kindern oder im Umgang mit Kindern) [bekannter] männlicher Erwachsener:* sag dem O. guten Tag! **Zus.:** Briefkasten-, Nennonkel. **2.** (ugs.) *(vom Sprecher abschätzig beurteilte) männliche Person:* was will denn dieser O. hier? **Zus.:** Reiseonkel.

Opa, der; -s, -s: **1.** *(in familiärer Redeweise) Großvater.* **sinnv.:** ↑Greis. **2.** (ugs.) *(in den Augen des Sprechers alter, nicht mehr ganz ernst zu nehmender) Mann:* was will denn der O. hier? **sinnv.:** ↑Mann.

Oper, die; -, -n: **1.** *Bühnenstück, dessen Handlung durch Gesang und Musik dargestellt wird:* eine O. komponieren. **sinnv.:** Musikdrama, Opera buffa/seria; ↑Operette; ↑Schauspiel. **2.** *repräsentatives Gebäude, in dem Opern aufgeführt werden:* in der O. wird heute der „Don Juan" aufgeführt. **sinnv.:** Opernhaus.

Ope|ra|ti|on, die; -, -en: *größerer chirurgischer Eingriff:* sich einer O. unterziehen. **sinnv.:** chirurgischer/operativer Eingriff. **Zus.:** Augen-, Magen-, Not-, Totaloperation.

ope|ra|tiv ⟨Adj.⟩: *mit einer Operation verbunden; durch eine Operation:* das Geschwür mußte o. entfernt werden.

Ope|ret|te, die; -, -n: *heiteres, der musikalischen Unterhaltung dienendes Bühnenstück:* eine O. aufführen, einstudieren. **sinnv.:** Musical, Singspiel; ↑Oper; Schauspiel.

Ope|ret|ten- ⟨Präfixoid⟩: */charakterisiert leicht verächtlich den, die oder das im Basiswort Genannte als Person/Sache, die operettenhaft, nicht ernst zu nehmen ist, die man wegen ihrer Unbedeutendheit belächelt/:* Operettenfußball, -kanzler, -könig, -krieg (wenn schon eine Art Operettenkrieg geführt wird wegen der Falklandinseln...).

ope|rie|ren ⟨tr.⟩: *(bei jmdm.) einen ärztlichen Eingriff vornehmen:* der Kranke ist operiert worden. **sinnv.:** einen Eingriff vornehmen, jmdn. unters Messer nehmen, jmdn. unterm Messer haben, eine Operation vornehmen, schneiden · ↑amputieren.

Op|fer, das; -s, -: **1.** *durch persönlichen Verzicht möglich gemachte Aufwendung für andere:* er hat für die Erziehung seiner Kinder große O. gebracht, keine O. gescheut. **sinnv.:** Aufopferung, Hingabe, Verzicht · ↑Beitrag · Kollekte. **2.** *einer Gottheit dargebrachte Gabe:* die Götter durch O. versöhnen. **sinnv.:** Opfergabe, Opfergeld. **Zus.:** Dank-, Menschen-, Meß-, Sühneopfer. **3.** *jmd., der durch Krieg oder Unfall ums Leben kommt oder Schaden erleidet:* die Überschwemmung forderte viele O. **Zus.:** Verkehrsopfer.

op|fern: 1. ⟨tr.⟩ *als freiwillige Gabe, Spende geben:* Geld für eine gute Sache o. **sinnv.:** geben, hingeben; ↑darbringen; ↑hergeben; ↑schenken, ↑spenden, stiften. **Zus.:** hinopfern. **2.** ⟨sich o.⟩ **a)** *sein Leben für etwas/jmdn. hingeben:* er hat sich für seine Kameraden geopfert. **sinnv.:** sich aufopfern, sich das letzte Hemd vom Leibe reißen; ↑preisgeben. **b)** (ugs.) *[an Stelle eines anderen] etwas Unangenehmes auf sich nehmen:* ich habe mich geopfert und den Brief für dich geschrieben. **sinnv.:** sich zur Verfügung stellen.

Opi|um, das; -s: *(als Arzneistoff und als Rauschgift verwendeter) eingetrockneter Milchsaft aus den Fruchtkapseln des Schlafmohns:* O. rauchen. **sinnv.:** ↑Rauschgift.

op|po|nie|ren ⟨itr.⟩: *(mit Worten, Handlungen) seine ablehnende Haltung (gegen jmdn. oder etwas) vehement zum Ausdruck bringen:* er opponiert gegen seinen Chef, gegen die Pläne der Eltern; ⟨auch mit Dativ⟩ er hat ihm opponiert. **sinnv.:** ↑protestieren; sich ↑sperren.

Op|por|tu|nis|mus, der; -: *Haltung eines Menschen, die darin besteht, daß er sich schnell und ohne viel Skrupel an eine gegebene Lage um persönlicher Vorteile* *willen anpaßt:* O. heißt das Prinzip dieses Politikers. **sinnv.:** Gesinnungslosigkeit, Gesinnungslumperei, Prinzipienlosigkeit.

Op|por|tu|nist, der; -en, -en: *jmd., der Opportunismus erkennen läßt:* die Partei erhielt Zuzug von Mitläufern und Opportunisten. **sinnv.:** Gesinnungslump, Konjunkturritter, Mitläufer.

Op|po|si|ti|on, die, -, -en: **1.** *entschiedener, sich in Worten und Handlungen äußernder Widerstand:* in O. gegen jmdn./etwas, zu jmdm./etwas stehen; O. treiben, machen. **sinnv.:** Gegensatz, Gegensätzlichkeit. **2.** *Partei oder Gesamtheit der Parteien (innerhalb des Parlaments), die nicht an der Regierung beteiligt sind:* die O. griff den Minister heftig an. **sinnv.:** Gegenpartei, Gegenseite, Oppositionspartei.

Op|tik, die; -: **1.** *Lehre vom Licht:* die Gesetze der O. **2.** *äußere Erscheinung einer Sache, Wirkung von etwas auf den Beschauer:* die O. der neuen Mode; etwas der O. zuliebe ändern. **sinnv.:** ↑Look.

Op|ti|ker, der; -s, -, **Op|ti|ke|rin,** die; -, -nen: *Fachmann bzw. Fachfrau für Herstellung und Verkauf optischer Geräte.* **Zus.:** Augenoptiker.

op|ti|mal ‹Adj.›: *bestmöglich, so gut wie nur möglich:* optimale Bedingungen, Voraussetzungen für etwas; etwas o. planen, nutzen. **sinnv.:** ↑best...

Op|ti|mis|mus, der; -: *optimistische Haltung, [Lebens]einstellung* /Ggs. Pessimismus/: es herrscht gedämpfter O.; sein O. ist ungebrochen; voller O. an eine Sache herangehen. **sinnv.:** Hoffnung, Lebensbejahung, Lebensmut, Zuversichtlichkeit. **Zus.:** Lebens-, Zweckoptimismus.

Op|ti|mist, der; -en, -en, **Op|ti|mi|stin,** die; -, -nen: *männliche bzw. weibliche Person, die eine positive Lebenseinstellung hat, die vor allem die guten Seiten der Dinge sieht* /Ggs. Pessimist/: er ist ein unverbesserlicher Optimist. **sinnv.:** Frohnatur, Idealist, Sanguiniker, Stehaufmännchen.

op|ti|mi|stisch ‹Adj.›: *[nur] das Gute, Positive sehend, erwartend* /Ggs. pessimistisch/: die Lage o. beurteilen; er hat eine optimistische Einstellung zu der Angelegenheit. **sinnv.:** ↑froh, frohgemut, ↑zuversichtlich.

Oran|ge [o'rã:ʒə], die; -, -n: ↑*Apfelsine.* **Zus.:** Blut-, Navelorange.

Oran|ge|rie [orãʒə'ri:], die; -, Orangerien: *Gewächshaus zum Züchten und Überwintern von Orangenbäumen und anderen südlichen Pflanzen* /in Parks des 17. und 18. Jahrhunderts/. **sinnv.:** Gewächshaus, Palmenhaus, Treibhaus.

Orang-Utan, der; -s, -s: *auf Bäumen lebender Menschenaffe mit kurzen Beinen, langen Armen und langhaarigem, braunem Fell.* **sinnv.:** ↑Affe.

Or|che|ster [ɔr'kɛstɐ], das; -s, -: *größeres Ensemble von Instrumentalisten, die unter der Leitung eines Dirigenten Musikwerke bestimmter Art spielen, in Konzerten darbieten:* das O. wurde von Furtwängler dirigiert; in einem O. mitspielen. **sinnv.:** Band, Combo, Kapelle, Solistenvereinigung. **Zus.:** Blas-, Hochschul-, Kammer-, Kur-, Laien-, Liebhaber-, Schul-, Sinfonie-, Streich-, Tanz-, Unterhaltungsorchester.

Or|chi|dee, die; -, -n: *(in den Tropen und Subtropen heimische, in vielen Arten vorkommende) Pflanze mit auffallenden, exotischen Blüten, die (wegen ihrer Besonderheit) häufig einzeln in Vasen gestellt werden.*

Or|den, der; -s, -: **1.** *meist religiöse Gemeinschaft von Männern oder Frauen, die nach bestimmten Regeln leben:* in einen O. eintreten; einem O. angehören. **sinnv.:** Bruderschaft; Kongregation. **Zus.:** Bettel-, Frauen-, Mönchs-, Predigerorden. **2.** *als Auszeichnung für besondere Verdienste verliehenes Ehrenzeichen (in Form einer Medaille o. ä.), das an der Kleidung getragen wird:* einen O. bekommen, anlegen. **sinnv.:** ↑Abzeichen, Auszeichnung, Ehrenplakette, Verdienstkreuz; ↑Preis. **Zus.:** Kriegs-, Verdienstorden.

or|dent|lich ‹Adj.›: **1. a)** *auf Ordnung haltend:* er ist ein ordentlicher Mensch. **sinnv.:** eigen, pedantisch, penibel, ordnungsliebend; ↑diszipliniert. **Zus.:** unordentlich. **b)** *in Ordnung gehalten:* ein ordentliches Zimmer; o. aussehen. **sinnv.:** akkurat, aufgeräumt, geordnet · ↑adrett. **Zus.:** unordentlich. **2. a)** (emotional) *eine bestimmte Qualität darstellend; sehr groß:* er nahm einen ordentlichen Schluck. **sinnv.:** ↑gehörig. **b)** ‹verstärkend bei Verben› *sehr, in hohem Maß:* o. frieren; sie mußten o. arbeiten, um fertig zu werden. **sinnv.:** ↑sehr.

Or|di|nal|zahl, die; -, -en: ↑*Ordnungszahl /Ggs. Kardinalzahl/.*

ord|nen ‹tr.›: **1.** *in eine bestimmte Reihenfolge, einen bestimmten Zusammenhang bringen:* Briefmarken, Papiere o. **sinnv.:** ↑anordnen, ↑gliedern. **Zus.:** an-, bei-, ein-, neben-, über-, umordnen. **2.** *[wieder] in einen ordentlichen Zustand bringen:* seine Haare, Kleider o. **3.** ‹sich o.› *sich in einer bestimmten Reihenfolge aufstellen:* die Kinder ordnen sich zum Festzug. **sinnv.:** sich formieren.

Ord|ner, der; -s, -: **1.** *jmd., der beauftragt ist, bei einer Versammlung o. ä. für einen geordneten äußeren Ablauf zu sorgen:* bei dem Fest waren mehrere O. eingesetzt. **sinnv.:** Aufseher, Aufsichtführender. **Zus.:** Fest-, Platz-, Saalordner. **2.** *Mappe aus festem Karton, in die Briefe o. ä., die für die Ablage bestimmt sind, eingeordnet werden:* einen O. anlegen; etwas in einen/einem O. abheften. **sinnv.:** Aktendeckel, Hefter, Mappe, Schnellhefter. **Zus.:** Aktenordner.

Ord|nung, die; -, -en: **1.** ‹ohne Plural› *(durch Ordnen hergestellter oder bewahrter) Zustand, in dem sich etwas befindet:* die O. wiederherstellen; im Zimmer, auf dem Schreibtisch O. machen; in seine Papiere O. bringen. **2.** *Abteilung, Klasse in einem System:* eine Straße erster, zweiter O.

Ord|nungs|zahl, die; -, -en: *ganze Zahl, die zur Kennzeichnung der Stelle dient, an der sich jmd. oder etwas innerhalb einer Reihe oder Reihenfolge befindet:* 1., 2., 3. sind Ordnungszahlen. **sinnv.:** Ordinalzahl.

Or|gan, das; -s, -e: **1.** *jeweils ein in sich geschlossenes selbständiges System darstellender Teil des menschlichen und tierischen Körpers, der eine bestimmte Aufgabe erfüllt:* die inneren Organe; ein O. verpflanzen, spenden. **Zus.:** Atmungs-, Ausscheidungs-, Fortpflanzungs-, Geschlechts-, Gleichgewichts-, Körper-, Sinnes-, Verdauungsorgan. **2. a)** *menschliche Stimme:* er hat ein lautes, angenehmes O.; das geschulte O. eines Sprechers. **sinnv.:** Sprechwerkzeug, ↑Stimme. **Zus.**: Sprechorgan. **b)** *Zeitung, Zeitschrift einer politischen oder gesellschaftlichen Interessengruppe, Partei o. ä.:* dieses Blatt ist das O. unseres Vereins. **sinnv.**: ↑Zeitung. **Zus.**: Fach-, Parteiorgan. **3.** *Institution oder Behörde mit bestimmten Aufgaben:* die Organe der staatlichen Verwaltung. **Zus.**: Kontroll-, Staatsorgan.

Or|ga|ni|sa|ti|on, die; -, -en: **1.** ⟨ohne Plural⟩ **a)** *das Organisieren:* die O. eines Gastspiels übernehmen. **b)** *innere Gliederung (einer Institution o. ä.):* die O. der Polizei. **sinnv.**: Aufbau, Gefüge, Struktur, Zusammensetzung. **2.** *Gruppe, Verband mit bestimmten Aufgaben, Zielen:* die politischen Organisationen; einer O. angehören. **sinnv.**: ↑Genossenschaft; ↑Partei; Verein ↑Vereinigung. **Zus.**: Dach-, Untergrund-, Weltgesundheitsorganisation.

Or|ga|ni|sa|tor, der; -s, Organisatoren, **Or|ga|ni|sa|to|rin,** die; -, -nen: *männliche bzw. weibliche Person, die etwas aufbaut, einrichtet, planmäßig in Gang bringt:* er ist der geborene Organisator; die Organisatoren eines Treffens. **sinnv.**: Impresario, Manager.

or|ga|ni|sa|to|risch ⟨Adj.⟩: *den Aufbau, die Organisation betreffend:* organisatorische Veränderungen vornehmen. **sinnv.**: verwaltungsmäßig.

or|ga|nisch ⟨Adj.⟩: **1.** *ein Organ des Körpers, den Organismus betreffend:* er hat ein organisches Leiden, ist o. ganz gesund. **2.** *zur belebten Natur gehörend:* organische Stoffe. **sinnv.**: einheitlich, natürlich. **Zus.**: anorganisch. **3.** *natürlich, seiner inneren Ordnung entsprechend:* sich o. entwickeln; der organische Zusammenhang. **sinnv.**: einheitlich, gewachsen, zusammenhängend. **Zus.**: unorganisch.

or|ga|ni|sie|ren: **1.** ⟨tr.⟩ *planmäßig aufbauen, einrichten:* eine Ausstellung o.; den Widerstand gegen etwas/jmdn. o. **sinnv.**: ↑veranstalten. **Zus.**: durch-, umorganisieren. **2.** ⟨tr.⟩ (ugs.) *[nicht ganz rechtmäßig, auf einem Schleichweg o. ä.] beschaffen:* er organisierte uns ein paar Zigaretten. **sinnv.**: ↑beschaffen. **3.** ⟨tr.⟩ *[sich] zu einem Verband zusammenschließen:* sich politisch o.; organisierte Arbeiter. **sinnv.**: ↑vereinigen.

Or|ga|nis|mus, der; -, Organismen: **a)** ⟨ohne Plural⟩ *der menschliche, tierische Körper (als einheitliches System zusammenwirkender Organe:* ein gesunder, kranker O. **sinnv.**: Körper. **Zus.**: Mikroorganismus. **b)** ⟨Plural⟩ *Lebewesen:* höhere, niedere Organismen.

Or|ga|nist, der; -en, -en, **Or|ga|ni|stin,** die; -, -nen: *männliche bzw. weibliche Person, die [beruflich] Orgel spielt.* **sinnv.**: Kantor, Orgelspieler.

Or|gas|mus, der; -, Orgasmen: *Höhepunkt der geschlechtlichen Erregung:* einen O. haben; zum O. kommen.

Or|gel, die; -, -n: *(meist in Kirchen zu findendes) großes Tasteninstrument mit mehreren Manualen und einem Pedal, durch die eine große Zahl von zu Registern geordneten Pfeifen zum Tönen gebracht wird:* [die] O. spielen. **sinnv.**: Portativ, Positiv; Harmonium. **Zus.**: Elektronen-, Hammond-, Kinoorgel.

Or|gie, die; -, -n: *zügelloses, ausschweifendes Fest:* Orgien feiern. **sinnv.**: ↑Ausschweifung.

Ori|ent, der; -s: *vorderer und mittlerer Teil Asiens.* **sinnv.**: Morgenland, Mittlerer Osten, Naher Osten, Nahost.

ori|en|ta|lisch ⟨Adj.⟩: *den Orient betreffend, dem Orient, den Orientalen eigen:* orientalischer Baustil; orientalische Lebensart. **sinnv.**: morgenländisch; exotisch; ↑fremd.

ori|en|tie|ren: **1.** ⟨sich o.⟩ *sich (in einer unbekannten Umgebung) in bestimmter Weise zurechtfinden:* sich leicht, schnell o.; er orientiert sich nach/an der Karte, den Sternen. **sinnv.**: sich durchfinden. **Zus.**: sich umorientieren. **2.** ⟨sich o.⟩ *sich nach jmdm./etwas richten:* wir haben uns an diesen Voraussagen orientiert; vgl. -orientiert. **3.** ⟨tr.⟩ *einen Überblick (über etwas) verschaffen:* er orientierte ihn/sich über die Vorgänge. **sinnv.**: informieren, unterrichten; ↑anleiten. **4.** (DDR) *auf etwas hinlenken, sich auf etwas konzentrieren:* das neue Budget orientiert auf ausländische Finanzquellen.

-ori|en|tiert ⟨adjektivisches Suffixoid⟩: *(in bezug auf Aufmerksamkeit, Gedanken, Standpunkt) an dem im Basiswort Genannten orientiert, darauf ausgerichtet, eingestellt:* **a)** /substantivisches Basiswort/: bedarfsorientierte Produktion, berufsorientierte Ausbildung, bluesorientierte Musik, diesseits-, erfolgs-, geld-, heils-, jazz- (jazzorientierte Gruppe), klang-, konsum-, konflikt- (konfliktorientierte Berichterstattung), leistungs-, lern(lernorientierte Bildungsarbeit = am Lernen orientierte B.), männer- (männerorientierte Gesellschaft), moskau-, norm-, orgasmus-, pop-, praxis-, problem-, profit(profitorientiertes Unternehmen), vollbeschäftigungs-, wert-, wettbewerbs- (wettbewerbsorientierte Gesellschaft), zukunftsorientierte Technologie. **sinnv.**: -betont (z. B. praxisbetont), -bewußt (z. B. leistungsbewußt), -bezogen (z. B. praxisbezogen), -nah (z. B. praxisnah). **b)** (selten) /adjektivisches oder adverbiales Basiswort/: elektronischorientierte Sounds, klassischorientierter Organist, linksorientierter Politiker.

ori|gi|nal ⟨Adj.⟩: *(in bezug auf Beschaffenheit, Herkunft o. ä.) in seiner ursprünglichen Gestalt, Form vorhanden:* der originale Text eines Gedichtes; ⟨häufig undekliniert gebraucht⟩ ein o. französischer Sekt. **sinnv.**: ↑ursprünglich.

Ori|gi|nal, das; -s, -e: **1.** *ursprüngliches, echtes Stück:* das Bild ist ein O. aus dem 18. Jahrhundert; eine Abschrift des Originals anfertigen. **sinnv.**: Urfassung, Urschrift, Urtext. **2.** *seltsamer, durch eigenartige Kleidung oder Lebensweise auffallender Mensch:* er, sie war ein O.

Ori|gi|na|li|tät, die; -: *geistige Selbständigkeit, Ursprünglichkeit:* er wirft dem Autor mangelnde O. vor. **sinnv.**: Einfallsreichtum, Erfindungsgabe, Ideenreichtum, Ingeniosität, Kreativität.

ori|gi|nell ⟨Adj.⟩: *sich durch Einfallsreichtum und Witz auszeichnend:* er ist ein origineller Kopf. **sinnv.**: ↑schöpferisch. **Zus.**: unoriginell.

-orisch/-iv: ↑iv/-orisch.

Or|kan, der; -s, -e: *sehr heftiger Sturm:* der Sturm schwoll zum O. an. **sinnv.**: ↑Wind.

Or|na|ment, das; -[e]s, -e: *Verzierung, schmückendes Muster an einem [künstlerischen] Gegenstand oder an einem Bauwerk:* eine Zimmerdecke mit Ornamenten aus Stuck. **sinnv.**: ↑Muster.

Ort, der; -[e]s, -e: **1.** *bestimmter*

Platz, bestimmte Stelle (an der sich jmd./etwas befindet, an die jmd./etwas hingehört): etwas wieder an seinen Ort legen. **sinnv.:** ↑Stelle. **2.** *kleinere Siedlung (bäuerlichen oder städtischen Charakters):* ein ruhiger, schön gelegener, mondäner O. **sinnv.:** Ansiedlung, Dorf, Flekken, Kaff, Kleinstadt, Nest, Ortschaft, Siedlung; ↑Stadt.

Or|tho|gra|phie, die; -: *[Lehre von der] Rechtschreibung.*

Or|tho|pä|de, der; -n, -n, **Or|tho|pä|din,** die; -, -nen: *Facharzt/Fachärztin, der/die Krankheiten des Bewegungsapparates beim Menschen behandelt.*

ört|lich ⟨Adj.⟩: **1.** *nur eine bestimmte, eng umschriebene Stelle betreffend:* etwas ö. festlegen; jmdn. ö. betäuben. **sinnv.:** ↑lokal. **2.** *den jeweiligen Ort (mit seinen besonderen Gegebenheiten) betreffend:* die örtlichen Verhältnisse berücksichtigen, erkunden. **sinnv.:** ↑lokal.

Ort|schaft, die; -, -en: *kleinere Gemeinde.* **sinnv.:** ↑Ort.

Öse, die; -, -n: *kleine Schlinge, kleiner Ring aus Draht (als Teil eines zu hakenden Verschlusses an Kleidungsstücken):* ein Kleid mit Haken und Ösen schließen.

Osten, der; -s: **1.** ⟨meist ohne Artikel; gewöhnlich in Verbindung mit einer Präposition⟩ *Himmelsrichtung, in der die Sonne aufgeht:* von, nach, im O. **sinnv.:** Ost; ↑Himmelsrichtung. **2. a)** *im Osten* (1) *gelegener Teil eines Landes, einer Stadt o. ä.:* der O. Deutschlands. **b)** *die Länder Osteuropas, Asiens:* die Völker des Ostens. **3.** *die sozialistischen Länder Osteuropas, bes. die Ostblockstaaten:* der O. ist nicht verhandlungsbereit. **sinnv.:** sozialistisches Lager, Länder hinter dem Eisernen Vorhang, Ostblock.

öster|lich ⟨Adj.⟩: *zum Osterfest gehörend:* österliche Choräle; die österliche Zeit; eine ö. geschmückte Kirche.

Ostern, das; -, - ⟨meist ohne Artikel; landschaftlich und in bestimmten Wunschformeln und Fügungen auch als Plural⟩: *Fest der Auferstehung Christi:* [(bes. nordd.:) zu/ (bes. südd.:) an] O. verreisen; ein schönes O.; die O. waren verregnet; fröhliche O.! **sinnv.:** Osterfest.

öst|lich: **I.** ⟨Adj.; attributiv⟩ **1.** *im Osten liegend:* der östliche Teil der Stadt. **2.** *nach Osten gerichtet:* in östlicher Richtung fahren. **II.** ⟨Präp. mit Gen.⟩ *im Osten von ...:* die Grenze verläuft ö. des Flusses. **III.** ⟨Adverb; in Verbindung mit *von*⟩: ö. von Hamburg.

-o|thek: ↑-thek.

Ou|ver|tü|re [uvɛrˈty:rə], die; -, -n: *einleitendes Musikstück einer Oper o. ä.* **sinnv.:** Intrada, Introduktion, Präludium, Vorspiel.

oval [oˈva:l] ⟨Adj.⟩: *von länglichrunder Form:* ein ovales Gesicht. **sinnv.:** eirund; ↑rund.

Ova|ti|on, die; -, -en: *stürmischer, lang anhaltender Beifall (als Huldigung bes. für einen Künstler):* die Ovationen nahmen kein Ende. **sinnv.:** ↑Beifall.

oxy|die|ren, oxydierte, hat/ist oxydiert ⟨itr.⟩: *(bes. von Metallen) sich mit Sauerstoff verbinden und dabei an der Oberfläche anlaufen bzw. Rost ansetzen:* das Eisen hat/ist oxydiert. **sinnv.:** anlaufen, beschlagen.

Oze|an, der; -s, -e: *Meer zwischen den Kontinenten.* **sinnv.:** ↑Meer.

P

paar: ⟨in der Fügung⟩ ein p.: *einige wenige; nicht sehr viele:* mit ein p. Worten beschrieb er den Vorfall; nur ein p. Leute waren gekommen. **sinnv.:** ↑einig..., ↑einzeln.

Paar, das; -[e]s, -e: **1.** *zwei zusammengehörige, eng miteinander verbundene Personen (im allgemeinen verschiedenen Geschlechts):* ein P.; sie sind ein ungleiches P. **sinnv.:** ↑Gespann. **Zus.:** Braut-, Ehe-, Freundes-, Hochzeits-, Liebespaar. **2.** *zwei zusammengehörige, gleichartige Dinge:* einige Paare der Schuhe waren noch ungetragen; ein P. Pantoffeln steht/stehen in der Ecke; /als Maßangabe/ ein, drei P. Schuhe, Würstchen. **Zus.:** Augen-, Flügel-, Wortpaar.

paa|ren: **1.** ⟨tr.⟩ *miteinander zu einem Ganzen verbinden, vereinigen:* in dieser Arbeit waren Verstand und Gefühl gepaart; mit Kritik gepaarter Humor. **sinnv.:** ↑vereinigen. **2. a)** ⟨sich p.⟩ *sich geschlechtlich vereinigen* /von Tieren/: Schwalben paaren sich gewöhnlich zweimal im Jahr. **sinnv.:** koitieren. **b)** ⟨tr.⟩ *(Tiere) für die Züchtung zur Paarung zusammenbringen:* Tiere mit verschiedenen Eigenschaften p. **sinnv.:** ↑züchten. **Zus.:** verpaaren.

Pacht, die; -, -en: **a)** *(in bezug auf Gebäude oder Grund und Boden) vertragliche Überlassung durch Verpachten, Übernahme durch Pachten:* etwas in P. nehmen, geben; die P. *(der Pachtvertrag)* läuft ab. **b)** *regelmäßig zu zahlende Summe für das Pachten (von etwas):* er zahlte für das Grundstück eine hohe, niedrige P. **sinnv.:** ↑Miete.

pach|ten, pachtete, hat gepachtet ⟨tr.⟩: *ein Gebäude, Räumlichkeiten, ein Grundstück o. ä. für längere Zeit zur Nutzung gegen Zahlung eines bestimmten Betrages von dem Eigentümer übernehmen:* ein Gut, einen Garten, eine Jagd p. **sinnv.:** ↑mieten. **Zus.:** verpachten.

Päch|ter, der; -s, -, **Päch|te|rin,** die; -, -nen: *männliche bzw. weibliche Person, die etwas von einem anderen gepachtet hat:* er ist Pächter dieses Bauernhofes. **sinnv.:** ↑Mieter. **Zus.:** Jagd-, Verpächter.

Pack: **I.** der; -s, -e und Päcke: *etwas zu einem Bündel o. ä. Zusammengeschnürtes oder mit der Hand Gepacktes, Zusammengepacktes:* ein P. Zeitungen. **sinnv.:** ↑Packen. **II.** das; -s (emotional): *Menschen, die man verachtet, für heruntergekommen, betrügerisch o. ä. hält:* so ein P.!

sinnv.: ↑Abschaum. Zus.: Bettel-, Diebes-, Lumpenpack.
Päck|chen, das; -s, -: **1.** *kleinere, fest verpackte und verschnürte o. ä. Postsendung (bis zu einem bestimmten Gewicht):* etwas als P. verschicken. **sinnv.:** Paket, ↑Packung · ↑Post. **Zus.:** Eil-, Einschreibepäckchen. **2.** *kleine Packung aus Papier o. ä., die eine kleinere Menge einer Ware fertig abgepackt enthält:* ein P. Backpulver. **sinnv.:** Briefchen, Tütchen.
packen: 1. ⟨tr.⟩ *mit den Händen ergreifen und festhalten:* er packte ihn am Arm und drängte ihn aus dem Zimmer. **sinnv.:** erfassen, ergreifen, fassen, beim Kanthaken nehmen, kaschen, nehmen, schnappen. **Zus.:** an-, zupacken. **2. a)** ⟨tr.⟩ *zusammenlegen und in ein Behältnis o. ä. legen:* die Kleider in die Koffer p.; er hat alle Waren in das Auto gepackt. **sinnv.:** legen, stecken, stopfen, tun. **Zus.:** zusammenpacken. **b)** ⟨tr./itr.⟩ *ein Behältnis mit Dingen füllen:* die Koffer p.; ich muß noch p. **sinnv.:** ↑einpakken. **Zus.:** aus-, vollpacken. **c)** ⟨tr.⟩ *(durch Einwickeln, Verschnüren o. ä.) zum Verschicken fertigmachen:* ein Paket, ein Päckchen p. **Zus.:** aufpacken.
Packen, der; -s, -: ↑*Pack:* ein P. Zeitungen, Wäsche, Bücher. **sinnv.:** Ballen, Bund, Bündel, Pack, Päckchen, Paket. **Zus.:** Wäschepacken.
Packung, die; -, -en: **a)** *Ware mit der sie umgebenden Hülle:* eine P. Zigaretten. **sinnv.:** Dose, Karton, Kasten, Päckchen, Paket, Schachtel. **Zus.:** Geschenk-, Haushalts-, Probepackung. **b)** *Hülle, Umhüllung bestimmter Art, in der eine Ware fertig abgepackt ist:* Pralinen in einer hübschen P. **Zus.:** Frischhalte-, Mogel-, Original-, Schau-, Verpakkung.
Päd|ago|ge, der; -n, -n, **Päd|ago|gin,** die; -, -nen: *männliche bzw. weibliche Person, die in einem oder mehreren Fächern eine pädagogische Ausbildung erhalten hat:* er ist ein erfahrener Pädagoge. **sinnv.:** ↑Lehrer. **Zus.:** Hochschul-, Musik-, Schulpädagoge.
päd|ago|gisch ⟨Adj.⟩: **a)** *die Erziehung und Ausbildung betreffend, sich auf sie beziehend, auf ihr beruhend:* eine pädagogische Ausbildung. **Zus.:** heil-, sozialpädagogisch. **b)** *vom erzieherischen Standpunkt aus betrachtet:* sein Verhalten ist p. falsch. **sinnv.:** didaktisch, erzieherisch, methodisch. **Zus.:** unpädagogisch.
Pad|del, das; -s, -: *eine Art Stange mit breitem, flachem Blatt an einem bzw. an beiden Enden, die mit beiden Händen geführt wird und zum Fortbewegen eines Kanus bzw. eines Paddelbootes dient:* das P. ins Wasser tauchen. **sinnv.:** ↑Ruder. **Zus.:** Doppel-, Stechpaddel.
Pad|del|boot, das; -[e]s, -e: *kleineres Boot mit einem oder mehreren Sitzen, das mit dem Paddel fortbewegt wird:* mit dem P. fahren. **sinnv.:** Kajak; ↑Boot.
pad|deln, paddelte, hat/ist gepaddelt ⟨itr.⟩: **1. a)** *Paddelboot fahren:* ich habe/bin in meiner Jugend viel gepaddelt. **sinnv.:** ↑rudern · ↑Boot. **Zus.:** ab-, anpaddeln. **b)** *sich mit einem Paddelboot fortbewegen, an einen bestimmten Ort begeben:* sie sind mit dem Kajak zur Insel, über den See gepaddelt. **sinnv.:** ↑rudern. **2.** *mit heftigen Bewegungen der Arme und Beine planschen oder schwimmen* /bes. von Kindern/: die Kleinen haben lange im Wasser gepaddelt, sind durch das Becken gepaddelt. **sinnv.:** planschen; ↑baden; ↑schwimmen.
paf|fen: a) ⟨tr.⟩ *rauchen, indem man den Rauch einzieht und kräftig, stoßweise wieder ausbläst:* er paffte eine dicke Zigarre. **sinnv.:** ↑rauchen. **b)** ⟨itr.⟩ (ugs.) ↑*rauchen:* früher hat er viel gepafft.
Pa|ket, das; -[e]s, -e: **1.** *etwas fest Verpacktes und Verschnürtes o. ä., das mit der Post verschickt wurde oder verschickt werden soll:* ein P. an seinen Sohn schikken. **sinnv.:** Päckchen; ↑Pakkung; ↑Post. **Zus.:** Eil-, Post-, Schnell-, Wertpaket. **2.** *[verschnürter] mit Papier o. ä. umhüllter Packen von etwas:* ein P. Bücher, Wäsche. **sinnv.:** ↑Pakken. **Zus.:** Bücher-, Freß-, Wäschepaket · Aktienpaket.
Pakt, der; -[e]s, -e: *Vertrag, Bündnis [über gegenseitige politische oder militärische Unterstützung]:* einen P. schließen. **sinnv.:** ↑Vereinbarung. **Zus.:** Beistands-, Nichtangriffspakt.
pak|tie|ren ⟨itr.⟩: *(in fragwürdiger Weise) mit jmdm. gemeinsame Sache machen:* die politische Verwirrung ging so weit, daß die Linke mit der äußersten Rechten paktierte. **sinnv.:** mit jmdm. unter einer Decke stecken, sich zusammentun; ↑konspirieren.
Pa|lais [pa'lɛ:], das; - [pa'lɛ:(s)], - [pa'lɛ:s]: *repräsentatives [schloßartiges] Wohngebäude.* **sinnv.:** ↑Palast.
Pa|last, der; -[e]s, Paläste: *schloßähnliches, prunkvolles Gebäude:* der P. des Königs. **sinnv.:** Château, Palais, Palazzo, Schloß. **Zus.:** Eis-, Glas-, Tanzpalast.
Pa|la|ver, das; -s, - (ugs.): *langes, endloses Reden, Schwätzen, Verhandeln [über Unwichtiges]:* trotz des langen Palavers kam man zu keinem Ergebnis. **sinnv.:** ↑Gerede; ↑Klatsch.
pa|la|vern ⟨itr.⟩ (ugs.): *ohne Ende schwätzen, miteinander reden:* die Frauen palaverten im Treppenhaus.
Pa|let|te, die; -, -n: *Gerät des Malers in Form eines kleinen, etwa ovalen oder eckigen Brettchens (mit einem Loch zum Durchstecken des Daumens), auf dem der Maler seine Farben mischt:* Farben auf der P. mischen.
Pal|me, die; -, -n: *(in Tropen und Subtropen beheimateter) hochwüchsiger Baum mit großen gefiederten oder handförmig gefächerten Blättern:* ein mit Palmen bewachsener Strand. **Zus.:** Dattel-, Fächer-, Kokos-, Siegespalme.
Pam|phlet, das; -[e]s, -e: *[politische] Schrift, in der jmd./etwas in scharfer Polemik, häufig nicht sehr sachlich angegriffen oder geschmäht wird:* ein P. gegen einen Politiker schreiben. **sinnv.:** ↑Flugblatt.
pan-, Pan- ⟨Präfix⟩: /kennzeichnet die Erfassung, die Erstreckung in bezug auf einen Bereich, das Allumfassende, Einschließende, die Tendenz, alles vereinigen zu wollen, betrifft die Gesamtheit von etwas/ *ganz..., all...; völlig, gesamt:* panafrikanisch *(alle afrikanischen Staaten und Völker betreffend, zu ihnen gehörend),* Panamerikanismus, panarabisch, Pandämonium, Paneuropa *([erstrebte] Gesamtheit aller europäischen Staaten),* Pangermanismus, Panhellenismus, Panoptikum, Panslawismus *(Streben nach kulturellem und politischem Zusammenschluß aller slawischen Völker).* **sinnv.:** ko-.

Pan|flö|te, die; -, -n: *Blasinstrument aus nebeneinander angeordneten, verschieden langen Pfeifen aus Bambus* (siehe Bildleiste „Flöte"). **sinnv.:** Hirtenflöte, Syrinx; Flöten.

pa|nie|ren ⟨tr.⟩: *bes. Fleisch vor dem Braten in eine Mischung aus Ei und Mehl oder Semmelbrösel tauchen (woraus beim Braten eine feste Kruste entsteht):* ein paniertes Schnitzel.

Pa|nik, die; -: *durch eine plötzliche echte oder vermeintliche Gefahr hervorgerufene, übermächtige Angst, die (bei einzelnen oder Ansammlungen von Menschen) zu völlig unüberlegten Reaktionen führt:* unter den Passagieren brach eine P. aus; von P. ergriffen werden; mit P. auf etwas reagieren. **sinnv.:** ↑Angst. **Zus.:** Torschlußpanik.

pa|nisch ⟨Adj.⟩: *panikartig, in Entsetzen und Furcht:* in panischer Angst aus dem brennenden Haus rennen.

Pan|ne, die; -, -n: **1.** *(bes. bei Kraftfahrzeugen während der Fahrt) plötzlich auftretender Schaden oder technische Störung, die ein Weiterfahren vorübergehend unmöglich macht:* sie hatten unterwegs eine P. mit dem neuen Wagen. **sinnv.:** Schaden, Störung. **Zus.:** Reifenpanne. **2.** *peinlicher, durch Ungeschicklichkeit, Unüberlegtheit o. ä. verursachter Vorfall (beim Ablauf von etwas):* bei dem Empfang des Staatsgastes hatte es einige Pannen gegeben. **sinnv.:** Mißgeschick; ↑Unglück.

Pan|ora|ma, das; -s, Panoramen: *dem Auge sich darbietendes Bild, das ein weiter, unbehinderter Blick über eine Stadt oder Landschaft hin gewährt:* sie genossen von der Terrasse aus das herrliche P. der Bergkette. **sinnv.:** Aussicht. **Zus.:** Alpenpanorama.

pan|schen ⟨tr./itr.⟩: *mit Wasser verdünnen:* der Händler wurde bestraft, weil er [den Wein] gepanscht hatte; gepanschte Milch. **sinnv.:** ↑verdünnen.

Pan|tof|fel, der; -s, -n: *flacher Hausschuh aus Stoff oder Leder:* in Pantoffeln herumlaufen. **sinnv.:** Hausschuh, Latschen, Schlappen, Pantolette; ↑Schuh. **Zus.:** Filzpantoffel.

Pan|zer, der; -s, -: *gepanzertes, meist mit einem Geschütz ausgerüstetes, schweres militärisches Kettenfahrzeug.*

Pa|pa [geh.: Papa], der; -, -s: ↑*Vater.*

Pa|pa|gei, der; -s, -en: *in den Tropen heimischer, meist größerer Vogel mit farbenprächtigem Gefieder und stark gekrümmtem Schnabel, der leicht lernt, Stimmen zu imitieren.*

Pa|pier, das; -s, -e: **1.** *zu einer dünnen, platten Schicht gepreßtes Material, das vorwiegend zum Beschreiben oder zum Verpacken dient:* ein Blatt, Stück P.; P. schneiden, kleben; etwas in P. einwickeln. **sinnv.:** ↑Folie, ↑Pappe. **Zus.:** Alt-, Brief-, Bunt-, Butterbrot-, Konzept-, Millimeter-, Pack-, Paus-, Pergament-, Schreib-, Seiden-, Silber-, Umwelt[schutz]-, Zeichen-, Zeitungs-, Zigarettenpapier. **2.** ⟨meist Plural⟩ *amtliches Schriftstück (von bestimmter äußerer Form), das als Ausweis o. ä. dient:* ich habe meine Papiere verloren. **sinnv.:** ↑Ausweis. **Zus.:** Ausweis-, Auto-, Legitimations-, Personal-, Zulassungspapier.

Pa|pier|korb, der; -[e]s, Papierkörbe: *Behälter für aus Papier bestehenden Abfall:* die alten Zeitungen in den P. werfen. **sinnv.:** Abfalleimer, Mülleimer, Mülltonne.

Pap|pe, die; -, -n: *dem Papier ähnliches, jedoch dickeres, steifes Material, das meist als Verpackung verwendet wird.* **sinnv.:** Fotokarton, Karton, Papier, Pappdeckel, Pappkarton, Pappmaché. **Zus.:** Dach-, Teer-, Wellpappe.

Pap|pel, die; -, -n: *hochwüchsiger Laubbaum, dessen Astwerk eine in vertikale Richtung strebende, spitz zulaufende Krone bildet.*

Pa|pri|ka, der; -s, -[s]: **1.** *grüne, rote oder gelbe, glänzende Frucht der Paprikapflanze, die als Gemüse verwendet wird:* mit [Reis und] Gehacktem gefüllte P. **2.** ⟨ohne Plural⟩ *aus Paprika* (1) *hergestelltes [scharfes] Gewürz:* Gulasch mit P. würzen. **Zus.:** Rosenpaprika.

Papst, der; -[e]s, Päpste: *(das in Rom residierende) Oberhaupt der katholischen Kirche.* **sinnv.:** Heiliger Vater, Oberhirte, Pontifex maximus, Stellvertreter Christi [auf Erden].

-papst, der; -[e]s, -päpste ⟨Suffixoid⟩ (scherzh.): *jmd., der auf dem im Basiswort genannten Gebiet als führend, richtungweisend anerkannt ist, nach dem man sich richtet:* Diät-, Freß-, Kritiker-, Kultur-, Kunst-, Lauf- (Jogging), Literatur-, Musik-, Orthographie-, Pop-, Schiiten- (Khomeini), Schlager-, Schlankheits-, Sex-, Ski-, Sprach-, Werbepapst.

päpst|lich ⟨Adj.⟩: *den Papst, das Amt des Papstes betreffend; vom Papst ausgehend:* ein päpstlicher Erlaß. **sinnv.:** apostolisch.

pa|ra-, Pa|ra- ⟨Präfix⟩: **1.** *das im Basiswort Genannte fast, nahezu verkörpernd, ihm ähnlich:* paramilitärisch *(militärähnlich, halbmilitärisch).* **2.** *neben; daneben, in der Umgebung von ... bestehend:* Paragrammatismus, Parahotel, Parakräfte (Parakräfte wie Telepathie, ...), Paralinguistik *(Teilgebiet der Linguistik, auf dem man sich mit Signalen im Kommunikationsprozeß beschäftigt, die die sprachlichen Äußerungen begleiten, z. B. Intonation, Sprechpausen, Mimik),* Paramedizin, Paranormale (das Okkulte und Paranormale), parareligiös, Parapsychologie, parataktisch *(nebenordnend;* Ggs. hypotaktisch = *unterordnend),* paravenös *(neben der Vene).*

Pa|ra|bel, die; -, -n: **1.** /eine geometrische Figur/ (siehe Bildleiste „geometrische Figuren", S. 292). **2.** *lehrhafte, auf einem Vergleich beruhende Dichtung.*

Pa|ra|de, die; -, -n: *Vorbeimarsch militärischer Einheiten:* der Präsident nahm die P. ab. **sinnv.:** ↑Aufmarsch, Defilee, Heerschau, [Truppen]vorbeimarsch. **Zus.:** Flotten-, Hit-, Militär-, Truppen-, Wachtparade.

Pa|ra|dies, das; -es, -e: **1.** ⟨ohne Plural⟩ *Ort oder Zustand der Vollkommenheit, der Seligkeit:* Adam und Eva wurden aus dem P. vertrieben. **sinnv.:** Arkadien, Elysium, Eden, Garten Eden, Gefilde der Seligen. **2.** *überaus schöner, fruchtbarer Ort:* hier ist wirklich ein P. **sinnv.:** Arkadien, Dorado, Eldorado, das Land, wo Milch und Honig fließt, Oase, Orplid, Schlaraffenland, Utopia.

-pa|ra|dies, das; -es, -e ⟨Grundwort⟩: *ideales Gebiet für das im Basiswort Genannte:* Ferien-, Kinder-, Ski-, Urlaubsparadies.

pa|ra|die|sisch ⟨Adj.⟩: *(meist in bezug auf einen Aufenthaltsort o. ä.) überaus schön, lieblich, angenehm:* wir verbrachten den Urlaub in einer paradiesischen Landschaft. **sinnv.:** ↑schön.

pa|ra|dox ⟨Adj.⟩: *Widersprüchliches, Unvereinbares in sich enthaltend:* es ist p., wenn man bei solcher Umweltbelastung von einem Luftkurort spricht. **sinnv.:** ↑gegensätzlich.

Pa|ra|graph, der; -en, -en: *einer von fortlaufend numerierten Abschnitten in einem größeren Schriftstück, meist in Gesetzestexten.*

pa|ral|lel ⟨Adj.⟩: **1.** *in gleicher Richtung, in gleichem Abstand voneinander verlaufend:* parallele Linien zeichnen; die Straße verläuft p. zur Bahn. **sinnv.:** gleichlaufend. **2.** *gleichzeitig nebeneinander bestehend, ablaufend o. ä.:* die Arbeiten an den neuen Grünanlagen und am Neubau der Schule laufen p. **sinnv.:** ↑gleichzeitig.

Pa|ral|le|le, die; -, -n: *Linie, die parallel zu einer anderen Linie verläuft:* Parallelen schneiden sich im Unendlichen. **sinnv.:** gleichlaufende Linie.

Pa|ral|le|lo|gramm, das; -s, -e: /eine geometrische Figur/ (siehe Bildleiste „geometrische Figuren", S. 292). **sinnv.:** ↑Viereck.

Pa|ra|sit, der; -en, -en: *tierischer oder pflanzlicher Schmarotzer:* der Bandwurm ist ein P. **sinnv.:** ↑Schädling.

pa|rat ⟨Adj.⟩: *zur Verfügung, griffbereit habend:* das Geld nicht p. haben; die Werkzeuge liegen p. **sinnv.:** zur Hand, bereit, verfügbar.

Par|füm, das; -s, -e und -s: *alkoholische Flüssigkeit, in der Duftstoffe gelöst sind (als Kosmetikartikel):* nach P. riechen; sich mit P. besprühen. **sinnv.:** Duft, Duftstoff, Duftwasser, Eau de Cologne, Eau de toilette, Kölnischwasser.

Par|fü|me|rie, die; -, Parfümerien: **1.** *Geschäft, in dem Parfüme und kosmetische Artikel verkauft werden.* **2.** ⟨meist Plural⟩ *einzelnes Erzeugnis, das in einer Parfümerie* (1) *verkauft wird:* Parfümerien in großer Auswahl.

par|fü|mie|ren ⟨tr.⟩: *mit Parfüm besprengen, betupfen:* du hast dich zu stark parfümiert; sie parfümierte ihr Taschentuch. **sinnv.:** einbalsamieren.

pa|rie|ren: 1. ⟨itr.⟩ *unbedingt gehorchen:* du hast zu p. **sinnv.:** ↑gehorchen. **2.** ⟨tr.⟩ *einen Schlag, Stoß abwehren:* er hat die Schläge [des Gegners] gut pariert. **sinnv.:** ↑abwehren.

Park, der; -s, -s: *große, künstlich angelegte, von Spazierwegen durchzogene [öffentliche] Grünfläche mit Bäumen, Sträuchern, Rabatten u. ä.:* im P. spazierengehen. **sinnv.:** Anlage, ↑Garten, Grünanlage, grüne Lunge, Lustgarten, Parkanlage. **Zus.:** Kur-, National-, Natur-, Schloß-, Stadt-, Tier-, Volks-, Wald-, Wildpark.

Par|ka, der; -s, -s und die; -, -s: *knielanger Anorak mit Kapuze.* **sinnv.:** ↑Anorak, ↑Jacke.

par|ken ⟨tr./itr.⟩: *ein Kraftfahrzeug vorübergehend abstellen:* den Wagen vor dem Laden p.; hier kann ich eine Stunde lang p.; am Straßenrand, unter einer Laterne p. **sinnv.:** abstellen, halten · Parkplatz · Parkverbot. **Zus.:** aus-, einparken.

Par|kett, das; -[e]s, -e und -s: **1.** *Fußboden aus schmalen, kurzen Brettern, die in einer bestimmten Ordnung verlegt sind.* **sinnv.:** ↑Fußboden. **2.** *im Theater Sitze zu ebener Erde:* ein Platz im P. **sinnv.:** Parkettsitz, Sperrsitz.

Park|platz, der; -es, Parkplätze: **a)** *Platz, auf dem ein Fahrzeug geparkt werden kann:* an Samstagen findet man hier kaum einen P. **sinnv.:** Abstellplatz, Einstellplatz, Platz, Stellplatz. **b)** *für das Parken von Autos vorgesehene Fläche mit markierten einzelnen Stellplätzen:* ein bewachter P. neben dem Einkaufszentrum. **sinnv.:** ↑Depot.

Par|la|ment, das; -[e]s, -e: **a)** *gewählte Vertretung des Volkes mit beratender und gesetzgebender Funktion:* das P. auflösen, wählen. **sinnv.:** Abgeordnetenhaus, Bundestag, Senat, Volkskammer. **b)** *Gebäude, in dem die Volksvertretung untergebracht ist:* eine Demonstration vor dem P. **sinnv.:** Parlamentsgebäude.

Par|la|men|ta|ri|er, der; -s, -, **Par|la|men|ta|rie|rin,** die; -, -nen: *männliche bzw. weibliche Person, die als Abgeordneter/Abgeordnete einem Parlament angehört.* **sinnv.:** ↑Abgeordneter.

par|la|men|ta|risch ⟨Adj.⟩: *das Parlament betreffend, von ihm ausgehend:* eine parlamentarische Demokratie.

Par|odie, die; -, Parodien: *verzerrende Nachahmung, komische oder satirische Umbildung ernster Dichtung:* eine P. auf Goethes Werther. **sinnv.:** Persiflage, Satire; ↑Imitation.

par|odie|ren ⟨tr.⟩: *(ein literarisches Werk, den Stil eines Schriftstellers o. ä.) in der Art einer Parodie nachahmen:* dieser Dichter, dieses Gedicht ist häufig parodiert worden. **sinnv.:** ↑nachahmen.

Pa|ro|le, die; -, -n: **1.** *in einem Satz oder Spruch einprägsam formulierte [politische] Überzeugung:* kämpferische Parolen; sie trugen Parolen auf Spruchbändern vor sich her. **sinnv.:** Schlagwort. **Zus.:** Flüster-, Hetz-, Latrinenparole. **2.** ↑*Kennwort:* eine P. ausgeben, nennen.

Par|tei, die; -, -en: **1.** *politische Organisation mit einem bestimmten Programm, in der sich Menschen mit der gleichen politischen Überzeugung zusammengeschlossen haben:* in eine Partei eintreten; [nicht] in einer P. sein; eine bestimmte P. wählen. **sinnv.:** Bund, Gliederung, Gruppe, Klub, Organisation, Splittergruppe, ↑Vereinigung. **Zus.:** Bruder-, Einheits-, Links-, Massen-, Oppositions-, Rechts-, Regierungs-, Splitter-, Volkspartei. **2.** *einer der [beiden] Gegner in einem Rechtsstreit:* die streitenden Parteien. **3.** *Mieter einer bestimmten Wohnung in einem Mietshaus:* in dem Haus wohnen 10 Parteien. **sinnv.:** ↑Mieter.

par|tei|isch ⟨Adj.⟩: *(in einem Streitfall o. ä.) nicht neutral, nicht objektiv; der einen oder anderen Partei zugeneigt:* der Schiedsrichter war sehr p. **sinnv.:** befangen, einseitig, parteilich, parteigebunden, subjektiv, tendenziös, unsachlich, vorbelastet, voreingenommen, vorgefaßt.

Par|terre [par'tɛr], das; -s, -s: *zu ebener Erde liegendes Geschoß eines Wohnhauses:* wir wohnen im P. **sinnv.:** Erdgeschoß; ↑Geschoß. **Zus.:** Hochparterre.

Par|tie, die; -, Partien: **1.** *Abschnitt, Ausschnitt, Teil eines größeren Ganzen:* die untere P. des Gesichts; die schönsten Partien der Landschaft fotografieren. **sinnv.:** Teil. **Zus.:** Mund-, Rükkenpartie. **2.** *einzelne Runde (bei bestimmten Spielen):* wir spielen eine P. Schach; eine P. gewinnen. **sinnv.:** ↑Spiel. **Zus.:** Hänge-, Schach-, Skatpartie. **3.** *Rolle (in gesungenen Werken):* sie singt die P. der Aida; für diese P. ist er nicht geeignet. **sinnv.:** ↑Gestalt, ↑Rolle. **Zus.:** Alt-, Baß-, Gesangs-, Solopartie.

Par|ti|san, der; -s und -en, -en,

Par|ti|sa|nin, die; -, -nen: *bewaffneter Widerstandskämpfer bzw. bewaffnete Widerstandskämpferin im hinter der Front liegenden feindlichen Gebiet:* während des Krieges kämpfte er als Partisan. **sinnv.:** Franktireur, Freischärler, Guerilla, Heckenschütze, Untergrundkämpfer, Widerstandskämpfer.

Part|ner, der; -s, -, **Part|nerin,** die; -, -nen: **1.** *männliche bzw. weibliche Person, die mit einer anderen etwas gemeinsam unternimmt oder die an etwas beteiligt ist:* die Partner des Vertrages; sie will sich für ihr Geschäft einen neuen [männlichen oder weiblichen] Partner/eine neue Partnerin suchen. **sinnv.:** ↑Teilhaber. **Zus.:** Ansprech-, Bündnis-, Geschäfts-, Koalitions-, Vertragspartner. **2.** *männliche bzw. weibliche Person, die mit einer anderen Person (in einer Ehe oder dieser ähnlichen Verbindung) zusammenlebt:* er hat seine Partnerin/sie hat ihren Partner verloren. **sinnv.:** ↑Geliebte, ↑Geliebter. **Zus.:** Ehe-, Geschlechts-, Lebenspartner.

Par|ty ['pa:ɐ̯ti], die; -, -s und Parties: *geselliges Beisammensein, zwangloses Fest zu Hause:* eine P. veranstalten; auf eine/zu einer P. eingeladen sein. **sinnv.:** ↑Fest · ↑feiern.

Paß, der; Passes, Pässe: **1.** *amtlicher Ausweis zur Legitimation einer Person (bei Reisen ins Ausland):* der P. ist abgelaufen, ist gefälscht. **sinnv.:** ↑Ausweis. **Zus.:** Diplomaten-, Reise-, Wehrpaß. **2.** *niedrigste Stelle eines größeren Gebirges, die als Übergang benutzt wird:* die meisten Pässe der Alpen haben Wintersperre. **sinnv.:** Bergübergang, Col, Joch, Sattel. **Zus.:** Eng-, Gebirgspaß. **3.** *[genaues] Weiterleiten des Balles an einen Spieler der eigenen Mannschaft (besonders im Fußball):* seine Pässe sind sehr genau. **sinnv.:** Abgabe, Abspiel, Flanke, Vorlage, Zuspiel.

pas|sa|bel ⟨Adj.⟩: *(in seiner Beschaffenheit o. ä.) so, daß es einigermaßen annehmbar ist, daß man es gelten lassen kann:* eine passable Unterkunft; er sah in seinem neuen Anzug ganz p. aus. **sinnv.:** akzeptabel, annehmbar, auskömmlich, erträglich, leidlich, zufriedenstellend; ↑genug.

Pas|sa|ge [pa'sa:ʒə], die; -, -n: **1.** *(zwei parallel verlaufende Straßen verbindender) überdachter Durchgang [für Fußgänger], häufig als Ladenstraße:* Schaufenster in der P. ansehen. **sinnv.:** ↑Durchfahrt; ↑Durchgang. **2.** *fortlaufender, zusammenhängender Teil einer Rede oder eines Textes:* größere Passagen aus dem ‚Faust' zitieren. **sinnv.:** ↑Abschnitt; ↑Ausschnitt. **3.** *Reise mit Schiff oder Flugzeug (bes. über das Meer):* er mußte sich erst das Geld für die P. nach Amerika verdienen. **sinnv.:** ↑Reise. **Zus.:** Schiffspassage.

Pas|sa|gier [pasa'ʒi:ɐ̯], der; -s, -e: *Reisender (bes. mit Flugzeug oder Schiff).* **sinnv.:** Fahrgast, Reisender, Schwarzfahrer · ↑Insasse. **Zus.:** Flug-, Schiffspassagier.

Pas|sant, der; -en, -en, **Passan|tin,** die; -, -nen: *männliche bzw. weibliche Person, die zufällig (an einer bestimmten Stelle, zu einem bestimmten Zeitpunkt) auf der Straße vorübergeht:* bei der Explosion des Sprengkörpers wurden mehrere Passanten verletzt. **sinnv.:** Fußgänger, Vorübergehender · Verkehrsteilnehmer. **Zus.:** Straßenpassant.

pas|sen, paßt, paßte, hat gepaßt ⟨itr.⟩: **1. a)** *(von Kleidung o. ä.) jmds. Figur entsprechen, nicht zu eng, zu weit, zu groß oder zu klein o. ä. sein:* der Rock paßt dir nicht, paßt wie angegossen; seit sie abgenommen hat, paßt ihr alles nicht mehr. **sinnv.:** eine bestimmte Paßform haben, sitzen, einen bestimmten Sitz haben; ↑kleiden. **b)** *mit jmdm./etwas zusammenstimmen, so daß eine harmonische Gesamtwirkung o. ä. zustande kommt:* die Farbe paßt nicht zu dir; die Schuhe passen gut zu diesem Kleid; diese Freunde passen nicht zu ihm, zu uns *(sind zu verschieden).* **sinnv.:** sich ↑eignen, ↑harmonieren, hinkommen. **Zus.:** hin-, hinein-, zueinander-, zusammenpassen. **2.** ⟨meist verneint⟩ *jmdm. angenehm, sympathisch o. ä. sein:* die Sache, der Termin paßt mir nicht; es paßt mir nicht, daß ... **sinnv.:** ↑gefallen; entgegenstehen; ↑entsprechen. **3.** *eingestehen, etwas nicht zu wissen:* ich weiß auf die Frage keine Antwort, ich passe. **sinnv.:** ↑nachgeben.

pas|sie|ren, passierte, hat/ist passiert: **I.** ⟨tr./itr.⟩ *ein bestimmtes Gebiet durchqueren, durchfahren, an einer bestimmten Stelle vorbeigehen, -fahren:* die Grenze, eine Kreuzung p. **sinnv.:** ↑durchqueren, überfahren, überfliegen, überqueren, ↑überschreiten, vorbeifahren. **II.** ⟨itr.⟩ *(von Unangenehmem, Unbeabsichtigtem o. ä.) sich ereignen:* mir ist etwas Seltsames passiert; hoffentlich ist nichts passiert. **sinnv.:** ↑begegnen; ↑geschehen.

pas|siv ⟨Adj.⟩ /Ggs. aktiv/: **a)** *keine Funktionen übernehmend, nicht an den zugehörenden Aktivitäten teilnehmend:* er ist nur passives Mitglied des Vereins. **b)** *untätig bleibend; ohne Initiative:* er hat sich bei der Auseinandersetzung p. verhalten. **sinnv.:** abwartend, inaktiv, reserviert, stumpf, tatenlos, teilnahmslos, untätig, zurückhaltend.

Pa|ste, die; -, -n: *[salbenähnliche] weiche Masse, die sich streichen, verstreichen läßt.* **sinnv.:** Creme, Pasta, ↑Salbe. **Zus.:** Sardellenpaste.

Pa|stor, der; -s, Pastoren: **a)** (landsch.) *evangelischer Pfarrer.* **sinnv.:** ↑Geistlicher. **b)** (landsch.) *katholischer Pfarrer.* **sinnv.:** ↑Geistlicher.

Pa|sto|rin, die; -, -nen (landsch.): vgl. Pastor (a).

Pa|te, der; -n, -n, **Pa|tin,** die; -, -nen: *männliche bzw. weibliche Person, die bei der Taufe eines Kindes anwesend ist und die Verpflichtung hat, sich (neben den Eltern) um die religiöse Erziehung des Kindes zu kümmern.* **sinnv.:** Patenonkel, Patentante. **Zus.:** Firm-, Taufpate.

pa|tent ⟨Adj.⟩ (ugs.): *in einer vom Sprecher mit Bewunderung festgestellten Weise tüchtig, praktisch, klug (in der Meisterung seiner Aufgaben oder des Alltags):* ein patenter Kerl, eine patente Frau. **sinnv.:** ↑tüchtig.

Pa|tent, das; -[e]s, -e: *[Urkunde über die] Berechtigung, eine Erfindung allein zu verwerten:* eine Erfindung als P. anmelden; das P. erteilen; auf etwas ein P. haben. **sinnv.:** Warenzeichen.

pa|the|tisch ⟨Adj.⟩: *mit sehr viel, leicht als übertrieben empfundenem Pathos im Ausdruck:* das Spiel des Künstlers war sehr p.; er hat eine allzu pathetische Sprechweise. **sinnv.:** ↑hochtrabend. **Zus.:** hoch-, unpathetisch.

Pa|tin, die; -, -nen: vgl. Pate.

Pa|ti|ent, der; -en, -en, **Pa|tien|tin,** die; -, -nen: *männliche bzw. weibliche Person (in Be-*

handlung eines Arztes oder eines Angehörigen anderer Heilberufe): er ist Patient von Dr. Schmidt; Dr. Schmidt hat viele Patienten. **sinnv.:** Bettlägeriger, Kranker, Leidender, Siecher, Schwerkranker. **Zus.:** Kassen-, Privatpatient.

Pa|tri|ot, der; -en, -en, **Pa|trio|tin,** die; -, -nen: *männliche bzw. weibliche Person, die eine patriotische Haltung, Gesinnung hat:* die Patrioten starben für ihr Vaterland. **sinnv.:** Chauvinist, Nationalist. **Zus.:** Hurrapatriot.

pa|trio|tisch ‹Adj.›: *von der Liebe zum Vaterland, dem Land, in dem man sich verwurzelt fühlt, bestimmt:* er hatte eine patriotische Gesinnung, war p. gesinnt. **sinnv.:** ↑national.

Pa|tro|ne, die; -, -n: **1.** *aus einer Metallhülse mit Sprengstoff und Geschoß bestehende Munition (für Gewehr, Pistole o. ä.):* eine P. in den Lauf des Gewehres schieben. **sinnv.:** ↑Munition. **Zus.:** Gas-, Platzpatrone. **2.** *lichtundurchlässige Hülse für Filme:* die P. ist leer.

Pa|trouil|le [pa'trʊljə], die; -, -n: **1.** *Gruppe von Personen (bes. Soldaten), die etwas bewacht oder erkundet:* nach den Vermißten wurde eine P. ausgesandt. **sinnv.:** Streife, Suchtrupp. **Zus.:** Grenz-, Polizeipatrouille. **2.** *Rundgang, auf dem etwas bewacht oder erkundet wird:* auf P. gehen; die P. beenden. **sinnv.:** Streife.

pa|trouil|lie|ren [patrʊl'ji:rən], patrouillierte, hat/ist patrouilliert ‹itr.›: *(als Posten oder Wache) in der Nähe eines zu bewachenden Objektes auf und ab gehen:* die Polizisten sind um die Botschaft patrouilliert; die Soldaten haben einige Stunden patrouilliert. **sinnv.:** einen Erkundungsgang machen, [auf] Patrouille gehen, Wache schieben.

pat|zig ‹Adj.›: *mit einer Mischung aus Grobheit, Schärfe und Frechheit auf eine Äußerung, Handlung o. ä. eines anderen reagierend:* eine patzige Antwort geben; er hat eine sehr patzige Art; er war sehr p. **sinnv.:** ↑frech.

Pau|ke, die; -, -n: *Schlaginstrument mit etwa halbkugeligem, mit einer Membran aus Kalbfell bespanntem Resonanzkörper* (siehe Bildleiste „Schlaginstrumente"): die P. schlagen. **Zus.:** Kesselpauke.

pau|ken ‹itr.› (ugs.): *sich einen Wissensstoff durch intensives, häufig mechanisches Auswendiglernen anzueignen suchen:* er paukt Latein vor jeder Klassenarbeit. **sinnv.:** ↑lernen. **Zus.:** einpauken.

pau|schal ‹Adj.›: **1.** *nicht aufgegliedert nach Einzelheiten (bei der Berechnung o. ä. von etwas):* eine pauschale Summe zahlen; etwas p. berechnen. **sinnv.:** ↑ganz; ↑ungefähr. **2.** *(in bezug auf ein Urteil o. ä.) sehr allgemein, nicht differenziert:* ein sehr pauschales Urteil, das der Sache nicht gerecht wird. **sinnv.:** ↑allgemein.

Pau|se, die; -, -n: *kürzere Unterbrechung einer Tätigkeit [die der Erholung o. ä. dienen soll]:* eine P. einlegen, machen. **sinnv.:** Rast, Schamfrist, Unterbrechung. **Zus.:** Atem-, Denk-, Erholungs-, Essens-, Frühstücks-, Gesprächs-, Kunst-, Ruhe-, Verschnauf-, Zigarettenpause.

pau|sie|ren ‹itr.›: *eine [längere] Pause einlegen:* wenn er eine Arbeit fertiggestellt hat, pausiert er eine Weile. **sinnv.:** ↑aussetzen.

Pa|vil|lon ['pavɪljõ], der; -s, -s: **1.** *kleiner runder oder viereckiger, offener Bau (in einem Park).* **sinnv.:** ↑Haus. **Zus.:** Konzert-, Musikpavillon. **2.** *für Ausstellungen errichtetes Gebäude.* **Zus.:** Ausstellungs-, Messe-, Verkaufspavillon.

Pa|zi|fis|mus, der; -: *Strömung, die den Krieg als Mittel der Auseinandersetzung zwischen Staaten ablehnt.* **sinnv.:** Gewaltlosigkeit, Kriegsgegnerschaft.

Pa|zi|fist, der; -en, -en, **Pa|zi|fi|stin,** die; -, -nen: *Anhänger bzw. Anhängerin des Pazifismus.* **sinnv.:** Friedensfreund, Kriegsgegner, Friedenshetzer, Friedenskämpfer.

Pech, das; -s: *unglückliche Fügung, die jmds. Pläne, Vorhaben durchkreuzt* /Ggs. Glück/: er hat viel P. gehabt; vom P. verfolgt sein. **sinnv.:** Fehlschlag, Fiasko, ↑Mißerfolg, Mißgeschick, Pechsträhne, Rückschlag; ↑Unglück. **Zus.:** Künstlerpech.

Pe|dal, das; -s, -e: **1.** *(bes. im Auto) Hebel, der mit dem Fuß bedient wird (und unterschiedliche Funktionen hat):* auf das P. treten. **Zus.:** Brems-, Gas-, Kupplungspedal. **2.** *Tretkurbel am Fahrrad* (siehe Bild „Fahrrad"): in die Pedale treten *(schnell fahren).*

Pe|dant, der; -en, -en: *übertrieben genauer, kleinlicher Mensch:* er ist ein schrecklicher P. **sinnv.:** Federfuchser, Haarspalter, Kleinigkeitskrämer, Korinthenkacker, Krämerseele, Kümmelspalter, Prinzipienreiter, Schulmeister, Umstandskrämer. **Zus.:** Erzpedant.

pe|dan|tisch ‹Adj.›: *von kleinlicher, übertriebener Genauigkeit:* er ist sehr p.; eine pedantische Ordnungsliebe. **sinnv.:** ↑engherzig; ↑gewissenhaft; ↑ordentlich.

Pe|gel, der; -s, -: *an entsprechender Stelle angebrachte Meßlatte bzw. Gerät zum Messen des Wasserstandes eines Gewässers:* der P. zeigt sechs Meter über ‚normal'; der P. *(Pegelstand)* ist gestiegen, gefallen. **sinnv.:** Bandmaß, Meßgerät; Meßstab, Metermaß, Zollstock. **Zus.:** Alkoholpegel.

Pein, die; - (geh.): *etwas, was jmdm. großes seelisches Unbehagen verschafft, was ihn quält:* der Gedanke an die bevorstehende Begegnung bereitet, verursacht ihm P. **sinnv.:** ↑Leid. **Zus.:** Gewissens-, Höllen-, Liebes-, Seelenpein.

pei|ni|gen ‹tr.› (geh.): **a)** *(bes. in bezug auf körperliche Schmerzen o. ä.) jmdn. sehr quälen:* heftige Zahnschmerzen peinigten ihn; sie waren von Hunger und Durst gepeinigt. **sinnv.:** martern, Pein/Schmerz bereiten, piesacken, plagen, Qualen bereiten, quälen, schmerzen, weh tun. **b)** *jmdm. mit etwas heftig zusetzen:* jmdn. mit Fragen p. **sinnv.:** ↑schikanieren.

pein|lich ‹Adj.›: **1.** *jmdm. unangenehm, ihn in Verlegenheit bringend:* das Bekanntwerden seines Planes war ihm p.; eine peinliche Frage. **sinnv.:** ↑unangenehm; ↑unerfreulich. **2. a)** *(in einer Weise, die steril bzw. sehr pedantisch wirkt) äußerst sorgfältig:* hier herrscht peinliche Ordnung. **sinnv.:** ↑gewissenhaft. **Zus.:** hochnotpeinlich. **b)** ‹intensivierend bei Adjektiven› *sehr, äußerst:* etwas p. genau registrieren. **sinnv.:** ↑sehr.

Peit|sche, die; -, -n: *aus einem Stock und einem daran befestigten Riemen bestehender Gegenstand zum Antreiben von Tieren:* mit der P. knallen, schlagen. **sinnv.:** Geißel, Gerte, Karbatsche, neunschwänzige Katze, Knute, Ochsenziemer, Reitgerte, Ziemer. **Zus.:** Klopf-, Reit-, Riemenpeitsche.

peit|schen, peitschte, hat/ist gepeitscht: **1.** ‹tr.› *mit einer Peitsche schlagen:* er hat die Hunde gepeitscht. **sinnv.:** ↑schlagen. **Zus.:** aus-, durch-, ein-, hoch-, totpeitschen. **2.** ‹itr.› *prasselnd auf etwas niedergehen, an etwas schlagen:* der Regen ist an/auf die Scheiben gepeitscht. **sinnv.:** ↑prasseln.

Pel|le, die; -, -n (bes. nordd.): ↑*Haut:* die P. von der Wurst abziehen. **Zus.:** Kartoffel-, Wurstpelle.

pel|len ‹tr.› (bes. nordd.): *von etwas die Pelle entfernen:* Kartoffeln p. **sinnv.:** ↑abziehen. **Zus.:** ab-, auspellen.

Pell|kar|tof|fel, die; -, -n ‹meist Plural›: *mit der Schale gekochte Kartoffel:* heute abend gibt es Pellkartoffeln und Heringe. **sinnv.:** Gequellte, gequellte Kartoffeln, Kartoffeln in der Montur/in der Schale, Quellkartoffeln, Quellmänner; ↑Kartoffel.

Pelz, der; -es, -e: *Fell bestimmter Tiere, das zu Kleidungsstükken verarbeitet wird:* ein weicher, echter P.; sie trägt einen teuren P. **sinnv.:** ↑Fell. **Zus.:** Faul-, Fuchs-, Kuppel-, Schafs-, Web-, Zobelpelz.

Pen|del, das; -s, -: *Körper, der an einem Punkt aufgehängt ist und – verursacht durch die Schwerkraft – hin- und herschwingt:* das P. der Uhr anstoßen. **sinnv.:** Perpendikel. **Zus.:** Uhrpendel.

pen|deln, pendelte, hat/ist gependelt ‹itr.›: **1.** *(in der Luft frei hängend) hin- und herschwingen:* die Kiste hat an dem Kran gependelt. **sinnv.:** ↑schwingen. **Zus.:** auspendeln. **2.** *(bes. zur Arbeit) zwischen seinem Wohnort und dem Ort, an dem man arbeitet o. ä., hin- und herfahren:* er ist zwischen Frankfurt und Mannheim gependelt. **sinnv.:** fahren, ↑reisen.

Pend|ler, der; -s, -, **Pend|le|rin,** die; -, -nen: *männliche bzw. weibliche Person, die aus beruflichen Gründen regelmäßig zwischen zwei Orten hin- und herfährt.* **sinnv.:** ↑Arbeitnehmer. **Zus.:** Aus-, Berufs-, Einpendler.

pe|ne|trant ‹Adj.›: **a)** *(den Geruch oder Geschmack von etwas betreffend) in einer als unangenehm empfundenen Weise durchdringend:* etwas riecht, schmeckt p. **sinnv.:** beißend, intensiv, scharf, stark, stechend, streng. **b)** *sehr aufdringlich und ohne Distanz:* er hat ein sehr penetrantes Wesen. **sinnv.:** ↑aufdringlich.

pe|ni|bel ‹Adj.›: *genau und sorgfältig (in einer bereits als übertrieben empfundenen Weise):* er ist in allen Dingen überaus, schrecklich p. **sinnv.:** ↑gewissenhaft; ↑ordentlich.

Pe|nis, der; -, -se: *Teil des Geschlechtsorgans des Mannes.* **sinnv.:** männliches Glied, Phallus, Schwanz, Zipfel; ↑Geschlechtsorgan.

pen|nen ‹itr.› (ugs.): ↑*schlafen.*

Pen|si|on [pãˈsi̯oːn; südd., österr., schweiz.: pɛnˈzi̯oːn], die; -, -en: **1. a)** *Bezüge für einen Beamten im Ruhestand:* eine gute P. bekommen. **sinnv.:** ↑Rente. **Zus.:** Beamten-, Lehrer-, Witwenpension. **b)** ‹ohne Plural› *Ruhestand eines Beamten:* er geht in P., ist seit einiger Zeit in P. **sinnv.:** ↑Rente. **2. a)** *kleineres, einfacheres Haus, das Gäste aufnimmt und verköstigt:* wir wohnten in der P. Klaus Balzer. **sinnv.:** ↑Hotel. **Zus.:** Fremden-, Hotelpension. **b)** *Unterkunft und Verpflegung (in einem Hotel o. ä.):* ich habe das Zimmer mit voller P. gemietet. **sinnv.:** ↑Unterkunft. **Zus.:** Halb-, Vollpension.

Pen|sio|när [pãsi̯oˈnɛːɐ̯; südd., österr., schweiz.: pɛnzi̯oˈnɛːɐ̯], der; -s, -e, **Pen|sio|nä|rin,** die; -, -nen: *männliche bzw. weibliche Person, die eine Pension bezieht.* **sinnv.:** ↑Rentner.

pen|sio|nie|ren [pãsi̯oˈniːrən; südd., österr., schweiz.: pɛnzi̯oˈniːrən] ‹tr.›: *in den Ruhestand versetzen und (jmdm.) eine Pension gewähren:* er wurde mit 60 Jahren pensioniert. **sinnv.:** seiner Amtspflicht entbinden, berenten, entpflichten, emeritieren, auf Rente setzen, in den Ruhestand versetzen.

Pen|sum, das; -s, Pensen und Pensa: *Arbeit, die in einem bestimmten Zeitraum erledigt werden muß:* ich habe mein heutiges P. noch nicht geschafft. **sinnv.:** Arbeit, ↑Aufgabe, Obliegenheit, Soll · Lehrstoff, Lektion. **Zus.:** Arbeits-, Pflicht-, Tages-, Unterrichtspensum.

Pent|haus, das; -es, Penthäuser: *exklusive Wohnung auf dem Flachdach eines Etagenhauses oder eines Hochhauses.* **sinnv.:** ↑Wohnung; ↑Haus.

per ‹Präp. mit Akk.›: /gibt das Mittel an, mit dessen Hilfe etwas geschieht/ *mit, durch, mittels:* er fuhr p. Bahn; einen Brief p. Luftpost befördern; etwas p. Nachnahme senden; p. Gesetz; p. Satellit, Boten; ich habe ihn p. Zufall getroffen; mit jmdm. p. du sein. **sinnv.:** ↑durch.

per|fekt ‹Adj.›: **a)** *(im Hinblick auf bestimmte Fähigkeiten, die Ausführung von etwas) so gut, daß nicht das geringste daran auszusetzen ist:* sie ist eine perfekte Köchin; er spricht p. Englisch; er zeigte ein perfektes Spiel. **sinnv.:** ↑fließend; ↑gut; ↑meisterhaft. **b)** *abgemacht, abgeschlossen, gültig:* der Vertrag ist p.

Per|fek|ti|on, die; -: *Vollendung, Vollkommenheit (in der Ausübung, Ausführung von etwas):* uns überraschte die P. seines Vortrags, Spiels. **sinnv.:** Bravour, Können, Meisterschaft, Virtuosität.

per|fid, per|fi|de ‹Adj.›: *in übler Weise niederträchtig, heimtückisch:* er ist ein perfider Bursche. **sinnv.:** ↑gemein.

Pe|ri|o|de, die; -, -n: **1.** *Teil eines zeitlich in sich gegliederten Geschehens, das für sich eine Einheit bildet:* eine historische P.; eine P. rastlosen Schaffens in seinem Leben. **sinnv.:** ↑Zeitraum. **Zus.:** Amts-, Heiz-, Hitze-, Kälte-, Legislatur-, Schönwetter-, Wachstums-, Wahlperiode. **2.** ↑*Menstruation:* seine P. haben.

pe|ri|o|disch ‹Adj.›: *in bestimmten Zeitabständen, regelmäßig (erscheinend, auftretend, wiederkehrend):* eine p. erscheinende Zeitschrift; ein periodisches Auftreten bestimmter Erscheinungen. **sinnv.:** in bestimmten/regelmäßigen Abständen, in bestimmter/regelmäßiger Folge, in Intervallen; ↑regelmäßig.

Pe|ri|phe|rie, die; -, Peripherien: **a)** *[gekrümmte] Begrenzungslinie einer geometrischen Figur, bes. des Kreises:* die P. des Kreises. **sinnv.:** Bord, Rand, Saum, Umgrenzung; ↑Linie. **b)** *am Rand einer Stadt liegendes Gebiet:* an der P. [der Stadt] wohnen. **sinnv.:** Außenbezirk, Randbezirk, -gebiet, -zone. **Zus.:** Stadtperipherie.

Per|le, die; -, -n: *(in/zu Schmuck verarbeitetes) [helles] schimmerndes Kügelchen, das in* *der Perlmuschel entsteht:* eine Kette aus Perlen; nach Perlen tauchen. **Zus.:** Barock-, Japan-, Zuchtperle.

per|len, perlte, ist geperlt ⟨itr.⟩ (geh.): *in Tropfen hervortreten, herabfließen:* der Schweiß ist ihm auf, von der Stirne geperlt. **sinnv.:** ↑fließen. **Zus.:** herabperlen.

Perl|mut|ter, die; - und das; -s: *innere, weißlich schillernde Schicht bestimmter Muscheln:* Knöpfe aus P.

per|ma|nent ⟨Adj.⟩: *in einer ununterbrochenen Folge bestehend:* zwischen ihnen herrscht ein permanenter Kleinkrieg. **sinnv.:** ↑unaufhörlich.

per|plex ⟨Adj.⟩: *von etwas sehr überrascht:* ich war völlig p.

Per|si|fla|ge [pɛrziˈfla:ʒə], die; -, -n: *geistreiche Verspottung durch übertreibende Nachahmung:* dieses Stück ist eine gelungene P. auf die Gewohnheiten unserer Politiker. **sinnv.:** ↑Parodie.

per|si|flie|ren ⟨tr.⟩: *auf geistreiche Art durch übertreibende Nachahmung verspotten:* jmdn., jmds. Verhalten p. **sinnv.:** parodieren, verspotten; ↑aufziehen.

Per|son, die; -, -en: *der Mensch als individuelles Wesen:* eine Familie von vier Personen; beide Ämter sind in einer P. vereinigt *(werden von einem Menschen geleitet).* **sinnv.:** ↑Individualität; ↑Mensch. **Zus.:** Amts-, Frauens-, Haupt-, Neben-, Weibsperson.

Per|so|nal, das; -s: **a)** *Gesamtheit der beschäftigten Personen (bes. im Dienstleistungsbereich):* das technische P. der Bahn; das fliegende P. der Fluggesellschaft; die Firma hat freundliches, gut geschultes P. **sinnv.:** Arbeiterschaft, Belegschaft, ↑Besatzung, Betriebsangehörige. **Zus.:** Begleit-, Flug-, Boden-, Stamm-, Wachpersonal. **b)** *Gesamtheit des Dienstpersonals in einem privaten Haushalt:* das P. der gräflichen Familie. **sinnv.:** Bedienung, Dienerschaft, Domestiken, Gesinde. **Zus.:** Haus-, Küchenpersonal.

Per|so|na|lie, die; -, -n: **1.** ⟨Plural⟩ *(amtlich registrierte) Angaben zur Person, wie Name, Datum und Ort der Geburt:* die P. feststellen, aufnehmen. **sinnv.:** persönliche Daten. **2.** *etwas Privates, private Angelegenheit, die eine Person betrifft:* diese P. ist nicht für die Öffentlichkeit bestimmt. **sinnv.:** Privatangelegenheit, Privatsache.

per|so|nell ⟨Adj.⟩: *das Personal, die Belegschaft betreffend:* in dem Betrieb werden personelle Veränderungen vorgenommen.

per|so|ni|fi|zie|ren ⟨tr.⟩: *(Dinge, Begriffe, Abstraktes) in der Gestalt eines Menschen darstellen:* personifizierte Naturkräfte.

per|sön|lich ⟨Adj.⟩: *die jeweils eigene Person betreffend, von ihr ausgehend; in eigener Person:* eine persönliche Angelegenheit; ich kenne ihn p.; ich werde mich p. *(selbst)* darum kümmern. **sinnv.:** ↑eigen, eigenhändig, eigenmächtig, ↑direkt, ↑individuell, in natura, leibhaftig, selbst.

Per|sön|lich|keit, die; -, -en: **1.** *Mensch mit ausgeprägter individueller Eigenart:* er ist eine P.; ein Kind zu einer eigenständigen P. erziehen. **sinnv.:** ↑Individualität; ↑Mensch. **2.** *jmd., der eine führende Position im öffentlichen Leben innehat:* zahlreiche prominente Persönlichkeiten waren anwesend. **sinnv.:** Vertreter der Öffentlichkeit/des öffentlichen Lebens. **Zus.:** Künstlerpersönlichkeit.

Per|spek|ti|ve, die; -, -n: **1.** *Aussicht für die Zukunft; Standpunkt, von dem aus etwas gesehen wird:* die Ausführungen des Ministers eröffnen eine neue P.; aus seiner P. sah dies ganz anders aus. **2.** *Darstellung räumlicher Verhältnisse in der Ebene eines Bildes:* ein Maler muß sorgfältig auf die P. achten.

Pe|rü|cke, die; -, -n: *wie eine Kappe den Kopf bedeckende künstliche Frisur aus echten oder synthetischen Haaren (z.B. als Ersatz für fehlende Haare):* eine P. tragen. **sinnv.:** falsche Haare, Haarersatz, Haarteil, Toupet, Zweitfrisur. **Zus.:** Allonge-, Kurzhaar-, Langhaar-, Lockenperücke.

per|vers ⟨Adj.⟩: *(bes. in sexueller Hinsicht) in seiner Veranlagung als vom Normalen abweichend empfunden:* er ist p. veranlagt.; er hat perverse Neigungen. **sinnv.:** ↑abartig.

Per|ver|si|on, die; -, -en: *als widernatürlich angesehene Verkehrung (des sexuellen Empfindens):* bei dieser Neigung handelt es sich um eine P.

Pes|sar, das; -s, -e: *mechanisches, von der Frau zu benutzendes Mittel zur Empfängnisverhütung.* **sinnv.:** Diaphragma, Spirale · ↑Präservativ.

Pes|si|mis|mus, der; -: *pessimistische Haltung* /Ggs. Optimismus/: sein Leben war von düsterem P. bestimmt. **sinnv.:** Defätismus, Fatalismus, Schwarzseherei. **Zus.:** Kultur-, Zweckpessimismus.

Pes|si|mist, der; -en, -en, **Pes|si|mi|stin,** die; -, -nen: *männliche bzw. weibliche Person, die immer nur die schlechten Seiten des Lebens sieht* /Ggs. Optimist/: er ist ein unverbesserlicher Pessimist. **sinnv.:** Defätist, Fatalist, Kassandra, ↑Melancholiker, Miesmacher, Nihilist, Nörgler, Schwarzseher, Unheilsprophet, Unke.

pes|si|mi|stisch ⟨Adj.⟩: *immer nur Schlechtes oder Mißerfolg erwartend* /Ggs. optimistisch/: er ist von Natur aus p.; eine pessimistische Beurteilung der Lage. **sinnv.:** defätistisch, fatalistisch, schwarzseherisch · melancholisch, nihilistisch.

Pe|ter|si|lie, die; -, -n: *(im Garten gezogene) Pflanze mit krausen oder auch glatten, mehrfach gefiederten Blättern, die zum Würzen von Speisen verwendet wird.*

Pe|tro|le|um, das; -s: *aus Erdöl gewonnene, farblose Flüssigkeit, die als Brennstoff und als chemischer Rohstoff verwendet wird.* **sinnv.:** ↑Erdöl.

Pet|ting, das; -[s], -s: *den Orgasmus erstrebendes sexuelles Liebesspiel ohne Vollzug des Geschlechtsaktes.* **sinnv.:** Liebesspiel.

pet|zen ⟨itr.⟩: *(von Kindern) einem Erwachsenen verraten, was ein anderes Kind [vermeintlich] Tadelnswertes getan hat:* er hat schon wieder gepetzt. **sinnv.:** ↑verraten. **Zus.:** verpetzen.

Pfad, der; -[e]s, Pfade: *schmaler Weg, der nur von Fußgängern benutzt wird:* durch die Wiesen zog sich ein P. bis an den Waldesrand. **sinnv.:** ↑Weg. **Zus.:** Fuß-, Lehr-, Lein-, Saum-, Trampel-, Wiesenpfad.

Pfad|fin|der, der; -s, -, **Pfad|fin|de|rin,** die; -, -nen: *Angehöriger bzw. Angehörige einer internationalen Organisation von Jugendlichen.* **sinnv.:** Boy-Scout, Girl-Scout, Scout.

Pfaf|fe, der; -n, -n: *Geistlicher, Priester (für den der Sprecher Verachtung o.ä. empfindet):* er haßte die Pfaffen wie die Pest. **sinnv.:** ↑Geistlicher.

Pfahl, der; -[e]s, Pfähle: *dicke Stange, die in den Boden eingerammt wird und an der etwas befestigt wird:* er hat die Ziege an einen P. gebunden. **sinnv.:** Mast, Pflock, Pfosten. **Zus.:** Grenz-, Laternen-, Marter-, Zaunpfahl.

Pfand, das; -[e]s, Pfänder: **1.** *Gegenstand, der als Sicherheit für eine geschuldete Summe dient, dem Gläubiger ausgehändigt wird:* jmdm. etwas als P. geben; etwas als P. behalten. **sinnv.:** ↑Sicherheit. **Zus.:** Faust-, Unterpfand. **2.** *(meist kleinerer) Geldbetrag, der für einen geliehenen Gegenstand hinterlegt und bei dessen Rückgabe erstattet wird:* P. für etwas bezahlen; auf den Flaschen ist 30 Pfennig P. **sinnv.:** Gebühr, Leihgebühr. **Zus.:** Flaschenpfand.

pfän|den, pfändete, hat gepfändet ⟨tr.⟩: **a)** *als Sicherheit für eine Geldforderung gerichtlich beschlagnahmen:* die Möbel p. **sinnv.:** ↑beschlagnahmen. **b)** *von jmdm. (der nicht zahlungsfähig ist) ein Pfand als Sicherheit verlangen:* einen nicht zahlungsfähigen Kunden p.

Pfan|ne, die; -, -n: *flaches, bes. zum Braten verwendetes Küchengerät (aus Metall) mit langem, waagerecht am Rand angebrachtem Stiel:* Eier in die P. schlagen. **sinnv.:** ↑Kochtopf. **Zus.:** Brat-, Stielpfanne.

Pfann|ku|chen, der; -s, -: *in der Pfanne gebackener, dünner Teig aus Eiern, Mehl und Milch.* **sinnv.:** ↑Gebäck. **Zus.:** Eierpfannkuchen.

Pfar|rer, der; -s, -, **Pfar|re|rin,** die; -, -nen: *männliche bzw. weibliche Person, die einer kirchlichen Gemeinde als Seelsorger vorsteht.* **sinnv.:** ↑Geistlicher. **Zus.:** Gefängnis-, Jugend-, Krankenhaus-, Studentenpfarrer.

Pfau, der; -s, -en: *großer, auf dem Boden lebender Vogel, bei dem das männliche Tier ein farbenprächtiges Gefieder mit langen, von großen, augenähnlichen Flecken gezierten Schwanzfedern besitzt.*

Pfef|fer, der; -s, -: *scharfes Gewürz, das aus den Samen des Pfefferstrauchs gewonnen wird:* etwas mit P. würzen.

Pfef|fer|min|ze, die; -: *krautige Pflanze mit kleinen lilafarbenen Blüten, die ein stark aromatisches ätherisches Öl enthält (und als Heilpflanze verwendet wird):* Tee aus P. kochen.

pfef|fern ⟨tr.⟩: *mit Pfeffer würzen:* Speisen p. **sinnv.:** ↑würzen.

Pfei|fe, die; -, -n: **1.** *kleines, einfaches Instrument von der Form eines Röhrchens mit einem Mundstück, das beim Hineinblasen einen lauten, schrillen Ton hervorbringt:* die P. des Schiedsrichters. **Zus.:** Signal-, Stimm-, Trillerpfeife · Orgelpfeife. **2.** *aus Pfeifenkopf und Pfeifenrohr bestehender Gegenstand, in dem man Tabak raucht:* er raucht nur noch P. **Zus.:** Friedens-, Meerschaum-, Shag-, Tabaks-, Ton-, Wasserpfeife.

pfei|fen, pfiff, hat gepfiffen: **1. a)** ⟨itr.⟩ *einen Pfeifton hervorbringen:* laut, leise p.; er pfiff, um auf sich aufmerksam zu machen; ein pfeifender Vogel. **sinnv.:** ↑singen. **b)** ⟨tr.⟩ *pfeifend* (1 a) *hervorbringen:* ein Lied, eine Melodie p. **sinnv.:** ↑singen. **2.** ⟨itr.⟩ *(in bestimmter Absicht, zu einem bestimmten Zweck) mit einer Pfeife einen (lauten, schrillen) Ton hervorbringen:* der Polizist, der Sportlehrer, Schiedsrichter pfeift. **Zus.:** aus-, mit-, zurückpfeifen. **3.** ⟨itr.⟩ *(durch schnelle Bewegung) ein scharfes, pfeifendes Geräusch hervorbringen:* der Wind pfeift; Kugeln pfiffen um ihre Ohren. **sinnv.:** ↑rauschen, ↑stürmen.

Pfeil, der; -[e]s, -e: **1.** *längerer Stab mit Spitze, der als Geschoß bes. bei Bogen und Armbrust dient:* einen P. auflegen, abschießen. **2.** *graphisches Zeichen von der Form eines stilisierten Pfeils (das eine Richtung angibt bzw. auf etwas hinweist):* der P. zeigt nach Norden.

Pfei|ler, der; -s, -: *freistehende Stütze aus Mauerwerk, Stein o. ä., meist mit eckigem Querschnitt (als tragender Teil eines größeren Bauwerks):* Reihen mächtiger Pfeiler tragen das Gewölbe des Kirchenbaus. **sinnv.:** ↑Säule. **Zus.:** Beton-, Brücken-, Bündel-, Eck-, Grund-, Mauer-, Strebe-, Stützpfeiler.

Pfen|nig, der; -s, -e: *kleinste Einheit der deutschen Währung in Form einer Münze:* keinen P. mehr haben; mit dem P. rechnen müssen *(sehr sparsam sein müssen);* das ist keinen P. wert *(das ist nichts wert).* **sinnv.:** ↑Münze. **Zus.:** Glücks-, Heck-, Kupfer-, Zehrpfennig.

pfer|chen ⟨tr.⟩: *(bes. Haustiere) auf engem Raum zusammendrängen:* Schweine in einen Waggon p.; die Gefangenen wurden wie Vieh in die Wagen gepfercht. **sinnv.:** pressen, quetschen. **Zus.:** ein-, zusammenpferchen.

Pferd, das; -[e]s, -e: **1.** *als Reit- oder Zugtier gehaltenes, großes (zu den Säugetieren gehörendes) Tier mit glattem Fell, langer Mähne und einem langhaarigen Schwanz* (siehe Bild): das P. satteln, reiten, besteigen. **sinnv.:** Gaul, Klepper, Mähre, Pegasus, Rosinante, Roß, Schindmähre · Hengst, Stute, Wallach · Fohlen, Füllen · Falbe, Fuchs, Rappe, Schimmel · Pony. **Zus.:** Acker-, Arbeits-, Fluß-, Fjord-, Heu-, Kutsch-, Nil-, Panje-, Reit-, Renn-, Schaukel-, See-, Stecken-, Zirkus-, Zugpferd. **2.** *Turngerät, an dem Sprungübungen gemacht werden* (siehe Bild): eine Grätsche übers P. machen.

Pfiff, der; -[e]s, -e: **1.** *kurzer, schriller Ton, der durch Pfeifen hervorgebracht wird:* nach dem Foul hörte man den P. des Schiedsrichters. **sinnv.:** ↑Signal. **2.** ⟨ohne Plural⟩ (ugs.) *etwas, was – als Zutat – den besonderen Reiz einer Sache ausmacht:* das farbige Tuch gibt dem Kleid erst den richtigen P. **sinnv.:** ↑Reiz.

Pfif|fer|ling, der; -s, -e: *eßbarer, gelblicher Pilz von trichterähnlicher Gestalt.* **sinnv.:** Eierschwamm.

pfif|fig ⟨Adj.⟩: *über ein großes Maß an Gewitztheit verfügend:* er ist ein pfiffiger Kerl; er war p. und ging. **sinnv.:** ↑schlau.

Pfing|sten, das; -, - ⟨meist ohne Artikel; landschaftlich und in bestimmten Wunschformeln und Fügungen auch als Plural⟩: *christliches Fest, das 50 Tage nach Ostern gefeiert wird:* wir wollen [(bes. nordd.:) zu/(bes. südd.:) an] P. verreisen; ein fröhliches P.!; fröhliche P.! **sinnv.:** Fest der Ausgießung des Heiligen Geistes, Pfingstfest, die Pfingsttage.

Pfịr|sich, der; -s, -e: *kugelige, saftige, aromatische Frucht des Pfirsichbaums.*

Pflạn|ze, die; -, -n: *(im ganzen oder in Teilen grünes) Gewächs aus Wurzeln, Stiel oder Stamm und Blättern:* die P. wächst, blüht, trägt Früchte, welkt, stirbt ab. **sinnv.:** Gewächs; Baum · Blume · Kraut · Staude · Strauch. **Zus.:** Gewürz-, Gift-, Grün-, Heil-, Kletter-, Salat-, Schling-, Topf-, Wild-, Zier-, Zimmerpflanze.

pflạn|zen ⟨tr.⟩: *(von Pflanzen) an vorgesehener Stelle in die Erde setzen:* er hat Bäume, Sträucher und viele Blumen in seinen Garten gepflanzt. **sinnv.:** legen, setzen, stecken. **Zus.:** an-, aus-, be-, ein-, um-, verpflanzen.

pflạnz|lich ⟨Adj.⟩: *aus Pflanzen gewonnen, hergestellt:* pflanzliches Fett, pflanzliche Medikamente. **sinnv.:** biologisch · vegetarisch.

Pflạs|ter, das; -s, -: **I.** *aus fest aneinandergefügten [Natur]steinen, auch aus Asphalt, Beton o. ä. bestehende Straßendecke:* ein holpriges P. aus Kopfsteinen. **sinnv.:** Straßenbelag, -decke. **Zus.:** Asphalt-, Beton-, Großstadt-, Kopfstein-, Straßenpflaster. **II.** *mit einer kleinen Mullauflage versehener Streifen, der zum Schutz von Wunden auf die Haut geklebt wird:* ein P. auf die Wunde kleben. **sinnv.:** [Wund]verband. **Zus.:** Heftpflaster.

pflạs|tern ⟨tr.⟩: *(eine Straße, einen Hof o. ä.) mit Pflaster versehen:* die Straße, der Gehweg, der Hof wird gepflastert. **sinnv.:** asphaltieren, betonieren. **Zus.:** be-, zupflastern.

Pflau|me, die; -, -n: *dunkelblaue, eiförmige Frucht des Pflaumenbaums mit gelblichgrünem, aromatischem Fruchtfleisch und einem länglichen Stein.* **sinnv:** Zwetsche, Zwetschge. **Zus.:** Eierpflaume.

Pflẹ|ge, die; -: **a)** *Versorgung, Betreuung, deren ein Mensch (oder ein anderes Lebewesen) aus bestimmten Gründen bedarf:* sie übernahm die P. ihres kranken Vaters; sie haben unsere Haustiere, Blumen vorübergehend in P. genommen. **sinnv.:** Behandlung, ↑Fürsorge, Hege. **Zus.:** Brut-, Kranken-, Säuglings-, Tierpflege. **b)** *das beständige Vornehmen bestimmter Handlungen zur Erhaltung oder Verbesserung eines bestimmten Zustandes:* etwas erfordert viel, wenig P.; die P. der Hände, der Blumen. **sinnv.:** Instandhaltung, ↑Schutz. **Zus.:** Denkmals-, Fuß-, Gesichts-, Gesundheits-, Schönheits-, Zahnpflege.

pflẹ|gen: 1. ⟨tr.⟩ **a)** *(bes. einen Hilfsbedürftigen, Kranken o. ä.) betreuen, ihn mit seiner Fürsorge umgeben:* sie pflegte ihre alte Mutter. **sinnv.:** hegen, Fürsorge/Pflege angedeihen lassen, sich kümmern und sorgen für, umhegen, umsorgen. **b)** ⟨tr.⟩ *zum Zweck der Erhaltung bzw. Verbesserung eines Zustandes behandeln:* er pflegt seine Hände, den Garten, die Blumen; er hat ein gepflegtes Äußeres. **2.** ⟨tr.⟩ *sich aus innerer Neigung (mit etwas) beschäftigen:* er pflegt die Musik, die Freundschaft. **sinnv.:** ausüben, betreiben. **3.** ⟨p. + zu + Inf.⟩ *die Gewohnheit haben, etwas Bestimmtes zu tun:* er pflegt zum Essen Wein zu trinken.

Pflẹ|ger, der; -s, -, **Pflẹ|gerin,** die; -, -nen: *männliche bzw. weibliche Person, die [kranke] Menschen oder Tiere betreut, pflegt:* ein Pfleger kümmerte sich um die Genesenden. **sinnv.:** Krankenpfleger, Krankenwärter, Wärter; Krankenschwester.

pflẹg|lich ⟨Adj.⟩: *sorgsam mit etwas umgehend (in dem Bestreben, seinen guten Zustand zu erhalten):* das wertvolle Porzellan ist besonders p. zu behandeln. **sinnv.:** ↑behutsam.

Pflịcht, die; -, -en: **1. a)** *etwas, was zu tun jmd. als eine (innere, sittliche, moralische) Verpflichtung ansieht, was seine eigenen bzw. die gesellschaftlichen Normen von ihm fordern:* eine selbstverständliche P. erfüllen; sich etwas zur P. machen; die P. haben, etwas Bestimmtes zu tun; es für seine P. halten zu helfen. **sinnv.:** Muß, [Pflicht und] Schuldigkeit. **Zus.:** Dankes-, Kindes-, Sohnespflicht. **b)** ⟨häufig Plural⟩ *Aufgabe, die jmd. zu erledigen hat, die eine ihm obliegende, zugewiesene Arbeit o. ä. ist:* sie hat viele Pflichten; seine Pflichten sind ihm zur Bürde geworden. **sinnv.:** ↑Aufgabe. **Zus.:** Alltags-, Repräsentationspflichten. **2.** *bei einem Wettkampf vorgeschriebene Übungen (im Unterschied zur Kür):* die P. im Eiskunstlauf, im Kunstturnen; in der P. führen. **sinnv.:** ↑Übung.

-pflich|tig ⟨Suffix⟩: *verpflichtet zu dem im Basiswort Genannten, verpflichtet, es zu tun; dem im Basiswort als [offiziell] beschlossene Verpflichtung zu etwas Genanntem unterliegend* /vor allem in Rechts- und Verwaltungstexten; Ggs. -frei/: abgabe[n]- *(verpflichtet, Abgaben zu zahlen),* anmeldepflichtige Ware *(die angemeldet werden muß),* anzeige- *(muß angezeigt werden),* aufsichts- *(zur Aufsicht verpflichtet),* warte- *(verpflichtet zu warten);* /elliptisch/ beitrags- *(es besteht die Verpflichtung, Beitrag zu zahlen),* bußgeld-, einkommensteuer-: er ist e. = *muß Einkommensteuer bezahlen* (aktivisch); einkommensteuerpflichtige Einnahmen = *für die Einkommensteuer gezahlt werden muß* (passivisch), gebühren-, kosten-, mautpflichtiger Paß im Engadin *(bei dem Maut, Zoll gezahlt werden muß),* pilotenschein- (Autos mit Höchstgeschwindigkeiten, die eigentlich pilotenscheinpflichtig wären = *für die man eigentlich einen Pilotenschein besitzen müßte),* porto-, rezeptpflichtiges Medikament *(für das man ein Rezept braucht, das nur auf Rezept verkauft wird).*

Pflọck, der; -[e]s, Pflöcke: *kurzes, dickeres Holzstück, das mit seinem angespitzten Ende in den Boden geschlagen wird und an dem man etwas befestigt:* er hat die Ziege an einen P. gebunden. **sinnv.:** ↑Hering, ↑Pfahl.

pflụ̈cken ⟨tr.⟩: **a)** *eine einzelne Frucht, die Früchte o. ä. von Baum, Strauch oder Pflanze abnehmen:* Äpfel, Beeren, Bohnen p. **sinnv.:** abbrechen, brechen, klauben; ↑ernten. **b)** *Blumen o. ä. von der Pflanze abbrechen, abschneiden o. ä.:* Veilchen, Margeriten p.

Pflug

Pflụg, der; -[e]s, Pflüge: *Gerät, mit dem die Erde eines Ackers zu Schollen umbrochen wird* (siehe Bild): er ging hinter dem P. **sinnv.:** Pflugschar. **Zus.:** Schneepflug.

pflü|gen: a) ⟨itr.⟩ *mit dem Pflug arbeiten:* der Bauer pflügt.

b) ⟨tr.⟩ *mit dem Pflug bearbeiten:* den Acker p. **sinnv.:** ackern, umackern, umbrechen, umgraben. **Zus.:** umpflügen.

Pfor|te, die; -, -n: *kleinere (an einem Gebäude, in einer Mauer, einer Umzäunung o. ä.) abschließbare Tür:* die P. zum Garten gut verschließen; die P. des Klosters. **sinnv.:** ↑Tür. **Zus.:** Garten-, Kirchen-, Kloster-, Seitenpforte.

Pfo|sten, der; -s, -: *senkrecht stehendes, rundes oder kantiges Stück Holz, bes. als stützender, tragender Bauteil:* er spannte den Draht von P. zu P. **sinnv.:** ↑Pfahl. **Zus.:** Bett-, Brücken-, Türpfosten.

Pfo|te, die; -, -n: *in Zehen gespaltener Fuß verschiedener (Säuge)tiere (meist von Katzen und Hunden).* **sinnv.:** Pranke, Tatze · ↑Fuß, ↑Glied, ↑Hand.

Pfrop|fen, der; -s, -: *aus Holz, Kork oder Kunststoff bestehender Verschluß für Flaschen und Fässer:* er zog den P. aus der Flasche. **sinnv.:** ↑Stöpsel. **Zus.:** Sektpfropfen.

Pfrün|de, die; -, -n (hist.): *geistliches Amt und die damit verbundenen Einkünfte (in der katholischen Kirche):* eine P. haben; jmdm. eine P. verleihen.

Pfund, das; -[e]s, -e: *Gewicht von 500 Gramm, ein halbes Kilo:* zwei P. Äpfel kaufen. **sinnv.:** ↑Gewicht.

pfu|schen ⟨itr.⟩ (ugs.): *(eine handwerkliche Arbeit) häufig schnell und dadurch schlecht, schlampig, unsorgfältig ausführen:* bei der Reparatur hat er gepfuscht. **sinnv.:** schlechte Arbeit leisten, hudeln, murksen, schlampen, schludern, stümpern · etwas zusammenhauen, -schustern, -stoppeln.

Pfüt|ze, die; -, -n: *in einer leichten Vertiefung des Bodens stehendes [Regen]wasser:* nach dem Regen standen auf dem Weg viele Pfützen, hatten sich viele Pfützen gebildet. **sinnv.:** Lache, Wasserlache · Aquaplaning, Regenglätte. **Zus.:** Regen-, Wasserpfütze.

Phä|no|men, das; -s, -e: **1.** *seltene, bemerkenswerte Erscheinung:* dieses P. läßt sich nur in südlichen Breiten beobachten. **sinnv.:** ↑Vorgang. **Zus.:** Natur-, Urphänomen. **2.** *jmd., der in einem bestimmten Bereich ungewöhnliche Gaben oder Kenntnisse besitzt:* er, sie ist ein P., was die Kenntnis der Antike betrifft. **sinnv.:** Genie, Größe, Kanone, Kapazität, Könner, Koryphäe · ↑Begabung · ↑Fachmann, ↑Talent.

Phan|ta|sie, die; -, Phantasien: **1.** ⟨ohne Plural⟩ *Fähigkeit, sich etwas in Gedanken auszumalen, etwas zu erfinden, sich auszudenken:* etwas regt die P. an; es mangelt ihm an P.; etwas beschäftigt die P. der Menschen. **sinnv.:** ↑Einbildung, Einbildungskraft, -vermögen, Einfallsreichtum, Ideenreichtum, Imagination; Kreativität, Vorstellungskraft, -vermögen. **2.** *nicht der Wirklichkeit entsprechende Vorstellung als Produkt der Phantasie* (1): das ist nur eine P., ist reine P.; die Phantasien der Dichter, der Träumer. **sinnv.:** Fiktion. **Zus.:** Fieber-, Traumphantasie.

phan|ta|sie|ren ⟨itr.⟩: **1.** *von etwas träumen, sich etwas in seiner Phantasie vorstellen [und davon reden]:* du phantasierst doch!; er phantasiert immer von einem Auto. **sinnv.:** ↑lügen, träumen, schwärmen. **2.** *in einem Fieberzustand wirr reden:* der Kranke phantasierte die ganze Nacht. **sinnv.:** delirieren, durcheinanderreden, irrereden. **3.** *ohne Noten auf einem Instrument spielen, improvisieren:* er phantasierte auf dem Klavier. **sinnv.:** ↑improvisieren.

phan|ta|sie|voll ⟨Adj.⟩: *voll Phantasie und schöpferischer Einbildungskraft:* p. erzählen. **sinnv.:** ↑schöpferisch.

phan|ta|stisch ⟨Adj.⟩: **1.** *begeisternd und großartig:* er ist ein phantastischer Mensch; das ist ein phantastischer Plan. **sinnv.:** ↑großartig. **2. a)** (ugs.) *unglaublich (in Art, Ausmaß o. ä.):* das Auto hat eine phantastische Beschleunigung; die Preise sind p. gestiegen. **b)** ⟨intensivierend bei Adjektiven⟩ ↑*sehr:* der Wagen fährt p. gut.

Pha|se, die; -, -n: *Abschnitt einer Entwicklung:* die Verhandlungen sind in ihre entscheidende P. getreten. **sinnv.:** ↑Zeitraum. **Zus.:** Anfangs-, End-, Erholungs-, Schluß-, Spät-, Trotz-, Übergangsphase.

-phil ⟨als zweiter Wortbestandteil von Adjektiven, deren erster meist fremdsprachlicher Herkunft ist⟩: *besagt, daß eine Vorliebe für das im Basiswort Genannte besteht, daß es besonders geschätzt wird* /Ggs. -phob/: anglophil *(für alles Englische eingenommen, dem englischen Wesen zugetan; englandfreundlich),* astrophil *(der Sterndeutung, Astrologie zugetan),* diskophil *(gern Diskotheken besuchend),* frankophil *(frankreichfreundlich),* germanophil *(deutschfreundlich),* gerontophil *(altenfreundlich),* homophil *(sich sexuell zum gleichen Geschlecht hingezogen fühlend),* hydrophil (*wasserliebend;* von Pflanzen).

Phi|lo|soph, der; -en, -en, **Phi|lo|so|phin,** die; -, -nen: *männliche bzw. weibliche Person, die sich mit der Philosophie befaßt, sie an einer Hochschule lehrt.* **Zus.:** Existenz-, Natur-, Religionsphilosoph.

Phi|lo|so|phie, die; -, Philosophien: *Wissenschaft, die sich um Welterkenntnis bemüht.* **sinnv.:** Lebensweisheit. **Zus.:** Geschichts-, Lebens-, Natur-, Religions-, Sprachphilosophie.

phi|lo|so|phie|ren ⟨itr.⟩: **a)** *Philosophie betreiben, sich mit philosophischen Problemen beschäftigen:* über das Sein, den Sinn des Lebens p. **b)** (ugs.) *[lange] (über etwas) nachdenken, sich im Gespräch über philosophische Fragen, Themen ergehen:* wir haben den ganzen Abend über Gott und die Welt philosophiert. **sinnv.:** ↑nachdenken; sich ↑unterhalten.

Phleg|ma|ti|ker, der; -s, -, **Phleg|ma|ti|ke|rin,** die; -, -nen: *männliche bzw. weibliche Person, die sehr phlegmatisch ist.* **sinnv.:** ↑Schlafmütze.

phleg|ma|tisch ⟨Adj.⟩: *(in bezug auf jmds. körperliche und geistige Beweglichkeit) langsam reagierend, träge [wirkend]:* er ist sehr p. **sinnv.:** ↑träge.

-phob ⟨als zweiter Wortbestandteil von Adjektiven, deren erster meist fremdsprachlicher Herkunft ist⟩: *besagt, daß eine Abneigung gegen das im Basiswort Genannte besteht, daß es abgelehnt wird* /Ggs. -phil/: anglophob *(gegen alles Englische eingenommen, das englische Wesen ablehnend; englandfeindlich),* frankophob *(frankreichfeindlich),* germanophob *(deutschlandfeindlich),* homophob *(Angst vor, Abneigung gegen Homosexualität),* hydrophob *(wassermeidend;* von Pflanzen), sexophob *(Sex ablehnend, davor Angst habend).*

Pho|to: vgl. Foto.
pho|to..., Pho|to...: vgl. foto..., Foto....
Phra|se, die; -, -n: *floskelhafte, inhaltsleere Äußerung:* seine Rede bestand zum größten Teil aus billigen Phrasen. **sinnv.:** Floskel, Platitüde, Redensart, Versatzstück, Worthülse.
Phy|sik, die; -: *Wissenschaft, die die Gesetze der Natur erforscht.*
phy|si|ka|lisch ⟨Adj.⟩: *die Physik betreffend, zu ihr gehörend, von ihr herrührend:* physikalische Gesetze.
phy|sisch ⟨Adj.⟩: *den Körper betreffend:* er ist p. überfordert; seine physischen Kräfte reichen dazu nicht aus. **sinnv.:** körperlich, leiblich, somatisch · ↑gesundheitlich. **Zus.:** meta-, psychophysisch.
Pia|nist, der; -en, -en, **Pia|ni|stin,** die; -, -nen: *männliche bzw. weibliche Person, die im Klavierspiel ausgebildet ist und dies als (künstlerischen) Beruf ausübt.* **sinnv.:** Klavierspieler, Klaviervirtuose. **Zus.:** Jazz-, Konzertpianist.
Pickel, der; -s, -: *(durch eine Entzündung hervorgerufene) kleine Erhebung auf der Haut:* er hat das Gesicht voller Pickel. **sinnv.:** Akne, ↑Ausschlag. **Zus.:** Eiterpickel.
picken: 1. ⟨tr./itr.⟩ *mit dem Schnabel hackend Nahrung aufnehmen:* die Hühner pickten die Körner vom Boden. **sinnv.:** ↑fressen. **Zus.:** ab-, an-, auf-, herauspicken. **2.** ⟨itr.⟩ *mit dem Schnabel hacken:* der Kanarienvogel pickte nach meinem Finger.
Pick|nick, das; -s, -e und -s: *Mahlzeit aus mitgebrachten Speisen und Getränken im Grünen (während eines Ausfluges):* sie hielten/machten P. auf einer Waldwiese; das Bild zeigt eine Gruppe beim P. **sinnv.:** ↑Essen; ↑Rast.
pie|pen ⟨itr.⟩: *(bes. von [jungen] Vögeln) in kurzen Abständen feine, hohe Töne hervorbringen:* der junge Vogel piepte leise. **sinnv.:** flöten, pfeifen, piepsen, quinkelieren, rufen, tirilieren, schlagen, zwitschern · ↑singen.
pie|sacken ⟨tr.⟩ (ugs.): *anhaltend, hartnäckig mit etwas [Schmerzen Verursachendem] quälen:* der Zahnarzt, eine Mükke hatte ihn gepiesackt. **sinnv.:** ↑peinigen, ↑quälen.
pie|tät|los ⟨Adj.⟩: *(in seinem Verhalten) ohne Achtung, ohne Rücksicht auf die Gefühle eines anderen:* eine pietätlose Bemerkung. **sinnv.:** ohne Achtung/Ehrfurcht/Respekt.
Pik, das; -s, -s: **a)** ⟨ohne Artikel; ohne Plural⟩ *[zweithöchste] Farbe im Kartenspiel.* **b)** ⟨Plural Pik⟩ *Spielkarte mit Pik* (a) *als Farbe* (siehe Bildleiste „Spielkarten"): P. ausspielen. **sinnv.:** ↑Spielkarte.
pi|kant ⟨Adj.⟩: *(in bezug auf Speisen) von einer bestimmten, bes. durch Gewürze bewirkten Schärfe:* eine pikante Soße. **sinnv.:** ↑würzig.
pi|ken ⟨itr./tr.⟩ (ugs.): *(von einem dünnen, spitzen Gegenstand o. ä.) stechen:* die Nadeln des Tannenbaumes piken [mich]. **sinnv.:** ↑stechen.
pi|kiert ⟨Adj.⟩: *gekränkt, verärgert und zugleich gereizt:* er erwiderte p., er denke nicht daran, uns zu helfen.
Pik|ko|lo|flö|te, die; -, -n: *kleine Querflöte* (siehe Bildleiste „Flöten").
Pik|to|gramm, das; -s, -e: *Hinweisschild, das durch eine stilisierte Darstellung eine bestimmte Information gibt:* **sinnv.:** ↑Wegweiser.
Pil|ger, der; -s, -, **Pil|ge|rin,** die; -, -nen: *männliche bzw. weibliche Person, die an einen Wallfahrtsort pilgert, aus einem religiösen Bedürfnis heraus eine Wallfahrt unternimmt:* in jedem Jahr strömen viele Pilger nach Einsiedeln. **sinnv.:** Wallfahrer.
pil|gern, pilgerte, ist gepilgert ⟨itr.⟩: **a)** *eine Reise an eine besonders verehrte Stätte machen:* sie pilgerten nach Rom; jedes Jahr pilgert er nach Salzburg zu den Festspielen. **sinnv.:** wallfahren, wallfahrten; ↑fahren, sich ↑fortbewegen. **b)** (ugs.) *sich gemächlich zu Fuß an einen bestimmten Ort begeben:* bei größter Hitze pilgerten sie an den See im Gebirge. **sinnv.:** sich ↑fortbewegen.
Pil|le, die; -, -n: **1.** *Medikament in Form eines Kügelchens zum Einnehmen:* Pillen schlucken; Pillen für/gegen eine Krankheit verschreiben, einnehmen. **sinnv.:** ↑Medikament; Dragee, Pastille, Tablette. **Zus.:** Abführ-, Beruhigungs-, Gift-, Schlafpille. **2.** (ugs.) ↑*Antibabypille:* sie nimmt die P.; sie hatte längere Zeit eine P. genommen, die sie nicht vertrug.
Pi|lot, der; -en, -en, **Pi|lo|tin,** die; -, -nen: *männliche bzw. weibliche Person, die ein Flugzeug steuert.* **sinnv.:** Flieger, Flugkapitän, Flugzeugführer. **Zus.:** Ko-, Test-, Verkehrspilot.
Pi|lot- ⟨Präfixoid⟩: */kennzeichnet das im Basiswort Genannte als etwas, was als vorausgeschickter Versuch, als Test zur Klärung oder Feststellung von etwas in bezug auf etwas Zukünftiges dienen soll/:* Pilotanlage, -anwendung, -ausgabe, -ballon, -betrieb, -film, -projekt, -restaurant, -sendung *(erste Sendung einer Serie, durch die ihre Breitenwirkung und das Interesse der Zuhörer/Zuschauer getestet werden soll),* -studie *(Voruntersuchung zu einem Projekt, die dessen Leistungen, Kosten, Erfolgschancen usw. klären soll),* -veranstaltung.
Pils, das; -, -: *helles, stark schäumendes und leicht bitter schmeckendes Bier:* **sinnv.:** ↑Bier.
Pilz, der; -es, -e: *blatt- und blütenlose Pflanze, meist aus fleischigem Stiel und unterschiedlich geformtem Hut bestehend:* Pilze suchen, putzen. **sinnv.:** Schwamm, Schwammerl. **Zus.:** Atom-, Blätter-, Fuß-, Gift-, Röhren-, Speise-, Steinpilz.
pin|keln ⟨itr.⟩ (ugs.): ↑*urinieren.* **Zus.:** an-, bepinkeln.
Pin|sel, der; -s, -: *zum Auftragen von flüssiger Farbe o. ä. bestimmtes Werkzeug, das aus einem Stiel mit einem an seinem oberen Ende sitzenden Büschel von Haaren bzw. Borsten besteht:* er malt mit einem dünnen P.; den Lack mit einem P. auftragen. **Zus.:** Borsten-, Haar-, Rasier-, Tuschpinsel.
pin|seln ⟨itr./tr.⟩ (ugs.): **a)** *(mit dem Pinsel) ohne große Kunstfertigkeit malen:* er pinselt gerne; er hatte eine Anzahl kleiner Bildchen gepinselt. **sinnv.:** ↑malen. **b)** *anstreichen, mit einem Anstrich versehen:* er ist im Garten und pinselt [den Zaun]. **sinnv.:** ↑anmalen. ↑auftragen. **Zus.:** an-, überpinseln.

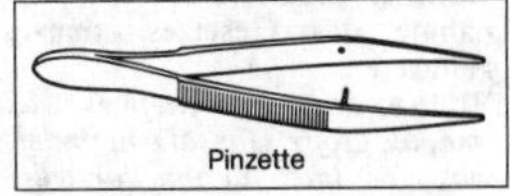
Pinzette

Pin|zet|te, die; -, -n: *kleines Instrument zum Greifen von sehr* *kleinen Dingen* (siehe Bild): er zog mit der P. einen Splitter aus dem Finger. **sinnv.:** ↑Zange.

Pio|nier, der; -s, -e: **1.** *Soldat der technischen Truppe.* **sinnv.:** ↑Soldat. **2.** ⟨P. + Attribut⟩ *Person, die bahnbrechend an der Entwicklung von etwas beteiligt ist:* der Forscher gilt als P. der Raumfahrt. **sinnv.:** Bahnbrecher, Protagonist, Schrittmacher, Vorkämpfer, Wegbereiter.

Pio|nie|rin, die; -, -nen: vgl. Pionier (2).

Pi|rat, der; -en, -en (hist.): *jmd., der (zusammen mit Gleichgesinnten) ein Schiff in seine Gewalt bringt.* **sinnv.:** Freibeuter, Korsar, Seeräuber. **Zus.:** Fluß-, Luftpirat.

pir|schen, pirschte, hat/ist gepirscht ⟨itr.⟩: **a)** *(als Jäger) einen Pirschgang machen:* sie haben auf Rehwild gepirscht. **sinnv.:** ↑jagen. **Zus.:** an-, vorpirschen. **b)** *sich schleichend, leise, auf verborgenen Wegen an einen bestimmten Ort begeben:* sie sind durch den nächtlichen Wald gepirscht; ⟨auch sich p.⟩ er hat sich leise an den vereinbarten Treffpunkt gepirscht. **sinnv.:** anschleichen, sich heranschleichen, unbemerkt nähern. **Zus.:** heranpirschen.

pis|sen, pißt, pißte, hat gepißt ⟨itr.⟩ (ugs.): ↑*urinieren.*

Pi|ste, die; -, -n: **1.** *Rennstrecke (im Rad- und Motorsport).* **sinnv.:** Bahn, Rennbahn. **Zus.:** Beton-, Rennpiste. **2.** *Strecke für Abfahrten an einem Hang (im Skisport).* **sinnv.:** Abfahrt, Hang, Idiotenhügel, Skiwiese. **Zus.:** Abfahrts-, Skipiste. **3.** *Startbahn (auf einem Flughafen).* **sinnv.:** Rollbahn, Rollfeld. **Zus.:** Flug-, Landepiste.

Pi|sto|le, die; -, -n: *Schußwaffe mit kurzem Lauf* (siehe Bildleiste „Schußwaffen").

Piz|za, die; -, -s und Pizzen: *in flacher, runder Form gebackener Hefeteig mit einem Belag aus Tomaten, Käse, Sardellen o. ä.* **sinnv.:** Mafiatorte · ↑Gebäck.

plä|die|ren ⟨itr.⟩: *sich (argumentierend) für etwas aussprechen:* er plädierte für die Annahme des Gesetzes. **sinnv.:** ↑eintreten.

Pla|ge, die; -, -n: **1.** *etwas, was jmd. als große Mühsal empfindet, was eine Last für ihn darstellt:* die schwere Arbeit war für ihn eine große P.; sie hat den ganzen Tag ihre P. **sinnv.:** ↑Anstrengung. **Zus.:** Landplage. **2.** *etwas, was jmd. als quälend, sehr lästig, sehr unangenehm empfindet:* das Ungeziefer ist hier eine P. **sinnv.:** Geißel, Kreuz, Qual, Quälerei, Ungemach. **Zus.:** Mäuse-, Motten-, Mückenplage.

pla|gen: a) ⟨tr.⟩ *mit ständigen Forderungen, Wünschen o. ä. bedrängen und lästig werden:* die Kinder plagen die Mutter den ganzen Tag mit Wünschen und Bitten. **sinnv.:** ↑schikanieren. **b)** ⟨tr.⟩ *(von einer körperlichen Mißempfindung o. ä.) jmdn. sehr quälen:* Kopfschmerzen plagen ihn seit Tagen; der Hunger plagt mich. **sinnv.:** ↑peinigen. **Zus.:** herumplagen. **c)** ⟨sich p.⟩ *schwer arbeiten müssen:* sie hat sich ihr Leben lang [für andere] geplagt. **sinnv.:** sich ↑abmühen. **Zus.:** sich abplagen. **d)** ⟨tr.⟩ (ugs.) *beständig quälend, beunruhigend in jmds. Bewußtsein sein:* Sorgen, Gedanken an die Zukunft plagen ihn; er wird von der Neugier geplagt.

Pla|kat, das; -[e]s, -e: *(an Litfaßsäulen oder anderen dafür vorgesehenen Stellen angeklebtes) Blatt von unterschiedlicher Größe, das eine der Werbung, der Information über eine Veranstaltung o. ä. dienende Mitteilung (in effektvoller, gelegentlich künstlerischer graphischer Ausgestaltung) enthält:* Plakate kleben, ankleben. **sinnv.:** Anschlag, Aushang, Bekanntmachung · Poster · Spruchband, Transparent. **Zus.:** Film-, Kino-, Wahl-, Werbeplakat.

Pla|ket|te, die; -, -n: *kleines, ovales oder eckiges Schildchen zum Anstecken bzw. zum Anheften (das ein Emblem bzw. eine bestimmte Aufschrift trägt):* eine P. am Revers tragen. **sinnv.:** ↑Abzeichen · Aufkleber, Sticker · ↑Plakat · Symbol. **Zus.:** Fest-, Leucht-, Türplakette.

Plan, der; -[e]s, Pläne: **1.** *Überlegung, die sich auf die Verwirklichung eines Zieles oder einer Absicht richtet;* er hat große Pläne für das nächste Jahr; seine Pläne verwirklichen; dieser P. ist gescheitert. **sinnv.:** ↑Absicht; ↑Einfall. **2.** *Entwurf für etwas zu Schaffendes in Form von technischen Zeichnungen, Aufrissen o. ä.:* einen P. für den Bau der Brücke aufstellen, entwerfen; sich an den P. halten. **sinnv.:** ↑Anlage; ↑Entwurf; ↑Grundriß · ↑Muster; ↑Programm.

Pla|ne, die; -, -n: *wasserdichte Decke zum Schutz gegen Regen und Feuchtigkeit:* ein Boot, ein Fahrzeug mit einer P. abdecken. **sinnv.:** Decke, Verdeck, Wagendecke. **Zus.:** Wagen-, Zeltplane.

pla|nen ⟨tr./itr.⟩: **a)** *einen Plan für etwas, für ein Vorhaben o. ä. machen, aufstellen:* etwas auf lange Sicht, sorgfältig p. **sinnv:** ↑einteilen. **b)** *etwas Bestimmtes zu tun beabsichtigen:* man plant, an dieser Stelle ein Hochhaus zu bauen; es ist geplant, die Produktion zu erhöhen; die geplante Reise ist ins Wasser gefallen. **sinnv.:** ↑ansetzen, festlegen, vorbereiten, die Vorbereitungen treffen, vorsehen, die Weichen für etwas stellen. **Zus.:** ein-, mit-, ver-, vor-, vorausplanen.

Pla|net, der; -en, -en: *(nicht selbst leuchtender) Himmelskörper im Sonnensystem, (der sein Licht von der Sonne empfängt):* Erde, Mars und Venus sind Planeten. **sinnv.:** Wandelstern; ↑Himmelskörper.

Plan|ke, die; -, -n: *dickes, bohlenartiges Brett (das verschiedenen Bauzwecken dient):* das Baugerüst ist mit Planken belegt.

plan|los ⟨Adj.⟩: *ohne Plan und Ziel, ohne genügende Überlegung:* sie liefen p. in der Stadt herum; ihre Arbeiten waren allzu p. **sinnv.:** chaotisch, gedankenlos, improvisiert, leichtsinnig, ohne Methode/Plan/Sinn [und Verstand]/System, unsystematisch, ↑unüberlegt.

plan|mä|ßig ⟨Adj.⟩: **a)** *einem bestimmten Plan entsprechend:* die planmäßige Abfahrt des Zuges; alles verlief p. *(so, wie es geplant, beabsichtigt war).* **sinnv.:** nach Plan. **Zus.:** außer-, fahrplanmäßig. **b)** *systematisch, nach einem bestimmten Plan vorgehend:* bei seinem Vorhaben p. vorgehen; der planmäßige Ausbau der Universität. **sinnv.:** durchdacht, genau, gezielt, konsequent, methodisch, planvoll, streng systematisch, überlegt.

plan|schen ⟨itr.⟩: *(von Kindern) sich im flachen Wasser tummeln und dabei das Wasser in Bewegung bringen, daß es spritzt:* die Kinder planschen in der Badewanne. **sinnv.:** paddeln, panschen, patschen, spritzen. **Zus.:** herumplanschen.

Plan|ta|ge [plan'ta:ʒə], die; -, -n: *größerer landwirtschaftlicher Betrieb in tropischen Ländern:* auf einer P. Baumwolle anpflanzen. **sinnv.:** ↑Gut. **Zus.:** Kaffee-, Obst-, Tabakplantage.

plap|pern ‹itr.› (ugs.): *(meist von kleinen Kindern) unaufhörlich [vor sich hin] reden, schwätzen:* während der ganzen Fahrt plapperte die Kleine vor sich hin. **sinnv.:** ↑sprechen. **Zus.:** nach-, ver-, weiterplappern.

plär|ren ‹itr.› (ugs.): *(meist von Kindern) laut (mit gellender Stimme) weinen:* das Kind war hingefallen und fing sofort an zu p. **sinnv.:** ↑weinen.

Pla|stik: I. die -, -en: *künstlerische Darstellung aus Stein, Holz oder Metall.* **sinnv.:** Figur, Relief, Schnitzerei, Skulptur, Statue · ↑Denkmal. **Zus.:** Bronze-, Holz-, Klein-, Marmorplastik. **II.** das; -s ‹meist ohne Artikel›: *Kunststoff (aus dem bes. Gebrauchsgegenstände unterschiedlicher Art hergestellt werden):* Folien, Tüten, Schüsseln aus P. **sinnv.:** ↑Kunststoff.

pla|stisch ‹Adj.›: **a)** *räumlich, körperhaft wirkend:* das Bild wirkt sehr p. **sinnv.:** dreidimensional. **b)** *sehr bildhaft, anschaulich:* eine sehr plastische Schilderung seiner Erlebnisse. **sinnv.:** ↑anschaulich, ↑bildlich.

Pla|ta|ne, die; -, -n: *Laubbaum mit großen, dem Ahorn ähnlichen Blättern und glatter, sich in einzelnen Teilen ablösender Rinde, die den Stamm wie gefleckt erscheinen läßt* (siehe Bildleiste „Blätter").

Pla|tin, das; -s: *grauweißes Edelmetall (das u. a. zu Schmuck verarbeitet wird).*

plät|schern plätscherte, hat/ist geplätschert ‹itr.›: **a)** *mit leise klatschendem Geräusch fließen:* der Bach ist über die Steine geplätschert. **sinnv.:** ↑fließen. **Zus.:** dahinplätschern. **b)** *fließend ein leise klatschendes Geräusch hervorbringen:* der Brunnen hat eintönig geplätschert. **sinnv.:** gluckern, murmeln, rieseln.

platt ‹Adj.›: **a)** *ganz flach:* eine platte Nase haben. **b)** *(in horizontaler Erstreckung) gerade ausgestreckt:* sich p. auf den Boden legen. **sinnv.:** ↑flach.

Plat|te, die; -, -n: **1.** *flaches, dünnes Stück eines harten Materials:* eine P. aus Metall, aus Stein, Holz. **sinnv.:** Scheibe. **Zus.:** Glas-, Holz-, Span-, Wandplatte. **2.** *größerer Teller, auf dem Speisen angerichtet werden:* eine P. mit Wurst und Käse. **Zus.:** Käse-, Salat-, Tortenplatte. **3.** ↑*Schallplatte:* eine neue P. auflegen; die P. ist abgelaufen. **Zus.:** Grammophon-, Jazz-, Langspiel-, Sprech-, Stereo-, Tanzplatte.

plät|ten plättete, hat geplättet ‹tr./itr.› (landsch.): ↑*bügeln:* Wäsche p.; sie plättet schon den ganzen Mittag.

Plat|ten|spie|ler, der; -s, -: *elektrisches Gerät zur Wiedergabe von Sprache oder Musik, die auf Schallplatten gespeichert ist.* **sinnv.:** Grammophon, Phonokoffer, Stereoanlage, -gerät · Kassettenrecorder, Walkman®.

Platt|form, die; -, -en: **1.** *durch ein Geländer gesicherter [als Umgang gestalteter] Bereich (an Türmen, hohen Gebäuden), von denen aus man einen weiten Ausblick hat:* man hat einen herrlichen Blick von dieser P. **2.** *Basis, von der man bei seinen Handlungen, Zielsetzungen, Absichten ausgeht:* die Partei hat eine neue P. **sinnv.:** ↑Grundlage.

Platz, der; -es, Plätze: **1.** *[umbaute] freie Fläche [innerhalb eines Wohnbereichs]:* vor dem Schloß ist ein großer P.; alle Straßen und Plätze werden bewacht. **sinnv.:** Forum, Markt, Piazza. **Zus.:** Dom-, Dorf-, Markt-, Münster-, Sammel-, Schloßplatz. **2.** ↑*Sitzplatz:* hier sind noch zwei Plätze frei. **sinnv.:** Sitzgelegenheit. **Zus.:** Arbeits-, Balkon-, Eck-, Ehren-, Fenster-, Tribünenplatz. **3.** *als Spielfeld dienende [mit Rasen bedeckte oder in anderer bestimmter Weise für die jeweilige Sportart eingerichtete] Fläche eines Sportgeländes o. ä.:* der P. ist nicht zu bespielen; der Schiedsrichter stellte den Spieler wegen eines Fouls vom P. *(schloß ihn vom Spiel aus).* **sinnv.:** Rasen, ↑Spielfeld. **Zus.:** Fußball-, Golf-, Rasen-, Reit-, Renn-, Sand-, Sport-, Tennisplatz. **4.** ‹ohne Plural› *freie, nicht belegte Stelle, an der etwas untergebracht, verstaut werden bzw. an der jmd. sich aufhalten kann:* hier ist noch P.; ich muß für die neuen Bücher P. schaffen. **sinnv.:** Fläche, Raum, Stelle. **Zus.:** Ablage-, Abstell-, Lager-, Stellplatz. **5.** ‹ohne Plural› *Stellung, Position, die jmd. einnimmt:* seinen P. verteidigen. **sinnv.:** ↑Rang.

Plätz|chen, das; -s, -: *einzelnes Stück Kleingebäck:* P. backen. **sinnv.:** ↑Gebäck. **Zus.:** Anis-, Käse-, Weihnachtsplätzchen.

plat|zen, platzte, ist geplatzt ‹itr.›: **1. a)** *durch übermäßigen Druck von innen mit lautem Knall zerbersten:* der Reifen des Autos platzte während der Fahrt; das Rohr ist geplatzt. **sinnv.:** ↑aufbrechen, ↑aufplatzen, auseinanderfliegen, bersten, detonieren, sich entladen, explodieren, implodieren, in die Luft fliegen, (in Stücke) springen, zerknallen, zerspringen · sich ↑entladen · ↑krepieren. **Zus.:** auseinander-, zerplatzen. **b)** *(von etwas, was zu eng geworden ist) an einer Nahtstelle o. ä. aufgehen, aufplatzen:* die Naht ist geplatzt. **sinnv.:** aufgehen, sich auflösen, sich lösen, reißen. **2.** (ugs.) *(von einem Vorhaben o. ä.) plötzlich (durch widrige Umstände) scheitern, nicht zustande kommen bzw. nicht mehr fortgeführt werden:* sein Vorhaben ist geplatzt, weil ihm das Geld ausging. **sinnv.:** ↑scheitern.

Platz|kar|te, die; -, -n: *Karte, die jmdm. die Reservierung eines numerierten Sitzplatzes in einem Eisenbahnwagen garantiert.* **sinnv.:** Platzreservierung.

plau|dern ‹itr.›: *sich mit jmdm. gemütlich und zwanglos unterhalten:* nach dem Theater plauderten wir noch eine Stunde bei einem Glas Wein. **sinnv.:** sich ↑unterhalten. **Zus.:** verplaudern.

plau|schen ‹itr.› (landsch.): *sich gemütlich in vertrautem, kleinerem Kreis unterhalten:* sie hatten lange keine Zeit, einmal zu p. **sinnv.:** sich ↑unterhalten.

plau|si|bel ‹Adj.›: *(in bezug auf eine Handlung, Argumentation o. ä.) überzeugend und einleuchtend:* seine Begründung ist ganz p.; eine plausible Erklärung. **sinnv.:** ↑einleuchtend; ↑stichhaltig.

Play|boy ['pleɪbɔɪ], der; -s, -s: *[jüngerer] Mann, der auf Grund seiner wirtschaftlichen Unabhängigkeit vor allem seinem Vergnügen leben kann und sich in seinem Lebensstil entsprechend darstellt.* **sinnv.:** Frauenheld, Lebemann, Salonlöwe.

pla|zie|ren 1. ‹tr.› *(jmdm., einer Sache) einen bestimmten Platz geben, zuweisen:* an den Ausgängen wurden zur Sicherheit Polizeiposten plaziert; man hat die Ehrengäste in der ersten Reihe plaziert. **sinnv.:** aufstellen, deponieren, hinlegen, -stellen, -tun, niederlegen, -setzen, -stellen, legen, postieren, ↑stellen; ↑anordnen. **Zus.:** hinplazieren. **2.** ⟨tr.⟩ *(einen Schuß, Wurf, Schlag, Hieb) so ausführen, daß eine bestimmte Stelle getroffen wird:* einen Schuß, Hieb p.; eine linke Gerade am Kopf des Gegners p. **3.** ⟨sich p.⟩ *einen bestimmten Platz erreichen, belegen:* der Läufer plazierte sich nicht unter den ersten zehn; ich konnte mich nicht p. *(keinen guten, vorderen Platz belegen).*

plei|te: ⟨in den Verbindungen⟩ (ugs.): **p. gehen:** *(als Geschäftsmann, Unternehmen) über keine flüssigen Geldmittel mehr verfügen und daher zahlungsunfähig werden;* **p. sein:** *(als Geschäftsmann, Unternehmen) über keine flüssigen Geldmittel mehr verfügen und daher zahlungsunfähig sein.* **sinnv.:** ↑bankrott.

Plei|te, die; -, -n (ugs.): **a)** *wirtschaftlicher Zusammenbruch eines Unternehmens:* die Firma, der Geschäftsmann steht vor der P.; er hat [mit seinem Geschäft] P. gemacht *(sein Geschäft ist in Konkurs gegangen).* **sinnv.:** ↑Bankrott · ↑Mißerfolg. **b)** *etwas, was sich als Reinfall entpuppt, was sehr enttäuschend endet:* das gibt eine große, völlige P.; die Unternehmung, die Reise war eine schöne P.! **sinnv.:** ↑Blamage · ↑Mißerfolg. **Zus.:** Riesenpleite.

Ple|num, das; -s, Plenen: *Gesamtheit der versammelten Mitglieder eines Parlaments o. ä.:* das P. des Bundestages. **sinnv.:** Vollversammlung.

Plom|be, die; -, -n: **1.** *Klümpchen aus Blei o. ä., durch das hindurch die beiden Enden eines Drahtes o. ä. laufen, so daß dieser eine geschlossene Schlaufe bildet, die nur durch Beschädigung des Bleiklümpchens oder des Drahtes geöffnet werden kann.* **sinnv.:** Banderole, Steuerband, Zollverschluß. **2.** *Zahnfüllung, mit der eine größere defekte Stelle in einem Zahn ausgefüllt wird.* **sinnv.:** ↑Füllung, Inlay. **Zus.:** Gold-, Zahnplombe.

plom|bie|ren ⟨tr.⟩: **1.** *mit einer Plombe* (1) *sichern:* der Behälter, Waggon wurde plombiert. **sinnv.:** versiegeln. **2.** *mit einer Plombe* (2) *füllen:* der Zahn wurde plombiert. **sinnv.:** sanieren.

plötz|lich ⟨Adj.⟩: *unerwartet von einem Augenblick zum anderen eintretend, geschehend:* sein plötzlicher Entschluß, Abschied; er stand p. auf und lief aus dem Zimmer. **sinnv.:** abrupt, auf einmal, aus heiler Haut, von heute auf morgen, wie ein Blitz aus heiterem Himmel, jäh, jählings, Knall und Fall, mit einem Mal, über Nacht, schlagartig, schroff, sprunghaft, überraschend, unerwartet, unverhofft, unvermittelt, unvermutet, unversehens, unvorhergesehen · ↑kurzfristig. **Zus.:** urplötzlich.

plump ⟨Adj.⟩: **1.** *von dicker, unförmiger Gestalt:* ein plumper Körper. **sinnv.:** athletisch, bäurisch, breit, grobschlächtig, klobig, klotzig, ungefüge, ungeschlacht, vierschrötig. **2.** *im Umgang mit anderen aufdringlich, ohne Distanz:* seine plumpe Vertraulichkeit; ein plumper Annäherungsversuch. **sinnv.:** ↑unhöflich. **3.** *ungeschickt und dreist und daher leicht zu durchschauen:* eine plumpe Falle; der Schwindel ist viel zu p., als daß er nicht sofort erkannt würde. **sinnv.:** ↑frech.

plump|sen, plumpste, ist geplumpst ⟨itr.⟩ (ugs.): *mit einem dumpfen Laut irgendwohin fallen:* er ist ins Wasser geplumpst. **sinnv.:** ↑fallen. **Zus.:** hinplumpsen.

Plun|der, der; -s (ugs.): *[alte] als wertlos, unnütz betrachtete Dinge:* sie hebt allen P. auf; den ganzen P. wegwerfen. **sinnv.:** Klumpatsch, Kram, Krempel, Krimskrams, Scheiße, Schnickschnack, Schund, Tinnef, Zeug, Zimt, Zinnober · ↑Ausschuß.

plün|dern: a) ⟨itr.⟩ *(unter Ausnutzung einer Ausnahmesituation) in Geschäfte, Wohnungen raubend und zerstörend eindringen:* nach der Erdbebenkatastrophe wurde überall in der Stadt geplündert. **sinnv.:** brandschatzen, marodieren, stehlen. **b)** ⟨tr.⟩: *überfallen und ausrauben:* Geschäfte p. **sinnv.:** ↑ausrauben. **Zus.:** ausplündern.

plus /Ggs. minus/: **I.** ⟨Konj.⟩ /drückt aus, daß die folgende Zahl zu der vorangehenden addiert wird/ ↑*und:* fünf p. drei [ist] gleich acht. **II.** ⟨Präp. mit Gen.⟩ (bes. Kaufmannsspr.) */drückt aus, daß etwas um eine bestimmte Summe o. ä. vermehrt ist/:* der Betrag p. der Zinsen; ⟨aber: starke Substantive bleiben im Singular ungebeugt, wenn sie ohne Artikel und ohne adjektivisches Attribut stehen; im Plural stehen sie dann im Dativ⟩ p. Rabatt; p. Abzügen. **sinnv.:** ↑zuzüglich. **III.** ⟨Adverb⟩ **1.** */drückt aus, daß eine Zahl, ein Wert positiv, größer als null ist/:* minus drei mal minus drei ist p. neun; die Temperatur beträgt p. fünf Grad/fünf Grad p. **2.** */drückt aus, daß die Leistungsbewertung etwas über der genannten Norm liegt/:* sie hat zwei p. im Aufsatz. **3.** */drückt aus, daß eine positive elektrische Ladung vorhanden ist/:* der Strom fließt von p. nach minus.

Plus, das; -, - /Ggs. Minus/: **a)** *überschüssiger Betrag:* beim Abrechnen wurde ein P. von zwanzig Mark festgestellt. **sinnv.:** ↑Ertrag. **b)** *etwas, was (bei einer Sache, einem Umstand o. ä. gegenüber anderem) als zusätzliche, positiv ins Gewicht fallende Eigenschaft angesehen wird:* dieser Wagen hat das große P., daß er weniger Benzin braucht; das war, bedeutete für mich ein großes P. **sinnv.:** ↑Vorteil.

Plüsch, der; -[e]s, -e: *Samt mit langem Flor.*

Plüsch- ⟨Präfixoid⟩: */kennzeichnet das im Basiswort Genannte leicht ironisch als etwas, was dem als bürgerlich-spießig empfundenen Geschmack und den entsprechenden Wert- und Lebensvorstellungen entspricht/:* Plüschidylle, -kabarett, -kino, -krimi, -literatur, -moral.

Pö|bel, der; -s: *die Masse, die sich aus Menschen zusammensetzt, die (vom Sprecher) als primitiv, ungebildet, politisch unzuverlässig, gefährlich o. ä. eingestuft werden.* **sinnv.:** ↑Abschaum.

po|chen ⟨itr.⟩: *sich energisch auf etwas berufen und damit auf einer Forderung beharren:* er pocht auf sein Recht, Geld; er pocht auf seinen Vertrag. **sinnv.:** ↑bestehen (auf).

Pocken, die ⟨Plural⟩: *durch Infektion hervorgerufene, schwere, ansteckende, entstellende Narben auf der Haut hinterlassende Krankheit.* **sinnv.:** Blattern; ↑Ausschlag.

Po|di|um, das; -s, Podien: *erhöhter Platz für einen Redner, einen Dirigenten, eine Gruppe von Diskutierenden o. ä. in einem Saal:* auf dem P. stehen. **sinnv.:** Bühne, Katheder, Podest.

Poe|sie, die; -, Poesien: **a)** ⟨ohne Plural⟩ *Dichtung als Kunstgattung:* eine Gestalt der P.

sinnv.: ↑Dichtung. **b)** *Werk der Dichtung, besonders ein Werk in Versen:* ein Freund Rilkescher P. **sinnv.:** ↑Dichtung.

poe|tisch ⟨Adj.⟩: **1.** *die Poesie betreffend, zu ihr gehörend:* eine poetische Veranlagung haben. **2.** *von dichterischer Ausdruckskraft:* eine poetische Schilderung, Sprache.

Poin|te ['po̯ɛ̃:tə], die; -, -n: *geistreicher, überraschender Schluß (bes. eines Witzes):* die P. des Witzes; er vergaß die P. **sinnv.:** Knalleffekt, Schluß.

Po|kal, der; -s, -e: *(häufig aus Metall hergestelltes) Trinkgefäß mit Fuß (das heute meist als Preis bei großen Wettkämpfen ausgesetzt wird)* (siehe Bildleiste „Trinkgefäße"): den P. gewinnen. **sinnv.:** Becher, Glas, Kelch, Römer · ↑Gefäß.

pö|keln ⟨tr.⟩: *(Fleisch) vorübergehend in eine Salzlake legen, ihm dadurch einen bestimmten Geschmack verleihen und es zugleich haltbar machen:* gepökelte Zunge. **sinnv.:** einpökeln, einsalzen; ↑konservieren.

Po|ker, das; -s: *Glücksspiel mit Karten, bei dem der Spieler mit der besten Kartenkombination gewinnt.* **sinnv.:** ↑Glücksspiel.

Pol, der; -s, -e: *Schnittpunkt von Achse und Oberfläche der Erde:* der Flug von Kopenhagen nach San Franzisco führt über den P. **sinnv.:** Drehpunkt. **Zus.:** Himmels-, Kälte-, Nord-, Südpol.

po|lar ⟨Adj.; nur attributiv⟩: *die Pole der Erde betreffend, zu ihnen gehörend:* polare Strömungen, Luftmassen.

Po|le|mik, die; -, -en: *scharfe, polemisch geführte Auseinandersetzung (um Meinungen o. ä.):* eine P. austragen. **sinnv.:** ↑Streit.

po|le|misch ⟨Adj.⟩: *aggressiv, scharf und oft unsachlich:* polemische Äußerungen aus den Reihen der Opposition. **sinnv.:** bissig, gehässig, provokativ, scharf.

po|le|mi|sie|ren ⟨itr.⟩: *sich polemisch äußern, Polemik betreiben:* statt sachlich zu argumentieren, polemisierte er nur; er polemisierte gegen Freud. **sinnv.:** sich ↑äußern.

Po|li|ce [po'li:s(ə)], die; -, -n: *Urkunde über einen mit einer Versicherung abgeschlossenen Vertrag.* **sinnv.:** Versicherungsschein. **Zus.:** Versicherungspolice.

Po|lier, der; -s, -e: *Vorarbeiter der Maurer auf einer Baustelle.* **sinnv.:** ↑Maurer.

po|lie|ren ⟨tr.⟩: *durch Reiben oder Schleifen glatt und glänzend machen:* einen Schrank, ein Metall p.; polierte Möbel. **sinnv.:** blank reiben, bohnern, feilen, fräsen, glätten, hobeln, raspeln, schleifen, schmirgeln, wachsen, wienern; ↑säubern.

Po|lit- ⟨Präfixoid; gekürzt aus politisch⟩: *politisch geprägt* /kennzeichnet das im Basiswort Genannte in bezug auf dessen politisches Engagement, politische Motivation, politischen Inhalt/: Politbarde, -clown (ironisch; *Mann, der in Zusammenhang mit seinen politikkritischen Aktivitäten auch Clownerien mit einbezieht und als nicht ernst zu nehmen gilt*), -drama, -filmer, -gangster, -gefangener, -größe, -gruppe, -justiz, -karriere, -killer, -kommissar, -krimi, -lieder, -magazin, -mission, -pornographie, -profi, -revue, -rock, -sänger, -song, -spaß, -spektakel, -star, -tourismus (ironisch; *Reisetätigkeit von Politikern*), -werbung.

Po|li|tik, die; -: **1.** *alle Maßnahmen, die sich auf die Führung einer Gemeinschaft, eines Staates beziehen:* die innere, äußere P. eines Staates, einer Regierung; eine P. der Entspannung treiben. **sinnv.:** Staatsführung, Staatskunst. **Zus.:** Außen-, Bevölkerungs-, Entspannungs-, Finanz-, Handels-, Innen-, Kirchen-, Kirchturm-, Kommunal-, Kultur-, Macht-, Ost-, Partei-, Rassen-, Sozial-, Steuer-, Tarif-, Wirtschaftspolitik. **2.** *Methode, Art und Weise, bestimmte eigene Vorstellungen gegen andere Interessen durchzusetzen:* es ist seine P., sich alle Möglichkeiten offenzulassen und lange zu verhandeln. **sinnv.:** ↑Strategie. **Zus.:** Personal-, Preispolitik.

Po|li|ti|ker, der; -s, -, **Po|li|ti|ke|rin,** die; -, -nen: *männliche bzw. weibliche Person, die sich aktiv mit Politik beschäftigt.* **sinnv.:** Staatsmann. **Zus.:** Berufs-, Kommunal-, Realpolitiker.

po|li|tisch ⟨Adj.⟩: *die Politik betreffend, von ihr bestimmt:* politische Bücher; diese Entscheidung ist p. unklug. **Zus.:** außen-, bevölkerungs-, finanz-, handels-, innen-, kultur-, macht-, partei-, real-, sozial-, staats-, wirtschaftspolitisch.

-po|li|tisch ⟨adjektivisches Suffixoid⟩: *Absichten, Pläne in bezug auf das im Basiswort Genannte verfolgend und in entsprechender Weise vorgehend:* arbeitsmarkt-, beamten-, beschäftigungs-, betriebs-, forschungs-, grundsatz-, kinder-, kirchen-, koalitions-, konjunktur-, liquiditäts-, massen-, referendums-, schwulen-, stadt- (eine stadtpolitische Konzeption), struktur-, unternehmens- (wenn man das u. sieht), wohnungspolitisch. **sinnv.:** -bezogen, -mäßig, -technisch.

po|li|ti|sie|ren ⟨itr.⟩: *(mit jmdm.) länger über Politik sprechen, sich über Politik unterhalten:* auf der Versammlung begann die Jugend sofort zu p. **sinnv.:** sich ↑unterhalten.

Po|li|tur, die; -, -en: **1.** *Glätte und Glanz, die durch Polieren erreicht wurden:* die P. des Schrankes erneuern. **sinnv.:** Anstrich, Firnis, Glasur, Lack, Lackierung, Lasur, Übermalung. **2.** *Mittel, mit dem man poliert:* eine P. verwenden. **sinnv.:** ↑Schliff. **Zus.:** Möbelpolitur.

Po|li|zei, die; -, -en: *Institution, die für die öffentliche Ordnung und Sicherheit sorgt:* die P. regelt den Verkehr. **sinnv.:** Gendarmerie, Polente · Sitte · FBI, Interpol, Scotland Yard. **Zus.:** Bahn-, Bau-, Bereitschafts-, Geheim-, Gesundheits-, Grenz-, Hafen-, Kriminal-, Militär-, Schutz-, Sicherheits-, Sitten-, Staats-, Transport-, Verkehrs-, Volks-, Wasserschutzpolizei.

Po|li|zist, der; -en, -en, **Po|li|zi|stin,** die; -, -nen: *uniformierter Angehöriger bzw. Angehörige der Polizei.* **sinnv.:** Auge des Gesetzes, Beamter, Blauer, Bulle, Gendarm, Gesetzeshüter, Grüner, Konstabler, Landjäger, weiße Maus, Ordnungshüter, Polizeibeamter, Polyp, Schupo, Schutzmann, Wachmann, Wachtmeister · Feldjäger · Politesse · Bobby, Cop, Flic, Vopo · Bewacher, Bodyguard, Leibwächter, Wächter. **Zus.:** Geheim-, Hilfs-, Militär-, Orts-, Verkehrs-, Volkspolizist.

Pol|len, der; -s, -: *Blütenstaub.*

Po|lo|nä|se, die; -, -n: *festlicher Tanz zur Eröffnung eines Balls:* die Paare stellen sich zur P. auf. **sinnv.:** ↑Tanz.

Pol|ster, das; -s, -: *Auflage aus kräftigem, elastischem Material zum Dämpfen von Stößen oder* *zum weichen Sitzen oder Lagern:* der Stuhl hatte ein P. aus Schaumgummi. **sinnv.:** ↑Kissen. **Zus.:** Fett-, Kopf-, Moos-, Schaumgummi-, Sitz-, Speck-, Stuhl-, Wattepolster.

pọl|stern ⟨tr.⟩: *mit Polster versehen, ausstatten:* die Sitze im Omnibus sind gut gepolstert. **sinnv.:** wattieren.

Pọl|ter|abend, der; -s, -e: *Abend vor der Hochzeit, an dem nach einem alten Brauch Geschirr o. ä. vor dem Haus der Braut zerschlagen wird.*

pọl|tern, polterte, hat/ist gepoltert ⟨itr.⟩: **1. a)** *sich wiederholende laute und dumpfe Geräusche verursachen, hervorbringen:* die Familie über uns hat den ganzen Tag gepoltert. **sinnv.:** ↑krachen, ↑lärmen. **b)** *mit lautem und dumpfem Geräusch fallen oder sich bewegen:* die Steine sind vom Wagen gepoltert. **2.** *mit lauter Stimme schimpfen:* der Alte hat oft gepoltert. **sinnv.:** ↑schelten.

po|ly-, Po|ly- ⟨als erster Wortbestandteil⟩: *viel..., Viel..., mehr..., Mehr..., verschieden...:* Polygamie (*Vielehe;* Ggs. Monogamie), polyfunktional, polymorph *(in vielen Gestalten vorkommend),* Polyphonie (*Mehrstimmigkeit einer Komposition;* Ggs. Homophonie), polysemantisch (Ggs. monosemantisch), polytechnisch *(mehrere Zweige der Technik umfassend),* Polytheismus *(Glaube an eine Vielzahl von Göttern).* **sinnv.:** multi-.

Po|lyp, der; -en, -en: **1.** *auf einem Untergrund festsitzendes Meerestier (im Aussehen dem Tintenfisch gleichend).* **sinnv.:** Krake, Meduse, Qualle, Seerose, Tintenfisch. **Zus.:** Süßwasserpolyp. **2.** *gutartige Geschwulst der Schleimhäute.* **sinnv.:** ↑Geschwulst. **Zus.:** Darm-, Nasenpolyp. **3.** (ugs.) ↑*Polizist.*

Pommes frites [pɔmˈfrɪt], die ⟨Plural⟩: *Stäbchen aus rohen Kartoffeln, die in heißem Fett gebacken werden.* **sinnv.:** ↑Bratkartoffeln.

Pọmp, der; -s: *übertriebener Prunk, großer Aufwand an prachtvoller Ausstattung:* in diesem Schloß herrscht ein unglaublicher P. **sinnv.:** Gewichtigkeit; ↑Prunk.

pom|pös ⟨Adj.⟩: *viel Pomp zeigend, habend; übertrieben prächtig:* die Ausstattung ist sehr p. **sinnv.:** ↑hochtrabend.

Pọ|ny: **I.** das; -s, -s: *kleines Pferd einer besonderen Rasse:* die Kinder durften auf Ponys reiten. **sinnv.:** ↑Pferd. **Zus.:** Island-, Polo-, Shetlandpony. **II.** der; -s, -s: *in die Stirn gekämmtes, meist gleichmäßig geschnittenes, glattes Haar:* sie ließ sich einen P. schneiden.

Pọp, der; -[s]: **1.** *moderne, bes. amerikanische und englische Kunst-, Musik-, Literaturrichtung, gekennzeichnet durch Bevorzugung großstädtischer Inhalte und bewußte Hinwendung zum Populären, Trivialen und Provozierenden.* **2.** *Popmusik:* P. hören, spielen.

po̱|pe|lig, po̱p|lig ⟨Adj.⟩ (ugs. abwertend): **1.** *(im Hinblick auf Wert, Qualität) armselig, schäbig:* ein popeliges Geschenk. **sinnv.:** ↑karg. **2.** *ganz gewöhnlich; keiner besonderen Aufmerksamkeit wert:* der popelige Durchschnittsbürger.

Po|po̱, der; -s, -s (fam., scherzh.): ↑*Gesäß.*

po|pu|lä̱r ⟨Adj.⟩: **a)** *allgemein beliebt; volkstümlich:* der Politiker ist sehr p. **sinnv.:** ↑beliebt; im Aufwind, im Kommen · zum Anfassen, bürgernah, hautnah; ↑angesehen · Bad in der Menge. **b)** *allgemein verständlich:* eine populäre Darstellung der Geschichte. **sinnv.:** allgemeinverständlich, gemeinverständlich, volkstümlich.

Po|pu|la|ri|tä̱t, die; -: *Beliebtheit, Volkstümlichkeit:* der Sportler, Sänger erfreute sich großer P.

Po̱|re, die; -, -n: *kleine Öffnung in der Haut:* die Poren sind verstopft.

Pọr|no, der; -s, -s (ugs.): *pornographischer Film, Roman o. ä.* **Zus.:** Hardcore-, Softporno.

Por|no|gra|phi̱e, die; -, Pornographi̱en: *als obszön empfundene Darstellung erotischer Szenen.*

po|rö̱s ⟨Adj.⟩: *kleine Löcher habend, so daß es eine Flüssigkeit langsam durchläßt:* poröses Material. **sinnv.:** ↑durchlässig; ↑defekt.

Pọr|ree, der; -s, -s: *Lauch mit dickem, rundem Schaft:* [drei Stangen] P.

Por|ta̱l, das; -s, -e: *großes Tor, prunkvoller Eingang bei Schlössern oder Kirchen.* **sinnv.:** ↑Tür. **Zus.:** Haupt-, Kirch[en]-, Schloßportal.

Porte|mon|naie [pɔrtmɔˈne:], das; -s, -s: *kleines Behältnis zum Aufbewahren von Geld, das man bei sich trägt:* ein P. aus Leder. **sinnv.:** Börse, Geldbeutel, Geldbörse, Geldtasche, Säckel · Brustbeutel · Brieftasche.

Por|tier [pɔrˈti̱e:], der; -s, -s: *jmd., der in großen Häusern und Gebäuden am Eingang zur Anmeldung und zum Empfang von fremden Personen ständig bereitsteht.* **sinnv.:** Pförtner, Türhüter, Türsteher · Concierge. **Zus.:** Hotel-, Nachtportier.

Por|ti|o̱n, die; -, -en: *meist für eine Person bestimmte, abgemessene Menge [von Speisen]:* die Portionen in der Kantine sind sehr klein. **sinnv.:** ↑Teil. **Zus.:** Fleisch-, Kinder-, Riesenportion.

Pọr|to, das; -s, -s und Porti: *Gebühr für die Beförderung von Briefen oder Paketen durch die Post.* **Zus.:** Auslands-, Brief-, Nach-, Paket-, Rück-, Strafporto.

Por|trät [pɔrˈtrɛ:], das; -s, -s: *künstlerische Darstellung eines Menschen, meist nur Kopf und Brust.* **sinnv.:** ↑Bildnis; ↑Fotografie. **Zus.:** Selbstporträt.

por|trä|ti̱e|ren ⟨tr.⟩: *(von jmdm.) ein Porträt anfertigen:* er ließ sich von einem berühmten Maler p. **sinnv.:** malen; ↑zeichnen.

Por|zel|la̱n, das; -s, -e: **1.** *weißer keramischer Werkstoff, aus dem bes. Gefäße unterschiedlicher Art hergestellt werden:* eine Vase aus echtem P. **sinnv.:** Keramik, Steingut. **Zus.:** Hart-, Weichporzellan. **2.** ⟨ohne Plural⟩ *aus dem gleichnamigen Material hergestelltes Geschirr:* auf der festlich gedeckten Tafel stand erlesenes P. **sinnv.:** ↑Geschirr; ↑Keramik. **Zus.:** Gebrauchs-, Zierporzellan.

Po|sau̱|ne, die; -, -n: *Blechblasinstrument mit dreiteiliger, doppelt U-förmig gebogener, sehr langer, enger Schallröhre, die durch einen ausziehbaren Mittelteil in der Länge veränderbar ist* (siehe Bildleiste „Blechblasinstrumente"): er bläst P./[eine Melodie] auf der P. **sinnv.:** ↑Blechblasinstrument. **Zus.:** Zugposaune.

Po̱|se, die; -, -n: *gekünstelte Stellung; unnatürliche, affektierte Haltung:* eine bestimmte P. einnehmen. **sinnv.:** ↑Stellung. **Zus.:** Lieblings-, Starpose.

Po|si|ti|o̱n, die; -, -en: **1.** *[be-*

rufliche] Stellung: er hat eine führende P. in dieser Firma. **sinnv.:** ↑Anstellung; ↑Beruf. **Zus.:** Macht-, Schlüssel-, Spitzenposition. **2.** *Standort eines Schiffes oder Flugzeuges:* das Schiff gab seine P. an. **sinnv.:** Lage, Stand, Stellung. **Zus.:** Ausgangs-, Schiffsposition.

po|si|tiv ⟨Adj.⟩ /Ggs. negativ/: **1.** *zustimmend, bejahend:* jmdm. eine positive Antwort geben. **sinnv.:** ↑beifällig. **2.** *günstig, vorteilhaft, gut:* die Wirtschaft zeigt eine positive Entwicklung; die Aussichten waren p. **sinnv.:** ↑erfreulich. **3.** *ein Ergebnis, einen Erfolg bringend, habend:* die Experimente verliefen p.; die Verhandlung wurde zu einem positiven Ende gebracht. **4.** *(bes. bei medizinischen Untersuchungen) einen Verdacht bestätigend:* ein positiver Befund.

Pos|se, die; -, -n: *derbe, [ironisch] übertreibende Komödie:* das Bauerntheater spielte eine P. **sinnv.:** ↑Komödie. **Zus.:** Lokalposse.

pos|sier|lich ⟨Adj.⟩: *(bes. von kleineren Tieren) belustigend wirkend in seiner Art und durch seine Bewegungen:* lange beobachteten wir das possierliche Spiel der Äffchen. **sinnv.:** ↑spaßig.

Post, die; -: **1.** *öffentliche Einrichtung, Institution, die Nachrichten, Briefe, Pakete usw. befördert:* einen Brief, ein Paket mit der P. schicken. **sinnv.:** Bundespost, Postverwaltung. **Zus.:** Feld-, Luft-, Paketpost. **2.** *von der gleichnamigen Institution beförderte Sendungen:* wir haben heute viel P. bekommen. **sinnv.:** Brief, Drucksache, Einschreiben, Nachnahme[sendung], Päckchen, Paket, Postkarte, Postsendung, Sendung. **Zus.:** Fan-, Flaschen-, Geschäfts-, Trauerpost. **3.** *Postamt:* die P. ist heute geschlossen; auf die/zur P. gehen. **Zus.:** Hauptpost.

post-, Post- ⟨Präfix mit fremdsprachlichem Basiswort⟩: *nach..., Nach...; hinter..., Hinter...* /Ggs. prä-, Prä-/ sowohl zeitlich als auch – seltener – räumlich; als Basiswort eine historische Person, eine Epoche, ein Ereignis oder Zustand: **a)** ⟨adjektivisch⟩ postembryonal, -glazial *(nacheiszeitlich),* -impressionistisch, -industriell, -koital, -kolonial, -materiell, -modern, -mortal (eine postmortale Verletzung), -natal *(nach der Geburt),* -nuklear (die postnukleare Stellung eines Satzgliedes), -operativ *(nach der Operation [auftretend]),* -pubertär *(nach der Pubertät),* -religiös, -revolutionär, -stalinistisch. **b)** ⟨seltener substantivisch⟩ *als Zeitabschnitt, der dem im Basiswort Genannten folgt, später als das im Basiswort Genannte ist:* Postmaterialismus *(die Zeit nach der Zeit des materiellen Überflusses),* -moderne, Post-Sputnik-Ära. **sinnv.:** nach-.

Post|bo|te, der; -n, -n, **Post|bo|tin,** die; -, -nen: *Briefträger[in].* **sinnv.:** ↑Zusteller.

Po|sten, der; -s, -: **1.** *berufliche Stellung, Position:* er hat bei der Firma einen guten P. **sinnv.:** ↑Anstellung; ↑Beruf. **Zus.:** Druck-, Vertrauens-, Vertreter-, Verwaltungsposten. **2.** *militärische Wache:* ein vorgeschobener P.; [auf] P. stehen. **sinnv.:** Wache, Wach[t]posten; ↑Wächter. **Zus.:** Ausguck-, Beobachtungs-, Grenz-, Horch-, Streik-, Vorposten. **3.** *einzelner Betrag einer Rechnung; einzelne Ware einer Liste; bestimmte Menge einer Ware:* die verschiedenen Posten addieren; wir haben noch einen ganzen P. Anzüge auf Lager. **sinnv.:** ↑Betrag. **Zus.:** Aktiv-, Rest-, Warenposten.

Po|ster, das und der; -s, -[s]: *plakatartiges, auf Papier gedrucktes Bild.* **sinnv.:** ↑Plakat.

po|stie|ren: **1.** ⟨tr.⟩ *an einen bestimmten Platz stellen:* am Eingang eine Wache p. **sinnv.:** ↑plazieren. **2.** ⟨sich p.⟩ *sich an einem bestimmten Platz aufstellen:* die Fotografen postierten sich vor der Tribüne, um den Präsidenten gut fotografieren zu können. **sinnv.:** sich ↑aufstellen.

Post|kar|te, die; -, -n: *Karte für Mitteilungen, die von der Post befördert wird:* eine P. schreiben, senden. **sinnv.:** Ansichtskarte, Karte; ↑Post; ↑Schreiben. **Zus.:** Ansichts-, Kunstpostkarte.

po|tent ⟨Adj.⟩: **1.** /vom Mann/ (Ggs. impotent): **a)** *fähig zum Geschlechtsverkehr.* **b)** *fähig, ein Kind zu zeugen.* **sinnv.:** geschlechtsreif, mannbar; ↑fruchtbar. **2.** *großen Einfluß besitzend; vermögend:* diese riesigen Villen sind von potenten Industriellen erbaut worden. **sinnv.:** ↑mächtig; ↑reich.

po|ten|ti|ell ⟨Adj.; nicht prädikativ⟩: *möglich, denkbar:* die potentiellen Käufer; er war p. *(der Anlage nach)* ein Verbrecher. **sinnv.:** in Frage kommend, virtuell; ↑latent; ↑möglich.

Po|tenz, die; -: *Fähigkeit zur Zeugung, zum Vollzug des Geschlechtsakts* /vom Mann/: im Alter läßt die P. nach. **sinnv.:** Liebesfähigkeit, Liebeskraft, Manneskraft, Zeugungsfähigkeit, Zeugungskraft.

Pot|pour|ri ['pɔtpʊri], das; -s, -s: *aus verschiedenen beliebten kleineren Werken oder Melodien zusammengestelltes Musikstück:* die Kapelle spielte ein P. aus bekannten Opern. **sinnv.:** Medley, ↑Mischung.

prä-, Prä- ⟨Präfix mit fremdsprachlichem Basiswort⟩: *vor..., Vor...; voran..., voraus...* /Ggs. post-, Post-/ sowohl zeitlich als auch – seltener – räumlich; als Basiswort eine historische Person, eine Epoche, ein Ereignis oder Zustand: **a)** ⟨adjektivisch⟩ präfaschistisch *(vor der Zeit des Faschismus [liegend],* -glazial *(voreiszeitlich),* -historisch *(vorgeschichtlich),* -menstruell, -natal *(vor der Geburt),* -nuklear (die pränukleare Stellung eines Satzgliedes), -operativ, -revolutionär, -senil. **b)** ⟨seltener substantivisch⟩ *Zeitabschnitt, der vor dem im Basiswort Genannten liegt, früher als das im Basiswort Genannte ist, dem im Basiswort Genannten vorausgeht:* Prä-Beatles-Zeit, Prädetermination, -faschismus. **c)** ⟨seltener verbal⟩ prädisponieren, -dominieren, -fabrizieren, -formieren, -okkupieren. **sinnv.:** vor-.

Pracht, die; -: *reiche [kostbare] Ausstattung:* ein Schloß von einmaliger P. **sinnv.:** Erhabenheit, ↑Glanz, Herrlichkeit, ↑Schönheit; ↑Prunk. **Zus.:** Blumen-, Blüten-, Farben-, Lockenpracht.

präch|tig ⟨Adj.⟩: **a)** *sehr schön, herrlich:* Rom ist eine prächtige Stadt; das Wetter war gestern p. **sinnv.:** ↑prunkvoll; ↑schön. **Zus.:** farben-, mittelprächtig. **b)** *tüchtig, qualitativ sehr gut:* ein prächtiger Mensch; er hat eine prächtige Arbeit vorgelegt. **sinnv.:** ↑blendend; ↑meisterhaft; ↑schön.

pracht|voll ⟨Adj.⟩: **a)** *viel Pracht zeigend:* ein prachtvolles Schloß. **b)** *sehr schön, großartig:* ein prachtvolles Gemälde. **sinnv.:** ↑blendend, prächtig, prunkvoll, ↑schön.

prä|gen ⟨tr.⟩: **1.** *Metall durch Pressen mit einem bestimmten*

Muster, Bild oder Text versehen: Münzen p. **sinnv.:** ↑formen. **2.** *neu bilden, formulieren:* ein Wort, einen Satz p.

prag|ma|tisch ⟨Adj.⟩: *auf die anstehende Sache und entsprechendes praktisches Handeln gerichtet:* eine [rein] pragmatische Untersuchung der wirtschaftlichen Lage. **sinnv.:** praktisch, sachbezogen; ↑sachlich.

prä|gnant ⟨Adj.⟩: *kurz und gehaltvoll; genau und treffend:* dies war eine prägnante Antwort; seine Formulierungen sind p. **sinnv.:** ↑klar; ↑treffend.

prah|len ⟨itr.⟩: *vorhandene Vorzüge oder Vorteile gegenüber einem anderen übermäßig betonen, sie bewußt zur Schau stellen oder sie durch Übertreibungen vergrößern:* er prahlt gerne mit seinem Geld, mit seinen Erfolgen. **sinnv.:** angeben, sich aufblähen/aufblasen/aufplustern, aufschneiden, sich aufspielen, dick auftragen, ↑auftrumpfen, bramarbasieren, sich in die Brust werfen, sich brüsten, sich dicketun, großtun, ein großes Maul haben, den Mund voll nehmen, protzen, prunken, große Reden schwingen, renommieren, sich rühmen, eine Schau abziehen, Schaum schlagen, ein Schaumschläger sein, sich spreizen, sich in Szene setzen, Sprüche machen, große Töne spukken, sich in den Vordergrund stellen, sich wichtig machen/tun, Wind machen, das große Wort führen · kokettieren mit; ↑übertreiben.

prah|le|risch ⟨Adj.⟩: *die eigenen Vorzüge oder Vorteile übermäßig betonend:* er hielt eine prahlerische Rede. **sinnv.:** angeberisch, aufgeblasen, großkotzig, großsprecherisch, großspurig, großtuerisch, protzig; ↑prunkvoll.

Prak|tik, die; -, -en: *Art und Weise, in der etwas durchgeführt wird:* eine neue P. anwenden. **sinnv.:** ↑Verfahren. **Zus.:** Geschäfts-, Verkaufspraktik.

prak|ti|ka|bel ⟨Adj.⟩: *gut durchzuführen, zweckmäßig:* dieser Entwurf ist kaum p. **sinnv.:** ↑nutzbar; ↑zweckmäßig.

Prak|ti|kant, der; -en, -en, **Prak|ti|kan|tin,** die; -, -nen: *männliche bzw. weibliche Person, die in der praktischen Ausbildung steht, ihr Praktikum macht:* er arbeitete als Praktikant in einer Apotheke.

Prak|ti|ker, der; -s, -, **Prak|ti|ke|rin,** die; -, -nen: *männliche bzw. weibliche Person, die auf einem bestimmten Gebiet große praktische Erfahrung besitzt* /Ggs. Theoretiker/: diesem erfahrenen Praktiker kann man nichts vormachen. **sinnv.:** ↑Fachmann. **Zus.:** Finanz-, Verkaufspraktiker.

Prak|ti|kum, das; -s, Praktika: *Teil einer Ausbildung, in dem die erworbenen theoretischen Kenntnisse im Rahmen einer entsprechenden praktischen Tätigkeit vertieft und ergänzt werden:* sein P. als Ingenieur machen. **Zus.:** Berufs-, Schulpraktikum.

prak|tisch: I. ⟨Adj.⟩ **1.** *auf die Praxis, auf die Wirklichkeit bezogen; in der Wirklichkeit auftretend:* praktische Erfahrungen besitzen; einen praktischen *(nicht theoretischen)* Verstand haben; eine Frage p. lösen; seine Sorgen galten den praktischen Schwierigkeiten. **sinnv.:** ↑pragmatisch; ↑wirklich. **2.** *zweckmäßig, gut zu handhaben:* dieser Büchsenöffner ist wirklich p. **sinnv.:** ↑nutzbar; ↑zweckmäßig. **3.** *geschickt in der Bewältigung täglicher Probleme, manuelle Fähigkeiten besitzend:* ein praktischer Mensch; der Schüler ist p. veranlagt. **sinnv.:** ↑gewandt. **II.** ⟨Adverb⟩ *so gut wie; in der Tat; in Wirklichkeit:* der Sieg ist ihm p. nicht mehr zu nehmen; mit ihm hat man p. keine Schwierigkeiten; sie macht p. alles. **sinnv.:** ↑beinahe; ↑regelrecht.

prak|ti|zie|ren: 1. ⟨itr.⟩ *als Arzt tätig sein, eine ärztliche Praxis führen:* in wenigen Monaten wird hier auch ein Augenarzt p. **2.** ⟨tr.⟩ *etwas in der Praxis, Wirklichkeit anwenden:* eine bestimmte Methode p. **sinnv.:** ↑handhaben.

Pra|li|ne, die; -, -n: *kleines, mit Schokolade überzogenes, gefülltes Stück Konfekt:* mit Likör gefüllte Pralinen. **sinnv.:** Fondant; ↑Bonbon; ↑Süßigkeit.

prall ⟨Adj.⟩: *voll gefüllt; straff und fest:* ein p. gefüllter Sack; pralle Arme. **sinnv.:** stramm.

pral|len, prallte, ist geprallt ⟨itr.⟩: *mit Wucht, Schwung (gegen jmdn./etwas) stoßen:* als der Wagen plötzlich bremste, prallte der Beifahrer mit dem Kopf gegen die Windschutzscheibe. **sinnv.:** anrennen, anstoßen; rammen, ↑zusammenstoßen.

Prä|mie, die; -, -n: **1.** *Betrag in Geld, der als Preis in Wettbewerben ausgesetzt ist oder bei der Industrie als zusätzliche Zahlung für besonders gute Leistungen gewährt wird:* für besondere Leistungen eine P. erhalten. **sinnv.:** ↑Bonus, ↑Gutschrift, Vergütung, Zuwendung. **Zus.:** Abschluß-, Buch-, Fang-, Geld-, Kopf-, Leistungs-, Sach-, Schuß-, Spurt-, Treueprämie. **2.** *regelmäßig zu zahlender Betrag an eine Versicherung:* die P. seiner Lebensversicherung ist fällig. **Zus.:** Versicherungsprämie.

prä|mie|ren, prä|mi|ie|ren ⟨tr.⟩: *mit einem Preis belohnen, auszeichnen:* der beste Vorschlag wird mit 100 Mark prämiert.

pran|gen ⟨itr.⟩ (geh.): *als Zierde, Schmuck, Dekoration einen besonderen Platz einnehmen:* an der Wand prangte ein altes kostbares Gemälde. **sinnv.:** ↑leuchten; ↑prunken.

Pran|ke, die; -, -n: *Pfote großer Raubtiere, Tatze:* der Tiger hob drohend seine P. **sinnv.:** ↑Pfote. **Zus.:** Löwenpranke.

Prä|pa|rat, das; -[e]s, -e: *künstlich, chemisch hergestelltes Medikament.* **sinnv.:** ↑Medikament. **Zus.:** Eisen-, Eiweiß-, Kohle-, Vitaminpräparat.

prä|pa|rie|ren: 1. ⟨sich p.⟩ *sich vorbereiten:* ich muß mich für den Unterricht noch p. **sinnv.:** ↑lernen. **2.** ⟨tr.⟩ *(menschliche, tierische oder pflanzliche Körper) zerlegen oder haltbar machen:* er präparierte die Schmetterlinge für seine Sammlung. **sinnv.:** ausstopfen.

Prä|rie, die; -, Prärien: *mit Gras bewachsene Steppe Nordamerikas.*

Prä|sent, das; -s, -e: *kleines Geschenk, kleine Aufmerksamkeit:* er brachte bei seinem Besuch ein P. mit. **sinnv.:** ↑Gabe.

prä|sen|tie|ren: 1. ⟨tr.⟩ *anbieten, überreichen:* jmdm. ein Geschenk, einen Teller Obst, eine Rechnung p. **sinnv.:** ↑vorlegen. **2.** ⟨sich p.⟩ *sich bewußt so zeigen, daß man gesehen oder beachtet wird:* er präsentierte sich in voller Größe. **sinnv.:** sich blicken lassen, sich zur Schau stellen, sich vorstellen/zeigen.

Prä|ser|va|tiv, das; -s, -e: *Überzug aus Gummi für das männliche Glied zur Schwangerschaftsverhütung oder zum Schutz vor Geschlechtskrankhei-*

ten. **sinnv.:** Gummischutz, Kondom, Pariser, Prophylaktikum, Überzieher, Verhütungsmittel · Empfängnisverhütungsmittel · ↑Pessar.

Prä|si|dent, der; -en, -en, **Prä|si|den|tin,** die; -, -nen: **a)** *Leiter, Vorsitzender bzw. Leiterin, Vorsitzende:* mit Präsident Möbius zusammen/(aber:) mit dem Präsidenten Möbius zusammen; der Präsident der Gesellschaft. **sinnv.:** ↑Rektor; ↑Vorsitzender; ↑Vorstand. **Zus.:** Alters-, Bundestags-, Ehren-, Gerichts-, Kirchen-, Landgerichts-, Minister-, Parlaments-, Polizei-, Senats-, Vize-, Volkskammerpräsident. **b)** *männliches bzw. weibliches Oberhaupt eines Staates:* der Präsident der Vereinigten Staaten. **sinnv.:** ↑Oberhaupt. **Zus.:** Bundes-, Regierungs-, Reichs-, Staatspräsident.

Prä|si|di|um, das; -s, Präsidien: **1.** ‹ohne Plural›: *[Versammlungs]leitung, Vorsitz:* er übernahm das P. des Vereins. **sinnv.:** ↑Leitung. **2.** *leitendes Gremium:* die Mitglieder wählten ein neues P. **sinnv.:** ↑Leitung. **Zus.:** Ehren-, Parteipräsidium. **3.** *Gebäude, in dem ein Präsident (bes. der Polizei) mit seinem Amt untergebracht ist:* er muß sich auf dem P. melden. **Zus.:** Polizeipräsidium.

pras|seln, prasselte hat/ist geprasselt ‹itr.›: **1.** *mit trommelndem Geräusch aufschlagen:* der Regen ist auf das Dach geprasselt; die Steine prasselten gegen das Fenster; **sinnv.:** klatschen, peitschen, trommeln; ↑rascheln. **2.** *knatternd brennen:* ein lustiges Feuer hatte im Ofen geprasselt.

pras|sen, praßt, praßte, hat gepraßt ‹itr.›: *verschwenderisch leben:* die Reichen prassen, während die Armen hungern. **sinnv.:** ↑essen.

Pra|xis, die; -, Praxen: **1.** ‹ohne Plural› **a)** *Berufsausübung, Tätigkeit:* dies wies auf eine langjährige P. mit reichen Erfahrungen hin. **Zus.:** Bühnen-, Fahr-, Rechts-, Schul-, Unterrichts-, Verkaufs-, Verkehrspraxis. **b)** *tätige Auseinandersetzung mit der Wirklichkeit:* ob diese Methode richtig ist, wird die P. zeigen; in der P. sieht vieles anders aus; der Gegensatz von Theorie und P. **c)** *praktische Erfahrung:* ein Mann mit viel P. **sinnv.:** ↑Erfahrung; ↑Gewandtheit. **2.** *Tätigkeitsbereich eines Arztes oder Anwaltes, auch Bezeichnung für die Arbeitsräume dieser Personen:* er hat eine große P.; seine P. geht gut. **sinnv.:** Ordination, Sprechzimmer. **Zus.:** Anwalts-, Arzt-, Gemeinschafts-, Kassen-, Privatpraxis.

prä|zis, prä|zi|se ‹Adj.›: *bis ins einzelne gehend, genau [umrissen, angegeben]:* du mußt sehr p. arbeiten; eine präzise Antwort geben. **sinnv.:** ↑getreu; ↑klar.

prä|zi|sie|ren ‹tr.›: *genau angeben, genauer bestimmen:* die Angaben zu einer bestimmten Sache p. **sinnv.:** verdeutlichen.

Prä|zi|si|on, die; -: *Genauigkeit:* die Instrumente arbeiten mit großer P. **sinnv.:** ↑Sorgfalt.

pre|di|gen: a) ‹itr.› *im Gottesdienst eine Predigt halten:* der Pfarrer predigte über die Liebe. **sinnv.:** von der Kanzel reden, das Wort Gottes verkünd[ig]en. **b)** ‹tr.› (ugs.) *besonders eindringlich empfehlen, zu etwas mahnen:* er predigt [dem Volk] ständig Toleranz, Vernunft. **sinnv.:** ↑mahnen zu.

Pre|digt, die; -, -en: *während des Gottesdienstes gehaltene religiöse Ansprache:* er hat gestern die P. gehalten. **sinnv.:** ↑Rede. **Zus.:** Buß-, Fasten-, Fest-, Grab-, Oster-, Weihnachtspredigt · Gardinen-, Moral-, Strafpredigt.

Preis, der; -es, -e: **1.** *Betrag in Geld, den man beim Kauf einer Ware zu zahlen hat:* die Preise steigen; einen hohen, angemessenen P. zahlen. **sinnv.:** ↑Aufwand, Aufwendungen, Ausgaben, ↑Gebühr, Gegenwert, Kaufpreis, Kosten, Kostenaufwand, Unkosten · Kurs. **Zus.:** Bau-, Bezugs-, Brot-, Durchschnitts-, Einheits-, Einkaufs-, Eintritts-, Einzelhandels-, Endverbraucher-, Engros-, Erzeuger-, Fabrik-, Fahr-, Fest-, Großhandels-, Höchst-, Kampf-, Kauf-, Laden-, Lebensmittel-, Liebhaber-, Markt-, Mehr-, Miet-, Mindest-, Netto-, Pauschal-, Pensions-, Phantasie-, Richt-, Schleuder-, Schwarzmarkt-, Selbstkosten-, Sonder-, Spott-, Tages-, Tax-, Über-, Verbraucher-, Verkaufs-, Vorzugs-, Wucherpreis. **2.** *als Gewinn für den Sieger in Wettkämpfen oder bei Wettbewerben ausgesetzter Betrag oder wertvoller Gegenstand:* als P. sind in dem Rennen 10000 Mark ausgesetzt; den ersten P. gewinnen. **sinnv.:** Auszeichnung, ↑Belohnung, Gewinn, Medaille, Orden, Trophäe. **Zus.:** Friedens-, Friedensnobel-, Kunst-, Literatur-, Nobel-, Trostpreis.

Preis|aus|schrei|ben, das; -s, -: *öffentlich ausgeschriebener Wettbewerb, bei dem auf die eingehenden richtigen Lösungen eines Rätsels o. ä. Preise ausgesetzt sind:* sie hat bei dem P. eine Reise gewonnen. **sinnv.:** ↑Quiz.

Prei|sel|bee|re, die; -, -n: **1.** *der Heidelbeere ähnliche Pflanze mit eiförmigen ledrigen Blättern und roten, herb und säuerlich schmeckenden Beeren.* **2.** *Frucht der Preiselbeere.*

prei|sen, pries, hat gepriesen ‹tr.› (geh.): *die Vorzüge einer Person oder Sache begeistert hervorheben, rühmen, loben:* er pries die Tüchtigkeit des Mitarbeiters. **sinnv.:** ↑loben.

preis|ge|ben, gibt preis, gab preis, hat preisgegeben: **1.** *nicht mehr (vor jmdm.) schützen:* sie haben ihn den Feinden preisgegeben. **sinnv.:** ↑ausliefern; ↑aussetzen; ↑opfern. **2.** ‹tr.› ↑*aufgeben:* seine Grundsätze p. **3.** ‹tr.› *nicht mehr geheimhalten; verraten:* er hat die Geheimnisse preisgegeben. **sinnv.:** ↑ausplaudern; ↑verraten; ↑mitteilen.

preis|wert ‹Adj.›: *im Verhältnis zu seinem Wert nicht [zu] teuer:* etwas p. kaufen; ein preiswerter Mantel. **sinnv.:** ↑billig.

pre|kär ‹Adj.›: *so beschaffen, daß es schwierig ist, richtige Maßnahmen, Entscheidungen zu treffen, daß man nicht weiß, wie man aus einer schwierigen Lage herauskommen kann:* in eine p. Situation geraten; die Verhältnisse sind im Augenblick ziemlich p. **sinnv.:** ↑schwierig.

prel|len ‹tr.›: **1.** *durch heftiges Anstoßen innerlich verletzen:* ich habe mir den Arm geprellt. **sinnv.:** ↑verletzen. **2.** *jmdn. um etwas, was ihm zusteht, bringen:* jmdn. um den Erfolg, das Verdienst p. **sinnv.:** ↑betrügen.

Prel|lung, die; -, -en: *nach einem Stoß, Schlag o.ä. durch Bluterguß hervorgerufene innere Verletzung:* bei dem Zusammenstoß erlitt der Fahrer schwere Prellungen. **sinnv.:** ↑Verletzung.

Pre|mie|re, die; -, -n: *erste Aufführung eines Theaterstücks, Films usw.* **sinnv.:** Erstaufführung, Uraufführung; ↑Darbietung.

pre|schen, preschte, ist geprescht ⟨itr.⟩: *schnell, wild laufen:* erschreckt preschte das Pferd über die Weide. **sinnv.:** sich ↑fortbewegen.

Pres|se, die; -, -n: **1. a)** *Maschine, mit der durch hohen Druck etwas geformt wird:* eine P. für Karosserien. **Zus.:** Brikett-, Exzenter-, Spindel-, Strohpresse. **b)** *Gerät, mit dem bes. Saft aus Obst gewonnen wird:* Trauben durch die P. treiben. **sinnv.:** Entsafter, Kelter. **Zus.:** Frucht-, Most-, Obst-, Öl-, Saft-, Zitronenpresse. **2.** ⟨ohne Plural⟩ *alle regelmäßig erscheinenden Zeitungen und Zeitschriften:* etwas der P. mitteilen; die P. berichtete ausführlich darüber. **sinnv.:** Blätterwald, Journaille. **Zus.:** Auslands-, Boulevard-, Fach-, Lokal-, Regenbogen-, Revolver-, Sensations-, Skandal-, Sport-, Tages-, Weltpresse.

pres|sen, preßt, preßte, hat gepreßt ⟨tr.⟩: **a)** *mit hohem Druck zusammendrücken:* Obst, Pflanzen, Papier p. **sinnv.:** drücken, quetschen, ↑zermalmen. **Zus.:** aus-, zusammenpressen. **b)** *durch Zusammendrücken gewinnen:* den Saft aus der Zitrone p. **Zus.:** ab-, herauspressen. **c)** *durch hohen Druck eine bestimmte Form herstellen:* eine Karosserie p. **sinnv.:** kneten. **d)** *mit großer Kraft an, auf, durch etwas oder irgendwohin drücken:* den Kopf an die Scheibe p. **sinnv.:** drücken, quetschen, zwängen. **Zus.:** aneinander-, aufeinander-, hineinpressen.

Pre|sti|ge [prɛs'ti:ʒə], das; -s: *Ansehen oder Geltung einer Person, einer Gruppe, einer Institution o. ä. in der Öffentlichkeit:* an P. gewinnen, verlieren; es geht ihm bei der Sache um das P. **sinnv.:** ↑Ansehen · Aura, Glorіole, Heiligenschein, Stigma.

pri|ckeln ⟨itr.⟩: *ein Empfinden erzeugen, wie von vielen kleinen, feinen Stichen verursacht:* der Sekt prickelte [ihm] angenehm auf der Zunge. **sinnv.:** kitzeln.

Priel, der; -[e]s, -e: *schmale, unregelmäßig verlaufende Rinne im Wattenmeer, in der sich auch bei Ebbe Wasser befindet.*

Prie|ster, der; -s, -, **Prie|ste|rin,** die, -, -nen: *männliche bzw. weibliche Person, die in bestimmten Religionen auf Grund einer Weihe ein religiöses Amt ausübt.* **sinnv.:** ↑Geistlicher. **Zus.:** Hohe-, Ordenspriester.

pri|ma ⟨Adj.; indeklinabel⟩ (ugs.): *(vom Urteilenden) als in einer bestimmten Weise positiv empfunden:* von hier oben hat man eine p. Aussicht; das hast du p. gemacht. **sinnv.:** ↑vortrefflich.

pri|mär: I. ⟨Adj.⟩ *zuerst vorhanden:* der Schuß war die primäre Ursache für die Ausschreitungen. **sinnv.:** ↑ursprünglich, erstrangig, grundlegend, vorrangig, wesentlich, ↑wichtig. **II.** ⟨Adverb⟩ *insbesondere, in erster Linie:* er wandte sich mit diesem Schritt p. gegen seine Gegner. **sinnv.:** ↑zunächst.

Pri|mel, die; -, -n: *im Frühling blühende Pflanze mit trichter- oder tellerförmigen Blüten und rosettenartig angeordneten Blättern.*

pri|mi|tiv ⟨Adj.⟩: **1.** *sich im Urzustand befindend, ihm entsprechend:* die primitiven Völker, Kulturen; primitive Kunst. **sinnv.:** elementar, naiv, unzivilisiert, urtümlich, wild, nicht zivilisiert. **2.** *nur notdürftig und sehr einfach [ausgeführt]:* eine primitive Hütte; die Arbeit wurde p. ausgeführt. **sinnv.:** armselig, behelfsmäßig, dürftig, kümmerlich, schlicht, simpel. **3.** *(im Urteil des Sprechers) ein niedriges geistiges oder kulturelles Niveau aufweisend:* ein primitiver Mensch; seine Bildung ist p. **sinnv.:** anspruchslos, dürftig, ↑gewöhnlich, schlicht, simpel, ungebildet.

Pri|mus, der; -, -se: *Erster, Bester (in einer Klasse):* er war von Sexta an P. in unserer Klasse.

Prin|te, die; -, -n: *kleines [längliches], im Geschmack dem Lebkuchen ähnliches Gebäck:* Aachener Printen. **sinnv.:** ↑Gebäck; ↑Lebkuchen.

Prinz, der; -en, -en, **Prin|zes|sin,** die; -, -nen: *Sohn bzw. Tochter aus einem regierenden Fürstenhaus (der/die selbst nicht regiert):* der Besitz P. Tassilos/ des Prinzen Tassilo. **Zus.:** Erb-, Kron-, Märchen-, Traumprinz.

Prin|zip, das; -s, -ien und -e: **a)** *Grundsatz, den jmd. seinem Handeln und Verhalten zugrunde legt:* er beharrte auf seinem P.; etwas nur aus P. tun. **sinnv.:** Grundsatz, ↑Maßstab, Maxime. **b)** *allgemeingültige Regel, bestimmte Idee, bestimmte Grundlage, auf der etwas aufgebaut ist, nach der etwas abläuft:* ein politisches P.; diese Maschine beruht auf einem sehr einfachen P. **sinnv.:** Idee, ↑Regel, Schema. **Zus.:** Grund-, Leistungs-, Rotationsprinzip.

prin|zi|pi|ell ⟨Adj.⟩: *einem Prinzip folgend, entsprechend, darauf beruhend:* ein prinzipieller Unterschied; etwas p. klären; er ist p. dagegen. **sinnv.:** im allgemeinen, grundlegend, grundsätzlich, aus/im Prinzip.

Prio|ri|tät, die; -, -en: *höherer Rang, größere Bedeutung (im Vergleich zu etwas anderem):* dieses wichtige Problem genießt absolute P. **sinnv.:** Erstrangigkeit, Stellenwert, Vorrang, Vorrangigkeit; ↑Vorrecht.

Pri|se, die; -, -n: *kleine Menge eines pulverigen oder feinkörnigen Stoffes, die zwischen zwei oder drei Fingern zu greifen ist:* noch eine P. Salz in die Suppe geben.

Pris|ma, das; -s, Prismen: **1.** /eine geometrische Figur/ (siehe Bildleiste „geometrische Figuren", S. 292). **2.** *lichtdurchlässiger und lichtbrechender (besonders als Bauteil in der Optik verwendeter) Körper aus Glas o. ä. mit mindestens zwei zueinandergeneigten Flächen.*

Prit|sche, die; -, -n: **1.** *einem Bett ähnliches, schmales, einfaches Gestell, auf dem man liegen kann:* die Verwundeten lagen auf Pritschen. **sinnv.:** ↑Bett. **Zus.:** Holzpritsche. **2.** *Ladefläche eines Lastkraftwagens, auf der Güter verstaut werden:* die Fässer auf die P. laden. **3.** *aus gefalteter Pappe oder aus mehreren dünnen, schmalen [Sperr]holzstreifen bestehendes Gerät zum Schlagen und zur Lärmerzeugung (an Fastnacht).* **sinnv.:** Klapper, Rassel, Ratsche; Gerte, Gummiknüppel, Knüppel, Rute, Stöckchen.

pri|vat ⟨Adj.⟩: **1.** *nur die eigene Person betreffend:* dies sind private Angelegenheiten. **sinnv.:** ↑eigen, individuell, persönlich. **2.** *nur für die betreffende[n] Person[en] bestimmt:* er sagte es ihm ganz p. **sinnv.:** unter vier Augen, ↑intern, unter dem Siegel der Verschwiegenheit, im Vertrauen, vertraulich. **3.** *durch eine persönlich-familiäre Atmosphäre geprägt:* eine Feier in privatem Kreis; sie bat, ihren Sohn p. unterzubringen und nicht in einem Hotel. **sinnv.:** familiär, häuslich, heimisch, vertraut. **4.** *in persönlichem Besitz o. ä. befindlich:* die private Industrie. **sinnv.:** nicht öffentlich, nicht staatlich.

pri|va|ti|sie|ren: 1. ⟨tr.⟩: *in Privateigentum überführen:* diese Nebenstrecke der Bahn soll privatisiert werden. **Zus.:** ent-, reprivatisieren. **2.** ⟨itr.⟩ *ohne Ausübung eines Berufs von seinem Vermögen leben:* für einige Zeit p.

Pri|vi|leg, das; -[e]s, -ien: *einem einzelnen, einer Gruppe vorbehaltenes Recht:* die Privilegien des Adels sind abgeschafft worden. **sinnv.:** Monopol; ↑Vorrecht. **Zus.:** Adels-, Bildungs-, Standesprivileg.

pri|vi|le|giert ⟨Adj.⟩: *mit Vorrechten ausgestattet:* er gehört zu den privilegierten Schichten. **Zus.:** unterprivilegiert.

pro: I. ⟨Präp. mit Akk.⟩ *für (jede einzelne Person oder Sache):* p. Angestellten; es gibt 300 Mark p. beschäftigten Arbeitnehmer. **sinnv.:** ↑je. **II.** ⟨Adverb⟩ **1.** *je:* p. beteiligter Beamter; p. Soldat zwei Flaschen Bier. **2.** *(eine Person, Sache) bejahend, ihr gegenüber positiv eingestellt:* eine Politik p. Industrie und kontra Umwelt; er ist p. eingestellt. **sinnv.:** ↑dafür, für.

pro-, Pro- ⟨adjektivisches und substantivisches Präfix⟩: *für* /Ggs. anti-; drückt eine positive, wohlwollende Einstellung zu dem im Basiswort Genannten (Ideologie o. ä.) aus, bedeutet Bejahung, Zustimmung, Unterstützung, [politische] Parteinahme/: **a)** ⟨adjektivisch⟩: proamerikanisch, -arabisch, -feministisch, -kommunistisch, -palästinensisch, -russisch, -sowjetisch, -syrisch, -westlich. **sinnv.:** -freundlich (z. B. amerikafreundlich). **b)** ⟨selten substantivisch⟩: eine Demonstration von Pro-Khomeini-Studenten.

Pro|be, die; -, -n: **1.** *einer Aufführung beim Theater, den Aufnahmen beim Film usw. vorangehende vorbereitende Arbeit (bes. der Künstler):* sie haben mit den Proben begonnen. **sinnv.:** Einarbeitung, Übung. **Zus.:** Ballett-, General-, Kostüm-, Orchester-, Theaterprobe. **2.** *kleine Menge, Teil von etwas, woraus die Beschaffenheit des Ganzen zu erkennen ist:* er untersuchte eine P. von dieser Flüssigkeit. **sinnv.:** Muster, Testexemplar, ↑Schaustück, Versuchsballon, Versuchsstück. **Zus.:** Kost-, Stich-, Waren-, Wasserprobe. **3.** *Versuch, durch den Fähigkeiten, Eigenschaften o. ä. einer Person oder Sache festgestellt wird:* er hat die P. bestanden und wird deshalb eingestellt; der Wein hat bei der P. gut abgeschnitten. **sinnv.:** ↑Experiment. **Zus.:** Brems-, Kraft-, Mut-, Weinprobe.

pro|ben ⟨tr./itr.⟩: *für eine Aufführung, Darbietung o. ä. üben:* eine Szene, ein Musikstück p.; der Regisseur probt intensiv mit den Schauspielern. **sinnv.:** ↑einstudieren. **Zus.:** erproben.

pro|bie|ren: a) ⟨itr.⟩ *versuchen, ob etwas möglich, durchzuführen ist:* ich werde p., ob der Motor anspringt. **sinnv.:** experimentieren, ↑prüfen; ↑versuchen. **Zus.:** ausprobieren. **b)** ⟨tr.⟩ *eine Speise o. ä. auf ihren Geschmack prüfen:* die Suppe, den Wein p. **sinnv.:** ↑kosten. **c)** ↑*proben.*

Pro|blem, das; -s, -e: **a)** *schwer zu lösende Aufgabe; nicht entschiedene Frage:* ein technisches P.; schwierige, ungelöste Probleme. **Zus.:** Arbeitslosen-, Minderheiten-, Rechts-, Verkehrsproblem. **b)** *etwas, was Ärger, Unannehmlichkeiten bereitet:* sie hat Probleme mit ihren Eltern; mit seinem P. allein fertig werden müssen; ich habe ein P. mit dem Wagen, er springt nicht an. **sinnv.:** Schwierigkeit, ↑Unannehmlichkeit.

Pro|blem- ⟨Präfixoid⟩: *das im Basiswort Genannte, das durch seine Art, Beschaffenheit problematisch, schwierig ist, Probleme aufwirft:* Problemfall, -familie, -frau, -geburt, -gruppe, -haar, -haut, -junge, -jugendlicher, -kind, -mädchen, -müll, -patient, -schläfer *(der Probleme mit dem [Ein]schlafen hat).*

Pro|ble|ma|tik, die; -, -en: **a)** *Gesamtheit aller Probleme, die sich auf einen bestimmten Sachverhalt beziehen:* Jugendkriminalität und deren P. **sinnv.:** Schwierigkeit. **b)** *zweifelhafte, fragwürdige Beschaffenheit:* in diesem Punkt wird die ganze P. des Vortrags deutlich. **sinnv.:** Bedenklichkeit, Fragwürdigkeit, Zweifelhaftigkeit.

pro|ble|ma|tisch ⟨Adj.⟩: **a)** *voll von Problematik* (a): eine problematische Angelegenheit, Frage. **sinnv.:** ↑schwierig. **b)** *durch Problematik* (b) *gekennzeichnet:* diese Vereinbarung ist recht p. **sinnv.:** bedenklich, dubios, fragwürdig, zweifelhaft; ↑anrüchig.

pro|ble|ma|ti|sie|ren ⟨tr.⟩: **a)** *die Problematik von etwas darlegen, diskutieren:* in dem Vortrag wurden speziell die neuen Medien problematisiert. **sinnv.:** thematisieren. **b)** *aus irgend etwas [Selbstverständlichem] ein Problem machen:* man sollte nicht unnötig Sachen p., die vorher ganz eindeutig und klar waren.

Pro|dukt, das; -[e]s, -e: *etwas, was als Ergebnis menschlicher Arbeit aus bestimmten Stoffen hergestellt, entstanden ist:* landwirtschaftliche Produkte; Produkte der chemischen Industrie. **sinnv.:** Erzeugnis; ↑Ware. **Zus.:** Billig-, Bruttosozial-, End-, Fertig-, Naturprodukt.

Pro|duk|ti|on, die; -, -en: *das Herstellen, Erzeugen von Waren, Gütern o. ä.:* die tägliche P. von Autos erhöhen. **sinnv.:** Anfertigung, Erstellung, Erzeugung, Fabrikation, Fertigung, Herstellung, Schöpfung. **Zus.:** Film-, Jahres-, Ko-, Milch-, Re-, Rüstungsproduktion.

pro|duk|tiv ⟨Adj.⟩: *viel in Bewegung setzend, viele konkrete Ergebnisse hervorbringend:* produktive Kritik ist stets willkommen; ein produktives Unternehmen. **sinnv.:** ergiebig, fruchtbar, leistungsfähig, leistungsstark, ↑schöpferisch. **Zus.:** hochproduktiv.

Pro|du|zent, der; -en, -en; **Pro|du|zen|tin,** die; -, -nen: *männliche bzw. weibliche Person, die etwas produziert:* der Produzent eines Films, eines technischen Erzeugnisses; zwischen Konsument und Produzent besteht eine Abhängigkeit. **sinnv.:** ↑Unternehmer. **Zus.:** Film-, Ko-, Lebensmittelproduzent.

pro|du|zie|ren: 1. ⟨tr./itr.⟩ *etwas (z. B. eine Ware) als Resultat verschiedener Arbeitsgänge gewinnen:* wir können das neue Auto erst ab Frühjahr p.; ein Konzern produziert sehr viel billiger als ein kleiner Betrieb. **sinnv.:** ↑anfertigen, ↑auswerfen, destillieren, erzeugen, herstellen; hervorbringen. **2.** ⟨sich p.⟩ *sich in bestimmter, meist auffälliger Weise benehmen, aufführen, bes. um zu zeigen, was man kann:* sich gern [vor andern] p.; er produzierte sich als Clown.

pro|fan ⟨Adj.⟩: **1.** *nicht gottesdienstlichen oder kirchlichen Zwecken dienend:* profane Bauten. **sinnv.:** ↑weltlich. **2.** *(auf überraschende Weise) durch All-*

täglichkeit gekennzeichnet: mit dieser profanen Bemerkung über das Kunstwerk verärgerte er die festliche Versammlung. **sinnv.:** ↑alltäglich, banal, durchschnittlich, ↑gewöhnlich, niedrig, niveaulos.

pro|fes|sio|nell ⟨Adj.⟩: **a)** *als Beruf [betrieben]; (eine bestimmte Tätigkeit) beruflich ausübend:* im professionellen Sport werden äußerst hohe Anforderungen gestellt; ein professioneller Sportler. **sinnv.:** ↑beruflich. **b)** *wie von Fachleuten gemacht:* ein professioneller Bericht; ein p. geschlagener Ball. **sinnv.:** ↑fachmännisch.

Pro|fes|sor, der; -s, Professoren, **Pro|fes|so|rin,** die; -, -nen: *höchster akademischer Titel – und dessen Träger[in] – für beamtete Lehrer[innen] an Universitäten, Hochschulen o. ä. und für verdiente Wissenschaftler[innen], Künstler[innen] o. ä.:* er ist ordentlicher P. an der Universität Heidelberg; er wurde zum P. ernannt. **Zus.:** Gymnasial-, Hochschulprofessor.

Pro|fi, der; -s, -s (ugs.): *jmd., der etwas, bes. einen Sport, als Beruf ausübt und daher besonderes Können und viel Erfahrung besitzt:* er spielt wie ein P. **sinnv.:** Berufssportler, Professional. **Zus.:** Box-, Fußball-, Radprofi.

Pro|fil, das; -s; -e: **1.** *Ansicht des Kopfes, des Gesichts, des Körpers von der Seite:* jmdn. im P. fotografieren; er hat ein scharf geschnittenes P. **sinnv.:** ↑Silhouette. **2.** *charakteristisches Erscheinungsbild:* dieser Minister hat kein P. **sinnv.:** ↑Ansehen, Ausstrahlung[skraft], Charisma, Personality, Persönlichkeit. **3.** *mit Erhebungen versehene Oberfläche eines Reifens, einer Schuhsohle u. a.:* das P. ist völlig abgefahren. **sinnv.:** Kerbung, Oberflächenstruktur, Struktur. **Zus.:** Reifenprofil.

Pro|fit [auch: ...fıt], der; -[e]s, -e: *Gewinn, Nutzen, den jmd. aus etwas zieht, von etwas hat:* P. machen; aus etwas [einen] P. ziehen; auf seinen P. bedacht sein. **sinnv.:** Ausbeute, ↑Ertrag, Gewinn, Nutzen, Schnitt, ↑Vorteil. **Zus.:** Millionen-, Riesenprofit.

pro|fi|tie|ren ⟨itr.⟩: *aus etwas Profit ziehen:* er profitiert von der Uneinigkeit der anderen. **sinnv.:** Gewinner/Nutznießer sein.

Pro|gno|se, die; -, -n: *Vorhersage (einer künftigen Entwicklung):* eine optimistische P. über das Wetter, über jmds. Gesundheitszustand stellen. **sinnv.:** Voraussage. **Zus.:** Konjunktur-, Wahlprognose.

Pro|gramm, das; -s, -e: **1.** *Gesamtheit von [schriftlich] dargelegten Konzeptionen, von Grundsätzen, die zum Erreichen eines bestimmten Zieles angewendet werden sollen:* die Partei wird ein neues P. vorlegen; das P. für die Produktion im nächsten Jahr festlegen. **sinnv.:** Grundsatzerklärung, Konzept, Manifest, ↑Plan. **Zus.:** Grundsatz-, Partei-, Regierungsprogramm. **2.** *festgelegte Folge, vorgesehener Ablauf:* das P. der Tagung, eines Konzertes. **sinnv.:** Spielplan. **3.** *Heft, Zettel, auf dem der Ablauf von etwas mitgeteilt wird:* das P. kostet eine Mark. **sinnv.:** Programmheft, -zeitschrift. **Zus.:** Konzert-, Theaterprogramm. **4.** *Arbeitsanweisung für eine Datenverarbeitungsanlage:* er hat das P. für diese Aufgabe geschrieben. **sinnv.:** Einsatzanweisung, Software. **Zus.:** Computer-, Rechen-, Silbentrennungsprogramm.

pro|gram|mie|ren ⟨tr./itr.⟩: *ein Programm* (4) *erstellen, eingeben:* in dem großen Unternehmen wurde die gesamte Buchhaltung programmiert; er kann erst seit kurzer Zeit p. **Zus.:** umprogrammieren.

Pro|gram|mie|rer, der; -s, -, **Pro|gram|mie|re|rin,** die; -, -nen: *männliche bzw. weibliche Person, die programmiert:* P. gesucht. **sinnv.:** Operator.

pro|gres|siv ⟨Adj.⟩: **1.** ↑*fortschrittlich:* der progressive Teil der Partei forderte Reformen. **2.** *sich in einem bestimmten Verhältnis allmählich steigernd, entwickelnd:* progressive Steuern.

Pro|jekt, das; -[e]s, -e: *geplante oder bereits begonnene größere öffentliche Unternehmung;* ein P. zur Erschließung der Sonnenenergie vorbereiten; der Bau eines Stausees ist ein gigantisches P. **sinnv.:** Konzept, Plan, Programm, Unternehmung, Vorhaben. **Zus.:** Bau-, Groß-, Pilot-, Teil-, Zukunftsprojekt.

Pro|jek|ti|on, die; -, -en: *das Projizieren:* die P. der Bilder, Dias.

pro|ji|zie|ren ⟨tr.⟩: *(Dias mit Hilfe eines entsprechenden Geräts auf einer dafür hergerichteten Leinwand o. ä.) vergrößert wiedergeben:* er hat das Bild an die Wand, auf die Leinwand projiziert. **sinnv.:** werfen. **Zus.:** hin-, hineinprojizieren.

Pro|kla|ma|ti|on, die; -, -en: *öffentliche, feierliche, oft amtliche Verkündigung:* die P. einer Verfassung; die feierliche P. des Prinzen Karneval. **sinnv.:** ↑Aufruf. **Zus.:** Menschenrechtsproklamation.

pro|kla|mie|ren ⟨tr.⟩: *öffentlich, feierlich, oft amtlich verkünden:* ein neuer Herrscher wurde proklamiert. **sinnv.:** ↑ausrufen.

Pro|ku|rist, der; -en, -en, **Pro|ku|ri|stin,** die; -, -nen: *Angestellter bzw. Angestellte mit einer handelsrechtlichen Vollmacht, bestimmte Geschäfte für seinen/ihren Betrieb selbständig durchzuführen.*

Pro|let, der; -en, -en: *Mensch, der in den Augen eines anderen als ungebildet und roh erscheint:* ihr Mann ist ein P. **sinnv.:** ↑Banause.

Pro|le|ta|ri|er, der; -s, -, **Pro|le|ta|rie|rin,** die, -, -nen: *männliche bzw. weibliche Person, die der Klasse der abhängigen Lohnarbeiter angehört, die keine eigenen Produktionsmittel besitzen:* Proletarier aller Länder, vereinigt euch! **sinnv.:** ↑Arbeitnehmer.

Pro|me|na|de, die; -, -n: *schön angelegter, oft baumbestandener, durch Grünanlagen führender Weg zum Promenieren.* **sinnv.:** Allee, Boulevard, Chaussee, Prachtstraße; ↑Straße. **Zus.:** Kur-, Strand-, Uferpromenade.

pro|me|nie|ren, promenierte, hat/ist promeniert ⟨itr.⟩: *[an einem belebten Ort] langsam spazierend auf und ab gehen:* am Abend sind wir durch den Park promeniert; er ist/hat gestern eine Stunde promeniert. **sinnv.:** bummeln, flanieren, lustwandeln, spazieren, ↑spazierengehen. **Zus.:** umherpromenieren.

Pro|mil|le, das; -[s], -: *tausendster Teil:* die Provision beträgt 5 P.; der Fahrer hatte 1,8 P. (ugs.; *1,8 Promille Alkohol im Blut*).

pro|mi|nent ⟨Adj.⟩: *beruflich oder gesellschaftlich großes öffentliches Ansehen genießend:* prominente Persönlichkeiten aus Politik und Wirtschaft. **sinnv.:** ↑bekannt.

Pro|mi|nenz, die; -: **a)** *Gesamt-*

heit der prominenten Persönlichkeiten: die P. blieb der Veranstaltung fern. **b)** *das Prominentsein:* seine P. nützte dem Angeklagten nichts.

Pro|mis|kui|tät, die; -: *Geschlechtsverkehr mit häufig wechselnden Partnern.* **sinnv.:** hwG.

prompt ⟨Adj.⟩: **1.** *unmittelbar (als Reaktion auf etwas) erfolgend:* er hat auf meinen Brief p. geantwortet; prompte Bedienung ist bei dieser Firma zu erwarten. **sinnv.:** ↑augenblicklich. **2.** *einer (nur innerlichen) Erwartung, Befürchtung o. ä. entsprechend:* als wir spazierengehen wollten, hat es p. geregnet; obwohl ich ihn gewarnt hatte, ist er p. über die Stufe gestolpert. **sinnv.:** wie leider zu erwarten, natürlich, doch tatsächlich.

Pro|pa|gan|da, die; -: *intensive Werbung für politische, weltanschauliche Ideen, Meinungen o. ä. mit dem Ziel, das allgemeine [politische] Bewußtsein in bestimmter Weise zu beeinflussen:* eine geschickte P.; für eine Partei P. machen. **sinnv.:** Agitation, Agitprop, Demagogie, Hetze, Öffentlichkeitsarbeit, PR, Publicity, Public Relations, Reklame, ↑Werbung. **Zus.:** Flüsterpropaganda.

pro|pa|gie|ren ⟨tr.⟩: *[etwas gutheißen, befürworten und] sich dafür einsetzen:* einen Standpunkt, eine Meinung p. **sinnv.:** ↑agitieren, ↑werben.

Pro|pel|ler, der; -s, -: *dem Antrieb dienende Vorrichtung von [Luft]fahrzeugen, die aus zwei oder mehreren in gleichmäßigen Abständen um eine Nabe angeordneten Blättern besteht, die durch einen Motor in schnelle Rotation versetzt werden.* **sinnv.:** Luftschraube, Rotor; Ventilator.

pro|per ⟨Adj.⟩: *durch eine saubere, gepflegte äußere Erscheinung ansprechend wirkend:* ein properes Mädchen. **sinnv.:** ↑adrett, ↑sauber.

Pro|phet, der; -en, -en, **Pro|phe|tin,** die; -, -nen: *männliche bzw. weibliche Person, die ein zukünftiges Geschehen voraussagt.* **sinnv.:** Aufrührer, ↑Hellseher, Kassandra, Phantast, Vordenker, Wahrsager.

pro|phe|tisch ⟨Adj.⟩: *die Zukunft enthüllend; eine Prophezeiung enthaltend:* eine prophetische Äußerung. **sinnv.:** ahnungsvoll, hellseherisch, vorausahnend, vorausschauend.

pro|phe|zei|en ⟨tr.⟩: *(etwas Zukünftiges) auf Grund bestimmter Kenntnisse, Erfahrungen oder Ahnungen voraussagen:* neue Entdeckungen p.; er prophezeite ihm eine große Zukunft. **sinnv.:** orakeln, ↑unken, voraussagen, voraussehen, ↑wahrsagen, weissagen.

Pro|por|ti|on, die; -, -en: *Verhältnis verschiedener Größen oder Dinge, besonders verschiedener Teile eines Ganzen zueinander:* die Proportionen stimmten nicht in dieser Zeichnung. **sinnv.:** Größenverhältnis.

pro|por|tio|niert ⟨Adj.⟩: *bestimmte Proportionen aufweisend:* eine schlecht proportionierte Figur; ein gut proportionierter Körper. **sinnv.:** ↑ebenmäßig.

Pro|sa, die; -: *freie, ungebundene, nicht durch Reim, Rhythmik und Vers gebundene Form der Sprache:* etwas ist in P. geschrieben.

pro|sa|isch ⟨Adj.⟩: *als (allzu) nüchtern-sachlich empfunden, ohne Phantasie:* eine prosaische Ausdrucksweise. **sinnv.:** amusisch, phantasielos, poesielos, trocken.

pro|sit! ⟨Interj.⟩: */Ausruf bes. beim Trinken/:* p. Neujahr! **sinnv.:** prost!, wohl bekomm's!, zum Wohl!

Pro|spekt, der; -[e]s, -e: *kleineres, meist bebildertes Druckwerk zur Information und Werbung:* einen farbigen P. drucken, herausgeben. **sinnv.:** Katalog, Klappentext, Reklameschrift, Waschzettel, Werbeschrift. **Zus.:** Falt-, Reise-, Verlags-, Werbeprospekt.

prost! ⟨Interj.⟩: ↑*prosit!:* er hob sein Glas und sagte: „Prost!"

Pro|sti|tu|ier|te, die; -n, -n: *weibliche Person, die sich gewerbsmäßig zum Geschlechtsverkehr, zu sexuellen Handlungen anbietet:* die Prostituierten werden von der Polizei überwacht. **sinnv.:** Callgirl, Dirne, Domina, Flittchen, Freudenmädchen, Gunstgewerblerin, Hetäre, Hosteß, Hure, Kokotte, Nutte, Straßenmädchen, Strichmädchen.

Pro|sti|tu|ti|on, die; -: *gewerbsmäßige Ausübung des Geschlechtsverkehrs oder anderer sexueller Handlungen.* **sinnv.:** ältestes Gewerbe der Welt, horizontales Gewerbe, Gunstgewerbe; ↑Bordell; Strich.

pro|te|gie|ren [prote'ʒi:rən] ⟨tr.⟩: *für jmds. berufliches, gesellschaftliches Fortkommen den eigenen Einfluß geltend machen:* er ist von einem reichen Gönner protegiert worden. **sinnv.:** ↑fördern.

Pro|tek|ti|on, die; -: *das Protegieren:* jmds. P. genießen. **sinnv.:** ↑Empfehlung, Filz, Filzokratie, Vetternwirtschaft.

Pro|test, der; -[e]s, -e: *meist spontane und temperamentvolle Bekundung des Nichteinverstandenseins:* gegen etwas scharfen P. erheben, anmelden, einlegen. **sinnv.:** Anklage, Auflehnung, Demonstration, ↑Einspruch, Einwand, Mißfallen, Renitenz, ↑Widerstand. **Zus.:** Bauern-, Bürger-, Massenprotest.

Pro|te|stant, der; -en, -en, **Pro|te|stan|tin,** die; -, -nen: *Angehöriger bzw. Angehörige einer protestantischen Kirche:* er ist Protestant.

pro|te|stan|tisch ⟨Adj.⟩: *zu einer Glaubensbewegung gehörend, die aus der Reformation des 16. Jahrhunderts hervorgegangen ist und die die verschiedenen evangelischen Kirchengemeinschaften umfaßt:* die protestantische Kirche. **sinnv.:** evangelisch.

pro|te|stie|ren ⟨itr.⟩: *Protest erheben:* gegen jmdn./etwas heftig p. **sinnv.:** ↑ankämpfen, sich aufbäumen, aufbegehren, aufmucken, aufstehen, auftrumpfen, auf die Barrikaden gehen, ↑demonstrieren, sich entgegenstellen, sich erheben, meckern, meutern, mosern, mucksen, murren, opponieren, rebellieren, revoltieren, sich sperren, sich stemmen gegen, trotzen, sich widersetzen.

Pro|the|se, die; -, -n: *künstlicher Ersatz eines fehlenden oder nur unvollständig ausgebildeten Körperteils:* eine P. tragen. **sinnv.:** ↑Gebiß. **Zus.:** Arm-, Bein-, Zahnprothese.

Pro|to|koll, das; -s, -e: *wortgetreue oder auf die wesentlichen Punkte beschränkte schriftliche Fixierung der Aussagen, Beschlüsse o. ä. während einer Sitzung o. ä.:* das P. führen; etwas im P. festhalten. **sinnv.:** ↑Aufzeichnung, Bericht. **Zus.:** Gedächtnis-, Gerichts-, Sitzungs-, Tonband-, Vernehmungsprotokoll.

-protz, der; -en und -es, -e[n] ⟨Suffixoid⟩: *männliche Person, die mit dem im Basiswort Ge-*

nannten protzt: Bildungs-, Energie-, Geld-, Kraft-, Muskel-, Sex-, Sexual-, Würdeprotz.

prot|zen ⟨itr.⟩: *eigene [vermeintliche] Vorzüge oder Vorteile in einer als übertrieben empfundenen Weise zur Geltung bringen, zur Schau tragen:* er protzt mit seinem vielen Geld. **sinnv.:** ↑prahlen.

prot|zig ⟨Adj.⟩: **a)** *protzend:* dein Freund ist mir zu p. **sinnv.:** angeberisch, großkotzig, großsprecherisch, großspurig, großtuerisch, ↑prahlerisch, säbelrasselnd. **b)** *in einer als übertrieben empfundenen Weise groß und auffällig, besonders den Reichtum zur Schau stellend:* dieser Ring ist mir zu p.; er fährt einen protzigen Wagen. **sinnv.:** angeberisch, aufwendig, luxuriös, ↑prunkvoll.

Pro|vi|ant, der; -s, -e: *auf eine Wanderung, Reise o. ä. mitgenommener Vorrat an Nahrungsmitteln:* er hat den P. im Rucksack. **sinnv.:** Marschverpflegung, Mundvorrat, eiserne Ration, Verpflegung; ↑Nahrung. **Zus.:** Reiseproviant.

Pro|vinz, die; -, -en: **1.** *Verwaltungseinheit [in bestimmten Ländern]:* das Land ist in Provinzen eingeteilt. **sinnv.:** Bezirk, Departement, Distrikt, Kreis, Landkreis, Regierungsbezirk, Verwaltungsbezirk. **2.** ⟨ohne Plural⟩ **a)** *ländliche Gegend im Unterschied zur Großstadt:* sie wohnt in der P. **sinnv.:** Dorf, Land, Pampa. **b)** *vom Sprecher oft als kulturell, gesellschaftlich besonders rückständig empfundenes Gebiet:* was das kulturelle Angebot angeht, ist diese Stadt hinterste P.

pro|vin|zi|ell ⟨Adj.⟩: *für die Provinz* (2b) *typisch, charakteristisch:* ein provinzielles Theater. **sinnv.:** beschränkt, ↑engherzig, kleinstädtisch, ↑ländlich, hinter dem Mond, rückständig.

Pro|vi|si|on, die; -, -en: *(für die Vermittlung eines Geschäfts übliche) Vergütung in Form einer prozentualen Beteiligung am Umsatz:* der Vertreter erhielt eine hohe P.; auf, gegen P. arbeiten. **sinnv.:** ↑Entgelt.

pro|vi|so|risch ⟨Adj.⟩: *als Notbehelf dienend:* eine provisorische Maßnahme; etwas p. reparieren. **sinnv.:** ↑notdürftig.

Pro|vo|ka|ti|on, die; -, -en: *Gegenstand, Bemerkung, Handlung, durch die jmd. provoziert wird, werden soll:* dieser Vorfall ist eine politische, militärische P. **sinnv.:** Aufreizung, Aufwiegelung, Brüskierung, Herausforderung. **Zus.:** Grenzprovokation.

pro|vo|zie|ren ⟨tr./itr.⟩: *(durch herausforderndes Sichäußern, Handeln, Verhalten) bewirken, daß eine bestimmte, oft gereizte Reaktion o. ä. ausgelöst wird:* er will [uns] nur p. **sinnv.:** ↑alarmieren, aufschrecken, heraufbeschwören, herausfordern, ↑reizen, auf die Spitze treiben.

Pro|ze|dur, die; -, -en: *umständliches oder kompliziertes und für den Betroffenen unangenehmes Verfahren:* der Patient ließ die schmerzhafte P. geduldig über sich ergehen. **sinnv.:** Behandlung[sweise], Verfahrensweise.

Pro|zent, das; -[e]s, -e: *hundertster Teil:* bei sofortiger Zahlung werden drei P. Rabatt gewährt; 10 P. [der Abgeordneten] haben zugestimmt.

pro|zen|tu|al ⟨Adj.⟩: *in Prozenten gerechnet, im Verhältnis zum Ganzen:* er ist p. an dem Gewinn beteiligt; die Zahl der Toten im Pfingstverkehr ist p. zurückgegangen. **sinnv.:** entsprechend, linear.

Pro|zeß, der; Prozesses, Prozesse: **1.** *gerichtliches Verfahren zur Entscheidung eines Rechtsstreites:* der P. Meyer gegen Schulze wird wieder aufgerollt; der P. wird von einem erfahrenen Richter geleitet. **sinnv.:** Gerichtsverhandlung, Verhandlung. **Zus.:** Arbeits-, Schau-, Straf-, Zivilprozeß. **2** *über eine gewisse Zeit sich erstreckender Vorgang, bei dem etwas entsteht oder abläuft:* ein chemischer P.; der P. der Zerstörung des Gewebes konnte gebremst werden. **sinnv.:** Ablauf, Entwicklung, Gang, Hergang, Lauf, Prozedur, Verlauf. **Zus.:** Alterungs-, Entwicklungs-, Produktions-, Reifungsprozeß.

pro|zes|sie|ren ⟨itr.⟩: *einen Prozeß führen:* ich prozessiere gegen meinen Nachbarn; er prozessiert mit seiner Schwester um die Hinterlassenschaft; sie prozessiert wegen Beleidigung. **sinnv.:** Anklage erheben, anklagen, einklagen, vor Gericht gehen, das Gericht/die Gerichte anrufen, sich an das Gericht wenden, sein Recht bei/vor Gericht suchen, vor Gericht bringen/stellen, vor den Kadi bringen, eine Klage anstrengen/anhängig machen, Klage erheben, klagen, einen Prozeß anstrengen, jmdm. den Prozeß machen, jmdm. einen Prozeß anhängen/an den Hals hängen, sein Recht suchen, den Rechtsweg einschlagen/beschreiten.

Pro|zes|si|on, die; -, -en: *(in der katholischen und orthodoxen Kirche) aus bestimmtem religiösem Anlaß veranstalteter feierlicher Umzug von Geistlichen und Gemeinde.* **Zus.:** Bitt-, Fronleichnamsprozession.

prü|de ⟨Adj.⟩: *alles, was auf Sexuelles Bezug hat, als peinlich empfindend, es nach Möglichkeit meidend:* sie war so p., daß sie bei der leisesten Anzüglichkeit errötete. **sinnv.:** empfindlich, spröde, verlegen, verschämt, zimperlich.

prü|fen ⟨tr.⟩: **1.** *im Hinblick auf etwas kontrollierend untersuchen:* jmds. Angaben auf ihre Richtigkeit p.; die Qualität des Materials p. **sinnv.:** ↑analysieren, ↑ausprobieren, einsehen, Einsicht nehmen, erproben, ↑erwägen, ↑kontrollieren, ↑kosten, probieren, auf dem Prüfstand sein, einer Prüfung unterziehen, recherchieren, testen, ↑versuchen. **Zus.:** durch-, überprüfen. **2.** *jmds. Wissen, Fähigkeiten durch entsprechende Aufgabenstellung, durch Fragen, durch forschendes Beobachten, Testen o. ä. festzustellen suchen:* einen Schüler im Abitur auch mündlich p.; jmds. Eignung, jmdn. auf seine Reaktionsfähigkeit p. **sinnv.:** examinieren, testen, auf den Zahn fühlen.

Prü|fung, die; -, -en: **a)** *das Prüfen; prüfendes Untersuchen:* die P. von Lebensmitteln; die P. der Edelsteine auf Echtheit; die Argumente einer genauen P. unterziehen. **sinnv.:** ↑Analyse, ↑Kontrolle, Nachforschung, Recherche. **Zus.:** Nachprüfung. **b)** *[durch Vorschriften] geregeltes Verfahren, das dazu dient, jmdn. zu prüfen* (2): sie hat die P. in Chemie bestanden; er bereitet sich gerade auf/für eine P. vor. **sinnv.:** Abitur, Examen, Rigorosum, Staatsexamen, Test. **Zus.:** Eignungs-, Fahr-, Meister-, Reife-, Zwischenprüfung.

Prü|gel, der; -s, -: **a)** *dicker, längerer Stock zum Schlagen:* mit einem P. auf jmdn. einschlagen. **sinnv.:** Gerte, Knüppel, Knüttel, Rute. **b)** ⟨Plural⟩ *Schläge (aus Zorn, Ärger o. ä.):* P. bekommen, austeilen. **sinnv.:** Abreibung, Dresche, Haue, Keile, Saures, Senge, Wichse · Ohrfeige.

prü|geln: **1.** ⟨tr.⟩ *heftig schlagen:* immer wenn er betrunken ist, prügelt er die Kinder. **sinnv.:** ↑schlagen. **Zus.:** durch-, nieder-, totprügeln. **2.** ⟨sich p.⟩ *einen Streit mit Tätlichkeiten austragen:* die Schüler prügeln sich auf dem Schulhof; er prügelte sich mit seinem Freund um das Mädchen. **sinnv.:** sich ↑raufen. **Zus.:** durch-, nieder-, verprügeln.

Prunk, der; -[e]s: *Reichhaltigkeit in der Ausstattung o. ä., die als glanzvoll oder aber als übertrieben empfunden wird:* die alte Oper strahlt in neuem P.; die Revue war mit unvorstellbarem P. ausgestattet. **sinnv.:** ↑Aufwand, Glanz, Herrlichkeit, Kostbarkeit, Luxus, Pomp, Pracht, Reichtum, Üppigkeit.

prun|ken ⟨itr.⟩: **1.** *etwas Besonderes zeigen, um Bewunderung zu erregen:* sie hat mit ihrem kostbaren Schmuck geprunkt. **sinnv.:** ↑prahlen. **2.** *durch ein als besonders schön empfundenes Aussehen auffallen und die Aufmerksamkeit auf sich ziehen:* die Wand prunkte in prächtigen Farben. **sinnv.:** glänzen, Pracht entfalten, prangen, strahlen.

prunk|voll ⟨Adj.⟩: *mit viel Prunk, großartiger Ausgestaltung:* ein prunkvoller Saal; ein p. ausgebautes Schloß. **sinnv.:** ↑aufwendig, glanzvoll, luxuriös, prächtig, ↑prachtvoll, ↑prahlerisch, ↑protzig.

pru|sten, prustete, hat geprustet ⟨itr.⟩: *die Luft mit einem schnaubenden Geräusch ausstoßen:* vor Lachen p. **sinnv.:** ↑lachen. **Zus.:** heraus-, losprusten.

Psalm, der; -s, -en: *(im Alten Testament enthaltenes) religiöses Lied des jüdischen Volkes.* **Zus.:** Buß-, Dank-, Lobpsalm.

pseu|do-, Pseu|do- ⟨Präfix⟩ (öfter abwertend): *nur dem Anschein nach, aber nicht wirklich; sich den Anschein (des im Basiswort Genannten) gebend oder so aussehend, scheinend, es aber in Wahrheit nicht seiend; nur scheinbar (das im Basiswort Genannte) seiend, nicht echt:* **a)** ⟨adjektivisch⟩ pseudochristlich, -demokratisch, -erotisch, -geistreich, -heilig, -idealistisch, -intellektuell, -klassisch, -legal, -modern, -originell, -rational, -religiös, -revolutionär, -sinnlich, -theologisch, -wissenschaftlich. **b)** ⟨substantivisch⟩ Pseudochrist, -dichter, -freak, -homosexualität, -idee, -krise, -kritik, -logist, -marxist, -medizin, -neuerertum, -partei, -pathos, -realismus, -sinnlichkeit, -systematik, -versprechen, -wahrheit, -werbung, -wissenschaft. **c)** ⟨selten verbal⟩ pseudologisieren. **sinnv.:** a-, falsch-, nicht-, un-.

Pseud|onym, das; -s, -e: *Name, den jmd. (besonders ein Autor) an Stelle seines wirklichen Namens führt:* der Autor veröffentlichte den Roman unter einem P. **sinnv.:** Deckname, Künstlername, Nom de guerre, Nom de plume, Tarnname · alias · Inkognito.

Psy|che, die; -, -n: *Gesamtheit bewußter und unbewußter seelischer (insbesondere emotionaler) Vorgänge und geistiger bzw. intellektueller Funktionen; jmds. Denken und Fühlen:* die weibliche P. **sinnv.:** ↑Seele.

Psych|ia|ter, der; -s, -: *Facharzt für seelische Störungen und Geisteskrankheiten:* er ließ sich von einem bekannten P. behandeln. **sinnv.:** Irrenarzt, Nervenarzt, Neurologe, Psychotherapeut, Seelenarzt. **Zus.:** Gerichts-, Jugend-, Kinderpsychiater.

psy|chisch ⟨Adj.⟩: *die Psyche betreffend, dadurch bedingt:* unter psychischem Druck stehen; sich p. wohl fühlen. **sinnv.:** geistig, mental, nervlich, psychologisch, seelisch.

Psy|cho|lo|ge, der; -n, -n, **Psy|cho|lo|gin,** die; -, -nen: *männliche bzw. weibliche Person, die auf dem Gebiet der Psychologie wissenschaftlich ausgebildet ist:* die Kinder wurden von einem Psychologen getestet. **Zus.:** Arbeits-, Diplom-, Kinder-, Verkehrs-, Werbepsychologe.

Psy|cho|lo|gie, die; -: *Wissenschaft von den bewußten und unbewußten seelischen Vorgängen, vom Erleben und Verhalten des Menschen.* **sinnv.:** Bewußtseinslehre, Seelenkunde; Verhaltensforschung. **Zus.:** Entwicklungs-, Kinder-, Lern-, Massen-, Para-, Persönlichkeits-, Wahrnehmungs-, Werbepsychologie.

psy|cho|lo|gisch ⟨Adj.⟩: **1.** *die Psychologie betreffend:* ein psychologisch geschulter Trainer; in einer Sache p. vorgehen. **Zus.:** lern-, massen-, para-, sprach-, tiefenpsychologisch. **2.** *das Seelische, die Psyche betreffend:* ein psychologischer und wirtschaftlicher Tiefpunkt; eine große psychologische Belastung. **sinnv.:** ↑psychisch.

Psy|cho|se, die; -, -n: *schwere psychische Störung.* **sinnv.:** Geistes-, Gemütskrankheit, Neurose. **Zus.:** Angst-, Massenpsychose.

Pu|ber|tät, die; -: *zur Geschlechtsreife führende Entwicklungsphase des Jugendlichen.* **sinnv.:** Adoleszenz, Entwicklungsjahre, Entwicklungszeit, Flegeljahre, ↑Jugend, Reifezeit.

Pu|bli|ci|ty [pʌ'blɪsɪtɪ], die; -: **a)** *jmds. Bekanntsein oder -werden in der Öffentlichkeit:* als Politiker P. genießen. **b)** *Werbung zur Sicherung eines hohen Bekanntheitsgrades oder um öffentliches Aufsehen zu erregen:* wegen des Mangels an P. war die Ausstellung nur schwach besucht. **sinnv.:** ↑Propaganda.

Pu|bli|ka|ti|on, die; -, -en: **a)** *das Publizieren:* die P. der Forschungsergebnisse vorbereiten. **sinnv.:** Veröffentlichung. **b)** *im Druck erschienenes [literarisches oder wissenschaftliches] Werk.*

Pu|bli|kum, das; -s: *Gesamtheit der Zuhörer, Besucher, der an Kunst, Wissenschaft o. ä. interessierten Menschen:* das literarisch interessierte P.; das P. applaudierte lange; man hörte Pfiffe aus dem P. **sinnv.:** Auditorium, Besucher, Hörerschaft, Teilnehmer, Zuhörer, Zuhörerschaft, ↑Zuschauer. **Zus.:** Fernseh-, Kino-, Stamm-, Theaterpublikum.

pu|bli|zie|ren ⟨tr./itr.⟩: *[in gedruckter Form] erscheinen lassen:* seinen zweiten Roman hat der Autor bei einem anderen Verlag publiziert; unter einem Pseudonym p. **sinnv.:** edieren, herausbringen, herausgeben, verlegen, ↑veröffentlichen.

Pu|bli|zist, der; -en, -en, **Pu|bli|zi|stin,** die; -, -nen: *männliche bzw. weibliche Person, die das aktuelle [politische] Zeitgeschehen in Zeitungen o. ä. analysiert und kommentiert:* ein bekannter P. schrieb über den Staatsbesuch. **sinnv.:** ↑Journalist.

Puck, der; -s, -s: *(beim Eishokkey) Scheibe aus Hartgummi, die mit dem Schläger ins gegnerische Tor zu treiben ist:* der Stürmer schlug den P. ins Tor.

Pud|ding, der; -s, -e und -s:

Süßspeise, die als Nachtisch gegessen wird: P. kochen. **sinnv.:** Flammeri; ↑Dessert.

Pu|del, der; -s, -: *kleinerer Hund mit dichtem, wolligem, gekräuseltem Fell.* **Zus.:** Klein-, Zwergpudel.

Pu|der, der; -s, -: *feine pulverförmige Substanz vor allem zu medizinischen oder kosmetischen Zwecken.* **sinnv.:** ↑Pulver. **Zus.:** Baby-, Kompakt-, Körper-, Wundpuder.

pu|dern ⟨tr.⟩: *mit Puder bestreuen:* ein Kind, die Wunde, die Füße p.; ⟨auch sich p.⟩ sie hat sich stark gepudert *(sie hat viel Puder im Gesicht aufgelegt).* **sinnv.:** bestreuen, einstäuben. **Zus.:** be-, einpudern.

Puff: **I.** der; -[e]s, Püffe (ugs.): *Stoß mit der Faust, mit dem Ellenbogen:* ich gab ihm einen P. in die Seite. **sinnv.:** Knuff, Rippenstoß, Schubs, Stups; ↑Stoß. **II.** der; -s, -s (derb): ↑*Bordell:* in einen P. gehen.

Puf|fer, der; -s, -: *federnde Vorrichtung an Schienenfahrzeugen, die einen möglichen Aufprall abbremst.* **sinnv.:** Prellbock; Stoßstange.

Pulk, der; -[e]s, -s: **a)** *loser Verband von militärischen Fahrzeugen oder Kampfflugzeugen:* die Flugzeuge flogen im P. **sinnv.:** ↑Abteilung. **Zus.:** Jagdbomber-, Tieffliegerpulk. **b)** *größere zusammenstehende oder sich zusammen fortbewegende Anzahl von Menschen, Tieren, Fahrzeugen:* ein P. von Schaulustigen an der Unfallstelle. **sinnv.:** ↑Ansammlung, ↑Gruppe.

Pull|over [pʊˈloːvɐ], der; -s, -: *gestricktes oder gewirktes Kleidungsstück (das den Oberkörper bedeckt).* **sinnv.:** Nicki, Pulli, Pullunder, Sweatshirt, Tennishemd, T-Shirt, Westover. **Zus.:** Baumwoll-, Damen-, Herren-, Rollkragenpullover.

Puls, der; -es, -e: *rhythmisches Anschlagen der durch den Herzschlag weitergeleiteten Blutwelle an die Wand der Ader, das besonders stark hinter dem Gelenk der Hand fühlbar ist:* den P. messen, zählen.

pul|sie|ren ⟨itr.⟩: *lebhaft fließen, strömen:* das Blut pulsiert in den Adern; in den Straßen der Stadt pulsiert der Verkehr. **sinnv.:** branden, fluten, sich ergießen.

Pult, das; -[e]s, -e: *schmales, hohes Gestell mit schräg liegender Platte zum Lesen, Schreiben o. ä.:* der Redner trat an das P. **sinnv.:** ↑Katheder. **Zus.:** Dirigenten-, Noten-, Schalt-, Schreib-, Stehpult.

Pul|ver, das; -s, -: **a)** *so fein wie Staub oder Sand zermahlener Stoff:* Kaffee in Form von P. **sinnv.:** Mehl, Puder, Staub. **Zus.:** Brause-, Ei-, Milch-, Nies-, Pudding-, Trocken-, Waschpulver. **b)** *explosive Mischung von verschiedenen Stoffen zum Schießen.* **Zus.:** Schießpulver.

pum|me|lig ⟨Adj.⟩: *(bes. von weiblichen Personen und Kindern) ein wenig dick und nicht sehr groß:* sie ist nicht gerade dick, aber p. ist sie schon. **sinnv.:** dicklich, füllig, mollig, rundlich, vollschlank, wohlgenährt; ↑dick.

Pum|pe, die; -, -n: *Gerät oder Maschine zum An- oder Absaugen und Befördern von Flüssigkeiten oder Gasen.* **Zus.:** Benzin-, Luft-, Wasserpumpe.

pum|pen: **1.** ⟨tr./itr.⟩ *mit einer Pumpe an-, absaugen [und irgendwohin befördern]:* das Wasser aus dem Keller p.; die Maschine pumpt zu langsam. **2.** ⟨itr.⟩ (ugs.) ↑*leihen* (2): Geld von jmdm. p.; ich habe mir einen Schirm gepumpt. **3.** ⟨tr./itr.⟩ (ugs.) ↑*leihen* (1): er pumpt ihm nicht gern [das Geld].

Pum|per|nickel, der; -s, -: *schwarzbraunes, rindenloses, süßlich und würzig schmeckendes Brot aus Roggenschrot.*

Pumps [pœmps], der; -, -: *über dem Spann ausgeschnittener Damenschuh mit höherem Absatz.* **sinnv.:** Schuh. **Zus.:** Slingpumps.

Punk [paŋk], der; -[s], -s: ↑*Punker.*

Pun|ker [ˈpaŋkɐ], der; -s, -, **Pun|ke|rin,** die; -, -nen: *Angehöriger bzw. Angehörige einer Protestbewegung von Jugendlichen, die durch ihre auffällige, grelle Aufmachung und oft rüde Verhaltensweise die Gesellschaft provozieren und ihre Gegenposition zum Ausdruck bringen wollen.* **sinnv.:** Gammler.

Punkt, der; -[e]s, -e: **1. a)** *[sehr] kleiner runder Fleck:* ein weißer Stoff mit blauen Punkten. **sinnv.:** Tupfer. **b)** *Zeichen in Form eines Punktes* (1a): den P. auf das i setzen; den Satz mit einem P. abschließen. **Zus.:** Abkürzungs-, Doppel-, Strichpunkt. **2.** *Stelle, geographischer Ort:* die Straßen laufen in einem P. zusammen; der höchste P. Deutschlands liegt in Bayern. **Zus.:** Brenn-, Gefrier-, Halte-, Höhe-, Mittel-, Stütz-, Tief-, Treffpunkt. **3.** ⟨ohne Plural⟩ /in Verbindung mit einer Uhrzeitangabe/ *genau um ...:* er ist P. drei gekommen; die Sendung, das Spiel beginnt P. 15 Uhr. **4.** *Gegenstand der geistigen Beschäftigung oder Auseinandersetzung innerhalb eines größeren Themenkomplexes:* auf diesen P. werden wir noch zu sprechen kommen; P. drei der Tagesordnung. **sinnv.:** ↑Frage. **Zus.:** Beratungs-, Kern-, Knack-, Streit-, Verhandlungspunkt. **5.** *Einheit zur Bewertung bestimmter Wettkämpfe:* der Athlet erreichte bei diesem Wettkampf 20 Punkte; am Balken konnten die Mädchen fleißig Punkte für die Mannschaft sammeln. **Zus.:** Plus-, Straf-, Wertungspunkt.

punk|tie|ren ⟨tr.⟩: **1.** *mittels einer hohlen Nadel (aus einer Körperhöhle oder einem Organ) Flüssigkeit entnehmen:* der Patient wurde am Knie punktiert; die Leber ist punktiert worden. **2.** *durch Punkte darstellen; mit Punkten versehen, ausfüllen:* eine Linie p.; eine punktierte Fläche.

pünkt|lich ⟨Adj.⟩: *den Zeitpunkt genau einhaltend:* er ist immer p. **sinnv.:** fahrplanmäßig, fristgemäß, fristgerecht, nicht zu früh und nicht zu spät, mit dem Glockenschlag, auf die Minute, rechtzeitig, zur rechten/richtigen/vereinbarten Zeit; ↑früh. **Zus.:** unpünktlich.

punk|tu|ell ⟨Adj.⟩: *auf einen oder mehrere bestimmte Punkte bezogen, einen oder mehrere bestimmte Punkte betreffend:* in seiner Kritik ging er nicht pauschal, sondern p. vor.

Punsch, der; -[e]s, -e: *heiß genossenes Getränk aus Arrak (Rum), Zucker, Zitrone und Tee oder Wasser.* **sinnv.:** Gewürz-, Glühwein. **Zus.:** Eier-, Schweden-, Silvesterpunsch.

Pu|pil|le, die; -, -n: *als schwarzer Punkt erscheinende Öffnung im Auge, durch die das Licht eindringt.*

Pup|pe, die; -, -n: *verkleinerte Nachbildung besonders eines weiblichen Kindes (als Kinderspielzeug):* mit Puppen spielen. **sinnv.:** Kasper, Marionette,

Wachsfigur. **Zus.:** Holz-, Stoff-, Trachtenpuppe.
pur ⟨Adj.⟩: *ohne [fremden] Zusatz:* eine Schale aus purem Gold; Whisky p. trinken. **sinnv.:** naturrein, rein, schier, unverfälscht, unvermischt.
Pü|ree, das; -s, -s: *Speise aus gekochtem Gemüse, gekochten Kartoffeln oder Hülsenfrüchten, die zerdrückt oder durch ein Sieb gestrichen werden:* ein feines P. aus gekochten Kartoffeln, Erbsen zubereiten. **sinnv.:** ↑Brei, Mus. **Zus.:** Kartoffel-, Tomatenpüree.
Pur|pur, der; -s: **a)** *Farbstoff von intensiv roter Farbe:* mit P. färben. **sinnv.:** ↑rot. **b)** *mit Purpur* (a) *gefärbter Stoff:* sich in P. kleiden.
pur|zeln, purzelte, ist gepurzelt ⟨itr.⟩: *[stolpernd, sich überschlagend] hinfallen:* die Kinder purzelten in den Schnee; der Junge war vom Stuhl gepurzelt. **sinnv.:** ↑fallen. **Zus.:** herab-, heraus-, hineinpurzeln.
Pu|ste, die; - (ugs.): *Atem[luft] (als etwas, was für eine Leistung o. ä. nötig ist, deren Vorhandensein aber in Frage gestellt ist):* schon nach der ersten Runde ging ihm die P. aus. **sinnv.:** ↑Atem.
Pu|stel, die; -, -n: *kleine Blase [mit Eiter] auf der Haut:* sie hatte Pusteln im Gesicht. **sinnv.:** ↑Ausschlag.
pu|sten: 1. ⟨tr./itr.⟩ *Atemluft irgendwohin blasen:* den Staub von den Büchern p.; jmdm. [den Rauch] ins Gesicht p. **sinnv.:** blasen. **2.** ⟨itr.⟩ *schwer atmen:* er mußte sehr p., weil er schnell gelaufen war. **sinnv.:** schnaufen.
Pu|te, die; -, -n: *Truthenne:* eine P. braten.
Pu|ter, der; -s, -: ↑*Truthahn:* einen P. mit Trüffeln füllen.
Putsch, der; -[e]s, -e: *illegale [gewaltsame] Aktion einer Gruppe [von Militärs] mit dem Ziel, die Regierung zu stürzen und die Macht an sich zu reißen:* der Diktator ist durch einen P. an die Macht gekommen. **sinnv.:** Revolution, Staatsstreich, Umsturz; ↑Verschwörung. **Zus.:** Militärputsch.
put|schen ⟨itr.⟩: *einen Putsch machen:* die Armee hat geputscht. **Zus.:** aufputschen.
Putz, der; -es: *Gemisch aus Sand, Wasser und Bindemitteln, mit dem insbesondere Außenwände verputzt werden:* der P. bröckelt von den kahlen Wänden. **sinnv.:** Verputz.
put|zen ⟨tr./itr.⟩: *Schmutz von, aus etwas entfernen:* die Schuhe, die Wohnung p.; p. gehen *(als Putzfrau arbeiten).* **sinnv.:** ↑säubern. **Zus.:** ab-, verputzen, wegputzen.
put|zig ⟨Adj.⟩: *durch sein Aussehen, sein Verhalten belustigte Heiterkeit auslösend, hervorrufend:* ein putziges Eichhörnchen. **sinnv.:** drollig, entzükkend, niedlich, possierlich; ↑spaßig.
Puz|zle|spiel ['paz|...], das; -s, -e: *Spiel, das aus vielen kleinen, unregelmäßig geformten Teilen besteht, die zu einem Bild zusammengesetzt werden müssen:* ein P. erfordert viel Geduld. *sinnv.:* Geduld[s]spiel, Puzzle.
Py|ja|ma [py'dʒa:ma und py'ʒa:ma], der; -s, -s: ↑*Schlafanzug.*
Py|ra|mi|de, die; -, -n: **a)** /eine geometrische Figur/ (siehe Bildleiste „geometrische Figuren", S. 292). **b)** *monumentaler Grabbau in Form einer Pyramide* (a), *besonders in der altägyptischen Kultur:* die Pyramiden in Ägypten besichtigen.

Q

Qua|der, der; -s, -, auch: die; -, -n: /eine geometrische Figur/ (siehe Bildleiste „geometrische Figuren", S. 292). **Zus.:** Marmor-, Steinquader.
Qua|drat, das; -[e]s, -e: /eine geometrische Figur/ (siehe Bildleiste „geometrische Figuren", S. 292). **sinnv.:** ↑Viereck. **Zus.:** Planquadrat.
qua|dra|tisch ⟨Adj.⟩: *die Form eines Quadrates aufweisend:* die Küche hat einen quadratischen Grundriß.
qua|ken ⟨itr.⟩: *(von Fröschen und Enten) einen Laut von sich geben, der so ähnlich wie „quak" klingt.*
quä|ken ⟨itr.⟩: *jammernde, weinerliche Laute von sich geben:* das Kind quäkt den ganzen Tag. **sinnv.:** jammern, quengeln, ↑weinen.
Qual, die; -, -en: *sehr starker, länger anhaltender körperlicher oder seelischer Schmerz:* große Qualen ertragen müssen; die Arbeit in dieser Hitze wurde für uns zur Q. **sinnv.:** ↑Leid, ↑Marter. **Zus.:** Gewissens-, Herzens-, Höllen-, Seelenqual.
quä|len: 1. ⟨tr.⟩ *Qualen zufügen:* ein Tier q. **sinnv.:** ↑mißhandeln, ↑peinigen, piesacken, schikanieren. **2.** ⟨sich q.⟩ *sich mit etwas unter so großen Anstrengungen beschäftigen, daß es schon fast zur Qual wird:* der Schüler quälte sich mit dieser Aufgabe. **sinnv.:** sich ↑abmühen. **Zus.:** ab-, herumquälen.
Qua|li|fi|ka|ti|on, die; -, -en: **1.** *durch Ausbildung, Erfahrung erworbene Befähigung zu einer bestimmten [beruflichen] Tätigkeit:* für diesen Posten fehlt ihm die nötige Q. **sinnv.:** Befähigungsnachweis, Eignung, ↑Fähigkeit. **2. a)** *Berechtigung zur Teilnahme an einem sportlichen Wettkampf auf Grund einer vorausgegangenen sportlichen Leistung o. ä.:* die beiden Boxer kämpften um die Q. für das Finale. **Zus.:** Disqualifikation. **b)** *Wettkampf, bei dem es um die Teilnahme am eigentlichen Wettbewerb geht:* die deutschen Athleten sind in der Q. ausgeschieden. **Zus.:** Olympia-, Weltmeisterschaftsqualifikation.
qua|li|fi|zie|ren, sich: *sich als geeignet erweisen; eine bestimmte Qualifikation* (1) *vorweisen:* der Sportler hat sich für die Teilnahme an der Olympiade qualifiziert; qualifizierte *(fähige, geeignete)* Mitarbeiter haben. **Zus.:** ab-, dis-, weiterqualifizieren.

Qua|li|tät, die; -, -en: **a)** *[positiv bewertete] Beschaffenheit:* ein Stoff von bester Q.; er achtet auf Q. **sinnv.:** Güte, Niveau, Wert. **Zus.:** Bild-, Klang-, Stoff-, Tonqualität. **b)** ⟨Plural⟩ *bestimmte positiv bewertete Eigenschaft einer Person:* ein Mann mit künstlerischen, menschlichen Qualitäten. **sinnv.:** ↑Format.

qua|li|ta|tiv ⟨Adj.⟩: *der Beschaffenheit (als Gegensatz zur Menge) nach:* etwas q. verbessern; in qualitativer Hinsicht wurden die Erwartungen übertroffen. **sinnv.:** qualitätsmäßig.

Qual|le, die; -, -n: *gallertartiges, glocken- bis schirmförmiges, im Meer frei schwimmendes Tier mit Fangarmen:* **sinnv.:** Meduse; ↑Polyp.

Qualm, der; -[e]s: *in dicken Wolken aufsteigender Rauch:* die Lokomotive macht viel Q. **sinnv.:** ↑Rauch.

qual|men: 1. ⟨itr.⟩ *Qualm entwickeln, erzeugen:* der Ofen qualmt. **2.** ⟨tr./itr.⟩ (ugs.) **a)** *viel, stark rauchen:* du sollst nicht so viel q.!; er qualmt pro Tag zwanzig Zigaretten. **sinnv.:** ↑rauchen. **Zus.:** verqualmen, vollqualmen. **b)** ↑*rauchen:* er qualmt ab und zu mal eine.

Quan|ti|tät, die; -, -en: *Anzahl (als Gegensatz zur Beschaffenheit gesehen):* es kommt weniger auf die Q. als vielmehr auf die Qualität an. **sinnv.:** ↑Menge.

quan|ti|ta|tiv ⟨Adj.⟩: *der Menge (als Gegensatz zur Beschaffenheit) nach:* zwischen den Produktionen der beiden Verlage besteht nur ein quantitativer, kein qualitativer Unterschied.

Quan|tum, das; -s, Quanten: *bestimmte Menge, die von einer größeren Menge zu nehmen ist und jmdm. zukommt oder einer Sache angemessen ist:* er bekam das ihm zustehende Q. **sinnv.:** ↑Betrag, ↑Dosis.

Quark, der; -s: **1.** *aus saurer Milch hergestelltes, weißes, breiiges Nahrungsmittel.* **sinnv.:** Topfen, weißer Käse, Weißkäse; Crème fraîche, Dickmilch, Joghurt, Kefir, Hüttenkäse, saure Sahne, Schichtkäse. **Zus.:** Mager-, Sahne-, Speisequark. **2.** (ugs.) *als wertlos, belanglos eingeschätzte Sache:* red nicht solchen Q.!; der Film war [ein] absoluter Q. **sinnv.:** ↑Unsinn.

Quar|tal, das; -s, -e: *eines der vier Viertel eines Kalenderjahres:* im letzten Q. erlebte die Firma einen Aufschwung. **sinnv.:** Vierteljahr. **Zus.:** Sommer-, Winterquartal.

Quar|tett, das; -[e]s, -e: **a)** *Musikstück für vier Stimmen oder vier Instrumente:* sie spielten ein Q. von Schubert. **Zus.:** Streichquartett. **b)** *Gruppe von vier Sängern oder Musikern:* er spielt in einem Q. **Zus.:** Streichquartett.

Quar|tier, das; -s, -e: *Räumlichkeit, in der jmd. vorübergehend (z.B. auf einer Reise) wohnt:* ein Q. suchen, beziehen; bei jmdm. Q. nehmen. **sinnv.:** ↑Unterkunft. **Zus.:** Elends-, Massen-, Nacht-, Not-, Privatquartier.

Quarz, der; -es, -e: *kristallisiertes, Gesteine bildendes, sehr häufig und in vielen Abarten vorkommendes Mineral.* **Zus.:** Rauch-, Rosenquarz.

qua|si ⟨Adverb⟩: *gleichsam, sozusagen:* wenn auch nicht ausdrücklich, so hat sie es mir doch q. versprochen. **sinnv.:** in etwa, fast, ↑gewissermaßen, nahezu, ungefähr.

qua|si-, Qua|si- ⟨Präfixoid⟩: *fast wie, in der Art und Weise wie das im Basiswort Genannte, zwar nicht ganz so, wirklich so, aber doch nahezu, annähernd so; so, daß man es beinahe als das im Basiswort Genannte bezeichnen könnte:* **1.** ⟨adjektivisch⟩ quasiautomatisch, quasifamiliäre Inhalte, -ideologisch, quasikirchliche Familienpolitik, quasimilitärische Milizeinheiten, -objektiv, -offiziell *(gewissermaßen offiziell),* -politisch, quasireligiöse Deutung vieler Vorgänge, -richterlich, das quasisexuelle Verhältnis zwischen Führer und Massenwahn, -stabil. **sinnv.:** -ähnlich, -gleich, halb-, para-, pseudo-, schein-, semi-. **2.** ⟨substantivisch⟩ Quasiausbildung, Quasidokumentation, -exilregierung, -fraktion; Quasigruppen wie Verbraucher, Schüler, Schülereltern, Alte, Kranke; Quasikomödie, -souveränität, -synonym *(sogenannte Synonyme).*

quas|seln ⟨itr./tr.⟩ (ugs.): *(in einer vom Sprecher als störend empfundenen Weise) schnell, viel reden, erzählen (ohne ein Ende zu finden):* die Gastgeberin quasselte den ganzen Abend lang [dummes Zeug] und ging damit allen auf die Nerven. **sinnv.:** daherreden, plappern, quatschen, wie ein Buch/wie ein Wasserfall/ohne Punkt und Komma reden, schnattern, schwatzen, B[r]abbelwasser/Quasselwasser getrunken haben; ↑sprechen. **Zus.:** daher-, losquasseln.

Qua|ste, die; -, -n: *große Anzahl gleich langer Fäden oder Schnüre, die an einem Ende zusammengefaßt sind und an einer Schnur hängen:* ein Vorhang mit Quasten. **sinnv.:** Bommel, Klunker, Puschel, Troddel.

Quatsch, der; -[e]s (ugs.): *Äußerung, Handlung o.ä., die als dumm, falsch, läppisch oder wertlos angesehen wird:* in dem Artikel steht nur Q.; laß den Q. und hilf mir lieber! **sinnv.:** ↑Unsinn.

quat|schen ⟨itr./tr.⟩ (ugs.): **a)** ⟨emotional⟩ *(in einer vom Sprecher als störend empfundenen Weise) [viel] reden:* quatsch nicht soviel!; mußt du im Unterricht ständig q.? **sinnv.:** ↑quasseln; ↑sprechen. **Zus.:** an-, daher-, dazwischenquatschen. **b)** *sich unterhalten:* wir haben die ganze Nacht nur miteinander gequatscht. **sinnv.:** ↑sprechen.

Queck|sil|ber, das; -s: *silbrig glänzendes, bei Zimmertemperatur zähflüssiges Schwermetall, das z.B. in Thermometern, Barometern verwendet wird:* das Q. im Thermometer steigt, ist erheblich gefallen.

Quel|le, die; -, -n: **1.** *an bestimmter Stelle aus der Erde tretendes, den Anfang eines Bachs, Flusses bildendes Wasser:* sich im Wald an einer Q. erfrischen. **Zus.:** Erdöl-, Heil-, Mineral-, Thermalquelle. **2.** *etwas, wovon etwas seinen Ausgang nimmt, wodurch etwas entsteht:* die Q. dieser Kunst liegt in der Antike; er bezieht seine Nachrichten aus geheimen Quellen. **sinnv.:** Anlaß, Ausgangspunkt, Fundgrube, ↑Herd, Ursache, Ursprung. **Zus.:** Energie-, Erwerbs-, Fehler-, Gefahren-, Informations-, Licht-, Rohstoffquelle.

quel|len: I. quillt, quoll, ist gequollen ⟨itr.⟩: **1.** *[mit Druck] hervordringen:* schwarzer Rauch quillt aus dem Kamin; aus ihren Augen quollen Tränen. **sinnv.:** ↑fließen. **Zus.:** heraus-, hervorquellen. **2.** *sich durch Aufnahme von Feuchtigkeit von innen heraus ausdehnen:* Erbsen, Bohnen quellen, wenn sie im Wasser liegen. **sinnv.:** ↑anschwellen. **Zus.:** aufquellen. **II.** quellte, hat gequellt ⟨tr.⟩: *bewirken, daß etwas (z.B. Hülsenfrüchte) quillt* (I. 2.):

Erbsen, Bohnen q., damit sie beim Kochen schneller weich werden.

quen|geln ⟨itr.⟩ (ugs.): *mit weinerlicher Stimme immer wieder etwas verlangen, seine Unzufriedenheit ausdrücken:* der Kleine ist müde und quengelt nur noch. **sinnv.:** bitten, herumnörgeln, klagen, quäken. **Zus.:** herumquengeln.

Quent|chen, das; -s, -: *geringe Menge von etwas:* an der Suppe fehlt ein Q. Salz. **sinnv.:** ein bißchen, etwas, ein wenig.

quer ⟨Adverb⟩: **1.** *im rechten Winkel zu einer als Länge angenommenen Linie* /Ggs. längs/: den Tisch q. stellen; ein Baum lag q. über der Straße. **sinnv.:** der Breite nach. **2.** ⟨in Verbindung mit den Präpositionen „durch", „über"⟩ *[schräg von einer Seite zur anderen, von einem Ende zum anderen:* er lief q. über die Straße, q. durch den Garten. **sinnv.:** diagonal, schräg.

quer|schie|ßen, schoß quer, hat quergeschossen ⟨itr.⟩ (ugs.): *Pläne oder Handlungen anderer stören:* es braucht nur einer querzuschießen, und schon wird der Vertragsabschluß nicht zustande kommen. **sinnv.:** ↑behindern.

Quer|schnitt, der; -[e]s, -e: **1.** *Schnitt senkrecht zu der längs verlaufenden Achse eines Körpers:* von etwas einen Q. zeichnen. **2.** *Zusammenstellung von charakteristischen Dingen, Ereignissen eines größeren Bereiches:* einen Q. durch die Geschichte der Neuzeit, durch die Musik der Klassik geben. **sinnv.:** Auswahl, Auszug, Überblick, Übersicht.

Quer|stra|ße, die; -, -n: *Straße, die eine andere [breitere] Straße kreuzt oder von dieser abgeht:* die Post befindet sich in der nächsten Q. links. **sinnv.:** Neben-, Seitenstraße.

Que|ru|lant, der; -en, -en, **Que|ru|lan|tin,** die; -, -nen: *männliche bzw. weibliche Person, die an allem etwas auszusetzen hat, sich wegen jeder Kleinigkeit beschwert und dabei hartnäckig auf ihr [vermeintliches] Recht pocht:* man kann sein Anliegen nicht ernst nehmen, er ist ein Querulant. **sinnv.:** Nörgler, Quengler, Stänker, Streithahn, Streithammel, Zänker.

quet|schen: **1.** ⟨tr.⟩ *unter Anwendung von Kraft oder Gewalt irgendwohin drücken:* jmdn. an/gegen die Mauer q.; den Bademantel noch mit in den Koffer q. **sinnv.:** klemmen, kneten, ↑pressen, zwängen. **Zus.:** dazwischen-, heraus-, hineinquetschen. **2.** ⟨tr./sich q.⟩ *durch Druck verletzen:* bei dem Unfall wurde sein Arm gequetscht; ich habe mich gequetscht; ich quetschte mir die Finger. **sinnv.:** einklemmen, klemmen, prellen. **3.** ⟨sich q.⟩ *sich in/durch eine Menge o. ä. schiebend, drängend irgendwohin bewegen:* er quetschte sich in die volle Straßenbahn; der dicke Mann hat sich hinter das Steuer seines Autos gequetscht. **sinnv.:** drängen, ↑pressen, zwängen. **Zus.:** hinaus-, hineinquetschen.

quie|ken ⟨itr.⟩: *helle, schrille Laute von sich geben:* die jungen Schweine quieken. **sinnv.:** piepen, piepsen, quieksen, quietschen.

quiet|schen ⟨itr.⟩: **1.** *einen hellen, als unangenehm empfundenen Ton von sich geben:* die Tür quietscht, sie muß geölt werden. **2.** *als Ausdruck einer bestimmten Gemütsbewegung helle, schrille Laute ausstoßen:* die Kinder quietschten vor Vergnügen. **sinnv.:** ↑quieken.

Quin|tett, das; -[e]s, -e: **a)** *Musikstück für fünf Stimmen oder fünf Instrumente:* sie spielten ein Q. von Schubert. **Zus.:** Klarinetten-, Streichquintett. **b)** *Gruppe von fünf Sängern oder Musikern:* das Q. spielte Werke von Schubert. **Zus.:** Klarinetten-, Streichquintett.

Quirl, der; -[e]s, -e: *aus einer kleineren, sternförmig gekerbten Halbkugel mit längerem Stiel bestehendes Küchengerät [aus Holz]:* sie verrührte das Ei mit dem Q.

quir|len ⟨tr./itr.⟩: *mit dem Quirl verrühren:* sie hat Eigelb und/mit Zucker schaumig gequirlt. **sinnv.:** ↑rühren. **Zus.:** verquirlen.

quitt: ⟨in der Verbindung⟩ q. sein: *(in bezug auf Pflichten, Verbindlichkeiten u. a.) einen Ausgleich erreicht habend:* hier ist das Geld, das du verlangst, jetzt sind wir q.

Quit|te, die; -, -n: **1.** *Obstbaum, dessen grünlich- bis hellgelbe, apfel- oder birnenförmige, aromatische, roh nicht eßbare Früchte zu Gelee, Saft o. ä. verarbeitet werden.* **2.** *Frucht der Quitte* (1).

quit|tie|ren ⟨tr.⟩: *durch Unterschrift bestätigen, daß man etwas Bestimmtes erhalten hat:* den Empfang des Geldes q. **sinnv.:** ↑bescheinigen, ↑unterschreiben, Unterschrift leisten.

Quit|tung, die; -, -en: *Bescheinigung, mit der etwas quittiert wird:* eine Q. für/über den eingezahlten Betrag; eine Q. über 1000 Mark ausstellen. **sinnv.:** ↑Bescheinigung, ↑Bon, Kassenzettel, Liquidation, Rechnung. **Zus.:** Einzahlungsquittung.

Quiz [kvɪs], das; -, -: *unterhaltsames Frage-und-Antwort-Spiel (besonders im Fernsehen, Rundfunk):* an einem Q. im Fernsehen teilnehmen. **sinnv.:** ↑Preisausschreiben, Preisrätsel, Rätsel, Rätselspiel. **Zus.:** Fernseh-, Musik-, Städtequiz.

Quo|te, die; -, -n: *Anteil, der beim Aufteilen eines Ganzen auf jmdn./etwas entfällt; bestimmte Anzahl oder Menge im Verhältnis zu einem Ganzen:* die Quoten beim Lotto waren diesmal sehr hoch; die Q. der Unfälle, die unter Alkoholwirkung entstanden sind, nahm ständig zu. **Zus.:** Fehler-, Gewinnquote.

R

Ra|batt, der; -[e]s, -e: *Preisnachlaß, der unter bestimmten Bedingungen dem Käufer gewährt wird:* jmdm. drei Prozent R. auf alle Waren geben, gewähren. **sinnv.:** Abzug, ↑Ermäßigung, Skonto. **Zus.:** Mengenrabatt.

Ra|bat|te, die; -, -n: *meist schmales, langes Beet mit Zierpflanzen:* eine mit Rosen bepflanzte R. **sinnv.:** Beet, Blumenbeet, Rondell. **Zus.:** Blumen-, Rosen-, Zierrabatte.

Ra|bau|ke, der; -n, -n: *jmd. (besonders Jugendlicher), der sich (im Urteil des Sprechers) laut und gewalttätig benimmt:* Rabauken zertrümmerten die Einrichtung der Gastwirtschaft. **sinnv.:** ↑Raufbold.

Rab|bi|ner, der; -s, -: *jüdischer Geistlicher, Lehrer der jüdischen Religion und des jüdischen Gesetzes.* **Zus.:** Oberrabbiner.

Ra|be, der; -n, -n: *großer, kräftiger Vogel mit schwarzem Gefieder, der krächzende Laute von sich gibt.* **Zus.:** Kolkrabe · Unglücksrabe.

ra|bi|at ⟨Adj.⟩: *zu Gewalttätigkeit neigend, rücksichtslos vorgehend:* ich habe Angst vor ihm, er ist ein rabiater Kerl. **sinnv.:** aggressiv, barbarisch, brutal, gewalttätig, giftig, grausam, grob, heftig, ↑radikal, roh, rüpelhaft, verroht, wüst; ↑unbarmherzig.

Ra|che, die; -: *[von Emotionen geleitete] persönliche Vergeltung für eine als böse, besonders als persönlich erlittenes Unrecht empfundene Tat:* R. fordern, schwören; auf R. sinnen. **sinnv.:** ↑Vergeltung. **Zus.:** Blutrache.

Ra|chen, der; -s, -: *hinter der Mundhöhle gelegener Teil des Schlundes:* er hat einen entzündeten R. **sinnv.:** Gurgel, Hals, Kehle, Pharynx, Schlund. **Zus.:** Wolfsrachen.

rä|chen: 1. ⟨sich r.⟩ *(an jmdm.) Rache üben:* ich werde mich [für diese Beleidigung] an ihm r. **sinnv.:** sein Mütchen kühlen. **2.** ⟨tr.⟩ *eine als schlecht, unrecht empfundene Tat vergelten:* ich werde diese schwere Beleidigung r. **sinnv.:** ↑bestrafen.

rackern ⟨itr.⟩ (ugs.): *schwer arbeiten* (1 a), *sich abmühen:* er hat den ganzen Tag gerackert; ⟨auch sich r.⟩ sie rackert sich für ihre Kinder zu Tode. **sinnv.:** sich ↑abmühen. **Zus.:** abrackern.

Ra|clette ['raklɛt, ra'klɛt], die; -, -s, auch: das; -s, -s: *schweizerisches Gericht, bei dem man (zu heißen Pellkartoffeln und Salzgurken) Hartkäse an einem offenen Feuer schmelzen läßt und die weichgewordene Masse nach und nach auf einen Teller abstreift.* **sinnv.:** Käsefondue.

Rad, das; -[e]s, Räder: **a)** *kreisrunder, scheibenförmiger, sich um eine Achse drehender Gegenstand [der sich rollend fortbewegt, mit dem etwas rollend bewegt werden kann]:* die Räder der Maschine drehen sich; die Räder des Autos auswechseln. **sinnv.:** Kreis, Scheibe. **Zus.:** Ersatz-, Hinter-, Reserve-, Riesen-, Schaufel-, Steuer-, Zahnrad. **b)** ↑*Fahrrad.* **Zus.:** Damen-, Drei-, Holland-, Klapp-, Renn-, Tourenrad.

Ra|dar, der und das; -s, -e: *Verfahren zur Ortung von Gegenständen mit Hilfe gebündelter elektromagnetischer Wellen:* den Standort der Raketen durch R., mittels Radar[s] feststellen.

Ra|dau, der; -s (emotional): *als unangenehm empfundene Geräusche:* macht nicht wieder solchen R., wenn ihr nach Hause kommt. **sinnv.:** ↑Lärm.

ra|deln, radelte, ist geradelt ⟨itr.⟩ (ugs.): *mit dem Fahrrad fahren:* er ist nach Holland geradelt. **sinnv.:** ↑radfahren. **Zus.:** davon-, heim-, losradeln.

Rä|dels|füh|rer, der; -s, -, **Rä|dels|füh|re|rin,** die; -, -nen: *männliche bzw. weibliche Person, die eine Gruppe zu gesetzwidrigen Handlungen anstiftet und sie dabei anführt:* er wurde als Rädelsführer der Gruppe verhaftet. **sinnv.:** ↑Anführer, Anstifter, Drahtzieher, Kopf, Sprecher, Wortführer.

rad|fah|ren, fährt Rad, fuhr Rad, ist radgefahren ⟨itr.⟩: *mit dem Fahrrad fahren:* er kann weder rad- noch Auto fahren. **sinnv.:** radeln, strampeln.

Rad|fah|rer, der; -s, -, **Rad|fah|re|rin,** die; -, -nen: *männliche bzw. weibliche Person, die mit dem Fahrrad fährt.* **sinnv.:** Fahrradfahrer, Radler.

ra|die|ren ⟨itr.⟩: *Geschriebenes oder Gezeichnetes mit Hilfe eines Radiergummis oder Messers entfernen:* er hat in seinem Aufsatz oft radiert. **sinnv.:** ↑ausstreichen. **Zus.:** aus-, wegradieren.

Ra|die|rung, die; -, -en: **1.** ⟨ohne Plural⟩ *künstlerisches Verfahren, bei dem eine Zeichnung in eine Kupferplatte eingeritzt und für den Abdruck eingeätzt wird.* **2.** *durch die Radierung* (1) *hergestelltes Blatt.*

Ra|dies|chen, das; -s, -: *dem Rettich verwandte Pflanze mit einer meist kugeligen, eine rote Schale aufweisenden, würzig schmeckenden Knolle.*

ra|di|kal ⟨Adj.⟩: **a)** *bis zum Äußersten gehend:* radikale Forderungen stellen. **sinnv.:** ↑extrem, hart, kompromißlos, rigoros. **Zus.:** links-, rechtsradikal. **b)** *von Rücksichtslosigkeit und Härte gekennzeichnet:* seine Methoden sind sehr r. **sinnv.:** hart, ↑rabiat, rigoros, rücksichtslos. **c)** *von Grund aus:* etwas r. ändern, beseitigen. **sinnv.:** ↑ganz.

Ra|di|ka|lis|mus, der; -: *radikales Denken und Handeln, Streben nach einem [politischen, religiösen oder weltanschaulichen] Ziel mit allen Mitteln und ohne Rücksicht auf die Folgen:* der R. dieser Partei ist gefährlich. **sinnv.:** Extremismus, Härte, Intoleranz, Kompromißlosigkeit, Maßlosigkeit, Rücksichtslosigkeit, Unduldsamkeit, Unversöhnlichkeit. **Zus.:** Links-, Rechtsradikalismus.

Ra|dio, das; -s, -s: **a)** ⟨ohne Plural⟩ ↑*Rundfunk:* das R. bringt ausführliche Nachrichten. **b)** ⟨südd., schweiz. auch: der⟩ *Gerät, mit dem Sendungen des Rundfunks empfangen werden können:* das R. einschalten, leiser stellen; eine Nachricht im R. hören. **sinnv.:** Empfänger, Empfangsgerät, Empfangsteil, Radioapparat, Radiogerät, Rundfunkapparat, Rundfunkempfänger, Rundfunkgerät, Tuner. **Zus.:** Auto-, Koffer-, Transistorradio.

Ra|di|us, der; -, Radien: *kürzeste Entfernung vom Mittelpunkt bis zur Peripherie eines Kreises.* **sinnv.:** halber Durchmesser, Halbmesser. **Zus.:** Aktions-, Erd-, Sonnenradius.

Rad|ren|nen, das; -s, -: *sportliche Veranstaltung, bei der Radfahrer um die Wette fahren.* **sinnv.:** Bahnrennen, Querfeldeinrennen, Sechstagerennen, Steherrennen, Straßenrennen, Verfolgungsrennen. **Zus.:** Bahn-, Straßenradrennen.

Rad|tour, die; -, -en: *Ausflug per Fahrrad.* **sinnv.:** Spritztour. **Zus.:** Fahrradtour.

raf|fen: 1. ⟨tr.⟩ *(Stoff) an einer bestimmten Stelle so zusammenziehen, daß er in Falten fällt und dadurch ein wenig hochgezogen wird:* sie raffte ihren Rock und rannte los; geraffte Gardinen. **sinnv.:** ↑aufnehmen. **2.** ⟨itr.⟩ **a)** *etwas (meist mehrere Dinge) eilig an sich reißen:* er raffte das Wichtigste an sich, als das Feuer ausbrach. **Zus.:** auf-, hinweg-, zusammenraffen. **b)** *voller Habgier in seinen Besitz bringen:* Geld an sich r. **sinnv.:** scheffeln.

raff|gie|rig ⟨Adj.⟩: *bestrebt,*

möglichst viel Geld und Güter in seinen Besitz zu bringen: ein raffgieriger Spekulant. **sinnv.:** ↑habgierig.

Raf|fi|nes|se, die; -, -n: **1.** ⟨ohne Plural⟩ *(im Urteil des Sprechers) schlau ausgeklügelte Vorgehensweise, mit der jmd. eine Situation zum eigenen Vorteil nutzt:* ein mit R. geplanter Betrug. **sinnv.:** ↑Trick. **2.** ⟨Plural⟩ *Besonderheit in der Beschaffenheit, Ausstattung o. ä.:* ein Auto mit [allen] technischen Raffinessen. **sinnv.:** Finesse.

raf|fi|niert ⟨Adj.⟩: **a)** *von (als beeindruckend empfundener) höchster [ästhetischer] Verfeinerung:* das Kleid hat einen raffinierten Schnitt. **sinnv.:** ↑geschmackvoll. **b)** *voller Raffinesse* (1): ein raffinierter Betrüger; dieser Plan ist r. angelegt. **sinnv.:** ↑schlau.

Ra|ge ['ra:ʒə]: ⟨in den Wendungen⟩ (ugs.) **jmdn. in R. bringen:** *jmdn. so wütend machen, daß er/sie die Beherrschung verliert:* die dauernden Störungen brachten ihn in R. **sinnv.:** ↑ärgern, ↑aufregen; (ugs.) **in R. kommen/geraten** *so wütend werden, daß man die Beherrschung verliert.* **sinnv.:** sich ↑ärgern, sich ↑aufregen.

ra|gen, ragte, hat/ist geragt ⟨itr.⟩: *höher oder länger als die Umgebung sein und sich deshalb abheben:* ein Eisberg ragt aus dem Meer; vor uns ragt das Gebirge; der Turm ragte zum/in den Himmel. **sinnv.:** vorspringen, vorstehen. **Zus.:** auf-, empor-, heraus-, hinein-, überragen.

Ra|gout [ra'gu:], das; -s, -s: *Gericht aus kleinen Fleischstückchen o. ä. in einer pikanten Soße.* **sinnv.:** Gulasch, Haschee. **Zus.:** Geflügel-, Kalbs-, Pilzragout.

Rahm, der; -[e]s (landsch.): ↑*Sahne.*

rah|men ⟨tr.⟩: *mit einem Rahmen versehen, in einen Rahmen fassen:* ein Bild, eine Fotografie r. **sinnv.:** ↑einfassen. **Zus.:** ein-, umrahmen.

Rah|men, der; -s, -: **1.** *festgefügter, um etwas befestigter Teil, der dem Ganzen Halt gibt:* der R. eines Bildes, eines Fensters. **sinnv.:** Einfassung; Mantel. **Zus.:** Bilder-, Fenster-, Gold-, Holz-, Tür-, Wechselrahmen. **2.** ⟨R. + Attribut⟩ *etwas, was einen bestimmten Bereich umfaßt und ihn gegen andere abgrenzt:* dies alles ist im weltweiten R. verständlich; dies soll im R. des Möglichen geschehen; er hielt sich im R. seines Auftrags. **sinnv.:** Bereich, Grenze. **Zus.:** Handlungs-, Strafrahmen.

-rah|men, der; -s, -: ⟨Suffixoid⟩: */besagt, daß für das im Basiswort Genannte eine bestimmte Begrenzung gilt, innerhalb deren sich etwas halten, bewegen muß/:* der Finanz-, Handlungs-, Kosten-, Zeitrahmen ist vorgegeben.

Rah|men- ⟨Präfixoid⟩: */besagt, daß das im Basiswort Genannte erst einmal ganz allgemein, ohne nähere Einzelheiten festliegt, umrissen worden ist/:* Rahmenabkommen *(Abkommen, das allgemeine Richtlinien ohne Einzelregelungen enthält),* -bedingungen, -bestimmung, -erlaß, -gebühr, -gesetz *(Gesetz als allgemeine Richtlinie ohne Festlegung von Einzelheiten),* -ordnung, -plan, -richtlinien, -tarif, -vorschrift. **sinnv.:** Mantel-.

Rain, der; -[e]s, -e (geh.): *mit Gras bewachsener Streifen Land als Grenze zwischen zwei Äckern.*

rä|keln, sich: *sich* ↑*rekeln.*

Ra|ke|te, die; -, -n: **1.** *bes. in der Raumfahrt und beim Militär verwendeter langgestreckter, zylindrischer, nach oben spitz zulaufender Flugkörper, der durch abbrennenden Treibstoff bewegt wird:* die R. startete zum Mond. **Zus.:** Forschungs-, Mehrstufen-, Träger-, Weltraumrakete. **2.** *Feuerwerkskörper von der Form einer kleinen Rakete* (1): Raketen stiegen in den Himmel. **sinnv.:** Cracker, bengalisches Feuer, Knallfrosch, Wunderkerze. **Zus.:** Leuchtrakete.

Ral|lye ['rali, auch: 'rɛli], die; -, -s: *Autorennen über mehrere Etappen mit verschiedenen Sonderprüfungen:* er nahm an der R. Monte Carlo teil. **sinnv.:** ↑Rennen, Sternfahrt; Schnitzeljagd. **Zus.:** Autorallye.

ram|men ⟨tr.⟩: **1.** *mit einem besonderen Gerät aus Holz oder Metall mit Wucht in den Boden, in eine Wand o. ä. treiben:* er rammte Pfähle in den Boden. **sinnv.:** einschlagen, hineinstoßen, hineintreiben, schlagen in, treiben in. **Zus.:** ein-, hineinrammen. **2.** *[von der Seite her] heftig, mit Wucht (an, auf, gegen etwas) stoßen:* der Lastkraftwagen rammte den Personenkraftwagen. **sinnv.:** anfahren, auffahren auf, prallen, rumsen auf.

Ram|pe, die; -, -n: **1. a)** *waagerechte Fläche (z. B. an einem Lagergebäude) zum Be- und Entladen von Fahrzeugen:* den Lkw rückwärts an die R. fahren. **Zus.:** Lade-, Start-, Verladerampe. **b)** *schiefe Ebene zum Ausgleichen der unterschiedlichen Höhe zweier Flächen:* eine steile R. vor der Brücke. **sinnv.:** Auffahrt, Aufgang, Zugang. **2.** *vorderer Rand einer Bühne:* er trat an die R. **Zus.:** Bühnen-, Orchesterrampe.

ram|po|nie|ren ⟨tr.⟩ (ugs.): *einer Sache [viele] Schäden zufügen und sie dadurch im Aussehen stark beeinträchtigen:* ramponierte Möbel; der Rasen auf dem Fußballplatz war ganz schön ramponiert. **sinnv.:** ↑beschädigen.

Ramsch, der; -es: *Ware, die (im Urteil des Sprechers) von geringem Wert ist:* sie kaufte für ein paar Mark den ganzen R. **sinnv.:** ↑Ausschuß.

ran- ⟨trennbares verbales Präfix⟩ (ugs.): *[an jmdn./etwas] heran-:* rangehen, -holen, -karren, -kommen, -können, -lassen, -schaffen, -schleichen. **sinnv.:** herbei-.

Rand, der; -[e]s, Ränder: **1.** *äußerer oder oberer Teil einer Fläche, eines Gegenstandes:* am Rande des Waldes; ein Glas bis zum R. füllen. **sinnv.:** Begrenzung, Grenzstreifen, Kante, ↑Peripherie. **Zus.:** Feld-, Krater-, Stadt-, Straßen-, Teller-, Trauer-, Wiesenrand. **2.** *seitlicher Teil auf einem bedruckten oder beschriebenen Blatt Papier o. ä., der frei bleibt:* etwas an den R. eines Briefes schreiben. **Zus.:** Seiten-, Zeitungsrand.

ran|da|lie|ren ⟨itr.⟩: *sich zügellos und lärmend aufführen und dabei Sachen beschädigen oder zerstören:* die Jugendlichen begannen zu r., so daß die Polizei eingreifen mußte. **sinnv.:** Krawall/Rabatz/Randale machen; ↑lärmen.

Rang, der; -[e]s, Ränge: **1.** *berufliche oder gesellschaftliche Stellung, Stufe, die jmd. in einer [hierarchisch] gegliederten [Gesellschafts]ordnung innehat:* einen hohen R. einnehmen; er ist im Range, hat den R. eines Generals. **sinnv.:** Dienstgrad, Grad, Kaste, Klasse, Platz, Stand, Stufe, ↑Titel. **2.** ⟨ohne Plural⟩ *hoher Stellenwert, den jmd. oder etwas in bezug auf Bedeutung o. ä. ein-*

nimmt: ein Ereignis ersten Ranges; ein Wissenschaftler, Künstler von [hohem] R. **sinnv.:** ↑Ansehen, ↑Bedeutung, ↑Ernst, ↑Format. **Zus.:** Weltrang. **3.** *höher gelegener [in der Art eines Balkons hervorspringender] Teil im Zuschauerraum eines Theaters, Kinos usw.:* das Theater hat drei Ränge. **sinnv.:** ↑Galerie.

ran|gie|ren [raŋ'ʒi:rən]: **1.** ⟨tr.⟩ *Eisenbahnwagen auf ein anderes Gleis schieben oder fahren:* den Zug auf ein totes Gleis r. **2.** ⟨itr.⟩ *einen bestimmten Rang innerhalb einer Gruppe einnehmen:* er rangiert an fünfter Stelle, auf Platz 2, vor seinem größten Rivalen.

Ran|ke, die; -, -n: *wie eine Schnur verlängerter Pflanzenteil, der sich spiralförmig um etwas (z.B. andere Pflanzen) herumschlingt oder sich mit Hilfe von Haftorganen an eine Fläche heftet:* er band die Ranken der Weinrebe an das Spalier. **Zus.:** Bohnen-, Efeu-, Weinranke.

ran|ken, sich: *in Ranken (an etwas) in die Höhe wachsen:* der Efeu rankt sich an der Mauer in die Höhe. **sinnv.:** sich schlingen. **Zus.:** empor-, hochranken.

Ran|zen, der; -s, -: **1.** *auf dem Rücken zu tragende Schultasche (insbesondere eines jüngeren Schülers):* seine Bücher in den R. packen; den R. aufsetzen. **sinnv.:** Kollegmappe, Kollegtasche, Mappe, Ränzel, Ranzenmappe, Schulmappe, Tornister. **Zus.:** Schulranzen. **2.** (ugs.) **a)** *dicker Bauch:* in fünf Jahren Ehe hat er sich einen hübschen R. zugelegt. **sinnv.:** Bierbauch, Schmerbauch, Spitzbauch, Wamme, Wampe, Wanst. **b)** *Bauch:* nach der Wanderung haben wir uns erst mal den R. vollgeschlagen.

ran|zig ⟨Adj.⟩: *verdorben und daher schlecht riechend, schmeckend* /von Fett, Öl oder fetthaltigen Nahrungsmitteln/: die Butter ist r. **sinnv.:** ↑ungenießbar.

ra|pid, ra|pi|de ⟨Adj.⟩: *in schnellem Tempo vor sich gehend:* die Preise steigen r.; ein rapider Anstieg der Produktion. **sinnv.:** rasant, rasch, rasend, stürmisch; ↑schnell.

Rap|pe, der; -n, -n: *Pferd mit schwarzem Fell.* **sinnv.:** ↑Pferd.

rar ⟨Adj.⟩: *nur schwer erreichbar oder erhältlich:* dieser Artikel ist zur Zeit r. **sinnv.:** ↑selten.

Ra|ri|tät, die; -, -en: **a)** *etwas Rares:* große Wohnungen sind in der Innenstadt eine R. **sinnv.:** Seltenheit. **b)** *seltener und darum wertvoller Gegenstand:* dieses alte Buch ist eine R.; Raritäten sammeln. **sinnv.:** Kostbarkeit, Liebhaberstück, Sammlerstück.

ra|sant ⟨Adj.⟩: **a)** *in Staunen erregender Weise schnell:* er fuhr r. in die Kurve; die Bevölkerung nahm r. zu. **sinnv.:** ↑rapide; ↑schnell. **b)** *in einer Weise, die begeisterte Anerkennung hervorruft:* ein rasantes Auto; rasante Musik, eine rasante Frau.

rasch ⟨Adj.⟩: *schnell (durch heftigen inneren Antrieb); schnell und energisch:* sich r. zu etwas entschließen; rasche Fortschritte machen. **sinnv.:** ↑schnell.

ra|scheln ⟨itr.⟩: *ein Geräusch erzeugen, von sich geben, das sich so anhört, als ob der Wind trockenes Laub bewegt:* mit Papier r.; die Mäuse rascheln im Stroh. **sinnv.:** knacken, knirschen, knistern, ↑prasseln.

ra|sen, raste, hat/ist gerast ⟨itr.⟩: **1.** *mit sehr hoher Geschwindigkeit fahren, laufen:* er ist mit dem Auto durch die Stadt gerast. **sinnv.:** sich ↑fortbewegen. **Zus.:** davon-, durch-, entlang-, hin-, vorbei-, weiterrasen. **2.** *von Sinnen sein und sich wie wahnsinnig gebärden:* er hat vor Zorn, Eifersucht gerast; diese Ungerechtigkeit macht ihn rasend. **sinnv.:** sich ↑aufregen, ↑toben, wütend sein; ↑Amok.

Ra|sen, der; -s, -: *dicht mit angesätem, kurz gehaltenem Gras bewachsene Fläche:* den R. mähen, sprengen. **sinnv.:** Gras, Grasdecke, Grasnarbe, Grünfläche, Rasendecke, Rasenfläche, Wasen; ↑Platz; ↑Wiese. **Zus.:** Roll-, Zierrasen.

ra|sie|ren ⟨tr./sich r.⟩: *Haare unmittelbar über der Haut mit einem entsprechenden Apparat oder Messer entfernen:* der Friseur hat ihn rasiert; er hat sich noch nicht rasiert. **sinnv.:** ↑beschneiden. **Zus.:** ab-, glatt-, wegrasieren.

ras|peln ⟨tr.⟩: **a)** *auf einem dafür bestimmten Küchengerät zerkleinern:* Äpfel, Möhren, Kohl r. **sinnv.:** ↑reiben. **b)** *mit einer Art Feile kleine Späne (von etwas) abheben:* der Schuster raspelte den Rand der Sohle; Holz r. **sinnv.:** ↑polieren.

Ras|se, die; -, -n: *Gruppe von Menschen oder Tieren, die nach ihrer Herkunft, ihren Merkmalen und ihrem Aussehen zusammengehören:* die weiße, gelbe R.; eine edle, gute R.; einer anderen R. angehören. **Zus.:** Herren-, Hunde-, Menschenrasse.

ras|seln ⟨itr.⟩: *ein klapperndes, klirrendes Geräusch von sich geben:* mit einer Kette r.; der Wekker rasselte. **sinnv.:** ↑klappern, ratschen, rattern. **Zus.:** heran-, herein-, herunterrasseln.

ras|sig ⟨Adj.⟩: **a)** *eine edle, ausgeprägte Art besitzend; aus edler Zucht:* ein rassiges Pferd. **sinnv.:** edel, kostbar. **Zus.:** reinrassig. **b)** *von temperamentvoller, feuriger Art:* ein rassiges Weib; ein rassiger Wein. **sinnv.:** feurig, ↑lebhaft, ↑schnittig, schwungvoll, temperamentvoll.

ras|sisch ⟨Adj.⟩: *die Rasse betreffend, in bezug auf die Rasse:* zu den rassischen Gemeinsamkeiten dieser Stämme gehört das glatte, schwarze Haar; er wurde aus rassischen Gründen verfolgt.

Rast, die; -, -en: *Pause zum Essen und Ausruhen bei einer Wanderung oder bei einer Fahrt mit dem Auto:* R. machen; eine R. einlegen. **sinnv.:** Halt, ↑Pause, Picknick, Stopp. **Zus.:** Mittags-, Unrast.

ra|sten, rastete, hat gerastet ⟨itr.⟩: *Rast machen:* wir wollen hier eine halbe Stunde r. **sinnv.:** ↑aussetzen, haltmachen, picknicken, relaxen, ↑ruhen, eine Ruhepause einlegen, verweilen.

rast|los ⟨Adj.⟩: *sich keine Ruhe gönnend:* er arbeitet r.; sein rastloser Eifer wurde belohnt. **sinnv.:** ↑fleißig, ↑ruhelos, unablässig, unermüdlich, ununterbrochen.

Rat, der; -[e]s, Räte: **1.** ⟨ohne Plural⟩ *Empfehlung an jmdn., sich in einer bestimmten Weise zu verhalten (um so etwas auf bestmögliche Art zu bewältigen):* jmdn. um R. fragen, bitten; auf jmds. R. hören. **sinnv.:** ↑Vorschlag. **2.** *beratendes [und beschlußfassendes] Gremium:* der R. einer Stadt. **sinnv.:** ↑Ausschuß. **Zus.:** Ältesten-, Arbeiter-, Aufsichts-, Betriebs-, Kirchen-, Kriegs-, Sicherheits-, Soldatenrat.

Ra|te, die; -, -n: *in regelmäßigen Zeitabständen zu zahlender Teilbetrag einer größeren Geldsumme:* er bezahlte den Kühlschrank in vier Raten. **sinnv.:** Anteil, Ratenbetrag, Teilzahlungsbetrag. **Zus.:** Abzahlungs-, Leasing-, Monatsrate.

ra|ten, rät, riet, hat geraten: **1.** ⟨itr.⟩ *einen Rat geben:* jmdm. [zu etwas] r.; ich rate Ihnen dringend, das Angebot anzunehmen. **sinnv.:** bedeuten, gute Ratschläge geben, ↑vorschlagen. **Zus.:** ab-, an-, beraten, zuraten. **2.** ⟨tr./itr.⟩ *ein Rätsel lösen; etwas nur durch Vermutung herausfinden:* ein Rätsel r.; rate doch einmal, wie das Spiel ausgegangen ist. **sinnv.:** ↑vermuten. **Zus.:** daneben-, er-, herumraten.

Rat|haus, das; -es, Rathäuser: *Gebäude als Sitz des Bürgermeisters und der Gemeindeverwaltung.*

Ra|ti|on, die; -, -en: *zugeteilte Menge an Lebens- und Genußmitteln:* die Soldaten erhielten morgens ihre R. Brot. **sinnv.:** ↑Teil. **Zus.:** Sonder-, Tagesration.

ra|tio|nal ⟨Adj.⟩: *die Vernunft betreffend:* für diese Handlungsweise gibt es sowohl rationale als auch irrationale Gründe. **sinnv.:** analytisch, besonnen, ↑sachlich, überlegt, vernunftgemäß, vernünftig, vernunftmäßig. **Zus.:** irrational.

ra|tio|na|li|sie|ren ⟨tr./itr.⟩: *unter wirtschaftlichen Gesichtspunkten zweckmäßig und ökonomisch gestalten:* der Vorstand beschloß, das Unternehmen gründlich zu r.; der Betrieb hat mit Erfolg rationalisiert. **sinnv.:** automatisieren, effizienter machen, technisieren, vereinfachen. **Zus.:** wegrationalisieren.

ra|tio|nell ⟨Adj.⟩: *gründlich überlegt oder berechnet und dabei auf Wirtschaftlichkeit bedacht:* r. arbeiten; durch rationelle Herstellung Geld sparen. **sinnv.:** durchdacht, effektiv, effizient, ökonomisch, sinnvoll, ↑sparsam, ↑wirkungsvoll, wirtschaftlich, zeitsparend, ↑zweckmäßig.

ra|tio|nie|ren ⟨tr.⟩: *(in Krisen-, Notzeiten) nur in festgelegten, relativ kleinen Rationen zuteilen oder freigeben:* Benzin r.; nach der schlechten Ernte wurden Zucker und Weizen rationiert. **sinnv.:** ↑einteilen.

rat|los ⟨Adj.⟩: *sich keinen Rat wissend:* r. saßen sie da und wußten nicht weiter. **sinnv.:** aufgeschmissen, durcheinander, hilflos, hoffnungslos, konfus, in Nöten, verwirrt, verzweifelt.

rat|sam ⟨Adj.⟩: *so beschaffen, daß dazu geraten werden kann:* es ist nicht r., dem Chef zu widersprechen. **sinnv.:** anzuraten, empfehlenswert, nützlich, ↑zweckmäßig.

Rät|sel, das; -s, -: **1.** *als Frage gestellte, durch Nachdenken zu lösende Aufgabe:* wie lautet das R. der Sphinx? **sinnv.:** Denkaufgabe, Denksportaufgabe, Rätselfrage; Frage; ↑Quiz. **Zus.:** Bilder-, Kreuzwort-, Preis-, Silbenrätsel. **2.** *etwas Unerklärbares:* es ist mir ein R., wie so etwas geschehen konnte. **sinnv.:** Änigma, Geheimnis, Mysterium.

rät|sel|haft ⟨Adj.⟩: *nicht zu durchschauen oder zu erklären:* er starb unter rätselhaften Umständen. **sinnv.:** dunkel, geheim, geheimnisvoll, ↑mehrdeutig, mysteriös, nebulös, orakelhaft, ↑übernatürlich, unerklärlich, ↑unfaßbar.

rät|seln ⟨itr.⟩: *über eine längere Zeit hinweg eine Erklärung für etwas suchen:* über das Tatmotiv r.; er rätselt, wie so etwas passieren konnte. **sinnv.:** mutmaßen, ↑nachdenken, ↑vermuten. **Zus.:** herumrätseln.

Rat|te, die; -, -n: *Nagetier mit langem, dünnem Schwanz, das besonders in Kellern und in der Kanalisation lebt.* **sinnv.:** ↑Nagetier. **Zus.:** Ballett-, Lese-, Wasserratte.

rat|tern, ratterte, hat/ist gerattert ⟨itr.⟩: **a)** *ein Geräusch [wie] von kurzen, heftigen Stößen hervorbringen:* die Maschine hat gerattert. **sinnv.:** knattern, poltern, rasseln; ↑lärmen. **Zus.:** losrattern. **b)** *sich ratternd* (a) *fortbewegen:* der Wagen ist über die holprige Straße gerattert. **sinnv.:** ↑holpern. **Zus.:** heran-, hinein-, vorbeirattern.

Raub, der; -[e]s: *das Wegnehmen von fremdem Eigentum unter Androhung oder Anwendung von Gewalt:* er ist wegen schweren Raubes angeklagt worden. **sinnv.:** ↑Diebstahl; Beute. **Zus.:** Bank-, Juwelen-, Menschen-, Mund-, Straßenraub.

Raub- ⟨Präfixoid⟩: */besagt, daß das im Basiswort Genannte (z. B. Gedrucktes) auf widerrechtlichem Wege hergestellt, gemacht worden ist/:* Raubausgabe, -druck, -fischerei, -grabung, -kassette, -kopie, -platte, -presser, -pressung *(nicht autorisiertes Reproduzieren von Schallplatten od. Musikkassetten).* **sinnv.:** Piraten-, Schwarz-.

Raub|bau, der; -[e]s: *intensive [wirtschaftliche] Nutzung einer Sache, die den Bestand dieser Sache gefährdet:* nach diesem jahrelangen R. wird der Acker keine nennenswerten Erträge mehr hervorbringen. **sinnv.:** Beanspruchung, Überbeanspruchung.

rau|ben ⟨tr.⟩: *einen Raub begehen:* er hat [ihr] das Geld und den Schmuck geraubt. **sinnv.:** ↑stehlen. **Zus.:** aus-, berauben.

Räu|ber, der; -s, -, **Räu|be|rin,** die; -, -nen: *männliche bzw. weibliche Person, die raubt:* es gelang dem Räuber zu flüchten. **sinnv.:** ↑Dieb. **Zus.:** Bank-, Nest-, See-, Straßenräuber.

Raub|tier, das; -[e]s, -e: *(Säuge)tier, das sich vorwiegend von anderen (Säuge)tieren ernährt.*

Raub|vo|gel, der; -s, Raubvögel: *größerer Vogel, der besonders auf kleinere (Säuge)tiere Jagd macht.*

Rauch, der; -[e]s: *bei Verbrennungsprozessen entstehendes, sichtbares Gasgemisch:* R. drang aus dem brennenden Haus. **sinnv.:** Dampf, Dunst, Nebel, Qualm, Rauchfahne. **Zus.:** Pfeifen-, Pulver-, Tabak-, Weih-, Zigaretten-, Zigarrenrauch.

rau|chen: 1. ⟨tr./itr.⟩: *Tabakrauch (aus einer brennenden Zigarette o. ä.) in sich hineinziehend einatmen und wieder ausstoßen:* eine Zigarette r.; ich darf nicht mehr r. **sinnv.:** haschen, kiffen, paffen, qualmen, Raucher sein, schmauchen. **Zus.:** auf-, voll-, weiterrauchen. **2.** ⟨itr.⟩ *Rauch bilden, von sich geben:* der Ofen raucht. **sinnv.:** qualmen.

Rau|cher, der; -s, -: **1.** *jmd., der aus Gewohnheit raucht:* als starker R. braucht er mindestens vierzig Zigaretten am Tag. **Zus.:** Haschisch-, Ketten-, Nicht-, Pfeifen-, Zigarrenraucher. **2.** *Eisenbahnabteil, in dem geraucht werden darf:* im R. sitzen.

Rau|che|rin, die; -, -nen: vgl. Raucher (1).

räu|chern ⟨tr.⟩: *Fleisch, Fisch o. ä. dem Rauch aussetzen, ihm dadurch einen bestimmten Geschmack verleihen und es/ihn zugleich haltbar machen:* Schinken r.; geräucherte Wurst.

Rauch|wa|ren, die ⟨Plural⟩: **1.** *Waren aus Pelz:* er handelt mit Textilien und R. **sinnv.:** Pelzwaren, Pelzwerk. **2.** *Zigaretten, Zigarren, Tabak:* der Kiosk führt Zeitschriften, Getränke und R. **sinnv.:** Raucherwaren, Rauchzeug, Tabakwaren.

räu|dig ⟨Adj.⟩: *von der Räude, einer bei bestimmten Tieren auftretenden Hautkrankheit, befallen:* der Tierarzt sonderte die räudigen Pferde von den gesunden ab.

rauf- ⟨trennbares verbales Präfix⟩ (ugs.): *[auf jmdn./etwas] herauf-, hinauf-:* in den ersten Stock raufgehen *(hinaufgehen),* in den ersten Stock raufkommen *(heraufkommen),* raufbitten *(heraufbitten),* raufspucken.

Rauf|bold, der; -[e]s, -e: *jmd., der oft in Raufereien verwickelt ist:* jeder geht diesem R. aus dem Wege. **sinnv.:** ↑Flegel, Hooligan, Rabauke, Rowdy, Schläger, Schlägertyp, Schlagetot; ↑Kämpfer.

rau|fen ⟨itr./sich r.⟩: *prügelnd mit jmdm. kämpfen:* die Kinder rauften [sich] auf dem Schulhof; ich habe mich mit ihm gerauft. **sinnv.:** sich balgen, handgemein werden, sich hauen, sich katzbalgen, sich keilen, sich kloppen, sich prügeln, miteinander ringen, sich schlagen. **Zus.:** sich zusammenraufen.

rauh ⟨Adj.⟩: **1.** *auf der Oberfläche kleine Unebenheiten o. ä. aufweisend:* eine rauhe Oberfläche; rauhe Hände haben. **sinnv.:** aufgesprungen, holprig, kraus, narbig, rissig, spröde, stopplig, uneben. **2.** *im Umgang mit andern Feingefühl vermissen lassend:* er ist ein rauher Bursche; hier herrscht ein rauher Ton. **sinnv.:** ↑derb, ↑unhöflich. **3. a)** (vom Wetter, Klima) als kalt, unwirtlich empfunden: ein rauhes Klima; der rauhe Norden, Wind. **sinnv.:** beißend, eisig, frisch, frostig, scharf, streng, stürmisch, unangenehm, ungesund, windig. **b)** *(von einer Landschaft o. ä.) durch Herbheit und Strenge gekennzeichnet:* eine rauhe Gegend. **sinnv.:** hart, herb, schroff, streng, trist, ungemütlich, unwirtlich.

Rauh|reif, der; -[e]s: *Reif in Form von einzelnen, gut unterscheidbaren Kristallen, der sich bei nebligem Frostwetter besonders an Pflanzen ansetzt:* an diesem kalten Morgen waren sämtliche Bäume mit R. bedeckt. **sinnv.:** ↑Reif.

Raum, der; -[e]s, Räume: **1.** *von Wänden, Boden und Decke umschlossener Teil eines Gebäudes o. ä.:* die Wohnung hat 5 Räume; im engen R. des Fahrstuhls drängten sich die Leute. **sinnv.:** Boudoir, Bruchbude, Bude, Chambre séparée, Gelaß, Gemach, Halle, Kabäuschen, ↑Kabine, Kabinett, Kabuff, Kajüte, Kammer, Kantine, Kemenate, Klause, Loch, Mansarde, Mensa, Räumlichkeit, Saal, Salon, Schalander, Séparée, Stube, Wartesaal, Zelle, Zimmer. **Zus.:** Abstell-, Innen-, Koffer-, Maschinen-, Vorratsraum. **2.** ⟨ohne Plural⟩ (geh.) *für jmdn. oder etwas zur Verfügung stehender Platz:* ich habe keinen R. für meine Bücher; dies nimmt nur einen winzigen R. ein. **sinnv.:** ↑Platz; ↑Spielraum. **Zus.:** Bewegungs-, Frei-, Spiel-, Wohnraum. **3. a)** *geographisch-politischer Bereich:* der mitteleuropäische R.; der R. um Hamburg. **sinnv.:** ↑Gebiet, Gegend, Region. **Zus.:** Sprachraum. **b)** *Bereich, in dem etwas wirkt:* der kirchliche, politische, geistige R. **sinnv.:** Aktionsbereich, Wirkungsbereich, Wirkungsfeld. **4.** *in Länge, Breite und Höhe nicht eingegrenzte Ausdehnung:* der unendliche R. des Universums. **sinnv.:** Weite, ↑Weltall. **Zus.:** Himmels-, Luft-, Weltraum.

räu|men ⟨tr.⟩: **a)** *einen Raum durch Verlassen oder Räumen* (b) *frei machen:* die Wohnung, den Platz, ein Lager, eine Stadt r. **sinnv.:** leeren, ↑weggehen. **b)** *[störende] Dinge wegnehmen und an einen anderen Platz bringen, um dadurch einen größeren freien Raum zu schaffen:* Geschirr vom Tisch r.; die Wäsche aus dem Schrank r. **sinnv.:** ↑entfernen. **Zus.:** aus-, ein-, fort-, heraus-, wegräumen.

Raum|fahrt, die; -: ↑*Weltraumfahrt.*

räum|lich ⟨Adj.⟩: *auf die Ausdehnung, den Raum bezogen:* wir sind r. sehr beengt; wir meinten, eine räumliche Trennung wäre gut für unsere in der Krise steckende Beziehung. **sinnv.:** ↑lokal.

rau|nen ⟨tr.⟩: *leise, geheimnisvoll und nur mit gedämpfter Stimme zu jmdm. reden:* jmdm. etwas ins Ohr r. **sinnv.:** ↑flüstern. **Zus.:** zuraunen.

Rau|pe, die; -, -n: *kleine, langgestreckte, walzenförmige Larve des Schmetterlings mit borstig behaartem, gegliedertem Körper, die sich auf mehreren kleinen Beinpaaren kriechend fortbewegt.* **sinnv.:** ↑Larve. **Zus.:** Planier-, Seidenraupe.

raus- ⟨trennbares verbales Präfix⟩ (ugs.): *[aus etwas] heraus-, hinaus-:* aus dem Zimmer rausbringen *(herausbringen),* keinen Ton rausbringen *(herausbringen),* aus dem Zimmer rausholen *(herausholen);* rausglotzen, rauswerfen *(heraus-, hinauswerfen),* rausziehen.

Rausch, der; -[e]s, Räusche: **a)** *durch bewußtseinsverändernde Mittel hervorgerufener Zustand, in dem der Bezug zur Wirklichkeit teilweise verlorengegangen und eine Verwirrung der Gedanken und Gefühle eingetreten ist:* einen schweren R. haben; seinen R. ausschlafen. **sinnv.:** Besoffenheit, Betrunkenheit, Dusel, Reise, Schwips, Suff, Trip, Trunkenheit, Turn, Weinseligkeit. **Zus.:** Bier-, Vollrausch. **b)** *übersteigerter ekstatischer Bewußtseinszustand:* ein wilder R.; im R. des Sieges; ein R. der Leidenschaft. **sinnv.:** Ekstase, Erregung, Euphorie, Lust, Orgasmus. **Zus.:** Freuden-, Gold-, Machtrausch.

rau|schen ⟨itr.⟩: *ein länger anhaltendes Geräusch hervorbringen wie das von starkem Wind bewegte Laub:* der Regen rauschte in den Bäumen; rauschender Beifall. **sinnv.:** brausen, pfeifen, sausen, toben, tosen. **Zus.:** ab-, an-, berauschen, vorbeirauschen.

Rausch|gift, das; -[e]s, -e: *Stoff, der auf das Zentralnervensystem des Menschen erregend oder lähmend wirkt und so zu Bewußtseinsveränderungen und Euphorie führt und psychische wie körperliche Abhängigkeit hervorrufen kann.* **sinnv.:** Droge, Rauschmittel, Stoff · Betäubungsmittel, Halluzinogene, Suchtmittel · Alkohol, Hasch, Haschisch, Heroin, Kat, Kokain, LSD, Marihuana, Meskalin, Morphium, Opium.

räus|pern, sich: *mit rauhem, krächzendem Laut sich die verschleimte Kehle frei machen:* während seiner Rede mußte er sich mehrmals r. **sinnv.:** ↑husten.

Rau|te, die; -, -n: ↑*Rhombus.*

Raz|zia, die; -, Razzien: *überraschend durchgeführte polizeiliche Fahndungsaktion in einem begrenzten Bezirk:* bei einer R. wurde der lange gesuchte Verbrecher festgenommen. **sinnv.:** ↑Durchsuchung. **Zus.:** Großrazzia.

re-, Re- ⟨Präfix in Verbindung

mit einem fremdsprachlichen Basiswort›: **1.** (Ggs. ent-) **a)** *wieder zurück in einen (im Basiswort genannten) früheren Zustand bringen:* reamateurisieren (beim Sport; *wieder als Amateur einstufen*), rebarbarisieren, redemokratisieren, reintegrieren, Reinvestition, Re-Islamisierung; anonymisierte Daten repersonalisieren; er will die deutsche Schule mit Disziplin, Orthographie und Volkslied rereformieren. **b)** *wieder von neuem einen bestimmten (im Basiswort genannten) Zustand hervorrufen:* Re-Erotisierung, reliberalisieren, Repolitisierung (des gesellschaftlichen Lebens), revitalisieren. **2.** *durch eine (im Basiswort genannte) Tätigkeit eine Veränderung oder Verbesserung herbeiführen:* reorganisieren, Resozialisierung.

rea|gie|ren ‹itr.›: *(auf etwas) in irgendeiner Weise ansprechen und eine Wirkung zeigen:* er hat auf diese Vorwürfe heftig reagiert; er reagierte schnell. **sinnv.:** ansprechen, ↑antworten, aufnehmen, eingehen. **Zus.:** sich abreagieren, überreagieren.

Re|ak|ti|on, die; -, -en: *das Reagieren:* keinerlei R. zeigen; die R. auf den Aufruf war enttäuschend. **sinnv.:** Antwort, Gegenhandlung, Gegenwirkung, Rückwirkung, Wirkung. **Zus.:** Ab-, Kern-, Ketten-, Kurzschluß-, Überreaktion.

re|ak|tio|när ‹Adj.›: *[politische] Verhältnisse erstrebend, die als überwunden und nicht mehr zeitgemäß empfunden werden:* reaktionäre Ziele; eine reaktionäre Partei. **sinnv.:** erzkonservativ, rechts, restaurativ, rückschrittlich, schwarz, stockkonservativ; ↑konservativ, ↑rückständig. **Zus.:** erz-, stink-, stockreaktionär.

re|al ‹Adj.›: **a)** *in der Wirklichkeit (und nicht nur in der Vorstellung) so vorhanden:* die realen Gegebenheiten; sein Geld in realen Werten anlegen. **sinnv.:** gegenständlich, greifbar, konkret, materiell, stofflich. **b)** *mit der Wirklichkeit in Zusammenhang stehend:* ich habe ganz reale Vorstellungen von meiner Zukunft; was er für r. hält, hält sie für irreal. **sinnv.:** ↑wirklich.

rea|li|sie|ren ‹tr.›: *etwas in die Tat umsetzen:* einen Plan, Ideen r. **sinnv.:** ↑verwirklichen.

Rea|lịs|mus, der; -: **1.** *wirklichkeitsnahe Einstellung, [nüchterner] Sinn für die tatsächlichen Verhältnisse, für das Nützliche:* sein R. bewahrte ihn vor allen Hirngespinsten. **sinnv.:** Wirklichkeitssinn. **2.** *um Übereinstimmung mit der Wirklichkeit bemühte, sie nachahmende Art der künstlerischen Darstellung:* die Romane dieses Schriftstellers sind dem R. zuzurechnen. **Zus.:** Neo-, Surrealismus.

Rea|lịst, der; -en, -en: **1.** *jmd., der sich durch Realismus* (1) *auszeichnet:* in seiner abergläubischen Umgebung war er der einzige R. **2.** *Vertreter des Realismus* (2): die Wandlung des Malers vom Romantiker zum Realisten. **Zus.:** Neo-, Surrealist.

Rea|lịs|tin, die; -, -nen: vgl. Realist (1).

rea|lịs|tisch ‹Adj.›: **a)** *der Wirklichkeit entsprechend:* eine realistische Darstellung; der Film ist sehr r. **sinnv.:** lebensecht, lebensnah, wirklichkeitsnah. **Zus.:** neo-, surrealistisch. **b)** *sachlich-nüchtern, ohne Illusion, ohne Gefühlserregung:* etwas ganz r. betrachten, beurteilen. **sinnv.:** emotionslos, gefühllos, illusionslos, nüchtern, prosaisch, ↑sachlich, trocken.

Rea|li|tät, die; -, -en: *wirklicher Zustand, tatsächliche Lage:* von den Realitäten ausgehen. **sinnv.:** ↑Tatsache. **Zus.:** Irrealität.

Rẹ|be, die; -, -n: ↑*Weinrebe.*

Re|bẹll, der; -en, -en, **Re|bẹl|lin,** die; -, -nen: *männliche bzw. weibliche Person, die sich an einer Rebellion beteiligt.* **sinnv.:** ↑Revolutionär.

re|bel|lie|ren ‹itr.›: *eine Rebellion veranstalten:* die Gefangenen rebellieren gegen die unmenschliche Behandlung. **sinnv.:** ↑protestieren.

Re|bel|li|ọn, die; -, -en: *von einer Gruppe von Leuten unternommenes offenes Aufbegehren gegen den oder die Inhaber der Macht o. ä., gegen die sie sich wehren.* **sinnv.:** ↑Aufruhr, ↑Verschwörung. **Zus.:** Gefangenen-, Militärrebellion.

re|bẹl|lisch ‹Adj.›: **a)** *rebellierend:* die rebellischen Truppen besetzten die Hauptstadt. **sinnv.:** ↑aufrührerisch. **b)** *(gegen bestehende Verhältnisse o. ä.) aufbegehrend:* die Jugend an unseren Universitäten wird r. **sinnv.:** aufmüpfig, ↑aufrührerisch, aufsässig, trotzig, widersetzlich; ↑ungehorsam.

Rẹ|chen, der; -s, - (bes. südd.): ↑*Harke.*

Re|cher|che [re'ʃɛrʃə], die; -, -n: *intensives Sichbemühen, etwas herauszufinden, sich Informationen, Kenntnisse o. ä. zu verschaffen:* der Journalist begann mit seinen Recherchen über den Abgeordneten. **sinnv.:** Erforschung, Ermittlung, Fahndung, Nachforschung, Nachprüfung, Prüfung, Sondierung, Untersuchung.

re|cher|chie|ren [reʃɛr'ʃi:rən] **a)** ‹itr.› *Recherchen anstellen:* der Reporter hat hier erfolglos recherchiert. **sinnv.:** Auskunft einholen, ↑forschen, ↑nachforschen, ↑prüfen. **b)** ‹tr.› *durch Recherchieren* (a) *herausfinden:* die Hintergründe eines Falles r. **sinnv.:** ↑aufdecken, ↑ermitteln.

rẹch|nen, rechnete, hat gerechnet: **1.** ‹itr./tr.› **a)** *Zahlengrößen nach bestimmten Regeln zu Ergebnissen verbinden:* hast du auch richtig gerechnet?; er hat die Aufgabe richtig gerechnet. **sinnv.:** ↑ausrechnen. **Zus.:** be-, er-, verrechnen. **b)** ‹itr.› *(mit dem Geld) haushälterisch umgehen:* sie rechnet mit jedem Pfennig. **sinnv.:** ↑haushalten. **2.** ‹itr.› *darauf vertrauen, daß etwas Erwartetes eintritt oder daß jmd. das, was man erwartet, auch leistet:* auf ihn kannst du bei dieser Arbeit bestimmt r.; mit seiner Hilfe ist nicht zu r.; ich habe nicht damit gerechnet, daß er kommt. **sinnv.:** ↑entgegensehen, ↑glauben. **3.** ‹tr.› *jmdn./etwas zu jmdm./einer Sache zählen:* das Geld für die Kleidung rechne ich zu den festen Kosten; wir rechnen ihn zu unseren besten Mitarbeitern. **sinnv.:** ↑angehören, halten für.

rẹch|ne|risch ‹Adj.›: *auf das Rechnen bezogen; mit Hilfe des Rechnens:* rein r. gesehen, ist die Aufgabe zu lösen. **sinnv.:** zahlenmäßig.

Rẹch|nung, die; -, -en: **1.** *etwas, was zu errechnen ist oder errechnet worden ist:* die R. stimmt nicht. **sinnv.:** Aufgabe, Ausrechnung, Berechnung, Zahlenaufgabe. **Zus.:** Bruch-, Differential-, Hoch-, Integral-, Prozentrechnung. **2.** *Aufstellung und Zusammenfassung aller Kosten für einen gekauften Gegenstand oder für eine Leistung:* eine R. ausstellen, bezahlen. **sinnv.:** Forderung, Liquidation; ↑Quittung. **Zus.:** Milchmädchenrechnung.

recht: **I.** ‹Adj.›: **1.** *richtig, geeignet, passend (für einen bestimmten Zweck):* er kam zur rechten Zeit; dies ist nicht der rechte Weg; ist dir dieser Termin r.? **sinnv.:** ↑geeignet, gerecht, richtig. **2.** ‹verstärkend bei Adjektiven› *(in bezug auf ein Ausmaß, eine Menge o. ä.) in einem Maß, das eine gewisse Grenze nicht überschreitet:* er war heute r. freundlich zu mir; das ist eine r. gute Arbeit; sei r. herzlich gegrüßt. **sinnv.:** ↑einigermaßen, ganz, ziemlich. **II.** ‹in den Verbindungen› **jmdm. r. geben:** *jmds. Standpunkt als zutreffend anerkennen; jmdm. zustimmen;* **r. haben:** *eine richtige Meinung haben;* **r. bekommen:** *bestätigt bekommen, daß man recht hat.*

Recht, das; -[e]s, -e: **1.** *berechtigter, von Rechts* (2) *wegen zuerkannter Anspruch:* ein R. auf Arbeit haben; seine Rechte verteidigen, in Anspruch nehmen; jmdm. das R. zu etwas geben. **sinnv.:** ↑Berechtigung. **Zus.:** Bürger-, Faust-, Selbstbestimmungs-, Stimm-, Vorrecht. **2.** ‹ohne Plural› *Gesamtheit der Gesetze, der allgemeinen Normen, Prinzipien:* das römische, deutsche, kirchliche R.; R. sprechen; gegen R. und Gesetz; das R. brechen, verdrehen, mißachten; nach geltendem R. urteilen. **sinnv.:** Rechtsordnung. **Zus.:** Arbeits-, Beamten-, Familien-, Jugendstraf-, Natur-, Patent-, Prozeß-, Straf-, Völker-, Zivilrecht. **3.** ‹ohne Plural› *das, was dem Rechtsempfinden gemäß ist:* nach R. und Gewissen handeln; mit vollem R. hat er sich gegen diese Anschuldigungen gewehrt. **Zus.:** Unrecht.

recht... ‹Adj.; nur attributiv› /Ggs. link.../: **1.** *sich auf derjenigen Seite befindend, die der Seite, auf der das Herz ist, entgegengesetzt ist:* das rechte Bein. **2.** *(von Stoffen o. ä.) die nach außen zu tragende bzw. nach oben zu legende schönere Seite betreffend:* diese kostbare Bluse darfst du nicht auf der rechten Seite bügeln. **3.** *(in politischer oder weltanschaulicher Hinsicht) die Rechte* (3) *betreffend, zur Rechten gehörend:* innerhalb der Partei gehört sie zum rechten Flügel.

Rech|te, die; -n /Ggs. Linke/: **1.** *rechte Hand:* reiche mir zur Versöhnung deine R.! **2.** *Schlag mit der rechten Faust:* eine harte R. einstecken müssen. **3.** *Gruppe von Leuten, die politisch eine konservative bis extrem nationalistische Richtung vertreten.*

Recht|eck, das; -s, -e: /eine geometrische Figur/ (siehe Bildleiste „geometrische Figuren", S. 292). **sinnv.:** ↑Viereck.

recht|eckig ‹Adj.›: *in Form eines Rechtecks.*

recht|fer|ti|gen, rechtfertigte, hat gerechtfertigt ‹tr./sich r.›: *etwas, das eigene Verhalten oder das Verhalten eines anderen so erklären, daß es als berechtigt erscheint:* ich versuchte sein Benehmen zu r.; er braucht sich nicht zu r. **sinnv.:** ↑abwehren, ↑entlasten, entschuldigen, lossprechen, rehabilitieren, verantworten, verteidigen.

recht|ha|be|risch ‹Adj.›: *die eigene Meinung immer für die richtige haltend und auf ihr beharrend:* selbst als man ihm das Gegenteil beweisen konnte, hielt dieser rechthaberische Mensch an seiner Behauptung fest. **sinnv.:** besserwisserisch, dickköpfig, eigensinnig, eisern, halsstarrig, starrköpfig, starrsinnig, störrisch, stur, trotzig, unnachgiebig, verbohrt, verstockt; ↑unzugänglich.

recht|lich ‹Adj.›: *nach dem [gültigen] Recht, auf ihm beruhend:* etwas vom rechtlichen Standpunkt aus betrachten; dieses Vorgehen ist r. nicht zulässig. **sinnv.:** juristisch, rechtmäßig. **Zus.:** arbeits-, ehe-, formal-, privat-, straf-, völkerrechtlich.

recht|mä|ßig ‹Adj.›: *dem Recht, Gesetz entsprechend:* die r. gewählte Regierung; er ist der rechtmäßige Erbe. **sinnv.:** ↑befugt, ↑gerecht, gesetzlich, de jure, legal, legitim, rechtlich, vorschriftsmäßig.

rechts /Ggs. links/: **I.** ‹Adverb› **a)** *auf der rechten* (1) *Seite:* sich nach r. wenden; die zweite Querstraße r.; die Garage steht r. von dem Haus. **b)** *die rechte* (2) *Seite betreffend:* den Stoff nicht [von] r. bügeln. **c)** *eine rechte* (3) *Auffassung habend.* **sinnv.:** ↑konservativ, ↑reaktionär, ↑rückständig. **Zus.:** stock-, ultrarechts. **II.** ‹Präp. mit Gen.› *auf der rechten* (1) *Seite von etwas gelegen:* die Garage steht r. des Hauses; das Dorf liegt r. des Rheins.

recht|schaf|fen ‹Adj.›: *tüchtig und von hohem moralischem Rang.* **sinnv.:** ↑anständig, brav, honorabel, honorig, integer, lauter, loyal, ordentlich, pflichtbewußt, redlich, solide, unbestechlich, untadelig, vertrauenswürdig.

recht|wink|lig ‹Adj.›: *einen Winkel von 90° habend:* ein rechtwinkliges Dreieck.

recht|zei|tig ‹Adj.›: *zum richtigen Zeitpunkt (so daß es noch früh genug ist):* wir wollen r. ins Kino gehen, damit wir noch gute Plätze bekommen; eine Krankheit r. erkennen. **sinnv.:** ↑früh, ↑pünktlich.

Reck, das; -s, -e, auch: -s: *Turngerät, das aus einer zwischen zwei festen senkrechten Stützen angebrachten stählernen Stange besteht:* eine Felge am R. machen; mit einem doppelten Salto vom R. abgehen.

recken ‹tr./sich r.›: *[sich] gerade-, auf-, hochrichten, in die Höhe, irgendwohin strecken, dehnen:* den Kopf [in die Höhe] r., um etwas besser zu sehen; er reckte und streckte sich, um wach zu werden. **sinnv.:** aufwerfen, ausdehnen, ↑ausstrecken, ↑dehnen, [sich] strecken. **Zus.:** empor-, heraus-, hervorrecken.

Re|cor|der [re'kɔrdɐ], der; -s, -: *Gerät zur (elektromagnetischen) Aufzeichnung auf Bändern (z. B. in Musik-, Videokassetten) und zu deren Wiedergabe.* **Zus.:** Kassetten-, Videorecorder.

Re|cy|cling [ri'saiklɪŋ], das; -s, -s: *Aufbereitung und Wiederverwendung bereits gebrauchter Rohstoffe.*

Re|dak|teur [redak'tø:ɐ̯], der; -s, -e, **Re|dak|teu|rin** [...'tø:rɪn], die; -, -nen: *männliche bzw. weibliche Person, die für Zeitungen, Zeitschriften, Bücher o. ä. oder für Rundfunk oder Fernsehen Beiträge auswählt, bearbeitet oder selbst verfaßt.* **sinnv.:** Bearbeiter, ↑Journalist, Lektor. **Zus.:** Chef-, Sport-, Verlags-, Zeitungsredakteur.

Re|dak|ti|on, die; -, -en: **1.** ‹ohne Plural› *Tätigkeit des Redakteurs; das Redigieren:* bis Mitternacht waren sie mit der R. der Zeitung beschäftigt. **Zus.:** End-, Schlußredaktion. **2.** *Gesamtheit der Redakteure einer Zeitung, eines Verlages o. ä.:* die R. versammelte sich zu einer Besprechung. **Zus.:** Lexikonredaktion. **3.** **a)** *Abteilung bei einer Zeitung, einem Verlag o. ä., in der Redakteure arbeiten:* eine R. leiten; in der R. beschäftigt sein. **Zus.:** Fachredaktion. **b)** *Raum* *oder Räume, in denen die Redakteure arbeiten:* sämtliche Mitarbeiter des Verlages versammelten sich in der R.

Re|de, die; -, -n: **1.** *aus einem bestimmten Anlaß gehaltener Vortrag (meist in der Absicht, nicht nur Fakten darzulegen, sondern auch zu überzeugen, Meinungen zu prägen):* er hielt eine R. auf den Verstorbenen, vor dem Parlament, zum Tag des Baumes. **sinnv.:** Ansprache, Philippika, Plädoyer, Predigt, Referat, ↑Toast, Vorlesung, Vortrag. **Zus.:** Brand-, Bütten-, Fenster-, Fest-, Jungfern-, Sonntags-, Thron-, Wahlrede. **2.** ⟨ohne Plural⟩ *das Sprechen:* die R. auf etwas/jmdn. bringen, lenken; jmdm. in die R. fallen; wovon war die R.? **sinnv.:** ↑Gespräch. **Zus.:** An-, Aus-, Gegen-, Nach-, Widerrede.

re|den, redete, hat geredet ⟨itr./tr.⟩: **1.** *etwas Zusammenhängendes sagen; sich in Worten äußern:* laut, leise, undeutlich, langsam r.; mit jmdm. [über etwas] r.; er redet viel Unsinn. **sinnv.:** sich ↑äußern, sich aufhalten, sich empören, hecheln, klatschen, sich um Kopf und Kragen reden, ↑lästern, ↑mitteilen, ↑sprechen, sich zu Wort melden. **Zus.:** an-, aus-, dazwischen-, drumrum-, mit-, über-, unter-, vorbei-, zureden. **2.** *eine Rede halten:* im Radio, vor einer großen Zuhörerschaft r. **sinnv.:** sprechen.

Re|dens|art, die; -, -en: **a)** *immer wieder gebrauchte, formelhafte Verbindung von Wörtern (meist als Satz):* „wenn Ostern und Pfingsten auf einen Tag fallen" ist eine R. **sinnv.:** ↑Redewendung. **b)** ⟨Plural⟩ *leere, nichtssagende Worte:* der Personalchef legte sich nicht fest, sondern speiste mich mit Redensarten ab. **sinnv.:** Allgemeinheiten, Allgemeinplätze, Floskeln, Formeln, ↑Phrase, Redewendungen.

Re|de|wen|dung, die; -, -en: **a)** *feste Verbindung von Wörtern, die zusammen eine bestimmte, meist bildlich-metaphorische Bedeutung haben:* die R. „jmdn. auf die Schippe nehmen". **sinnv.:** [feste/idiomatische] Fügung, Phraseologismus, Redensart, Topos, [feste/idiomatische] Wendung. **b)** ⟨Plural⟩ *zum Klischee erstarrte, gedankenlos gebrauchte Worte:* auf ihre gezielten Fragen antwortete er nur mit allgemeinen Redewendungen. **sinnv.:** ↑Redensart.

re|di|gie|ren ⟨tr.⟩: **a)** *[als Redakteur] (einen Text) bearbeiten, ihm die endgültige Form für die Veröffentlichung geben:* sie redigierte den Artikel des Londoner Korrespondenten. **b)** *(eine Zeitung o. ä.) durch Bestimmung von Inhalt und Form, Auswahl und Bearbeitung der Beiträge gestalten:* er redigiert die Zeitschrift seit ihrer Gründung.

red|lich ⟨Adj.⟩: *rechtschaffen und aufrichtig:* es r. [mit jmdm.] meinen; er hat sich r. durchs Leben geschlagen. **sinnv.:** ↑loyal, ↑rechtschaffen.

Red|ner, der; -s, -, **Red|ne|rin,** die; -, -nen: *männliche bzw. weibliche Person, die eine Rede hält.* **sinnv.:** Referent, Vortragender. **Zus.:** Bauch-, Bütten-, Fest-, Haupt-, Vorredner.

red|se|lig ⟨Adj.⟩: *zu langem Sprechen und ausführlichen Schilderungen neigend; viel und gerne redend:* wenn er getrunken hat, wird dieser schweigsame Mensch richtig r. **sinnv.:** ↑gesprächig.

re|du|zie|ren ⟨tr.⟩: *(in Wert, Ausmaß, Anzahl) vermindern:* die Regierung beschloß, ihre Truppen im Ausland zu r. **sinnv.:** ↑verringern.

Ree|de|rei, die; -, -en: *Unternehmen, das mit [eigenen] Schiffen Personen und Güter befördert.* **sinnv.:** Schiffahrtsunternehmen. **Zus.:** Großreederei.

re|ell ⟨Adj.⟩: **a)** *ehrlich und anständig:* reelle Geschäfte. **sinnv.:** ↑anständig. **Zus.:** unreell. **b)** *auf einer soliden Grundlage beruhend:* eine reelle Chance. **sinnv.:** echt, ↑gediegen, greifbar, konkret, real, tatsächlich, ↑wirklich.

Re|fe|rat, das; -[e]s, -e: *Abhandlung über ein bestimmtes Thema [die vor Fachleuten vorgetragen wird]:* ein R. ausarbeiten, halten. **sinnv.:** ↑Aufsatz, ↑Kritik, ↑Rede. **Zus.:** Grundsatz-, Haupt-, Ko-, Kor-, Kurzreferat.

Re|fe|ren|dar, der; -s, -e, **Re|fe|ren|da|rin,** die; -, -nen: *Anwärter bzw. Anwärterin auf die höhere Beamtenlaufbahn nach der ersten Staatsprüfung:* er unterrichtete als Referendar an einem Gymnasium für Mädchen. **Zus.:** Rechts-, Studienreferendar.

Re|fe|rent, der; -en, -en, **Re|fe|ren|tin,** die; -, -nen: **1.** *männliche bzw. weibliche Person, die ein Referat hält.* **sinnv.:** Redner. **Zus.:** Haupt-, Ko-, Korreferent. **2.** *jmd., der [bei einer Behörde] ein bestimmtes Sachgebiet bearbeitet:* die Referentin für Fragen der Bildung, für Sport; sich an den Referenten wenden. **sinnv.:** Dezernent, ↑Leiter, Sachbearbeiter. **Zus.:** Fach-, Kultur-, Steuerreferent.

re|fe|rie|ren ⟨itr.⟩: **a)** *ein Referat halten.* **b)** *(über etwas) zusammenfassend berichten:* ich referiere über die Beschlüsse der letzten Sitzung. **sinnv.:** ↑mitteilen.

re|flek|tie|ren: 1. ⟨tr.⟩ *zurückstrahlen, [spiegelnd] zurückwerfen:* der See reflektiert die Sonnenstrahlen. **sinnv.:** ↑spiegeln. **2.** ⟨itr.⟩ *über eine Frage, ein Problem grübeln:* er reflektiert über ein mathematisches Problem. **sinnv.:** ↑nachdenken. **3.** ⟨itr.⟩ *interessiert sein, etwas Bestimmtes zu erreichen, zu erwerben:* er reflektiert auf den Posten des Direktors. **sinnv.:** es auf etwas abgesehen haben, ↑hoffen · Absicht.

Re|flex, der; -es, -e: **1.** *Widerschein:* auf der Wasserfläche zeigte sich ein schwacher R. der Sterne. **sinnv.:** Abglanz, Reflexion, Spiegelung. **Zus.:** Lichtreflex. **2.** *unwillkürliche Reaktion auf einen von außen kommenden Reiz:* die Blässe in ihrem Gesicht war ein R. der eben erlebten Schrecken.

Re|fle|xi|on, die; -, -en: **1.** *das Zurückgeworfenwerden von Licht, Schall, Wärme o. ä. (durch etwas):* der Forscher nutzte bei seinem Versuch die R. des Lichtes durch Spiegel aus. **sinnv.:** ↑Reflex. **2.** *das Nachdenken; Überlegung, Betrachtung, die jmd. an etwas knüpft:* der Bericht über seine Reise wird immer wieder von Reflexionen unterbrochen. **sinnv.:** Versenkung.

Re|form, die; -, -en: *Umgestaltung, Verbesserung des Bestehenden:* sich für die R. der Universitäten einsetzen. **sinnv.:** Erneuerung, Neubelebung, Neuerung, Neugestaltung, Reformierung, Renaissance, Revolution, Umgestaltung, Wiederbelebung. **Zus.:** Agrar-, Bildungs-, Boden-, Hochschul-, Rechtschreib-, Schul-, Sozial-, Staats-, Steuer-, Strafrechts-, Währungs-, Wirtschaftsreform.

re|for|mie|ren ‹tr./itr.›: *verändern und dabei verbessern; neu gestalten:* die Kirche, das System des akademischen Unterrichts r. **sinnv.:** ↑verbessern.

Re|frain [rəˈfrɛ̃:], der; -s, -s: *regelmäßig wiederkehrender Teil in einem Gedicht oder Lied:* jedesmal, wenn der Sänger zum R. kam, beteiligte sich das Publikum am Gesang. **sinnv.:** Kehrreim.

Re|gal, das; -s, -e: *Gestell für Bücher oder Waren:* Bücher ins R. stellen, aus dem R. nehmen. **sinnv.:** ↑Gestell. **Zus.:** Akten-, Bücher-, Verkaufs-, Wandregal.

Re|gat|ta, die; -, Regatten: *größere sportliche Wettfahrt von Booten:* an der R. nahmen vierzig Boote teil. **sinnv.:** Bootsrennen. **Zus.:** Ruder-, Segelregatta.

re|ge ‹Adj.›: **1.** *von Aktivität[en] zeugend:* ein reger Briefwechsel, Verkehr. **sinnv.:** betriebsam, hektisch, lebhaft. **2.** *schnell Zusammenhänge erfassend:* er ist geistig sehr r. **sinnv.:** helle, klug.

Re|gel, die; -, -n: **a)** *Übereinkunft, Vorschrift für ein Verhalten, Verfahren:* er hat die Regeln des Verkehrs nicht beachtet. **sinnv.:** Gesetz, Gesetzmäßigkeit, Grundsatz, Leitlinie, Leitsatz, Leitschnur, ↑Maßstab, Norm, ↑Prinzip, Regelmäßigkeit, Richtlinie, Richtschnur, Satzung, Standard, Statut. **Zus.:** Anstands-, Bauern-, Faust-, Grund-, Lebens-, Rechtschreib-, Spiel-, Verhaltens-, Verkehrs-, Wetterregel. **b)** *Regelmäßigkeit, die einer Sache innewohnt:* man muß die grammatischen Regeln beachten. **sinnv.:** ↑Brauch.

re|gel|mä|ßig ‹Adj.›: *einer Regel, Ordnung (die besonders durch gleichmäßige Wiederkehr, Aufeinanderfolge gekennzeichnet ist) entsprechend:* der Kranke muß r. seine Tabletten einnehmen. **sinnv.:** normal; ↑laufend; monatlich, periodisch; ↑üblich.

re|geln ‹tr.›: *(bei etwas) geordnete, klare Verhältnisse schaffen:* den Verkehr, den Ablauf der Arbeiten r.; die finanziellen Angelegenheiten müssen zuerst geregelt werden; ‹auch sich r.› etwas regelt sich von selbst *(etwas kommt von selbst in Ordnung).* **sinnv.:** ↑normen; ↑anordnen.

re|gel|recht ‹Adj.›: *in vollem Maße:* er hat r. *(völlig)* versagt; das war eine regelrechte *(richtige)* Schlägerei; das war ein regelrechter *(gründlicher)* Reinfall. **sinnv.:** buchstäblich, direkt, förmlich, ganz und gar, geradezu, nachgerade, praktisch, rein, richtig; ↑ganz, ↑wahr.

Re|ge|lung, die; -, -en: *das Regeln; Art, wie etwas geregelt wird:* sie müssen noch eine R. für ihr Zusammenleben finden. **sinnv.:** Festlegung, Kanonisierung, Normalisierung, Normierung, Normung, Regulierung, Standardisierung, Typisierung, Uniformierung, Vereinheitlichung; ↑Bedienung. **Zus.:** Geburten-, Grenz-, Neu-, Preis-, Sprach-, Temperatur-, Übergangs-, Verkehrsregelung.

re|gen, sich: *sich leicht, ein wenig bewegen:* vor Angst regte er sich nicht; kaum ein Blatt regte sich. **sinnv.:** ↑arbeiten; sich ↑bewegen; ↑entstehen; sich rühren.

Re|gen, der; -s, -: *Niederschlag, der aus Wassertropfen besteht:* heftiger, feiner R. **sinnv.:** Regenfälle, Regentropfen, Schauer, Tropfen, Wolkenbruch; ↑Niederschlag. **Zus.:** Aschen-, Dauer-, Eis-, Frühlings-, Funken-, Gewitter-, Graupel-, Konfetti-, Kugel-, Land-, Monsun-, Niesel-, Platz-, Schnee-, Sprüh-, Sturzregen.

Re|gen|bo|gen, der; -s, -: *optische Erscheinung in Gestalt eines bunten Bogens am Himmel (der entsteht, wenn bei Regen die Sonne scheint):* nach dem Gewitter wölbte sich ein R. über dem Wald.

Re|gen|schirm, der; -[e]s, -e: *Schirm zum Schutz gegen Regen:* den R. aufspannen, zumachen. **sinnv.:** Musspritze, Regendach, Schirm, Taschenschirm.

Re|gent, der; -en, -en: *mit der Regierungsgewalt ausgestattete Person* /in Monarchien/: der Briefwechsel zwischen R. und Minister/zwischen dem Regenten und dem Minister. **sinnv.:** Fürst, Gebieter, Herrscher, Kaiser, König, Landesherr, Landesmutter, Landesvater, Monarch, Souverän, Zar; ↑Oberhaupt. **Zus.:** Prinzregent.

Re|gie [reˈʒi:], die; -, Regien: *verantwortliche künstlerische Leitung beim Theater, Film o. ä.:* er hat bei diesem Film [die] R. geführt. **sinnv.:** Führung, ↑Leitung · Choreographie, Inszenierung, Management, Oberaufsicht. **Zus.:** Bild-, Fernseh-, Film-, Opern-, Schauspiel-, Tonregie.

re|gie|ren ‹tr./itr.›: *die politische Führung haben (über jmdn./etwas):* ein kleines Volk, ein reiches Land r.; Friedrich der Große regierte von 1740–1786. **sinnv.:** ↑beherrschen, gebieten/herrschen über, ↑leiten, lenken, verwalten; ↑führen.

Re|gie|rung, die; -, -en: *Gesamtheit der Minister eines Landes oder Staates, die die politische Macht ausüben:* eine neue R. bilden; die R. ist zurückgetreten. **sinnv.:** Junta, Kabinett, Ministerrat, Senat, Staatsrat · Weißes Haus, Kreml; ↑Herrschaft; ↑Obrigkeit. **Zus.:** Exil-, Gegen-, Landes-, Marionetten-, Militär-, Minderheits-, Räte-, Staats-, Übergangs-, Zentralregierung.

Re|gime [reˈʒi:m], das; -s, - [reˈʒi:mə]: *einem bestimmten politischen System entsprechende, von ihm geprägte Regierung, Regierungsform (der der Sprecher skeptisch, ablehnend gegenübersteht):* er ist ein Gegner des Regimes. **sinnv.:** ↑Herrschaft; ↑Obrigkeit; ↑System. **Zus.:** Besatzungs-, Militär-, Nazi-, Terrorregime.

Re|gi|on, die; -, -en: *bestimmter [geographischer] Bereich von einer gewissen Ausdehnung:* der Krieg in dieser R. dauert schon einige Jahre; in den höheren Regionen des Gebirges schneite es; die einzelnen Regionen des menschlichen Körpers. **sinnv.:** ↑Gebiet, Zone. **Zus.:** Eis-, Schnee-, Waldregion · Brust-, Schulterregion.

Re|gis|seur [reʒɪˈsø:ɐ̯], der; -s, -e, **Re|gis|seu|rin,** die; -, -nen: *männliche bzw. weibliche Person, die (in einem Film, Theaterstück, in einer Fernsehsendung, im Rundfunk o. ä.) Regie führt.* **sinnv.:** Spielleiter · Regieassistent · Choreograph. **Zus.:** Fernseh-, Film-, Opern-, Schauspiel-, Tonregisseur.

Re|gis|ter, das; -s, -: *alphabetisch geordnetes Verzeichnis nach Wörtern oder Sachgebieten in Büchern:* das R. befindet sich am Ende des Buches. **sinnv.:** ↑Verzeichnis. **Zus.:** Namen-, Personen-, Sach-, Schlagwort-, Stichwort-, Wortregister. **2.** *amtliches Verzeichnis rechtlicher Vorgänge:* das R. beim Standesamt einsehen. **Zus.:** Handels-, Personenstands-, Schiffs-, Sterbe-, Straf-, Sünden-, Taufregister.

re|gi|strie|ren ‹tr.›: **1.** *in ein Register eintragen:* alle Kraftfahrzeuge werden von der Behörde registriert. **sinnv.:** ↑buchen; ↑einschreiben. **2.** *selbsttätig aufzeichnen:* die Kasse registriert alle Einnahmen. **3.** *in das Bewußtsein aufnehmen:* er registrierte mit scharfem Blick die Schwächen des Gegners. **sinnv.:** ↑bemerken.

reg|nen, regnete, hat geregnet ⟨itr.⟩: *als Regen auf die Erde fallen:* es regnet seit drei Stunden. **sinnv.:** gießen, nieseln, pieseln, pladdern, schütten, sprühen, tröpfeln; ↑hageln; ↑schneien.

reg|ne|risch ⟨Adj.⟩: *zu Regen neigend, gelegentlich leicht regnend:* ein regnerischer Tag; regnerisches Wetter.

re|gu|lie|ren ⟨tr.⟩: *[wieder] in Ordnung, in einen richtigen Ablauf, Verlauf bringen:* die Uhr r.; den Schaden bei der Versicherung r. *(regeln).* **sinnv.:** ↑bedienen; ↑kanalisieren; ↑normen.

Re|gung, die; -, -en: *Empfindung, Äußerung des Gefühls:* eine R. des Mitleids; den Regungen des Herzens folgen. **sinnv.:** ↑Gefühl.

re|gungs|los ⟨Adj.⟩: *ohne Bewegung:* er lag r. auf dem Boden.

Reh, das; -[e]s, -e: *dem Hirsch ähnliches, aber kleineres, zierlicher gebautes Tier mit kurzem Geweih, das vorwiegend in Wäldern lebt (und sehr scheu ist).* **sinnv.:** Bock, Kitz, Rehbock, Rehkalb, Rehkitz, Ricke.

re|ha|bi|li|tie|ren ⟨tr./sich r.⟩: *jmds. guten Ruf, Ehre wiederherstellen:* nach der Gerichtsverhandlung war er rehabilitiert. **sinnv.:** ↑rechtfertigen.

Rei|be, die; -, -n: *Gerät, mit dem Kartoffeln, Möhren, Äpfel o. ä. gerieben werden.* **sinnv.:** Raspel, Reibeisen.

rei|ben, rieb, hat gerieben: **1.** ⟨tr.⟩ *fest gegen etwas drücken und hin und her bewegen:* beim Waschen den Stoff r.; Metall [mit einem Tuch] blank r. **sinnv.:** abfrottieren, abreiben, abrubbeln, abschrubben, frottieren, rubbeln, schrubben · sich jucken/kratzen/scheuern; ↑massieren; ↑polieren; ↑säubern. **2.** ⟨tr.⟩ *zerkleinern, indem man es auf einer Reibe hin- und herbewegt:* Käse, Kartoffeln r. **sinnv.:** raspeln, schaben. **3.** ⟨itr.⟩ *sich so auf der Haut hin und her bewegen, daß eine wunde Stelle entsteht:* der Kragen reibt am Hals. **sinnv.:** kratzen, schaben, scheuern.

Rei|be|rei, die; -, -en: *Streitigkeit, die durch unterschiedliche Ansichten o. ä. der Beteiligten entsteht:* es kam immer wieder zu Reibereien. **sinnv.:** ↑Streit.

Rei|bung, die; -, -en: *das Reiben:* durch R. entsteht Wärme.

rei|bungs|los ⟨Adj.⟩: *ohne Störung, ohne Schwierigkeit:* für einen reibungslosen Ablauf des Programms sorgen.

reich ⟨Adj.⟩: **1.** *vermögend, viel besitzend*/Ggs. arm/: ein reicher Mann. **sinnv.:** begütert, bemittelt, betucht, finanzkräftig, mit Glücksgütern gesegnet, gutsituiert, kapitalkräftig, liquid, potent, steinreich, vermögend, wohlhabend, zahlungskräftig. **2.** ⟨nicht prädikativ⟩ *ergiebig, gehaltvoll:* eine reiche Ernte; ein reiches Vorkommen von Erzen. **3.** ⟨nicht prädikativ⟩ *vielfältig, reichhaltig, in hohem Maße:* eine reiche Auswahl; jmdn. r. belohnen, beschenken; das Buch ist r. bebildert. **4.** ⟨nicht prädikativ⟩ *mit teuren Dingen ausgestattet, luxuriös:* ein Haus mit reicher Ausstattung. **sinnv.:** ↑üppig. **5.** ⟨nur attributiv⟩ *groß, umfassend:* reiche Erfahrungen machen; reiche Kenntnisse haben. **sinnv.:** ↑gewaltig; vgl. -reich.

-reich ⟨adjektivisches Suffixoid⟩: *das im Basiswort Genannte in hohem Maße, in großer Menge besitzend, enthaltend, aufweisend, bietend; reich an ...* /Ggs. -arm/: arten-, baby-, bäume-, episoden-, erz-, fett-, fisch-, formen-, gebärden-, gedanken-, handlungs-, ideen-, inhalts-, initiativ-, kalk-, kalorien-, kenntnis-, kinder-, kontrast-, leichen- (ein leichenreicher Film), merkmal-, niederschlags-, phantasie-, privilegien-, regen-, risiko-, varianten-, variations-, verkehrs-, verschleiß-, vitamin-, wald-, wasserreich. **sinnv.:** -haft, -ig, -intensiv, -schwer, -selig, -stark, -trächtig, -voll.

Reich, das; -[e]s, -e: **1.** *großer und mächtiger Staat:* das Römische R. **sinnv.:** ↑Staat · ↑Himmel. **Zus.:** Geister-, Himmel-, Kaiser-, Kolonial-, König-, Toten-, Welt-, Zarenreich. **2.** ⟨R. + Attribut⟩ *[größerer] Bereich, in dem etwas (Genanntes) [allein] herrscht:* im R. der Phantasie; das R. der Frau, des Mannes; das R. der Töne, der Finsternis; etwas ins R. der Fabel verbannen (weil es unwirklich ist). **sinnv.:** Paradies. **Zus.:** Erd-, Fabel-, Gedanken-, Märchen-, Pflanzen-, Tierreich.

rei|chen: **1.** ⟨tr.⟩ *(jmdm. etwas) so hinhalten, daß er es ergreifen kann:* jmdm. ein Buch r.; er reichte ihm zum Abschied die Hand. **sinnv.:** ↑geben. **2.** ⟨itr.⟩ *genügend vorhanden sein:* das Geld reicht nicht bis zum Ende des Monats; das Seil reicht *(ist lang genug).* **sinnv.:** ↑ausreichen. **3.** ⟨itr.⟩ *sich ↑erstrecken:* er reicht mit dem Kopf bis zur Decke; sein Garten reicht bis zur Straße.

reich|hal|tig ⟨Adj.⟩: *viel enthaltend, vieles bietend:* ein reichhaltiges Mittagessen, Programm. **sinnv.:** inhaltsreich, inhaltsvoll, substantiell, substanzhaltig, substanzreich; ↑mannigfach; ↑üppig.

reich|lich ⟨Adj.⟩: **a)** *das normale Maß von etwas überschreitend:* eine reichliche Mahlzeit; r. spenden; die Portionen sind r.; der neue Anzug ist noch r. *(etwas zu groß).* **sinnv.:** ↑anständig, ↑ausgiebig, [mehr als] genug, ein Haufen, haufenweise, in Hülle und Fülle, knüppeldick, ein gerüttelt Maß, en masse, in Massen, massenhaft, massenweise, massig, in rauhen Mengen, reihenweise, wie Sand am Meer, scharenweise, ↑viel, nicht wenig, ungezählt, unzählige, in großer Zahl, zahllos, zahlreich; ↑einige. **Zus.:** überreichlich. **b)** *mehr als:* vor r. zehn Jahren. **c)** ⟨verstärkend bei Adjektiven⟩ *sehr, ziemlich* /enthält leichte Kritik/: er kam r. spät; sie trägt einen r. kurzen Rock.

Reich|tum, der; -s, Reichtümer: *großer Besitz an Vermögen, wertvollen Dingen:* R. erwerben; zu R. kommen. **sinnv.:** ↑Besitz; ↑Prunk; ↑Überfluß; ↑Vermögen; ↑Vielfalt. **Zus.:** Arten-, Einfallsreichtum.

reif ⟨Adj.⟩: **1.** *im Wachstum voll entwickelt und für die Ernte, zum Pflücken geeignet:* reifes Obst, Getreide. **sinnv.:** ausgereift, gereift, pflückreif, überreif, vollreif. **2. a)** *durch Lebenserfahrung geprägt, innerlich gefestigt:* ein reifer Mann. **sinnv.:** abgeklärt, besonnen; ↑erwachsen. **b)** *durchdacht, hohen Ansprüchen genügend:* eine reife Arbeit; reife Leistungen; reife Gedanken. **sinnv.:** ↑vollkommen. **3.** ***r. sein für etwas/zu etwas:** *einen Zustand erreicht haben, in dem etwas möglich oder notwendig wird:* die Zeit ist r. für diesen Gedanken; er ist r. für den Urlaub; vgl. -reif.

-reif ⟨adjektivisches Suffixoid⟩: **a)** *in solch einem schlechten o. ä. Zustand, daß ... sollte, nötig hat, muß:* abbruchreif *(sollte abgebrochen werden),* abtrittsreifer Minister *(sollte abtreten),* bettreif *(sollte ins Bett gehen),* seine Partnerin frauenhausreif schlagen *(daß sie ins Frauenhaus geht),* irrenhaus-, krankenhaus-, lazarett-, museums-, sanatoriums-, schrott- (schrottreifes Auto = *muß verschrottet werden),* urlaubsreif *(muß Urlaub machen).* **b)** *(in positiver Hinsicht) so weit gediehen, entwickelt, daß ... werden kann; die Qualifikation für das im Basiswort Genannte habend:* baureife Grundstücke, Pläne *(daß mit dem Bau begonnen werden kann),* beschaffungs-, bühnenreif *(kann auf die Bühne gebracht werden),* elfmeterreife Situation, europa-, fernsehreif *(daß es im Fernsehen gesendet werden kann),* gänsefüßchen-, hitparaden-, kabarett-, konzert-, literatur-, markt- (marktreifes Medikament = *daß es auf den Markt gebracht werden kann),* oscarreif, unterschriftsreif, *(daß die Unterschrift darunter gesetzt werden kann),* verabschiedungsreifer Entwurf, WM-reif, wörterbuchreif, zuteilungsreifer Bausparvertrag. **sinnv.:** -bar, -fähig, -tauglich, -würdig.

Reif, der; -[e]s, -e: **I.** ⟨ohne Plural⟩ *Niederschlag in Form von feinen Kristallen, die bei Kälte am Morgen einen glänzenden weißen Belag auf dem Boden, auf Bäumen usw. bilden; gefrorener Tau:* am Morgen lag R. auf den Wiesen. **sinnv.:** Tau; ↑Niederschlag. **Zus.:** Rauhreif. **II.** *ringförmiger Schmuck für Kopf, Arm oder Finger:* sie trug einen schimmernden R. im Haar. **sinnv.:** Ring. **Zus.:** Arm-, Gold-, Stirnreif.

Rei|fe, die; -: *Zustand des Reifseins:* sein Verhalten zeugt von mangelnder R. **Zus.:** Geschlechts-, [Hoch]schulreife.

rei|fen, reifte, ist gereift ⟨itr.⟩: **1.** *reif werden:* das Obst ist in dem warmen Sommer schnell gereift. **sinnv.:** ausreifen; ↑aufwachsen; sich ↑entwickeln. **2.** *den Zustand der vollen Reife erreichen:* Entscheidungen müssen r.; die Kunst muß r. **sinnv.:** sich ↑entwickeln, zur Reife/Vollendung gelangen, sich vollenden, werden.

Rei|fen, der; -s, -: **1.** *Eisenring, der ein Faß zusammenhält:* er hat die R. des Fasses erneuert. **Zus.:** Faßreifen. **2.** *auf einer Felge liegende, entweder den Schlauch enthaltende oder selbst mit Luft gefüllte Decke aus Gummi, bes. bei Fahrrädern und Autos* (siehe Bild „Auto", „Fahrrad"): er hat den R. gewechselt. **sinnv.:** Autoreifen. **Zus.:** Ballon-, Ersatz-, Fahrrad-, Gürtel-, Reserve-, Winterreifen.

Rei|fe|prü|fung, die; -, -en: *Abschlußprüfung an einer höheren Schule:* die R. ablegen, bestehen. **sinnv.:** Abitur, Matura; ↑Prüfung.

Rei|fe|zeug|nis, das; -ses, -se: *Zeugnis über die abgelegte Reifeprüfung:* das R. ist Voraussetzung für das Studium an einer Universität. **sinnv.:** Abiturzeugnis.

reif|lich ⟨Adj.⟩: *(bes. in bezug auf eine endgültige Entscheidung, Wahl o. ä.) sehr gründlich und genau:* der Entschluß sollte erst nach reiflicher Überlegung gefaßt werden. **sinnv.:** ↑ausführlich.

Rei|he, die; -, -n: **1.** *mehrere in einer Linie stehende Personen oder Dinge:* sich in einer R. aufstellen. **sinnv.:** Front, Linie, Schlange, Zeile. **Zus.:** Ahnen-, Bücher-, Dreier-, Häuser-, Knopf-, Säulen-, Schlacht-, Sitz-, Stuhl-, Tisch-, Vierer-, Zahn-, Zuschauerreihe. **2.** *größere Zahl (von etwas):* er hat eine R. von Vorträgen gehalten; eine [ganze] R. [von] Frauen hat/haben protestiert. **sinnv.:** ↑Garnitur; ↑Zyklus · ↑einig...; ↑viel. **Zus.:** Artikel-, Aufsatz-, Buch-, Schriften-, Sende-, Taschenbuch-, Versuchs-, Vorlesungs-, Vortrags-, Zahlenreihe.

Rei|hen|fol|ge, die; -, -n: *geordnete Aufeinanderfolge:* etwas in zeitlicher, alphabetischer R. behandeln. **sinnv.:** Abfolge, Ablauf, Aufeinanderfolge, Folge, Hintereinander, Nacheinander, Sequenz, Turnus, Zyklus.

Rei|hen|haus, das; -es, Reihenhäuser: *Haus, das mit anderen Häusern eine Reihe bildet und in gleicher Weise wie diese gebaut ist.*

Rei|her, der; -s, -: *an Gewässern lebender, langbeiniger Vogel mit schlankem Körper und einem langen Hals und Schnabel.* **Zus.:** Fisch-, Silberreiher.

Reim, der; -[e]s, -e: *gleich klingender Ausgang zweier Verse:* einen R. auf ein bestimmtes Wort suchen; ein Gedicht in Reimen. **sinnv.:** Alliteration, Assonanz, Vers · Gedicht. **Zus.:** Binnen-, End-, Stabreim · Abzähl-, Kehr-, Kinder-, Schüttelreim.

rei|men: **a)** ⟨sich r.⟩ *die Form des Reims haben; gleich klingen:* diese Wörter reimen sich. **b)** ⟨tr.⟩ *Reime bilden, machen:* ein Wort auf ein anderes r. **sinnv.:** ↑dichten.

rein: I. ⟨Adj.⟩: **1.** ⟨nur attributiv⟩ *nicht mit etwas vermischt, ohne fremde Bestandteile:* reiner Wein; ein Kleid aus reiner Seide. **sinnv.:** echt, lauter, naturbelassen, natürlich, naturrein, pur; **Zus.:** klang-, lupen-, rasserein. **2.** ↑*sauber:* reine Wäsche; sie hat eine reine Haut. **sinnv.:** ↑frisch; ↑hell; ↑klar. **Zus.:** besen-, blüten-, stubenrein. **3.** *schuldlos, ohne Sünde:* er hat ein reines Gewissen, ein reines Herz. **sinnv.:** anständig, ehrenhaft, makellos, unverdorben. **Zus.:** ast-, engel-, sitten-, tugendrein. **4.** (ugs. abwertend) *vollständig und nicht zu überbieten (in seiner negativen Beschaffenheit o. ä):* das ist ja reiner, reinster Unsinn. **sinnv.:** ↑bar. **II.** ⟨Adverb⟩ **1.** (ugs.; verstärkend): ↑*geradezu:* es geschieht r. *(überhaupt)* gar nichts; das ist r. *(schier)* zum Verrücktwerden. **2.** (ugs.): *herein; hinein.* **sinnv.:** ↑hin; vgl. -rein.

rein- ⟨trennbares verbales Präfix⟩ (ugs.): *[in etwas] herein-, hinein-:* in das Zimmer reingehen *(hineingehen),* in das Zimmer reinkommen *(hereinkommen),* in den nächsten Tag reinfeiern *(hineinfeiern);* reinholen *(hereinholen),* reinspringen, reinziehen.

Rei|ne|ma|chen, das; -s: *das Aufräumen und Saubermachen (in Zimmern):* vor Ostern begann ein großes R. in der ganzen Wohnung. **sinnv.:** ↑Großreinemachen.

Rein|fall, der; -s, Reinfälle (ugs.): *unangenehme Überraschung, Enttäuschung:* die Aufführung des Stückes erwies sich als R. **sinnv.:** ↑Blamage; ↑Mißerfolg.

Rein|ge|winn, der; -[e]s, -e: *Geldbetrag, der von einer Einnahme nach Abzug aller Kosten als Gewinn übrigbleibt.*

Rein|heit, die; -: **1.** *Beschaffenheit, bei der ein Stoff mit keinem anderen Stoff vermischt ist:* die R. des Weines. **Zus.:** Klang-, Rasse-, Sprachreinheit. **2.** *das*

Reinsein: die R. des Wassers, der Luft. **3.** *Unschuld, Aufrichtigkeit:* die R. des Herzens, des Charakters. **Zus.:** Herzens-, Sittenreinheit.

rei|ni|gen ⟨tr.⟩: ↑*säubern:* die Straße, die Kleider r.

Rei|ni|gung, die; -, -en: **1.** ⟨ohne Plural⟩ *das Reinigen:* die R. des Anzugs. **Zus.:** Abwasser-, General-, Straßen-, Treppenreinigung. **2.** *Unternehmen, das Kleidung reinigt:* in der Hauptstraße ist eine R. eröffnet worden. **Zus.:** Expreß-, Schnell-, Teppichreinigung.

rein|lich ⟨Adj.⟩: **a)** ↑*sauber:* sie saßen am r. gedeckten Tisch. **b)** *auf Sauberkeit Wert legend:* ein reinlicher Mensch.

Reis, der; -es: **a)** *(in warmen Ländern wachsende, zu den Gräsern gehörende) hochwachsende Pflanze mit breiten Blättern und langen Rispen (deren Früchte in bestimmten Ländern ein Grundnahrungsmittel darstellen):* R. anbauen, pflanzen, ernten. **sinnv.:** ↑Getreide. **b)** *Frucht des Reises:* [un]geschälter, polierter Reis; ein Drittel der Menschheit ernährt sich von R. **Zus.:** Bouillon-, Brüh-, Milch-, Puffreis.

Rei|se, die; -, -n: *weitere und längere Fahrt vom Heimatort weg:* eine R. in die Schweiz, nach Finnland; eine R., schöne Reisen machen. **sinnv.:** ↑Ausflug, Exkursion, Expedition, Fahrt, Goodwilltour, Kreuzfahrt, Odyssee, Passage, Safari, Spritztour, Tour, Tournee, Trip. **Zus.:** Ab-, An-, Auslands-, Bahn-, Bier-, Bildungs-, Bus-, Dienst-, Entdeckungs-, Ferien-, Flug-, Forschungs-, Gastspiel-, Geschäfts-, Gesellschafts-, Gruppen-, Hochzeits-, Konzert-, Pauschal-, Pilger-, Rund-, Schiffs-, Sommer-, Studien-, Tage[s]-, Urlaubs-, Vortrags-, Winterreise.

Rei|se|füh|rer, der; -s, -: **1.** *jmd., der für die Führung und Betreuung von Touristen zuständig ist.* **sinnv.:** ↑Begleiter. **2.** *kleines Buch, das dem Reisenden Auskünfte über Unterkünfte, Sehenswürdigkeiten usw. gibt.* **sinnv.:** Führer, Guide · Stadtplan.

Rei|se|füh|re|rin, die; -, -nen: vgl. Reiseführer (1).

rei|sen, reiste, ist gereist ⟨itr.⟩: *eine Reise machen:* er will bequem r.; wir r. ans Meer, in die Berge, nach Paris. **sinnv.:** abreisen, fahren, fliegen, kutschieren, pendeln, eine Reise/eine Tour machen, auf Reisen gehen, die Tapeten wechseln, tingeln, touren, trampen, sich verfügen, verreisen; ↑bereisen; ↑fortfahren.

Rei|sen|de, der u. die; -n, -n ⟨aber: [ein] Reisender, Plural: [viele] Reisende⟩: *männliche bzw. weibliche Person, die eine Reise macht:* die Reisenden nach England, in die USA; viele Reisende standen auf dem Bahnhof. **sinnv.:** ↑Passagier. **Zus.:** Europa-, Entdeckungs-, Forschungs-, Geschäfts-, Vergnügungsreisender.

Rei|se|paß, der; Reisepasses, Reisepässe: *Personalausweis, der für Reisen ins Ausland benötigt wird.* **sinnv.:** ↑Ausweis, Passeport · Visum.

Rei|sig, das; -s: *dürre Zweige:* ein Bündel R. **Zus.:** Birken-, Tannenreisig.

rei|ßen, riß, hat/ist gerissen /vgl. reißend, gerissen/: **1. a)** ⟨tr.⟩ *gewaltsam, durch kräftiges, ruckartiges Ziehen in Stücke zerteilen:* etwas in Stücke r. **sinnv.:** ↑brechen. **b)** ⟨itr.⟩ *auseinanderbrechen, seinen Zusammenhalt verlieren:* unter der großen Last ist das Seil gerissen; die Schnur, das Papier reißt leicht. **sinnv.:** ↑platzen; ↑zerbrechen. **2.** ⟨tr.⟩ *mit raschem und festem Griff gewaltsam wegnehmen:* jmdm. ein Buch aus der Hand r.; man hat ihm die Kleider vom Leib gerissen. **sinnv.:** ↑nehmen; ↑ausreißen. **3.** ⟨tr./itr.⟩ *heftig ziehen, mitschleifen:* der Hund hat ständig an der Leine gerissen; die Lawine hat die Menschen in die Tiefe gerissen. **sinnv.:** ↑zerren.

rei|ßend ⟨Adj.⟩: *wild, heftig; rasch:* in der reißenden Strömung konnte das Schiff nicht gesteuert werden; die Zeitung fand reißenden Absatz.

rei|ße|risch ⟨Adj.⟩: *(im Urteil des Sprechers) auf billige, primitive Art wirkungsvoll:* reißerische Schlagzeilen. **sinnv.:** ↑marktschreierisch.

Reiß|na|gel, der; -s, Reißnägel: ↑*Reißzwecke.*

Reiß|ver|schluß, der; Reißverschlusses, Reißverschlüsse: *Verschluß [an Kleidungsstücken] aus kleinen Metall- oder Kunststoffgliedern, die sich durch Ziehen eines Schiebers verzahnen* (siehe Bild): den R. öffnen, zumachen.

Reiß|zwecke, die; -, -n: *Nagel mit breitem Kopf und kurzer Spitze, der mit dem Finger in etwas gedrückt werden kann:* das Foto war mit Reißzwecken an der Wand befestigt. **sinnv.:** Reißbrettstift, Reißnagel, Wanze, Zwecke; ↑Nagel.

rei|ten, ritt, hat/ist geritten: **1.** ⟨itr.⟩ *sich auf einem Pferd sitzend fortbewegen:* ich bin/(seltener:) habe oft geritten; wir sind durch den Wald geritten; ich bin heute 20 Kilometer geritten. **sinnv.:** Galopp/Trab/Schritt reiten, galoppieren, traben. **2.** ⟨tr.⟩ **a)** *ein Reittier reitend an einen bestimmten Ort bringen:* ich habe das Pferd in den Stall geritten. **b)** *ein Pferd (in bestimmter Gangart reiten)* (1): er ist Galopp geritten.

Rei|ter, der; -s, -, **Rei|te|rin,** die; -, -nen: *männliche bzw. weibliche Person, die reitet.* **sinnv.:** Jockey, Kavallerist. **Zus.:** Dressur-, Herren-, Kunst-, Melde-, Post-, Spring-, Stafetten-, Turnier-, Wellen-, Zirkusreiter.

Reiz, der; -es, -e: **1.** *eine von außen oder innen ausgehende Wirkung auf einen Organismus:* das grelle Licht übte einen starken R. auf ihre Augen aus. **Zus.:** Brech-, Husten-, Juck-, Lach-, Licht-, Nerven-, Schmerz-, Sinnesreiz. **2.** *angenehme Wirkung; Zauber; Verlockung:* alles Fremde übt einen starken R. auf ihn aus; er ist den Reizen dieser Frau verfallen; das hat keinen R. mehr für mich *(das ist für mich nicht mehr interessant).* **sinnv.:** ↑Anreiz, Antrieb, Anziehungskraft, ↑Faszination, Interesse, Kitzel, Magie, Pfiff, Stachel, Stimulus, Verlockung, Zauber; ↑Anregung; ↑Bann; ↑Anmut · auf jmdn./etwas stehen. **Zus.:** Liebreiz.

reiz|bar ⟨Adj.⟩: *leicht zu reizen, zu verärgern:* der Chef ist heute sehr r. **sinnv.:** aufgeregt, leicht erregbar, heftig, hitzig, ↑nervös, überempfindlich, ungeduldig; ↑empfindlich.

rei|zen /vgl. gereizt, reizend/: **1.** ⟨tr.⟩ *(durch eine bestimmte Hand-*

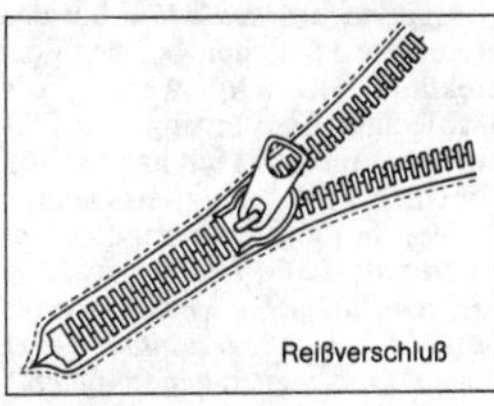
Reißverschluß

lung o. ä.) sehr ärgern, in heftige Erregung versetzen: du reizt ihn mit deinem Widerspruchsgeist; jmdn. bis zur Weißglut/zum Zorn r. **sinnv.:** ↑ärgern; ↑provozieren; ↑anregen. **2.** ⟨tr.⟩ *eine Wirkung auf einen Organismus auslösen:* die grelle Sonne hat seine Augen gereizt. **sinnv.:** ↑aufpeitschen, ↑aufputschen · aufgeilen, erregen, masturbieren, stimulieren. **3.** ⟨tr.⟩ *eine angenehme Wirkung, einen Zauber, eine Verlockung auslösen:* der Duft der Speisen reizte seinen Magen; diese Frau reizt alle Männer. **sinnv.:** anmachen, ↑anreizen, aufgeilen, aufreizen, entflammen, locken, jmdm. den Mund wäßrig machen, jmdn. scharf/verrückt machen, stimulieren, verlocken. **4.** ⟨itr./tr.⟩ *(bei verschiedenen Kartenspielen) durch Abgabe des Angebots, daß man ein bestimmtes Spiel machen möchte, den Gegner zu einem Gegenangebot herausfordern:* er reizte 48.

rei|zend ⟨Adj.⟩: *(durch seine Art, sein Wesen) besonderes Gefallen erregend:* ein reizendes Kind; sie hat ein reizendes Wesen. **sinnv.:** ↑hübsch; ↑lieb.

re|keln, sich: *sich mit großem Behagen dehnen und strecken:* er rekelte sich auf dem Sofa. **sinnv.:** sich aalen, sich ↑ausstrecken, sich fläzen, sich flegeln, sich hinlümmeln, sich lümmeln.

Re|kla|ma|ti|on, die; -, -en: *Beanstandung (in bezug auf einen Mangel, Fehler):* die R. des Kunden wurde zurückgewiesen. **sinnv.:** ↑Einspruch.

Re|kla|me, die; -, -n: *Anpreisung von etwas mit dem Ziel, eine möglichst große Zahl von Interessenten zu gewinnen:* für etwas R. machen; eine erfolgreiche R. **sinnv.:** ↑Werbung. **Zus.:** Kino-, Leucht-, Licht-, Neon-, Zigarettenreklame.

re|kla|mie|ren ⟨tr.⟩: *dagegen Einspruch erheben, daß etwas nicht geliefert oder nicht korrekt ausgeführt worden ist:* er hat das fehlende Päckchen bei der Post reklamiert; ich werde die schlechte Ausführung der Arbeit r.; ⟨auch itr.⟩ ich habe schon bei der Post reklamiert. **sinnv.:** ↑beanstanden; ↑verlangen.

re|kon|stru|ie|ren ⟨tr.⟩: **1.** *in seinem ursprünglichen Zustand aus einzelnen bekannten Teilen bis in Einzelheiten genau nachbilden:* einen Tempel r. **sinnv.:** ↑nachbilden; ↑wiederherstellen. **2.** *(den Ablauf von etwas, was sich in der Vergangenheit ereignet hat) genau wiedergeben:* der Hergang der Tat wurde rekonstruiert.

Re|kon|va|les|zent, der; -en, -en, **Re|kon|va|les|zen|tin,** die; -, -nen: *männliche bzw. weibliche Person, die (nach überstandener Krankheit) im Begriffe ist, ihre körperlichen Kräfte zurückzugewinnen:* er ist noch Rekonvaleszent.

Re|kord, der; -[e]s, -e: *bisher noch nicht erreichte Leistung:* mit diesem Sprung stellte er einen neuen R. auf. **sinnv.:** Bestleistung, Höchstleistung; ↑Leistung. **Zus.:** Bahn-, Europa-, Landes-, Schanzen-, Weltrekord.

Re|krut, der; -en, -en: *Soldat in der ersten Ausbildungszeit:* Rekruten wurden ausgehoben. **sinnv.:** ↑Soldat.

re|kru|tie|ren ⟨sich r./tr.⟩: *(aus etwas) zusammensetzen, ergänzen:* der Verein rekrutiert sich vorwiegend aus guten Sportlern; der Betrieb rekrutiert seine Mitarbeiter hauptsächlich aus Hochschulabsolventen. **sinnv.:** sich ↑zusammensetzen.

Rek|tor, der; -s, Rektoren, **Rek|to|rin,** die; -, -nen: **1.** *(aus dem Kreis der ordentlichen Professoren) für eine bestimmte Zeit gewählter Repräsentant bzw. gewählte Repräsentantin einer Hochschule.* **sinnv.:** ↑Präsident, Magnifizenz · Schulleiter. **2.** *Leiter bzw. Leiterin einer Grund-, Haupt-, Real- oder Sonderschule.*

Re|la|ti|on, die; -, -en: *Beziehung, in der [zwei] Dinge, Gegebenheiten, Begriffe usw. zueinander stehen:* Ausgaben und Einnahmen stehen in der richtigen R. **sinnv.:** Verhältnis. **Zus.:** Größen-, Preisrelation.

re|la|tiv ⟨Adj.⟩: *einem Verhältnis entsprechend; im Verhältnis zu, verhältnismäßig, vergleichsweise:* ein r. günstiger Preis; er braucht keine absolute Mehrheit, die relative Mehrheit genügt. **sinnv.:** ↑bedingt; ↑verhältnismäßig.

re|la|ti|vie|ren ⟨tr.⟩: *in seinem Wert einschränken:* die Ablösung des Politikers hat vieles relativiert; der Forscher hat unser Weltbild relativiert. **sinnv.:** ↑beschränken.

re|la|xen [ri'lɛksn̩] ⟨itr.⟩: *sich körperlich entspannen und sich erholen:* wenn alles vorbei ist, muß ich dringend r. **sinnv.:** sich ↑erholen; ↑ruhen.

re|le|vant ⟨Adj.⟩: *in einem bestimmten Zusammenhang bedeutsam, wichtig:* diese Angelegenheit ist mir nicht r. genug; politisch relevante Ereignisse. **sinnv.:** ↑wichtig.

Re|li|ef, das; -s, -s und -e: *aus einer Fläche herausgearbeitetes plastisches Bildwerk:* der Bildhauer wählte die Form eines Reliefs. **sinnv.:** ↑Plastik. **Zus.:** Flach-, Halb-, Hochrelief.

Re|li|gi|on, die; -, -en: *Glaube an Gott oder an ein göttliches Wesen und der sich daraus ergebende Kult:* die christliche, buddhistische, mohammedanische R. **sinnv.:** Buddhismus, Christentum, Hinduismus, Islam, Judentum, Konfuzianismus, Schintoismus, Taoismus; ↑Glaube. **Zus.:** Natur-, Staats-, Weltreligion.

re|li|gi|ös ⟨Adj.⟩: *einer Religion angehörend, von ihr bestimmt:* die religiöse Erziehung der Kinder; sie ist sehr r. **sinnv.:** ↑fromm. **Zus.:** freireligiös.

Re|li|gio|si|tät, die; -: ↑*Frömmigkeit.*

Re|likt, das; -[e]s, -e: *Überbleibsel, Rest einer früheren Form oder Periode:* Relikte von Pflanzen und Tieren geben ein Bild längst vergangener Epochen. **sinnv.:** ↑Rest.

Re|ling, die; -, -s: *Geländer, das das Deck eines Schiffes umgibt:* er beugte sich über die R. **sinnv.:** ↑Geländer.

Re|li|quie, die; -, -n: *Überrest vom Körper eines Heiligen oder ein Gegenstand, der mit ihm in Zusammenhang steht und verehrt wird:* die Reliquie wurde bei der Prozession mitgeführt.

Re|mi|nis|zenz, die; -, -en: *[durch etwas wachgerufene] Erinnerung:* eine R. an meine Kindheit; er erzählte Reminiszenzen aus seiner Jugend. **sinnv.:** Rückblick, Rückschau.

rem|peln ⟨tr./itr.⟩ (ugs.): *[absichtlich] mit dem Körper stoßen, wegdrängen:* er rempelte mich. **sinnv.:** ↑anrempeln.

Re|nais|sance [rənɛ'sã:s], die; -, -n: **1.** ⟨ohne Plural⟩ *historische Epoche (im 14. Jh. von Italien ausgehend), die auf eine Wiederbelebung der antiken Kultur zielte:* die R. brachte eine intensive Beschäftigung mit der lateinischen und griechischen Sprache. **Zus.:** Früh-, Hoch-, Neu-, Spätrenaissance. **2.** ⟨R. + Attribut⟩ *Wiederaufleben (von Merkmalen einer früheren Kultur, eines früheren Zustandes):* die neue Mode führt eine R. der langen Kleider herbei. **sinnv.:** ↑Reform.

Ren|dez|vous [rãde'vu:], das; - [rãde'vu:(s)], - [rãde'vu:s]: **1.** *Verabredung, Stelldichein [von Verliebten]:* sie kam in das Café zum R. **sinnv.:** Date, Schäferstündchen, Stelldichein, Tête-à-tête, ↑Treffen, Verabredung. **2.** *Begegnung von Raumfahrzeugen im Weltraum:* das R. der beiden Raumkapseln. **Zus.:** Weltraumrendezvous.

Ren|di|te, die; -, -n: *Ertrag, den ein angelegtes Kapital in einem bestimmten Zeitraum bringt:* die R. ist zu gering; dieses Geschäft bringt eine jährliche R. von mindestens 5 bis 6%. **sinnv.:** ↑Einkünfte.

re|ni|tent ⟨Adj.⟩ (geh.): *sich dem Willen, dem Wunsch, der Weisung eines anderen hartnäkkig widersetzend:* in der Klasse waren einige renitente Schüler. **sinnv.:** ↑ungehorsam.

Renn|bahn, die; -, -en: *Anlage, auf der bes. Pferderennen abgehalten werden.* **sinnv.:** Reitbahn, Rennplatz, Turf · Autodrom, Motodrom. **Zus.:** Galopp-, Pferde-, Radrenn-, Trabrennbahn.

ren|nen, rannte, ist gerannt ⟨itr.⟩: **1. a)** *sehr schnell laufen:* er rannte, um die Bahn noch zu erreichen. **sinnv.:** ↑laufen; sich ↑fortbewegen. **b)** (ugs.) *gehen:* renn doch schnell mal zum Bäkker! **c)** *(zum Ärger des Sprechers) sich irgendwohin begeben:* oft ins Kino r.; er rennt immer gleich zum Arzt, zur Polizei. **2.** *mit einer gewissen Wucht an jmdn./etwas stoßen:* er ist im Dunkeln gegen den Türpfosten gerannt. **sinnv.:** anrennen; sich ↑stoßen.

Ren|nen, das; -s, -: *Wettkampf im Laufen, Reiten oder Fahren:* an einem R. teilnehmen. **sinnv.:** Derby, Grand Prix, Moto-Cross, Rallye, Sternfahrt; ↑Lauf. **Zus.:** Abfahrts-, Auto-, Bahn-, Berg-, Dirt-Track-, Flieger-, Galopp-, Gelände-, Hindernis-, Hunde-, Hürden-, Jagd-, Kopf-an-Kopf-, Motorrad-, Pferde-, Querfeldein-, Rad-, Sandbahn-, Sechstage-, Seifenkisten-, Speedway-, Steher-, Straßen-, Trab-, Wett-, Wildwasser-, Windhundrennen.

Ren|ner, der; -s, -: **1.** *gutes, schnelles Rennpferd.* **2.** (Jargon) *Ware, die sich besonders gut verkauft:* das Buch ist der R. der Saison. **sinnv.:** ↑Schlager.

Renn|pferd, das; -[e]s, -e: *Pferd, das für Rennen bestimmt ist:* der Besitzer des Rennpferdes erzielte einen hohen Gewinn. **sinnv.:** Dressurpferd, Reitpferd, Renner, Springpferd, Traber, Trabrennpferd.

Renn|wa|gen, der; -s, -: *Auto, mit dem Rennen gefahren werden.* **sinnv.:** ↑Auto.

re|nom|mie|ren ⟨itr.⟩ /vgl. renommiert/: ↑*prahlen:* er renommiert gerne mit seinen Erfolgen.

re|nom|miert ⟨Adj.⟩: *großes Ansehen, einen guten Ruf habend:* eine renommierte Firma. **sinnv.:** ↑angesehen.

re|no|vie|ren ⟨tr.⟩: *(schadhaft, unansehnlich Gewordenes) wieder instand setzen, neu herrichten:* eine Wohnung, ein Haus r.; das Hotel ist neu renoviert. **sinnv.:** ↑erneuern.

ren|ta|bel ⟨Adj.⟩: *Gewinn bringend, sich rentierend:* rentable Geschäfte; die Arbeit ist sehr r. **sinnv.:** ↑einträglich.

Ren|te, die; -, -n: *Einkommen in Form regelmäßiger monatlicher Zahlungen aus einer gesetzlichen Versicherung oder aus entsprechend angelegtem Vermögen:* er hat nur eine kleine R. **sinnv.:** Pension, Ruhegehalt, Ruhegeld. **Zus.:** Alters-, Hinterbliebenen-, Invaliden-, Jahres-, Leib-, Monats-, Vermögens-, Witwen-, Zusatzrente.

ren|tie|ren, sich: *von Nutzen sein; Gewinn, Ertrag abwerfen:* der Laden rentiert sich [nicht]; diese Ausgabe hat sich nicht rentiert. **sinnv.:** ↑abwerfen.

Rent|ner, der; -s, -, **Rent|ne|rin,** die; -, -nen: *männliche bzw. weibliche Person, die eine Rente bezieht.* **sinnv.:** Pensionär, Pensionist, Privatier, Privatmann, Rentier, Ruheständler.

re|pa|ra|bel ⟨Adj.⟩: *so beschaffen, daß es zu reparieren ist:* das alte Fahrrad ist noch r.; ein reparabler Schaden. **sinnv.:** reparierbar, restaurierbar, wiederherstellbar.

Re|pa|ra|tur, die; -, -en: *das Reparieren; Arbeit, die ausgeführt wird zur Beseitigung eines Mangels, Schadens:* eine R. ausführen. **sinnv.:** Erneuerung, Instandsetzung, Rekonstruktion, Renovierung, Restauration, Wiederherrichtung, Wiederherstellung. **Zus.:** Auto-, Schönheitsreparatur.

re|pa|rie|ren ⟨tr.⟩: *wieder in den früheren intakten, gebrauchsfähigen Zustand bringen; (an etwas) eine Reparatur ausführen:* ein Auto r.; er hat das Türschloß notdürftig repariert. **sinnv.:** ausbessern, ausflicken, beheben, beseitigen, erneuern, flicken, instand setzen, wieder ganz machen, in Ordnung bringen, richten, stopfen, überholen; ↑aufsetzen.

Re|port, der; -s, -s: *systematischer Bericht, Untersuchung o. ä. über wichtige Ereignisse, Entwicklungen:* ein interessanter R. **sinnv.:** ↑Bericht.

Re|por|ta|ge [repɔr'ta:ʒə], die; -, -n: *ausführlicher, lebendiger, mit Interviews, Kommentaren o. ä. versehener Bericht in Presse, Rundfunk, Fernsehen, Film über ein aktuelles Ereignis:* eine R. schreiben, machen. **sinnv.:** ↑Bericht.

Re|por|ter, der; -s, -, **Re|por|te|rin,** die; -, -nen: *männliche bzw. weibliche Person, die berufsmäßig Reportagen macht.* **sinnv.:** ↑Journalist.

re|prä|sen|tie|ren: **1.** ⟨itr.⟩: *seiner Stellung, Funktion entsprechend in der Öffentlichkeit auftreten:* er kann gut r. **2.** ⟨tr.⟩ *(etwas, eine Gesamtheit von Personen) nach außen vertreten:* er repräsentiert eine der führenden Firmen. **Zus.:** über-, unterrepräsentiert. **3.** ⟨tr.⟩ *wert sein, den Wert von etwas darstellen:* das Grundstück repräsentiert einen Wert von vielen tausend Mark. **sinnv.:** ↑bedeuten. **4.** *in typischer, das Wesen von etwas erfassender Weise darstellen, vertreten; (für etwas) typisch sein:* diese Auswahl repräsentiert das Gesamtschaffen des Künstlers.

Re|pro|duk|ti|on, die; -, -en: **1.** *das Wiedergeben, Wiederholen:* die R. fremder Gedanken. **2. a)** *das Abbilden, Vervielfältigen von Büchern, Bildern, Karten o. ä. bes. durch Druck.* **b)** *etwas, was durch* Reproduktion (2 a) *hergestellt worden ist:* farbige Reproduktionen. **sinnv.:** Ablichtung, Abzug, Durchschlag, Faksimile, Fotokopie, Hektographie, Klischee, Kopie, Lichtpause, Matrize, Mikrofilm, Nachdruck, Raubkopie, Reprint, Vervielfältigung, Wiedergabe, Xerokopie.

re|pro|du|zie|ren ⟨tr.⟩: *eine Reproduktion (von etwas) herstellen:* ein Bild, eine Zeichnung r. **sinnv.:** ↑nachbilden, nachdrukken, ↑vervielfältigen; ↑darstellen.

Rep|til, das; -s, -ien: *(zu einer Klasse der Wirbeltiere gehörendes) wechselwarmes Tier mit einer meist von Schuppen aus Horn bedeckten Haut, das voll ausgebildete oder auch ganz zurückgebildete Gliedmaßen hat.* **sinnv.:** Kriechtier.

Re|pu|blik, die; -, -en: *Staatsform, bei der die oberste Gewalt durch Personen ausgeübt wird, die für eine bestimmte Zeit vom Volk oder dessen Vertretern gewählt werden.* **Zus.:** Bananen-, Räte-, Volksrepublik.

re|pu|bli|ka|nisch ⟨Adj.⟩: *den Grundsätzen der Republik entsprechend, nach ihren Prinzipien aufgebaut, für ihre Ziele eintretend.*

Re|qui|sit, das; -s, -en: **1.** *Gegenstand, der während einer Aufführung auf der Bühne oder bei einer Filmszene gebraucht wird.* **2.** *als Zubehör für etwas benötigter Gegenstand:* Schneeketten gehören zu den wichtigsten Requisiten eines Wagens im Winter. **sinnv.:** ↑Zubehör.

Re|ser|ve, die; -, -n: **1.** *etwas für den Bedarfs- oder Notfall vorsorglich Angesammeltes, Zurückbehaltenes:* sich eine R. an Lebensmitteln anlegen. **sinnv.:** ↑Vorrat. **Zus.:** Energie-, Gold-, Kraftreserve. **2.** *Ersatz für eine aktive Gruppe von Personen, besonders beim Militär und im Sport:* zur R. gehören; er spielt in der R. **3.** ⟨ohne Plural⟩ *sehr zurückhaltendes, abwartendes, oft auch kühles, abweisendes Verhalten:* er legte sich zuviel R. auf; jmdn. aus der R. locken; auf R. im eigenen Lager stoßen. **sinnv.:** ↑Bedenken.

re|ser|vie|ren ⟨tr.⟩ /vgl. reserviert/: *für jmdn. bis zur Inanspruchnahme, Abholung o. ä. freihalten, zurücklegen:* ich werde die Karten für sie an der Kasse r.; für jmdn. eine Ware r.; [jmdm.] einen Platz r.; der Tisch ist für uns reserviert. **sinnv.:** ↑aufsparen, ↑belegen, freihalten, vormerken, zurücklegen.

re|ser|viert ⟨Adj.⟩: *anderen Menschen, einer Sache gegenüber voller Zurückhaltung, oft abweisend:* er steht dem Vorschlag sehr r. gegenüber; sich r. verhalten. **sinnv.:** ↑herb, ↑passiv, ↑unzugänglich.

Re|si|gna|ti|on, die; -: *das Resignieren, das Sichfügen in das unabänderlich Scheinende:* jmdn. ergreift, erfaßt R.

re|si|gnie|ren ⟨itr.⟩: *auf Grund von Mißerfolgen, Enttäuschungen o. ä. seine Pläne aufgeben, darauf verzichten, sich entmutigt (mit etwas) abfinden:* nach dem ergebnislosen Kampf mit den Behörden resignierte er endlich. **sinnv.:** ↑aufgeben; ↑nachgeben; ↑verzagen · ↑niedergeschlagen.

re|so|lut ⟨Adj.⟩: *sehr entschlossen und energisch; den Willen, sich durchzusetzen, deutlich erkennen lassend:* sie ist eine sehr resolute Person. **sinnv.:** ↑forsch; ↑zielstrebig.

Re|so|nanz, die; -, -en: **1.** *Mitschwingen oder Mittönen eines Körpers mit einem anderen:* die R. des Instruments ist schlecht; R. erzeugen. **sinnv.:** ↑Akustik, Nachhall, ↑Widerhall. **2.** *durch etwas hervorgerufene Diskussionen, Äußerungen, Reaktionen:* die R. auf diesen Vorschlag war schwach; etwas findet R., stößt auf R. **sinnv.:** Anklang, Beifall, Echo, Zustimmung.

Re|spekt, der; -[e]s: *bes. auf Anerkennung, Bewunderung o. ä. beruhende oder auch durch eine gewisse Scheu, ein Eingeschüchtertsein (gegenüber einem Übergeordneten o. ä.) geprägte Achtung:* jmdm. seinen R. erweisen; vor jmdm. R. haben; es am nötigen R. fehlen lassen. **sinnv.:** ↑Achtung. **Zus.:** Heiden-, Mordsrespekt.

re|spek|tie|ren ⟨tr.⟩: **a)** *Achtung schenken, entgegenbringen:* jmdn., jmds. Haltung r. **sinnv.:** ↑achten. **b)** *als vertretbar, legitim o. ä. anerkennen, gelten lassen:* ich respektiere ihren Standpunkt; eine Entscheidung r. **sinnv.:** ↑billigen.

Rest, der; -es, -e: **1.** *etwas, was als meist kleinerer, geringerer Teil von etwas übriggeblieben, noch vorhanden ist:* ein kleiner R. von Wein; ein R. Farbe; die Reste versunkener Kulturen. **sinnv.:** Neige, Relikt, Stummel, Stumpf, Überbleibsel, Überrest, Übriges, Übriggebliebenes; ↑Fragment. **Zus.:** Brot-, Farb-, Kuchen-, Speise-, Über-, Wollrest. **2.** *etwas, was zur Vervollständigung, Abgeschlossenheit von etwas noch fehlt:* den R. des Weges zu Fuß gehen.

Re|stau|rant [rɛsto'rã:], das; -s, -s: *Gaststätte, die bes. des Essens wegen aufgesucht wird:* ein berühmtes, teures R. **sinnv.:** ↑Gaststätte. **Zus.:** Bahnhofs-, Garten-, Luxus-, Speise-, Theaterrestaurant.

re|stau|rie|ren ⟨tr.⟩: *(schadhafte, unansehnlich gewordene o. ä. Bilder, Bauten o. ä.) wiederherstellen, wieder in den ursprünglichen Zustand bringen:* das Denkmal wurde restauriert. **sinnv.:** ↑erneuern.

rest|lich ⟨Adj.; nur attributiv⟩: *einen Rest darstellend:* das restliche Geld; ich werde die restlichen Arbeiten später erledigen. **sinnv.:** letzt..., übrig, übrigbleibend, übriggeblieben, übriggelassen, verbleibend, noch vorhanden, zurückbleibend; ↑überschüssig.

rest|los ⟨Adj.; verstärkend bes. bei Verben⟩ (ugs.): *ganz und gar:* er hat r. versagt. **sinnv.:** ↑ganz.

Re|sul|tat, das; -[e]s, -e: ↑*Ergebnis:* das R. der Rechnung stimmte; der Versuch erbrachte kein R. **sinnv.:** ↑Erfolg; ↑Lösung. **Zus.:** End-, Gesamt-, Prüfungsresultat.

Re|tor|te, die; -, -n: *Gefäß für chemische Untersuchungen, Reaktionen o. ä.:* in dieser R. wird gerade destilliert.

ret|ten, rettete, hat gerettet ⟨tr.⟩: **1.** *(vor dem drohenden Tod) bewahren; (aus einer Gefahr, einer bedrohlichen Situation) befreien:* einen Ertrinkenden r.; jmdm. das Leben r.; jmdn. aus Lebensgefahr r.; er konnte sich durch einen Sprung aus dem Fenster r.; das rettende *(sichere)* Ufer erreichen. **sinnv.:** ↑befreien, bergen, erlösen, erretten; ↑heilen. **2.** *vor (durch Zerstörung, Verfall, Abhandenkommen o. ä.) drohendem Verlust bewahren:* den Baumbestand r.; der Restaurator konnte das Gemälde r. **sinnv.:** ↑erhalten, haltbar machen, konservieren. **3.** *in Sicherheit bringen; aus einem Gefahrenbereich wegschaffen:* sich ans Ufer r.; seine Habe, sich ins Ausland, über die Grenze r. **4.** *bis in eine bestimmte Zeit hinein, über eine bestimmte Zeit hinweg erhalten, vor dem Untergang, Verlust bewahren:* Kunstschätze durch, über die Kriegswirren r.

Ret|tich, der; -s, -e: *Pflanze mit rübenförmig verdickter, würzig bis scharf schmeckender Wurzel, die roh gegessen wird.*

re|tu|schie|ren ⟨tr.⟩: *(eine Fotografie, ein Bild) nachträglich in Details verändern, ausbessern:* der Fotograf retuschierte die Porträtaufnahme.

Reue, die; -: *tiefes Bedauern über eine als übel, unrecht, falsch erkannte Handlungsweise:* [keine] R. zeigen, empfinden.

reu|en ⟨itr.⟩: **a)** *(etwas) als ein begangenes Unrecht empfinden und tief bedauern, (über etwas) Reue empfinden, (jmdm.) leid tun:* die Tat reute ihn; es reute ihn, so hart gewesen zu sein. **sinnv.:** ↑bereuen. **b)** *nachträglich als falsch, dumm, unüberlegt o. ä. ansehen und am liebsten rückgängig machen wollen:* der Abschluß des Geschäftes reute ihn; es reute ihn, mitgefahren zu sein.

reu|mü|tig ⟨Adj.⟩: *von Reue erfüllt, Reue zeigend:* der Junge kehrte r. zu den Eltern zurück. **sinnv.:** bußfertig, reuevoll, reuig, schuldbewußt, zerknirscht.

Re|van|che [re'vã:ʃ(ə)], die; -, -n: *Vergeltung für eine erlittene Niederlage, dem Heimzahlen, Wettmachen dienende Gelegenheit, Gegenmaßnahme, das Sichrevanchieren:* nach dem Tennisturnier verlangte der Partner R.; für dieses Unrecht wollte er R. nehmen. **sinnv.:** ↑Vergeltung · ↑Spiel.

re|van|chie|ren [revã'ʃi:rən], sich: **1.** *eine üble Tat vergelten, dafür Revanche nehmen; eine erlittene Niederlage wettmachen, ausgleichen:* für deine Bosheiten werde ich mich später r.; sich mit einem 2:0 im Gegenspiel r. **sinnv.:** ↑bestrafen. **2.** *auf eine Freundlichkeit, eine freundliche Tat, eine Hilfe o. ä. mit einer Gegenleistung, Gegengabe reagieren:* wir werden uns für ihre Einladung, Unterstützung gern r. **sinnv.:** ↑belohnen.

Re|vers [re'vɛ:ɐ̯], das; -, - [re'vɛ:ɐ̯s]: *(mit dem Kragen eine Einheit bildender) Aufschlag an der Vorderseite von Jacken und Mänteln:* der Anzug hat schmale R. **sinnv.:** ↑Aufschlag.

re|vi|die|ren ⟨tr.⟩: *nach eingehender Prüfung, Kontrolle abändern, korrigieren:* seine Meinung r.; die bisherige Politik muß revidiert werden. **sinnv.:** ↑berichtigen.

Re|vier, das; -s, -e: **1.** *Fläche bestimmter Ausdehnung, Begrenzung, die unter verschiedenen Gesichtspunkten (häufig als jmds. Zuständigkeitsbereich) eine bestimmte Einheit darstellt:* das R. eines Försters; er wurde bei der Polizei zum Leiter eines Reviers befördert; der Hirsch verteidigt sein R.; in diesem R. herrscht Unruhe unter den Bergleuten. **sinnv.:** ↑Gebiet. **Zus.:** Forst-, Jagd-, Kohle-, Schutz-, Vogel-, Wildrevier. **2.** *Aufgabenbereich, in dem jmd. tätig ist, sich zuständig fühlt:* die Musik ist sein R.; Küche und Garten gehören nicht zu meinem R. **sinnv.:** ↑Bereich. **3.** *polizeiliche Dienststelle, die für einen bestimmten Bezirk zuständig ist:* jmdn. aufs R. bringen. **sinnv.:** Polizeibüro, Polizeidienststelle, Polizeirevier, Polizeistation, Polizeiwache, Wache.

Re|vol|te, die; -, -n: *gegen bestehende Verhältnisse gerichtete Auflehnung einer meist kleineren Gruppe:* eine R. niederschlagen. **sinnv.:** ↑Aufruhr. **Zus.:** Militärrevolte.

re|vol|tie|ren ⟨itr.⟩: *an einer Revolte teilnehmen, sich heftig gegen jmdn./etwas auflehnen:* die Gefangenen revoltierten; die Jugend revoltiert gegen die Gesellschaft. **sinnv.:** ↑protestieren.

Re|vo|lu|ti|on, die; -, -en: **1.** *auf radikale Veränderung der bestehenden politischen und gesellschaftlichen Verhältnisse ausgerichteter [gewaltsamer] Umsturz:* eine R. ist ausgebrochen. **sinnv.:** ↑Aufruhr; ↑Putsch. **Zus.:** Konter-, Palast-, Weltrevolution. **2.** *Umwälzung der bisher geltenden Maßstäbe, Techniken o. ä., umwälzende Neuerung:* die industrielle R.; seine Erfindung bedeutet für diesen Bereich eine R. **sinnv.:** ↑Reform.

re|vo|lu|tio|när ⟨Adj.⟩: **1.** *die Revolution betreffend, von den Ideen einer Revolution bestimmt:* revolutionäre Ziele, Lieder; die revolutionäre Gruppe übernahm die Führung. **sinnv.:** ↑anarchisch; ↑aufrührerisch. **2.** *eine Umwälzung, große Neuerung darstellend:* diese Erfindung ist r. für die heutige Technik. **sinnv.:** ↑fortschrittlich; ↑links.

Re|vo|lu|tio|när, der; -s, -e, **Re|vo|lu|tio|nä|rin,** die; -, -nen: *männliche bzw. weibliche Person, die an einer Revolution beteiligt ist, auf eine Revolution hinarbeitet.* **sinnv.:** Anarchist, Aufrührer, Aufständischer, Bilderstürmer, Bürgerschreck, Empörer, Kämpfer, Neuerer, Rebell, Reformator, Revoluzzer, Systemveränderer, Terrorist, Umstürzler.

re|vo|lu|tio|nie|ren ⟨tr.⟩: *von Grund aus umgestalten:* die Entwicklung dieser Maschine revolutioniert unsere Technik. **sinnv.:** ↑verbessern.

Re|vol|ver, der; -s, -: *Schußwaffe mit kurzem Lauf, bei der die Patronen in einer drehbar hinter dem Lauf angeordneten Trommel stecken* (siehe Bildleiste „Schußwaffen"): sie trugen geladene R. im Gürtel. **sinnv.:** Schußwaffe. **Zus.:** Armee-, Trommelrevolver.

Re|vue [re'vy:], die; -, -n: [re'vy:ən]: *musikalische Programmfolge von sängerischen, tänzerischen, artistischen Darbietungen in oft reicher Ausstattung:* eine R. besuchen. **sinnv.:** Schau, Show, Travestieshow, Varieté. **Zus.:** Ausstattungs-, Eisrevue.

Re|zen|sent, der; -en, -en, **Re|zen|sen|tin,** die; -, -nen: *Verfasser bzw. Verfasserin einer Rezension:* der Rezensent nahm keinen objektiven Standpunkt ein. **sinnv.:** ↑Kritiker.

re|zen|sie|ren ⟨tr.⟩: *kritisch besprechen:* ein Buch, eine Theateraufführung in der Zeitung r. **sinnv.:** ↑besprechen.

Re|zen|si|on, die; -, -en: *kritische Besprechung (von Büchern, Theateraufführungen, Filmen o. ä.):* er schrieb Rezensionen über historische Schriften. **sinnv.:** ↑Kritik. **Zus.:** Buch-, Theaterrezension.

Re|zept, das; -[e]s, -e: **1.** *schriftliche Anordnung des Arztes an den Apotheker zur Abgabe bestimmter Medikamente:* der Arzt schrieb ein R. **sinnv.:** Verordnung, Verschreibung. **Zus.:** Arzneirezept. **2.** *Anleitung für die Zubereitung von Speisen:* sie kocht genau nach R. **sinnv.:** Backvorschrift, Kochvorschrift. **Zus.:** Back-, Familien-, Koch-, Kuchen-, Originalrezept · Erfolgs-, Geheim-, Patentrezept.

re|zi|tie|ren ⟨tr.⟩: *(eine Dichtung) künstlerisch vortragen:* sie rezitierte Gedichte von Rilke. **sinnv.:** ↑vortragen.

Rha|bar|ber, der; -s: *(als Staude wachsende) Pflanze mit großen Blättern, deren lange fleischige Blattstiele säuerlich schmecken und zur Zubereitung von Kompott o. ä. verwendet werden.*

rhe|to|risch ⟨Adj.⟩: **1.** *die gute sprachliche Formulierung, den* *flüssigen, eleganten Stil in Rede und Schrift betreffend:* er hielt eine r. glänzende Rede. **2.** *als Phrase wirkend:* vieles in seinem Text war r.

Rheu|ma, das; -s, **Rheu|ma|tis|mus,** der; -: *schmerzhafte Erkrankung der Gelenke, Muskeln, Nerven, Sehnen.* **Zus.:** Gelenk-, Muskelrheumatismus.

Rhom|bus, der; -, Rhomben: /eine geometrische Figur/ (siehe Bildleiste „geometrische Figuren", S. 292).

rhyth|misch ⟨Adj.⟩: **a)** *den Rhythmus betreffend, für den Rhythmus bestimmt:* rhythmische Instrumente; r. exakt spielen. **b)** *nach bestimmtem Rhythmus erfolgend:* rhythmische Gymnastik; das rhythmische Stampfen der Maschine. **sinnv.:** gleichmäßig.

Rhyth|mus, der; -, Rhythmen: **1.** *Gliederung des Zeitmaßes, Ablauf von Bewegungen oder Tönen in einem bestimmten Takt:* ein bewegter, schneller R.; der Tänzer geriet aus dem R. **2.** *gleichmäßig gegliederte Bewegung, periodischer Wechsel, regelmäßige Wiederkehr:* der R. der Jahreszeiten. **sinnv.:** Gleichmaß.

rich|ten, richtete, hat gerichtet: **1.** ⟨tr.⟩ **a)** *in eine bestimmte Richtung bringen:* das Fernrohr auf etwas r.; den Blick auf jmdn., in die Ferne r.; das Schiff, den Kurs eines Schiffs nach Norden r. **sinnv.:** ausrichten, lenken. **b)** *sich mit einer mündlichen oder schriftlichen Äußerung an jmdn. wenden:* eine Bitte, Aufforderung, Mahnung, Rede an jmdn. r.; sein Gesuch an die zuständige Behörde r. **2.** ⟨sich r.⟩ **a)** *(von Sachen) sich in eine bestimmte Richtung wenden:* die Scheinwerfer richteten sich plötzlich alle auf einen Punkt. **b)** *sich in kritisierender Absicht gegen jmdn./etwas wenden:* sich in/mit seinem Werk gegen soziale Mißstände r.; gegen wen richtet sich Ihr Verdacht? **sinnv.:** ↑verstoßen. **3.** ⟨sich r.⟩ **a)** *sich ganz auf jmdn./etwas einstellen und sich in seinem Verhalten entsprechend beeinflussen lassen:* sich nach jmds. Wünschen r.; ich richte mich [mit meinen Urlaubsplänen] ganz nach dir. **sinnv.:** sich ↑anlehnen; sich ↑anpassen; ↑befolgen. **b)** *in bezug auf etwas von anderen Bedingungen abhängen und entsprechend verlaufen, sich gestalten:* die Bezahlung richtet sich nach der Leistung. **4.** ⟨tr.⟩ **a)** *in eine gerade Linie, Fläche bringen:* sich gerade r.; einen [Knochen]bruch r.; seine Zähne mußten gerichtet werden. **sinnv.:** ↑einrenken. **b)** *richtig einstellen:* eine Antenne r. **5.** ⟨tr.⟩ **a)** *in einen ordentlichen, gebrauchsfertigen, besseren Zustand bringen:* sich den Schlips, die Haare r.; die Uhr r. *(reparieren)* lassen; das kann ich, das läßt sich schon r. *(einrichten).* **sinnv.:** ↑aufräumen; ↑reparieren. **b)** *aus einem bestimmten Anlaß vorbereiten:* die Betten [für die Gäste] r.; ich habe euch das Frühstück gerichtet. **6.** ⟨itr.⟩ **a)** *ein gerichtliches Urteil über jmdn./etwas fällen:* nach dem Recht r. **b)** *über jmdn./etwas urteilen, ein schwerwiegendes, negatives Urteil abgeben:* wir haben in dieser Angelegenheit, über diesen Menschen nicht zu r.

Rich|ter, der; -s, -, **Rich|te|rin,** die; -, -nen: *männliche bzw. weibliche Person, die die Rechtsprechung ausübt, über jmdn./etwas gerichtliche Entscheidungen trifft:* der Richter ließ Milde walten. **sinnv.:** ↑Jurist. **Zus.:** Amts-, Friedens-, Jugend-, Laien-, Straf-, Untersuchungs-, Zivilrichter · Kampf-, Linien-, Preis-, Punkt-, Ringrichter.

rich|tig: I. ⟨Adj.⟩ **1. a)** *als Entscheidung, Verhalten o. ä. dem tatsächlichen Sachverhalt, der realen Gegebenheit entsprechend:* der richtige Weg; ich halte das nicht für r.; etw. r. beurteilen, verstehen. **b)** *keinen [logischen] Fehler, keine Unstimmigkeiten enthaltend:* eine richtige Lösung; ein Wort r. schreiben, übersetzen; die Uhr geht r. **sinnv.:** einwandfrei, fehlerfrei, korrekt, recht. **2. a)** *für jmdn./etwas am besten geeignet:* den richtigen Zeitpunkt wählen, verpassen; eine Sache r. anfassen. **sinnv.:** ↑geeignet. **b)** *den Erwartungen, die jmd. an eine Person oder Sache stellt, entsprechend:* seine Kinder sollten alle erst einen richtigen Beruf lernen; wir haben lange Jahre keinen richtigen Sommer mehr gehabt; etw. r. können; erst mal muß ich r. ausschlafen. **sinnv.:** ordentlich, wie es sich gehört. **3 a)** *in der wahren Bedeutung des betreffenden Wortes; nicht scheinbar, sondern echt:* die Kinder spielen mit richtigem Geld; sie ist nicht die richtige *(leibliche)* Mutter der Kinder; jmdn. nicht r. lieben. **sinnv.:** ↑wahr; ↑wirklich. **b)** (oft ugs.) ↑*regelrecht:* du bist ein richtiger Feigling; r. wütend, froh, erschrocken sein; hier ist es r. gemütlich. **II.** ⟨Adverb⟩ *in der Tat, wie man mit Erstaunen feststellt:* sie sagte, er komme sicher bald, und r., da trat er in die Tür.

Richt|li|nie, die; -, -n: *Anweisung für jmds. Verhalten in bestimmten Fällen:* er folgt den Richtlinien der Politik, die der Minister bestimmte. **sinnv.:** ↑Maßstab.

Rich|tung, die; -, -en: **1.** *das Gerichtetsein, Verlauf auf ein bestimmtes Ziel zu:* die R. nach Westen einschlagen; die R. zeigen, ändern; ein Schritt in die richtige R. **sinnv.:** ↑Route. **Zus.:** Blick-, Fahrt-, Flug-, Himmels-, Längs-, Marsch-, Schußrichtung. **2.** *spezielle Ausprägung innerhalb eines geistigen Bereichs:* die politische R. bestimmen; die verschiedenen Richtungen in der Kunst. **sinnv.:** ↑Neigung; ↑Stellung. **Zus.:** Fach-, Forschungs-, Geistes-, Kunst-, Stilrichtung.

rie|chen, roch, hat gerochen: **1. a)** ⟨tr.⟩ *durch den Geruchssinn, mit der Nase einen Geruch wahrnehmen:* ich habe Gas, den Käse gerochen. **sinnv.:** schnüffeln, schnuppern. **b)** ⟨itr.⟩ *durch prüfendes Einziehen der Luft durch die Nase den Geruch von etwas wahrzunehmen suchen:* an einer Rose r. **2.** ⟨itr.⟩ **a)** *einen bestimmten Geruch haben, verbreiten:* der Kaffee riecht gut, gar nicht mehr; hier riecht es schlecht, übel, nach Gas, nach Rosen. **sinnv.:** duften, dunsten, dünsten. **b)** *einen unangenehmen, üblen Geruch haben, verbreiten:* aus dem Mund r.; der Käse riecht stark. **sinnv.:** stinken.

Rie|ge, die; -, -n: *Reihe, Gruppe bes. von Turnern:* die R. turnt am Reck. **sinnv.:** ↑Mannschaft. **Zus.:** Frauen-, National-, Turnriege.

Rie|gel, der; -s, -: **1.** *Vorrichtung mit verschiebbarem, länglichem Metallstück o. ä. zum Verschließen von Türen, Toren, Fenstern:* den R. an der Tür vorschieben, zurückschieben. **sinnv.:** Riegelholz, Schieber, Schuber, Sperre. **Zus.:** Eisen-, Fenster-, Türriegel. **2.** *meist unterteiltes stangenartiges Stück von etwas:* ein R. Schokolade,

Seife. **Zus.:** Schoko[laden]-, Seifenriegel.

Rie|men, der; -s, -: **1.** *schmaler, längerer Streifen aus Leder, festem Gewebe oder Kunststoff:* ein breiter R.; er hat den Koffer mit einem R. verschnürt. **sinnv.:** ↑Gurt. **Zus.:** Keil-, Leder-, Leib-, Schuh-, Trag-, Treibriemen. **2.** *längeres, mit beiden Händen zu fassendes Ruder:* sich in die R. legen. **sinnv.:** ↑Ruder.

Rie|se, der; -n, -n: *(in Märchen, Sagen, Mythen auftretendes) Wesen von übernatürlich großer menschlicher Gestalt* /Ggs. Zwerg/. **sinnv.:** Gigant, Goliath, Hüne, Koloß, Lulatsch; ↑Mann.

rie|seln, rieselte, ist gerieselt ⟨itr.⟩: **1.** *in nicht allzu großer Menge und oft mit feinem hellem Geräusch [irgendwohin] fließen:* eine Quelle rieselt; das Wasser rieselt über die Steine; aus der Wunde rieselt Blut. **sinnv.:** ↑fließen; ↑plätschern. **2.** *in vielen kleinen Teilchen, kaum hörbar und in leichter stetiger Bewegung [irgendwohin] fallen, gleiten, sinken:* der Schnee rieselte leise; an den Wänden rieselt der Kalk; er ließ Sand durch die Finger r.

Rie|sen- ⟨Präfixoid, auch das Basiswort wird betont⟩ (verstärkend): *außergewöhnlich, sehr groß; riesig, gewaltig* /in bezug auf Anzahl, Menge, Ausmaß/: Riesenauflage, -auswahl, -baby, -defizit, -enttäuschung, -erfolg, -haus, -hit, -kamel, -konzert, -plakat, -portion, -schreck, -sortiment, -spaß, -stadt, -tasche, -überraschung, -umsatz, -witz. **sinnv.:** Heiden-, Mammut-, Monster-, Super-, Top-.

rie|sig ⟨Adj.⟩: **1. a)** *außerordentlich, übermäßig groß:* ein riesiger Elefant; eine riesige Menschenmenge. **sinnv.:** ↑astronomisch; ↑gewaltig. **b)** *einen übermäßig hohen Grad aufweisend:* eine riesige Freude, Anstrengung. **2.** (ugs.) **a)** ↑*großartig:* eine riesige Party; das finde ich r. **sinnv.:** ↑außergewöhnlich. **b)** ⟨verstärkend bei Adjektiven und Verben⟩ ↑*sehr:* r. lang; ich habe mich r. gefreut.

Riff, das; -[e]s, -e: *langgestreckte Sandbank, Reihe von Klippen im Meer vor der Küste:* auf ein R. auflaufen.

ri|go|ros ⟨Adj.⟩: *sehr streng, hart und oft rücksichtslos:* die Polizei greift r. durch; rigorose Maßnahmen ergreifen. **sinnv.:** ↑radikal; ↑streng.

Ril|le, die; -, -n: *schmale, längere Vertiefung in der Oberfläche von etwas:* die Rillen einer Säule, in Glas. **sinnv.:** ↑Riß.

Rind, das; -es, -er: *(als Milch und Fleisch lieferndes Nutztier gehaltenes) größeres Tier mit braunem bis schwarzem, oft weiß geflecktem, auch falbem, kurzhaarigem Fell, mit breitem, Hörner tragendem Schädel, langem in einer Quaste endendem Schwanz und einem großen Euter beim weiblichen Tier* (siehe Bild). **sinnv.:** Bulle, Farren, Färse, Kalb, Kuh, Ochse, Stier. **Zus.:** Haus-, Schlacht-, Zuchtrind.

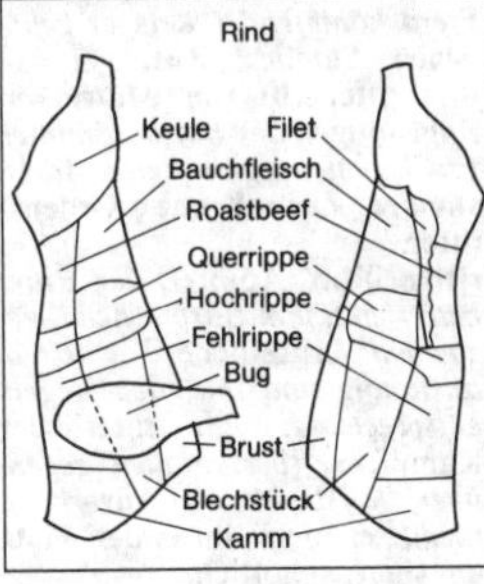

Rin|de, die; -, -n: **1.** *äußere, feste, oft harte, borstige Schicht von Bäumen und Sträuchern:* rauhe, rissige, glatte R. **sinnv.:** Borke; ↑Schale. **Zus.:** Baum-, Birken-, Tannenrinde. **2.** *äußere, härtere Schicht von etwas Weichem:* die R. vom Käse, Brot. **sinnv.:** Kruste. **Zus.:** Brot-, Käserinde.

Ring, der; -[e]s, -e: **1.** *gleichmäßig runder, kreisförmig in sich geschlossener Gegenstand:* einen goldenen R. am Finger tragen. **sinnv.:** Reif. **Zus.:** Dichtungs-, Ehe-, Finger-, Freundschafts-, Gold-, Gummi-, Rettungs-, Siegel-, Trau-, Verlobungs-, Wunschring. **2.** *ringförmiges Gebilde, ringförmige Anordnung, Figur:* das Glas hinterließ einen feuchten R.; einen R. um jmdn. bilden, schließen *(sich um jmdn. herumstellen);* [dunkle] Ringe um die Augen haben. **Zus.:** Augen-, Baum-, Jahresring. **2.** *durch Seile begrenzter, quadratischer Platz für Boxkämpfe:* den R. als Sieger verlassen. **Zus.:** Boxring. **3.** *Vereinigung von Personen, die sich zur Durchsetzung bestimmter Ziele zusammengeschlossen haben; Verband mehrerer selbständiger Unternehmen:* ein internationaler R. von Rauschgifthändlern; die Firmen wollen sich zu einem R. zusammenschließen. **sinnv.:** Syndikat, ↑Vereinigung. **Zus.:** Lese-, Spionage-, Theaterring.

rin|geln: a) ⟨tr.⟩ *so zusammenrollen, daß ungefähr die Form eines oder mehrerer Ringe entsteht:* der Hund ringelt den Schwanz. **b)** ⟨sich r.⟩ *ungefähr die Form eines oder mehrerer Ringe annehmen:* Locken ringeln sich um ihren Kopf; die Schlange ringelt sich um einen Ast. **sinnv.:** sich kräuseln, sich locken; sich ↑schlingen.

rin|gen, rang, hat gerungen: **1.** ⟨itr.⟩ *mit körperlichem Einsatz [nach bestimmten Regeln] so kämpfen, daß der Gegner durch Griffe und Schwünge bezwungen wird:* er hat mit ihm gerungen. **2. a)** ⟨tr.; mit näherer Bestimmung⟩ *(jmdm.) gegen heftigen Widerstand (aus den Händen) winden, reißen:* er hat ihm die Pistole aus der Hand gerungen. **b)** ⟨itr.⟩ *(die Hände aus Verzweiflung o. ä. ineinander verschränkt halten und so [heftig] bewegen:* weinend die/seine Hände r. **3.** ⟨itr.⟩ **a)** *sich angestrengt, unter Einsatz aller Kräfte [gleichzeitig mit einem anderen] bemühen, etwas Bestimmtes zu erreichen, zu verwirklichen:* jäh, hart um Erfolg r.; sie rangen alle drei um dieses Amt. **sinnv.:** ↑streben. **b)** *sich innerlich heftig mit etwas auseinandersetzen:* lange mit sich wegen einer Sache r.; mit einem Problem, einem Entschluß r.

Rin|ger, der; -s, -: *jmd., der als Sportler Ringkämpfe austrägt.*

Ring|kampf, der; -[e]s, Ringkämpfe: *sportlicher Wettkampf im Ringen:* der R. wird nach Punkten bewertet.

rings ⟨Adverb⟩: *im Kreis, im Bogen um jmdn./etwas, auf allen Seiten:* der Ort ist r. von Bergen umgeben; sich r. im Kreise drehen. **sinnv.:** ↑überall.

Rin|ne, die; -, -n: *schmale, längere Vertiefung, die meist künstlich angelegt ist, zum Ableiten von Wasser:* Rinnen durchziehen das Gelände; eine R. graben. **sinnv.:** ↑Dachrinne; ↑Graben. **Zus.:** Abfluß-, Dach-, Regen-, Wasserrinne.

rin|nen, rann, ist geronnen ⟨itr.⟩: *in kleineren Mengen langsam und stetig fließen, sich irgendwohin bewegen:* das Blut ist aus der Wunde geronnen; der

Regen rinnt [von den Dächern]; Sand rinnt ihm durch die Finger. **sinnv.:** ↑fließen.

Rip|pe, die; -, -n: **1.** *schmaler bogenförmiger Knochen im Oberkörper des Menschen und bestimmter Tiere (der mit anderen zusammen den Brustkorb bildet):* er hat eine R. gebrochen. **2.** ⟨R. + Attribut⟩ *Gegenstand, der einer Rippe ähnlich ist, daran erinnert:* die Rippen eines Blattes; die Rippen des Heizkörpers; eine R. Schokolade.

Ri|si|ko, das; -s, -s und Risiken: *mit einem Vorhaben o. ä. verbundenes Wagnis, möglicher negativer Ausgang bei einer Unternehmung, Möglichkeit des Verlustes, Mißerfolges:* das R. übernehmen, tragen; sich auf kein R. einlassen. **sinnv.:** ↑Wagnis. **Zus.:** Berufs-, Sicherheitsrisiko.

Ri|si|ko- ⟨Präfixoid⟩ **a)** */besagt, daß der oder das im Basiswort Genannte in gewisser Weise gefährlich ist, bei dem Gefahr im Hinblick auf etwas Bestimmtes besteht/* Risikogeburt, -gruppe (selbstmordgefährdete Risikogruppe), -kind (bei einer Frühbehandlung der Risikokinder könnte vielen Kindern das Behindertenschicksal erspart bleiben), -operation, -papier (die Volksaktie ist ein Risikopapier), -patient (Risikopatienten mit Kreislaufschwäche), -schwangerschaft. **b)** */besagt, daß der oder das im Basiswort Genannte ein Risiko für etwas darstellt, mit einem Risiko verbunden ist/* Risikofaktor (diese Partei ist ein Risikofaktor in der Koalition), Risikofall.

ris|kant ⟨Adj.⟩: *mit einem Risiko, mit Gefahr verbunden und daher ziemlich gewagt:* der Plan ist r. **sinnv.:** ↑gefährlich.

ris|kie|ren ⟨tr.⟩: **a)** *die Möglichkeit eines Fehlschlags, die Gefahr des Verlustes o. ä. heraufbeschwören, sie bei etwas in Kauf nehmen; (etwas einer) Gefahr aussetzen:* einen Unfall r.; er riskierte es nicht, jetzt noch zu fliehen; seine Stellung, sein Leben r.; in dieser Situation riskierte er alles. **sinnv.:** ↑wagen. **b)** *(etwas) vorsichtig, nur mit gewisser Zurückhaltung tun:* ein zaghaftes Lächeln, einen Blick r.; er riskierte sogar einen Einwand, Widerspruch.

Ris|pe, die; -, -n: *verzweigte Blüten tragender Teil einer Pflanze:* viele Gräser haben Rispen. **sinnv.:** Ähre · Dolde · Traube.

Riß, der; Risses, Risse: *durch Reißen, Brechen entstandener Spalt; Stelle, an der etwas gerissen, eingerissen ist:* ein R. im Stoff; ein tiefer R. in der Mauer; das Seil hat einen R. **sinnv.:** Fuge, Furche, Knacks, Leck, ↑Loch, Lücke, Rille, Ritz, Ritze, Schlitz, Spalt, Spalte, Sprung. **Zus.:** Haar-, Muskelriß.

Ritt, der; -[e]s, -e: *das Reiten:* ein langer, anstrengender R. **Zus.:** Aus-, Gelände-, Spazierritt.

Rit|ter, der; -s, -: **a)** *(im Mittelalter) in einer Rüstung und zu Pferd kämpfender Krieger gehobenen Standes.* **Zus.:** Grals-, Raubritter. **b)** *(im Mittelalter) Angehöriger des mit bestimmten Privilegien ausgestatteten Adelsstandes.* **Zus.:** Kreuz-, Ordensritter.

rit|ter|lich ⟨Adj.⟩: **1.** *den Ritter betreffend, ihm entsprechend, geziemend:* ritterliche Ideale. **2.** *anständig und fair, den Regeln entsprechend:* ein ritterlicher Kampf. **3.** *(bes. Frauen gegenüber) hilfsbereit und zuvorkommend:* er bietet ihr r. den Platz an. **sinnv.:** ↑höflich.

ritt|lings ⟨Adverb⟩: *in der Haltung eines Reiters auf dem Pferd:* er saß r. auf seinem Stuhl.

Ritz, der; -es; -e: *kleiner Kratzer; durch Ritzen hervorgerufene Linie, nicht allzu starke stricharige Vertiefung auf etwas:* ein R. in der Politur. **sinnv.:** ↑Riß; ↑Schramme.

Rit|ze, die; -, -n: *sehr schmale Spalte oder Vertiefung; schmaler Zwischenraum:* Staub setzt sich in die Ritzen; der Wind pfiff durch die Ritzen des alten Hauses. **sinnv.:** ↑Riß, Spalt. **Zus.:** Besuchs-, Fenster-, Mauer-, Türritze.

rit|zen: **1.** ⟨tr.⟩ *(in etwas) einen Ritz, Ritze machen; mit einem scharfen Gegenstand eine Vertiefung, Einkerbung einschneiden:* Glas [mit einem Diamanten] r.; seinen Namen in den Baum r. **sinnv.:** ↑kratzen. **2.** ⟨sich r.⟩ *sich durch einen spitzen harten Gegenstand die Haut verletzen:* ich habe mich an einem Nagel geritzt. **sinnv.:** ↑aufreißen.

Ri|va|le, der; -n, -n, **Ri|va|lin,** die; -, -nen: *männliche bzw. weibliche Person, die sich um die gleiche Sache oder Person bewirbt:* neben Rivale Meyer/neben dem Rivalen Meyer verblaßte er; er schlug seine Rivalen aus dem Felde. **sinnv.:** Konkurrent, Konkurrenz, Mitbewerber, Nebenbuhler, Widersacher.

ri|va|li|sie|ren ⟨itr.⟩: *(bei etwas) um den Vorrang kämpfen, (in jmdm.) einen Rivalen haben:* er rivalisierte mit mir um den ersten Platz. **sinnv.:** konkurrieren, wetteifern; ↑übertreffen.

Rob|be, die; -, -n: *großes, im Meer lebendes (Säuge)tier mit langgestrecktem plumpem, von dicht anliegenden, kurzen Haaren bedecktem Körper und flossenartigen Gliedmaßen.*

Ro|bo|ter, der; -s, -: *der Gestalt eines Menschen ähnliche Maschine mit beweglichen Gliedern, die bestimmte mechanische Funktionen ausüben kann:* diese Aufgaben werden von einem R. ausgeführt; er arbeitet wie ein R. *(ununterbrochen, schwer).*

ro|bust ⟨Adj.⟩: **1.** *körperlich oder seelisch stabil, nicht empfindlich:* eine robuste Natur, Gesundheit; er ist ziemlich r. **sinnv.:** ↑dickfellig; ↑stark; ↑widerstandsfähig. **2.** *in seiner Beschaffenheit Belastungen gut standhaltend und daher im Gebrauch meist unkompliziert:* ein robuster Motor. **sinnv.:** ↑haltbar.

rö|cheln ⟨itr.⟩: *mit rasselndem Geräusch, keuchend atmen:* der Kranke röchelte. **sinnv.:** ↑atmen.

Rock: **I.** der; -[e]s, Röcke: **1.** *Kleidungsstück, Teil eines Kleidungsstücks für Frauen und Mädchen, das von der Hüfte abwärts reicht:* ein Kleid mit langem R.; R. und Bluse. **Zus.:** Falten-, Glocken-, Hosen-, Mini-, Reif-, Unterrock. **2.** (landsch.) ↑*Jacke:* er zog seinen R. wegen der Hitze aus. **Zus.:** Braten-, Chor-, Geh-, Priester-, Uniform-, Waffenrock. **II.** der; -[s], -[s]: *auf elektronisch verstärkten Instrumenten gespielte, stark rhythmisierte Musik.* **Zus.:** Country-, Jazz-, Punkrock.

ro|deln, rodelte, hat/ist gerodelt ⟨itr.⟩: **a)** *mit einem Schlitten im Schnee fahren:* wir haben/sind den ganzen Nachmittag gerodelt. **b)** *mit einem Schlitten irgendwohin, auf ein Ziel zufahren:* wir sind ins Tal gerodelt.

ro|den, rodete, hat gerodet ⟨tr.⟩: *(eine Fläche) von Wald frei und dadurch urbar machen:* sie haben dieses Gebiet gerodet. **sinnv.:** abholzen, fällen, schlagen, umschlagen.

Rog|gen, der; -s: *Getreide mit relativ langem Halm, vierkantigen Ähren mit langen Grannen, dessen Frucht bes. zu Brotmehl verarbeitet wird* (siehe Bildleiste „Getreide"). **sinnv.:** ↑Getreide. **Zus.:** Futter-, Winterroggen.

roh ⟨Adj.⟩: **1.** *nicht gekocht, nicht gebraten, nicht zubereitet:* rohe Eier; rohe Kartoffeln; das Fleisch ist noch r. **2.** *in natürlichem Zustand, nicht oder nur grob bearbeitet:* rohes Holz; ein r. *(aus rohem Holz)* gezimmerter Tisch. **3.** *anderen gegenüber gefühllos und grob, sie oft körperlich oder seelisch verletzend:* ein roher Mensch; er hat sie r. und gemein behandelt. **sinnv.:** ↑rabiat; ↑unbarmherzig.

Roh|bau, der; -[e]s, -ten: *Neubau, bei dem erst Mauern, Dekken und Dach errichtet sind:* der R. muß von der Behörde abgenommen werden; das Haus ist noch im R. *(ist noch im Zustand eines Rohbaus).*

Ro|heit, die; -: *das Rohsein, rohe Gesinnung, Wesensart:* ihr Spott war ein Zeichen ihrer R. **sinnv.:** Brutalität, Empfindungslosigkeit, Erbarmungslosigkeit, Gefühllosigkeit, Gefühlskälte, Gnadenlosigkeit, Härte, Herzlosigkeit, Kälte, Kaltherzigkeit, Lieblosigkeit, Mitleidlosigkeit, Schonungslosigkeit, Unbarmherzigkeit, Unmenschlichkeit; ↑Sadismus; ↑Zynismus.

Roh|kost, die; -: *Speise aus roh zubereiteten Pflanzen, bes. Obst, Gemüse, Salat.*

Rohr, das -[e]s, -e: *aus einem festen Material bestehender, zylindrischer Hohlkörper, der vor allem zur Weiterleitung von Flüssigkeiten, Gasen, auch festen Körpern dient:* die Rohre der Wasserleitung; das R. des Ofens; Rohre verlegen; etwas durch ein R. pumpen. **sinnv.:** Röhre, Rohrleitung, Zylinder. **Zus.:** Abfluß-, Abzugs-, Ausguß-, Auspuff-, Blas-, Blei-, Fern-, Gas-, Heizungs-, Leitungs-, Ofen-, Sprach-, Zuleitungsrohr.

Röh|re, die; -, -n: **1.** *von einem Körper umschlossener langgestreckter, zylindrischer Hohlraum als Teil eines Ganzen oder als selbständiger langer, zylindrischer Hohlkörper aus festem Material, der vor allem zur Weiterleitung von Flüssigkeiten, Gasen, auch festen Körpern dient:* Röhren aus Stahl, Ton; eine R. mit großem Durchmesser. **sinnv.:** ↑Rohr. **Zus.:** Back-, Glas-, Harn-, Luft-, Neon-, Ofen-, Speise-, Stahlröhre. **2.** *meist kleinerer röhrenförmiger Behälter:* eine R. mit Tabletten. **sinnv.:** ↑Behälter. **Zus.:** Reagenz-, Tablettenröhrchen.

röh|ren ⟨itr.⟩: *(vom Hirsch während der Brunftzeit) brüllen:* der Hirsch röhrte, daß man es weitum vernahm.

Roh|stoff, der; -[e]s, -e: *[in der Natur vorkommender] Stoff, aus dem etwas hergestellt oder gewonnen wird:* Rohstoffe liefern, verarbeiten. **sinnv.:** Werkstoff.

Ro|ko|ko, das; -s: *(auf das Barock folgender) durch zierliche, beschwingte Formen und eine heitere oder empfindsame Grundhaltung gekennzeichneter Stil der europäischen Kunst, auch der Dichtung und Musik.*

Rol|le, die; -, -n: **1. a)** *Gestalt, die ein Künstler im Theater oder im Film verkörpert:* er spielt, singt die R. des Königs. **sinnv.:** Charge, Figur, ↑Gestalt, Part, Partie. **Zus.:** Bomben-, Charakter-, Doppel-, Film-, Haupt-, Hosen-, Neben-, Titelrolle. **b)** *Stellung, Funktion, [erwartetes] Verhalten innerhalb der Gesellschaft:* anerzogene Rollen; die R. der Frau; die Rollen tauschen; seiner R. als Vermittler nicht gewachsen sein. **Zus.:** Führungs-, Vermittlerrolle. **2.** *Rad, Kugel oder Walze, worauf etwas rollt oder gleitet:* ein Tisch, Sessel auf Rollen; das Seil läuft über Rollen. **3.** *etwas, was so zusammengerollt ist, daß es einer Walze gleicht; etwas Walzenförmiges oder walzenförmig Aufgerolltes:* eine R. Papier; drei Rollen Draht. **Zus.:** Biskuit-, Papier-, Schrift-, Zwirnrolle. **4.** *Drehung um die quer zum Körper verlaufende Achse als Übung beim Turnen am Boden, Barren, Reck o. ä.:* die R. vorwärts, rückwärts. **sinnv.:** ↑Übung.

rol|len, rollte, hat/ist gerollt: **1.** ⟨itr.⟩ **a)** *sich um die Achse drehend fortbewegen, irgendwohin bewegen:* die Räder rollen; der Ball ist ins Tor gerollt; die Kugel ist unter den Schrank gerollt; im Schlaf rollte er *(machte er eine Drehbewegung)* auf die andere Seite. **sinnv.:** sich drehen, kreisen, kugeln, kullern, laufen, trudeln, sich wälzen. **b)** *sich auf Rädern fortbewegen:* der Wagen ist noch ein Stück gerollt. **2.** ⟨tr.⟩ **a)** *in eine drehende Bewegung bringen, drehend, schiebend fortbewegen:* er hat das Faß in den Keller, den Stein zur Seite gerollt; die Kinder rollen sich im Gras; er hat sich in eine Decke gerollt *(sich mit drehender Bewegung darin eingehüllt).* **sinnv.:** ↑befördern, ↑schieben. **b)** *(einen Körperteil o. ä.) drehend hin und her, im Kreis bewegen:* den Kopf r.; er hat wütend die Augen/ ⟨auch itr.:⟩ mit den Augen gerollt. **3. a)** ⟨tr.⟩ *einem Gegenstand durch drehende o. ä. Bewegungen die Form einer Walze geben:* er hat den Teppich gerollt; den Teig zu einer Wurst r. **b)** ⟨sich r.⟩ *die Form einer Walze, einer Spirale o. ä. annehmen:* das Papier, die Schlange hat sich gerollt. **4.** ⟨itr.⟩ *ein dumpfes, rumpelndes, polterndes o. ä. Geräusch erzeugen, von sich geben:* der Donner hat in der Ferne gerollt. **sinnv.:** ↑krachen.

Roll|mops, der; -es, Rollmöpse: *gerollter, mit Zwiebeln und Gurken eingelegter Hering.* **sinnv.:** Fisch.

Roll|stuhl, der; -[e]s, Rollstühle: *einem Sessel ähnliches Fahrzeug mit drei oder vier Rädern für kranke oder behinderte Menschen, die sich nicht gehend fortbewegen können:* an den R. gefesselt sein.

Roll|trep|pe, die; -, -n: *Treppe mit beweglichen Stufen, die sich an einem Förderband zwischen zwei Stockwerken aufwärts oder abwärts bewegen:* die R. benutzen. **sinnv.:** ↑Aufzug.

Ro|man, der; -s, -e: *literarisches Werk erzählender Dichtung in Prosa, in dem oft das Schicksal von Menschen in der Auseinandersetzung mit der Umwelt, der Gesellschaft geschildert wird:* einen R. schreiben, lesen. **sinnv.:** ↑Erzählung. **Zus.:** Abenteuer-, Arzt-, Ehe-, Erziehungs-, Familien-, Fortsetzungs-, Frauen-, Gesellschafts-, Kolportage-, Kriminal-, Liebes-, Schelmen-, Schlüssel-, Spionage-, Tatsachen-, Unterhaltungsroman.

Ro|ma|nik, die; -: *Kunststil der europäischen Epoche des frühen Mittelalters, für den bes. in der Baukunst Rundbogen und Tonnengewölbe charakteristisch sind.*

Ro|man|tik, die; -: *(im Gegensatz zur Aufklärung und Klassik stehende) Epoche der europäischen Literatur, Malerei und Musik (vom Ende des 18. bis zur Mitte des 19. Jahrhunderts), die bes.*

durch das Bauen auf die Kraft der Gefühle, des Irrationalen und durch die Rückwendung zur Vergangenheit gekennzeichnet war.

ro|man|tisch ⟨Adj.⟩: **1.** *zur Romantik gehörend, sie betreffend:* die romantische Dichtung, Musik, Schule. **2. a)** *in oft falscher, überschwenglicher Gefühlsbetontheit die Wirklichkeit unrealistisch sehend, schwärmerisch idealisierend:* romantische Vorstellungen von etwas haben; er hat ein romantisches Gemüt. **sinnv.:** nostalgisch, schnulzig; ↑innerlich. **b)** *von einer das Gemüt ansprechenden, oft malerisch reizvollen Stimmung geprägt:* ein romantisches Tal; ein r. gelegener Ort. **sinnv.:** ↑malerisch. **Zus.:** wildromantisch.

Ron|dell, das; -s, -e: *rund angelegtes Beet:* ein mit Blumen besetztes R. **sinnv.:** ↑Rabatte.

rönt|gen, röntgte, hat geröntgt ⟨tr./itr.⟩: *zur Untersuchung mit Hilfe von Röntgenstrahlen durchleuchten:* den gebrochenen Arm r. **sinnv.:** Tomographie · Ultraschalluntersuchung.

Rönt|gen|strah|len, die ⟨Plural⟩: *bes. in der Medizin und Technik verwendete extrem kurzwellige, energiereiche elektromagnetische Strahlen.*

ro|sa ⟨Adj.; indeklinabel⟩: **1.** *von zartem, hellem Rot, in der Färbung wie Heckenrosen [aussehend]:* ein r. Kleid; etwas r. färben. **sinnv.:** blaßrot, pink, rosafarben, rosenfarbig, rosé, rosig; ↑rot; ↑violett. **Zus.:** alt-, blaß-, zartrosa. **2.** *in irgendeiner Weise als angenehm, günstig empfunden:* die Experten sehen r. Zeiten voraus. **3.** (Jargon) *sich auf Homosexuelle beziehend, für Homosexuelle bestimmt:* r. Kalender; Homodaten in r. Listen; r. Liebe. **sinnv.:** ↑homosexuell.

Ro|se, die; -, -n: *(als Strauch wachsende) Stacheln tragende Pflanze mit meist glänzenden Blättern und vielblättrigen, oft angenehm und stark duftenden, gefüllten Blüten in verschiedenen Farben:* **Zus.:** Busch-, Hecken-, Kletter-, Teerose · Alpen-, Christ-, Pfingst-, Seerose · Fensterrose · Windrose.

Ro|sen|kohl, der; -s: *Kohl einer Sorte mit hohem Stengel, um den Blätter in Form kleiner kugeliger Röschen angeordnet sind, die als Gemüse gegessen werden.*

Ro|sen|mon|tag, der; -s, -e: *Montag vor Fastnacht.*

Ro|set|te, die; -, -n: *Verzierung in Form einer stilisierten aufgeblühten Rose.*

ro|sig ⟨Adj.⟩: **1.** *hell rötlich schimmernd, zart rot aussehend:* ein rosiges Gesicht; rosige Haut haben. **sinnv.:** ↑rosa. **2.** *sehr positiv, erfreulich; durch nichts Unerfreuliches getrübt:* etwas in den rosigsten Farben schildern; rosigen Zeiten entgegengehen; die Lage ist nicht r. **sinnv.:** ↑erfreulich.

Ro|si|ne, die; -, -n: *getrocknete Weinbeere, die durch das Trocknen stark geschrumpft ist, eine dunkle Färbung angenommen hat und süß schmeckt:* ein Kuchen mit Rosinen. **sinnv.:** Korinthe, Sultanine, Zibebe.

Roß, das; Rosses, Rosse und Rösser (seltener): *[edles] Pferd, bes. Reitpferd:* hoch zu R. galoppieren sie über die Felder. **sinnv.:** ↑Pferd. **Zus.:** Jagd-, Leib-, Schlacht-, Streitroß.

Rost, der; -es, -e: **I.** *verschiedenen Zwecken dienendes Gitter bzw. gitterartiger Gegenstand aus Stäben, Drähten, Latten o. ä.:* Fleisch auf dem R. braten. **sinnv.:** ↑Grill. **Zus.:** Brat-, Gitter-, Holz-, Latten-, Ofen-, Schieberrost. **II.** ⟨ohne Plural⟩ *an der Oberfläche von Gegenständen aus Eisen und Stahl sich bildende poröse, braun-gelbe Schicht, die durch Feuchtigkeit entsteht:* etwas von R. befreien, vor R. schützen. **sinnv.:** ↑Belag.

ro|sten, rostete, ist/hat gerostet ⟨itr.⟩: *Rost bilden, ansetzen; sich allmählich in Rost verwandeln:* das Auto ist/hat gerostet.

rö|sten, röstete, hat geröstet ⟨tr.⟩: *ohne Zusatz von Fett oder Wasser durch Erhitzen bräunen, knusprig werden lassen:* Brot, Kaffee, Kastanien r. **sinnv.:** ↑braten.

ro|stig ⟨Adj.⟩: *mit Rost bedeckt:* rostige Nägel. **sinnv.:** eingerostet, gerostet, von Rost zerfressen, verrostet.

rot, röter, röteste ⟨Adj.⟩: *von der Farbe frischen Blutes:* ein rotes Kleid; rote Rosen; r. glühen. **sinnv.:** fraise, karmesin, purpurfarben, purpurn, rötlich, rubin; ↑rosa; ↑violett · Purpur. **Zus.:** blaß-, blau-, blut-, dunkel-, erdbeer-, feuer-, flammend-, fuchs-, hell-, henna-, hoch-, karmin-, knall-, kirsch-, korallen-, krebs-, lachs-, orange-, purpur-, puter-, rosen-, rost-, scharlach-, wein-, ziegelrot.

Rot, das; -s: *rote Farbe:* ein leuchtendes R.; bei R. über die Straße gehen. **Zus.:** Abend-, Infra-, Lippen-, Morgen-, Wangenrot.

Ro|ta|ti|on, die; -, -en: **1.** *kreisförmige Drehung um eine Achse:* die R. der Sterne. **2.** *in bestimmten Abständen erfolgender Wechsel in der Besetzung politischer Ämter o. ä.*

Rö|te, die; -: *das Rotsein, Rötlichsein; rote Färbung:* die R. der Haut, des morgendlichen Himmels; ihm stieg [vor Zorn, Scham] die R. ins Gesicht. **Zus.:** Abend-, Morgen-, Purpur-, Schamröte.

Rö|teln, die ⟨Plural⟩: *Infektionskrankheit mit Hautausschlag:* an R. erkrankt sein.

rö|ten, rötete, hat gerötet: **1.** ⟨tr.⟩ *rot färben, erscheinen lassen:* der Widerschein des Feuers rötete den Himmel. **2.** ⟨sich r.⟩ *rot werden, eine rote Färbung annehmen:* ihre Wangen röteten sich.

ro|tie|ren ⟨itr.⟩: **1.** *sich im Kreis um etwas oder um die eigene Achse drehen:* das Rad rotiert. **sinnv.:** ↑kreisen. **2.** *(von Inhabern bestimmter politischer Ämter) nach dem Prinzip der Rotation* (2) *nachrücken.*

Rot|kehl|chen, das; -s, -: *kleiner Singvogel mit braunem, an Kehle und Brust orangerotem und an der Bauchseite weißem Gefieder.*

röt|lich ⟨Adj.⟩: *leicht rot getönt, ins Rote spielend:* ein rötlicher Schimmer; rötliches Haar. **sinnv.:** ↑rot.

Rot|wein, der; -[e]s, -e: *aus [blauen] Trauben gewonnener Wein von dunkler, ins Violette spielender Färbung.*

Rotz, der; -es (derb): *aus der Nase fließender Schleim.*

Rouge [ru:ʒ], das; -s, -s: *rote Schminke, bes. für die Wangen:* sie legte R. auf. **sinnv.:** Wangenrot; ↑Make-up.

Rou|la|de [ru'la:də], die; -, -n: *gerollte und gebratene, mit Speck, Zwiebeln, Gurken o. ä. gefüllte Scheibe Fleisch.* **Zus.:** Kalbs-, Kohl-, Kraut-, Rinder-, Schweineroulade.

Rou|lett [ru'lɛt], das; -s, -s und -e: *Glücksspiel, bei dem auf einer sich drehenden Scheibe mit roten und schwarzen, numerierten Fächern durch eine geworfene Kugel die gewinnbringende Nummer ermittelt wird:* er spielte leidenschaftlich R.

Rou|te ['ru:tə], die; -, -n: *festgelegter, einzuschlagender Weg einer Reise oder Wanderung:* die R. einhalten, ändern. **sinnv.:** Richtung, Weg; **Zus.:** Fahrt-, Flug-, Marsch-, Reiseroute.

Rou|ti|ne [ru'ti:nə], die; -, -n: **1.** *auf Grund vielfacher Wiederholung einer Tätigkeit erworbene Fertigkeit, Gewandtheit, Erfahrung (im Ausführen der betreffenden Tätigkeit):* er hat im Laufe der Zeit schon R. bekommen. **sinnv.:** ↑Gewandtheit. **2.** *aus ständiger Wiederholung einer Tätigkeit entstandene Gewohnheit (etwas zu tun) ohne einen akuten Anlaß, ohne inneres Beteiligtsein:* zur R. werden; zur R. erstarren; es hat sich eine feste R. herausgebildet. **sinnv.:** Schablone, Schema F · automatisch, schematisch.

Rou|ti|ne- ⟨Präfixoid⟩: *üblich gewordene ..., einer Gewohnheit, Festlegung entsprechende ..., ohne daß ein besonderer, direkter Anlaß vorliegt:* Routineangelegenheit, -besprechung, -besuch, -fahndung, -flug, -frage *(Frage, die in einer bestimmten Situation regelmäßig, einer Vorschrift entsprechend gestellt wird),* -kontrolle, -maßnahme, -sitzung, -überprüfung, -untersuchung, -vorgang.

rou|ti|niert ⟨Adj.⟩: *[viel] Routine, Erfahrung habend und daher sehr geschickt:* ein routinierter Sportler; er ist sehr r. **sinnv.:** ↑beschlagen; ↑fachmännisch; ↑geschickt.

Row|dy ['raudi], der; -s, -s und Rowdies (abwertend): *flegelhafter, oft auch brutaler Mensch, gewalttätiger junger Mann.* **sinnv.:** ↑Raufbold.

rub|beln ⟨tr.⟩ (ugs.): *kräftig reiben:* nach dem Bad rubbelte ich ihn, mich mit dem Tuch. **sinnv.:** ↑reiben.

Rü|be, die; -, -n: **1.** *dickfleischige, kegelförmige bis runde Wurzel, die als Gemüse- oder Futterpflanze angebaut wird.* **sinnv.:** rote Bete, Dickwurz, Rummel; ↑Möhre. **Zus.:** Dick-, Futter-, Gelb-, Kohl-, Mohr-, Runkel-, Steck-, Zuckerrübe. **2.** (ugs.) *Kopf eines Menschen (bes. im Hinblick auf das Äußere):* die R. einziehen. **sinnv.:** ↑Kopf.

rü|ber- ⟨trennbares verbales Präfix⟩ (ugs.): *[über jmdn./etwas] herüber-, hinüber-:* zu jmdm. rübergehen *(hinübergehen),* er kommt zu mir rüber *(kommt herüber);* rüberschicken, rüberspringen, rübersteigen.

Ru|bin, der; -s, -e: *kostbarer roter Edelstein.* **sinnv.:** ↑Edelstein.

Ru|brik, die; -, -en: *(in Tabellen o. ä.) einzelne Spalte oder Abschnitt in einer Spalte:* etwas in die rechte R. eintragen. **sinnv.:** Kolumne, Spalte; ↑Abschnitt. **Zus.:** Sport-, Zeitungsrubrik.

ruch|los ⟨Adj.⟩: *sehr gemein und ohne Skrupel [ausgeführt o. ä.]:* ein ruchloser Mörder; diese ruchlose Tat brachte ihn an den Galgen. **sinnv.:** ↑lasterhaft; ↑unanständig.

Ruck, der; -[e]s: *plötzlicher heftiger Stoß; kurze kräftige Bewegung, die abrupt, stoßartig einsetzt oder aufhört:* der Zug fuhr mit einem kräftigen R. an; mit einem R. hob er die Kiste hoch. **sinnv.:** ↑Stoß.

rück-, Rück- ⟨Präfix⟩: **1.** /in der Bedeutung von *zurück/* **a)** ⟨substantivisch⟩ Rückantwort, -äußerung, -besinnung, -fahrkarte, -flug (Ggs. Hinflug), -frage, -gewinnung, -kauf, -kopplung, -porto, -reise (Ggs. Hinreise), -ruf, -spiel (Ggs. Hinspiel), -stau, -strahler, -stufung, -tritt, -trittsbremse, -zahlung; /negativ/ Rückfall, -gang, -schritt. **b)** ⟨verbal; nicht trennbar⟩ rückblenden, -blicken, -datieren, -erstatten, -fragen, -rufen, -versichern, -vergüten. **2.** /in der Bedeutung von *hinten befindlich, hintere, nach hinten/:* Rückansicht, -gebäude, -licht, -sitz, -spiegel.

Rück|blick, der; -[e]s, -e: *gedankliches Betrachten von Vergangenem:* ein R. auf die Zeit der Jahrhundertwende. **sinnv.:** ↑Reminiszenz. **Zus.:** Jahresrückblick.

rücken, rückte, hat/ist gerückt: **1.** ⟨tr.⟩ *ruckweise, oft mühsam über eine kurze Strecke schieben oder ziehen:* er hat den Schrank von der Wand gerückt. **sinnv.:** ↑schieben. **2.** ⟨itr.⟩ *sich [im Sitzen] etwas zur Seite bewegen [um jmdm. Platz zu machen]:* näher an den Tisch, zur Seite r. **sinnv.:** aufrücken, rutschen.

Rücken, der; -s, -: **1.** *hintere Seite des menschlichen Rumpfes; Oberseite des tierischen Körpers:* ein breiter R.; auf dem R. liegen; jmdm. den R. zuwenden; auf dem R. des Pferdes. **sinnv.:** Buckel, Kreuz; ↑Gesäß, ↑Schulter. **Zus.:** Hasen-, Pferde-, Reh-, Schweinerücken. **2.** ⟨R. + Attribut⟩ *oberer oder hinterer flächiger Teil von etwas Länglichem, Langgestrecktem:* der R. eines Buches, des Messers; der R. der Hand, eines Berges. **sinnv.:** ↑Grat; ↑Rückseite. **Zus.:** Buch-, Fuß-, Gebirgs-, Hand-, Höhen-, Messerrücken.

Rück|fahrt, die; -, -en: *Fahrt, Reise zum Ausgangspunkt zurück* /Ggs. Hinfahrt/: er verlangte am Schalter eine Fahrkarte für die Hin- und Rückfahrt. **sinnv.:** Rückkehr · retour.

Rück|fall, der; -[e]s, Rückfälle: **1.** *erneutes Auftreten, Vorkommen einer Krankheit, die bereits als überwunden galt:* der Patient erlitt einen R. **sinnv.:** Rezidiv. **2.** *das Zurückkehren zu früherem, schlechterem, üblerem Verhalten:* ein R. in die Kriminalität. **sinnv.:** ↑Rückschlag, Wiederholung, Wiederkehr.

rück|fäl|lig ⟨Adj.⟩: *einen Fehler wieder begehend; erneut straffällig:* trotz bester Vorsätze wurde er r.

Rück|gang, der; -[e]s: *das Zurückgehen, Nachlassen; Verminderung, Abnahme von etwas:* einen merklichen R. der Besucherzahlen zu verzeichnen haben; ein R. des Fiebers. **sinnv.:** Abfall, Abnahme, Degeneration, Dekadenz, ↑Flaute, Minderung, Niedergang, Rezession, ↑Rückschlag, ↑Rückschritt, Schwund, Stagnation, Stillstand, Stockung, Verkleinerung. **Zus.:** Auftrags-, Bevölkerungs-, Bewölkungs-, Geburten-, Produktions-, Umsatzrückgang.

Rück|grat, das; -[e]s, -e: *aus Wirbeln* (2) *und den dazwischenliegenden Bandscheiben gebildete Achse des Skeletts bei Wirbeltieren und Menschen, die den Schädel trägt und dem Rumpf als Stütze dient.* **sinnv.:** Wirbelsäule.

Rück|halt, der; -[e]s, -e: *für jmdn. sehr hilfreicher, ihn stützender fester Halt, hilfreiche Unterstützung:* moralischen R. brauchen; an jmdm. einen starken R. haben. **sinnv.:** ↑Stütze.

rück|halt|los ⟨Adverb⟩: *ohne jeden Vorbehalt:* er spricht seine Meinung stets r. aus. **sinnv.:** bedingungslos.

Rück|kehr, die; -: *das Zurückkommen nach längerer Abwesenheit, bes. von einer Reise:* der Zeitpunkt seiner R. ist nicht genau bekannt. **sinnv.:** Heimkehr, Heimreise, Rückreise, Wiederkehr.

rück|läu|fig ⟨Adj.⟩: **1.** *im Rückgang, Schwinden begriffen:* rückläufige Besucherzahlen; eine rückläufige Entwicklung. **sinnv.:** nachlassend, regressiv, rezessiv, schwindend, stagnierend, zurückgehend. **2.** *in Richtung des Ausgangspunktes verlaufend:* eine rückläufige Bewegung.

Rück|licht, das; -[e]s; -er: *an der Rückseite von Fahrzeugen angebrachte kleine Lampe mit rotem Licht.* **sinnv.:** Rückstrahler.

rück|lings ⟨Adverb⟩: **a)** *auf den, auf dem Rücken; nach rückwärts, nach hinten:* r. die Treppe hinunterfallen; r. liegen. **b)** *von hinten:* jmdn. r. angreifen.

Rück|rei|se, die; -, -n: *Reise zum Ausgangspunkt zurück:* auf der R. sein. **sinnv.:** Rückfahrt, ↑Rückkehr.

Ruck|sack, der; -s, -Rucksäkke: *mit Riemen auf dem Rücken getragenes sackartiges Behältnis:* den R. packen, umschnallen. **sinnv.:** Tornister.

Rück|schau, die; ↑*Rückblick.* **sinnv.:** Reminiszenz.

Rück|schlag, der; -[e]s, Rückschläge: *plötzliche Wendung ins Negative:* es schien ihm gesundheitlich schon besser zu gehen, da erlitt er einen schweren R. **sinnv.:** Rezidiv, ↑Rückfall; ↑Rückgang; ↑Pech.

Rück|schritt, der; -[e]s, -e: *Rückfall in Zustände, die bereits als überwunden galten:* die Verwirklichung seines Planes würde einen R. bedeuten. **sinnv.:** Fortschrittsfeindlichkeit, Reaktion, Restauration; ↑Rückgang.

Rück|sei|te, die; -, -n: *rückwärtige Seite:* der Garten des Hauses war nicht an der Vorderseite, sondern an der R. angelegt. **sinnv.:** Gartenseite, Hinteransicht, Hinterfront, Hinterseite, Hofseite, Kehrseite, Rücken, Rückfront, linke Seite, Unterseite · Revers, Wappenseite.

Rück|sicht, die; -, -en: **1.** *Verhalten, das die Gefühle und Interessen anderer berücksichtigt:* R. kennt er nicht *(er ist in seinem Vorgehen rigoros, rücksichtslos).* **sinnv.:** ↑Fingerspitzengefühl, ↑Schonung. **2. a)** *Berücksichtigung:* mit R. auf die Eltern *(um die Eltern zu schonen)* sagte man nichts. **b)** ⟨Pl.⟩ *Berücksichtigung erfordernde Gründe:* gesellschaftliche Rücksichten bewogen ihn, so zu handeln. **sinnv.:** ↑Anlaß.

rück|sichts|los ⟨Adj.⟩: *ohne jede Rücksicht (auf Personen) handelnd; keine Rücksicht nehmend;* /Ggs. rücksichtsvoll/: ein rücksichtsloses Benehmen; der neue Chef geht r. vor. **sinnv.:** bedenkenlos, gewissenlos, ↑radikal, schamlos, skrupellos; ↑hemmungslos; ↑herrisch; ↑streng; ↑unbarmherzig; ↑zielstrebig.

rück|sichts|voll ⟨Adj.⟩: *in taktvoller, schonender Art und Weise handelnd, vorgehend* /Ggs. rücksichtslos/: er war sehr r.; der Kranke muß r. behandelt werden. **sinnv.:** einfühlend, taktvoll, zartfühlend; ↑anständig; ↑feinfühlig; ↑höflich.

Rück|spie|gel, der; -s, -: *Spiegel an einem Fahrzeug (Auto, Motorrad o. ä.) zur Beobachtung des nachfolgenden Verkehrs:* er sah im R., wie sich der Wagen rasch näherte.

Rück|spiel, das; -[e]s, -e: *zweites von zwei festgesetzten, vereinbarten Spielen zwischen zwei Mannschaften* /Ggs. Hinspiel/. **sinnv.:** Revanche; ↑Spiel.

Rück|spra|che, die; -, -n: *Gespräch, um sich über etwas zu vergewissern:* nach einer R. mit dem Chef war der Fall erledigt. **sinnv.:** ↑Gespräch.

Rück|stand, der; -[e]s, Rückstände: **1. a)** *das Zurückbleiben hinter einer Verpflichtung, Norm, Erwartung:* der Rückstand in der Produktion kann nicht mehr aufgeholt werden. **Zus.:** Planrückstand. **b)** *verbliebene Forderung:* Rückstände eintreiben. **sinnv.:** ↑Schuld. **Zus.:** Beitrags-, Miet-, Zahlungsrückstand. **2.** *zurückbleibender Stoff; Rest:* der Kessel muß von Rückständen gesäubert werden. **sinnv.:** Ablagerung, Bodensatz, Satz, Sediment. **Zus.:** Filter-, Öl-, Verbrennungs-, Verdampfungsrückstand.

rück|stän|dig ⟨Adj.⟩: *hinter der Entwicklung zurückgeblieben; am Alten hängend; nicht fortschrittlich:* er ist in seinen Ansichten sehr r.; ein rückständiger Betrieb. **sinnv.:** ↑altmodisch, beharrend, fortschrittsfeindlich, ↑konservativ, ↑provinziell, ↑reaktionär, rechts, restaurativ, rückschrittlich, ↑überholt, überlebt, unmodern, unzeitgemäß, verharrend, zurückgeblieben.

Rück|tritt, der; -[e]s, -e: *das Aufgeben, Niederlegen eines Amtes:* sich zum R. entschließen; den R. des Ministers bekanntgeben. **sinnv.:** Abdankung, Abschied, Amtsverzicht, Ausscheiden, Austritt, Demission · Kündigung.

rück|wärts ⟨Adverb⟩: *nach hinten; der ursprünglichen Bewegung entgegengesetzt* /Ggs. vorwärts/: r. fahren, gehen. **sinnv.:** nach hinten, retour, zurück.

Rück|weg, der; -[e]s, -e: *Weg zum Ausgangspunkt zurück:* auf dem R. fanden sie das verlorene Tuch. **sinnv.:** Heimweg, Nachhauseweg, Rückmarsch.

ruck|wei|se ⟨Adverb⟩: *ruckartig:* die Räder bewegten sich r. **sinnv.:** stoßweise.

rück|wir|kend ⟨Adj.⟩: *von einem bestimmten vergangenen Zeitpunkt an:* r. vom 1. Januar an erhalten die Arbeiter eine Lohnerhöhung.

Rück|zie|her, der; -s, -: *das Zurücknehmen von Versprechungen, Behauptungen usw. oder Einschränkung von entsprechenden Aussagen wegen der sich daraus ergebenden Konsequenzen:* zuerst versprach er, sie zu unterstützen, dann machte er einen R. **sinnv.:** ↑Widerruf · ↑nachgeben.

Rück|zug, der; -s, Rückzüge: *das Sichzurückziehen, das Zurückweichen, weil man unterlegen ist:* den R. antreten; sich auf dem R. befinden; jmdm. den R. abschneiden. **sinnv.:** ↑Widerruf; ↑Flucht · ↑nachgeben.

rü|de ⟨Adj.⟩: *(im Benehmen, im Umgang) rücksichtslos, grob:* ein rüdes Benehmen, Auftreten. **sinnv.:** ↑barsch, frech, ↑lieblos, ↑unhöflich.

Rü|de, der; -n, -n: *männlicher Hund [zur Hetze des Wildes]:* der Jäger hatte zwei Rüden an der Leine. **sinnv.:** ↑Hund.

Ru|del, das; -s, -: *Gruppe (von zusammengehörenden Tieren):* ein R. Wölfe. **sinnv.:** ↑Herde. **Zus.:** Wolfsrudel.

Ru|der, das; -s, -: **1.** *Vorrichtung zum Steuern eines Schiffes* (siehe Bild „Segelboot"): das R. führen; das R. ist gebrochen. **sinnv.:** ↑Steuer. **Zus.:** Steuerruder · Höhen-, Quer-, Seitenruder. **2.** *Stange mit flachem Ende zum Fortbewegen eines Bootes:* die Ruder auslegen, einziehen. **sinnv.:** Paddel, Riemen.

Ru|der|boot, das; -[e]s, -e: *Boot, das durch Rudern fortbewegt wird:* wir mieteten uns ein R. und ruderten in die Mitte des Sees hinaus.

ru|dern, ruderte, hat/ist gerudert: **a)** ⟨itr./tr.⟩ *ein Boot mit Ru-*

dern fortbewegen: er hat/ist drei Stunden gerudert; er ist über den See gerudert; er hat das Boot selbst gerudert. **sinnv.:** paddeln, pullen, segeln, staken, surfen. **b)** ⟨itr.⟩ *Bewegungen ausführen wie mit einem Ruder:* die Ente rudert mit den Füßen; er hat beim Gehen mit den Armen gerudert.

Ruf, der; -[e]s, -e: **1.** *das Rufen; der Schrei:* der R. eines Vogels; die anfeuernden Rufe der Zuschauer. **sinnv.:** ↑Aufruf; ↑Ausruf. **Zus.:** Bravo-, Buh-, Freuden-, Hilfe-, Hoch-, Jubel-, Kassandra-, Klage-, Kommando-, Kuckucks-, Lock-, Ordnungs-, Schlacht-, Sieges-, Spott-, Vogel-, Warn-, Weck-, Zwischenruf. **2.** ⟨ohne Plural⟩ *Aufforderung, eine Stelle zu übernehmen:* der Professor erhielt einen R. an die neue Universität. **sinnv.:** ↑Berufung. **3.** ⟨ohne Plural⟩ *Ansehen in der Öffentlichkeit:* einen guten, schlechten R. haben. **sinnv.:** ↑Achtung; ↑Ansehen. **Zus.:** Weltruf.

ru|fen, rief, hat gerufen: **1.** ⟨itr.⟩ *seine Stimme weit hallend ertönen lassen:* er rief mit lauter Stimme; der Kuckuck ruft. **sinnv.:** ↑pfeifen; ↑schreien. **2.** ⟨itr.⟩ *tönend auffordern (zu etwas):* die Glocke ruft zum Gebet; die Mutter ruft zum Essen. **Zus.:** wachrufen. **3.** ⟨itr./tr.⟩ *verlangen (nach jmdm./etwas), auffordern zu kommen:* das Kind ruft nach der Mutter; er ruft [um] Hilfe; der Gast ruft nach der Bedienung; der Kranke ließ den Arzt r.; ich habe dich gerufen, weil wir etwas zu besprechen haben. **sinnv.:** (zu sich) befehlen, beordern, berufen, (zu sich) bescheiden, ↑bestellen, (zu sich) ↑bitten, einberufen, einbestellen, laden, kommen lassen, vorladen, (vor jmdn.) zitieren; ↑holen. **4.** ⟨tr.⟩ ↑*nennen* (1a): seine Mutter hat ihn immer nur Hans gerufen.

Rüf|fel, der; -s, -: *(von einem Vorgesetzten o.ä. an jmdn. gerichtete) tadelnde Äußerung, die Ärger und Unzufriedenheit über das Tun oder Verhalten des Betroffenen ausdrückt:* einen R. für etwas erhalten, bekommen, kriegen, einstecken müssen. **sinnv.:** ↑Vorwurf.

rüf|feln ⟨tr.⟩: *(jmdm.) einen Rüffel erteilen:* er rüffelte den Kellner wegen der langsamen Bedienung **sinnv.:** ↑schelten.

Ruf|mord, der; -[e]s, -e: *gezielte Schädigung des guten Rufes, Ansehens eines anderen (durch Verleumdung):* R. betreiben. **sinnv.:** Affront, Beschimpfung, Diffamierung, Diskriminierung, Erniedrigung, Injurie, Insult, Invektive, Kränkung, üble Nachrede, [Presse]kampagne, Schmähung, Tort, Verleumdung, Verunglimpfung.

Ruf|na|me, der; -ns, -n: ↑*Vorname:* sein R. ist Hans. **sinnv.:** Name.

Rü|ge, die; -, -n: *(bes. von einem Vorgesetzten) aus ernsterem Anlaß in entschiedener Form vorgebrachter Tadel:* eine starke R. **sinnv.:** ↑Tadel; ↑Vorwurf. **Zus.:** Mängelrüge.

rü|gen ⟨tr.⟩: **a)** *(bes. als Vorgesetzter) jmdm. eine Rüge erteilen:* jmdn. wegen etwas r. **sinnv.:** ↑schelten. **b)** *(jmds. Verhalten oder Tun) beanstanden; (etwas) kritisieren, verurteilen:* sein Leichtsinn ist zu r.; der Redner rügte die Unentschlossenheit der Regierung. **sinnv.:** ↑beanstanden.

Ru|he, die; -: **1.** *das Aufhören der Bewegung; Stillstand:* das Pendel ist, befindet sich in R.; das Rad kommt langsam zur R. **2.** *das Entspannen, Sichausruhen; Erholung:* das Bedürfnis nach R. haben; er gönnt sich keine R. **sinnv.:** ↑Entspannung; ↑Muße, Siesta. **Zus.:** Arbeits-, Sonntagsruhe. **3.** *das Ruhen im Bett:* sich zur R. begeben *(ins Bett gehen);* angenehme R.! **sinnv.:** ↑Schlaf. **Zus.:** Bett-, Mittags-, Nachtruhe. **4.** *das Ungestörtsein, Nichtgestörtwerden:* eine Arbeit in R. erledigen; jmdn. in R. lassen *(nicht stören, nicht ärgern);* er will seine R. haben. **sinnv.:** ↑Friede. **Zus.:** Friedhofs-, Grabes-, Kirchhofs-, Waffenruhe. **5.** ↑*Stille:* die nächtliche R. stören; in der Kirche herrscht völlige R.; der Lehrer ruft: „R. bitte!". **Zus.:** Mittags-, Nachtruhe. **6.** *innere, seelische Ausgeglichenheit:* er bewahrt in schwierigen Situationen immer die R.; er strahlt R. aus. **sinnv.:** ↑Gleichmut; ↑Umsicht. **Zus.:** Bier-, Gemüts-, Seelenruhe.

Ru|he|geld, das; -[e]s, -er: *Rente für Arbeiter und Angestellte:* das R. kann von der gesetzlichen Versicherung oder freiwillig vom Unternehmen gezahlt werden. **sinnv.:** ↑Rente.

ru|he|los ⟨Adj.⟩: *ohne [innere] Ruhe, in ständiger Bewegung befindlich:* r. ging er auf und ab; er führte ein ruheloses Leben. **sinnv.:** getrieben, rastlos, umhergetrieben, umherirrend, unruhig, unstet; ↑fahrig; ↑nervös.

ru|hen ⟨itr.⟩: **1.** *liegen, um sich auszuruhen:* nach dem Essen eine Stunde lang r. **sinnv.:** ausruhen, sich entspannen, sich ↑erholen, ↑faulenzen, ↑liegen, ↑rasten, relaxen, sich Ruhe gönnen, der Ruhe pflegen, ↑schlafen, verschnaufen; ↑lagern. **2.** (geh.) *begraben sein:* hier ruhen seine Angehörigen; die gefallenen Soldaten ruhen in fremder Erde *(sind im Ausland begraben).* **sinnv.:** liegen. **3.** *nicht in Bewegung, Gang, Tätigkeit sein:* die Kugel, der Ball, die Maschine ruht. **sinnv.:** ↑aussetzen. **4.** *fest stehen (auf etwas); getragen werden (von etwas):* die Brücke ruht auf drei Pfeilern; das Denkmal ruht auf einem hohen Sockel. **sinnv.:** aufruhen.

Ru|he|stand, der; -[e]s: *Zeit nach dem Ausscheiden aus dem Dienst im Alter:* mit 65 Jahren in den R. gehen, treten. **sinnv.:** Alter, Lebensabend, Pension. **Zus.:** Vorruhestand.

Ru|he|stät|te, die; -, -n (geh.): ↑*Grab:* er fand die letzte R. in seinem Heimatort.

Ru|he|tag, der; -[e]s, -e: *Tag, an dem nicht gearbeitet wird, an dem ein Restaurant o.ä. geschlossen ist:* an der Tür hängt ein Schild mit der Aufschrift: Heute R. **sinnv.:** Feiertag, Ferientag, Festtag, Sabbat, Sonntag, Urlaubstag.

ru|hig: I. ⟨Adj.⟩: **1.** *ohne Geräusch, Lärm:* eine ruhige Gegend; die Wohnung liegt r. *(in einer Gegend ohne Lärm);* sich r. verhalten; das Meer ist r. *(es stürmt nicht);* das Geschäft verlief heute r. *(es kamen heute nur wenige Kunden).* **sinnv.:** ↑leise; ↑still. **2.** *nicht aufgeregt; frei von Erregung:* er hat r. gesprochen; in der gespannten Situation blieb er völlig r.; eine ruhige *(nicht zitternde)* Hand haben; sein Leben verlief r. *(er hatte keine Aufregungen);* ruhig[es] Blut bewahren *(sich nicht erregen).* **sinnv.:** abgeklärt, ausgeglichen, bedacht, mit Bedacht, bedächtig, bedachtsam, beherrscht, besonnen, friedlich, friedvoll, gefaßt, ↑geistesgegenwärtig, gelassen, gemach, gemächlich, gemessen, geruhig, geruhsam, gesetzt, gezügelt, gleichmütig, harmonisch, kaltblütig, ↑langsam, in aller Ruhe/Gemütsruhe/Seelenruhe, ruhevoll, seelenruhig, sicher, sorglos, still, stoisch, überlegen, umsichtig, unbesorgt, würdevoll. **II.** ⟨Adverb⟩: *durchaus; ohne Bedenken; ohne weiteres:* du kannst r. unterschreiben; man kann r. sagen, daß ...

Ruhm, der; -[e]s: *durch hervorragende Leistung erworbenes, hohes öffentliches Ansehen, große Ehre:* mit einem Werk [viel] R. gewinnen. **sinnv.:** ↑Achtung; ↑Ansehen; ↑Lob. **Zus.:** Nach-, Weltruhm.

rüh|men: 1. ⟨tr.⟩ *nachdrücklich, überschwenglich loben:* er rühmte [an ihm] vor allem seinen Fleiß. **sinnv.:** ↑loben. **2.** ⟨sich r.; mit Genitiv⟩ *eine eigene Leistung besonders betonen:* sich einer Tat, eines Erfolges r. **sinnv.:** ↑prahlen.

rühm|lich ⟨Adj.⟩: *gut; wert, gelobt zu werden:* etwas zu einem rühmlichen Ende führen; das war nicht sehr r. von ihm *(das war keine gute, schöne Tat von ihm).* **sinnv.:** achtenswert, anerkennenswert, dankenswert, lobenswert, löblich, verdienstlich, verdienstvoll.

ruhm|reich ⟨Adj.⟩: *mit viel Ruhm:* die ruhmreiche Vergangenheit des Vereins. **sinnv.:** ehrenvoll, glänzend, glanzvoll, glorreich, rühmlich, ruhmvoll.

Ruhr, die; -: *Infektionskrankheit mit Entzündung des Darms:* in den Tropen treten häufig Fälle von R. auf. **sinnv.:** ↑Durchfall.

Rühr|ei, das; -s, -er: *Ei, das verquirlt in der Pfanne zum Stocken gebracht wird:* sich R. machen; Rührei[er] mit Schinken. **sinnv.:** Omelett.

rüh|ren: 1. ⟨tr.⟩ *durch Bewegen eines Löffels o. ä. im Kreis eine Flüssigkeit o. ä. in Bewegung halten:* die Suppe, den Teig r. **sinnv.:** anrühren, durchrühren, quirlen, umrühren, verquirlen, verrühren, zusammenrühren; ↑mischen. **2.** ⟨itr./sich r.⟩ *↑bewegen:* die Glieder, Füße r.; sich [vor Schmerzen, Enge] nicht r. können. **sinnv.:** ↑arbeiten. **3.** ⟨itr.⟩ *(bei jmdm.) innere Erregung, Anteilnahme bewirken:* das Unglück rührte ihn nicht; eine rührende Geschichte; sie war zu Tränen gerührt *(innerlich ergriffen, bewegt).* **sinnv.:** ↑erschüttern. **4.** ⟨itr.⟩ *seinen Ursprung haben (in etwas):* die Krankheit rührt daher, daß ... **sinnv.:** ↑stammen.

rüh|rig ⟨Adj.⟩: *von regem Unternehmungsgeist erfüllt; aktiv und eifrig:* er ist bis ins hohe Alter r. geblieben; er ist ein rühriger Mensch. **sinnv.:** ↑aktiv; ↑betriebsam; ↑fleißig.

rühr|se|lig ⟨Adj.⟩: *übermäßig stark das Gefühl ansprechend:* eine rührselige Erzählung; etwas r. vortragen. **sinnv.:** gefühlsduselig, gefühlsselig, larmoyant, schmalzig, sentimental, tränenselig, weinerlich · Schnulze.

Rüh|rung, die; -: *innere Ergriffenheit, Bewegung des Gemüts:* er wurde von tiefer R. erfaßt. **sinnv.:** ↑Ergriffenheit.

Ru|in, der; -s: *[wirtschaftlicher, finanzieller] Zusammenbruch:* das Geschäft geht dem R. entgegen. **sinnv.:** ↑Bankrott, ↑Untergang.

Rui|ne, die; -, -n: **a)** *stehengebliebene Reste eines zum [größeren] Teil zerstörten oder verfallenen [historischen] Bauwerks.* **Zus.:** Burg-, Kloster-, Schloßruine. **b)** ⟨Plural⟩ *(herumliegende) Trümmer von Gebäuden:* die Ruinen des Krieges sind verschwunden.

rui|nie|ren ⟨tr./sich r.⟩: *zerstören, zugrunde richten:* jmdn. wirtschaftlich r.; sich durch starkes Rauchen gesundheitlich r. **sinnv.:** ↑ausbeuten; ↑beanspruchen; ↑beschädigen; ↑besiegen; ↑zerstören.

rülp|sen ⟨itr.⟩ (ugs.): *laut aufstoßen:* nach dem Essen rülpste er laut. **sinnv.:** ↑aufstoßen.

Rum, der; -s: *Branntwein aus Zuckerrohr.* **sinnv.:** Branntwein. **Zus.:** Jamaikarum.

rum- ⟨trennbares, betontes verbales Präfix⟩ (ugs.): **a)** */charakterisiert [in leicht abschätziger Weise] das im Basiswort genannte, sich über einen gewissen [Zeit]raum erstreckende Tun o. ä. als weitgehend ziellos, planlos, wahllos, als nicht genau auf ein bestimmtes Ziel, mal hier[hin] und mal dort[hin] gerichtet/:* sich rumaalen, -aasen, -ballern *(mal hierhin, mal dorthin ballern),* -brüllen, -drucksen, -ficken, -flippen, -fuchteln, -gammeln, -geistern, -hängen, -hocken, -huren, -jobben, -latschen, -liegen, -rennen, -sitzen, -stehen, sich rumtreiben, -wühlen. **b)** */besagt, daß sich das im Basiswort genannte, oft als unnütz oder sinnlos angesehene Geschehen über eine gewisse Zeit hinzieht, daß man damit einige Zeit beschäftigt ist/:* rumalbern, sich rumärgern, -flachsen, -fragen, -hampeln, -knutschen, -kurven, -labern, sich rumquälen, -schäkern, -schmusen, -toben. **c)** */bedeutet eine Kritik an dem im Basiswort genannten Tun/:* rumerziehen, -mäkeln, -meckern, -nörgeln. **d)** *herum, auf die andere Seite:* rumdrehen, -kommen, -kriegen. **e)** *um...herum:* rumbinden, -legen.

Rum|mel, der; -s (ugs.): **1.** *als lästig, laut, störend empfundene Betriebsamkeit:* einen großen R. um jmdn./etwas machen. **sinnv.:** ↑Getue; ↑Lärm. **Zus.:** Propaganda-, Reklame-, Weihnachtsrummel. **2.** (landsch.) *volkstümliche Veranstaltung auf einem Platz (mit Buden, Karussel usw.:* auf den R. gehen. **sinnv.:** ↑Jahrmarkt.

ru|mo|ren ⟨itr.⟩: *dunkles, rollendes, polterndes Geräusch von sich geben:* die Pferde rumoren im Stall; es rumort *(kollert, rumpelt)* in meinem Magen. **sinnv.:** ↑lärmen.

rum|peln, rumpelte, hat/ist gerumpelt ⟨itr.⟩ (ugs.): **a)** *ein dumpfes Geräusch hören lassen; poltern:* im Stockwerk über uns hat es eben mächtig gerumpelt; es rumpelt *(rumort)* in meinem Magen. **sinnv.:** ↑lärmen. **b)** *polternd und rüttelnd fahren:* der Wagen ist über die schlechte Straße gerumpelt. **sinnv.:** ↑holpern.

Rumpf, der; -[e]s, Rümpfe: **a)** *menschlicher oder tierischer Körper ohne Kopf und Glieder:* den R. beugen. **sinnv.:** Körper, Leib · Oberkörper. **b)** *Körper eines Schiffes oder Flugzeugs ohne Masten, Tragflächen, Fahrgestell u. a.:* die Autos wurden im R. des Schiffes verstaut. **Zus.:** Flugzeug-, Schiffsrumpf.

rümp|fen: ⟨in der Wendung⟩ die Nase rümpfen: *die Nase kraus ziehen und etwas mit Mißfallen, Verachtung ansehen:* über die angebotenen Speisen rümpfte sie nur die Nase.

Rump|steak ['rʊmpste:k], das; -s, -s: *kurz gebratene Scheibe Rindfleisch:* ein saftiges R. wurde zubereitet. **sinnv.:** ↑Steak.

Run [ran], der; -s, -s: *Ansturm, großer Andrang:* mit den Ferien setzt der R. auf die Hotels ein. **sinnv.:** ↑Andrang.

rund: I. ⟨Adj.⟩: **1.** *in/von der Form eines Bogens oder Kreises:*

ein runder Tisch. **sinnv.:** bauchig, gebaucht, gebogen, gekrümmt, gerundet, gewölbt, kreisförmig, krumm, ↑oval, ringförmig, rundlich. **Zus.:** ei-, halb-, kreis-, kugelrund. **2.** *(vom Körper, einem Körperteil) dick:* runde Arme; runde Bäckchen. **sinnv.:** ↑dick. **3.** *(von Gezähltem, Gemessenem) ganz oder so gut wie ganz:* ein rundes Dutzend. **sinnv.:** voll. **II.** ⟨Adverb⟩ ↑*ungefähr:* der Anzug kostet r. 300 Mark; er geht für r. drei Monate nach Amerika. **III.** * **r. um** *(um ... herum):* ein Flug r. um die Erde. **sinnv.:** ringsum.

Run|de, die; -, -n: **1. a)** ⟨ohne Plural⟩ *kleinerer Kreis von Personen:* wir nehmen ihn in unsere R. auf. **sinnv.:** Beisammensein, Geselligkeit, Gesellschaft; ↑Gruppe. **Zus.:** Bier-, Kaffee-, Männer-, Skat-, Stammtisch-, Tafel-, Tischrunde. **b)** *Bestellung von einem Glas Bier oder Schnaps für jeden Anwesenden auf Kosten eines einzelnen:* er bestellte eine R. Bier. **sinnv.:** Lage. **2. a)** *Durchgang auf einem Rundkurs, einer zum Ausgangspunkt zurückführenden Fahr-, Laufstrekke o. ä.:* nach 10 Runden hatte er einen Vorsprung von mehreren hundert Metern. **Zus.:** Ehren-, Proberunde. **b)** *Kontrollgang:* der Wächter machte seine R. **sinnv.:** Rundgang. **Zus.:** Nachtrunde. **3.** *zeitliche Einheit beim Boxen:* der Kampf ging über 3 Runden. **4.** *Durchgang in einem Wettbewerb:* die Mannschaft ist in der dritten R. der Meisterschaft ausgeschieden. **Zus.:** End-, Rück-, Schluß-, Vorrunde.

Rund|funk, der; -s: *Einrichtung, bei der akustische Sendungen drahtlos ausgestrahlt und mit Hilfe eines Empfängers gehört werden:* der R. sendet ausführliche Nachrichten; der R. überträgt das Konzert. **sinnv.:** Funk, Hörfunk, Radio · Medium.

Rund|gang, der; -[e]s, Rundgänge: *Gang rundherum, von einer Person/Sache zur anderen:* der Arzt trat seinen R. durch die Abteilungen an. **sinnv.:** Runde.

rund|her|aus ⟨Adverb⟩ (ugs.): *offen und ohne Bedenken, ohne Umschweife:* etwas r. sagen. **sinnv.:** ↑aufrichtig, direkt, einfach, freiheraus, freiweg, geradeheraus, geradewegs, glatt, glattweg, ↑klar, kurzerhand, rückhaltlos, rundweg, schlankweg, ohne Umschweife, unumwunden, unverblümt, unverhohlen, ohne Zaudern/Zögern.

rund|her|um ⟨Adverb⟩: *an allen Seiten; rings:* das Haus ist r. von Wald umgeben. **sinnv.:** im Kreise, ringsum, in der Runde, rundum; ↑überall.

rund|lich ⟨Adj.⟩: *mollig, etwas dick:* eine rundliche Frau. **sinnv.:** ↑dick.

Rund|schrei|ben, das; -s, -: *Schreiben, das an mehrere Empfänger geleitet wird:* das R. der Firma wurde von allen Angestellten gelesen. **sinnv.:** Mitteilung, Rundbrief, Sendbrief, Sendschreiben · Hirtenbrief · Enzyklika.

rund|um ⟨Adverb⟩: ↑*rundherum:* r. standen die Fenster offen. **sinnv.:** ↑herum.

Run|dung, die; -, -en: *runde Form; Rundheit:* die R. des Torbogens paßte zum Stil des Hauses. **sinnv.:** Ausbuchtung, Ausstülpung, Bauch, Einbuchtung, Wölbung. **Zus.:** Körperrundung.

rund|weg ⟨Adverb⟩: *entschieden und vollständig, ohne Diskussion oder Überlegung:* etwas r. ablehnen. **sinnv.:** ↑rundheraus.

Ru|ne, die; -, -n: *Zeichen der von den Germanen benutzten Schrift:* die Runen wurden meist in Holz eingeritzt.

run|ter ⟨Adv.⟩ (ugs.): für ↑*herunter,* ↑*hinunter.* **sinnv.:** ↑hin.

run|ter- ⟨trennbares verbales Präfix⟩ (ugs.): *[unter jmdn./etwas] herunter-, hinunter-:* zu jmdm. runtergehen *(hinuntergehen),* er kommt zu mir runter *(kommt herunter);* runterbeten, runterbeugen, runterdrücken, runterfallen *(herunterfallen, hinunterfallen),* runterleiern *(herunterleiern),* runterspringen.

Run|zel, die; -, -n: *[kleine] Falte in der gealterten Haut [des Gesichts]:* er hat ein Gesicht voller Runzeln; das Obst bekommt Runzeln. **sinnv.:** Falte, ↑Furche, Krähenfüße.

run|zeln ⟨tr.⟩: *in viele Falten ziehen:* die Stirn r.

runz|lig ⟨Adj.⟩: *stark gerunzelt; voller Falten, Furchen:* die Haut ist ganz r. **sinnv.:** ↑faltig.

Rü|pel, der; -s, -: *jmd., der sich frech und ungesittet benimmt; Flegel:* so ein R.! **sinnv.:** ↑Flegel; ↑Junge.

rü|pel|haft ⟨Adj.⟩: *frech, grob, ungesittet:* ein rüpelhafter Mensch; sich r. benehmen. **sinnv.:** ↑rabiat; ↑unhöflich.

rup|fen ⟨tr.⟩: *mit einem Ruck ausreißen:* Gras, Unkraut r.; Hühner r. *(geschlachtete Hühner von den Federn befreien).* **sinnv.:** ↑ausreißen.

rup|pig ⟨Adj.⟩: *unhöflich-frech:* der Ober wies uns r. einen Tisch an der Tür an; er benahm sich heute sehr r. **sinnv.:** ↑unhöflich.

Rü|sche, die; -, -n: *Verzierung aus gefälteltem Stoff oder geraffter Spitze an einem Kleid o. ä.:* der Vorhang war mit Rüschen besetzt. **sinnv.:** ↑Besatz.

Ruß, der; -es: *schwarze, schmierige Substanz, die sich aus dem Rauch eines Feuers, beim Blaken einer Flamme an den Wänden o. ä. absetzt:* der Schornsteinfeger ist schwarz von R. **Zus.:** Ofenruß.

Rüs|sel, der; -s, -: *röhrenförmige Verlängerung am Kopf verschiedener Säugetiere und Insekten* (siehe Bildleiste „Schwein"): der Elefant hat einen großen R. **sinnv.:** ↑Nase. **Zus.:** Elefanten-, Saug-, Stechrüssel.

ru|ßen ⟨itr.⟩: *Ruß bilden:* der Ofen rußt stark.

rü|sten, rüstete, hat gerüstet: **1.** ⟨itr.⟩ *sich durch [verstärkte] Produktion von Waffen und Vergrößerung der Armee militärisch stärken:* die Staaten rüsten weiter für einen neuen Krieg; der Gegner ist stark gerüstet. **sinnv.:** ↑aufrüsten, bewaffnen, ↑mobilisieren. **Zus.:** nachrüsten. **2.** ⟨sich r.⟩ *sich vorbereiten:* sich zum Gehen, zur Abreise r. **sinnv.:** sich einrichten, sich einstellen auf, sich wappnen; sich ↑anschikken.

rü|stig ⟨Adj.⟩: *im höheren Alter noch gesund, beweglich, leistungsfähig:* er ist noch sehr r.; ein rüstiger Rentner. **sinnv.:** ↑frisch; ↑gesund; ↑stark.

ru|sti|kal ⟨Adj.⟩: *ländlich, bäuerlich, im Stil der Bauern:* seine Wohnung war r. eingerichtet. **sinnv.:** ↑ländlich, ↑urig.

Rü|stung, die; -, -en: **1.** *das Rüsten; das Verstärken der militärischen Mittel und Kräfte:* viel Geld für die R. ausgeben. **sinnv.:** Aufrüstung, Bewaffnung, Mobilisierung, Mobilmachung. **2.** *(besonders im Mittelalter übliche) Schutzkleidung der Krieger aus Metall:* eine R. tragen. **sinnv.:** Harnisch, Panzer. **Zus.:** Ritterrüstung.

Rüst|zeug, das; -[e]s: *notwendiges Wissen für eine bestimmte*

Tätigkeit: ihm fehlt dazu das nötige R. **sinnv.:** Ausrüstung, ↑Ausstattung, Handwerkszeug.
Ru|te, die; -, -n: **1. a)** *einzelner dünner, langer Zweig:* eine R. abschneiden. **b)** *Bündel aus Ruten* (1 a), *das zum Schlagen verwendet wird:* das unfolgsame Kind bekam die R. zu spüren. **sinnv.:** ↑Peitsche; ↑Prügel; ↑Stock. **Zus.:** Hasel-, Leim-, Weiden-, Zauber-, Zuchtrute · Angelrute. **2.** *Schwanz bestimmter Tiere:* der Hund wedelte mit seiner buschigen R. **sinnv.:** ↑Schwanz.
rut|schen, rutschte, ist gerutscht ⟨itr.⟩: **a)** *[auf glatter Fläche] nicht fest stehen, sitzen oder haften; gleiten:* ich bin auf dem Schnee gerutscht; das Kind rutschte vom Stuhl; seine Hose rutschte ständig; ihm rutschte der Teller aus der Hand. **sinnv.:** ↑ausrutschen; schlittern. **b)** *sich sitzend und gleitend fortbewegen:* du sollst nicht auf dem Boden r.; er rutschte auf der Bank etwas zur Seite und machte mir Platz. **sinnv.:** ↑rücken. **Zus.:** durch-, hin-, wegrutschen.
rüt|teln ⟨itr.⟩: *heftig schütteln; ruckartig, kräftig und schnell hin und her ziehen:* der Sturm rüttelt an der Tür; jmdn. aus dem Schlaf r. *(jmdn. schüttelnd wekken);* auf der holprigen Straße rüttelt der Wagen. **sinnv.:** ↑schütteln. **Zus.:** wachrütteln.

S

Saal, der; -[e]s, Säle: *großer [und hoher] Raum für Feste, Versammlungen o. ä.:* der S. war bei diesem Konzert überfüllt. **sinnv.:** ↑Raum; ↑Gaststube. **Zus.:** Ball-, Fabrik-, Fest-, Gerichts-, Hör-, Kapitel-, Konferenz-, Kongreß-, Konzert-, Kranken-, Kreiß-, Krönungs-, Lese-, Maschinen-, Operations-, Plenar-, Ritter-, Schlaf-, Sitzungs-, Speise-, Tanz-, Theater-, Thron-, Warte-, Zeitschriftensaal.
Saat, die; -, -en: **a)** ⟨ohne Plural⟩ *Samen, vorwiegend von Getreide, der zum Säen bestimmt ist:* die Bauern hatten die S. schon in die Erde gebracht. **sinnv.:** Aussaat, Pflanzgut, Saatgut, Samen, Sämerei. **Zus.:** Weizensaat. **b)** *noch junges Getreide:* die S. auf dem Feld steht gut. **Zus.:** Wintersaat. **c)** ⟨ohne Plural⟩ *das Säen:* es ist Zeit zur S. **sinnv.:** Aussaat.
Sab|bat, der; -s, -e: *dem christlichen Sonntag entsprechender, auf den Sonnabend fallender jüdischer Ruhetag.* **sinnv.:** ↑Ruhetag. **Zus.:** Hexensabbat.
sab|bern ⟨itr.⟩ (ugs.): *Speichel aus dem Mund fließen lassen:* das Baby sabberte. **sinnv.:** ↑spucken.
Sä|bel, der; -s, -: *lange Hiebwaffe mit leicht gekrümmter Klinge, die nur auf einer Seite eine Schneide hat* (siehe Bildleiste „Waffen"): er schwang wild den S. **sinnv.:** Degen, Schwert · Streitaxt, Tomahawk. **Zus.:** Krumm-, Offiziers-, Schlepp-, Türkensäbel.
Sa|bo|ta|ge [zabo'ta:ʒə], die; -, -n: *planmäßige Störung, Behinderung von Arbeiten o. ä.:* die Behörden vermuten, daß S. vorliegt, im Spiel ist; S. begehen, treiben.
Sa|bo|teur [zabo'tø:ɐ̯], der; -s, -e, **Sa|bo|teu|rin,** die; -, -nen: *männliche bzw. weibliche Person, die Sabotage treibt:* Polizisten konnten den Saboteur vor seiner Flucht dingfest machen. **sinnv.:** ↑Agent.
sa|bo|tie|ren ⟨tr.⟩: *planmäßig stören, behindern, verhindern:* er sabotierte die weiteren Untersuchungen; sie sabotierten den Plan *(sie verhinderten, daß der Plan ausgeführt wurde).* **sinnv.:** ↑verhindern.
-sa|che, die; -, -n ⟨Suffixoid; oft in der Verbindung: das ist ...sache⟩: **1.** *Angelegenheit, die von dem im Basiswort Genannten abhängt, davon im wesentlichen bestimmt wird:* Ansichts-, Charakter-, Erfahrungs-, Gefühls-, Geschmacks-, Glück[s]-, Magen-, Moment- (das ist M., das wird schnell wieder vergehen), Nerven-, Routine-, Temperaments-, Übungs-, Veranlagungs-, Vertrauens-, Willenssache. **2.** *Angelegenheit, die das im Basiswort Genannte betrifft:* Frauen-, Männer-, Regierungssache.
Sa|che, die; -, -n: **1.** ⟨S. + Attribut⟩ ↑*Angelegenheit:* das ist eine S. des Vertrauens, des guten Geschmacks; er hält den Sport für eine wichtige S. **sinnv.:** ↑Frage; ↑Materie. **Zus.:** Ansichts-, Ehren-, Form-, Frauen-, Gefühls-, Geld-, Glücks-, Haupt-, Herzens-, Männer-, Neben-, Privat-, Routine-, Tat-, Temperaments-, Vertrauenssache · Ehe-, Mord-, Scheidungs-, Straf-, Zivilsache. **2.** *(nicht näher bezeichneter) Gegenstand:* diese Sachen müssen noch zur Post. **sinnv.:** ↑Ding. **Zus.:** Dienst-, Druck-, Fund-, Post-, Verschluß-, Wertsache. **3.** ⟨Plural⟩ (ugs.) *Gegenstände zum persönlichen Gebrauch wie Kleidungsstücke o. ä.:* räum doch mal deine Sachen auf! **sinnv.:** ↑Kleidung. **Zus.:** Arbeits-, Baby-, Bade-, Nipp-, Schmuck-, Schul-, Sieben-, Silber-, Sommer-, Spiel-, Wintersachen.
Sach|ge|biet, das; -[e]s, -e: *durch bestimmte Aufgaben abgegrenzter Bereich; Bereich eines Faches:* das S. des Straßenbaues wird von ihm bearbeitet. **sinnv.:** ↑Bereich; ↑Materie.
Sach|kennt|nis, die; -, -se: *gründliches Wissen auf einem bestimmten Gebiet:* dieses Buch ist mit großer S. geschrieben. **sinnv.:** ↑Erfahrung.
sach|kun|dig ⟨Adj.⟩: *Sachkenntnis besitzend, sich auf einem Sachgebiet auskennend:* wir hatten einen sachkundigen Führer durch die Ausstellung. **sinnv.:** ↑fachmännisch.
Sach|la|ge, die; -: *alle Tatsachen, die den Charakter einer bestimmten Lage bestimmen; augenblicklicher Stand der Dinge:* er umriß mit kurzen Worten die S.; ich überblicke die S. nicht. **sinnv.:** ↑Lage; ↑Tatsache.
sach|lich ⟨Adj.⟩: *nicht von Gefühlen und Vorurteilen bestimmt:*

sachliche Bemerkungen; er blieb bei diesem Gespräch s. **sinnv.:** emotionslos, frei von Emotionen, trocken, nüchtern, objektiv, sine ira et studio, trokken, unpersönlich; ↑pragmatisch; ↑rational; ↑realistisch; ↑unparteiisch.

Sach|scha|den, der; -s, Sachschäden: *Schaden, der an einer Sache, an Sachen entstanden ist:* es entstand ein S. von insgesamt 2 500 Mark.

sacht ⟨Adj.⟩: *sanft und behutsam, vorsichtig:* mit sachten Händen; er kam s. *(leise und langsam)* heran. **sinnv.:** ↑behutsam.

Sach|ver|halt, der; -[e]s, -e: *die (tatsächlichen) Umstände, Stand der Dinge:* bei diesem Unfall muß der wahre S. noch geklärt werden. **sinnv.:** ↑Tatsache.

Sach|ver|stän|di|ge, der und die; -n, -n ⟨aber: [ein] Sachverständiger, Plural: [viele] Sachverständige⟩: *männliche bzw. weibliche Person, die besondere Kenntnisse auf einem bestimmten Gebiet hat und in entsprechenden Fällen zur Beurteilung herangezogen wird:* die Sachverständigen waren unterschiedlicher Meinung; drei Sachverständige hatten ein Gutachten vorgelegt. **sinnv.:** Experte, ↑Fachmann.

Sack, der; -[e]s, Säcke: *Behälter aus Stoff, Papier o. ä.:* er band den S. zu; /als Maßangabe/ vier S. Mehl. **sinnv.:** ↑Beutel. **Zus.:** Bettel-, Dudel-, Fuß-, Futter-, Geld-, Haut-, Hoden-, Jute-, Kartoffel-, Kehl-, Kohlen-, Korn-, Mehl-, Papier-, Pfeffer-, Post-, Preß-, Reise-, Ruck-, Schlaf-, Schnapp-, See-, Strampel-, Stroh-, Tränen-, Wind-, Zement-, Zentner-, Zuckersack · Dick-, Dreck-, Fett-, Freß-, Lügen-, Pfeffer-, Plump-, Rupp-, Sauf-, Schlappsack.

Sack|gas|se, die; -, -n: *Straße, die nicht weiterführt:* in eine S. geraten. **sinnv.:** ↑Straße · Ausweglosigkeit.

Sa|dis|mus, der; -, Sadismen: **1.** ⟨ohne Plural⟩ /Ggs. Masochismus/: **a)** *[Lust, Freude an] Grausamkeit:* zu[m] S. neigen. **sinnv.:** Bestialität, Blutdurst, Blutrausch, Grausamkeit, Mordgier, Mordlust, ↑Roheit. **b)** *Empfinden von sexueller Lust, Erregung, das Erleben von Befriedigung bei solchen sexuellen Handlungen, die den anderen demütigen und quälen.* **2.** *einzelne grausame Handlung:* er war entsetzt über die Sadismen in den Konzentrationslagern.

Sa|dist, der; -en, -en, **Sa|di|stin,** die; -, -nen: *männliche bzw. weibliche Person, die sadistisch handelt:* unser Ausbilder ist ein richtiger S.; einem Sadisten macht das Quälen anderer Menschen Freude.

Sa|do|ma|so|chis|mus, der; -: **a)** *Veranlagung eines Menschen, der [sexuelle] Lust sowohl beim Zufügen als auch beim Erdulden von Schmerz empfindet.* **sinnv.:** Sadomaso, S/M. **b)** *auf die eigene Person gerichtete sadistische Neigung.*

sä|en ⟨tr.⟩: *(Samen) auf Felder oder Beete streuen, in die Erde bringen:* der Bauer säte den Weizen. **sinnv.:** pflanzen, Samen aussäen/legen; ↑bebauen.

Sa|fa|ri, die; -, -s: **a)** *längerer Fußmarsch in Ostafrika mit Trägern und Lasttieren:* an einer S. teilnehmen. **b)** *Fahrt in Afrika, auf der die Teilnehmer bes. Großwild jagen bzw. fotografieren können.* **sinnv.:** ↑Reise.

Safe [ze:f], der (auch: das); -s, -s: *Schrank o. ä., der gegen Feuer und Einbruch besonders gesichert ist und in dem man Geld, wertvolle Gegenstände o. ä. aufbewahrt.* **sinnv.:** ↑Tresor.

Saft, der; -[e]s, Säfte: **a)** *Getränk, das durch Auspressen von Obst oder Gemüse gewonnen wird:* er trank ein Glas S. **sinnv.:** Juice, Most, Sirup. **Zus.:** Frucht-, Gemüsesaft. **b)** *im Gewebe von Früchten und Pflanzen enthaltene Flüssigkeit:* der S. steigt in die Bäume.

saf|tig ⟨Adj.⟩: **a)** *viel Saft enthaltend; reich an Saft:* saftige Früchte; ein saftiges *(frisches)* Grün. **b)** (ugs.) *von so großer Stärke, Intensität o. ä. (daß es jmdn. in unangenehmer Weise berührt):* eine saftige Rechnung, Ohrfeige. **sinnv.:** ↑derb, gepfeffert, hoch, kräftig, stark.

Sa|ge, die; -, -n: *mündliche Überlieferung, die an historische Ereignisse anknüpft:* die S. von den Nibelungen. **sinnv.:** ↑Erzählung, ↑Märchen.

Sä|ge, die; -, -n: *Werkzeug mit einem dünnen, flächigen gezähnten Teil aus Stahl, mit dem Holz u. a. durchtrennt werden kann, indem man ihn hin- und herbewegt.* **Zus.:** Bügel-, Hand-, Kreis-, Laub-, Metall-, Stichsäge.

sa|gen ⟨tr.⟩: **a)** *Wörter, Sätze o. ä. als lautliche Äußerung, als Mitteilung o. ä. von sich geben:* Mutter hat nein dazu gesagt; sag doch nicht immer solche Schimpfwörter; hat dein Freund das im Ernst gesagt? **sinnv.:** ↑sprechen. **b)** *[jmdm.] etwas mündlich mitteilen:* der Zeuge sagte vor Gericht die volle Wahrheit; er sagte: „Ich komme nicht"; ich habe ihm schon mehrmals gesagt, wie unser Urlaubsort in Spanien heißt; ich habe das nicht zu dir gesagt, sondern zu deiner Schwester; sag doch nicht immer „Dicker" zu mir; nun sag schon, wie deine neue Freundin heißt. **sinnv.:** sich äußern, ↑mitteilen. **c)** *mit Bestimmtheit aussprechen, als Tatsache hinstellen:* das will ich nicht s.; der Zeuge sagt aber, du wärst dort gewesen; man sagt von ihm, daß er gute Kontakte zur Unterwelt hat. **d)** *einen bestimmten Sinn (für jmdn.) haben:* das Bild sagt mir gar nichts; das hat nichts zu s. **sinnv.:** ↑bedeuten.

sä|gen ⟨tr.⟩ **a)** *mit der Säge durchtrennen:* er sägt Bäume, das Brett in zwei Teile. **b)** ⟨itr.⟩ *mit der Säge arbeiten:* er sägt draußen auf dem Hof. **sinnv.:** ↑schneiden.

sa|gen|haft ⟨Adj.⟩: **1.** *dem Bereich der Sage angehörend; aus alter Zeit stammend:* ein sagenhafter König von Kreta. **sinnv.:** ↑legendär. **2.** (ugs.) *(wegen des positiv oder negativ empfundenen besonderen Ausmaßes) staunende Überraschung hervorrufend und beeindruckend:* in dem Zimmer herrschte eine sagenhafte Unordnung. **sinnv.:** ↑außergewöhnlich.

Sah|ne, die; -: **a)** *viel Fett enthaltender Bestandteil der Milch (der sich als besondere Schicht an der Oberfläche absetzt).* **sinnv.:** Obers, Rahm, Schmant, Schmetten. **b)** *schaumig geschlagene Sahne:* Erdbeeren, Eis, ein Stück Torte mit S. **sinnv.:** Schlagobers, Schlagrahm, -sahne.

Sai|son [zɛˈzõ:, auch: zɛˈzɔŋ], die; -, -s: **a)** *wichtigster Zeitabschnitt innerhalb eines Jahres, in dem etwas Bestimmtes am meisten vorhanden ist, stattfindet:* da die S. beendet ist, ist das Hotel geschlossen. **sinnv.:** Hauptreisezeit, Urlaubszeit · Spielzeit. **Zus.:** Haupt-, Hoch-, Nach-,

Sommer-, Vor-, Wintersaison. **b)** *Zeitabschnitt (im Hinblick auf Aktuelles):* auf der Messe werden die Autos der kommenden S. vorgestellt.

Sai|te, die; -, -n: *fadenartiger Teil aus Tierdarm, Metall o. ä. bei bestimmten Musikinstrumenten, der durch Streichen, Zupfen oder Schlagen in Schwingung versetzt wird und so Töne erzeugt:* eine S. ist gerissen; eine neue S. aufziehen.

Sak|ko der (auch:) das; -s, -s: *[sportliches] Jackett für Herren.* **sinnv.:** ↑Jacke.

Sa|kra|ment, das; -[e]s, -e: *gottesdienstliche Handlung, bei der die Gläubigen (nach ihrer Auffassung) göttliche Gnade empfangen:* das S. der Taufe; ein S. empfangen, spenden. **Zus.:** Altar[s]-, Buß-, Ehesakrament.

Sa|la|man|der, der; -s, -: *Lurch mit langgestrecktem Körper, rundem, langem Schwanz, zwei Paar kurzen Gliedmaßen und teilweise auffallender Zeichnung des Körpers.* **sinnv.:** Eidechse, Molch. **Zus.:** Alpen-, Feuersalamander.

Sa|la|mi, die; -, -[s]: *(luftgetrocknete) Dauerwurst aus Rind-, Schweine- und/oder Eselsfleisch, deren Haut oft mit einem weißen Belag überzogen ist.* **sinnv.:** Hartwurst, Schlackwurst, Zervelatwurst.

Sa|lat, der; -[e]s, -e: **1.** *(im Garten gezogene) Pflanze mit hellgrünen, welligen Blättern, die einen rundlichen, meist festen, kopfähnlichen Teil bilden und die als Salat* (2) *zubereitet werden kann.* **Zus.:** Blatt-, Feld-, Kopf-, Pflücksalat. **2.** *aus kleingeschnittenen rohen oder gekochten Gemüsen, aus Obst, Fleisch, Fisch u. a. und meist Essig, Öl, Salz und Gewürzen oder Mayonnaise zubereitete kalte Speise.* **Zus.:** Bohnen-, Fleisch-, Geflügel-, Gurken-, Herings-, Kartoffelsalat; vgl. -salat.

-sa|lat, der; -s, -e ⟨Suffixoid⟩: *ein chaotisches Durcheinander, Ineinander als Störung, Fehler, als etwas, was man nicht mehr im einzelnen wahrnehmen, verstehen kann in bezug auf das im Basiswort Genannte:* Band-, Bein- (beim Fußball), Bild- (beim Fernsehen), Bilder-, Daten-, Fernsprech-, Inseraten-, Sound-, Stilblüten-, Stoßstangen- (auf einem überfüllten Parkplatz), Wellen- *(Gewirr von Stimmen und Geräuschen durch Überlagerung mehrerer Rundfunksender),* Zeichensalat.

sal|ba|dern ⟨itr.⟩: *in einer Weise sprechen, die als weitschweifig und salbungsvoll-nichtssagend empfunden wird:* er salbaderte über Demokratie und Gewerkschaften. **sinnv.:** ↑sprechen · Salbaderei, Schmus.

Sal|be, die; -, -n: *Heilmittel, das aus einer streichfähigen Masse besteht und auf die Haut aufgetragen wird:* S. auftragen, verreiben. **sinnv.:** Balsam, Creme, Gesichtsmilch, Lotion, Paste, Vaseline; ↑Medikament. **Zus.:** Augen-, Brand-, Haut-, Heil-, Wund-, Zinksalbe.

sal|ben ⟨tr.⟩: *in feierlichem Zeremoniell durch leichtes Bestreichen mit entsprechendem Öl weihen:* jmdn. zum König, zum Priester s. **sinnv.:** ↑einreiben.

sa|lo|mo|nisch ⟨Adj.⟩: *die einem Weisen eigene Ausgewogenheit erkennen lassend, der Einsicht eines Weisen gemäß:* ein salomonisches Urteil verkünden; s. urteilen. **sinnv.:** klug, weise.

Sa|lon [za'lɔŋ], der; -s, -s: **1.** *repräsentativer, für Besuch oder festliche Anlässe bestimmtes größeres Zimmer.* **sinnv.:** ↑Raum. **Zus.:** Empfangs-, Rauchsalon. **2.** *[großzügig und elegant ausgestattetes] Geschäft im Bereich der Mode, Kosmetik o. ä.* **Zus.:** Damen-, Frisier-, Herren-, Hunde-, Kosmetik-, Modesalon.

sa|lon|fä|hig ⟨Adj.⟩: *den Normen der Gesellschaft z. B. in bezug auf angemessene Kleidung, korrektes Benehmen entsprechend; so beschaffen, daß es in einer bestimmten Gruppe akzeptiert wird:* dieser Witz ist nicht ganz s.; Jeans sind heute durchaus s.; Miller hat die Pornographie s. gemacht. **sinnv.:** ↑anständig, nicht anstößig.

sa|lopp ⟨Adj.⟩: *sich (in Kleidung, Sprache usw.) in ungezwungener Weise gebend:* er ist immer s. gekleidet; deine saloppe Ausdrucksweise gefällt ihm. **sinnv.:** ↑ungezwungen.

Sal|to, der; -s, -s: *Sprung, bei dem sich der Springende in der Luft überschlägt:* er sprang mit einem S. ins Wasser. **sinnv.:** ↑Übung.

sa|lu|tie|ren ⟨itr.⟩: **1.** *Salut, d. h. eine bestimmte Anzahl von Schüssen (als militärische Begrüßung), schießen.* **2.** *[in ehrenvoller] militärischer Weise [be]grüßen, z. B. dadurch, daß man die Hand an die Mütze legt.* **sinnv.:** ↑begrüßen.

Sal|ve, die; -, -n: *[auf ein Kommando gleichzeitig abgefeuerte] Anzahl von Schüssen aus Gewehren oder Geschützen:* der Posten feuerte mehrere Salven aus seiner Maschinenpistole; die Kriegsschiffe gaben (als Gruß) eine Salve von 25 Schüssen ab. **Zus.:** Ehren-, Gewehrsalve.

Salz, das; -es: *aus der Erde oder dem Wasser des Meeres gewonnene weiße, körnige Substanz, die zum Würzen der Speisen dient.* **Zus.:** Koch-, Meer-, Speise-, Stein-, Tafelsalz.

sal|zen, salzte, hat gesalzen /(selten:) gesalzt/: *Salz zu einer Speise hinzutun:* der Koch hat die Suppe nicht gesalzen; gesalzene/gesalzte Butter. **sinnv.:** ↑würzen.

sal|zig ⟨Adj.⟩: *[stark] nach Salz schmeckend, viel Salz enthaltend:* eine salzige Suppe.

-sam ⟨adjektivisches Suffix⟩: **1.** *was ... werden kann:* anratsamer Aufenthalt *(Aufenthalt, der angeraten werden kann),* der aufhaltsame Aufstieg *(Aufstieg, der aufgehalten werden kann),* betrachtsam, biegsam *(kann gebogen werden),* bildsamer Schüler *(Schüler, der gebildet werden kann),* einfügsam *(was eingefügt werden kann),* lenksam. **sinnv.:** -bar. **2.** *das im Basiswort Genannte bereitend, voll davon:* betriebsam, erholsam, friedsam, vergnügsam. **sinnv.:** -lich. **3.** *so, daß der/das Betreffende das im Basiswort Genannte tut:* anschmiegsam, beharrsame Mundarten, einprägsamer Lehrstoff *(Lehrstoff, der sich leicht einprägt),* mitteilsam, nachdenksam, regsam, wirksam.

Sa|men, der; -s, -: **1.** *aus der Blüte einer Pflanze sich entwikkelndes Gebilde, aus dem eine neue Pflanze entstehen kann:* der S. keimt, geht auf. **sinnv.:** Ableger, Keim[zelle], ↑Saat, Sproß. **Zus.:** Blumen-, Flug-, Gras-, Hanf-, Leinsamen. **2.** ⟨ohne Plural⟩ *Substanz (Sperma), die in einer von den Geschlechtsdrüsen beim Mann und beim männlichen Tier gebildeten milchigtrüben Flüssigkeit enthalten ist und die der Befruchtung der Eizelle dient.* **sinnv.:** Ejakulat, Keimzelle, Samenflüssigkeit, Sperma, Spermium.

säm|ig ⟨Adj.⟩: *(von Suppen und*

Soßen) durch Hinzufügen von Mehl, Grieß o. ä. dickflüssig geworden: eine sämige Suppe.

sam|meln: 1. ⟨tr.⟩ **a)** *nach etwas suchen und das Gefundene zu einer größeren Menge von verschiedenen Stellen her zusammentragen, um es dann zu verbrauchen, zu verarbeiten o. ä.:* Beeren, Pilze, Brennholz s.; er sammelt Material für einen Vortrag über alternative Energien, Stoff für seinen Roman; die Bienen sammeln Honig. **sinnv.:** ↑horten. **Zus.:** auf-, einsammeln. **b)** *Gleichartiges, für das man sich interessiert, zusammentragen und es wegen seines Wertes, seiner Schönheit o. ä. in größerer Anzahl [in einer bestimmten Ordnung] aufbewahren:* Briefmarken und Münzen s. **2.** ⟨tr./itr.⟩ *[jmdn.] bitten, etwas zu geben, zu spenden, um so eine größere Menge davon zusammenzubekommen:* Altpapier, Kleider s.; für das Rote Kreuz [Geld] s.; Unterschriften für eine Resolution s. **3.** ⟨sich s.⟩ **a)** *sich an einem bestimmten Ort einfinden, an einem bestimmten Ort zusammenkommen:* die Besucher sammelten sich um den Museumsführer; die Schüler sammeln sich in Gruppen, zu einer Gruppe. **sinnv.:** sich ↑versammeln. **b)** *seine Gedanken auf einen bestimmten Gegenstand lenken und so zu innerer Ruhe kommen [um sich dann einer Person oder Sache mit der notwendigen Aufmerksamkeit zuwenden zu können]:* kurz vor seiner Rede zog er sich in sein Zimmer zurück, um sich zu s. **sinnv.:** sich ↑konzentrieren.

Samm|lung, die; -, -en: **1.** *das Sammeln* (2): eine S. durchführen, veranstalten; die S. für die Erdbebenopfer brachte/ergab 2 Millionen Mark. **sinnv.:** ↑Kollekte. **Zus.:** Altpapier-, Kleider-, Straßensammlung. **2.** *Ergebnis des Sammelns* (1 b), *Gesamtheit der gesammelten* (1 b) *Gegenstände:* mein Vater besitzt eine wertvolle S. alter Münzen. **sinnv.:** Anhäufung, Ansammlung, Kollektion; ↑Mischung. **Zus.:** Briefmarken-, Material-, Münz-, Stoffsammlung. **3.** *das Gesammeltsein* (3 b), *das Ausgerichtetsein der Gedanken auf einen bestimmten Gegenstand:* es fehlt mir im Moment an der nötigen S., deshalb schreibe ich den Brief lieber morgen. **sinnv.:** ↑Aufmerksamkeit.

Sams|tag, der; -s, -e *(sechster Tag der mit Montag beginnenden Woche.* **sinnv.:** Sonnabend; ↑Wochentag.

samt ⟨Präp. mit Dativ⟩: *zusammen mit; und [damit in Verbindung] auch:* das Haus s. allem Inventar wurde verkauft; diese Panne wird s. ihren Folgen irreparabel bleiben; Touristen stören unsere Gottesdienste s. Taufen und Hochzeiten.

Samt, der; -[e]s, -e: *Gewebe mit seidig-weicher Oberfläche von kurzem Flor* **Zus.:** Cordsamt.

sam|tig ⟨Adj.⟩: *zart-weich wie Samt:* eine samtige Haut haben. **sinnv.:** ↑weich.

sämt|lich ⟨Indefinitpronomen und unbestimmtes Zahlwort⟩: **1. sämtlicher, sämtliche, sämtliches** ⟨Singular⟩ *ohne irgendeine Ausnahme; in seiner Gesamtheit:* sämtliches gedruckte Material; sämtliches Schöne; der Verlust sämtlicher vorhandenen Energie. **sinnv.:** ↑all. **2. sämtliche** ⟨Plural⟩ *ausnahmslos jede Person oder Sache einer Gruppe:* er kannte sämtliche Anwesenden, die richtige Betonung sämtlicher vorkommenden/vorkommender Namen; ⟨auch unflektiert⟩ sie waren s. erschienen. **sinnv.:** ↑all.

Sa|na|to|ri|um, das; -s, Sanatorien: *krankenhausähnliche Einrichtung o. ä., in der Personen, die an einer chronischen Krankheit leiden oder sich erholen müssen, ärztlich behandelt [und auf besondere Art gepflegt] werden.* **sinnv.:** ↑Heim. **Zus.:** Kneipp-, Nervensanatorium.

Sand, der; -[e]s, -e und Sände: *durch Verwitterung von Gestein entstandene und) aus feinen Körnern bestehende Substanz:* gelber, weißer, feiner, grober S.; die Kinder spielen im S. **sinnv.:** ↑Erde. **Zus.:** Flug-, Lösch-, Quarz-, Scheuer-, See-, Streu-, Treib-, Wüstensand.

San|da|le, die; -, -n: *leichter, meist flacher Schuh, dessen Oberteil aus Riemen oder durchbrochenem Leder besteht.* **sinnv.:** Sandalette; ↑Schuh. **Zus.:** Holzsandale.

Sand|bank, die; -, Sandbänke: *(bis dicht an, auch über die Wasseroberfläche reichende) Anhäufung von Sand oder Schlamm in Flüssen und Meeren.* **sinnv.:** ↑Insel.

san|dig ⟨Adj.⟩: **a)** *aus [lockerem] Sand bestehend:* sandiger Meeresgrund; eine sandige Landschaft; der erste Teil der Straße war gepflastert, dann kam ein langes Stück, wo sie s. war; ein sehr sandiger Weg. **b)** *Sand (der dort nicht hingehört) an sich haben:* deine Hose ist ja ganz s. **sinnv.:** beschmutzt, unsauber.

Sand|wich ['sɛntvɪtʃ], der und das; -[s], -[e]s und -e: *zwei zusammengelegte, innen mit Butter bestrichene und mit Fleisch, Fisch, Käse, Salat o. ä. belegte [Weiß]brotscheiben oder Hälften von Brötchen.* **sinnv.:** [belegtes] Brot/Brötchen, Cheeseburger, Hamburger, Schnittchen; ↑Schnitte. **Zus.:** Fisch-, Käse-, Schinkensandwich.

sanft ⟨Adj.⟩: **a)** *zart und vorsichtig;* er faßte das Kind s. an. **sinnv.:** ↑behutsam. **b)** *angenehm wirkend auf Grund einer Art, die Freundlichkeit, Ruhe und Güte ausstrahlt:* mein alter Lehrer war ein sanfter Mensch; sie hat das gleiche sanfte Wesen wie ihre Mutter. **sinnv.:** ↑freundlich, ↑mild, ↑weich. **c)** *nur schwach spürbar; nicht stark hervortretend und dadurch eine vorhandene Harmonie nicht beeinträchtigend:* ein sanfter Wind kräuselte das Wasser; über sanfte Abhänge stiegen sie ins Tal; die Straße stieg s. an. **sinnv.:** leicht, mild, sacht.

Sanft|mut, die; -: *sanft-geduldige Gemütsart:* sie bat ihn mit hinreißender S. um einen Gefallen. **sinnv.:** ↑Freundlichkeit, ↑Geduld, ↑Güte, Gutmütigkeit, ↑Langmut.

sanft|mü|tig ⟨Adj.⟩: *voller Sanftmut:* seine Mutter war sehr s. **sinnv.:** ↑gütig.

Sän|ger, der; -s, -, **Sän|ge|rin,** die; -, -nen: **1.** *männliche bzw. weibliche Person, die singt, die im Singen ausgebildet ist:* er ist [ein] Sänger. **sinnv.:** Chorist, Gesangskünstler, Vokalist. **Zus.:** Konzert-, Operetten-, Opern-, Oratorien-, Schlagersänger. **2.** ⟨S. + Attribut⟩ *männliche bzw. weibliche Person, die von etwas singt, singend von etwas kündet:* die Wandlung des Showstars zum Sänger von Freiheit und Frieden hat alle überrascht; sie gilt als Sängerin grüner Ideale. **sinnv.:** Chansonnier, Liedermacher, Troubadour. **Zus.:** Bänkel-, Minne-, Protestsänger.

San|gui|ni|ker, *der; -s, -s,* **San|gui|ni|ke|rin,** die; -, -nen: *männliche bzw. weibliche Person, die heiter, lebhaft, gut ansprech-*

bar, „leichtblütig" ist. **sinnv.:** ↑Optimist.

sa|nie|ren: 1. ⟨tr.⟩ *(bes. einen Stadt-, Ortsteil) durch Renovierung, Modernisierung oder Abriß alter Gebäude neuen Bedürfnissen anpassen:* die Altstadt ist saniert worden. **sinnv.:** ↑erneuern. **2. a)** ⟨tr.⟩ *aus finanziellen Schwierigkeiten wieder herausbringen, wieder rentabel machen:* um diesen Betrieb zu s., braucht man viel Kapital. **b)** ⟨sich s.⟩ *seine finanziellen, wirtschaftlichen Schwierigkeiten überwinden, wieder rentabel werden:* die Firma hat sich durch den starken Personalabbau wieder saniert. **sinnv.:** sich gesundmachen, sich gesundstoßen; sich ↑bereichern.

Sa|ni|tä|ter, der; -s, -: *jmd., der ausgebildet ist, Erste Hilfe zu leisten oder Kranke zu pflegen:* Sanitäter trugen den verletzten Spieler vom Platz. **sinnv.:** Ersthelfer, Krankenpfleger.

Sank|ti|on, die; -, -en: *Maßnahme, durch die ein bestimmtes Verhalten eines anderen erzwungen werden soll:* die Regierung drohte dem Nachbarstaat wegen der Grenzverletzungen mit wirtschaftlichen Sanktionen; Sanktionen gegen einen Staat beschließen, fordern. **sinnv.:** ↑Vergeltung; ↑Zwang.

sank|tio|nie|ren ⟨tr.⟩: **a)** *als rechtmäßig bestätigen:* das Vorgehen der Polizei wurde von der Regierung sanktioniert. **sinnv.:** ↑billigen. **b)** *mit Sanktionen belegen:* die soziale Umwelt sanktioniert jeden Verstoß gegen die gesellschaftliche Norm. **sinnv.:** ↑bestrafen.

Sar|del|le, die; -, -n: *(besonders im Mittelmeer und an den Küsten des östlichen Atlantiks vorkommender) kleiner, dem Hering verwandter Fisch, der meist eingesalzen als pikante Beilage o. ä. (z. B. auf gekochtem Ei) verzehrt wird.*

Sar|di|ne, die; -, -n: *(im Mittelmeer und an den Küsten West- und Südwesteuropas vorkommender) zu den Heringen gehörender kleinerer Fisch, der meist in Öl konserviert und in Büchsen verkauft wird:* die Fahrgäste standen im Bus zusammengedrängt wie die Sardinen. **Zus.:** Ölsardine.

Sarg, der; -[e]s, Särge: *eine Art länglicher Kasten (mit einem Deckel), in dem ein Toter begraben wird:* unter den Klängen eines Trauermarsches wurde der S. ins Grab gesenkt. **sinnv.:** Sarkophag, Totenlade, Totenschrein, Urne. **Zus.:** Eichen-, Holz-, Prunk-, Zinksarg.

Sar|kas|mus, der; -: *ätzender Spott, der jmdn./etwas lächerlich machen will und verletzend wirken soll:* in seiner Stimme schwang S. **sinnv.:** ↑Humor.

Sa|tan, der; -s, -e: **1.** ↑*Teufel:* weiche, S.! **2.** *jmd., dessen Charakter als in ärgerlicher Weise bösartig empfunden wird:* seine Frau ist ein richtiger S.

Sa|tel|lit, der; -en, -en: **1.** *Himmelskörper, der einen Planeten umkreist:* der Mond ist ein S. der Erde. **sinnv.:** Trabant. **2.** ⟨S. + Attribut⟩ *jmd. (z. B. auch ein Staat), den man als in fragwürdiger Weise abhängig von einem anderen sieht:* die Satelliten der Großmächte. **sinnv.:** Gefolgsmann, ↑Lakai, Satellitenstaat. **3.** *Flugkörper, der auf eine Bahn um die Erde gebracht worden ist (und der der Erforschung des Weltraums o. ä. dient):* die Bundesbürger sollen über S. mit Kommerzfernsehen versorgt werden. **sinnv.:** künstlicher Mond, Rakete, Raumschiff, Raumstation, Sputnik, Weltraumlaboratorium. **Zus.:** Fernseh-, Killer-, Nachrichten-, Wettersatellit.

Sa|ti|re, die; -, -n: *ironisch-witzige literarische oder künstlerische Darstellung, die durch Übertreibung, Ironie und Spott an Personen oder Ereignissen Kritik übt, menschliche Schwächen und Laster verspottet:* eine S. auf/gegen das Establishment schreiben. **sinnv.:** ↑Karikatur, ↑Parodie. **Zus.:** Gesellschafts-, Zeitsatire.

satt ⟨Adj.⟩: **1.** *seinen Hunger gestillt habend:* nach dem reichhaltigen Frühstück war ich bis zum Abend s.; das Baby hat sich s. getrunken; dieser Eintopf macht s. **sinnv.:** gesättigt, voll, vollgefressen, vollgegessen. **2.** *alles, was man braucht, reichlich habend und daher auf eine unterschiedliche Art und Weise mit sich, seiner Umwelt, den gesellschaftlichen Verhältnissen o. ä. zufrieden:* welcher satte Wohlstandsbürger läßt sich heute noch von Nachrichten über Hungerkatastrophen schrekken? **sinnv.:** saturiert, selbstzufrieden, übersättigt. **3.** *(als Farbe auf den Betrachter) intensiv-kräftig wirkend:* ein sattes Grün. **sinnv.:** ↑bunt. **4.** (ugs.) *(in bezug auf eine Menge o. ä.) als beträchtlich, beachtlich empfunden:* das sind ja satte Preise; er konnte satte Erfolge vorweisen. **sinnv.:** groß.

Sat|tel, der; -s, Sättel: **a)** *Sitz in geschwungener Form, der auf Reittieren festgeschnallt wird und für den Reiter bestimmt ist:* es sieht gut aus, wie sie so im S. sitzt; er legte dem Pferd einen S. auf; die Reiterin schwang sich graziös aus dem S. **Zus.:** Damen-, Reit-, Tragsattel. **b)** *Sitz für den Fahrer auf Fahrrädern, Motorrädern o. ä.* (siehe Bild „Fahrrad"): er sitzt kerzengerade auf dem S.; ich muß an meinem Fahrrad den S. höher stellen. **Zus.:** Fahrrad-, Motorradsattel.

sat|tel|fest ⟨Adj.⟩: *auf einem bestimmten Gebiet auf Grund reicher, gründlicher Kenntnisse sicher und daher allen diesbezüglichen Anforderungen gewachsen:* er war in Geschichte noch nie ganz s. **sinnv.:** ↑beschlagen.

sat|teln ⟨tr.⟩: *(einem Tier) einen Sattel auflegen:* die Reiter sattelten die Pferde.

Sat|tel|na|se, die; -, -n: *Nase, deren Rücken (in der Form eines Sattels) zur Mitte hin einsinkt* (siehe Bildleiste „Nasen").

sät|ti|gen ⟨itr.⟩: *(von Speisen) schnell satt machen:* Erbsensuppe sättigt. **sinnv.:** den Hunger stillen, satt machen; ↑essen.

satt|sam ⟨Adverb⟩ (emotional): ⟨üblich in der Verbindung⟩ s. bekannt: *oft, fast schon zu oft gehört, erlebt, gesagt [worden]:* die s. bekannten Schilderungen; seine schlechten Manieren sind ja s. bekannt. **sinnv.:** ↑ausgiebig.

Satz, der; -es, Sätze: **1. a)** *im allgemeinen aus mehreren Wörtern bestehende, in sich geschlossene sprachliche Einheit, die eine Aussage, Frage oder eine Aufforderung enthält.* **sinnv.:** Periode, Phrase, Satzgefüge, Satzreihe · ↑Ausspruch. **Zus.:** Attribut-, Aufforderungs-, Ausrufe-, Aussage-, Einwort-, Final-, Frage-, Gleichsetzungs-, Glied-, Haupt-, Inhalts-, Interrogativ-, Kausal-, Konditional-, Konjunktional-, Konsekutiv-, Konzessiv-, Lokal-, Neben-, Objekt-, Relativ-, Subjekt-, Zwischensatz. **b)** *(in einem oder mehreren Sätzen* (1 a) *formulierte) [philosophische oder wissenschaftliche] Erkenntnis, Behauptung oder*

These: der S. des Pythagoras. **sinnv.:** ↑Lehre. **Zus.:** Glaubens-, Kern-, Lehrsatz. **2. a)** *in sich abgeschlossener Teil eines Musikstücks:* eine Sinfonie hat gewöhnlich vier Sätze. **Zus.:** Choral-, Fugen-, Sonatensatz. **b)** *in sich abgeschlossener Teil eines sportlichen Wettkampfes:* er verlor beim Tennis den ersten S. **3.** *eine bestimmte Anzahl zusammengehörender Dinge, Gegenstände:* ein S. Briefmarken. **sinnv.:** ↑Garnitur. **Zus.:** Montage-, Schlüssel-, Werkzeugsatz. **4.** *in seiner Höhe festgelegter Betrag, Tarif für etwas [regelmäßig] zu Zahlendes oder zu Vergütendes:* diese Summe überschreitet den für Spesen festgelegten S. **sinnv.:** ↑Gebühr. **Zus.:** Beitrags-, Diskont-, Gebühren-, Höchst-, Lombard-, Mindest-, Pauschal-, Prozent-, Richt-, Steuer-, Zinssatz. **5.** *[großer] Sprung, großer [eiliger] Schritt:* in drei Sätzen war er an der Tür.

Sat|zung, die; -, -en: *schriftlich niedergelegte verbindliche Bestimmungen, die alles das, was eine bestimmte Vereinigung von Personen betrifft, festlegen und regeln.* **sinnv.:** ↑Regel; ↑Weisung.

Sau, die; -, Säue und Sauen: **1. a)** ⟨Plural: Säue⟩ *weibliches Hausschwein:* die S. ferkelt. **sinnv.:** ↑Schwein. **Zus.:** Mutter-, Zuchtsau. **b)** ⟨Plural: Sauen⟩ *[weibliches] Wildschwein.* **2.** (derb) **a)** *jmd., dessen Verhalten man als anstößig o. ä. empfindet:* die alte S. hat wieder versucht, in der Damentoilette durchs Schlüsselloch zu gucken. **sinnv.:** ↑Schmutzfink. **b)** *jmd., der in einer als anstößig empfundenen Weise schmutzig und ungepflegt ist:* du könntest dich auch mal wieder waschen, du S. **sinnv.:** ↑Schmutzfink, ↑Schwein. **Zus.:** Dreck-, Pott-, Toppsau.

sau-, Sau- ⟨Präfixoid⟩ (derb verstärkend): **1.** ⟨adjektivisch⟩ *überaus, sehr* /in Verbindung mit negativ, seltener positiv wertenden Basiswörtern; oft in bezug auf Verhaltensweisen von Personen oder auf Wetterzustände/: saublöd, -dämlich, -doof, -dreckig (mir geht es s.), -dumm, -frech, -froh, -grob, -gut, -kalt, -komisch, -scharf, -schlecht, -schwer, -teuer, -verlassen, -wenig, -wohl, -wütend. **2.** ⟨substantivisch⟩ **a)** *sehr schlecht, minderwertig* /in Verbindung mit Basiswörtern, die dadurch in bezug auf Qualität o. ä. negativ bewertet, verächtlich abgelehnt werden/: Sauarbeit, -betrieb, -fraß, -italiener, -jude, -klaue, -kram, -krieg, -laden, -leben, -preuße, -teufel, -töle, -trank, -volk, -wetter, -wirtschaft. **b)** *sehr groß* /kennzeichnet den als besonders negativ oder – selten – als besonders positiv empfundenen Grad des im Basiswort Genannten/: Sauglück, -hitze, -kälte, -wut.

sau|ber ⟨Adj.⟩: **1. a)** *frei von Schmutz:* ein sauberes Glas aus dem Schrank nehmen; sein Hemd war s. **sinnv.:** blank, fleckenlos, gereinigt, gesäubert, hygienisch, keimfrei, makellos, proper, rein, reinlich. **Zus.:** blitz-, piek-, unsauber. **b)** *von sorgfältiger und wohlgefälliger, manchmal schon pedantischer Sauberkeit und Reinlichkeit:* sie hat eine sehr saubere Schrift; dein Bruder ist immer viel sauberer gekleidet als du; er arbeitet sehr s. **sinnv.:** adrett, appetitlich, ↑hübsch, ordentlich, proper, reinlich, schmuck; ↑sonntäglich. **2. a)** *in einer Weise, die man auf Grund bestimmter sittlicher o. ä. Vorstellungen erwartet, wünscht:* er hat einen sauberen Charakter; das war ein sauberes Spiel. **sinnv.:** nicht anfechtbar, anständig, einwandfrei, korrekt, lauter. **b)** (ugs. iron.) *sich in Ablehnung, Verachtung o. ä. hervorrufender Weise verhaltend:* du bist mir ja ein sauberer Bursche! dein sauberer Herr Bruder hat mir das eingebrockt. **sinnv.:** nicht anständig, ↑gemein, schuftig, unzuverlässig.

säu|ber|lich ⟨Adj.⟩: *mit einer bis ins einzelne gehenden Sorgfalt:* er strich das falsche Wort s. durch; die Wäsche lag s. geordnet auf dem Bett. **sinnv.:** genau, ↑gewissenhaft, ordentlich.

sau|ber|ma|chen, machte sauber, hat saubergemacht ⟨tr.⟩: *vom Schmutz befreien:* wir haben am Samstag die Wohnung saubergemacht; ⟨auch itr.⟩ wir müssen noch s. **sinnv.:** ↑säubern.

säu|bern ⟨tr.⟩: **1.** *den Schmutz von etwas entfernen, (etwas) in einen sauberen Zustand bringen:* den Anzug mit der Bürste s.; der Arzt säuberte zuerst die Wunde. **sinnv.:** abbürsten, abfegen, abkehren, abklopfen, abputzen, abreiben, abschütteln, abspülen, abstauben, abtreten, abwaschen, abwischen, auffegen, aufkehren, aufnehmen, aufräumen, aufsaugen, aufwischen, ausbürsten, ausfegen, auskehren, ausspülen, auswaschen, auswischen, befreien von, bürsten, fegen, kehren, polieren, putzen, reiben, rein machen, reinigen, saubermachen, saugen, scheuern, schrubben, spülen, staubsaugen, waschen, wegwischen, wischen. **2.** *von Störendem, Lästigem, Unerwünschtem o. ä. frei machen:* der Gärtner säubert das Beet von Unkraut; die Junta hat die Verwaltung von politischen Gegnern gesäubert. **sinnv.:** befreien, entfernen, liquidieren.

Sau|ce ['zo:sə], die; -, -n: vgl. Soße.

sau|er ⟨Adj.⟩: **1. a)** *in der Geschmacksrichtung von Essig oder Zitronensaft liegend [und beim Verzehren die Schleimhäute des Mundes zusammenziehend und den Speichelfluß anregend]:* saures Obst; saure Gurken; der Wein schmeckt s. **sinnv.:** bitter, durchsäuert, gesäuert, ↑herb, salzig, säuerlich. **Zus.:** essig-, süß-, zitronensauer. **b)** *durch Gärung geronnen und dickflüssig geworden:* saure Milch, Sahne. **sinnv.:** dick, geronnen, gestockt. **c)** *durch Gärung verdorben:* die Dosenmilch ist s. geworden. **sinnv.:** gegoren, schlecht, einen Stich habend, stichig, ↑ungenießbar. **2.** (ugs.) **a)** *(über jmdn./etwas) ungehalten, verärgert:* er ist sehr s. auf seinen Chef; sie waren ziemlich s. wegen des miesen Hotels. **sinnv.:** ↑ärgerlich. **Zus.:** stocksauer. **b)** *Verdruß, Mißmut ausdrückend:* er macht ein saures Gesicht. **sinnv.:** ↑mißmutig. **3.** *mit viel Mühe und Arbeit verbunden:* dieses Buch zu schreiben ist eine saure Arbeit; s. verdientes Geld. **sinnv.:** ↑beschwerlich.

Saue|rei, die; -, -en (derb): ↑*Schweinerei.*

säu|er|lich ⟨Adj.⟩: **a)** *ein wenig, leicht sauer:* die Bonbons schmecken s. **b)** *leicht verdrießlich, mißvergnügt:* er machte eine säuerliche Miene, lächelte s. **sinnv.:** ↑mißmutig.

sau|fen, säuft, soff, hat gesoffen: **1.** /von Tieren/ **a)** ⟨itr.⟩ *Flüssigkeit zu sich nehmen:* der Hund säuft aus dem Napf. **b)** ⟨tr.⟩ *als Flüssigkeit zu sich nehmen:* die Katze säuft Milch. **2.** ⟨itr./tr.⟩ (derb) /in bezug auf Menschen/ **a)** ↑*trinken* (1 a, b). **b)** (emotional) *recht viel [und in unkultivierter Weise] trinken:* ich hatte so großen Durst, daß ich das Wasser nicht nur getrunken, sondern schon gesoffen habe. **3.** ⟨itr.⟩ (derb) ↑*trinken* (2): man weiß, daß er säuft.

sau|gen: I. sog/saugte, hat gesogen/gesaugt ⟨tr.⟩: *(Flüssigkeit, Luft o. ä.) in sich hineinziehen, einziehen:* das Kind saugt mit dem Strohhalm den Saft aus der Flasche; er sog/saugte die Luft durch die Zähne; die Bienen saugen Nektar aus den Blüten; ⟨auch itr.⟩ er saugt *(zieht)* ruhig an seiner Pfeife. **sinnv.:** lutschen, nuckeln, suckeln. **Zus.:** ab-, auf-, aus-, ein-, vollsaugen. **II.** saugte, hat gesaugt ⟨tr.⟩: *mit dem Staubsauger reinigen:* den Teppich, das Wohnzimmer s. **sinnv.:** ↑säubern. **Zus.:** ab-, aufsaugen.

säu|gen ⟨tr.⟩: *(einen Säugling oder ein Jungtier an der Brust bzw. an Euter oder Zitzen der Mutter) saugend trinken lassen und auf diese Weise nähren:* ein Kind s.; die Kuh säugte das Kalb. **sinnv.:** ↑ernähren, ↑stillen.

Säu|ge|tier, das; -[e]s, -e: *Tier, das lebende Junge zur Welt bringt und säugt.* **sinnv.:** Säuger.

Säug|ling, der; -s, -e: *Kind, das noch an der Brust (der Mutter) oder mit der Flasche ernährt wird:* die Mutter gab dem S. die Brust. **sinnv.:** ↑Baby.

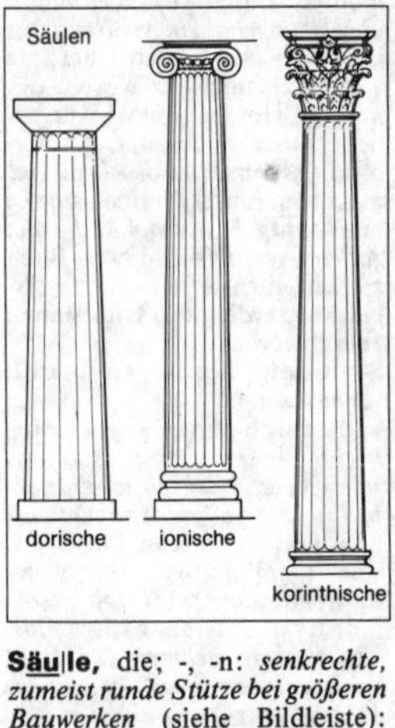

Säulen

dorische ionische korinthische

Säu|le, die; -, -n: *senkrechte, zumeist runde Stütze bei größeren Bauwerken* (siehe Bildleiste): ein Haus mit hohen, weißen Säulen. **sinnv.:** Atlant, Karyatide, Kore, Pfeiler, Pilaster, Strebe. **Zus.:** Doppel-, Halb-, Marmor-, Pest-, Siegessäule.

Saum, der; -[e]s, Säume: **a)** *umgelegter und festgenähter Rand an Kleidungsstücken o. ä.:* den S. eines Kleides abstecken, auftrennen. **sinnv.:** Borte, Bund. **Zus.:** Hohl-, Kleider-, Rocksaum. **b)** (geh.) *sich deutlich abhebender Rand:* der dunkle S. des Waldes. **sinnv.:** Peripherie. **Zus.:** Küsten-, Waldessaum.

sau|mä|ßig ⟨Adj.⟩ (derb; abwertend): *sehr schlecht:* wir hatten ein saumäßiges Wetter; die Arbeiter sind s. bezahlt worden; (iron.) er hat saumäßiges *(sehr großes)* Glück gehabt.

säu|men: I. ⟨tr.⟩ **a)** *(ein Kleidungsstück o. ä.) mit einem Saum versehen:* sie muß den Rock noch s. **sinnv.:** ↑nähen. **b)** *(als Rand) umgeben, die Begrenzung (von etwas) bilden:* Sträucher und Bäume säumten die Wiese. **sinnv.:** ↑einfassen. **II.** ⟨itr.⟩ (geh.) *(mit der Ausführung von etwas) warten:* säume nicht! **sinnv.:** ↑zögern.

säu|mig ⟨Adj.⟩: *eine festgesetzte Zeit für etwas nicht einhaltend; etwas nicht termingerecht ausführend:* ein säumiger Schuldner; er ist s. mit dem Bezahlen. **sinnv.:** langsam, nachlässig, nicht pünktlich, saumselig, zu spät, unpünktlich, unzuverlässig, verspätet.

saum|se|lig ⟨Adj.⟩: *bei der Ausführung einer Arbeit ärgerlicherweise ohne Eifer und recht langsam:* er ist ein saumseliger Schüler; s. arbeiten. **sinnv.:** ↑säumig.

Sau|na, die; -, Saunen u. -s: **1.** *Raum, in dem sehr große trockene Hitze herrscht und durch periodische Güsse von Wasser auf heiße Steine Dampf erzeugt wird:* in die S. gehen. **sinnv.:** Dampfbad. **Zus.:** Heim-, Herren-, Familiensauna. **2.** *dem Schwitzen dienender Aufenthalt in einer Sauna* (1): die S. hat mir gutgetan: **sinnv.:** Dampfbad, Heißluftbad, irisch-römisches/russisch-römisches Bad, Schwitzbad.

Säu|re, die; -, -n: **1.** *bestimmte chemische Verbindung [mit einem kennzeichnenden Geschmack]:* eine ätzende S. **Zus.:** Ameisen-, Essig-, Fett-, Harn-, Kohlen-, Salpeter-, Salz-, Schwefel-, Zitronensäure. **2.** *saurer Geschmack:* der Wein hat viel S.

säu|seln (geh.): **a)** ⟨itr.⟩: *durch eine sanfte Bewegung der Luft ein leises Geräusch von sich geben:* der Wind säuselte in den Zweigen. **sinnv.:** ↑wehen. **b)** ⟨itr./tr.⟩ *in lieb-süßlicher, etwas geziert wirkender Weise sprechen:* sie säuselt immer so; sie säuselte: „Ach du ..." **sinnv.:** ↑flüstern, ↑sprechen.

sau|sen, sauste, hat/ist gesaust ⟨itr.⟩: **a)** *in sehr starker Bewegung sein und ein brausendes, zischendes Geräusch hervorrufen:* der Wind sauste in den Bäumen; das Blut hat ihm in den Ohren gesaust. **sinnv.:** ↑rauschen, ↑surren. **b)** (ugs.) *sich sehr schnell irgendwohin bewegen:* das Auto ist mit hoher Geschwindigkeit durch die Stadt gesaust. **sinnv.:** sich ↑fortbewegen. **Zus.:** ab-, davon-, los-, wegsausen.

Sa|xo|phon, das; -s, -e: *weich klingendes Blechinstrument mit klarinettenartigem Mundstück und konisch geformtem Rohr, das in einen nach oben gebogenen Schalltrichter ausläuft* (siehe Bildleiste „Blasinstrumente"). **Zus.:** Alt-, Bariton-, Sopran-, Tenorsaxophon.

scha|ben ⟨tr.⟩: **a)** *durch wiederholtes und festes Darüberstreichen mit etwas Scharfem, Rauhem entfernen, (etwas) von einer Schicht befreien:* er schabte den Lack von dem Brett; Mohrrüben s. **sinnv.:** ↑kratzen. **Zus.:** ab-, aus-, wegschaben. **b)** *durch Schaben* (a), *Raspeln oder Reiben in feinen Streifen und Stükken abtrennen und so kleinschneiden:* Fleisch s. **sinnv.:** schneiden, zerkleinern.

Scha|ber|nack, der; -s, -e: *übermütiger Streich:* jmdm. einen S. spielen, **sinnv.:** ↑Scherz.

schä|big ⟨Adj.⟩: **a)** *in als unansehnlich empfundener Weise abgenutzt o. ä.:* sein Reisegepäck ist sehr s.; er hat einen schäbigen Mantel an. **sinnv.:** ↑alt, ↑minderwertig. **b)** *sehr gering und als unzureichend empfunden:* in dieser Firma ist die Bezahlung sehr s. **sinnv.:** ↑geizig; wenig. **c)** *(in bezug auf jmds. Verhaltens-, Handlungsweise) in beschämender Weise schlecht:* er hat sie sehr s. behandelt; er ist ein ganz schäbiger Kerl. **sinnv.:** ↑gemein.

Scha|blo|ne, die; -, -n: **a)** *ausgeschnittene Vorlage, mit deren Hilfe Umrisse, Muster, Schriftzeichen u. ä. auf eine Unterlage übertragen werden:* mit einer S. zeichnen. **Zus.:** Schrift-, Zeichenschablone. **b)** *Muster, nach* *dem gleiche Stücke gefertigt werden.* **sinnv.:** Attrappe, ↑Imitation.

Schach, das; -s, -s: **a)** *Brettspiel für zwei Personen, die mit je sechzehn schwarzen bzw. weißen Schachfiguren abwechselnd ziehen und dabei versuchen, die wichtigste Schachfigur des Gegners, den König, anzugreifen und ihn zu besiegen (matt zu setzen):* mit jmdm. eine Partie S. spielen. **b)** *im Schachspiel Warnung an den Gegner, daß sein König angegriffen ist:* S. [dem König]!

Schach|brett, das; -[e]s, -er: *aus abwechselnd schwarzen und weißen quadratischen Feldern bestehendes quadratisches Spielbrett, auf dem Schach gespielt wird.*

scha|chern ‹itr.›: *beim Handel im kleinen (Kaufen, Tauschen) in einer als unangenehm empfundenen, kleinlichen, auf Gewinn, Vorteil bedachten Weise verhandeln:* diese Typen schacherten um jede Stecknadel. **sinnv.:** feilschen, ↑handeln.

Schacht, der; -[e]s, Schächte: *senkrecht in die Tiefe oder nach oben führender hohler Raum, dessen Durchschnitt meist gleich lang und breit (quadratisch) oder rund ist.* **Zus.:** Brunnen-, Fahrstuhl-, Licht-, Luftschacht.

Schach|tel, die; -, -n: *zum Verpacken, Aufbewahren dienender, meist flacher, dünnwandiger rechtwinkliger oder runder Behälter [aus Pappe] mit einem Deckel:* eine S. Zigaretten, Streichhölzer. **sinnv.:** ↑Behälter, Box, Karton, Packung. **Zus.:** Hut-, Keks-, Papp-, Pralinen-, Streichholz-, Zigarettenschachtel.

scha|de: ‹in bestimmten Wendungen›: **a) etwas ist s.:** *etwas ist nicht erfreulich, ist zu bedauern:* [es ist] schade, daß du nicht kommen kannst. **sinnv.:** ↑leider. **Zus.:** jammerschade. **b) es ist s. um jmdn./etwas:** *es ist zu bedauern, was mit jmdm./etwas geschieht.* **sinnv.:** ↑bedauerlich. **Zus.:** jammerschade. **c) für jmdn./etwas zu s. sein:** *zu wertvoll, zu gut für jmdn./etwas sein und daher einem besseren Zweck, einer besseren Bestimmung angemessen sein:* diese Frau ist viel zu s. für dich; für die Arbeit ist dieser Anzug zu s. **d) sich** ‹Dativ› **zu s. für/zu etwas sein:** *sich so hoch einschätzen, daß man ein bestimmtes Handeln, eine bestimmte Tätigkeit o. ä. als minderwertig, als zu wenig angemessen erachtet und sich nicht zumuten will:* du bist dir wohl für diese Arbeit zu schade?

Schä|del, der; -s, -: **a)** *Kopf (als Gesamtheit der Knochen, die ihn bilden):* im Waldboden hat man einige S. gefunden. **b)** *der breitere, gewölbte obere Teil des Kopfes:* ein breiter, kahler S.

scha|den, schadete, hat geschadet ‹itr.›: *für jmdn./etwas von Nachteil sein, einen Verlust darstellen:* diese Tat schadete seinem Ansehen; der Krieg hat dem Land überaus geschadet; das viele Lesen schadet den Augen; er schadet damit nur seiner Gesundheit; seine Gutmütigkeit hat ihm nur geschadet; es schadet ihm nichts, wenn er einmal für längere Zeit von zu Hause fort ist; es kann nichts schaden, wenn wir ihm sagen, was wir vorhaben. **sinnv.:** anhaben, antun, jmdm. einen Bärendienst erweisen, beibringen, jmdm. einen schlechten Dienst erweisen, kaputtmachen, (Schaden) zufügen, von Schaden sein, schädigen, treffen, zerrütten, zerstören, jmdm. etwas zuleide tun, ↑zurückfallen.

Scha|den, der; -s, Schäden: **1.** *(durch ungünstige Umstände, negative Einwirkungen o. ä. bewirkte) materielle, funktionelle o. ä. Beeinträchtigung einer Sache, Verringerung des Wertes:* ein kleiner S.; jmdm. [einen] S. zufügen; für einen S. aufkommen. **sinnv.:** ↑Einbuße, Minderung, Verlust. **Zus.:** Gesamt-, Vermögensschaden. **2.** *beschädigte Stelle, [teilweise] Zerstörung:* der Hagel hat gewaltige Schäden angerichtet; das Auto hat einen S. am Motor. **sinnv.:** ↑Beschädigung; ↑Panne, ↑Störung. **Zus.:** Bagatell-, Blech-, Brand-, Feuer-, Hagel-, Maschinen-, Motor-, Reifen-, Sach-, Total-, Wasser-, Wildschaden. **3.** *negative Folge; etwas, was für jmdn./etwas ungünstig ist:* wenn du dich nicht beteiligst, so ist es dein eigener S.; bei etwas zu S. kommen. **sinnv.:** ↑Mangel. **4.** *körperliche, gesundheitliche Beeinträchtigung:* er hatte beim Unfall einen S. am Bein erlitten; von Geburt an hatte sie am rechten Auge einen Schaden. **sinnv.:** ↑Verletzung. **Zus.:** Bandscheiben-, Dauer-, Früh-, Körper-, Leber-, Personen-, Spät-, Unfallschaden.

Scha|den|er|satz, der; -es: *durch jmdn., der dazu verpflichtet ist, zu leistender Ausgleich, Ersatz für einen erlittenen Schaden:* S. fordern.

Scha|den|freu|de, die; -: *boshafte Freude über den Mißerfolg, das Unglück anderer:* S. über jmds. Mißgeschick empfinden, äußern. **sinnv.:** ↑Bosheit.

scha|den|froh ‹Adj.›: *voll Schadenfreude:* s. lachen, grinsen. **sinnv.:** gehässig, hämisch, maliziös, mißgünstig, odiös, rachedurstig, rachgierig, rachsüchtig.

schad|haft ‹Adj.›: *nicht in Ordnung [seiend]; einen Defekt, Mangel, Schaden aufweisend, nicht einwandfrei:* schadhafte Stellen am Mantel ausbessern; in schadhaftem Zustand sein. **sinnv.:** ↑defekt.

schä|di|gen ‹tr.›: *(bei jmdm./etwas) einen Schaden hervorrufen:* jmdn. gesundheitlich s.; jmds. Ruf, Interessen s. **sinnv.:** ↑schaden.

schäd|lich ‹Adj.›: *Schäden, Schädigungen verursachend, hervorrufend:* schädliche Tiere; das hat für ihn keine schädlichen Folgen; der Einfluß seiner Freunde ist s. **sinnv.:** ↑giftig; ↑unerfreulich, ↑unvorteilhaft.

Schäd|ling, der; -s, -e: *tierisches oder pflanzliches Lebewesen, das (häufig in größerer Zahl auftretend) Schaden anrichtet:* Schädlinge vernichten. **sinnv.:** Parasit, Schmarotzer.

Schaf, das; -[e]s, -e: *mittelgroßes (Säuge)tier mit dickem, wolligem Fell, das bes. wegen seiner Wolle als Nutztier gehalten wird:* die Schafe scheren. **sinnv.:** Bock, Hammel, Heidschnucke, Lamm, Merino, Mufflon, Schnucke, Widder. **Zus.:** Haus-, Milch-, Mutter-, Wild-, Wollschaf.

Schä|fer, der, -s, -: *jmd., der eine Herde Schafe hütet und betreut.* **sinnv.:** ↑Hirt.

Schä|fer|hund, der; -[e]s, -e: *dem Wolf ähnlicher großer Hund mit spitzen, stehenden Ohren, langem, buschigem Schwanz und einem dichten, dunklen bis schwarzen, an der Unterseite oft gelblichen Fell.*

schaf|fen: I. schuf/schaffte, hat geschaffen/geschafft ‹tr.›: **1.** ‹schuf, hat geschaffen› *durch eigene schöpferische Leistung hervorbringen, schöpferisch gestalten:* der Künstler hat ein neues Bild geschaffen; als er diese Plastik schuf, war er schon sehr alt. **sinnv.:** ↑anlegen; ↑erschaffen; ↑gründen. **2.** ⟨schuf/schaffte, hat geschaffen/geschafft⟩ **a)** *bewirken, daß etwas zustande kommt, entsteht; zustande bringen:* er schuf /(auch:) schaffte die Voraussetzungen für den erfolgreichen Ablauf; wir haben uns mehr Raum geschaffen /(auch:) geschafft; sie sollten eine bessere Atmosphäre, neue Stellen s. **sinnv.:** ↑herstellen. **b)** /in verblaßter Bedeutung/: er hat endlich Abhilfe, Klarheit, Ordnung geschaffen /(auch:) geschafft. **II.** schaffte, hat geschafft: **1.** ⟨itr.⟩ (bes. südd.) **a)** *Arbeit leisten, tätig sein:* er schaffte den ganzen Tag auf dem Felde; du hast heute fleißig geschafft. **sinnv.:** ↑arbeiten (1 a). **b)** *beruflich tätig sein:* er schafft bei der Straßenbahn. **sinnv.:** ↑arbeiten (1 b). **2.** ⟨tr.⟩ *[in einem bestimmten Zeitraum] bewältigen, (mit etwas) fertig werden, zurechtkommen:* er schaffte diese schwere Arbeit allein nicht mehr; er hat heute viel geschafft; wird er die Prüfung s. *(bestehen)?* **sinnv.:** ↑bewältigen. **3.** ⟨tr.⟩ *an einen bestimmten Ort bringen, von einem bestimmten Ort wegbringen:* sie schafften die Verwundeten ins Lazarett; wir haben die Sachen endlich aus dem Haus geschafft. **sinnv.:** ↑befördern; ↑entfernen. **4.** ⟨itr.⟩ (ugs.) *nervös, müde machen; zur Verzweiflung bringen:* der Kerl, die Arbeit, die Hitze hat mich heute geschafft; er schaffte sie alle. **sinnv.:** ↑ärgern; ↑schikanieren.

Schaff|ner, der; -s, -: **Schaff|ne|rin,** die; -, -nen: *männliche bzw. weibliche Person, die in öffentlichen Verkehrsmitteln Fahrausweise verkauft, kontrolliert o. ä.* **Zus.:** Bus-, Schlafwagen-, Straßenbahn-, Zugschaffner.

Schaf|fung, die; -: *das Schaffen, Herstellen, Zustandebringen:* die S. neuer sozialer Einrichtungen. **sinnv.:** ↑Gründung.

Schaf|gar|be, die; -, -n: *(auf Wiesen und an Wegrändern wachsende) Pflanze mit stark geteilten Blättern und weißen bis rosafarbenen, in Doldenrispen wachsenden Blüten.*

-schaft, die; -, -en ⟨Suffix⟩: **1.** /bezeichnet eine Gesamtheit von mehreren Personen, seltener Sachen, der gleichen oder einer ähnlichen Art/ *alle die im Basiswort Genannten; alle, die gesamten ...:* **a)** /Personen/ Angestelltenschaft *(alle Angestellten, die Angestellten),* Arbeiterschaft, Ärzteschaft, Beamtenschaft, Elternschaft, Freundschaft (ich habe meine ganze F. eingeladen = *alle Befreundeten*), Genossinnenschaft, Interessenschaft, Kaufmannschaft (die K. trug schwarze Mäntel), Leserschaft, Pastorenschaft, Pennälerschaft, Schülerschaft, Verwandtschaft (die ganze V. kam zum Geburtstag), Vorstandschaft *(der gesamte Vorstand),* Wählerschaft, Zuhörerschaft. **sinnv.:** -tum. **b)** /Sachen/ Erbschaft *(das, was von jmdm. geerbt wird),* Gerätschaft *(alle Geräte),* Hinterlassenschaft. **2.** */bezeichnet eine bestimmte Beschaffenheit, einen Zustand, das Verhältnis einer Person zu [einer] anderen/zu einer Sache:* Autorschaft, Bereitschaft, Feindschaft, Freundschaft (die F. zwischen Klaus und mir), Gegnerschaft (seine G. gegen diese Form), Kennerschaft, Knechtschaft, Komplizenschaft, Leihmutterschaft, Mitgliedschaft, Mitwisserschaft, Mutterschaft, Partnerschaft, Patenschaft, Täterschaft, Vaterschaft, Witwenschaft, Zeitgenossenschaft, Zeugenschaft. **sinnv.:** -heit, -tum.

Schaft, der; -[e]s, Schäfte: **1.** *oberer, das Bein umschließender Teil des Stiefels.* **Zus.:** Stiefelschaft. **2.** *langer, gerader und schlanker Teil eines Gegenstandes; einer Stange ähnlicher Griff an einem Werkzeug:* der S. eines Speeres, eines Meißels. **sinnv.:** ↑Griff. **Zus.:** Fahnen-, Speerschaft. **3.** *[hölzerner] Teil eines Gewehres o. ä., in dem der Lauf u. a. liegt.* **Zus.:** Gewehrschaft.

schä|kern ⟨itr.⟩: *(mit jmdm.) seinen Spaß treiben; (jmdn.) im Spaß [mit Worten] necken:* er schäkerte mit der Kellnerin.

schal ⟨Adj.⟩: *(von bestimmten Getränken) meist durch zu langes Stehen ohne den sonst üblichen guten, frischen Geschmack:* ein schales Bier. **sinnv.:** ↑dumpf.

Schal, der; -s, -s: *langes, schmales Halstuch:* er wickelte sich den S. um den Hals. **sinnv.:** Halstuch, Tuch. **Zus.:** Seiden-, Wollschal.

Scha|le, die; -, -n: **I.** *flaches, rundes oder ovales offenes Gefäß:* in der S. lag Obst. **sinnv.:** ↑Gefäß; ↑Schüssel. **II. 1.** *äußere [dem Schutz dienende] mehr oder weniger harte Schicht von Früchten, Samen, Nüssen o. ä.:* die Schalen der Mandeln; dieser Apfel hat eine harte S. **sinnv.:** Haut, Hülle, Hülse, Kruste, Pelle, Rinde, Schote. **2.** *das Innere eines Vogeleis umschließende, harte, aus Kalk aufgebaute, zerbrechliche Hülle:* ein Hühnerei mit brauner, weißer S. **3.** *bestimmte Tiere umgebendes panzerartiges Gehäuse:* die Schalen des Krebses, der Muschel.

schä|len: 1. ⟨tr.⟩ **a)** *durch Wegschneiden, Abziehen von seiner Schale befreien:* er muß noch Kartoffeln s. **sinnv.:** ↑abziehen. **b)** *(die Schale, Haut o. ä.) von etwas durch Wegschneiden, Abziehen o. ä. entfernen:* die Rinde von den Baumstämmen s. **2.** ⟨sich s.⟩ **a)** *sich in kleinen abgestorbenen Teilen ablösen:* nach dem Sonnenbrand schälte sich die Haut. **b)** *kleine abgestorbene*

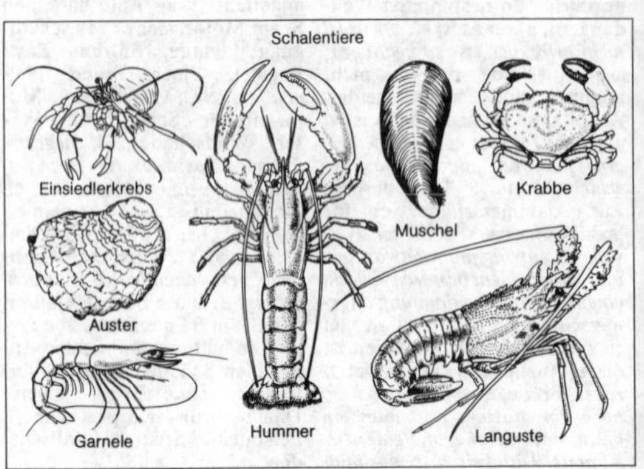

Teilchen der Haut verlieren, eine sich schälende Haut haben: der Kranke schälte sich am ganzen Körper.

Schallentier, das; -[e]s, -e: *Tier, das von einem panzerartigen Gehäuse umgeben ist* (siehe Bildleiste).

Schall, der; -[e]s: **1.** *nachhallendes Geräusch, schallender Klang, weithin vernehmbarer [heller] Ton:* der S. der Trompeten. **sinnv.:** ↑Klang. **Zus.:** Glocken-, Hörnerschall. **2.** *wellenförmig sich ausbreitende Schwingungen, die vom menschlichen Gehör wahrgenommen werden können:* schneller als der Schall; die Lehre vom S. *(die Akustik).*

schallen, schallte/scholl, hat geschallt ⟨itr.⟩: *laut tönen, weithin hörbar sein:* Stimmen, Rufe schallten/(seltener:) schollen über die Felder; lautes Gelächter schallte/(seltener:) scholl aus dem Nebenraum; eine schallende Ohrfeige. **sinnv.:** dröhnen, erdröhnen, erklingen, erschallen, ertönen, gellen, hallen, klingen, schmettern, schrillen, tönen. **Zus.:** entgegen-, herauf-, herüber-, wider-, zurückschallen.

Schallmauer, die; -: *durch die Luft erzeugter starker Widerstand, den Flugzeuge o. ä. beim Erreichen der Geschwindigkeit, mit der sich Schall fortpflanzt, überwinden müssen (wobei es zu einem lauten Knall kommt);* die S. durchbrechen.

Schallplatte, die; -, -n: *aus Kunststoff gepreßte, runde Scheibe mit feinen, spiralförmig verlaufenden Rillen, in denen Tonaufnahmen gespeichert sind, die akustisch wiedergegeben werden können:* eine S. produzieren, auflegen, abspielen. **sinnv.:** Platte, Scheibe, CD-Platte, Kompaktschallplatte · ↑Langspielplatte · Maxisingle, Single.

schalten, schaltete, hat geschaltet: **1.** ⟨tr.⟩ *(bei einem Gerät, einer technischen Anlage o. ä.) durch Betätigen eines Schalters, Hebels o. ä. etwas Bestimmtes regulieren, sie in eine bestimmte Funktion bringen:* er hat den Apparat auf ›ein‹ geschaltet; ⟨auch itr.⟩ du mußt zweimal s. *(den Schalter zweimal betätigen).* **Zus.:** aus-, ein-, gleich-, parallel-, um-, zusammenschalten. **2.** ⟨itr.⟩ *bei Kraftfahrzeugen einen [anderen] Gang wählen:* der Fahrer schaltete in den 4. Gang. **3.** ⟨tr.⟩ *in bestimmter Weise in einen Stromkreis einfügen, zusammenschließen:* die Lampen müssen so geschaltet sein, daß sie immer abwechselnd aufleuchten; etwas parallel, in Reihe s. **4.** ⟨tr.⟩ *(als zusätzliches Element o. ä.) in etwas eingliedern, einfügen:* zwischen die beiden großen Aufgaben schaltete er ein paar Tage der Ruhe. **5.** ⟨itr.⟩ *in einer bestimmten Weise, bes. nach eigenem Belieben, in uneingeschränkter Freiheit handeln, verfahren:* der Hausmeister kann im Haus frei s. [und walten]; er kann s., wie es ihm beliebt. **sinnv.:** ↑unternehmen. **6.** ⟨itr.⟩ (ugs.) *etwas Bestimmtes [endlich] begreifen:* er schaltet immer ein wenig langsam. **sinnv.:** ↑verstehen.

Schalter, der; -s, -: **1.** *Vorrichtung (in Form eines Hebels, Knopfs o. ä.) zum Ein-, Aus- oder Umschalten von elektrischen Geräten, Maschinen, Lampen o. ä.:* einen S. betätigen; er drehte am S., und das Licht ging aus. **sinnv.:** Dimmer. **Zus.:** Kipp-, Licht-, Wechselschalter. **2.** *in Ämtern, bei der Post o. ä. kleiner Raum oder abgetrennter Platz [mit Schiebefenster] in einem größeren Raum, von dem aus die Kunden bedient werden:* er gab den Brief am S. ab. **sinnv.:** ↑Kasse. **Zus.:** Abfertigungs-, Auskunfts-, Bank-, Fahrkarten-, Gepäck-, Kassen-, Postschalter.

Schaltjahr, das; -[e]s, -e: *Jahr, in dem der Februar 29 Tage hat:* er wurde in einem S. geboren.

Scham, die; -: **1.** *quälendes Gefühl der Schuld, (bes. in moralischer Hinsicht) versagt zu haben; peinliche Empfindung der Verlegenheit, der Reue und Scheu vor der Bloßstellung:* vor S. rot werden. **2.** (geh.) *äußere Geschlechtsteile:* die S. bedecken. **sinnv.:** Geschlechtsorgan.

schämen, sich: *Scham empfinden:* ich habe mich wegen dieses Verhaltens sehr, zu Tode, in Grund und Boden geschämt; sich seiner Herkunft s.; schäm dich, so zu lügen! **sinnv.:** [vor Scham] die Augen niederschlagen/in die Erde versinken/erröten, sich genieren, rot/schamrot werden, vor Scham vergehen; sich ↑zieren.

schamhaft ⟨Adj.⟩: *voll Scham; leicht Scham empfindend:* sie hatte diesen Vorfall s. verschwiegen. **sinnv.:** ↑verlegen.

schamlos ⟨Adj.⟩: **1. a)** *ohne jede Scheu und Zurückhaltung; sehr dreist und oft unverschämt:* eine schamlose Frechheit, Lüge. **sinnv.:** ↑frech. **b)** *in oft skrupelloser, gewissenloser Weise gegen die guten Sitten verstoßend:* eine schamlose Ausbeutung. **sinnv.:** ↑rücksichtslos. **2.** *ohne jedes Gefühl für Anstand; gegen Sitte und Anstand verstoßend:* schamlose Gebärden; schamlose Person. **sinnv.:** ↑unanständig.

Schand- ⟨Präfixoid⟩ (emotional abwertend): */besagt, daß das im Basiswort Genannte eine Schande, schändlich ist, daß es als empörend, unerhört, skandalös empfunden wird/:* Schanddiktat von Versailles, -fleck (dieser Bau ist ein Schandfleck in der Landschaft), -frieden, -mal, -mauer, -preis, -schnauze, -schrift, -tat, -urteil, -vertrag.

schandbar ⟨Adj.⟩: **1.** ↑*schändlich* (1): er hat sich in der Sache s. verhalten. **sinnv.:** ↑gemein. **2. a)** *als empörend schlecht empfunden:* schandbares Wetter; in einem schandbaren Zustand. **b)** ⟨verstärkend bei Adjektiven und Verben⟩ *sehr, ungeheuer:* es ist alles s. teuer geworden; sich über etwas s. ärgern.

Schande, die; -: *etwas, wodurch jmd. sein Ansehen, seine Ehre verliert; etwas, wessen sich jmd. schämen muß:* jmdm. große S. machen. **sinnv.:** ↑Blamage, Ehrenrührigkeit. **Zus.:** Affen-, Kulturschande.

schänden, schändete, hat geschändet ⟨tr.⟩ (geh.): **1.** *etwas, was Respekt, Achtung verdient, durch eine Handlung, bes. durch gewaltsames, zerstörendes Vorgehen entehren, beschädigen:* einen Leichnam, ein Grab, ein Denkmal s. **sinnv.:** entheiligen, entweihen, entwürdigen. **2.** *geschlechtlich mißbrauchen:* Mädchen wurden überfallen und geschändet. **sinnv.:** ↑vergewaltigen.

schändlich ⟨Adj.⟩: **1.** *so geartet, daß es als niederträchtig empfunden wird; Schande bringend:* schändliche Taten. **sinnv.:** ↑gemein. **2. a)** *als empörend schlecht empfunden:* die Straße ist in einem schändlichen Zustand. **b)** ⟨verstärkend bei Adjektiven und Verben⟩ *sehr, ungeheuer:* diese Bemerkung hat ihn s. verärgert; s. wenig verdienen.

Schanktisch, der; -es, -e: *langes, meist höheres, kastenförmiges, einem Tisch ähnliches Möbelstück in einem Lokal o. ä., an* *dem Getränke ausgeschenkt werden.* **sinnv.:** Ausschank, Bar, Buffet, Theke, Tresen.

Schan|ze, die; -, -n: ↑*Sprungschanze.*

Schar, die; -, -en: *größere [zusammengehörende] Anzahl von Menschen oder Tieren:* eine S. von Flüchtlingen; eine S. Jugendlicher/ (auch:) Jugendliche sang/ (auch:) sangen auf dem Platz. **sinnv.:** ↑Abteilung; ↑Gruppe; ↑Horde; ↑Menge. **Zus.:** Engel-, Heer-, Kinder-, Vogelschar.

scha|ren: a) ⟨sich s.⟩ *sich (zu einer Schar) [ver]sammeln, vereinigen:* die Schüler scharten sich um den Lehrer; sich zu einer Gruppe s. **sinnv.:** sich ↑versammeln. **b)** *als Anhänger, Jünger o. ä. für sich gewinnen und um sich sammeln;* durch seine Begeisterung scharte er die Jugend um sich.

scharf, schärfer, schärfste ⟨Adj.⟩: **1. a)** *[gut geschliffen und daher] leicht und gut schneidend:* ein scharfes Messer. **sinnv.:** geschärft, geschliffen. **b)** *nicht abgerundet, stumpf, sondern in eine [leicht verletzende] Spitze, spitze Kante o. ä. auslaufend:* scharfe Ecken, Zähne; er zerriß sich seinen Mantel an den scharfen Dornen. **sinnv.:** eckig, kantig, schartig, spitz. **Zus.:** messerscharf. **2. a)** *in bestimmter, sehr kräftiger und ausgeprägter Weise schmeckend oder riechend:* scharfer Senf, Essig; die Suppe war sehr s. *(sehr kräftig gewürzt).* **sinnv.:** beißend, gepfeffert, gewürzt, ↑herb, papriziert, versalzen, ↑würzig. **b)** *zerstörend, ätzend auf etwas wirkend:* eine scharfe Säure. **c)** *streng, stechend im Geruch:* scharfe Dämpfe. **sinnv.:** ↑penetrant. **3.** *in unangenehmer Weise intensiv, durchdringend, heftig, hell o. ä.:* ein scharfes Zischen; ein scharfer Wind; das Licht war zu s. **sinnv.:** ↑hart; ↑rauh. **4.** *mit großer, rücksichtsloser Genauigkeit, Strenge, Massivität, Schonungslosigkeit, Verbissenheit o. ä. [durchgeführt]; ohne Nachsicht und Schonung:* scharfe Kritik; ein scharfes Verhör; schärfsten Protest einlegen; jmdn. s. tadeln, anfassen; sich mit jmdm. s. auseinandersetzen. **sinnv.:** ↑extrem; ↑hart; ↑polemisch. **5. a)** *besonders befähigt (etwas klar zu erkennen oder wahrzunehmen), in hohem Grade ausgebildet, für Reize empfänglich:* ein scharfes Auge; er hat einen scharfen Verstand; er dachte s. nach. **sinnv.:** ↑fein. **Zus.:** haar-, messerscharf. **b)** *klar [in seinem Umriß sich abhebend, hervortretend]; deutlich erkennbar:* der Turm hob sich s. vom Horizont ab; die Fotografie ist nicht, ist gestochen s. **6.** *stark ausgeprägt [und daher streng wirkend]:* scharfe Gesichtszüge; das Gesicht ist s. geschnitten. **7.** *sehr schnell, sehr heftig, abrupt [geschehend, verlaufend]:* ein scharfer Ritt; eine scharfe Kehrtwendung; ein scharfer *(harter, wuchtiger)* Schuß aus der zweiten Reihe; s. bremsen. **8.** (ugs.) *Bewunderung auslösend, sehr eindrucksvoll; kaum noch zu überbieten:* ein ganz scharfer Wagen; was da geboten wird, ist wirklich s. **sinnv.:** ↑vortrefflich. **9.** (ugs.) *vom Sexualtrieb beherrscht, sexuell sehr aktiv:* ein scharfer Bursche. **sinnv.:** ↑begierig, geil.

schär|fen ⟨tr.⟩: **1.** *scharf, zum Schneiden geeignet machen, scharf schleifen:* ein Messer s. **sinnv.:** anspitzen, schleifen, spitzen, wetzen. **2. a)** *in seiner Funktion ausbilden, verfeinern:* der häufige Besuch fremder Länder schärfte seinen Blick. **b)** *sich in seiner Funktion verbessern, verfeinern:* sein Blick, Sinn für die Dinge hat sich geschärft.

Scharf|sinn, der; -[e]s: *scharfer Intellekt, der sofort das Wesentliche erkennt:* er hat das Problem mit bewundernswertem S. gelöst. **sinnv.:** Hellsichtigkeit, Kombinationsgabe, Scharfblick, Scharfsichtigkeit, Scharfsinnigkeit, ↑Weitblick; ↑Begabung; ↑Vernunft.

scharf|sin|nig ⟨Adj.⟩: *etwas mit dem Verstand genau erfassend und durchdringend; Scharfsinn erkennen lassend:* ein scharfsinniger Denker, eine scharfsinnige Bemerkung. **sinnv.:** ↑klug.

Schar|lach, der; -s: **1.** *kräftiges, leuchtendes Rot:* der Mantel des Kaisers ist von leuchtendem S. **2.** *ansteckende, hauptsächlich bei Kindern auftretende Krankheit, die durch einen roten Ausschlag gekennzeichnet ist:* S. haben; S. bekommen.

Schar|la|tan, der; -s, -e: *Mann, der (im Urteil des Sprechers) ein Schwindler ist, der Sachwissen und Fähigkeiten auf einem Gebiet nur vortäuscht:* viele wurden das Opfer dieses Scharlatans. **sinnv.:** ↑Betrüger.

Schar|nier, das; -s, -e: *bewegliche Verbindung zur Befestigung von Türen, Deckeln o. ä. (bei der ein Zapfen o. ä. in einer Führung sich um eine Achse dreht).* **sinnv.:** Gelenk.

Schär|pe, die; -, -n: **a)** *breites, schräg über Schulter und Brust getragenes Band als Teil einer Uniform.* **b)** *breiter Gürtel aus Stoff.* **sinnv.:** ↑Gürtel.

schar|ren ⟨itr.⟩: *die Füße, Krallen o. ä. wiederholt schleifend über eine Oberfläche bewegen und dabei ein entsprechendes Geräusch verursachen:* der Hund scharrt an der Tür; das Pferd scharrt mit dem Huf; die Hühner scharren im Sand [nach Würmern]. **sinnv.:** ↑kratzen.

Schar|te, die; -, -n: **1.** *schadhafte Stelle an dem glatten, geschliffenen Rand von etwas, bes. in der Schneide eines Messers.* **sinnv.:** ↑Kerbe. **2.** *einem Fenster ähnliche schmale Öffnung in der Mauer einer Burg o. ä. zum Beobachten oder Schießen.* **Zus.:** Schießscharte.

schar|tig ⟨Adj.⟩: *Scharten* (1) *aufweisend:* eine schartige Schneide; die Sense ist s. geworden. **sinnv.:** ↑scharf.

Schasch|lik, der und das; -s, -s: *an einem kleinen Spieß (zusammen mit anderen Zutaten wie Zwiebel, Paprika u. a.) gebratene Stückchen Fleisch (in einer Soße).*

Schat|ten, der; -s, -: **1. a)** *dunkle Stelle, die hinter einem von einer Lichtquelle getroffenen Körper auf einer sonst beleuchteten Fläche entsteht und die den Umriß dieses Körpers zeigt:* die langen Schatten der Bäume, der Berge. **Zus.:** Erd-, Halb-, Kern-, Kur-, Schlagschatten. **b)** ⟨ohne Plural⟩ *nicht unmittelbar von der Sonne oder einer anderen Lichtquelle getroffener Bereich, in dem nur gedämpfte Helligkeit, Halbdunkel [und zugleich Kühle] herrscht:* die Häuser spenden S.; aus dem S. heraustreten; sich in den S. legen. **sinnv.:** ↑Dämmerung. **2.** *Figur, Gestalt, die nur schemenhaft, als Silhouette o. ä. erkennbar ist:* ein S. taucht aus der Dämmerung auf. **3.** *dunkle oder dunkel getönte Stelle:* sie hat blaue S. unter den Augen. **Zus.:** Augen-, Lidschatten.

schat|ten|haft ⟨Adj.⟩: *einem dunklen Schatten gleich, nur undeutlich erkennbar, durch die*

Umrisse angedeutet: schattenhafte Gestalten huschten vorbei.

Schat|ten|riß, der; Schattenrisses, Schattenrisse: *Darstellung von Personen und Gegenständen als flächige, schwarze Figur, die auf hellem Untergrund nur die Umrisse des Dargestellten erkennen läßt.* **sinnv.:** ↑Umriß.

Schat|ten|sei|te, die; -, -n: **1.** *Seite (von etwas), die der Sonne, dem Licht abgewandt ist, im Schatten liegt:* sein Zimmer liegt auf der S. **2.** *negativer Aspekt, andere, weniger angenehme Seite (von etwas sonst Positivem):* das sind die Schattenseiten des neuen Planes. **sinnv.:** ↑Mangel.

schat|tie|ren ⟨tr.⟩: *mit dunkleren Stellen, Flächen, dunklen, farblichen Abstufungen versehen und so nuancieren [räumlich, plastischer erscheinen lassen]:* eine Zeichnung, ein Bild s.

schat|tig ⟨Adj.⟩: *Schatten aufweisend, spendend, im Schatten liegend:* einen schattigen Platz suchen. **sinnv.:** ↑dämmerig.

Schatz, der; -es, Schätze: **1.** *kostbarer Besitz, wertvolles Gut; Ansammlung von kostbaren Dingen oder Dingen von persönlichem Wert:* einen vergrabenen S. finden; stolz zeigte er uns seinen S., seine Schätze *(das, was er an Wertvollem, an Liebgewordenem angesammelt hatte).* **sinnv.:** Hort, Kostbarkeiten, Reichtümer, Wertsachen; ↑Vermögen. **Zus.:** Gold-, Kirchen-, Kunst-, Silberschatz · Erfahrungs-, Märchen-, Zitatenschatz. **2.** *jmd., der von jmdm. geliebt, besonders bevorzugt wird* /meist nur noch in der Anrede/: komm her, mein S. **sinnv.:** ↑Liebling.

schät|zen: 1. ⟨tr.⟩ *hinsichtlich Größe, Alter, Wert, Maß o. ä. ungefähr zu bewerten, festzulegen versuchen:* man schätzt sein Vermögen auf mehrere Millionen; den Abstand richtig s.; jmdn. älter, jünger s.; ein Grundstück s. *(seinen Wert bestimmen)* lassen. **sinnv.:** abschätzen, ansetzen, berechnen, beziffern, über den Daumen peilen, taxieren, überschlagen, veranschlagen. **2.** ⟨tr.⟩ *eine hohe Meinung (von jmdm./etwas) haben, (jmdn./etwas) sehr hoch achten:* alle schätzen den neuen Mitarbeiter sehr; er schätzt *(liebt)* guten Wein; sein Vater schätzte *(legte großen Wert auf)* gutes Benehmen. **sinnv.:** ↑achten; ↑lieben. **3.** ⟨itr.⟩ (ugs.) *für sehr wahrscheinlich oder möglich halten:* ich schätze, daß er heute kommt. **sinnv.:** sich ↑ausrechnen; ↑vermuten.

Schau, die; -, -en: **1.** *größere Veranstaltung, bei der etwas ausgestellt, dargeboten wird:* eine landwirtschaftliche S.; das Turnfest war eine großartige S. **sinnv.:** ↑Ausstellung. **Zus.:** Blumen-, Hunde-, Leistungs-, Moden-, Sonder-, Tier-, Verkaufsschau. **2.** ↑*Show.* **sinnv.:** ↑Darbietung; ↑Revue.

Schau|der, der; -s, -: **a)** *plötzliche Empfindung von Frösteln, Kälte:* S. durchrieselten ihn in der Kälte. **sinnv.:** Frösteln, Schauer. **b)** *heftige, innere Empfindung des Grauens, der Angst, des Entsetzens, auch der Ehrfurcht, die jmdn. plötzlich befällt:* ein S. ergriff ihn. **sinnv.:** ↑Entsetzen.

schau|der|haft ⟨Adj.⟩: **1.** *Schauder erregend; gräßlich:* ein schauderhaftes Verbrechen. **2.** (emotional) *in einer Art und Weise, die als im höchsten Maße unangenehm empfunden wird:* eine schauderhafte Enge; die Medizin schmeckt s.; „Zwangsadoption" ist ein schauderhaftes Wort.

schau|dern ⟨itr.⟩: **1.** *für einen Augenblick ein heftiges [von Zittern begleitetes] Gefühl der Kälte empfinden:* beim Betreten des Kellers schauderte ihn/(auch:) ihm. **sinnv.:** ↑frieren. **2.** *ein Grauen, Entsetzen, einen Schauder empfinden:* mich/ (auch:) mir schaudert bei dem Gedanken an diese Katastrophe; sie schaudern vor Angst. **sinnv.:** sich ↑entsetzen.

schau|en: 1. ⟨itr.⟩ (bes. südd.) *in eine bestimmte Richtung sehen, in bestimmter Weise dreinschauen:* freundlich, fragend, traurig s.; durchs Fernglas s. **sinnv.:** ↑blicken; ↑sehen. **2.** ⟨tr.⟩ (geh.) *intuitiv erkennen, erfassen:* die Unendlichkeit, Gott s.; ein schauender Dichter. **3.** ⟨itr.⟩ (bes. südd.) *sich ↑kümmern (um jmdn./etwas):* die Nachbarin schaut nach den Kindern, nach den Blumen. **4.** ⟨itr.⟩ (bes. südd.) *sich bemühen, etwas Bestimmtes zu erreichen:* er soll s., daß er fertig wird. **sinnv.:** sich ↑befleißigen.

Schau|er, der; -s, -: **1. a)** ↑*Schauder* (a). **Zus.:** Fieber-, Kälteschauer. **b)** *heftige Empfindung der Ehrfurcht, Ergriffenheit, auch des Grauens, der Angst, die jmdn. plötzlich befällt.* **sinnv.:** ↑Entsetzen. **Zus.:** Angst-, Todes-, Wonneschauer. **2.** *kurzer, heftiger Niederschlag, bes. Regen:* örtliche, gewittrige S.; in einen S. geraten. **sinnv.:** ↑Regen. **Zus.:** Gewitter-, Hagel-, Regenschauer.

schau|er|lich ⟨Adj.⟩: **1.** *ein Gefühl des Grauens, Entsetzens, Abscheus, der Angst hervorrufend:* ein schauerliches Erlebnis; eine schauerliche Tat. **sinnv.:** ↑schrecklich. **2.** (ugs.) **a)** *jmdm. im höchsten Maße mißfallend:* ein schauerlicher Stil, Geschmack, Geruch; schauerliches Wetter. **sinnv.:** ↑gräßlich. **b)** ⟨verstärkend bei Adjektiven und Verben⟩ *sehr:* es ist s. kalt; sie hat s. gespielt; er gibt s. an.

schau|ern ⟨itr.⟩: ↑*schaudern;* **sinnv.:** sich ↑entsetzen; ↑frieren.

Schau|fel, die; -, -n: *(zum Aufnehmen und Weiterbefördern von Erde, Sand o. ä. bestimmtes) Gerät, das aus einem flächigen, in der Mitte etwas vertieften Teil besteht, das in mehr oder weniger leichtem Winkel an einem meist langen Stiel befestigt ist* (siehe Bildleiste): ein wenig Erde auf die S. nehmen; ein paar Schaufeln Kohle aufs Feuer werfen. **sinnv.:** Schippe, Spaten. **Zus.:** Kohlen-, Schnee-, Tortenschaufel.

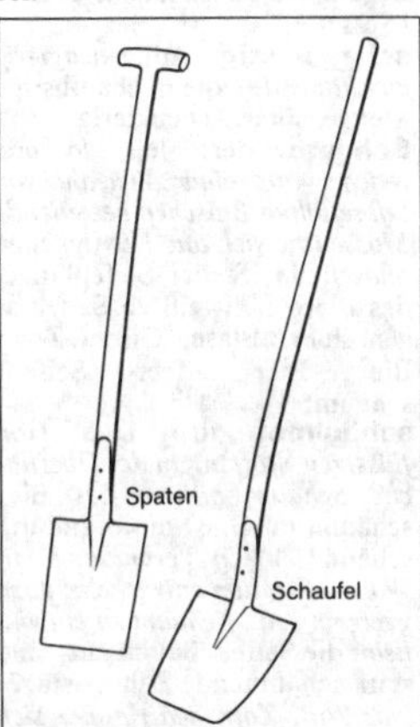

schau|feln ⟨tr.⟩: **a)** *mit einer Schaufel ausheben, anlegen:* einen Graben s.; ⟨auch itr.⟩ sie schaufelten stundenlang, bis die Grube fertig war. **sinnv.:** ↑graben. **b)** *mit einer Schaufel von einer Stelle an eine andere bringen,* *befördern:* Kohlen in den Keller s. **sinnv.:** schippen.

Schau|fen|ster, das; -s, -: *nach der Straße hin mit einer großen Glasscheibe abgeschlossener Raum eines Geschäftes, in dem Waren zur Ansicht ausgestellt werden:* etwas liegt im S. **sinnv.:** Auslage, Fenster, Schaukasten, Vitrine.

Schau|kel, die; -, -n: **a)** *an zwei Seilen, Ketten o. ä. waagerecht aufgehängtes Brett o. ä., auf dem sitzend jmd., bes. Kinder, hin und her schwingen kann:* sich auf die S. setzen. **sinnv.:** Trapez. **Zus.:** Hollywood-, Luft-, Schiffschaukel. **b)** ↑*Wippe.*

schau|keln: 1. a) ⟨itr.⟩ *mit Hilfe einer Schaukel o. ä. auf und nieder, vor und zurück, hin und her schwingen:* die Kinder schaukeln auf dem Hof; am Reck, an den Ringen s. **sinnv.:** wippen; ↑schwingen. **b)** ⟨tr.⟩ *in eine schwingende o. ä. Bewegung versetzen:* ein Kind [in der Wiege] s. **sinnv.:** wiegen. **2.** ⟨tr.⟩ (ugs.) *durch geschicktes Handeln, Taktieren o. ä. bewerkstelligen:* er hat die Sache geschaukelt.

Schau|kel|stuhl, der; -[e]s, Schaukelstühle: *auf abgerundeten Kufen stehender Sessel, in dem sich jmd. in schaukelnde Bewegung versetzen kann.* **sinnv.:** ↑Sessel.

schau|lu|stig ⟨Adj.⟩ *neugierig zuschauend:* die schaulustige Menge. **sinnv.:** ↑neugierig.

Schaum, der; -[e]s: *lockere, weiche, aus einer Vielzahl von luftgefüllten Bläschen bestehende Masse (die sich aus Flüssigkeiten bildet):* der S. der Seifenlauge, des Bieres; Eiweiß zu S. schlagen. **sinnv.:** Blase · Gischt. **Zus.:** Bier-, Eier-, Meer-, Seifenschaum.

schäu|men ⟨itr.⟩: **1. a)** *(von flüssigen Stoffen) an der Oberfläche Schaum bilden:* das Bier schäumt im Glas; die Brandung schäumt. **b)** *in Verbindung mit Wasser Schaum entwickeln; dazu geeignet sein, Schaum zu entwikkeln:* die Seife schäumt gut; eine stark schäumende Zahnpasta. **2.** *(vor Wut, Zorn o. ä.) außer sich sein; sehr zornig, wütend sein:* er schäumte vor Wut. **sinnv.:** sich ↑aufregen.

schau|mig ⟨Adj.⟩: *aus Schaum bestehend:* schaumiges Bier; Butter und Eier s. rühren *(so lange rühren, bis die Masse leicht schäumt).*

Schaum|wein, der; -[e]s, -e: *aus Wein hergestelltes Getränk, das Kohlensäure enthält und beim Öffnen der Flasche perlend schäumt.* **sinnv.:** ↑Sekt.

Schau|platz, der; -es, Schauplätze: *Platz, Ort, an dem sich etwas ereignet, an dem etwas stattgefunden hat:* dieses Haus war der S. des Verbrechens. **sinnv.:** Ort der Handlung, Szene · Ort der Tat, Tatort; ↑Arena.

schau|rig ⟨Adj.⟩: **1.** *bes. wegen seiner unheimlichen, gruseligen Wirkung Schauder hervorrufend, Grauen erregend:* eine schaurige Geschichte; dieses öde Gebirge ist eine schaurige Landschaft. **sinnv.:** ↑schrecklich; ↑unheimlich. **2. a)** *jmdm. im höchsten Maße mißfallend; sehr unangenehm auf jmdn. wirkend:* ein schauriges Französisch; schauriges Wetter; die Aufführung war ja s. **sinnv.:** ↑gräßlich. **b)** ⟨verstärkend bei Adjektiven und Verben⟩ ↑*sehr:* es ist s. kalt; sie haben ganz s. gesungen.

Schau|spiel, das; -s, -e: **1.** *Theaterstück, Bühnenstück ernsten Inhalts mit einem für den Helden positiven Ausgang:* ein S. schreiben, aufführen. **sinnv.:** Bühnendichtung, -stück, -werk, ↑Drama, Dreiakter, Einakter, Fünfakter, Krippenspiel, Pantomime, Passionsspiel, Schattenspiel, Spiel, Stück, Theaterstück; ↑Komödie; ↑Oper; ↑Operette; ↑Tragödie. **2.** *interessanter, die Aufmerksamkeit auf sich ziehender Vorgang, Anblick:* der Untergang der Sonne war ein packendes S.

Schau|spie|ler, der; -s, -: **Schau|spie|le|rin,** die; -, -nen: *männliche bzw. weibliche Person, die (nach entsprechender Ausbildung) bestimmte Rollen auf der Bühne, im Film o. ä. künstlerisch gestaltet, darstellt:* ein genialer Schauspieler; er ist Schauspieler. **sinnv.:** Akteur, Aktrice, Barde, Busenstar, Darsteller, Diva, Filmkünstler, Filmstar, Filmsternchen, Heroine, Komödiant, Leinwandgröße, Mime, Pantomime, Star, Starlet, Sternchen, Tragöde · Figurant, Komparse, Statist; ↑Künstler. **Zus.:** Film-, Nachwuchs-, Theater-, Volksschauspieler.

Schau|stel|ler, der; -s, -: *jmd., der auf einem Jahrmarkt o. ä. eine Schaubude, ein Karussell o. ä. betreibt, etwas vorführt, zeigt:* die Schausteller schlagen ihre Buden auf. **sinnv.:** Karussellbesitzer, Schaubudenbesitzer, Zirkusbesitzer; ↑Artist.

Schau|stück, das; -[e]s, -e: *Gegenstand, Artikel, der zum Anschauen, Vorführen o. ä. bestimmt ist.* **sinnv.:** Attrappe, ↑Muster, ↑Probe, Vorführgerät.

Scheck, der; -s, -s: *Formular zur Anweisung an eine Bank o. ä., aus dem Guthaben des Ausstellenden eine bestimmte Summe zu zahlen:* einen S. über 100 Mark ausstellen. **sinnv.:** Wechsel. **Zus.:** Bar-, Blanko-, Post-, Traveller-, Verrechnungsscheck.

scheckig ⟨Adj.⟩: *Flecken mit unterschiedlicher, meist weißer und schwarzer oder brauner Farbe aufweisend:* ein scheckiges Pferd. **sinnv.:** ↑bunt; fleckig.

scheel ⟨Adj.⟩: *ablehnende, mißgünstige, geringschätzige Gefühle gegenüber jmdm. ausdrückend:* seinen Konkurrenten, Gegner mit scheelen Blicken betrachten. **sinnv.:** ↑neidisch.

schef|feln ⟨tr.⟩ (ugs.): *in großen Mengen einnehmen und anhäufen:* Geld s. **sinnv.:** ↑verdienen.

Schei|be, die; -, -n: **1.** *flacher, kreisförmiger Gegenstand:* der Diskus ist eine S. **sinnv.:** Platte, ↑Rad. **Zus.:** Band-, Brems-, Dichtungs-, Dreh-, Gummi-, Knie-, Schieß-, Töpfer-, Wurf-, Zielscheibe. **2.** *dünnere Platte aus Glas, die in einen Rahmen eingesetzt ist:* die Scheiben klirrten, zersprangen; sie schlugen die Scheiben des Kaufhauses ein; der Fahrer kurbelte die S. herunter. **sinnv.:** ↑Fenster. **Zus.:** Butzen-, Fenster-, Front-, Glas-, Heck-, Matt-, Schaufenster-, Spiegel-, Windschutzscheibe. **3.** *etwas, was von etwas flächig, mehr oder weniger dünn abgeschnitten ist:* eine S. Brot, Wurst, Zitrone; etwas in Scheiben schneiden. **sinnv.:** ↑Schnitte. **Zus.:** Apfel-, Zwiebelscheibe.

Scheich, der; -s, -e und -s: *Oberhaupt eines arabischen Herrschaftsgebietes, eines arabischen Dorfes, eines Familienverbandes o. ä.*

Schei|de, die; -, -n: **1.** *schmale, längliche (der Form der jeweiligen Klinge angepaßte) schützende Hülle für Hieb- und Stichwaffen:* er steckte das Schwert in die S. **sinnv.:** ↑Hülle. **Zus.:** Degen-, Säbel-, Schwertscheide · Sehnenscheide. **2.** *nach außen führender Teil des weiblichen Geschlechtsorgans.* **sinnv.:** Fotze, Fut, Möse,

Vagina, Vulva; ↑Geschlechtsorgan.

schei|den, schied, hat/ist geschieden: **1.** ⟨tr.⟩ *(eine Ehe) gesetzlich auflösen, für aufgelöst erklären:* der Richter hatte ihre Ehe geschieden; sich s. lassen *(seine Ehe gesetzlich auflösen lassen);* eine geschiedene Frau *(eine Frau, deren Ehe gesetzlich aufgelöst ist).* **2. a)** ⟨tr.⟩ *eine Trennung, eine deutliche Unterscheidung zwischen Personen oder Dingen bewirken:* diese Grenze hat zwei Welten voneinander geschieden; ihre Erziehung scheidet die beiden; er hatte „Bedeutung" begrifflich von „Inhalt" geschieden. **sinnv.:** ↑unterscheiden. **b)** ⟨sich s.⟩ *sich als verschieden erweisen, auseinandergehen:* bei dieser Frage haben sich unsere Meinungen geschieden. **sinnv.:** ↑kontrastieren. **3.** ⟨itr.⟩ (geh.) **a)** *(von Personen) auseinandergehen, in bestimmter Weise voneinander weggehen:* sie sind grußlos, als Freunde geschieden. **b)** *für längere Zeit, für immer von einem Ort weggehen, einen Aufenthalt beenden:* sie sahen ihn ungern s.; der Besucher war fröhlich von ihnen geschieden. **sinnv.:** sich ↑trennen.

Schei|dung, die; -, -en: *gesetzliche Auflösung, Trennung der Ehe.* **Zus.:** Ehescheidung.

Schein, der; -[e]s, -e: **I.** ⟨ohne Plural⟩ **1.** *einen mehr oder weniger großen Umkreis erhellendes Licht, das von einer Lichtquelle, von etwas Blankem o. ä. ausgeht:* der helle S. der Lampe, einer Kerze. **sinnv.:** Geflimmer, Gefunkel, Geglitzer, Glanz, Glast, ↑Licht, Lichtschimmer, Schimmer. **Zus.:** Abend-, Dämmer-, Feuer-, Heiligen-, Kerzen-, Licht-, Mond-, Silber-, Sonnen-, Widerschein. **2.** *äußeres Aussehen, Bild von etwas; Art, wie etwas jmdm. erscheint; [täuschender] äußerer Eindruck:* der S. spricht gegen ihn; den S. des Anstands aufrechterhalten. **sinnv.:** ↑Anschein. **Zus.:** Augenschein. **II. 1.** *[amtliches] Papier, das etwas Bestimmtes bescheinigt:* er hat mir einen S. ausgestellt, damit ich die Grenze passieren kann. **sinnv.:** ↑Bescheinigung. **Zus.:** Bezugs-, Entlassungs-, Erb-, Fahr-, Führer-, Garantie-, Gepäck-, Gut-, Impf-, Kranken-, Liefer-, Passagier-, Toten-, Toto-, Trau-, Waffen-, Zulassungsschein. **2.** ↑*Banknote;* er hat keine Münzen, sondern nur Scheine in der Tasche. **Zus.:** Geld-, Hundertmark-, Zwanzigmarkschein.

schein-, Schein- ⟨Präfixoid⟩: **1.** */besagt, daß das im Basiswort Genannte nur vorgetäuscht ist/:* **a)** ⟨substantivisch⟩ Scheinangriff, -argument, -asylant, -beschäftigung, -ehe, -firma, -geschäft, -kauf, -opposition *(nur vorgetäuschte Opposition),* -prozeß, -vertrag. **b)** ⟨adjektivisch⟩ scheinfromm. **2. a)** ⟨substantivisch⟩ */besagt, daß etwas wie das im Basiswort Genannte aussieht, aber in Wirklichkeit doch nicht als solches angesehen werden kann, es nur scheinbar ist/:* Scheinblüte der Wirtschaft, -liberalität, -lösung *(nur vermeintliche Lösung),* -problem *(kein echtes Problem),* -revolution, -schwangerschaft, -tod, -verantwortlichkeit (S. statt wirkliche Verantwortlichkeit), -welt. **b)** ⟨adjektivisch⟩: scheinlegal, -objektiv, -revolutionär, -rechtlich, -wissenschaftlich. **sinnv.:** il-, im-, in-, ir-, pseudo-.

schein|bar ⟨Adj.⟩: *nur dem äußeren Eindruck nach; in Wirklichkeit nicht vorhanden, nicht wirklich:* das ist nur ein scheinbarer Widerspruch. **sinnv.:** angeblich, sogenannt, vorgeblich, wie man behauptet/vorgibt; ↑anscheinend; ↑äußerlich.

schei|nen, schien, hat geschienen ⟨itr.⟩: **1.** *Licht ausstrahlen, Helligkeit von sich geben:* die Lampe schien ihm ins Gesicht; die Sonne schien den ganzen Tag. **sinnv.:** brennen, glühen, [vom Himmel] herniederbrennen, knallen, sengen; ↑leuchten, ↑strahlen. **2.** ⟨s. + zu + Inf.⟩ *einen bestimmten Eindruck machen, einen bestimmten Anschein erwecken:* er scheint glücklich zu sein; sie scheinen wegzugehen; /auch in Verbindung mit „daß"/: mir will [es] s., daß einiges auf dem Spiel steht. **sinnv.:** ↑anmuten.

schein|hei|lig ⟨Adj⟩: *eine gute Gesinnung, ein bestimmtes Interesse, Freundlichkeit, Nichtwissen o. ä. nur vortäuschend; voller Verstellung:* dieser scheinheilige Bursche hat mich betrogen. **sinnv.:** ↑unredlich.

schein|tot ⟨Adj.⟩: *auf Grund nicht zu erkennender Lebenszeichen einem Toten gleich, nur scheinbar tot.* **sinnv.:** ↑ohnmächtig.

Schein|wer|fer, der; -s, -: *Lampe, deren Licht in eine Richtung gelenkt wird und die deshalb sehr weit leuchtet, einen hellen, weitreichenden Lichtstrahl aussendet* (siehe Bild „Auto"): das Auto hatte vier Scheinwerfer. **Zus.:** Nebelscheinwerfer.

scheiß-, Scheiß- ⟨Präfixoid; auch das Basiswort wird betont⟩ (derb verstärkend) */drückt ärgerliche Ablehnung, Kritik oder Ironie aus/:* **a)** ⟨adjektivisch⟩ /in Verbindung mit meist positiv wertenden Basiswörtern in bezug auf menschliches Verhalten/: scheißegal, -fidel, -frech, -freundlich, -klug, -liberal, -nobel, -normal, -öffentlich, -vornehm. **b)** ⟨substantivisch⟩: Scheißangst, -arbeit, -aristokrat, -bande, -beruf, -beton, -bulle, -fabrik, -fernsehen, -film, -job, -journalismus, -kaff, -krieg, -laden, -rakete, -spiel, -stadt, -straßenbahn, -telefon, -typ, -uniform, -verein, -vorschrift, -wetter.

Schei|ße, die; - (derb): **1.** *Kot:* in S. treten. **sinnv.:** ↑Exkrement. **2.** *etwas, was als schlecht, unangenehm, fehlerhaft o. ä. empfunden wird:* der Film ist große S.; mach keine S.; so eine S.! **sinnv.:** ↑Plunder; ↑Unsinn.

schei|ßen, schiß, hat geschissen (derb): **1.** ⟨itr./tr.⟩ *Kot ausscheiden:* s. müssen, gehen; man hat ihm einen Haufen vor die Tür geschissen. **sinnv.:** ↑ausscheiden. **Zus.:** ausscheißen. **2.** ⟨itr.⟩ *sehr geringschätzen, für vollkommen überflüssig, entbehrlich halten:* ich scheiße auf ihn, auf seine Hilfe; er scheißt auf alle Etikette. **sinnv.:** ↑ablehnen; ↑mißbilligen. **Zus.:** ausscheißen.

Scheit, das; -[e]s, -e: *[durch Spalten von Stämmen entstandenes] größeres Stück Holz zum Brennen:* er steckte drei Scheite Holz in den Ofen. **sinnv.:** ↑Brett. **Zus.:** Birken-, Holzscheit.

Schei|tel, der; -s, -: **1.** *Linie, die das Haar des Kopfes teilt:* einen S. ziehen; den S. links, in der Mitte tragen. **Zus.:** Madonnen-, Mittel-, Popo-, Seitenscheitel. **2.** *höchster Punkt, oberste Stelle von etwas:* der S. des Gewölbes.

schei|teln ⟨tr.⟩: *(das Haar) durch einen Scheitel teilen und nach zwei Richtungen kämmen:* die Haare sorgsam s.; das Haar in der Mitte gescheitelt tragen.

schei|tern, scheiterte, ist gescheitert ⟨itr.⟩: *gänzlich ohne Erfolg bleiben:* er ist [mit seinen Plänen] an den Widerständen der andern gescheitert; der Versuch, die Verunglückten zu retten, scheiterte; ihre Ehe ist gescheitert. **sinnv.:** auffliegen, danebengehen, durchfallen, einbrechen, zu Fall kommen, fehlschlagen, mißglücken, mißraten, platzen, schiefgehen, Schiffbruch erleiden, stranden, straucheln, verunglücken, ins Wasser fallen, zerbrechen an, sich zerschlagen.

schẹl|misch ⟨Adj.⟩: ↑*spitzbübisch:* ein schelmischer Blick; zu jmdm. s. etwas sagen.

schẹl|ten, schilt, schalt, hat gescholten: **1. a)** ⟨itr.⟩ (landsch.) ↑*schimpfen* (1): er hat furchtbar mit ihm gescholten; sie begann über seine Unpünktlichkeit zu s. **b)** ⟨tr.⟩ (geh.) *mit ärgerlichen Worten tadeln:* sie schalt ihn wegen seines Leichtsinns; der Lehrer hatte ihre Faulheit gescholten. **sinnv.:** abkanzeln, abkapiteln, anblaffen, anblasen, anbrüllen, anfahren, anfauchen, angreifen, anhauchen, anherrschen, anhusten, anknurren, anpfeifen, anranzen, anscheißen, anschnauben, anschnauzen, anschreien, jmdm. einen Anschiß verpassen, anzischen, attackieren, ausschelten, ausschimpfen, auszanken, belfern, bellen, jmdm. Bescheid sagen/stoßen, beschimpfen, jmdm. aufs Dach steigen, deckeln, jmdm. eins auf den Deckel geben, deutsch mit jmdm. reden, donnern, ein Donnerwetter loslassen, fertigmachen, jmdm. die Flötentöne beibringen, fluchen, jmdm. etwas flüstern, Fraktur mit jmdm. reden, jmdm. eine Gardinenpredigt halten, es jmdm. geben, jmdn. ins Gebet nehmen, geifern, jmdm. ins Gewissen reden, giften, jmdm. die Hammelbeine langziehen, herunterkanzeln, heruntermachen, sich jmdn. kaufen, keifen, kläffen, knurren, jmdm. den Kopf waschen/zurechtrücken, jmdm. etwas an den Kopf werfen, jmdm. eine Lektion erteilen, jmdm. die Leviten lesen, jmdm. den Marsch blasen, jmdm. die Meinung geigen/sagen, jmdn. zur Minna/Schnecke machen, an jmdm. sein Mütchen kühlen, jmdm. die Ohren langziehen, jmdm. etwas um die Ohren schlagen, jmdn. zur Ordnung rufen, plärren, poltern, jmdm. eins reinwürgen, rüffeln, rügen, runtermachen, runterputzen, jmdn. zur Sau machen, schimpfen, schmähen, jmdn. schnappen, jmdn. in den Senkel stellen, jmdm. eine Standpauke halten, jmdm. seinen Standpunkt klarmachen, jmdm. eine Strafpredigt halten, jmdm. eine Szene machen, Tacheles mit jmdm. reden, tadeln, jmdm. etwas vorhalten, jmdm. Vorhaltungen machen, sich jmdn. vorknöpfen/vornehmen, jmdm. etwas vorwerfen, jmdm. Vorwürfe machen, wettern, zetern, jmdm. eine Zigarre verpassen, zurechtstutzen, zurechtweisen, zusammenstauchen. **2.** ⟨tr.⟩ (geh.) *beleidigend, herabsetzend (als etwas) bezeichnen:* er schalt ihn einen Narren. **sinnv.:** ↑bezeichnen.

Schẹ|ma, das; -s, -ta: **a)** *bestimmte Ordnung, festgelegter Plan, Konzept von einem Sachverhalt, nach dem sich jmd. bei der Beurteilung, Ausführung von etwas richtet:* ein festes, starres S.; ein S. aufstellen; der Ablauf seiner Arbeit ist an ein bestimmtes S. gebunden. **sinnv.:** ↑Prinzip; ↑Vorlage. **Zus.:** Denk-, Grundschema. **b)** *die wesentlichsten Merkmale von etwas wiedergebende [als Muster, Vorlage für etwas dienende] graphische, zeichnerische Darstellung:* das S. einer elektrischen Schaltung; er verdeutlichte des Gesagte durch ein S. **Zus.:** Schaltschema.

sche|mạ|tisch ⟨Adj.⟩: **a)** *einem Schema folgend, entsprechend; stark vereinfacht, damit das Wesentliche deutlicher zu erkennen ist; durch Vereinfachung anschaulich, übersichtlich:* eine schematische Darstellung. **b)** *zur Routine geworden, mechanisch und ohne eigene Überlegung, immer der gleichen Vorlage folgend:* eine schematische Arbeit, Tätigkeit. **sinnv.:** ↑automatisch, mechanisch, ohne zu denken, schablonenhaft, nach Schema F.

Schẹ|mel, der; -s, -: **1.** *Möbel zum Sitzen ohne Lehne von der Höhe eines Stuhles (oder etwas niedriger), auf dem eine Person Platz hat* (siehe Bildleiste „Sitzmöbel"). **sinnv.:** Hocker; ↑Stuhl. **Zus.:** Arbeits-, Dreh-, Klavier-, Melkschemel. **2.** *einer kleinen, niedrigen Bank ähnliches Möbelstück, das beim Sitzen als Stütze für die Füße dient.* **Zus.:** Fuß-, Trittschemel.

schẹ|men|haft ⟨Adj.⟩ *nur undeutlich, verschwommen zu erkennen:* die Bäume ragten s. in den dunklen Himmel. **sinnv.:** ↑unklar.

Schẹn|ke, die; -, -n: *[kleines] Wirtshaus:* in einer S. einkehren. **sinnv.:** ↑Gaststätte. **Zus.:** Bier-, Dorf-, Wald-, Weinschenke.

Schẹn|kel, der; -s, -: **1.** ↑*Oberschenkel:* sich lachend auf die S. schlagen. **2.** *eine der beiden Geraden, die einen Winkel bilden* (siehe Bildleiste „geometrische Figuren", S. 292).

schẹn|ken: 1. ⟨tr.⟩ *unentgeltlich als Eigentum geben; zum Geschenk machen:* jmdm. Blumen, Schokolade s.; jmdm. etwas als Andenken, zum Geburtstag s. **sinnv.:** abgeben, bedenken, beschenken, bescheren, darbringen, jmdm. etwas zu Füßen legen, ↑geben, ↑hergeben, herschenken, ↑hinterlassen, mitgeben, ↑opfern, übereignen, übergeben, verehren, vermachen, verschenken, wegschenken. **2.** ⟨itr.⟩ *jmdm./sich etwas, was lästig, mühevoll o. ä. ist, ersparen:* wir können uns diesen Besuch s.; den Kindern wird in dieser Schule nichts geschenkt. **sinnv.:** ↑befreien. **3.** ⟨in verblaßter Bedeutung⟩ */drückt aus, daß etwas jmdm. gewährt oder zuteil wird/:* jmdm./einer Sache [keine] Aufmerksamkeit, Beachtung s. *(jmd./etwas [nicht] beachten);* jmdm. Gehör s. *(jmdn. bereitwillig anhören);* jmdm./einer Sache Glauben s. *(jmdm./einer Sache glauben, vertrauen);* jmdm. ein Lächeln s. *(jmdn. anlächeln);* jmdm. Vertrauen s. *(jmdm. vertrauen).*

Schẹr|be, die; -, -n: *Stück von einem zerbrochenen Gegenstand aus Glas, Porzellan, Ton o. ä.:* die Scherben des Tellers, Spiegels; es hat Scherben gegeben. **sinnv.:** Bruchstück, Splitter. **Zus.:** Glas-, Spiegel-, Tonscherbe.

Schẹ|re, die; -, -n: *Werkzeug zum Schneiden, das im wesentlichen aus zwei über Kreuz drehbar miteinander verbundenen Klingen besteht:* die S. schleifen; etwas mit der S. abschneiden, ausschneiden, schneiden. **Zus.:** Draht-, Garten-, Nagel-, Papier-, Schneiderschere.

sche|ren: I. scheren, schor, hat geschoren ⟨tr.⟩: *mit Hilfe einer Schere o. ä. bis zum Ansatz wegschneiden, unmittelbar über der*

Haut abschneiden: die Haare s.; er schor den Schafen die Wolle. **sinnv.:** ↑beschneiden. **II.** scheren, scherte, hat geschert (ugs.) **1.** ⟨sich s.⟩ *sich an einen bestimmten Ort begeben, sich irgendwohin entfernen* /meist in Befehlen oder Verwünschungen/: er schrie: „Schert euch in eure Zimmer!"; scher dich zum Teufel! **sinnv.:** ↑weggehen. **2. a)** ⟨sich s.⟩ *jmdm./einer Sache Beachtung schenken, Interesse entgegenbringen* /nur verneint oder einschränkend/: er schert sich nur wenig um sie; ich schere mich nicht darum. **sinnv.:** ↑eintreten. **b)** ⟨itr.⟩ *jmdm. Kummer, Verdruß o. ä. bereiten; für jmdn. störend sein* /nur verneint oder einschränkend/: das hat ihn nicht im geringsten geschert; was die Leute reden, schert ihn [herzlich] wenig. **sinnv.:** ↑betreffen.

Scherz, der; -es, -e: *nicht ernstgemeinte Äußerung, Handlung o. ä., die Heiterkeit erregen oder Vergnügen bereiten soll:* er hat einen S. gemacht; seine Scherze über jmdn. machen *(sich über jmdn. lustig machen);* etwas aus, im, zum S. sagen *(etwas nicht ernst meinen).* **sinnv.:** Eulenspiegelei, ↑Flachs, Gaudium, Jokus, Jux, Klamauk, Nonsens, Possen, Schabernack, Schelmenstreich, Spaß, Streich, Ulk; ↑Witz. **Zus.:** April-, Fastnachts-, Silvesterscherz.

scher|zen ⟨itr.⟩: *einen Scherz, Scherze machen:* die Freunde scherzten den ganzen Abend; Sie scherzen wohl! *(das kann nicht ihr Ernst sein!);* ich scherze nicht *(ich meine es ernst).* **sinnv.:** ↑albern; ↑spaßen.

scherz|haft ⟨Adj.⟩: *scherzend, nicht [ganz] ernst [gemeint]:* eine scherzhafte Bemerkung. **sinnv.:** ↑spaßig.

scheu ⟨Adj.⟩: **a)** *voller Scheu; sich aus Ängstlichkeit von jmdm./etwas fernhaltend:* ein scheues Wesen haben; das Mädchen ist sehr s. **sinnv.:** ↑ängstlich. **Zus.:** arbeits-, ehe-, licht-, menschen-, wasserscheu. **b)** *(von bestimmten Tieren) stets auf Gefahren achtend und sofort bereit zu fliehen; nicht zutraulich:* ein scheuer Vogel; das Pferd wurde plötzlich s. *(unruhig, wild).*

Scheu, die; -: *banges und hemmendes Gefühl der Unterlegenheit, der Furcht oder Ehrfurcht; zaghafte Zurückhaltung:* er hat die S. vor seinem Lehrer überwunden. **sinnv.:** ↑Angst. **Zus.:** Arbeits-, Ehe-, Lichtscheu.

scheu|chen ⟨tr.⟩: *aufscheuchen und verjagen, irgendwohin treiben:* er hat die Vögel vom Baum gescheucht. **sinnv.:** ↑vertreiben. **Zus.:** auf-, fort-, hinaus-, hoch-, wegscheuchen.

scheu|en: 1. a) ⟨tr.⟩ *aus Scheu, Hemmung, Angst umgehen wollen, zu vermeiden suchen:* er scheut die Entscheidung; keine Mühe, Arbeit s. **sinnv.:** ↑fürchten. **Zus.:** verab-, zurückscheuen. **b)** ⟨sich s.⟩ *Angst, Hemmungen, Bedenken haben; (vor etwas) zurückschrecken:* sich vor kriminellen Mitteln s.; ich scheue mich nicht, ihn um seine Hilfe zu bitten. **2.** ⟨itr.⟩ *(bes. von Pferden) durch etwas erschreckt in Panik geraten, wild werden:* das Pferd scheute. **sinnv.:** ↑durchgehen.

scheu|ern: 1. ⟨tr.⟩ **a)** *stark reiben, um es zu reinigen oder blank zu machen:* Töpfe, den Fußboden s. **sinnv.:** ↑reiben; ↑säubern. **b)** *durch kräftiges Reiben entfernen:* den Schmutz von den Dielen s. **2.** ⟨itr.⟩ *[in unangenehmer Weise] sich reibend ständig über etwas hinbewegen:* der Kragen scheuert [am Hals], das Tau scheuert an der Bordwand. **sinnv.:** ↑reiben. **Zus.:** auf-, durchscheuern. **3.** ⟨tr./sich s.⟩ *an etwas Festem, Rauhem o. ä. kräftig reiben [um ein Jucken zu beseitigen]:* das Schwein scheuert sich; ich scheuere [mir] den Rükken an der Lehne.

Scheu|ne, die; -, -n: *landwirtschaftliches Gebäude, in dem vor allem Heu, Stroh, Getreide o. ä. gelagert wird:* er hat dieses Jahr eine volle S. **sinnv.:** Heuboden, Heuspeicher, Heustadel, Scheuer, Schober, Stadel; ↑Silo; ↑Stall. **Zus.:** Feldscheune.

Scheu|sal, das; -s, -e: *Mensch, dessen Handlungsweise (vom Sprecher) als verabscheuenswürdig empfunden wird:* er ist ein S. **sinnv.:** ↑Ungeheuer.

scheuß|lich ⟨Adj.⟩: **1. a)** *sehr unangenehm, kaum erträglich in seiner Wirkung auf die Sinne:* ein scheußlicher Anblick; die Suppe schmeckt s.; ein scheußliches Gebäude. **sinnv.:** ↑gräßlich. **b)** *durch Gemeinheit, Roheit o. ä. Entsetzen erregend:* ein scheußliches Verbrechen. **sinnv.:** ↑schrecklich. **2. a)** *in höchstem Grade unangenehm:* scheußliches Wetter. **b)** ⟨verstärkend bei Adjektiven und Verben⟩ ↑*sehr:* es war s. kalt; ich bin s. erkältet.

Schi, der; -s, -er: ↑*Ski.*

Schicht, die; -, -en: **1.** *über, unter oder zwischen anderem flächenhaft ausgebreitete Masse eines Stoffes o. ä.:* eine dicke S. Staub; eine S. Kohlen wechselte mit einer S. Erz. **sinnv.:** ↑Decke; ↑Lage. **Zus.:** Außen-, Deck-, Eis-, Erd-, Farb-, Fett-, Gesteins-, Horn-, Isolier-, Luft-, Nebel-, Öl-, Rost-, Schlamm-, Schutz-, Speck-, Staub-, Wachs-, Wolkenschicht. **2.** *Gruppe, Klasse innerhalb einer Gesellschaft:* die herrschenden, besitzenden Schichten; zu einer bestimmten sozialen S. gehören. **sinnv.:** ↑Stand. **Zus.:** Bevölkerungs-, Führungs-, Gesellschafts-, Mittel-, Ober-, Unterschicht. **3.** *Abschnitt eines Arbeitstages in durchgehend arbeitenden Betrieben:* die erste S. ist vorbei; die S. wechseln. **sinnv.:** Turnus. **Zus.:** Früh-, Nacht-, Spät-, Tagschicht.

schick ⟨Adj.⟩: **1. a)** *(in bezug auf Kleidung o. ä.) in Gefallen findender Weise modisch:* ein schikker Mantel. **sinnv.:** ↑geschmackvoll. **Zus.:** super-, todschick. **b)** *modisch-attraktiv gekleidet:* ein schickes Mädchen; du bist heute sehr s. **sinnv.:** gut angezogen, aufgedonnert, aufgetakelt, wie aus dem Ei gepellt, herausgeputzt, mondän, overdressed, in großer Toilette. **2.** *dem Modetrend entsprechend und darum als besonders erstrebenswert o. ä. angesehen:* es ist/gilt als s., dort Urlaub zu machen. **sinnv.:** à la mode, in, en vogue, im Schwange, zeitgemäß.

schicken: 1. ⟨tr.⟩ **a)** *(jmdn.) veranlassen, sich (zu einem bestimmten Zweck o. ä.) an einen bestimmten Ort zu begeben, einen bestimmten Ort zu verlassen:* er schickte ihn einkaufen/zum Einkaufen, an die Bahn, aufs Feld, aus dem Zimmer, nach Hause. **sinnv.:** ↑abordnen. **b)** *veranlassen, daß etwas an einen bestimmten Ort gebracht, befördert wird:* er schickte seinem Vater/an seinen Vater ein Päckchen; etwas an jmds. Adresse, nach Berlin s. **sinnv.:** anweisen, einsenden, senden, übermitteln, überreichen, überweisen, versenden, zugehen lassen, zuleiten; ↑liefern. **Zus.:** ab-, ein-, mit-, nach-, verschicken. **2. * sich in etwas s.:**

eine unangenehme Lage geduldig und ohne Widerspruch ertragen; sich darein fügen: ich schickte mich in das Unvermeidliche. **sinnv.:** ↑aushalten. **3. *sich [nicht] s.:** *sich [nicht] ziemen:* es schickt sich nicht, mit vollem Mund zu sprechen. **sinnv.:** sich ↑ziemen.

Schick|sal, das; -s, -e: **a)** *Gesamtheit des von einer höheren Macht dem einzelnen Menschen Zugedachten, über ihn Verhängten, was sich menschlicher Berechnung und menschlichem Einfluß entzieht und das Leben des einzelnen in entscheidender Weise bestimmt:* er fügte sich in sein S. **sinnv.:** Bestimmung, Fatum, Geschick, Los, Prädestination, ↑Tragik. **Zus.:** Einzel-, Emigranten-, Lebens-, Menschenschicksal. **b)** ⟨ohne Plural⟩ *höhere Macht, die das Leben des Menschen bestimmt und lenkt:* das S. bestimmte ihn zu ihrem Retter. **sinnv.:** Fügung, Vorsehung.

schie|ben, schob, hat geschoben: **1.** ⟨tr.⟩ **a)** *ohne die Berührung mit der Standfläche aufzuheben, durch von einer Seite ausgeübten Druck von einer Stelle fortbewegen:* die Kiste über den Flur s.; den Schrank in die Ecke s.; ⟨auch itr.⟩ unser Auto sprang nicht an, also schoben wir. **sinnv.:** drücken, an einen anderen Platz stellen, rücken, verlagern, verrücken, verschieben. **Zus.:** auf-, dazwischen-, ein-, weg-, zurück-, zusammenschieben · Schub. **b)** *etwas, was Räder hat, angefaßt halten und beim Gehen mit vorwärts bewegen:* einen Kinderwagen, ein Fahrrad s.; den Einkaufswagen durch den Supermarkt s. **sinnv.:** drükken, fahren, rollen. **Zus.:** hin-, fortschieben. **2.** ⟨tr.⟩ **a)** *nur leicht mit den Fingern gegen etwas drücken und dadurch seine Lage in eine bestimmte Richtung hin verändern:* den Hut in den Nakken, die Blumenvase nach rechts, links s. **b)** *in gleitender Weise von etwas weg-, irgendwohin bewegen:* Brot in den Ofen s.; den Riegel vor die Tür s.; die Hände in die Manteltaschen s. **sinnv.:** stecken, tun. **Zus.:** hinein-, vorschieben. **3. a)** ⟨tr.⟩ *durch Schieben* (1 a) *jmdn. irgendwohin drängen:* die Mutter schiebt die Kinder hastig in den Zug, aus dem Zimmer. **b)** ⟨sich s.⟩ *sich mit leichtem Schieben* (1 a) *durch etwas hindurch- oder in etwas hineinbewegen:* er schob sich durchs Gewühl; die Menge schiebt sich durch die Straßen. **sinnv.:** sich ↑fortbewegen. **4.** ⟨tr.⟩ *jmdn./etwas für etwas Unangenehmes verantwortlich machen:* die Schuld, die Verantwortung für etwas auf jmdn. s.; er schob seine Kopfschmerzen auf den Föhn. **5.** ⟨itr./tr.⟩ (ugs.) *gesetzwidrige Geschäfte machen, auf dem schwarzen Markt mit etwas handeln:* mit Zigaretten, Kaffee, Rauschgift s.; er hat nach dem Krieg geschoben; Devisen s. **sinnv.:** ↑schmuggeln, Schwarzhandel treiben. **Zus.:** verschieben.

Schieds|rich|ter, der; -s, -: **1.** *unparteiischer Leiter eines Spieles bes. zwischen Mannschaften.* **sinnv.:** Kampfrichter, Mattenrichter, Pfeifenmann, Punktrichter, Referee, Ringrichter, Schiri, Unparteiischer. **2.** *Unparteiischer, der in einem [Rechts]streit zwischen den streitenden Parteien vermittelt.* **sinnv.:** Mittler, Vermittler.

schief ⟨Adj.⟩: **1.** *von der senkrechten oder waagerechten Lage abweichend, nicht gerade;* eine schiefe Mauer; eine schiefe Fläche, Ebene; den Kopf s. halten; den Hut s. auf den Kopf setzen. **sinnv.:** abfallend, geneigt, ↑krumm, ↑schräg; ↑verwachsen. **Zus.:** windschief. **2.** *(eine Darstellung, ein Urteil o. ä. betreffend) dem wahren Sachverhalt nur zum Teil entsprechend und daher einen falschen Eindruck vermittelnd:* ein schiefes Urteil; das war ein schiefer Vergleich; du siehst die Angelegenheit s. **sinnv.:** ↑falsch.

Schie|fer, der; -s, -: *aus vielen dünnen Schichten bestehendes Gestein:* das Dach ist mit S. gedeckt. **sinnv.:** Schieferstein.

schief|ge|hen, ging schief, ist schiefgegangen ⟨itr.⟩ (ugs.): *(von einer Unternehmung o. ä.) nicht so ausgehen, wie man es erwartet, sich gewünscht hat [und möglicherweise eine gefährliche Wendung nehmen]:* das letzte Unternehmen ist schiefgegangen; die Sache hätte s. können. **sinnv.:** ↑scheitern.

schief|lie|gen, lag schief, hat schiefgelegen ⟨itr.⟩ (ugs.): *(bei einer Einschätzung von etwas) einen falschen Standpunkt vertreten, im Irrtum sein:* mit seinen Vermutungen liegt er schief. **sinnv.:** sich ↑irren.

schie|len ⟨itr.⟩: **1.** *durch die fehlerhafte Stellung eines oder beider Augen nicht geradeaus sehen können:* sie schielte auf dem linken Auge. **sinnv.:** einen Knick im Auge/in der Optik haben, quer/schräg gucken, einen Silberblick haben. **2.** (ugs.) *verstohlen (nach etwas) blicken:* er schielte nach rechts und nach links, ob man ihn beobachtet habe. **sinnv.:** ↑blicken.

Schien|bein, das; -[e]s, -e: *der vordere der beiden Knochen des Unterschenkels:* er verletzte sich am S.

Schie|ne, die; -, -n: *auf einer Trasse verlegter Teil einer Gleisanlage, auf dem sich Schienenfahrzeuge fortbewegen:* Schienen für die Straßenbahn verlegen; ein Wagen ist aus den Schienen gesprungen. **sinnv.:** Gleis. **Zus.:** Eisenbahn-, Straßenbahnschiene.

schier: **I.** ⟨Adj.⟩ *unvermischt, ohne Beimengung o. ä. von anderem:* schieres Gold; schieres Fleisch *(Fleisch ohne Fett und Knochen).* **sinnv.:** ↑pur. **II.** ⟨Adverb⟩ /drückt aus, daß das im Verb oder im Attribut Genannte fast vollständig erreicht ist/ *nahezu:* eine s. unübersehbare Menschenmenge; das ist s. unmöglich. **sinnv.:** ↑beinahe.

schie|ßen, schoß, hat/ist geschossen: **1. a)** ⟨itr.⟩ *einen Schuß, Schüsse abgeben:* der Verbrecher hatte [mit einer Pistole] auf den Polizisten geschossen. **sinnv.:** abdrücken, abgeben, abschießen, ballern, feuern, losballern, losschießen; ↑beschießen. **b)** ⟨itr.⟩ *(an einer bestimmten Stelle) mit einem Schuß treffen:* sich ins Herz s.; er hat ihn/ihm in die Wade geschossen. **sinnv.:** ↑zielen. **Zus.:** nieder-, zusammenschießen. **c)** ⟨tr.⟩ *(Wild) mit einer Schußwaffe erlegen:* er hat einen Hasen geschossen. **sinnv.:** zur Strecke bringen, ↑töten. **Zus.:** an-, krankschießen. **2.** ⟨itr.⟩ *sich sehr schnell bewegen:* das Boot ist durch das Wasser geschossen; das Auto schoß um die Ecke; er schoß vom Stuhl in die Höhe. **sinnv.:** sich ↑fortbewegen · ↑fließen. **Zus.:** heraus-, hervor-, hochschießen. **3.** ⟨tr.⟩ *(beim Fußball) den Ball mit dem Fuß an eine bestimmte Stelle befördern:* er hatte den Ball ins Tor geschossen. **sinnv.:** bomben, kikken, köpfen, schlagen.

Schiff, das; -[e]s, -e: **1.** *Wasser-*

fahrzeug mit bauchigem Körper und unterschiedlichen Aufbauten: mit einem S. fahren; zu S. den Ozean überqueren. **sinnv.:** ↑Boot, Dampfer, Fähre, Frachter, Galeere, Kahn, Kutter, Leichter, Ozeanriese, Pott, Raddampfer, Tanker, Trawler · ↑Fahrzeug. **Zus.:** Dampf-, Fähr-, Fang-, Feuer-, Fracht-, Handels-, Kriegs-, Mutter-, Schlacht-, Schul-, Segel-, Traumschiff. **2.** *langgestreckter Innenraum bzw. Teil des Innenraums von christlichen Kirchen, der für die Gemeinde bestimmt ist:* die Kirche hat drei Schiffe. **sinnv.:** Kirchenschiff. **Zus.:** Haupt-, Lang-, Mittel-, Quer-, Seitenschiff.

Schiffahrt, die; -: *Schiffsverkehr auf dem Wasser:* für die S. wurden neue Möglichkeiten erschlossen. **sinnv.:** Seefahrt. **Zus.:** Binnen-, Dampf-, Handelsschiffahrt.

schiff|bar ⟨Adj.⟩: *(von einem Gewässer, bes. einem Fluß) für Schiffe befahrbar:* ab dieser Stelle ist der Fluß nicht mehr s.; ein Gewässer s. machen. **sinnv.:** passierbar.

Schiff|bruch, der; -[e]s, Schiffbrüche: *schwerer Unfall eines Schiffes:* die Überlebenden des Schiffbruches. **sinnv.:** Havarie, Kollision, Schiffsunfall, Seeschaden.

Schi|ka|ne, die; -, -n: *[unter Ausnutzung seiner besonderen Stellung] jmdm. böswillig bereitete Schwierigkeit:* er war den Schikanen seines Vorgesetzten ausgeliefert. **sinnv.:** ↑Bosheit.

schi|ka|nie|ren ⟨tr.⟩: *jmdm. [unter Ausnutzung der Stellung, die man selber hat] in kleinlicher, böswilliger Weise Schwierigkeiten bereiten:* der Chef schikanierte seine Untergebenen [bis aufs Blut]. **sinnv.:** es auf jmdn. abgesehen haben, etwas an jmdm. auslassen, bedrängen, jmdn. schlecht behandeln, drangsalieren, fertigmachen, auf dem Kieker haben, kommandieren, kujonieren, jmdm. das Leben sauer/schwer/zur Hölle machen, malträtieren, nerven, peinigen, piesacken, plagen, quälen, schaffen, scheuchen, schinden, mit jmdm. Schlitten fahren, schurigeln, striegeln, traktieren, triezen, tyrannisieren, zwiebeln · ↑bedrängen; ↑bimsen; ↑mißhandeln; ↑verfolgen.

schi|ka|nös ⟨Adj.⟩: *eine Schikane darstellend, auf Schikanen bedacht:* eine schikanöse Behandlung; jmdn. s. behandeln. **sinnv.:** ↑böse.

Schild: I. der; -[e]s, -e: *aus einer meist runden, leicht gekrümmten Platte mit einem Griff auf der Rückseite bestehende Schutzwaffe, die jmd. gegen Angriffe von vorn vor seinen Oberkörper hält.* **II.** das; -[e]s, -er: *meist rechteckige Tafel, Platte von unterschiedlicher Größe und aus unterschiedlichem Material, die, beschriftet oder mit Zeichen o. ä. versehen, auf etwas hinweist:* er hatte kein S. mit seinem Namen an der Tür; ein S. mit dem Zeichen der Firma; im Wartezimmer hing ein S. „Rauchen verboten". **sinnv.:** ↑Etikett, Schilderbrücke, Hinweistafel, Markierung, Verkehrszeichen; ↑Wegweiser. **Zus.:** Firmen-, Gebots-, Hinweis-, Laden-, Namens-, Nummern-, Orts-, Stopp-, Straßen-, Tür-, Verbots-, Warnschild.

schil|dern ⟨tr.⟩: *ausführlich, anschaulich mit Worten wiedergeben, beschreiben:* jmdm. seine Eindrücke s.; der Lehrer schilderte anschaulich die Eroberung Roms. **sinnv.:** ausführen, ausmalen, berichten, beschreiben, ↑darlegen, darstellen, erzählen, in düsteren/schwarzen Farben malen, illustrieren, veranschaulichen, wiedergeben, in Worte kleiden. **Zus.:** ab-, ausschildern.

Schild|krö|te, die; -, -n: *(bes. in den Tropen und Subtropen lebendes) sich schwerfällig bewegendes Tier mit einem Rücken und Bauch bedeckenden Panzer, in den es Kopf und Beine einziehen kann.* **Zus.:** Land-, Riesen-, Wasserschildkröte.

Schilf, das; -[e]s, -e: *hohes Sumpfgras, das bes. an Ufern und in feuchten Gebieten wächst:* Matten aus S. **sinnv.:** Ried, Rohr, Röhricht, Schilfgras, Schilfrohr, Teichrohr.

schil|lern ⟨itr.⟩: *in verschiedener Stärke, in wechselnden Farben spielen:* das auf dem Wasser schwimmende Öl schillert bunt. **sinnv.:** changieren, irisieren; ↑leuchten.

Schim|mel, der; -s, -: **I.** ⟨ohne Plural⟩ *an feuchten organischen Stoffen und Körpern sich bildender, weißlicher oder grünlicher, von Schimmelpilzen hervorgerufener Überzug:* auf dem alten Brot hat sich S. gebildet; etwas ist von/mit S. überzogen. **sinnv.:** Fäulnis, Schwamm. **II.** *weißes Pferd.* **sinnv.:** ↑Pferd. **Zus.:** Apfel-, Grauschimmel.

schim|me|lig ⟨Adj.⟩: *von Schimmel überzogen:* schimmeliges Brot. **sinnv.:** faul, faulig, verschimmelt; ↑ungenießbar.

schim|meln, schimmelte, hat/ist geschimmelt ⟨itr.⟩: *Schimmel ansetzen:* der Käse schimmelt bereits, hat/ist geschimmelt. **sinnv.:** ↑faulen. **Zus.:** verschimmeln.

Schim|mer, der; -s: **1.** *mattes Leuchten, gedämpfter Glanz:* der S. des Goldes, der Seide, des Haares. **sinnv.:** ↑Farbe, ↑Schein. **Zus.:** Hoffnungs-, Kerzen-, Licht-, Morgen-, Sternenschimmer. **2.** *nur leise Andeutung, Spur von etwas:* der S. eines Lächeln. **sinnv.:** ↑Anflug.

schim|mern ⟨itr.⟩: **a)** *einen matten, gedämpften Glanz haben:* das Kleid aus Seide schimmerte silbrig. **b)** *ein schwaches Licht aussenden, verbreiten:* der Stern schimmerte am Horizont.

Schim|pan|se, der; -n, -n: *in Gruppen auf Bäumen lebender Menschenaffe mit schwarzbraunem Fell.* **sinnv.:** ↑Affe.

schimp|fen: 1. ⟨itr.⟩ **a)** *seinem Unwillen (über jmdn./etwas) in heftigen Worten Ausdruck geben:* auf jmdn. s.; er schimpfte maßlos [über das Essen]. **sinnv.:** ↑schelten. **b)** *(bes. ein Kind) mit heftigen Worten zurechtweisen:* die Mutter schimpfte mit den Kindern [wegen der zerbrochenen Fensterscheibe]. **sinnv.:** ausschimpfen. **2.** ⟨tr.⟩ *im Zorn (als etwas Bestimmtes, Schimpfliches) bezeichnen:* er schimpfte ihn einen Esel. **sinnv.:** ↑bezeichnen. **Zus.:** beschimpfen.

Schimpf|wort, das; -[e]s, Schimpfwörter und -e: *beleidigender, meist derber Ausdruck, mit dem man im Zorn jmdn. oder etwas belegt:* ein grobes S. gebrauchen; mit Schimpfwörtern um sich werfen. **sinnv.:** Schelt-, Schmähwort.

Schin|del, die; -, -n: *kleine, dünne Platte aus Holz zum Decken von Dächern oder Verkleiden von Mauern:* das Dach mit Schindeln decken. **sinnv.:** ↑Dachziegel.

schin|den, schindete, hat geschunden: **1.** ⟨tr.⟩ *schonungslos zu höheren Leistungen antreiben:* Zug-, Lasttiere s.; die Arbeiter werden hier sehr geschunden.

sinnv.: ↑schikanieren. **2.** ⟨sich s.⟩ (ugs.) *sich (mit etwas) sehr plagen, abmühen:* du hast dich [in deinem Leben] genug geschunden. **sinnv.:** sich ↑abmühen. **Zus.:** abschinden.

Schin|ken, der; -s, -; **1.** *geräucherte hintere Keule vom Schwein* (siehe Bild „Schwein"): roher, gekochter S. **sinnv.:** Bündner Fleisch, Rauchfleisch. **Zus.:** Bauern-, Bier-, Lachs-, Nuß-, Rollschinken. **2.** (ugs.) **a)** *großes, dickes Buch.* **sinnv.:** ↑Buch. **b)** *großes [nicht besonders wertvolles] Gemälde.* **sinnv.:** ↑Bild.

Schip|pe, die; -, -n (landsch.): ↑Schaufel.

schip|pen ⟨tr.⟩ (landsch.): *mit einer Schaufel wegschaffen:* wir mußten den ganzen Tag Schnee, Kartoffeln in den Keller s. **sinnv.:** schaufeln; ↑graben.

Schirm, der; -[e]s, -e: *aus einem mit Stoff bespannten, zusammenklappbaren Gestell bestehender [tragbarer] Gegenstand, der aufgespannt als halbrundes Dach Schutz gegen Regen bzw. gegen Sonne bietet:* den S. aufspannen, über sich halten. **sinnv.:** Knirps, Musspritze, Parapluie. **Zus.:** Damen-, Garten-, Herren-, Kinder-, Regen-, Sonnen-, Stock-, Taschenschirm.

Schirm|herr|schaft, die; -: *Ehrenvorsitz, den meist eine Persönlichkeit des öffentlichen Lebens bei einer Veranstaltung o. ä. übernimmt:* die S. über die Tagung, Ausstellung übernahm der Bundespräsident. **sinnv.:** Ehrenpräsidium, Patronat, Schutzherrschaft.

Schiß: ⟨in den Verbindungen⟩ S. haben /bekommen/ kriegen (ugs.): *Angst haben/bekommen/ kriegen:* er hat vor der Prüfung plötzlich S. bekommen **sinnv.:** sich ↑fürchten.

schlab|bern ⟨itr.⟩ (ugs.): *(bei der Aufnahme von flüssigen Speisen) durch Ungeschick etwas teilweise verschütten und dabei Flekken verursachen:* paß auf, daß du nicht schlabberst! **sinnv.:** umschütten, vergießen, verschlabbern, verschütten; ↑kleckern.

Schlacht, die; -, -en: *schwerer, lang andauernder Kampf zwischen größeren feindlichen Truppenverbänden (im Krieg):* eine S. verlieren. **sinnv.:** ↑Kampf. **Zus.:** Feld-, Luft-, Material-, Propaganda-, Rede-, Saal-, Schlamm-, Schneeball-, Straßen-, Wahlschlacht.

schlach|ten, schlachtete, hat geschlachtet ⟨tr.⟩: *(Vieh, Geflügel) fachgerecht töten und zerlegen, um Fleisch für die menschliche Nahrung zu gewinnen:* ein Schwein s.; ⟨auch itr.⟩ dieser Fleischer schlachtet zweimal in der Woche. **sinnv.:** abstechen, schächten. **Zus.:** ab-, haus-, not-, schwarzschlachten.

Schlach|ter, Schläch|ter, der; -s, - (nordd.): ↑*Fleischer.*

Schlacht|feld, das; -[e]s, -er: *Schauplatz einer Schlacht:* Tausende von Toten blieben auf dem S. zurück. **sinnv.:** ↑Front.

Schlacke, die; -, -n: **1.** *Rückstand beim Schmelzen von Erz, beim Verbrennen von Koks o. ä.:* den Ofen von S. reinigen. **Zus.:** Hochofenschlacke. **2.** ⟨meist Plural⟩ *bei der Verdauung entstehendes Stoffwechselprodukt.* **sinnv.:** Ballaststoffe.

Schlaf, der; -[e]s: **a)** *Zustand der Ruhe, in dem die körperlichen Funktionen herabgesetzt sind und das Bewußtsein ausgeschaltet ist:* in S. fallen; aus dem S. erwachen; er redet im S. **sinnv.:** Dämmerzustand, Nachtruhe, Ruhe, Schläfchen, Schlummer. **Zus.:** Bei-, Dämmer-, Dornröschen-, Halb-, Heil-, Nacht-, Todes-, Winterschlaf. **b)** *vorübergehendes Schlafen:* einen kurzen S. halten; versäumten S. nachholen. **sinnv.:** Schläfchen. **Zus.:** Mittagsschlaf.

Schlaf|an|zug, der; -[e]s, Schlafanzüge: *(aus Jacke und Hose bestehendes) Wäschestück, das im Bett getragen wird.* **sinnv.:** Babydoll, Pyjama · Nachthemd · Nachtwäsche: **Zus.:** Damen-, Herren-, Kinderschlafanzug.

Schlä|fe, die; -, -n: *Stelle an der Seite des Kopfes, zwischen Auge und Ohr.*

schla|fen, schläft, schlief, hat geschlafen ⟨itr.⟩: **1.** *sich im Zustand des Schlafes befinden:* im Bett liegen und s.; s. gehen; sich s. legen. **sinnv.:** dachsen, dösen, filzen, knacken, koksen, in Morpheus' Armen liegen, wie ein Murmeltier schlafen, nicken, ein Nickerchen machen, pennen, pofen, bis in die Puppen schlafen, ratzen, ↑ruhen, sägen, den Schlaf des Gerechten schlafen, ein Schläfchen machen, schlummern, schnarchen. **Zus.:** aus-, be-, durch-, ein-, ent-, nach-, über-, ver-, vor-, weiterschlafen. **2.** *(an einem bestimmten Ort, in bestimmter Weise) übernachten:* sie haben im Zelt geschlafen; du kannst bei uns s. **sinnv.:** ↑übernachten. **3.** ↑*koitieren:* mit jmdm./miteinander s. **4.** *(in ärgerlicher Weise) bei etwas nicht mit der nötigen Wachheit, Aufmerksamkeit bei der Sache sein:* wenn du schläfst und nicht aufpaßt, wirst du die Aufgabe auch nicht lösen können; er schläft bei jedem Vortrag; während die Konkurrenz schlief, hat er sein Geschäft ausweiten können. **sinnv.:** abwesend sein, mit offenen Augen schlafen, in Gedanken verloren /versunken/ vertieft sein, ganz in Gedanken sein, geistig weggetreten sein, nicht bei der Sache/unaufmerksam sein.

schlaff ⟨Adj.⟩: **a)** *locker hängend (aus Mangel an Straffheit, festem Gespanntsein oder Ausgefülltsein):* ein schlaffes Segel; die Saite war s. gespannt. **sinnv.:** lasch, locker, lose, schlapp, schlotternd. **b)** ↑*kraftlos:* mit schlaffen Knien ging er zur Tür.

schlaf|los ⟨Adj.⟩: *ohne Schlaf, ohne schlafen zu können:* sie lag stundenlang s.; eine schlaflose Nacht *(Nacht, in der man nicht schlafen kann).*

Schlaf|mit|tel, das; -s, -: *bei Schlafstörungen wirksames Medikament.* **sinnv.:** Schlafpille, -pulver, -tablette · Schlaftrunk.

Schlaf|müt|ze, die; -, -n (ugs.): **a)** *jmd., der sehr lange schläft:* diese S. ist kaum aus dem Bett zu kriegen. **sinnv.:** Langschläfer. **b)** *träger, schwerfälliger, auf andere lahm wirkender Mensch:* diese langweilige S. **sinnv.:** lahme Ente, Langweiler, Phlegmatiker, Transuse.

schläf|rig ⟨Adj.⟩: *von Müdigkeit befallen, schon halb schlafend und nicht mehr aufnahmefähig:* um 9 Uhr wurde er s. und ging zu Bett. **sinnv.:** ↑müde.

schlaf|trun|ken ⟨Adj.⟩: *vom Schlaf noch ganz benommen, noch nicht ganz wach:* jmdn. s. ansehen. **sinnv.:** schläfrig; ↑müde.

Schlaf|wa|gen, der; -s, -: *Eisenbahnwagen, der Abteile mit kojenartigen Betten enthält.* **sinnv.:** ↑Waggon.

schlaf|wand|le|risch ⟨Adj.⟩: *unbeirrbar, wie ein Schlafwandler:* der Akrobat bewegte sich mit schlafwandlerischer Sicherheit über das Seil. **sinnv.:** ↑beharrlich.

Schlag, der; -[e]s, Schläge: **1. a)** *ein hartes [schmerzhaftes] Auftreffen bewirkende (einmalige) Handlung des Schlagens (mit der Hand, mit einem Gegenstand):* ein S. auf den Kopf, mit der Faust, mit dem Schlagstock ließ ihn zu Boden gehen; jmdm. einen S. versetzen. **sinnv.:** ↑Stoß. **Zus.:** Faust-, Hand-, Hammer-, Keulen-, Stock-, Trommelschlag. **b)** ⟨Plural⟩ *aus wiederholten Schlägen auf den Körper bestehende Züchtigung:* Schläge kriegen, bekommen. **sinnv.:** ↑Prügel. **2.** *regelmäßige, rhythmisch erfolgende (mit einem bestimmten Geräusch oder Ton verbundene) Bewegung:* der S. des Pulses; die einzelnen Schläge des Pendels. **Zus.:** Herz-, Pendel-, Pulsschlag. **3.** *durch einen heftigen Aufprall o. ä. hervorgerufenes, lautes [einem Knall ähnliches] Geräusch:* man hörte einen S.; es tat einen S., als das Gefäß in Stücke sprang. **sinnv.:** ↑Knall. **Zus.:** Donner-, Kanonenschlag. **4.** *(bei bestimmten Uhren) durch ein Schlagwerk hervorgebrachter Ton (als akustische Zeitanzeige):* der S. *(das Schlagen)* der Turmuhr. **Zus.:** Glocken-, Stundenschlag. **5.** *trauriges, einschneidendes Ereignis, das jmdn. sehr hart trifft:* der Tod, die Scheidungsabsicht ihres Mannes war für sie ein schwerer S. **sinnv.:** ↑Schock; ↑Unglück. **Zus.:** Schicksalsschlag.

Schlag|ader, die; -, -n: *Ader, die das Blut vom Herzen zu einem Organ oder Gewebe hinführt.* **sinnv.:** Arterie; ↑Ader.

Schlag|an|fall, der; -[e]s, Schlaganfälle: *plötzlicher Ausfall bestimmter Funktionen des Gehirns (verbunden mit Störungen des Bewußtseins und mit Lähmungen).* **sinnv.:** Apoplexie, Gehirnschlag, Hirnschlag, Schlag.

schlag|ar|tig ⟨Adj.⟩: *plötzlich, schnell und heftig (einsetzend):* nach seiner Beschwerde hörte der Lärm s. auf. **sinnv.:** ↑plötzlich.

Schlag|ball, der; -[e]s, Schlagbälle: **1.** *kleiner Ball aus Leder.* **2.** ⟨ohne Plural⟩ *Spiel zweier Mannschaften, bei dem der Ball von der einen Partei mit einem Stock geschlagen, von der anderen Partei gefangen und zurückgeworfen wird:* S. spielen.

schla|gen, schlägt, schlug, hat/ist geschlagen: **1. a)** ⟨tr.⟩ *jmdm./einem Tier einen Schlag, mehrere Schläge versetzen:* er hatte ihn [mit dem Stock ins Gesicht] geschlagen. **sinnv.:** boxen, jmdm. ein Ding verpassen, das Fell gerben, den Frack vollhauen, es jmdm. geben, hauen, knuffen, ohrfeigen, peitschen, prügeln. **b)** ⟨tr.⟩ *durch einen Schlag o. ä. verursachen:* er hatte dem Klassenkameraden ein Loch in den Kopf geschlagen. **c)** ⟨sich s.⟩ *eine Schlägerei austragen:* er hat sich mit seinem Nachbarn geschlagen; die beiden Brüder schlagen sich dauernd. **sinnv.:** sich ↑balgen, sich ↑raufen. **2.** ⟨tr.⟩ *mit Hilfe eines Schlagwerkzeugs o. ä. (in etwas) hineintreiben:* er hatte einen Nagel in die Wand geschlagen, um das Bild aufzuhängen. **sinnv.:** ↑einschlagen; ↑rammen. **3.)** ⟨tr.⟩ *durch einen Schlag irgendwohin befördern:* beim Tennis ist es wichtig, den Ball genau in die Ecke des Feldes zu s. **sinnv.:** ↑schießen. **4. a)** ⟨sich s.⟩ *sich in einem [Wett]kampf o. ä. in bestimmter Weise bewähren:* er hat sich [in dem Wettbewerb, in der Diskussion] gut, wacker, vortrefflich geschlagen. **sinnv.:** ↑kämpfen. **b)** ⟨tr.⟩ *in einem [Wett]kampf besiegen:* sie haben ihre Feinde geschlagen. **sinnv.:** ↑besiegen. **5.** ⟨itr.⟩ **a)** *(die Flügel) heftig und rasch auf und nieder bewegen:* der Vogel hat mit den Flügeln geschlagen. **b)** *(bei einem Sturz o. ä.) mit Heftigkeit gegen etwas fallen:* er ist mit dem Kopf gegen die Tür geschlagen. **sinnv.:** ↑anstoßen, ↑fallen. **c)** *einen Schlag, eine Folge von Schlägen hervorbringen (und damit etwas Bestimmtes anzeigen):* der Gong hat geschlagen; die Uhr schlägt, hat neun geschlagen. **6)** ⟨tr.⟩ *(auf einem Schlag- oder Saiteninstrument) spielen:* die Trommel, die Harfe s. **sinnv.:** spielen. **7.** ⟨tr.⟩ /in verblaßter Bedeutung/: mit dem Zirkel einen Kreis s. *(ausführen);* ein Stück Papier um etwas s. *(wickeln);* ein Bein über das andere s. *(legen).* **8.** ⟨itr.⟩ *in Art, Wesen und/oder Aussehen einem anderen Familienmitglied (einer vorausgegangenen Generation) ähnlich sein:* das älteste Kind schlägt ganz nach meinem Bruder. **sinnv.:** ↑ähneln.

Schla|ger, der; -s, -: **a)** *(zur Unterhaltungsmusik gehörendes) meist für eine bestimmte Zeit sehr beliebtes Lied mit effektvollem instrumentalem Arrangement und im allgemeinen mit sentimentalem Text:* sie hörten, sangen den ganzen Tag S. **sinnv.:** Evergreen, Hit, Schnulze · ↑Lied. **Zus.:** Karnevalsschlager. **b)** *etwas, was zugkräftig ist, was großen Erfolg hat:* dieses Theaterstück ist der S. der Saison; diese Ware ist ein S. *(wird sehr gut verkauft).* **sinnv.:** Knüller, Publikumserfolg, Reißer, Renner, Spitzenreiter · ↑Attraktion. **Zus.:** Export-, Kassen-, Messe-, Preis-, Verkaufsschlager.

Schlä|ger, der; -s, -: **1. a)** *(bei verschiedenen Sportarten verwendetes) Gerät, mit dem ein Ball oder eine Kugel in eine bestimmte Richtung geschlagen wird.* **Zus.:** [Eis]hockey-, Golf-, [Tisch]tennisschläger. **b)** *beim Fechten verwendete Hiebwaffe mit gerader Klinge.* **2.** *jmd., der sich gerne an einer Schlägerei beteiligt:* paß auf, daß du dich mit diesem S. nicht in einen Streit einläßt! **sinnv.:** ↑Raufbold.

Schlä|ge|rei, die; -, -en: *heftige, oft brutale tätliche Auseinandersetzung zwischen zwei oder mehreren Personen:* in eine S. verwickelt werden; es kam zu einer wilden S. **sinnv.:** Balgerei,

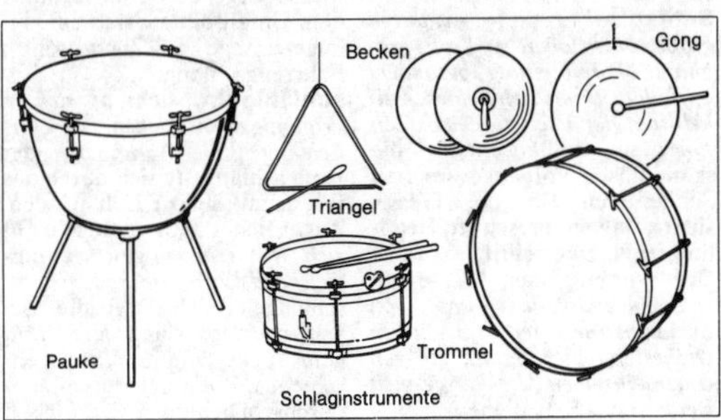

Schlaginstrumente

Handgemenge, Keilerei, Prügelei, Tätlichkeiten.

schlag|fer|tig ⟨Adj.⟩: *die Gabe besitzend, blitzschnell, gescheit, witzig o. ä. mit einer Gegenrede auf die Äußerung eines anderen zu reagieren:* er ist sehr s.; eine schlagfertige Antwort. **sinnv.:** ↑geistreich.

Schlag|in|stru|ment das; -[e]s, -e: *Musikinstrument, bei dem die Töne (auf unterschiedliche Weise) durch Anschlagen hervorgebracht werden* (siehe Bildleiste).

schlag|kräf|tig ⟨Adj.⟩: **a)** *(für einen Krieg) gut ausgerüstet und ausgebildet; Kampfkraft besitzend:* ein schlagkräftiges Heer. **sinnv.:** einsatzbereit, kampffähig, -kräftig. **b)** *von großer Überzeugungskraft und nicht leicht zu widerlegen:* schlagkräftige Argumente vorbringen. **sinnv.:** stichhaltig.

Schlag|loch, das; -[e]s, Schlaglöcher: *größeres Loch, defekte Stelle in der Straßendecke; Unebenheit eines Fahrwegs:* die Straße, der Weg ist voller Schlaglöcher; über Schlaglöcher holpern.

Schlag|sah|ne, die; -: *(zum Schlagen vorgesehene bzw. steif geschlagene) süße Sahne:* Torte mit S. **sinnv.:** ↑Sahne.

Schlag|stock, der; -[e]s, Schlagstöcke: *kurzer, fester Stock (der der Polizei als Schlagwaffe dient):* die Polizisten mußten ihre Schlagstöcke gebrauchen. **sinnv.:** Gummi-, Polizeiknüppel · chemische Keule.

Schlag|wort, das; -[e]s, Schlagworte, (seltener auch:) Schlagwörter: *kurzer, formelhafter Ausspruch, der oft sehr vereinfachend eine Idee, ein Programm, eine allgemeine Meinung o. ä. wiedergeben soll:* das S. „Zurück zur Natur".

Schlag|zei|le, die; -, -n: *durch große Buchstaben und oft prägnante Formulierung besonders auffällige Überschrift eines Artikels (auf der Titelseite) einer Zeitung:* eine reißerische S.; die skandalösen Vorgänge lieferten Schlagzeilen für die Presse. **sinnv.:** Balkenüberschrift, Headline, Titel, Überschrift.

Schlag|zeug, das; -[e]s, -e: *zusammengehörende Gruppe von Schlaginstrumenten (in einem Orchester, einer Band), die von einem einzelnen Musiker gespielt werden:* das S. bedienen.

schlak|sig ⟨Adj.⟩: *(von Jugendlichen) schmal, knochig, hoch aufgeschossen und ungeschickt in den Bewegungen:* ein schlaksiger junger Mann; ein schlaksiges Mädchen. **sinnv.:** dünn, lang · ↑schlank.

Schla|mas|sel, der, (auch:) das; -s (ugs.): *unangenehme, verfahrene Lage, in die jmd. hineingeraten ist:* wie werden wir aus diesem S. wieder herauskommen? **sinnv.:** ↑Not, ↑Unannehmlichkeit.

Schlamm, der; -[e]s: *(durch Regen, Wasser) in eine breiige Masse verwandelte Erde:* die Straßen waren nach der Überschwemmung voller S.; auf dem Grund des Sees setzt sich S. ab. **sinnv.:** Matsch, Morast, Schlick, ↑Schmutz, ↑Sumpf. **Zus.:** Faul-, Klär-, Straßenschlamm.

Schlam|pe, die; -, -n (ugs.): als schlampig, unordentlich, nachlässig angesehene Frau: sie ist eine S. **sinnv.:** ↑Frau.

schlam|pig ⟨Adj.⟩ (ugs.): *in auffälliger Weise unordentlich; überaus nachlässig:* eine schlampige Alte öffnete die Tür; der Mechaniker hat s. *(ohne die geringste Sorgfalt)* gearbeitet. **sinnv.:** ↑nachlässig.

Schlan|ge, die; -, -n: **1.** *(zu den Reptilien gehörendes) Tier mit langgestrecktem, walzenförmigem, beinlosem Körper, das sich in Windungen kriechend fortbewegt.* **sinnv.:** Natter, Otter, Viper. **Zus.:** Gift-, Riesen-, Seeschlange. **2. a)** *Anzahl wartender Menschen, die sich in einer Reihe hintereinander aufgestellt haben:* eine lange S. steht vor der Theaterkasse. **sinnv.:** Reihe, Schwanz · Kette. **Zus.:** Menschen-, Warteschlange. **b)** *größere Anzahl in einem Stau stehender oder sich nur langsam vorwärtsbewegender Autos:* nach dem Unfall bildete sich eine kilometerlange S. **Zus.:** Auto-, Fahrzeugschlange.

schlän|geln, sich: **a)** *sich in Windungen hinziehen, in einer Schlangenlinie verlaufen:* der Bach schlängelte sich durch das Wiesental. **sinnv.:** sich winden. **Zus.:** sich dahinschlängeln. **b)** *sich (Hindernissen geschickt ausweichend) vorwärts bewegen:* er schlängelte sich durch die parkenden Autos. **sinnv.:** sich drängen/drücken/hindurchzwängen/schieben. **Zus.:** sich durch-, hindurchschlängeln.

schlank ⟨Adj.⟩: *groß oder hoch und zugleich schmal:* eine schlanke Gestalt; das Kleid macht dich s. *(läßt dich schlank erscheinen);* schlanke Pappeln, Säulen. **sinnv.:** asthenisch, dünn [wie eine Bohnenstange/wie ein Hering/wie ein Strich (in der Landschaft)], dürr, grazil, hager, knochig, leptosom, ↑mager, rank, ↑schlaksig, schlank wie eine Tanne, schlankwüchsig, schmächtig, schmal. **Zus.:** gerten-, super-, über-, vollschlank.

schlank|weg ⟨Adverb⟩ (ugs.): *(auf eine brüske Weise) ohne zu zögern; glattweg:* er hat meinen Vorschlag s. abgelehnt. **sinnv.:** ↑rundheraus.

schlapp ⟨Adj.⟩: **a)** *(verursacht durch eine schlechte körperliche Verfassung, beginnende Krankheit o. ä.) sich kraftlos, schwach und matt fühlend:* die Erkältung, das Fieber hat ihn ganz s. gemacht; sich s. fühlen. **sinnv.:** ↑kraftlos. **b)** *locker, schlaff:* die Fahne hing s. am Mast.

Schlap|pe, die; -, -n: *Niederlage, die jmd. bei einem Wettkampf, Wettbwerb o. ä. erleidet:* eine S. erleiden, einstecken müssen. **sinnv.:** ↑Mißerfolg. **Zus.:** Riesenschlappe.

schlapp|ma|chen, machte schlapp, hat schlappgemacht ⟨itr.⟩ (ugs.): *bei einer körperlichen Anstrengung, Belastung nicht durchhalten, durch sie in einen Schwächezustand geraten:* viele machten bei der großen Hitze schlapp; du darfst jetzt nicht s. **sinnv.:** ↑aufgeben.

Schlapp|schwanz, der; -es, Schlappschwänze: *Mann, der (im Urteil des Sprechers) ohne Willensstärke, Energie, Kraft ist:* dieser S. traut sich überhaupt nichts zu. **sinnv.:** ↑Feigling.

Schla|raf|fen|land, das; -[e]s: *(nur in der Wunschvorstellung der Menschen existierendes) Land, in dem es nichts als Wohlleben und Müßiggang gibt:* man lebt dort wie im S. **sinnv.:** Arkadien, Dorado, Eldorado, Fabelland, das Land, wo Milch und Honig fließt, Märchenland, ↑Paradies, Utopia · wie [der liebe (Herr)]gott in Frankreich.

schlau ⟨Adj.⟩: *die Fähigkeit besitzend, Vorteile für sich auszunutzen, seine Absichten mit geeigneten Mitteln, die anderen verborgen sind oder auf die sie nicht kommen, zu erreichen:* er ist ein schlauer Fuchs; so s. wie er bist du nicht. **sinnv.:** ausgebufft, ausgekocht, clever, diplomatisch, durchtrieben, findig, gerieben, gerissen, gewieft, gewiegt, gewitzt, listig, pfiffig, raffiniert, verschlagen, verschmitzt; ↑geschäftstüchtig; ↑gewandt; ↑klug. **Zus.:** bauern-, ober-, überschlau.

Schlau|ber|ger, der; -s, -(ugs.; meist scherzh. oder auch iron.): *schlauer, pfiffiger Mensch:* er ist ein S.; dieser S. weiß ja immer alles besser. **sinnv.:** Filou, Fuchs, Pfiffikus, Schlaukopf, Schlaumeier, Schlitzohr.

Schlauch, der; -[e]s, Schläuche: **a)** *etwas [aus Gummi], was röhrenförmig und biegsam ist, durch das Flüssigkeiten oder Gase geleitet werden:* ein S. zum Sprengen des Rasens. **Zus.:** Garten-, Gummi-, Wasserschlauch. **b)** *kreisförmig geschlossener, röhrenartiger Teil von Fahr- oder Autoreifen, der mit Luft gefüllt wird:* an seinem Fahrrad war ein S. geplatzt.

schlau|chen ⟨tr.⟩ (ugs.): *bis zur äußersten Erschöpfung anstrengen:* diese Arbeit hat mich richtig geschlaucht. **sinnv.:** ↑anstrengen.

Schlau|fe, die; -, -n: **a)** *an etwas befestigtes, ringförmig zusammengefaßtes Band aus Leder, Kunststoff o. ä., das als Griff zum Festhalten oder zum Tragen dient:* den Schirm an der S. halten. **sinnv.:** ↑Schlinge. **b)** *angenähter Streifen aus Stoff, der den Gürtel o. ä. hält:* er machte den Gürtel auf und zog ihn aus den Schlaufen. **Zus.:** Gürtelschlaufe.

schlecht ⟨Adj.⟩: **1.** *so beschaffen, daß es als minderwertig, mit Mängeln behaftet, unzureichend o. ä. angesehen wird, daß es nicht den Erwartungen des Sprechers entspricht* /Ggs. gut/: der Stoff, das Material ist sehr s.; das Messer schneidet nicht s. *(schneidet sehr gut);* der Kaffee schmeckt s.; eine schlechte Ernte. **sinnv.:** elend, erbärmlich, unter aller Kanone, kläglich, kümmerlich, mies, ↑minderwertig, ↑miserabel, übel, ungenießbar. **2.** *ungünstig, nachteilig für etwas* /Ggs. gut/: schlechte Voraussetzungen, schlechtes Wetter haben; die Prüfung ist s. für ihn ausgegangen. **sinnv.:** ↑lausig; ↑unerfreulich. **3.** *als unangenehm, störend o. ä. empfunden, beurteilt:* eine schlechte Angewohnheit; ein schlechter Geruch. **sinnv.:** ↑unerfreulich; ↑unangenehm. **4.** *(in bezug auf jmds. körperliches Befinden) unwohl:* nach dem Essen wurde ihm ganz s. **sinnv.:** blümerant, speiübel, übel. **5.** (ugs.) *(von Speisen o. ä.) verdorben und nicht mehr genießbar:* das Kompott ist s. [geworden]; du darfst die Sachen nicht s. werden lassen. **sinnv.:** ↑sauer. **6.** *vom Sprecher als charakterlich, moralisch nicht einwandfrei angesehen* /Ggs. gut/: er ist ein schlechter Mensch; wenn er das tut, handelt er s. **sinnv.:** ↑lasterhaft; ↑unanständig.

schlech|ter|dings ⟨Adverb⟩: *ganz und gar; ohne Einschränkung* /meist in verneinendem Zusammenhang/: es war mir s. unmöglich, früher zu kommen; es war s. *(geradezu)* alles erlaubt. **sinnv.:** ↑ganz.

schlecht|hin ⟨Adverb⟩: **a)** /drückt einen höchsten Grad aus/ *ganz einfach; ohne Einschränkung:* sein Verhalten war s. unverschämt. **sinnv.:** ↑ganz. **b)** /einem Substantiv nachgestellt/ *in reinster Ausprägung:* der Satan gilt als das Böse s. **sinnv.:** par excellence, katexochen, in Reinkultur, im wahrsten Sinne des Wortes, in höchster Vollendung.

Schlech|tig|keit, die; -, -en: **a)** ⟨ohne Plural⟩ *moralisches und charakterliches Schlechtsein:* über die S. der Menschen klagen. **sinnv.:** ↑Bosheit. **b)** ⟨meist Plural⟩ *moralisch schlechte, verwerfliche Handlung:* sie zählte mir alle seine Schlechtigkeiten auf. **sinnv.:** Garstigkeit, Häßlichkeit, Infamie, Niedrigkeit, Niedertracht, Nichtswürdigkeit, Schäbigkeit, Schuftigkeit, Teufelei.

schlecht|ma|chen, machte schlecht, hat schlechtgemacht ⟨tr.⟩ (ugs.): *Nachteiliges, Herabsetzendes über jmdn./etwas sagen, verbreiten:* er versuchte seinen Kollegen bei jeder Gelegenheit schlechtzumachen. **sinnv.:** abqualifizieren, jmdm. etwas andichten/anhängen, anschwärzen, diffamieren, diskreditieren, diskriminieren, jmdm. die Ehre abschneiden, entwürdigen, mit dem Finger auf jmdn. zeigen, nichts Gutes über jmdn. sagen, kein gutes Haar an jmdm. lassen, herabsetzen, herabwürdigen, herfallen, hergehen, heruntermachen, herziehen, in ein schlechtes Licht setzen, madig machen, jmdm. ein Maul anhängen, miesmachen, mit Schmutz bewerfen, in den Schmutz ziehen, verleumden, verteufeln.

schlei|chen, schlich, ist/hat geschlichen ⟨itr.⟩: **a)** *(in der Absicht, unbemerkt zu bleiben) sich leise auftretend und langsam fortbewegen:* die Katze schleicht; er war auf Zehenspitzen geschlichen, um die Kinder nicht zu wecken. **sinnv.:** sich ↑fortbewegen. **b)** *sich heimlich und unbemerkt an einen bestimmten Ort begeben oder sich entfernen:* am Abend war er aus der Wohnung, aus dem Haus, durch den Flur geschlichen; eine schleichende *(fast unbemerkt sich entwickelnde)* Inflation; ⟨auch sich s.⟩ ich hatte mich aus dem Haus geschlichen. **sinnv.:** sich ↑fortbewegen. **c)** (ugs.) *langsam und mit schleppenden Schritten gehen:* sie waren, von der Arbeit erschöpft, nach Hause geschlichen. **sinnv.:** sich ↑fortbewegen.

Schlei|er, der; -s, -: *(den Kopf und das Gesicht oder auch darüber hinaus den ganzen Oberkörper verhüllendes) feines, zumeist durchsichtiges Tuch:* den S. zurückschlagen; einen S. tragen. **Zus.:** Braut-, Spitzen-, Tüll-, Witwenschleier.

schlei|er|haft ⟨Adj.⟩ (emotional): *(von bestimmten Vorgängen, Handlungen o. ä.) für jmdn. nicht erklärlich, nicht verständlich:* wie er das geschafft hat, ist mir s. **sinnv.:** ↑unfaßbar.

Schlei|fe, die; -, -n: **1.** *in bestimmter Weise geschlungene Verknüpfung der Enden einer Schnur, eines Bandes o. ä., die leicht gelöst werden kann:* er löste die S. an seinem Schuh; eine S. ins Haar binden. **sinnv.:** Schlaufe, Schlinge. **Zus.:** Haar-, Kranzschleife. **2.** *starke Biegung eines Wasserlaufs, einer Straße o. ä., die fast entgegengesetzt zur ursprünglichen Richtung verläuft:* die Straße macht eine S. **sinnv.:** ↑Kurve. **Zus.:** Gleis-, Warteschleife.

schlei|fen: I. schleifen, schliff, hat geschliffen ⟨tr.⟩ **1.** *(die Schneide[n] von etwas) mit einem dafür vorgesehenen Werkzeug o. ä. schärfen:* ein Messer, eine Schere, Sense s. **sinnv.:** ↑schärfen. **2.** *(von bestimmten harten Werkstoffen) mit einer Schleifmaschine o. ä. bearbeiten und ihnen dadurch eine bestimmte Form (bes. hinsichtlich ihrer Oberflä-*

che) geben: Glas, Diamanten s. **sinnv.:** ↑polieren. **Zus.:** ab-, glatt-, nach-, wegschleifen. **3.** (ugs.) *(von Rekruten) einer übermäßig harten Ausbildung, übermäßig hartem Drill unterziehen (was vom Sprecher als kritikwürdig angesehen wird):* die Soldaten wurden geschliffen. **sinnv.:** ↑drillen. **II.** schleifen, schleifte, hat geschleift **1. a)** ⟨tr.⟩ *(bes. einen schweren Gegenstand o. ä.) – ohne ihn von seiner Unterlage aufzuheben – durch Ziehen fortbewegen:* er schleifte den Sack [aus dem Hof, in eine Ecke]. **sinnv.:** ↑ziehen. **Zus.:** an-, durch-, mit-, nachschleifen. **b)** ⟨itr.⟩ *(als Sache) durch Unachtsamkeit des Trägers (bei dessen Fortbewegung) über den Boden gleiten:* das Kleid schleifte durch den Staub. **2.** ⟨tr.⟩ *(der Befestigung dienende Bauten) niederreißen, dem Erdboden gleichmachen:* die Feinde schleiften die Mauern der Stadt. **sinnv.:** ↑abreißen.

Schleim, der; -[e]s: *(bei Menschen und bestimmten Tieren) im Körperinnern von bestimmten Drüsen produzierte, zähflüssige Absonderung.* **sinnv.:** ↑Speichel. **Zus.:** Nasen-, Urschleim.

schlei|mig ⟨Adj.⟩: *aus Schleim bestehend, wie Schleim beschaffen:* die Schnecke zog eine schleimige Spur über das Blatt. **sinnv.:** ↑dick; ↑flüssig.

schlem|men ⟨itr.⟩ (emotional): *(mit Genuß gut und zugleich reichlich essen (und trinken):* einmal im Monat wollen sie richtig s. **sinnv.:** ↑essen.

schlen|dern, schlenderte, ist geschlendert ⟨itr.⟩: *lässig und gemächlich gehen [ohne ein festes Ziel zu haben]:* er schlenderte durch die Straßen; du schlenderst so, könntest du nicht etwas schneller gehen? **sinnv.:** sich ↑fortbewegen, ↑spazierengehen.

Schlen|dri|an, der; -s (emotional): *nachlässige Ausübung dienstlicher Obliegenheiten:* gegen [den alten] S. ankämpfen.

schlen|kern ⟨tr.⟩: *(etwas) nachlässig hin und her schwingen; (etwas) locker hin und her bewegen:* er schlenkerte seine Arme; ⟨auch itr.⟩ mit den baumelnden Beinen hin und her, über den Boden s. **sinnv.:** ↑schwingen.

schlep|pen: 1. ⟨tr.⟩ **a)** *(etwas Schweres) unter Aufbietung seiner ganzen Kraft [an einen bestimmten Ort] tragen:* er schleppte seinen Koffer [zum Bahnhof]. **sinnv.:** ↑tragen. **Zus.:** an-, herbei-, herum-, mit-, wegschleppen. **b)** (emotional) *tragen:* ich mußte ihm auch noch die Bücher nach Hause s. **c)** *(bes. von Fahrzeugen) etwas von großem Gewicht hinter sich herziehen, durch Zugkraft fortbewegen:* ein Dampfschiff schleppt die Kähne stromaufwärts; das Segelflugzeug wird bis auf eine bestimmte Höhe geschleppt. **sinnv.:** ↑ziehen. **Zus.:** abschleppen. **2.** ⟨sich s.⟩ *sich (in einem Zustand von Schwäche, Krankheit o. ä.) mit großer Anstrengung (und nur langsam) an einen bestimmten Ort begeben:* der Kranke schleppte sich zum Bett; ein schleppender Gang. **sinnv.:** schleichen, schlurfen; sich ↑fortbewegen. **3.** ⟨tr.⟩ (ugs.) *(jmdn. gegen seine eigentliche Absicht oder Neigung) mittels Überredung an einen bestimmten Ort bringen oder mitnehmen:* jmdn. mit nach Hause, ins Kino s. **sinnv.:** mitnehmen, mit sich nehmen. **sinnv.:** ab-, an-, mitschleppen.

Schlep|per, der; -s, -: **a)** *kleines, mit einem starken Motor ausgestattetes Schiff, das größere Schiffe schleppt:* das Schiff hängt an einem S. **sinnv.:** Schleppdampfer, Schleppkahn, Schleppschiff. **b)** *Traktor.* **sinnv.:** Bulldozer, Trecker, Zugmaschine.

schleu|dern, schleuderte, hat/ist geschleudert: **1.** ⟨tr.⟩ **a)** *mit kräftigem Schwung und mit Wucht werfen:* er hat das Buch in die Ecke, an die Wand geschleudert. **sinnv.:** ↑werfen. **Zus.:** herunter-, wegschleudern. **b)** *in einer Zentrifuge von anderen Stoffen o. ä. trennen:* er hat Honig geschleudert; Wäsche s. **sinnv.:** zentrifugieren; ↑schwingen. **2.** ⟨itr.⟩ *(von Fahrzeugen im Fahren) bes. auf glatter Fahrbahn durch zu schnelles Fahren in einem Schwung nach beiden Seiten hin rutschend aus der Spur geraten:* das Auto ist geschleudert, geriet ins Schleudern. **sinnv.:** ausbrechen, aus der Kurve getragen werden, ins Schleudern geraten, schwimmen, ins Schwimmen kommen.

Schleu|se, die; -, -n: *Anlage, die bes. in Flüssen und Kanälen den durch Stau o. ä. unterschiedlichen Wasserstand vorübergehend ausgleicht, um Schiffen die Weiterfahrt zu ermöglichen:* durch eine S. fahren.

schleu|sen ⟨tr.⟩: **1.** *(ein Wasserfahrzeug) eine Schleuse passieren lassen:* Schiffe, Lastkähne s. **Zus.:** durch-, hindurchschleusen. **2.** *jmdn. an einem bestimmten Hindernis, Engpaß o. ä. vorbeigeleiten [und an einen bestimmten Ort gelangen lassen]:* jmdn. durch die Paßkontrolle, in den Saal s. **sinnv.:** ↑begleiten.

schlicht ⟨Adj.⟩: **1. a)** *einfach und unauffällig, ohne Schmuck oder Zierat:* ein schlichtes Kleid; das Gebäude ist sehr s. und schmucklos. **sinnv.:** ↑einfach, ↑primitiv. **b)** *(in bezug auf Personen, ihr Verhalten) einfach, ungekünstelt und bescheiden:* er hat eine schlichte Art; sie ist von schlichter Herzlichkeit. **sinnv.:** ↑bescheiden. **2.** *nichts weiter als:* das sind schlichte Tatsachen. **sinnv.:** bloß, rein.

schlich|ten, schlichtete, hat geschlichtet ⟨tr.⟩: *(als unbeteiligter Dritter) in einem Konflikt, Streit o. ä. vermitteln und eine Einigung herbeiführen:* diese Angelegenheit ist von einem Schiedsrichter geschlichtet worden. **sinnv.:** ↑bereinigen, ↑eingreifen.

schlie|ßen, schloß, hat geschlossen /vgl. geschlossen/: **1.** ⟨tr.⟩ *nicht offenlassen; machen, daß etwas nicht mehr offensteht, offen ist* /Ggs. öffnen/: die Tür, das Fenster s. **sinnv.:** dichtmachen, einklinken, ↑verschließen, zuklappen, zuklinken, zuknallen, zumachen, zuschlagen, zustoßen, zuwerfen, zuziehen · Schloß, Schlüssel, Verschluß, Verschlossenheit. **Zus.:** ab-, auf-, ver-, zuschließen. **2. a)** ⟨tr.⟩ *machen, daß etwas [vorübergehend, für eine bestimmte Zeit] nicht mehr offen, für einen bestimmten Personenkreis geöffnet, ihm zugänglich ist:* das Geschäft s.; die Schule wurde wegen Einsturzgefahr geschlossen. **sinnv.:** dichtmachen, zumachen. **b)** ⟨tr./itr.⟩ *machen, daß etwas von einer bestimmten Zeit an nicht mehr offen, geöffnet ist:* ich schließe [den Laden] gleich, um 12 Uhr. **sinnv.:** dichtmachen, zumachen. **c)** ⟨itr.⟩ *nicht mehr für die Öffentlichkeit, für einen bestimmten Personenkreis offen, geöffnet sein:* das Geschäft schließt um 18 Uhr; der Betrieb schließt für vier Wochen. **sinnv.:** geschlossen werden, zumachen. **3. a)**

⟨sich s.⟩ *in einen Zustand des Geschlossenseins gelangen:* die Tür des Aufzugs schließt sich; die Blüte schließt sich am Abend. **sinnv.:** zugehen. **b)** ⟨itr.⟩ *sich in bestimmter Weise schließen* (3 a): die Tür schließt automatisch. **sinnv.:** zugehen. **4.** ⟨itr.⟩ a) *mit einem Schlüssel eine Drehbewegung machen, wodurch bewirkt wird, daß etwas für andere offen, zugänglich bzw. abgeschlossen, unzugänglich ist:* du mußt zweimal s.; ich schließe schon rein mechanisch. **Zus.:** ab-, auf-, ver-, zuschließen. **b)** *schließen* (4 a) *können:* der Schlüssel schließt nicht. **5.** ⟨tr.⟩ **a)** *machen, daß etwas/jmd. in etwas gelangt, das dann abgeschlossen, verschlossen wird:* den Schmuck in eine Kassette s. **Zus.:** ein-, verschließen. **b)** *machen, daß etwas an etwas herangebracht, -gestellt und mit ihm mit Hilfe eines Schlosses verbunden wird, so daß es auf diese Weise nicht entfernt werden kann:* das Fahrrad an den Fahrradständer s. **Zus.:** anschließen. **6.** ⟨tr.⟩ **a)** *machen, daß etwas, was auf irgendeine Weise noch unterbrochen, unzusammenhängend war, nun etwas Ganzes, Zusammenhängendes ist, so daß alles miteinander verbunden, nicht mehr durch etwas getrennt ist:* die Reihen, einen Stromkreis s. **sinnv.:** verbinden. **b)** *machen, daß etwas, was auf Grund seines Vorhandenseins etwas unterbricht, trennt oder einen Mangel bedeutet, beseitigt wird:* eine Lücke s. **sinnv.:** zumachen. **Zus.:** ver-, zuschließen. **7.** ⟨tr.⟩ *erklären, daß etwas zu Ende ist, als beendet betrachtet werden kann:* ich schließe die Sitzung, die Versammlung. **sinnv.:** ↑beenden. **8.** **a)** ⟨itr.⟩ *aufhören mit etwas als Schluß, mit etwas, das den Schluß bildet:* der Brief schließt mit folgenden Worten ...; er schloß mit der Bemerkung, daß ...; die Feier schließt damit, daß ein Lied gesungen wird. **sinnv.:** ↑enden. **Zus.:** abschließen. **b)** ⟨tr.⟩ *für etwas Bestimmtes als Schluß wählen:* er schließt seinen Brief mit der Bemerkung, daß ...; er schloß seine Rede mit einem Zitat von Schiller. **sinnv.:** ausgehen lassen, beenden. **Zus.:** ab-, beschließen. **9.** ⟨tr.⟩ *in sich bergen:* dieses Argument schließt einen Widerspruch in sich. **sinnv.:** ↑einschließen. **10.** ⟨itr.⟩ **a)** *als Folge [logisch] aus etwas ableiten:* ich schließe aus deiner Bemerkung, daß ... **sinnv.:** ↑folgern · Schluß. **b)** *auf Grund von etwas annehmen:* der Richter schließt [auf Grund der Ermittlungen] auf Mord. **sinnv.:** ↑meinen, ↑vermuten. **Zus.:** rückschließen. **c)** *von dem, was auf jmdn./etwas zutrifft, was an jmdm./etwas als vorhanden beobachtet wird, ableiten, daß es auch auf jmdn./etwas anderes zutrifft, daß es dort genauso ist:* du darfst nicht von dir auf andere s. **sinnv.:** Rückschlüsse ziehen. **11.** ⟨sich s.⟩ *sich wie ein Ring um etwas legen:* seine Hände schlossen sich um den Hals seines Opfers. **sinnv.:** sich legen um, umfassen. **Zus.:** umschließen. **12.** ⟨Funktionsverb⟩ /in bezug auf eine Übereinkunft/: Frieden s. *(sich versöhnen);* eine Ehe s. *(heiraten);* einen Vertrag s. *(sich verbünden);* mit jmdm. Freundschaft s. *(sich mit jmdm. anfreunden).*

schl̲ie̲ß|lich ⟨Adverb⟩: **1.** /bezeichnet einen Endpunkt nach einer Phase des In-der-Schwebe-Seins/ *nach längerem Zögern; zum Schluß:* s. gab er nach; s. haben wir die Sache doch noch in Angriff genommen. **sinnv.:** am Ende, endlich, letztlich, am Schluß, zuletzt. **2.** /verstärkt eine im Textzusammenhang gegebene Begründung/ *immerhin:* s. ist er doch noch immer sein Vater.

Schlịff, der; -[e]s: **1.** *Art und Weise, in der etwas geschliffen ist:* der S. der Edelsteine ist schön. **sinnv.:** Glätte, Politur. **Zus.:** Brillant-, Glas-, Facettenschliff. **2.** (emotional) *verfeinerte Umgangsformen (die jmdm. durch eine Erziehung vermittelt werden):* er hat keinen S. **sinnv.:** ↑Benehmen, ↑Bildung.

schlịmm ⟨Adj.⟩: **1.** *schwerwiegend und üble Folgen habend:* etwas nimmt ein schlimmes Ende, hat schlimme Folgen; die Sache war nicht so s. wie befürchtet. **sinnv.:** beängstigend, bedenklich, besorgniserregend, ↑fatal, grob, ↑schrecklich, toll, übel, verflucht, verhängnisvoll. **2.** *in hohem Maße unangenehm, unerfreulich o. ä.:* schlimme Zeiten; eine schlimme Nachricht; das ist doch nicht so s. **sinnv.:** arg, grimmig, ↑unangenehm, ↑unerfreulich. **3.** *(in moralischer Hinsicht) verwerflich, böse:* eine schlimme Handlungsweise, Tat. **sinnv.:** ↑böse. **4.** (fam.) *(von einem bestimmten Körperteil, Organ) entzündet:* einen schlimmen Finger haben. **sinnv.:** böse, gerötet, wund.

Schlịn|ge, die; -, -n: **1.** *in bestimmter Weise ineinandergeschlungene Schnur o. ä., die zusammengezogen werden kann:* eine S. machen, zuziehen. **sinnv.:** Schlaufe, Schleife. **2.** *(von Wilderern verwendetes) Gerät zum Fangen von Tieren:* ein Hase hat sich in der S. gefangen. **sinnv.:** ↑Falle.

Schlịn|gel, der; -s, -: *pfiffiger, übermütiger, zu Streichen aufgelegter Junge:* er ist ein S. **sinnv.:** ↑Junge.

schlịn|gen, schlang, hat geschlungen: **1.** ⟨tr.⟩ *etwas um etwas legen bzw. [mehrfach] um etwas herumwickeln:* sie hatte ein Tuch lose um den Hals geschlungen. **sinnv.:** binden, knüpfen; wickeln. **b)** ⟨sich s.⟩ *sich um etwas [herum]winden:* die Planze schlingt sich um die Stäbe des Geländers. **sinnv.:** sich ranken/ringeln/schlängeln um. **Zus.:** umschlingen. **2.** ⟨tr./itr.⟩ *gierig und hastig essen:* er schlang seine Suppe; schling nicht so! **sinnv.:** ↑essen. **Zus.:** herunter-, hinein-, hinunter-, verschlingen.

schlịn|gern ⟨itr.⟩: *(von Schiffen bei Seegang) sich in der Weise um die Längsachse bewegen, daß eine schaukelnde Seitwärtsbewegung entsteht:* das Schiff schlingerte im Sturm. **sinnv.:** dümpeln, rollen, schaukeln, stampfen, auf den Wellen tanzen.

Schlịps, der; -es, -e: ↑*Krawatte.*

Schlịt|ten, der; -s, -: *Fahrzeug mit Kufen an Stelle der Räder, das (als Transportmittel im Schnee) von Pferden oder Hunden gezogen oder in kleiner Form von Kindern zum Fahren im Schnee verwendet wird:* die Kinder fahren S., fahren mit S. den Hang hinunter. **sinnv.:** Bob, Bobsleigh, Rennrodel, Rodel. **Zus.:** Hunde-, Pferde-, Renn-, Rodelschlitten.

schlịt|tern, schlitterte, hat/ist geschlittert ⟨itr.⟩: *auf den Schuhen o. ä. über das Eis gleiten, rutschen:* die Kinder hatten den ganzen Nachmittag geschlittert; die Kinder waren über die gefrorenen Pfützen geschlittert. **sinnv.:** rutschen.

Schlịtt|schuh, der; -[e]s, -e: *unter dem Schuh befestigte oder zu befestigende schmale Kufe aus Stahl, die es ermöglicht, sich auf* *dem Eis gleitend fortzubewegen:* wir sind/haben [früher viel] S. gelaufen; die Schlittschuhe abschnallen.

Schlitz, der; -es, -e: *längliche, schmale Öffnung in etwas [durch die etwas hindurchgesteckt werden kann]:* er schob den Brief durch den S. des Briefkastens. **sinnv.:** Einschnitt, Fuge, Ritze, Spalt, Zwischenraum; ↑Riß. **Zus.:** Briefkasten-, Hosen-, Seh-, Türschlitz.

Schloß, das; Schlosses, Schlösser: **I.** *Vorrichtung zum Verschließen (an Türen und an bestimmten, verschließbaren Behältern):* den Schlüssel ins S. stecken, umdrehen. **Zus.:** Einsteck-, Kasten-, Sicherheits-, Tür-, Vorhängeschloß. **II.** *meist mehrflügliges (den Baustil seiner Zeit repräsentierendes), meist prächtig ausgestattetes Wohngebäude fürstlicher Herrschaften:* auf/in einem S. wohnen. **sinnv.:** ↑Palast. **Zus.:** Barock-, Fürsten-, Jagd-, Königs-, Luft-, Lust-, Stamm-, Wasserschloß.

Schlos|ser, der; -s, -: *Handwerker oder Facharbeiter, der Metall und Kunststoff verarbeitet, bestimmte Gegenstände o. ä. daraus herstellt, formt, montiert o. ä.* **sinnv.:** Mechaniker, Monteur; ↑Installateur. **Zus.:** Auto-, Bauschlosser.

Schlot, der; -[e]s, -e, (seltener:) Schlöte: *hoher Schornstein (von Fabriken und Dampfschiffen):* die Luft wird von den rauchenden Schloten verpestet; er raucht, qualmt wie ein S. (ugs.; *er raucht sehr viel*). **sinnv.:** ↑Schornstein. **Zus.:** Fabrikschlot.

schlot|tern ⟨itr.⟩: **1.** *(vor Kälte oder durch eine Gemütsbewegung verursacht) heftig zittern:* sie schlotterten vor Kälte, vor Angst. **sinnv.:** ↑frieren. **2.** (ugs.) *(von Kleidungsstücken, die dem Träger zu weit [geworden] sind) lose, schlaff am Körper herabhängen:* die Kleider schlotterten ihm um den Leib, schlotterten um seinen Körper. **sinnv.:** baumeln, am Leibe hängen, schlappen, schlenkern. **Zus.:** herumschlottern.

Schlucht, die; -, -en: *tief eingeschnittenes, enges Tal mit steil aufragenden Wänden.* **sinnv.:** Couloir, Kamin, Klamm, Tobel. **Zus.:** Berg-, Felsen-, Gebirgs-, Straßen-, Talschlucht.

Schluck, der; -[e]s, Schlucke, seltener: Schlücke: *soviel (Flüssigkeit), wie man mit einem Mal schlucken kann:* er hat nicht mehr als zwei oder drei Schlukke von dem Kaffee getrunken. **sinnv.:** Zug. **Zus.:** Probeschluck.

schlucken: 1. a) ⟨tr.⟩ *(durch Bewegungen bestimmter Muskeln) vom Mund in die Speiseröhre befördern:* er schluckte eine Tablette. **Zus.:** herunter-, hinunter-, runter-, verschlucken. **b)** ⟨itr.⟩ *Schluckbewegungen machen:* vor Schmerzen im Hals konnte er kaum s. **sinnv.:** ↑essen, schlingen, ↑trinken, hinunterwürgen. **2.** ⟨tr.⟩ (ugs.) *etwas für einen Unangenehmes, ohne aufzubegehren, hinnehmen:* er hat den Vorwurf, den Tadel geschluckt. **sinnv.:** ↑aushalten.

schlu|dern ⟨itr.⟩ (ugs. emotional): *flüchtig und im Ergebnis unordentlich, nachlässig arbeiten:* bei deinen Aufgaben hast du wieder geschludert. **sinnv.:** ↑pfuschen. **Zus.:** hin-, zusammenschludern.

schlud|rig ⟨Adj.⟩: (ugs. emotional): *(in bezug auf jmds. Arbeitsweise o. ä.) unordentlich, nachlässig:* s. arbeiten. **sinnv.:** ↑nachlässig.

Schlum|mer, der; -s: *[als wohltuend, entspannend empfundener] Schlaf:* sie lag im schönsten S.; er wurde in seinem S. gestört; nach kurzem S. erwachte er. **sinnv.:** ↑Schlaf.

schlum|mern ⟨itr.⟩: *sich im Zustand des Schlummers befinden:* der Großvater schlummerte eine Weile im Sessel. **sinnv.:** ↑schlafen. **Zus.:** ein-, ent-, hinüberschlummern.

Schlund, der; -[e]s, Schlünde: *hinter der Mundhöhle und dem Kehlkopf liegender Raum, der in die Speiseröhre übergeht:* er hatte einen trockenen S. **sinnv.:** ↑Rachen. **Zus.:** Höllenschlund.

schlüp|fen, schlüpfte, ist geschlüpft ⟨itr.⟩: **1.** *sich schnell und geschmeidig [durch eine enge Öffnung, einen engen Raum] hindurchbewegen:* er schlüpfte durch den Spalt der Tür; das Wiesel ist durch den Maschendraht geschlüpft. **sinnv.:** sich hindurchdrängen, -zwängen. **Zus.:** durch-, hindurchschlüpfen. **2.** *(in bezug auf ein Wäsche-, Kleidungsstück) ohne Mühe, mit einer schnellen Bewegung anziehen, überstreifen:* sie schlüpfte in den Mantel **sinnv.:** ↑anziehen. **Zus.:** hineinschlüpfen. **3.** *(von den aus abgelegten Eiern hervorgehenden Jungen bestimmter Tiere) aus dem Ei hervorkommen:* die Küken, die Raupen sind geschlüpft. **sinnv.:** auskriechen. **Zus.:** ausschlüpfen.

Schlüp|fer, der; -s, -: *(von Frauen und Kindern getragener) Teil der Unterkleidung, der den unteren Teil des Rumpfes bedeckt.* **sinnv.:** Höschen, Liebestöter, Minislip, Slip, Tanga, Unaussprechliche, Unterhose.

Schlupf|loch, das; -[e]s, Schlupflöcher: *Loch, offene Stelle in einem umschlossenen Bereich o. ä., durch die bes. ein Tier hindurchschlüpfen kann (um so nach draußen bzw. an einen sicheren Ort zu gelangen):* die Tiere sind durch ein Loch im Zaun geschlüpft. **sinnv.:** ↑Durchgang.

schlüpf|rig ⟨Adj.⟩: **a)** *(von einer Oberfläche) so feucht und glatt, daß man keinen Halt findet, leicht abrutscht o. ä.:* auf dem schlüpfrigen Boden rutschte er aus. **sinnv.:** ↑glatt. **b)** *(in bezug auf die Darstellung von Vorgängen aus dem Bereich der Sexualität) zweideutig:* seine Witze sind immer etwas s. **sinnv.:** ↑anstößig, ↑unanständig.

schlur|fen, schlurfte, ist geschlurft ⟨itr.⟩: *die Schuhe hörbar über den Boden schleifend gehen:* man hört ihn durchs Haus s. **sinnv.:** sich ↑fortbewegen, ↑latschen. **Zus.:** an-, herum-, hinaus-, umher-, wegschlurfen.

schlür|fen ⟨tr./itr.⟩: *(eine Flüssigkeit) geräuschvoll, mit Genuß, in kleinen Schlucken trinken:* er schlürfte genußvoll [seinen Kaffee]. **sinnv.:** ↑trinken. **Zus.:** aus-, einschlürfen.

Schluß, der; Schlusses, Schlüsse: **1. a)** ⟨ohne Plural⟩ *Zeitpunkt, an dem etwas aufhört, zu Ende geht:* um 10 Uhr ist S.; am S., kurz vor S. der Veranstaltung; jetzt ist S. damit! **sinnv.:** ↑Ende. **Zus.:** Arbeits-, Dienst-, Einsende-, Jahres-, Laden-, Melde-, Quartals-, Redaktions-, Schul-, Semester-, Sendeschluß. **b)** *letzter Abschnitt, Teil o. ä. von etwas:* der S. des Briefes, des Buches; der Gepäckwagen befindet sich am S. des Zuges. **2.** *Folgerung als Ergebnis einer Überlegung:* das ist kein zwingender S.; aus seinen Äußerungen muß man den S. ziehen, daß ... **sinnv.:** ↑Kombination. **Zus.:** Analogie-, Fehl-, Rück-, Trug-, Zirkelschluß.

Schlụs|sel, der; -s, -: **1.** *Gegenstand zum Öffnen und Schließen eines Schlosses:* den S. ins Schloß stecken. **sinnv.:** Dietrich, Passepartout. **Zus.:** Haupt-, Auto-, Ersatz-, Haus-, Haustür-, Keller-, Koffer-, Tür-, Nach-, Wohnungs-, Zündschlüssel. **2.** *Umstand, Sachverhalt o. ä., der die Erklärung für etwas sonst nicht Verständliches oder Durchschaubares liefert:* dieser Brief war der S. zum Verständnis seines Verhaltens. **sinnv.:** ↑Aufschluß, ↑Lösung. **3.** *Anweisung für das Ver- und Entschlüsseln eines Geheimcodes o. ä.:* ein geheimes Schreiben mit/nach einem S. entziffern. **Zus.:** Chiffrenschlüssel.

Schlụs|sel- ⟨Präfixoid⟩: **1.** */besagt, daß das im Basiswort Genannte eine zentrale, wichtige Stellung für etwas/jmdn. im Zusammenhang mit anderen hat/:* Schlüsselbetrieb, -branche (die Autoindustrie bleibt die Schlüsselbranche), -charakter (den beiden bevölkerungsreichsten Staaten kommt ein Schlüsselcharakter zu), -ereignis, -erlebnis, -figur, -frage, -funktion, -gruppe (die Ohnmacht gegenüber einer kleinen Schlüsselgruppe wie den Fluglotsen) -industrie, -instanz, -kraft (die Schlüsselkräfte der Bauernverbände haben sich in der Organisation vereint), -position, -problem, -reiz, -rolle, -sektor, -situation, -stein (beim Schach), -stellung, -wort. **sinnv.:** Haupt-. **2.** */besagt, daß das im Basiswort Genannte für den Wissenden ein Mittel zum Zugang, zum Verständnis von etwas ist/:* -gedicht, -roman („Mephisto" von Klaus Mann gilt als Schlüsselroman).

Schlụs|sel|bund, der und das; -[e]s, -e: *Anzahl von Schlüsseln [die jmd. – weil er sie täglich braucht – mit sich führt], die auf einem Ring aufgereiht sind [und in einem mit dem Ganzen verbundenen Etui stecken]:* er hat seinen S. verloren. **sinnv.:** Schlüssel[etui].

schlụs|sel|fer|tig ⟨Adj.⟩: *(in bezug auf neue Häuser und Wohnungen) völlig fertiggestellt und bezugsbereit:* die Firma verkauft schlüsselfertige Häuser. **sinnv.:** beziehbar, bezugsfertig, fertig[gestellt].

Schlụß|fol|ge|rung, die; -, -en: *logische Folgerung, die man aus etwas Gegebenem zieht:* zu einer S. kommen; aus den Vorgängen hatte er die S. gezogen, daß man auf seine Mitarbeit wohl keinen Wert legte. **sinnv.:** ↑Kombination.

schlụs|sig ⟨Adj.⟩: **1.** *(in bezug auf eine Argumentation, Begründung o. ä.) überzeugend, zwingend:* ein schlüssiger Beweis; seine Argumente sind nicht s. **sinnv.:** ↑stichhaltig. **2. a)* sich** (Dativ) **s. sein:** *entschlossen sein:* er war sich noch nicht s., ob er kündigen sollte. **b)* sich** (Dativ) **s. werden:** *sich einigen, entscheiden:* sie konnten sich nicht s. werden, ob sie ins Kino gehen oder zu Hause bleiben sollten. **sinnv.:** sich ↑entschließen. **Zus.:** unschlüssig.

Schmạch, die; -: *etwas, was als schwere Kränkung, Schande oder Demütigung empfunden wird:* S. erleiden; jmdm. eine S. antun; jmdn. mit S. und Schande aus seinem Amt entlassen; etwas als S. empfinden. **sinnv.:** ↑Blamage.

schmạch|ten, schmachtete, hat geschmachtet ⟨itr.⟩ (geh.): **1.** *(in jmds. Gewalt) Leiden, Entbehrungen ausgesetzt sein:* die Gefangenen schmachten in Lagern und Gefängnissen. **sinnv.:** die Hölle auf Erden haben, leiden. **Zus.:** verschmachten. **2.** *nach etwas, nach einem bestimmten Menschen schmerzlich verlangen:* er schmachtete nach einem Blick von ihr. **sinnv.:** dürsten, ↑hungern, ↑streben; ↑lieben. **Zus.:** verschmachten.

schmạ̈ch|tig ⟨Adj.⟩: *schmal und dabei sehr zart, schwächlich wirkend:* ein schmächtiger Junge; er war klein und s. **sinnv.:** ↑schlank, schmalbrüstig.

schmạck|haft ⟨Adj.⟩: *gut schmeckend:* das Essen hier, was man hier zu essen bekommt, ist immer sehr s. **sinnv.:** ↑appetitlich.

schmä̱|hen ⟨tr.⟩: *sich mit herabsetzenden Worten, Reden über jmdn. äußern bzw. jmdn. beschimpfen:* er schmähte seinen Gegner, wann immer er Gelegenheit dazu fand. **sinnv.:** ↑kränken, lästern, ↑schelten. **Zus.:** verschmähen.

schmä̱h|lich ⟨Adj.⟩ (geh.): *so geartet, daß es einen Schimpf, eine Schmähung darstellt, Verachtung ausdrückt:* eine schmähliche Behandlung; ein schmählicher Verrat; jmdn. s. im Stich lassen. **sinnv.:** ↑gemein, ↑unrühmlich.

schma̱l, schmaler/schmäler, schmalste/seltener: schmälste ⟨Adj.⟩: **1. a)** *von geringer Ausdehnung in seitlicher Richtung* /Ggs. breit/: ein schmaler Weg; der Fluß ist an dieser Stelle sehr s. **sinnv.:** beengt, begrenzt, eingeengt, eng, klamm, zusammengepreßt, ↑länglich. **b)** *(in bezug auf die menschliche Gestalt oder einzelne Körperteile) auffallend schlank, zart wirkend:* er, sie ist sehr s. [geworden]; seine Hüften, ihre Hände sind sehr s.; ein schmales Gesicht. **sinnv.:** ↑schlank, ↑zart. **2.** *(in bezug auf Menge, Anzahl o. ä., in der etwas zur Verfügung steht) gering, knapp:* er hat nur ein schmales Einkommen; die Erträge werden immer schmaler. **sinnv.:** ↑minimal.

schmä̱|lern ⟨tr.⟩: *geringer werden lassen:* diese Ausgaben schmälern den Gewinn; ich will deine Verdienste nicht s. **sinnv.:** verkleinern, ↑verringern; ↑antasten.

Schmạlz, das; -es: *durch Auslassen von fettem Fleisch (z. B. von Schwein oder Gans) gewonnenes, leicht streichbares Fett:* ein Brot mit S. **sinnv.:** ↑Fett. **Zus.:** Butter-, Gänse-, Grieben-, Schweineschmalz.

schmạl|zig ⟨Adj.⟩: *sentimental und süßlich, übertrieben gefühlvoll:* ein schmalziges Lied; s. singen. **sinnv.:** ↑rührselig.

schma|rọt|zen ⟨itr.⟩: *auf Kosten anderer leben:* er schmarotzt bei seinen Verwandten. **sinnv.:** sich durchessen, nassauern, schnorren; ↑ausnutzen.

Schma|rọt|zer, der; -s, -: **a)** *Pflanze, Tier, das in oder auf anderen Lebewesen lebt (und aus diesen seine Nahrung saugt):* Pilze sind häufig S. **sinnv.:** ↑Schädling. **b)** *jmd., der gerne schmarotzt:* er ist ein typischer S. **sinnv.:** Nassauer, Parasit, Schnorrer, Trittbrettfahrer.

Schmạtz, der; -es, -e:, *herzhafter, von einem schmatzenden Laut begleiteter Kuß:* jmdm. einen S. geben. **sinnv.:** ↑Kuß.

schmạt|zen ⟨itr.⟩: *beim Essen einen Laut hervorbringen (der durch das Öffnen des vollen Mundes entsteht).* **sinnv.:** ↑essen.

schmau̱|chen ⟨tr.⟩: *(genüßlich bes. Pfeife) rauchen:* am Abend schmaucht er behaglich eine Pfeife. **sinnv.:** ↑rauchen.

Schmau̱s, der; -es, Schmäuse (veraltend; noch scherzh.):

reichhaltige, bes. leckere Mahlzeit, die von den Essenden mit Genuß eingommen wird: einen S. halten; zum S. laden. **sinnv.:** ↑Essen. **Zus.:** Augen-, Fest-, Hochzeits-, Leichen-, Ohrenschmaus.

schmau|sen ⟨tr./itr.⟩: *mit großem Genuß reichlich und gut essen und trinken:* sie schmausten [einen gebratenen Fasan]. **sinnv.:** ↑essen. **Zus.:** verschmausen.

schmecken: **a)** ⟨itr.⟩ *einen bestimmten Geschmack haben:* etwas schmeckt süß, sauer, bitter. **b)** ⟨itr.⟩ *jmds. Vorlieben (bezüglich des Geschmacks o. ä. einer Speise) in bestimmter Weise entsprechen:* das schmeckt [mir] gut, nicht; das Eis schmeckt wunderbar. **c)** ⟨itr.⟩ *jmdm. gut schmekken:* das/es schmeckt [mir]; schmeckt's? **sinnv.:** den Gaumen kitzeln, dem Gaumen schmeicheln, etwas für den verwöhnten Gaumen sein, munden, nach mehr schmecken. **d)** ⟨tr.⟩ *als Geschmack bei etwas besonders hervortreten:* man schmeckte den Knoblauch im Salat kaum. **Zus.:** heraus-, vorschmecken. **e)** ⟨itr.⟩ *einen bestimmten vorherrschenden bzw. deutlich feststellbaren Geschmack haben:* das Essen hat nach nichts, hat zu sehr nach Knoblauch geschmeckt.

Schmei|che|lei, die; -, -en ⟨meist Plural⟩: *Worte, die jmdn. angenehm berühren sollen, indem sie seine Vorzüge hervorheben oder ihn in übertriebener Weise loben:* auf Schmeicheleien hereinfallen; jmdm. Schmeicheleien sagen. **sinnv.:** ↑Kompliment.

schmei|chel|haft ⟨Adj.⟩: *so geartet, daß es für jmdn. ein großes Lob darstellt:* etwas ist sehr, ist wenig s. für jmdn.; er erhielt ein schmeichelhaftes Lob. **sinnv.:** ↑angenehm.

schmei|cheln ⟨itr.⟩: **a)** *(jmdn.) in übertriebener Weise loben, ihm nicht wirklich ehrlich gemeinte Komplimente machen (um ihn für sich einzunehmen):* er schmeichelte ihr, sie sei eine große Künstlerin. **sinnv.:** jmdm. um den Bart gehen, jmdm. Brei um den Mund/ums Maul schmieren, flattieren, jmdm. zu Gefallen reden, Süßholz raspeln. **Zus.:** ein-, umschmeicheln. **b)** *jmdn. freuen, jmds. Selbstbewußtsein heben:* dieses Lob schmeichelte ihm. **sinnv.:** ↑gefallen. **c)** ⟨sich s.⟩ *sich etwas Bestimmtes zugute halten:* ich schmeichle mir, die Sache richtig eingeschätzt zu haben; ohne mir s. zu wollen, möchte ich sagen ... **sinnv.:** sich einbilden.

schmei|ßen, schmiß, hat geschmissen (ugs.): **1. a)** ⟨tr.⟩ *[mit Vehemenz, im Zorn o. ä.] an eine bestimmte Stelle werfen oder schleudern:* etwas auf den Boden, in den Papierkorb s.; er hatte ihm einen Stein an den Kopf, den Schlüssel vor die Füße geschmissen. **sinnv.:** ↑werfen. **Zus.:** ein-, heraus-, hin-, hinaus-, kaputt-, ran-, raus-, runter-, weg-, zer-, zuschmeißen. **b)** ⟨itr.⟩ *mit etwas werfen:* mit Steinen s. **2.** ⟨tr.⟩ (ugs.) *eine bestimmte Arbeit, Aufgabe o. ä. (in einer bewundernswerten Weise, mit Elan, mühelos) bewältigen:* er schmeißt die Sache, den Laden hier. **sinnv.:** ↑bewerkstelligen. **3.** ⟨tr.⟩ (Jargon) *durch Ungeschick o. ä. verpatzen, mißlingen lassen:* durch einen Versprecher hätte er beinahe die ganze Sendung, die Szene geschmissen. **sinnv.:** ↑verderben.

schmel|zen, schmilzt, schmolz, ist/hat geschmolzen: **1.** ⟨itr.⟩ *unter Einfluß von Wärme flüssig werden:* das Eis schmilzt [an/in der Sonne]; bei einer bestimmten Temperatur s. **sinnv.:** sich ↑auflösen, ↑fließen, ↑tauen, zerfließen, zergehen, zerlaufen, ↑zerrinnen. **2.** ⟨tr.⟩ *durch Wärme flüssig machen:* Metall s. **sinnv.:** auflösen, flüssig machen, verflüssigen, ↑zerlassen; ↑auftauen.

Schmerz, der; -es, -en: **1.** *(durch eine Verletzung, durch Krankheit o. ä. ausgelöste) sehr unangenehme, peinigende körperliche Empfindung:* ein bohrender, dumpfer S.; vor Schmerzen aufschreien; von Schmerzen geplagt sein; hast du Schmerzen?; er fühlte einen stechenden S. im Kopf. **sinnv.:** Leiden, Martyrium, Qual · Beißen, Brennen · Reißen, Ziehen · Stechen, Stich · Folter, Marter, Tortur, Wehe. **Zus.:** Bauch-, Hals-, Herz-, Kopf-, Leib-, Rücken-, Zahnschmerz[en] · Phantomschmerz. **2.** ⟨Plural selten⟩ *großer Kummer, Leid (das bes. durch den Tod eines nahestehenden Menschen verursacht wird):* der S. über den Tod des Kindes; etwas erfüllt jmdn. mit S. **sinnv.:** ↑Leid. **Zus.:** Abschieds-, Weltschmerz.

schmer|zen ⟨itr.⟩: **a)** *körperliche Schmerzen bereiten, verursachen:* der Rücken schmerzte ihn/ihm. **sinnv.:** ↑peinigen. **b)** *jmdn. mit Kummer, mit seelischem Schmerz erfüllen:* sein schroffes Verhalten schmerzte mich. **sinnv.:** ↑kränken. **Zus.:** verschmerzen.

schmerz|frei ⟨Adj.⟩: *frei von Schmerzen, ohne Schmerzen:* der Patient war den ganzen Tag s. **sinnv.:** beschwerdefrei, schmerzlos.

schmerz|haft ⟨Adj.⟩: *Schmerzen verursachend; mit Schmerzen verbunden:* eine schmerzhafte Verletzung; ein schmerzhafter Eingriff. **sinnv.:** peinigend, quälend, qualvoll, schmerzvoll · beißend · bohrend · brennend · stechend.

schmerz|lich ⟨Adj.⟩: *seelische Schmerzen, Kummer verursachend; mit seelischen Schmerzen, mit Kummer verbunden:* ein schmerzlicher Verlust. **sinnv.:** ↑herb · ↑traurig.

schmerz|los ⟨Adj.⟩: *keine Schmerzen verursachend; ohne (damit verbundene) Schmerzen:* eine schmerzlose Behandlung. **sinnv.:** ↑schmerzfrei.

Schmet|ter|ling, der; -s, -e: *(in vielen Arten vorkommendes) Insekt mit zwei mehr oder weniger großen, meist farbig gezeichneten Flügelpaaren:* ein S. gaukelt durch die Luft, flattert, fliegt von Blüte zu Blüte. **sinnv.:** Falter, Motte, Nacht-, Tagfalter.

schmet|tern: **1.** ⟨tr.⟩ *heftig und mit lautem Knall werfen, schleudern, schlagen o. ä.:* er schmetterte das Buch auf den Tisch, die Tür ins Schloß. **sinnv.:** ↑werfen. **Zus.:** nieder-, zer-, zuschmettern. **2. a)** ⟨itr.⟩ *laute, hallende Töne hervorbringen:* die Trompeten schmetterten. **sinnv.:** ↑schallen. **Zus.:** heraus-, hinaus-, losschmettern. **b)** ⟨tr./itr.⟩ *unbekümmert laut singen:* ein Lied s. **sinnv.:** ↑singen.

Schmied, der; -[e]s, -e: *Handwerker oder Facharbeiter der bes. Eisen (in glühendem Zustand) durch Formen mit dem Hammer (auf einem Amboß) bearbeitet, formt.* **Zus.:** Gold-, Hammer-, Huf-, Kessel-, Kunst-, Messerschmied · Pläne-, Ränke-, Reimschmied.

schmie|den, schmiedete, hat geschmiedet ⟨tr.⟩: **a)** *als Schmied bearbeiten:* Eisen in glühendem Zustand s. **Zus.:** an-, zurecht-, zusammenschmieden. **b)** *aus* *glühendem Metall, bes. Eisen, mit einem Hammer formen, herstellen:* Waffen, Hufeisen, ein Gitter, eine Klinge s.

schmie|gen ⟨tr.⟩: *sich, einen Körperteil (aus einem Bedürfnis nach Nähe, Zärtlichkeit oder Schutz) eng an jmds Körper drükken:* sich an die Mutter s.; er schmiegte seinen Kopf in ihre Hand. **sinnv.:** sich anschmiegen.

schmieg|sam ⟨Adj.⟩: *weich und sich daher einer Form leicht anpassend:* Stiefel aus schmiegsamem Leder. **sinnv.:** ↑biegsam.

schmie|ren: **1.** ⟨tr./itr.⟩ *mit einem bestimmten Fett oder Öl leicht gleitend machen:* eine Achse, eine Türangel s.; du mußt noch mehr s. **sinnv.:** ↑abschmieren. **2.** ⟨tr.⟩ **a)** *(etwas von weicher Konsistenz) auf etwas streichen:* Butter auf das Brot, Salbe auf die Haut, die Wunde s. **sinnv.:** ↑auftragen, ↑bestreichen. **Zus.:** einschmieren. **b)** *(mit einem Brotaufstrich) versehen, bestreichen:* ein Brötchen, eine Scheibe Brot [mit Marmelade] s. **3. a)** ⟨tr./itr.⟩ *undeutlich, unsauber schreiben, zeichnen, malen:* etwas in das Heft s.; der Schüler hat geschmiert. **sinnv.:** ↑malen, ↑schreiben. **Zus.:** be-, verschmieren. **b)** ⟨itr.⟩ *(in bezug auf ein Schreib-, Malgerät o. ä.) Flekken, unsaubere Striche hervorbringen:* die Feder, der Pinsel schmiert. **sinnv.:** ↑kleckern.

Schmier|geld, das; -[e]s, -er ⟨meist Plural⟩ (ugs.): *Geld, mit dem jmd. bestochen wird:* Schmiergelder zahlen. **sinnv.:** Bestechungsgeld, -summe, Handgeld, Schmiermittel, Schweigegeld.

schmie|rig ⟨Adj.⟩: **a)** *(in unappetitlich wirkender Form) mit feuchtem, klebrigem Schmutz bedeckt:* schmierige Hände, Schuhe. **sinnv.:** ↑schmutzig. **b)** *von feucht-klebriger bzw. glitschiger Beschaffenheit:* eine schmierige Schicht, ein schmieriger Film bedeckt etwas. **sinnv.:** ↑klebrig.

Schmier|pa|pier, das; -s: *billiges Papier, auf dem schnell etwas entworfen, skizziert oder notiert werden kann:* S. kaufen.

Schmin|ke, die; -, -n: *kosmetisches Mittel (in Form von getönten Cremes, Puder o. ä.), das dazu dient, das Gesicht zu verschönern bzw. bei Schauspielern zu verwandeln:* S. auftragen, abwaschen, benutzen. **sinnv.:** Make-up, Rouge · Lippenstift.

schmin|ken ⟨tr.⟩: *jmdm., sich (auf einer bestimmten Gesichtspartie) Schminke, Make-up o. ä. auftragen, auflegen:* den Schauspieler für die Vorstellung s.; sie hat sich, ihr Gesicht stark geschminkt. **sinnv.:** sich anmalen/anschmieren/anstreichen/bemalen, Farbe/Rouge/Schminke auflegen, auftragen, sich ↑zurechtmachen, die Lippen nachziehen, Lippenstift verwenden, sich pudern. **Zus.:** ab-, über-, wegschminken.

schmir|geln ⟨tr.⟩: *(die Oberfläche von etwas) mit Schmirgelpapier o. ä. bearbeiten und dadurch säubern, aufrauhen oder glätten:* die Eisenbeschläge s. **sinnv.:** ↑polieren. **Zus.:** abschmirgeln.

Schmiß, der; Schmisses, Schmisse: **1.** *durch eine Verletzung, einen Hieb (mit einer Schlagwaffe) verursachte Narbe, bes. im Gesicht:* was hast du da für einen S. im Gesicht, am Bein?; der Student hat mehrere Schmisse. **sinnv.:** ↑Narbe. **2.** ⟨ohne Plural⟩ (ugs.) *(bes. in bezug auf bestimmte Musik) durch ein gewisses Tempo, durch akzentuierten Rhythmus o. ä. erzeugter Schwung:* die Musik hat S. **sinnv.:** ↑Schwung.

schmis|sig ⟨Adj.⟩ (emotional): *(bes. in bezug auf bestimmte Musik) Schwung habend:* die Kapelle spielte schmissige Musik. **sinnv.:** ↑beschwingt, flott, ↑schwungvoll.

Schmö|ker, der; -s, - (ugs.): *meist dickeres Buch mit unterhaltendem, spannendem [als nicht sehr qualitätsvoll beurteiltem] Inhalt:* was liest du denn da für einen S.? **sinnv.:** ↑Buch.

schmö|kern ⟨tr./itr.⟩ (ugs.): *gemütlich und längere Zeit etwas Unterhaltsames, Spannendes o. ä. lesen:* er schmökert gern [Kriminalromane, in Kriminalromanen]. **sinnv.:** ↑lesen. **Zus.:** durch-, herumschmökern.

schmol|len ⟨itr.⟩: *seine Enttäuschung über jmdn./etwas durch gekränktes Schweigen zum Ausdruck bringen:* wenn sie nicht bekommt, was sie haben will, schmollt sie [mit uns]. **sinnv.:** beleidigt sein, den Beleidigten spielen, mit jmdm. böse sein, einen Flunsch ziehen, ein Gesicht machen/ziehen, grollen, die beleidigte Leberwurst spielen, einen Schmollmund machen, sich in den Schmollwinkel zurückziehen.

schmo|ren ⟨tr./itr.⟩: *kurz anbraten und anschließend im eigenen Saft garen lassen; langsam kochen, braten:* Fleisch s.; der Braten muß noch länger s. **sinnv.:** ↑braten, ↑dämpfen.

Schmuck, der; -[e]s: **a)** *[aus edlem Metall, Edelsteinen hergestellter] schmückender, sichtbar am Körper getragener Gegenstand:* sie trug kostbaren S. auf dem Fest. **sinnv.:** Bijouterie, Geschmeide, Juwel, Kleinod, Pretiosen, Schmucksachen, Schmuckstück, Zierde. **Zus.:** Familien-, Gold-, Mode-, Silberschmuck. **b)** *schmückendes Beiwerk an, bei etwas:* der figurale S. der Fassade; Blumengestecke standen als S. auf dem Tisch. **sinnv.:** ↑Dekoration.

schmücken ⟨tr.⟩: *etwas/jmdn. (aus besonderem Anlaß) mit Schmuck versehen:* den Weihnachtsbaum s. **sinnv.:** ausschmücken, ↑besetzen, ↑dekorieren, drapieren, garnieren, (sich) schönmachen, verschönern, verzieren, zieren; anlegen.

schmud|de|lig ⟨Adj.⟩ (ugs.): *nicht richtig sauber:* sie sieht immer etwas s. aus; er trug einen schmuddeligen Mantel. **sinnv.:** ↑schmutzig.

schmug|geln ⟨tr./itr.⟩: *heimlich über die Grenze bringen, um den Zoll oder ein Verbot zu umgehen:* Diamanten, Waffen, Kaffee s.; er hat sein ganzes Leben lang geschmuggelt. **sinnv.:** schieben, Schleichhandel/Schwarzhandel treiben.

Schmugg|ler, der; -s, -, **Schmugg|le|rin,** die; -, -nen: *männliche bzw. weibliche Person, die schmuggelt.* **sinnv.:** Schieber, Schleichhändler, Schwarzhändler.

schmun|zeln ⟨itr.⟩: *mit geschlossenem, leicht breitgezogenem Mund lächeln (als Ausdruck der Zufriedenheit, des Belustigtseins):* er schmunzelte über meine Bemerkung. **sinnv.:** ↑lachen.

schmu|sen ⟨itr.⟩ (ugs.): *zärtlich sein:* er hat mit ihr geschmust. **sinnv.:** ↑liebkosen.

Schmutz, der; -es: *etwas, was sich an/auf/in etwas als Verunreinigung befindet:* den S. [von den Schuhen] kratzen. **sinnv.:** Dreck, Kot, Sauerei, ↑Schlamm, Schmiere, Schweinerei, Staub, ↑Unrat, Unreinigkeit.

schmut|zen ⟨itr.⟩: *Schmutz annehmen:* der helle Stoff schmutzt schnell.

Schmụtz|fink, der; -en, -en: *jmdn., der (zum Ärger des Sprechers) immer schmutzig ist oder etwas schmutzig macht:* dieser S. läuft mit seinen dreckigen Schuhen durch die ganze Wohnung. **sinnv.:** Dreckfink, Dreckspatz, Dreckschwein, Ferkel, Mistfink, Pottsau, Sau, Schmierfink, Schwein.

schmụt|zig ⟨Adj.⟩: **a)** *mit Schmutz behaftet:* schmutzige Hände haben; die Fenster sind s. **sinnv.:** angeschmutzt, angestaubt, mit Dreck und Speck, dreckig, fettig, fleckig, kotig, mistig, murklig, ölig, schmierig, schmuddelig, schnuddelig, schmutzstarrend, speckig, staubig, trübe, unansehnlich, unrein, unsauber, verdreckt, verfleckt, versaut, verschmutzt. **b)** ↑*unanständig:* schmutzige Gedanken haben; schmutzige Witze. **sinnv.:** ↑gemein.

Schnạ|bel, der; -s, Schnäbel: **a)** *(aus Ober- und Unterkiefer gebildeter) vorspringender, oft spitz auslaufender, von einer Hornschicht überzogener Fortsatz am Kopf des Vogels, mit dem er die Nahrung aufnimmt:* die jungen Vögel sperrten die Schnäbel auf. **sinnv.:** ↑Mund. **Zus.:** Enten-, Geierschnabel · Grünschnabel · Schiffsschnabel. **b)** (ugs.) *Mund (in bezug auf das Sprechen):* halt den S.! *(sei still!).*

Schnạl|le, die; -, -n: *Vorrichtung zum Schließen von Gürteln, Taschen u.a.* **sinnv.:** Koppelschloß, Schließe. **Zus.:** Gürtel-, Schuhschnalle.

schnạl|zen ⟨itr.⟩: *einen kurzen, leicht knallenden Laut hervorbringen, z.B. mit der an den Gaumen gedrückten und schnell zurückgezogenen Zunge, auch mit Daumen und Mittelfinger:* mit der Zunge, mit den Fingern s. **sinnv.:** knipsen, schnippen, schnipsen.

schnạp|pen ⟨tr.⟩ (ugs.): **a)** *einen Dieb, einen Verbrecher [unmittelbar] nach der Tat ergreifen, festnehmen:* man hat den Bankräuber geschnappt. **sinnv.:** ↑ergreifen. **b)** *schnell ergreifen:* er schnappte seine Mappe und rannte die Treppe hinunter; ⟨auch itr.:⟩ der Hund schnappte nach meiner Hand. **sinnv.:** ↑nehmen; ↑packen.

Schnạps, der; -es, Schnäpse: *scharf gebranntes, hochprozentiges alkoholisches Getränk:* S. trinken; S. brennen. **sinnv.:** ↑Branntwein. **Zus.:** Kirsch-, Pflaumen-, Reis-, Wacholder-, Zwetschenschnaps.

schnạr|chen ⟨itr.⟩: *im Schlaf beim Atmen mit [leicht] geöffnetem Mund rasselnde, röchelnde Laute hervorbringen:* er schnarcht so stark, daß ich nicht schlafen kann. **sinnv.:** ↑schlafen.

schnạr|ren ⟨itr.⟩: *dumpf knarrende Laute von sich geben:* die Klingel schnarrte. **sinnv.:** ↑knarren, schnurren, schrillen; ↑krächzen; ↑sprechen.

schnạt|tern ⟨itr.⟩: *einen dem Klappern ähnlichen, knarrenden Laut von sich geben:* die Gänse schnattern. **sinnv.:** ↑krächzen.

schnau|ben ⟨itr.⟩: *Luft aus der Nase blasen:* der Hengst schnaubte ungeduldig. **sinnv.:** ↑atmen; ↑fauchen.

schnau|fen ⟨itr.⟩: *schwer und hörbar atmen:* beim Treppensteigen schnaufte er stark. **sinnv.:** pusten; ↑atmen.

Schnau|fer, der; -s, - (ugs.): *einmaliges tiefes Ein- und Ausatmen:* einen S. vernehmen, hören lassen. **sinnv.:** Atemzug.

Schnau|ze, die; -, -n: **a)** *Maul und Nase bei manchen Tieren:* der Hund hat eine kalte S. **sinnv.:** ↑Mund. **Zus.:** Hundeschnauze. **b)** ⟨ohne Plural⟩ (derb) *Mund:* halt die S.! **Zus.:** Groß-, Quadrat-, Revolver-, Schandschnauze.

Schnau|zer, der; -s, -: **1.** *kleiner, lebhafter Hund mit gedrungenem Körper, rauhem, drahtigem Fell von schwarzer oder grauer Farbe, aufrecht stehenden, spitz kupierten Ohren, dichten Brauen und einer Art kräftigem Schnauzbart.* **2.** *kräftiger, wenig gestutzter Oberlippenbart:* er hatte sich einen überhängenden S. wachsen lassen. **sinnv.:** ↑Bart.

Schnẹcke, die; -, -n: *kriechendes (Weich)tier mit länglichem Körper, zwei Fühlerpaaren am Kopf, oft mit einem spiralartig geformten, spitz nach oben auslaufenden Gehäuse (aus Kalk).* **Zus.:** Nackt-, Purpur-, Weinbergschnecke.

Schnee, der; -s: *Niederschlag (aus gefrorenem Wasser) in Form weißer Flocken:* gestern fiel zehn Zentimeter S. **sinnv.:** Schneefall, Schneeflocke, Schneegestöber, Schneeregen, Schneesturm, Schneetreiben · Firn, Harsch; ↑Niederschlag. **Zus.:** Firn-, Neu-, Papp-, Pulverschnee.

Schnee|ball, der; -[e]s, Schneebälle: *mit den Händen ballförmig zusammengedrückter Schnee:* mit Schneebällen werfen.

Schnee|be|sen, der; -s, -: *Küchengerät, mit dem bes. Eiweiß zu Schaum geschlagen wird.* **sinnv.:** Schaumschläger, Schneeschläger.

Schnee|ge|stö|ber, das; -s: *von starkem Wind begleiteter Schneefall:* ein dichtes S. **sinnv.:** ↑Schnee.

Schnee|glöck|chen, das; -s, -: *kleine, zu Beginn des Frühjahrs blühende Pflanze mit langen, schmalen Blättern und glockenförmiger, weißer Blüte.*

Schnee|mann, der; -[e]s, Schneemänner: *(im Winter im Freien) aus Schnee geformte menschenähnliche Gestalt:* einen S. bauen.

Schnee|we|he, die; -, -n: *von Wind, Sturm zusammengewehte Anhäufung von Schnee:* er blieb mit seinem Auto in einer S. stekken. **sinnv.:** Schneewächte, Wächte.

schnee|weiß ⟨Adj.⟩: *weiß wie Schnee:* er hat schneeweißes Haar. **sinnv.:** ↑weiß.

Schneid, der; -s: *Mut und Tatkraft, Schwung:* zu diesem Unternehmen fehlt mir der S.; S. haben. **sinnv.:** ↑Mut.

Schnei|de, die; -, -n: *die scharfe Seite eines Gegenstandes, mit dem man schneidet:* die S. eines Messers, eines Beiles. **sinnv.:** Klinge.

schnei|den, schnitt, hat geschnitten: **1. a)** ⟨tr.⟩ *[mit dem Messer] zerteilen oder abtrennen:* Fleisch, Brot, Gras s.; Zweige vom Baum s. **sinnv.:** mähen, sägen, schroten; ↑abschneiden; ↑spalten; ↑zerlegen; ↑schaben. **b)** ⟨itr.⟩ *in bestimmter Weise scharf sein:* das Messer, die Schere schneidet gut, schlecht. **2.** ⟨tr.⟩ *(auf eine gewünschte Länge) kürzen, stutzen:* Bäume, Sträucher s.; sich die Haare s. lassen; einen Film s. *(nicht interessante, auch unerwünschte Teile entfernen).* **sinnv.:** ↑beschneiden. **3.** ⟨tr.⟩ *einen bestimmten Schnitt geben:* das Kleid, den Anzug eng, modern s.; ein gut, weit geschnittener Mantel. **4.** ⟨tr./itr.⟩ *jmdn./sich mit einem Messer oder ähnlich scharfem Gegenstand verletzen:* der Friseur hat mich geschnitten; ich habe mich am Glas geschnitten; ich habe mir, mich in die Hand geschnitten. **sinnv.:** ↑verletzen. **5.** ⟨sich s.⟩ *sich kreuzen:* die beiden Linien, Straßen schneiden sich. **6.** ⟨tr.⟩ *bewußt nicht beachten:* jmdn. [bei einer Zusammenkunft] s. **sinnv.:** ↑ignorieren.

Schnei|der, der; -s, -, **Schnei|de|rin,** die; -, -nen: *männliche bzw. weibliche Person, die im Anfertigen von Kleidung ausgebildet ist.* **sinnv.:** Kürschner. **Zus.:** Änderungs-, Damen-, Flick-, Haus-, Herren-, Maß-, Modellschneider.

schnei|dern ⟨tr.⟩: *(ein Kleidungsstück) wie ein Schneider anfertigen:* ein Kostüm s.; das Kleid habe ich [mir] selbst geschneidert. **sinnv.:** ↑nähen.

schnei|dig ⟨Adj.⟩: *in imponierender Weise kraftvoll-forsch:* ein schneidiger Offizier. **sinnv.:** draufgängerisch, ↑forsch; ↑schwungvoll, soldatisch.

schnei|en, schneite, hat/ist geschneit ⟨itr.⟩: **1.** *als Schnee vom Himmel fallen:* es hat die ganze Nacht geschneit. **sinnv.:** Frau Holle schüttelt die Betten, es gibt Schnee; ↑hageln; ↑regnen. **Zus.:** ein-, zuschneien. **2.** *unerwartet, überraschend an einen bestimmten Ort, zu jmdm. kommen:* die ganze Familie ist mir gestern ins Haus geschneit. **sinnv.:** ↑besuchen; ↑kommen.

Schnei|se, die; -, -n: *waldfreier Streifen Land in einem Wald, der u. a. für den Abtransport von Holz angelegt ist.* **sinnv.:** Kahlschlag, Lichtung.

schnell ⟨Adj.⟩: **a)** *mit großer Geschwindigkeit* /Ggs. langsam/: s. laufen, sprechen; er ist zu s. gefahren. **sinnv.:** mit einem Affenzahn/-tempo, a tempo, behende, wie der Blitz, wie ein geölter Blitz, in [größter/höchster/fliegender/rasender Eile, eilends, eilig, wie die Feuerwehr, fix, flink, forsch, geschwind, mit affenartiger Geschwindigkeit, mit fliegender Hast, haste was kannste, hastig, holterdiepolter, hurtig, mit Karacho, leicht, leichtfüßig, pfeilgeschwind, pfeilschnell, ↑rapid[e], rasant, rasch, mit -zig/achtzig Sachen, im Schweinsgalopp, spritzig, stürmisch, im Sturmschritt, wie von der Tarantel gestochen, wie der Wind, zügig. **Zus.:** blitz-, spurtschnell. **b)** *in kurzer Zeit, bald:* wir müssen s. eine Entscheidung treffen. **sinnv.:** blitzartig, im Flug/Nu, flugs, geschwind, im Handumdrehen, ↑kurz, kurzfristig, in Null Komma nichts, rasch, ruck, zuck, Schlag auf Schlag, schleunig[st], auf die schnelle, schnellstens, auf dem schnellsten Wege · Hals über Kopf, übereilt, ohne Überlegung, überstürzt, ↑voreilig. **Zus.:** reaktions-, vorschnell.

schnel|len, schnellte, hat/ist geschnellt: **1.** ⟨itr.⟩ *sich plötzlich federnd, mit einem Schwung o. ä. irgendwohin bewegen:* der Pfeil schnellte in die Luft; der Fisch ist aus dem Wasser geschnellt; erschrocken schnellte er von seinem Sitz. **sinnv.:** ↑springen. **2.** ⟨tr.⟩ *ruckartig und federnd bewegen:* den Zeigefinger gegen jmdn. s. **sinnv.:** ↑schnipsen.

schnell|stens ⟨Adverb⟩: *auf schnellstem Wege, sehr schnell:* das muß s. erledigt werden. **sinnv.:** ↑schnell.

Schnell|zug, der; -[e]s, Schnellzüge: ↑*D-Zug.* **sinnv.:** ↑Zug. **Zus.:** Fern-, Nachtschnellzug.

schneu|zen, sich: *sich [durch kräftiges Ausstoßen von Luft] die Nase putzen.* **sinnv.:** sich ausschnauben, [sich] schnauben, rotzen, trompeten.

schnip|peln ⟨itr.⟩ (ugs.): ↑*schnipseln.*

schnip|pen (ugs.): ↑*schnipsen.*

schnip|pisch ⟨Adj.⟩: *kurz angebunden und etwas frech:* ein schnippisches Mädchen; er gab eine schnippische Antwort. **sinnv.:** ↑frech; ↑spöttisch.

Schnip|sel, der und das; -s, -: *kleines abgerissenes Stück; Fetzen (meist von Papier):* die S. auf dem Boden zusammenkehren. **sinnv.:** Papierschnitzel, Schnitzel; ↑Abfall; ↑Flicken. **Zus.:** Papierschnipsel.

schnip|seln ⟨itr.⟩: *in kleine Stücke, Schnipsel schneiden, reißen.* **sinnv.:** ↑zerlegen.

schnip|sen: a) ⟨tr.⟩ *(einer Sache) mit schnellendem Finger einen Stoß geben, so daß sie nach vorn fliegt:* er schnipste einen Krümel vom Tisch. **sinnv.:** schnellen, schnippen, wegschnellen; ↑werfen. **b)** ⟨itr.⟩ *mit Daumen und Mittelfinger ein schnalzendes Geräusch machen:* wenn ein anderes Bild gezeigt werden sollte, schnipste er. **sinnv.:** ↑schnalzen.

Schnitt, der; -[e]s, -e: **1. a)** *das Schneiden:* das Geschwür mit einem S. öffnen. **Zus.:** Kaiser-, Luftröhrenschnitt. **b)** *das Ergebnis des Schneidens:* ein tiefer S. war zu sehen. **sinnv.:** ↑Einschnitt; ↑Kerbe. **Zus.:** Baum-, Rasenschnitt. **2.** *Ernte, die durch Schneiden gewonnen wird:* der S. des Getreides, Grases. **sinnv.:** ↑Ernte. **Zus.:** Getreide-, Grasschnitt. **3.** *Bearbeitung eines Films durch das Herausschneiden uninteressanter oder unerwünschter Stellen:* den S. dieses Filmes besorgte Herr Maier. **4.** *Art, wie etwas geschnitten wird/ist:* der S. dieses Kleides gefällt mir. **sinnv.:** ↑Form; ↑Machart. **Zus.:** Gesichtsschnitt · Kimono-, Raglanschnitt · Bürsten-, Fasson-, Haar-, Herren-, Messer-, Pagenschnitt. **5.** ↑*Durchschnitt:* der S. liegt bei fünfzig Anfragen pro Tag; er fuhr im S. 100 km in der Stunde.

Schnit|te, die; -, -n: *Scheibe Brot:* eine S. mit Wurst essen. **sinnv.:** Bemme, [belegtes] Brot, Butterbrot, Schnittchen, Scheibe/Stück [Brot], Toast; ↑Sandwich. **Zus.:** Brotschnitte.

schnit|tig ⟨Adj.⟩: *von eleganter, sportlicher Form:* ein schnittiges Boot; der Wagen ist sehr s. gebaut. **sinnv.:** elegant, rasant, rassig, sportlich; ↑schwungvoll.

Schnitt|lauch, der; -s: *Pflanze mit dünnen, röhrenartigen Blättern, die kleingeschnitten besonders als Salatgewürz verwendet werden.*

Schnit|zel, das; -s, -: *gebratene [panierte] Scheibe Fleisch vom Kalb oder Schwein:* ein Wiener S. **sinnv.:** ↑Kotelett. **Zus.:** Jäger-, Kalbs-, Schweineschnitzel.

schnit|zen ⟨tr./itr.⟩: *durch Schneiden aus Holz formen:* eine Figur, ein Reh s.; er schnitzt gut.

Schnit|zer, der; -s, -: **1.** *jmd., der Gegenstände schnitzt:* bei einem S. Figuren für die Krippe kaufen. **sinnv.:** ↑Bildhauer. **Zus.:** Bild-, Elfenbein-, Holzschnitzer. **2.** *Fehler, der jmdm. aus Unachtsamkeit o. ä. unterlaufen ist:* einen groben S. machen. **Zus.:** Sprachschnitzer.

Schnit|ze|rin, die; -, -nen: vgl. Schnitzer (1).

schnod|drig ⟨Adj.⟩ (ugs.): *mit/von provozierender Lässigkeit:* eine schnoddrige Antwort. **sinnv.:** ↑frech; ↑spöttisch.

schnö|de ⟨Adj.⟩: **1.** *in Verachtung ausdrückender Weise:* jmdn. s. behandeln, abweisen. **sinnv.:** ↑gemein. **2.** *als schändlich, erbärmlich empfunden:* ein schnöder Gewinn; ein schnöder Geiz. **sinnv.:** ↑gewöhnlich.

Schnọ̈r|kel, der; -s, -: *gewundene Linie, die als Verzierung dienen soll:* er schrieb seinen Namen mit einem großen S. **sinnv.:** Verzierung.

schnọr|ren ⟨tr./itr.⟩ (ugs.): *in schmarotzender Weise (etwas, was andere haben) erbetteln:* er schnorrt ständig bei seinen Freunden [Zigaretten]. **sinnv.:** ↑betteln.

Schnö̲|sel, der; -s, - (ugs.): *junger Mann, der sich in einer als frech, ungehörig empfundenen Weise benimmt:* dieser S. getraut sich da noch zu lachen. **sinnv.:** ↑Flegel.

schnụ̈f|feln ⟨itr.⟩: **1.** *die Luft hörbar durch die Nase ziehen [um etwas riechen zu können]:* der Hund schnüffelt an der Tasche. **sinnv.:** schnuppern; ↑riechen; ↑atmen. **2.** *[aus Neugier] herumsuchen, nachspüren, spionieren:* du sollst nicht in meinen Sachen s. **sinnv.:** ↑spionieren.

Schnụl|ler, der; -s, -: *eine Art Sauger, den man Säuglingen in den Mund steckt [um sie zu beruhigen].* **sinnv.:** Lutscher, Nuckel, Sauger.

Schnụl|ze, die; -, -n: *etwas (z. B. ein Lied), was als in billiger Weise rührselig empfunden wird:* eine S. singen, spielen; im Fernsehen läuft die achtteilige S. „Trotzkopf". **sinnv.:** ↑Schlager. **Zus.:** Edel-, Heimatschnulze.

Schnụp|fen, der; -s, -: *mit der Absonderung einer schleimigen Flüssigkeit verbundene Entzündung der Nasenschleimhäute:* den S. haben; ich habe mir einen S. geholt. **sinnv.:** ↑Erkältung. **Zus.:** Heuschnupfen.

schnụp|pern ⟨itr.⟩: *durch kurzes stärkeres Einziehen von Luft etwas riechen wollen:* der Hund schnuppert an meiner Tasche. **sinnv.:** riechen, ↑schnüffeln.

Schnu̲r, die; -, Schnüre: *aus dünneren Fäden oder Fasern gedrehter Bindfaden:* etwas mit einer kräftigen S. festbinden; ein Kissen zur Verzierung mit Schnüren besetzen. **sinnv.:** Band, Bändel, Bindfaden, Kordel, Spagat, Strippe; ↑Faden; ↑Seil. **Zus.:** Angel-, Fang-, Gardinen-, Hut-, Nabel-, Peitschen-, Perlen-, Richt-, Seiden-, Telefon-, Verlängerungsschnur.

schnü̲|ren ⟨tr.⟩: *fest mit einer Schnur [zusammen]binden:* ein Paket, die Schuhe s.; einen Strick um etwas s. **sinnv.:** ↑binden.

Schnụrr|bart, der; -[e]s, Schnurrbärte: *Bart oberhalb des Mundes* (siehe Bildleiste „Bärte"): ein junger Mann mit einem S. **sinnv.:** ↑Bart.

schnụr|ren ⟨itr.⟩: *ein brummendes, summendes Geräusch von sich geben:* die Katze, das Spinnrad, die Maschine schnurrt. **sinnv.:** ↑surren.

Schnü̲r|sen|kel, der; -s, -: *Band zum Schnüren der Schuhe.* **sinnv.:** Schnürband, Schnürriemen, Schuhband, Schuhriemen.

schnu̲r|strạcks ⟨Adv.⟩: *auf dem kürzesten, schnellsten Wege, sofort.* **sinnv.:** ↑gleich; ↑augenblicklich; ↑geradewegs.

Schọck, der; -[e]s, -s: *starke seelische Erschütterung durch ein plötzliches Ereignis:* einen S. erleiden; sich von einem S. erholen. **sinnv.:** Schlag, Trauma; ↑Anfall; ↑Entsetzen. **Zus.:** Elektro-, Insulin-, Nervenschock.

schọcken ⟨tr.⟩: *aufs höchste betroffen machen, durch etwas Unerwartetes erschrecken, aus dem seelischen Gleichgewicht bringen:* daß sich so wenig zum Helfen gemeldet haben, hat ihn geschockt; durch ihre Absage war er geschockt.

schockie̲|ren ⟨tr.⟩: *[durch etwas, was in provozierender Weise von der sittlichen, gesellschaftlichen Norm abweicht] jmdm. einen Schock versetzen, ihn fassungslos, entrüstet machen:* sie liefen nackt durch den Park und schockierten damit die Spaziergänger. **sinnv.:** ↑entrüsten; ↑ärgern; ↑erschüttern.

Schọ̈f|fe, der; -n, -n, **Schọ̈f|fin,** die; -, -nen: *bei Gericht ehrenamtlich eingesetzter Laie, der zusammen mit dem Richter die Tat des Angeklagten beurteilt und das Ausmaß der Strafe festlegt:* die Schöffen waren sich über die Strafe einig. **sinnv.:** Beisitzer, Geschworener, Laienrichter.

Scho|ko|la̲|de, die; -, -n: **1.** *Süßigkeit aus Kakao, Milch und Zucker:* eine Tafel S. **sinnv.:** ↑Süßigkeit. **Zus.:** Creme-, Kinder-, Milch-, Nuß-, Vollmilchschokolade. **2.** *Getränk aus geschmolzener, in Milch aufgekochter Schokolade:* eine [Tasse] heiße S. trinken. **sinnv.:** ↑Kakao.

Schọl|le, die; -, -n: **1.** *zusammenhängender Klumpen Erde, wie er durch den Pflug aufgeworfen wird:* die Schollen zerkleinern. **sinnv.:** ↑Erde. **Zus.:** Acker-, Erdscholle. **2.** *größeres, auf dem Wasser schwimmendes Stück Eis:* riesige Schollen haben sich vor der Brücke gestaut. **sinnv.:** Eis, Eisfeld, Eisscholle, Packeis, Treibeis · Eisberg. **3.** *mittelgroßer Plattfisch mit goldbrauner, gelb bis dunkelrot gefleckter Oberseite (der als Speisefisch sehr geschätzt wird).*

schọn: I. ⟨Adv.⟩ **1. a)** */drückt aus, daß etwas früher, schneller als erwartet, geplant, vorauszusehen eintritt, geschieht oder eingetreten, geschehen ist/:* er kommt s. heute; er hat das tatsächlich [jetzt] s. vergessen; sag bloß, du gehst s. **sinnv.:** bereits, längst, ↑vorher. **b)** */drückt aus, daß kurz nach dem Eintreten eines Vorgangs ein anderer Vorgang so schnell, plötzlich folgt, daß man den Zeitunterschied kaum feststellen, nachvollziehen kann/:* er klaute das Fahrrad, und s. war er weg; kaum hatte er den Rükken gewandt, s. ging der Krach los: **c)** */drückt aus, daß vor dem eigentlichen Beginn eines Vorgangs etwas geschieht, geschehen soll, was damit zusammenhängt/:* ich komme später, du kannst ja s. [mal] die Koffer packen. **2. a)** */drückt [Erstaunen oder Unbehagen darüber] aus, daß das Genannte mehr an Zahl, Menge, Ausmaß darstellt, weiter fortgeschritten ist, als geschätzt, vermutet, gewünscht/:* er ist tatsächlich s. 90 Jahre; wir sind s. zu dritt. **b)** */drückt aus, daß zur Erreichung eines bestimmten Ziels, zur Erlangung einer bestimmten Sache weniger an Zahl, Menge, Ausmaß notwendig ist, als geschätzt, vermutet, gewünscht/:* ein wenig Gift kann s. tödlich sein; s. ein Remis wäre ein Erfolg für ihn; Eintrittskarten s. für 5 DM. **3. a)** /(in Verbindung mit einer Angabe, seit wann etwas existiert, bekannt ist, gemacht wird) *betont, daß etwas keine neue Erscheinung, kein neuer Zustand, Vorgang ist, sondern lange zuvor entstanden ist/:* s. Platon hat diese Ideen vertreten; s. bei Platon ...; s. als Kinder/als Kinder s. hatten wir eine Vorliebe für sie. **b)** */drückt aus, daß eine Erscheinung, ein Ereignis, Vorgang nicht zum ersten Mal stattfindet, sondern zu einem früheren Zeitpunkt in vergleichbarer Weise stattgefunden hat/:* ich kenne das s.; wie s. gesagt, ...; vorhin s. wollte ich gehen; das hatten wir s. einmal. **4.** */betont, daß, von allem* *anderen, oft Wichtigerem abgesehen, allein das Genannte genügt, um eine Handlung, einen Zustand, Vorgang zu erklären o. ä./ :* [allein] s. der Gedanke daran ist schrecklich; ihr geht es s. so schlecht genug. **sinnv.:** ↑allein. **II.** ⟨Partikel⟩ **1.** ⟨meist unbetont⟩ */verstärkt [emotional] eine Aussage, Feststellung/:* es ist s. ein Elend!; ich kann mir s. denken, was du willst; du wirst s. sehen! **2.** ⟨unbetont⟩ */drückt in Aufforderungssätzen Ungeduld o. ä. aus/:* mach, komm s.!; hör s. auf [mit diesem Blödsinn]! **3.** ⟨unbetont⟩ */drückt aus, daß [vom Sprecher] im Falle der Realisierung einer Absicht o. ä. eine bestimmte Konsequenz erwartet wird/:* wenn ich das s. mache, dann [aber] zu meinen Bedingungen. **4.** ⟨unbetont⟩ */unterstreicht die Wahrscheinlichkeit einer Aussage [in zuversichtlichem Ton als Reaktion auf bestehende Zweifel]/:* es wird s. [gut] gehen. **5.** ⟨meist betont⟩ */schränkt eine [zustimmende] Antwort, Aussage ein, drückt eine nur zögernde Zustimmung aus/:* Lust hätte ich s., ich habe aber keine Zeit; er hat s. recht, wenn er das sagt; s. gut, ich gebe dir das Geld. **6.** ⟨betont⟩ */drückt aus, daß eine Aussage nur bedingt richtig ist, daß eine andere Schlußfolgerung möglich ist/:* von der Tätigkeit her ist die Stelle nicht interessant, von der Bezahlung her s. eher; er ist mit dem neuen Chef gar nicht zufrieden, aber ich s. **7.** ⟨unbetont⟩ */gibt einer Aussage, Frage einen einschränkenden, oft geringschätzigen Unterton/:* wem nützt das s.?; was ist s. Geld?; wer weiß das s. genau?

schön ⟨Adj.⟩: **1.** *sehr angenehm, ästhetisch auf die Sinne wirkend; von vollendeter Gestalt, so daß es Anerkennung, Gefallen, Bewunderung findet:* eine schöne Frau; eine schöne Stimme haben. **sinnv.:** ↑ansehnlich, ansprechend, ↑apart, ästhetisch, ↑ebenmäßig, ↑entzückend, erfreulich, gefällig, wie gemalt, ↑geschmackvoll, herrlich, ↑hübsch, majestätisch, paradiesisch, ↑prächtig, prachtvoll, wohlgestalt[et], wundervoll. **Zus.:** bild-, form-, wunderschön. **2.** *nicht getrübt; angenehm, herrlich:* es war eine schöne Zeit; das Wetter war s. **sinnv.:** ↑angenehm, ↑gut, herrlich, köstlich, phantastisch, prächtig, ↑vortrefflich. **3.** *in einer Zustimmung und Zufriedenheit in bezug auf etwas hervorrufenden Weise:* das war [nicht] s. von dir; er hat ihr gegenüber nicht s. gehandelt; das ist ein schöner Zug an ihm (in seinem Charakter). **4.** *in einer als beträchtlich empfundenen Weise:* er hat ein schönes Alter erreicht; das kostet eine schöne Summe Geld. **sinnv.:** ↑gehörig; ↑außergewöhnlich. **5.** (iron.) *in einer als schlecht, unangenehm empfundenen Weise:* du bist mir ein schöner Fahrer, ein schöner Freund!; das sind ja schöne Aussichten. **6.** ⟨verstärkend bei Adjektiven und Verben⟩ **a)** ↑*sehr:* er ist s. dumm, wenn er das macht; das Wasser ist s. klar. **b)** (ugs.) *wie es sich gehört, sein soll* /in Aufforderungen und Ermahnungen/: immer s. warten!; s. langsam fahren!; immer s. ruhig bleiben!

scho|nen: **a)** ⟨tr.⟩ *sorgfältig, vorsichtig behandeln, gebrauchen:* seine Kleider, das Auto s. **sinnv.:** etwas wie seinen Augapfel hüten, wenig beanspruchen/benutzen, sorgsam behandeln, behüten, sorgsam umgehen mit. **b)** ⟨sich s.⟩ *Rücksicht auf seine Gesundheit nehmen:* nach der Krankheit mußte er sich noch längere Zeit s. **sinnv.:** der Gesundheit leben, sich pflegen.

Schön|heit, die; -, -en: **a)** ⟨ohne Plural⟩ *das Schönsein:* ein Werk von klassischer S.; die landschaftliche S. ist einzigartig. **sinnv.:** Ebenmäßigkeit, Erhabenheit, ↑Glanz, Herrlichkeit, Pracht, Wohlgestalt[etheit]; ↑Anmut. **Zus.:** Form-, Klang-, Naturschönheit. **b)** *auffallend schöne Person:* sie ist eine S. **sinnv.:** Beauté, Beauty; ↑Frau. **Zus.:** Ball-, Dorfschönheit. **c)** ⟨Plural⟩ *alles, was [an einer Sache, Gegend] schön ist:* die Schönheiten der Stadt, des Landes haben wir kennengelernt. **sinnv.:** Sehenswürdigkeit.

Scho|nung, die; -, -en: **1.** ⟨ohne Plural⟩ *das Schonen von etwas/jmdm.:* etwas, jmdn. mit S. behandeln; er kennt keine S. **sinnv.:** Behutsamkeit, Milde, Nachsicht, Rücksicht, Sanftmut, Verständnis. **2.** *eingezäuntes Gelände mit jungen Bäumen in einem Wald:* Betreten der S. verboten. **sinnv.:** Baumschule, Gehege, Schonwald. **Zus.:** Fichten-, Kiefern-, Tannenschonung.

scho|nungs|los ⟨Adj.⟩: *ohne Nachsicht:* jemanden s. kritisieren; etwas mit schonungsloser Offenheit erzählen. **sinnv.:** ↑unbarmherzig.

Schopf, der; -[e]s, Schöpfe: *dichtes, kräftiges, kürzeres Kopfhaar:* sie hat einen blonden S. **sinnv.:** ↑Haar. **Zus.:** Blond-, Haar-, Jungen-, Mädchenschopf.

schöp|fen ⟨tr.⟩: *(Flüssigkeit) mit einem Schöpflöffel o. ä. oder mit der hohlen Hand aus einem Gefäß o. ä. entnehmen, herausholen:* Wasser aus einer Wanne, aus einem Fluß s. **Zus.:** ab-, aus-, vollschöpfen.

schöp|fe|risch ⟨Adj.⟩: *etwas Bedeutendes schaffend, hervorbringend, gestaltend:* eine schöpferische Phantasie entfalten; s. tätig sein. **sinnv.:** einfallsreich, erfinderisch, gestalterisch, kreativ, künstlerisch, ↑musisch, originell, phantasievoll, ↑produktiv. **Zus.:** sprach-, wortschöpferisch.

Schöp|fung, die; -, -en: **1.** ⟨ohne Plural⟩ *das Erschaffen:* die S. der Welt, eines Kunstwerks. **sinnv.:** ↑Produktion. **2.** *das Erschaffene, das [Kunst]werk:* diese Bilder sind die kühnsten Schöpfungen des Künstlers. **sinnv.:** Erzeugnis, Meisterstück, Opus, Produkt. **Zus.:** Neu-, Sprach-, Ton-, Wortschöpfung.

Schorf, der; -[e]s, -e: *Kruste aus getrocknetem Blut auf Wunden:* der S. fiel von selbst ab. **sinnv.:** ↑Ausschlag · verschorfen. **Zus.:** Milch-, Wundschorf.

Schor|le, die; -, -n: *Getränk aus Wein bzw. Apfelsaft o. ä. und Mineralwasser.* **sinnv.:** Gespritzter; ↑Wein. **Zus.:** Apfel-, Weinschorle.

Schorn|stein, der; -[e]s, -e: *über das Dach hinausragender oder auch freistehend senkrecht hochgeführter Abzugsschacht für die Rauchgase einer Feuerungsanlage.* **sinnv.:** Esse, Kamin, Rauchfang, Schlot. **Zus.:** Fabrik-, Lokomotiv-, Schiffs-, Zechen-, Ziegelschornstein.

Schoß, der; -es, Schöße: *Vertiefung, die sich beim Sitzen zwischen Oberkörper und Beinen bildet:* das Kind wollte auf den S. der Mutter.

Scho|te, die; -, -n: *längliche Kapselfrucht bestimmter Pflanzen, die mehrere Samen enthält:* die trockene S. springt auf; drei Schoten Paprika kaufen; die

Erbsen aus den Schoten lösen. **sinnv.:** ↑Schale. **Zus.:** Erbsen-, Paprika-, Pfeffer-, Samen-, Vanilleschote.

Schot|ter, der; -s: *kleine oder zerkleinerte Steine als Untergrund im Straßen- und Gleisbau.* **sinnv.:** Kies, [Roll]splitt. **Zus.:** Gleis-, Stein-, Straßenschotter.

schraf|fie|ren ⟨tr.⟩: *in einer Zeichnung eine Fläche mit dicht nebeneinander verlaufenden parallelen Strichen ausfüllen:* er schraffierte die unbebauten Gebiete auf dem Stadtplan. **sinnv.:** ↑zeichnen.

schräg ⟨Adj.⟩: *von einer [gedachten] senkrechten oder waagerechten Linie in einem spitzen oder stumpfen Winkel abweichend:* der Mast steht s.; er geht s. über die Straße; den Schreibtisch s. stellen; er wohnt s. gegenüber. **sinnv.:** absteigend, aufsteigend, ↑diagonal, ↑schief, ↑steil. **Zus.:** halbschräg.

Schram|me, die; -, -n: *von einem [vorbeistreifenden] spitzen oder rauhen Gegenstand durch Abschürfen hervorgerufene, als längliche Aufritzung sichtbare Hautverletzung oder Beschädigung einer glatten Oberfläche:* bei dem Unfall ist er mit ein paar Schrammen [im Gesicht] davongekommen; das Auto, der Tisch hatte schon eine S. [abbekommen]. **sinnv.:** Kratzer, Ritz, ↑Verletzung.

Schrank, der; -[e]s, Schränke: *höheres, kastenartiges, mit Türen versehenes, meist verschließbares Möbelstück zur Aufbewahrung von Kleidungsstücken oder anderen Dingen:* etwas aus dem S. nehmen; Kleider in den S. hängen. **sinnv.:** Kasten, Spind. **Zus.:** Akten-, Arznei-, Bauern-, Besen-, Bücher-, Eck-, Eichen-, Einbau-, Eis-, Garderoben-, Geld-, Geschirr-, Gift-, Glas-, Gläser-, Hänge-, Klassen-, Kleider-, Kombi-, Küchen-, Kühl-, Mahagoni-, Panzer-, Roll-, Schreib-, Schuh-, Speise-, Wand-, Wäsche-, Wohnzimmerschrank · Nachtschränkchen.

Schran|ke, die; -, -n: *in einer Vorrichtung (im Falle der Absperrung) waagerecht liegende größere, dickere Stange:* die Schranken sind geschlossen; die S. wird heruntergelassen, geht hoch. **sinnv.:** ↑Hürde · beschrankt. **Zus.:** Bahn-, Halb-, Weg-, Zollschranke.

Schrau|be, die; -, -n: *mit Gewinde und Kopf versehener [Metall]bolzen, der in etwas eingedreht wird und zum Befestigen oder Verbinden von etwas dient:* eine S. anziehen, lockern, lösen; das Türschild mit Schrauben befestigen. **sinnv.:** ↑Nagel. **Zus.:** Flügel-, Gewinde-, Holz-, Rad-, Rändel-, Regulier-, Schlitz-, Senk-, Stellschraube.

schrau|ben ⟨tr.⟩ /vgl. geschraubt/: *mit einer Schraube, mit Schrauben (in, an, auf etwas) befestigen:* die Kotflügel an die Karosserie s.; sein Namensschild auf die Tür s. **sinnv.:** ↑befestigen. **Zus.:** ab-, an-, auf-, aus-, ein-, fest-, heraus-, los-, ver-, zusammenschrauben.

Schrau|ben|schlüs|sel, der; -s, -: *Werkzeug, mit dem Schrauben und Schraubenmuttern fest angezogen oder gelockert werden.* **sinnv.:** Gabelschlüssel, Ringschlüssel, Steckschlüssel.

Schrau|ben|zie|her, der; -s, -: *Werkzeug zum Anziehen oder Lockern von Schrauben.* **sinnv.:** Schraubendreher.

Schre|ber|gar|ten, der; -s, Schrebergärten: *einzelner Kleingarten innerhalb einer Gartenkolonie am Stadtrand.* **sinnv.:** ↑Garten.

Schreck, der; -[e]s, -e, **Schrek|ken,** der; -s, -: *heftige Erschütterung des Gemüts, die meist durch das plötzliche Erkennen einer Gefahr oder Bedrohung ausgelöst wird:* jmdm. einen gewaltigen S. einjagen, versetzen; sich von dem S. erholen. **sinnv.:** ↑Entsetzen. **Zus.:** Heiden-, Mords-, Todesschreck[en].

schrecken ⟨tr.⟩: *in Schrecken versetzen, ängstigen:* jmdn. mit Drohungen, durch Strafen s. [wollen]. **sinnv.:** ↑entmutigen. **Zus.:** ab-, auf-, empor-, er-, hoch-, zurückschrecken.

schreck|haft ⟨Adj.⟩: *leicht erschreckend, leicht zu erschrecken:* ein schreckhaftes Kind, Tier; sie ist sehr s. **sinnv.:** ↑ängstlich.

schreck|lich ⟨Adj.⟩: **1.** *durch seine Art, sein Ausmaß Schrekken, Entsetzen auslösend:* eine schreckliche Entdeckung, Krankheit; der Anblick war s. **sinnv.:** beängstigend, bestürzend, entsetzlich, erschreckend, formidabel, furchtbar, fürchterlich, furchterregend, gräßlich, grauenhaft, grauenvoll, grausig, ↑heillos, horrend, horribel, katastrophal, ↑makaber, schauderhaft, schauerlich, schaurig, scheußlich, ↑schlimm. **2.** (ugs.) *unangenehm stark, sehr groß:* zur Zeit herrscht eine schreckliche Hitze. **sinnv.:** arg, bestialisch, furchtbar, fürchterlich, schlimm, unerträglich. **3.** ⟨verstärkend bei Adjektiven und Verben⟩ (ugs.) ↑*sehr:* es war ihm s. peinlich; er war s. eifersüchtig; sich s. aufregen.

Schrei, der; -[e]s, -e: *meist aus Angst ausgestoßener, unartikulierter, oft schriller Laut eines Lebewesens:* er hörte einen markerschütternden, langgezogenen S. **sinnv.:** ↑Ausruf; Geschrei · schreien. **Zus.:** Angst-, Auf-, Brunft-, Empörungs-, Freuden-, Hilfe-, Jubel-, Schmerzens-, Schreckens-, Sehnsuchts-, Todes-, Verzweiflungs-, Vogel-, Wut-, Zornesschrei.

schrei|ben, schrieb, hat geschrieben: **1.** ⟨itr./tr.⟩ *Buchstaben, Zahlen, Noten in bestimmter Reihenfolge mit einem Schreibgerät auf einer Unterlage, meist auf Papier, hervorbringen:* s. lernen; schön, sauber s.; mit Tinte s.; etwas auf einen Zettel s. **sinnv.:** zur Feder greifen, schriftlich festhalten, hinhauen, krakeln, kritzeln, malen, niederlegen, schmieren · hand-, maschine-, selbstgeschrieben. **Zus.:** ab-, auf-, aus-, be-, fest-, fort-, hin-, maschine-, mit-, nach-, probe-, schön-, ver-, voll-, vorschreiben. **2.** ⟨itr./tr.⟩ *sich schriftlich an jmdn. wenden; [etwas] in schriftlicher Form senden, schicken:* seinem Vater/an seinen Vater [eine Karte, einen Gruß] s. **sinnv.:** anschreiben, schriftlich herantreten an. **3.** ⟨tr./itr.⟩ *schreibend, schriftlich formulieren, gestalten; von etwas der Autor, Verfasser sein:* er schreibt einen Roman/an einem Roman; er schreibt *(ist Schriftsteller)* seit seinem zweiundzwanzigsten Lebensjahr; er schreibt schon zwei Stunden an dieser Beschwerde. **sinnv.:** ↑formulieren, verfassen. **4.** ⟨itr.⟩ ↑*berichten:* die Zeitung schrieb ausführlich über das Unglück. **5.** ⟨itr.⟩ *zum Thema einer [wissenschaftlichen] Abhandlung machen:* er schreibt über den Marxismus, über die Kirche, über den Staat. **sinnv.:** thematisieren. **6.** ⟨itr.⟩ *einen bestimmten Stil haben:* er schreibt lebendig, interessant; in einer Sprache, die jeder versteht, s. **sinnv.:** ↑dichten. **7.** ⟨sich s.⟩ ↑*korrespondieren:* wir schreiben uns regelmäßig. **8.** ⟨tr.⟩

jmdm. schriftlich einen bestimmten Gesundheitszustand bescheinigen: der Arzt schrieb ihn gesund, krank. **sinnv.:** ↑erklären für.

Schrei|ben, das; -s, -: *offizielle oder sachliche schriftliche Mitteilung:* er richtete ein S. an den Bürgermeister. **sinnv.:** Botschaft, Brief, ↑Mitteilung, ↑Postkarte, Schrieb, Schriftstück, Zeilen, Zuschrift. **Zus.:** An-, Antwort-, Begleit-, Beileids-, Bestätigungs-, Bewerbungs-, Einladungs-, Empfehlungs-, Entschuldigungs-, Ernennungs-, Fern-, Geheim-, Glückwunsch-, Gratulations-, Gruß-, Hand-, Kondolenz-, Kündigungs-, Mahn-, Protest-, Rundschreiben · Preisausschreiben.

Schreib|kraft, die; -, Schreibkräfte: *meist weibliche Person, die beruflich Schreibarbeiten ausführt.* **sinnv.:** ↑Stenotypistin. **Zus.:** Büro-, Halbtagsschreibkraft.

Schreib|ma|schi|ne, die; -, -n: *Maschine, mit der man durch Niederdrücken von Tasten Buchstaben- oder Ziffernzeichen mittels eines Farbbandes auf ein eingespanntes Blatt Papier schreibt:* S. schreiben; etwas auf/mit der S. schreiben. **sinnv.:** Fernschreiber, Maschine, Schreibautomat, Schreibcomputer, Telex. **Zus.:** Blinden-, Reiseschreibmaschine.

Schreib|tisch, der; -[e]s, -e: *einem Tisch ähnliches Möbelstück, das meist an einer oder an beiden Seiten Schubfächer zum Aufbewahren von Schriftstücken, Akten o. ä. hat und an dem Schreibarbeiten verrichtet werden:* als ich ins Zimmer kam, saß er am, hinter dem S. **sinnv.:** Sekretär, ↑Tisch. **Zus.:** Büro-, Damen-, Eichenschreibtisch.

schrei|en, schrie, hat geschrie[e]n /vgl. schreiend/: **1.** ⟨itr.⟩ *einen Schrei, Schreie ausstoßen:* der Verletzte schrie die ganze Nacht; vor Angst, Schmerz, Freude s. **sinnv.:** aufbrüllen, ausrufen, ausstoßen, blöken, brüllen, grölen, johlen, kreischen, plärren, rufen. **Zus.:** auf-, losschreien. **2.** ⟨tr./itr.⟩ *übermäßig laut sprechen:* er schrie [seinen Namen] so laut, daß ihn jeder verstand. **sinnv.:** ↑sprechen. **Zus.:** an-, durcheinander-, entgegen-, heraus-, herum-, hinaus-, hinein-, niederschreien.

schrei|end ⟨Adj.⟩: **1.** *sehr grell:* ein schreiendes Gelb; die Farben des Kleides sind [mir] zu s. **sinnv.:** ↑bunt. **2.** *große Empörung hervorrufend:* eine schreiende Ungerechtigkeit. **sinnv.:** ↑unerhört.

Schrei|ner, der; -s, -, **Schrei|ne|rin,** die; -, -nen: ↑*Tischler.*

schrei|ten, schreitet, schritt, ist geschritten ⟨itr.⟩ (geh.): **1.** *[gemessenen Schrittes, langsam und feierlich] gehen:* er schritt durch die Halle, über den Teppich, zum Ausgang. **sinnv.:** sich ↑fortbewegen. **Zus.:** ab-, dahin-, durch-, ein-, entlang-, fort-, hinab-, über-, unter-, voran-, vorüber-, weiterschreiten. **2.** *(mit etwas) beginnen, etwas in Angriff nehmen:* zur Wahl s.; nun wollen wir endlich zur Tat, zu Taten s. **sinnv.:** ↑unternehmen.

Schrift, die; -, -en: **1.** *System von Zeichen, mit denen die gesprochene Sprache festgehalten, lesbar gemacht wird:* lateinische S.; die russische S. lesen können. **Zus.:** Bilder-, Blinden-, Chiffre-, Geheim-, Keil-, Kurz-, Laut-, Noten-, Runenschrift. **2.** *für einen Menschen charakteristische handgeschriebene Schrift:* eine schöne, deutliche, leserliche S.; jmdn. nach seiner S. beurteilen. **sinnv.:** ↑Handschrift; ↑Aufschrift · beschriften. **Zus.:** Ab-, Krakel-, Kritzel-, Rein-, Schnörkel-, Schön-, Schreib-, Schul-, Unterschrift. **3.** *meist im Druck erschienener längerer Text; Abhandlung:* eine S. über das Waldsterben; er hat verschiedene Schriften philosophischen Inhalts verfaßt, veröffentlicht. **sinnv.:** ↑Abhandlung, ↑Buch. **Zus.:** Anklage-, Aufklärungs-, Beschwerde-, Bitt-, Denk-, Fest-, Habilitations-, Hetz-, Jahres-, Kampf-, Schmäh-, Streit-, Zeitschrift.

schrift|lich ⟨Adj.⟩: *in geschriebener Form* /Ggs. mündlich/: etwas s. mitteilen. **sinnv.:** brieflich, niedergeschrieben, schwarz auf weiß. **Zus.:** fern-, hand-, maschinen-, urschriftlich.

Schrift|stel|ler, der; -s, -, **Schrift|stel|le|rin,** die; -, -nen: *männliche bzw. weibliche Person, die literarische Werke verfaßt.* **sinnv.:** Autor, Biograph, Dichter, Dramatiker, Erzähler, Essayist, Feuilletonist, Ghostwriter, ↑Journalist, Literat, Lyriker, Poet, Prosaist, Publizist, Romancier, Schreiber, Stückeschreiber, Texter, Verfasser. **Zus.:** Heimat-, Jugend-, Lieblings-, Mode-, Nachwuchs-, Prosa-, Reise-, Roman-, Unterhaltungsschriftsteller.

Schrift|stück, das; -[e]s, -e: *schriftlich Niedergelegtes mit offiziellem Charakter; amtliches Schreiben:* ein S. aufsetzen, verlesen, unterzeichnen. **sinnv.:** ↑Schreiben, ↑Urkunde.

Schrift|tum, das; -s: *Gesamtheit der Literatur (über ein bestimmtes Gebiet):* das S. über dieses Problem nimmt ständig zu. **sinnv.:** ↑Literatur.

schrill ⟨Adj.⟩: *unangenehm hell, scharf und durchdringend [klingend]:* ein schriller Ton; die Glocke klingt sehr s. **sinnv.:** ↑laut.

schril|len ⟨itr.⟩: *schrill [er]tönen:* nachts schrillte das Telefon. **sinnv.:** ↑schallen.

Schritt, der; -[e]s, -e: **1.** *das Vorsetzen eines Fußes vor den andern beim Gehen:* er macht kleine, große Schritte; das Geschäft ist nur wenige Schritte *(nicht weit)* von hier entfernt. **Zus.:** Eil-, Marsch-, Sause-; Schlender-, Stech-, Sturm-, Tango-, Trippel-, Walzer-, Wander-, Wechselschritt. **2.** ⟨ohne Plural⟩ *Art und Weise, wie jmd. geht.:* jmdn. an seinem S. erkennen; er hat einen schleppenden, schweren S.; im S. bleiben *(im gleichen Schritt mit anderen bleiben);* aus dem S. kommen *(mit anderen nicht im gleichen Schritt bleiben);* im S. *(sehr langsam)* fahren. **sinnv.:** ↑Gang. **Zus.:** Gleich-, Lauf-, Trabschritt. **3.** *einem ganz bestimmten Zweck dienende, vorgeplante Maßnahme:* ein bedeutsamer, unüberlegter S.; ein S. in die richtige Richtung; ich werde mir gerichtliche Schritte gegen den Unfallgegner vorbehalten. **sinnv.:** ↑Aktion. **Zus.:** Lernschritt · Fort-, Rückschritt.

schroff ⟨Adj.⟩: **1.** *sehr stark, nahezu senkrecht abfallend oder ansteigend und zerklüftet:* schroffe Felsen. **sinnv.:** ↑steil. **2.** *durch eine abweisende und unhöfliche Haltung ohne viel Worte seine Ablehnung zum Ausdruck bringend:* etwas s. zurückweisen; ein schroffes Auftreten. **sinnv.:** ↑barsch. **3.** *plötzlich und unvermittelt:* ein schroffer Übergang; sein Verhalten steht in einem schroffen Gegensatz zu seinen Reden. **sinnv.:** ↑plötzlich, ↑rauh.

schröp|fen ⟨tr.⟩ (ugs.): *(jmdm.)*

mit List oder Geschick viel Geld abnehmen: sie haben ihn beim Kartenspiel ordentlich geschröpft. **sinnv.:** ↑ausnehmen.

Schrot, der oder das; -[e]s: **a)** *grobgemahlene Getreidekörner:* das Vieh mit S. füttern. **Zus.:** Futter-, Roggen-, Weizenschrot. **b)** *kleine Kügelchen aus Blei für die Patronen bestimmter Feuerwaffen:* eine Flinte mit S. laden; der Jäger schießt mit S. **sinnv.:** ↑Munition. **Zus.:** Blei-, Flintenschrot.

schro|ten, schrotete, hat geschrotet ⟨tr.⟩: *(Getreide) grob zerkleinern:* für die Schweine wird das Getreide etwas geschrotet. **sinnv.:** ↑schneiden.

Schrott, der; -[e]s: *unbrauchbare Abfälle oder [alte] unbrauchbar gewordene Gegenstände aus Metall o. ä.:* S. sammeln; mit S. handeln. **sinnv.:** Alteisen, -metall · verschrotten. **Zus.:** Autoschrott.

schrub|ben ⟨tr./itr.⟩ (ugs.): *(etwas) mit einer groben [an einem langen Stiel befestigten] Bürste o. ä. kräftig reiben, z. B. um es zu reinigen:* den Boden s.; du mußt kräftig s., damit sich der Schmutz löst. **sinnv.:** ↑reiben, ↑säubern. **Zus.:** ab-, wegschrubben.

Schrub|ber, der; -s, -: *zum Scheuern von Fußböden verwendete Bürste mit langem Stiel.*

Schrul|le, die; -, -n: **1.** *seltsame, wunderlich anmutende Angewohnheit, als störend empfundene Absonderlichkeit, die oft zum Wesenszug eines Menschen geworden ist:* er hat den Kopf voller Schrullen. **sinnv.:** ↑Spleen. **2.** *(im Urteil des Sprechers) schrullige ältere Frau:* diese alte S. geht allen auf die Nerven. **sinnv.:** ↑Frau.

schrul|lig ⟨Adj.⟩ (ugs.): *(oft von älteren Menschen) befremdende, meist lächerlich wirkende Angewohnheiten habend, auf absonderlichen, launischen Einfällen beharrend; etwas eigen, verrückt:* ein schrulliger alter Mann; er hat schrullige Ansichten. **sinnv.:** seltsam.

schrump|fen, schrumpfte, ist geschrumpft ⟨itr.⟩: *sich zusammenziehen und dabei kleiner oder leichter werden [und eine faltige, runzlige Oberfläche bekommen]:* die Äpfel schrumpfen bei langem Lagern; der Pullover ist beim Waschen geschrumpft. **sinnv.:** ↑einlaufen, einschrumpeln; ↑verkleinern. **Zus.:** ein-, zusammenschrumpfen.

schrump|lig ⟨Adj.⟩ (ugs.): *[eingetrocknet und dadurch] viele Falten aufweisend:* schrumplige Äpfel. **sinnv.:** ↑faltig.

Schub|kar|re, die; -, -n: *einrädrige Karre (zum Befördern kleinerer Lasten), die an zwei Stangen mit Griffen angehoben und geschoben wird.* **sinnv.:** Schiebkarre, Schubkarren, ↑Wagen.

Schub|la|de, die; -, -n: *herausziehbarer, offener Kasten, herausziehbares Fach in einem Möbelstück, wie Kommode, Schrank o. ä.:* ein Schreibtisch mit seitlichen Schubladen. **sinnv.:** ↑Fach. **Zus.:** Kommoden-, Nachttisch-, Schreibtischschublade.

Schubs, der; -es, -e (ugs.): *leichter Stoß:* unversehens bekam ich von hinten einen S. **sinnv.:** ↑Stoß.

schub|sen ⟨tr.⟩ (ugs.): *jmdm. oder einer Sache einen Schubs geben; durch plötzliches Anstoßen in eine bestimmte Richtung in Bewegung versetzen:* jmdn. ins Wasser, zur Seite s.; ⟨auch itr.⟩ sie drängelten und schubsten. **sinnv.:** ↑stoßen. **Zus.:** herum-, wegschubsen.

schüch|tern ⟨Adj.⟩: *scheu und zurückhaltend, anderen gegenüber gehemmt:* ein schüchternes Mädchen; der Junge ist noch sehr s. **sinnv.:** ↑ängstlich.

Schuft, der; -[e]s, -e (ugs.): *als gemein, niederträchtig geltender Mensch:* ein elender, gemeiner S. **sinnv.:** ↑Betrüger, Bösewicht, Halunke, Kanaille, Lump, Schurke, Schwein, Schweinehund, Tunichtgut; ↑Mann.

schuf|ten, schuftete, hat geschuftet ⟨itr.⟩ (emotional): *sich mühen, schwer arbeiten:* wir haben am Wochenende sehr geschuftet, um mit der Arbeit fertig zu werden. **sinnv.:** ↑arbeiten.

Schuh, der; -[e]s, -e: *Fußbekleidung aus einer festen Sohle [mit Absatz] und einem Oberteil meist aus weicherem Leder:* der rechte S.; die Schuhe sind [mir] zu klein. **sinnv.:** Schuhwerk · Äppelkahn, Ballerina, Boots, Botten, Galosche, Holzpantine, Latschen, Mokassin, Opanke, Pantine, ↑Pantoffel, Pumps, Quadratlatschen, Sandale, Sandalette, Slipper, ↑Stiefel, Treter, Trotteur. **Zus.:** Arbeits-, Baby-, Bade-, Ballett-, Berg-, Braut-, Bund-, Damen-, Fußball-, Gesundheits-, Gummi-, Halb-, Haferl-, Haus-, Herren-, Holz-, Hütten-, Kinder-, Kletter-, Lack-, Lauf-, Leder-, Leinen-, Maß-, Nagel-, Renn-, Riemchen-, Schnabel-, Schnallen-, Schnee-, Schnür-, Ski-, Sommer-, Spangen-, Sport-, Stöckel-, Stoff-, Strand-, Straßen-, Tanz-, Tennis-, Turn-, Über-, Wander-, Winterschuh · Hand-, Roll-, Schlittschuh.

Schuh|ma|cher, der; -s, -: ↑*Schuster.*

schuld: ⟨in den Verbindungen⟩ **[an etwas] s. haben/sein:** *der Schuldige sein, [für etwas] die Schuld tragen:* er ist/hat s. [an dem ganzen Unheil]; **jmdm./einer Sache s. geben:** *jmdm./einer Sache die Schuld zuschieben:* er gibt dem schlechten Wetter s., daß so viele Leute krank sind.

Schuld, die; -, -en: **1.** ⟨ohne Plural⟩ *das Verantwortlichsein für einen unheilvollen, strafwürdigen, bestimmten Geboten o. ä. zuwiderlaufenden Vorgang, Tatbestand:* er trägt die S. am wirtschaftlichen Zusammenbruch; er fühlt sich frei von jeder S. **sinnv.:** Alleinverantwortung, Haftung. **Zus.:** Allein-, Haupt-, Kollektiv-, Kriegs-, Mit-, Nicht-, Unschuld. **2.** ⟨meist Plural⟩ *Geldbetrag, den jmd. einem anderen schuldet; Verpflichtung zur Rückgabe von Geld oder zur Bezahlung von etwas:* seine Schulden [nicht] bezahlen, loswerden. **sinnv.:** Anleihe, ↑Defizit, Obligation, Rückstand, Schuldverschreibung, Verbindlichkeit, Verpflichtung. **Zus.:** Spiel-, Staats-, Steuer-, Zechschuld[en]; Grund-, Regreßschuld · Dankesschuld.

schul|den, schuldete, hat geschuldet ⟨tr.⟩: *(zur Begleichung von Schulden oder als Entgelt o. ä.) zu zahlen haben:* ich schulde ihm hundert Mark; was schulde ich Ihnen [für die Reparatur]? **sinnv.:** Schulden, Rückstände haben; schuldig, im Rückstand sein. **Zus.:** ent-, verschulden.

schul|dig ⟨Adj.⟩: **1.** *(an etwas) die Schuld tragend, in bezug auf jmdn./etwas Schuld auf sich geladen habend:* der Angeklagte war s.; er fühlte sich s.; er erklärte ihn für s. **sinnv.:** belastet, schuldbeladen, schuldhaft, schuldvoll, selbstverschuldet; straffällig. **Zus.:** haupt-, mit-, unschuldig. **2. a)** *[als materielle Gegenlei-*

stung] zu geben verpflichtet: jmdm. [noch] Geld s. sein; den Beweis hierfür bist du mir noch s. geblieben. **b)** *(aus Gründen des Respekts o. ä.) geboten, erforderlich:* jmdm. die schuldige Achtung nicht versagen; daß du ihm die letzte Ehre erweist, das bist du ihm einfach s. **sinnv.:** ↑geziemend. **Zus.:** pflichtschuldig.

Schuld|ner, der; -s, -, **Schuld|ne|rin** die; -, -nen: *männliche bzw. weibliche Person, die einem anderen bes. Geld schuldet* /Ggs. Gläubiger/: er ist mein Schuldner. **Zus.:** Gesamt-, Haupt-, Miet-, Mit-, Pfand-, Wechselschuldner.

Schu|le, die; -, -n: **1.** *öffentliche oder private Einrichtung, in der Kindern und Jugendlichen durch planmäßigen Unterricht Wissen, Bildung vermittelt wird:* in die S./zur S. gehen; aus der S. kommen, entlassen werden; eine S. für Lernbehinderte. **sinnv.:** Bildungsanstalt, Gymnasium, Internat, Lehranstalt, Lyzeum, Penne. **Zus.:** Abend-, Aufbau-, Bau-, Bekenntnis-, Berufs-, Blinden-, Dorf-, Einheits-, Fach-, Fortbildungs-, Ganztags-, Gemeinschafts-, Gesamt-, Grund-, Handels-, Haupt-, Haushalts-, Heim-, Hilfs-, Hoch-, Ingenieur-, Jungen-, Kloster-, Knaben-, Konfessions-, Land-, Mädchen-, Mittel-, Musik-, Ober-, Primar-, Privat-, Real-, Schwerhörigen-, Sekundar-, Sonder-, Sport-, Stadt-, Tages-, Volks-, Zwergschule · Fahr-, Klavier-, Reit-, Tanzschule. **2.** ⟨ohne Plural⟩ ↑*Unterricht:* die S. beginnt um zehn Uhr; heute haben wir keine S. **3.** *Gebäude, in dem eine Schule* (1) untergebracht ist: eine neue S. bauen. **4.** ⟨ohne Plural⟩ *Ausbildung, durch die jmds. Fähigkeiten auf einem bestimmten Gebiet zu voller Entfaltung gekommen sind:* sein Spiel verrät eine gute S.; durch eine harte S. gehen *(eine harte Ausbildung erfahren);* bei jmdm. in die S. gehen *(ausgebildet werden).*

schu|len ⟨tr.⟩: **a)** *(in einem bestimmten Beruf, Tätigkeitsfeld) für eine spezielle Aufgabe, Funktion intensiv ausbilden:* die Mitarbeiter für neue Aufgaben s.; die Firma hat gut geschultes Personal. **sinnv.:** ↑erziehen. **Zus.:** ein-, umschulen. **b)** *durch systematische Übung besonders geeignet, leistungsfähig machen, vervollkommnen:* das Auge, das Gedächtnis s.; ein [gut] geschultes Gehör haben. **sinnv.:** ↑abrichten, ↑anleiten.

Schü|ler, der; -s, -, **Schü|lerin,** die; -, -nen: **a)** *Junge bzw. Mädchen, der/das eine Schule besucht* /Ggs. Lehrer/. **sinnv.:** Abc-Schütze, Eleve, Gymnasiast, Pennäler, Schulkind, Zögling; ↑Student. **Zus.:** Abend-, Berufs-, Durchschnitts-, Fahr-, Haupt-, Klipp-, Kloster-, Mit-, Muster-, Ober-, Real-, Volksschüler. **b)** *männliche bzw. weibliche Person, die in einem bestimmten wissenschaftlichen oder künstlerischen Gebiet von einer Kapazität ausgebildet wird und deren Lehre, Stilrichtung o. ä. vertritt:* ein Schüler Raffaels, von Röntgen. **sinnv.:** ↑Anhänger. **Zus.:** Meisterschüler.

schul|mei|stern ⟨tr./itr.⟩: *in als störend empfundener, pedantischer Art korrigieren und belehren:* er möchte uns immer s.; er schulmeistert gern. **sinnv.:** bemäkeln, ↑kritisieren, ↑lehren, lehrhaft sein.

Schul|ter, die; -, -n: *Teil des Rumpfes zwischen Hals und Armkugel:* jmdm. auf die S. klopfen; breite Schultern haben; S. an S. *(dichtgedrängt)* stehen. **sinnv.:** Achsel, ↑Rücken, Schlüsselbein · schultern. **Zus.:** Hängeschulter · breit-, schmalschultrig.

schum|meln ⟨itr.⟩ (ugs.): ↑*mogeln:* wer [beim Kartenspielen] schummelt, muß ausscheiden.

Schund, der; -[e]s: *etwas, was als wertlos, minderwertig angesehen wird:* er wollte uns lauter S. verkaufen. **sinnv.:** ↑Ausschuß, der letzte Dreck.

schun|keln ⟨itr.⟩: *sich in einer Gruppe mit untergehakten Armen gemeinsam im Rhythmus einer Musik hin und her wiegen:* das [Karnevals]volk schunkelte auf der Straße und in den Sälen. **sinnv.:** ↑schwingen.

Schup|pe, die; -, -n: **a)** *den Körper bestimmter Tiere in großer Zahl bedeckendes Gebilde (in Form eines Plättchens) aus unterschiedlicher Substanz:* die Forelle hat silbrige Schuppen. **Zus.:** Fisch-, Hornschuppe. **b)** *sehr kleines Hautteilchen, das von der Kopfhaut abgestoßen wird:* er hat [den Kragen voller] Schuppen; ein Haarwasser gegen Schuppen. **sinnv.:** Schorf. **Zus.:** Haar-, Haut-, Kopfschuppe.

Schup|pen, der; -s, -: *einfacher Bau [aus Holz] zum Unterstellen von Geräten, Wagen o. ä.:* ein S. für die Gartengeräte. **sinnv.:** ↑Depot, ↑Haus. **Zus.:** Blech-, Boots-, Geräte-, Güter-, Holz-, Lager-, Lok[omotiv]-, Wagenschuppen.

schü|ren ⟨tr.⟩: **1.** *(ein Feuer) durch Stochern mit einem Feuerhaken o. ä. anfachen, zum Aufflammen bringen:* das Feuer s. **sinnv.:** ↑anzünden. **2.** *anstacheln, entfachen, entfesseln [und steigern]:* den Haß, den Widerstand, die Unzufriedenheit s. **sinnv.:** ↑anheizen.

schür|fen: 1. ⟨itr.⟩ *(durch Abtragen von Bodenschichten an der Erdoberfläche) nach Bodenschätzen graben:* man schürfte dort vergeblich nach Gold. **sinnv.:** ↑graben. **2.** ⟨tr.⟩ *durch Bergbau (Bodenschätze) gewinnen:* in diesem Gebiet wird viel Erz geschürft. **sinnv.:** abbauen. **3.** ⟨tr./sich s.⟩ *(die Haut o. ä) durch Schaben, Kratzen o. ä. mit etwas Scharfem, Rauhem an der Oberfläche verletzen:* ich habe mich am Ellenbogen geschürft; ich habe mir beim Entlangstreifen an der Wand die Haut geschürft. **sinnv.:** ↑kratzen.

Schur|ke, der; -n, -n: ↑*Schuft.*

Schür|ze, die; -, -n: *(über der Kleidung getragenes) vor allem die Vorderseite des Körpers [teilweise] bedeckendes, mit angenähten Bändern um Taille und Hals gehaltenes Teil aus Stoff o. ä., das besonders zum Schutz der Kleidung bei bestimmten Arbeiten dient:* sich eine S. umbinden. **sinnv.:** Kittel, Schurz, Vortuch. **Zus.:** Cocktail-, Gummi-, Kittel-, Küchen-, Latz-, Leder-, Leinen-, Servier-, Tischler-, Träger-, Wickelschürze.

schür|zen ⟨tr.⟩ (geh.): **1. a)** *(einen langen, weiten Rock o. ä.) aufheben, zusammenraffen und in der Höhe der Hüften festhalten, befestigen:* sie schürzte ihr Kleid und stieg die Treppe hinauf; ⟨häufig im 2. Partizip⟩ mit geschürzten Röcken wateten sie durch den Fluß. **sinnv.:** ↑aufnehmen. **b)** *(die Lippen) leicht nach vorne schieben und kräuseln:* sie schürzte verächtlich die Lippen. **2.** (geh.) *(einen/zu einem Knoten) machen:* er schürzte einen Knoten; sie schürzte den Faden zu einem Knoten. **sinnv.:** binden, zusammenschlingen.

Schuß, der; Schusses, Schüs-

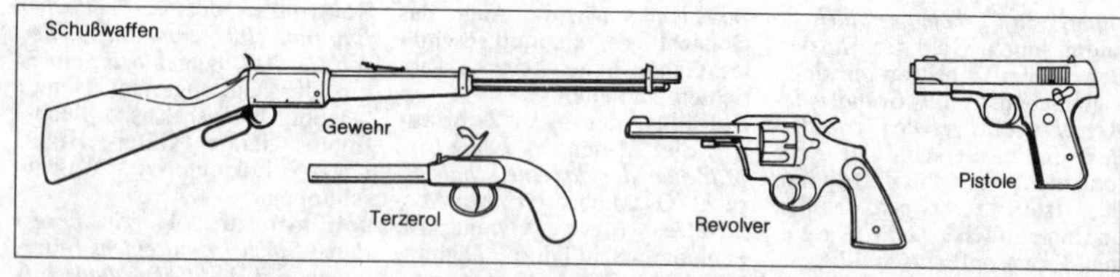

se: **1. a)** *das Abfeuern eines Geschosses:* der S. aus einer Pistole; mehrere Schüsse waren zu hören. **sinnv.:** Garbe; ↑Knall. **Zus.:** Fang-, Gewehr-, Gnaden-, Kanonen-, Nah-, Pistolen-, Schreck-, Selbst-, Warnschuß. **b)** *abgefeuertes Geschoß:* ein S. hatte ihn ins Bein getroffen; zwei Schüsse waren danebengegangen. **c)** ⟨Plural: Schuß⟩ *für einen Schuß* (1 a) *ausreichende Menge Munition, Schießpulver:* er hat noch drei S. im Magazin. **sinnv.:** ↑Munition. **d)** *das scharfe, kräftige Werfen, Treten, Schlagen eines Balles o. ä.:* der S. ging neben das Tor; ein gefährlicher, flacher S. **Zus.:** Dreh-, Fern-, Flach-, Torschuß. **2.** ⟨ohne Plural⟩ *kleine Menge einer Flüssigkeit:* Tee mit einem S. Rum. **sinnv.:** ↑Menge.

Schüs|sel, die; -, -n: *gewöhnlich tieferes, oben offenes Gefäß, besonders zum Anrichten und Auftragen von Speisen:* eine S. voll Kartoffelbrei, mit Gemüse. **sinnv.:** Becken, ↑Behälter, Kumme, Napf, Satte, Schale, Teller, Terrine. **Zus.:** Back-, Blech-, Braten-, Eß-, Futter-, Kompott-, Kristall-, Salat-, Spül-, Suppen-, Waschschüssel.

schuß|lig ⟨Adj.⟩ (ugs.): *zur Vergeßlichkeit neigend und überaus fahrig:* der Alte ist schon reichlich s. **sinnv.:** ↑nervös.

Schuß|waf|fe, die; -, -n: *Waffe, mit der man schießen kann* (siehe Bildleiste): er trug eine S. bei sich. **sinnv.:** Bogen, Feuerwaffe, Flinte, Gewehr, Karabiner, Pistole, Revolver, Terzerol; Waffe.

Schu|ster, der; -s, -: *Handwerker, der Schuhe repariert, besohlt und auch [nach Maß] anfertigt.* **sinnv.:** Schuhmacher. **Zus.:** Flickschuster.

Schutt, der; -[e]s: *Anhäufung von Geröll oder Trümmerstücken, die durch den Abriß oder die Zerstörung eines Bauwerks entstanden sind:* nach dem Erdbeben, dem Bombenangriff blieb von dem Dorf nur S. übrig. **sinnv.:** ↑Geröll, ↑Trümmer. **Zus.:** Bau-, Gebirgs-, Gletscher-, Trümmer-, Ziegelschutt.

schüt|teln: a) ⟨tr./itr./sich s.⟩: *jmdn./etwas [anfassen und] kräftig, schnell hin und her bewegen:* die Flasche vor Gebrauch s.; den Kopf, mit dem Kopf s. /als Zeichen der Verneinung, der Verwunderung/; ich schüttelte mich vor Lachen *(mußte sehr lachen).* **sinnv.:** hin und her bewegen, rütteln, schaukeln. **Zus.:** auf-, durch[einander]schütteln · Hände-, Kopfschütteln · kopfschüttelnd. **b)** ⟨tr.⟩ *schüttelnd* (a) *von etwas lösen, entfernen:* Nüsse [vom Baum] s. **Zus.:** ab-, aus-, heraus-, herunterschütteln.

schüt|ten, schüttete, hat geschüttet: **1.** ⟨tr.⟩ *(von flüssigen, körnigen o. ä. Stoffen) in, auf, aus etwas fließen, gleiten lassen:* Wasser in einen Kessel s.; den Zucker in die Dose s.; etwas auf den Boden s. **sinnv.:** ausgießen, auskippen, ausleeren, ausschenken, ↑einschenken, gießen. **Zus.:** ab-, aus-, daneben-, ein-, hinein-, hinunter-, um-, ver-, weg-, zusammenschütten. **2.** ⟨itr.⟩ (ugs.) *in Strömen regnen:* es schüttet. **sinnv.:** ↑regnen.

schüt|ter ⟨Adj.⟩: *spärlich im Wachstum, wenig dicht stehend:* er hat schon schütteres Haar. **sinnv.:** dünn, gelichtet, licht, ↑spärlich.

Schutz, der; -es: *etwas, was eine Gefährdung abhält oder einen Schaden abwehrt:* jmdm. S. gewähren; unter dem S. der Polizei verließ er das Stadion; die Hütte bietet S. vor Regen; ein Mittel zum S. gegen/vor Erkältungen. **sinnv.:** Abschirmung, Beschützung, Deckung, Geborgenheit, ↑Geleit, Obhut, Pflege, Sicherheit, Sicherung. **Zus.:** Arbeits-, Brand-, Daten-, Denkmal-, Frost-, Grenz-, Impf-, Jagd-, Jugend-, Kündigungs-, Küsten-, Lärm-, Luft-, Mutter-, Natur-, Pflanzen-, Polizei-, Rechts-, Regen-, Selbst-, Sonnen-, Strahlen-, Tier-, Umwelt-, Unfall-, Urheber-, Versicherungs-, Wärme-, Werk-, Wind-, Zivilschutz.

Schüt|ze, der; -n, -n: *jmd., der mit einer Schußwaffe schießt:* er ist ein guter, sicherer S. **Zus.:** Hecken-, Kunst-, Meister-, Scharf-, Sportschütze.

schüt|zen ⟨tr./itr.⟩: *jmdm., einer Sache Schutz gewähren, einen Schutz [ver]schaffen:* ein Land vor seinen Feinden s.; jmdn. vor Gefahr, vor persönlichen Angriffen, vor Strafe s.; Vorsicht allein schützt nicht vor Unfällen; ⟨auch sich s.⟩ sich vor Krankheit, Kälte, vor Regen s.; ein schützendes Dach; eine geschützte Stelle *(wo kein Regen oder Wind hinkommt).* **sinnv.:** ↑behüten, ↑immunisieren, sichern, ↑wahren. **Zus.:** beschützen · licht-, windgeschützt.

Schütz|ling, der; -s, -e: *jmd., der dem Schutz eines anderen anvertraut ist, der betreut, für den gesorgt wird:* die Schützlinge einer Kindergärtnerin. **sinnv.:** Günstling, Schutzbefohlener.

Schutz|mann, der; -[e]s, Schutzmänner und Schutzleute: ↑*Polizist.*

schwab|be|lig ⟨Adj.⟩ (ugs.): *gallertartig weich und unfest [bis dickflüssig] und dabei leicht in eine zitternde, wackelnde Bewegung geratend:* ein schwabbeliger Pudding; das fette Fleisch ist s. **sinnv.:** ↑weich.

schwach, schwächer, schwächste ⟨Adj.⟩ /Ggs. stark/: **1. a)** *(in körperlicher Hinsicht) keine oder nur geringe Kraft besitzend:* ein schwaches Kind; er ist schon alt und s. **sinnv.:** ↑hinfällig, ↑kraftlos. **Zus.:** alters-, konditions-, sehschwach. **b)** *(in bezug auf seine Funktion) nicht sehr leistungsfähig:* er hat schwache Nerven, ein schwaches Herz. **sinnv.:** ↑anfällig. **Zus.:** geistes-, willensschwach; vgl. -schwach. **2.** *keine große Belastung aushaltend:* eine schwache Mauer; ein schwaches Brett. **sinnv.:** dünn, leicht. **3.** *nur wenig* *ausgeprägt; in nur geringem Maße vorhanden, wirkend o. ä.:* schwacher Beifall; eine schwache Hoffnung haben; die Leistungen des Schüler sind s. **sinnv.:** ↑mäßig. **Zus.:** ausdrucksschwach; vgl. -schwach. **4.** *nicht sehr zahlreich:* die Festung war nur s. besetzt; die Ausstellung war nur s. besucht. **sinnv.:** ↑karg, ↑spärlich. **5.** *keine gute Qualität aufweisend, wenig gehaltvoll:* ein schwacher Kaffee; der Vortrag war sehr s. *(oberflächlich, ohne Niveau);* das war ein schwaches Spiel *(ein schlechtes, langweiliges Spiel).* **sinnv.:** ↑minderwertig.

-schwach ⟨adjektivisches Suffixoid⟩: *das im Basiswort Genannte (meist etwas Positives) nur in geringem Maße besitzend, aufweisend, beherrschend, könnend:* charakter-, devisen-, einkommens-, entscheidungs-, finanz-, geburten- (Ggs. geburtenstark), ich-, konditions-, leistungs-, lern-, lese-, rechtschreib-, struktur-, verkehrs-, zahlungsschwach. **sinnv.:** -arm, -leer, -los.

Schwä|che, die; -, -n: **1.** ⟨ohne Plural⟩ *fehlende körperliche Kraft; [plötzlich auftretende] Kraftlosigkeit:* sein Zustand beruht auf einer allgemeinen S.; die S. der Augen; vor S. zusammenbrechen. **sinnv.:** Entkräftung, Mattheit, ↑Ohnmacht, Schlappheit, Schwächlichkeit. **Zus.:** Alters-, Augen-, Gedächtnis-, Geistes-, Greisen-, Herz-, Konditions-, Konzentrations-, Körper-, Kreislauf-, Leistungs-, Muskel-, Nerven-, Seh-, Wachstumsschwäche. **2.** *charakterliche, moralische Unvollkommenheit, Unzulänglichkeit; nachteilige menschliche Eigenschaft:* jmds. Schwächen ausnützen; seine S. überwinden; keine Schwächen zeigen. **sinnv.:** Nachgiebigkeit, Unentschlossenheit, Verführbarkeit, Weichheit, Willenlosigkeit. **Zus.:** Charakter-, Willensschwäche. **3.** ⟨ohne Plural⟩ *besondere Vorliebe, die jmd. für jmdn./etwas hat, große Neigung zu jmdm./etwas:* eine S. für schöne Frauen, Schokolade haben. **sinnv.:** ↑Zuneigung. **4.** ⟨S. + Attribut⟩ *etwas, was bei einer Sache als Mangel empfunden wird; nachteilige Eigenschaft:* es ist eine S. dieses Buches, daß es keine Bilder hat. **sinnv.:** ↑Mangel.

schwä|chen ⟨tr.⟩: *kraftlos, schwach machen:* die Krankheit hat seinen Körper sehr geschwächt. **sinnv.:** ↑entkräften. **Zus.:** abschwächen · hungergeschwächt.

schwäch|lich ⟨Adj.⟩: *körperlich, gesundheitlich ziemlich schwach, oft auch kränklich:* der Junge war von Natur aus s.; ein schwächliches Kind. **sinnv.:** ↑anfällig, ↑kraftlos, verkümmert.

Schwäch|ling, der; -s, -e: *männliche Person ohne Kraft [und Durchsetzungsvermögen], die als schwächlich [und willensschwach] angesehen wird:* dieser S. kann nicht einmal den Schrank schieben!; er war schon immer ein S. und gab seiner Frau ständig nach. **sinnv.:** ↑Feigling, Flasche, halbe Portion, Laumann, Milchbubi, Muttersöhnchen, Niete, Nulpe, Pantoffelheld, Schwachmatikus, Softie, Weichling, Würstchen, Zärtling.

Schwach|sinn, der; -s **1.** *[angeborener] geistiger Defekt, Mangel an Intelligenz:* hochgradiger S. **2.** (ugs.) *etwas, was (vom Sprecher) als dumm, unsinnig empfunden wird:* diese Sendung war ja S.; an solchem S. beteilige ich mich nicht; so ein S.! **sinnv.:** ↑Irrsinn, ↑Unsinn.

schwach|sin|nig ⟨Adj.⟩: *an Schwachsinn leidend:* ein schwachsinniges Kind. **sinnv.:** ↑geistesgestört.

Schwa|den, der; -s, -: *in der Luft treibende, wolkenähnliche Zusammenballung von Dunst, Nebel, Rauch o. ä.:* der Rauch zog in dunklen S. über die Dächer. **Zus.:** Brand-, Dunst-, Nebel-, Rauchschwaden.

schwa|dro|nie|ren ⟨itr.⟩ (ugs.): *wortreich, laut, lebhaft, unbekümmert reden:* er schwadroniert schon eine halbe Stunde. **sinnv.:** ↑sprechen.

schwa|feln ⟨itr.⟩ (ugs.): *viel und wortreich reden (was der Sprecher als lästig, inhaltsleer empfindet):* bei seinem Vortrag hat er nur geschwafelt. **sinnv.:** labern, ↑sprechen.

Schwa|ger, der; -s, Schwäger: *Ehemann der Schwester, Ehemann der Schwester des Ehepartners oder Bruder des Ehepartners.* **sinnv.:** Schwäher, ↑Verwandter. **Zus.:** Schwippschwager.

Schwä|ge|rin, die; -, -nen: *Ehefrau des Bruders, Ehefrau des Bruders des Ehepartners oder Schwester des Ehepartners.* **sinnv.:** ↑Verwandter. **Zus.:** Schwippschwägerin.

Schwal|be, die; -, -n: *schnell und gewandt fliegender Singvogel mit braunem oder schwarzweißem Gefieder, langen, schmalen, spitzen Flügeln und einem gegabelten Schwanz.* **Zus.:** Haus-, Mehl-, Rauch-, See-, Uferschwalbe.

Schwamm, der; -[e]s, Schwämme: *(aus natürlichem oder künstlichem Material bestehender) weicher, elastischer Gegenstand von großer Saugfähigkeit, der besonders zum Waschen und Reinigen verwendet wird:* er hat die Tafel mit einem S. abgewischt. **Zus.:** Bade-, Gummi-, Tafelschwamm.

schwam|mig ⟨Adj.⟩: *weich und porös wie ein Schwamm:* etwas fühlt sich s. an. **sinnv.:** ↑weich.

Schwan, der; -[e]s, Schwäne: *großer Schwimmvogel mit sehr langem Hals, weißem Gefieder, einem breiten Schnabel und Schwimmfüßen* (siehe Bildleiste „Gans"). **Zus.:** Höcker-, Sing-, Trauer-, Zwergschwan.

schwa|nen ⟨itr.⟩ (ugs.): *von jmdm. [als etwas Unangenehmes] vorausgeahnt werden:* mir schwant nichts Gutes; ihm schwante, daß... **sinnv.:** ↑vermuten.

schwan|ger ⟨Adj.⟩: *ein Kind erwartend:* eine schwangere Frau. **sinnv.:** gravid, gesegneten Leibes · trächtig, tragend. **Zus.:** hoch-, scheinschwanger.

-schwan|ger ⟨adjektivisches Suffixoid⟩: *voll von dem als Basiswort Genannten, es [als Möglichkeit, Wahrscheinlichkeit] in sich tragend, bergend* /im Unterschied zu *-trächtig* stärker mit der Nebenvorstellung des Geheimnisvollen, Schicksalhaften verbunden, als etwas, was nicht ohne weiteres abzuschätzen, erkennbar ist/: bedeutungs-, geschichts-, gewitter-, hoffnungs-, komplott-, mysterien-, nebel-, nostalgie-, taten-, theorie-, unglücks-, unheil-, zukunftsschwanger. **sinnv.:** -reich, -schwer, -trächtig, -verdächtig, -voll.

schwän|gern ⟨tr.⟩: *schwanger machen:* er hat das Mädchen geschwängert und dann sitzenlassen. **sinnv.:** ↑befruchten.

Schwan|ger|schaft, die; -, -en: *Zustand des Schwangerseins, Zeit zwischen Empfängnis* *und Geburt eines Kindes.* **sinnv.:** Gravidität. **Zus.:** Bauchhöhlen-, Früh-, Scheinschwangerschaft.

Schwank, der; -s, Schwänke: *kurze, heitere, häufig auch derbe Erzählung [in Versen oder Prosa] von komischen Begebenheiten oder lustigen Streichen:* ein S. von Hans Sachs; einen S. aufführen; er erzählt einen S. aus seinem Leben. **sinnv.:** ↑Erzählung, ↑Komödie. **Zus.:** Bauernschwank.

schwan|ken, schwankte, hat/ist geschwankt ⟨itr.⟩: **1.** *sich schwingend hin und her oder auf und nieder bewegen:* der Mast des Schiffes schwankt; die Brükke hat unter der Last der Fahrzeuge geschwankt. **sinnv.:** ↑schwingen · ↑erschüttern. **2.** *sich schwankend fortbewegen, irgendwohin bewegen:* der alte Mann ist über die Straße geschwankt. **sinnv.:** taumeln, torkeln, wanken. **3.** *unsicher sein bei der Entscheidung zwischen zwei oder mehreren [gleichwertigen] Möglichkeiten:* er hat keinen Augenblick geschwankt, dies zu tun; er schwankte zwischen diesen beiden Möglichkeiten. **sinnv.:** ↑zögern.

Schwanz, der; -es, Schwänze: **1.** *bei fast allen Wirbeltieren beweglicher Fortsatz der Wirbelsäule über den Rumpf hinaus:* ein Tier am S. packen; der Hund zog den S. ein. **sinnv.:** Lunte, Rute, Schweif, Steiß, Sterz. **Zus.:** Biber-, Fisch-, Fuchs-, Kuh-, Mause-, Ochsen-, Pferde-, Ratten-, Ringel-, Stummelschwanz. **2.** (ugs.) ↑*Penis.*

schwän|zen ⟨tr./itr.⟩ (ugs.): *(an etwas) nicht teilnehmen, weil man keine Lust hat:* den Unterricht s.; er hat heute schon wieder geschwänzt. **sinnv.:** fernbleiben.

schwap|pen, schwappte, hat/ist geschwappt ⟨itr.⟩: *(von Flüssigem) sich in etwas hin und her bewegen, überfließen [und dadurch ein klatschendes Geräusch von sich geben]:* die Suppe ist über den Rand des Tellers geschwappt; das Wasser im Eimer ist/hat hin und her geschwappt, hat geschwappt. **sinnv.:** ↑überfließen. **Zus.:** heraus-, überschwappen.

Schwarm, der; -[e]s, Schwärme: **1.** *größere Anzahl sich [ungeordnet, durcheinanderwimmelnd] zusammen fortbewegender gleichartiger Tiere, Menschen:* ein S. Bienen, Fische; ständig war ein S. von Kindern um ihn herum. **sinnv.:** ↑Herde. **Zus.:** Bienen-, Fisch-, Heuschrecken-, Mücken-, Vogelschwarm. **2.** *jmd., für den man schwärmt, begeistert ist:* dieses Mädchen ist sein S. **sinnv.:** ↑Idol, Liebhaberei.

schwär|men, schwärmte, hat/ist geschwärmt ⟨itr.⟩: **I. a)** *von jmdm./etwas hingerissen sein:* sie hat für diesen Künstler, für diese Musik geschwärmt. **sinnv.:** ↑anbeten, sich ↑begeistern, träumen. **b)** *begeistert von jmdm./etwas reden:* sie hat wieder von Italien, von ihrem Chef geschwärmt. **sinnv.:** ↑loben. **II.** *als Schwarm* (1) *auftreten, sich im Schwarm bewegen:* die Bienen schwärmen; sie sind die ganze Nacht durch die Stadt geschwärmt. **sinnv.:** ↑ausschwärmen. **Zus.:** auseinander-, durcheinander-, herum-, umherschwärmen.

Schwar|te, die; -, -n: **1.** *dicke, derbe Haut, bes. vom Schwein:* eine geräucherte S. **sinnv.:** ↑Haut. **Zus.:** Speckschwarte. **2.** (emotional) *(in den Augen des Sprechers häufig nicht sehr wertvolles) dickes Buch:* komm, diese S. liest du heute doch nicht mehr durch. **sinnv.:** ↑Buch.

schwarz, schwärzer, schwärzeste ⟨Adj.⟩: **1.** *in, von der Farbe der Kohle oder des Rußes* /Ggs. weiß/: ein schwarzer Stoff, Anzug; etwas s. färben; s. wie ein Rabe sein. **sinnv.:** nachtfarben, rußfarben, schwärzlich. **Zus.:** ebenholz-, kohl[raben]-, pech-, ruß-, samt-, tiefschwarz. **2.** *von sehr dunklem Aussehen:* schwarze Kirschen, Trauben; schwarze Augen haben; das Silber wird s.; die schwarze Rasse. **sinnv.:** dunkel. **Zus.:** blau-, braun-, grau-, nachtschwarz. **3.** (emotional) *sehr schmutzig:* das Hemd, die Wäsche ist s.; schwarze Hände von der Arbeit haben. **sinnv.:** ↑schmutzig. **4.** (ugs.) *ohne behördliche Genehmigung:* etwas s. auf dem schwarzen Markt kaufen; s. über die Grenze gehen. **sinnv.:** ↑heimlich, illegal, unerlaubt. **5.** *unheilvoll und traurig:* heute war für mich ein schwarzer Tag; alles s. in s. sehen, malen. **sinnv.:** erfolglos, glücklos, pessimistisch.

schwarz-, Schwarz- ⟨Präfixoid⟩: *illegal, verboten, ohne behördliche Erlaubnis in bezug auf das im Basiswort Genannte:* **a)** ⟨substantivisch⟩ Schwarzarbeit *(Lohnarbeit, die die gesetzlichen Bestimmungen umgeht, bei der z. B. keine Steuern abgeführt werden),* -arbeiter, -bau, -brennerei, -fahrer, -fahrt, -geld (an wen sind Schwarzgelder gezahlt worden?), -handel, -kauf, -markt, -marktpreis, -presserei (ein Plattenpirat wurde für wiederholte Schwarzpresserei zu Gefängnis verurteilt), -pressung (von Schallplatten), -schlachtung (für eine S. bekommt er keinen Tierarzt zur Trichinenschau), -sender. **sinnv.:** Piraten-, Raub-. **b)** ⟨verbal⟩ schwarzarbeiten, -fahren, -hören *(Radio hören, ohne dafür Rundfunkgebühren zu bezahlen),* -schlachten.

schwat|zen, schwät|zen ⟨itr./tr.⟩: **1.** *zwanglos mit Bekannten über oft belanglose Dinge sprechen:* sie kam, um mit ihnen zu schwatzen; eine fröhlich schwatzende Runde. **sinnv.:** sich ↑unterhalten. **2. a)** *sich wortreich über oft belanglose Dinge auslassen:* über die Regierung, von einem Ereignis schwatzen. **sinnv.:** schwadronieren. **b)** *sich während des Unterrichts mit seinem Nachbarn heimlich u. leise unterhalten:* wer schwatzt denn da fortwährend? **sinnv.:** ↑quasseln. **3.** *aus einem unbeherrschten Redebedürfnis heraus Dinge weitererzählen, über die man hätte schweigen sollen:* da muß wieder einer geschwatzt haben! **sinnv.:** ↑ausplaudern.

Schwät|zer, der; -s, -, **Schwät|ze|rin,** die; -, -nen: *männliche bzw. weibliche Person, die im Urteil anderer wichtigtuerisch viel Unsinn redet oder gern Klatsch erzählt:* diesem Schwätzer darfst du nicht alles glauben. **sinnv.:** Klatschmaul, -tante, -weib, Plaudertasche, Quasselstrippe, Quatschkopf, Sabbler, Salbader, Schwadroneur, Schwafler. **Zus.:** Klugschwätzer.

schwe|ben, schwebte, hat/ist geschwebt ⟨itr.⟩: *sich langsam und in ruhiger Haltung in der Luft fortbewegen oder bewegungslos verharren:* der Adler schwebt hoch in der Luft; der Ballon hat über den Häusern geschwebt *(hat in der Luft stillgestanden);* der Ballon ist über die Häuser geschwebt *(ist über die Häuser hinweggeflogen).* **sinnv.:** ↑fliegen. **Zus.:** nieder-, vorüberschweben · freischwebend.

Schweif, der; -[e]s, -e (geh.): *langer, buschiger Schwanz:* der S. eines Pferdes. **sinnv.:** ↑Schwanz. **Zus.:** Pfauen-, Roßschweif · Feuer-, Kometenschweif.

schwei|gen, schwieg, hat geschwiegen ⟨itr.⟩: **1.** *nichts sagen, keine Antwort geben:* der Angeklagte schweigt; die Regierung schwieg lange zu den Vorwürfen. **sinnv.:** nicht antworten, für sich behalten, dichthalten, geheimhalten, die Klappe/den Mund halten, nicht reden, ruhig sein, sich in Schweigen hüllen, kein Sterbenswort/Sterbenswörtchen sagen, stillhalten, still/stumm sein, unterschlagen, verbergen, verhehlen, verheimlichen, nichts verraten, verschweigen, verschwiegen sein, verstummen. **Zus.:** sich ausschweigen, still-, tot-, verschweigen. **2.** *aufgehört haben, Klänge, Geräusche hervorzubringen:* die Musik schweigt; seit der Besetzung des Landes schweigt der Sender; die Waffen schweigen [seit heute] *(es wird [seit heute] nicht mehr geschossen, gekämpft).* **sinnv.:** nicht mehr spielen, verklungen sein, verstummt sein.

schweig|sam ⟨Adj.⟩: *wenig redend; nicht gesprächig:* er ist von Natur aus ein schweigsamer Mensch. **sinnv.:** ↑wortkarg.

Schwein, das; -[e]s, -e: **1.** *kurzbeiniges (Säuge)tier mit gedrungenem Körper, länglichem Kopf, rüsselartig verlängerter Schnauze, meist rosafarbener, mit Borsten bedeckter Haut und meist geringeltem Schwanz* (siehe Bild): ein S. schlachten. **sinnv.:** Bache, Borstentier/-vieh, Eber, Ferkel, Frischling, Keiler, Sau, Wildsau, Wutz. **Zus.:** Glücks-, Haus-, Marzipan-, Mast-, Mutter-, Spar-, Stachel-, Wild-, Zuchtschwein. **2.** /als Schimpfwort/ (derb) **a)** *jmd., dessen Verhalten man in empörender Weise als anstößig o. ä. empfindet:* dieses S. muß seine dreckigen Witze immer in Gegenwart von Kindern erzählen. **sinnv.:** ↑Schmutzfink. **b)** *jmd., der in einer Ärger, Entrüstung hervorrufenden Weise schmutzig und ungepflegt ist:* wie kannst du nur mit diesen schmutzigen Händen zum Essen gehen, du S. **sinnv.:** Sau, ↑Schmutzfink. **Zus.:** Dreckschwein. **c)** *jmd., dessen Verhalten als gemein o. ä. empfunden wird:* das S. hat uns bei der Abrechnung übers Ohr gehauen. **sinnv.:** ↑Schuft. **Zus.:** Etappen-, Kameraden-, Rübenschwein. **3.** *Mensch, den man bedauern muß:* das arme S. muß schon wieder ins Krankenhaus. **sinnv.:** Pechvogel, Unglücksmensch, Unglücksrabe, Unglücksvogel.

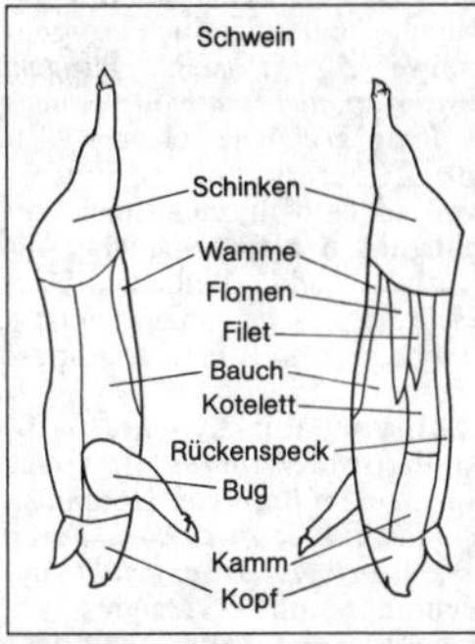

Schwei|ne|rei, die; -, -en (ugs.): **1.** *als abstoßend empfundener, unordentlicher, schmutziger Zustand:* wer hat diese S. angerichtet? **sinnv.:** ↑Schmutz. **2.** *etwas, was unangenehm, schlimm ist, worüber man sich ärgert:* es ist eine S., daß die Versicherung nicht zahlen will. **sinnv.:** ↑Unannehmlichkeit. **3.** *als anstößig empfundene, unanständige Äußerung oder Handlung:* er erzählt immer gerne Schweinereien. **sinnv.:** ↑Unflat, Zote.

schwei|nisch ⟨Adj.⟩ (ugs.): *in sexueller Beziehung als äußerst unanständig empfunden:* er erzählte schweinische Witze. **sinnv.:** ↑unanständig.

Schweiß, der; -es: *bes. bei Hitze oder größerer Anstrengung aus den Poren der Haut austretende wäßrige Absonderung:* in S. kommen, geraten; ihm steht der S. auf der Stirn. **sinnv.:** Hautausdünstung, Schweißabsonderung, Transpiration, Wasser. **Zus.:** Angst-, Fußschweiß.

schwei|ßen ⟨tr./itr.⟩: *mit Hilfe von Wärme oder Druck Teile aus Metall oder Kunststoff fest miteinander verbinden:* Schienen, Rohre s. **sinnv.:** ↑löten. **Zus.:** an-, ein-, kalt-, zusammenschweißen.

schwe|len ⟨itr.⟩: *langsam und ohne offene Flamme brennen:* das Feuer schwelt unter der Asche. **sinnv.:** ↑brennen; ↑dampfen.

schwel|gen ⟨itr.⟩ (geh.): **1.** *von gutem und in großer Menge vorhandenem Essen und Trinken mit großem Behagen genießen:* bei dem Fest wurde geschwelgt und gepraßt. **sinnv.:** ↑essen; ↑leben. **2.** *sich [verzückt und] voll Genuß (einer Sache) hingeben:* in Gefühlen, Erinnerungen, Farben s.

Schwel|le, die; -, -n: **1.** *(am Boden) in den Türrahmen eingepaßter, etwas erhöht liegender Balken als unterer Abschluß einer Türöffnung:* er stolperte an der/über die S. **Zus.:** Eingangs-, Türschwelle. **2.** *Balken oder entsprechend geformter Träger aus Beton oder Stahl, auf dem die Eisenbahnschienen befestigt sind:* neue Schwellen aus Spannbeton verlegen. **Zus.:** Beton-, Eisenbahn-, Holz-, Stahlschwelle.

schwel|len: I. schwillt, schwoll, ist geschwollen ⟨itr.⟩ *(von einem Organ oder Körperteil) sich (in einem krankhaften Prozeß, durch Ansammlung von Wasser oder Blut im Gewebe) vergrößern, dicker werden:* seine Mandeln sind geschwollen; geschwollene Beine. **sinnv.:** ↑anschwellen. **Zus.:** ab-, aufschwellen. **II.** schwellte, hat geschwellt ⟨tr.⟩ (geh.) *größer machen; dehnen:* der Wind schwellte die Segel. **sinnv.:** ↑aufblähen. **Zus.:** aufschwellen.

Schwel|lung, die; -, -en: **a)** ⟨ohne Plural⟩ *das Geschwollensein:* der Arzt stellte eine leichte S. der Leber fest. **sinnv.:** ↑Geschwulst. **Zus.:** An-, Drüsen-, Leber-, Milzschwellung. **b)** *geschwollene Stelle:* er hat eine S. unter dem linken Auge. **sinnv.:** ↑Beule, ↑Schwiele.

-schwem|me, die; -, -n ⟨Suffixoid⟩ (emotional): *besonders großes, zu großes Angebot an ..., sehr viel, zuviel von dem/den im substantivischen Basiswort Genannten:* Akademiker-, Ärzte-, Butter-, Eier-, Geld-, Juristen-, Lehrer-, Milch-, Obst-, Theologenschwemme. **sinnv.:** -berg, -lawine.

schwem|men ⟨tr.⟩: *durch die Strömung einer Flüssigkeit, bes. von Wasser, (aus/von etwas) entfernen [und (in eine bestimmte Richtung, an einen bestimmten Ort) befördern]:* das Wasser hat die Erde vom Ufer geschwemmt; der Tote wurde an die Küste geschwemmt; das Medikament schwemmt mit dem Harn bestimmte Schadstoffe aus dem Körper. **sinnv.:** ↑spülen. **Zus.:** an-, fort-, über-, wegschwemmen.

schwẹn|ken, schwenkte, hat/ist geschwenkt: **1.** ⟨tr.⟩ *[mit ausgestrecktem Arm über seinen Kopf] schwingend auf und ab, hin und her bewegen:* er hat den Hut geschwenkt; die Kinder am Straßenrand winkten und schwenkten ihre Fähnchen. **sinnv.:** ↑schwingen. **2.** ⟨tr.⟩ *im Wasser leicht hin und her bewegen und ausspülen:* sie hat die Gläser, Kannen geschwenkt. **sinnv.:** ↑spülen. **3.** ⟨itr.⟩ *die Richtung (in der eine Fortbewegung stattfindet) ändern, in eine andere Richtung bringen:* die Kolonne ist nach links geschwenkt. **sinnv.:** ↑abbiegen.

schwe̲r ⟨Adj.⟩: **1. a)** *viel Gewicht habend, nicht leicht [zu tragen]* /Ggs. leicht/: ein schwerer Koffer; die Möbelpacker hatten an der Eichentruhe s. zu tragen; meine Beine sind s. wie Blei. **sinnv.:** bleiern, gewichtig, massig, wuchtig · ↑Gewicht · ↑wiegen. **Zus.:** blei-, regen-, tonnen-, zentnerschwer. **b)** *ein bestimmtes Gewicht habend:* ein 5 Kilo schwerer Goldklumpen; der Fisch war drei Kilo s.; dieses Bauteil ist nur wenige Gramm s. **c)** *viel Kraft, Gewalt, hohe Leistung habend:* ein schweres Pferd; die Soldaten sind mit schweren Waffen ausgerüstet; er fährt ein schweres Motorrad. **sinnv.:** kräftig, leistungsstark, PS-stark, wuchtig. **d)** *(in bezug auf einen Duft) sehr intensiv und süßlich:* ein schweres Parfüm; der schwere Duft von Jasmin. **2.** *einen hohen Schwierigkeitsgrad aufweisend und daher große körperliche und/oder geistige Anstrengung verlangend:* eine schwere Aufgabe; das Problem ist s. zu lösen; etwas s. verstehen; s. arbeiten müssen; er hat es im Leben immer s. gehabt. **sinnv.:** ↑beschwerlich, mühevoll; ↑schwierig. **Zus.:** folgen-, inhalts-, schicksalsschwer. **3.** *sehr stark ausgeprägt, von sehr großem Ausmaß, deutlich spürbar:* eine schwere Verletzung; ein schwerer Wolkenbruch ging nieder; ein schweres Verbrechen begehen; sein Tod war ein schwerer Schlag für uns alle; das Unglück, die Strafe traf ihn s.; eine schwere Strafe erhalten. **sinnv.:** ↑gewaltig, massiv, schwerwiegend. **4. a)** *nicht bekömmlich (weil es den Magen belastet):* schwere Speisen; das Essen liegt mir s. im Magen. **sinnv.:** belastend, schwerverdaulich, unverträglich. **b)** *auf jmdm. lastend, jmdm. Sorge bereitend:* einen schweren Traum haben; schwere Sorgen lasteten auf ihm. **sinnv.:** ↑bedrückend, belastend, quälend. **Zus.:** sorgenschwer. **5.** *von hohem geistigem Anspruch, nicht zur bloßen Unterhaltung geeignet:* schwere Musik, Lektüre. **sinnv.:** anspruchsvoll, niveauvoll, nicht leicht zugänglich. **6.** ⟨verstärkend bei Adjektiven und Verben⟩ (ugs.) ↑*sehr:* er ist s. betrunken; er ist s. reich; hier muß man s. aufpassen.

-schwer ⟨adjektivisches Suffixoid⟩: *schwer von/an ...:* **a)** *viel von dem im Basiswort Genannten enthaltend, aufweisend, davon wie mit einer Last angefüllt:* bedeutungs-, düfte-, ereignis-, erinnerungs-, inhalts-, kalorienschwer. **sinnv.:** -intensiv, -reich, -stark, -voll. **b)** *viel von dem im Basiswort Genannten besitzend:* dollar-, millionenschwer.

schwe̲r|fal|len, fällt schwer, fiel schwer, ist schwergefallen ⟨itr.⟩: *große Mühe, Schwierigkeiten machen:* nach seiner Krankheit fällt ihm das Arbeiten noch schwer; Mathematik ist ihm schon immer schwergefallen. **sinnv.:** Mühe machen, nicht zu Rande kommen mit, sich schwertun mit, Schwierigkeiten haben mit, nicht zurechtkommen mit; sich ↑abmühen.

schwe̲r|fäl|lig ⟨Adj.⟩: *(in bezug auf die körperliche und geistige Beweglichkeit) viel Zeit benötigend und jegliche Leichtigkeit vermissen lassend:* s. laufen; er ist ein schwerfälliger Mensch. **sinnv.:** ↑langsam.

schwe̲r|hö|rig ⟨Adj.⟩: *in seiner Hörfähigkeit beeinträchtigt; nicht gut hörend:* er ist s. **sinnv.:** hörbehindert, hörgeschädigt; ↑taub.

schwe̲r|lich ⟨Adverb⟩: *vermutlich nicht:* das kann s. so gewesen sein; das wird s. möglich sein. **sinnv.:** kaum, wahrscheinlich/wohl nicht.

Schwe̲r|mut, die; -: *durch Niedergeschlagensein, düster-traurige Stimmung, innere Leere o. ä. gekennzeichneter, alle Tatkraft lähmender Zustand:* S. erfüllte ihn. **sinnv.:** ↑Trauer.

schwe̲r|mü|tig ⟨Adj.⟩: *an Schwermut leidend, von Schwermut gekennzeichnet:* sie ist s. geworden. **sinnv.:** bedrückt, ↑bekümmert; ↑gemütskrank.

Schwe̲r|punkt, der; -[e]s, -e: *wichtigster zu berücksichtigender Punkt; das, worauf sich alle Überlegungen, alles Handeln konzentriert:* er legt in seiner Arbeit den S. auf die pädagogischen Probleme; hierin liegt der S. seines Schaffens. **sinnv.:** Hauptbedeutung, Hauptgewicht, Schwergewicht; ↑Mittelpunkt.

Schwe̲rt, das; -[e]s, -er: *Hieb- und Stichwaffe mit kurzem Griff und langer, breiter, ein- oder zweischneidiger Klinge* (siehe Bildleiste „Waffen"). **sinnv.:** ↑Säbel.

schwe̲r|tun, sich; tut sich schwer, tat sich schwer, hat sich schwergetan: *mit jmdm./einer Sache Schwierigkeiten haben, mit jmdm./einer Sache nur schwer zurechtkommen:* ich habe mich/mir mit dieser Arbeit sehr schwergetan; sie tut sich in letzter Zeit schwer mit ihrem Chef. **sinnv.:** ↑schwerfallen.

schwe̲r|wie|gend ⟨Adj.⟩: **a)** *von großer Bedeutung und daher sehr ernst zu nehmen:* er erhob schwerwiegende Bedenken gegen diesen Plan. **sinnv.:** ↑ernsthaft, ↑gravierend; ↑gewaltig. **b)** *für die Zukunft entscheidend:* schwerwiegende Entschlüsse fassen, Entscheidungen treffen. **sinnv.:** ↑wichtig.

Schwẹs|ter, die; -, -n: **1.** *weibliche Person im Verhältnis zu einer anderen, die von denselben Eltern abstammt* /Ggs. Bruder/. **sinnv.:** ↑Geschwister. **Zus.:** Adoptiv-, Halb-, Stiefschwester. **2.** ↑*Krankenschwester.* **Zus.:** Gemeinde-, Kinder-, Nachtschwester, OP-Schwester, Rotkreuz-, Stationsschwester. **3.** *Angehörige einer religiösen Gemeinschaft oder eines Ordens.* **sinnv.:** ↑Nonne. **Zus.:** Missions-, Ordensschwester.

Schwi̲e|ger|mut|ter, die; -, Schwiegermütter: *Mutter des Ehemannes oder der Ehefrau.*

Schwi̲e|ger|sohn, der; -[e]s, Schwiegersöhne: *Ehemann der Tochter.*

Schwi̲e|ger|toch|ter, die; -, Schwiegertöchter: *Ehefrau des Sohnes.*

Schwi̲e|ger|va|ter, der; -s, Schwiegerväter: *Vater des Ehemannes oder der Ehefrau.*

Schwie|le, die; -, -n: *(durch ständige Reibung, Druck o. ä. entstandene) harte, verdickte Stelle in der Haut bes. an den Händen:* er hat bei der Arbeit Schwielen bekommen. **sinnv.:** Hornhaut, ↑Schwellung.

schwie|rig ⟨Adj.⟩: **a)** *für jmdn. nicht einfach zu bewältigen, Mühe, Anstrengung verlangend:* eine schwierige Frage, Aufgabe; es ist s., mit ihm zusammenzuarbeiten. **sinnv.:** anstrengend, beschwerlich, gefährlich, nicht leicht, mühevoll, mühsam, schwer; ↑langwierig. **b)** *mit Problemen verbunden, da möglicherweise unangenehme Folgen eintreten könnten:* sich in einer schwierigen Situation befinden; die Verhältnisse in diesem Land sind s. geworden. **sinnv.:** delikat, diffizil, haarig, heikel, kitzlig, knifflig, komplex, kompliziert, prekär, problematisch, subtil, verfänglich, vertrackt, verwikkelt, verzwickt. **c)** *schwer zu behandeln:* er ist ein schwieriger Mensch. **sinnv.:** nicht anpassungsfähig, eigenbrötlerisch, schwer zugänglich.

Schwie|rig|keit, die; -, -en: **a)** *etwas, was für jmdn. eine nicht einfach zu bewältigende Angelegenheit darstellt, für jmdn. schwierig* (a) *ist:* die Durchführung des Bauvorhabens stellte uns vor große Schwierigkeiten; die S. bei der Sache war, ihn von der Notwendigkeit seiner Teilnahme zu überzeugen. **sinnv.:** Dilemma, Frage, Haken, Kalamität, Klemme, Komplikation, Problem. **Zus.:** Anfangs-, Haupt-, Start-, Versorgungs-, Verständigungsschwierigkeit. **b)** ⟨Plural⟩ *etwas, was für jmdn. unangenehm ist, unangenehme Folgen haben kann:* in finanziellen Schwierigkeiten sein; müssen Sie uns immer Schwierigkeiten machen? **sinnv.:** ↑Unannehmlichkeit. **Zus.:** Geld-, Zahlungsschwierigkeiten.

schwim|men, schwamm, hat/ist geschwommen: **1. a)** ⟨itr.⟩ *sich im Wasser aus eigener Kraft (durch bestimmte Bewegungen der Schwimmflossen, Arme und Beine) fortbewegen:* er hat/ist zwei Stunden geschwommen; er kann nicht s.; kannst du auf dem Rücken s.?; wir sind über den See/zur Insel geschwommen; im Brunnen schwimmen Goldfische; ⟨auch tr.⟩ sie hat einen neuen Rekord geschwommen. **sinnv.:** baden, kraulen, paddeln, planschen; tauchen · Delphin. **Zus.:** brust-, hinaus-, rücken-, vorbei-, weg-, weiterschwimmen. **b)** ⟨tr.⟩ *eine bestimmte Strecke schwimmend* (1 a) *zurücklegen:* ich bin heute schon drei Bahnen/einige hundert Meter geschwommen. **2.** ⟨itr.⟩ **a)** *ganz oder teilweise in einer Flüssigkeit liegen und von ihr getragen werden:* ein Brett ist/hat auf dem Wasser geschwommen; auf der Milch schwamm eine tote Fliege. **b)** *sich auf einer Flüssigkeit (bes. auf Wasser) schwimmend* (2 a) *[langsam] fortbewegen:* auf dem Wasser schwimmt ein Baumstamm. **sinnv.:** driften, ↑fließen, treiben. **Zus.:** heran-, vorbeischwimmen. **3.** ⟨itr.⟩ (ugs.) *(beim Vortragen eines Textes, beim Reden o. ä.) unsicher werden und daher in seinen Ausführungen, Angaben o. ä. unpräzise werden, keine einheitliche Gedankenführung mehr erkennen lassen:* der Redner begann zu s.; in der Prüfung bin ich ganz schön ins Schwimmen gekommen.

Schwin|del, der; -s: **1.** *Zustand der Benommenheit, bei dem man das Gefühl hat, alles drehe sich um einen:* von einem leichten S. befallen werden. **sinnv.:** Benommenheit, Betäubtheit, Taumel. **2.** (ugs.) *Darstellung eines Sachverhalts, Handlungsweise, die darauf abzielt, jmdn. bewußt zu täuschen:* auf jmds. S. hereinfallen; das ist doch alles S. **sinnv.:** ↑Betrug, ↑Lüge. **Zus.:** Börsen-, Etiketten-, Heiratsschwindel.

schwin|deln ⟨itr.⟩: **1.** *von Schwindel* (1) *befallen werden:* mir schwindelt, es schwindelt mir [vor den Augen], wenn ich in die Tiefe blicke; sich in schwindelnder *(Schwindel verursachender)* Höhe befinden. **2.** (ugs.) *(in einer nicht so wichtigen Angelegenheit) nicht die [volle] Wahrheit sagen, eine vom wirklichen Sachverhalt [ein wenig] abweichende Darstellung geben:* er hat schon oft geschwindelt; das ist alles geschwindelt. **sinnv.:** ↑lügen.

schwin|den, schwand, ist geschwunden ⟨itr.⟩ (geh.): *immer mehr, ohne daß sich der entsprechende Vorgang aufhalten läßt, zurückgehen, an Stärke verlieren, zu Ende gehen:* die Vorräte schwanden immer schneller; der Ton des Radios schwindet oft; sein Vermögen schwand sehr schnell; die Kräfte des Patienten schwinden zusehends. **sinnv.:** abnehmen, sich abschwächen, absterben, alle werden, ausgehen, aussterben, fallen, nachgeben, ↑nachlassen, zur Neige gehen, sich neigen, sinken, sich vermindern, sich verringern.

schwind|lig ⟨Adj.⟩: *von Schwindel* (1) *befallen:* ich werde leicht s.; ich bin vom Tanzen s. **sinnv.:** ↑benommen.

Schwin|ge, die; -, -n (geh.): *Flügel eines großen Vogels:* der Adler breitet seine Schwingen aus. **sinnv.:** ↑Flügel. **Zus.:** Adler-, Vogelschwinge.

schwin|gen, schwang, hat geschwungen: **1. a)** ⟨itr.⟩ *von einem bestimmten Befestigungspunkt aus mit einer gewissen Regelmäßigkeit sich (auf einen Anstoß, Impuls hin) [weit ausholend] hin und her bewegen:* das Pendel schwang immer langsamer und stand schließlich still; der Artist schwingt am Trapez durch die Zirkuskuppel. **sinnv.:** baumeln, pendeln, schaukeln, schunkeln, schwanken, wackeln, ↑wanken, wedeln, wippen. **Zus.:** empor-, hinauf-, hochschwingen. **b)** ⟨tr.⟩ *in einem Bogen hin und her, auf und ab bewegen:* eine Fahne s.; der Schmied schwang den schweren Hammer; der Priester schwingt den Weihrauchkessel über dem Dankesopfer. **sinnv.:** schlenkern, schleudern, schwenken. **2.** ⟨sich s.; mit näherer Bestimmung⟩ *sich mit einem kräftigen Sprung, mit Schwung irgendwohin bewegen:* der Vogel schwingt sich in die Luft/in die Lüfte; ich schwang mich in den Sattel des Pferdes, über die Mauer; der Fahrer schwang sich aus dem Führerhaus, vom Fahrersitz. **sinnv.:** ↑fliegen; ↑springen.

Schwips, der; -es (ugs.): *leichtes Betrunkensein:* einen S. haben. **sinnv.:** ↑Rausch.

schwir|ren, schwirrte, ist geschwirrt ⟨itr.⟩: *sich mit leisem, hell klingendem Ton durch die Luft bewegen:* Käfer schwirrten durch das Zimmer; Pfeile, Geschosse sind durch die Luft geschwirrt. **sinnv.:** ↑fliegen. **Zus.:** ab-, herum-, los-, umherschwirren.

schwit|zen ⟨itr.⟩: **a)** *Schweiß absondern:* er schwitzte stark, am ganzen Körper; vor Hitze, Anstrengung, Aufregung s. **sinnv.:** ausdünsten, naß sein,

Schweiß absondern, schweißgebadet/schweißnaß sein, transpirieren. **Zus.:** aus-, durch-, verschwitzen. **b)** *sich mit einer dünnen Schicht abgesonderter Flüssigkeit, bes. mit Kondenswasser, überziehen:* die Wände, Fenster schwitzen. **sinnv.:** ↑beschlagen.

schwö|ren, schwor, hat geschworen: **a)** ⟨tr.⟩ *(vor einer Behörde, Institution o. ä.) feierlich, nachdrücklich bekräftigen:* einen Eid, den Diensteid, Fahneneid s.; er hat einen Meineid geschworen. **b)** ⟨itr.⟩ *mit, in einem Schwur, Eid nachdrücklich bekräftigen:* der Zeuge mußte vor Gericht s.; sie hat falsch geschworen. **sinnv.:** ↑beschwören. **c)** *feierlich, nachdrücklich [unter Verwendung von Beteuerungsformeln] versichern:* sie schworen Rache, Treue; ich schwöre dir, daß ich nichts verraten habe. **sinnv.:** ↑versprechen.

schwul ⟨Adj.⟩ (ugs.): *(von Männern) in ihren sexuellen Empfindungen zum gleichen Geschlecht hinneigend:* er ist s.; schwule Freunde. **sinnv.:** ↑homosexuell.

schwül ⟨Adj.⟩: *durch als unangenehm empfundene feuchte Wärme oder Hitze gekennzeichnet:* ein schwüler Tag; es ist heute furchtbar s. **sinnv.:** drückend, feuchtwarm, föhnig, gewittrig, schwülwarm, wie im Treibhaus, tropisch, ↑warm. **Zus.:** gewitter-, treibhausschwül.

Schwu|le, der; -n, -n (ugs.): *schwuler Mann.* **sinnv.:** ↑Homosexueller.

Schwulst, der; -[e]s: *etwas, was in der Gestaltung, Ausdrucksweise o. ä. überladen, bombastisch wirkt:* ich mag den S. mancher hiesiger Barockkirchen nicht. **sinnv.:** Bombast, Geschraubtheit, Pathos, Schwülstigkeit, Theatralik. **Zus.:** Redeschwulst.

schwül|stig ⟨Adj.⟩: *in der Ausdrucksweise, Gestaltung durch Schwulst gekennzeichnet:* ein schwülstiger Stil; s. reden. **sinnv.:** ↑hochtrabend.

Schwung, der; -[e]s, Schwünge: **1. a)** *kraftvolle, rasche, schwingend* (1 a) *ausgeführte Bewegung:* er sprang mit elegantem S. über den Graben. **b)** ⟨ohne Plural⟩ *kraftvolle, rasche Bewegung, in der sich jmd./etwas befindet:* er fuhr mit S. den Berg hinauf. **sinnv.:** Antrieb, Geschwindigkeit, Schnelligkeit, Tempo. **2.** ⟨ohne Plural⟩ *mitreißende Kraft, inneres Feuer, das jmdm./einer Sache innewohnt und andere mitreißt:* seine Rede war ohne S.; sein S. riß alle anderen mit; diese Musik hat S. **sinnv.:** ↑Begeisterung, Dynamik, Schmiß, ↑Temperament.

schwung|haft ⟨Adj.⟩: *(bes. in bezug auf Geschäfte) mit viel Erfolg durchgeführt, viel Erfolg zeitigend:* mit etwas einen schwunghaften Handel treiben. **sinnv.:** intensiv, lebhaft, rege.

schwung|voll ⟨Adj.⟩: **a)** *viel Schwung, innere Dynamik, Kraft o. ä. habend, zeigend:* eine schwungvolle Melodie, Inszenierung; schwungvolle Worte. **sinnv.:** ↑beschwingt, ↑dynamisch, flott, forsch, ↑lebhaft, schmissig, schneidig, schnittig, temperamentvoll, zackig. **b)** *mit Schwung, Elan ausgeführt:* schwungvolle Gesten. **sinnv.:** dynamisch, kraftvoll.

Schwur, der; -[e]s, Schwüre: **a)** *[feierliches] Versprechen:* einen S. halten, brechen. **sinnv.:** Beteuerung, Gelöbnis, Versicherung. **Zus.:** Liebes-, Rache-, Treueschwur. **b)** *feierliche Beteuerung der Wahrheit einer Aussage (vor einer Behörde o. ä.):* die Hand zum S. erheben; den S. auf die Verfassung leisten. **sinnv.:** ↑Eid.

sechs ⟨Kardinalzahl⟩: 6: s. Personen.

sechst... ⟨Ordinalzahl⟩: 6.: der sechste Mann.

sech|zig ⟨Kardinalzahl⟩: 60: s. Personen.

See: I. der; -s, Seen: *eine größere Fläche einnehmendes stehendes Gewässer auf dem Festland.* **sinnv.:** ↑Gewässer, Teich, Tümpel, Weiher. **Zus.:** Bagger-, Berg-, Gebirgs-, Krater-, Salz-, Stausee. **II.** die; -: ↑*Meer:* die S. ist stürmisch; an die See fahren. **Zus.:** Tiefsee.

See|hund, der; -[e]s, -e: **a)** *Robbe mit (beim erwachsenen Tier) weißgrauem bis graubraunem Fell.* **b)** ⟨ohne Plural⟩ *Pelz aus dem Fell junger Seehunde:* ein Mantel aus S. **sinnv.:** Seal.

see|krank ⟨Adj.⟩: *an einem durch das Schlingern des Schiffs auf dem Meer hervorgerufenen Zustand heftiger Übelkeit [mit Erbrechen] leidend:* auf der Überfahrt wurde er s.

See|le, die; -, -n: **a)** *substanz- und körperloser Teil des Menschen, der in religiöser Vorstellung als unsterblich angesehen wird, nach dem Tode weiterlebt:* der Mensch besitzt eine S.; seine S. dem Teufel verschreiben; für die Seelen der Verstorbenen beten. **b)** *Gesamtheit, gesamter Bereich dessen, was das Fühlen, Empfinden, Denken eines Menschen ausmacht:* eine zarte, empfindsame, große S. haben; sich in tiefster S. verletzt fühlen; jmdm. seine ganze S. offenbaren. **sinnv.:** ↑Gefühl, Gefühlsleben, Gemüt, Herz, Inneres, Innerstes, Psyche, Seelenleben. **Zus.:** Volksseele.

see|len|ru|hig ⟨Adj.⟩ (emotional): *mit unerschütterlicher Ruhe:* obwohl er den Zug herannahen sah, lief er s. über die Schienen. **sinnv.:** ↑ruhig.

see|lisch ⟨Adj.⟩: *die Seele* (b) *eines Menschen betreffend:* aus dem seelischen Gleichgewicht geraten; seelische Qualen durchmachen; seine Krankheit ist s. bedingt. **sinnv.:** ↑psychisch.

Seel|sor|ger, der; -s, -: *Geistlicher (in seiner Rolle als Betreuer der Gemeinde in Sachen des Glaubens):* er arbeitet als S. in einem Krankenhaus.

See|mann, der; -[e]s, Seeleute: *jmd., der zur See fährt.* **sinnv.:** Fahrensmann, Mariner, ↑Matrose, Seebär, Seefahrer.

See|stern, der; -[e]s, -e: *im Meer lebendes sternförmiges Tier mit meist fünf Armen und rauher, stachliger Haut auf der Oberseite.*

Se|gel, das; -s, -: *großflächiges, starkes drei- oder viereckiges Tuch, das am Mast meist eines Wasserfahrzeugs ausgespannt wird, damit der Wind sich darin fängt und so dem Fahrzeug Fahrt gibt:* vom Wind geschwellte S.; die S. hissen, setzen; bei Sturm die S. einziehen. **Zus.:** Besan-, Gaffel-, Groß-, Sonnen-, Sturm-, Toppsegel.

Se|gel|boot, das; -[e]s, -e: *Boot, das sich mit Hilfe von Segeln fortbewegt* (siehe Bild). **sinnv.:** Jolle, Jollenkreuzer, Segeljacht.

Se|gel|flug|zeug, das; -[e]s, -e: *Flugzeug ohne Motor, das durch die Strömungen der Luft fortbewegt wird.*

se|geln, segelte, hat/ist gesegelt ⟨itr.⟩: **1. a)** *sich mit Hilfe eines Segels (und der Kraft des Windes) vorwärtsbewegen:* das Schiff segelt gegen den Wind. **sinnv.:** surfen. **b)** *mit einem Segelboot fahren:* er hat heute fünf

Stunden gesegelt; er ist über den See gesegelt; wir haben/sind in diesem Sommer viel gesegelt. **sinnv.:** sich ↑fortbewegen. **2.** *sich in der Luft schwebend fortbewegen:* der Adler segelt hoch in der Luft; die Wolken segeln am Himmel. **sinnv.:** ↑fliegen.

Se|gel|schiff, das; -[e]s, -e: *Schiff, das sich mit Hilfe von Segeln fortbewegt:* im Hafen hat ein S. festgemacht. **sinnv.:** Bark, Brigg, Fregatte, Jacht, Klipper, Korvette, Kutter, Schoner, Windjammer.

Se|gen, der; -s: **1.** *durch Gebete, Gebärden o. ä. erbetene göttliche Gnade, gewünschtes Gedeihen bzw. die betreffenden Gebetsworte selbst:* jmdm. den S. geben, spenden; um den S. bitten; der päpstliche S.; den S. über jmdn./etwas sprechen. **sinnv.:** ↑Heil. **Zus.:** Blasius-, Braut-, Ehe-, Eltern-, Haus-, Tier-, Tisch-, Wettersegen. **2.** *Gedeihen und Erfolg:* auf seiner Arbeit ruht kein S.; jmdm. Glück und S. wünschen; diese Erfindung ist kein S. **sinnv.:** ↑Glück.

seg|nen, segnete, hat gesegnet ⟨tr.⟩: *mit einer entsprechenden Gebärde den Segen* (1) *erteilen:* der Pfarrer segnet die Kinder; segnend die Arme ausbreiten. **sinnv.:** benedeien, den Segen austeilen/spenden/sprechen; ↑weihen. **Zus.:** aus-, einsegnen.

seh|be|hin|dert ⟨Adj.⟩: *an einer Behinderung, Schwäche des Sehvermögens leidend.* **sinnv.:** blind, farbenblind, kurzsichtig, nachtblind, weitsichtig.

se|hen, sieht, sah, hat gesehen/(nach vorangehendem Infinitiv auch) hat ... sehen: **1. a)** ⟨itr.⟩ *mit dem Auge wahrnehmen, erfassen:* gut, schlecht, scharf s.; er sieht nur noch auf/mit einem Auge. **sinnv.:** blicken, blinzeln, glotzen, gucken, kucken, schauen, starren, einen Blick werfen. **b)** ⟨tr.⟩ *als vorhanden feststellen:* man hat ihn zum letzten Mal in der Bahn gesehen; wir haben die Leute auf dem Feld, bei der Arbeit gesehen; er hat ihn schon in der Ferne kommen s. **sinnv.:** ansichtig werden, aufnehmen, ausmachen, ↑bemerken, entdekken, erblicken, ↑erkennen, erspähen, zu Gesicht bekommen, gewahr werden, gewahren, sichten, unterscheiden. **c)** ⟨tr.⟩ *sich mit Interesse, Aufmerksamkeit betrachten, ansehen:* haben Sie den Film schon gesehen?; die Bilder Rembrandts mit großer Begeisterung s.; laß sehen, was du da hast. **sinnv.:** ↑betrachten. **Zus.:** hin-, nach-, weg-, zusehen. **2.** ⟨itr.⟩ *ein bestimmtes Verhalten o. ä. [bei jmdm.] wahrnehmen, erkennen:* wir haben den Kollegen bei keiner Feier so lustig gesehen wie gestern; noch nie haben wir eine so große Begeisterung gesehen. **3.** ⟨tr.; mit näherer Bestimmung⟩ *(in bestimmter Weise) beurteilen:* er sieht alles sehr negativ; du mußt die Verhältnisse nüchtern s. **sinnv.:** ↑beurteilen. **4.** ⟨itr.; mit Raumangabe⟩ *den Blick auf einen bestimmten Punkt, in eine bestimmte Richtung o. ä. lenken:* aus dem Fenster s.; aus Verlegenheit zu Boden s.; nach der Uhr, zum Himmel s. **sinnv.:** ↑blicken. **5.** ⟨itr.⟩ *als Ergebnis, Tatsache o. ä. feststellen:* ich sehe, aus dieser Sache wird nichts; er wird s., daß er so nicht weiterkommt; wie ich sehe, ist hier alles in Ordnung. **sinnv.:** ↑bemerken, ↑erkennen. **6.** ⟨itr.⟩ *nach Möglichkeiten suchen, festzustellen suchen:* ich will s., was sich [in dieser Angelegenheit] machen läßt; er soll s., ob es einen Ausweg gibt. **sinnv.:** ↑erwägen, ↑überlegen. **7.** ⟨tr.⟩ *richtig einschätzen und im Zusammenhang erfassen:* das Wesen, den Kern einer Sache s.; er sieht nicht die Zusammenhänge. **sinnv.:** ↑erkennen, ↑verstehen. **8.** ⟨itr.⟩ *sich sorgend jmds./einer Sache annehmen:* nach den Kindern, dem Kranken s.; solange du verreist bist, werde ich nach deinen Blumen s. **sinnv.:** sich ↑kümmern.

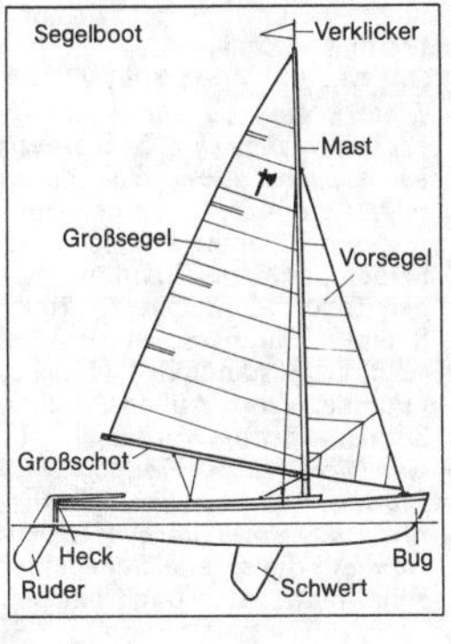

Se|hens|wür|dig|keit, die; -, -en: *etwas (bes. ein Bauwerk, ein Kunstwerk o. ä.), was es wert ist, angesehen, betrachtet zu werden:* das Schloß ist eine S.; die Sehenswürdigkeiten der Stadt besichtigen. **sinnv.:** ↑Attraktion.

Seh|ne, die; -, -n: **1.** *aus einem Bündel von Fasern bestehender Verbindungsstrang zwischen Muskel und Knochen:* die S. am Fuß ist gerissen. **2.** *an den beiden Enden eines Bogens festgemachte Schnur o. ä. zum Spannen des Bogens:* der Pfeil schnellt von der S. **3.** *(in der Geometrie) Gerade, die zwei Punkte einer Kurve verbindet.*

seh|nen, sich: *starkes, innig und schmerzlich empfundenes Verlangen haben nach etwas, was im Moment unerreichbar ist:* sich nach Ruhe s.; er sehnte sich nach seiner Familie. **sinnv.:** ↑streben, ↑verlangen, ↑wünschen. **Zus.:** er-, herbeisehnen.

seh|nig ⟨Adj.⟩: **a)** *von Sehnen durchsetzt:* er kaute mühsam an dem sehnigen Fleisch. **b)** *schlank und ohne überflüssiges Fett, aber dabei voller Spannkraft:* die sehnige Gestalt des Sprinters. **sinnv.:** drahtig, durchtrainiert, gelenkig, muskulös, ↑sportlich, stark.

Sehn|sucht, die; -: *das Sichsehnen (nach jmdm./etwas):* S. fühlen, empfinden; von [der] S. nach etwas, von S. gequält werden. **sinnv.:** ↑Fernweh, Heimweh, Nostalgie, ↑Wunsch. **Zus.:** Freiheits-, Friedenssehnsucht.

sehn|süch|tig ⟨Adj.⟩: *voller Sehnsucht:* jmdn./etwas s. erwarten; ein sehnsüchtiges Verlangen nach etwas haben. **sinnv.:** sehnsuchtsvoll, verlangend.

sehr ⟨Adverb⟩: *in großem, hohem Maße:* er ist s. reich; eine s. schöne Wohnung haben; er bestand die Prüfung mit der Note „s. gut"; mit jmdm./etwas s. zufrieden sein; [ich] danke [Ihnen] s.! **sinnv.:** allzu, arg, ausgesprochen, ausnehmend, ↑außergewöhnlich, außerordentlich, äußerst, bärig, bedeutend, bemerkenswert, ↑besonders, bestialisch, beträchtlich, bitter, denkbar, ↑einig..., ekelhaft, eklig, ↑enorm, entsetzlich, erbärmlich, erheblich, ernsthaft, ernstlich, erstaunlich, furchtbar, fürchterlich, ganz, ↑gehörig, gewaltig, grauenhaft, grenzenlos, grundlegend, gründlich, händeringend, haushoch, heillos, hell, herzlich, hochgradig, höchst, höllisch, irre, irrsinnig, jämmerlich, kolossal, königlich, lächerlich, lebhaft, ↑leidenschaftlich, mächtig, maßlos, mörderisch, mordsmäßig, noch und noch, noch und nöcher, noch so, ordentlich, peinlich, reichlich, riesig, schaurig, scheußlich, schön, schrecklich, selten, sonderlich, tierisch, tödlich, total, tüchtig, überaus, überdimensional, übermäßig, übertrieben, umwerfend, unaussprechlich, unbändig, unbeschreiblich, unendlich, unermeßlich, ungeheuer, ungemein, ungewöhnlich, unglaublich, unheimlich, unmäßig, unsagbar, unsäglich, unsinnig, unsterblich, unübersehbar, unvergleichlich, unwahrscheinlich, verdammt, verflucht, verteufelt, ↑viel, wahnsinnig, weit, wesentlich, wunderbar, wundervoll, zutiefst; affen-, erz-, stink-, stock-.

seicht ⟨Adj.⟩: **1.** *mit geringer Tiefe:* ein seichtes Gewässer; er kannte die seichten Stellen im See. **sinnv.:** flach, nieder, niedrig, knietief, knöcheltief, untief. **2.** (ugs.) *ohne gedankliche Tiefe:* ein seichtes Gerede; die Unterhaltung war s. **sinnv.:** ↑oberflächlich.

Sei|de, die; -, -n: **1.** *aus dem Gespinst des Seidenspinners (dem Kokon) gewonnene Faser:* ein Faden aus echter S. **2.** *Stoff aus Seide* (1): ein Kleid aus reiner S. **sinnv.:** Brokat, Crêpe de Chine, Crêpe Georgette, Taft; ↑Stoff. **Zus.:** Atlas-, Bourette-, Honan-, Natur-, Roh-, Shantungseide.

sei|den ⟨Adj.⟩: *aus Seide bestehend:* ein seidenes Kleid. **Zus.:** halb-, rohseiden.

sei|dig ⟨Adj.⟩: *wie Seide wirkend:* ein seidiges Fell; der Stoff schimmert s. **sinnv.:** glänzend, ↑weich.

Sei|fe, die; -: *zum Waschen, zur Reinigung des Körpers zu verwendendes, meist aus fester Substanz bestehendes Mittel, besonders von der Form eines runden, ovalen oder quaderförmigen Stücks:* sich die Hände mit S. waschen. **Zus.:** Baby-, Bade-, Fein-, Kern-, Kinder-, Rasier-, Toilettenseife.

sei|hen ⟨tr.⟩: *(eine Flüssigkeit) durch ein Sieb gießen:* Kaffee, Milch s. **sinnv.:** ↑filtern. **Zus.:** durchseihen.

Seil, das; -[e]s, -e: *aus Fasern oder Drähten hergestellte starke Schnur:* ein S. spannen; etwas mit Seilen hochziehen. **sinnv.:** Leine, Reep, ↑Schnur, Strang, Strick, Tau, Trosse. **Zus.:** Abschlepp-, Draht-, Sprungseil.

sein: **I.** ist, war, ist gewesen ⟨itr.⟩: **1. a)** ⟨sein + Artangabe⟩ *sich in einem bestimmten Zustand befinden; eine bestimmte Eigenschaft haben:* die Rose ist schön; das Wetter ist schlecht; es ist nicht so, wie du meinst. **sinnv.:** beschaffen/geartet sein, sich verhalten. **b)** ⟨sein + Artangabe; unpersönlich⟩ *ein bestimmtes Befinden haben:* mir ist [es] übel, unwohl. **sinnv.:** sich fühlen. **c) * jmdm. ist, als ob ...** *(jmd. hat das unbestimmte Gefühl, daß/als ob ...):* mir ist, als ob ich das Geräusch im Keller gehört hätte. **sinnv.:** ↑meinen. **d) * jmdm. ist nach etwas** *(jmd. hat im Augenblick Lust zu etwas):* mir ist nicht nach Feiern. **2.** ⟨sein + Substantiv im Nominativ⟩ */drückt das Verhältnis der Identität oder der Zuordnung aus, das zwischen dem Subjekt und dem darauf sich beziehenden Substantiv besteht/:* er ist Bäkker; Karl ist Künstler; die Katze ist ein Haustier. **sinnv.:** abgeben, auftreten, sich ↑benehmen, darstellen, sich geben. **3 a)** ⟨sein + Zeitangabe; unpersönlich⟩ */dient der Angabe einer bestimmten Zeit/:* es ist 12 Uhr; es ist Mitternacht. **b)** ⟨sein + Raumangabe⟩ *sich an einer bestimmten Stelle, einem bestimmten Ort befinden, sich dort aufhalten; von einem bestimmten Ort stammen, herkommen:* er ist in Frankfurt; die Bilder sind aus der Mannheimer Kunsthalle; er ist aus reichem Hause; der Chef ist in Urlaub. **sinnv.:** sich ↑aufhalten, sich ↑befinden, ↑stammen, weilen. **Zus.:** beieinander-, da-, dabei-, weg-, zurücksein. **4.** *vor sich gehen; getan werden:* das Erdbeben war im Sommer 1964; es braucht nicht sofort zu s.; was s. muß, muß s. **sinnv.:** ↑geschehen. **5.** *sich an einem bestimmten Ort, zu einer bestimmten Zeit, unter bestimmten Umständen ereignen:* das Konzert ist morgen um acht Uhr im Schloß. **sinnv.:** stattfinden, vonstatten gehen. **6.** *in der Wirklichkeit bestehen:* Gott ist; alles, was ist, braucht nicht ewig zu s.; was nicht ist, kann noch werden; das war einmal *(das ist längst vorbei).* **sinnv.:** ↑existieren. **7. a)** ⟨als Hilfsverb + zu + Inf.⟩ /entspricht einem mit „können" verbundenen Passiv/ ... *werden können:* etwas ist nicht mit Geld zu bezahlen *(kann nicht mit Geld bezahlt werden).* **b)** ⟨als Hilfsverb + zu + Inf.⟩ /entspricht einem mit „müssen" verbundenen Passiv/ ... *werden müssen:* am Eingang ist der Ausweis vorzulegen *(muß der Ausweis vorgelegt werden).* **8.** ⟨als Funktionsverb⟩ */drückt einen Zustand aus, der andauert/:* in Bewegung s. *(sich bewegen);* in Ordnung s. *(richtig sein);* im Recht s. *(recht haben);* in Kraft s. *(gültig sein).* **9.** */dient als Hilfsverb in der Verbindung mit dem 2. Partizip der Perfektumschreibung/:* sie ist gerannt; die Eintrittskarten sind verfallen. **II.** ⟨Possessivpronomen⟩ /bezeichnet ein Besitz- oder Zugehörigkeitsverhältnis einer Person oder Sache/: sein Hut ist mir zu groß; seine Sorgen kann ich verstehen; ich hatte mein Feuerzeug vergessen und benutzte das seine; alles, was s. ist *(ihm gehört).*

sei|ner|zeit ⟨Adverb⟩: *zu jener (zurückliegenden) Zeit:* diese Vorschrift gab es s. noch nicht. **sinnv.:** ↑damals.

seit: **I.** ⟨Präp. mit Dativ⟩ *von einem bestimmten Zeitpunkt, Ereignis an:* s. meinem Besuch sind wir Freunde; s. kurzem *(von einem Zeitpunkt an, der noch nicht lange zurückliegt);* s. wann bist du hier? **II.** ⟨Konj.⟩ *↑seitdem:* er fährt kein Auto mehr, s. er den Unfall hatte.

seit|dem: **I.** ⟨Konj.⟩ *von einem bestimmten Zeitpunkt an:* s. ich weiß, wie er wirklich denkt, traue ich ihm nicht mehr. **sinnv.:** seit. **II.** ⟨Adverb⟩ *von diesem, jenem (vorher genannten) Ereignis, Augenblick an:* ich habe ihn s. nicht mehr gesehen. **sinnv.:** ↑seither.

Sei|te, die; -, -n: **1. a)** *Fläche, Linie, Region o. ä., die einen Körper, einen Bereich o. ä. begrenzt, einen begrenzenden Teil davon bildet:* die hintere S. eines Hauses; die S. eines Dreiecks; zu beiden Seiten des Bahnhofs stehen Taxen; die rechte, die linke S. eines Schrankes. **sinnv.:** ↑Ansicht, ↑Bestandteil, ↑Fläche, ↑Flanke. **Zus.:** Außen-, Kehr-, Sonnen-, Stirn-, Vorderseite. **b)** *eine der beiden Flächen eines Blattes (von einem Druckerzeugnis o. ä.), eines flachen Gegenstandes:* die zweite Seite einer Schallplatte; das Buch hat 500

Seiten; die Nachricht stand auf der ersten S. der Zeitung. **sinnv.:** Blatt, Bogen, Pagina. **Zus.:** Buch-, Feuilleton-, Heft-, Manuskript-, Schreibmaschinen-, Sportseite. **2.** *eine von mehreren möglichen Richtungen:* die Zuschauer kamen von allen Seiten; man muß beim Überqueren der Straße nach beiden Seiten schauen; das Auto kam von der S. **3.** *eine von mehreren Verhaltensweisen, Eigenschaften, Eigenarten, die jmd. zum Ausdruck bringen kann, durch die jmd./etwas geprägt ist:* auch die guten Seiten an jmdm. sehen; sich von der besten S. zeigen; das Frühjahr zeigte sich von der regnerischen S. **sinnv:** ↑Angewohnheit. **Zus.:** Glanz-, Schokoladenseite. **4.** *eine von mehreren Erscheinungsformen; Art und Weise, wie sich etwas darbietet:* etwas von der juristischen S. beurteilen; der Streit hat auch eine gute S.; die angenehmen Seiten des Lebens kennenlernen. **sinnv.:** ↑Gesichtspunkt. **Zus.:** Kehr-, Schattenseite. **5.** *eine von zwei oder mehreren Personen, Personengruppen, die eine bestimmte Funktion hat oder einen bestimmten Standpunkt vertritt [der zum Standpunkt einer anderen Person oder Gruppe im Gegensatz steht]:* die andere S. zeigte sich sehr unnachgiebig; beide Seiten sind an Verhandlungen interessiert; das Recht ist auf seiner S.; von kirchlicher S. wurden keine Einwände erhoben; von offizieller S. **sinnv.:** Fraktion, ↑Gegner, Kreise, Partei.

Sei|ten- ⟨Bestimmungswort⟩: *seitlich, zur/nach der Seite:* Seitenabweichung, -arm, -ausgang, -sproß, -sprung. **sinnv.:** Neben-.

sei|tens ⟨Präp. mit Gen.⟩: *von jmdm., der beteiligt, betroffen ist:* s. des Vorstandes wurden erhebliche Einwände erhoben. **sinnv.:** auf seiten, von, von seiten.

Sei|ten|sprung, der; -[e]s, Seitensprünge: *vorübergehende sexuelle Beziehung außerhalb der Ehe:* Seitensprünge machen. **sinnv.:** ↑Ehebruch.

seit|her ⟨Adverb⟩: *von einer gewissen (vorher genannten) Zeit an:* ich habe ihn im April gesprochen, doch s. habe ich keine Verbindung mehr mit ihm gehabt. **sinnv.:** seit damals, seit dem Zeitpunkt, seitdem, von dem Zeitpunkt an; ↑bisher; ↑inzwischen.

-sei|tig ⟨adjektivisches Suffix⟩: **1.** *durch das im Basiswort Genannte [hervorgerufen, verursacht], von seiten des ...:* empfänger-, die Inflation ist meistens geldseitig verursacht, hörer-, lehrerseitige Korrektur, lerner-, netzseitige Störung *(Störung von seiten des Netzes),* das ist schulseitig versäumt worden, schreiber-, sender-, sprecherseitiges Trennen von wichtig und unwichtig, trinkwasser-, das verlagsseitig gut herausgebrachte Buch, wasserseitige Korrosion. **2.** *was das im Basiswort Genannte betrifft:* abfluß-, arbeitnehmer-, die bauseitige Fertigstellung, brems-, leistungs-, oberspannungsseitige Absicherung *(im Hinblick auf die Oberspannung),* waren-, Zusatzkosten für werftseitige Arbeiten, werk[s]seitig. **3.** ⟨örtlich⟩ *auf der Seite des/der...:* anoden-, ausgangs-, gassenseitige Wohnung, hofseitige Wohnung, kathoden-, nord-, ost-, saugseitig (das Klimagerät saugseitig montieren), stadtseitige Ausfahrt.

seit|lich: I. ⟨Adj.⟩: **a)** *an, auf der Seite:* die seitliche Begrenzung der Straße; das Schild ist s. angebracht. **sinnv.:** seitwärts. **b)** *zur Seite [hin], nach der Seite:* etwas hat sich s. verschoben. **sinnv.:** seitwärts. **c)** *von der Seite:* er kam s. aus dem Wald; bei seitlichem Wind begann der Wagen zu schlingern. **sinnv.:** seitwärts. **II.** ⟨Präp. mit Gen.⟩: *an der Seite von:* das Telefonhäuschen steht s. des Einkaufszentrums; das Haus liegt s. der Bahn. **sinnv.:** neben, seitwärts.

-seits ⟨adverbiales Suffix⟩: **1.** *von seiten dessen, der im [adjektivischen] Basiswort als Person, Institution o. ä. genannt ist:* ärztlicherseits *(von seiten des Arztes)* bestehen keine Bedenken, behördlicher-, katholischer-, *(von seiten der katholischen Kirche),* kirchlicher-, lehrer-, linguistischer-, mütterlicher-, österreichischerseits wird dazu mitgeteilt, daß ..., psychologischer-, väterlicherseits. **2.** */örtlich/:* berg- *(auf der Seite des Berges),* fluß-, linkerseits *(auf der linken Seite).* **3.** *was ... betrifft:* bauseits ist die Arbeit abgeschlossen.

seit|wärts: I. ⟨Adverb⟩: **a)** *nach der Seite:* den Schrank etwas s. schieben. **sinnv.:** seitlich. **b)** *an der Seite:* s. stehen die Angeklagten; das Haus liegt etwas s. **sinnv.:** seitlich. **II.** ⟨Präp. mit Gen.⟩: *an der Seite von:* s. der Straße stehen. **sinnv.:** seitlich.

Se|kre|tär, der; -s, -e: **1. a)** *Beamter des mittleren Dienstes (bei Bund, Ländern und Gemeinden):* zum S. befördert werden. **b)** *leitender Funktionär einer Organisation.* **Zus.:** Gewerkschafts-, Parteisekretär. **c)** *jmd., der einer Persönlichkeit des öffentlichen Lebens für organisatorische Aufgaben, Abwicklung der Korrespondenz o. ä. zur Verfügung steht:* der S. des Schriftstellers. **2.** *schrankartiges Möbelstück mit herausklappbarer Platte, auf der man schreiben kann.* **sinnv.:** Schreibtisch. **Zus.:** Rokoko-, Schreibsekretär.

Se|kre|ta|ri|at, das; -[e]s, -e: *der Leitung einer Organisation, Institution oder eines Unternehmens beigeordnete, für Verwaltung und organisatorische Aufgaben zuständige Abteilung und deren Räumlichkeiten.*

Se|kre|tä|rin, die; -, -nen: *Angestellte, die für eine leitende Persönlichkeit die Korrespondenz abwickelt, organisatorische Aufgaben erledigt o. ä.* **sinnv.:** Vorzimmerdame; ↑Stenotypistin; Arzthelferin, Rechtsanwaltsgehilfin. **Zus.:** Chef-, Direktions-, Privatsekretärin.

Sekt, der; -es: *aus Wein hergestelltes, Kohlensäure enthaltendes Getränk, das beim Öffnen der Flasche stark schäumt:* der S. perlt im Glas. **sinnv.:** Champagner, Perlwein, Schampus, Schaumwein; ↑Wein. **Zus.:** Erdbeer-, Holunder-, Krimsekt.

Sek|te, die; -, -n: *kleinere Glaubensgemeinschaft, die sich von einer größeren Religionsgemeinschaft abgespalten hat:* einer S. angehören. **sinnv.:** Glaubensgemeinschaft, ↑Kirche, Religionsgemeinschaft.

Sek|ti|on, die; -, -en: **1.** *Abteilung, Gruppe von Mitarbeitern innerhalb einer Behörde, Institution, Organisation:* er leitet die S. Fremdenverkehr. **sinnv.:** ↑Abteilung, ↑Bereich. **2.** *(in der Medizin) das Öffnen und Zergliedern einer Leiche:* durch eine S. konnte die Todesursache festgestellt werden. **sinnv.:** ↑Obduktion. **Zus.:** Schädelsektion.

Sek|tor, der; -s, -en: **1.** *begrenzter Bereich, der oft Teil eines Ganzen ist:* er weiß auf dem musikalischen S. sehr viel; der gewerbliche, schulische S. **sinnv.:**

↑Bereich. **Zus.:** Nahrungsmittel-, Wirtschaftssektor. **2.** *eines der vier Besatzungsgebiete in Berlin und Wien nach dem zweiten Weltkrieg:* Achtung! Sie verlassen hier den amerikanischen S.

se|kun|där ⟨Adj.⟩: *an zweiter Stelle [stehend], erst in zweiter Linie in Betracht kommend:* ein sekundärer Gesichtspunkt; diese Sache ist s. **sinnv.:** nebensächlich, peripher, nicht so wichtig, zweitrangig; ↑unwichtig.

Se|kun|de, die; -, -n: *sechzigster Teil einer Minute als Einheit für die Bestimmung der Zeit:* auf die S. genau. **sinnv.:** ↑Zeitraum. **Zus.:** Atom-, Schrecksekunde.

sel|ber ⟨indekl. Demonstrativpronomen⟩ ↑*selbst.*

selbst: I. ⟨indekl. Demonstrativpronomen⟩ *in eigener Person (und nicht ein anderer):* der Minister s. verteidigte den Beschluß; sich s. um etwas kümmern. **sinnv.:** in Person, in persona, ↑persönlich. **Zus.:** dort-, hier-, höchstselbst. **II.** ⟨Adverb⟩ ↑*sogar:* s. mit Geld war er nicht dafür zu gewinnen; er reagierte s. auf die Bitten seiner Mutter nicht. **sinnv.:** ↑auch.

Selbst- ⟨Bestimmungswort⟩: **1.** ⟨substantivisches Basiswort, dem ein reflexives Verb zugrunde liegt⟩ *sich selbst ...:* **a)** ⟨mit auf -ung, -er abgeleiteten Substantiven⟩ Selbstakzeptierung *(das Sich-selbst-Akzeptieren),* -bedienung, -befreiung, -befriedigung *(das Sich-selbst-Befriedigen),* -befriediger *(jmd., der sich selbst befriedigt),* -beobachtung *(das Sich-selbst-Beobachten),* -bescheidung, -bestätigung, -beteiligung, -beweihräucherung, -bezichtigung, -darstellung, -diskriminierung, -einschätzung, -entfaltung *(das Sich-selbst-Entfalten),* -erfahrung, -erhaltung[strieb], -erziehung, -findung, -ironisierung, -täuschung, -überschätzung, -verbrennung, -verpfleger, -versorger, -verwaltung, -verwirklichung, -zerstörung *(das Sich-selbst-Zerstören).* **b)** Selbstanalyse *(das Sich-selbst-Analysieren),* -annahme *(das Sich-selbst-Annehmen [wie man ist]),* -anzeige, -aufgabe, -betrug, -definition *(das Sich-selbst-Definieren),* -genuß, -haß, -hilfe, -isolation, -kontrolle, -kritik, -liebe, -mord *(Mord an sich selbst),* -quälerei, -regulation, -vorwurf, -zensur. **sinnv.:** Eigen-. **2.** ⟨substantivisches Basiswort, dem ein transitives Verb zugrunde liegt⟩ *selber ...:* Selbstabholung *(das Selbstabholen),* -aufschreibung *(das Selbstaufschreiben von etwas),* -ausbauer *(jmd., der selbst etwas ausbaut),* -bausatz *(Bausatz zum Selberzusammenbauen),* -einsicht, -entdekkung, -entwertung *(das Selbstentwerten [eines Fahrscheins]),* -inszenierung *(das Selbstinszenieren),* -zahler *(jmd., der selber zahlt),* die Selbstzerstörung unserer Welt *(die Zerstörung unserer Welt durch uns selber).* **3.** ⟨das Basiswort ist von einem intransitiven Verb abgeleitet⟩ Selbstbräuner *(Mittel, das selbst, d. h. ohne Sonne, bräunt),* -fahrer *(jmd., der (ein gemietetes Fahrzeug) selbst fährt),* -gänger (dieser Film ist ein S. = *ein Film, der von selbst geht, keine große Reklame nötig hat*), -klage. **4. a)** /mit präpositionaler Auflösung/: Selbstanspruch *(Anspruch, den man an sich selbst stellt),* Selbstbild *(Bild von sich selbst),* -disziplin, -flucht *(Flucht vor sich selbst),* -gefühl *(Gefühl von sich selbst),* -kontakt *(Kontakt zu sich selbst),* -mitleid *(Mitleid mit sich selbst),* -reflexion, -respekt, -sexualität, -wertgefühl, -zufriedenheit *(Zufriedenheit mit sich selbst),* -zweifel *(Zweifel an sich selbst).* **b)** Selbstantrag [auf eine Auszeichnung] (selbst einen Antrag stellen), -justiz (selbst Justiz ausüben), -medikation.

selb|stän|dig ⟨Adj.⟩: **a)** *ohne Hilfe, Anleitung auskommend, aus eigener Fähigkeit, Initiative handelnd:* er ist für sein Alter schon sehr s.; etwas s. ausführen, erledigen. **sinnv.:** allein, eigenhändig, ↑eigenmächtig, ↑eigenständig, originell, sebsttätig. **b)** *nicht von außen gesteuert; nicht von anderen beeinflußt; in seinen Handlungen frei:* eine selbständige Stellung, Tätigkeit haben; er will s. sein. **sinnv.:** absolut, für sich allein, eigen, eigenständig, eigenverantwortlich, emanzipiert, erhaben, ↑frei, schrankenlos, souverän, unbehindert, unbeschränkt, uneingeschränkt, unkontrolliert, unumschränkt.

Selbst|be|die|nungs|la|den, der; -s, Selbstbedienungsläden: *Geschäft, in dem sich die Kunden die Waren selbst nehmen und zur Kasse bringen.* **sinnv.:** Discount, Supermarkt; ↑Laden.

Selbst|be|frie|di|gung, die; -, -en: *durch sich selbst herbeigeführte sexuelle Erregung bis hin zum Orgasmus.* **sinnv.:** Masturbation, Onanie, Wichsen; Autoerotik, Ersatzbefriedigung · Fetischismus, Sadomasochismus.

selbst|be|wußt ⟨Adj.⟩: *von sich, von seinen Fähigkeiten, vom eigenen Wert überzeugt:* er trat sehr s. auf; eine selbstbewußte Frau. **sinnv.:** erhobenen Hauptes, optimistisch, selbstsicher, sicher, siegesbewußt, siegesgewiß, siegessicher, souverän, stolz.

selbst|ge|fäl|lig ⟨Adj.⟩: *(auf unkritische Weise) von den eigenen Vorzügen, Leistungen sehr überzeugt und sie gegenüber anderen auf penetrante Weise besonders betonend:* eine selbstgefällige Miene aufsetzen; s. betrachtete er sich im Spiegel. **sinnv.:** ↑dünkelhaft.

selbst|ge|recht ⟨Adj.⟩: *(in überheblicher, dünkelhafter Weise) von der eigenen Unfehlbarkeit überzeugt; keiner Selbstkritik fähig:* s. sprach er von den Schwächen seiner Kollegen. **sinnv.:** ↑dünkelhaft.

Selbst|ge|spräch, das; -[e]s, -e: *jmds. Sprechen zu sich selber:* lange Selbstgespräche führen beim Spazierengehen. **sinnv.:** Monolog.

selbst|herr|lich ⟨Adj.⟩: *allein entscheidend, ohne andere zu fragen; sich in seinen Entscheidungen mit völliger Selbstverständlichkeit über andere hinwegsetzend:* eine selbstherrliche Entscheidung; er ordnet alles sehr s. an. **sinnv.:** ↑despotisch, eigenmächtig, nach eigenem Ermessen/Gutdünken, auf eigene Faust; ↑totalitär.

Selbst|hil|fe, die; -: *das Sich-selbst-Helfen (ohne Inanspruchnahme fremder Hilfe):* in der Notwehr griff, schritt er zur S.; Entwicklungshilfe soll eine Hilfe zur S. sein. **Zus.:** Frauenselbsthilfe.

selbst|los ⟨Adj.⟩: *nicht auf den eigenen Vorteil bedacht; nicht eigennützig; die eigenen Bedürfnisse, Belange vernachlässigend, hintanstellend:* s. handeln; jmdn. in selbstloser Weise unterstützen. **sinnv.:** altruistisch, aufopfernd, edelmütig, ↑gut, großherzig, idealistisch, uneigennützig.

Selbst|mord, der; -[e]s, -e: *das vorsätzliche Sich-selbst-Töten.* **sinnv.:** Freitod, Harakiri, Selbstentleibung, Selbsttötung, Selbstverbrennung, Suizid.

Sel̩bst|mör|der, der; -s, -, **Sel̩bst|mör|de|rin,** die; -, -nen: *männliche bzw. weibliche Person, die Selbstmord begeht.* **sinnv.:** Lebensmüder · Kamikaze.

sel̩bst|si|cher ⟨Adj.⟩: *in selbstbewußter Weise von der Richtigkeit seines Verhaltens, seines Tuns überzeugt:* ein selbstsicheres Auftreten. **sinnv.:** ↑selbstbewußt.

sel̩bst|süch|tig ⟨Adj.⟩: *(im Urteil des Sprechers) nur auf das eigene Wohl und den eigenen Vorteil bedacht:* er handelt meist nur aus selbstsüchtigen Motiven. **sinnv.:** berechnend, ↑egoistisch · ↑Berechnung.

sel̩bst|tä|tig ⟨Adj.⟩: **a)** *sich selbst ein- und ausschaltend; von selbst funktionierend:* die Maschine arbeitet s.; die selbsttätige Regelung eines technischen Vorganges. **sinnv.:** automatisch. **b)** *selbst und aus eigenem Antrieb tätig seiend:* bei der Ausübung der Macht s. mitwirken. **sinnv.:** aktiv, ↑selbständig.

sel̩bst|ver|ges|sen ⟨Adj.⟩: *so sehr in Gedanken versunken, daß man sich selbst und seine Umwelt völlig vergißt:* s. saß er da und grübelte. **sinnv.:** ↑gedankenvoll.

sel̩bst|ver|ständ|lich: I. ⟨Adj.⟩: *aus sich verständlich und keiner besonderen Begründung bedürfend:* eine selbstverständliche Hilfsbereitschaft; etwas als s. betrachten. **II.** ⟨Adverb⟩: *ohne Frage:* er hat s. recht; s. käme ich gerne, aber ich habe keine Zeit. **sinnv.:** bestimmt, wie zu erwarten, erwartungsgemäß, auf jeden Fall, ↑ja, sicherlich, ↑zweifellos.

Sel̩bst|ver|ständ|nis, das; -ses: *Bild, Vorstellung von sich selbst:* das S. einer Partei. **sinnv.:** Selbsteinschätzung, Selbstinterpretation.

Sel̩bst|ver|wirk|li|chung, die; -, -en: *Entfaltung der eigenen Persönlichkeit durch Förderung, Entwicklung der in der eigenen Person angelegten Fähigkeiten, Gaben o. ä.*

sel̩bst|zu|frie|den ⟨Adj.⟩: *(auf unkritische Weise) mit sich und seinen Leistungen zufrieden [und sich daher nicht weiter anstrengend]:* er sagte s., daß er heute besser sei als gestern; er sprach s. von seiner Arbeit. **sinnv.:** ↑satt.

se̩|lig ⟨Adj.⟩: *zutiefst beglückt und zufrieden:* er war s., daß er die Prüfung bestanden hatte. **sinnv.:** ↑glücklich. **Zus.:** unselig; vgl. -selig.

-se|lig ⟨adjektivisches Suffixoid⟩: *(weil der Betreffende es gern hat, tut, sich gern so verhält), in dem im Basiswort Genannten [zu sehr] schwelgend, von dem damit verbundenen oder dadurch ausgelösten Gefühl freudig, angenehm erfüllt* /leicht ironisch oder gutmütig-nachsichtig/: bier-, bilder-, bücher-, fußball-, hasch- (haschselige Blumenkinder), illustrierten-, kreuzzugs-, kunst-, musik-, operetten-, red-, schnulzen-, schreib- (ein schreibseliger Autor = *der gern und viel schreibt*), sommer-, tango-, tränen-, trink-, walzer-, wein-, wort-, zitierselig. **sinnv.:** -freudig, -froh.

Se̩|lig|keit, die; -, -en: **1.** ⟨ohne Plural⟩ *Zustand des inneren Friedens, des großen anhaltenden Glücks.* **sinnv.:** Glück. **2.** *tiefes Glücksgefühl:* nach diesem Erlebnis ging sie voll S. nach Hause; die Seligkeiten der ersten Liebe. **sinnv.:** ↑Freude. **Zus.:** Glück-, Hold-, Rührseligkeit.

Sel̩|le|rie, der; -s, -[s] und die; -, -: *Pflanze mit gefiederten, dunkelgrünen, aromatisch duftenden Blättern und einer als dicke, innen weiße Knolle ausgebildeten Wurzel, die besonders für Gemüse und Salat verwendet wird.*

sel̩|ten ⟨Adj.⟩: **1.** *in kleiner Zahl vorkommend, vorhanden, nicht häufig [vorkommend]:* /Ggs. oft/: ein seltenes Tier; ein seltenes (und deshalb wertvolles) Exemplar; seine Besuche bei uns sind s. geworden; der Vorgang wird s. richtig verstanden; wir wissen s. vorher, was geschehen wird. **sinnv.:** beschränkt, dünngesät, knapp, fast nie, nicht oft, rar, singulär, ↑spärlich, sporadisch, vereinzelt, verstreut · Gelegenheits-. **2.** ⟨verstärkend bei Adjektiven⟩ ↑*besonders* (c): ein s. schönes Tier. **sinnv.:** ↑sehr.

Sel̩|ten|heit, die; -, -en: **a)** ⟨ohne Plural⟩ *seltenes Vorkommen:* wegen ihrer S. darf diese Pflanze nicht ausgegraben werden. **b)** *etwas, was es nur ganz selten gibt, worauf man nur ganz selten stößt:* ein solches Exemplar ist heute schon eine S. **sinnv.:** Rarität.

selt|sam ⟨Adj.⟩: *vom Üblichen abweichend und nicht recht begreiflich:* das kommt mir s. vor; er ist ein seltsamer Mensch. **sinnv.:** barock, ↑bizarr, eigenartig, eigentümlich, kauzig, komisch, kurios, merkwürdig, schrullig, sonderbar, verschroben, verwunderlich.

Se|me̩|ster, das; -s, -: *Studienhalbjahr an einer Universität, Hochschule:* er ist im dritten S. **Zus.:** Sommer-, Studien-, Wintersemester.

se̩|mi-, Se̩|mi- ⟨adjektivisches und substantivisches Präfix⟩: *halb-, Halb-; fast, teilweise, eine Zwischenstufe bildend, einen Übergangszustand darstellend:* semiantike Möbel, semifaschistisch, Semifinale *(Halbfinale, bei dem die Teilnehmer am Endkampf ermittelt werden),* semiprofessionell *(nicht mehr amateurhaft, aber auch noch nicht professionell),* Semiprofi (Voll- und Semiprofis), semistationär (stationäre und semistationäre Überwachungsanlagen), Semivokal *(Halbvokal, z. B. das i in Nation, das wie j gesprochen wird).*

Se|mi|na̱r, das; -s, -e: **1. a)** *wissenschaftliches Institut für einen bestimmten Fachbereich an einer Universität oder Hochschule mit den entsprechenden Räumlichkeiten:* er arbeitet im Historischen S. **sinnv.:** ↑Institut. **b)** *Lehrveranstaltung, die unter einem gewissen, eng umrissenen Thema steht und an der sich die Teilnehmer (mit Referaten o. ä.) aktiv beteiligen:* an einem S. über den modernen Roman teilnehmen. **Zus.:** Pro-, Hauptseminar.

Se̩m|mel, die; -, -n (landsch.): ↑*Brötchen:* knusprige, weiche Semmeln. **Zus.:** Käse-, Milch-, Schinken-, Wurstsemmel.

Se|na̱t, der; -s, -e: **1.** *Regierungsbehörde in Hamburg, Bremen und West-Berlin.* **sinnv.:** ↑Magistrat, ↑Regierung. **Zus.:** Bausenat. **2.** *(in einem parlamentarischen Zweikammersystem) eine Kammer des Parlaments* (z. B. in den USA): er wurde in den S. gewählt. **sinnv.:** ↑Parlament. **3.** *Versammlung im alten Rom von beratender und beschließender Funktion.* **4.** *Gremium an höheren Gerichten, das sich aus mehreren Richtern zusammensetzt.* **sinnv.:** ↑Gericht. **Zus.:** Straf-, Zivilsenat. **5.** *aus Professoren, Verwaltungsleuten und Studenten bestehendes Gremium, das beratende Funktion (und eine gewisse Entscheidungsbefugnis) hat.*

sen|den ⟨tr.⟩: **I.** sandte/sendete, hat gesandt/gesendet (geh.): ↑*schicken* (1 b): einen Brief mit der Post s.; er sandte ihr Blumen durch einen Boten. **Zus.:** ab-, ein-, ent-, hin-, zu-, zurücksenden. **II.** sendete, hat gesendet: *eine Rundfunk- bzw. Fernsehsendung über einen Sender verbreiten:* wir senden eine Zusammenfassung der heutigen Spiele um 22.30 Uhr. **sinnv.:** ausstrahlen, übertragen · funken, morsen.

Sen|der, der; -s, -: *technische Anlage, die Signale, Informationen u. a. in elektromagnetische Wellen umwandelt und in dieser Form abstrahlt.* **Zus.:** Fernseh-, Geheim-, Kurzwellen-, Piraten-, Radio-, Rundfunk-, Schwarzsender.

Sen|dung, die; -, -en: **1.** *gesandte Menge (von Waren):* eine neue S. von Apfelsinen ist eingetroffen. **sinnv.:** ↑Post. **Zus.:** Geschenk-, Paket-, Post[wurf]-, Warensendung. **2.** ⟨ohne Plural⟩ *Auftrag, zu dem sich jmd. berufen fühlt; das Bestimmtsein (zu etwas):* er glaubte an seine S. als Helfer der Menschen. **sinnv.:** ↑Berufung. **3.** *etwas, was durch Rundfunk oder Fernsehen übertragen, gesendet wird:* er hört viele politische Sendungen im Rundfunk. **sinnv.:** Aufnahme, Aufzeichnung, Ausstrahlung, Direktübertragung, Erstausstrahlung, Mitschnitt, Originalübertragung, Übertragung. **Zus.:** Fernseh-, Gedenk-, Nachrichten-, Radio-, Sport-, Unterhaltungssendung.

Senf, der; -s: *aus dem gemahlenen Samen der gleichnamigen Pflanze hergestellte gelbliche, breiige, scharf schmeckende Paste, die zu bestimmten Fleischgerichten gegessen wird.* **sinnv.:** Mostrich.

sen|gen: 1. ⟨tr.⟩: **a)** *[durch allzu große Hitze] an der Oberfläche leicht verbrennen:* sie hat beim Bügeln den Kragen gesengt. **Zus.:** versengen. **b)** *durch leichtes, flüchtiges Abbrennen mit einer Flamme von restlichem Flaum und Federn befreien:* gerupftes Geflügel s. **Zus.:** absengen. **2.** ⟨itr.⟩ *sehr heiß scheinen:* die Sonne sengt; eine sengende Hitze lag über der Stadt. **sinnv.:** brennen. **Zus.:** versengen.

se|nil ⟨Adj.⟩: *durch [hohes] Alter geistig und körperlich nicht mehr voll leistungsfähig und dabei oft greisenhaft, kindisch wirkend:* er ist schon recht s. und vergißt alles, was man ihm sagt. **sinnv.:** ↑hinfällig.

Se|ni|or, der; -s, Senioren, **Se|nio|rin,** die; -, -nen: **1.** *Vater bzw. Mutter (im Verhältnis zum Sohn, zur Tochter)* /Ggs. Junior (1)/: das Geschäft ist vom Senior auf den Junior übergegangen. **sinnv.:** Vater; Nestor. **2.** *Sportler bzw. Sportlerin einer bestimmten Altersklasse über 18 Jahre:* er darf jetzt bei den Senioren starten. **3.** *älterer Mann bzw. ältere Frau (im Rentenalter):* verbilligte Fahrten für Senioren.

Sen|ke, die; -, -n: *[größere, flache] Vertiefung im Gelände:* in der Senke ist der Boden sehr feucht. **sinnv.:** ↑Grube. **Zus.:** Boden-, Talsenke.

sen|ken: 1. a) ⟨itr.⟩ *abwärts bewegen; sinken lassen:* er senkte den Kopf, den Blick. **sinnv.:** neigen, niederschlagen. **Zus.:** ab-, herab-, herniedersenken. **b)** ⟨sich s.⟩ *abwärts, nach unten bewegt werden, sinken:* die Schranke senkt sich; die Äste senkten sich unter der Last des Schnees. **2.** ⟨tr.⟩ *nach unten in eine bestimmte Lage bringen, hinabgleiten lassen:* sie senkten den Sarg in die Erde; die Taucherglocke ins Wasser s. **sinnv.:** ↑eintauchen, herunterlassen, hinablassen, sinken lassen. **Zus.:** hinab-, versenken. **3. a)** ⟨tr.⟩ *bewirken, daß etwas niedriger wird:* man senkte den Wasserspiegel. **b)** ⟨sich s.⟩ allmählich niedriger werden, in die Tiefe gehen: der Boden hat sich gesenkt. **sinnv.:** absinken. **Zus.:** sich herab-, hinabsenken. **4.** ⟨tr.⟩ *bewirken, daß etwas geringer, weniger wird:* das Fieber, die Zahl der Arbeitslosen s.; die Preise werden gesenkt. **sinnv.:** abbauen, ↑ermäßigen.

senk|recht ⟨Adj.⟩: *gerade von oben nach unten oder von unten nach oben führend; mit einer waagerechten Fläche oder Linie einen Winkel von 90° bildend* /Ggs. waagerecht/: der Rauch stieg s. in die Höhe. **sinnv.:** lotrecht, vertikal.

Sen|sa|ti|on, die; -, -en: *ungewöhnliches, großes Aufsehen erregendes, oft unerwartetes Ereignis:* der Sieg des unbekannten Sportlers war eine große S. **sinnv.:** ↑Attraktion, ↑Aufsehen. **Zus.:** Riesen-, Weltsensation.

sen|sa|tio|nell ⟨Adj.⟩: *[unerwartet und] großes Aufsehen erregend:* sein Erfolg war s. **sinnv.:** ↑außergewöhnlich.

Sen|se, die; -, -n: *Gerät zum Mähen von Gras oder Getreide* (siehe Bildleiste): er mähte seine Wiese mit der S. **sinnv.:** Sichel.

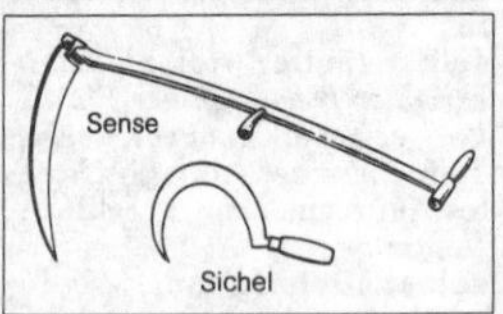

sen|si|bel ⟨Adj.⟩: *von besonderer Feinfühligkeit, Empfindsamkeit:* sie ist so s. und nimmt sich alles gleich zu Herzen. **sinnv.:** ↑empfindlich, ↑feinfühlig. **Zus.:** über-, unsensibel.

sen|si|bi|li|sie|ren ⟨tr.⟩: *sensibel machen (für die Aufnahme von Reizen, Eindrücken):* das eigene Leid hat sie sensibilisiert für das Leid anderer.

Sen|tenz, die; -, -en: *kurz und treffend formulierter Ausspruch, der Allgemeingültigkeit beansprucht:* „Wer verliert, wird vorsichtig", wiederholte er seine S. **sinnv.:** ↑Ausspruch.

sen|ti|men|tal ⟨Adj.⟩: *übertrieben gefühlvoll:* sie sangen sentimentale Lieder. **sinnv.:** ↑rührselig.

se|pa|rat ⟨Adj.⟩: *als etwas Selbständiges von etwas anderem getrennt:* das Zimmer hat einen separaten Eingang. **sinnv.:** ↑einzeln.

Sep|tem|ber, der; -[s]: *neunter Monat des Jahres.* **sinnv.:** Herbstmond, Herbstmonat, Scheiding; ↑Monat.

Se|rie, die; -, -n: **1.** *bestimmte Anzahl, Reihe gleichartiger [zueinander passender, eine zusammenhängende Folge darstellender] Dinge:* eine neue S. von Briefmarken; die Bildbände erscheinen in einer S. **sinnv.:** ↑Garnitur; ↑Zyklus. **Zus.:** Artikel-, Gewinn-, Romanserie. **2.** ⟨S. + Attribut⟩ *Aufeinanderfolge gleicher, ähnlicher Geschehnisse, Erscheinungen:* eine S. von Erfolgen; eine S. schwerer Unfälle. **Zus.:** Mord-, Siegesserie.

se|ri|ös ⟨Adj.⟩: **a)** *vertrauenerweckend und solide:* eine seriöse Firma; er macht einen seriösen Eindruck. **sinnv.:** ↑anständig. **b)** *ernstgemeint; ernst zu nehmen:* ein seriöser Beruf; die Anzeige ist nicht s. **sinnv.:** ↑ernsthaft.

Se|rum, das; -s, Sera: *wäßriger Bestandteil des Blutes:* das S. gerinnt nicht. **sinnv.:** Blutserum, Blutwasser.

Ser|vice: I. [zɛr'viːs], das; - [zɛr'viːs] oder -s [zɛr'viːsəs], - [zɛr'viːs oder zɛr'viːsə]: *in Form, Farbe und Muster aufeinander abgestimmtes mehrteiliges Eß- oder Kaffeegeschirr:* zur Hochzeit bekam sie ein wertvolles S. **sinnv.:** ↑Garnitur, ↑Geschirr. **Zus.:** Kaffee-, Speise-, Tafelservice. **II.** ['səːvɪs], der; -, -s ['səːvɪs oder 'səːvɪsɪs]: **a)** *(bei Hotels, Tankstellen o. ä.) Bedienung der Kundschaft, Betreuung der Gäste:* der S. in diesem Hotel ist ausgezeichnet. **sinnv.:** ↑Bedienung. **Zus.:** Hotel-, Zimmerservice. **b)** *Einrichtung, durch die eine Firma bestimmte Fabrikate betreut und, wenn notwendig, repariert:* für diesen Wagen gibt es einen gut ausgebauten S. **sinnv.:** Kundendienst, ↑Wartung. **Zus.:** Fernseh-, Waschmaschinenservice.

ser|vie|ren ⟨tr./itr.⟩: *(als Kellner, Bedienung) die [bestellten] Speisen zum Essen auf den Tisch bringen:* er serviert nicht an diesem Tisch; Sie können die Nachspeise s. **sinnv.:** auffahren, auftischen, ↑auftragen, ↑bedienen, bewirten, ↑kellnern, kredenzen, reichen, vorsetzen. **Zus.:** abservieren.

Ser|vie|re|rin, die; -, -nen: *Angestellte in einem Hotel, Restaurant o. ä., die den Gästen Speisen und Getränke serviert:* fünf Serviererinnen gesucht. **sinnv.:** Bedienung, Kellnerin, Saaltochter, Servierfräulein, Serviertochter, Stewardeß.

Ser|vi|et|te, die; -, -n: *meist quadratisches Tuch aus Stoff oder Papier, das beim Essen zum Schutz der Kleidung und zum Abwischen des Mundes benutzt wird:* die S. entfalten. **sinnv.:** Latz, Lätzchen, Mundtuch, Schlabberlätzchen, Sabberlätzchen, Tuch. **Zus.:** Papier-, Stoffserviette.

Ses|sel, der; -s, -: *weich gepolstertes, bequemes Sitzmöbel mit Rückenlehne und meist auch mit Armlehnen (für eine Person)* (siehe Bildleiste „Sitzmöbel"): er saß im S., ließ sich in den S. fallen. **sinnv.:** Fauteuil, Lehnstuhl, Schaukelstuhl, Stuhl, Thron. **Zus.:** Klub-, Korb-, Leder-, Ohren-, Rokoko-, Thronsessel Ministersessel.

seß|haft ⟨Adj.⟩: *einen festen Wohnsitz, einen bestimmten Ort als ständigen Aufenthalt habend:* seßhafte Stämme; s. werden. **sinnv.:** ↑einheimisch.

Set, das und der; -[s], -s: **a)** *etwas, was aus einer bestimmten Anzahl zusammengehörender Gegenstände besteht:* ein ledernes S. für den Schreibtisch. **sinnv.:** ↑Garnitur. **Zus.:** Backformen-, Dreier-, Frühstücks-, Koffer-, Taschen-, Topfset. **b)** *Deckchen aus Stoff, Bast oder Kunststoff für ein Gedeck:* er bekommt ein frisches S. **sinnv.:** Platzdeckchen.

set|zen, setzte, hat/ist gesetzt /vgl. gesetzt/: **1.** ⟨sich s.⟩ *eine sitzende Stellung einnehmen:* du darfst dich nicht auf den Boden s.; setzt euch an den Tisch!; sie hat sich in den Schatten gesetzt. **sinnv.:** ↑aufsteigen, sich hocken, sich kauern, sich niederlassen, Platz nehmen, seinen Platz einnehmen. **Zus.:** sich dazu-, herein-, hin-, nebeneinander-, niedersetzen. **2.** ⟨tr.⟩ *jmdm. oder einer Sache einen bestimmten Platz geben:* sie setzte das Kind auf ihren Schoß; er hat seine Mütze auf den Kopf gesetzt. **sinnv.:** ↑stellen, ↑tun. **Zus.:** ab-, auf-, hin-, umsetzen. **3.** ⟨sich s.⟩ *(in einer Flüssigkeit) langsam zu Boden sinken:* der Kaffee muß sich noch s.; die weißen Flöckchen in der Lösung haben sich gesetzt. **sinnv.:** ab-, niedersinken, sich senken. **Zus.:** ab-, an-, niedersetzen. **4.** ⟨tr.⟩ *(eine Pflanze) mit den Wurzeln in die Erde senken:* sie haben Kartoffeln gesetzt. **sinnv.:** ↑pflanzen. **Zus.:** aus-, umsetzen. **5.** ⟨itr.⟩ *sich über etwas (mit einem Hilfsmittel, in Sprüngen o. ä.) hinwegbegeben:* die Römer sind/haben über den Rhein gesetzt; er setzte mit dem Pferd über den Graben. **sinnv.:** überqueren. **Zus.:** hinweg-, nach-, übersetzen. **6.** ⟨tr.⟩ *die Vorlage für den Druck herstellen:* sie haben das Manuskript bereits gesetzt. **7.** ⟨als Funktionsverb⟩ etwas in Brand s. *(etwas anzünden);* einen Text in Klammern s. *(einklammern);* sich zur Wehr s. *(sich wehren);* etwas aufs Spiel s. *(etwas riskieren, wagen);* jmdn. auf freien Fuß s. *(jmdn. aus der Gefangenschaft entlassen);* einer Sache Grenzen, Schranken s. *(Einhalt gebieten);* sich ein Ziel s. *(sich etwas zum Ziel, zur Aufgabe machen).*

Seu|che, die; -, -n: *gefährliche ansteckende Krankheit, die sich schnell ausbreitet:* in dem Land wütete eine S., an der viele Menschen starben. **sinnv.:** Epidemie, ↑Krankheit. **Zus.:** Maul- und Klauenseuche.

seuf|zen ⟨itr.⟩: *(als Ausdruck von Kummer, Traurigkeit o. ä.) schwer und hörbar ein- und ausatmen:* sie seufzte, als sie an den Abschied dachte. **sinnv.:** ↑stöhnen. **Zus.:** aufseufzen.

Seuf|zer, der; -s, -: *einmaliges Seufzen:* mit einem S. [der Erleichterung] verließ sie den Raum. **sinnv.:** Geseufze, Gestöhn, Klagelaut, Klageruf, Schluchzer, Wehlaut, Wimmern. **Zus.:** Angst-, Stoßseufzer.

Sex, der; -[es]: **a)** ↑*Sexualität:* heute spricht man viel von S. **b)** *geschlechtliche Anziehungskraft:* sie hat viel S. **sinnv.:** Sex-Appeal. **c)** *sexuelle Betätigung:* S. während der Schwangerschaft. **sinnv.:** Geschlechtsverkehr, ↑Liebe, Liebesspiel, Petting. **Zus.:** Alters-, Telefonsex.

Se|xis|mus, der; -: *Haltung, Grundeinstellung, die darin besteht, einen Menschen (insbesondere eine Frau) allein auf Grund seines Geschlechts zu benachteiligen und zu diskriminieren; diskriminierendes Verhalten gegenüber Frauen:* weil die Stellenanzeige nicht geschlechtsneutral gehalten war, wurde dem Arbeitgeber S. vorgeworfen. **sinnv.:** Chauvinismus, Machismo, Männlichkeitswahn.

Se|xua|li|tät, die; -: *Gesamtheit der im Geschlechtstrieb begründeten Lebensäußerungen, Verhaltensweisen, Empfindungen:* er behandelt in dem Vortrag Fragen der S.; für ihn ist S. ohne Liebe unvorstellbar. **sinnv.:** Eros, Erotik, Geschlechtsleben, Minne, Sex, Sexus. **Zus.:** Bi-, Hetero-, Homosexualität.

se|xu|ell ⟨Adj.⟩: *die Sexualität betreffend:* das sexuelle Verhalten der Bevölkerung; die Kinder s. aufklären. **sinnv.:** erotisch, geschlechtlich, intim, libidinös. **Zus.:** bi-, hetero-, homo-, pädosexuell.

Se|xus, der; -: *elementarer, zum Wesen des Menschen gehörender Trieb, der alle Verhaltensweisen auslöst und steuert, die darauf abzielen, einen Geschlechtspartner zu suchen und sich mit ihm zu vereinigen.* **sinnv.:** Geschlechtstrieb, Sexualität.

se|xy ⟨Adj.; indeklinabel⟩ (ugs.): *von sexuellem Reiz, sexuell attraktiv:* sie wirkt in dem Kleid richtig s.; ein s. Badeanzug. **sinnv.:** aufreizend, erotisch, verführerisch.

se|zie|ren ⟨tr.⟩: *(einen toten menschlichen oder tierischen Körper) öffnen und anatomisch zerlegen:* die Leiche des Toten wurde seziert. **sinnv.:** obduzieren.

Sham|poo [ʃɛm'pu:, auch: ʃam'pu:, 'ʃampu, ʃam'po:, 'ʃampo], **Sham|poon** [ʃɛm'pu:n, auch: ʃam'po:n], das; -s, -s: *flüssiges Haarwaschmittel.* **Zus.:** Baby-, Haar-, Trockenshampoo[n].

Shorts [ʃɔrts], die ⟨Plural⟩: *kurze sportliche Hose für Damen oder Herren:* im Hochsommer trage ich am liebsten S. **sinnv.:** Bermudas, heiße Höschen, Hot pants; ↑Hose. **Zus.:** Damen-, Herren-, Kinder-, Tennisshorts.

Show [ʃoʊ], die; -, -s: *aus einem großen, bunten Unterhaltungsprogramm bestehende Vorstellung, besonders als Fernsehsendung:* am nächsten Samstag wird im Fernsehen eine neue S. gestartet. **sinnv.:** ↑Darbietung, ↑Revue. **Zus.:** Laser-, Live-, Peep-, Talk-Show.

Show|busi|neß ['ʃoʊbɪznɪs], das; -: *Bereich der Unterhaltungsindustrie, der Shows, öffentliche Darbietungen, die Schallplattenindustrie u.a. umfaßt:* im S. tätig sein. **sinnv.:** Schaugeschäft, Vergnügungsindustrie.

sich ⟨Reflexivpronomen der 3. Person Singular und Plural im Dativ und Akkusativ⟩: **1.** */weist auf ein Substantiv oder Pronomen, meist das Subjekt des Satzes, zurück/:* s. freuen, schämen, wundern; er hat dich und s. [selbst] getäuscht; damit hat er dir und auch s. geschadet; er nahm die Schuld auf s.; sie haben das Kind zu s. genommen. **2.** ⟨Plural⟩ *einer dem/den andern:* die Mädchen frisierten sich [gegenseitig]; sie grüßten sich schon lange nicht mehr; sie prügeln sich oft. **sinnv.:** einander, sich gegenseitig, wechselseitig.

Si|chel, die; -, -n: *Gerät mit stark gebogener Klinge zum Schneiden von Gras o.ä.* (siehe Bildleiste „Sense"). **sinnv.:** Sense. **Zus.:** Gras-, Mondsichel.

si|cher: I. ⟨Adj.⟩: **1.** *nicht durch eine Gefahr bedroht:* sie wählte einen sicheren Weg; hier kannst du dich s. fühlen. **sinnv.:** geborgen, gefahrlos, geschützt, ungefährdet; vgl. -sicher (2). **2.** *so geartet, daß man der betreffenden Person oder Sache Glauben schenken kann:* die Farbe seines Gesichts war ein sicheres Zeichen für seine Krankheit; diese Nachrichten sind nicht s.; er hat ein sicheres Einkommen. **sinnv.:** authentisch, echt, garantiert, gesichert, glaubwürdig, verbürgt, verläßlich, zuverlässig. **Zus.:** bomben-, idioten-, narren-, todsicher. **3.** *so geartet, daß man sich auf die betreffende Person oder Sache verlassen, sich ihr anvertrauen kann:* er hat ein sicheres Urteil, einen sicheren Geschmack. **sinnv.:** ↑fachmännisch, ↑meisterhaft, richtig, ↑ruhig, ↑treffend, zuverlässig; vgl. -sicher (1). **4.** *keine Hemmungen erkennen lassend, zeigend:* er hat ein sicheres Auftreten; er wirkt, ist sehr s. **sinnv.:** ↑selbstbewußt. **Zus.:** selbst-, siegessicher. **5.** *ohne jeden Zweifel bestehend oder eintretend:* seine Niederlage ist s.; er war sich seines Erfolgs s.; soviel ist s., daß er ein Dieb ist. **sinnv.:** ↑gewiß. **Zus.:** bomben-, todsicher. **II.** ⟨Adverb⟩: *mit ziemlicher Sicherheit; ohne Zweifel:* du hast s. recht, aber wir können es doch noch einmal überprüfen; er wird s. bald kommen. **sinnv.:** ↑allemal, ↑bestimmt, ↑gewiß, da kannst du Gift drauf nehmen, höchstwahrscheinlich, ↑zweifellos; ↑zwar.

-si|cher ⟨adjektivisches Suffixoid⟩: **1.** *Gewähr für etwas/jmdn. bietend, zuverlässig im Hinblick auf das im Basiswort Genannte:* betriebs-, bilanz-, erfolgs-, funktions-, instinkt-, mündel-, paßform-, schnee-, sieges-, spur-, treff-, wachstums-, zielsicher. **sinnv.:** -trächtig. **2.** *gegen das im substantivischen, selten verbalen Basiswort Genannte (was einen schädlichen Einfluß ausüben könnte, was vermieden werden sollte) geschützt, sicher vor schädlichen Folgen durch das im Basiswort Genannte:* abhör-, atom-, ausbruchs-, beiß-, berührungs-, bruch-, diebes-, diebstahl-, einbruchs-, fälschungs-, feuer-, feuchtigkeits-, flucht-, frost-, gleit-, kälte-, kentersicheres Boot, kippsichere Drehstühle, krisen-, kugel-, kurzschluß-, laufmaschen-, lawinen-, mißbrauch-, motten-, ohnmachtssichere Rettungswesten, rutsch-, rüttel-, saftsicherer Obstkuchen, splitter-, staub-, stoß-, termiten-, unfallsicher; /elliptisch/ maschensicher *(so, daß es keine Laufmaschen gibt),* wintersichere Autobahnverbindung. **sinnv.:** -beständig, -fest, -frei, -resistent, unempfindlich. **3.** *sicher für ..., in bezug auf die im Basiswort genannte Person, Sache oder Tätigkeit geeignet, brauchbar:* brems-, gewinnsicheres Los, idioten-, kinder-, kurvensichere Straßenlage, narren-, Baldrian ist ein schlafsicheres Mittel, stand-, werbesicher. **4.** *kann ohne Schaden, Schwierigkeiten ... werden:* wasch-, verlegesicherer Teppichboden. **5.** *sicher, Sicherheit zeigend in ...:* die Sängerin erwies sich als koloratur- und höhensicher; ein kompositions- und montagesicherer Film.

Si|cher|heit, die; -, -en: **1.** ⟨ohne Plural⟩ *das Sichersein vor Gefahr oder Schaden:* die Polizei sorgte für die S. der Besucher. **sinnv.:** ↑Schutz. **2.** ⟨ohne Plural⟩ *sicheres, keinen Zweifel aufkommen lassendes Gefühl, Wissen:* bei diesem Stoff haben Sie die S., daß er sich gut waschen läßt. **sinnv.:** Bestimmtheit, Garantie, Gewähr, Gewißheit. **3.** ⟨ohne Plural⟩ *das Freisein von Fehlern oder Irrtümern:* die S. seines Urteils; er hat eine große S. in allen Fragen des Geschmacks. **sinnv.:** Richtigkeit, Zuverlässigkeit. **Zus.:** Fahr-, Flug-, Instinkt-, Treff-, Zielsicherheit. **4.** ⟨ohne Plural⟩ *sicheres, gewandtes Auftreten o.ä.:* sie bewegt sich mit großer S. auf dem diplomatischen Parkett. **sinnv.:** ↑Gewandtheit, Selbstbewußtsein, Souveränität. **Zus.:** Selbstsicherheit. **5.** *hinterlegtes Geld, Wertpapiere o.ä. als Pfand für einen Kredit:* eine Monatsmiete als S. hinterlegen. **sinnv.:** Bürgschaft, Deckung, Faustpfand, Garantie, Haftung, Kaution, Pfand, Unterpfand.

Si|cher|heits|na|del, die; -, -n: *Nadel mit Verschluß, mit deren Hilfe etwas befestigt, zusammengehalten o.ä. werden kann* (siehe Bild): sie befestigte die Schleife am Kleid mit einer S.

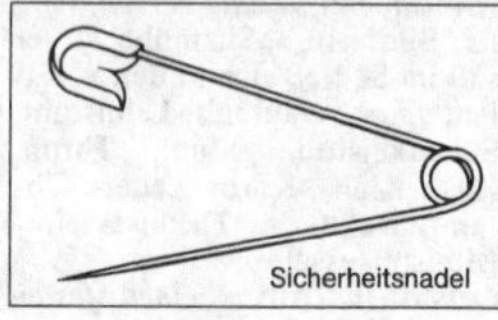
Sicherheitsnadel

si|cher|lich ‹Adverb›: ↑*sicher* (II): er hat s. recht, aber wir können es doch noch einmal prüfen; s. wird er morgen kommen. **sinnv.:** ↑allemal, ↑selbstverständlich.

si|chern: 1. ‹tr.› *sicher machen, vor einer Gefahr o. ä. schützen:* er hat das Fahrrad durch ein Schloß [gegen Diebstahl] gesichert; das Land sichert seine Grenzen; das Gesetz soll die Rechte der Menschen s. **sinnv.:** schützen, sicherstellen. **Zus.:** ab-, ent-, versichern. **2.** ‹itr.› **a)** *in seinen Besitz bringen:* sein Fleiß sicherte ihm Anerkennung; er hat sich einen guten Platz gesichert. **sinnv.:** verschaffen. **Zus.:** zusichern. **b)** *am Tatort Beweismittel aufnehmen, registrieren, solange sie noch vorhanden, erkennbar sind:* Spuren, Fingerabdrücke s.

si|cher|stel|len, stellte sicher, hat sichergestellt ‹tr.›: **1.** *in behördlichem Auftrag vor unrechtmäßigem Zugriff oder unrechtmäßiger, die Allgemeinheit gefährdender Nutzung schützen:* ein Teil der gestohlenen Waren konnte sichergestellt werden. **sinnv.:** ↑beschlagnahmen. **2.** *dafür sorgen, daß etwas nicht gefährdet wird:* man konnte die Ernährung der Bewohner nicht mehr s. **sinnv.:** ↑sichern.

Si|che|rung, die; -, -en: **1.** ‹ohne Plural› *das Sichern, Schützen, Sicherstellen; etwas dem Schutz, der Sicherheit Dienendes:* sich um die S. des Landes bemühen. **sinnv.:** ↑Schutz. **Zus.:** Ab-, Friedens-, Grenzsicherung. **2.** *Vorrichtung zum Schutz oder zur Sicherheit:* das Gewehr hat eine S.; die S. [der elektrischen Leitung] ist durchgebrannt.

Sicht, die; -: *Möglichkeit [in die Ferne] zu sehen:* bei diesem Wetter ist die S. gut; der Nebel nahm ihnen plötzlich die S.; wir hatten schlechte S. *(Aussicht)* bei dieser Wanderung. **sinnv.:** ↑Aussicht. **Zus.:** Auf-, Durch-, Ein-, Fern-, Scharfsicht.

sicht|bar ‹Adj.›: *mit den Augen wahrnehmbar, deutlich zu erkennen:* er hat sichtbare Fortschritte gemacht; der Zustand des Kranken hatte sich s. gebessert; der Fleck auf dem Kleid war deutlich s. **sinnv.:** ↑kenntlich, sichtlich. **Zus.:** unsichtbar.

sich|ten, sichtete, hat gesichtet ‹tr.›: **1.** *in größerer Entfernung wahrnehmen:* sie hatten feindliche Flugzeuge am Himmel gesichtet. **sinnv.:** ausmachen, erspähen; ↑sehen. **2.** *überprüfend ansehen und ordnen:* er sichtete das Material für seine Arbeit. **sinnv.:** ↑durchsehen.

sicht|lich ‹Adj.›: *deutlich erkennbar; in sichtbarem Maße:* er hatte sichtliche Schwierigkeiten mit der Aussprache; er war s. erfreut über das Lob. **sinnv.:** merklich, ↑offenbar, sichtbar. **Zus.:** er-, offensichtlich.

sickern, sickerte, ist gesickert ‹itr.›: *(von Flüssigkeiten) allmählich, tröpfchenweise in etwas hinein-, durch etwas hindurchrinnen:* das Regenwasser sickert in den Boden; das Blut ist durch den Verband gesickert. **sinnv.:** ↑fließen. **Zus.:** durch-, versikkern.

sie ‹Personalpronomen›: /vertritt ein weibliches Substantiv im Singular oder ein Substantiv im Plural bzw. mehrere Substantive/: sie (die Mutter) ist krank; ich vergesse sie (die Pfeife) nicht; sie (die Studenten) protestieren; wir haben sie (Michael und Peter) besucht.

Sie ‹Personalpronomen›: /bezeichnet eine oder mehrere angeredete Personen, bei denen die Anrede „du" bzw. „ihr" nicht angebracht ist/: nehmen S. bitte Platz, mein Herr, meine Damen!; er redete ihn mit S. an.

Sieb, das; -[e]s, -e: *im ganzen oder am Boden aus einem gleichmäßig durchlöcherten Material oder aus einem gitterartigen [Draht]geflecht bestehendes Gerät, das dazu dient, Festes aus einer Flüssigkeit auszusondern oder größere Bestandteile einer [körnigen] Substanz von den kleineren zu trennen:* Tee durch ein S. gießen; Sand auf das S. schippen. **sinnv.:** Filter, Reiter, Seiher. **Zus.:** Kaffee-, Mehl-, Teesieb.

sie|ben: I. ‹tr.›: **1.** *etwas durch ein Sieb schütten, um die größeren Bestandteile einer körnigen Substanz von den kleineren zu trennen:* das Mehl, den Sand s. **sinnv.:** ↑filtern. **Zus.:** aus-, durch-, versieben. **2.** (ugs.) *(aus einer Anzahl von Personen, z. B. Arbeitskräften, Bewerbern o. ä.) die Ungeeigneten ausscheiden, eine strenge Auswahl treffen:* die Bewerber wurden gesiebt; ‹auch itr.› bei der Prüfung wurde [schwer] gesiebt. **sinnv.:** ↑auswählen. **II.** ‹Kardinalzahl›: 7: s. Personen; die Sieben Weltwunder.

sie|bent... ‹Ordinalzahl›: ↑*siebt...*

siebt... ‹Ordinalzahl›: 7.: die siebte Bitte des Vaterunsers.

sieb|zig ‹Kardinalzahl›: 70: s. Personen.

Siech|tum, das; -s: *lange dauernde Zeit schwerer Krankheit, großer Schwäche, Hinfälligkeit ohne Aussicht auf Besserung:* er starb nach einem langen S. **sinnv.:** ↑Krankheit.

sie|deln ‹itr.›: *sich irgendwo ansässig machen; eine Siedlung gründen:* viele Bauern haben in der fruchtbaren Gegend gesiedelt. **sinnv.:** sich ↑ansiedeln. **Zus.:** be-, über-, umsiedeln.

sie|den, sott/ siedete, hat gesotten/gesiedet: **1. a)** ‹itr.› (landsch.) ↑*kochen* (2 b): das Wasser siedet bei 100°; die Milch fängt an zu s. **b)** ‹tr.› *zum Kochen bringen:* Wasser s. **2.** (landsch.) **a)** ‹tr.› *in kochendem Wasser gar machen:* einen Fisch s.; sie hat die Eier gesotten/gesiedet; ‹2. Partizip in attributiver Stellung nur stark›: gesottener Fisch, gesottene Eier. **sinnv.:** aufkochen, blanchieren, brühen, ↑dämpfen, garen, kochen; ↑aufwärmen. **b)** ‹itr.› *zum Zweck des Garwerdens in kochendem Wasser liegen:* der Reis muß noch ein wenig s.

Sie|de|punkt, der; -[e]s, -e: *Temperatur, bei der eine Flüssigkeit in den gasförmigen Zustand übergeht, zu kochen beginnt:* der S. des Wassers liegt bei 100 °C. **sinnv.:** Kochpunkt.

Sied|lung, die; -, -en: **a)** *Ort, an dem sich Menschen angesiedelt haben:* hier gab es schon in früher Zeit menschliche Siedlungen. **sinnv.:** Kolonie, ↑Ort. **Zus.:** An-, Urwald-, Urzeitsiedlung. **b)** *meist am Rande oder etwas außerhalb gelegener Teil eines Ortes, einer Stadt, der aus meist gleichartigen, zur gleichen Zeit erbauten Häusern besteht:* er wohnt in einer S. am Rande der Stadt. **sinnv.:** Ortsteil, Satellitenstadt, Schlafstadt, Stadtbezirk, Stadtteil, Trabantenstadt, Viertel. **Zus.:** Arbeiter-, Neubau-, Reihensiedlung.

Sieg, der; -[e]s, -e: *Erfolg, der darin besteht, sich in einer Auseinandersetzung, im Kampf, im Wettstreit o. ä. gegen einen Gegner durchgesetzt, ihn überwunden zu haben:* der S. des Feindes war sicher; sie kämpften für einen S. ihrer Partei. **sinnv.:** Erfolg, Gewinn, Triumph. **Zus.:** Blitz-, End-, Kantersieg, K.-o. -Sieg.

Sie|gel, das; -s, -: **a)** *Stempel, mit dem ein Siegel* (b) *auf etwas gedruckt wird.* **b)** *Stempelabdruck, mit dem Behörden o. ä. die Echtheit von Dokumenten bestätigen:* die Urkunde trägt ein S. der Stadt. **sinnv.:** Beglaubigung. **Zus.:** Amts-, Dienstsiegel.

sie|gen ⟨itr.⟩: *einen Sieg erringen:* unsere Mannschaft hat diesmal gesiegt; die Vernunft siegte bei ihm über das Gefühl. **sinnv.:** ↑auftrumpfen, sich ↑durchsetzen, gewinnen, triumphieren, ↑übertreffen. **Zus.:** be-, obsiegen.

Sie|ger, der; -s, **Sie|ge|rin,** die; -, -nen: *männliche bzw. weibliche Person, die gesiegt hat:* die Sieger wurden mit Blumen begrüßt. **sinnv.:** Champion, ↑Favorit, Gewinner, ↑Held, Meister, Triumphator, **Zus.:** Etappen-, Olympia-, Pokal-, Punkt-, Turnier-, Überraschungssieger.

sie|zen ⟨tr.⟩: *mit „Sie" anreden* /Ggs. duzen/: es ist selbstverständlich, daß ich alle unsere Azubis sieze. **sinnv.:** per Sie sein.

Si|gnal, das; -s, -e: *optisches oder akustisches Zeichen mit einer festen Bedeutung, das zur Verständigung, Warnung o. ä. dient:* bei dem Unglück hatte der Zugführer das S. nicht beachtet. **sinnv.:** Alarm, Blaulicht, Fanfare[nstoß], Glockenton, Gong, Pfiff, Sirene, Startschuß, Zapfenstreich. **Zus.:** Abfahrts-, Alarm-, Funk-, Licht-, Start-, Trompeten-, Warnsignal.

si|gna|li|sie|ren ⟨tr./itr.⟩: *(durch ein bestimmtes Signal) übermitteln, ankündigen, anzeigen; (für etwas) ein Signal geben:* die Techniker signalisieren die kleinste Veränderung auf das Schiff; der Apparat signalisiert verläßlich. **sinnv.:** ↑anzeigen.

Si|gna|tur, die; -, -en: **a)** *Zeichen, das die Unterschrift ersetzt:* sobald er die Akten durchgesehen hat, setzte er seine S. darunter. **sinnv.:** Paraphe. **b)** *Name oder Zeichen des Künstlers auf seinem Werk:* die S. ist auf diesem Bild schwer zu erkennen. **c)** ↑*Unterschrift.* **d)** *Kombination aus Buchstaben und Zahlen, unter der ein bestimmtes Buch in der Bibliothek zu finden ist:* bei der Bestellung müssen Sie auch die S. des Buches angeben.

si|gnie|ren: a) ⟨tr.⟩ *unterzeichnen:* das Dokument wurde von drei Ministern signiert. **sinnv.:** ↑unterschreiben. **b)** *(mit einem kurzen Zeichen) versehen, das eine Unterschrift ersetzt:* er signiert die durchgesehenen Akten mit seinem Zeichen. **sinnv.:** ↑beschriften, paraphieren. **c)** ⟨tr./itr.⟩ *(ein fertiges Kunstwerk) mit seinem Namen oder Zeichen versehen:* dieser Maler signiert seine Bilder in der rechten unteren Ecke; er signiert mit einem großen K.

Sil|be, die; -, -n: *kleinste, aus einem oder mehreren Lauten gebildete Einheit innerhalb eines Wortes:* das Wort „Haus" hat nur eine S. **sinnv.:** Sprecheinheit. **Zus.:** Ableitungs-, End-, Nach-, Sprech-, Vorsilbe.

Sil|ber, das; -s: **1.** *weißglänzendes Edelmetall:* der Becher war aus S. **Zus.:** Fein-, Quecksilber. **2.** *Geschirr, Besteck o ä. aus Silber:* das S. muß geputzt werden. **Zus.:** Tafelsilber.

sil|bern ⟨Adj.⟩: **1.** *aus Silber bestehend:* ein silberner Löffel. **2.** *von der Farbe des Silbers:* das silberne Licht des Mondes; ihr Haar glänzte s. **sinnv.:** ↑hell, ↑metallen, silbrig. **Zus.:** queck-, weißsilbern.

silb|rig ⟨Adj.⟩: *silbern schimmernd, dem Silber ähnlich:* das Kleid glänzte s. in dem hellen Licht. **sinnv.:** ↑silbern.

Sil|hou|et|te [zi'lu̯ɛtə], die; -, -n: *Umriß von etwas, was sich von einem Hintergrund abhebt:* man sah in der Ferne die S. der Berge. **sinnv.:** Kontur, Profil, Schattenriß, Seitenansicht, Skyline.

Si|lo, der, auch: das; -s, -s: **a)** *großer Speicher für Getreide, Erz o. ä.:* die Silos sind schon alle voll. **sinnv.:** Getreideboden, -speicher, Lagerhaus, ↑Scheune. **Zus.:** Getreide-, Zementsilo. **b)** *[hoher] Behälter, Grube o. ä. zur Einsäuerung von Futter:* er holt Futter aus dem S. **sinnv.:** ↑Behälter. **Zus.:** Futtersilo.

-si|lo, der, auch: das; -s, -s ⟨Suffixoid⟩: */kennzeichnet auf abwertende Art ein Gebäude, das für eine größere Zahl von Menschen oder Gegenständen bestimmt ist, in bezug auf das Äußere als nüchtern-unpersönlich/:* Alten- *(Altenheim),* Auto-, Beamten-, Bücher- (scherzh. für: *Bibliothek*), Gastarbeiter-, Hotel-, Kurgast-, Seelen- (scherzh. für: *Kirche*), Studenten-, Wohnsilo.

Sil|ve|ster, der und das; -s, -: *der letzte Tag des Jahres:* sie wollen [an/zu] S. ausgehen. **sinnv.:** 31. Dezember, Jahresausklang, Jahresende, Jahreswechsel; Neujahr.

sim|pel ⟨Adj.⟩: **1.** *als so einfach empfunden, daß es keines besonderen geistigen Aufwands bedarf, sondern leicht zu bewältigen ist:* der Lehrer stellte nur ganz simple Fragen; eine simple Methode zur Abfallbeseitigung. **sinnv.:** ↑einfach, ↑primitiv. **2.** *in seiner Beschaffenheit als anspruchslos-einfach empfunden:* dies simple Kleid hat 200 Mark gekostet; es fehlte an den simpelsten Dingen. **sinnv.:** ↑einfach, schlicht.

sim|pli|fi|zie|ren ⟨tr.⟩: *etwas einfacher darstellen, als es ist:* die Presse hat die Ausführungen des Ministers stark simplifiziert, in simplifizierter Form wiedergegeben. **sinnv.:** banalisieren, vereinfachen.

Sims, der und das; -es, -e: *waagerechter, langgestreckter [Wand]vorsprung.* **sinnv.:** Gesims. **Zus.:** Fenster-, Kamin-, Steinsims.

Si|mu|lant, der; -en, -en, **Si|mu|lan|tin,** die; -, -nen: *männliche bzw. weibliche Person, die etwas, besonders eine Krankheit, simuliert:* der Lehrer bezeichnete ihn als [einen] Simulanten.

si|mu|lie|ren: 1. ⟨tr./itr.⟩ *(ein Gebrechen oder eine Krankheit vortäuschen, um sich einer Verpflichtung o. ä. entziehen zu können:* er simulierte vor der Polizei einen Schwächeanfall; keiner erkannte, daß er nur simulierte. **sinnv.:** ↑vortäuschen. **2.** ⟨tr.⟩ *übungshalber oder probeweise bestimmte Vorgänge von Geräten, Fahrzeugen o. ä. künstlich nachahmen:* beim Test der Piloten wurde auch der Absturz eines Flugzeuges simuliert. **sinnv.:** ↑nachahmen.

si|mul|tan ⟨Adj.⟩ *zu gleicher Zeit [und gemeinsam] stattfindend:* durch ein simultanes Vorgehen mehr erreichen. **sinnv.:** ↑gleichzeitig.

Sin|fo|nie, die; -, Sinfonien: *Musikwerk für Orchester in mehreren Sätzen.*

sin|gen, sang, hat gesungen: **a)** ⟨itr.⟩, *mit seiner Stimme eine Melodie hervorbringen:* er singt gut; er hat in einem Chor gesungen. **sinnv.:** brummen, grölen, jodeln, pfeifen, ↑piepen, schmettern, summen, trällern, tremolieren, trillern. **Zus.:** ab-, herunter-, mit-, nach-, weiter-, zersingen. **b)** ⟨tr.⟩ *etwas singend* (a) *vortragen:* er singt Lieder von Schubert. **sinnv.:** zu Gehör bringen. **Zus.:** probe-, wettsingen.

Sin|gle ['sɪŋl] **I.** die; -, -[s]: *17-cm-Schallplatte mit je einer einzigen kürzeren Aufnahme, deren Spieldauer etwa drei Minuten beträgt:* seine neueste S. gefällt mir nicht. **sinnv.:** ↑Schallplatte. **Zus.:** Maxisingle. **II.** der; -[s], -s: *jmd., der bewußt allein, ohne feste Bindung an einen Partner lebt:* nur teilweise haben sich die Touristikunternehmen auf Singles eingestellt. **sinnv.:** Einspänner, Jungfer, Junggeselle, Hagestolz · solo.

sin|gu|lär ⟨Adj.⟩: *vereinzelt [vorkommend]:* solche Erscheinungen sind äußerst s., treten nur noch s. auf. **sinnv.:** ↑selten.

sin|ken, sank, ist gesunken ⟨itr.⟩: **1.** *sich (in der Luft oder in einer Flüssigkeit) langsam abwärts bewegen:* der Fallschirm sinkt zur Erde; er sank vor Müdigkeit auf einen Stuhl. **sinnv.:** absacken, niedergehen, sich niederlassen, runtergehen, sacken, zurückfallen. **Zus.:** ab-, herab-, herunter-, hinunter-, niedersinken. **2.** *niedriger werden; an Höhe verlieren:* die Temperatur ist gesunken; der Wasserspiegel sank um 5 Meter. **sinnv.:** absakken, runtergehen. **Zus.:** ab-, herab-, herunter-, hinuntersinken. **3.** *an Wert verlieren; geringer werden:* die Preise sind gesunken; der Wert des Hauses ist gesunken; sein Einfluß sank sehr schnell. **sinnv.:** abflauen, abnehmen, fallen, ↑schwinden, zurückgehen.

Sinn, der; -[e]s, -e: **1.** ⟨ohne Plural⟩ *geistiger Gehalt einer Sache:* er konnte den S. seiner Worte nicht verstehen; der Lehrer fragte nach dem S. der Fabel; er wollte es in diesem Sinne verstanden wissen. **sinnv.:** ↑Bedeutung; ↑Zweck. **Zus.:** Blöd-, Doppel-, Hinter-, Neben-, Schwach-, Unsinn. **2.** *die Fähigkeit der Wahrnehmung und Empfindung:* viele Tiere haben schärfere Sinne als der Mensch; die fünf Sinne des Menschen sind: Sehen, Hören, Riechen, Schmecken, Tasten. **sinnv.:** ↑Gefühl, ↑Sinnesorgan. **Zus.:** Geruchs-, Geschmacks-, Gleichgewichts-, Orientierungs-, Tastsinn. **3.** ⟨ohne Plural⟩ *innere Beziehung zu etwas, Gefühl (für etwas):* ihm fehlt jeder S. für Humor; sie hat viel S. für das Schöne. **sinnv.:** ↑Gefühl. **Zus.:** Familien-, Gemeinschafts-, Geschäfts-, Ordnungs-, Realitätssinn.

Sinn|bild, das; -[e]s, -er: *etwas, was als Bild für einen abstrakten Sachverhalt steht:* die Taube ist ein S. des Friedens. **sinnv.:** Allegorie, Bild, Emblem, Gleichnis, Metapher, Metonymie, Parabel, Personifikation, Personifizierung, Piktogramm, Symbol, Tropus, Vergleich, Zeichen.

sin|nen, sann, hat gesonnen ⟨itr.⟩ (geh.) /vgl. gesonnen/: *seine Gedanken auf etwas richten:* er sann, was zu tun sei; sie sann auf Rache; sinnend *(in Gedanken versunken)* stand er am Fenster. **sinnv.:** ↑nachdenken. **Zus.:** ent-, er-, nachsinnen.

Sin|nes|or|gan, das; -s, -e: *Organ (bei Menschen und Tieren), durch das Reize [aus der Umwelt] aufgenommen und weitergeleitet werden:* die Nase ist ein S. **sinnv.:** Empfindungsorgan, Rezeptionsorgan, ↑Sinn, Sinneswerkzeug.

sinn|fäl|lig ⟨Adj.⟩: *klar erkennbar und einleuchtend:* er suchte nach einem sinnfälligen Vergleich; er hat die Vorgänge in Bildern s. dargestellt. **sinnv.:** ↑anschaulich.

sin|nie|ren ⟨itr.⟩: *sich in seine Gedanken vertiefen:* er sitzt im Sessel und sinniert. **sinnv.:** ↑nachdenken.

sin|nig ⟨Adj.⟩: **a)** *durchdacht und zweckmäßig:* zu unserer Hochzeit haben wir durchweg sinnige Geschenke bekommen, die wir gut gebrauchen können. **sinnv.:** sinnreich, sinnvoll. **Zus.:** blöd-, eigen-, irr-, leicht-, schwach-, starr-, stumpf-, tief-, trüb-, un-, wahnsinnig. **b)** (iron.) *gutgemeint, aber unpassend:* die Pralinen sind ein sehr sinniges Geschenk für einen, der gerade eine Diät macht.

sinn|lich ⟨Adj.⟩: **1.** *mit den Sinnen wahrnehmbar:* eine sinnliche Empfindung; bestimmte Strahlen sind s. nicht wahrnehmbar. **Zus.:** be-, übersinnlich. **2.** *den geschlechtlichen Genuß betreffend:* er ist eine sehr sinnliche Natur; ihr Mund ist sehr s. **sinnv.:** ↑begierig, erotisch, lasziv, lockend, sinnenfreudig, sinnenfroh.

sinn|los ⟨Adj.⟩: **1.** *ohne Sinn oder Zweck:* sinnloses Geschwätz; es ist s., noch länger zu warten. **sinnv.:** ↑unsinnig. **2.** *als übermäßig und maßlos empfunden:* er hat das Kind in sinnloser Wut geschlagen; er war s. betrunken.

Sinn|spruch, der; -[e]s, Sinnsprüche: *Spruch, der eine allgemeingültige Wahrheit, eine tiefere Erkenntnis enthält:* viele Sinnsprüche aus alter Zeit sind auch heute noch aktuell. **sinnv.:** ↑Ausspruch.

sinn|voll ⟨Adj.⟩: *Sinn und Zweck habend:* eine sinnvolle Arbeit; diese Entscheidung ist nicht sehr s. **sinnv.:** ↑zweckmäßig.

Sint|flut, die; -: *(in Mythos und Sage) große, katastrophale Überschwemmung als göttliche Strafe.*

Sin|to, der; -, Sinti: deutschstämmiger Zigeuner /Selbstbezeichnung/. **sinnv.:** ↑Zigeuner.

Si|phon ['zi:fɔŋ], der; -s, -s: **1.** *dicht verschlossenes Gefäß, aus dem Getränke unter dem Druck von Kohlendioxyd ausfließen:* aus dem S. Sodawasser ins Glas spritzen. **sinnv.:** Siphonflasche. **2.** *Vorrichtung bei Ausgüssen und Abflüssen, die ein Aufsteigen von Gasen verhindert:* der S. am Waschbecken im Bad ist verstopft. **sinnv.:** Geruchsverschluß, Trap.

Sip|pe, die; -, -n: *Gruppe von Menschen, die blutsverwandt sind oder eine gemeinsame Abstammung haben:* die ganze S. versammelte sich bei dem 90. Geburtstag der Großmutter. **sinnv.:** ↑Familie.

Sipp|schaft, die; -, -en: **a)** *(im Urteil des Sprechers als negativ angesehene) Gesamtheit der Mitglieder einer Familie o. ä.:* er mit seiner ganzen S. kann mir gestohlen bleiben! **sinnv.:** ↑Familie. **b)** *(als negativ angesehene) Gruppe von Leuten:* seine Kollegen sind eine ganz üble S. **sinnv.:** Bagage, Bande, ↑Clique, Klüngel, Pack.

Si|re|ne, die; -, -n: *Gerät, das einen langanhaltenden, lauten [heulenden] Ton hervorbringt, der als Alarm- oder Warnsignal dient:* der Wagen ist mit Blaulicht und S. ausgerüstet. **Zus.:** Fabrik-, Luftschutz-, Schiffs-, Werksirene.

Si|rup, der; -s, -e: **a)** *süße, dickflüssige, dunkle Masse, die bei der Gewinnung von Zucker entsteht:* aus Zuckerrüben S. herstellen. **sinnv.:** ↑Marmelade. **b)** *durch Einkochen von Obstsaft mit Zucker hergestellter, dickflüssiger Fruchtsaft:* den Pudding mit S. servieren. **sinnv.:** ↑Saft. **Zus.:** Himbeer-, Waldmeistersirup.

Sịt|te, die; -, -n: **1.** *etwas, was in einer bestimmten Gemeinschaft in langer Zeit feste Gewohnheit geworden ist:* in den Dörfern kennt man noch viele alte Sitten. **sinnv.:** ↑Brauch. **Zus.:** Bauern-, Bestattungs-, Landes-, Un-, Vätersitte. **2. a)** *Gesamtheit von Normen, Grundsätzen und Werten, die für eine Gesellschaft grundlegend sind:* es trat ein Verfall der Sitten ein. **sinnv.:** ↑Form, Moral. **b)** ⟨Plural⟩ *der Sitte* (2 a) *angepaßte Verhaltensweisen:* er ist ein Mensch mit guten Sitten. **sinnv.:** ↑Benehmen. **Zus.:** Tischsitten.

sịtt|lich ⟨Adj.⟩: **1.** *die Sitte* (2 a) *betreffend:* die sittliche Natur des Menschen. **sinnv.:** ethisch, moralisch. **2.** *den Forderungen der Moral, der Sitte entsprechend:* ein sittlicher Lebenswandel. **sinnv.:** ↑anständig, moralisch, einwandfrei, gesittet, sittenstreng. **Zus.:** unsittlich.

sịtt|sam ⟨Adj.⟩ (veraltend): *Sitte* (2 a) *und Anstand wahrend; schamhaft zurückhaltend:* sie schlug s. die Augen nieder; ein sittsames Mädchen. **sinnv.:** ↑anständig.

Si|tua|ti|ọn, die; -, -en: *Verhältnisse, Umstände, in denen sich jmd. befindet:* in dieser S. konnte ich nicht anders handeln; viele Frauen haben mit der neuen S. nach der Scheidung ihre Schwierigkeiten. **sinnv.:** ↑Lage. **Zus.:** Ausgangs-, Krisen-, Verkehrssituation.

Sịtz, der; -es, -e: **1.** *Fläche, Vorrichtung o. ä., auf der man sitzen kann:* der S. des Stuhles hat ein Polster; er hat sich einen Stein als S. ausgesucht; die Zuschauer erhoben sich von ihren Sitzen; er legte seinen Mantel auf den S. im Auto. **sinnv.:** Platz, Sitzgelegenheit, Sitzplatz. **Zus.:** Auto-, Beifahrer-, Hoch-, Liege-, Not-, Rück-, Schleudersitz. **2.** *Ort, an dem sich eine Institution o. ä. dauernd befindet:* der S. der Firma ist [in] Berlin. **Zus.:** Bischofs-, Wohnsitz.

sịt|zen, saß, hat /(südd., österr., schweiz.:) ist gesessen ⟨itr.⟩: **1.** *sich (auf einen Sitz) niedergelassen haben:* er saß auf einem Stuhl; in diesem Sessel sitzt man sehr bequem. **sinnv.:** sich ↑befinden, hocken, kauern, thronen. **Zus.:** da-, gegenüber-, gerade-, stillsitzen. **2.** *sich (an einer bestimmten Stelle) befinden; (an einer bestimmten Stelle) befestigt sein:* an seinem Hut saß eine Feder; der Knopf sitzt an der falschen Stelle; an dem Zweig sitzen mehrere Blüten; er sitzt in einem kleinen Dorf. **sinnv.:** sich ↑aufhalten, sich ↑befinden, haften. **3.** (ugs.) *sich in Haft befinden:* er sitzt seit 3 Jahren [im Gefängnis]. **sinnv.:** abbrummen, abbüßen, brummen, im Gefängnis/in Haft sein, hinter schwedischen Gardinen/hinter Schloß und Riegel/hinter Gittern/auf Nummer Sicher/bei Wasser und Brot sitzen, seine Strafe absitzen, Arrest/Knast schieben, Tüten kleben, verbüßen. **Zus.:** einsitzen. **4.** *(von Kleidungsstücken o. ä.) in Größe und Schnitt den Maßen, Körperformen des Trägers entsprechen:* der Anzug sitzt [gut, nicht]; das Kleid sitzt wie angegossen. **sinnv.:** passen.

sịt|zen|blei|ben, blieb sitzen, ist sitzengeblieben ⟨itr.⟩ (ugs.): **1.** *(in der Schule) eine Klasse noch einmal durchlaufen müssen:* er war so faul, daß er sitzengeblieben ist. **sinnv.:** hängenbleiben, hockenbleiben, klebenbleiben, repetieren, nicht versetzt werden, die Klasse wiederholen müssen. **2.** *als Frau (trotz gegenteiliger Absichten und Bemühungen) unverheiratet bleiben:* von seinen drei Töchtern war die jüngste sitzengeblieben und sorgte nun für ihn. **sinnv.:** eine alte Jungfer werden, ledig bleiben, keinen Mann abbekommen/abkriegen · ↑Single. **3.** *keinen Käufer (für etwas) finden:* der Kaufmann ist auf seiner Ware sitzengeblieben.

sịt|zen|las|sen, läßt sitzen, ließ sitzen, hat sitzenlassen (seltener:) sitzengelassen (ugs.): **1.** ⟨tr.⟩ **a)** *vergeblich warten lassen:* er sollte heute kommen, aber er hat uns sitzen[ge]lassen. **sinnv.:** versetzen, im Stich lassen. **b)** *einen Partner, eine Partnerin allein lassen, verlassen:* er hat sie mit dem Kind sitzen[ge]lassen. **sinnv.:** mit jmdm. brechen, im Stich lassen, jmdn. sich selbst/seinem Schicksal überlassen. **c)** *(einen Schüler) eine Klasse wiederholen lassen:* der Lehrer hat ihn dieses Jahr sitzen[ge]lassen. **2.** ⟨itr.⟩ *unwidersprochen lassen:* ich habe diese Vorwürfe, diesen Verdacht nicht auf mir sitzen[ge]lassen.

Sịtz|mö|bel, das; -s, - ⟨meist Plural⟩: *Möbelstück zum Daraufsitzen* (siehe Bildleiste). **sinnv.:** Hocker, ↑Sessel, ↑Sitzplatz, ↑Stuhl.

Sịtz|platz, der; -es, Sitzplätze: *etwas, bes. ein Stuhl, Sessel in einem Verkehrsmittel, Zuschauerraum o. ä., worauf sich jmd. setzen kann:* jmdm. einen S. anbieten. **sinnv.:** Platz, Sitzgelegenheit, ↑Sitzmöbel.

Sịt|zung, die; -, -en: *Zusammenkunft, bei der die Teilnehmer über etwas beraten, Beschlüsse fassen:* es fand eine geheime S. statt. **sinnv.:** ↑Tagung. **Zus.:** Abschluß-, Fraktions-, Routine-, Sondersitzung.

Ska̱|la, die; -, Skalen und -s: **1.** *(aus Strichen und Zahlen bestehende) Maßeinteilung an Meßinstrumenten:* die S. der Waage reicht bis 50 kg. **Zus.:** Beliebtheits-, Härte-, Rating-, Wellenskala. **2.** *vollständige Reihe zusammengehöriger, sich abstufender Erscheinungen o. ä.:* die S. der Verstöße reicht von Diebstahl bis zu Brandstiftung; eine große S. von Farben. **sinnv.:** Stufenleiter. **Zus.:** Duft-, Farb-, Lohn-, Ton-, Wert-, Wertungsskala.

Skal|pẹll, das; -s, -e: *kleines, bei Operationen verwendetes Messer:* mit dem S. operieren.

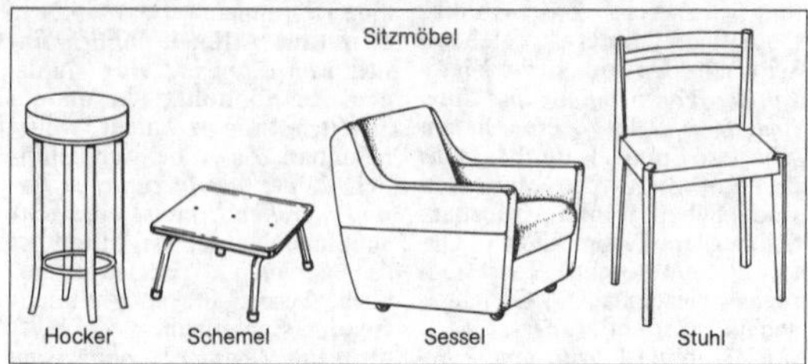

Skan|dal, der; -s, -e: *Vorkommnis, Geschehen, das große Empörung hervorruft:* die Zustände wachsen sich allmählich zum S. aus; sie wollen einen S. vermeiden. **sinnv.:** Ärgernis, ↑Aufsehen. **Zus.:** Bestechungs-, Finanz-, Theaterskandal.

skan|da|lös ⟨Adj.⟩: *Empörung hervorrufend, in empörender Weise schlimm:* die Behandlung von seiten der Behörden ist s.; in dieser Stadt herrschen skandalöse Verhältnisse. **sinnv.:** ↑unerhört.

skan|die|ren ⟨tr.⟩: **a)** *mit besonderer Betonung der Hebungen und ohne Rücksicht auf den Sinn (Verse) lesen, vortragen:* der Lehrer skandierte die Verse, um den Schülern das Versmaß zu verdeutlichen. **b)** *rhythmisch und abgehackt, in einzelnen Silben laut sprechen:* Sprechchöre skandierten: Amis raus!

Skat, der; -[e]s, -s und -e: **a)** ⟨ohne Plural⟩ */ein Kartenspiel, an dem drei Personen teilnehmen/:* S. spielen. **b)** *die beiden verdeckt liegenden Karten beim Skat* (a).

Ske|lett, das; -[e]s, -e: *inneres, aus Knochen gebildetes, die Weichteile stützendes Gerüst* /beim Menschen und bei bestimmten Tieren/: sie betrachteten im Unterricht das S. eines Pferdes. **sinnv.:** Gebein, Gerippe, Knochengerüst. **Zus.:** Mammut-, Pferde-, Tierskelett.

Skep|sis, die; -: *von Zweifel und Mißtrauen getragene Zurückhaltung:* dem neuen Vorschlag begegnete er mit äußerster S. **sinnv.:** ↑Argwohn, ↑Bedenken, ↑Mißtrauen.

skep|tisch ⟨Adj.⟩: *von Skepsis geprägt, auf ihr beruhend:* er machte ein skeptisches Gesicht; s. betrachtete er den Himmel. **sinnv.:** ↑argwöhnisch, mißtrauisch, zurückhaltend, zweifelnd, zweiflerisch.

Sketch [skɛtʃ], der; -[es], -e[s] und -s: *kurze Szene mit witziger o. ä. Schlußpointe* /im Kabarett o. ä./. **sinnv.:** ↑Komödie.

Ski, der; -s, -er, auch: -: *langes, schmales, biegsames, vorn in eine nach oben gebogene Spitze auslaufendes Brett aus Holz, Kunststoff oder Metall, mit dem man sich gleitend über den Schnee fortbewegen kann.* **sinnv.:** Bretteln, Bretter, Schi, Schneeschuh. **Zus.:** Kurz-, Langlauf-, Wasserski.

Skiz|ze, die; -, -n: **1.** *mit wenigen Strichen ausgeführte, sich auf das Wesentliche beschränkende Zeichnung [die als Entwurf dient]:* er machte eine S. von dem Gebäude. **sinnv.:** ↑Übersicht, ↑Zeichnung. **Zus.:** Bleistift-, Gelände-, Hand-, Karten-, Lage-, Tatortskizze. **2.** *kurze, stichwortartige Aufzeichnung:* für den zweiten Teil seines Romans hatte er nur Skizzen hinterlassen. **sinnv.:** ↑Entwurf. **Zus.:** Charakter-, Reiseskizze.

skiz|zie|ren ⟨tr.⟩: **1.** *eine Skizze* (1) *anfertigen:* unterwegs skizzierte er mehrere Gebäude. **sinnv.:** ↑zeichnen. **2. a)** *in großen Zügen umreißen:* er skizzierte den Inhalt des Buches. **sinnv.:** ↑darlegen. **b)** *eine Skizze* (2) *anfertigen:* er skizzierte den Text für seine Ansprache. **sinnv.:** ↑aufschreiben, ↑entwerfen.

Skla|ve, der; -n, -n, **Skla|vin,** die; -, -nen: *männliche bzw. weibliche Person, die in völliger wirtschaftlicher Abhängigkeit von einem anderen Menschen ohne Rechte und ohne persönliche Freiheit lebt:* viele Neger wurden als Sklaven verkauft. **sinnv.:** Abhängiger, Höriger, Kuli, Leibeigener. **Zus.:** Arbeits-, Galeeren-, Haus-, Negersklave.

Skla|ve|rei, die; - (hist.): *vollständige Abhängigkeit der Sklaven von ihrem Herrn:* die Neger wurden aus der S. befreit. **sinnv.:** ↑Leibeigenschaft; ↑Zwang.

Skla|vin: vgl. Sklave.

skla|visch ⟨Adj.⟩: **a)** *blind und ohne eigenen Willen [gehorchend]:* in sklavischem Gehorsam. **sinnv.:** ↑unterwürfig. **b)** *genau und ohne abzuweichen, auch wenn es unvernünftig ist:* sich s. an eine Vorschrift halten. **sinnv.:** ↑unselbständig.

Skru|pel, die ⟨Plural⟩: *auf moralischen Bedenken beruhende Hemmung (etwas Bestimmtes zu tun):* er hatte keine S., Geld aus der Kasse zu nehmen. **sinnv.:** ↑Argwohn, Gewissensbisse, ↑Verdacht. **Zus.:** Gewissens-, Glaubensskrupel.

skru|pel|los ⟨Adj.⟩: *ohne Skrupel:* ein skrupelloser Verbrecher; er hat s. seinen besten Freund betrogen. **sinnv.:** ↑hemmungslos, ↑rücksichtslos.

Skulp|tur, die; -, -en: *künstlerische Darstellung aus Stein, Holz oder Metall.* **sinnv.:** ↑Plastik. **Zus.:** Holz-, Marmorskulptur.

skur|ril ⟨Adj.⟩: *eigenwillig und bizarr:* er hat skurrile Einfälle, Ideen. **sinnv.:** ↑überspannt.

Sla|lom, der; -s, -s: *Fahrt mit den Skiern oder mit einem Kanu auf einem durch Stangen markierten, kurvenreichen Kurs.* **sinnv.:** Torlauf. **Zus.:** Riesenslalom.

Slang [slæŋ], der; -s, -s: *nachlässige, saloppe Umgangssprache:* er spricht einen fürchterlichen S. **sinnv.:** Argot, Gossensprache, Jargon, Vulgärsprache.

Sli|bo|witz, der; -[es], -e: *[aus Jugoslawien stammender] aus Pflaumen hergestellter Schnaps.* **sinnv.:** ↑Branntwein.

Slip, der; -s, -s: *eng anliegende Unterhose für Männer, Frauen und Kinder, deren Beinteile in der Schenkelbeuge enden und deren Bund unterhalb der Gürtellinie liegt.* **sinnv.:** ↑Schlüpfer. **Zus.:** Baumwoll-, Damen-, Hosenslip.

Slo|gan [ˈslo:gn̩ auch: ˈsloʊgən], der; -s, -s: *besonders in Werbung und Politik verwendeter, wirkungsvoll formulierter, einprägsamer Spruch:* der neueste S. dieser Firma hat eine große Wirkung. **sinnv.:** ↑Spot. **Zus.:** Wahl-, Werbeslogan.

Slums [slams], die ⟨Plural⟩: *aus armseligen Behausungen bestehendes, meist am Rande einer [Groß]stadt gelegenes Stadtviertel:* er kommt aus den S. dieser Stadt. **sinnv.:** Armenviertel, Bidonville, Elendsviertel. **Zus.:** Großstadtslums.

smart ⟨Adj.⟩: **a)** *[weltmännisch] gewandt und gewitzt:* er ist ein smarter Junge. **sinnv.:** clever. **b)** *von modischer und auffallend erlesener Eleganz:* ein smartes Kostüm. **sinnv.:** ↑geschmackvoll.

Smo|king, der; -s, -s: *[schwarzer] Anzug mit seidenen Aufschlägen, der bei festlichen gesellschaftlichen Veranstaltungen getragen wird:* beim Diner trugen die Herren [einen] S.

Snob, der; -s, -s: *jmd., der sich gern extravagant gibt und glaubt, auf Grund eines entsprechenden Äußeren oder ausgefallener Interessen bes. vornehm oder intellektuell zu wirken:* ein echter S. liest „Ulysses" natürlich im Original. **sinnv.:** ↑Geck.

so: I. ⟨Adverb⟩: **a)** */alleinstehend; drückt als Antwort auf eine Ankündigung, Erklärung Erstaunen, Zweifel aus oder signalisiert, daß eine Handlung, Rede o. ä. abgeschlossen ist bzw. als abgeschlossen erachtet wird/:* „Ich werde nächste Woche verreisen." – „So?"; so, diese Arbeit wäre geschafft. **b)** /bezeichnet eine durch Kontext oder Situation näher bestimmte Art und Weise eines Vorgangs, Zustands o. ä./ *auf diese, solche Weise; in, von dieser, solcher Art:* so ist es nicht gewesen; so betrachtet/gesehen, hat er recht; das ist, wenn ich so sagen darf, eine Unverfrorenheit; recht so!; so kannst du das nicht machen; so ist es nicht gewesen; er spricht so, daß ihn jeder verstehen kann. **sinnv.:** derart, hiermit. **c)** /bezeichnet ein durch Kontext oder Situation näher bestimmtes [verstärktes] Maß o. ä., in dem eine Eigenschaft, ein Zustand o. ä. vorhanden, gegeben ist/ *in solchem Maße, Grade:* er konnte nicht kommen, weil er so erkältet war; die Arbeit war nicht so schwer; einen so heißen Sommer hatten wir schon lange nicht mehr. **sinnv.:** dermaßen, sehr. **d)** (ugs.) /relativiert die Genauigkeit der folgenden Zeit-, Maß- oder Mengenangabe/ *etwa, schätzungsweise:* er wird so um zwei Uhr hier ankommen; so an die 30 Leute waren da. **sinnv.:** ↑ungefähr. **e)** *drückt in einleitender Stellung in Aufforderungssätzen eine gewisse Nachdrücklichkeit aus, oft in Verbindung mit „doch" „schon":* so hör doch endlich! **f)** (ugs.) *ohne den vorher genannten od. aus der Situation sich ergebenen Umstand, Gegenstand:* ich hatte meine Mitgliedskarte vergessen, da hat man mich so reingelassen; „Brauchen Sie eine Tüte?" – „Nein, ich nehme die zwei Flaschen so."; danke, ich brauche kein Brot, ich esse die Wurst so; „Wieviel hat das Poster gekostet?" – „Das stammt aus einer Werbeaktion, das habe ich so bekommen." **II.** (ugs.) /in der Funktion eines Demonstrativpronomens; weist auf die besondere Beschaffenheit, Art einer Person oder Sache hin/ *solch:* so ein Unglück, so ein Wetter. **III.** ⟨in bestimmten Verbindungen⟩: **1.** so ... wie */dient dem Vergleich/:* du mußt so schnell wie möglich kommen; er ist so groß wie sein Bruder. **2.** so ... daß, so daß */drückt eine Folge aus/:* er kam so spät, daß der Zug schon fort war; er war sehr krank, so daß er nicht kommen konnte.

so|bald ⟨Konj.⟩: /drückt aus, daß etwas unmittelbar im Anschluß an etwas anderes geschieht/ *sofort wenn; sogleich wenn:* er will anrufen, s. er zu Hause angekommen ist. **sinnv.:** sowie.

Socke, die; -, -n: *kurzer, bis an die Wade oder zur Mitte der Wade reichender Strumpf:* sie kauft Socken für ihren Mann. **sinnv.:** ↑Strumpf. **Zus.:** Baumwoll-, Frottee-, Herren-, Tennissokken.

Sockel, der; -s, -: **1.** *unterer abgesetzter Teil eines Gebäudes, einer Mauer, eines Möbelstücks o. ä.* **sinnv.:** ↑Fundament, Fuß. **2.** *Block aus Stein o. ä., auf dem eine Säule ruht, eine Statue o. ä. steht.* **sinnv.:** Piedestal, Postament. **Zus.:** Marmor-, Zementsockel.

So|do|mie, die; -: *Geschlechtsverkehr mit Tieren.*

so|eben ⟨Adverb⟩: *in diesem Augenblick:* s. kam die Nachricht, daß er gut angekommen ist. **sinnv.:** ↑jetzt.

So|fa, das; -s, -s: *gepolstertes Sitzmöbel mit Arm- und Rückenlehne, auf der mehrere Personen sitzen können* (siehe Bildleiste „Liege"). **sinnv.:** ↑Liege. **Zus.:** Biedermeier-, Ledersofa.

so|fern ⟨Konj.⟩: *vorausgesetzt, daß:* wir werden kommen, s. es euch paßt. **sinnv.:** ↑wenn.

so|fort ⟨Adverb⟩: *unverzüglich; auf der Stelle:* der Arzt muß s. kommen. **sinnv.:** ↑augenblicklich, ↑gleich.

Sof|tie, der; -s, -s: *Mann, der (im Urteil des Sprechers) gefühlvoll, empfindsam ist:* gefragt ist nicht mehr der hartgesottene Muskelmann, der draufgängerische Macho, sondern der S. **sinnv.:** Schlaffi, Weichling.

Sog, der; -[e]s: *saugende Strömung in Wasser und Luft:* der S. des Wassers riß das Boot fort. **sinnv.:** ↑Anziehungskraft, Zugkraft.

so|gar ⟨Adverb⟩: /drückt Erstaunen über etwas Unerwartetes aus/ *was gar nicht zu erwarten war:* er hat uns eingeladen und hat uns s. mit dem Auto abgeholt; s. an Wochentagen findet man dort einen Parkplatz. **sinnv.:** ↑auch, ↑außerdem, selbst, überdies, unerwarteterweise.

so|ge|nannt ⟨Adj.⟩: *[zu Unrecht] allgemein so bezeichnet:* er ist ein sogenanntes Wunderkind; seine sogenannten Freunde haben ihn im Stich gelassen. **sinnv.:** ↑scheinbar.

so|gleich ⟨Adverb⟩: ↑*sofort:* als die Gäste ankamen, wurden sie s. in ihre Zimmer geführt.

Soh|le, die; -, -n: **1.** *untere Fläche des Fußes:* er hat Blasen an den Sohlen. **Zus.:** Fußsohle. **2.** *untere Fläche des Schuhs:* seine Schuhe haben Sohlen aus Gummi. **sinnv.:** Lauffläche. **Zus.:** Einlege-, Leder-, Schuhsohle. **3.** *Boden eines Tales, Flusses o. ä.:* die S. des Tales ist mehrere Kilometer breit. **Zus.:** Talsohle.

Sohn, der; -[e]s, Söhne: *männliche Person im Hinblick auf ihre leibliche Abstammung von den Eltern; unmittelbarer männlicher Nachkomme:* die Familie hat 4 Söhne und zwei Töchter. **sinnv.:** Filius, sein eigen Fleisch und Blut, Junior, Sohnemann, Sprößling, Stammhalter. **Zus.:** Adoptiv-, Lieblings-, Schwieger-, Stiefsohn.

so|lang, so|lan|ge ⟨Konj.⟩ /drückt eine näher bestimmte Dauer aus/: **a)** *für die Dauer der Zeit, während deren ...:* s. du Fieber hast, mußt du im Bett bleiben; er blieb, s. das Lokal geöffnet war. **b)** */nur verneint mit konditionaler Nebenbedeutung/:* s. du nicht alles aufgegessen hast, darfst du nicht vom Tisch aufstehen.

solch: ↑solcher, solche, solches.

sol|cher, solche, solches (solch) ⟨Demonstrativpronomen⟩ */weist nachdrücklich auf eine Beschaffenheit, einen Grad hin/:* ich habe solchen Hunger; mit solcher Heftigkeit; solches [herrliche]/solch herrliches Wetter habe ich noch nicht erlebt; solche prachtvollen /(auch:) prachtvolle Bauten; auf Grund solcher großen/ (auch:) großer Vorbereitungen; alle solche Anweisungen. **sinnv.:** derartig, dergleichen, derlei. **Zus.:** ebensolcher.

Sold, der; -[e]s, -e: *Lohn eines Soldaten (für Mannschaften und Unteroffiziere):* die Soldaten wurden auf halben Sold gesetzt. **sinnv.:** ↑Gehalt. **Zus.:** Ehren-, Wehrsold.

Sol|dat, der; -en, -en, **Sol|da|tin,** die; -, -nen: *Angehöriger bzw. Angehörige der Streitkräfte eines Landes:* die Soldaten bekamen Urlaub. **sinnv.:** Altgedienter, Artillerist, Bürger/Staatsbürger in Uniform, Etappenhengst, Etappenschwein, Dragoner, Grenadier, Husar, Infanterist, ↑Kämpfer, Kavallerist, Kommißhengst, Kommißkopf, Krieger, Kürassier, Landser, Landsknecht, Ledernacken, Legionär, Militär, Musketier, Offizier, Panzergrenadier, Pionier, Rekrut, Söldner, Ulan, Uniformträger, Unteroffizier, Veteran, Wehrpflichtiger. **Zus.:** Berufs-, Zeit-, Zinnsoldat.

So|le, die; -, -n: *[in stärkerem Maße] Kochsalz enthaltendes Wasser:* die S. wird in die Saline geleitet. **Zus.:** Salzsole.

so|li|da|risch ⟨Adj.⟩: *auf Solidarität beruhend:* wir fühlen uns s. mit unseren streikenden Kameraden; mein Bruder hat sich mir gegenüber immer s. verhalten. **sinnv.:** füreinander einstehend, gemeinsam, geschlossen, eng verbunden, verbündet.

so|li|da|ri|sie|ren, sich: *sich solidarisch erklären:* die Partei solidarisierte sich mit dem Beschluß des Vorstandes. **sinnv.:** solidarisch sein, Solidarität üben, zu jmdm./etwas stehen.

So|li|da|ri|tät, die; -: *völlige Übereinstimmung, Einigkeit (mit jmdm.) und damit verbundenes unbedingtes Zusammenhalten auf Grund gleicher Anschauungen und Ziele:* die S. zwischen Arbeitenden und Arbeitslosen ist nicht allzu groß; für S. mit Amerika eintreten. **sinnv.:** Gemeinschaftsgeist, Gemeinsinn, ↑Gemeinwohl, Übereinstimmung, Verbundenheit, Zusammengehörigkeit, ↑Zusammenhalt.

so|li|de ⟨Adj.⟩: **1.** *in bezug auf das Material so beschaffen, daß es fest, massiv, haltbar, gediegen ist:* ein solides Blockhaus; die Schuhe sind s. gearbeitet. **sinnv.:** ↑gediegen. **2. a)** *gut fundiert:* er hat ein solides Wissen; eine solide Firma. **sinnv.:** ↑gediegen. **b)** *maßvoll (in seiner Lebensweise):* er lebt sehr s.; seit einiger Zeit ist er ganz s. geworden. **sinnv.:** ↑rechtschaffen. **Zus.:** unsolide.

So|list, der; -en, -en, **So|listin,** die; -, -nen: *männliche bzw. weibliche Person, die ein Solo* (a) *singt, spielt oder tanzt:* jeder Sänger des kleinen Chors ist so hervorragend, daß er auch als Solist auftreten könnte; sie trennte sich von der Band und versucht es nun als Solistin. **sinnv.:** ↑Interpret. **Zus.:** Klavier-, Violinist.

Soll, das; -[s], -[s]: *geforderte Arbeitsleistung, festgelegte Menge:* ich habe heute mein S. nicht erfüllt, da ich beim Arzt war; ein S. von 500 Autos pro Tag. **sinnv.:** Leistung, Pensum, Pflicht. **Zus.:** Plan-, Tages-, Übersoll.

sol|len, sollte, hat gesollt, /(nach vorangehendem Infinitiv) hat ... sollen/ **1.** ⟨mit Infinitiv als Modalverb: hat ... sollen⟩ **a)** *die Aufforderung, Anweisung, den Auftrag haben, etwas Bestimmtes zu tun:* er soll sofort kommen; hattest du nicht bei ihm anrufen sollen? **b)** /drückt einen Wunsch, eine Absicht, ein Vorhaben des Sprechers aus/ *mögen:* es soll ihm nützen; du sollst dich hier wie zu Hause fühlen; du sollst alles haben, was du brauchst *(es sei dir zugestanden);* sie sollen wissen, daß ...; ⟨mit Ellipse des Verbs:⟩ „Der hat vielleicht geflucht!" – „Soll er doch (ugs.; *meinetwegen*)!"; was soll denn das heißen?; wozu soll denn das gut sein? **c)** ⟨fragend od. verneint⟩/ *drückt ein Ratlossein aus/:* was soll das nur geben?; was soll ich nur machen?; er wußte nicht, wie er aus der Situation herauskommen sollte. **d)** */drückt eine Notwendigkeit aus/:* man soll die Angelegenheit sofort erledigen. **e)** ⟨häufig im 2. Konjunktiv⟩ */drückt aus, daß etwas Bestimmtes eigentlich zu erwarten wäre/:* du solltest dich schämen, darüber freuen; das sollte er längst gemacht haben. **f)** ⟨häufig im 2. Konjunktiv⟩ */drückt aus, daß etwas Bestimmtes wünschenswert, richtig, vorteilhaft o. ä. wäre/:* man sollte das nächstens anders machen; dieses Buch sollte man gelesen haben. **g)** /drückt etwas (vom betreffenden damaligen Zeitpunkt aus gesehen) in der Zukunft Liegendes durch eine Form der Vergangenheit aus/: *jmdm. beschieden sein:* er sollte seine Heimat nicht wiedersehen; es sollte ganz anders kommen; es hat nicht sein sollen/hat nicht sollen sein. **h)** ⟨im 2. Konjunktiv⟩ *für den Fall, daß:* sollte es regnen, [dann] bleiben wir zu Hause; wenn du ihn sehen solltest, sage ihm bitte ... . **i)** ⟨im Präsens⟩ */drückt aus, daß der Sprecher sich für die Wahrheit dessen, was er als Nachricht, Information o. ä. weitergibt, nicht verbürgt/:* er soll gekündigt haben. **j)** ⟨im 2. Konjunktiv⟩ *dient in Fragen dem Ausdruck des Zweifels, den der Sprecher an etwas Bestimmtem hegt/:* sollte das wirklich wahr sein?; sollte das sein Ernst sein? **2.** ⟨Vollverb; hat gesollt⟩ **a)** *(zu etwas Bestimmtem, Vorgenanntem) aufgefordert, beauftragt sein; angehalten sein, etwas Bestimmtes [gleich] zu tun:* gerade das hätte er nicht gesollt; ich hätte heute eigentlich in die/zur Schule gesollt; was soll sie dort? **b)** ⟨in Fragesätzen⟩ *bedeuten, bewirken, nützen:* was soll denn das?

so|lo ⟨Adj.⟩: **a)** *als Solist auftretend:* er will nur noch s. singen, spielen. **sinnv.:** ↑allein, ↑einzeln. **b)** (ugs.) *allein, ohne Partner:* diesmal bin ich s.; ich gehe s. auf die Party. **sinnv.:** ↑allein, ↑einsam, ↑einzeln · ↑Single.

So|lo, das; -s, -s und Soli: **a)** *allein von einer Person vorgetragene, gesungene, auf einem bestimmten Instrument gespielte oder getanzte Partie (innerhalb eines Chores, eines Orchesters oder eines Balletts):* das S. singen, spielen, tanzen. **sinnv.:** Solopart. **Zus.:** Gitarren-, Saxophon-, Trompetensolo. **b)** *längeres, äußerst geschicktes Manöver, durch das ein einzelner Spieler mit dem Ball zum gegnerischen Tor vordringt:* durch ein schönes S. brachte der Stürmer den Ball bis knapp vor das Tor. **sinnv.:** Alleingang. **c)** *Kartenspiel, bei dem ein einzelner gegen die übrigen Mitspieler spielt.* **Zus.:** Herz-, Karo-, Kreuz-, Piksolo.

so|mit ⟨Adverb⟩: *wie daraus zu schließen, zu folgern ist:* er war bei dem Vorfall nicht anwesend, s. konnte er nicht darüber berichten. **sinnv.:** ↑also.

Som|mer, der; -s, -: *Jahreszeit zwischen Frühling und Herbst:* ein heißer S.

som|mer|lich ⟨Adj.⟩: *dem Sommer gemäß:* es herrschte sommerliches Wetter; sie trug ein sommerliches Kleid. **sinnv.:** ↑warm.

Som|mer|spros|se, die; -, -n ⟨meist Plural⟩: *(bes. im Sommer deutlich hervor- und in großer Zahl auftretender) kleiner bräunlicher Fleck auf der Haut, vor allem im Gesicht:* sie hat rote Haare und Sommersprossen. **sinnv.:** Ephelide.

So|na|te, die; -, -n: *aus drei oder vier Sätzen bestehendes Musikstück für ein Soloinstrument oder auch für mehrere Instrumen-*

te. **Zus.:** Kirchen-, Klavier-, Violinsonate.

Son|de, die; -, -n: **1.** *stab- oder röhrenförmiges Instrument, das zur Untersuchung oder Behandlung in Körperhöhlen oder Gewebe eingeführt wird:* eine S. in den Magen einführen. **Zus.:** Blasen-, Magensonde. **2.** *Flugkörper mit Meßgeräten:* die S. ist in eine Umlaufbahn um den Mars eingeschwenkt. **Zus.:** Mars-, Mond-, Raumsonde.

Son|der- ⟨Präfixoid⟩: *das im Basiswort Genannte ist etwas, was nicht dem Üblichen entspricht, was zusätzlich und/oder für einen speziellen Zweck bestimmt ist:* Sonderabteil, -aktion, -anfertigung, -angebot, -auftrag, -ausstellung, -ausweis, -botschafter, -genehmigung, -konto, -konzert, -leistung, -lob, -nutzung, -parteitag, -schicht, -schule, -sitzung, -stempel, -urlaub, -verpflegung, -vertrag, -wunsch, -zug, -zulage, -zuteilung. **sinnv.:** Einzel-, Extra-, Spezial-.

son|der|bar ⟨Adj.⟩: *so beschaffen, daß es Verwunderung hervorruft:* er ist ein sonderbarer Mensch; sein Benehmen war s. **sinnv.:** ↑seltsam.

son|der|lich ⟨Adj.; verneint gebraucht⟩: **a)** *besonders groß:* diese Arbeit macht ihm keine sonderliche Freude. **b)** ⟨verstärkend bei Adjektiven und Verben⟩ *sehr:* er hat sich nicht s. gefreut; dieses Haus ist nicht s. schön.

Son|der|ling, der; -s, -e: *jmd., der durch sein sonderbares Wesen, durch ausgeprägte Eigenarten auffällt:* er ist ein S., der am liebsten alleine lebt. **sinnv.:** ↑Außenseiter.

son|dern ⟨Konj.; steht nach einem verneinten Satzglied⟩: /drückt aus, daß sich etwas anders verhält, als zuvor angenommen wurde/ *vielmehr:* er kommt nicht heute, s. morgen; nicht nur die Kinder, s. *(dazu, außerdem)* auch die Eltern waren krank geworden. **sinnv.:** aber, dagegen, doch, im Gegenteil, jedoch.

son|die|ren ⟨tr./itr.⟩: *etwas vorsichtig erkunden, um sein eigenes Verhalten der Situation anpassen zu können:* man hatte ihn beauftragt, die Lage zu s.; er kam, um zu s., wie die Stimmung der Wähler sei. **sinnv.:** ↑forschen, ↑vorfühlen.

Sonn|abend, der; -s, -e (bes. nordd.): ↑*Samstag.*

Son|ne, die; -: **1.** *als gelb bis glutrot leuchtende Scheibe am Himmel erscheinender, der Erde Licht und Wärme spendender Himmelskörper:* die S. war hinter den Wolken verborgen; die S. ist aufgegangen. **sinnv.:** Helios, ↑Himmelskörper, Sol, Tagesgestirn. **Zus.:** Abend-, Herbst-, Frühlings-, Juli-, Mittags-, Morgensonne. **2.** *Licht und Wärme der Sonne:* (1): in der prallen S. sitzen; er kann keine S. vertragen; diese Pflanzen brauchen viel S. **sinnv.:** Sonnenlicht, Sonnenschein, Sonnenstrahlen.

son|nen, sich: *sich von der Sonne bescheinen lassen; ein Sonnenbad nehmen:* er setzte sich auf den Balkon und sonnte sich. **sinnv.:** sich in der Sonne aalen, in der Sonne braten, sich in der Sonne/von der Sonne braten lassen, in der Sonne bräunen, sich [in der Sonne/von der Sonne] bräunen lassen, sich in die Sonne legen, in der Sonne liegen, sich die Sonne auf den Bauch brennen/scheinen lassen, ein Sonnenbad nehmen, sonnenbaden.

Son|nen|brand, der; -[e]s: *durch zu starke Einwirkung der Sonne hervorgerufene Entzündung der Haut:* er hat so lange in der Sonne gelegen, daß er jetzt einen S. hat.

son|nig ⟨Adj.⟩: **a)** *von Sonnenschein erfüllt; mit Sonnenschein:* ein sonniges Zimmer; ein sonniger Tag; das Wetter war s. **sinnv.:** ↑grell, heiter, ↑hell. **b)** *(in ärgerlicher Weise) unbekümmert:* du hast ja ein sonniges Gemüt: Die Vorstellung beginnt um acht, und du bist immer noch nicht fertig.

Sonn|tag, der; -s, -e: *siebter Tag der mit Montag beginnenden Woche.* **sinnv.:** ↑Ruhetag. **Zus.:** Advents-, Oster-, Palm-, Pfingst-, Totensonntag.

sonn|täg|lich ⟨Adj.⟩: **a)** *so, wie es an Sonntagen üblich ist:* alle waren s. gekleidet. **sinnv.:** ↑festlich, gut angezogen, ↑sauber. **b)** *an jedem Sonntag stattfindend:* der sonntägliche Kirchgang.

Sonn|tags- ⟨Präfixoid⟩ /enthält die Vorstellung, daß etwas – wie ein Sonntag – einerseits nicht so häufig ist oder vorkommt und andererseits etwas Feierliches, Besonderes o. ä. ist/: **a)** */nicht so oft, daher gut/:* Sonntagsanzug, -braten, -essen, -hemd, -kleid, -staat. **b)** (ironisch) *nur ab und zu einmal, weniger häufig, nur gelegentlich, als Hobby betrieben [und wegen der fehlenden Übung nicht so gut]:* Sonntagschrist, -dichter, -fahrer, -forscher, -gärtner, -handwerker, -jäger, -maler, -moral, -polizei, -raucher. **c)** (ironisch) *in nur äußerlicher, zur Schau gestellter Weise feierlich, freundlich, liebenswürdig:* Sonntagsgesicht, -lächeln, -rede. **d)** /kennzeichnet den vom Glück Begünstigten/: Sonntagsjunge, -kind.

sonst ⟨Adverb⟩: **a)** *im anderen Falle:* er bat um Hilfe, weil er fürchtete, s. nicht rechtzeitig fertig zu werden; was soll man s. machen. **sinnv.:** ↑anderenfalls, anders. **b)** *darüber hinaus:* haben Sie s. noch eine Frage?; es war s. niemand im Hause. **sinnv.:** ansonsten, ↑außerdem. **c)** *in anderen Fällen, bei anderen Gelegenheiten:* er hat sich s. immer bei uns verabschiedet; die s. so klugen Experten haben sich da geirrt. **sinnv.:** [für] gewöhnlich, zu anderer Zeit.

son|stig ⟨Adj.⟩: *(nicht näher bestimmte[s]) andere[s]:* Bücher und sonstiges Eigentum; das paßt nicht zu seinen sonstigen Gewohnheiten; bei Ausnutzung sonstiger arbeitsfreier/(auch:) arbeitsfreien Tage; mit sonstigem unveröffentlichtem/(auch:) unveröffentlichten Material; sonstiges überflüssiges Gepäck. **sinnv.:** ↑weiter...

so|oft ⟨Konj.⟩: *immer wenn:* du kannst kommen, s. du willst.

So|pran, der; -s, -e: **1.** *Stimme in hoher Lage, höchste menschliche Stimmlage* /von einer Sängerin, einem Knaben/: sie hat einen schönen S.; sie singt S. **Zus.:** Knaben-, Koloratur-, Mezzosopran. **2.** *Sängerin, Knabe mit einem Sopran* (1): sie ist ein guter S. **sinnv.:** Sopranist[in], Sopransänger[in]. **Zus.:** Knaben-, Koloratur-, Mezzosopran.

Sor|ge, die; -, -n: **1.** *bedrückendes Gefühl der Unruhe und Angst:* er hat große Sorgen; wir machen uns Sorgen um unseren Freund; etwas erfüllt jmdn. mit S.; keine S., wir werden das schon schaffen. **sinnv.:** Besorgnis, ↑Leid. **Zus.:** Alltags-, Existenz-, Geld-, Hauptsorge. **2.** ⟨ohne Plural⟩ *das Sorgen für jmdn., das Bemühen um jmds. Wohlergehen:* die S. für ihre Familie forderte alle ihre Kräfte.

sinnv.: ↑Fürsorge. **Zus.:** Nach-, Seel-, Vorsorge.

sor|gen 1. ⟨sich s.⟩ *in Sorge* (1) *sein:* Mutter sorgt sich wegen jeder Kleinigkeit. **sinnv.:** sich ängstigen, in tausend Ängsten schweben, bangen, bekümmert/besorgt/ betrübt sein, sich beunruhigen, sich fürchten, sich Gedanken/Kopfschmerzen/Sorgen machen, um den Schlaf bringen/den Schlaf rauben. **Zus.:** aussorgen. **2.** ⟨itr.⟩: **a)** *(jmdn./etwas) betreuen:* sie sorgt gut für ihre Familie. **sinnv.:** ↑bedienen, sich kümmern, ↑pflegen; ↑ernähren. **Zus.:** be-, um-, versorgen, vorsorgen. **b)** *sich darum bemühen, daß etwas Bestimmtes vorhanden ist, erreicht wird o. ä.:* er sorgte für eine gute Erziehung seiner Kinder; du mußt endlich für Ruhe sorgen. **sinnv.:** betreiben. **Zus.:** be-, um-, ver-, vorsorgen.

Sorg|falt, die; -: *große Achtsamkeit und Genauigkeit:* er arbeitet mit großer S.; er behandelte die Bücher mit S. **sinnv.:** Akkuratesse, Akribie, Behutsamkeit, Exaktheit, ↑Fürsorge, Genauigkeit, Gewissenhaftigkeit, Präzision.

sorg|fäl|tig ⟨Adj.⟩: *mit großer Sorgfalt:* er arbeitet sehr s.; sie legten die Kleidungsstücke s. in den Schrank. **sinnv.:** ↑behutsam, ↑gewissenhaft, präzise.

sorg|los ⟨Adj.⟩: **a)** *ohne Sorgfalt:* er geht sehr s. mit den kostbaren Gegenständen um. **sinnv.:** ↑unachtsam. **b)** *sich keine Sorgen machend:* er hat genug Geld, um ein sorgloses Leben führen zu können. **sinnv.:** ↑glücklich, ↑ruhig, sorgenlos, unbekümmert, unbeschwert.

sorg|sam ⟨Adj.⟩: *sorgfältig und mit Behutsamkeit:* eine sorgsame Betreuung des Kranken; er geht sehr s. mit seinen Sachen um. **sinnv.:** ↑behutsam, ↑gewissenhaft.

Sor|te, die; -, -n: *Art, Qualität (einer Ware, Züchtung, Rasse o. ä.), die sich durch bestimmte Merkmale oder Eigenschaften von anderen Exemplaren oder Gruppen der gleichen Gattung unterscheidet:* viele Sorten Äpfel wurden angeboten; eine besonders milde S. von Zigaretten; diese S. Mensch findet man überall. **sinnv.:** ↑Art. **Zus.:** Gemüse-, Getreide-, Kaffee-, Käse-, Obst-, Textsorte.

sor|tie|ren ⟨tr.⟩: *(Dinge) nach bestimmten Merkmalen ordnen:* sie sortierte die Wäsche und legte sie in den Schrank. **sinnv.:** ↑teilen. **Zus.:** aus-, ein-, vorsortieren.

Sor|ti|ment, das; -[e]s, -e: *Gesamtheit oder eine bestimmte Auswahl von Waren, die [in einem Geschäft] zur Verfügung stehen:* bei uns gibt es ein reiches S. an Gläsern und Tassen. **sinnv.:** Angebot, Auswahl, Kollektion, Warenangebot, Warenauswahl. **Zus.:** Buch-, Warensortiment.

so|sehr ⟨Konj.⟩: *wie sehr auch:* s. er sich auch bemühte, er kam zu spät.

so|so I. ⟨Interj.⟩ **a)** /drückt Ironie oder Zweifel aus/: s., du warst also gestern krank. **sinnv.:** sieh mal einer an. **b)** /drückt aus, daß man dem Gesagten relativ gleichgültig gegenübersteht/: „Ich habe heute Frau Meyer getroffen." – „S., das ist nett." **II.** ⟨Adverb⟩ (ugs.): *weder gut noch schlecht; mittelmäßig:* mir geht es zur Zeit s. **sinnv.:** nicht besonders, durchwachsen, ↑einigermaßen, erträglich, so lala, ↑mäßig, mittelprächtig; teils, teils.

So|ße, die; -, -n: *aromatische, meist dickflüssige Beigabe zu Gerichten und Nachspeisen, zum Anmachen von Salaten o. ä.:* zu Braten und Klößen gab es eine herrliche S. **sinnv.:** ↑Marinade; Tunke. **Zus.:** Béchamel-, Braten-, Cumberland-, Himbeer-, Jäger-, Rahm-, Remouladen-, Salat-, Schokoladen-, Tomaten-, Vanillesoße.

Souf|fleur [zu'fløːɐ̯], der; -s, -e, **Souf|fleu|se** [zu 'fløːzə], die; -, -n: *Angestellter bzw. Angestellte an einem Theater, der bzw. die den Schauspielern souffliert.* **sinnv.:** Einsager; Neger, Teleprompter.

souf|flie|ren [zu'fliːrən] ⟨tr./itr.⟩: *den Schauspielern während der Aufführung den Text ihrer Rolle leise vorsagen:* die wichtigsten Stellen des Stückes mußte er dem Schauspieler s.; sie souffliert schon zehn Jahre an diesem Theater. **sinnv.:** ↑vorsprechen.

Sound [saʊnd], der; -s, -s: *charakteristischer Klang, charakteristische Klangfarbe:* der unnachahmliche S. von Glenn Miller. **sinnv.:** Klangart, Klangrichtung. **Zus.:** Country-, Disko-, Philly-, Westcoastsound.

Sou|per [zu'peː], das; -s, -s (geh.): *Abendessen in einem festlichen Rahmen:* wir sind heute zu einem S. geladen. **sinnv.:** ↑Essen.

sou|pie|ren [zu'piːrən] ⟨itr.⟩ (geh.): *ein Souper einnehmen:* wir soupieren heute beim Minister. **sinnv.:** ↑essen.

Sou|ter|rain ['zuːtɛrɛ̃], das; -s, -s: *teilweise oder ganz unter der Erde liegendes Geschoß eines Hauses:* das Lager befindet sich im S. **sinnv.:** Kellergeschoß.

Sou|ve|nir [zuvə'niːɐ̯], das; -s, -s: *Gegenstand, den man als Erinnerung von einer Reise mitbringt:* er brachte sich einen Aschenbecher als S. mit. **sinnv.:** Andenken, Erinnerungsstück. **Zus.:** Reisesouvenir.

sou|ve|rän [zuvə'rɛːn] ⟨Adj.⟩: **1.** *Souveränität* (2) *besitzend:* ein souveräner Staat. **sinnv.:** ↑selbständig. **2.** *überlegen und sicher (im Auftreten und Handeln):* eine souveräne Beherrschung der fremden Sprache; s. beantwortete er alle Fragen. **sinnv.:** ↑selbstbewußt.

Sou|ve|rä|ni|tät, die; -: **1.** *höchste Gewalt; Oberhoheit eines Staates:* die S. Italiens über Triest. **2.** *Recht eines Staates in bezug auf seine Selbstbestimmung:* die S. eines Landes respektieren. **sinnv.:** Autonomie, Unabhängigkeit. **Zus.:** Volkssouveränität. **3.** *souveränes* (2) *Handeln o. ä.:* mit großer S. leitete sie die Verhandlung. **sinnv.:** Selbstsicherheit, Sicherheit, Überlegenheit.

so|viel: I. ⟨Konj.⟩ **a)** *in welch hohem Maße auch immer; wieviel auch immer:* s. ich auch arbeitete, ich wurde nie fertig. **b)** *nach dem, was:* s. ich sehe, wird es eine gute Ernte geben. **sinnv.:** soweit. **II.** ⟨Adverb⟩ *in demselben großen Maße; ebensoviel:* ich habe s. gearbeitet wie du; sein Wort bedeutet s. wie ein Eid.

so|weit: I. ⟨Konj.⟩ **a)** *nach dem, was:* s. ich weiß, ist er verreist. **sinnv.:** soviel. **b)** *in dem Maße, wie:* s. ich es beurteilen kann, geht es ihr gut. **II.** ⟨Adverb⟩ /drückt eine Einschränkung aus/ *im großen und ganzen; im allgemeinen:* es geht ihm s. gut; das ist s. alles in Ordnung.

so|wie ⟨Konj.⟩: **1.** /dient der Verknüpfung von Gliedern einer Aufzählung/ *und [außerdem], und auch, wie auch:* kleine Flaggen und Fahnen s. Kerzen und Fackeln schmückten den Saal. **2.** /drückt aus, daß sich ein Geschehen unmittelbar nach oder fast gleichzeitig mit einem anderen vollzieht/ *in dem Augenblick, da:* s. sie ihn erblickte, lief sie ihm entgegen. **sinnv.:** sobald.

so|wie|so ⟨Adverb⟩: *auch ohne den vorher genannten Umstand:* du kannst mir das Buch mitgeben, ich gehe s. in die Bibliothek; mach langsam, wir kommen s. zu spät. **sinnv.:** ↑ohnehin; ↑überhaupt.

so|wohl: ⟨in der Verbindung⟩ sowohl ... als/wie [auch] */betont nachdrücklicher als „und" das gleichzeitige Vorhandensein, Tun o. ä./:* er spricht sowohl Englisch als/wie [auch] Französisch.

so|zi|al ⟨Adj.⟩: **a)** *die menschliche Gesellschaft betreffend; auf die menschliche Gemeinschaft bezogen:* er fordert soziale Gerechtigkeit; er kritisierte die sozialen Verhältnisse. **Zus.:** asozial. **b)** *die Zugehörigkeit des Menschen zu einer der verschiedenen Gruppen innerhalb der Gesellschaft betreffend:* Frauen sind s. benachteiligt; das soziale Ansehen dieses Berufes ist gering. **sinnv.:** soziologisch **c)** *der Allgemeinheit dienend; auf das Wohl der Allgemeinheit bedacht:* sie will einen sozialen Beruf ergreifen; das Netz der sozialen Sicherungen soll weiter ausgebaut werden. **sinnv.:** ↑gemeinnützig, ↑menschlich. **Zus.:** unsozial.

So|zia|lis|mus, der; -: *politische Lehre und darauf beruhende Richtung oder Bewegung, die den gesellschaftlichen Besitz der Produktionsmittel und eine gerechte Verteilung der Güter an alle Mitglieder der Gemeinschaft verficht.* **sinnv.:** ↑Marxismus. **Zus.:** Nationalsozialismus.

so|zia|li|stisch ⟨Adj.⟩: *dem Sozialismus verpflichtet, zu ihm gehörend, auf ihm beruhend.* **sinnv.:** bolschewistisch, kommunistisch, leninistisch, ↑links, linksliberal, linksorientiert, linksradikal, maoistisch, marxistisch, stalinistisch, titoistisch, trotzkistisch. **Zus.:** nationalsozialistisch.

So|zio|lo|gie, die; -: *Wissenschaft, Lehre von den Formen des Zusammenlebens der Menschen, von den Erscheinungsformen, Entwicklungen und Gesetzmäßigkeiten gesellschaftlichen Lebens:* S. studieren. **Zus.:** Alters-, Arbeits-, Erziehungs-, Geschichts-, Rechts-, Sprachsoziologie.

so|zio|lo|gisch ⟨Adj.⟩: **1.** *die Soziologie betreffend:* das Gemeinwesen unter historischen und soziologischen Gesichtspunkten. **2.** *das Soziale betreffend:* die soziologische Struktur.

so|zu|sa|gen ⟨Adverb⟩: *man könnte es so nennen; wenn man so sagen will:* unsere Verlobung ist s. offiziell. **sinnv.:** ↑gewissermaßen.

Spach|tel, der; -s, - und die; -, -n: *kleines, aus einem Griff und einem flachen [trapezförmigen] Stück Stahlblech o. ä. bestehendes Werkzeug zum Auftragen, Glattstreichen oder Abkratzen von Farbe, Mörtel o. ä.:* mit einem/einer S. die alte Farbe entfernen.

Spa|gat, der und das; -[e]s, -e: *Figur, bei der die gespreizten Beine eine Linie bilden.* **sinnv.:** ↑Übung.

Spa|ghet|ti, die ⟨Plural⟩: *lange, dünne, schnurartige Nudeln:* mit Gabel und Löffel S. essen. **sinnv.:** ↑Teigware.

spä|hen ⟨itr.⟩: *forschend ausschauen:* die Kinder spähten aus dem Fenster, um zu sehen, was auf der Straße geschah; er blickte spähend in die Ferne. **sinnv.:** ↑blicken. **Zus.:** aus-, er-, hinaus-, hinüber-, umherspähen.

Spa|lier, das; -s, -e: **1.** *bei einem besonderen Anlaß aus zwei Reihen von Personen gebildete Gasse, durch die eine [geehrte] Person gehen muß:* ein S. bilden; durch ein S. von Neugierigen gehen. **Zus.:** Ehrenspalier. **2.** *meist gitterartiges Gestell aus Holzlatten oder Draht, an dem man bes. Obstbäume hinaufwachsen läßt:* Rosen an einem S. ziehen. **Zus.:** Obst-, Pfirsich-, Weinspalier.

Spalt, der; -[e]s, -e: *schmale, längliche Öffnung; schmaler Zwischenraum:* er guckte durch einen S. in der Tür. **sinnv.:** ↑Kerbe, ↑Kluft, ↑Riß. **Zus.:** Tür-, Zwiespalt.

Spal|te, die; -, -n: **1.** *längerer Riß in einem festen Material:* in den Mauern waren tiefe Spalten zu erkennen. **sinnv.:** ↑Riß. **Zus.:** Eis-, Fels-, Gletscher-, Lidspalte. **2.** *blockartiger Teil gleichlanger, untereinandergesetzter Textzeilen:* die Seiten des Lexikons haben drei Spalten; der Artikel in der Zeitung war eine S. lang. **sinnv.:** Kolumne; Rubrik. **Zus.:** Druck-, Klatschspalte.

spal|ten, spaltete, hat gespalten und gespaltet: **1.** ⟨tr.⟩ **a)** *in zwei oder mehrere Teile zerteilen:* er spaltet Holz, das er im Ofen verbrennen will; ein vom Blitz gespaltener Baum. **sinnv.:** aufsplittern, entzweihacken, entzweihauen, ↑schneiden, zerhakken, zerhauen. **Zus.:** auf-, zerspalten. **b)** *bewirken, daß die Einheit von etwas nicht mehr besteht:* der Bürgerkrieg hat das Land in zwei Lager gespalten. **2.** ⟨sich s.⟩ **a)** *sich teilen, [zer]trennen:* ihre Fingernägel spalten sich. **b)** *die Einheit verlieren:* die Partei hat sich in zwei Gruppen gespalten. **sinnv.:** sich teilen. **Zus.:** sich aufspalten.

Span, der; -[e]s, Späne: *beim Bearbeiten von Holz, Metall o. ä. entstehender kleiner Splitter:* auf dem Boden der Werkstatt lagen viele Späne. **sinnv.:** Schnitzel, Splitter, Spreißel. **Zus.:** Grün-, Holz-, Kien-, Metall-, Sägespan.

Span|ge, die; -, -n: *aus festem Material bestehender [als Schmuck dienender] Gegenstand, mit dem etwas mit Hilfe eines Dorns eingeklemmt oder zusammengehalten wird.* **sinnv.:** Agraffe, ↑Brosche, ↑Haarnadel. **Zus.:** Haar-, Schuh-, Zahnspange.

Span|ne, die; -, -n: **1.** *kürzerer Zeitraum zwischen zwei Zeitpunkten:* es blieb ihm nur eine kurze S. des Glückes. **sinnv.:** ↑Frist, ↑Weile. **Zus.:** Zeitspanne. **2.** *Abstand, Unterschied (in bezug auf Preise, Gewinn o. ä.):* die S. zwischen den Preisen ist sehr groß. **Zus.:** Gewinn-, Handels-, Verdienstspanne.

span|nen /vgl. spannend, gespannt/: **1.** ⟨tr.⟩ *zwischen zwei oder mehreren Punkten so befestigen, daß es straff, glatt ist:* sie spannten ein Seil zwischen zwei Pfosten; der Maler spannt eine Leinwand auf den Rahmen. **sinnv.:** anbringen, befestigen, straffen. **Zus.:** aufspannen. **2.** ⟨tr.⟩ *ein Zugtier vor einem Wagen o. ä. festmachen:* er spannte die Pferde vor den Wagen. **sinnv.:** anschirren, einjochen. **Zus.:** an-, ein-, vorspannen. **3.** ⟨tr.⟩ *etwas so dehnen, ziehen, daß es straff, glatt ist:* die Saiten einer Geige s.; einen Bogen *(die Sehne des Bogens)* s. **sinnv.:** anziehen, ↑dehnen, strecken. **Zus.:** an-, entspannen. **4.** ⟨itr.⟩ *zu eng sein, zu straff [über etwas] sitzen:* das Gummiband spannt; ihr Rock spannte über den Hüften. **5.** ⟨sich s.⟩ *über etwas hinwegfüh-*

ren: eine Brücke spannt sich über den Fluß. **sinnv.:** sich erstrecken, sich wölben.
span|nend ⟨Adj.⟩: *große Spannung erregend:* eine spannende Geschichte; er erzählte sehr s. **sinnv.:** ↑interessant.
Span|nung, die; -, -en: **1.** ⟨ohne Plural⟩ **a)** *gespannte Erwartung auf etwas Zukünftiges; Ungeduld:* die S. unter den Zuschauern auf dem Fußballplatz wuchs; mit S. *(ungeduldig)* warteten sie auf das Ergebnis. **b)** *innere Erregung, nervöse Unausgeglichenheit:* er befand sich in einem Zustand der S. **2.** *latente Unstimmigkeit; Zustand der Gereiztheit oder der Uneinigkeit:* in der Partei herrschten große Spannungen. **sinnv.:** ↑Streit.
spa|ren: 1. a) ⟨tr./itr.⟩ *Geld (für einen bestimmten Zweck) zurücklegen, auf ein Konto zahlen:* er spart für/auf ein Auto; ich habe nur einen kleinen Betrag s. können. **sinnv.:** beiseite legen, Ersparnisse machen, auf die hohe Kante/auf die Seite legen, zurücklegen. **Zus.:** an-, bau-, er-, zusammensparen. **b)** ⟨itr.⟩ *sparsam sein; haushälterisch mit etwas umgehen:* sie spart sehr; sie spart am Fett beim Kochen; er sparte nicht mit Lob. **sinnv.:** bescheiden leben, sich einschränken, geizen, das Geld zusammenhalten, ↑haushalten, kargen, knapsen, knausern, Konsumverzicht leisten, maßhalten · Recycling. **Zus.:** einsparen. **2.** ⟨sich s.⟩ **a)** *unterlassen, weil es unnötig, überflüssig ist:* spar dir deine Bemerkung. **b)** *(etwas Unangenehmes) von sich fernhalten, vermeiden:* den Ärger, die Mühe hättest du dir s. können. **sinnv.:** ersparen.
Spar|gel, der; -s, -: *weißlichgelber, stangenförmiger Sproß der Spargelpflanze, der als Gemüse gegessen wird.* **Zus.:** Stangenspargel.
spär|lich ⟨Adj.⟩: *nur in geringem Maße [vorhanden]; knapp bemessen:* eine spärliche Mahlzeit; sie waren nur s. *(wenig)* bekleidet. **sinnv.:** dünn, ↑karg, ↑schütter, schwach, ↑selten; sparsam.
spar|sam ⟨Adj.⟩: **a)** *wenig verbrauchend; mit wenig auskommend:* eine sparsame Hausfrau; sie leben sehr s. **sinnv.:** ↑geizig, ökonomisch, ↑rationell. **b)** *in geringem Maß [vorhanden]; knapp bemessen:* sparsamer Beifall; eine sparsame Farbgebung. **sinnv.:** ↑spärlich.
Spar|te, die; -, -n: *spezieller Bereich, Abteilung eines Fachgebiets:* er hat schon in verschiedenen Sparten der Wirtschaft gearbeitet. **sinnv.:** ↑Abteilung, ↑Bereich.
Spaß, der; -es, Späße: **1.** *ausgelassen-scherzhafte, lustige Äußerung, Handlung o. ä., die auf Heiterkeit abzielt:* glaub es nicht, es war nur ein S.; die Kinder lachten über die Späße des Clowns. **sinnv.:** ↑Freude, Hallo ↑Scherz. **Zus.:** Heiden-, Mords-, Riesenspaß. **2.** ⟨ohne Plural⟩ *Vergnügen, Freude, die man bei einem bestimmten Tun empfindet:* der S. mit dem neuen Spielzeug dauerte nur kurze Zeit; diese Arbeit macht ihm keinen S. **sinnv.:** ↑Lust.
spa|ßen ⟨itr.⟩: *Scherze machen:* Sie spaßen wohl?; mit diesen Dingen ist nicht zu s. **sinnv.:** scherzen, Spaß/Witze machen.
spa|ßig ⟨Adj.⟩: **a)** *Vergnügen bereitend, zum Lachen reizend:* eine spaßige Geschichte. **sinnv.:** burlesk, drollig, komisch, ↑lustig, neckisch, possierlich, scherzhaft, ulkig, urkomisch, witzig. **b)** *gern scherzend, humorvoll:* der Komiker ist auch privat sehr s. **sinnv.:** komisch, ↑lustig, ↑putzig, ulkig, urkomisch, witzig.
spät ⟨Adj.⟩: **1.** *in der Zeit ziemlich weit fortgeschritten, am Ende liegend:* am späten Abend; es ist schon s.; die späten Werke des Malers. **sinnv.:** zu vorgerückter Stunde. **2.** *nach einem bestimmten üblichen, angenommenen Zeitpunkt liegend:* zur Reue ist es jetzt zu s.; ein später Sommer; in diesem Jahr liegt Ostern s. **sinnv.:** endlich, schließlich, überfällig, verspätet, zuletzt.
Spa|tel, der; -s, - und die; -, -n: *in der Praxis eines Arztes oder in der Apotheke verwendetes schmales, flaches Stäbchen aus Holz, Kunststoff o. ä.:* der Arzt drückte ihm mit einem/einer S. die Zunge herunter. **Zus.:** Holz-, Wundspatel.
Spa|ten, der; -s, -: *Gerät zum Umgraben, Ausheben von Erde o. ä.:* (siehe Bild „Schaufel"). **sinnv.:** ↑Schaufel.
spä|ter: I. ⟨Adj.⟩ *nach einer bestimmten oder unbestimmten Zeit eintretend:* spätere Generationen; in späteren Jahren ging es ihm sehr gut. **sinnv.:** ferner, kommend, künftig, zukünftig. **II.** ⟨Adverb⟩ **a)** *zu einem in der Zukunft liegenden Zeitpunkt:* s. wollen sie sich ein Haus bauen. **sinnv.:** bald, in Bälde, demnächst, dereinst, einmal, einst, einstmals über kurz oder lang, nachher, nächstens, stündlich, in absehbarer/kurzer/nächster Zeit, in Zukunft; ↑übernächst. **b)** ⟨in Verbindung mit einer Zeitangabe⟩ *danach:* drei Jahre s. war sie tot. **sinnv.:** ↑hinterher, nachher.
spä|te|stens ⟨Adverb⟩: *nicht nach (einem bestimmten Zeitpunkt); nicht später als* /Ggs. frühestens/: er muß s. um 12 Uhr zu Hause sein. **sinnv.:** längstens.
Spatz, der; -en und -es, -en: **1.** ↑*Sperling:* Spatzen lärmen vor dem Fenster; er ißt wie ein S. *(sehr wenig).* **Zus.:** Rohrspatz. **2.** (fam.) *schmächtiges kleines Kind:* unser S. ißt zur Zeit recht wenig; /liebevolle Anrede/ na, du kleiner S. **sinnv.:** ↑Kind. **Zus.:** Dreckspatz.
Spätz|le, die ⟨Plural⟩: *häufig selbst hergestellte Teigwaren [die von einem Brett in kochendes Wasser geschabt werden]:* zum Fleisch gibt es heute S. **sinnv.:** ↑Teigwaren.
spa|zie|ren, spazierte, ist spaziert ⟨itr.⟩: *langsam, ohne Eile [und ohne ein bestimmtes Ziel zu haben] gehen:* er spazierte gemächlich durch die Straßen. **sinnv.:** schlendern, ↑spazierengehen.
spa|zie|ren|ge|hen, ging spazieren, ist spazierengegangen ⟨itr.⟩: *sich zu seiner Erholung im Freien bewegen; einen Spaziergang machen:* er geht jeden Tag spazieren. **sinnv.:** sich die Beine/Füße vertreten, einen Bummel machen, bummeln, sich ergehen, flanieren, an die Luft gehen, frische Luft schnappen gehen, lustwandeln, promenieren, schlendern, ein paar Schritte gehen, spazieren, eine Wanderung machen, wandern.
Spa|zier|gang, der; -[e]s, Spaziergänge: *Gang im Freien (den man zu seiner Erholung unternimmt):* sie haben einen weiten S. gemacht. **sinnv.:** Bummel, ↑Gang, Marsch, Promenade, Tour, Wanderung; ↑Ausflug; ↑Lauf. **Zus.:** Abend-, Morgen-, Verdauungsspaziergang.
Spa|zier|gän|ger, der; -s, -, **Spa|zier|gän|ge|rin,** die; -, -nen: *männliche bzw. weibliche*

Person, die einen Spaziergang macht: auf der Promenade trifft man viele Spaziergänger. **sinnv.:** Wanderer. **Zus.:** Sonntagsspaziergänger.

Spa|zier|stock, der; -[e]s, Spazierstöcke: *auf Spaziergängen verwendeter Stock, der älteren oder gebrechlichen Menschen das Gehen erleichtert:* er stützte sich auf seinen S. **sinnv.:** Bergstock, Krücke, Krückstock, Stock, Wanderstab.

Specht, der; -[e]s, -e: *Vogel mit langem, geradem, kräftigem Schnabel, mit dem er, am Baumstamm kletternd, Insekten und deren Larven aus der Rinde herausholt.* **sinnv.:** ↑Vogel. **Zus.:** Bunt-, Grün-, Schwarzspecht.

Speck, der; -[e]s: **a)** *(bes. beim Schwein vorkommendes) viel Fett enthaltendes Gewebe, das als dikke Schicht unter der Haut sitzt:* das Schwein hat viel S. **sinnv.:** Kummerspeck. **b)** *aus dem Fettgewebe bes. des Schweines gewonnenes Nahrungsmittel:* zum Essen gab es Kartoffeln mit S. **sinnv.:** ↑Fett. **Zus.:** Räucher-, Schinken-, Schweinespeck.

Spe|di|teur [ʃpedi'tø:ɐ̯], der; -s, -e: *jmd., der gewerbsmäßig den Transport von Gütern übernimmt:* ein S. bewerkstelligte den ganzen Umzug. **sinnv.:** Fuhrunternehmer, Transportunternehmer.

Spe|di|ti|on, die; -, -en: **a)** ⟨ohne Plural⟩ *gewerbsmäßiges Verfrachten und Befördern von Gütern:* die Firma übernahm die S. bei unserer Übersiedlung. **sinnv.:** ↑Transport. **b)** *Unternehmen, das gewerbsmäßig Güter verfrachtet und befördert:* er sucht für seine Übersiedlung eine preiswerte S. **sinnv.:** Fuhrbetrieb, Fuhrgeschäft, Transportunternehmen.

Speer, der; -[e]s, -e: **a)** *Waffe zum Stoßen oder Werfen in Form eines langen, dünnen, zugespitzten oder mit einer [Metall]spitze versehenen Stabes* (siehe Bildleiste „Waffen"): die Eingeborenen töteten das Tier mit dem S. **sinnv.:** Ger, Harpune, Lanze, Pike, Spieß, Wurfspieß. **Zus.:** Aal-, Wurfspeer. **b)** *zum Werfen benutztes Sportgerät von der Form eines Speers* (a).

Spei|che, die; -, -n: *strebenartiger Teil des Rades, der mit anderen zusammen strahlenförmig von der Nabe ausgeht und die Felge stützt.* **sinnv.:** Radfelge.

Spei|chel, der; -s: *Absonderung bestimmter Drüsen im Mund.* **sinnv.:** Geifer, Sabber, Spucke · Auswurf, Rotz, Schleim, Sputum.

Spei|chel|lecker, der; -s, -: *jmd., der sich (im Urteil des Sprechers) in unterwürfiger Weise um die Gunst eines anderen bemüht:* so ein widerlicher S.! **sinnv.:** Arschkriecher, Arschlecker, Duckmäuser, Lakai, Liebediener, Radfahrer, Schleimscheißer, Schmeichler, Steigbügelhalter, Süßholzraspler.

Spei|cher, der; -s, -: **1.** *Gebäude, das zur Lagerung von Vorräten dient:* die S. waren mit Korn gefüllt. **sinnv.:** ↑Depot. **Zus.:** Gas-, Getreide-, Heißwasser-, Wärme-, Wasserspeicher. **2.** (bes. südd.) *Raum unter dem Dach, der zum Abstellen dient:* sie haben die alten Möbel auf den S. gestellt. **sinnv.:** ↑Dachboden. **3.** *Vorrichtung an elektronischen Rechenanlagen zum Speichern von Informationen:* Daten in den S. eingeben. **Zus.:** Arbeits-, Kernspeicher.

spei|chern ⟨tr.⟩: **1.** *[Vorräte in einem Lager] ansammeln und aufbewahren:* in dem großen Becken wird Wasser gespeichert. **sinnv.:** ↑anstauen; ↑horten. **2.** *(Daten) in einem elektronischen Speicher aufbewahren:* Daten [auf Magnetband] s.

spei|en, spie, hat gespie[e]n ⟨itr.⟩: ↑*spucken.*

Spei|se, die; -, -n: *zubereitete Nahrung, Gericht:* in diesem Lokal gibt es gute Speisen. **sinnv.:** ↑Essen; ↑Nahrung. **Zus.:** Eier-, Fleisch-, Götter-, Haupt-, Lieblings-, Lock-, Mehl-, Milch-, Nach-, National-, Süß-, Vorspeise.

Spei|se|kar|te, die; -, -n: *Verzeichnis der Speisen, die in einem Lokal angeboten werden:* der Ober brachte die S. **sinnv.:** Karte, Menükarte, Speisezettel.

spei|sen: 1. ⟨tr./itr.⟩ (geh.) *(eine Mahlzeit) in kultiviertem Rahmen zu sich nehmen:* sie speisten in einem teuren Restaurant; was wollen Sie s.? **sinnv.:** ↑essen. **2.** ⟨tr.⟩ *(mit etwas Bestimmtem) versorgen:* der See wird von einem kleinen Fluß gespeist. **Zus.:** einspeisen.

Spei|se|röh|re, die; -, -n: *einer Röhre ähnliches Organ, durch das die Nahrung vom Schlund in den Magen befördert wird.*

Spei|se|wa|gen, der; -s, -: *Wagen eines Schnellzugs, in dem sich ein Restaurant befindet:* sie aßen während der Fahrt im S. **sinnv.:** ↑Gaststätte.

Spek|ta|kel (ugs.): **I.** der; -s: ↑*Lärm:* die Kinder machten im Hof einen großen S. **Zus.:** Heiden-, Höllen-, Mordsspektakel. **II.** das; -s, -: *aufsehenerregendes, beeindruckendes, auf Wirkung abzielendes Geschehen:* von meinem Fenster aus sah ich mir das S. auf der Straße an. **sinnv.:** ↑Getue.

Spe|ku|lant, der; -en, -en, **Spe|ku|lan|tin,** die; -, -nen: *männliche bzw. weibliche Person, die dadurch hohe Gewinne zu erzielen sucht, daß sie Preisveränderungen bei Aktien, Grundstükken u. a., mit denen sie rechnet, zu günstigen Geschäften ausnutzt:* die Spekulanten haben sich diesmal getäuscht. **sinnv.:** Börsenjobber, Börsenmakler, Jobber. **Zus.:** Boden-, Börsen-, Grundstücks-, Währungsspekulant.

Spe|ku|la|ti|on, die; -, -en: **a)** *das Eingehen auf ein Geschäft, bei dem man sich auf Grund eventuell eintretender Preisveränderungen erhebliche Gewinne erhofft, ohne dabei das große, damit verbundene Risiko zu scheuen:* eine verfehlte, geglückte S. **sinnv.:** Geschäft, Handel, Transaktion. **Zus.:** Boden-, Börsen-, Grundstücks-, Währungsspekulation. **b)** *Überlegung, die sich nur wenig auf Tatsachen stützt und sich in komplizierten Gedankengängen ergeht:* das sind alles nur Spekulationen; sich in sinnlosen Spekulationen verlieren. **sinnv.:** ↑Einbildung. **Zus.:** Fehlspekulation.

spe|ku|lie|ren ⟨itr.⟩: **a)** *durch Preisveränderungen bei Aktien, Grundstücken u. a. hohe Gewinne anstreben:* er spekulierte mit Aktien. **sinnv.:** Geschäfte machen, handeln. **b)** (ugs.) *fest rechnen (mit etwas):* er spekulierte auf eine reiche Erbschaft. **sinnv.:** ↑erwarten.

Spe|lun|ke, die; -, -n: *kleines verrufenes Lokal, schmutzige Kneipe:* er verkehrt in den übelsten Spelunken. **sinnv.:** Räuberhöhle; ↑Gaststätte.

Spel|ze, die; -, -n: *kleines hartes Blatt, das beim Getreide das einzelne Korn, bei den Gräsern den Samen umhüllt.*

spen|da|bel ⟨Adj.⟩: ↑*freigebig:* unser Onkel war diesmal recht s.

Spen|de, die; -, -n: *in Geld o. ä. bestehende Gabe:* man bat ihn um eine S. für die Verunglückten. **sinnv.:** ↑Beitrag; ↑Kollekte. **Zus.:** Blumen-, Geld-, Kranz-, Sachspende.

spen|den, spendete, hat gespendet: **1.** ⟨tr.⟩ *(für einen wohltätigen Zweck) geben, schenken:* viele Menschen spendeten Kleider und Geld für die Opfer des Erdbebens. **sinnv.:** opfern, stiften; ↑geben; ↑spendieren. **2.** ⟨als Funktionsverb⟩ /bringt zum Ausdruck, daß jmdm. etwas Bestimmtes gegeben wird/: Trost s. *(trösten);* Freude s. *(erfreuen);* Wärme s. *(wärmen).* **sinnv.:** ↑ausstrahlen.

Spen|der, der; -s, -, **Spen|derin,** die; -, -nen: *männliche bzw. weibliche Person, die etwas spendet oder gespendet hat:* der Spender des Geldes wollte anonym bleiben. **sinnv.:** ↑Gönner. **Zus.:** Blut-, Energie-, Freuden-, Organ-, Trostspender.

spen|die|ren ⟨tr.⟩: *(für einen anderen) bezahlen; (jmdn.) zu etwas einladen:* er spendierte seinen Freunden einen Kasten Bier. **sinnv.:** einen ausgeben, jmdn. (zum Essen o. ä.) einladen, jmdn. freihalten, in Geberlaune/in Spendierlaune sein, die Spendierhosen anhaben, (Geld) lockermachen, etwas springen lassen, seinen sozialen Tag haben; ↑spenden.

Speng|ler, der; -s, - (bes. südd.; westd.): ↑*Installateur.* **Zus.:** Auto-, Bau-, Karosseriespengler.

Sper|ling, der; -s, -e: *kleiner Vogel mit graubraunem Gefieder.* **sinnv.:** Spatz; ↑Vogel.

Sper|re, die; -, -n: **1. a)** *Vorrichtung, die etwas absperrt, die verhindert, daß sich jmd./etwas vorwärts bewegt:* die S. wurde geöffnet, damit das Wasser durchfließen konnte. **sinnv.:** Behinderung, Blockierung, kein Durchkommen · Absperrung, Barriere, Hindernis, Riegel. **Zus.:** Panzer-, Straßen-, Talsperre · Ausgangs-, Einstellungs-, Kontakt-, Nachrichten-, Strom-, Urlaubs-, Zuzugssperre. **b)** *schmaler Durchgang, an dem man Fahrkarten, Eintrittskarten o. ä. vorzeigen oder sich ausweisen muß:* die Reisenden passierten die S. **2. a)** *Verbot, eine bestimmte Ware zu importieren:* über die Einfuhr von Geflügel wurde eine S. verhängt. **sinnv.:** Beschränkung, Einfuhr-/Ausfuhrverbot, Embargo. **Zus.:** Ausfuhr-, Einfuhr-, Importsperre. **b)** *Verbot, weiterhin an sportlichen Wettkämpfen teilzunehmen:* bei diesem Boxer wurde die S. wieder aufgehoben. **sinnv.:** ↑Ausschluß, Sperrfrist, Startverbot.

sper|ren: 1. ⟨tr.⟩: **a)** *den Zugang oder den Aufenthalt (an einem bestimmten Ort) verbieten; unzugänglich machen:* das ganze Gebiet, die Straße wurde gesperrt. **sinnv.:** abriegeln, absperren, blockieren, verbarrikadieren; klemmen. **b)** *(den Gebrauch von etwas) unmöglich machen, unterbinden:* den Strom, das Telefon, das Konto s. **sinnv.:** ↑blockieren; ↑entziehen. **2.** ⟨itr.⟩ *in einen bestimmten Raum bringen und dort gefangenhalten:* die Tiere wurden in einen Käfig gesperrt; man sperrte den Gefangenen in eine Zelle. **sinnv.:** einsperren, ↑festsetzen. **3.** ⟨sich s.⟩ *(für etwas) nicht zugänglich sein; sich (einer Sache gegenüber) verschließen:* er sperrte sich gegen alle Vorschläge. **sinnv.:** sich dagegenstellen/-stemmen, einen Dickkopf haben/aufsetzen, sich entgegenstellen, sich auf die Hinterbeine stellen, opponieren, Paroli bieten, sich querlegen, einen dicken/harten Schädel haben, wider den Stachel löcken, die Stirn bieten, sich sträuben, gegen den Strom schwimmen, stur wie ein Bock/wie ein Panzer sein, trotzen, sich weigern, sich widersetzen, Widerstand leisten/bieten/entgegensetzen, widerstehen, widerstreben; ↑protestieren.

Sperr|ge|biet, das; -[e]s, -e: *Gebiet, das (wegen militärischer Übungen, Krankheiten, Seuchen o. ä.) für den allgemeinen Zugang offiziell gesperrt ist:* wegen der Seuche wurde die Gegend zum S. erklärt; im S. finden Manöver statt.

sper|rig ⟨Adj.⟩: *viel Platz fordernd; nicht handlich:* das Gepäck, das er bei sich hatte, war sehr s. **sinnv.:** unhandlich.

Sperr|müll, der; -s: *sperriger Müll, der nicht in die Mülltonne o. ä. paßt (und in Sonderaktionen zur Mülldeponie gefahren wird).*

Spe|sen, die ⟨Plural⟩: *Ausgaben im Dienst o. ä., die ersetzt werden:* seine S. waren nicht sehr hoch. **sinnv.:** Aufwandsentschädigung, Diäten, ↑Entschädigung, Reisekostenvergütung, Tagegeld · Einkünfte, ↑Entgelt, Vergütung. **Zus.:** Geschäfts-, Reise-, Telefonspesen.

spe|zia|li|sie|ren, sich: *sich auf ein bestimmtes Fachgebiet o. ä. festlegen:* diese Buchhandlung hat sich auf Kinder- und Jugendliteratur spezialisiert.

Spe|zia|list, der; -en, -en, **Spe|zia|li|stin,** die; -, -nen: *männliche bzw. weibliche Person, die in einem bestimmten Fach genaue Kenntnisse hat, die auf einem Gebiet spezielle Fähigkeiten erworben hat:* er ist ein Spezialist für Finanzfragen. **sinnv.:** ↑Fachmann. **Zus.:** Langlauf-, Raumfahrtspezialist.

Spe|zia|li|tät, die; -, -en: *Gebiet, Sache, in der jmd. bes. bewandert ist, die jmd. bes. gut beherrscht, durch die sich jmd. auszeichnet:* das Tapezieren von Räumen ist seine S.; Gulasch ist die S. des Hauses. **sinnv.:** ↑Besonderheit; ↑Domäne.

spe|zi|ell ⟨Adj.⟩: *von besonderer, eigener Art; in besonderem Maße auf einen bestimmten Zusammenhang o. ä. ausgerichtet, bezogen; nicht allgemein:* er hat spezielle Kenntnisse auf diesem Gebiet; s. *(besonders, vor allem)* an diesen Büchern war er interessiert. **sinnv.:** ↑individuell; ↑eigens.

Spe|zi|es, die; -, -: **a)** *bestimmte Art (einer Pflanze, eines Tieres):* eine Meise von einer ganz besonderen S. **b)** (geh.; iron.) *Gattung mit besonderen charakteristischen Merkmalen; Art, die für etwas schon berüchtigt ist:* eine bestimmte S. Mensch; er ist ein Mensch von der S. unseres Chefs. **sinnv.:** ↑Art.

spe|zi|fisch ⟨Adj.⟩: *(dem Wesen einer Sache) zugehörig, eigentümlich:* der spezifische Duft dieser Blumen ist sehr herb; eine s. *(ausgesprochen)* weibliche Eigenschaft. **sinnv.:** ↑kennzeichnend. **Zus.:** art-, fach-, geschlechtsspezifisch.

-spe|zi|fisch ⟨adjektivisches Suffixoid⟩: *sich aus der Eigenart der im Basiswort genannten Person oder Sache ergebend, ihr wesenseigen, davon in seiner Art bestimmt, geprägt:* altersspezifische Abweichungen in bezug auf das Sparen, auftrags-, fachspezifische Probleme, firmen-, frauenspezifische Gesichtspunkte, freizeit-, geschlechts-, gruppen-, verkehrsspezifische Aufmerksamkeitsspannung.

Sphä|re, die; -, -n: *Bereich, Gebiet, dem jmd./etwas angehört, in dem sich jmd./etwas bewegt, betätigt:* die politische S.; das liegt nicht in meiner S. **sinnv.:** ↑Bereich; ↑Atmosphäre. **Zus.:** Einfluß-, Interessen-, Intim-, Machtsphäre.

spicken ⟨tr.⟩: **1.** *(von bestimmtem, zum Braten vorgesehenem Fleisch) mit Streifen von Speck versehen:* sie spickte den Hasenrücken vor dem Braten. **2.** *reichlich versehen (mit etwas):* er spickte seine Rede mit Zitaten; er hatte eine gespickte *(viel Geld enthaltende)* Brieftasche. **sinnv.:** ↑ausstatten.

Spie|gel, der; -s, -: *Gegenstand aus Glas oder Metall, dessen glatte Fläche das Bild von Personen oder Dingen, die sich vor ihm befinden, wiedergibt:* sie nahm einen S. aus ihrer Tasche, um sich darin zu betrachten. **sinnv.:** Reflektor. **Zus.:** Augen-, Garderoben-, Hand-, Hohl-, Rasier-, Rück-, Taschen-, Toiletten-, Wandspiegel. **2.** *(glatte) Oberfläche eines Gewässers.* **Zus.:** Grundwasser-, Meeres-, Wasserspiegel.

Spie|gel|bild, das; -[e]s, -er: *Bild, das ein Spiegel wiedergibt:* er sah sein S. im Wasser. **sinnv.:** Reflexion, Spiegelung.

Spie|gel|ei, das; -[e]s, -er: *Ei, das nicht verrührt in der Pfanne gebacken wird:* heute gibt es Spiegeleier und Spinat. **sinnv.:** Ochsenauge, Setzei.

Spie|gel|fech|te|rei, die; -, -en: *Handlung, die bewußt etwas vortäuscht; weil der Betreffende etwas nicht eingestehen will:* sein kühles Auftreten war reine S. **sinnv.:** Kasuistik, Rabulistik, Sophisterei, Sophistik, Spitzfindigkeit, Wortverdreherei.

spie|geln: a) ⟨itr.⟩ *glänzen (so daß es wie ein Spiegel wirkt):* der Fußboden in allen Zimmern spiegelte; die glatte, spiegelnde Fläche des Sees lag vor ihren Augen. **sinnv.:** reflektieren, widerspiegeln, zurückstrahlen, zurückwerfen; ↑leuchten. **b)** ⟨sich s.⟩ *auf einer glänzenden, glatten Fläche als Spiegelbild erscheinen:* die Sonne spiegelte sich in den Fenstern. **sinnv.:** widerscheinen, sich widerspiegeln. **c)** ⟨tr.⟩ *erkennen lassen, zeigen, wiedergeben:* seine Bücher s. die Not des Krieges.

Spiel, das; -[e]s, -e: **1.** *Beschäftigung zur Unterhaltung, zum Zeitvertreib; Tätigkeit ohne besonderen Sinn, ohne größere Anstrengung:* Spiele für Kinder und Erwachsene. **Zus.:** Brett-, Dame-, Domino-, Fang-, Frage-und-Antwort-, Geduld[s]-, Geschicklichkeits-, Gesellschafts-, Hüpf-, Karten-, Kinder-, Liebes-, Mühle-, Pfänder-, Puzzle-, Rate-, Schach-, Skatspiel. **2.** ↑*Glücksspiel:* sein Geld bei Spielen verlieren. **Zus.:** Lotterie-, Lotto-, Roulette-, Vabanquespiel. **3.** *sportliche Veranstaltung; Kampf von Mannschaften:* mehrere Spiele gegen ausländische Vereine austragen; alle Spiele gewinnen. **sinnv.:** Kampf, Match, Partie, Turnier, Wettkampf, Wettspiel · Einzel, Einzelspiel, Single · Doppel, Zweierspiel · Auswärtsspiel, Heimspiel · Hinspiel, Retourspiel, Revanche; ↑Sport. **Zus.:** Angriffs-, Aufstiegs-, Ausscheidungs-, Ball-, Benefiz-, Billard-, Defensiv-, End-, Entscheidungs-, Federball-, Freundschafts-, Fußball-, Gelände-, Handball-, Hin-, Kampf-, Kegel-, Länder-, Mannschafts-, Meisterschafts-, Oberliga-, Pokal-, Punkt-, Qualifikations-, Rück-, Wettspiel. **4. a)** ⟨ohne Plural⟩ *künstlerischer Vortrag, musikalische Darbietung:* der Pianist begeisterte mit seinem S. das Publikum; das S. des Schauspielers wirkte recht natürlich. **sinnv.:** ↑Darbietung. **Zus.:** Ensemble-, Flöten-, Gitarren-, Klavier-, Orgelspiel. **b)** *einfaches Schauspiel [aus alter Zeit]:* ein mittelalterliches S.; ein S. für Laien; geistliche Spiele. **sinnv.:** ↑Schauspiel. **Zus.:** Fastnachts-, Fernseh-, Hör-, Kammer-, Kasperle-, Krippen-, Laien-, Lust-, Märchen-, Mysterien-, Nach-, Passions-, Puppen-, Satyr-, Schäfer-, Schatten-, Schau-, Sing-, Stegreif-, Trauer-, Vor-, Weihnachts-, Zwischenspiel · Festspiele. **5.** *unverbindliches, leichtfertiges Tun:* es war alles nur [ein] S. **Zus.:** Doppel-, Gaukel-, Intrigen-, Kräfte-, Ränkespiel. **6.** ⟨ohne Plural⟩ *unregelmäßige, nicht durch einen Zweck bestimmte Bewegung:* das S. der Blätter im Wind; das lebhafte S. seiner Augen; das S. *(das Sichverändern, Flimmern)* der Lichter auf dem Wasser. **Zus.:** Farben-, Gebärden-, Mienen-, Wechsel-, Wellen-, Widerspiel.

Spiel|bank, die; -, -en: *Unternehmen mit staatlicher Konzession, in dem um Geld gespielt wird:* sein ganzes Vermögen hat er in der S. verloren. **sinnv.:** Spielhölle, Spielkasino.

spie|len /vgl. spielend/: **1.** ⟨itr.⟩ **a)** *sich zum Zeitvertreib mit einem unterhaltenden Spiel beschäftigen:* die Kinder spielen auf der Straße; Karten s. **b)** *sich mit dem Glücksspiel beschäftigen:* im Lotto, in der Lotterie s.; er spielt *(er gibt sich aus Leidenschaft dem Glücksspiel hin);* er spielt hoch, riskant *(mit hohem Einsatz, Risiko).* **sinnv.:** pokern, würfeln, zokken. **2.** ⟨itr.⟩ **a)** *sich in bestimmter Weise sportlich bestätigen:* Fußball, Tennis s.; er spielt [als] Stürmer, Verteidiger. **b)** *ein sportliches Spiel, einen Wettkampf austragen:* die deutsche Mannschaft spielt gegen die Schweiz in bester Besetzung. **sinnv.:** antreten. **3.** ⟨tr./itr.⟩ *sich musikalisch betätigen:* eine Sonate für Cello s. **sinnv.:** (die Trommel, Harfe) schlagen; ↑musizieren. **4. a)** ⟨tr.⟩ ↑*aufführen:* Theater s.; das Ensemble spielte zum ersten Mal ein modernes Stück. **b)** ⟨tr.⟩ *als Schauspieler in einer bestimmten Rolle agieren:* er spielt den Hamlet. **sinnv.:** auftreten/erscheinen als, darstellen, verkörpern · doubeln. **c)** ⟨itr.⟩ *auftreten:* bei den Festspielen werden berühmte Solisten s. **sinnv.:** ↑agieren. **5.** ⟨tr./itr.⟩ ↑*vortäuschen:* er spielte den reichen Mann; bei ihr ist alles nur gespielt. **6.** ⟨itr.⟩ *sich an einem bestimmten Ort, zu einer bestimmten Zeit ereignen:* der Roman, die Oper spielt in Italien, am Ende des 19. Jahrhunderts. **7.** ⟨itr.⟩ *[sich] ohne bestimmten Zweck, Sinn bewegen:* mit den Augen s.; der Wind spielt in den Zweigen; die Wellen s. um die Felsen. **8.** ⟨itr.⟩ *schimmern, schillern:* der Edelstein spielt in allen Farben. **9.** ⟨itr.⟩ **a)** *zeigen, einsetzen [um etwas zu erreichen]:* sie spielte mit all ihren Reizen; sie ließ ihren ganzen Charme s. **sinnv.:** ↑anwenden. **b)** *sich nicht ernst (mit jmdm./etwas) befassen, sich nicht engagieren:* er spielt nur mit ihren Gefühlen.

spie|lend ⟨Adj.⟩: *mit Leichtigkeit, ohne Mühe, Anstrengung:* er bewältigte die Aufgabe s.; der Apparat ist s. leicht *(mit großer Leichtigkeit)* zu handhaben. **sinnv.:** ↑mühelos.

Spie|ler, der; -s, -, **Spie|le|rin,** die; -, -nen: **1.** *Sportler bzw. Sportlerin, der/die aktiv an sportlichen Veranstaltungen teilnimmt, der/die in einer Mannschaft spielt:* er ist ein fairer Spieler. **Zus.:** Abwehr-, Angriffs-, Billard-, Ersatz-, Fußball-, Lizenz-, Nachwuchs-, National-, Schach-, Vertragspieler. **2.** *männliche bzw. weibliche Person, die dem Glücksspiel verfallen ist:* er ist als Spieler bekannt. **sinnv.:** Glücksspieler, Hasardeur · Abenteurer, Glücksritter.

Spie|le|rei, die; -, -en: **a)** *nicht sinnvolles, ernst zu nehmendes Tun:* das sind alles nur Spielereien. **sinnv.:** Spaß. **b)** *leichte Aufgabe:* die Arbeit war für ihn eine S. **sinnv.:** Kinderspiel; ↑Kleinigkeit.

spie|le|risch ⟨Adj.⟩: **a)** *sich wie bei einem Spiel verhaltend; eine große Leichtigkeit, keinerlei Verkrampfung (bei etwas) zeigend; nur so leichthin:* fast s. betätigte er den Hebel. **b)** ⟨nicht prädikativ⟩ *die Technik des Spiels betreffend* /bes. beim Sport/: wir hatten es mit einem s. hervorragenden Gegner zu tun.

Spiel|feld, das; -[e]s, -er: *abgegrenzte Fläche für sportliche Spiele:* die Zuschauer liefen auf das S. **sinnv.:** Feld, Fußballplatz, Platz, (grüner) Rasen, Sportfeld, Sportplatz, Sportstadion, Stadion, Wettkampfplatz.

Spiel|höl|le, die; -, -n: *(in den Augen des Sprechers) berüchtigte, unseriöse Spielbank:* das dunkle Treiben in den Spielhöllen. **sinnv.:** ↑Spielbank.

Spiel|kar|te, die; -, -n: *einzelne Karte eines Kartenspiels* (siehe Bildleiste): neue Spielkarten kaufen. **sinnv.:** Blatt, Karte; Herz, Karo, Eckstein, Kreuz, Pik, Schippe; As, Bube, Dame, König.

Spiel|ka|si|no, das; -s, -s: ↑*Spielbank.*

Spiel|plan, der; -[e]s, Spielpläne: *Plan, auf dem für eine bestimmte Zeit die Termine der Aufführungen einer Bühne festgelegt und öffentlich bekanntgegeben werden:* der S. für die nächsten zwei Wochen; auf dem S. stehen *(aufgeführt werden);* vom S. abgesetzt werden *(nicht mehr aufgeführt werden).* **sinnv.:** Programm. **Zus.:** Sommer-, Winterspielplan.

Spiel|platz, der; -es, Spielplätze: *[öffentlicher] für Kinder eingerichteter Platz zum Spielen:* die Kinder sind auf dem S. **sinnv.:** Sandkasten, Sandplatz, Spielwiese, Tummelplatz. **Zus.:** Kinderspielplatz.

Spiel|raum, der; -[e]s, Spielräume: **a)** *Zwischenraum, übriger Platz [der leichte Abweichungen vom üblichen Verlauf einer Bewegung zuläßt]:* die festen Teile der Maschine brauchen einen größeren S. **sinnv.:** Abstand, Lücke, Raum, Zwischenraum; ↑Ausmaß. **b)** *Möglichkeit, sich frei zu bewegen, sich in seiner Tätigkeit frei zu entfalten:* jmdm., den Interessen einen möglichst großen S. gewähren, lassen. **sinnv.:** Bewegungsfreiheit, Ellenbogenfreiheit, Freizügigkeit, Unabhängigkeit; ↑Freiheit.

Spiel|re|geln, die ⟨Plural⟩: *Regeln, nach denen ein Spiel vor sich geht:* dieser Fußballer scheint die S. nicht zu kennen; gegen die S. verstoßen *(falsch spielen).*

Spiel|ver|der|ber, der; -s, -, **Spiel|ver|der|be|rin,** die; -, -nen: *männliche bzw. weibliche Person, die durch ihr Verhalten, ihre Stimmung anderen die Freude an etwas nimmt:* sei [doch] kein Spielverderber!

Spiel|wa|ren, die ⟨Plural⟩: *als Spielzeug für Kinder angebotene Waren:* die S. finden Sie in der vierten Etage unseres Kaufhauses. **sinnv.:** ↑Spielzeug.

Spiel|zeit, die; -, -en: **1. a)** *Zeitabschnitt innerhalb eines Jahres, während dessen ein Theater geöffnet hat:* dieses Jahr gab es während der ganzen S. nur drei Premieren. **sinnv.:** [Theater]saison. **b)** *Zeit, während der in einem Kino ein Film läuft:* nach einer S. von vier Wochen wurde der Film wieder abgesetzt. **2.** *Zeit, die zur Durchführung eines Spieles vorgeschrieben ist:* während der regulären S. war noch kein Tor gefallen.

Spiel|zeug, das; -[e]s, -e: **a)** ⟨ohne Plural⟩ *zum Spielen verwendete Gegenstände:* das S. aufräumen. **sinnv.:** Kinderspielzeug, Spielsachen, Spielwaren. **Zus.:** Holzspielzeug. **b)** *einzelner zum Spielen verwendeter Gegenstand:* dem Kind zum Geburtstag ein S. kaufen.

Spieß, der; -es, -e: *Stab mit einem spitzen Ende zum [Durch]stechen* (siehe Bildleiste „Waffen"): Fleisch am S. braten. **sinnv.:** ↑Speer.

Spieß|bür|ger, der; -s, -, **Spieß|bür|ge|rin,** die; -, -nen: *(im Urteil des Sprechers) starr am Althergebrachten hängender, kleinlich denkender Mensch mit einem äußerst engen Horizont:* er ist ein richtiger Spießbürger geworden. **sinnv.:** ↑Banause.

spieß|bür|ger|lich ⟨Adj.⟩: *engstirnig, kleinlich (wie ein Spießbürger):* spießbürgerliche Ansichten vertreten. **sinnv.:** banausisch, spießig, ungebildet, ungeistig, unkünstlerisch; ↑engherzig.

spie|ßen ⟨tr.⟩: **a)** *(auf einen spitzen Gegenstand) stecken:* die Kartoffel auf die Gabel s. **sinnv.:** ↑aufspießen. **b)** *(mit einem spitzen Gegenstand) befestigen:* das Bild mit einer Nadel auf das Brett s. **sinnv.:** ↑befestigen.

Spie|ßer, der; -s, -, **Spie|ße|rin,** die; -, -nen (ugs.): ↑*Spießbürger.*

Spieß|ge|sel|le, der; -n, -n: *Freund, Kumpan, der an den gleichen üblen Taten beteiligt ist:* der Verbrecher und seine Spießgesellen. **sinnv.:** ↑Komplize.

spie|ßig ⟨Adj.⟩ (ugs.): ↑*spießbürgerlich.*

Spikes [spaɪks], die ⟨Plural⟩: **1.** *Stifte aus Stahl (an den Schuhsohlen von Läufern oder an bestimmten Autoreifen), die das Gleiten verhindern:* Schuhe, Autoreifen mit S. **2.** *Schuhe, an deren Sohlen sich Stifte aus Stahl*

befinden: mit S. konnte er seine Schnelligkeit bedeutend erhöhen. **sinnv.:** Laufschuhe, Rennschuhe, Turnschuhe.

Spi|nat, der; -[e]s: *im Garten gezogene Pflanze mit dunkelgrünen Blättern, aus denen Gemüse gekocht wird.*

Spind, das und der; -[e]s, -e: *einfacher, schmaler Schrank bes. in Kasernen und Heimen:* er muß seinen S. in Ordnung bringen. **sinnv.:** ↑Schrank. **Zus.:** Kleider-, Küchen-, Wäschespind.

Spin|ne, die; -, -n: *(zu den Gliederfüßern gehörendes) [Spinndrüsen besitzendes] Tier mit einem in Kopf-Brust-Stück und Hinterleib gegliederten Körper und vier Beinpaaren:* die S. spinnt ihr Netz. **Zus.:** Kreuz-, Vogelspinne.

spin|nen, spann, hat gesponnen: **1.** ⟨tr.⟩ **a)** *mit dem Spinnrad oder der Spinnmaschine Fasern zu einem Faden drehen:* Garn, Wolle s. **b)** *(von Spinnen und bestimmten Raupen) Fäden erzeugen:* die Spinne spann einen Faden, an dem sie sich herunterließ. **2.** (ugs.) ⟨itr.⟩ *verrückte Ideen haben:* den darfst du nicht ernst nehmen, der spinnt. **sinnv.:** nicht alle beisammenhaben, einen Dachschaden haben, nicht ganz dicht sein, von allen guten Geistern verlassen sein, nicht ganz gescheit sein, einen Haschmich/einen Hau/einen Knacks/einen Knall/eine Macke/einen kleinen Mann im Ohr/eine Meise haben, meschugge sein, bei jmdm. piept es, plemplem sein, einen Rappel haben, bei jmdm. rappelt es, nicht ganz richtig [im Oberstübchen] sein, bei jmdm. ist eine Schraube locker, nicht bei Sinnen sein, spintisieren, einen Sprung in der Schüssel/einen Stich/nicht alle Tassen im Schrank/einen Tick haben, nicht bei Trost/verrückt sein, einen Vogel haben; ↑verrückt.

Spin|ner, der; -s, -: **1.** *Facharbeiter in einer Spinnerei.* **2.** (ugs.) *jmd., der verrückte Ideen hat:* er war schon immer ein großer S. **sinnv.:** ↑Dummkopf.

Spin|ne|rin, die; -, -nen: *weibliche Person, die Wolle spinnt.*

Spinn|we|be, die; -, -n: *von einer Spinne angefertigtes Netz aus feinen, dünnen Fäden:* mit einem Besen die Spinnweben von der Wand entfernen. **sinnv.:** Spinnengewebe, Spinnennetz.

spin|ti|sie|ren ⟨itr.⟩ (ugs.): *abwegigen Gedanken nachhängen, grübeln:* er sollte nicht soviel s. **sinnv.:** ↑lügen; ↑spinnen; ↑nachdenken.

Spi|on, der; -s, -e, **Spio|nin,** die; -, -nen: *männliche bzw. weibliche Person, die Spionage treibt:* er wurde als Spion entlarvt. **sinnv.:** ↑Agent, Auskundschafter, Kundschafter, Lauscher, Schnüffler, Späher, ↑Spitzel, Verbindungsmann, V-Mann; ↑Gewährsmann.

Spio|na|ge [ʃpio'na:ʒə], die; -: *das Ermitteln von Staatsgeheimnissen, geheimen Informationen im Auftrag einer ausländischen Macht:* S. treiben; jmdn. unter dem Verdacht der S. verhaften. **sinnv.:** Agentendienst, Agententätigkeit. **Zus.:** Werk[s]-, Wirtschaftsspionage.

spio|nie|ren ⟨itr.⟩: **a)** *als Spion arbeiten; Spionage treiben:* er hat für eine ausländische Macht spioniert. **sinnv.:** ↑abhören, anzapfen, ↑auskundschaften, ↑nachforschen, schnüffeln. **b)** *aus Neugier überall herumsuchen, nachforschen:* er spioniert im ganzen Betrieb, in allen Schreibtischen. **sinnv.:** herumschnüffeln, ↑nachforschen, nachschnüffeln, nachspionieren, schnüffeln; ↑auskundschaften.

Spi|ra|le, die; -, -n: **1.** *Kurve, die sich um eine Achse hoch- oder mit wachsendem Abstand um einen Punkt windet:* eine S. zeichnen. **sinnv.:** Schneckenlinie, Schraubenlinie, Wendel. **Zus.:** Heiz-, Lohn-Preis-Spirale. **2.** (ugs.) *spiralförmiges Pessar.* **sinnv.:** ↑Pessar.

Spi|ri|tuo|se, die; -, -n ⟨meist Plural⟩: *Getränke mit hohem Gehalt an Alkohol:* mit Spirituosen handeln; ein Geschäft für Weine und Spirituosen. **sinnv.:** Alkohol; ↑Branntwein.

Spi|ri|tus, der; -: *technischen Zwecken dienender, vergällter (Äthyl)alkohol:* mit S. *(auf einem Spirituskocher)* kochen. **sinnv.:** Alkohol, Sprit, Weingeist. **Zus.:** Brenn-, Hart-, Kartoffel-, Trokkenspiritus.

spitz ⟨Adj.⟩: **1.** ⟨nicht adverbial⟩ **a)** *zu einem Punkt zusammenlaufend und dadurch so scharf, daß es sticht:* spitze Nadeln; der Nagel ist sehr s. **sinnv.:** angespitzt, mit einer Spitze versehen, zugespitzt; ↑scharf. **Zus.:** nadelspitz. **b)** *in eine Spitze zulaufend; eine Spitze bildend:* der Turm hat ein spitzes Dach; spitze Schuhe tragen. **sinnv.:** eckig, kantig. **Zus.:** Drei-, Zweispitz. **2.** (ugs.) ↑*boshaft:* spitze Bemerkungen machen; spitze Reden führen.

Spitz|bart, der; -[e]s, Spitzbärte: *nach unten spitz zulaufender Kinnbart* (siehe Bildleiste „Bärte").

Spitz|bu|be, der; -n, -n: **1.** *gerissener, nicht ganz ehrlicher Mensch:* diesem Spitzbuben ist er bald auf die Schliche gekommen. **sinnv.:** ↑Betrüger. **2.** (fam.) *auf liebenswürdig-schalkhafte Art frecher [kleiner] Junge:* hab ich dich schon wieder beim Naschen erwischt, du S. **sinnv.:** ↑Junge.

spitz|bü|bisch ⟨Adj.⟩: *insgeheim über jmdn./etwas belustigt:* s. lächeln; ein spitzbübisches Gesicht. **sinnv.:** pfiffig, schalkhaft, schelmisch, verschmitzt.

spit|ze ⟨Adj.⟩ (ugs.): ↑*klasse:* ein s. Hallenbad haben die hier; die Musik ist s. **sinnv.:** ↑vortrefflich.

Spit|ze, die; -, -n: **1. a)** *das in einem Punkt spitz zusammenlaufende Ende von etwas:* die S. des Turmes; die S. des Bleistifts ist abgebrochen; auf der S. des Berges. **sinnv.:** ↑Dorn, ↑Gipfel, ↑Wipfel, ↑Zipfel. **Zus.:** Bleistift-, Finger-, Fuß-, Kirchturm-, Nadel-, Nasen-, Pfeil-, Schwanz-, Speer-, Turm-, Zehenspitze. **b)** *vorderster, anführender Teil; führende Position (bes. in bezug auf Leistung, Erfolg, Qualität):* bei der Demonstration marschierte er an der S. des Zuges; an der S. des Konzerns, des Staates stehen; die Mannschaft liegt an der S. der Tabelle. **sinnv.:** Führung, Spitzenposition, erste Stelle. **Zus.:** Firmen-, Heeres-, Konzern-, Tabellen-, Truppenspitze. **2.** (ugs.) *höchste Leistung, Geschwindigkeit o. ä.; höchstes Maß:* der Wagen fährt 220 km/h S.; die absolute S. in diesem Jahr waren 2 Millionen verkaufte Exemplare. **sinnv.:** Gipfel, Höchstleistung, Höchstmaß, Höchstwert, Spitzenleistung. **Zus.:** Produktions-, Saison-, Verkehrsspitze. **3.** *ironische, boshafte Bemerkung:* seine Rede enthielt einige Spitzen gegen die Regierung. **sinnv.:** Anspielung, Anzüglichkeit, Bissigkeit, ↑Einwurf, Seitenhieb, Stich, Stichelei, Zweideutigkeit. **4.** ⟨ohne Plural⟩ (ugs.) ↑*spitze:* dein neues T-Shirt ist S. **sinnv.:** ↑vortrefflich. **5.** *fei-*

nes, durchbrochenes Gewebe: eine Bluse aus echter Spitze.

Spit|zel, der; -s, -: *jmd., der in fremdem Auftrag heimlich beobachtet, mithört oder aufpaßt und seine Beobachtungen seinem Auftraggeber mitteilt:* jmdn. als S. einsetzen, entlarven. **sinnv.:** ↑Agent, ↑Denunziant, Lockvogel, ↑Spion. **Zus.:** Lock-, Polizeispitzel.

spit|zen: ⟨tr.⟩ *mit einer Spitze versehen, spitz machen:* den Bleistift s. **sinnv.:** ↑schärfen. **Zus.:** an-, zuspitzen.

Spit|zen- ⟨Präfixoid⟩ **1.** (emotional) **a)** *jmd., der als die im Basiswort genannte Person besonders gut, erstklassig ist, zur Spitze gehört:* Spitzendarsteller, -könner, -kraft, -mann, -mannschaft, -spieler, -sportler, -team. **b)** *etwas, was qualitativ o. ä. mit an oberster Stelle steht:* Spitzenbetrieb, -erzeugnis, -film, -hotel, -klasse, -leistung, -produkt, -titel (beim Schlager), -wein, -zeit *(Bestzeit eines Sportlers, Rekordzeit).* **sinnv.:** Bomben-, Chef-, General-, Haupt-, Klasse-, Meister-, Ober-, Sonder-, Spezial-, Super-, Top-. **2.** *etwas/jmd., der als die im Basiswort genannte Sache oder Person eine hohe Position hat, von hohem Rang, Einfluß ist:* Spitzenagent, -funktionär, -gespräch, -kader, -kandidat, -organisation, -politiker, -technologie. **3.** */kennzeichnet das im Basiswort Genannte als etwas, was den Höchstwert, das Höchstmaß davon darstellt/:* Spitzenbedarf, -belastung, -einkommen-, -gehalt, -geschwindigkeit, -preis, -qualität, -temperatur, -verdiener, -wert, -zeit *(Zeit der stärksten Belastung, z. B. im Verkehr).* **sinnv.:** Höchst-.

spitz|fin|dig ⟨Adj.⟩: *in einer oft als ärgerlich empfundenen Art und Weise übertrieben scharfe Unterscheidungen treffend:* diese Erklärung ist mir zu s.; spitzfindige Unterschiede machen. **sinnv.:** haarspalterisch, kasuistisch, kleinlich, rabulistisch, sophistisch, wortklauberisch.

Spitz|na|me, der; -ns, -n: *Name, den jmd./etwas aus Scherz oder aus Spott auf Grund einer auffallenden Eigenschaft erhält:* jmdm. einen Spitznamen geben; einen Spitznamen bekommen. **sinnv.:** Beiname, Neckname, Scherzname, Spottname, Übername, Uzname.

Spleen [ʃpli:n], der; -s, -e und -s: *überspannte Idee, Marotte, die jmd. in den Augen des Sprechers hat:* sie hat den S., nur grüne Kleider zu tragen; das ist so ein S. von dir! **sinnv.:** ↑Angewohnheit, Fimmel, fixe Idee, Macke, Marotte, Schrulle, Tick, Überspanntheit, Unart, Verrücktheit, Wunderlichkeit.

Split|ter, der; -s, -: *spitzes, dünnes Teilchen, Bruchstück von einem spröden Material:* überall lagen Splitter des zersprungenen Fensters. **sinnv.:** ↑Scherbe; ↑Span. **Zus.:** Glas-, Holz-, Knochen-, Lacksplitter.

split|tern, splitterte, hat/ist gesplittert ⟨itr.⟩: **a)** *so beschaffen sein, daß sich am Rand Splitter ablösen:* das Holz hat gesplittert. **Zus.:** ab-, aufsplittern. **b)** *in der Weise zerbrechen, daß Splitter entstehen:* die Scheibe, der Balken ist gesplittert. **Zus.:** auseinander-, zersplittern.

split|ter|nackt ⟨Adj.⟩ (emotional): *(von einem Menschen) völlig nackt:* der Betrunkene lief s. auf die Straße.

spon|tan ⟨Adj.⟩: *ohne lange Überlegung, aus einem plötzlichen Antrieb, Impuls heraus:* s. seine Hilfe anbieten; nach dieser Bemerkung des Redners verließen die Zuhörer s. den Saal. **sinnv.:** ↑freiwillig.

spo|ra|disch ⟨Adj.⟩ (geh.): *verstreut, vereinzelt, nur gelegentlich vorkommend:* diese Erscheinungen treten nur s. auf. **sinnv.:** ↑selten.

Spo|re, die; -, -n: *Zelle (niederer Pflanzen), die der ungeschlechtlichen Fortpflanzung dient:* die Sporen bei den Algen und Pilzen.

Sporn, der; -s, Sporen: **a)** *am Absatz des Stiefels befestigter Dorn oder kleines Rädchen, mit dem der Reiter das Pferd antreibt:* Sporen tragen; dem Pferd die Sporen geben. **b)** *spitze, nach hinten gerichtete Kralle am Fuß von Vögeln:* die Sporen des Hahns.

Sport, der; -s: **1.** *nach bestimmten festen Regeln [im Wettkampf mit anderen] ausgeübte körperliche Betätigung (aus Freude an Bewegung und Spiel und/oder zur körperlichen Ertüchtigung):* S. treiben; für [den] S. begeistert sein. **sinnv.:** ↑Gymnastik, Körperertüchtigung, Körpererziehung, Leibeserziehung, Leibesübungen, Turnen; ↑Spiel. **Zus.:** Angel-, Breiten-, Früh-, Hochleistungs-, Kampf-, Kraft-, Motor-, Leistungs-, Pferde-, Rasen-, Reit-, Schul-, Schwimm-, Segel-, Spitzen-, Versehrten-, Volks-, Wasser-, Wintersport. **2.** *bestimmte Art sportlicher Betätigung:* Golfspielen ist ein teurer S.; welchen S. kann man hier treiben? **sinnv.:** sportliche Disziplin, Sportart.

Sport|ler, der; -s, -, **Sport|le|rin,** die; -, -nen: *männliche bzw. weibliche Person, die aktiv Sport treibt:* er ist ein guter, fairer S. **sinnv.:** Athlet, ↑Kämpfer, Leichtathlet, Olympionike, Schwerathlet, Sport[s]kanone, Sportsmann, Turner, Wettkämpfer; ↑Mann. **Zus.:** Amateur-, Berufs-, Leistungs-, Spitzensportler.

sport|lich ⟨Adj.⟩: **1. a)** *den Sport betreffend:* seine sportliche Laufbahn beenden; sich s. betätigen. **b)** *wie vom Sporttreiben geprägt und daher elastisch-schlank:* er hat eine sportliche Figur; er ist ein sportlicher Typ. **sinnv.:** ↑athletisch, behende, drahtig, durchtrainiert, gut gebaut/gewachsen, kräftig, muskulös, rank, schlank, sehnig. **2.** *in seinem Schnitt einfach, zweckmäßig und zugleich flott:* ein sportliches Kostüm; ein sportlicher Anzug. **sinnv.:** elegant, fesch, flott, lässig.

Spot [spɔt], der; -s, -s: *kurzer, prägnanter Werbetext im Hörfunk oder kurzer Werbefilm in Kino oder Fernsehen.* **sinnv.:** Slogan, Werbeslogan, Werbespruch; ↑Werbung. **Zus.:** Fernseh-, Werbespot.

Spott, der; -[e]s: *Äußerung, mit der man sich über jmdn. oder etwas lustig macht, bei der man Schadenfreude, auch Verachtung empfindet:* er sprach mit S. von seinen Gegnern; jmdn. dem S. der Öffentlichkeit preisgeben. **sinnv.:** ↑Humor.

spöt|teln ⟨itr.⟩: *sich mit leicht spöttischen Bemerkungen (über jmdn./etwas) lustig machen:* er spöttelte über den Eifer der anderen. **sinnv.:** ↑aufziehen, ↑sticheln. **Zus.:** bespötteln.

spot|ten, spottete, hat gespottet ⟨itr.⟩: *Spott äußern:* über jmdn./jmds. Kleidung s.; du hast gut s., du mußt ja nicht ins Krankenhaus. **sinnv.:** ↑aufziehen; ↑sticheln; ↑verspotten. **Zus.:** aus-, be-, verspotten.

spöt|tisch ⟨Adj.⟩: **a)** *zum Spot-*

ten neigend: ein spöttischer Mensch. **sinnv.:** boshaft, ironisch, sarkastisch · zynisch. **b)** *Spott ausdrückend:* ein spöttisches Lächeln; etwas s. bemerken. **sinnv.:** anzüglich, beißend, bissig, boshaft, gallig, höhnisch, ironisch, kalt, sarkastisch, satirisch, scharf, schnoddrig, spitz, zynisch; ↑schnippisch.

Spra|che, die; -, -n: **1.** ⟨ohne Plural⟩ *das Sprechen; die Fähigkeit zu sprechen:* durch den Schock verlor er die S.; die S. wiederfinden. **Zus.:** Ab-, An-, Aus-, Für-, Rück-, Vor-, Zu-, Zwiesprache. **2.** *System von Zeichen und Lauten, das von Angehörigen einer bestimmten sozialen Gemeinschaft (z. B. von einem Volk) in gesprochener und geschriebener Form als Mittel zur Verständigung benutzt wird:* die deutsche, englische, russische S.; er beherrscht mehrere Sprachen; einen Text in eine andere S. übersetzen; eine lebende, tote S. **Zus.:** Bantu-, Eskimo-, Gauner-, Geheim-, Hilfs-, Indianer-, Kunst-, Mutter-, Plan-, Taubstummen-, Turk-, Welt-, Welthilfs-, Zeichen-, Zigeunersprache. **3.** *Art zu sprechen, zu formulieren:* seine S. ist sehr lebendig, poetisch, nüchtern; sie schreibt in der S. des einfachen Volkes; die S. Goethes. **sinnv.:** ↑Ausdrucksweise, Jargon, Mundart. **Zus.:** Bergmanns-, Bühnen-, Dichter-, Fach-, Hoch-, Jäger-, Jugend-, Kanzlei-, Kinder-, Schüler-, Seemanns-, Soldaten-, Standard-, Studenten-, Volks-, Vulgärsprache.

Sprach|ge|fühl, das; -s: **1.** *Gefühl, Sinn für den richtigen, der geltenden Sprachnorm entsprechenden Gebrauch von Sprache:* nach meinem S. ist die Konjunktivform „bräuchte" falsch. **2.** *Gefühl für den richtigen, passenden Ausdruck:* er hat ein gutes, ausgeprägtes S.; nach meinem S. stehen die Bedeutungen des Wortes „Flügel" beim Vogel und beim Fenster nicht mehr miteinander in Beziehung; die stilistischen Einstufungen entsprechen dem S. des modernen Menschen. **sinnv.:** Intuition, Sprachbewußtsein, Spracherziehung, Sprachsinn.

Sprach|kri|tik, die; -, -en: **a)** *Kritik an einem als nicht vorbildlich angesehenen bestimmten Sprachgebrauch mit dem Ziel, ihn an eine als vorbildlich betrachtete Sprachnorm anzupassen.* **b)** *kritische Beurteilung des Einsatzes sprachlicher Mittel und des damit verfolgten Zwecks.*

Sprach|la|bor, das; -s, -s: *mit den verschiedensten Mitteln moderner Technik (Tonbandgerät, Schallplatte, Lichtbild) ausgerüstete Einrichtung für den Sprech- und Sprachunterricht, bei der jeder Teilnehmer sich selbst beim Sprechen kontrollieren kann.*

sprach|lich ⟨Adj.⟩: *die Sprache betreffend, auf sie bezogen:* der Aufsatz ist s. gut; eine sprachliche Eigentümlichkeit.

sprach|los ⟨Adj.⟩: *so in Erstaunen versetzt, daß man nichts sagen kann:* er war s. [vor Entsetzen, Schrecken]; es ist unglaublich, ich bin einfach s. **sinnv.:** erstaunt, staunend, stumm, überrascht, verblüfft, verdutzt.

Spray [spreı], der und das; -s, -s: *(für verschiedene Zwecke verwendete) Flüssigkeit, die aus einer speziellen Dose fein zerstäubt wird:* Sie bekommen das Mittel auch als S.; ein S. gegen Insekten. **sinnv.:** Deodorant, Sprühflüssigkeit, Sprühmittel. **Zus.:** Deo-, Fuß-, Haar-, Intim-, Körper-, Lack-, Nasen-, Raumspray.

spre|chen, spricht, sprach, hat gesprochen: **1.** ⟨itr.⟩ **a)** *Laute, Wörter bilden:* das Kind lernt s.; vor Schreck konnte er nicht mehr s. **sinnv.:** artikulieren, herausbringen, hervorbringen. **Zus.:** aus-, mit-, nachsprechen. **b)** *sich in bestimmter Weise ausdrücken:* laut, schnell, undeutlich, mit Akzent, in ernstem Ton s.; er hat bei seinem Vortrag frei gesprochen *(nicht vom Manuskript abgelesen).* **sinnv.:** sich ausdrücken, faseln, flöten, ↑flüstern, lallen, nuscheln, plappern, predigen, salbadern, säuseln, schnarren, schnattern, schreien, schwadronieren, schwafeln, stammeln. **2.** ⟨tr.⟩ *eine Sprache beherrschen:* er spricht mehrere Sprachen; sie spricht fließend Französisch. **3.** ⟨itr.⟩ *eine Meinung darlegen; urteilen:* gut, schlecht über jmdn./etwas, von jmdm./etwas s. **sinnv.:** ↑anmerken, sich ↑äußern, bemerken, sagen. **4. a)** ⟨itr.⟩ *Worte wechseln:* die Frauen s. schon seit einer halben Stunde Stunden [miteinander] auf der Straße; wir sprachen gerade von dir, von den Preisen. **sinnv.:** palavern, ↑quasseln, quatschen, ↑reden. **b)** ⟨tr.⟩ *jmdn. treffen, erreichen und mit ihm ins Gespräch kommen:* wir haben ihn nach dem Theater gesprochen; kann ich Herrn Meyer sprechen? **5.** ⟨itr.⟩ *von etwas in Kenntnis setzen, darüber berichten:* er spricht von seiner Reise nach Amerika; vor aller Öffentlichkeit sprach er über seine familiären Verhältnisse; wovon wollte ich [jetzt] s. **sinnv.:** ↑mitteilen, reden. **6.** ⟨itr.⟩ *über etwas diskutieren, sich besprechen:* darüber müssen wir noch s.; ich habe mit dir noch zu s. **sinnv.:** ↑erörtern. **7.** ⟨itr.⟩ *eine Rede, Ansprache o. ä. halten:* der Professor spricht heute abend [im Rundfunk]; der Vorsitzende hat nur kurz gesprochen und dann sofort die Diskussion eröffnet.

Spre|cher, der; -s, -, **Spre|che|rin,** die; -, -nen: *männliche bzw. weibliche Person, die (in Rundfunk oder Fernsehen) als Ansager bzw. als Ansagerin arbeitet, Nachrichten o. ä. liest:* er ist Sprecher beim Rundfunk, Fernsehen. **sinnv.:** ↑Ansager. **Zus.:** Fernseh-, Nachrichten-, Rundfunksprecher. **b)** *männliche bzw. weibliche Person, die im Namen einer bestimmten Gruppe o. ä. spricht, deren Interessen in der Öffentlichkeit vertritt:* der Sprecher der Bürgerinitiative. **sinnv.:** Beauftragter, Speaker, Wortführer. **Zus.:** Fraktions-, Klassen-, Presse-, Regierungs-, Vorstandssprecher.

Sprech|stun|de, die; -, -n: *Zeit, in der jemand, bes. ein Arzt, zur Beratung oder Behandlung aufgesucht werden kann:* der Arzt hat heute keine S.; in die S. gehen.

sprei|zen /vgl. gespreizt/: **1.** ⟨tr.⟩ *soweit als möglich auseinanderstrecken, (von etwas) wegstrekken:* die Arme, Beine, Finger s. **sinnv.:** ↑ausstrecken, ↑grätschen. **2.** ⟨sich s.⟩ **a)** *sich unnötig lange bitten lassen, etwas Bestimmtes zu tun:* sie spreizte sich erst eine Weile, dann machte sie schließlich auch mit. **sinnv.:** sich sträuben, sich zieren. **b)** *sich besonders eitel und eingebildet gebärden:* er spreizte sich wie ein Pfau in seinem neuen Anzug. **sinnv.:** ↑prahlen.

spren|gen: I. a) ⟨tr./itr.⟩ *mit Hilfe von Sprengstoff zum Bersten bringen, zerstören:* eine Brücke, ein Gebäude, Felsen s. **b)** ⟨tr.⟩ *mit Gewalt auseinander-*

reißen, öffnen, zertrümmern: Ketten, das Tor s.; das Wasser sprengte das Eis. **sinnv.:** ↑aufbrechen. **II.** ⟨tr.⟩ *naß machen, indem man Wasser mit einem Schlauch o. ä. in dünnem Strahl darüber verteilt:* den Rasen, die Straßen bei Trockenheit s.; die Wäsche vor dem Bügeln s. **sinnv.:** anfeuchten, befeuchten, begießen, benetzen, beregnen, berieseln, besprengen, bespritzen, besprühen, bewässern, einspritzen, gießen, netzen, spritzen, ↑sprühen, wässern. **Zus.:** be-, einsprengen.

Spreng|kör|per, der; -s, -: *mit Sprengstoff gefüllte Kapsel, Hülle o. ä.* **sinnv.:** Bombe, Briefbombe, Granate, Handgranate, Mine, Molotowcocktail, Plastikbombe, Sprengsatz, Sprengstoffpaket, Zeitbombe.

Spreng|stoff, der; -[e]s, -e: *chemischer Stoff, der explodiert, wenn er gezündet wird:* Dynamit ist ein sehr gefährlicher S.

Spreu, die; -: *aus Hülsen, Spelzen o. ä. bestehender Abfall beim Dreschen.*

Sprich|wort, das; -[e]s, Sprichwörter: *kurz gefaßter, lehrhafter und einprägsamer Satz, der eine immer wieder gemachte Erfahrung ausdrückt:* „Man soll den Tag nicht vor dem Abend loben" ist ein altes S. **sinnv.:** ↑Ausspruch.

sprich|wört|lich ⟨Adj.⟩: **a)** *als Sprichwort [verwendet]; zu einem Sprichwort, zu einer festen Floskel geworden:* sprichwörtliche Redensarten; dieser Ausspruch wird bereits s. gebraucht. **b)** *häufig in einem bestimmten Zusammenhang zitiert, allgemein bekannt:* die sprichwörtliche deutsche Gründlichkeit; seine Unpünklichkeit ist schon s. **sinnv.:** allbekannt, gang und gäbe.

sprie|ßen, sproß, ist gesprossen ⟨itr.⟩: *zu wachsen beginnen:* die Blumen sprießen, seit es so warm geworden ist. **sinnv.:** aufgehen, aufkeimen, ausschlagen, austreiben, grün werden, grünen, hervorwachsen; sich ↑entwickeln; ↑keimen; ↑wuchern. **Zus.:** auf-, empor-, hervorsprießen.

sprin|gen, sprang, hat/ist gesprungen ⟨itr.⟩: **1. a)** *sich kräftig mit den Beinen vom Boden abstoßend in die Höhe und/oder in eine bestimmte Richtung bewegen:* über den Graben, in die Höhe s.; er ist durch das Fenster gesprungen. **sinnv.:** hechten, hoppeln, hopsen, hüpfen, schnellen; sich ↑schwingen. **Zus.:** ab-, auf-, empor-, herunter-, hinab-, hinauf-, hinein-, hoch-, vor-, weg-, zurückspringen. **b)** *sich springend* (1 a) *irgendwohin bewegen:* das Kind ist über die Straße gesprungen; mehrere Rehe sprangen über die Wiese. **sinnv.:** sich ↑fortbewegen. **c)** *mit einem Sprung (als sportlicher Diziplin) eine bestimmte Distanz in Höhe oder Weite überwinden:* er ist 7,48 m [weit], 2,20 m [hoch] gesprungen; er ist/hat noch nicht gesprungen; ⟨auch tr.⟩ sie hat einen neuen Rekord gesprungen. **2.** (geh.) *spritzend, sprudelnd, sprühend (aus etwas) hervortreten:* Funken sind aus dem Holzstoß gesprungen; Blut sprang aus der Wunde. **sinnv.:** ↑sprühen. **3.** *(von bestimmtem, sprödem Material) einen Sprung, Sprünge bekommen:* das Porzellan ist gesprungen. **sinnv.:** ↑zerbrechen. **Zus.:** auf-, zerspringen.

Sprint, der; -s, -s: *Wettlauf, Wettrennen über eine kurze Strekke:* solche Schuhe sind für Sprints am besten geeignet. **sinnv.:** ↑Lauf.

sprin|ten, sprintete, hat/ist gesprintet ⟨itr.⟩: **a)** *einen Sprint machen:* gestern hat/ist unser Läufer besonders gut gesprintet. **b)** (ugs.) *schnell [irgendwohin] laufen:* ich mußte ganz schön s., um den Zug noch zu erreichen; er ist über den Hof gesprintet. **sinnv.:** sich ↑fortbewegen.

Sprit|ze, die; -, -n: **1.:** *meist mit einer motorgetriebenen Pumpe arbeitendes Gerät (der Feuerwehr) zum Löschen von Bränden mit Hilfe von Wasser o. ä.:* die Feuerwehr löschte mit fünf Spritzen. **Zus.:** Feuer-, Motor-, Wasserspritze. **2. a)** *medizinisches Gerät, mit dem ein Medikament o. ä. in flüssiger Form injiziert wird:* eine S. aufziehen. **Zus.:** Injektions-, Klistier-, Rekord-, Rückenmarkspritze. **b)** *das Hineinspritzen eines Medikamentes in flüssiger Form in den Körper:* jmdm. Spritzen geben. **sinnv.:** ↑Injektion. **c)** *in den Körper gespritztes Medikament in flüssiger Form:* die Spritzen wirkten schnell. **sinnv.:** Impfstoff, ↑Medikament, Serum.

sprit|zen, spritzte, hat/ist gespritzt: **1. a)** ⟨tr.⟩ *Flüssigkeit in Form von Tropfen oder Strahlen irgendwohin gelangen lassen:* die Feuerwehr hat Wasser und Schaum in das Feuer gespritzt; das Kind hat mir Wasser ins Gesicht gespritzt. **sinnv.:** ↑sprengen. **Zus.:** be-, naß-, vollspritzen. **b)** ⟨tr.⟩ *über jmdn./etwas gießen, sprühen:* der Bauer hat die Bäume [gegen Schädlinge] gespritzt; er hat sein Auto neu gespritzt. **sinnv.:** sprayen, ↑sprengen, ↑sprühen, übersprühen; ↑streichen. **Zus.:** auf-, über-, umspritzen. **c)** ⟨itr.⟩ *plötzlich in einem Strahl hervorschießen; in Tropfen auseinandersprühen:* Wasser ist aus der defekten Leitung gespritzt; heißes Fett ist aus der Pfanne gespritzt. **sinnv.:** ↑sprühen; ↑stieben. **2.** ⟨itr.⟩ (ugs.) *sehr schnell laufen, sich eilen:* wenn der Chef rief, ist er sofort gespritzt. **sinnv.:** sich ↑fortbewegen. **3.** ⟨tr./itr.⟩ *mit Hilfe einer Spritze* (2 a) *in den Körper gelangen lassen:* die Schwester hat ihr ein Beruhigungsmittel gespritzt; er ist Diabetiker und muß sich täglich s.; seit er nicht mehr spritzt *(sich Rauschgift injiziert),* säuft er. **sinnv.:** fixen, impfen, injizieren, eine Spritze geben. **Zus.:** ein-, hineinspritzen.

Sprit|zer, der; -s, -: **1. a)** *in Form von Tropfen oder in einem kurzen Strahl weggeschleuderte Flüssigkeit:* einige S. trafen seinen Anzug; die Soße mit einem S. Wein abschmecken. **Zus.:** Wasserspritzer. **b)** *kleiner, durch das Spritzen einer Flüssigkeit hervorgerufener Fleck:* auf seinem Gesicht waren Spritzer von roter Farbe zu sehen. **Zus.:** Blut-, Farb-, Tintenspritzer.

sprit|zig ⟨Adj.⟩: **a)** *flott, geistreich o. ä. und dadurch unterhaltsam:* spritzige Musik; eine s. geschriebene Reportage. **sinnv.:** ↑geistreich. **b)** *durch seinen Geschmack, seine Wirkung im Körper einen bestimmten Reiz, eine Belebung verursachend, hervorrufend:* ein spritziger Wein. **sinnv.:** anregend, aufpeitschend, aufputschend, belebend, feurig, prickelnd, stimulierend. **c)** *mit großem Beschleunigungsvermögen:* der Motor ist sehr s.; ein spritziges Auto. **sinnv.:** ↑schnell.

sprö|de ⟨Adj.⟩: **a)** *(in bezug auf einen harten Stoff) leicht brechend oder reißend:* sprödes Material, das Holz ist für diese Arbeit zu. **sinnv.:** nicht geschmeidig, starr, steif, unelastisch; ↑morsch; ↑rauh. **b)** *(bes. von* *weiblichen Personen) abweisend und daher nicht anziehend wirkend:* sie ist in ihrem Wesen sehr s. **sinnv.:** ↑unzugänglich.

Sproß, der; Sprosses, Sprosse: **1.** (geh.) *Nachkomme (einer Familie):* er ist der jüngste S. aus diesem Hause. **sinnv.:** ↑Angehöriger. **2.** *[junger] Trieb (einer Pflanze):* dieses Jahr bekam der Strauch viele junge Sprosse. **sinnv.:** Ableger, Schößling, Setzling, Steckling; ↑Samen; ↑Zweig.

Spros|se, die; -, -n: *[rundes] Querholz, -stange als Stufe einer Leiter:* eine S. ist gebrochen.

Spruch, der; -[e]s, Sprüche: **1.** *kurzer, einprägsamer Satz, der eine allgemeine Regel oder Weisheit zum Inhalt hat:* ein alter, frommer S.; Sprüche [aus der Bibel]. **sinnv.:** ↑Ausspruch. **Zus.:** Denk-, Kalender-, Leit-, Merk-, Trink-, Wahl-, Werbe-, Zauberspruch. **2.** *[verkündete] Entscheidung einer rechtsprechenden Institution o. ä.:* die Geschworenen müssen jetzt zu ihrem S. kommen. **sinnv.:** ↑Urteil. **Zus.:** Frei-, Richter-, Schieds-, Schuld-, Urteilsspruch.

Spru|del, der; -s, -: *stark kohlensäurehaltiges Mineralwasser.* **sinnv.:** ↑Mineralwasser.

spru|deln, sprudelte, hat/ist gesprudelt ⟨itr.⟩: **1.** *wallend und schäumend hervorströmen, sich irgendwohin ergießen:* der Bach sprudelt über das Geröll; eine Quelle ist aus dem Felsen gesprudelt. **sinnv.:** ↑fließen. **Zus.:** heraus-, hervorsprudeln. **2.** *in heftiger, wallender Bewegung sein und Blasen aufsteigen lassen:* das kochende Wasser sprudelte im Topf; die Lösung hat im Reagenzglas gesprudelt. **sinnv.:** ↑brodeln. **Zus.:** auf-, übersprudeln.

sprü|hen, sprühte, hat/ist gesprüht: **a)** ⟨tr.⟩ *in kleinen Teilchen von sich schleudern, irgendwohin fliegen lassen:* das Feuer, die Lokomotive hat Funken gesprüht. **sinnv.:** ausstoßen, auswerfen. **Zus.:** aus-, versprühen. **b)** ⟨itr.⟩ *(in Form von kleinen Teilchen) durch die Luft fliegen:* die Funken sind nach allen Seiten gesprüht. **sinnv.:** ↑stieben. **c)** *in vielen kleinen Tropfen, in zerstäubter Form irgendwohin gelangen lassen:* sie hat Wasser auf die Blätter gesprüht; sich ein Deodorant unter die Achseln s. **sinnv.:** ↑zerstäuben.

Sprung, der; -[e]s, Sprünge: **1.** *Bewegung, bei der man sich mit einem Fuß oder mit beiden Füßen abstößt und möglichst weit oder hoch zu kommen sucht:* der Sportler kam bei beiden Sprüngen über 7 m; er machte einen mächtigen S. über den Graben. **sinnv.:** Hecht, Hopser, Hüpfer, Salto [mortale], Satz. **Zus.:** Ab-, An-, Auf-, Bock-, Dreh-, Drei-, Grätsch-, Hecht-, Hoch-, Kopf-, Luft-, Schluß-, Seiten-, Spreiz-, Stabhoch-, Weitsprung. **2.** ⟨ohne Plural⟩ *kurze Entfernung; kurzer Zeitraum:* bis zur Wohnung meines Freundes ist es nur ein S.; komm doch auf einen S. *(für einen Augenblick)* zu mir herüber. **Zus.:** Katzensprung. **3.** *kleiner Spalt, Stelle, an der etwas [leicht] eingerissen ist:* das Glas, die Scheibe hat einen S.; die Decke hat Sprünge bekommen. **sinnv.:** ↑Riß.

sprung|haft ⟨Adj.⟩: **1.** *sich oft und plötzlich etwas anderem zuwendend:* er denkt, arbeitet sehr s.; er hat ein sehr sprunghaftes Wesen. **sinnv.:** ↑unausgeglichen. **2.** *ohne daß man damit gerechnet hat und übergangslos:* der Verkehr hat sich s. entwickelt; der sprunghafte Anstieg der Preise. **sinnv.:** ↑plötzlich.

Sprung|schan|ze, die; -, -n: *Anlage für das Skispringen mit einer stark abschüssigen Bahn zum Anlaufnehmen.*

Spucke, die; - (ugs.): ↑*Speichel:* die Briefmarke mit etwas S. befeuchten.

spucken: a) ⟨itr.⟩ *Speichel mit Druck aus dem Mund [irgendwohin] ausstoßen:* jmdm. ins Gesicht, auf die Straße s. **sinnv.:** geifern, rotzen, sabbern, speicheln, speien, sich ↑übergeben. **Zus.:** an-, aus-, be-, vollspucken. **b)** ⟨tr.⟩ *durch Spucken* (a), *spukkend* (a) *von sich geben:* Blut s., spuck doch die Kirschkerne nicht einfach aus dem Fenster.

Spuk, der; -s: *Geistererscheinung, unheimliches Treiben von Geistern o. ä.:* um Mitternacht wiederholte sich der S. in dem alten, verlassenen Schloß. **sinnv.:** ↑Gespenst.

spu|ken ⟨itr.⟩: *(als Gespenst o. ä.) sein Unwesen treiben:* ein Geist spukt durch das alte Haus; bei uns spukt es in der Nacht. **sinnv.:** geistern, herumgeistern, irrlichtern, umgehen. **Zus.:** herumspuken.

Spu|le, die; -, -n: **a)** *Gegenstand, um dessen mittleren zylindrischen Teil etwas gewickelt wird oder ist:* Zwirn auf die S. wikkeln; die leere S. auf einem Tonbandgerät. **b)** *um einen zylindrischen Gegenstand Gewickeltes (Garn, [Ton]band, Draht o. ä.):* eine S. weißen Zwirn kaufen; die Spulen eines elektrischen Geräts.

spu|len ⟨tr.⟩: *[mit einer eigenen Vorrichtung] (von einer oder auf eine Spule) wickeln:* vom Tonband ein Stück auf die leere Spule s.; Zwirn auf die Spule s. **sinnv.:** ↑aufwickeln.

spü|len ⟨tr.⟩: **1.** *(durch Handbewegungen) in einer Flüssigkeit reinigen, von Rückständen o. ä. befreien:* das Geschirr, die Wäsche s. **sinnv.:** ↑abwaschen, ↑säubern, schwemmen, schwenken; ↑gurgeln. **Zus.:** ab-, aus-, durchspülen. **2.** *mitreißen, mit sich führen und irgendwohin gelangen lassen:* das Meer spülte Trümmer eines Bootes an den Strand. **sinnv.:** ↑antreiben. **Zus.:** an-, fort-, hinunter-, wegspülen.

Spur, die; -, -en: **1. a)** *Abdruck von etwas im weichen Boden, im Schnee o. ä.:* die Räder hinterließen eine S. im Sand; die Spuren eines Schlittens im Schnee. **sinnv.:** Fährte, Fußabdruck, Fuß[s]tapfe[n], Geläuf, Tapfe[n], Tritt. **Zus.:** Brems-, Fuß-, Rad-, Reifen-, Schleif-, Wagenspur. **b)** *von einer äußeren Einwirkung zeugende [sichtbare] Veränderung, verbliebenes Zeichen:* der Einbrecher hinterließ keine S.; bei den Ausgrabungen stieß man auf Spuren alter Kulturen. **sinnv.:** Anzeichen, Merkmal, Überrest. **Zus.:** Blut-, Kratz-, Öl-, Siedlungsspur. **2.** *sehr kleine Menge von etwas:* im Wasser fanden sich Spuren eines Giftes; in der Suppe ist keine S., nicht die S. Salz *(überhaupt kein Salz).* **sinnv.:** ↑Anflug, ↑Nuance · ↑etwas · ↑nein. **3.** *abgegrenzter Streifen einer Fahrbahn auf einer Straße [für den Verkehr in einer bestimmten Richtung]:* er fährt auf der linken, falschen S.; die S. wechseln. **Zus.:** Abbiege-, Kriech-, Stand-, Überholspur.

spu|ren: 1. ⟨itr.⟩ (ugs.) *sich fügen und ohne Widerspruch tun, was jmd. bestimmt:* er spurte sofort, als man ihm mit Entlassung drohte. **sinnv.:** ↑gehorchen. **2.** ⟨tr./itr.⟩ *mit den Skiern im tiefen Schnee eine Spur machen:* eine Loipe s.

spü|ren, spürte, hat gespürt/ (nach vorangegendem Infinitiv auch) hat ... spüren ⟨tr.⟩: **a)** *mit den Sinnen wahrnehmen:* er spürte ihre Hand auf seiner Schulter; Hunger, Kälte, Durst, Müdigkeit s. **sinnv.:** ↑bemerken. **b)** *seelisch empfinden:* er spürte plötzlich ihre Erregung, ihre Unruhe; er selbst spürte Erleichterung. **sinnv.:** ↑fühlen.

Spurt, der; -[e]s, -s: *Steigerung der Geschwindigkeit bei einem Lauf- oder Rennwettbewerb [bes. kurz vor dem Ziel]:* er legte bei dem 10 000-m-Lauf mehrere Spurts ein. **Zus.:** End-, Schluß-, Zwischenspurt.

spur|ten, spurtete, hat/ist gespurtet ⟨itr.⟩: **1.** *einen Spurt einlegen:* 100 m vor dem Ziel begann er zu s.; er hat/ist zu früh gespurtet und wurde kurz vor dem Ziel überholt. **2.** *schnell [irgendwohin] laufen:* er ist über den Hof gespurtet; wir mußten ganz schön s., um den Bus noch zu bekommen. **sinnv.:** sich ↑fortbewegen. **Zus.:** davon-, losspurten.

spu|ten, sich; sputete sich, hat sich gesputet: *schnell machen im Hinblick auf etwas, was mit Eile, bis zu einem bestimmten Zeitpunkt erledigt sein soll:* spute dich! **sinnv.:** sich ↑beeilen.

Staat, der; -[e]s, -en: *Gesamtheit der Institutionen, deren Zusammenwirken das dauerhafte und geordnete Zusammenleben der in einem bestimmten abgegrenzten Staatsgebiet lebenden Menschen gewährleisten soll:* ein demokratischer, ein souveräner S. **sinnv.:** Föderation, Gemeinwesen, Großmacht, Imperium, Land, Macht, Nation, Reich, Staatenbund, Staatswesen, Weltreich. **Zus.:** Bundes-, Glied-, Polizei-, Puffer-, Satelliten-, Wohlfahrtsstaat.

staa|ten|los ⟨Adj.⟩: *ohne Staatsangehörigkeit:* ein staatenloser Flüchtling.

staat|lich ⟨Adj.⟩: *den Staat betreffend; dem Staat gehörend; vom Staat ausgehend, veranlaßt:* staatliche Aufgaben; ein staatliches Museum; dieser Betrieb ist s. subventioniert. **sinnv.:** national. **Zus.:** bundes-, eigen-, halb-, inner-, national-, rechts-, über-, zwischenstaatlich.

Staats|an|ge|hö|rig|keit, die; -, -en: *Zugehörigkeit zu einem Staat:* er besitzt die deutsche S.; jmdm. die S. ab-, zuerkennen. **sinnv.:** ↑Nationalität.

Staats|an|walt, der; -[e]s, Staatsanwälte, **Staats|an|wäl|tin,** die; -, -nen: *männliche bzw. weibliche Person, die als Jurist bzw. als Juristin die Interessen des Staates vertritt, bes. als Ankläger/Anklägerin in Strafverfahren:* der Staatsanwalt hielt sein Plädoyer. **sinnv.:** ↑Ankläger.

Staats|mann, der; -[e]s, Staatsmänner: *[bedeutender] Politiker eines Staates:* Bismarck war ein großer S.

Staats|streich, der; -[e]s, -e: *illegales [gewaltsames] Absetzen einer Regierung durch andere etablierte Träger staatlicher Funktionen (z. B. durch das Militär):* die Generale sind durch einen S. an die Macht gekommen. **sinnv.:** ↑Verschwörung.

Stab, der; -[e]s, Stäbe: **1. a)** *meist runder, verhältnismäßig dünner und meist nicht sehr langer, einem Stock ähnlicher Gegenstand aus unterschiedlichem hartem Material (z. B. Holz, Metall):* die Stäbe eines Gitters; der S. des Dirigenten. **sinnv.:** ↑Stange, ↑Stock. **Zus.:** Bischofs-, Eisen-, Gitter-, Hirten-, Holz-, Krumm-, Marschall-, Meß-, Metall-, Pilger-, Quer-, Rechen-, Rund-, Staffel-, Zauberstab. **b)** *beim Stabhochsprung verwendete lange, runde, elastische Stange.* **Zus.:** Glasfiberstab. **2.** *Gruppe von verantwortlichen Mitarbeitern [die eine leitende Persönlichkeit umgeben oder begleiten]:* der General kam mit seinem ganzen S.; ein S. von Sachverständigen. **sinnv.:** ↑Team.

sta|bil ⟨Adj.⟩: **1.** *so beschaffen, daß es sicher steht und einer bestimmten Belastung standhält:* ein stabiler Schrank; das Haus ist s. gebaut. **sinnv.:** belastbar, solide, strapazierfähig, tragfähig; ↑stark. **2.** *so sicher, daß es nicht so leicht durch etwas gefährdet ist:* eine stabile Regierung, Währung. **sinnv.:** ↑beständig. **3.** *gekräftigt und daher nicht anfällig:* eine stabile Gesundheit haben. **sinnv.:** ↑gesund; ↑widerstandsfähig.

sta|bi|li|sie|ren, ⟨tr.⟩: **1.** *so sichern, daß es großen Belastungen standhält:* bei diesem Auto muß die Federung stabilisiert werden. **2.** *beständig machen, so daß es nicht so leicht durch etwas gefährdet wird:* die Preise müssen stabilisiert werden. **sinnv.:** ↑festigen.

Sta|bi|li|tät, die; -: **1.** *das Stabilsein* (1) *gegenüber großen Belastungen:* die S. der Konstruktion ist beachtlich. **sinnv.:** Dauerhaftigkeit, Haltbarkeit, Strapazierfähigkeit, Unvergänglichkeit, Unverwüstlichkeit. **2.** *das Stabilsein* (2): die S. der Währung muß durch sofortige Maßnahmen gesichert werden. **sinnv.:** Beständigkeit, Gefestigtsein. **Zus.:** Geld-, Preis-, Währungsstabilität. **3.** *das Stabilsein* (3): die S. der Konstitution, der Gesundheit. **sinnv.:** Abgehärtetsein, Immunität, Unempfindlichkeit, Widerstandsfähigkeit.

Sta|chel, der; -s, -n: **a)** *(bei bestimmten Pflanzen) spitzes, hartes Gebilde an Zweigen [und Blättern]:* die Stacheln der Rose. **sinnv.:** ↑Dorn; ↑Nadel. **b)** *(bei bestimmten Tieren) in oder auf der Haut, auf dem Panzer o. ä. sitzendes hartes, spitzes Gebilde aus Horn, Chitin o. ä.:* die Stacheln des Igels. **sinnv.:** Borste. **Zus.:** Bienen-, Gift-, Igel-, Wespenstachel.

Sta|chel|bee|re, die; -, -n **a)** *(bes. in Gärten gezogener) Strauch mit einzeln wachsenden, dickschaligen, oft borstig behaarten, grünlichen bis gelblichen Beeren mit süßlich-herbem Geschmack.* **b)** ⟨meist Plural⟩ *Beere der Stachelbeere* (a).

stach|lig ⟨Adj.⟩: *voll Stacheln:* ein stachliger Zweig. **sinnv.:** borstig, dornig, kratzig, stoppelig.

Sta|di|on, das; -s, Stadien: *große Anlage für sportliche Wettkämpfe mit Rängen und Tribünen für die Zuschauer:* im S. findet ein Fußballspiel statt. **sinnv.:** ↑Spielfeld. **Zus.:** Fußball-, Olympia-, Schwimm-, Sportstadion.

Sta|di|um, das; -s, Stadien: *Abschnitt innerhalb einer Entwicklung:* in einem frühen S. kann die Krankheit noch geheilt werden. **sinnv.:** ↑Lage.

Stadt, die; -, Städte: **1. a)** *größere, geschlossene Siedlung, die mit bestimmten Rechten ausgestattet ist u. den verwaltungsmäßigen, wirtschaftlichen u. kulturellen Mittelpunkt eines Gebietes darstellt:* die S. Wien; die Einwohner einer S.; am Rande, im Zentrum einer S. wohnen; die Leute aus der S.; in der S. leben; sie geht, muß in die S. *(in die Innenstadt, ins Einkaufzentrum der Stadt).* **sinnv.:** City, Hauptstadt, Kapitale, Kommune, Metropole; ↑Ort, ↑Zentrum. **Zus.:** Alt-,

Bezirks-, Film-, Geister-, Grenz-, Groß-, Hafen-, Handels-, Hanse-, Industrie-, Innen-, Klein-, Kongreß-, Kreis-, Land-, Messe-, Millionen-, Mittel-, Ober-, Olympia-, Provinz-, Satelliten-, Schlaf-, Trabanten-, Universitäts-, Unter-, Vater-, Vor-, Welt-, Wohnstadt. **b)** ⟨ohne Plural⟩ *Gesamtheit der Einwohner einer Stadt* (1 a): die ganze S. empörte sich über den Theaterskandal. **2.** *Verwaltung einer Stadt:* er ist bei der S. angestellt; die Verschuldung der Städte nimmt immer mehr zu.

Städ|ter, der; -s, -, **Städ|te|rin,** die; -, -nen: *männliche bzw. weibliche Person, die in einer Stadt wohnt:* die Städter fahren zur Erholung aufs Land. **sinnv.:** ↑Bewohner, Stadtbewohner, Stadtmensch. **Zus.:** Groß-, Kleinstädter.

städ|tisch ⟨Adj.⟩: **a)** *wie in der Stadt üblich; nicht ländlich:* städtische Wohnverhältnisse. **Zus.:** kleinstädtisch. **b)** *die [Verwaltung einer] Stadt betreffend:* die städtischen Beamten, Verkehrsmittel.

Sta|fet|te, die; -, -n: **1.** *Gruppe (bes. von Reitern, Fahrzeugen o. ä.), die sich in einer bestimmten Ordnung fortbewegen:* die Polizisten ritten in einer S. **2.** *Gesamtheit von Personen, die – miteinander wechselnd – etwas (z. B. eine Nachricht) schnell übermitteln:* die Polizei richtete eine S. ein, die die Blutkonserven auf dem schnellsten Weg in die Klinik brachte. **sinnv.:** Eilbote[ndienst], Kurier[dienst].

Staf|fel, die; -, -n: **1.** *Gruppe von Sportlern, deren Leistung bei einem Wettkampf gemeinsam gewertet wird:* im Schwimmen siegte die deutsche S. **sinnv.:** ↑Mannschaft. **Zus.:** Kraul-, Lagen-, Schwimm-, 4mal-100-Meter-Staffel. **2. a)** *(der Kompanie vergleichbare) Einheit eines Geschwaders der Luftwaffe.* **Zus.:** Flieger-, Jagdstaffel. **b)** *(bei der Kriegsmarine) Formation von Schiffen, die nebeneinander fahrend den gleichen Kurs steuern.* **sinnv.:** Konvoi, Verband.

staf|feln ⟨tr.⟩: *nach bestimmten Stufen, Rängen einteilen, festsetzen:* das Gehalt nach Dienstgraden s.; ⟨auch: sich s.⟩ das Gehalt staffelt sich nach Dienstjahren. **sinnv.:** ↑gliedern.

sta|gnie|ren ⟨itr.⟩: *in einer Bewegung, Entwicklung nicht weiterkommen:* die Wirtschaft des Landes stagniert. **sinnv.:** ↑stokken.

Stahl, der; -s, Stähle: *Eisen in einer Legierung, die auf Grund ihrer Festigkeit, Elastizität und ihrer besonderen chemischen Beschaffenheit besonders gut geschmiedet und gehärtet werden kann.*

stäh|len ⟨tr.⟩: *widerstandsfähig machen:* den Körper durch Sport s.; ⟨auch: sich s.⟩ sich für den Kampf s. **sinnv.:** abhärten, ↑erziehen.

Stall, der; -[e]s, Ställe: *geschlossener Raum, Gebäude[teil], in dem bes. Nutztiere untergebracht sind, gehalten werden:* die Kühe in den S. treiben. **sinnv.:** Hühnerhaus, Koben, Pferch, Stallung, Taubenschlag; ↑Scheune. **Zus.:** Hühner-, Kuh-, Pferde-, Rinder-, Sau-, Schaf-, Schweine-, Vieh-, Ziegenstall.

Stamm, der; -[e]s, Stämme: **1.** *fester, verholzter Teil des Baumes, der in die verästelte Krone übergeht:* der S. der Eiche. **sinnv.:** Halm, Rohr, Schaft, Stengel, Stiel, Strunk, Stumpf. **Zus.:** Baum-, Halb-, Hochstamm. **2.** *Gruppe von Menschen mit gemeinsamer Abstammung, Sprache, Kultur und gemeinsamem Siedlungsgebiet:* die deutschen Stämme. **sinnv.:** ↑Volk. **Zus.:** Hirten-, Jäger-, Nomaden-, Turk-, Volksstamm. **3.** ⟨ohne Plural⟩ *Gruppe von Personen als fester Bestandteil von etwas:* der Spieler gehört zum S. der Mannschaft. **sinnv.:** ↑Kader, Kern. **Zus.:** Abonnenten-, Besucher-, Gäste-, Kundenstamm.

stam|meln ⟨tr.⟩: *(in einer bestimmten Situation, durch Angst, Aufregung o. ä. verursacht) Laute oder Wörter nicht richtig hervorbringen können; stockend sprechen:* er stammelte einige Worte der Entschuldigung; ⟨auch itr.⟩ vor Verlegenheit begann er zu s. **sinnv.:** ↑sprechen.

stam|men ⟨itr.⟩: **a)** *seinen Ursprung in einem bestimmten räumlichen Bereich haben:* die Früchte stammen aus Italien; er stammt aus Saarbrücken. **sinnv.:** geboren sein, herkommen, hersein, kommen (aus); ↑sein. **b)** *seine Herkunft, seinen Ursprung in einem bestimmten zeitlichen Bereich haben:* diese Urkunde stammt aus dem Mittelalter. **sinnv.:** datieren. **c)** *seine Herkunft, seinen Ursprung in einem bestimmten Bereich, in einer bestimmten Gegebenheit, einem bestimmten Umstand haben:* aus einfachen Verhältnissen, von einfachen Leuten s.; das Wort stammt aus dem Lateinischen; der Schmuck stammt von ihrer Mutter. **sinnv.:** entspringen, herkommen, hervorgehen, rühren; ↑sein. **Zus.:** ab-, ent-, herstammen. **d)** *auf jmdn./etwas, auf jmds. Arbeit, Tätigkeit, Betätigung zurückgehen:* der Satz stammt aus der Bibel; die Plastik stammt von seiner Hand; die Angaben stammen nicht von mir. **sinnv.:** ausgehen, basieren, beruhen, sich ergeben aus, fußen auf, sich herleiten, herrühren, resultieren aus, seinen Ursprung haben, zurückzuführen sein, zurückgehen.

stäm|mig ⟨Adj.⟩: *athletisch gebaut und meist gedrungen:* ein stämmiger Bursche. **sinnv.:** ↑untersetzt.

stamp|fen stampfte, hat/ist gestampft: **1.** ⟨itr.⟩ **a)** *(mit dem Fuß) heftig und laut auftreten:* er hat vor Zorn [mit dem Fuß] auf den Boden gestampft. **sinnv.:** stoßen, trampeln, treten. **Zus.:** aufstampfen. **b)** *mit regelmäßigen harten Stößen laufen, in Betrieb sein:* die Maschine hat laut gestampft. **sinnv.:** bocken, rütteln, schlagen. **c)** *stampfend* (1 a) *[irgendwohin] gehen:* er ist durchs Zimmer gestampft. **sinnv.:** sich ↑fortbewegen. **Zus.:** herein-, los-, wegstampfen. **d)** *(von Schiffen bei Seegang) sich um die Querachse heftig auf und nieder bewegen:* das Schiff hat im hohen Wellengang ganz schön gestampft. **sinnv.:** schlingern, schwanken. **2.** ⟨tr.⟩ *mit einem bestimmten Gerät stoßen:* sie hat die Kartoffeln zu Brei gestampft. **sinnv.:** pürieren, zerkleinern, zerquetschen. **Zus.:** zerstampfen.

Stand, der; -[e]s, Stände: **1.** ⟨ohne Plural⟩ *das aufrechte Stehen; Art des Stehens:* einen sicheren S. haben. **sinnv.:** Standfestigkeit, Stehvermögen. **Zus.:** Hand-, Kopf-, Schulterstand. **2.** ⟨ohne Plural⟩ *zu einem bestimmten Zeitpunkt erreichte Stufe der Entwicklung (im Ablauf von etwas):* der heutige S. der Wissenschaft; das Spiel wurde beim S. von 2:0 abgebrochen. **sinnv.:** Verfassung, Zustand. **Zus.:** Bildungs-, End-, Entwicklungs-, Gleich-, Höchst-, Kenntnis-,

Leistungs-, Qualifikations-, Rück-, Still-, Tief-, Übergangs-, Vorkriegs-, Wissens-, Zwischenstand. **3.** *Gruppe von Menschen mit gleichem Beruf oder gleicher sozialer Stellung (innerhalb einer Gesellschaft):* der geistliche S.; der S. der Arbeiter, der Bauern, der Gelehrten. **sinnv.:** Kaste, Klasse, Kreis, Personenkreis, Schicht · Position · ↑Rang · Stellung. **Zus.:** Berufs-, Mittel-, Nährstand. **4.** *Gestell, Tisch eines Händlers (auf dem Markt) oder Koje eines Unternehmens in einer Messehalle:* an vielen Ständen wird Obst angeboten. **sinnv.:** Bude, Kiosk. **Zus.:** Markt-, Messe-, Verkaufsstand.

Stan|dard, der; -s, -s: *etwas, was in bezug auf Qualität, Leistung o. ä. als mustergültig, modellhaft angesehen wird und nach dem sich anderes richtet:* gemessen am internationalen S. ist das Hotel recht gut; der technische S. der Industrie. **sinnv.:** ↑Niveau; ↑Regel. **Zus.:** Lebens-, Leistungs-, Qualitätsstandard.

Stan|dard|spra|che, die; -, -n: ↑*Hochsprache.*

Stan|dar|te, die; -, -n: **a)** *Fahne berittener oder motorisierter Truppen.* **b)** *Flagge als Hoheitszeichen eines Staatsoberhauptes (bes. am Auto):* (siehe Bildleiste „Fahnen").

Ständ|chen, das; -s, -: *Musik, die als Huldigung (aus einem besonderen Anlaß) vor jmds. Haus dargebracht wird:* man hat ihm ein S. gebracht. **sinnv.:** ↑Serenade. **Zus.:** Geburtstagsständchen.

Stan|der, der; -s, -: ↑*Standarte* (b) (siehe Bildleiste „Fahnen").

Stän|der, der; -s, -: *Vorrichtung, Gestell, auf das etwas gelegt, gestellt oder gehängt werden kann:* die Noten liegen auf dem S.; den Mantel am S. aufhängen; eine Kerze auf einen S. stecken. **sinnv.:** ↑Gestell. **Zus.:** Fahrrad-, Gepäck-, Karten-, Kleider-, Noten-, Schirm-, Trokkenständer.

stand|fest ⟨Adj.⟩: *fest und sicher stehend:* die Leiter ist s.

stand|haft ⟨Adj.⟩: *trotz Versuchungen, Hindernissen o. ä. fest zu seinem Entschluß stehend; beharrlich im Erdulden, Handeln o. ä.:* ein standhafter Mensch; er weigerte sich s., die Namen seiner Freunde zu nennen. **sinnv.:** aufrecht, ehern, eisern, fest, felsenfest, konsequent, unbeugsam, unerschütterlich.

stand|hal|ten, hält stand, hielt stand, hat standgehalten ⟨itr.⟩: **1. a)** *trotz Belastung nicht brechen, nicht nachgeben:* die Tür konnte dem Anprall nicht s.; die Verteidiger hielten dem Sturm der Gegner stand. **sinnv.:** aushalten, ↑durchhalten, widerstehen. **2.** *bestehen können (vor etwas):* seine Behauptung hielt einer genauen Prüfung nicht stand. **sinnv.:** sich ↑behaupten.

stän|dig ⟨Adj.⟩: **a)** *sich oft wiederholend:* er hat s. an ihm etwas auszusetzen. **sinnv.:** ↑formelhaft. **b)** *regelmäßig wiederkehrend, sich steigernd o. ä.:* sein ständiges Einkommen; der Verkehr auf den Straßen nimmt s. zu. **sinnv.:** ↑unaufhörlich.

Stand|ort, der; -es, -e: *Ort, Punkt, an dem jmd./etwas steht, an dem man sich gerade befindet:* von seinem S. aus konnte er das Haus nicht sehen; der Pilot stellte den S. des Flugzeugs fest. **sinnv.:** Lage, Position, Standpunkt, Stellung.

Stand|punkt, der; -es, -e: *bestimmte Einstellung, Art und Weise, wie jmd. einen bestimmten Sachverhalt sieht, beurteilt:* ein vernünftiger S.; sein S. in dieser Sache ist schwer nachvollziehbar; ich habe darin einen anderen S. als du.

Stan|ge, die; -, -n: *langer und im Verhältnis zur Länge dünner Gegenstand aus Holz, Metall o. ä. (mit rundem Querschnitt):* etwas mit einer S. aus dem Wasser fischen. **sinnv.:** ↑Latte, ↑Stab, Stock · ↑Geweih. **Zus.:** Bohnen-, Brech-, Eisen-, Fahnen-, Gardinen-, Geweih-, Hopfen-, Käse-, Kletter-, Kolben-, Korsett-, Lenk-, Quer-, Reck-, Salz-, Telegrafen-, Teppichstange.

stän|kern ⟨itr.⟩ (ugs.): *mit jmdm./einer Sache nicht einverstanden sein und daher – mehr auf versteckte, nicht offene Art – gegen ihn/gegen etwas opponieren:* er stänkert schon wieder gegen seinen Kollegen. **sinnv.:** ↑aufwiegeln.

stan|zen ⟨tr.⟩: **a)** *(ein Material) maschinell, unter Anwendung von Druck in eine bestimmte Form pressen:* Bleche s. **b)** *maschinell, unter Anwendung von Druck in einem bestimmten Material (durch Herausschneiden) herstellen:* in ein Stück Leder werden Löcher gestanzt. **Zus.:** aus-, ein-, herausstanzen.

Sta|pel, der; -s, -: **1.** *[ordentlich] aufgeschichtete, übereinandergelegte Menge gleicher Dinge:* ein S. Bücher, Holz. **sinnv.:** Haufen, Stoß, Turm; ↑Ansammlung. **Zus.:** Akten-, Bücher-, Holz-, Wäschestapel. **2.** *Gerüst, auf dem ein Schiff während des Baues steht:* ein Schiff vom S. laufen lassen *(den fertiggestellten Rumpf eines Schiffes ins Wasser gleiten lassen).*

sta|peln: **1.** ⟨tr.⟩ *zu einem Stapel* (1) *aufschichten:* Bücher, Waren im Lager s. **sinnv.:** anhäufen, aufeinanderlegen, aufhäufen, lagern, türmen. **Zus.:** aufeinander-, hoch-, vollstapeln. **2.** ⟨sich s.⟩ *sich in größerer Menge [unerledigt] anhäufen:* im Laden stapelten sich die unverkauften Waren; die Briefe stapeln sich auf dem Schreibtisch. **sinnv.:** sich auftürmen/häufen/türmen.

stap|fen, stapfte, ist gestapft ⟨itr.⟩: *mit schweren Schritten gehen:* sie stapfen durch den Schnee. **sinnv.:** sich ↑fortbewegen.

Star: I. der; -[e]s, -e: *größerer Singvogel mit grünlichblau schillerndem schwarzem Gefieder, kurzem Hals und langem, spitzem Schnabel.* **II.** [sta:r, auch: ʃta:r] der; -s, -s: *männliche oder weibliche Person aus Showgeschäft, Sport o. ä., die sehr berühmt ist:* ein Film mit vielen Stars; sie ist ein S. geworden. **sinnv.:** Berühmtheit, Diva, Filmheld, Platzhirsch.

stark, stärker, stärkste ⟨Adj.⟩ /Ggs. schwach/: **1. a)** *viel körperliche Kraft besitzend:* für diese Arbeit brauchen wir einen starken Mann; der Junge ist groß und s. geworden. **sinnv.:** kräftig, kraftvoll, markig, rüstig, stramm; ↑sehnig. **Zus.:** bären-, baumstark. **b)** *(in bezug auf seine Funktion im menschlichen Körper) sehr leistungsfähig, Belastungen gewachsen:* ein starkes Herz haben; für diesen Beruf braucht man starke Nerven. **sinnv.:** belastbar, robust, widerstandsfähig. **Zus.:** nerven-, stimmstark. **2. a)** *(von Materialien o. ä.) dick, fest, massiv o. ä. und daher Belastungen aushaltend:* starke Bohlen, Bretter, Seile; diese Stütze ist nicht s. genug. **sinnv.:** belastbar, belastungsfähig, dick, fest, mächtig, massiv, ↑stabil. **b)** *(verhüllend) (in bezug auf die Figur oder auch auf einzelne Körperteile) dick:* sie haben einen etwas starken Bauch; Kleider für die stärkere Figur. **sinnv.:** ↑dick. **c)** *zahlenmäßig groß:* eine starke Beteiligung; ein starkes Aufgebot an Polizeikräften. **sinnv.:** gewaltig, zahlreich. **3.** *einen hohen Gehalt eines bestimmten Inhaltsstoffes aufweisend:* starker Kaffee; eine starke Zigarre; das Bier ist mir zu s. **sinnv.:** extrem, intensiv, penetrant. **4.** *hohe Leistung bringend:* ein starker Motor; eine stärkere Glühbirne einschrauben. **sinnv.:** kräftig, leistungsfähig. **Zus.:** leistungs-, PS-stark. **5.** *in hohem Maße vorhanden; sehr ausgeprägt:* starker Frost; er spürte einen starken Druck auf den Ohren; sie ist eine starke Raucherin. **sinnv.:** extrem, gewaltig, heftig; ↑viel · ↑sehr. **6.** (ugs.) */drückt aus, daß der Sprecher etwas gut findet, daß jmd./etwas Bestimmtes ihm gefällt, seine volle Zustimmung hat/:* die Party war echt s.; starke Musik; ich finde den Typ s. **sinnv.:** dufte, klasse, phantastisch, spitze, toll. 7. (Sprachw.) **a)** *(in bezug auf Verben) durch einen sich ändernden Stammvokal und (beim 2. Partizip) durch das Vorhandensein der Endung -en gekennzeichnet:* die starke Konjugation; starke *(stark konjugierte)* Verben. **b)** *(in bezug auf Substantive) in den Formen der Maskulina und Neutra durch das Vorhandensein der Endung -[e]s im Genitiv Singular gekennzeichnet:* die starke Deklination; starke *(stark deklinierte)* Substantive; ein Wort s. deklinieren.

-stark ⟨adjektivisches Suffixoid⟩: **1. a)** *das im Basiswort Genannte (was meist als etwas Positives angesehen wird) in hohem Maße habend, aufweisend:* ausdrucks-, charakter-, energie-, gefühls-, konditions-, leistungs-, nerven-, prinzipien-, stilstarker Maler, willensstark. **sinnv.:** -fest, -intensiv, -kräftig, -reich, -trächtig, -tüchtig, -voll. **b)** *viel, eine hohe Zahl, Menge von dem im Basiswort Genannten habend:* auflagen-, finanz-, geburtenstarke (Ggs. geburtenschwache) Jahrgänge, ölstarke Länder, stimmenstarke Partei, umsatz-, veröffentlichungsstark. **2.** *in dem im Basiswort Genannten besonders gut, darin besondere Qualitäten habend:* kampf-, kopfball-, saug-, scheuerstarker Topfreiniger, schlagstarker Boxer, spiel-, spurt-, stimm-, wurfstarke Spielerin; /elliptisch/ wortstarke Formulierungen.

Stär|ke: **I.** die; -, -n: **1.** ⟨ohne Plural⟩ *körperliche Kraft (die jmdn. zu bestimmten Leistungen befähigt):* er besiegte die Gegner durch seine S. **sinnv.:** Körperkraft, Kraft. **Zus.:** Körper-, Muskelstärke. **2.** *besondere Fähigkeit auf einem bestimmten Gebiet, durch die jmd. eine außergewöhnliche, hohe Leistung erbringt:* Mathematik war schon immer ihre S.; Diplomatie war noch nie seine S. **sinnv.:** ↑Begabung. **3.** ⟨ohne Plural⟩ *Grad der Intensität von etwas:* die S. der Empfindung; eine Brille mittlerer S.; die S. des Lichts. **sinnv.:** ↑Ausmaß. **4.** *Umfang, Ausmaß, zahlenmäßige Größe o. ä., in der etwas Bestimmtes vorhanden und zugleich wirksam ist:* die S. einer rechtsradikalen Bewegung unterschätzen; die militärische S. eines Landes. **sinnv.:** ↑Macht. **5.** *Stabilität, Festigkeit bewirkende Dicke:* Bretter, Platten von unterschiedlicher S. **sinnv.:** Durchmesser, Umfang. **Zus.:** Nadel-, Wandstärke. **sinnv.:** ↑Anzahl. **Zus.:** Belegschafts-, Gefechts-, Kampf-, Klassen-, Mannschaftsstärke. **II.** die; -: *aus verschiedenen Pflanzen gewonnene, weiße, pulvrige Substanz, die u. a. in der Nahrungsmittelindustrie und zum Stärken von Wäsche verwendet wird:* aus Kartoffeln wird S. gewonnen. **sinnv.:** Appretur; Sago, Tapioka. **Zus.:** Kartoffel-, Mais-, Reis-, Wäschestärke.

stär|ken: **I. 1.** ⟨tr.⟩ *stark machen; jmdm. (neue, zusätzliche) physische oder psychische Kräfte geben:* der Schlaf stärkt den Menschen; Lob stärkt das Selbstvertrauen. **sinnv.:** ↑festigen. **Zus.:** be-, verstärken. **2.** ⟨sich s.⟩ *Nahrung zu sich nehmen, um für etwas Kraft zu haben:* ich muß mich vorher noch s. **sinnv.:** ↑essen, ↑trinken. **II.** ⟨tr.⟩ *durch Stärke* (II) *steif machen:* das Hemd, den Kragen s. **sinnv.:** appretieren.

Stär|kung, die; -, -en: **1.** *etwas, was stärkt, kräftigt:* nach der langen Wanderung nahmen wir eine kleine S. zu uns. **sinnv.:** ↑Essen. **2.** *das Gestärktwerden:* durch diese Behandlung erfuhr seine Gesundheit eine sichtliche S. **sinnv.:** Festigung, Kräftigung.

starr ⟨Adj.⟩: **1.** *vollkommen unbeweglich, steif:* die Finger sind s. vor Kälte. **sinnv.:** ↑steif. **Zus.:** frost-, totenstarr. **2.** *(von den Augen) weit geöffnet aber ohne Lebendigkeit und Ausdruck:* ein starrer Blick. **sinnv.:** stier, unbewegt; ↑betroffen; ↑unbeweglich.

star|ren: ⟨itr.⟩ **1.** *unentwegt, starr* (2) *in eine Richtung sehen:* sie starrte auf den Fremden. **sinnv.:** ↑blicken. **2.** (emotional) *ganz, völlig bedeckt sein mit etwas:* seine Kleider starren vor Schmutz.

starr|sin|nig ⟨Adj.⟩: *fest auf der eigenen Meinung (die in den Augen des Sprechers unverständlich, töricht erscheint) beharrend:* wie kannst du nur so s. sein. **sinnv.:** ↑unumgänglich.

Start, der; -[e]s, -s: **1. a)** *Beginn eines Wettlaufs, eines Rennens o. ä.:* das Zeichen zum S. geben. **sinnv.:** ↑Anfang, Anpfiff. **Zus.:** Fehl-, Früh-, Tiefstart. **b)** *Stelle, an der beim Wettkampf der Lauf oder die Fahrt beginnt:* die Läufer versammeln sich am S. **sinnv.:** Ablauf[punkt], Abmarsch, Startlinie, Startpunkt. **2.** ↑*Abflug:* der S. des Flugzeugs. **Zus.:** Blind-, Raketen-, Senkrechtstart. **3.** *das Sich-in-Bewegung-Setzen, das Anlaufen einer Unternehmung, einer Entwicklung o. ä.:* der S. einer Unternehmung. **sinnv.:** ↑Anfang, Aufbruch.

star|ten, startete, ist/hat gestartet: **1.** ⟨itr.⟩ **a)** *(bei einem Wettkampf) den Lauf, die Fahrt beginnen:* er ist sehr schnell gestartet. **sinnv.:** ↑anfangen, ↑anfahren. **b)** *(an einem Wettkampf) aktiv teilnehmen:* er startet bei allen großen Rennen; er ist für unseren Verein gestartet *(er hat für unseren Verein am Wettkampf teilgenommen).* **2.** ⟨itr.⟩ *(den Flughafen) fliegend verlassen/* Ggs. landen/: das Flugzeug ist um 9 Uhr gestartet. **sinnv.:** ↑abheben. **3.** ⟨tr.⟩ **a)** *in Gang setzen:* er hat das Auto, eine Rakete gestartet. **sinnv.:** ↑anlassen. **b)** *beginnen lassen:* er hat das Autorennen gestartet. **c)** *dafür sorgen, daß etwas in Bewegung gesetzt wird, seinen Anfang und Fortgang nimmt:* er hat eine große Aktion gegen den Hunger gestartet. **sinnv.:** beginnen lassen, unternehmen.

Sta|ti|on, die; -, -en: **1.** *Haltestelle oder Bahnhof an einer Eisenbahn-, U-Bahn- oder S-Bahnstrecke:* an, bei der nächsten S.

müssen wir aussteigen. **sinnv.:** ↑Haltestelle. **Zus.:** Bahn-, Durchgangs-, Tal-, Umsteige-, Verlade-, Zwischenstation. **2.** *bestimmter Punkt, Abschnitt in einem Vorgang, einer Entwicklung:* die wichtigsten Stationen seines Lebens. **3.** *Abteilung eines Krankenhauses:* die chirurgische S. **Zus.:** Entbindungs-, Frauenstation, HNO-Station, Intensiv-, Isolier-, Kinder-, Männer-, Seuchenstation.

sta|tio|när ‹Adj.›. **1.** *an einen Ort gebunden:* ein stationäres Laboratorium. **sinnv.:** bleibend, ortsfest, ortsgebunden. **2.** *mit einem Krankenhausaufenthalt verbunden:* eine stationäre Behandlung. **sinnv.:** nicht ambulant, klinisch.

sta|tio|nie|ren ‹tr.›: **a)** *(Truppen) in ein bestimmtes Land, nach einem bestimmten Ort) verlegen und dort verweilen lassen:* Truppen im Grenzgebiet s.; die in Deutschland stationierten amerikanischen Truppen. **b)** *(in bezug auf Raketen o. ä.) an einem bestimmten strategischen Standort aufstellen:* Atomraketen s.

Sta|tist, der; -en, -en: **1.** *Darsteller einer stummen Rolle (auf der Bühne oder im Film):* zahlreiche Statisten wurden für die Szene verpflichtet. **sinnv.:** ↑Schauspieler. **2.** *unbedeutende Person:* in dieser Regierung ist der Wissenschaftsminister nur S. **sinnv.:** Nebenfigur, Nebenperson, Randfigur.

Sta|ti|stik, die; -, -en: **a)** *Methode zur zahlenmäßigen Erfassung von Massenerscheinungen.* **b)** *nach bestimmten Gesichtspunkten geordnete, bestimmte Rückschlüsse erlaubende, Erkenntnisse vermittelnde Zusammenstellung von Zahlen über eine bestimmte Erscheinung:* eine S. über die Einwohnerzahlen. **sinnv.:** ↑Verzeichnis.

Sta|tiv, das; -s, -e: *[zusammenschiebbarer] meist dreibeiniger Gegenstand, auf den feinmechanische Apparate (z. B. Kameras, Meßgeräte) aufgeschraubt werden:* das S. wird für die Aufnahme bereitgestellt. **sinnv.:** ↑Gestell.

statt: ↑*anstatt.*

Statt: ‹nur in bestimmten Fügungen› an meiner/Eides/Kindes S.: *statt meiner/eines Eides/Kindes:* an deiner S. hätte ich anders gehandelt; jmdn. an Kindes S. annehmen *(adoptieren);* er hat die Erklärung an Eides S. *(als ob er geschworen hätte)* abgegeben.

Stät|te, die; -, -n: *Ort, Platz (im Hinblick auf eine bestimmte Bedeutung, die ihm zukommt, oder auf einen besonderen Zweck, dem er dient):* eine historische S. **sinnv.:** ↑Stelle. **Zus.:** Arbeits-, Begräbnis-, Brand-, Brut-, Gast-, Geburts-, Gedenk-, Grab-, Heil-, Heim-, Kult-, Produktions-, Richt-, Ruhe-, Sport-, Tages-, Unglücks-, Vergnügungs-, Werk-, Wirkungs-, Wohn-, Zufluchtsstätte.

statt|fin|den, fand statt, hat stattgefunden ‹itr.›: *(von einer Veranstaltung o. ä.) ablaufen:* das Gastspiel findet Ende Mai statt. **sinnv.:** ↑geschehen.

statt|haft ‹Adj.›: *von einer Behörde o. ä. erlaubt, zugelassen:* ein s. Verfahren; es ist nicht s., Waren ins Ausland zu bringen, ohne sie zu verzollen. **sinnv.:** erlaubt, gestattet, legal, zuverlässig. **Zus.:** unstatthaft.

statt|lich ‹Adj.›: **1.** *von großer und zugleich kräftiger Statur:* ein stattlicher Mann; er sieht s. aus. **2.** *(im Hinblick auf das Erscheinungsbild, die Größe o. ä.) von beträchtlichem Ausmaß, bemerkenswert:* eine stattliche Villa; er hat eine stattliche Summe gewonnen. **sinnv.:** ↑beachtlich, ↑groß.

Sta|tue, die; -, -n: *bildhauerisches Kunstwerk, das einen Menschen oder ein Tier in ganzer Figur darstellt:* eine S. aus Stein. **sinnv.:** ↑Plastik. **Zus.:** Bronze-, Heiligen-, Marmor-, Reiterstatue.

Sta|tur, die; -, -en: *körperliches Erscheinungsbild, Gestalt (eines Menschen):* er hat eine kräftige S. **sinnv.:** ↑Gestalt.

Sta|tus, der; -, -: *[augenblickliche] Situation, [momentanes] Befinden von jmdm./etwas:* Besitz und Bildung kennzeichnen den sozialen S. **sinnv.:** ↑Lage, ↑Zustand.

Sta|tut, das; -[e]s, -en: *schriftlich niedergelegte Ordnung, Satzung:* die Statuten des Vereins. **sinnv.:** ↑Regel. **Zus.:** Besatzungs-, Partei-, Vereinsstatut.

Stau, der -[e]s, -s und -e: *(auf einer Straße, auf der Autobahn) zum Stillstand gekommene, mehr oder weniger große Zahl von Fahrzeugen, die durch eine den Verkehrsfluß blockierende Ursache an der Weiterfahrt gehindert sind:* in einen S. geraten; auf der Autobahn hat sich ein S. gebildet. **sinnv.:** Autoschlange, Schlange, Stauung, Stockung, Verkehrschaos. **Zus.:** Auf-, Rück-, Verkehrsstau.

Staub, der; -[e]s, -e und Stäube: *Gesamtheit feinster Teilchen (z. B. von Sand), die auf dem Boden liegen, an der Oberfläche von etwas haftenbleiben oder vom Wind durch die Luft getragen werden:* die Möbel waren mit S. bedeckt; der Wind wirbelte den S. auf. **sinnv.:** ↑Pulver; ↑Schmutz.

stau|ben ‹itr.›: **a)** *Staub absondern, von sich geben:* die Straße, der Teppich staubt; auf der Straße staubt es. **b)** *Staub aufwirbeln:* du sollst beim Wischen nicht so s.

stäu|ben: a) ‹itr.› *in kleinen Teilchen [umher]wirbeln:* der Schnee stäubt von den Zweigen. **sinnv.:** stieben, zerstieben. **b)** ‹tr.› *kleine Teilchen (von etwas) fein verteilen:* ich stäubte mir ein wenig Puder auf die Nase. **sinnv.:** ↑zerstäuben.

stau|big ‹Adj.›: *voll Staub, mit Staub bedeckt:* staubige Straßen; die Schuhe sind s. **sinnv.:** ↑schmutzig.

Staub|sau|ger, der; -s, -: *elektrisches Gerät, mit dem Staub aufgesaugt werden kann.*

Stau|damm, der; -[e]s, Staudämme: *Damm, der Wasser aufstaut:* einen S. errichten. **sinnv.:** Staumauer, Wehr.

Stau|de, die; -, -n: *mehrjährige Pflanze mit aus einer Wurzel wachsenden kräftigen Stengeln.* **sinnv.:** ↑Busch.

stau|en: 1. ‹tr.› *durch eine Absperrung am Weiterfließen hindern:* einen Fluß s. **2.** ‹sich s.› *wegen eines Hindernisses o. ä. an der Weiterbewegung gehindert sein, sich an einer Stelle in größerer Zahl, Menge sammeln:* das Eis staut sich am Brückenpfeiler; der Verkehr staute sich in den engen Gäßchen.

stau|nen ‹itr.›: *über etwas, was man nicht erwartet hat, beeindruckt, verwundert sein:* ich staune, was du alles kannst. **sinnv.:** bestaunen, erstaunt sein, überrascht sein, sich wundern.

Steak [ste:k, auch: ʃte:k], das; -s, -s: *kurz gebratene Fleischschnitte:* ein saftiges S. zubereiten. **Zus.:** Beef-, Kalbs-, Rinder-, Rump-, Schweinesteak.

ste|chen, sticht, stach, hat gestochen: **1.** ⟨tr./itr.⟩ *mit einem Stachel oder einem spitzen Gegenstand in etwas eindringen:* die Biene hat mich gestochen; jmdm. mit dem Dolch in den Rücken s. **sinnv.:** piken, piksen, ↑stochern, stoßen; ↑verletzen. **Zus.:** durch-, ein-, nieder-, tot-, zustechen. **2.** ⟨itr.⟩ *(von bestimmten Insekten) einen Stachel oder Stechrüssel besitzen:* Schnaken, Bienen s. **3.** *in einer Weise schmerzen, die ähnlich wie Nadelstiche wirkt:* es sticht mich im Rücken; stechende Schmerzen. **sinnv.:** ↑beißen, ↑jucken.

stecken: I. ⟨tr.⟩ **a)** *(etwas mit einer Spitze Versehenes) so in etwas fügen, daß es haftenbleibt:* die Nadel in den Stoff s.; den Stock in den Boden s. **sinnv.:** ↑aufspießen, drücken, heften. **Zus.:** an-, auf-, ein-, feststecken. **b)** *(durch eine Öffnung o. ä.) hindurchführen und an eine bestimmte Stelle gelangen lassen:* die Hände in die Taschen, Geld ins Portemonnaie s.; den Schlüssel ins Schloß s.; den Brief in den Kasten s. **sinnv.:** drücken, hineindrücken, hineinschieben, hineinstoßen, stopfen. **Zus.:** hinein-, reinstecken. **II.** ⟨itr.; steckte/stak, gesteckt⟩: *an einer bestimmten [dafür vorgesehenen] Stelle eingepaßt, auf etwas aufgesteckt, an etwas festgesteckt o. ä. sein:* der Schlüssel steckt [im Schloß]; ein Ring steckte/stak an ihrem Finger.

stecken|blei|ben, blieb stekken, ist steckengeblieben ⟨itr.⟩: **1.** *(in einem weichen Untergrund, über den man geht oder fährt) einsinken und nicht mehr von der Stelle kommen:* das Auto ist im Schnee steckengeblieben. **sinnv.:** ↑stocken. **2.** (ugs.) *beim Sprechen, beim Vortragen von etwas den Faden verlieren, ins Stokken geraten:* er ist beim Deklamieren, beim Klavierspielen ein paar Mal steckengeblieben.

stecken|las|sen, läßt stecken, ließ stecken, hat stecken[ge]lassen, ⟨tr.⟩: *(etwas) von dort, wo es steckt, nicht herausnehmen:* er hat den Schlüssel steckenlassen. **sinnv.:** belassen, darin/drin lassen.

Stecker, der; -s, -: *Vorrichtung am Ende eines Kabels, mit der ein elektrisches Gerät an den Strom angeschlossen werden kann.* **Zus.:** Bananen-, Doppel-, Netz-, Schukostecker.

Steg, der; -[e]s, -e: **1.** *schmale, nur für Fußgänger bestimmte Brücke:* auf einem schwankenden S. überquerten sie den Bach. **sinnv.:** ↑Brücke. **2.** *vom Ufer aus ein Stück weit ins Wasser hinaus gebaute schmale Brücke, an der Schiffe anlegen, über die Passagiere aus- und einsteigen können:* sie machten das Boot am S. fest. **Zus.:** Anlege-, Boots-, Bretter-, Landungs-, Laufsteg.

ste|hen, stand, hat/(südd., österr., schweiz.:) ist gestanden ⟨itr.⟩: **1.** *in aufrechter Haltung [an einem bestimmten Ort] sein, aufgerichtet sein und mit seinem Körpergewicht auf den Füßen ruhen:* das Kind kann noch nicht alleine s.; die Menschen standen dicht gedrängt; auf einem Bein s. **sinnv.:** sich ↑befinden. **Zus.:** ab-, an-, auf-, davor-, gegenüber-, gerade-, herum-, kopf-, rum-, strammstehen. **2.** *sich in Ruhe befinden, nicht [mehr] in Bewegung sein:* die Maschine, die Uhr steht; das Auto zum S. bringen; ein stehendes Gewässer. **sinnv.:** ↑aussetzen, stocken. **Zus.:** stillstehen. **3.** *sich (als Gegenstand) [in einer bestimmten Art und Weise] in senkrechter Lage auf einer Grundfläche befinden (wobei die Ausdehnung in der Höhe größer ist als die in der Länge):* die Flasche steht im Schrank; das Essen steht auf dem Tisch; der Stuhl steht schief. **Zus.:** hervor-, hoch-, über-, vorstehen. **4.** *(von Kleidungsstücken) kleiden, zu jmdm. passen:* das Kleid steht dir gut. **sinnv.:** ↑kleiden. **5.** ⟨als Funktionsverb⟩ */drückt einen Zustand aus, in dem sich etwas gerade jetzt befindet/:* in Blüte s. *(blühen).*

ste|hen|blei|ben, blieb stehen, ist stehengeblieben ⟨itr.⟩: **1.** *in der Fortbewegung innehalten, nicht weitergehen:* ihr sollt nicht am Eingang s. **2.** *aufhören, in Funktion zu sein:* die Uhr ist stehengeblieben. **sinnv.:** ↑anhalten, ↑aussetzen.

ste|hen|las|sen, läßt stehen, ließ stehen, hat stehen[ge]lassen ⟨tr.⟩: **a)** *etwas/jmdn. dort [zurück]lassen, wo es/er sich gerade befindet:* er brach das Gespräch abrupt ab und ließ mich einfach stehen; das Fahrrad vor der Tür s. **sinnv.:** ↑liegenlassen. **b)** *etwas unabsichtlich zurücklassen:* den Schirm im Wartezimmer s. **sinnv.:** ↑liegenlassen, ↑vergessen.

steh|len, stiehlt, stahl, hat gestohlen: **I.** ⟨tr.⟩ *etwas, was einem anderen gehört, unerlaubterweise [heimlich] an sich nehmen:* er hat [ihm] seine Uhr gestohlen. **sinnv.:** abstauben, klauen, mausen, rauben, ↑wegnehmen. **II.** *heimlich, unbemerkt von einem bestimmten Ort weggehen, sich an einen bestimmten Ort begeben:* er stahl sich aus dem Haus, in die Wohnung. **sinnv.:** weggehen.

steif ⟨Adj.⟩: **1. a)** *so beschaffen, daß es nicht leicht gebogen werden kann:* steifes Papier, ein steifer Hut. **sinnv.:** fest, ↑hart, nicht schlaff, starr, nicht weich; ↑spröde. **b)** *(bes. von Gelenken, Gliedmaßen) von verminderter oder nicht mehr bestehender Beweglichkeit:* ein steifer Hals; ein steifes Bein. **sinnv.:** eingerostet, klamm, starr, ungelenkig. **Zus.:** bock-, frost-, stocksteif. **2. a)** *verkrampft und unbeholfen; nicht graziös:* er machte eine steife Verbeugung. **sinnv.:** ↑linkisch. **b)** *förmlich und unpersönlich:* bei dem Empfang ging es sehr s. zu. **sinnv.:** ↑formell.

Steig|bü|gel, der; -s, -: *metallener Bügel als Stütze für die Füße des Reiters:* ohne S. reiten.

stei|gen, stieg, ist gestiegen ⟨itr.⟩: **1.** *sich nach oben, nach unten oder über etwas fortbewegen:* auf den Berg s.; in eine Grube s.; aus dem Bett s.; über den Zaun s. **sinnv.:** ↑aufsteigen, ↑besteigen, bezwingen, erklettern, ersteigen, hinaufgehen/-klettern/-steigen, hochklettern/-steigen, klettern/klimmen/kraxeln auf · ↑entern · hinuntergehen. **2.** *sich in die Höhe bewegen:* der Ballon, das Flugzeug steigt. **sinnv.:** ↑auffliegen; ↑aufsteigen. **3.** *stärker, größer, höher werden:* die Temperatur, die Spannung steigt; die Preise s. **sinnv.:** ↑anschwellen; ↑aufschlagen.

stei|gern: 1. ⟨tr.⟩ **a)** *verstärken, vergrößern:* das Tempo, die Leistung s. **sinnv.:** ↑anheizen, aufwerten, erhöhen, eskalieren, heben, in die Höhe treiben, ↑potenzieren, übertreffen, übersteigern; ↑fördern; ↑vermehren. **b)** *(auf eine höhere Summe) heraufsetzen:* die Mieten, Preise s. **sinnv.:** ↑anheben, raufsetzen. **2.** ⟨sich s.⟩ **a)** *zu immer höherer Leistung, Erregung o. ä. gelangen:* die Mannschaft steigerte sich in den letzten Minuten des Spiels prächtig. **b)** *stärker werden:* die

Schmerzen steigerten sich. **sinnv.:** ↑zunehmen.

Steilgung, die; -, -en: **1.** *Ausmaß, Grad, in dem die Höhe zunimmt:* die Straße hat eine S. von 15 Grad. **sinnv.:** Anstieg; ↑Gefälle. **2.** *ansteigendes Gelände; aufwärts führender Weg:* das Auto schaffte die S. leicht. **sinnv.:** Anhöhe, Berg, Buckel, Erhebung, Hang, Hügel; ↑Abhang.

steil ⟨Adj.⟩: *stark ansteigend; fast senkrecht:* ein steiler Abhang; die Straße führt s. bergauf. **sinnv.:** abschüssig, jäh, ↑schräg, schroff.

Stein, der; -[e]s, -e: **1.** *[mineralischer] harter, fester Körper:* auf dem Weg lagen große Steine; der Boden ist aus S. **sinnv.:** Katzenkopf, Kiesel[stein], Pflasterstein, Wackerstein; ↑Gestein. **Zus.:** Abzieh-, Alaun-, Back-, Bau-, Beton-, Bims-, Bord-, Braun-, Bruch-, Eck-, Feld-, Feuer-, Findlings-, Gedenk-, Grab-, Grenz-, Grund-, Höllen-, Kalk-, Kant-, Kessel-, Kilometer-, Klinker-, Kopf-, Kunst-, Leichen-, Mahl-, Mark-, Mauer-, Meilen-, Mosaik-, Mühl-, Natur-, Prell-, Prüf-, Rand-, Rinn-, Sand-, Schleif-, Schluß-, Schotter-, Speck-, Spül-, Stolper-, Tauf-, Tropf-, Wein-, Wetz-, Zahn-, Ziegelstein · Blasen-, Gallen-, Nierenstein. **2.** ↑*Edelstein:* ein Ring mit einem glitzernden S. **3.** *Kern (beim Steinobst).* **4.** *Figur beim Brettspiel.* **sinnv.:** Brett-, Domino-, Spielstein.

stein- ⟨adjektivisches Präfixoid; auch das Basiswort wird betont⟩ (emotional verstärkend): *sehr:* steinalt, -hart- -müde, -reich, -schwer *(sehr schwierig),* -unglücklich. **sinnv.:** ur-.

Steinlbruch, der; -[e]s, Steinbrüche: *Stelle, an der Steine gewonnen werden:* die Steine, mit denen die Straße gepflastert wird, stammen aus dem S.

steilnern ⟨Adj.⟩: *aus Stein [bestehend]:* eine steinerne Bank.

steilnig ⟨Adj.; nicht adverbial⟩: *von vielen Steinen bedeckt:* ein steiniger Acker.

Steinlkohlle, die; -, -n: *schwarze, harte Kohle:* mit S. heizen. **sinnv.:** ↑Kohle.

Steinlmetz, der; -en, -en: *jmd., der Steine [künstlerisch] bearbeitet:* einen Grabstein beim Steinmetzen bestellen. **sinnv.:** ↑Bildhauer.

Steinlobst, das; -es: *Obst, dessen Samen im Innern der Frucht von einer sehr harten Hülle umgeben ist:* Kirschen, Pflaumen, Pfirsiche gehören zum S. **sinnv.:** ↑Obst.

Steinlpilz, der; -es, -e: *eßbarer großer Röhrenpilz mit fleischigem, halbkugeligem, dunkelbraunem Hut und knolligem, weißem bis bräunlichem Stiel.* **sinnv.:** ↑Pilz.

Steinlschlag, der; -[e]s: *das Herabfallen von Steinen, die sich von einem Hang gelöst haben:* die Straße ist durch S. gefährdet.

Steinlzeit, die; -: *Zeitalter in der Geschichte der Menschheit, in dem (für Werkzeuge, Waffen) vorwiegend Steine verwendet wurden.*

Steiß, der; -es, -e: *unteres Ende der Wirbelsäule.* **sinnv.:** ↑Gesäß.

-stel, das: ↑-tel (2b).

Stelllalge [ʃtɛˈlaːʒə], die; -, -n: *Gestell, Regal zum Abstellen, Ablegen, Unterbringen von Gegenständen:* sie stellt die Gläser mit Marmelade auf die S. im Keller. **sinnv.:** ↑Gestell.

Stellldichlein, das; -[s], -[s] (veraltend): *vorher verabredetes Zusammentreffen von Verliebten:* er war nicht zum S. gekommen. **sinnv.:** ↑Rendezvous.

Stellle, die; -, -n: **1.** *bestimmter, genau angegebener Ort, Platz [an dem sich etwas befindet oder ereignet]:* an dieser S. geschah der Unfall; sie suchten eine S. zum Lagern. **sinnv.:** Ecke, Kante, Ort, Örtlichkeit, ↑Platz, Punkt, Stätte, Winkel · Lage · Treffpunkt; ↑Gebiet; ↑Zitat. **Zus.:** Absturz-, Anlege-, Austritts-, Ausweich-, Bau-, Brenn-, Bruch-, Druck-, Feuer-, Fund-, Futter-, Gefahren-, Halte-, Koch-, Körper-, Müllablade-, Sammel-, Schlaf-, Schwach-, Sprech-, Text-, Unfall-, Unglücks-, Wasser-, Zapfstelle. **2.** *berufliche Stellung:* er tritt eine neue S. an. **sinnv.:** ↑Anstellung; ↑Beruf. **Zus.:** Arbeits-, Assistenten-, Bürgermeister-, Lehr-, Planstelle. **3.** *(für Bestimmtes zuständige) Behörde o. ä.:* sich an die zuständige S. wenden. **sinnv.:** ↑Amt. **Zus.:** Annahme-, Ausgabe-, Auskunfts-, Außen-, Bild-, Dienst-, Einwohnermelde-, Entstörungs-, Erfassungs-, Geschäfts-, Neben-, Paß-, Presse-, Regierungs-, Tank-, Verkaufs-, Verwaltungs-, Zweigstelle.

stelllen: 1. ⟨tr.⟩ **a)** *so an einen Platz bringen, daß es steht:* die Flasche auf den Tisch s. **sinnv.:** legen, ↑plazieren, setzen, tun; ↑schieben; ↑anlehnen. **b)** *in eine bestimmte Lage bringen:* die Zeiger einer Uhr, die Uhr, die Weichen s. **2.** ⟨sich s.⟩ **a)** *sich an einen Platz, eine bestimmte Stelle begeben und dort stehenbleiben:* er stellte sich vor, an die Tür. **sinnv.:** treten; sich ↑aufstellen. **b)** *eine Herausforderung annehmen, einer Auseinandersetzung nicht ausweichen:* er stellte sich dem Feind, der Diskussion. **sinnv.:** sich ausliefern, sich melden. **c)** *bereit sein (für jmdn.):* der Politiker stellte sich der Presse. **sinnv.:** treten vor. **3.** ⟨sich s.⟩ *sich in einer bestimmten Weise verstellen:* er stellte sich dumm, taub; er stellte sich, als ob er schliefe. **sinnv.:** ↑vortäuschen. **Zus.:** sich totstellen. **4.** ⟨als Funktionsverb⟩ eine Frage s. *(fragen);* eine Aufgabe s. *(etwas aufgeben);* eine Forderung s. *(fordern);* einen Antrag s. *(beantragen).* **Zus.:** anheim-, bereit-, fertig-, fest-, frei-, glatt-, gleich-, klar-, richtig-, ruhig-, sicher-, zufriedenstellen.

stelllenlweilse ⟨Adverb⟩: *an manchen Stellen:* s. liegt noch Schnee.

Stellllung, die; -, -en: **1.** *Art, wie jmd./etwas steht:* in aufrechter S.; er saß zwei Stunden in derselben S.; die S. der Gestirne am Himmel. **sinnv.:** Attitüde, Haltung, Pose, Positur · Lage, Position, Richtung, Stand. **Zus.:** Abseits-, Boxer-, Grund-, Hilfe-, Lippen-, Mund-, Null-, Ruhe-, Satz-, Schalter-, Schlaf-, Schräg-, Signal-, Weichen-, Wortstellung. **2.** *Posten, den jmd. als Angestellter in einer Firma innehat:* er hat eine interessante S. als Fachmann für Werbung. **sinnv.:** ↑Anstellung; ↑Beruf. **Zus.:** Aushilfs-, Dauer-, Dienst-, Halbtags-, Lebens-, Vertrauensstellung. **3.** *Grad des Ansehens, der Wichtigkeit in der Gesellschaft; Rang:* seine S. als führender Politiker seiner Partei ist erschüttert; die gesellschaftliche, soziale S. **sinnv.:** ↑Ansehen. **Zus.:** Ausnahme-, Macht-, Mittel-, Monopol-, Rand-, Rechts-, Schlüssel-, Sonder-, Spitzen-, Vormacht-, Vorrangstellung. **4.** *befestigte Anlage:* die feindlichen Stellungen angreifen. **sinnv.:** Deckung, Graben, Schützengraben, Unterstand. **Zus.:** Artillerie-, Auffang-, Feuer-,

Geschütz-, Igel-, Infanterie-, Riegelstellung.

Stẹl|lung|nah|me, die; -, -n: *[offizielle] Äußerung:* die Presse forderte vom Minister eine klare S. zu diesem Vorfall. **sinnv.:** ↑Ansicht; ↑Aussage.

stẹll|ver|tre|tend ⟨Adj.⟩: *den Posten eines Stellvertreters innehabend, an Stelle eines anderen handelnd:* der stellvertretende Minister für Finanzen; er leitete s. die Sitzung; s. für den Bürgermeister überreichte er die Blumen. **sinnv.:** ↑anstatt; ↑dafür.

Stẹll|ver|tre|ter, der; -s, -, **Stẹll|ver|tre|te|rin,** die; -, -nen: *männliche bzw. weibliche Person, die beauftragt ist, jmd. anders zu vertreten:* während der Krankheit des Chefs führt sein Stellvertreter die Geschäfte. **sinnv.:** Beauftragter, Ersatz, Ersatzmann, zweite Garnitur, rechte Hand, Lückenbüßer, zweiter Mann, Sachverwalter, Substitut, Vertreter, Verwalter, Vize; ↑Double.

Stẹl|ze, die; -, -n: *Stange mit Stützen für die Füße, die paarweise (bes. von Kindern zum Spielen) benutzt wird, um in erhöhter Stellung zu gehen:* auf Stelzen laufen; wie auf Stelzen gehen *(mit steifen Beinen gehen).* **Zus.:** Bachstelze.

stẹl|zen, stelzte, ist gestelzt ⟨itr.⟩ (scherzh.): *mit steifen Beinen gehen:* er stelzte über den Hof. **sinnv.:** sich ↑fortbewegen.

stẹm|men: 1. ⟨tr.⟩ *durch starkes Dagegendrücken (etwas) zu bewegen, aufzuhalten o. ä. versuchen:* ein Gewicht in die Höhe s.; er stemmte den Rücken gegen die Tür. **sinnv.:** drücken, heben, stoßen, wuchten. **2.** ⟨sich s.⟩ *seinen Körper mit aller Kraft gegen etwas drücken, um etwas zu bewegen, aufzuhalten o. ä.:* er stemmte sich gegen die Tür und drückte sie ein. **3.** ⟨sich s.⟩ *einer Entwicklung o. ä. energischen Widerstand entgegensetzen:* sie stemmten sich gegen die geplanten Änderungen. **sinnv.:** ↑protestieren; sich ↑wehren.

Stẹm|pel, der; -s, -: **a)** *Gerät mit Buchstaben oder Zeichen aus Gummi, das auf etwas aufgedrückt werden kann:* er hat einen S. mit seiner Adresse. **Zus.:** Hand-, Nummern-, Prägestempel. **b)** *Zeichen, Buchstaben usw., die manuell auf etwas gedruckt werden können:* den Brief mit S. und Unterschrift versehen. **sinnv.:** Siegel. **Zus.:** Bibliotheks-, Datums-, Dienst-, Eingangs-, Firmen-, Namen[s]-, Post-, Rund-, Sonder-, Tagesstempel.

stẹm|peln ⟨tr.⟩: *mit einem Stempel versehen; durch einen Stempel kennzeichnen, für gültig erklären:* das Formular, den Ausweis s.; der Brief ist nicht gestempelt. **sinnv.:** abstempeln; ↑entwerten.

Stẹn|gel, der; -s, -: *langer, dünner Teil der Pflanze zwischen Wurzeln und Blüte.* **sinnv.:** ↑Stamm.

Ste|no|grạmm, das; -[e]s, -e: *in Stenographie nachgeschriebenes Diktat o. ä.:* die Sekretärin nimmt ein S. auf.

Ste|no|gra|phi̲e, die; -, Stenographi̲en: *Schrift, die durch besondere Zeichen sehr schnelles Schreiben ermöglicht.* **sinnv.:** Eilschrift, Kurzschrift.

ste|no|gra|phi̲e|ren ⟨itr./tr.⟩: *in Stenographie schreiben:* sie kann gut s.; er hat den Brief stenographiert und muß ihn noch mit der Maschine schreiben. **sinnv.:** ↑aufschreiben.

Ste|no|ty|pị|stin, die; -, -nen: *Angestellte, deren Hauptaufgabe darin besteht, Stenogramme aufzunehmen und Schreibmaschine zu schreiben.* **sinnv.:** Bürokraft, Klapperschlange, Maschinenschreiberin, Phonotypistin, Schreibdame, Schreiberin, Schreibkraft, Tippfräulein, Tippse; ↑Sekretärin.

Stẹpp|decke, die; -, -n: *gesteppte Bettdecke mit dicker Einlage:* sich mit einer S. zudecken. **sinnv.:** ↑Decke, ↑Federbett.

Stẹp|pe, die; -, -n: *trockene, mit Gras und Stauden, aber nicht mit Bäumen bewachsene Ebene:* die Steppen Südafrikas sind als Pampas bekannt. **sinnv.:** Llano, Pampa, Savanne, Tundra. **Zus.:** Gras-, Salz-, Wüstensteppe.

stẹp|pen ⟨tr.⟩: *mit eng aufeinanderfolgenden Stichen nähen:* eine Naht s. **sinnv.:** ↑nähen.

stẹr|ben, stirbt, starb, ist gestorben ⟨itr.⟩: **1.** *aufhören zu leben:* er ist plötzlich gestorben; er ist an Krebs gestorben; er ist einen qualvollen Tod gestorben. **sinnv.:** [in die Ewigkeit] abberufen werden, abkratzen, abnippeln, den Arsch zukneifen, die Augen zumachen/für immer schließen, von der Bühne/vom Schauplatz abtreten, draufgehen, ↑eingehen, einschlafen, entschlafen, (seinen Verletzungen o. ä.) erliegen, erlöst werden, [für immer] von jmdm. gehen, den/seinen Geist aufgeben, dran glauben müssen, ins Gras beißen, in die Grube fahren, heimgehen, hinüberschwimmen, in die ewigen Jagdgründe eingehen, ↑krepieren, sein Leben/Dasein vollenden, den Löffel wegschmeißen, aus unserer/eurer Mitte gerissen werden, jmdm. passiert etwas, umkommen, verdursten, vergehen, verhungern, verrecken, verscheiden, das Zeitliche segnen, zugrunde gehen; ↑fallen; ↑verenden. **2.** * **für jmdn. gestorben sein** *(von jmdm. völlig ignoriert werden, jmds. Erwartungen o. ä. in hohem Maße enttäuscht haben und deshalb für ihn nicht mehr existieren):* er, die Sache ist für mich gestorben.

-ster|ben, das; -s: ⟨Grundwort⟩ *durch als beklagenswert empfundene Einwirkungen, Entwicklungen sich vollziehender Prozeß, bei dem das im Basiswort Genannte an Quantität oder Qualität immer geringer wird:* Baum-, Boden-, Fisch-, Gebäude- (durch sauren Regen), Schilf-, Tankstellen-, Tannen-, Ulmen-, Vogel-, Wald-, Zeitungssterben.

stẹrb|lich ⟨Adj.⟩: *nicht ewig lebend:* der Mensch ist ein sterbliches Wesen.

ste|reo|typ ⟨Adj.⟩: *feststehend, unveränderlich, ständig [wiederkehrend]:* ein schlechter Roman mit stereotypen Phrasen, Figuren. **sinnv.:** abgedroschen, abgeleiert, erstarrt, [fest]stehend, ↑formelhaft, phrasenhaft.

ste|rị̲l ⟨Adj.⟩ **1.** *nicht fähig, Kinder zu zeugen oder zu gebären:* sie ist seit ihrer Operation s. **sinnv.:** ↑impotent. **2.** *geistig unfruchtbar; nicht schöpferisch; keine Ergebnisse zeigend:* eine sterile Diskussion. **sinnv.:** ↑langweilig. **3.** *frei von Krankheitserregern:* ein steriler Verband; sterile Milch; das Gefäß ist nicht s. **sinnv.:** ↑keimfrei.

ste|ri|li|si̲e|ren ⟨tr.⟩: **1.** *keimfrei [und dadurch haltbar] machen:* die Instrumente des Arztes werden sterilisiert; sterilisierte Milch. **sinnv.:** ↑desinfizieren. **2.** *unfruchtbar, zur Fortpflanzung unfähig machen:* der Patient wurde sterilisiert. **sinnv.:** ↑kastrieren.

Stẹrn, der; -[e]s, -e: **1.** *am Nachthimmel leuchtender Him-*

melskörper: die Sterne funkeln, leuchten. **sinnv.:** ↑Himmelskörper. **Zus.:** Abend-, Doppel-, Fix-, Glücks-, Hunds-, Leit-, Morgen-, Polar-, Schweif-, Unglücks-, Wandelstern. **2.** *Figur, Gegenstand mit kreis-, bzw. strahlenförmig angeordneten Zacken:* die Kinder schnitten Sterne aus buntem Papier. **sinnv.:** Drudenfuß, Pentagramm. **Zus.:** Blumen-, Blüten-, David[s]-, Ordens-, Schnee-, See-, Sowjet-, Stroh-, Weihnachts-, Zimtstern.

Stern|bild, das; -[e]s, -er: *Gruppe von [benachbarten] Sternen am Himmel, die zusammen eine Figur darstellen:* der Große Wagen ist ein bekanntes S.

Stern|fahrt, die; -, -en: *Rennen, das von verschiedenen Ausgangspunkten zum gleichen Ziel führt; Rallye:* eine S. mit internationaler Beteiligung. **sinnv.:** ↑Rennen.

stern|ha|gel|voll ‹Adj.› (ugs.): *sehr betrunken:* der Kerl ist schon s. **sinnv.:** ↑betrunken.

Stern|schnup|pe, die; -, -n: *am Nachthimmel aufleuchtender Meteor:* eine S. leuchtete am Himmel auf. **sinnv.:** ↑Komet.

Stern|stun|de, die; -, -n: *glückliche, schicksalhafte Stunde:* eine S. für die Wissenschaft.

Stern|war|te, die; -, -n: *wissenschaftliches Institut, in dem Sterne beobachtet werden.* **sinnv.:** Observatorium, Planetarium.

ste|tig ‹Adj.›: *über eine relativ lange Zeit gleichmäßig, ohne Unterbrechung sich fortsetzend:* das Unternehmen steht in stetigem Wettkampf mit der Konkurrenz; eine stetige Entwicklung. **sinnv.:** ↑unaufhörlich.

stets ‹Adverb›: *in immer gleichbleibender Weise; jedesmal:* er hat mir s. geholfen, wenn ich ihn gebraucht habe. **sinnv.:** ↑unaufhörlich.

Steu|er: I. das; -s, -: *Vorrichtung an Fahrzeugen, mit der man die Richtung der Fahrt regelt:* das S. eines Schiffes; am S. sitzen *(Auto fahren).* **sinnv.:** Lenkrad, Steuerrad, Volant · Lenker, Lenkstange · Knüppel, Steuerhebel, Steuerknüppel · Ruder, [Ruder]pinne, Steuerrad, Steuerruder. **Zus.:** Höhensteuer. **II.** die; -, -n: *gesetzlich festgelegter Teil der Einnahmen, den man an den Staat zahlen muß:* Steuern zahlen; Alkohol wurde mit einer neuen S. belegt. **sinnv.:** Abgabe, Akzise, Gebühr, Lasten, Maut, Tribut, Zoll. **Zus.:** Branntwein-, Einkommen[s]-, Erbschaft[s]-, Kraftfahrzeug-, Lohn-, Mehrwert-, Stempel-, Tabak-, Verbrauch[s]-, Umsatz-, Vergnügungs-, Vermögen[s]steuer.

Steu|er|bord, das; -[e]s, -e: *rechte Seite eines Schiffes* /Ggs. Backbord/: der Matrose geht nach S.

Steu|er|mann, der; -[e]s, Steuermänner und Steuerleute: *Seemann, dessen Aufgabe es ist, das Schiff zu steuern.*

steu|ern: 1. ‹tr.› *(einem Fahrzeug) mit einem Steuer eine bestimmte Richtung geben:* das Schiff, Auto s. **sinnv.:** chauffieren, fahren, kutschieren, lenken, manövrieren; ↑bedienen. **2.** ‹itr.; mit Dativ› (geh.) *(einer Sache, Entwicklung o. ä.) entgegenwirken, sie einzudämmen suchen:* dem Hunger, der Not s. **sinnv.:** abhelfen, Abhilfe schaffen, für Abhilfe sorgen, einer Sache ↑begegnen; ↑verhindern.

Steue|rung, die; -, -en: **1.** *das Steuern (eines Fahrzeugs):* die S. eines Schiffes übernehmen. **sinnv.:** ↑Bedienung. **Zus.:** Fernsteuerung. **2.** *Vorrichtung zur Lenkung:* der Pilot stellt die automatische S. des Flugzeuges ein. **sinnv.:** Lenkung. **Zus.:** Handsteuerung.

Ste|ward ['stju:ɐt], der; -s, -s: *Betreuer der Passagiere auf Schiffen, in Flugzeugen o. ä.* **sinnv.:** ↑Kellner.

Ste|war|deß ['stju:ɐdɛs], die; -, Stewardessen: *junge Dame, die auf Schiffen, in Flugzeugen o. ä. die Passagiere betreut.* **sinnv.:** ↑Serviererin.

sti|bit|zen ‹tr.› (ugs.): *sich (Dinge von geringem Wert) in meist scherzhafter Absicht aneignen:* sie hat mir den Bleistift stibitzt. **sinnv.:** ↑wegnehmen.

Stich, der; -[e]s, -e: **1.** *das Stechen eines spitzen Gegenstandes (in etwas):* der S. der Biene; ein S. mit einem Dolch in den Rükken. **sinnv.:** ↑Stoß; ↑Verletzung. **Zus.:** Messer-, Nadelstich · Bienen-, Insekten-, Mücken-, Wespenstich. **2.** *plötzlicher stechender Schmerz:* er spürte einen S. im Arm; als sie vom Unfall hörte, gab es ihr einen S. *(erschrak sie heftig).* **sinnv.:** ↑Schmerz. **Zus.:** Herzstich. **3.** *Art, wie man beim Nähen, Sticken die Nadel in den Stoff einsticht:* das Kleid mit großen Stichen heften. **Zus.:** Gräten-, Hexen-, Kreuz-, Platt-, Stepp-, Zierstich.

sti|cheln ‹itr.›: *spitze Bemerkungen, boshafte Anspielungen machen:* er stichelt dauernd gegen seine Kameraden. **sinnv.:** sein Gift verspritzen, Giftpfeile abschießen, Spitzen austeilen, spötteln, spotten; ↑aufziehen.

Stich|flam|me, die; -, -n: *hoch aufschießende Flamme, die besonders unter dem Druck ausströmender Gase entsteht:* eine riesige S. schoß in den nächtlichen Himmel empor. **sinnv.:** ↑Flamme.

stich|hal|tig ‹Adj.›: *so gut begründet, daß es allen gegnerischen Argumenten standhält:* seine Beweise sind nicht s.; das ist kein stichhaltiger Grund. **sinnv.:** beweiskräftig, bündig, ↑einleuchtend, hieb- und stichfest, plausibel, schlagend, schlagkräftig, schlüssig, stringent, triftig, überzeugend, unangreifbar, unwiderlegbar, unwiderleglich, zwingend; ↑dokumentarisch.

Stich|pro|be, die;-, -n: *Überprüfung eines beliebigen Teiles, einer Teilmenge von etwas in der Absicht, daraus auf die Beschaffenheit o. ä. des Ganzen zu schließen:* an der Grenze wurde rasch abgefertigt, und es wurden nur bei einzelnen Reisenden Stichproben gemacht.

Stich|tag, der; -[e]s, -e: *festgesetzter, als verbindlich geltender Termin für behördliche Maßnahmen, Gesetze o. ä.:* der S. für die Statistik. **sinnv.:** ↑Frist.

Stich|waf|fe, die; -, -n: *Waffe mit Griff und Klinge zum Stechen, Stoßen:* der Dolch ist eine S. **sinnv.:** Bajonett, Dolch, Florett, Hirschfänger, Messer, Rapier, Seitengewehr, Stilett; ↑Waffe.

Stich|wort, das; -[e]s, Stichwörter und Stichworte: **1.** ‹Plural: Stichwörter›: *Wort, das in einem Lexikon oder Wörterbuch behandelt wird und an alphabetischer Stelle zu finden ist:* das Wörterbuch hat 10 000 Stichwörter. **sinnv.:** Leitwort, Schlagwort · Lemma. **2.** ‹Plural: Stichworte›: *Bemerkung, auf die hin etwas geschieht oder geschehen soll:* bei diesem S. tritt der Schauspieler auf die Bühne; die Rede des Ministers gab das S. zu den Reformen. **sinnv.:** Merkwort; ↑Kennwort. **3.** ‹nur im Plural: Stichworte›: *Wörter, die* *für einen größeren Zusammenhang stehen:* er notierte sich einige Stichworte für seine Rede. **sinnv.:** Hauptpunkte, Aufzeichnungen, Notizen.

sticken ⟨tr./itr.⟩: *durch bestimmte Stiche mit einer Nadel und [farbigem] Garn auf Geweben Muster o. ä. herstellen:* sie stickte ihren Namen in das Tuch; am Abend stickt sie gern; eine gestickte Decke. **sinnv.:** ↑stricken.

Sticke|rei, die; -, -en: *durch Sticken hergestellte Muster, Figuren o. ä.* **sinnv.:** ↑Handarbeit. **Zus.:** Gold-, Loch-, Perlen-, Weißstickerei.

stickig ⟨Adj.⟩ *(von der Luft bes. in einem Raum) dumpf, nicht frisch, so, daß es beim Atmen unangenehm ist:* stickige Luft; ein stickiger Raum. **sinnv.:** dunstig, rauchig, verräuchert.

stie|ben, stob, ist gestoben (geh.): *in kleinsten Teilchen wegfliegen:* Funken stoben aus dem brennenden Holzstoß. **sinnv.:** ↑fliegen, spritzen, wirbeln; sich ↑fortbewegen.

Stief|bru|der, der; -s, Stiefbrüder: **a)** *nicht blutsverwandter Bruder, der aus einer anderen Ehe des Stiefvaters oder der Stiefmutter stammt.* **b)** (ugs.) *über einen Elternteil verwandter Bruder.* **sinnv.:** Halbbruder.

Stie|fel, der; -s, -: **a)** *Schuh, der bis über die Knöchel reicht:* wenn du in den Wald gehst, mußt du deine S. anziehen. **sinnv.:** ↑Schuh. **Zus.:** Berg-, Fußball-, Skistiefel. **b)** *Schuh mit hohem Schaft, der bis zu den Knien reicht:* er watete in hohen Stiefeln durchs Wasser. **sinnv.:** Knobelbecher. **Zus.:** Gummi-, Halb-, Leder-, Pelz-, Reit-, Schaft-, Siebenmeilen-, Stulp[en]-, Wasserstiefel.

stie|feln, stiefelte, ist gestiefelt ⟨itr.⟩ (ugs.): *mit stapfenden, gemächlichen Schritten gehen:* er stiefelt hinter seinem Freund durch die Dünen. **sinnv.:** sich ↑fortbewegen.

Stief|el|tern, die ⟨Plural⟩: *Stiefmutter und deren Mann bzw. Stiefvater und dessen Frau nach einer neuerlichen Heirat:* das Kind wächst bei den S. auf. **sinnv.:** Adoptiveltern, Pflegeeltern.

Stief|ge|schwi|ster, die ⟨Plural⟩: **a)** *nicht blutsverwandte Geschwister, die aus verschiedenen Ehen der Stiefeltern stammen.* **b)** (ugs.) *über einen Elternteil verwandte Geschwister:* Kinder aus einer ersten und einer zweiten Ehe sind S. **sinnv.:** Halbgeschwister.

Stief|kind, das; -[e]s, -er: **1.** *Kind in einer Ehe, in der nur ein Teil der Eltern sein leiblicher Vater bzw. seine leibliche Mutter ist:* er hat eine Witwe geheiratet und behandelt seine Stiefkinder gleich gut wie die eigenen. **sinnv.:** Adoptivkind, ↑Pflegekind. **2.** *etwas, was im Verhältnis zu anderem zu wenig beachtet, gefördert wird:* die Hochschulen waren allzu oft ein S. der Regierung.

Stief|mut|ter, die; -, Stiefmütter: *Frau des Vaters, die nicht die leibliche Mutter des Kindes ist.* **sinnv.:** zweite Mutter, Pflegemutter, Ziehmutter.

Stief|müt|ter|chen, das; -s, -: *kleine Pflanze mit dunkelgrünen, gezähnten Blättern und zahlreichen, in ihrer Form dem Veilchen ähnlichen Blüten.*

stief|müt|ter|lich ⟨Adj.⟩: *sich so auswirkend, daß jmd./etwas vernachlässigt, zurückgesetzt wird:* eine stiefmütterliche Behandlung ertragen müssen. **sinnv.:** lieblos; ↑nachlässig; ↑karg; ↑unzulänglich.

Stief|schwe|ster, die; -, -n: **a)** *nicht blutsverwandte Schwester, die aus einer anderen Ehe des Stiefvaters oder der Stiefmutter stammt.* **b)** (ugs.) *über einen Elternteil verwandte Schwester.* **sinnv.:** Halbschwester.

Stief|sohn, der; -[e]s, Stiefsöhne: *nur mit dem Vater oder der Mutter blutsverwandter Sohn aus einer anderen Ehe des Partners.* **sinnv.:** Adoptivsohn, Pflegesohn.

Stief|toch|ter, die; -, Stieftöchter: *nur mit dem Vater oder der Mutter blutsverwandte Tochter aus einer anderen Ehe des Partners.* **sinnv.:** Adoptivtochter, Pflegetochter.

Stief|va|ter, der; -s, Stiefväter: *Mann der Mutter, der nicht leiblicher Vater des Kindes ist.* **sinnv.:** Pflegevater, zweiter Vater, Ziehvater.

Stie|ge, die; -, -n: **1.** *einfache, schmale Treppe [aus Holz]:* über eine steile S. gelangte er in den Keller. **sinnv.:** ↑Treppe. **Zus.:** Holz-, Hühnerstiege. **2.** (südd., österr.) *Treppe.*

Stiel, der; -[e]s, -e: **a)** *[ziemlich langer] fester Griff an einem [Haushalts]gerät:* der S. des Besens, der Pfanne. **sinnv.:** ↑Griff. **Zus.:** Besen-, Hammer-, Löffel-, Pfannenstiel. **b)** *Stengel einer Blume:* eine Rose mit einem langen S. **sinnv.:** ↑Stamm. **Zus.:** Blatt-, Kirschenstiel.

stier ⟨Adj.⟩: *(vom Blick) ausdrucklos und unbeweglich, starr:* stieren Blickes dasitzen. **sinnv.:** gläsern, glasig.

Stier, der; -[e]s, -e: *zur Fortpflanzung fähiges männliches Rind; Bulle.* **sinnv.:** ↑Rind. **Zus.:** Zuchtstier.

stie|ren ⟨itr.⟩: *starr, ohne Ausdruck in den Augen blicken:* er saß im Wirtshaus und stierte auf sein Glas. **sinnv.:** starren; ↑blikken.

Stier|kampf, der; -[e]s, Stierkämpfe: *in einer Arena stattfindender, nach festen Regeln ablaufender Schaukampf mit einem Stier:* einem S. in Madrid beiwohnen.

Stift: I. der; -[e]s, -e: **1.** *dünneres, längliches, an einem Ende zugespitztes Stück aus Metall oder Holz, das als Befestigung, zum Verbinden von etwas in etwas hineingetrieben wird:* ein S. aus Metall; etwas mit einem S. befestigen. **sinnv.:** ↑Nagel; ↑Nadel. **2.** *Schreib-, Zeichen-, Malstift:* mit einem roten S. schreiben. **sinnv.:** Blei, Feder, Federhalter, Filzschreiber, Füller, Füll[feder]halter, Griffel, Kugelschreiber, Kuli. **Zus.:** Blei-, Bunt-, Farb-, Filz-, Kohle-, Kopier-, Lippen-, Pastell-, Silber-, Tintenstift. **II.** das; -[e]s, -e: *religiöse Körperschaft mit eigenem Vermögen:* das S. St. Florian. **sinnv.:** ↑Kloster. **Zus.:** Damenstift.

stif|ten, stiftete, hat gestiftet ⟨tr.⟩: **1.** *zur Errichtung oder Förderung von etwas größere Mittel bereitstellen:* er stiftete einen Preis für den Sieger; ein Krankenhaus s. **sinnv.:** ↑opfern; ↑spenden. **2.** ⟨als Funktionsverb⟩ */drückt aus, daß etwas bewirkt wird, was in der Zukunft andauert/:* Frieden/Ordnung s. *(bewirken, daß Frieden/Ordnung entsteht);* Unheil/Verwirrung s. *(durch sein Verhalten Unheil/Verwirrung verursachen).* **sinnv.:** ↑verursachen.

stif|ten|ge|hen, ging stiften, ist stiftengegangen ⟨itr.⟩ (ugs.): *sich heimlich, schnell, unauffällig entfernen:* von dieser Gruppe geht keiner stiften, die halten zusammen. **sinnv.:** ↑weggehen.

Stif|ter, der; -s, - **Stif|te|rin,** die; -, -nen: *männliche bzw. weibliche Person, die etwas stiftet:* der Stifter des Ordens, des Preises. **sinnv.:** ↑Gründer. **Zus.:** Brand-, Ehe-, Religions-, Unruhestifter.

Stif|tung, die; -, -en: **1.** *das Stiften:* für die S. des Kreuzes hat er einen großen Teil seines Vermögens geopfert. **sinnv.:** ↑Gründung. **Zus.:** Brandstiftung. **2.** *das Gestiftete:* dieses Kloster ist eine S. Karls des Großen.

Stil, der; -[e]s, -e: **a)** *Art der Formen, in der etwas gestaltet wird:* der S. eines Gebäudes, Romans; er schreibt einen guten S. **sinnv.:** ↑Manier, Weise, ↑Ausdrucksweise. **Zus.:** Arbeits-, Brief-, Feuilleton-, Lebens-, Sprach-, Telegrammstil · Delphin-, Frei-, Kraul-, Schmetterlings-, Schwimmstil. **b)** *Art, in der die [Kunst]werke einer Epoche oder eines Künstlers in ihrer Gesamtheit gestaltet sind und die durch bestimmte Merkmale gekennzeichnet ist:* die Kirche ist in barockem S. erbaut. **Zus.:** Barock-, Bau-, Jugend-, Kolonialstil.

Sti|lett, das; -s, -e: *kleiner Dolch mit dreikantiger Klinge* (siehe Bildleiste „Waffen"). **sinnv.:** ↑Stichwaffe.

sti|li|stisch ⟨Adj.⟩: *den Stil betreffend:* sein Aufsatz ist s. einwandfrei.

still ⟨Adj.⟩: **1.** *ohne ein Geräusch [zu verursachen]; ohne einen Laut [von sich zu geben]:* im Wald war es ganz s.; er saß s. an seinem Platz. **sinnv.:** ↑leise, ruhig; ↑lauschig; ↑schweigen. **Zus.:** mäuschen-, mucksmäuschen-, totenstill. **2.** *ruhig und zurückhaltend in seinem Wesen; nicht viel redend:* er ist ein stiller und bescheidener Kamerad. **sinnv.:** ↑ruhig.

Stil|le, die; -: *Zustand, bei dem kaum ein Laut zu hören ist; Ruhe:* die S. der Nacht. **sinnv.:** Friede[n], Geräuschlosigkeit, Lautlosigkeit, ↑Ruhe, Schweigen, Stillschweigen. **Zus.:** Abend-, Friedhofs-, Grabes-, Kirchhofs-, Mittags-, Todes-, Totenstille · Funk-, Windstille.

Stil|le|ben, das; -s, -: *Darstellung nicht bewegter Gegenstände in künstlerischer Anordnung:* S. waren in der holländischen Malerei des 17. und 18. Jahrhunderts besonders beliebt.

stil|le|gen, legte still, hat stillgelegt ⟨tr.⟩: *(den Betrieb von etwas) einstellen:* das Bergwerk, die Fabrik mußte stillgelegt werden. **sinnv.:** ↑beenden.

stil|len ⟨tr.⟩: **1.** *(ein Kind) an der Brust trinken lassen:* die Mutter stillt ihr Kind. **sinnv.:** die Brust geben, an die Brust nehmen, nähren; ↑ernähren; ↑säugen. **2.** *(ein bestimmtes Bedürfnis) befriedigen:* das Verlangen s.; den Hunger s. *(essen, um satt zu werden);* die Schmerzen s. *(eindämmen, lindern);* die Sehnsucht s. *(etwas Ersehntes erreichen);* mit einem Verband das Blut s. *([durch einen Verband] verhindern, daß es weiter fließt).*

still|hal|ten, hält still, hielt still, hat stillgehalten ⟨itr.⟩: **1.** *sich nicht bewegen:* beim Fotografieren mußt du s. **sinnv.:** ↑aushalten. **2.** *sich etwas gefallen lassen, sich nicht dagegen wehren:* die Gewerkschaften werden s. und dieses Jahr keine höheren Löhne fordern. **sinnv.:** ↑resignieren, ↑schweigen.

Still|stand, der; -[e]s: *Zustand ohne Fortschritt:* in der Entwicklung der Firma ist ein S. eingetreten. **sinnv.:** ↑Rückgang.

still|ste|hen, stand still, hat stillgestanden ⟨itr.⟩: *in seiner Tätigkeit, Bewegung, seinem Verlauf unterbrochen sein:* die Räder stehen still; der Verkehr stand vorübergehend still; die Zeit steht still. **sinnv.:** ↑aussetzen.

Stil|mö|bel, das; -s, - ⟨meist Plural⟩: *Möbel, das im Stil einer vergangenen Epoche hergestellt ist.*

Stim|me, die; -, -n: **1.** *das, was (von Menschen, Tieren) mit einer bestimmten [charakteristischen] Klangfarbe an Lauten, Tönen erzeugt wird:* eine dunkle, laute S.; sie erkannte ihn an der S.; sie hat eine schöne S. *(Singstimme).* **sinnv.:** Organ, Röhre; Sprechart. **Zus.:** Brumm-, Brust-, Donner-, Engels-, Fistel-, Flüster-, Frauen-, Geister-, Grabes-, Greisen-, Jungen-, Kinder-, Knaben-, Kommando-, Mädchen-, Männer-, Menschen-, Redner-, Säufer-, Stentor-, Weiber-, Zeterstimme. **2.** *in einer bestimmten Tonlage gespielte oder gesungene Melodie, die mit anderen zusammen ein Musikstück ergibt:* er singt die zweite S. des Liedes; die Stimmen aus der Partitur abschreiben. **sinnv.:** ↑Melodie. **Zus.:** Alt-, Bariton-, Baß-, Chor-, Diskant-, Einzel-, Flöten-, Geigen-, Grund-, Ober-, Orgel-, Sopran-, Tenorstimme. **3.** *jmds. auf dem Wahlzettel o. ä. kundzugebende bzw. kundgegebene Willensäußerung bei einer Abstimmung, Wahl o. ä.:* seine S. bei der Wahl abgeben; der konservative Kandidat erhielt die meisten Stimmen. **sinnv.:** ↑Urteil. **Zus.:** Gegen-, Ja-, Nein-, Wählerstimme.

stim|men: 1. ⟨itr.⟩ *den Tatsachen entsprechen, keinen Anlaß zu Beanstandungen geben:* die Rechnung stimmt nicht; stimmt es, daß du übersiedeln willst? **sinnv.:** hinkommen, richtig/zutreffend sein, zutreffen. **2.** ⟨tr.⟩ *einem Instrument die richtige Tonhöhe geben:* das Orchester stimmt die Instrumente vor der Vorstellung. **Zus.:** abstimmen · Klavierstimmer. **3.** ⟨tr.⟩ *in eine bestimmte Stimmung versetzen:* das stimmt mich traurig; jmdn. fröhlich s. **sinnv.:** animieren, geneigt machen, in eine Stimmung versetzen. **Zus.:** ein-, um-, verstimmen.

Stim|mung, die; -, -en: *Zustand, Verfassung des Gemüts; Art, wie das Gemüt, die Seele auf Eindrücke reagiert:* es herrschte eine fröhliche S.; die S. war gedrückt; er war in schlechter S. *(Laune).* **sinnv.:** ↑Atmosphäre, ↑Gefühl, ↑Laune, ↑Verfassung. **Zus.:** Abschieds-, Arbeits-, Aufbruchs-, Bomben-, Festtags-, Gemüts-, Hoch-, Kampf-, Karnevals-, Kater-, Miß-, Mords-, Panik-, Reise-, Sieges-, Untergangs-, Weihnachtsstimmung.

stink- ⟨adjektivisches Präfixoid⟩ /bes. als Kennzeichnung von Personen/ (ugs., emotional verstärkend) *sehr, ganz besonders, in fast extremer Weise:* stinkbesoffen, -bourgeois, -faul, -fein, -gemütlich, -langweilig, -normal, -reich, -sauer, -vornehm, -wütend. **sinnv.:** stock-, ur-.

stin|ken, stank, hat gestunken ⟨itr.⟩: *einen (im Urteil des Sprechers) üblen Geruch von sich geben:* die Abwässer der Fabrik s.; sie stinkt nach billigem Parfüm, draußen stinkt es nach Jauche. **sinnv.:** ↑riechen. **Zus.:** ab-, anstinken · Gestank.

Sti|pen|di|um, das; -s, Stipendien: *von öffentlichen Stellen, aus Stiftungen o. ä. für eine bestimmte Zeit bzw. für eine bestimmte Arbeit gewährte finan-*

zielle Unterstützung für Studenten, Künstler o. ä. **sinnv.:** ↑Förderung, Hilfe, ↑Zuschuß. **Zus.:** Auslands-, Forschungs-, Leistungsstipendium.

Stirn, die; -, -en: *Teil des Gesichtes, [sich vorwölbender] Teil des Vorderkopfes über den Augen und zwischen den Schläfen:* er wischte sich den Schweiß von der S. **Zus.:** Denker-, Runzel-, Sorgenstirn · eng-, hochstirnig.

stö|bern ⟨itr.⟩: *[wühlend] nach etwas suchen [und dabei Unruhe verursachen]:* als er in der Bibliothek stöberte, fand er eine alte Handschrift. **sinnv.:** ↑suchen. **Zus.:** auf-, durch-, herum-, umherstöbern.

sto|chern ⟨itr.⟩: *mit einem spitzen Gegenstand wiederholt bohren, (in etwas) hineinstechen:* in den Zähnen s.; in der Glut, in der Erde s. **sinnv.:** bohren, klauben, polken, pulen, ↑stechen.

Stock, der; -[e]s, Stöcke und -: **I.** ⟨Plural: Stöcke⟩ *von einem Baum oder Strauch abgeschnittener, meist gerade gewachsener dünner Ast[teil], der bes. als Stütze beim Gehen, zum Schlagen o. ä. benutzt wird:* der alte Mann stützte sich auf seinen S. **sinnv.:** Gerte, Knüppel, Knüttel, spanisches Rohr, ↑Rute, ↑Stab, ↑Stange. **Zus.:** Bambus-, Billard-, Eichen-, Eis-, Flaggen-, Geh-, Grab-, Holz-, Krück-, Lade-, Pflanz-, Reit-, Schlag-, Ski-, Spazier-, Takt-, Trommel-, Weiden-, Zeige-, Zollstock. **II.** ⟨Plural: Stock⟩: *Etage, die höher liegt als das Erdgeschoß:* er wohnt im dritten S.; das Haus hat drei S. **sinnv.:** ↑Geschoß. **Zus.:** Zwischenstock · doppel-, mehrstökkig.

stock- ⟨adjektivisches Präfixoid⟩ (ugs., verstärkend): *ganz und gar, durch und durch, völlig:* /vor allem in Verbindung mit Eigenschaften o. ä., die in dem Textzusammenhang nicht erwartet, nicht als positiv angesehen werden, bes. als Kennzeichnung von Personen/: stockbesoffen, -betrunken, -blau, -blind, -bürgerlich, -dumm, -dunkel, -duster, -finster, -fremd, -geil, -heiser, -heterosexuell, -katholisch, -konservativ, -lesbisch, -normal, -nüchtern, -reaktionär, -sauer, -schwul, -solide, -steif, -taub, -trocken, -voll. **sinnv.:** erz-, scheiß-, stink-, ur-.

stocken ⟨itr.⟩: *in seinem normalen Ablauf zeitweise behindert, unterbrochen sein:* die Produktion stockt; an der engen Stelle stockte der Verkehr; sein Atem, Puls stockte. **sinnv.:** erlahmen, festfahren, stagnieren, steckenbleiben, stehen, versanden, versickern, versiegen.

Stock|werk, das; -[e]s, -e: ↑*Stock* (II): das Haus hat drei Stockwerke; sie wohnen im dritten S.

Stoff, der; -[e]s, -e: **1.** ↑*Material:* weiche, harte Stoffe; ein künstlicher, natürlicher S. **Zus.:** Alt-, Ballast-, Bau-, Brenn-, Ersatz-, Farb-, Fremd-, Gift-, Grund-, Kleb-, Kraft-, Kunst-, Roh-, Schmier-, Spreng-, Treibstoff; Geruchs-, Harn-, Impf-, Leucht-, Reiz-, Sauer-, Stick-, Süß-, Wasser-, Wirk-, Zellstoff. **2.** *aus natürlichen und/oder synthetischen Fasern in breiten Bahnen hergestelltes Gewebe, das bes. für Kleidung und Wäsche verarbeitet wird:* er trug einen Mantel aus grobem S. **sinnv.:** Damast, Gaze, Leinen, Popelin, Samt, ↑Seide; ↑Gewebe, ↑Textilien, Tuch. **Zus.:** Baumwoll-, Bezugs-, Brokat-, Dekorations-, Futter-, Gardinen-, Kleider-, Leinen-, Loden-, Mantel-, Seiden-, Sommer-, Spann-, Winterstoff. **3.** *etwas, was die thematische Grundlage für eine künstlerische Gestaltung, eine wissenschaftliche Abhandlung bildet:* er sammelte S. für einen neuen Roman; der fachliche S. ist viel zu umfangreich für einen Vortrag. **sinnv.:** ↑Gegenstand, ↑Handlung, ↑Materie, Thema. **Zus.:** Diskussions-, Gesprächs-, Konflikt-, Lehr-, Lern-, Roman-, Unterrichts-, Wissensstoff. **4.** ⟨ohne Plural⟩ (Jargon) ↑*Rauschgift:* S. brauchen; sich S. besorgen.

stoff|lich ⟨Adj.⟩: *den Stoff, die Substanz betreffend:* die stoffliche Zusammensetzung des menschlichen Körpers. **sinnv.:** substantiell.

Stoff|wech|sel, der; -s: *alle Vorgänge, die mit dem Aufbau und Abbau von Stoffen im Körper zusammenhängen:* seine Krankheit beruht auf einer Störung des Stoffwechsels.

stöh|nen ⟨itr.⟩: *mit einem tiefen, langgezogenen Laut schwer ausatmen:* leise, wohlig, vor Schmerz, Lust s.; der Kranke stöhnte laut; in der Nacht hörte er ein Stöhnen. **sinnv.:** ächzen, ↑ausstoßen, seufzen. **Zus.:** aufstöhnen.

Stol|le, die; -, -n: ↑*Stollen* (II).

Stol|len, der; -s, -: **I.** *unterirdischer Gang [in einem Bergwerk]:* einen S. in den Berg treiben. **sinnv.:** Bergwerk, ↑Durchbruch. **Zus.:** Felsen-, Förderstollen. **II.** *länglich geformter Kuchen mit Rosinen, Mandeln, Zitronat und Gewürzen, der in der Weihnachtszeit gebacken wird:* **sinnv.:** ↑Gebäck. **Zus.:** Christ-, Rosinen-, Weihnachtsstolle[n].

stol|pern, stolperte, ist gestolpert ⟨itr.⟩: *beim Gehen mit dem Fuß an einer Unebenheit o. ä. hängenbleiben, wobei man das Gleichgewicht verliert und zu fallen droht:* paß auf, daß du nicht stolperst!; er ist über einen Stein gestolpert. **sinnv.:** ↑fallen, hängenbleiben, straucheln, taumeln, umknicken.

stolz ⟨Adj.⟩: **1. a)** *mit Selbstbewußtsein und Freude über einen Besitz, eine eigene Leistung oder über die Leistung eines geliebten oder verehrten Menschen erfüllt:* die stolze Mutter; er ist s. auf seinen Freund, der ein bekannter Sportler ist. **sinnv.:** ↑selbstbewußt. **Zus.:** besitzstolz. **b)** *eingebildet, überheblich und abweisend:* er war zu s., um sich helfen zu lassen; weil er so viel gelobt wurde, ist er s. geworden. **sinnv.:** ↑dünkelhaft. **Zus.:** dummstolz. **2.** *so geartet, daß es imponiert:* eine stolze Leistung; ein stolzes Gebäude. **sinnv.:** ↑trefflich.

Stolz, der; -es: **1.** *ausgeprägtes, vom Sprecher als übersteigert angesehenes Selbstwertgefühl [das sich in Überheblichkeit, Eingebildetheit o. ä. äußert]:* ihr S. hat sie unbeliebt gemacht. **sinnv.:** Selbstbewußtsein, ↑Überheblichkeit · ↑selbstbewußt. **Zus.:** Nationalstolz. **2.** *berechtigte, selbstbewußte Freude (bes. über etwas, was man als besondere Leistung o. ä. ansieht):* voller S. berichtete er über seine Erfolge. **sinnv.:** ↑Freude. **Zus.:** Berufs-, Besitzer-, Entdecker-, Sieger-, Vaterstolz.

stol|zie|ren, stolzierte, ist stolziert ⟨itr.⟩: *gravitätisch gehen:* er stolzierte mit seiner schönen Tochter über die Promenade. **sinnv.:** sich ↑fortbewegen.

stop|fen: **1.** ⟨tr.⟩ *etwas [ohne besondere Sorgfalt] schiebend in etwas hineinstecken und darin verschwinden lassen, bis nichts mehr hineingeht:* die Kleider in den Koffer s.; Watte ins Ohr s. **sinnv.:** ↑packen. **Zus.:** aus-, hinein-, vollstopfen. **2.** ⟨tr.⟩ *mit Nadel und Faden und mit bestimmten Stichen ausbessern:* Strümpfe s. **sinnv.:** ↑nähen, ↑reparieren. **Zus.:** kunst-, zustopfen. **3.** ⟨itr.⟩ (ugs.) *das Essen rasch und gierig hinunterschlingen:* beim Mittagessen stopften die hungrigen Mäuler; stopf nicht so! **sinnv.:** ↑essen. **4.** ⟨itr.⟩ *für die Verdauung hemmend sein:* Schokolade stopft.

Stop|pel, die; -, -n: **a)** *nach dem Mähen stehengebliebener Teil des [Getreide]halms:* die Stoppeln auf dem Feld. **b)** *kurzes, stechendes Haar des unrasierten oder nachgewachsenen Bartes:* sein Gesicht ist rauh von den Stoppeln. **Zus.:** Bartstoppel.

stop|pen (ugs.): **1. a** ⟨tr.⟩ *(eine Bewegung oder einen Vorgang) zum Stillstand bringen:* er stoppte seinen Lauf; die Produktion s. **sinnv.:** ↑anhalten. **b)** ⟨itr.⟩ *in einer Vorwärtsbewegung innehalten; seine Fahrt o. ä. unterbrechen:* der Wagen stoppte, als das Kind auf die Straße rannte. **sinnv.:** ↑anhalten. **2.** ⟨tr.⟩ *bei einem [Wett]lauf oder Rennen (die benötigte Zeit) mit der Stoppuhr ermitteln:* er stoppte die Zeit des Favoriten im Abfahrtslauf; den 100-m-Lauf s. **sinnv.:** abstoppen, die Zeit nehmen.

stopp|lig ⟨Adj.⟩: *voller Bartstoppeln:* ein stoppliges Kinn. **sinnv.:** ↑bärtig, ↑rauh.

Stöp|sel, der; -s, -: *kleiner Gegenstand, der dazu dient, die Öffnung eines Gefäßes zu verschließen:* den S. aus dem Waschbekken ziehen. **sinnv.:** Kork, [Kron]korken, Pfropf[en], Proppen, Stopfen; Verschluß, Zapfen. **Zus.:** Glas-, Gummi-, Korkstöpsel.

Storch, der; -[e]s, Störche: *größerer, schwarz und weiß gefiederter Stelzvogel mit langem Hals, sehr langem, rotem Schnabel und langen, roten Beinen:* der S. hat sein Nest auf dem Dach. **Zus.:** Klapper-, Schwarzstorch.

stö|ren ⟨tr.⟩: *(jmdn. bei etwas) belästigen, (von etwas) ablenken; einen Vorgang, ein Vorhaben hemmen, ärgerlicherweise aufhalten:* störe ihn nicht bei der Arbeit!; die Versammlung wurde von den Gegnern gestört. **sinnv.:** ↑aufhalten, ausmachen, ↑beeinträchtigen, ↑behindern. **Zus.:** ent-, zerstören; ruhestörend, verstört.

stör|risch ⟨Adj.⟩: *sich eigensinnig, starrsinnig widersetzend oder eine entsprechende Haltung erkennen lassend:* ein störrisches Kind; ein störrischer Esel. **sinnv.:** bockbeinig, bockig, ↑rechthaberisch, trotzig, ↑unzugänglich, widerspenstig.

Stö|rung, die; -, -en: **a)** *das Stören, das Gestörtwerden:* wegen der S. konnte die Versammlung nicht weitergeführt werden. **sinnv.:** Behelligung, Behinderung, Belästigung, Stockung, ↑Unterbrechung. **b)** *das Gestörtsein; Beeinträchtigung des normalen Ablaufs:* eine S. der Verdauung; er leidet an nervösen Störungen; wegen atmosphärischer Störungen war der Fernsehempfang schlecht. **sinnv.:** ↑Kurzschluß, ↑Panne, ↑Schaden. **Zus.:** Betriebs-, Bewußtseins-, Bild-, Darm-, Durchblutungs-, Empfangs-, Ernährungs-, Funktions-, Geistes-, Gesundheits-, Kommunikations-, Kreislauf-, Ruhe-, Rundfunk-, Sende-, Sinnes-, Sprach-, Stoffwechsel-, Strom-, Verkehrs-, Wachstumsstörung.

Sto|ry ['stɔ:ri], die; -, -s und Stories: **1.** *den Inhalt eines Films, Romans o. ä. ausmachende Geschichte:* er liest eine spannende S.; er erzählt die S. des Films mit wenigen Worten. **sinnv.:** ↑Erzählung, ↑Handlung. **Zus.:** Love-Story. **2.** *etwas Spannendes, Unterhaltsames, Turbulentes o. ä., was jmd. [als Selbsterlebtes] erzählt, berichtet:* diese S. nimmt dir niemand ab. **sinnv.:** ↑Erlebnis; ↑Lüge. **Zus.:** Räuberstory.

Stoß, der; -es, Stöße: **1. a)** *das Stoßen, heftiger Ruck:* er gab, versetzte ihm einen S., daß er umfiel. **sinnv.:** Fußtritt, Hieb, Klaps, ↑Puff, Ruck, Schlag, Schubs, Stups. **b)** *ruckartige Bewegung:* die Stöße eines Erdbebens. **sinnv.:** ↑Erschütterung. **Zus.:** Erdstoß. **2.** ↑*Stapel:* ein S. Zeitungen. **Zus.:** Akten-, Bretter-, Bücher-, Holz-, Wäsche-, Zeitungsstoß.

sto|ßen, stößt, stieß, hat/ist gestoßen: **1.** ⟨tr.⟩ **a)** *mit einer in gerader Richtung geführten heftigen Bewegung treffen, von sich wegschieben:* er hat ihn so heftig vor die Brust gestoßen, daß er hinfiel. **sinnv.:** kicken, puffen, rempeln, schubsen, einen Stoß versetzen, ↑stemmen, stumpen, stupsen, treten. **Zus.:** ab-, auf-, aus-, herab-, hinab-, hinaus-, hinein-, hinunter-, nieder-, um-, verstoßen · Kugelstoßen · unumstößlich. **b)** ⟨mit näherer Bestimmung⟩ *mit kurzer, heftiger Bewegung eindringen lassen, in etwas hineintreiben:* er hat ihm das Messer in den Rücken gestoßen; eine Stange in den Boden s. **sinnv.:** einrammen, hineinstechen, hineintreiben. **Zus.:** ein-, durch-, hineinstoßen. **2.** ⟨itr.; mit näherer Bestimmung⟩ *in einer schnellen Bewegung unbeabsichtigt kurz und heftig auf jmdn./etwas auftreffen:* er ist mit dem Fuß an einen Stein gestoßen. **sinnv.:** mit jmdm./etwas kollidieren, [aufeinander]prallen, ↑zusammenstoßen. **Zus.:** an-, aufeinander-, dran-, drauf-, zusammenstoßen. **3.** ⟨sich s.⟩ *(durch Ungeschick) an etwas heftig anstoßen [und sich dabei verletzen]:* er hat sich am Knie gestoßen.

stot|tern ⟨itr.⟩: *stockend und unter häufiger, krampfartiger Wiederholung einzelner Laute und Silben sprechen:* er stottert; vor Aufregung stotterte er. **sinnv.:** lallen, lispeln, ↑mitteilen, stammeln, sich verhaspeln/verheddern/versprechen.

Straf|an|stalt, die; -, -en: *Gebäude, Anstalt für Häftlinge mit einer [zeitlich begrenzten] Freiheitsstrafe:* er sitzt seit einem Jahr in einer S. ein. **sinnv.:** Bau, Gefangenenlager, Gefängnis, Haft[anstalt], Kahn, Kerker, Kittchen, Knast, Verlies, Zuchthaus. **Zus.:** Frauen-, Jugend-, Landesstrafanstalt.

straf|bar ⟨Adj.⟩: *gegen das Gesetz verstoßend und unter Strafe gestellt:* eine strafbare Handlung begehen; unterlassene Hilfeleistung ist s. **sinnv.:** ↑gesetzeswidrig.

Stra|fe, die; -, -n: *etwas, womit jmd. bestraft wird, was jmdm. zur Vergeltung, zur Sühne für ein begangenes Unrecht, eine unüberlegte Tat auferlegt wird:* eine schwere S.; zur S. durfte er nicht ins Kino gehen. **sinnv.:** ↑Bestrafung, Buße, ↑Denkzettel, Sanktion, ↑Sühne, ↑Vergeltung, Vergeltungsmaßnahme. **Zus.:** Abschreckungs-, Arrest-, Bagatell-, Disziplinar-, Freiheits-, Gefängnis-, Geld-, Haft-, Höchst-, Jugend-, Kerker-, Konventional-, Mindest-, Ordnungs-, Prügel-, Rest-, Schul-, Stock-, Todes-, Vor-, Zuchthaus-, Zusatzstrafe.

stra|fen ⟨tr./itr.⟩: *eine Strafe*

auferlegen: der Lehrer straft [ein Kind] nur, wenn es unbedingt notwendig ist; strafende Worte; sie sah ihn strafend an. **sinnv.:** ↑bestrafen.

straff ⟨Adj.⟩: **1.** *glatt, fest gespannt oder gedehnt:* ein straffes Seil. **sinnv.:** ↑fest, ↑stramm. **2.** *[gut durchorganisiert und] keinen Raum für Nachlässigkeiten, Abschweifungen, Überflüssiges usw. lassend:* eine straffe Leitung, Organisation. **sinnv.:** ↑streng.

straf|fäl|lig ⟨Adj.⟩: *einer Straftat schuldig:* der Dieb wurde nach seiner Entlassung aus dem Gefängnis von neuem s. **sinnv.:** rückfällig, ↑schuldig; ↑vorbestraft.

straf|fen: 1. ⟨tr.⟩ *straff machen:* das Seil s. **sinnv.:** ↑spannen. **2.** ⟨sich s.⟩ *straff werden:* die Haut seines Gesichts straffte sich. **sinnv.:** ↑auflockern, glatt werden.

sträf|lich ⟨Adj.⟩: *sehr groß, unverantwortlich, auf unverantwortliche Weise:* etwas s. vernachlässigen, sträflicher Leichtsinn. **sinnv.:** ↑gesetzwidrig, unvernünftig, unverzeihlich.

Strahl, der; -[e]s, -en: **1.** *aus enger Öffnung hervorschießende Flüssigkeit:* ein S. kam aus dem Rohr. **Zus.:** Blut-, Dampf-, Feuer-, Luft-, Wasserstrahl. **2.** *von einer Lichtquelle ausgehendes Licht, das dem Auge als schmaler Streifen erscheint:* durch die Fuge drang ein S. ins Zimmer; die Strahlen der Sonne **Zus.:** Blitz-, Laser-, Licht-, Projektions-, Sonnenstrahl. **3.** ⟨Plural⟩ *sich in gerader Linie fortbewegende kleinste Teilchen, elektromagnetische Wellen o. ä.:* Radium sendet schädliche Strahlen aus; sich vor Strahlen schützen. **Zus.:** Elektronen-, Gamma-, Infrarot-, Kathoden-, Radar-, Radio-, Radium-, Röntgen-, Wärmestrahlen.

strah|len ⟨itr.⟩: **1.** *Lichtstrahlen aussenden, große Helligkeit verbreiten:* die Lichter strahlen; die strahlende Sonne, ein strahlender *(sonniger)* Tag. **sinnv.:** ↑leuchten, ↑prunken, ↑scheinen. **Zus.:** über-, zurückstrahlen · strahlend. **2.** *froh, glücklich aussehen:* der Kleine strahlte, als er gelobt wurde. **sinnv.:** sich ↑freuen, ↑lachen. **Zus.:** freude-, glückstrahlend.

Sträh|ne, die; -, -n: *eine meist größere Anzahl glatter, streifenähnlich liegender oder hängender Haare:* eine S. seiner blonden Haare hing ihm ins Gesicht. **Zus.:** Bart-, Haarsträhne · grau-, weißgesträhnt.

sträh|nig ⟨Adj.⟩: *(bes. von jmds. Haar) Strähnen bildend, in Form von Strähnen [herabhängend]:* ihre Haare hingen s. über die Schultern. **sinnv.:** ↑strubbelig. **Zus.:** grau-, lang-, weißsträhnig.

stramm ⟨Adj.⟩: **1.** *etwas, bes. den Körper, fest umschließend:* die Hose sitzt [zu] s. **sinnv.:** ↑eng; ↑fest, prall, ↑straff. **2. a)** *kräftig gebaut und gesund, kraftvoll aussehend:* ein strammer Bursche. **sinnv.:** ↑athletisch. **b)** *mit kraftvoll angespannten Muskeln gerade aufgerichtet:* eine stramme Haltung; s. gehen, grüßen. **sinnv.:** aufrecht, ↑gerade.

stram|peln, strampelte, hat/ist gestrampelt ⟨itr.⟩: **1.** *(von Babys) mit den Beinen heftige, zappelnde Bewegungen machen:* der Kleine hat vor Vergnügen mit den Beinen gestrampelt. **sinnv.:** zappeln. **Zus.:** bloßstrampeln. **2.** (ugs.) ↑*radfahren:* heute sind wir 80 km gestrampelt. **Zus.:** ab-, losstrampeln.

Strand, der; -es, Strände: *flacher sandiger oder steiniger Küstenstreifen (bes. am Meer):* sie lagen am S. und sonnten sich. **sinnv.:** Küste, Meeresufer, [See]ufer. **Zus.:** Bade-, Meeres-, Nackt-, Sandstrand.

stran|den, strandete, ist gestrandet ⟨itr.⟩: **1.** *(von Schiffen) an einer flachen Stelle oder einem Ufer auflaufen und festsitzen:* das Schiff ist gestrandet. **2.** *mit etwas keinen Erfolg haben und aufgeben müssen:* er ist mit seiner Politik gestrandet. **sinnv.:** ↑scheitern.

Strand|korb, der; -[e]s, Strandkörbe: *(an Badestränden aufgestellter) großer, mit Segeltuch o. ä. ausgeschlagener Korbstuhl mit meist beweglichem Rükkenteil (der Schutz bietet gegen Wind und Sonne)* (siehe Bild).

Strang, der; -[e]s, Stränge: *starker Strick [mit dem etwas gezogen oder bewegt wird]:* die Glocke wurde durch Ziehen an einem S. geläutet. **sinnv.:** ↑Seil. **Zus.:** Glockenstrang.

Stra|pa|ze, die; -, -n: *große [körperliche], über einige Zeit sich erstreckende Anstrengung:* die Teilnehmer der Expedition mußten große Strapazen aushalten. **sinnv.:** ↑Anstrengung. **Zus.:** Reisestrapaze.

stra|pa|zie|ren: 1. ⟨tr.⟩ *stark in Anspruch nehmen, (bei der Benutzung) nicht schonen:* die Kleider s.; er hat das Auto bei der Fahrt über den Berg stark strapaziert. **sinnv.:** ↑beanspruchen. **2.** ⟨sich s.⟩ *seine Kräfte rücksichtslos einsetzen; sich körperlich nicht schonen:* er hat sich so sehr strapaziert, daß sein Herz Schaden gelitten hat. **sinnv.:** sich ↑anstrengen. **Zus.:** überstrapazieren.

stra|pa|zi|ös ⟨Adj.⟩: *mit Strapazen verbunden:* eine strapaziöse Reise. **sinnv.:** ↑beschwerlich.

Stra|ße, die; -, -n: **1.** *(in Städten, Ortschaften gewöhnlich aus Fahrbahn und zwei Gehsteigen bestehender) befestigter Verkehrsweg für Fahrzeuge und (bes. in Städten und Ortschaften) Fußgänger:* auf der S. zwischen Stuttgart und München kam es zu mehreren Unfällen; die Straßen der Stadt waren am Abend still und leer. **sinnv.:** Allee, Autobahn, Avenue, Boulevard, Chaussee, Damm, Fahrbahn, ↑Gasse, Highway, Landweg, Promenade, Ring, Sackgasse, Stadtautobahn, Weg. **Zus.:** Asphalt-, Ausfall-, Auto-, Berg-, Beton-, Dorf-, Einbahn-, Einfall-, Fahr-, Fern[verkehrs]-, Fußgänger-, Gebirgs-, Geschäfts-, Handels-, Haupt[verkehrs]-, Heer-, Hoch-, Karawanen-, Laden-, Land-, Maut-, Neben-, Parallel-, Paß-, Pracht-, Quer-, Ring-, Schnell-, Schotter-, Seiten-, Serpentinen-, Spiel-, Staats-, Stopp-, Ufer-, Umgehungs-, Verbindungs-, Vorfahrts-, Zoll-, Zubringer-, Zufahrtsstraße. **2.** *enge Stelle im Meer als Weg für die Schiffahrt:* die S. von Gibraltar. **sinnv.:** ↑Durchfahrt, Meerenge.

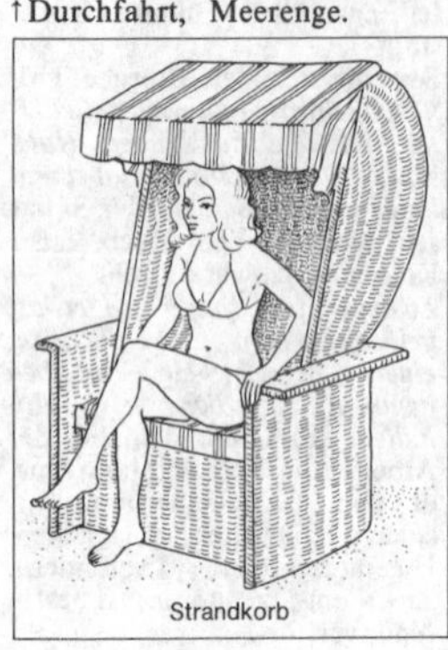
Strandkorb

Stra|ßen|bahn, die; -, -en: *schienengebundenes, mit elektrischer Energie betriebenes Verkehrsmittel für den Stadtverkehr:* er fährt täglich mit der S. zur Schule. **sinnv.:** Bahn, Elektrische, Tram[way], Zug. **Zus.:** Überland-, Unterpflasterstraßenbahn.

Stra|te|gie, die; -, Strategien: *genauer Plan für ein Verhalten, der dazu dient, ein (militärisches, politisches, psychologisches o. ä.) Ziel zu erreichen, und in dem man diejenigen Faktoren, die in die eigene Aktion hineinspielen könnten, von vornherein einzukalkulieren versucht:* eine S. festlegen, anwenden; sich eine S. für eine Verhandlung überlegen; die S. des atomaren Gleichgewichts. **sinnv.:** Hinhaltetaktik, Kampfplanung, Kriegskunst, Politik, Taktik, Verfahren, Vorgehen. **Zus.:** Nuklear-, Verhandlungs-, Wahlstrategie.

stra|te|gisch ⟨Adj.⟩: *die Strategie betreffend, auf ihr beruhend:* strategische Bedeutung haben; strategische Waffen; eine s. wichtige Brücke. **sinnv.:** politisch, taktisch. **Zus.:** militär-, wahl-, wirtschaftsstrategisch.

sträu|ben, sich: **1.** *(von Fell, Gefieder o. ä.) sich aufrichten, aufstellen:* das Fell der Katze sträubt sich; die Haare sträubten sich. **Zus.:** haarsträubend. **2.** *sich [einer Sache] widersetzen, sich [gegen etwas] wehren:* er sträubte sich mit allen Mitteln dagegen; ich sträubte mich heftig, auf seinen Vorschlag einzugehen. **sinnv.:** sich ↑sperren.

Strauch, der; -[e]s, Sträucher: *Pflanze mit mehreren an der Wurzel beginnenden holzigen Stengeln und vielen Zweigen.* **sinnv.:** ↑Busch, ↑Pflanze. **Zus.:** Baumwoll-, Beeren-, Flieder-, Haselnuß-, Holunder-, Kaffee-, Pfeffer-, Rosen-, Tee-, Zierstrauch.

strau|cheln, strauchelte, ist gestrauchelt ⟨itr.⟩ (geh.): *im Gehen mit dem Fuß unabsichtlich an etwas anstoßen und in Gefahr kommen zu fallen:* er strauchelte auf der schmalen Brücke und stürzte ins Wasser. **sinnv.:** ↑stolpern.

Strauß: I. der; -es, -e: *großer, flugunfähiger Laufvogel mit schwarzweißem bis graubraunem Gefieder* (s. Bild). **II.** der; -es, Sträuße: *Blumen, Zweige (in unterschiedlicher Zahl), die zu einem Ganzen zusammengefaßt oder zusammengebunden in eine Vase gestellt werden:* (siehe Bild): sie pflückte einen schönen S. für ihre Mutter. **Zus.:** Braut-, Geburtstags-, Hochzeits-, Willkommensstrauß.

I. Strauß II.

stre|ben, strebte, hat/ist gestrebt ⟨itr.⟩: **1.** *sich unter Anstrengung aller Kräfte, unbeirrt um etwas bemühen:* er hat immer nach Ruhm, Geld gestrebt. **sinnv.:** anstreben, aufstreben, brennen auf/nach, dürsten nach, zu erreichen suchen, erstreben, gelüsten/gieren/lechzen nach, ringen um, schmachten/sich sehnen/trachten nach, verfolgen, verlangen/sich zerreißen nach, zustreben. **Zus.:** nach-, widerstreben. **2.** *sich zielbewußt, unbeirrt auf möglichst kurzem Weg und ohne sich ablenken zu lassen an einen bestimmten Ort begeben:* wir sind nach der Vorstellung gleich nach Hause gestrebt. **sinnv.:** sich ↑fortbewegen. **Zus.:** fort-, vorwärts-, wegstreben.

Stre|ber, der; -s, -: *jmd., der sich (im Urteil des Sprechers) sehr ehrgeizig und in egoistischer Weise bemüht, in der Schule oder im Beruf vorwärtszukommen:* er ist ein rücksichtsloser und ehrgeiziger S. **sinnv.:** Karrieremacher, Karrierist, Konjunkturritter, Opportunist, Radfahrer.

streb|sam ⟨Adj.⟩: *fleißig und ausdauernd ein berufliches o. ä. Ziel anstrebend:* ein strebsamer Schüler, junger Mann. **sinnv.:** fleißig.

Strecke, die; -, -n: *bestimmte [von zwei Punkten begrenzte] Entfernung:* eine lange, weite, kleine, kurze S.; die S. von München bis Stuttgart; jmdn. eine S. [Weges] begleiten; eine S. fliegen, fahren; der Athlet läuft, schwimmt nur die kurzen Strecken. **sinnv.:** ↑Entfernung; ↑Linie. **Zus.:** Bahn-, Durst-, Fahr-, Flug-, Kurz-, Lang-, Renn-, Riesen-, Teil-, Test-, Versuchs-, Wegstrecke.

strecken: 1. a) ⟨tr.⟩ *in eine gerade, ausgestreckte Haltung, Stellung bringen; ausgestreckt irgendwohin halten, recken:* er streckte die Beine; den Arm in die Höhe s.; den Kopf aus dem Fenster s.; sie streckte ihre Glieder auf dem weichen Sofa. **sinnv.:** ↑ausstrecken; ↑recken. **b)** ⟨sich s.⟩ *sich irgendwo ausgestreckt hinlegen, Körper und Glieder dehnen:* er streckte sich in der Sonne; sich aufs Sofa, ins Gras s. **sinnv.:** sich ↑recken. **2.** ⟨tr.⟩ *durch entsprechende Behandlung, Bearbeitung größer, breiter, weiter machen:* Eisenblech durch Hämmern s.; sie hat die Schuhe s. lassen. **sinnv.:** ↑dehnen. **3.** ⟨tr.⟩ **a)** *durch Verdünnen, Vermischen mit Zutaten in der Menge ergiebiger machen:* die Soße, Suppe s. **sinnv.:** ↑verdünnen. **b)** *durch Rationieren, Einteilen länger ausreichen lassen:* die Vorräte ein wenig s.

Streich, der; -[e]s, -e: *etwas [Unerlaubtes], was zum Spaß aus Übermut, Mutwillen angestellt wird:* die Jungen verübten viele lustige Streiche. **sinnv.:** ↑Scherz, ↑Unsinn. **Zus.:** Jungen-, Narren-, Schildbürgerstreich.

strei|cheln ⟨tr.⟩: *liebkosend berühren, mit sanften Bewegungen über etwas streichen:* er streichelte ihr Gesicht; eine Katze s. **sinnv.:** ↑liebkosen.

strei|chen, strich, hat/ist gestrichen: **1.** ⟨tr.⟩ **a)** *mit gleitender, glättender Bewegung als dünne Schicht auftragen:* er hat Butter aufs Brot gestrichen. **b)** *durch Streichen* (1 a) *mit einem Aufstrich versehen:* ein Brot s. **sinnv.:** ↑bestreichen. **2.** ⟨tr.⟩ *mit Hilfe eines Pinsels mit einem Anstrich, mit Farbe versehen:* er hat die Tür, den Zaun gestrichen. **sinnv.:** ↑anmalen, anstreichen, ausmalen, grundieren, kalken, lacken, lackieren, spritzen, tünchen, weißeln, weißen; ↑auftragen. **3.** ⟨itr.⟩ **a)** *die Oberfläche von etwas gleitend berühren; mit einer gleitenden Bewegung über etwas hinfahren:* jmdm. liebevoll durch die Haare, über den Kopf s.; er hat mit dem Bogen über die Saiten gestrichen. **b)** *mit einer gleitenden, glättenden o. ä. Bewegung irgendwohin befördern:* sie strich sich die Haare aus der Stirn; er hat den Kitt in die Fugen gestrichen. **4.** ⟨itr.⟩ **a)** *ohne erkennbares Ziel irgendwo umhergehen:* er ist durch die

Straßen, um ihr Haus gestrichen. **sinnv.:** sich ↑herumtreiben **b)** *sich in ruhigem Flug und meist dicht über einer Fläche bewegen:* der Vogel ist über den See gestrichen. **5.** ⟨tr.⟩ *(etwas Geschriebenes, Gedrucktes o. ä.) durch einen oder mehrere Striche ungültig machen, tilgen:* er hat einen Satz gestrichen; es mußten einige Szenen gestrichen werden. **sinnv.:** ↑ausstreichen.

Streich|holz, das; -es, Streichhölzer: *kleines Stäbchen aus Pappe oder Holz mit leicht entzündbarer Masse an einem Ende, die beim Reiben an einer Reibfläche zu brennen beginnt:* er steckte ein S. an. **sinnv.:** Schwefelholz, Zündholz. **Zus.:** Wachsstreichholz.

Streich|in|stru|ment, das; -[e]s, -e: *Musikinstrument, dessen Saiten durch Streichen mit einem Bogen zum Erklingen gebracht werden* (siehe Bildleiste). **sinnv.:** ↑Baß, ↑Bratsche, ↑Cello, ↑Geige.

Strei|fe, die; -, -n: **a)** *kleine Einheit bei Militär und Polizei, die Fahrten oder Gänge zur Kontrolle o. ä. durchführt:* er wurde von einer Streife festgenommen. **sinnv.:** Patrouille. **Zus.:** Fahndungs-, Funk-, Polizeistreife. **b)** *von einer Streife* (a) *durchgeführte Fahrt, durchgeführter Gang:* sie haben in der Nacht mehrere Streifen gemacht; auf S. gehen, sein. **sinnv.:** ↑Patrouille.

strei|fen, streifte, hat/ist gestreift: **1.** ⟨tr.⟩ *im Verlauf einer [schnellen] Bewegung etwas leicht berühren, über die Oberfläche von etwas streichen:* sie streifte [mit dem Kleid] die Wand; er hat mit seinem Auto den Baum gestreift. **sinnv.:** ↑berühren. **2.** ⟨tr.⟩ *nur oberflächlich, nebenbei behandeln:* die geschichtlichen Aspekte des Problems hat er in seinem Vortrag nur gestreift. **3.** ⟨tr.⟩ *(Kleidungsstücke o. ä. mit einer leichten, gleitenden Bewegung irgendwohin bringen, über etwas ziehen, von etwas herunterziehen:* einen Ring auf den Finger, den Ärmel nach oben s.; sie hat die Handschuhe von den Fingern, den nassen Badeanzug vom Körper gestreift. **sinnv.:** ↑anziehen; ↑ausziehen. **4.** ⟨itr.⟩ *[ohne festes Ziel] einige Zeit (durch eine Gegend) wandern, ziehen:* er ist durch den Wald gestreift. **sinnv.:** sich ↑herumtreiben.

Strei|fen, der; -s, -: **1. a)** *langes, schmales Stück von etwas:* ein S. Papier; ein S. Tuch. **Zus.:** Gehalts-, Gelände-, Grün-, Grenz-, Küsten-, Lohn-, Nebel-, Pelz-, Rasen-, Tuch-, Waldstreifen. **b)** *in der Art eines Bandes verlaufender langer, schmaler Abschnitt einer Fläche, der sich durch eine andere Farbe von der Umgebung abhebt:* das Kleid hat blaue Streifen; hinter dem Flugzeug sah man einen weißen S. am Himmel. **Zus.:** Brust-, Farb-, Längs-, Nadel-, Quer-, Silber-, Zebrastreifen. **2.** (ugs.) ↑*Film:* ein alter, amüsanter S. **Zus.:** Filmstreifen.

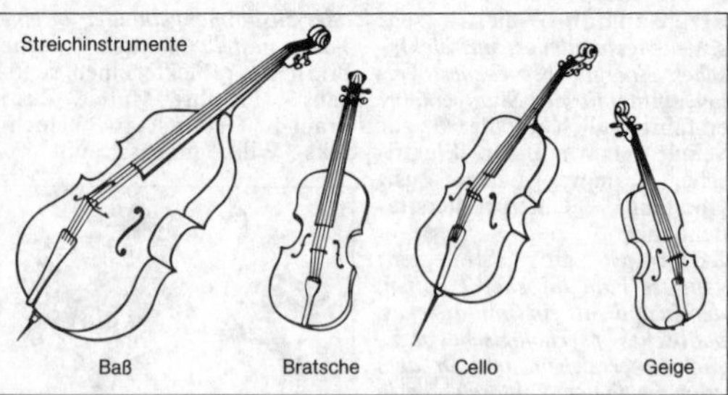

Streik, der; -s, -s: *gemeinsames, meist gewerkschaftlich organisiertes Einstellen der Arbeit (durch Arbeitnehmer) zur Durchsetzung bestimmter Forderungen gegenüber den Arbeitgebern:* die Gewerkschaft rief zu einem S. auf; ein wilder *(von der Gewerkschaft nicht beschlossener)* Streik. **sinnv.:** Arbeitskampf, Arbeitsniederlegung, Ausstand, Dienst nach Vorschrift, Goslow, Kampfmaßnahmen. **Zus.:** Bummel-, General-, Sitz-, Solidaritäts-, Sympathie-, Warnstreik.

strei|ken, ⟨itr.⟩: **1.** *einen Streik durchführen, sich im Streik befinden:* die Arbeiter streiken für höhere Löhne. **sinnv.:** die Arbeit niederlegen, in den Ausstand/in [den] Streik treten, bestreiken. **2.** (ugs.) *plötzlich nicht mehr funktionieren:* der Motor, die Maschine streikt. **sinnv.:** ↑ausfallen; ↑aussetzen.

Streit, der; -[e]s, -e: *heftiges Zanken, Sichauseinandersetzen mit jmdm. in oft erregten Erörterungen, hitzigen Wortwechseln, oft auch in Handgreiflichkeiten:* ein heftiger, langer, erbitterter S.; ein S. entsteht, bricht aus; einen S. entfachen, anzetteln, austragen; den S. zwischen zwei Parteien schlichten; im S. liegen, leben. **sinnv.:** ↑Aggression, ↑Auftritt, ↑Auseinandersetzung, Disput, Dissens, Donnerwetter, Entzweiung, Explosion, Fingerhakeln, Gezänk, Gezanke, Grabenkrieg, Hader, Händel, Handgemenge, Handgreiflichkeit, Hickhack, Kladderadatsch, Knatsch, Knies, Konflikt, Kontroverse, Krach, Kräftemessen, Krawall, Machtprobe, Meinungsverschiedenheit, Polemik, Reiberei, Saalschlacht, Spannung, Strauß, Streiterei, Streitigkeit, Stunk, Szene, Tätlichkeit, Uneinigkeit, Unfrieden, Unstimmigkeit, Unzuträglichkeit, Wortgefecht, Wortstreit, Wortwechsel, Zank, Zankerei, Zerwürfnis, Zusammenstoß, Zwietracht, Zwist, Zwistigkeit. **Zus.:** Ehe-, Gelehrten-, Glaubens-, Rechts-, Tarif-, Wettstreit.

streit|bar ⟨Adj.⟩: *stets bereit, den Willen habend, sich mit jmdm. zu streiten, auseinanderzusetzen, zu kämpfen, sich einzusetzen:* ein streitbarer Mensch; eine streitbare Gesinnung. **sinnv.:** aggressiv, angriffslustig, engagiert, furios, händelsüchtig, herausfordernd, hitzig, kampfbereit, kämpferisch, kampfesfreudig, kampflustig, kriegerisch, ↑leidenschaftlich, militant, offensiv, ostentativ, provokant, provokativ, provokatorisch, streitsüchtig, zanksüchtig; ↑martialisch · sich ↑engagieren.

strei|ten, stritt, hat gestritten ⟨itr./sich s.⟩: *entgegengesetzte Meinungen gegeneinander durchsetzen wollen; (mit jmdm.) in Streit sein, Streit haben, sich heftig, oft auch handgreiflich auseinandersetzen:* müßt ihr immer s.?; sie stritten lange über diese Frage; er stritt sich mit dem Händler über den Preis; sie stritten sich erbittert wegen des Erbes. **sinnv.:** anbändeln, aneinandergeraten, sich ↑anlegen mit, einen Auftritt haben mit, sich beharken, sich an die Gurgel springen/wollen, sich in den Haaren liegen, sich kabbeln, ↑kämpfen, sich in der Wolle haben, [sich] zanken, einen Zusammenstoß haben mit, zusammenstoßen.

streiǀtig: ⟨in der Wendung⟩ jmdm. etwas s. machen: *etwas, was ein anderer hat, für sich beanspruchen:* er wollte ihm seinen Posten s. machen. **sinnv.:** ↑übertreffen.

Streiǀtigǀkeit, die; -, -en: *dauerndes Streiten; heftige Auseinandersetzung:* es gab endlose Streitigkeiten. **sinnv.:** ↑Streit.

streitǀsüchǀtig ⟨Adj.⟩: *(im Urteil des Sprechers) bei jeder Gelegenheit Streit suchend:* er war ein streitsüchtiger Junge. **sinnv.:** ↑streitbar.

streng ⟨Adj.⟩: **1. a)** *nicht durch Freundlichkeit, Milde, Nachsichtigkeit gekennzeichnet; nicht bereit, irgendwelche Abweichungen von einer Norm oder Vorschrift zu gestatten oder zu dulden, sondern ein höchstes Maß an Konsequenz, Exaktheit u. ä. verlangend:* ein strenger Lehrer, Richter; strenge Strafen, Vorschriften, Sitten; eine strenge Diät; er erließ strenge Befehle; jmdn. s. beurteilen, bestrafen; s. über jmdn. urteilen. **sinnv.:** ↑bestimmt, diziplinarisch, drakonisch, drastisch, energisch, entschieden, grausam, hart, herb, herrschsüchtig, ↑massiv, rigoros, rücksichtslos, scharf, straff, strikt; ↑unbarmherzig. **b)** *in der Ausführung, Bearbeitung o. ä. ein Prinzip genau, konsequent befolgend:* der strenge Aufbau eines Dramas; der strenge Stil eines Bauwerks; ein s. geschnittenes Kleid. **sinnv.:** ↑planmäßig. **2.** *nicht weich, anmutig, lieblich, sondern von einer gewissen Härte, Verschlossenheit zeugend:* strenge Züge; die Frisur macht das Gesicht s. **sinnv.:** ↑unzugänglich. **3.** *herb und scharf, durchdringend im Geruch, im Geschmack:* ein strenger Geruch; der Käse schmeckt etwas s. **sinnv.:** ↑herb; ↑penetrant. **4.** *durch niedrige Temperaturen gekennzeichnet und dabei als recht unangenehm empfunden:* ein strenger Winter; strenger Frost. **sinnv.:** ↑hart; ↑rauh.

strengǀgeǀnomǀmen ⟨Adverb⟩: *im Grunde genommen; wenn man ganz genau ist:* s. dürfte er gar nicht an dem Fest teilnehmen. **sinnv:** ↑eigentlich.

Streß, der; Stresses, Stresse: *erhöhte körperliche oder seelische Anspannung, Belastung, die bestimmte Reaktionen hervorruft und zu Schädigungen der Gesundheit führen kann:* der S. beim Autofahren; im S. sein; unter S. stehen. **sinnv.:** ↑Anstrengung.

streuǀen ⟨tr.⟩: **a)** *meist mit leichtem Schwung werfen oder fallen lassen und dabei einigermaßen gleichmäßig über eine Fläche verteilen:* Laub, Torf s.; etwas Salz über die Kartoffeln s. **sinnv.:** ↑verstreuen. **b)** *bei Glatteis wegen bestehender Rutschgefahr mit Sand o. ä. bestreuen:* die Straßen [mit Salz, Granulat] s.; ⟨auch itr.⟩ die Hausbesitzer sind verpflichtet zu s.

streuǀnen, streunte, hat/ist gestreunt ⟨itr.⟩: *ohne erkennbares Ziel irgendwo herumlaufen, -ziehen, bald hier, bald dort auftauchen:* er ist/(selten auch:) hat den ganzen Tag gestreunt; ein streunender Hund; nachts ist er durch die Stadt gestreunt. **sinnv.:** sich ↑herumtreiben. **Zus.:** herumstreunen.

Strich, der; -[e]s, -e: **1.** *mit einem Bleistift o. ä. gezogene, meist gerade verlaufende, nicht allzu lange Linie:* ein dicker S.; einen S. ziehen; etwas in großen, schnellen Strichen zeichnen. **sinnv.:** ↑Linie. **Zus.:** Ab-, Auf-, Feder-, Kreide-, Lid-, Quer-, Schluß-, Schräg-, Taktstrich · Bei-, Binde-, Bruch-, Gedanken-, Trennungsstrich. **2.** ⟨ohne Plural⟩ *Art und Weise der Führung des Zeichenstiftes, Pinsels o. ä.:* mit feinem, elegantem S. zeichnen. **Zus.:** Pinselstrich. **3.** *in einem Text durch Weglassen bestimmter Passagen erreichte Kürzung:* im Drehbuch einige Striche vornehmen. **4.** *das Streichen* (3 a): einige Striche mit der Bürste; der kräftige, weiche S. des Geigers. **Zus.:** Bogen-, Geigenstrich. **5.** ⟨ohne Plural⟩ *Richtung, in der die Haare liegen, die Fasern verlaufen:* die Haare, das Fell gegen den S. bürsten. **6.** ⟨ohne Plural⟩ (ugs.) **a)** ↑*Prostitution:* der S. hat sie kaputtgemacht. **Zus.:** Straßenstrich. **b)** *Straße, Gegend, in der sich jmd. zur Prostitution anbietet:* der S. ist im Bahnhofsviertel. **sinnv.:** Kiez, Sperrbezirk. **Zus.:** Babystrich.

Strick, der; -[e]s, -e: *kurzes, starkes Seil; dicke Schnur, bes. zum Anbinden, Festbinden von etwas:* der S. hält, reißt; das Opfer war mit einem S. an den Baum gebunden. **sinnv.:** ↑Seil. **Zus.:** Bast-, Fall-, Hanfstrick.

stricken ⟨tr.⟩: *mit Hilfe von Nadeln oder einer Maschine aus Wolle herstellen:* einen Pullover s.; ⟨auch itr.⟩ sie sitzt am Fenster und strickt. **sinnv.:** · flechten · häkeln · klöppeln · knüpfen · weben · ↑Handarbeit.

strieǀgeln, striegelte, hat gestriegelt ⟨tr.⟩: **1.** *(Pferde, Rinder) mit einer harten Bürste, einem Striegel säubern:* der Bauer striegelt sein Pferd. **2.** (ugs.) *übertrieben hart herannehmen, ausbilden:* gestern wurden wir beim Training ganz schön gestriegelt. **sinnv.:** ↑schikanieren.

Strieǀmen, der; -s, -: *Streifen auf der Haut, der durch Schläge mit einer Rute, Peitsche o. ä. entstanden ist:* er hatte blutige S. auf dem Rücken. **Zus.:** Blutstriemen.

strikt ⟨Adj.⟩: *(in bezug auf die Ausführung oder Befolgung von etwas) sehr genau, streng; keine Abweichung zulassend:* sie hatten strikten Befehl, nicht zu schießen; eine Anordnung s. befolgen. **sinnv.:** ↑streng.

stritǀtig ⟨Adj.⟩: *noch nicht geklärt, noch nicht entschieden; verschieden deutbar:* eine strittige Angelegenheit; dieser Punkt der Anweisung ist s. **sinnv.:** ↑ungewiß.

Stroh, das; -s: *trockene Halme von gedroschenem Getreide:* in einer Scheune auf S. schlafen. **Zus.:** Bohnen-, Hafer-, Mais-, Reisstroh.

Strohǀfeuǀer, das; -s: *große, aber nur flüchtige, schnell vorübergehende Begeisterung für etwas/jmdn.* **sinnv.:** ↑Begeisterung.

stroǀhig ⟨Adj.⟩: **a)** *im Aussehen an Stroh erinnernd; ausgetrocknet und dadurch spröde, ungepflegt:* strohiges Haar. **b)** *hart, trocken und geschmacklos:* die alten Bohnen sind ganz s.

Strohǀmann, der; -[e]s, Strohmänner: *jmd., der von einem anderen vorgeschoben wird, um in dessen Interesse und Auftrag einen Vertrag abzuschließen, ein Geschäft abzuwickeln o. ä.:* ein S. kaufte für ihn die Aktien.

strol|chen, strolchte, ist gestrolcht ‹itr.› (emotional): *untätig und ohne festes Ziel durch die Gegend streichen* (4a): durch die Straßen s. **sinnv.:** sich ↑herumtreiben.

Strom, der; -[e]s, Ströme: **I. 1.** *großer, breiter Fluß:* ein mächtiger S. **sinnv.:** ↑Fluß. **2.** ‹S. + Attribut› **a)** *viel, eine größere Menge (in bezug auf Flüssigkeiten, die aus etwas herausfließen, -strömen):* ein S. von Tränen; ein S. von Wasser ergoß sich über den Fußboden. **Zus.:** Blut-, Lava-, Tränenstrom · Licht-, Luft-, Wärmestrom. **b)** *größere, sich langsam in einer Richtung vorwärtsbewegende Menge:* ein S. von Menschen; der S. der Besucher wälzt sich durch die Hallen. **Zus.:** Besucher-, Menschen-, Urlauber-, Verkehrsstrom. **II.** *in einer Richtung sich bewegende elektrische Ladung, fließende Elektrizität:* den S. abschalten; mit S. heizen; das Gerät steht unter S. **Zus.:** Dreh-, Gleich-, Nacht-, Schwach-, Stark-, Wechselstrom.

strö|men, strömte, ist geströmt ‹itr.›: **a)** *sich in großer, gleichmäßiger Geschwindigkeit in großen Mengen fließend dahinbewegen:* der Fluß strömt breit und ruhig durch das Land. **sinnv.:** ↑fließen. **b)** *(von Flüssigkeiten oder Gasen) sich von einem Punkt her oder in eine bestimmte Richtung [gleichmäßig] fort-, hinbewegen:* das Blut strömt aus der Wunde, in den Adern, zum Herzen; Gas strömte aus der schadhaften Leitung. **c)** *sich in Massen in eine bestimmte Richtung fortbewegen:* die Leute strömten aus der Stadt, zum Sportplatz.

Strö|mung, die; -, -en: **1.** *das Strömen; strömende, fließende Bewegung:* der Fluß hat eine starke S.; von der S. abgetrieben werden. **Zus.:** Luft-, Meeres-, Windströmung. **2.** *in einer bestimmten Richtung verlaufende Tendenz, Entwicklung, geistige Bewegung:* politische Strömungen. **sinnv.:** ↑Neigung. **Zus.:** Gegen-, Geistes-, Mode-, Zeitströmung.

Stro|phe, die; -, -n: *[in gleicher Form sich wiederholender] Abschnitt eines Liedes oder Gedichtes, der aus mehreren rhythmisch gegliederten und oft sich reimenden Versen besteht:* dieses Lied hat zehn Strophen. **Zus.:** Anfangs-, Lied-, Schlußstrophe.

strot|zen ‹itr.›: **a)** *prall angefüllt sein (mit etwas), vor innerer Fülle fast platzen:* er strotzt vor/von Energie. **b)** *besonders viel (von etwas) haben, starren (vor etwas):* der kleine Junge strotzte vor Dreck. **sinnv.:** ↑überhandnehmen.

strub|be|lig ‹Adj.›: *nicht gekämmt und daher zerzaust:* strubbelige Haare; s. aussehen. **sinnv.:** strähnig, struppig, unfrisiert, ungekämmt, verstrubbelt, zerzaust, zottig.

Stru|del, der; -s, -: **1.** *Stelle in einem Gewässer, wo sich das Wasser schnell und drehend [nach unten] bewegt.* **sinnv.:** ↑Wirbel. **Zus.:** Wasserstrudel. **2.** *mit Obst (bes. mit Apfelstückchen) u. a. gefüllte und gebackene oder gekochte Teigrolle.* **sinnv.:** ↑Gebäck. **Zus.:** Apfelstrudel.

Struk|tur, die; -, -en: **1.** *innerer Aufbau, Gefüge, Anordnung der Teile eines Ganzen:* die soziale, gesellschaftliche S. **sinnv.:** Anlage, ↑Aufbau, Bau, Einheit, ↑Form, ↑Gebilde, Gefüge, Gerippe, Gerüst, Konstruktion, ↑Organisation. **Zus.:** Bevölkerungs-, Boden-, Fein-, Grund-, Klassen-, Persönlichkeits-, Sprach-, Verwaltungs-, Wirtschaftsstruktur. **2.** *reliefartig gestaltete Oberfläche (bes. von Stoffen).* **sinnv.:** ↑Profil.

Strumpf, der; -[e]s, Strümpfe: *den Fuß und das Bein oder einen Teil des Beines bedeckendes Kleidungsstück.* **sinnv.:** Söckchen, Socke, Stutzen · Strumpfhose. **Zus.:** Blau-, Damen-, Gummi-, Halb-, Knie-, Netz-, Seiden-, Spar-, Sport-, Waden-, Wollstrumpf.

Strunk, der; -[e]s, Strünke: *kurzer, dicker fleischiger Stamm oder Stengel bestimmter Pflanzen [der als Rest übriggeblieben ist]:* den S. vom Kohl wegwerfen. **sinnv.:** ↑Stamm. **Zus.:** Kohl-, Salatstrunk.

strup|pig ‹Adj.›: *zerzaust, unordentlich [nach allen Seiten abstehend]:* struppige Haare; ein struppiges Fell; ein struppiger Hund. **sinnv.:** ↑behaart; ↑strubbelig.

Stu|be, die; -, -n: ↑*Zimmer.* **sinnv.:** ↑Raum. **Zus.:** Amts-, Back-, Bücher-, Dach-, Imbiß-, Kaffee-, Mansarden-, Puppen-, Schreib-, Schul-, Wein-, Wohnstube.

Stuck, der; -[e]s: *kunstvolle, aus einem Gemisch von Gips, Sand, Kalk und Wasser geformte Verzierung an Wänden und Dekken:* überall bröckelte der S. ab. **sinnv.:** Stuckarbeit, Stukkatur.

Stück, das; -[e]s, -e: **1. a)** *[abgeschnittener, abgetrennter] Teil eines Ganzen:* ein S. Stoff, Papier; ein S. Kuchen. **sinnv.:** ↑Bissen; ↑Flicken; ↑Schnitte. **Zus.:** Braten-, Brust-, Fleisch-, Hefe-, Kuchen-, Lenden-, Rasen-, Rippen-, Torten-, Verbindungs-, Versatzstück. **b)** *Teil einer Gattung oder einer Art; einzelnes Individuum aus einer größeren Menge von Gleichartigem:* das ist das wertvollste S. dieser Sammlung; die Gegenstände wurden S. für S. numeriert; ‹als Mengenangabe› wir brauchen drei S. von diesen Maschinen; er nahm vier S. Zucker in seinen Kaffee. **sinnv.:** ↑Ausschnitt; ↑Exemplar; ↑Teil. **Zus.:** Ausstellungs-, Beweis-, Einrichtungs-, Einzel-, Erb-, Erinnerungs-, Fund-, Geld-, Gold-, Gepäck-, Kleidungs-, Lese-, Mark-, Möbel-, Pracht-, Schmuck-, Schrift-, Wäsche-, Werkstück. **2. a)** ↑*Theaterstück:* dieses S. ist bisher noch nicht aufgeführt worden. **sinnv.:** ↑Schauspiel. **Zus.:** Boulevard-, Bühnen-, Kriminal-, Lehr-, Rühr-, Volksstück. **b)** *musikalische Komposition:* ein S. von Mozart spielen. **Zus.:** Gesangs-, Klavier-, Musik-, Orchester-, Übungs-, Virtuosenstück. **3.** *üble Tat, dummer Streich:* da hat er sich ein [tolles, freches] S. geleistet. **sinnv.:** ↑Tat. **Zus.:** Buben-, Ganoven-, Husarenstück.

Stück|werk: ‹meist in der Wendung› etwas ist/bleibt S.: *etwas ist unvollständig und unvollkommen und befriedigt daher nicht:* unser Wissen ist S. **sinnv.:** ↑Ausschuß; Dilettantismus; Flickwerk; Fragment.

Stu|dent, der; -en, -en, **Studen|tin,** die; -, -nen: *männliche bzw. weibliche Person, die an einer Hochschule studiert:* die Studenten demonstrierten. **sinnv.:** Hochschüler, Hörer, Studierender, Studiker, Studiosus. **Zus.:** Austausch-, Korps-, Kunst-, Medizin-, Werkstudent.

Stu|die, die; -, -n: *kürzere wissenschaftliche oder künstlerische Arbeit, Betrachtung:* eine S. über moderne Musik schreiben; dieses Porträt ist eine S. *(eine Skizze, ein Versuch).* **sinnv.:** ↑Aufsatz; ↑Experiment. **Zus.:** Ausdrucks-, Bewegungs-, Charakter-, Fall-, Material-, Pilot-, Porträtstudie.

stu|die|ren, studierte, hat studiert: **1. a)** ⟨itr.⟩ *eine Hochschule besuchen, Student sein:* er studiert in Berlin. **b)** ⟨tr.⟩ *an einer Hochschule wissenschaftlich (in etwas) ausgebildet werden:* er studiert Medizin; von sehr vielen wird Germanistik studiert. **sinnv.:** ↑forschen; ↑lernen. **2.** ⟨tr.⟩ *sich (mit etwas) eingehend befassen, (etwas) genau untersuchen, beobachten, prüfend durchsehen o. ä.:* die Verhältnisse eines Landes s.; ich habe dieses Buch gründlich studiert *(sehr genau gelesen).* **sinnv.:** ↑betrachten; ↑lesen.

Stu|dio, das; -s, -s: *kleinerer Raum für künstlerische Arbeiten, Proben, Aufführungen, Vorführungen, Fernseh-, Rundfunksendungen o. ä.* **sinnv.:** ↑Theater; ↑Werkstatt. **Zus.:** Fernseh-, Filmstudio.

Stu|di|um, das; -s, Studien: **1.** ⟨ohne Plural⟩ *das Studieren; Ausbildung in einem Fach, einer Wissenschaft an einer Hochschule:* das medizinische S.; das S. der Theologie; das S. mit einem Examen abschließen. **Zus.:** Fach-, Fern-, Germanistik-, Hochschul-, Jura-, Medizin-, Universitätsstudium. **2.** *genaues, prüfendes Untersuchen, Beobachten o. ä. von etwas; eingehende Beschäftigung mit etwas, um es zu erforschen oder geistig zu erfassen:* gründliche Studien der historischen Quellen; Studien [über etwas] treiben, anstellen; sich dem S. antiker Münzen widmen; er ist beim S. der Akten, seiner nächsten Rolle. **Zus.:** Akten-, Quellen-, Rollenstudium.

Stu|fe, die; -, -n: **1.** *abgesetzter Teil oder Abschnitt einer an- oder absteigenden Fläche, bes. als Trittfläche einer Treppe:* die breiten Stufen einer Freitreppe; zwei Stufen auf einmal nehmen; Stufen ins Eis, in den Fels schlagen. **sinnv.:** Sprosse, Tritt, Trittbrett. **Zus.:** Altar-, Stau-, Stein-, Treppenstufe. **2.** *Rang, Grad, Stadium, Etappe einer Entwicklung o. ä.:* auf einer hohen geistigen, kulturellen S., auf der S. von Steinzeitmenschen stehen; er strebt beruflich die nächsthöhere S. an. **sinnv.:** ↑Dienstgrad; ↑Rang. **Zus.:** Alarm-, Alters-, Bau-, Bildungs-, Entwicklungs-, Kultur-, Leistungs-, Ober-, Rang-, Steigerungs-, Übergangs-, Zwischenstufe.

Stuhl, der; -[e]s, Stühle: **1.** *mit vier Beinen, einer Rückenlehne und gelegentlich mit Armlehnen versehenes Möbel, auf dem eine Person sitzen kann* (siehe Bildleiste „Sitzmöbel"): sich auf einen Stuhl setzen; vom S. aufspringen. **sinnv.:** Bank, Hocker, Klappsitz, ↑Liegestuhl, Schemel, ↑Sessel; ↑Sitzmöbel. **Zus.:** Arm-, Camping-, Chor-, Dreh-, Falt-, Garten-, Holz-, Kinder-, Klapp-, Klavier-, Korb-, Küchen-, Lehn-, Liege-, Nacht-, Ohren-, Polster-, Roll-, Schaukel-, Sorgenstuhl · Beichtstuhl · Lehrstuhl. **2.** ⟨ohne Plural⟩ **a)** *(bes. im medizinischen Bereich) Kot des Menschen.* **sinnv.:** ↑Exkrement. **b)** ↑*Stuhlgang:* der Arzt fragte sie, ob sie regelmäßig S. hätte.

Stuhl|gang, der; -[e]s: **a)** *Entleerung des Darms.* **b)** ↑*Stuhl* (2 a) **sinnv.:** ↑Exkrement.

stül|pen ⟨tr.⟩: **a)** *(etwas Hohles, Umschließendes) auf, über etwas decken:* er stülpte den Eimer über den Strauch; ich stülpte mir den Hut auf den Kopf. **b)** *das Innere von etwas nach außen wenden, kehren:* die Taschen nach außen s.

stumm ⟨Adj.⟩: **1.** *nicht fähig, Laute hervorzubringen, zu sprechen:* er ist von Geburt an s. **2.** *sich nicht mit Worten, Lauten äußernd:* ein stummer Zuhörer; alle blieben s.; eine stumme *(nicht von Worten begleitete)* Geste. **sinnv.:** ↑wortlos.

Stum|mel, der; -s, - (ugs.): *übriggebliebenes kurzes Stück (von einem kleineren länglichen Gegenstand):* der S. einer Zigarre. **sinnv.:** ↑Kippe; ↑Rest. **Zus.:** Bleistift-, Kerzen-, Zigarettenstummel.

Stüm|per, der; -s, -, **Stüm|pe|rin,** die; -, -nen: *männliche bzw. weibliche Person, die (im Urteil des Sprechers) schlechte Arbeit leistet, weil sie nicht viel von der (jeweiligen) Sache versteht.* **sinnv.:** Kurpfuscher, Nichtskönner, Nichtswisser, Pfuscher, Quacksalber.

stumpf ⟨Adj.⟩: **1. a)** *nicht spitz, nicht scharf, nicht [mehr] gut schneidend:* eine stumpfe Nadel; das Messer ist s. **sinnv.:** abgebrochen, unangespitzt, ungeschärft. **b)** *an einem Ende abgestumpft, ohne Spitze:* ein stumpfer Kegel. **c)** *ohne Glanz, nicht glatt oder glänzend:* stumpfe Seide; stumpfe Farben; das Haar ist ganz s. geworden. **sinnv.:** ↑matt. **2.** *ohne Lebendigkeit, geistige Aktivität; von Teilnahmslosigkeit zeugend:* ein stumpfer Blick; er blieb s. gegenüber den Schönheiten der Natur; er blickte s. vor sich hin. **sinnv.:** ↑passiv; ↑träge.

Stumpf, der; -[e]s, Stümpfe: *kurzes Stück, das von etwas (seiner Form nach Langgestrecktem) übriggeblieben ist:* der S. eines gefällten Baumes; der S. einer Kerze. **sinnv.:** ↑Rest; ↑Stamm. **Zus.:** Baum-, Kerzen-, Säulenstumpf.

Stumpf|sinn, der; -s: **1.** *geistige Trägheit; dumpfer, teilnahmsloser Zustand des Gemüts:* er verfiel in S. **sinnv.:** ↑Wahnsinn. **2.** *(im Urteil des Sprechers) Langweiligkeit, Monotonie:* der S. einer Arbeit. **sinnv.:** ↑Langeweile.

stumpf|sin|nig ⟨Adj.⟩: **1.** *geistig träge, dumpf im Gemüt:* er starrte mich s. an. **sinnv.:** beschränkt, borniert, einfältig, engstirnig, minderbemittelt, stupid, vernagelt, zurückgeblieben; ↑geistesgestört. **2.** *(im Urteil des Sprechers) stupide und monoton:* die Arbeit in der Fabrik ist s. **sinnv.:** ↑langweilig.

Stun|de, die; -, -n: **1. a)** *Zeitraum von 60 Minuten:* er mußte zwei Stunden warten; in einer dreiviertel S.; in dreiviertel Stunden. **sinnv.:** ↑Zeitraum. **b)** *Zeitraum von kürzerer Dauer (in dem etwas Bestimmtes geschieht):* eine gemütliche S.; in glücklichen und in bösen Stunden; die S. *(der Zeitpunkt, Augenblick)* der Bewährung. **Zus.:** Abend-, Abschieds-, Andachts-, Besuchs-, Dämmer-, Entscheidungs-, Feier-, Geburts-, Gedenk-, Kaffee-, Morgen-, Muße-, Nacht-, Plauder-, Ruhe-, Sterbe-, Stern-, Tee-, Todesstunde. **2.** *Unterricht von etwa einer Stunde:* er gab fünf Stunden Englisch in der Woche. **sinnv.:** ↑Unterricht. **Zus.:** Bibel-, Deutsch-, Doppel-, Geigen-, Klavier-, Konfirmanden-, Nachhilfe-, Physik-, Privat-, Rest-, Schul-, Tanz-, Unterrichts-, Vertretungs-, Wochen-, Zwischenstunde.

stun|den ⟨tr.⟩: *einen Aufschub für die Zahlung einer Schuld gewähren:* er hat ihm die Miete [einen Monat] gestundet. **sinnv.:** prolongieren, verlängern.

stun|den|lang ⟨Adj.⟩: *sich über mehrere Stunden hinziehend; [entgegen dem eigenen Wunsch] mehrere Stunden dauernd; ärgerlicherweise sehr lang:* es gab stundenlange Diskussionen, bis man zu einem Ergebnis kam; durch das Unglück konnten die Züge s. nicht fahren.

Stun|den|plan, der; -s, Stundenpläne: *festgelegte Abfolge, Aufstellung über die Reihenfolge von Arbeits-, Unterrichtsstunden o. ä.:* wir bekamen einen neuen S.

stünd|lich ⟨Adj.⟩: **a)** *zu jeder Stunde einmal [vorkommend], alle Stunde:* im Radio werden s. Nachrichten gesendet. **b)** *in der allernächsten Zeit, jeden Augenblick; in einer der kommenden Stunden:* wir erwarten s. seine Ankunft. **sinnv.:** ↑später. **Zus.:** halb-, viertelstündlich.

stu|pid, stu|pi|de ⟨Adj.⟩: **a)** *ohne geistige Beweglichkeit, Interessen; von Geistlosigkeit, Beschränktheit zeugend:* ein stupider Blick, Kerl. **sinnv.:** ↑stumpfsinnig. **b)** ↑*stumpfsinnig* (2): die Arbeit ist s. **sinnv.:** ↑langweilig.

Stups, der; -es, -e (ugs.): *leichter Stoß [um auf etwas aufmerksam zu machen]:* er gab mir einen S. **sinnv.:** ↑Puff; ↑Stoß.

stup|sen, stupste, hat gestupst ⟨tr.⟩: *jmdm. einen Stups geben:* er stupste ihn mit der Hand. **sinnv.:** ↑stoßen.

Stups|na|se, die; -, -n (ugs.): *kleine, leicht aufwärtsgebogene Nase* (siehe Bildleiste „Nasen"): ein kleines Mädchen mit einer S.

stur ⟨Adj.⟩: *auf andere in ärgerlicher Weise als höchst eigensinnig, unnachgiebig wirkend; unnachgiebig und hartnäckig an etwas festhaltend; etwas aus geistiger Trägheit o. ä. nicht aufgeben, ändern wollend:* er gab seine sture Haltung nicht auf; er führte den Befehl s. aus; er arbeitet s. nach Vorschrift. **sinnv.:** ↑rechthaberisch; ↑unzugänglich; ↑verbissen, ↑zielstrebig.

Sturm, der; -[e]s, Stürme: **1.** *heftiger, starker Wind:* der S. hat viele Bäume umgeworfen; das Schiff strandete im S. **sinnv.:** ↑Wind. **Zus.:** Feuer-, Frühlings-, Gewitter-, Herbst-, Sand-, Schnee-, Wirbelsturm. **2.** *heftiger, schnell vorgetragener [den Gegner überrumpelnder] Angriff:* den Befehl zum S. geben. **sinnv.:** ↑Angriff. **3.** *heftiger Andrang.* **sinnv.:** ↑Andrang. **4.** *Gesamtheit der Stürmer einer Mannschaft:* die Mannschaft verlor das Spiel, weil der S. versagt hatte.

stür|men stürmte, hat/ist gestürmt: **1.** ⟨itr.⟩ *(vom Wind) mit großer Heftigkeit wehen:* es hat gestürmt und geschneit. **sinnv.:** auffrischen, blasen, brausen, pfeifen; ↑wehen. **2.** ⟨tr.⟩ *im Sturm erobern, besetzen:* die Soldaten haben die feindlichen Stellungen gestürmt. **sinnv.:** ↑erobern. **3.** ⟨itr.⟩ *[in einer Menge] sehr schnell und ohne sich durch irgendwelche Hindernisse beirren zu lassen, von einem Ort wegoder auf ein Ziel zulaufen:* aus dem Haus s.; die Schüler sind auf den Sportplatz gestürmt. **sinnv.:** sich ↑fortbewegen. **4.** ⟨itr.⟩ **a)** *(bes. im Fußball) offensiv, auf Angriff spielen und versuchen, Tore zu erzielen:* in der zweiten Halbzeit stürmte unsere Mannschaft unverdrossen. **b)** *als Stürmer spielen:* er hat am linken Flügel, für einen neuen Verein gestürmt.

Stür|mer, der; -s, -: *Spieler beim Fußball o. ä., der bes. angreifen und Tore schießen soll:* er spielt als S. **Zus.:** Außen-, Mittelstürmer.

stür|misch ⟨Adj.⟩: **1.** *sehr windig, vom Sturm bewegt:* ein stürmischer Tag; das Meer war sehr s. **sinnv.:** ↑rauh. **2. a)** *voller Leidenschaft, Begeisterung, Vehemenz; mit ungezügelter Gefühlsäußerung, ohne Zurückhaltung:* stürmischer Protest, Beifall; die Debatte war, verlief s.; er wurde s. begrüßt, umjubelt. **sinnv.:** ↑tumultuarisch; ↑übermütig. **b)** *sehr schnell vor sich gehend, sich vollziehend:* die stürmische Entwicklung der modernen Wissenschaft. **sinnv.:** ↑rapid; ↑schnell.

Sturz, der; -es, Stürze: **1.** *das Fallen, Stürzen mit großer Wucht:* das Kind überlebte den S. aus dem 3. Stock; er hat sich bei einem S. mit dem Fahrrad den Arm gebrochen. **sinnv.:** ↑Fall. **Zus.:** Ab-, Ein-, Massen-, Todessturz. **2.** *erzwungenes Abtreten einer Regierung, eines Ministers o. ä.; gewaltsame Absetzung:* nach dem S. der Regierung fanden Wahlen statt. **sinnv.:** ↑Entlassung · ↑Untergang. **Zus.:** Umsturz.

stür|zen, stürzte, hat/ist gestürzt: **1.** ⟨itr.⟩ **a)** *aus einer gewissen Höhe, jäh in die Tiefe fallen:* aus dem Fenster s.; er ist vom Dach gestürzt; das Flugzeug stürzte ins Meer. **b)** *zu Boden fallen, mit Wucht hinfallen:* das Kind ist gestürzt; er ist schwer, unglücklich, nach hinten, beim Rollschuhlaufen gestürzt. **sinnv.:** ↑fallen. **3.** ⟨itr.; mit näherer Bestimmung⟩ **a)** *plötzlich sehr schnell, mit großen Sätzen (auf etwas zu oder von etwas weg) laufen:* er war ans Fenster gestürzt, als er den Schuß hörte; sie stürzte aus dem Zimmer. **sinnv.:** sich ↑fortbewegen. **b)** *mit Wucht, Vehemenz hervorbrechen, hinaus-, irgendwohin fließen:* das Wasser stürzt über die Felsen, ins Tal; der Regen ist vom Himmel gestürzt. **4.** ⟨tr.⟩ *gewaltsam absetzen, aus dem Amt entfernen, zu Fall bringen:* man hatte den König gestürzt; der Präsident wurde gestürzt. **sinnv.:** ↑entlassen. **5.** ⟨sich s.⟩ *wild, ungestüm über jmdn. herfallen, ihn anfallen:* er stürzte sich auf eine Passantin; der Löwe hat sich auf das Zebra gestürzt. **sinnv.:** ↑angreifen. **6.** *(jmdn., sich) aus einer gewissen Höhe in die Tiefe fallen lassen, hinunterstürzen:* er hat ihn, sich aus dem Fenster, von der Brücke gestürzt. **7.** ⟨sich s.⟩ *sich mit Eifer, Leidenschaft einer Sache annehmen, sich ihr widmen:* er hat sich in die Arbeit, ins Nachtleben gestürzt. **8.** ⟨itr.⟩ *(ein Gefäß) umkippen, so daß der Inhalt sich herauslöst, herausfällt:* sie hat die Kuchenform gestürzt.

Stu|te, die; -, -n: *weibliches Pferd:* die S. hat in diesem Sommer ein Fohlen bekommen. **sinnv.:** ↑Pferd.

Stüt|ze, die; -, -n: **1.** *Gegenstand, der jmdn./etwas stützt, der gegen oder unter etwas gestellt wird, damit es in der vorgesehenen Lage bleibt:* der Baum braucht eine S.; ein Stock diente ihm als S. **Zus.:** Baum-, Buch-, Fuß-, Kopfstütze. **2.** *jmd., der einem andern hilft, beisteht, ihn unterstützt:* an jmdm. eine wertvolle S. haben. **sinnv.:** Beistand, ↑Halt, Rückhalt; ↑Hilfe.

stut|zen: I. ⟨itr.⟩ *bei einer Tätigkeit o. ä. plötzlich verwundert, irritiert o. ä. einhalten, aufmerken:* einen Augenblick lang s.; als er seinen Namen hörte, stutzte er. **sinnv.:** argwöhnisch/stutzig werden, Verdacht fassen/schöpfen; ↑argwöhnen. **II.** ⟨tr.⟩ *kürzer schneiden [und in eine bestimmte Form bringen]:* du mußt dir den Bart s.; die Hecken müssen gestutzt werden. **sinnv.:** ↑abschneiden; ↑beschneiden.

stüt|zen: **1.** ⟨tr.⟩ *das Fallen, das Einstürzen durch eine Stütze verhindern; (jmdm./einer Sache) durch eine Stütze, durch Festhalten o. ä. Halt geben:* ein baufälliges Haus s.; der Kranke mußte gestützt werden. **sinnv.:** abstützen, ↑anlehnen. **2.** ⟨tr./sich s.⟩ *sein Gewicht, das Gewicht von etwas auf etwas verlagern, um für sich, für etwas festen Halt zu gewinnen; etwas als Stütze für sich, für etwas benutzen:* er stützte sich auf seinen Stock; sich auf die Ellenbogen s.; er stützte den Kopf in die Hände. **sinnv.:** ↑aufstützen. **3.** ⟨sich s.⟩ *etwas als Grundlage haben, als Beweis, Argument o. ä. verwenden:* etwas stützt sich auf Fakten; das Urteil stützt sich auf Indizien. **sinnv.:** sich ↑berufen auf; ↑beruhen.

stut|zig: ⟨in den Fügungen⟩ etwas macht jmdn. s. *(etwas erscheint jmdm. plötzlich verdächtig, befremdlich, nicht in Ordnung):* seine häufigen Entschuldigungen machten mich s.; s. werden *(plötzlich über etwas nachzudenken beginnen, Verdacht schöpfen, mißtrauisch werden):* als ihn alle so übertrieben freundlich grüßten, wurde er s. **sinnv.:** ↑stutzen.

Stütz|punkt, der; -[e]s, -e: *wichtige, in einem bestimmten Gebiet errichtete Niederlassung, Ort, von dem aus bestimmte Aktionen, Bestrebungen o. ä. ihren Ausgang nehmen:* militärische Stützpunkte; einen S. beziehen, errichten. **sinnv.:** Basis.

sub-, Sub- ⟨Präfix⟩: *unter-, Unter-, niedriger als ...; sich unterhalb von ... befindend;* vorwiegend im Fachwortschatz; bezeichnet vor allem die räumliche Lage unterhalb oder in unmittelbarer Nähe von etwas sowie ein Unterordnungsverhältnis als Gliederung oder Rangordnung: **1.** ⟨substantivisch⟩ Subdiakon *(Geistlicher, der um einen Weihegrad unter einem Diakon steht),* -dirigent, -gruppe, -kategorie *(Untergruppe einer Kategorie),* -kultur (*innerhalb einer Gesellschaft bestehende, von einer bestimmten gesellschaftlichen Gruppe getragene Kultur mit eigenen Normen und Werten,* z. B. die schwule Subkultur), -proletariat, -system, -struktur, -twens, -unternehmer *(Unternehmer, der für einen anderen Unternehmer, eine andere Firma, die einen Auftrag übernommen hat, einen Teil dieses Auftrags ausführt),* -unternehmertum. **sinnv.:** Hypo-. **2.** ⟨adjektivisch⟩ subakut *([von krankhaften Prozessen] nicht sehr heftig verlaufend),* subalpin, -glazial *(unter dem Gletschereis befindlich),* -imperialistisch, -kulturell, -kutan *(unter der/die Haut),* -optimal. **3.** ⟨verbal⟩ subdifferenzieren, -kategorisieren, -klassifizieren *(in Unterklassen einteilen, in weitere Klassen untergliedern),* -ordinieren.

Sub|jekt, das; -[e]s, -e: **1.** *mit Bewußtsein ausgestattetes, denkendes, erkennendes, handelndes Wesen:* die Stellung des Subjekts in der modernen Philosophie. **2.** *Mensch, der jmdm. verachtenswert erscheint:* ein übles, heruntergekommenes, gemeines S.; kriminelle Subjekte.

sub|jek|tiv ⟨Adj.⟩: *vom einseitigen, parteiischen Standpunkt einer Person aus gesehen; von Gefühlen, Vorurteilen, persönlichen Meinungen bestimmt:* ein subjektives Urteil über etwas abgeben. **sinnv.:** ↑individuell; ↑parteiisch.

Sub|kul|tur, die; -, -en: *eigene Normen und Werte besitzendes kulturelles System einer Minderheit, die von der gesamten sie umgebenden Gesellschaft bewußt abweicht.*

Sub|stanz, die; -, -en: **1.** *etwas Stoffliches, woraus etwas besteht, was die Grundlage von etwas dinglich Vorhandenem ist:* eine in Wasser lösliche S.; eine organische S. **sinnv.:** ↑Material. **Zus.:** Fett-, Knochen-, Trockensubstanz. **2.** ⟨ohne Plural⟩ *das Wesentliche, das den Wert, den Gehalt von etwas ausmacht; Kern einer Sache:* der Roman hat wenig S.; die geistige S. einer Nation. **sinnv.:** ↑Bedeutung. **3.** *[als Grundstock] Vorhandenes, was für den Bestand von etwas, einer Firma o. ä. unbedingt nötig ist:* wegen seiner schlechten finanziellen Lage mußte er die S. angreifen.

sub|tra|hie|ren ⟨tr.⟩: *eine Zahl von einer anderen in einem rechnerischen Vorgang wegnehmen* /Ggs. addieren/: zwei von drei s. **sinnv.:** abziehen.

Sub|trak|ti|on, die; -, -en: *das Subtrahieren, Abziehen* /Ggs. Addition/.

Su|che, die; -: *das Suchen; Vorgang, Tätigkeit des Suchens:* die S. nach dem vermißten Kind blieb erfolglos; er ist auf der S. nach einer Wohnung *(er ist dabei, eine Wohnung zu suchen).* **Zus.:** Arbeits-, Futter-, Stellungs-, Wohnungssuche.

su|chen /vgl. gesucht/: **1.** ⟨itr.⟩ *sich bemühen, etwas Verlorenes, Verstecktes, etwas, was gebraucht wird, zu finden, zu entdecken oder zu erreichen:* jmdn., etwas fieberhaft, überall s.; er sucht in der ganzen Wohnung den verlorenen Schlüssel; er sucht seit Monaten eine Wohnung; nach jmdm. s.; die Polizei sucht noch nach Spuren; ich habe überall gesucht und nichts gefunden. **sinnv.:** ablaufen, absuchen, ausblicken / auslugen / ausschauen / ausspähen nach, Ausschau halten, durchsuchen nach, fahnden, das Haus auf den Kopf stellen, kramen, stöbern, auf der Suche sein nach, sich umgukken; ↑auswählen. **2.** ⟨itr.; oft in verblaßter Bedeutung⟩ *bemüht, bestrebt sein, eine Absicht zu verwirklichen, die Realisierung, Erfüllung von etwas zu erreichen:* seinen Vater s.; jmds. Rat, Schutz s.; jmds. Gesellschaft, Nähe s.; er sucht Streit *(will offensichtlich streiten).* **3.** ⟨s. + zu + Inf.⟩ *(um etwas) bemüht sein:* jmdm. zu helfen s.; etwas zu vergessen s. **sinnv.:** trachten, versuchen.

Sucht, die; -: **1.** *maßlos oder krankhaft übersteigertes Verlangen nach etwas:* die S. nach dem Geld. **sinnv.:** ↑Neigung. **2.** *krankhaftes Abhängigsein von einem bestimmten Genuß- oder Rauschmittel o. ä.:* die Sucht nach Alkohol; eine S. bekämpfen. **sinnv.:** Abhängigkeit, Gewöhnung. **Zus.:** Alkohol-, Freß-, Rauschgift-, Trunksucht.

süch|tig ⟨Adj.⟩: *von einer krankhaften Sucht nach etwas befallen, an einer Sucht leidend:* s. sein, werden. **sinnv.:** abhängig. **Zus.:** eifer-, eigen-, freß-, gefall-, geltungs-, genuß-, herrsch-, prunk-, putz-, rach-, selbst-, streit-, trunk-, vergeltungs-, vergnügungssüchtig; vgl. -süchtig.

-süch|tig ⟨adjektivisches Suffixoid⟩ *einen übermäßig starken Hang nach dem im Basiswort Genannten habend, darauf ausgehend, darauf versessen, begierig danach:* abenteuer-, aktualitäts-, befreiungs-, entrümpel-, eroberungs-, fernseh-, fortschritts-, gipfel-, händel-, heimat-, herrschafts-, katastrophen-, mitleid-, probe-, profit-, reklame-, sex-, spott-, todes-, trostsüchtig. **sinnv.:** -bewegt, -durstig, -freudig, -geil.

Sü|den, der; -s: **1.** ‹meist ohne Artikel; gewöhnlich in Verbindung mit einer Präposition› *dem Norden entgegengesetzte Himmelsrichtung, in der die Sonne am höchsten steht:* die Straße führt nach S. **sinnv.:** Süd; ↑Himmelsrichtung. **2. a)** *im Süden* (1) *gelegener Bereich, Teil eines Landes:* im S. Perus. **b)** *südlicher Bereich der Erde; Gebiet der südlichen Länder:* sie fährt in den S.

Süd|frucht, die; -, Südfrüchte: *Frucht, die aus südlichen Ländern mit warmem Klima stammt:* **sinnv.:** Apfelsine, Banane, Dattel, Grapefruit, Orange, Zitrone.

Süd|län|der, der; -s, -: *jmd., der aus Südeuropa, aus einem der Mittelmeerländer stammt:* er hat das Temperament des Südländers.

süd|län|disch ‹Adj.›: *für Südeuropa, die Bewohner Südeuropas typisch; zu Südeuropa, den Bewohnern Südeuropas gehörend; aus Südeuropa stammend:* das südländische Klima; südländische Sitten und Bräuche.

süd|lich: I. ‹Adj.; attributiv› **1.** *im Süden liegend:* der südliche Teil des Landes. **2.** *nach Süden gerichtet:* in südliche Richtung fahren. **II.** ‹Präp. mit Gen.›: *im Süden von:* die Straße verläuft s. des Waldes. **III.** ‹Adverb; in Verbindung mit *von*›: s. von München.

Süd|pol, der; -s: *südlicher Schnittpunkt der Erdachse mit der Oberfläche der Erde.* **sinnv.:** ↑Pol.

süf|feln ‹tr.›: *genüßlich trinken:* er süffelt abends seinen Wein. **sinnv.:** ↑trinken.

süf|fig ‹Adj.›: *leicht und angenehm zu trinken:* der Wein ist sehr s. **sinnv.:** ↑schmackhaft.

süf|fi|sant ‹Adj.› (geh.): *in oft selbstgefälliger, überheblicher, auch spöttischer Weise ein Gefühl von Überlegenheit zur Schau tragend:* s. lächeln. **sinnv.:** ↑dünkelhaft.

sug|ge|rie|ren ‹tr.›: *(in jmdm.) durch besondere Mittel, die auf eine geistig-seelische Beeinflussung abzielen, bestimmte Vorstellungen, Ansichten o. ä. wecken; (jmdm. etwas) [ohne daß es ihm bewußt wird] einreden:* irgend jemand muß ihm diesen Gedanken suggeriert haben. **sinnv.:** ↑beeinflussen.

Sug|ge|sti|on, die; -, -en: *geistig-seelische Beeinflussung durch gezieltes Erwecken bestimmter Vorstellungen, Ansichten, Gefühle o. ä.:* durch reine S. konnte er ihn zu diesem Entschluß bringen. **Zus.:** Auto-, Massensuggestion.

sug|ge|stiv ‹Adj.›: *auf eine geistig-seelische Beeinflussung abzielend; jmdn. in seinem Denken, Fühlen, Urteilen o. ä. beeinflussend:* von seiner Person geht eine suggestive Macht aus; dem Angeklagten wurden suggestive Fragen gestellt.

suh|len, sich: *(bes. von [Wild]schweinen) sich in einer Suhle, im Schlamm wälzen:* der Eber suhlte sich [im Schlamm].

Süh|ne, die; -: *etwas, was jmd. als Ausgleich für eine Schuld oder für ein Verbrechen auf sich nimmt oder auf sich nehmen muß:* das Urteil war eine gerechte S. für diese Tat; er zahlte als S. für sein Vergehen einen größeren Betrag. **sinnv.:** Buße, Genugtuung, Reue, ↑Strafe, Wiedergutmachung.

süh|nen ‹tr.›: *(ein Unrecht) unter persönlichen Opfern wiedergutmachen, eine Schuld abbüßen; für etwas eine Strafe, Sühne auf sich nehmen:* ein Verbrechen s.; er wollte durch sein Verhalten das Unrecht s., das man diesen Menschen angetan hatte. **sinnv.:** ↑einstellen.

Sul|ta|ni|ne, die; -, -n: *helle, große Rosine ohne Kerne.* **sinnv.:** ↑Rosine.

Sül|ze, die; -, -n: *zerkleinertes Fleisch, zerkleinerter Fisch o. ä. in Aspik.* **sinnv.:** ↑Gallert. **Zus.:** Schweinesülze.

Sum|me, die; -, -n: **1.** *Ergebnis beim Addieren:* die S. von 10 plus 4 ist/beträgt 14; die S. zweier Zahlen ausrechnen. **sinnv.:** Endbetrag, Gesamtbetrag. **Zus.:** End-, Gesamt-, Quersumme. **2.** *Geldbetrag in bestimmter, meist nicht näher angegebener Höhe:* er hat eine größere S., eine S. von tausend Mark gespendet; der Bau der Brücke kostete riesige Summen. **sinnv.:** ↑Beitrag; ↑Betrag. **Zus.:** Abfindungs-, Abstands-, Bestechungs-, Darlehns-, Deckungs-, Geld-, Kauf-, Millionen-, Rest, Un-, Versicherungssumme.

sum|men: 1. ‹itr.› *einen leisen, etwas dumpfen, brummenden, gleichmäßig vibrierenden Ton von sich geben:* : die Bienen summen; der Ventilator, die Kamera summte. **sinnv.:** ↑surren, ↑zirpen. **2.** ‹tr.› *(Töne, eine Melodie) mit geschlossenem Mund, ohne Worte zu artikulieren, singen:* er summte ein Lied, eine Melodie, einen Ton; ‹auch itr.› er summte leise vor sich hin. **sinnv.:** ↑singen.

Sumpf, der; -[e]s, Sümpfe: *ständig nasses, weiches Gelände (bes. an Ufern von Flüssen und Seen):* auf der Wanderung ist er in einen S. geraten. **sinnv.:** Bruch, Fenn, Moor, Morast, Ried, ↑Schlamm, Sumpfland.

sump|fig ‹Adj.›: *in der Art eines Sumpfes weich und naß:* eine sumpfige Wiese; das Ufer ist s. **sinnv.:** morastig, schlammig.

Sün|de, die; -, -n: *Übertretung eines göttlichen Gebotes:* eine S. begehen, beichten. **sinnv.:** ↑Laster; ↑Verstoß. **Zus.:** Erb-, Tod-, Unterlassungssünde.

sünd|haft ‹Adj.›: **1.** *gegen das Gebot Gottes verstoßend; mit Sünde behaftet:* ein sündhaftes Leben führen. **2.** ‹verstärkend bei Adjektiven› (ugs.) *sehr:* das Kleid ist s. teuer.

sün|di|gen ‹itr.›: *ein Gebot Gottes übertreten, gegen die Gebote Gottes verstoßen:* er hat [gegen Gott] gesündigt. **sinnv.:** fehlen, einen Fehltritt/eine Sünde begehen, freveln, sich vergehen, sich versündigen.

su|per ‹Adj.; indeklinabel› (ugs.): *überragend, Begeisterung hervorrufend:* eine s. Schau; sie tanzt s. **sinnv.:** ↑vortrefflich.

su|per-, Su|per- ‹Präfix› (emotional verstärkend) /im Unterschied zu *hyper-* überwiegend als positive Kennzeichnung; drückt das Überschreiten einer Norm bzw. einen besonders hohen Steigerungsgrad aus/: **1.** ‹adjektivisch› *sehr, äußerst, höchst-:* superaktuell, -bequem, -blond, -böse, -doof, -dufte, -elegant, -entspiegelt (Brillengläser), -extrem, -frech (superfreche Slips), -geheim, -griffig, -groß, -günstig, -haltbar, -hart, -klein (superkleine, ideale Taschenkamera), -kühl, -lässig, -leicht, -leise (superleiser [höchst leiser] Rasenmäher), -männlich, -modern, -nervös, -schallgedämpft, -schmal, -schnell, -schwer (superschwere Zweiräder), -sensibel, -simpel, -sinnlich, -verständig, -weich:

/auch kritisch-ironisch oder ablehnend/: *übertrieben, zu ..., über das akzeptierte Maß hinaus:* superbürokratisch *(zu bürokratisch),* -fein, -deutsch, -klug, -schlau, -kurz (superkurzer Rock), -leise (sie spricht heute wieder superleise *[zu leise],* kaum zu verstehen). **sinnv.:** hyper-, supra-, über-, ultra-, erz-. **2.** ⟨substantivisch⟩ *sehr groß, gut, schön; überaus beachtlich, beeindruckend, Vergleichbares überragend:* Superauto, -balkon, -chance, -ding, -disko, -erfolg, -essen, -figur, -film, -frau, -gage, -hit, -hotel, -idee, -jahr, -kartell, -maskulinität, -mißmut, -pöbler, -prämie, -preis (Mäntel zu Superpreisen von nur 140,00 DM), -preisausschreiben, -sau, -sommer, -sonderpreis, -talent, -wetter; /auch kritisch-ablehnend/: Supergescheiter, -imperialismus, -kriegsverbrechen, -stuß. **sinnv.:** Erz-, Mammut-, Monster-, Riesen-, Supra-, Top-.

Su|per|markt, der; -[e]s, Supermärkte: *groß ausgebauter Selbstbedienungsladen mit reichhaltigem Sortiment und oft etwas niedrigeren Preisen:* in einem S. einkaufen. **sinnv.:** Drugstore, ↑Selbstbedienungsladen.

Sup|pe, die; -, -n: *warme oder auch kalte flüssige Speise, die mit dem Löffel gegessen wird:* eine klare, legierte, dicke S.; eine S. mit Einlage; eine S. kochen. **sinnv.:** Borschtsch, Bouillabaisse, Bouillon, Brühe, Consommé, Eintopf, Fleischbrühe, Kraftbrühe, Minestra, Minestrone. **Zus.:** Bohnen-, Erbsen-, Fisch-, Gemüse-, Gulasch-, Hühner-, Kartoffel-, Linsen-, Milch-, Nudel-, Ochsenschwanz-, Rindfleisch-, Tages-, Wurst-, Zwiebelsuppe.

su|pra-, Su|pra- ⟨adjektivisches und substantivisches Präfix⟩ **a)** *über; über das im Basiswort Genannte hinausgehend, anderes dieser Art mit einschließend/das Basiswort bildet auch das Gegenwort/:* supranational; Supranationalität. **b)** *über-; in besonders starker [übertriebener] Weise* /kennzeichnet einen Grad/: supraminutiöse Reportage. **sinnv.:** hyper-, super-, ultra-.

sur|fen ['sə:fn̩] ⟨itr.⟩: *einen Wassersport betreiben, bei dem sich der Sportler auf einem dafür konstruierten, im wesentlichen aus einem stromlinienförmigen Brett bestehenden Gerät stehend von den Wellen [der Brandung] tragen bzw. vom Wind treiben läßt.* **sinnv.:** ↑rudern.

sur|ren ⟨itr.⟩: *ein durch eine sehr schnelle, gleichmäßige Bewegung hervorgerufenes, dunkel tönendes, summendes Geräusch von sich geben, vernehmen lassen:* die Maschinen, die Räder surren; man hörte nur das Surren der Kamera. **sinnv.:** brummen, sausen, schnurren, summen.

süß ⟨Adj.⟩: **1.** *nicht sauer oder bitter, sondern den Geschmack von Zucker, Honig o. ä. habend:* süße Trauben; die Kirschen schmecken s. **sinnv.:** gesüßt, süßlich, süß-sauer. **Zus.:** bitter-, honig-, sauer-, zuckersüß. **2.** (emotional) *niedlich, lieblich, hübsch o. ä. und dabei Entzücken hervorrufend:* ein süßes Mädchen; das Kleid ist s. **sinnv.:** ↑hübsch.

sü|ßen ⟨tr.⟩: *süß machen:* den Tee mit Zucker, Honig, Süßstoff s. **sinnv.:** ↑zuckern.

Sü|ßig|keit, die; -, -en: *etwas Süßes in Form von Bonbons, Pralinen, Schokolade o. ä.:* gerne Süßigkeiten essen, knabbern. **sinnv.:** ↑Bonbon, Leckerei, Marzipan, Näscherei, Naschwerk, ↑Praline, Schleckerei, Schokolade, Süßwaren.

süß|lich ⟨Adj.⟩: **1.** *auf oft etwas unangenehme Weise süß:* ein süßlicher Geruch; ein süßliches Parfüm. **2. a)** *sehr weich, gefühlvoll und ins Kitschige abgleitend:* ein süßliches Gedicht. **b)** *übertrieben und meist geheuchelt liebenswürdig, freundlich:* ein süßliches Lächeln.

Süß|spei|se, die; -, -n: *häufig als Nachtisch verzehrte süße Speise.* **sinnv.:** ↑Dessert.

Süß|stoff, der; -[e]s, -e: *synthetisch hergestellter oder aus einer natürlichen Verbindung bestehender Stoff zum Süßen (ohne den entsprechenden Nährwert des Zuckers).*

Sym|bol, das; -s, -e: ↑*Sinnbild:* der Ring ist ein S. der Liebe. **Zus.:** Friedens-, Statussymbol.

sym|bo|lisch ⟨Adj.⟩: **a)** *als Zeichen, Symbol für etwas anderes stehend:* als symbolisches Geschenk wurden dem Gast die Schlüssel der Stadt überreicht. **sinnv.:** ↑bildlich. **b)** *Symbole enthaltend; Symbole als Ausdrucksmittel verwendend:* ein symbolisches Gedicht.

Sym|me|trie, die; -, Symmetrien: *Eigenschaft von Figuren, Körpern o. ä., beiderseits einer Achse ein Spiegelbild zu ergeben; spiegelbildliche Gleichheit.*

sym|me|trisch ⟨Adj.⟩: *in bezug auf eine Achse spiegelbildlich gleich, ein Spiegelbild ergebend:* eine symmetrische geometrische Figur. **sinnv.:** spiegelbildlich, spiegelgleich, spiegelungsgleich; ↑ebenmäßig.

Sym|pa|thie, die; -, Sympathien: *Zuneigung, positive gefühlsmäßige Einstellung zu jmdm./etwas* /Ggs. Antipathie/: er bringt ihr viel S. entgegen; er hat große S. für sie; seine S. gehört der Opposition. **sinnv.:** ↑Zuneigung.

sym|pa|thisch ⟨Adj.⟩: *auf andere angenehm wirkend; das persönliche Vertrauen und Wohlwollen anderer gewinnend; Sympathie erweckend:* ein sympathischer Mensch; er sieht sehr s. aus. **sinnv.:** angenehm, ↑anziehend, einnehmend, gewinnend, ↑lieb, liebenswert, liebenswürdig, ↑nett.

Sym|ptom, das; -s, -e: *Merkmal, Zeichen, aus dem etwas [Negatives] erkennbar wird:* die Symptome der Krankheit lassen auf Krebs schließen. **sinnv.:** ↑Anzeichen.

syn-, Syn- ⟨Präfix⟩: */kennzeichnet ein Miteinander, eine Gemeinsamkeit;* mit fremdsprachlichem Basiswort/: synoptisch *(zusammenschauend),* Synorganisation (in der Biologie; *das Zusammenwirken verschiedener Zellen und Gewebe bei der Bildung von Organen),* Synthese *(Zusammenfügung, Verknüpfung einzelner Teile zu einem höheren Ganzen).* **sinnv.:** Mit-, Zusammen-.

Syn|ago|ge, die; -, -n: *Raum, Gebäude für die jüdischen gottesdienstlichen Versammlungen.* **sinnv.:** ↑Kirche.

syn|chro|ni|sie|ren [zynkroni'zi:rən] ⟨tr.⟩: **1.** *verschiedenartige [technische] Bewegungsabläufe aufeinander abstimmen:* das Getriebe eines Autos s. **2.** *Bild und Ton (eines Filmes, bes. eines fremdsprachigen) aufeinander abstimmen, in zeitliche Übereinstimmung bringen:* die synchronisierte Fassung eines Films; die Szene ist schlecht synchronisiert.

Syn|onym, das; -s, -e: *Wort, das einem anderen der Bedeutung nach gleich oder ähnlich ist* *(so daß beide in einem bestimmten Zusammenhang ausgetauscht werden können):* „Metzger" ist ein S. für „Fleischer".

Sy|stem, das; -s, -e: **1.** *Ordnung, nach der etwas organisiert, aufgebaut wird; Plan, der als Richtlinie für etwas dient:* die Forschungen wurden nach einem genau durchdachten S. durchgeführt; die Maschine ist nach einem neuen S. gebaut worden; S. in eine Sache bringen. **sinnv.:** ↑Verfahren. **Zus.:** Baukasten-, Bewachungs-, Dezimal-, Koordinaten-, Maß-, Nerven-, Ordnungs-, Planeten-, Punkt-, Röhren-, Verdauungssystem. **2.** *Form der staatlichen, wirtschaftlichen und gesellschaftlichen Organisation:* das demokratische S.; das herrschende S. eines Staates ändern. **sinnv.:** Regierungsform, Regime. **Zus.:** Gesellschafts-, Schul-, Wahl-, Währungs-, Wirtschaftssystem.

sy|ste|ma|tisch ⟨Adj.⟩: *nach einem System, Plan [geordnet]; in einer sinnvollen Ordnung:* eine systematische Darstellung; s. vorgehen; die Gegend wurde s. nach dem vermißten Kind abgesucht. **sinnv.:** ↑planmäßig.

Sze|ne, die; -, -n: **1.** *kurzer, abgeschlossener, bes. durch das Auf- oder Abtreten von Personen begrenzter Teil eines Theaterstükkes, Films o. ä.:* erster Akt, fünfte S.; die S. spielt im Garten; eine S. drehen, proben. **sinnv.:** ↑Aufzug. **Zus.:** Abschieds-, Film-, Liebes-, Massen-, Schluß-, Spiel-, Sterbe-, Traumszene. **2. a)** *Vorgang, Anblick, der jmdm. bemerkenswert oder eigenartig erscheint:* bei der Begrüßung gab es stürmische Szenen. **b)** *heftige Vorwürfe, die jmdm. im Rahmen einer Auseinandersetzung gemacht werden:* wenn er dies vorbrachte, gab es jedesmal eine S.; jmdm. eine S., Szenen machen. **sinnv.:** ↑Streit. **Zus.:** Familienszene. **3.** *charakteristischer Bereich, Ort für bestimmte Aktivitäten, Lebensformen, für ein bestimmtes Milieu:* die literarische, politische S.; die S. der Hausbesetzer; er kennt sich in der S. aus. **sinnv.:** ↑Schauplatz.

T

Ta|bak, der; -s, -e: *aus den getrockneten Blättern der Tabakpflanze gewonnenes Produkt zum Rauchen:* er stopfte seine Pfeife mit meinem T. **sinnv.:** Eigenbau, Feinschnitt, Grobschnitt, Knaster, Kraut, Krüllschnitt, Shag. **Zus.:** Kau-, Orient-, Pfeifen-, Rauch-, Schnupf-, Virginia-, Zigarettentabak.

Ta|bel|le, die; -, -n: *Zusammenstellung, Aufstellung von Zahlen u. ä., die übersichtlich in Spalten eingeteilt ist:* die Ergebnisse wurden in einer T. dargestellt. **sinnv.:** ↑Verzeichnis. **Zus.:** Berechnungs-, Einkommens-, Gewichts-, Preis-, Zahlentabelle.

Ta|blett, das; -[e]s, -s: *Platte, Brett mit erhöhtem Rand zum Auf- oder Abtragen von Speisen, Geschirr o. ä.:* ein T. mit Tellern und Tassen hereinbringen. **sinnv.:** Auftragebrett, Servierbrett, Speisenbrett.

Ta|blet|te, die; -, -n: *Medikament von der Form eines kleinen, flachen Scheibchens:* eine T. einnehmen. **sinnv.:** Pastille; ↑Medikament. **Zus.:** Kopfschmerz-, Schlaf-, Schmerz-, Vitamintablette.

ta|bu: ⟨in der Verbindung⟩ t. sein: *so beschaffen sein, daß bestimmte mit der Sache zusammenhängende Dinge nicht getan werden dürfen, daß nicht darüber geredet werden darf, sie einem Verbot unterliegen:* dieses Thema war für ihn t.

Ta|del, der; -s, -: *in meist scharfer Weise vorgebrachte, mißbilligende Worte, die sich auf jmds. Tun, Verhalten beziehen* /Ggs. Lob/: er erhielt einen T. **sinnv.:** Anpfiff, Anschiß, Maßregelung, Rüge, Zurechtweisung; ↑Denkzettel; ↑Vorwurf.

ta|del|los ⟨Adj.⟩: *in bewundernswerter Weise gut, einwandfrei:* der Anzug sitzt t.; er hat ein tadelloses Benehmen. **sinnv.:** ↑vollkommen.

ta|deln ⟨tr.⟩: *sich mißbilligend (über jmdn./etwas) äußern, in scharfer Weise sein Mißfallen zum Ausdruck bringen* /Ggs. loben/: jmds. Benehmen t.; er tadelte sie wegen ihres Leichtsinns. **sinnv.:** ↑beanstanden; ↑brandmarken; ↑schelten.

Ta|fel, die; -, -n: **1.** *Platte, größeres Brett [an der Wand] zum Beschreiben, Beschriften, Anbringen von Bestellungen o. ä.:* hölzerne, steinerne Tafeln; der Lehrer schreibt eine Formel an die T. **Zus.:** Anschlag-, Ehren-, Gedenk-, Holz-, Marmor-, Rechen-, Schau-, Schiefer-, Schreib-, Schul-, Wandtafel. **2.** *flaches, plattenförmiges Stück bes. einer eßbaren Ware:* eine T. Schokolade, Fett; Leim in Tafeln. **Zus.:** Schokoladen-, Wachstafel. **3.** *besondere Seite für Abbildungen u. ä.; ganzseitige Illustration (bes. in Büchern):* das Werk enthält zahlreiche Tafeln. **Zus.:** Ahnen-, Bild-, Falt-, Farb-, Logarithmen-, Zahlentafel. **4. a)** *großer, [festlich] gedeckter Tisch:* die T. war festlich geschmückt; sich von der T. erheben. **Zus.:** Fest-, Frühstücks-, Geburtstags-, Hochzeits-, Kaffee-, Mittagstafel. **b)** ⟨ohne Plural⟩ *erlesenes Essen, feine Küche:* er liebt eine feine T. **sinnv.:** ↑Essen.

ta|feln ⟨itr.⟩ (geh.): *genußvoll, oft ausgedehnt essen und trinken:* die Gäste tafelten bis in die Nacht hinein. **sinnv.:** ↑essen.

tä|feln ⟨tr.⟩: *mit Holz verkleiden:* die Wände, die Decke des Raumes t. **sinnv.:** ↑auskleiden.

Tä|fe|lung, die; -, -en: *Verkleidung einer Wand, Decke aus Holz:* die dunkle T. macht den Raum sehr gemütlich.

Taft, der; -[e]s -e: *matt glänzender, ziemlich steifer Stoff aus Seide oder Kunstfaser:* ein Kleid aus T.; der Mantel ist mit T. gefüttert. **sinnv.:** ↑Seide.

Tag, der; -[e]s, -e: **1.** *Zeitraum von 24 Stunden, von Mitternacht bis Mitternacht:* die sieben Tage der Woche; welchen T. haben wir heute?; dreimal am T.; von einem T. auf den andern. **sinnv.:** Datum. **Zus.:** Abreise-, All-, April-, Arbeits-, Besuchs-, Buß-, Christ-, Ehren-, Feier-, Ferien-, Frühlings-, Geburts-, Gedenk-, Glücks-, Herbst-, Hochzeits-, Jahres-, Johannis-, Kalender-, Markt-, Namens-, Neujahrs-, Nikolaus-, Obst-, Partei-, Regen-, Ruhe-, Sonnen-, Todes-, Urlaubs-, Vor-, Wander-, Wasch-, Wochen-, Zahltag. **2.** *Zeit der Helligkeit zwischen Aufgang und Untergang der Sonne:* es wird T.; die Tage werden kürzer, länger; die Arbeit mußt du am/bei T. machen. **sinnv.:** Tageslicht.

Ta|ge|buch, das; -s, Tagebücher: *Buch, Heft für tägliche Eintragungen persönlicher Erlebnisse und Gedanken:* ein T. führen. **sinnv.:** Diarium · Logbuch.

ta|ge|lang ⟨Adj.; nicht prädikativ⟩: *mehrere Tage, eine Reihe von Tagen dauernd:* die tagelange Aufregung hat sie fast krank gemacht; sie bekamen t. nichts zu essen.

ta|gen ⟨itr.⟩: *eine Tagung oder Sitzung abhalten:* der Verband tagt alle zwei Jahre. **sinnv.:** konferieren, sich zusammensetzen, zusammentreten.

Ta|ges|licht, das; -[e]s: *Licht, natürliche Helligkeit des Tages:* diese Arbeit muß man bei T. machen.

Ta|ges|ord|nung, die; -, -en: *Reihenfolge, in der bei einer Sitzung, Versammlung die vorgesehenen Themen behandelt werden sollen:* der Vorstand setzte diesen Punkt auf die T.; auf der T. stehen; erster Punkt der T. ist der Bericht des Präsidenten. **sinnv.:** Geschäftsordnung, Tagungsprogramm.

Ta|ges|sup|pe, die; -, -n: *nicht näher bezeichnete Suppe, die in einem Restaurant an dem jeweiligen Tag zu verschiedenen Gerichten, Menüs gereicht wird.*

Ta|ges|zei|tung, die; -, -en: *täglich erscheinende Zeitung:* er gab ein Inserat in einer T. auf. **sinnv.:** ↑Zeitung.

tag|hell ⟨Adj.⟩: **a)** *durch das Tageslicht völlig hell:* draußen ist es [schon] t. **b)** *hell wie am Tage:* die Bühne war t. erleuchtet.

täg|lich ⟨Adj.; nicht prädikativ⟩: *an jedem Tag [wiederkehrend, vorkommend]:* die tägliche Arbeit; wir sehen uns t. **Zus.:** all-, halb-, mit-, sonntäglich.

tags: ⟨in den Fügungen⟩ t. zuvor: *am vorhergehenden Tag:* er hatte t. zuvor alles vorbereitet; t. darauf: *am darauffolgenden Tag:* t. darauf meldete er den Vorfall bei der Polizei.

tags|über ⟨Adverb⟩: *am Tage, während des Tages:* t. ist er nicht zu Hause.

Ta|gung, die; -, -en: *größere Versammlung, ein- oder mehrtägige Zusammenkunft von Fachleuten, Wissenschaftlern, bes. Mitgliedern von Institutionen, Fachverbänden o. ä.:* eine T. veranstalten, besuchen; auf einer T. über ein bestimmtes Thema sprechen. **sinnv.:** Beratung, Besprechung, Gipfeltreffen, Konferenz, Kongreß, Konvent, Konventikel, Sitzung, Symposion, Versammlung. **Zus.:** Arbeits-, Ärzte-, Fach-, Jahres-, Klausur-, Präsidiumstagung.

Tail|le ['taljə], die; -, -n: *(beim Menschen) Stelle des Rumpfes zwischen Brustkorb und Hüfte:* sie hat eine schlanke T.; der Gürtel betont die T.; jmdn. um die T. fassen. **sinnv.:** Gürtellinie, Mitte; ↑Flanke. **Zus.:** Wespentaille.

Takt: I. der; -[e]s, -e: **1. a)** ⟨ohne Plural⟩ *den musikalischen, bes. den rhythmischen Ablauf in gleiche Einheiten gliedernde Einteilung eines Musikstücks:* der T. eines Walzers; den T. angeben, schlagen. **b)** *(durch Taktstriche begrenzte) kleinste festgelegte Einheit im Aufbau eines Musikstücks:* wir spielen jetzt die Takte 24 bis 80. **Zus.:** Auftakt. **2.** ⟨ohne Plural⟩ *zeitliche Aufeinanderfolge, Ablauf von Tönen, Bewegungen o. ä. nach einem bestimmten Zeitmaß:* der T. der Räder; im T. bleiben, rudern; den T. wechseln. **II.** der; -es: *Gefühl für Anstand und Höflichkeit:* er hat die Angelegenheit mit viel T. behandelt. **sinnv.:** Anstand, Artigkeit, Aufmerksamkeit, Feingefühl, Höflichkeit, Ritterlichkeit, Taktgefühl, Zartgefühl, Zuvorkommenheit.

Takt|ge|fühl, das; -[e]s: *richtiges Empfinden für Anstand und Höflichkeit:* er ist ohne jedes T.; aus T. schweigen. **sinnv.:** ↑Takt.

tak|tie|ren ⟨itr.⟩: **I.** *den Takt angeben:* der Dirigent taktierte mit den Händen. **sinnv.:** ↑dirigieren. **II.** *taktisch vorgehen, verfahren; eine bestimmte Taktik anwenden:* der Minister hat bei den Verhandlungen klug, ungeschickt taktiert. **sinnv.:** ↑lavieren.

Tak|tik, die; -: *im Hinblick auf Zweckmäßigkeit, Erfolg festgelegtes, planmäßiges Vorgehen oder Verhalten:* mit dieser T. hatte er viel Erfolg. **sinnv.:** ↑Strategie. **Zus.:** Verhandlungs-, Verschleierungs-, Wahltaktik.

tak|tisch ⟨Adj.⟩: *die Taktik betreffend, auf [einer] Taktik beruhend.*

takt|los ⟨Adj.⟩: *kein Gefühl für Anstand haben, ohne Takt:* sein Benehmen war t.; eine taktlose Bemerkung machen. **sinnv.:** abgeschmackt, deplaziert, geschmacklos, unangebracht, unpassend.

takt|voll ⟨Adj.⟩: *viel Gefühl für Anstand, Takt habend; auf die Gefühle eines anderen Rücksicht nehmend:* er ist immer sehr t.; sie übersah t. den Fehler. **sinnv.:** ↑dezent; ↑höflich; ↑rücksichtsvoll.

Tal, das; -[e]s, Täler: *mehr oder weniger langgestreckter Einschnitt in der Erdoberfläche; tiefer liegendes Gelände, bes. zwischen Bergen:* ein enges, weites T. **sinnv.:** ↑Kluft. **Zus.:** Fluß-, Gebirgs-, Seiten-, Wiesental.

Ta|lar, der; -s, -e: *langes, weites Gewand mit weiten Ärmeln, das von Geistlichen, Richtern u. a. bei der Ausübung ihres Amtes getragen wird.* **sinnv.:** Amtskleidung, Amtstracht, Habit, Ornat, Robe; ↑Kleidung.

Ta|lent, das; -[e]s, -e: *besondere Begabung auf einem bestimmten, oft künstlerischen Gebiet:* musikalisches, mathematisches T.; er besaß großes Talent zum/im Malen. **sinnv.:** ↑Begabung. **Zus.:** Mal-, Organisations-, Sprach-, Zeichentalent. **2.** *jmd., der Begabung* (1) *besitzt:* ein aufstrebendes T.; der Regisseur sucht junge Talente. **sinnv.:** Genie, ↑Phänomen. **Zus.:** Organisations-, Redner-, Schauspieler-, Sprachtalent.

ta|len|tiert ⟨Adj.⟩: *Talent besitzend:* er ist ein talentierter Geiger. **sinnv.:** ↑begabt.

Talg, der; -[e]s: **1.** *durch Schmelzen gewonnenes, gelbliches Fett (bes. aus dem Fettgewebe der Nieren von Rindern und Schafen):* aus T. werden Kerzen hergestellt. **sinnv.:** ↑Fett. **Zus.:** Rindertalg. **2.** *Fett, das von den Drüsen an den Haarwurzeln abgesondert wird.*

Ta|lis|man, der; -s, -e: *kleiner*

Gegenstand, der Glück bringen soll: diese Münze ist ihr T. **sinnv.:** Amulett, Fetisch, Glücksbringer, Maskottchen.

Tam|bu|rin, das; -s, -e: *flache, kleine, unten offene Trommel mit Schellen.*

Tam|pon, der; -s, -s: *Wattebausch, Gazestreifen zum Aufsaugen von Flüssigkeiten:* das Blut mit einem T. stillen.

Tang, der; -[e]s, -e: *große, in der Nähe der Küste ins Meer wachsende, meist auf Felsen festsitzende Algen.* **Zus.:** Seetang.

Tan|gen|te, die; -, -n: **1.** *Gerade, die eine Kurve nur in einem Punkt berührt* (siehe Bildleiste „geometrische Figuren", S. 292): eine T. ziehen. **2.** *Verkehrsstraße, die am Rande eines Ortes vorbeiführt:* die T. im Süden soll den Verkehr im Zentrum entlasten. **Zus.:** Süd-, Westtangente.

tan|gie|ren ⟨tr.⟩: *für jmdn. von Bedeutung sein, in bestimmter Weise [innerlich] berühren, beeinflussen:* das tangiert mich nicht; die politischen Veränderungen tangieren uns, unsere Interessen sehr. **sinnv.:** ↑betroffen.

Tan|go, der; -s, -s: *(aus Südamerika stammender) Tanz in langsamem Zweiertakt mit synkopiertem Rhythmus:* einen T. tanzen, spielen. **sinnv.:** ↑Tanz.

Tank, der; -s, -s, seltener: -e: *größerer Behälter für Flüssigkeiten, bes. für Benzin u. ä.:* er ließ seinen T. füllen. **sinnv.:** ↑Gefäß. **Zus.:** Benzin-, Reserve-, Wassertank.

tan|ken ⟨tr./itr.⟩: *Treibstoff o. ä. in einen Tank füllen [lassen]:* Benzin, Öl t.; ich muß heute noch t. **sinnv.:** auffüllen, auftanken, nachfüllen, vollschütten; ↑füllen.

Tan|ker, der; -s, -: *mit großen Tanks ausgerüstetes Schiff für den Transport von Erdöl.* **sinnv.:** Tankschiff; ↑Schiff. **Zus.:** Öltanker.

Tank|stel|le, die; -, -n: *Einrichtung, bei der sich Kraftfahrzeuge gegen entsprechende Bezahlung (an Zapfsäulen) mit Treibstoff und Öl versorgen können:* die T. war geschlossen; er betreibt eine T.

Tan|ne, die; -, -n: *hoher immergrüner Nadelbaum mit auf der Oberseite dunkelgrünen, auf der Unterseite zwei weiße Streifen aufweisenden Nadeln und aufrecht stehenden Zapfen* (siehe Bildleiste „Nadelbäume"). **Zus.:** Blau-, Douglas-, Edel-, Rottanne.

Tan|te, die; -, -n: **1. a)** *Schwester oder Schwägerin der Mutter oder des Vaters.* **sinnv.:** Base, Muhme. **Zus.:** Erb-, Groß-, Patentante. **b)** *(aus der Sicht von Kindern oder im Umgang mit Kindern) [bekannte] weibliche Erwachsene:* sag der T. guten Tag! **Zus.:** Briefkasten-, Groß-, Nenntante. **2.** (ugs.) *vom Sprecher abschätzig beurteilte weibliche Person:* was will diese komische T. hier? **Zus.:** Kaffee-, Klatsch-, Reisetante.

Tanz, der; -es, Tänze: **1.** *zum Vergnügen, als Ausdruck bestimmter Vorstellungen o. ä. nach einem bestimmten, meist durch Musik hervorgebrachten Rhythmus ausgeführte Abfolge von Bewegungen des Körpers:* alte, moderne, kultische Tänze; jmdn. um einen T. bitten, zum T. auffordern. **sinnv.:** Ballett · Boogie-Woogie, Bossa Nova, Calypso, Cha-cha-cha, Charleston, Foxtrott, Mambo, Tango, Rock 'n' Roll, Rumba, Samba, Walzer · Bolero, Cancan, Csárdás, Fandango, Flamenco, Kasatschok, Krakowiak, Limbo, Sirtaki, Tarantella · Bourrée, Française, Galopp, Gavotte, Ländler, Menuett, Polka, Polonaise, Quadrille, Reigen, Sarabande. **Zus.:** Ausdrucks-, Bauch-, Bauern-, Gesellschafts-, Konter-, Kunst-, Mode-, Reihen-, Schau-, Schönheits-, Spitzen-, Standard-, Tempel-, Turnier-, Volkstanz. **2.** *Musikstück, zu dem getanzt werden kann oder das in ähnlicher Art komponiert ist:* einen T. komponieren. **3.** *Veranstaltung, auf der getanzt wird:* zum T. gehen. **sinnv.:** Schwof, Tanzabend, Tanzerei, Tanztee, Tanzvergnügen; ↑Ball.

tän|zeln, tänzelte, ist getänzelt ⟨itr.⟩: *mit kleinen, tanzenden, federnden Schritten gehen:* sie tänzelte durch das Zimmer.

tan|zen, tanzte, hat/ist getanzt: **1.** ⟨itr.⟩ **a)** *sich im Tanz bewegen:* sie tanzt gern; er hat ausgezeichnet getanzt. **sinnv.:** rocken, scherbeln, schwofen, eine kesse Sohle aufs Parkett legen, das Tanzbein schwingen, ein Tänzchen wagen. **b)** *sich tanzend oder mit hüpfenden Schritten irgendwohin bewegen:* wir sind durch den ganzen Saal getanzt. **2.** ⟨tr.⟩ *(einen Tanz) ausführen, vorführen; tänzerisch darstellen:* [einen] Walzer t.; sie hat Ballett, klassische Rollen getanzt.

Tän|zer, der; -s, -, **Tän|ze|rin,** die; -, nen: **1.** *männliche bzw. weibliche Person, die tanzt, beim Tanzen jmds. Partner bzw. Partnerin ist:* sie ist eine gute Tänzerin; das Mädchen fand keinen Tänzer. **2.** *männliche bzw. weibliche Person, die den künstlerischen Tanz ausübt:* ein berühmter Tänzer; sie will Tänzerin werden. **sinnv.:** ↑Ballerina · Girl, Go-go-Girl, Stripperin, Tanzgirl; ↑Künstler. **Zus.:** Balletttänzer[in], Bauchtänzerin, Eintänzer, Nackttänzer[in], Solotänzer[in], Steptänzer[in], Stripteasetänzerin.

Ta|pe|te, die; -, -n: *(zu Rollen gewickeltes) Papier oder Gewebe [mit farbigen Mustern], mit dem die Wände von Zimmern beklebt werden, um ihnen ein schöneres Aussehen zu geben:* eine teure, einfache T.; wir brauchen neue Tapeten. **Zus.:** Papier-, Rauhfaser-, Seiden-, Stoff-, Strukturtapete.

ta|pe|zie|ren ⟨tr.⟩: *mit Tapete verkleiden, ausstatten:* eine Wand, ein Zimmer t.

tap|fer ⟨Adj.⟩: *beherrscht und ohne Furcht gegen Gefahren und Schwierigkeiten kämpfend:* er hat sich t. gewehrt; sie hat die Schmerzen t. ertragen. **sinnv.:** ↑mutig.

tap|pen, tappte, ist getappt ⟨itr.⟩: *mit leisen Schritten [ungeschickt oder unsicher] gehen:* er tappte auf bloßen Füßen durch das Zimmer. **sinnv.:** ↑gehen.

Ta|ra, die; -, Taren: *Gewicht der Verpackung einer Ware.*

Ta|rif, der; -s, -e: **1.** *festgesetzter Preis, Gebühr für bestimmte Dinge:* die Tarife der Bahn, der Post. **2.** *ausgehandelte und vertraglich festgesetzte Höhe, Staffelung, festgelegtes System oder Verzeichnis von Löhnen, Gebühren u. ä.:* einen T. aufstellen; der Arbeiter wird nach, über T. bezahlt. **sinnv.:** Lohn-, Manteltarif.

ta|rif|lich ⟨Adj.⟩: *dem Tarif entsprechend:* eine tarifliche Vereinbarung; etwas t. festsetzen.

tar|nen ⟨tr.⟩: *[durch Verhüllen] unkenntlich machen, der Umgebung angleichen:* das Geschütz war gut getarnt; er hat sich geschickt getarnt. **sinnv.:** sich ↑verkleiden; ↑verstecken.

Ta|sche, die; -, -n: **1.** *ein- oder aufgenähtes Teil in einem Kleidungsstück, in das kleinere Dinge* *hineingesteckt werden können:* er steckte den Ausweis in die T. seiner Jacke; die Hose hat drei Taschen. **Zus.:** Außen-, Brust-, Hosen-, Innen-, Mantel-, Seitentasche. **2.** *[flacher] Behälter aus Leder, Stoff o. ä. mit einem oder zwei Henkeln oder einem Tragegriff, der zum Unterbringen von Dingen bestimmt ist, die jmd. bei sich tragen möchte:* hilfst du mir die T. tragen? **sinnv.:** ↑Beutel; ↑Tüte. **Zus.:** Akten-, Brief-, Bücher-, Damen-, Einkaufs-, Leder-, Reise-, Sattel-, Trage-, Umhängetasche.

Tas|se, die; -, -n: *kleineres Gefäß unterschiedlicher Form aus Porzellan o. ä. und mit einem Henkel an der Seite, das zum Trinken dient* (siehe Bildleiste „Trinkgefäße"): sie trank eine T. starken Kaffee /(geh.:) starken Kaffees; eine T. voll Reis; trink deine T. aus; aus einer T. trinken. **sinnv.:** ↑Gefäß. **Zus.:** Henkel-, Kaffee-, Mokka-, Sammel-, Tee-, Untertasse.

Ta|sta|tur, die; -, -en: *Gesamtheit, größere Anzahl von Tasten an einem Instrument, Gerät:* die T. der Schreibmaschine, des Klaviers. **sinnv.:** Klaviatur, Manual, Pedal.

Ta|ste, die; -, -n: *Teil an Geräten oder Instrumenten, der zum Auslösen bestimmter Funktionen mit dem Finger heruntergedrückt wird:* eine T. anschlagen; die Tasten eines Telefons drücken; er setzt sich ans Klavier und greift in die Tasten. **Zus.:** Druck-, Klaviertaste.

ta|sten, tastete, hat getastet: **1.** ⟨itr.⟩ *(bes. mit den ausgestreckten Händen) vorsichtig fühlende, suchende Bewegungen machen, vorsichtig oder suchend greifen:* er tastete nach dem Lichtschalter; sie bewegte sich tastend zur Tür. **sinnv.:** befühlen, berühren, betasten, fühlen. **2.** ⟨sich t.⟩ *sich tastend* (1) *irgendwohin bewegen, mit Hilfe des Tastsinns einen Weg suchen:* der Blinde tastete sich zur Tür.

Tat, die; -, -en: *das Tun, Handeln; Ausführung eines Vorhabens; etwas, was jmd. getan hat:* eine gute, böse T.; er bereut seine T.; zur T. schreiten; einen Entschluß in die T. umsetzen *(ausführen).* **sinnv.:** Akt, ↑Aktion, Handlung, Stück; ↑Leistung. **Zus.:** Blut-, Frevel-, Gewalt-, Helden-, Misse-, Schand-, Straf-, Wundertat.

Tat|be|stand, der; -[e]s, Tatbestände: *Gesamtheit der unter einem bestimmten Gesichtspunkt bedeutsamen Gegebenheiten, Tatsachen:* dieser T. läßt sich nicht leugnen. **sinnv.:** ↑Tatsache.

Ta|ten|drang, der; -[e]s: *Drang, Eifer, etwas zu unternehmen, sich zu betätigen:* sein T. verleitet ihn zu immer neuen Unternehmungen. **sinnv.:** ↑Aktivität; ↑Auftrieb.

Tä|ter, der; -s, -, **Tä|te|rin,** die, -, -nen: *männliche bzw. weibliche Person, die eine Straftat begangen hat:* der Täter wurde verhaftet. **sinnv.:** ↑Attentäter; ↑Verbrecher. **Zus.:** Gewalt-, Misse-, Mit-, Straf-, Übel-, Wohl-, Wundertäter.

-tä|ter, der; -s, - ⟨Suffixoid⟩ *jmd., der etwas Strafbares getan hat, wobei das Basiswort die dem Tun zugrundeliegende Art oder Situation kennzeichnet:* Absichtstäter *(jmd., der die Tat mit bestimmter Absicht ausgeführt hat);* Auschwitz-, Drogentäter, Einzeltäter *(jmd., der allein eine strafbare Handlung begangen hat);* Ersttäter *(jmd., der zum ersten Mal eine strafbare Handlung begangen hat);* Fahrlässigkeits-, Gewalt-, Gruppen-, Hang-, Individual-, Intelligenz-, Konflikt-, Mehrfach-, Nachahmungs-, Rauschgift-, Rückfall-, Serien-, Sexual-, Spontan-, Trieb-, Überzeugungstäter, Wiederholungstäter *(jmd., der eine bestimmte strafbare Handlung immer wieder begeht);* Zufallstäter.

tä|tig ⟨Adj.⟩: **1. a)** *sich betätigend, eifrig handelnd:* ein tätiger Mensch; er ist noch in der Küche t. **sinnv.:** ↑aktiv; ↑fleißig. **b)** *beruflich arbeitend:* er ist bei der Gemeinde, für eine ausländische Firma t. **sinnv.:** ↑berufstätig. **Zus.:** erwerbs-, werktätig. **2.** *sich in Taten, Handlungen zeigend, darin wirksam werdend:* tätige Mithilfe, Anteilnahme, Nächstenliebe. **Zus.:** gewalt-, mild-, selbst-, wohl-, wundertätig.

tä|ti|gen ⟨Funktionsverb⟩: einen Kauf t. *(etwas kaufen);* einen Einkauf t. *(etwas einkaufen);* einen Abschluß t. *([ein Geschäft o. ä.] abschließen);* ein Geschäft t. *(abschließen).*

Tä|tig|keit, die; -, -en: **a)** *das Tätigsein, Sichbeschäftigen mit etwas:* er entfaltete eine fieberhafte T. **sinnv.:** ↑Arbeit. **Zus.:** Gewalt-, Mild-, Wohltätigkeit. **b)** *berufliches Tätigsein; Ausübung eines Berufs:* eine interessante, gut bezahlte T.; was für eine T. haben Sie früher ausgeübt? **sinnv.:** ↑Beruf. **Zus.:** Amts-, Dienst-, Lehr-, Nebentätigkeit.

-tä|tig|keit, die; -, -en ⟨Suffixoid⟩ **a)** *das Tätigsein, die Aktivität, das In-Aktion-Sein in bezug auf das im Basiswort Genannte:* Atem-, Aufzucht- (die Aufzuchttätigkeit der Frau), Auslands-, Bau- (fieberhafte Bautätigkeit), Bohr-, Denk-, Erkenntnis-, Ermittlungs-, Geburts- (die Geburtstätigkeit der Frau), Gewitter-, Hetz-, Investitions-, Kampf-, Kontroll-, Lehr-, Pflege-, Publikations-, Puls-, Rede-, Reise- (erhöhte Reisetätigkeit in der Weihnachtszeit), Spar-, Spionage-, Störungs-, Umsatz- (geringe Umsatztätigkeit an der Börse), Untersuchungs-, Vortrags-, Wühltätigkeit. **b)** *das In-Aktion-Sein als das im Basiswort Genannte:* Agenten-, Kartell-, Museums-, Neuerer-, Partisanen-, Sonnen-, Strichjungen-, Vulkantätigkeit.

Tat|kraft, die; -: *Fähigkeit, etwas zu leisten, zu vollbringen:* er besaß, entwickelte eine große T. **sinnv.:** ↑Aktivität, Energie, ↑Initiative, Leistungsfähigkeit, Spannkraft, Willenskraft; ↑Temperament.

tat|kräf|tig ⟨Adj.⟩: *mit Tatkraft handelnd; Tatkraft erkennen lassend:* tatkräftige Hilfe; er hat mir t. geholfen. **sinnv.:** ↑aktiv; ↑zielstrebig.

tät|lich ⟨Adj.⟩: *körperliche Gewalt einsetzend; mit körperlicher Gewalt ausgeführt, verbunden:* tätliche Auseinandersetzungen; jmdn. t. angreifen; der Betrunkene wurde [gegen den Fremden] t. **sinnv.:** ↑handgreiflich.

tä|to|wie|ren ⟨tr.⟩: **a)** *(bei jmdm.) durch Einritzen und Färben eine Zeichnung so auf die Haut bringen, daß sie nicht mehr entfernt werden kann:* der Matrose ließ sich t. **b)** *durch Tätowieren* (a) *entstehen lassen:* jmdm. eine Rose auf den Arm t. **sinnv.:** ↑zeichnen.

Tat|sa|che, die; -, -n: *etwas, was geschehen oder vorhanden ist, gegebener Umstand:* eine bedauernswerte T.; nackte Tatsachen; du mußt dich mit den Tatsachen abfinden. **sinnv.:** Daten, Fakt, Faktum, Gegebenheit, Realität, Sachlage, Sachverhalt,

Tatbestand, Umstand, Wirklichkeit. **Zus.:** Erfahrungs-, Grundtatsache.

tat|säch|lich [auch: tatsächlich]: **I.** ⟨Adj.⟩ *den Tatsachen, der Wirklichkeit entsprechend; als Tatsache bestehend, vorhanden:* das ist der tatsächliche Grund für diese Entwicklung. **sinnv.:** ↑reell; ↑wahr. **II.** ⟨Adverb⟩ */dient der Bestätigung einer Vermutung, Erwartung; bekräftigt die Richtigkeit einer Aussage, Behauptung/:* ist das t. wahr? er ist es t.!; da habe ich mich doch t. geirrt. **sinnv.:** ↑auch; ↑gewiß; wahrhaftig, wirklich.

tät|scheln ⟨tr.⟩: *als eine Art Liebkosung mit der Hand leicht und zärtlich (auf etwas) schlagen:* er tätschelte den Hals seines Pferdes. **sinnv.:** ↑liebkosen.

Tat|ze, die; -n: *Pfote großer Raubtiere:* der Bär hob seine Tatzen. **sinnv.:** ↑Pfote. **Zus.:** Bärentatze.

Tau: I. der; -[e]s: *Feuchtigkeit, die sich meist in den frühen Morgenstunden in Form von Tröpfchen auf dem Boden, an Pflanzen u. a. niederschlägt:* am Morgen lag T. auf den Wiesen. **sinnv.:** ↑Reif. **Zus.:** Morgen-, Nachttau · Honigtau · Mehltau · Sonnentau. **II.** das; -[e]s, -e: *starkes Seil (bes. auf Schiffen):* ein kräftiges, dickes T.; ein T. auswerfen; er hielt sich an den Tauen fest. **sinnv.:** ↑Seil. **Zus.:** Halte-, Schiffs-, Schlepp-, Stahltau.

taub ⟨Adj.⟩: **1.** *nicht [mehr] hören könnend:* die alte Dame ist völlig t.; er stellt sich t. **sinnv.:** gehörlos, ↑schwerhörig, taubstumm. **2.** *(von Körperteilen) ohne Empfindung, wie abgestorben:* die Finger waren von der Kälte t. **sinnv.:** ↑gefühllos. **3.** *eine bestimmte, eigentlich charakteristische Eigenschaft nicht habend, ohne den nutzbaren Inhalt:* eine taube Nuß; taubes *(kein Erz enthaltendes)* Gestein.

Tau|be, die; -, -n: *mittelgroßer Vogel mit gedrungenem Körper, langem, leicht gekrümmtem Schnabel und häufig blaugrauem Gefieder, der auch gezüchtet und als Haustier gehalten wird.* **Zus.:** Brief-, Friedens-, Lach-, Turtel-, Wildtaube.

taub|stumm ⟨Adj.⟩: *taub [geboren] und deshalb auch nicht artikuliert sprechen könnend:* das Kind, der Mann ist t. **sinnv.:** ↑taub.

tau|chen, tauchte, hat/ist getaucht: **1.** ⟨itr.⟩ *unter die Wasseroberfläche gehen [und dort zu einem bestimmten Zweck eine Weile bleiben]:* die Ente taucht; wir haben/sind mehrmals getaucht; das U-Boot ist [auf den Grund des Meeres] getaucht; er ist/hat nach einer Münze getaucht. **sinnv.:** ↑schwimmen. **2.** ⟨tr.⟩ *in eine Flüssigkeit senken, hineinhalten:* er hat den Pinsel in die Farbe getaucht. **sinnv.:** einstippen, ↑eintauchen, eintunken, stippen, tunken.

Tau|cher, der; -s, -, **Tau|che|rin,** die; -, -nen: *männliche bzw. weibliche Person, die taucht:* das gesunkene Schiff wurde von Tauchern gefunden. **Zus.:** Perlen-, Schwamm-, Sport-, Tiefseetaucher.

tau|en, taute, hat/ist getaut: **a)** ⟨itr.⟩ *(von Gefrorenem) durch Einwirkung von Wärme zu Wasser werden:* das Eis ist getaut; der Schnee ist getaut; es hat getaut *(es war Tauwetter).* **sinnv.:** apern, auftauen, ↑schmelzen. **b)** ⟨tr.⟩ *(etwas Gefrorenes) weich, zu Wasser werden lassen:* die Sonne hat den Schnee getaut. **sinnv.:** ↑auftauen.

Tau|fe, die; -, -n: *Sakrament der Aufnahme in die christliche Kirche (bei dem der Geistliche den Täufling mit Wasser benetzt oder auch in Wasser untertaucht):* die T. empfangen, erhalten. **Zus.:** Äquator-, Erwachsenen-, Feuer-, Kind-, Kinder-, Not-, Wiedertaufe.

tau|fen ⟨tr.⟩: **1.** *(an jmdm.) die Taufe vollziehen:* der Pfarrer hat das Kind getauft. **2.** *(jmdm./einer Sache) [in einem feierlichen Akt] einen Namen geben:* ein Schiff, ein Flugzeug t.; wir wollen das Kind Susanne t.

Täuf|ling, der; -s, -e: *jmd. (bes. ein Kind), an dem die Taufe vollzogen wird.*

tau|gen ⟨itr.⟩: *für einen bestimmten Zweck geeignet, brauchbar sein; einen bestimmten Wert, Nutzen haben* /meist verneint oder fragend gebraucht/: er taugt nicht zu schwerer Arbeit; das Messer taugt nichts; ob der Film wohl etwas taugt?

taug|lich ⟨Adj.⟩: *bestimmten Anforderungen genügend, für bestimmte Aufgaben taugend, geeignet:* ein nicht taugliches Gerät; er ist für die Arbeit, zu dieser Sache nicht t. **sinnv.:** ↑imstande; ↑nutzbar; ↑nützlich; ↑zweckmäßig · sich ↑eignen.

Tau|mel, der; -s: *durch ein Übermaß an Glück, Freude, Begeisterung o. ä. hervorgerufene innere Erregung; überschwenglicher, rauschhafter Gemütszustand:* ein T. der Freude; sie gerieten nach dem Sieg in einen T. der Begeisterung. **sinnv.:** ↑Begeisterung. ↑Schwindel. **Zus.:** Begeisterungs-, Freuden-, Glücks-, Siegestaumel.

tau|meln, taumelte, hat/ist getaumelt ⟨itr.⟩: **a)** *unsicher hin und her schwanken [und zu fallen drohen]:* er hat/ist vor Müdigkeit getaumelt; das Flugzeug begann zu t. **sinnv.:** ↑schwanken. **b)** *sich schwankend irgendwohin bewegen:* er ist über den Flur getaumelt. **sinnv.:** ↑stolpern.

Tausch, der; -[e]s, e: *das Tauschen:* einen guten, schlechten T. machen. **sinnv.:** ↑Austausch. **Zus.:** Briefmarken-, Ein-, Ring-, Rück-, Um-, Wohnungstausch.

tau|schen: a) ⟨tr.⟩ *etwas geben, um etwas anderes dafür zu bekommen:* mit jmdm. Briefmarken t.; seine Wohnung gegen eine größere t.; sie haben die Partner getauscht. **sinnv.:** ↑austauschen, eintauschen, umtauschen, wechseln. **b)** ⟨itr.⟩ *im Hinblick auf etwas Bestimmtes einen Wechsel, Tausch vornehmen:* sie haben mit den Plätzen getauscht.

täu|schen: 1. a) ⟨tr.⟩ *[durch falsche Angaben o. ä.] absichtlich einen falschen Eindruck vermitteln:* er hat mich mit seinen Behauptungen getäuscht; wenn mich nicht alles täuscht *(wenn ich mich nicht sehr irre),* kommt er morgen. **sinnv.:** ↑betrügen; ↑irreführen. **b)** ⟨itr.⟩ *einen falschen Eindruck entstehen lassen:* dieses Licht täuscht; der Turm ist nicht so hoch, das täuscht. **2.** ⟨sich t.⟩ *einem Irrtum, einer Täuschung unterliegen:* wenn ich mich nicht täusche, kommt er dort vorne; ich kann mich natürlich t.; darin täuschst du dich; ich habe mich in ihm getäuscht *(ich habe ihn falsch eingeschätzt).*

täu|schend ⟨Adj.⟩: *eine Verwechslung (mit etwas sehr Ähnlichem) sehr nahelegend:* er sieht ihm t. ähnlich.

Täu|schung, die; -, -en: **1.** *das Täuschen:* eine plumpe, arglistige T.; auf eine T. hereinfallen. **sinnv.:** leerer Dunst, Erdichtung, ↑Finte, Spekulation, Theorie. **2.** *das Sichtäuschen, Getäuschtsein:* einer T. erliegen; sich einer T.

hingeben; eine optische T. **sinnv.:** Blendwerk, Bild, Chimäre, Fata Morgana, ↑Einbildung; Gaukelei, Gaukelspiel, Fiktion, Halluzination, Hirngespinst, Illusion, Imagination, Luftschloß, Phantom, Seifenblase, Sinnestäuschung, Trugbild, Unwirklichkeit, Utopie, Vision, Vorstellung, ↑Wahn, Wolkenkuckucksheim, Wunschtraum. **Zus.:** Gehör-, Gesichts-, Selbst-, Sinnestäuschung.

tau|send ⟨Kardinalzahl⟩: 1 000: t. Personen.

tau|send|st... ⟨Ordinalzahl⟩: 1 000.: der tausendste Besucher der Ausstellung.

Tau|wet|ter, das; -s: **1.** *warmes Wetter [im Frühling], bei dem der Schnee schmilzt:* bei T. schwellen die Flüsse an. **2.** *politische Periode, in der größere Bereitschaft für Verhandlungen und friedliche Regelungen vorhanden ist:* die Regierung hofft auf ein T., um die Freilassung der Gefangenen zu erreichen.

Tau|zie|hen, das; -s: *sportlicher Wettkampf, bei dem zwei Mannschaften an den beiden Enden eines Taus ziehen, um den Gegner über eine bestimmte Marke zu ziehen:* die Mannschaft wurde Sieger im T. **sinnv.:** ↑Kampf.

Ta|xe, die; -, -n: **I.** ↑*Taxi.* **II.** *festgesetzte Gebühr, Abgabe:* die T. kassieren; für jeden Gast wird vom Vermieter eine T. erhoben. **sinnv.:** ↑Gebühr. **Zus.:** Kur-, Nachttaxe.

Ta|xi, das; -s, -s: *Personenkraftwagen, dessen Fahrer gegen Bezahlung Fahrgäste befördert:* ein T. bestellen, nehmen. **sinnv.:** Autodroschke, Kraftdroschke, Taxe · Mietauto, Mietwagen · ↑Kutsche. **Zus.:** Funk-, Gütertaxi.

ta|xie|ren ⟨tr.⟩: **a)** *den Wert (von etwas) feststellen oder schätzen:* er taxierte das Haus auf 100 000 Mark. **sinnv.:** ↑schätzen. **b)** (ugs.) *prüfend ansehen:* er taxierte sie von oben bis unten. **sinnv.:** ↑mustern.

Ta|xi|fah|rer, der; -s, -: *Fahrer eines Taxis.*

Team [ti:m], das; -s, -s: *Gruppe von Personen, die sich gemeinsam für eine Aufgabe einsetzt:* ein T. von Fachleuten bilden; wir sind ein junges T.; er spielt in unserem T. *(in unserer Mannschaft).* **sinnv.:** Arbeitsgruppe, Kollektiv, die Mitarbeiter, Stab; ↑Besatzung; ↑Gespann; ↑Mannschaft. **Zus.:** Arbeits-, Ärzte-, Fußballteam.

Team|work ['ti:mwə:k], das; -s: *Zusammenarbeit von mehreren Personen an einer gemeinsamen Aufgabe:* das Buch entstand im T. **sinnv.:** ↑Kooperation.

Tech|nik, die; -, -en: **1.** ⟨ohne Plural⟩ *alle Mittel und Verfahren, die dazu dienen, die Kräfte der Natur für den Menschen nutzbar zu machen:* die T. unserer Zeit. **sinnv.:** Technologie. **Zus.:** Bau-, Chemo-, Fernmelde-, Fernseh-, Fernsprech-, Fertigungs-, Flug-, Funk-, Hochfrequenz-, Hochspannungs-, Kälte-, Kern-, Klima-, Kraftfahrzeug-, Nachrichten-, Pyro-, Radio-, Raketen-, Raumfahrt-, Regel[ungs]-, Rundfunk-, Textil-, Ton-, Wärmetechnik. **2.** *besondere Art, Methode des Vorgehens, der Ausführung von etwas:* künstlerische Techniken; die T. des Speerwerfens. **sinnv.:** Arbeitsweise, Fertigkeit, Methode, System, Verfahren, Weg.

Tech|ni|ker, der; -s, -, **Tech|ni|ke|rin,** die; -, -en: *Fachmann bzw. Fachfrau in einem technischen Beruf.* **sinnv.:** Ingenieur. **Zus.:** Chemo-, Elektro-, Pyro-, Textil-, Ton-, Zahntechniker.

tech|nisch ⟨Adj.⟩: *die Technik betreffend, zur Technik gehörend:* technischer Unterricht; er ist t. begabt; diese Änderung ist t., aus technischen Gründen unmöglich. **Zus.:** elektro-, funktechnisch. vgl. -technisch.

-tech|nisch ⟨adjektivisches Suffixoid⟩ *hinsichtlich des im Basiswort Genannten, seine Planung, seinen Ablauf o. ä. betreffend, sich darauf beziehend; was ... betrifft:* abfall-, angebots- (die angebotstechnische Seite), betriebs- (aus betriebstechnischen Gründen ist die Schwimmhalle geschlossen = *aus Gründen, die den Betrieb, das In-Betrieb-Sein betreffen),* erziehungs- (erziehungstechnische Probleme = *(Probleme in bezug auf die Erziehung, die die Erziehung betreffen),* gesetzes-, haushalts-, haus- (haustechnische Anlagen), kassen- (aus kassentechnischen Gründen), lern- (lerntechnische Schwierigkeiten), produktions- (produktionstechnische Voraussetzungen), sicherheits- (sicherheitstechnische Richtlinien), umbau- (aus umbautechnischen Gründen haben wir geschlossen), verfahrens-, verwaltungs- (verwaltungstechnische Mängel), werbetechnisch. **sinnv.:** -bezogen, -mäßig, -politisch.

Tech|no|lo|gie, die; -, Technologien: *[Wissenschaften von der] Produktionstechnik; Gesamtheit der Kenntnisse, Fähigkeiten und Möglichkeiten auf dem Gebiet der Produktionstechnik.* **sinnv.:** ↑Technik. **Zus.:** Bio-, Weltraumtechnologie.

Tech|tel|mech|tel, das; -s, - (ugs.): *[nicht sehr festes, geheimes] intimes Verhältnis:* sie hatte ein T. mit einem Offizier. **sinnv.:** ↑Liebelei.

Ted|dy|bär, der; -s oder -en, -en: *Bär aus Stoff als Spielzeug für Kinder:* die Kleine nimmt den T. mit ins Bett. **sinnv.:** Bär, Plüschbär, Stoffbär, Teddy.

Tee, der; -s, -s: **1.** *getrocknete Blätter eines asiatischen Strauches (aus denen Tee* (2 a) *zubereitet wird):* schwarzer T. **2. a)** *aus Tee* (1) *zubereitetes Getränk:* heißen T. trinken. **b)** *als Heilmittel benutztes Getränk aus getrockneten Pflanzenteilen:* eine Krankheit mit T. kurieren. **Zus.:** Brust-, Gallen-, Kamillen-, Pfefferminztee. **3.** *gesellige Zusammenkunft [am Nachmittag], bei der Tee [und Gebäck] gereicht wird:* jmdn. zum T. einladen. **sinnv.:** ↑Essen. **Zus.:** Damen-, Fünfuhr-, Tanztee.

Tee|löf|fel, der; -s, -: *kleiner Löffel:* ich nehme zwei T. [voll] Zucker.

Teen|ager ['ti:neɪdʒə], der; -s, -: *Junge oder Mädchen im Alter zwischen 13 und 19 Jahren.* **sinnv.:** ↑Junge; ↑Mädchen.

Teer, der; -s: *aus Kohle, Holz o. ä. hergestellte flüssige, schwarze Masse:* die Bretter riechen nach T. **Zus.:** Braunkohlen-, Holz-, Steinkohlenteer.

tee|ren ⟨tr.⟩: *mit Teer bestreichen, mit einer Teerdecke versehen:* das Dach t. **sinnv.:** asphaltieren, zementieren.

Tee|wa|gen, der; -s, -: *kleiner, fahrbarer Wagen zum Transportieren von Geschirr und Speisen in einer Wohnung.* **sinnv.:** Servierwagen; ↑Anrichte.

Teich, der; -[e]s, -e: *kleineres stehendes Gewässer:* in diesem T. gibt es viele Fische. **sinnv.:** ↑See. **Zus.:** Enten-, Fisch-, Karpfen-, Löschteich.

Teig, der; -[e]s, -e: *zähe, breiige Masse aus Mehl und weiteren Zutaten, die gebacken werden* *soll:* den T. kneten, rühren. **Zus.:** Biskuit-, Blätter-, Brot-, Hefe-, Kuchen-, Mürbe-, Nudel-, Rühr-, Sauerteig.

Teig|wa|re, die; -, -n ‹meist Plural›: *aus Teig hergestelltes Nahrungsmittel als Einlage für Suppen, Beilage zu Speisen usw.* **sinnv.:** Bandnudeln, Canneloni, Fadennudeln, Frittaten, Hörnchen, Knöpfli, Makkaroni, Maultaschen, Nockerln, Nudeln, Ravioli, Spaghetti, Spätzle · Mehlspeise.

Teil: **1.** der, (auch:) das; -[e]s, -e: *Glied oder Abschnitt eines Ganzen:* der vordere T. des Gartens. **sinnv.:** Anteil, ↑Ausschnitt, ↑Bestandteil, Brocken, ↑Glied, Hälfte, Partie, Portion, Ration, Stück, Zuteilung. **Zus.:** Alten-, Anzeigen-, Bestand-, Bevölkerungs-, Bruch-, Eltern-, Erb-, Erd-, Gebäude-, Geschlechts-, Groß-, Haupt-, Hinter-, Inseraten-, Körper-, Landes-, Mittel-, Ober-, Orts-, Pflicht-, Satz-, Schluß-, Schrank-, Seiten-, Stadt-, Text-, Truppen-, Unter-, Vorder-, Welt-, Wirtschaftsteil · Gegen-, Nach-, Vorteil. **2.** das; -[e]s, -e: *einzelnes [kleines] Stück:* er prüfte jedes T. sorgfältig. **sinnv.:** Element. **Zus.:** Bau-, Einzel-, Eisen-, Ersatz-, Fertig-, Guß-, Metall-, Verschluß-, Zubehör-, Zusatzteil.

tei|len ‹tr.›: **1.** *(ein Ganzes oder eine Menge) in Teile zerlegen:* einen Kuchen t.; wir teilten die Äpfel unter uns; ‹auch itr.› er teilt nicht gern *(gibt nicht gern an andere etwas ab);* ‹auch sich t.› der Weg teilt sich *(gabelt sich);* wir teilen uns in die Arbeit *(jeder macht etwas, damit nicht einer alles zu machen braucht).* **sinnv.:** aufschlüsseln, ↑aufteilen, ↑durchschneiden, einteilen, sortieren, spalten, verteilen · fifty-fifty/halbe-halbe/ halbpart machen; halbieren; ↑unterteilen. **Zus.:** drei-, vier-, zweiteilen. **2.** ↑*dividieren:* eine Zahl durch eine andere t.

teil|ha|ben, hat teil, hatte teil, hat teilgehabt ‹itr.›: *Anteil haben (an etwas); (mit etwas) eng verbunden sein:* an der Macht, an der Regierung t.; an einem Erlebnis, Geheimnis t. **sinnv.:** ↑teilnehmen.

Teil|ha|ber, der; -s, -, **Teil|ha|be|rin,** die; -, -nen: *männliche bzw. weibliche Person, die an einer Firma finanziell beteiligt ist.* **sinnv.:** Gesellschafter, Kommanditist, Mitinhaber, Partner, Sozius.

teil|haf|tig: ‹in der Fügung› einer Sache t. werden (geh.; veraltend): *(an etwas) teilhaben; (etwas) genießen, erleben:* er wurde eines großen Glücks t.; eines Anblicks t. werden *(etwas sehen dürfen).* **sinnv.:** ↑bekommen.

Teil|nah|me, die; -: **1.** *das Teilnehmen:* die T. an diesem Lehrgang ist freiwillig. **sinnv.:** Beteiligung, Mitmachen. **2. a)** *innere Beteiligung, Interesse:* ehrliche T. an etwas zeigen. **sinnv.:** Engagement; ↑Offenheit. **b)** ↑*Mitgefühl:* jmdm. seine herzliche T. *(sein Beileid)* aussprechen.

teil|nahms|los ‹Adj.›: *kein Interesse, keine Teilnahme zeigend:* er saß t. an unserem Tisch. **sinnv.:** apathisch, ↑gleichgültig; ↑passiv; ↑träge.

teil|neh|men, nimmt teil, nahm teil, hat teilgenommen ‹itr.›: **1.** *sich beteiligen, (etwas) mitmachen:* an einer Versammlung t. **sinnv.:** sich ↑anschließen, beiwohnen, sich ↑beteiligen, beteiligt sein, dabeisein, dazugehören, sich ↑einlassen auf, mitarbeiten, mithalten, mitmachen, mitspielen, mittun, mitwirken, mitziehen, mit von der Partie sein, sich solidarisch erklären mit, teilhaben. **2.** *Teilnahme, Interesse zeigen:* er nahm an meiner Freude teil. **sinnv.:** ↑mitfühlen.

Teil|neh|mer, der; -s, -, **Teil|neh|me|rin,** die; -, -nen: *männliche bzw. weibliche Person, die an etwas teilnimmt:* für den Wettkampf haben sich 200 Teilnehmer gemeldet. **sinnv.:** Beteiligter, Mitwirkender; ↑Publikum; ↑Angehöriger. **Zus.:** Diskussions-, Expeditions-, Fernseh-, Fernsprech-, Konferenz-, Kongreß-, Kriegs-, Olympia-, Rundfunk-, Seminar-, Tagungs-, Wettkampfteilnehmer.

teils: ‹in der Verbindung› teils... teils: *zum Teil ... zum Teil; halb ... halb:* seine Kinder leben t. in Köln, t. in Berlin **sinnv.:** bald ... bald; ↑teilweise. **Zus.:** eines-, größten-, meistenteils.

Tei|lung, die; -, -en: *das Teilen:* die T. Deutschlands. **sinnv.:** Trennung, Spaltung. **Zus.:** Arbeits-, Erb-, Gewalten-, Kern-, Zellteilung.

teil|wei|se ‹Adverb›: *zum Teil; in einigen Fällen:* das Haus wurde t. zerstört; ich habe t. gar keine Antwort bekommen. **sinnv.:** partiell, zum Teil, teils ... teils, nicht uneingeschränkt.

Teil|zah|lung, die; -, -en: *Zahlung in Raten:* er kaufte das Auto auf T. **sinnv.:** Abschlag, Ratenzahlung; ↑Tilgung.

Teint [tɛ̃:], der; -s, -s: *Zustand und Farbe der Haut, bes. im Gesicht:* einen gesunden T. haben. **sinnv.:** ↑Haut.

-tel: **1.** ‹als zweiter Wortbestandteil; verkürzt aus Hotel› das; -s, -s (auch scherzhaft): *zur Übernachtung eingerichtetes Gebäude, Räumlichkeit:* Babytel, Botel *(als Hotel ausgebautes, verankertes Schiff),* Kuhtel, Motel *(an Autostraßen gelegenes Hotel für Autofahrer).* **2.** ‹Suffix; ergibt mit einer Zahl als Basiswort eine entsprechende Bruchzahl› **a)** ‹adjektivisch› achtel, neuntel, zehntel. **b)** ‹substantivisch› das; -s, -: ein Achtel, Fünftel, Neuntel; /mit Fugen-s/: ein Hundertstel, ein Tausendstel.

te|le-, Te|le- ‹als erster Wortbestandteil›: **1.** *fern-, Fern-, in der/die Ferne, weit-, Weit-:* Telebrief *(Briefvorlage, die über einen Telekopierer [Fernkopierer] an den Empfänger übermittelt wird),* telegrafieren, Telekommunikation (z. B. Fernsehen, Telefon), Teleobjektiv, Telepathie *(Gedankenübertragung),* Television. **2.** ‹verkürzt aus: Television = Fernsehen›: Telekolleg, Teleshow.

Te|le|fon, das; -s, -e: *Apparat (mit Wählscheibe oder Drucktasten), der über eine Drahtleitung oder drahtlos Gespräche über beliebige Distanzen möglich macht:* das neue schnurlose T. **sinnv.:** Apparat, Fernsprecher · Anrufbeantworter · ↑Kabine · ↑Telefonnummer. **Zus.:** Auto-, Bild-, Dienst-, Tastentelefon.

te|le|fo|nie|ren ‹itr.›: *durch das Telefon (mit jmdm.) sprechen:* ich habe mit ihm telefoniert; nach einem Taxi t. *(telefonisch ein Taxi rufen).* **sinnv.:** anklingeln, anläuten, anrufen, antelefonieren.

te|le|fo|nisch ‹Adj.›: *mit Hilfe des Telefons geschehend:* eine telefonische Auskunft geben.

te|le|gra|fie|ren ‹tr.›: *durch ein Telegramm mitteilen:* er hat mir die Zeit seiner Ankunft telegrafiert; ‹auch itr.› ich muß t. *(ein Telegramm aufgeben).* **sinnv.:** depeschieren, drahten, kabeln, morsen, telegrafisch übermitteln, ein Telegramm aufgeben/ schicken.

te|le|gra|fisch ⟨Adj.; nicht prädikativ⟩: *durch ein Telegramm [durchgeführt]:* eine telegrafische Mitteilung; in einem Hotel t. ein Zimmer bestellen.
Te|le|gramm, das; -s, -e: *[kurze] Nachricht, die auf drahtlosem Wege durch bestimmte Zeichen übermittelt wird:* ein T. aufgeben, schicken. **sinnv.:** Depesche, Fernschreiben, Funkspruch, Telex. **Zus.:** Antwort-, Beileids-, Bild-, Brief-, Glückwunsch-, Gruß-, Schmuckblattelegramm.
te|le|gra|phie|ren, telegraphisch: vgl. telegrafieren, telegrafisch.
Te|le|ob|jek|tiv, das; -s, -e: *Objektiv, mit dem man weit entfernte Gegenstände fotografieren kann:* etwas mit einem T. aufnehmen.
Te|le|phon, telephonieren usw.: vgl. Telefon, telefonieren usw.
Te|le|vi|si|on, die; -: ↑*Fernsehen.*
Tel|ler, der; -s, -: *flaches Geschirr, von dem gegessen wird:* er hat nur einen T. [voll] Suppe gegessen. **sinnv.:** Untertasse; ↑Schüssel. **Zus.:** Gaben-, Kuchen-, Porzellan-, Suppen-, Unter-, Wand-, Zinnteller · Handteller *(Innenfläche der Hand).*
Tem|pel, der; -s, -: *Gebäude, das der Verehrung von Göttern oder eines nichtchristlichen Gottes dient:* ein prächtiger, verfallener T. **sinnv.:** ↑Kirche. **Zus.:** Musen-, Ruhmes-, Zeustempel.
Tem|pe|ra|ment, das; -s, -e: **1.** ⟨ohne Plural⟩ *lebhafte Art des Denkens und Handelns:* er hat [viel] T.; sein T. riß uns alle mit. **sinnv.:** ↑Biß, Elan, Feuer, Fitneß, Lebhaftigkeit, Munterkeit, Pep, ↑Schwung, Spannkraft, Verve, Vitalität; ↑Begeisterung; ↑Tatkraft. **2.** *individuelle Eigenart (des Menschen), schnell oder langsam, stark oder schwach auf Reize zu reagieren:* die vier Temperamente. **sinnv.:** ↑Wesen.
tem|pe|ra|ment|voll ⟨Adj.⟩: *voll Temperament, [sehr] lebhaft; lebendig, schwungvoll:* er dirigierte sehr t.; eine temperamentvolle Frau; er hielt eine temperamentvolle Rede. **sinnv.:** ↑lebhaft; rassig; ↑schwungvoll.
Tem|pe|ra|tur, die; -, -en: *meßbare Wärme der Luft oder eines Körpers:* hohe, niedrige T. haben. **sinnv.:** Fieber. **Zus.:** Außen-, Boden-, Höchst-, Innen-, Körper-, Raum-, Tiefst-, Über-, Unter-, Wasser-, Zimmertemperatur.
tem|pe|rie|ren ⟨tr.⟩: *ein wenig erwärmen:* ein Zimmer t.; temperiertes Wasser. **sinnv.:** ↑heizen.
Tem|po, das; -s, -s: *Geschwindigkeit:* er fährt in langsamem, rasendem T.; das T. erhöhen; das T. einhalten *(nicht verändern).* **sinnv.:** ↑Geschwindigkeit; ↑Schwung · sich ↑beeilen. **Zus.:** Affen-, Arbeits-, D-Zug-, Eil-, Höllen-, Lauf-, Marsch-, Schnecken-, Schritt-, Zeitlupentempo.
tem|po|rär ⟨Adj.⟩: *zeitweilig [auftretend], vorübergehend:* diese Störungen treten nur t. auf. **sinnv.:** ↑vorübergehend.
Ten|denz, die; -, -en: *erkennbare Absicht oder Neigung:* dieses Buch hat eine T.; er verfolgt damit eine bestimmte T. **sinnv.:** ↑Neigung. **Zus.:** Entwicklungs-, Grund-, Preis-, Wetter-, Zeittendenz.
ten|den|zi|ös ⟨Adj.⟩: *von einer [weltanschaulichen, politischen] Tendenz beeinflußt; nicht objektiv:* ein tendenziöser Bericht; seine Darstellung der Ereignisse in seinem neuesten Buch ist t. gefärbt. **sinnv.:** einseitig, gefärbt; ↑parteiisch.
ten|die|ren ⟨itr.⟩: *(zu etwas) neigen, (auf etwas) gerichtet sein:* er tendiert mehr zu einer gemäßigten Richtung. **sinnv.:** ↑vorhaben.
Ten|ne, die; -, -n: *großer Raum in einem Bauernhaus oder in der Scheune, in dem die Wagen entladen, die Maschinen zum Dreschen aufgestellt werden o. ä.*
Ten|nis, das; -: *Ballspiel, bei dem ein kleiner Ball von zwei Spielern (oder Paaren von Spielern) nach bestimmten Regeln über ein Netz hin- und zurückgeschlagen wird:* T. spielen. **Zus.:** Hallen-, Rasen-, Tischtennis.
Te|nor: I. Te|nor, der; -s, Tenöre: **a)** *Stimme in hoher Lage* /vom Sänger/: er hat einen kräftigen T. **b)** *Sänger mit einer Stimme in hoher Lage:* dieser Chor hat zu wenig Tenöre. **sinnv.:** Tenorsänger. **Zus.:** Helden-, Operetten-, Operntenor. **II. Te|nor,** der; -s: *grundsätzliche Einstellung (die aus etwas erkennbar wird):* der T. seines Buches ist die Absage an jeden Radikalismus. **sinnv.:** ↑Bedeutung. **Zus.:** Grund-, Haupttenor.
Tep|pich, der; -s, -e: *etwas Gewebtes oder Geknüpftes, was auf den Boden gelegt wird, womit der Fußboden bedeckt wird:* er besitzt wertvolle alte Teppiche. **sinnv.:** Bettumrandung, Bettvorleger, Brücke, Läufer, Matte, Vorleger · Fußbodenbelag, Linoleum. **Zus.:** Bild-, Flicken-, Gebets-, Haargarn-, Orient-, Perser-, Velours-, Wandteppich · Blumen-, Bomben-, Moos-, Ölteppich.
Ter|min, der; -s, -e: *festgelegter Zeitpunkt; Tag, an dem etwas geschehen muß:* einen T. bestimmen, ausmachen, einhalten; er hat den T. versäumt. **sinnv.:** ↑Frist; Verabredung. **Zus.:** Einsende-, Liefer-, Prüfungs-, Räumungs-, Sende-, Zahlungstermin · Gerichts-, Lokal-, Ortstermin.
Ter|mi|nus, der; -, Termini: *(genau definierter) Ausdruck aus einem bestimmten Fach; Fachwort:* ein philosophischer T. **sinnv.:** ↑Begriff. **Zus.:** Fachterminus.
Ter|rain [tɛˈrɛ̃ː], das; -s, -s: *Gelände:* ein bebautes, übersichtliches T.; das T. erkunden. **sinnv.:** ↑Gebiet.
Ter|ra|ri|um, das; -s, Terrarien: *Behälter, in dem Lurche, Kriechtiere o. ä. gehalten werden.* **sinnv.:** Aquarium, Vivarium.
Ter|ras|se, die; -, -n: **1.** *waagerechte Stufe an einem Hang:* auf den Terrassen des Südhanges wurde Wein gebaut. **Zus.:** Fels[en]terrasse. **2.** *[überdachter] abgegrenzter freier Platz an einem Haus für den Aufenthalt im Freien:* wir sitzen abends auf der T. **sinnv.:** ↑Veranda. **Zus.:** Dach-, Garten-, Hotelterrasse.
Ter|ri|er, der; -s, -: *kleiner bis mittelgroßer, meist stichelhaariger Hund.* **Zus.:** Airedale-, Fox-, Scotchterrier.
Ter|ri|ne, die; -, -n: *Schüssel für Suppe mit Deckel:* die Suppe aus der T. schöpfen. **sinnv.:** ↑Schüssel. **Zus.:** Suppenterrine.
Ter|ri|to|ri|um, das; -s, Territorien: *Land, Gebiet (in bezug auf seine staatliche Zugehörigkeit):* das Fahrzeug befand sich bereits auf dem T. der Bundesrepublik Deutschland. **sinnv.:** ↑Gebiet.
Ter|ror, der; -s: **1.** *gewalttätiges, rücksichtsloses Vorgehen, das jmdm. Angst einjagen soll:* er kann sich nur durch T. an der Macht halten. **sinnv.:** ↑Ausschreitungen; Zwang. **Zus.:** Bomben-, Polizeiterror. **2.**

Zwang, Druck [durch Gewaltanwendung]: T. verbreiten; wegen jeder Kleinigkeit T. machen; ihr Leben ist beherrscht vom T. der Norm. **sinnv.:** ↑Zwang.

ter|ro|ri|sie|ren ⟨tr.⟩: *durch Terror einschüchtern und unterdrücken:* die Gangster terrorisierten die ganze Stadt. **sinnv.:** ↑bedrohen; ↑unterdrücken.

Ter|ro|ris|mus, der; -: *das Ausüben von Terror:* die Polizei versuchte vergeblich, den T. der Radikalen zu bekämpfen. **sinnv.:** ↑Zwang.

Ter|ro|rist, der; -en, -en, **Ter|ro|ri|stin,** die; -, -nen: *männliche bzw. weibliche Person, die Terror ausübt, durch Terror ein Ziel erreichen will:* die Terroristen sprengten ein Gebäude in die Luft. **sinnv.:** ↑Revolutionär.

Ter|ze|rol, das; -s, -e: *kleine Pistole mit einem oder zwei Läufen* (siehe Bildleiste „Schußwaffen"). **sinnv.:** ↑Schußwaffe.

Test, der; -[e]s, -s und -e: *[wissenschaftlicher oder technischer] Versuch zur Feststellung bestimmter Eigenschaften, Leistungen o. ä.:* jmdn./eine Maschine einem T. unterziehen. **sinnv.:** Multiple-choice-Verfahren · ↑Experiment. **Zus.:** Alkohol-, Atom-, Charakter-, Eignungs-, Intelligenz-, Kernwaffen-, Sprach-, Verträglichkeits-, Warentest.

Te|sta|ment, das; -[e]s, -e: *schriftliche Erklärung, mit der jmd. für den Fall seines Todes die Verteilung seines Vermögens festlegt:* er hat sein T. gemacht. **sinnv.:** [letztwillige] Verfügung, Letzter Wille. **Zus.:** Not-, Patiententestament.

te|sten, testete, hat getestet ⟨tr.⟩: *durch einen Test prüfen:* das neue Modell muß noch getestet werden. **sinnv.:** checken, ↑prüfen.

teu|er ⟨Adj.⟩: **1. a)** *einen hohen Preis habend* /Ggs. billig/: dieses Buch ist [mir] zu t.; diese Reise war ein teures Vergnügen, ein teurer Spaß; sie trägt teuren *(wertvollen)* Schmuck. **sinnv.:** ↑aufwendig, nicht zu bezahlen, gepfeffert, gesalzen, kostspielig, überteuert, unbezahlbar, unerschwinglich; ↑kostbar. **b)** *große Ausgaben verursachend:* ein teures Restaurant; es sind teure Zeiten. **2.** (geh.) *sehr geschätzt, lieb, wert:* mein teurer Freund; dieser Ring war mir sehr t. **sinnv.:** ↑lieb.

Teue|rung, die; -, -en: *[durch eine schlechte Lage der Wirtschaft hervorgerufenes] allgemeines Steigen der Preise:* die Maßnahmen der Regierung sollen die T aufhalten. **sinnv.:** Kostenexplosion, Lohn-Preis-Spirale, Preisanstieg, Preiserhöhung, Preislawine, Preissteigerung, Verteuerung.

Teu|fel, der; -s, -: */Gestalt, die das Böse verkörpert/:* er ist schwarz wie der T. **sinnv.:** Antichrist, Beelzebub, der Böse, Diabolus, Erbfeind, Fürst dieser Welt, Gehörnter, Gottseibeiuns, Höllenfürst, Leibhaftiger, Luzifer, Mephisto[pheles], Satan[as], Versucher, Widersacher. **Zus.:** Druckfehler-, Eifersuchts-, Feuer-, Putz-, Spielteufel.

teuf|lisch ⟨Adj.⟩ (emotional): *äußerst böse, verrucht:* das ist ein teuflischer Plan. **sinnv.:** ↑dämonisch, diabolisch, infernalisch, mephistophelisch.

Text, der; -[e]s, -e: **a)** *[schriftlich fixierte] im Wortlaut festgelegte, inhaltlich zusammenhängende Folge von Aussagen:* einen T. lesen; der T. des Vertrages bleibt geheim; er schrieb die Texte *(Erläuterungen)* zu den Abbildungen. **sinnv.:** Handschrift, Korpus, ↑Manuskript · Kontext, Wortlaut, Zusammenhang. **Zus.:** Begleit-, Bibel-, Brief-, Gesetzes-, Klappen-, Klar-, Kon-, Ko-, Original-, Quellen-, Rollen-, Schreibmaschinen-, Telegramm-, Übungs-, Unterrichts-, Ur-, Vertrags-, Werbe-, Zwischentext. **b)** *zu einem Musikstück gehörende Worte:* er hat den T. zu einer Oper verfaßt. **sinnv.:** Sprechblase. **Zus.:** Lied[er]-, Operetten-, Opern-, Schlagertext.

Tex|ter, der; -s, -, **Tex|te|rin,** die; -, -nen: *männliche bzw. weibliche Person, die Texte für die Werbung, für Schlager o. ä. verfaßt.* **sinnv.:** ↑Schriftsteller. **Zus.:** Schlager-, Werbetexter.

Tex|ti|li|en, die ⟨Plural⟩: *aus Fasern hergestellte Stoffe, bes. Bekleidung, Wäsche usw.* **sinnv.:** Spinnwaren, Stoff, Textilwaren, Trikotagen, Tuch, Webwaren, Wirkwaren; ↑Gewebe.

Thea|ter, das; -s, -: **1.** *Gebäude, in dem Schauspiele u. ä. aufgeführt werden.* **Zus.:** Amphi-, Film-, Freilicht-, Keller-, Lichtspiel-, Natur-, Rang-, Zimmertheater. **2.** *Unternehmen, das Schauspiele u. ä. aufführt:* wir haben hier ein gutes T. **sinnv.:** die Bretter, die die Welt bedeuten, Bühne, Schaubude, Schaubühne, Schmiere, Studio · Kabarett. **Zus.:** Bauern-, Jugend-, Kinder-, National-, Provinz-, Residenz-, Sommer-, Studenten-, Stadttheater. **3.** ⟨ohne Plural⟩ *Vorstellung, Aufführung:* nach dem T. trafen wir uns in einem Café. **Zus.:** Illusions-, Kasperle-, Marionetten-, Musik-, Puppen-, Schattentheater. **4.** ⟨ohne Plural⟩ *Unruhe, Verwirrung, Aufregung:* es gab viel T. um diese Sache, wegen dieses Vorfalls. **sinnv.:** ↑Getue; ↑Unannehmlichkeit.

Thea|ter|stück, das; -[e]s, -e: *für die Bühne geschriebene Dichtung:* ein T. aufführen. **sinnv.:** ↑Schauspiel.

thea|tra|lisch ⟨Adj.⟩: *als affektiert, pathetisch empfunden:* er machte eine theatralische Bewegung; er trat gern t. auf. **sinnv.:** ↑geziert.

-thek, die; -, -en ⟨als zweiter Wortbestandteil; wohl verkürzt aus Bibliothek⟩ (auch scherzhaft): */bezeichnet etwas als eine Zusammenstellung, Sammlung von etwas (z. B. von Büchern, Geräten), die sich auf das im ersten Wortbestandteil angegebene Gebiet o. ä. bezieht, oder auch die dafür bestimmte Räumlichkeit/:* Artothek *(Raum, in dem sich eine Sammlung von Bildern befindet),* Autothek, Cardiothek, Christothek (Songs aus der Christothek), Diathek *(Sammlung von Diapositiven),* Diskothek *(Schallplattensammlung;* auch: *Lokal, in dem man zu Schallplattenmusik tanzen kann),* Fotothek *(Fotografie-, Lichtbildsammlung),* Infothek, Jurathek, Kartothek, Linguathek (mit Lehrkursen in Fremdsprachen auf Schallplatten und Tonbändern), Lusothek *(Einrichtung, wo Denk- und Unterhaltungsspiele entliehen werden können),* Mediothek, Phonothek *(Sammlung von Tonbändern und Schallplatten),* Radiothek, Videothek *(Sammlung von Film- oder Fernsehaufzeichnungen),* Wichsothek (scherzhaft für: *Peep-Show-Räumlichkeit).*

The|ke, die; -, -n: *eine Art hoher, nach einer Seite abgeschlossener Tisch, an dem Gäste oder Kunden bedient werden:* er trank ein Glas Bier an der T. **sinnv.:** Ladentisch, Tresen, Verkaufstisch; ↑Schanktisch. **Zus.:** Bar-, Bier-, Ladentheke.

The|ma, das; -s, Themen: **1.** *Gegenstand oder leitender Gedanke einer Untersuchung, eines Gesprächs o. ä.:* ein T. behandeln; über ein T. sprechen; wir wollen beim T. bleiben *(nicht abschweifen).* **sinnv.:** ↑Betreff; ↑Frage; ↑Gegenstand; ↑Stoff. **Zus.:** Aufsatz-, Diskussions-, Gesprächs-, Haupt-, Lieblings-, Prüfungs-, Verhandlungs-, Zentralthema. **2.** *Folge von Tönen, die einer Komposition zugrunde liegt:* ein T. verarbeiten, variieren. **sinnv.:** ↑Melodie. **Zus.:** Fugen-, Seiten-, Sonatenthema.

The|ma|tik, die; -: *Themen und Probleme, die (bei etwas) berührt werden:* der Vortrag war wegen der schwierigen T. schwer zu verstehen. **sinnv.:** ↑Gegenstand.

the|ma|tisch ⟨Adj.; nicht prädikativ⟩: *vom Thema her; das Thema betreffend:* der Roman ist t. sehr interessant.

Theo|lo|ge, der; -n, -n, **Theo|lo|gin,** die; -, -nen: *männliche bzw. weibliche Person, die Theologie studiert [hat].* **sinnv.:** ↑Geistlicher.

Theo|lo|gie, die; -, Theologien: *Wissenschaft von Gott und der [christlichen] Religion.* **sinnv.:** Glaubenslehre, Gottesgelehrtheit, Religionslehre, Religionsphilosophie, Religionswissenschaft. **Zus.:** Befreiungstheologie.

Theo|lo|gin, die; -, -nen: vgl. Theologe.

theo|lo|gisch ⟨Adj.⟩: *die Theologie betreffend, zu ihr gehörend, auf ihr beruhend:* ein theologisches Problem erörtern.

Theo|re|ti|ker, der; -s, -, **Theo|re|ti|ke|rin,** die; -, -nen: **1.** *männliche bzw. weibliche Person, die die theoretischen Grundlagen für etwas erarbeitet:* er gilt als Theoretiker der Partei. **sinnv.:** ↑Gelehrter. **Zus.:** Kunst-, Rechts-, Sprach-, Wirtschaftstheoretiker. **2.** *männliche bzw. weibliche Person, die sich nur gedanklich mit etwas beschäftigt, aber von der praktischen Ausführung nichts versteht* /Ggs. Praktiker/: der Minister ist nur ein Theoretiker, aber kein praktischer Politiker.

theo|re|tisch ⟨Adj.⟩: *die Theorie betreffend; [nur] gedanklich; nicht praktisch:* eine theoretische Ausbildung erhalten; etwas t. untersuchen; was du sagst, ist t. richtig, aber die Wirklichkeit ist anders. **sinnv.:** ohne Praxis, praxisfern, vom grünen Tisch aus, wissenschaftlich; ↑akademisch; ↑gedanklich. **Zus.:** erkenntnis-, kunst-, sprachtheoretisch.

Theo|rie, die; -, Theorien: *System wissenschaftlich begründeter Aussagen zur Erklärung bestimmter Tatsachen oder Erscheinungen und der ihnen zugrundeliegenden Gesetzmäßigkeiten:* eine T. aufstellen, beweisen; etwas in der T. beherrschen. **sinnv.:** ↑Lehre. **Zus.:** Erkenntnis-, Informations-, Kunst-, Literatur-, Sprach-, Quanten-, Relativitätstheorie.

The|ra|pie, die; -, Therapien: *Verfahren, Methode zur Heilung einer Krankheit:* er wurde während der Kur nach einer neuen T. behandelt. **sinnv.:** ↑Heilung. **Zus.:** Beschäftigungs-, Bewegungs-, Chemo-, Frischzellen-, Gruppen-, Hydro-, Psycho-, Reiz-, Schlaf-, Schock-, Ultraschalltherapie.

Ther|mo|me|ter, das; -s, -: *Gerät zum Messen der Wärme:* das T. steigt *(es wird wärmer).* **sinnv.:** Temperatur-, Wärmemesser; ↑Barometer. **Zus.:** Alkohol-, Außen-, Bade-, Fieber-, Maximum-, Minimum-, Quecksilber-, Zimmerthermometer.

Ther|mo|stat, der; -[e]s und -en, -e[n]: *Vorrichtung, die das Einhalten einer bestimmten gewünschten Temperatur bewirkt:* durch den Thermostat[en] wird die Temperatur immer auf 20 Grad gehalten. **sinnv.:** Temperaturregler.

The|se, die; -, -n: *Behauptung, Satz, dessen Richtigkeit man beweisen will:* eine T. aufstellen, verteidigen. **sinnv.:** Ansatz; ↑Lehre. **Zus.:** Grund-, Hauptthese.

Thril|ler ['θrɪlɐ], der; -s, -: *Film, Roman o. ä., der vor allem höchste Spannung und Erregung der Nerven beabsichtigt:* dieser Film ist ein ausgesprochener T. **sinnv.:** Gruselfilm, Grusical, Horrorfilm, Schocker. **Zus.:** Politthriller.

Thron, der; -[e]s, -e: *erhöhter Sitz eines Fürsten:* der neue König bestieg den T. *(übernahm die Regierung).* **sinnv.:** ↑Sessel. **Zus.:** Fürsten-, Kaiser-, Königsthron.

thro|nen ⟨itr.⟩: *auf erhöhtem oder exponiertem Platz sitzen (und so die Szene beherrschen):* er thronte auf dem Podium hinter seinem Tisch. **sinnv.:** ↑sitzen.

Thron|fol|ger, der; -s, -, **Thron|fol|ge|rin,** die; -, -nen: *männliche bzw. weibliche Person, die nach dem Tod eines Monarchen dessen Nachfolger wird.* **sinnv.:** Erbprinz, Kronprinz · Dauphin, Infant, Zarewitsch.

Thun|fisch, der; -[e]s, -e: **a)** *(bes. im Atlantik und Mittelmeer lebender) großer Fisch mit blauschwarzem Rücken, silbriggrauen Seiten, weißlichem Bauch und mondsichelförmiger Schwanzflosse.* **b)** *Fleisch des gleichnamigen Fisches:* eine Büchse T.

Tick, der; -s, -s: *lächerlich oder befremdlich wirkende Eigenheit, Angewohnheit:* er hatte den T., sich nach jedem Händedruck die Hände zu waschen. **sinnv.:** ↑Spleen · ↑spinnen.

ticken ⟨itr.⟩: *ein gleichmäßiges leises Klopfen hören lassen:* die Uhr tickt.

Ticket, das; -s, -s: *Fahrschein (bes. für eine Schiffs- oder Flugreise):* er bestellte am Schalter der „Lufthansa" zwei Tickets nach Rom. **sinnv.:** ↑Fahrkarte. **Zus.:** Flugticket.

tief ⟨Adj.⟩: **1. a)** *weit nach unten ausgedehnt oder gerichtet:* ein tiefes Tal; der Brunnen ist t.; er ist t. gefallen. **sinnv.:** bodenlos, grundlos. **Zus.:** abgrundtief. **b)** *weit in das Innere von etwas hineinreichend, sich im Inneren befindend:* eine tiefe Wunde; die Bühne ist sehr t.; er wohnt t. im Walde. **c)** *in niedriger Lage:* das Haus liegt tiefer als die Straße. **2.** ⟨in Verbindung mit Angaben von Maßen⟩ *eine bestimmte Tiefe habend:* der Stich ist 2 cm tief. **Zus.:** knöchel-, spaten-, zentimetertief. **3.** *durch eine niedrige Zahl von Schwingungen dunkel klingend* /Ggs. hoch/: ein tiefer Ton. **4.** *bedeutend, tiefgründig:* tiefe Gedanken; das hat einen tiefen Sinn. **5.** *sehr groß oder stark:* ein tiefer Schmerz; in tiefer Not sein; t. erschüttert sein.

Tief, das; -s, -s: *Wetterlage mit niedrigem Luftdruck* /Ggs. Hoch/: von Westen zieht ein T. heran. **sinnv.:** Tiefdruckgebiet, Tiefdruckzone. **Zus.:** Rand-, Sturmtief.

tief- ⟨adjektivisches Präfixoid, auch das Basiswort ist betont⟩ (emotional verstärkend): **a)** *äußerst, zutiefst, in ganz besonderer Weise, ganz durchdrungen von* *der im Basiswort genannten Empfindung o. ä.:* tiefbeleidigt, -betroffen, -betrübt, -bewegt, -ernst, -erschüttert, -ersehnt, -konservativ, -religiös, -traurig. **sinnv.:** grund-, hoch-, hyper-, super-. **b)** *besonders intensiv, dunkel* /Basiswort ist eine meist dunkle Farbe/: tiefblau, -braun, -grün, -rot, -schwarz. **sinnv.:** dunkel-. **c)** *ganz und gar [von etwas bedeckt]:* tiefblödsinnig, -verschleiert, -verschneit.

Tie|fe, die; -, -n: **1.** *Ausdehnung oder Richtung nach unten oder innen:* die T. eines Schachtes messen; in die T. stürzen, dringen. **Zus.:** Bild-, Meeres-, Raum-, Tauch-, Untiefe. **2.** *tief gelegene Stelle:* dieser Fisch lebt in großen Tiefen des Meeres. **sinnv.:** ↑Kluft. **3.** ⟨ohne Plural⟩ *Größe, Bedeutung:* Gedanken von großer T. **sinnv.:** Gedankenfülle, Gedankentiefe, Tiefgang, Tiefsinn, Tiefsinnigkeit; ↑Ausmaß; ↑Bedeutung; ↑Hintergrund. **Zus.:** Gedanken-, Gefühls-, Gemütstiefe.

tief|grei|fend ⟨Adj.⟩: *starke Wirkung habend:* eine tiefgreifende Wandlung, Veränderung. **sinnv.:** ↑einschneidend.

tief|grün|dig ⟨Adj.⟩: **a)** *tiefen Sinn habend:* er stellt tiefgründige Fragen. **sinnv.:** tiefgehend, tiefsinnig. **b)** *etwas gründlich durchdenkend:* eine tiefgründige Untersuchung.

Tief|punkt, der; -[e]s, -e: *tiefste [schlimmste] Stelle einer Entwicklung:* die Konjunktur hat ihren T. erreicht. **sinnv.:** ↑Tiefstand.

tief|sin|nig ⟨Adj.⟩: *von gründlichem Nachdenken zeugend; gehaltvoll:* er machte eine tiefsinnige Bemerkung. **sinnv.:** tiefgehend, tiefgründig.

Tief|stand, der; -[e]s: *sehr schlechte, kritische Situation (innerhalb einer Entwicklung):* das Land hat einen sozialen, wirtschaftlichen T. erreicht. **sinnv.:** Rezession, Talsohle, Tief, Tiefpunkt; ↑Minimum.

Tie|gel, der; -s, -: *Gefäß, in dem man etwas erhitzen oder schmelzen kann:* Metall in einem T. schmelzen. **sinnv.:** ↑Kochtopf. **Zus.:** Schmelztiegel.

Tier, das; -[e]s, -e: *Lebewesen, das sich vom Menschen durch die stärkere Ausbildung der Sinne und Instinkte und durch das Fehlen von Vernunft und Sprache unterscheidet:* ein zahmes, wildes T.; er kann mit Tieren umgehen. **sinnv.:** Bestie; Biest, Untier. **Zus.:** Arbeits-, Fabel-, Faul-, Gewohnheits-, Grau-, Gummi-, Haus-, Heim-, Herden-, Jung-, Huf-, Kerb-, Klein-, Kriech-, Last-, Maul-, Nage-, Opfer-, Pelz-, Plüsch-, Raub-, Reit-, Säuge-, Saum-, Schlacht-, Schnabel-, Stink-, Stoff-, Trampel-, Ur-, Versuchs-, Wappen-, Wunder-, Weich-, Zucht-, Zugtier.

Tier|gar|ten, der; -s, Tiergärten: *öffentliche Einrichtung zur Haltung von exotischen Tieren in Gehegen, Gärten, Käfigen usw.:* im T. gibt es junge Löwen. **sinnv.:** Freigehege, Gehege, Menagerie, Streichelzoo, Tierpark, Wildgehege, Zoo, Zoologischer Garten, Zwinger.

tie|risch ⟨Adj.⟩: **1.** ⟨nur attributiv⟩ *zum Tier gehörend, vom Tier stammend:* tierisches Fett. **2.** (abwertend) *triebhaft wie ein Tier; roh, nicht menschlich:* tierische Grausamkeit. **sinnv.:** ↑triebhaft; ↑unanständig.

Ti|ger, der; -s, -: *(in Asien heimisches, zu den Großkatzen gehörendes) sehr kräftiges, einzeln lebendes Raubtier von blaß rötlichgelber bis rotbrauner Färbung mit schwarzen Querstreifen.* **Zus.:** Königstiger.

til|gen ⟨tr.⟩: **a)** *endgültig beseitigen, löschen:* die Spuren eines Verbrechens t.; eine Erinnerung aus seinem Gedächtnis t. **b)** *durch Zurückzahlen aufheben:* eine Schuld t. **sinnv.:** abwaschen, ↑ausstreichen, ↑löschen · ↑ausrotten · ↑abzahlen, liquidieren.

Til|gung, die; -, -en: *das Tilgen, Getilgtwerden.* **sinnv.:** Abschlagszahlung, Abschreibung, Abtragung, Amortisation, Amortisierung, Ratenzahlung, Teilzahlung. **Zus.:** Schuldentilgung.

tin|geln tingelte, hat/ist getingelt ⟨itr.⟩ (Jargon): **a)** *als Akteur im Schaugeschäft abwechselnd an verschiedenen Orten bei Veranstaltungen unterschiedlicher Art auftreten:* er hat jahrelang in Diskotheken getingelt. **sinnv.:** ↑agieren. **b)** *tingelnd* (a) *umherziehen, -reisen:* er ist durch Kasinos und Kneipen getingelt.

Tin|te, die; -, -n: *schwarze oder andersfarbige Flüssigkeit, die zum Schreiben dient:* er schreibt mit grüner T. **sinnv.:** Tusche. **Zus.:** Füllhalter-, Geheimtinte.

Tip, der; -s, -s: *Hinweis, Wink, nützlicher Rat:* jmdm. einen T. geben; das war ein guter T. **sinnv.:** ↑Hinweis; ↑Vorschlag. **Zus.:** Geheimtip.

tip|peln, tippelte, ist getippelt ⟨itr.⟩: *(eine weitere Strecke) zu Fuß zurücklegen (was als mühevoll, anstrengend empfunden wird):* wir mußten bis zur nächsten Bahnstation t.; wir sind die ganze Strecke getippelt. **sinnv.:** sich ↑fortbewegen.

tip|pen: 1. a) ⟨itr.⟩ *(etwas/jmdn.) irgendwo leicht berühren:* er hat mir/mich auf die Schulter getippt. **sinnv.:** klopfen, schlagen, tupfen; ↑berühren. **b)** ⟨tr.⟩ (ugs.) *auf der Maschine schreiben:* er hat den Brief [selbst] getippt. **sinnv.:** ↑maschineschreiben. **2.** ⟨itr.⟩ **a)** (ugs.) *etwas voraussagen oder vermuten:* ich tippe [darauf], daß er morgen kommt. **sinnv.:** ↑vermuten. **b)** *im Toto oder Lotto wetten:* er tippt jede Woche.

Tisch, der; -[e]s, -e: *Möbelstück, das aus einer waagerechten Platte besteht, die auf einem Fuß oder für gewöhnlich vier Beinen ruht:* er sitzt am T.; ein reich gedeckter T. **sinnv.:** ↑Anrichte, Tafel. **Zus.:** Abstell-, Arbeits-, Auslagen-, Auszieh-, Billard-, Blumen-, Bücher-, Camping-, Couch-, Eck-, Eichen-, Eß-, Frisier-, Frühstücks-, Gaben-, Garten-, Geburtstags-, Grabbel-, Holz-, Info-, Kaffee-, Katzen-, Klapp-, Konferenz-, Küchen-, Labor-, Laden-, Marmor-, Mittags-, Mosaik-, Nachbar-, Nacht-, Näh-, Neben-, Operations-, Pingpong-, Präsidiums-, Quer-, Rauch-, Richter-, Schank-, Schneider-, Schreib-, Servier-, Spiel-, Stamm-, Tapezier-, Tee-, Toiletten-, Verhandlungs-, Verkaufs-, Wasch-, Werk-, Wickel-, Wühl-, Zuschneidetisch · auftischen.

Tisch|ler, der; -s, -, **Tisch|le|rin,** die; -, -nen: *Handwerker bzw. Handwerkerin, der/die Holz (und auch Kunststoff) verarbeitet, bestimmte Gegenstände, bes. Möbel, daraus herstellt oder bearbeitet, einbaut o. ä.* **sinnv.:** Möbelmacher, Schreiner. **Zus.:** Bau-, Kunst-, Möbeltischler.

Ti|tel, der; -s, -: **1.** *Name, der die Amtsbezeichnung, den akademischen Rang o. ä. einer Person angibt bzw. der für besondere Verdienste verliehen wird:* den T. eines Professors haben; er führt den T. „Regierender Bürgermeister". **sinnv.:** ↑Anrede, ↑Rang, Standesbezeichnung. **Zus.:** Adels-, Doktor-, Ehren-, Meister-, Professoren-, Siegertitel. **2.** *Name eines Buches, eines Kunstwerks o. ä.:* der Roman hat den T. „Der Idiot"; ein Film mit dem T. „Bambi". **sinnv.:** ↑Buch, ↑Schlagzeile, Überschrift. **Zus.:** Arbeits-, Bild-, Buch-, Film-, Haupt-, Roman-, Untertitel.

Toast [to:st], der; -[e]s, -e und -s: **1.** *[einzelne Scheibe] geröstetes Weißbrot:* ein Spiegelei auf T. **sinnv.:** ↑Schnitte. **Zus.:** Hawaii-, Schinkentoast. **2.** *bei festlichen Gelegenheiten zu jmds. Ehren gehaltene kleine Rede o. ä., verbunden mit der Aufforderung, die Gläser zu erheben und gemeinsam auf das Wohl des Geehrten zu trinken:* einen T. auf jmdn. ausbringen. **sinnv.:** ↑Rede, Trinkspruch.

to|ben, tobte, hat/ist getobt ⟨itr.⟩: **1.** *in wilder Bewegung [und von zerstörerischer Wirkung] sein:* das Meer, der Sturm tobte; hier hat ein Unwetter getobt. **sinnv.:** wüten. **Zus.:** durch-, lostoben. **2.** *(von Kindern) wild und ausgelassen lärmend herumtollen:* die Kinder haben den ganzen Tag getobt; sie sind durch den Garten getobt. **sinnv.:** sich austoben/austollen, [herum]tollen, lärmen. **Zus.:** [he]rumtoben, umhertoben. **3.** *sich wild, wie wahnsinnig gebärden, außer sich sein:* er hat vor Wut getobt. **sinnv.:** sich ↑aufregen, ausrasten, ↑rasen.

Toch|ter, die; -, Töchter: *unmittelbarer weiblicher Nachkomme:* das Ehepaar hat zwei Töchter. **sinnv.:** Filia, Juniorin, ↑Mädchen. **Zus.;** Adoptiv-, Bauern-, Enkel-, Königs-, Lieblings-, Pfarrers-, Pflege-, Schwieger-, Stief-, Ziehtochter.

Tod, der; -[e]s, -e: *das Sterben (eines Lebewesens, eines einzelnen Individuums):* einen sanften, schweren T. haben; T. durch Ertrinken; der Mörder wurde zum Tode verurteilt. **sinnv.:** Abberufung, Ableben, Entschlafen, Erlösung, Euthanasie, Exitus, Heimgang, Hinscheiden, Verscheiden. **Zus.:** Atom-, Erstikkungs-, Feuer-, Flammen-, Frei-, Gas-, Gnaden-, Helden-, Herz-, Hunger-, Kälte-, Marter-, Märtyrer-, Massen-, Schein-, Seemanns-, Soldaten-, Strahlen-, Unfalltod.

tod- ⟨adjektivisches Präfixoid⟩ (emotional verstärkend): *sehr, ganz, äußerst:* todelend, -ernst, -geil (ich finde ihn t.), -hungrig, -krank, -langweilig, -matt, -müde, -schick, -sicher, -traurig, -unglücklich. **sinnv.:** erz-, stock-.

töd|lich ⟨Adj.⟩: **1. a)** *den Tod herbeiführend:* eine tödliche Verletzung; er ist t. verunglückt *(durch einen Unfall zu Tode gekommen).* **sinnv.:** todbringend, verderbenbringend, zerstörerisch. **b)** *das Leben bedrohend:* eine tödliche Gefahr. **sinnv.:** ↑gefährlich. **2.** (emotional) **a)** nur in Verbindung mit bestimmten negativen Empfindungen: *sehr groß:* tödlicher Ernst; mit tödlicher Sicherheit. **b)** ⟨verstärkend bei Verben⟩ ↑*sehr:* er hat sich t. gelangweilt, war t. beleidigt.

Toi|let|te [toa'lɛtə], die; -, -n: **I.** *meist kleinerer Raum mit einem Becken zur Aufnahme und zum Wegspülen bes. der Ausscheidungen des Menschen [und Waschgelegenheit]:* auf die T. gehen; etwas in die T. werfen. **sinnv.:** Abort, Abtritt, sanitäre Anlagen, Bedürfnisanstalt, Donnerbalken, Häuschen, Klo[sett], Latrine, Lokus, Nummer Null, 00 (Null-Null), Pinkelbude, Pissoir, Plumpsklo[sett], Retirade, Scheißhaus, Topf, WC. **Zus.:** Damen-, Gäste-, Herrentoilette. **II.** ⟨ohne Plural⟩ *das Sichankleiden, Sichzurechtmachen:* die morgendliche T.; T. machen. **Zus.:** Abend-, Morgentoilette.

to|le|rant ⟨Adj.⟩: **1.** *großzügig gegenüber Andersdenkenden; andere Meinungen, Verhaltensweisen gelten lassend:* er hat eine tolerante Gesinnung; er war t. gegenüber fremden Meinungen. **sinnv.:** aufgeschlossen, duldsam, einsichtig, ↑freiheitlich, freizügig, ↑geduldig, gütig, gütlich, ↑menschlich, ↑nachsichtig, versöhnlich, verständnisvoll, ↑weitherzig · ↑entgegenkommen. **2.** (verhüllend) *in sexueller Hinsicht freizügig, ohne Vorurteile, aufgeschlossen:* er, 38, sucht für Freizeitgestaltung tolerante Dame; Partner für tolerante Faschingsparty gesucht.

To|le|ranz, die; -: *tolerante Gesinnung, tolerantes Verhalten:* T. zeigen, üben. **sinnv.:** Entgegenkommen, Verständnis.

to|le|rie|ren ⟨tr.⟩: *dulden, gelten lassen (obwohl etwas/jmd. nicht den eigenen Vorstellungen o. ä. entspricht):* sie toleriert seine Meinung; die Parteien tolerieren sich gegenseitig. **sinnv.:** ↑billigen.

toll ⟨Adj.⟩: **1.** ↑*übermütig:* tolle Streiche machen. **2.** (emotional) **a)** *(in den Augen des Sprechers) sehr schön, begeisternd, aufregend o. ä.:* er fährt einen tollen Wagen; das Fest war einfach t. **sinnv.:** ↑anziehend, ↑vortrefflich. **b)** ↑*schlimm:* ein toller Lärm; er treibt es gar zu t.

tol|len, tollte, hat/ist getollt ⟨itr.⟩: *beim Spielen wild und lärmend umherjagen:* die Kinder haben fröhlich getollt, sind durch den Garten getollt. **sinnv.:** ↑toben. **Zus.:** [he]rumtollen, umhertollen.

toll|kühn ⟨Adj.⟩ (emotional): *von einem Wagemut [zeugend], der die Gefahr nicht achtet:* ein tollkühner Reiter; t. wagte er den Sprung. **sinnv.:** ↑mutig.

Tol|patsch, der; -[e]s, -e: *Mensch, der (im Urteil des Sprechers) ungeschickt, unbeholfen ist:* du bist ein T.!; mit diesem T. kann man nichts anfangen. **sinnv.:** ↑Narr.

Töl|pel, der; -s, -: *Mensch, der (im Urteil des Sprechers) einfältig und ungeschickt ist:* dieser T. macht auch alles verkehrt! **sinnv.:** ↑Narr. **Zus.:** Bauerntölpel · übertölpeln.

To|ma|te, die; -, -n: *als Gemüsepflanze angebaute Pflanze mit Fiederblättern, gelben, sternförmigen Blüten und runden [orange]roten, fleischigen Früchten.* **Zus.:** Fleisch-, Grill-, Treibhaustomate.

Tom|bo|la, die; -, -s: *Verlosung von [gestifteten] Gegenständen bei einem Fest:* eine T. veranstalten. **sinnv.:** ↑Glücksspiel.

Ton: I. der; -[e]s, -e: *bes. zur Herstellung von Töpferwaren verwendetes, lockeres, feinkörniges weiches Gestein von gelblicher bis grauer Farbe:* T. kneten; etwas in T. modellieren; eine Vase aus T. **sinnv.:** ↑Erde. **Zus.:** Edel-, Töpferton. **II.** der; -[e]s, Töne: **1.** *auf das Gehör wirkende gleichmäßige Schwingung der Luft:* leise, tiefe Töne; das Instrument hat einen schönen T. *(es klingt schön).* **sinnv.:** ↑Geräusch, ↑Klang. **Zus.:** Dauer-, Diskant-, Fanfaren-, Flöten-, Ganz-, Geigen-, Glocken-, Halb-, Harfen-, Kammer-, Miß-, Orgel-, Pfeif-, Schluß-, Zwischenton; Obertöne. **2.** ⟨ohne Plural⟩ ↑*Betonung:* die erste Silbe trägt den T. **3.**

⟨ohne Plural⟩ *Art und Weise des [Miteinander]redens und Schreibens:* er ermahnte uns in freundlichem T.; der überhebliche T. seines Briefes ärgerte mich; bei uns herrscht ein rauher T. **sinnv.:** Akzent, Aussprache, Tonfall. **Zus.:** Amts-, Befehls-, Feldwebel-, Frage-, Plauder-, Umgangs-, Unterton. **4.** *Farbton von bestimmter Intensität:* ein Gemälde in blauen, satten Tönen. **sinnv.:** ↑Farbe. **Zus.:** Gold-, Grau-, Licht-, Pastellton · eintönig.

Ton|band, das; -[e]s, Tonbänder: *schmales, auf einer Spule aufgewickeltes, mit einer magnetisierbaren Schicht versehenes Kunststoffband, das zur magnetischen Speicherung bes. von Sprache und Musik dient.* **sinnv.:** Band, Diskette, Floppy disk, [Tonband]kassette, Video[band]. **Zus.:** Kassetten-, Magnettonband.

tö|nen: 1. ⟨itr.⟩ *als Ton oder Schall hörbar sein:* Musik tönte aus dem Lokal. **sinnv.:** ↑schallen. **Zus.:** er-, fort-, über-, weitertönen · dumpf-, hoch-, miß-, voll-, wohltönend. **2.** ⟨tr.⟩ *in der Farbe verändern, mit einer Nuance versehen:* sie hat ihr Haar dunkel getönt; die Wand ist [leicht] gelb getönt. **sinnv.:** ↑anmalen, bleichen. **Zus.:** abtönen · dunkel-, hell-, mattgetönt.

ton|los ⟨Adj.⟩: *[leise und] ohne Klang, ohne Wechsel in Tonfall oder Ausdruck:* mit tonloser Stimme las er ihr den Brief vor. **sinnv.:** heiser, ↑langweilig.

Ton|ne, die; -, -n: **1.** *großer, zylindrischer, einem Faß ähnlicher Behälter (zum Aufnehmen, Transportieren bes. von flüssigen Stoffen).* **sinnv.:** ↑Behälter. **Zus.:** Abfall-, Benzin-, Blech-, Eisen-, Herings-, Holz-, Müll-, Regentonne. **2.** *Maßeinheit von tausend Kilogramm.* **sinnv.:** ↑Gewicht. **Zus.:** [Brutto]register-, Kilo-, Megatonne · Drei-, Fünf-, Zehntonner.

top-, Top- ⟨Präfixoid; besonders in der Journalistensprache⟩ **I.** ⟨substantivisch⟩ **a)** *Höchst-, Best-:* Topausbildung, -form, (Wohnung mit) Topisolation, -job, -karriere, -leistung, -material, -zeit, -ziel, -zustand. **b)** *an der Spitze stehend, in seiner Art herausragend:* Topangebot, -ereignis, -fahrzeug, -form, -hit, -kamera-, -kurort, (Haus in) Toplage, -position, -produktion, -qualität, -veranstaltung. **c)** *(in bezug auf Personen) zur Spitze gehörend, von höchstem Rang, in führender Stellung:* Topagent, -athlet, -band, -besetzung, -dekorateurin, -favorit, -frau, -gitarrist, -ingenieur, -kraft, -manager, -modell, -sänger, -spion, -star, -team, -terrorist, -verkäufer. **sinnv.:** Bomben-, Chef-, Klasse-, Meister-, Riesen-, Spitzen-, Super-. **II.** ⟨adjektivisch⟩ *in höchstem Maße, sehr, in unübertrefflich schöner o. ä. Weise:* topaktuell, -dufte, -eingerichtet, -fit, -modisch.

Topf, der; -es, Töpfe: **1.** *(aus feuerfestem Material bestehendes) zylindrisches Gefäß [mit Deckel], in dem Speisen gekocht werden:* einen T. auf den Herd setzen. **sinnv.:** ↑Gefäß, Hafen, ↑Kochtopf. **Zus.:** Blech-, Eis-, Emaille-, Fleisch-, Henkel-, Leim-, Liter-, Wasser-, Ziertopf · ein-, umtopfen. **2.** *zylindrisches Gefäß aus unterschiedlichem Material, für unterschiedliche Zwecke:* ein T. aus Porzellan für Milch; Töpfe mit Blumen. **sinnv.:** ↑Gefäß. **Zus.:** Blumen-, Glücks-, Kaffee-, Leim-, Milch-, Nachttopf.

Töp|fer, der; -s, -, **Töp|fe|rin,** die; -, -nen: *Handwerker bzw. Handwerkerin, der/die Gefäße o. ä. aus Ton herstellt.* **sinnv.:** Keramiker.

Tor: I. das; -[e]s, -e: **1. a)** *zum Hindurchgehen, Hindurchfahren bestimmte große Öffnung in einem Gebäude, in der Einfriedung eines Grundstückes, die durch ein Tor* (1 b) *verschlossen wird:* der Hof hat zwei Tore. **sinnv.:** Ausfahrt, Durchlaß, Einfahrt, Eingang, Pforte, Portal. **b)** *[ein- oder zweiflügelige) Vorrichtung aus Holz, Metall o. ä., die [in Angeln drehbar] ein Tor* (1 a) *verschließt:* das T. schließen; ein eisernes T. **sinnv.:** Tür. **Zus.:** Brücken-, Burg-, Einfahrts-, Eingangs-, Garagen-, Garten-, Gatter-, Gitter-, Hof-, Park-, Scheunen-, Schloß-, Stadttor. **2. a)** *(bes. bei Ballspielen) durch zwei Pfosten und eine sie verbindende Querlatte markiertes Ziel, in das der Ball zu spielen ist:* er steht heute im T. **sinnv.:** Gehäuse, Goal, Kasten, Netz. **Zus.:** Eishockey-, Fußball-, Handballtor. **b)** *Treffer mit dem Ball in das Tor:* ein T. schießen; die Mannschaft siegte mit 4:2 Toren. **sinnv.:** Abstauber, Goal, Hat-Trick, Treffer. **Zus.:** Abseits-, Ausgleichs-, Eigen-, Gegen-, Siegestor. **II.** der; -en, -en: *Mensch, dessen Handlungsweise als unklug angesehen wird:* was war er für ein T.! **sinnv.:** ↑Kindskopf, ↑Narr.

Torf, der; -[e]s, -e: *in Mooren durch Zersetzung von Pflanzen entstandener Stoff, der als Material zum Heizen, als Dünger oder in Heilbädern verwendet wird:* am See wird noch T. gestochen.

Tor|heit, die; -, -en: *törichte Handlung:* er beging die T., mit vollem Magen zu baden. **sinnv.:** ↑Unsinn, Unvernunft. **Zus.:** Jugend-, Riesentorheit.

tö|richt ⟨Adj.⟩: *unklug, unvernünftig, ohne Verstand [handelnd]:* eine törichte Frage; es wäre t., so etwas zu tun, zu verlangen. **sinnv.:** ↑albern, ↑dumm.

tor|keln, torkelte, hat/ist getorkelt ⟨itr.⟩: *(durch Trunkenheit oder durch einen Schwächezustand verursacht) schwankend, taumelnd gehen:* der Betrunkene hat getorkelt, ist auf die Straße getorkelt. **sinnv.:** ↑schwanken. **Zus.:** heraus-, herum-, umhertorkeln.

Tor|ni|ster, der; -s, -: **a)** *(als Marschgepäck) auf dem Rücken getragenes sackartiges Behältnis:* den T. auf den Rücken nehmen. **sinnv.:** Affe, Campingbeutel, Felleisen, Ranzen, Reisesack, Rucksack, Seesack, Sportsack. **b)** *auf dem Rücken getragene Schultasche.* **sinnv.:** Kollegmappe, -tasche, Ranzen, Schultasche. **Zus.:** Schultornister.

tor|pe|die|ren ⟨tr.⟩: **1.** *mit Torpedos beschießen:* ein Schiff t. **sinnv.:** ↑beschießen. **2.** *durch Gegenmaßnahmen behindern, vereiteln:* einen Plan, eine Politik t. **sinnv.:** ↑ankämpfen, schlechtmachen.

Tor|pe|do, der; -s, -s: *längliches Geschoß mit eigenem Antrieb, das bes. von U-Booten gegen feindliche Schiffe abgeschossen wird.*

Tor|te, die; -, -n: *runder, aus mehreren Schichten bestehender, feiner Kuchen mit Glasuren und Füllungen verschiedenster Art.* **sinnv.:** ↑Gebäck. **Zus.:** Buttercreme-, Obst-, Schokoladentorte.

Tor|tur, die; -, -en: *als Qual empfundene Strapaze:* der Marsch durch die glühende Hitze war eine T. **sinnv.:** ↑Leid, ↑Marter.

to|sen ⟨itr.⟩: *in heftiger, wilder*

Bewegung sein und dabei ein brausendes Geräusch hervorbringen: der Sturm, der Wasserfall tost; tosender *(anhaltender, lauter)* Beifall. **sinnv.:** ↑rauschen.

tot ⟨Adj.⟩: *gestorben, nicht mehr am Leben:* seine Eltern sind t. **sinnv.:** dahin, entseelt, ex, heimgegangen, hingeschieden, hin[über], hops, krepiert, leblos, unbelebt, verblichen, verschieden. **Zus.:** halb-, mausetot.

to|tal ⟨Adj.⟩: *so beschaffen, daß es in einem bestimmten Bereich, Gebiet, Zustand o. ä. ohne Ausnahme alles umfaßt:* totale Zerstörung; ich bin t. erschöpft. **sinnv.:** ↑ganz, ↑sehr.

to|ta|li|tär ⟨Adj.⟩: *mit diktatorischen Methoden jegliche Demokratie unterdrückend, sich alle Lebensbereiche total unterwerfend:* eine totalitäre Herrschaft; ein totalitäres Regime; der Diktator regiert t. **sinnv.:** absolutistisch, autokratisch, autoritär, despotisch, diktatorisch, patriarchalisch, repressiv, ↑selbstherrlich, unumschränkt, willkürlich.

To|te, der und die, -n, -n ⟨aber: [ein] Toter, Plural: [viele] Tote⟩: *männliche bzw. weibliche Person, die tot ist:* bei dem Verkehrsunfall gab es zwei Tote. **sinnv.:** Entschlafener, Gefallener, Heimgegangener, Hingeschiedener, ↑Leiche, sterbliche Hülle, Verstorbener. **Zus.:** Drogen-, Heroin-, Hitze-, Hunger-, Kälte-, Krebs-, Rauschgift-, Schein-, Unfall-, Verkehrstoter.

tö|ten, tötete, hat getötet ⟨tr.⟩: *den Tod eines Lebewesens herbeiführen, verschulden:* einen Menschen, ein Tier [mit Gift, durch einen Schuß] t. **sinnv.:** abknallen, abmurksen, abschießen, abschlachten, aufknüpfen, auspusten, ↑beseitigen, einschläfern, ↑enthaupten, erdolchen, erdrosseln, erledigen, ermorden, erschießen, erschlagen, erstechen, ersticken, erwürgen, exekutieren, fertigmachen, hängen, hinmorden, hinrichten, kaltmachen, killen, köpfen, kreuzigen, ↑liquidieren, massakrieren, meucheln, morden, niedermetzeln, niederstechen, schießen, steinigen, strangulieren, totschlagen, über die Klinge springen lassen, ↑umbringen, um die Ecke bringen, umlegen, ums Leben bringen, unter die Erde bringen, vergiften, vernichten, vierteilen.

tot|schwei|gen, schwieg tot, hat totgeschwiegen ⟨tr.⟩: *etwas (worüber eigentlich gesprochen werden sollte, was allgemein bekannt werden müßte) nicht erwähnen, um den Eindruck zu erwecken, als ob es nicht existent sei; dafür sorgen, daß jmd./etwas in der Öffentlichkeit nicht genannt, bekannt wird:* der Reaktorunfall wurde totgeschwiegen. **sinnv.:** keine schlafenden Hunde wecken, ↑schweigen · verschwiegen.

Tour [tuːɐ̯], die; -, -en: **1.** *Ausflug, Fahrt, Wanderung (meist von kürzerer Dauer):* eine T. ins Gebirge machen. **sinnv.:** ↑Reise, ↑Spaziergang. **Zus.:** Auto-, Berg-, Extra-, Kletter-, Rad-. Sauf-, Spritz-, Tagestour. **2.** (ugs.) *Art und Weise, mit Tricks, Täuschungsmanövern o. ä. etwas zu erreichen:* die T. zieht bei mir nicht; er macht es auf die dumme T. **sinnv.:** ↑Trick. **3.** ⟨Plural⟩ *Umdrehungen, Umläufe eines rotierenden Körpers, bes. einer Welle:* der Motor läuft auf vollen Touren. **sinnv.:** Drehung, Rotation. **Zus.:** Hochtouren · niedertourig.

Tou|ris|mus [tuˈrɪsmʊs], der; -: *das Reisen, der Reiseverkehr [in organisierter Form] zum Kennenlernen fremder Orte und Länder und zur Erholung:* der T. hat in den letzten Jahren stark zugenommen. **sinnv.:** Fremdenverkehr[swesen], Reiseverkehr[swesen]. **Zus.:** Auto-, Massentourismus.

-tou|ris|mus, der; - ⟨Grundwort⟩: *das [betriebsame Herum]reisen im Zusammenhang mit dem im Basiswort genannten Anliegen, Anlaß:* Abtreibungs-, Friedens-, Gay-, Konferenz-, Polit-, Sextourismus.

Tou|rist [tuˈrɪst], der; -en, -en, **Tou|ri|stin,** die; -, -nen: *männliche bzw. weibliche Person, die reist, um fremde Orte und Länder kennenzulernen:* dieses Land wird von vielen Touristen besucht. **sinnv.:** ↑Fremder, [Urlaubs]reisender. **Zus.:** Auto-, Bahn-, Schlafsacktourist.

Tou|ri|stik [tuˈrɪstɪk], die; -: *alles, was mit dem Tourismus zusammenhängt:* auf der Konferenz wurden auch Probleme der T. besprochen. **sinnv.:** Fremden-, Reiseverkehr. **Zus.:** Bus-, Jugendtouristik.

Tou|ri|stin [tuˈrɪstɪn], die; -, -nen: vgl. Tourist.

Tour|nee [tʊrˈneː], die; -, -s und Tourneen: *Gastspielreise von Sängern, Schauspielern o. ä.:* eine T. machen; auf T. gehen. **sinnv.:** ↑Reise. **Zus.:** Auslands-, Europa-, Konzert-, Sommertournee.

Trab, der; -[e]s: *beschleunigter Gang des Pferdes:* er reitet im T. **sinnv.:** ↑Gang.

tra|ben, trabte, hat/ist getrabt ⟨itr.⟩: **1.** *im Trab laufen oder reiten:* er hat/ist lange getrabt; er ist über die Wiese getrabt. **sinnv.:** ↑reiten. **Zus.:** davon-, heran-, los-, vortraben. **2.** (ugs.) *gemächlich gehen:* der Junge ist nach Hause getrabt. **sinnv.:** sich ↑fortbewegen. **Zus.:** vorbei-, weitertraben · hochtrabend.

Tracht, die; -, -en: *besondere Kleidung, die in bestimmten Landschaften oder von Angehörigen bestimmter Berufe getragen wird:* bunte, Tiroler Trachten. **sinnv.:** ↑Kleidung. **Zus.:** Amts-, Bauern-, Berufs-, Biedermeier-, Frauen-, Hof-, Jäger-, Landes-, Männer-, Ordens-, Priester-, Schwestern-, Vereins-, Volkstracht.

trach|ten, trachtete, hat getrachtet ⟨itr.⟩ (geh.): *bemüht sein, etwas Bestimmtes zu erreichen, zu erlangen:* nach Ehre, Ruhm t.; er trachtete danach, möglichst schnell wieder nach Hause zu kommen. **sinnv.:** ↑streben, ↑suchen.

träch|tig ⟨Adj.⟩: *(von Säugetieren) ein Junges tragend:* eine trächtige Kuh. **sinnv.:** ↑schwanger. **Zus.:** scheinträchtig.

-trächtig ⟨adjektivisches Suffixoid⟩: *in beachtlichem Maße mit dem im Basiswort Genannten erfüllt, es als Möglichkeit, Wahrscheinlichkeit in sich bergend, tragend:* einschaltträchtige Sendezeit; erfolgsträchtige Methode, fehler-, feuchtigkeitsträchtige Luft, geschichtsträchtiger Boden, harmonie-, hoffnungsträchtiges Medikament, ideen-, karriere-, kassenträchtiger Film, konflikt-, kosten-, kunstfehlerträchtige Chirurgen, prestige-, profit-, publicity-, regenträchtige Wolken, schicksal-, schlagzeilen-, skandal-, spionage-, symbol-, unfallträchtige Straßenkreuzung, verdienst-, zukunftsträchtige Erfindung *(die wahrscheinlich Zukunft haben wird).* **sinnv.:** -reich, -schwanger, -schwer, -sicher, -verdächtig, -voll.

Tra|di|ti|on, die; -, -en: *das, was im Hinblick auf Verhaltensweisen, Ideen, Kultur o. ä. in der Geschichte, von Generation zu Generation entwickelt und weitergegeben wird:* alte Traditionen pflegen; dieses Fest ist bereits [zur] T. geworden *(es findet regelmäßig statt).* **sinnv.:** ↑Brauch, Geschichte, Kultur, Überlieferung. **Zus.:** Bau-, Familien-, Kulturtradition.

tra|di|tio|nell ⟨Adj.⟩: *der, einer Tradition entsprechend, auf ihr beruhend:* am Sonntag findet der traditionelle Festzug statt. **sinnv.:** ↑herkömmlich.

trä|ge ⟨Adj.⟩: *lustlos und ohne Schwung, sich nur ungern bewegend:* ein träger Mensch; die Hitze macht mich ganz t. **sinnv.:** apathisch, bequem, desinteressiert, gleichgültig, ↑langsam, leidenschaftslos, lethargisch, phlegmatisch, stumpf[sinnig], teilnahmslos, unbeteiligt · ↑dickfellig, ↑faul.

tra|gen, trägt, trug, hat getragen /vgl. getragen/: **1.** ⟨tr.⟩ *mit/in der Hand, in den Händen halten und mit sich nehmen, irgendwohin bringen:* ein Kind [auf dem Arm] t.; einen Koffer [zum Bahnhof] t.; etwas in der Hand, über der Schulter t.; ⟨auch itr.⟩ wir hatten schwer zu t. **sinnv.:** asten, befördern, schleppen, transportieren. **Zus.:** herein-, hinauf-, hoch-, vorbei-, zusammentragen. **2.** ⟨tr.⟩ *(ein bestimmtes Kleidungsstück) anhaben, (mit etwas Bestimmtem) bekleidet sein:* ein neues Kleid t.; Schmuck, eine Brille t.; getragene *(gebrauchte)* Kleider, Schuhe. **sinnv.:** anhaben, aufhaben · Tracht. **Zus.:** auftragen · farbentragend. **3. a)** ⟨tr.⟩ *haben* (1): einen Namen t.; die Verantwortung für etwas t. **b)** ⟨sich t.⟩ *sich (mit einem Vorhaben o. ä. im Geiste) beschäftigen; in Erwägung ziehen:* sich mit dem Gedanken, Plan t., aufs Land zu ziehen. **sinnv.:** sich ↑befassen mit. **4.** ⟨tr.⟩ *[in bestimmter Weise] ertragen:* sie trägt ihr Schicksal tapfer. **sinnv.:** ↑aushalten. **5.** ⟨itr.⟩ ↑*hervorbringen:* der Baum trägt Früchte; der Acker trägt gut *(ist fruchtbar).* **Zus.:** zinstragend.

Trä|ger, der; -s, -: **1.** *jmd., der Lasten trägt:* für die Expedition wurden einheimische T. gesucht. **sinnv.:** Dienstmann, Schlepper. **Zus.:** Brief-, Fackel-, Fahnen-, Gepäck-, Koffer-, Kranken-, Möbel-, Schwert-, Wasser-, Zeitungsträger. **2.** *tragender Teil einer technischen Konstruktion:* die Decke ruht auf eisernen Trägern. **sinnv.:** ↑Brett. **Zus.:** Balken-, Brücken-, Decken-, Stahlträger.

-trä|ger, der; -s, - ⟨Suffixoid⟩ **1.** */besagt, daß das im Basiswort Genannte/* **a)** */wesentlich in dem Bezugswort enthalten ist/:* Bakterien-, Bedeutungs-, Daten-, (Fleisch als) Eiweißträger, (Erdöl, Uran als) Energieträger, Pyroskulpturen sind brennende Geheimnisträger; Inhalts-, (das Fremdwort als) Stilträger, Textil-, Tonträger. **b)** */in der Vorstellung mit dem im Bezugswort Genannten verbunden wird/:* (der Vampir als) Angstträger; (die Grünen als) Hoffnungsträger; Sympathieträger. **2.** */als zusammenfassende Bezeichnung für bestimmte für etwas zuständige Personen, Institutionen, Einrichtungen/:* Bedarfsträger *(Einrichtungen, die im Handel als Käufer auftreten);* (das Ministerium als) Entscheidungsträger; Erziehungsträger *(an der Erziehung Jugendlicher Beteiligte wie Elternhaus, Schule u. a.);* Herrschafts-, (die Medien als) Kontaktträger; Kosten-, Krankenhaus-, Kultur-, Leistungs-, Lizenz-, Nahverkehrsträger (z. B. Straßenbahn, Autobus, S-Bahn), Programm-, Sanierungs-, Schul-, Versicherungs-, Werbeträger.

trag|fä|hig ⟨Adj.⟩: *geeignet, eine Last zu tragen:* die Brücke ist nicht t. genug. **sinnv.:** ↑stabil.

Tra|gik, die; -: *schweres, schicksalhaftes, von Trauer und Mitempfinden begleitetes Leid:* die T. [seines Lebens, in seinem Leben, dieses Unfalls] lag darin, daß ... **sinnv.:** ↑Schicksal, ↑Unglück.

tra|gisch ⟨Adj.⟩: *von großer Tragik und daher menschliche Erschütterung auslösend:* ein tragisches Schicksal; auf tragische Weise ums Leben kommen. **sinnv.:** erschütternd, schicksalhaft, ↑verhängnisvoll.

Tra|gö|die, die; -, -n: **1.** *dramatisches Stück, in dem menschliches Leid und menschliche Konflikte mit tragischem Ausgang geschildert werden:* eine T. schreiben, aufführen. **sinnv.:** Drama, ↑Schauspiel, Trauerspiel. **2.** *tragisches Geschehen, schrecklicher Vorfall:* in diesem Hause hat sich eine furchtbare T. abgespielt. **sinnv.:** ↑Unglück. **Zus.:** Ehe-, Eifersuchts-, Familientragödie.

trai|nie|ren [trɛ'ni:rən]: **1.** ⟨tr.⟩ *durch systematisches Training auf sportliche Wettkämpfe vorbereiten:* er hat die Mannschaft trainiert. **sinnv.:** ↑abrichten, ↑erziehen. **Zus.:** durchtrainieren. **2.** ⟨itr.⟩ *Training betreiben:* der Sportler trainiert täglich. **sinnv.:** ↑lernen, trimmen, üben.

Trai|ning ['trɛ:nɪŋ], das; -s, -s: *planmäßige Durchführung eines Programms von vielfältigen Übungen zur Steigerung der Leistungsfähigkeit:* er nimmt am T. teil. **sinnv.:** ↑Übung. **Zus.:** Fußball-, Konditions-, Kreislauf-, Leichtathletik-, Leistungs-, Schwimm-, Spezialtraining.

Trakt, der; -[e]s, -e: *Flügel eines Gebäudes; seitlicher Teil eines Gebäudes:* im linken T. des Schlosses ist die Bibliothek untergebracht. **sinnv.:** ↑Flügel, Komplex. **Zus.:** Gebäude-, Laden-, Neben-, Quer-, Seitentrakt · Darmtrakt.

Trak|tor, der; -s, Traktoren: *(bes. in der Landwirtschaft verwendete) Zugmaschine.* **sinnv.:** Bulldozer, Schlepper, Trecker, Zugmaschine.

träl|lern ⟨tr./itr.⟩: *fröhlich, ohne Worte vor sich hin singen:* eine Melodie t.; sie trällert gern bei der Arbeit. **sinnv.:** ↑singen.

tram|peln, trampelte, hat/ist getrampelt ⟨itr.⟩: **a)** *mit den Füßen wiederholt stampfen:* er hat sich den Schnee von den Schuhen getrampelt. **b)** *stampfend gehen:* die Kinder sind durch das Gras getrampelt. **sinnv.:** ↑stampfen. **Zus.:** heraus-, herein-, nieder-, tot-, zertrampeln.

tram|pen ['trɛmpn̩], trampte, ist getrampt ⟨itr.⟩: *reisen, indem man Autos anhält und sich mitnehmen läßt:* da sie wenig Geld haben, trampen sie meistens: er ist nach Hamburg getrampt. **sinnv.:** per Anhalter fahren, hitchhiken; ↑reisen.

Trä|ne, die; -, -n: *(bei starker Gemütsbewegung oder durch äußeren Reiz) im Auge entstehende und als Tropfen heraustretende klare Flüssigkeit:* jmdm. treten Tränen in die Augen; Tränen rollen über ihre Wangen. **sinnv.:** Augenwasser, Zähre · weinen. **Zus.:** Abschieds-, Freuden-, Kinder-, Krokodils-, Rührungsträne.

Trank, der, -[e]s, Tränke (geh): ↑*Getränk:* ein bitterer T. **Zus.:** Gift-, Götter-, Liebes-, Zaubertrank.

trän|ken ⟨tr.⟩: **1.** *(Tieren) zu trinken geben:* er tränkt sein Pferd. **sinnv.:** ↑ernähren, ↑trinken. **2.** *sich etwas mit einer Flüssigkeit vollsaugen lassen:* einen Lappen mit Öl t. **sinnv.:** benetzen, durchfeuchten, durchweichen, naß machen. **Zus.:** durchtränken · blut-, ölgetränkt.

trans-, Trans- ⟨Präfix; fremdsprachliches Basiswort⟩ **a)** *quer durch, durch ... hindurch, über eine Oberfläche hin, von einem Ort zu einem anderen:* Transaktion, transkontinental, Translokation, translozieren, transplantieren *(verpflanzen, z. B. Haut, Herz),* transsibirisch. **b)** *jenseits, über ... hinaus, hinüber:* transalpin *(jenseits der Alpen liegend;* Ggs. zisalpin), -human, -national *(die Grenze der einzelnen Nationen überschreitend),* -personal, -sexuell, subjektiv *(jenseits des Subjektiven liegend).*

Trans|for|ma|tor, der; -s, Transformatoren: *Gerät, elektrische Maschine, mit der die Spannung des elektrischen Stromes erhöht oder vermindert werden kann.* **sinnv.:** Spannungsregler, Trafo, Umformer, Umspanner. **Zus.:** Eisenbahn-, Hochleistungs-, Klingeltransformator.

Trans|fu|si|on, die; -, -en: *intravenöse Übertragung von Blut eines Spenders auf einen Empfänger:* da der Patient sehr viel Blut verloren hatte, wurde eine T. vorgenommen. **sinnv.:** Blutübertragung. **Zus.:** Bluttransfusion.

trans|pa|rent ⟨Adj.⟩: **1.** *Licht durchlassend:* transparentes Papier. **sinnv.:** ↑durchsichtig. **2.** ↑*durchsichtig* (2): in dieser Darstellung werden die Zusammenhänge t.

Trans|pa|rent, das; -[e]s, -e: *breites Band aus Stoff, Papier o. ä., auf dem [politische] Forderungen, Parolen, o. ä. stehen:* bei der Demonstration wurden mehrere Transparente mitgeführt. **sinnv.:** ↑Plakat.

Trans|plan|ta|ti|on, die; -, -en: *Verpflanzung eines Gewebes oder eines Organs auf einen anderen Körperteil oder einen anderen Menschen:* eine T. der Nieren, des Herzens. **sinnv.:** [Gewebs-, Organ]verpflanzung, Überpflanzung, Übertragung. **Zus.:** Haut-, Herz-, Nieren-, Organtransplantation.

Trans|port, der; -[e]s, -e: **1.** *das Transportieren von Dingen oder Lebewesen:* die Wagen wurden beim/auf dem T. beschädigt; der Verletzte hat den T. ins Krankenhaus nicht überstanden. **sinnv.:** ↑Beförderung, Spedition. **Zus.:** Ab-, Bahn-, Flüchtlings-, Güter-, Kinder-, Kranken-, Luft-, Rück-, Schwer[last]-, Tier-, Verwundetentransport. **2.** *zur Beförderung zusammengestellte Menge, Anzahl von Waren oder Lebewesen:* ein T. Pferde, Autos; ein T. mit Lebensmitteln. **sinnv.:** ↑Ladung. **Zus.:** Möbel-, Sammel-, Waffentransport.

trans|por|tie|ren: a) ⟨tr.⟩: ↑*befördern:* Waren auf Lastwagen, per Schiff mit der Bahn t. **b)** ⟨tr./itr.⟩ *weiterbefördern, -bewegen:* der Fotoapparat transportiert [den Film] nicht mehr.

Tra|pez, das; -es, -e: **1.** *Viereck mit zwei parallelen, aber ungleich langen Seiten* (siehe Bildleiste „geometrische Figuren", S. 292). **sinnv.:** ↑Viereck. **2.** *an zwei freihängenden Seilen befestigte kurze Holzstange für turnerische, artistische Schwungübungen:* Vorführungen am, auf dem T. **sinnv.:** Schaukel.

Tras|se, die; -, -n: **a)** *im Gelände abgesteckte Linienführung eines Verkehrsweges, einer Versorgungsleitung o. ä.:* die T. für die neue Autobahn führt im Norden an der Stadt vorbei. **sinnv.:** Bahnlinie, Strecke, Streckenführung. **b)** *Bahn- oder Straßendamm.*

trat|schen ⟨itr.⟩ (ugs. emotional): *viel und nicht sehr freundlich über andere Leute reden:* sie tratscht den ganzen Tag. **sinnv.:** ↑klatschen. **Zus.:** herum-, weitertratschen.

Trau|be, die; -, -n: **a)** *Beeren, die in einer bestimmten Weise um einen Stiel angeordnet sind:* die Trauben eines Weinstocks, der Johannisbeere. **sinnv.:** Dolde, Henkel, Rispe. **Zus.:** Blütentraube. **b)** *Weintraube:* ein Pfund Trauben kaufen; Trauben lesen, keltern.

trau|en: I. a) ⟨itr.⟩ *(zu jmdm./einer Sache) Vertrauen haben; jmdm./einer Sache Glauben schenken:* du kannst ihm t.; ich traue seinen Angaben nicht. **sinnv.:** ↑glauben. **Zus.:** miß-, vertrauen · mißtrauisch. **b)** ⟨sich t.⟩ *den Mut haben, etwas Bestimmtes zu tun:* ich traute mich nicht, ins Wasser zu springen. **sinnv.:** sich ↑wagen. **Zus.:** her-, hinein-, zu-, zurücktrauen. **II.** ⟨tr.⟩ *in einer staatlichen oder kirchlichen Zeremonie ehelich verbinden:* dieser Pfarrer hat uns getraut; sie haben sich auf dem Standesamt t. lassen. **sinnv.:** ↑verheiraten. **Zus.:** an-, ferntrauen.

Trau|er, die; -: **1.** *seelischer Schmerz über ein Unglück oder einen Verlust:* diese Nachricht erfüllte ihn mit T.; in T. um einen Verstorbenen sein. **sinnv.:** Bedrücktheit, Bekümmertheit, Betrübnis, Depression, Deprimiertheit, Freudlosigkeit, Gedrücktheit, Melancholie, Mutlosigkeit, Niedergeschlagenheit, Schwermut, Schwermütigkeit, Traurigkeit, Trübsal, Trübsinn[igkeit], Verzagtheit, Wehmut · elegisch. **Zus.:** Landes-, Staatstrauer. **2.** *die zum Zeichen der Trauer getragene Kleidung:* T. anlegen, tragen; eine Dame in T. **sinnv.:** Trauerkleidung, etwas Schwarzes. **Zus.:** Halbtrauer.

trau|ern ⟨itr.⟩: *seelischen Schmerz (über etwas) empfinden:* er trauert um seine Mutter, über den Verlust, über den Tod seiner Frau. **sinnv.:** sich bekümmern, sich betrüben, sich grämen, traurig sein, weinen um. **Zus.:** be-, mit-, nachtrauern.

Trau|er|spiel, das; -[e]s, -e: ↑*Tragödie.*

träu|feln ⟨tr.⟩: *in Tropfen (auf, in etwas) fallen lassen:* eine Arznei ins Ohr t. **sinnv.:** ↑fließen, tröpfeln, tropfen. **Zus.:** be-, hineinträufeln.

Traum, der; -[e]s, Träume: **1.** *während des Schlafens auftretende Vorstellungen und Bilder:* ein luzider T.; einen T. haben; etwas im T. erleben, sehen. **sinnv.:** Alpdruck, Dämmerzustand, Fata Morgana, Fieberwahn, Halluzination, Hypnose, Trance. **Zus.:** Alp-, Angst-, Fieber-, Klar-, Tag-, Wachtraum. **2.** *sehnlicher, unerfüllter Wunsch:* es war immer sein T., ein Haus am Meer zu besitzen. **sinnv.:** Luftschloß, ↑Wunsch · Träumer. **Zus.:** Blüten-, Jugend-, Jungmädchen-, Kindheits-, Lebens-, Liebes-, Menschheits-, Zukunftstraum.

traum-, Traum- ⟨substantivisches, selten adjektivisches Präfixoid⟩: */besagt, daß das im Basiswort Genannte so schön, ideal* *ist, wie man es sich erträumt, in einer Art ist, von der man träumt/:* Traumarbeit, -arzt, -auto, -beziehung, -ehe, -ergebnis, -frau, -gage, -haus, -hochzeit, -karriere, -mann, -paar, -tor (Fußball), -urlaub, -villa; /adjektivisch/: traumbraun. **sinnv.:** Bilderbuch-.

Trau|ma, das; -s, -ta und Traumen: *starke, schreckähnliche seelische Erschütterung, die lange nachwirkt:* der Kranke ist mit einem schrecklichen T. belastet. **sinnv.:** ↑Schock.

träu|men ⟨itr.⟩: **1.** *einen Traum haben:* ich habe heute nacht [schlecht] geträumt, von meinem Vater geträumt. **sinnv.:** eine Erscheinung haben, phantasieren. **2. a)** *seine Gedanken schweifen lassen:* du träumst zuviel bei der Arbeit. **sinnv.:** dösen, sinnieren. **Zus.:** verträumen. **b)** *ohne Bezug auf die Wirklichkeit (auf etwas) hoffen:* er träumt von einer großen Zukunft. **sinnv.:** ↑schwärmen. **Zus.:** erträumen.

traum|haft ⟨Adj.⟩: **a)** *wie in einem Traum:* er ging seinen Weg mit traumhafter Sicherheit. **sinnv.:** irreal, unbewußt, unwirklich, visionär. **b)** (emotional) *überaus schön:* eine traumhafte Landschaft; das Kleid ist t. [schön]. **sinnv.:** ↑hübsch.

trau|rig ⟨Adj.⟩: **1.** *von Trauer erfüllt:* traurige Augen haben; sie war t. über den Verlust ihres Ringes. **sinnv.:** ↑bekümmert, am Boden zerstört, elegisch, enttäuscht, fassungslos, fertig, getroffen, schmerzlich berührt, schockiert, schwermütig unglücklich, wehmütig. **Zus.:** tief-, todtraurig. **2. a)** *Trauer, Kummer, Betrübnis hervorrufend, verursachend:* dieser Brief macht mich ganz t.; ein trauriges Ereignis; traurige Zustände. **sinnv.:** ↑bedauerlich, freudlos, trist, trostlos. **b)** ⟨nur attributiv⟩ *als erbärmlich, kümmerlich empfunden:* es war nur noch ein trauriger Rest vorhanden. **sinnv.:** ↑armselig.

Treck, der; -s, -s: *Zug von Menschen, die sich mit ihrer meist auf Fuhrwerken geladenen Habe gemeinsam aus ihrer Heimat wegbegeben (bes. als Flüchtlinge, Siedler o. ä.):* ein T. mit Wagen und Pferden. **sinnv.:** Flüchtlingsstrom, -zug. **Zus.:** Flüchtlingstreck.

Trecker, der; -s, -: ↑*Traktor.* **sinnv.:** ↑Schlepper.

Treff, der; -s, -s (ugs.): **a)** *Zusammenkunft, Treffen:* einen T. vereinbaren, mit jmdm. haben. **sinnv.:** ↑Begegnung. **b)** ↑*Treffpunkt.* **Zus.:** Ausländer-, Jugend-, Künstlertreff.

tref|fen, trifft, traf, hat/ist getroffen /vgl. treffend/: **1.** ⟨tr.⟩ **a)** *(von einem Geschoß, einem Schuß, Schlag o. ä.) jmdn., etwas erreichen (und verletzen, beschädigen o. ä.):* der Stein hat ihn getroffen; der Schuß traf ihn in den Rücken; von einer Kugel tödlich getroffen, sank er zu Boden; ⟨auch itr.⟩ der erste Schuß traf [nicht] *(war ein, kein Treffer).* **b)** *(mit einem Schlag, Stoß, Wurf, Schuß) erreichen (und verletzen, beschädigen o. ä.):* ein Ziel t.; ⟨auch itr.⟩ [beim ersten Schuß] ins Schwarze t.; er hat [gut, schlecht, nicht] getroffen. **Zus.:** daneben-, vorbeitreffen. **2.** ⟨itr.⟩ **a)** *jmdm., den man kennt, zufällig begegnen:* er hat einen Kollegen zufällig, unterwegs auf der Straße getroffen. **sinnv.:** ↑begegnen. **Zus.:** an-, aufeinander-, wieder-, zusammentreffen. **b)** *mit jmdm. ein Treffen haben, auf Grund einer Verabredung zusammenkommen:* er hat seine Freunde zu einem gemeinsamen Mittagessen getroffen; ⟨sich t.⟩ die beiden treffen sich/einander häufig; ich treffe mich heute mit meinen Freunden. **sinnv.:** sich ↑versammeln. **3.** ⟨itr.⟩ *unvermutet an einem bestimmten Ort, einer bestimmten Stelle antreffen:* sie ist auf merkwürdige Dinge getroffen; Mißstände dieser Art trifft man hier vielerorts. **sinnv.:** ↑finden, vorfinden. **4.** ⟨itr.⟩ *(bei einem Wettkampf) jmdn. als Gegner [zu erwarten] haben:* im Finale ist die deutsche Mannschaft auf Italien getroffen. **5.** ⟨tr.⟩ *(in bezug auf etwas, wofür man Kenntnisse oder einen sicheren Instinkt o. ä. braucht) [heraus]finden:* den richtigen Ton (im Umgang mit jmdm.) t.; mit dem Geschenk hast du seinen Geschmack [nicht] getroffen; auf dem Foto ist er [nicht] gut getroffen *(es zeigt ihn [nicht] so, wie man ihn kennt).* **sinnv.:** erfassen, erkennen, erraten. **Zus.:** zutreffen. **6.** ⟨tr.⟩ *(im Innersten) verletzen:* jmdn. tief, schwer t.; die Todesnachricht hat ihn furchtbar getroffen. **sinnv.:** ↑erschüttern. **7.** ⟨tr.⟩ *jmdm./einer Sache [bewußt, absichtlich] Schaden zufügen:* mit dem Boykott hat man die Wirtschaft des Landes empfindlich getroffen; weshalb mußte es immer mich t. *(warum muß immer ich leiden, betroffen sein)*? **sinnv.:** ↑schaden. **8.** ⟨itr.⟩ *in bestimmter Weise vorfinden:* es gut, schlecht t.; sie haben es im Urlaub mit dem Wetter bestens getroffen. **9.** ⟨itr./sich t.⟩ *sich in bestimmter Weise fügen:* es hat sich gut, ausgezeichnet, schlecht getroffen, daß ... **10.** ⟨als Funktionsverb meist in Verbindung mit einem Verbalsubstantiv⟩ */bringt zum Ausdruck, daß das im Substantiv Genannte ausgeführt wird/:* Anordnungen t.; eine Vereinbarung, Absprache t.

Tref|fen, das; -s, -: *geplante Zusammenkunft, Begegnung:* ein T. der Abiturienten, der besten Sportler. **sinnv.:** ↑Begegnung, ↑Kampf, Meeting, ↑Rendezvous. **Zus.:** Familien-, Gipfel-, Jugend-, Klassen-, Vergleichstreffen · Hintertreffen.

tref|fend ⟨Adj.⟩: *genau richtig; der Sache völlig angemessen, entsprechend:* ein treffender Vergleich; etwas t. charakterisieren. **sinnv.:** frappant, genau, klar, prägnant, schlagend, ↑sicher; treffsicher. **Zus.:** [un]zutreffend.

Tref|fer, der; -s -: **1.** *Schlag, Wurf o. ä., der trifft:* auf 10 Schüsse 8 T. haben; der Panzer erhielt mehrere T. *(wurde mehrmals getroffen).* **sinnv.:** Einschuß. **b)** ↑*Tor:* einen T. erzielen. **2.** *Gewinn (in einer Lotterie o. ä.):* auf viele Nieten kommt ein T. **sinnv.:** Gewinn, Großes Los, Hauptgewinn, erster Preis. **Zus.:** Haupt-, Volltreffer.

Treff|punkt, der; -[e]s, -e: *Ort, an dem man sich (einer Vereinbarung, Verabredung folgend) trifft:* einen T. ausmachen, vereinbaren. **sinnv.:** Tagungsort, Treff, Versammlungsort.

treff|si|cher ⟨Adj.⟩: **a)** *ein Ziel sicher treffend:* ein treffsicherer Schütze. **b)** *sicher in der Beurteilung, Einschätzung o. ä. von etwas:* eine treffsichere Bemerkung; ein treffsicheres Urteilsvermögen. **sinnv.:** ↑treffend.

trei|ben, trieb, hat/ist getrieben: **1. a)** ⟨tr.⟩ *(durch Antreiben, Vorsichhertreiben o. ä.) dazu bringen, sich in eine bestimmte Richtung zu bewegen, an einen bestimmten Ort zu begeben:* Kühe auf die Weide t.; die Polizei hat die Demonstranten mit Wasserwerfern von der Straße getrieben. **sinnv.:** ↑vertreiben.

Zus.: an-, davon-, fort-, hinein-, weitertreiben. **b)** ⟨tr.⟩ *(durch sein Verhalten o. ä.) [ungeduldig] dazubringen, etwas Bestimmtes (Unkontrolliertes) zu tun, sich in bestimmter Weise zu bewegen:* dieser Schüler hat ihn zur Verzweiflung getrieben. **sinnv.:** ↑anstacheln, ↑veranlassen. **Zus.:** an-, hintreiben · angstgetrieben. **c)** *laufen lassen, in Gang halten:* das Wasser hat das Rad getrieben; der Motor treibt die Säge. **Zus.:** an-, betreiben · atom-, raketengetrieben. **d)** ⟨tr.⟩ *durch Bohrung o. ä. irgendwo herstellen, schaffen:* er hat einen Tunnel durch den Berg getrieben. **sinnv.:** ↑rammen. **Zus.:** durch-, hineintreiben. **e)** *(zu Platten dünn ausgewalztes Metall) in kaltem Zustand mit dem Hammer o. ä. formen, gestalten:* er hat das Messing getrieben; eine Schale aus getriebenem Gold. **f)** ⟨itr.⟩ *(von Pflanzen) hervorbringen:* der Baum hat Blüten getrieben. **Zus.:** austreiben. **2. a)** ⟨tr.⟩ *sich mit etwas beschäftigen:* sie haben Handel mit ihren Nachbarn getrieben; er treibt viel Mathematik. **sinnv.:** ↑machen. **Zus.:** übertreiben · sporttreibend · Gewerbetreibende. **b)** ⟨itr.; in Verbindung mit „es"⟩ *etwas in einem Kritik herausfordernden Übermaß tun:* er hat es gar zu bunt, zu arg, zu wild, zu weit getrieben. **Zus.:** hinter-, übertreiben · durchtrieben. **c)** (ugs.) ⟨itr.; in Verbindung mit „es"⟩ *mit jmdm. Geschlechtsverkehr haben:* er, sie hat es mit vielen getrieben. **sinnv.:** ↑koitieren. **3. a)** ⟨tr.⟩ *von einer Strömung fortbewegt werden:* die Flut hat Strandgut an die Küste getrieben; das Eis ist auf dem Fluß getrieben. **sinnv.:** ↑antreiben, ↑schwimmen, spülen. **Zus.:** an-, dahin-, davon-, fort, her-, vorbei-, weg-, zurücktreiben · Schneetreiben. **b)** ⟨itr.⟩ *in eine bestimmte Richtung bewegt werden:* der Ballon ist landeinwärts getrieben; ein Boot ist ans Land getrieben. **4.** ⟨tr.⟩ **a)** *sich mit etwas zum Zwecke des Erwerbs befassen:* Handel, ein Gewerbe t.; früher hat er Ackerbau und Viehzucht getrieben. **sinnv.:** ausüben. **Zus.:** betreiben. **b)** /in verblaßter Bedeutung in Verbindung mit Substantiven/ *drückt aus, daß etwas mit bestimmter Konsequenz betrieben, verfolgt wird:* Spionage t.; seinen Spott mit jmdm. t.; der Minister hat mit seinem Amt Mißbrauch getrieben. **sinnv.:** ausüben.

Trei|ben, das; -s, -: **1.** ⟨ohne Plural⟩ *lebhaftes, geschäftiges Tätigsein:* das bunte T. in den Straßen gefiel mir. **sinnv.:** Durcheinander, Geschäftigkeit, ↑Hast, Hochbetrieb, reges Leben, Unruhe. **Zus.:** Jahrmarkts-, Karnevalstreiben. **2.** *Jagd, bei der das Wild durch Treiber aufgescheucht und dem Schützen zugetrieben wird:* bei diesem T. wurden 10 Hasen geschossen. **sinnv.:** Treibjagd. **Zus.:** Kesseltreiben.

Trend, der; -s, -s: *erkennbare Richtung einer Entwicklung; starke Tendenz:* der T. im Automobilbau geht zu sparsamen Modellen. **sinnv.:** ↑Neigung. **Zus.:** Abwärts-, Modetrend.

tren|nen: 1. *(durch Zerschneiden der verbindenden Teile) von etwas lösen:* das Futter aus der Jacke t. **sinnv.:** ↑abtrennen, ↑auftrennen, ↑durchschneiden. **2.** ⟨tr.⟩ *(Personen, Sachen) in eine räumliche Distanz voneinander bringen, auseinanderreißen, ihre Verbindung aufheben:* der Krieg hatte die Familie getrennt; Mutter und Kind voneinander t.; die männlichen Tiere wurden von den weiblichen getrennt. **sinnv.:** absondern, isolieren, scheiden. **3.** ⟨sich t.⟩ **a)** *von einer bestimmten Stelle an einen gemeinsamen Weg o. ä. nicht weiter fortsetzen:* sie trennten sich an der Straßenecke, vor der Haustür; nach zwei Stunden Diskussion trennte man sich. **sinnv.:** sich aufspalten, auseinandergehen, sich empfehlen, sich losreißen, sich verabschieden, verlassen, weggehen. **b)** *eine Gemeinschaft, Partnerschaft auflösen, aufgeben:* das Paar hat sich getrennt; sie hat sich von ihrem Mann getrennt. **sinnv.:** sich scheiden. **c)** *etwas hergeben, weggeben, nicht länger behalten (obgleich es einem schwerfällt, es zu entbehren):* sich von Erinnerungsstükken nicht t. können. **sinnv.:** aussondern, aussortieren, wegwerfen. **4.** ⟨tr.⟩ *zwischen einzelnen Personen oder Gruppen eine Kluft bilden:* die verschiedene Herkunft trennte sie; uns trennen Welten *(wir sind auf unüberbrückbare Weise verschieden).* **sinnv.:** auseinanderhalten, unterscheiden. **5.** ⟨tr.⟩ *sich zwischen verschiedenen Bereichen o. ä. befinden; etwas gegen etwas abgrenzen:* ein Zaun trennte die Grundstücke; der Kanal trennt England vom Kontinent. **sinnv.:** teilen.

Trep|pe, die; -, -n: *aus mehreren Stufen bestehender Aufgang, der unterschiedlich hoch liegende Ebenen verbindet:* eine T. hinaufsteigen; vom Ufer führt eine T. zum Fluß hinunter. **sinnv.:** Fallreep, Gangway, Laufsteg, Leiter, Stiege. **Zus.:** Außen-, Boden-, Eisen-, Flur-, Frei-, Haus-, Hinter-, Holz-, Keller-, Lande-, Marmor-, Roll-, Seiten-, Stein-, Terrassen-, Verbindungs-, Wendeltreppe.

Tre|sen, der; -s, -: ↑*Theke.* **sinnv.:** ↑Schanktisch.

Tre|sor, der; -s, -e: *gegen Feuer und Diebstahl gesicherter größerer Raum oder sicheres Fach:* ihr Schmuck ist in einem T. aufbewahrt. **sinnv.:** Bankfach, Geheimfach, Geldschrank, Panzerschrank, Safe, Schließfach, Sicherheitsfach.

tre|ten, tritt, trat, hat/ist getreten: **1.** ⟨itr.⟩ *einen Schritt, ein paar Schritte in eine bestimmte Richtung machen; sich mit einem Schritt, einigen Schritten an eine bestimmte Stelle bewegen:* nach hinten t.; treten Sie näher!; ans Fenster t.; auf den Balkon t.; vor den Spiegel t.; zur Seite t. *(einen Schritt zur Seite tun [um Platz zu machen]);* er ist zwischen die Streithähne getreten. **sinnv.:** sich ↑aufstellen, ↑betreten, ↑stampfen, ↑stellen. **Zus.:** darauf-, drauf- ein-, hervor-, hinaus-, hinein-, näher-, vor-, weg-, zurücktreten. **2.** ⟨tr.⟩ *jmdm./einem Tier/einer Sache einen Tritt versetzen:* den Hund t.; bei der Schlägerei hatte er den Mann [mit dem Fuß, dem Stiefel] getreten; er hat ihm/(seltener:) ihn ans, gegen das Schienbein getreten. **sinnv.:** ↑stoßen. **Zus.:** tot-, zutreten. **3.** ⟨tr.⟩ *durch Tritte, durch wiederholtes Betreten (in etwas) bahnen:* sie haben einen Pfad [durch den Schnee, durch das hohe Gras] getreten. **Zus.:** breit-, fest-, nieder-, schief-, zertreten · ausgetreten. **4.** ⟨tr.⟩ /verblaßt in Verbindung mit Substantiven/ *drückt den Beginn einer Handlung o. ä. aus:* in jmds. Dienste t.; in Verhandlungen t.; in Aktion t.; in den Hungerstreik t.; er ist mit 65 in den Ruhestand getreten. **Zus.:** Inkrafttreten.

treu ⟨Adj.⟩: *beständig in seiner Gesinnung; fest zu Menschen und Dingen stehend, denen man sich verpflichtet fühlt:* ein treuer Freund; treue Liebe; jmdm./einer Sache t. sein, bleiben. **sinnv.:** anhänglich, ↑beständig, brav, ergeben, getreulich, loyal, zuverlässig. **Zus.:** getreu · betreuen. vgl. -treu.

-treu ⟨adjektivisches Suffixoid⟩: **1.** *getreu dem im Basiswort Genannten, ihm (als Vorbild) genau entsprechend:* buchstaben-, inhalts-, längentreu abbilden, laut-, linien-, natur-, phasen-, pflicht-, prinzipien-, text-, verfassungs-, vertrags-, wahrheits-, winkeltreu abbilden, wirklichkeits-, worttreu. **sinnv.:** -echt, -fest, -gemäß, -gerecht, -getreu, -richtig. **2.** *an der engen Bindung zu dem im Basiswort Genannten zuverlässig festhaltend, darin beständig, ihm treu:* **a)** /auf Personen bezogen/ arafat-, kaiser-, kartell-, königs-, moskau-, NATO-treu, regierungstreu. **b)** form-, mischungstreu (Tabak).

Treue, die; -: *das Treusein:* jmdm. T. schwören. **sinnv.:** ↑Anhänglichkeit, ↑Beständigkeit. **Zus.:** Freundes-, Gefolgschafts-, Gesinnungs-, Heimat-, Nibelungen-, Untreue.

Tri|an|gel [auch: Triangel], der; -s, -: *Musikinstrument aus einem zum Dreieck gebogenen Stahlstab, der mit einem Metallstäbchen angeschlagen wird* (siehe Bildleiste „Schlaginstrumente").

Tri|bü|ne, die; -, -n: *[überdachte] Anlage mit ansteigenden Sitzreihen für Zuschauer (von unter freiem Himmel stattfindenden Veranstaltungen):* sie hatten bei dem Fußballspiel einen Platz auf der T. **sinnv.:** ↑Galerie. **Zus.:** Ehren-, Presse-, Zuschauertribüne.

Trich|ter, der; -s, -: *oben weites Gefäß zum Füllen von Flaschen o. ä., das sich nach unten verengt und in ein kurzes Rohr übergeht:* Motoröl mit einem T. einfüllen. **Zus.:** Ansaug-, Einfülltrichter · Bomben-, Grammophontrichter · eintrichtern.

Trick, der; -s, -s: **a)** *einfache, aber wirksame Methode, mit der man sich eine Arbeit erleichtert:* einen T. anwenden. **sinnv.:** Dreh, Kniff, ↑Kunststück, Masche, Methode, Praktik, Raffinesse. **Zus.:** Filmtrick. **b)** *listig ausgedachtes, geschicktes Vorgehen, mit dem man jmdn. täuscht:* er ist auf den T. eines Betrügers hereingefallen. **sinnv.:** ↑Betrug, Doppelspiel, Falschheit, Hinterhältigkeit, ↑List, Tour, Unaufrichtigkeit. **Zus.:** Ganoven-, Gauner-, Reklame-, Taschenspieler-, Zaubertrick.

Trieb, der; -[e]s, -e: **1.** *[vom Instinkt gesteuerter] innerer Antrieb, der auf die Befriedigung starker, oft lebensnotwendiger Bedürfnisse abzielt:* er folgte einem inneren T., als er sich zu dieser Tat entschloß. **sinnv.:** ↑Leidenschaft, ↑Neigung. **Zus.:** Fortpflanzungs-, Freiheits-, Geschlechts-, Gestaltungs-, Herden-, Johannis-, Natur-, Selbsterhaltungs-, Spiel-, Tätigkeits-, Ur-, Wissenstrieb. **2.** *Teil einer Pflanze, der neu hervorgewachsen, noch nicht verholzt ist:* die Bäume zeigen frische Triebe. **sinnv.:** Ableger, Schößling. **Zus.:** Blatt-, Johannis-, Mai-, Wurzeltrieb.

trieb|haft ⟨Adj.⟩: *allein von Trieben (und nicht vom Verstand) bestimmt oder beherrscht:* t. handeln; er ist ein triebhafter Mensch. **sinnv.:** ↑hemmungslos, ↑tierisch.

trie|fen, triefte, hat/ist getrieft ⟨itr.⟩: **a)** *in großen Tropfen von etwas herabfließen:* der Schweiß ist ihm von der Stirn getrieft. **sinnv.:** ↑fließen. **Zus.:** hervortriefen. **b)** *tropfend naß sein:* mein Hut hat vom Regen getrieft. **Zus.:** fett-, schweißtriefend.

trif|tig ⟨Adj.⟩: *sehr überzeugend, schwerwiegend:* einen triftigen Grund für etwas haben; eine triftige Entschuldigung. **sinnv.:** entscheidend, ↑stichhaltig, ↑wichtig.

Tri|kot [tri'ko:; auch: 'trɪko], das; -s, -s: *meist eng anliegendes Kleidungsstück aus dehnbarem, gewirktem Stoff, bes. für Sportler:* die Mannschaft spielt in blauen Trikots. **sinnv.:** Jersey, Leibchen, Sporthemd, Turnhemd. **Zus.:** Ballett-, Fußball-, Ringer-, Turnertrikot.

tril|lern ⟨itr.⟩: *singen oder pfeifen mit schneller Wiederholung von einem oder zwei hellen Tönen:* der Vogel trillert laut. **sinnv.:** ↑singen.

trim|men ⟨tr.⟩: *durch sportliche Betätigung oder bestimmte körperliche Übungen leistungsfähig machen:* er trimmt seine Schützlinge; sich durch tägliche Waldläufe t. **sinnv.:** sich fit halten, in Form bringen, joggen, ↑trainieren.

trin|ken, trank, hat getrunken: **1. a)** ⟨tr.⟩ *ein bestimmtes Getränk zu sich nehmen:* Milch t.; wir tranken noch ein Glas Bier. **b)** ⟨itr.⟩ *Flüssigkeit zu sich nehmen:* schnell t.; sie trinkt aus der Flasche. **sinnv.:** einflößen, nippen, saufen, schlucken, schlürfen, sich ↑stärken; ↑tränken; ↑verzehren · Getränk. **Zus.:** aus-, durcheinander-, weg-, zutrinken. **2.** ⟨itr.⟩ *[viel] Alkohol zu sich nehmen:* der Kraftfahrer hatte getrunken; ihr Mann trinkt. **sinnv.:** Alkoholiker/Trinker sein, bechern, sich ↑betrinken, sich einen hinter die Binde gießen, einen heben/zwitschern/zur Brust nehmen, einen auf die Lampe gießen, picheln, saufen, schlabbern, schlucken, süffeln, verkasematuckeln, zechen · angetrunken, [be]trunken. **Zus.:** sich tot-, volltrinken.

Trin|ker, der; -s, -: ↑*Alkoholiker:* sein Vater ist ein T.

Trink|ge|fäß, das; -es, -e: *Gefäß, aus dem man trinken kann* (siehe Bildleiste). **sinnv.:** ↑Gefäß.

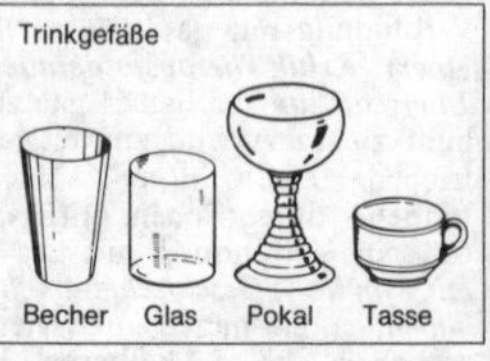

Trio, das; -s, -s: **1.** *Musikstück für drei Instrumente.* **2. a)** *Gruppe von drei Musikern.* **sinnv.:** Terzett. **Zus.:** Klaviertrio. **b)** *Gruppe von drei Personen, die häufig gemeinsam in Erscheinung treten, an einer [strafbaren] Handlung beteiligt sind o. ä.:* die Polizei fand dieses T. nach dem Einbruch in einer Bar. **sinnv.:** ↑Bande, ↑Mannschaft. **Zus.:** Gaunertrio.

Trip, der; -s, -s: **1.** (ugs.) *[kurzfristig, ohne große Vorbereitung unternommene] Reise, Fahrt:* einen kurzen T. unternehmen; einen T. nach Venedig machen. **sinnv.:** ↑Reise. **2.** (Jargon) **a)** *mit Halluzinationen o. ä. verbundener Rauschzustand nach dem Genuß von Rauschgift, Drogen:* der T. war vorbei; auf dem T. *(im Rauschzustand)* sein. **sinnv.:**

↑Rausch · high. **b)** *kleine Menge einer halluzinogenen Droge, bes. von LSD:* einen T. [ein]werfen, [ein]schmeißen *(nehmen).* **sinnv.:** ↑Dosis. **3.** (Jargon, oft abwertend) *Phase, in der sich jmd. mit etwas Bestimmtem besonders intensiv beschäftigt, in der ihn eine Sache besonders stark interessiert, begeistert:* zur Zeit ist er auf seinem religiösen T. **Zus.:** Bio-, Ego-, Friedens-, Hifi-, Kinder-, Polit-, Ökotrip.

trip|peln, trippelte, ist getrippelt ⟨itr.⟩: *mit kleinen Schritten laufen:* das Kind trippelt durch das Zimmer. **sinnv.:** sich ↑fortbewegen.

trist ⟨Adj.⟩: *traurig anzusehen; durch Trostlosigkeit, Eintönigkeit gekennzeichnet:* eine triste Häuserfront, Gegend. **sinnv.:** ↑bekümmert; ↑langweilig; ↑rauh.

Tritt, der; -[e]s, -e: **a)** ⟨ohne Plural⟩ *Art und Weise, wie jmd. seine Schritte setzt:* einen festen T. haben. **sinnv.:** ↑Gang. **Zus.:** Gleich-, Hahnen-, Marschtritt. **b)** *Stoß mit dem Fuß:* jmdm. einen T. geben. **Zus.:** Fuß-, Huftritt.

Tri|umph, der; -[e]s, -e: **a)** *großer, mit großer Genugtuung, Freude erlebter Erfolg:* die Sängerin feiert Triumphe; diese Maschine ist ein T. der Technik: **sinnv.:** ↑Sieg. **b)** ⟨ohne Plural⟩ *große Genugtuung, Freude über einen errungenen Erfolg:* der Wahlsieg war für den Kanzler ein großer T.

tri|um|phie|ren ⟨itr.⟩: **a)** *(über einen Gegner [in einem Wettkampf]) einen Sieg davontragen:* er triumphierte über seine Gegner. **sinnv.:** ↑siegen. **b)** *seiner Freude über einen Erfolg (einen als übertrieben, hämisch o. ä. gewerteten) Ausdruck geben:* er triumphierte, als er das hörte; ein triumphierendes Lächeln. **sinnv.:** sich ↑freuen.

tri|vi|al ⟨Adj.⟩: *ohne Ideengehalt und daher wenig bedeutungsvoll:* eine triviale Äußerung; ein trivialer Gedanke. **sinnv.:** abgegriffen, abgenutzt, alltäglich, ↑banal, ↑flach, durchschnittlich, läppisch, simpel.

trocken ⟨Adj.⟩: **1.** *frei von Feuchtigkeit:* trockenes Wetter; die Wäsche ist t. **sinnv.:** ausgetrocknet, ↑dürr, entwässert, saftlos, ↑unfruchtbar, wasserarm · trocknen; ↑vertrocknen. **Zus.:** knochen-, rappel-, staub-, strohtrocken. **2. a)** *sehr nüchtern, allzu sachlich, ohne Ausschmückung, Phantasie:* ein trockener Vortrag. **sinnv.:** akademisch, ↑langweilig. **Zus.:** furztrocken. **b)** *in seiner Sachlichkeit und zugleich Unverblümtheit erheiternd, witzig wirkend:* eine trockene Bemerkung, Feststellung; trockener Humor. **sinnv.:** ↑sachlich. **3.** *(von Weinen o. ä.) wenig unvergorenen Zucker enthaltend:* ein trockener Sekt. **sinnv.:** ↑herb. **Zus.:** halbtrocken. **4.** (Jargon) *nicht mehr alkoholabhängig:* er ist seit einiger Zeit t. **sinnv.:** clean.

trocken|le|gen, legte trocken, hat trockengelegt ⟨tr.⟩: **1.** *(ein Baby) säubern und mit frischen Windeln versehen:* sie muß ihr Baby t. **sinnv.:** wickeln, windeln. **2.** *durch Entzug der überschüssigen Feuchtigkeit fruchtbar machen:* einen Sumpf, Land t. **sinnv.:** dörren, dränieren, entsumpfen, entwässern, ↑trocknen.

trock|nen, trocknete, hat/ist getrocknet: **1.** ⟨tr.⟩ *trocken machen, trocken werden lassen:* Holz [am Ofen] t.: er hat seine Haare getrocknet. **sinnv.:** ↑abtrocknen, fönen, trockenlegen, -reiben. **Zus.:** ab-, durch-, wegtrocknen · gefriergetrocknet. **2.** ⟨itr.⟩ *trocken werden (als erwünschtes Ergebnis in bezug auf etwas, was üblicherweise nicht naß, feucht ist):* die Wäsche ist schnell getrocknet. **sinnv.:** ausdörren, dorren, dörren, vertrocknen, ↑welken. **Zus.:** an-, aus-, ein-, vertrocknen.

trö|deln ⟨itr.⟩ (emotional): *langsam sein, nicht zügig vorankommen, Zeit verschwenden:* bei der Arbeit, auf dem Nachhauseweg t. **sinnv.:** bummeln, Dienst nach Vorschrift machen, nölen, schlendern, wursteln, zotteln. **Zus.:** herum-, vertrödeln.

Trog, der; -[e]s, Tröge: *großes, meist längliches, offenes [Stein-, Holz]gefäß:* die Schweine fressen aus dem T. **sinnv.:** ↑Gefäß. **Zus.:** Back-, Freß-, Futter-, Holz-, Schweine-, Stein-, Wasch-, Wassertrog.

trol|len, sich (ugs.): *sich langsam und ein wenig zögernd entfernen, weggehen:* als er mich sah, hat er sich getrollt; troll dich! **sinnv.:** ↑weggehen.

Trom|mel, die; -, -n: *Schlaginstrument mit zylindrischem, an beiden Seiten mit [Kalb]fell bespanntem Resonanzkörper* (siehe Bildleiste „Schlaginstrumente").

trom|meln ⟨itr.⟩: **a)** *die Trommel schlagen.* **sinnv.:** ↑pauken. **Zus.:** Getrommel. **b)** *fortgesetzt und schnell auf einen Gegenstand schlagen, klopfen:* mit den Fingern auf den Tisch t.; der Regen trommelte auf das Dach. **sinnv.:** ↑prasseln. **Zus.:** eintrommeln.

Trom|pe|te, die; -, -n: *Blechblasinstrument mit oval gebogenem Rohr und drei Ventilen* (siehe Bildleiste „Blechblasinstrumente"). **sinnv.:** ↑Blechblasinstrument.

trom|pe|ten, trompetete, hat trompetet ⟨itr.⟩: **1.** *Trompete blasen.* **sinnv.:** ↑tuten. **2.** *Laute hervorbringen, die denen einer Trompete ähnlich sind:* der Elefant trompetet. **sinnv.:** sich ↑schneuzen, tröten.

Tro|pen, die ⟨Plural⟩: *zu beiden Seiten des Äquators liegende Zone mit sehr heißem Klima:* diese Pflanzen kommen nur in den T. vor. **Zus.:** Subtropen.

Tropf, der; -[e]s, Tröpfe: *Mensch, der (im Urteil des Sprechers) [in bedauernswerter Weise] einfältig ist:* so ein T.!; er ist ein armer T. **sinnv.:** ↑Narr.

tröp|feln, tröpfelte, hat/ist getröpfelt:**1.** ⟨itr.⟩ *in wenigen, kleinen Tropfen schwach [und langsam] niederfallen oder rinnen:* das Blut ist aus der Wunde auf den Boden getröpfelt; es hat nur getröpfelt *(nur leicht geregnet).* **sinnv.:** ↑fließen, ↑regnen. **2.** ⟨tr.⟩ *in kleinen Tropfen fließen lassen:* er hat ihm die Arznei in die Augen getröpfelt. **sinnv.:** ↑träufeln. **Zus.:** eintröpfeln.

trop|fen, tropfte, hat/ist getropft ⟨itr.⟩: **a)** *in einzelnen Tropfen herabfallen:* das Blut ist aus der Wunde getropft. **sinnv.:** ↑fließen, ↑träufeln. **Zus.:** herabtropfen. **b)** *einzelne Tropfen herabfallen lassen:* der Wasserhahn hat getropft.

Trop|fen, der; -s, -: **1.** *kleine Flüssigkeitsmenge von kugeliger oder länglichrunder Form:* ein T. Blut; es regnet in großen T. **Zus.:** Bluts-, Fett-, Regen-, Schweiß-, Wassertropfen. **2.** ⟨Plural⟩ *Medizin (die in Tropfen genommen wird):* hast du deine T. schon genommen? **sinnv.:** ↑Medikament. **Zus.:** Augen-, Baldrian-, Beruhigungs-, Husten-, Nasentropfen.

Troß, der; Trosses, Trosse: ↑*Gefolgschaft.* **sinnv.:** ↑Anhänger.

Trost, der; -es: *etwas, was jmdn. in seinem Leid, seiner Niedergeschlagenheit aufmuntert, tröstet:* ihre Worte waren nur ein [schwacher] T.; in etwas T. finden. **sinnv.:** Aufrichtung, Hilfe, Linderung, Tröstung, Wohltat, Zuspruch; ↑Beileid, ↑Hoffnung.

trö|sten, tröstete, hat getröstet: **a)** ⟨tr.⟩ *Trost spenden, zusprechen, wieder zuversichtlich machen:* die Mutter tröstet das Kind; dieser Gedanke tröstete ihn. **sinnv.:** ↑aufrichten. **Zus.:** hinweg-, vertrösten. **b)** ⟨sich t.⟩ *(etwas Unangenehmes, Bedrückendes) überwinden:* er tröstete sich schnell über den Verlust. **sinnv.:** sich ↑abreagieren, sich beruhigen, sich mit etwas abfinden, über etwas hinwegkommen.

tröst|lich ⟨Adj.⟩: *hoffnungsfroh stimmend (in einer an und für sich anstrengenden o. ä. Situation):* es ist t. zu wissen, daß wir nach dieser vielen Arbeit auf Urlaub fahren können; es ist ein tröstlicher Gedanke, daß ... **sinnv.:** beruhigend, ermutigend, trostreich. **Zus.:** untröstlich.

Trott, der; -[e]s: *langsamer, schwerfälliger Gang:* das Pferd geht im T.

Trot|tel, der; -s, - (ugs.): *Mensch, der (im Urteil des Sprechers) einfältig, dumm ist:* so ein T.! **sinnv.:** ↑Dummkopf. **Zus.:** Dorftrottel.

trot|ten, trottete, ist getrottet ⟨itr.⟩: *langsam und schwerfällig gehen:* er trottete müde durch den Sand. **sinnv.:** ↑latschen. **Zus.:** daher-, davon-, hinterher-, vorbei-, weitertrotten.

trotz ⟨Präp. mit Gen.; bes. südd., österr. und schweiz. auch mit Dat.⟩: *ungeachtet (eines Faktums, das dem in Rede Stehenden entgegensteht oder das das in Rede Stehende eigentlich hätte unmöglich machen müssen); ohne Rücksicht auf etwas/jmdn.:* t. Schnees; t. des Regens; t. allen Fleißes; t. strömenden Regens; t. aller Versuche; t. dem schlechten Wetter; t. schwachem Verkehr; t. einigem Abstand; ⟨starke Substantive bleiben im Singular ungebeugt, wenn sie ohne Artikel und ohne adjektivisches Attribut stehen, im Plural stehen sie dann im Dativ⟩ t. Schnee; t. Geschäftsumbau geht der Verkauf weiter; t. Erlassen; t. Atomkraftwerken. **sinnv.:** ungeachtet.

Trotz, der; -es: *hartnäckiger [eigensinniger] Widerstand gegen eine Autorität (aus dem Gefühl, im Recht zu sein):* er tut es aus lauter T; den T. eines Kindes zu brechen versuchen. **sinnv.:** ↑Eigensinn.

trotz|dem ⟨Adverb⟩: *trotz hindernder Umstände:* ich bin nicht verreist, t. habe ich mich erholt; es ist verboten, aber ich habe es t. getan. **sinnv.:** ↑dennoch.

trot|zig ⟨Adj.⟩: *(bes. von Kindern) hartnäckig bestrebt, seinen eigenen Willen durchzusetzen:* ein trotziges Gesicht machen; eine trotzige Antwort geben. **sinnv.:** ↑rebellisch, ↑rechthaberisch, ↑störrisch, ↑unzugänglich.

trü|be ⟨Adj.⟩: **1. a)** *(bes. von etwas Flüssigem) [verschmutzt und] undurchsichtig wirkend:* trüber Apfelsaft; das Wasser in der Pfütze war erst klar, doch als er mit seinen Lehmstiefeln hineintrat, wurde es t.; trübes Glas. **sinnv.:** milchig, ↑schmutzig, undurchsichtig. **Zus.:** naturtrüb. **b)** *matt leuchtend, kein helles Licht von sich gebend:* der trübe Schein einer verstaubten Lampe; eine trübe Wintersonne. **sinnv.:** ↑dunkel. **2.** *von traurigen oder düsteren Gedanken erfüllt, auf solche hindeutend:* eine trübe Stimmung; t. saß er in einer Ecke des Zimmers. **sinnv.:** ↑bekümmert; trübselig, trübsinnig · betrüblich · Betrübtheit.

Tru|bel, der; -s: *[mit Gewühl verbundenes] lebhaftes, geschäftiges oder lustiges Treiben:* in der Stadt herrschte [ein] großer T.; sich in den T. des Verkehrs stürzen. **sinnv.:** ↑Hast, ↑Lärm, Trouble. **Zus.:** Faschings-, Fest-, Weihnachtstrubel.

trü|ben: 1. a) ⟨tr.⟩ *trübe, undurchsichtig machen:* die Abwässer haben das Wasser getrübt. **Zus.:** eintrüben. **b)** ⟨sich t.⟩ *trübe werden:* das Wetter hat sich getrübt. **2.** ⟨tr.⟩ *eine gute Gemütsverfassung, einen guten Zustand o. ä. beeinträchtigen:* dein Kummer hat mir die Freude getrübt; seit dem Zwischenfall war ihr gutes Verhältnis getrübt. **sinnv.:** ↑behindern. **Zus.:** betrüben.

trüb|se|lig ⟨Adj.⟩: *traurig gestimmt:* trübselige Gedanken; eine trübselige Stimmung. **sinnv.:** ↑trübe.

trüb|sin|nig ⟨Adj.⟩: *trübe gestimmt, niedergeschlagen:* trübsinnige Gedanken; er geht oft tagelang t. umher. **sinnv.:** ↑bekümmert, ↑trübe.

tru|deln, trudelte, hat/ist getrudelt ⟨itr.⟩: *langsam und ungleichmäßig fallen und sich dabei um seine Längsachse drehen:* das Flugzeug hat getrudelt, kommt ins Trudeln; die welken Blätter sind auf die Erde getrudelt. **sinnv.:** ↑rollen.

trü|gen, trog, hat getrogen ⟨itr.⟩: *einen falschen Eindruck erwecken, zu falschen Vorstellungen verleiten:* wenn mich mein Gedächtnis nicht trügt, dann war er damals dabei; der [äußere] Schein trügt. **sinnv.:** ↑betrügen, ↑irreführen.

trü|ge|risch ⟨Adj.⟩: *zu falschen Annahmen oder Hoffnungen verleitend; auf einer Fehleinschätzung der Lage beruhend:* trügerische Hoffnungen; die glänzende Fassade der großen Feste war t., denn dahinter gab es im Volk großes Elend. **sinnv.:** illusorisch, imaginär, irreal, irreführend, täuschend, unwirklich, utopisch.

Tru|he, die; -, -n: *Möbelstück in Form eines Kastens mit einem Deckel zum Aufklappen an der Oberseite:* sie legte die Wäsche in die T. **sinnv.:** Lade, Sarg, Schrein. **Zus.:** Bett-, Gefrier-, Holz-, Kleider-, Korn-, Kühl-, Musik-, Schatz-, Wärme-, Wäschetruhe.

Trüm|mer, die ⟨Plural⟩: *Bruchstücke, Überreste eines zerstörten größeren Ganzen:* die T. eines Hauses, eines Spiegels. **sinnv.:** Ruine, Schutt, Torso, Überbleibsel, Wrack. **Zus.:** Fels-, Gesteins-, Mauer-, Säulentrümmer · zertrümmern.

Trumpf, der; -[e]s, Trümpfe: *eine der [wahlweise] höchsten Karten bei Kartenspielen, mit der andere Karten gestochen werden können:* Pik ist T.; einen T., Trümpfe ausspielen.

Trunk, der; -[e]s, selten: Trünke (geh.): **a)** *Getränk (das man im Glas o. ä. vor sich hat):* ein kühler, erfrischender T. labte die Wanderer. **sinnv.:** ↑Getränk. **b)** *das Trinken* /von Alkohol/: er neigt zum T., ist dem T. verfallen.

trun|ken ⟨Adj.⟩ (geh.): **1.** *sich (durch die Wirkung des Alkohols) in einem Rauschzustand befindend:* er war t. von Wein. **sinnv.:** ↑betrunken. **2.** *überaus glücklich und begeistert, von Gefühlen überwältigt:* t. von Freude; der Sieg machte sie ganz t. **Zus.:** glücks, -siegestrunken.

Trupp, der; -s, -s: *kleine [in Bewegung befindliche] geschlossene Gruppe von Menschen (die in einem gemeinsamen Tun begriffen sind):* ein T. marschierender (seltener:) marschierende Studenten, Soldaten. **sinnv.:** ↑Abteilung. **Zus.:** Bau-, Späh-, Stoß-, Vortrupp.

Trup|pe, die; -; -n: **1.** *zusammen auftretende Gruppe von Schauspielern, Artisten o. ä.:* eine T. von Artisten. **sinnv.:** Ensemble, ↑Mannschaft. **Zus.:** Artisten-, Ballett-, Komödiantentruppe. **2. a)** *militärischer Verband:* Truppen zusammenziehen, zurückziehen. **sinnv.:** ↑Armee. **Zus.:** Besatzungs-, Boden-, Elite-, Pioniertruppe. **b)** ⟨ohne Plural⟩ *im Kampf stehende Truppe* (a): die Moral der T.; eine Strafe für die Entfernung von der T.; zur T. versetzt werden. **sinnv.:** ↑Armee, ↑Militär.

Trut|hahn, der; -[e]s, Truthähne, **Trut|hen|ne,** die; -, -n: *dem Huhn ähnlicher, aber größerer Vogel mit meist dunklem Gefieder und rötlich-violettem nacktem Kopf und Hals, der besonders wegen seines Fleisches als Haustier gehalten wird.*

T-Shirt ['ti:ʃə:t] das; -s, -s: *eine Art kurzärmeliges Hemd aus Trikot ohne Kragen.* **sinnv.:** ↑Bluse; ↑Pullover.

Tu|ba, die; -, Tuben: *Blechblasinstrument mit gewundenem Rohr und nach oben gerichtetem Schalltrichter* (siehe Bildleiste „Blechblasinstrumente").

Tu|be, die; -, -n: *kleinerer röhrenartiger Gegenstand aus weichem Material (Metall, Kunststoff), dessen Inhalt (pastenartige Stoffe) durch eine Öffnung am oberen Ende herausgedrückt wird:* eine T. Senf. **sinnv.:** ↑Behälter.

Tuch, das; -[e]s, Tücher und Tuche: **1.** ⟨Plural: Tücher⟩ *viereckiges, gesäumtes Stück Stoff für bestimmte, unterschiedliche Zwecke:* sich ein T. um den Kopf, um den Hals binden; etwas mit einem T. zudecken; ein T. zum Säubern, Abstauben verwenden. **Zus.:** Bett-, Hals-, Hand-, Kavaliers-, Kopf-, Scheuer-, Seiden-, Staub-, Taschen-, Tisch-, Wisch-, Wolltuch. **2.** ⟨Plural: Tuche⟩ *(für Kleidungsstücke verwendetes) glattes Gewebe mit leicht filziger Oberfläche:* ein Anzug aus feinem T. **sinnv.:** ↑Stoff, ↑Textilien.

tüch|tig ⟨Adj.⟩: **1. a)** *(in bezug auf einen Menschen) gute Arbeit leistend:* ein tüchtiger Kaufmann; er ist als Arzt sehr t. **sinnv.:** ↑begabt, befähigt, auf Draht, fähig, patent, qualifiziert; ↑fleißig; ↑lebenstüchtig; ↑wacker · etwas leisten. **Zus.:** untüchtig; vgl. -tüchtig. **b)** *(in bezug auf eine Arbeit, Leistung) in anerkennenswerter Weise gut:* das ist eine tüchtige Leistung. **sinnv.:** ↑anständig. **2.** (ugs.) **a)** *eine bestimmte Qualität darstellend, sehr groß:* das war ein tüchtiger Schrecken; einen tüchtigen Schluck nehmen. **sinnv.:** ↑gehörig. **b)** ⟨intensivierend bei Verben⟩ *sehr, in hohem Maß:* er hat t. gefroren; sie haben ihn t. ausgelacht. **sinnv.:** ↑sehr.

-tüch|tig ⟨adjektivisches Suffixoid⟩: **1.** *in bezug auf das im Basiswort Genannte [gut] brauchbar und die damit verbundenen Aufgaben gut erfüllend, in bezug darauf leistungsfähig, einsatzbereit:* fahr-, flugtüchtige Maschine, ein funktionstüchtiger Motor, schwimmtüchtiges Auto, sende-, verkehrstüchtig; /elliptisch/: In der Antarktis wurde das Expeditionsschiff zerquetscht. Es war nicht eistüchtig; eine farbenfehlsichtige Person ist wieder farb[en]tüchtig geworden *(kann Farben wieder richtig erkennen, unterscheiden),* hochseetüchtige Bohrinsel, Boeing 727 ist lufttüchtig *(kann in die Luft aufsteigen und fliegen),* ein seetüchtiges Schiff *(Schiff, das zur Fahrt über das/auf dem Meer geeignet, dafür tauglich ist);* /passivisch/: bergtüchtige Schuhe *(die gut zum Bergsteigen verwendet werden können),* gebrauchstüchtiger Anzug, kriegsverwendungstüchtig *(kann im Krieg eingesetzt/für den Kriegsdienst verwendet werden).* **sinnv.:** -fähig. **2.** *in dem im Basiswort Genannten durch entsprechende Aktivitäten erfolgreich:* geschäfts-, lebenstüchtig, vermehrungstüchtiges Ungeziefer.

tückisch ⟨Adj.⟩ (emotional): **a)** *durch versteckte Bosheit, Hinterhältigkeit gefährlich:* ein tückischer Gegner, Plan; er ist t. und falsch. **sinnv.:** ↑gefährlich; unaufrichtig. **Zus.:** heimtückisch. **b)** *eine verborgene Gefahr in sich bergend:* eine tückische Krankheit; die abschüssige Straße ist bei Glätte sehr t. **sinnv.:** ↑gefährlich.

Tu|gend, die; -, -en: **a)** ⟨ohne Plural⟩ *sittlich-moralische Untadeligkeit, vorbildliche Haltung eines Menschen:* er, sie ist ein Mensch von unangefochtener T. **sinnv.:** ↑Anstand, Sittenstrenge, Sittsamkeit, Tugendhaftigkeit, Züchtigkeit. **b)** *bestimmte sittlich wertvolle Eigenschaft:* demokratische Tugenden; ihr eignet die T. der Geduld. **sinnv.:** ↑Eigenschaft. **Zus.:** Haupt-, Kardinal-, Untugend.

Tul|pe, die; -, -n: *(im Frühjahr blühende, aus einer Zwiebel hervorwachsende) Pflanze mit einer auf einem hohen Stengel sitzenden, großen, kelchartigen Blüte in leuchtender Farbe:* im Garten blühen schon die ersten Tulpen.

-tum, das; -s ⟨Suffix⟩: **1.** */kennzeichnet die Tatsache, daß jmd. das im Basiswort Genannte – meist ein Maskulinum – ist oder so lebt bzw. handelt, bezeichnet die Art des Verhaltens von Personen, die durch das im Basiswort Genannte charakterisiert wird/:* Chaotentum (sie tobten ihr C. aus), Chauvitum, Denunziantentum, Deutschtum, Epigonentum, Erpressertum, Gammeltum, Heldentum, Hippietum, Künstlertum, Lesbentum, Makkertum, Mannestum, Mönchstum, Muckertum (ihm wurde M. vorgeworfen), Muffeltum, Neuerertum, spießiges Patriarchentum, sein Profitum, Rokkertum, Rowdytum, Schafstum, Simulantentum (das S. der Patienten entlarven), Spezitum, Spitzeltum, Startum (auf S. legt er keinen Wert), Strebertum, Suffragettentum, sein Sympathisantentum, Talkmastertum (wie wirkt sich sein T. auf sein Privatleben aus?), Virtuosentum, Witwentum. **2.** */bezeichnet eine Personengruppe, eine Gesamtheit in bezug auf das im Basiswort Genannte/:* Bürgertum *(alle, die gesamten Bürger),* Christentum, Cliquentum *(die gesamte Clique),* Emigrantentum (zum E. gehören), der Kampf gegen das Gangstertum, Spekulantentum, Judentum, das Kleinbauerntum bildet die große Menschenreserve, Muckertum (das katholische M. tut so, als ob ...), Patriziertum. **sinnv.:** -schaft.

tum|meln, sich: *(von Kindern) spielen und dabei in lebhafter Bewegung sein:* die Kinder tummeln sich im Garten, im Wasser.

sinnv.: sich ↑bewegen. **Zus.:** herum-, umhertummeln.

Tu|mor, der; -s, Tumoren: ↑*Geschwulst:* er hat einen T. im Gehirn.

Tüm|pel, der; -s, -: *kleiner Teich mit stehendem Wasser.* **sinnv.:** ↑See. **Zus.:** Schlamm-, Wassertümpel.

Tu|mult, der; -[e]s, -e: *von Menschen, einer Menschenansammlung ausgehendes lärmendes, aufgeregtes Durcheinander:* als der Redner die Tribüne betrat, entstand ein T.; seine Worte gingen in dem allgemeinen T. unter. **sinnv.:** ↑Aufruhr, ↑Lärm.

tu|mul|tua|risch ⟨Adj.⟩: *mit Lärm und großer Aufregung verbunden; einen Tumult darstellend:* tumultuarische Ereignisse. **sinnv.:** aufgeregt, hektisch, stürmisch, turbulent, wirbelnd.

tun, tat, hat getan: **I. 1. a)** ⟨tr.⟩ *eine Handlung ausführen; sich mit etwas beschäftigen:* etwas ungern, freiwillig t.; so etwas tut er nicht; er hat viel Gutes getan; er tat, wie ihm befohlen; ich habe anderes zu t., als hier herumzusitzen; er tut nichts als meckern (ugs.; *meckert ständig*); ich weiß nicht, was ich t. soll *(wie ich mich verhalten soll);* so etwas tut man nicht *(gehört sich nicht);* so tu doch etwas! *(greife ein!; handle!):* er hat sein möglichstes, Bestes getan *(sich nach Kräften bemüht);* du kannst t. und lassen, was du willst *(niemand macht dir Vorschriften):* tu, was du willst! *(es ist mir gleichgültig, wie du handelst, dich verhältst);* er hat getan, was er konnte *(sich nach Kräften bemüht);* was tust du hier? *(was willst du hier, warum bist du hier?);* was kann ich für dich t.? *(wie kann ich dir behilflich sein, was möchtest du?);* kann ich etwas für dich tun *(dir helfen)?;* du mußt etwas für deine Gesundheit t.; dagegen muß man etwas, kann man nichts t. *(dagegen muß man, kann man nicht angehen);* dafür müssen wir etwas t. *(uns einsetzen);* es hat sich so ergeben, ohne daß ich etwas dazu getan hätte *(ohne mein Dazutun);* ⟨auch itr.:⟩ was t.? *(was soll man in dieser Situation tun?).* **b)** ⟨tr.⟩ *(etwas Bestimmtes) verrichten, erledigen, vollbringen:* er tut seine Arbeit, Pflicht; Dienst t.; es bleibt nur noch eines zu t.; wer hat das getan? *(wer ist der Schuldige?);* der Tischler hat viel zu t. *(viele Aufträge);* er tut nichts, keinen Handschlag (ugs.; *arbeitet nicht*); ich muß noch etwas [für die Schule] t. *(arbeiten);* du tust es ja doch nicht *(ich glaube dir nicht, daß du es wirklich tust);* ⟨auch itr.⟩ ich habe zu t. *(muß arbeiten);* ich hatte dort [geschäftlich] zu t. *(war dort, um etwas [Geschäftliches] zu erledigen.* **sinnv.:** ↑machen. **c)** ⟨tr./itr.⟩ */nimmt die Aussage eines vorher im Kontext gebrauchten Verbs auf/:* ich riet ihm zu verschwinden, was er auch schleunigst tat; ⟨unpers.:⟩ es sollte am nächsten Tag regnen, und das tat es dann auch. **sinnv.:** ↑machen. **d)** /als Funktionsverb, bes. in Verbindung mit Verbalsubstantiven/ *ausführen, machen:* einen Blick aus dem Fenster, einen Sprung t.; eine Äußerung, einer Sache Erwähnung t.; **e)** ⟨tr./itr.⟩ *zustande bringen, bewirken:* ein Wunder t.; (verblaßt:) seine Wirkung t. *(wirken);* was tut das schon? (ugs.; *was macht das schon?*); das tut nichts *(das ist unerheblich, spielt keine Rolle).* **sinnv.:** ↑machen. **f)** ⟨tr.⟩ *zuteil werden lassen; zufügen, antun:* jmdm. einen Gefallen t.; er hat viel an ihm getan (ugs.; *hat ihm viel Gutes getan*); er tut dir nichts *(fügt dir kein Leid zu):* ⟨auch ohne Dativobj.:⟩ der Hund tut nichts *(beißt nicht).* **sinnv.:** ↑anrichten. **2.** ⟨tr.⟩ (ugs.) *irgendwohin bringen, befördern:* Salz an, in die Suppe t.; das Geld tue ich auf die Bank. **sinnv.:** legen, ↑packen, ↑schieben, ↑setzen, ↑stellen. **3.** ⟨itr.⟩ *durch sein Verhalten einen bestimmten Anschein erwecken:* freundlich, vornehm, geheimnisvoll t.; er tut [so], als ob/als wenn/wie wenn er nichts wüßte, als wüßte er nichts, als sei nichts gewesen; ⟨elliptisch:⟩ er tut nur so [als ob] *(er gibt das nur vor, verstellt sich nur);* tu doch nicht so! *(verstell dich doch nicht so!).* **sinnv.:** sich geben, sich verhalten. **4.** ⟨t. + sich⟩ *geschehen; im Gange sein:* im Lande tut sich etwas, einiges; es tut sich immer noch nichts. **sinnv.:** sich ereignen, sich ↑wandeln. **II.** ⟨Hilfsverb⟩ **a)** ⟨mit vorangestelltem betontem Infinitiv am Satzanfang⟩ */betont das im Infinitiv genannte Tun, Geschehen/:* stricken tut sie nicht gern *(= sie strickt nicht gern);* machen tu' ich das schon *(= das mache ich schon).* **b)** ⟨mit nachgestelltem Infinitiv⟩ (ugs.): ich tu' bloß noch den Garten sprengen (= ich sprenge bloß noch den Garten). **c)** ⟨täte + Infinitiv⟩ (ugs.) */umschreibt den Konjunktiv/:* ich tät' ja zahlen, aber ich habe kein Geld *(= ich würde ja zahlen, aber ...);* er tät' dir helfen, wenn er Zeit hätte *(= er würde dir helfen, wenn ...).*

tün|chen ⟨tr.⟩: *mit Kalk- oder Leimfarbe streichen:* er hat die Mauer, die Wände getüncht. **sinnv.:** ↑anmalen, ↑streichen. **Zus.:** übertünchen.

Tun|ke, die; -, -n (landsch.) ↑*Soße.* **sinnv.:** ↑Marinade.

tun|ken ⟨tr.⟩ (landsch.): *(etwas kurz in eine Flüssigkeit) hineintauchen [um es damit zu tränken]:* sie tunkten das harte Brot in die Milch. **sinnv.:** ↑tauchen. **Zus.:** eintunken.

tun|lichst ⟨Adverb⟩: *nach Möglichkeit (weil es ratsam ist):* jede Aufregung für den Patienten sollte man t. vermeiden. **sinnv.:** gefälligst, wenn möglich, möglichst; ↑lieber.

Tun|nel, der; -s, -und -s: *unter der Erde verlaufender bzw. durch einen Berg hindurchgeführter Verkehrsweg:* die Bahn fährt durch mehrere Tunnel[s]. **sinnv.:** Tunell, Unterführung.

tup|fen ⟨tr.⟩: *unter einer leichten Berührung auftragen oder entfernen:* Salbe auf eine Wunde t.; jmdm., sich den Schweiß von der Stirn t. **sinnv.:** streichen.

Tup|fen, der; -s, -: *größerer Punkt (bes. in großer Zahl als graphisches Muster auf Textilien aufgedruckt, eingewebt o. ä.):* ein Kleid mit weißen und roten T. **sinnv.:** Fleck, Klecks, Punkt, Tüpfelchen.

Tür, die; -, -en: **1. a)** *Öffnung von bestimmter Breite und Höhe in einer Wand, Mauer o. ä., die den Zugang zu einem Raum, Gebäude o. ä. ermöglicht:* die T. öffnen, schließen: durch eine T. gehen. **sinnv.:** Ausfahrt, Ausgang, Ausstieg, Einfahrt, Eingang, Einstieg, Hauseingang, Zugang · Tor. **Zus.:** Haus-, Hinter-, Keller-, Kirchen-, Wohnungs-, Zimmertür. **b)** *aus Holz oder anderem Material bestehender, beweglich in den Türrahmen eingepaßter Teil, mit dem die Tür* (1 a) *verschlossen werden kann:* eine weiß lackierte T.; eine T. aus Glas. **sinnv.:** Pforte, Portal, Tor, Windfang. **Zus.:** Dreh-, Fall-, Flügel-, Pendel-, Schiebe-, Tapetentür. **2.** *Teil an kastenför-*

migen Möbelstücken, an Kraftfahrzeugen o. ä. (mittels dessen sie geöffnet bzw. geschlossen werden): die Tür des Schrankes, des Ofens. **Zus.:** Auto-, Ofen-, Schranktür.

Tur|ban, der; -s, -e: **1.** *aus einer kleinen Kappe und/oder einem in bestimmter Weise um den Kopf gewundenen Tuch bestehende Kopfbedeckung (bes. der Moslems und Hindus).* (siehe Bildleiste „Kopfbedeckungen“): einen T. tragen. **2.** *um den Kopf drapierter Schal (als Kopfbedeckung für Damen).* **sinnv.:** ↑Kopfbedeckung.

Tur|bi|ne, die; -, -n: *Kraftmaschine, durch die die Energie von fließendem Wasser, Gas oder Dampf zur Erzeugung einer drehenden Bewegung ausgenutzt wird:* die Turbinen eines Kraftwerkes.

tur|bu|lent ⟨Adj.⟩: *durch allgemeine Aufregung, Erregung, wildes Durcheinander gekennzeichnet:* eine turbulente Versammlung; es ging sehr t. zu. **sinnv.:** ↑hektisch, tumultuarisch.

Turm, der; -[e]s, Türme: **1.** *freistehendes oder als Teil eines Gebäudes existierendes, hoch aufragendes Bauwerk, bei dem besonders der obere Teil bestimmten Zwecken dient:* der Turm der Kirche; einen T. besteigen; ein T. mit Aussichtsplattform. **sinnv.:** Bergfried, Campanile, Minarett, Tower. **Zus.:** Aussichts-, Fernmelde-, Funk-, Glocken-, Hunger-, Kirch-, Kontroll-, Leucht-, Schuld-, Sende-, Vierungs-, Wasser-, Zwiebelturm. **2.** *Figur im Schachspiel, die beliebig weit gerade zieht.* **sinnv.:** Schachfigur.

tür|men: I. ⟨sich t.⟩ *sich übereinanderlagern, -schichten, -legen:* die Akten türmen sich auf seinem Tisch; Wolken türmen sich am Himmel. **sinnv.:** sich aufhäufen/häufen/auftürmen. **Zus.:** aufeinander-, übereinandertürmen. **II.** türmte, ist getürmt ⟨itr.⟩ (ugs.): **a)** *schnell davonlaufen (und sich damit einer heiklen Situation entziehen):* der Dieb ist (vor dem Polizisten) getürmt. **sinnv.:** ↑weggehen. **b)** *einen Ort, bes. einen Gewahrsam, durch Flucht verlassen:* sie sind [aus der Gefangenschaft] getürmt. **sinnv.:** ↑fliehen.

tur|nen ⟨itr.⟩: *Übungen an bestimmten Sportgeräten bzw. gymnastische Übungen ausführen:* er turnt an den Ringen. **sinnv.:** sich [körperlich] ertüchtigen, Gymnastik machen. Sport treiben, sich sportlich betätigen.

Tur|ner, der; -s, -, **Tur|ne|rin,** die; -, -nen: *männliche bzw. weibliche Person, die [an Geräten] turnt.* **sinnv.:** ↑Sportler.

Tur|nier, das; -s, -e: *sportlicher Wettkampf, der aus mehreren einzelnen Wettkämpfen besteht:* an einem T. teilnehmen; er siegte bei einem internationalen T. im Tennis. **sinnv.:** Meisterschaft; ↑Spiel. **Zus.:** Fußball-, Reit-, Tanz-, Tennisturnier.

Tur|nus, der; -, -se: *festgelegte, sich wiederholende Reihenfolge:* das Amt wechselte im T. unter den Mitgliedern; die Meisterschaften werden in einem T. von 2 Jahren ausgetragen. **sinnv.:** ↑Reihenfolge.

Tusch, der; -[e]s, -e: *von einer Kapelle [mit Blasinstrumenten] schmetternd gespielte kurze Tonfolge (mit der eine Gratulation o. ä. begleitet wird):* die Kapelle spielte einen T.; jmdn. mit einem T. ehren.

Tu|sche, die; -, -n: *zum Zeichnen, Malen oder Beschriften verwendete, der Tinte ähnliche, intensiv gefärbte (bes. schwarze) Flüssigkeit:* eine Zeichnung in T. ausführen. **sinnv.:** ↑Farbe. **Zus.:** Ausziehtusche.

tu|scheln ⟨itr./tr.⟩: *leise, mit gedämpfter Stimme, darauf bedacht, daß es kein Dritter hört, miteinander sprechen bzw. etwas zu jmdm. sagen:* die Frauen tuschelten [miteinander]; sie tuschelte ihm etwas ins Ohr. **sinnv.:** ↑flüstern.

Tü|te, die; -, -n: *etwas, was meist aus stärkerem Papier hergestellt ist, in das man z. B. Waren (beim Einkaufen) hineintut, packt:* eine T. [voll, mit] Kirschen. **sinnv.:** ↑Beutel, Tasche, Tragtasche. **Zus.:** Papier-, Plastik-, Schultüte.

tu|ten, tutete, hat getutet ⟨itr.⟩: **a)** *eine Hupe, ein Horn o. ä. laut ertönen lassen:* das Schiff tutet [im Nebel]. **sinnv.:** blasen, hupen. **b)** *mit einem Horn o. ä. einen [langgezogenen] dunklen Ton hervorbringen:* er tutete auf seinem Horn. **sinnv.:** blasen, trompeten.

Twen, der; -[s], -s: *junger Mann, junge Frau (im Alter zwischen zwanzig und dreißig Jahren):* er, sie ist ein flotter T. **sinnv.:** ↑Jüngling, ↑Mädchen.

Typ, der; -s, -en: **1.** *[technisches] Modell:* die Firma bringt einen neuen T. auf den Markt. **sinnv.:** ↑Modell, ↑Muster. **Zus.:** Auto-, Flugzeug-, Proto-, Schiffstyp. **2.** *(Sache oder Person, die auf Grund ihrer Eigenschaften einer bestimmten Kategorie zuzuordnen ist, diese besonders deutlich erkennen läßt:* er ist der T. eines Kaufmanns; dieses Mädchen ist nicht mein T. *(es gefällt mir nicht).* **sinnv.:** ↑Aussehen. **Zus.:** Konstitutions-, Ideal-, Jeans-, Menschen-, Misch-, Verbrechertyp. **3.** ⟨ugs. auch mit schwachen Formen: des Typen⟩ *bestimmte [junge] männliche Person (die der Sprecher als in irgendeiner Weise durch etwas charakterisiert findet):* einen T./Typen kennenlernen; die Frau hat dem Typen eine gedonnert; er hat sich mit einem der Typen von der Schülerzeitung getroffen. **sinnv.:** ↑Mann.

Ty|pe, die; -, -n: **1.** *gegossener Buchstabe für den Druck oder in der Schreibmaschine:* die Typen reinigen. **sinnv.:** Buchstabe, Letter. **Zus.:** Drucktype. **2.** *Mensch, der vom Sprecher als eigenartig, seltsam o. ä. eingeschätzt wird:* das ist auch so eine T. **sinnv.:** ↑Mensch.

ty|pisch ⟨Adj.⟩: **a)** *einen bestimmten Typ verkörpernd, dessen charakteristische Merkmale in ausgeprägter Form aufweisend:* er ist ein typischer Seemann. **sinnv.:** ausgesprochen, echt, klassisch, unverkennbar, unverwechselbar, ↑wahr. **Zus.:** arche-, untypisch. **b)** *für eine bestimmte Person oder Sache charakteristisch:* es war t. für ihn, daß er zu spät kam. **sinnv.:** ↑kennzeichnend.

Ty|rann, der; -en, -en, **Ty|rannin,** die; -, -nen: *männliche bzw. weibliche Person, die ihre Macht über andere rücksichtslos zur Geltung bringt, die andere tyrannisiert:* sein Vorgesetzter, ihr Vater ist ein Tyrann. **sinnv.:** Despot, Diktator, Unterdrücker; ↑Macho. **Zus.:** Haustyrann.

ty|ran|nisch ⟨Adj.⟩: *übermäßig streng, rücksichtslos, herrschsüchtig:* ein tyrannischer Ehemann; t. sein. **sinnv.:** ↑despotisch, ↑herrisch.

ty|ran|ni|sie|ren ⟨tr.⟩: *anderen seinen Willen aufzwingen, sie seine Macht fühlen lassen:* er tyrannisiert die ganze Familie. **sinnv.:** ↑schikanieren.

U

übel ⟨Adj.⟩: **1.** *moralisch schlecht, fragwürdig:* eine üble Gesellschaft; einen üblen Ruf haben. **sinnv.:** ↑böse, ↑gemein. **2. a)** *(in bezug auf eine Situation, gegebene Umstände o. ä.) sehr ungünstig, unerfreulich:* er befindet sich in einer üblen Lage; die Sache ist sehr ü. ausgegangen. **sinnv.:** ↑schlecht, ↑schlimm. **b)** *(in seiner Wirkung auf die Sinnesorgane, bes. Geruch, Geschmack) sehr unangenehm, Widerwillen auslösend:* ein übler Geruch; das schmeckt ganz ü. **sinnv.:** ↑unangenehm. **3.** ***jmdm. ist/wird ü.** *(jmd. fühlt sich nicht wohl, muß sich übergeben).* **sinnv.:** ↑schlecht, unwohl. **Zus.:** kotz-, speiübel.

Übel, das; -s, -: **1.** *etwas, was als schädlich, unheilvoll o. ä. angesehen wird:* die Kriminalität der Jugend ist ein Ü. **sinnv.:** Katastrophe, Misere, Mißstand, Not, Plage, Übelstand, ↑Unglück, Unsegen, Verderben, Verhängnis. **Zus.:** Grund-, Hauptübel. **2.** *[schwere] langwierige Krankheit, Leiden:* ein unheilbares Ü. **sinnv.:** ↑Krankheit. **Zus.:** Erbübel.

Übel|keit, die; -: *Zustand des Unwohlseins.*

übel|neh|men, nimmt übel, nahm übel, hat übelgenommen ⟨tr.⟩: *jmds. Verhalten übel vermerken, davon gekränkt oder beleidigt sein [und dies erkennen lassen]:* sie hat ihm seine Unhöflichkeit übelgenommen. **sinnv.:** ↑ankreiden, ↑anlasten, in den falschen Hals kriegen, krummnehmen, nachtragen, verdenken, jmdm. nicht vergessen können, verübeln, verärgern.

üben: **1.** ⟨itr./tr.⟩ *sich bemühen, etwas durch wiederholtes Ausführen zu erlernen, Fertigkeit darin zu erlangen:* sie übt täglich eine Stunde [auf dem] Klavier; er übt immer dieselben Stücke; einparken, das Einparken, den Handstand, bestimmte Handgriffe, Tanzschritte ü. **sinnv.:** ↑trainieren. **2.** ⟨als Funktionsverb⟩ */bringt ein bestimmtes Verhalten zum Ausdruck/:* Nachsicht ü. *(nachsichtig sein);* Kritik an jmdm./etwas ü. *(jmdn./etwas kritisieren).*

über: **I.** ⟨Präp. mit Dativ und Akk.⟩ **1.** /räumlich/ **a)** ⟨mit Dativ⟩ */kennzeichnet die Lage oberhalb von jmdm./etwas als in bestimmter Höhe darunter Befindlichem/:* die Lampe hängt ü. dem Tisch; sie wohnt ü. uns *(ein Stockwerk höher);* der Ort liegt fünfhundert Meter ü. dem Meer. **b)** ⟨mit Akk.⟩ */drückt aus, daß etwas an einen höherliegenden Platz gebracht werden soll oder gebracht worden ist/:* das Bild ü. das Sofa hängen. **c)** ⟨mit Dativ⟩ */drückt aus, daß sich etwas unmittelbar auf etwas befindet und es ganz oder teilweise bedeckt/:* sie trägt einen Mantel ü. dem Kleid; Nebel liegt ü. der Wiese. **d)** ⟨mit Akk.⟩ */drückt aus, daß etwas direkt auf etwas zu liegen kommt und bedeckend, verdeckend wirkt/:* eine Decke ü. den Tisch breiten; er nahm die Jacke ü. die Schulter. **e)** ⟨mit Akk.⟩ */kennzeichnet eine Stelle, die von jmdm. oder etwas überquert wird/:* ü. die Straße gehen; sie entkamen ü. die Grenze; er schwamm ü. den See; ein Flug ü. die Alpen. **f)** ⟨mit Akk.⟩ */kennzeichnet eine Stelle, über die sich etwas in unmittelbarer Berührung bewegt/:* seine Hand strich ü. ihr Haar; Tränen liefen ihr ü. die Wangen; ein Schauer lief mir ü. den Rücken. **g)** ⟨mit Dativ⟩ */kennzeichnet eine Lage auf der andern Seite von etwas/:* sie wohnen ü. der Straße; ü. den Bergen leben. **h)** ⟨mit Akk.⟩ */kennzeichnet eine Erstreckung, Ausdehnung von unten nach oben oder von oben nach unten, zu einem bestimmten höher- bzw. tiefergelegenen Punkt, der dabei überschritten wird/:* bis ü. die Knöchel im Schlamm versinken; der Rock reicht ü. das Knie *(er bedeckt das Knie).* **i)** ⟨mit Akk.⟩ */bezeichnet eine Fortbewegung in horizontaler Richtung, wobei eine bestimmte Stelle überschritten wird, über sie hinausgegangen, -gefahren wird/:* unser Spaziergang führte uns ü. die Altstadt hinaus. **j)** ⟨mit Akk.⟩ */drückt aus, daß ein bestimmter Ort, Bereich passiert wird, um irgendwohin zu gelangen/:* wir sind ü. die Dörfer gefahren; dieser Zug fährt nicht ü. Mannheim. **2.** /zeitlich/ **a)** ⟨mit Akk.⟩ /drückt eine Zeitdauer, eine zeitliche Erstreckung aus/ *während:* er kommt ü. Mittag nach Hause; ich will ü. das Wochenende segeln. **b)** ⟨mit Dativ⟩ /drückt aus, daß etwas während eines anderen Vorgangs erfolgt/ *bei:* sie ist ü. der Arbeit eingeschlafen; seine Mutter ist ü. *(während)* seiner langen Reise gestorben. **c)** ⟨mit Akk.⟩ */drückt aus, daß eine bestimmte zeitliche Grenze überschritten ist/:* du solltest ü. dieses Alter hinaussein; es ist zwei Stunden ü. die Zeit. **3. a)** ⟨mit Dativ⟩ */zur Angabe einer Reihen- oder Rangfolge/:* mit seiner Leistung ü. dem Durchschnitt liegen. **b)** ⟨mit Dativ⟩ */bezeichnet einen Wert o. ä., der überschritten wird/:* eine Temperatur ü. Null; ü. dem Mittelwert liegen. **c)** ⟨mit Akk.⟩ */drückt die höchste Stufe einer Rangordnung o. ä. aus/:* Musik geht ihm ü. alles. **4.** ⟨mit Akk.⟩ */in Verbindung mit zwei gleichen Substantiven als Ausdruck einer Häufung des im Substantiv Genannten/:* Schulden ü. Schulden; Fehler ü. Fehler. **5.** ⟨mit Dativ⟩ /drückt eine Folge von etwas aus/ *infolge:* ü. dem Streit ging ihre Freundschaft in die Brüche; die Kinder sind ü. dem Lärm aufgewacht. **6.** ⟨mit Akk.⟩ */drückt aus, daß das Ausmaß von etwas eine bestimmte Grenze überschreitet/:* etwas geht ü. jmds. Kraft, Verstand. **7.** ⟨mit Akk.⟩ */bezeichnet Inhalt oder Thema einer mündlichen oder schriftlichen Äußerung/:* ein Essay ü. Schiller. **8.** ⟨mit Akk.⟩ /bezeichnet die Höhe eines Betrages, einen Wert/ *in Höhe von, im Wert von:* eine Rechnung ü. 50 DM. **9.** ⟨mit Akk.⟩ */bezeichnet* *das Mittel, die Mittelsperson o. ä. bei der Durchführung von etwas/:* einen Aufruf ü. alle Sender bringen; er bekam die Anschrift ü. einen Freund *(durch die Vermittlung eines Freundes).* **10.** ⟨mit Akk.⟩ */in Abhängigkeit von bestimmten Verben/:* ü. etwas weinen, lachen; sich ü. etwas freuen; sich ü. etwas einigen. **11.** ⟨Akk.⟩ /kennzeichnet in Verbindung mit Kardinalzahlen das Überschreiten einer bestimmten Anzahl/ *von mehr als:* Kinder ü. 10 Jahre. **II. 1.** /in Verbindung mit einem Personalpronomen in Konkurrenz zu *darüber;* bezogen auf eine Sache (ugs.)/: „Hast du etwas gehört über den Ausgang?" – „Nein, ich habe nichts gehört ü. ihn (statt: darüber)." **2.** /in Verbindung mit „was" in Konkurrenz zu *worüber;* bezogen auf eine Sache (ugs.)/ **a)** /in Fragen/: ü. was (besser: worüber) hast du gearbeitet? **b)** /in relativer Verbindung/: ich weiß nicht, ü. was (besser: worüber) er sich ärgert. **III.** ⟨Adverb⟩ **1.** /bezeichnet das Überschreiten einer Quantität, Qualität, Intensität o. ä./ *mehr als:* der Stoff ist ü. einen Meter breit; ü. 18 Jahre [alt] sein; Gemeinden von ü. 10 000 Einwohnern; die ü. Siebzigjährigen; ü. eine Woche [lang] dauern. **2.** */drückt aus, daß etwas über etwas gelegt, genommen o. ä. wird/:* Gewehr ü.! **3.** ⟨mit vorangestelltem Akk.⟩ /drückt eine zeitliche Erstreckung aus/ *durch ... hindurch; während:* den ganzen Tag ü. fleißig lernen. **IV.** ⟨Adj.⟩ (ugs.) **1.** *übrig:* vier Mark sind ü. **2. a)** *überlegen:* kräftemäßig ist er mir ü.; **b)** *zuviel, so daß jmd. der betreffenden Sache überdrüssig ist:* es, das ist mir jetzt ü., ihn immer wieder darum zu bitten.

über-: I. ⟨adjektivisches Präfixoid⟩ **1. a)** *mehr als üblich, nötig, zuviel in bezug auf das im Basiswort Genannte:* überaktiv, -breit, -bürokratisch, -dimensional, -ehrgeizig, -eifrig, -empfindlich, -elegant, -fürsorglich, -groß, -höflich, -nervös, -proportional, -reif; /oft in Verbindung mit dem 2. Partizip/: überarrangiert, -behütet, -belegt, -beschäftigt, -besetzt, -motorisiert, -perfektioniert. **b)** *in besonderem/hohem Maße, sehr, überaus:* überängstlich, -deutlich, -glücklich, -positiv, -sauber, -schwer, -sensibel, -vorsichtig, -zärtlich. **sinnv.:** hyper-, super-, supra-. **2.** *über das im Basiswort Genannte hinausgehend, mehr als nur ...:* überbetrieblich, -durchschnittlich, -einzelsprachlich, -individuell, -national, -natürlich, -regional. **sinnv.:** inter-. **II.** ⟨verbales Präfix; wenn betont, dann wird getrennt; wenn unbetont, dann nicht trennbar⟩ **1.** ⟨betont, trennbar⟩ **a)** *darüber hin/hinaus/hinweg ...* /besagt, daß das im Basiswort genannte Tun sich über etwas hin erstreckt/: überdecken (er deckt die Decke über/deckte über/hat übergedeckt/um sie überzudecken), überfluten (der Fluß ist übergeflutet), übergehen (das Geschäft ist in andere Hände übergegangen), überpolieren, überpudern. **sinnv.:** be-. **b)** *hinüber:* übersiedeln (er siedelt nach Berlin über/siedelte über/ist übergesiedelt/um überzusiedeln), überspringen (das Feuer ist auf die Scheune übergesprungen). **2.** ⟨unbetont, wird nicht getrennt⟩ **a)** *das im Basiswort Genannte zuviel tun:* überdüngen (er überdüngt/überdüngte/ hat überdüngt; um es nicht zu überdüngen), überwürzen. **b)** *darüber hin/hinweg/hinaus/ räumlich und zeitlich/:* überarbeiten (er überarbeitet den Aufsatz/überarbeitete/hat überarbeitet/um ihn zu überarbeiten), überbacken, überdrukken, überfliegen, überfluten (die See überflutet das Land), übergehen (er wurde bei der Beförderung übergangen), überkleben, überleben, überpudern; /gebildet nach dem Muster: über + Substantiv + en/: über/brück/en, über/dach/en, über/gold/en, über/list/en, über/trumpf/en. **3.** */besagt, daß das im Basiswort genannte Tun, Geschehen o. ä. zu stark, zuviel ist, daß das übliche Maß überschritten ist, was meist als negativ gewertet wird/* **a)** ⟨betont; aber im Präsens und Präteritum nicht getrennt⟩ überbeanspruchen (er überbeansprucht/überbeanspruchte/hat überbeansprucht/ um es nicht überzubeanspruchen), -belasten, -belichten (Ggs. unterbelichten), -betonen, -bewerten (Ggs. unterbewerten), -bezahlen (Ggs. unterbezahlen), -charakterisieren, -dosieren, -dramatisieren, -entwickeln, -erfüllen, -generalisieren, -interpretieren, -versichern (Ggs. unterversichern). **b)** ⟨unbetont, nicht trennbar⟩ überfordern (er überfordert/überforderte ihn/hat ihn überfordert/um ihn nicht zu überfordern); /partizipiale Bildungen/: überaltert, das Flugzeug ist überbucht, ich bin überfragt; überschuldet sein. **c)** ⟨betont, trennbar⟩ *zuviel als Überdruß:* überbekommen (er bekommt die Arbeit über/bekam über/hat überbekommen/um sie nicht überzubekommen), überhaben (Schokolade ü.), sich etwas überessen, übersehen (ich habe mir das übergesehen). **4.** ⟨unbetont, nicht trennbar⟩ *hinüber...:* übersiedeln (er übersiedelt nach Berlin/übersiedelte/ist übersiedelt/um zu übersiedeln).

Über-: I. ⟨Präfixoid⟩: **1.** */kennzeichnet ein Zuviel an dem im Basiswort Genannten/:* Überangebot, -dosis, -dramatisierung, -düngung, -eifer, -gewicht, -identifikation, -intimität, -kontrolle, -länge, -pointierung, -preis, -produktion, -reaktion, -rüstung, -sanierung, -subventionierung, -versicherung. **2. a)** */etwas, was [im Rang, in der Stufenfolge qualitativ] mehr ist als das im Basiswort Genannte; etwas, was einer anderen Sache übergeordnet ist/:* Übererfüllung, Über-Ich, -kapazität, -mensch, -name, -ministerium, -soll, -vater. **b)** (Jargon) */kennzeichnet eine Steigerung des im Basiswort Genannten, die je nach dem Inhalt positiv oder negativ sein kann/:* Überfahrzeug *(Luxusauto),* -film *(großartiger Film),* -gitarrist, -musik, -schnulze *(ganz große Schnulze).* **sinnv.:** Super-. **II.** ⟨Präfix⟩ */kennzeichnet die räumliche Bedeckung/:* Überrock, -strumpf.

über|all [auch: überall] ⟨Adverb⟩: **a)** *an allen Orten, an jeder Stelle* /Ggs. nirgends/: sie haben ihn ü. gesucht; er ist ü. *(bei allen Leuten)* beliebt. **sinnv.:** allenthalben, allerorten, allerwärts, so weit das Auge reicht, da und dort, an allen Ecken und Enden, rings, ringsum, weit und breit. **b)** *bei jeder Gelegenheit:* er drängt sich ü. vor. **sinnv.:** allgemein, durchgängig, durchweg, rundherum.

über|an|stren|gen ⟨tr.⟩: *(jmdm./sich) eine zu große körperliche oder geistige Anstrengung zumuten:* er hat sich, seine Kräfte überanstrengt; er sieht überanstrengt aus. **sinnv.:** mit seiner Gesundheit/seinen Kräften Raubbau treiben, sich übernehmen/überschätzen/zuviel zumuten.

über|ant|wor|ten ⟨tr.⟩ (geh.): *(jmdm.) die volle Verantwortung (für jmdn./etwas) übertragen:* das Kind wurde den Pflegeeltern überantwortet. **sinnv.:** ↑anvertrauen, ↑ausliefern, ↑befehlen.

über|ar|bei|ten: 1. ⟨tr.⟩ *noch einmal bearbeiten und dabei verbessern; eine neue Fassung (von etwas) herstellen:* eine wissenschaftliche Abhandlung, ein Theaterstück ü. **sinnv.:** ↑ändern. **2.** ⟨sich ü.⟩ *sich durch eine zu große Arbeitsbelastung in einen Zustand von Erschöpfung bringen:* er hat sich überarbeitet; er ist völlig überarbeitet.

über|aus [auch: überaus] ⟨Adverb⟩: *in einem ungewöhnlich hohen Grade:* er ist ü. geschickt. **sinnv.:** affen-, ↑enorm, ↑sehr.

über|be|to|nen, überbetonte, hat überbetont, überzubetonen ⟨tr.⟩: *im Übermaß, zu stark betonen, hervorheben:* der Politiker hat seine Erfolge überbetont.

über|be|wer|ten, überbewertete, hat überbewertet, überzubewerten ⟨tr.⟩: *zu hoch bewerten, zu große Bedeutung beimessen:* er hat ihre Leistung überbewertet (Ggs.: unterbewertet). **sinnv.:** falsch einschätzen, überschätzen; ↑einschätzen.

über|bie|ten, überbot, hat überboten ⟨tr.⟩: **1.** *mehr bieten als ein anderer Interessent:* er hat ihn bei der Versteigerung um fünfzig Mark überboten. **sinnv.:** höher gehen. **2. a)** *(eine Höchstleistung o. ä.) übertreffen:* den Rekord [beim Kugelstoßen] um 2 Meter ü. **sinnv.:** ↑übertreffen. **b)** *jmdn./sich (gegenseitig) übertreffen:* er überbot ihn; sie überboten sich [gegenseitig] in Witzen und Bonmots. **sinnv.:** ↑übertreffen.

Über|bleib|sel, das; -s, -: *etwas, was als (wertloser) Rest von etwas übriggeblieben ist:* wenige Steine waren die einzigen Ü. der Kapelle, die hier gestanden hatte; die Ü. vom Mittagessen beseitigen. **sinnv.:** ↑Rest.

Über|blick, der; -s, -e: **a)** *[in einer Zusammenfassung vermittelte] Kenntnisse über ein bestimmtes Gebiet:* er gab in seinem Vortrag einen Ü. über die moderne Kunst; ein Ü. über die neuesten Forschungen. **sinnv.:** Abriß, Extrakt, Querschnitt, Resumee, Synopse, ↑Übersicht, Zusammenfassung. **b)** ⟨ohne Plural⟩ *Fähigkeit, ein bestimmtes Gebiet zu überschauen, in seinen Zusammenhängen zu erkennen:* es fehlt ihm an Ü., er hat den Ü. verloren. **sinnv.:** ↑Erfahrung, Kontrolle, Ruhe, Souveränität, Verständnis.

über|bli|cken ⟨tr.⟩: **1.** *(von einem erhöhten, hochgelegenen Standort aus) mit den Augen ganz erfassen können:* von hier kann man die Stadt ü. **sinnv.:** einen Überblick haben, überschauen, übersehen. **2.** *einen Überblick über etwas haben:* er hatte die Lage sofort überblickt; er überblickt noch nicht, was hier vorgeht. **sinnv.:** ↑ermessen, ↑übersehen.

über|brin|gen, überbrachte, hat überbracht ⟨tr.⟩: *(jmdm. etwas) im Auftrag eines anderen, als Bote o. ä. bringen, zustellen:* er überbrachte das Geld im Auftrage des Vereins; eine Nachricht ü.; Glückwünsche ü. *(in jmds. Namen gratulieren).* **sinnv.:** ↑abgeben.

über|brü|cken ⟨tr.⟩: *(eine bestimmte, für eine kürzere Zeit bestehende Schwierigkeit o. ä.) mit Hilfe einer geeigneten Maßnahme überwinden:* einen augenblicklichen Geldmangel durch Aufnahme eines Kredits ü. **sinnv.:** hinweghelfen.

über|da|chen ⟨tr.⟩: *(zum Schutz gegen Witterungseinflüsse o. ä.) mit einem Dach versehen:* die Terrasse ü. **sinnv.:** bedachen, gegen Regen schützen.

über|dau|ern ⟨tr.⟩: *(widrige Umstände, Unbilden, eine lange Zeit o. ä.) unbeschadet überstehen:* das Museum hat den Krieg überdauert; diese Kirche hat viele Jahrhunderte überdauert. **sinnv.:** überleben; ↑aushalten.

über|den|ken, überdachte, hat überdacht ⟨tr.⟩: *(über etwas) einige Zeit, noch einmal nachdenken, bevor man eine endgültige Entscheidung trifft:* er wollte die Sache, den Fall noch einmal ü. **sinnv.:** bedenken, sich (etwas) durch den Kopf gehen lassen, über etwas nachdenken, überlegen, überschlafen.

über|dies: ⟨Adverb⟩: *über dies alles hinaus:* sie hatte keinen Platz mehr für weitere Gäste, ü. war sie ohne Hilfe im Haushalt. **sinnv.:** ↑auch, ↑außerdem, ↑obendrein, ↑sogar, überhaupt.

über|di|men|sio|nal ⟨Adj.⟩: *über das übliche Maß, die üblichen Maße, Verhältnisse o. ä. hinausgehend; übermäßig groß:* ein überdimensionales Gemälde hing an der Wand; die Zahl der Ausfälle hat ü. zugenommen. **sinnv.:** ↑sehr.

Über|druß, der; Überdrusses: *Widerwille, Abneigung gegen etwas (nach zu langer Beschäftigung damit):* er scheint einen gewissen Ü. an seiner Arbeit zu haben; solche Ermahnungen hatte er bis zum Ü. gehört. **sinnv.:** Abscheu, Ekel, Übersättigung, Unlust. **Zus.:** Lebensüberdruß.

über|drüs|sig: ⟨in der Fügung⟩ jmds./einer Sache ü. sein/werden: *(in bezug auf eine Person, eine Sache, einen Sachverhalt) Überdruß empfinden:* er war ihrer ü. geworden; ich bin der dauernden Diskussionen ü. **sinnv.:** angeekelt/bedient sein, dick[e]/genug haben, jmdm. bis an den Hals stehen/zum Hals heraushängen, den Kanal voll haben, zum Kotzen finden, leid sein, satt haben, überhaben.

über|eig|nen, übereignete, hat übereignet ⟨tr.⟩: *als Eigentum übertragen:* jmdm. ein Haus, ein Geschäft ü. **sinnv.:** ↑schenken, überschreiben, vermachen.

über|ei|len: a) ⟨tr.⟩ *zu schnell, ohne genügend Überlegung ausführen:* du solltest deine Abreise, deinen Entschluß nicht ü. **sinnv.:** unüberlegt handeln, übers Knie brechen, überstürzen. **b)** ⟨sich ü.⟩ *zu schnell, ohne genügend Überlegung handeln:* bei dem Bau des Hauses hat er sich übereilt.

über|ein|an|der ⟨Adverb⟩: **1. a)** *einer über den anderen:* die Bücher ü. legen, nicht nebeneinander. **sinnv.:** aufeinander. **b)** *einer über dem anderen:* die Bücher sollen nicht ü. liegen. **2.** *über sich (gegenseitig):* sie haben sehr häufig nicht schön ü. gesprochen.

über|ein|an|der|schla|gen, schlägt übereinander, schlug übereinander, hat übereinandergeschlagen ⟨tr.⟩: *schräg übereinanderlegen:* die beiden Zipfel des Tuches ü.; die Beine ü. **sinnv.:** kreuzen.

über|ein|kom|men, kam überein, ist übereingekommen ⟨itr.⟩: *eine bestimmte Abmachung mit jmdm. treffen:* er kam mit ihr/sie kamen überein, daß sie ihren Urlaub abwechselnd an der See und im Gebirge verbringen wollten. **sinnv.:** abmachen, absprechen, sich abstimmen, sich arrangieren, aushandeln, ausmachen, sich beraten, sich ↑besprechen, sich einig werden, sich einigen, eine Einigung erzielen, sich auf halbem Weg entgegenkommen, handelseinig sein/werden, klarkommen, eine Übereinkunft/ein Übereinkommen treffen, sich verabreden/vereinbaren/vergleichen/verständigen/wieder vertragen/zusammenraufen, zusammenstimmen.

Über|ein|kunft, die; -, Übereinkünfte: *das Übereinkommen:* zu einer Ü. gelangen.

über|ein|stim|men, stimmte überein, hat übereingestimmt ⟨itr.⟩: **1.** *(in einer bestimmten Angelegenheit) mit jmdm./miteinander einer Meinung sein:* er stimmte mit ihnen überein, daß ...; wir stimmen darin [nicht] überein. **sinnv.:** ↑billigen. **2.** *miteinander in Einklang stehen:* ihre Aussagen stimmten nicht überein. **sinnv.:** sich entsprechen/decken/gleichen, harmonieren, zusammenfallen, -passen, -stimmen · einheitlich.

über|fah|ren, überfährt, überfuhr, hat überfahren ⟨tr.⟩: **1.** *mit einem Fahrzeug (über jmdn./ein Tier) hinwegfahren und (ihn/es dabei [tödlich] verletzen:* er hat eine alte Frau überfahren. **sinnv.:** über den Haufen fahren, überrollen, umfahren, zusammenfahren; anfahren. **2. a)** *(als Fahrer eines Kraftfahrzeugs o. ä.) unachtsam an etwas vorbeifahren und dabei etwas übersehen:* ein Signal ü. **sinnv.:** ↑mißachten, nicht beachten, übersehen. **b)** *↑passieren:* wir haben gerade die Grenze des Bundeslandes überfahren. **3.** (ugs.) *jmdm. bei etwas keine Zeit zum Überlegen bzw. zu einer Entscheidung o. ä. lassen und ihm so seine eigenen Vorstellungen, seinen eigenen Willen aufzwingen:* ich lasse mich nicht ü.; sie fühlte sich von seiner Einladung überfahren. **sinnv.:** überrumpeln, übertölpeln; ↑betrügen.

Über|fahrt, die; -, -en: *Fahrt über ein Gewässer (von dem einen zum gegenüberliegenden Ufer):* die Ü. [über den Kanal] war sehr stürmisch. **sinnv.:** Überquerung.

Über|fall, der; -[e]s, Überfälle: **a)** *überraschender Angriff auf eine Person, Einrichtung o. ä., bei dem der oder die Täter mit [Waffen]gewalt auf jmdn. eindringen, sich seiner bzw. bestimmter Werte zu bemächtigen suchen:* die Zeitungen berichteten ausführlich über den Ü. auf die Bank. **sinnv.:** Anschlag, Attentat, Gewaltstreich, Handstreich, Raubzug. **Zus.:** Raubüberfall. **b)** *(von Militär ausgeführter) überraschender Angriff, Einfall in fremdes Territorium:* ein feindlicher Ü.; einen Ü. vereiteln. **sinnv.:** ↑Invasion, ↑Kampf. **Zus.:** Feuerüberfall.

über|fal|len, überfällt, überfiel, hat überfallen: **1.** ⟨tr.⟩ *auf jmdn./etwas einen Überfall* (a) *machen:* der Kassierer des Vereins wurde auf dem Weg zur Bank überfallen. **2. a)** ⟨itr.⟩ *(von Gedanken, Gefühlen, körperlichen Zuständen) überkommen werden:* jmdn. überfällt Angst, eine Ahnung, Müdigkeit, Heimweh. **sinnv.:** ↑befallen. **b)** ⟨tr.⟩ *heftig bedrängen:* die Kinder überfielen ihn mit tausend Fragen. **sinnv.:** ↑bestürmen.

über|fäl|lig ⟨Adj.⟩: **a)** *verspätet, noch nicht eingetroffen:* das Flugzeug ist seit zwei Stunden ü. **sinnv.:** ↑spät. **b)** *längst fällig:* sein Besuch bei uns ist schon lange ü.

über|flie|gen, überflog, hat überflogen ⟨tr.⟩: **1.** *(einen bestimmten geographischen Bereich) mit dem Flugzeug überqueren:* eine Stadt, den Ozean ü. **sinnv.:** ↑passieren. **2.** *(einen geschriebenen, gedruckten Text) flüchtig lesen:* ich habe den Brief, die Zeitung nur überflogen. **sinnv.:** ↑lesen.

über|flie|ßen, floß über, ist übergeflossen ⟨itr.⟩: *(von einer Flüssigkeit in einem Gefäß) über den Rand fließen:* das Wasser des Beckens ist übergeflossen. **sinnv.:** schwappen, überlaufen, überquellen, überschäumen, überschwappen, überströmen.

über|flü|geln ⟨tr.⟩: *(ohne große Anstrengung) in seinen Leistungen übertreffen:* er hat die anderen Schüler längst überflügelt. **sinnv.:** ↑übertreffen.

Über|fluß, der; Überflusses: *große, über den eigentlichen Bedarf hinausgehende Menge:* einen Ü. an Nahrungsmitteln haben; Geld ist bei ihnen im Ü. vorhanden. **sinnv.:** Reichtum, Überangebot, Überfülle, Übermaß, Überschuß, ↑Luxus.

über|flüs|sig ⟨Adj.⟩: *[über den Bedarf hinausgehend] überzählig oder unnötig, so daß es nicht gebraucht wird:* ein überflüssiges Gerät; Maschinen machen die menschliche Arbeitskraft ü.; sich ü. vorkommen; etwas für ü. halten. **sinnv.:** abkömmlich, auf dem Abstellgleis, altes Eisen, entbehrlich, gegenstandslos, müßig, überflüssig wie ein Kropf, überschüssig, überzählig, übrig, das fünfte Rad am Wagen, zuviel.

über|flu|ten, überflutete, hat überflutet ⟨tr.⟩: *(von fließendem, strömendem Wasser) einen Bereich überschwemmen:* die stürmische See überflutete den Küstenstreifen. **sinnv.:** ↑überschwemmen.

über|for|dern ⟨tr.⟩: *von jmdm. mehr verlangen, als er (körperlich oder von seinem Wissensstand o. ä. her) leisten kann:* du überforderst ihn mit dieser Aufgabe. **sinnv.:** strapazieren, überbeanspruchen, den Bogen überspannen, zu viel verlangen.

über|füh|ren: I. überführen/überführen, führte über/überführte, hat übergeführt/überführt ⟨tr.⟩: *(an einen anderen Ort) bringen:* der Patient wurde in eine Klinik übergeführt/überführt. **sinnv.:** ↑befördern. **II. überführen,** überführte, hat überführt ⟨tr.⟩: *(jmdm. eine Schuld oder Verfehlung) nachweisen:* der Angeklagte wurde [des Verbrechens] überführt. **sinnv.:** ↑beschuldigen.

Über|füh|rung, die; -, -en: *Brücke, die über eine Eisenbahnlinie, eine Straße u. a. führt.* **sinnv.:** ↑Brücke.

über|füllt ⟨Adj.⟩: *mit zu vielen Menschen besetzt:* ein überfüllter Saal; zu Weihnachten waren die Züge ü. **sinnv.:** zum Bersten/bis auf den letzten Platz/gerammelt/gestopft voll, überlaufen · ↑belegen.

Über|gang, der; -[e]s, Übergänge: **1. a)** *das Hinübergehen, das Überqueren (von einem Bereich):* der Ü. der Truppen über den Rhein. **b)** *Stelle, an der ein Bereich überquert werden kann:* ein Ü. für Fußgänger. **sinnv.:** ↑Brücke. **2.** *das Fortschreiten und Hinüberwechseln zu etwas anderem, Neuem:* der Ü. vom Schlafen zum Wachen; der Ü. aus einer Tonart in die andere. **3.** *Zeit zwischen zwei Entwicklungsphasen, Epochen o. ä.; Zeit des Übergangs* (2): für den Ü. genügt ihm das.

über|ge|ben, übergibt, übergab, hat übergeben: **1.** ⟨tr.⟩ **a)** *(jmdm. etwas) aushändigen und ihn damit in den Besitz von etwas setzen:* dem neuen Mieter den Wohnungsschlüssel ü.; der Brief muß [ihm] persönlich ü. werden. **sinnv.:** ↑anvertrauen, ↑aushändigen, ↑ausliefern, ↑geben, ↑herausgeben, ↑liefern. **b)** *als Eigentum geben:* er hat das Geschäft seinem Sohn übergeben. **sinnv.:** hinterlassen; ↑schenken, überschreiben. **2.** ⟨tr.⟩ *(jmdm. eine Aufgabe) übertragen, (die Weiterführung einer bestimmten Arbeit, die weitere Beschäftigung mit jmdm./etwas) überlassen:* die Angelegenheit dem Anwalt ü.; der Verbrecher wurde der Polizei ü; das Museum der Öffentlichkeit ü. **sinnv.:** ausfolgen, überantworten, übertragen. **3.** ⟨tr.⟩ *dem Feind ausliefern:* die Stadt wurde nach schweren Kämpfen übergeben. **sinnv.:** ↑ausliefern. **4.** ⟨ü. + sich⟩ ↑*erbrechen:* sie mußte sich mehrmals ü. **sinnv.:** ausbrechen, brechen, erbrechen, kotzen, reihern, speien, spucken, die Fische füttern, Neptun opfern, seekrank sein, würgen.

über|ge|hen: I. übergehen, ging über, ist übergegangen ⟨itr.⟩: **1.** *mit etwas aufhören und sich etwas anderem zuwenden:* zu einem andern Thema ü.; man geht immer mehr dazu über, Kunststoffe zu verwenden. **sinnv.:** sich mit etwas anderem befassen, überleiten, überspringen, überwechseln, sich anderem zuwenden. **2.** *allmählich (zu etwas anderem) werden; sich (in etwas anderes) verwandeln:* die Unterhaltung ging in lautes Schreien über. **II. übergehen,** überging, hat übergangen ⟨tr.⟩: **a)** *über jmdn. /etwas hinweggehen, jmdn./ etwas absichtlich nicht beachten, bei etwas berücksichtigen o. ä.:* einen Einwand, eine Frage ü.; jmdn. bei der Gehaltserhöhung, in seinem Testament ü. **sinnv.:** ↑auslassen, ↑mißachten. **b)** *(bestimmte körperliche Bedürfnisse) für eine gewisse Zeit unterdrücken:* den Hunger, den Schlaf ü. **sinnv.:** ↑mißachten.

über|gie|ßen, übergoß, hat übergossen ⟨tr.⟩: *(eine Flüssigkeit über jmdn./etwas) gießen:* er übergoß die Sachen mit Petroleum. **sinnv.:** begießen, sprengen, überschütten.

über|grei|fen, griff über, hat übergegriffen ⟨itr.⟩: *sich rasch (auch auf etwas anderes) ausbreiten; (etwas anderes) miterfassen:* das Feuer griff sofort auf andere Häuser über; die Seuche griff auf weitere Gebiete über. **sinnv.:** sich ↑ausbreiten, ↑überspringen.

Über|griff, der; -s, -e: *Handlung, mit der man die Rechte, den Kompetenzbereich eines anderen verletzt, bestimmte Grenzen überschreitet:* sich Übergriffe erlauben; feindliche Übergriffe. **sinnv.:** ↑Angriff, Eigenmächtigkeit, Eingriff, Einmischung, Intervention · ↑eigenmächtig.

über|ha|ben, hat über, hatte über, hat übergehabt ⟨itr.⟩ (ugs.): **1.** *(als Rest) übrig haben:* er hat von seinem Geld nichts mehr über. **sinnv.:** ↑erübrigen, ↑übrigbehalten. **2.** *(jmds./einer Sache) überdrüssig sein:* ich habe sein ewiges Nörgeln über. **sinnv.:** ↑überdrüssig.

über|hand|neh|men, nimmt überhand, nahm überhand, hat überhandgenommen ⟨itr.⟩: *(von bestimmten negativ bewerteten Dingen o. ä.) zu häufig vorkommen, ein erträgliches Maß übersteigen:* die Unregelmäßigkeiten haben in letzter Zeit überhandgenommen; das Ungeziefer, das Unkraut nimmt überhand. **sinnv.:** ↑anschwellen, ausarten, sich ↑ausweiten, sich breitmachen, jmdm. zu bunt werden, sich ↑einbürgern, sich häufen, zu einer Landplage werden, strotzen von, überwuchern, wimmeln von.

über|hän|gen, hing über, hat übergehangen ⟨itr.⟩: *(von etwas Herabhängendem) über etwas hinausragen:* wir schnitten die Zweige, die überhingen, ab.

über|häu|fen, überhäufte, hat überhäuft ⟨tr.⟩: *(jmdm.) zuviel von etwas, etwas im Übermaß zukommen, zuteil werden lassen:* man überhäufte sie mit Angeboten, Geschenken; er war mit Arbeit überhäuft. **sinnv.:** eindekken, überschütten.

über|haupt: I. ⟨Adverb⟩: **1.** *aufs Ganze gesehen:* ich habe ihn gestern nicht angetroffen, er ist ü. selten zu Hause, er hat ü. wenig Verständnis dafür. **sinnv.:** genau betrachtet, insgesamt. **2.** ⟨in Verbindung mit einer Negation⟩ *ganz und gar:* das war ü. nicht vorgesehen; davon kann ü. keine Rede sein. **3.** *abgesehen davon:* ich kann dir diesen Vorwurf nicht ersparen, ü., wir müssen uns noch über vieles unterhalten. **sinnv.:** ↑auch, sowieso, ↑überdies. **II.** ⟨Partikel⟩ /verstärkt eine Frage, bringt Ungeduld oder Ärger des Sprechers zum Ausdruck/ *eigentlich:* was willst du ü.?; wie denkst du dir das ü.? **sinnv.:** denn.

über|heb|lich ⟨Adj.⟩: *sich selbst überschätzend, in anmaßender Weise auf andere herabsehend:* ein überheblicher Mensch; sie ist sehr ü. **sinnv.:** ↑dünkelhaft.

Über|heb|lich|keit, die; -, -en: **a)** ⟨ohne Plural⟩ *überhebliche Art:* seine Ü. ist schwer erträglich. **sinnv.:** Anmaßung, Arroganz, Aufgeblasenheit, Blasiertheit, Dünkel, Dünkelhaftigkeit, Einbildung, ↑Eitelkeit, Hochmut, Hybris, Selbstgefälligkeit, Selbstgerechtigkeit, Selbstherrlichkeit. **b)** *überhebliche Äußerung o. ä.:* sein Verhalten ist gekennzeichnet durch Überheblichkeiten.

über|ho|len ⟨tr.⟩ /vgl. überholt/: **1.** *durch größere Geschwindigkeit einholen und vorbeifahren, -laufen, -gehen o. ä.:* mehrere Autos ü.; er hat ihn beim 10 000-m-Lauf in der dritten Runde überholt; ⟨auch itr.⟩ man darf nur links ü. **sinnv.:** hinter sich lassen, überwinden, vorbeifahren, vorbeilaufen. **2.** *durch bessere Leistungen andere übertreffen, über ihren Leistungsstand hinausgelangen:* er hat alle seine Mitschüler überholt. **sinnv.:** ↑übertreffen. **3.** *bes. auf technische Mängel hin überprüfen und instand setzen:* er hat seinen Wagen ü. lassen; die Maschine muß einmal gründlich überholt werden. **sinnv.:** ↑reparieren.

über|holt ⟨Adj.⟩: *nicht mehr der gegenwärtigen Zeit entsprechend, nicht mehr zeitgemäß:* eine überholte Vorstellung; diese Anschauung ist heute ü. **sinnv.:** abgetan, ↑altmodisch, anachronistisch, passé, rückständig, überaltert, überlebt, vergangen, verstaubt, verschwunden, vorbei · ↑aussein.

über|hö|ren ⟨tr.⟩: **a)** *(durch ein Abgelenktsein, durch mangelnde Aufmerksamkeit o. ä.) akustisch nicht wahrnehmen, nicht hören:* das Klingeln, ein Hupsignal ü. **sinnv.:** nicht bemerken, jmdm. entgehen, verpassen. **b)** *so tun, als ob man etwas nicht gehört habe:* eine Mahnung, eine spöttische Bemerkung ü.

über|kle|ben ⟨tr.⟩: *etwas auf etwas kleben und es dadurch verdecken:* Plakate mit gelben Zetteln ü. **sinnv.:** übermalen, überpinseln, zum Verschwinden bringen, zukleben; ↑beseitigen.

über|ko|chen, kochte über, ist übergekocht ⟨itr.⟩: *wallend kochen und dabei über den Rand des Gefäßes laufen:* die Milch ist übergekocht. **sinnv.:** überlaufen, überwallen; ↑kochen.

über|kom|men, überkam, hat überkommen ⟨itr.⟩ *(von einem Gefühl, einer Gemütsbewegung) ergreifen:* bei diesem Anblick überkam sie Mitleid, Zorn, Angst. **sinnv.:** anrühren, ↑aufsteigen, ↑befallen, ↑erfassen, packen, überfallen, überlaufen, übermannen, überwältigen.

über|la|den, überlädt, überlud, hat überladen ⟨tr.⟩: *zu schwer beladen:* einen Wagen ü. **sinnv.:** überfüllen, überhäufen, vollstopfen.

über|las|sen, überläßt, überließ, hat überlassen: **1.** ⟨tr.⟩ *jmdm. etwas [gegen Bezahlung] ganz oder zeitweise zur Verfügung stellen, geben:* er hat uns für die Zeit seiner Abwesenheit seine Wohnung ü.; jmdm. etwas leihweise, kostenlos ü.; er hat mir seinen alten Wagen billig überlassen *(verkauft).* **sinnv.:** ↑abgeben, ↑geben. **2.** ⟨tr.⟩ *jmds. Obhut anvertrauen:* sie überläßt den Hund oft den Nachbarn; die Kinder sind oft sich selbst ü. *(sind ohne Betreuung, ohne Aufsicht o. ä.).* **sinnv.:** ↑anvertrauen; ↑befehlen. **3.** ⟨tr.⟩ *jmdn. etwas entscheiden, tun lassen, ohne sich einzumischen o. ä.:* die Wahl überlasse ich dir; man muß es den Eltern ü., ob sie das Kind bestrafen wollen. **sinnv.:** anheimgeben, anheimstellen, selbst entscheiden lassen, freistellen. **4. a)** ⟨sich ü.⟩ *sich einer Empfindung, einem bestimmten seelischen Zustand o. ä. ganz hingeben:* sich seinem Schmerz ü.; er überließ sich seiner Verzweiflung, seinen Träumereien. **sinnv.:** sich ↑befassen. **b)** *jmdm. in einer schwierigen Situation (in der er Hilfe o. ä. braucht) nicht zur Seite stehen, ihn allein lassen:* jmdn. seiner Verzweiflung ü.; du darfst ihn jetzt nicht sich selbst/seinem Schicksal ü. **sinnv.:** sitzenlassen, im Stich lassen. **5.** ⟨tr.⟩ *nicht selbst tun (wie es eigentlich zu erwarten wäre), sondern einem andern zu tun übriglassen, zuschieben:* jmdm. die Arbeit, die Ausführung eines Planes, die Erziehung der Kinder ü.

über|la|stet ⟨Adj.⟩: *von zu vielen Pflichten oder Aufgaben belastet:* die Angestellten sind vor Feiertagen sehr ü. **sinnv.:** überanstrengt, überarbeitet, überfordert; ↑erschöpft.

über|lau|fen: **I. überlaufen,** läuft über, lief über, ist übergelaufen ⟨itr.⟩: **1. a)** *über den Rand eines Gefäßes fließen:* die Milch läuft über. **sinnv.:** ↑überfließen. **b)** *(in bezug auf ein Gefäß) die enthaltene Flüssigkeit nicht mehr fassen, so daß sie über den Rand fließt:* der Eimer, der Topf ist übergelaufen. **sinnv.:** ↑überfließen. **2.** *(als Soldat) auf die Seite des Gegners überwechseln:* er ist [zum Feind] übergelaufen. **sinnv.:** ↑desertieren. **II. überlaufen,** überläuft, überlief, hat überlaufen ⟨itr.⟩: *als unangenehme, bedrohliche Empfindung über jmdn. kommen:* ein Schauder überlief mich. **sinnv.:** ↑überkommen. **III. überlaufen** ⟨Adj.⟩ *von zu vielen Menschen aufgesucht, in Anspruch genommen o. ä.:* der Arzt ist ü.; der Park ist am Sonntag ü. **sinnv.:** ausgebucht, ↑überfüllt.

Über|läu|fer, der; -s, -: *jmd., der zum Gegner überläuft.* **sinnv.:** ↑Deserteur.

über|le|ben ⟨itr.⟩: **1.** *(eine Gefahrensituation) lebend überstehen:* nur die Hälfte der Einwohner hat die Katastrophe überlebt. **sinnv.:** ↑aushalten. **2.** *über den Tod eines nahestehenden Menschen hinaus am Leben sein:* er hat seine Frau [um zwei Jahre] überlebt. **sinnv.:** überdauern. **3.** ⟨sich ü.⟩ *nicht mehr in die Zeit passen, veraltet sein:* diese Mode hat sich schnell überlebt. **sinnv.:** außer Gebrauch, aus der Mode gekommen, unmodern/unüblich werden, veralten · ↑rückständig.

über|le|bens|groß ⟨Adj.⟩: *größer, als es der natürlichen, wirklichen Größe entspricht:* eine überlebensgroße Darstellung des Herrschers. **sinnv.:** ↑gewaltig.

über|le|gen: **I.** ⟨itr.⟩ *sich in Gedanken mit etwas beschäftigen, um zu einer bestimmten Entscheidung zu kommen:* überlege dir alles genau, und dann gib uns Bescheid; ich muß erst einmal ü. **sinnv.:** abwägen, bedenken, durchdenken, ↑nachdenken, sehen, ↑überdenken, verarbeiten. **II.** ⟨Adj.⟩ **a)** *einen anderen, andere in bestimmter Hinsicht, an bestimmten Fähigkeiten o. ä. übertreffend:* er ist ihm an Talent, Kraft [weit] ü. **sinnv.:** ↑erhaben; ↑ruhig · ↑übertreffen. **b)** *Überheblichkeit, Herablassung zum Ausdruck bringend:* eine überlegene Miene aufsetzen; er lächelte ü. **sinnv.:** ↑dünkelhaft.

Über|le|gung, die; -, -en: **a)** ⟨ohne Plural⟩ *das Nachdenken, Überlegen (vor einer bestimmten Entscheidung):* ohne, mit [wenig] Ü. handeln; nach sorgfältiger Ü. sagte er zu. **sinnv.:** Abwägung, ↑Besinnung, ↑Betrachtung, Grübeln, Kopfzerbrechen, Reflexion, Sinnen. **b)** ⟨meist Plural⟩ *Folge von Gedanken, durch die man sich vor einer Entscheidung über etwas klarzuwerden versucht:* Überlegungen anstellen; etwas in seine Überlegungen einbeziehen. **sinnv.:** Berechnung, Kalkül, Planung. **Zus.:** Vorüberlegung.

über|lei|ten, leitete über, hat übergeleitet ⟨itr.⟩: *(zu etwas Neuem) hinführen, einen Übergang (zu etwas anderem) herstellen:* auf ein anderes Thema ü.; die kurze Szene leitet in den nächsten Akt über. **sinnv.:** ↑übergehen.

über|le|sen, überliest, überlas, hat überlesen ⟨tr.⟩: **1.** *(etwas Bestimmtes) beim Lesen nicht bemerken:* bei der Korrektur hat er viele Fehler überlesen. **2.** *(einen kürzeren Text) [noch einmal] schnell lesen in der Absicht, sich seinen Inhalt ins Gedächtnis zu rufen, einzuprägen o. ä.:* vor der Rede überlas er noch einmal das Manuskript. **sinnv.:** ↑lesen.

über|lie|fern ⟨tr.⟩: *(etwas, was einen kulturellen Wert darstellt) einer späteren Generation weitergeben:* ein Werk der Nachwelt ü.; etwas ist nur als Fragment überliefert; überlieferte Bräuche. **sinnv.:** tradieren, vererben, weiterführen · ↑herkömmlich · ↑Tradition.

über|li|sten, überlistete, hat überlistet ⟨tr.⟩: *eine List (gegen jmdn.) anwenden und ihn auf diese Weise übervorteilen:* er hat ihn überlistet; es gelang dem Flüchtenden, seine Verfolger zu ü. **sinnv.:** ↑betrügen.

Über|macht, die; -: *große, bes. in militärischer Stärke sich darstellende Überlegenheit:* ein Kampf gegen feindliche Ü.; vor der Ü. eines anderen weichen.

sinnv.: Dominanz, Primat, Majorität, Mehrheit, führende Rolle, Superiorität, Übergewicht, Überlegenheit, Vorherrschaft, Vorrangstellung.

über|ma|len ⟨tr.⟩: *(mit Farbe o. ä.) so überdecken, daß es nicht mehr sichtbar, lesbar, erkennbar ist:* man hatte den Namen der Straße übermalt. **sinnv.:** bedekken, ↑überkleben, verdecken, zudecken.

über|man|nen ⟨tr.⟩: *(von Gefühlen, einem körperlichen Bedürfnis o. ä.) jmdn. mit einer Heftigkeit ergreifen, gegen die er sich nicht wehren kann:* der Schlaf übermannte ihn; von einem Gefühl der Verlassenheit, der Ohnmacht übermannt werden. **sinnv.:** ↑befallen, ↑überkommen.

Über|maß, das; -es: *über ein normales Maß hinausgehende [und eigentlich nicht erträgliche oder zuträgliche] Intensität, Menge (von etwas):* ein Ü. von Schmerz und Leid; ein Ü. an Arbeit; etwas im Ü. genießen. **sinnv.:** Häufung, Pleonasmus, Redundanz, Tautologie, ↑Überfluß, Überfülle, Unmaß, Unmasse, Üppigkeit.

über|mä|ßig ⟨Adj.⟩: **a)** *über das normale oder erträgliche Maß hinausgehend:* eine übermäßige Belastung; in übermäßiger Eile. **sinnv.:** außerordentlich, enorm, ↑gewaltig, zu groß, immens, zu stark, ungeheuer. **b)** ⟨verstärkend bei Adjektiven und Verben⟩ *allzu [sehr, viel o. ä.]:* ü. hohe Kosten; ü. essen, rauchen. **sinnv.:** ↑sehr.

über|mensch|lich ⟨Adj.⟩: *das menschliche Maß, die menschliche Kraft eigentlich übersteigend:* eine übermenschliche Anstrengung, Leistung. **sinnv.:** ↑gewaltig, gigantisch, titanisch, ungeheuer.

über|mit|teln ⟨tr.⟩: **a)** *schriftlich, telegrafisch oder telefonisch mitteilen:* jmdm. eine Nachricht [telefonisch] ü.; jmdm. telegrafisch Glückwünsche ü. **sinnv.:** ↑schicken. **b)** *als Mittler überbringen:* der Bürgermeister übermittelte der Versammlung die Grüße der Stadt. **sinnv.:** ausrichten, bestellen, sagen.

über|mor|gen ⟨Adverb⟩: *an dem Tag, der dem morgigen Tag folgt:* sie kommen ü. zurück; vielleicht können wir uns ü. abend treffen.

über|mü|det ⟨Adj.⟩: *(durch eine große Anstrengung, Schlafentzug o. ä.) übermäßig ermüdet, erschöpft:* von der Anstrengung ü., schlief ich sofort ein. **sinnv.:** ↑müde.

Über|mut, der; -[e]s: *ausgelassene Fröhlichkeit, die kein Maß kennt und sich oft in mutwilligem oder leichtsinnigem Verhalten ausdrückt:* die Kinder wußten sich vor Ü. nicht zu lassen; das hat er aus lauter Ü. getan. **sinnv.:** ↑Leichtsinn.

über|mü|tig ⟨Adj.⟩: *ausgelassen fröhlich, voller Übermut:* übermütige Kinder; er wird leicht ü. **sinnv.:** ↑ausgelassen, außer Rand und Band, stürmisch, toll, unbändig, ungebärdig, ungestüm, wild.

über|nächst... ⟨Adj.⟩: *dem nächsten folgend:* jetzt ist Mai, ich verreise im übernächsten Monat, also im Juli. **sinnv.:** folgend, künftig, nächst...; ↑später.

über|nach|ten, übernachtete, hat übernachtet ⟨itr.⟩: *über Nacht an einem bestimmten Ort bleiben und dort schlafen:* im Hotel, bei Freunden, unter freiem Himmel ü. **sinnv.:** bleiben, kampieren, sein Lager aufschlagen, logieren, bei Mutter Grün schlafen, die Nacht verbringen, sich für die Nacht einrichten, nächtigen, Quartier nehmen, schlafen, seine Zelte aufschlagen; ↑absteigen.

über|näch|tigt ⟨Adj.⟩: *durch zu langes Wachbleiben übermüdet (und die Spuren der Übermüdung im Gesicht tragend):* übernächtigte Gesichter; ü. aussehen, sein. **sinnv.:** ↑müde.

Über|nah|me, die; -: *das Übernehmen:* die Ü. eines Geschäftes, eines Amtes. **sinnv.:** Inbesitznahme.

über|na|tür|lich ⟨Adj.⟩: *(von bestimmten Erscheinungen, Kräften) mit dem Verstand, mit den Naturgesetzen scheinbar nicht übereinstimmend:* die Angst verlieh ihm übernatürliche Kräfte; übernatürliche Erscheinungen. **sinnv.:** nicht erklärbar, rätselhaft, unerklärbar, unnatürlich; ↑übersinnlich.

über|neh|men, übernimmt, übernahm, hat übernommen: **1.** ⟨tr.⟩ **a)** *(etwas, was einem übergeben wird oder auf einen übergeht) in Besitz nehmen:* sein Sohn hat inzwischen das Geschäft übernommen. **sinnv.:** in Besitz nehmen, ↑nachfolgen, weiterführen. **b)** *von einem andern nehmen und für eigene Zwecke verwenden:* der Westdeutsche Rundfunk hat die Sendung übernommen. **sinnv.:** ↑Anleihe. **2. a)** ⟨tr.⟩ *(etwas, was einem übertragen wird) annehmen und sich bereit erklären, die damit verbundenen Aufgaben zu erfüllen:* ein Amt, einen Posten, einen Auftrag ü. **b)** ⟨als Funktionsverb⟩ die Verantwortung ü. *(etwas verantworten);* die Verpflichtung ü. *(sich zu etwas verpflichten);* die Bürgschaft ü. *(für etwas bürgen).* **3.** ⟨sich ü.⟩ **a)** *sich etwas vornehmen, dem man seinen (körperlichen, geistigen, finanziellen o. ä.) Kräften nach nicht gewachsen ist:* mit dieser Arbeit, Aufgabe hat er sich übernommen. **sinnv.:** sich ↑überschätzen. **b)** *so viel von sich selbst verlangen, daß die Kräfte versagen:* sie hat sich beim Umzug übernommen. **sinnv.:** sich überanstrengen/zuviel zumuten.

über|par|tei|lich ⟨Adj.⟩: *über den Parteien stehend, von ihnen unabhängig:* eine überparteiliche Zeitung; diese Vereinigung ist ü. **sinnv.:** parteilos.

über|prü|fen ⟨tr.⟩: **a)** *(auf seine Richtigkeit hin) prüfen, kontrollieren:* eine Rechnung, die Richtigkeit von etwas ü. **sinnv.:** ↑kontrollieren. **b)** *nochmals überdenken:* eine Entscheidung ü.; ich habe alle Möglichkeiten überprüft. **sinnv.:** abrechnen, Bilanz ziehen, kritisch beleuchten, Manöverkritik üben, Rückschau halten.

über|quel|len, quillt über, quoll über, ist übergequollen ⟨itr.⟩: *(von einem Behältnis) so voll sein, daß der Inhalt über den Rand quillt, hinausragt o. ä.:* der Papierkorb, die Schublade quillt allmählich über von Zeitungen und Prospekten. **sinnv.:** ↑überfließen.

über|que|ren ⟨tr.⟩: *sich in Querrichtung über eine Fläche hinwegbewegen:* eine Straße, eine Kreuzung, einen Fluß ü. **sinnv.:** ↑passieren, ↑überschreiten.

über|ra|gen ⟨tr.⟩: **1.** *durch seine Größe über jmdn./etwas hinausragen:* der Turm überragte die Stadt; er überragte seinen Vater um Haupteslänge. **sinnv.:** größer/höher sein, hinausragen. **2.** *weit übertreffen:* er überragte alle an Mut, Geist. **sinnv.:** ↑übertreffen.

über|ra|schen ⟨tr.⟩: **a)** *als etwas Unerwartetes, mit etwas Un-*

erwartetem in Erstaunen versetzen: seine Absage hat mich [nicht im geringsten] überrascht; ich war von seiner Leistung überrascht; jmdn. mit einem Geschenk ü.; das Angebot kam völlig überraschend; das Problem wurde auf überraschende Weise gelöst. **sinnv.:** ↑erstaunen · ↑außergewöhnlich; ↑beachtlich; ↑kurzfristig; ↑plötzlich. **b)** *bei einem heimlichen oder verbotenen Tun (für den Betroffenen unerwartet) antreffen:* man überraschte sie bei ihrem Diebstahl. **sinnv.:** ertappen, erwischen, überführen; ↑ergreifen.

über|re|den, überredete, hat überredet ⟨tr.⟩: *(jmdn.) durch eindringliches Zureden, mit vielen Worten, die ihn überzeugen sollen, dazu bringen, etwas zu tun, was er ursprünglich nicht vorhatte:* er ließ sich ü., mit uns zu kommen; wir lassen uns wohl überzeugen, aber nicht ü. **sinnv.:** bearbeiten, ↑beeinflussen, begeistern für, bekehren, belatschern, bereden, beschwatzen, breitschlagen, drängen, erweichen, herumkriegen, interessieren für, keilen, nötigen, überzeugen, umstimmen, werben.

über|rei|chen ⟨tr.⟩: *(etwas, was jmdm. zum Geschenk gemacht wird, in feierlicher Form) einhändigen, übergeben:* der Präsident überreichte dem Sportler die Urkunde; der Preis wurde im Rahmen einer Feier überreicht. **sinnv.:** ↑abgeben, ↑verleihen.

über|ren|nen, überrannte, hat überrannt ⟨tr.⟩: **1.** *in einem schnellen Angriff besetzen und selbst weiter vorrücken:* die Kompanie überrannte die feindlichen Stellungen. **sinnv.:** ↑angreifen. **2.** *so (gegen jmdn.) rennen, daß er zu Boden stürzt:* als er in vollem Lauf um die Ecke bog, hätte er fast ein kleines Mädchen überrannt. **sinnv.:** umrennen.

Über|rest, der; -[e]s, -e: *letzter Rest, der von etwas übriggeblieben ist:* ein kläglicher Ü.; die Überreste des Mittagessens, des Picknicks beseitigen. **sinnv.:** ↑Fragment, ↑Rest, ↑Spur.

über|rol|len ⟨tr.⟩: **1.** *(einen militärischen Gegner) mit überlegenen Mitteln und ohne große Mühe besiegen, vernichten [und selbst weiter vorrücken]:* das Gros der Truppen wurde von starken gegnerischen Verbänden überrollt. **sinnv.:** ↑besiegen. **2.** *über jmdn./etwas hinwegrollen, -fahren o. ä.:* der Zug überrollte sie, bevor er zum Stehen gebracht werden konnte. **sinnv.:** ↑überfahren.

über|rum|peln ⟨tr.⟩: *mit etwas überraschen, so daß der Betroffene unvorbereitet ist und sich nicht wehren oder ausweichen kann:* man muß den Gegner ü.; er hat ihn mit seiner Frage überrumpelt. **sinnv.:** ↑überfahren.

über|run|den, überrundete, hat überrundet ⟨tr.⟩: **1.** *(jmdn.) bei einem Wettlauf oder bei einer Wettfahrt so weit überholen, daß man eine ganze Runde voraus ist:* ein Läufer wurde beim 10 000-m-Lauf überrundet. **sinnv.:** ↑überholen. **2.** (ugs.) *in seiner Leistung übertreffen:* er hat in Mathematik seine Mitschüler längst überrundet. **sinnv.:** ↑übertreffen.

über|sät ⟨Adj.⟩: *dicht mit etwas, was aus vielen [kleinen] Einzeldingen besteht, bedeckt:* ein mit/von Sternen übersäter Himmel; sein ganzer Körper war mit /von Pickeln ü. **sinnv.:** ↑bedeckt.

über|schät|zen /Ggs. unterschätzen/: **a)** ⟨tr.⟩ *zu hoch einschätzen:* den Wert einer Sache, seine Kräfte ü. **sinnv.:** ↑überbewerten. **b)** ⟨sich ü.⟩ *sich nicht richtig einschätzen und sich dadurch mehr zutrauen bzw. mehr zumuten, als man leisten kann:* er neigt dazu, sich zu ü. **sinnv:** sich ↑einbilden.

über|schau|en ⟨tr.⟩: **1.** *(von einem erhöhten Standort aus) als Ganzes sehen, mit dem Auge erfassen können:* von hier aus überschaut man die Stadt sehr gut. **sinnv.:** ↑überblicken. **2.** *sich ein Bild (von etwas) machen und es (als Ganzes) richtig einschätzen, beurteilen können:* ich überschaue noch nicht ganz, was wir an Material nötig haben. **sinnv.:** ↑erkennen.

über|schäu|men, schäumte über, ist übergeschäumt ⟨itr.⟩: *schäumend über den Rand eines Gefäßes fließen:* der Sekt schäumt über. **sinnv.:** ↑überfließen.

über|schla|fen, überschläft, überschlief, hat überschlafen ⟨itr.⟩: *erst eine Nacht bzw. eine gewisse Bedenkzeit vergehen lassen, bevor man in einer bestimmten Sache eine Entscheidung o. ä. trifft:* die Sache, Frage muß ich noch einmal ü. **sinnv.:** ↑erwägen, ↑überdenken.

über|schla|gen, überschlägt, überschlug, hat überschlagen: **1.** ⟨tr.⟩ *etwas, was Teil einer Abfolge o. ä. ist, auslassen, überspringen:* eine Mahlzeit ü.; ein Kapitel ü. *(nicht lesen).* **sinnv.:** ↑auslassen. **2.** ⟨tr.⟩ *(die ungefähre Größe einer Summe oder Anzahl) durch kurzes Nachrechnen abschätzen:* die Kosten ü.; er überschlug, ob sein Geld noch für einen Anzug reichte. **sinnv.:** ↑schätzen. **3.** ⟨sich ü.⟩ *nach vorne oder hinten überkippen und sich um die eigene Querachse drehen:* das Auto stürzte den Abhang hinunter und überschlug sich mehrmals. **sinnv.:** kopfüber stürzen, ein Rad schlagen, einen Salto machen/schlagen, sich überkugeln. **4.** ⟨sich ü.⟩ *(von der Stimme) plötzlich sehr hoch und schrill klingen:* seine Stimme überschlug sich im Zorn.

über|schnap|pen, schnappte über, ist übergeschnappt ⟨itr.⟩ (ugs.): *(nach dem Urteil des Sprechers) nicht mehr ganz bei Verstand, nicht mehr ernst zu nehmen sein:* du bist wohl übergeschnappt! **sinnv.:** verrückt werden, den Verstand verlieren, um den Verstand kommen · ↑verrückt.

über|schnei|den, sich; überschnitt sich, hat sich überschnitten: **1.** *sich in einem oder mehreren Punkten schneiden:* die beiden Linien überschneiden sich. **sinnv.:** sich kreuzen, zusammenfallen, zusammentreffen. **2. a)** *zeitlich zusammenfallen:* die Vorlesungen überschneiden sich. **sinnv.:** kollidieren. **b)** *bestimmte Bereiche gemeinsam haben:* die Arbeitsgebiete der beiden Wissenschaftler überschneiden sich. **sinnv.:** sich überlappen.

über|schrei|ben, überschrieb, hat überschrieben ⟨tr.⟩: **1.** *(einem Text) als Überschrift geben:* der Autor überschrieb das erste Kapitel des Buches mit „Grundlegende Fragen". **sinnv.:** benennen, betiteln, nennen. **2.** *als Eigentum übertragen:* er hat das Haus [auf den Namen] seiner Frau ü. lassen. **sinnv.:** ↑abtreten; ↑übereignen.

über|schrei|ten, überschritt, hat überschritten ⟨tr.⟩: **1.** *über etwas hinübergehen:* die Schwelle eines Hauses, die Gleise, eine Grenze ü. **sinnv.:** hinüberwechseln, ↑passieren, überqueren, übersteigen · ↑ausufern, hinausgehen über, den Rahmen sprengen, überborden, ↑übertreffen. **2.** *(eine Vorschrift) nicht beachten, sich nicht (an ein bestimmtes Maß) halten:* ein Gesetz, seine Befugnisse ü. **sinnv.:** ↑verstoßen gegen.

Über|schrift, die; -, -en: *das, was zur Kennzeichnung des Inhalts über einem Text geschrieben steht:* er hatte in der Zeitung nur die Überschriften gelesen. **sinnv.:** Headline; ↑Aufschrift; ↑Schlagzeile; ↑Titel. **Zus.:** Balken-, Kapitelüberschrift.

Über|schuß, der; Überschusses, Überschüsse: **a)** *Ertrag von etwas nach Abzug der Unkosten:* durch die billigere Herstellung erzielten sie hohe Überschüsse. **sinnv.:** ↑Ertrag, Plus, Reingewinn. **b)** *eine über den notwendigen Bedarf, über ein bestimmtes Maß hinausgehende Menge:* das Kind hat einen Ü. an Kraft und Temperament; der Ü. an Frauen wird in den nächsten Jahren zurückgehen. **sinnv.:** -explosion, -schwemme, ↑Überfluß. **Zus.:** Bevölkerungs-, Frauen-, Geburtenüberschuß.

über|schüs|sig ⟨Adj.⟩: *über den eigentlichen Bedarf hinausgehend und daher nicht verbraucht oder nicht genutzt:* überschüssige Kräfte. **sinnv.:** ↑überflüssig, überzählig, übrig, zuviel; ↑restlich.

über|schüt|ten, überschüttete, hat überschüttet ⟨tr.⟩: *(jmdm. etwas) besonders reichlich oder in allzu großem Maße zuteil werden lassen; überhäufen:* jmdn. mit Lob ü.; bei seiner Ankunft wurde er mit Fragen überschüttet *(wurden ihm Fragen über Fragen gestellt).* **sinnv.:** ↑eindecken, ↑überhäufen.

Über|schwang, der; -s: *Übermaß an Gefühl:* der Ü. der Freude; diese Äußerung ist aus seinem jugendlichen Ü. zu erklären. **sinnv.:** ↑Begeisterung. **Zus.:** Gefühlsüberschwang.

über|schwem|men ⟨tr.⟩: *ganz mit Wasser bedecken:* die Fluten überschwemmten weite Teile des Landes. **sinnv.:** überfluten, überspülen, überströmen, unter Wasser setzen; ↑überfließen.

über|schweng|lich ⟨Adj.⟩: *in Gefühlsäußerungen übersteigert [und übertrieben]:* eine überschwengliche Begeisterung; sie äußert sich immer sehr ü.; er wurde ü. gelobt. **sinnv.:** ↑besessen; ↑übertrieben.

Über|see: ⟨in den Fügungen⟩ aus/für/in/nach/von Ü.: *aus usw. Gebieten, die jenseits des Ozeans (bes. in Amerika) liegen:* nach Ü. auswandern; in Ü. leben. **sinnv.:** ↑Fremde.

über|seh|bar ⟨Adj.⟩: *so beschaffen, daß man sich ein Bild davon machen kann:* der bei dem Brand entstandene Schaden war noch [nicht] ü. **sinnv.:** absehbar, überschaubar, übersichtlich.

über|se|hen: I. übersehen, sieht über, sah über, hat übergesehen ⟨sich ü.⟩ (ugs.): *(etwas) nicht mehr sehen mögen, weil man es schon so häufig gesehen hat:* ich habe mir die Farbe übergesehen; man sieht sich solch ein Stück leicht über. **sinnv.:** eine Sache leid sein/satt haben, einer Sache überdrüssig sein, etwas ist jmdm. über. **II. übersehen,** übersieht, übersah, hat übersehen ⟨tr.⟩: **1.** *(von einem erhöhten Standort aus) einen weiten Blick (über etwas) haben:* von seinem Fenster konnte er den ganzen Platz ü. **sinnv.:** ↑überblicken. **2.** *sich aus verschiedenen Vorgängen ein Bild von etwas machen und darüber Bescheid wissen:* die Lage läßt sich jetzt ungefähr ü.; ob es möglich sein wird, ist noch nicht zu ü. **sinnv.:** ↑überblicken. **3.** *unbeabsichtigt oder absichtlich nicht sehen:* er hatte einige Fehler übersehen; er meinte, ihn ü. zu können. **sinnv.:** außer acht lassen, nicht bemerken, etwas entgeht jmdm., ↑ignorieren; ↑überfahren.

über|sen|den, übersandte/übersendete, hat übersandt/übersendet ⟨tr.⟩: ↑*schicken:* er übersandte mir die Unterlagen mit der Post.

über|set|zen: I. übersetzen, setzte über, hat/ist übergesetzt **1.** ⟨tr.⟩ *ans andere Ufer befördern:* der Fährmann hat sie übergesetzt; wir ließen uns mit der Fähre ü. **sinnv.:** hinüberbefördern/-bringen/-fahren. **2.** ⟨itr.⟩ *ans andere Ufer fahren:* wir haben/sind ans andere Ufer, nach Beuel übergesetzt; den Truppen gelang es, auf das südliche Flußufer überzusetzen. **sinnv.:** hinüberfahren. **II. übersetzen,** übersetzte, hat übersetzt ⟨tr.⟩ *schriftlich oder mündlich in einer anderen Sprache wiedergeben:* einen Text wörtlich, frei ü. **sinnv.:** dolmetschen, übertragen, verdeutschen, verdolmetschen · synchronisieren, untertiteln.

Über|set|zer, der; -s, -, **Über|set|ze|rin,** die; -, -nen: *männliche bzw. weibliche Person, die Gesprochenes oder Geschriebenes in eine andere Sprache übersetzt:* mehrere Übersetzer übertrugen die Rede ins Deutsche, Französische und Spanische. **sinnv.:** ↑Dolmetscher.

Über|set|zung, die; -, -en: **a)** ⟨ohne Plural⟩ *das Übersetzen:* die Ü. des Textes ist schwierig. **b)** *übersetzte Rede, übersetzter Text:* die Ü. ist schlecht, zu frei. **sinnv.:** Nachdichtung, Übertragung, Verdeutschung · Eselsbrücke, Klatsche · Interlinearversion · Synchronisation, Untertitel. **Zus.:** Bibel-, Lehn-, Rohübersetzung.

Über|sicht, die; -, -en: **1.** ⟨ohne Plural⟩ *Fähigkeit, ein bestimmtes Gebiet oder größere Zusammenhänge zu übersehen:* er hat die Ü. verloren. **sinnv.:** ↑Erfahrung; ↑Umsicht. **2.** *Liste oder Tabelle, die ein Verzeichnis enthält:* eine Ü. der unregelmäßigen Verben; eine Ü. über die Konzerte des kommenden Winters. **sinnv.:** ↑Beschreibung, Querschnitt, ↑Überblick, Überschau, ↑Zusammenfassung, Zusammenstellung · Diagramm, Graphik, Schaubild, Schautafel, ↑Skizze.

über|sicht|lich ⟨Adj.⟩: *sich leicht überblicken lassend, so daß man die Anlage gut erkennen kann:* ein übersichtliches Gelände; eine übersichtliche Anordnung; die Arbeit war ü. gegliedert. **sinnv.:** ↑übersehbar.

über|sie|deln, siedelte über, ist übergesiedelt, (auch:) **übersiedeln,** übersiedelte, ist übersiedelt ⟨itr.⟩: *sich mit seinen Möbeln und anderem Besitz an einem andern Ort niederlassen [um dort dauernd oder für längere Zeit zu wohnen]:* er ist vor zehn Jahren hierher übergesiedelt; wir überlegen noch, ob wir nicht endgültig nach Heidelberg ü. sollen. **sinnv.:** ausziehen, fortziehen, seinen Haushalt auflösen, die Tapete[n] wechseln, umziehen, verziehen, wegziehen, seinen Wohnsitz verlegen, seine Wohung aufgeben, seine Zelte abbrechen, ziehen.

über|sinn|lich ⟨Adj.⟩: *mit den Sinnen nicht wahrnehmbar:* an eine übersinnliche Welt glauben. **sinnv.:** magisch, okkult; ↑übernatürlich.

über|spannt ⟨Adj.⟩: *das Maß des Vernünftigen überschreitend;*

übersteigert: überspannte Ideen, Forderungen; sie ist ü. **sinnv.:** ↑ausgefallen, barock, extravagant, exzentrisch, hirnrissig, ↑lächerlich, närrisch, phantastisch, skurril, überspitzt, ↑übertrieben, verdreht, verrückt, verstiegen.

über|spie|len ⟨tr.⟩: **1.** *(etwas auf Tonband oder Schallplatte Aufgenommenes) übertragen:* eine Schallplatte auf ein Tonband ü. **2.** *schnell (über etwas Unangenehmes oder Peinliches) hinweggehen und (es) durch geschicktes Verhalten anderen nicht bewußt werden lassen:* durch seine betonte Sorglosigkeit versuchte er nur, seine geheimen Befürchtungen zu ü.; sie weiß ihre Fehler gut zu ü.

über|spitzt ⟨Adj.⟩: *übertrieben scharf ausgesprochen, unterscheidend; zu genau, zu fein:* einzelne Formulierungen des Redners waren ü. **sinnv.:** ↑übertrieben; ↑überspannt.

über|sprin|gen: I. überspringen, sprang über, ist übergesprungen ⟨itr.⟩ *(von etwas auf etwas) springen, wechseln:* die Funken sprangen von dem einen zum anderen Pol, von der brennenden Scheune auf das Haus über. **sinnv.:** ↑übergreifen, überwechseln. **II. überspringen,** übersprang, hat übersprungen ⟨tr.⟩ *(über etwas) springen:* der Sportler konnte diese Höhe erst im letzten Versuch überspringen.

über|spü|len ⟨tr.⟩: *ganz mit Wasser bedecken:* die Wiesen wurden von dem Hochwasser führenden Fluß überspült. **sinnv.:** ↑überschwemmen.

über|ste|hen, überstand, hat überstanden ⟨tr.⟩: *(etwas, was mit Schwierigkeiten, Anstrengungen, Schmerzen o. ä. verbunden ist) hinter sich bringen; überwinden:* Gefahren, eine Krise ü.; er hat die schwere Krankheit überstanden. **sinnv.:** ↑aushalten; ↑durchkommen.

über|stei|gen, überstieg, hat überstiegen: **1.** ⟨tr.⟩ *(über etwas) steigen, klettern:* eine Mauer ü. **sinnv.:** ↑überschreiten. **2.** ⟨itr.⟩ *über eine gewisse Grenze, die man in Gedanken gezogen hatte, hinausgehen:* die Ausgaben überstiegen die Einnahmen; das übersteigt unsere Kräfte, alle unsere Erwartungen. **sinnv.:** ↑übertreffen.

über|stei|gern ⟨tr./sich ü.⟩: *(etwas/sich) zu sehr steigern und über das normale Maß hinausgehen lassen:* die Forderungen dürfen nicht übersteigert werden; sie übersteigerte sich *(ging zu weit)* in ihren Gefühlsäußerungen; ⟨häufig im 2. Partizip⟩ ein übersteigertes Selbstbewußtsein. **sinnv.:** ↑übertreffen; ↑übertreiben; ↑steigern · ↑extrem.

über|stim|men ⟨tr.⟩: *bei einer Wahl besiegen:* er wurde von der Mehrheit überstimmt.

über|strei|fen, streifte über, hat übergestreift ⟨tr.⟩: *(ein Kleidungsstück) über den Körper oder einen Körperteil streifen:* man hat dem Weltmeister ein Trikot in den Farben des Regenbogens übergestreift; ich streifte mir die Handschuhe über. **sinnv.:** ↑anziehen.

über|strö|men: I. überströmen, strömte über, ist übergeströmt ⟨itr.⟩ (geh.) *über den Rand eines Gefäßes strömen:* das Wasser strömte über. **sinnv.:** ↑überfließen. **II. überströmen,** überströmte, hat überströmt ⟨tr.⟩ (geh.) *mit einer Flüssigkeit (bes. Wasser) bedecken:* der Fluß überströmte bei Hochwasser die Wiesen. **sinnv.:** ↑überschwemmen.

Über|stun|de, die; -, -n: *Stunde, in der über die festgesetzte Zeit hinaus gearbeitet wird:* bezahlte Überstunden; Überstunden machen *(über die festgesetzte Zeit hinaus arbeiten).* **sinnv.:** Akkord, Mehrarbeit.

über|stür|zen: 1. ⟨tr.⟩ *zu hastig tun, ohne sich Zeit für die nötige Überlegung zu nehmen:* er hat seine Reise überstürzt; sie wollten nichts ü.; ⟨häufig im 2. Partizip⟩ eine überstürzte Flucht; überstürzt handeln. **sinnv.:** ↑übereilen; ↑schnell. **2.** ⟨sich ü.⟩ *zu rasch aufeinanderfolgen:* manchmal überstürzen sich die Ereignisse; seine Worte überstürzten sich.

über|töl|peln ⟨tr.⟩: *(jmdn., der in einem bestimmten Fall nicht gut aufgepaßt hat) übervorteilen:* er hat ihn übertölpelt. **sinnv.:** ↑betrügen; ↑überfahren.

über|tö|nen ⟨tr.⟩: *lauter sein (als etwas) und dadurch bewirken, daß es nicht gehört wird:* er übertönte alle mit seiner lauten Stimme. **sinnv.:** überschreien.

Über|trag, der; -[e]s, Überträge: *auf die nächste Seite übertragene Summe:* bei der Abrechnung steckte im Ü. ein Fehler. **Zus.:** Saldoübertrag.

über|trag|bar ⟨Adj.⟩: **1.** *so beschaffen, daß eine Übertragung auf andere Bereiche möglich ist:* diese Methode ist nicht auf die Physik ü. **2.** *ansteckend:* eine übertragbare Krankheit, Infektion. **sinnv.:** ↑infektiös. **3.** *zum Gebrauch, zur Verwendung auch für andere Personen gültig:* diese verbilligte Fahrkarte ist nicht ü.

über|tra|gen, überträgt, übertrug, hat übertragen: **1.** ⟨tr.⟩ **a)** *von/aus etwas in/auf etwas schreiben oder zeichnen:* die Zwischensumme auf die nächste Seite ü.; eine Zeichnung, ein Muster ü. **b)** *auf einen anderen Tonträger bringen:* eine Schallplattenaufnahme auf ein Tonband ü. **2.** ⟨tr.⟩ ↑*übersetzen:* einen Text aus dem Englischen ins Deutsche ü. **sinnv.:** dolmetschen, verdeutschen, verdolmetschen. **3.** ⟨tr.⟩ *auf etwas anderes anwenden, so daß die betreffende Sache auch dort Geltung und Bedeutung hat:* die Gesetze der Malerei dürfen nicht auf die Graphik übertragen werden; ⟨häufig im 2. Partizip⟩ ein Wort in übertragener *(nicht im eigentlichen Sinn des Wortes zu verstehender, sondern sinnbildlicher)* Bedeutung. **sinnv.:** ↑anwenden. **4.** ⟨tr.⟩ *(eine Aufgabe, ein Recht) anvertrauen, (jmdn. mit etwas) beauftragen:* jmdm. eine Arbeit, ein Amt, ein Recht ü. **sinnv.:** ↑abgeben, delegieren, ↑vergeben, weitergeben, zedieren, ↑zuschieben; ↑anvertrauen; ↑beauftragen; ↑ermächtigen. **5. a)** ⟨tr.⟩ *(eine Krankheit o. ä.) weitergeben:* die Krankheit kann direkt, aber auch durch Insekten übertragen werden. **sinnv.:** ausbreiten, verbreiten; ↑infizieren. **b)** ⟨sich ü.⟩ *(jmdn.) befallen:* die Krankheit überträgt sich auf Menschen. **sinnv.:** sich ↑ausbreiten. **6.** ⟨tr.⟩ ↑*senden:* der Rundfunk überträgt das Fußballspiel aus London.

über|tref|fen, übertrifft, übertraf, hat übertroffen ⟨tr.⟩: **a)** *(über die Leistungen anderer auf dem gleichen Gebiet) hinauskommen; Besseres leisten (als andere):* jmdn. an Fleiß ü.; jmds. Leistung ü. **sinnv.:** ↑ausstechen, etwas besser können, besser sein, jmdn. aus dem Felde schlagen, über etwas hinausgehen, hinter sich lassen, jmdm. den Rang ablaufen, alle Rekorde schlagen, in den Schatten stellen, jmdm. die Schau stehlen, steigern, sich steigern, jmdm. etwas streitig machen, jmdn. in die Tasche/in den Sack stecken, überbieten, übererfüllen, überflügeln, überholen, jmdm. [haushoch/turmhoch] überlegen sein, überragen, überrunden, übersteigern, sich übersteigern, übertrumpfen, den Vogel abschießen; ↑besiegen; ↑auftrumpfen; ↑siegen; ↑rivalisieren. **b)** *(über dem eigentlich Erwarteten) liegen; besser sein (als vermutet):* das Ergebnis übertraf die kühnsten Hoffnungen. **sinnv.:** hinausgehen über, sich steigern, ↑überschreiten, übersteigen, sich übersteigern, übertreffen.

über|trei|ben, übertrieb, hat übertrieben ⟨tr.⟩ /vgl. übertrieben/: **1.** *größer, wichtiger oder schlimmer darstellen, als die betreffende Sache wirklich ist* /Ggs. untertreiben/: die Zahlen der Verletzten wurden absichtlich übertrieben; er hatte die Wirkung etwas übertrieben; ⟨auch itr.⟩ er übertrieb maßlos. **sinnv.:** aufbauschen, Aufheben[s] machen von, dick auftragen, sich hineinsteigern in, hochspielen, aus einer Mücke einen Elefanten machen, eine Staatsaktion aus etwas machen, viel Sums machen, viel Trara machen, überziehen, Wesen[s] machen von; ↑prahlen. **2.** *(etwas an sich Positives, Vernünftiges o. ä.) zu weit treiben, in übersteigertem Maße tun:* die Sparsamkeit/es mit der Sparsamkeit ü. **sinnv.:** zu weit gehen; ↑übersteigern.

Über|trei|bung, die; -, -en: **1. a)** *das Übertreiben* (1). **sinnv.:** Angabe, Angeberei, Aufschneiderei, Effekthascherei, Großkotzigkeit, Großmannssucht, Großmäuligkeit, Großsprecherei, Großspurigkeit, Imponiergehabe, Prahlerei, Sensationsmache; ↑gewiß. **b)** *das Übertreiben* (2). **sinnv.:** Übersteigerung. **2. a)** *übertreibende Äußerung.* **sinnv.:** Hyperbel. **b)** *Handlung, mit der man etwas übertreibt.* **sinnv.:** ↑Auswüchse.

über|tre|ten: I. übertreten, tritt über, trat über, hat/ist übergetreten ⟨itr.⟩: **1.** *im Anlauf über die zum Abspringen o. ä. festgelegte Stelle treten:* sein Sprung ist ungültig, weil er übergetreten hat/ist. **2.** *seine religiösen, politischen o. ä. Anschauungen ändern und einer anderen Gemeinschaft beitreten:* er ist zur evangelischen Kirche, zu einer andern Partei übergetreten. **sinnv.:** sich bekehren, konvertieren, überwechseln, den Glauben/die Konfession wechseln. **II. übertreten,** übertritt, übertrat, hat übertreten ⟨tr.⟩ *(eine Vorschrift oder ein Gesetz) verletzen, nicht beachten:* ein Gesetz, ein Verbot ü. **sinnv.:** ↑verstoßen.

über|trie|ben ⟨Adj.⟩: **a)** *durch Übertreibungen gekennzeichnet:* eine übertriebene Schilderung; übertriebene *(überspannte)* Ansichten. **sinnv.:** überspitzt; ↑überschwenglich; ↑überspannt. **b)** *zu weit gehend, zu stark:* übertriebenes Mißtrauen; übertriebene Forderungen; ⟨häufig verstärkend bei Adjektiven⟩ er ist ü. *(allzu)* vorsichtig, ehrgeizig. **sinnv.:** ohne Maß und Ziel, ↑maßlos, nicht mehr normal; ↑sehr.

Über|tritt, der; -[e]s, -e: *das Übertreten zu einer anderen Religion, Partei o. ä.:* der Ü. zur katholischen Religion. **sinnv.:** Bekehrung, Glaubenswechsel, Konfessionswechsel, Konversion; ↑Veränderung.

über|trump|fen ⟨tr.⟩: *besser sein (als jmd.); überbieten:* mit dieser großartigen Leistung hat er alle übertrumpft. **sinnv.:** ↑übertreffen.

über|völ|kert ⟨Adj.⟩: *von zu vielen Menschen bewohnt:* in dem übervölkerten Land wurde die Geburtenkontrolle eingeführt.

über|vor|tei|len ⟨tr.⟩: *sich durch Geschicklichkeit oder List (gegenüber einem andern) einen Vorteil verschaffen, indem man dessen Unwissenheit ausnutzt:* bei dem Kauf des Hauses ist er sehr übervorteilt worden. **sinnv.:** ↑betrügen.

über|wa|chen ⟨tr.⟩: *(jmds. Tun) kontrollieren; für den richtigen Ablauf (von etwas) sorgen:* der Häftling wurde von nun an strenger überwacht; die Arbeiten ständig ü.; die Ausführung eines Befehls, den Verkehr ü. **sinnv.:** ↑aufpassen, beaufsichtigen, ↑beobachten, beschatten, ↑bespitzeln, ↑inspizieren, kontrollieren, observieren.

über|wäl|ti|gen ⟨tr.⟩: **1.** *im Kampf besiegen; dafür sorgen, daß sich jmd. nicht mehr wehren kann:* er überwältigte seinen Gegner; der Verbrecher wurde schließlich von den Passanten überwältigt. **sinnv.:** ↑besiegen. **2.** *mit solcher Intensität ergreifen, daß die betreffende Person sich der Wirkung nicht entziehen kann:* das Schauspiel, die Erinnerung überwältigte ihn; ⟨häufig im 1. Partizip⟩ ein überwältigender Anblick: seine Leistungen waren nicht überwältigend *(waren mittelmäßig);* eine überwältigende *(außergewöhnlich große)* Mehrheit. **sinnv.:** ↑befallen; ↑außergewöhnlich.

über|wei|sen, überwies, hat überwiesen ⟨tr.⟩: **1.** *auf jmds. Konto einzahlen:* einen Betrag durch die Bank ü. **sinnv.:** anweisen; ↑schicken. **2.** *zur weiteren Behandlung mit einem entsprechenden Schreiben zu einem anderen Arzt schicken:* der Arzt hat ihn zum Spezialisten, in die Klinik überwiesen.

Über|wei|sung, die; -, -en: **1. a)** *das Überweisen* (1). **sinnv.:** ↑Zahlung. **b)** *überwiesener Geldbetrag.* **c)** *[Formular mit einem] Überweisungsauftrag.* **Zus.:** Bank-, Sammelüberweisung. **2. a)** *das Überweisen* (2). **b)** *vom behandelnden Arzt ausgestellter Schein zur Überweisung des Patienten an einen anderen Arzt.* **sinnv.:** Überweisungsschein.

über|wer|fen, sich; überwirft sich, überwarf sich, hat sich überworfen: *sich wegen einer bestimmten Angelegenheit mit jmdm. streiten und sich deshalb von ihm trennen:* wegen der Erbschaft haben sich die Geschwister überworfen; er hat sich mit seinem besten Freund überworfen. **sinnv.:** sich ↑verfeinden.

über|wie|gen, überwog, hat überwogen ⟨itr.⟩: **a)** *das Übergewicht haben, vorherrschen und das Bild von etwas bestimmen:* in dieser Gesellschaft überwiegt die Toleranz; ⟨häufig im 1. Partizip⟩ der überwiegende *(größte)* Teil der Bevölkerung ist katholisch; es waren überwiegend *(meist)* hilfsbereite Menschen, denen er begegnete. **sinnv.:** dominieren, das Feld beherrschen, herrschen, prädominieren, stärker sein, vorherrschen, vorwalten, vorwiegen. **b)** *stärker sein (als etwas):* die Neugier überwog seine Ehrfurcht.

über|win|den, überwand, hat überwunden: **a)** ⟨tr.⟩ *(einen starken äußeren oder inneren Widerstand) besiegen:* alle Hindernisse, Schwierigkeiten ü.; ein Gefühl, seine Angst ü. **sinnv.:** [hin[wegkommen über, sich hinwegsetzen über, verdauen, verkraften, verschmerzen, verwinden; ↑aushalten; ↑bewältigen. **b)** ⟨tr.⟩ *an einer als falsch erkannten Haltung oder Einstellung nicht festhalten:* er hatte alle Bedenken überwunden; diesen Standpunkt hat man heute längst überwunden. **sinnv.:** von etwas Abstand nehmen, ↑aufgeben, fallenlassen, sich nicht an etwas klammern. **c)** ⟨sich ü.⟩ *nach anfänglichem Zögern doch etwas tun, was einem schwerfällt:* er hat sich schließlich überwunden, ihm einen Besuch zu machen. **sinnv.:** sich aufraffen, sich aufrappeln, sich aufschwingen, sich ermannen zu, es übers Herz bringen, sich ein Herz fassen, seinem Herzen einen Stoß geben, sich einen Ruck geben, über seinen eigenen Schatten springen, es über sich bringen, sich zwingen.

über|win|tern ⟨itr.⟩: *den Winter [in einem dem Schlaf ähnlichen Zustand an einem bestimmten Ort] verbringen* /von Tieren und Pflanzen/: der Hamster überwintert in seinem Bau; die Knollen müssen bei 15 Grad Wärme im Keller ü. **sinnv.:** überdauern.

über|wu|chern ⟨tr.⟩: *dicht und üppig (über etwas) wachsen:* das Unkraut hat die jungen Pflanzen, den Gartenweg überwuchert. **sinnv.:** ↑überhandnehmen.

Über|wurf, der; -[e]s, Überwürfe: *loser Umhang:* sie hängte sich einen Ü. um. **sinnv.:** ↑Mantel.

Über|zahl: ⟨in der Wendung⟩ in der Ü. sein: *in größerer Anzahl vorhanden sein (als andere):* bei der Versammlung waren die Liberalen in der Ü. **sinnv.:** ↑Mehrheit.

über|zäh|lig ⟨Adj.⟩: *über den Bedarf hinausgehend, zuviel vorhanden:* bei der Party waren einige Damen ü.; die überzähligen Exemplare wurden an Interessenten verteilt; wir sind hier ü. *(anscheinend unerwünscht),* wir wollen gehen. **sinnv.:** ↑überflüssig, ↑überschüssig.

über|zeu|gen ⟨tr./sich ü.⟩: *(jmdm./sich) durch Argumente oder eigene Prüfung Gewißheit über etwas verschaffen; (jmdn./sich) durch Argumente oder eigene Prüfung dahin bringen, daß er/man etwas für wahr oder notwendig hält:* jmdn./sich von der Schuld eines andern ü.; auch dieses Argument konnte ihn nicht ü.; ⟨häufig im 1. Partizip⟩ überzeugende *(plausible, glaubhafte) Gründe;* eine überzeugende Darstellung; ⟨häufig im 2. Partizip⟩ er ist überzeugter *(an die christlichen Dogmen glaubender)* Christ; ich bin von seinen Fähigkeiten überzeugt *(glaube an seine Fähigkeiten).* **sinnv.:** argumentieren, bekehren, belehren, missionieren; ↑überreden; ↑kontrollieren.

Über|zeu|gung, die; -, -en: *durch jmdn. oder durch eigene Prüfung oder Erfahrung gewonnene Gewißheit:* das war seine feste Ü.; er war nicht von seiner Ü. abzubringen. **sinnv.:** ↑Ansicht; ↑Bewußtsein; ↑Glaube.

über|zie|hen: **I. überziehen,** zog über, hat übergezogen ⟨tr.⟩ *(ein Kleidungsstück) über den Körper oder einen Körperteil ziehen:* ich zog mir einen Pullover über; vor dem Kauf zog sie den Rock in der Kabine über *(probierte sie ihn an).* **sinnv.:** ↑anziehen. **II. überziehen,** überzog, hat überzogen ⟨tr.⟩ **1.** *mit einem Überzug (aus etwas) versehen:* einen Deckel mit Stoff ü.; die Sessel, das Sofa neu ü. lassen *(mit einem neuen Bezug versehen lassen);* die Betten [frisch] ü. *(die Bettwäsche erneuern);* ⟨häufig im 2. Partizip⟩ frisch überzogene Betten. **sinnv.:** ↑bedecken; ↑beziehen. **2.** *einen das Guthaben übersteigenden Betrag (von seinem Konto) abheben:* er hatte sein Konto überzogen. **3.** *zu weit treiben:* man sollte seine Kritik nicht ü. **sinnv.:** ↑übertreiben.

über|züch|tet ⟨Adj.⟩: *bei der Zucht auf Kosten der Gesundheit und Widerstandsfähigkeit hoch entwickelt* /von Tieren, Pflanzen/: diese Rasse ist ü.

Über|zug, der; -[e]s, Überzüge: **a)** *Schicht, mit der etwas überzogen ist:* Holz mit einem feinen Ü. aus klarem Lack versehen; ein Ü. aus Schokolade. **sinnv.:** ↑Ansatz; ↑Belag. **Zus.:** Gold-, Kunststoff-, Lack-, Schokoladenüberzug. **b)** *auswechselbare Hülle:* einen Ü. für einen Sessel nähen. **sinnv.:** Bezug; ↑Schoner. **Zus.:** Kissen-, Schutzüberzug.

üb|lich ⟨Adj.⟩: *den allgemeinen Gewohnheiten, Bräuchen entsprechend, immer wieder vorkommend:* die übliche Begrüßung; etwas zu den üblichen Preisen kaufen; er verspätete sich wie ü.; das ist schon lange nicht mehr ü. *(tut man schon lange nicht mehr).* **sinnv.:** nicht abwegig, ↑alltäglich, bevorzugt, eingewurzelt, gängig, gang und gäbe, gebräuchlich, ↑gewöhnlich, gewohnt, ↑herkömmlich, landläufig, normal, ↑regelmäßig, regulär, usuell, verbreitet, tief verwurzelt, weitverbreitet; ↑gültig · ↑entstehen. **Zus.:** bank-, branchen-, handels-, landes-, orts-, sprachüblich.

U-Boot, das; -[e]s, -e: *Schiff [für militärische Zwecke], das längere Zeit unter Wasser fahren kann:* das U-Boot tauchte und ging auf große Tiefe.

üb|rig ⟨Adj.⟩: *[als Rest] noch vorhanden:* drei Äpfel waren ü.; nur eine kleine Gruppe war noch im Saal, die übrigen *(anderen)* waren schon gegangen; wir hatten nichts mehr ü. *(es war kein Rest geblieben).* **sinnv.:** ↑restlich, ↑weiter...; ↑überflüssig, ↑überschüssig; ↑auch; ↑außerdem · ↑bleiben · ↑Rest.

üb|rig|be|hal|ten, behält übrig, behielt übrig, hat übrigbehalten ⟨tr.⟩: *als Rest behalten:* er hat nicht das ganze Geld ausgegeben, sondern noch einige Mark übrigbehalten. **sinnv.:** ↑erübrigen, überhaben, übrig haben, zurückbehalten.

üb|rig|blei|ben, blieb übrig, ist übriggeblieben ⟨itr.⟩: *als Rest [ver]bleiben:* es ist noch eine kleine Summe übriggeblieben. **sinnv.:** ↑bleiben · ↑restlich · ↑Rest.

üb|ri|gens ⟨Adverb⟩: *um noch etwas hinzuzufügen, nebenbei bemerkt:* ü. könntest du mir noch einen Gefallen tun; das Buch hatte er ü. vergessen. **sinnv.:** apropos, nebenbei [bemerkt], notabene, was ich noch sagen wollte, im übrigen; ↑außerdem.

üb|rig|las|sen, läßt übrig, ließ übrig, hat übriggelassen ⟨tr.⟩: *als Rest [zurück]lassen:* er hat den ganzen Kuchen aufgegessen und ihr nichts übriggelassen.

Übung, die; -, -en: **1.** ⟨ohne Plural⟩ *das Üben; regelmäßige Wiederholung von etwas, um Fertigkeit darin zu erlangen:* ein Stück zur Ü. spielen; ihm fehlt die Ü. **sinnv.:** Training; ↑Erfahrung. **2. a)** *[zum Training häufig wiederholte] Folge bestimmter Bewegungen:* eine Ü. am Barren. **sinnv.:** Aufschwung, Bauchwelle, Flanke, Grätsche, ↑Gymnastik, Handstand, Hocke, Kehre, Kniewelle, Kopfstand, Kür, Liegestütz, Pflicht, Radschlagen,

Riesenfelge, Riesenwelle, Rolle, Salto, Spagat, Stützwaage, Training, Überschlag, Wende · Kür, Pflicht. **Zus.:** Barren-, Boden-, Kraft-, Kür-, Lockerungs-, Pflicht-, Reck-, Schwung-, Sprung-, Turnübung · Frei-, Leibesübungen. **b)** *etwas, was in bestimmter Form zur Erlangung einer guten Technik ausgeführt wird:* er spielt heute nur Übungen [auf dem Klavier]. **Zus.:** Finger-, Klavier-, Schreib-, Stilübung. **3.** *Unterrichtsstunde an der Hochschule, bei der die Studenten aktiv mitarbeiten; Seminar.* **Zus.:** Seminarübung. **4.** *probeweise durchgeführte Veranstaltung oder Unternehmung, um für den Ernstfall geschult zu sein:* militärische Übungen; die Feuerwehr rückt zur Ü. aus. **sinnv.:** Manöver. **Zus.:** Feuerwehr-, Gefechts-, Gelände-, Nacht-, Reservisten-, Truppen-, Wehrübung.

Ufer, das; -s, -: *Begrenzung eines Gewässers durch das Festland:* ein steiles, flaches U.; der Fluß ist über die U. getreten. **sinnv.:** Gestade, Haff, Kliff, Küste, Strand. **Zus.:** Bach-, Fluß-, Hoch-, Meeres-, See-, Steilufer.

ufer|los ⟨Adj.⟩: *endlos, fruchtlos:* er ließ sich mit den Demonstranten auf eine uferlose Diskussion ein. **sinnv.:** ↑unaufhörlich.

Uhr, die; -, -en: **1.** *Gerät, das die Zeit mißt:* die U. geht nach; die U. aufziehen, stellen. **sinnv.:** Chronometer, Kartoffel, Pendüle, Regulator, Stundenglas, Wecker, Zeitmesser, Zwiebel. **Zus.:** Anker-, Bahnhofs-, Damen-, Eier-, Gas-, Herren-, Kirchen-, Kontroll-, Küchen-, Kuckucks-, Lebens-, Meß-, Normal-, Park-, Pendel-, Quarz-, Rathaus-, Sand-, Sonnen-, Spiel-, Stand-, Stech-, Stopp-, Turm-, Weck-, Weltzeit-, Zähluhr. **2.** ⟨ohne Plural⟩ *bestimmte Stunde der Uhrzeit:* wieviel U. ist es? *(wie spät ist es?);* es ist Punkt acht U.; es geschah gegen drei U. früh; der Zug fährt [um] elf U. sieben/11.07 U.; Sprechstunde von 16 bis 19 U.; er kam erst nach 5 U.

Uhr|ma|cher, der; -s, -, **Uhr|ma|che|rin,** die; -, -nen: *männliche bzw. weibliche Person, die Uhren [herstellt und] repariert:* *die defekte Uhr zum Uhrmacher bringen.*

Uhu, der; -s, -s: *(zu den Eulen gehörender) großer, in der Dämmerung jagender Vogel mit gelbbraunem, dunkelbraun geflecktem Gefieder, großen, orangeroten Augen, dickem, rundem Kopf und langen Federn an den Ohren.* **sinnv.:** Kauz, Käuzchen.

Ulk, der; -s: *Spaß, lustiger Unfug in einer Gruppe:* U. machen. **sinnv.:** ↑Scherz. **Zus.:** Bier-, Studentenulk.

ul|ken ⟨itr.⟩: *mit jmdm. Unsinn reden und sich dabei auf dessen Kosten amüsieren:* sie ulkten mit der neuen Kollegin. **sinnv.:** ↑aufziehen.

ul|kig ⟨Adj.⟩: *belustigend und komisch wirkend:* ein ulkiger Kerl; ulkige Masken. **sinnv.:** ↑spaßig.

Ul|me, die; -, -n: *Laubbaum mit eiförmigen, gesägten Blättern und büschelig angeordneten Blüten und Früchten* (siehe Bildleiste „Blätter"). **sinnv.:** Rüster.

ul|ti|ma|tiv ⟨Adj.⟩: *mit Nachdruck [fordernd]; [unter Androhung harter Gegenmaßnahmen] eine Entscheidung erzwingen wollend; in Form eines Ultimatums [erfolgend]:* der Unterhändler überbrachte die ultimativen Forderungen des Gegners; die Regierung verlangte u. die Freilassung ihres Botschafters. **sinnv.:** ↑nachdrücklich.

Ul|ti|ma|tum, das; -s, Ultimaten: *[auf diplomatischem Wege übermittelte] Aufforderung eines Staates an einen anderen, in einer bestimmten kurzen Frist eine Angelegenheit befriedigend zu lösen [meist gleichzeitig verbunden mit der Androhung harter Maßnahmen, falls der Aufforderung nicht entsprochen wird]:* in einem U. wurde die Regierung aufgefordert, die Gefangenen binnen 24 Stunden freizulassen; ein U. stellen. **sinnv.:** ↑Aufruf.

Ul|ti|mo, der; -s, -s: *letzter Tag eines Monats:* die Rechnung ist bis [zum] U. zu bezahlen.

ul|tra-, Ul|tra- ⟨Präfix⟩: **1.** (verstärkend) *äußerst, in besonders extremer Weise, in hohem Maße* /kennzeichnet oft die ablehnende Wertung des Sprechers/: **a)** ⟨adjektivisch⟩ ultraelegant, -konservativ, -korrekt, -kritisch, ultrakurze und ultralange Nachthemden, ultralinke Partei, -macho, -modern, -obszön, -patriotisch, -radikal, -reaktionär, ultrarechte Partei, -revolutionär. **sinnv.:** erz-, extra-, hyper-, super-, supra-, über-. **b)** ⟨substantivisch⟩ Ultraattacke, das Ultragift TCDD. **2.** /in der Fachsprache/ *jenseits von ..., über ... hinaus:* ultramundan *(über die Welt hinausgehend, jenseitig),* Ultraschall *(Schallwellen, die oberhalb der menschlichen Hörgrenze liegen;* Ggs. Infraschall), ultraviolett, ultravisibel *(nicht mehr [im Mikroskop] sichtbar).*

um: **I.** ⟨Präp. mit Akk.⟩ **1.** ⟨räumlich⟩ *(jmdn./etwas) im Kreis umgebend, einschließend:* alle standen um ihn; er schlug um sich; um das Dorf lagen die Felder. **2.** ⟨zeitlich⟩ **a)** *genau zu einer bestimmten Zeit:* um 12 Uhr. **b)** *ungefähr zu einer Zeit:* um Ostern [herum]. **3.** ⟨kausal⟩ */gibt den Grund für etwas an/:* sich um etwas sorgen; sie machte sich Sorgen um ihn. **4.** */kennzeichnet einen Zweck/:* um Hilfe rufen; er bat um Aufschub. **5. a)** */kennzeichnet einen regelmäßigen Wechsel/:* sie besuchten sich einen um den anderen Tag *(jeden zweiten Tag).* **b)** */kennzeichnet eine ununterbrochene Reihenfolge/:* er zahlte Runde um Runde. **6.** *betreffend:* wie steht es um ihn?; [großen] Wirbel um etwas machen; eine Kontroverse um ethische Fragen; ein Roman um Freud und die Psychoanalyse. **7.** */kennzeichnet einen Unterschied bei Maßangaben/:* der Rock wurde um 5 cm gekürzt; er sieht um vieles jünger aus. **8.** /in bestimmten Verbindungen:/ ich würde ihn um alles in der Welt nicht besuchen; er hat mich um mein ganzes Vermögen gebracht. **9. um... willen:** *wegen:* um des lieben Friedens willen *(um Zank und Streit zu vermeiden)* gab er nach. **II. 1.** /in Verbindung mit einem Personalpronomen in Konkurrenz zu *darum;* bezogen auf eine Sache (ugs.)/: er machte einen guten Vorschlag. Um ihn (statt: darum) geht es. **2.** /in Verbindung mit „was" in Konkurrenz zu *worum;* bezogen auf eine Sache (ugs.)/ **a)** /in Fragen/: um was (besser: worum) handelt es sich? **b)** /in relativer Verbindung/: ich weiß, um was (besser: worum) es sich handelt. **III.** ⟨Adverb⟩ *ungefähr:* ich brauche so um 100 Mark [herum]; es waren um [die] 20 Mädchen. **IV.** ⟨in bestimmten Verbindungen⟩ **1. a) um so:** wir fahren schon früh am Nachmittag zurück, um so *(desto)* eher sind wir zu Hause. **b) je ... um so:**

je früher wir mit der Arbeit anfangen, um so *(desto)* eher sind wir fertig. **2. um zu** ⟨Konj. beim Inf.⟩ /kennzeichnet einen Zweck/: sie ging in die Stadt, um einzukaufen. **sinnv.:** damit.

um- ⟨verbales Präfix; wenn betont, dann wird getrennt; wenn unbetont, dann nicht trennbar⟩ **1. a)** ⟨nicht trennbar⟩ *im Kreis, Bogen, von allen Seiten um etwas/jmdn. herum:* umarmen (er umarmt/umarmte ihn/hat ihn umarmt/um ihn zu umarmen), umdienern, umfahren, umlagern, umfassen, ummauern, umrahmen, umstellen (er wurde von den Rowdies umstellt), umwimmeln, umzäunen. **b)** ⟨wird getrennt⟩ *um einen Körperteil herum:* umbehalten (er behält/behielt die Schürze um/hat die Schürze umbehalten/um sie umzubehalten), umbinden, umhaben, umhängen, umnehmen, umschnallen. **2.** ⟨wird getrennt⟩ /Richtungsänderung/ **a)** *nach allen Seiten, ringsherum:* sich umblicken (er blickt/blickte sich um/hat sich umgeblickt/um sich umzublicken). **b)** *in eine andere Richtung, Lage:* umbiegen (er biegt/bog um/hat umgebogen/um es umzubiegen), sich umorientieren. **c)** *auf die andere Seite:* umblättern (sie blättert/blätterte um/hat umgeblättert/um umzublättern), umdrehen (eine Münze umdrehen), umklappen. **d)** *um 180 Grad:* sich umdrehen (sie dreht/drehte sich um/hat sich umgedreht/um sich umzudrehen). **3.** ⟨wird getrennt⟩ **a)** *von innen nach außen:* umkrempeln (er krempelt/krempelte den Ärmel um/hat ihn umgekrempelt/um ihn umzukrempeln). **b)** *von unten nach oben:* umgraben (er gräbt/grub um/hat umgegraben/um umzugraben), umwirbeln. **4.** ⟨wird getrennt⟩ *von der vertikalen in die horizontale Lage, zu Boden:* umballern (er ballert/ballerte ihn um/hat ihn umgeballert/um ihn umzuballern), umfahren (ein Verkehrsschild u.), umfallen, umpusten, umschmeißen. **5.** ⟨wird getrennt⟩ **a)** *von einer Stelle, einem Ort an einen anderen, woandershin:* umbetten (man bettet/bettete den Toten um/hat ihn umgebettet/um ihn umzubetten), umbuchen, umgruppieren, umkopieren, umpflanzen, umschulden, umstellen (er hat den Tisch umgestellt), umverteilen, umziehen (er ist nach Berlin umgezogen). **b)** *aus einem Behältnis o. ä./von einem Fahrzeug o. ä. in bzw. auf ein anderes:* umfüllen (er füllt/füllte die Milch um/hat sie umgefüllt/um sie umzufüllen), umgießen, umladen, umsteigen. **6.** ⟨wird getrennt⟩ *im Aussehen o. ä. verändern, anders machen:* umarbeiten (er arbeitet/arbeitete um/hat umgearbeitet/um umzuarbeiten), umbauen, umbenennen, umbesetzen, sich umbesinnen, umdatieren, umdefinieren, umformulieren, umgestalten, ummöblieren, umnähen (die Kissen waren umgenähte Gardinen), umorganisieren, umschminken, (einen Angestellten) umschulen, umstrukturieren, sich umziehen. **7.** ⟨wird getrennt⟩ *vorüber* /temporal/: umbringen (er bringt/brachte die Zeit mit Lesen um/hat sie umgebracht/um sie umzubringen), umsein (die Zeit ist/war um/ist umgewesen). **8.** ⟨wird getrennt⟩ /verstärkend/: umtauschen (er tauscht/tauschte die Krawatte um/hat sie umgetauscht/um sie umzutauschen), umwechseln.

um|än|dern, änderte um, hat umgeändert ⟨tr.⟩: *in eine andere Form bringen:* die zweite Fassung des Dramas änderte er um. **sinnv.:** ↑ändern; ↑abwandeln.

um|ar|bei|ten, arbeitete um, hat umgearbeitet ⟨tr.⟩: *noch einmal anfertigen; nach neuen Gesichtspunkten überholen und dadurch der betreffenden Sache ein anderes Aussehen geben:* einen Mantel nach der neuen Mode u. lassen; er arbeitete seinen Roman zu einem Drama um. **sinnv.:** ↑ändern.

um|ar|men, umarmte, hat umarmt ⟨tr.⟩: *die Arme (um jmdn.) legen:* die Mutter umarmte ihr Kind; sie umarmten sich/einander. **sinnv.:** ↑umfassen.

Um|bau, der; -[e]s, -ten: **1.** ⟨ohne Plural⟩ *bauliche Veränderung von Gebäuden, Räumen o. ä.:* der U. des Hauses kostete viel Geld. **sinnv.:** Ausbau, Neugestaltung, Renovierung, Restaurierung. **2.** *umgebautes Gebäude:* im U. wurde eine Klimaanlage installiert.

um|bau|en: I. umbauen, baute um, hat umgebaut ⟨tr.⟩: *(Gebäude, Räume o. ä.) baulich verändern:* die alte Turnhalle wurde umgebaut und modernisiert. **II. umbauen,** umbaute, hat umbaut ⟨tr.⟩: *mit Bauten umgeben, einschließen:* man hat den Platz mit modernen Wohnhäusern umbaut; das Schloß war von einer hohen Mauer umbaut; der umbaute Raum.

um|bet|ten, bettete um, hat umgebettet ⟨tr.⟩: **1.** *(einen Kranken, Bettlägerigen) in ein anderes Bett legen:* der Schwerkranke wurde umgebettet. **2.** *(eine Leiche) aus dem ursprünglichen Grab nehmen und in einem anderen bestatten:* die Gefallenen wurden auf einen zentralen Friedhof umgebettet.

um|bie|gen, bog um, hat/ist umgebogen: **1.** ⟨tr.⟩ *auf die Seite, in eine andere Richtung biegen:* er hat den Draht umgebogen. **sinnv.:** ↑falten. **2.** ⟨itr.⟩ *in die entgegengesetzte Richtung gehen oder fahren:* an dieser Stelle sind wir umgebogen.

um|bil|den, bildete um, hat umgebildet ⟨tr.⟩: *in anderer Form bilden, verändern, in seiner Zusammensetzung ändern:* nach dem Ausscheiden der beiden Minister aus ihrem Amt wurde das Kabinett umgebildet. **sinnv.:** ↑abwandeln.

um|bin|den, band um, hat umgebunden ⟨tr./itr.⟩: *durch Binden am Körper befestigen:* sie band dem Kind, sich eine Schürze um; ich band mir eine Krawatte um. **sinnv.:** ↑anziehen.

um|blät|tern, blätterte um, hat umgeblättert ⟨itr./tr.⟩: *ein Blatt in einem Buch o. ä. auf die andere Seite wenden:* als sein Nachbar mitlesen wollte, blätterte er um; die Zeitung u. **sinnv.:** umschlagen, umwenden.

um|brin|gen, brachte um, hat umgebracht ⟨tr.⟩: *gewaltsam ums Leben bringen:* die Geiseln sind auf bestialische Weise umgebracht worden; jmdn. mit Gift u.; ⟨auch: sich u.⟩ es ist anzunehmen, daß er sich umgebracht hat. **sinnv.:** ↑töten; sich aufhängen, sich entleiben, sich erhängen, sich erschießen, den Freitod wählen, den Gashahn aufdrehen, Hand an sich legen, sich eine Kugel durch den Kopf jagen, sich das Leben nehmen, freiwillig aus dem Leben scheiden, sich die Pulsadern aufschneiden, Selbstmord/Suizid begehen/verüben, sich vergiften, ins Wasser gehen.

Um|bruch, der; -[e]s, Umbrüche: *grundlegende Änderung:* die Entdeckung des Atoms kennzeichnet einen U. in der Geschichte der Naturwissenschaften. **sinnv.:** ↑Veränderung.

um|dre|hen, drehte um, hat umgedreht: **a)** ⟨tr.⟩ *auf die entgegengesetzte Seite drehen:* ein Blatt Papier, einen Mantel, den Schlüssel im Schloß u. **sinnv.:** ↑umkehren, umklappen, ↑umschlagen, umstülpen, umwenden, wenden. **b)** ⟨sich u.⟩ *den Kopf so drehen, daß man jmdn./etwas hinter sich sehen kann:* als sie sich umdrehte, konnte er ihr Gesicht sehen; er drehte sich nach ihr/nach dem Geräusch um. **sinnv.:** sich umsehen, sich umwenden; ↑abwenden.

um|fah|ren: I. umfahren, fährt um, fuhr um, hat/ist umgefahren **1.** ⟨tr.⟩ *(gegen jmdn./etwas) fahren und zu Boden werfen:* der Betrunkene hat den Mann, das Verkehrsschild umgefahren. **sinnv.:** ↑überfahren. **2.** (ugs.) ⟨itr.⟩ *einen Umweg fahren:* ich bin beinahe eine Stunde umgefahren. **II. umfahren,** umfährt, umfuhr, hat umfahren ⟨tr.⟩ *(um etwas) fahren und (ihm) dadurch ausweichen:* wir müssen versuchen, die Großstadt mit ihrem dichten Verkehr zu u.

um|fal|len, fällt um, fiel um, ist umgefallen ⟨itr.⟩: **1. a)** *auf die Seite fallen:* die Lampe fiel um, dabei ging die Birne entzwei. **sinnv.:** kippen, umfliegen, ↑umkippen, umsausen, umschlagen, umstürzen. **b)** *infolge eines Schwächeanfalls sich nicht mehr aufrecht halten können und [ohnmächtig] zu Boden fallen:* es war so heiß, daß einige Teilnehmer der Kundgebung umfielen. **sinnv.:** bewußtlos werden, das Bewußtsein verlieren, zu Boden gehen/sinken, ohnmächtig werden, schlappmachen, umkippen, umsinken. **2.** (ugs.) *(in einer Art und Weise, die den Betreffenden als unzuverlässig, wortbrüchig o. ä. erscheinen läßt) unter irgendwelchen Einflüssen seinen bisher vertretenen Standpunkt aufgeben:* bei der Abstimmung ist er dann doch noch umgefallen. **sinnv.:** klein beigeben, schwach werden, anderen Sinnes werden, umkippen, umschwenken, weich werden.

Um|fang, der; -[e]s: **1.** *Länge einer die äußere Begrenzung bildenden, zum Ausgangspunkt zurücklaufenden Linie:* alte Eichen erreichen einen U. bis zu 12 Metern/von mehr als 12 Metern; den U. des Kreises berechnen. **sinnv.:** ↑Ausmaß. **Zus.:** Bauch-, Brust-, Erd-, Kreis-, Leibesumfang. **2.** *[räumliche] Ausdehnung, Weite eines Körpers, einer Fläche; Gesamtheit dessen, was etwas umfaßt:* der U. des Buches beträgt ca. 500 Seiten; seine Stimme hat einen großen U. *(er kann sehr hoch und sehr tief singen);* man muß das Problem in seinem vollen U. sehen. **sinnv.:** ↑Ausmaß. **Zus.:** Bedeutungs-, Buch-, Stimmumfang.

um|fas|sen, umfaßt, umfaßte, hat umfaßt /vgl. umfassend/: **1.** ⟨tr.⟩ *die Hände (um etwas) legen:* jmds. Knie, Hände u. **sinnv.:** (in die Arme) schließen, umarmen, umfangen, umklammern, umschließen, umschlingen. **2.** ⟨itr.⟩ *zum Inhalt haben:* die neue Ausgabe umfaßt Gedichte und Prosa des Autors. **sinnv.:** ↑einschließen.

um|fas|send ⟨Adj.⟩: *sich auf vieles, alles erstreckend; nahezu alles enthaltend:* umfassende Vorbereitungen; ein umfassendes Geständnis. **sinnv.:** reichhaltig, vielseitig, vollständig. **Zus.:** allumfassend.

um|for|men, formte um, hat umgeformt ⟨tr.⟩: *(einer Sache) eine andere Form geben:* ein System allmählich u. **sinnv.:** ↑abwandeln, ↑ändern.

Um|fra|ge, die; -, -n: *[systematisches] Befragen einer [größeren] Anzahl von Personen nach ihrer Meinung zu einem Problem o. ä.:* wir müssen durch eine U. feststellen, ob sich diese Methode bewährt hat; eine U. unter der Bevölkerung [zum § 218] hat ergeben, daß... **sinnv.:** Befragung, Erhebung, Interview, Nachfrage, Publikumsbefragung, Repräsentativbefragung, Repräsentativerhebung, Verbraucherbefragung, Volksbefragung · Demoskopie. **Zus.:** Blitz-, Hörer-, Leser-, Meinungs-, Repräsentativ-, Verbraucher-, Wähler-, Zuschauerumfrage.

um|funk|tio|nie|ren, funktionierte um, hat umfunktioniert ⟨tr.⟩: *(etwas in etwas anderes) verwandeln und es für einen anderen Zweck verwenden:* die Veranstaltung wurde in eine politische Diskussion umfunktioniert. **sinnv.:** ↑ändern.

Um|gang, der; -[e]s: *das Befreundetsein, gesellschaftlicher Verkehr (mit jmdm.):* außer mit Bernd hatte er keinen U.; du tätest gut daran, den U. mit diesem Menschen zu meiden. **sinnv.:** ↑Gesellschaft.

Um|gangs|spra|che, die; -, -n: **a)** *zwischen Hochsprache und Mundarten stehende Sprachschicht, die im täglichen Umgang mit anderen Menschen verwendet wird und von regionalen, soziologischen und gruppenspezifischen Gegebenheiten beeinflußt ist.* **b)** *nachlässige, saloppe bis derbe Ausdrucksweise.* **sinnv.:** Slang.

um|ge|ben, umgibt, umgab, hat umgeben ⟨tr.⟩: **a)** *veranlassen, daß etwas auf allen Seiten (um etwas) herum ist:* sie haben ihr Grundstück mit einer Mauer umgeben. **sinnv.:** ↑einfassen. **b)** *auf allen Seiten (um etwas) herumsein:* eine hohe Hecke umgibt den Garten; der Verletzte war von neugierigen Gaffern umgeben. **sinnv.:** ↑umringen.

Um|ge|bung, die; -, -en: **a)** *das, was als Landschaft, Häuser o. ä. in der Nähe eines Ortes, Hauses o. ä. liegt:* das Haus hat eine schöne U.; sie machten oft Ausflüge in die U. **sinnv.:** Nachbarschaft, Umgegend, Umkreis. **b)** *Kreis von Menschen oder Bereich, in dem man lebt:* seine nähere U. versuchte alles zu verheimlichen; das Kind mußte sich erst an die neue U. gewöhnen. **sinnv.:** ↑Umwelt.

um|ge|hen: I. umgehen, ging um, ist umgegangen ⟨itr.⟩ /vgl. umgehend/ **1. a)** *im Umlauf sein; sich von einem zum andern ausbreiten:* ein Gerücht, die Grippe geht um. **sinnv.:** ↑kursieren. **b)** *als Gespenst erscheinen:* der Geist des Toten soll noch im Schloß u. **sinnv.:** ↑spuken. **2.** *auf bestimmte Weise behandeln:* er geht immer ordentlich mit seinen Sachen um; mit Kindern muß man behutsam u. **sinnv.:** anfassen, begegnen, behandeln, halten, umspringen mit, verfahren mit. **II. umgehen,** umging, hat umgangen ⟨tr.⟩ *(etwas, was eigentlich geschehen müßte) nicht tun oder nicht zustande kommen lassen, weil es für einen selbst oder für andere unangenehm wäre:* Schwierigkeiten, ein Thema zu u. versuchen; eine Vorschrift u. **sinnv.:** sich ↑entziehen.

um|ge|hend ⟨Adj.⟩: *sofort, bei der ersten Gelegenheit* /wird meist im Bereich der Geschäftskorrespondenz gebraucht/: er hat u. geantwortet; die Bestellung wurde u. ausgeführt. **sinnv.:** ↑gleich.

um|ge|kehrt ⟨Adj.⟩: *in genau entgegengesetzter Reihenfolge, genau das Gegenteil darstellend:* die Namen wurden in umgekehrter Reihenfolge aufgerufen; die Sache verhält sich genau u. **sinnv.:** andersherum, entgegengesetzt, gegenteilig, konträr.

Um|hang, der; -[e]s, Umhänge: *lose über den Schultern hängendes Kleidungsstück ohne Ärmel:* der Geistliche trug einen schwarzen U. **sinnv.:** Cape, Pelerine, Plaid, Poncho, Regencape. **Zus.:** Frisier-, Regen-, Spitzenumhang.

um|her ⟨Adverb⟩: *ringsum, nach allen Seiten; bald hier[hin], bald dort[hin].*

um|her- ⟨trennbares, betontes verbales Präfix⟩: **1.** *nach allen Seiten:* umherblicken. **2.** *herum-:* umherlaufen. **sinnv.:** herum-.

Um|kehr, die; -: *das Zurückgehen, das Umkehren:* das schlechte Wetter zwang die Bergsteiger zur U.; U. zum Leben.

um|keh|ren, kehrte um, hat/ist umgekehrt: **1.** ⟨itr.⟩ *nicht in einer bestimmten Richtung weitergehen, sondern sich umwenden und zurückgehen oder -fahren:* er ist umgekehrt, weil der Weg versperrt war. **sinnv.:** drehen, kehrtmachen, ↑umdrehen, wenden. **2.** ⟨tr.⟩ *in die entgegengesetzte Richtung bringen, so daß dabei das Innere nach außen, das Vordere nach hinten kommt o. ä.:* er hat die Taschen seines Mantels umgekehrt; er kehrte seine Hand um. **sinnv.:** ↑umschlagen.

um|kip|pen, kippte um, hat/ist umgekippt: **1.** ⟨itr.⟩ *aus dem Gleichgewicht kommen und [zur Seite] fallen:* durch die starke Zugluft ist die Vase umgekippt; das Boot ist im Sturm umgekippt. **sinnv.:** kentern, Schlagseite bekommen, ↑umfallen, umschlagen. **2.** ⟨itr.⟩ (ugs.) *infolge eines Schwächeanfalls [ohnmächtig] der Länge nach hinfallen:* die Luft im Saal war so schlecht, daß einige umgekippt sind. **sinnv.:** ↑umfallen. **3.** ⟨tr.⟩ *zum Umkippen* (1) *bringen:* sie hat aus Versehen die Tasse umgekippt. **sinnv.:** umstoßen, umwerfen. **4.** ⟨itr.⟩ *(von Gewässern) biologisch absterben und nicht mehr die Voraussetzung für organisches Leben bieten:* der See ist umgekippt; wenn nichts geschieht, wird die Nordsee u.

um|klei|den: **I.** **umkleiden,** sich; kleidete sich um, hat sich umgekleidet: *andere Kleidung anziehen:* bevor du gehst, mußt du dich noch u. **sinnv.:** sich ↑umziehen. **II.** **umkleiden,** umkleidete, hat umkleidet ⟨tr.⟩: *auf allen Seiten mit Stoff o. ä. bedekken und dadurch verhüllen:* ein Gestell mit Tuch u. **sinnv.:** ↑auskleiden.

um|kom|men, kam um, ist umgekommen ⟨itr.⟩: **1.** *bei einem Unglück den Tod finden:* in den Flammen u.; seine Angehörigen sind im Krieg umgekommen. **sinnv.:** ↑sterben. **2.** *nicht verbraucht werden, sondern so lange liegenbleiben, bis es schlecht geworden ist:* die Reste werden für das Abendbrot verwertet, damit nichts umkommt; sie läßt nichts u. **sinnv.:** ↑faulen.

um|krem|peln, krempelte um, hat umgekrempelt ⟨tr.⟩: **1. a)** *mehrmals nach oben umschlagen:* die Ärmel des Hemdes, eine Hose u. **b)** *von innen nach außen kehren:* nach dem Waschen krempelte sie die Jacke um. **sinnv.:** ↑umschlagen. **2.** (ugs.) *von Grund auf umgestalten, anders machen:* man kann einen Menschen nicht u.; der neue Mitarbeiter hätte am liebsten alles umgekrempelt. **sinnv.:** ↑ändern.

um|le|gen, legte um, hat umgelegt ⟨tr.⟩: **1.** *um den Hals, die Schultern, den Körper, einen Körperteil legen:* jmdm./sich eine Kette, einen Schal, Pelz u.; einen Verband u. **sinnv.:** ↑anziehen. **2.** *der Länge nach auf den Boden legen:* einen Mast u.; der Wind hat das Getreide umgelegt. **sinnv.:** niederdrücken, umklappen, umknicken. **3.** (ugs.) *kaltblütig erschießen:* die Verbrecher haben den Polizisten einfach umgelegt. **sinnv.:** ↑töten. **4.** *(die Zahlung von etwas) gleichmäßig verteilen:* die Kosten wurden auf die einzelnen Mitglieder des Vereins umgelegt.

um|lei|ten, leitete um, hat umgeleitet ⟨tr.⟩: *vom bisherigen [direkten] auf einen anderen Weg bringen:* wegen Straßenarbeiten den Verkehr u.; die Post wurde umgeleitet.

um|lie|gend ⟨Adj.⟩: *in der näheren Umgebung, im Umkreis von etwas liegend:* die Stadt wird die umliegenden Dörfer wohl nach und nach eingemeinden. **sinnv.:** ↑nahe.

um|rah|men ⟨tr.⟩: *einen Rahmen bilden (um etwas); wie mit einem Rahmen umgeben:* ein Bart umrahmte sein Gesicht; die Feier wurde von musikalischen Darbietungen umrahmt. **sinnv.:** ↑einfassen.

um|ran|den, umrandete, hat umrandet ⟨tr.⟩: *mit einem Rand umgeben:* der Lehrer hat die Fehler rot umrandet. **sinnv.:** ↑einfassen.

um|rei|ßen: **I.** **umreißen,** riß um, hat umgerissen ⟨tr.⟩ *mit einer heftigen Bewegung erfassen, so daß die betreffende Person oder Sache umfällt:* das Auto fuhr in die Menge und riß mehrere Fußgänger um. **sinnv.:** zu Fall bringen, niederstoßen, umfahren, umlaufen, umrennen, umstoßen, umwerfen. **II.** **umreißen,** umriß, hat umrissen ⟨tr.⟩ *in großen Zügen, knapp darstellen; das Wesentliche (von etwas) mitteilen:* die Situation in wenigen Worten u.; fest umrissene Vorstellungen von der Zukunft haben. **sinnv.:** ↑entwerfen.

um|rin|gen, umringte, hat umringt ⟨tr.⟩: *dicht (um jmdn./etwas) herumstehen:* sie umringten ihn, um die Neuigkeit zu erfahren. **sinnv.:** bedrängen, belagern, sich drängen um, einkesseln, einkreisen, einschließen, umdrängen, umgeben, umschließen, umstellen, umzingeln.

Um|riß, der; Umrisses, Umrisse: *äußere Linie eines Körpers, die sich von dem Hintergrund abhebt:* der U. einer Figur; die Umrisse des Schlosses waren in der Dämmerung kaum zu erkennen. **sinnv.:** Schattenriß, ↑Silhouette.

ums ⟨Verschmelzung von *um* + *das*⟩: **a)** *um das:* ums Haus gehen. **b)** ⟨nicht auflösbar in festen Verbindungen⟩: ums Leben kommen.

um|sat|teln, sattelte um, hat umgesattelt ⟨itr.⟩ (ugs.): *etwas anderes anfangen als das, was man bisher beruflich getan, studiert hat o. ä.:* er hat [auf Programmierer] umgesattelt; sie hat von Germanistik auf Informatik umgesattelt. **sinnv.:** aussteigen, einen neuen Beruf ergreifen, umsteigen, sich verändern, wechseln.

Um|satz, der; -es, Umsätze: *Wert oder Menge aller Waren, die in einem bestimmten Zeitraum verkauft wurden:* einen guten U. haben; den U. steigern. **sinnv.:** ↑Absatz.

Um|schau: ⟨in der Wendung⟩ nach jmdm./etwas U. halten: *sich nach jmdm./etwas suchend umsehen:* er hat vergebens nach ihr U. gehalten.

Um|schlag, der; -[e]s, Umschläge: **1. a)** *etwas, womit etwas, bes. ein Buch, eingeschlagen, eingebunden ist:* einen U. um ein Buch legen. **sinnv.:** Buchdeckel, Buchhülle, Cover, Deckel, Einband, Hülle, Schuber, Umhüllung. **Zus.:** Buch-, Schutzumschlag. **b)** *zuklebbare Hülle aus Papier, in der Briefe verschickt werden:* den Brief in einen U. stecken; den U. zukleben. **sinnv.:** Briefhülle, Briefkuvert, Kuvert. **Zus.:** Brief-, Frei-, Rückumschlag. **2.** *feuchtes Tuch, das zu Heilzwecken um einen Körperteil gelegt wird:* einen kalten, warmen U. machen; der Arzt verordnete Umschläge. **sinnv.:** ↑Wickel. **Zus.:** Brust-, Prießnitz-, Senfumschlag. **3.** *umgeschlagener Rand einer Hose:* eine Hose mit, ohne U. **sinnv.:** ↑Aufschlag. **4.** ⟨ohne Plural⟩ *das Umschlagen* (5): der U. des Wetters störte die Erntearbeiten; der U. der Stimmung war deutlich zu merken. **sinnv.:** Wetteränderung, Wettersturz, Wetterwechsel; ↑Umschwung; ↑Veränderung. **Zus.:** Meinungs-, Stimmungs-, Wetter-, Witterungsumschlag. **5.** ⟨ohne Plural⟩ *das Umschlagen* (3): in diesem Hafen findet der U. von den Schiffen auf die Eisenbahn statt. **sinnv.:** Einschiffung, Umladung, Verladung. **Zus.:** Güter-, Warenumschlag.

um|schla|gen, schlägt um, schlug um, hat/ist umgeschlagen: **1.** ⟨tr.⟩ *(etwas oder den Rand von etwas) so biegen oder wenden, daß das Innere nach außen kommt:* einen Kragen, einen Ärmel u.; er hat die Hose umgeschlagen; eine Seite im Buch u. **sinnv.:** umdrehen, umkehren, umkrempeln, umlegen, umstülpen. **2.** ⟨tr.⟩ *durch Schlagen zum Umstürzen bringen:* sie haben Bäume umgeschlagen. **sinnv.:** ↑roden. **3.** ⟨tr.⟩ *(in größeren Mengen und regelmäßig) von einem Fahrzeug, bes. einem Schiff, auf ein anderes Fahrzeug laden:* sie haben im Hafen Waren, Güter umgeschlagen. **sinnv.:** umladen, verladen, verschiffen. **4.** ⟨itr.⟩ *sich plötzlich (in seiner ganzen Länge oder Breite) zur Seite neigen und umstürzen:* der Kahn, das Boot ist umgeschlagen. **sinnv.:** ↑umkippen. **5.** ⟨itr.⟩ *plötzlich [vorübergehend] anders werden, sich ins Gegenteil verwandeln:* das Wetter, die Stimmung ist umgeschlagen. **sinnv.:** sich ↑wandeln.

um|schrei|ben: I. umschrei|ben, schrieb um, hat umgeschrieben ⟨tr.⟩ *neu, anders [und besser] schreiben, neu bearbeiten:* einen Aufsatz u.; der Autor hat sein Stück umgeschrieben. **sinnv.:** ↑ändern. **II. umschreiben,** umschrieb, hat umschrieben ⟨tr.⟩ **a)** *in großen Zügen ab-, umgrenzend darlegen:* eine Aufgabe mit wenigen Worten u. **sinnv.:** ↑entwerfen. **b)** *nicht mit den zutreffenden, sondern mit anderen, oft verhüllenden Worten ausdrükken:* er suchte nach Worten, mit denen er den Sachverhalt u. konnte.

um|schu|len, schulte um, hat umgeschult ⟨tr.⟩: **1.** *in eine andere Schule schicken, einweisen:* als die Eltern in eine andere Stadt zogen, mußten sie ihr Kind u. **2.** *in einem anderen Beruf ausbilden:* nach der Schließung der Zeche wurde eine große Anzahl von Bergleuten umgeschult; ⟨auch itr.⟩ er hat auf Programmierer umgeschult.

um|schwär|men ⟨tr.⟩: **1.** *in Schwärmen (um jmdn./etwas) fliegen:* die Insekten umschwärmten die brennende Lampe. **sinnv.:** fliegen um, herumschwirren, umschwirren. **2.** *schwärmerisch verehrend, bewundernd in großer Zahl umgeben:* sie wird von vielen Männern umschwärmt.

um|schwen|ken, schwenkte um, ist umgeschwenkt ⟨itr.⟩: *seine Meinung, Absicht o. ä. ändern:* als er sah, daß diese Haltung mit Gefahren verbunden war, schwenkte er sogleich um. **sinnv.:** ↑umfallen.

Um|schwung, der; -[e]s, Umschwünge: *das Sichverändern ins Gegenteil:* der U. der öffentlichen Meinung brachte die Regierung zum Sturz; der plötzliche U. der Stimmung wirkte geradezu beunruhigend. **sinnv.:** ↑Umschlag; ↑Veränderung. **Zus.:** Meinungs-, Wetterumschwung.

um|se|hen, sich; sieht sich um, sah sich um, hat sich umgesehen: *sich umwenden, umdrehen, um (jmdn./etwas) zu sehen:* er hat sich noch mehrmals nach ihr umgesehen. **sinnv.:** sich umblikken, sich umgucken, sich umschauen, zurückblicken, zurückschauen, zurücksehen.

um|set|zen, setzte um, hat umgesetzt ⟨tr.⟩: *innerhalb eines bestimmten Zeitraums absetzen, zum Verkauf bringen:* Waren u.; wegen der Hitze haben sie in den letzten Monaten viele Getränke umgesetzt. **sinnv.:** ↑verkaufen.

Um|sicht, die; -: *kluges, zielbewußtes Beachten aller wichtigen Umstände, das zu besonnenem Handeln befähigt:* in dieser kritischen Lage bewies er viel U.; mit U. handeln, vorgehen. **sinnv.:** ↑Aufmerksamkeit, Bedacht, Bedachtheit, Besonnenheit, Ruhe, Überblick, ↑Übersicht, Umsichtigkeit, ↑Weitblick, Weitsicht.

um|sich|tig ⟨Adj.⟩: *Umsicht zeigend, mit Umsicht [handelnd]:* eine umsichtige Sekretärin; ihr Assistent ist sehr u. **sinnv.:** bedacht, mit Bedacht, bedächtig, bedachtsam, ↑besonnen, mit Besonnenheit, klar, ↑klug, mit Ruhe, ↑ruhig, mit Vorsicht, vorsichtig, mit Weitblick, weitblikkend, ↑weitsichtig.

um|sonst ⟨Adverb⟩: **1.** *ohne die erwartete oder erhoffte Wirkung:* ich bin u. hingegangen, es war niemand zu Hause; sie haben u. so große Anstrengungen gemacht; nicht u. *(nicht ohne Grund)* hielt er sich verborgen. **sinnv.:** für nichts und wieder nichts, vergebens, vergeblich. **2.** *ohne Bezahlung:* er hat die Arbeit u. gemacht; wir durften u. mitfahren. **sinnv.:** ↑kostenlos.

um|sor|gen ⟨tr.⟩: *sich (um jmdn.) in besonderem Maße sorgen, kümmern:* sie hat die Kinder mit großer Hingabe umsorgt. **sinnv.:** ↑pflegen.

um|sprin|gen, sprang um, ist umgesprungen ⟨itr.⟩: **1.** *(plötzlich, unvermittelt) aus anderer Richtung wehen* /vom Wind/: der Wind sprang dauernd um. **2.** (ugs.) *in einer als unangemessen bzw. unwürdig empfundenen Art und Weise behandeln:* die Aufseher sind mit den Gefangenen ziemlich rücksichtslos umgesprungen. **sinnv.:** ↑umgehen.

Um|stand, der; -[e]s, Umstände: **1.** *besondere Einzelheit, die für ein Geschehen wichtig ist und es mit bestimmt:* ein unvorhergesehener, entscheidender U.; das Befinden des Kranken ist den

Umständen entsprechend *(ist so gut, wie es eben in dem Zustand sein kann);* du mußt unter allen Umständen *(unbedingt)* verhindern, daß sich ein solcher Streit wiederholt. **sinnv.:** Bedingung, Begleiterscheinung, Bewandtnis, Faktor, Moment, Tatsache. **2.** ⟨Plural⟩ *in überflüssiger Weise zeitraubende, die Ausführung von etwas [Wichtigem] unnötig verzögernde Handlung, Verrichtung o. ä.:* ich komme nur, wenn ihr keine großen Umstände macht; mach doch nicht immer so viele Umstände mit ihm, er soll essen, was auf den Tisch kommt. **sinnv.:** ↑Aufwand, ↑Getue.

um|ständ|lich ⟨Adj.⟩: **a)** *nicht gewandt, mehr Zeit als sonst üblich benötigend:* er ist ein umständlicher Mensch; u. nahm er jedes einzelne Buch aus dem Regal, um das gesuchte Werk zu finden. **sinnv.:** ↑unbeholfen; ↑langsam. **b)** *unnötig und daher zeitraubend:* umständliche Vorbereitungen; er hat den Vorgang sehr u. erzählt. **sinnv.:** ↑ausführlich.

um|stei|gen, stieg um, ist umgestiegen ⟨itr.⟩: *aus einem Fahrzeug in ein anderes steigen /*besonders von Zügen, Straßenbahnen o. ä./: Sie müssen in Hannover u., weil dieser Zug nicht bis Bremen durchfährt; auf dem Marktplatz ist er in die Linie 10 umgestiegen; die Bankräuber stiegen in einen anderen Fluchtwagen um.

um|stel|len: I. umstellen, stellte um, hat umgestellt **1.** ⟨tr.⟩ *an einen anderen Platz stellen:* Bücher, Möbel u. **sinnv.:** verrücken. **2.** ⟨tr.⟩ *(einen Betrieb) bestimmten Erfordernissen entsprechend verändern:* sie haben ihre Fabrik auf die Herstellung von Kunststoffen umgestellt. **sinnv.:** anpassen, modernisieren. **3.** ⟨sich u.⟩ *sich auf veränderte Verhältnisse einstellen:* ich konnte mich nur schwer auf das andere Klima u. **sinnv.:** sich ↑anpassen. **II. umstellen,** umstellte, hat umstellt ⟨tr.⟩ *sich auf allen Seiten (um jmdn./etwas) aufstellen, so daß niemand entkommen kann:* die Polizei umstellte das Haus. **sinnv.:** ↑umringen.

um|strit|ten ⟨Adj.⟩: *in seiner Gültigkeit, seinem Wert o. ä. nicht völlig geklärt:* eine umstrittene Theorie; die Echtheit des Gemäldes ist nach wie vor u. **sinnv.:** ↑ungewiß.

Um|sturz, der; -es, Umstürze: *gewaltsame grundlegende Änderung der bisherigen politischen Ordnung:* einen U. planen, vorbereiten. **sinnv.:** ↑Putsch; ↑Veränderung.

um|tau|schen, tauschte um, hat umgetauscht ⟨tr.⟩: *(etwas, was einem nicht gefällt oder was den Wünschen nicht entspricht) zurückgeben und etwas anderes dafür erhalten:* ein Geschenk u.; wenn du das Buch schon kennst, kannst du es u. **sinnv.:** ↑tauschen.

um|wan|deln, wandelte um, hat umgewandelt ⟨tr.⟩: *(jmdn./etwas) zu etwas anderem machen, die Eigenschaften (von jmdm./etwas) verändern:* während des Krieges war die Kirche in ein Lazarett umgewandelt worden; die Freiheitsstrafe wurde in eine Geldstrafe umgewandelt; nach dem Tod seines Sohnes war er wie umgewandelt. **sinnv.:** ↑ändern.

Um|weg, der; -[e]s, -e: *Weg, der länger ist als der direkte Weg:* wir haben einen U. gemacht; durch das Hochwasser waren viele Straßen gesperrt, und sie konnten ihr Ziel nur auf Umwegen erreichen.

Um|welt, die; -: **a)** *alles das, was einen Menschen umgibt, auf ihn einwirkt und seine Lebensbedingungen beeinflußt:* die soziale, geistige U.; gegen die zunehmende Verschmutzung der U. zu Felde ziehen; jeder ist den Einflüssen seiner U. ausgesetzt. **sinnv.:** Atmosphäre, Klima, Lebensbedingungen, Natur. **b)** *Kreis von Menschen, in dem jmd. lebt, mit dem jmd. Kontakt hat, in Beziehung steht:* er war in einer U. aufgewachsen, für die soziale Spannungen kennzeichnend waren; er fühlt sich von seiner U. mißverstanden. **sinnv.:** Ambiente, Gesellschaft, Lebensbereich, Milieu, soziales Umfeld, Umgebung.

Um|welt|schutz, der; -es: *Gesamtheit der Maßnahmen zum Schutz der natürlichen Umwelt.* **sinnv.:** Gewässer-, Landschaftsschutz.

Um|welt|ver|schmut|zung, die; -, -en: *Belastung, Schädigung der Umwelt durch Schmutz, Schadstoffe o. ä.* **sinnv.:** Kontamination, Luftverschmutzung, Ölpest, Smog, Umweltverseuchung, Wasserverschmutzung.

um|zie|hen, zog um, ist umgezogen: **1.** ⟨itr.⟩ *aus einer Wohnung in eine andere ziehen:* sie sind inzwischen [in eine größere Wohnung] umgezogen; er ist nach München umgezogen. **sinnv.:** ↑übersiedeln. **2.** ⟨sich u.⟩ *die Kleidung wechseln:* ich muß mich erst noch u., ehe wir gehen; sich zum Essen, fürs Theater u. **sinnv.:** sich anders anziehen, sich umkleiden.

um|zin|geln, umzingelte, hat umzingelt ⟨tr.⟩: *(einen Feind oder Fliehenden) auf allen Seiten umgeben und ein Entweichen verhindern:* die Feinde u.; die Polizei umzingelte den Verbrecher. **sinnv.:** ↑umringen.

Um|zug, der; -[e]s, Umzüge: **1.** *das Umziehen in eine andere Wohnung:* er hat sich für den U. noch einen Tag Urlaub genommen. **sinnv.:** Auszug, Einzug, Übersiedelung, Wegzug, Wohnungswechsel. **2.** *Veranstaltung, bei der sich eine größere Gruppe aus bestimmtem Anlaß durch die Straßen bewegt:* politische Umzüge waren verboten; an einem U. teilnehmen. **sinnv.:** ↑Demonstration. **Zus.:** Faschings-, Fest-, Karnevalsumzug.

un- ⟨adjektivisches Präfix⟩: */verneint das im Basiswort Genannte;* enthält im Unterschied zu „nicht" oft eine emotionale Wertung, z. B. nichtchristliche Religion – unchristliche Handlungsweise/: unabgestempelt (Briefmarke), unaggressiv, unamerikanisch, unangebracht, unangepaßt, unappetitlich, unattraktiv, unaufmerksam, unausgeglichen, unausgeschlafen, unausgewogen, unbar, unbebaut, unbedeutend, unbegründet, unbehaart, unbekannt, unbelebt, unbelichtet, unbespielt (Kassette), unbewaffnet, unbunt, unbürokratisch, unehelich, unehrlich, unemanzipiert, unerotisch, unerwünscht, unethisch, unfair, unfein, unfest, unfortschrittlich, ungekocht, ungenutzt, ungerade, ungeschickt, ungesund, unhinterfragt, unhöflich, unhygienisch, unideologisch, unkompetent, unkompliziert, unkonventionell, unliterarisch, unmißverständlich, unorganisch, unpoetisch, unpopulär, unrein, unschwierig (eine unschwierige Abfahrt), unschwul, unseriös, unsozial, unsportlich, unsystematisch, unübersehbar, unverbindlich, unverheiratet, unverklemmt, unverkrampft, unvital, unzärtlich, unzimperlich, unzumutbar, unzusammenhängend. **sinnv.:** a- (z. B. amoralisch), außer-, dis-, -frei, in- (bzw. il-, im-, ir-), -leer, -los (z. B. treulos, waffenlos), nicht-, pseudo-, -widrig.

Un- ⟨Präfix⟩: **1. a)** */drückt die bloße Verneinung aus/:* Unabhängigkeit, Unaufmerksamkeit, Unfan, Uninteresse, Unordnung, Unsexualität, Unthema (Atommedizin ist noch ein Unthema), Untiefe *(nicht tiefe, flache Stelle),* Unübereinstimmung, Unvermögen. **b)** */drückt aus, daß die als Basiswort genannte Bezeichnung für den Betreffenden/das Betreffende gar nicht zutrifft, daß man ihn/es gar nicht [mehr] als solchen/solches bezeichnen kann/:* Unleben (Krebs als Protest gegen die herrschenden Bedingungen des Unlebens), Unperson, Unplatz (das hat Konrad Adenauer nicht verdient, daß sozusagen ein Unplatz seinen Namen trägt), Unschüler, Untext (ihre Texte wurden zu totgeschwiegenen Untexten), Untoter (für: Vampir). **c)** */in Verbindung mit einem wertneutralen oder positiv bewerteten Basiswort, wodurch etwas als vom Üblichen in negativer Weise – zum Falschen, Verkehrten, Schlimmen, Schlechten – Abweichendes charakterisiert wird/:* Unbild (das Unbild dieser Gefräßigkeit), Unding, Uneigenschaft, Ungedanke, Ungeist, Unkultur, Unmensch, Unsitte *(unschöne Sitte),* Unstern, Unstil (im Unstil des Betons gebaut), Untat *(unmenschliche Tat),* Untier, Unwort (Sprachkritik, obwohl lange im Deutschen gebräuchlich, ist eher ein Unwort), Unzeit (zur Unzeit kommen). **sinnv.:** Anti-, Fehl-, Miß-. **2.** ⟨verstärkend; bei Mengenbezeichnungen⟩ *sehr groß, stark:* Unkosten (sich in Unkosten stürzen), Unmaß, Unmasse, Unmenge, Unsumme (Unsummen für die Rüstung ausgeben), Untiefe *(sehr große Tiefe),* Unzahl.

un|ab|än|der|lich ⟨Adj.⟩: *nicht mehr zu ändern oder rückgängig zu machen:* eine unabänderliche Entscheidung; mein Entschluß ist u., steht u. fest. **sinnv.:** allemal, definitiv, endgültig, ein für allemal, unumstößlich, unwiderruflich; ↑verbindlich.

un|ab|ding|bar ⟨Adj.⟩: *so notwendig oder von solcher Art, daß man nicht darauf verzichten kann:* eine unabdingbare Forderung. **sinnv.:** unaufgebbar, unbedingt erforderlich/nötig, unentbehrlich, unveräußerlich, unverzichtbar.

un|ab|kömm|lich [auch: un...] ⟨Adj.⟩: *nicht abkömmlich; bei etwas dringend erforderlich und nicht frei für anderes:* er mußte die Expedition leiten und war deshalb u.

un|ab|läs|sig [auch: un...] ⟨Adj.⟩ (emotional): *in ärgerlicher Weise nicht nachlassend:* unablässiges Geschrei; es regnete u. **sinnv.:** ↑rastlos; ↑unaufhörlich.

un|ab|seh|bar [auch: un...] ⟨Adj.⟩: *sehr groß, sehr weit (so daß man es nicht überblicken kann):* diese Entscheidung würde unabsehbare Folgen haben.

un|ab|sicht|lich ⟨Adj.⟩: *nicht absichtlich:* er hat mich u. auf den Fuß getreten. **sinnv.:** ohne Absicht, absichtslos, unbeabsichtigt, unbewußt, von ungefähr, ungewollt, unwillkürlich, aus Versehen, versehentlich, zufällig.

un|acht|sam ⟨Adj.⟩: *nachlässigerweise nicht auf etwas achtend:* eine unachtsame Mutter; sie ließ u. eine Tasse fallen. **sinnv.:** ↑achtlos, gedankenlos, ↑gleichgültig, ↑leichtsinnig, nachlässig, sorglos, unbedacht.

un|an|ge|bracht ⟨Adj.⟩: *nicht angebracht; nicht in einen bestimmten Rahmen, in einer bestimmten Situation passend; fehl am Platz:* dieser Scherz war bei der ernsten Lage u. **sinnv.:** ↑unerfreulich; ↑taktlos.

un|an|ge|mes|sen ⟨Adj.⟩: *nicht angemessen, (zu etwas) in einem falschen Verhältnis stehend:* diese leichte Arbeit wurde u. hoch bezahlt; unangemessene Forderungen. **sinnv.:** inadäquat.

un|an|ge|nehm ⟨Adj.⟩: *peinliche Verwicklungen heraufbeschwörend oder Widerwärtigkeiten mit sich bringend:* eine unangenehme Geschichte; die Schulden machten sich u. bemerkbar; er hatte die unangenehme Aufgabe, ihnen ihre Entlassung mitzuteilen; sie war u. berührt *(ärgerlich, beleidigt),* als sie das hörte; ein unangenehmer *(schlechter)* Geruch. **sinnv.:** abträglich, ärgerlich, beschissen, blamabel, blöd, ↑böse, dumm, fatal, ↑lästig, lausig, leidig, mißlich, mulmig, nachteilig, negativ, peinlich, ↑rauh, schlecht, schlimm, störend, übel, unbequem, ↑unerfreulich, unerquicklich, ↑ungemütlich, ungünstig, ungut, unliebsam, unpassend, verdrießlich, verteufelt · ↑entgegenstehen.

un|an|nehm|bar [auch: un...] ⟨Adj.⟩: *übertrieben (und deshalb abzulehnen), eine Zustimmung nicht zulassend:* er stellte unannehmbare Forderungen.

Un|an|nehm|lich|keit, die; -, -en: *unangenehme Sache, die Verdruß bereitet:* wenn Sie sich genau an die Vorschrift halten, können Sie sich Unannehmlichkeiten ersparen. **sinnv.:** Ärger, Ärgernis, Krach, Mißstimmung, Problem, Schererei, Schlamassel, Schweinerei, Schwierigkeit, Tanz, Theater, Unbilden, Unbill, Unerquicklichkeit, Unstimmigkeiten, Verdrießlichkeit, Verdruß, Widerwärtigkeit, Widrigkeit, Zores.

un|an|sehn|lich ⟨Adj.⟩: *durch seine Ärmlichkeit, Ungepflegtheit oder durch häufigen Gebrauch nicht [mehr] gut aussehend:* unansehnliche Gestalten; das Buch war u. geworden. **sinnv.:** ↑schmutzig.

un|an|stän|dig ⟨Adj.⟩: *den gesellschaftlichen Anstand verletzend:* eine unanständige Bemerkung; er hat sich u. benommen. **sinnv.:** anstößig, ↑ausschweifend, ↑derb, doppeldeutig, frivol, ↑lasterhaft, lasziv, liederlich, obszön, pikant, pornographisch, ruchlos, nicht salonfähig, schamlos, schlecht, schlüpfrig, schmutzig, schweinisch, shocking, sittenlos, nicht stubenrein, ↑tierisch, unflätig, ungebührlich, ungehörig, unkeusch, unmoralisch, unschicklich, unsittlich, unsolide, unziemlich, unzüchtig, verderbt, verdorben, verludert, verrucht, verworfen, wüst, zotig, zuchtlos, zweideutig; ↑gemein; ↑unschön.

un|ap|pe|tit|lich ⟨Adj.⟩: *nicht appetitlich, abstoßend, widerwärtig:* ein schwitzender Ober brachte uns das u. aussehende Essen.

Un|art, die; -, -en: *schlechte Angewohnheit, die sich besonders im Umgang mit anderen unangenehm bemerkbar macht; schlechtes Benehmen:* kindliche Unarten; diese U. mußt du dir abgewöhnen. **sinnv.:** ↑Spleen.

un|ar|tig ⟨Adj.⟩: *sich nicht so aufführend, wie es die Erwachsenen von einem Kind erwarten;*

ungezogen, frech: die Kinder waren heute sehr u. **sinnv.:** ↑frech.

un|auf|fäl|lig ⟨Adj.⟩: *in keiner Weise hervortretend oder Aufmerksamkeit auf sich lenkend:* ein unauffälliges Aussehen; er wollte sich u. entfernen. **sinnv.:** unscheinbar; ↑einfach; ↑unbemerkt.

un|auf|find|bar [auch: un...] ⟨Adj.⟩: *verborgen (so daß man jmdn./etwas nicht [mehr] finden kann):* sein Freund blieb in der Menge u.; die Schlüssel waren in dem Durcheinander u. **sinnv.:** ↑verschollen.

un|auf|ge|for|dert ⟨Adj.⟩: *ohne Aufforderung, von der eigenen Initiative ausgehend, von sich aus:* Sie haben sich u. bei der Behörde zu melden. **sinnv.:** ↑freiwillig.

un|auf|halt|sam [auch: un...] ⟨Adj.⟩: *sich nicht aufhalten lassend, sondern stetig mit der Zeit fortschreitend:* bei ihm ist ein unaufhaltsamer Verfall festzustellen; die technische Entwicklung schreitet u. voran. **sinnv.:** ↑unaufhörlich.

un|auf|hör|lich [auch: un...] ⟨Adj.; nicht prädikativ⟩: *längere Zeit dauernd, obwohl eigentlich ein Ende erwartet wird:* ein unaufhörliches Geräusch; es regnete u. **sinnv.:** allerwege, alleweil, allezeit, allweil, allzeit, seit alters, von alters her, andauernd, anhaltend, am laufenden Band, ↑beharrlich, beständig, dauernd, solange ich denken kann, seit/wie eh und je, ohne Ende, nicht enden wollend, endlos, ewig, fest, in steter Folge, in einem fort, fort und fort, fortdauernd, ↑fortgesetzt, fortwährend, gleichbleibend, immer, immer schon/noch/wieder, schon/noch immer, immerfort, immerwährend, immerzu, ad infinitum, jahraus, jahrein, jederzeit, jedesmal, seit je[her], von jeher, jeweils, konstant, kontinuierlich, ↑laufend, nach wie vor, alle nase[n]lang/naslang, oft und oft, ohne Pause, pausenlos, permanent, rund um die Uhr, ständig, stet, stetig, stets, tagaus, tagein, Tag und Nacht, in einer Tour, uferlos, unablässig, unaufhaltsam, unausgesetzt, unentwegt, ohne Unterbrechung, ohne Unterlaß, ununterbrochen, zeitlebens; ↑unendlich.

un|auf|merk|sam ⟨Adj.⟩: *nicht aufmerksam, nicht mit Interesse folgend:* einige Schüler waren u. **sinnv.:** abgelenkt, abwesend, geistesabwesend, unkonzentriert, zerfahren, zerstreut; ↑achtlos.

un|auf|rich|tig ⟨Adj.⟩: *nicht frei und offen seine Überzeugung äußernd, nicht ehrlich in seinen Äußerungen und Handlungen:* ein unaufrichtiger Mensch. **sinnv.:** arglistig, doppelzüngig, falsch, heimtückisch, hinterfotzig, hinterhältig, hinterlistig, hinterrücks, link, verlogen, verschlagen; tückisch, ↑lügen.

un|aus|ge|gli|chen ⟨Adj.⟩: *nicht ausgeglichen, sondern von seinen Stimmungen, Launen abhängig:* ein unausgeglichener Mensch. **sinnv.:** sprunghaft, unbeständig, wechselhaft, wetterwendisch.

un|aus|ge|setzt ⟨Adverb⟩: ↑*unaufhörlich:* es hat gestern u. geregnet.

un|aus|lösch|lich [auch: un...] ⟨Adj.⟩: *sich über die Zeiten hin in der Erinnerung haltend:* die Feier hinterließ einen unauslöschlichen Eindruck in ihm. **sinnv.:** bleibend, unvergeßlich.

un|aus|sprech|lich [auch: un...] ⟨Adj.⟩: *so stark empfunden, so sehr, daß man es nicht ausdrücken kann:* unaussprechliche Freude; er tat mir u. *(sehr)* leid. **sinnv.:** ↑sehr; ↑unsagbar.

un|aus|steh|lich [auch: un...] ⟨Adj.⟩: *in seinem Wesen nicht auszustehen:* eine unausstehliche Person; sie ist u. neugierig. **sinnv.:** ↑böse, unerträglich, ↑ungenießbar; ↑unleidlich.

un|aus|weich|lich [auch: un...] ⟨Adj.⟩: *so, daß ein Ausweichen nicht möglich ist; sicher [eintretend], unvermeidlich:* die Zuspitzung des Konflikts war u. **sinnv.:** ↑nötig.

un|bän|dig ⟨Adj.⟩: *nicht zu bändigen, ohne Maß und Beschränkung (sich äußernd):* eine unbändige Wut packte ihn; er lachte u. **sinnv.:** ↑sehr; ↑übermütig.

un|bar ⟨Adj.⟩: *nicht bar; über ein Konto erfolgend:* eine Rechnung u. bezahlen. **sinnv.:** bargeldlos, über die Bank, durch Scheck.

un|barm|her|zig ⟨Adj.⟩: *kein Mitleid habend und seine Hilfe verweigernd:* ein unbarmherziger Mensch. **sinnv.:** barbarisch, bestialisch, blutdurstig, blutgierig, blutrünstig, brutal, entmenscht, erbarmungslos, gefühllos, gewalttätig, gnadenlos, grausam, hart, hartherzig, herzlos, inhuman, kalt, kaltblütig, krude, ↑lieblos, mitleid[s]los, ↑rabiat, roh, ↑rücksichtslos, schonungslos, unmenschlich, unsozial, verroht, zynisch; ↑böse; ↑streng; ↑unempfindlich; ↑ungerührt.

un|be|an|stan|det ⟨Adj.⟩: *nicht beanstandet, ohne Beanstandung:* das Auto ging u. durch die Kontrolle; u. bleiben.

un|be|dacht ⟨Adj.⟩: *nicht genügend überlegt, voreilig:* eine unbedachte Äußerung; er hat sehr u. gehandelt. **sinnv.:** ↑unachtsam; ↑leichtsinnig.

un|be|darft ⟨Adj.⟩: *keine Erfahrung besitzend, gewisse Zusammenhänge nicht durchschauend, naiv:* für den unbedarften Wähler sind diese komplizierten Probleme nicht verständlich. **sinnv.:** ↑dumm.

un|be|denk|lich ⟨Adj.⟩: *ohne Bedenken [auszulösen oder zu haben]:* dieses Angebot kannst du u. annehmen.

un|be|deu|tend ⟨Adj.⟩: **a)** *wenig Bedeutung oder Einfluß habend:* ein unbedeutender Mensch; eine unbedeutende Stellung. **sinnv.:** unbekannt; ↑dumm; ↑flach; ↑unwichtig. **b)** *sehr klein, sehr wenig, gering:* der Schaden war zum Glück u.; sie hat sich nur u. verändert. **sinnv.:** ↑klein; ↑minimal; ↑lausig; ↑lumpig.

un|be|dingt [auch: unbedingt] ⟨Adj.⟩: **a)** ⟨nur attributiv⟩ *uneingeschränkt:* für diese Stellung wird unbedingte Zuverlässigkeit verlangt. **sinnv.:** ↑absolut. **b)** ⟨nur adverbial⟩ *ohne Rücksicht auf Hindernisse oder Schwierigkeiten; unter allen Umständen:* du mußt u. zum Arzt gehen; er will u. herausfinden, wer ihn denunziert hat. **sinnv.:** absolut, auf Biegen oder Brechen, durchaus, auf jeden Fall, mit [aller] Gewalt, koste es, was es wolle, partout, um jeden Preis, auf Teufel komm raus, unter allen Umständen; ↑ganz.

un|be|fan|gen ⟨Adj.⟩: *sich in seiner Meinung oder seinem Handeln nicht durch andere gehemmt fühlend:* jmdn. u. ansehen, etwas fragen. **sinnv.:** nicht schüchtern, ↑ungezwungen; ↑unparteiisch.

un|be|frie|di|gend ⟨Adj.⟩: *nicht befriedigend:* das Ergebnis der Verhandlungen war u. **sinnv.:** ↑unzulänglich; ↑mäßig.

Un|be|fug|te, der und die; -n, -n ⟨aber: [ein] Unbefugter, Plural: [viele] Unbefugte⟩: *männliche bzw. weibliche Person, die zu etwas nicht befugt oder berechtigt ist:* Unbefugten ist der Zutritt verboten! **sinnv.:** ↑eigenmächtig.

un|be|gabt ⟨Adj.⟩: *nicht begabt, ohne Begabung:* ein unbegabter Schauspieler. **sinnv.:** leistungsschwach, minderbegabt, schwach, untalentiert; ↑dumm.

un|be|greif|lich [auch: un...] ⟨Adj.⟩: *nicht zu begreifen, zu verstehen; rätselhaft:* es ist mir u., wie es zu diesem Unfall kommen konnte; eine unbegreifliche Dummheit. **sinnv.:** ↑unfaßbar; ↑unklar.

un|be|grenzt ⟨Adj.⟩: *nicht durch etwas begrenzt oder eingeschränkt:* er hat unbegrenzte Vollmacht; ihm kann man u. vertrauen. **sinnv.:** ↑unendlich.

un|be|grün|det ⟨Adj.⟩: *ohne stichhaltigen Grund; nicht begründet:* ein unbegründeter Verdacht; dein Mißtrauen ist völlig u. **sinnv.:** ↑grundlos.

Un|be|ha|gen, das; -s: *unbehagliches Gefühl:* er empfand ein leichtes U., als sie ihn lobte; die Vorstellung, wieder von anderen abhängig zu sein, bereitete ihm U. **sinnv.:** ↑Unlust.

un|be|hag|lich ⟨Adj.⟩: **a)** *ein unangenehmes Gefühl empfindend oder verbreitend:* er fühlte sich u. in seiner Situation; eine unbehagliche Atmosphäre. **b)** ↑*ungemütlich:* ein unbehagliches Zimmer.

un|be|hel|ligt [auch: un...] ⟨Adj⟩: *ohne jede Behinderung, Belästigung:* die Posten ließen ihn u. passieren; er blieb von allem u.

un|be|herrscht ⟨Adj.⟩: *zügellos sich einer Empfindung überlassend oder davon zeugend:* er ist oft u.; eine unbeherrschte Äußerung. **sinnv.:** aufbrausend, auffahrend, cholerisch, heftig, hitzig, hitzköpfig, jähzornig; ↑hemmungslos.

un|be|hin|dert [auch: un...] ⟨Adj.⟩: *[von Behinderung] frei:* zu der Veranstaltung hatte die Presse unbehinderten Zutritt. **sinnv.:** ↑selbständig.

un|be|hol|fen ⟨Adj.⟩: *ungeschickt [und sich nicht recht zu helfen wissend], nicht gewandt:* eine unbeholfene Bewegung; alte Leute sind oft u. **sinnv.:** umständlich, unpraktisch; ↑hilflos.

un|be|irrt [auch: un...] ⟨Adj.⟩: *nicht beirrt, nicht beeinflußt von Hindernissen:* er ist u. seinen Weg gegangen. **sinnv.:** ↑beharrlich; ↑zielstrebig.

un|be|kannt ⟨Adj.⟩: *nicht bekannt; dem eigenen Erfahrungsbereich nicht angehörend; dem Wissen verborgen:* eine unbekannte Gegend; die Sache war mir bisher u. **sinnv.:** obskur, unbedeutend; ↑fremd; ↑hergelaufen · ↑Fremder.

un|be|küm|mert ⟨Adj.⟩: *keine Sorgen um irgendwelche möglichen Schwierigkeiten erkennen lassend:* ein unbekümmertes Wesen; ihr Lachen klang völlig u. **sinnv.:** ↑sorglos; ↑unbesorgt; ↑lustig.

un|be|lehr|bar [auch: un...] ⟨Adj.⟩: *unzugänglich für jmds. Rat oder nicht bereit, aus einer negativen Erfahrung zu lernen:* immer wieder begeht er denselben Fehler, er ist u. **sinnv.:** ↑unzugänglich.

un|be|liebt ⟨Adj.⟩: *nicht beliebt; allgemein nicht gern gesehen:* ein unbeliebter Lehrer; er machte sich durch diese Maßnahme bei allen u. **sinnv.:** bestgehaßt, mißliebig, unerträglich, unsympathisch, verhaßt, zuwider; ↑anschreiben.

un|be|mannt ⟨Adj.⟩: *mit keiner Besatzung, Mannschaft versehen:* ein unbemanntes Raumschiff.

un|be|merkt ⟨Adj.⟩: *von niemandem bemerkt, beachtet:* der Einbrecher ist u. entkommen; der Verlust blieb u. **sinnv.:** ohne viel Aufheben[s]/Wesen[s], diskret, im geheimen, ↑heimlich [still und leise], insgeheim, klammheimlich, sang- und klanglos, in aller Stille, ↑unauffällig, unbeachtet, unbeobachtet, ungesehen, unterderhand, verstohlen.

un|be|mit|telt ⟨Adj.⟩: *ohne Geld:* er würde gern ein Geschäft aufmachen, ist aber völlig u. **sinnv.:** ↑arm.

un|be|nom|men [auch: un...]: ⟨in der Verbindung⟩ etwas bleibt/ist jmdm. u.: *etwas bleibt jmdm. überlassen, freigestellt:* es bleibt jedem u., sich gegen solche Angriffe zu verteidigen. **sinnv.:** ↑freistehen.

un|be|ob|ach|tet ⟨Adj.⟩: *von keinem beobachtet, den Blicken anderer verborgen:* er glaubte sich u. und gähnte, ohne sich die Hand vor den Mund zu halten; in einem unbeobachteten Augenblick machte er sich davon. **sinnv.:** ↑unbemerkt.

un|be|quem ⟨Adj.⟩: **1.** *für den Gebrauch nicht bequem:* unbequeme Schuhe; der Stuhl ist u. **2.** *störend, lästig, beunruhigend:* ein unbequemer Politiker; der Kritiker ist der Regierung u. geworden. **sinnv.:** ↑unangenehm; ↑unzugänglich.

un|be|re|chen|bar [auch: un...] ⟨Adj.⟩: *so beschaffen, daß man seine Reaktionen und Handlungen nicht voraussehen kann:* ein unberechenbarer Mensch; er ist u. **sinnv.:** ↑launenhaft; ↑launisch.

un|be|rech|tigt ⟨Adj.⟩: *nicht berechtigt, der Berechtigung entbehrend:* seine Forderungen waren u. **sinnv.:** ↑eigenmächtig; ↑unrechtmäßig.

un|be|rührt ⟨Adj.⟩: **1.** *[mit den Fingern, der Hand] nicht berührt, noch nicht angefaßt:* der Arzt nahm eine unberührte Spritze aus dem Schrank; das Bett war u. *(nicht benutzt worden);* Spuren im unberührten *(makellosen)* Schnee. **sinnv.:** ↑frisch. **2.** *nicht beeindruckt, nicht bewegt:* er blieb von dem ganzen Lärm u. **3.** ↑*jungfräulich:* das Mädchen blieb bis zu seiner Heirat u.

un|be|scha|det [auch: ...schadet] ⟨Präp. mit Gen.⟩: */kennzeichnet, daß etwas für etwas anderes nicht von Nachteil ist/:* u. seiner Verdienste darf man nicht vergessen, daß er seine Macht mitunter mißbraucht hat.

un|be|schol|ten ⟨Adj.⟩: *einen untadeligen Ruf, Leumund besitzend:* sie galt allgemein als eine unbescholtene Dame. **sinnv.:** ↑anständig.

un|be|schrankt ⟨Adj.⟩: *nicht mit Schranken versehen:* ein unbeschrankter Bahnübergang.

un|be|schränkt ⟨Adj.⟩: *nicht durch etwas eingeschränkt:* er kann zu jeder Zeit einen unbeschränkten Kredit erhalten; ich besitze sein unbeschränktes *(volles, unbegrenztes)* Vertrauen. **sinnv.:** ↑selbständig; ↑unendlich.

un|be|schreib|lich [auch: un...] ⟨Adj.⟩: **a)** *alles sonst Übliche übertreffend [so daß man keine Worte dafür findet]:* eine unbeschreibliche Frechheit; das Durcheinander war u. **sinnv.:** ↑unsagbar. **b)** ⟨verstärkend bei Adjektiven und Verben⟩ ↑*sehr:* er war u. höflich; die Unfälle haben in letzter Zeit u. zugenommen.

un|be|schwert ⟨Adj.⟩: *frei von*

Sorgen; nicht von etwas bedrückt: ein unbeschwertes Gemüt; sie konnten u. ihre Jugend genießen. **sinnv.:** ↑unbesorgt; ↑sorglos; ↑lustig.

un|be|se|hen [auch: un...] ⟨Adj.⟩: *ohne Bedenken [geschehend]:* die unbesehene Hinnahme der Anordnung hatte unangenehme Folgen; das glaube ich u. *(ohne weiteres, ohne zu überlegen).* **sinnv.:** ↑anstandslos.

un|be|sorgt [auch: ...sorgt] ⟨Adj.⟩: *von Sorge frei; ohne Sorge, Bedenken:* sei u., ihm ist sicher nichts zugestoßen. **sinnv.:** beruhigt, mit gutem Gewissen, leichten/frohen Herzens, ↑ruhig, sorgenfrei, sorglos, ↑unbekümmert, unbeschwert; ↑arglos; ↑glücklich; ↑lustig.

un|be|stän|dig ⟨Adj.⟩: **a)** *seine Absichten oder Meinungen ständig ändernd; in seinen Neigungen oft wechselnd:* ein unbeständiger Charakter; er ist sehr u. in seinen Gefühlen. **sinnv.:** ↑unausgeglichen; unzuverlässig; ↑untreu. **b)** *wechselhaft, nicht beständig oder gleichbleibend:* das Wetter ist zur Zeit sehr u. **sinnv.:** ↑veränderlich.

un|be|stech|lich [auch: un...] ⟨Adj.⟩: *nicht zu bestechen; sich in seinem Urteil durch nichts beeinflussen lassend:* ein unbestechlicher Mann, Charakter; er war u. **sinnv.:** ↑rechtschaffen.

un|be|stimmt ⟨Adj.⟩: *nicht bestimmt, vage, zweifelhaft:* ob er kommt, ist noch u.; über den Preis konnte er mir nur eine unbestimmte Auskunft geben. **sinnv.:** fließend; ↑ungewiß; ↑unklar.

un|beug|sam [auch: ...beug...] ⟨Adj.⟩: *sich keinem fremden Willen beugend; jeder Beeinflussung verschlossen:* ein unbeugsamer Charakter; sein Wille war u. **sinnv.:** ↑standhaft.

un|be|wacht ⟨Adj.⟩: *nicht bewacht:* die Geräte wurden nachts gestohlen, als die Baustelle u. war; in einem unbewachten Augenblick *(als er einen Augenblick nicht bewacht war)* lief er davon.

un|be|weg|lich [auch: ...weg...] ⟨Adj.⟩: **1.** *nicht zu bewegen oder sich nicht bewegend:* er saß u. auf seinem Platz. **2.** *nicht beweglich* /Ggs. beweglich/: er ist geistig sehr u. **sinnv.:** starr, verknöchert.

un|be|wußt ⟨Adj.⟩: *ohne sich über die betreffende Sache eigentlich klar zu sein:* eine unbewußte Angst; er hat u. *(instinktiv)* das Richtige getan. **sinnv.:** nicht bewußt, unterbewußt, im Unterbewußtsein [vorhanden], unterschwellig; ↑unabsichtlich; ↑instinktiv.

un|be|zähm|bar [auch: un...] ⟨Adj.⟩: *sehr groß, heftig, stark (so daß ein Bezähmen unmöglich ist):* ihre Neugierde war u. **sinnv.:** unbesiegbar, unbezwingbar, unschlagbar, unüberwindbar, unüberwindlich.

Un|bil|den, die ⟨Plural⟩ (geh.): *[bes. durch das Wetter hervorgerufene] Unannehmlichkeiten:* die alte Dame litt sehr unter den U. des Winters. **sinnv.:** ↑Unannehmlichkeit. **Zus.:** Wetter-, Witterungsunbilden.

un|blu|tig ⟨Adj.⟩: *nicht mit Verletzten oder Toten verbunden; ohne daß Blut vergossen wurde:* durch einen unblutigen Handstreich wurde die Regierung gestürzt.

un|brauch|bar ⟨Adj.⟩: *[für eine weitere Verwendung] nicht geeignet, nicht [mehr] zu gebrauchen:* durch falsche Lagerung sind die Waren u. geworden; für diese viel Eigeninitiative erfordernde Tätigkeit ist er u.

und ⟨Konj.⟩: **a)** */drückt aus, daß jmd./etwas zu jmdm./etwas hinzukommt oder hinzugefügt wird/:* ich traf den Chef u. dessen Frau auf der Straße; arme u. reiche Leute; es ging ihm besser, u. er konnte wieder arbeiten; u., u., u. (ugs. emotional; *und dergleichen mehr);* (bei Additionen zwischen zwei Kardinalzahlen:) drei u. *(plus)* vier ist sieben. **sinnv.:** ↑samt, sowie, wie, zugleich; plus · ↑zusätzlich, zuzüglich; ↑auch; ↑gemeinsam. **b)** */dient der Steigerung und Verstärkung, indem es gleiche Wörter verbindet/:* nach u. nach; er überlegte u. überlegte, aber das Wort fiel ihm nicht ein. **c)** /drückt einen Gegensatz aus/ *aber:* alle verreisen, u. er allein soll zu Hause bleiben? **d)** ⟨in Konditionalsätzen⟩ *selbst wenn:* man muß es versuchen, u. wäre es noch so schwer. **e)** /elliptisch, verknüpft, meist ironisch, zweifelnd, abwehrend o.ä., Gegensätzliches, unvereinbar Scheinendes/: er u. hilfsbereit!; ich u. singen?

un|dank|bar ⟨Adj.⟩: **1.** *kein Gefühl des Dankes zeigend (den man jmdm. schuldet):* einem so undankbaren Menschen sollte man nicht mehr helfen. **2.** *nicht lohnend, nachteilig:* es ist meist ein undankbares Geschäft, einen Streit zu schlichten.

un|denk|bar ⟨Adj.⟩: *so, daß es jmds. Vorstellung, Erwartung, Denken übersteigt:* ich halte es für u., daß er so gemein ist. **sinnv.:** ↑unvorstellbar; ↑nein; ↑unmöglich.

un|deut|lich ⟨Adj.⟩: *nicht klar; schlecht zu verstehen, zu entziffern, wahrzunehmen:* er hat eine undeutliche Aussprache, Schrift. **sinnv.:** ↑unklar.

Un|ding: ⟨in der Fügung⟩ es ist ein U.: *es ist unsinnig, widersinnig:* es ist ein U., so etwas zu verlangen. **sinnv.:** ↑unsinnig.

un|duld|sam ⟨Adj.⟩: *nicht duldsam, intolerant:* gegen seine politischen Gegner war er äußerst u. **sinnv.:** ↑engherzig.

un|durch|dring|lich [auch: un...] ⟨Adj.⟩: **a)** *nicht zu durchdringen, sehr dicht:* der Wald war u. **sinnv.:** ↑dicht, unwegsam, unzugänglich, weglos. **b)** *nicht zu durchschauen oder in seinem eigentlichen Wesen zu erkennen:* eine undurchdringliche Miene. **sinnv.:** ↑verschlossen.

un|eben ⟨Adj.⟩: **a)** *nicht flach, hügelig:* unebenes Land, Gelände. **b)** *nicht glatt:* die Tischplatte ist u. **sinnv.:** ↑rauh.

un|echt ⟨Adj.⟩: *künstlich [hergestellt]* /Ggs. echt/: sie trägt unechten Schmuck, unechtes Haar. **sinnv.:** apokryph, falsch, gefälscht, imitiert, ↑künstlich, nachgebildet, nachgemacht, untergeschoben; ↑anorganisch.

un|ehe|lich ⟨Adj.⟩: *nicht ehelich, nicht aus einer Ehe hervorgegangen* /Ggs. ehelich/: ein uneheliches Kind. **sinnv.:** außerehelich, ↑illegitim, vorehelich · Kebskind.

un|ein|ge|schränkt ⟨Adj.⟩: *ohne Einschränkung geltend, voll:* er verdient uneingeschränktes Lob. **sinnv.:** ohne Wenn und Aber; ↑ausschließlich; ↑bedingungslos; ↑selbständig.

un|ei|nig ⟨Adj.⟩: *nicht gleicher Meinung seiend:* eine uneinige Partei; sie waren u. [darüber], wie man am besten vorgehen solle. **sinnv.:** entzwei, uneins, verfeindet, zerfallen, zerstritten.

un|eins: ⟨in bestimmten Verbindungen⟩ mit jmdm. u. sein/werden: *nicht mit jmdm. einig sein/werden:* in dieser Frage war er mit seinem Lehrer u. **sinnv.:** ↑uneinig · ↑entfremden.

un|emp|find|lich ⟨Adj.⟩: *nicht empfindlich gegenüber etwas, was auf den Körper oder die Seele einwirkt:* er ist u. gegen Hitze oder Kälte; er zeigte sich u. gegen Beleidigungen. **sinnv.:** abgebrüht, abgestumpft, ↑dickfellig, ↑gleichgültig; ↑unbarmherzig. **Zus.:** schmerzunempfindlich.

un|end|lich ⟨Adj.⟩: **a)** *unabsehbar groß:* unendliche Wälder; es kostete ihn unendliche Mühe. **sinnv.:** ohne Ende, endlos, grenzenlos, unbegrenzt, unbeschränkt, unermeßlich, ungezählt, unübersehbar, zahllos; ↑ewig; ↑unaufhörlich. **b)** ⟨verstärkend bei Adjektiven und Verben⟩ ↑*sehr:* sie war u. froh, daß sie den Schmuck wiedergefunden hatte; der Kranke hat sich u. über den Besuch gefreut.

un|ent|behr|lich [auch: un...] ⟨Adj.⟩: *unbedingt nötig, so daß man nicht darauf verzichten kann:* für das Verständnis ist hier eine kurze Erläuterung u.; du hast dich u. gemacht *(man kann auf deine Mitarbeit nicht mehr verzichten).* **sinnv.:** unersetzbar, unersetzlich; ↑nötig; ↑unabdingbar.

un|ent|gelt|lich [auch: un...] ⟨Adj.⟩: *umsonst, ohne daß dafür bezahlt zu werden braucht:* unentgeltliche Bemühungen; sie hat diese Arbeiten u. ausgeführt. **sinnv.:** ↑kostenlos; ↑ehrenamtlich.

un|ent|schie|den ⟨Adj.⟩: **1.** *nicht entschieden:* es ist noch u., ob er das Haus verkauft. **sinnv.:** ↑ungewiß. **2.** ↑*unentschlossen:* ein unentschiedener Mensch. **3.** *so, daß beide sich gegenüberstehende Mannschaften/Spieler die gleiche Anzahl von Punkten/Toren erzielt haben und kein Sieger oder Verlierer feststeht:* das Spiel, der Kampf endete u. **sinnv.:** ↑remis.

Un|ent|schie|den, das; -s, -: *unentschiedenes Ergebnis:* bei einem U. muß das Spiel verlängert werden. **sinnv.:** Remis.

un|ent|schlos|sen ⟨Adj.⟩: *sich nicht entschließen könnend* /Ggs. entschlossen/: sie waren noch u.; er machte einen unentschlossenen Eindruck *(schien sich nicht entschließen zu können).* **sinnv.:** entschlußlos, schwankend, unschlüssig, zögernd; ↑wankelmütig.

un|ent|wegt [auch: un...] ⟨Adj.⟩: **a)** *stetig, mit großer Geduld und gleichmäßiger Ausdauer [sein Ziel verfolgend]:* ein unentwegter Kämpfer für den Frieden; u. begann er jedesmal von neuem. **sinnv.:** ↑beharrlich. **b)** ↑*unaufhörlich:* das Telefon klingelte u.

un|er|bitt|lich [auch: un...] ⟨Adj.⟩: *nicht bereit, von seinen Anschauungen oder Absichten abzugehen:* er blieb u. bei seinen Forderungen. **sinnv.:** ↑herrisch; ↑unzugänglich.

un|er|fah|ren ⟨Adj.⟩: *[noch] nicht die nötige Erfahrung besitzend, nicht erfahren:* in der Liebe war sie noch ziemlich u. **sinnv:** unschuldig, unwissend · schlecht, ungeübt; ↑dumm; ↑jung · Sonntags-.

un|er|find|lich [auch: un...] ⟨Adj.⟩: *nicht zu begreifen, rätselhaft:* die Gründe für sein Handeln bleiben mir u. **sinnv.:** ↑unerklärlich.

un|er|freu|lich ⟨Adj.⟩: *Ärger oder Unbehagen bereitend:* eine unerfreuliche Angelegenheit. **sinnv.:** ärgerlich, beschissen, blamabel, blöd[e], böse, dumm, ↑fatal, gemein, nicht gern gesehen, häßlich, leidig, mißlich, mulmig, nachteilig, negativ, peinlich, schädlich, schlecht, schlimm, unangebracht, unerquicklich, unersprießlich, unerwünscht, ungut, unliebsam, unwillkommen, verdrießlich; ↑unangenehm.

un|er|füll|bar [auch: un...] ⟨Adj.⟩: *nicht zu erfüllen:* ihre Wünsche waren u.

un|er|gie|big ⟨Adj.⟩: *wenig Ertrag oder Nutzen bringend:* eine unergiebige Arbeit; diese Methode ist u. **sinnv.:** ↑karg.

un|er|gründ|lich [auch: un...] ⟨Adj.⟩: *nicht zu ergründen, unerklärlich:* aus unergründlichen Motiven verstieß er immer wieder gegen die Gesetze. **sinnv.:** ↑unfaßbar.

un|er|heb|lich ⟨Adj.⟩: *nicht erheblich, unbedeutend:* an dem Fahrzeug entstand bei dem Unfall nur [ein] unerheblicher Schaden. **sinnv.:** ↑klein; ↑unwichtig.

un|er|hört ⟨Adj.⟩: **I. unerhört:** *empörend, unglaublich:* eine unerhörte Frechheit. **sinnv.:** beispiellos, bodenlos, empörend, haarsträubend, hanebüchen, kaum glaublich, kriminell, pervers, schreiend, skandalös, ungeheuerlich, unglaublich · Affenschande. **II. unerhört:** *nicht erfüllt:* die Bitte blieb u.

un|er|klär|lich [auch: un...] ⟨Adj.⟩: *mit dem Verstand nicht zu erklären, nicht verständlich:* es ist mir u., wie das geschehen konnte. **sinnv.:** geheimnisvoll, unerfindlich, ↑unfaßbar; ↑unklar; ↑rätselhaft.

un|er|läß|lich [auch un...] ⟨Adj.⟩: *unbedingt nötig:* ein abgeschlossenes Studium ist für diesen Posten u. **sinnv.:** ↑nötig.

un|er|laubt ⟨Adj.⟩: **a)** *ohne Erlaubnis [geschehend]:* unerlaubtes Fernbleiben von der Schule. **sinnv.:** tabu, verboten · mißbräuchlich. **b)** *dem Gesetz widersprechend:* unerlaubte Handlung, Werbung. **sinnv.:** ↑gesetzwidrig; ↑schwarz.

un|er|meß|lich [auch: un...] ⟨Adj.⟩: *in einem kaum vorstellbaren Maße groß; überaus viel:* er mußte unermeßliche Leiden ertragen; er ist u. reich. **sinnv.:** ↑unendlich; ↑sehr.

un|er|müd|lich [auch: un...] ⟨Adj.⟩: *unentwegt und ausdauernd; mit Ausdauer und Fleiß ein Ziel anstrebend:* er hilft u.; unermüdlicher Eifer. **sinnv.:** ↑fleißig; ↑rastlos.

un|er|quick|lich ⟨Adj.⟩: *nicht erfreulich und nicht angenehm:* dies war ein unerquickliches Gespräch. **sinnv.:** ↑unerfreulich; ↑unangenehm.

un|er|reich|bar [auch: un...] ⟨Adj.⟩: **1.** *so hoch, so weit, daß man es mit dem Arm, den Händen nicht erreichen kann:* das Glas mit den Bonbons stand für den kleinen Jungen u. im obersten Regal. **2.** *so, daß man nicht in den Besitz (von etwas) gelangen kann, etwas nicht erlangen, verwirklichen kann:* diese gute Stellung, dieses Ziel bleibt für ihn u.

un|er|reicht [auch: un...] ⟨Adj.⟩: *nicht erreicht, von niemandem erreicht:* dieser Rekord ist bis heute u. **sinnv.:** extrem, Höchst-, maximal.

un|er|sätt|lich [auch: un...] ⟨Adj.⟩: *nicht zu befriedigen; ungeheuer groß:* sie wurde von unersättlicher Neugier gequält. **sinnv.:** ↑ausschweifend, maßlos, unmäßig, unstillbar.

un|er|schöpf|lich [auch: un...] ⟨Adj.⟩: *so groß, daß es nicht zu Ende, zur Neige geht:* seine finanziellen Mittel scheinen u. zu sein.

un|er|schrocken ⟨Adj.⟩: *ohne*

Furcht: er trat u. für die gerechte Sache ein. **sinnv.:** ↑mutig.

un|er|schüt|ter|lich [auch: un...] ⟨Adj.⟩: *durch nichts aus der Ruhe zu bringen, beherrscht:* mit unerschütterlicher Ruhe ließ er ihre Vorwürfe über sich ergehen. **sinnv.:** ↑standhaft.

un|er|schwing|lich [auch: un...] ⟨Adj.⟩: *(für jmdn. im Preis) zu teuer (so daß man es sich nicht leisten kann):* dieses schnittige Auto ist für uns u. **sinnv.:** ↑teuer.

un|er|sprieß|lich ⟨Adj.⟩: *nicht vorteilhaft, keinen Nutzen oder Gewinn bringend, nicht erfreulich:* die Arbeit an diesem Projekt war für beide Seiten u. **sinnv.:** ↑unerfreulich.

un|er|träg|lich ⟨Adj.⟩: **1.** *so stark auftretend, daß man es kaum ertragen kann:* er litt unerträgliche Schmerzen. **sinnv.:** ↑schrecklich. **2.** *unsympathisch; den Mitmenschen lästig seiend:* ein unerträglicher Kerl. **sinnv.:** ↑unausstehlich, ↑unbeliebt.

un|er|war|tet [auch: ...wa...] ⟨Adj.⟩: *überraschend:* sein unerwarteter Besuch stellte uns vor einige Probleme. **sinnv.:** ↑plötzlich.

un|er|wünscht ⟨Adj.⟩: *nicht erwünscht; jmds. Wünschen, Vorstellungen widersprechend:* in diesem Hotel sind Gäste mit Hunden u. **sinnv.:** ↑unerfreulich.

un|fä|hig ⟨Adj.; nicht adverbial⟩: **a)** *nicht die körperlichen Voraussetzungen, die nötige Kraft (für etwas) habend:* er ist seit seinem Unfall u. zu arbeiten. **sinnv.:** ungeeignet, untauglich. **Zus.:** arbeits-, berufs-, beschluß-, bewegungs-, dienst-, erwerbs-, haft-, kampf-, lebens-, manövrier-, vernehmungs-, zahlungs-, zeugungsunfähig. **b)** *seinen Aufgaben nicht gewachsen:* der unfähige Mitarbeiter wurde versetzt.

un|fair ['ʊnfɛːɐ̯] ⟨Adj.⟩: *einem anderen gegenüber einen Vorteil in nicht feiner Weise ausnutzend und ihn dadurch benachteiligend; nicht fair, nicht den üblichen Regeln des Verhaltens entsprechend:* sein Verhalten war u.; der unfaire Spieler wurde vom Platz gewiesen. **sinnv.:** ↑gemein, unkameradschaftlich, ↑unredlich, ↑unschön, unsportlich.

Un|fall, der; -s, Unfälle: *Ereignis, bei dem jmd. verletzt oder getötet wird oder materieller Schaden entsteht:* ein schwerer, tödlicher U.; in der Fabrik wurden Maßnahmen ergriffen, um Unfälle zu verhüten. **sinnv.:** Störfall; ↑Unglück. **Zus.:** Arbeits-, Auto-, Betriebs-, Reaktor-, Sport-, Verkehrsunfall.

un|faß|bar ⟨Adj.⟩: **a)** *so, daß man es nicht begreifen kann:* ein unfaßbares Wunder; es ist mir u., wie das geschehen konnte. **sinnv.:** geheimnisumwittert, geheimnisvoll, mysteriös, mystisch, ↑rätselhaft, schleierhaft, ↑unbegreiflich, undurchschaubar, unergründlich, unerklärlich, unfaßlich, ↑unklar, unverständlich. **b)** *so, daß man es kaum wiedergeben kann:* unfaßbare Armut. **sinnv.:** unglaublich.

un|fehl|bar ⟨Adj.⟩: **a)** *auf jeden Fall richtig; nicht bezweifelt werden könnend:* seine Entscheidungen sind u. **b)** *ganz bestimmt, unweigerlich:* das Haus war so eigenartig, daß man u. davor stehenblieb. **sinnv.:** ↑bestimmt.

Un|flat, der; -[e]s (veralt.): *Schmutz, Dreck:* der U. in den Straßen der Stadt. **sinnv.:** Ferkelei, Sauerei, Schweinerei, Schweinkram, Sudelei.

un|flä|tig ⟨Adj.⟩: *den Wert, die Ehre (von jmdm.) grob mißachtend, sehr derb, unanständig:* er hat sich der Dame gegenüber sehr u. benommen; u. schimpfen; er gebrauchte unflätige Ausdrücke. **sinnv.:** ↑gewöhnlich; ↑unanständig.

un|för|mig ⟨Adj.⟩: *groß und breit, aber keine angenehme Form, keine Proportion habend:* eine unförmige Kiste; der gequetschte Finger sah ganz u. aus.

un|frei ⟨Adj.⟩: **1.** *abhängig, gebunden:* in diesem totalitären Staat sind die Bürger u. **2.** *nicht frankiert (so daß das Porto vom Empfänger bezahlt werden muß):* er schickte die Sendung u.

un|freund|lich ⟨Adj.⟩: **a)** *ohne Freundlichkeit, ohne Entgegenkommen, nicht liebenswürdig:* er machte eine unfreundliche Miene; eine unfreundliche Antwort. **sinnv.:** ↑unhöflich; ↑lieblos; ↑unschön; ↑herb. **b)** *kalt und regnerisch* /vom Wetter/: am Sonntag war unfreundliches und kaltes Wetter; das Wetter ist u. **sinnv.:** schlecht; ↑unangenehm.

Un|frie|den, der; -s: *Zustand der Gereiztheit, der durch ständige Unstimmigkeiten, Zerwürfnisse hervorgerufen wird:* er hat vom ersten Tag an versucht, zwischen den Kollegen U. zu stiften. **sinnv.:** ↑Streit.

un|frucht|bar ⟨Adj.⟩: **1.** *nicht geeignet, Pflanzen oder Früchte hervorzubringen; wenig Ertrag bringend* /vom Boden/: der Boden ist u.; auf das unfruchtbare Gelände werden die Schafe getrieben. **sinnv.:** arid, ↑dürr, ertragsarm, karg, mager, trocken, wüstenhaft. **2.** *zur Fortpflanzung nicht fähig:* die Frau ist u. **sinnv.:** ↑impotent.

Un|fug, der; -[e]s: **1.** *andere belästigendes, störendes Benehmen, Treiben [durch das Schaden entsteht]:* das Beschmieren des Denkmals war ein grober U. **sinnv.:** Ungebührlichkeit, Ungehörigkeit, Unwesen. **2.** *etwas Dummes, Törichtes:* rede keinen U.!; das ist doch alles U.! **sinnv.:** ↑Unsinn.

-ung/-heit, die; -, -en: */das Suffix -ung substantiviert vor allem transitive Verben und bezeichnet die entsprechende Tätigkeit, den entsprechenden Vorgang oder das Ergebnis davon, während -heit in Verbindung mit einem Adjektiv oder Partizip des Perfekts die Art und Weise, das Wesen, die Beschaffenheit, Eigenschaft bezeichnet; oft finden sich beide Bildungen nebeneinander mit den genannten inhaltlichen Unterschieden; im Plural werden diese Wörter gebraucht, wenn einzelne Handlungen oder Zustände gemeint sind; vgl. auch -igkeit, -keit/:* Abnutzung/Abgenutztheit, Beklemmung/Beklommenheit, Belebung/Belebtheit, Bemühung/Bemühtheit, Beschränkung/Beschränktheit, Bestechung/Bestechlichkeit, Bestürzung/Bestürztheit, Bildung/Gebildetheit, Brechung/Gebrochenheit, Einbeulung/Eingebeultheit, Einfügung/Eingefügtheit, Erhöhung/Erhöhtheit, Erlösung/Erlöstheit, Erregung/Erregtheit, Isolierung/Isoliertheit, Orientierung/Orientiertheit, Schließung/Geschlossenheit, Teilung/Geteiltheit, Überraschung/Überraschtheit, Verantwortung/Verantwortlichkeit (die Verantwortung tragen, übernehmen, ablehnen; die parlamentarische Verantwortlichkeit; wenn man die Jugendlichen Verantwortung tragen läßt, werden sie sich auch ihrer Verantwortlichkeit bewußt), Verfärbung/Verfärbtheit. **sinnv.:** -[at]ion.

un|ge|ach|tet ⟨Präp. mit Gen.⟩: *ohne Rücksicht (auf etwas):* u. wiederholter Mahnungen/wiederholter Mahnungen u. **sinnv.:** trotz.

un|ge|ahnt ⟨Adj.⟩: *die Erwartung übersteigend:* in diesem Land bieten sich dem Menschen ungeahnte Möglichkeiten.

un|ge|bär|dig ⟨Adj.⟩: *sich kaum zügeln lassend; widersetzlich und wild:* ungebärdige Kinder; ein ungebärdiges Betragen. **sinnv.:** ↑übermütig.

un|ge|be|ten ⟨Adj.⟩: *unerwartet und unerwünscht:* die ungebetenen Gäste blieben bis zum späten Abend. **sinnv.:** lästig, ungeladen, ungelegen, ungerufen, unwillkommen.

un|ge|bil|det ⟨Adj.⟩: *von geringer Bildung, geringem Wissen zeugend* /Ggs. gebildet/: sie ist mit einem ungebildeten Flegel verheiratet. **sinnv.:** ↑dumm, ↑primitiv, ↑spießbürgerlich.

un|ge|bro|chen ⟨Adj.⟩: *(trotz aller Schicksalsschläge, Belastungen o. ä.) weiterhin tatkräftig und zuversichtlich:* nach dem Brand begann er mit ungebrochener Energie, das Haus wieder aufzubauen. **sinnv.:** ↑beharrlich.

un|ge|bühr|lich ⟨Adj.⟩ (geh.): *ohne den nötigen Respekt; ohne gebührenden Anstand:* ein ungebührliches Benehmen; er hat sich dem Lehrer gegenüber u. benommen. **sinnv.:** ↑unanständig, ungehörig; ↑lasterhaft.

un|ge|bun|den ⟨Adj.⟩: **1.** *mit keinem Einband versehen:* ungebundene Bücher. **2.** *ohne bindende Verpflichtung:* die zwei Junggesellen führten ein ungebundenes Leben. **sinnv.:** ↑frei.

Un|ge|duld, die; -: *fehlende Geduld, Mangel an innerer Ruhe* /Ggs. Geduld/: voller U. ging er auf und ab. **sinnv.:** Ärger, Drängelei, Heftigkeit, Mißfallen, Quengelei, Unleidlichkeit, ↑Unrast.

un|ge|dul|dig ⟨Adj.⟩: *von Ungeduld erfüllt* /Ggs. geduldig/: u. wartete er auf den verspäteten Zug. **sinnv.:** ↑begierig, ↑nervös, ↑reizbar, ↑unleidlich.

un|ge|fähr: I. ⟨Adverb⟩ *nicht ganz genau; möglicherweise etwas mehr oder weniger als:* ich komme u. um 5 Uhr; es waren u. 20 Personen. **sinnv.:** an [die], annähernd, über den Daumen gepeilt, ↑einigermaßen, etwa, in etwa, gegen, rund, schätzungsweise, so, überschlägig, vielleicht, wohl, zirka. **II.** ⟨Adj.⟩ *nur ungenau [bestimmt]:* er konnte nur eine ungefähre Zahl nennen. **sinnv.:** annähernd, über den Daumen gepeilt, knapp, pauschal, überschlägig.

un|ge|fähr|lich ⟨Adj.⟩: *mit keiner Gefahr verbunden, keine Gefahr bringend* /Ggs. gefährlich/: der Mann, die Kurve ist verhältnismäßig u. **sinnv.:** gefahrlos, harmlos; ↑gutartig, unschädlich, unverfänglich.

un|ge|hal|ten ⟨Adj.⟩: *empört, verärgert über etwas:* er war sehr u. über diese Störung. **sinnv.:** ↑ärgerlich.

un|ge|hemmt ⟨Adj.⟩: *durch nichts gehemmt:* eine ungehemmte Entwicklung; sie benahm sich völlig u.; er äußerte u. seine Meinung. **sinnv.:** ↑ausschweifend, ↑hemmungslos, ↑ungezwungen.

un|ge|heu|er ⟨Adj.⟩: **a)** *sehr groß, stark:* ein Wald von ungeheurer Ausdehnung; es war eine ungeheure Anstrengung. **sinnv.:** ↑astronomisch, ↑gewaltig, ↑übermäßig. **b)** ⟨verstärkend bei Adjektiven und Verben⟩ ↑*sehr:* die Aufgabe ist u. schwer; er war u. erregt.

Un|ge|heu|er, das; -s, -: *großes, wildes, furchterregendes Tier* /bes. in Märchen, Sagen o. ä./: in dieser Höhle lebte ein schreckliches U. **sinnv.:** Drache, Lindwurm, Moloch, Monster, Monstrum, Scheusal, Ungetier, Ungetüm, ↑Untier.

un|ge|heu|er|lich [auch: ...heu...] ⟨Adj.⟩: *als empörend, skandalös empfunden:* diese Behauptung ist u. **sinnv.:** ↑unerhört.

un|ge|ho|belt ⟨Adj.⟩: *(im Urteil des Sprechers) grob und unhöflich:* er ist ein ungehobelter Mensch; sein Benehmen ist sehr u. **sinnv.:** ↑unhöflich.

un|ge|hö|rig ⟨Adj.⟩: *die Regeln des Anstands, der guten Sitten verletzend:* er ist schon einige Male durch seine ungehörigen Antworten aufgefallen. **sinnv.:** ↑frech, ↑lasterhaft, ↑unanständig, ungebührlich, unpassend.

un|ge|hor|sam ⟨Adj.⟩: *sich dem Willen, den Anordnungen einer Autoritätsperson widersetzend:* die Eltern hatten Mühe mit ihr, sie war frech und u. **sinnv.:** aufmüpfig, ↑aufrührerisch, aufsässig, rebellisch, renitent, unfolgsam.

Un|ge|hor|sam, der; -s: *das Ungehorsamsein:* der Soldat wurde wegen Ungehorsams bestraft. **sinnv.:** ↑Eigensinn, Unfolgsamkeit.

un|ge|le|gen ⟨Adj.⟩: *zu einem ungünstigen Zeitpunkt; nicht passend:* er kam zu ungelegener Zeit; sein Besuch ist mir jetzt u. **sinnv.:** störend, ↑ungebeten, unpassend.

un|ge|lenk ⟨Adj.⟩: *steif und unbeholfen:* er tanzte mit ungelenken Bewegungen; eine ungelenke Schrift. **sinnv.:** ↑linkisch, ↑steif.

un|ge|lernt ⟨Adj.⟩: *(in bezug auf einen Ausbildungsberuf) keine Berufsausbildung habend:* er ist [ein] ungelernter Arbeiter.

un|ge|lo|gen ⟨Adverb⟩ (emotional): *ohne zu lügen, zu übertreiben:* ich habe u. keinen Pfennig mehr. **sinnv.:** ↑gewiß, ↑wahrhaftig.

un|ge|mein ⟨Adj.⟩: **a)** *sehr groß, stark:* er hat ungemeine Fortschritte gemacht. **b)** ⟨verstärkend bei Adjektiven und Verben⟩ ↑*sehr:* er ist u. fleißig; dein Besuch hat ihn u. gefreut.

un|ge|müt|lich ⟨Adj.⟩: *eine unangenehme, unbehaglich-kalte Atmosphäre verbreitend:* ein ungemütlicher Raum; hier ist es u. und kalt. **sinnv.:** ↑rauh, ↑unangenehm, unbehaglich, unbequem.

un|ge|nannt ⟨Adj.⟩: *ohne Nennung des Namens und daher unbekannt:* er spendete einen höheren Betrag, wollte aber u. bleiben. **sinnv.:** ↑anonym.

un|ge|niert ⟨Adj.⟩: *ohne sich zu genieren:* er griff u. zu und aß, was ihm schmeckte. **sinnv.:** ↑hemmungslos, ↑ungezwungen.

un|ge|nieß|bar [auch: ...nieß...] ⟨Adj.⟩: **a)** *zum Essen, Trinken ungeeignet:* dieser Pilz ist u. **sinnv.:** alt, faul, faulig, gärig, ↑giftig, madig, ranzig, ↑sauer, schimmelig, ↑schlecht, unschmackhaft, verdorben, verfault, versalzen, wurmstichig. **b)** (ugs.) *(im Urteil des Sprechers) unerträglich:* der Film war u.; der Chef ist heute wieder u. **sinnv.:** schlecht gelaunt, ↑schlecht, übellaunig, unausstehlich.

un|ge|nü|gend ⟨Adj.⟩: *deutliche Mängel aufweisend, in keinem ausreichenden Maß [vorhanden]:* eine ungenügende Arbeit. **sinnv.:** ↑unzulänglich.

un|ge|ra|de ⟨Adj.⟩: *(von Zahlen) durch zwei nur mit einem ver-*

bleibenden Rest teilbar: die u. Zahl 31.

un|ge|ra|ten ‹Adj.›: *(im Hinblick auf die Entwicklung eines Kindes) mißraten (im Urteil des Sprechers):* ein ungeratener Sohn. **sinnv.:** ↑frech.

un|ge|reimt ‹Adj.›: *keinen richtigen Sinn ergebend:* ungereimtes Zeug reden. **sinnv.:** ↑unsinnig.

un|ge|rührt ‹Adj.›: *keine innere Beteiligung zeigend:* er sah u. zu, als das Tier geschlachtet wurde. **sinnv.:** ↑gleichgültig, kalt, kaltschnäuzig, ↑unbarmherzig, unbeeindruckt, unbeteiligt.

un|ge|schickt ‹Adj.›: **a)** *(im Benehmen o. ä.) linkisch und unbeholfen:* ich bin zu u., um das zu reparieren; mit ungeschickten Händen öffnete er das Paket. **b)** *(in Ausdrucksweise o. ä.) unsicher und unbeholfen:* ich hatte mich wohl zu u. ausgedrückt, denn sie verstanden mich nicht. **sinnv.:** ↑hilflos, umständlich, unverständlich.

un|ge|stüm ‹Adj.›: *ohne jede Zurückhaltung seinem Temperament, seiner Erregung Ausdruck gebend:* mit einer ungestümen Umarmung begrüßte er mich; er sprang u. auf. **sinnv.:** ↑übermütig, vehement.

Un|ge|tüm, das; -s, -e: **a)** *etwas, was einem übermäßig groß und unförmig erscheint:* ihr Hut ist ein wahres U.; ein U. von Schrank. **sinnv.:** Monstrum. **b)** ↑*Ungeheuer.* **Zus.:** Meer-, Seeungetüm.

un|ge|wiß ‹Adj.›: *(in bezug auf etwas, was kommen wird) unbestimmt, unsicher* /Ggs. gewiß/: eine ungewisse Zukunft; es ist noch u., ob er heute kommt oder morgen. **sinnv.:** fraglich, offen, strittig, umstritten, ↑unbestimmt, unentschieden, ungeklärt, unsicher, windig, zweifelhaft, zwiespältig.

un|ge|wöhn|lich ‹Adj.›: **1.** *vom Gewohnten, Üblichen, Erwarteten abweichend:* das Denkmal sieht u. aus. **sinnv.:** ↑ausgefallen, ↑außergewöhnlich, ↑fremd. **2. a)** *das gewohnte Maß übersteigend:* schon in jungen Jahren hatte sie ungewöhnliche Erfolge. **sinnv.:** ↑außergewöhnlich, ↑beachtlich. **b)** ‹verstärkend bei Adjektiven und Verben› ↑*sehr:* eine u. schöne Frau; die Schauspielerin ist u. vielseitig.

un|ge|zählt ‹Adj.›: **1.** *ohne (etwas) gezählt zu haben:* er steckte das Geld u. in seine Tasche. **2.** *in großer Zahl [vorhanden]:* er hat dich ungezählte Male zu erreichen versucht. **sinnv.:** ↑reichlich, ↑unendlich.

Un|ge|zie|fer, das; -s: *bestimmte [schmarotzende] tierische Schädlinge* /bes. Insekten/: das Haus war voller U.; ein Mittel gegen U. aller Art.

un|ge|zo|gen ‹Adj.›: *(bes. von Kindern) im Verhalten, Benehmen anderen gegenüber frech und ungebührlich:* sie hat ungezogene Kinder; deine Antwort war sehr u. **sinnv.:** ↑frech.

un|ge|zwun|gen ‹Adj.›: *natürlich, frei und ohne Hemmungen (in seinem Verhalten):* ihr ungezwungenes Wesen machte sie bei allen beliebt; sich u. benehmen. **sinnv.:** aufgelockert, burschikos, entspannt, formlos, gelockert, gelöst, hemdsärmelig, ↑hemmungslos, lässig, leger, ↑locker, natürlich, nonchalant, salopp, unbefangen, ungehemmt, ungekünstelt, ungeniert, zwanglos; ↑vertraut.

Un|glau|be, der; -ns: *fehlender Glaube an etwas (z. B. an Gott, an die Richtigkeit einer Sache):* seine bösartigen Äußerungen waren der Ausdruck seines Unglaubens. **sinnv.:** Atheismus, Gottlosigkeit, Ungläubigkeit, Zweifel.

un|gläu|big ‹Adj.›: **1.** *nicht an Gott glaubend* /Ggs. gläubig/: er versuchte die ungläubigen Menschen zu bekehren. **sinnv.:** atheistisch, gottesleugnerisch, gottlos, heidnisch. **2.** *Zweifel [an der Richtigkeit von etwas] erkennen lassend:* als er ihr die Geschichte erzählt hatte, lächelte sie u. **sinnv.:** ↑argwöhnisch, zweifelnd.

un|glaub|lich ‹Adj.›: **1.** *so unwahrscheinlich, daß man es nicht glauben kann:* es ist u., was sie in so kurzer Zeit geleistet hat. **sinnv.:** ↑unerhört. **2.** (ugs.) **a)** *sehr groß, stark:* sie legte ein unglaubliches Tempo vor. **b)** ‹verstärkend bei Adjektiven und Verben› ↑*sehr:* er ist u. frech; er hat u. geprahlt.

un|glaub|wür|dig ‹Adj.›: *so geartet, daß man dem betreffenden Menschen kein Vertrauen entgegenzubringen, der betreffenden Sache keinen Glauben zu schenken vermag:* eine unglaubwürdige Aussage; der Zeuge ist u.

Un|glück, das; -s, -e: **1.** *plötzlich hereinbrechendes, einen oder viele Menschen treffendes, unheilvolles, trauriges Ereignis oder Geschehen:* in dieser Zeit ereignete sich ein U. nach dem anderen in seiner Familie; der Pilot konnte ein U. gerade noch verhindern. **sinnv.:** Katastrophe, Panne, Unfall, Unglücksfall, ↑Untergang. **Zus.:** Auto-, Gruben-, Zugunglück. **2.** ‹ohne Plural› *[persönliches] Mißgeschick:* von U. verfolgt werden; Glück im U. haben; U. im Spiel, in der Liebe. **sinnv.:** Desaster, ↑Leid, Malheur, Mißgeschick, Pech, Pechsträhne, Schlag, Schrecknis, Tragik, Tragödie, ↑Übel, Ungemach, Unheil, Unstern.

un|glück|lich ‹Adj.›: **1.** *traurig und bedrückt:* er versuchte vergebens, das unglückliche Mädchen zu trösten; er war sehr u. über diesen Verlust. **sinnv.:** ↑bekümmert. **Zus.:** kreuz-, sterbens-, todunglücklich. **2.** *sich äußerst ungünstig auswirkend:* das war ein unglücklicher Zufall, ein unglückliches Zusammentreffen verschiedener Umstände; sein Sturz war so u., daß er sich ein Bein brach. **sinnv.:** ↑unglückselig, unheilvoll, verhängnisvoll, widrig.

un|glück|li|cher|wei|se ‹Adverb›: *zum Unglück; wie es ein unglücklicher, bedauerlicher Umstand wollte:* u. wurde sie während der Probezeit krank. **sinnv.:** ↑leider.

un|glück|se|lig ‹Adj.›: **a)** *unglücklich [verlaufend]:* er versuchte vergeblich, die ganze unglückselige Zeit des Krieges zu vergessen **sinnv.:** ↑unglücklich, unselig, verderbenbringend. **b)** *von Unglück verfolgt und daher bedauernswert:* die unglückselige Frau wußte sich keinen Rat mehr.

un|gnä|dig ‹Adj.›: *gereizt und unfreundlich:* der Chef ist heute wieder sehr u.; sie reagierte u. auf seine Frage. **sinnv.:** schlecht gelaunt, ↑mißmutig, übellaunig.

un|gül|tig ‹Adj.›: *keine Gültigkeit [mehr] habend:* eine ungültige Fahrkarte; eine Urkunde für u. erklären. **sinnv.:** abgelaufen, ↑grundlos, verfallen.

un|gün|stig ‹Adj.›: *eine nachteilige, negative Wirkung habend:* ungünstiges Klima; die Sache ist u. für ihn ausgegangen. **sinnv.:** ↑unangenehm, ↑unvorteilhaft.

un|gut ‹Adj.›: *[von vagen Be-*

fürchtungen begleitet und daher] unbehaglich: er hatte ein ungutes Gefühl bei dieser Sache. **sinnv.:** ↑unangenehm, ↑unerfreulich.

un|halt|bar [auch: ...halt...] ⟨Adj.⟩: **a)** *Besserung erfordernd; dringend der Änderung bedürfend:* in dieser Firma herrschen unhaltbare Zustände. **sinnv.:** ↑aussichtslos, indiskutabel, unerträglich, unmöglich, untragbar, unzumutbar. **b)** *in seiner derzeitigen Form, Beschaffenheit nicht [mehr] einleuchtend, gültig, gerechtfertigt:* unhaltbare Behauptungen, Theorien. **sinnv.:** ungerechtfertigt, unzutreffend.

un|hand|lich ⟨Adj.⟩: *wegen seiner Größe, seines Gewichts o. ä. schwer zu handhaben:* ein unhandlicher Koffer; dieses Gerät ist zu u. **sinnv.:** sperrig, unpraktisch.

Un|heil, das; -s: *verhängnisvolles, schreckliches Geschehen, das einem oder vielen Menschen großes Leid, großen Schaden zufügt:* das U. des Krieges; ich sah das U. [schon] kommen. **sinnv.:** ↑Unglück.

un|heil|bar [auch: un...] ⟨Adj.⟩: *so geartet, daß keine Heilung möglich ist:* eine unheilbare Krankheit. **sinnv.:** unrettbar, verloren.

un|heil|voll ⟨Adj.⟩: *Unheil mit sich bringend:* die unheilvolle Entwicklung der Politik eines Landes. **sinnv.:** ↑bedrohlich, ↑unglücklich.

un|heim|lich [auch: ...heim...] ⟨Adj.⟩: **1.** *ein unbestimmtes Gefühl der Angst, des Grauens hervorrufend:* eine unheimliche Gestalt kam in der Dunkelheit auf ihn zu; in seiner Nähe habe ich ein unheimliches Gefühl; in dem einsamen Haus war es ihr u. [zumute]. **sinnv.:** ↑anrüchig, beklemmend, ↑dämonisch, finster, ↑gespenstisch, gruselig, ↑makaber, schauerlich, schaurig. **2.** (ugs.) **a)** *sehr groß, stark:* bei ihm ist ständig ein unheimliches Durcheinander. **b)** ⟨verstärkend bei Adjektiven und Verben⟩ ↑*sehr:* sie hat sich über die Blumen u. gefreut.

un|höf|lich ⟨Adj.⟩: *gegen Takt und Umgangsformen verstoßend:* ich hatte nach dem Weg gefragt, bekam aber nur eine unhöfliche Antwort. **sinnv.:** abweisend, wie die Axt im Walde, barbarisch, bärbeißig, ↑barsch, bäurisch, borstig, brüsk, ↑derb, flegelhaft, ↑gewöhnlich, grobschlächtig, plump, rauh, rüde, rüpelhaft, ruppig, saugrob, unfreundlich, ungehobelt, unverbindlich.

Un|hold, der; -[e]s, -e: *Mann, dessen Tun, Taten (im Urteil des Sprechers) abscheulich sind:* der Kommandant war ein U.; der U., der diese Mädchen vergewaltigt hatte, konnte gefaßt werden. **sinnv.:** ↑Unmensch.

Uni|form [auch: uni...] die; -, -en: *in Material, Form und Farbe einheitlich gestaltete Kleidung, die bei Militär, Polizei, Post o. ä. im Dienst getragen wird:* die Polizisten tragen eine grüne U. **sinnv.:** Dienstkleidung, Livree. **Zus.:** Ausgangs-, Ausgeh-, Gala-, Matrosen-, Offiziers-, Polizeiuniform.

Uni|kum, das; -s, -s (ugs.): *jmd., der auf Grund bestimmter Verhaltensweisen belustigend wirkt, als merkwürdig, eigenartig angesehen wird:* er ist ein in der ganzen Stadt bekanntes U. **sinnv.:** Clown, Kasper, Marke, Nummer, Original, Schalk, Schelm, Sonderling, Spaßmacher, Spaßvogel, Type, Witzbold.

Uni|on, die; -, -en: *Bund, Zusammenschluß (bes. von Staaten):* die Staaten schlossen sich zu einer U. zusammen. **sinnv.:** ↑Vereinigung. **Zus.:** Personal-, Sowjet-, Währungs-, Zollunion.

Uni|ver|si|tät, die; -, -en: *in mehrere Fakultäten gegliederte Anstalt für wissenschaftliche Ausbildung und Forschung:* eine U. besuchen; an einer U. studieren. **sinnv.:** ↑Hochschule. **Zus.:** Abend-, Fern-, Sommeruniversität.

Uni|ver|sum, das; -s: ↑*Weltall.*

un|ken ⟨itr.⟩ (ugs.): *[aus einer pessimistischen Haltung oder Einstellung heraus] Schlechtes, Unheil voraussagen:* sie unkte, es sei sicher ein Unglück passiert. **sinnv.:** ↑prophezeien, schwarzsehen, vorausahnen, vorhersagen · Kassandrarufe.

un|kennt|lich ⟨Adj.⟩: *so verändert, entstellt, daß jmd. oder etwas nicht mehr zu erkennen ist:* er versuchte, die durch das Alter fast u. gewordene Schrift zu entziffern; die Schminke hatte sein Gesicht [völlig] u. gemacht.

Un|kennt|nis, die; -: *das Nichtwissen; mangelnde Kenntnis:* in seinen Äußerungen zeigte sich seine U. auf diesem Gebiet; aus U. etwas falsch machen. **sinnv.:** Ahnungslosigkeit, Bildungslücke, Dummheit, Engstirnigkeit, Ignoranz, Kurzsichtigkeit, Unerfahrenheit, Uninformiertheit, Unwissenheit, Wissenslücke.

un|klar ⟨Adj.⟩: **1. a)** *nur unbestimmt und vage:* unklare Vorstellungen von/über etwas haben. **sinnv.:** allgemein, diffus, dumpf, dunkel, nebelhaft, unbestimmt, ungenau, unverbindlich, vage, verschwommen. **b)** *nur undeutlich zu erkennen:* einen Gegenstand in der Ferne nur u. erkennen. **sinnv.:** schemenhaft, undeutlich, ungenau, unscharf, vage, verschwommen. **2.** *so beschaffen, daß man es kaum verstehen, begreifen kann:* er drückt sich zu u., aus; mir ist noch [völlig] u., wie er das zustande gebracht hat. **sinnv.:** diffus, undeutlich, unerklärlich, ↑unfaßbar, ungenau, ↑unverständlich, vage, verschwommen, ↑verworren.

un|klug ⟨Adj.⟩: *taktisch, psychologisch ungeschickt:* es war sehr u. von mir, ihm das zu sagen. **sinnv.:** ↑dumm, undiplomatisch, ↑unvernünftig, ↑unvorsichtig.

un|kom|pli|ziert ⟨Adj.⟩: *(in bezug auf eine Person) von einfach-geradliniger, offener Art:* er hat ein unkompliziertes Wesen. **sinnv.:** ↑aufrichtig; ↑lustig.

Un|ko|sten, die ⟨Plural⟩: **a)** *[unvorhergesehene] Kosten, die neben den normalen Ausgaben entstehen:* durch seinen Umzug sind ihm diesen Monat große U. entstanden. * (ugs.) **sich in U. stürzen** *(für etwas besonders viel Geld ausgeben).* **b)** (ugs.) *finanzielle Ausgaben:* hatten Sie U.? **sinnv.:** ↑Aufwand, Aufwendungen, Ausgaben, Auslagen, Kosten, Kostenaufwand, Leistungen · ↑Preis. **Zus.:** Reiseunkosten.

Un|kraut, das; -[e]s: *Gesamtheit der Pflanzen, die für den Menschen in störender, unerwünschter Weise zwischen angebauten Pflanzen wild wachsen:* wir müssen jetzt endlich das U. im Garten jäten.

un|längst ⟨Adverb⟩: *vor kurzer Zeit:* er hat mich u. besucht. **sinnv.:** ↑kürzlich.

un|lau|ter ⟨Adj.⟩: *unehrlich und unkorrekt:* sich unlauterer Mittel bedienen; unlauterer Wettbewerb. **sinnv.:** ↑unredlich.

un|leid|lich ⟨Adj.⟩: *mißmutig und schlecht gelaunt [und daher schwer zu ertragen]:* sie ist heute

u. und verträgt kein kritisches Wort. **sinnv.:** ↑mißmutig, unausstehlich, ungeduldig.

un|le|ser|lich ⟨Adj.⟩: *sehr schlecht geschrieben und daher nicht oder nur sehr schwer zu lesen* /Ggs. leserlich/: eine unleserliche Unterschrift; er schreibt u.

un|lieb|sam ⟨Adj.⟩: *[in peinlicher Weise] unangenehm:* er wurde nicht gern an das unliebsame Vorkommnis erinnert; er ist durch sein schlechtes Benehmen u. aufgefallen. **sinnv.:** ↑unangenehm, ↑unerfreulich.

un|lös|bar [auch: un...] ⟨Adj.⟩: *sehr schwierig und daher nicht zu lösen, nicht zu bewältigen:* eine unlösbare Aufgabe; das Rätsel ist für ihn u.

Un|lust, die; -: *Mangel an Lust, an innerem Antrieb:* er geht mit U. an die Arbeit. **sinnv.:** Bitterkeit, Bitternis, Mißbehagen, Mißfallen, Mißmut, ↑Überdruß, Unbehagen, Unzufriedenheit, Verbitterung, Verdrossenheit, ↑Verstimmung, ↑Widerwille. **Zus.:** Arbeitsunlust.

un|mä|ßig ⟨Adj.⟩: **a)** *(im Urteil des Sprechers) kein Maß einhaltend:* er ist u. in seinen Forderungen. **sinnv.:** ↑maßlos, unersättlich, unstillbar. **b)** *sehr groß, stark:* er hatte ein unmäßiges Verlangen nach dieser Speise. **c)** ⟨verstärkend bei Adjektiven⟩ ↑*sehr:* sein Hunger war u. groß.

Un|men|ge, die; -, -n: *überaus große Menge:* er hat heute eine U. Äpfel gegessen; eine U. an/von Büchern.

Un|mensch, der; -en, -en: *jmd., der (im Urteil des Sprechers) unmenschlich ist:* wer seine Kinder so sehr verprügelt, ist ein U. **sinnv.:** Barbar, Leuteschinder, Menschenschinder, Rohling, Unhold.

un|mensch|lich [auch: unmenschlich] ⟨Adj.⟩: **1.** *roh und brutal gegen Menschen oder Tiere; ohne menschliches Mitgefühl (im Urteil des Sprechers)* /Ggs. menschlich/: die Gefangenen wurden u. behandelt. **sinnv.:** ↑unbarmherzig. **2. a)** *sehr groß, stark:* sie mußten unmenschliche Schmerzen ertragen. **b)** ⟨verstärkend bei Adjektiven und Verben⟩ ↑*sehr:* es ist u. kalt.

un|merk|lich [auch: un...] ⟨Adj.⟩: *so beschaffen, daß es nicht oder kaum zu merken, wahrzunehmen ist:* mit ihm war eine unmerkliche Veränderung vor sich gegangen; u. fortschreiten, vorangehen. **sinnv.:** ↑latent.

un|miß|ver|ständ|lich ⟨Adj.⟩: *klar und eindeutig; keinen Zweifel aufkommen lassend:* er hat eine unmißverständliche Absage erhalten; seine Meinung u. sagen. **sinnv.:** ↑nachdrücklich.

un|mit|tel|bar ⟨Adj.⟩: *ohne räumlichen oder zeitlichen Abstand, ohne vermittelndes Glied:* der Baum steht in unmittelbarer Nähe des Hauses; er betrat den Raum u. nach dir; er hat sich u. an den Chef gewandt. **sinnv.:** ↑dicht, ↑direkt, gleich, ↑live, ↑mitten. **Zus.:** reichsunmittelbar.

un|mo|dern ⟨Adj.⟩: *dem Geschmack, dem Stil, den Gegebenheiten der Gegenwart entgegenstehend:* ein unmoderner Hut; seine Ansichten über die Erziehung der Kinder sind ziemlich u. **sinnv.:** ↑altmodisch, ↑konservativ, ↑rückständig.

un|mög|lich [auch: unmög...]: **I.** ⟨Adj.⟩ **1.** *so beschaffen, daß es nicht durchzuführen, nicht denkbar ist:* das ist ein unmögliches Verlangen; das Unwetter hat mein Kommen u. gemacht; es ist [uns] u., die Ware heute schon zu liefern. **sinnv.:** indiskutabel, undenkbar, undurchführbar, ↑unhaltbar. **2.** (emotional) *in als unangenehm empfundener Weise von der Erwartungsnorm abweichend; sehr unpassend:* sie trug einen unmöglichen Hut; du hast dich u. benommen. **sinnv.:** indiskutabel, ungehörig. **II.** ⟨Adverb⟩ *keinesfalls, unter keinen Umständen:* das kannst du u. von ihm verlangen; das geht u. **sinnv.:** ↑nein.

un|mo|ra|lisch ⟨Adj.⟩: *gegen Sitte und Moral verstoßend:* ein unmoralisches Leben führen. **sinnv.:** ↑lasterhaft, ↑unanständig.

un|mo|ti|viert ⟨Adj.⟩: *ohne erkennbaren Grund:* sein plötzlicher Zorn war [ganz] u., denn niemand hatte ihm Anlaß dazu gegeben. **sinnv.:** ↑grundlos.

un|mu|si|ka|lisch ⟨Adj.⟩: *ohne musikalisches Empfinden:* von seinen Kindern war nur das jüngste u.

Un|mut, der; -[e]s: *durch Enttäuschung, Unzufriedenheit o. ä. hervorgerufene Verstimmtheit:* sie konnte ihren U. über sein schlechtes Benehmen nicht verbergen. **sinnv.:** ↑Ärger, ↑Verstimmung.

un|nach|ahm|lich [auch: ...ahm...] ⟨Adj.⟩: *in einer Art, die als einzigartig, unvergleichlich empfunden wird:* er hat eine unnachahmliche Gabe, Geschichten zu erzählen. **sinnv.:** einzigartig, ↑unvergleichlich, unverwechselbar, ↑vorbildlich.

un|nach|gie|big ⟨Adj.⟩: *zu keinem Zugeständnis bereit:* eine unnachgiebige Haltung einnehmen; er blieb trotz aller Bitten, Drohungen u. **sinnv.:** ↑rechthaberisch, ↑unzugänglich.

un|nach|sich|tig ⟨Adj.⟩: *keine Nachsicht übend, erkennen lassend:* nach dem Vorfall hat er die Schüler u. bestraft.

un|nah|bar [auch: un...] ⟨Adj.⟩: *sehr auf Distanz bedacht; jeden Versuch einer Annäherung mit kühler Zurückhaltung beantwortend:* er wagte nicht, sie anzusprechen, weil sie ihm immer so u. erschienen war. **sinnv.:** abweisend, ↑unzugänglich.

un|na|tür|lich ⟨Adj.⟩: **a)** *zu einem als natürlich angesehenen Verhalten, Aussehen o. ä. im Widerspruch stehend; vom Normalen abweichend:* ihr Gesicht hatte eine unnatürliche Blässe. **sinnv.:** ↑anormal, ↑übernatürlich. **b)** *unecht wirkend:* seine Fröhlichkeit war u. **sinnv.:** affektiert, gekünstelt, ↑künstlich.

un|nütz ⟨Adj.⟩: *zu nichts taugend; keinen Nutzen, Gewinn bringend:* mach dir keine unnützen Gedanken darüber; es ist u., darüber zu streiten. **sinnv.:** ↑nutzlos.

Un|ord|nung, die; -: *durch das Fehlen von Ordnung gekennzeichneter Zustand:* es herrscht U. **sinnv.:** Liederlichkeit, Schlamperei; ↑Wirrwarr, Wirtschaft; ↑Durcheinander.

un|par|tei|isch ⟨Adj.⟩: *(in seinem Urteil) von keiner Seite beeinflußt; keine Partei ergreifend:* eine unparteiische Haltung einnehmen; er bemühte sich, bei diesem Streit u. zu sein. **sinnv.:** ↑gerecht, indifferent, neutral, passiv, ↑sachlich, unbefangen, unentschieden, unvoreingenommen, wertfrei, wertneutral.

un|pas|send ⟨Adj.⟩: *(in Anstoß oder Mißfallen erregender Weise) unangebracht, unangemessen:* eine unpassende Bemerkung machen. **sinnv.:** deplaziert, peinlich, fehl am Platz, ↑taktlos, ↑unangenehm, ungeeignet, ↑ungehörig, unqualifiziert, unschicklich, ↑verfehlt.

un|päß|lich ⟨Adj.⟩: *von leichtem Unwohlsein befallen; sich unwohl fühlend, ohne jedoch richtig krank zu sein:* sie hatte den ganzen Tag das Haus nicht verlassen, weil sie sich u. fühlte. **sinnv.:** ↑krank.

un|per|sön|lich ⟨Adj.⟩: *kein individuelles, persönliches Gepräge aufweisend; alles Persönliche, Emotionale vermeidend, unterdrückend:* der Brief war in sehr unpersönlichem Stil geschrieben; die Einrichtung seines Zimmers war sehr u. **sinnv.:** ↑formell, ↑sachlich.

un|qua|li|fi|ziert ⟨Adj.⟩: **1.** *ohne berufliche Qualifikation:* ein unqualifizierter Hilfsarbeiter. **2.** *von einem Mangel an Sachkenntnis, an Urteilsvermögen und [geistigem] Niveau zeugend:* unqualifizierte Äußerungen. **sinnv.:** ↑dumm, ↑unpassend.

Un|rast, die; -: *innere Unruhe, die jmdn. dazu treibt, sich ständig zu betätigen:* seine U. ließ ihn nicht zur Ruhe kommen; sie war voller U. **sinnv.:** Getriebensein, Lampenfieber, Nervosität, Ruhelosigkeit, Umhergetriebensein, ↑Ungeduld, Unruhe · Workaholic.

Un|rat, der; -[e]s (geh.): *etwas, was aus Abfällen, Weggeworfenem besteht:* sie mußten den U. beseitigen, von der Straße entfernen. **sinnv.:** Abfall, Kehricht, Müll, ↑Schmutz.

Un|recht, das; -[e]s: **a)** *dem Recht entgegengesetztes Prinzip:* ein Leben lang gegen das U. ankämpfen. **sinnv.:** Gesetzwidrigkeit, Ungerechtigkeit, Ungesetzlichkeit, Unrechtmäßigkeit. **b)** *als falsch, verwerflich empfundene Verhaltensweise, Tat:* sie hat damit ein großes U. begangen. **sinnv.:** Leid, ↑Schuld, ↑Verstoß.

un|recht|mä|ßig ⟨Adj.⟩: *ohne rechtlichen Anspruch, ohne rechtliche Begründung:* ein unrechtmäßiger Besitz; er hat sich das Buch u. angeeignet. **sinnv.:** ↑gesetzwidrig, unberechtigt, widerrechtlich.

un|red|lich ⟨Adj.⟩ (geh.): *(im Urteil des Sprechers) keine Rechtschaffenheit und Aufrichtigkeit erkennen lassend:* ein unredlicher Kaufmann. **sinnv.:** betrügerisch, erlogen, falsch, fromm, gleisnerisch, illoyal, katzenfreundlich, lügenhaft, lügnerisch, scheinheilig, unaufrichtig, unehrlich, ↑unfair, unlauter, unreell, unsolide, verlogen.

Un|ru|he, die; -, -n: **1.** ⟨ohne Plural⟩ *als störend empfundener Mangel an Ruhe; durch Lärm, ständige Bewegung o. ä. hervorgerufene Störung:* er konnte die U., die in dem Raum herrschte, nicht länger ertragen. **sinnv.:** ↑Lärm. **2.** ⟨ohne Plural⟩ **a)** *durch Angst und Sorge gekennzeichnete Stimmung:* als die Kinder nicht kamen, wuchs ihre U. immer mehr. **sinnv.:** Anspannung, Besorgnis, Beunruhigung, Nervosität. **b)** *unter einer größeren Anzahl von Menschen herrschende, von Unmut, Unzufriedenheit oder Empörung gekennzeichnete Stimmung:* nach diesen Verordnungen wuchs die U. im Volk. **3.** ⟨Plural⟩ *meist politisch motivierte, die öffentliche Ruhe, den inneren Frieden störende, gewalttätige, in der Öffentlichkeit ausgetragene Auseinandersetzungen:* bei den Unruhen in den Straßen der Stadt wurden mehrere Menschen verletzt. **sinnv.:** ↑Aufruhr. **Zus.:** Arbeiter-, Rassen-, Studentenunruhen.

un|ru|hig ⟨Adj.⟩: **1. a)** *ständig in Bewegung befindlich:* die unruhigen Kinder störten ihn bei der Arbeit; die Tiere liefen u. in ihrem Käfig auf und ab. **sinnv.:** ↑ruhelos. **b)** *durch Unruhe* (1) *gekennzeichnet:* er wohnt in einer unruhigen Gegend. **sinnv.:** ↑laut. **2.** *von Unruhe* (2 a) *erfüllt:* sie wartete u. auf die Rückkehr der Kinder. **sinnv.:** ↑fahrig, ↑hektisch, ↑nervös.

un|rühm|lich ⟨Adj.⟩: *so geartet, daß man sich dafür schämen muß, daß es dem Ansehen abträglich ist:* er nahm ein unrühmliches Ende als Dieb. **sinnv.:** ↑kläglich, schimpflich, schmählich, schmachvoll.

un|sach|lich ⟨Adj.⟩: *von Gefühlen, Vorurteilen bestimmt; vom Sachlichen abweichend:* unsachliche Argumente; etwas u. beurteilen. **sinnv.:** ↑parteiisch.

un|sag|bar ⟨Adj.⟩: **a)** *sehr groß, stark:* sie litt unsagbare Schmerzen. **sinnv.:** ↑außergewöhnlich, ↑gewaltig, namenlos, unaussprechlich, unbeschreiblich, unglaublich, unsäglich. **b)** ⟨verstärkend bei Adjektiven und Verben⟩ ↑*sehr:* sie war u. glücklich; sie freuten sich u.

un|schäd|lich ⟨Adj.⟩ *keine schädliche Wirkung habend; keinen Schaden bringend:* unschädliche Insekten; dieses Mittel ist völlig u. **sinnv.:** ↑ungefährlich.

un|schätz|bar [auch: un...] ⟨Adj.⟩: *außerordentlich groß:* er hat unschätzbare Verdienste um den Staat.

un|schein|bar ⟨Adj.⟩: *keinen besonderen Eindruck machend; ohne charakteristische, einprägsame Merkmale:* sie ist ein unscheinbares Mädchen; der Angeklagte ist klein und u. **sinnv.:** ↑einfach, unauffällig.

un|schlüs|sig ⟨Adj.⟩: *sich nicht zu etwas entschließen könnend oder von dieser Unfähigkeit zeugend:* sie tadelte ihn wegen seiner unschlüssigen Haltung; er blieb u. stehen; bist du [dir] immer noch u., ob du morgen fahren sollst? **sinnv.:** ↑unentschlossen · zaudern.

un|schön ⟨Adj.⟩: *eine menschlich unerfreuliche Haltung erkennen lassend:* es war sehr u. von dir, ihn so zu behandeln. **sinnv.:** ↑häßlich, unanständig, unfair, unfreundlich.

Un|schuld, die; -: **1.** *das Freisein von Schuld:* er konnte seine U. nicht beweisen. **sinnv.:** Schuldlosigkeit. **2.** *sittliche Reinheit:* ein Ausdruck von U. lag auf ihrem Gesicht.

un|schul|dig ⟨Adj.⟩: **1.** *frei von Schuld:* u. im Gefängnis sitzen; er ist an dem Unfall nicht ganz u. **sinnv.:** schuldlos, unverschuldet. **2. a)** *sittlich rein:* ein junges, unschuldiges Mädchen. **sinnv.:** anständig. **b)** *nichts Schlechtes, Böses ahnend, vorhabend, darstellend:* das unschuldige Kind wußte nicht, was es mit diesen Worten eigentlich gesagt hatte; laß ihm doch sein unschuldiges Vergnügen! **sinnv.:** ↑arglos, unerfahren.

un|schwer ⟨Adverb⟩: *keiner großen Mühe bedürfend; ohne daß große Anstrengungen unternommen werden müßten:* es ließ sich u. erraten, worum es sich handelte; er konnte u. feststellen, daß sie geweint hatte. **sinnv.:** ↑mühelos.

un|selb|stän|dig ⟨Adj.⟩: *auf die Hilfe anderer angewiesen:* für seine 18 Jahre ist er noch sehr u. **sinnv.:** abhängig, hörig, leibeigen, sklavisch, subaltern, untergeordnet.

un|se|lig ⟨Adj.; nur attributiv⟩: *Unheil, Unglück bringend:* er wurde das unselige Laster nicht los. **sinnv.:** ↑unglücklich, unglückselig.

un|ser ⟨Possessivpronomen⟩ */bezeichnet ein Besitz- oder Zuge-*

hörigkeitsverhältnis einer die eigene Person einschließenden Gruppe/: unser Haus ist größer als eures; unser großer Bruder wird uns beschützen; auf unseren rustikalen Stühlen sitzt man ausgezeichnet; unsere neue Waschmaschine ist schon kaputt.

un|si|cher ⟨Adj.⟩: **1.** *durch eine Gefahr bedroht; keine Sicherheit bietend:* einen unsicheren Weg gehen; in jenen Zeiten lebte man sehr u. **sinnv.:** gefährdet, ↑gefährlich, schutzlos, unbehütet, ungeborgen, ungeschützt, wehrlos. **2.** *das Risiko eines Mißerfolgs in sich bergend; keine Gewißheit, keine [ausreichenden] Garantien bietend:* auf diese unsichere Sache würde ich mich nicht einlassen; er hatte dabei ein unsicheres Gefühl; es ist noch u., ob er kommt. **sinnv.:** ↑ungewiß. **3.** *innerlich ungefestigt; Hemmungen habend:* sein unsicheres Auftreten verwunderte alle; er wirkt, ist sehr u.

Un|sinn, der; -s: **1.** *als unsinnig empfundenes Reden oder Handeln:* er redet viel U.; was du hier tust, ist reiner U. **sinnv.:** Allotria, Blech, Blödsinn, Bockmist, Dummheit, Firlefanz, Flachs, Heckmeck, Humbug, Idiotie, ↑Irrsinn, kalter Kaffee, Kappes, Kohl, Kokolores, Krampf, Mätzchen, Mist, Mumpitz, Nonsens, Quark, Quatsch, Scheiße, Schnickschnack, Schrott, Schwachsinn, Sperenzchen, Stuß, Torheit, Wahnsinn, Wippchen, [dummes] Zeug. **2.** *Benehmen o.ä., das als ungehörig und unsinnig* (1) *empfunden wird:* sie machten, trieben den ganzen Tag U. **sinnv.:** Blödsinn, Dummheiten, Faxen, Fez, Firlefanz, Flausen, Heckmeck, Mätzchen, Quatsch, Sperenzchen, Streich, Unfug, ↑Zimt.

un|sin|nig ⟨Adj.⟩: **1.** *keinen Sinn, Zweck habend:* unsinniges Gerede; es ist u., so große Forderungen zu stellen. **sinnv.:** abstrus, absurd, abwegig, blöd[e], blödsinnig, dubios, hirnrissig, hirnverbrannt, ↑lächerlich, ohne Sinn und Verstand, sinnlos, ungereimt, wahnsinnig, witzlos. **2. a)** *sehr groß, stark:* ich habe unsinnigen Durst. **b)** ⟨verstärkend bei Adjektiven und Verben⟩ ↑*sehr:* er hat u. hohe Forderungen gestellt; er hat sich u. gefreut.

Un|sit|te, die; -, -n: *schlechte Angewohnheit:* eine U. ablegen; es ist eine U. von dir, beim Essen so viel zu trinken.

un|sterb|lich ⟨Adj.⟩: **1.** *ewig dauernd, im Gedenken der Menschen fortlebend:* die unsterblichen Werke Beethovens. **sinnv.:** ↑ewig. **2.** ⟨verstärkend bei bestimmten Verben⟩ (ugs.) ↑*sehr:* sie hat sich u. blamiert; er war u. verliebt.

Un|stern, der; -[e]s: *schlechtes Vorzeichen; etwas Schicksalhaftes, was sich unglücklich auf jmdn./etwas auswirkt:* ein U. waltet über ihren Unternehmungen. **sinnv.:** ↑Unglück.

un|stet ⟨Adj.⟩: *von innerer Unruhe getrieben:* ein unstetes Leben führen. **sinnv.:** ↑nervös, ↑ruhelos.

un|still|bar [auch: un...] ⟨Adj.⟩: *(in bezug auf ein Bedürfnis, Verlangen) sehr groß:* ein unstillbarer Durst; seine Sehnsucht war u. **sinnv.:** ↑unersättlich.

Un|stim|mig|keit, die; -, -en: **1.** *etwas, was sich in einem bestimmten Zusammenhang als Widerspruch, als nicht ganz richtig erweist:* bei der Überprüfung der Rechnung fand sich eine U. **sinnv.:** ↑Ausnahme, ↑Fehler. **2.** ⟨meist Plural⟩ *(in bezug auf eine bestimmte Meinung) unterschiedliche Auffassung:* bei der Verhandlung kam es zu Unstimmigkeiten zwischen den Parteien. **sinnv.:** ↑Meinungsverschiedenheit, ↑Streit, Unannehmlichkeit.

un|strei|tig [auch: ...streit...] ⟨Adj.⟩: *den Sachverhalt genau treffend; sicher und gewiß:* es wäre u. das beste gewesen, sofort abzureisen. **sinnv.:** feststehend, unbestreitbar, unumstritten, zutreffend, ↑zweifellos.

Un|sum|me, die; -, -n: *sehr große, übermäßig große Summe:* das Haus hat eine U. [Geldes] gekostet; für diesen Zweck sind schon Unsummen ausgegeben worden.

un|ta|de|lig, un|tad|lig [auch: untad...] ⟨Adj.⟩: *keinerlei Anlaß zu einem Tadel bietend:* er fiel durch sein untadeliges Benehmen auf; er war u. gekleidet. **sinnv.:** ↑rechtschaffen, ↑vollkommen.

Un|tat, die; -, -en: *großen Abscheu, Entsetzen erregende Tat:* für seine Untaten büßen. **sinnv.:** ↑Greuel; ↑Verstoß.

un|tä|tig ⟨Adj.⟩: *ohne zu handeln, ohne etwas zu tun:* er saß den ganzen Tag u. im Sessel; er sah dem Streit u. zu. **sinnv.:** ↑faul, ↑passiv.

un|ten ⟨Adverb⟩ /Ggs. oben/: **1. a)** *an einer (vom Sprecher aus betrachtet) tiefer gelegenen Stelle:* die Schüsseln stehen u. im Schrank; weiter u. [im Tal] ist die Luft viel schlechter. **b)** *am unteren Ende, an der Unterseite von etwas:* die Kiste ist u. isoliert. **c)** *einer Unterlage o.ä. zugekehrt:* die matte Seite des Stoffs ist u.; mit dem Gesicht nach u. **2.** *am unteren Ende einer Hierarchie, einer Rangordnung:* er hat sich von u. hochgearbeitet; die da oben kümmern sich doch nicht um uns hier u.

un|ter: I. ⟨Präp. mit Dativ und Akk.⟩ **1.** /räumlich/ **a)** ⟨mit Dativ⟩ */kennzeichnet einen Abstand in vertikaler Richtung und bezeichnet die tiefere Lage im Verhältnis zu einem anderen Genannten/:* u. einem Baum sitzen; sie gingen zusammen u. einem Schirm; u. jmdm. wohnen. **b)** ⟨mit Akk.⟩ (in Verbindung mit Verben der Bewegung) */kennzeichnet eine Bewegung an einen Ort, eine Stelle unterhalb eines anderen Genannten/:* sich u. die Dusche stellen; die Scheune war bis u. die Decke mit Heu gefüllt. **c)** ⟨mit Dativ⟩ */kennzeichnet einen Ort, eine Stelle, die von jmdm./etwas unterquert wird/:* der Zug fährt u. der Brücke durch. **d)** ⟨mit Dativ⟩ */kennzeichnet eine Stelle, Lage, in der jmd./etwas unmittelbar von etwas bedeckt, von etwas Darüberbefindlichem unmittelbar berührt wird/:* u. einer Decke liegen; sie trägt eine Bluse u. dem Pullover. **e)** ⟨mit Akk.⟩ */kennzeichnet eine Bewegung an einen Ort, eine Stelle, wo jmd./etwas von etwas Darüberbefindlichem unmittelbar berührt wird/:* er kriecht u. die Decke; sie zog eine Jacke u. den Mantel. **f)** ⟨mit Dativ⟩ */kennzeichnet ein Abgesunkensein, bei dem ein bestimmter Wert, Rang o.ä. unterschritten wird:/* u. dem Durchschnitt sein; etwas u. Preis verkaufen; die Temperatur liegt u. dem Gefrierpunkt. **g)** ⟨mit Akk.⟩ */kennzeichnet ein Absinken, bei dem ein bestimmter Wert, Rang o.ä. unterschritten wird/:* u. Null sinken. **h)** ⟨mit Dativ⟩ /kennzeichnet das Unterschreiten einer bestimmten Zahl/ *von weniger als:* Kinder u. 10 Jahren; in Mengen u. 100 Stück. **2.** /zeitlich/ ⟨mit Dativ⟩ **a)**

(südd.) /kennzeichnet einen Zeitraum, für den etwas gilt, in dem etwas geschieht/ *während:* u. der Woche hat er keine Zeit. **b)** (veraltend) */bei Datumsangaben, an die sich eine bestimmte Handlung o. ä. anknüpft/:* die Chronik verzeichnet u. dem Datum des 1. Januar 1850 eine große Sturmflut. **3.** ⟨mit Dativ⟩ **a)** */kennzeichnet einen Begleitumstand/:* u. Tränen, Schmerzen; u. dem Beifall der Menge zogen sie durch die Stadt. **b)** /kennzeichnet die Art und Weise, in der etwas geschieht/ *mit:* u. Zwang; u. Lebensgefahr; u. Vorspiegelung falscher Tatsachen. **c)** */kennzeichnet eine Bedingung o. ä./:* u. der Voraussetzung, Bedingung; u. dem Vorbehalt, daß ... **4.** ⟨mit Dativ⟩ */kennzeichnet die Gleichzeitigkeit eines durch ein Verbalsubstantiv ausgedrückten Vorgangs/:* etwas geschieht u. Ausnutzung, Verwendung von etwas anderem. **5.** ⟨mit Dativ und Akk.⟩ */kennzeichnet eine Abhängigkeit, Unterordnung o. ä./:* u. Aufsicht; u. jmds. Leitung; u. ärztlicher Kontrolle; u. jmdm. arbeiten *(jmds. Untergebener sein);* mit dem Ton auf „unter" im Satz: u. jmdm. stehen *(jmdm. unterstellt, untergeordnet sein);* jmdn./etwas u. sich haben *(jmdm./einer Sache übergeordnet sein; für eine Sache verantwortlich sein).* **6. a)** ⟨mit Dativ und Akk.⟩ */kennzeichnet eine Zuordnung/:* etwas steht u. einem Motto; etwas u. ein Thema stellen. **b)** ⟨mit Dativ⟩ */kennzeichnet eine Zugehörigkeit/:* jmdn. u. einer bestimmten Rufnummer erreichen; u. falschem Namen. **7.** ⟨mit Dativ⟩ **a)** /kennzeichnet ein Vorhanden- bzw. Anwesendsein inmitten von, zwischen anderen Sachen bzw. Personen/ *inmitten von; bei; zwischen:* der Brief befand sich u. seinen Papieren; er saß u. den Zuschauern. **b)** ⟨mit Akk.⟩ /kennzeichnet das Sichhineinbegeben in eine Menge, Gruppe o. ä./: er mischte sich u. die Gäste. **8.** ⟨mit Dativ⟩ /kennzeichnet einen einzelnen oder eine Anzahl, die sich aus einer Menge, Gruppe in irgendeiner Weise heraushebt o. ä./ *von:* nur einer u. vierzig Bewerbern. **9.** ⟨mit Dativ⟩ /kennzeichnet eine Wechselbeziehung/ *zwischen:* es gab Streit u. den Erben; sie haben die Beute u. sich aufgeteilt. **10. a)** ⟨mit Dativ⟩ */kennzeichnet einen Zustand, in dem sich etwas befindet/:* die Leitung steht u. Strom. **b)** ⟨mit Akk.⟩ */kennzeichnet einen Zustand, in den etwas gebracht wird/:* etwas u. Strom setzen. **11.** (kausal) ⟨mit Dativ⟩ */kennzeichnet die Ursache des im Verb Genannten/:* u. einer Krankheit, u. Gicht leiden; sie stöhnte u. der Hitze. **II. 1.** /in Verbindung mit einem Personalpronomen in Konkurrenz zu *darunter;* bezogen auf eine Sache (ugs.)/: ich las den Artikel zu Ende. Unter ihm (statt: darunter) standen Name und Anschrift des Autors. **2.** /in Verbindung mit „was" in Konkurrenz zu *worunter;* bezogen auf eine Sache (ugs.): **a)** /in Fragen/: u. was (besser: worunter) liegt der Schlüssel? **b)** /in relativer Verbindung/: ich weiß nicht, u. was (besser: worunter) er sich versteckt hielt. **III.** ⟨Adverb⟩ *weniger als:* ein Kind von u. 4 Jahren; die Bewerber waren u. 30 [Jahre alt].

ụn|ter... ⟨Adj.; nur attributiv⟩: **1.** *(räumlich gesehen) sich [weiter] unten befindend; tiefer gelegen:* in einem der unteren Stockwerke; der untere Teil des Ärmels. **2.** *dem Rang nach unter anderem, anderen stehend:* die unteren Klassen, Schichten der Bevölkerung.

un|ter-: I. ⟨adjektivisches Präfixoid⟩ *weniger als üblich, nötig, zuwenig in bezug auf das im Basiswort Genannte:* unterdurchschnittlich (Ggs. überdurchschnittlich), untergewichtig; /oft in Verbindung mit dem 2. Partizip/: unterbelegt, -beschäftigt, -bezahlt. **sinnv.:** hypo-, sub-. **II.** ⟨verbales Präfix; wenn betont, dann wird getrennt; wenn unbetont, dann nicht trennbar⟩ **1. a)** ⟨nicht trennbar⟩ *von unten her:* unterbauen (er unterbaut/unterbaute/hat unterbaut/um zu unterbauen), untergraben (den Stacheldrahtzaun, die Autorität u.), untermauern, unterlaufen (eine Bestimmung u.), unterqueren, unterstellen, unterwandern. **b)** ⟨wird getrennt⟩ *von oben nach unten, unter etwas:* ụnterfassen (er faßt/faßte sie unter/hat sie untergefaßt/um sie unterzufassen), ụntergraben (das Unkraut u.), ụnterhaken, ụnterjubeln, ụnterpflügen, ụnterschieben, ụntertauchen. **2. a)** ⟨nicht trennbar⟩ *darunter, unter etwas:* unterschreiben (sie unterschreibt/unterschrieb/hat unterschrieben/um zu unterschreiben), unterschlängeln, unterstreichen. **b)** ⟨wird getrennt⟩ ụnterhaben (er hat/hatte eine Jacke unter/hat untergehabt/um unterzuhaben), sich ụnterstellen (er stellt/stellte sich unter/hat sich untergestellt/um sich unterzustellen). **3. a)** ⟨betont; aber im Präsens und Präteritum nicht getrennt; vgl. vor- (2 a)⟩ */besagt, daß das im Basiswort genannte Tun, Geschehen o. ä. zu schwach, zuwenig ist, daß es der Person oder Sache nicht gerecht wird, daß es unter dem üblichen Maß liegt, was oft als negativ gewertet wird/:* ụnterbewerten (er unterbewertet/unterbewertete ihre Leistung/hat unterbewertet/um sie nicht unterzubewerten; Ggs. überbewerten), ụnterbelichten (Ggs. überbelichten), ụnterbezahlen (Ggs. überbezahlen), ụnterversichern (Ggs. überversichern); /partizipiale Bildungen/ ụnterernährt, ụnterversorgt. **b)** ⟨nicht trennbar⟩ *unter einer angenommenen Grenze, einem Maß:* unterbieten (er unterbietet/unterbot ihn/hat ihn unterboten/um ihn zu unterbieten), unterschätzen, unterschreiten, untertreiben. **4.** ⟨nicht trennbar⟩ *aufgliedernd:* unterteilen (er unterteilt/unterteilte/hat unterteilt/um zu unterteilen).

Ụn|ter-: I. ⟨Präfixoid⟩ **1.** */kennzeichnet ein Zuwenig an dem im Basiswort Genannten/:* Unterdeckung der Kosten, Unterfunktion (Ggs. Überfunktion), Untergewicht (Ggs. Übergewicht), Unterrepräsentierung (Ggs. Überrepräsentierung), Unterversicherung, Unterversorgung (Ggs. Überversorgung). **2.** *etwas, was [im Rang, in der Stufenfolge qualitativ] weniger ist als das im Basiswort Genannte; etwas, was einer anderen Sache untergeordnet ist:* Unterausschuß, Unterbezirk, Untergruppe, Unterhaus, Untermensch, Unteroffizier, Unterprima, Unterpunkt (ein U. des Themas lautet ...). **II.** ⟨Präfix⟩ */darunter, unter etwas anderem befindlich;* räumlich/ **a)** */unterhalb der Oberfläche/ verdeckt durch etwas, was sich darüber befindet:* Unterbekleidung, Unterhose, Unterrock, Unterwäsche. **b)** */vertikal darunter/* Unterarm, Untergeschoß, Unterhitze (Ggs. Oberhitze), Unterkiefer, Unterlippe, Unterschenkel, Untertitel.

Un|ter|arm, der; -[e]s, -e: *Teil des Armes zwischen Hand und Ellenbogen.*

Un|ter|be|wußt|sein, das; -s: *geistig-seelischer Bereich, der unter der Schwelle des Bewußtseins liegt und in dem sich psychische Vorgänge abspielen, die im Normalfall dem Betreffenden nicht bewußt werden:* die Erinnerung an diesen Vorgang stieg langsam aus seinem U. wieder auf.

un|ter|bie|ten, unterbot, hat unterboten ⟨tr.⟩: **a)** *für eine Ware, eine Arbeit o. ä. weniger Geld fordern als ein anderer:* seinen Konkurrenten u.; jmds. Preise u. **b)** *im sportlichen Wettkampf beim Laufen, Schwimmen o. ä. weniger Zeit benötigen als ein anderer:* er hat den Rekord seines Rivalen unterboten.

un|ter|bin|den, unterband, hat unterbunden ⟨tr.⟩: *Maßnahmen ergreifen, damit etwas, was ein anderer oder andere tun oder zu tun beabsichtigen, unterbleibt:* der Vater unterband den Verkehr seiner Kinder mit dem Sohn des Nachbarn. **sinnv.:** ↑verhindern.

un|ter|blei|ben, unterblieb, ist unterblieben ⟨itr.⟩: *ungeschehen bleiben, nicht stattfinden:* wenn diese Störungen nicht unterbleiben, werden wir zu anderen Maßnahmen greifen müssen; eine Untersuchung der Vorfälle ist leider unterblieben.

un|ter|bre|chen, unterbricht, unterbrach, hat unterbrochen ⟨tr.⟩: **1.** *vorübergehend einstellen; für kürzere oder längere Zeit (mit etwas) aufhören:* er unterbrach seine Arbeit, um zu frühstücken; eine Reise u.; die Sendung mußte leider für einige Minuten unterbrochen werden; eine unterbrochene Verbindung wieder herstellen. **sinnv.:** absetzen, ↑beenden, einhalten, ↑innehalten, eine Pause einlegen, pausieren. **2.** *am Fortführen einer Tätigkeit hindern:* die Kinder unterbrachen ihn öfter bei seiner Arbeit; er unterbrach den Redner mit einer Frage. **sinnv.:** ↑behindern.

Un|ter|bre|chung, die; -, -en: **1.** *das Unterbrechen* (1): nach einer kurzen U. geht es gleich weiter im Programm; die häufigen Unterbrechungen bekamen seiner Arbeit nicht. **sinnv.:** ↑Aufenthalt, ↑Einschnitt, ↑Kurzschluß, ↑Pause. **Zus.:** Fahrt-, Schwangerschaftsunterbrechung. **2.** *das Unterbrochenwerden* (2): durch die vielen Unterbrechungen kam ich nicht weiter in meiner Arbeit. **sinnv.:** ↑Störung.

un|ter|brei|ten, unterbreitete, hat unterbreitet ⟨tr.⟩: *[mit entsprechenden Erläuterungen, Darlegungen] zur Kenntnisnahme, Begutachtung oder Entscheidung vorlegen:* sie unterbreitete uns ihren Plan, Vorschlag; er unterbreitete seinen Eltern, daß er ausziehen wolle. **sinnv.:** ↑mitteilen.

un|ter|brin|gen, brachte unter, hat untergebracht ⟨tr.⟩: **1.** *(für jmdn./etwas) Platz finden:* er konnte das ganze Gepäck und die drei Kinder im Wagen u. **sinnv.:** verfrachten verstauen. **2. a)** *(jmdm.) eine Unterkunft beschaffen:* er brachte seine Gäste in einem guten Hotel unter. **sinnv.:** ↑beherbergen. **b)** *(jmdm.) eine Stellung, einen Posten verschaffen:* er brachte seinen Sohn bei einer großen Firma unter.

un|ter|der|hand ⟨Adverb⟩: *im geheimen [vor sich gehend]; auf inoffiziellem Wege:* ich habe dir das Fehlende u. besorgen können; das habe ich u. erfahren. **sinnv.:** ↑heimlich.

un|ter|des|sen ⟨Adverb⟩: /drückt aus, daß etwas in der abgelaufenen Zeit geschehen ist oder gleichzeitig mit etwas anderem geschieht/ *in der Zwischenzeit:* sie hat sich u. verheiratet; ich gehe einkaufen, du paßt u. auf die Kinder auf. **sinnv.:** ↑inzwischen.

un|ter|drü|cken ⟨tr.⟩: **1. a)** *Gefühlsäußerungen, Laute o. ä. zurückhalten:* er konnte seinen Zorn, seine Erregung nur mit Mühe u.; ein Lachen u. **sinnv.:** abtöten, abwürgen, ↑bedrängen, dressieren, disziplinieren, erstikken, niederhalten, unter den Teppich kehren, sich etwas verbeißen, verdrängen, sich etwas verkneifen. **b)** *nicht zulassen, daß etwas bekannt wird:* Nachrichten, Informationen u. **2.** *mit Gewalt [und Terror] niederhalten:* einen Aufstand u.; das Volk wurde lange Zeit von seinen Herrschern unterdrückt. **sinnv.:** ↑bedrängen, bedrücken, drangsalieren, knebeln, knechten, jmdm. das Rückgrat brechen, terrorisieren.

un|ter|ein|an|der ⟨Adverb⟩: **1.** *eines unter das andere; eines unter dem anderen:* die Bilder u. aufhängen; ⟨häufig zusammengesetzt mit Verben⟩ untereinanderlegen, untereinanderstellen. **2.** *(in einem engeren Kreis von Personen) einer mit [dem] anderen, mehrere mit [einem] anderen:* das müßt ihr u. ausmachen. **sinnv.:** miteinander.

un|ter|ent|wickelt ⟨Adj.⟩: **a)** *in der Entwicklung zurückgeblieben:* das Kind ist geistig und körperlich u. **b)** *ökonomisch, bes. im Hinblick auf die Industrialisierung, zurückgeblieben:* unterentwickelte Länder.

un|ter|er|nährt ⟨Adj.⟩: *auf Grund mangelhafter und unzureichender Ernährung in schlechter körperlicher Verfassung:* in diesem Viertel der Stadt gibt es viele unterernährte Kinder; er ist stark u.

Un|ter|fan|gen, das; -s: *schwieriges, gewagtes Unternehmen:* ein kühnes, gefährliches U.; es ist ein aussichtsloses U., ihn von seiner Ansicht abzubringen. **sinnv.:** ↑Aktion, Beginnen, Handeln, Tun, Unternehmen, Unternehmung, Vorhaben.

un|ter|fas|sen, faßt unter, faßte unter, hat untergefaßt ⟨tr.⟩: *unter den Arm fassen [und so stützen], (mit jmdm.) Arm in Arm gehen:* er hatte die ältere Dame untergefaßt; untergefaßt gehen. **sinnv.:** einhaken, einhängen, sich einhenkeln/einhenken, unterärmeln, unterhaken.

Un|ter|füh|rung, die; -, -en: *Straße o. ä., die unter einer anderen Straße, einer Brücke o. ä. hindurchführt.* **sinnv.:** Tunnel. **Zus.:** Eisenbahn-, Fußgänger-, Straßenunterführung.

Un|ter|gang, der; -[e]s, Untergänge: *das Zugrundegehen:* der U. dieses Reiches war nicht mehr aufzuhalten. **sinnv.:** Abstieg, Ende, Katastrophe, Ruin, Sturz, ↑Unglück, Verderben, ↑Verfall, Zerfall, Zusammenbruch. **Zus.:** Schiffs-, Weltuntergang.

Un|ter|ge|be|ne, der und die; -n, -n ⟨aber: [ein] Untergebener, Plural: [viele] Untergebene⟩: *männliche bzw. weibliche Person, die einem anderen unterstellt und von ihm abhängig ist:* der Chef behandelt seine Untergebenen sehr schlecht. **sinnv.:** ↑Arbeitnehmer, ↑Lakai, Vasall.

un|ter|ge|hen, ging unter, ist untergegangen ⟨itr.⟩: **1.** *im Wasser versinken:* das Boot kippte um und ging sofort unter. **sinnv.:** absacken, absaufen, absinken,

sinken, versacken, versinken, wegsacken. **2.** *hinter dem Horizont verschwinden:* die Sonne, der Mond geht unter. **3.** *vernichtet, zerstört werden; zugrunde gehen:* dieses große Reich, Volk ist vor vielen tausend Jahren untergegangen. **sinnv.:** sich auflösen, ↑aussterben, verfallen, zerfallen, ↑zusammenbrechen.

un|ter|ge|ord|net ‹Adj.; nur attributiv›: *(in seiner Funktion, Bedeutung) weniger wichtig, weniger bedeutend, nur zweitrangig:* das ist von untergeordneter Bedeutung; eine untergeordnete Stellung innehaben. **sinnv.:** ↑unwichtig.

un|ter|glie|dern ‹tr.›: *in [kleinere] Abschnitte gliedern, unterteilen:* dieses umfangreiche Kapitel hätte der Autor lieber u. sollen. **sinnv.:** ↑gliedern, unterteilen.

un|ter|gra|ben, untergräbt, untergrub, hat untergraben ‹tr.›: *(in bezug auf eine abstrakte Sache) langsam, aber zielstrebig zerstören:* diese Gerüchte untergruben sein Ansehen. **sinnv.:** auflösen, aufweichen, aushöhlen, durchlöchern, erschüttern; schwächen, unterhöhlen, unterminieren, verstoßen gegen, ins Wanken bringen, zersetzen.

Un|ter|grund, der; -[e]s: **1. a)** *unter der Erdoberfläche liegende Bodenschicht:* den U. lockern. **b)** *Bodenschicht als Grundlage für einen Bau:* steiniger U. **sinnv.:** ↑Grund. **c)** *unterste Farbschicht* /von Gemälden, Bildern o. ä./: eine schwarze Zeichnung auf rotem U. **2.** *Bereich außerhalb der etablierten Gesellschaft, der Legalität:* die verbotene Partei arbeitete im U., ging in den U. **sinnv.:** Anonymität, Illegalität, Milieu, Scene, Subkultur, Szene.

un|ter|halb /Ggs. oberhalb/: **I.** ‹Präp. mit Gen.›: *tiefer (gelegen, stehend o. ä.) als:* die Wiese liegt u. des Weges. **sinnv.:** unter **II.** ‹Adverb; in Verbindung mit „von"› *unter etwas [gelegen]:* die Altstadt liegt u. vom Schloß. **sinnv.:** darunter, drunten, in der Tiefe, unten.

Un|ter|halt, der; -[e]s: **1.** ↑*Lebensunterhalt.* **sinnv.:** Alimentation, Alimente. **2.** *das Unterhalten* (1 b) *von etwas:* die Stadt hat eine größere Summe für den U. der Sportanlagen bereitgestellt. **sinnv.:** Spende · Budget · Etat.

un|ter|hal|ten, unterhält, unterhielt, hat unterhalten: **1.** ‹tr.› **a)** *für jmds. Lebensunterhalt aufkommen:* er muß neben seiner Familie noch verschiedene Verwandte u. **sinnv.:** ↑ernähren. **b)** *für das Instandsein (von etwas) sorgen:* Straßen, Brücken, Anlagen müssen unterhalten werden. **sinnv.:** warten. **c)** *[als Besitzer] etwas halten, einrichten, betreiben und dafür aufkommen:* einen Reitstall, ein Geschäft u. **sinnv.:** ↑führen. **d)** *über etwas (Beziehungen, Kontakte o. ä.) verfügen:* gute Beziehungen zu seinen Nachbarn u. **sinnv.:** haben, pflegen. **2. a)** ‹tr.› *für Zerstreuung, Zeitvertreib sorgen; jmdm. auf Vergnügen bereitende Weise die Zeit vertreiben:* er unterhielt seine Gäste mit Musik und Spielen; ‹häufig im 1. Partizip› unterhaltende Lektüre; der Abend war recht unterhaltend. **b)** ‹sich u.› *sich auf angenehme Weise die Zeit vertreiben:* er hat sich im Theater gut unterhalten; sie unterhielten sich den ganzen Abend mit Spielen. **sinnv.:** sich ↑vergnügen. **3.** ‹sich u.› *ein Gespräch führen:* er hat sich lange mit ihm unterhalten; sie unterhielten sich über den neuesten Film. **sinnv.:** klönen, Konversation machen, labern, philosophieren, plaudern, plauschen, politisieren, schwatzen, Zwiesprache halten.

un|ter|halt|sam ‹Adj.›: *unterhaltend* (2 a), *Unterhaltung* (1) *bietend:* in dieser lustigen Gesellschaft verbrachten wir manchen unterhaltsamen Abend. **sinnv.** ↑amüsant, spannend, vergnüglich.

Un|ter|hal|tung, die; -, -en: **1.** *das Unterhalten* (2 a), *Sichunterhalten* (2 b): die U. der Gäste war nicht einfach. **sinnv.:** Ablenkung, Abwechslung, Amüsement, Belustigung, Gaudi, ↑Gaudium, Kurzweil, Vergnügen, Zeitvertreib, Zerstreuung. **Zus.:** Fernsehunterhaltung. **2.** *das Sichunterhalten* (3): es kam keine vernünftige U. zustande. **sinnv.:** ↑Gespräch.

Un|ter|hemd, das; -[e]s, -en: *unmittelbar auf dem Körper zu tragendes, über die Hüften reichendes, schmalgeschnittenes, meist ärmelloses Kleidungsstück:* im Sommer trug er kein U. **sinnv.:** Hemdchen, Leibchen, Netzhemd. **Zus.:** Baumwoll-, Damen-, Herrenunterhemd.

Un|ter|holz, das; -es: *niedrig (unter den Kronen älterer Bäume) wachsendes Gehölz, Gebüsch im Wald:* undurchdringliches U. versperrte uns den Weg. **sinnv.:** ↑Dickicht.

Un|ter|ho|se, die; -, -n: *unter der Oberkleidung unmittelbar auf dem Körper getragene Hose:* im Winter trug er lange Unterhosen. **sinnv.:** ↑Schlüpfer.

un|ter|ir|disch ‹Adj.›: *unter der Erde [befindlich]:* unterirdische Höhlen, Quellen; die Bahn fährt u. (Ggs. oberirdisch).

un|ter|jo|chen ‹tr.›: *unter seine Herrschaft, Gewalt bringen und unterdrücken* (2): die Eroberer unterjochten die einheimische Bevölkerung und beuteten sie aus. **sinnv.:** ↑besiegen; disziplinieren · präskriptiv, repressiv.

un|ter|kel|lern ‹tr.›: *(ein Gebäude o. ä.) mit einem Keller versehen:* wenn wir das Haus unterkellern, erhöhen sich die Baukosten; ‹häufig im 2. Partizip› in England findet man wenig unterkellerte Häuser.

un|ter|kom|men, kam unter, ist untergekommen ‹itr.›: *eine Unterkunft, Anstellung finden:* die beiden Flüchtlinge kamen vorübergehend bei einer Familie unter: er ist bei der Firma seines Onkels untergekommen.

Un|ter|kunft, die; -, Unterkünfte: *Raum, der jmdm. [vorübergehend] zum Wohnen dient;* eine U. für eine Nacht suchen. **sinnv.:** Absteige[quartier], Asyl, Bleibe, ↑Heim, Herberge, Lager, Logis, Obdach, Pension, Quartier, Schlafstelle, Unterschlupf. **Zus.:** Behelfs-, Massen-, Not-, Truppenunterkunft.

Un|ter|la|ge, die; -, -n: **1.** *etwas, was zu einem bestimmten Zweck, zum Schutz o. ä. unter etwas gelegt wird:* die schweren Gegenstände standen alle auf einer U. aus Gummi; eine U. zum Schreiben. **sinnv.:** ↑Untersatz. **Zus.:** Filz-, Gummi-, Schreibunterlage **2.** ‹Plural› *Schriftstücke, die zum Belegen von etwas, als Nachweis, Beweis für etwas dienen:* einer Bewerbung die üblichen Unterlagen beifügen. **sinnv.:** ↑Urkunde. **Zus.:** Abrechnungs-, Arbeits-, Bewerbungs-, Rechnungsunterlagen.

un|ter|las|sen, unterläßt, unterließ, hat unterlassen ‹tr.›: *darauf verzichten, etwas zu tun, zu sagen o. ä.; mit etwas aufhören:* es wird gebeten, das Rauchen zu u.; unterlaß bitte diese Bemerkungen!; er hat es unterlassen, die Sache rechtzeitig zu prüfen. **sinnv.:** sich abgewöhnen, bleibenlassen, sich enthalten, sich ersparen, lassen, seinlassen, verabsäumen, vermeiden.

un|ter|lau|fen, unterläuft, unterlief, ist unterlaufen ⟨itr.⟩: *(als Versehen o. ä.) unbemerkt geschehen; versehentlich vorkommen:* bei der Berechnung muß ein Fehler unterlaufen sein; ihm ist ein großer Irrtum unterlaufen. **sinnv.:** ↑begegnen.

un|ter|le|gen /vgl. unterliegen/: **I.** ⟨tr.⟩ **unterlegen,** legte unter, hat untergelegt: **a)** *etwas unter jmdn./etwas legen:* sie legte dem Kind ein Kissen unter. **sinnv.:** darunterlegen. **b)** *Worte, Texte o. ä. abweichend von ihrer Intention auslegen:* er hat meinen Worten einen anderen Sinn untergelegt. **sinnv.:** unterschieben. **II.** ⟨tr.⟩ **unterlegen,** unterlegte, hat unterlegt: **a)** *die Unterseite von etwas mit etwas aus einem anderen Material versehen:* er hat die Glasplatte mit Filz unterlegt; mit Seide unterlegte Spitzen. **b)** *etwas nachträglich mit Musik, mit einem [anderen] Text versehen:* einer Melodie einen Text u. **III. unterlegen** ⟨Adj.⟩ *schwächer als ein anderer:* er ist seiner Frau geistig u.

Un|ter|le|gen|heit, die; -: *geringere Stärke; geringeres Können:* die U. der Mannschaft fand in der hohen Niederlage ihren Ausdruck.

Un|ter|leib, der; -[e]s: *unterer Teil des Bauches:* Schmerzen im U. haben. **sinnv.:** ↑Bauch.

un|ter|lie|gen, unterlag, ist unterlegen ⟨itr.⟩: **1.** *besiegt werden, bezwungen werden:* er unterlag seinem Gegner im Kampf, bei der Wahl; ⟨häufig im 2. Partizip⟩ die unterlegene Fußballmannschaft muß ausscheiden. **sinnv.** ↑nachgeben, ↑verlieren. **2.** *einer Sache ausgesetzt sein, preisgegeben sein:* die Mode unterliegt dem Wechsel der Zeit.

un|ter|ma|len ⟨tr.⟩: *einer Sache einen musikalischen Hintergrund geben, um sie wirkungsvoller zu gestalten:* eine Erzählung mit Flötenmusik u.

un|ter|mau|ern ⟨tr.⟩: *mit [stichhaltigen] Argumenten, Fakten o. ä. absichern, stützen:* er versuchte seine Behauptung zu u. **sinnv.:** ↑nachweisen.

Un|ter|mie|ter, der; -s, -, **Un|ter|mie|te|rin,** die; -, -nen: *männliche bzw. weibliche Person, die von jmdm. Wohnraum gemietet hat, der selbst unmittelbarer Mieter ist.*

un|ter|mi|nie|ren ⟨tr.⟩: *bewirken, daß etwas (positiv Bewertetes) allmählich zerstört o. ä. wird:* die vielen Mißhandlungen haben seine Widerstandskraft völlig unterminiert. **sinnv.:** ↑untergraben.

un|ter|neh|men, unternimmt, unternahm, hat unternommen: **a)** ⟨tr.⟩ *etwas in die Tat umsetzen, ins Werk setzen; Maßnahmen ergreifen:* wir unternahmen einen letzten Versuch, sie umzustimmen; einen Ausflug unternehmen; etwas gegen die Mißstände u. **sinnv.:** ↑agieren, sich bewegen, etwas in die Hand nehmen, handeln, initiativ werden, die Initiative ergreifen, etwas machen, schalten [und walten], zur Tat schreiten, etwas tun, ↑veranstalten. **b)** ⟨itr.⟩ *sich irgendwohin begeben und etwas tun, was Spaß macht:* was unternehmen wir heute abend? **sinnv.:** sich ↑vergnügen.

Un|ter|neh|men, das; -s, -: *etwas, was unternommen* (a) *wird:* dieser Flug ist ein gewagtes U. **sinnv.:** ↑Aktion, Tat, ↑Unterfangen. **Zus.:** Forschungs-, Raumfahrtunternehmen. **2.** *oft aus mehreren Werken, Fabriken, Filialen bestehender Betrieb (im Hinblick auf seine wirtschaftliche Einheit):* dieses große U. wurde erst nach dem Kriege gegründet. **sinnv.:** ↑Betrieb, Dachgesellschaft, Dachorganisation, Gesellschaft, Handelsgesellschaft, Holding[gesellschaft], Konzern, Trust, Unternehmung. **Zus.:** Handels-, Konkurrenz-, Monopol-, Privat-, Transport-, Weltunternehmen.

Un|ter|neh|mer, der; -s, -, **Un|ter|neh|me|rin,** die; -, -nen: *Eigentümer bzw. Eigentümerin eines Unternehmens.* **sinnv.:** ↑Arbeitgeber, Ausbeuter, Erzeuger, Fabrikant, Fabrikbesitzer, Fabrikdirektor, Fabrikherr, Hersteller, Industrieller, Kapitalist, Manager, Produzent, Schlotbaron. **Zus.:** Bau-, Fuhr-, Groß-, Privatunternehmer.

Un|ter|neh|mung, die; -, -en: ↑*Unternehmen* (1, 2).

un|ter|ord|nen, ordnete unter, hat untergeordnet /vgl. untergeordnet/: **a)** ⟨tr.⟩ *zugunsten einer anderen Sache zurückstellen:* er ordnete seine eigenen Pläne denen seines Bruders unter. **sinnv.:** hintanstellen, zurückstecken, zurückstellen. **b)** ⟨sich u.⟩ *sich in eine bestimmte Ordnung einfügen und sich nach dem Willen, den Anweisungen eines anderen oder den Erfordernissen, Gegebenheiten richten:* es fällt ihm nicht leicht, sich [anderen] unterzuordnen. **sinnv.:** sich ↑anpassen, ↑nachgeben.

Un|ter|pfand, das; -[e]s, Unterpfänder: *Gegenstand, Person, Eigenschaft o. ä. als Beweis, Zeichen von etwas:* das Kind war für sie ein bindendes U. seiner Liebe.

Un|ter|re|dung, die; -, -en: *wichtiges, meist förmliches, offizielles Gespräch, bei dem bestimmte Fragen besprochen, verhandelt werden:* eine wichtige U. vereinbaren; bei einer U. seine Meinung äußern; die U. ist beendet. **sinnv.:** ↑Gespräch.

Un|ter|richt, der; -s: *planmäßiges, regelmäßiges Vermitteln von Kenntnissen, Fertigkeiten durch einen Lehrenden:* der U. dauert von 8 bis 12 Uhr; U. in Englisch geben, erteilen. **sinnv.:** Anleitung, Fernsehkursus, Fernstudium, Kolleg, Kurs[us], Lehrgang, Lektion, Proseminar, Seminar, Stunde, Übung, Unterrichtsstunde, Unterweisung, Vorlesung. **Zus.:** Biologie-, Deutsch-, Einzel-, Gesangs-, Gitarren-, Klavier-, Konfirmanden-, Nachhilfe-, Schauspiel-, Zeichenunterricht.

un|ter|rich|ten, unterrichtete, hat unterrichtet: **1.** ⟨tr./itr.⟩ *(als Lehrer) Unterricht erteilen:* er unterrichtet diese Klasse schon seit drei Jahren; sie unterrichtet an einem Gymnasium [Englisch und Französisch]. **sinnv.:** ↑anleiten, ↑lehren. **2. a)** ⟨tr.⟩ *von etwas in Kenntnis setzen:* er hat ihn über seine Abreise/von dem Vorgang rechtzeitig unterrichtet; hat er dich nicht davon unterrichtet? **sinnv.:** ↑aufklären, ↑mitteilen. **b)** ⟨sich u.⟩ *sich Kenntnisse, Informationen über etwas verschaffen:* er hat sich über die Vorgänge genau unterrichtet; er hat sich davon unterrichtet, daß alles in Ordnung ist. **sinnv.:** sich ↑fragen, sich ↑orientieren.

Un|ter|rock, der; -[e]s, Unterröcke: *unter einem Kleid oder Rock zu tragendes Wäschestück.* **sinnv.:** Halbrock, Petticoat, Unterkleid.

un|ter|sa|gen ⟨tr.⟩: *anordnen,*

daß etwas zu unterlassen ist: es ist untersagt, die Waren zu berühren. **sinnv.:** ↑verbieten.

Un|ter|satz, der; -es, Untersätze: *etwas, worauf etwas abgestellt wird:* die Kaffeekanne stand auf einem silbernen U. **sinnv.:** Bierdeckel, Unterlage, Untersetzer. **Zus.:** Blumenuntersatz.

un|ter|schät|zen ⟨tr.⟩: *zu gering einschätzen:* er hat seinen Gegner, die Kräfte seines Gegners unterschätzt; eine Entfernung u. **sinnv.:** ↑bagatellisieren, nicht ernst nehmen, auf die leichte Schulter nehmen, sich über etwas täuschen, unterbewerten.

un|ter|schei|den, unterschied, hat unterschieden: **1.** ⟨tr.⟩ *etwas unter, zwischen etwas anderem, vielem anderen in seinen Einzelheiten optisch oder akustisch wahrnehmen:* am Horizont unterschied er deutlich die beiden Schiffe. **sinnv.:** ↑sehen. **2. a)** ⟨tr.⟩ *einen Unterschied machen (zwischen jmdm./etwas); die Verschiedenheit (von jmdm./etwas) erkennen:* er unterscheidet genau das Richtige vom Falschen; die beiden Brüder sind kaum zu u.; kannst du die beiden Pflanzen voneinander u.?; sein Fleiß unterscheidet ihn von den anderen Schülern. **sinnv.:** auseinanderhalten, differenzieren, scheiden, sondern, trennen. **b)** ⟨tr./itr.⟩ *eine bestimmte Einteilung vornehmen; etwas von etwas anderem trennen:* wir müssen bei dieser Entwicklung drei Phasen u.; man unterscheidet zwischen abstrakter und gegenständlicher Kunst. **sinnv.:** auseinanderhalten, erkennen, feststellen. **3.** ⟨sich u.⟩ *im Hinblick auf bestimmte Merkmale, Eigenschaften o. ä. anders sein (als jmd./etwas):* er unterscheidet sich kaum von seinem Bruder; die beiden Kleider unterscheiden sich nur durch ihre Farbe. **sinnv.:** ↑abweichen, ↑kontrastieren.

Un|ter|schen|kel, der; -s, -: *Teil des Beines zwischen Knie und Fuß.*

un|ter|schie|ben: I. unterschieben, schob unter, hat untergeschoben ⟨tr.⟩ *unter jmdn./etwas schieben:* sie schob dem Kranken ein Kissen unter. **sinnv.:** darunterschieben. **II. unterschieben** /(auch:) unterschieben, unterschob/ (auch): schob unter, hat unterschoben/ (auch:) hat untergeschoben ⟨tr.⟩ *in ungerechtfertigter Weise jmdm. etwas Negatives zuschreiben:* diese Äußerung habe ich nie getan, man hat sie mir unterschoben. **sinnv.:** unterlegen, unterstellen, ↑verdächtigen.

Un|ter|schied, der; -[e]s, -e: *das, worin zwei oder mehrere Dinge voneinander abweichen, verschieden, anders sind:* zwischen den beiden Brüdern ist, besteht ein großer U.; ein U. in der Qualität ist kaum festzustellen. **sinnv.:** Abweichung, ↑Differenz, Diskrepanz, ↑Kontrast, Verschiedenheit. **Zus.:** Alters-, Bedeutungs-, Größen-, Meinungs-, Niveau-, Preis-, Qualitäts-, Standes-, Zeitunterschied.

un|ter|schied|lich ⟨Adj.⟩: *einen Unterschied, Unterschiede aufweisend:* zwei Häuser von unterschiedlicher Größe; die beiden Asylanten wurden sehr u. behandelt. **sinnv.:** ↑verschieden.

un|ter|schla|gen, unterschlägt, unterschlug, hat unterschlagen ⟨tr.⟩: **a)** *sich unrechtmäßig Gelder, Werte o. ä., die einem anvertraut sind, aneignen:* er hat Geld, große Summen unterschlagen. **sinnv.:** hinterziehen, veruntreuen. **b)** *etwas (im Urteil des Sprechers) Wichtiges unerwähnt lassen, verheimlichen:* der Redner unterschlug verschiedene wichtige Fakten; warum hast du mir diese Neuigkeit unterschlagen? **sinnv.:** ↑schweigen.

Un|ter|schlupf, der; -[e]s, -e: *Ort, an dem man Schutz findet oder an dem man sich vorübergehend verbirgt;* als das Gewitter kam, suchten sie einen U. im Wald; auf der Flucht fanden sie U. bei einem Bauern. **sinnv.:** ↑Unterkunft, ↑Zuflucht.

un|ter|schlüp|fen, schlüpfte unter, ist untergeschlüpft ⟨itr.⟩: *Unterschlupf finden:* nach der Tat ist der Dieb bei einem Komplizen untergeschlüpft.

un|ter|schrei|ben, unterschrieb, hat unterschrieben ⟨tr./itr.⟩: *[zum Zeichen des Einverständnisses o. ä.] seinen Namen (unter etwas) schreiben:* einen Vertrag u.; er wollte nicht u. **sinnv.:** abzeichnen, ↑beglaubigen, seinen [Friedrich] Wilhelm d[a]runtersetzen, gegenzeichnen, paraphieren, ↑quittieren, seinen Servus d[a]runtersetzen, signieren, unterfertigen, unterzeichnen.

un|ter|schrei|ten, unterschritt, hat unterschritten ⟨tr.⟩: *unter einer gewissen Grenze bleiben* /Ggs. überschreiten/: diese Summe hat den geplanten Betrag unterschritten.

Un|ter|schrift, die; -, -en: *mit der Hand geschriebener Name einer Person unter einem Schriftstück o. ä.:* der Antrag ist ohne U. nicht gültig; seine U. kann man nicht lesen. **sinnv.:** Autogramm, Namenszeichen, Namenszug, Signatur, Signum. **Zus.:** Brief-, Vertragsunterschrift.

un|ter|schwel|lig ⟨Adj.⟩: *unbewußt vorhanden wirkend; unter der Bewußtseinsschwelle [liegend]:* unterschwellige Gefühle der Angst; die unterschwelligen Reize der Umwelt. **sinnv.:** ↑latent, ↑unbewußt.

Un|ter|see|boot, das; -[e]s, -e: ↑*U-Boot.*

Un|ter|set|zer, der; -s, -: *kleiner, flächiger Gegenstand, auf dem etwas abgestellt wird:* die Gläser standen auf Untersetzern aus Metall. **sinnv.:** ↑Untersatz.

un|ter|setzt ⟨Adj.⟩: *(von erwachsenen Personen) klein und kompakt.* **sinnv.:** bullig, ↑dick, gedrungen, kompakt, pyknisch, stämmig.

un|terst... ⟨Adj.; Superlativ von *unter...*; nur attributiv⟩: **1.** *sich (räumlich gesehen) ganz unten, an der tiefsten Stelle befindend* /Ggs. oberst.../: die Abteilung für Lebensmittel ist in der untersten Etage. **2.** *dem Rang nach an niedrigster Stelle stehend:* die untersten Schichten der Bevölkerung.

Un|ter|stand, der; -[e]s, Unterstände: **1.** *(im Krieg) unter der Erde liegender Raum zum Schutz vor Beschuß und vor feindlichen Angriffen:* die Soldaten warteten in ihren Unterständen. **sinnv.:** ↑Bunker, ↑Stellung. **2.** *behelfsmäßige, primitive Hütte zum Schutz vor Unwettern:* während des Gewitters fanden wir im Wald in einem U. Zuflucht.

un|ter|ste|hen, unterstand, hat unterstanden: **1.** ⟨itr.⟩ *einem Vorgesetzten, einer vorgesetzten Institution unterstellt sein; unter jmds. Kontrolle, Aufsicht stehen:* er untersteht einer staatlichen Behörde. **2.** ⟨sich u.⟩ *sich herausnehmen, etwas zu tun, zu sagen o. ä.:* wie konntest du dich u., ihm zu widersprechen! **sinnv.:** sich anmaßen, sich nicht entblöden, sich erdreisten, sich erfrechen, sich erkühnen, sich erlauben, sich vermessen, ↑wagen.

un|ter|stel|len: I. unterstellen, stellte unter, hat untergestellt: **1.** ⟨tr.⟩ *zur Aufbewahrung abstellen:* er hat sein Fahrrad bei ihnen untergestellt. **2.** ⟨sich u.⟩ *sich zum Schutz vor Regen o. ä. in, unter etwas stellen:* sie stellten sich während des Regens [in einer Hütte] unter. **sinnv.:** sich flüchten in/unter, Schutz/Zuflucht suchen in/unter. **II. unterstellen,** unterstellte, hat unterstellt ⟨tr.⟩: **1. a)** *(jmdm.) die Leitung, Aufsicht (von etwas) übertragen:* er hat dem neuen Mitarbeiter eine Abteilung unterstellt. **b)** *unter jmds. Leitung, Aufsicht stellen:* man hat ihn einem neuen Chef unterstellt. **2. a)** *etwas [vorläufig] als möglich annehmen:* wir wollen einmal u., daß seine Angaben richtig sind /die Richtigkeit seiner Angaben u. **sinnv.:** ↑behaupten. **b)** ↑*unterschieben:* er hat mir diese Tat, diese Absicht unterstellt.

un|ter|strei|chen, unterstrich, hat unterstrichen ⟨tr.⟩: **a)** *zur Hervorhebung einen Strich (unter etwas Geschriebenes, Gedrucktes) ziehen:* auf einer Seite waren einige Wörter unterstrichen. **b)** *nachdrücklich hervorheben, betonen:* in seiner Rede unterstrich er besonders die Verdienste der Partei. **sinnv.:** ↑betonen.

un|ter|stüt|zen, unterstützte, hat unterstützt ⟨tr.⟩: *(jmdm.) [durch Zuwendungen] Beistand, Hilfe gewähren:* sein Onkel unterstützte ihn während des Studiums mit Geld; jmdn. bei seiner Arbeit u.; solchen Eifer muß man u. **sinnv.:** fördern, ↑helfen; akzeptieren, tolerieren.

un|ter|su|chen ⟨tr.⟩: *etwas mit Hilfe bestimmter Methoden festzustellen, zu erkennen suchen:* der Arzt untersuchte den Kranken gründlich; er wird diesen Fall genau u. **sinnv.:** ↑analysieren, ↑nachforschen.

Un|ter|tan, der; -s, auch: -en, -en: *Bürger einer Monarchie oder eines Fürstentums, der seinem Landesherrn zu Gehorsam und Dienstbarkeit verpflichtet war:* in der Demokratie gibt es keine Untertanen mehr, sondern nur gleichberechtigte Bürger.

Un|ter|tas|se, die; -, -n: *kleinerer Teller, in dessen leichte Vertiefung in der Mitte die Tasse gestellt wird.* **sinnv.:** ↑Teller.

un|ter|tau|chen, tauchte unter, hat/ist untergetaucht: **1. a)** ⟨itr.⟩ *ganz im Wasser versinken; völlig unter der Oberfläche des Wassers verschwinden:* er ist mehrmals im See untergetaucht. **b)** ⟨tr.⟩ *jmdn. unter Wasser drükken:* er hatte seinen Freund beim Schwimmen aus Spaß untergetaucht. **2.** ⟨itr.⟩ *sich irgendwo hineinbegeben (in eine Menschenmenge, eine Stadt o. ä.) und sich dadurch den Blicken anderer, dem Zugriff der Behörden o. ä. entziehen:* der Verbrecher ist in Amerika untergetaucht. **sinnv.:** ↑fliehen, verschwinden.

un|ter|tei|len ⟨tr.⟩: *etwas Ganzes in mehrere Teile aufteilen, gliedern:* einen Schrank in mehrere Fächer u. **sinnv.:** einteilen, ↑teilen, ↑untergliedern.

un|ter|trei|ben, untertrieb, hat untertrieben ⟨itr.⟩: *etwas kleiner, geringer, unbedeutender darstellen, erscheinen lassen (als es in Wirklichkeit ist)* /Ggs. übertreiben/: er hat ziemlich untertrieben, als er sagte, man brauche dazu nur zwei Stunden. **sinnv.:** ↑bagatellisieren.

un|ter|wan|dern ⟨tr.⟩: *allmählich und in unauffälliger Weise fremde Personen, Ideen (in einen Kreis von Personen) hineinbringen und (ihn) dadurch beeinflussen, zersetzen:* die Kommunisten versuchten, die Verwaltung, die Streitkräfte des Landes zu u. **sinnv.:** ↑infiltrieren.

Un|ter|wä|sche, die; -: *Wäsche, die unter der Kleidung unmittelbar auf dem Körper getragen wird.* **sinnv.:** Dessous, Trikotagen, Unterzeug, Wäsche.

un|ter|wegs ⟨Adverb⟩: *sich auf dem Weg irgendwohin befindend; auf, während der Fahrt, Reise:* wir haben u. viel Neues gesehen; er ist den ganzen Tag u.; der Brief ist schon u. **sinnv.:** auf Achse, fort, on the road, auf Reisen, weg, auf dem Wege.

un|ter|wei|sen, unterwies, hat unterwiesen ⟨tr.⟩ (geh.): *(jmdm.) durch Anleitung oder Belehrung Kenntnisse oder Fertigkeiten vermitteln:* jmdn. in einer Sprache, in Geschichte u. **sinnv.:** ↑lehren.

Un|ter|welt, die; -: **1.** *Reich der Toten* /in der antiken Mythologie/: der Gott der U. **sinnv.:** Hades. **2.** *zwielichtiges Milieu von Berufsverbrechern [in Großstädten]:* der Zeuge verkehrt in der U.; sie hat vor der Polizei ausgesagt und fürchtet nun die Rache der U. **sinnv.:** Demimonde, Halbwelt, Verbrecherwelt; Mafia.

un|ter|wer|fen, unterwirft, unterwarf, hat unterworfen: **1.** ⟨tr.⟩ *mit Gewalt unter seine Herrschaft bringen und von sich abhängig machen:* ein Volk, ein Land u. **sinnv.:** ↑besiegen. **2.** ⟨sich u.⟩ *sich unter jmds. Herrschaft stellen; sich jmds. Willen, Anordnungen o. ä. unterordnen:* sich jmds. Urteil u.; die Feinde waren nicht bereit, sich bedingungslos zu u. **sinnv.:** ↑befolgen, ↑nachgeben.

un|ter|wür|fig ⟨Adj.⟩: *sich in würdeloser Weise ganz dem Willen eines anderen unterwerfend:* ein unterwürfiger Angestellter; er näherte sich seinem Vorgesetzten in unterwürfiger Haltung. **sinnv.:** demütig, devot, ehrerbietig, ↑ehrfürchtig, ↑ergeben, gottergeben, knechtisch, kniefällig, kriecherisch, servil, sklavisch, speichelleckerisch, submiß, untertänig.

un|ter|zeich|nen, unterzeichnete, hat unterzeichnet ⟨tr./itr.⟩: *dienstlich, in amtlichem Auftrag unterschreiben; mit seiner Unterschrift den Inhalt eines Schriftstücks bestätigen:* einen Vertrag u.; der Antrag ist erst gültig, wenn Sie unterzeichnet haben. **sinnv.:** ↑unterschreiben.

un|ter|zie|hen, unterzog, hat unterzogen: **a)** ⟨sich u.⟩ *etwas, dessen Erledigung o. ä. mit gewissen Mühen verbunden ist, auf sich nehmen:* diesem Auftrag werde ich mich gerne u.; er mußte sich einer Kur u. **b)** ⟨als Funktionsverb⟩ etwas einer genauen Prüfung u. *(prüfen);* das Gebäude wurde einer gründlichen Reinigung unterzogen *(wurde gründlich gereinigt).*

Un|tie|fe, die; -, -n: **1.** *flache, seichte Stelle in einem Gewässer:* das Schiff war in eine U. geraten. **2.** *sehr große Tiefe in einem Gewässer:* der Schwimmer hatte die gefährlichen Untiefen unterschätzt.

un|trag|bar ⟨Adj.⟩: *so schlimm o. ä., daß etwas nicht länger zu ertragen, zu dulden ist:* dort herrschen untragbare Zustände; die Ausgaben sind u. geworden. **sinnv.:** ↑unhaltbar.

un|treu ⟨Adj.⟩: *einem Versprechen oder einer Verpflichtung zuwiderhandelnd:* ein untreuer Ehemann. **sinnv.:** abtrünnig, flatterhaft, perfide, promisk, treubrüchig, treulos, ↑unbeständig, ungetreu, verräterisch, ↑wankelmütig, wortbrüchig · ↑Ehebruch · ↑fremdgehen.

un|trọ̄st|lich ⟨in der Verbindung⟩ u. [über etwas] sein: *betrübt, traurig [über etwas] sein [weil man auf etwas verzichten muß, an etwas nicht teilnehmen darf]:* das Kind war u. darüber, daß es nicht mitfahren durfte; ich bin u., daß ich vergessen habe, das Buch mitzubringen.

un|über|brụ̈ck|bar [auch: ụn...] ⟨Adj.⟩: *durch keinerlei Maßnahmen zu überwinden, zu überbrücken:* unüberbrückbare Gegensätze; diese Kluft ist u. **sinnv.:** ↑extrem.

ụn|über|legt ⟨Adj.⟩: *ohne genügend nachzudenken:* sein unüberlegtes Handeln hat ihm schon oft geschadet. **sinnv.:** ↑leichtsinnig, ↑planlos, ↑unvernünftig, voreilig, vorschnell, ↑willkürlich.

un|über|sẹh|bar [auch: ụn...] ⟨Adj.⟩: **1. a)** *sehr groß (so daß man es nicht überblicken kann):* eine unübersehbare Menge von Menschen hatte sich versammelt. **sinnv.:** ↑unendlich. **b)** ⟨verstärkend bei Adjektiven⟩ ↑*sehr:* das Gelände war u. groß. **2.** *so geartet, daß man es sehen, bemerken muß:* das Material hat unübersehbare Fehler.

un|über|trẹff|lich [auch: ụn...] ⟨Adj.⟩: *so hervorragend, daß jmd./etwas nicht zu übertreffen ist:* sie ist eine unübertreffliche Köchin. **sinnv.:** ↑vortrefflich.

un|über|wịnd|lich [auch: ụn...] ⟨Adj.⟩: *(seinem Wesen nach) so beschaffen, daß er/sie/es nicht zu überwinden ist:* ein unüberwindliches Hindernis; unüberwindliche Schwierigkeiten. **sinnv.:** ↑unbezähmbar.

un|um|gạ̈ng|lich [auch ụn...] ⟨Adj.⟩: *so notwendig, erforderlich, daß etwas nicht zu umgehen, zu vermeiden ist:* die Behandlung dieser Fragen ist u. **sinnv.:** ↑nötig.

un|um|stọ̄ß|lich [auch: ụn...] ⟨Adj.⟩: *so endgültig, daß etwas nicht mehr umzustoßen ist:* es ist eine unumstößliche Tatsache, daß...; sein Vorsatz stand u. fest. **sinnv.:** ↑unabänderlich.

un|um|strịt|ten [auch: ụn...] ⟨Adj.⟩: *allgemein gültig und anerkannt:* das ist eine unumstrittene Tatsache. **sinnv.:** ↑unstreitig.

ụn|um|wun|den [auch: ...wụn...] ⟨Adj.⟩: *ohne Umschweife; offen und frei heraus:* u. seine Meinung sagen. **sinnv.:** ↑rundheraus.

ụn|un|ter|bro|chen [auch: ...brọ...] ⟨Adj.⟩: *eine längere Zeit ohne die geringste Unterbrechung (andauernd):* es regnete u. **sinnv.:** ↑rastlos, ↑unaufhörlich.

un|ver|ạ̈n|der|lich [auch: ụn...] ⟨Adj.⟩: *keine Veränderung zeigend, gleichbleibend:* die unveränderlichen Gesetze der Natur. **sinnv.:** ↑dauerhaft, ↑ewig, ↑formelhaft.

un|ver|ant|wort|lich [auch: ụn...] ⟨Adj.⟩: *so geartet, daß es nicht zu verantworten ist; ohne Verantwortungsgefühl:* durch sein unverantwortliches Verhalten hat er viele Menschen gefährdet; es war u. von ihm, auf dieser Straße so schnell zu fahren. **sinnv.:** ↑leichtsinnig, ↑unverzeihlich.

un|ver|bẹs|ser|lich [auch: ụn...] ⟨Adj.⟩: *nicht zu ändern; nicht bereit, sich zu bessern:* er ist ein unverbesserlicher Optimist; du bist wirklich u. **sinnv.:** ↑eingefleischt.

ụn|ver|bind|lich [auch: ...bịnd...] ⟨Adj.⟩: **1.** *keinerlei bindende Verpflichtung aufweisend:* er konnte ihm nur eine unverbindliche Auskunft geben; in diesem Geschäft kann man sich alles u. ansehen. **sinnv.:** ↑unklar. **2.** *ohne freundliches Entgegenkommen:* er ist wegen seiner unverbindlichen Art nicht sehr beliebt; ihre Antwort war kurz und u. **sinnv.:** ↑unhöflich.

ụn|ver|blụ̄mt [auch: ụn...] ⟨Adj.⟩: *ganz offen und ohne Umschweife:* er hat ihm u. seine Meinung gesagt. **sinnv.:** ↑aufrichtig, ↑rundheraus.

ụn|ver|dros|sen [auch: ...drọ...] ⟨Adj.⟩: *unermüdlich und ohne Anzeichen von Ärger oder Verdruß:* trotz vieler Hindernisse arbeitete er u. an seinem Plan. **sinnv.:** ↑beharrlich.

un|ver|ein|bar [auch: ụn...] ⟨Adj.⟩: *so geartet, daß etwas nicht in Einklang mit etwas anderem zu bringen ist:* unvereinbare Anschauungen haben; deine Wünsche sind mit seinem Plan u. **sinnv.:** ↑gegensätzlich.

ụn|ver|fälscht [auch: ...fạ̈lscht] ⟨Adj.⟩: *ganz rein und ursprünglich:* er sprach unverfälschte westfälische Mundart. **sinnv.:** ↑echt, ↑pur.

ụn|ver|fäng|lich [auch: ...fạ̈ng...] ⟨Adj.⟩: *keinen Verdacht, kein Mißtrauen erregend:* unverfängliche Fragen stellen; die Situation, in der er die beiden antraf, schien ganz u. zu sein. **sinnv.:** unbedenklich, ↑ungefährlich.

ụn|ver|fro|ren [auch: ...frọ...] ⟨Adj.⟩ (emotional): *auf eine ungehörige und rücksichtslose Art dreist und skrupellos:* er reizte seine Lehrer immer wieder durch seine unverfrorenen Antworten. **sinnv.:** ↑frech.

ụn|ver|ges|sen [auch: ...gẹs...] ⟨Adj.⟩: *so bedeutungsvoll, einprägsam, daß jmd./etwas nicht vergessen wird:* mein unvergessener Mann; diese Reise ist u. **sinnv.:** ↑denkwürdig.

un|ver|gẹß|lich [auch: ụn...] ⟨Adj.⟩: *in der Zukunft als Erinnerung immer lebendig:* es waren unvergeßliche Stunden, die sie im Hause dieses Künstlers verbracht hatten; dieser Mann wird uns immer u. bleiben. **sinnv.:** ↑denkwürdig, ↑unauslöschlich.

un|ver|gleich|lich [auch: ụn...] ⟨Adj.⟩: **a)** *(in seiner Schönheit, Güte, Großartigkeit o. ä.) mit nichts Ähnlichem zu vergleichen:* die untergehende Sonne über dem Meer bot einen unvergleichlichen Anblick. **sinnv.:** ↑ausgefallen, ↑außergewöhnlich, ↑beispiellos, ↑unnachahmlich, ↑vorbildlich. **b)** ⟨verstärkend bei Adjektiven⟩ *sehr [viel]:* eine u. schöne Frau; es geht ihm heute u. besser als gestern.

ụn|ver|hält|nis|mä|ßig [auch: ...hält...] ⟨Adverb⟩: *vom normalen Maß abweichend, im Verhältnis (zum Üblichen), [all]zu:* für sein Alter ist das Kind u. groß.

ụn|ver|hofft ⟨Adj.⟩: /drückt meist aus, daß etwas Erfreuliches, Positives eintrifft/ *überraschend eintretend:* das unverhoffte Wiedersehen mit seinem alten Freund hatte ihn sehr gefreut; wir trafen uns gestern ganz u. **sinnv.:** ↑plötzlich.

ụn|ver|hoh|len [auch: ...họ...] ⟨Adj.⟩ (emotional): *ganz offen gezeigt:* mit unverhohlener Neugier betrachtete sie ihre Nachbarin. **sinnv.:** ↑aufrichtig, ↑rundheraus, ungeschminkt.

ụn|ver|käuf|lich [auch: ...käuf...] ⟨Adj.⟩: *nicht zum Verkauf bestimmt oder geeignet:* diese Bilder sind u.

un|ver|kẹnn|bar]auch: ụn...] ⟨Adj.⟩: *eindeutig erkennbar:* das ist u. sein Stil. **sinnv.:** ↑kennzeichnend, ↑typisch.

un|ver|letz|lich [auch: un...] ‹Adj.›: *(von Rechten, Gesetzen o. ä.) allgemein anerkannt, so daß es nicht angetastet werden darf:* dieses Grundrecht ist u. **sinnv.:** tabu, unantastbar, unberührbar, verboten.

un|ver|meid|lich [auch: un...] ‹Adj.›: *nicht zu verhindern, zu vermeiden; sich notwendig ergebend:* unvermeidliche Auseinandersetzungen; eine Verzögerung war u. **sinnv.:** ↑nötig.

un|ver|min|dert ‹Adj.›: *in gleichbleibender Stärke weiterwirkend:* der Sturm dauerte mit unverminderter Stärke an.

un|ver|mit|telt ‹Adj.›: *ohne Übergang oder Zusammenhang [erfolgend]:* seine unvermittelte Frage überraschte sie; er brach seine Rede u. ab. **sinnv.:** ↑plötzlich.

Un|ver|mö|gen, das; -s: *Mangel an Können oder Fähigkeit (für etwas):* sein U., sich einer Situation schnell anzupassen, hat ihm schon manchmal geschadet. **sinnv.:** Insuffizienz, ↑Ohnmacht, Unfähigkeit, Untauglichkeit, Unzulänglichkeit, Versagen.

un|ver|mu|tet ‹Adj.›: *überraschend eintretend oder erfolgend, ohne daß man damit gerechnet hat:* unvermutete Schwierigkeiten tauchten auf: er erschien ganz u. bei dem Fest. **sinnv.:** ↑plötzlich.

Un|ver|nunft, die; -: *Mangel an Vernunft und Einsicht:* es ist reine U., bei diesem Sturm mit dem Boot aufs Meer hinauszufahren. **sinnv.:** ↑Irrsinn, Torheit, Unverstand.

un|ver|nünf|tig ‹Adj.›: *Unvernunft zeigend:* du benimmst dich wie ein unvernünftiges Kind; es ist sehr u., bei dieser Kälte schwimmen zu gehen. **sinnv.:** gedankenlos, ↑sträflich, ↑unklug, ↑unüberlegt.

un|ver|rich|te|ter|din|ge ‹Adverb›: *ohne das erreicht zu haben, was man wollte oder was man sich vorgenommen hatte:* die Tür war verschlossen, und sie mußten u. wieder umkehren.

un|ver|schämt ‹Adj.›: *mit aufreizender Respektlosigkeit sich frech über die Grenzen des Taktes und des Anstands hinwegsetzend:* dieser unverschämter Bursche nannte mich eine alte Schlampe; er grinste u. **sinnv.:** ↑frech.

un|ver|schul|det [auch: ...schul...] ‹Adj.›: *ohne eigenes Verschulden, ohne schuld zu sein:* er ist u. in Not geraten. **sinnv.:** schuldlos, unschuldig.

un|ver|se|hens [auch: ...se...] ‹Adverb›: *überraschend, ohne daß man es voraussehen konnte:* er kam u. ins Zimmer. **sinnv.:** ↑plötzlich.

un|ver|sehrt [auch: ...sehrt] ‹Adj.›: *ohne Verletzung oder Beschädigung:* er kam u. aus dem Kriege zurück; das Siegel auf dem Paket ist noch u. **sinnv.:** ↑heil.

un|ver|söhn|lich [auch: ...söhn...] ‹Adj.›: **a)** *zu keinerlei Versöhnung bereit:* er blieb u. trotz aller Bitten. **sinnv.:** ↑unzugänglich. **b)** *keinen Ausgleich zulassend:* ein unversöhnlicher Gegensatz. **sinnv.:** ↑extrem.

Un|ver|stand, der; -[e]s: *Verhaltensweise, die einen erheblichen Mangel an Verstand und Einsicht erkennen läßt:* in seinem U. hat er einen großen Fehler gemacht. **sinnv.:** ↑Unvernunft.

un|ver|stan|den ‹Adj.›: *kein Verständnis bei anderen findend:* er fühlt sich u.

un|ver|stän|dig ‹Adj.›: *[noch] nicht den nötigen Verstand für etwas habend:* ein unverständiges Kind. **sinnv.:** ↑dumm.

un|ver|ständ|lich ‹Adj.›: **a)** *so leise, undeutlich o. ä., daß etwas akustisch nicht wahrzunehmen, nicht zu hören ist:* er murmelte unverständliche Worte. **sinnv.:** ↑unklar. **b)** *nicht zu begreifen:* es ist mir u., wie so etwas passieren konnte. **sinnv.:** abstrus, ↑unfaßbar, ungeschickt.

Un|ver|ständ|nis, das; -ses: *mangelndes, fehlendes Verständnis:* mit seinen Ausführungen stieß er allgemein auf U.

un|ver|träg|lich [auch: ...träg...] ‹Adj.›: **a)** *so geartet, daß etwas mit etwas anderem nicht in Einklang zu bringen ist:* unverträgliche Gegensätze. **sinnv.:** unvereinbar. **b)** *von solchem Charakter, daß man mit der betreffenden Person nicht auskommen kann:* er ist sehr u. und hat viele Feinde. **sinnv.:** streitsüchtig, zänkisch. **c)** *schwer zu verdauen:* eine unverträgliche Speise. **sinnv.:** ↑schwer.

un|ver|wandt ‹Adj.›: *unaufhörlich und forschend oder interessiert den Blick (auf etwas/jmdn.) richtend:* er sah mich u. an; mit unverwandtem Blick.

un|ver|wech|sel|bar [auch: ...wechsel...] ‹Adj.›: *so eindeutig zu erkennen, daß es mit nichts zu verwechseln ist:* er hat einen unverwechselbaren Stil. **sinnv.:** ↑typisch, ↑unnachahmlich.

un|ver|wüst|lich [auch: un...] ‹Adj.›: *auch andauernden starken Belastungen standhaltend:* dieser Stoff ist u.; ein unverwüstlicher Optimist. **sinnv.:** ↑beharrlich, ↑haltbar.

un|ver|zagt ‹Adj.›: *(in einer schwierigen Situation) zuversichtlich und unerschrocken:* u. ging er an die schwierige Aufgabe heran. **sinnv.:** ↑mutig; ↑zuversichtlich.

un|ver|zeih|lich [auch: un...] ‹Adj.›: *so geartet, daß etwas nicht zu entschuldigen ist:* ein unverzeihlicher Leichtsinn. **sinnv.:** ↑leichtsinnig, ↑sträflich, unentschuldbar, unverantwortlich, verantwortungslos.

un|ver|züg|lich [auch: un...] ‹Adj.›: *sofort [geschehend]; ohne Zeit zu verlieren:* er schrieb u. an seinen Vater; unverzügliche Hilfe. **sinnv.:** ↑augenblicklich, ↑eilends, ↑gleich.

un|voll|en|det [auch: ...en...] ‹Adj.›: *nicht abgeschlossen, nicht ganz fertig:* ein unvollendetes Gedicht. **sinnv.:** bruchstückhaft, fragmentarisch, halb[fertig], lückenhaft, unbeendet, unfertig, unvollkommen, unvollständig.

un|voll|kom|men [auch: ...kom...] ‹Adj.›: *mit Schwächen, Fehlern oder Mängeln behaftet:* er hat nur unvollkommene Kenntnisse im Englischen. **sinnv.:** ↑unvollendet.

un|vor|ein|ge|nom|men ‹Adj.›: *frei von Vorurteilen:* er ist nicht mehr u.; etwas u. beobachten, beurteilen. **sinnv.:** ↑unparteiisch.

un|vor|her|ge|se|hen ‹Adj.›: *überraschend eintretend, ohne daß man es hätte vorhersehen können:* es traten unvorhergesehene Schwierigkeiten auf. **sinnv.:** ↑plötzlich.

un|vor|sich|tig ‹Adj.›: *wenig klug und zu impulsiv, ohne an die nachteiligen Folgen zu denken; ohne Vorsicht:* eine unvorsichtige Bemerkung, Handlung; es war sehr u. von dir, ihm deinen Schlüssel zu geben. **sinnv.:** fahrlässig, gedankenlos, ↑leichtsinnig, planlos, unbesonnen, ↑unklug.

un|vor|stell|bar [auch: un...] ‹Adj.› (emotional): *das menschliche Vorstellungsvermögen übersteigend:* eine unvorstellbare

Entfernung; es ist mir u., daß ... **sinnv.:** ↑astronomisch, ↑undenkbar, ↑unwahrscheinlich.

un|vor|teil|haft ⟨Adj.⟩: **1.** *(in bezug auf die äußere Erscheinung) einen schlechten Eindruck machend:* sie hat eine unvorteilhafte Figur. **sinnv.:** ↑häßlich, ungünstig. **2.** *keinen, kaum Nutzen bringend:* es wäre sehr u. für mich, in einen Randbezirk zu ziehen. **sinnv.:** ↑mißlich, ↑nachteilig, ↑schädlich, ungünstig.

un|wahr ⟨Adj.⟩: *so geartet, daß etwas der Wahrheit nicht entspricht:* eine unwahre Behauptung. **sinnv.:** ↑falsch.

un|wahr|schein|lich ⟨Adj.⟩: **1.** *aller Wahrscheinlichkeit nach kaum anzunehmen, kaum möglich:* es ist u., daß er so spät noch kommt. **sinnv.:** fraglich, undenkbar, unmöglich. **b)** *kaum der Wirklichkeit entsprechend:* seine Geschichte klingt sehr u. **sinnv.:** abenteuerlich, außergewöhnlich, falsch, unglaubhaft, unglaublich, unglaubwürdig, unvorstellbar. **2.** (ugs.) **a)** *sehr groß, stark:* du hast unwahrscheinliches Glück gehabt; die Ruhe des Angeklagten ist u. **sinnv.:** ↑außergewöhnlich. **b)** ⟨verstärkend bei Adjektiven und Verben⟩ ↑*sehr:* der kleine Wagen fährt u. schnell.

un|weg|sam ⟨Adj.⟩: *(wegen seiner Undurchdringlichkeit, Wildheit, Unzugänglichkeit o. ä.) schwer zu begehen bzw. zu befahren:* ein unwegsames Gelände. **sinnv.:** ↑undurchdringlich.

un|wei|ger|lich [auch: un...] ⟨Adj.⟩: *(als etwas Unangenehmes) sich folgerichtig aus etwas ergebend und deshalb unvermeidlich:* wenn er bei diesem Wetter seine Bergtour machen will, gibt es u. ein Unglück. **sinnv.:** ↑bestimmt, ↑gewiß.

un|weit: **I.** ⟨Präp. mit Gen.⟩ *in der Nähe (von jmdm./etwas):* das Haus liegt u. des Flusses. **sinnv.:** nahe. **II.** ⟨Adverb⟩ *nicht weit [entfernt]:* u. vom Berg liegt ein kleines Dorf.

Un|we|sen, das; -s: *übles Treiben:* eine Bande von Dieben treibt in der Gegend ihr U. **sinnv.:** ↑Unfug. **Zus.:** Dirnen-, Verbrecherunwesen.

un|we|sent|lich ⟨Adj.⟩: *für das Wesen, den Kern einer Sache ohne Bedeutung seiend:* wir müssen nur einige unwesentliche Änderungen vornehmen. **sinnv.:** ↑unwichtig.

Un|wet|ter, das; -s, -: *sehr schlechtes, stürmisches, meist von starkem Niederschlag [und Gewitter] begleitetes Wetter:* Überschwemmungen und U. zerstörten die ganze Ernte. **sinnv.:** Blitz und Donner, Gewitter, Hagel, Hurrikan, Mistwetter, Sauwetter, Sturm, Taifun, Tornado, Wirbelwind, Wirbelsturm, Zyklon; ↑Wetter.

un|wich|tig ⟨Adj.⟩: *keine oder nur geringe Bedeutung habend:* diese Frage ist vorläufig u. **sinnv.:** akzidentell, bedeutungslos, belanglos, gleichgültig, irrelevant, nebensächlich, nichtig, ↑sekundär, unbedeutend, unerheblich, unmaßgeblich, untergeordnet, unwesentlich, zufällig.

un|wi|der|ruf|lich [auch: un...] ⟨Adj.⟩: *endgültig feststehend; so, daß es auf keinen Fall geändert wird:* das Stück wird heute u. zum letzten Mal gespielt. **sinnv.:** ↑unabänderlich.

un|wi|der|steh|lich [auch: un...] ⟨Adj.⟩: **a)** *so ausgeprägt o. ä., daß man kaum widerstehen kann:* ein unwiderstehlicher Drang **b)** *einen großen Zauber ausübend:* sein Charme ist u.; er hält sich für u.

un|wie|der|bring|lich [auch: un...] ⟨Adj.⟩: *verloren oder vergangen ohne die Möglichkeit, das gleiche noch einmal zu haben:* ein unwiederbringlicher Verlust.

Un|wil|le, der; -ns: *Mißfallen, das sich in Ungehaltenheit, Gereiztheit, unfreundlicher oder ablehnender Haltung äußert:* er äußerte unverhohlen seinen Unwillen; sein angeberisches Benehmen erregte Unwillen. **sinnv.:** ↑Ärger, ↑Entrüstung, ↑Verstimmung.

un|wil|lig ⟨Adj.⟩: *Unwillen empfindend, erkennen lassend:* er schüttelte u. den Kopf. **sinnv.:** ↑ärgerlich.

un|will|kür|lich [auch: ...kür...] ⟨Adj.⟩: *ganz von selbst geschehend, ohne daß man es will:* als er die Stimme hörte, drehte er sich u. um; bei seiner Erzählung erinnerte sie sich u. an ihre eigene Jugend. **sinnv.:** ↑automatisch, ↑unabsichtlich.

un|wirk|sam ⟨Adj.⟩: *die beabsichtigte Wirkung verfehlend:* diese Gesetze stellten sich als u. heraus. **sinnv.:** ↑wirkungslos.

un|wirsch ⟨Adj.⟩: *mürrisch und unfreundlich:* er gab eine unwirsche Antwort. **sinnv.:** ↑ärgerlich, ↑mißmutig.

un|wirt|lich ⟨Adj.⟩: *durch Kargheit, Öde, Kälte o. ä. unattraktiv, abstoßend:* eine unwirtliche, öde Gegend. **sinnv.:** ↑rauh, ungemütlich.

un|wis|send ⟨Adj.⟩: *(in bestimmter Hinsicht) kein oder nur geringes Wissen habend:* dumm und u. sein; er stellte sich u. **sinnv.:** ↑ahnungslos, ↑unerfahren.

Un|wis|sen|heit, die; -: **a)** *fehlende Kenntnis von einer Sache:* er hat es aus U. falsch gemacht. **sinnv:** ↑Unkenntnis. **b)** *Mangel an [wissenschaftlicher] Bildung:* in vielen Ländern der Erde herrscht noch große U.

Un|wohl|sein, das; -s: *leichte [und vorübergehende] Störung des körperlichen Wohlbefindens:* wegen Unwohlseins mußte sie den Saal verlassen. **sinnv.:** Unpäßlichkeit; ↑Krankheit.

un|wür|dig ⟨Adj.⟩: **a)** *Würde vermissen lassend:* er ist des hohen Lobes u. **b)** *jmds. Rang, Würde widersprechen, im Gegensatz dazu stehen:* er wurde in unwürdiger Weise beschimpft. **sinnv.:** würdelos. **Zus.:** menschenunwürdig.

Un|zahl, die; -: *sehr große [unübersehbare] Anzahl:* eine U. von Briefen trafen bei der Redaktion ein. **sinnv.:** ↑Lawine.

un|zäh|lig [auch: un...] ⟨Adj.⟩: *in großer Zahl [vorhanden]:* unzählige Menschen standen an der Straße. **sinnv.:** reichlich.

un|zer|trenn|lich [auch: un...] ⟨Adj.⟩: *eng miteinander verbunden:* die beiden Jungen waren unzertrennliche Freunde. **sinnv.:** fest, ein Herz und eine Seele, wie Kletten, wie Pech und Schwefel, untrennbar.

Un|zucht, die; -: *geschlechtliche Handlung, die gegen das allgemeine Sittlichkeits- und Schamgefühl verstößt:* er wurde wegen U. mit Kindern verurteilt.

un|züch|tig ⟨Adj.⟩: *(in bezug auf Sexuelles) gegen das allgemeine Sittlichkeits- und Schamgefühl verstoßend, anstößig:* er wurde wegen Verbreitung unzüchtiger Schriften bestraft. **sinnv.:** ↑lasterhaft, ↑unanständig.

un|zu|frie|den ⟨Adj.⟩: **a)** *an jmdm./einer Sache etwas auszusetzen habend:* der Lehrer ist mit seinen Schülern u. **sinnv.:** enttäuscht, frustriert, unbefriedigt. **b)** *Unzufriedensein ausdrückend:* er macht ein unzufriedenes Gesicht. **sinnv.:** abgehärmt, ↑mißmutig, verbittert, verhärmt.

un|zu|gäng|lich ⟨Adj.⟩: **a)** *schwer oder überhaupt nicht zugänglich, zu betreten, zu befahren:* ein unzugängliches Gelände, Grundstück. **sinnv.:** ↑undurchdringlich. **b)** *dem näheren Kontakt mit anderen Menschen abgeneigt:* er ist ein Stubenhokker und sehr u. **sinnv.:** aufmüpfig, aufsässig, bockbeinig, bokkig, dickköpfig, dickschädelig, doktrinär, eigensinnig, eisern, eisig, fest, finster, frostig, halsstarrig, hartgesotten, herb, introvertiert, kalt, kompromißlos, kontaktarm, kontaktscheu, kontaktunfähig, kratzbrüstig, menschenfeindlich, menschenscheu, obstinat, orthodox, radikal, rechthaberisch, renitent, reserviert, spröde, starrköpfig, starrsinnig, störrisch, streng, stur, ↑trotzig, unbelehrbar, unbequem, unbotmäßig, unempfänglich, unerbittlich, unfolgsam, ungehorsam, ungesellig, unnachgiebig, unnahbar, unterkühlt, unversöhnlich, verbohrt, verhalten, verkniffen, verschlossen, verständnislos, verstockt, widerborstig, widersetzlich, widerspenstig, zugeknöpft.

un|zu|läng|lich ⟨Adj.⟩: *den gestellten Anforderungen, den bestehenden Bedürfnissen nur in einem vollkommen unzureichendem Maße Genüge tuend:* er hat unzulängliche Kenntnisse; die Versorgung der Bevölkerung mit Lebensmitteln war u. **sinnv.:** dilettantisch, mangelhaft, stiefmütterlich, ↑unbefriedigend, ungenügend, unzureichend.

un|zu|läs|sig ⟨Adj.⟩: *so geartet, daß etwas nicht zugelassen werden kann:* die Firma wandte bei der Werbung unzulässige Methoden an. **sinnv.:** gesetzwidrig.

un|zu|ver|läs|sig ⟨Adj.⟩: **a)** *so geartet, daß man sich auf die betreffende Person oder Sache nicht verlassen kann:* seine Angaben sind u. **sinnv.:** ↑säumig, ↑unbeständig, ↑vergeßlich. **b)** *so geartet, daß man der betreffenden Person oder Sache kein Vertrauen schenken kann:* er ist politisch u. **sinnv.:** ehrvergessen, pflichtvergessen, windig.

un|zwei|deu|tig ⟨Adj.⟩: *klar und unmißverständlich:* aus seinen Kommentaren geht u. hervor, daß er gegen dieses Projekt ist. **sinnv.:** ↑eindeutig.

üp|pig ⟨Adj.⟩: **a)** *in großer Fülle [vorhanden]:* eine üppige Blütenpracht. **sinnv.:** feudal, fürstlich, großzügig, kulinarisch, ↑lukullisch, luxuriös, opulent, reich, reichhaltig, überreich, überreichlich, verschwenderisch. **b)** (ugs.) *von rundlichen, vollen Formen:* Rubens' üppige Frauengestalten. **sinnv.:** ↑dick.

up to date [ˈʌptəˈdeɪt]: *der Zeit entsprechend, gemäß:* er ist in seinen Ansichten nicht mehr ganz up to date. **sinnv.:** ↑modern.

ur-, Ur- ⟨Präfix⟩: **I.** ⟨adjektivisch⟩ **1. a)** (emotional verstärkend) *sehr, ganz, äußerst* /kennzeichnet den hohen Grad des im Basiswort Genannten/: uralt, -böse, -doof, -eigen, -gemütlich, -gesund, -komisch, -kräftig, -plötzlich, -primitiv, -weit. **sinnv.:** erz-, grund-, hoch-. **b)** *durch und durch* /in bezug auf Ursprünglichkeit, Eigenart/: uramerikanisch, -deutsch. **sinnv.:** alt-. **2.** /entsprechend der Bedeutung von II, 1 a/: urchristlich, urverwandt. **II.** ⟨substantivisch⟩ **1. a)** */kennzeichnet das im Basiswort Genannte als etwas, was der Ausgangspunkt, die Grundlage ist, als weit zurückliegend, am Anfang liegend, ursprünglich/:* Urabstimmung, -ängste, -christentum, -einwohner, -erlebnis, -fehde, -gesellschaft, -gewalt, -gruppe, -instinkt, -mensch, -produkt, -schrei, -trieb, -verwandtschaft, -vertrauen, -wald, -zeugung, -zustand. **sinnv.:** Grund-, Haupt-, Original-, Stamm-. **b)** */kennzeichnet das im Basiswort Genannte als erstes/:* Uraufführung, -beginn, -druck (Briefmarken), -fassung, -götz *(Goethes „Götz von Berlichingen" in der ersten Fassung),* -schrift, -version. **2.** */kennzeichnet den im Basiswort genannten Verwandtschaftsgrad als zeitlich vorher oder nachher; dritte Generation/:* Urenkel, -großmutter, -großvater *(Vater des Großvaters oder der Großmutter),* -opa, -urgroßvater (4. Generation; *Großvater des Großvaters oder der Großmutter).* **3.** (verstärkend) */weist die im Basiswort genannte Person als jmdn. aus, der auf eine lange Zeit in bezug auf etwas zurückblicken kann/:* Urberliner, -freak, -mitglied.

ur|bar ⟨Adj.⟩: *zur landwirtschaftlichen Nutzung geeignet:* ein Stück Land u. machen. **sinnv.:** anbaufähig, ertragreich, ↑fruchtbar, nutzbar.

Ur|he|ber, der; -s, -, **Ur|he|be|rin,** die; -, -nen: *männliche bzw. weibliche Person, die etwas bewirkt oder veranlaßt hat:* er ist der geistige Urheber dieser neuen Bewegung. **sinnv.:** ↑Gründer.

urig ⟨Adj.⟩ (ugs.): *urwüchsig-originell:* in einer urigen Kneipe tranken wir noch ein Bier; eine urige Type. **sinnv.:** kernig, rustikal, urwüchsig, ↑zünftig.

Urin, der; -s, -e: *von den Nieren abgesonderte [bereits aus dem Körper ausgeschiedene] Flüssigkeit:* den U. untersuchen; es riecht nach U. **sinnv.:** ↑Ausscheidung, Harn, Pipi, Pisse, Wasser. **Zus.:** Pferdeurin.

uri|nie|ren ⟨itr.⟩: *Urin ausscheiden.* **sinnv.:** ein Bächlein machen, brunzen, sich einnässen, harnen, klein machen, lullern, pinkeln, Pipi machen, pissen, pullern, puschen, schiffen, strullen, sein Wasser abschlagen, Wasser lassen.

Ur|kun|de, die; -, -n: *[amtliches] Schriftstück, durch das etwas beglaubigt oder bestätigt wird:* er erhielt eine U. über die Verleihung des Preises. **sinnv.:** Akte, Diplom, Dokument, Schriftstück, ↑Unterlagen. **Zus.:** Abdankungs-, Ernennungs-, Geburts-, Heirats-, Sterbeurkunde.

Ur|laub, der; -[e]s, -e: *(Arbeitnehmern u.a. zustehende) dienst-, arbeitsfreie Zeit zum Zweck der Erholung:* er verbrachte seinen U. in der Schweiz; der Soldat kam auf U. nach Hause. **sinnv.:** Ferien, Ferienzeit, Kurlaub, Reise, Sommerfrische. **Zus.:** Erholungs-, Heimat-, Jahres-, Kurz-, Sommer-, Sonder-, Winterurlaub.

Ur|lau|ber, der; -s, -, **Ur|lau|be|rin,** die; -, -nen: *männliche bzw. weibliche Person, die gerade Urlaub macht, ihn an einem Urlaubsort verbringt:* die Urlauber sonnten sich am Strand. **sinnv.:** Ausflügler, Erholungssuchender, Feriengast, ↑Fremder, Kurgast, Kurlauber, Reisender, Sommerfrischler. **Zus.:** Kurz-, Wochenendurlauber.

Ur|ne, die; -, -n: **a)** *bauchiges, meist verziertes Gefäß zum Aufnehmen der Asche eines Toten.* **sinnv.:** ↑Sarg. **b)** *Gefäß, in dem sich die Lose befinden, die gezogen werden sollen:* der Sportler trat an die U. und zog Startplatz

9. **sinnv.:** Lostrommel. **c)** *kastenförmiger [Holz]behälter mit einem schmalen Schlitz an der Oberseite zum Einwerfen des Stimmzettels bei Wahlen.* **Zus.:** Wahlurne.

Ur|sa|che, die; -, -n: *etwas, was eine Erscheinung, Handlung oder einen Zustand bewirkt, veranlaßt:* die U. des Brandes /für den Brand/ (seltener:) von dem Brand ist noch nicht geklärt. **sinnv.:** ↑Anlaß, ↑Quelle. **Zus.:** Krankheits-, Schadens-, Todes-, Unfallursache.

ur|säch|lich ⟨Adj.⟩: *auf einer, auf der gleichen Ursache beruhend, in bezug auf die Ursache:* die Dinge stehen in einem ursächlichen Zusammenhang. **sinnv.:** kausal.

Ur|sprung, der; -[e]s, Ursprünge: *Ort oder Zeitraum, in dem der Anfang von etwas liegt, von dem etwas ausgegangen ist:* der U. des Christentums liegt in Palästina; der Brauch hat seinen U. im 16. Jahrhundert. **sinnv.:** ↑Anfang, ↑Ausgangspunkt, ↑Quelle.

ur|sprüng|lich ⟨Adj.⟩: *so, wie es am Anfang war; zuerst [vorhanden]:* der ursprüngliche Plan ist geändert worden; u. wollte er Lehrer werden, er studierte aber dann Medizin. **sinnv.:** ↑eigentlich, von Haus aus, original, originär, ↑primär, ↑zunächst.

Ur|teil, das; -s, -e: **1.** *richterliche Entscheidung, die den [vorläufigen] Abschluß eines gerichtlichen Verfahrens bildet:* der Richter fällte ein mildes U.; das U. gegen N. lautet auf Freispruch. **sinnv.:** Entscheidung, Spruch. **Zus.:** Gerichts-, Gottes-, Stuhl-, Todesurteil. **2.** *sorgfältig abgewogene Meinung, Entscheidung:* ich kann mir kein U. darüber bilden. **sinnv.:** ↑Ansicht, Einschätzung, Erkenntnis, ↑Moral, ↑Stimme, Votum. **Zus.:** Gesamt-, Pauschal-, Vorurteil.

ur|tei|len ⟨itr.⟩: **1.** *seine Ansicht äußern; ein Urteil* (2) *über jmdn./etwas abgeben:* er urteilte sehr hart über sie. **sinnv.:** ↑begutachten. **Zus.:** ab-, verurteilen. **2.** *sich ein Urteil* (2) *bilden:* nach dem ersten Eindruck u. **sinnv.:** ↑denken.

Ur|wald, der; -[e]s, Urwälder: *ursprünglicher, unkultivierter Wald mit reicher Fauna (bes. in den Tropen).* **sinnv.:** Busch, ↑Dickicht, Dschungel, Monsunwald, Regenwald, Wildnis, Wirrnis.

ur|wüch|sig ⟨Adj.⟩: **a)** *natürlich und unverfälscht:* er hat eine urwüchsige Sprache. **sinnv.:** ↑echt. **b)** *von unverbildet-derber Art:* ein urwüchsiger Kerl. **sinnv.:** robust, ↑urig.

Usus, der; -: *durch häufiges Wiederholen üblich gewordene Verhaltensweise einer kleineren Gruppe von Personen:* es ist in diesem Betrieb so U., daß die Geburtstage der Kollegen gefeiert werden. **sinnv.:** ↑Brauch.

Uten|sil, das; -s, -ien ⟨meist Plural⟩: *Gegenstand, den man zu einem bestimmten Zweck braucht:* er packte seine Utensilien zusammen und fuhr ins Bad. **sinnv.:** ↑Zubehör. **Zus.:** Mal-, Reise-, Waschutensil.

Uto|pie, die; -, Utopien: *als undurchführbar geltender Plan; Idee ohne reale Grundlage:* die Idee eines allgemeinen Friedens ist bis jetzt U. geblieben; eine Fahrt zum Mond ist keine U. mehr. **sinnv.:** ↑Einbildung, ↑Täuschung, Zukunftstraum.

uto|pisch ⟨Adj.⟩: *nur in der Vorstellung, Phantasie möglich; mit der Wirklichkeit unvereinbar:* diese kühnen Pläne wurden vielfach als u. angesehen. **sinnv.:** ↑trügerisch.

V

Va|ga|bund, der; -en, -en: *jmd., der sich herumtreibt.* **sinnv.:** Berber, Bettler, Clochard, Gammler, Hausierer, Herumtreiber, Hobo, Landfahrer, Landstreicher, Nichtseßhafter, Obdachloser, Pennbruder, Penner, Rumtreiber, Stadtstreicher, Tippelbruder, Tramp, Trebegänger, Zigeuner; ↑Mann.

va|ga|bun|die|ren, vagabundierte, ist/hat vagabundiert ⟨itr.⟩: *ohne festen Wohnsitz im Land umherziehen:* er hat es nie lange an einem Ort ausgehalten und ist lieber durch die Länder vagabundiert; wenn er genug vagabundiert hat, kehrt er immer wieder nach Hause zurück. **sinnv.:** sich ↑herumtreiben. **Zus.:** herum-, rum-, umhervagabundieren.

va|ge ⟨Adj.⟩: *unbestimmt und ungenau; nur flüchtig angedeutet:* eine vage Vorstellung, Hoffnung. **sinnv.:** ↑unklar.

va|kant ⟨Adj.⟩: *im Augenblick frei, von niemandem besetzt:* eine vakante Stelle; der Posten des Personalchefs ist. v. **sinnv.:** ↑frei.

Va|ku|um, das; -s, Vakua und Vakuen: **1.** *fast luftleerer Raum; Raum mit ganz geringem Druck:* in der Pumpe wird ein V. hergestellt. **sinnv.:** ↑Hohlraum. **2.** *Bereich, der unausgefüllt ist, der jedem Einfluß offensteht:* nach dem Krieg war in Mitteleuropa ein politisches V. entstanden; ein soziales, wirtschaftliches V. **sinnv.:** ↑Leere.

Vamp [vɛmp], der; -s, -s: *verführerische, ihre erotische Anziehungskraft durch eine besondere Aufmachung unterstreichende, jedoch meist kalt berechnende Frau:* wenn sie in Gesellschaft ist, gefällt sie sich darin, den V. zu spielen. **sinnv.:** Diva, Femme fatale, Verführerin.

Vam|pir [auch: ...pi̱r] der; -s, -e: *(im Volksglauben) Verstorbener, der nachts seinem Sarg entsteigt, um insbesondere jungen Mädchen Blut auszusaugen.* **sinnv.:** Blutsauger, Dracula, Nosferatu, Untoter, Zombie.

Va|nil|le [vaˈnɪl(j)ə], die; -: **a)** *zu den Orchideen gehörende Pflanze mit oft gelblichweißen, duftenden Blüten und langen, schotenähnlichen Früchten.* **b)** *aus den Früchten der Vanille* (a) *gewonnener Stoff mit besonderem Aroma:* Pudding, Eis mit V.

va|ria|bel ⟨Adj.⟩: *so, daß man es ändern kann:* variable Größen; etwas v. gestalten. **sinnv.:** anpassungsfähig, beweglich, flexibel, formbar, mutabel, schwankend, veränderbar, veränderlich, wandelbar, wechselhaft, wendig.

Va|ri|an|te, die; -, -n: *etwas, was von etwas in kleineren Einzelheiten abweicht:* zu dieser Stelle der Handschrift gibt es mehrere Varianten; sein Plan ist nur eine V. zu den früheren Vorschlägen. **sinnv.:** Abart, Abwandlung, Änderung, Spielart, Variation; Nuance, ↑Unterschied. **Zus.:** Farb-, Modellvariante.

Va|ria|ti|on, die; -, -en: *das Variieren:* die V. eines Stils; Variationen über ein musikalisches Thema. **sinnv.:** ↑Variante, Veränderung.

Va|rie|té [vari̯e'te:], das; -s, -s: *Theater, das durch ein buntes Programm mit akrobatischen, tänzerischen, musikalischen u. ä. Darbietungen gekennzeichnet ist.* **sinnv.:** ↑Revue.

va|ri|ie|ren: a) ‹tr.›: *(ein Thema, einen Gedanken) umgestalten [und dabei erweitern]:* seit den letzten Jahren variierte er immer dasselbe Thema in seiner Malerei. **sinnv.:** ↑abwandeln. **b)** ‹itr.› *in verschiedenen Abstufungen voneinander abweichen, unterschiedlich sein:* das Klima variiert sehr stark in den einzelnen Landschaften. **sinnv.:** ↑abweichen.

Va|sall, der; -en, -en: **1.** (früher) *Freier in der Gefolgschaft eines Herrn, in dessen Schutz er sich begeben hat.* **sinnv.:** Gefolgsmann, Lehnsmann. **2.** ‹V. + Attribut› ↑*Lakai* (2).

Va|se, die; -, -n: *aus Glas, Ton oder Porzellan gefertigtes Gefäß für Blumen o. ä.* **sinnv.:** ↑Gefäß. **Zus.:** Blumen-, Bodenvase.

Va|se|li|ne, die; -: *weiche, farb- und geruchlose Masse zur Herstellung von Salben, kosmetischen Mitteln o. ä.* **sinnv.:** ↑Salbe.

Va|ter, der; -s, Väter: **a)** *Mann, der ein oder mehrere Kinder gezeugt hat:* V. und Mutter. **sinnv.:** Alter, Daddy, Erzeuger, Familienoberhaupt, Hausherr, Alter Herr, Papa, Papi, Paps, Senior · ↑Ehemann, ↑Eltern. **Zus.:** Braut-, Groß-, Raben-, Schwieger-, Stammvater. **b)** *Mann, der in der Rolle eines Vaters ein oder mehrere Kinder versorgt, erzieht:* bei seinem neuen V. ging es ihm schlecht. **Zus.:** Pflege-, Stief-, Ziehvater · Herbergs-, Landesvater.

Va|ter|land, das; -[e]s, Vaterländer: *Land, Staat, in dem jmd. geboren ist und dem er sich zugehörig fühlt.* **sinnv.:** ↑Heimat.

vä|ter|lich ‹Adj.›: **1.** ‹nur attributiv› *dem Vater zugehörend, vom Vater kommend:* er soll einmal das väterliche Geschäft übernehmen; in der väterlichen Linie sind schon mehrere Selbstmorde vorgekommen. **2.** *sich einem anderen gegenüber fürsorglich und wohlwollend wie ein Vater verhaltend:* ein väterlicher Freund.

Va|ter|un|ser, das; -s, -: *in verschiedene Bitten gegliedertes Gebet der Christen.* **sinnv.:** Paternoster.

Ve|ge|ta|ri|er, der; -s, -, **Ve|ge|ta|rie|rin,** die; -, -nen: *männliche bzw. weibliche Person, die ausschließlich oder vorwiegend pflanzliche Nahrung zu sich nimmt.* **sinnv.:** Körnerfresser, Müsliman, Rohköstler, Vegetarianer.

ve|ge|ta|risch ‹Adj.›: *überwiegend auf pflanzlichen Stoffen beruhend, sich von pflanzlichen Stoffen ernährend:* sie essen, hier gibt es nur vegetarische Kost; v. leben, essen. **sinnv.:** fleischlos.

Ve|ge|ta|ti|on, die; -, -en: *Gesamtheit der Pflanzen die ein bestimmtes Gebiet bedecken:* die V. Europas, Südamerikas. **sinnv.:** Flora, Pflanzenreich, Pflanzenwelt.

ve|ge|tie|ren ‹itr.›: *sehr kärglich, kümmerlich leben, sein Leben fristen:* sie vegetieren seit Jahren in Lagern. **sinnv.:** dahinleben, darben, ↑leben. **Zus.:** dahinvegetieren.

ve|he|ment ‹Adj.›: *seiner Erregung o. ä. temperamentvoll Ausdruck gebend:* eine vehemente Äußerung; v. sprang er auf und verließ das Zimmer. **sinnv.:** ↑lebhaft, ungestüm.

Ve|hi|kel, das; -s, -: **1. a)** *altes, schlechtes Fahrzeug:* mit diesem klapprigen V. kommst du nicht bis Spanien. **b)** (ugs.) *Fahrzeug:* sie war mit dem Fahrrad da und schwang sich nach dem Vortrag auf ihr V. **sinnv.:** ↑Auto. **2.** (geh.) *etwas, was als Mittel dazu dient, etwas anderes deutlich, wirksam werden zu lassen, zu ermöglichen:* die Sprache als V. der dichterischen Idee. **sinnv.:** ↑Mittel.

Veil|chen, das; -s, -: *im Frühjahr blühende Pflanze mit kleinen violetten, stark duftenden Blüten.* **Zus.:** Alpen-, Hunds-, Usambaraveilchen.

Ve|lours [və'lu:ɐ̯], **I.** der; -, -: *Gewebe mit gerauhter, weicher, samt- oder plüschartiger Oberfläche.* **II.** das; -, -: *Leder mit einer aufgerauhten samtähnlichen Oberfläche:* **sinnv.:** Veloursleder.

Ve|ne, die; -, -n: *Ader, die das Blut dem Herzen zuführt.* **sinnv.:** Blutader; ↑Ader. **Zus.:** Hohl-, Rollvene.

Ven|til, das; -s, -e: *Vorrichtung, durch die das Austreten von flüssigen oder gasförmigen Stoffen gesteuert werden kann:* das V. eines Dampfkessels, Autoreifens; ein V. öffnen. **Zus.:** Druck-, Fahrrad-, Kugel-, Überdruck-, Überlaufventil.

Ven|ti|la|ti|on, die; -, -en: *Bewegung von Luft (oder Gasen), bes. in geschlossenen Räumen zur Erneuerung, Beseitigung verbrauchter, verunreinigter Luft.* **sinnv.:** Belüftung, Luftzufuhr.

Ven|ti|la|tor, der; -s, Ventilatoren: *elektrisches Gerät, das durch ein sich sehr schnell drehendes Rad die Luft bes. zum Entlüften oder Kühlen in Bewegung bringt.* **sinnv.:** Luftumwälzer; ↑Propeller · Klimaanlage. **Zus.:** Tisch-, Zimmerventilator.

ver- ‹Präfix› /Basiswörter sind Substantive oder Adjektive, z. B. ver-dorf-en, ver-kopf-en, vernetz-en, ver-schul(e)-en, verdiesseitig-en/: **I.** ‹verbal› **1.** (Ggs. ent-) *zu dem im Basiswort Genannten im Laufe der Zeit werden:* verarmen, verdorfen, verdummen (er verdummt), vermännlichen, verprovinzialisieren *(provinziell werden),* verslumen (das Lager verslumt = *wird zum Slum*), verspießern. **2.** *zu dem im Basiswort Genannten machen, in den im Basiswort genannten Zustand versetzen:* verdiesseitigen *(diesseitig machen),* vereindeutigen, vereinheitlichen, verfachen (alle Themengebiete v. = *zu einem Fach machen),* verfeaturen, verharmlosen, verhochdeutschen, verkitschen, verkolonisieren, verkomplizieren *(kompliziert machen),* verkompostieren (Laub v.), verkursen (alle Themengebiete in der Schule v. = *zu Kursen machen*), vermodernisieren, vermosten, vernetzen veropern, versaften, verschnulzen, verschriftlichen, verschulen (das Studium

v. = *schulmäßig machen*), versprachlichen, verstromen (Kohle v. = *zu Strom machen*), versuppen, vertexten, verumständlichen, verunmöglichen, verunsichern, verwesentlichen, verwestlichen, verzwecken. **3.** *machen, daß etwas für das im Basiswort Genannte geeignet ist:* vermarkten, verschulen (ein Spiel v.) **4.** *so wie das im Basiswort Genannte werden:* verblauen. **5.** *[ganz und gar] mit dem im Basiswort Genannten versehen:* verapparaten, vercomputerisieren, verdrahten, verdübeln, verkabeln, vermörteln. **6.** *in das im Basiswort Genannte bringen, umsetzen:* verdaten, verrenten, verstoffwechseln (künstliche Östrogene werden von der Leber verstoffwechselt), vertüten (Weizenmehl v.). **7.** *mehr und mehr von dem im Basiswort genannten Inhalt bestimmt, angefüllt werden:* veralgen, vermoosen, verpolitisieren, verunkrauten (er läßt den Garten v.). **8.** *ganz und gar mit dem im Basiswort Genannten versehen sein:* verrunzeln, verschorfen. **9.** *durch das im Basiswort Genannte beseitigt, verbraucht, aufgelöst werden:* verangeln (seine Freizeit v.), verausgaben, verbauen (2 Millionen v.), verdealen, verdrehen (350 000 Meter Film v.), verforschen (1 Million v.), verknipsen (einen Film v.), verplanen, vertelefonieren (50 Mark v.), verwarten (eine Stunde unnötig v.). **10.** *durch den im Basiswort genannten Vorgang nicht mehr vorhanden sein:* verkochen (das Wasser verkocht). **11.** *durch das im Basiswort genannte Tun o. ä. versäumt werden:* verpennen, verschnarchen (er hat die besten Jahre seines Lebens verschnarcht). **12.** *sich (in bezug auf das im Basiswort genannte Tun) als falsch erweisen:* verbremsen (wer sich beim Slalom einmal verbremst, verliert wertvolle Zehntelsekunden), verspekulieren. **13.** *die im Basiswort genannte Tätigkeit verkehrt, falsch tun:* verinszenieren, verretuschieren. **14.** *durch das im Basiswort Genannte beeinträchtigen:* verstrahlen, verwohnen. **15.** *verstärkend:* verbessern, verbleiben, verkomplizieren, verlegen, frisch vermahlenes Korn, vermelden, vermerken, vermessen, vermischen, vermodern, verspüren. **II.** ⟨adjektivisch⟩ **a)** *ganz und gar von dem im Basiswort genannten Inhalt gekennzeichnet:* verbeamtetes Dasein, verkauderwelschte Darstellung, verkrebst, verluthert, vermufftes Elternhaus, verplüscht, verschwärmte Zärtlichkeit, verterminologisierte Wissenschaft, verwissenschaftlicht. **b)** *ganz und gar mit dem im Basiswort Genannten versehen:* verkotet (die Toiletten sind verkotet), verrotzt.

ver|ab|re|den, verabredete, hat verabredet: **1.** ⟨tr.⟩ *eine bestimmte Abmachung mit jmdm. treffen, einen bestimmten Plan, eine bestimmte Vorgehensweise festlegen:* ich habe mit ihm verabredet, daß wir uns morgen treffen; ein Erkennungszeichen v. **sinnv.:** ↑übereinkommen. **2.** ⟨sich v.⟩ *eine Zusammenkunft mit jmdm. verabreden* (1): ich bin heute abend mit ihr v.; sich auf ein Glas Wein v.

ver|ab|rei|chen ⟨tr.⟩: *(etwas) in bestimmten Mengen, Portionen geben:* die Schwester verabreichte ihm eine kleine Dosis von dem Medikament. **sinnv.:** ↑geben, verpassen, zuteilen.

ver|ab|scheu|en ⟨tr.⟩: *Abscheu (gegenüber jmdm./einer Sache) empfinden:* er verabscheute jede Art von Schmeichelei. **sinnv.:** abscheulich / ekelhaft / unerträglich / verabscheuenswert / verabscheuenswürdig / widerwärtig finden, Abscheu / Ekel / Widerwillen empfinden; ↑ekeln; ↑hassen.

ver|ab|schie|den, verabschiedete, hat verabschiedet: **1.** ⟨sich v.⟩ *beim Aufbruch einige [formelhafte] Worte, einen Gruß o. ä. an den/die Bleibenden richten:* er verabschiedete sich von allen mit Handschlag. **sinnv.:** sich ↑trennen. **2.** ⟨tr.⟩ *an jmdn. anläßlich seines Ausscheidens aus dem Dienst in förmlich-feierlicher Weise Worte des Dankes, der Anerkennung o. ä. richten:* einen Offizier, einen hohen Beamten v. **sinnv.:** ↑entlassen. **3.** ⟨tr.⟩ *(ein Gesetz o. ä., nachdem darüber verhandelt wurde) annehmen, beschließen:* nach heftigen Diskussionen wurde das Gesetz vom Parlament verabschiedet.

ver|ach|ten, verachtete, hat verachtet ⟨tr.⟩: *eine Person oder Sache für schlecht, für geringfügig halten und deswegen auf sie herabsehen:* er glaubte, ihn v. zu können; er hat die Gefahr, den Tod stets verachtet. **sinnv.:** geringachten, geringschätzen, ↑ignorieren, verschmähen.

ver|ächt|lich ⟨Adj.⟩: **1.** *Verachtung ausdrückend:* ein verächtliches Lachen; du darfst von ihm nicht v. sprechen. **sinnv.:** ↑abschätzig. **2.** *wegen der moralischen Minderwertigkeit Verachtung verdienend:* eine verächtliche Gesinnung. **sinnv.:** ↑gemein, ↑jämmerlich, verachtenswert.

Ver|ach|tung, die; -: *das Verachten, starke Geringschätzung:* jmdn. voll V. anblicken; V. für/gegen jmdn. empfinden; jmdn. mit V. strafen. **sinnv.:** Abfälligkeit, Abschätzigkeit, Achselzukken, Demütigung, Despektierlichkeit, Entwürdigung, Geringschätzigkeit, Häme, Herabsetzung, Herabwürdigung, Mißachtung, Naserümpfen, Pejoration, Respektlosigkeit, Verächtlichmachung, Zynismus. **Zus.:** Menschen-, Todesverachtung.

ver|all|ge|mei|nern ⟨tr.⟩: *etwas, was als Erfahrung, Erkenntnis aus einem oder mehreren Fällen gewonnen worden ist, auf andere Fälle ganz allgemein anwenden, übertragen:* du darfst diese Feststellung nicht v.; ⟨auch itr.⟩ sie verallgemeinert zu sehr. **sinnv.:** generalisieren, verabsolutieren.

ver|al|ten, veraltete, ist veraltet ⟨itr.⟩: *von einer Entwicklung überholt werden, unmodern werden:* Waffensysteme veralten schnell. **sinnv.:** sich ↑überleben.

Ve|ran|da, die; -, Veranden: *kleinerer Vorbau an Wohnhäusern [mit Wänden aus Glas]:* sie saßen auf, in der V. und tranken Kaffee. **sinnv.:** Austritt, Balkon, Dachgarten, Erker, Loggia, Söller, Terrasse, Wintergarten. **Zus.:** Glas-, Holzveranda.

ver|än|der|lich ⟨Adj.⟩: *sich leicht, von selbst ändernd; der Veränderung unterworfen:* er hat ein veränderliches Wesen; das Wetter ist dort im allgemeinen v. **sinnv.:** schwankend, unbeständig, wandelbar, wechselhaft, wechselvoll. **Zus.:** unveränderlich.

ver|än|dern: **1.** ⟨tr.⟩ *(jmdm./einer Sache) ein anderes Aussehen oder Wesen geben:* einen Raum v.; die Erlebnisse der letzten Zeit haben ihn sehr verändert; er war völlig verändert. **sinnv.:** ↑abwandeln, ↑ändern, verwandeln, wandeln. **2.** ⟨sich v.⟩ **a)** *ein anderes Aussehen oder Wesen be-*

kommen; anders werden: sie hat sich sehr zu ihrem Vorteil verändert *(in ihrem Wesen, ihrem Aussehen);* bei uns hat sich vieles verändert. **sinnv.:** sich ↑wandeln. **b)** *die berufliche Stellung wechseln:* nach zehn Jahren in demselben Betrieb wollte er sich v. **sinnv.:** ↑umsatteln.

Ver|än|de|rung, die; -, -en: *das [Sich]verändern:* **sinnv.:** Abwandlung, Abwechslung, Änderung, Fluktuation, Mutation, Stellungswechsel, Übergang, ↑Übertritt, Umbruch, ↑Umschlag, Umschwung, ↑Umsturz, Wandel, Wandlung, Wechsel, Wende; ↑Verwandlung. **Zus.:** Klima-, Luft-, Standort-, Struktur-, Umweltveränderung.

ver|äng|stigt ⟨Adj.⟩: *in Angst versetzt, von Angst erfüllt:* die verängstigten Bewohner wagten sich nicht auf die Straße; das Kind war ganz v. **sinnv.:** ↑ängstlich.

ver|an|kern ⟨tr.⟩: **1. a)** *(Schiffe) [im Hafen] durch einen Anker befestigen:* ein Schiff v. **b)** *(im Boden o. ä.) so gut befestigen, daß es nicht wegbewegt werden kann:* die Hütte ist mit Pfählen fest verankert. **2.** *einen festen Platz (in etwas) haben, einen wichtigen Bestandteil von etwas bilden:* die Partei konnte ihre Stellung unter den Arbeitern fest v.; die Rechte des Präsidenten sind in der Verfassung verankert. **sinnv.:** beschließen, ↑festigen, festlegen, festschreiben.

ver|an|lagt ⟨Adj.⟩: *von Natur aus bestimmte Fähigkeiten oder Eigenschaften habend:* ein musikalisch veranlagtes Kind; sie ist etwas sentimental v. **sinnv.:** beschaffen, geartet, vorbelastet.

Ver|an|la|gung, die; -, -en: *Art und Weise, in der jmd. veranlagt ist:* die künstlerischen Fähigkeiten sind im allgemeinen eine Sache der V.; sein Neid ist eine krankhafte V. **sinnv.:** ↑Anlage, ↑Begabung, Gepräge.

ver|an|las|sen, veranlaßt, veranlaßte, hat veranlaßt ⟨tr.⟩: *auf irgendeine Weise dahin wirken, daß etwas Bestimmtes geschieht oder daß jmd. etwas Bestimmtes tut:* er veranlaßte eine genaue Prüfung des Vorfalls; niemand wußte, was ihn zu diesem Entschluß veranlaßt hatte; er fühlte sich veranlaßt *(verpflichtet),* auf die Folgen aufmerksam zu machen. **sinnv.:** ↑anhalten, ↑anleiern, ↑anregen, ↑beauftragen, bewegen, ↑nötigen, treiben; ↑verursachen.

ver|an|schau|li|chen ⟨tr.⟩: *(zum besseren Verständnis) anschaulich machen:* eine Beschreibung durch Bilder v. **sinnv.:** illustrieren, konkretisieren, personifizieren, vergegenständlichen, verkörpern, verlebendigen.

ver|an|schla|gen ⟨tr.⟩: *auf Grund einer Schätzung, einer vorläufigen Berechnung als voraussichtliche Anzahl, Summe o. ä. annehmen:* die Kosten für den Bau des Theaters wurden mit 50 Millionen veranschlagt; er hat für die Arbeiten 3 Wochen veranschlagt. **sinnv.:** ↑schätzen.

ver|an|stal|ten, veranstaltete hat veranstaltet ⟨tr.⟩: **1.** *als Verantwortlicher und Organisator stattfinden lassen, durchführen [lassen]:* ein Fest, eine Ausstellung v.; eine Umfrage v. **sinnv.:** abhalten, arrangieren, aufziehen, ausrichten, austragen, durchführen, geben, halten, inszenieren, organisieren, ↑unternehmen. **2.** (ugs.) *(etwas meist negativ Bewertetes) machen, vollführen:* Lärm v.; veranstalte bloß keinen Zirkus, wenn ich zu spät komme!

ver|ant|wor|ten, verantwortete, hat verantwortet: **a)** ⟨tr.⟩ *es auf sich nehmen, für die eventuell aus etwas sich ergebenden Folgen einzustehen:* eine Maßnahme v.; er wird sein Tun selbst v. müssen. **sinnv.:** ↑einstehen, ↑vertreten. **b)** ⟨sich v.⟩ *sein Verhalten oder seine Absicht einer Anklage oder einem Vorwurf gegenüber rechtfertigen:* er hatte sich wegen seiner Äußerung vor Gericht zu v. **sinnv.:** sich ↑wehren.

ver|ant|wort|lich ⟨Adj.⟩: **a)** *die Verantwortung tragend:* der verantwortliche Herausgeber einer Zeitschrift. **sinnv.:** ↑befugt, ↑haftbar. **Zus.:** allein-, eigen-, haupt-, mit-, unverantwortlich. **b)** *mit Verantwortung verbunden, Verantwortung mit sich bringend:* eine verantwortliche Stellung. **sinnv.:** verantwortungsvoll.

Ver|ant|wor|tung, die; -, -en: *Verpflichtung, eine Entscheidung, eine Verhaltensweise, eine Äußerung o. ä. zu verantworten:* die V. für etwas übernehmen, ablehnen; du kannst es auf meine V. tun. **sinnv.:** Rechenschaft, Verantwortlichkeit. **Zus.:** Allein-, Eigen-, Haupt-, Mitverantwortung.

ver|ar|bei|ten, verarbeitete, hat verarbeitet ⟨tr.⟩: **1.** *in einem Herstellungsprozeß (einen Rohstoff, ein Material) zu etwas Bestimmten gestalten, machen:* Gold zu Schmuck v.; sie verarbeitete den Stoff zu einem Mantel. **2.** *geistig bewältigen:* ein Buch in sich v.; ich muß die vielen neuen Eindrücke erst v. **sinnv.:** ↑überlegen.

ver|ar|gen ⟨tr.⟩ (geh.): ↑*übelnehmen:* man kann ihm nicht v., daß er sich absichern will.

ver|är|gern ⟨tr.⟩: *durch bestimmte Äußerungen, Verhaltensweisen in üble Laune, in gereizte Stimmung o. ä. bringen:* mit euren Bemerkungen habt ihr ihn verärgert; verärgert wandte er sich ab. **sinnv.:** ↑ärgern.

ver|arz|ten, verarztete, hat verarztet ⟨tr.⟩: *(jmdm.) bei einem leichten Unfall o. ä. Erste Hilfe leisten, sich seiner annehmen, ihn verbinden o. ä.:* er mußte den Kleinen verarzten. **sinnv.:** ↑behandeln.

ver|äu|ßern ⟨tr.⟩: *(etwas, was jmd. als Eigentum besitzt, worauf jmd. einen Anspruch hat) jmdm. übereignen, bes. verkaufen, es an jmdn. abtreten:* sie war gezwungen, ihren Schmuck zu v.; ehe er auswanderte, veräußerte er all seine Habe. **sinnv.:** ↑verkaufen. **Zus.:** weiterveräußern.

ver|ball|hor|nen ⟨tr.⟩ (ugs.): *entstellen, verdrehen, oft um eine komische Wirkung zu erzielen oder auch in der Absicht, etwas vermeintlich Falsches zu berichtigen:* ein Wort, einen Namen v.

Ver|band, der; -es, Verbände: **I.** *zum Schutz einer Wunde o. ä., zur Ruhigstellung dienende, in mehreren Lagen um einen Körperteil gewickelte Binde o. ä.:* die Krankenschwester legte ihm einen V. an. **sinnv.:** Bandage, ↑Binde. **Zus.:** Gips-, Schutz-, Streck-, Wundverband. **II. 1.** *größere Vereinigung, die (zur Durchsetzung gemeinsamer Interessen) durch Zusammenschluß von Vereinen oder Gruppen entsteht:* politische Verbände; einen V. gründen; einem V. angehören. **sinnv.:** ↑Genossenschaft. **Zus.:** Fach-, Interessen-, Journalisten-, Sport-, Zweckverband. **2.** *Zusammenschluß mehrerer kleinerer, militärischer Einheiten:* starke motorisierte Verbände. **sinnv.:** ↑Abteilung; ↑Armee; ↑Flotte; ↑Staffel. **Zus.:** Flotten-, Truppenverband.

ver|bạn|nen ⟨tr.⟩: *(als Strafe) aus dem Land weisen, an einen entlegenen Ort schicken und zwingen, dort zu bleiben:* jmdn. auf eine ferne Insel v.; er wurde aus seinem Vaterland verbannt. **sinnv.:** ↑ausweisen.

ver|bau|en ⟨tr.⟩: **1.** *durch Bauen versperren:* jmdm. die Aussicht v. **2.** *beim Bauen verwenden:* Holz, Steine v.; sie haben ihr ganzes Geld verbaut *(beim Bauen verbraucht).* **3.** *falsch und unzweckmäßig bauen:* der Architekt hat das Haus völlig verbaut; ein verbautes Haus.

ver|bẹr|gen, verbirgt, verbarg, hat verborgen /vgl. verborgen/ ⟨tr.⟩: **1.** *für eine gewisse Zeit fremden [suchenden] Blicken entziehen:* etwas unter seinem Mantel v.; er suchte sein Gesicht, seine Tränen zu v.; der Flüchtling verbarg sich im Wald. **sinnv.:** ↑verstecken. **2.** *(jmdn.) aus irgendeinem Grund nicht wissen lassen; dem Wissen, der Kenntnis anderer entziehen:* sie verbarg ihm ihre wahre Meinung; er hat nichts zu v. **sinnv.:** ↑schweigen.

ver|bẹs|sern: 1. a) ⟨tr.⟩ *verändern und dadurch besser machen:* eine Erfindung v.; seine wirtschaftliche Lage v. **sinnv.:** anheben, aufbessern, ↑aufpolieren, ↑ausbauen, ↑bessern, erneuern, ↑kultivieren, reformieren, revolutionieren, ↑sanieren, ↑verfeinern; ↑vervollständigen. **b)** ⟨tr.⟩ *von Fehlern, Mängeln befreien:* einen Aufsatz, jmds. Stil v. **sinnv.:** ↑berichtigen; ↑frisieren. **c)** ⟨tr.⟩ *(einen Fehler o. ä.) beseitigen:* einen Druckfehler v. **sinnv.:** ↑berichtigen. **d)** ⟨sich v.⟩ *besser, vollkommener werden:* die Verhältnisse haben sich entscheidend verbessert; er hat sich in verschiedenen Fächern verbessert. **sinnv.:** ↑aufwärtsgehen, sich ↑bessern; **2.** ⟨sich v.⟩ *in eine bessere wirtschaftliche Lage kommen; sich eine bessere Stellung verschaffen:* er wollte sich v. **sinnv.:** sich vorarbeiten. **3.** ⟨tr.⟩ *(bei jmdm., sich) eine als unzutreffend, fehlerhaft o. ä. erkannte Äußerung richtigstellen, berichtigen:* ich muß mich v.; du darfst ihn nicht ständig v. **sinnv.:** ↑berichtigen.

ver|beu|gen, sich: *(vor jmdm.) zum Gruß, zum Zeichen seiner Dankbarkeit o. ä. eine Verbeugung machen:* sich tief v. **sinnv.:** sich ↑verneigen.

Ver|beu|gung, die; -, -en: *das Sichverbeugen:* eine V. machen. **sinnv.:** Bückling, Diener, Kompliment, Verneigung; Knicks.

ver|bie|gen, verbog, hat verbogen: **a)** ⟨tr.⟩ *durch Biegen aus der Form bringen, krumm [und dadurch unbrauchbar, unansehnlich] machen:* ein Stück Draht, einen Nagel v. **b)** ⟨sich v.⟩ *durch Sichbiegen aus der Form geraten, krumm oder eingedrückt [und dadurch unbrauchbar, unansehnlich] werden:* die Schienen haben sich verbogen.

ver|bie|ten, verbot, hat verboten: **1.** ⟨tr.⟩ *für nicht erlaubt, für unzulässig erklären; zu unterlassen gebieten:* er hat ihm verboten, sie zu besuchen; du hast mir nichts zu v.; Betreten verboten. **sinnv.:** indizieren, untersagen, versagen, verwehren. **2.** ⟨sich v.⟩ *nicht in Betracht kommen, ausgeschlossen sein:* so etwas verbietet sich [von selbst].

ver|bịn|den, verband, hat verbunden: **1.** ⟨tr.⟩ *mit einer Binde oder einem Verband versehen:* jmdm. die Augen v.; eine Wunde v.; die Verwundeten mußten verbunden werden. **sinnv.:** bandagieren, einbinden, umwickeln, einen Verband anlegen. **2. a)** ⟨tr.⟩ *untereinander in Berührung, Kontakt bringen, zusammenbringen, -halten und [zu einem Ganzen] zusammenfügen:* zwei Drähte [durch Löten] miteinander v. **b)** ⟨sich v.⟩ *mit etwas zusammen-, in Kontakt kommen und dabei etwas Neues ergeben:* Natrium und Chlor verbinden sich zu Kochsalz. **3.** ⟨tr.⟩ *(durch etwas zwei Dinge oder Teile) zusammenbringen, miteinander in Kontakt bringen, in engere Beziehung zueinander setzen:* zwei Stadtteile mit einer Brücke v.; beide Orte wurden durch eine Buslinie miteinander verbunden. **4.** ⟨tr.⟩ *(jmdm.) ein Telefongespräch vermitteln:* verbinden Sie mich bitte mit meinem Büro; einen Augenblick, ich verbinde Sie. **5. a)** ⟨tr.⟩ *(zwei Dinge, die nicht notwendig zusammengehören) zugleich haben oder tun:* er verbindet Großzügigkeit mit einer gewissen Strenge; sie verbindet immer das Praktische mit dem Schönen. **sinnv.:** ↑verknüpfen. **b)** ⟨sich v.⟩ *mit etwas zusammenkommen, zusammen auftreten [und dabei zu etwas Neuem werden]:* bei ihm verbinden sich Mut und Besonnenheit; damit sind große Probleme verbunden. **sinnv.:** sich ↑vereinen. **6.** ⟨tr.⟩ *eine Beziehung zwischen Personen herstellen und aufrechterhalten, die Grundlage einer Beziehung zu jmdm. sein:* mit ihm verbinden mich, uns verbinden gemeinsame Interessen; sie verbindet nichts mehr; sie waren freundschaftlich miteinander verbunden. **7.** ⟨sich v.⟩ *sich (zu einem Bündnis, einer Partnerschaft o. ä.) zusammentun:* die Studenten wollten sich mit den Arbeitern verbinden; sich mit jmdm. ehelich v. **sinnv.:** sich ↑liieren; sich ↑verbünden. **8. a)** ⟨tr.⟩ *in einen [assoziativen] Zusammenhang (mit etwas) bringen:* ich verbinde mit diesem Wort, Bild etwas anderes als du. **sinnv.:** ↑verknüpfen. **b)** ⟨sich v.⟩ *(mit etwas) in einem [assoziativen] Zusammenhang stehen:* mit dieser Melodie verbinden sich [für mich] schöne Erinnerungen.

ver|bịnd|lich ⟨Adj.⟩: **1.** *persönliches, freundliches Entgegenkommen zeigend, spüren lassend:* verbindliche Worte; er lächelte v. **sinnv.:** ↑freundlich. **2.** *durch eine bindende Zusage, Erklärung festgelegt; eine Verpflichtung, ein Versprechen enthaltend:* eine verbindliche Zusage; das Abkommen wurde für v. erklärt. **sinnv.:** bindend, ↑definitiv, ↑endgültig, feststehend, obligatorisch, ↑unabänderlich, unwiderruflich, verpflichtend.

ver|bịs|sen ⟨Adj.⟩: **1. a)** *allzu hartnäckig und zäh, nicht bereit nachzugeben, aufzugeben:* ein verbissener Gegner; er kämpfte v. um seinen Vorteil. **sinnv.:** ↑beharrlich. **b)** *von innerer Verkrampftheit, Angespanntheit zeugend:* ein verbissenes Gesicht; v. dreinschauen. **sinnv.:** stur, unfrei, verkrampft, verspannt. **2.** (ugs.) *nicht großzügig und tolerant, sondern unfrei und kleinlich, pedantisch:* das darf man alles nicht so v. nehmen. **sinnv.:** ↑engherzig.

ver|bịt|ten, sich, verbat sich, hat sich verbeten: *die Unterlassung (von etwas) energisch verlangen:* ich verbitte mir solche Frechheiten.

ver|bịt|tert ⟨Adj.⟩: *von [ständigem] Groll gegen das eigene, als allzu hart empfundene Schicksal oder gegen eine als ungerecht o. ä. empfundene Behandlung erfüllt:* eine verbitterte alte Frau; er war v. über seine Entlassung. **sinnv.:** ↑herb; ↑unzufrieden.

ver|blas|sen, verblaßt, verblaßte, ist verblaßt ⟨itr.⟩: **a)** *in der, als Farbe an Intensität verlieren; blaß werden:* die Farben, die Tapeten sind schon etwas verblaßt. **sinnv.:** abblassen, ausbleichen, bleichen, schießen, verbleichen, verschießen. **b)** *im Bewußtsein undeutlich werden:* die Erinnerungen an die Kindheit verblaßten immer mehr.

ver|blen|den, verblendete, hat verblendet ⟨tr.⟩: **I.** *bewirken, daß jmd. die Einsicht, die richtige Einschätzung der Lage verliert, nicht mehr vernünftig überlegt:* der Ruhm hat ihn ganz verblendet; er ist ganz verblendet. **II.** *(mit schönerem, wertvollerem Material) verkleiden:* ein Gebäude, eine Fassade mit Aluminium v. **sinnv.:** ↑auskleiden.

ver|blüf|fen ⟨tr.⟩: *(jmdn.) so überraschen, daß er sprachlos ist, die Sache gar nicht richtig beurteilen kann:* ihre Antwort verblüffte uns; mancher Käufer läßt sich durch die niedrigen Preise v.; er hat eine verblüffende Ähnlichkeit mit seinem Bruder; er stand verblüfft da. **sinnv.:** ↑erstaunen · ↑außergewöhnlich · ↑ausgefallen · ↑erstaunlich · ↑sprachlos.

ver|blü|hen, verblühte, ist verblüht ⟨itr.⟩: *zu blühen aufhören und zu welken beginnen:* die Blumen verblühen schon, sind verblüht.

ver|blu|ten, verblutete, ist verblutet ⟨itr.⟩: *durch starken Blutverlust sterben:* er ist an der Unfallstelle verblutet.

ver|bor|gen: I. ⟨tr.⟩: *jmdm. (etwas) vorübergehend zur Benutzung geben:* ich verborge nicht gerne meine Sachen. **sinnv.:** verleihen; ↑leihen. **II.** ⟨Adj.⟩ **1.** *abgelegen und deshalb nicht leicht auffindbar:* ein verborgenes Tal. **sinnv.:** ↑einsam. **2.** *nicht sichtbar, nicht ohne weiteres als vorhanden feststellbar, erkennbar:* überall lauern verborgene Gefahren; es bleibt nichts v. **sinnv.:** ↑latent · Schlupfwinkel.

Ver|bot, das; -[e]s, -e: *von einer dazu befugten Stelle oder Person ausgehende Anordnung, die etwas zu tun verbietet, etwas für unzulässig, für nicht erlaubt erklärt:* das V. der Kinderarbeit; ein strenges V.; ein V. übertreten; er verstieß gegen das ausdrückliche V. des Arztes zu rauchen. **sinnv.:** Interdikt, Tabu, Untersagung. **Zus.:** Alkohol-, Ausfuhr-, Ausgeh-, Bau-, Berufs-, Druck-, Halte-, Haus-, Jugend-, Schreib-, Sprech-, Start-, Überhol-, Zutrittsverbot.

ver|brä|men ⟨tr.⟩: **1.** *am Rand, Saum mit etwas versehen, was ziert, verschönert:* einen Mantel mit Pelz v. **2.** *etwas Negatives, Ungünstiges durch etwas Positives, Beschönigendes abschwächen, weniger spürbar werden lassen:* eine negative Beurteilung durch höfliche Floskeln zu v. suchen; wissenschaftlich verbrämter Unsinn. **sinnv.:** ↑beschönigen.

Ver|brauch, der; -[e]s: **a)** *das Verbrauchen:* diese Seife ist sparsam im V. **sinnv.:** Konsum, Konsumation, Verschleiß, Verzehr. **Zus.:** Bier-, Benzin-, Brennstoff-, End-, Energie-, Massen-, Normal-, Strom-, Tagesverbrauch. **b)** *verbrauchte Menge, Anzahl o. ä. von etwas:* der V. an Butter ist gestiegen; den V. von etwas steigern, drosseln.

ver|brau|chen 1. ⟨tr.⟩ **a)** *[regelmäßig] (eine gewisse Menge von etwas) nehmen und für einen bestimmten Zweck verwenden:* sie haben viel Strom verbraucht; für das Kleid verbrauchte sie drei Meter Stoff. **sinnv.:** brauchen. **b)** *allmählich, nach und nach aufzehren:* sie hatten alle ihre Vorräte verbraucht; das letzte Stück Seife war inzwischen verbraucht. **sinnv.:** aufbrauchen, aufzehren, ↑durchbringen, erschöpfen, konsumieren, verfahren, ↑loswerden, vergeuden, verkonsumieren. **2.** ⟨tr.⟩ *durch häufiges Gebrauchen, Anwenden, Verwenden [bis zur Unbrauchbarkeit] abnutzen, verschleißen o. ä.:* das Material ist nach einer gewissen Zeit verbraucht und brüchig. **sinnv.:** ↑abnutzen, abschreiben. **3.** ⟨sich v.⟩ *seine Kräfte erschöpfen; sich abarbeiten und nicht mehr leistungsfähig sein:* sich in der Arbeit völlig v. **sinnv.:** ↑entkräften.

Ver|brau|cher, der; -s, -, **Ver|brau|che|rin,** die; -, -nen: *männliche bzw. weibliche Person, die Waren kauft und verbraucht.* **sinnv.:** ↑Konsument. **Zus.:** End-, Groß-, Normalverbraucher.

Ver|bre|chen, das; -s, -: **a)** *Handlung, die so schwer gegen das Gesetz verstößt, daß sie sehr hoch bestraft wird:* ein schweres, grauenvolles V.; das V. wurde noch nicht aufgeklärt. **sinnv.:** Bluttat, ↑Delikt, Gewalttat, ↑Greuel, ↑Laster, Straftat; ↑Verstoß. **Zus.:** Gewalt-, Kapital-, Kriegs-, Sexual-, Sittlichkeits-, Wirtschaftsverbrechen. **b)** *verabscheuenswürdige, verantwortungslose Handlung:* Kriege sind ein V. an der Menschheit; es ist ein V., Kinder auf so grausame Weise zu strafen.

Ver|bre|cher, der; -s, -, **Ver|bre|che|rin,** die; -, -nen: *männliche bzw. weibliche Person, die ein Verbrechen begangen hat:* der Verbrecher konnte bisher nicht gefaßt werden. **sinnv.:** ↑Attentäter, Bandit, Delinquent, Element, Frevler, Gangster, Ganove, Gesetzesbrecher, Gewalttäter, Krimineller, Mafioso, Missetäter, ↑Mörder, Rechtsbrecher, Sittenstrolch, Straffälliger, Täter, Triebtäter, Übeltäter, Unhold. **Zus.:** Berufs-, Gewalt-, Gewohnheits-, Kriegs-, Schwer-, Sittlichkeitsverbrecher.

ver|brei|ten, verbreitete, hat verbreitet: **1. a)** ⟨tr.⟩ *etwas an viele Leute weitergeben, so daß es bald in einem weiten Umkreis bekannt ist:* ein Gerücht v.; sie verbreiteten sofort die Nachricht im Dorf. **sinnv.:** aufbringen, ausposaunen, aussprengen, ausstreuen, breittreten, einführen, an die große Glocke hängen, herumerzählen, herumtragen, unter die Leute bringen, in Umlauf bringen, in die Welt setzen; ↑mitteilen. **b)** ⟨sich v.⟩ *in einem weiten Umkreis bekannt werden, in Umlauf kommen:* die Nachricht verbreitete sich durch die Presse; sein Ruf verbreitete sich schnell. **2. a)** ⟨tr.⟩ *in einen weiten Umkreis gelangen lassen:* die Tiere verbreiteten Krankheiten. **sinnv.:** ↑übertragen. **b)** ⟨sich v.⟩ *sich in einem weiten Umkreis ausdehnen, ausbreiten, um sich greifen:* ein übler Geruch verbreitete sich im ganzen Haus; die Krankheit verbreitete sich über das ganze Land. **sinnv.:** sich ↑ausbreiten; ↑entweichen. **3.** ⟨tr.⟩ *durch sich selbst seiner Umgebung mitteilen; von sich ausgehen lassen:* sie verbreiteten Angst und Schrecken; er verbreitet Ruhe und Heiterkeit [um sich]. **sinnv.:** ↑ausstrahlen. **4.** ⟨sich v.⟩ *(über etwas) ausführlich, weitschweifig schreiben oder sprechen:* in seiner Einleitung verbreitete er sich über die historischen Voraussetzungen. **sinnv.:** sich ↑äußern.

ver|brei|tern, verbreiterte, hat verbreitert: **a)** ⟨tr.⟩ *breiter machen:* eine Straße, einen Weg v. **sinnv.:** ↑erweitern. **b)** ⟨sich v.⟩ *breiter werden:* nach vorne hin verbreiterte sich die Bühne.

ver|bren|nen, verbrannte, hat/ist verbrannt: **1.** ⟨itr.⟩: **a)** *vom Feuer verzehrt, vernichtet, getötet werden:* bei dem Feuer ist ihre ganze Einrichtung verbrannt; drei kleine Kinder sind in der Wohnung verbrannt. **b)** *(beim Braten o. ä.) durch zu große Hitze verderben, unbrauchbar, ungenießbar werden:* der Braten ist total verbrannt. **2.** ⟨itr.⟩ *unter der sengenden Sonne völlig ausdorren:* die Vegetation ist [von der glühenden Hitze] völlig verbrannt. **3.** ⟨tr.⟩ *vom Feuer verzehren, vernichten lassen:* er hat Holz, Papier verbrannt; eine Leiche v. **sinnv.:** abbrennen, ↑einäschern, in Flammen aufgehen lassen, niederbrennen, in Schutt und Asche legen. **4. a)** ⟨itr.⟩ *durch übermäßige Hitze beschädigen, verletzen:* ich habe mir die Hand verbrannt. **b)** ⟨sich v.⟩ *sich eine Brandwunde zuziehen:* er hat sich an dem heißen Metall verbrannt.

ver|brin|gen, verbrachte, hat verbracht ⟨itr.⟩: *sich (eine bestimmte Zeit an einem bestimmten Ort) aufhalten oder (die Zeit in einer bestimmten Weise) vergehen lassen:* sie verbringen ihren Urlaub an der See; er hatte die Zeit mit Warten verbracht; er verbrachte den Abend in angenehmer Gesellschaft. **sinnv.:** sich ↑aufhalten; ↑herumkriegen.

ver|bum|meln, verbummelte, hat/ist verbummelt (ugs.): **a)** ⟨tr.⟩ *nutzlos verbringen:* er hat die letzten Monate, das ganze Semester verbummelt. **b)** ⟨itr.⟩ *aus Faulheit, Leichtsinn o. ä. nichts Rechtes mehr leisten, arbeiten und so herunterkommen:* er ist immer mehr verbummelt. **sinnv.:** ↑verwahrlosen. **c)** ⟨tr.⟩ *aus Faulheit, Leichtsinn o. ä. versäumen, verlieren, verlegen, vergessen. o. ä.:* eine Rechnung, seinen Schlüssel v.; er hat die Anmeldung verbummelt. **sinnv.:** ↑vergessen; ↑verlieren.

ver|bün|den, sich; verbündete sich, hat sich verbündet: *ein Bündnis schließen; sich zu einem [militärischen] Bündnis zusammenschließen:* er hat sich mit ihm gegen uns verbündet; die beiden Länder waren verbündet. **sinnv.:** sich alliieren, sich ↑anschließen, sich assoziieren, fusionieren, eine Fusion eingehen, sich integrieren, koalieren, eine Koalition eingehen, gemeinsame Sache machen, sich verbinden, sich vereinigen, mit jmdm. zusammengehen, sich zusammenrotten, sich zusammentun.

ver|bür|gen: 1. ⟨tr.⟩ *die Gewähr geben, daß etwas geschieht, eintritt, dafür garantieren:* eine gute Werbung verbürgt den guten Absatz der Ware; eine verbürgte *(sichere, bewiesene)* Tatsache. **sinnv.:** ↑einstehen. **2.** ⟨sich v.⟩ *(von jmds. guten Eigenschaften, von der Wahrheit, Richtigkeit einer Sache) überzeugt sein und mit seiner Person eine Sicherheit dafür bieten:* ich verbürge mich für ihn, für seine Anständigkeit; dafür kann ich mich v. **sinnv.:** ↑gewährleisten.

ver|bü|ßen ⟨tr.⟩: *(eine Freiheitsstrafe) in ihrer ganzen Dauer ableisten:* er hat eine Strafe von drei Wochen Gefängnis verbüßt. **sinnv.:** absitzen, ↑sitzen.

Ver|dacht, der; -[e]s: **1.** *argwöhnische, dahin gehende Vermutung, daß jmd. eine heimliche [böse] Absicht verfolge oder in einer bestimmten Angelegenheit der Schuldige sei:* V. schöpfen; er hatte einen bestimmten V.; der V. richtete sich nicht gegen ihn, sondern gegen seinen Freund; sein Verhalten brachte ihn in den V. der Untreue. **sinnv.:** ↑Argwohn; ↑Skrupel; ↑Zweifel. **Zus.:** Flucht-, Mord-, Tatverdacht. **2.** * **V. auf** *(die Befürchtung, Annahme, begründete Vermutung auf):* er kam mit V. auf Krebs ins Krankenhaus; vgl. -verdächtig.

ver|däch|tig ⟨Adj.⟩: *durch seine Erscheinung oder sein Tun zu einem bestimmten Verdacht Anlaß gebend; in einer bestimmten Hinsicht fragwürdig, nicht geheuer:* eine verdächtige Person; ein verdächtiges Geräusch; die Sache ist mir v.; durch sein Verhalten machte er sich v. **sinnv.:** ↑anrüchig; ↑lichtscheu. **Zus.:** flucht-, mord-, olympia-, tatverdächtig.

-ver|däch|tig ⟨adjektivisches Suffixoid⟩ **1.** *auf Grund der Gegebenheiten mit dem im Basiswort Genannten rechnen könnend; die Aussicht habend, das im Basiswort Genannte zu werden, zu bekommen:* bestseller-, gold- (die Hochspringerin ist goldverdächtig = *könnte vielleicht eine Goldmedaille bekommen*), hit- (ein hitverdächtiger Song = *ein Song, der vielleicht ein Hit wird*), medaillen-, minister- *(vielleicht Minister werdend),* nobelpreis- *(vielleicht den Nobelpreis bekommend),* ohrwurm-, olympia- *(in der sportlichen Leistung besonders gut [so gut, daß die Teilnahme an der Olympiade möglich scheint]),* oscar- *(= wird vielleicht einen Oscar bekommen),* preis- (ein preisverdächtiger Film), prominenz- (prominenzverdächtige Person = *Person, die vielleicht prominent wird*), rekord-, star-, zwölfendkampfverdächtig. **sinnv.:** -schwanger, -trächtig. **2.** *eine bestimmte, im Basiswort genannte Vermutung, Befürchtung, einen Verdacht in bezug auf jmdn./etwas nahelegend:* anarcho-, anstoß- (anstoßverdächtige Bekenntnisse = *Bekenntnisse, die Anstoß erregen könnten*), erneuerungs- (eine erneuerungsverdächtige Batterie), intelligenz- (Kinder von Akademikern sind intelligenzverdächtig), links-, munitions- (munitionsverdächtiges Gebiet = *Gebiet, in dem Munition gelagert sein könnte*), plagiat-, pleite-, putsch-, schneebrett-, universalienverdächtig.

ver|däch|ti|gen ⟨tr.⟩: *(von jmdm.) annehmen, er verfolge eine bestimmte böse Absicht oder habe sich einer bestimmten unerlaubten Handlung schuldig gemacht:* man verdächtigte ihn des Diebstahls; man hatte sie zu Unrecht verdächtigt. **sinnv.:** anklagen, anschuldigen, belasten, beschuldigen, bezichtigen, jmdm. etwas zur Last legen, jmdm. schuld/die Schuld geben, jmdm. die Schuld in die Schuhe schieben, jmdm. etwas unterjubeln / unterschieben / unterstellen, jmdn. für etwas verantwortlich machen, zeihen.

ver|dam|men ⟨tr.⟩: *mit Nachdruck für schlecht, verwerflich oder strafwürdig erklären, vollständig verurteilen, verwerfen:* seine Einstellung wurde von allen verdammt; ich will niemanden v. **sinnv.:** ↑brandmarken.

ver|dan|ken ⟨tr.⟩: *(jmdn./etwas) [dankbar] als Urheber, Bewirker o. ä. von etwas anerkennen; (jmdm. für etwas) Dank schulden:* wir verdanken ihm unsere Rettung; die Erhaltung der Statue war einem besonderen Umstand zu v. *(zuzuschreiben).* **sinnv.:** jmdm. etwas danken/zu danken haben, jmdm. zu Dank verpflichtet sein, jmdm. etwas schulden.

ver|dau|en ⟨tr.⟩: *(aufgenommene Nahrung) im Körper auflösen und in verwertbare Stoffe verwandeln:* er hatte das Essen noch nicht verdaut; Erbsen sind schwer zu v.

Ver|deck, das; -[e]s, -e: **a)** *oberstes Deck eines Schiffes.* **b)** *Dach eines Wagens, das meist zurückgeschoben, aufgeklappt werden kann:* das V. seines Autos zurückschlagen. **Zus.:** Sonnenverdeck.

ver|decken ⟨tr.⟩: **a)** *sich vor etwas befinden und dadurch verhindern, daß man es sieht:* die Bäume verdecken das Haus; die Hochhäuser verdeckten die Sicht auf die Kirche. **b)** *so bedekken, zudecken o. ä., daß es nicht mehr sichtbar, den Blicken entzogen ist:* er verdeckte die Karte mit der Hand. **sinnv.:** ↑bedekken; ↑übermalen; ↑verstecken.

ver|der|ben, verdirbt, verdarb, hat/ist verdorben: **1. a)** ⟨itr.⟩ *durch Aufbewahren über die Dauer der Haltbarkeit hinaus schlecht, ungenießbar werden:* das ganze Obst war verdorben; **sinnv.:** ↑faulen. **b)** ⟨tr.⟩ *durch falsche Behandlung o. ä. unbrauchbar, zunichte machen:* das Essen mit zuviel Salz v.; mit diesem Waschmittel hast du das Kleid verdorben. **sinnv.:** schmeißen, verbocken, verfälschen, verkorksen, vermasseln, vermurksen, verpatzen, verpfuschen, versauen. **2.** ⟨sich v.⟩ *sich (an einem Körperteil, Organ o. ä.) einen Schaden, eine Schädigung zuziehen:* du wirst dir durch das Lesen bei schlechter Beleuchtung die Augen v.; ich habe mir den Magen verdorben. **3.** ⟨tr.⟩ *zunichte machen; durch sein Verhalten dafür sorgen, daß aus einer Sache nichts wird:* jmdm. die Freude an etwas v.; er hat ihm alles, die gute Laune, den ganzen Abend verdorben. **4.** ⟨tr.⟩ *(auf jmdn.) einen schlechten Einfluß ausüben, ihn (bes. in sittlich-moralischer Hinsicht) negativ beeinflussen:* diese Leute haben ihn verdorben; ein verdorbener Geschmack.

ver|deut|li|chen ⟨tr.⟩: *durch Veranschaulichung besser verständlich, deutlicher, klarer machen:* seinen Standpunkt an einem Beispiel v. **sinnv.:** präzisieren; ↑begründen.

ver|die|nen: 1. ⟨tr.⟩ *(eine bestimmte Summe) als entsprechenden Lohn für eine bestimmte Leistung oder für eine bestimmte Tätigkeit erhalten, als Gewinn erzielen:* in diesem Beruf verdient man viel Geld; der Händler verdient 50 % an einigen Waren; ich habe mir das Studium selbst verdient *(das Geld fürs Studium durch eigene Arbeit beschafft).* **sinnv.:** absahnen, bekommen, beziehen, ↑einnehmen, erhalten, erlösen, erwerben, Geld machen, an das große Geld herankommen, kriegen, scheffeln. **2.** ⟨itr.⟩ *zu Recht bekommen; seiner Beschaffenheit, seinem Handeln o. ä. gemäß einer bestimmten Einschätzung würdig, wert sein:* seine Tat verdient Anerkennung; er verdient kein Vertrauen; dieses Schicksal hat er nicht verdient; er hat diese Frau nicht verdient.

Ver|dienst: I. der; -es: *durch Arbeit erworbenes Geld, Einkommen:* er hat einen hohen V.; er gibt fast seinen ganzen V. an die Eltern ab. **sinnv.:** ↑Gehalt. **Zus.:** Arbeits-, Brutto-, Jahres-, Nebenverdienst. **II.** das; -es, -e: *Tat, Leistung, durch die sich jmd. verdient macht und sich Anspruch auf Anerkennung erwirbt:* sein V. um die Wissenschaft ist sehr groß; das V. für diese Erfindung gebührt ihm allein; du hast dir große Verdienste um die Stadt erworben *(hast Großes für die Stadt geleistet).* **sinnv.:** Großtat, Leistung, Meriten.

ver|dop|peln: a) ⟨tr.⟩ *auf die doppelte Anzahl, Menge, Größe o. ä. bringen, um dasselbe Maß o. ä. vermehren:* den Einsatz, die Geschwindigkeit v. **b)** ⟨sich v.⟩ *doppelt so groß werden wie bisher:* der Ertrag der Felder hat sich mehr als verdoppelt.

ver|dor|ren, verdorrte, ist verdorrt ⟨itr.⟩: *[durch große Hitze] völlig trocken, dürr werden:* die Felder sind in der Hitze verdorrt; verdorrte Blumen und Sträucher.

ver|drän|gen ⟨tr.⟩: **1.** *(von einer Stelle) drängen, nicht mehr (an seinem Platz) lassen:* er wollte mich aus meiner Stellung v. **sinnv.:** abdrängen, ausbooten, ausstechen, beiseite drängen/schieben/stoßen, entmachten, aus dem Feld schlagen, jmdn. aus dem Sattel heben, zur Seite drängen, unterbuttern, jmdn. an die Wand drängen/drücken/spielen, wegdrängen, wegschieben. **2.** *(etwas Unangenehmes Bedrängendes) unbewußt aus dem Bewußtsein ausscheiden:* einen Wunsch, ein Erlebnis v. **sinnv.:** ↑unterdrücken.

ver|dre|hen ⟨tr.⟩: **1.** *[durch Drehen] aus seiner natürlichen Stellung, Haltung in eine ungewohnte, unbequeme Stellung bringen:* den Kopf, die Augen v.; er verdrehte ihm den Arm. **2.** *den Sinn (von etwas) entstellen, unrichtig wiedergeben; falsch auslegen:* er hat deine Worte ganz verdreht. **sinnv.:** ↑verfälschen.

ver|drieß|lich ⟨Adj.⟩: **a)** *leicht verärgert; nicht in der besten Laune [und das in Miene und Verhalten zum Ausdruck bringend]:* ein verdrießliches Gesicht; v. packte er die nicht verkauften Sachen wieder ein. **sinnv.:** ↑mißmutig. **b)** *Verdruß bereitend:* eine verdrießliche Angelegenheit. **sinnv.:** ↑unangenehm; ↑unerfreulich.

ver|dros|sen ⟨Adj.⟩: *durch etwas um seine gute Laune gebracht und seine Verstimmung in Mißmut, Lustlosigkeit deutlich werden lassend:* er war sehr v.; ein verdrossenes Gesicht; v. machte er sich wieder an seine Arbeit. **sinnv.:** ↑mißmutig.

ver|drücken (ugs.): **1.** ⟨sich v.⟩ *sich unauffällig, heimlich entfernen:* der hat sich wohl verdrückt. **sinnv.:** ↑weggehen. **2.** ⟨tr.⟩ *(etwas) [hastig] aufessen:* er hat schon ein ganzes Huhn verdrückt. **sinnv.:** ↑aufessen.

Ver|druß, der; Verdrusses: *durch Unzufriedenheit, Ärger, Enttäuschung hervorgerufenes anhaltendes, nagendes Unlustgefühl:* etwas bereitet jmdm. viel V.; er war voll V. darüber. **sinnv.:** ↑Unannehmlichkeit.

ver|dün|nen ⟨tr.⟩: *(etwas Flüssiges) durch Hinzufügen von Wasser o. ä. dünnflüssig, weniger stark machen:* Wein, Milch v.; eine Medizin v. **sinnv.:** panschen, strecken, verlängern, verwässern.

ver|dun|sten, verdunstete, ist verdunstet ⟨itr.⟩: *in einen gasförmigen Zustand, bes. in Wasserdampf übergehen; sich in Dunst auflösen:* das Wasser ist verdunstet. **sinnv.:** verdampfen, verfliegen, sich verflüchtigen.

ver|dur|sten, verdurstete, ist

verdurstet ⟨itr.⟩: *aus Mangel an trinkbarer Flüssigkeit sterben, zugrunde gehen:* sie sind in der Wüste verdurstet. **sinnv.:** ↑sterben.

ver|dutzt ⟨Adj.⟩ (ugs.): *von etwas Unerwartetem verwirrt, irritiert, so daß man nicht recht begreift, was vorgeht:* er war ganz v.; er machte ein verdutztes Gesicht. **sinnv.:** ↑sprachlos.

ver|eh|ren ⟨tr.⟩: **1. a)** *jmdn. sehr hoch schätzen, bewundern und ihm – aus einer gewissen Distanz – mit Ehrerbietung begegnen:* er verehrte seinen Lehrer; unser verehrter Herr Präsident. **sinnv.:** ↑achten, anbeten, anhimmeln, aufblicken/aufschauen/aufsehen zu, zu Füßen liegen, hochachten, hochschätzen, vergöttern; ↑lieben · ↑Ehrfurcht. **b)** *als göttliches Wesen ansehen und ihm einen Kult weihen:* die Griechen verehrten viele Götter. **sinnv.:** anbeten; ↑heiligen. **2.** (scherzh.) *jmdm. etwas schenken, als freundliche Geste überreichen:* er verehrte der Gastgeberin einen Blumenstrauß. **sinnv.:** ↑schenken.

ver|ei|di|gen ⟨tr.⟩: *durch einen Eid verpflichten:* die Zeugen wurden vereidigt; der Präsident wurde auf die Verfassung vereidigt. **sinnv.:** durch Eid verpflichten, unter Eid nehmen, in Pflicht nehmen, vereiden · ↑Eid.

Ver|ein, der; -s, -e: **1.** *Organisation, in der sich Personen mit bestimmten gemeinsamen Interessen, Zielen zu gemeinsamem Tun zusammengeschlossen haben:* einen V. gründen; in einen V. eintreten; ein V. für Menschenrechte. **sinnv.:** ↑Vereinigung. **Zus.:** Alpen-, Bürger-, Lese-, Kunst-, Musik-, Ruder-, Sport-, Turn-, Wohltätigkeitsverein. **2.** *** im V. mit** *(zusammen, im Zusammenwirken mit):* im V. mit dem Roten Kreuz versuchte man zu helfen, die Not zu lindern. **sinnv.:** ↑gemeinsam.

ver|ein|ba|ren ⟨tr.⟩: *durch gemeinsamen Beschluß festlegen:* ein Treffen v.; er kam, wie vereinbart, am Abend des gleichen Tages; sie vereinbarten, daß ... **sinnv.:** abmachen, abschließen, absprechen, ausmachen, ↑festlegen, ↑übereinkommen, verabreden.

Ver|ein|ba|rung, die; -, -en: **1.** *das Vereinbaren von etwas:* die V. einer Zusammenkunft; eine V. treffen. **sinnv.:** Abmachung, Abschluß, Absprache, Verabredung. **2.** *das Vereinbarte:* sich an eine V. halten. **sinnv.:** Abkommen, Absprache, Arrangement, Gentleman's Agreement, Kompromiß, Kontrakt, Modus vivendi, Pakt, Übereinkunft, Verabredung, Vertrag.

ver|ei|nen (geh.): **1.** ⟨tr.⟩ *zu einer größeren Einheit zusammenfassen:* die Unternehmen zu einem Konzern, in einem Dachverband v.; mit vereinten Kräften. **sinnv.:** ↑vereinigen. **2.** ⟨tr.⟩ *in Übereinstimmung, Einklang bringen:* diese Gegensätze ließen sich nicht v. **sinnv.:** einen, unter einen Hut bringen, vereinigen. **3.** ⟨sich v.⟩ *in jmdm., einer Sache gemeinsam vorhanden sein, sich verbinden:* Schönheit und Zweckmäßigkeit haben sich, sind in diesem Bau vereint. **sinnv.:** sich verbinden, zusammenkommen.

ver|ein|fa|chen ⟨tr.⟩: *einfacher machen:* ein Verfahren, eine Methode v. **sinnv.:** ↑rationalisieren, simplifizieren, versimpeln.

ver|ein|heit|li|chen ⟨tr.⟩: *einheitlich machen:* Maße, Normen v. **sinnv.:** ↑normen.

ver|ei|ni|gen: 1. a) ⟨tr.⟩ *zu einer Einheit zusammenfassen:* verschiedene Unternehmen v.; er vereinigte sehr gegensätzliche Eigenschaften in sich. **sinnv.:** einen, integrieren, organisieren, paaren, vereinen, ↑versammeln, verschmelzen, zusammenschließen. **b)** ⟨sich v.⟩ *sich zu einem größeren Ganzen verbinden:* aus wirtschaftlichen Gründen vereinigten sich zwei kleinere zu einem großen Orchester. **sinnv.:** sich ↑verbünden. **2.** ⟨tr.⟩ *in Übereinstimmung bringen:* sein Handeln läßt sich mit seinen politischen Ansichten nicht v. **sinnv.:** ↑vereinen.

Ver|ei|ni|gung, die; -, -en: **1.** *das Vereinigen:* die V. der beiden Unternehmen brachte Schwierigkeiten mit sich. **2.** ↑*Verein:* eine V. der Freunde klassischer Musik. **sinnv.:** Assoziation, Block, ↑Bund, Klub, Liga, Organisation, Partei, Ring, Union, Verband, Verbindung, Verein, Zusammenschluß.

ver|ein|zelt ⟨Adj.⟩: *nur in geringer Zahl, einzeln vorkommend oder auftretend:* es fielen nur noch vereinzelt Schüsse; abweichende Merkmale lassen sich nur v. feststellen. **sinnv.:** ↑selten.

ver|eist ⟨Adj.⟩: *mit einer Eisschicht bedeckt:* eine vereiste Straße; vereiste Fenster; die Fahrbahn ist vereist. **sinnv.:** gefroren, glatt, spiegelglatt · ↑frieren, ↑gefrieren · ↑Glätte.

ver|ei|teln ⟨tr.⟩: *(etwas), was ein anderer vorhat und von dem man nicht will, daß es geschieht, ausgeführt wird o. ä., verhindern, zum Scheitern bringen:* einen Plan, ein Unternehmen, jmds. Absichten v. **sinnv.:** ↑hindern.

ver|en|den, verendete, ist verendet ⟨itr.⟩: *(von Tieren) [langsam und qualvoll] sterben:* das Reh war in der Schlinge verendet; in dem harten Winter sind viele Tiere verendet. **sinnv.:** eingehen, fallen, krepieren; ↑sterben.

ver|er|ben: 1. ⟨tr.⟩ *(jmdm. etwas) als Erbe hinterlassen:* er hat dem Neffen sein ganzes Vermögen vererbt. **sinnv.:** ↑hinterlassen. **2.** ⟨tr.⟩ *als Veranlagung (auf die Nachkommen) übertragen:* sie hat ihren Kindern ihre schwachen Gelenke vererbt. **sinnv.:** ↑überliefern. **3.** ⟨sich v.⟩ *(von Eigenschaften, Anlagen o. ä.) sich auf die Nachkommen übertragen:* die musikalische Begabung hat sich in der Familie seit Generationen vererbt.

ver|ewi|gen ⟨tr.⟩ *(jmdn./etwas) an einer bestimmten Stelle einschreiben, schriftlich erwähnen und dadurch unvergeßlich machen:* der Dichter hat seine Frau in einem Roman verewigt; du hattest dich, deinen Namen im Gästebuch verewigt. **sinnv.:** ein Denkmal setzen, sich ins Buch der Geschichte einschreiben, unsterblich machen, in die Unsterblichkeit eingehen.

ver|fah|ren: I. verfahren, verfährt, verfuhr, hat/ist verfahren: **1.** ⟨itr.⟩ *in bestimmter Weise, nach einer bestimmten Methode vorgehen:* er verfährt immer nach demselben Schema; er ist sehr eigenmächtig verfahren. **sinnv.:** agieren, handeln, eine bestimmte Methode anwenden, ↑vorgehen, einen bestimmten Weg einschlagen. **2.** ⟨itr.⟩ *(mit jmdm.) in bestimmter, meist negativ beurteilter Weise umgehen:* er ist grausam, wenig rücksichtsvoll mit ihm verfahren. **sinnv.:** ↑umgehen. **3.** ⟨tr.⟩ *durch, für das Fahren, für bestimmte Fahrten verbrauchen:* wir haben in der letzten Zeit viel Geld verfahren. **sinnv.:** ↑verbrauchen. **4.** ⟨sich v.⟩ *in eine falsche Richtung fahren:*

sie hatten sich trotz der Wegschilder verfahren. **sinnv.:** sich ↑verirren. **II.** ⟨Adj.⟩ *falsch begonnen und in eine Sackgasse geraten:* eine verfahrene Angelegenheit; die Situation war völlig v. **sinnv.:** ↑aussichtslos.

Ver|fah|ren, das; -s, -: **1.** *bestimmte Art und Weise, nach der jmd. bei seiner Arbeit vorgeht:* ein neues V. entwickeln, anwenden. **sinnv.:** Methode, Praktik, Prinzip, ↑Strategie, System, Taktik, Technik, Vorgehen, Weg. **Zus.:** Auswahl-, Herstellungs-, Produktions-, Spezialverfahren. **2.** *(von Behörden bzw. Gerichten vorgenommene) Untersuchung zur Klärung eines rechtlich relevanten Sachverhalts:* ein V. gegen jmdn. einleiten, eröffnen. **Zus.:** Berufungs-, Diziplinar-, Ermittlungs-, Gerichts-, Haupt-, Strafverfahren.

Ver|fall, der; -[e]s: **a)** *das allmähliche Verfallen, Baufälligwerden:* der V. des Hauses. **sinnv.:** Auflösung, Verwesung, Zerfall, Zersetzung; ↑Fäulnis; ↑Untergang. **b)** *Verschlechterung des körperlichen, geistigen, seelischen Zustandes eines Menschen:* der V. der Kräfte, des Körpers; geistiger V. **Zus.:** Kräfteverfall. **c)** *allmählicher Niedergang:* der kulturelle, sittliche V. einer Epoche. **sinnv.:** ↑Dekadenz.

ver|fal|len, verfällt, verfiel, ist verfallen ⟨itr.⟩: **1. a)** *allmählich in sich zusammenfallen, baufällig werden:* sie ließen das Gebäude v.; ein verfallenes Schloß. **sinnv.:** einstürzen, herunterkommen, in Trümmer fallen, in Verfall geraten, verkommen, verwahrlosen, ↑zusammenbrechen, -fallen, -stürzen · verwildern. **b)** *körperlich [und geistig] zunehmend hinfällig werden:* der Kranke verfiel zusehends. **sinnv.:** ↑hinfällig. **c)** *eine Epoche des Niedergangs erleben:* die Sitten verfielen in dieser Zeit; das Großreich verfiel. **sinnv.:** ↑untergehen. **2.** *nach einer bestimmten Zeit wertlos oder ungültig werden:* die Eintrittskarten waren inzwischen verfallen. **sinnv.:** ↑ablaufen. **3.** *(unwillkürlich) in einen bestimmten Zustand, eine bestimmte Verhaltensweise o. ä. geraten:* in Schlaf, in Schweigen v.; er verfiel wieder in den alten Fehler. **sinnv.:** kommen. **4.** *plötzlich von einem bestimmten [vom Sprecher als seltsam oder abwegig beurteilten] Gedanken o. ä. eingenommen sein:* er verfiel auf den Gedanken, die Idee, alles noch einmal von vorne zu beginnen. **sinnv.:** auf den Gedanken kommen, die Idee haben. **5.** *in einem Zustand der physischen und/oder psychischen Abhängigkeit von jmdm., einer Sache geraten:* einem Mann, einer Frau, dem Alkohol, der Spielleidenschaft v. **sinnv.:** erliegen.

ver|fäl|schen ⟨tr.⟩: **1.** *(etwas zu seinem Nachteil verändern, schlechter machen:* sie hatten den Wein, die Lebensmittel durch Zusätze verfälscht. **sinnv.:** ↑verderben. **2.** *bewußt falsch darstellen:* einen Text absichtlich v.; in diesem Roman wird das Bild Mozarts verfälscht. **sinnv.:** entstellen, ins Gegenteil verkehren, auf den Kopf stellen, jmdm. das Wort im Mund herumdrehen, ummünzen, verdrehen, vergewaltigen, verschleiern, verzeichnen, verzerren.

ver|fan|gen, verfängt, verfing, hat verfangen: **1.** ⟨sich v.⟩ *in etwas [Netzartigem] hängenbleiben, sich darin festhaken:* der Fuß hat sich in den Schnüren verfangen; der Ball verfing sich im Gestrüpp. **sinnv.:** sich verheddern / verstricken / verwikkeln. **2.** ⟨itr.; meist verneint⟩ *die gewünschte Wirkung, Reaktion (bei jmdm.) hervorrufen:* solche Mittel, Tricks verfangen bei mir nicht. **sinnv.:** ↑wirken.

ver|fäng|lich ⟨Adj.⟩: *so geartet, daß man dadurch leicht in Verlegenheit kommt, sich in etwas Unangenehmes verstrickt:* eine verfängliche (Ggs. unverfängliche) Situation; die Frage war, klang v. **sinnv.:** ↑schwierig.

ver|fas|sen, verfaßt, verfaßte, hat verfaßt ⟨tr.⟩: *(einen bestimmten Text) gedanklich ausarbeiten und in eine schriftliche Form bringen:* einen Brief, eine Rede, einen Artikel für eine Zeitung v. **sinnv.:** ↑aufschreiben.

Ver|fas|ser, der; -s, -, **Ver|fas|se|rin,** die; -, -nen: *männliche bzw. weibliche Person, die etwas Schriftliches, ein literarisches Werk o. ä. verfaßt hat:* der Verfasser eines Dramas; der Verfasser des Briefes blieb anonym. **sinnv.:** ↑Schriftsteller.

Ver|fas|sung, die; -, -en: **1.** ⟨ohne Plural⟩ *Zustand, in dem sich jmd. geistig-seelisch oder körperlich befindet:* er traf ihn in bester gesundheitlicher V. an; er fühlte sich nicht in der V. *(Stimmung, Lage),* das Fest mitzumachen. **sinnv.:** Allgemeinbefinden, Befinden, Ergehen, Gesundheitszustand, Konstitution, Lage, Stimmung. **Zus.:** Geistes-,Gemüts-,Seelenverfassung. **2.** *Grundsätze, in denen die Form eines Staates und die Rechte und Pflichten seiner Bürger festgelegt sind:* die V. ändern. **sinnv.:** Grundgesetz, Regierungsform, Staatsordnung, Staatsverfassung.

ver|fau|len, verfaulte, ist verfault ⟨itr.⟩: *gänzlich faul werden, in Fäulnis übergehen (und sich zersetzen):* das Obst war bereits verfault; verfaulte Balken. **sinnv.:** ↑faulen · ↑ungenießbar.

ver|fech|ten, verficht, verfocht, hat verfochten ⟨tr.⟩: *(für etwas) [energisch] eintreten, sich (zu etwas) bekennen und es verteidigen:* eine Meinung, einen Standpunkt, eine Idee v. **sinnv.:** ↑eintreten.

ver|feh|len ⟨tr.⟩ /vgl. verfehlt/: **1.** *jmdn. an dem Ort, an dem man ihn zu treffen hofft, nicht bemerken, nicht finden:* ich wollte ihn am Bahnhof abholen, habe ihn aber verfehlt; wir haben einander, uns [gegenseitig] verfehlt. **sinnv.:** verpassen. **2.** *(ein angestrebtes Ziel o. ä.) nicht treffen oder erreichen:* er hat das Ziel, den Zweck, den Ausgang verfehlt.

ver|fehlt ⟨Adj.⟩: *für den vorgesehenen Zweck ganz ungeeignet:* eine verfehlte Aktion; der Plan ist ganz v. **sinnv.:** ↑falsch, ↑unpassend.

Ver|feh|lung, die; -, -en: *Handlung, die als Verstoß gegen bestimmte Regeln oder sittliche Normen gilt:* er hat seine V. eingestanden; er wurde wegen seiner Verfehlungen entlassen. **sinnv.:** ↑Schuld, ↑Verstoß.

ver|fein|den, sich; verfeindete sich, hat sich verfeindet: *zum Feind eines anderen, anderer werden:* er hat sich mit ihm/die beiden haben sich [miteinander] verfeindet; die verfeindeten Parteien zogen vor Gericht. **sinnv.:** sich entzweien/überwerfen, uneins werden, sich veruneinigen/verzanken/zerstreiten.

ver|fei|nern: a) ⟨tr.⟩ *durch bestimmte Zusätze o. ä. verbessern:* den Geschmack einer Soße durch etwas Wein v. **b)** ⟨tr.⟩ *durch Fortentwicklung o. ä. exakter, präziser machen:* eine Methode v. **sinnv.:** sublimieren,

↑verbessern, veredeln, weiterentwickeln; ↑kultivieren. **c)** ⟨sich v.⟩ *feiner werden und eine bessere Qualität erhalten:* ihre Umgangsformen hatten sich verfeinert.

ver|fil|men ⟨tr.⟩: *(einen vorgegebenen Stoff) als Film gestalten:* einen Roman v.; dieser Stoff wurde schon mehrmals verfilmt. **sinnv.:** filmisch darstellen/gestalten/umsetzen, einen Film drehen/machen über, auf die Leinwand bringen, ein Remake machen.

ver|flie|gen, verflog, hat/ist verflogen: **1.** ⟨sich v.⟩ *sich beim Fliegen verirren:* der Pilot hat sich verflogen; der Vogel hat sich verflogen. **sinnv.:** sich ↑verirren. **2.** ⟨itr.⟩ (geh.) *rasch vergehen, vorübergehen:* die Stunden verflogen im Nu; die Träume waren verflogen. **sinnv.:** ↑vergehen. **3.** ⟨itr.⟩ *(bes. von gasförmigen Stoffen) sich in der Luft verteilen und dadurch verschwinden:* ein Duft, ein Aroma verfliegt, ist schnell verflogen. **sinnv.:** ausrauchen, verdampfen, ↑verdunsten, sich verflüchtigen, verschwinden.

ver|flie|ßen, verfloß, ist verflossen ⟨itr.⟩: **1.** *auseinanderfließen und dabei in etwas anderes übergehen (so daß keine scharfen Grenzen mehr bestehen):* die Farben verfließen. **2.** (geh.) *kontinuierlich dahingehen, vergehen:* die Stunden und Tage verflossen; in den verflossenen *(letzten)* Jahren. **sinnv.:** ↑vergehen.

ver|flu|chen ⟨tr.⟩: **a)** *den Zorn Gottes (auf jmdn.) herabwünschen:* der Vater hatte seinen Sohn verflucht. **sinnv.:** die Pest an den Hals wünschen, zum Teufel schicken/wünschen; ↑brandmarken. **b)** *seinen Ärger (über etwas) mit Heftigkeit äußern und wünschen, daß es nicht geschehen wäre:* er hat schon oft verflucht, daß ...

ver|flucht ⟨Adj.⟩ (ugs.): **1. a)** */drückt Wut, Ärger o. ä. aus und steigert das im Substantiv Genannte/:* ein verfluchter Mist; eine ganz verfluchte Sache. **sinnv.:** ↑schlimm. **b)** */drückt (in bezug auf Personen) eine Verwünschung aus/:* dieser verfluchte Kerl, Idiot. **c)** *(in bezug auf Sachen) im höchsten Grade widerwärtig, lästig o. ä.:* diese verfluchte Warterei. **sinnv.:** verdammt, verflixt, widerlich. **2. a)** /in bezug auf etwas, was der Sprecher sehr verabscheut/ *sehr groß:* der verfluchte Regen. **b)** ⟨intensivierend bei Adjektiven und Verben⟩ ↑*sehr:* es ist v. kalt.

ver|flüch|ti|gen, sich: **a)** *in einen gasförmigen Zustand übergehen und unsichtbar werden, verschwinden:* Alkohol verflüchtigt sich leicht. **sinnv.:** ↑verdunsten, ↑verfliegen. **b)** *sich (in der Luft) auflösen und verschwinden:* der Nebel hat sich verflüchtigt. **sinnv.:** verschwinden, weggehen.

ver|fol|gen ⟨tr.⟩: **1. a)** *durch Hinterhergehen, -laufen o. ä. einzuholen [und einzufangen] suchen:* einen Verbrecher v.; er fühlte sich überall verfolgt. **sinnv.:** zu fangen suchen, auf den Fersen bleiben, hetzen, hinter jmdm. hersein, jagen, nachjagen, nachlaufen, nachrennen, nachsetzen, nachsteigen, nachstellen, sich an jmds. Sohlen heften. **b)** *(einer Spur o. ä.) nachgehen, folgen:* die Polizei verfolgte die falsche Fährte. **sinnv.:** ↑nachgehen. **2.** *(mit etwas) hartnäckig, unablässig bedrängen:* jmdn. mit Bitten, mit seiner Eifersucht v. **sinnv.:** ↑bedrängen, ↑schikanieren. **3.** *durch konsequentes Bemühen zu erreichen oder zu verwirklichen suchen:* ein Ziel, einen Plan v. **sinnv.:** ansteuern, anstreben, darauf ausgehen, auf etwas aussein, erstreben, zielen auf; ↑streben. **4.** *die Entwicklung (von etwas) genau beobachten:* eine Angelegenheit, die politischen Ereignisse v. **sinnv.:** ↑beobachten. **5.** *(aus politischen, religiösen, rassischen Gründen) in seinen Freiheiten beschränken, seiner Existenzgrundlage berauben:* Minderheiten wurden verfolgt. **sinnv:** ↑schikanieren.

ver|fü|gen: 1. ⟨tr.⟩ *[behördlich] anordnen, bestimmen:* das Gesundheitsamt verfügt die Schließung des Lokals; er verfügte in seinem Testament, daß ... **sinnv.:** ↑anordnen; ↑beauftragen; ↑befinden über. **2.** ⟨itr.⟩ **a)** *besitzen und ungehindert gebrauchen können:* er verfügt über ein ansehnliches Kapital; er verfügt über gute Beziehungen **sinnv.:** haben. **b)** *bestimmen, was mit jmdm./etwas geschehen soll:* er kann noch nicht selbst über sein Geld v.; er verfügt über ihn wie über eine Sache. **sinnv.:** das Verfügungsrecht haben; ↑kommandieren. **3.** ⟨sich v.⟩ *sich (ungern, widerwillig o. ä.) an einen bestimmten Ort begeben:* er fühlte sich nicht wohl und hat sich schließlich ins Bett verfügt. **sinnv.:** sich begeben, fahren, gehen, reisen, ziehen.

ver|füh|ren ⟨tr.⟩ **a)** *(jmdn.) so beeinflussen, daß er etwas Unkluges, Unerlaubtes o. ä. gegen seine eigentliche Absicht tut:* er hat ihn zum Trinken verführt; der niedrige Preis verführte sie zum Kauf. **sinnv.:** ↑verleiten. **b)** *zum Geschlechtsverkehr verleiten:* er hat das Mädchen verführt.

ver|füh|re|risch ⟨Adj.⟩: **a)** *geeignet, jmdn. (zu etwas) zu verführen:* die Auslagen, Angebote sind sehr v. **sinnv.:** ↑attraktiv, eine Augenweide, einladend. **b)** *sehr reizvoll (im Wesen, in der Erscheinung):* ein verführerisches Persönchen. **sinnv.:** ↑anziehend, ↑berückend, ↑sexy.

Ver|gan|gen|heit, die; -: **a)** *Zeit, die zurückliegt:* die jüngste V.; sich in die V. zurückversetzen. **sinnv.:** das Gestern, Geschichte, frühere/gewesene/verflossene/vergangene Tage oder Zeit[en]. **b)** *(jmds.) Leben in der vergangenen Zeit bis zum gegenwärtigen Zeitpunkt:* seine V. war dunkel; die Stadt ist stolz auf ihre V. *(Geschichte).* **sinnv.:** Biographie, Lebenslauf, Vita, Vorleben, Werdegang.

ver|gäng|lich ⟨Adj.⟩: *ohne Bestand in der Zeit, nicht dauerhaft, vom Vergehen bedroht:* vergänglicher Besitz; das ist alles v. **sinnv.:** begrenzt, endlich, flüchtig, sterblich, veränderlich, zeitlich; kurzlebig.

ver|ge|ben, vergibt, vergab, hat vergeben ⟨tr.⟩: **1.** (geh.) ↑*verzeihen:* er hat ihm die Kränkung vergeben; die Sache ist vergeben und vergessen; ⟨auch itr.⟩ vergib mir. **2.** *jmdm. eine Aufgabe o. ä. übertragen, jmdm. etwas geben:* eine Arbeit, einen Auftrag, eine Stelle v.; der erste Preis wurde an einen Amerikaner vergeben. **sinnv.:** ↑austeilen, ↑geben, ↑übertragen, ↑zuteilen · Vergabe. **3.** *** sich** (Dativ) **etwas/nichts v.** *(seinem Ansehen durch ein Tun schaden/nicht schaden):* er glaubte, sich etwas zu v., wenn er seine Fehler zugeben würde. **sinnv.:** ↑bloßstellen.

ver|ge|bens ⟨Adverb⟩: *ohne Erfolg, ohne sein Ziel zu erreichen:* er hat v. gewartet; man hat v. versucht, ihn von seinem Vorhaben abzubringen; alles war v. **sinnv.:** ↑umsonst.

ver|geb|lich ⟨Adj.⟩: *ohne die erhoffte Wirkung:* eine vergebliche Anstrengung; ihr Besuch war v.; er hat sich bisher v. um diesen Posten bemüht. **sinnv.:** ↑umsonst.

ver|ge|gen|wär|ti|gen, sich: *deutlich ins Bewußtsein, in die Erinnerung rufen:* er konnte sich alles genau v.; man muß sich die damalige Situation einmal v. **sinnv.:** sich ↑vorstellen.

ver|ge|hen, verging, hat/ist vergangen: **1.** ⟨itr.⟩ **a)** *(in bezug auf die Zeit, eine bestimmte Zeitspanne) vorübergehen, dahinschwinden und Vergangenheit werden:* die Zeit vergeht; der Urlaub war vergangen wie im Fluge; vergangene Zeiten; im vergangenen *(letzten)* Jahr. **sinnv.:** dahingehen, dahinschwinden, enteilen, entfliehen, entschwinden, hingehen, hinschwinden, ins Land gehen/ziehen, verfliegen, verfließen, verrauchen, verrauschen, verstreichen, vorbeigehen, zerrinnen; ↑aufhören. **b)** *(von einer Empfindung, einem bestimmten Gefühl o. ä.) langsam schwinden und schließlich aufhören zu bestehen, nicht mehr vorhanden sein:* die Lust, der Appetit ist ihm vergangen; die Schmerzen vergingen, nachdem er das Medikament eingenommen hatte. **sinnv.:** aufhören. **c)** *(von einem bestimmten [Körper]gefühl) sehr heftig empfinden:* er ist vor Scham, Angst, Durst [fast] vergangen. **2.** ⟨itr.⟩ (geh.) *der Vergänglichkeit anheimfallen, sterben:* die Generationen sind gekommen und vergangen. **sinnv.:** ↑aussterben; ↑sterben. **3.** ⟨sich v.⟩ *durch sein Handeln gegen Gesetz und Sitte, gegen die menschliche Ordnung verstoßen:* er hat sich gegen das Gesetz, gegen die guten Sitten vergangen. **sinnv.:** ↑sündigen; ↑verstoßen. **4.** ⟨sich v.⟩ *(jmdn.) geschlechtlich mißbrauchen:* er hat sich an ihr vergangen. **sinnv.:** ↑vergewaltigen.

Ver|ge|hen, das; -s, -: *gegen Bestimmungen, Vorschriften oder Gesetze verstoßende strafbare Handlung:* ein leichtes, schweres V.; er hat sich eines Vergehens schuldig gemacht. **sinnv.:** ↑Verstoß. **Zus.:** Amts-, Disziplinar-, Sittlichkeits-, Wirtschaftsvergehen.

ver|gel|ten, vergilt, vergalt, hat vergolten ⟨tr.⟩: *(auf etwas, was einem von jmdm. widerfahren ist) mit einem bestimmten (freundlichen oder feindlichen) Verhalten reagieren:* man soll nicht Böses mit Bösem v.; er hat stets Haß mit Liebe zu v. gesucht; wie soll ich dir das v. *(wie soll ich mich dafür erkenntlich zeigen)?* **sinnv.:** ↑belohnen, ↑bestrafen.

Ver|gel|tung, die; -: *das Vergelten einer Tat:* auf V. sinnen; jmdm. V. androhen; für etwas V. üben. **sinnv.:** ↑Bestrafung, Boykott, Gegenschlag, Rache, Revanche, Sanktion, ↑Strafe; ↑Dank; ↑Denkzettel; Lohn.

ver|ges|sen, vergißt, vergaß, hat vergessen: **1.** ⟨tr.⟩ **a)** *aus dem Gedächtnis verlieren, nicht behalten können:* eine Telefonnummer v.; ich habe vergessen, was ich noch mitbringen wollte; er hatte den Namen der Straße vergessen. **sinnv.:** ↑entfallen, entschwinden, ein schlechtes/kurzes Gedächtnis haben, etwas nicht [im Gedächtnis/im Kopf] behalten, verlernen. **b)** *(an jmdn./etwas) nicht mehr denken:* den Schlüssel v.; ich habe vergessen, ihm zu schreiben; sie hatten ihn längst vergessen *(er war aus ihrer Erinnerung geschwunden);* vergiß es; das/den kannst du v. (ugs.; *damit/mit dem ist nichts los!*); ein vergessener *(kaum noch bekannter)* Schriftsteller. **sinnv.:** sich nicht erinnern können, keine Erinnerung [mehr] an jmdn./etwas haben, verbummeln, verschusseln, verschwitzen, versieben; ↑lassen, liegenlassen, ↑stehenlassen. **2.** ⟨sich v.⟩ *die Beherrschung verlieren:* in seinem Zorn vergaß er sich völlig. **sinnv.:** sich ↑aufregen; in Fahrt/Harnisch/Wut geraten, wütend/zornig werden.

ver|geß|lich ⟨Adj.⟩: *leicht und immer wieder etwas vergessend:* ein vergeßlicher Mensch; er ist sehr v. **sinnv.:** gedächtnisschwach, gedankenlos, kopflos, nachlässig, schusselig, unzuverlässig, zerstreut.

ver|geu|den, vergeudete, hat vergeudet ⟨tr.⟩: *mit etwas [Kostbarem] auf eine leichtsinnige, gedankenlose Art verschwenderisch umgehen, es verbrauchen:* sein Geld, seine Kräfte v.; mit dieser Arbeit wurde nur Zeit vergeudet. **sinnv.:** ↑durchbringen, ↑verbrauchen.

ver|ge|wal|ti|gen ⟨tr.⟩: **a)** *jmdn., bes. eine Frau, mit Gewalt zum Geschlechtsverkehr zwingen:* das Mädchen wurde vergewaltigt. **sinnv.:** entehren, jmdn. Gewalt antun, mißbrauchen, Notzucht verüben, notzüchtigen, schänden, schwächen, sich vergehen/vergreifen an jmdm. **b)** *mit Gewalt oder Terror unterdrücken:* ein Volk v. **c)** *verfälschen, indem man einer Sache etwas aufzwingt, was ihr nicht gemäß ist:* das Recht, die Sprache v. **sinnv.:** ↑verfälschen.

ver|ge|wis|sern, sich: *sich Gewißheit darüber verschaffen, daß etwas tatsächlich geschehen ist, zutrifft o. ä.:* bevor ich wegging, vergewisserte ich mich, ob das Licht überall ausgeschaltet war. **sinnv.:** ↑kontrollieren.

ver|gie|ßen, vergoß, hat vergossen ⟨tr.⟩: *(eine Flüssigkeit) unabsichtlich aus einem Gefäß überschwappen oder auf andere Weise ausfließen lassen:* sie hat die ganze Milch vergossen. **sinnv.:** ↑kleckern, ↑schlabbern, umschütten, verschlabbern, verschütten.

ver|gif|ten, vergiftete, hat vergiftet: **1.** ⟨tr.⟩ *mit Gift vermischen, giftig machen:* Speisen v. **sinnv.:** ↑verseuchen. **2.** ⟨sich v.⟩ *seine Gesundheit durch Gift schädigen:* sie hatten sich an Pilzen, durch schlechtes Fleisch, mit Fisch vergiftet. **3.** ⟨tr.⟩ *durch Gift töten:* Ratten v.; sie hat ihren Mann vergiftet; er hat sich mit Tabletten vergiftet. **sinnv.:** Gift nehmen; ↑töten, sich ↑umbringen.

ver|gilbt ⟨Adj.⟩: *(bes. von Papier o. ä.) vor Alter, durch Einwirkung des Lichtes gelblich geworden:* ein vergilbtes Foto.

Ver|giß|mein|nicht, das; -[e]s, -[e]: *kleine, bes. an feuchten Standorten wachsende Pflanze mit schmalen, länglichen Blättern und kleinen, hellblauen Blüten.*

Ver|gleich, der; -[e]s, -e: **1.** *Betrachtung oder Überlegung, in der Personen/Sachen mit anderen Personen/Sachen verglichen werden:* ein treffender V.; keinen V. mit etwas anderem aushalten; das ist gar kein V.! *(ist viel besser [als dasjenige, womit es verglichen wird]);* im V. zu ihm *(verglichen mit ihm)* ist er unbegabt. **sinnv.:** Gegenüberstellung, Nebeneinanderstellung, Konfrontation, Konfrontierung, Parallele; ↑Sinnbild. **Zus.:** Preisvergleich. **2.** *gütlicher Ausgleich in einem Streitfall:* der Streit wurde durch einen V. beendet. **sinnv.:** ↑Ausgleich **Zus.:** Prozeßvergleich.

ver|glei|chen, verglich, hat verglichen: **1.** ⟨tr.⟩ *prüfend nebeneinanderhalten oder gegeneinander abwägen, um Unterschiede oder Übereinstimmungen festzustellen:* Bilder, Preise v. **sinnv.:** abwägen, einander gegenüberstellen, konfrontieren, messen, nebeneinanderhalten, -stellen, zum Vergleich heranziehen. **2.** ⟨sich v.⟩ *durch beiderseitiges Einlenken, Nachgeben einen Streit beenden, sich einigen:* die streitenden Parteien haben sich verglichen. **sinnv.:** ↑übereinkommen.

ver|gnü|gen, sich /vgl. vergnügt/: *sich mit etwas, was unterhaltsam ist, was Spaß macht, die Zeit vertreiben:* sich auf einem Fest v.; die Kinder vergnügten sich mit ihren Geschenken. **sinnv.:** sich amüsieren/unterhalten, etwas unternehmen, sich verlustieren, sich ↑zerstreuen.

Ver|gnü|gen, das; -s: *Befriedigung, Freude, die jmdm. die Beschäftigung oder der Anblick von etwas [Schönem o. ä.] bereitet:* mit seinem Besuch bereitete er uns ein großes V.; es ist ein V., ihm zuzuhören; [ich wünsche euch] viel V. **sinnv.:** ↑Lust; ↑Unterhaltung.

ver|gnügt ⟨Adj.⟩: **a)** *fröhlich, heiter und zufrieden:* er ist immer v.; er lächelte v. vor sich hin. **sinnv.:** ↑froh, ↑glücklich. **Zus.:** miß-, quietsch-, seelen-, stillvergnügt. **b)** *jmdm. Vergnügen bereitend:* es war ein vergnügter Abend. **sinnv.:** ↑lustig.

ver|göt|tern ⟨tr.⟩: *in einer schwärmerischen, übersteigerten Weise lieben, verehren, bewundern:* die Schüler vergötterten ihren Lehrer; er vergötterte seine beiden Töchter. **sinnv.:** ↑lieben, ↑verehren.

ver|gra|ben, vergräbt, vergrub, hat vergraben: **1.** ⟨tr.⟩ *[in der Absicht, es zu verstecken] in ein gegrabenes Loch legen und dieses wieder mit Erde bedecken:* das tote Tier, der Schatz, die Beute wurde [in der Erde] vergraben. **sinnv.:** einbuddeln, eingraben, in der Erde verstecken, verbuddeln, verscharren; ↑bestatten. **2.** ⟨tr.⟩ *(von den Händen) tief in die Taschen (eines Kleidungsstückes) stecken:* die Hände in den Taschen v. **sinnv.:** hineinstecken. **3.** ⟨sich v.⟩ *sich mit etwas so intensiv beschäftigen, daß man für die Umwelt kaum noch ansprechbar oder sichtbar ist:* er hatte sich ganz in seine Bücher vergraben. **sinnv.:** sich ↑versenken.

ver|grämt ⟨Adj.⟩: *von Gram erfüllt und gezeichnet:* eine vergrämte alte Frau; er sieht v. aus. **sinnv.:** bedrückt, gramerfüllt, gramvoll, kummervoll, unglücklich, verbittert, verhärmt, versorgt.

ver|grif|fen ⟨Adj.; nicht adverbial⟩: *(bes. von Büchern) nicht mehr lieferbar:* das Buch ist v. **sinnv.:** aus, ausgebucht, ausverkauft, nicht mehr zu bekommen, nicht mehr am Lager.

ver|grö|ßern: 1. ⟨tr.⟩ **a)** *(in bezug auf seine räumliche Ausdehnung) größer machen:* einen Raum, ein Geschäft v. **sinnv.:** ↑anbauen, ↑aufstocken, ↑ausbauen, ↑erweitern. **b)** *(im Hinblick auf Menge oder Ausmaß) vermehren:* sein Kapital v.; diese Maßnahme hatte das Übel noch vergrößert *(verschlimmert).* **sinnv.:** ↑aufstocken, mehren, vervielfachen. **c)** *eine größere Reproduktion (von etwas) herstellen:* eine Fotografie v. **2.** ⟨sich v.⟩ **a)** *(im Hinblick auf Umfang, Ausdehnung, Kapazität o. ä.) größer werden:* der Betrieb hat sich wesentlich vergrößert. **b)** *zunehmen, sich vermehren:* die Zahl der Mitarbeiter hatte sich inzwischen vergrößert.

Ver|gün|sti|gung, die; -, -en: *[finanzieller] Vorteil, den jmd. auf Grund bestimmter Voraussetzungen genießt:* die Eisenbahn gewährt bedeutende Vergünstigungen für Rentner und Pensionäre; die bisherigen Vergünstigungen wurden ihm entzogen. **sinnv.:** Privileg, Vorrecht.

ver|gü|ten, vergütete, hat vergütet ⟨tr.⟩: **a)** *(jmdn.) für Unkosten oder finanzielle Nachteile entschädigen:* jmdm. seine Auslagen, einen Verlust, den Verdienstausfall v. **sinnv.:** ↑entschädigen. **b)** *(jmds. Leistungen) bezahlen:* eine Arbeit, eine Tätigkeit v. **sinnv.:** ↑besolden.

ver|haf|ten, verhaftete, hat verhaftet ⟨tr.⟩: *auf Grund einer gerichtlichen Anordnung, eines Haftbefehls festnehmen:* er ist unschuldig verhaftet worden; die Polizei hat den Täter verhaftet. **sinnv.:** abführen, abholen, in Arrest stecken, arretieren, dingfest machen, einlochen, einsperren, ergreifen, erwischen, fassen, ↑festnehmen, ↑festsetzen, gefangennehmen, in Gewahrsam/Haft nehmen, holen, inhaftieren, hinter Schloß und Riegel bringen, schnappen.

ver|hal|ten, sich; verhält sich, verhielt sich, hat sich verhalten: **1. a)** *eine bestimmte Art der Reaktion zeigen:* sich still, abwartend, richtig, korrekt v.; er hat sich völlig passiv verhalten. **sinnv.:** sich ↑benehmen. **b)** *in bestimmter Weise geartet sein:* die Sache verhält sich in Wirklichkeit ganz anders. **sinnv.:** ↑sein. **2.** *(zu etwas) in einem bestimmten [zahlenmäßig auszudrückenden] Verhältnis stehen:* die beiden Gewichte verhalten sich zueinander wie 1 zu 2.

-ver|hal|ten, das; -s ⟨Suffixoid⟩: **a)** *bestimmte Art des Verhaltens in bezug auf das im Basiswort Genannte:* Arbeits-, Brut-, Einkaufs-, Erziehungs-, Eß-, Fahr-, Freizeit- (das F. der Deutschen), Instinkt-, Kampf-, Krankheits-, Lern-, Lese-, Reise-, Rollen- (das R. der Eltern), Schlaf-, Sexual-, Spiel-, Trink-, Urlaubs-, Wahlverhalten (das W. der Arbeiter); /auch bezogen auf Sachen/: das Kurvenverhalten des Wagens, das Seitenwindverhalten beim Mercedes, das Störverhalten (eines Reglers). **b)** *bestimmte Art des Verhaltens der im Basiswort genannten Personengruppen:* Jungwähler-, Verbraucher-, Volks-, Wählerverhalten. **c)** *Verhaltensweise wie die im Basiswort genannte Person:* Mackerverhalten (Männlichkeitskult und M.). **sinnv.:** -rolle, -tum.

Ver|hal|ten, das; -s: *das Reagieren, Sicheinstellen jmdm. oder einer Situation gegenüber:* ein tadelloses V.; ich kann mir sein V. nicht erklären; er versuchte, gegenüber dem Richter sein V. zu rechtfertigen. **sinnv.:** ↑Benehmen. **Zus.:** Fehlverhalten.

Ver|hält|nis, das; -ses, -se: **1.** ↑*Relation:* sie teilten im V. 2 zu 1; der Lohn steht in keinem V. zur Arbeit *(ist zu gering, gemessen an der Arbeit).* **Zus.:** Größen-, Kräfte-, Mischungs-, Mißverhältnis. **2.** *persönliche Beziehung, durch die man jmdn./etwas gut kennt:* in einem freundschaftlichen V. zu jmdm. stehen; in ein näheres V. zu jmdm. treten; er hat ein V. *(eine feste, intime Freundschaft)* mit diesem Mädchen. **sinnv.:** ↑Bezug, Interaktion, Wechselbeziehung; ↑Geliebte, ↑Liebelei. **Zus.:** Abhängigkeits-, Freundschafts-,

Liebes-, Vertrauensverhältnis. **3.** ⟨Plural⟩ *durch die Zeit oder das Milieu geschaffene Umstände, in denen jmd. lebt:* er ist ein Opfer der politischen Verhältnisse; aus kleinen, gesicherten Verhältnissen kommen; er lebt über seine Verhältnisse *(gibt mehr Geld aus, als er sich leisten kann).* **sinnv.:** Abhängigkeiten, ↑Bedingungen, ↑Gegebenheiten, ↑Lage, Lebenslage, Lebensumstände, Zustand. **Zus.:** Besitz-, Eigentums-, Vermögens-, Wohnverhältnisse.

ver|hält|nis|mä|ßig ⟨Adverb⟩: *im Verhältnis zu etwas anderem; verglichen mit anderem:* diese Arbeit geht v. schnell; es waren v. viele Leute gekommen. **sinnv.:** gegenüber, gemessen an, relativ, im Vergleich zu, vergleichsweise; ↑bedingt. **Zus.:** unverhältnismäßig.

Ver|hält|nis|mä|ßig|keit, die; -, -en: *Angemessenheit einer Handlung o. ä. (in einem bestimmten, meist rechtlich relevanten Zusammenhang):* bei der Bestrafung sollte der Grundsatz der V. nicht außer acht gelassen werden; die V. der Mittel gilt es zu beachten. **sinnv.:** Entsprechung, Geeignetheit · ↑angemessen. **Zus.:** Unverhältnismäßigkeit.

ver|han|deln ⟨itr.⟩: *(über etwas) eingehend sprechen, Verhandlungen führen, um zu einer Klärung, Einigung o. ä. zu kommen:* die Vertreter verhandelten [mit uns] über die Verkaufsbedingungen; es wurde lange verhandelt, ohne daß man zu einem Ergebnis gekommen wäre; ⟨auch tr.⟩ einen Plan v. **sinnv.:** ↑besprechen, ↑erörtern.

ver|hän|gen ⟨tr.⟩: **1.** *(etwas) vor etwas hängen, um es zu verdekken:* ein Fenster mit einem Tuch v. **sinnv.:** ↑bedecken, zuhängen. **2.** *als Strafe oder als notwendige und unangenehme Maßnahme anordnen:* eine Strafe, Sperre über jmdn./etwas v. **sinnv.:** ↑anordnen.

Ver|häng|nis, das; -ses, -se: *etwas Unheilvolles (das wie von einer höheren Macht verhängt ist), dem jmd. nicht entgehen kann:* das V. brach über ihn herein; seine Leidenschaft wurde ihm zum V. **sinnv.:** ↑Fluch, ↑Übel.

ver|häng|nis|voll ⟨Adj.⟩: *so geartet, daß es unheilvolle Folgen nach sich zieht:* ein verhängnisvoller Irrtum; die Entscheidung wirkte sich v. aus. **sinnv.:** ↑schlimm, ↑tragisch, ↑unglücklich.

ver|härmt ⟨Adj.⟩: *von Kummer und Leid gezeichnet, elend und kränklich aussehend:* eine verhärmte Gestalt; v. aussehen. **sinnv.:** abgehärmt, verbittert, ↑vergrämt, versorgt.

ver|här|ten, verhärtete, hat verhärtet: **1.** ⟨tr.⟩ *hart, unempfindlich machen (für die Leiden anderer Menschen):* das Leben, sein Schicksal hat ihn verhärtet. **sinnv.:** abstumpfen, versteinern. **2.** ⟨sich v.⟩ *sich (gegen jmdn./etwas) verschließen:* du verhärtest dich gegen deine Mitmenschen; sein Gemüt, Herz ist verhärtet. **sinnv.:** sich abkapseln/abschließen.

ver|haßt ⟨Adj.⟩: *großen Widerwillen in jmdm. erregend:* ein mir verhaßter Mensch; eine verhaßte Pflicht; diese Arbeit war mir v. **sinnv.:** ↑unbeliebt.

ver|hed|dern, sich (ugs.): **a)** *sich (in etwas) verfangen und darin hängenbleiben:* er verhedderte sich im Gestrüpp. **sinnv.:** sich ↑verfangen, verfilzen. **b)** *mit dem Vortragen eines Textes nicht zurechtkommen, sich an einer Stelle mehrmals versprechen:* er verhedderte sich immer wieder bei der gleichen Strophe. **sinnv.:** sich verhaspeln/verreden/versprechen; ↑stottern.

ver|hee|rend ⟨Adj.⟩: *(von etwas Unheilvollem) sehr schlimm, furchtbar in seinem Ausmaß:* ein verheerender Brand, Wirbelsturm; diese Maßnahmen wirkten sich v. aus, hatten eine verheerende Wirkung.

ver|heh|len ⟨tr.⟩ (geh.): *(bes. eine Gefühlsregung) verbergen, unterdrücken, einen anderen nicht erkennen lassen* /meist verneint/: er konnte seine Enttäuschung über den Mißerfolg nicht v. **sinnv.:** ↑schweigen.

ver|hei|len ⟨itr.⟩: *(von Wunden) wieder heilen, zuheilen:* eine schlecht verheilte Wunde; die Wunden waren noch nicht ganz verheilt. **sinnv.:** abheilen, ↑heilen, heil werden, vernarben, verschorfen, verwachsen.

ver|heim|li|chen ⟨tr.⟩: *(jmdn.) bewußt (von etwas) nicht in Kenntnis setzen; vor jmdm. verbergen:* ich habe nichts zu v.; man verheimlichte ihm seinen Zustand; da gab es nichts zu v. **sinnv.:** ↑schweigen; ↑vertuschen.

ver|hei|ra|ten, verheiratete, hat verheiratet: **a)** ⟨sich v.⟩ *eine Ehe eingehen, die Ehe mit jmdm. schließen:* er hat sich [mit ihr] verheiratet; ein verheirateter Mann. **sinnv.:** ↑heiraten. **b)** ⟨tr.⟩ *(jmdm.) zur Ehe geben:* die Prinzessin wurde mit einem Herzog verheiratet. **sinnv.:** antrauen, zur Frau geben, kopulieren, verkuppeln · trauen.

ver|hei|ßungs|voll ⟨Adj.⟩: *zu großen Erwartungen berechtigend:* seine Worte klangen sehr v. **sinnv.:** aussichtsreich, chancenreich, heiß, hoffnungsvoll, vielversprechend, zukunftsträchtig.

ver|hel|fen, verhilft, verhalf, hat verholfen ⟨itr.⟩: *dafür sorgen, daß jmd. etwas (was er erstrebt) erhält, erlangt:* jmdm. zu seinem Eigentum, zu seinem Recht v. **sinnv.:** ↑beschaffen.

ver|herr|li|chen ⟨tr.⟩: *durch überschwengliches Lob preisen:* Heldenlieder verherrlichten seine Taten. **sinnv.:** ↑loben.

ver|hin|dern ⟨tr.⟩: *(durch bestimmte Maßnahmen o. ä.) bewirken, daß etwas nicht geschieht bzw. getan, ausgeführt werden kann:* ein Unglück, einen Diebstahl v.; das muß ich unter allen Umständen v. **sinnv.:** abbiegen, abblocken, abstellen, ↑abwehren, abwenden, in den Arm fallen, aufhalten, ↑aufräumen, ↑ausschalten, ↑ausschließen, ↑begegnen, blockieren, boykottieren, ↑durchkreuzen, Einhalt gebieten, sich ↑entgegenstellen, entgegentreten, zu Fall bringen, das Handwerk legen, hindern, hintertreiben, im Keim erstikken, konterkarieren, einen Riegel vorschieben, sabotieren, ↑steuern, einen Strich durch die Rechnung machen, jmdm. die Tour vermasseln, unmöglich machen, unterbinden, vereiteln, verhüten, zunichte machen.

ver|höh|nen ⟨tr.⟩: *höhnisch auslachen und lächerlich zu machen suchen:* willst du mich v.? **sinnv.:** ↑aufziehen, ↑verspotten.

Ver|hör, das; -[e]s, -e: *richterliche oder polizeiliche Vernehmung (bei der ein möglicher Straftatbestand abgeklärt werden soll):* das V. des Gefangenen dauerte mehrere Stunden; jmdn. einem V. unterziehen *(jmdn. verhören).* **sinnv.:** Anhörung, Befragung, Einvernahme, Ermittlung, Hearing, Inquisition. **Zus.:** Kreuzverhör.

ver|hö|ren: I. ⟨tr.⟩ *richterlich oder polizeilich vernehmen:* den Angeklagten, die Zeugen v. **sinnv.:** ↑fragen, ↑vernehmen. II. ⟨sich v.⟩ *eine Äußerung mißverstehen in dem Sinne, daß man etwas falsch hört, versteht:* du mußt dich verhört haben, er hatte „morgen" und nicht „übermorgen" gesagt. **sinnv.:** ↑mißverstehen.

ver|hül|len ⟨tr.⟩: 1. a) *mit etwas bedecken, in etwas einhüllen in der Absicht, es zu verbergen, den Blicken zu entziehen:* sie verhüllte ihr Gesicht mit einem Schleier; bis zur Einweihung war das Denkmal verhüllt. **sinnv.:** ↑verstecken. b) *(als Sache) durch sein Vorhandensein etwas verbergen, den Blicken entziehen:* eine Wolke verhüllte die Bergspitze. **sinnv.:** ein-, umhüllen. 2. *(etwas) so darstellen oder ausdrücken, daß es weniger unangenehm oder schockierend wirkt:* mit seinen Worten versuchte er, die Wahrheit zu v.; ein verhüllender Ausdruck; eine [kaum] verhüllte *(versteckte)* Drohung. **sinnv.:** ↑verstecken.

ver|hun|gern, verhungerte, ist verhungert ⟨itr.⟩: *aus Mangel an Nahrung sterben:* täglich verhungern in der Welt viele Menschen; er sah sehr verhungert *(elend und abgemagert)* aus. **sinnv.:** an Hunger/Hungers sterben, den Hungertod sterben; ↑sterben.

ver|hü|ten, verhütete, hat verhütet ⟨tr.⟩: *das Eintreten (von etwas) durch vorbeugende Maßnahmen verhindern und jmdn./sich davor bewahren:* ein Unglück, eine Katastrophe v.; er konnte das Schlimmste v. **sinnv.:** ↑verhindern, ↑vorbeugen.

ver|ir|ren, sich: a) *(in einem bestimmten Bereich, in dem man unterwegs ist) die Orientierung verlieren und bald in diese, bald in jene Richtung gehen, ohne an sein Ziel zu gelangen:* sie hatten sich im Wald, im Nebel verirrt. **sinnv.:** abirren, fehlgehen, in die Irre gehen, sich verfahren/verfliegen / verfranzen / verlaufen, den Weg verfehlen, vom Wege abkommen. b) *(auf seinem Weg) irgendwohin gelangen, wohin man nicht wollte:* sie hatten sich in eine abgelegene Gegend verirrt. **sinnv.:** ↑kommen.

ver|ja|gen ⟨tr.⟩: *(jmdn./ein Tier) dazu bringen, seinen Aufenthaltsort, an dem er/es unerwünscht ist, eiligst zu verlassen:* sie wurden von Haus und Hof verjagt; die Tiere aus dem Garten v. **sinnv.:** ↑vertreiben.

ver|jäh|ren, verjährte, ist verjährt ⟨itr.⟩: *(von einer Forderung bzw. einer Schuld) auf Grund eines Gesetzes nach einer bestimmten Zeit hinfällig werden, gerichtlich nicht mehr verfolgt werden können:* die Schulden sind inzwischen verjährt; Mord verjährt nach dreißig Jahren. **sinnv.:** nicht mehr gerichtlich zu belangen, seine Gültigkeit verlieren, außer Kraft treten, verfallen; ↑ablaufen.

ver|ju|beln ⟨tr.⟩ (ugs.): *bedenkenlos für Vergnügungen ausgeben, verschwenden:* er hat gestern abend sein ganzes Geld verjubelt. **sinnv.:** ↑durchbringen.

ver|jün|gen: 1. a) ⟨tr.⟩ *(jmdm.) ein jüngeres Aussehen verleihen:* der neue Haarschnitt hat ihn um Jahre verjüngt. **sinnv.:** jünger werden, sich liften lassen, eine Verjüngungskur machen. b) ⟨sich v.⟩ *jünger wirken als vorher:* du hast dich verjüngt. 2. ⟨sich v.⟩ *nach oben, nach einem Ende hin schmaler, dünner werden:* die Säule verjüngt sich nach oben.

Ver|kauf, der; -[e]s, Verkäufe: 1. *das Verkaufen:* der V. von Gebrauchtwagen ist ein gutes Geschäft; ein V. über die Straße; das Haus steht zum V.; die Summe stammt aus mehreren Verkäufen. **sinnv.:** Veräußerung; ↑Absatz. **Zus.:** Ab-, Aus-, Direkt-, Fabrik-, Schluß-, Straßen-, Vor-, Weiterverkauf. 2. ⟨ohne Plural⟩ *Abteilung eines Unternehmens, die sich mit dem Verkauf* (1) *befaßt:* der V. ist heute geschlossen.

ver|kau|fen: ⟨tr.⟩ *[als Händler Ware] zu einem bestimmten Preis, gegen Bezahlung an jmdn. abgeben:* etwas teuer, billig, für fünf Mark, für wenig Geld v.; sie mußten ihr Haus v.; er hat sein Auto einem Kollegen/an einen Kollegen verkauft; sie verkaufen Düngemittel und Kohlen *(handeln mit Düngemitteln und Kohlen);* sie verkauft Blumen auf dem Markt *(bietet auf dem Markt Blumen zum Kauf an).* **sinnv.:** abgeben, absetzen, abstoßen, andrehen, für einen Apfel und ein Ei verkaufen, ↑aufschwatzen, feilbieten, feilhalten, zu Geld machen, handeln, hausieren, zum Kauf anbieten, loswerden, machen in, an den Mann bringen, auf den Markt werfen, in klingende Münze umsetzen, umsetzen, veräußern, verhökern, verkitschen, verkümmeln, vermarkten, verramschen, verschachern, verscherbeln, verscheuern, ↑versteigern, vertreiben. **Zus.:** ab-, aus-, weiterverkaufen.

Ver|käu|fer, der; -s, -, **Ver|käu|fe|rin,** die, -, -nen: 1. *Angestellter bzw. Angestellte in einem Geschäft, der/die Waren verkauft:* sie ist Verkäuferin in einem Schuhgeschäft. **sinnv.:** Gehilfe, Handelsgehilfe, Verkaufsberater, Verkaufsleiter. 2. ⟨V. + Attribut⟩ *männliche bzw. weibliche Person, die [als Besitzer/Besitzerin] etwas verkauft:* der Verkäufer des Hauses; die Verkäuferin von Tonwaren auf dem Markt.

Ver|kehr, der; -s, selten: -e: 1. *Beförderung oder Bewegung von Personen, Sachen, Fahrzeugen, Nachrichten auf dafür vorgesehenen Wegen:* in der Stadt herrscht lebhafter V.; der V. auf Schiene und Straße; Nebel brachte den gesamten V. zum Erliegen; auf den Ämtern herrscht zeitweilig starker V. *(Publikumsverkehr);* der V. über Funk *(Funkverkehr)* ist gestört. **Zus.:** Ausflugs-, Auto-, Berufs-, Brief-, Fähr-, Fahrzeug-, Fern-, Flug-, Fremden-, Funk-, Gegen-, Güter-, Luft-, Nah-, Orts-, Pendel-, Schnell-, Stoß-, Straßenverkehr. 2. *gesellschaftlicher Kontakt zwischen Personen, der in privatem, geselligem Umgang miteinander besteht:* sie haben nur wenig V. [mit anderen Menschen]; eine alte Bekannte war ihr einziger V.; den V. mit jmdm. abbrechen. **sinnv.:** Beziehung, Verbindung. 3. ↑*Geschlechtsverkehr:* V. [mit jmdm.] haben. **sinnv.:** ↑Koitus. **Zus.:** Anal-, Mundverkehr.

ver|keh|ren, verkehrte, hat/ist verkehrt: 1. ⟨itr.⟩ *(als öffentliches Verkehrsmittel) regelmäßig auf einer Strecke fahren:* der Omnibus verkehrt alle fünfzehn Minuten; dieser Zug ist/hat nicht an Sonn- und Feiertagen, auf dieser Strecke verkehrt. **sinnv.:** eingesetzt sein, fahren. 2. ⟨itr.⟩ a) *(mit jmdm.) Kontakt pflegen, sich regelmäßig (mit jmdm.) treffen, schreiben o. ä.:* die Frauen der beiden Kollegen verkehrten miteinander; sie hat mit niemandem verkehrt. **sinnv.:** ↑besuchen, bei jmdm. ein- und ausgehen, mit jmdm. Kontakt haben/pflegen, mit jmdm. Umgang haben/ in Verbindung stehen. **b)** *regelmäßig (ein Lokal) besuchen:* in diesem Restaurant haben besonders Künstler verkehrt. **sinnv.:** sich aufhalten, regelmäßig besuchen, einkehren. **3. a)** ⟨tr.⟩ *in etwas Bestimmtes (Gegenteiliges) wenden:* damit hast du Recht in Unrecht verkehrt; eine solche Auslegung hieße den Sinn der Worte ins Gegenteil v. **sinnv.:** ↑verfälschen. **b)** ⟨sich v.⟩ *sich in sein Gegenteil verwandeln:* seine Unfreundlichkeit hatte sich plötzlich in große Liebenswürdigkeit verkehrt. **sinnv.:** verwandeln. **4.** ⟨itr.⟩ *mit jmdm. Geschlechtsverkehr haben:* sie hatte mit mehreren Männern verkehrt. **sinnv.:** ↑koitieren.

Ver|kehrs|am|pel, die; -, -n: *mit roten, gelben und grünen Lichtsignalen arbeitende Anlage, mit deren Hilfe der Verkehr geregelt wird:* die V. zeigt Rot, ist auf Grün gesprungen. **sinnv.:** Ampel.

Ver|kehrs|mit|tel, das; -s, -: *(bes. im öffentlichen Verkehr) zur Beförderung von Personen eingesetztes Fahrzeug, Flugzeug:* Straßenbahnen, Busse, Flugzeuge, die Eisenbahn, alle öffentlichen Verkehrsmittel waren bei diesem Schnee behindert. **sinnv.:** Beförderungsmittel; ↑Eisenbahn; ↑Fahrzeug.

ver|kehrt ⟨Adj.⟩): *dem Richtigen, Zutreffenden, Sinngemäßen entgegengesetzt:* du hast eine verkehrte Einstellung zu dieser Sache; er macht alles v. *(falsch);* es ist ganz v., so zu handeln; hier sind Sie v.; ein Wort v. schreiben; er hat den Pullover v. herum angezogen *(den vorderen Teil nach hinten genommen bzw. die linke Seite nach außen).* **sinnv.:** ↑anormal; ↑falsch. **Zus.:** grund-, seiten-, spiegelverkehrt.

ver|ken|nen, verkannte, hat verkannt ⟨tr.⟩: *nicht richtig, nicht in seiner wirklichen Bedeutung erkennen und daher falsch beurteilen:* jmds. Worte, den Ernst der Lage v.; ihre Absicht war nicht zu v. *(war deutlich zu erkennen);* er wurde von allen verkannt *(in seinem Wert unterschätzt).* **sinnv.:** ↑mißachten, ↑mißverstehen.

ver|kla|gen ⟨tr.⟩: *eine Klage (gegen jmdn.) vor Gericht erheben:* er wurde [wegen Körperverletzung] verklagt; jmdn. auf Unterhaltszahlung, auf Schadenersatz v. **sinnv.:** ↑belangen.

ver|klei|den, verkleidete, hat verkleidet: **1.** ⟨sich v.⟩ *(bes. zu Fastnacht) sein Äußeres durch Kleidung, ein bestimmtes Kostüm, Schminke o. ä. verändern, um als ein anderer zu erscheinen, nicht erkannt zu werden:* die Kinder verkleiden sich gern; ich verkleide mich als Harlekin. **sinnv.:** sich kostümieren, sich maskieren; tarnen, sich vermummen. **2.** ⟨tr.⟩ *(bes. Wände, Decken o. ä. zum Schutz oder in schmückender Absicht) über die ganze Fläche mit etwas bedekken:* Wände mit Holz v.; die Fassade ist mit Marmor verkleidet. **sinnv.:** ↑auskleiden.

ver|klei|nern: 1. ⟨tr.⟩ **a)** *(in bezug auf eine räumliche Ausdehnung) kleiner machen:* einen Raum, ein Geschäft v. **sinnv.:** ↑verringern. **b)** *geringer erscheinen lassen, schmälern:* er versuchte, ihre Leistungen zu v. **sinnv.:** ↑bagatellisieren. **c)** *eine kleinere Reproduktion (von etwas) herstellen:* ein Bild v. **2.** ⟨sich v.⟩ **a)** *(an Umfang, Ausdehnung, Kapazität o. ä.) kleiner werden:* dadurch, daß sie einige Räume als Büro benutzen, hat sich ihre Wohnung verkleinert. **b)** *(in seinem Ausmaß o. ä.) geringer werden:* durch diese Umstände verkleinert sich seine Schuld nicht. **sinnv.:** abnehmen, sich reduzieren, schrumpfen, ↑schwinden, weniger werden; zusammenschrumpfen.

ver|knüp|fen, ⟨tr.⟩: **1.** *durch Knoten miteinander verbinden:* Fäden, die Enden der Kordel [miteinander] v. **sinnv.:** verknoten. **2. a)** *ein Vorhaben o. ä. mit einem anderen verbinden, es in dessen zeitlichen Ablauf einbauen, mit ausführen o. ä.:* er verknüpfte die Urlaubsreise mit einem Besuch bei seinen Eltern. **sinnv.:** beiordnen, ↑koordinieren, verzahnen. **b)** *[in einen gedanklichen, logischen] Zusammenhang bringen:* zwei Gedanken logisch v.; der Name des Architekten ist mit den großen Bauwerken seiner Zeit verknüpft. **sinnv.:** assoziieren, eine Beziehung herstellen, koordinieren, verquicken, verbinden, eine Verbindung herstellen.

ver|kom|men, verkam, ist verkommen ⟨itr.⟩: **a)** *(in einem Zustand von Elend, innerer Haltlosigkeit o. ä.) zunehmend verwahrlosen:* in den Slums verkommen die Menschen in Schmutz und Armut; er trinkt und verkommt seitdem immer mehr. **sinnv.:** ↑verwahrlosen. **b)** *(in einer vom Sprecher als negativ, als Abstieg o. ä. angesehenen Entwicklung) zu etwas (Ungutem) werden:* das ursprünglich so freiheitliche Land ist zu einer Diktatur verkommen. **sinnv.:** absteigen, sich entwickeln, herunterkommen. **c)** *(von Lebensmitteln, die nicht rechtzeitig verbraucht werden) verderben, ungenießbar werden:* zentnerweise ist hier das Obst verkommen; du läßt zuviel verkommen. **sinnv.:** ↑faulen. **d)** *(von Sachen) nicht erhalten, gepflegt werden und dadurch nach und nach verfallen o. ä.:* sie lassen ihr Haus, ihren Besitz v.. **sinnv.:** ↑verfallen.

ver|kör|pern ⟨tr.⟩: **a)** *(eine bestimmte Gestalt) auf der Bühne o. ä. darstellen:* die Schauspielerin verkörperte die Iphigenie. **sinnv.:** ↑spielen. **b)** *(etwas) durch sein Wesen vollkommen zur Anschauung bringen, fast damit gleichzusetzen sein:* er verkörpert die höchsten Tugenden seines Volkes. **sinnv.:** personifizieren, veranschaulichen.

ver|kö|sti|gen ⟨tr.⟩: *mit den täglichen Mahlzeiten, mit der nötigen Nahrung versorgen:* die Teilnehmer mußten sich auf ihrer Reise selbst v.; sie haben ihre Hilfskräfte auch verköstigt. **sinnv.:** ↑ernähren.

ver|kraf|ten, verkraftete, hat verkraftet ⟨tr.⟩ (ugs.): *in der Lage sein, etwas Bestimmtes seelisch bzw. in materieller Hinsicht zu bewältigen:* es ist fraglich, ob er diese [seelischen, finanziellen] Belastungen überhaupt v. wird. **sinnv.:** ↑aushalten, einstecken, hart im Nehmen sein; ↑überwinden, wegkommen.

ver|kramp|fen, sich: **a)** *sich wie im Krampf zusammenziehen:* von der Anspannung verkrampften sich die Muskeln; er saß in verkrampfter Haltung am Schreibtisch. **sinnv.:** sich verspannen. **b)** *(unter bestimmten, irritierenden Einflüssen) innerlich unfrei und gehemmt werden und in seinem Verhalten unnatürlich wirken:* er verkrampfte sich bei den Versuchen, seine Hemmungen abzulegen, immer mehr; er lächelte verkrampft.

ver|krie|chen, sich; verkroch sich, hat sich verkrochen: **a)** *in,* *unter etwas kriechen, um sich zu verstecken:* das Tier hat sich im Gebüsch verkrochen. **sinnv.:** sich ↑verstecken. **b)** *sich scheu von der Umwelt zurückziehen:* er verkriecht sich meist in seiner Wohnung. **sinnv.:** sich ↑abkapseln.

ver|kụm|mern, verkümmerte, ist verkümmert ⟨itr.⟩: **a)** *(durch Mangel an Nahrung, an einem falschen Ort wachsend, lebend o. ä.) nicht mehr recht gedeihen und allmählich in einen schlechten Zustand kommen:* durch die lange Trockenheit, bei dem Mangel an Licht verkümmern die Pflanzen; die Tiere verkümmern in der Gefangenschaft; ein verkümmerter Strauch. **sinnv.:** ↑eingehen, dahinsiechen, zurückgehen.

ver|kụ̈n|den, verkündete, hat verkündet ⟨tr.⟩: **a)** *(Wichtiges, allgemein Interessierendes) öffentlich bekanntgeben:* ein Urteil v.; die Anordnungen der Behörde werden in der Zeitung verkündet; im Radio wurde das Ergebnis des Wettkampfes verkündet. **sinnv.:** ↑mitteilen · Herold. **b)** (emotional) *andere wissen lassen, ihnen mitteilen:* er verkündete stolz, daß er gewonnen habe. **sinnv.:** ↑ausrufen, ↑erklären.

ver|kụ̈n|di|gen ⟨tr.⟩ (geh.): *[in feierlicher Form] bekanntmachen, mitteilen:* das Evangelium, jmds. Ruhm, eine Lehre v. **sinnv.:** ↑erklären; ↑mitteilen.

ver|kụ̈r|zen ⟨tr.⟩: **1.** *die Dauer von etwas verringern:* die Arbeitszeit soll verkürzt werden; ein verkürzter Urlaub. **sinnv.:** ↑verringern. **2.** *kürzer machen, in seiner Länge reduzieren:* ein Seil um einen Meter, auf einen Meter v. **sinnv.:** ↑kürzen.

ver|la|den, verlädt, verlud, hat verladen ⟨tr.⟩: *zur Beförderung in ein bestimmtes Transportmittel laden:* Güter, Waren v.; Truppen v.; im Hafen wurden Autos verladen. **sinnv.:** ↑laden; ↑umschlagen.

Ver|lag, der; -[e]s, -e: *Unternehmen, das Manuskripte von Autoren erwirbt, diese als Bücher o. ä. veröffentlicht und über den Buchhandel verkauft:* unser V. gibt Taschenbücher heraus. **sinnv.:** Verlagsanstalt, Verlagshaus. **Zus.:** Buch-, Kunst-, Selbst-, Zeitungsverlag.

ver|la|gern: **1.** ⟨tr.⟩ *an einen anderen Ort bringen und dort lagern:* im Krieg wurden viele wertvolle Bilder des Museums aufs Land verlagert. **sinnv.:** auslagern, aussiedeln, evakuieren, räumen, verlegen. **2. a)** ⟨tr.⟩ *(das Gewicht, den Schwerpunkt von etwas) räumlich verschieben:* das Gewicht von einem Bein aufs andere v. **sinnv.:** ↑schieben. **b)** ⟨sich v.⟩ *eine veränderte Lage o. ä. einnehmen:* der Kern des Hochdruckgebietes hat sich verlagert. **sinnv.:** sich verändern, verschieben.

ver|lạn|gen: **1.** ⟨tr.⟩ **a)** *(etwas) haben wollen; nachdrücklich fordern:* mehr Rechte, Freiheiten v.; von jmdm. eine Antwort v.; das ist zuviel verlangt. **sinnv.:** auffordern, sich etwas ausbedingen/ausbitten, beanspruchen, begehren, bestehen auf, ↑bitten, erheischen, erpressen, fordern, eine Forderung anmelden/aufstellen/erheben, geltend machen, heischen, pochen auf, reklamieren, wollen, wünschen; ↑vorbehalten. **Zus.:** ab-, zurückverlangen. **b)** *(als Gegenleistung) fordern, haben wollen:* für seine Arbeit 500 Mark v. **sinnv.:** ↑abnehmen. **2.** ⟨tr.⟩ *(jmdn.) zu sprechen wünschen:* Sie werden am Telefon verlangt; ⟨auch itr.⟩ der Chef hat nach ihm verlangt. **sinnv.:** ↑auffordern. **3.** ⟨tr.⟩ *als notwendige Voraussetzung haben:* diese Arbeit verlangt viel Geduld. **sinnv.:** ↑erfordern. **Zus.:** abverlangen. **4.** ⟨itr.⟩ (geh.) *sich (nach etwas) sehnen:* er verlangte/ihn verlangte [es] danach, seine Heimat, seine Familie wiederzusehen. **sinnv.:** sich ↑sehnen; ↑streben.

Ver|lạn|gen, das; -s: **1.** *ausgeprägter Wunsch; starkes inneres Bedürfnis:* er hatte ein großes V. danach, sie wiederzusehen. **sinnv.:** Bedürfnis, Begehren, Sehnsucht; ↑Leidenschaft; ↑Lust. **2.** *nachdrückliche Bitte:* ein unbilliges V.; auf sein V. hin wurde die Polizei gerufen; jmdm. auf V. etwas zusenden. **sinnv.:** ↑Bitte.

ver|lạ̈n|gern: **a)** ⟨tr.⟩ *länger machen:* ein Kleid v. **sinnv.:** ↑ansetzen. **b)** ⟨tr.⟩ *länger dauern lassen als vorgesehen:* er verlängerte seinen Urlaub; sie verlängerten den Vertrag um ein Jahr; seinen Paß v. lassen. **sinnv.:** ↑ausdehnen; ↑stunden. **c)** ⟨sich v.⟩ *länger gültig, in Kraft bleiben als vorgesehen:* der Vertrag verlängert sich um ein Jahr.

ver|lạng|sa|men: **a)** ⟨tr.⟩ *(die Geschwindigkeit von etwas) geringer, langsamer werden lassen:* die Fahrt, den Schritt v. **sinnv.:** ↑verringern · ↑langsam. **b)** ⟨sich v.⟩ *langsamer werden:* das Tempo verlangsamt sich immer mehr.

Ver|lạß: ⟨in der Verbindung⟩ auf jmdn. ist [kein] V.: *auf jmdn. kann man sich [nicht] verlassen:* auf ihn ist [kein] V. **sinnv.:** verläßlich/zuverlässig sein.

ver|lạs|sen, verläßt, verließ, hat verlassen: **1.** ⟨tr.⟩ *(von jmdm./von einem Ort) weggehen:* um 10 Uhr hatte er das Haus verlassen; sie hatten ihre Heimat v. müssen. **sinnv.:** ↑weggehen; ↑ausscheiden; ↑hinausgehen. **2.** ⟨sich v.⟩ *(mit jmdm./etwas) fest rechnen; (auf jmdn./etwas) vertrauen:* er verläßt sich darauf, daß du kommst; ich kann mich auf meine Freunde v. **sinnv.:** bauen auf, jmdm. glauben, ↑vertrauen. **3.** ⟨tr.⟩ *sich von jmdm., dem man einmal nahegestanden hat, trennen, von ihm fortgehen:* er hat seine Frau, seine Familie verlassen. **sinnv.:** ↑trennen.

ver|lạ̈ß|lich ⟨Adj.⟩: *so geartet, daß man sich darauf verlassen, darauf bauen kann:* verläßliche Nachrichten; er, sein Gedächtnis ist nicht v. **sinnv.:** glaubwürdig, vertrauenswürdig, ↑zuverlässig.

Ver|lauf, der; -[e]s, Verläufe: **1.** *die Abfolge der einzelnen Stadien eines Vorgangs vom Anfang bis zum Ende:* der V. der Krankheit war normal; im V. *(während)* dieser Aktion; nach V. mehrerer Stunden *(nachdem mehrere Stunden vergangen waren).* **sinnv.:** Ablauf, Entwicklung, Gang, Hergang · Prozeß. **Zus.:** Krankheits-, Prozeß-, Tagesverlauf. **2.** *Richtung, in der etwas verläuft:* den V. der Straße festlegen. **sinnv.:** Erstreckung.

ver|lau|fen, verläuft, verlief, hat/ist verlaufen: **1.** ⟨sich v.⟩ *(als Wanderer, Fußgänger) vom richtigen Weg abkommen und in die Irre gehen:* die Kinder hatten sich im Wald verlaufen. **sinnv.:** sich ↑verirren. **2.** ⟨sich v.⟩ **a)** *(in bezug auf eine Menschenansammlung) sich zerstreuen, auflösen:* die Menge hat sich schnell verlaufen. **sinnv.:** sich ↑auflösen. **b)** *(von Wassermassen) abfließen und damit verschwinden:* das Wasser hat sich wieder verlaufen. **3.** ⟨itr.⟩ *einen bestimmten Verlauf nehmen:* die Sache ist gut verlaufen; die Krankheit verlief normal. **sinnv.:** ↑abgehen, ↑geschehen, unter einem günstigen/ungünstigen Stern stehen. **4.** ⟨itr.⟩ *sich in einer bestimmten Richtung erstrecken:* die Straße ist früher hier verlaufen. **sinnv.:** sich ↑erstrecken. **5.** ⟨itr.⟩ *(von Farbe o. ä.) auseinanderlaufen:* die Farbe ist verlaufen.

ver|le|ben ⟨tr.⟩ /vgl. verlebt/: *(eine bestimmte Zeit [an einem bestimmten Ort]) verbringen, zubringen:* er hat eine glückliche Jugend verlebt; er hat drei Jahre in Amerika verlebt. **sinnv.:** sich ↑aufhalten, durchleben.

ver|lebt ⟨Adj.⟩: *durch ein ausschweifendes Leben vorzeitig gealtert und verbraucht (aussehend):* er sieht v. aus. **sinnv.:** ↑herunterkommen.

ver|le|gen: I. verlegte, hat verlegt: **1.** ⟨tr.⟩ **a)** *von seinem bisherigen an einen anderen Platz, Ort legen:* er hat seinen Wohnsitz [nach Frankfurt] verlegt; die Haltestelle wurde vorübergehend verlegt. **sinnv.:** ↑verlagern. **b)** *auf einen späteren Zeitpunkt legen, verschieben:* die Veranstaltung ist [auf die nächste Woche] verlegt worden. **sinnv.:** ↑verschieben. **Zus.:** vorverlegen. **c)** *an einen Platz legen, an dem man es nicht wiederfindet:* seine Brille v. **sinnv.:** ↑verlieren. **d)** *(von Leitungen, Rohren o. ä.) an der vorgesehenen Stelle befestigen, montieren o. ä.:* sie verlegten die Rohre für die Wasserleitung. **sinnv.:** anbringen, befestigen, festmachen, festschrauben, legen. **2.** ⟨tr.⟩ *(als Verlag) ein Druckwerk herausbringen:* dieser Verlag verlegt Bücher und Zeitungen. **sinnv.:** auflegen, drucken, edieren, ↑herausgeben, machen, ↑publizieren · ↑erscheinen. **II.** ⟨Adj.⟩ *in eine peinliche Lage versetzt und dabei befangen, verwirrt:* er fühlte sich durchschaut und lachte v. **sinnv.:** ↑befangen, beschämt, betreten, schamhaft, verschämt · ↑prüde.

Ver|le|gen|heit, die; -, -en: **a)** ⟨ohne Plural⟩ *das Verlegensein:* man merkte ihm seine V. deutlich an. **sinnv.:** Befangenheit, Unsicherheit · ↑Angst. **b)** *peinliche Lage:* er hat mir aus der V. geholfen.

Ver|le|ger, der; -s, -, **Ver|le|ge|rin,** die; -, -nen: *männliche bzw. weibliche Person, die (als Verlagsinhaber[in]) Druckwerke verlegt, einen Verlag führt:* er sucht einen V. für seinen Roman. **sinnv.:** Büchermacher · Herausgeber.

ver|lei|den, verleidete, hat verleidet ⟨tr.⟩: *bewirken, daß jmd. an etwas keine Freude mehr hat:* das schlechte Zimmer hat mir den ganzen Urlaub verleidet. **sinnv.:** jmdm. die Freude an etwas verderben, die Lust an etwas nehmen, madig machen, ↑miesmachen, die Suppe versalzen, vergällen, vermiesen.

ver|lei|hen, verlieh, hat verliehen ⟨tr.⟩: **a)** *(etwas aus seinem Besitz) einem anderen für eine begrenzte Zeit zur Verfügung stellen:* er hat seinen Schirm [an einen Bekannten] verliehen. **sinnv.:** ↑geben, ↑leihen, jmdm. zeitweilig überlassen. **b)** *(jmdm.) als Auszeichnung überreichen:* ihm wurde ein hoher Orden verliehen. **sinnv.:** geben, übergeben, zuteil werden lassen. **c)** (geh.) *zuteil werden lassen:* dieses Make-up verleiht dem Gesicht ein frisches Aussehen; mit diesen Worten hatte er der Meinung aller Ausdruck verliehen *(hatte er die Meinung aller ausgedrückt).* **sinnv.:** ↑beilegen.

ver|lei|ten, verleitete, hat verleitet ⟨tr.⟩: *(jmdn.) dazu bringen, etwas zu tun, was er eigentlich für unklug oder unerlaubt hält:* er verleitete mich zu einer unvorsichtigen Äußerung. **sinnv.:** ↑beeinflussen, zu etwas bringen, hinreißen, verführen, verlocken, in Versuchung bringen.

ver|ler|nen ⟨tr.⟩: *(einmal Gelerntes, eine Fertigkeit, die man brachliegen läßt o. ä.) nach einer gewissen Zeit schließlich nicht mehr beherrschen:* sie hat ihre früher guten Englischkenntnisse wieder völlig verlernt; Radfahren verlernt man nicht. **sinnv.:** ↑vergessen.

ver|le|sen, verliest, verlas, hat verlesen: **1.** ⟨tr.⟩ *öffentlich vorlesen, um es zur Kenntnis zu bringen o. ä.:* einen Befehl v.; die Namen der Anwesenden wurden verlesen. **sinnv.:** vorlesen; ↑vortragen. **2.** ⟨sich v.⟩ *(beim Lesen) etwas falsch lesen:* er hat sich in dem einen Satz mehrmals verlesen. **sinnv.:** sich ↑irren.

ver|let|zen ⟨tr.⟩: **1.** *(jmdm.) eine Wunde beibringen:* ich habe ihn/mich an einem Nagel, beim Spülen, mit der Schere verletzt; mit dem ausrutschenden Messer habe ich mir die Hand verletzt; mehrere Arbeiter wurden schwer verletzt. **sinnv.:** anschlagen, aufreißen, blessieren, versehren, verwunden, zurichten; anschießen · lädieren · prellen · schneiden. **2.** *(jmdn.) in seinem Stolz treffen, ihn kränken:* er hat ihn sehr verletzt; eine verletzende Bemerkung. **sinnv.:** ↑antasten; ↑kränken.

Ver|let|zung, die; -, -en: **1.** *verletzte Stelle:* er wurde nach dem Unfall mit schweren Verletzungen ins Krankenhaus gebracht. **sinnv.:** Abschürfung, Biß, Läsion, Prellung, Quetschung, Riß, Schaden, Schnitt, Schramme, Stich, Trauma, Verwundung, ↑Wunde. **Zus.:** Kopf-, Körper-, Kriegsverletzung. **2.** *das Nichtbeachten, Übertreten (einer Vorschrift, eines Gesetzes):* ihm wurde eine V. der Aufsichtspflicht vorgeworfen. **sinnv.:** Mißachtung, Nichtbeachtung, Nichteinhaltung, Zuwiderhandlung. **Zus.:** Grenz-, Menschenrechts-, Pflicht-, Rechtsverletzung.

ver|leug|nen, verleugnete, hat verleugnet ⟨tr.⟩: *sich anderen gegenüber nicht zu jmdm./einer Sache bekennen:* er verleugnet seine Herkunft, seine Freunde. **sinnv.:** nicht zu jmdm./einer Sache stehen; ↑abstreiten.

ver|leum|den, verleumdete, hat verleumdet ⟨tr.⟩: *(über jmdn.) Unwahres verbreiten und seinem Ruf dadurch schaden:* als Politiker wird man oft verleumdet. **sinnv.:** ↑schlechtmachen · ↑Denunziant · ↑Denunziation · ↑Rufmord.

ver|lie|ben, sich: *von Liebe (zu jmdm.) ergriffen werden:* er hatte sich heftig in das Mädchen verliebt; ein verliebtes Paar; sie war in ihn, sie waren ineinander verliebt. **sinnv.:** ein Auge auf jmdn. werfen, jmdm. zu tief in die Augen sehen, Feuer fangen, auf jmdn. fliegen, sein Herz verlieren, sich für jmdn. interessieren, eine Neigung/Zuneigung zu jmdm. fassen, sich vergaffen/vergucken / verknallen / vernarren · ↑Liebe.

ver|lie|ren, verlor, hat verloren: **1.** ⟨tr.⟩ *(etwas, was man gehabt, besessen, bei sich getragen hat o. ä.) [plötzlich] nicht mehr haben:* er hat seinen Schlüsselbund, sein Portemonnaie verloren. **sinnv.:** abhanden kommen, einbüßen, nicht mehr finden, um etwas kommen, loswerden, verbumfideln, verbummeln, verlegen, verlustig gehen, versaubeuteln, verschlampen, verschwinden; sich eine Sache ↑begeben · Verlust. **2.** ⟨itr.⟩ **a)** *(in einer Menschenmenge) von einem anderen, voneinander getrennt werden:* auf einmal hatten sich die beiden, hatten die Kinder im Gedränge ihre Begleiterin verloren. **b)** *(einen Menschen) durch Trennung oder durch Tod plötzlich nicht mehr haben:* er hat seine Frau verloren. **sinnv.:** hergeben müssen. **3.** ⟨itr.⟩ *durch bestimmte Umstände einbüßen:* er hat sein ganzes Vermögen verloren; bei dem Unfall verlor er ein Bein. **sinnv.:** ↑einbüßen. **4.** ⟨itr.⟩ *(an Schönheit, Reiz o. ä.) einbüßen:* durch den Weggang einiger Schauspieler hat das Theater sehr verloren. **sinnv.:** nachlassen. **5.** ⟨tr.⟩ *(in einem Kampf, Wettstreit o. ä.) der Unterlegene sein* /Ggs. gewinnen/: er hat das Match verloren; ⟨auch itr.⟩ er hat [in diesem Spiel] hoch verloren. **sinnv.:** besiegt/ bezwungen werden, eine Niederlage einstecken müssen/erleiden, eine Schlappe erleiden, unterliegen.

ver|lo|ben, sich: *(öffentlich) die Absicht kundgeben, jmdn./einander zu heiraten:* wir haben uns verlobt (Ggs. entlobt); er verlobte sich mit der Tochter des Nachbarn. **sinnv.:** jmdm. die Ehe/die Heirat versprechen, sich versprechen.

ver|lo|cken (geh.) ⟨tr.⟩: *(auf jmdn.) einen großen Reiz ausüben, so daß er kaum widerstehen kann:* der blaue See verlockte sie zum Baden; ein verlockendes Angebot. **sinnv.:** ↑anreizen, ↑reizen; ↑verleiten.

ver|lo|gen ⟨Adj.⟩ (emotional): **a)** *zum Lügen neigend:* ein verlogener Mensch. **sinnv.:** ↑unredlich. **b)** *(in bezug auf ein Verhalten) heuchlerisch:* eine verlogene Moral. **sinnv.:** ↑unaufrichtig.

ver|lo|ren|ge|hen, ging verloren, ist verlorengegangen ⟨itr.⟩: *unbemerkt verschwinden, abhanden kommen:* meine Brieftasche war verlorengegangen. **sinnv.:** abhanden kommen, Beine kriegen/bekommen, flötengehen, fortkommen, sich selbständig machen, in Verlust geraten, verschwinden, wegkommen.

ver|lo|sen ⟨tr.⟩: *(den Gewinner von etwas) durch Los bestimmen:* es wurden drei Autos verlost. **sinnv.:** auslosen, das Los entscheiden lassen, ↑losen.

Ver|lust, der; -[e]s, -e: *das Verlieren, Abhandenkommen:* der V. seiner Brieftasche; der V. *(die Einbuße)* seines gesamten Vermögens; der V. an Ansehen *(die Abnahme, die Verringerung des Ansehens;* Ggs. Gewinn); dieses Geschäft brachte 1 000 Mark V. *(Defizit);* materielle Verluste *(Schäden);* den V. *(Tod)* des Vaters beklagen. **sinnv.:** ↑Defizit, ↑Einbuße, ↑Schaden. **Zus.:** Blut-, Ehr-, Gesichts-, Gewichts-, Prestige-, Stimmenverlust.

ver|ma|chen ⟨tr.⟩: *(jmdm.) durch testamentarische Verfügung als Erbe hinterlassen:* sie hat ihm ihr Haus vermacht. **sinnv.:** ↑hinterlassen, ↑schenken, ↑übereignen.

ver|mäh|len, sich (geh.): *sich ↑verheiraten:* er hat sich mit der Tochter des Nachbarn vermählt; wir haben uns vermählt. **sinnv.:** ↑heiraten · ↑Heirat.

ver|mark|ten ⟨tr.⟩: *ein Geschäft aus etwas machen, jmdn. (bes. einen Künstler) wie eine Ware behandeln, aus seinen Fähigkeiten o. ä. (skrupellos) Kapital schlagen:* einen Olympiasieger v.; jmds. Talent, das Privatleben der Schauspielerin v. **sinnv.:** ↑verkaufen.

ver|meh|ren: 1. a) ⟨tr.⟩ *an Menge, Anzahl o. ä. größer machen* /Ggs. vermindern/: er vermehrt sein Vermögen in jedem Jahr um eine Million. **sinnv.:** ↑aufschwellen, aufstocken, ↑ausbauen, mehren, ↑steigern, ↑verstärken, vervielfachen. **b)** ⟨sich v.⟩ *an Menge, Anzahl o. ä. größer werden:* die Bevölkerung der Erde vermehrt sich sehr schnell. **sinnv.:** ↑zunehmen. **2.** ⟨sich v.⟩ *sich ↑fortpflanzen:* Schnecken vermehren sich in der Regel durch Eier.

ver|mehrt ⟨Adj.⟩: *in zunehmendem Maß:* diese Krankheit tritt in letzter Zeit v. auf. **sinnv.:** gehäuft, häufig, verstärkt, zunehmend.

ver|mei|den, vermied, hat vermieden ⟨tr.⟩: *(etwas, was man nicht für gut, vorteilhaft o. ä. hält) umgehen, es nicht tun oder geschehen lassen:* man sollte diese heiklen Fragen v.; er vermied alles, was einen Verdacht hätte erregen können. **sinnv.:** sich ↑entziehen; sich ↑ersparen; ↑unterlassen.

ver|mes|sen: I. vermessen, vermißt, vermaß, hat vermessen: **1.** ⟨tr.⟩ *(eine Bodenfläche) genau messen:* das Feld v. **sinnv.:** messen. **2.** ⟨sich v.⟩ (geh.) *sich (etwas Unangemessenes) anmaßen:* du hast dich vermessen, ihn zu kritisieren? **sinnv.:** sich ↑unterstehen. **II.** ⟨Adj.⟩ *sich zu sehr auf die eigenen Kräfte oder auf das Glück verlassend;* eine vermessene Handlungsweise; es ist v., so zu reden. **sinnv.:** ↑anmaßend.

ver|mie|ten, vermietete, hat vermietet /Ggs. mieten/: ⟨tr.⟩: *(bes. Räumlichkeiten, eine Wohnung) gegen Bezahlung für eine bestimmte Zeit zur [Be]nutzung überlassen:* [jmdm./an jmdn.] eine Wohnung, ein Auto v. **sinnv.:** abgeben, verleasen, verleihen, verpachten. **Zus.:** ab-, untervermieten.

ver|min|dern: a) ⟨tr.⟩ *geringer machen, abschwächen* /Ggs. vermehren/: die Gefahr eines Krieges wurde vermindert. **sinnv.:** ↑begrenzen; ↑beschränken; ↑verringern. **b)** ⟨sich v.⟩ *geringer, schwächer werden, abnehmen* /Ggs. vermehren/: sein Einfluß verminderte sich. **sinnv.:** ↑schwinden.

ver|mi|schen ⟨tr.⟩: **1. a)** *(verschiedene Stoffe) zusammenbringen und durch Schütteln, Kneten, Rühren o. ä. bewirken, daß eine einheitliche Masse daraus entsteht:* die Zutaten müssen gut vermischt werden; Wein mit Wasser vermischt trinken. **sinnv.:** ↑mischen; versetzen mit. **b)** ⟨sich v.⟩ *sich mit etwas, miteinander verbinden, eine Mischung entstehen lassen:* Öl vermischt sich nicht mit Wasser **2.** *(Sachverhalte o. ä.) zu Unrecht miteinander verquicken:* er vermischt in seinen Erzählungen Traum und Wirklichkeit. **sinnv.:** ↑verquicken.

ver|mißt ⟨Adj.⟩: *seit einer bestimmten Zeit unauffindbar; gesucht werdend;* die Bergsteiger sind seit Tagen vermißt; er war im Krieg v.; jmdn., ein Flugzeug als v. melden.

ver|mit|teln: 1. ⟨tr.⟩ *(als Vermittler) (jmdm.) zu etwas verhelfen:* jmdm. eine Wohnung v. **sinnv.:** besorgen, verschaffen. **2.** ⟨itr.⟩ *bei einem Streit als Schiedsrichter tätig sein:* er vermittelte zwischen den beiden streitenden Parteien; sie versuchte zu v. **sinnv.:** ↑eingreifen, sich einschalten, sich ins Mittel legen, ein Wort einlegen für.

Ver|mitt|ler, der; -s, -, **Ver-**

mitt|le|rin, die; -, -nen: **1.** *männliche bzw. weibliche Person, die zwischen streitenden Personen, Parteien vermittelt:* er hat sich als Vermittler angeboten. **sinnv.:** Mittelsmann, Mittelsperson, Mittler; ↑Schiedsrichter. **2.** *männliche bzw. weibliche Person, die berufsmäßig Geschäfte vermittelt:* das Geschäft ist über einen Vermittler abgeschlossen worden. **sinnv.:** ↑Makler.

ver|mö|ge ⟨Präp. mit Gen.⟩ (geh.): /benennt die Eigenschaft, die etwas Bestimmtes ermöglicht/ *mit, durch:* v. seines Reichtums konnte er sich Vorteile verschaffen; seine Begabung, v. deren ... **sinnv.:** ↑durch.

ver|mö|gen, vermag, vermochte, hat vermocht ⟨itr.; v. + zu + Inf.⟩: *die Kraft, Fähigkeit haben, etwas Bestimmtes zu tun:* er vermochte nicht, die Freunde zu überzeugen; nur wenige vermochten sich zu retten. **sinnv.:** ↑können.

Ver|mö|gen, das; -s, -: **1.** ⟨ohne Plural⟩ *Kraft, Fähigkeit, etwas Bestimmtes zu tun:* sein V., die Menschen mitzureißen, ist groß. **sinnv.:** ↑Fähigkeit. **Zus.:** Aufnahme-, Denk-, Erinnerungs-, Reaktions-, Leistungs-, Seh-, Steh-, Vorstellungsvermögen. **2.** *Besitz, der einen materiellen Wert darstellt:* ein großes V. besitzen. **sinnv.:** ↑Besitz, ↑Einkünfte, Finanzen, ↑Immobilien, Kapital, ↑Reichtum, ↑Schatz; Werte. **Zus.:** Bar-, Millionen-, Privatvermögen.

ver|mö|gend ⟨Adj.⟩: *ein größeres Vermögen besitzend:* eine vermögende Familie; sie waren sehr v. **sinnv.:** ↑reich.

ver|mu|ten, vermutete, hat vermutet ⟨tr.⟩: *auf Grund bestimmter Anzeichen annehmen, mutmaßen:* ich vermute, daß er nicht kommt; ich vermute ihn in der Bibliothek. **sinnv.:** ↑ahnen, ↑annehmen, sich ↑ausrechnen, ↑befürchten, denken, dünken, sich einbilden, jmdm. erscheinen, erwarten, ↑gewärtigen, kalkulieren, raten, rätseln, schätzen, schließen, jmdm. schwanen, tippen, unterstellen, verdächtigen, wähnen, wittern, sich zusammenreimen.

ver|mut|lich: I. ⟨Adj.; nur attributiv⟩: *für möglich, wahrscheinlich gehalten; einer gefühlsmäßigen oder auch verstandesmäßig begründbaren Annahme entsprechend:* der vermutliche Täter; das vermutliche Ergebnis der Wahl. **II.** ⟨Adverb⟩: *wie man vermuten kann:* er wird v. morgen kommen. **sinnv.:** ↑anscheinend.

ver|nach|läs|si|gen ⟨tr.⟩: **1.** *(jmdm.) nicht genügend Aufmerksamkeit widmen; verwahrlosen lassen; sich nicht genügend (um jmdn./etwas) kümmern:* er vernachlässigte seine Arbeit; sich, seine Familie v. **sinnv.:** nicht fragen nach; ↑verwahrlosen. **2.** *bewußt unberücksichtigt, außer acht lassen:* die Stellen hinter dem Komma kann man hier v.

ver|neh|men, vernimmt, vernahm, hat vernommen ⟨tr.⟩: **1.** (geh.) ↑*hören* (1 a): er vernahm leise Schritte. **2.** *gerichtlich, polizeilich befragen:* der Angeklagte wurde vernommen. **sinnv.:** einvernehmen, ins Kreuzverhör nehmen, ein Verhör anstellen, verhören.

ver|nei|gen, sich (geh.): *sich ↑verbeugen:* ich verneigte mich tief. **sinnv.:** einen Diener machen, sich verbeugen.

ver|nei|nen ⟨tr.⟩: *(zu etwas) nein sagen:* er verneinte die Frage heftig; er verneinte die Möglichkeit einer Einigung *(schloß sie aus, ließ sie nicht gelten).* **sinnv.:** ↑bestreiten.

ver|nich|ten ⟨tr.⟩: *völlig zerstören, gänzlich zunichte machen:* die Stadt wurde vernichtet; seine Feinde v.; eine vernichtende Niederlage; **sinnv.:** ↑ausrotten; ↑besiegen.

Ver|nunft, die; -: *Fähigkeit des Menschen, Einsichten zu gewinnen, sich ein Urteil zu bilden, die Zusammenhänge und die Ordnung des Wahrgenommenen zu erkennen und sich in seinem Handeln danach zu richten:* die menschliche V.; V. walten lassen; das ist gegen alle V. **sinnv.:** Auffassungsgabe, Denkvermögen, Einsicht, ↑Erkenntnis, Esprit, Geist, Grips, Grütze, Hirn, Intellekt, Klugheit, Köpfchen, Logik, ↑Scharfsinn, Verstand, Witz.

ver|nünf|tig ⟨Adj.⟩: **1. a)** *von Vernunft geleitet; Vernunft, Einsicht und Besonnenheit besitzend:* er ist ein vernünftiger Mensch; sei doch v.; v. denken, handeln. **sinnv.:** ↑klug; ↑rational. **b)** *von Einsicht und Vernunft zeugend und daher angemessen, einleuchtend:* ein vernünftiger Rat; diese Frage ist v. **sinnv.:** ↑einleuchtend; ↑zweckmäßig. **2.** (ugs.) *der Vorstellung von etwas, den Erwartungen entsprechend:* endlich ist wieder vernünftiges Wetter. **sinnv.:** ↑geeignet.

ver|öf|fent|li|chen ⟨tr.⟩: *in gedruckter o. ä. Form der Öffentlichkeit zugänglich machen:* etwas in den Medien v.; einen Roman v. **sinnv.:** abdrucken, bekanntmachen, bringen, herausbringen, ↑herausgeben, kundmachen, unter die Leute bringen, ↑publizieren.

ver|ord|nen ⟨tr.⟩: **1.** *(als Arzt) festlegen, was zur Heilung eingenommen oder getan werden soll; ärztliche Anordnungen treffen:* der Arzt hat [ihm] ein Medikament und Bettruhe verordnet. **sinnv.:** rezeptieren, verschreiben. **2.** *von öffentlicher, amtlicher Seite anordnen:* es wird hiermit verordnet, daß von 2 bis 4 Uhr keine Autos fahren dürfen. **sinnv.:** ↑anordnen.

ver|pach|ten, verpachtete, hat verpachtet ⟨tr.⟩: *für längere Zeit gegen Zahlung eines bestimmen Betrages zur Nutzung überlassen:* ein Gut, eine Jagd v.

ver|packen ⟨tr.⟩: *zum Transport (in etwas) packen, (in etwas) unterbringen:* sie verpackte die Eier in eine /(auch:) einer Kiste. **sinnv.:** ↑einpacken.

ver|pas|sen, verpaßt, verpaßte, hat verpaßt ⟨tr.⟩ (ugs.): **1.** ↑*versäumen:* den Zug v.; eine Chance v.; eine verpaßte Gelegenheit. **2.** *jmdm. etwas gegen seinen Willen, ohne seine Wünsche zu berücksichtigen, zuteil werden lassen:* jmdm. eine Spritze v.; wer hat dir denn diesen Haarschnitt verpaßt? **sinnv.:** ↑geben; ↑verabreichen.

ver|pe|sten, verpestete, hat verpestet ⟨tr.⟩: *mit Gestank erfüllen, mit schädlichen, übelriechenden Stoffen verderben:* die Luft in der Stadt wird durch die Fabriken verpestet. **sinnv.:** ↑verseuchen.

ver|pfle|gen ⟨tr.⟩: *mit Nahrung versorgen:* auf der Tour mußten sich die Teilnehmer selbst v. **sinnv.:** ↑ernähren.

ver|pflich|ten, verpflichtete, hat verpflichtet: **1. a)** ⟨tr.⟩ *(jmdn. an etwas) vertraglich o. ä. binden, für eine bestimmte, bes. eine künstlerische Tätigkeit unter Vertrag nehmen:* jmdn. für ein Amt v.; er ist als Schauspieler nach München verpflichtet worden. **sinnv.:** gewinnen. **b)** ⟨sich v.⟩ *sich für eine bestimmte, bes. eine* *künstlerische Tätigkeit vertraglich binden:* er hat sich für drei Jahre verpflichtet. **2. a)** ⟨tr.⟩ *(jmdn.) verbindlich (auf etwas) festlegen, (von jmdm.) ein bestimmtes Verhalten, eine bestimmte Handlungsweise verlangen:* jmdn. feierlich, durch Eid, zu einer Zahlung v.; das verpflichtet dich zu nichts; sein Amt verpflichtet ihn [dazu], sich um die Sorgen der Bürger zu kümmern. **sinnv.:** ↑binden. **b)** ⟨sich v.⟩ *versprechen, fest zusagen, etwas Bestimmtes zu tun:* ich habe mich verpflichtet, diese Aufgabe zu übernehmen; er hat sich, er ist zu dieser Zahlung verpflichtet. **sinnv.:** ↑versprechen.

Ver|putz, der; -es: ↑*Putz:* der V. fällt schon von den alten Mauern. **Zus.:** Rauh-, Wandverputz.

ver|quicken: *(nicht Zusammengehörendes, nicht Zusammenpassendes) in einen festen Zusammenhang, in enge Verbindung bringen:* zwei verschiedene Dinge miteinander v.; hier werden politische und wissenschaftliche Probleme verquickt. **sinnv.:** durcheinanderbringen, durcheinanderwerfen, ↑verknüpfen, in einen Topf werfen, verbinden, vermengen, vermischen.

Ver|rat, der; -[e]s: **1.** *das Weitersagen von etwas, was geheim bleiben sollte:* der V. militärischer Geheimnisse. **2.** *Bruch der Treue, eines Vertrauensverhältnisses durch Täuschung, Hintergehen, Betrügen o. ä.:* der V. an seinen Freunden. **sinnv.:** ↑List. **Zus.:** Hoch-, Landes-, Vaterlandsverrat.

ver|ra|ten, verrät, verriet, hat verraten: **1. a)** ⟨tr.⟩ *(etwas, was geheim bleiben sollte) weitersagen, preisgeben:* ein Geheimnis, einen Plan v.; er hat [ihm] verraten, wo das Treffen stattfinden soll; ich will dir v. *(im Vertrauen mitteilen),* wo ich hinfahre. **sinnv.:** anbringen, angeben, anzeigen, ↑ausplaudern, ↑aussagen, ↑denunzieren, hinterbringen, ↑mitteilen, petzen, preisgeben, verpetzen, verpfeifen, verzinken. **b)** ⟨sich v.⟩ *durch eine Äußerung, Handlung etwas ungewollt preisgeben, mitteilen:* mit dieser Geste, diesem Wort hat er sich verraten. **2.** ⟨tr.⟩ *(jmdn.) durch Weitersagen von etwas Geheimem an einen anderen ausliefern; Verrat* (2) *an jmdm./etwas begehen:* er hat seinen Freund, die gemeinsame Sache verraten. **sinnv.:** ↑betrügen. **3.** *erkennen lassen; offenbar werden lassen:* seine Miene verriet tiefe Bestürzung. **sinnv.:** ↑zeigen.

Ver|rä|ter, der; -s, -, **Ver|rä|te|rin,** die; -, -nen: *männliche bzw. weibliche Person, die Verrat übt.* **sinnv.:** ↑Denunziant; ↑Kollaborateur. **Zus.:** Hoch-, Landesverräter.

ver|rech|nen: 1. ⟨tr.⟩ *Forderungen, die auf zwei Seiten bestehen, miteinander ausgleichen; bei einer Abrechnung berücksichtigen, in die Rechnung einbeziehen:* der Kaufmann verrechnete die Forderung seines Kunden mit seiner eigenen. **sinnv.:** anrechnen; ↑berücksichtigen. **2.** ⟨sich v.⟩ **a)** *falsch rechnen; beim Rechnen einen Fehler machen:* du hast dich bei dieser Aufgabe verrechnet. **sinnv.:** einen Rechenfehler machen, sich verzählen. **b)** (ugs.) *jmdn./etwas falsch einschätzen:* er hatte sich in diesem Menschen sehr verrechnet. **sinnv.:** sich ↑irren.

ver|rei|sen, verreiste, ist verreist ⟨itr.⟩: *für eine bestimmte Zeit seinen Wohnort verlassen, an einen anderen Ort fahren und dort bleiben; eine Reise unternehmen:* er ist für drei Wochen verreist. **sinnv.:** ↑fortfahren; ↑reisen.

ver|rei|ßen, verriß, hat verrissen ⟨tr.⟩: *sehr schlecht beurteilen, kritisieren:* das neue Theaterstück wurde von den Kritikern völlig verrissen. **sinnv.:** ↑besprechen.

ver|ren|ken ⟨itr.⟩: *durch eine unglückliche Bewegung o. ä. aus der normalen Lage im Gelenk bringen [und dadurch das Gelenk verletzen]:* ich habe mir den Arm verrenkt. **sinnv.:** ausrenken, verstauchen.

ver|rich|ten, verrichtete, hat verrichtet ⟨tr.⟩: *ordnungsgemäß ausführen, tun:* eine Arbeit v. **sinnv.:** ↑verwirklichen.

ver|rin|gern: a) ⟨tr.⟩ *kleiner, geringer machen, werden lassen:* den Abstand v. **sinnv.:** abmindern, ↑abschwächen, Abstriche machen, begrenzen, beschränken, beschneiden, dezimieren, drosseln, drücken, einschränken, entwerten, gesundschrumpfen, herabdrücken, herabmindern, herabsetzen, heruntergehen in, herunterschrauben, kürzen, mindern, reduzieren, schmälern, streichen, verkleinern, verkürzen, verlangsamen, vermindern. **b)** ⟨sich v.⟩ *kleiner, geringer werden:* die Kosten haben sich in diesem Jahr nicht verringert. **sinnv.:** ↑schwinden.

ver|rückt ⟨Adj.⟩ (ugs.): **1.** *krankhaft, wirr im Denken und Handeln; seines Verstandes beraubt:* seit ihrem Unfall ist sie v.; bei diesem Lärm könnte man ja v. werden. **sinnv.:** behämmert, bekloppt, beknackt, bescheuert, deppert, hirnverbrannt; ↑geistesgestört · ↑spinnen. **2.** *auf absonderliche, auffällige Weise ungewöhnlich, nicht alltäglich:* er hat eine verrückte Idee; ein verrückter Kerl. **sinnv.:** ↑überspannt.

ver|ru|fen ⟨Adj.⟩: *in einem sehr schlechten Ruf stehend; übel beleumundet:* eine verrufene Gegend. **sinnv.:** ↑anrüchig, ↑lichtscheu.

Vers, der; -es, -e: *rhythmische [durch Reim begrenzte] Einheit, Zeile eines Gedichts, einer Dichtung in gebundener Rede:* gereimte, reimlose, jambische, kunstvolle Verse; etwas in Versen abfassen, schreiben. **sinnv.:** ↑Gedicht; ↑Reim. **Zus.:** Abzähl-, Blank-, Kinder-, Knittel-, Spottvers.

ver|sa|gen: 1. a) ⟨tr.⟩ *(etwas Erwartetes, Gewünschtes o. ä.) nicht gewähren, nicht zubilligen:* er versagte ihnen seinen Schutz, den Gehorsam, ihre Bitte. **sinnv.:** ↑ablehnen; ↑verbieten. **b)** ⟨sich etwas v.⟩ *auf etwas verzichten, es sich nicht gönnen:* er versagte sich alles; ich kann es mir nicht v., darauf hinzuweisen **sinnv.:** ↑aufgeben. **c)** ⟨sich v.⟩ (geh.) *sich für jmdn./etwas nicht zur Verfügung stellen:* er versagte sich ihr, ihrem Wunsch. **2.** ⟨itr.⟩ **a)** *nicht das Erwartete leisten können, es nicht erreichen:* er hat im Examen versagt; da versagt auch die ärztliche Kunst; die Regierung hat versagt. **sinnv.:** durchfallen, durchfliegen, durchplumpsen, durchrasseln, durchsausen, patzen, die Prüfung nicht bestehen, schmeißen. **b)** *nicht mehr funktionieren:* plötzlich versagten die Bremsen; ihm versagte die Stimme.

Ver|sa|ger, der; -s, -: **1.** *jmd., der nicht das Erwartete leistet, versagt hat:* er ist in seinem Beruf ein V. **sinnv.:** Blindgänger, verkrachte Existenz, Flasche, Nichtsnutz, Niete, Null, Schwächling, Taugenichts. **2. a)**

etwas, was nicht funktioniert, nicht den erwarteten Erfolg hat: das Gerät war ein V.; **b)** *bei etwas plötzlich auftretender Fehler, Ausfall:* es gab keinen V. **sinnv.:** ↑Mangel.

Ver|sa|ge|rin, die; -, -nen: vgl. *Versager* (1).

ver|sam|meln: a) ⟨tr.⟩ *(mehrere Menschen) veranlassen, sich zu einer Zusammenkunft für einige Zeit an einen bestimmten Ort zu begeben:* die Schüler in der Aula v.; er versammelte seine Familie um sich. **sinnv.:** um sich sammeln, um sich vereinigen, zusammenkommen lassen, zusammenrufen. **b)** ⟨sich v.⟩ *sich an einen bestimmten Ort begeben, um dort für einige Zeit mit anderen zusammenzusein:* die Schüler versammelten sich vor der Schule. **sinnv.:** sich sammeln, sich scharen, sich ein Stelldichein geben, sich treffen, zusammenkommen, zusammentreffen.

Ver|sand, der; -[e]s: **1.** *das Versenden von Waren:* der V. der Bücher muß noch vor Weihnachten abgeschlossen sein; das Getreide zum V. fertigmachen. **sinnv.:** Absendung, Verschickung, Versendung. **2.** *für das Versenden von Waren zuständige Abteilung in einem Betrieb:* im V. arbeiten. **sinnv.:** ↑Expedition.

ver|säu|men ⟨tr.⟩: *(die Möglichkeit zu etwas) ungenutzt vorübergehen lassen, nicht nutzen; (etwas Beabsichtigtes, Erforderliches) nicht tun, nicht erreichen:* er hat die Gelegenheit versäumt, ihr seine Meinung zu sagen; versäume nicht, dieses Buch zu lesen; er wird den Zug versäumen *(nicht erreichen).* **sinnv.:** auslassen, sich etwas entgehen lassen, um etwas kommen, nicht [mehr] kriegen, sich etwas durch die Lappen gehen lassen, verbummeln, verfehlen, verpassen, verschlafen.

Ver|säum|nis, das; -ses, -se: *das Versäumen, Unterlassen (von etwas, was hätte getan werden müssen):* die Versäumnisse der Regierung in den letzen Jahren rächen sich jetzt. **sinnv.:** Unterlassung, Vernachlässigung. **Zus.:** ↑Pflichtversäumnis.

ver|schaf|fen ⟨tr.⟩: *dafür sorgen, daß jmdm. etwas zuteil wird, jmd. etwas bekommt (was nicht ohne weiteres erreichbar ist):* er hat uns geheime Informationen verschafft; er verschaffte sich Geld. **sinnv.:** ↑beschaffen.

ver|schan|deln ⟨tr.⟩ (emotional): *durch sein Vorhandensein das gute Aussehen (von etwas) verderben; sehr häßlich erscheinen lassen:* das neue Hochhaus verschandelt den ganzen Ort. **sinnv.:** ↑verunstalten.

ver|schen|ken: 1. ⟨tr.⟩ *schenkend austeilen, als Geschenk weggeben:* er hat seine Bücher verschenkt; ich habe nichts zu v. *(ich kann nichts ohne Gegenleistung geben).* **sinnv.:** ↑austeilen; ↑schenken. **2.** ⟨sich v.⟩ *sich jmdm. [der dessen nicht würdig ist] hingeben:* sie hat sich an ihn verschenkt.

ver|scher|zen ⟨tr.⟩: *durch Leichtsinn und Gedankenlosigkeit verlieren, einbüßen:* du hast dir sein Wohlwollen verscherzt.

ver|scheu|chen ⟨tr.⟩: *durch Scheuchen fortjagen, vertreiben:* die Mücken v. **sinnv.:** ↑abwehren; ↑vertreiben.

ver|schi|cken ⟨tr.⟩: **1.** ↑*versenden:* Waren v. **sinnv.:** ↑schicken. **2.** *zur Erholung, zu einer Kur o. ä. an einen anderen Ort schicken, reisen lassen:* Kinder in ein Erholungsheim v.; Kranke [zur Kur] v.

ver|schie|ben, verschob, hat verschoben: **1. a)** ⟨tr.⟩ *in eine andere Stellung, an eine andere Stelle schieben:* wir mußten den Schrank [um einige Zentimeter] v. **sinnv.:** ↑schieben. **b)** ⟨sich v.⟩ *in eine andere Stellung, an eine andere Stelle geschoben werden, sich bewegen:* der Tisch hatte sich durch die Erschütterung verschoben. **2. a)** ⟨tr.⟩ *von einem bestimmten vorgesehenen Zeitpunkt auf einen späteren verlegen:* seine Reise ist auf nächste Woche verschoben worden. **sinnv.:** aufschieben, auf die lange Bank schieben, einmotten, auf Eis legen, hinausschieben, hinausziehen, hinauszögern, umdisponieren, umlegen, verlegen, verschleppen, vertagen, verzögern, zurückstellen; ↑ausdehnen. **b)** ⟨sich v.⟩ *von einem bestimmten vorgesehenen Zeitpunkt auf einen späteren gelegt, aufgeschoben werden:* der Termin hat sich verschoben. **sinnv.:** sich hinausziehen, sich hinauszögern, sich verzögern.

ver|schie|den: I. ⟨Indefinitpronomen und unbestimmtes Zahlwort⟩ **1. verschiedene** ⟨Plural⟩ *einige, mehrere, manche:* verschiedene Punkte der Tagesordnung; der Einspruch verschiedener Delegierter/(auch:) Delegierten; verschiedene wollten sich nicht beteiligen. **sinnv.:** ↑einig... **2. verschiedenes** ⟨Singular⟩ *dieses und jenes; manches, einiges:* verschiedenenes war noch zu besprechen. **II.** ⟨Adj.⟩ *nicht gleich; in wesentlichen oder allen Merkmalen voneinander abweichend; Unterschiede aufweisend:* die Stoffe hatten verschiedene Muster; die beiden Brüder sind ganz v. **sinnv.:** abweichend, anders, andersartig, divergent, unterschiedlich, verschiedenartig. **Zus.:** grund-, wesensverschieden.

ver|schim|meln, verschimmelte, ist verschimmelt ⟨itr.⟩: *sich mit Schimmel beziehen, durchsetzen; durch Schimmel verderben:* das Brot war verschimmelt. **sinnv.:** ↑faulen.

ver|schla|fen: I. verschläft, verschlief, hat verschlafen: **1.** ⟨tr.⟩ **a)** *schlafend verbringen:* er hat den ganzen Tag verschlafen. **b)** (ugs.) *aus Vergeßlichkeit o. ä. versäumen:* eine Verabredung v. **sinnv.:** ↑versäumen. **2.** ⟨itr.⟩ *zu lange schlafen, nicht pünktlich genug aufwachen:* ich habe verschlafen; ⟨auch sich v.⟩ hast du dich schon wieder verschlafen? **sinnv.:** sich ↑verspäten. **II.** ⟨Adj.⟩ *noch nicht ganz wach; noch vom Schlaf benommen:* gänzlich v. öffnete er uns die Tür. **sinnv.:** ↑müde.

Ver|schlag, der; -[e]s, Verschläge: *einfacher, kleinerer Raum, Schuppen, dessen Wände aus Brettern bestehen:* die Geräte und Werkzeuge befinden sich in einem V. hinter dem Wohnhaus. **sinnv.:** ↑Depot. **Zus.:** Bretter-, Holzverschlag.

ver|schla|gen: I. verschlägt, verschlug, hat verschlagen: **1.** ⟨tr.⟩ *(eine bestimmte bereits aufgeschlagene Seite in einem Buch) nach erfolgtem [Um]blättern nicht mehr finden, nicht aufgeschlagen lassen:* er hat [mir] die Seite im Buch verschlagen. **2.** ⟨tr.⟩ *(den Ball) so schlagen, daß ein Fehler daraus entsteht:* beim Tennis den Ball v. **3.** ⟨tr.⟩ *durch besondere Umstände, durch Zufall ungewollt (irgendwohin) gelangen lassen, treiben:* der Sturm verschlug das Schiff an eine unbekannte Küste; er wurde als Arzt in ein kleines Dorf verschlagen. **4.** ⟨itr.⟩ *(eine Fähigkeit, ein Gefühl o. ä.) plötzlich für eine gewisse Zeit wegnehmen:* der

Anblick verschlug ihm die Sprache, den Atem; es verschlug mir den Appetit. **sinnv.:** benehmen, entziehen, rauben, nehmen. **5.** ⟨itr.⟩ *von Erfolg, Nutzen sein, für jmdn. hilfreich sein* /meist verneint/: die Arznei verschlägt bei ihm nicht. **sinnv.:** ↑fruchten. **II.** ⟨Adj.⟩ *auf hinterlistige Weise schlau und gerissen:* er ist ein verschlagener Mensch; v. grinsen. **sinnv.:** ↑schlau; ↑unaufrichtig.

ver|schlech|tern: **a)** ⟨tr.⟩ *schlechter werden lassen, machen:* der Fieberanfall hat den Zustand des Kranken sehr verschlechtert; damit hast du deine Lage wesentlich verschlechtert. **sinnv.:** Öl ins Feuer gießen, verschärfen, verschlimmern, verstärken. **b)** ⟨sich v.⟩ *schlechter, schlimmer werden:* ihre Gesundheit hat sich verschlechtert; ich habe mich verschlechtert *(ich bin in eine [finanziell] ungünstigere Lage gekommen).* **sinnv.:** ↑abwärtsgehen, rückwärtsgehen, sich verschlimmern.

Ver|schleiß, der; -es: *durch langen, häufigen o. ä. Gebrauch verursachte starke Abnutzung:* ein starker V. der Reifen; der Körper unterliegt einem natürlichen V. **sinnv.:** Abnutzung, Abnützung, Verbrauch. **Zus.:** Kräfte-, Materialverschleiß.

ver|schlep|pen ⟨tr.⟩: **1.** *gewaltsam an einen fremden Ort bringen:* die Frauen wurden von Soldaten verschleppt. **sinnv.:** deportieren, entführen, kidnappen. **2.** *die Entscheidung (von etwas) immer wieder hinauszögern:* einen Prozeß, Verhandlungen v. **sinnv.:** ↑verschieben. **3.** *(eine Krankheit) nicht rechtzeitig behandeln und so eine längere Dauer bewirken, die Gesundung hinauszögern:* sie hat den Infekt verschleppt; eine verschleppte Grippe.

ver|schlie|ßen, verschloß, hat verschlossen: **1.** ⟨tr.⟩ **a)** *mit einem Schloß o. ä. zumachen, schließen, sichern; durch Zuschließen unzugänglich machen:* er verschloß alle Zimmer; die Fenster waren verschlossen. **sinnv.:** abriegeln, ↑abschließen, schließen, verriegeln, versperren, zumachen, zuriegeln, zuschließen, zusperren. **b)** *in etwas hineinlegen und es abschließen:* er verschloß das Geld in seinem/(auch:) seinen Schreibtisch. **sinnv.:** einschließen, schließen in. **c)** *mit Hilfe eines Gegenstandes, einer Vorrichtung o. ä. bewirken, daß etwas nach außen hin fest zu ist:* die Flasche mit einem Korken, die Packung mit der Lasche v. **2. a)** ⟨tr.⟩ *(für sich) behalten, niemandem mitteilen, nicht offenbaren:* seine Gedanken, seine Gefühle in sich, in seinem Herzen v. **b)** ⟨sich v.⟩ *(jmdm., der Meinung eines anderen o. ä.) nicht zugänglich sein:* er verschloß sich ihren Argumenten; er konnte sich [gegenüber] dieser Überlegung nicht v. *(er mußte sie anerkennen, einsehen).* **sinnv.:** ↑ablehnen. **c)** ⟨sich v.⟩ *sein Wesen, seine Gefühle nicht zu erkennen geben:* du darfst dich nicht so v.; eine Stadt, die sich dem Fremden verschließt.

ver|schlin|gen, verschlang, hat verschlungen ⟨tr.⟩: **1.** *ineinanderschlingen, umeinander-, ineinanderwinden:* er hatte die Fäden zu einem Knäuel verschlungen. **2.** *gierig und hastig in großen Bissen, ohne viel zu kauen, essen, fressen:* voller Heißhunger verschlang er die Brötchen; der Hund verschlang das Fleisch. **sinnv.:** ↑essen.

ver|schlucken: **1.** ⟨tr.⟩ *hinunterschlucken; durch Schlucken in den Magen bringen:* er hat aus Versehen den Kirschkern verschluckt. **2.** ⟨sich v.⟩ *etwas in die Luftröhre bekommen:* ich habe mich [an der Suppe, beim Essen] verschluckt.

Ver|schluß, der; Verschlusses, Verschlüsse: *Vorrichtung zum Verschließen von etwas:* der V. einer Kette; er öffnete den V. der Flasche. **sinnv.:** Deckel, Kappe, Klappe, ↑Stöpsel. **Zus.:** Bajonett-, Kronen-, Magnet-, Reiß-, Ring-, Schraub-, Ventilverschluß.

ver|schlüs|seln ⟨tr.⟩: *in Geheimschrift abfassen* /Ggs. entschlüsseln/: einen Text, ein Telegramm v. **sinnv.:** ↑chiffrieren.

ver|schmä|hen ⟨tr.⟩: *aus Verachtung, Geringschätzung o. ä. ablehnen, zurückweisen, nicht annehmen:* er hat meine Hilfe verschmäht. **sinnv.:** ↑ablehnen, ↑verachten.

ver|schmel|zen, verschmilzt, verschmolz, hat/ist verschmolzen: **a)** ⟨tr.⟩ *(Metalle) durch Schmelzen und Zusammenfließenlassen miteinander verbinden:* er hat Kupfer und Zinn verschmolzen. **b)** ⟨itr.⟩ *sich durch Schmelzen und Zusammenfließen verbinden:* Kupfer und Zinn sind auf diese Weise [miteinander] verschmolzen. **sinnv.:** ↑vereinigen.

ver|schmer|zen ⟨tr.⟩: *sich (mit einem Verlust o. ä.) abfinden, darüber hinwegkommen:* eine Enttäuschung, Niederlage v. **sinnv.:** ↑aushalten; ↑überwinden.

ver|schmie|ren ⟨tr.⟩: **1.** *(einen Hohlraum) mit etwas ausfüllen und die Oberfläche glätten:* ein Loch in der Wand v. **2.** *durch häßliches, unsauberes Schreiben, Zeichnen o. ä. verunstalten:* er hat sein Heft verschmiert. **3.** *(etwas auf etwas) streichen, schmieren und es dadurch schmutzig, unsauber machen:* Farbe, Marmelade auf dem Tisch v.; sein Gesicht ist ganz verschmiert. **sinnv.:** ↑beschmutzen.

ver|schmitzt ⟨Adj.⟩: *auf (im Urteil des Sprechers) sympathische Weise listig und pfiffig:* v. lächeln. **sinnv.:** ↑schlau; ↑spitzbübisch.

ver|schmut|zen, verschmutzte hat/ist verschmutzt: **1.** ⟨tr.⟩ *ganz schmutzig machen:* du hast mit den Straßenschuhen den Teppich verschmutzt; die Industrie verschmutzt die Luft. **sinnv.:** ↑beschmutzen. **2.** ⟨itr.⟩ *schmutzig werden:* die Wäsche ist sehr schnell verschmutzt.

ver|schnau|fen ⟨itr./sich v.⟩: *eine Pause machen, um wieder zu Atem zu kommen oder um Atem zu schöpfen:* oben auf dem Berg verschnaufte er ein wenig; ich muß mich erst v. **sinnv.:** ↑ruhen.

-ver|schnitt, der; -[e]s, -e ⟨Suffixoid⟩ (abwertend): */besagt, daß die so bezeichnete Person oder Sache im Vergleich zu dem im Basiswort Genannten als nur zweitrangig, als dem dort Genannten höchstens ähnlich angesehen wird, daß sie aber in der Qualität nicht an es heranreicht/:* Heilkunde-, James-Bond-, (der Redner X als) Lessing-, Monroe-, Operetten-, Sepp-Herberger-Verschnitt.

ver|schnör|kelt ⟨Adj.⟩: *mit Schnörkeln versehen, verziert:* verschnörkelte Buchstaben; eine verschnörkelte Schrift. **sinnv.:** gedrechselt, gedreht, geschweift.

ver|schol|len ⟨Adj.⟩: *für längere Zeit abwesend und nicht auffindbar, für verloren gehalten oder als tot betrachtet:* er ist seit zehn Jahren v.; das Flugzeug war v. **sinnv.:** abgängig, überfällig, unauffindbar, vermißt.

ver|scho|nen ⟨tr.⟩: *(jmdm.) nichts Übles, Unangenehmes tun; davon absehen, (jmdm.) etwas Schlimmes anzutun; einer Sache keinen Schaden zufügen:* die Sieger hatten die Gefangenen verschont; der Sturm hat kein Haus verschont; verschone mich *(belästige mich nicht)* mit diesen Fragen! **sinnv.:** ↑begnadigen.

ver|schrän|ken ⟨tr.⟩: *gekreuzt übereinanderlegen:* er verschränkte die Hände hinter dem Kopf, die Arme vor der Brust.

ver|schrei|ben, verschrieb, hat verschrieben: **1.** ⟨tr.⟩ *(als Arzt) schriftlich verordnen:* der Arzt hat ihm mehrere Medikamente verschrieben. **sinnv.:** ↑verordnen. **2.** ⟨sich v.⟩ *beim Schreiben einen Fehler machen:* ich habe mich mehrmals verschrieben. **3.** ⟨tr.⟩ *beim Schreiben verbrauchen:* er hat den ganzen Block verschrieben. **4.** ⟨sich v.⟩ *sich (einer Sache) widmen; (in einer Sache) ganz aufgehen:* er hat sich völlig seinem Beruf verschrieben. **sinnv.:** sich ↑befassen. **5.** ⟨tr.⟩ *(jmdm.) den Besitz von etwas urkundlich zusichern:* er hat den Hof seiner Tochter verschrieben. **sinnv.:** ↑hinterlassen.

ver|schro|ben ⟨Adj.⟩: *in seinem Wesen, Aussehen, Verhalten absonderlich wirkend, anmutend:* ein verschrobener Mensch; verschrobene Ansichten. **sinnv.:** ↑seltsam.

ver|schul|den, verschuldete, hat/ist verschuldet: **1.** ⟨tr.⟩ *in schuldhafter Weise bewirken, die Schuld für etwas tragen:* durch seinen Leichtsinn hätte er beinahe ein großes Unglück verschuldet. **sinnv.:** ↑verursachen. **2. a)** ⟨itr.⟩ *in Schulden geraten:* durch seinen Lebensstil ist er immer mehr verschuldet; eine verschuldete Firma. **b)** ⟨sich v.⟩ *Schulden machen:* ich habe mich hoch v. müssen.

ver|schüt|ten, verschüttete, hat verschüttet ⟨tr.⟩: **1.** *völlig zudecken; ganz bedecken, [unter sich] begraben:* die Lawine verschüttete einige Häuser des Dorfes. **2.** *unbeabsichtigt aus einem Gefäß schütten:* er verschüttete die Milch. **sinnv.:** ↑schlabbern; ↑vergießen.

ver|schwei|gen, verschwieg, hat verschwiegen ⟨tr.⟩ /vgl. verschwiegen/: *(etwas) bewußt nicht erzählen, sondern es verheimlichen:* er hat mir diese Nachricht verschwiegen. **sinnv.:** ↑schweigen; ↑vertuschen.

ver|schwen|den, verschwendete, hat verschwendet ⟨tr.⟩: *in allzu reichlichem Maße und ohne entsprechenden Nutzen leichtsinnig ausgeben, verbrauchen, gebrauchen:* sein Geld, seine Kräfte, seine Zeit v. **sinnv.:** ↑ausgeben, ↑durchbringen.

ver|schwen|de|risch ⟨Adj.⟩: *leichtsinnig und allzu großzügig im Ausgeben oder Verbrauchen von Geld o. ä.:* er führt ein verschwenderisches Leben; er ist mit seinem Geld v. umgegangen. **sinnv.:** ↑freigebig.

ver|schwie|gen ⟨Adj.⟩: **1.** *zuverlässig im Bewahren eines Geheimnisses, nicht geschwätzig:* du kannst ihn ruhig einweihen, er ist v. **sinnv.:** ↑dezent · ↑schweigen. **2.** *still und einsam, nur von wenigen Menschen aufgesucht:* ein verschwiegenes Plätzchen; eine verschwiegene Bucht.

ver|schwin|den, verschwand, ist verschwunden ⟨itr.⟩: **a)** *wegfahren, weggehen, sich entfernen o. ä. und nicht mehr zu sehen sein:* der Zug verschwand in der Ferne; er verschwand gleich nach der Besprechung; die Sonne verschwand hinter den Bergen. **sinnv.:** entschwinden, ↑untertauchen, ↑weggehen; ↑wegkommen. **b)** *verlorengehen, gestohlen werden, nicht zu finden sein:* seine Brieftasche, das ganze Geld war verschwunden; er wollte das Testament einfach v. lassen *(beiseite schaffen, vernichten).*

ver|schwom|men ⟨Adj.⟩: **1.** *in den Umrissen nicht deutlich erkennbar:* man konnte den Gipfel des Berges nur ganz v. sehen. **sinnv.:** ↑unklar. **2.** *nicht fest umrissen; nicht eindeutig festgelegt:* seine Vorstellungen über dieses Projekt sind noch sehr v.; er drückt sich immer so v. aus. **sinnv.:** ↑unklar.

ver|schwö|ren, sich; verschwor sich, hat sich verschworen: *sich heimlich verbünden:* die Offiziere hatten sich gegen den Diktator verschworen; alles scheint sich gegen uns verschworen zu haben *(alles mißlingt uns).* **sinnv.:** ein Komplott anzetteln, komplottieren, konspirieren, paktieren, mit jmdm. gemeinsame Sache machen.

Ver|schwö|rung, die; -, -en: *gemeinsame Planung eines Unternehmens, das gegen jmdn./etwas (bes. gegen die staatliche Ordnung) gerichtet ist.* **sinnv.:** ↑Aufruhr, Aufstand, Gewaltakt, Komplott, Konspiration, Meuterei, Pogrom, Putsch, Rebellion, Staatsstreich, Subversion, Umtriebe, Unterwanderung; ↑Ausschreitungen.

ver|se|hen, versieht, versah, hat versehen: **1.** ⟨tr.⟩ *dafür sorgen, daß jmd. etwas bekommt, mit etwas versorgt wird, daß etwas irgendwo vorhanden ist, daß etwas mit etwas ausgestattet wird:* jmdn., sich für die Reise mit Proviant v.; einen Text mit Anmerkungen v. **sinnv.:** ↑ausstatten; ↑geben. **2.** ⟨tr.⟩ *(eine Aufgabe, einen Dienst o. ä.) ausüben, erfüllen:* seinen Dienst gewissenhaft v. **sinnv.:** ↑innehaben. **3.** ⟨sich v.⟩ *irrtümlich, aus Unachtsamkeit einen Fehler machen:* da habe ich mich beim Ausfüllen des Formulars wohl versehen. **sinnv.:** ↑irren.

Ver|se|hen, das; -s, -: *etwas, was irrtümlich, aus Unachtsamkeit falsch gemacht wurde:* ihm ist ein V. unterlaufen; sein V. bedauern; das geschah aus V. *(nicht mit Absicht)* **sinnv.:** ↑Fehler.

ver|se|hent|lich ⟨Adj.⟩: *aus Versehen, nicht mit Absicht [geschehen]:* das versehentliche Betreten eines fremden Zimmers; v. in eine Versammlung geraten. **sinnv.:** fälschlich, irrtümlich; ↑unabsichtlich.

ver|sen|ken: 1. ⟨tr.⟩ *bewirken, daß etwas im Wasser untergeht:* ein Schiff v. **2.** ⟨tr.⟩ *bewirken, daß etwas in etwas, unter der Oberfläche von etwas verschwindet:* der Behälter für das Öl wird in die Erde versenkt; die Hände in die Hosentaschen v. *(sie ganz hineinstecken).* **sinnv.:** ↑eintauchen. **3.** ⟨sich v.⟩ *sich ganz fest und ohne sich ablenken zu lassen (in etwas) vertiefen:* ich versenkte mich in den Anblick des Bildes. **sinnv.:** sich konzentrieren, ↑lesen, meditieren, sich sammeln, sich vergraben, sich ↑vertiefen.

ver|set|zen: 1. ⟨tr.⟩ **a)** *an eine andere Stelle, einen anderen Ort bringen, setzen:* Bäume v. **b)** *an eine andere Dienststelle (in einem anderen Ort) beordern:* er ist nach Frankfurt versetzt worden **c)** *(einen Schüler) in die nächste Klasse aufnehmen:* er konnte gerade noch versetzt werden. **sinnv.:** das Klassenziel erreichen. **2.** ⟨tr.⟩ *[ver]mischen [und dadurch in der Qualität mindern]:* der Wein ist mit Wasser versetzt. **sinnv.:** ↑mischen. **3.** ⟨itr.⟩ *mit einer gewissen Entschiedenheit, energisch antworten:* auf meine Frage versetzte er, er sei nicht meiner Ansicht. **sinnv.:** ↑antworten. **4.** ⟨tr.⟩ (ugs.) *vergeblich warten lassen:* wir waren heute verabredet, doch sie hat mich versetzt. **sinnv.:** ↑sitzenlassen. **5.** ⟨tr.⟩ (ugs.) *[aus einer gewissen Not heraus] verkaufen, verpfänden, um zu Geld zu kommen:* er mußte seine Uhr v., um die Miete bezahlen zu können. **sinnv.:** verpfänden, ins Leihhaus/Pfandhaus bringen, als Pfand geben. **6.** ⟨als Funktionsverb⟩ **a)** */drückt aus, daß jmdm. etwas unversehens gegeben, beigebracht wird/:* jmdm. einen Schlag v. *(jmdn. schlagen);* jmdm. einen Stoß v. *(jmdn. stoßen).* **b)** */drückt aus, daß jmd./etwas in einen bestimmten Zustand gebracht wird/:* jmdn. in Angst v. *(bewirken, daß jmd. Angst hat);* jmdn. in Schlaf v. *(bewirken, daß jmd. schläft);* etwas in Bewegung v. *(bewirken, daß sich etwas bewegt).* **7.** ⟨sich v.⟩ *sich in jmdn./etwas hineindenken; sich vorstellen, daß man sich in einer bestimmten Lage befände:* versetzen wir uns doch einmal in die Zeit vor 1900!; versetze dich doch einmal in seine Lage! **sinnv.:** sich ↑einfühlen.

ver|seu|chen ⟨tr.⟩: *mit gesundheitssschädlichen Stoffen, Krankheitserregern durchsetzen:* das Trinkwasser der Stadt wurde [radioaktiv] verseucht. **sinnv.:** ↑infizieren, vergiften, verpesten.

ver|si|chern: 1. ⟨tr.⟩ *(etwas) als sicher oder gewiß hinstellen, als den Tatsachen entsprechend bezeichnen in der Absicht, jmdn. zu überzeugen:* er versicherte [ihm], daß er nicht der Täter sei; ich versicherte ihm das Gegenteil. **sinnv.:** ↑beglaubigen; ↑beschwören; überzeugen. **2. a)** ⟨itr.⟩ *jmdm. Gewißheit über etwas geben, ihm zusagen, daß er mit Gewißheit auf etwas zählen kann:* jmdn. seiner Freundschaft, seines Vertrauens v.; Sie können versichert sein, daß es sich so verhält. **b)** ⟨sich v.⟩ *sich [über jmdn./etwas] Sicherheit oder Gewißheit verschaffen:* ich wollte mich seiner Hilfe v. **sinnv.:** ↑kontrollieren. **3.** ⟨tr./sich v.⟩ *mit einer entsprechenden Institution einen Vertrag abschließen, nach dem diese gegen regelmäßige Zahlung eines bestimmten Betrages bestimmte Schäden ersetzt:* ich habe mich, mein Gepäck gegen Diebstahl versichert. **sinnv.:** in eine Versicherung eintreten/gehen, eine Versicherung abschließen.

ver|sie|gen, versiegte, ist versiegt ⟨itr.⟩ (geh.): *zu fließen aufhören:* die Quelle ist versiegt; ihre Tränen versiegten. **sinnv.:** ↑stocken.

ver|sin|ken, versank, ist versunken ⟨itr.⟩: **1. a)** *unter die Oberfläche von etwas geraten und verschwinden:* das Schiff versank im Meer **sinnv.:** ↑untergehen. **b)** ↑*einsinken:* er versank bis an die Knie im Schnee. **2.** (geh.) *sich einer Sache ganz hingeben und nichts anderes mehr bemerken, spüren:* sie versank in Trauer; er war ganz in seine Arbeit versunken.

Ver|si|on, die; -, -en: **1.** *eine Art der Auslegung, Darstellung eines Sachverhalts o. ä. unter mehreren möglichen Arten:* die amtliche, offizielle V.; von dem Hergang des Unfalls gibt es verschiedene Versionen. **sinnv.:** Fassung, Wortlaut. **2.** *Ausführung, die in bestimmter Weise vom ursprünglichen Typ, Modell o. ä. abweicht:* die neue V. eines Fernsehgerätes.

ver|söh|nen: a) ⟨tr.⟩ *(zwischen Streitenden) Frieden stiften, einen Streit beilegen:* wir haben die Parteien [miteinander] versöhnt; sie hat ihn mit seiner Mutter versöhnt. **sinnv.:** ↑bereinigen. **b)** ⟨sich v.⟩ *(mit jmdm.) Frieden schließen, sich wieder vertragen:* ich habe mich entschlossen, mich mit meinem Gegner zu v.

ver|söhn|lich ⟨Adj.⟩: **a)** *zur Versöhnung und friedlichen Verständigung bereit:* ein versöhnlicher Mensch; er zeigte sich diesmal recht v.; es herrschte eine versöhnliche Stimmung. **sinnv.:** ↑tolerant. **b)** *als etwas Erfreuliches, Tröstliches, Hoffnungsvolles erscheinend:* das Buch hat einen versöhnlichen Schluß.

ver|sor|gen, ⟨tr.⟩: **a)** *(jmdm. etwas Fehlendes, notwendig Gebrauchtes) [in ausreichender Menge] überlassen, zukommen lassen:* jmdn. mit Lebensmitteln, Informationen v.; sein Vater versorgte ihn mit Geld; die Stadt versorgt sich mit Wasser aus dem See. **sinnv.:** ↑eindekken; ↑geben; ↑kaufen. **b)** *für jmds. Unterhalt, für alles Nötige sorgen, was jmd./etwas braucht; sich (um jmdn./etwas) kümmern:* drei Jahre lang versorgte sie ihre kranke Mutter und deren Haus; er hat eine Familie zu v.; der Hausmeister versorgt die Heizung. **sinnv.:** ↑bedienen.

ver|spä|ten, sich; verspätete sich, hat sich verspätet: *später als geplant, gewünscht, gewöhnlich kommen, eintreffen:* die meisten Gäste verspäteten sich an diesem Abend; eine verspätete Einladung; der Zug traf verspätet ein. **sinnv.:** zu spät kommen, verschlafen.

ver|sper|ren ⟨tr.⟩: **1.** ↑*verschließen:* die Zimmer, Türen v. **2. a)** *durch Aufstellen von Hindernissen o. ä. unpassierbar, unzugänglich machen:* er versperrte die Einfahrt [mit Kisten]; jmdm. den Weg v. *(sich jmdm. in den Weg stellen und ihn aufhalten).* **sinnv.:** verbarrikadieren, vermauern, verrammeln, verschanzen, ↑verstellen, zubauen, zumauern, zustellen. **b)** *sich im Weg befinden und so unpassierbar, unzugänglich machen:* ein Auto versperrte die Einfahrt; ein Neubau versperrt *(nimmt)* den Blick auf den See.

ver|spie|len ⟨tr.⟩: **a)** *beim Spielen verlieren:* er hat sein ganzes Geld verspielt. **b)** *durch eigenes Verschulden, durch Leichtsinn verlieren:* sein Glück, Recht v.

ver|spot|ten, verspottete, hat verspottet ⟨tr.⟩: *(jmdn./etwas) zum Gegenstand seines Spottes machen:* er verspottete seine politischen Gegner. **sinnv.:** auslachen, sich amüsieren/lachen/sich mokieren/spotten über, verhöhnen, verlachen; ↑aufziehen; ↑persiflieren.

ver|spre|chen, verspricht, versprach, hat versprochen: **1. a)** ⟨tr.⟩ *(jmdm.) verbindlich erklären, daß etwas getan wird, geschehen wird; zusichern:* er hat mir versprochen, pünktlich zu kommen; der Vater hatte ihm Geld versprochen. **sinnv.:** das Abendmahl auf etwas nehmen, beeiden, beeidigen, ↑beschwören, ich fresse einen Besen, daß..., beteuern, sich ↑binden, sein Ehrenwort geben, einen Eid leisten, auf seinen Eid nehmen, an Eides Statt erklären, ich will

Emil heißen, wenn ..., geloben, darauf kannst du Gift nehmen, die Hand darauf/sein Wort geben, schwören, ich will des Teufels sein, wenn ..., sich verpflichten, versichern, sein Wort verpfänden, zusagen, zusichern; ↑erklären; ↑aussetzen. **b)** ⟨itr.⟩ *erwarten lassen:* der Junge verspricht etwas zu werden; hiervon verspreche ich mir wenig; das Barometer verspricht gutes Wetter. **2.** ⟨sich v.⟩ *beim Reden einzelne Laute oder Wörter verwechseln, falsch aussprechen o. ä.:* der Vortragende war sehr nervös und versprach sich ständig. **sinnv.:** ↑stottern; sich ↑verheddern.

Ver|spre|chen, das; -s, -: *verbindliche Erklärung, daß etwas Bestimmtes getan werden wird, geschehen wird; Zusage:* er hat sein V., nichts zu sagen, nicht gehalten. **sinnv.:** ↑Beteuerung, Ehrenwort, Gelöbnis, Gelübde, Verheißung, Versprechungen, Zusage, Zusicherung. **Zus.:** Ehe-, Heirats-, Treueversprechen.

ver|spü|ren ⟨tr.⟩: **a)** *durch die Sinne wahrnehmen, spüren:* er verspürte einen kalten Hauch an seinem Nacken. **sinnv.:** ↑bemerken. **b)** *(ein bestimmtes Gefühl o. ä.) haben:* er verspürte große Lust zu baden. **sinnv.:** ↑fühlen.

ver|staat|li|chen ⟨tr.⟩: *zum Eigentum des Staates machen:* einen Betrieb v.; die Eisenbahnen wurden verstaatlicht. **sinnv.:** ↑enteignen.

Ver|stand, der; -[e]s: *Kraft des Menschen, das Wahrgenommene sinngemäß aufzufassen und es zu begreifen; Fähigkeit, mit Begriffen umzugehen:* der menschliche V.; er hat einen scharfen V.; bei klarem V. *(klarer Überlegung)* kann man so nicht urteilen. **sinnv.:** ↑Vernunft. **Zus.:** Kunst-, Laien-, Menschen-, Sachverstand.

ver|stän|dig ⟨Adj.⟩: **a)** *voller Verständnis, verständnisvoll, verstehend, einsichtig:* er fand einen verständigen Chef. **b)** *mit Verstand begabt:* der Kleine ist für sein Alter schon sehr v. **sinnv.:** ↑klug. **Zus.:** kunst-, sachverständig.

ver|stän|di|gen: 1. ⟨tr.⟩ *(jmdm. etwas) mitteilen; (jmdn. von etwas) in Kenntnis setzen; (jmdn. über etwas) informieren:* er verständigte die Polizei über diesen, von diesem Vorfall. **sinnv.:** ↑mitteilen. **2.** ⟨sich v.⟩ **a)** *(jmdm.) deutlich machen, was man sagen will:* ich konnte mich mit dem Engländer gut v. **b)** *einig werden, sich einigen:* ich konnte mich mit ihm über alle strittigen Punkte v. **sinnv.:** ↑übereinkommen.

ver|ständ|lich ⟨Adj.⟩: **a)** *so beschaffen, daß es gut zu hören, deutlich zu vernehmen ist:* der Vortragende sprach mit leiser, doch verständlicher Stimme. **sinnv.:** artikuliert, deutlich, klar, verstehbar, gut zu verstehen, wohlartikuliert; ↑laut. **b)** *so beschaffen, daß es leicht zu begreifen, in Sinn und Bedeutung leicht zu erfassen ist:* die Abhandlung ist v. geschrieben. **sinnv.:** ↑anschaulich; deutlich; ↑klar. **Zus.:** allgemein-, gemein-, leicht-, schwer-, selbstverständlich. **c)** *so beschaffen, daß man Verständnis dafür hat, daß man die Gründe und Ursachen einsieht:* sein Verhalten ist durchaus v. **sinnv.:** ↑ersichtlich.

Ver|ständ|nis, das; -ses: *Vermögen des Menschen, sich in jmdn. hineinzuversetzen, sich in etwas hineinzudenken; Fähigkeit, jmdn./etwas zu verstehen:* er hat kein V. für die Jugend. **sinnv.:** Einfühlungsgabe, -vermögen, Verstehen; ↑Überblick; ↑Schonung · ↑entgegenkommen. **Zus.:** Kunst-, Miß-, Sach-, Sprachverständnis.

ver|ständ|nis|los ⟨Adj.⟩: *ohne jegliches Verständnis, kein Verständnis habend* /Ggs. verständnisvoll/: „Wieso geht es nicht?" fragte er v. **sinnv.:** ↑unzugänglich.

ver|ständ|nis|voll ⟨Adj.⟩: *voll Verständnis für jmdn./etwas; fähig, sich in jmdn./etwas hineinzudenken* /Ggs. verständnislos/: er hatte einen verständnisvollen Lehrer; er hörte ihm v. zu. **sinnv.:** verständnisinnig, verstehend, wissend; ↑tolerant.

ver|stär|ken: a) ⟨tr.⟩ *an Zahl, dem Grad nach o. ä. größer machen, stärker machen:* die Wachen vor dem Schloß v.; den Druck v. *(erhöhen);* eine Mauer v. *(dicker machen).* **sinnv.:** ↑anheizen, ↑ankurbeln, beschleunigen, Dampf/Druck dahinter machen, forcieren, fördern, intensivieren, nachhelfen, ↑potenzieren, auf die Tube drücken, ↑vermehren, verschärfen, ↑verschlechtern, ↑vertiefen, vorantreiben. **b)** ⟨sich v.⟩ *dem Grad nach o. ä. größer werden, stärker werden; wachsen:* meine Zweifel haben sich verstärkt. **sinnv.:** ↑zunehmen.

ver|stau|chen ⟨itr.⟩: *sich durch eine übermäßige oder unglückliche Bewegung eine Verzerrung am Gelenk (eines Gliedes) zuziehen:* ich habe mir den Arm verstaucht; er ist so unglücklich gefallen, daß er sich den Fuß verstaucht hat. **sinnv.:** sich auskugeln/ausrenken, sich den Fuß vertreten, sich etwas verknacksen/verrenken.

ver|stau|en ⟨tr.⟩ (ugs.): *auf relativ engem, gerade noch ausreichendem Raum [für den Transport] unterbringen:* er verstaute seine Koffer hinten im Auto. **sinnv.:** unterbringen; ↑einpacken.

Ver|steck, das; -s, -e: *geheimer, anderen nicht bekannter Ort; Ort, an dem man jmdn./etwas verstecken kann:* ein V. für sein Geld suchen. **sinnv.:** ↑Hinterhalt; ↑Zuflucht. **Zus.:** Waffenversteck.

ver|stecken: 1. ⟨tr.⟩ *(jmdn./etwas) heimlich an einem unbekannten Ort unterbringen, so daß die Person/Sache nicht gesehen wird:* das Geld im Schreibtisch v.; er versteckte den Flüchtling in einem Schuppen; etwas versteckt halten. **sinnv.:** tarnen, verbergen, verdecken, verhüllen; ↑vergraben. **2.** ⟨sich v.⟩ *an eine Stelle gehen, wo man nicht gesehen/gefunden wird:* sich vor jmdm. hinter einem Baum v. **sinnv.:** sich tarnen/verbergen; sich verkriechen.

ver|ste|hen, verstand, hat verstanden: **1.** ⟨tr.⟩ *deutlich hören, klar vernehmen:* der Vortragende sprach so laut, daß alle im Saal ihn gut v. konnten. **sinnv.:** ↑hören. **2. a)** ⟨tr.⟩ *Sinn und Bedeutung (von etwas) verstandesmäßig erfassen; begreifen:* ich habe seine Argumente verstanden; dieses Buch ist schwer zu v. **sinnv.:** begreifen, durchblicken, sich durchfinden, durchgucken, durchschauen, jmdm. einleuchten, erfassen, ↑erkennen, fassen, [geistig] folgen können, fressen, intus kriegen, kapieren, mitbekommen, mitkriegen, nachvollziehen, realisieren, schalten, schlau werden aus, schnallen, auf den Trichter kommen · ansehen, auffassen, sich ↑auskennen, ↑begutachten, ↑sehen. **b)** ⟨tr.⟩ *den Grund (für etwas) einsehen; aus einem gewissen Einfüh-*

lungsvermögen heraus richtig beurteilen und einschätzen können: erst jetzt verstehe ich sein sonderbares Verhalten. **sinnv.:** jmdm. verständlich sein. **c)** ⟨tr.⟩ *Verständnis für jmdn./etwas haben:* nur seine engsten Freunde verstanden ihn; [keinen] Spaß v. **d)** ⟨sich v.⟩ *gleicher Meinung sein, gleiche Ansichten haben:* in dieser Frage verstehe ich mich mit ihm [gut, nicht]. **3.** ⟨itr.⟩ *gut kennen, können; gelernt haben:* sein Handwerk, Metier, seinen Beruf v. **sinnv.:** sich ↑auskennen.

ver|stei|fen: 1. ⟨tr.⟩ *steif machen und dadurch stützen:* einen Zaun mit/durch Latten v. **2.** ⟨sich v.⟩ **a)** *steif werden:* das Gelenk versteift sich. **b)** *sich verstärken:* ihr Widerstand versteifte sich. **sinnv.:** ↑bestehen auf.

ver|stei|gern ⟨tr.⟩: *mehreren Interessenten anbieten und an den verkaufen, der das meiste Geld dafür bietet:* eine Bibliothek v. **sinnv.:** unter den Hammer bringen; ↑verkaufen.

Ver|stei|ge|rung, die; -, -en: *das Versteigern; Veranstaltung, bei der etwas versteigert wird.* **sinnv.:** Auktion. **Zus.:** Zwangsversteigerung.

ver|stei|nern, versteinerte, ist versteinert ⟨itr.⟩: *zu Stein werden:* versteinerte Pflanzen; er stand wie versteinert *(starr vor Schreck, Erstaunen o. ä.)* da. **sinnv.:** petrifizieren.

Ver|stei|ne|rung, die; -, -en: **1.** ⟨ohne Plural⟩ *das Versteinern:* dieses Gebilde entstand durch V. **2.** *versteinertes Lebewesen, versteinerte Pflanze:* der Forscher fand an der Küste aufschlußreiche Versteinerungen. **sinnv.:** Fossil, Petrefakt.

ver|stel|len: 1. ⟨tr.⟩ *durch etwas in den Weg Gestelltes versperren:* die Tür, den Eingang [mit Kisten] v. **sinnv.:** besetzen, die Zufahrt/den Zugang behindern, blockieren, verbarrikadieren; ↑versperren. **2.** ⟨tr.⟩ **a)** *an einen anderen, an einen falschen Platz stellen:* beim Putzen sind die Bücher verstellt worden. **b)** *so einstellen, wie man es braucht:* die Höhe des Liegestuhls, den Liegestuhl kann man v. **3. a)** ⟨tr.⟩ *absichtlich ändern, um zu täuschen:* seine Schrift, seine Stimme v. **b)** ⟨sich v.⟩ *sich anders geben, als man ist; heucheln:* er verstellte sich und tat, als ob er schliefe. **sinnv.:** ↑vortäuschen.

Ver|stel|lung, die; -, -en: *Täuschung, Heuchelei:* ihre Trauer ist nur V. **sinnv.:** Cant, Falschheit, Gleisnerei, Heuchelei, Komödie, Lippenbekenntnis, Scheinheiligkeit, Theater, Unaufrichtigkeit, Unwahrhaftigkeit, Verlogenheit, Vortäuschung; Pharisäertum.

ver|steu|ern ⟨tr.⟩: *(für etwas) Steuern bezahlen:* sein Vermögen v.; diese Einkünfte müssen nicht versteuert werden. **sinnv.:** verzollen.

ver|stim|men ⟨tr.⟩ /vgl. verstimmt/: *ärgerlich machen; [ver]ärgern:* diese Absage hatte ihn sehr verstimmt; ⟨häufig im 2. Partizip⟩ verstimmt verließ er das Zimmer; verstimmt sein. **sinnv.:** ↑ärgern.

ver|stimmt ⟨Adj.⟩ *nicht richtig gestimmt; falsch klingend* /von Musikinstrumenten/: ein verstimmtes Klavier.

Ver|stim|mung, die; -, -en: *das Verstimmtsein, das Verärgertsein.* **sinnv.:** ↑Ärger, Erbitterung, Gereiztheit, Groll, schlechte Laune, Launen, Mißgestimmtheit, gereizte Stimmung, Stimmungen, Unmut, Unwille, Verärgerung; ↑Unlust. **Zus.:** Magenverstimmung.

ver|stockt ⟨Adj.⟩ (emotional): *ohne Einsicht in einer bestimmten inneren Haltung verharrend, bei etwas bleibend; unzugänglich für andere Argumente:* der Angeklagte beteuerte trotz der eindeutigen Beweise v., er sei unschuldig. **sinnv.:** ↑unzugänglich; ↑rechthaberisch.

ver|stoh|len ⟨Adj.⟩: *auf scheue, zurückhaltende Weise, so daß es nicht bemerkt wird; vorsichtig, heimlich:* die neue Kollegin wurde v. gemustert. **sinnv.:** ↑unbemerkt; ↑heimlich.

ver|stop|fen ⟨tr.⟩: *ganz ausfüllen, so daß nichts mehr durchgehen, durchfließen kann:* ein Loch v.; ⟨häufig im 2. Partizip⟩ die Straße war völlig verstopft. **sinnv.:** ↑dichten.

Ver|stop|fung, die; -, -en: *körperlicher Zustand, bei dem der Betroffene keinen oder nur selten Stuhlgang hat:* sie leidet an V. **sinnv.:** Darmträgheit, Hartleibigkeit, Konstipation, Kotstauung, Obstipation, Stuhlverhaltung, Stuhlverstopfung; Verdauungsstörung.

Ver|stor|be|ne, der und die; -n, -n ⟨aber: [ein] Verstorbener, Plural: [viele] Verstorbene⟩: *männliche bzw. weibliche Person, die gestorben ist:* wir verlieren in dem Verstorbenen einen lieben Kollegen. **sinnv.:** ↑Toter.

ver|stört ⟨Adj.⟩: *völlig verwirrt; zutiefst erschüttert:* sie war durch den plötzlichen Tod ihres Mannes ganz v. **sinnv.:** ↑betroffen.

Ver|stoß, der; -es, Verstöße: *das Verstoßen gegen ein Gesetz o. ä.; Verletzung eines Gesetzes o. ä.:* das ist ein V. gegen das Arbeitsschutzgesetz; ein V. gegen alle Regeln des Anstands. **sinnv.:** ↑Delikt, Frevel, Freveltat, Kapitalverbrechen, Missetat, Sakrileg, Straftat, Sünde, Todsünde, Übertretung, ↑Unrecht, Untat, ↑Verbrechen, Verfehlung, Vergehen, Zuwiderhandlung · Außerachtlassung, Mißachtung, Nichtbeachtung, Nichteinhaltung, Überschreitung, Verletzung. **Zus.:** Devisen-, Gesetzes-, Preisverstoß.

ver|sto|ßen, verstößt, verstieß, hat verstoßen: **1.** ⟨tr.⟩ *(einen Angehörigen) zwingen, das Haus und die Familie zu verlassen, weil man nicht mehr mit ihm zusammen wohnen und leben will:* er hat seine Tochter verstoßen. **sinnv.:** sich lossagen; ↑ächten; ↑ausschließen. **2.** ⟨itr.⟩ *(gegen ein Gesetz) handeln; (ein Gesetz o. ä.) übertreten, verletzen:* er hat mit dieser Tat gegen das Gesetz verstoßen. **sinnv.:** ↑abweichen von, etwas ist ein Angriff auf/gegen, ↑antasten, nicht beachten, nicht einhalten, sich nicht halten/kehren an, sich ↑hinwegsetzen über, ↑mißachten, sich richten gegen, überschreiten, übertreten, ↑untergraben, unterlaufen, sich vergehen gegen, etwas verletzen, etwas ist ein Verstoß gegen, zerstören, zuwiderhandeln.

ver|strei|chen, verstrich, hat/ist verstrichen: **1.** ⟨tr.⟩ **a)** *ausfüllen, indem man etwas in etwas streicht; verschmieren:* er hat das Loch in der Wand, die Fuge verstrichen. **b)** *(auf etwas) streichen; gleichmäßig verteilen:* die Butter [gleichmäßig] auf dem Brot v. **2.** ⟨itr.⟩ ↑*vergehen:* das Jahr ist schnell verstrichen; Monate waren ungenutzt verstrichen.

ver|streu|en ⟨tr.⟩: **a)** *unabsichtlich [auf den Boden] streuen:* sie hat das Salz verstreut. **b)** *durcheinander ausbreiten; ohne [erkennbare] Ordnung hinlegen oder liegen lassen:* die Kinder haben die Spielsachen im ganzen Zimmer verstreut; ⟨häufig im 2.

Partizip⟩ verstreute *(weit auseinander liegende)* Häuser, Dörfer. **sinnv.:** streuen, umherstreuen, verteilen, zerstreuen; ↑auflokkern.

ver|stri̥cken ⟨tr./sich v.⟩: *(in etwas) verwickeln:* jmdn. in einen Skandal, in eine unangenehme Angelegenheit v.; du hast dich in deinen eigenen Lügen verstrickt; er ist ständig in Streitigkeiten verstrickt. **sinnv.:** bringen in, einbrocken, hineinmanövrieren, hineinziehen, reinreißen; sich ↑verfangen.

ver|stüm|meln ⟨tr.⟩: *schwer verletzen, wobei eines oder mehrere Glieder abgetrennt werden:* der Mörder hatte sein Opfer verstümmelt. **sinnv.:** ↑verunstalten.

ver|stum|men, verstummte, ist verstummt ⟨itr.⟩: *zu sprechen, singen, schreiben o. ä. aufhören:* vor Freude, vor Entsetzen v.; das Gespräch verstummte *(wurde [für eine bestimmte Zeit] nicht mehr fortgeführt);* die Glocken verstummten *(hörten auf zu läuten).* **sinnv.:** ↑schweigen.

Ver|su̱ch, der; -[e]s, -e: **a)** *Verfahren, mit dem man etwas erforschen, untersuchen will:* ein physikalischer V. **sinnv.:** ↑Experiment. **Zus.:** Atom-, Feld-, Kernwaffen-, Labor-, Selbst-, Tierversuch. **b)** *Bemühung, Unternehmen, durch das man etwas zu verwirklichen sucht:* es war ein gewagter V., aus dem Gefängnis zu entfliehen. **sinnv.:** ↑Aktion, ↑Anlauf, ↑Anstrengung, Experiment, Feldzug, ↑Kampagne, Versuchsballon, Vorstoß; ↑Wagnis. **Zus.:** Ausbruchs-, Erziehungs-, Flucht-, Geh-, Mord-, Selbstmord-, Umsturz-, Wiederbelebungsversuch.

ver|su̱|chen: 1. a) ⟨tr.⟩ *(etwas) in Angriff nehmen, unternehmen; prüfen, ob es möglich ist, und wagen; (etwas) zu verwirklichen suchen:* er versuchte, aus dem Gefängnis zu entfliehen; er hatte versucht *(sich darum bemüht),* Klavier spielen zu lernen; ⟨auch itr.⟩ wir werden es mit ihm v. *(wir werden ihn einstellen o. ä. und dann feststellen, ob er geeignet ist).* **sinnv.:** ausprobieren, die Probe machen, probieren, einen Versuch machen; sich ↑anstrengen; prüfen. **b)** ⟨sich v.⟩ *sich noch ohne Erfahrung auf einem bestimmten Gebiet betätigen:* er versuchte sich auch in diesem Beruf, an einem Roman. **2.** ⟨tr.⟩ *(eine Speise, ein Getränk) kosten, probieren:* er versuchte den Wein, doch er schmeckte ihm zu sauer. **sinnv.:** ↑kosten. **3.** * **versucht sein/sich versucht fühlen** *(die Neigung verspüren, aber noch zögern, etwas Bestimmtes zu tun):* ich war, fühlte mich versucht, ihm einmal unverblümt meine Meinung zu sagen. **sinnv.:** ↑wünschen.

Ver|su̱|chung, die; -, -en: *Anreiz, etwas Unrechtes, Unkluges, etwas eigentlich nicht Beabsichtigtes zu tun:* dieses Angebot war eine große V. für ihn. **sinnv.:** Anfechtung, Verführung, Verlokkung.

ver|sụ̈n|di|gen, sich: *(an jmdm./etwas) unrecht handeln und dadurch Schuld auf sich laden:* er hat sich an seinen Eltern versündigt; das Land hat sich an seinen Kunstschätzen versündigt *(hat sie nicht genügend gepflegt).* **sinnv.:** ↑sündigen.

ver|ta̱|gen ⟨tr.⟩: *auf einen späteren Zeitpunkt legen; aufschieben:* die Verhandlung wurde vertagt; ⟨auch sich v.⟩ der Landtag hat sich vertagt *(hat beschlossen, seine Tagung zu einem späteren Zeitpunkt fortzusetzen).* **sinnv.:** ↑verschieben.

ver|ta̱u̱|schen ⟨tr.⟩: *aus Versehen, irrtümlich (etwas Falsches) statt des Richtigen nehmen:* die Schirme, Mäntel wurden vertauscht. **sinnv.:** ↑verwechseln.

ver|te̱i̱|di|gen ⟨tr./sich v.⟩: **1.** *Angriffe (auf jmdn./etwas) abwehren; vor Angriffen schützen:* eine Stadt v.; er verteidigte *(rechtfertigte)* seine Auffassung, sich sehr geschickt. **sinnv.:** ↑abwehren, ↑behüten; sich ↑wehren, Widerstand leisten; ↑eintreten für; ↑wahren. **2.** *vor Gericht vertreten:* der Angeklagte wird von einem sehr bekannten Anwalt verteidigt, will sich selbst v.

ver|te̱i̱|len: a) ⟨tr.⟩ *in meist gleicher Menge [ab]geben, bis der Vorrat erschöpft ist:* er verteilte Schokolade unter die Kinder. **sinnv.:** ↑austeilen, ↑austragen. **b)** *aufteilen und in gleicher Menge oder Anzahl an verschiedene Stellen bringen:* das Gewicht der Ladung möglichst gleichmäßig auf beide Achsen v.; die Salbe gleichmäßig auf der/(auch:) auf die Wunde v. **sinnv.:** ↑verstreuen; ↑auflösen; ↑auflockern; ↑teilen. **c)** ⟨sich v.⟩ *ein bestimmtes Gebiet einnehmen; sich über eine Fläche hin verstreuen:* die Polizisten verteilten sich über den Platz; die Bevölkerung dieses Landes verteilt sich auf drei große Städte *(die Mehrzahl der Bewohner dieses Landes lebt in drei großen Städten).* **sinnv.:** sich ↑auflösen.

ver|te̱u̱|ern ⟨sich v.⟩: *teurer werden:* die Lebensmittel haben sich weiter, um 3% verteuert. **sinnv.:** ansteigen, anziehen, aufschlagen.

ver|te̱u̱|feln ⟨tr.⟩ /vgl. verteufelt/: *jmdn. in polemischer Weise als schlecht hinstellen oder ihm die Schuld an etwas zuschieben:* der Politiker verteufelte die Opposition als Feinde des Staates. **sinnv.:** ↑schlechtmachen.

ver|te̱u̱|felt ⟨Adj.⟩ (emotional): **a)** *lästig und unangenehm, weil man mit etwas nicht fertig wird, etwas nicht bewältigt:* eine verteufelte Angelegenheit! **sinnv.:** ↑unangenehm. **b)** ⟨verstärkend bei Adjektiven und Verben⟩ ↑*sehr:* das ist v. schwer; es riecht hier ganz v. nach Benzin.

ver|ti̱e̱|fen: a) ⟨tr.⟩ *tiefer machen:* einen Graben v. **b)** ⟨sich v.⟩ *tiefer werden:* die Falten in ihrem Gesicht haben sich vertieft. **c)** ⟨tr.⟩ *bewirken, daß etwas größer, intensiver wird, zunimmt:* die Musik des Films vertiefte noch die Wirkung der Bilder; er will sein Wissen v. *(bereichern).* **sinnv.:** internalisieren, verinnerlichen, ↑verstärken; ↑ausbauen; ↑festigen.

ver|ti|ka̱l ⟨Adj.⟩: *sich in einer senkrechten Linie erstreckend:* /Ggs. horizontal/: die vertikale Startrichtung der Rakete.

ver|ti̱l|gen ⟨tr.⟩: **1.** ↑*ausrotten:* Ungeziefer v. **2.** *ganz aufessen:* sie hatten den Kuchen bereits vertilgt. **sinnv.:** ↑aufessen.

ver|to̱|nen ⟨tr.⟩: *(einen Text) in Musik setzen, (zu einem Text) eine Musik schreiben:* dieses Gedicht ist von Schubert vertont worden. **sinnv.:** arrangieren, instrumentieren, komponieren, in Musik setzen.

ver|trạckt ⟨Adj.⟩ (ugs.): *besonders schwierig zu bewältigen, kaum lösbar erscheinend und daher lästig und unangenehm:* er wollte mit dieser vertrackten Geschichte nichts zu tun haben. **sinnv.:** ↑schwierig.

Ver|tra̱g, der; -[e]s, Verträge: *[schriftliche] rechtlich gültige Vereinbarung zweier oder mehrerer Partner, in der die gegenseitigen Verbindlichkeiten und Rechte festgelegt sind:* einen V. schließen. **sinnv.:** ↑Vereinbarung. **Zus.:** Anstellungs-, Arbeits-, Ausbildungs-, Bauspar-, Darlehens-, Ehe-, Friedens-, Geheim-, Handels-, Kauf-, Miet-, Prämienspar-, Staats-, Tarif-, Versicherungs-, Zeitvertrag.

ver|tra|gen, verträgt, vertrug, hat vertragen: **1.** ⟨tr.⟩ *widerstandsfähig genug (gegen etwas) sein:* er kann die Hitze gut v.; er verträgt keine fetten Speisen *(kann sie nicht verdauen; fette Speisen bekommen ihm nicht);* (ugs.) er kann viel v. *(viel Alkohol trinken, ohne betrunken zu werden);* er verträgt *(duldet)* keinen Widerspruch. **sinnv.:** ↑aushalten. **2.** ⟨sich v.⟩ *sich (mit jmdm.) nicht streiten; ohne Streit, in Frieden und Eintracht (mit jmdm.) leben; gut (mit jmdm.) auskommen:* er verträgt sich mit seiner Schwester; die Nachbarn vertragen sich nicht miteinander; **sinnv.:** auskommen, in Frieden leben, sich nicht zanken; ↑übereinkommen.

ver|trag|lich ⟨Adj.⟩: *in einem Vertrag festgelegt, geregelt, dem Vertrag entsprechend:* eine vertragliche Vereinbarung; etwas v. regeln.

ver|träg|lich ⟨Adj.⟩: **1.** *so beschaffen, daß man es gut verträgt:* verträgliche Speisen; das Medikament ist gut v. **sinnv.:** ↑bekömmlich; ↑leicht. **2.** *nicht leicht streitend oder in Streit geratend; friedlich, umgänglich:* er ist ein verträglicher Mensch, man kann gut mit ihm auskommen. **sinnv.:** ↑friedfertig.

ver|trau|en ⟨itr.⟩ /vgl. vertraut/: *sicher sein, daß man sich auf jmdn./etwas verlassen kann:* er vertraute seinen Freunden; fest auf Gott v.; er vertraute seinen/auf seine Fähigkeiten. **sinnv.:** ↑glauben; sich ↑verlassen auf, zählen auf.

Ver|trau|en, das; -s: *sichere Erwartung, fester Glauben daran, daß man sich auf jmdn./etwas verlassen kann:* sein V. zu seinen Freunden ist unbegrenzt; V. zueinander haben, füreinander aufbringen; er schenkte ihm sein V. **sinnv.:** ↑Hoffnung · sich ↑anvertrauen. **Zus.:** Gott-, Selbstvertrauen.

ver|trau|ens|se|lig ⟨Adj.⟩: *zu leicht geneigt, anderen zu vertrauen:* du bist immer zu v.! **sinnv.:** ↑arglos.

ver|trau|ens|wür|dig ⟨Adj.⟩: *des Vertrauens würdig; zuverlässig:* er ist v. **sinnv.:** rechtschaffen; ↑aufrichtig; ↑verläßlich.

ver|trau|lich ⟨Adj.⟩: **a)** *nur für einige besondere Personen bestimmt; geheim:* eine vertrauliche Mitteilung; etwas streng v. behandeln *(Außenstehenden nicht weitererzählen).* **sinnv.:** ↑inoffiziell, ↑intern, unter uns, im Vertrauen [gesagt]; ↑heimlich. **b)** *(auf Vertrauen gegründet und daher) freundschaftlich:* er sah sie in einem vertraulichen Gespräch mit einem Herrn; er ist immer so plump-v. *(ist sehr zudringlich, wahrt nicht den eigentlich nötigen Abstand).* **sinnv.:** von Mann zu Mann, persönlich, ↑privat.

ver|träumt ⟨Adj.⟩: **a)** *den Vorstellungen und Wünschen seiner Phantasie hingegeben; nicht in der Wirklichkeit lebend:* ein verträumtes Kind; er ist zu v., um sich im Leben durchsetzen zu können. **sinnv.:** unrealistisch, versponnen, weltfremd, wirklichkeitsfremd; ↑gedankenvoll. **b)** *still, idyllisch [gelegen]:* ein verträumtes Dörfchen.

ver|traut ⟨Adj.⟩: **a)** *freundschaftlich verbunden; eng befreundet:* etwas in einem vertrauten Kreis aussprechen; sie sind sehr v. miteinander. **sinnv.:** familiär, intim, ↑privat; ↑ungezwungen. **b)** *bekannt und daher in keiner Weise fremd:* er fühlte sich wohl in der vertrauten *(gewohnten)* Umgebung; er sah kein vertrautes Gesicht *(keinen bekannten Menschen).* **sinnv.:** ↑alltäglich, geläufig, ↑gewohnt, ans Herz gewachsen, wohlbekannt; ↑heimatlich · ↑anheimeln. **Zus.:** altvertraut. **c)** *** mit etwas v. sein** *(etwas genau kennen; sich gut in etwas auskennen);* **sich mit etwas v. machen** *(sich in etwas einarbeiten).*

ver|trei|ben, vertrieb, hat vertrieben ⟨tr.⟩: **1.** *veranlassen oder zwingen, einen Ort zu verlassen:* jmdn. aus seiner Heimat v.; der Lärm hat das Wild vertrieben; der Wind vertrieb die Wolken schnell *(wehte sie schnell weg).* **sinnv.:** ↑aufscheuchen, ↑ausräuchern, austreiben, ↑ausweisen, ↑beseitigen, ↑entfernen, fortjagen, jagen aus/von, scheuchen, treiben aus/von, verjagen, ↑verscheuchen, wegjagen. **2.** *im großen verkaufen; (mit etwas) handeln:* er vertreibt seine Waren in verschiedenen Ländern. **sinnv.:** ↑verkaufen.

ver|tret|bar ⟨Adj.⟩: *so [beschaffen], daß man es vertreten, von einem bestimmten Standpunkt aus für berechtigt und gut halten kann:* das Projekt übersteigt die wirtschaftlich vertretbaren Kosten; etwas für v. halten. **sinnv.:** ↑legitim.

ver|tre|ten, vertritt, vertrat, hat vertreten: **a)** ⟨tr.⟩ *vorübergehend jmds. Stelle einnehmen und dessen Aufgaben übernehmen:* er vertritt seinen kranken Kollegen. **sinnv.:** aushelfen, die zweite Besetzung sein, in die Bresche springen, einspringen, eintreten für, Vertretung machen; ↑helfen. **b)** ⟨tr.⟩ *jmds. Interessen wahrnehmen; für jmdn. sprechen:* ein bekannter Anwalt vertritt ihn vor Gericht. **c)** ⟨tr.⟩ *(für eine bestimmte Institution o. ä.) erscheinen, auftreten; (eine bestimmte Institution o. ä.) repräsentieren:* er vertritt auf dieser Tagung den hiesigen Sportverein. **d)** ⟨tr.⟩ *(für eine Firma) Waren vertreiben:* er vertritt die Firma „Müller und Söhne". **e)** ⟨tr.⟩ *sich (zu etwas) bekennen; (für etwas) einstehen, eintreten:* er vertritt diesen Standpunkt ganz entschieden. **sinnv.:** ↑verantworten. **f)** *** vertreten sein:** *anwesend, zugegen sein:* von dem Betrieb war niemand vertreten. **g) jmdm. den Weg v.:** *sich jmdm. in den Weg stellen; jmdn. nicht weitergehen lassen.* **h) sich** (Dativ) **die Füße/Beine v.:** *[nach längerem Sitzen] ein wenig umhergehen, um sich Bewegung zu machen.* **sinnv.:** ↑spazierengehen.

Ver|tre|ter, der; -s, -: **a)** *jmd., der vorübergehend jmds. Stelle einnimmt:* bei Erkrankung ist er sein V. **sinnv.:** ↑Stellvertreter. **b)** *jmd., der jmds. Interessen vertritt:* er ist vor Gericht sein V. **sinnv.:** Anwalt, ↑Bevollmächtigter, Jurist, Sachwalter, ↑Verwalter. **Zus.:** Anklage-, Interessen-, Prozeß-, Rechtsvertreter. **c)** ⟨V. + Attribut⟩ *jmd., der eine bestimmte Institution o. ä. vertritt:* er ist auf der Tagung der V. unseres Vereins; ein gewählter V. des Volkes *(ein Abgeordneter).* **sinnv.:** Repräsentant. **Zus.:** Gewerkschafts-, Presse-, Regierungs-, Volksvertreter. **d)** *jmd., der beruflich für eine Firma Waren vertreibt:* er ist V. in Tabakwaren. **sinnv.:** Agent, Drücker, Generalagent, Handlungsreisender, Klinkenputzer, Reisender. **Zus.:** Auslands-, General-,

Handels-, Versicherungsvertreter. **e)** ⟨V. + Attribut⟩ *jmd., der einen bestimmten Standpunkt o. ä. vertritt:* er ist ein V. dieser Ideologie. **sinnv.:** ↑Anhänger, Exponent.

Ver|tre|te|rin, die; -, -nen: vgl. *Vertreter* (a, b, c).

Ver|trieb, der; -[e]s, -e: **a)** ⟨ohne Plural⟩ *das Vertreiben, Verkaufen:* die Firma übernimmt den V. des Artikels für die Bundesrepublik. **sinnv.:** ↑Absatz. **Zus.:** Allein-, Auslands-, Inlandsvertrieb. **b)** *Organisation für den Verkauf:* er ist Leiter des Vertriebs.

ver|trock|nen, vertrocknete, ist vertrocknet ⟨itr.⟩: *völlig trokken werden [und dadurch zusammenschrumpfen]:* vertrocknetes Gras; der Baum ist vertrocknet; die Quelle ist vertrocknet *(hat kein Wasser mehr).* **sinnv.:** ↑eingehen; ↑trocknen · ↑dürr; ↑trokken; ↑tot.

ver|trö|sten, vertröstete, hat vertröstet ⟨tr.⟩: *jmdn., dessen Wunsch oder Forderungen man nicht erfüllen kann, zum Warten bewegen, indem man ihm die Erfüllung für einen späteren Zeitpunkt verspricht:* er vertröstet ihn von einem Termin zum anderen. **sinnv.:** abspeisen, hinhalten, zappeln lassen · etwas hinziehen.

ver|tun, vertat, hat vertan (ugs.): **1.** ⟨tr.⟩ *(Geld, Zeit) verbrauchen, ohne auf Sinn und Nutzen zu achten:* er hat sein ganzes Geld vertan; er vertut seine Zeit mit nutzlosen Debatten. **sinnv.:** ↑durchbringen; sich ↑verzetteln. **2.** ⟨sich v.⟩ *sich ↑irren:* ich habe mich beim Abzählen vertan.

ver|tu|schen ⟨tr.⟩: *weil man nicht möchte, daß etwas Peinliches o. ä. bekannt wird, sich bemühen, alles, was darauf hindeutet, vor anderen zu verbergen:* er will das Verbrechen v. **sinnv.:** bemänteln, über etwas Gras wachsen lassen, kaschieren, mit dem Mantel der christlichen Nächstenliebe zudecken/bedekken, darüber schweigt des Sängers Höflichkeit, den Schleier des Vergessens über etwas breiten, über etwas nicht [mehr] sprechen, verheimlichen, verschleiern, verschweigen, zudekken.

ver|übeln ⟨tr.⟩: ↑*übelnehmen:* er hat ihm seine Kritik sehr verübelt, hat es ihm sehr verübelt, daß er ihn kritisiert hat. **sinnv.:** sich ärgern/ärgerlich sein über, einschnappen, gekränkt sein.

ver|üben ⟨Funktionsverb⟩: eine Erpressung v. *(jmdn. erpressen);* einen Einbruch v. *(einbrechen).*

ver|ul|ken ⟨tr.⟩ (ugs.): *sich (über jmdn.) lustig machen:* seine Kameraden verulkten ihn. **sinnv.:** ↑aufziehen.

ver|un|glücken, verunglückte, ist verunglückt ⟨itr.⟩: *bei einem Unfall verletzt oder getötet werden; einen Unfall erleiden:* er ist mit dem Auto, in der Fabrik verunglückt. **sinnv.:** Schaden nehmen, zu Schaden kommen, einen Unfall haben/bauen.

ver|un|rei|ni|gen ⟨tr.⟩ (geh.): *schmutzig machen:* der Hund hat die Straßenbahn verunreinigt; verunreinigtes Wasser. **sinnv.:** ↑beschmutzen.

ver|un|stal|ten, verunstaltete, hat verunstaltet ⟨tr.⟩: *das Aussehen von jmdm./etwas so beeinträchtigen, daß es häßlich oder unansehnlich wird:* die große Narbe hat ihr Gesicht sehr verunstaltet. **sinnv.:** deformieren, entstellen, verhunzen, verschandeln, verstümmeln, verunzieren, verzerren, verziehen; ↑beschädigen.

ver|un|treu|en ⟨tr.⟩: *(anvertrautes Geld o. ä.) für sich oder andere Zwecke unrechtmäßig ausgeben, unrechtmäßig behalten:* sie haben die Gelder ihres Bruders veruntreut. **sinnv.:** ↑unterschlagen.

ver|un|zie|ren ⟨tr.⟩: ↑*verunstalten:* die Parolen, die an die Wände geschmiert wurden, verunzieren das Gebäude.

ver|ur|sa|chen ⟨tr.⟩: *die Ursache, der Urheber (von etwas nicht Beabsichtigtem, Unerwünschtem) sein:* seine unvorsichtige Bemerkung verursachte große Aufregung bei seinen Kollegen. **sinnv.:** anrichten, aufrühren, auslösen, bedingen, in Bewegung setzen, bewirken, entfachen, entfesseln, erwecken, erzeugen, evozieren, zur Folge haben, in Gang setzen, heraufbeschwören, herbeiführen, hervorrufen, machen, provozieren, ins Rollen bringen, stiften, ↑veranlassen, verschulden, ↑wecken, zeitigen; sich ↑erklären aus.

ver|ur|tei|len ⟨tr.⟩: **1.** *durch ein Urteil für schuldig erklären und bestrafen:* er wurde zu einem Jahr Gefängnis verurteilt. **sinnv.:** aburteilen, für schuldig befinden/erklären, schuldig sprechen, einen Spruch/das Urteil fällen, ein Urteil aussprechen/ergehen lassen/sprechen, verdonnern, verknacken. **Zus.:** vorverurteilen. **2.** *(über jmdn./etwas) eine scharfe Kritik aussprechen; heftig ablehnen:* er verurteilte ihr Benehmen entschieden. **sinnv.:** ↑brandmarken.

ver|viel|fa|chen ⟨tr.⟩: **a)** *(eine Menge, Anzahl) um das Vielfache vermehren, vergrößern:* der Umsatz ist in den letzten Jahren vervielfacht worden; ⟨auch: sich v.⟩ der Umsatz hat sich vervielfacht. **sinnv.:** ↑vergrößern; ↑vermehren. **b)** *multiplizieren:* ich vervielfache 3 mit 5 und erhalte 15.

ver|viel|fäl|ti|gen ⟨tr.⟩: *(von etwas) eine größere Menge Kopien machen:* einen Artikel, ein Bild v. **sinnv.:** einen Abdruck/eine Ablichtung/eine Abschrift/einen Abzug/einen Durchschlag/eine Fotokopie/eine Kopie/eine Xerokopie machen, ablichten, abziehen, durchpausen, fotokopieren, hektographieren, klischieren, kopieren, pausen, reproduzieren, xerokopieren.

ver|voll|komm|nen, vervollkommnete, hat vervollkommnet ⟨tr.⟩: *vollkommen machen; verbessern:* das Verfahren zur Herstellung dieses Produktes ist vervollkommnet worden. **sinnv.:** ↑vervollständigen.

ver|voll|stän|di|gen ⟨tr.⟩: *vollständig[er] machen; (etwas Fehlendes einer Sache) hinzufügen:* er vervollständigte mit den Funden seine Sammlung. **sinnv.:** aufrunden, ↑einfügen, ergänzen, nachtragen, vervollkommnen.

ver|wach|sen: **I.** verwächst, verwuchs, hat/ist verwachsen: **1.** ⟨itr./sich v.⟩ *durch Wachsen verschwinden, heilen:* die Narbe, Wunde ist verwachsen/hat sich verwachsen. **sinnv.:** ↑verheilen. **2.** ⟨itr.⟩ *zu einer Einheit wachsen, werden; zusammenwachsen:* die Blätter verwachsen langsam miteinander; er ist mit dem Unternehmen völlig verwachsen *(aufs engste verbunden).* **II.** ⟨Adj.⟩ **1.** *fehlerhaft, schief gewachsen:* ein verwachsener Mensch. **sinnv.:** bucklig, krumm, krüppelig, mißgestaltet, schief, verkrüppelt. **2.** *von Pflanzen dicht bewachsen, überwuchert:* ein verwachsenes Grundstück; der Weg ist völlig v. **sinnv.:** ↑undurchdringlich, zugewachsen.

ver|wah|ren (geh.): **1.** ⟨tr.⟩ *gut und sicher aufheben:* er verwahrte sein Geld in einem Safe. **sinnv.:** ↑aufbewahren; ↑lagern. **2.** ⟨sich v.⟩ *protestieren; Widerspruch erheben:* ich verwahre mich gegen deine Verdächtigungen. **sinnv.:** ↑abstreiten.

ver|wahr|lo|sen, verwahrloste, ist verwahrlost ⟨itr.⟩: **a)** *ungepflegt und unordentlich werden:* der Garten ist völlig verwahrlost. **sinnv.:** ↑verfallen. **b)** *in moralischer Hinsicht in einen schlechten Zustand geraten:* die Kinder verwahrlosen immer mehr. **sinnv.:** abrutschen, auf Abwege geraten/kommen, abwirtschaften, auf die schiefe Bahn/Ebene kommen, in der Gosse enden/landen, herunterkommen, auf den Hund kommen, vor die Hunde gehen, unter die Räder kommen, verbummeln, verkommen, verlottern, verlumpen, verrohen, verschlampen, verwildern, vom rechten Weg abkommen · ↑Abwege.

ver|wai|sen, verwaiste, ist verwaist ⟨itr.⟩: *Waise werden, die Eltern verlieren:* sie ist schon früh verwaist; verwaiste Kinder.

ver|wal|ten, verwaltete, hat verwaltet ⟨tr.⟩: *(für etwas) verantwortlich sein und die damit verbundenen Geschäfte führen, Angelegenheiten regeln o. ä.:* ein Vermögen, ein Amt v. **sinnv.:** ↑führen; ↑regieren.

Ver|wal|ter, der; -s, -, **Ver|wal|te|rin,** die; -, -nen: *männliche bzw. weibliche Person, die etwas verwaltet.* **sinnv.:** Administrator, ↑Bevollmächtigter, Kommissionär, Kurator, Pfleger, Treuhänder, ↑Vertreter; ↑Stellvertreter. **Zus.:** Guts-, Haus-, Konkurs-, Lager-, Nachlaß-, Vermögensverwalter.

Ver|wal|tung, die; -, -en: **1.** ⟨Plural selten⟩ *das Verwalten:* in eigener, staatlicher V. sein; unter staatlicher V. stehen. **sinnv.:** Administration, Führung, ↑Leitung, Regie. **Zus.:** Finanz-, Grundstücks-, Mit-, Selbst-, Zwangsverwaltung. **2.** *verwaltende Stelle (eines Unternehmens o. ä.):* er arbeitet in der V. des Krankenhauses. **sinnv.:** ↑Amt. **Zus.:** Gemeinde-, Haupt-, Kur-, Militär-, Schul-, Stadt-, Universitäts-, Zentral-, Zivilverwaltung.

ver|wan|deln: a) ⟨tr.⟩ *völlig anders machen; völlig [ver]ändern:* der Schnee hatte die ganze Landschaft verwandelt. **sinnv.:** ↑ändern; ↑verändern. **b)** ⟨sich v.⟩ *völlig anders werden; sich völlig [ver]ändern:* nach dem Tod ihres Vaters hat sie sich sehr verwandelt. **sinnv.:** sich verkehren in; sich ↑wandeln.

Ver|wand|lung, die; -, -en: *das [Sich]verwandeln, Umformen, Umwandeln.* **sinnv.:** Änderung, Transformation, Umformung, Umsetzung, Umwandlung, ↑Veränderung.

ver|wandt ⟨Adj.⟩: **1.** *von gleicher Abstammung:* die beiden sind miteinander v., er ist ihr Onkel. **sinnv.:** angeheiratet, blutsverwandt, zur Familie gehörend, verschwägert, verschwistert, versippt. **Zus.:** art-, stammesverwandt. **2.** *in wichtigen Merkmalen gleich:* ihn bewegten verwandte Gedanken. **sinnv.:** ↑ähnlich. **Zus.:** geistes-, seelen-, sinn-, sprach-, ur-, wahl-, wesensverwandt.

Ver|wand|te, der und die; -n, -n ⟨aber: [ein] Verwandter, Plural: [viele] Verwandte⟩: *männliche bzw. weibliche Person, die die gleiche Abstammung hat:* alle Verwandten waren zur Hochzeit eingeladen; die beiden sind Verwandte, er ist ihr Onkel. **sinnv.:** Ahn, ↑Angehöriger, Blutsverwandter, Familienmitglied, ↑Vorfahr; ↑Nachkomme. **Zus.:** An-, Stammesverwandter.

Ver|wandt|schaft, die; -, -en: **1. a)** *gleiche Abstammung; das Verwandtsein:* die V. zwischen ihnen bindet sie eng aneinander. **b)** *alle Verwandten von jmdm.:* die ganze V. war zur Hochzeit eingeladen. **sinnv.:** ↑Familie. **2.** *Übereinstimmung in wichtigen Merkmalen:* zwischen den beiden Plänen bestand eine gewisse V. **sinnv.:** ↑Ähnlichkeit.

ver|war|nen ⟨tr.⟩: *zurechtweisen, rügen und für den Fall einer Wiederholung des Vergehens eine Bestrafung androhen:* der unfaire Spieler wurde vom Schiedsrichter verwarnt; er wurde polizeilich verwarnt. **sinnv.:** ↑ermahnen.

ver|wech|seln ⟨tr.⟩: *irrtümlich eines für das andere halten, nehmen:* er hatte die Mäntel verwechselt; ich habe dich mit deinem Bruder verwechselt. **sinnv.:** durcheinanderbringen, durcheinanderwerfen, vertauschen.

ver|we|gen ⟨Adj.⟩ (emotional): *sich unerschrocken, oft in Überschätzung der eigenen Kräfte in eine Gefahr begebend; überaus kühn:* ein verwegener Reiter; einen verwegenen Plan fassen; v. griff er seine übermächtigen Gegner an. **sinnv.:** ↑mutig.

ver|weh|ren ⟨tr.⟩ (geh.): *nicht erlauben; nicht die Möglichkeit zu etwas geben:* er verwehrte ihm den Eintritt; seine Krankheit verwehrte ihm die Teilnahme. **sinnv.:** ↑verbieten.

ver|weich|li|chen, verweichlichte, hat/ist verweichlicht: **a)** ⟨tr.⟩ *weichlich machen und die körperliche Widerstandskraft schwächen:* ein Kind v.; das Wohlleben hat ihn verweichlicht. **sinnv.:** ↑verwöhnen. **b)** ⟨itr.⟩ *die körperliche Widerstandskraft verlieren:* dieses Volk ist durch Wohlstand verweichlicht.

ver|wei|gern ⟨tr.⟩: *(etwas Erwartetes, Gewünschtes o. ä.) nicht tun; (jmdm.) nicht gewähren:* Sie können die Aussage v.; er verweigerte ihm jede Hilfe. **sinnv.:** ↑ablehnen.

ver|wei|len ⟨itr.⟩ (geh.): **a)** *(einen Ort oder einen Platz für eine bestimmte Zeit) nicht verlassen, (dort) bleiben:* er verweilte noch einige Wochen in der Stadt. **sinnv.:** sich ↑aufhalten; ↑rasten. **b)** *(für eine bestimmte Zeit) eine bestimmte Stellung beibehalten:* er verweilte kurz an der Tür und lauschte. **sinnv.:** innehalten, verharren.

Ver|weis, der; -es, -e: **1.** *Hinweis, daß an einer anderen Stelle [des Buches] etwas darüber zu finden ist; Aufforderung, an einer anderen Stelle nachzuschlagen:* im Lexikon steht unter „Deutsch" ein V. auf „Sprachen". **2.** *in scharfer Weise vorgebrachte mißbilligende Äußerung, mit der man jmds. Tun oder Verhalten als falsch, schlecht o. ä. rügt:* ein milder, strenger V.; jmdm. einen V. erteilen; der Soldat hat einen V. [vor versammelter Mannschaft] bekommen/erhalten. **sinnv.:** ↑Vorwurf.

ver|wei|sen, verwies, hat verwiesen ⟨tr.⟩: **1. a)** *aufmerksam machen:* den Leser auf eine frühere Stelle des Buches v.; ein Schild verwies auf den Tagungsraum. **sinnv.:** ↑hinweisen. **b)** *(jmdm.) empfehlen, sich an eine bestimmte zuständige Person zu wenden:* man hat mich an den Inhaber des Geschäfts verwiesen. **2. a)** *(jmdm.) das weitere Bleiben (in einer Schule o. ä.) ver-*

bieten: man verwies ihn aus dem Saal, von der Schule; der Spieler wurde nach dem groben Foul des Spielfeldes/vom Spielfeld verwiesen. **sinnv.:** ↑ausschließen. **b)** (geh.) *tadelnd verbieten:* die Mutter verwies dem Jungen die vorlauten Worte.

ver|wel|ken, verwelkte, ist verwelkt ⟨itr.⟩: *welk werden:* die Blumen verwelken schon. **sinnv.:** ↑welken.

ver|wen|den, verwandte/verwendete, hat verwandt/verwendet: **1.** ⟨tr.⟩ *(für einen bestimmten Zweck) nutzen, anwenden:* er verwendet das Buch im Unterricht; er hat viel Fleiß auf diese Arbeit verwandt; er hat sein ganzes Geld für Zigaretten und Schnaps verwendet. **sinnv.:** ↑gebrauchen. **Zus.:** weiter-, wiederverwenden. **2.** ⟨sich v.⟩ *seinen Einfluß geltend machen und sich (für jmdn./etwas) einsetzen:* ich werde mich bei seinem Chef für ihn v. **sinnv.:** ↑eintreten, ↑fördern.

ver|wer|fen, verwirft, verwarf, hat verworfen ⟨tr.⟩: *als unbrauchbar o. ä. nicht weiter berücksichtigen, in Erwägung ziehen; als unannehmbar zurückweisen:* einen Gedanken, Plan v.; die Kirche hat diese Lehre verworfen. **sinnv.:** ↑ablehnen.

ver|werf|lich ⟨Adj.⟩: *vom sittlichen Standpunkt aus unannehmbar, schlecht und daher tadelnswert:* eine verwerfliche Tat. **sinnv.:** ↑gemein.

ver|wer|ten, verwertete, hat verwertet ⟨tr.⟩: *Nutzen (aus etwas) ziehen:* eine Erfindung v.; Altmaterial, Abfälle, Müll v. **sinnv.:** ↑auswerten.

ver|we|sen, verweste, ist verwest ⟨itr.⟩: *in Fäulnis übergehen* /von toten menschlichen oder tierischen Körpern/: die Leichen waren schon stark verwest. **sinnv.:** ↑faulen.

ver|wi|ckeln /vgl. verwickelt/: **1.** ⟨tr.⟩ *gegen jmds. Willen in eine [unangenehme] Sache hineinziehen, geraten lassen:* er hatte ihn in ein langes Gespräch verwickelt; er war in diesen Streit verwickelt. **sinnv.:** beteiligen, hineingeraten; ↑einbrocken. **2.** ⟨sich v.⟩ *(von Fäden, Schnüren o. ä.) sich so ineinanderschlingen und so durcheinandergeraten, daß ein Entwirren nur mit Mühe möglich ist:* die Wolle hat sich verwickelt. **sinnv.:** sich ↑verfangen.

ver|wi|ckelt ⟨Adj.⟩: *schwer zu durchschauen, zu erklären, zu lösen:* eine verwickelte Situation; diese Geschichte ist sehr v. **sinnv.:** ↑schwierig; ↑verworren.

ver|wil|dern, verwilderte, ist verwildert ⟨itr.⟩: **a)** *schlechte Manieren annehmen, in einen Zustand von Ungesittetheit, Unkultiviertheit [zurück]fallen:* der Junge ist in den letzten Monaten ganz verwildert; verwildert aussehen. **sinnv.:** ↑verwahrlosen. **b)** *von Pflanzen dicht, unordentlich bewachsen, überwuchert werden:* der Garten verwilderte zusehends.

ver|wirk|li|chen: a) ⟨tr.⟩ *in die Wirklichkeit umsetzen; Wirklichkeit werden lassen:* einen Plan v. **sinnv.:** abwickeln, anfangen, anfassen, arrangieren, ausführen, durchführen, durchziehen, einrichten, erfüllen, erledigen, fertigbekommen, -bringen, -kriegen, hinbekommen, hinbringen, hinkriegen, inszenieren, ↑machen, organisieren, realisieren, ins Werk setzen, auf die Beine stellen, tätigen, in die Tat umsetzen, verrichten, vollstrecken, vollziehen, wahr machen, zustande/zuwege bringen; ↑bewerkstelligen; ↑handhaben. **b)** ⟨sich v.⟩ *Wirklichkeit werden:* seine Hoffnungen haben sich nicht verwirklicht. **sinnv.:** ↑eintreffen.

ver|wir|ren: 1. a) ⟨tr.⟩ *in Unordnung bringen:* beim Stricken die Wolle v.; der Wind verwirrte ihre Haare. **b)** ⟨sich v.⟩ *in Unordnung geraten:* das Garn hat sich verwirrt. **2.** ⟨tr.⟩ *jmdn. in seinem klaren Denken beeinträchtigen und dadurch unsicher machen:* seine Frage verwirrte sie; im Kaufhaus gibt es eine verwirrende Fülle von Waren; sie waren durch den ungewohnten Anblick ganz verwirrt. **sinnv.:** beirren, beunruhigen, durcheinanderbringen, durcheinandergehen, irre machen, irritieren, aus dem Konzept bringen, verunsichern, in Verwirrung bringen/versetzen.

ver|wi|schen: 1. ⟨tr.⟩ *durch Wischen [unabsichtlich] undeutlich, unkenntlich machen:* er hat durch seine Unachtsamkeit die Schrift auf der Tafel verwischt; das Meer verwischte die Spuren im Sand. **sinnv.:** auswischen, beseitigen, verschmieren. **2.** ⟨sich v.⟩ *undeutlich werden:* die Erinnerungen an jene Zeit haben sich verwischt. **sinnv.:** unklar werden, verschwimmen.

ver|wöh|nen ⟨tr.⟩: **a)** *zu nachgiebig, mit zu großer Fürsorge behandeln und dadurch daran gewöhnen, daß jeder Wunsch erfüllt wird:* sie hat ihre Kinder sehr verwöhnt; du darfst deinen Mann nicht so v., er soll sich sein Bier ruhig selbst aus dem Kühlschrank holen. **sinnv.:** hätscheln, verhätscheln, verweichlichen, verzärteln, verziehen. **b)** *besondere Aufmerksamkeit, Zuwendung schenken und jeden Wunsch erfüllen:* er verwöhnte seine Frau mit Geschenken. **sinnv.:** auf Händen tragen, auf Rosen betten, jeden Wunsch von den Augen ablesen.

ver|wor|ren ⟨Adj.⟩: *nicht klar zu ersehen, unübersichtlich und nicht ohne Schwierigkeiten zu verstehen:* niemand hatte seine verworrene Rede richtig verstanden; die ganze Angelegenheit ist ziemlich v. **sinnv.:** abstrus, dunkel, konfus, kraus, kryptisch, ↑unklar, ↑wirr.

ver|wun|den, verwundete, hat verwundet ⟨tr.⟩: *(jmdm.) eine Wunde, Wunden beibringen* /bezogen auf das Verletzen durch Waffen o. ä. im Krieg/: der Schuß verwundete ihn am Arm; die verwundeten Soldaten wurden ins Lazarett gebracht; er wurde im Krieg schwer verwundet. **sinnv.:** ↑verletzen.

ver|wun|der|lich ⟨Adj.⟩: *Erstaunen, Verwunderung hervorrufend:* das ist doch sehr v.!; die Sache schien ihm höchst v. **sinnv.:** ↑seltsam.

ver|wun|dern: a) ⟨itr.⟩ *bewirken, daß jmd. (über etwas) erstaunt ist:* es verwunderte mich, daß er gar nichts dazu sagte; das verwundert mich gar nicht, daß er so reagiert hat; er schaute verwundert zu. **b)** ⟨sich v.⟩ *in Erstaunen (über etwas) geraten:* wir hatten uns sehr über dein Benehmen verwundert. **sinnv.:** ↑erstaunen, erstaunt sein, überrascht sein, sich wundern.

ver|wün|schen ⟨tr.⟩: *(über jmdn./etwas) sehr ärgerlich, wütend sein:* er verwünschte den Tag, an dem er diesem Menschen begegnet war; das ist eine ganz verwünschte Geschichte! **sinnv.:** ↑verfluchen.

ver|wur|zelt: ⟨in der Fügung⟩ in etwas v. sein: *eine feste innere Bindung (an etwas) haben:* er ist tief in seiner Heimat, in der Tradition v.

ver|wü|sten, verwüstete, hat

verwüstet ⟨tr.⟩: *durch Zerstörung in einen unbewohnbaren Zustand versetzen, einer Wüste gleich machen:* der Sturm hat das ganze Land verwüstet; die Rebellen haben mehrere Dörfer verwüstet. **sinnv.:** ↑zerstören.

ver|za|gen, verzagte, ist verzagt ⟨itr.⟩: *(in einer schwierigen Situation) die Zuversicht, die Hoffnung, das Selbstvertrauen und die Lust zum Handeln verlieren:* er wollte schon v., als ihm endlich eine Stellung angeboten wurde; er war völlig verzagt, weil sich sein Zustand nicht besserte. **sinnv.:** ↑aufgeben, kleinmütig werden, den Mut verlieren, mutlos werden, ↑resignieren, verzweifeln.

ver|zäh|len, sich: *beim Zählen einen Fehler machen:* du mußt dich verzählt haben, es waren nicht zwölf, sondern nur zehn Personen. **sinnv.:** sich ↑verrechnen.

ver|zau|bern ⟨tr.⟩: **a)** *durch Zauber verwandeln* /im Märchen/: die Hexe verzauberte die Kinder [in Vögel]. **sinnv.:** ↑bannen. **b)** *durch seinen Zauber, Reiz ganz für sich einnehmen, gefangennehmen:* dieser Anblick, ihr Charme hat uns alle verzaubert. **sinnv.:** ↑bezaubern.

ver|zeh|ren: **1.** ⟨tr.⟩ *[in einer Gaststätte] eine Mahlzeit [und/oder ein Getränk] zu sich nehmen:* habt ihr gestern in diesem Lokal viel verzehrt?; als er sein Brot verzehrt hatte, begann er wieder zu arbeiten. **sinnv.:** ↑aufessen, ↑essen; ↑trinken. **2.** ⟨tr.⟩ *bis zur völligen körperlichen und seelischen Erschöpfung aufbrauchen:* die Krankheit hat ihre Kräfte völlig verzehrt. **sinnv.:** ↑zehren. **3.** ⟨sich v.⟩ (geh.) *heftiges Verlangen haben, sich sehr (nach etwas) sehnen:* er verzehrte sich nach seiner Heimat; sich in Liebe zu jmdm., in ohnmächtiger Wut v. **sinnv.:** sich ↑anstrengen.

ver|zeich|nen, verzeichnete, hat verzeichnet ⟨tr.⟩: **1. a)** *falsch zeichnen:* der Maler hat eine der beiden Figuren auf diesem Bild etwas verzeichnet. **b)** *entstellt, falsch darstellen:* der Schriftsteller hat den historischen Helden seines Romans ziemlich verzeichnet. **sinnv.:** ↑verfälschen. **2. a)** *(in einem Verzeichnis) schriftlich festhalten:* die Namen sind alle in der Liste verzeichnet. **sinnv.:** ↑aufschreiben; ↑buchen. **b)** *feststellen:* Fortschritte wurden nicht verzeichnet. **sinnv.:** ↑bemerken.

Ver|zeich|nis, das; -ses, -se: *das listenmäßige Aufführen von Namen, Titeln o. ä. in einer bestimmten Reihenfolge:* er legte ein V. von allen Gegenständen an; ein alphabetisches V. der Namen anlegen; die Fehlenden wurden in ein V. eingetragen. **sinnv.:** Aufstellung, Index, Kartei, Katalog, Kladde, Liste, Matrikel, Register, Sachweiser, Statistik, Tabelle, Zusammenstellung. **Zus.:** Abkürzungs-, Adressen-, Bücher-, Hotel-, Inhalts-, Literatur-, Namens-, Orts-, Personen-, Preis-, Quellen-, Sach-, Stichwort-, Straßen-, Vorlesungs-, Wörterverzeichnis.

ver|zei|hen, verzieh, hat verziehen ⟨tr.⟩: *(ein Unrecht, eine Kränkung o. ä.) nicht zum Anlaß für eine heftige Reaktion, eine Vergeltungsmaßnahme nehmen, sondern mit Nachsicht und Großzügigkeit reagieren:* diese Äußerung wird sie mir nie v.; er verzieh ihr alles, was sie ihm je angetan hatte; ⟨auch itr.⟩ verzeihen Sie bitte!; verzeihen Sie bitte, können Sie mir den Weg zum Bahnhof sagen? **sinnv.:** durchgehen lassen, entschuldigen, nachsehen, Nachsicht üben/zeigen, vergeben; ↑begnadigen.

ver|zer|ren, ⟨tr.⟩: **1.** *aus seiner normalen Form bringen und dadurch entstellen:* der Schmerz verzerrte sein Gesicht; dieser Spiegel verzerrt die Gestalt; die Stimmen auf dem Tonband klangen sehr verzerrt. **sinnv.:** ↑verunstalten. **2.** *falsch, entstellt darstellen:* er verzerrte in seinem Artikel die Vorgänge völlig; er hat den Vorfall ziemlich verzerrt wiedergegeben. **sinnv.:** ↑verfälschen.

ver|zet|teln: **I.** ⟨itr.⟩ *durch viele kleine, unwichtige Dinge verbrauchen und dadurch etwas Großes, Wichtiges nicht leisten können:* er verzettelte seine Kraft, sein Geld mit unnützen Dingen; ⟨auch sich v.⟩ du verzettelst dich zu sehr in einzelnen Aktionen. **sinnv.:** hängenbleiben, vergeuden, verplempern, (Zeit) vertun. **II.** ⟨tr.⟩ *(Wörter) einzeln auf Zettel, Karten schreiben [um diese in eine Kartei o. ä. einordnen zu können]:* er hat für eine wissenschaftliche Arbeit den ganzen Wortschatz von Goethes „Faust" verzettelt.

Ver|zicht, der; -[e]s, -e: *das Verzichten; Aufgabe eines Anspruchs, eines Vorhabens o. ä.:* der V. auf diese Reise fiel ihm sehr schwer; ich sehe nicht ein, daß du alles darfst, ich aber immer V. leisten muß. **sinnv.:** ↑Enthaltsamkeit. **Zus.:** Erb-, Gebiets-, Thronverzicht.

ver|zich|ten, verzichtete, hat verzichtet ⟨itr.⟩: *(etwas) nicht [länger] beanspruchen; nicht (auf einer Sache) bestehen; (einen Anspruch) nicht länger geltend machen:* er verzichtete auf das Geld, das ihm zustand; es fiel ihm schwer, auf dieses Amt zu v.; ich verzichte dankend auf seine Hilfe *(brauche, möchte sie nicht); auf meine Gesellschaft müßt ihr heute abend leider v.* **sinnv.:** ↑aufgeben, sich einer Sache begeben, enthalten.

ver|zie|hen, verzog, hat/ist verzogen: **1. a)** ⟨tr.⟩ *aus seiner normalen Form bringen:* du hast den Pullover verzogen, weil du ihn so auf das Seil gehängt hast; er verzog das Gesicht zu einer Grimasse; das Kleid ist ganz verzogen. **sinnv.:** ↑verunstalten. **b)** ⟨sich v.⟩ *seine normale Form verlieren:* das Kleid hat sich verzogen; bei Feuchtigkeit verziehen sich die Bretter. **sinnv.:** sich werfen. **2. a)** ⟨itr.⟩ *an einen anderen Ort, in eine andere Wohnung ziehen:* diese Familie ist [nach München] verzogen. **sinnv.:** ↑übersiedeln. **b)** ⟨sich v.⟩ *allmählich verschwinden, wegziehen:* der Nebel, das Gewitter hat sich verzogen. **sinnv.:** ↑weggehen. **c)** ⟨sich v.⟩ (ugs.) *sich [unauffällig] entfernen, zurückziehen:* als die Gäste kamen, verzog er sich; ich glaube, ich verziehe mich besser, bevor er kommt. **sinnv.:** ↑weggehen. **3.** ⟨tr.⟩ *durch übertriebene Nachsicht falsch erziehen:* sie hat ihre Kinder verzogen; er ist ein verzogenes Muttersöhnchen. **sinnv.:** ↑verwöhnen.

ver|zie|ren ⟨tr.⟩: *mit etwas Schmückendem, mit verschönerndem Beiwerk versehen:* sie verzierte das Kleid mit Spitzen; eine Torte, Wurstplatte v. *(garnieren).* **sinnv.:** ↑schmücken.

ver|zin|sen: **1.** ⟨tr.⟩ *Zinsen in bestimmter Höhe (für etwas) zahlen:* die Bank verzinst das Geld mit fünf Prozent. **2.** ⟨sich v.⟩ *Zinsen bringen:* das Kapital verzinst sich mit sechs Prozent.

ver|zö|gern: **a)** ⟨tr.⟩ *langsamer geschehen, ablaufen lassen; in* *seinem Ablauf, Fortgang hemmen:* das schlechte Wetter verzögerte die Ernte; die Mannschaft versuchte das Spiel zu v. **sinnv.:** ↑behindern; ↑verschieben. **b)** ⟨sich v.⟩ *später geschehen, eintreten als vorgesehen:* seine Ankunft hat sich verzögert. **sinnv.:** sich ↑verschieben.

ver|zol|len ⟨tr.⟩: *(für etwas) Zoll bezahlen:* diese Waren müssen verzollt werden. **sinnv.:** versteuern.

ver|zwei|feln, verzweifelte, ist verzweifelt ⟨itr.⟩ /vgl. verzweifelt/: *(in einer schwierigen Situation) jede Hoffnung, Zuversicht verlieren; keinen Ausweg mehr sehen:* der Kranke wollte schon v., als ihm schließlich dieses Mittel doch noch half; er verzweifelte am Gelingen dieses Versuches; man könnte über so viel Unverstand v.; sie war in einer verzweifelten Stimmung; sie war ganz verzweifelt. **sinnv.:** ↑verzagen.

ver|zwei|felt ⟨Adj.⟩: **1.** *sehr schwierig und keine Hoffnung auf Besserung bietend:* er war in einer verzweifelten Lage. **sinnv.:** ausweglos, desperat, hoffnungslos. **2.** *[wegen drohender Gefahr o. ä.] unter Aufbietung aller Kräfte, mit äußerster Anstrengung [durchgeführt]:* ein verzweifelter Kampf ums Überleben; er machte verzweifelte Anstrengungen, sich zu befreien.

ver|zwei|gen, sich: *sich in mehrere Zweige teilen:* der Ast verzweigt sich; die Krone des Baumes ist weit verzweigt. **sinnv.:** sich ↑gabeln.

ver|zwickt ⟨Adj.⟩ (ugs.): *sehr kompliziert; schwer zu durchschauen oder zu lösen:* eine verzwickte Angelegenheit; die Sache ist ganz v. **sinnv.:** ↑schwierig.

Ve|te|ran, der; -en, -en: **1.** *jmd., der an einem früheren Krieg teilgenommen hat; jmd., der (beim Militär) altgedient ist, sich in langer Dienstzeit bewährt hat:* ein V. aus dem ersten Weltkrieg. **sinnv.:** ↑Soldat. **Zus.:** Kriegsveteran. **2.** *jmd., der zu den ältesten Mitgliedern, zu den altgedienten [und erfahrenen] Mitarbeitern gehört:* die Veteranen des Vereins. **sinnv.:** Oldtimer, Routinier. **Zus.:** Gewerkschafts-, Partei-, Vereinsveteran.

Ve|te|ra|nin, die; -, -nen: vgl. *Veteran* (2).

Ve|te|ri|när, der; -s, -e: *Tierarzt.*

Vet|ter, der; -s, -n: *Sohn eines Onkels oder einer Tante.* **sinnv.:** Cousin. **Zus.:** Namensvetter.

vi|brie|ren ⟨itr.⟩: *in leicht schwingender Bewegung sein [und einen Ton von sich geben]:* der Boden auf dem Deck des Schiffes vibriert; seine Stimme vibrierte. **sinnv.:** ↑zittern.

Vi|deo, das; -s, -s: *auf ein Videoband aufgenommene, kurzfilmartige Darbietung bes. eines Musiktitels:* in der Fernsehhitparade wurde ein V. von Rod Stewarts neuestem Song eingespielt.

Vi|deo- ⟨als erster Wortbestandteil⟩: /bezeichnet Gegenstände usw. im Zusammenhang mit den Möglichkeiten der Bildübertragung über den Fernsehschirm/ *zum Fernsehen gehörend:* Videoaufzeichnung, Videoband *(Band zur Aufzeichnung einer Fernsehsendung, eines Films usw.),* Videoclip *([zwischen 3 und 15 Minuten dauernde] Videoaufzeichnung, bei der eine Musikgruppe oder ein Schlagersänger einen bestimmten Musiktitel vorträgt [vor allem zu Werbezwecken]),* Videogerät, Videokamera *(Kamera zur Aufnahme von Filmen, deren Wiedergabe über den Bildschirm erfolgt),* Videokassette *(Kassette mit Videoband),* Videorecorder, Videotechnik, Videotelefon *(Telefon, das auch das Bild des Gesprächspartners übermittelt),* Videotext *(Information, z. B. Pressevorschau, die auf Abruf mit Hilfe eines Zusatzgerätes über den Bildschirm zu bekommen ist).*

Vi|deo|thek, die; -, -en: **1.** *Sammlung von Videobändern, -kassetten.* **2.** *Laden, in dem gegen Gebühr Videokassetten mit Spielfilmen ausgeliehen werden können.*

Vieh, das; -[e]s: **1. a)** *Tiere, die zu einem bäuerlichen Betrieb gehören (wie Rinder, Schweine, Schafe o. ä.):* der Bauer hat fast all sein V. verkauft. **sinnv.:** Viehbestand. **Zus.:** Groß-, Horn-, Jung-, Klein-, Schlacht-, Zuchtvieh. **b)** *Bestand an Rindern:* das V. auf die Weide treiben. **sinnv.:** Bulle, Kalb, Kuh, Ochse, ↑Rind, Stier. **Zus.:** Rindvieh. **2.** (ugs.) *Tier:* das arme V.!; dieses V. *(die Ziege)* hat wieder den Salat abgefressen.

viel, mehr, meiste ⟨Indefinitpronomen und unbestimmtes Zahlwort⟩: **1. a) vieler, viele, vieles;** /unflektiert/ **viel** ⟨Singular⟩: *eine große Menge (von etwas):* viel[er] schöner Schmuck; viel[e] Übung gehört dazu; viel[es] gutes Reden nützte nichts; trotz vielem Angenehmen; es begegnete ihm vieles Unbekannte/ v. Unbekanntes; er hat v. Arbeit; er hat auf seiner Reise viel[es] gesehen; du hast v. gegessen; er verdient nicht v. **sinnv.:** ↑reichlich; exhaustiv. **b) viele;** /unflektiert/ **viel** ⟨Plural⟩ *eine große Anzahl (einzelner Personen oder Sachen):* viel[e] hohe Häuser; das Ergebnis vieler genauer Untersuchungen; es waren viele Reisende unterwegs; die Bedenken vieler verantwortungsbewußter Bürger wurden von den Politikern nicht ernst genommen; es waren viele unter ihnen, die ich nicht kannte. **sinnv.:** Dutzende von, zu Dutzenden, ↑einige, ein Haufen, eine ganze Reihe. **2.** ⟨verstärkend bei Adjektiven im Komparativ oder vor *zu* + Adjektiv⟩ *in hohem Maß, weitaus:* sein Haus ist viel kleiner als deines; es wäre mir v. lieber, wenn du hierbliebest; die Schuhe sind mir v. zu klein. **sinnv.:** ↑sehr; ↑stark.

vie|ler|lei ⟨unbestimmtes Zahlwort⟩: *viele unterschiedliche Dinge, Arten o. ä. umfassend:* v. neue Angebote; auf dem Tisch lagen v. Dinge; v. zu erzählen haben; im Urlaub haben wir v. Neues gesehen. **sinnv.:** allerhand, allerlei, mancherlei.

viel|fach ⟨unbestimmtes Zahlwort⟩: *viele Male [sich wiederholend]; ziemlich häufig [vorkommend]:* ein vielfacher Meister im Tennis; das Konzert wird auf vielfachen Wunsch wiederholt; sein Name wurde in diesem Zusammenhang v. genannt. **sinnv.:** ↑oft.

Viel|falt, die; -: *das Vorkommen, Auftreten in vielen verschiedenen Arten, Formen o. ä.:* die V. der Formen und Farben beeindruckte ihn sehr; dieses Fachgeschäft bietet eine V. an/von preisgünstigen Markenartikeln. **sinnv.:** Buntheit, Mannigfaltigkeit, ↑Reichtum, Verschiedenartigkeit, Vielfältigkeit, Vielgestaltigkeit. **Zus.:** Farben-, Formen-, Meinungsvielfalt.

viel|fäl|tig ⟨Adj.⟩: *in vielen Arten, Formen o. ä. vorkommend:* vielfältige Farben; er erhielt vielfältige Anregungen. **sinnv.:** ↑mannigfach.

viel|leicht: I. ⟨Adverb⟩ 1. /gibt an, daß etwas ungewiß ist/ *es könnte sein, daß ...:* v. kommt er morgen; v. habe ich mich geirrt; im Urlaub werde ich gründlich faulenzen, v. ein paar Briefe schreiben. **sinnv.:** allenfalls, es ist denkbar, eventuell, gegebenenfalls, wenn es geht, es ist möglich, möglicherweise, unter Umständen, womöglich; ↑anscheinend. 2. /relativiert die Genauigkeit der folgenden Maß- oder Mengenangabe/ *schätzungsweise:* ein Mann von v. fünfzig Jahren. **sinnv.:** ↑etwa, ↑ungefähr. II. ⟨Partikel⟩ a) /weist im Ausrufesatz emotional auf das hohe Maß hin, in dem der gesamte Sachverhalt zutrifft/ *wirklich sehr:* ich war v. aufgeregt! b) /verleiht einer Aufforderung einen unwilligen bis drohenden Unterton/ *ich bitte, mahne dich dringend, daß ...:* v. wartest du, bis du an der Reihe bist!

viel|mals ⟨Adverb; in bestimmten Verwendungen⟩: *sehr:* ich bitte v. um Entschuldigung.

viel|mehr ⟨Adverb⟩: *im Gegenteil; genauer, richtiger gesagt:* man sollte ihn nicht verurteilen, v. sollte man ihm helfen; nicht er, v. sie war gemeint; ich kann dir darin nicht zustimmen, v. bin ich/ich bin v. der Meinung, daß ... **sinnv.:** dagegen, eher, lieber, mehr.

viel|sa|gend ⟨Adj.⟩: *etwas sehr deutlich ausdrückend, ohne daß es direkt gesagt wird:* ein vielsagender Blick; sie ging mit einem vielsagenden Lächeln aus dem Zimmer; er nickte v. **sinnv.:** ↑bedeutungsvoll.

viel|sei|tig ⟨Adj.⟩: a) *an vielen Dingen interessiert; auf vielen Gebieten bewandert:* er ist ein sehr vielseitiger Mensch. **sinnv.:** ansprechbar, aufgeschlossen, aufnahmefähig, aufgeweckt, empfänglich, geneigt, geweckt, zugänglich. b) *viele Gebiete betreffend, beinhaltend:* seine Ausbildung war sehr v. **sinnv.:** ↑umfassend.

vier ⟨Kardinalzahl⟩: 4: v. Personen.

Vier|eck, das; -s, -e: *geometrische Figur, deren vier Ecken durch die vier kürzesten der möglichen Linien verbunden sind* (siehe Bildleiste „geometrische Figuren", S. 292). **sinnv.:** Drachen, Geviert, Karo, Karree, Parallelogramm, Quadrat, Raute, Rechteck, Rhombus, Trapez. **Zus.:** Drachen-, Sehnen-, Tangentenviereck.

vier|schrö|tig ⟨Adj.⟩: *(von Männern) von breiter, kräftiger, gedrungener Gestalt und dabei derb-ungehobelt wirkend:* ein großer, vierschrötiger Kerl kam auf uns zu. **sinnv.:** ↑plump.

viert... ⟨Ordinalzahl⟩: 4.: das vierte Kind.

Vier|tel ['fɪrtl̩], das; -s, -: 1. *der vierte Teil von einem Ganzen.* 2. *Teil eines Ortes, einer Stadt; bestimmte Gegend in einer Stadt:* sie wohnen in einem sehr ruhigen V. **sinnv.:** ↑Siedlung. **Zus.:** Altstadt-, Arbeiter-, Armen-, Ausländer-, Bahnhofs-, Banken-, Elends-, Geschäfts-, Hafen-, Handwerker-, Juden-, Regierungs-, Stadt-, Vergnügungs-, Villen-, Wohnviertel.

Vier|tel|jahr, das; -[e]s, -e: *Zeitraum von drei Monaten:* er bestellte die Zeitung für ein V. **sinnv.:** Quartal.

Vier|tel|stun|de, die; -, -n: *Zeitraum von fünfzehn Minuten:* er ist eine V. zu spät gekommen.

vier|zig ['fɪrtsɪç] ⟨Kardinalzahl⟩: 40: v. Personen.

Vil|la, die; -, Villen: *größeres, komfortables, in einem Garten oder Park [am Stadtrand] liegendes Einfamilienhaus:* eine V. aus dem 19. Jh. **sinnv.:** ↑Haus. **Zus.:** Luxus-, Prunkvilla.

Vio|la, die; -, Violen: ↑*Bratsche* (siehe Bildleiste „Streichinstrumente").

vio|lett ⟨Adj.⟩: *(in der Färbung) zwischen Rot und Blau liegend:* Veilchen sind v. **sinnv.:** aubergine, bischofslila, fliederfarben, lavendel[blau], lila, malvenfarben, mauve, veilchenfarben; ↑rosa, ↑rot. **Zus.:** blaß-, blau-, dunkel-, hell-, rot-, tiefviolett.

Vio|li|ne, die; -, -n: *Geige:* ein Konzert für V. und Orchester (siehe Bildleiste „Streichinstrumente").

Vio|lon|cel|lo [violɔn'tʃɛlo], das; -s, -s und Violoncelli: *Cello* (siehe Bildleiste „Streichinstrumente").

Vir|tuo|se, der; -n, -n, **Vir|tuo|sin,** die; -, -nen: *männliche bzw. weibliche Person, die [als Instrumentalsolist bzw. -solistin] ihre Kunst technisch vollendet beherrscht:* er ist ein Virtuose auf dem Klavier. **sinnv.:** ↑Interpret.

Vi|rus, das, (nichtfachsprachlich auch:) der; -, Viren: *kleinster, auf lebendem Gewebe gedeihender Krankheitserreger:* ein gefährliches V.; diese Krankheit wird durch Viren hervorgerufen, übertragen. **sinnv.:** ↑Bakterie. **Zus.:** Aids-, Grippe-, Pocken-, Tollwutvirus.

Vi|sa|ge [vi'za:ʒə], die; -, -n (derb; abwertend): *Gesicht:* er hat eine widerliche V.

vis-à-vis [viza'vi:]: I. ⟨Präp. mit Dativ⟩ *gegenüber* (I 1): v. dem Park liegt das Hallenbad. II. ⟨Adverb⟩ *gegenüber* (II): v. von mir saß eine attraktive Blondine.

Vi|si|te, die; -, -n: *regelmäßiger Besuch des Arztes bei den Kranken einer Krankenhausstation [in Begleitung der Assistenzärzte und der Stationsschwester]:* die morgendliche V. im Krankenhaus; der Arzt kommt zur V. **sinnv.:** Krankenbesuch. **Zus.:** Chef-, Morgenvisite.

Vi|sum, das; -s, Visa: *Vermerk in einem Paß, der jmdm. gestattet, die Grenze eines Landes zu überschreiten:* mein V. ist abgelaufen; ein V. beantragen. **sinnv.:** Ausreisegenehmigung, Einreisegenehmigung, Sichtvermerk. **Zus.:** Ausreise-, Einreise-, Touristen-, Transitvisum.

vi|tal ⟨Adj.⟩: 1. *voll Energie, Tatkraft und Temperament:* er ist nicht mehr jung, aber noch sehr v. **sinnv.:** ↑lebhaft. 2. *wichtig für das Leben, für die Existenz:* die vitalen Interessen eines Volkes. **sinnv.:** entscheidend, essentiell, lebenswichtig.

Vit|amin, das; -s, -e: *für den Körper wichtiger Stoff, der vorwiegend in Pflanzen gebildet und dem Körper durch die Nahrung zugeführt wird:* Orangen enthalten viel Vitamin C; das Kind braucht mehr Vitamine.

Vi|ze- ['fi:tsə-] ⟨Präfixoid⟩ /mit einer Personenbezeichnung als Basiswort, das ein Amt, einen gesellschaftlichen Status, eine Verwaltungsfunktion o. ä. nennt/: 1. *jmd., der Stellvertreter des im Basiswort Genannten ist:* Vizefeldwebel, -kanzler, -konsul, -präsident. 2. a) *jmd., der sich an zweiter Stelle neben jmdm. befindet, der den zweiten Platz [bei einer Meisterschaft] belegt:* Vizeeuropameister, -meisterschaft, -weltmeister. b) (ugs.) *jmd., der neben einem im Basiswort genannten anderen als zweiter mit der gleichen Funktion steht:* Vizemutti, -papst (der Kardinalstaatssekretär wird scherzhaft Vizepapst genannt).

Vo|gel, der; -s, Vögel: **1.** *zweibeiniges, gefiedertes (Wirbel)tier unterschiedlicher Größe mit einem Schnabel und zwei Flügeln, das im allgemeinen fliegen, oft auch schwimmen kann:* ein kleiner, bunter V.; der V. fliegt auf den Baum, schägt mit den Flügeln. **sinnv.:** gefiederter Freund, Piepmatz; Geflügel. **Zus.:** Enten-, Greif-, Hühner-, Jung-, Kanarien-, Lauf-, Lock-, Nacht-, Paradies-, Raben-, Raub-, Schwimm-, See-, Sing-, Stand-, Strich-, Stuben-, Toten-, Ur-, Wald-, Wasser-, Zugvogel. **2.** *jmd., der durch seine Art, sein [als belustigend empfundenes] Auftreten auffällt:* dein Freund ist ein lustiger V.; was will denn dieser schräge V. hier bei uns? **sinnv.:** Mensch, Nummer, Type. **Zus.:** Galgen-, Pech-, Spaß-, Unglücks-, Wandervogel.

Vo|ka|bel, die; -, -n: *einzelnes fremdsprachiges Wort:* Vokabeln lernen. **sinnv.:** ↑Begriff, ↑Wort.

Volk, das, -[e]s, Völker: **1.** *Gemeinschaft von Menschen, die nach Sprache, Kultur und Geschichte zusammengehören:* das deutsche Volk; die Völker Europas. **sinnv.:** Bevölkerung, Bewohner, Nation, Nationalität, Stamm, Völkerschaft, Volksgemeinschaft, Volksstamm. **Zus.:** Berg-, Bruder-, Gast-, Hirten-, Insel-, Küsten-, Kultur-, Misch-, Nachbar-, Natur-, Nomaden-, See-, Seefahrer-, Staats-, Turk-, Zwergvolk. **2.** ⟨ohne Plural⟩ *[mittlere und] untere Schichten der Bevölkerung:* ein Mann aus dem V. **sinnv.:** ↑Masse. **3.** ⟨ohne Plural⟩ *größere Anzahl von Menschen (die irgendwo zusammengekommen sind):* das V. drängte sich auf dem Platz; unter den Teilnehmern war auch viel junges V. **sinnv.:** ↑Menge. **Zus.:** Bauern-, Weibervolk.

volks|tüm|lich ⟨Adj.⟩: *in seiner Art dem Denken und Fühlen des Volkes* (2) *entsprechend und daher allgemein verständlich [und beliebt]:* ein volkstümliches Theaterstück; er schreibt sehr v. **sinnv.:** ↑populär.

voll ⟨Adj.⟩: **1. a)** *in einem solchen Zustand, daß nichts, niemand mehr oder kaum noch etwas hineingeht, -paßt, darin Platz hat* /Ggs. leer/: ein -er Eimer; ein -es Bücherregal; ein -er Bus; der Koffer ist nur halb v.; der Saal ist brechend, gestopft, gerammelt v.; ein Gesicht v./voller Pickel; sie hatte die Augen v./voller Tränen; die Straßen lagen v./voller Schnee; einen Teller v. [Suppe] essen; ein Korb v./voller frischer Eier; ein Korb v. [mit] frischen Eiern; ich habe so viel gegessen, daß ich v. bis obenhin bin; das Zimmer war v. von/mit schönen antiken Möbeln. **sinnv.:** angefüllt, bedeckt, besetzt, dichtgedrängt, [ganz] gefüllt, überfüllt, übersät; ↑satt. **Zus.:** halb-, knall-, knüppel-, prall-, proppen-, rand-, übervoll. **b)** *erfüllt, durchdrungen von ...:* ein Herz v. Liebe; er sah mich v./voller Angst an; du hast den Kopf v./voller Unsinn. **2.** *völlig, vollständig und ohne jede Einschränkung o. ä.:* er mußte ein volles Jahr warten; er bezahlte die volle Summe; die Maschine arbeitet mit voller Kraft; sie haben seine Leistung v. anerkannt; er hat sich v. für diesen Plan eingesetzt. **sinnv.:** ganz, in voller Höhe, uneingeschränkt, vorbehaltlos. **3.** *rundliche Körperformen aufweisend:* er hat ein volles Gesicht; sie ist etwas voller geworden. **sinnv.:** ↑dick. **4.** (ugs.) *völlig betrunken:* Mensch, ist der v.!

voll-, Voll-: **I.** ⟨Präfixoid⟩ **a)** ⟨adjektivisch⟩ *ganz und gar, vollständig, in vollem Umfang:* vollautomatisch, -beschäftigt, -besetzt, -elastisch, -elektronisch, -klimatisiert, -mechanisiert, -trunken, -unterkellert, -verantwortlich, -verkleidet, -waschbar. **b)** ⟨substantivisch⟩ */kennzeichnet den höchsten erreichbaren Stand o. ä. in bezug auf das im Basiswort Genannte/:* Vollakademiker *(Akademiker mit abgeschlossenem Hochschulstudium),* -ausbildung, -automatik-, -automatisierung, -bad *(Bad für den ganzen Körper),* -beschäftigung *(Zustand einer Volkswirtschaft, in dem die Nachfrage nach Arbeitskräften mit dem Angebot übereinstimmnt),* -besitz, -bremsung, -genuß, -glatze, -idiot, -invalidität, -jurist *(Jurist, der nach Ablegen der zweiten Staatsprüfung die Voraussetzung für den juristischen Staatsdienst sowie für die freiberufliche Tätigkeit als Rechtsanwalt erworben hat),* -mitglied, -narkose, -profi, -studium, -versammlung, -versorgung, -waise *(Kind, das sowohl Vater als auch Mutter verloren hat).* **II.** ⟨trennbares, betontes verbales Präfix */besagt, daß durch das im Basiswort genannte verbale Geschehen etwas ganz und gar angefüllt, bedeckt o. ä. wird/:* vollaufen, sich vollfressen, -gießen, sich vollkleckern, -kotzen, -kritzeln, -packen, -qualmen, -schenken, -schreiben, -spritzen, -stellen, -tanken.

-voll: **1.** ⟨adjektivisches Suffixoid⟩ *mit [viel] ...* /Basiswort ist in der Regel ein Abstraktum; Ggs. -los/: anspruchs-, gefahr-, geist-, geschmack-, hoffnungs-, humor-, kraft-, lust-, mühe-, phantasie-, schuld-, schwung-, sinn-, takt-, temperament-, verantwortungs-, wertvoll. **sinnv.:** -haft, -ig, -isch, -reich, -schwer, -selig, -stark, -trächtig. **2.** ⟨adjektivisches Grundwort⟩ *voll, erfüllt von ...* /Ggs. -leer/: früchte-, menschen-, schätzevoll.

Voll|bart, der; -[e]s, Vollbärte: *dichter Bart, der die Hälfe des Gesichts bedeckt* (siehe Bildleiste „Bärte").

Voll|blut- ⟨Präfixoid⟩ (emotional) */charakterisiert – in der Regel anerkennend – den so Bezeichneten als eine Person, die ganz von ihrer Tätigkeit erfüllt ist und sie entsprechend ausübt, vor Augen führt, oder als eine Person, die in ihrer Art den Vorstellungen, Erwartungen in höchstem Maße entspricht/:* Vollblutdramatiker, -fußballer, -idiot, -komödiant, -künstler, -militär, -parlamentarier, -politiker, -schauspieler, -tourist, -verkäufer (V., der auch vor technischen Fragen nicht kapituliert), -weib.

voll|brin|gen, vollbrachte, hat vollbracht ⟨tr.⟩ (geh.): *zustande bringen, ausführen:* er hat eine große Tat vollbracht. **sinnv.:** ↑bewältigen.

voll|en|den, vollendete, hat vollendet ⟨tr.⟩ /vgl. vollendet/: *zum Abschluß bringen, zu Ende führen:* er hat sein Lebenswerk vollendet. **sinnv.:** ↑beenden.

voll|en|det ⟨Adj.⟩: *ohne jeden Fehler und nahezu unübertrefflich:* er hat das Konzert v. gespielt. **sinnv.:** ↑vollkommen.

voll|ends ⟨Adverb⟩: *völlig, gänzlich:* die heutige Nachricht hat ihn v. aus der Fassung gebracht. **sinnv.:** ↑ganz.

Vol|ley|ball ['vɔli...], der; -[e]s, Volleybälle: **1.** ⟨ohne Plural⟩ *Spiel zwischen zwei Mannschaften, bei dem ein Ball mit den Händen über ein Netz [zurück]geschlagen werden muß und nicht* *den Boden berühren darf.* **2.** *beim Volleyball* (1) *verwendeter Ball.*

völ|lig ⟨Adj.⟩: /kennzeichnet den höchsten Grad von etwas/ *gänzlich, vollständig:* er ließ ihm völlige Freiheit; das ist v. ausgeschlossen. **sinnv.:** ↑ganz.

voll|jäh|rig ⟨Adj.⟩: *nach Erreichung eines bestimmten Alters gesetzlich zur Vornahme von Rechtshandlungen berechtigt* /Ggs. minderjährig/: er braucht die Erlaubnis seiner Eltern, weil er noch nicht v. ist. **sinnv.:** großjährig, majorenn, mündig; ↑erwachsen.

voll|kom|men [auch: voll...] ⟨Adj.⟩: **1.** *ohne jeden Fehler und keiner Verbesserung oder Ergänzung bedürfend:* ein Bild von vollkommener Schönheit; das Spiel des Pianisten war v. **sinnv.:** absolut, ausgereift, einwandfrei, fehlerlos, hervorragend, ideal, klassisch makellos, meisterhaft, mustergültig, perfekt, reif, tadellos, untadelig, unübertrefflich, vollendet, vollwertig, ↑vorbildlich. **2.** (ugs.) *völlig, gänzlich:* eine vollkommene Niederlage; du hast v. recht; das genügt v. **sinnv.:** ↑ganz.

Voll|macht, die; -, -en: *schriftlich gegebene Erlaubnis, bestimmte Handlungen an Stelle eines anderen vorzunehmen:* die Firmenleitung hat mir die V. für die Verhandlungsführung/zur Vorbereitung des Vertrags gegeben; wenn Sie diese Sendung für ihn abholen wollen, brauchen Sie eine V.; er wurde mit weitreichenden Vollmachten ausgestattet; damit hast du deine V./Vollmachten überschritten. **sinnv.:** ↑Berechtigung. **Zus.:** Blanko-, General-, Prozeßvollmacht.

voll|schlank ⟨Adj.⟩: *nicht schlank, aber auch nicht besonders dick:* eine vollschlanke Figur; sie ist v. **sinnv.:** ↑dick.

voll|stän|dig ⟨Adj.⟩: **1.** *mit allen dazugehörenden Teilen, Stükken vorhanden; keine Lücken, Mängel aufweisend:* das Museum hat eine fast vollständige Sammlung der Bilder dieses Malers; das Service ist nicht mehr v. **sinnv.:** ↑komplett. **2.** (ugs.) *völlig, gänzlich:* er ließ ihm vollständige Freiheit; die Stadt hat sich v. verändert. **sinnv.:** ↑ganz.

voll|strecken ⟨tr.⟩: *[in amtlichem Auftrag] aus-, durchführen, vollziehen:* ein Urteil, eine Pfändung v. **sinnv.:** ↑verwirklichen.

Voll|tref|fer, der; -s, -: **1.** *Treffer genau ins Ziel:* das war ein V.! **2.** *etwas, was eine große Wirkung hat, großen Anklang findet, viel Erfolg hat:* das neue Buch des Autors war ein V. **sinnv.:** ↑Attraktion.

voll|wer|tig ⟨Adj.⟩: *den vollen Wert, alle erwarteten Eigenschaften besitzend:* ein vollwertiges Material; ein vollwertiger Nachfolger; er verlangte vollwertigen Ersatz für den Schaden. **sinnv.:** ↑gleichwertig; ↑vollkommen.

voll|zäh|lig ⟨Adj.⟩ *die vorgeschriebene, gewünschte Anzahl aufweisend; alle ohne Ausnahme:* eine vollzählige Versammlung; die Familie war v. versammelt. **sinnv.:** ↑komplett.

voll|zie|hen, vollzog, hat vollzogen: **1.** ⟨tr.⟩ *in die Tat umsetzen:* ein Urteil, eine Strafe v.; die Trauung ist vollzogen. **sinnv.:** ↑verwirklichen. **2.** ⟨sich v.⟩ *nach und nach vor sich gehen, ablaufen:* diese Entwicklung, dieser Vorgang vollzieht sich sehr langsam. **sinnv.:** ↑geschehen.

vom ⟨Verschmelzung von *von* + *dem*⟩.

von: **I.** ⟨Präp. mit Dativ⟩: **1. a)** */gibt einen räumlichen Ausgangspunkt an/:* der Zug kommt v. Berlin; v. Norden nach Süden; v. hier; v. oben; sie kommt gerade vom Arzt. **b)** */gibt einen zeitlichen Ausgangspunkt an/:* v. heute an wird sich das ändern; v. morgens bis abends; v. 10 bis 12 Uhr. **c)** */gibt eine Person oder Sache als Urheber oder Grund an/:* ein Roman v. Goethe; die Idee stammt v. ihm; grüße ihn v. mir; die Stadt wurde v. einem Erdbeben zerstört; er ist müde vom Laufen. **2.** */dient der Angabe bestimmter Eigenschaften, Maße o. ä/:* ein Gesicht v. großer Schönheit; eine Frau v. dreißig Jahren; eine Stadt v. 100 000 Einwohnern; ein Tuch v. zwei Meter Länge. **3.** */steht bei der Bezeichnung des Teils eines Ganzen oder einer Gesamtheit/:* er aß nur die Hälfte v. dem Apfel; einen Zweig v. einem Baum brechen; einer v. meinen Freunden. **4.** */in Abhängigkeit von bestimmten Wörtern/:* ob wir fahren können, hängt v. dir ab; er ist nicht frei v. Schuld; er stand unterhalb v. mir auf einem Felsvorsprung. **5.** */als Adelsprädikat/:* Otto v. Bismarck. **6.** */drückt in Verbindung mit* „ein" *aus, daß jmd./etwas in seiner Qualität, Beschaffenheit mit jmdm./etwas gleichgesetzt wird:* er ist ein Hüne v. Mann; da ist dir ja ein Prachtwerk v. Kuchen gelungen. **II. 1.** /in Verbindung mit einem Personalpronomen in Konkurrenz zu *davon/:* **a)** /bezogen auf eine Sache (ugs.)/: sie besaß drei Häuser und hat eins v. ihnen (statt: davon) verkauft. **b)** /bezogen auf eine Person/: wir haben viele gute Spieler in der Mannschaft, aber nur zwei von ihnen (auch: davon) sind gut genug für die Nationalmannschaft. **2.** /in Verbindung mit „was" in Konkurrenz zu *wovon;* bezogen auf eine Sache (ugs.)/: **a)** /in Fragen/: v. was (besser: wovon) hast du gesprochen? **b)** /in relativer Verbindung/: ich weiß nicht, v. was (besser: wovon) sie ihre vier Kinder ernährt.

von|stat|ten: ⟨in der Wendung⟩ v. gehen: **a)** *stattfinden:* wann geht die Feier v.? **b)** *verlaufen, sich entwickeln, vorwärtsgehen:* die Verhandlungen gingen nur sehr langsam v. **sinnv.:** ↑geschehen.

vor: **I.** ⟨Präp. mit Dativ und Akk.⟩: **1.** /räumlich/ **a)** ⟨mit Dativ; auf die Frage: wo?⟩ *an der vorderen Seite:* der Baum steht v. dem Haus; zwei Kilometer v. der Stadt; plötzlich stand er v. mir. **b)** ⟨mit Akk.; auf die Frage: wohin?⟩ *an die vordere Seite:* er stellte das Auto v. das Haus; er trat v. die Tür. **2.** ⟨mit Dativ⟩/zeitlich/ *früher als:* er kommt nicht v. dem Abend; einen Tag v. seiner Abreise; v. vielen Jahren. **3.** ⟨mit Dativ⟩ /gibt den Grund, die Ursache an/ *aus; bewirkt durch:* er zitterte v. Angst; sie weinte v. Freude. **4.** ⟨mit Dativ⟩ */in Abhängigkeit von bestimmten Wörtern/:* sich v. der Kälte schützen; Achtung v. dem Gesetz haben. **II. 1.** /in Verbindung mit einem Personalpronomen in Konkurrenz zu *davor;* bezogen auf eine Sache (ugs.)/: ich sah den Wagen am Straßenrand stehen und den Verletzten v. ihm (statt: davor) liegen. **2.** /in Verbindung mit „was" in Konkurrenz zu *wovor;* bezogen auf eine Sache (ugs.)/: **a)** /in Fragen/: v. was (besser: wovor) hast du Angst? **b)** /in relativer Verbindung/: ich habe nichts falsch gemacht und weiß nicht, v. was (besser: wovor) ich mich fürchten soll.

vor-, Vor-: **I.** ⟨sowohl trennbares, betontes verbales als auch substantivisches Präfix⟩ **1.** ⟨räumlich⟩ **a)** *nach vorn, voraus:* sich vorbeugen, vorfahren, sich vorwagen, vorziehen (einen Stuhl). **b)** *davor:* vorziehen (den Vorhang); */sich davor befindend/:* Vorhof, Vorraum, Vorspann, Vorzimmer. **c)** *hervor:* vorgucken, vorstehen (eine Ecke steht vor). **2.** ⟨zeitlich⟩ **a)** *im voraus:* vorfeiern, vorkochen, vorsorgen, /verstärkend/ vorprogrammieren; ⟨bei fremdsprachlichen Basiswörtern oder bei Basiswörtern mit Präfix im Präsens und Präteritum nicht getrennt; vgl. unter- 3. a)⟩ vorbelasten, vorfabrizieren, vorfinanzieren, vorverpacken, vorverurteilen; */davorliegend/* Vorabend, Voralarm. **b)** /bezeichnet ein Geschehen, das ein nachfolgendes mit vorbereitet/ *vorausschickend:* vorformen, vorstreichen, vorverhandeln; */dem im Basiswort Genannten als Gleichartiges vorausgehend/:* Vorentwurf, Vorfreude, Vorkonferenz, Vorruhestand, Vorverständigung, Vorvertrag, Vorwäsche, Vorwissen. **c)** *nach vorn:* vordatieren (Ggs. nachdatieren), vorverlegen. **3.** */besagt, daß das im Basiswort genannte Tun anderen gezeigt, [als Schau] vorgeführt wird/:* vordeklamieren, jmdm. etwas voressen/vorflunkern/ vorheulen. **4.** */besagt, daß das im Basiswort genannte Tun in seiner Art über anderes dominiert/:* vorschmecken (die Zwiebel schmeckt stark vor); vorwiegen (die Landwirtschaft wiegt vor). **5.** */besagt, daß das im Basiswort genannte Tun anderen zeigt, wie etwas ist, gemacht o. ä. wird/:* vorbeten, vorexerzieren, vordemonstrieren; Vordenker, Vorturner. **II.** ⟨adjektivisches und substantivisches Präfix⟩ **a)** ⟨adjektivisch⟩ */zeitlich vor dem im Basiswort Genannten/* vorbörslich, vorgeburtlich *(vor der Geburt),* vorehelich, vorklassisch *(vor der Klassik),* vorkolonial *(vor der kolonialen Epoche),* vormilitärisch, vorösterlich *(vor Ostern),* vorpubertär, vorschulisch. **sinnv.:** prä-. **b)** ⟨substantivisch⟩ *unmittelbar davorliegend:* Vorfrühling, Vorjahr, Vormonat, Vorsaison *(die Zeit vor der eigentlichen, der Hauptsaison).*

vor|an ⟨Adverb⟩: *vorne, an der Spitze:* der Sohn v., der Vater hinterdrein; ⟨oft zusammengesetzt mit Verben⟩ vorangehen, voranlaufen.

vor|an|ge|hen, ging voran, ist vorangegangen ⟨itr.⟩: **1.** *vor jmdm./etwas hergehen; vorne, an der Spitze gehen:* der Führer ging der Gruppe voran; dem Festzug ging ein Mann mit einer Fahne voran. **2.** *Fortschritte machen:* die Arbeiten am neuen Autobahnstück gehen gut, zügig voran. **sinnv.:** sich gut anlassen, sich [gut] entwickeln, vorankommen, vorwärtsgehen, vorwärtskommen, weiterkommen.

vor|ar|bei|ten, arbeitete vor, hat vorgearbeitet: **1.** ⟨tr.⟩ *im voraus mehr arbeiten, um später mehr freie Zeit zu haben:* wir haben für Weihnachten zwei Tage vorgearbeitet. **sinnv.:** rausarbeiten, Überstunden machen. **2.** ⟨sich v.⟩ *[durch harte Arbeit, Fleiß] vorankommen, eine bessere Stellung erreichen:* du hast dich bis zum Abteilungsleiter vorgearbeitet. **sinnv.:** sich verbessern. **3.** ⟨itr.⟩ *vorbereitende Arbeit leisten:* er hat [ihm] gut vorgearbeitet. **sinnv.:** zuarbeiten.

Vor|ar|bei|ter, der; -s, -, **Vor|ar|bei|te|rin,** die; -, -nen: *Leiter bzw. Leiterin einer Gruppe von Arbeitern, Arbeiterinnen:* der Vorarbeiter teilt den einzelnen Leuten die Arbeit zu. **sinnv.:** ↑Leiter.

vor|aus ⟨Adverb⟩: *vor den anderen, an der Spitze:* der Schnellste war den anderen weit v.; ⟨häufig zusammengesetzt mit Verben⟩ vorauseilen, vorausfahren, vorausgehen. **sinnv.:** im Vorfeld.

vor|aus|ha|ben, hat voraus, hatte voraus, hat vorausgehabt ⟨itr.⟩: *(einem anderen gegenüber in bestimmter Hinsicht) überlegen, im Vorteil sein:* er hat den anderen Mitarbeitern einige Erfahrungen voraus.

Vor|aus|sa|ge, die; -, -n: *Aussage über die Zukunft, über Kommendes:* Voraussagen [über den Wahlausgang] machen. **sinnv.:** Horoskop, Manifestation, Offenbarung, Orakel, Prognose, Prophezeiung, Vorhersage, Weissagung · ↑eintreffen. **Zus.:** Wettervoraussage.

vor|aus|se|hen, sah voraus, hat vorausgesehen ⟨tr.⟩: *(etwas, bes. den Ausgang eines Geschehens) im voraus ahnen, erwarten:* eine Entwicklung v.; das war vorauszusehen. **sinnv.:** absehen.

vor|aus|set|zen, setzte voraus, hat vorausgesetzt ⟨tr.⟩: *als vorhanden, als gegeben, als selbstverständlich annehmen:* diese genauen Kenntnisse kann man bei ihm nicht v.; ⟨häufig im 2. Partizip⟩ ich komme gegen Abend zu dir, vorausgesetzt, du bist um diese Zeit zu Hause. **sinnv.:** annehmen, ausgehen von, bedingen, ↑erfordern. **Zus.:** Grundvoraussetzung.

vor|aus|sicht|lich ⟨Adj.⟩: *mit ziemlicher Gewißheit zu erwarten:* die voraussichtliche Verspätung des Zuges wurde bekanntgegeben; er kommt v. erst morgen. **sinnv.:** ↑anscheinend.

vor|bau|en, baute vor, hat vorgebaut ⟨itr.⟩: *rechtzeitig etwas unternehmen, Vorkehrungen treffen:* er hat viel gespart und für Notfälle vorgebaut; man muß Mißverständnissen v. *(vorbeugen).* **sinnv.:** ↑vorbeugen.

Vor|be|halt, der; -[e]s, -e: *Einschränkung, geltendgemachte Bedenken gegen eine Sache [der man sonst im ganzen zustimmt]:* er hatte viele Vorbehalte gegen diesen Plan; mit, ohne V. zusagen; er machte nur unter dem V. mit, jederzeit wieder aufhören zu können. **sinnv.:** Abstrich, Auflage, ↑Bedenken, ↑Bedingung, Einwand, Klausel. **Zus.:** Eigentumsvorbehalt.

vor|be|hal|ten, behält vor, behielt vor, hat vorbehalten ⟨itr.⟩: *sich die Möglichkeit offenlassen, gegebenenfalls anders zu entscheiden:* die letzte Entscheidung in dieser Frage hast du dir hoffentlich vorbehalten; gerichtliche Schritte behalte ich mir vor. **sinnv.:** ausbedingen, sich ausbitten, dahingestellt sein lassen, unentschlossen/unschlüssig sein, ↑verlangen.

vor|bei ⟨Adverb⟩: **1.** ⟨räumlich⟩ *neben jmdm./etwas, an etwas entlang und weiter fort:* der Wagen kam sehr schnell angefahren und war im Nu an uns v. **sinnv.:** vorüber. **2.** ⟨zeitlich⟩ *vergangen, zu Ende:* der Sommer ist v. **sinnv.:** ↑überholt · aussein, zu Ende sein.

vor|bei|re|den, redete vorbei, hat vorbeigeredet ⟨itr.⟩: *(über etwas) reden, ohne das eigentlich Wichtige, den Kern der Sache zu treffen:* er hat dauernd an dem eigentlichen Problem vorbeigeredet.

Vor|be|mer|kung, die; -, -en: *einleitende erläuternde Bemerkung:* in einer V. äußert sich der

Autor über den Zweck seines Buches. **sinnv.:** ↑Einleitung.

vor|be|rei|ten, bereitete vor, hat vorbereitet ⟨tr./sich v.⟩: *(für etwas) im voraus bestimmte Arbeiten erledigen:* eine Veranstaltung, ein Fest v.; er hat sich für die Prüfung gut vorbereitet *(er hat viel dafür gearbeitet).* **sinnv.:** ↑anbahnen, ansetzen, sich ↑einrichten, fertigmachen, ↑herrichten, ↑planen, sich ↑präparieren.

vor|be|straft ⟨Adj.⟩: *bereits früher gerichtlich verurteilt:* ein bereits mehrmals vorbestrafter Betrüger. **sinnv.:** abgeurteilt, ↑straffällig.

vor|beu|gen, beugte vor, hat vorgebeugt: **1.** ⟨sich v.⟩ *sich nach vorn beugen:* er beugte sich so weit vor, daß er fast aus dem Fenster gefallen wäre. **sinnv.:** sich hinauslehnen, sich vorwagen. **2.** ⟨itr.⟩ *durch bestimmtes Verhalten oder bestimmte Maßnahmen (etwas) zu verhindern suchen:* einer Gefahr, einer Krankheit v. **sinnv.:** verhüten, vorbauen, vorsorgen · Prävention, Prophylaxe.

Vor|bild, das; -[e]s, -er: *Person oder Sache, die als [mustergültiges] Beispiel dient:* er war ein V. für seine Brüder. **sinnv.:** Aushängeschild, Ideal[typ], ↑Beispiel, Identifikationsfigur, Idol, Integrationsfigur, ↑Muster, Musterbild, Vaterfigur, Visitenkarte, Wunschbild, Zugpferd · ↑nacheifern.

vor|bild|lich ⟨Adj.⟩: *so hervorragend, daß es jederzeit als Vorbild dienen kann:* sein Verhalten ist v. **sinnv.:** beispielgebend, beispielhaft, ↑beispiellos, einwandfrei, exemplarisch, fehlerlos, ideal, makellos, mustergültig, musterhaft, nachahmenswert, perfekt, richtungweisend, ↑unnachahmlich, unübertroffen, ↑unvergleichlich, vollkommen, wie es im Buche steht.

vor|brin|gen, brachte vor, hat vorgebracht ⟨tr.⟩: *[an zuständiger Stelle] als Wunsch, Meinung oder Einwand vortragen, zur Sprache bringen:* ein Anliegen, eine Frage v.; dagegen läßt sich manches v. **sinnv.:** ↑anbringen, ↑anführen, ↑anmelden, ↑äußern, ↑mitteilen.

Vor|den|ker, der; -s, -, **Vor|den|ke|rin,** die; -, -nen: *männliche bzw. weibliche Person, die die Ideologie, Programmatik o. ä. einer Partei o. ä. beeinflußt, vorbestimmt:* Herbert Wehner galt lange Zeit als Vordenker der SPD. **sinnv.:** Ideologe, Programmatiker, ↑Prophet.

vor|der... ⟨Adj.⟩: *sich vorn befindend:* sie saßen in den vorderen Reihen; der vordere Teil des Hauses.

Vor|der|grund, der; -[e]s: *vorderer, unmittelbar im Blickfeld stehender Bereich (eines Raumes, Bildes o. ä.)* /Ggs. Hintergrund/: im V. des Bildes stehen einige Figuren.

vor|der|grün|dig ⟨Adj.⟩: *leicht durchschaubar und ohne tiefere Bedeutung:* die vordergründige Behandlung einer Frage. **sinnv.:** ↑durchsichtig, fadenscheinig, ↑oberflächlich.

Vor|der|mann, der; -[e]s, Vordermänner : *jmd., der sich (in einer Reihe, Gruppe o. ä.) vor einem anderen befindet* /Ggs. Hintermann/: er klopfte seinem V. auf die Schulter. **sinnv.:** ↑Nachbar.

vor|dring|lich ⟨Adj.⟩: *sehr dringend, mit Vorrang zu behandeln:* die vordringlichen Aufgaben zuerst erledigen; diese Frage muß v. behandelt werden. **sinnv.:** ↑akut.

Vor|druck, der; -[e]s, -e: *Blatt, auf dem die Fragen o. ä. bereits gedruckt sind, so daß man es nur noch auszufüllen braucht:* einen V. ausfüllen. **sinnv.:** ↑Formular.

vor|ei|lig ⟨Adj.⟩: *zu schnell und unbedacht:* eine voreilige Entscheidung treffen. **sinnv.:** vorschnell; ↑schnell; ↑unüberlegt.

vor|ein|ge|nom|men ⟨Adj.⟩: *von einem Vorurteil bestimmt und deshalb nicht objektiv:* seine voreingenommene Haltung ändern; er ist gegen den neuen Mitarbeiter v. **sinnv.:** ↑parteiisch. **Zus.:** unvoreingenommen.

vor|ent|hal|ten, enthält vor, enthielt vor, hat vorenthalten ⟨tr.⟩: *(jmdm. etwas) [worauf er Anspruch hat] nicht geben:* man hat ihm sein Erbe vorenthalten; warum hast du mir das vorenthalten *(nichts davon gesagt)?* **sinnv.:** ↑ablehnen.

vor|erst ⟨Adverb⟩: *zunächst einmal, fürs erste:* ich möchte v. nichts unternehmen. **sinnv.:** ↑einstweilen.

Vor|fahr, der; -en, -en, **Vor|fah|re,** der; -n, -n, **Vor|fah|rin,** die; -, -nen: *Angehörige[r] einer früheren Generation [der Familie]:* unsere Vorfahren stammten aus Frankreich. **sinnv.:** Ahn, die Altvorderen, Urväter, Väter; ↑Verwandter.

Vor|fahrt, die; -: *Recht, an einer Kreuzung o. ä. zuerst zu fahren:* welcher Wagen hat hier die V.?; er hat die V. nicht beachtet. **sinnv.:** Vorrang, Vortritt.

Vor|fall, der; -[e]s, Vorfälle: *plötzlich eintretendes Ereignis, Geschehen (das für die Beteiligten meist unangenehm ist):* er wollte sich für den peinlichen V. entschuldigen. **sinnv.:** ↑Angelegenheit, ↑Ereignis, ↑Möglichkeit.

vor|fal|len, fällt vor, fiel vor, ist vorgefallen ⟨itr.⟩: *sich [als etwas Unangenehmes] plötzlich ereignen:* er wollte wissen, was vorgefallen war, und sie berichtete ihm von dem Streit. **sinnv.:** ↑geschehen.

vor|fin|den, fand vor, hat vorgefunden ⟨tr.⟩: *an einem bestimmten Ort [in einem bestimmten Zustand] antreffen:* als er nach Hause kam, fand er die Kinder in schlechtem gesundheitlichem Zustand vor. **sinnv.:** ↑begegnen, ↑finden, ↑treffen.

vor|füh|len, fühlte vor, hat vorgefühlt ⟨itr.⟩: *vorsichtig [bei jmdm.] zu erkunden suchen:* er hat bei seinem Chef wegen einer Gehaltserhöhung vorgefühlt. **sinnv.:** ↑auskundschaften, sich ↑bemühen um, einen Versuchsballon steigen lassen, die Fühler ausstrecken, ↑sondieren, sich ↑umsehen, wie die Verhältnisse sind.

vor|füh|ren, führte vor, hat vorgeführt ⟨tr.⟩: **a)** *zur Untersuchung o. ä. (vor jmdn.) bringen:* einen Kranken dem Arzt, einen Dieb dem Haftrichter v. **sinnv.:** ↑konfrontieren. **b)** *jmdn. mit jmdm./etwas bekannt machen, einem Publikum zeigen:* der Verkäufer führte dem Kunden verschiedene Geräte vor; bei der Modenschau wurden die neuesten Modelle vorgeführt; einen Film v. **sinnv.:** ↑aufführen.

Vor|gang, der; -[e]s, Vorgänge: **1.** *etwas, was vor sich geht, abläuft, sich entwickelt:* er schilderte den Vorgang in allen Einzelheiten; jmdn. über interne Vorgänge unterrichten. **sinnv.:** ↑Ereignis, Erscheinung, Phänomen, ↑Prozeß. **Zus.:** Arbeits-, Bearbeitungs-, Denk-, Gärungs-, Verbrennungs-, Verdauungs-, Wachstumsvorgang. **2.** *Gesamtheit der Akten, die über eine bestimmte Person, Sache angelegt sind:* die Behörde hatte mehrere Vorgänge in Sachen Umweltverschmutzung zu prüfen. **sinnv.:**

Akt, Dossier, Verschlußsache. **Zus.:** Ermittlung; Verwaltungsvorgang.

Vor|gän|ger, der; -s, -, **Vor|gän|ge|rin,** die; -, -nen: *männliche bzw. weibliche Person, die vor einer anderen deren Stelle, Amt o. ä. innehatte* /Ggs. Nachfolger/: er wurde von seinem Vorgänger in sein Amt eingeführt. **Zus.:** Amtsvorgänger.

Vor|gar|ten, der; -s, Vorgärten: *kleinerer, vor einem Haus gelegener Garten.*

vor|gau|keln, gaukelte vor, hat vorgegaukelt ‹tr.›: *jmdm. etwas so schildern, daß er sich falsche Vorstellungen, Hoffnungen macht:* jmdm. ein Paradies v.; glaub ja nicht, was er dir vorgegaukelt hat! **sinnv.:** ↑vortäuschen.

vor|ge|ben, gibt vor, gab vor, hat vorgegeben ‹tr.›: *etwas, was nicht den Tatsachen entspricht, als Grund für etwas angeben:* er hat diese Gründe nur vorgegeben; er gab vor, durch Krankheit verhindert gewesen zu sein. **sinnv.:** ↑lügen, ↑vortäuschen.

vor|ge|faßt ‹Adj.›: *von vornherein feststehend; auf Vorurteilen beruhend:* eine vorgefaßte Meinung; ein vorgefaßtes Urteil. **sinnv.:** ↑parteiisch.

vor|ge|hen, ging vor, ist vorgegangen ‹itr.›: **1.** *vor einem anderen, früher als ein anderer gehen:* ich gehe schon vor, ihr könnt dann später nachkommen. **sinnv.:** vorangehen, vorausgehen. **2.** *in einer bestimmten Situation vor sich gehen, sich zutragen:* er weiß nicht, was in der Welt vorgeht; sie zeigte nicht, was in ihr vorging. **sinnv.:** ↑geschehen. **3.** *etwas unternehmen, bestimmte Maßnahmen ergreifen:* gegen diese Mißstände muß man energisch v.; bei der Behandlung dieses Falles gingen sie sehr rücksichtslos vor. **sinnv.:** bei etwas ↑eingreifen, ↑verfahren. **4.** *als wichtiger, dringender erachtet oder behandelt werden (als etwas anderes):* diese Arbeit geht jetzt vor. **sinnv.:** Vorrang haben. **5.** *(von Meßgeräten o. ä.) zuviel, zu früh anzeigen, zu schnell gehen:* deine Uhr geht vor. **sinnv.:** abweichen, differieren.

Vor|ge|schich|te, die; -, -n: **I.** *das, was einem Fall, Vorfall, Ereignis o. ä. vorausgegangen und dafür von Bedeutung ist:* die V. einer Krankheit; der Skandal hat eine lange V. **sinnv.:** Biographie, Entwicklungsgeschichte, Genese, Werdegang. **II.** ‹ohne Plural› *Zeitraum in der Geschichte, der vor dem Beginn der schriftlichen Überlieferung liegt:* die Zeugnisse für die Besiedlung der Gegend reichen bis in die V. zurück. **sinnv.:** Frühgeschichte, Prähistorie, Urgeschichte.

Vor|ge|setz|te, der und die; -n, -n ‹aber: [ein] Vorgesetzter, Plural: [viele] Vorgesetzte›: *männliche bzw. weibliche Person, die anderen in ihrer beruflichen Stellung übergeordnet und berechtigt ist, Anweisungen zu geben:* er wurde zu seinem Vorgesetzten zitiert. **sinnv.:** ↑Herr, ↑Leiter. **Zus.:** Dienstvorgesetzte.

vor|ge|stern ‹Adverb›: *einen Tag vor dem vorangegangenen Tag:* ich habe ihn v. getroffen.

vor|grei|fen, griff vor, hat vorgegriffen ‹itr.›: **a)** *etwas sagen, tun, was ein anderer [etwas später] selbst hätte sagen, tun wollen:* Sie greifen meinen Worten vor! **sinnv.:** ↑vorwegnehmen. **b)** *etwas tun, ohne abzuwarten, was vorher erfolgen müßte:* wir dürfen der gerichtlichen Entscheidung nicht v. **sinnv.:** präjudizieren.

vor|ha|ben, hat vor, hatte vor, hat vorgehabt ‹itr.›: *die Absicht haben, etwas Bestimmtes zu tun:* er hat eine Reise vor/hat vor, eine größere Reise zu machen; hast du morgen abend schon etwas vor? **sinnv.:** die Absicht haben, es auf etwas anlegen, ins Auge fassen, etwas in Aussicht nehmen, beabsichtigen, ↑bezwecken, denken, sich ↑entschließen zu, erwägen, gedenken, sich mit dem Gedanken tragen, in den Kopf setzen, in petto haben, auf der Pfanne haben, im Schilde führen, im Sinn haben, tendieren, ↑zielen auf, (ein Ziel) verfolgen, sich etwas vornehmen.

Vor|ha|ben, das; -s, -: *etwas, was man zu tun beabsichtigt:* er konnte sein V. [eine Reise nach Paris zu machen] nicht ausführen. **sinnv.:** ↑Absicht, ↑Projekt, ↑Unterfangen. **Zus.:** Arbeits-, Bau-, Forschungs-, Rationalisierungsvorhaben.

vor|hal|ten, hält vor, hielt vor, hat vorgehalten ‹tr.›: **1.** *(zum Schutz o. ä.) vor jmdn./sich halten:* als er das Badezimmer betrat, hielt sie sich rasch ein Tuch vor; jmdm. einen Spiegel v. **2.** *jmdm. gegenüber kritisch-vorwurfsvolle Äußerungen in bezug auf etwas machen:* sie hielt ihm immer wieder sein Benehmen vor/hielt ihm vor, daß er zuviel Geld für Zigaretten ausgebe. **sinnv.:** ↑schelten.

vor|han|den ‹Adj.›: *zur Verfügung stehend; als existierend feststellbar:* alle vorhandenen Tücher waren gebraucht; es müßte noch etwas Mehl v. sein. **sinnv.:** befindlich, ↑restlich · ↑existieren.

Vor|hang, der; -[e]s, Vorhänge: *größere Stoffbahn, die vor Öffnungen wie Fenster, Türen, Bühnen o. ä. gehängt wird, um sie zu verdecken, abzuschließen:* sie zog die Vorhänge [an den Fenstern] zu, damit die Sonne nicht eindringen konnte; der V. im Theater ging langsam auf. **sinnv.:** ↑Gardine. **Zus.:** Fenster-, Samt-, Theater-, Türvorhang.

vor|her ‹Adverb›: *vor einem bestimmten Zeitpunkt, vor einem anderen Geschehen; davor, zuvor:* warum hast du mir das nicht v. gesagt?; kurz, am Abend, einige Tage v. **sinnv.:** davor, ↑längst, vordem, im Vorfeld, im vorhinein, zuvor; ↑schon.

Vor|herr|schaft, die; -: *Macht, die so groß ist, daß andere von ihr abhängig, ihr unterworfen sind; führende Rolle:* um die V. kämpfen. **sinnv.:** Dominanz, Hegemonie, Übergewicht, Überlegenheit, Vormachtstellung, Vorrangstellung.

vor|herr|schen, herrschte vor, hat vorgeherrscht ‹itr.›: *in seiner Wirkung stärker als alles andere sein; am stärksten in Erscheinung treten:* diese Meinung herrscht allgemein vor; auf diesem Gemälde herrscht das Rot vor. **sinnv.:** ↑überwiegen.

vor|her|sa|gen, sagte vorher, hat vorhergesagt ‹tr.›: *im voraus sagen, wie etwas verlaufen, ausgehen wird:* es ist schwierig, das Wetter für längere Zeit vorherzusagen. **sinnv.:** weissagen.

vor|her|se|hen, sieht vorher, sah vorher, hat vorhergesehen ‹tr.›: *im voraus erkennen, wie etwas verlaufen, ausgehen wird:* daß sich die Sache so entwikkeln würde, war nicht vorherzusehen. **sinnv.:** weissagen.

vor|hin [auch: ...hin] ‹Adverb›: *gerade eben; vor wenigen Augenblicken, Minuten oder Stunden:* v. hatte ich das Buch noch in der

Hand, und jetzt finde ich es nicht mehr. **sinnv.:** ↑kürzlich.

vo̲|ri|g... ⟨Adj.⟩: *dem Genannten unmittelbar vorausgegangen:* in der vorigen Woche; das vorige Jahr. **sinnv.:** letzt..., vergangen, verflossen.

Vo̲r|kämp|fer, der; -s, -, **Vo̲r|kämp|fe|rin,** die; -, -nen: *(meist rückblickend feststellbar) männliche bzw. weibliche Person, die sich schon für die Ausbreitung einer Idee o. ä. mit großem Eifer einsetzt, bevor andere dafür kämpfen:* ein Vorkämpfer des europäischen Gedankens. **sinnv.:** ↑Pionier.

Vo̲r|keh|rung, die; -, -en ⟨meist Plural⟩: *Maßnahme, Anordnung zum Schutz, zur Sicherheit:* die Vorkehrungen der Polizei waren nicht ausreichend; Vorkehrungen treffen. **sinnv.:** ↑Aktion.

vo̲r|knöp|fen, sich; knöpfte sich vor, hat sich vorgeknöpft ⟨itr.⟩ (ugs.): *zur Rede stellen und scharf zurechtweisen:* den werde ich mir einmal v. **sinnv.:** ↑schelten.

vo̲r|kom|men, kam vor, ist vorgekommen ⟨itr⟩: **1.** *als eine Art (oft unangenehmer) Überraschung sich ereignen:* solche Verbrechen kommen immer wieder vor; so etwas darf nicht wieder v. **sinnv.:** ↑auftauchen, ↑auftreten, erscheinen, zu finden sein, auf den Plan treten; ↑nachklingen; ↑begegnen. **2.** *(irgendwo) vorhanden sein:* in dem englischen Text kamen viele Wörter vor, die er nicht kannte; diese Pflanzen kommen nur im Gebirge vor. **sinnv.:** ↑existieren. **3.** *(in bestimmter Weise) erscheinen, (von jmdm.) empfunden, wahrgenommen werden; (auf jmdn.) einen bestimmten Eindruck machen:* dieses Bild kommt mir sehr bekannt vor; es kam ihm vor *(er hatte das Gefühl),* als hätte er sie schon einmal gesehen; du kommst dir wohl sehr schlau vor *(hältst dich wohl für sehr schlau).* **sinnv.:** ↑anmuten. **4. a)** *nach vorn kommen:* der Schüler mußte [an die Tafel] v.; komm mal vor! **sinnv.:** vortreten. **b)** *zum Vorschein kommen:* hinter dem Vorhang v. **sinnv.:** herauskommen, heraustreten, hervorkommen, hervortreten.

Vo̲r|komm|nis, das; -ses, -se: ↑*Vorfall:* nach diesem V. verließ er die Stadt für immer. **sinnv.:** ↑Ereignis.

vo̲r|la|den, lädt vor, lud vor, hat vorgeladen ⟨tr.⟩: *auffordern, vor einer Behörde (bes. Gericht, Polizei) zu erscheinen:* er wurde als Zeuge vorgeladen. **sinnv.:** ↑rufen.

Vo̲r|la|ge, die; -, -n: **1.** *das Vorlegen zur Ansicht, Begutachtung o. ä.:* eine Bescheinigung zur V. beim Finanzamt. **2.** *etwas, was bei der Anfertigung von etwas als Grundlage, Modell o. ä. dient:* das Bild war nach einer V. gemalt. **sinnv.:** Muster, Paradigma, Schablone, Schema. **Zus.:** Arbeits-, Bastel-, Druckvorlage. **3.** *(bes. beim Fußball) Paß, der einen Torschuß einleiten soll:* eine V. geben, aufnehmen.

vo̲r|las|sen, läßt vor, ließ vor, hat vorgelassen ⟨tr.⟩: *(jmdm.) Zutritt (zu jmdm.) gewähren; in einer amtlichen Angelegenheit empfangen:* er wurde beim Minister nicht vorgelassen.

Vo̲r|läu|fer, der; -s, -, **Vo̲r|läu|fe|rin,** die; -, -nen: *männliche bzw. weibliche Person, die einer Idee, einem Ereignis o. ä. vorausgeht und bereits wichtige Merkmale dafür erkennen läßt, für eine spätere Entwicklung wegbereitend ist:* dieser Dichter ist ein Vorläufer des Expressionismus.

vo̲r|läu|fig ⟨Adj.⟩: *noch nicht endgültig, aber bis auf weiteres so verlaufend, seiend:* das ist nur eine vorläufige Regelung; v. wohnt er noch im Hotel. **sinnv.:** ↑einstweilen.

vo̲r|laut ⟨Adj.⟩: *(bes. von Kindern) sich ohne Zurückhaltung in einer Weise äußernd, daß es als unangenehm, unangemessen o. ä. empfunden wird:* er ist ein vorlauter kleiner Junge. **sinnv.:** ↑frech.

vo̲r|le|gen, legte vor, hat vorgelegt: **1.** ⟨tr.⟩ **a)** *(vor jmdn.) zur Ansicht, Kontrolle, Begutachtung o. ä. hinlegen:* seinen Ausweis, Zeugnisse v.; er legte ihm den Brief [zur Unterschrift] vor. **b)** *übergeben, einreichen, damit es behandelt, diskutiert werden kann oder damit darüber ein Beschluß gefaßt wird:* einen Plan, Entwurf v.; der Minister legte das Budget für das kommende Jahr vor; (verblaßt) jmdm. eine Frage v. *(jmdn. fragen).* **sinnv.:** ↑abgeben, ↑einreichen, präsentieren, überreichen; ↑vorschlagen. **c)** *der Öffentlichkeit vorweisen, präsentieren:* der Autor hat ein neues Buch vorgelegt. **2.** ⟨tr.⟩ *zur Sicherung, Befestigung vor etwas legen, anbringen:* eine Kette, einen Riegel v. **3.** ⟨sich v.⟩ *den Oberkörper nach vorn neigen, sich weit vorbeugen, nach vorn beugen:* ich legte mich auf meinem Rad ganz vor. **4.** ⟨tr./itr.⟩ *(jmdm. die Speisen) auf den Teller legen:* der Kellner legte ihm [das Fleisch] vor. **sinnv.:** ↑auftun. **5.** ⟨tr.⟩ *(bes. beim Fußball) den Ball mit einem Stoß, Paß, einer Vorlage (für sich oder einen anderen Spieler) in eine gute Position zum Schießen bringen:* einem Mitspieler den Ball v.; er legte sich den Ball zu weit vor. **6.** ⟨tr.⟩ *(für jmdn.) vorläufig bezahlen:* eine Summe v.; kannst du mir 5 Mark v.? **sinnv.:** auslegen; ↑zahlen.

vo̲r|le|sen, liest vor, las vor, hat vorgelesen ⟨tr./itr.⟩: *laut lesen, um (jmdn. über etwas) zu unterrichten, zu unterhalten, um (jmdm. etwas) mitzuteilen:* den Kindern Geschichten v.; dem Blinden aus der Zeitung v. **sinnv.:** vorlesen; ↑vortragen.

Vo̲r|le|sung, die; -, -en: *an einer Hochschule von einem Professor oder Dozenten gehaltene, über das ganze Semester laufende Reihe von zusammenhängenden wissenschaftlichen Vorträgen über ein bestimmtes Thema:* eine Vorlesung besuchen, versäumen. **sinnv.:** Kolleg; ↑Rede; ↑Unterricht. **Zus.:** Antritts-, Gastvorlesung.

Vo̲r|lie|be, die; -, -n: *besonderes Interesse, spezielle Neigung für etwas:* seine V. gilt der alten Musik; er ißt mit V. die Haut beim Gänsebraten. **sinnv.:** ↑Neigung.

vo̲r|lie|gen, lag, vor, hat vorgelegen ⟨itr.⟩: **a)** *zur genaueren Prüfung, Untersuchung, Bearbeitung, Beobachtung o. ä. (vor jmdm.) liegen, sich in (jmds.) Händen befinden:* der Antrag liegt dem Anwalt bereits vor. **b)** *als Faktum für eine entsprechende Beurteilung zu erkennen sein; als zu berücksichtigende Tatsache bestehen:* es liegt ein Verschulden des Fahrers vor; gewichtige Gründe liegen nicht vor.

vo̲r|ma|chen, machte vor, hat vorgemacht ⟨tr.⟩: **1.** *(etwas) tun, um (jmdm.) zu zeigen, wie etwas gemacht wird, ihn mit einer bestimmten Fertigkeit vertraut machen:* jmdm. jeden Handgriff v. müssen. **sinnv.:** ↑lehren. **2.** *(mit etwas) absichtlich einen falschen Eindruck, ein falsches Bild (bei* *jmdm.) erwecken, um ihn dadurch täuschen oder belügen zu können:* jmdm. ein Theater v.; so leicht kann er mir nichts v.!; da wollen wir einander, uns [gegenseitig] doch nichts v. **sinnv.:** ↑lügen.

vor|mer|ken, merkte vor, hat vorgemerkt ⟨tr.⟩: *für eine spätere Berücksichtigung aufschreiben, eintragen:* ich werde diese Plätze für Sie v.; eine Bestellung v. **sinnv.:** ↑reservieren.

vor|mit|tag ⟨Adverb; in Verbindung mit der Angabe eines bestimmten Tages⟩: *am Vormittag:* heute v. fährt er in die Stadt.

Vor|mit|tag, der; -s, -e: *Zeit vom Morgen bis zum Mittag:* den V. verbrachte sie meist im Bett. **sinnv.:** ↑Morgen. **Zus.:** Dienstag-, September-, Sommervormittag.

vor|mit|tags ⟨Adverb⟩: *am Vormittag; jeden Vormittag:* v. ist er nie zu Hause. **sinnv.:** ↑morgens.

Vor|mund, der; -[e]s, -e und Vormünder: *jmd., der vom Gericht dazu bestimmt ist, die rechtlichen Angelegenheiten einer anderen Person (meist eines Minderjährigen) zu regeln.*

vorn: ↑vorne.

Vor|na|me, der; -ns, -n: *persönlicher Name, der jmdm. zu seinem Familiennamen gegeben wurde:* sie hat drei Vornamen; jmdn. beim Vornamen rufen, mit dem Vornamen anreden. **sinnv.:** Name, Rufname, Taufname; ↑Familienname.

vor|ne ⟨Adverb⟩ /Ggs. hinten/: **1.** *(von einem bestimmten Punkt, einer bestimmten Stelle aus betrachtet) auf der nahe gelegenen, der zugewandten Seite, im nahe gelegenen Teil:* der Schrank steht gleich v. an der Tür. **2.** *an erster oder an einer der ersten Stellen [einer Reihe]; vor den anderen; an der Spitze:* bei den Wanderungen marschiert er immer v.; nach der ersten Runde des Rennens war der amerikanische Läufer noch v.

vor|nehm ⟨Adj.⟩: **1.** *sich durch untadeliges Benehmen, durch Zurückhaltung und Feinheit des Benehmens und der Denkart auszeichnend:* ein vornehmer Mensch; eine vornehme Gesinnung; er denkt und handelt sehr v. **sinnv.:** distinguiert, ↑fein, ↑feinfühlig, feinsinnig, ↑nobel. **2.** *in meist unaufdringlicher Weise geschmackvoll, elegant, qualitativ hochwertig:* eine vornehme Wohnung; sie waren sehr v. gekleidet. **sinnv.:** ↑geschmackvoll; ↑gewählt.

vor|neh|men, nimmt vor, nahm vor, hat vorgenommen: **1.** ⟨sich v.⟩ *den Entschluß (zu etwas) fassen; die feste Absicht haben (etwas Bestimmtes zu tun):* er hat sich vorgenommen, in Zukunft darauf zu verzichten; ich habe mir einiges vorgenommen für diesen Tag. **sinnv.:** sich ↑entschließen; ↑vorhaben. **2.** ⟨als Funktionsverb⟩ eine Änderung v. *(ändern);* eine Prüfung v. *(prüfen);* eine Untersuchung v. *(untersuchen).*

vorn|her|ein [auch: ...herein]: ⟨in der Fügung⟩ von v.: *gleich von Anfang an:* er hat den Plan von v. abgelehnt. **sinnv.:** ↑gleich.

Vor|ort, der; -[e]s, -e: *kleiner Ort, Ortsteil am Rand einer größeren Stadt.* **sinnv.:** Einzugsgebiet, Hinterland, Satellitenstadt, Stadtrand, Trabantenstadt, Vorstadt. **Zus.:** Villenvorort.

Vor|rang, der; -[e]s: *wichtigere oder bevorzugte Stellung, größere Beachtung (im Vergleich mit jmd./etwas anderem):* den V. vor jmdm./etwas haben; jmdm. den V. streitig machen. **sinnv.:** Erstrangigkeit, Priorität, Vorrangigkeit, Vorzug.

Vor|rat, der; -[e]s, Vorräte: *etwas, was in mehr oder weniger großer Menge oder Anzahl zum späteren Gebrauch beschafft, gesammelt, angehäuft wurde, zur Verfügung steht:* Vorräte anlegen; sie hat in ihrem Schrank einen großen V. von/an Lebensmitteln; die Vorräte sind aufgebraucht. **sinnv.:** Arsenal, Bestand, Fonds, Fundus, Inventar, Lager, Material, Manövriermasse, Menge, Potential, Reptilienfonds, Reserve, Rücklage, Topf · Repertoire. **Zus.:** Brot-, Holz-, Mehl-, Nahrungs-, Sauerstoff-, Wärme-, Wasser-, Wintervorrat.

vor|rä|tig ⟨Adj.⟩: *(als Vorrat) vorhanden, zur Verfügung stehend:* alle noch vorrätigen Waren; etwas v. haben; davon ist nichts mehr v. **sinnv.:** disponibel, flüssig, präsent, verfügbar.

Vor|recht, das; -[e]s, -e: *besonderes Recht, das jmd. genießt, das jmdm. zugestanden wird:* Vorrechte genießen; er machte von seinem V., kostenlos zu reisen, reichlich Gebrauch. **sinnv.:** Ausnahme, Domäne, Erstrecht, Monopol, Privileg, Sonderrecht, Vergünstigung, Vorzug; ↑Freiheit; ↑Priorität.

Vor|rich|tung, die; -, -en: *Gegenstand oder Teil eines Gegenstandes, der einen bestimmten Zweck erfüllt, [als Hilfsmittel] eine bestimmte Funktion hat:* eine V. zum Belüften, Kippen. **sinnv.:** Apparat. **Zus.:** Absperr-, Aufhänge-, Brems-, Halte-, Kipp-, Schutz-, Stütz-, Zusatzvorrichtung.

vor|rücken, rückte vor, hat/ist vorgerückt: **1.** ⟨tr.⟩ **a)** *nach vorn schieben, rücken:* er hat den Stuhl etwas vorgerückt, um in der Sonne zu sitzen. **sinnv.:** vorschieben, vorziehen. **b)** *(vor etwas) schieben, rücken:* wenn du den Schrank vorgerückt hast, kann niemand die Tür öffnen. **2.** ⟨itr.⟩ **a)** *sich (mit etwas, was gerückt, geschoben werden soll oder muß) ein Stück nach vorn bewegen:* wenn du mit deinem Stuhl etwas vorrückst, haben wir auch noch Platz; der Zeiger ist vorgerückt. **b)** *sich auf Grund militärischer Erfolge vorwärts bewegen:* die Truppen sind vorgerückt, ohne Widerstand zu finden. **sinnv.:** angreifen, vorgehen, vormarschieren. **c)** *(bes. im sportlichen Bereich) in der Bewertung einen besseren Platz als früher einnehmen:* unser Verein ist auf den zweiten Platz vorgerückt. **d)** *unaufhaltsam auf einen späteren Zeitpunkt zugehen, sich einer bestimmten, schon späten Tageszeit nähern:* der Abend ist schon vorgerückt; die Nacht rückte immer mehr vor.

vor|sa|gen, sagte vor, hat vorgesagt: **1.** ⟨tr./itr.⟩ *(einem anderen, der etwas nicht weiß) sagen, zuflüstern, was er sagen, schreiben soll:* er mußte ihm jeden Satz v.; wer in der Schule vorsagt, wird bestraft. **sinnv.:** einblasen, einsagen, zuflüstern; ↑vorsprechen. **2.** ⟨sich v.⟩ *[leise] vor sich hin sprechen, um es sich einzuprägen und im Gedächtnis zu behalten:* ich sagte mir den Satz ein paarmal vor.

Vor|satz, der; -es, Vorsätze: *etwas, was sich jmd. bewußt, entschlossen, fest vorgenommen hat; fester Entschluß, feste Absicht:* einen V. fassen, fallenlassen; gute Vorsätze haben; an seinem V. festhalten, bei seinem V. bleiben, nicht mehr zu rauchen. **sinnv.:** ↑Absicht.

vor|sätz|lich ⟨Adj.⟩: *ganz bewußt und absichtlich; mit Vorsatz:* eine vorsätzliche Beleidigung; jmdn. v. töten. **sinnv.:** ↑absichtlich.

vor|schie|ben, schob vor, hat vorgeschoben ⟨tr.⟩: **1. a)** *nach vorn bewegen, schieben:* sie schob den Kopf etwas vor; ⟨auch: sich v.⟩ ich schob mich [durch die Menge] vor, um besser sehen zu können. **b)** *(vor etwas) schieben, rücken:* wenn du den Schrank vorschiebst, weiß keiner, daß hier eine Tür ist; den Riegel v. *(die Tür mit einem Riegel verschließen).* **sinnv.:** ↑vorrücken. **2.** *(etwas nicht Zutreffendes) als Grund, Vorwand nehmen, angeben:* er schob eine wichtige Besprechung vor. **sinnv.:** sich ↑herausreden. **3.** *(eine unangenehme Aufgabe o. ä.) von jmdm. [der bessere Aussichten hat] für sich erledigen lassen und selbst im Hintergrund bleiben:* einen Strohmann v.; wenn es um höhere Gehälter geht, schieben die Kollegen immer ihn vor.

Vor|schlag, der; -[e]s, Vorschläge: *Äußerung, Erklärung, mit der jmd. jmdm. eine bestimmte Möglichkeit zeigt, ihm etwas Bestimmtes empfiehlt oder anbietet; Empfehlung eines Plans:* er lehnte den V. des Architekten ab; er machte ihr den V., mit ihm eine Reise um die Welt zu unternehmen. **sinnv.:** ↑Angebot, ↑Anregung, Antrag, Empfehlung, ↑Muster, Rat, Ratschlag, ↑Tip; ↑Ansinnen. **Zus.:** Abänderungs-, Ergänzungs-, Gegen-, Kompromiß-, Reform-, Verbesserungs-, Wahlvorschlag.

vor|schla|gen, schlägt vor, schlug vor, hat vorgeschlagen ⟨tr.⟩: **a)** *eine bestimmte Möglichkeit nennen; einen Vorschlag machen:* ich schlage vor, wir gehen jetzt nach Hause; ich schlage Ihnen dieses Hotel vor; er schlug ihr vor, mit ihm zu kommen. **sinnv.:** anbieten, anempfehlen, ein Angebot machen, anraten, ↑anregen, eine Anregung geben, antragen, beibringen, einbringen, eingeben, empfehlen, ans Herz legen, nahelegen, einen Plan unterbreiten/einen Rat geben, ↑raten, zur Sprache bringen; jmdm. etwas stecken/zu verstehen geben, vorbringen, ↑vorlegen. **b)** *(jmdn.) für etwas als in Frage kommend nennen:* jmdn. als Kandidaten, für ein Amt v.

vor|schnell ⟨Adj.⟩: *etwas zu schnell und unüberlegt:* einen vorschnellen Entschluß rückgängig machen; v. handeln. **sinnv.:** übereilt, voreilig; ↑schnell; ↑unüberlegt.

vor|schrei|ben, schrieb vor, hat vorgeschrieben ⟨tr.⟩: *durch eine bestimmte Anweisung, einen Befehl o. ä. ein bestimmtes Verhalten, Handeln fordern:* der Gesetzgeber schreibt hier einen bestimmten Prozentsatz vor; ich lasse mir von ihm nicht v., wann ich gehen soll; das Gesetz schreibt vor, daß das Gericht darüber zu entscheiden hat. **sinnv.:** fordern, verlangen; ↑anordnen.

Vor|schrift, die; -, -en: *Anweisung, deren Befolgung erwartet wird und die ein bestimmtes Verhalten, Handeln fordert:* er hat die Vorschriften des Arztes nicht befolgt; der Beamte erklärte, er müsse sich an seine Vorschriften halten. **sinnv.:** ↑Brauch; ↑Weisung. **Zus.:** Bau-, Dienst-, Korrektur-, Sicherheits-, Verkehrs-, Zollvorschrift.

Vor|schuß, der; Vorschusses, Vorschüsse: *im voraus ausbezahlter Teil des Lohnes, des Gehaltes oder eines Honorars:* bei jmdm. um einen V. bitten. **sinnv.:** ↑Anleihe.

vor|schüt|zen, schützte vor, hat vorgeschützt ⟨tr.⟩: *(etwas nicht Zutreffendes) als Grund, als Entschuldigung angeben; als Ausrede, Ausflucht gebrauchen:* er lehnte die Einladung ab und schützte eine Krankheit vor. **sinnv.:** ↑vortäuschen.

vor|se|hen, sieht vor, sah vor, hat vorgesehen: **1.** ⟨tr.⟩ **a)** *durchzuführen beabsichtigen:* man sah vor, einige Bestimmungen zu ändern; der vorgesehene Aufenthalt fiel aus. **sinnv.:** ↑planen. **b)** *in Aussicht nehmen:* den größten Raum sah er für seine Bibliothek vor; das Gesetz sieht für diese Tat eine hohe Strafe vor. **sinnv.:** ↑ansetzen. **c)** *zu einem bestimmten Zweck einsetzen, verwenden wollen:* wir haben das Geld für etwas anderes vorgesehen; sie war für dieses Amt vorgesehen. **sinnv.:** ↑bestimmen; ↑denken. **2.** ⟨sich v.⟩ *sich in acht nehmen:* sieh dich vor dem Hund vor!; du mußt dich v., daß du dich nicht erkältest. **sinnv.:** ↑aufpassen, auf der Hut/Wacht sein, sich hüten, vorsichtig sein.

Vor|sicht, die; -: *gesteigerte Aufmerksamkeit, Besonnenheit bei Gefahr oder in bestimmten kritischen Situationen:* bei dieser gefährlichen Arbeit ist große V. nötig; bei diesem Geschäft rate ich dir zur V.; V.! Glas! **sinnv.:** ↑Aufmerksamkeit.

vor|sich|tig ⟨Adj.⟩: *behutsam, besonnen, mit Vorsicht [handelnd, vorgehend]:* er ist ein vorsichtiger Mensch; bei ihm muß man sich v. ausdrücken; sei v., sonst fällst du! **sinnv.:** ↑behutsam; ↑umsichtig. **Zus.:** übervorsichtig.

Vor|sitz, der; -es: *Leitung einer Versammlung, die etwas berät, diskutiert oder beschließt:* den V. haben; die Verhandlungen finden unter dem V. von Herrn X statt. **sinnv.:** ↑Leitung. **Zus.:** Ehren-, Fraktions-, Landesvorsitz.

Vor|sit|zen|de, der und die; -n, -n ⟨aber: [ein] Vorsitzender, Plural: [viele] Vorsitzende⟩: *männliche bzw. weibliche Person, die einen Verein, eine Partei o. ä. leitet, in einer Gruppe Verantwortlicher die leitende Position hat:* der stellvertretende V. des Aufsichtsrats; die Partei wählte einen neuen Vorsitzenden. **sinnv.:** Chairman, Obman, ↑Präsident, Vorsitzer; ↑Vorstand. **Zus.:** Ausschuß-, Ehren-, Fraktions-, Partei-, Vereinsvorsitzender.

vor|sor|gen, sorgte vor, hat vorgesorgt ⟨itr.⟩: *in Hinblick auf die Zukunft im voraus etwas unternehmen, (für etwas) sorgen:* sie hat für schlechtere Zeiten vorgesorgt. **sinnv.:** vorbauen; ↑vorbeugen.

Vor|spann, der; -[e]s, -e: **1.** *einem Film, einer Fernsehsendung vorausgehende Angaben über die Mitwirkenden, den Autor, Regisseur o. ä.* **2.** *kurze Einleitung, die vor dem eigentlichen Text eines Zeitungs- oder Zeitschriftenartikels steht.* **sinnv.:** ↑Einleitung.

Vor|spei|se, die; -, -n: *kleinere, appetitanregende Speise, die eine aus mehreren Gängen bestehende Mahlzeit einleitet:* **sinnv.:** Entree, Horsd'œuvre, Vorgericht.

vor|spre|chen, spricht vor, sprach vor, hat vorgesprochen: **1.** ⟨tr.⟩ *(jmdm. gegenüber) deutlich sprechen, damit er es sofort richtig wiederholen kann:* er sprach ihm das schwierige Wort immer wieder vor. **sinnv.:** soufflieren, vorflüstern, ↑vorsagen, zuflüstern. **2.** ⟨tr./itr.⟩ *zur Beur-*

teilung der Stimme, der schauspielerischen Fähigkeiten o. ä. vor jmdm. etwas vortragen: er sprach die Rede des Antonius vor; vor dem Engagement muß jeder junge Schauspieler v. **sinnv.:** ↑vortragen. **3.** ⟨itr.⟩ *(jmdn.) in einer besonderen Angelegenheit, mit einer Bitte, einem Anliegen o. ä. aufsuchen:* ich habe bei ihm [wegen der auftretenden Schwierigkeiten] vorgesprochen. **sinnv.:** ↑besuchen.

vor|sprin|gen, sprang vor, ist vorgesprungen ⟨itr.⟩: **1.** *aus einer bestimmten Stellung heraus [plötzlich] nach vorn springen:* er ist aus dem Versteck, aus der Deckung vorgesprungen. **2.** *aus etwas auffallend herausragen und stark in Erscheinung treten:* der Erker des Hauses springt etwas zu weit vor.; eine vorspringende Nase. **sinnv.:** ↑ragen.

Vor|sprung, der; -[e]s, Vorsprünge: **1.** *vorspringender Teil (von etwas):* der V. eines Felsens. **2.** *Abstand, um den jmd. einem anderen voraus ist:* der erste der Läufer hatte einen V. von drei Metern; **3.** *überlegene Position, Überlegenheit:* ein V. an technischer Entwicklung.

Vor|stand, der; -[e]s, Vorstände: **a)** *Gremium, dem die Leitung und Geschäftsführung eines Vereins, eines Verbandes, einer Genossenschaft o. ä. obliegt:* den V. bilden, wählen; der V. tritt morgen zusammen. **sinnv.:** ↑Leitung. **Zus.:** Bezirks-, Bundes-, Familien-, Fraktions-, Gemeinde-, Kirchen-, Kreis-, Partei-, Vereinsvorstand. **b)** *Mitglied eines Vorstandes* (a): er ist V. geworden. **sinnv.:** ↑Präses, ↑Präsident, Sprecher, Vorsteher, Wortführer; ↑Vorsitzender.

vor|stel|len, stellte vor, hat vorgestellt: **1. a)** ⟨tr./sich v.⟩ *durch Nennen des Namens (jmdn./sich mit einem anderen) bekannt machen:* er stellte ihn seiner Frau vor; nachdem er sich ihnen vorgestellt hatte, nahm er Platz. **sinnv.:** bekannt machen. **b)** ⟨sich v.⟩ *(bei der Bewerbung um eine Stelle, bei einer Wahl o. ä.) einen ersten Besuch machen, sich zeigen und bekannt machen:* der Kandidat stellt sich den Wählern vor; heute stellt sich ein junger Mann vor, der bei uns arbeiten will. **sinnv.:** sich ↑präsentieren. **2.** ⟨itr.⟩ ↑*bedeuten:* was soll denn das eigentlich v.? **3.** ⟨sich v.⟩ *sich (von jmdm./etwas) ein Bild, einen Begriff machen:* ich kann ihn mir nicht als Politiker v.; ich hatte mir den Verkehr schlimmer vorgestellt; ich kann mir das alte Haus noch gut v. **sinnv.:** sich vor Augen führen, an seinem geistigen Auge vorüberziehen lassen, sich ausdenken/ausmalen, sich einer Sache bewußt werden, sich denken, nehmen, realisieren, Revue passieren lassen, sich vergegenwärtigen, sich eine Vorstellung machen.

Vor|stel|lung, die; -, -en: **1.** *das Vorstellen, Bekanntmachen; das Sichvorstellen:* seine persönliche V., die V. der neuen Mitarbeiter fand um 9 Uhr statt. **2.** *Aufführung, das Aufführen (eines Stückes, eines Films o. ä.):* nach der V. gingen wir nach Hause. **sinnv.:** ↑Darbietung. **Zus.:** Abend-, Abschieds-, Gala-, Gast-, Kinder-, Nacht-, Spätvorstellung. **3.** *in jmds. Bewußtsein auftretendes, nicht auf unmittelbarer Wahrnehmung beruhendes Abbild der Wirklichkeit; Bild, das sich jmd. in seinen Gedanken von etwas macht:* er hat seltsame Vorstellungen von diesem Ereignis; das entspricht meinen Vorstellungen; das existiert nur in deiner V. **sinnv.:** ↑Ansicht; ↑Bild; ↑Einbildung; ↑Eindruck; ↑Gedanke; ↑Täuschung. **Zus.:** Ideal-, Klischee-, Neben-, Wahn-, Wert-, Ziel-, Zukunfts-, Zwangsvorstellung.

Vor|stra|fe, die; -, -n: *zurückliegende Strafe auf Grund einer früheren gerichtlichen Verurteilung:* wegen der vielen Vorstrafen kann er kein mildes Urteil erwarten.

vor|täu|schen, täuschte vor, hat vorgetäuscht ⟨tr.⟩: *(mit etwas) absichtlich einen falschen Eindruck erwecken; (von etwas) ein falsches Bild, den Anschein von etwas geben:* er täuschte Gefühle vor, die er nicht empfand; eine Krankheit v. **sinnv.:** sich den Anstrich geben, ausgeben als, ↑erfinden, fingieren, heucheln, Komödie/Theater spielen, markieren, mimen, schauspielern, den Schein wahren, simulieren, sich stellen [als ob], so tun als ob, einen Türken bauen, sich verstellen, vorgaukeln, vorgeben, vormachen, vorschützen, vorspiegeln; ↑lügen.

Vor|teil, der; -s, -e: *etwas (Umstand, Lage, Eigenschaft o. ä.), was jmdm. [gegenüber anderen] Nutzen, Gewinn bringt, sich für ihn günstig auswirkt:* finanzielle Vorteile; die Sache hat den einen V., daß...; auf seinen eigenen V. bedacht sein; er ist ihr gegenüber im V. *(in einer günstigen Lage).* **sinnv.:** Nutzen, Plus, ↑Profit, Trumpf; ↑Ertrag. **Zus.:** Platz-, Vermögensvorteil.

vor|teil|haft ⟨Adj.⟩: *jmdm. Vorteile, Gewinn, Nutzen bringend:* er hat ihm ein sehr vorteilhaftes Angebot gemacht. **sinnv.:** ↑erfreulich.

Vor|trag, der; -[e]s, Vorträge: **1.** ⟨ohne Plural⟩ *das Vortragen, Darbieten von etwas:* der V. des Gedichtes war nicht fließend genug. **Zus.:** Gesangs-, Solovortrag. **2.** *ausführliche mündliche Darlegung, Rede über ein bestimmtes, oft wissenschaftliches Thema:* der V., den er gehalten hat, war sehr interessant. **sinnv.:** ↑Rede. **Zus.:** Dia-, Einführungs-, Fest-, Lichtbilder-, Schlußvortrag.

vor|tra|gen, trägt vor, trug vor, hat vorgetragen ⟨tr.⟩: **1.** *künstlerisch vorsprechen oder vorsingen:* sie trug einige Lieder von Schubert vor. **sinnv.:** ablesen, aufsagen, etwas zum besten geben, deklamieren, etwas zu Gehör bringen, hersagen, herunterleiern, herunterschnurren, interpretieren, lesen, rezitieren, verlesen, vorlesen, vorsingen, vorspielen, vorsprechen. **2.** *sachlich darlegen; in förmlichen Worten zur Kenntnis bringen:* er trug dem Minister sein Anliegen vor. **sinnv.:** ↑mitteilen.

vor|treff|lich ⟨Adj.⟩: *sehr gut, sich durch seine Qualität, Begabung, sein Können o. ä. auszeichnend:* er ist ein vortrefflicher Koch; ein vortrefflicher Einfall; der Kuchen schmeckt v. **sinnv.:** ausgezeichnet, bärig, bestens, dufte, erstklassig, exzellent, famos, fein, fetzig, ↑gut, herrlich, ↑hervorragend, klasse/Klasse, köstlich, pfundig, prima, ↑scharf, ↑schön, spitze/Spitze, stark, super, toll, trefflich, überdurchschnittlich, unübertrefflich, vorzüglich, zünftig.

vor|über ⟨Adverb⟩: *vorbei.*

vor|über|ge|hend ⟨Adj.⟩: *nur eine gewisse Zeit, nicht lange dauernd; für kurze Zeit:* vorübergehende Beschwerden. **sinnv.:** augenblicklich, flüchtig, kurz, kurzfristig, temporär, auf Zeit, eine Zeitlang, zeitweilig, zeitweise.

Vor|ur|teil, das; -s, -e: *nicht objektive, meist von feindseligen Gefühlen bestimmte Meinung, die sich jmd. ohne Prüfung der Tatsachen voreilig, im voraus über jmdn./etwas gebildet hat:* die Vorurteile der Bevölkerung gegen diese neue Einrichtung; Vorurteile haben, hegen, ablegen. **sinnv.:** Befangenheit, Einseitigkeit, Engherzigkeit, Parteilichkeit, Voreingenommenheit.

Vor|ver|kauf, der; -[e]s: *Verkauf von Eintrittskarten schon [längere Zeit] vor der Vorstellung, nicht erst an der Abendkasse:* der V. für das Konzert beginnt vier Wochen vorher; die Karten im V. erwerben. **Zus.:** Kartenvorverkauf.

Vor|wand, der; -[e]s, Vorwände: *nicht zutreffender, nur vorgegebener, als Ausrede benutzter Grund:* er findet immer einen V., wenn er nicht will; er ist unter einem V. verreist; etwas zum V. nehmen. **sinnv.:** ↑Ausflucht; ↑Finte; ↑Mittel.

vor|wärts ⟨Adverb⟩: *nach vorn* /Ggs. rückwärts/: du mußt den Wagen noch ein kleines Stück v. fahren. **sinnv.:** ↑weiter.

vor|wärts|kom|men, kam vorwärts, ist vorwärtsgekommen ⟨itr.⟩: *Erfolge haben; Fortschritte machen:* sie sind heute mit ihrer Arbeit gut vorwärtsgekommen. **sinnv.:** ↑aufsteigen; ↑emporkommen; ↑vorangehen.

vor|weg|neh|men, nimmt vorweg, nahm vorweg, hat vorweggenommen ⟨tr.⟩: *(etwas) sagen, tun, bevor es an der Reihe wäre, bevor es andere sagen, tun:* die Pointe vorwegnehmen; das Ergebnis gleich v. **sinnv.:** antizipieren, vorangehen, vorgreifen, zuvorkommen.

vor|wei|sen, wies vor, hat vorgewiesen ⟨tr.⟩: ↑*vorzeigen.*

vor|wer|fen, wirft vor, warf vor, hat vorgeworfen ⟨tr.⟩: *jmds. Handlungsweise heftig kritisieren, sie ihm heftig tadelnd vor Augen führen:* jmdm. Faulheit v.; sie warf ihm vor, daß er ihr nicht geholfen habe. **sinnv.:** jmdm. etwas hindrücken/hinreiben/unter die Nase reiben/vorhalten/vorstellen, jmdm. Vorhaltungen/Vorwürfe machen; ↑ankreiden, ↑anlasten; ↑mitteilen; ↑schelten.

vor|wie|gend ⟨Adj.⟩: *in erster Linie, ganz besonders; zum größten Teil:* der vorwiegende Gebrauch eines Wortes; in diesem Sommer herrschte v. trockenes Wetter. **sinnv.:** ↑besonders; ↑oft.

vor|wit|zig ⟨Adj.⟩: *neugierig, vorlaut und sich oft ungehörig vordrängend:* ein vorwitziger kleiner Kerl. **sinnv.:** ↑frech.

Vor|wort, das; -[e]s, Vorworte: *einem Buch, bes. einer wissenschaftlichen Abhandlung o. ä. vorangestellte Bemerkungen* /Ggs. Nachwort/. **sinnv.:** ↑Einleitung.

Vor|wurf, der; -[e]s, Vorwürfe: *Äußerung, mit der jmd. jmdm. etwas vorwirft, sein Handeln, Verhalten rügt:* ein versteckter, leiser, schwerer V.; die Vorwürfe trafen ihn schwer. **sinnv.:** Anpfiff, Anschiß, Anschnauzer, Anwurf, Beanstandung, Bemängelung, Monitum, Rüffel, Rüge, ↑Tadel, Verweis, Vorhaltung, Zigarre, Zurechtweisung; ↑Angriff; Anklage.

Vor|zei|chen, das; -s, -: *Anzeichen, das auf etwas Kommendes hinweist:* diese Vorzeichen deuten auf einen strengen Winter. **sinnv.:** ↑Anzeichen.

vor|zei|gen, zeigte vor, hat vorgezeigt ⟨tr.⟩: *zum Betrachten, Prüfen, Begutachten o. ä. zeigen:* den Ausweis, Paß, die Fahrkarte v.; Enkel zum Vorzeigen *(mit denen man Eindruck machen kann).* **sinnv.:** vorweisen, zeigen.

vor|zei|tig ⟨Adj.⟩: *früher als vorgesehen, erwartet:* eine vorzeitige Abreise. **sinnv.:** ↑früh.

vor|zie|hen, zog vor, hat vorgezogen ⟨tr.⟩: **1. a)** *nach vorn ziehen:* den Schrank v. **sinnv.:** ↑vorrücken. **b)** *(vor etwas) ziehen:* den Vorhang v. **c)** *(aus etwas, unter etwas) hervorziehen:* die Säge unter dem Gerümpel v. **2.** *(etwas für später Vorgesehenes) früher ansetzen, beginnen, erledigen o. ä.:* einen Termin [um eine Stunde] v. **sinnv.:** vorverlegen. **3. a)** *lieber mögen; eine größere Vorliebe für jmdn./etwas haben als für eine andere Person oder Sache:* ich ziehe eine Verständigung dem ständigen Streit vor; er zog es vor, zu Hause zu bleiben. **sinnv.:** ↑bevorzugen. **b)** *besser behandeln (als andere):* der Lehrer zieht diesen Schüler [den anderen] vor. **sinnv.:** ↑fördern.

Vor|zug, der; -[e]s, Vorzüge: **1. a)** *einer Person oder Sache eingeräumter Vorrang:* ich gebe seinen Ideen den V., räume ihnen den V. ein. **sinnv.:** ↑Vorrang. **b)** ↑*Vorrecht:* ich genieße den V., ihn zu kennen. **2.** *gute Eigenschaft, die eine Person oder Sache (im Vergleich zu entsprechenden anderen) hervorhebt, auszeichnet:* Pünktlichkeit ist einer seiner Vorzüge; dieses Material hat alle Vorzüge.

vor|züg|lich ⟨Adj.⟩: ↑*vortrefflich:* er ist ein vorzüglicher Redner; der Kuchen schmeckt v.

Vo|tum, das; -s, Voten: *Äußerung einer Meinung; Äußerung dessen, wofür sich jmd. [bei einer Abstimmung] entscheidet:* die Abstimmung ist ein eindeutiges V. für die Politik der Regierung. **sinnv.:** ↑Abstimmung; ↑Urteil. **Zus.:** Mißtrauens-, Vertrauensvotum.

vul|gär ⟨Adj.⟩: *auf abstoßende Weise gewöhnlich, derb und ordinär:* er gebraucht häufig vulgäre Ausdrücke. **sinnv.:** ↑derb; ↑gewöhnlich.

Vul|kan, der; -s, -e: *Berg, aus dessen Innerem glühende Massen von Gestein o. ä. geschleudert werden.* **sinnv.:** feuerspeiender Berg; ↑Berg.

W

Waa|ge, die; -, -n: *Gerät zum Feststellen des Gewichtes:* etwas auf die W. legen; sich auf einer W. wiegen. **sinnv.:** Schweremesser. **Zus.:** Apotheker-, Brief-, Brücken-, Dezimal-, Feder-, Gold-, Küchen-, Münz-, Personenwaage · Wasserwaage.

waa|ge|recht, waag|recht ⟨Adj.⟩: *im rechten Winkel zu einer senkrechten Fläche oder Linie verlaufend* /Ggs. senkrecht/: etwas w. legen; ein waagerechter Balken. **sinnv.:** ↑flach, horizontal.

Wa|be, die; -, -n: *sechseckige Zelle [aus Wachs] in einem Bienenstock oder Wespennest:* in den Waben ist Honig gelagert. **Zus.:** Bienen-, Honigwabe.

wach ⟨Adj.⟩: **a)** *nicht mehr schlafend, nicht mehr schläfrig:* ich war heute schon früh w.; um 7 Uhr wurde er wach *(erwachte er).* **sinnv:** ausgeschlafen, munter. **Zus.:** halb-, hellwach. **b)** *von großer Aufmerksamkeit, Aufgeschlossenheit zeugend:* etwas mit wachem Bewußtsein tun; ein wacher Geist. **sinnv.:** geistreich, ↑klug · rege. **Zus.:** hell-, überwach.

Wa|che, die; -, -n: **a)** *eine Person oder eine Gruppe von Personen, die etwas bewacht:* die W. hatte bei dem Einbruch nichts bemerkt. **sinnv.:** ↑Posten. **Zus.:** Ehren-, Grenz-, Leib-, Stall-, Torwache. **b)** ⟨ohne Plural⟩ *das Bewachen, Sichern bestimmter Einrichtungen, Anlagen, Örtlichkeiten o. ä.:* die W. an jmdn. übergeben, von jmdm. übernehmen. **sinnv.:** Aufsicht, Beobachtung. **Zus.:** Bord-, Brand-, Mahn-, Nacht-, Totenwache. **c)** *Räumlichkeit, in der die Wache* (a) *stationiert ist:* der Betrunkene wurde auf die W. gebracht. **sinnv.:** ↑Revier. **Zus.:** Bahnhofs-, Feuer-, Haupt-, Polizeiwache.

wa|chen ⟨itr.⟩: **1.** *wach sein, nicht schlafen:* ich habe die ganze Nacht gewacht; sie wachte, bis ihr Mann nach Hause kam. **sinnv.:** kein Auge zutun können, keinen Schlaf finden, wach liegen. **Zus.:** auf-, durch-, erwachen. **2.** *wach bleiben und auf jmdn./etwas aufpassen, achtgeben:* er wacht [streng] darüber, daß die Vorschriften eingehalten werden; die Schwester wachte die ganze Nacht bei dem Kranken. **sinnv.:** ↑aufbleiben, beobachten, Wache halten. **Zus.:** be-, überwachen.

wach|ru|fen, rief wach, hat wachgerufen ⟨tr.⟩: *[wieder] ins Bewußtsein, in Erinnerung bringen:* Gefühle, Empfindungen in jmdm. w.; das Gespräch rief längst vergessene Erlebnisse wach. **sinnv.:** ↑appellieren, ↑aufrühren, ↑aufrütteln.

Wachs, das; -es: *[von Bienen gebildete] fettähnliche Masse, die bei höheren Temperaturen schmilzt:* Kerzen aus echtem W.; den Boden, das Auto mit W. polieren. **Zus.:** Auto-, Bienen-, Bohner-, Kerzen-, Skiwachs.

wach|sam ⟨Adj.⟩: *vorsichtig, gespannt mit wachen Sinnen etwas beobachtend, verfolgend:* wachsame Hunde. **sinnv.:** achtsam, ↑aufmerksam, hellhörig · ↑aufpassen.

wach|sen: I. wachste, hat gewachst ⟨tr.⟩: *mit Wachs einreiben, glätten:* die Skier w.; ⟨auch itr.⟩ wenn der Schnee feucht ist, muß ich erneut w. **sinnv.:** ↑polieren. **Zus.:** einwachsen. **II.** wächst, wuchs, ist gewachsen ⟨itr.⟩ **a)** *größer, stärker werden; an Umfang, Ausdehnung zunehmen:* der Junge ist im letzten Jahr sehr gewachsen; er ließ sich die Haare lang w.; die Erregung im Volk wuchs von Stunde zu Stunde *(wurde von Stunde zu Stunde größer);* etwas mit wachsendem Interesse beobachten; ständig wachsende Ausgaben; ein gut gewachsenes Mädchen *(ein Mädchen mit guter Figur).* **sinnv.:** aufblühen, im Wachstum begriffen sein, in die Höhe schießen, ↑wuchern. **Zus.:** auf-, fest-, heran-, hinein-, ver-, weiter-, zusammenwachsen · erwachsen; groß-, hoch-, klein-, schlankgewachsen. **b)** *(von Pflanzen) sich entwickeln [können], gedeihen, vorkommen:* auf diesem Boden wachsen keine Reben; überall wächst Unkraut. **sinnv.:** blühen und gedeihen, sich ↑entwickeln, florieren, sprießen. **Zus.:** an-, aus-, be-, fest-, hinaus-, über-, weiterwachsen · schnellwachsend.

wäch|sern ⟨Adj.⟩: **1.** *aus Wachs [bestehend]:* in der Kapelle waren wächserne Kerzen aufgestellt. **2.** (geh.) *so bleich wie Wachs:* mit wächsernem Gesicht lag sie auf der Bahre. **sinnv.:** ↑blaß.

Wachs|tum, das; -s: *das geistige und körperliche Wachsen:* das W. der Pflanzen wird durch viel Licht gefördert. **sinnv.:** ↑Entwicklung, Steigerung, ↑Zunahme. **Zus.:** Längen-, Wirtschaftswachstum.

Wäch|ter, der; -s, -, **Wäch|te|rin,** die; -, -nen: *männliche bzw. weibliche Person, die jmdn./etwas bewacht.* **sinnv.:** ↑Aufseher, ↑Aufsicht, ↑Garde, Hüter, ↑Posten, Wärter. **Zus.:** Harems-, Leib-, Nacht-, Park[platz]-, Sitten-, Tor-, Turmwächter.

wacke|lig ⟨Adj.⟩: ↑wacklig.

wackeln ⟨itr.⟩: *nicht feststehen, nicht festsitzen; locker sein und sich daher etwas hin und her bewegen:* der Tisch, Stuhl wackelt; sie wackelt mit den Hüften; der alte Mann wackelte *(ging sehr unsicher)* über die Straße. **sinnv.:** ↑schwingen, ↑wanken.

wacker ⟨Adj.⟩: **1.** (veralt.) *rechtschaffen, ehrlich und anständig:* er war der Sohn eines wackeren Bauern. **sinnv.:** ehrenhaft, ehrenwert, fair, hochanständig, redlich. **2.** *sich frisch und kraftvoll einsetzend:* wackere junge Leute; er schritt w. voran; (heute meist scherzh., mit wohlwollendem Spott:) er ist ein wackerer Esser; er hat sich w. gehalten. **sinnv.:** ↑forsch, tüchtig.

wack|lig ⟨Adj.⟩: *wackelnd; nicht festgefügt, nicht[mehr] stabil:* die Leiter steht sehr w.; wackliges Mobiliar; ich fühle mich [nach der Krankheit] noch etwas w. *(schwach).* **sinnv.:** instabil, kipp[e]lig, lose, schwankend, wankend.

Wa|de, die; -, -n: *Bündel von Muskeln am hinteren Unterschenkel:* kräftige Waden haben.

Waf|fe, die; -, -n: *Gerät, Mittel o. ä. zum Kämpfen, zum Angriff oder zur Verteidigung* (siehe Bildleiste): eine W. bei sich tragen; konventionelle Waffen. **sinnv.:** ↑Säbel; ↑Schußwaffe, ↑Stichwaffe. **Zus.:** Angriffs-, Atom-, Binär-, Bord-, Feuer-, Geheim-, Hieb-, Kern-, Mord-, Raketen-, Stoß-, Tat-, Vergeltungs-, Verteidigungs-, Weltraumwaffe · Luftwaffe · be-, entwaffnen.

Waf|fel, die; -, -n: *süßes, flaches Gebäck, das auf beiden Seiten mit einem wabenförmigen Muster versehen ist:* Waffeln [mit dem Waffeleisen] backen. **sinnv.:** ↑Gebäck. **Zus.:** Eis-, Schokoladenwaffel.

wa|ge|mu|tig ⟨Adj.⟩: *Mut zum Risiko besitzend:* ein wagemutiger Forscher; eine wagemutige Tat. **sinnv.:** ↑mutig.

wa|gen: 1. ⟨tr.⟩ *ohne die Gefahr, das Risiko zu scheuen, etwas tun, dessen Ausgang ungewiß ist; um jmds., einer Sache willen ein hohes Risiko eingehen:* viel, einen hohen Einsatz, sein Leben w. **sinnv.:** es ankommen lassen auf, ↑gefährden, sich getrauen, hasardieren, alles auf eine Karte setzen, den Mut/das Herz ha-

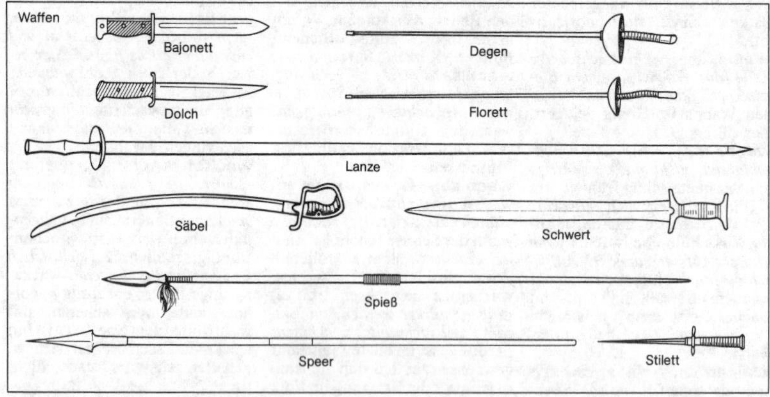

ben, etwas aufs Spiel setzen, sich trauen. **2. a)** ‹tr.› *trotz der Möglichkeit eines Fehlschlages, Nachteils o. ä., des Heraufbeschwörens einer Gefahr den Mut zu etwas haben:* einen Versuch w.; niemand wagte [es] *(traute sich),* ihm zu widersprechen; ich wage nicht zu behaupten *(bin durchaus nicht sicher),* daß dies alles richtig ist. **sinnv:** sich anmaßen / erdreisten / erkühnen / getrauen/trauen, ↑unterstehen. **Zus.:** heran-, hineinwagen. **b)** ‹sich w.› *den Mut haben, sich nicht scheuen, irgendwohin zu gehen:* sie wagt sich nicht mehr auf die Straße, aus dem Haus. **Zus.:** sich heran-, hinaus-, vorwagen.

Wa|gen, der; -s, -: **a)** *Fahrzeug mit Rädern zum Transport von Personen und Lasten, das gezogen oder geschoben wird:* Pferde an den W. spannen; an den Zug wurden noch zwei Wagen angehängt. **sinnv.:** ↑Anhänger, Gefährt, ↑Gespann, Karre, Kofferkuli, ↑Kutsche, ↑Schubkarre, Waggon. **Zus.:** Aussichts-, Behälter-, Bei-, Boller-, Camping-, Doppelstock-, Eisenbahn-, Ernte-, Gepäck-, Großraum-, Kessel-, Kipp-, Korb-, Kübel-, Kühl-, Kurs-, Kutsch-, Leiter-, Liege-, Niederflur-, Pack-, Panje-, Personen-, Plan-, Post-, Rungen-, Salon-, Schlaf-, Servier-, Speise-, Sonder-, Spezial-, Straßenbahn-, Stuben-, Tee-, Trieb-, Viehwagen, D-Zug-Wagen. **b)** *Kraft-, Personenwagen:* er hat seinen W. auf der Straße geparkt. **sinnv.:** ↑Auto. **Zus.:** Bereitschafts-, Dienst-, Gebraucht-, Klein-, Kombi-, Kraft-, Lastkraft-, Leichen-, Leih-, Liefer-, Miet-, Möbel-, Müll-, Panzer-, Polizei-, Pritschen-, Renn-, Rettungs-, Späh-, Sport-, Spreng-, Streifen-, Streu-, Touren-, Transport-, Turm-, Überfallwagen.

Wag|gon [va'gɔŋ], der; -s, -s: *Wagen bes. bei Eisenbahn oder Straßenbahn:* ein W. mit Gemüse. **sinnv.:** Schlafwagen, ↑Wagen. **Zus.:** Eisenbahn-, Viehwaggon.

wag|hal|sig ‹Adj.›: *in leichtsinniger Weise mutig, [toll]kühn:* waghalsige Fahrer rasten über die schwierige Strecke. **sinnv.:** ↑mutig.

Wag|nis, das; -ses, -se: *kühnes Unternehmen, gefährliches Vorhaben:* sich auf kein W. einlassen; dieses W. hat sich gelohnt. **sinnv.:** Abenteuer, Risiko, Vabanquespiel, ↑Versuch.

Wahl, die; -, -en: **a)** ‹ohne Plural› *das Sichentscheiden für eine von mehreren Möglichkeiten:* die W. fällt mir schwer; eine gute W. treffen; Strümpfe erster W. *(der besten Qualität).* **sinnv.:** ↑Auswahl, ↑Entscheidung, Kür. **Zus.:** Berufs-, Damen-, Motiv-, Namens-, Orts-, Partner-, Stoff-, Themen-, Wortwahl. **b)** *Abgabe der Stimme beim Wählen von Abgeordneten u. a.:* freie, geheime Wahlen; zur W. gehen; Wahlen fordern, abhalten. **sinnv.:** ↑Abstimmung, Hammelsprung, Urnengang, Volksentscheid. **Zus.:** Ab-, Betriebsrats-, Brief-, Bundestags-, Gemeinde-, Gruppen-, Kanzler-, Kommunal-, Landtags-, Listen-, Nach-, Neu-, Papst-, Parlaments-, Persönlichkeits-, Präsidenten-, Präsidentschafts-, Schöffen-, Selbst-, Stich-, Test-, Unterhaus-, Ur-, Verhältnis-, Vor-, Vorstands-, Wieder-, Zuwahl.

wäh|len /vgl. gewählt/: **1.** ‹tr./itr.› *sich für eine von mehreren Möglichkeiten entscheiden:* der Gewinner konnte zwischen einer Reise und 2 000 Mark w.; er wählte die Freiheit. **sinnv.:** abstimmen, ↑annehmen, aussuchen, plädieren. **Zus.:** aus-, erwählen · selbstgewählt. **2. a)** ‹tr.› *sich durch Abgeben seiner Stimme bei einer Wahl für jmdn./etwas entscheiden; durch Wahl bestimmen:* einen Präsidenten w.; welche Partei hast du gewählt?; jmdn. in einen Ausschuß, zum Vorsitzenden w.; eine demokratisch gewählte Volksvertretung. **sinnv.:** benennen, ↑bestimmen. **Zus.:** auser-, hinein-, wiederwählen · neugewählt. **b)** ‹itr.› *bei einer Wahl seine Stimme abgeben; zur Wahl gehen:* noch nicht w. dürfen; er wählt konservativ *(gibt seine Stimme für eine konservative Partei ab).* **sinnv.:** abstimmen, kumulieren, optieren, panaschieren, stimmen, votieren. **3.** ‹tr./itr.› *beim Telefon durch Drehen der Wählscheibe bzw. Drücken der Tasten mit den Ziffern die Telefonnummer eines anderen Teilnehmers zusammensetzen, um eine Verbindung herzustellen:* die Nummer 36 33 w.; erst nach Ertönen des Wähltons w.! **Zus.:** an-, durch-, sich verwählen · Durch-, Vorwahl.

wäh|le|risch ⟨Adj.⟩: *besondere Ansprüche stellend, nur schwer zufriedenzustellen:* er ist im Essen sehr w. **sinnv.:** ↑anspruchsvoll, ↑empfindlich, heikel, kritisch, mäkelig, schnäkig, schnäubig, verwöhnt.

wahl|los ⟨Adj.⟩: *in oft gedankenloser, unüberlegter Weise ohne bestimmte Ordnung, Reihenfolge, Auswahl o. ä. verfahrend, nicht nach einem durchdachten Prinzip vorgehend:* er trank alles w. durcheinander; etwas w. herausgreifen. **sinnv.:** ↑leichtsinnig, unbesonnen, willkürlich.

Wahn, der; -[e]s: *falsche, trügerische Vorstellung:* er lebt in dem W., daß er krank sei. **sinnv.:** ↑Einbildung, ↑Luftschloß, ↑Täuschung. **Zus.:** Angst-, Fieber-, Größen-, Hexen-, Liebes-, Macht-, Männlichkeits-, Rassen-, Säufer-, Verfolgungswahn.

wäh|nen ⟨tr.⟩ (geh.): **1.** *[fälschlich] glauben, vermuten:* er wähnte, die Sache sei längst erledigt; sie wähnten ihn zu Hause. **sinnv.:** ↑annehmen. **2.** *(irrigerweise) annehmen, daß es sich mit jmdm./etwas in bestimmter Weise verhält:* ich wähnte dich auf Reisen; ⟨auch: sich w.⟩ in dieser gefährlichen Situation wähnte er sich verlassen. **sinnv.:** ↑vermuten.

Wahn|sinn, der; -s: **1.** *krankhafte Verwirrtheit in Denken und Handeln; Gestörtheit der geistigseelischen Funktionen:* er verfiel dem W., in W. **sinnv.:** Delir[ium], Geistesgestörtheit, Geisteskrankheit, Idiotie, Irresein, Mongolismus, Paranoia, Schizophrenie, Schwachsinn, Stumpfsinn, Verblödung. **Zus.:** Cäsaren-, Säufer-, Verfolgungswahnsinn. **2.** (ugs.) *sehr unvernünftiges, unsinniges Denken, Verhalten, Handeln; grenzenlose Unvernunft:* es ist doch W., bei diesem Wetter eine Bergtour unternehmen zu wollen. **sinnv.:** ↑Unsinn.

wahn|sin|nig ⟨Adj.⟩: **1.** *an Wahnsinn* (1) *leidend; von Wahnsinn zeugend:* ein wahnsinniges Lachen. **sinnv.:** ↑geistesgestört. **Zus.:** größenwahnsinnig. **2.** (ugs.) **a)** *ganz töricht, unvernünftig:* ein wahnsinniger Plan; bist du w.? **sinnv.:** ↑unsinnig. **b)** *übermäßig groß:* ich habe einen wahnsinnigen Schreck bekommen. **c)** ⟨verstärkend bei Adjektiven und Verben⟩ ↑*sehr:* sich w. freuen; er fährt w. schnell.

Wahn|sinns- ⟨Präfixoid⟩ (emotional verstärkend): /kennzeichnet die Empfindung, Beurteilung – sowohl Bewunderung als auch Kritik – in bezug auf das im Basiswort Genannte/ *in seiner Art kaum glaublich, schier unfaßbar [groß]* : Wahnsinnsanordnung, -arbeit, -befehl, -erfolg, -höhe (der Preise), -idee, -karriere, -maschine, -miete, -preise, -problem, -typ.

wahr ⟨Adj.⟩: **1.** *der Wahrheit, der Wirklichkeit, den Tatsachen entsprechend:* eine wahre Geschichte. **sinnv.:** ↑aufrichtig, beglaubigt, belegt, gewiß, glaubhaft, glaubwürdig, richtig, tatsächlich, unleugbar, unwiderleglich, zutreffend, ↑zuverlässig. **Zus.:** lebens-, unwahr. **2.** ⟨nur attributiv⟩ *echt, recht, richtig, wirklich:* das ist wahre Kunst; es ist ein wahres Wunder, daß ihm nichts passiert ist. **sinnv.:** ↑regelrecht, ↑typisch.

wah|ren ⟨tr.⟩: *etwas, bes. einen bestimmten Zustand, ein bestimmtes Verhalten o. ä., aufrechterhalten, nicht verändern:* seine Interessen w.; er hat bei der Auseinandersetzung den Anstand gewahrt *(sich so verhalten, wie es der Anstand erfordert)*. **sinnv.:** erhalten, schützen, verteidigen. **Zus.:** be-, ge-, verwahren.

wäh|ren ⟨itr.⟩ (geh.): ↑*dauern:* der Winter war streng und währte lang.

wäh|rend: I. ⟨Präp. mit Gen.⟩ /bezeichnet eine Zeitdauer, in deren Verlauf etwas stattfindet o. ä./ *im [Verlauf von]:* w. des Krieges lebten sie im Ausland; w. dreier Jahre verbrachten sie den Urlaub auf Sylt; ⟨veraltet oder ugs. auch mit Dativ:⟩ w. dem Konzert darfst du nicht sprechen; in der Vergangenheit, w. deren ...; ⟨mit Dativ, wenn bei einem stark gebeugten Substantiv im Plural der Gen. formal nicht zu erkennen ist oder wenn ein weiteres stark gebeugtes Substantiv (Genitivattribut) zwischen „während" und das von ihm abhängende Substantiv tritt:⟩ w. fünf Jahren; w. des Ministers aufschlußreichem Vortrag. **sinnv.:** bei, ↑binnen, in, innerhalb. **II.** ⟨Konj.⟩**1.** (zeitlich) /leitet einen Gliedsatz ein, der die Gleichzeitigkeit mit dem im Hauptsatz beschriebenen Vorgang bezeichnet/ *in der Zeit als:* w. sie verreist waren, hat man bei ihnen eingebrochen. **sinnv.:** als, da, derweil, unterdessen, währenddessen. **2.** (adversativ) /drückt die Gegensätzlichkeit zweier Vorgänge aus/ *indes; wohingegen:* w. die einen sich freuten, waren die anderen eher enttäuscht. **sinnv.:** indem, indessen.

wahr|haf|tig ⟨Adverb⟩: *in der Tat, wirklich:* um ihn brauchst du dich w. nicht zu sorgen. **sinnv.:** bestimmt, fürwahr, gar, gewiß, tatsächlich, ungelogen.

Wahr|heit, die; -: *der Wirklichkeit entsprechende Darstellung, Schilderung; Übereinstimmung zwischen Gesagtem und Geschehenem oder Bestehendem, zwischen Gesagtem und Gedachtem:* das ist die W.; die W. erfahren; die W. sagen *(nicht lügen)*. **Zus.:** Binsen-, Glaubens-, Halb-, Lebens-, Teilwahrheit · bewahrheiten.

wahr|neh|men, nimmt wahr, nahm wahr, hat wahrgenommen ⟨tr.⟩: **1.** *mit den Sinnen aufnehmen, erfassen:* eine Gestalt w.; einen unangenehmen Geruch w. **sinnv.:** ↑ansichtig werden, ↑aufnehmen, bemerken, erkennen, ↑gewahr werden, hören, ↑innewerden. **2. a)** *etwas, was sich (als Möglichkeit o. ä.) anbietet, nutzen:* seinen Vorteil w.; jede Gelegenheit w., etwas zu erreichen. **sinnv.:** ↑ausnutzen · ↑merken, sehen. **b)** *berücksichtigen, vertreten:* die Interessen seiner Firma w.

wahr|sa|gen, wahrsagte /sagte wahr, hat gewahrsagt/ wahrgesagt ⟨itr./tr.⟩: *mit Hilfe bestimmter (auf Aberglauben oder Schwindel beruhender) Praktiken Vorhersagen machen:* die Zigeunerin wahrsagte ihm [aus den Handlinien] die Zukunft; sie hat aus den Karten wahrgesagt. **sinnv.:** hellsehen, ↑prophezeien, vorausahnen, weissagen.

wahr|schein|lich: I. ⟨Adj.⟩ *mit ziemlicher Sicherheit anzunehmen, in Betracht kommend:* der wahrscheinliche Täter; es ist nicht w., daß sie kommt. **sinnv.:** mutmaßlich, voraussichtlich. **II.** ⟨Adverb⟩ *mit ziemlicher Sicherheit:* er wird w. verreisen; sie hat w. recht. **sinnv.:** ↑anscheinend.

Wai|se, die; -, -n: *minderjähriges Kind, das einen Elternteil oder beide verloren hat:* das Mädchen, der Junge ist W. **sinnv.:** Findelkind, Findling, Waisenkind. **Zus.:** Halb-, Scheidungs-, Vollwaise.

Wal, der; -[e]s, -e: *sehr großes, im Meer lebendes (Säuge)tier mit massigem Körper, zu Flossen umgebildeten Vordergliedmaßen und waagerecht stehender Schwanzflosse.* **sinnv.:** Walfisch; Delphin, Tümmler. **Zus.:** Blau-, Buckel-, Finn-, Pott-, Riesen-, Zahnwahl.

Wald, der; -[e]s, Wälder: *größeres Stück Gelände, das dicht mit Bäumen bewachsen ist.* **sinnv.:** Forst, Gehölz, Hain, Schonung, Tann, Waldung. **Zus.:** Bann-, Birken-, Buchen-, Busch-, Eichen-, Fichten-, Hoch-, Kastanien-, Kiefern-, Jung-, Laub-, Märchen-, Misch-, Nadel-, Regen-, Schutz-, Stadt-, Tannen-, Winterwald; Fahnen-, Masten-, Schilderwald · Hinterwäldler, hinterwäldlerisch.

Wald|mei|ster, der; -s, -: *in Laubwäldern wachsende, aromatische Pflanze mit kleinen weißen Blüten:* W. gibt der Bowle ein bestimmtes Aroma.

Wald|ster|ben, das; -s: *verstärkt auftretendes Absterben von Bäumen in Waldgebieten infolge zunehmender Umweltverschmutzung.*

Wall, der; -[e]s, Wälle: *mehr oder weniger hohe Aufschüttung aus Erde, Steinen o. ä., mit der ein Bereich schützend umgeben oder abgeschirmt wird:* die Burg ist durch W. und Graben geschützt. **sinnv.:** ↑Festung, ↑Hürde, ↑Mauer. **Zus.:** Burg-, Erd-, Festungs-, Grenz-, Ring-, Rund-, Schutz-, Stadt-, Steinwall; Dünenwall.

wal|len ⟨itr.⟩ (geh.): *(von Flüssigkeiten, bes. von Wasser im Zustand des Kochens) in sich in heftiger Bewegung sein, die an der Oberfläche in einem beständigen Aufwallen sichtbar wird:* das kochende Wasser wallte im Topf. **sinnv.:** ↑brodeln, ↑dampfen; ↑fließen. **Zus.:** aufwallen.

Wal|nuß, die; -, Walnüsse: *Nuß mit grüner äußerer und hellbrauner, holziger innerer Schale und einem eßbaren, fettreichen Samen.*

wal|ten, waltete, hat gewaltet ⟨itr.⟩ (geh.): *als wirkende Kraft o. ä. vorhanden sein:* überall waltete Vernunft; ich will noch einmal Gnade w. lassen *(nachsichtig sein).* **sinnv.:** ↑herrschen, ↑wirken. **Zus.:** ob-, verwalten · Sach-, Verwalter.

Wal|ze, die; -, -n: **1.** *länglicher Körper, dessen Querschnitt die Form eines Kreises hat.* **sinnv.:** Rolle, Trommel, Zylinder. **2.** *Maschine mit einem walzenförmigen Teil, der die Funktion des Transportierens, Glättens o. ä. hat:* frischen Asphalt mit einer W. festigen. **Zus.:** Acker-, Dampf-, Motor-, Straßenwalze.

wäl|zen: **1.** ⟨tr.⟩ *langsam rollend auf dem Boden fortbewegen und an eine bestimmte Stelle schaffen:* den Stein zur Seite w.; einen Verletzten auf den Bauch wälzen. **Zus.:** ab-, fort-, her[an]-, hin[ein]-, um-, wegwälzen. **2.** ⟨sich w.⟩ *sich (auf dem Boden o. ä. liegend) hin und her drehen, hin und her werfen; sich schwerfällig in eine bestimmte Richtung drehen:* ich wälzte mich die ganze Nacht im Bett, weil ich nicht schlafen konnte; der Hund wälzt sich im Gras. **sinnv.:** ↑rollen. **Zus.:** sich herumwälzen.

Wal|zer, der; -s, -: *Tanz im 3/4-Takt, bei dem sich die Paare um sich selbst drehend bewegen:* [einen] Wiener W. tanzen. **sinnv.:** ↑Tanz.

Wand, die; -, Wände: *im allgemeinen senkrecht aufgeführter Bauteil als seitliche Begrenzung eines Raumes, Gebäudes o. ä.:* an der W. hängt ein Bild. **sinnv.:** ↑Hürde, Mauer, Paravent, Raumteiler, Wandschirm. **Zus.:** Außen-, Beton-, Boots-, Bord-, Bretter-, Haus-, Holz-, Innen-, Kletter-, Magen-, Nasen-, Nord-, Ost-, Regal-, Reklame-, Rück-, Schiffs-, Schrank-, Seiten-, Spiegel-, Sprossen-, Stirn-, Trenn-, Ziegel-, Zwischenwand · dick-, doppel-, dünnwandig.

Wan|da|lis|mus, der; -: *blinde Zerstörungswut:* die Kunstwerke fielen dem W. der Eroberer zum Opfer.

Wan|del, der; -s: *[sich allmählich vollziehende] Veränderung; Wechsel:* der W. in der Sprache. **sinnv.:** ↑Wandlung, Wende. **Zus.:** Bedeutungs-, Begriffs-, Gesinnungs-, Sinnes-, Sprach-, Stil-, Stimmungs-, Strukturwandel.

wan|deln, wandelte, ist/hat gewandelt: **1.** ⟨itr.⟩ (geh.) *gemächlich und gemessen gehen:* sie sind unter den Bäumen im Schatten gewandelt. **sinnv.:** sich ↑fortbewegen. **Zus.:** daher-, dahin-, entlang-, lust-, nacht-, schlaf-, traum-, umherwandeln · Nacht-, Schlafwandler; nacht-, schlaf-, traumwandlerisch. **2.** ⟨sich w.⟩ *sich [grundlegend] verändern:* seine Ansichten haben sich im Laufe der Zeit gewandelt. **sinnv.:** ↑ändern, sich tun, umschlagen, umspringen, umstoßen, sich verwandeln. **Zus.:** ab-, um-, verwandeln.

wan|dern, wanderte, ist gewandert ⟨itr.⟩: **1.** *eine größere Strecke über Land gehen, durch die Natur zu Fuß gehen:* er ist durch den Wald gewandert. **sinnv.:** sich ↑fortbewegen, ↑spazierengehen. **Zus.:** durch-, er-, fort-, herum-, hinaus-, rad-, ski-, umherwandern; Bootswandern. **2.** (ugs.) *zu einem bestimmten Zweck an einen bestimmten Ort geschafft, gebracht werden:* der Ball wandert von Mann zu Mann; der Brief wanderte gleich in den Papierkorb; er wanderte für zwei Jahre ins Gefängnis. **sinnv.:** gelangen, landen, sich wiederfinden.

Wand|lung, die; -, -en: *das Sichwandeln, Gewandeltwerden:* es trat eine bedeutsame W. in seinem Leben ein. **sinnv.:** Änderung, ↑Veränderung, ↑Wandel, Wechsel. **Zus.:** Ab-, Bewußtseins-, Um-, Verwandlung.

Wan|ge, die; -, -n (geh.): ↑*Backe.* **Zus.:** Mädchenwange · hohl-, rotwangig.

wan|kel|mü|tig ⟨Adj.⟩: *(oft in störender, als unangenehm empfundener Weise) schwankend in der Stimmung, Gesinnung, Haltung:* ein wankelmütiger Mensch. **sinnv.:** ↑unausgeglichen, ↑unbeständig, ↑unentschlossen, unschlüssig, ↑untreu.

wan|ken, wankte, hat/ist gewankt ⟨itr.⟩: **a)** *sich schwankend bewegen und umzufallen drohen:* er ist durch die Straßen gewankt. **sinnv.:** ↑schwanken. **Zus.:** davon-, herein-, hinauswanken. **b)** *sich unsicher hin und her bewegen; schwankend stehen:* der Mast hat im Sturm gewankt. **sinnv.:** ↑schwingen, wakkeln.

wann ⟨Adverb⟩: **1.** ⟨zeitlich⟩ *zu welchem Zeitpunkt, zu welcher Zeit* **a)** ⟨interrogativ⟩: w. kommst du?; w. bist du geboren? **b)** ⟨relativisch⟩: du kannst kommen, w. du Lust hast; den Termin, w. die Wahlen stattfinden sollen, festlegen. **2.** ⟨konditional⟩: w. ist der Tatbestand des Mordes erfüllt?; ich weiß nie genau, w. man rechts überholen darf [und w. nicht].

Wan|ne, die; -, -n: *größeres,*

tieferes, längliches, offenes Gefäß, bes. zum Baden. **sinnv.:** ↑Gefäß. **Zus.:** Bade-, Blech-, Einbau-, Holz-, Kupfer-, Mörtel-, Öl-, Zinkwanne.

Wan|ze, die; -, -n: **1.** *(als Schädling lebendes) Insekt mit meist abgeflachtem Körper.* **sinnv.:** Floh, Kakerlak, Laus, Schabe, Zecke. **Zus.:** Bett-, Haus-, Wasserwanze · verwanzen. **2.** (Jargon) *Abhörgerät in Form eines winzigen Senders, der im Zimmer versteckt angebracht ist.* **sinnv.:** Minispion; Lauschangriff. **Zus.:** Abhörwanze.

Wap|pen, das; -s, -: *graphisch besonders gestaltetes Abzeichen als Kennzeichen einer Person, Familie oder Körperschaft:* eine Fahne mit dem W. der Stadt. **sinnv.:** Signum, Symbol; Heraldik. **Zus.:** Adels-, Familien-, Landes-, Staats-, Stadt-, Zunftwappen.

wapp|nen, sich; wappnete sich, hat sich gewappnet: *sich auf etwas Unangenehmes o. ä., was einem möglicherweise bevorsteht, vorbereiten:* sich gegen Kritik, Anfeindungen w.; sich mit Geduld für die Auseinandersetzung w. **sinnv.:** sich einrichten, sich einstellen, sich ↑rüsten.

Wa|re, die; -, -n: *etwas, was gehandelt, verkauft oder getauscht wird:* eine teure, leichtverderbliche W.; die bestellten Waren sind noch nicht gekommen. **sinnv.:** Artikel, Erzeugnis, Fabrikat, [Handels]gut, Handelsobjekt, Konsumgut, Ladenhüter, Produkt. **Zus.:** Alt-, Auslege-, Back-, Delikateß-, Dutzend-, Eisen-, Eß-, Export-, Fabrik-, Fertig-, Fisch-, Fleisch-, Gebrauchs-, Gebraucht-, Gemischt-, Glas-, Grün-, Halb-, Handels-, Haushalts-, Holz-, Import-, Industrie-, Kolonial-, Kommissions-, Konditor-, Konfektions-, Konsum-, Kurz-, Leder-, Luxus-, Mangel-, Marken-, Marketender-, Markt-, Massen-, Meter-, Mieder-, Mode-, Papier-, Rauch-, Räucher-, Roh-, Saison-, Schieber-, Schleuder-, Schmuck-, Schuh-, Standard-, Strumpf-, Stück-, Süß-, Tabak-, Teig-, Textil-, Töpfer-, Tuch-, Woll-, Wurst-, Zuckerware[n].

warm, wärmer, wärmste ⟨Adj.⟩: **a)** *eine mäßig hohe und als angenehm empfundene Temperatur habend* /Ggs. kalt/: warmes Wasser; der Kaffee ist noch w.; mir ist w. *(ich friere nicht).* **sinnv.:** angewärmt, behaglich, ↑lau, mollig, ↑schwül, sommerlich, temperiert, überschlagen. **Zus.:** bade-, feucht-, hand-, körper-, kuh-, lau-, ofen-, pudel-, sonnen-, wechsel-, zimmerwarm. **b)** *den Körper warm haltend; gegen Kälte schützend:* eine warme Decke; der Mantel ist sehr w.; sich w. anziehen. **sinnv.:** isolierend, schützend, wärmehaltend. **Zus.:** fußwarm. **c)** *herzliches Gefühl, Empfinden zeigend:* mit warmen Worten würdigte er die Verdienste des Mitarbeiters. **sinnv.:** einfühlsam, ↑freundlich, gefühlsbetont, ↑gütig, mitempfindend.

Wär|me, die; -: **a)** *mäßig hohe Temperatur, die noch nicht als heiß empfunden wird:* eine angenehme W.; heute wurden 30° W. gemessen; die W. der letzten Tage ist plötzlich in bittere Kälte umgeschlagen. **sinnv.:** Affen-, Brut-, Bullenhitze, Glut, Hitze, Schwüle. **Zus.:** Bett-, Brut-, Eigen-, Fern-, Körper-, Luft-, Nest-, Ofen-, Reibungs-, Sonnen-, Strahlungs-, Verbrennungs-, Wasserwärme. **b)** *aufrichtige Freundlichkeit, Herzlichkeit:* mit großer W. von jmdm. sprechen. **sinnv.:** Innigkeit, Mitempfinden, Warmherzigkeit. **Zus.:** Gefühls-, Herzenswärme.

wär|men: a) ⟨tr./sich w.⟩ *[wieder] warm machen:* das Essen w.; ich habe mich, mir die Hände am Ofen gewärmt. **sinnv.:** ↑aufwärmen, ↑erwärmen. **Zus.:** an-, durch-, vorwärmen · Eier-, Kaffee-, Knie-, Ohren-, Pulswärmer. **b)** ⟨itr.⟩ *Wärme geben; warm halten:* Wolle wärmt. **sinnv.:** isolieren, schützen.

warm|hal|ten, hält warm, hielt warm, hat warmgehalten ⟨itr.⟩ (ugs.): *sich jmds. Gunst, Wohlwollen erhalten:* ich habe mir diesen einflußreichen Bekannten warmgehalten. **sinnv.:** bei der Stange halten.

war|nen ⟨tr.⟩: **a)** *mit aller Deutlichkeit auf eine Gefahr, eine Schwierigkeit aufmerksam machen:* die Bevölkerung vor einem Betrüger w.; ich habe ihn mehrmals gewarnt *(ihm abgeraten),* sich auf diesen Handel einzulassen; ⟨auch itr.⟩ die Polizei warnt vor dem Genuß dieser Lebensmittel; warnend seine Stimme erheben. **sinnv.:** ↑abraten, ↑alarmieren. **Zus.:** vorwarnen. **b)** *jmdm. drohen, um ihn an etwas zu hindern:* ich warne dich [mir zu nahe zu kommen]! **sinnv.:** ↑entmutigen.

war|ten, wartete, hat gewartet: **I. 1.** ⟨itr.⟩ *(jmdn./etwas) erwarten und deshalb an demselben Ort bleiben, bis er kommt oder etwas eintrifft:* ich habe schon eine Stunde [auf dich] gewartet; ich kann w. *(ich habe Zeit, ich kann mich gedulden).* **sinnv.:** ↑abwarten, anstehen, sich ↑gedulden, harren, ↑lauern, verharren. **Zus.:** er-, zuwarten. **2.** ⟨itr.⟩ *(eine Sache) [mit Ungeduld] erwarten:* auf das Ergebnis der Untersuchung w. **sinnv.:** ↑entgegensehen. **II.** ⟨tr.⟩ *(an etwas) Arbeiten ausführen, die zur Erhaltung der Funktionsfähigkeit von Zeit zu Zeit notwendig sind:* die Maschine, das Auto regelmäßig w. [lassen]. **sinnv.:** betreuen, ↑kontrollieren, pflegen, unterhalten.

Wär|ter, der; -s, -, **Wär|te|rin,** die; -, -nen: *männliche bzw. weibliche Person, die jmdn. betreut, auf jmdn./etwas aufpaßt:* der Wärter im Gefängnis, im Zoo. **sinnv.:** ↑Pfleger, ↑Wächter. **Zus.:** Bade-, Bahn-, Gefangenen-, Kranken-, Leuchtturm-, Museums-, Schranken-, Tierwärter.

War|tung, die; -, -en: *[von einer Firma übernommene] Instandhaltung von etwas durch entsprechende Pflege, regelmäßige Überprüfung und Ausführung notwendiger Reparaturen:* die W. des Aufzugs vornehmen. **sinnv.:** ↑Inspektion, ↑Kundendienst, ↑Service. **Zus.:** Fahrzeug-, Maschinenwartung.

war|um ⟨Adverb⟩: **1.** ⟨interrogativ⟩ *aus welchem Grund?:* w. hast du das getan?, ich weiß nicht, w. er abgesagt hat. **sinnv.:** weshalb, weswegen, wieso, wofür, wozu. **2.** ⟨relativ⟩ *aus welchem Grund:* der Beweggrund, w. er so entschied, blieb verborgen. **sinnv.:** weshalb, wieso.

War|ze, die; -, -n: *kleine, rundliche Wucherung der Haut:* er hat eine W. an der Hand. **Zus.:** Brustwarze.

was: I. ⟨Interrogativpronomen⟩ *fragt nach etwas, dessen Nennung oder Bezeichnung erwartet oder gefordert wird:* w. ist das?; w. hast du getan?; w. sind Bakterien?; ⟨Gen.:⟩ weißt du, wessen man ihn beschuldigt?; ⟨ugs. in Verbindung mit Präp.:⟩ für w. *(wofür)* ist das gut?; um w. *(worum)* geht es?; zu w. *(wozu)* kann man das gebrauchen?; ⟨in Ausrufesätzen:⟩ w. es [nicht] alles gibt! **II.** ⟨Relativpronomen⟩ **1.** *bezeichnet in Relativsätzen, die sich nicht auf Personen beziehen, dasjenige, worüber im Relativsatz etwas ausgesagt ist:* sie haben [alles] mitgenommen, w. nicht niet- und nagelfest war; w. mich betrifft, so bin ich ganz zufrieden; ⟨Gen.:⟩ [das,] wessen er sich rühmt, ist kein besonderes Verdienst; ⟨ugs. in Verbindung mit Präp.:⟩ das ist das einzige, zu w. *(wozu)* er taugt: ⟨w. + „auch", „immer", „auch immer":⟩ w. er auch [immer] *(alles, was er)* anfing, wurde ein Erfolg. **2.** *wer:* w. ein richtiger Kerl ist, [der] wehrt sich. **III.** ⟨Indefinitpronomen⟩ (ugs.) *[irgend] etwas:* das ist ja ganz w. anderes!; ist schon w. [Näheres] bekannt?; ist w.? *(ist etwas geschehen?);* eine Flasche mit w. drin; tu doch w.!; weißt du w.? Ich lade dich ein!; *** so w.** (ugs.; 1. *so etwas:* so w. Dummes!; so w. von blöd!; na so w.! 2. abwertend; *so jmd.:* so w. schimpft sich Experte!); **so w. wie ...** (ugs.; *so etwas wie...*): er ist so w. wie ein Dichter; gibt es hier so w. wie 'n Klo? **IV.** ⟨Adverb⟩ (ugs.) **1.** *warum* (1): w. regst du dich so auf?; w. stehst du hier herum?; ⟨in Ausrufesätzen:⟩ w. mußtest du ihn auch so provozieren! **2.** *wie [sehr]:* lauf, w. *(so schnell wie)* du kannst!; ⟨meist in Ausrufesätzen:⟩: w. hast du dich verändert! **3.** *wie [beschaffen], in welchem Zustand:* weißt du, w. du bist? Stinkfaul [bist du]. **V.** /als salopp[e] [unhöfliche] Nachfrage/: w.? **sinnv.:** ↑bitte.

Wä|sche, die; -: **1.** *Teile der Bekleidung, die man unmittelbar auf dem Körper und unter der Kleidung trägt:* die W. wechseln. **sinnv.:** ↑Unterwäsche. **Zus.:** Baby-, Damen-, Herren-, Leib-, Reiz-, Rheuma-, Sommer-, Winterwäsche. **2. a)** *alle Dinge des täglichen Lebens, die aus Stoff bestehen und die gewaschen werden müssen:* W. waschen, bügeln; die W. ist noch nicht trokken. **Zus.:** Bett-, Bunt-, Fein-, Koch-, Tischwäsche. **b)** *das Waschen; Vorgang des Waschens:* der Pullover ist bei der W. eingelaufen.

wa|schen, wäscht, wusch, hat gewaschen ⟨tr./sich ä.⟩: *(mit Wasser und Seife o. ä.) von anhaftendem Schmutz oder sonstigen unerwünschten Stoffen befreien:* Wäsche, Strümpfe w.; ich wasche mich morgens und abends. **sinnv.:** ↑säubern. **Zus.:** ab-, auf-, aus-, durch-, vor-, weißwaschen · frischgewaschen · Wäschewaschen.

Wä|sche|rei, die; -, -en: *Betrieb, in dem Wäsche gegen Entgelt gewaschen wird:* er holt die Wäsche aus der W. **sinnv.:** Reinigung, Reinigungsinstitut, Waschsalon. **Zus.:** Schnellwäscherei; Goldwäscherei.

Wasch|lap|pen, der; -s, -: **1.** *Lappen [aus Frotteestoff], mit dem man sich oder jmdn. wäscht.* **sinnv.:** Erfrischungstuch, Waschhandschuh. **2.** *Mann, der (im Urteil des Sprechers) zu nachgiebig ist, seine Meinung nicht entschlossen vertritt;* er ist ein richtiger W.! **sinnv.:** ↑Feigling.

Was|ser, das; -s, - und Wässer **1.** *natürliche, durchsichtige, weitgehend farb-, geruch- und geschmacklose Flüssigkeit:* W. verdunstet, gefriert; das W. kocht, siedet. **sinnv.:** das feuchte/nasse Element, ↑Feuchtigkeit, Gänsewein, Naß; ↑Schweiß, ↑Urin. **Zus.:** Ab-, Bade-, Berg-, Brack-, Brauch-, Brunnen-, Frisch-, Grund-, Industrie-, Kaffee-, Kartoffel-, Kiel-, Koch-, Kühl-, Leitungs-, Lösch-, Meer-, Mineral-, Quell-, Regen-, Sauer-, Schmelz-, Salz-, Schmutz-, Selters-, Süß-, Tee-, Trink-, Thermal-, Waschwasser; Fruchtwasser; Duft-, Feuer-, Flecken-, Gesichts-, Gold-, Haar-, Heil-, Kirsch-, Kölnisch-, Lebens-, Mund-, Rasier-, Zahnwasser. **2.** ⟨ohne Plural⟩ ↑*Gewässer:* am W. liegen und sich sonnen. **Zus.:** Fahr-, Fisch-, Wildwasser.

Was|ser|fall, der; -[e]s, Wasserfälle: *über eine oder mehrere Stufen, über Felsen in die Tiefe stürzendes Wasser eines Baches oder Flusses.* **sinnv.:** Kaskade, Katarakt, Stromschnelle, Wassersturz.

Was|ser|hahn, der; -[e]s, Wasserhähne: *Vorrichtung zum Öffnen und Schließen von Wasserleitungen.* **sinnv.:** Mischbatterie, Zapfstelle. **Zus.:** Kalt-, Warmwasserhahn.

was|sern ⟨itr.⟩: *(von Vögeln, Flugzeugen o. ä.) auf dem Wasser niedergehen.* **sinnv.:** ↑landen. **Zus.:** notwassern.

wäs|sern ⟨tr.⟩: **1.** *längere Zeit in Wasser legen, um bestimmte Stoffe herauszulösen o. ä.:* Salzheringe w. **Zus.:** einwässern. **2.** *(Pflanzen) reichlich mit Wasser versorgen:* Bäume, Felder w. **sinnv.:** ↑sprengen. **Zus.:** be-, ent-, verwässern.

was|ser|scheu ⟨Adj.⟩: *sich scheuend, mit Wasser in Berührung zu kommen:* der Junge lernt nicht schwimmen, weil er w. ist.

wäß|rig ⟨Adj.⟩: *zu viel Wasser enthaltend:* die Kartoffeln sind dieses Jahr sehr w.; wäßriger Wein. **sinnv.:** ↑fade, verwässert.

wa|ten, watete, ist gewatet ⟨itr.⟩: *im Wasser oder auf nachgiebigem Untergrund einsinkend langsam gehen:* durch den Bach, Schlamm w.; wir sind bis an die Knöchel im Schmutz gewatet. **sinnv.:** sich ↑fortbewegen. **Zus.:** durch-, heraus-, hineinwaten.

wat|scheln, watschelte, ist gewatschelt ⟨itr.⟩ (ugs.): *wackelnd, schleppend gehen:* Enten watschelten über den Weg; einen watschelnden Gang haben. **sinnv.:** sich ↑fortbewegen. **Zus.:** heraus-, herein-, herumwatscheln.

Watt, das; -[e]s, -en: *seichter, von Prielen durchzogener Küstenstreifen, dessen Meeresboden aus Sand und Schlick bei Ebbe nicht überflutet ist:* eine Wanderung im W. **sinnv.:** Flachmeer, Schelf[meer], Wattenmeer.

Wat|te, die; -, -n: *aus weichen Fasern hergestelltes Material, das bes. für Verbandszwecke, zur Polsterung o. ä. dient:* W. auf die wunde Stelle legen; sich W. in die Ohren stopfen. **Zus.:** Glas-, Schnee-, Verbandwatte; Zuckerwatte.

WC [ve:'tse:], das; -[s], -[s]: *Toilette mit Wasserspülung.* **sinnv.:** ↑Toilette.

we|ben ⟨tr./itr.⟩: *durch kreuzweises Verbinden von Längs- und Querfäden zu einem Gewebe herstellen:* mit der Hand gewebte Teppiche. **sinnv.:** ↑stricken, wirken · Gewebe. **Zus.:** ein-, umweben · selbstgewebt.

Wech|sel, der; -s, -: **1.** ⟨ohne Plural⟩ *[Ver]änderung, [Aus]tausch, das Wechseln:* in der Führung der Partei vollzog sich ein W.; der W. von einem Betrieb zu einem andern. **sinnv.:** ↑Veränderung. **Zus.:** Ball-, Berufs-, Brief-, Fahrplan-, Feuer-, Gesinnungs-, Jahres-, Klima-, Kurs-, Mond-, Öl-, Orts-, Personal-, Programm-, Regierungs-, Reifen-, Richtungs-, Schul-, Schicht-, Schrift-, Schuß-, Seiten-, Stellungs-, Stoff-, Szenen-, Takt-, Tapeten-, Temperatur-, Tempo-, Thema-, Wetter-, Witterungs-, Wohnungs-, Wortwechsel. **2.** *schriftliche Verpflichtung zur Zahlung in einem bestimmten Zeitraum:* mit einem W. bezahlen. **sinnv.:** Scheck. **Zus.:** Blanko-, Monats-, Tageswechsel.

wẹch|sel|haft ‹Adj.›: *ohne Bestand, öfter wechselnd:* das Wetter bleibt w.; in seinen Leistungen w. sein. **sinnv.:** ↑unausgeglichen, ↑variabel, ↑veränderlich.

wẹch|seln: **1.** ‹tr.› *aus einem bestimmten Grund etwas durch etwas Neues derselben Art ersetzen, eine Person (an einer bestimmten Stelle) durch eine andere (in der gleichen Funktion) austauschen:* die Wäsche, Wohnung w.; er hat den Chauffeur gewechselt. **sinnv.:** ↑austauschen. **Zus.:** auswechseln · Plattenwechsler. **2.** ‹itr.› *sich ändern; sich ins Gegenteil verkehren:* seine Stimmung wechselt schnell; er kämpfte mit wechselndem Erfolg. **sinnv.:** ↑ändern, ↑umsatteln. **Zus.:** abwechseln. **3.** ‹tr./itr.› *für einen größeren Betrag, meist einen Geldschein, mehrere kleinere Münzen oder Scheine im gleichen Wert geben:* jmdm. hundert Mark w.; bevor ich die Grenze überschreite, werde ich noch etwas Geld w. *(in eine andere Währung umtauschen).* **sinnv.:** ↑tauschen. **Zus.:** einwechseln.

wẹch|sel|sei|tig ‹Adj.›: *von der einen und der anderen Seite in gleicher Weise ausgehend, aufeinanderbezogen:* wechselseitiges Lob. **sinnv.:** abwechselnd, gegenseitig, miteinander, reziprok.

wẹcken ‹tr.›: **1.** *wach machen:* wecke mich um sechs Uhr! **sinnv.:** ↑aufwecken. **2.** *etwas [in jmdm.] entstehen lassen:* schlummernde Kräfte, Interesse w.; alte Erinnerungen w. *(wieder ins Bewußtsein rufen).* **sinnv.:** ↑anreizen, ↑aufrühren, ↑aufrütteln, ↑verursachen, wachrufen. **Zus.:** erwecken.

Wẹcker, der; -s, -: *Uhr, die zu einer gewünschten Zeit ein Klingelzeichen ertönen läßt:* der W. rasselte. **sinnv.:** ↑Uhr. **Zus.:** Radio-, Reisewecker.

we̱|deln ‹itr.›: **1.** *(etwas Leichtes) hin und her bewegen:* mit einem Tuch w.; der Hund wedelte mit dem Schwanz. **sinnv.:** fächeln, mit dem Schwanz wakkeln, schwänzeln, schlenkern, schwenken. **Zus.:** herum-, schweifwedeln. **2.** *die parallel geführten Skier in kurzen Schwüngen von einer Seite zur anderen bewegen:* **sinnv.:** ↑schwingen.

we̱|der: ‹nur in der Verbindung› weder .... noch */betont nachdrücklich, daß von den [zwei] genannten Möglichkeiten oder Personen keine eine Wirkung hat/:* dafür habe ich w. Zeit noch Geld [noch Lust]; w. er noch sie wußte/(auch:) wußten Bescheid.

wẹg ‹Adverb›: **a)** /bezeichnet ein [Sich]entfernen von einem bestimmten Ort, Platz, einer bestimmten Stelle/ *von diesem an einen anderen Ort, Platz, von dieser an eine andere Stelle:* (in Aufforderungen:) w. da!; w. mit euch, damit!; schnell, nichts wie w.!; Hände, Finger w. [von den Möbeln]! **sinnv.:** ↑abwesend. **Zus.:** durch-, untereinander-, reine-, vorneweg. **b)** /bezeichnet das Ergebnis des [Sich]entfernens/ *an einem bestimmten Ort, Platz, einer bestimmten Stelle nicht mehr anwesend, vorhanden, zu finden:* zur Tür hinaus und w. war sie; die Schmerzen, meine Schlüssel sind w. **sinnv.:** ↑abwesend, ↑unterwegs.

wẹg- ‹trennbares, betontes verbales Präfix›: **1. a)** */besagt, daß durch die im Verb genannte Tätigkeit, durch den genannten Vorgang oder Zustand etwas/jmd. nicht dort bleibt, wo es oder er sich vorher befunden hat, daß etwas/jmd. an einer bestimmten Stelle nicht [mehr] ist/:* sich wegbegeben, sich wegtasten; wegbeißen (der Hund beißt die Katze weg); wegbleiben, -bringen, -bröckeln, jmdn., etwas wegdrängen, -drücken; wegfangen, -fließen, -halten, -hören, -loben, (sich vom Arbeitsmarkt) wegqualifizieren, -räumen, -rennen, -sein, -tauchen, -treten, -wollen. **sinnv.:** fort-, hinweg-, woandershin. **b)** */besagt in Verbindung mit dem Dativ der Person, daß etwas, was jmd. für sich hätte nehmen wollen, nicht mehr vorhanden ist, weil es ein anderer nimmt/:* jmdm. etwas wegangeln, -essen, -naschen, -schnappen. **c)** */besagt, daß durch die im Verb genannte Tätigkeit etwas einem anderen nicht mehr zugänglich, ihm verborgen ist/:* wegsperren, -schließen, -stecken. **d)** */besagt, daß sich etwas von einem festen Ausgangspunkt in eine Richtung erstreckt/:* wegstehen (Haare, Gesäß). **2. a)** */besagt, daß mit der im Verb genannten Tätigkeit das Ziel verfolgt wird, etwas zu beseitigen, nicht existieren zu lassen/:* wegarbeiten, -ätzen, -brechen, -bremsen (Geschwindigkeit), -diskutieren, -gießen, -kratzen, -lernen (den Akzent), -leugnen, -lügen (einen Zustand), -operieren, -rasieren, -retuschieren, (sich die Depression) -saufen, -streiken (Arbeitslosigkeit), -sublimieren, (Übergewicht) -turnen, -waschen, -wischen, -würzen (die Fadheit wegwürzen). **sinnv.:** -los. **b)** */besagt, daß durch die im Verb genannte Tätigkeit, durch den genannten Vorgang als Ergebnis etwas/jmd. nicht mehr vorhanden ist, nicht mehr existiert/:* wegbeißen (Waschbenzin beißt die Haut weg), (Widersprüche) wegdefinieren, (eine Packung Zigaretten) wegqualmen; wegsterben. **c)** */besagt, daß sich eine nicht gewünschte, nicht beabsichtigte Beseitigung von etwas als Folge der im Verb genannten Maßnahme ergibt; als Folge des ... beseitigt werden, aufhören zu bestehen, vorhanden zu sein/:* wegadministrieren, -formalisieren (das Menschliche darf nicht wegformalisiert werden), -idealisieren, -rationalisieren, -reformieren, (Kulturdenkmäler) wegsanieren, -sozialisieren, sich selbst wegtaktieren.

We̱g, der; -[e]s, -e: **1.** *oft nicht ausgebaute Strecke, die zum Gehen und zum Fahren dient:* ein steiler W.; dieser W. führt ins nächste Dorf. **sinnv.:** Bahn, ↑Lauf, Pfad, ↑Route, ↑Straße. **Zus.:** Fahr-, Feld-, Fuß-, Fußgänger-, Geh-, Haupt-, Höhen-, Hohl-, Neben-, Park-, Privat-, Rad-, Scheide-, Schienen-, Schiffahrts-, Schleich-, Verkehrs-, Wald-, Wander-, Wiesen-, Zufahrtsweg. **2.** *Richtung, die einzuschlagen ist, Strecke, die zurückzulegen ist, um an ein bestimmtes Ziel zu kommen:* jmdm. den W. [zum Bahnhof] zeigen; [im Nebel] vom W. abkommen; der kürzeste W. zum Flughafen; einen weiten W. zur Schule haben. **Zus.:** Anfahrts-, Anmarsch-, Brems-, Flucht-, Heim-, Hin-, Nachhause-, Nachschub-, Reaktions-, Reise-, Rück-, Schul-, Um-, Waren-,

Zickzackweg · gerade-, halbwegs. **3.** *Gang, Fahrt mit einem bestimmten Ziel oder irgendwohin, um etwas zu besorgen, zu erledigen:* ich habe noch einige Wege zu machen, zu erledigen; mein erster W. war nach Hause; er ist auf dem W. nach Berlin. **Zus.:** Botenweg · unterwegs. **4.** *Art und Weise, in der man vorgeht, um ein bestimmtes Ziel zu erreichen:* ich sehe nur diesen einen W.; etwas auf schriftlichen Weg[e] regeln; einen Streit auf friedlichem Weg[e] beilegen. **sinnv.:** ↑Methode, ↑Möglichkeit. **Zus.:** Ab-, Amts-, Aus-, Behörden-, Beschwerde-, Bildungs-, Dienst-, Funk-, Instanzen-, Irr-, Klage-, Post-, Rechts-, Scheide-, Verhandlungs-, Verwaltungsweg.

we|gen ⟨Präp. mit Gen.; alleinstehende starke Substantive können im Singular auch ungebeugt bleiben bzw. im Plural im Dativ stehen⟩: **a)** /stellt ein ursächliches Verhältnis her/ *auf Grund von:* w. des schlechten Wetters/(geh.:) des schlechten Wetters w.; w. Umbau[s] geschlossen; w. Geschäften war er drei Tage verreist; w. starken Arbeitsanfalls hat sich die Lieferung verzögert; welches sind die wesentlichen Anliegen, w. deren Sie bei uns anrufen? **sinnv.:** aus, dank, infolge, um ... willen, kraft · ↑durch. **b)** /drückt einen Bezug aus/ *bezüglich:* w. dieser Angelegenheit müssen Sie sich an den Vorstand wenden. **sinnv.:** ↑anläßlich, ↑angesichts. **c)** /bezeichnet den beabsichtigten Zweck eines bestimmten Tuns, den Beweggrund für ein bestimmtes Tun/ *um ...willen:* er hat es w. des Geldes/(geh.:) des Geldes w. getan; w. (ugs.:) mir/ (veraltet, noch landsch.:) meiner *(meinetwegen)* brauchst du deine Pläne nicht zu ändern. **sinnv.:** halber, um ... willen, zu, zwecks. **Zus.:** deinet-, dere[n]t-, des-, dessent-, dieser-, euert-, euret-, ihret-, meinet-, seinet-, unsert-, unsret-, weswegen.

weg|fal|len, fällt weg, fiel weg, ist weggefallen ⟨itr.⟩: *fortfallen, nicht mehr in Betracht kommen:* dieser Grund fällt jetzt weg; in letzter Zeit sind die großen Ausgaben weggefallen; das Programm war so groß, daß die letzten Punkte w. mußten. **sinnv.:** ausfallen, ↑ausscheiden, entfallen, ↑flachfallen.

weg|ge|hen, ging weg, ist weggegangen ⟨itr.⟩: *sich von einem Ort, von jmdm. entfernen:* er ist vor einer halben Stunde weggegangen; bei dem Regen werde ich nicht mehr w. *(ausgehen, spazierengehen);* die Karten gingen rasend weg *(waren sehr schnell verkauft);* der Fleck an der Hose geht nicht mehr weg *(läßt sich nicht mehr entfernen).* **sinnv.:** abdampfen, abhauen, abmarschieren, abrücken, abschieben, abschwirren, sich absentieren, sich absetzen,↑abtreten, ↑abziehen, abzischen, abzittern, abzwitschern, aufbrechen, sich aufmachen, ausreißen, ↑ausscheiden, ↑auswandern, ausziehen, davonlaufen, sich davonmachen, sich dünnmachen, durchbrennen, sich empfehlen, enteilen, sich entfernen, ↑entkommen, ↑fliehen, sich fortbegeben, sich ↑fortbewegen, fortfahren, fortgehen, sich fortschleichen, hinausgehen, lostigern, losziehen, räumen, sich scheren, sich stehlen, stiftengehen, sich ↑trennen, sich trollen, türmen, sich verdrücken, sich verflüchtigen, sich verdünnisieren, sich verfügen, sich verkrümeln, verlassen, sich verpissen, sich verziehen, von dannen gehen, sich wegbegeben, weglaufen, wegstehlen, weichen; von der Bildfläche verschwinden, sich [seitwärts] in die Büsche schlagen, sich auf französisch empfehlen/aus dem Staube machen, die Kurve kratzen, Leine ziehen, den Rücken wenden/ kehren, sich auf die Socken machen, seiner Wege gehen, das Weite suchen.

weg|kom|men, kam weg, ist weggekommen ⟨itr.⟩ (ugs.): **a)** *[es schaffen] sich von einem Ort [zu] entfernen:* beeilen wir uns, daß wir von hier wegkommen! **sinnv.:** fortkommen, ↑verschwinden. **b)** *[durch Diebstahl] abhanden kommen:* es ist ihm Geld weggekommen. **sinnv.:** ↑verlorengehen. **c)** *(etwas) überwinden, (mit etwas) fertig werden:* über den Verlust nicht w. **sinnv.:** hinwegkommen, ↑verkraften. **d)** *(bei etwas) in bestimmter Weise behandelt, berücksichtigt werden:* billig w. **sinnv.:** davonkommen, ↑entrinnen.

weg|neh|men, nimmt weg, nahm weg, hat weggenommen ⟨tr.⟩: **a)** *von einer Stelle nehmen:* das oberste Buch w.; würden Sie bitte Ihre Sachen hier w.? **sinnv.:** abziehen, ↑entfernen, ↑entnehmen. **b)** *(etwas, was ein anderer hat) an sich nehmen:* der Vater nahm dem Kind den Ball weg; paß auf, daß dir nichts weggenommen *(gestohlen)* wird! **sinnv.:** abnehmen, abspenstig machen, abstauben, sich ↑aneignen, ↑ausnehmen, ↑ausrauben, ↑ausräumen, ↑bestehlen; einsacken, einstecken, enteignen, entreißen, ↑entringen, entwenden, entziehen, erbeuten, filzen, klauen, krallen, mitgehen lassen, stehlen, stibitzen, sich vergreifen, veruntreuen; lange/ krumme Finger machen, in die Kasse greifen, mein und dein verwechseln, beiseite schaffen, böhmisch einkaufen. **c)** *(durch sein Vorhandensein) bewirken, daß etwas nicht mehr vorhanden, verfügbar ist:* der Vorhang nimmt viel Licht weg; der Schrank nimmt viel Platz weg. **sinnv.:** ↑beanspruchen, einnehmen.

weg|tre|ten, tritt weg, trat weg, ist weggetreten ⟨itr.⟩: *(bes. von militärischen Formationen) [auf Befehl hin] die Stelle, wo man steht, verlassen:* der Leutnant läßt die Kompanie gerade w.; /als Kommando/ wegtreten!, weggetreten! **sinnv.:** ↑abtreten.

Weg|wei|ser, der; -s, -: *[pfeilförmiges] Schild, auf dem angegeben wird, wohin der jeweilige Weg, die jeweilige Straße führt:* auf den W. achten. **sinnv.:** Hinweisschild, Hinweistafel, Ortsschild, Richtungsanzeiger, Piktogramm, ↑Schild, [Weg]markierung.

Weg|werf-: ↑*Einweg-*.

weg|zie|hen, zog weg, hat/ist weggezogen: **1.** ⟨tr.⟩ *zur Seite ziehen, durch Ziehen von einer Stelle entfernen:* den Karren von der Einfahrt w.; sie hat die Vorhänge weggezogen. **2.** ⟨itr.⟩ *an einen anderen Ort [um]ziehen:* sie sind [aus München] weggezogen; im Herbst ziehen die Schwalben weg. **sinnv.:** ↑abziehen, ↑entfliegen, ↑übersiedeln.

weh: 1. (ugs.) *schmerzend:* -e Füße, einen -en Finger haben; ⟨meist in Verbindung mit „tun“:⟩ mein/der Kopf, Bauch tut [mir] w. *(ich habe Kopf-, Bauchschmerzen);* wo tut es [dir] denn w.? *(wo hast du Schmerzen?);* ich habe mir [an der scharfen Kante] w. getan *(habe mich [daran] so gestoßen, geritzt o. ä., daß es geschmerzt hat);* seine Worte haben ihr w. getan *(haben sie sehr verletzt).* **2.** (geh.) *von seelischem Schmerz, Leid erfüllt, geprägt; schmerzlich:* ein -es Gefühl; jmdm. ist [so, ganz] w. zumute, ums Herz.

We|he, die; -, -n: *schmerzhaftes Zusammenziehen der Muskeln der Gebärmutter bei der Geburt:* die Wehen setzten ein. **sinnv.:** ↑Schmerz. **Zus.:** Geburts-, Nach-, Preßwehe.

we|hen: a) ⟨itr.⟩: *durch Luftströmung bewegt werden:* die Fahnen wehen im Wind. **sinnv.:** flattern, knattern. **b)** ⟨itr.⟩ *als spürbare Luftströmung in Erscheinung treten:* es weht ein laues Lüftchen; heute weht ein kalter Wind aus Osten. **sinnv.:** auffrischen, säuseln, ↑stürmen. **Zus.:** herein-, herüber-, hinein-, hinüber-, um-, wegwehen. **c)** ⟨tr.⟩ *wehend von etwas entfernen, in eine bestimmte Richtung, an eine bestimmte Stelle treiben:* der Wind wehte mir den Sand ins Gesicht; ein Luftzug wehte die Zettel vom Schreibtisch. **sinnv.:** blasen, pusten.

weh|lei|dig ⟨Adj.⟩ *überempfindlich und schon beim geringsten Schmerz o. ä. klagend und jammernd:* ein wehleidiger Mensch. **sinnv.:** jammernd, klagend, pimpelig, überempfindlich, unleidlich, zimperlich.

Weh|mut, die; -: *verhaltene Trauer, stiller Schmerz (bei der Erinnerung an etwas Vergangenes, Verlorenes):* mit W. dachte sie an vergangene Zeiten. **sinnv.:** ↑Trauer.

weh|mü|tig ⟨Adj.⟩: *von Wehmut erfüllt oder geprägt:* w. dachte er an diese Zeit; mit einem wehmütigen Lächeln sah er dem Vergnügen zu. **sinnv.:** ↑bekümmert.

weh|ren: 1. ⟨sich w.⟩ *etwas nicht einfach hinnehmen, sondern dagegen angehen, [körperlich] Widerstand leisten:* sich heftig gegen die Vorwürfe w. **sinnv.:** ↑abwehren, sich ↑stemmen, sich ↑verantworten, sich ↑verteidigen. **Zus.:** er-, verwehren. **2.** ⟨itr.⟩ (geh.) *jmdm./einer Sache entgegenwirken:* den feindlichen Umtrieben w.; wehret den Anfängen! **sinnv.:** ↑abwehren.

wehr|los ⟨Adj.⟩: *nicht fähig, sich zu wehren, sich zu verteidigen:* eine wehrlose Frau; wir waren völlig w. gegen diesen Vorwurf; den Feinden w. *(ohne Schutz, Hilfe)* ausgeliefert sein. **sinnv.:** ↑unsicher.

Weib, das; -es, -er: **a)** *weibliche erwachsene Person:* sie ist zum W. herangewachsen. **sinnv.** ↑Frau. **Zus.:** Klasse-, Pracht-, Rasse-, Riesenweib · Vielweiberei. **b)** (ugs.) *weibliche Person (im Hinblick auf eine vom Sprecher als unangenehm, ärgerlich o. ä. empfundene Eigenschaft, Verhaltensweise):* das W. hat ihn ruiniert; (als Schimpfwort:) blödes Weib! **Zus.:** Fisch-, Hutzel-, Klatsch-, Kuppel-, Mann-, Markt-, Satans-, Schand-, Teufels-, Waschweib.

Weib|chen, das; -s, -: *weibliches Tier:* das W. fütterte die Jungen. **Zus.:** Vogelweibchen.

wei|bisch ⟨Adj.⟩: *nicht die für einen Mann als charakteristisch erachteten Eigenschaften habend und daher aus der Sicht des Sprechers abzulehnen:* er wirkt sehr w.; ein Schönling mit weibischen Zügen. **sinnv.:** ↑feminin.

weib|lich ⟨Adj.⟩: **1.** ⟨nicht adverbial⟩ *dem gebärenden Geschlecht angehörend:* /Ggs. männlich/: die weiblichen Mitglieder der Familie. **sinnv.:** feminin **2.** *für eine Frau charakteristisch:* eine typisch weibliche Eigenschaft; eine sehr weibliche *(die weiblichen Formen betonende)* Mode. **sinnv.:** feminin, frauenhaft, fraulich. **Zus.:** unweiblich.

weich ⟨Adj.⟩: **1.** *einem Druck leicht nachgebend, sich schmiegsam, zart o. ä. anfühlend:* ein weiches Polster; ein weicher Stoff; die Früchte sind sehr w.; weiche Plätzchen. **sinnv.:** breiig, labberig, matschig, mürbe, quabbelig, samtig, schwabbelig, schwammig, seidig, teigig, unfest. **Zus.:** butter-, flaum-, samt-, seiden-, wachs-, windelweich. **2.** *leicht zu rühren; empfindsam und voller Mitgefühl:* er hat ein weiches Gemüt. **sinnv.:** ↑sanft, ↑willensschwach · ↑nachgeben.

Wei|che, die; -, -n: *Konstruktion miteinander verbundener Gleise, mit deren Hilfe die Fahrtrichtung eines Schienenfahrzeugs geändert werden kann:* der Fahrer der Straßenbahn stellte die W. **sinnv.:** ↑*Flanke.* **Zus.:** Bogen-, Doppel-, Dreiweg-, Eisenbahn-, Kreuzungsweiche.

wei|chen: I. wich, ist gewichen ⟨itr.⟩: **a)** *sich von jmdm./etwas entfernen:* sie wich nicht von dem Bett des Kranken. **sinnv.:** ↑weggehen. **Zus.:** ab-, entweichen. **b)** *(bes. einer Übermacht o. ä.) Platz machen, das Feld räumen:* der Gewalt, dem Feind w.; vor dem Auto mußten sie zur Seite w.; die Mauer wich dem Druck des Wassers. **sinnv.:** ↑nachgeben. **Zus.:** aus-, zurückweichen. **II.** weichte, hat/ist geweicht: **a)** ⟨itr.⟩ *[durch Liegen in Flüssigkeit o. ä.] weich werden:* die Erbsen sind im Wasser geweicht. **Zus.:** auf-, durch-, erweichen. **b)** ⟨tr.⟩ *weich machen:* sie hat die Wäsche vor dem Waschen geweicht. **Zus.:** auf-, einweichen.

weich|lich ⟨Adj.⟩: *ohne die nötige [innere] Festigkeit und Kraft; allzu nachgiebig und schwankend:* er ist ein sehr weichlicher Mensch; ein weichlicher Charakter. **sinnv.:** ↑willensschwach.

Wei|de, die; -, -n: *grasbewachsenes Stück Land, auf dem das Vieh weiden kann:* Kühe grasen auf der W. **sinnv.:** ↑Wiese. **Zus.:** Berg-, Sommer-, Viehweide.

wei|den, weidete, hat geweidet: **1. a)** ⟨itr.⟩ *auf der Weide Nahrung suchen und fressen; grasen:* Kühe weideten auf der Wiese. **sinnv.:** ↑fressen. **Zus.:** ab-, beweiden. **b)** ⟨tr.⟩ *(Tiere) grasen lassen [und dabei beaufsichtigen]:* der Junge weidete die Ziegen auf den Bergen. **2.** ⟨sich w.⟩: **a)** *sich (an etwas) freuen, ergötzen:* er weidete sich an dem schönen Anblick. **sinnv.:** sich ↑freuen. **b)** *(etwas) mitleidlos, schadenfroh betrachten:* er weidete sich an ihrer Unsicherheit. **sinnv.:** frohlocken, sich die Hände reiben, sich [eins] ins Fäustchen lachen.

wei|gern, sich: *ablehnen (etwas Bestimmtes zu tun):* er weigerte sich, den Befehl auszuführen. **sinnv.:** sich ↑sperren. **Zus.:** verweigern · unweigerlich.

wei|hen 1.: ⟨tr.⟩ *nach einem bestimmten religiösen Zeremoniell segnen:* der Bischof weihte die neuen Glocken. **sinnv.:** einsegnen, heiligen, salben, ↑segnen. **Zus.:** ein-, entweihen · ungeweiht. **2.** ⟨tr./sich w.⟩ (geh.) *uneigennützig zur Gänze widmen:* du hast dein Leben, dich der Arbeit geweiht. **sinnv.:** sich ↑befassen.

Wei|her, der; -s, -: *kleiner Teich:* das Dorf hat einen W. **sinnv.:** ↑See. **Zus.:** Dorf-, Fisch-, Waldweiher.

Weih|nach|ten, das; -, - ⟨meist ohne Artikel; landschaftlich und in bestimmten Wunschformeln und Fügungen auch als Plural⟩: *Fest der Geburt Christi:* er will uns [(bes. nordd.:) zu/ (bes. südd.:) an] W. besuchen; fröhliche W.! **sinnv.:** Christfest, Heiligabend, Heilige Nacht, Jul[fest], Weihnachtsabend, Weihnachtstage.

weih|nacht|lich ⟨Adj.⟩: *Weihnachten betreffend, für Weihnachten bestimmt:* es kommt keine weihnachtliche Stimmung auf; alle Räume sind w. geschmückt. **sinnv.:** ↑festlich.

Weih|nachts|baum, der, -[e]s, Weihnachtsbäume: *[kleine] Tanne, Fichte, Kiefer, die man zu Weihnachten bes. im Zimmer aufstellt und mit Kerzen, Kugeln, Lametta o. ä. schmückt.* **sinnv.:** Christ-, Lichter-, Tannenbaum.

Weih|nachts|mann, der; -[e]s, Weihnachtsmänner: *im Aussehen dem Nikolaus ähnliche Gestalt, die in der Vorstellung der Kinder zu Weihnachten Geschenke bringt.* **sinnv.:** Christkind[chen], Christkindl, Knecht Ruprecht, Nikolaus, Väterchen Frost.

weil ⟨Konj.⟩: **1.** */leitet begründende Gliedsätze ein, deren Inhalt neu oder besonders gewichtig ist und nachdrücklich hervorgehoben werden soll/:* er ist [deshalb] so traurig, w. sein Vater gestorben ist; w. er eine Panne hatte, kam er zu spät; ⟨auch vor verkürzten Gliedsätzen, begründenden Attributen o. ä.:⟩ er ist – w. Fachmann – auf diesem Gebiet versiert; das schlechte, w. fehlerhafte Buch. **2. a)** /auf dem begründenden Gliedsatz liegt kein besonderer Nachdruck/ *da:* er hat gute Zensuren, w. er fleißig ist; ich werde nochmals anrufen, w. er sich nicht gemeldet hat; **b)** /mit bekräftigender Partikel; der im Gliedsatz angeführte Grund wird als bekannt vorausgesetzt/ *da:* ich konnte nicht kommen, w. ja gestern meine Prüfung war. **3.** */leitet die Antwort auf eine direkte Frage nach dem Grund von etwas ein/:* „Warum kommst du jetzt erst?" – „Weil der Bus Verspätung hatte." **4.** /mit zeitlichem Nebensinn/ *jetzt, da:* w. wir gerade davon sprechen, möchte ich auch meinen Standpunkt erläutern. **Zus.:** alldie-, alle-, derweil.

Wei|le, die; -: *[kürzere] Zeitspanne von unbestimmter Dauer* nachdem er angeklopft hatte, dauerte es eine W., bis die Tür geöffnet wurde. **sinnv.:** ↑Augenblick, ↑Dauer, Spanne. **Zus.:** Kurzweil, Langeweile · mittlerweile.

wei|len ⟨itr.⟩ (geh.): *an einem bestimmten Ort bleiben, eine bestimmte Zeit verbringen:* sie weilten längere Zeit in dieser Stadt. **sinnv.:** sich ↑aufhalten, ↑sein.

Wein, der; -[e]s, -e: **a)** *alkoholisches Getränk aus Weintrauben o. ä.:* sie tranken viel W. an diesem Abend. **sinnv.:** ↑Alkohol, Federweißer, Gewächs, Heuriger, ↑Most, Rebensaft, Sauser, Schorle[morle], ↑Sekt. **Zus.:** Apfel-, Brannt-, China-, Dessert-, Eis-, Faß-, Flaschen-, Franzbrannt-, Frucht-, Gänse-, Glüh-, Honig-, Johannisbeer-, Kirsch-, Land-, Mosel-, Nahe-, Natur-, Obst-, Pepsin-, Port-, Qualitäts-, Reis-, Rhein-, Rot-, Schaum-, Schoppen-, Spitzen-, Süd-, Süß-, Tafel-, Tisch-, Weiß-, Wermut-, Würzwein. **b)** ⟨ohne Plural⟩ *Weintrauben:* W. anbauen, lesen, keltern. **sinnv.:** ↑Gewächs.

Wein|brand, der; -[e]s, Weinbrände: *aus Wein hergestelltes Getränk mit hohem Gehalt an Alkohol.* **sinnv.:** Armagnac, Arrak, Brandy, Branntwein, Calvados, Cognac.

wei|nen ⟨itr.⟩: *(als Ausdruck von Schmerz, von starker innerer Erregung) Tränen vergießen [und dabei in kurzen, hörbaren Zügen einatmen und klagende Laute von sich geben]:* vor Freude, Angst w.; sie weinte über den Tod ihres Kindes; ⟨auch tr.⟩ das Kind weinte bittere Tränen *(sehr heftig).* **sinnv.:** brüllen, flennen, heulen, plärren, ↑quäken, wimmern; nahe/dicht ans (auch: am) Wasser gebaut haben. **Zus.:** aus-, be-, los-, nach-, vollweinen · rotgeweint; verweint.

wei|ner|lich ⟨Adj.⟩: *dem Weinen nahe:* sie sprach mit weinerlicher Stimme. **sinnv.:** larmoyant, ↑rührselig.

Wein|trau|be, die; -, -n: *Traube mit Weinbeeren:* **sinnv.:** Weinbeere.

wei|se ⟨Adj.⟩: *von Weisheit zeugend:* ein weiser Richter; er hat sehr w. gehandelt in seinem Amt. **sinnv.:** abgeklärt, gereift, ↑klug, lebenserfahren, philosophisch, reif, salomonisch, überlegen, wissend · Weisheit. **Zus.:** alters-, welt-, wohlweise · naseweis.

-wei|se ⟨Suffix⟩ **1.** ⟨adverbial⟩ *in der im Basiswort genannten Art und Weise* **a)** ⟨mit adjektivischem oder partizipialem Basiswort + Fugenzeichen -er-⟩ *was ... ist, wie es ... ist:* begreiflicher- (er ist begreiflicherweise *[= was begreiflich ist]* verärgert), bezeichnender-, dankenswerter-, dummer-, ehrlicher-, eigensinniger-, entgegenkommender-, entlarvender- (dieser Ausspruch enthält entlarvenderweise *[= was entlarvend ist]* eine Gotteslästerung), fairer- *(was fair ist/wie es fair ist),* grotesker-, höflicher-, irriger-, loyaler-, lügenhafter-, merkwürdiger- *(was merkwürdig ist),* möglicher-, netter-, normaler-, notwendiger-, paradoxer-, pikanter-, putziger-, räuberischer-, realistischer-, redlicher-, rührseliger-, verbotener-, verhängnisvoller-, überraschender-, unverschämterweise; /selten ohne -er-/kleinweise zu tilgende Zahlungen. **sinnv.:** -maßen. **b)** ⟨mit partizipialem Basiswort + Fugenzeichen -er-⟩ *durch das im Basiswort Genannte /bei dem im Basiswort Genannten:* kniender- *(durch/beim Knien),* lesender-, radfahrender- (sich radfahrenderweise in Form halten), rauchender- (ich habe ihn rauchenderweise *[= beim Rauchen]* angetroffen), schreibenderweise (er konnte sich s. *[= durch Schreiben]* verständlich machen). **2.** ⟨adverbial, aber auch adjektivisch vor einem Substantiv, das ein Geschehen kennzeichnet⟩ **a)** ⟨mit substantivischem Basiswort⟩ *in Form von ..., als ...:* andeutungs-, annäherungs-, aushilfs-, besuchs-, gerücht[e]-, gesprächs-, keim- (keimweise in etwas enthalten sein), kreuz-, passagen-, probe-, ruck-, versuchs-, vorwand-, zwangsweise /adjektivisch/ probeweise Anstellung, strafweise Versetzung *(Versetzung als Strafe).* **b)** ⟨mit substantivischem Basiswort, das eine Einheit (z. B. Menge, Maß) angibt⟩ *in jeweils der als Basiswort genannten Mengen-, Maßeinheit:* bezirks- *(nach Bezirken, Bezirk für Bezirk),* bündel- *(in Bündeln),* dutzend-, eimer-, familien-, fünfzigmark-, gebiets-, grad-, gramm-, gruppen-, kilo-, klassen-, lastzugs-, liter-, löffel-, monats-, sack-, scheibchen-, schluck-, stoß-, stöße-, strecken-, stück-, teller-, tropfen-, zentimeter-, zentnerweise /adjektivisch/ schrittweise Annäherung *(eine Annäherung Schritt für Schritt);* /elliptisch/: der 18jährige hat handtuchweise geblutet *(so geblutet, daß mehrere Handtücher nacheinander mit Blut getränkt wurden).* **3.** ⟨adverbial⟩ (selten) ⟨mit verbalem Basiswort⟩ *in der Form des im Basiswort Genannten:* kleckerweise bezahlen, leihweise geben, mietweise anbieten, schenkweise zuwenden.

Wei|se, die; -, -n: **I.** *Form, Art (in der etwas geschieht oder getan wird):* er ist auf geheimnisvolle W. verschwunden; die W., in der man ihn behandelte, war nicht sehr schön. **sinnv.:** ↑Form, ↑Stil. **Zus.:** Arbeits-, Ausdrucks-, Bau-, Ernährungs-, Fahr-, Fertigungs-, Gang-, Kampf-, Lebens-, Produktions-, Schreibweise. **II.** *Vertonung eines Liedes; anspruchsloses Musikstück:* die Kapelle spielte flotte Weisen. **sinnv.:** ↑Melodie. **Zus.:** Kinder-, Volksweise.

wei|sen, wies, hat gewiesen: **1. a)** ⟨tr.⟩ ↑*zeigen:* er wies dem Fremden den Weg. **b)** ⟨itr.⟩ *(auf etwas) zeigen, deuten:* er wies mit der Hand auf ein Haus, das in der Ferne zu sehen war. **Zus.:** auf-, hin-, hinaus-, ver-, vorwärtsweisen · bahn-, richtungs-, weg-, zukunftsweisend; Hinweis. **2.** ⟨tr.⟩ *den weiteren Verbleib an einem bestimmten Ort untersagen; wegschicken:* er wies die lärmenden Kinder aus dem Haus; der Schüler wurde von der Schule gewiesen *(er durfte die Schule nicht mehr besuchen);* er hat den Vorschlag [weit] von sich gewiesen *(zurückgewiesen, abgelehnt).* **sinnv.:** ↑abwehren. **Zus.:** ab-, an-, ein-, über-, unter-, weg-, zurecht-, zurückweisen.

Weis|heit, die; -, -en: **1.** ⟨ohne Plural⟩ *durch Lebenserfahrung, Abgeklärtheit gewonnene innere Reife:* er ist ein Mensch von großer W. **sinnv.:**↑weise. **Zus.:** Alters-, Lebens-, Narrenweisheit. **2.** *durch Erfahrung gewonnene Lehre:* diese Sprüche enthalten viele Weisheiten. **sinnv.:** ↑Erkenntnis, ↑Moral. **Zus.:** Bauern-, Binsen-, Bücher-, Katheder-, Schul-, Spruch-, Volksweisheit.

weis|ma|chen, machte weis, hat weisgemacht ⟨tr.⟩: *jmdm. etwas Unzutreffendes einreden:* ihm kann man nichts/etwas w. **sinnv.:** ↑lügen.

weiß ⟨Adj.⟩: *von der Farbe des Schnees* /Ggs. schwarz/: die Blüten des Kirschbaumes sind w.; vor Angst war er ganz w. *(sehr bleich)* geworden. **sinnv.:** ↑blaß. **Zus.:** blendend-, blüten-, fahl-, feder-, gelblich-, grau-, grell-, kalk-, käse-, kreide-, lilien-, marmor-, matt-, milch-, perl-, porzellan-, rahm-, schloh-, schmutzig-, schnee-, schwanen-, schwarz-, silber-, wachs-, zartweiß · Edel-, Eiweiß, Federweißer.

weis|sa|gen, weissagte, hat geweissagt ⟨tr./itr.⟩ (geh.): **a)** *Künftiges vorhersagen:* Kassandra weissagte den Untergang Trojas; sie kann w., hat die Gabe des Weissagens. **sinnv.:** ↑prophezeien. **b)** *ahnen, erkennen lassen:* seine Miene weissagte mir nichts Gutes. **sinnv.:** ↑zeigen.

wei|ßen, weißte, hat geweißt ⟨tr.⟩: *mit weißer Tünche streichen:* die Decken der Zimmer müssen neu geweißt werden. **sinnv.:** ↑streichen.

weiß|lich ⟨Adj.⟩: *in der Farbe fast weiß:* der Himmel hatte eine weißliche Färbung. **sinnv.:** ↑blaß, mehlig, milchig.

Weiß|wein, der; -[e]s, -e: *aus hellen Trauben gewonnener Wein von heller, gelblicher Farbe.*

Wei|sung, die; -, -en: ↑*Anordnung:* sie folgten den Weisungen des Chefs. **sinnv.:** Anordnung, ↑Aufruf, ↑Auftrag, Befehl, Belehrung, Bestimmung, Dekret, ↑Diktat, Direktive, Edikt, ↑Entscheidung, Erlaß, Gebot, Geheiß, Gesetz, Instruktion, Kommando, Lektion, Order, Reglement, Satzung, Statut, Unterrichtung, Verfügung, Verhaltensmaßregel, Verordnung, Vorschrift. **Zus.:** Ab-, An-, Ein-, Er-, Gegen-, Unter-, Ver-, Zurechtweisung; Überweisung.

weit ⟨Adj.⟩: **1. a)** *von großer räumlicher Ausdehnung:* eine weite Ebene; der Himmel über dem Meer war unermeßlich w. **sinnv.:** ↑geräumig. **Zus.:** weltweit. **b)** *räumlich oder zeitlich ausgedehnt, entfernt:* er hatte einen weiten Weg zur Schule; man hat von hier aus einen weiten Blick; bis zum nächsten Dorf war es sehr w.; der nächste Flughafen liegt w. weg von hier; sie tanzten bis w. in die Nacht. **sinnv.:** ↑fern. **Zus.:** ebenso-, kilometer-, meilen-, sperrangel-, stundenweit. **2.** *locker sitzend, nicht fest anliegend* /Ggs. eng/: ein weiter Rock; die Schuhe sind ihm zu w. **3.** ⟨verstärkend bei Verben und Adjektiven im Komparativ⟩ *weitaus:* er hat ihn darin w. übertroffen; sein Haus ist w. schöner als das seines Bruders. **sinnv.:** ↑sehr.

weit|aus ⟨Adverb⟩: **a)** ⟨in Verbindung mit einem Komparativ⟩ *sehr viel:* er sang w. besser als die anderen. **b)** ⟨in Verbindung mit einem Superlativ⟩ *alles andere, alle anderen weit übertreffend:* sein Spiel war w. am besten.

Weit|blick, der; -[e]s: *Fähigkeit, vorauszuschauen, die Erfordernisse der Zukunft richtig zu erkennen und einzuschätzen:* mit diesem Plan bewies er einen erstaunlichen W. **sinnv.:** ↑Erfahrung, ↑Scharfsinn, ↑Umsicht.

Wei|te, die; -, -n: **1.** *große räumliche Ausdehnung, Unendlichkeit:* die W. des Landes, des Meeres; er blickte in die W. **sinnv.:** ↑Ausmaß, Raum. **Zus.:** Hör-, Ruf-, Seh-, Sichtweite. **2.** *Umfang, Größe:* der Rock muß in der W. geändert werden; die Öffnung des Gefäßes hat eine geringe W. **3.** *(bei einem Sprung, Wurf o. ä.) erreichte Entfernung:* beim ersten Sprung erreichte er eine W. von 7,50 m. **sinnv.:** ↑Entfernung. **Zus.:** Best-, Griff-, Reich-, Rekord-, Schuß-, Spannweite.

wei|ten, weitete, hat geweitet ⟨tr./sich w.⟩: *weiter machen, werden:* das Tal weitet sich zum Kessel. **sinnv.:** ↑dehnen. **Zus.:** ausweiten.

wei|ter...: ⟨Adj.; nur attributiv⟩ *(anschließend) hinzukommend; sich als Fortsetzung ergebend:* haben Sie noch weitere Fragen?; alle weiteren Versuche scheiterten; wir warten auf weitere Nachrichten; eine weitere Schwierigkeit. **sinnv.:** ↑neu, sonstig, übrig, ↑zusätzlich.

wei|ter ⟨Adverb⟩: **1.** *darüber hinaus, sonst:* er sagte, daß er w. nichts wisse; es gibt dort einen breiten, langen Strand, w. gibt es viele Möglichkeiten der Unterhaltung. **sinnv.:** ↑außerdem. **2.** *im weiteren Verlauf:* er versprach, w. für sie zu sorgen. **sinnv.:** ↑weiterhin. **3.** */bezeichnet die Fortsetzung, Fortdauer einer Bewegung, einer Handlung/:*

halt, nicht w.!; w.! **sinnv.:** voran, vorwärts.

wei|ter|fah|ren, fährt weiter, fuhr weiter, ist weitergefahren ⟨itr.⟩: *eine begonnene Fahrt fortsetzen:* der Zug fährt weiter; er ist mit der Straßenbahn, nach Wien weitergefahren.

wei|ter|hin ⟨Adverb⟩: **1.** *auch in der folgenden Zeit, in Zukunft:* sie lebten w. im Hause ihrer Eltern. **sinnv.:** fortdauernd, weiter. **2.** *darüber hinaus:* w. forderte er, daß man sofort mit der Arbeit beginnen solle. **sinnv.:** ↑außerdem.

weit|ge|hend, weiter gehend/ weitgehender, weitestgehend/ weitgehendst ⟨Adj.; nicht prädikativ⟩: *fast vollständig, vieles umfassend:* er hatte weitgehende Freiheit in seiner Arbeit; die Zustände hatten sich w. *(sehr)* gebessert. **sinnv.:** ↑generell.

weit|her|zig ⟨Adj.⟩: **1.** ↑*großzügig* (1): w. über einen Fehler hinwegsehen. **sinnv.:** ↑freundlich, ↑tolerant. **2.** ↑*großzügig* (2): w. auf etwas verzichten. **sinnv.:** ↑freigebig.

weit|hin ⟨Adverb⟩: **a)** *bis in große Entfernung; in einem großen Umkreis:* der Lärm war w. zu hören. **b)** *im allgemeinen, weitgehend:* der Erfolg ist w. sein Verdienst; dieser Künstler ist noch w. *(bei vielen)* unbekannt. **sinnv.:** ↑generell.

weit|läu|fig ⟨Adj.⟩: **1.** *groß und viel Raum bietend; ausgedehnt:* ein weitläufiges Gebäude; der Park war sehr w. **2.** *(bezogen auf den Grad der Verwandschaft) nicht unmittelbar:* er ist ein weitläufiger Verwandter von ihm; die beiden sind nur w. verwandt. **sinnv.:** entfernt. **3.** *mit großer Ausführlichkeit und daher umständlich [wirkend]:* weitläufige Ausführungen; etwas w. schildern. **sinnv.:** ↑ausführlich.

weit|schwei|fig ⟨Adj.⟩: *(im Urteil des Sprechers) mit zu großer Ausführlichkeit und Umständlichkeit:* seine Berichte sind immer sehr w. **sinnv.:** ↑ausführlich; ↑langatmig.

weit|sich|tig ⟨Adj.⟩ /Ggs. kurzsichtig/: **a)** *nur entfernte Dinge gut sehend:* der Arzt hat festgestellt, daß ich w. bin. **sinnv.:** ↑sehbehindert. **b)** *(zum eigenen Nutzen) an die Folgen o. ä. in der Zukunft denkend, sie mit bedenkend:* er hat in diesem Fall sehr w. gehandelt. **sinnv.:** ↑klug, ↑umsichtig, vorausblickend, vorausschauend, voraussehend, weitblickend.

Wei|zen, der; -s: *Getreideart mit langem Halm [und Grannen], deren Frucht bes. zu weißem Mehl für Brot und feines Backwerk verarbeitet wird* (siehe Bildleiste „Getreide").

wel|cher, welche, welches: **I.** ⟨Interrogativpronomen⟩ **1.** */fragt nach einem Einzelwesen, -ding usw. aus einer Gesamtheit, Gruppe, Gattung o. ä./:* welcher Mantel gehört dir?; welcher [der/von den/von beiden] ist besser?; welches/(seltener:) welcher ist dein Hut?; welches/welchen Kindes Spielzeug ist das? ⟨in indirekten Fragesätzen:⟩ er fragte mich, welcher [Teilnehmer] das gesagt habe; ⟨in anderen abhängigen Sätzen:⟩ es ist gleichgültig, welcher [von beiden] es getan hat; ⟨in Verbindung mit „auch [immer]", „immer":⟩ welches [auch] immer deine Gründe waren, du hättest es nicht tun dürfen. **2.** (geh.)/drückt einen besonderen Grad, ein besonderes Ausmaß aus/ *was für ein[er]:* welch schöner Tag ist das heute!; ⟨oft unflektiert:⟩ welch ein Glück! **II.** ⟨Relativpronomen; ohne Gen.⟩: *der, die, das:* Personen, für welche (besser: für die) das gilt; die, welche die beste Arbeit geleistet hatten. **III.** ⟨Indefinitivpronomen⟩ */steht bes. stellvertretend für ein vorher genanntes Substantiv; bezeichnet eine unbestimmte Menge, Anzahl/:* ich habe keine Zigaretten, hast du welche?; (ugs. auch auf Personen bezogen:) sind schon welche [von uns] zurückgekommen?

welk ⟨Adj.⟩: *(durch einen Mangel an Feuchtigkeit) nicht mehr frisch; schlaff geworden:* eine welke Haut; die Blumen sind auf dem langen Weg w. geworden. **sinnv.:** ↑faltig.

wel|ken ⟨itr.⟩: *bes. durch Mangel an Feuchtigkeit welk, schlaff werden:* die Blumen welkten, weil er vergessen hatte, sie zu gießen. **sinnv.:** abblühen, eingehen, erschlaffen, ↑trocknen, verblühen, vertrocknen, verwelken, welk werden.

-wel|le, die; -, -n ⟨Suffixoid⟩: *eine plötzlich in stärkerem Maße auftretende, akute, wie eine Welle herandringende Entwicklung, Erscheinung in bezug auf das im Basiswort Genannte:* Alkohol-, Aufrüstungs-, Ausreise-, Bio-, Computer-, Drogen-, Erfolgs-, Flüchtlings-, Freß-, Gesundheits- *(besonderes, plötzlich starkes Interesse an gesunder Ernährung o. ä.),* Grippe-, Hitze-, Jogging-, Kälte-, Kauf-, Konjunktur-, Protest-, Reise-, Rücktritts-, Sex-, Spanien- *(plötzlich stärkeres Interesse an [Reisen nach] Spanien),* Spar-, Streik-, Verhaftungs-, Whiskywelle.

Wel|le, die; -, -n: **1.** *durch den Wind hervorgerufene Bewegung der Wasseroberfläche:* eine W. warf das Boot um; die Wellen brechen sich an den Klippen. **sinnv.:** Brandung, Brecher, Dünung, Gischt, Seegang, Woge. **Zus.:** Brandungs-, Bug-, Flut-, Gezeiten-, Meeres-, Sturzwelle. **2.** ⟨W. + Attribut⟩ *etwas, was in großem Ausmaß bzw. in mehr oder weniger dichter Folge in Erscheinung tritt [und sich ausbreitet, steigert]:* eine W. wütender Proteste war die Reaktion der Belegschaft auf die Sparmaßnahmen der Firmenleitung; eine W. der Gewalt erfaßte das Land; eine W. der Begeisterung ging durch den Saal, als der Sänger auftrat. **sinnv.:** Flut, Menge; vgl. -welle. **3.** *Haare, die in geschwungener Form liegen:* sie ließ das Haar in Wellen legen. **sinnv.:** Locken, Lockenfrisur, Wellenfrisur. **Zus.:** Dauer-, Fön-, Wasserwelle. **4.** *Teil einer Maschine, der drehende Bewegungen überträgt:* die W. ist gebrochen. **Zus.:** Antriebs-, Gelenk-, Kardan-, Kurbel-, Nokken-, Schnecken-, Transmissions-, Transversalwelle. **5.** *Turnübung [am Reck], bei der der Körper um die Stange des Recks geschwungen wird.* **sinnv.:** Umschwung. **Zus.:** Riesenwelle. **6. a)** *sich fortpflanzende Schwingung:* elektromagnetische Wellen; Wellen des Schalls, des Lichts. **Zus.:** Longitudinal-, Mikro-, Radio-, Schall-, Ultraschallwelle. **b)** *Bereich, in dem ein Sender sendet:* diese W. wird meist von einem ausländischen Sender überlagert. **sinnv.:** Frequenz, Sendebereich, Wellenlänge. **Zus.:** Äther-, Kurz-, Lang-, Mittel-, Ultrakurzwelle.

Welt, die; -, -en: **1.** ⟨ohne Plural⟩ *(der Planet) Erde (als Lebensraum des Menschen):* er hat eine Reise um die W. gemacht; dieser Künstler ist überall in der W. bekannt. **sinnv.:** Erde, Erdenrund, Erdkreis, Mundus; das Diesseits. **2.** ⟨ohne Plural⟩ ↑*Weltall:* Theorien über die Entstehung der W. **3.** ⟨ohne Plural⟩ **a)** *alle Menschen:* die W. hofft auf den Frieden. **b)** *größerer Kreis von Menschen, die durch bestimmte Gemeinsamkeiten verbunden sind, bes. gesellschaftliche Schicht, Gruppe:* die gelehrte W. konnte sich mit Einsteins Theorien nicht gleich anfreunden; die weibliche W. war entzückt von diesem Modestil. **Zus.:** Artisten-, Damen-, Film-, Gelehrten-, Halb-, Männer-, Nach-, Verbrecherwelt. **4.** *[Lebens]bereich, Sphäre:* die W. des Kindes; die W. der Technik, der Träume. **Zus.:** Arbeits-, Außen-, Berg-, Empfindungs-, Erfahrungs-, Erlebnis-, Erscheinungs-, Erwachsenen-, Gefühls-, Geister-, Geistes-, Ideen-, Innen-, Märchen-, Pflanzen-, Phantasie-, Sagen-, Schein-, Tier-, Traum-, Um-, Unter-, Unterwasser-, Vogel-, Vorstellungs-, Winter-, Wunder-, Zauber-, Zirkuswelt. **5.** ⟨W. + Attribut⟩ *(als bedrohlich empfundene] große Anzahl von Menschen:* eine W. von Feinden umgab ihn.

Welt|all, das; -s: *der unendliche Raum, der alle Himmelskörper umschließt:* die Menschen beginnen das W. zu erobern. **sinnv.:** All, Galaxis, Kosmos, Raum, Universum, Welt, Weltenraum, Weltraum.

Welt|an|schau|ung, die; -, -en: *bestimmte Art, die Welt, die Natur und das Wesen des Menschen zu begreifen:* er hat eine religiös bestimmte W. **sinnv.:** ↑Denkart.

welt|fremd ⟨Adj.⟩: *ohne Bezug zur Wirklichkeit; die Realitäten des Lebens nicht richtig einschätzend oder anerkennend:* seine Ideen sind etwas w. **sinnv.:** ↑verträumt.

welt|lich ⟨Adj.⟩: *der Welt angehörend oder zugewandt; nicht geistlich oder kirchlich:* das Buch enthält weltliche und geistliche Lieder; er ist sehr w. eingestellt. **sinnv.:** diesseitig, fleischlich, irdisch, profan, säkular, unheilig.

welt|män|nisch ⟨Adj.⟩: *erfahren, sicher und geschickt im Umgang mit Menschen und dadurch Überlegenheit ausstrahlend:* er hat ein weltmännisches Auftreten; sein Gehabe ist w. **sinnv.:** ↑gewandt.

Welt|raum, der; -s: *Raum außerhalb der Erdatmosphäre:* die Astronauten sind aus dem W. zurückgekehrt. **sinnv.:** ↑Weltall.

Welt|raum|fahrt, die; -: *Gebiet, das sich mit der Fortbewegung im Weltraum mit Hilfe von Raketen o. ä. befaßt:* die W. brachte der Wissenschaft auf vielen Gebieten neue Erkenntnisse. **sinnv.:** Astronautik, Kosmonautik, Raumfahrt.

wem: Dativ von wer (↑wer I, II).

wen: Akk. von wer (↑wer I-III).

Wen|de, die; -, -n: *Wendung, Umschwung; einschneidende Veränderung:* in seinem Schicksal trat eine unerwartete W. ein; an der W. *(am Ende)* des 19. Jahrhunderts; die neue Firmenpolitik stellt wohl eher eine W. zum Schlechten dar. **sinnv.:** ↑Veränderung.

Wen|del|trep|pe, die; -, -n: *Treppe, deren einzelne Stufen spiralförmig um eine Achse angeordnet sind.*

wen|den: I. wendete, hat gewendet: **a)** ⟨tr.⟩ *in eine andere Lage bringen:* sie wendete den Braten im Topf; die Bauern haben das Heu gewendet. **sinnv.:** ↑umdrehen. **Zus.:** umwenden. **b)** ⟨itr.⟩ *in die entgegengesetzte Richtung bringen:* er konnte in der engen Straße [mit dem Wagen] nicht w. **sinnv.:** umkehren. **Zus.:** herum-, um-, zurückwenden. **II.** wendete/wandte, hat gewendet/ gewandt: **1.** ⟨itr.⟩ *(in eine bestimmte Richtung) drehen:* den Kopf zur Seite w.; ⟨auch sich w.:⟩ als es klopfte, wandten sich ihre Augen zur Tür. **Zus.:** ab-, hin-, weg-, zuwenden. **2.** ⟨sich w.⟩ *(an jmdn.) eine Frage, eine Bitte richten:* sich vertrauensvoll, hilfesuchend an jmdn. wenden; er hat sich schriftlich ans Konsulat gewandt/gewendet. **sinnv.:** ansprechen, ↑bitten.

wen|dig ⟨Adj.⟩: **1.** *auf Grund besonderer Beweglichkeit schnell auf entsprechende Handhabung reagierend:* dieses Auto ist sehr w. **sinnv.:** beweglich, leichtgängig, nicht schwerfällig. **2.** *fähig, sich schnell an eine bestimmte Situation anzupassen:* er ist ein wendiger Geschäftsmann. **sinnv.:** ↑flexibel, ↑geschickt, ↑variabel.

Wen|dung, die; -, -en: **1.** *das [Sich]wenden:* durch eine schnelle W. nach der Seite entging der Fahrer dem Hindernis. **sinnv.:** Änderung, Drehung, Richtungsänderung. **Zus.:** Ab-, Hin-, Kehrt-, Links-, Rechts-, Wegwendung. **2.** *aus mehreren Wörtern bestehende sprachliche Einheit:* sie gebrauchte in ihrem Brief eine W., die viele nicht kannten. **sinnv.:** ↑Redewendung.

we|nig ⟨Indefinitpronomen und unbestimmtes Zahlwort⟩: **1. a) weniger, wenige, weniges;** /unflektiert/ **wenig** ⟨Singular⟩: *eine geringe Menge (von etwas); nicht viel;* mit sehr w. Geld auskommen; weniger, aber echter Schmuck; er hat heute w. Zeit; das Kind hat w. gegessen; in dem Geschäft gefiel mir nur weniges. **sinnv.:** ↑gering · ↑karg · ↑klein. **Zus.:** bitter-, spottwenig. **b) wenige;** /unflektiert/ **wenig** ⟨Plural⟩: *eine geringe Anzahl (einzelner Personen oder Sachen):* die Arbeit weniger Menschen; es sind nur wenige mitgegangen; er hat es mit wenig[en] Worten erklärt. **sinnv.:** ↑lumpig; spärlich · einige, ein paar. **2.** ⟨unflektiert; vor einem Adjektiv⟩ *nicht sehr:* diese Handlung war w. schön. **sinnv.:** ↑etwas.

we|nig|stens ⟨Adverb⟩: *zumindest, immerhin:* er sollte sich w. entschuldigen; gut, daß es w. nicht regnet. **sinnv.:** gut und gerne, mehr als, mindestens, zumindest.

wenn ⟨Konj.⟩: **1.** ⟨konditional⟩ *für den Fall, daß:* wir wären viel früher dagewesen, w. es nicht so geregnet hätte; w. nötig, komme ich sofort. **sinnv.:** unter der Bedingung, daß..., falls, insofern, insoweit, sofern, vorausgesetzt, daß..., unter der Voraussetzung, daß... **2.** ⟨temporal⟩ **a)** *sobald:* sag bitte Bescheid, w. du fertig bist!; w. die Ferien anfangen, [dann] werden wir gleich losfahren. **b)** /drückt mehrfache [regelmäßige] Wiederholung aus/ *sooft:* jedesmal, w. wir kommen, ist er nicht zu Hause. **3.** ⟨konzessiv in Verbindung mit „auch", „schon" u. a.⟩ *obwohl, obgleich:* w. es auch anstrengend war, Spaß hat es doch gemacht; ⟨mit kausalem Nebensinn:⟩ w. er schon nichts weiß, sollte er [wenigstens] den Mund halten. **4.** */in Verbindung mit* „doch" *oder* „nur"; *leitet einen Wunschsatz ein/:* w. er doch endlich käme! **5.** */in Verbindung mit* „als" *oder* „wie"; *leitet eine irreale vergleichende Aussage ein/:* es ist, wie w. alles sich gegen uns verschworen hätte.

wenn|gleich ⟨Konj.⟩: ↑*obwohl:* er gab sich große Mühe, w. ihm die Arbeit wenig Freude machte. **sinnv.:** ↑obgleich.

wer: **I.** ⟨Interrogativpronomen⟩ **a)** */fragt nach männlichen oder weiblichen Personen/:* ⟨Nom.:⟩ w. war das?; w. kommt mit?; w. da?; ⟨Gen.:⟩ wessen erinnerst du dich?; wessen Buch ist das?; ⟨Dativ:⟩ wem hast du das Buch gegeben?; mit wem spreche ich?; ⟨Akk.:⟩ wen stört das?; für wen ist der Pullover?; **b)** */kennzeichnet eine rhetorische Frage/:* w. anders als du kann das getan haben!; das hat w. weiß wieviel Geld gekostet. **II.** ⟨Relativpronomen⟩ *derjenige, welcher:* ⟨Nom.:⟩ w. das tut, hat die Folgen zu tragen; ⟨Gen.:⟩ wessen er sich erbarmte, der wurde verschont; ⟨Dativ:⟩ wem es nicht gefällt, der soll es bleibenlassen; ⟨Akk.:⟩ wen man in seine Wohnung läßt, dem muß man auch vertrauen können. **III.** ⟨Indefinitpronomen⟩ (ugs.) **a)** *irgend jemand:* ist da w.?; **b)** *jemand, der es zu etwas gebracht hat und der allgemein geachtet wird:* in seiner Firma ist er w.

wer|ben, wirbt, warb, hat geworben: **a)** ⟨itr.⟩ *jmdn. (für jmdn./etwas) zu interessieren, einzunehmen suchen, indem man die Vorzüge o. ä. der betreffenden Person oder Sache lobend hervorhebt:* für eine Zeitung, eine Partei w.; du solltest mir dankbar dafür sein, daß ich vor der Betriebsratswahl so sehr für dich geworben habe. **sinnv.:** ↑agitieren, sich einsetzen, propagieren, Reklame/Werbung machen. **b)** ⟨tr.⟩ *(jmdn.) durch Werben* (1) *zu interessieren, zu überzeugen versuchen:* neue Kunden, Abonnenten w.; die Partei will jetzt verstärkt Mitglieder w. **sinnv.:** ↑gewinnen. **Zus.:** ab-, anwerben. **c)** ⟨itr.⟩ (geh.) *sich bemühen (um jmdn./etwas):* die Stadt wirbt um Besucher; er warb vergebens um sie. **sinnv.:** anhalten um (jmdn./jmds. Hand), freien, den Hof machen, hofieren, poussieren, sich an jmdn. ranmachen, umschmeicheln. **Zus.:** be-, umwerben.

Wer|bung, die; -, -en: **1. a)** ⟨ohne Plural⟩ *Gesamtheit aller werbenden* (a) *Maßnahmen:* im Fernsehen wird immer noch zuviel frauenfeindliche W. gezeigt; die W. für unsere Produkte muß verbessert werden. **sinnv.:** Marketing, Öffentlichkeitsarbeit, PR, Propaganda, Publicity, Public Relations, Reklame, Salespromotion, Slogan, ↑Spot, Verkaufsförderung, Werbefeldzug, Werbekampagne. **Zus.:** Banden-, Fernseh-, Kunden-, Rundfunk-, Schleich-, Sicht-, Trikot-, Zeitungswerbung. **b)** *Abteilung eines Betriebes o. ä., die für die Werbung* (1 a) *zuständig ist:* sie arbeitet in der W. **sinnv.:** PR-Abteilung, Propagandaabteilung. **2.** *das Werben* (b): die W. neuer Kunden. **Zus.:** An-, Abwerbung. **3.** (geh.) *das Werben* (c); *Bemühen, jmds. Gunst, bes. die Liebe einer Frau zu gewinnen:* sie schlug seine W. aus; jmds. Werbungen nachgeben.

Wer|de|gang, der; -[e]s: *Gang der Ausbildung oder Entwicklungsprozeß:* er beschreibt seinen W. in seinem Lebenslauf. **sinnv.:** ↑Entwicklung; ↑Vergangenheit.

wer|den, wird, wurde, ist geworden /(nach vorangehendem 2. Partizip) ist ... worden/ ⟨itr.⟩: **I. 1. a)** ⟨w. + Artangabe⟩ *in einen bestimmten Zustand kommen; eine bestimmte Eigenschaft bekommmen:* er wird alt, müde; meine Mutter ist gestern 70 [Jahre alt] geworden; das Wetter wird wieder besser; morgen soll es sehr heiß w. **b)** ⟨w. + Artangabe; unpersönlich⟩ *das Gefühl (von etwas) bekommen:* plötzlich wurde [es] ihm übel, schwindlig. **2. a)** ⟨w. + Substantiv im Nominativ⟩ */drückt ein Verhältnis (Identität oder Zuordnung) aus, das zwischen dem Subjekt und dem zweiten Substantiv entsteht/:* er wird Bäcker; sie wurde seine Frau; er ist gestern Vater geworden; Mode für werdende Mütter. **b)** ⟨w. + zu + Substantiv im Dativ⟩ *sich (zu etwas) entwickeln:* sie ist zur Frau geworden; er wird immer mehr zum Pantoffelhelden; das Wasser ist zu Eis geworden. **c)** ⟨w. + aus + Substantiv im Dativ⟩ *sich (aus etwas) entwickeln:* aus Liebe wurde Haß; aus diesem Plan wird nichts; was wird aus ihm bloß w.! **d)** ⟨w. + von + Substantiv im Dativ⟩ *sich (von/aus etwas zu etwas) entwickeln:* er wurde über Nacht vom Bettler zum Millionär; das Buch wurde im Laufe der Zeit vom kleinen Hilfswörterbuch zum unentbehrlichen Nachschlagewerk. **3. a)** ⟨w. + Zeitangabe; unpersönlich⟩ *sich einem bestimmten Zeitpunkt nähern:* es wird Abend; es wird gleich 12. Uhr. **b)** (ugs.) *sich so im Ergebnis zeigen, darstellen, wie es auch beabsichtigt war:* das Haus wird allmählich; die Zeichnung ist nichts geworden. **II. 1.** ⟨w. + Infinitiv⟩ */zur Bildung des Futurs/:* es wird [bald] regnen; wir werden nächste Woche in Urlaub fahren. **b)** */kennzeichnet ein vermutetes Geschehen/:* sie werden bei dem schönen Wetter im Garten sein; sie wird schon wissen, was sie tut. **2.** ⟨w. + 2. Partizip⟩ */zur Bildung des Passivs/:* du wirst gerufen; der Künstler wurde um eine Zugabe gebeten; (unpers. oft statt einer aktivischen Ausdrucksweise mit „man"): es wurde gemunkelt, daß ...; jetzt wird aber geschlafen! (energische Aufforderung). **3.** ⟨Konjunktiv „würde" + Infinitiv⟩ */zur Umschreibung des Konjunktivs, bes. bei Verben, die keine eigenen unterscheidbaren Formen des Konjunktivs bilden können; drückt vor allem konditionale oder irreale Verhältnisse aus/:* ich würde kommen/gekommen sein, wenn das Wetter besser wäre/gewesen wäre; würdest du das bitte erledigen?

wer|fen, wirft, warf, hat geworfen: **1. a)** ⟨tr.⟩ *mit einem Schwung durch die Luft fliegen lassen:* er hat den Ball 50 Meter weit geworfen; er warf alle Kleider von sich; ⟨auch itr.⟩ er wirft gut. **sinnv.:** katapultieren, schleudern, schmeißen, schmettern. **Zus.:** ab-, an-, auf-, be-, durcheinander-, ein-, fort-, heraus-, herüber-, herunter-, hinab-, hinaus-, hinterher-, hinunter-, los-, nach-, übereinander-, vorbei-, zu-, zusammenwerfen. **b)** ⟨itr.⟩ *mit Schwung irgendwohin befördern; fallen lassen:* er hat das Papier einfach auf den Boden geworfen. **sinnv.:** feuern, knallen, schmeißen, ↑schnippsen; projizieren. **2.** *(durch bestimmte Vorgänge) hervorbringen, bilden:* die Tapete wirft Blasen; der Baum wirft gegen Abend einen langen Schatten. **3.** ⟨sich w.⟩ **a)** *sich unvermittelt, mit Wucht irgendwohin fallen lassen:* sie warf sich aufs Bett; mutig warfen sich die Ordner gegen die Flut der anstürmenden Fußballfanatiker; sie wollte sich vor den Zug w. **b)** *durch bestimmte Einwirkungen, Vorgänge uneben werden, Unregelmäßigkeiten her-*

vorbringen: das Holz wirft sich; die Schienen haben sich durch die anhaltende große Hitze geworfen. **sinnv.:** sich verziehen. **4.** ⟨tr.⟩ *(von bestimmten Säugetieren) gebären:* die Katze hat in diesem Jahr schon wieder drei Junge geworfen.

Werft, die; -, -en: *Anlage zum Bauen und Ausbessern von Schiffen:* das Schiff kommt zur Reparatur in die W. **sinnv.:** Dock, Helling. **Zus.:** Boots-, Schiffswerft.

Werk, das; -[e]s, -e: **I. a)** *(einer bestimmten Aufgabe dienendes) Handeln, Tätigsein, angestrengtes Arbeiten:* ein mühevolles W.; ein W. der Barmherzigkeit; die Helfer haben ihr W. beendet. **sinnv.:** Arbeit, ↑Leistung. **Zus.:** Aufbau-, Flick-, Hand-, Hilfs-, Meister-, Pionier-, Stück-, Tage-, Zerstörungswerk. **b)** *etwas, was durch [künstlerische] Arbeit hervorgebracht wurde oder wird:* ein großes W. der Malerei; er kennt alle Werke dieses Dichters; ein großes W. schaffen. **sinnv.:** Arbeit, Denkmal, Gesamtœuvre, Œuvre, Opus, Schaffen, Schöpfung. **Zus.:** Alters-, Bau-, Bild-, Bühnen-, Chor-, Dicht-, Druck-, Erstlings-, Film-, Früh-, Gesamt-, Geschichts-, Haupt-, Jugend-, Karten-, Kunst-, Lebens-, Mach-, Monumental-, Musik-, Roman-, Sammel-, Schnitz-, Schrift-, Spät-, Standard-, Teufels-, Ton-, Vertrags-, Wunderwerk. **II.** *großer Industriebetrieb:* in diesem W. werden bestimmte Flugzeugteile hergestellt. **sinnv.:** ↑Fabrik. **Zus.:** Atomkraft-, Ausbesserungs-, Bahnbetriebs-, Berg-, Beton-, Eisen-, Elektrizitäts-, Gas-, Hütten-, Kabel-, Kali-, Kalk-, Kraft-, Stahl-, Walz-, Wasser-, Zementwerk. **III.** *Getriebe eines Apparates, einer Maschine o. ä.:* das W. der Uhr mußte durch ein neues ersetzt werden. **Zus.:** Becher-, Fahr-, Lauf-, Läute-, Leit-, Mahl-, Räder-, Rühr-, Schlag-, Speicher-, Trag-, Trieb-, Uhr-, Zählwerk.

-werk, das; -[e]s ⟨Suffixoid⟩: */bezeichnet eine Gesamtheit von Sachen in bezug auf das im Basiswort Genannte, mehrere entsprechend zusammengehörende oder gleichartige Dinge/:* Ast-, Blatt-, Blätter-, Busch-, Fahr-, Gesetzes-, Karten-, Lauf-, Mauer-, Räder-, Reform-, Schuh-, Strebe-, Trieb-, Vertrags-, Wurzel-, Zähl-, Zuckerwerk. **sinnv.:** Ge- (z. B. Geäst, Gebüsch), -material, -zeug.

wer|ken ⟨itr.⟩: *(handwerklich) tätig sein:* er werkt von früh bis spät. **sinnv.:** ↑arbeiten.

Werk|statt, die; -, Werkstätten: *Arbeitsraum eines Handwerkers:* der Schreiner arbeitet in seiner W. **sinnv.:** Atelier, Studio, Werkstätte. **Zus.:** Auto-, Lehr-, Reparatur-, Schneider-, Schreiner-, Schuhmacher-, Tischler-, Vertragswerkstatt.

Werk|tag, der; -[e]s, -e: *jeder Tag einer Woche mit Ausnahme des Sonntags:* der Bus verkehrt nur an Werktagen. **sinnv.:** Alltag, Arbeitstag, ↑Wochentag.

werk|tags ⟨Adverb⟩: *an Werktagen:* w. hat er wenig Zeit zum Lesen, zum Spazierengehen. **sinnv.:** alltags, in/unter der Woche, wochentags.

werk|tä|tig ⟨Adj.⟩: *einen Beruf ausübend:* die werktätige Bevölkerung. **sinnv.:** ↑berufstätig.

Werk|zeug, das; -s, -e: **a)** *einzelner, je nach Verwendungszweck geformter Gegenstand, mit dessen Hilfe etwas bearbeitet oder hergestellt wird:* der Hammer ist ein W. **sinnv.:** Gerät, Gerätschaft, Instrument; ↑Apparat. **b)** ⟨ohne Plural⟩ *alle Geräte, die jmd. für seine Arbeit braucht:* die Handwerker haben ihr W. mitgebracht.

wert ⟨Adj.⟩: **1.** (geh.) *jmds. Hochachtung besitzend:* wie war bitte Ihr werter Name?; werter Herr; **sinnv.:** ↑lieb; ↑gnädig. **2.** ⟨in der Verbindung⟩ **w. sein: a)** *einen bestimmten Wert haben:* der Schmuck war eine Million Mark w.; diese Maschine ist nichts w., ist ihr Geld nicht w. **b)** ⟨mit vorangehendem Genitivobjekt⟩ *würdig sein, verdienen:* das Thema ist einer näheren Betrachtung w.; die Umbaukosten sind nicht der Rede w.; das ist nicht der Mühe w. **Zus.:** achtens-, anerkennens-, beachtens-, bedauerns-, begehrens-, begrüßens-, beklagens-, bemerkens-, bemitleidens-, beneidens-, bewunderns-, dankens-, ehren-, empfehlens-, erstrebens-, erwägens-, erwähnens-, hassens-, lebens-, lesens-, liebens-, lobens-, nachahmens-, nennens-, preis-, rühmens-, sehens-, tadelns-, unverabscheuens-, verachtens-, verdammens-, wissens-, wünschenswert.

Wert, der; -[e]s, -e: **1. a)** *[in Geld ausgedrücktes] Äquivalent einer Sache (im Hinblick auf ihren Verkauf o. ä.):* das Haus hat einen W. von 200 000 Mark; der W. des Schmuckes ist gering. **Zus.:** Altertums-, Anschaffungs-, Effektiv-, Einheits-, Erinnerungs-, Gegen-, Geld-, Katalog-, Kurs-, Liebhaber-, Markt-, Material-, Mehr-, Millionen-, Neu-, Nominal-, Nutz-, Real-, Sach-, Sammler-, Schrott-, Seltenheits-, Streit-, Tausch-, Versicherungs-, Waren-, Zeitwert. **b)** ⟨Plural⟩ *Gegenstände oder Besitz, der sehr wertvoll ist:* der Krieg hat viele Werte zerstört. **sinnv.:** Vermögen. **Zus.:** Kunst-, Sach-, Vermögenswerte. **2.** ⟨ohne Plural⟩ *Bedeutung, die einer Sache zukommt; [an einem bestimmten Maßstab gemessene] Wichtigkeit:* der künstlerische W. des Bildes; der W. dieser Entdekkung wurde erst später erkannt; seine Hilfe war uns von großem W. **sinnv.:** ↑Qualität. **Zus.:** Aussage-, Bildungs-, Eigen-, Erholungs-, Freizeit-, Gebrauchs-, Gefühls-, Gesundheits-, Persönlichkeits-, Seltenheits-, Urlaubs-, Wohnwert. **3.** *in Zahlen oder Zeichen ausgedrücktes Ergebnis einer Messsung oder Untersuchung o. ä.:* die Werte von einer Skala, einem Meßgerät ablesen. **sinnv.:** ↑Zahl. **Zus.:** Annäherungs-, Best-, Durchschnitts-, Erfahrungs-, Extrem-, Grenz-, Helligkeits-, Höchst-, Meß-, Mindest-, Mittel-, Normal-, Richt-, Sättigungs-, Stellen-, Tiefst-, Toleranz-, Zahlenwert; Ist-Wert, Soll-Wert.

-wert ⟨adjektivisches Suffixoid⟩: **a)** *verdient, ... zu werden; sollte ... werden, sollte man ...* /Basiswort ist ein Nomen, meist in Form eines substantivierten transitiven Verbs; das so Bezeichnete wird überwiegend als positiv empfunden/: achtens- *(verdient, geachtet zu werden),* anhörens-, anerkennens- *(verdient, anerkannt zu werden),* ausstoßungs-, beachtens-, bedauerns-, begehrens-, begrüßens-, beherzigens-, beklagens-, belohnens-, beneidens-, bestaunens-, betonens-, dankens- *(Dank verdienend),* empfehlens-, erstrebens-, erwägens- *(verdient, erwogen zu werden, sollte man erwägen),* erwähnens-, hassens-, lebens-, lesens-, liebens-, lobens-, malens-, nachahmens-, nennens-, rühmens-, ruhmes- *(Ruhm verdienend),* sehens-, tadelns-, überlegens-, untersuchens-, verdammens-, verzeichnenswert. **sinnv.:** -bar, -lich, -würdig. **b)** (selten) *sich ...d* /das Basiswort ist ein Verb/: lohnenswerte Ziele, Lektüre.

wer|ten, wertete, hat gewertet ⟨tr.⟩: *einen bestimmten Wert zuerkennen, im Hinblick auf einen bestimmten Wert[maßstab] betrachten:* seine Arbeit wurde niemals richtig gewertet; seine durchschnittliche Note in der Prüfung ist bei ihm noch als Erfolg zu w.; der schlechteste Sprung eines Skispringers wird nicht gewertet; ⟨auch itr.:⟩ die Schiedsrichter haben sehr unterschiedlich gewertet. **sinnv.:** ↑begutachten.

Wert|pa|pier, das; -s, -e: *Urkunde über ein privates Recht bes. auf eine Geldsumme, das ohne sie nicht geltend gemacht werden kann.* **sinnv.:** Aktie, Anleihe, Effekten, Industrieobligation, Kommunalobligation, Obligation, Pfandbrief, Renten, Schatzbrief, Schuldverschreibung, Staatsanleihe.

We|sen, das; -s, -: **1.** ⟨ohne Plural⟩ *das Besondere, Kennzeichnende einer Sache, Erscheinung, wodurch sie sich von anderem unterscheidet:* das ist nicht das W. der Sache; das liegt im W. der Kunst. **sinnv.:** ↑Besonderheit; ↑Merkmal. **2.** ⟨ohne Plural⟩ *Summe der geistigen Eigenschaften, die einen Menschen auf bestimmte Weise in seinem Verhalten, in seiner Lebensweise, seiner Art, zu denken und zu fühlen und sich zu äußern, charakterisieren:* ihr W. blieb ihm fremd; sein ganzes W. strahlt Zuversicht aus; ein freundliches, einnehmendes W. haben; sein wahres W. zeigte er nie. **sinnv.:** Anlage, Art, Charakter, Eigenart, Gemütsart, Gepräge, ↑Individualität, Natur, Naturell, Temperament, Typ, Veranlagung, Wesensart. **3. a)** *etwas, was in bestimmter Gestalt, auf bestimmte Art und Weise (oft nur gedacht, vorgestellt) existiert, in Erscheinung tritt:* phantastische, irdische W.; weit und breit war kein menschliches W. zu sehen; sie glaubten nicht an ein höheres W. **Zus.:** Fabel-, Himmels-, Phantasie-, Zwitterwesen. **b)** *Mensch (als Lebewesen):* sie ist ein freundliches, stilles W.; das arme W. wußte sich nicht zu helfen. **sinnv.:** ↑Geschöpf. **Zus.:** Einzel-, Menschenwesen.

-we|sen, das; -s ⟨Suffixoid; besonders in der Verwaltungssprache⟩: *alles, was zu dem im Basiswort Genannten gehört:* Banden-, Bau-, Beamten-, Bildungs-, Erziehungs-, Fernmelde-, Gesundheits-, Haushalts-, Heer-, Hochschul-, Ingenieur-, Jagd-, Kredit-, Makler-, Maschinen-, Neuerer-, Parlaments-, Partei-, Rechnungs-, Schul-, Stände-, Steuer-, Strichjungen-, Transport-, Vereins-, Versicherungswesen.

we|sent|lich ⟨Adj.⟩: **a)** *den Kern einer Sache ausmachend und daher von entscheidender Bedeutung:* zwischen den beiden Methoden besteht ein wesentlicher Unterschied. **sinnv.:** bedeutsam, ↑primär, ↑wichtig. **b)** ⟨verstärkend bei Adjektiven im Komparativ und bei Verben⟩ *um vieles; in hohem Grad:* er ist w. größer als sein Bruder; er hat sich nicht w. verändert; das ist w. teurer als ich dachte. **sinnv.:** ↑sehr.

wes|halb ⟨Adverb⟩: **1.** ⟨interrogativ⟩ *aus welchem Grund?:* w. willst du nach Hause gehen? **sinnv.:** ↑warum. **2.** ⟨relativisch⟩ *aus welchem Grund:* der Beweggrund, w. er sich so entschieden hatte, blieb verborgen. **sinnv.:** ↑warum.

Wes|pe, die; -, -n: *einer Biene ähnliches Insekt mit schlankem, nicht behaartem Körper und schwarzgelb gezeichnetem Hinterleib* (siehe Bildleiste „Insekten").

We|ste, die; -, -n: *bis zur Taille reichendes, ärmelloses, vorne meist [einreihig] durchgeknöpftes Kleidungsstück, das über dem Oberhemd oder über einer Bluse getragen wird:* ein Anzug mit W. **Zus.:** Anzug-, Panzer-, Schwimm-, Strickweste.

We|sten, der; -s: **1.** ⟨meist ohne Artikel; gewöhnlich in Verbindung mit einer Präposition⟩ *Himmelsrichtung, in der die Sonne untergeht:* von, nach, im W. **sinnv.:** West; ↑Himmelsrichtung. **2. a)** *im Westen* (1) *gelegener Bereich, Teil eines Landes:* wir fahren im Urlaub in den W. Frankreichs. **b)** *Westeuropa, Kanada und die USA im Hinblick auf ihre politische, weltanschauliche o. ä. Gemeinsamkeit:* der W. befürwortet die Nachrüstung.

We|sten|ta|schen- ⟨Präfixoid⟩ (ironisch): *jmd., der sich so benimmt, vorkommt, als ob er so ist wie die im Basiswort genannte Person, obgleich er in Wirklichkeit im Vergleich zu dem Vorbild unbedeutend ist:* Westentaschen-Al-Capone, Westentaschen-Ali, -casanova, -James-Bond, -machiavelli, -playboy, -politiker, -psychiater, -revolutionär. **sinnv.:** ... für Arme, Mini-, Möchtegern-, -verschnitt.

We|stern, der; -[s], -: *Film, der im Milieu der Cowboys, Indianer o. ä. im Westen der USA zur Zeit der Kolonisation im 19. Jahrhundert spielt (der besonders tätliche Auseinandersetzungen und Schießereien zeigt):* im Fernsehen kommt heute abend ein W. **sinnv.:** Wildwestfilm. **Zus.:** Italowestern.

west|lich: I. ⟨Adj.⟩: **1.** *im Westen liegend:* der westliche Teil des Landes. **2.** *nach Westen gerichtet:* das Schiff steuert westlichen Kurs. **II.** ⟨Präp. mit Gen.⟩ *im Westen (von etwas):* die Autobahn verläuft w. der Stadt. **III.** ⟨Adverb; in Verbindung mit *von*⟩: w. von Mannheim.

Wett|be|werb, der; -[e]s, -e: *Kampf, Wettstreit von mehreren Beteiligten um die beste Leistung, um eine führende Stellung o. ä.:* er bekam den ersten Preis in dem W. um die Gestaltung eines modernen Schwimmbades; unter den Firmen herrscht ein harter W. **sinnv.:** ↑Konkurrenz. **Zus.:** Architekten-, Aufsatz-, Berufs-, Schönheitswettbewerb.

Wet|te, die; -, -n: **1.** *Vereinbarung zwischen zwei oder mehreren Personen, nach der derjenige, der in einer fraglichen Sache recht behält, einen vorher bestimmten Preis bekommt:* die W. ging um 100 Mark. **2.** *mit dem Einsatz von Geld verbundene, schriftlich festgehaltene Vorhersage (des Gewinners) bei einem sportlichen Wettkampf, von Zahlen bei Lotteriespielen o. ä., die bei Richtigkeit einen Gewinn bringt.* **sinnv.:** ↑Glücksspiel; Tip. **Zus.:** Auswahl-, Einlauf-, Platz-, Sieg-, Systemwette.

wett|ei|fern ⟨itr.⟩: *sich zugleich mit einem oder mehreren anderen um etwas bemühen, etwas Bestimmtes zu erreichen suchen:* die beiden Hotels wetteiferten um die Gunst der Touristen. **sinnv.:** ↑rivalisieren.

wet|ten, wettete, hat gewettet ⟨itr.⟩: **1. a)** *eine Wette* (1) *abschließen:* er wettete um einen Kasten Bier, daß diese Mannschaft gewinnen werde; ich wette *(bin überzeugt),* er kommt heute nicht. **b)** *als Preis für eine Wette* (1) *einsetzen:* ich wette einen Kasten Bier, 100 Mark, daß diese Mannschaft nicht gewinnt. **2.** *eine Wette* (2) *abschließen.* **sinnv.:** im Lotto spielen, tippen.

Wet|ter, das; -s, -: **1.** ⟨ohne Plural⟩ *wechselnde Erscheinungen von Sonne, Regen, Wind, Kälte, Wärme o. ä. auf der Erde:* heute ist sonniges W.; das W. ändert sich, ist beständig, schlägt um; wir bekommen anderes W. **sinnv.:** Großwetterlage, Klima, Temperatur, ↑Unwetter, Wetterfront, Wetterlage, Witterung. **Zus.:** April-, Bade-, Flug-, Föhn-, Frost-, Frühlings-, Grippe-, Herbst-, Hunde-, Matsch-, Mist-, Kaiser-, Regen-, Reise-, Sau-, Schnee-, Sommer-, Tau-, Urlaubswetter. **2.** *zur Explosion neigendes Gemisch von Luft, Gas und Dunst in Bergwerken:* schlagende W. **Zus.:** Schlagwetter.

Wet|ter|leuch|ten, das; -s: *Widerschein entfernter Blitze:* ein W. erhellte dann und wann den Himmel. **sinnv.:** ↑Gewitter.

wet|tern ⟨itr.⟩: *laut und heftig schimpfen:* er wetterte über die schlechten Straßen; warum mußt du immer gegen alles w., was er sagt? **sinnv.:** ↑schelten. **Zus.:** loswettern.

wet|ter|wen|disch ⟨Adj.⟩: *leicht seine Einstellung oder seine Meinung ändernd; launenhaft und daher unberechenbar:* er ist ein sehr wetterwendischer Mensch. **sinnv.:** ↑launisch; ↑unausgeglichen.

wett|ma|chen, machte wett, hat wettgemacht ⟨tr.⟩: *(durch etwas anderes) ersetzen (und dadurch einen Ausgleich schaffen):* er bemühte sich, seine geringere Begabung durch Fleiß wettzumachen. **sinnv.:** ↑aufholen; ↑ausgleichen; ↑belohnen.

wet|zen ⟨tr.⟩: *(durch Schleifen an einem harten Gegenstand) wieder scharf machen, glätten:* der Fleischer wetzt sein Messer; der Vogel wetzt seinen Schnabel an einem Zweig. **sinnv.:** ↑schärfen.

Wicht, der; -[e]s, -e: **1.** *Kobold, Heinzelmännchen:* ein Märchen von einem W. erzählen. **sinnv.:** ↑Zwerg. **2.** (ugs.) *(bes. von kleinen Kindern) kleiner Kerl:* komm her, du [kleiner] W.! **sinnv.:** ↑Kind. **3.** *männliche Person (die der Sprecher verachtet):* er ist ein erbärmlicher W. **Zus.:** Bösewicht.

wich|tig ⟨Adj.⟩: *von wesentlicher Bedeutung:* eine wichtige Mitteilung; diese Arbeit ist nicht sehr w.; er hielt die Sache für sehr w. **sinnv.:** ↑bedeutend, bedeutsam, von [besonderer/großer] Bedeutung, ↑bedeutungsvoll, ernst, essentiell, folgenreich, folgenschwer, von [großem] Gewicht, gewichtig, ↑primär, relevant, richtungweisend, schwerwiegend, signifikant, substantiell, ↑triftig, wesenhaft, ↑wesentlich, von Wichtigkeit, zentral; außergewöhnlich; interessant; maßgeblich. **Zus.:** hoch-, höchst-, kriegs-, lebens-, unwichtig.

Wickel, der; -s, -: *feuchtes Tuch, das zu Heilzwecken um einen Körperteil gewickelt wird:* dem Kranken wurde ein warmer W. gemacht. **sinnv.:** Kompresse, Packung, Umschlag, Verband. **Zus.:** Brust-, Wadenwickel.

wickeln ⟨tr.⟩: **1.** *durch eine drehende Bewegung der Hand so umeinanderlegen, daß es in eine feste, meist runde Form gebracht wird:* Garn, Wolle [zu einem Knäuel] w.; Schnur auf eine Rolle w.; ich wickelte mir einen Schal um den Hals. **sinnv.:** ↑schlingen. **2. a)** *(als Umhüllung) um sich/jmdn./etwas legen:* ein Geschenk, Buch in Papier w.; sich [fest] in seinen Mantel w. **sinnv.:** ↑einpacken. **Zus.:** ein-, zuwickeln. **b)** *(einem Säugling) eine Windel umlegen:* der Kleine war frisch gewickelt. **sinnv.:** ↑trockenlegen. **c)** *mit einem Verband, einer Bandage versehen:* das Bein muß gewickelt werden. **4.** *aus einer Umhüllung, Verpakkung o. ä. lösen:* das Buch aus dem Papier w. **sinnv.:** ↑auspakken. **Zus.:** auswickeln.

Wid|der, der; -s, -: *männliches Schaf.*

wi|der ⟨Präp. mit Akk.⟩ (geh.): /bezeichnet einen Gegensatz, Widerstand, eine Abneigung/ *gegen:* das geschah w. meinen Willen; er handelte w. besseres Wissen. **sinnv.:** ↑entgegen.

wi|der|bor|stig ⟨Adj.⟩: *hartnäckig widerstrebend:* ein widerborstiges Kind; der Schüler war w. **sinnv.:** ↑unzugänglich.

wi|der|fah|ren, widerfährt, widerfuhr, ist widerfahren ⟨itr.⟩ (geh.): *(wie etwas Schicksalhaftes) zuteil werden, (von jmdm.) erlebt, erfahren werden:* es ist ihm viel Leid in seinem Leben widerfahren. **sinnv.:** begegnen, geschehen, zukommen (auf), zustoßen.

Wi|der|ha|ken, der; -s, -: *Haken, der so gekrümmt ist, daß er das Zurück-, Herausziehen aus etwas unmöglich macht.*

Wi|der|hall, der; -[e]s, -e: *Hall, der (von einer Wand o. ä.) zurückgeworfen wird.* **sinnv.:** Echo, Nachhall, Resonanz.

wi|der|hal|len, hallte wider, hat widergehallt ⟨itr.⟩: *den Schall zurückwerfen:* die Schritte hallten auf dem Pflaster wider.

wi|der|le|gen ⟨tr.⟩: *nachweisen, daß etwas nicht zutrifft:* es war nicht schwer, seine Behauptungen zu w. **sinnv.:** entkräften, entwaffnen, ad absurdum führen, etwas Lügen strafen.

wi|der|lich ⟨Adj.⟩: **a)** *Widerwillen, Ekel erregend:* ein widerlicher Geruch; diese Insekten sind w. **sinnv.:** ↑ekelhaft, ↑gräßlich. **b)** *in hohem Maße abstoßend:* ich fühlte mich von dem widerlichen Typ bedroht. **sinnv.:** ↑unbeliebt, unpopulär, unsympathisch.

wi|der|na|tür|lich ⟨Adj.⟩: *dem natürlichen Empfinden oder Verhalten zuwiderlaufend:* der Vater hatte jahrelang ein widernatürliches Verhältnis zu seiner Tochter. **sinnv.:** ↑abartig.

wi|der|recht|lich ⟨Adj.⟩: *zu Unrecht; gegen das Recht [geschehend]:* eine widerrechtliche Inhaftierung; die Verhafteten wurden w. zurückgehalten. **sinnv.:** ↑gesetzwidrig.

Wi|der|re|de, die; -, -n: *Äußerung, mit der einer anderen Äußerung widersprochen wird:* der Vater duldete keine W.; er gehorchte ohne W. **sinnv.:** ↑Widerspruch.

Wi|der|ruf, der; -[e]s, -e: *Zurücknahme einer Aussage, Erlaubnis o. ä.:* die Durchfahrt ist bis auf W. gestattet. **sinnv.:** Absage, Dementi, Rückzieher, ↑Rückzug, Sinneswandel, Zurücknahme.

wi|der|ru|fen, widerrief, hat widerrufen ⟨tr.⟩: *(eine eigene Aussage) für falsch oder für ungültig erklären:* der Angeklagte hat sein Geständnis w.; ⟨auch itr.⟩ der Angeklagte hat widerrufen. **sinnv.:** abrücken, absagen, abschreiben, ↑dementieren, revozieren, rückgängig machen, zurücknehmen, ↑zurückziehen.

Wi|der|sa|cher, der; -s, -, **Wi-**

der|sa|che|rin, die; -, -nen: *männliche bzw. weibliche Person, die als Gegner bzw. Gegnerin versucht, die Bestrebungen o. ä. der anderen Person zu hintertreiben, ihr zu schaden:* er hatte mehrere Widersacher in der eigenen Partei. **sinnv.:** ↑Gegner, ↑Rivale.

wi|der|set|zen, sich: *sich heftig weigern (etwas Bestimmtes zu tun), sich gegen jmdn./etwas auflehnen:* er widersetzte sich der Aufforderung, seinen Ausweis vorzuzeigen. **sinnv.:** ↑protestieren, sich ↑sperren.

wi|der|setz|lich ⟨Adj.⟩: *leicht geneigt, sich zu widersetzen:* der Junge ist sehr w. und darum schwer zu erziehen. **sinnv.:** ↑rebellisch, ↑unzugänglich.

wi|der|sin|nig ⟨Adj.⟩: *der Vernunft zuwiderlaufend:* die widersinnigen Anordnungen wurden nicht ausgeführt. **sinnv.:** ↑absurd, ↑gegensätzlich.

wi|der|spen|stig ⟨Adj.⟩: *sich gegen jmds. Willen, Absicht sträubend, sich jmds. Anweisung mit trotziger Hartnäckigkeit widersetzend:* ein widerspenstiges Kind; das Pferd ist sehr w. **sinnv.:** störrisch, ↑trotzig, ↑unzugänglich.

wi|der|spie|geln, spiegelte wider, hat widergespiegelt: **a)** ⟨tr.⟩ *erkennbar werden lassen, zum Ausdruck bringen:* sein Gesicht spiegelt seinen Zorn wider. **sinnv.:** ↑spiegeln. **b)** ⟨sich w.⟩ *erkennbar werden:* in dieser Dichtung spiegeln sich die politischen Verhältnisse der Zeit wider. **sinnv.:** sich abmalen/niederschlagen/↑spiegeln.

wi|der|spre|chen, widerspricht, widersprach, hat widersprochen: **a)** ⟨itr.⟩ *der Meinung, Äußerung eines anderen entgegentreten; jmds. Äußerung für unrichtig erklären:* er widersprach dem Redner heftig. **b)** ⟨sich w.⟩ *sich entgegengesetzt zu seiner eigenen, vorher gemachten Aussage äußern, sich selbst widerlegen:* du widersprichst dir ja ständig selbst. **c)** ⟨itr.⟩ *etwas/sich ausschließen; im Gegensatz zu etwas stehen:* diese Entwicklung widerspricht den bisherigen Erfahrungen; die Darstellungen widersprechen einander, sich [gegenseitig]. **sinnv.:** ↑abweichen, ↑entgegenstehen.

Wi|der|spruch, der; -[e]s, Widersprüche: **1.** *Äußerung, durch die man einer anderen Meinung o. ä. entgegentritt:* sein W. war berechtigt; er verträgt keinen W. **sinnv.:** Widerrede. **2.** *das Sichausschließen; fehlende Übereinstimmung zweier oder mehrerer Aussagen, Erscheinungen o. ä.:* zwischen seinem Reden und Handeln besteht ein W. **sinnv.:** Gegensätzlichkeit, Inkonsequenz, ↑Kontrast, Paradoxie, Unlogik, Widersinn; ↑Zwiespalt. **Zus.:** Grund-, Haupt-, Scheinwiderspruch.

wi|der|sprüch|lich ⟨Adj.⟩: *Widersprüche aufweisend; sich widersprechend:* die Aussagen der Zeugen waren w. **sinnv.:** ↑gegensätzlich.

wi|der|spruchs|los ⟨Adj.⟩: *keinen Widerspruch erhebend, ohne Widerspruch:* dieser Kriecher nimmt alles w. hin. **sinnv.:** ↑anstandslos.

Wi|der|stand, der; -[e]s, Widerstände: **1.** *das Sichwidersetzen, Sichentgegenstellen:* der W. der Bevölkerung gegen das Regime; ihr W. gegen diesen Plan war groß. **sinnv.:** ↑Abwehr, ↑Protest. **2.** *etwas, was jmdm./einer Sache entgegenwirkt:* den Weg des geringsten Widerstandes gehen; sie schaffte es allen Widerständen zum Trotz. **sinnv.:** ↑Hindernis. **Zus.:** Luft-, Reibungswiderstand.

wi|der|stands|fä|hig ⟨Adj.⟩: *gegen Belastungen, schädliche Einflüsse, Krankheitserreger u. ä. unempfindlich:* der Aufenthalt an der See hat die Kinder sehr w. gemacht; ein widerstandsfähiges Material. **sinnv.:** abgehärtet, beständig, gefeit, gestählt, haltbar, immun, resistent, robust, stabil.

wi|der|stands|los ⟨Adj.⟩: *ohne Widerstand zu leisten:* der Dieb ließ sich w. verhaften. **sinnv.:** ohne Gegenwehr, kampflos.

wi|der|ste|hen, widerstand, hat widerstanden ⟨itr.⟩: **1. a)** *etwas [ohne Schaden zu nehmen] aushalten:* die Häuser widerstanden dem heftigen Sturm. **sinnv.:** ↑standhalten. **b)** *der Versuchung, etwas Bestimmtes zu tun, standhalten:* er widerstand tapfer dem Alkohol. **sinnv.:** sich ↑sperren, standhaft bleiben. **2.** *bei jmdm. Widerwillen, Abneigung, Ekel hervorrufen:* dieses Fett widersteht mir.

wi|der|stre|ben ⟨itr.⟩: *eine innerliche Abneigung, ein heftiges innerliches Sichsträuben hervorrufen:* es widerstrebte ihm, über diese Angelegenheit zu sprechen; ihr widerstrebte jegliche Abhängigkeit. **sinnv.:** sich ↑sperren.

Wi|der|streit, der; -[e]s, -e: *Zwiespalt, in dem verschiedene Kräfte, Wünsche im Menschen gegeneinander kämpfen:* er lebte in einem W. zwischen Pflicht und Neigung. **sinnv.:** ↑Zwiespalt.

wi|der|wär|tig ⟨Adj.⟩: *(im Urteil des Sprechers) höchst unangenehm, heftigen Ekel erregend:* der schmutzige Raum bot einen widerwärtigen Anblick; die Angelegenheit war ihm w. **sinnv.:** ↑ekelhaft, ↑häßlich.

Wi|der|wil|le, der; -ns: *heftige Abneigung:* er hat einen Widerwillen gegen fettes Fleisch. **sinnv.:** ↑Abneigung, ↑Unlust.

wi|der|wil|lig ⟨Adj.⟩: **a)** *Unmut, Widerwillen ausdrückend:* sie gab nur eine widerwillige Antwort. **sinnv.:** lustlos, unwillig. **b)** *sehr ungern:* er macht diese Arbeit nur w. **sinnv.:** lustlos, ungern, unwillig, widerstrebend.

wid|men, widmete, hat gewidmet: **1.** ⟨tr.⟩ *(als Zeichen der Verehrung o. ä.) ein eigenes künstlerisches, wissenschaftliches Werk für einen anderen bestimmen:* er widmete seine Sinfonien dem König. **sinnv.:** dedizieren, zueignen. **2. a)** ⟨tr.⟩ *ausschließlich für jmdn. oder zu einem gewissen Zweck bestimmen, verwenden:* er widmete seine freie Zeit der Malerei. **b)** ⟨sich w.⟩ *sich (jmds./einer Sache) annehmen; sich eingehend (mit jmdm./einer Sache) beschäftigen:* sie widmet sich ganz ihrem Haushalt; du mußt dich den Gästen w. **sinnv.:** sich ↑befassen.

Wid|mung, die; -, -en: *für jmdn. ganz persönlich bestimmte Worte, die in ein Buch o. ä. geschrieben werden:* in dem Buch stand eine W. des Verfassers. **sinnv.:** Dedikation, Zueignung; Autogramm.

wid|rig ⟨Adj.⟩: *so gegen jmdn./eine Sache gerichtet, daß es sich äußerst ungünstig, behindernd auswirkt:* widrige Winde; widrige Umstände. **sinnv.:** ↑unglücklich.

-wid|rig ⟨adjektivisches Suffixoid⟩: *dem im substantivischen Basiswort Genannten zuwiderlaufend, dagegen gerichtet, ihm nicht entsprechend, es hemmend* /Ggs. -gemäß/: abrede-, absprache-, befehls-, disziplin-, (Karotten wirken) entzündungswidrig, form-, gesetz[es]-, infektionswidrig (wirken), kartellgesetzwidrige Absprache, kultur-, norm-, ordnungs-, polizei-, praxis-, protokoll-, rechts-, regel-, satzungs-, sitten-, sprach-, stil-, verbots-, verkehrs-, verfassungswidrig (handeln), verswidrige Betonung, vertrags-, vorschrifts-, wahrheitswidrig; ‹selten mit adjektivischem Basiswort› sozialwidrige Arbeitsbedingungen.

wie: **I.** ‹Adverb›: **1. a)** *auf welche Art und Weise:* w. soll ich das machen?; w. komme ich von hier aus zum Bahnhof? **b)** *in welchem Maße:* w. warm war es heute?; w. oft spielst du Tennis? **2.** ‹relativisch› **a)** *auf welche Art und Weise:* mich stört die Art, w. er es macht. **b)** *in welchem Maße:* die Preise steigen in dem Maße, w. die Löhne erhöht werden. **3.** */drückt als Ausruf Erstaunen, Freude, Bedauern o. ä. aus/:* w. dumm, daß du keine Zeit hast!; w. schön!; ‹auch alleinstehend› */drückt Erstaunen, Entrüstung u. ä. aus/:* w., du willst nicht mitgehen?; */bestätigt und verstärkt in Verbindung mit ‚und' das vorher Gesagte/:* ist es kalt draußen? Und w.! **II.** ‹Konj.› **1.** ‹Vergleichspartikel›: **a)** */schließt ein Satzglied oder ein Attribut an/:* er ist so groß w. ich; eine Frau w. sie; ich fühle mich w. gerädert; w. immer. **b)** /in Vergleichssätzen/: Wolfgang ist ebenso groß, w. sein Bruder im gleichen Alter war. **c)** */schließt Beispiele an, die einen vorher genannten Begriff veranschaulichen/:* sie haben viele Tiere, w. Pferde, Schweine, Hühner usw. **2.** */verknüpft die Glieder einer Aufzählung/:* Männer w. Frauen nahmen daran teil; das Haus innen w. außen renovieren. **sinnv.:** ↑und. **3.** */leitet einen Objektsatz ein/:* ich sah, w. er auf die Straße lief.

wie|der ‹Adverb›: **1.** *ein weiters Mal; wie früher schon einmal:* er ist in diesem Jahr w. nach Prag gefahren; er hat w. nach dir gefragt. **sinnv.:** abermals, da capo, noch einmal, erneut, aufs neue, von neuem, neuerlich, nochmals, wiederum, zum x-tenmal. **2.** */drückt die Rückkehr in den früheren Zustand o. ä. aus/:* der junge Mann wurde w. freigelassen; der umgefallene Stuhl wurde w. aufgestellt; er hob den Bleistift w. auf.

wie|der|be|le|ben, belebte wieder, hat wiederbelebt ‹tr.›: *jmds. lebensbedrohlich gestörte oder bereits zum Stillstand gekommene Atmung und Herztätigkeit durch gezielte Maßnahmen wieder in Gang bringen:* durch künstliche Atmung konnte man den Verunglückten w. **sinnv.:** reanimieren.

wie|der|er|ken|nen, erkannte wieder, hat wiedererkannt ‹tr.›: *im Angesicht einer Person oder Sache erkennen, daß man die Person/Sache bereits früher gekannt, schon einmal gesehen o. ä. hat:* nach den vielen Jahren hatte ich sie kaum wiedererkannt.

wie|der|fin|den, fand wieder, hat wiedergefunden ‹tr.›: *(etwas Verlorenes) finden:* ich habe die Schere wiedergefunden.

Wie|der|ga|be, die; -, -n: **a)** *in einem Druckverfahren hergestellte Abbildung, Vervielfältigung eines Kunstwerks:* eine gute W. eines Gemäldes von Picasso. **sinnv.:** ↑Reproduktion. **Zus.:** Bild-, Textwiedergabe. **b)** *Aufführung, Interpretation eines musikalischen Werkes:* diese Schallplatte bietet eine vollendete W. einer Kantate von Bach. **sinnv.:** ↑Darbietung. **Zus.:** Klang-, Tonwiedergabe.

wie|der|ge|ben, gibt wieder, gab wieder, hat wiedergegeben ‹tr.›: **1.** *(dem Eigentümer) zurückgeben:* gib dem Kind sein Spielzeug wieder! **sinnv.:** ↑herausgeben. **2. a)** *mit Worten darstellen, berichten:* er versuchte seine Eindrücke wiederzugeben. **sinnv.:** ↑schildern. **b)** *vortragen, darbieten:* er hat die Lieder vollendet wiedergegeben.

wie|der|gut|ma|chen, machte wieder gut, hat wiedergutgemacht ‹tr.›: *Entschädigung (für etwas, was man verschuldet hat) leisten:* einen Schaden w. **sinnv.:** ↑einstehen (für), ↑entschädigen.

wie|der|her|stel|len, stellte wieder her, hat wiederhergestellt ‹tr.›: *in den früheren guten Zustand zurückversetzen:* das alte Gebäude wurde wiederhergestellt. **sinnv.:** ↑erneuern, ↑heilen, rekonstruieren.

wie|der|ho|len: **I. wiederholen,** holte wieder, hat wiedergeholt ‹tr.›: *wieder an den alten Platz, zu sich holen:* er wird [sich] sein Buch morgen w. **sinnv.:** zurückholen. **II. wiederholen,** wiederholte, hat wiederholt /vgl. wiederholt/: **1.** ‹tr.› *noch einmal sagen oder tun:* er wiederholte seine Worte; die Untersuchung mußte wiederholt werden. **sinnv.:** nachmachen, ↑nachsagen, rekapitulieren, repetieren. **2.** ‹sich w.› *ein weiteres Mal, immer wieder von neuem geschehen oder eintreten:* diese seltsame Szene wiederholte sich mehrmals; diese Katastrophe darf sich niemals w. **sinnv.:** wiederkehren, wiederkommen; sich jähren. **3.** ‹tr.›*(Lernstoff o. ä.) nochmals durchgehen, sich von neuem einprägen:* die Schüler wiederholten die Vokabeln. **sinnv.:** repetieren.

wie|der|holt ‹Adj.›: *mehrmals, immer wieder [erfolgend]:* er wurde w. aufgefordert, sich zu melden. **sinnv.:** ↑oft. **Zus.:** unwiederholt.

Wie|der|ho|lung, die; -, -en: **a)** *das [Sich]wiederholen, das nochmalige Ausführen einer Handlung o. ä.:* es gibt für diese Prüfung nicht die Möglichkeit der W. **b)** *Sendung, Film, der im Rundfunk oder Fernsehen erneut ausgestrahlt wird:* während der Sommermonate gibt es viele Wiederholungen im Fernsehen.

Wie|der|hö|ren: ‹in der Fügung› auf W.! /im Rundfunk und beim Telefonieren gebräuchliche Abschiedsformel/. **sinnv.:** auf ↑Wiedersehen.

wie|der|käu|en, käute wieder, hat wiedergekäut: **1.** ‹tr./itr.› *(bereits teilweise verdaute, aus dem Magen wieder ins Maul beförderte Nahrung) nochmals kauen:* Kühe käuen [ihre Nahrung] wieder. **2.** ‹tr.› (ugs.) *wieder und wieder sagen, vorbringen:* wie oft soll ich den Lehrstoff noch w.!

Wie|der|käu|er, der; -s, -: *Tier, das wiederkäut.*

wie|der|keh|ren, kehrte wieder, ist wiedergekehrt ‹itr.› (geh.): **1.** ↑*wiederkommen* (a): er ist von seiner Reise bis jetzt nicht wiedergekehrt. **2.** *sich wiederholen, (an anderer Stelle) ebenfalls auftreten:* dieser Gedanke kehrt in dem Aufsatz häufig wieder. **sinnv.:** sich ↑wiederholen.

wie|der|kom|men, kam wieder, ist wiedergekommen ‹itr.›: **a)** *sich an der Ausgangsstelle erneut einfinden, sie wieder aufsuchen:* er wollte in einer Woche w. **sinnv.:** ↑zurückkommen. **b)** (ugs.) *sich noch einmal ereignen, erneut auftreten:* der Ausschlag ist wiedergekommen. **sinnv.:** sich ↑wiederholen.

wie|der|se|hen, sieht wieder, sah wieder, hat wiedergesehen ⟨itr.⟩: *(nach einer Trennung) erneut sehen, wieder einmal begegnen:* ich habe Klaus nach acht Jahren in Berlin wiedergesehen; die Freunde sahen sich nach vielen Jahren wieder.

Wie|der|se|hen, das; -s, -: **a)** *das [Sich]wiedersehen:* als alle Kinder wieder zu Hause waren, gab es ein fröhliches W. **sinnv.:** ↑Begegnung. **Zus.:** Nimmerwiedersehen. **b)** ⟨in der Fügung⟩ auf W.! /Abschiedsformel/. **sinnv.:** ade, adieu, bis bald/gleich, bye-bye, ciao, ich empfehle mich, mach's gut, gute Nacht, pfüeti [Gott], Servus, tschüs, auf Wiederhören.

Wie|ge, die; -, -n: *(auf Kufen stehendes) kleines Bett, Kinderbett für einen Säugling, das in schaukelnde Bewegung gebracht werden kann.* **sinnv.:** Babywippe, Stubenwagen. **Zus.:** Holz-, Kinder-, Puppenwiege.

wie|gen: **I.** wog, hat gewogen /vgl. gewogen/: **1.** ⟨tr.⟩ *das Gewicht (von jmdm./einer Sache) mit einer Waage feststellen:* sie wog die Äpfel; er hat sich heute gewogen und festgestellt, daß er zugenommen hat. **sinnv.:** abwiegen, wägen · ↑schwer · ↑Gewicht. **Zus.:** aus-, nachwiegen. **2.** ⟨itr.⟩ *ein bestimmtes Gewicht haben:* er wiegt 60 kg. **sinnv.:** leicht/schwer sein, auf die Waage bringen. **II.** wiegte, hat gewiegt: **a)** ⟨tr.⟩ *[in einer Wiege] sanft schwingend hin und her bewegen:* das kleine Mädchen wiegt seine Puppe in den Schlaf. **sinnv.:** schaukeln. **b)** ⟨itr./sich w.⟩ *langsam, schwingend hin und her bewegen:* er wiegte sorgenvoll den Kopf; sie wiegt sich beim Gehen in den Hüften.

Wie|gen|lied, das; -[e]s, -er: *Lied, das dem Kind vorgesungen wird, damit es leichter einschläft.* **sinnv.;** Schlaflied.

wie|hern ⟨itr.⟩: *(bes. von Pferden) ungleichmäßig laute, helle, durchdringende Laute von sich geben.*

Wie|se, die; -, -n: *mit Gras bewachsene, wenig oder nicht bearbeitete Fläche:* Kühe weideten auf der W. **sinnv.:** Alm, Anger, ↑Garten, Gras, Hutung, Koppel, Matte, ↑Rasen, Trift, Weide. **Zus.:** Berg-, Fest-, Liege-, Spielwiese.

Wie|sel, das; -s, -: *kleines, sehr schlankes, gewandtes und flinkes Raubtier mit oberseits braunrotem, unterseits weißem Fell.*

wie|so ⟨Adverb⟩ **1.** ⟨interrogativ⟩ *aus welchem Grund:* w. muß ich denn immer diese Arbeiten machen? **sinnv.:** ↑warum. **2.** ⟨relativisch⟩ *aus welchem Grund:* der Grund, w. er das gesagt hat, ist mir vollkommen unbekannt. **sinnv.:** ↑warum.

wie|viel [auch: wie...] ⟨Adverb⟩ **1.** ⟨interrogativ⟩ *welche Menge, welches Maß, welche Anzahl:* w. Mehl braucht man für diesen Kuchen?; w. Kinder haben Sie? **2.** ⟨relativisch⟩ *welche Menge, welche Anzahl:* ich weiß es nicht, w. er verdient.

wie|weit ⟨Adverb⟩: *bis zu welchem Maß, Grad* /nur relativisch; interrogativ getrennt geschrieben/: ich bin im Zweifel darüber, w. ich mich darauf verlassen kann.

wild ⟨Adj.⟩: **1.** *in der freien Natur lebend oder wachsend; nicht gezüchtet oder angebaut:* wilde Kaninchen; diese Pflanzen kommen nur w. vor. **sinnv.:** nicht domestiziert/kultiviert, wildlebend, wildwachsend. **2.** *auf niedriger Kulturstufe stehend:* wilde Völker. **sinnv.:** ↑primitiv. **3. a)** *ungestüm, sehr lebhaft, stürmisch:* die Kinder sind sehr w.; wilde Leidenschaft erfüllte sie. **sinnv.:** ↑ausschweifend, übermütig. **b)** *sehr zornig; heftig erregt:* der Gefangene schlug w. um sich. **sinnv.:** ↑martialisch, ↑rabiat.

Wild, das; -[e]s: *wildlebende Tiere, die gejagt werden dürfen.* **Zus.:** Dam-, Hoch-, Rot-, Schwarzwild.

Wild|bret, das; -s (geh.): *Fleisch von Wild.*

Wild|dieb, der; -[e]s, -e: *jmd., der wildert.* **sinnv.:** Wilderer, Wildschütz.

Wil|de, der und die; -n, -n ⟨aber: [ein] Wilder, Plural: [viele] Wilde⟩: *Angehörige[r] eines wilden* (2) *Volkes:* die Gebräuche der Wilden erforschen. **sinnv.:** ↑Kannibale.

Wil|de|rer, der; -s, -: ↑*Wilddieb.*

wil|dern ⟨itr.⟩: **a)** *ohne Jagderlaubnis Wild schießen, fangen:* heute nacht geht er w. **b)** *(bes. von Hunden und Katzen) dem Wild nachstellen:* wildernde Hunde werden erschossen.

Wild|fang, der; -[e]s, Wildfänge: *wildes, lebhaftes Kind.* **sinnv.:** Feger, wilde Hummel, Quecksilber, Quirl.

wild|fremd ⟨Adj.⟩: *ganz, völlig fremd:* ein wildfremder Mensch.

Wild|le|der, das; -s: *weiches Leder von Rehen, Gemsen, Antilopen o. ä. mit rauher Oberfläche.*

Wild|nis, die; -, -se: *unbewohntes, unwegsames, nicht kultiviertes oder bebautes Land:* eine tierreiche W. **sinnv.:** ↑Urwald.

Wild|schwein, das; -[e]s, -e: *wildlebendes Schwein mit braunschwarzem bis hellgrauem, borstigem Fell, großem Kopf und starken Eckzähnen, die seitlich aus der Schnauze hervorstehen.* **sinnv.:** Wildsau; ↑Schwein.

Wild|was|ser, das; -s, -: *reißender Gebirgsbach mit starkem Gefälle:* W. befahren. **sinnv.:** Wildbach.

Wil|le, der; -ns, -n ⟨Plural selten⟩: *das Wollen; Fähigkeit des Menschen, sich für bestimmte Handlungen zu entscheiden:* er hat einen starken Willen; er hatte den festen Willen, sich zu bessern. **sinnv.:** ↑Initiative. **Zus.:** Abrüstungs-, Friedens-, Lebens-, Mehrheits-, Mut-, Opfer-, Un-, Wähler-, Widerwille.

wil|len: ⟨nur in Verbindung mit *um*⟩ **um... w.** ⟨Präp. mit Gen.⟩: *jmdm./einer Sache zuliebe; mit Rücksicht auf jmdn./eine Sache; im Interesse einer Person/Sache:* um ihrer Kinder w. haben sie auf vieles verzichtet. **sinnv.:** ↑wegen.

wil|len|los ⟨Adj.⟩: *ohne eigenen Willen; keinen festen Willen zeigend:* er ließ alles w. über sich ergehen. **sinnv.:** ↑willensschwach.

wil|lens ⟨Adj.⟩: ⟨in der Fügung⟩ w. sein: *bereit, entschlossen sein (etwas Bestimmtes zu tun):* er war w., uns zu helfen.

wil|lens|schwach ⟨Adj.⟩: *nur einen schwachen Willen besitzend:* ein willensschwacher Trinker. **sinnv.:** energielos, haltlos, nachgiebig, pflaumenweich, weich, weichlich, willenlos.

wil|lens|stark ⟨Adj.⟩: *einen starken Willen besitzend:* ein willensstarker Mensch. **sinnv.:** ↑zielstrebig.

will|fäh|rig ⟨Adj.⟩ *ohne Bedenken, in würdeloser Weise bereit, zu tun, was ein anderer von einem fordert:* er war ein willfähriger Handlanger der Verbrecher.

wil|lig ⟨Adj.⟩: *gerne bereit, zu tun, was gefordert wird; guten Willen zeigend:* die Arbeiter zeigten sich sehr w. **sinnv.:** ↑gehorsam. **Zus.:** arbeits-, bereit-, bös-, eigen-, frei-, gut-, mut-, un-, widerwillig.

-wil|lig ⟨adjektivisches Suffixoid⟩: **1.** /aktivisch/ *bereit, das im Basiswort Genannte zu tun, auszuführen:* adoptionswilliges Ehepaar *(das gern ein Kind adoptieren will),* amüsierwillige Jugend *(die den Wunsch hat, sich zu amüsieren),* änderungs-, arbeitswillige Jugendliche *(die gern arbeiten wollen),* aufbau-, aufnahme-, ausreise-, aussage-, auswanderungs-, bau-, benutzungs-, bleibe-, ehe- *(bereit, eine Ehe einzugehen),* einsatz-, emanzipationswillige Männer *(die sich emanzipieren wollen),* flucht-, gemeinschafts-, heirats-, hör-, integrations-, koalitions-, kooperations-, krankheits-, lern-, opfer-, scheidungs-, schlankheits-, spar-, studier-, teilnahme-, therapiewilliger Arzt *(der bereit ist, eine Therapie durchzuführen),* verhandlungs-, verkaufs-, verständigungs-, wende-, zahlungswillig. **sinnv.:** -bereit. **2.** /passivisch/ *bereit, das im Basiswort Genannte mit sich geschehen zu lassen:* impfwillige Personen *(die bereit sind, sich impfen zu lassen),* sterilisier-, therapiewilliger Drogenabhängiger *(der bereit ist, eine Therapie an sich vornehmen zu lassen).* **3.** /passivisch/ (selten) *so beschaffen, daß das im Basiswort Genannte gut/leicht mit dem Bezugswort gemacht werden kann:* drehwillige Palette *(die sich leicht/gut dreht),* frisierwilliges Haar *(das sich leicht/gut frisieren läßt).*

will|kom|men ⟨Adj.⟩: *sehr passend und erwünscht:* eine willkommene Nachricht; er ist uns immer ein willkommener Gast; du bist uns immer w. **sinnv.:** ↑erfreulich, erwünscht, gelegen, lieb.

Will|kür, die; -: *Verhaltensweise, die ohne Rücksicht auf andere nur den eigenen Wünschen und Interessen folgt:* sie waren der W. eines launischen Vorgesetzten ausgeliefert. **sinnv.:** ↑Gewalt. **Zus.:** Beamten-, Unternehmerwillkür.

will|kür|lich ⟨Adj.⟩: **a)** *vom Willen oder Bewußtsein gesteuert:* man unterscheidet willkürliche und unwillkürliche Bewegungen. **sinnv.:** bewußt, gewollt. **Zus.:** unwillkürlich. **b)** *durch Willkür gekennzeichnet:* den willkürlichen Anordnungen des Herrschers gehorchen müssen. **sinnv.:** eigenmächtig, ↑totalitär. **c)** *unsystematisch und auf Zufall beruhend:* eine willkürliche Auswahl; etwas w. festlegen. **sinnv.:** ↑unüberlegt, ↑wahllos.

wim|meln ⟨itr.⟩: *voll, erfüllt sein von einer sich rasch, lebhaft durcheinanderbewegenden Menge:* im Schwimmbad wimmelte es von Kindern; die Straße wimmelte von Menschen. **sinnv.:** ↑überhandnehmen. **Zus.:** abwimmeln.

wim|mern ⟨itr.⟩: *leise, klagend weinen:* das kranke Kind wimmerte. **sinnv.:** ↑weinen.

Wim|pel, der; -s, -: *kleine dreieckige, auch trapezförmige Fahne* (siehe Bildleiste „Fahnen"): die Jungen hatten bei der Wanderung einen W. bei sich. **sinnv.:** ↑Fahne. **Zus.:** Ehrenwimpel.

Wim|per, die; -, -n: *relativ kurzes, kräftiges, meist leicht gebogenes Haar, das mit anderen zusammen am vorderen Rand des Augenlids sitzt:* das Kind hatte lange, seidige Wimpern.

Wind, der; -[e]s, -e: *spürbar stärker bewegte Luft:* auf den Bergen wehte ein heftiger W.; der W. kommt von Osten. **sinnv.:** Blizzard, Bö, Brise, Lüftchen, Luftzug, Monsum, Orkan, Passat, Samum, Schirokko, Sturm. **Zus.:** Abend-, Auf-, Gegen-, Monsun-, Nord-, Ost-, Passat-, Rücken-, Seiten-, Süd-, West-, Wirbelwind.

Wind|beu|tel, der; -s, -: **1.** *leichtes, mit Sahne gefülltes Gebäckstück.* **sinnv.:** ↑Gebäck. **2.** (ugs.) *leichtlebiger, unzuverlässiger Mensch:* einen solchen W. würde ich an ihrer Stelle nicht heiraten. **sinnv.:** ↑Luftikus.

Win|de, die; -, -n: *mit einer Kurbel angetriebene Vorrichtung zum Heben von Lasten:* einen schweren Stein mit der W. heben. **sinnv.:** Aufzug, Elevator, Flaschenzug, Gangspill, Spill. **Zus.:** Anker-, Seil-, Trommelwinde.

Win|del, die; -, -n: **a)** *weiches Tuch aus Stoff, das um den Unterkörper eines Säuglings geschlungen wird, um dessen Ausscheidungen aufzunehmen:* sie hat viele Windeln zu waschen. **Zus.:** Mull-, Stoffwindel. **b)** *durch Klebestreifen zusammengehaltene, einem Höschen ähnliche Kunststoffolie mit dicker Zellstofflage mit der Funktion einer Windel* (a), *die nach Gebrauch weggeworfen wird.* **sinnv.:** Höschenwindel, Wegwerfwindel.

win|den, sich; wand sich, hat sich gewunden: **1.** *sich (vor Schmerzen) krümmen, sich hin und her werfen:* der Verletzte wand sich vor Schmerzen. **Zus.:** über-, verwinden. **2.** *durch ausweichende Reden eine klare Antwort oder Entscheidung zu umgehen suchen:* er wand sich in seinen Reden, um die unangenehme Sache zu verbergen. **sinnv.:** sich ↑herausreden.

win|dig ⟨Adj.⟩: *mit viel Wind:* windiges Wetter; heute ist es sehr w. draußen. **sinnv.:** luftig, ↑rauh.

Wind|jacke, die; -, -n: *sportliche Jacke aus leichtem, meist wasserundurchlässigem Material.* **sinnv.:** ↑Anorak.

Wind|müh|le, die; -, -n: *Mühle, die durch die Kraft des Windes mit Hilfe von großen Flügeln angetrieben wird* (siehe Bild).

Windmühle

wind|schief ⟨Adj.⟩: *(von einem Bau, einer Wand o. ä.) nicht mehr gerade stehend, leicht geneigt und daher baufällig wirkend:* die Hütte ist schon ganz w.

wind|still ⟨Adj.⟩: *vor Wind geschützt; ohne Wind:* hier ist es w.; ein windstilles Plätzchen. **sinnv.:** windgeschützt.

Win|dung, die; -, -en: *Krümmung in Form eines Bogens:* der Bach fließt in vielen Windungen durch das Tal. **sinnv.:** ↑Kurve. **Zus.:** Fluß-, Gehirn-, Hirnwindung.

Wink, der; -[e]s, -e: **1.** *durch eine Bewegung der Hand o. ä. ge-*

gebenes Zeichen (mit dem man etwas andeuten, auf etwas hinweisen will): auf einen W. des Gastes kam der Kellner herbei. **sinnv.:** ↑Gebärde. **2.** *Äußerung, mit der man jmdn. meist unauffällig auf etwas aufmerksam machen will:* man hatte ihm den W. gegeben, daß die Polizei ihn suchte. **sinnv.:** ↑Hinweis.

Wịn|kel, der; -s, -: **1.** *geometrisches Gebilde aus zwei Geraden, die von einem Punkt ausgehen:* die beiden Linien bilden einen W. von 60°. **Zus.:** Blick-, Einfalls-, Komplement-, Neben-, Neigungswinkel. **2.** *Gerät zum Zeichnen, Messen von Winkeln* (1) *in Form eines rechtwinkligen Dreiecks.* **sinnv.:** Geodreieck, Winkelmaß. **3.** *Ecke, die von zwei Wänden gebildet wird:* in einem W. des Zimmers stand ein Sessel. **sinnv.:** Ecke. **Zus.:** Augen-, Mund-, Nasenwinkel. **4.** *meist abgelegene, etwas verborgene Gegend, Stelle:* wir wohnen in einem ganz abgelegenen W. der Stadt. **sinnv.:** ↑Stelle. **Zus.:** Erden-, Schlupf-, Schmollwinkel.

Wịn|kel|zug, der; -[e]s, Winkelzüge: *geschicktes, nicht gleich durchschaubares Vorgehen zur Erreichung eines bestimmten, dem eignen Interesse dienenden Ziels:* durch einen schlauen W. hat er sich aus der Affäre gezogen. **sinnv.:** ↑List.

wịn|ken ⟨itr.⟩: **1.** *eine Hand oder einen Gegenstand hoch erhoben hin und her bewegen, um jmdn. zu grüßen, jmdm. ein Zeichen zu geben o. ä.:* die Kinder standen auf dem Bahnsteig und winkten, als die Mutter abreiste; der Gast winkte dem Kellner, weil er zahlen wollte. **sinnv.:** sich bemerkbar machen, ein Zeichen geben, zuwinken. **Zus.:** ab-, herbei-, zu-, zurückwinken. **2.** *für jmdn. in Aussicht stehen:* dem Finder winkte eine hohe Belohnung.

wịn|seln ⟨itr.⟩: *(von einem Hund) in leisem Ton klagende, jammernde Laute hervorbringen:* der Hund winselte vor der Tür. **sinnv.:** ↑bellen.

Wịn|ter, der; -s, -: *Jahreszeit zwischen Herbst und Frühling als kälteste Zeit des Jahres.*

Wịn|ter|gar|ten, der; -s, Wintergärten: *mit großen Fenstern oder Glaswänden für die Haltung von Zimmerpflanzen ausgestatteter Raum oder Teil eines Raums.* **sinnv.:** ↑Veranda.

wịn|ter|lich ⟨Adj.⟩: *dem Winter entsprechend, wie im Winter:* winterliches Wetter; winterliche Kleidung. **sinnv.:** ↑kalt.

Wịn|ter|sport, der; -[e]s: *auf Eis oder Schnee besonders während der Wintermonate betriebener Sport:* Skilanglauf ist ein für jedermann geeigneter W.

Wịn|zer, der; -s, -: *jmd., der Wein anbaut.* **sinnv.:** Weinbauer.

wịn|zig ⟨Adj.⟩: *sehr klein:* das Haus hat winzige Fenster. **sinnv.:** ↑klein, ↑minimal.

Wịp|fel, der; -s, -: *oberer Teil, Spitze eines meist hohen Baumes:* der Junge kletterte in den W. des Baumes. **sinnv.:** Baumkrone, Krone, ↑Spitze. **Zus.:** Baumwipfel.

Wịp|pe, die; -, -n: *langes, stabiles Brett o. ä., das in der Mitte auf einem Ständer angebracht ist und auf dessen Enden sitzend man auf und ab schwingt* (siehe Bild). **sinnv.:** Schaukel.

Wippe

wịp|pen, ⟨itr.⟩: **a)** *auf einer Wippe o. ä. auf und ab schwingen:* die beiden Kinder wippten den ganzen Nachmittag auf dem Spielplatz. **sinnv.:** schaukeln. **b)** *federnd auf und nieder bewegen:* der Junge wippte mit den Beinen. **sinnv.:** schwingen.

wir ⟨Personalpronomen⟩: */bezeichnet eine die eigene Person einschließende Gruppe/:* wir arbeiten heute länger; wir Deutsche, Liberale/Deutschen, Liberalen.

Wịr|bel, der; -s, -: **1.** *schnelle, um einen Mittelpunkt kreisende Bewegung von Wasser, Luft o. ä.:* in dem Strom sind starke W. **sinnv.:** ↑Strudel. **Zus.:** Luft-, Sand-, Wasser-, Windwirbel. **2.** *Knochen der Wirbelsäule:* der fünfte W. ist beschädigt. **Zus.:** Knochen-, Schwanzwirbel. **3.** *schnelle Aufeinanderfolge kurzer, harter Schläge auf einen Gegenstand, bes. eine Trommel:* die Trommler empfingen den Minister mit einem W. **Zus.:** Trommelwirbel. **4.** *großes Aufsehen, große Aufregung, die um jmdn./eine Sache entsteht:* viel W. machen. **sinnv.:** ↑Getue; ↑Hast.

wịr|beln, wirbelte, hat/ist gewirbelt: **1.** ⟨itr./tr.⟩ *[sich] schnell und drehend, kreisend bewegen:* der Staub ist in die Höhe gewirbelt; der Wind hat den Schnee von den Bäumen gewirbelt. **sinnv.:** ↑quirlen, ↑stieben. **Zus.:** auf-, durcheinander-, empor-, herumwirbeln. **2.** ⟨itr.⟩ *einen Wirbel* (3) *ertönen lassen:* die Trommler hatten gewirbelt, und dann fielen die Schüsse.

wịr|ken 1. ⟨itr.⟩ *in seinem Beruf, Bereich, an einem Ort mit gewisser Einflußnahme tätig sein:* er hat hier als Arzt lange gewirkt. **sinnv.:** ↑agieren, ↑arbeiten, ↑walten. **Zus.:** mit-, weiterwirken. **2.** ⟨tr.⟩ (geh.) *etwas hervorbringen, schaffen, vollbringen:* er hat viel Gutes gewirkt. **Zus.:** aus-, be-, er-, hinwirken. **3.** ⟨itr.⟩ *durch eine innewohnende Kraft, auf Grund seiner Beschaffenheit eine bestimmte Wirkung haben:* die Tabletten wirken [schnell]. **sinnv.:** anschlagen, sich auswirken, ↑einwirken, ↑fruchten, verfangen, wirksam sein. **4.** ⟨itr.⟩ **a)** *einen bestimmten Eindruck hervorrufen:* die Arbeit wirkt primitiv. **sinnv.:** sich anhören, anmuten, ↑aussehen, ↑beeindrucken, ↑erscheinen, hermachen. **b)** *zur Geltung kommen:* das Bild, die Farbe wirkt in diesem Raum nicht. **sinnv.:** ↑beeindrucken, hermachen. **5.** ⟨tr.⟩ *(Textilien) herstellen durch Verschlingen von Fäden zu Maschen mit speziellen Nadeln, wobei im Unterschied zum Stricken eine ganze Maschenreihe auf einmal gebildet wird.* **sinnv.:** ↑weben.

wịrk|lich: I. ⟨Adj.⟩ *in Wirklichkeit vorhanden; der Wirklichkeit entsprechend:* Szenen aus dem wirklichen Leben. **sinnv.:** effektiv, existent, de facto, faktisch, gegenständlich, konkret, ↑leibhaftig, ↑live, in natura, ↑praktisch, in praxi, real, realiter, ↑reell, richtig, tatsächlich. **Zus.:** unwirklich. **II.** ⟨Adverb⟩ *in der Tat* /dient der Bekräftigung, Verstärkung/: er kommt w.; ich weiß w. nicht, wo er ist. **sinnv.:** ↑auch, echt, erwartungsgemäß, faktisch, ↑gewiß; ↑zweifellos.

Wịrk|lich|keit, die; -: *Zustand, wie man ihn tatsächlich antrifft, erlebt; Bereich dessen, was als Gegebenheit, Erscheinung wahrnehmbar ist:* was er sagte, war von der W. weit entfernt. **sinnv.:** ↑Tatsache. **Zus.:** Berufs-, Schul-, Unwirklichkeit.

wịrk|sam ⟨Adj.⟩: *die beabsichtigte Wirkung erzielend, mit Erfolg wirkend:* ein wirksames Mittel gegen Husten. **sinnv.:** bewährt, effektiv, erprobt, ↑nützlich, probat. **Zus.:** unwirksam.

-wirk|sam ⟨adjektivisches Suffixoid⟩: **a)** *in bezug auf das im Basiswort Genannte Wirkung habend, erzielend, darauf einwirkend:* ausgaben- (ausgabenwirksame Gesetze), finanzplan- (finanzplanwirksamer Anteil), herz-, krisen-, massen- (ein massenwirksames Image = *das Wirkung bei den Massen erzielt),* nieren- und herzwirksame Bestandteile der Petersilie, öffentlichkeits-, partner-, publikums- (ein publikumswirksamer Auftritt), wähler- (ein Slogan erweist sich als nicht w.), wetter-, zielwirksam. **b)** *für das im Basiswort Genannte (als wirkungsvoll) geeignet:* bühnen-, plan- (p. machen), theater-, versorgungswirksam (v. werden). **c)** *das im Basiswort Genannte bewirkend, fördernd:* beschäftigungs-, breiten- (breitenwirksame Architektur), erfolgs-, lern-, produktions-, vermögens- (vermögenswirksame Leistungen), warenfonds- (w. werden), werbewirksam.

Wịr|kung, die; -, -en: *durch eine verursachende Kraft bewirkte Veränderung, bewirktes Ergebnis:* eine schnelle W. erkennen lassen; zwischen Ursache und W. unterscheiden; ohne W. bleiben. **sinnv.:** ↑Erfolg, ↑Reaktion. **Zus.:** Aus-, Breiten-, Gegen-, Mit-, Nach-, Neben-, Schock-, Spreng-, Tiefen-, Wechselwirkung.

wịr|kungs|los ⟨Adj.⟩: *ohne Wirkung bleibend; keine Reaktion hervorrufend:* alle Maßnahmen waren w. **sinnv.:** erfolglos, ergebnislos, ↑illusorisch, ↑nutzlos, unwirksam, zwecklos.

wịr|kungs|voll ⟨Adj.⟩: *große, starke Wirkung erzielend:* die Schaufenster sind w. dekoriert. **sinnv.:** ↑effektiv, effektvoll; ↑nachdrücklich; ↑rationell; ↑zugkräftig.

Wịrk|wa|ren, die ⟨Plural⟩: *gewirkte (5) Waren, bes. Strümpfe, Pullover, Unterwäsche o. ä.:* W. haben eine sehr große Elastizität. **sinnv.:** ↑Textilien.

wịrr ⟨Adj.⟩: **a)** *durcheinandergebracht, ungeordnet:* die Haare hingen ihr w. ins Gesicht. **sinnv.:** ↑durcheinander. **b)** *unklar, verworren (und deshalb schwer zu verstehen, durchschauen):* wirres Zeug reden. **sinnv.:** kraus, undurchschaubar, unübersichtlich, verfahren, verwickelt, ↑verworren.

Wịr|ren, die ⟨Plural⟩: *ungeordnete politische, gesellschaftliche Verhältnisse, Unruhen:* er hat die politischen W. zu seinem Vorteil ausgenutzt. **sinnv.:** Wirrnis, ↑Wirrwarr. **Zus.:** Kriegswirren.

Wịrr|kopf, der; -[e]s, Wirrköpfe: *jmd., dessen Denken und Äußerungen wirr* (b) *erscheinen:* er ist ein harmloser W.

Wịrr|nis, die; -, -se (geh.): **a)** *Verworrenheit von etwas Geschehendem:* die Wirrnisse der Revolution. **sinnv.:** Wirren, ↑Wirrwarr. **b)** *Verworrenheit im Denken, Fühlen o. ä.:* die W. in seinen Gedanken. **sinnv.:** ↑Wirrwarr. **c)** *ungeordnete Menge, Masse:* durch die W. uralter Bäume gehen. **sinnv.:** ↑Urwald.

Wịrr|warr, der; -s: *wirres Durcheinander:* ein W. von Stimmen. **sinnv.:** ↑Chaos, Durcheinander, Gewirr, Hexenkessel, Konfusion, Kuddelmuddel, Tohuwabohu, ↑Unordnung, Verwirrung, Wirren, Wirrnis.

Wịr|sing, der; -s: *Kohl mit [gelb]grünen, krausen, sich zu einem lockeren Kopf zusammenschließenden Blättern.* **sinnv.:** Krauskohl, Wirsingkohl.

Wịrt, der; -[e]s, -e, **Wịr|tin,** die; -, -nen: *Inhaber, Pächter bzw. Inhaberin, Pächterin einer Wirtschaft* (2). **sinnv.:** Gastronom, Gastwirt, Kneipier. **Zus.:** Betriebs-, Land-, Kneipen-, Schank-, Schenk-, Volkswirt.

Wịrt|schaft, die; -, -en: **1.** ⟨ohne Plural⟩ *Gesamtheit der Einrichtungen, Maßnahmen und Vorgänge, die mit der Produktion, dem Handel und dem Konsum von Waren, Gütern in Zusammenhang stehen:* die W. soll angekurbelt werden. **sinnv.:** Handel, Industrie, Produktion. **Zus.:** Atom-, Bau-, Betriebs-, Energie-, Finanz-, Land-, Markt-, Plan-, Volks-, Weiber-, Weltwirtschaft. **2.** *einfachere Gaststätte:* in die W. gehen, um einen zu trinken. **sinnv.:** ↑Gaststätte. **Zus.:** Bahnhofs-, Gast-, Schank-, Schenk-, Straußwirtschaft. **3.** (ugs.) *unordentlicher Zustand, unordentliche Art, Arbeitsweise:* was ist denn das für eine W.! **sinnv.:** ↑Unordnung. **Zus.:** Lumpen-, Miß-, Zettelwirtschaft.

wịrt|schaf|ten, wirtschaftete, hat gewirtschaftet ⟨itr.⟩: *in einem bestimmten wirtschaftlichen Bereich die zur Verfügung stehenden Mittel möglichst rationell verwenden:* in der Firma wurde schlecht gewirtschaftet; seine Frau muß sehr genau w., um mit dem Geld auszukommen. **sinnv.:** ↑haushalten. **Zus.:** ab-, be-, er-, herunter-, verwirtschaften.

wịrt|schaft|lich ⟨Adj.⟩: **a)** *den Bereich der Wirtschaft betreffend; auf die Wirtschaft bezogen, sie betreffend:* die wirtschaftliche Lage, Entwicklung eines Staates. **Zus.:** betriebs-, energie-, land-, markt-, plan-, verkehrs-, volkswirtschaftlich. **b)** *finanziell günstig; größtmöglichen Erfolg mit den gegebenen Mitteln erzielend:* dieses Verfahren ist nicht w.; w. denken. **sinnv.:** ↑finanziell, materiell, ökonomisch, ↑rationell.

Wịrts|haus, das; -es, Wirtshäuser: *einfaches Gasthaus:* er geht oft ins W. **sinnv.:** ↑Gaststätte.

Wịsch, der; -[e]s, -e: *als wertlos, unordentlich empfundenes Schriftstück:* ich habe den W. weggeworfen. **sinnv.:** Schrieb.

wị|schen ⟨tr.⟩: **a)** *durch Streichen, Gleiten über eine Oberfläche entfernen:* ich wischte mir den Schweiß von der Stirn; den Staub von den Büchern w. **Zus.:** ab-, aus-, fort-, wegwischen. **b)** *mit feuchtem Lappen säubern:* den Fußboden vor dem Einräumen der Möbel kurz w. **sinnv.:** ↑säubern. **Zus.:** aufwischen.

wịs|pern ⟨tr./itr.⟩: *in flüsterndem Ton (so daß bes. die S-Laute hörbar sind) sprechen:* sie wisperte ihm etwas ins Ohr. **sinnv.:** ↑flüstern.

Wịß|be|gier, Wịß|be|gier|de, die; -: *Wunsch, Wille, etwas zu erfahren, zu wissen:* die W. der Kinder war groß. **sinnv.:** ↑Interesse.

wịß|be|gie|rig ⟨Adj.⟩: *voll Wißbegier[de]:* w. blätterte er in dem Buch. **sinnv.:** ↑neugierig.

wịs|sen, weiß, wußte, hat gewußt: **1.** ⟨itr.⟩ *durch eigene Erfahrung oder Mitteilung anderer Kenntnis von einer Sache, einer Person haben, die betreffende Sache im Bewußtsein, im Gedächtnis haben (und wiedergeben können):* er weiß viel auf diesem

Gebiet; ich weiß weder seinen Namen noch seine Adresse; ich weiß nicht mehr, wo ich das gelesen habe. **sinnv.:** im Bilde sein, eingeweiht/informiert sein, kennen, auf dem laufenden sein. **Zus.:** weiterwissen. **2.** ⟨itr.⟩ *sich (über etwas) im klaren sein; sich (einer Sache) sicher sein:* er weiß nicht, was er will; ich weiß wohl, welche Folgen dieser Entschluß für mich hat; man weiß inzwischen um die Gefährdung der Umwelt. **3.** *in der Lage sein, etwas zu tun* /mit Inf. mit „zu"/: die Kleine weiß sich zu helfen; einen guten Kognak wußte sie zu schätzen.

Wis|sen, das; -s: *Gesamtheit der Kenntnisse, die jmd. [auf einem bestimmten Gebiet] hat:* er hat ein enormes W. **sinnv.:** ↑Bildung, ↑Erfahrung, Erkenntnis. **Zus.:** Allgemein-, Grund-, Nicht-, Spezial-, Unwissen.

Wis|sen|schaft, die; -, -en: *Wissen hervorbringende forschende Tätigkeit in einem bestimmten Bereich.* **sinnv.:** Forschung. **Zus.:** Literatur-, Musik-, Natur-, Sprach-, Wirtschaftswissenschaft.

Wis|sen|schaft|ler, der; -s, -, **Wis|sen|schaft|le|rin,** die; -, -nen: *männliche bzw. weibliche Person mit abgeschlossener Hochschulbildung, die im Bereich der Wissenschaft tätig ist.* **sinnv.:** Akademiker, Forscher, ↑Intellektueller.

wis|sen|schaft|lich ⟨Adj.⟩: *der Wissenschaft entsprechend, zur Wissenschaft gehörend:* ein wissenschaftliches Buch; w. arbeiten, forschen. **sinnv.:** akademisch, gelehrt, theoretisch.

wis|sens|wert ⟨Adj.⟩: *wert, daß man es wissen sollte:* er hat ihm wissenswerte Neuigkeiten erzählt. **sinnv.:** ↑interessant.

wis|sent|lich ⟨Adj.⟩: *in vollem Bewußtsein der negativen Auswirkung [handelnd, geschehend]:* er hat die Angaben w. falsch weitergeleitet. **sinnv.:** ↑absichtlich. **Zus.:** unwissentlich.

wit|tern ⟨tr.⟩: **1.** *(von Hunden und von Wild) etwas durch den Luftzug mit dem Geruchssinn wahrnehmen:* der Hund wittert Wild. **2.** *mit feinem Gefühl etwas, was einen betrifft, erahnen:* eine Möglichkeit, zu Geld zu kommen, w.; Unheil, Verrat w. **sinnv.:** ↑vermuten.

Wit|te|rung, die; -, -en: **1.** *Art des Wetters:* warme, feuchte W. **sinnv.:** ↑Wetter. **Zus.:** Verwitterung. **2.** *(von Hunden und vom Wild) Fähigkeit, Gerüche wahrzunehmen:* der Hund hat eine feine W.

Wit|we, die; -, -n: *Frau, deren Ehemann gestorben ist.*

Wit|wer, der; -s, -: *Mann, dessen Ehefrau gestorben ist.*

Witz, der; -es, -e: *kurze, prägnante Geschichte mit einer Pointe am Schluß, die zum Lachen reizt:* ein guter, politischer W. **sinnv.:** Gag, Kalauer, Schnurre, Zote; ↑Scherz. **Zus.:** Häschen-, Ostfriesen-, Schottenwitz.

wit|zeln ⟨itr.⟩: *witzig-spöttische Bemerkungen machen:* sie haben über alles und jedes gewitzelt. **sinnv.:** ↑aufziehen.

wit|zig ⟨Adj.⟩: *auf geistreiche Art spaßig; einfallsreich und lustig:* eine witzige Bemerkung; der Hut sieht aber w. aus. **sinnv.:** ↑geistreich, ↑spaßig. **Zus.:** vor-, wahnwitzig.

witz|los ⟨Adj.⟩ (ugs.): *ohne Sinn und ohne Reiz; der eigentlichen Absicht nicht mehr entsprechend:* er ist ja w., bei diesem Wetter zu verreisen. **sinnv.:** ↑unsinnig.

wo ⟨Adverb⟩: **1.** ⟨interrogativ⟩ *an welchem Ort, an welcher Stelle:* wo liegt das Buch? **2.** ⟨relativisch⟩ **a)** ⟨lokal⟩ *an welchem Ort, an welcher Stelle:* die Stelle, wo das Unglück passierte; die Stadt, wo ich geboren wurde. **b)** ⟨temporal⟩ *zu welcher Zeit:* an den Tagen, wo kein Unterricht ist, sind die Omnibusse leerer; die Zeit, wo es nichts zu kaufen gab, ist mir noch gut in Erinnerung. **3.** ⟨indefinit⟩ (ugs.) *irgendwo:* das Buch muß doch wo liegen.

Wo|che, die; -, -n: *Zeitraum von sieben Tagen (der als Kalenderwoche mit dem Montag beginnt und mit dem Sonntag endet):* die dritte W. im Monat; er bekommt vier Wochen Urlaub. **Zus.:** Arbeits-, Ferien-, Filmwoche, Flitterwochen, Vierzigstundenwoche.

Wo|chen|en|de, das; -s, -n: *(Samstag und Sonntag umfassendes) Ende der Woche, an dem im allgemeinen nicht gearbeitet wird.* **sinnv.:** Weekend.

Wo|chen|tag, der; -[e]s, -e: *Tag der Woche außer Sonntag:* das Geschäft ist an allen Wochentagen geöffnet. **sinnv.:** ↑Werktag; Dienstag, Donnerstag, Freitag, Mittwoch, Montag, Samstag.

wö|chent|lich ⟨Adj.⟩: *in jeder Woche [geschehend, fällig o. ä.]:* wir treffen uns w. zweimal/zweimal w. **Zus.:** all-, halb-, vierwöchentlich.

Wöch|ne|rin, die; -, -nen: *Frau in der Zeit nach der Entbindung:* die W. muß geschont werden.

Wod|ka, der; -s, -s: *russischer Branntwein aus Kartoffeln:* eine Flasche W. kaufen. **sinnv.:** ↑Branntwein.

wo|durch ⟨Pronominaladverb⟩: *durch welche Sache, durch welchen Umstand:* **1.** [nachdrücklich auch: wodurch] ⟨interrogativ⟩: w. wurde der Unfall verursacht? **sinnv.:** durch was. **2.** ⟨relativisch⟩: der lange Regen führte zu großen Überschwemmungen, w. der Verkehr lahmgelegt wurde. **sinnv.:** so daß.

wo|für ⟨Pronominaladverb⟩: *für welche Sache, für welchen Zweck:* **1.** [nachdrücklich auch: wofür] ⟨interrogativ⟩: w. brauchst du das Geld? **sinnv.:** ↑warum. **2.** ⟨relativisch⟩: ich habe ihr einige neue Kleider gekauft, w. sie mir sehr dankbar war.

Wo|ge, die; -, -n (geh.): *große, mächtige Welle:* die Wogen schlugen über dem Schiff zusammen. **sinnv.:** ↑Welle. **Zus.:** Meeres-, Menschenwoge.

wo|gen ⟨itr.⟩ (geh.): *sich in Wellen auf und nieder bewegen:* das Wasser wogte; die wogende See. **sinnv.:** ↑fließen. **Zus.:** durch-, um-, vorbeiwogen.

wo|her ⟨Adverb⟩: *von welcher Stelle; aus welchem Ort:* **1.** ⟨interrogativ⟩: w. kommst du? **2.** ⟨relativisch⟩: er soll wieder dorthin gehen, w. er gekommen ist.

wo|hin ⟨Adverb⟩: *in welche Richtung; an welchen Ort:* **1.** ⟨interrogativ⟩: w. gehen wir?; **2.** ⟨relativisch⟩: nirgends fanden wir Unterstützung, w. wir uns auch wandten.

wohl ⟨Adverb⟩: **1. a)** *in angenehm-behaglichem Zustand befindlich:* sich w. fühlen. **sinnv.:** behaglich, wohlig. **Zus.:** pudel-, sauwohl. **b)** *in einem guten körperlichen [und seelischen] Zustand befindlich:* jmdm. ist nicht w. **sinnv.:** ↑gesund. **Zus.:** unwohl. **2. a)** /unbetont; drückt eine Annahme aus/: *vermutlich:* das ist w. das Beste, was man tun kann; er wird w. noch kommen. **sinnv.:** ↑anscheinend. **b)** /unbetont; bezeichnet ein ungefähres Maß/ *etwa:* es wird w. ein Jahr hersein, daß ich dort war. **sinnv.:** ↑ungefähr. **3.** /drückt eine Einschränkung aus/ *zwar:* w. nimmt er an der Veranstaltung teil, doch hat er im Grunde kein besonderes Interesse daran. **sinnv.:** ↑immerhin.

Wohl, das; -[e]s: *Zustand, in dem sich jmd. wohl fühlt:* für das W. der Familie sorgen. **sinnv.:** ↑Heil. **Zus.:** Allgemein-, Gemein-, Geratewohl.

Wohl|ge|fal|len, das; -s: *innere Freude und Befriedigung, die man in bezug auf jmdn./etwas empfindet:* er betrachtete das Kunstwerk mit W. **sinnv.:** ↑Lust, ↑Zuneigung.

wohl|ge|fäl|lig ⟨Adj.⟩: *Wohlgefallen ausdrückend, erregend:* er sah w. an seiner untadeligen Kleidung hinab.

wohl|ha|bend ⟨Adj.⟩: *Vermögen besitzend:* in dieser exklusiven Gegend wohnen nur wohlhabende Leute. **sinnv.:** ↑reich.

woh|lig ⟨Adj.⟩: *als angenehm, wohltuend empfunden:* wohlige Wärme durchströmte ihn. **sinnv.:** ↑gemütlich.

Wohl|stand, der; -[e]s: *hoher Lebensstandard:* die Familie lebt im W.

Wohl|tat, die; -, -en: **a)** *Handlung, mit der jmd. einer anderen Person selbstlose Hilfe, Unterstützung o. ä. bietet:* jmdm. eine W. erweisen. **sinnv.:** Hilfe, gute Tat, Unterstützung. **b)** ⟨ohne Plural⟩ *etwas, was in einer bestimmten Situation als besonders angenehm in seiner Wirkung empfunden wird:* der Regen ist nach der Hitze eine wahre W. **sinnv.:** Annehmlichkeit, Balsam, Labsal, Stärkung, Trost; Oase.

wohl|tä|tig ⟨Adj.⟩: *Wohltaten, Hilfsmaßnahmen ermöglichend:* Gelder für wohltätige Zwecke. **sinnv.:** ↑karitativ, ↑menschlich.

wohl|tu|end ⟨Adj.⟩: *angenehm wirkend, erquickend, lindernd:* eine wohltuende Ruhe. **sinnv.:** ↑angenehm, ↑gemütlich.

Wohl|wol|len, das; -s: *freundliche Geneigtheit, freundschaftliche Gesinnung:* er genießt das W. des Direktors. **sinnv.:** ↑Freundlichkeit.

woh|nen ⟨itr.⟩ **a)** *seine Wohnung, seinen ständigen Wohnsitz haben:* er wohnt jetzt in Mannheim; der Mieter, der über/unter mir wohnt, ist verreist. **sinnv.:** ansässig sein; bewohnen, das Zimmer teilen. **Zus.:** zusammenwohnen. **b)** *vorübergehend eine Unterkunft haben:* ich wohne im Hotel. **sinnv.:** ↑absteigen, sich ↑aufhalten, sich ↑einquartieren, ↑übernachten. **Zus.:** beiinnewohnen.

Wohn|ge|mein|schaft, die; -, -en: *Gruppe von Personen, die als Gemeinschaft mit gemeinsamem Haushalt ein Haus oder eine Wohnung bewohnen.* **sinnv.:** Großfamilie, Kommune, WG, Wohngruppe. **Zus.:** Frauen-, Studentenwohngemeinschaft.

wohn|haft: ⟨Adj.⟩ (Amtsspr.): *irgendwo wohnend, seinen Wohnsitz habend:* er ist seit dem 1. Januar hier w. **sinnv.:** ↑einheimisch.

wohn|lich ⟨Adj.⟩: *so ausgestattet, daß man sich behaglich fühlt:* ein w. eingerichtetes Zimmer. **sinnv.:** ↑gemütlich.

Wohn|sitz, der; -es, -e: *Wohnung an einem bestimmten Ort, die jmdm. zum ständigen Aufenthalt dient:* er ist ohne festen W.; sein zweiter W. ist Wien. **sinnv.:** Aufenthalt[sort], Behausung, Domizil, ↑Heim, Zuhause. **Zus.:** Alterswohnsitz.

Woh|nung, die; -, -en: *Einheit von mehreren Räumen als ständige Unterkunft für eine oder mehrere Personen.* **sinnv.:** Apartment, Appartement, Maison[n]ette, Mansarde, Penthaus. **Zus.:** Arbeiter-, Dach-, Eigentums-, Luxus-, Miet-, Neubau-, Sozial-, Stadt-, Zweit-, Zweizimmerwohnung.

Wohn|wa|gen, der; -s, -: *zum Wohnen eingerichteter Anhänger für einen Pkw.* **sinnv.:** Caravan, Wohnanhänger; Campingwagen, Campmobil, Motorhome, Wohnmobil.

wöl|ben, sich: *sich (über etwas) ausspannen:* der Himmel wölbt sich über uns. **sinnv.:** sich runden, sich spannen. **Zus.:** vorwölben.

Wolf, der; -[e]s, Wölfe: **I.** *einem Schäferhund ähnliches, häufig in Rudeln lebendes Raubtier.* **sinnv.:** Isegrim. **Zus.:** Steppenwolf. **II.** *Maschine zum Zerkleinern (z. B. von Fleisch, Papier o. ä.):* er hat das Fleisch durch den W. gedreht. **Zus.:** Fleisch-, Reißwolf.

Wol|ke, die; -, -n: *hoch in der Luft schwebendes, weißes oder graues Gebilde als Ansammlung von Wassertröpfchen oder Eiskristallen:* eine W. steht am Himmel; Wolken bringen Regen. **sinnv.:** Bewölkung. **Zus.:** Dampf-, Duft-, Dunst-, Rauch-, Staubwolke.

Wol|ken|krat|zer, der; -s, -: *sehr hohes Hochhaus:* die W. in New York. **sinnv.:** Hochhaus; ↑Haus.

wol|kig ⟨Adj.⟩: *(vom Himmel) zum größeren Teil mit Wolken bedeckt:* der Himmel ist w.; es ist w. **sinnv.:** bedeckt, bewölkt, bezogen, grau, verhangen; ↑dunstig.

Wol|le, die; -, -n: **1.** *Haar von bestimmten Säugetieren, bes. vom Schaf, das durch Scheren der Tiere gewonnen und zu Garn versponnen wird:* W. waschen, verarbeiten, spinnen. **sinnv.:** Borsten, Fell, Haare, Locken, Pelz. **Zus.:** Alpaka-, Angora-, Baum-, Kaschmir-, Lamm-, Merino-, Mohair-, Schaf-, Schur-, Shetland-, Zellwolle. **2.** *aus Wolle* (1) *gesponnenes Garn:* ein Pullover aus feiner W. **sinnv.:** Garn, Strickgarn; ↑Faden.

wol|len, will, wollte, hat gewollt /(nach vorangehendem Infinitiv) hat ... wollen/: **1.** ⟨mit Infinitiv als Modalverb; hat ... wollen⟩ **a)** *die Absicht, den Wunsch, den Willen haben, etwas Bestimmtes zu tun:* er will uns morgen besuchen; wir wollten gerade gehen; das Buch habe ich schon immer lesen w.; er will ins Ausland gehen; willst *(möchtest)* du mitfahren?. **sinnv.:** beabsichtigen, erstreben, mögen, vorhaben, wünschen; sich ↑anschicken. **b)** ⟨Präteritum⟩ */dient der Umschreibung einer Bitte, eines Wunsches/:* ich wollte Sie bitten, fragen, ob ... **sinnv.:** mögen. **c)** ⟨Konjunktiv Präsens⟩ (veraltend) */drückt einen Wunsch, eine höfliche, aber zugleich bestimmte Aufforderung aus/:* wenn Sie bitte Platz nehmen wollen; man wolle bitte darauf achten, daß ...; ⟨ohne Inversion⟩ */als einem Befehl ähnliche Aufforderung/:* Sie wollen sich bitte sofort melden. **d)** */drückt aus, daß der Sprecher die von ihm wiedergegebene Behauptung eines anderen mit Skepsis betrachtet, für fraglich hält/:* er will es [nicht] gewußt, gesehen haben *(behauptet, es [nicht] gewußt, gesehen zu haben);* und er will ein Kenner der Materie sein *(meint, er sei ...).* **e)** */meist verneint; drückt aus, daß etwas [nicht] in der im Verb genannten Weise funktioniert, geschieht, abläuft o. ä./:* die Wunde will [und will] nicht heilen; der Motor wollte nicht anspringen; die Sache will nicht gelingen, kein Ende nehmen; verblaßt: das will nichts heißen, will nicht viel sagen *(heißt, bedeutet nicht viel)*; das will ich hoffen, meinen. **f)** ⟨in Verbindung mit einem 2. Partizip und „sein" oder „werden"⟩ /drückt aus, daß etwas eine bestimmte Bemühung, Anstrengung o. ä. verlangt/ *müssen:* das will gekonnt sein; dieser Schritt will gut überlegt werden. **g)** *einen bestimmten Zweck haben; einem bestimmten Zweck dienen:* die Aktion will über die Lage der religiösen Minderheiten in Asien aufklären. **2.** ⟨Vollverb; hat gewollt⟩ **a)** *die Absicht, den Wunsch haben, etwas Bestimmtes zu tun:* das habe ich nicht gewollt; sie wollen ans Meer, ins Gebirge (ugs.; *wollen dorthin fahren*); sie will zum Theater (ugs.; *will Schauspielerin werden*); wenn du willst, können wir gleich gehen; du mußt nur w. *(den festen Willen haben)*, dann geht es auch; das ist, wenn man so will *(man könnte es so einschätzen)*, ein einmaliger Vorgang. **b)** *zu haben, zu bekommen wünschen:* er hat alles bekommen, was er wollte; er hat für seine Arbeit nichts, kein Geld gewollt (ugs.; *haben wollen, verlangt*); er will nur seine Ruhe; was willst du [noch] mehr? *(du hast doch erreicht o. ä., was du wolltest!)*; ich will *(wünsche, verlange)*, daß du das tust; er will nicht *(ist nicht damit einverstanden)*, daß ...; nimm dir, soviel du willst *(haben möchtest)*; er weiß [nicht], was er will; ich weiß nicht, was du willst (ugs.; *warum du dich aufregst*); es ist doch alles in Ordnung; er wollte etwas von dir (ugs.; *hatte ein Anliegen*); du kannst es halten, wie du willst *(hast völlig freie Hand)*; da ist nichts [mehr] zu w.! (ugs.; *da läßt sich nichts mehr ändern*); nichts zu w.! (ugs.; *Ausdruck der Zurückweisung*); es wird so werden, ob du willst *(ob es nach deinem Wunsch ist)* oder nicht. **sinnv.:** ↑verlangen. **c)** ⟨Konjunktiv Präteritum⟩ */drückt einen irrealen Wunsch aus/:* ich wollte *(wünschte)*, es wäre alles vorüber. **d)** (ugs.) */drückt – meist verneint – aus, daß etwas nicht funktioniert, nicht in der gewünschten Weise abläuft o. ä./:* der Motor will nicht [mehr]; seine Beine wollten nicht mehr *(versagten ihm den Dienst)*. **e)** (ugs.) *für sein Gedeihen o. ä. brauchen:* diese Blume will Sonne; Tiere wollen ihre Pflege. **sinnv.:** haben müssen, ↑verlangen.

Wol|lust, die; -, Wollüste (geh.): *Gefühl höchster Lust bei der Befriedigung des Geschlechtstriebes:* er ergab sich der W. **sinnv.:** Begierde, Fleischeslust, Geilheit, ↑Lust, Lüsternheit.

wo|mit ⟨Pronominaladverb⟩: **1.** [nachdrücklich auch: womit] ⟨interrogativ⟩ *mit welcher Sache?; auf welche Weise?:* w. kann ich dir helfen? **sinnv.:** mit was. **2.** ⟨relativisch⟩ *mit welcher (eben erwähnten) Sache, mit welchen (eben erwähnten) Worten u. ä.:* das Seil, w. er gefesselt war. **sinnv.:** mit dem/der.

wo|mög|lich ⟨Adverb⟩: **a)** *wenn es möglich ist:* ich möchte w. schon heute abreisen. **sinnv.:** wenn es geht/sich machen läßt, möglichst. **b)** *vielleicht [sogar]:* er ist w. schon da. **sinnv.:** möglicherweise; ↑vielleicht.

wo|nach ⟨Pronominaladverb⟩: **1.** [nachdrücklich auch: wonach] ⟨interrogativ⟩ *nach welcher Sache?:* w. suchst du? **sinnv.:** nach was. **2.** ⟨relativisch⟩ **a)** *nach welcher (eben erwähnten) Sache:* das Buch, w. du fragst. **b)** *nach dessen/deren Wortlaut:* der Bericht, wonach er verunglückt ist, trifft nicht zu. **sinnv.:** demzufolge, nach dem zu urteilen.

Won|ne, die; -, -n: *Gefühl der Beglückung, höchster Freude:* etwas mit W. genießen; die Wonnen der Liebe; die Kinder jubelten vor W. **sinnv.:** ↑Freude, Lust.

wor|an ⟨Pronominaladverb⟩: **1.** [nachdrücklich auch: woran] ⟨interrogativ⟩ **a)** *an welcher Sache?:* w. erkennst du ihn?: ich frage mich, w. das liegt *(warum das so ist)*. **sinnv.:** an was. **b)** *an welche Sache?:* w. denkst du? **sinnv.:** an was. **2.** ⟨relativisch⟩ **a)** *an welcher (eben erwähnten) Sache:* das Bild, w. er arbeitet. **sinnv.:** an dem. **b)** *an welche (eben erwähnte) Sache:* das ist alles, w. ich mich erinnern kann. **sinnv.:** an das.

wor|auf ⟨Pronominaladverb⟩: **1.** [nachdrücklich auch: worauf] ⟨interrogativ⟩ **a)** *auf welche Sache?:* w. kommt es hier an? **sinnv.:** auf was. **b)** *auf welcher Sache?:* w. liegst du? **sinnv.:** auf was. **2.** ⟨relativisch⟩ **a)** *auf welche (eben erwähnte) Sache:* das Geld, w. ich warte. **sinnv.:** auf das. **b)** *auf welcher (eben erwähnten) Sache:* der Stuhl, w. er sitzt. **sinnv.:** auf dem: **c)** *auf welchen (eben erwähnten) Vorgang folgend:* ich gab ihm den Brief, w. er das Zimmer verließ.

wor|aus ⟨Pronominaladverb⟩: **1.** [nachdrücklich auch: woraus] ⟨interrogativ⟩ *aus welcher Sache?; aus welchen Teilen?:* w. besteht dein Frühstück? **sinnv.:** aus was. **2.** ⟨relativisch⟩ *aus welcher (eben erwähnten) Sache:* das Glas, w. er trinkt; er war sofort bereit, w. ich schließe, daß er schon Bescheid wußte. **sinnv.:** aus dem.

wor|in ⟨Pronominaladverb⟩: **1.** [nachdrücklich auch: worin] ⟨interrogativ⟩ *in welcher Sache?:* w. besteht der Vorteil? **sinnv.:** in was. **2.** ⟨relativisch⟩ *in welcher (eben erwähnten) Sache:* er las den Brief, w. die Anordnung stand. **sinnv.:** in dem.

Wort, das; -es, Wörter und Worte: **1.** ⟨Plural Wörter, selten Worte⟩ *kleinste, selbständige sprachliche Einheit, die eigene Bedeutung oder Funktion hat:* ein mehrsilbiges, zusammengesetztes W.; Wörter schreiben, buchstabieren; etwas in Worten ausdrücken; ein Satz von zehn Wörtern. **sinnv.:** Ausdruck, ↑Begriff, Bezeichnung, Terminus, Vokabel. **Zus.:** Bestimmungs-, Binde-, Eigenschafts-, Fach-, Fremd-, Haupt-, Mode-, Reim-, Stich-, Umstands-, Verhältnis-, Zahl-, Zeitwort. **b)** ⟨Plural Worte⟩ *Wort* (1 a) *als Träger eines Sinnes:* die Worte „Frieden" und „Freiheit" werden oft mißbraucht. **Zus.:** Reizwort. **2.** ⟨Plural Worte⟩ *von jmdm. gemachte Äußerung, ausgesprochener Gedanke:* ein W. von Goethe; das war ein mutiges W.; ein geflügeltes Wort; tröstende Worte sprechen; unnötige Worte machen. **sinnv.:** ↑Ausspruch. **Zus.:** Abschieds-, Dankes-, Geleit-, Gruß-, Macht-, Schlag-, Schluß-, Schlüssel-, Trostwort.

wort|karg ⟨Adj.⟩: *[in einer bestimmten Situation, in der jmd. nicht geneigt ist, sich zu äußern, Auskunft zu geben o. ä.] wenig redend:* er war sehr w. **sinnv.:** einsilbig, lakonisch, maul-, mundfaul, schweigsam, zugeknöpft; ↑wortlos.

wört|lich ⟨Adj.⟩: *(dem Text, der Äußerung, auf die Bezug genom-*

men wird) im Wortlaut genau entsprechend: eine wörtliche Übersetzung. **sinnv.:** buchstäblich, verbaliter, Wort für Wort, wortgetreu, wortwörtlich.

wort|los ⟨Adj.⟩: **a)** *schweigend, ohne (ein Wort) zu sprechen:* er reichte mir w. die Hand. **sinnv.:** stillschweigend · stumm, stumm wie ein Fisch · tonlos; ↑wortkarg. **b)** *ohne das Mittel der Sprache, ohne Worte:* eine wortlose Verständigung.

Wort|schatz, der; -es, Wortschätze: **a)** *alle zu einer Sprache gehörenden Wörter.* **sinnv.:** Lexik, Lexikon, Vokabular, Wortbestand, Wortgut, Wortmaterial. **Zus.:** Fach-, Grund-, Spezialwortschatz. **b)** *Gesamtheit der Wörter, die jmd. beherrscht und verwendet:* sein W. ist nicht sehr groß. **sinnv.:** Sprachschatz.

wort|wört|lich ⟨Adj.⟩: *Wort für Wort:* er schrieb alles w. ab. **sinnv.:** ↑wörtlich.

wor|über ⟨Pronominaladverb⟩: **1.** [nachdrücklich auch: worüber] ⟨interrogativ⟩ **a)** *über welche Sache?:* w. freust du dich so? **sinnv.:** über was. **b)** *über welcher Sache?:* w. war er so verärgert? **2.** ⟨relativisch⟩ **a)** *über welche (eben erwähnte) Sache:* das Thema, w. er spricht. **sinnv.:** über das. **b)** *über welcher (eben erwähnten) Sache:* das Problem, w. er schon wochenlang brütet. **sinnv.:** über dem.

wor|um ⟨Pronominaladverb⟩: **1.** [nachdrücklich auch: worum] ⟨interrogativ⟩ *um welche Sache?:* w. handelt es sich denn? **sinnv.:** um was. **2.** ⟨relativisch⟩ *um welche (eben erwähnte) Sache:* es gibt vieles, w. ich dich bitten könnte. **sinnv.:** um das.

wor|un|ter ⟨Pronominaladverb⟩: **1.** [nachdrücklich auch: worunter] ⟨interrogativ⟩ **a)** *unter welche Sache?:* w. hatte er sich zu beugen? **sinnv.:** unter was. **b)** *unter welcher Sache?:* w. hat er zu leiden? **sinnv.:** unter was. **2.** ⟨relativisch⟩ *unter welcher (eben erwähnten) Sache:* Erklärungen, w. vieles zu verstehen ist. **sinnv.** unter dem/denen/der.

wo|von ⟨Pronominaladverb⟩: **1.** [nachdrücklich auch: wovon] ⟨interrogativ⟩ *von welcher Sache?:* w. sprichst du? **sinnv.:** von was. **2.** ⟨relativisch⟩ *von welcher (eben erwähnten) Sache:* er erwähnte etwas, w. ich schon gehört hatte. **sinnv.:** von dem/denen/der.

wo|vor ⟨Pronominaladverb⟩: **1.** [nachdrücklich auch: wovor] ⟨interrogativ⟩ **a)** *vor welche Sache?:* w. hatte er sich gestellt? **sinnv.:** vor was. **b)** *vor welcher Sache?:* w. hat das Kind Angst? **sinnv.:** vor was. **2.** ⟨relativisch⟩ **a)** *vor welche (eben erwähnte) Sache:* die Tür, w. er den Korb gestellt hatte. **sinnv.:** vor das/dem/die. **b)** *vor welcher (eben erwähnten) Sache:* er sagte nicht, w. er sich fürchtete. **sinnv.:** vor was.

wo|zu ⟨Pronominaladverb⟩: **1.** [nachdrücklich auch: wozu] ⟨interrogativ⟩ **a)** *zu welchem Zweck?:* w. brauchst du das? **sinnv.:** zu was; ↑warum. **b)** *zu welcher Sache?:* w. gehört dieses Bild? **2.** ⟨relativisch⟩ *zu welcher (eben genannten) Sache:* ich muß noch Briefe schreiben, w. ich gestern keine Zeit hatte.

Wrack, das; -s, -s: *[durch Zerstörung] unbrauchbar gewordenes [nur noch in Bruchstücken vorhandenes] Schiff, Flugzeug o. ä.:* ein W. liegt am Strand. **sinnv.:** ↑Trümmer. **Zus.:** Auto-, Flugzeug-, Schiffswrack.

wu|chern, wucherte, hat/ist gewuchert ⟨itr.⟩: *(von Pflanzen) üppig und wild wachsen, sich [in unerwünschtem Maß] ausbreiten:* die Pflanzen haben sehr gewuchert; das Unkraut ist über den Weg gewuchert. **sinnv.:** geil werden, ins Kraut schießen; ↑sprießen; ↑wachsen.

Wuchs, der; -es: **a)** *das Wachsen:* Pflanzen mit/von üppigem W. **Zus.:** Bart-, Baum-, Haar-, Wild-, Zwergwuchs. **b)** *Art, wie jmd./etwas gewachsen ist:* ein Baum, ein Mädchen von schlankem W. **sinnv.:** ↑Gestalt.

Wucht, die; -: *(bes. durch sein Gewicht erzeugte) Heftigkeit, mit der etwas auf jmdn./etwas auftrifft:* der Stein traf ihn mit voller W.; unter der W. brach er zusammen. **sinnv.:** ↑Gewalt.

wuch|ten, wuchtete, hat gewuchtet ⟨tr.⟩ (ugs.): *mit großer Kraftanstrengung an eine bestimmte Stelle schieben o. ä.:* sechs Männer wuchteten den Stein auf den Wagen. **sinnv.:** ↑stemmen.

wuch|tig ⟨Adj.⟩: **a)** *mit Wucht ausgeführt:* ein wuchtiger Schlag. **sinnv.:** heftig, kräftig, kraftvoll. **b)** *schwer und massig:* eine wuchtige Mauer; der Bau ist sehr w. **sinnv.:** gigantisch, ↑mächtig, massig, monumental, riesig; ↑schwer.

wüh|len: a) ⟨itr.⟩ *(in etwas) mit beiden Händen oder mit den Pfoten graben:* sie wühlte in ihrem Koffer; der Hund wühlte in der Erde. **sinnv.:** stöbern, suchen. **Zus.:** auf-, zerwühlen. **b)** ⟨tr.⟩ *grabend, wühlend* (a) *hervorbringen:* ein Loch w.; die Tiere wühlten sich unterirdische Gänge. **sinnv:** ↑graben.

Wulst, der; -es, Wülste: *langgezogene, sich hochwölbende Stelle bes. am Rand einer Fläche o. ä.:* der Deckel hat einen W. am Rand. **sinnv.:** Buckel, Rundung, Verdickung. **Zus.:** Fettwulst.

wul|stig ⟨Adj.⟩: *einen Wulst bildend, aufweisend:* wulstige Lippen. **sinnv.:** ↑aufgeworfen.

wund ⟨Adj.⟩: *(in bezug auf die Haut einer Körperstelle o. ä.) durch Reibung o. ä. verletzt:* wunde Füße; seine Ferse war von dem scheuernden Schuh ganz w.; sich w. laufen, reiten. **sinnv.:** aufgescheuert, offen, wundgescheuert; böse; ↑schlimm.

Wun|de, die; -, -n: *(durch Unfall oder beabsichtigten Eingriff entstandene) offene Stelle in der Haut [und dem darunterliegenden Gewebe]:* eine klaffende, eiternde W.; die W. blutet, heilt; aus einer W. bluten; der Verunglückte war mit Wunden bedeckt. **sinnv.:** Blessur, Hautabschürfung, Trauma, Verletzung, Verwundung. **Zus.:** Brand-, Operations-, Platz-, Schnitt-, Schuß-, Stichwunde.

Wun|der, das; -s, -: **a)** *außerordentlicher, staunenerregender, der Erfahrung oder den Naturgesetzen zuwiderlaufender Vorgang:* es ist ein W. geschehen; es war ein W., daß er befreit wurde; nur ein W. kann sie retten; die Geschichte klingt wie ein W.; sie hofften auf ein W. **sinnv.:** Mirakel, Mysterium, Spektakulum, Unerforschliches. **b)** ⟨W. + Attribut⟩ *etwas, was in seiner Art, durch sein Maß an Vollkommenheit das Gewohnte, Übliche weit übertrifft und Staunen erregt:* diese Brücke ist ein W. der Technik; die Apparate sind wahre W. an Präzision. **sinnv.:** Ausbund, Wunderwerk. **Zus.:** Natur-, Weltwunder.

wun|der|bar ⟨Adj.⟩: **1. a)** *vom Sprecher als überaus schön, gut o. ä. angesehen, sein Entzücken hervorrufend:* ein wunderbarer Abend; sie singt w. **sinnv.:** ↑großartig; ↑märchenhaft. **b)**

⟨verstärkend bei Adjektiven und Verben⟩ *sehr gut, sehr schön:* ein w. bequemer Sessel; sie haben sich w. entwickelt; es war alles w. sauber. **sinnv.:** ↑sehr. **2.** *wie ein Wunder* (a) *erscheinend:* seine wunderbare Errettung. **sinnv.:** mirakulös, wundersam.

wun|dern: 1. ⟨itr.⟩ *jmds. Erwartungen nicht entsprechen, ihn darum erstaunen, befremden:* es wundert mich, daß er nicht kommt. **sinnv.:** ↑erstaunen. **Zus.:** verwundern. **2.** ⟨sich w.⟩ *(über etwas Unerwartetes) überrascht, erstaunt oder befremdet sein:* ich wunderte mich über seine merkwürdigen Ansichten, seine klugen Antworten; ich wundere mich nicht darüber, daß es ihm jetzt schlechtgeht. **sinnv.:** ↑staunen, ↑verwundern.

wun|der|schön ⟨Adj.⟩ (emotional): **a)** *(in den Augen des Sprechers) ungewöhnlich schön, Entzücken, Freude hervorrufend:* ein wunderschöner Tag. **sinnv.:** ↑schön. **b)** ⟨verstärkend bei Adjektiven⟩ *sehr, überaus:* der Tag war w. warm. **sinnv.:** ↑sehr.

wun|der|voll ⟨Adj.⟩ (emotional): **a)** *durch seine Beschaffenheit, Art den Sprecher begeisternd:* wundervolle Blumen. **sinnv.:** ↑schön. **b)** ⟨verstärkend bei Adjektiven⟩ *sehr, überaus:* der Stoff ist w. weich. **sinnv.:** ↑sehr.

Wunsch, der; -[e]s, Wünsche: 1. *etwas, was sich jmd. wünscht, was er haben, erreichen o. ä. möchte [und was er als Bitte anderen, einem anderen gegenüber vorbringt]:* er hat den W., Arzt zu werden; einen W. aussprechen; er ist auf seinen [ausdrücklichen] W. [hin] versetzt worden; jmdm. einen W. erfüllen. **sinnv.:** Begehr[en], ↑Sehnsucht, Traum, Verlangen · Anliegen, ↑Bitte. **Zus.:** Berufs-, Herzens-, Sonderwunsch. **2.** ↑*Glückwunsch:* mit den besten Wünschen für das neue Jahr.

Wunsch- ⟨Präfixoid⟩: */besagt, daß die im Basiswort genannte Person oder Personengruppe dem entspricht, was sich der Betreffende für seinen Plan o. ä. wünscht, weil er mit dieser Person usw. keine Schwierigkeiten zu haben glaubt/:* Wunschelf, -gegner *(jmd., den man sich als Gegner [z. B. beim Sport] wünscht),* -kandidat, -mannschaft, -partner. **sinnv.:** Traum-.

wün|schen ⟨tr.⟩: **a)** *etwas (für sich oder andere) gern haben wollen:* ich wünsche mir ein Fahrrad zum Geburtstag; ich wünsche dir gutes Wetter für den Urlaub; sie wünschen sich ein Baby; ich wünschte, es wäre schon Sommer. **sinnv.:** ↑begehren, erbitten, erhoffen, erträumen, sich ↑sehnen, ↑verlangen, versuchen, den Wunsch haben. **Zus.:** verwünschen. **b)** ⟨w. + zu + Inf.⟩ *gern etwas tun wollen; einen Wunsch, ein Verlangen aussprechen:* er wünscht, um 6 Uhr geweckt zu werden; er wünscht, nach Hause gehen zu dürfen. **sinnv.:** ↑bitten; mögen, wollen. **Zus.:** herbei-, weg-, zurückwünschen.

wün|schens|wert ⟨Adj.⟩: *so geartet, beschaffen, daß es sehr erwünscht wäre, es zu haben, zu bekommen o. ä.:* das ist eine wünschenswerte Verbesserung. **sinnv.:** erstrebenswert, erwünscht, sinnvoll.

Wür|de, die; -, -n: **1.** ⟨ohne Plural⟩ **a)** *dem Menschen innewohnender Wert und innerer Rang:* die W. des Menschen achten; jmdn. in seiner W. verletzen. **sinnv.:** ↑Ansehen. **Zus.:** Menschenwürde. **b)** *Haltung, die durch das Bewußtsein vom eigenen Wert oder von einer geachteten Stellung bestimmt wird:* er strahlt W. aus; er hat alles mit W. ertragen. **sinnv.:** ↑Adel, Fassung, Haltung. **2.** *mit bestimmten Ehren, hohem Ansehen verbundenes Amt, verbundene Stellung:* er hat die höchsten Würden erreicht. **sinnv.:** Amt.

Wür|den|trä|ger, der; -s, -: *jmd., der ein hohes weltliches oder geistliches Amt bekleidet:* hohe W. nahmen an der Premiere teil. **sinnv.:** Honoratioren.

wür|de|voll ⟨Adj.⟩: *[in seinem Verhalten] von einer bestimmten feierlichen Steifheit und betonten Würde:* sich w. benehmen; w. aussehen, grüßen; würdevolle Haltung. **sinnv.:** ↑feierlich; majestätisch; ↑ruhig.

wür|dig ⟨Adj.⟩: *Würde besitzend, ausstrahlend, zeigend:* eine würdige Haltung; ein würdiger Gruß; das Jubiläum wurde w. *(angemessen)* begangen. **sinnv.:** ↑erhaben; ↑feierlich.

-wür|dig ⟨adjektivisches Suffixoid⟩: **a)** *so, daß das im Basiswort Genannte getan werden sollte/könnte; das im Basiswort Genannte verdient habend, erfordernd* /meist mit einem Basiswort positiven Inhalts/: anbetungs-, anerkennungs-, auszeichnungswürdig, beregnungswürdige Kulturen (z. B. Kartoffeln, Zuckerrüben), bewunderungswürdig, diskussionswürdiges Thema, erbarmungswürdig, erhaltungswürdiges Gebäude, exilwürdig, fluchwürdige Tat, das Drehbuch ist nicht förderungswürdig, kritikwürdig, lobenswürdig, fahrlässiger Umgang mit schutzwürdigen Personalien, sehenswürdig, sind Studenten, die sich an Demonstrationen beteiligen, noch stipendiumwürdig?, strafwürdig, tadelnswürdig, todeswürdig, verabscheuenswürdige Bluttat *(die man verabscheut),* veröffentlichungswürdig. **sinnv.:** -wert. **b)** *die Voraussetzungen für das im Basiswort Genannte habend:* abbau-, erschließungs-, export-, hitparaden-, klassifikationswürdig, eine koalitionswürdige Partei, ein kreditwürdiges Unternehmen *(dem man Kredit geben sollte/könnte),* reklamations-, verallgemeinerungs-, veröffentlichungswürdig, vertrauenswürdige Person *(der man Vertrauen schenken kann),* /elliptisch/ klappentextwürdig *(so, daß es auf den Klappentext kommen sollte).* **sinnv.:** -fähig.

wür|di|gen ⟨tr.⟩: **1.** *jmds. Leistung, Verdienst, den Wert einer Sache anerkennen [und mit Worten kundtun]:* der Redner würdigte die Verdienste des Ministers; ich weiß deine Hilfe zu w. *(zu schätzen).* **sinnv.:** ↑begutachten; ↑besprechen; ↑honorieren; ↑loben. **2.** *eines bestimmten Verhaltens für wert erachten:* er würdigte mich keines Blickes *(er hielt es nicht für nötig, mich anzusehen).*

Wurf, der; -[e]s, Würfe: *das Werfen:* das war ein W.; zum W. ausholen. **Zus.:** Hammer-, Speer-, Stein-, Weitwurf.

Wür|fel, der; -s, -: **1.** */ein geometrischer Körper/* (siehe Bildleiste „geometrische Figuren", S. 292). **sinnv.:** Hexaeder, Kubus, Sechsflächner. **2.** *(zum Würfeln verwendeter) kleiner Gegenstand von der Form eines Würfels* (1), *dessen sechs Seiten Punkte tragen (von 1 bis 6):* ein Gesellschaftsspiel, das mit Würfeln gespielt wird.

wür|feln: 1. a) ⟨itr.⟩ *mit Würfeln (um etwas) spielen:* sie würfelten darum, wer anfangen solle; es wurde um Geld gewürfelt. **b)** ⟨tr.⟩ *mit dem Würfel* (2) *eine bestimmte Zahl werfen:* eine Sechs w. **sinnv.:** knobeln, trudeln, Würfel spielen; ↑spielen. **2.** ⟨tr.⟩ *(von bestimmten festen Nahrungsmitteln) in kleine Würfel* (1) *schneiden:* Kartoffeln w. **sinnv.:** kleinschneiden.

wür|gen: 1. ⟨tr.⟩ *(jmdn.) an der Kehle fassen und ihm die Luft abdrücken [in der Absicht, ihn zu ersticken]:* er hatte sein Opfer gewürgt. **sinnv.:** erdrosseln, erwürgen, jmdm. die Kehle zudrükken, strangulieren. **Zus.:** ab-, erwürgen. **2.** ⟨itr.⟩ **a)** *(etwas) nicht oder nur mit Mühe hinunterschlucken können, weil einem der Hals wie zugeschnürt ist:* sie würgte an dem Bissen. **sinnv.:** schlucken. **b)** *einen starken Brechreiz haben:* er mußte heftig w. **sinnv.:** sich ↑übergeben.

Wurm, der; -[e]s, Würmer: *Tier mit langgestrecktem Körper ohne Gliedmaßen:* von Würmern befallene Früchte; die Amsel frißt Würmer. **Zus.:** Band-, Faden-, Regen-, Spulwurm.

wur|men ⟨itr.⟩ (ugs.): *nachhaltig mit Ärger, Groll erfüllen:* es wurmte ihn, daß er nicht eingeladen wurde. **sinnv.:** ↑ärgern.

Wurst, die; -, Würste: *Masse aus feingehacktem Fleisch, Speck, Gewürzen o. ä., die, in natürliche oder künstliche Därme gefüllt (geräuchert, gebraten) kalt oder warm gegessen wird:* eine Scheibe W. aufs Brot legen, streichen. **sinnv.:** Würstchen. **Zus.:** Brat-, Brüh-, Dauer-, Extra-, Fleisch-, Leber-, Mett-, Streichwurst.

Würst|chen, das; -s, -: *kleine, dünne Wurst, die vor dem Verzehr in Wasser heiß gemacht wird:* Frankfurter W. mit Senf. **sinnv.:** Bockwurst, Bratwurst, Currywurst, Wurst.

wur|stig ⟨Adj.⟩ (ugs.): *gleichgültig, die Dinge treiben lassend.* **sinnv.:** ↑gleichgültig.

Wür|ze, die, -, -n: *würzende Beigabe zur Verbesserung des Geschmacks von Suppen, Soßen o. ä.:* der Soße fehlt die W. **sinnv.:** ↑Geschmack, ↑Gewürz, Würzmittel.

Wur|zel, die; -, -n: **1.** *Teil der Pflanzen, mit dem sie sich in der Erde festhalten und über die sie ihre Nahrung aus dem Boden aufnehmen:* Wurzeln ausbilden, schlagen; Unkraut mit der W. ausziehen. **sinnv.:** Rhizom, Wurzelstock. **Zus.:** Luft-, Pfahlwurzel. **2.** *im Kiefer sitzender Teil des Zahnes:* der Zahnarzt muß die W. behandeln. **Zus.:** Zahnwurzel.

wur|zeln ⟨itr.⟩ **1.** *(von einer Pflanze) mit den Wurzeln im Boden festsitzen:* die Bäume wurzeln tief im Boden. **2.** *geistig in einem bestimmten Bereich beheimatet, von ihm geprägt sein:* er wurzelt mit seinem Denken in der Tradition des 19. Jahrhunderts. **sinnv.:** verwurzelt sein.

wür|zen ⟨tr.⟩: *mit Gewürzen u. a. versehen und damit einer Speise einen bestimmten Geschmack verleihen bzw. sie überhaupt schmackhaft machen:* die Suppe w. **sinnv.:** ↑abschmecken; pfeffern · salzen · verfeinern.

wür|zig ⟨Adj.⟩: *kräftig schmekkend oder duftend:* eine würzige Speise; würzige Luft. **sinnv.:** aromatisch, blumig, feurig, gewürzt, herzhaft, kräftig, parfümiert, pikant; ↑scharf.

Wust, der; -[e]s: *ungeordnete Menge, Durcheinander von [gleichartigen] Dingen:* in seinem Zimmer herrscht ein schrecklicher W.; er fand seine Brille schließlich unter einem W. von Papieren. **sinnv.:** Chaos, Durcheinander, Gewirr, ↑Unordnung.

wüst ⟨Adj.⟩: **1.** *öde und verlassen:* eine wüste Gegend. **sinnv.:** trist, trostlos, unwirtlich. **2. a)** *in höchstem Maße unordentlich, unsauber o. ä.:* in seinem Zimmer sieht es w. aus. **sinnv.:** chaotisch, ↑durcheinander, drunter und drüber, wirr. **b)** *wild und ungezügelt:* ein wüstes Fest. **sinnv.:** ↑lasterhaft; ↑rabiat; ↑unanständig.

Wü|ste, die; -, -n: *trockenes, meist heißes Gebiet der Erde, das ganz von Sand bedeckt ist:* die W. auf Kamelen durchqueren; eine Oase in der W. **sinnv.:** ↑Einöde. **Zus.:** Eis-, Sand-, Stein-, Wasserwüste.

Wut, die; -: *(sich in heftigen, zornigen Worten und/oder unbeherrschten Handlungen äußernder) Zustand äußerster Erregung:* W. auf jmdn. haben; in W. geraten; aus W. heulen; vor W. schäumen; voller W. sein. **sinnv.:** ↑Ärger; vgl. -wut.

-wut, die; – ⟨Suffixoid⟩: *in bezug auf das im Basiswort Genannte als zu groß, heftig, leidenschaftlich empfundener Eifer:* Arbeits-, Bau-, Lese-, Reform-, Sammel-, Tanzwut.

wü|ten, wütete, hat gewütet /vgl. wütend/ ⟨itr.⟩: **a)** *in einem Zustand von Wut o. ä. gewalttätig, zerstörerisch agieren:* die Soldaten hatten in der Stadt gewütet. **sinnv.:** Amok laufen, ↑aufregen, rasen, toben. **b)** *von zerstörender, vernichtender Wirkung sein:* draußen wütete der Sturm; Seuchen wüten. **sinnv.:** rasen, toben, tosen.

wü|tend ⟨Adj.⟩: **a)** *von Wut erfüllt, voller Wut:* er kam w. ins Zimmer; er schrie mit wütender Stimme; w. auf/über jmdn. sein. **sinnv.:** ↑ärgerlich, ↑mißmutig. **b)** *sehr groß, sehr heftig o. ä.:* einen wütenden Hunger haben; wütende Schmerzen auszuhalten haben. **sinnv.:** ↑gewaltig.

-wü|tig ⟨adjektivisches Suffixoid⟩: *das im Basiswort Genannte mit einer Art Versessenheit, in übertriebener Weise, gern und oft machend, ausübend, anstrebend:* aufräumwütiger Vater, erschließungswütig, exportwütige Sowjets, heirats-, kampf-, kauf-, lese-, neuerungswütig, operationswütiger Chirurg, ein schießwütiger Polizist *(der schnell von der Schußwaffe Gebrauch macht),* soloalbenwütiger Musiker *(der ganz darauf aus ist, Soloalben zu produzieren),* spar-, tanz-, unabhängigkeitswütig, verschreibungswütiger Arzt. **sinnv.:** -freudig, -süchtig.

x-be|lie|big ⟨Adj.; nur attributiv⟩ (ugs.): *irgendein; gleichgültig, wer oder was für ein:* ein x-beliebiges Buch; jeder x-beliebige Mensch kann das machen. **sinnv.:** beliebig.

x-mal ⟨Adverb⟩ (ugs.): *unzählige Male:* das habe ich dir x-mal gesagt! **sinnv.:** ↑oft.

Z

Zacke, die; -, -n: *(eine von meist mehreren nebeneinander angeordneten) Spitzen an einem Gegenstand:* die Zacken einer Krone, des Sägeblatts; ein Stern mit fünf Zacken. **sinnv.:** Zacken, Zahn, Zinke. **Zus.:** Eis-, Felsen-, Gabel-, Sternzacke.
Zacken, der; -s, -: *einzelne, an einer bestimmten Stelle hervortretende Spitze:* hier ragt ein Z. hervor. **sinnv.:** ↑Zacke.
zackig ⟨Adj.⟩: **1.** *viele Zacken, Spitzen aufweisend:* zackige Felsen. **sinnv.:** ↑gezackt. **2.** (ugs.) *stramm, forsch, ruckartig (in seinen Bewegungen):* der Soldat grüßte, marschierte z. **sinnv.:** ↑forsch, ↑schwungvoll.
zag|haft ⟨Adj.⟩: *unsicher, ängstlich und zugleich unentschlossen, zögernd in seinem Handeln:* z. klopfte er an die Tür des Direktors. **sinnv.:** ↑ängstlich.
zäh ⟨Adj.⟩: **1. a)** (abwertend) *schwer zu zerkleinern oder zu kauen:* das Fleisch ist sehr z. **2. a)** *körperlich ausdauernd, widerstandsfähig:* ein zäher Bursche. **sinnv.:** ↑stark. **b)** *beharrlich, mit Ausdauer ein bestimmtes Ziel verfolgend:* durch zähen Fleiß erreichte er sein Ziel.
Zahl, die; -, -en: **1.** *Angabe einer Menge, Größe:* die Zahl 1 000; zwei Zahlen addieren; eine gerade *(durch zwei teilbare)* Z. **sinnv.:** Bruch, Chiffre, Zahlzeichen, Ziffer · Nummer · Wert. **Zus.:** Bruch-, Dezimal-, Grund-, Kardinal-, Mehr-, Ordinal-, Ordnungs-, Un-, Vielzahl. **2.** *Anzahl von Personen, Dingen o. ä.:* die Z. der Mitglieder steigt ständig; die ungefähre Z. der Teilnehmer. **sinnv.:** ↑Menge.
zahl|bar: ⟨in der Verbindung⟩ z. sein (Kaufmannsspr.): *(in bestimmter Weise) zu bezahlen sein:* diese Summe ist z. zum 1. des Monats. **sinnv.:** fällig.
zah|len ⟨tr./itr.⟩: **a)** *(einen Geldbetrag) als Gegenleistung geben, bezahlen:* eine hohe Summe an jmdn. z.; wieviel hast du dafür gezahlt?; etwas in Raten/mit Scheck, per Überweisung z.; Herr Ober, bitte z.! **sinnv.:** ↑aufwenden, auslegen, auszahlen, ↑bezahlen, erlegen, erstatten, honorieren, vorlegen. **Zus.:** ab-, an-, dazu-, drauf-, ein-, nach-, rück-, voraus-, zu-, zurückzahlen. **b)** *eine bestehende Geldschuld tilgen:* Miete, Steuern z.; jmdm. eine Abfindung z. **sinnv.:** abstottern, abtragen, abzahlen, begleichen, entrichten, zur Kasse gebeten werden, einen Zahlungsbefehl/eine Zahlungsaufforderung bekommen.
zäh|len: 1. ⟨itr.⟩ *Zahlen der Reihe nach nennen:* von 1 bis 100 z. **2.** ⟨tr.⟩ *die Anzahl von etwas feststellen:* die Äpfel z.; er zählte, wieviel Leute anwesend waren. **sinnv.:** abzählen, addieren, zusammenzählen. **3.** ⟨itr.⟩ *sich (auf jmdn./etwas) verlassen:* du kannst auf mich, auf meine Hilfe z. **sinnv.:** bauen/vertrauen (auf). **4.** ⟨itr.⟩ *von Bedeutung sein:* hier zählt nur die Leistung. **sinnv.:** gelten. **5.** ⟨itr.⟩ *zu etwas/jmdm. gehören:* er zählt fast schon zu unserer Familie; er zählt zum Adel. **sinnv.:** ↑angehören. **6.** ⟨tr.⟩ *für etwas Bestimmtes halten, als etwas Bestimmtes ansehen:* ich zähle ihn zu den größten Politikern. **sinnv.:** ↑ansehen (als), ↑beurteilen. **7.** ⟨itr.⟩ *als Größe, Umfang, Alter usw. haben:* das Dorf zählt 2 000 Einwohner; er zählt 40 Jahre. **sinnv.:** ↑aufweisen.
Zahl|kar|te, die; -, -n: *Formular der Post, mit dem man eine Zahlung auf jmds. Konto (durch die Post) ausführen läßt:* etwas mit/per Z. bezahlen. **sinnv.:** Postanweisung.
zahl|los ⟨Adj.⟩ (emotional): *(in den Augen des Sprechers) in/von einer sehr großen Zahl; unzählig:* zahllose Lichter; die Beschwerdebriefe waren z. **sinnv.:** ↑reichlich, ↑unendlich, ohne Zahl.
zahl|reich ⟨Adj.⟩: **a)** *viele:* er hat zahlreiche Briefe bekommen. **sinnv.:** ↑einig... **b)** *aus vielen Mitgliedern, Teilnehmern bestehend:* eine zahlreiche Familie, Versammlung. **sinnv.:** groß.
Zah|lung, die; -, -en: **1.** *das Zahlen:* die Z. der Miete erfolgt monatlich. **sinnv.:** Begleichung, Bezahlung. **Zus.:** Ab-, Abschlags-, Akonto-, An-, Bar-, Ein-, Raten-, Rück-, Teilzahlung. **2.** ***in Z. nehmen** *(einen gebrauchten Gegenstand beim Kauf eines neuen mit dem Preis verrechnen):* der Händler hat das alte Auto in Z. genommen; **in Z. geben** *(beim Kauf eines neuen Gegenstandes den Preis teilweise mit einem alten gebrauchten Gegenstand begleichen):* er kauft sich ein neues Auto und gibt das alte in Z.
Zäh|lung, die, -, -en: *das Feststellen der Anzahl (von Personen oder Sachen):* durch eine Z. den Bestand an Haustieren feststellen. **sinnv.:** Schätzung. **Zus.:** Verkehrs-, Volkszählung.
Zah|lungs|mit|tel, das; -s, -: *Geld, Scheck, Wechsel usw., womit man eine Geldschuld bezahlen kann.* **sinnv.:** Valuta, Währung · Devisen.
zahm ⟨Adj.⟩: *(von bestimmten wildlebenden Tieren) an den Menschen gewöhnt:* eine zahme Krähe, Dohle; der Igel ist ganz z. **sinnv.:** domestiziert, fromm, gebändigt, lammfromm. **Zus.:** handzahm.
zäh|men ⟨tr.⟩: *(von wildlebenden Tieren) an den Menschen gewöhnen, zahm machen:* einen Löwen z. **sinnv.:** ↑bändigen. **Zus.:** bezähmen.
Zahn, der; -[e]s, Zähne: **1.** *in einem der beiden Kiefer wurzelndes, in die Mundhöhle ragendes, knochenähnliches Gebilde, das zur Zerkleinerung der Nahrung dient:* die Zähne putzen; jmdm. einen Z. ziehen; die Nahrung mit den Zähnen zerkauen, zermahlen. **sinnv.:** Beißerchen, Hauer, Kauwerkzeuge; ↑Gebiß. **Zus.:** Augen-, Back-, Backen-, Eck-, Gift-, Milch-, Reiß-, Schneide-, Stift-, Weisheitszahn. **2.** *Zacke am Rand eines Gegenstandes innerhalb einer längeren Reihe:* die Zähne der Briefmarke; in deinem Kamm sind ein paar Zähne ausgebrochen. **sinnv.:** ↑Zacke. **Zus.:** Sägezahn.
zahn|los ⟨Adj.⟩: *keine Zähne habend:* ein noch zahnloses Baby; ein zahnloser Greis.
Zahn|pa|sta, die; -, Zahnpasten: *Paste, die zum Zähneputzen verwendet wird.* **sinnv.:** Zahncreme, Zahnpulver.

Zan|ge, die; -, -n: *bes. zum Greifen, Halten, Durchtrennen o. ä. dienendes Werkzeug:* mit der Z. einen Draht abkneifen. **sinnv.:** Pinzette; Schere; ↑Schraubenschlüssel. **Zus.:** Beiß-, Gebäck-, Greif-, Kneif-, Loch-, Zuckerzange.

Zank, der; -[e]s: *mit lauten Beschimpfungen und gegenseitigen Vorwürfen ausgetragener Streit:* es gab dauernd Z. zwischen den beiden; bei ihnen herrscht nichts als Z. und Streit. **sinnv.:** ↑Streit.

zan|ken, sich: *sich in kleinlicher, gehässiger Weise streiten:* ich habe mich mit ihm gezankt; sie zankten sich ständig; ⟨auch itr.⟩ die Jungen zankten ständig. **sinnv.:** sich ↑streiten.

zän|kisch ⟨Adj.⟩: *oft Streit suchend:* er, sie ist ein zänkischer Mensch; z. sein, werden. **sinnv.:** händelsüchtig, streitsüchtig, unfriedlich, unverträglich, zanksüchtig.

Zäpf|chen, das; -s, -: *Medikament in der Form eines kleinen Kegels zur Einführung in den After oder die Scheide.* **sinnv.:** ↑Medikament.

zap|fen ⟨tr.⟩: *(aus einem Faß Flüssigkeit, bes. Bier) durch einen Spund entnehmen, in Gläser füllen:* Bier z. **sinnv.:** ↑ausschenken. **Zus.:** ab-, anzapfen.

Zap|fen, der; -s, -: **1.** *holzige, die Samen enthaltende Frucht der Nadelbäume.* **Zus.:** Fichten-, Kiefern-, Tannenzapfen. **2.** *zapfenförmiger Verschluß zum Schließen des Spundloches (an Fässern):* einen Zapfen in das Faß schlagen. **sinnv.:** ↑Stöpsel.

zap|pe|lig ⟨Adj.⟩ (ugs.): *voll Unruhe [und Nervosität], die sich in dauernden unkontrollierten Bewegungen äußert:* er war ganz z. vor Aufregung. **sinnv.:** ↑hektisch, ↑nervös.

zap|peln ⟨itr.⟩: *(vor Unruhe o. ä.) heftige, unkontrollierte Bewegungen mit den Gliedmaßen, mit dem ganzen Körper ausführen:* vor Ungeduld z.; der Fisch zappelte an der Angel. **sinnv.:** hampeln, nicht stillsitzen können, strampeln. **Zus.:** sich ab-, herumzappeln.

Zar, der; -en, -en (hist.): *Kaiser des russischen Reiches.* **sinnv.:** ↑Regent.

-zar, der; -en, -en ⟨Suffixoid⟩: *jmd., der auf dem im Basiswort genannten Gebiet als herrschend, beherrschend, mächtigster Mann gilt:* Fernseh-, Film-, Kino-, Mode-, Pop-, Presse-, Zeitungszar. **sinnv.:** -imperium, -mafia, -papst.

zart ⟨Adj.⟩: **1.** *verletzlich, zerbrechlich wirkend (und daher eine besonders behutsame, pflegliche Behandlung verlangend):* ein zartes Gebilde, Geschöpf; die Pflänzchen sind noch sehr z. **sinnv.:** ätherisch, durchsichtig, ↑empfindlich, fein, feingliedrig, grazil, mimosenhaft, schmal, sensibel, zerbrechlich, zierlich; ↑dünn. **Zus.:** überzart. **2.** *(von bestimmten Speisen) angenehm weich, mürbe, im Mund zergehend:* zartes Fleisch, das Gebäck ist sehr z. **sinnv.:** butterweich, leicht zerfallend, locker, mürbe. **Zus.:** butterzart. **3.** *(in seiner Intensität) auf eine angenehme Weise sanft, leise, unaufdringlich:* eine zarte Farbe; der Duft, der Klang des Instruments ist sehr z. **sinnv.:** ↑duftig, fein; ↑gläsern.

zärt|lich ⟨Adj.⟩: *(in seinem Verhalten einem anderen gegenüber) große Zuneigung und Fürsorge ausdrückend, von ihr zeugend:* dem Kind z. übers Haar streichen; er ist ein sehr zärtlicher Vater, Ehemann. **sinnv.:** empfindsam, hingebend, hingebungsvoll, innig, lieb, liebend, liebevoll, rührend · ↑liebkosen.

Zau|ber, der; -s: **1.** *Handlung des Zauberns; magische Handlung:* durch einen Z. jmdn. heilen; einen Z. über jmdn., etwas aussprechen; etwas ist wie durch einen Z. verschwunden, wiederhergestellt. **sinnv.:** Hexenwerk, Hexerei, Hokuspokus, Schwarze Kunst, Magie, Taschenspielerkunst, Teufelskunst, Teufelswerk, Zauberei, Zauberkunst, Zauberwesen; Zauberkunststück. **Zus.:** Abwehr-, Fruchtbarkeits-, Liebes-, Regenzauber. **2.** *Faszination, geheimnisvoller Reiz, der von einer Person oder Sache ausgeht:* der Z. ihres Lächelns; der Z. der Jugend; jmds. Z. erliegen; ein großer Z. geht von jmdm., einer Sache aus. **sinnv.:** ↑Anmut, ↑Faszination, ↑Reiz.

Zau|be|rei, die; -, -en: **1.** ⟨ohne Plural⟩ *das Zaubern:* seine enormen Fähigkeiten grenzen an Z.; das zu machen ist doch keine Z. **sinnv.:** ↑Zauber. **2.** *(von einem Zauberkünstler vorgeführtes) Zauberkunststück:* Zaubereien vorführen. **sinnv.:** ↑Zauber.

zau|ber|haft ⟨Adj.⟩ (emotional): *(in den Augen des Sprechers) von großer Schönheit, Faszination o. ä.:* ein zauberhaftes Bild; die Roben der Gäste waren z. **sinnv.:** ↑apart; ↑märchenhaft.

zau|bern: 1. ⟨itr./tr.⟩ *durch magische Kräfte, durch Zauberei hervorbringen:* die Hexe konnte z.; die Fee zauberte ein Schloß auf die Wiese. **sinnv.:** beschwören, besprechen, hexen, Zauberei betreiben, den Zauberstab schwingen. **Zus.:** an-, be-, ent-, herbei-, ver-, wegzaubern. **2.** ⟨itr./tr.⟩ *Zauberkunststücke vorführen:* kannst du z.?; der Zauberer zauberte ein Kaninchen aus seinem Hut *(zauberte es hervor).* **3.** ⟨tr.⟩ *mit großem Können, mit Geschicklichkeit hervorbringen, schaffen:* der Maler zauberte eine Landschaft auf das Papier; sie hatte in der Küche ein köstliches Mahl gezaubert. **sinnv.:** ↑hervorbringen.

zau|dern ⟨itr.⟩: *aus Angst, Unentschlossenheit o. ä. immer wieder mit, bei etwas zögern:* er tat es, ohne zu z.; er hatte lange gezaudert, bevor er schließlich doch zusagte. **sinnv.:** ↑zögern.

Zaum, der; -[e]s, Zäume: *Riemenzeug und Trense, die einem Reit- und Zugtier, bes. einem Pferd am Kopf angelegt werden:* dem Pferd einen Z. anlegen. **sinnv.:** Zäumung, Zaumzeug.

Zaun, der; -[e]s, Zäune: *aus Metall- oder Holzstäben oder aus Drahtgeflecht bestehende Einfriedung eines Grundstücks:* ein lebender Z. *(eine Hecke);* einen Z. ziehen; über den Z. klettern; durch den Z. schlüpfen, kriechen. **sinnv.:** Drahtverhau, Einzäunung, Gatter, ↑Gitter, Hag, Hecke, Umzäunung. **Zus.:** Bau-, Bretter-, Elektro-, Garten-, Latten-, Staketen-, Weidezaun.

Ze|bra|strei|fen, der; -s, -: *durch weiße Streifen auf der Fahrbahn gekennzeichnete Stelle, an der Fußgänger die Straße überqueren dürfen:* über den Z. gehen. **sinnv.:** Fußgängerüberweg.

Ze|che, die; -, -n: **I.** *Preis für die in einem Gasthaus verzehrten Speisen und Getränke:* die Z. bezahlen. **sinnv.:** Rechnung. **II.** ↑*Bergwerk:* die Z. wurde stillgelegt.

ze|chen ⟨itr.⟩: *mit anderen gemeinsam längere Zeit und ausgiebig Alkohol trinken:* sie zechten bis in den frühen Morgen. **sinnv.:** ↑trinken.

Zeh, der; -s, -en, **Ze|he,** die; -, -n: *bewegliches Glied am Fuß:* auf den Zehen durchs Zimmer schleichen. **Zus.:** Fuß-, Hammerzehe.

zehn ⟨Kardinalzahl⟩: 10: z. Personen.

zehnt... ⟨Ordinalzahl⟩: 10.: der zehnte Mann.

zeh|ren ⟨itr.⟩: **1. a)** *jmds. Gewicht, Kräfte, Substanz vermindern:* Fieber zehrt; eine zehrende Krankheit. **sinnv.:** ↑aufreiben, ↑entkräften. **Zus.:** ab-, auszehren. **b)** *jmds. Gesundheit sehr zusetzen, sie schwächen:* die Sorge zehrt an ihren Nerven, an ihrer Gesundheit. **sinnv.:** angreifen, anstrengen, aufreiben, Kräfte kosten, strapazieren. **2.** *von etwas Vorhandenem leben (und es dabei aufbrauchen):* er zehrte von seinen Ersparnissen. **sinnv.:** leben von, verbrauchen. **Zus.:** auf-, verzehren. **3.** *an früher Erlebtes noch immer denken, sich daran freuen und darin innere Kraft und Trost finden:* er zehrte von seinen Erinnerungen; von diesem Konzert zehrt er noch lange. **sinnv.:** denken an, sich ↑erinnern.

Zei|chen, das; -s, -: **1. a)** *etwas Sichtbares, Hörbares (bes. eine Geste, Gebärde, ein Laut o. ä.), das als Hinweis dient, mit dem jmd. auf etwas aufmerksam gemacht, zu etwas veranlaßt o. ä. wird:* jmdm. ein Zeichen geben; sie machte ein Z., er solle sich entfernen; zum Z./als Z. ihrer Versöhnung umarmten sie sich. **sinnv.:** ↑Ausdruck, Botschaft, ↑Gebärde, ↑Manifestation. **b)** *der Kenntlichmachung von etwas, dem Hinweis auf etwas dienende Kennzeichnung, Markierung oder als solche dienender Gegenstand:* ein kreisförmiges Z.; mach dir ein Z. auf die Seite; er machte, kerbte ein Z. in den Baum; setzen Sie bitte Ihr Z. *(das Abkürzungszeichen Ihres Namens)* unter das Schriftstück. **sinnv.:** Kennzeichen, Kennziffer, Markierung. **Zus.:** Glücks-, Sturm-, Unglücks-, Vorzeichen. **c)** *festgelegte, mit einer bestimmten Bedeutung verknüpfte, eine ganz bestimmte Information vermittelnde graphische Einheit:* gedruckte, mathematische, chemische Z.; du mußt die Z. *(Satzzeichen)* richtig setzen; bei der Klavierübung die Z. nicht beachten. **sinnv.:** Chiffre, Sinnbild, Symbol. **Zus.:** Ausrufe-, Frage-, Pausen-, Satz-, Schrift-, Vortragszeichen. **2.** *(Sichtbares, Spürbares, bes. eine Verhaltensweise, Erscheinung, ein Geschehen, Vorgang, Ereignis o. ä.), das jmdm. etwas zeigt, für jmdn. ein Anzeichen, Symptom, Vorzeichen darstellt:* das ist ein Z. dafür, daß er ein schlechtes Gewissen hat; die Z. des Verfalls sind nicht zu übersehen; wenn nicht alle Z. trügen, wird es besser. **sinnv.:** ↑Anzeichen. **Zus.:** Krankheits-, Krisenzeichen.

zeich|nen, zeichnete, hat gezeichnet: **1.** ⟨tr./itr.⟩ **a)** *mit einem Bleistift o. ä. in Linien, Strichen [künstlerisch] gestalten; mit zeichnerischen Mitteln herstellen:* ein Porträt, eine Skizze z. **sinnv.:** ↑malen, schraffieren. **Zus.:** ab-, nachzeichnen. **b)** *zeichnend* (1 a) *ein Bild von jmdm., einer Sache herstellen:* einen Baum z.; nach der Natur z. **sinnv.:** aufzeichnen, ↑darstellen, illustrieren, ↑malen, porträtieren, skizzieren. **Zus.:** ab-, nachzeichnen. **2.** ⟨tr.⟩ *zu einem bestimmten Zweck mit einem Zeichen versehen:* die Wäsche, einen Baum z. **sinnv.:** kennzeichnen, ↑markieren.

Zeich|ner, der; -s, -, **Zeich|ne|rin,** die; -, -nen: *männliche bzw. weibliche Person, die berufsmäßig (künstlerische bzw. technische) Zeichnungen herstellt:* er ist als technischer Zeichner beschäftigt; er war ein bekannter Zeichner. **sinnv.:** Cartoonist, Designer, Gebrauchsgraphiker, Graphiker, Karikaturist, Layouter, ↑Maler. **Zus.:** Bau-, Karten-, Modezeichner.

Zeich|nung, die; -, -en: *etwas in Linien, Strichen Gezeichnetes:* Zeichnungen berühmter Künstler; die Z. für einen Neubau anfertigen. **sinnv.:** ↑Bild, Cartoon, Graphik, Karikatur, Radierung, Skizze, Vignette. **Zus.:** Aufriß-, Bau-, Bleistift-, Feder-, Hand-, Tuschzeichnung.

zei|gen: 1. ⟨itr.⟩ *durch eine Geste, Bewegung [mit der Hand] (auf jmdn./etwas) aufmerksam machen, deuten:* er zeigte [mit dem Finger] auf das Haus; in eine bestimmte Richtung, nach Norden z. **sinnv.:** deuten auf, ↑hinweisen, weisen auf. **2.** ⟨tr.⟩ *(jmdn.) etwas ansehen, betrachten lassen:* er hat uns sein neues Haus gezeigt; er zeigte seine Bücher. **sinnv.:** ↑vorzeigen. **Zus.:** auf-, her-, herumzeigen. **3.** *mit Erläuterungen, Worten o. ä. erklären, deutlich machen:* der Meister zeigte dem Lehrling, wie die Maschine funktioniert; sein Können z. *(beweisen).* **sinnv.:** erläutern, vormachen; ↑lehren. **4.** ⟨tr.⟩ *(ein Gefühl, die Einstellung zu jmd. anderem o. ä.) erkennen lassen:* er will seine Gefühle nicht z.; er hat mir seinen Unwillen deutlich gezeigt. **sinnv.:** ausweisen, beweisen, bieten, enthüllen, offenbar werden lassen, verraten. **Zus.:** an-, bezeigen. **5.** ⟨sich z.⟩ *deutlich werden, klar werden:* es zeigte sich, daß seine Berechnung falsch war. **sinnv.:** sich darstellen/herausstellen, sichtbar werden, zutage treten. **Zus.:** anzeigen. **6.** ⟨sich z.⟩ *(an einer bestimmten Stelle) zum Vorschein kommen, sichtbar werden:* es zeigen sich die ersten Knospen. **sinnv.:** ↑ansetzen, auftauchen, ↑auftreten, sich bieten, ↑entstehen, hervortreten, ↑kommen; sich ↑dokumentieren; sich ↑präsentieren. **7.** ⟨als Funktionsverb⟩ */drückt eine Eigenschaft, Fähigkeit oder ein Gefühl aus, das an jmdm. zu erkennen ist/:* Begabung, Fleiß z. *(begabt, fleißig sein);* Interesse z. *(interessiert sein);* Freude z. *(sich freuen).*

Zei|ge|fin|ger, der; -s, -: *aus drei Gliedern bestehender zweiter Finger der Hand vom Daumen aus:* mit dem Z. auf etwas deuten.

Zei|ger, der; -s, -: *beweglicher Teil an Meßgeräten, bes. an Uhren, der die Zeit oder den gemessenen Wert (durch seine jeweilige Stellung auf einer Skala bzw. auf dem Zifferblatt) anzeigt:* der Z. steht auf zwölf. **Zus.:** Minuten-, Sekunden-, Stunden-, Uhrzeiger.

Zei|ge|stock, der; -[e]s, Zeigestöcke: *Stock, mit dessen Hilfe man auf etwas zeigt:* der Lehrer zeigte uns mit dem Z. die Hauptstadt Rom auf der Landkarte.

zei|hen, zieh, hat geziehen ⟨tr.⟩ (geh): *bezichtigen, beschuldigen:* du hast ihn, dich zu Unrecht eines solchen Vergehens geziehen; sie haben sich [gegenseitig] der Lüge geziehen.

Zei|le, die; -, -n: **a)** *(geschriebene, gedruckte) Reihe nebeneinanderstehender Wörter eines Textes:* auf der letzten Seite stehen nur drei Zeilen; er schickte ihr ein paar Zeilen *(eine kurze Mit-*

teilung, einen kurzen Brief). **sinnv.:** ↑Schreiben. **Zus.:** Druck-, Gedicht-, Schlag-, Verszeile. **b)** *Reihe gleichartiger, nebeneinanderstehender Dinge (bes. Gebäude, Bäume):* eine Z. von Häusern, Bäumen. **sinnv.:** ↑Reihe. **Zus.:** Häuser-, Straßenzeile.

zeit: ⟨in der Wendung⟩ z. seines Lebens: *während des ganzen Lebens:* ich werde dir z. meines Lebens dankbar sein; er hat z. seines Lebens viel ertragen müssen.

Zeit, die; -, -en: **1.** ⟨ohne Plural⟩ *Ablauf, Nacheinander, Aufeinanderfolge der Augenblicke, Stunden, Tage, Wochen, Jahre:* die Z. vergeht [schnell, wie im Fluge], scheint stillzustehen; im Laufe der Z. *(mit der Zeit).* **sinnv.:** ↑Dauer. **Zus.:** Jahres-, Tageszeit. **2. a)** *[eng] begrenzter Zeitraum (in bezug auf seine Stelle im Zeitablauf):* feste -en; die Z. der Ernte; außer der Z./außerhalb der üblichen Z.; vor der Z. *(vor der festgelegten Zeit, verfrüht);* zu jeder Z. *(jederzeit, immer);* zu der Z., als/(geh.:) da ... **sinnv.:** ↑Augenblick. **Zus.:** Essens-, Schlafens-, Tisch-, Uhrzeit. **b)** *von einem Zeitmesser, der Uhr angegebene Stunde:* welche Z. ist es?; hast du [die] genaue Z.?; **sinnv.:** Uhrzeit. **Zus.:** Normal-, Orts-, Radio-, Weltzeit. **3. a)** *Zeitraum (in seiner Ausdehnung, Erstreckung, in seinem Verlauf):* die Z. des Studiums; die schönste Z. des Lebens/im Leben; es verging einige, viel Z., bis ...; er hat Zeiten, in denen er sehr reizbar ist; eine schöne Z. verbringen, verleben; sie sind schon längere Z. verheiratet; die erste Z. *(in der ersten Zeit)* ist alles ungewohnt; kurze Z. warten; eine kurze Z. lang; für einige, längere, kurze Z. verreist sein; ein Vertrag auf Z. *(auf befristete Zeit);* für alle Z. *(für immer);* in kurzer Z. fertig sein; in der nächsten/in nächster Z. *(bald);* in der letzten/in letzter Z.; nach kurzer Z.; seit einiger Z.; vor einiger, langer Z.; während dieser Z.; zu aller Z./allen Zeiten *(immer, allezeit).* **sinnv.:** Zeitabschnitt, Zeitspanne. **Zus.:** Anfangs-, Bronze-, Eisen-, Friedens-, Kriegs-, Neu-, Reformations-, Spät-, Stein-, Übergangs-, Ur-, Verfalls-, Vorkriegszeit. **b)** *verfügbarer Teil des Nacheinanders, der Abfolge von Augenblicken, Stunden, Tagen usw.:* jmdm. bleibt noch Z., es ist noch Z. genug, das zu erledigen; jmdm. wird die Z. lang: die Z. drängt *(wird knapp, etwas erfordert Eile);* [keine, wenig, eine Stunde] Z. [für jmdn./für etwas] haben; er gönnt sich kaum [die] Z. zum Essen; noch nicht die Z. [dazu] gefunden haben, etwas Bestimmtes zu tun; seine Z. einteilen, nützen; viel Z. [und Mühe] an etwas wenden; seine Z. vergeuden; Z. sparen; etwas braucht, kostet, erfordert [viel] Z., dauert seine Z.; wir dürfen jetzt keine Z. verlieren *(müssen uns beeilen).* **sinnv.:** ↑Muße. **Zus.:** Frei-, Ruhe-, Urlaubszeit. **c)** *für eine Leistung, bes. zum Zurücklegen einer Strecke benötigter Zeitraum:* eine gute Z. laufen, fahren, die Z. stoppen, nehmen. **4.** *Zeitabschnitt des Lebens, der Geschichte, Naturgeschichte usw. (einschließlich der herrschenden Verhältnisse):* eine vergangene Z.; kommende, künftige Zeiten; die Z. Goethes, des Barocks; die Z., als es noch kein elektrisches Licht gab; das waren böse, finstere Zeiten; die Z. war noch nicht reif dafür *(die Entwicklung war noch nicht genug fortgeschritten);* das ist ein Zug der Z. *(der gegenwärtigen Zeit);* der Geist der Z. *(Zeitgeist);* eine Sage aus alter Z.; in jüngster Z.; in früheren Zeiten; das war in seinen besten Zeiten *(als es ihm noch sehr gut ging);* in Zeiten der Not; mit der Z. gehen *(sich der Entwicklung, den jeweiligen Verhältnissen anpassen);* seit ewigen Zeiten (emotional; *schon lange*) nicht mehr; zu jener Z.; zu seiner Z. *(als er noch lebte);* zu keiner Z. *(niemals).* **sinnv.:** ↑Zeitraum.

Zeit|al|ter, das; -s, -: *Abschnitt, Epoche der Geschichte (mit besonderer Prägung):* das Z. der Technik; das Z. der Entdeckungen; vergangene Z. **sinnv.:** Äon, Ära, Epoche, Jahrhundert, Jahrtausend, Säkulum, Weltalter, Zeit, Zeitabschnitt, ↑Zeitraum. **Zus.:** Atom-, Erd-, Maschinenzeitalter.

Zeit|an|sa|ge, die; -, -n: *das Bekanntgeben der genauen Uhrzeit* /im Rundfunk, Fernsehen und (telefonisch) bei der Post/: er schaltete das Radio an und wartete auf die Z.; die Z. anrufen.

Zeit|geist, der; -es: *eine bestimmte Zeit kennzeichnende geistige Haltung:* der Z. war von der Erinnerung an den Krieg geprägt.

zeit|ge|mäß ⟨Adj.⟩: *den Erfordernissen der jeweiligen Gegenwart entsprechend:* seine Ansichten sind nicht mehr z. **sinnv.:** ↑aktuell; ↑fortschrittlich, ↑modern, ↑schick. **Zus.:** unzeitgemäß.

Zeit|ge|nos|se, der; -n, -n, **Zeit|ge|nos|sin,** die; -, -nen: *männliche bzw. weibliche Person, die zur gleichen Zeit lebt, gelebt hat wie eine bestimmte andere Person:* der Künstler war von den Zeitgenossen nicht richtig eingeschätzt worden; er war ein Zeitgenosse Napoleons. **sinnv.:** Mitlebender, Mitmensch.

zeit|ge|nös|sisch ⟨Adj.⟩: *der gleichen Zeit angehörend:* andere zeitgenössische Maler entwickelten eine neue Kunstrichtung.

zei|tig ⟨Adj.⟩: *(in bezug auf einen bestimmten Zeitraum) früh:* am zeitigen Vormittag; er stand z. auf und ging noch vor dem Frühstück schwimmen. **sinnv.:** ↑früh. **Zus.:** der-, früh-, gleich-, jeder-, kurz-, recht-, seiner-, un-, vorzeitig.

zei|ti|gen ⟨tr.⟩ (geh.): *als Ergebnis hervorbringen:* diese Entwicklung zeitigte überraschende Erfolge, Ergebnisse. **sinnv.:** ↑verursachen.

Zeit|lang: ⟨in der Fügung⟩ eine Z.: *[für] eine gewisse Zeit:* er ist eine Z. im Ausland gewesen. **sinnv.:** ↑vorübergehend.

zeit|le|bens ⟨Adverb⟩: *während des ganzen Lebens:* er hat z. schwer gearbeitet. **sinnv.:** ↑unaufhörlich.

zeit|lich ⟨Adj.⟩: **1.** *die Zeit betreffend; im Hinblick auf die zur Verfügung stehende Zeit:* der Besuch des Museums war z. nicht mehr möglich. **Zus.:** jahres-, neu-, stein-, tages-, zwischenzeitlich. **2.** ⟨nur attributiv⟩ ↑*vergänglich:* die zeitlichen Güter.

zeit|los ⟨Adj.⟩: *nicht von der augenblicklichen Mode o. ä. abhängig; in jede Zeit passend:* zeitlose Möbel. **sinnv.:** ↑ewig.

Zeit|lu|pe, die; -: *Verfahren, mit dessen Hilfe schnell verlaufende Vorgänge ganz langsam vorgeführt und in ihren Einzelheiten dem Auge sichtbar gemacht werden (indem man bei der Aufnahme den Film mit erhöhter, bei der Projektion mit normaler Ge-*

schwindigkeit laufen läßt): einen Bewegungsablauf in Z. filmen.

Zeit|maß, das; -es, -e: *Einheit für die regelmäßige Aufeinanderfolge von Tönen, Bewegungen o. ä.*

Zeit|not: ⟨in den Wendungen⟩ **in Z. sein:** *zu wenig Zeit haben für etwas;* **in Z. geraten:** *in eine Lage geraten, durch die man zu wenig Zeit für etwas hat:* wegen der großen Schwierigkeiten, die zu überwinden waren, ist er in Z. geraten.

Zeit|punkt, der; -[e]s, -e: *bestimmte kurze Zeitspanne, Augenblick in einem zeitlichen Ablauf;* der Z., zu dem /in dem/ wo/da die Sache bekannt wurde; etwas im geeigneten Z. tun; zum jetzigen Z. läßt sich nichts machen. **sinnv.:** ↑Augenblick, ↑Frist.

zeit|rau|bend ⟨Adj.⟩: *übermäßig viel Zeit in Anspruch nehmend:* ein zeitraubendes Verfahren; diese Arbeit ist sehr z.; stellte sich für uns als sehr z. heraus. **sinnv.:** sich in die Länge ziehend, ↑langwierig, viel Zeit kostend, geraume Zeit dauernd.

Zeit|raum, der; -[e]s, Zeiträume: *Zeit, Zeitabschnitt von meist längerer Dauer [in dem etwas besteht oder geschieht]:* das Reich bestand über riesige Zeiträume hin; ein Z. von drei Monaten; in einem bestimmten Z. muß die Arbeit fertig sein. **sinnv.:** Abschnitt, Ära, Epoche, Periode, Phase, ↑Zeitalter, Zeitspanne · Jahr, Minute, Monat, Sekunde, Stunde, Tag, Woche.

Zeit|schrift, die; -, -en: *geheftete, broschierte Druckschrift mit verschiedenen Beiträgen, Artikeln o. ä., die meist regelmäßig (wöchentlich, monatlich oder vierteljährlich) erscheint:* eine Z. abonnieren, herausgeben; eine Z. für Freizeitgestaltung. **sinnv.:** Blatt, Fachorgan, Illustrierte, Journal, Magazin, Monatsschrift, Nachrichtenmagazin, Periodikum, Revue, Vierteljahresschrift, Wochenschrift, Wochenmagazin, ↑Zeitung. **Zus.:** Fach-, Fernseh-, Frauen-, Literatur-, Mode-, Wochenzeitschrift.

Zei|tung, die; -, -en: *täglich oder wöchentlich erscheinendes Erzeugnis der Presse, das besonders neueste [politische] Nachrichten, Kommentare unterschiedlicher Art enthält:* die Z. brachte die Meldung auf der ersten Seite; er hat seine Stelle durch/über die Z. gefunden; eine Nachricht aus der Z. entnehmen; ein Inserat in die Z. setzen. **sinnv.:** Blatt, Blättchen, Gazette, Journal, Organ, Nachtausgabe, ↑Zeitschrift. **Zus.:** Abend-, Bier-, Fernseh-, Lokal-, Mode-, Morgen-, Provinz-, Rundfunk-, Sonntags-, Sport-, Tages-, Wand-, Wirtschafts-, Wochenzeitung.

Zeit|ver|treib, der; -[e]s, -e: *Beschäftigung, mit der jmd. Zeit zu überbrücken, der Langeweile zu einer bestimmten Zeit zu entgehen sucht:* die Kinder malen während der Fahrt zum Z. **sinnv.:** ↑Unterhaltung.

zeit|wei|lig ⟨Adj.⟩: *nur für eine bestimmte kurze Zeit:* eine zeitweilige Abwesenheit; die Straße ist z. gesperrt. **sinnv.:** ↑vorübergehend.

zeit|wei|se ⟨Adverb⟩: *von Zeit zu Zeit für eine kürzere Dauer:* er hilft z. im Geschäft seiner Eltern; die Straße war z. gesperrt. **sinnv.:** ↑vorübergehend.

Zel|le, die; -, -n: **1.** *(bes. in Klöstern und Strafanstalten) enger und sehr einfach, nur mit dem Nötigsten ausgestatteter Raum (in dem Personen abgeschieden bzw. von anderen abgetrennt leben):* eine Z. bewohnen; in der Z. stand nur ein hartes Bett und ein Stuhl. **sinnv.:** ↑Raum. **Zus.:** Arrest-, Büßer-, Dunkel-, Einzel-, Gefängnis-, Kloster-, Mönchszelle. **2.** *kleinster stofflicher Baustein, aus dem pflanzliche und tierische Organismen aufgebaut sind:* die Zellen wachsen, sterben ab. **Zus.:** Ei-, Keim-, Urzelle.

Zelt, das; -[e]s, -e: *aus bestimmtem Stoff oder aus Fellen mit Hilfe von Stangen leicht im Freien auf- und abzubauende Behausung:* ein Z. aufschlagen; in einem Z. kampieren. **sinnv.:** Jurte, Wigwam · Biwak. **Zus.:** Beduinen-, Fest-, Haus-, Zirkuszelt.

zel|ten, zeltete, hat gezeltet ⟨itr.⟩: *in einem Zelt wohnen, schlafen:* sie wollen im Urlaub z. **sinnv.:** campen, Camping machen · biwakieren.

Ze|ment, der; -[e]s, -e: *Baustoff aus Kalk, Ton und anderen Bestandteilen, der (mit Wasser vermengt) erhärtet:* Z. mischen, anrühren. **sinnv.:** Beton, Mörtel, Speis.

ze|men|tie|ren ⟨tr.⟩: *mit Zement befestigen:* den Gehweg, den Hof z. **sinnv.:** asphaltieren, betonieren · ↑teeren. **Zus.:** aus-, ein-, zuzementieren.

zen|sie|ren ⟨tr.⟩: **a)** *(eine schulische Leistung) mit einer Zensur* (1) *bewerten:* Aufsätze, die Leistungen des Schülers [in Deutsch] z.; ⟨auch itr.⟩ streng z. **sinnv.:** begutachten, benoten, beurteilen, bewerten, eine Note/Zensur geben, zensurieren. **b)** *(im Hinblick auf Unerlaubtes, Unerwünschtes), der Zensur* (2) *unterwerfen:* die Zeitungen werden in diesem Land zensiert. **sinnv.:** kontrollieren, überwachen.

Zen|sur, die; -, -en: **1.** ↑*Note:* der Schüler erhielt eine schlechte Z. für den Aufsatz. **sinnv.:** Benotung, Bewertung, Note, Prädikat, Zeugnisnote. **Zus.:** Schul-, Zeugniszensur. **2.** *[vom Staat angeordnete] Kontrolle von Druckwerken, Filmen, Briefen o. ä. im Hinblick auf Unerlaubtes oder Unerwünschtes:* das Buch, der Film wurde von der Z. verboten. **sinnv.:** ↑Kontrolle. **Zus.:** Brief-, Film-, Post-, Pressezensur.

Zen|ti|me|ter, der, auch: das; -s, -: *hundertster Teil eines Meters:* 50 Z. Stoff reicht/reichen für das Tuch. **sinnv.:** ↑Längenmaß.

Zent|ner, der; -s, -: *Gewicht von 50 Kilogramm* (in Deutschland), *von 100 Kilogramm* (in Österreich und in der Schweiz): ein Z. Kartoffeln kostet/kosten 15 Mark. **sinnv.:** ↑Gewicht. **Zus.:** Doppelzentner.

zen|tral ⟨Adj.⟩: **a)** *sich im Zentrum befindend; im Zentrum [einer Stadt] gelegen:* ein Geschäft in zentraler Lage; das Haus ist z. gelegen. **sinnv.:** günstig gelegen, im Herzen, im Kern, in günstiger Lage, in der Mitte, im Mittelpunkt · ↑in. **b)** *von übergeordneter Stelle aus organisiert, geleitet o. ä.:* eine zentrale Organisation, Stelle; die Daten werden z. ausgewertet. **sinnv.:** übergeordnet. **c)** *sehr wichtig; von entscheidender Bedeutung:* ein zentrales Problem, eine zentrale Frage. **sinnv.:** ↑wichtig.

Zen|tra|le, die; -, -n: *zentrale Stelle, von der aus etwas organisiert oder geleitet wird:* die Anordnungen wurden von der Z. aus gegeben; die Filialen des Geschäftes werden von der Z. aus geleitet. **sinnv.:** ↑Mittelpunkt.

-zen|triert ‹adjektivisches Suffixoid›: *(in bezug auf ein Handeln) speziell auf das im Basiswort Genannte gerichtet, davon bestimmt:* ich-, du-, konflikt-, lerner-, mutter-, partner-, patienten-, themenzentriert; klientenzentrierte Therapie; gewaltzentrierte Interaktionen.

Zen|trum, das; -s, Zentren: **1.** *Mitte, Mittelpunkt von etwas:* im Z. des Platzes steht ein Denkmal. **sinnv.:** Dreh- und Angelpunkt, ↑Mittelpunkt · ↑Herd. **2.** ↑*Innenstadt:* er wohnt im Z. **sinnv.:** ↑Stadt. **Zus.:** Ballungs-, Einkaufs-, Stadtzentrum. **3.** *Gruppe von Menschen, Institution o. ä., die bei etwas führend ist, von der etwas ausgeht:* das Z. der Revolution; das geistige Z. eines Landes. **Zus.:** Forschungs-, Presse-, Rechen-, Sportzentrum.

zer- ‹verbales Präfix›: *durch das im Basiswort genannte Tun, Geschehen machen, daß etwas (ein Ganzes, eine glatte Fläche) beschädigt, aufgelöst, zerstört, getrennt wird (auseinander-, entzwei-) bzw. machen, daß etwas zu dem im substantivischen oder adjektivischen Basiswort Genannten wird:* zerbeulen *(viele Beulen auf einer glatten Fläche verursachen),* -bomben *(durch Bomben, Bombardierung zerstören),* -denken, -fallen, -fasern, -fiedeln (das Kinderorchester zerfiedelte Bach), -fleischen, -fließen, -fressen, -frieren, -klatschen (die Ergriffenheit wurde am Ende der Oper durch den Beifall zerklatscht), -kleinern, -kochen, -krümeln, -legen, -malmen, -martern, -platzen, -reden, -sägen, -saufen (sich die Leber z.), -schmettern, -setzen, -siedeln, -singen (ihre Stimme zersingt jede männliche Domäne im Showgeschäft), sich zersorgen (der sich zersorgende Vater), sich zerstreiten, -stückeln, -teilen, -trümmern; /verstärkend/: zerbrechen, -reißen, -spalten, -springen, -trennen. **sinnv.:** ab-, dis-, durch-.

zer|bre|chen, zerbricht, zerbrach, hat/ist zerbrochen: **1.** ‹tr.› *(etwas) durch Drücken, Schlagen, Fallenlassen o. ä. zerstören:* er hat seine Brille zerbrochen. **sinnv.:** ↑zerstören. **2.** ‹itr.› *(von etwas Sprödem, Hartem) [durch ein Mißgeschick, durch Hinfallen o. ä.] in Stücke brechen:* das Glas ist zu Boden gefallen und zerbrochen. **sinnv.:** bersten, brechen, in die Brüche/zu Bruch gehen, durchbrechen, entzweibrechen, -gehen, krachen, reißen, zersplittern, zerspringen · ↑aufplatzen.

zer|brech|lich ‹Adj.›: *leicht zerbrechend:* Glas ist z.

Ze|re|mo|nie, die; -, Zeremonien: *feierliche Handlung, die auf einer Tradition beruht:* der Rektor der Universität wurde in einer Z. in sein Amt eingeführt. **sinnv.:** ↑Brauch. **Zus.:** Begrüßungs-, Einweihungs-, Krönungszeremonie.

zer|fah|ren ‹Adj.›: *in hohem Maße zerstreut, unkonzentriert:* er ist sehr z. und gibt selten eine richtige Antwort. **sinnv.:** ↑unaufmerksam.

zer|fal|len, zerfällt, zerfiel, ist zerfallen ‹itr.›: **1.** *in seine einzelnen Teile auseinanderfallen:* die alte Mauer zerfällt langsam; der Leib zerfällt nach dem Tode zu Staub. **sinnv.:** abbröckeln, sich auflösen, auseinanderbröckeln, bröckeln, zerbröckeln, sich zersetzen, ↑zusammenbrechen, zusammenstürzen. **2.** *seinen inneren Zusammenhalt verlieren und dadurch nicht länger fortbestehen können:* das große Reich ist zerfallen. **sinnv.:** ↑untergehen. **3.** *in bestimmter Weise eingeteilt, gegliedert sein:* das Buch zerfällt in drei Kapitel. **sinnv.:** sich gliedern.

zer|flei|schen ‹tr.›: *(die Beute) mit den Zähnen in Stücke reißen:* die Wölfe haben den Hirsch zerfleischt; die beiden Rüden haben sich /(geh.:) einander bei dem Kampf [gegenseitig] zerfleischt. **sinnv.:** ↑zerlegen.

zer|flie|ßen, zerfloß, ist zerflossen ‹itr.›: **a)** *(durch den Einfluß von Wärme) flüssig werden [sich auflösen]:* der Schnee ist in der Sonne zerflossen. **sinnv.:** ↑schmelzen.

zer|fres|sen, zerfrißt, zerfraß, hat zerfressen ‹tr.›: **1.** *durch Fressen zerstören, beschädigen:* die Motten hatten den Stoff zerfressen. **sinnv.:** anfressen, annagen, zernagen. **2.** *in seine Bestandteile zerfallen lassen:* der Rost, die Säure hat das Eisen zerfressen. **sinnv.:** ätzen, ↑zerstören.

zer|ge|hen, zerging, ist zergangen ‹itr.›: *aus dem festen Zustand in den flüssigen übergehen:* das Eis zergeht in der Sonne; Fett in der Pfanne z. lassen. **sinnv.:** ↑schmelzen.

zer|klüf|tet ‹Adj.›: *von vielen Klüften durchzogen:* ein zerklüftetes Gebirge. **sinnv.:** ↑faltig.

zer|knirscht ‹Adj.›: *einer Schuld bewußt und daher voller Reue:* z. hörte er die Vorwürfe an. **sinnv.:** ↑reumütig.

zer|las|sen, zerläßt, zerließ, hat zerlassen ‹tr.›: *(Fett) zergehen, schmelzen, sich auflösen lassen:* Margarine in der Pfanne z.; Spargel mit zerlassener Butter übergießen. **sinnv.:** auslassen, flüssig machen, ↑schmelzen, verflüssigen.

zer|le|gen ‹tr.›: **a)** *ein zusammengesetztes Ganzes auseinandernehmen, in seine [Einzel]teile auflösen:* die Uhr, einen Motor [in seine Bestandteile] z.; der Schrank läßt sich z. **sinnv.:** ↑auflockern, ↑auflösen, ↑demontieren, zergliedern; ↑analysieren. **b)** *in Teile schneiden:* ein Huhn, den Braten z. **sinnv.:** ↑aufschlitzen, ↑aufschneiden; ↑durchreißen, ↑schneiden, schnipseln, schnitzeln, tranchieren, zerfleischen, zerkleinern, zerstückeln.

zer|le|sen ‹Adj.›: *(von Druckwerken) durch häufige Benutzung unansehnlich geworden:* eine zerlesene alte Schwarte. **sinnv.:** verramscht, zerfetzt, zerfleddert.

zer|lumpt ‹Adj.›: *mit Lumpen bekleidet:* ein zerlumpter Bettler. **sinnv.:** verlottert.

zer|mal|men ‹tr.›: *vollständig zerdrücken, zerquetschen:* sein Körper wurde von den Rädern des Zuges zermalmt. **sinnv.:** breitdrücken, breitquetschen, breitwalzen, ↑pressen, zu Brei/Mus machen.

zer|mür|ben ‹tr.›: *jmdn. durch längere Beeinflussung nachgiebig, mürbe machen; jmds. Widerstandskraft brechen:* der Gefangene wurde durch die ständigen Verhöre zermürbt. **sinnv.:** demoralisieren, ermüden, erschöpfen, fertigmachen, kleinkriegen, nachgiebig machen, weichmachen, zerrütten.

Zerr|bild, das; -[e]s, -er: *Vorstellung, Bild, Darstellung von jmdm., einer Sache, die die Wirklichkeit [bewußt] verzerrt wiedergibt:* in diesem Buch entwirft der Autor ein Z. der Wirklichkeit. **sinnv.:** ↑Entstellung, Fratze, ↑Karikatur, Spottbild, Verhöhnung.

zer|ren ‹tr.›: *mit Gewalt ziehen:* er zerrte ihn ins Zimmer; ‹auch itr.› der Hund zerrt an der Leine. **sinnv.:** reißen, rupfen, ↑ziehen, zupfen. **Zus.:** ent-, fort-, heraus-, hervor-, hinein-, hinterher-, nieder-, ver-, wegzerren.

zer|rin|nen, zerrann, ist zerronnen ⟨itr.⟩: *allmählich flüssig werden [und sich auflösen]:* das Eis ist in der Sonne zerronnen. **sinnv.:** ↑auflösen, ↑schmelzen.

Zer|rung, die; -, -en: *Verletzung, die durch zu starke Dehnung eines Muskels, einer Sehne o. ä. entstanden ist:* der Sportler mußte wegen einer Z. aus dem Wettkampf ausscheiden. **sinnv.:** Krampf, Überdehnung. **Zus.:** Muskel-, Sehnen-, Verzerrung.

zer|rüt|tet ⟨Adj.⟩: *[durch zu große Aufregung, Anstrengung, Belastung] (körperlich, seelisch) in Unordnung geraten, sehr erschöpft:* eine zerrüttete Gesundheit, Ehe, Familie; er hat zerrüttete Nerven; er kommt aus zerrütteten Verhältnissen. **sinnv.:** brüchig, defekt, am Ende, erledigt, gebrochen, kaputt, ruiniert.

zer|schel|len, zerschellte, ist zerschellt ⟨itr.⟩: *(gegen etwas) prallen und auseinanderbrechen:* das Schiff ist an den Klippen zerschellt. **sinnv.:** bersten, brechen, zersplittern, zerspringen.

zer|schla|gen, zerschlägt, zerschlug, hat zerschlagen: **1.** ⟨tr.⟩ *durch Hinwerfen oder Fallenlassen zerbrechen:* er hat einen Teller zerschlagen. **sinnv.:** ↑brechen, ↑zerstören. **2.** ⟨sich z.⟩ *sich nicht erfüllen; nicht zustande kommen:* der Plan, die Verlobung hat sich zerschlagen. **sinnv.:** ↑scheitern.

zer|schmet|tern ⟨tr.⟩: *mit großer Wucht zerschlagen:* er zerschmetterte vor Zorn eine Vase; ein herabstürzender Felsen hat seinen Schädel zerschmettert. **sinnv.:** ↑zerstören.

zer|set|zen: 1. ⟨tr./sich z.⟩ *in seine Bestandteile auflösen; im Gefüge locker werden; durch chemische Einwirkung o. ä. zerstört werden:* die Säure zersetzt das Metall; der Körper zersetzt sich nach dem Tod. **sinnv.:** sich ↑auflösen, ↑faulen, ↑zerfallen. **2.** ⟨tr.⟩ *auf etwas so einwirken, daß die Einheit, Disziplin o. ä. gestört wird, eine bestehende Ordnung angezweifelt wird:* die ständige Propaganda zersetzt die Gesinnung der Bürger, den Staat; zersetzende Strömungen, Schriften. **sinnv.:** ↑untergraben, ↑zerstören.

zer|stäu|ben ⟨tr.⟩: *(eine Flüssigkeit) mit Druck durch eine feine Düse austreten lassen (so daß sie sich in feinen Tropfen verteilt):* Parfüm, Wasser z. **sinnv.:** sprayen, sprühen, stäuben, versprühen.

zer|stö|ren ⟨tr.⟩: *so stark beschädigen, daß es nicht mehr brauchbar ist, daß davon nur noch Trümmer übrig sind:* bei dem Erdbeben wurden viele Häuser zerstört. **sinnv.:** ↑ätzen, auslöschen, ausradieren, ↑beschädigen, ↑brechen, demolieren, einstampfen, eintreten, einwerfen, dem Erdboden gleichmachen, kaputtmachen, Kleinholz machen, kleinkriegen, alles kurz und klein schlagen, den Rest geben, ruinieren, in die Luft sprengen, keinen Stein auf dem anderen lassen, mit Stumpf und Stiel ausrotten, vernichten, ↑verstoßen gegen, verwüsten, zerbrechen, ↑zerfressen, ↑zerschlagen, zerschmeißen, zerschmettern, ↑zersetzen, zerstampfen, zerteppern, zertrampeln, zertrümmern, zusammenschlagen.

zer|streu|en /vgl. zerstreut/: **1.** ⟨tr.⟩ *weit auseinanderstreuen:* der Wind zerstreut die Blätter. **sinnv.:** ↑verstreuen. **2.** ⟨tr.⟩ *auseinandertreiben, trennen:* die Polizei versuchte, die Demonstranten zu z.; die Bewohner dieses Gebietes wurden im Krieg in die ganze Welt zerstreut *(kamen in verschiedene Teile der Welt).* **sinnv.:** ↑auflockern. **3.** ⟨sich z.⟩ *nach verschiedenen Richtungen auseinandergehen:* die Zuschauer zerstreuten sich nach dem Ende der Vorstellung. **sinnv.:** sich ↑auflösen. **4.** ⟨sich z.⟩ *zur Entspannung, Erholung ablenken:* er geht ins Kino, um sich zu z. **sinnv.:** sich entspannen, ↑erheitern, sich ↑vergnügen. **5.** ⟨tr.⟩ *(etwas) durch Argumente, Zureden beseitigen:* jmds. Zweifel, Bedenken z. **sinnv.:** ↑beseitigen.

zer|streut ⟨Adj.⟩: **1.** *abwesend und ganz unkonzentriert:* er vergißt alles und ist oft z. **sinnv.:** abwesend, ↑unaufmerksam, ↑vergeßlich. **2.** *einzeln und weit voneinander entfernt liegend oder wohnend:* seine Verwandten sind im ganzen Land z.; z. liegende Häuser.

Zer|streu|ung, die; -, -en: *dem Zeitvertreib dienendes Vergnügen:* zur Z. der Gäste spielte eine Kapelle. **sinnv.:** ↑Unterhaltung.

zer|trüm|mern ⟨tr.⟩: *in Stücke schlagen, vollständig zerstören:* bei der Schlägerei wurden die Möbel zertrümmert. **sinnv.:** ↑zerstören.

Zer|würf|nis, das; -ses, -se: *durch ernste Auseinandersetzungen, Streitigkeiten verursachter Bruch einer zwischenmenschlichen Beziehung:* Anlaß für das Z. war ein Streit um geliehenes Geld. **sinnv.:** ↑Streit. **Zus.:** Familienzerwürfnis.

zer|zaust ⟨Adj.⟩: *in Unordnung gebracht; wirr durcheinander:* ihre Haare sind vom Wind z.; sie sahen ganz z. aus. **sinnv.:** ↑strubbelig.

ze|tern ⟨itr.⟩ (emotional): *vor Wut, Zorn o. ä. mit lauter, schriller Stimme schimpfen, jammern:* er zetert wegen des verlorenen Schlüssels. **sinnv.:** ↑schelten. **Zus.:** rumzetern · Gezeter.

Zet|tel, der; -s, -: *kleines loses Blatt Papier:* etwas auf einem Z. notieren; einen Z. [mit einer Nachricht] an die Tür kleben. **sinnv.:** Fetzen [Papier], [Papier]schnipsel, [Papier]schnitzel, Stück Papier. **Zus.:** Abstimmungs-, Beipack-, Bestell-, Hand-, Kassen-, Küchen-, Kurs-, Lauf-, Lotto-, Merk-, Notiz-, Reklame-, Reparatur-, Speise-, Stimm-, Tipp-, Wahl-, Wäsche-, Wunschzettel · verzetteln.

Zeug, das; -s, -e: **1.** ⟨ohne Plural⟩ **a)** *etwas, dem man keinen besonderen Wert beimißt, was man für mehr oder weniger unbrauchbar hält und das man deshalb nicht mit seiner eigentlichen Bezeichnung benennt:* im Gasthaus bekam ich ein furchtbares Z. zu trinken; sie packte allerlei Z. in ihre Tasche; das alte Z. kauft dir doch niemand ab. **sinnv.:** ↑Plunder. **Zus.:** Dreck-, Grün-, Klein-, Mist-, Teufelszeug. **b)** *etwas Gesprochenes, Gelesenes o. ä., was wenig wert, unsinnig ist:* er träumte wirres Z.; er soll nicht immer sinnloses Z. reden. **sinnv.:** ↑Unsinn. **2. a)** ⟨ohne Plural⟩ (ugs.) *Bekleidung, die jmd. besitzt:* er hielt sein Z. in Ordnung. **sinnv.:** ↑Kleidung. **Zus.:** Arbeits-, Bade-, Leder-, Nacht-, Turn-, Winterzeug. **b)** *Tuch, Stoff, Gewebe:* er trug einen Mantel aus dickem Z. **sinnv.:** ↑Material. **Zus.:** Drillich-, Leinen-, Weißzeug. **3.** ⟨in bestimmten Verwendungen; ohne Plural⟩ *die nötigen Voraussetzungen,*

Fähigkeiten: er hatte/besaß das Z. zu einem guten Arzt; in ihm steckt das Z. zum Politiker; ich fühle das Z. in mir, die Aufgabe zu bewältigen. **sinnv.:** ↑Grips.

-zeug, das; -s ⟨Suffixoid; als Sammelbezeichnung⟩: **1.** */für einen Zweck/* **a)** */faßt Mittel, Dinge, Gegenstände zusammen, mit denen eine mit dem Basiswort genannte Tätigkeit durchgeführt wird/:* Angel-, Bade-, Flick-, Näh-, Rasier-, Schieß-, Schlag-, Schreib-, Strick-, Turnzeug. **b)** */faßt Dinge, Materialien zusammen, die in bezug auf das im Basiswort Genannte gebraucht werden/:* Nacht- *(Sachen für die Nacht),* Schul-, Sommer-, Winterzeug. **sinnv.:** Co-, -er, -gerät, Ko-, Mit-, -mittel, -werk. **2.** */zusammengehörende gleichartige Dinge/:* Grün-, Leder-, Weiß-, Wurzel-, Zuckerzeug.

Zeu|ge, der; -n, -n, **Zeu|gin,** die; -, -nen: *männliche bzw. weibliche Person, die bei einem Ereignis anwesend war und darüber berichten kann:* er war Zeuge des Unfalls; er sagte als Zeuge vor Gericht aus. **sinnv.:** Beobachter, Betrachter, ↑Zuschauer. **Zus.:** Augen-, Belastungs-, Entlastungs-, Haupt-, Kron-, Ohren-, Schwur-, Tat-, Tauf-, Trau-, Unfallzeuge.

zeu|gen: I. ⟨tr.⟩ *(in bezug auf den Mann) durch Geschlechtsverkehr, Befruchtung ein Lebewesen entstehen lassen:* ein Kind z. **sinnv.:** ↑befruchten. **Zus.:** erzeugen. **II.** ⟨itr.⟩ *als Zeuge aussagen:* er hat vor Gericht gegen ihn gezeugt. **sinnv.:** ↑aussagen, Zeugnis ablegen. **Zus.:** bezeugen.

Zeu|gin, die; -, -nen: vgl. Zeuge.

Zeug|nis, das; -ses, -se: **1.** *Schriftstück, auf dem die Leistungen in der Schule oder bei einer Prüfung bestätigt sind:* er hat nur gute Noten im Z. **sinnv.:** ↑Bescheinigung. **Zus.:** Abgangs-, Abschluß-, Entlassungs-, Facharbeiter-, Führungs-, Gesundheits-, Halbjahres-, Impf-, Prüf-, Reife-, Schul-, Semesterzeugnis. **2.** (geh.) *beweiskräftige Aussage vor Gericht:* er legte vor Gericht ein Z. ab. **sinnv.:** ↑Aussage. **3.** *etwas, was für etwas als Beweis oder Beispiel gilt:* die alten Burgen sind wichtige Zeugnisse der Vergangenheit. **Zus.:** Armuts-, Leumunds-, Selbst-, Sprachzeugnis.

Zick|zack: ⟨in der Fügung⟩ im Z.: *von der geraden Linie in mehreren scharfen Knicken nach rechts oder links abweichend:* im Z. laufen.

Zie|ge, die; -, -n: *mittelgroßes Säugetier mit [kurzhaarigem] rauhem, weißem bis braunschwarzem Fell und großen, nach hinten gekrümmten Hörnern beim männlichen bzw. kleinen, wenig gekrümmten Hörnern beim weiblichen Tier.* **sinnv.:** Geiß, Hippe, Kuh des kleines Mannes, Zicke, Zicklein. **Zus.:** Angora-, Berg-, Melk-, Zwergziege.

Zie|gel, der; -s, -: **a)** *[roter bis bräunlicher] Stein aus gebranntem Ton zum Bauen:* in Norddeutschland baut man die Häuser weithin aus Ziegeln. **sinnv.:** Backstein, Klinker[stein]. **Zus.:** Hohl-, Lehm-, Tonziegel. **b)** *Stein aus gebranntem Ton zum Dachdecken:* ein Dach mit Ziegeln decken. **sinnv.:** ↑Dachziegel. **Zus.:** First-, Flachziegel.

zie|hen, zog, hat/ist gezogen: **1.** ⟨tr.⟩ **a)** *[unter Anwendung von Kraft] hinter sich her bewegen:* das Pferd hat den Wagen gezogen. **sinnv.:** abschleppen, schleifen, schleppen, ins Schlepptau nehmen. **Zus.:** an-, fort-, her-, heraus-, herbei-, hervor-, mit-, nach-, vorbei-, wegziehen. **b)** *(etwas) unter Anwendung von Kraft in, aus oder auf etwas in Richtung zu sich selbst bewegen:* er hat das Boot aus dem Wasser, ans Land gezogen. **Zus.:** herein-, heraus-, hinauf-, hoch-, zurückziehen. **sinnv.:** ↑zerren. **c)** *(einen Zug auf etwas ausüben und es dadurch) aus, von etwas entfernen, es von einer bestimmten Stelle wegbewegen:* er hat ihm einen Zahn gezogen; jmdm./sich einen Splitter aus dem Fuß z. **sinnv.:** ↑herausnehmen. **Zus.:** heraus-, hervorziehen. **2.** ⟨itr.⟩ **a)** *sich irgendwohin begeben; irgendwohin unterwegs sein:* die Demonstranten sind zum Rathaus gezogen *(marschiert);* die Vögel ziehen *(fliegen)* nach Süden. **sinnv.:** sich ↑fortbewegen. **Zus.:** fort-, vorbei-, wegziehen. **b)** ↑*übersiedeln:* die Familie ist in eine andere Stadt gezogen. **Zus.:** um-, wegziehen. **3.** ⟨tr.⟩ ↑*züchten:* früher hatten sie Schweine, Hühner gezogen. **Zus.:** er-, groß-, heranziehen. **4.** ⟨sich z.⟩ **a)** *sich [auf irgendeine Weise] irgendwohin erstrecken, bis irgendwohin verlaufen:* die Straße hat sich in vielen Kurven auf den Berg gezogen. **b)** *sehr lange dauern; kein Ende zu nehmen scheinen:* die Feier hat sich [in die Länge] gezogen. **sinnv.:** ↑andauern. **Zus.:** sich hin[aus]ziehen. **5.** ⟨itr.; unpersönlich⟩: *als Luftzug in Erscheinung treten, unangenehm zu verspüren sein:* es hat im Zimmer so stark gezogen, daß er sich erkältete. **6.** ⟨als Funktionsverb⟩ sie hat einen Vergleich gezogen *(sie hat verglichen);* einen Schluß aus etwas z. *(aus etwas schließen);* aus etwas Nutzen, Vorteil z. *(etwas so auswerten, daß man daraus einen Nutzen, Vorteil hat);* jmdn. zur Verantwortung z. *(jmdn. verantwortlich machen).*

Ziel, das; -[e]s, -e: **1.** *Punkt, Ort, den man erreichen will:* das Z. seiner Reise ist Paris; der Läufer ist am Z. angelangt. **sinnv.:** Bestimmungsort, Endstation, Zielort. **Zus.:** Ausflugs-, End-, Etappen-, Fahrt-, Marsch-, Reise-, Wanderziel. **2.** *etwas, worauf jmds. Handeln, Tun o. ä. ganz bewußt gerichtet ist, was man als Sinn und Zweck, angestrebtes Ergebnis seines Handelns, Tuns zu erreichen sucht:* die soziale Sicherheit des Bürgers war das Z. seiner Politik. **sinnv.:** ↑Absicht, ↑Gegenstand, ↑Zweck. **Zus.:** Arbeits-, Berufs-, Erziehungs-, Fern-, Haupt-, Klassen-, Lebens-, Nah-, Plan-, Produktions-, Studien-, Tages-, Verhandlungs-, Wettbewerbsziel.

Ziel- ⟨Präfixoid⟩: */kennzeichnet das im Basiswort Genannte als etwas, was angestrebt wird, worauf sich etwas richtet, was mit entsprechendem Bemühen erreicht werden soll/:* Zielbevölkerung (die Z. in diesem Stadtteil ist 20 000), -gebiet, -gruppe, -hafen, -konsens, -publikum, -sprache (Ggs. Ausgangssprache), -wert.

zie|len ⟨itr.⟩: **1.** *(etwas, womit man schießt oder wirft) genau auf ein Ziel richten, um treffen zu können:* der Jäger zielt auf den Hasen. **sinnv.:** ↑abziehen, ↑anlegen, schießen. **2.** *ein bestimmtes Ziel, einen bestimmten Zweck verfolgen:* seine Bemühungen zielten auf eine Änderung der politischen Verhältnisse; worauf zielte seine Frage? **sinnv.:** ↑bezwecken, ↑vorhaben. **Zus.:** ab-, er-, hinzielen · wohlgezielt.

ziel|stre|big ⟨Adj.⟩: *ausdauernd und energisch auf sein Ziel hinarbeitend:* z. etwas verfolgen;

ein zielstrebiger junger Mann. **sinnv.:** aktiv, ausdauernd, beharrlich, ↑bestimmt, durchhaltend, eigensinnig, eisern, energisch, entschlossen, erbittert, konsequent, nachdrücklich, resolut, rücksichtslos, stur, tatkräftig, ↑unbeirrt, willensstark, zäh, zielbewußt, zielsicher, zupackend.

zie|men, sich (geh.): *den üblichen Regeln von Sitte und Anstand entsprechen:* es ziemt sich nicht zu sitzen, wenn ältere Leute stehen. **sinnv.:** angemessen sein, sich gehören, sich geziemen, sich schicken.

ziem|lich: **I.** ⟨Adj.; nur attributiv⟩: *von großem, aber nicht übermäßig großem Ausmaß:* er hat ein ziemliches Vermögen; das Haus hat eine ziemliche Höhe. **sinnv.:** ↑gewiß. **II.** ⟨Adverb⟩ **a)** *sehr, aber nicht übermäßig:* es ist z. kalt. **sinnv.:** ↑recht. **b)** *annähernd, fast:* er ist z. fertig; das ist z. gleich. **sinnv.:** ↑beinahe.

Zier|de, die; -, -n: *etwas, was etwas ziert, schmückt:* der alte Dom ist eine Z. der Stadt; sein Orden steckt als Z. am Frack. **sinnv.:** Garnierung, ↑Schmuck, Verschönerung, Verzierung, Zierat.

zie|ren /vgl. geziert/: **1.** ⟨tr.⟩ (geh.) *bei jmdm./etwas als Zierde vorhanden sein:* eine Schleife ziert ihr Haar. **sinnv.:** ↑schmücken. **2.** ⟨sich z.⟩ *in unnatürlicher, gekünstelter Weise etwas [zunächst] ablehnen, was man eigentlich gern haben oder tun möchte:* sie zierte sich erst eine Weile, bevor sie den Kuchen nahm; zier dich nicht so! **sinnv.:** sich anstellen, sich genieren, genant/genierlich sein, sich haben, sich ↑schämen, sich ↑spreizen.

zier|lich ⟨Adj.⟩: *(auf anmutige, ansprechende Weise) klein und fein [gestaltet]:* ein zierlicher Körper; eine zierliche Schrift. **sinnv.:** ↑zart.

Zif|fer, die; -, -n: *schriftliches Zeichen für eine Zahl:* die Zahl 52 hat zwei Ziffern; die Summe in Worten und/oder in Ziffern eintragen, schreiben. **sinnv.:** ↑Zahl. **Zus.:** Kennziffer · be-, entziffern.

Zif|fer|blatt, das; -[e]s, Zifferblätter: *mit Zahlen, Ziffern oder Zeichen versehene Scheibe der Uhr, auf der sich die Zeiger drehen:* ein Z. mit römischen Zahlen.

Zi|ga|ret|te, die; -, -n: *Rauchware in Form eines etwa fingerlangen Stäbchens, das in einer Hülle von Papier feingeschnittenen Tabak enthält:* eine Z. rauchen. **sinnv.:** Giftnudel, Glimmstengel, Joint, Kippe, Lungenbrötchen, Lungentorpedo, Sargnagel, Selbstgedrehte, Stäbchen, Stummel. **Zus.:** Fabrik-, Filter-, Haschischzigarette.

Zi|ga|ril|lo, der, auch das; -s, -s, ugs. auch: die; -, -s: *kleine, dünne Zigarre:* ich kaufte mir eine Schachtel leichte Zigarillos. **sinnv.:** ↑Zigarre.

Zi|gar|re, die; -, -n: *Rauchware in Form einer dickeren, an beiden Enden sich leicht verjüngenden Rolle aus fest zusammengedrücktem, grobgeschnittenem Tabak, der mit einem Tabakblatt umhüllt ist:* eine Z. rauchen; eine starke Z. **sinnv.:** Lötkolben, Rauchrolle, Stinkrolle, Stumpen, Zigarillo. **Zus.:** Brasil-, Havanna-, Import-, Qualitäts-, Sumatrazigarre.

Zi|geu|ner, der; -s, -, **Zi|geu|ne|rin,** die; -, -nen: *Angehöriger bzw. Angehörige eines über viele Länder verstreut lebenden, meist nicht seßhaften und mit dem Wohnwagen o. ä. umherziehenden Volkes:* die Zigeuner fuhren in ihren Wagen durch ganz Europa. **sinnv.:** Rom, Sinto.

Zim|mer, das; -s, -: *Raum in einer Wohnung oder einem Haus:* er bewohnt ein Z. im dritten Stock; ein Z. mieten; eine Wohnung mit 3 Zimmern. **sinnv.:** ↑Raum. **Zus.:** Amts-, Arbeits-, Bade-, Balkon-, Bauern-, Behandlungs-, Beratungs-, Billard-, Bügel-, Dienst-, Direktions-, Doppel-, Eck-, Einzel-, Empfangs-, Erker-, Eß-, Fremden-, Frühstücks-, Gast-, Gäste-, Giebel-, Herren-, Hof-, Hotel-, Kinder-, Klassen-, Konferenz-, Kranken-, Lehrer-, Mädchen-, Mansarden-, Nachbar-, Rats-, Redaktions-, Schlaf-, Sprech-, Sterbe-, Studier-, Turm-, Vereins-, Vor-, Warte-, Wohn-, Zweibettzimmer.

Zim|mer|mäd|chen, das; -s, -: *Angestellte in Hotels o. ä., die die Zimmer der Gäste aufräumt, saubermacht:* das Z. hatte das Bett frisch bezogen. **sinnv.:** Kammerjungfer, Zofe, Zugehfrau.

Zim|mer|mann, der; -[e]s, Zimmerleute: *Handwerker, der bei Bauten die Teile aus Holz (bes. den Dachstuhl) herstellt.*

zim|mern: **a)** ⟨tr.⟩ *(eine aus Holz bestehende Konstruktion) herstellen:* einen Schrank, Tisch, eine Laube z. **b)** ⟨itr.⟩ *(an einer aus Holz bestehenden Konstruktion) arbeiten:* er hat den ganzen Nachmittag an dem Regal gezimmert; er zimmert gern. **sinnv.:** ↑bauen, schreinern, tischlern. **Zus.:** zurecht-, zusammenzimmern · selbstgezimmert.

zim|per|lich ⟨Adj.⟩: **1.** *(im Urteil des Sprechers) übertrieben empfindlich:* sei nicht so z., es ist doch gar nicht so kalt. **sinnv.:** ↑wehleidig. **2.** *(im Urteil des Sprechers) übertrieben schamhaft:* sie ist sehr z., wenn man einen Witz erzählt. **sinnv.:** ↑prüde.

Zimt, der; -[e]s: **1.** *braunes, süßlich schmeckendes Gewürz in Form von gemahlenem Pulver oder länglichen dünnen Stangen:* Reisbrei mit Zucker und Z. bestreuen. **2.** (ugs.) *etwas, was der Sprecher für dumm, unsinnig, wertlos hält, was ihm lästig ist o. ä.:* rede nicht solchen Z.!; laß mich doch mit dem ganzen Z. in Ruhe!; warum wirfst du den alten Z. nicht weg? **sinnv.:** ↑Plunder, ↑Unsinn.

Zins, der; -es, -en: *in Prozenten ausgedrückter Betrag, den jmd. von der Bank für seine Einlagen erhält oder den er für zeitweilig ausgeliehenes Geld bezahlen muß:* er spart bei der Sparkasse und bekommt 3 Prozent Zinsen; er muß für sein Darlehen 6 Prozent Zinsen zahlen. **sinnv.:** ↑Ertrag. **Zus.:** Bank-, Darlehens-, Haben-, Hypotheken-, Miet-, Monats-, Pacht-, Soll-, Verzugs-, Wucher-, Zinseszins[en].

Zip|fel, der; -s, -: *spitz zulaufendes, unregelmäßiges Ende (bes. von etwas aus Stoff Bestehendem):* der Z. der Schürze, der Decke. **sinnv.:** Ecke, Eckstück, ↑Ende, ↑Spitze. **Zus.:** Bett-, Mützen-, Rock-, Schürzen-, Wurstzipfel.

Zir|kel, der; -s, -: **1.** *Gerät, mit dem man einen Kreis zeichnen kann* (siehe Bild): mit dem Z. einen Kreis ziehen, schlagen. **Zus.:** Stechzirkel. **2.** *Gruppe von Personen mit bestimmten gemeinsamen Interessen:* die Künstler bildeten einen Z. **sinnv.:** ↑Aus-

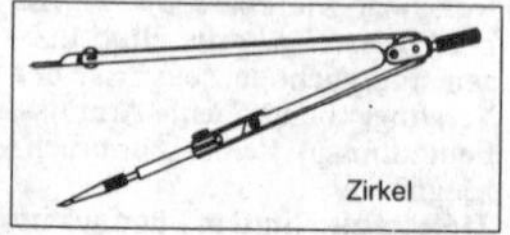
Zirkel

schuß. **Zus.:** Abend-, Foto-, Lese-, Literatur-, Mal-, Musik-, Näh-, Schach-, Sprach-, Studenten-, Tanz-, Theaterzirkel.

zir|ku|lie|ren, zirkulierte, hat/ist zirkuliert ⟨itr.⟩: **a)** *(in einer bestimmten Bahn) kreisen:* das Blut ist/hat in den Adern zirkuliert; die Luft ist/hat in dem Raum nicht zirkuliert. **b)** *in Umlauf sein:* vor kurzem ist/hat Falschgeld in der Stadt zirkuliert. **sinnv.:** ↑kursieren.

Zir|kus, der; -ses, -se: *Unternehmen, das Vorführungen mit Tieren, Artisten, Clowns o. ä. in einem großen Zelt zeigt:* er ist Dompteur beim Z. **sinnv.:** Hippodrom; ↑Jahrmarkt. **Zus.:** Floh-, Wanderzirkus.

zir|pen ⟨itr.⟩: *eine Folge von kurzen, feinen, hellen, leicht vibrierenden Tönen von sich geben:* eine Grille zirpt im Gras. **sinnv.:** piepsen, summen, ziepen.

zi|schen ⟨itr.⟩: *einen scharfen Laut hervorbringen, wie er beim Aussprechen eines S-Lautes entsteht:* das Wasser zischt, wenn es auf eine heiße Platte kommt; die Schlange zischt; das Publikum zischte *(zeigte durch Zischen sein Mißfallen).* **sinnv.:** ↑fauchen, ↑flüstern. **Zus.:** an-, auszischen.

Zi|tat, das; -[e]s, -e: *[als Beleg] wörtlich zitierte Textstelle:* er schloß seinen Vortrag mit einem Z. aus Goethes „Faust". **sinnv.:** ↑Ausschnitt, ↑Ausspruch, Auszug, Exzerpt, ↑Stelle.

Zi|ther, die; -, -n: *Zupfinstrument mit einem flachen, mit Saiten bespannten Resonanzkörper* (siehe Bildleiste „Zupfinstrumente").

zi|tie|ren ⟨tr.⟩: **1.** *eine Stelle aus einem Text unter Berufung auf die Quelle wörtlich wiedergeben:* er zitiert oft Goethe. **sinnv.:** ↑erwähnen. **Zus.:** oben-, vielzitiert. **2.** ⟨mit näherer Bestimmung⟩ *(jmdn.) auffordern, in einer bestimmten Angelegenheit [zu einer Behörde] zu kommen:* er wurde vor Gericht zitiert. **sinnv.:** ↑rufen. **Zus.:** her-, herbeizitieren.

Zi|tro|ne, die; -, -n: *gelbe, länglichrunde Zitrusfrucht mit saftigem, sauer schmeckendem Fruchtfleisch:* eine Z. auspressen. **sinnv.:** Limone, Lumie, Zitrusfrucht.

zit|tern ⟨itr.⟩: *sich in ganz kurzen, schnellen und unwillkürlichen Schwingungen hin und her bewegen:* er zitterte vor Angst; das Laub zittert im Wind. **sinnv.:** beben, ↑bibbern, den Tatterich haben, vibrieren, zucken. **Zus.:** durch-, erzittern · frostzitternd.

zitt|rig ⟨Adj.⟩: *(wegen eines körperlichen Gebrechens, aus Erregung o. ä.) zitternd:* mit vor Aufregung zittrigen Fingern; ein zittriger Greis; er antwortete mit zittriger Stimme.

zi|vil ⟨Adj.⟩: **1.** *nicht militärisch:* der zivile Beruf des Offiziers ist Ingenieur; ein Flughafen für den zivilen Verkehr. **2.** *verhältnismäßig anständig und daher annehmbar, nicht übertrieben:* zivile Preise, Forderungen. **sinnv.:** ↑gemäßigt.

Zi|vil, das; -s: *bürgerliche Kleidung (im Unterschied zur Uniform):* der Beamte trug Z.; der Soldat war, ging in Z. **Zus.:** Räuberzivil.

Zi|vil|cou|ra|ge [tsi'vi:lkura:ʒə], die; -: *Mut, für seine Überzeugung trotz eines zu erwartenden Widerstandes oder Nachteils einzustehen, seine Meinung offen und ohne Rücksicht auf eventuelle negative Folgen in der Öffentlichkeit, gegenüber Vorgesetzten o. ä. zu vertreten:* Z. haben, beweisen. **sinnv.:** Bürgermut; ↑Mut.

Zi|vi|li|sa|ti|on die; -: *Gesamtheit der durch Technik und Wissenschaft gestalteten und verbesserten sozialen und materiellen Lebensbedingungen:* das Land hat eine alte Kultur, aber nur geringe Z. **sinnv.:** ↑Kultur.

zi|vi|li|sie|ren ⟨tr.⟩: *die moderne [westliche] Zivilisation (bei jmdm./in etwas) einführen:* einen Stamm z. **sinnv.:** ↑kultivieren.

Zi|vi|list der; -en, -en: *jmd., der nicht Soldat ist, nicht zum Militär gehört:* der Zutritt zur Kaserne ist für Zivilisten gesperrt. **sinnv.:** Bürger, Zivilperson; ↑Bewohner.

zö|gern ⟨itr.⟩: *mit einer Handlung oder Entscheidung unschlüssig warten, sie hinausschieben:* er zögerte mit der Antwort; er gehorchte, ohne zu z. **sinnv.:** fakkeln, säumen, schwanken, unentschlossen/unschlüssig sein, zagen, zaudern; ↑abwarten. **Zus.:** hinaus-, verzögern.

Zoll, der; -[e]s, Zölle: **1.** *Abgabe, die für bestimmte Waren beim Überschreiten der Grenze zu zahlen ist:* wir mußten für den Kaffee Z. bezahlen; auf dieser Ware liegt kein, ein hoher Z. **sinnv.:** ↑Steuer. **Zus.:** Ausfuhr-, Binnen-, Schutzzoll · Blutzoll. **2.** ⟨ohne Plural⟩ *Behörde, die den Zoll* (1) *erhebt:* er ist beim Z. beschäftigt.

Zöll|ner, der; -s, - (ugs.): *Beamter, der beim Zoll beschäftigt ist:* der Z. kontrollierte die Reisenden sehr sorgfältig.

Zo|ne, die; -, -n: **a)** *nach bestimmten Gesichtspunkten abgegrenztes Gebiet:* das Land wurde in vier Zonen eingeteilt. **sinnv.:** ↑Gebiet. **Zus.:** Besatzungs-, Dreimeilen-, Freihandels-, Fußgänger-, Gefahren-, Puffer-, Rand-, Sperrzone. **b)** *Gebiet mit bestimmten Merkmalen, geographischen, klimatischen o. ä. Eigenschaften:* das Klima der gemäßigten Z.; über 2 000 m Höhe beginnt die baumlose Z. **Zus.:** Gewitter-, Hochdruck-, Kaltluft-, Klima-, Polar-, Uferzone. **c)** *(nach Entfernungen) festgelegter Bereich, für den einheitliche Gebühren, Fahrpreise o. ä. gelten:* innerhalb der ersten Z. kostet die Fahrt 50 Pfennig.

Zoo, der; -s, -s: *große Anlage, in der exotische und heimische Tiere gehalten werden und von Besuchern betrachtet werden können:* den Z. besuchen; in den Z. gehen. **sinnv.:** ↑Tierpark.

Zoo|lo|gie [tsoolo'gi:], die; -: *Wissenschaft von den Tieren.*

Zopf, der; -[e]s, Zöpfe: *aus mehreren, meist drei Teilen geflochtene Haarsträhne:* das Mädchen hat lange Zöpfe. **Zus.:** Haar-, Mozartzopf.

Zorn, der; -[e]s: *heftiger, leidenschaftlicher Unwille über etwas als Unrecht Empfundenes, dem eigenen Willen Zuwiderlaufendes:* er hatte einen furchtbaren Z. auf ihn; er gerät leicht in Z. **sinnv.:** ↑Ärger. **Zus.:** Jäh-, Volkszorn.

zor|nig ⟨Adj.⟩: *voll Zorn:* er schimpfte z. **sinnv.:** ↑ärgerlich; ↑rabiat.

Zo|te, die; -, -n: *derber, obszöner Witz:* ich will solche Zoten nicht mehr hören. **sinnv.:** ↑Schweinerei; ↑Witz.

zu: **I.** ⟨Präp. mit Dativ⟩ **1.** */räumlich/* **a)** */drückt eine Bewegung bis an ein Ziel hin aus/:* er kommt morgen zu mir; sich zu jmdm. beugen, wenden; gehst du auch zu diesem Fest *(nimmst du auch daran teil)*? **b)** */drückt aus, daß etwas zu etwas anderem hinzukommt, hinzugefügt, -gegeben o. ä. wird/:* zu dem Essen gab es einen herben Wein; da kommt Geld zu Geld. **c)** */kennzeichnet den Ort, die Lage des Sichbefindens, Sichabspielens o. ä. von etwas/:* zu ebener Erde; zu beiden Seiten des Gebäudes; er ist zu Hause *(in seiner Wohnung);* man erreicht diesen Ort zu Wasser und zu Lande *(auf dem Wasser- und auf dem Landweg);* vor Ortsnamen: der Dom zu (veraltet; *in*) Speyer; in Namen von Gaststätten: Gasthaus zu den drei Eichen. **2.** /zeitlich/ *kennzeichnet den Zeitpunkt einer Handlung, eines Geschehens, die Zeitspanne, in der sich etwas abspielt, ereignet o. ä./:* zu Anfang des Jahres; zu Lebzeiten seiner Mutter; zu gegebener Zeit. **3. a)** */kennzeichnet die Art u. Weise, in der etwas geschieht, sich abspielt, sich darbietet o. ä./:* er erledigte alles zu meiner Zufriedenheit; er verkauft alles zu niedrigsten Preisen; zu deutsch *(übersetzt, in deutscher Sprache ausgedrückt).* **b)** */kennzeichnet die Art und Weise einer Fortbewegung/:* wir gehen zu Fuß; sie kamen zu Pferd. **4. a)** */kennzeichnet, meist in Verbindung mit Mengen- oder Zahlenangaben, die Menge, Anzahl, Häufigkeit o. ä. von etwas/:* zu Dutzenden; zu zweien; zu 50%; **b)** */kennzeichnet ein in Zahlen ausgedrücktes Verhältnis/:* drei zu eins; das Spiel endete 2 zu 1 (mit Zeichen: 2:1). **c)** */steht in Verbindung mit Zahlenangaben, die den Preis von etwas nennen/:* das Pfund wurde zu einer Mark angeboten; fünf Briefmarken zu fünfzig [Pfennig]. **sinnv.:** für. **d)** */steht in Verbindung mit Zahlenangaben, die ein Maß, Gewicht o. ä. von etwas nennen/:* ein Faß zu zehn Litern; Portionen zu je einem Pfund. **sinnv.:** von. **5.** */drückt Zweck, Grund, Ziel, Ergebnis einer Handlung, Tätigkeit aus/:* jmdm. etwas zu Weihnachten schenken; zu seinen Ehren; sie kaufte Stoff zu einem *(für ein)* Kleid; es kam zu einem Eklat. **sinnv.:** ↑anläßlich. **6.** */kennzeichnet das Ergebnis eines Vorgangs, einer Handlung, die Folge einer Veränderung, Wandlung, Entwicklung o. ä./:* das Eiweiß zu Schaum schlagen; das Eis wird wieder zu Wasser. **7.** */kennzeichnet in Abhängigkeit von anderen Wörtern verschiedener Wortart eine Beziehung/:* das war der Auftakt zu dieser Veranstaltung; zu diesem Thema wollte er sich nicht äußern; freundlich zu jmdm. sein. **II. 1.** /in Verbindung mit einem Personalpronomen in Konkurrenz zu *dazu;* bezogen auf eine Sache (ugs.)/: er macht seine Arbeit, aber er hat kein Verhältnis zu ihr (statt: dazu). **2.** /in Verbindung mit „was" in Konkurrenz zu *wozu;* bezogen auf eine Sache (ugs.)/: **a)** /in Fragen/: zu was (besser: wozu) soll das gut sein? **b)** /in relativer Verbindung/: man sah, zu was (besser: wozu) er fähig war. **III.** ⟨Adverb⟩ **1.** */kennzeichnet ein (hohes oder geringes) Maß, das nicht mehr angemessen oder akzeptabel erscheint/:* das Kleid ist zu groß, zu teuer; er ist zu alt. **2.** */kennzeichnet die Bewegungsrichtung auf einen bestimmten Punkt, ein Ziel hin/:* sie sind der Stadt zu gegangen; gegen die Grenze zu, zur Grenze zu vermehrten sich die Kontrollen. **3.** (ugs.) **a)** */drückt als Aufforderung aus, daß etwas geschlossen werden, bleiben soll/:* Tür zu!; Augen zu!. **b)** */drückt aus, daß etwas geschlossen ist/:* die Flasche stand, noch fest zu, auf dem Tisch. **4.** (ugs.) */drückt als Aufforderung aus, daß mit etwas begonnen, etwas weitergeführt werden soll/:* na, dann zu!; immer zu, wir müssen uns beeilen! **IV.** ⟨Konj.⟩ **1.** */in Verbindung mit dem Inf. und abhängig von Wörtern verschiedener Wortart, bes. von Verben/:* er bat ihn zu helfen; hilf mir bitte, das Gepäck zu tragen; er ist heute nicht zu sprechen; er kam, um sich zu vergewissern. **2.** */drückt in Verbindung mit einem 1. Partizip eine Möglichkeit, Erwartung, Notwendigkeit, ein Können, Sollen oder Müssen aus/:* die zu erledigende Post; der zu erwartende Protest.

zu- ⟨trennbares, betontes verbales Präfix⟩: **1.** */kennzeichnet die Richtung auf ein Ziel hin/:* auf jmdn. zugehen, jmdm. zulächeln, zuprosten, zuschicken, einander zusingen. **2.** */von auswärts/woanders hierher, an eine bestimmte Stelle o. ä./:* zufächeln, zufliegen (der Vogel ist ihm zugeflogen), zureisen, zuziehen (er ist hier zugezogen). **3. a)** */dazu-, hinzu-/:* zuerwerben, zugewinnen, zufügen, zukaufen, zuschalten, zusteuern, zuverdienen. **sinnv.:** bei-. **b)** */für jmdn./etwas bestimmt/:* zuerkennen, zuordnen, jmdm. etwas zuschanzen, zuteilen, zuweisen. **4.** */kennzeichnet das Schließen, Bedekken; besagt, daß etwas nicht zugänglich ist/:* zubauen, zubetonieren, zubinden, zubleiben, zudecken, zudrehen, zugehen (die Tür geht zu), zuhalten, zuhängen, zukorken, zumachen, zumauern, zunähen, zupappen. **sinnv.:** be-. **5.** */in eine vorgesehene Form bringen/:* zufeilen, zuschneiden. **6.** */die im Basiswort genannte Tätigkeit schnell in Richtung auf jmdn./etwas tun/:* zubeißen, zupacken, zustechen.

Zu|be|hör, das; -[e]s, -e: *etwas, was zu etwas (einem Haus, einer Maschine o. ä.) dazugehört, es vervollständigt, ergänzt:* das Z. einer Kamera; ein Haus mit allem Z. **sinnv.:** Accessoire, Extra, Requisit, Utensil; ↑Ausstattung. **Zus.:** Auto-, Campingzubehör.

zu|bei|ßen, biß zu, hat zugebissen ⟨itr.⟩: *mit den Zähnen pakken und beißen:* der Hund biß plötzlich zu. **sinnv.:** ↑beißen.

zu|be|rei|ten, bereitete zu, hat zubereitet ⟨tr.⟩: *(von Speisen o. ä.) aus einzelnen Bestandteilen herstellen, zum Gebrauch fertigmachen:* das Essen, Frühstück z.; eine Arznei z. **sinnv.:** ↑anfertigen, anrichten, ↑ansetzen, ↑kochen.

zu|bil|li|gen, billigte zu, hat zugebilligt ⟨tr.⟩: *(etwas, worauf Anspruch erhoben wird) als berechtigt anerkennen und gewähren:* dem Volk wurde größere Freiheit zugebilligt. **sinnv.:** ↑billigen.

zu|bin|den, band zu, hat zugebunden ⟨tr.⟩: *durch Binden mit einem Band, einer Schnur verschließen:* er bindet den Sack mit einer Kordel zu. **sinnv.:** ver-, zuschnüren.

zu|blei|ben, blieb zu, ist zugeblieben ⟨itr.⟩ (ugs.): *geschlossen bleiben:* das Fenster muß z.

zu|brin|gen, brachte zu, hat zugebracht ⟨tr.⟩: **1.** *(eine Zeitspanne irgendwo) unter oft ungünstigen Umständen verbringen:* er brachte die ganzen Ferien auf dem Land zu. **sinnv.:** sich ↑aufhalten. **2.** (ugs.). *(nur mit Mühe) schließen können:* die Tür, den Koffer nicht, nur mit Mühe z.

Zucht, die; -: **1.** *das Züchten:* die Z. von Pferden, von Rosen. **Zus.:** Bienen-, Blumen-, Fisch-, Hunde-, Pferde-, Rosen-, Viehzucht. **2.** *straffe Unterordnung unter eine Autorität oder Regel; das Gewohntsein an strenge Ordnung:* in der Klasse herrscht keine Z. **sinnv.:** ↑Bildung; ↑Disziplin. **Zus.:** Kirchen-, Selbstzucht.

züch|ten, züchtete, hat gezüchtet ⟨tr.⟩: *durch Auswahl, Kreuzung von Arten oder Rassen mit besonderen, erwünschten Merkmalen und Eigenschaften für die Vermehrung und Verbesserung von Pflanzen- oder Tierarten sorgen:* hier werden besonders Pferde gezüchtet; Rosen z. **sinnv.:** kreuzen, okulieren, paaren, pfropfen, veredeln, ziehen.

Züch|ter, der; -s, -, **Züch|te|rin,** die; -, -nen: *männliche bzw. weibliche Person, die Tiere oder Pflanzen züchtet:* er ist ein begeisterter Züchter von Schäferhunden. **Zus.:** Bienen-, Hunde-, Pferde-, Rosenzüchter.

züch|ti|gen ⟨tr.⟩ (geh.): *durch Schläge hart strafen:* er hat seinen Sohn wegen dieser Ungezogenheit mit dem Stock gezüchtigt. **sinnv.:** ↑bestrafen.

zucken ⟨itr.⟩: *eine plötzliche, jähe, oft unwillkürliche, ruckartige Bewegung machen:* seine Lippen zuckten; er zuckte mit der Hand; es zuckte in seinem Gesicht.

zücken ⟨tr.⟩: *rasch hervorholen, hervorziehen:* den Bleistift, die Geldbörse z.; ein Messer z.

Zucker, der; -s, -: *meist in Form einer weißen, feinkörnigen Substanz verwendetes Nahrungsmittel zum Süßen von Speisen:* er trinkt den Kaffee ohne Z. **sinnv.:** Dextrose, Fructose, Glucose, Kandis. **Zus.:** Blut-, Frucht-, Harn-, Industrie-, Kandis-, Kristall-, Malz-, Milch-, Puder-, Raffinade-, Rohr-, Rüben-, Staub-, Trauben-, Vanille-, Würfelzucker.

zuckern ⟨tr.⟩: *mit Zucker süßen:* den Brei z.; den Zwetschenkuchen z. *(mit Zucker bestreuen).* **sinnv.:** kandieren, süßen. **Zus.:** über-, verzuckern.

zu|decken, deckte zu, hat zugedeckt ⟨tr.⟩: *(mit etwas Schützendem, Verhüllendem) bedekken:* die Mutter deckte das Kind mit einer Decke zu. **sinnv.:** ↑bedecken.

zu|dem ⟨Adverb⟩: ↑*außerdem:* es war sehr kalt, z. regnete es.

zu|dre|hen, drehte zu, hat zugedreht: **1.** ⟨tr.⟩ *durch Drehen eines Hahnes o. ä. verschließen:* die Heizung z. **2.** ⟨tr./sich z.⟩ *in einer drehenden Bewegung zu jmdm. wenden:* er drehte sich mir zu; er dreht mir den Rücken zu. **sinnv.:** hinwenden, zuwenden.

zu|dring|lich ⟨Adj.⟩: *durch Aufdringlichkeit, zu große Vertraulichkeit lästig fallend:* ein zudringlicher Vertreter; er wurde z. **sinnv.:** ↑aufdringlich.

zu|drücken, drückte zu, hat zugedrückt ⟨tr.⟩: **1.** *(gegen etwas) drücken und es so schließen:* die Tür, den Deckel der Truhe z. **2.** *[umschließen und] kräftig drükken:* beim Händeschütteln drückt er immer ganz schön [fest] zu.

zu|er|ken|nen, (selten auch:) zuerkennt, erkannte zu/zuerkannte, hat zuerkannt ⟨tr.⟩: *durch einen Beschluß erklären, daß jmdm. etwas zusteht, gegeben werden soll:* ihm wurde eine hohe Belohnung zuerkannt. **sinnv.:** ↑zusprechen.

zu|erst ⟨Adverb⟩: **a)** *als erster, erste, erstes:* z. kam mein Bruder, dann folgten die andern; z. solltest du etwas essen. **b)** *am Anfang:* z. dachte ich, es würde mißlingen, dann ging aber alles gut. **sinnv.:** ↑zunächst.

Zu|fall, der; -s, Zufälle: *etwas, wofür keine Ursache, kein Zusammenhang, keine Gesetzmäßigkeit erkennbar ist:* es war ein Z., daß wir uns in Paris trafen; durch Z. erfuhr ich von seiner Heirat. **sinnv.:** ↑Glückssache. **Zus.:** Glückszufall.

zu|fal|len, fällt zu, fiel zu, ist zugefallen ⟨itr.⟩: **1.** *sich von selbst sehr schnell schließen:* der Dekkel, die Tür ist zugefallen. **sinnv.:** einschnappen, ↑zuschlagen. **2. a)** *[unverdient oder unerwartet] gegeben, zuteil werden:* sein Reichtum ist ihm nicht einfach zugefallen; ihm ist die ganze Erbschaft zugefallen. **sinnv.:** in jmds. Besitz übergehen, auf jmdn. entfallen, an jmdn. fallen, jmdm. zufließen, jmdm. zugute kommen, an jmdn. kommen, an jmdn. gehen, jmdm. zugesprochen werden, jmdm. zugeteilt werden; ↑abbekommen. **b)** *(jmdm. zugeteilt, zugewiesen, aufgetragen werden:* ihm ist die Aufgabe zugefallen, die Rede zu halten; die gesamte Verantwortung fällt dir zu.

zu|fäl|lig ⟨Adj.⟩: *durch Zufall; auf einem Zufall beruhend:* ein zufälliges Zusammentreffen; er hat das Buch z. in einem Schaufenster gesehen. **sinnv.:** ↑unabsichtlich.

Zu|flucht, die; -, Zuflüchte: *jmd., Ort, den jmd. in der Not aufgesucht, um Schutz, Hilfe zu bekommen:* er ist meine Z.; der Flüchtling fand in Amerika eine Z.; er gewährte seinem Freund [in seinem Haus] Z. **sinnv.:** Asyl, Fluchtburg, Freistatt, Refugium, Schlupfloch, Schlupfwinkel, Unterschlupf, ↑Versteck, Zufluchtsort, Zufluchtsstätte.

zu|fol|ge ⟨Präp.; nachgestellt mit Dativ, seltener vorangestellt mit Gen.⟩: *als Folge, auf Grund:* z. seines Wunsches/seinem Wunsch z. fuhren wir einen Tag später. **sinnv.:** ↑gemäß. **Zus.:** demzufolge.

zu|frie|den ⟨Adj.⟩: **a)** *innerlich ausgeglichen, sich mit den Gegebenheiten in Einklang befindend und keine Veränderung der Umstände wünschend:* ein zufriedener Mensch; er dachte z. an die vergangenen Tage. **sinnv.:** befriedigt, bescheiden, genügsam, sorgenfrei, wunschlos [glücklich]; ↑froh; ↑glücklich. **b)** *mit den gegebenen Verhältnissen, Leistungen o. ä. einverstanden; nichts auszusetzen habend:* der Lehrer ist mit seinen Schülern nicht z.; er ist mit der neuen Stellung z.

zu|frie|den|ge|ben, sich; gibt sich zufrieden, gab sich zufrieden, hat sich zufriedengegeben: *(etwas) als ausreichend, als gut genug akzeptieren, (damit) zufrieden sein:* mit diesem geringen Verdienst wollte ich mich nicht z. **sinnv.:** sich ↑begnügen.

zu|frie|den|las|sen, läßt zufrieden, ließ zufrieden, hat zufriedengelassen ⟨tr.⟩: *in Ruhe lassen, nicht behelligen:* laß mich doch endlich [mit deinen Vorwürfen] zufrieden!

zu|frie|den|stel|len, stellte zufrieden, hat zufriedengestellt ⟨tr.⟩: *jmds. Wünsche, Erwartungen, Ansprüche erfüllen und ihn so zufrieden machen:* der Wirt versuchte alles, um seine Gäste zufriedenzustellen; seine Leistungen sind nicht zufriedenstellend. **sinnv.:** ↑befriedigen · ↑genug; ↑passabel.

zu|fü|gen, fügte zu, hat zugefügt ⟨itr.⟩: *(etwas) tun, was für jmdn. unangenehm, von Nachteil ist, ihm schadet:* jmdm. ein Leid, Schaden z. **sinnv.:** ↑schaden.

zu|füh|ren, führte zu, hat zugeführt: **1.** ⟨tr.⟩ **a)** *(zu etwas) gelangen lassen, (in etwas) leiten:* einer Maschine Strom, Treibstoff z.; der Erlös wird einer karitativen Organisation zugeführt. **b)** *(jmdn./etwas mit jmdm./etwas) versorgen, zusammenbringen:* einer Firma Kunden z.; (oft verblaßt:) eine Sache einer vernünftigen Lösung z. *(für eine Sache eine vernünftige Lösung finden).* **2.** ⟨itr.⟩ *(auf etwas) hinführen, in die Richtung (auf etwas hin) verlaufen:* der Weg führt genau auf das Tor zu.

Zug, der; -[e]s, Züge: **1.** *Lokomotive oder Triebwagen mit den dazugehörenden Wagen (bei der Eisenbahn, Straßenbahn o. ä.):* er fuhr mit dem letzten Z. nach Hause. **sinnv.:** ↑Eisenbahn; ↑Straßenbahn. **Zus.:** D-Zug, Bummel-, Eisenbahn-, Nahverkehrs-, Schnellzug. **2.** *sich fortbewegende Schar, Kolonne, Gruppe:* der Z. der Flüchtlinge nahm kein Ende. **sinnv.:** ↑Abteilung. **Zus.:** Demonstrations-, Fackel-, Fastnachts-, Fest-, Geleit-, Rosenmontagszug. **3.** *das Ziehen, Wandern, Sichfortbewegen [in einer Gruppe]:* der Z. der Vögel in den Süden. **Zus.:** Auf-, Aus-, Ein-, Feld-, Rück-, Streif-, Vogelzug. **4. a)** *das Ziehen, ziehende Kraft, die auf etwas einwirkt:* ein starker Z. nach unten, nach der Seite; mit einem Z. an der Leine öffnete er den Fallschirm. **Zus.:** Klimmzug. **b)** *Vorrichtung (wie Hebel, Griff, Band o. ä.) zum Ziehen:* der Z. am Rolladen. **Zus.:** Flaschen-, Glocken-, Klingel-, Registerzug. **5. a)** *das zügige Trinken, Hinunterschlucken einer meist größeren Menge eines Getränkes:* er leerte das Glas in einem Z.; er tat einen kräftigen Z. aus der Flasche. **b)** *das Einatmen der Luft, das Einziehen des Rauches:* er atmete in tiefen Zügen; er machte einen Z. aus seiner Pfeife. **Zus.:** Atem-, Lungenzug. **6.** *als unangenehm empfundener Luftzug:* hier herrscht ein ständiger Z. **sinnv.:** ↑Durchzug. **7.** *charakterliche Eigenart:* das ist ein sympathischer Z. an ihm. **Zus.:** Charakter-, Grund-, Wesenszug. **8.** *typische Linie des Gesichts:* jugendliche, hagere Züge. **Zus.:** Gesichts-, Leidens-, Schmerzenszug. **9.** *das Bewegen, Weiterrücken einer Figur beim Spiel:* er machte mit dem Springer einen falschen Z.; matt in drei Zügen. **Zus.:** Schach-, Winkelzug.

Zu|ga|be, die; -, -n: **a)** *etwas, was zusätzlich gegeben wird:* das Kind bekam beim Einkauf ein Bonbon als Z. **sinnv.:** ↑Beiwerk; ↑Zutat. **b)** *zusätzliche Darbietung bei einer künstlerischen Veranstaltung:* der Sänger sang als Z. zwei Lieder von Schubert.

Zu|gang, der; -[e]s, Zugänge: **1. a)** *Stelle, Ort, von dem aus ein Weg in einen Raum, Ort hineinführt:* ein unterirdischer Z. zum Schloß **sinnv.:** ↑Einlaß; ↑Rampe; Tür. **b)** *das Betreten, Hineingehen:* der Z. zum Garten ist verboten. **2.** *Fähigkeit, sich einzufühlen, etwas zu verstehen; Sinn (für etwas):* er hat keinen Z. zur modernen Malerei.

zu|gäng|lich ⟨Adj.⟩: **1. a)** *Zugang bietend und so betretbar, erreichbar:* ein schwer zugängliches Dorf im Gebirge. **b)** *für die Benutzung o. ä. zur Verfügung stehend:* das Museum wurde der Öffentlichkeit z. gemacht; die Bücher sind für jeden z. **2.** *gegenüber anderen Menschen, für Eindrücke, Ideen o. ä. aufgeschlossen:* er ist vernünftigen Vorschlägen immer z.; ein schwer zugänglicher Mensch. **sinnv.:** kontaktfreudig; ↑vielseitig.

zu|ge|ben, gibt zu, gab zu, hat zugegeben ⟨tr.⟩: **1. a)** *[nach längerem Zögern oder Leugnen] gestehen:* der Junge hat die Tat zugegeben, hat zugegeben, daß er das Fenster eingeworfen hat. **sinnv.:** ↑gestehen. **b)** *als zutreffend anerkennen:* du wirst z. müssen, daß es nur so geht. **2.** *seine Zustimmung (zu etwas) geben* /meist verneint oder fragend/: der Vater wird nie z., daß sie diese Reise allein unternimmt. **sinnv.:** ↑billigen.

zu|ge|hen, ging zu, ist zugegangen ⟨itr.⟩: **1.** *in Richtung auf jmdn./etwas gehen:* er ging auf das Haus zu. **sinnv.:** sich ↑nähern. **2.** (ugs.) *geschlossen werden, sich schließen [lassen]:* die Tür ging langsam zu; der Koffer geht nicht zu. **3.** *jmdm. geschickt, zugestellt, überbracht werden:* der Brief geht Ihnen mit der Post zu. **sinnv.:** ↑schicken. **4.** *in bestimmter Weise vor sich gehen, verlaufen, sich ereignen:* wie ist das zugegangen?; bei dem Fest ging es fröhlich, laut zu. **sinnv.:** ↑geschehen.

zu|ge|hö|rig ⟨Adj.⟩: *zu jmdm./etwas gehörend, dazugehörend:* ein Haus mit zugehörigem Garten kaufen.

zu|ge|knöpft ⟨Adj.⟩ (ugs.): *abweisend und auf Gespräche o. ä. nicht leicht eingehend:* er war, zeigte sich sehr z. **sinnv.:** ↑unzugänglich.

Zü|gel, der; -s, -: *Riemen, mit dem ein Reit- oder Zugtier gelenkt, geführt wird:* die Z. [straff] anziehen. **sinnv.:** Zaum, Zaumzeug.

zü|gel|los ⟨Adj.⟩: *nicht von Vernunft und sittlicher Einsicht kontrolliert, ohne jedes Maß und ohne Hemmung:* ein zügelloses Treiben. **sinnv.:** ↑ausschweifend.

zü|geln ⟨tr.⟩: **1.** *durch Anziehen, Straffen des Zügels zur Ruhe bringen, zurückhalten:* sein Pferd z. **2.** ⟨sich z.⟩ *sich zurückhalten, beherrschen:* er konnte sich kaum noch z.; sein Temperament, seine Leidenschaften z. **sinnv.:** ↑bändigen.

Zu|ge|ständ|nis, das; -ses, -se: *Entgegenkommen in einer bestimmten Angelegenheit, wobei bestimmte Wünsche, Bedürfnisse der anderen Seite berücksichtigt werden:* Zugeständnisse verlangen, machen. **sinnv.:** ↑Entgegenkommen, Konzession.

zu|ge|ste|hen, gestand zu, hat zugestanden ⟨tr.⟩: **a)** *jmds. berechtigtem Anspruch auf etwas stattgeben, ihn berücksichtigen:* jmdm. ein Recht z. **sinnv.:** ↑billigen; ↑gewähren. **b)** *die Korrektheit, Richtigkeit o. ä. von jmds. Verhalten eingestehen:* ich muß ihm z., daß er korrekt gehandelt hat. **sinnv.:** einräumen, ↑gestehen.

zu|gig ⟨Adj.⟩: *der Zugluft ausgesetzt:* ein zugiger Korridor.

zü|gig ⟨Adj.⟩: *schnell und stetig; in einem Zuge:* die Arbeiten gehen z. voran; z. fahren. **sinnv.:** ↑schnell.

zug|kräf|tig ⟨Adj.⟩: *Anziehungskraft auf jmdn., bes. ein Publikum, ausübend:* ein zugkräftiges Theaterstück, das Plakat war sehr z. **sinnv.:** anreizend, ↑anziehend, attraktiv, werbewirksam, wirksam, wirkungsvoll.

zu|gleich ⟨Adverb⟩: **a)** *im selben Augenblick, zur gleichen Zeit:* sie griffen beide z. nach dem Buch. **sinnv.:** ↑gleichzeitig. **b)** *in gleicher Weise; gleichzeitig:* er wollte mich loben und z. ermahnen; er ist Dichter und Maler z. **sinnv.:** ↑und.

Zug|luft, die; -: *als unangenehm empfundene, stetig strömende kühle Luft:* in diesem Raum herrscht Z. **sinnv.:** ↑Durchzug.

zu|grei|fen, griff zu, hat zugegriffen ⟨itr.⟩: **1.** *nach etwas greifen und es festhalten, an sich nehmen:* er hat mit beiden Händen zugegriffen und nicht mehr losgelassen; überall lagen die schönsten Dinge, man brauchte nur zuzugreifen; bitte greifen Sie zu! *(nehmen Sie sich von dem Angebotenen!).* **sinnv.:** sich ↑bedienen; ↑essen. **2.** *tüchtig arbeiten, irgendwo mithelfen:* sie hat im Haushalt ordentlich zugegriffen. **sinnv.:** ↑arbeiten; ↑helfen.

zu|hal|ten, hält zu, hielt zu, hat zugehalten: **1.** ⟨tr.⟩ *mit der Hand bedecken; geschlossen halten, nicht öffnen:* die Tür, die Fenster z.; eine Öffnung z.; sich die Ohren z. **2.** ⟨itr.⟩ *in Richtung auf etwas fahren, Kurs auf ein bestimmtes Ziel nehmen:* das Boot hielt auf den Dampfer zu.

zu|hö|ren, hörte zu, hat zugehört ⟨itr.⟩: *seine Aufmerksamkeit auf Worte oder Töne richten; mit Aufmerksamkeit hören, hörend in sich aufnehmen:* höflich, interessiert, nur mit halbem Ohr z.; einem Redner z.; bei einer Unterhaltung z.; hör zu! **sinnv.:** ↑anhören, ↑aufpassen, folgen, hinhören, ↑horchen, an jmds. Lippen hängen, mitgehen, die Ohren aufsperren/spitzen, ganz Ohr sein.

Zu|hö|rer, der; -s, -, **Zu|hö|re|rin,** die; -, -nen: *männliche bzw. weibliche Person, die jmdm., einer Sache zuhört.* **sinnv.:** ↑Publikum.

zu|kom|men, kam zu, ist zugekommen ⟨itr.⟩: **1.** *sich (jmdm./einer Sache) nähern, sich (auf jmdn./etwas zu) bewegen:* er kam mit schnellen Schritten auf mich zu. **2.** (geh.) **a)** *(jmdm./einer Sache) zuteil werden:* ihm ist eine Erbschaft zugekommen; sie hat ihm schon öfter Geld z. lassen. **b)** *übermittelt, zugestellt werden:* ihm ist eine geheime Nachricht zugekommen; jmdm. eine Botschaft z. lassen. **3. a)** *sich (für jmdn.) gehören; (zu etwas) berechtigt sein:* in dieser Angelegenheit kommt es ihm nicht zu, Kritik zu üben. **sinnv.:** ↑zustehen. **b)** *(für jmdn.) auf Grund seiner Fähigkeiten o. ä. angemessen sein:* ihm kommt eine Führungsstellung zu. **4.** *(für etwas) angemessen, zutreffend sein; (einer Sache) beizumessen sein:* dieser Entscheidung kommt eine erhöhte Bedeutung zu.

Zu|kunft, die; -, (selten:) Zukünfte: *die Zeit, die noch bevorsteht, noch nicht da ist, noch vor jmdm. liegt; kommende, spätere Zeit:* die Z. des Landes, der Menschen; ängstlich in die Z. schauen; die Z. voraussehen; du mußt an deine Z. denken; die gemeinsame Z. planen. ***in Z.** *(künftig, von jetzt an):* ich will in Z. immer benachrichtigt werden.

zu|künf|tig: **I.** ⟨Adj.⟩: *in der Zukunft liegend, kommend:* zukünftige Entwicklungen; meine zukünftige Wohnung; damals lernte er seine zukünftige Frau kennen. **sinnv.:** ↑später. **II.** ⟨Adverb⟩ *von jetzt an, in Zukunft:* er verlangte von ihm, z. seinen Anweisungen nachzukommen.

Zu|la|ge, die; -, -n: *etwas, was zusätzlich zu etwas gegeben wird, zusätzliche Zahlung von Geld zum Gehalt o. ä.:* Zulagen für Schwerarbeiter. **sinnv.:** ↑Beiwerk; ↑Zutat.

zu|las|sen, läßt zu, ließ zu, hat zugelassen ⟨tr.⟩: **1.** *(etwas) geschehen lassen, nichts unternehmen, es zu verhindern:* ich kann [es] nicht z., daß er übergangen wird; wie konntest du das nur z.! **sinnv.:** ↑billigen. **2.** *(jmdm.) zur Ausübung, zu einem bestimmten Zweck, für eine bestimmte Betätigung o. ä. die [amtliche] Erlaubnis erteilen:* einen Rechtsanwalt bei einem Gericht z.; der Kraftwagen ist noch nicht [zum Verkehr] zugelassen. **3.** *(als Sache) die Möglichkeit zu etwas geben:* etwas läßt keinen Zweifel, läßt diesen Schluß zu; die Formulierung läßt mehrere Auslegungen zu. **sinnv.:** ↑erlauben. **4.** (ugs.) *geschlossen lassen, nicht öffnen:* das Fenster, die Schublade z.

zu|läs|sig ⟨Adj.⟩: *(meist von einer amtlichen o. ä. Stelle) zugelassen, erlaubt:* die zulässige Geschwindigkeit; dieses Verfahren ist nicht z. **sinnv.:** ↑statthaft. **Zus.:** höchst-, unzulässig.

Zu|lauf, der; -[e]s, Zuläufe: *Zuspruch, den jmd. oder etwas hat:* das neue Kaufhaus hat großen Z. **sinnv.:** ↑Andrang.

zu|lau|fen, läuft zu, lief zu, ist zugelaufen ⟨itr.⟩: **1.** *in Richtung auf jmdn., eine Sache laufen:* voller Angst lief sie auf das Haus zu. **2.** *(von herrenlosen, entlaufenen Haustieren) sich (jmdm.) anschließen:* dieser junge Hund ist uns vor einigen Tagen zugelaufen. **3. a)** *in eine bestimmte Form auslaufen:* der Bolzen lief spitz, konisch zu. **b)** *sich in Richtung auf etwas hin erstrecken:* die Straße läuft auf das Haus zu. **sinnv.:** verlaufen. **4.** *(zu einer schon vorhandenen Flüssigkeitsmenge noch zusätzlich) hinzukommen:* das Wasser ist zu heiß, laß noch kaltes z.

zu|le|gen, legte zu, hat zugelegt (ugs.): **1.** ⟨sich z.⟩: **a)** *sich etwas kaufen, anschaffen:* sie hat sich ein Auto zugelegt. **sinnv.:** ↑kaufen. **b)** *sich etwas verschaffen, beilegen:* Vater hat sich inzwischen einen Bart zugelegt; der Künstler hat sich einen anderen Namen zugelegt **sinnv.:** ↑annehmen, ↑beilegen. **2.** ⟨itr.⟩ *sich (in bezug auf Tempo, Leistung, Wachstum o. ä.) steigern:* der Läufer hat tüchtig zugelegt; bei den letzten Wahlen konnte die Partei noch einmal z.

zu|lei|ten, leitete zu, hat zugeleitet ⟨tr.⟩: **1.** *etwas an eine bestimmte Stelle leiten, gelangen lassen:* einer Maschine Wasser, Strom z. **2.** *(etwas Schriftliches) übermitteln:* dieser Bescheid wird Ihnen in Kürze zugeleitet. **sinnv.:** ↑liefern, ↑schicken.

zu|letzt ⟨Adverb⟩: **a)** *als letzter, letzte, letztes:* mein Vater kam z.; daran habe ich erst z. gedacht. **sinnv.:** ↑spät. **b)** *schließlich, zum Schluß:* wir mußten z. doch umkehren; er arbeitete bis z. **sinnv.:** ↑schließlich.

zum ⟨Verschmelzung von *zu + dem*⟩: **1.** *zu dem:* **a)** /die Verschmelzung kann aufgelöst werden/: sie lief z. Telefon. **b)** /die Verschmelzung kann nicht aufgelöst werden/: z. Glück; z. Schluß; z. Beispiel. **2.** ⟨in Verbindung mit einem substantivierten Inf.⟩ /die Verschmelzung kann nicht aufgelöst werden/: das Wasser z. Kochen bringen.

zu|ma|chen, machte zu, hat zugemacht /Ggs. aufmachen/: **1. a)** ⟨tr.⟩ ↑*schließen:* die Tür z. **sinnv.:** ↑verschließen. **b)** ⟨itr.⟩ *geschlossen werden (so daß kein Verkauf von Waren mehr stattfindet):* an verkaufsoffenen Samstagen machen die Läden um 18 Uhr zu. **sinnv.:** ↑schließen. **2.** ⟨tr.⟩ *(in bezug auf ein Unternehmen o. ä.) aufgeben:* sie hat ihre Boutique zugemacht. **sinnv.:** dichtmachen.

zu|mal: **I.** ⟨Adverb⟩ *besonders, vor allem:* unsere Straße wird z. gegen Abend viel von Autos befahren; ⟨häufig in Verbindung mit *da* und *wenn*⟩ sie nimmt die Einladung gern an, z. da/wenn sie nichts vorhat. **II.** ⟨Konj.⟩ *besonders da, weil:* sie nimmt die Einladung gerne an, z. sie nichts vorhat.

zu|min|dest ⟨Adverb⟩: *als wenigstes, auf jeden Fall:* ich kann z. verlangen, daß er mich anhört. **sinnv.:** ↑wenigstens.

zu|mut|bar ⟨Adj.⟩: *so beschaffen, daß es jmdm. zugemutet werden kann:* zumutbare Steuern, Belastungen. **Zus.:** unzumutbar.

zu|mu|ten, mutete zu, hat zugemutet ⟨tr.⟩: *von jmdm./sich selbst etwas verlangen, was er/man nicht oder nur schwer leisten oder ertragen kann:* er mutete uns zu, zwei Stunden zu stehen; das kannst du ihr nicht z.; du hast dir zuviel zugemutet. **sinnv.:** abverlangen.

zu|nächst ⟨Adverb⟩: **a)** *am Anfang; als erstes:* er ging z. nach Hause, dann ins Theater. **sinnv.:** ↑anfangs, erst, ↑ursprünglich, zuerst. **b)** *vorerst, in diesem Augenblick:* daran denke ich z. noch nicht. **sinnv.:** ↑einstweilen, ↑primär.

Zu|nah|me, die; -, -n: *das Zunehmen:* die Z. des Gewichtes; eine rasche Z. des Verkehrs. **sinnv.:** Anstieg, Ausweitung, Erhöhung, Eskalation, Eskalierung, Explosion, Fortschreiten, Intensivierung, Progression, Vergrößerung, Vermehrung, Verstärkung, ↑Wachstum, Zuwachs. **Zus.:** Bevölkerungs-, Bewölkungs-, Geschwindigkeits-, Gewichtszunahme.

Zu|na|me, der; -ns, -n: *zum Vornamen hinzutretender Name, der die Zugehörigkeit zu einer bestimmten Familie ausdrückt:* bitte unterschreiben Sie mit Vor- und Zunamen. **sinnv.:** Familienname, Nachname.

zün|den, zündete, hat gezündet: **1.** ⟨tr.⟩ *in Brand setzen, zur Explosion bringen:* eine Mine z. **Zus.:** an-, entzünden. **2.** ⟨itr.⟩ *Stimmung, Begeisterung hervorrufen:* dieser Vorschlag zündete sofort; eine zündende Rede halten. **sinnv.:** ↑begeistern.

Zun|der, der; -s, -: *leicht brennbares Material, das früher zum Feueranzünden verwendet wurde.*

Zün|der, der; -s, -: *Teil eines Sprengkörpers, der den in ihm enthaltenen Sprengstoff entzündet:* den Z. aus einer Granate schrauben. **Zus.:** Spät-, Zeitzünder.

Zünd|holz, das; -es, Zündhölzer: ↑*Streichholz.* **Zus.:** Sicherheitszündholz.

Zünd|stoff, der; -[e]s, -e: **1.** *leichtentzündlicher Sprengstoff, der einen schwerentzündlichen Sprengstoff zur Explosion bringt:* die Lagerung von Zündstoffen erfordert äußerste Sorgfalt. **2.** *etwas, was eine Auseinandersetzung o. ä. auslösen kann:* seine Rede enthielt viel politischen Z. **sinnv.:** Konfliktstoff.

Zün|dung, die; -, -en: **1.** *das Zünden:* die Z. einer Bombe. **Zus.:** Fehl-, Früh-, Initial-, Spätzündung. **2.** *elektrische Anlage bei Verbrennungsmotoren, die den zur Entzündung des Kraftstoff-Luft-Gemischs nötigen Zündfunken hervorbringt.*

zu|neh|men, nimmt zu, nahm zu, hat zugenommen ⟨itr.⟩ /Ggs. abnehmen/: **a)** *größer, stärker, mehr werden:* die Kälte nimmt zu; sein Einfluß hat zugenommen. **sinnv.:** anlaufen, ↑anschwellen, ansteigen, anwachsen, ausweiten, sich breitmachen, eskalieren, explodieren, Platz greifen, sich vergrößern/vermehren/verstärken/vervielfachen. **b)** *sein Gewicht vergrößern:* ich habe [3 Pfund] zugenommen. **sinnv.:** auseinandergehen, dicker/schwerer werden, zulegen.

Zu|nei|gung, die; -, -en: *herzliches Gefühl des Wohlwollens; liebevolle Empfindung für jmdn.* /Ggs. Abneigung/: sie faßte schnell Z. zu ihm; zu jmdm. Z. haben. **sinnv.:** ↑Anhänglichkeit, Faible, ↑Freundlichkeit, Gefallen, ↑Liebe, Neigung, Schwäche, Sympathie, Wohlgefallen.

Zunft, die; -, Zünfte (hist.): *Zusammenschluß, Organisation bes. von Handwerkern:* die Z. der Bäcker. **sinnv.:** ↑Genossenschaft. **Zus.:** Bäcker-, Schneiderzunft.

zünf|tig ⟨Adj.⟩: *ländlich-schlicht, dabei robust, urig:* eine zünftige Kleidung; in der Kneipe ging es immer sehr z. zu. **sinnv.:** deftig, derb, handfest, herzhaft, ordentlich, robust, tüchtig, ↑urig.

Zun|ge, die; -, -n: *bewegliches, mit Schleimhaut bedecktes, muskulöses Organ im Mund der meisten Wirbeltiere und des Menschen, das bes. bei der Nahrungsaufnahme beteiligt ist:* die Z. zeigen; sich auf die Z. beißen. **Zus.:** Kalbs-, Katzen-, Land-, Läster-, Rinder-, Seezunge.

zün|geln, züngelte, hat gezüngelt ⟨itr.⟩: *(bes. von Schlangen) die Zunge schnell hin und her, nach vorn und wieder nach hinten bewegen:* die Schlange züngelte.

zu|oberst ⟨Adverb⟩: *ganz oben* /Ggs. zuunterst/: die Hemden lagen im Koffer z.

zu|ord|nen, ordnete zu, hat zugeordnet ⟨tr.⟩: *zu etwas, was als klassenmäßig zugehörig, als mit dem Betreffendem zusammengehörig angesehen wird, hinzufügen:* etwas einer Gattung, einem System z.

zu|packen, packte zu, hat zugepackt ⟨itr.⟩: *schnell und fest zugreifen:* er packte zu und würgte ihn.

zup|fen, zupfte, hat gezupft: **1.** ⟨tr.⟩/itr.⟩: *vorsichtig und mit einem leichten Ruck an etwas ziehen:* jmdn. am Ärmel z.; er zupfte nervös an seinem Bart. **sinnv.:** ↑zerren. **Zus.:** ab-, aus-, glatt-, heraus-, zurechtzupfen. **2.** ⟨tr.⟩ *(bei einem Zupfinstrument) die Saiten mit den Fingerspitzen oder mit einem Plättchen anreißen und sie so zum Klingen bringen:* die Saiten der Gitarre z.

Zupf|in|stru|ment, das; -[e]s, -e: *Saiteninstrument, dessen Saiten durch Zupfen* (2) *zum Klingen gebracht werden* (siehe Bildleiste).

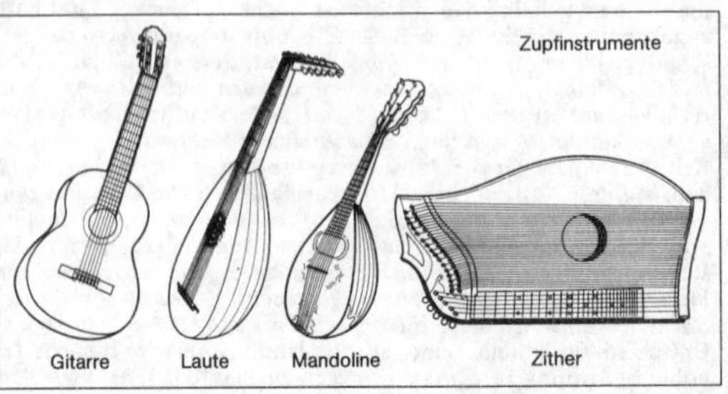

zur ⟨Verschmelzung von *zu + der*⟩: *zu der:* **a)** /die Verschmelzung kann aufgelöst werden/: sie geht noch z. Post. **b)** /die Verschmelzung kann nicht aufgelöst werden/: z. Ruhe kommen; z. Neige gehen; z. Genüge.

zu|ra|ten, rät zu, riet zu, hat zugeraten ⟨itr.⟩: *empfehlen, etwas Bestimmtes zu tun, anzunehmen o. ä.* /Ggs. abraten/: er riet mir zu, diesen Wagen zu kaufen. **sinnv.:** auffordern, aufmuntern, ↑beeinflussen, befürworten, bestärken, ermuntern, ermutigen, ↑zureden.

zu|rech|nungs|fä|hig ⟨Adj.⟩: *fähig, sein eigenes Handeln zu beurteilen, einzuschätzen, zu verantworten:* er hatte viel getrunken und war zur Zeit der Tat nicht z. **sinnv.:** normal.

zu|recht|fin|den, sich; fand sich zurecht, hat sich zurechtgefunden: *die räumlichen, zeitlichen o. ä. Zusammenhänge, die gegebenen Verhältnisse, Umstände erkennen, sie richtig einschätzen, damit fertig werden:* er fand sich in der Stadt schnell zurecht; er konnte sich im Leben nicht mehr z.

zu|recht|kom|men, kam zurecht, ist zurechtgekommen ⟨itr.⟩: **1.** *(mit etwas) fertig werden; (mit jmdm./etwas) richtig umgehen können:* ich komme mit der Maschine, mit meinem Kollegen nicht zurecht. **2.** *zur rechten Zeit kommen:* er kam gerade noch zurecht, ehe der Zug abfuhr.

zu|recht|le|gen, legte zurecht, hat zurechtgelegt ⟨tr.⟩: **1.** *zum Gebrauch passend hinlegen:* er legte Hut und Mantel zurecht. **sinnv.:** bereitlegen. **2.** *sich für einen bestimmten Fall im voraus etwas überlegen und sich so darauf einstellen:* er legte sich eine Ausrede zurecht.

zu|recht|ma|chen, machte zurecht, hat zurechtgemacht ⟨tr.⟩: **a)** *für den Gebrauch vorbereiten:* den Salat, das Bett z. **sinnv.:** ↑herrichten; ↑trimmen. **b)** ⟨sich z.⟩ *sich [für einen bestimmten Anlaß] besonders schönmachen, herrichten:* sie brauchte nur 10 Minuten, um sich fürs Theater zurechtzumachen. **sinnv.:** sich aufdonnern/aufmachen/auftakeln, feinmachen, herausputzen, herrichten, putzen, sich in Schale werfen, ↑schminken, schmükken, schönmachen, Toilette machen, verschönern.

zu|recht|rücken, rückte zurecht, hat zurechtgerückt ⟨tr.⟩: *an die passende, für einen bestimmten Zweck geeignete Stelle rücken, schieben:* die Krawatte, die Stühle z.

zu|re|den, redete zu, hat zugeredet ⟨itr.⟩: *(jmdn.) durch Worte veranlassen wollen, etwas Bestimmtes zu tun; (jmdn.) durch Reden beeinflussen:* wir haben ihm gut zugeredet, sich hinzulegen; alles Zureden half nichts. **sinnv.:** ↑mahnen, ↑zuraten.

zu|rich|ten, richtete zu, hat zugerichtet ⟨tr.⟩: **a)** *durch Beschädigung in einen üblen Zustand bringen:* die Kinder haben die Möbel schlimm zugerichtet. **sinnv.:** ↑beschädigen. **b)** *durch Verletzungen in einen üblen Zustand bringen:* bei der Schlägerei ist er übel zugerichtet worden.

zür|nen ⟨itr.⟩ (geh.): *(auf jmdn.) böse, zornig sein:* er zürnte mir wegen meiner Absage. **sinnv.:** ↑grollen.

zu|rück ⟨Adverb⟩: *wieder an den Ausgangspunkt, in umgekehrter Richtung:* wir wollen hin und z. mit der Bahn fahren; sie ist noch nicht von der Reise z. **sinnv.:** ↑rückwärts.

zu|rück- ⟨trennbares verbales Präfix⟩: **1. a)** */wieder zum Ausgangspunkt hin, in den Ausgangszustand/:* sich zurückbegeben, jmdn. zurückbegleiten, zurückbomben (jmdn. in die Steinzeit z.), zurückdenken, zurückgehen, zurückgießen (Wein in die Flasche z.), sich zurückhangeln, zurückhängen (den Mantel in den Schrank z.), zurücklaufen, zurückrechnen, zurückschneiden, zurückstellen (das Buch in das Regal z.), zurückstoßen, sich zurückträumen, zurückverfolgen, zurückwollen. **sinnv.:** rück-. **b)** */wieder in den Besitz gelangen/* zurückbekommen, zurückerobern, zurückleihen (sich Geld zurückleihen). **2.** */hinten, hinter jmdn./etwas/:* **a)** zurückbleiben. **b)** zurückbehalten. **3.** *nach hinten:* zurückbeugen, zurückblicken. **4.** */besagt, daß man mit dem im Basiswort genannten Tun auf gleiche Art reagiert, daß dieses Tun eine gleichartige Erwiderung ist/:* zurückgiften *(zurückschimpfen)*, zurücklieben (er fühlt sich nicht zurückgeliebt), zurückschießen, zurückschlagen, zurückschreiben.

zu|rück|blei|ben, blieb zurück, ist zurückgeblieben ⟨itr.⟩: **1.** *an einer Stelle bleiben:* mein Koffer blieb im Hotel zurück. **b)** *als Folge bleiben:* von seinem Unfall blieb eine Schwäche zurück. **2.** *den als normal angesehenen Entwicklungsstand nicht erreichen; sich langsamer als normal entwickeln:* das Kind ist geistig zurückgeblieben.

zu|rück|blicken, blickte zurück, hat zurückgeblickt ⟨itr.⟩: **a)** *nach hinten blicken:* der Wanderer blickt zurück. **sinnv.:** sich ↑umsehen. **b)** *sich Vergangenes vergegenwärtigen, vor Augen führen:* er blickt auf ein reiches Leben zurück. **sinnv.:** sich ↑erinnern.

zu|rück|den|ken, dachte zurück, hat zurückgedacht ⟨itr.⟩: *an etwas Zurückliegendes, an jmdn., den man gekannt hat, denken:* sie dachte gern an diese schöne Zeit zurück; soweit ich z. kann, hat sich ein solcher Fall noch nicht ereignet. **sinnv.:** sich ↑erinnern.

zu|rück|fah|ren, fährt zurück, fuhr zurück, hat/ist zurückgefahren: **1.** ⟨itr.⟩ *wieder an den, in Richtung auf den Ausgangspunkt fahren:* er ist gestern früh mit dem Zug nach Hamburg zurückgefahren. **2.** ⟨tr.⟩ *(mit einem Fahrzeug) wieder an den Ausgangspunkt befördern:* er hat seine Eltern mit dem Auto nach Hause zurückgefahren. **3.** ⟨itr.⟩ *(aus Angst, vor Schreck) sich plötzlich nach hinten bewegen, nach hinten ausweichen:* bei dem Knall bin ich erschrocken zurückgefahren. **sinnv.:** zurückprallen, zurückschrecken, zurückweichen, zusammenfahren, -schrecken, -zucken.

zu|rück|fal|len, fällt zurück, fiel zurück, ist zurückgefallen ⟨itr.⟩: **1.** *nach hinten fallen:* er ließ sich in den Sessel z. **sinnv.:** sinken. **2.** *in Rückstand geraten; auf ein niedriges Leistungsniveau sinken:* im Ziel war der Läufer weit zurückgefallen; durch diese Niederlage fiel die Mannschaft auf den letzten Platz zurück. **sinnv.:** abfallen. **3.** *zu einer alten [schlechten] Gewohnheit o. ä. zurückkehren:* sie ist [wieder] in ihren alten Fehler zurückgefallen. **4.** *(jmdm.) angelastet, als Schuld, Fehler angerechnet werden:* seine schlechte Erziehung fällt auf seine Eltern zurück. **sinnv.:** ein schlechtes Licht werfen auf, sich rächen an, ↑schaden.

zu|rück|fin|den, fand zurück,

hat zurückgefunden ⟨itr./sich z.⟩: *den Weg zu seinem Ausgangspunkt wieder finden:* er verlief sich, fand aber nach einiger Zeit zum Dorf zurück; ich fand den Weg, mich zu dem Ort nicht mehr zurück.

zu|rụ̈ck|füh|ren, führte zurück, hat zurückgeführt ⟨tr.⟩: **1.** *jmdn. wieder an den Ausgangspunkt führen:* er führte uns ins Dorf zurück. **2.** *(etwas) als Folge von etwas erklären, aus etwas ableiten:* er führte den Unfall auf ein Versehen zurück. **sinnv.:** ↑folgern, davon kommen, daß..., daher rühren, daß,...

zu|rụ̈ck|ge|hen, ging zurück, ist zurückgegangen ⟨itr.⟩: **1. a)** *wieder an den, in Richtung auf den Ausgangspunkt gehen:* ins Haus z.; fünf Schritte z. **b)** *seinen Ursprung (in jmdm./etwas) haben:* diese Verordnung geht noch auf Napoleon zurück. **sinnv.:** ↑stammen. **2.** *abnehmen, geringer werden:* das Fieber ist in den letzten Tagen zurückgegangen. **sinnv.:** ↑nachlassen, sinken, ↑verkümmern.

zu|rụ̈ck|ge|zo|gen ⟨Adj.⟩: *in Abgeschiedenheit vor sich gehend; für sich, in der Stille lebend.* **sinnv.:** ↑einsam.

zu|rụ̈ck|grei|fen, griff zurück, hat zurückgegriffen ⟨itr.⟩: **1.** *von etwas Vorhandenem Gebrauch machen:* wenn wir in Schwierigkeiten geraten, können wir immer noch auf unsre Ersparnisse z. **2.** *auf zeitlich weiter Zurückliegendes zurückgehen:* diese Universitätsreform greift auf ältere Vorschläge zurück.

zu|rụ̈ck|hal|ten, hält zurück, hielt zurück, hat zurückgehalten: **1. a)** ⟨tr.⟩ *am Weglaufen hindern:* er konnte das Kind gerade noch z. **sinnv.:** festhalten. **b)** ⟨tr./itr.⟩ *(Gefühle, Meinungen, o. ä.) nicht merken lassen:* er hielt seinen/mit seinem Ärger zurück. **sinnv.:** ↑beherrschen, ↑mäßigen. **2.** ⟨sich z.⟩ **a)** *sich (beim Gebrauch o. ä. von etwas) mäßigen:* sich beim Trinken z. **sinnv.:** sich ↑beherrschen, sich zusammennehmen. **b)** *sich (gegenüber anderen) im Hintergrund halten, sich nicht stark bei etwas beteiligen:* er hält sich bei solchen Auseinandersetzungen immer sehr zurück. **sinnv.:** Abstand wahren, unaufdringlich/reserviert sein.

zu|rụ̈ck|keh|ren, kehrte zurück, ist zurückgekehrt ⟨itr.⟩: ↑*zurückkommen.*

zu|rụ̈ck|kom|men, kam zurück, ist zurückgekommen ⟨itr.⟩: **1.** *wieder an den Ausgangspunkt kommen:* sie kommt am Montag aus dem Urlaub zurück. **sinnv.:** heimkehren, heimkommen, wiederkehren, wiederkommen, zurückfinden, zurückkehren. **2.** *einen Gedanken o. ä. wieder aufgreifen:* ich komme auf mein Angebot zurück.

zu|rụ̈ck|las|sen, läßt zurück, ließ zurück, hat zurückgelassen ⟨tr.⟩: **1.** *etwas an dem Ort, von dem man sich entfernt, lassen, nicht mitnehmen:* als wir flohen, mußten wir fast unseren ganzen Besitz z.; er hatte eine Nachricht zurückgelassen *(hinterlassen).* **sinnv.:** ↑hinterlassen, ↑lassen, liegenlassen, im Stich lassen. **2.** *hinter sich lassen, übertreffen, überholen:* er hat seine Konkurrenten weit [hinter sich] zurückgelassen.

zu|rụ̈ck|le|gen, legte zurück, hat zurückgelegt ⟨tr.⟩: **1. a)** *wieder an den früheren Platz legen:* den Hammer [in den Kasten] z. **b)** *(für einen bestimmten Kunden o. ä.) aufbewahren:* eine Eintrittskarte für jmdn. z. **sinnv.:** ↑reservieren. **c)** *(Geld o. ä.) aufbewahren, sparen:* Geld [für etwas] z. **sinnv.:** ↑horten. **2.** *eine Strecke hinter sich bringen:* wir haben täglich 15 km zurückgelegt. **sinnv.:** ↑laufen.

zu|rụ̈ck|lie|gen, lag zurück, hat zurückgelegen ⟨itr.⟩: *in der Vergangenheit liegen:* das Ereignis liegt schon einige Jahre zurück. **sinnv.:** hersein.

zu|rụ̈ck|neh|men, nimmt zurück, nahm zurück, hat zurückgenommen ⟨tr.⟩: **1. a)** *(etwas, was man einem anderen gegeben hat) wieder an sich nehmen:* er hat das Geld, das er uns geliehen hatte, nicht zurückgenommen. **b)** *(etwas, was man verkauft hat) wieder annehmen und das beim Verkauf erhaltene Geld zurückgeben:* diese Ware wird nicht zurückgenommen. **sinnv.:** abbestellen. **2.** *(Truppen) nach hinten verlegen:* die Front, die erschöpften Truppen mußten zurückgenommen werden. **3.** *rückgängig machen, für nichtig erklären:* eine Beleidigung, ein Versprechen, eine Klage z.; beim Schach darf man einen Zug nicht z. **sinnv.:** ↑widerrufen.

zu|rụ̈ck|ru|fen, rief zurück, hat zurückgerufen: **1.** ⟨tr.⟩ *durch Rufen zum Zurückkommen auffordern:* als ich mich schon entfernt hatte, rief er mich noch einmal zurück; **2.** ⟨tr.⟩ *in Erinnerung rufen, wieder ins Bewußtsein bringen:* ich rief ihm, mir die vergangenen Ereignisse [ins Gedächtnis] zurück. **sinnv.:** sich ↑erinnern. **3.** ⟨itr.⟩ *jmdn., von dem man angerufen worden ist, wieder anrufen:* sobald ich in dieser Angelegenheit etwas erfahre, werde ich z.; ich bin momentan in Eile, kann ich z.?

zu|rụ̈ck|schla|gen, schlägt zurück, schlug zurück, hat zurückgeschlagen: **1.** ⟨tr.⟩ **a)** *wieder in Richtung Ausgangspunkt schlagen:* der Verteidiger schlug den Ball in die Mitte des Feldes zurück. **sinnv.:** zurückbefördern, zurückpassen, zurücktreten. **b)** *(einen Gegner im Kampf) abwehren, zum Rückzug zwingen:* die feindlichen Truppen konnten zurückgeschlagen werden. **sinnv.:** ↑abwehren. **2.** ⟨tr.⟩ *in umgekehrter Richtung, nach hinten, zur Seite schlagen* (7): den Dekkel, die Vorhänge, den Kragen z. **3.** ⟨itr.⟩ *(jmdn., der einen geschlagen hat) seinerseits schlagen:* er schlug seinem Gegner bei dem Streit ins Gesicht, und dieser schlug sofort zurück.

zu|rụ̈ck|schrecken, schreckte/schrak zurück, ist zurückgeschreckt ⟨itr.⟩: *(aus Angst vor unangenehmen Folgen) von etwas Abstand nehmen:* so brutal er ist, vor einem Mord schreckt er doch zurück. **sinnv.:** ↑abschrekken, sich ↑fürchten.

zu|rụ̈ck|set|zen, setzte zurück, hat zurückgesetzt ⟨tr.⟩: **1.** *wieder an seinen [früheren] Platz setzen:* den Topf auf die Herdplatte z. **2.** *(gegenüber anderen, Gleichgestellten) in kränkender Weise benachteiligen:* du darfst sie gegenüber ihrem Bruder nicht so z. **sinnv.:** ↑diskriminieren.

zu|rụ̈ck|stecken, steckte zurück, hat zurückgesteckt: **1.** ⟨tr.⟩ *wieder (an seinen ursprünglichen Platz) stecken:* er steckte die Zeitung in die Tasche zurück. **2.** ⟨tr.⟩ *weiter nach hinten stecken:* einen Pflock einen halben Meter z. **3.** ⟨itr.⟩ *in seinen Ansprüchen bescheidener werden, sich mit weniger zufriedengeben:* seit er arbeitslos ist, hat er zurückgesteckt. **sinnv.:** Abstriche machen, sich bescheiden, kleinere/kleine Brötchen backen, in seinen Forderungen zurückgehen, sich ↑mäßigen.

zu|rụ̈ck|ste|hen, stand zurück, hat zurückgestanden ‹itr.›: *an Wert oder Leistungen geringer sein:* er steht hinter seinen Kollegen zurück; er will nicht z. **sinnv.:** benachteiligt werden, hintangesetzt werden, ins Hintertreffen geraten, zu kurz kommen, schlecht wegkommen, zurückgesetzt werden.

zu|rụ̈ck|stel|len, stellte zurück, hat zurückgestellt ‹tr.›: **1. a)** *wieder an den [früheren] Platz stellen:* ein Buch in den Schrank z. **b)** ↑*zurücklegen:* Waren für einen Kunden z. **c)** *kleiner, niedriger, geringer o. ä. einstellen:* die Heizung, die Uhr z. **2.** *auf etwas [vorläufig] verzichten; etwas [vorerst] nicht geltend machen:* seine Pläne, Bedenken z. **sinnv.:** ↑unterordnen, ↑verschieben, ↑zurückziehen. **3.** *(jmdm.) gewähren, daß er den Wehrdienst zu einem späteren als dem normalen Termin ableistet:* wegen seines Studiums wurde er zurückgestellt. **sinnv.:** ↑befreien.

zu|rụ̈ck|tre|ten, tritt zurück, trat zurück, ist zurückgetreten ‹itr.›: **1.** *nach hinten treten:* einen Schritt z. **2.** *eine Stellung, ein Amt aufgeben:* der Minister ist zurückgetreten. **sinnv.:** ↑ausscheiden.

zu|rụ̈ck|ver|set|zen, versetzte zurück, hat zurückversetzt: **1.** ‹tr.› *wieder (in den früheren Zustand, Rang o. ä., in die frühere Stellung) versetzen:* nach diesen Vorfällen wurde er wieder auf seinen alten Posten zurückversetzt. **2.** ‹sich z.› *sich (in eine vergangene Zeit) versetzen:* versetz dich einmal in die Zeit zurück, als wir noch zusammen in die Schule gingen! **sinnv.:** sich ↑erinnern.

zu|rụ̈ck|wei|chen, wich zurück, ist zurückgewichen ‹itr.›: *einige Schritte zurücktreten, nach hinten ausweichen:* die Menge wich ehrfürchtig zurück; der Feind wich zurück. **sinnv.:** ↑zurückfahren.

zu|rụ̈ck|wei|sen, wies zurück, hat zurückgewiesen ‹tr.›: *[schroff, entschieden] ablehnen, abweisen:* er wies mein Angebot zurück; eine Verleumdung z. **sinnv.:** ↑ablehnen, ↑abstreiten, ↑abweisen, ↑bestreiten.

zu|rụ̈ck|wer|fen, wirft zurück, warf zurück, hat zurückgeworfen ‹tr.›: **1.** *wieder an den, in Richtung auf den Ausgangspunkt werfen:* den Ball z.; die Brandung warf den Schwimmer immer wieder zurück. **2.** *in Rückstand bringen; in die Lage bringen, an einem früheren Punkt nochmals von neuem beginnen zu müssen:* eine Reifenpanne warf den Europameister zurück; wir wurden durch falsche Planung um Jahre zurückgeworfen. **3.** *mit einer raschen Bewegung nach hinten setzen, legen, werfen:* den Kopf z.; ich werfe mich in den Sessel zurück.

zu|rụ̈ck|zie|hen, zog zurück, hat zurückgezogen /vgl. zurückgezogen/: **1.** ‹tr.› **a)** *zur Seite, nach hinten, wieder an den Ausgangspunkt ziehen:* den Vorhang z.; sie zog mich ins Zimmer zurück. **sinnv.:** abziehen. **b)** *(etwas) rückgängig machen, (auf etwas) verzichten:* einen Antrag, Auftrag z. **sinnv.:** aufheben, ↑widerrufen, ↑zurückstellen. **2.** ‹sich z.› *sich (aus einer Gesellschaft, einer Menge o. ä.) entfernen, sich absondern:* er zog sich in sein Zimmer z. **b)** *eine Arbeit o. ä. aufgeben:* er zog sich von den Geschäften, aus der Politik zurück. **sinnv.:** aufhören, aussteigen, sich zur Ruhe setzen, in den Ruhestand treten. **c)** *den Kontakt (mit jmdm.) aufgeben:* nach diesem Krach habe ich mich [von ihm] zurückgezogen. **sinnv.:** abbrechen, abrücken von, brechen, sich distanzieren, sich innerlich entfernen von, die Freundschaft einschlafen lassen, mit jmdm. nichts mehr zu schaffen/zu tun haben wollen.

Zu̲|ruf, der; -[e]s, -e: **a)** ‹ohne Plural› *das Zurufen:* der Vorstand wurde durch Z. gewählt. **sinnv.:** Akklamation. **b)** *kurzer, lauter, an jmdn. gerichteter Ruf:* anfeuernde, höhnische Zurufe.

zu̲|ru|fen, rief zu, hat zugerufen ‹tr.›: *rufend mitteilen:* er rief mir zu, alles sei in Ordnung; jmdm. einen Gruß z.

Zu̲|sa|ge, die; -, -n: **a)** *das Zusagen* (1 a): jmdm. eine Z. machen; seine Zusagen einhalten. **sinnv.:** ↑Versprechen. **b)** *zustimmender Bescheid auf eine Einladung hin* /Ggs. Absage/: auf unsere Einladung bekamen wir zahlreiche Zusagen.

zu̲|sa|gen, sagte zu, hat zugesagt: **1. a)** ‹tr.› *jmdm. zusichern, sich in einer bestimmten Angelegenheit seinen Wünschen entsprechend zu verhalten, ihm etwas zuteil werden zu lassen:* er hat mir schnelle Hilfe zugesagt. **sinnv.:** ↑versprechen. **b)** ‹itr.› *versichern, daß man einer Einladung folgen will* /Ggs. absagen/: komm du doch auch, dein Bruder hat schon zugesagt. **2.** *jmds. Vorstellungen entsprechen:* diese Wohnung sagte mir zu. **sinnv.:** ↑gefallen.

zu|sạm|men ‹Adverb›: **a)** *einer mit einem anderen oder etwas mit etwas anderem:* wir waren gestern abend noch lange z.; die Bände werden nur z. verkauft. **sinnv.:** ↑gemeinsam. **b)** *als Einheit gerechnet, miteinander addiert:* alles z. kostet 10 Mark. **sinnv.:** ↑insgesamt.

zu|sạm|men- ‹trennbares verbales Präfix›: **1.** (ugs.) *so stark, brutal, viel in der im Basiswort genannten Weise auf jmdn./etwas einwirken, daß er/es stark beeinträchtigt, herabgemindert ist, daß nur noch wenig an eigentlicher Substanz übrigbleibt:* zusammenknüppeln (jmdn.), -prügeln (jmdn.), -schießen (jmdn.), -schlagen (jmdn.), -singen (jmdn.), -stechen (jmdn.), -streichen (Haushaltsmittel), -treten. **2.** (abwertend) *viel, aber ohne System und Plan das im Basiswort Genannte tun:* zusammenphantasieren, -fotografieren, -graphiken, -spielen (was die wieder [beim Fußballspiel] zusammengespielt haben!), -schwafeln, -schwatzen, -zitieren.

Zu|sạm|men|ar|beit, die; -: *gemeinsames Arbeiten, Wirken an der gleichen Sache, auf dem gleichen Gebiet:* durch Z. in der Forschung und Entwicklung wollen die Firmen Geld sparen. **sinnv.:** ↑Kooperation.

zu|sạm|men|ar|bei|ten, arbeitete zusammen, hat zusammengearbeitet ‹itr.›: *an der gleichen Sache gemeinsam arbeiten, auf dem gleichen Gebiet gemeinsam wirken:* bei diesem Projekt haben mehrere Forscher zusammengearbeitet. **sinnv.:** kooperativ sein, kooperieren, im Team arbeiten, zusammenwirken.

zu|sạm|men|bal|len, ballte zusammen, hat zusammengeballt: **1.** ‹tr.› *zu einem Klumpen o. ä. ballen:* er ballte das Papier, etwas Schnee zusammen. **2.** ‹sich z.› *sich ballen:* auf dem riesigen Platz ballten sich Menschenmassen zusammen. **sinnv.:** zusammendrängen.

zu|sạm|men|bei|ßen, biß zusammen, hat zusammengebissen

⟨tr.⟩: *(die Zähne, die Lippen) kräftig gegeneinanderpressen:* er biß vor Schmerz die Zähne zusammen;

zu|sạm|men|bin|den, band zusammen, hat zusammengebunden ⟨tr.⟩: *durch Binden zusammenfügen, vereinigen:* sie bindet die Blumen zu einem Strauß zusammen. **sinnv.:** ↑binden, ↑bündeln.

zu|sạm|men|brau|en, braute zusammen, hat zusammengebraut: **1.** ⟨tr.⟩ (ugs.) *ein Getränk aus verschiedenen Zutaten (ohne besondere Fertigkeit) zubereiten:* in dem Glas war irgendein Zeug, das er zusammengebraut hatte. **sinnv.:** ↑mischen. **2.** ⟨sich z.⟩ *sich als etwas Unangenehmes, Bedrohliches entwickeln:* ein Gewitter braut sich zusammen. **sinnv.:** sich ↑ankündigen, ↑aufziehen.

zu|sạm|men|bre|chen, bricht zusammen, brach zusammen, ist zusammengebrochen ⟨itr.⟩: **a)** *zum Einsturz kommen, in Trümmer gehen:* die Brücke brach unter der schweren Last zusammen. **sinnv.:** auseinanderbrechen, ↑einstürzen, ↑untergehen, ↑verfallen, ↑zerfallen. **b)** *einen Schwächeanfall erleiden; ohnmächtig werden o. ä.:* der Mann war [ohnmächtig, tot] zusammengebrochen. **sinnv.:** zusammenklappen, -sacken, -sinken. **c)** *zum Erliegen kommen:* der Angriff, der Verkehr brach zusammen.

zu|sạm|men|brin|gen, brachte zusammen, hat zusammengebracht ⟨tr.⟩: **a)** *etwas, was für einen bestimmten Zweck als erforderlich angesehen wird, beschaffen:* er hat das für diese Unternehmung nötige Geld nicht zusammengebracht. **sinnv.:** ↑beschaffen. **b)** (ugs.) *einen Text o. ä. vollständig [aus dem Gedächtnis] wiedergeben können:* gestern habe ich das Gedicht noch sehr gut gekonnt, jetzt bringe ich es nicht mehr zusammen; er brachte keinen Satz zusammen. **c)** *Kontakte zwischen zwei oder mehreren Personen herstellen, ihre Bekanntschaft stiften:* er hat die beiden bei einer Einladung zusammengebracht.

Zu|sạm|men|bruch, der; -s, Zusammenbrüche: **a)** *das Zusammenbrechen* (a): der wirtschaftliche Z.; der Staat stand vor dem Z. **sinnv.:** ↑Untergang. **b)** *das Zusammenbrechen* (b): die vielen Aufregungen führten bei ihm zu einem totalen Z. **Zus.:** Nervenzusammenbruch.

zu|sạm|men|drän|gen, drängte zusammen, hat zusammengedrängt ⟨tr.⟩: **a)** *(eine größere Anzahl von Personen, Tieren auf einen im Verhältnis engen Raum) drängen:* die Menge wurde von der Polizei auf einem Platz zusammengedrängt. **sinnv.:** zusammenpferchen, zusammenzwängen. **b)** ⟨sich z.⟩ *von allen Seiten zusammenkommen und sich immer dichter auf engem Raum drängen:* wir stiegen in die Straßenbahn ein und mußten uns ziemlich z. **sinnv.:** zusammenrücken, sich zusammenzwängen.

zu|sạm|men|fah|ren, fährt zusammen, fuhr zusammen, hat/ist zusammengefahren: **1.** ⟨itr.⟩ **a)** (ugs.) *beim Fahren zusammenstoßen:* zwei Autos sind zusammengefahren. **b)** *[vor Schreck] zusammenzucken:* ich bin bei dem lauten Knall zusammengefahren. **sinnv.:** ↑erschrecken, ↑zurückfahren. **2.** ⟨tr.⟩ **a)** *zusammenbringen, sammeln:* man hat das Holz am Waldrand zusammengefahren. **b)** (ugs.) *(gegen jmdn./etwas) fahren und dadurch verletzen, töten, beschädigen:* er hat gestern eine Frau, eine Mauer zusammengefahren. **sinnv.:** ↑überfahren.

zu|sạm|men|fal|len, fällt zusammen, fiel zusammen, ist zusammengefallen ⟨itr.⟩: **1.** *den Zusammenhalt verlieren und auf einen Haufen fallen:* die schön aufgebaute Dekoration fiel durch den starken Wind zusammen. **sinnv.:** ↑einstürzen, ↑verfallen. **2.** *zur gleichen Zeit stattfinden:* ihre Geburtstage, die beiden Veranstaltungen fallen zusammen. **sinnv.:** ↑übereinstimmen, sich ↑überschneiden. **3.** *körperlich zunehmend schwächer werden:* er fällt immer mehr zusammen. **sinnv.:** abmagern, hinfällig werden, verfallen.

zu|sạm|men|fal|ten, faltete zusammen, hat zusammengefaltet ⟨tr.⟩: *(einer Sache) durch Falten, durch Übereinanderlegen, Übereinanderklappen ein kleineres Format geben:* ein Stück Papier, das Tischtuch z. **sinnv.:** falten, zusammenklappen, -knüllen, -legen, -schlagen.

zu|sạm|men|fas|sen, faßte zusammen, hat zusammengefaßt ⟨tr.⟩: **1.** *in, zu einem größeren Ganzen vereinigen:* man hat alle Gruppen, die das gleiche Ziel verfolgen, in diesem Verband zusammengefaßt. **sinnv.:** ↑bündeln. **2.** *auf eine kurze Form bringen, als Resümee formulieren:* seine Gedanken, Ergebnisse in wenigen Sätzen z.; zusammenfassend kann man sagen, daß ... **sinnv.:** das Fazit ziehen, resümieren.

Zu|sạm|men|fas|sung, die; -, -en: *kurz zusammengefaßte schriftliche oder mündliche Darstellung von etwas:* eine Z. der Tagesereignisse. **sinnv.:** Abriß, Abstract, Extrakt, Fazit, Grundriß, Inhaltsangabe, Resümee, ↑Übersicht.

zu|sạm|men|ge|hö|rig ⟨Adj.⟩: *zueinander gehörend:* alle zusammengehörigen Teile ordnen.

Zu|sạm|men|halt, der; -[e]s: *innere Verbundenheit, fest innere Bindung:* die Mannschaft hat keinen Z. **sinnv.:** Gemeinsamkeit, Kameradschaftsgeist, Koexistenz, Kooperation, ↑Solidarität.

zu|sạm|men|hal|ten, hält zusammen, hielt zusammen, hat zusammengehalten: **1.** ⟨itr.⟩ *einander beistehen, fest zueinanderstehen:* wir wollen immer z. **2.** ⟨tr.⟩ *Geld o. ä. nicht ausgeben, sondern zurückbehalten, zurücklegen:* er hielt sein Vermögen nach Kräften z. **sinnv.:** ↑sparen. **3.** ⟨tr.⟩ *beieinanderhalten, am Auseinanderstreben hindern:* der Lehrer konnte die Schüler bei dem Ausflug nur schwer z. **4.** ⟨tr.⟩ *vergleichend nebeneinander halten:* sie hat die beiden Stoffe, Farben, Muster zusammengehalten. **5.** ⟨itr.⟩ *(von den Teilen eines Ganzen) fest miteinander verbunden bleiben:* die verleimten Teile halten nicht mehr zusammen.

Zu|sạm|men|hang, der; -[e]s, Zusammenhänge: *innere Beziehung, Verbindung (zwischen Vorgängen, Sachverhalten o. ä.):* zwischen diesen Vorgängen besteht kein Z.; dieser Satz ist aus dem Z. gerissen. **Zus.:** Satz-, Sinn-, Textzusammenhang.

zu|sạm|men|hän|gen, hing zusammen, hat zusammengehangen ⟨itr.⟩: **a)** *mit etwas, miteinander fest verbunden sein:* die beiden Teile hängen nur lose zusammen. **b)** *in Zusammenhang, Beziehung stehen:* mit der Abrüstung hängt die Frage der nationalen Sicherheit eng zusammen; alle damit zusammenhängenden

Fragen erörtern. **sinnv.:** ↑betreffen.

zu|sạm|men|klap|pen, klappte zusammen, hat/ist zusammengeklappt: **1.** ⟨tr.⟩ *(etwas mit Scharnieren o. ä. Versehenes) durch Einklappen seiner Teile verkleinern:* er hat den Tisch, das Taschenmesser zusammengeklappt. **sinnv.:** ↑zusammenfalten. **2.** ⟨itr.⟩ (ugs.) *einen Schwächeanfall erleiden:* sie hat sich überanstrengt und ist zusammengeklappt. **sinnv.:** zusammenbrechen.

zu|sạm|men|kom|men, kam zusammen, ist zusammengekommen ⟨itr.⟩: *sich treffen, sich versammeln:* wir werden im nächsten Monat wieder z. **sinnv.:** sich ↑versammeln.

zu|sạm|men|krat|zen, kratzte zusammen, hat zusammengekratzt ⟨tr.⟩: *etwas (bes. Geld), von dem nur noch ein Rest vorhanden ist, mühsam zusammenbringen:* er hat sein letztes Geld dafür zusammengekratzt. **sinnv.:** ↑beschaffen.

Zu|sạm|men|kunft, die; -, Zusammenkünfte: *Treffen, Versammlung; Sitzung:* der Termin für die nächste Z. liegt noch nicht fest. **sinnv.:** ↑Begegnung.

zu|sạm|men|läp|pern, sich; läpperte sich zusammen, hat sich zusammengeläppert (ugs.): *sich aus kleinen Mengen zu einem umfangreicheren Ganzen ansammeln:* die zusätzlichen Ausgaben haben sich ganz schön zusammengeläppert.

zu|sạm|men|lau|fen, läuft zusammen, lief zusammen, ist zusammengelaufen ⟨itr.⟩: **1.** *(von Menschen, Tieren) von verschiedenen Seiten an eine bestimmte Stelle laufen:* die Menschen liefen zusammen; nach der Explosion lief das ganze Haus zusammen. **sinnv.:** herbeieilen, sich zusammenrotten, -scharen, -schließen, zusammenströmen. **2.** *(bes. von Wasser) von verschiedenen Seiten zusammenfließen:* das Wasser ist in der Vertiefung zusammengelaufen. **3.** *sich an einem bestimmten Punkt treffen:* an diesem Punkt laufen die Linien zusammen. **sinnv.:** zusammenkommen. **4.** (ugs.) *(von aufgetragenen Farben) ineinanderfließen und sich vermischen:* die Farben sind leider zusammengelaufen. **5.** (ugs.) ↑*einlaufen:* der Stoff ist beim Waschen zusammengelaufen.

zu|sạm|men|le|ben, lebte zusammen, hat zusammengelebt ⟨itr.⟩: *(mit jmdm.) in Gemeinschaft leben:* sie leben schon fünf Jahre zusammen und wollen jetzt heiraten. **sinnv.:** einen gemeinsamen Haushalt führen, in wilder Ehe leben, zusammenwohnen.

zu|sạm|men|le|gen, legte zusammen, hat zusammengelegt: **1.** ⟨tr.⟩ *(einer Sache) durch Falten, durch Übereinanderlegen, Übereinanderklappen ein kleineres Format geben:* Papier, Decken, Zelte z.; den Tisch kann man z. **sinnv.:** ↑zusammenfalten. **2.** ⟨tr.⟩ *verschiedene Gruppen, Bereiche, Teile o. ä. zu einem Ganzen, einer Einheit werden lassen:* verschiedene Abteilungen, Ämter z.; Grundstücke z. **sinnv.:** zentralisieren. **3.** ⟨itr.⟩ *gemeinsam die für etwas erforderliche Geldsumme aufbringen:* wenn wir z., dürfte es für ein Auto reichen.

zu|sạm|men|neh|men, nimmt zusammen, nahm zusammen, hat zusammengenommen: **1.** ⟨tr.⟩ *(geistige, körperliche Kräfte) konzentriert verfügbar machen, einsetzen:* alle seine Gedanken, Kräfte, den Verstand z. **2.** ⟨sich z.⟩ *sich beherrschen, unter Kontrolle haben:* nimm dich doch zusammen und trink nicht soviel! **sinnv.:** sich zurückhalten.

zu|sạm|men|pral|len, prallte zusammen, ist zusammengeprallt ⟨itr.⟩: *mit Kraft, Wucht aneinanderstoßen:* der Linksaußen war mit dem gegnerischen Torhüter zusammengeprallt und hatte sich am Auge verletzt. **sinnv.:** ↑zusammenstoßen.

zu|sạm|men|pres|sen, preßte zusammen, hat zusammengepreßt ⟨tr.⟩: *mit Kraft zusammendrücken, gegeneinanderpressen:* sie preßte die Hände zusammen.

zu|sạm|men|raf|fen, raffte zusammen, hat zusammengerafft ⟨tr.⟩: *gierig in seinen Besitz bringen:* er hat ein großes Vermögen zusammengerafft. **sinnv.:** ↑nehmen.

zu|sạm|men|rei|men, sich; reimte sich zusammen, hat sich zusammengereimt ⟨tr.⟩: *sich den Sinn, Zusammenhang von etwas aus einzelnen Informationen erklären:* ich kann mir die Geschichte aus verschiedenen Andeutungen z. **sinnv.:** ↑vermuten.

zu|sạm|men|rot|ten, sich; rottete sich zusammen, hat sich zusammengerottet ⟨itr.⟩: *sich in aufrührerischer Absicht spontan zusammenschließen:* Jugendliche und Studenten rotteten sich zusammen und stürmten das Rathaus. **sinnv.:** sich ↑verbünden, ↑zusammenlaufen.

zu|sạm|men|rücken, rückte zusammen, hat/ist zusammengerückt: **1.** ⟨tr.⟩ *so schieben, daß etwas näher beisammensteht:* wir haben die Möbel zusammengerückt. **2.** ⟨itr.⟩ *sich enger nebeneinandersetzen:* sie sind auf der Bank zusammengerückt.

zu|sạm|men|sacken, sackte zusammen, ist zusammengesackt ⟨itr.⟩ (ugs.): *kraftlos und schwer hinsinken, in sich zusammensinken:* er ist unter dem Gewicht, in sich (Dativ) zusammengesackt. **sinnv.:** ↑zusammenbrechen.

zu|sạm|men|schlagen, schlägt zusammen, schlug zusammen, hat/ist zusammengeschlagen: **1. a)** ⟨tr.⟩ *[kräftig] gegeneinanderschlagen:* er hat die Hacken, Absätze zusammengeschlagen. **b)** ⟨itr.⟩ *jmdn./etwas (als Zusammenballung o. ä.) von verschiedenen Seiten einschließen und [vorübergehend] unter sich begraben:* die Wellen sind über ihm, über dem sinkenden Schiff zusammengeschlagen. **2.** ⟨tr.⟩ *falten, zusammenlegen:* er hat die Fahne, Zeitung zusammengeschlagen. **sinnv.:** ↑zusammenfalten. **3.** ⟨tr.⟩ **a)** *auf jmdn. so einschlagen, daß er zusammenbricht:* der Einbrecher hat ihn zusammengeschlagen. **sinnv.:** zusammentreten. **b)** *mit Gewalt entzweischlagen:* in seiner Wut schlug er alle Möbel zusammen. **sinnv.:** ↑zerstören.

zu|sạm|men|schlie|ßen, sich; schloß sich zusammen, hat sich zusammengeschlossen: *sich mit jmdn. zu einem bestimmten Zweck verbinden:* die beiden Vereine wollen sich z.; die beiden Firmen haben sich zusammengeschlossen. **sinnv.:** sich ↑vereinigen.

zu|sạm|men|schrump|fen, schrumpfte zusammen, ist zusammengeschrumpft ⟨itr.⟩: *immer weniger werden (in bezug auf vorhandene Dinge):* unser Vorrat schrumpft immer mehr zusammen. **sinnv.:** sich ↑verkleinern.

zu|sạm|men|set|zen, setzte zusammen, hat zusammengesetzt: **1.** ⟨tr.⟩ *[gleichartige Teile] aneinanderfügen:* Steine zu einem Mosaik, bunte Platten zu einem Muster z. **b)** *zu einem Ganzen fügen:* eine Wand aus Platten, das Fahrrad aus den einzelnen Teilen z.; zusammengesetzte Wörter, Verben. **sinnv.:** zusammenflicken, -fügen, -heften, -koppeln, -schustern, -stoppeln, -stückeln. **2.** ⟨sich z.⟩ **a)** *sich zueinander-, nebeneinandersetzen:* wir wollen uns im Kino z. **b)** *zusammenkommen, um gemeinsam zu beraten:* wir müssen uns unbedingt mal z. und einen Plan machen. **sinnv.:** ↑tagen. **3.** ⟨sich z.⟩ *als Ganzes aus verschiedenen Bestandteilen, Personen bestehen:* die Uhr setzt sich aus vielen Teilen zusammen. **sinnv.:** bestehen aus, gebildet werden von, sich rekrutieren aus.

Zu|sạm|men|set|zung, die; -, -en: **1. a)** *zusammengesetzter Stoff:* eine explosive Z. **b)** *Art und Weise, wie etwas als Ganzes zusammengesetzt, in sich strukturiert ist:* die Z. dieses Mittels ist mir unbekannt. **sinnv.:** ↑Organisation. **2.** *aus zwei oder mehreren Wörtern zusammengesetztes Wort:* „Eisenbahn“ ist eine Z. aus „Eisen“ und „Bahn“. **sinnv.:** Kompositum. **Zus.:** Wortzusammensetzung.

Zu|sạm|men|spiel, das; -[e]s: *gemeinsames, harmonisches Spiel; das Eingehen der Spieler aufeinander:* das hervorragende Z. der beiden Darsteller, innerhalb der Mannschaft.

zu|sạm|men|stau|chen, stauchte zusammen, hat zusammengestaucht ⟨tr.⟩ (ugs.): *jmdn. nachdrücklich zurechtweisen, maßregeln:* wegen einiger kleiner Fehler wurde ich vom Chef gleich zusammengestaucht. **sinnv.:** ↑schelten.

zu|sạm|men|stecken, steckte zusammen, hat zusammengesteckt: **1.** ⟨tr.⟩ *etwas durch Feststecken miteinander verbinden:* der Stoff wird mit Nadeln zusammengesteckt. **2.** ⟨itr.⟩ (ugs.) *häufig [von anderen abgesondert] beisammen sein:* die beiden stekken immer zusammen.

zu|sạm|men|stel|len, stellte zusammen, hat zusammengestellt ⟨tr.⟩: **a)** *an die gleiche Stelle zueinanderstellen, nebeneinanderstellen:* Stühle, Tische z. **sinnv.:** aufbauen, ↑aufräumen. **b)** *etwas (was man unter einem bestimmten Aspekt ausgewählt hat) so anordnen, gestalten, daß etwas Einheitliches, Zusammenhängendes entsteht:* eine Ausstellung, eine Mannschaft, eine Speisekarte z. **sinnv.:** ↑aufschreiben, ausrichten, formieren.

zu|sạm|men|stim|men, stimmte zusammen, hat zusammengestimmt ⟨itr.⟩: **1.** *miteinander harmonieren, einander im Klang entsprechen:* die zwei Instrumente stimmen zusammen. **sinnv.:** ↑harmonieren. **2.** *mit etwas übereinstimmen:* die Angaben stimmen nicht zusammen. **sinnv.:** ↑übereinstimmen.

Zu|sạm|men|stoß, der; -es, Zusammenstöße: **a)** *(bes. von Fahr-, Flugzeugen) das Zusammenstoßen* (a): ein Z. von zwei Autos auf der Straßenkreuzung. **sinnv.:** Anprall, Aufprall, Aufschlag, Karambolage, Kollision, Zusammenprall. **Zus.:** Flugzeug-, Frontalzusammenstoß. **b)** (ugs.) *heftige Auseinandersetzung:* ich hatte kürzlich einen Z. mit meinem Hauswirt; es kam zu Zusammenstößen zwischen Polizei und Demonstranten. **sinnv.:** ↑Streit.

zu|sạm|men|sto|ßen, stößt zusammen, stieß zusammen, ist zusammengestoßen ⟨itr.⟩: **a)** *mit Wucht gegeneinanderprallen:* die Straßenbahn ist mit dem Bus zusammengestoßen. **sinnv.:** anfahren, ↑anstoßen, aufeinanderrumsen, auffahren, aufprallen, ↑aufschlagen, bumsen, kollidieren, krachen, ↑prallen, rammen, rumsen, ↑stoßen, zusammenknallen, -prallen, -rauschen. **b)** *sich an einem Punkt treffen; eine gemeinsame Grenze haben:* die Linien stoßen in diesem Punkt zusammen; unsere Gärten stoßen zusammen. **sinnv.:** sich treffen. **c)** *eine Auseinandersetzung (mit jmdm.) haben:* ich bin heute heftig mit ihm zusammengestoßen. **sinnv.:** sich ↑streiten.

zu|sạm|men|tref|fen, trifft zusammen, traf zusammen, ist zusammengetroffen ⟨itr.⟩: **1.** *einander begegnen, sich treffen:* er ist mit alten Bekannten zusammengetroffen. **sinnv.:** sich ↑versammeln. **2.** *gleichzeitig, sich ergänzend geschehen, stattfinden:* die beiden Ereignisse trafen zusammen; ein Zusammentreffen verschiedener Umstände. **sinnv.:** sich ↑überschneiden.

zu|sạm|men|tre|ten, tritt zusammen, hat/ist zusammengetreten: **1.** ⟨tr.⟩ *durch Treten zerstören, verletzen:* der Junge hat die Pflanzen, das Beet zusammengetreten; als er sich wehrte, wurde er zusammengetreten. **sinnv.:** zusammenschlagen. **2.** ⟨itr.⟩ *(von den Mitgliedern einer Organisation, Institution o. ä.) sich versammeln:* die Regierung, der Vorstand ist zusammengetreten. **sinnv.:** ↑tagen.

zu|sạm|men|trom|meln, trommelte zusammen, hat zusammengetrommelt ⟨tr.⟩ (ugs.): *alle in Frage kommenden Personen zu einem bestimmten Zweck zusammenrufen:* er hat seine Freunde zusammengetrommelt, damit sie ihm beim Umzug helfen sollten.

zu|sạm|men|tun, sich, tat sich zusammen, hat sich zusammengetan: *sich zu einem bestimmten Zweck mit jmdm. verbinden:* sich zu einem bestimmten Zweck, sich gegen jmdn. z.; sie taten sich zusammen, um gemeinsam gegen den Hauseigentümer vorzugehen. **sinnv.:** ↑paktieren, sich ↑verbünden.

zu|sạm|men|wach|sen, wächst zusammen, wuchs zusammen, ist zusammengewachsen ⟨itr.⟩: *[wieder] in eins wachsen:* die beiden Städte wachsen zusammen; die siamsischen Zwillinge sind an den Hüften zusammengewachsen; der Knochenbruch will nicht z.

zu|sạm|men|zäh|len, zählte zusammen, hat zusammengezählt ⟨tr.⟩: *(von Zahlen, Dingen o. ä.) eins zum andern zählen:* die verschiedenen Beträge z. **sinnv.:** ↑addieren.

zu|sạm|men|zie|hen, zog zusammen, hat zusammengezogen: **a)** ⟨tr.⟩ *durch Ziehen verkleinern, enger machen, schließen o. ä.:* das Loch im Strumpf z.; er zog die Augenbrauen zusammen. **b)** ⟨sich z.⟩ *sich verkleinern, enger werden, sich schließen:* die Wunde zieht sich zusammen; bei Kälte ziehen sich alle Körper zusammen. **c)** ⟨itr.⟩ *eine gemeinsame Wohnung beziehen:* sie ist mit ihrer Freundin, die beiden Freundinnen sind zusammengezogen.

zu|sạm|men|zucken, zuckte zusammen, ist zusammengezuckt ⟨itr.⟩: *(vor Schreck, Schmerz o. ä.) eine ruckartige Bewegung machen:* er zuckte bei dem Knall heftig zusammen. **sinnv.:** ↑erschrecken, ↑zurückfahren.

Zu|satz, der; -es, Zusätze: **1.** ⟨ohne Plural⟩ *das Hinzufügen:* unter Z. von Wasser wird das

Pulver verrührt. **2.** *[später] hinzugefügter Teil:* die Zusätze zu dem Vertrag müssen beachtet werden. **sinnv.:** ↑Anhang, ↑Anmerkung.

zu|sätz|lich ⟨Adj.⟩: *zu etwas bereits Vorhandenem, Gegebenem als Ergänzung, Erweiterung o. ä. hinzukommend:* es entstehen keine zusätzlichen Kosten; er gab ihm z. einen Gutschein für eine Reise. **sinnv.:** ↑außerdem, darüber hinaus, extra, noch, überdies, ↑und, ↑weiter ...

zu|schan|den ⟨Adverb⟩: *etwas durch ein bestimmtes Tun oder Geschehen in einen Zustand versetzen, in dem es so gut wie zerstört, nicht mehr zu gebrauchen ist:* jmds. Hoffnungen z. machen; alle Pläne wurden z.; er hat den neuen Wagen z. gefahren.

zu|schan|zen, schanzte zu, hat zugeschanzt ⟨tr.⟩ (ugs.): *jmdm. unterderhand etwas Vorteilhaftes verschaffen oder zukommen lassen:* er hat ihm diese Stellung zugeschanzt. **sinnv.:** zuschieben, zuspielen, zustecken.

zu|schau|en, schaute zu, hat zugeschaut ⟨itr.⟩: *(bei etwas) aufmerksam zusehen:* er schaut ihm bei der Arbeit zu. **sinnv.:** gaffen, glotzen, gucken, kiebitzen, zugucken, zusehen.

Zu|schau|er, der; -s, -, **Zu|schaue|rin,** die; -, -nen: *männliche bzw. weibliche Person, die einem Vorgang, bes. einer Aufführung, Vorführung o. ä. zuschaut:* die Zuschauer waren von dem Fußballspiel enttäuscht. **sinnv.:** Augenzeuge, Gaffer, Kiebitz, Neugieriger, ↑Publikum, Schaulustiger, Spanner, Voyeur, ↑Zeuge. **Zus.:** Fernseh-, Theaterzuschauer.

zu|schicken, schickte zu, hat zugeschickt ⟨tr.⟩: *(zu jmdm.) schicken; (jmdm.) zugehen lassen:* der Verlag schickte dem Verfasser drei Exemplare des Buches zu. **sinnv.:** zusenden.

zu|schie|ben, schob zu, hat zugeschoben ⟨tr.⟩: **1.** *durch Schieben schließen:* er schob die Tür des Waggons zu. **sinnv.:** zumachen, zusperren. **2. a)** *(in Richtung auf jmdn./etwas) schieben:* sie schob ihm das Glas zu. **b)** *etwas Unangenehmes, Lästiges einem anderen übertragen, zur Last legen:* man hat ihm die Schuld daran zugeschoben. **sinnv.:** ↑aufbürden, ↑übertragen.

zu|schie|ßen, schoß zu, hat/ist zugeschossen: **1.** ⟨tr.⟩ **a)** *(in Richtung auf jmdn./etwas) schießen:* er hat ihm den Ball zugeschossen. **b)** (ugs.) *(Geld) zu dem Vorhandenen unterstützend beisteuern:* die Regierung hat weitere Millionen zugeschossen. **sinnv.:** ↑zuzahlen. **2.** ⟨itr.⟩ (ugs.) *sich rasch und geradewegs (auf jmdn./etwas) zubewegen:* sie ist plötzlich auf mich zugeschossen.

Zu|schlag, der; -[e]s, Zuschläge: **1.** *bestimmter Betrag, um den ein Preis, ein Gehalt o. ä. erhöht wird:* die Ware wurde mit einem Z. von zehn Mark verkauft. **sinnv.:** Aufpreis, Aufschlag, Erhöhung, Mehrpreis; ↑Zuschuß. **Zus.:** Nacht-, Ortszuschlag. **2. a)** *besondere Gebühr für die Benutzung schnellfahrender Züge:* das ist ein Intercity, der kostet Z. **Zus.:** D-Zug-, IC-Zuschlag. **b)** *zur Fahrkarte hinzukommende Karte über den Zuschlag* (2 a): hast du die Zuschläge noch? **3.** *durch Hammerschlag gegebene Erklärung des Versteigerers, daß er das betreffende Angebot als Höchstgebot annimmt:* der Z. wurde mir erteilt.

zu|schla|gen, schlägt zu, schlug zu, hat/ist zugeschlagen: **1. a)** ⟨itr.⟩ *einen Schlag (mit der Faust, einem Stock o. ä.) gegen jmdn. führen:* er hatte sich auf ihn gestürzt und mit geballter Faust zugeschlagen. **b)** ⟨tr.⟩ *durch Schläge mit einem Werkzeug [mit Nägeln o. ä.] etwas zumachen, verschließen:* er hatte das Faß und die Kiste zugeschlagen. **2. a)** ⟨tr.⟩ *mit Schwung, Heftigkeit geräuschvoll zumachen, schließen:* er hatte das Fenster zugeschlagen; ein Buch wütend z. **b)** ⟨itr.⟩ *heftig mit einem lauten Knall zugehen, sich schließen:* die Tür ist zugeschlagen. **sinnv.:** zufallen, zugehen, zuschnappen.

zu|schlie|ßen, schloß zu, hat zugeschlossen ⟨tr.⟩: *(mit einem Schlüssel) ab-, verschließen* /Ggs. aufschließen/: das Zimmer, den Koffer z. **sinnv.:** ↑verschließen.

zu|schnap|pen, schnappte zu, hat/ist zugeschnappt ⟨itr.⟩: **1.** *mit einem schnappenden Geräusch ins Schloß fallen:* die Tür ist zugeschnappt. **sinnv.:** ↑zuschlagen. **2.** *plötzlich nach jmdm./einer Sache schnappen und den, das Betreffende zu fassen bekommen:* der Hund hat gleich zugeschnappt.

zu|schnei|den, schnitt zu, hat zugeschnitten ⟨tr.⟩: *(einen Stoff) in eine Form schneiden, wie man sie zum Nähen eines Kleidungsstückes braucht:* der Schneider schnitt den Stoff für den Anzug zu.

Zu|schnitt, der; -[e]s, -e: *Art, wie etwas zugeschnitten ist:* der Z. des Anzuges ist ganz modern.

zu|schnü|ren ⟨tr.⟩: *mit einer Schnur o. ä. fest zubinden:* er hat das Paket zugeschnürt. **sinnv.:** ↑zubinden.

Zu|schrift, die; -, -en: *Schreiben, das sich auf ein Angebot, ein bestimmtes Thema o. ä. bezieht:* zu diesem Artikel bekam die Zeitung zahlreiche Zuschriften. **sinnv.:** ↑Schreiben. **Zus.:** Bild-, Hörer-, Leserzuschrift.

Zu|schuß, der; Zuschusses, Zuschüsse: *Betrag, der jmdm. zur Verfügung gestellt wird, um ihm bei der Finanzierung einer Sache zu helfen; finanzielle Hilfe:* für den Bau des Hauses erhielt er vom Staat einen Z. **sinnv.:** Beihilfe, ↑Beitrag, Subvention, Unterstützung, Zubuße, ↑Zuschlag · Stipendium. **Zus.:** Baukosten-, Miet-, Reisezuschuß.

zu|se|hen, sieht zu, sah zu, hat zugesehen ⟨itr.⟩: **1.** *(einem Vorgang) mit den Augen folgen; (jmdn./etwas) beobachten, betrachten:* jmdm. bei der Arbeit z.; er sah der Prügelei aus sicherer Entfernung zu. **sinnv.:** ↑zuschauen. **2.** *[ab]warten; mit einer Entscheidung zögern:* wir werden noch eine Weile zusehen, ehe wir eingreifen. **3.** *(für etwas) sorgen; (auf etwas) achtgeben:* sieh zu, daß du nicht fällst; ich werde z. *(mich darum bemühen),* daß ich pünktlich bin. **sinnv.:** sich ↑befleißigen.

zu|se|hends ⟨Adverb⟩: *in so kurzer Zeit, daß man die Veränderung [fast] mit den Augen verfolgen kann:* er wird z. dicker. **sinnv.:** ↑einschneidend; ↑offenbar.

zu|set|zen, setzte zu, hat zugesetzt: **1.** ⟨tr.⟩ *(etwas zu etwas) tun, mischen, hinzufügen:* dem Wein Zucker, Wasser z. **sinnv.:** beifügen, beigeben, beimengen, einrühren, hinzufügen, hinzugeben, mengen/mischen/rühren unter, unterrühren, vermischen mit, zugeben. **2.** ⟨tr./itr.⟩ *(Geld) verlieren, einbüßen; mit Verlust arbeiten:* bei diesem Unternehmen hat er [viel Geld] zugesetzt.

sinnv.: ↑einbüßen; ↑zuzahlen. **3.** ⟨itr.⟩ **a)** *(jmdn.) hartnäckig zu überreden versuchen, bedrängen, bestürmen:* er setzte mir so lange zu, bis ich versprach zu kommen. **sinnv.**: nicht aufhören/ nachlassen mit, hart herannehmen, insistieren, das Letzte aus jmdm. herausholen, in die Mangel/Zange nehmen; ↑bedrängen; ↑behelligen; ↑bitten. **b)** *in unangenehmer Weise, quälend, peinigend o. ä. auf jmdn. einwirken, ihn schwächen:* die Krankheit setzt ihm sehr zu. **sinnv.**: bohren; ↑entkräften.

zu|si|chern, sicherte zu, hat zugesichert ⟨tr.⟩: *fest versprechen:* der Handwerker hat mir zugesichert, daß er heute kommen werde. **sinnv.**: ↑versprechen; ↑aussetzen.

zu|spie|len, spielte zu, hat zugespielt: **a)** ⟨tr./itr.⟩ *(den Ball o. ä. zu einem anderen Spieler) schießen, werfen o. ä.:* er spielte [den Ball] dem Spieler zu, der vorm Tor stand. **sinnv.**: abgeben, abspielen. **b)** ⟨tr.⟩ *dafür sorgen, daß jmd. etwas bekommt; zukommen lassen:* er hatte dem Reporter die Nachricht von diesem Skandal zugespielt. **sinnv.**: heimlich geben, zuschieben, zuschanzen, zustecken.

zu|spit|zen, sich; spitzte sich zu, hat sich zugespitzt: *zunehmend ernster, bedrohlicher o. ä. werden; zu einer Entscheidung drängen:* die Situation spitzte sich gefährlich zu.

zu|spre|chen, spricht zu, sprach zu, hat zugesprochen: **1.** ⟨itr.⟩ *(in bestimmter Weise zu jmdm.) sprechen, (auf jmdn.) einreden:* jmdm. beruhigend z.; ⟨auch tr.⟩ jmdm. Mut, Trost z. *(jmdn. trösten).* **2.** ⟨itr.⟩ *(etwas) reichlich und gern zu sich nehmen, genießen:* er sprach eifrig dem Bier zu. **sinnv.**: sich ↑bedienen. **3.** ⟨tr.⟩ *erklären, daß etwas jmds. Eigentum sein soll* /Ggs. absprechen/: jmdm. das Erbe z. **sinnv.**: zuerkennen, zuerteilen; ↑einteilen.

Zu|spruch, der; -[e]s: **1.** *tröstendes, aufmunterndes o. ä. Zureden:* ein freundlicher Z. **sinnv.**: ↑Trost. **2. a)** *Besuch, Andrang:* das Lokal hatte mittags viel Z. **sinnv.**: ↑Zulauf. **b)** *Zustimmung, Beliebtheit:* das Essen fand allgemein Z.

Zu|stand, der; -[e]s, Zustände: *Beschaffenheit, Lage, in der sich jmd./etwas befindet; Verfassung:* sein körperlicher Z. war gut; das Haus war in einem verwahrlosten Z. **sinnv.**: ↑Lage, ↑Stand, Status, ↑Verhältnis. **Zus.**: Aggregat-, Alarm-, Ausnahme-, Belagerungs-, Dämmer-, Dauer-, End-, Erschöpfungs-, Geistes-, Gemüts-, Gesundheits-, Gleichgewichts-, Ideal-, Kriegs-, Natur-, Roh-, Ruhe-, Schock-, Schwäche-, Schwebe-, Seelen-, Straßen-, Trance-, Traum-, Ur-, Verteidigungs-, Wachzustand · Ist-, Soll-Zustand.

zu|stan|de: 1.* z. bringen *(erreichen, fertigbringen):* er hat nichts z. gebracht. **sinnv.**: ↑verwirklichen. **2.* z. kommen** *(verwirklicht, erreicht werden; gelingen:)* es ist nicht viel z. gekommen. **sinnv.**: ↑ausfallen; ↑geschehen.

zu|stän|dig ⟨Adj.; nicht adverbial⟩: *(für ein bestimmtes Sachgebiet) verantwortlich; kompetent:* er wurde an die zuständige Stelle verwiesen. **sinnv.**: ↑befugt.

zu|stat|ten: *jmdm. z. kommen *(für jmdn. von Vorteil sein):* diese Kenntnisse werden dir noch z. kommen. **sinnv.**: bequem/dienlich/günstig sein, gute Dienste leisten, fördern, frommen, helfen, in jmds. Interesse sein, nutzen, von Nutzen/nützlich/vorteilhaft sein, zum Vorteil gereichen, Wasser auf jmds. Mühle sein; ↑fruchten.

zu|stecken, steckte zu, hat zugesteckt ⟨tr.⟩: *heimlich in jmds. Hände, Tasche stecken:* er hat ihr Geld zugesteckt. **sinnv.**: ↑geben; ↑zuspielen.

zu|ste|hen, stand zu, hat zugestanden ⟨itr.⟩: *(jmdm.) mit Recht gehören, zukommen; (jmds.) Recht sein:* ihm stehen im Jahr 20 Tage Urlaub zu *(er hat im Jahr auf 20 Tage Urlaub Anspruch);* es steht mir zu *(ich habe das Recht),* euch so zu fragen. **sinnv.**: gebühren, jmds. gutes Recht sein, zukommen.

zu|stel|len, stellte zu, hat zugestellt ⟨tr.⟩: **1.** *durch etwas in den Weg Gestelltes versperren:* er stellte die Tür [mit einem Schrank] zu. **sinnv.**: ↑versperren. **2.** *(jmdm. einen Brief o. ä.) [durch die Post] übergeben, aushändigen [lassen]; zuschicken, zugehen lassen:* seinen Kunden einen Katalog z. **sinnv.**: ↑austragen; ↑liefern.

Zu|stel|ler, der; -s, -, **Zu|stel|le|rin,** die; -, -nen: *Postbeamter bzw. Postbeamtin, der/die Briefe o. ä. zustellt.* **sinnv.**: Briefträger, Eilbote, Postbote, Telegrammbote. **Zus.**: Brief-, Paket-, Zeitungszusteller.

zu|steu|ern, steuerte zu, hat/ist zugesteuert: **1.** ⟨itr.⟩ *in Richtung (auf etwas) steuern:* das Schiff ist auf den Hafen zugesteuert. **sinnv.**: ansteuern; ↑ausgehen auf. **2.** ⟨tr.⟩ (ugs.) ↑*beitragen:* er hat zu dem Geschenk fünf Mark zugesteuert.

zu|stim|men, stimmte zu, hat zugestimmt ⟨itr.⟩: *erklären, daß man die Meinung eines anderen teilt oder sein Vorhaben billigt:* er stimmte ihm, dem Plan zu. **sinnv.**: ↑billigen.

Zu|stim|mung, die; -, -en: *das Zustimmen, zustimmende Äußerung, Haltung:* seine Z. [zu etwas] geben, verweigern, versagen; sein Vorschlag fand lebhafte, allgemeine Z.; jmds. Z. einholen. **sinnv.**: ↑Anklang; ↑Erlaubnis; ↑Resonanz · ↑billigen.

zu|sto|ßen, stößt zu, stieß zu, hat/ist zugestoßen: **1.** ⟨itr.⟩ *einen Stoß (mit einem Messer o. ä.) gegen jmdn. führen:* er hatte mit dem Messer zweimal zugestoßen. **sinnv.**: zustechen. **2.** ⟨tr.⟩ *durch einen Stoß mit dem Arm oder Fuß schließen, zumachen* /Ggs. aufstoßen/: er hat die Tür zugestoßen. **sinnv.**: ↑schließen. **3.** ⟨itr.⟩ *jmdm. geschehen, passieren:* ihm ist ein Unglück zugestoßen. **sinnv.**: ↑begegnen; ↑widerfahren.

zu|ta|ge: 1. *z. treten: a) *an der Erdoberfläche sichtbar werden:* das Gestein tritt dort z. **sinnv.**: erscheinen, hervorkommen, hervortreten, zum Vorschein kommen, sich zeigen. **b)** *in Erscheinung treten, offenkundig werden:* die Mißstände sind erst jetzt z. getreten. **sinnv.**: deutlich werden, sich enthüllen, sich entpuppen, sich herausstellen, ans Licht kommen, offenbar werden, sich zeigen. **2.* z. bringen:** *zum Vorschein bringen:* die Untersuchung hat viel Material z. gebracht. **sinnv.**: ↑aufdecken, ↑aufzeigen, bloßlegen, enthüllen, ans Licht bringen. **3. *offen z. liegen:** *deutlich erkennbar sein:* seine Schuld liegt nun offen z. **sinnv.**: auf der Hand liegen, mit Händen zu greifen sein, offenbar sein.

Zu|tat, die; -, -en: **1.** *zur Herstellung einer Speise benötigtes Nahrungsmittel:* die Zutaten für den Kuchen abwiegen. **sinnv.**:

↑Bestandteil, Ingrediens · Zusammensetzung. **Zus.:** Backzutat. **2.** *zusätzlicher Teil eines Ganzen:* schmückende Zutaten an einem Kleid. **sinnv.:** Beigabe, Beilage, Beiwerk, Zugabe, Zulage · Anteil, Beimengung, Beimischung.

zu|tei|len, teilte zu, hat zugeteilt ‹tr.›: **a)** *(an jmdn.) vergeben; (jmdm.) übertragen:* jmdm. eine Arbeit, einen Auftrag z. **sinnv.:** ↑anweisen; ↑vergeben. **b)** *(jmdm.) den ihm zukommenden Teil geben:* er teilte [ihnen] die Geschenke zu. **sinnv.:** ↑austeilen; ↑verabreichen; ↑einteilen.

Zu|tei|lung, die; -, -en: **1.** *das Zuteilen.* **sinnv.:** Ausgabe, Aushändigung, Austeilung, Bemessung, Lieferung, Verabfolgung, Verabreichung, Verteilung, Zumessung, Zuweisung · Vergabe. **2.** *das Zugeteilte, zugeteilte Menge, Ration.* **sinnv.:** ↑Teil. **Zus.:** Fleisch-, Sonderzuteilung.

zu|tiefst ‹Adverb›: *aufs tiefste; äußerst:* er war wegen dieser Bemerkung z. gekränkt. **sinnv.:** ↑sehr.

zu|tra|gen, trägt zu, trug zu, hat zugetragen: **1.** ‹tr.› *(jmdm. etwas) heimlich berichten:* sie trägt ihm alles zu, was sie hört. **sinnv.:** hinterbringen, weitererzählen, weitergeben, weitersagen, weitertragen; ↑mitteilen. **2.** ‹sich z.› *als etwas Bedeutsames, Rätselhaftes eintreten, sich ereignen:* es hatte sich etwas Seltsames zugetragen. **sinnv.:** geschehen.

zu|träg|lich ‹Adj.; nicht adverbial›: *so beschaffen, daß man es gut verträgt; bekömmlich, förderlich* /Ggs. abträglich/: die neblige Luft war ihr nicht z. **sinnv.:** ↑bekömmlich.

zu|trau|en, traute zu, hat zugetraut ‹tr.›: **a)** *glauben, daß jmd. bestimmte Fähigkeiten, Eigenschaften o. ä. hat:* ich traue ihm einen solchen Geschmack nicht zu. **sinnv.:** an jmdn./an jmds. Fähigkeiten glauben. **b)** *glauben, daß jmd. fähig, imstande ist, etwas Bestimmtes zu tun:* ich traue ihm nicht zu, daß er lügt; ich traue mir das zu.

Zu|trau|en, das; -s: *Vertrauen (bes. in die Verläßlichkeit einer Person):* ich habe kein Z. mehr zu ihm. **sinnv.:** ↑Hoffnung.

zu|trau|lich ‹Adj.›: *ohne Scheu, Fremdheit und Ängstlichkeit; voll Vertrauen:* das Kind blickte ihn z. an.

zu|tref|fen, trifft zu, traf zu, hat zugetroffen ‹itr.›: *richtig sein, stimmen; den Sachverhalt genau treffen, den Tatsachen entsprechen:* seine Beschreibung traf genau zu; eine zutreffende Bemerkung. **sinnv.:** sich ↑bestätigen; ↑stimmen.

Zu|tritt, der; -[e]s: **a)** *das Eintreten, das Hineingehen:* Z. verboten! **sinnv.:** ↑Einlaß. **b)** *Berechtigung zum Eintreten, zum Hineingehen:* er hat im Museum jederzeit Z.

Zu|tun: ***ohne jmds. Z.** *(ohne daß jmd. etwas dazu tut oder getan hat):* er hat die Stellung nicht ohne Z. seines Freundes bekommen. **sinnv.:** ↑Hilfe.

zu|un|terst ‹Adverb›: *ganz unten* /Ggs. zuoberst/: das Buch liegt ganz z.

zu|ver|läs|sig ‹Adj.›: *so beschaffen, daß man sich darauf verlassen kann; verläßlich, vertrauenswürdig:* er ist ein zuverlässiger Arbeiter; er hat diese Nachricht aus zuverlässiger *(glaubwürdiger)* Quelle. **sinnv.:** authentisch, verbürgt, ↑wahr · garantiert, gewährleistet · bewährt, erprobt, probat; ↑aufrichtig; ↑gediegen; ↑sicher; ↑verläßlich · ↑Verlaß.

Zu|ver|sicht, die; -: *festes Vertrauen (auf etwas zu erwartendes Gutes):* ich habe die frohe Z., daß wir eine Lösung finden werden. **sinnv.:** ↑Hoffnung. **Zus.:** Siegeszuversicht.

zu|ver|sicht|lich ‹Adj.›: *mit Zuversicht (erfüllt); hoffnungsvoll:* er sprach sehr z. von der künftigen Entwicklung seiner Fabrik. **sinnv.:** fortschrittsgläubig, getrost, hoffnungsfroh, hoffnungsvoll, lebensbejahend, optimistisch, unverzagt, zukunftsgläubig.

zu|viel ‹Indefinitpronomen›: *mehr als sein sollte; mehr als angemessen* /Ggs. zuwenig/: es ist z. Milch im Kaffee; es ist/wird ihm alles z. *(er kann nicht mehr alles schaffen).* **sinnv.:** ↑überflüssig; ↑überschüssig. **Zus.:** allzuviel

zu|vor ‹Adverb›: *zeitlich vorhergehend; davor; zuerst:* ich muß z. noch telefonieren; wir haben ihn nie z. gesehen; im Jahr z. hat er uns besucht. **sinnv.:** ↑vorher.

zu|vor|kom|men, kam zuvor, ist zuvorgekommen ‹itr.› /vgl. zuvorkommend/: **a)** *schneller sein (als eine andere Person, die das gleiche tun wollte):* ich wollte das Bild kaufen, aber ein anderer kam mir zuvor; die Konkurrenz kam uns zuvor. **b)** *handeln, bevor etwas Erwartetes, Vermutetes eintrifft, geschieht:* allen Vorwürfen, einem Angriff z. **sinnv.:** ↑vorwegnehmen.

zu|vor|kom|mend ‹Adj.›: *hilfsbereit und liebenswürdig:* er hat ein zuvorkommendes Wesen; jmdn. z. behandeln. **sinnv.:** ↑höflich.

Zu|wachs, der; -es, Zuwächse: *Vergrößerung, Vermehrung, Steigerung:* der Verein hatte im letzten Jahr einen großen Z. an Mitgliedern zu verzeichnen. **sinnv.:** ↑Zunahme. **Zus.:** Bevölkerungs-, Familien-, Macht-, Stimmen-, Wertzuwachs.

zu|we|ge: ***etwas z. bringen:** *etwas, was man sich zu tun vorgenommen hat o. ä., erledigen, zustande bringen, fertigbringen:* ich habe heute nicht viel z. gebracht. **sinnv.:** ↑herstellen; ↑verwirklichen.

zu|wei|len ‹Adverb›: ↑*manchmal:* er besucht uns z.

zu|wei|sen, wies zu, hat zugewiesen ‹tr.›: *übertragen, zuteilen, zur Verfügung stellen:* jmdm. eine Rolle, Aufgabe z.; den Instituten werden jährlich feste Beträge aus dem Etat zugewiesen; jmdm. einen Platz z. **sinnv.:** ↑anweisen; ↑einteilen.

zu|wen|den, wandte/wendete zu, hat zugewandt/zugewendet ‹tr./sich z.›: **1.** *(in die Richtung von jmdm./etwas) wenden:* sie hat ihm den Rücken zugewandt; ich habe mich der Sonne zugewendet. **sinnv.:** hinwenden, ↑zudrehen. **2.** *zukommen lassen:* er hat ihr seine ganze Aufmerksamkeit zugewendet. **sinnv.:** ↑geben.

Zu|wen|dung, die; -, -en: *[einmalige] finanzielle Unterstützung:* ich habe von der Stiftung eine Z. erhalten. **sinnv.:** ↑Prämie. **Zus.:** Geldzuwendung.

zu|we|nig ‹Indefinitpronomen›: *weniger als sein sollte; weniger als angemessen* /Ggs. zuviel/: er leistet z. **Zus.:** allzuwenig.

zu|wer|fen, wirft zu, warf zu, hat zugeworfen ‹tr.›: **1. a)** *mit Schwung ins Schloß fallen lassen:* er warf die Tür zu. **sinnv.:** ↑schließen. **b)** *Erde o. ä. (in etwas) schaufeln und so bis zum Rand füllen:* man hat die Grube zugeworfen. **2.** *(in Richtung auf jmdn.) werfen:* er wirft ihm den Ball zu.

zu|wi|der: ***jmdm. z. sein:*** *jmdm. unangenehm, widerwärtig sein; jmdm. widerstreben:* er ist mir z.; dieses Essen war ihm schon immer z. **sinnv.:** ↑unbeliebt; ↑anekeln.

zu|wi|der|han|deln, handelte zuwider, hat zuwidergehandelt ⟨itr.⟩: *das Gegenteil von dem tun, was vorgeschrieben oder erlaubt ist:* dem Gesetz, einer Anordnung z. **sinnv.:** ↑verstoßen gegen; ↑abweichen.

zu|win|ken, winkte zu, hat zugewinkt ⟨itr.⟩: *(in die Richtung von jmdm.) winken:* er hat ihm aus dem Auto zugewinkt. **sinnv.:** ↑winken.

zu|zah|len, zahlte zu, hat zugezahlt ⟨tr.⟩: *zusätzlich bezahlen:* er hat fünf Mark z. müssen. **sinnv.:** drauflegen, draufzahlen, zubuttern, zuschießen, ↑zusetzen; ↑bezahlen.

zu|zie|hen, zog zu, hat/ist zugezogen: **1.** ⟨tr.⟩ *durch Zusammenziehen schließen* /Ggs. aufziehen/: sie hat die Vorhänge zugezogen. **sinnv.:** ↑schließen. **2.** ⟨tr.⟩ *als Helfer, Berater o. ä. hinzuziehen:* wir haben einen Arzt zugezogen. **sinnv.:** ↑heranziehen. **3.** ⟨sich z.⟩ *[durch eigenes Verhalten, Verschulden] bekommen, auf sich ziehen:* er hat sich eine Krankheit, den Zorn des Chefs, die Kritik des Publikums zugezogen. **sinnv.:** sich etwas einhandeln; ↑davontragen; ↑erkranken. **4.** ⟨itr.⟩ *seinen Wohnsitz an einen bestimmten Ort verlegen:* sie sind erst vor kurzer Zeit zugezogen. **sinnv.:** ↑einreisen, ↑einwandern.

Zu|zug, der; -[e]s: *Verlegen des Wohnsitzes an einen bestimmten Ort:* der Z. in Gebiete mit Industrie ist sehr groß.

zu|züg|lich ⟨Präp. mit Gen.⟩: *hinzukommend, unter Hinzurechnung (von etwas)* /Ggs. abzüglich/: der Apparat kostet 200 Mark z. des Portos für den Versand; ⟨aber: starke Substantive im Singular bleiben ungebeugt, wenn sie ohne Artikel und ohne adjektivisches Attribut stehen; im Plural stehen sie dann im Dativ⟩ z. Porto; z. Beträgen für Transporte. **sinnv.:** plus, zugerechnet; ↑und.

Zwang, der; -[e]s, Zwänge: **1.** *zwingende Notwendigkeit, Pflicht:* es besteht kein Z. zur Teilnahme; unter dem Z. der Verhältnisse verkaufte er das Haus; etwas nur aus Z. tun. **sinnv.:** Dirigismus, Drohung, Druck, Einengung, Eingeengtheit, Gebundenheit, Muß, Nötigung, Pression · ↑Erfordernis, Notwendigkeit · Druckmittel, Repressalien, Sanktionen, Vergeltungsmaßnahmen, Zwangsmaßnahmen · Bedrückung, Diktat, Drangsalierung, Gewalt, Joch, Knebelung, Knechtung, Repression, Sklaverei, Terror, Terrorismus, Unfreiheit, Unterdrückung, Unterjochung, Versklavung. **Zus.:** Abnahme-, Abstimmungs-, Anwalts-, Erfolgs-, Fraktions-, Gewissens-, Glaubens-, Impf-, Kauf-, Melde-, Sach-, Schul-, System-, Trink-, Uniform-, Wein-, Zunftzwang. **2.** *psychologischer Druck; seelische Belastung, Hemmung:* unter einem moralischen, inneren Z. stehen; sich, seinen Gefühlen keinen Z. antun, auferlegen *(sich frei und ungezwungen benehmen, verhalten).* **sinnv.:** Angst, Neurose, Phobie.

zwän|gen ⟨sich z./tr.⟩: *drücken, drängen, quetschen:* ich zwängte mich durch die Menge; er zwängte seinen Finger durch den Spalt. **sinnv.:** ↑pressen; ↑quetschen.

zwang|los ⟨Adj.⟩: **a)** *ungezwungen; ohne gesellschaftliche Förmlichkeit:* sich z. benehmen; ein zwangloses Zusammensein. **sinnv.:** ↑ungezwungen. **b)** *unregelmäßig, nicht in fester Folge:* die Zeitschrift erscheint in zwangloser Folge.

zwangs|läu|fig ⟨Adj.⟩: *notgedrungen, unabänderlich:* das ist die zwangsläufige Folge dieser Entscheidung; das führt z. zur Katastrophe. **sinnv.:** ↑automatisch; ↑notgedrungen.

zwan|zig ⟨Kardinalzahl⟩: 20: z. Personen.

zwar ⟨Adverb⟩: **1.** ⟨in Verbindung mit „aber"⟩ zwar ... aber */leitet eine allgemeine Feststellung ein, der aber sogleich eine Einschränkung folgt/:* der Wagen ist z. gut gepflegt, er hat aber doch einige verrostete Stellen; z. war er dabei, aber angeblich hat er nichts gesehen. **sinnv.:** ↑allerdings, gewiß, natürlich, sicher, wohl, zugegeben. **2.** ⟨in Verbindung mit vorangestelltem „und"⟩ und z. */leitet eine genauere oder verstärkende Angabe zu dem zuvor Gesagten ein/:* er geht ins Krankenhaus, und z. sofort; rechne die Kosten aus, und z. genau. **sinnv.:** ↑denn.

Zweck, der; -[e]s, -e: *Ziel einer Handlung:* welchen Z. verfolgst du damit?; das hat seinen Z. erfüllt; das hat doch alles keinen Z. *(das ist doch sinnlos);* das Geld ist für einen guten Z. **sinnv.:** ↑Absicht, ↑Bestimmung, Sinn, ↑Ziel; ↑Mittel · ↑dafür; ↑deshalb · ↑bezwecken. **Zus.:** Daseins-, End-, Haupt-, Lebens-, Selbst-, Verwendungszweck · Forschungs-, Gebrauchs-, Privat-, Reklame-, Studien-, Vergleichszweck[e].

zweck|dien|lich ⟨Adj.⟩: *für einen bestimmten Zweck nützlich:* zweckdienliche Angaben werden erbeten. **sinnv.:** ↑zweckmäßig.

Zwecke, die; -, -n: ↑*Reißzwekke.* **Zus.:** Heftzwecke.

zweck|los ⟨Adj.⟩: *keinen Sinn, Zweck habend, keinen Erfolg versprechend:* ein zweckloses Unternehmen; alle Versuche, ihn von diesem Plan abzuhalten, sind z. **sinnv.:** ↑wirkungslos.

zweck|mä|ßig ⟨Adj.⟩: *dem Zweck entsprechend, von ihm bestimmt; praktisch:* eine zweckmäßige Einrichtung; die Ausstattung des Wagens ist z. **sinnv.:** angebracht, angemessen, angesagt, brauchbar, zu empfehlen, empfehlenswert, ↑geeignet, gegeben, handlich, konstruktiv, ↑nützlich, opportun, ↑praktikabel, praktisch, ↑rationell, ↑ratsam, sachdienlich, sinnvoll, tauglich, vernünftig, zweckdienlich, zweckentsprechend · sich empfehlen.

zwecks ⟨Präp. mit Gen.⟩: */drückt einen bestimmten Zweck aus, der zu erreichen ist/:* er wurde z. gründlicher Untersuchung in ein Krankenhaus eingewiesen. **sinnv.:** ↑wegen.

zwei ⟨Kardinalzahl⟩: 2: z. Personen; es mit zweien *(mit zwei Gegnern)* aufnehmen können. **sinnv.:** beide, zwo.

zwei|deu|tig ⟨Adj.⟩: **1.** *doppeldeutig; unklar:* die Frage ist z. **sinnv.:** ↑mehrdeutig. **2.** *anstößig, schlüpfrig:* zweideutige Witze erzählen. **sinnv.:** ↑unanständig.

Zwei|fel, der; -s, -: *Bedenken; schwankende Ungewißheit darüber, ob man etwas glauben soll oder ob etwas richtig ist:* Z. an der Richtigkeit seiner Aussage haben; keinen Z. [aufkommen] lassen. **sinnv.:** ↑Bedenken; ↑Unglaube; ↑Verdacht. **Zus.:** Glaubenszweifel.

zwei|fel|haft ⟨Adj.⟩: **a)** *frag-*

lich, unsicher (in Hinblick auf den Ausgang o. ä.): es ist z., ob das Gesetz vom Parlament gebilligt wird. **sinnv.:** ↑ungewiß. **b)** *zu [moralischen] Bedenken Anlaß gebend, bedenklich, fragwürdig, anrüchig:* seine Geschäfte erscheinen mir z.; sein zweifelhafter Ruf. **sinnv.:** ↑lichtscheu.

zwei|fel|los ⟨Adverb⟩: *ohne Zweifel; gewiß; bestimmt:* er hat z. recht; die Einrichtungen sind z. vorbildlich. **sinnv.:** ↑allemal, ↑einwandrei, fraglos, gewiß, natürlich, offenbar, ↑selbstverständlich, sicher, sicherlich, unbeschreibbar, unbestritten, unbezweifelbar, ↑unstreitig, ohne Zweifel, zweifelsfrei, zweifelsohne; ↑wirklich.

zwei|feln ⟨itr.⟩: *Zweifel haben, bekommen; unsicher sein, werden (in bezug auf etwas Bestimmtes):* ich zweifle [noch], ob die Angaben stimmen; er zweifelt am Erfolg. **sinnv.:** anzweifeln, bezweifeln, in Frage stellen, ↑mißtrauen, in Zweifel ziehen.

zwei|fels|oh|ne ⟨Adverb⟩: *ohne Zweifel; gewiß; bestimmt:* das ist z. richtig. **sinnv.:** ↑zweifellos.

Zweig, der; -[e]s, -e: **1.** *[von einer Gabelung ausgehendes] einzelnes Laub oder Nadeln, Blüten und Früchte tragendes Teilstück eines Astes an Baum oder Strauch; seitlicher Trieb:* er brach die dürren Zweige des Baumes ab. **sinnv.:** Arm, Ast, Astwerk, Geäst, Gezweig, Sproß · Ausläufer. **Zus.:** Mistel-, Öl-, Tannenzweig. **2.** *[Unter]abteilung, Sparte eines größeren Gebietes:* ein Z. der Naturwissenschaften. **sinnv.:** ↑Art; ↑Bereich. **Zus.:** Erwerbs-, Forschungs-, Wirtschafts-, Wissens-, Wissenschaftszweig.

Zweig|stel|le, die; -, -n: ↑*Filiale:* eine Z. eröffnen.

Zwei|kampf, der; -[e]s, Zweikämpfe: **1.** *mit Waffen ausgetragener Kampf zwischen zwei Personen:* jmdn. zum Z. herausfordern. **sinnv.:** Duell, Kampf. **2.** *sportlicher Wettkampf zwischen zwei Personen oder Mannschaften:* die beiden Spieler lieferten sich spannende Zweikämpfe. **sinnv.:** Duell.

zwei|mal ⟨Adverb⟩: *ein zweites Mal, einmal und noch einmal:* er hat schon z. angerufen. **sinnv.:** ↑doppelt.

zwei|schnei|dig ⟨Adj.⟩: *mit zwei Schneiden [versehen]:* eine zweischneidige Waffe.

zwei|sei|tig ⟨Adj.⟩: **1.** *auf beiden Seiten [bestehend]:* das Blatt ist z. bedruckt. **2.** *nach zwei Seiten hin; zwischen zwei Parteien o. ä.:* zweiseitige Verträge. **sinnv.:** bilateral, zwischenstaatlich · multilateral.

zwei|spra|chig ⟨Adj.⟩: **a)** *in zwei verschiedenen Sprachen:* ein zweisprachiger Text; das Wörterbuch ist z. **b)** *[von Kind auf] zwei Sprachen sprechend:* ein zweisprachiges Kind; er wurde z. erzogen; ein zweisprachiges Gebiet *(Gebiet, in dem zwei Sprachen gesprochen werden).*

zweit... ⟨Ordinalzahl⟩: 2.: der zweite Tag der Woche.

Zweit|schrift, die; -, -en: *eine dem Original genau entsprechende zweite Aufzeichnung eines Textes; Kopie, Abschrift:* eine Z. bei den Akten aufbewahren. **sinnv.:** ↑Abschrift.

Zwerch|fell, das; -[e]s, -e: *Scheidewand zwischen Brust- und Bauchhöhle (bei Mensch und Säugetier).*

Zwerg, der; -[e]s, -e: **1.** *kleines, meist hilfreiches Wesen des Volksglaubens* /Ggs. Riese/: Schneewittchen und die sieben Zwerge. **sinnv.:** Erdmännchen, Gnom, Heinzelmännchen, Kobold, Wicht, Wichtel, Wichtelmännchen. **Zus.:** Garten-, Wurzelzwerg. **2.** *Mensch von rassisch oder individuell bedingtem sehr kleinem Wuchs.* **sinnv.:** Däumling, Knirps, Liliputaner, Pygmäe, abgebrochener Riese, Stöpsel; ↑Mann.

Zwet|sche, die; -, -n: *süße, länglich-eiförmige, dunkelblaue Frucht mit gelbem Fruchtfleisch.* **sinnv.:** Pflaume, Zwetschge.

zwicken: 1. ⟨tr.⟩ *mit zwei Fingern o. ä. drücken, kneifen:* jmdn. ins Bein z. **sinnv.:** ↑kneifen. **2.** ⟨itr.⟩ *unangenehm beengen:* der Kragen zwickt [mich].

Zwick|müh|le, die; -, -n: *unangenehme Situation, bei der die Beseitigung einer Schwierigkeit eine andere Schwierigkeit hervorruft:* sich in einer Z. befinden; wie kommen wir aus dieser Z. heraus? **sinnv.:** ↑Not.

Zwie|back, der; -s, Zwiebäcke und -e: *auf zwei Seiten gebackene Schnitte aus Hefeteig:* bei verdorbenem Magen empfiehlt sich Z. **sinnv.:** ↑Gebäck. **Zus.:** Schiffszwieback.

Zwie|bel, die; -, -n: *meist als Gewürz verwendeter knolliger Pflanzensproß mit meist hellbrauner, dünner Schale und aromatisch riechendem, scharf schmeckendem Inneren:* ein Pfund Zwiebeln. **Zus.:** Brut-, Perlzwiebel.

Zwie|licht, das; -[e]s: **a)** *Dämmerlicht (in dem die Umrisse von etwas Entfernterem nicht mehr genau zu erkennen sind).* **sinnv.:** ↑Dämmerung. **b)** *Licht, das durch Mischung von natürlichem, dämmrigem und künstlichem Licht entsteht:* bei Z. zu lesen ist schlecht für die Augen.

zwie|lich|tig ⟨Adj.⟩: *nicht zu durchschauen; Mißtrauen, Verdacht erregend:* er ist ein zwielichtiger Charakter; seine Haltung war etwas z. **sinnv.:** ↑lichtscheu.

Zwie|spalt, der; -[e]s, -e und Zwiespälte: *inneres Schwanken, Widersprüchlichkeit, Zerrissenheit (im Hinblick auf eine zu treffende Entscheidung o. ä.):* in einen Z. geraten; der Z. zwischen Gefühl und Verstand. **sinnv.:** Konflikt, ↑Widerspruch, Widerstreit.

zwie|späl|tig ⟨Adj.⟩: *unsicher, schwankend; innerlich zerrissen:* etwas hinterläßt zwiespältige Gefühle; ein zwiespältiges Wesen. **sinnv.:** gespalten, unharmonisch; ↑ungewiß.

Zwie|spra|che, die; - (geh.): *das Sichaussprechen mit einem [imaginären] Partner:* [stumme] Z. mit jmdm. halten. **sinnv.:** ↑Gespräch · sich ↑unterhalten.

Zwie|tracht, die; - (geh.): *Zustand der Uneinigkeit und des Streits:* zwischen den beiden herrscht Z.; Z. säen. **sinnv.:** ↑Streit; ↑aufwiegeln.

Zwil|ling, der; -s, -e: *eines von zwei gleichzeitig im Mutterleib entwickelten Kindern:* die beiden Söhne sind Zwillinge. **sinnv.:** ↑Geschwister.

zwin|gen, zwang, hat gezwungen ⟨tr.⟩: *durch Drohung, Zwang veranlassen, etwas Bestimmtes zu tun:* jmdn. zu einem Geständnis z.; sich zu nichts z. lassen; es lagen zwingende *(schwerwiegende, wichtige)* Gründe vor; der Beweis ist nicht zwingend. **sinnv.:** ↑nötigen; sich ↑überwinden. **Zus.:** aufzwingen.

Zwin|ger, der; -s, -: **1.** *von einem Gitter, Zaun o. ä. umgebener Platz im Freien (bes. für die Haltung von Hunden):* der Schäferhund wurde in einem Z. gehalten. **sinnv.:** ↑Käfig; ↑Tiergarten. **Zus.:** Bären-, Hunde-, Löwenzwinger. **2.** *anerkannter Zuchtbetrieb für Hunde:* ein bekannter Z. bietet reinrassige Welpen an.

zwin|kern, zwinkerte, hat gezwinkert ‹itr.›: *die Augenlider [wiederholt] schnell schließen und wieder öffnen:* bevor er sich an das grelle Licht gewöhnt hatte, zwinkerte er mehrmals mit den Augen. **sinnv.:** blinzeln.

Zwirn, der; -[e]s, -e: *aus mehreren einzelnen, ineinandergedrehten Fäden bestehendes, zum Nähen verwendetes Garn:* er nähte das Leder mit starkem Z. **sinnv.:** ↑Faden. **Zus.:** Baumwoll-, Nähzwirn.

zwi|schen ‹Präp. mit Dativ und Akk.› **I. 1.** ‹Dativ› /Lage/ *ungefähr in der Mitte von; mitten in, mitten unter:* der Garten liegt z. dem Haus und dem Wald; ich saß z. zwei Gästen. **sinnv.:** ↑in. **2.** ‹Akk.› /Richtung/ *ungefähr in die Mitte von; mitten in, mitten hinein:* er stellte sich z. die beiden Damen; etwas z. die Bücher legen. **3.** ‹Dativ› /temporal/ *innerhalb eines bestimmten Zeitraumes, bestimmter Altersgrenzen:* das Buch ist für Kinder z. 10 und 12 Jahren geeignet; er will z. den Feiertagen Urlaub nehmen; der Arzt ist z. neun und zehn Uhr zu sprechen. **4.** ‹Dativ› */kennzeichnet eine bestehende Beziehung/:* z. ihm und seiner Frau bestehen seit einiger Zeit Spannungen; es bestehen große Unterschiede z. den verschiedenen Entwürfen. **II. 1.** /in Verbindung mit einem Personalpronomen in Konkurrenz zu *dazwischen;* bezogen auf Sachen (ugs.)/: „Stand er z. den Bäumen?" – „Ja, er stand z. ihnen (statt: dazwischen)." **2.** /in Verbindung mit „was" in Konkurrenz zu *wozwischen;* bezogen auf Sachen (ugs.)/: **a)** /in Fragen/: z. was (besser: wozwischen) liegt es? **b)** /in relativischer Verbindung/: er wußte nicht, z. was (besser: wozwischen) er eingeklemmt war. **III.** ‹Adverb› */gibt bei Alters- und Mengenangaben in Verbindung mit „und" eine unbestimmte Zahl innerhalb bestimmter Grenzen an/:* die Bewerber waren z. 25 und 30 Jahre alt; er hat z. 90 und 100 Exemplare verkauft.

zwi|schen|durch ‹Adverb›: *[gelegentlich] zwischen der einen und der nächsten Tätigkeit:* ich werde z. telefonieren. **sinnv.:** ↑dazwischen.

Zwi|schen|fall, der; -[e]s, Zwischenfälle: *kurzer, überraschender Vorgang, der den bisherigen Gang der Dinge unangenehm stört:* bei der Veranstaltung kam es zu schweren Zwischenfällen. **sinnv.:** ↑Ereignis. **Zus.:** Grenz-, Luftzwischenfall.

Zwi|schen|raum, der; -[e]s, Zwischenräume: *freier Raum zwischen zwei Dingen:* er will den Z. zwischen den Schränken für Regale ausnutzen. **sinnv.:** Lücke; ↑Entfernung; ↑Spielraum; ↑Schlitz. **Zus.:** Zeilenzwischenraum.

Zwi|schen|spiel, das; -[e]s, -e: **a)** *meist kurzes, einen Übergang bildendes Spiel in einem Musikstück.* **sinnv.:** Interludium, Intermezzo. **b)** *meist kurzes [eine Pause ausfüllendes] Spiel in einem Theaterstück.* **c)** *kleine, unbedeutende Begebenheit am Rande des Geschehens:* dieses Treffen der Politiker wurde allgemein nur als Z. gewertet. **sinnv.:** ↑Episode.

Zwi|schen|zeit, die; -, -en: **1.** ‹ohne Plural› *Zeitraum zwischen zwei Vorgängen:* ich komme in einer Stunde wieder, in der Z. kannst du dich ausruhen. **sinnv.:** ↑Abstand. **2.** *Zeit, die für das Zurücklegen einer Teilstrecke gestoppt wird:* diese Z. über 1 000 m läßt auf einen neuen Rekord über 1 500 m hoffen.

Zwist, der; -es, -e (geh.): *durch Uneinigkeit hervorgerufener Zustand des Zerwürfnisses, der Feindseligkeit; durch meist langwierige, oft mit Verbissenheit geführte Streitigkeiten charakterisierter Konflikt:* mit jmdm. in Z. geraten, in/im Z. leben. **sinnv.:** ↑Streit. **Zus.:** Bruder-, Ehe-, Familienzwist.

Zwi|stig|keit, die; -, -en: ↑*Zwist.*

zwit|schern ‹itr.›: *(von Vögeln) trillernde Töne von sich geben:* jeden Morgen zwitschern die Vögel im Garten. **sinnv.:** ↑piepen.

Zwit|ter, der; -s, -: *Pflanze, Lebewesen, das seinen geschlechtlichen Eigenschaften und Merkmalen nach sowohl männlich als auch weiblich ist:* der Regenwurm ist ein Z. **sinnv.:** Hermaphrodit.

zwölf ‹Kardinalzahl›: 12: z. Personen.

zwölft... ‹Ordinalzahl›: 12.: der zwölfte Mann.

Zy|klon, der; -s, -e: *Wirbelsturm.* **sinnv.:** ↑Unwetter.

Zy|klus [auch: Zyklus], der; -, Zyklen: **1.** *sich regelmäßig wiederholender Ablauf:* der Z. des Jahres. **sinnv.:** Kreislauf; ↑Reihenfolge; ↑Menstruation. **Zus.:** Arbeits-, Regelzyklus. **2.** *Folge inhaltlich zusammengehörender [literarischer] Werke:* ein Z. von Gedichten über die Jahreszeiten. **sinnv.:** Folge, Kranz, Reihe, Serie · Tetralogie, Trilogie. **Zus.:** Bilder-, Dramen-, Gedicht-, Lieder-, Novellen-, Roman-, Vortragszyklus.

Zy|lin|der, der; -s, -: **1.** *(bei feierlichen Anlässen oder als Teil der Berufskleidung getragener) hoher, steifer [Herren]hut [aus schwarzem Seidensamt] mit zylindrischem Kopf und fester Krempe* (siehe Bildleiste „Kopfbedeckungen"). **sinnv.:** ↑Kopfbedeckung. **2.** *röhrenförmiger Hohlkörper, in dem sich ein Kolben bewegt.* **sinnv.:** ↑Rohr. **Zus.:** Acht-, Brems-, Meß-, Sechs-, Vier-, Zwölfzylinder. **3.** *röhren-, walzenförmiger geometrischer Körper mit zwei parallelen, ebenen, kongruenten Grundflächen* (siehe Bildleiste „geometrische Figuren", S. 292).

zy|nisch ‹Adj.›: **a)** *von verletzendem Spott, der die Gefühle anderer bewußt mißachtet:* er hatte nur ein zynisches Lächeln übrig. **sinnv.:** ↑spöttisch. **b)** *eine Haltung zum Ausdruck bringend, die in einer Situation, Sache geradezu als konträr, paradox und daher jmds. Gefühle um so mehr verachtend und verletzend empfunden wird:* die zynische Ausbeutung der Notlage eines anderen. **sinnv.:** ↑unbarmherzig.

Zy|nis|mus, der; -, Zynismen: **1.** ‹ohne Plural› *zynische Art, Haltung:* sein ganzes Wesen war von Z. bestimmt. **sinnv.:** ↑Humor; ↑Verachtung; ↑Roheit. **2.** *zynische Bemerkung:* mit seinen Zynismen schockiert er oft seine Umgebung.

Zy|pres|se, die; -, -n: *(zu den Nadelgehölzen gehörender) in warmen Regionen bes. des Mittelmeerraums wachsender Baum mit kleinen, schuppenförmigen Blättern, kleinen, kugeligen Zapfen und hochstrebenden, eine dichte Pyramide bildenden Ästen.*

Übersicht über die im Wörterbuch verwendeten sprachwissenschaftlichen Fachausdrücke

Abstraktum: Substantiv, mit dem etwas Nichtgegenständliches bezeichnet wird, z. B. *Liebe, Hoffnung;* vgl. Konkretum.

Adjektiv: Wort, das eine Eigenschaft oder ein Merkmal bezeichnet, das ausdrückt, wie jemand oder etwas ist, wie etwas vor sich geht oder geschieht; Eigenschaftswort, z. B. ein *großes* Haus; das Haus ist *groß;* er läuft *schnell.*

adjektivisch: das Adjektiv betreffend, als Adjektiv gebraucht.

Adverb: Wort, das den Umstand des Ortes, der Zeit, der Art und Weise oder des Grundes näher bezeichnet, die räumlichen, zeitlichen usw. Beziehungen kennzeichnet; Umstandswort, z. B. ich komme *bald;* er läuft *sehr* schnell; das Buch *dort; hoffentlich* geht alles gut.

adverbial: (von Adjektiven) ein durch ein Verb ausgedrücktes Geschehen kennzeichnend; umstandswörtlich, z. B. die Rose blüht *schön.*

adversativ: einen Gegensatz kennzeichnend; entgegensetzend, z. B. er kommt nicht heute, *sondern* morgen.

Affixoid: Oberbegriff für Präfixoid/Suffixoid.

Akkusativ: der vierte Fall; Wenfall, z. B. ich grüße *den Lehrer;* ich lese *ein Buch*

Aktiv: Blickrichtung beim Verb, bei der ein Geschehen in Hinblick auf den Täter, Urheber gesehen wird (Gegensatz: Passiv); Tätigkeitsform, z. B. Fritz *streichelt* den Hund; die Rose *blüht;* sie *leidet.*

aktivisch: das Aktiv betreffend (er ist verhandlungsfähig = kann verhandeln; vgl. passivisch).

Artangabe: Umstandsergänzung oder freie Umstandsangabe, die die Art und Weise (Qualität, Quantität, Intensität usw.) angibt und mit „wie?" („wieviel?", „wie sehr?" usw.) erfragt wird; Umstandsbestimmung, adverbiale Bestimmung der Art und Weise, z. B. Karl singt *laut;* er peinigte mich *bis aufs Blut;* die Figur ist *aus Holz.*

Artikel: Wort, das Geschlecht, Fall und Zahl eines Substantivs angibt; **bestimmter Artikel** (der, die, das), **unbestimmter Artikel** (ein, eine).

attributiv: (von Adjektiven) als nähere Bestimmung bei einem Substantiv stehend; beifügend, z. B. eine *schöne* Rose.

außerpersönlich: nur in Verbindung mit der 3. Person in bezug auf Sachen, z. B. versanden (etwas versandet).

Basiswort: Wort, das die Basis für ein neues Wort bietet, das mit Hilfe eines Präfixes, Suffixes, Präfixoids oder Suffixoids gebildet wird, z. B.: das Substantiv *Beitrag* ist Basiswort in *beitragsfrei,* das Adjektiv *kalt* ist das Basiswort in *saukalt,* das Verb *tanzen* ist Basiswort in *ertanzen.*

Bestimmungswort: erster (am Anfang stehender) Bestandteil eines zusammengesetzten Wortes, der das Grundwort näher bestimmt, z. B. *Regen*schirm, *Regenschirm*ständer, *hand*gemalt.

Bezugswort: Wort, auf das sich ein anderes Wort bezieht, z. B. ist im folgenden Satz „Angebot" das Bezugswort zu „verhandlungsfähig": das Angebot ist verhandlungsfähig.

Dativ: der dritte Fall; Wemfall, z. B. das Buch gehört *mir.*

Demonstrativpronomen: Pronomen, das auf etwas Bekanntes [nachdrücklich] hinweist; hinweisendes Fürwort, z. B. *dieses* Buch gefällt mir besser.

elliptisch: eine Ellipse, d. h. eine Auslassung von Rede-, Satzteilen, enthaltend, z. B. Licht an (= anmachen)!; brieftaschenfreundliche Preise (= Preise, die das Geld in der Brieftasche schonen, nicht so stark beanspruchen und daher „freundlich" sind).

flektiert: je nach Fall, Geschlecht oder Zahl in der Wortform verändert; gebeugt (vgl. unflektiert).

final: den Zweck, eine Absicht kennzeichnend, z. B. er fährt zur Kur, *damit* er sich erholt.

Funktionsverb: Verb, das nur oder neben seinem Gebrauch als Vollwerb in bestimmten Verbindungen mit Substantiven auftritt, in denen sein eigener Inhalt verblaßt ist und in denen es dann nur Teil eines festen Gefüges ist, z. B. zum Druck *gelangen* (gedruckt werden).

Genitiv: der zweite Fall; Wesfall, z. B. das Haus *des Vaters.*

Grundwort: zweiter (am Ende stehender) Bestandteil eines zusammengesetzten Wortes, nach dem sich Wortart, Geschlecht und Zahl des ganzen Wortes richten, z. B. der Bahn*hof,* Regen*schirm,* Regenschirm*ständer;* hand*gemalt* (Adjektiv).

Imperativ: Aussageweise des Verbs, die einen Befehl, eine Bitte, Aufforderung, Warnung o. ä. kennzeichnet; Befehlsform, z. B. *komm[e]* schnell!

Indefinitpronomen: Pronomen, das eine Person, Sache oder Zahl in ganz allgemeiner und unbestimmter Weise bezeichnet; unbestimmtes Fürwort, z. B. *alle* waren gekommen; er hat *etwas* mitgebracht.

indeklinabel: sich nicht deklinieren lassend, z. B. ein *rosa* Kleid.

Indikativ: Aussageweise (Modus) des Verbs, die ein Geschehen oder Sein als tatsächlich oder wirklich hinstellt; Wirlichkeitsform, z. B. er *kommt* morgen.

Infinitiv: Form des Verbs, die ein Sein oder Geschehen ohne Verbindung mit Person, Zahl usw. angibt; Nennform, z. B. kommen, laufen.

instrumental: das Mittel oder Werkzeug kennzeichnend, z. B. er öffnete das Paket, *indem* er die Schnur zerschnitt.

Interjektion: Wort, das eine Empfindung, ein Begehren, eine Aufforderung ausdrückt oder mit dem ein Laut nachgeahmt wird; Empfindungswort, Ausrufewort, z. B. *ach!, au!, hallo!*

Interrogativadverb: Adverb, das zur Kennzeichnung einer Frage verwendet wird; Frageumstandswort, z. B. *woher* kommst du?

Interrogativpronomen: Pronomen, das eine Frage kennzeichnet; Fragefürwort, z. B. *was* hast du gesagt?

intransitiv: zu einem persönlichen Passiv nicht fähig; nicht zielend, z. B. ich arbeite, ich bekomme ein Buch.

Jargon: ungezwungene, innerhalb einer Berufsgruppe oder einer sozialen Gruppe gebräuchliche Ausdrucksweise (für Eingeweihte), z. B. *Braut* für: junges Mädchen, Freundin.

Kardinalzahl: Zahlwort, das eine bestimmte Anzahl oder Menge bezeichnet; Grundzahl (vgl. Ordinalzahl), z. B. die Hand hat *fünf* Finger.

kausal: einen Grund oder eine Ursache kennzeichnend; begründend, z. B. ich konnte nicht kommen, *weil* ich krank war.

Komparativ: Vergleichsform des Adjektivs, die die Ungleichheit zweier (oder mehrerer) Wesen feststellt; 1. Steigerungsstufe, z. B. Tim ist *größer* als Karen.

konditional: die Bedingung kennzeichnend, unter der ein Geschehen eintritt; bedingend, z. B. ich komme, *wenn* ich Zeit habe.

Konjunktion: Wort, das zwischen Wörtern, Wortgruppen oder Sätzen eine (räumliche, zeitliche, kausale o. ä.) Beziehung kennzeichnet; Bindewort, z. B. er *und* sie; ich hoffe, *daß* es gelingt.

Konjunktiv: Aussageweise (Modus) des Verbs, die ein Geschehen oder Sein nicht als wirklich, sondern als erwünscht, vorgestellt, von einem anderen gesagt, nur behauptet darstellt; Möglichkeitsform, z. B. er sagte, er *komme;* er *käme,* wenn er Zeit *hätte.*
Konkretum: Substantiv, mit dem etwas Gegenständliches bezeichnet wird, z. B. *Topf, Stuhl;* vgl. Abstraktum.
konsekutiv: eine Folge kennzeichnend; folgernd, z. B. er sprach so laut, *daß* ihn alle hörten.
konzessiv: einen Umstand kennzeichnend, der einem Geschehen eigentlich entgegenwirkt, es aber nicht verhindert; einräumend, z. B. er ging spazieren, *obwohl* es regnete.
lokal: einen Ort kennzeichnend; räumlich, z. B. die Stelle, *wo* das Unglück passierte.
männlich: Bezeichnung des Geschlechts, das bei Substantiven durch den Artikel „der", bei Pronomen durch die Form „er" gekennzeichnet ist, z. B. *der* Mann *(er)* ist berühmt.
modal: die Art und Weise kennzeichnend, z. B. er tat, *als ob* nichts geschehen wäre.
Nominativ: der erste Fall; Werfall, z. B. *der Vater* kommt nach Hause.
Ordinalzahl: Zahlwort, das angibt, an welchem Punkt einer Reihenfolge oder Rangordnung eine Person oder Sache steht; Ordnungszahl (vgl. Kardinalzahl), z. B. er wohnt im *zweiten* Stock.
Partikel: Wort, das nicht gebeugt werden kann (Adverb, Präposition, Konjunktion).
Partizip: Form des Verbs, die eine Mittelstellung zwischen Verb und Adjektiv einnimmt; Mittelwort. **1. Partizip** (Partizip Präsens, Mittelwort der Gegenwart), z. B. der *lobende* Lehrer. **2. Partizip** (Partizip Perfekt, Mittelwort der Vergangenheit), z. B. der *gelobte* Schüler.
Passiv: Blickrichtung beim Verb, bei der das Geschehen im Vordergrund steht und der Täter, Urheber nicht oder nur nebenbei genannt wird (Gegensatz: Aktiv); Leideform, z. B. der Hund *wird gestreichelt;* es *wurde* viel *gelacht.*
passivisch: das Passiv betreffend (das Angebot ist verhandlungsfähig = darüber kann verhandelt werden; vgl. aktivisch).
persönlich: in Verbindung mit allen Formen des Personalpronomens, zumindest aber in der 3. Person, oder eines entsprechenden Substantivs möglich (Gegensatz: unpersönlich), z. B. ich laufe, du läufst, der Motor (er) läuft.
Personalpronomen: Pronomen, das angibt, von welcher Person oder Sache die Rede ist, von der Person, die spricht (ich, wir), von der Person, die angesprochen wird (du, ihr) oder von der Person oder Sache, über die gesprochen wird (er, sie, es; sie [Plural]); persönliches Fürwort, z. B. *ich* lese *es* (das Buch) *dir* vor.
Plural: Wortform, die das zwei- oder mehrmalige Vorkommen eines Wesens oder Dinges ausdrückt, die sich auf zwei oder mehrere Wesen oder Dinge bezieht (Gegensatz: Singular); Mehrzahl, z. B. die *Kinder* spielen.
Positiv: Vergleichsform des Adjektivs, die eine Eigenschaft einfach nennt oder die Gleichheit zweier (oder mehrerer) Wesen oder Dinge feststellt; Grundform, z. B. Tim ist *groß;* Tim ist so *groß* wie Karen.
Possessivpronomen: Pronomen, das ein Besitz- oder Zugehörigkeitsverhältnis ausdrückt; besitzanzeigendes Fürwort, z. B. das ist *mein* Buch; *sein* Vater.
Prädikat: Teil des Satzes (Verb), der einen Zustand oder ein Geschehen ausdrückt oder aussagt, was mit dem Subjekt geschieht; Satzaussage, z. B. die Rosen *blühen.*
prädikativ: (von Adjektiven) in Ver-

bindung mit dem Verb „sein" stehend; aussagend, z. B. die Rose ist *schön.*

Präfix: sowohl nicht trennbarer Wortteil als auch trennbares Wort, das vor ein Wort gesetzt wird, wodurch ein neues Wort entsteht, z. B. be- (*be*spielen), er- (*er*klatschen), durch- (*durch*kriechen), herein- (*herein*tragen).

Präfixoid: Wortbildungsmittel, das sich aus einem selbständigen Wort zu einer Art Präfix entwickelt hat und das sich von dem selbständigen Wort durch Reihenbildung (Analogiebildungen) unterscheidet; Halbpräfix, z. B. *Bilderbuch-* (= wie im Bilderbuch): Bilderbuchehe, -sommer; *Problem-* (= was problematisch ist): Problemfamilie, -kind, -schläfer.

Präposition: Wort, das in Verbindung mit einem anderen Wort, meist einem Substantiv, ein (räumliches, zeitliches, kausales o. ä.) Verhältnis kennzeichnet; Verhältniswort, z. B. er geht *in* das Zimmer; er tut es *aus* Liebe; er schlägt *mit* dem Hammer.

präpositional: mit einer Präposition gebildet, z. B. präpositionales Attribut (meine Freude *über den Sieg*), präpositionales Objekt (Maria denkt *an ihre Schwester*).

Pronomen: Wort, das in einem Satz statt eines Substantivs stehen kann; Fürwort, z. B. der Vater kam nach Hause. *Er* brachte mir ein Buch mit.

Pronominaladverb: Adverb, das statt einer Fügung Präposition + Pronomen steht und aus den Adverbien *da, hier* oder *wo* und einer Präposition besteht, z. B. *worüber* (= über was) lachst du?

Relationsadjektiv: s. Relativadjektiv.

relativ: einen Bezug zu einem Wort des übergeordneten Satzes herstellend; bezüglich, z. B. er soll wieder dorthin gehen, *woher* er gekommen ist; der Junge, *der* den Preis gewonnen hat.

Relativadjektiv: Adjektiv, das eine allgemeine Beziehung ausdrückt und in der Regel nicht steigerungsfähig ist, z. B. *gebietlich,* das *väterliche* Haus (= das Haus des Vaters).

Relativpronomen: Pronomen, das den Bezug eines Gliedsatzes zu einem Substantiv oder Pronomen des übergeordneten Satzes herstellt; bezügliches Fürwort, z. B. das ist der Mann, *den* ich gestern gesehen habe.

sächlich: Bezeichnung des Geschlechts, das bei Substantiven durch den Artikel „das", bei Pronomen durch die Form „es" gekennzeichnet ist, z. B. *das* Kind *(es)* ist lebhaft.

Singular: Wortform, die das einmalige Vorkommen eines Wesens oder Dinges ausdrückt, die sich auf ein einziges Wesen oder Ding bezieht (Gegensatz: Plural); Einzahl, z. B. das *Kind* spielt.

Subjekt: Teil des Satzes, der etwas Seiendes, Vorhandenes benennt, über das im Satz etwas ausgesagt wird; Satzgegenstand, z. B. *die Rosen* blühen.

Substantiv: Wort, das ein Lebewesen, Ding oder einen Begriff u. ä. benennt; Nomen, Hauptwort, Dingwort, z. B. *Vater, Stuhl, Schönheit, Freude, Drehung.*

substantivisch: das Substantiv betreffend, als Substantiv gebraucht.

Suffix: Wortteil, der an ein Wort (Besitz-*tum*) oder einen Wortstamm (vernachlässig-*bar*) angehängt werden kann, wodurch ein neues Wort gebildet wird, z. B. *-chen* (Türchen), *-in* (Verkäuferin); *-lich* (pflanzlich).

Suffixoid: Wortbildungsmittel, das sich aus einem selbständigen Wort zu einer Art Suffix entwickelt hat und das sich von dem selbständigen Wort durch Reihenbildung (Analogiebildungen) und Entkonkretisierung (durch übertragenen oder bildlichen Gebrauch) unterscheidet; Halbsuffix, z. B. *-müde* (ehemüde [= der Ehe müde], fernsehmüde [= des Fernsehens müde]; nicht aber: altersmüde [= vom Alter müde]); *-muffel* (Gurtmuffel, Sexmuffel; nicht aber: Morgenmuffel

[= jmd., der am Morgen ein Muffel, mufflig ist]).
Superlativ: Vergleichsform des Adjektivs, die den höchsten Grad feststellt, der überhaupt oder innerhalb einer getroffenen Auswahl von zwei (oder mehreren) Wesen oder Dingen zu erreichen ist, z. B. Tim ist der *größte* unter den Schülern; der Betrieb arbeitet mit *modernsten* Maschinen.
temporal: eine Zeitangabe kennzeichnend; zeitlich, z. B. *als* er mich sah, kam er auf mich zu.
transitiv: ein Akkusativobjekt verlangend und zu einem persönlichen Passiv fähig; zielend, z. B. ich schreibe den Brief – der Brief wird von mir geschrieben.
unflektiert: in Fall, Geschlecht und Zahl nicht verändert; ungebeugt (Gegensatz: flektiert), z. B. *welch* kluger Mann (flektiert: *welcher* kluge Mann).
unpersönlich: in Verbindung mit „es" gebraucht (Gegensatz: persönlich), z. B. es schneit; es singen alle Vögel.
Verb: Wort, das ein Geschehen, einen Vorgang, Zustand oder eine Tätigkeit bezeichnet; Zeitwort, Tätigkeitswort, z. B. *gehen, liegen, sich verändern.*
verbal: das Verb betreffend, als Verb gebraucht.
Vergleichsform: Form (Positiv, Komparativ und Superlativ) des Adjektivs – manchmal auch des Adverbs – durch die Beziehungen und Verhältnisse bestimmter Art zwischen mindestens zwei Wesen oder Dingen gekennzeichnet werden.
weiblich: Bezeichnung des Geschlechts, das bei Substantiven durch den Artikel „die", bei Pronomen durch die Form „sie" gekennzeichnet ist, z. B. *die* Frau *(sie)* ist schön.
Zahlwort: Wort, das eine Zahl bezeichnet, etwas zahlenmäßig näher bestimmt; Numerale, **bestimmte Zahlwörter** (z. B. eins, drei), **unbestimmte Zahlwörter** (z. B. manche, mehrere, viele).

Der DUDEN in 10 Bänden

Das Standardwerk zur deutschen Sprache

Herausgegeben vom Wissenschaftlichen Rat der DUDEN-Redaktion: Professor Dr. Günther Drosdowski, Dr. Rudolf Köster, Dr. Wolfgang Müller, Dr. Werner Scholze-Stubenrecht.

82 von 100 Menschen in Deutschland kennen den DUDEN. Das ist ein Bekanntheitsgrad, den der volkstümlichste deutsche Schauspieler mit Mühe erreicht. Aber die meisten von diesen 82 Menschen verstehen unter DUDEN die Rechtschreibung. Dabei ist dieses berühmte Buch nur einer von 10 Bänden, die von Fachleuten „das" grundlegende Nachschlagewerk über unsere Gegenwartssprache genannt werden. Ein großes Wort – aber es trifft zu, denn in diesem Werk steckt eine bisher nicht gekannte Fülle praktischer Details: Hunderttausende von Hinweisen, Regeln, Antworten, Beispielen. Man darf deshalb ruhig und ohne Übertreibung sagen: Wer den DUDEN in 10 Bänden im Bücherregal stehen hat, kann jede Frage beantworten, die ihm zur deutschen Sprache gestellt wird.

Band 1:
Die Rechtschreibung
der deutschen Sprache und der Fremdwörter. Maßgebend in allen Zweifelsfällen. 792 Seiten.

Band 2:
Das Stilwörterbuch
der deutschen Sprache. Die Verwendung der Wörter im Satz. 864 Seiten.

Band 3:
Das Bildwörterbuch
der deutschen Sprache. Die Gegenstände und ihre Benennung. 784 Seiten.

Band 4:
Die Grammatik
der deutschen Gegenwartssprache. Unentbehrlich für richtiges Deutsch. 804 Seiten.

Band 5:
Das Fremdwörterbuch
Notwendig für das Verständnis fremder Wörter. 813 Seiten.

Band 6:
Das Aussprachewörterbuch
Unerläßlich für die richtige Aussprache. 791 Seiten.

Band 7:
Das Herkunftswörterbuch
Die Etymologie der deutschen Sprache. 844 Seiten.

Band 8:
Die sinn- und sachverwandten Wörter
Wörterbuch für den treffenden Ausdruck. 801 Seiten.

Band 9:
Richtiges und gutes Deutsch
Wörterbuch der sprachlichen Zweifelsfälle. 803 Seiten.

Band 10:
Das Bedeutungswörterbuch
Wortbildung und Wortschatz. Ein modernes Lernwörterbuch. 797 Seiten.

DUDENVERLAG
Mannheim/Wien/Zürich

DUDEN
Das große Wörterbuch der deutschen Sprache in 6 Bänden

Die umfassende Dokumentation des deutschen Wortschatzes

Authentisch, umfassend, zeitgemäß
Herausgegeben und bearbeitet vom Wissenschaftlichen Rat und den Mitarbeitern der DUDEN-Redaktion unter Leitung von Günther Drosdowski.
Über 500 000 Stichwörter und Definitionen auf rund 3000 Seiten. Mehr als 1 Million Angaben zu Aussprache, Herkunft, Grammatik, Stilschichten und Fachsprachen sowie zahlreiche Beispiele und Zitate aus der Literatur der Gegenwart. Jeder Band im Format 15,5 x 22,5 cm.

„Das große Wörterbuch der deutschen Sprache" baut auf der jahrzehntelangen sprachwissenschaftlichen Erfahrung der DUDEN-Redaktion auf. Als Bestandsaufnahme des Wortschatzes der deutschen Gegenwartssprache, basierend auf mehr als drei Millionen Belegen aus der Sprachkartei der DUDEN-Redaktion, dokumentiert es das heutige Deutsch in der Bundesrepublik Deutschland, in der DDR, in Österreich und in der deutschsprachigen Schweiz.

„Das große Wörterbuch der deutschen Sprache" ist das erste umfassende allgemeine Wörterbuch der deutschen Sprache. Es vereinigt alle Aspekte, unter denen einzelne Wörter betrachtet werden können und enthält alles, was für die Verständigung mit Sprache und für das Verständnis von Sprache wichtig ist. Dadurch erschließt es mit seiner gewaltigen Anzahl von Stichwörtern und Definitionen den ganzen Wortreichtum der deutschen Sprache.

Als unmittelbares Spiegelbild unserer Sprache und damit auch als Spiegelbild unserer heutigen Zeit dokumentiert „Das große Wörterbuch der deutschen Sprache" den Wortschatz – von der neuesten Wortschöpfung der Umgangssprache bis zum Fachwort, vom Sportausdruck bis zum vulgären Schimpfwort.
Ein Wörterbuch, das für die Praxis bestimmt ist, nicht nur für Wissenschaftler und Spezialisten, sondern für alle Menschen, die mit der Sprache leben und arbeiten.

DUDEN
Das große Wörterbuch der deutschen Sprache
IN 6 BÄNDEN
Über 500 000 Stichwörter und Definitionen. Mehr als 1 Million Angaben zu Aussprache, Herkunft, Grammatik, Stilschichten und Fachsprachen. Über 2 Millionen Beispiele und Zitate aus der Literatur der Gegenwart.
A-Ci

DUDENVERLAG
Mannheim/Wien/Zürich

DUDEN-Taschenbücher
Praxisnahe Helfer zu vielen Themen

Band 1:
Komma, Punkt und alle anderen Satzzeichen
Mit umfangreicher Beispielsammlung

Von Dieter Berger. 165 Seiten. Sie finden in diesem Taschenbuch Antwort auf alle Fragen, die im Bereich der deutschen Zeichensetzung auftreten können.

Band 2:
Wie sagt man noch?
Sinn- und sachverwandte Wörter und Wendungen

Von Wolfgang Müller. 219 Seiten. Hier ist der schnelle Ratgeber, wenn Ihnen gerade das passende Wort nicht einfällt oder wenn Sie sich im Ausdruck nicht wiederholen wollen.

Band 3:
Die Regeln der deutschen Rechtschreibung
An zahlreichen Beispielen erläutert

Von Wolfgang Mentrup. 188 Seiten. Dieses Buch stellt die Regeln zum richtigen Schreiben der Wörter und Namen sowie die Regeln zum richtigen Gebrauch der Satzzeichen dar.

Band 4:
Lexikon der Vornamen
Herkunft, Bedeutung und Gebrauch von mehreren tausend Vornamen

Von Günther Drosdowski. 239 Seiten mit 74 Abbildungen. Sie erfahren, aus welcher Sprache ein Name stammt, was er bedeutet und welche Persönlichkeiten ihn getragen haben.

Band 5:
Satz- und Korrekturanweisungen
Richtlinien für die Texterfassung. Mit ausführlicher Beispielsammlung.

Herausgegeben von der DUDEN-Redaktion und der DUDEN-Setzerei. 282 Seiten. Dieses Taschenbuch enthält nicht nur die Vorschriften für den Schriftsatz und die üblichen Korrekturvorschriften, sondern auch Regeln für Spezialbereiche.

Band 6:
Wann schreibt man groß, wann schreibt man klein?
Regeln und ausführliches Wörterverzeichnis

Von Wolfgang Mentrup. 252 Seiten. In diesem Taschenbuch finden Sie in rund 8200 Artikeln Antwort auf die Frage „groß oder klein".

Band 7:
Wie schreibt man gutes Deutsch?
Eine Stilfibel

Von Wilfried Seibicke. 163 Seiten. Dieses Buch enthält alle sprachlichen Erscheinungen, die für einen schlechten Stil charakteristisch sind und die man vermeiden kann, wenn man sich nur darum bemüht.

DUDENVERLAG
Mannheim/Wien/Zürich

DUDEN-Taschenbücher
Praxisnahe Helfer zu vielen Themen

Band 8: Wie sagt man in Österreich?

Wörterbuch der österreichischen Besonderheiten

Von Jakob Ebner. 252 Seiten.
Das Buch bringt eine Fülle an Information über alle sprachlichen Eigenheiten, durch die sich die deutsche Sprache in Österreich von dem in Deutschland üblichen Sprachgebrauch unterscheidet.

Band 9: Wie gebraucht man Fremdwörter richtig?

Ein Wörterbuch mit mehr als 30000 Anwendungsbeispielen

Von Karl-Heinz Ahlheim. 368 Seiten.
Mit 4000 Stichwörtern und mehr als 30000 Anwendungsbeispielen ist dieses Taschenbuch eine praktische Stilfibel des Fremdwortes für den Alltagsgebrauch. Das Buch enthält die wichtigsten Fremdwörter des alltäglichen Sprachgebrauchs sowie häufig vorkommende Fachwörter aus den verschiedensten Bereichen.

Band 10: Wie sagt der Arzt?

Kleines Synonymwörterbuch der Medizin?

Von Karl-Heinz Ahlheim. Medizinische Beratung Dr. med. Albert Braun. 176 Seiten.
Etwa 9000 medizinische Fachwörter sind in diesem Buch in etwa 750 Wortgruppen von sinn- oder sachverwandten Wörtern zusammengestellt. Durch die Einbeziehung der gängigen volkstümlichen Bezeichnungen und Verdeutschungen wird es auch dem medizinischen Laien wertvolle Dienste leisten.

Band 11: Wörterbuch der Abkürzungen

Rund 38000 Abkürzungen und was sie bedeuten

Von Josef Werlin. 288 Seiten.
Berücksichtigt werden Abkürzungen, Kurzformen und Zeichen sowohl aus dem allgemeinen Bereich als auch aus allen Fachgebieten.

Band 13: mahlen oder malen?

Gleichklingende, aber verschieden geschriebene Wörter. In Gruppen dargestellt und ausführlich erläutert

Von Wolfgang Mentrup. 191 Seiten.
Dieser Band behandelt ein schwieriges Rechtschreibproblem: Wörter, die gleich ausgesprochen, aber verschieden geschrieben werden.

Band 14: Fehlerfreies Deutsch

Grammatische Schwierigkeiten verständlich erklärt

Von Dieter Berger. 204 Seiten.
Viele Fragen zur Grammatik erübrigen sich, wenn Sie dieses Taschenbuch besitzen: Es macht grammatische Regeln verständlich und führt den Benutzer zum richtigen Sprachgebrauch.

DUDENVERLAG
Mannheim/Wien/Zürich

DUDEN-Taschenbücher
Praxisnahe Helfer zu vielen Themen

Band 15: Wie sagt man anderswo?

Landschaftliche Unterschiede im deutschen Sprachgebrauch

Von Wilfried Seibicke. 190 Seiten. Dieses Buch erleichtert die Verständigung, wenn Sie mit den regionalen Unterschieden in Wort- und Sprachgebrauch konfrontiert werden. Es erläutert die verschiedenen mundartlichen Ausdrücke, zeigt, aus welchem Sprachraum sie stammen und gibt die entsprechenden Wörter aus der Hochsprache an.

Band 17: Leicht verwechselbare Wörter

In Gruppen dargestellt und ausführlich erläutert

Von Wolfgang Müller. 334 Seiten. Etwa 1200 Gruppen von Wörtern, die aufgrund ihrer lautlichen Ähnlichkeit leicht verwechselt werden, sind in diesem Buch erläutert.

Band 18: Wie schreibt man im Büro?

Ratschläge und Tips. Mit Informationen über die moderne Textverarbeitung.

Von Charlotte Kinker. 179 Seiten. Ein „praktisches Nachschlagewerk" mit zahlreichen nützlichen Informationen, Empfehlungen, Hinweisen und Tips für die moderne Büroarbeit. Wer es gelesen hat, ist fachlich wieder auf dem laufenden.

Band 19: Wie diktiert man im Büro?

Verfahren, Regeln und Technik des Diktierens

Von Wolfgang Manekeller. 225 Seiten. „Wie diktiert man im Büro" gibt Sicherheit in allen organisatorischen und technischen Fragen des Diktierens, im kleinen Betrieb, im großen Büro, in Ämtern und Behörden.

Band 20: Wie formuliert man im Büro?

Gedanke und Ausdruck – Aufwand und Wirkung

Von Wolfgang Manekeller. 282 Seiten. Sprachlich genau treffen, was man meint, leicht verständlich und partnerfreundlich formulieren, mit geringem Aufwand viel erreichen, darum geht es in diesem Band. Das vorliegende Buch zeigt Ihnen, wie Formulieren und Diktieren im Büro wieder Spaß machen kann. Es bietet Regeln, Empfehlungen und Übungstexte aus der Praxis. Formulieren und Diktieren wird dadurch leichter, der Stil wirkungsvoller.

Band 21: Wie verfaßt man wissenschaftliche Arbeiten?

Systematische Materialsammlung – Bücherbenutzung – Manuskriptgestaltung

Von Klaus Poenicke und Ilse Wodke-Repplinger. 216 Seiten. Das vorliegende Buch behandelt ausführlich und mit vielen praktischen Beispielen die formalen und organisatorischen Probleme des wissenschaftlichen Arbeitens.

DUDENVERLAG
Mannheim/Wien/Zürich

OXFORD-DUDEN Bildwörterbuch Deutsch und Englisch

Herausgegeben von der DUDEN-Redaktion und dem German Department of Oxford University Press.

864 Seiten mit 384 zum Teil mehrfarbigen Bildtafeln. Ein deutsches und englisches Register mit je 28 000 Stichwörtern.

Das OXFORD-DUDEN-Bildwörterbuch ist eine Gemeinschaftsproduktion der DUDEN-Redaktion und des German Departments der Oxford University Press. Es entstand auf der Grundlage der 3., vollständig neu bearbeiteten Auflage des deutschen Bildwörterbuches, das als Band 3 der Reihe „Der DUDEN in 10 Bänden" erschienen ist.

Die Bildtafeln in diesem Buch zeigen die wichtigsten Dinge aus allen Bereichen des Lebens jeweils in ihrem thematischen Zusammenhang mit den dazugehörigen exakten deutschen Bezeichnungen und den korrekten englischen Entsprechungen. Die thematische Gliederung erspart mühsames Nachschlagen der einzelnen Wörter, da man sich über einen ganzen Sachbereich mit einem Blick informieren kann. Ein alphabetisches Register in jeder der beiden Sprachen ermöglicht den Zugang vom einzelnen Stichwort her. Diese Konzeption und die Tatsache, daß die Wortauswahl in hohem Maße gerade die speziellen und fachbezogenen Wörter berücksichtigt, machen das OXFORD-DUDEN-Bildwörterbuch zu einer unentbehrlichen Ergänzung jedes deutsch-englischen Wörterbuches.

OXFORD-DUDEN Bildwörterbuch Deutsch und Französisch

Herausgegeben von der DUDEN-Redaktion in Zusammenarbeit mit Daniel Moskowitz, Université de Paris.

872 Seiten mit 384 zum Teil mehrfarbigen Bildtafeln. Ein deutsches und ein französisches Register mit je 28 000 Stichwörtern.

Das Bildwörterbuch Deutsch und Französich setzt die Reihe der zweisprachigen Bildwörterbücher fort, die mit dem OXFORD-DUDEN „Bildwörterbuch Deutsch und Englisch" begonnen wurde. Die französischen Benennungen wurden von Professor Daniel Moskowitz von der Universität Paris mit der Unterstützung französischer Übersetzer und Fachwissenschaftler erarbeitet.

DUDENVERLAG
Mannheim/Wien/Zürich

Meyers Großes Universal-Lexikon

Das perfekte Wissenszentrum für die tägliche Praxis in unserer Zeit

Meyers Großes Universallexikon in 15 Bänden, 1 Atlasband und 4 Ergänzungsbände

Herausgegeben von der Lexikonredaktion des Bibliographischen Instituts.
Rund 200 000 Stichwörter und 30 namentlich signierte Sonderbeiträge auf etwa 10 000 Seiten. Über 20 000 meist farbige Abbildungen, Zeichnungen, Graphiken sowie Karten, Tabellen und Übersichten im Text. Lexikon-Großformat 17,5 x 24,7 cm (Atlasband 25,5 x 37,5 cm).
Das Werk ist in zwei Ausstattungen erhältlich: gebunden in hochwertigem Buckramleinen, mit Goldschnitt und in dunkelblauem Halbleder, mit Echtgoldschnitt und Echtgoldprägung.

Vorsprung durch mehr Wissen.
Nachschlagen ist ein Vergnügen, wenn man schnell fündig wird und die gesuchte Information lückenlos ist, wenn dabei zum elementaren Wissen gleich die interessante Hindergrundinformation geliefert wird, wenn man mit der Antwort auf seine Frage restlos zufrieden ist. Mit Meyers Großem Universallexikon wird Nachschlagen zum Vergnügen.
Dieses aktuelle Großlexikon besitzt drei ideale Grundeigenschaften: Es wird allen Ansprüchen gerecht, die man heute an ein großes allgemeines Lexikon stellen kann, und es erfüllt mit seinen 15 Bänden den Wunsch nach zeitgemäßer Kompaktheit. Der dritte Vorzug wird durch den Titel signalisiert: Universalität. Es ist gut zu wissen, umfassende Informationen zu Stichwörtern aller Wissensgebiete immer griffbereit zu haben. Informationen zu klassischen Themenbereichen wie Geschichte, Literatur, Kunst und Philosophie ebenso wie zu modernen Disziplinen wie Politologie, Soziologie, Biochemie und Genetik.
In Meyers Großem Universallexikon verbindet sich Tradition mit Fortschritt, langjährige Erfahrung in der Herstellung hochwertiger Nachschlagewerke mit Spitzenleistungen moderner Fachredaktionen.

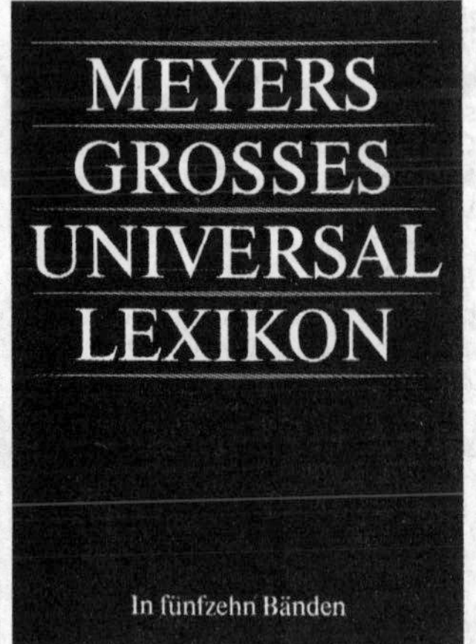

MEYERS LEXIKONVERLAG
Mannheim/Wien/Zürich

DER DUDEN IN 10 BÄNDEN

Das Standardwerk zur deutschen Sprache
Herausgegeben vom Wissenschaftlichen Rat der DUDEN-Redaktion:
Professor Dr. Günther Drosdowski · Dr. Rudolf Köster · Dr. Wolfgang Müller · Dr. Werner Scholze-Stubenrecht

Band 1: Die Rechtschreibung
Das maßgebende deutsche Rechtschreibwörterbuch. Zweifelsfälle der Groß- und Kleinschreibung, der Zusammen- und Getrenntschreibung und alle anderen orthographischen Probleme werden auf der Grundlage der amtlichen Richtlinien entschieden. Ausführlicher Regelteil mit Hinweisen für das Maschinenschreiben und den Schriftsatz. 792 Seiten.

Band 2: Das Stilwörterbuch
Das DUDEN-Stilwörterbuch ist das umfassende Nachschlagewerk über die Verwendung der Wörter im Satz und die Ausdrucksmöglichkeiten der deutschen Sprache. Es stellt die inhaltlich sinnvollen und grammatisch richtigen Verknüpfungen dar und gibt ihren Stilwert an. 860 Seiten.

Band 3: Das Bildwörterbuch
Über 27 500 Wörter aus allen Lebens- und Fachbereichen werden durch Bilder definiert. Nach Sachgebieten gegliedert stehen sich Bildtafeln und Wortlisten gegenüber. 784 Seiten mit 384 Bildtafeln. Register.

Band 4: Die Grammatik
Die DUDEN-Grammatik gilt als die vollständigste Beschreibung der deutschen Gegenwartssprache. Sie hat sich überall in der Welt, wo Deutsch gesprochen oder gelehrt wird, bewährt. 804 Seiten mit ausführlichem Sach-, Wort- und Zweifelsfälleregister.

Band 5: Das Fremdwörterbuch
Mit rund 48 000 Stichwörtern, 100 000 Bedeutungsangaben und 265 000 Angaben zu Aussprache, Betonung, Silbentrennung, Herkunft und Grammatik ist dieser DUDEN das grundlegende Nachschlagewerk über Fremdwörter und fremdsprachliche Fachausdrücke. 813 Seiten.

Band 6: Das Aussprachewörterbuch
Mit etwa 130 000 Stichwörtern unterrichtet es umfassend über Betonung und Aussprache sowohl der heimischen als auch der fremden Namen und Wörter. 791 Seiten.

Band 7: Das Herkunftswörterbuch
Dieser Band stellt die Geschichte der Wörter von ihrem Ursprung bis zur Gegenwart dar. Es gibt Antwort auf die Frage, woher ein Wort kommt und was es eigentlich bedeutet. 816 Seiten.

Band 8: Die sinn- und sachverwandten Wörter
Wem ein bestimmtes Wort nicht einfällt, wer den treffenden Ausdruck sucht, wer seine Aussage variieren möchte, der findet in diesem Buch Hilfe. 801 Seiten.

Band 9: Richtiges und gutes Deutsch
Dieser Band ist aus der täglichen Arbeit der DUDEN-Redaktion entstanden. Er klärt grammatische, stilistische und rechtschreibliche Zweifelsfragen und enthält zahlreiche praktische Hinweise. 803 Seiten.

Band 10: Das Bedeutungswörterbuch
Dieses Wörterbuch stellt einen neuen Wörterbuchtyp dar. Es ist ein modernes Lernwörterbuch, das für den Spracherwerb wichtig ist und den schöpferischen Umgang mit der deutschen Sprache fördert. 797 Seiten.

DUDEN – Das große Wörterbuch der deutschen Sprache in 6 Bänden

Das maßgebende Werk für höchste, selbst wissenschaftliche Ansprüche.
Herausgegeben und bearbeitet vom Wissenschaftlichen Rat und den Mitarbeitern der DUDEN-Redaktion unter Leitung von Günther Drosdowski.
Über 500 000 Stichwörter und Definitionen auf rund 3 000 Seiten. Mehr als 1 Million Angaben zu Aussprache, Herkunft, Grammatik, Stilschichten und Fachsprachen sowie Beispiele und Zitate aus der Literatur der Gegenwart. Jeder Band etwa 500 Seiten.
„Das große DUDEN-Wörterbuch der deutschen Sprache“ ist das Ergebnis jahrzehntelanger sprachwissenschaftlicher Forschung der DUDEN-Redaktion. Mit seinen exakten Angaben und Zitaten erfüllt es selbst höchste wissenschaftliche Ansprüche. „Das große DUDEN-Wörterbuch“ basiert auf mehr als drei Millionen Belegen aus der Sprachkartei der DUDEN-Redaktion und enthält alles, was für die Verständigung mit Sprache und für das Verständnis von Sprache wichtig ist.

DUDEN – Deutsches Universalwörterbuch von A–Z

Die authentische Darstellung des Wortschatzes der deutschen Sprache.
Rund 120 000 Artikel mit ausführlichen Bedeutungsangaben, 150 000 Anwendungsbeispielen und mehr als 500 000 Angaben zu Rechtschreibung, Aussprache, Herkunft, Grammatik und Stil. 1 504 Seiten.
Dieses erste einbändige DUDEN-Wörterbuch der deutschen Sprache ist ein völlig neues Gebrauchswörterbuch für Schule, Universität und Beruf.

DUDENVERLAG
Mannheim/Wien/Zürich

DUDEN-TASCHENBÜCHER

Herausgegeben vom Wissenschaftlichen Rat der DUDEN-Redaktion: Prof. Dr. Günther Drosdowski · Dr. Rudolf Köster · Dr. Wolfgang Müller · Dr. Werner Scholze-Stubenrecht

Band 1: Komma, Punkt und alle anderen Satzzeichen
Sie finden in diesem Taschenbuch Antwort auf alle Fragen, die im Bereich der deutschen Zeichensetzung auftreten können. 165 Seiten.

Band 2: Wie sagt man noch?
Hier ist der Ratgeber, wenn Ihnen gerade das passende Wort nicht einfällt oder wenn Sie sich im Ausdruck nicht wiederholen wollen. 219 Seiten.

Band 3: Die Regeln der deutschen Rechtschreibung
Dieses Buch stellt die Regeln zum richtigen Schreiben der Wörter und Namen sowie die Regeln zum richtigen Gebrauch der Satzzeichen dar. 188 Seiten.

Band 4: Lexikon der Vornamen
Mehr als 3 000 weibliche und männliche Vornamen enthält dieses Taschenbuch. Sie erfahren, aus welcher Sprache ein Name stammt, was er bedeutet und welche Persönlichkeiten ihn getragen haben. 239 Seiten.

Band 5: Satz- und Korrekturanweisungen
Richtlinien für die Texterfassung. Dieses Taschenbuch enthält die Vorschriften für den Schriftsatz, die üblichen Korrekturvorschriften und die Regeln für Spezialbereiche. 282 Seiten.

Band 6: Wann schreibt man groß, wann schreibt man klein?
In diesem Taschenbuch finden Sie in rund 8 200 Artikeln Antwort auf die Frage „groß oder klein?". 252 Seiten.

Band 7: Wie schreibt man gutes Deutsch?
Eine Stilfibel. Der Band stellt die vielfältigen sprachlichen Möglichkeiten dar und zeigt, wie man seinen Stil verbessern kann. 163 Seiten.

Band 8: Wie sagt man in Österreich?
Das Buch bringt eine Fülle an Informationen über alle sprachlichen Eigenheiten, durch die sich die deutsche Sprache in Österreich von dem in Deutschland üblichen Sprachgebrauch unterscheidet. 252 Seiten.

Band 9: Wie gebraucht man Fremdwörter richtig?
Mit 4 000 Stichwörtern und über 30 000 Anwendungsbeispielen ist dieses Taschenbuch eine praktische Stilfibel des Fremdwortes. 368 Seiten.

Band 10: Wie sagt der Arzt?
Dieses Buch gibt die volkstümlichen Bezeichnungen zu rund 9000 medizinischen Fachwörtern an und erleichtert damit die Verständigung zwischen Arzt und Patient. 176 Seiten.

Band 11: Wörterbuch der Abkürzungen
Berücksichtigt werden über 38 000 Abkürzungen, Kurzformen und Zeichen aus allen Bereichen. 300 Seiten.

Band 13: mahlen oder malen?
Hier werden gleichklingende, aber verschieden geschriebene Wörter in Gruppen dargestellt und erläutert. 191 Seiten.

Band 14: Fehlerfreies Deutsch
Es macht grammatische Regeln verständlich und führt zum richtigen Sprachgebrauch. 204 Seiten.

Band 15: Wie sagt man anderswo?
Dieses Buch will all jenen helfen, die mit den landschaftlichen Unterschieden in Wort- und Sprachgebrauch konfrontiert werden. 190 Seiten.

Band 17: Leicht verwechselbare Wörter
Der Band enthält Gruppen von Wörtern, die auf Grund ihrer lautlichen Ähnlichkeit leicht verwechselt werden. 334 Seiten.

Band 18: Wie schreibt man im Büro?
Es werden nützliche Ratschläge und Tips zur Erledigung der täglichen Büroarbeit gegeben. 179 Seiten.

Band 19: Wie diktiert man im Büro?
Alles Wesentliche über die Verfahren, Regeln und Techniken des Diktierens. 225 Seiten.

Band 20: Wie formuliert man im Büro?
Dieses Taschenbuch bietet Regeln, Empfehlungen und Übungstexte aus der Praxis. 282 Seiten.

Band 21: Wie verfaßt man wissenschaftliche Arbeiten?
Dieses Buch behandelt ausführlich und mit vielen praktischen Beispielen die formalen und organisatorischen Probleme des wissenschaftlichen Arbeitens. 208 Seiten.

DER KLEINE DUDEN

Deutsches Wörterbuch
Der Grundstock unseres Wortschatzes. Über 30 000 Wörter mit mehr als 100 000 Angaben zu Rechtschreibung, Silbentrennung, Aussprache und Grammatik. 445 Seiten.

Fremdwörterbuch
Die wichtigsten Fremdwörter des täglichen Gebrauchs. Über 15 000 Fremdwörter mit mehr als 90 000 Angaben zur Bedeutung, Aussprache und Grammatik. 448 Seiten.

Deutsche Grammatik
Alles über Aussprache und Schreibung über Formenlehre, Wortbildung und Satzbau. 300 Seiten.

DUDENVERLAG
Mannheim/Wien/Zürich

50,–

WIE FUNKTIONIERT DAS?

Wie funktioniert das?
Die Technik im Leben von heute
608 Seiten mit 282 zweifarbigen und 8 vierfarbigen Schautafeln.

Wie funktioniert das?
Der Mensch und seine Krankheiten
600 Seiten mit 245 zweifarbigen und 8 mehrfarbigen Schautafeln.

Wie funktioniert das?
Gesund sein und fit bleiben
543 Seiten mit rund 240 zweifarbigen Schautafeln.

Wie funktioniert das?
Der moderne Staat
640 Seiten mit 306 zweifarbigen Schautafeln.

Wie funktioniert das?
Die Umwelt des Menschen
592 Seiten mit 260 zweifarbigen Schautafeln.

Wie funktioniert das?
Die Wirtschaft heute
656 Seiten mit 315 ganzseitigen Schautafeln.

Wie funktioniert das?
Die Energie – Erzeugung, Nutzung, Versorgung
303 Seiten mit 137 zweifarbigen Schautafeln.

Wie funktioniert das?
Die Arzneimittel
320 Seiten mit 132 zweifarbigen Abbildungen.

Wie funktioniert das?
Städte, Kreise und Gemeinden
336 Seiten mit 160 zweifarbigen Schautafeln.

Wie funktioniert das?
Die Bundeswehr
316 Seiten mit rund 147 zweifarbigen Schautafeln.

MEYERS TASCHENLEXIKA ZU SPEZIALTHEMEN

Meyers Taschenlexikon Biologie in 3 Bänden
Alles Wissen über Mensch, Tier und Pflanze. 960 Seiten, rund 15 000 Sachartikel und Biographien. Über 800 meist farbige Abbildungen, Graphiken, Tabellen, Übersichten und entwicklungsgeschichtliche Stammbäume, zahlreiche Literaturangaben.

Meyers Taschenlexikon Geschichte in 6 Bänden
Die Weltgeschichte in 25 000 exakt definierten Stichwörtern.
1 920 Seiten, rund 25 000 Biographien, Sachartikel und Ländergeschichten. Zahlreiche, zum Teil mehrfarbige Abbildungen, Graphiken, Übersichten und Stammtafeln. Rund 200 historische Karten und mehr als 6 000 Literaturangaben.

Meyers Taschenlexikon Musik in 3 Bänden
Das gesamte Wissen über die Musik: Von der Musik des Mittelalters bis zur Musik des 20. Jahrhunderts einschließlich Jazz-, Rock- und Popmusik sowie der Musik antiker und fremder Kulturen. 1 056 Seiten, rund 8 000 Biographien und Sachartikel. Über 800 Notenbeispiele, zahlreiche, zum Teil farbige Abbildungen, rund 9 000 Literaturangaben.

NACHSCHLAGEWERKE DES ALLGEMEINEN WISSENS

Alte Maße, Münzen und Gewichte
Das Lexikon für den Sammler. 399 Seiten, 214 Abbildungen.

Krank – was tun?
Ein Ratgeber für den Alltag. 324 Seiten.

Schlaglichter der deutschen Geschichte
Ein Geschichtsbuch mit einer neuartigen Konzeption. 456 Seiten, über 300 Abbildungen. Register.

Schlag nach!
Interessantes aus Biologie, Astronomie, Geschichte, Technik, Sport und Politik bietet diese Datenbank in Buchform. 603 Seiten, zahlreiche Abbildungen, Grafiken und Farbtafeln.

KINDER- UND JUGENDBÜCHER

Meyers Großes Kinderlexikon
Das neuartige Wissensbuch für Vor- und Grundschulkinder. 323 Seiten mit 1 200 Artikeln, 1 000 bunten Bildern sowie einem Register mit etwa 4 000 Stichwörtern.

Meyers Kinderlexikon
Mein erstes Lexikon. 259 Seiten mit etwa 3 000 Stichwörtern und rund 1 000 farbigen Bildern.

Meyers Buch vom Menschen und von seiner Erde
Das besondere „Schmökerlexikon". Erzählt für jung und alt von James Krüss, gemalt von Hans Ibelshäuser und Ernst Kahl.
162 Seiten mit 77 überwiegend ganzseitigen, farbigen Bildtafeln.

Meyers Großes Buch der alten Schiffe
Von den frühesten Bootsformen bis zu den schönen schnellen Segelschiffen unseres Jahrhunderts. 96 Seiten mit 45 großformatigen, farbigen Bildtafeln.

Meyers Großes Sternbuch für Kinder
Eine umfassende Einführung in das faszinierende Wissensgebiet der Astronomie für Kinder. 126 Seiten mit über 100 farbigen, teils großformatigen Zeichnungen und Sternkarten.

MEYERS LEXIKONVERLAG
Mannheim/Wien/Zürich

Emery Snyder
Aix 6.7.94

DUDEN

Band 10

Der Duden in 10 Bänden

Das Standardwerk
zur deutschen Sprache

Herausgegeben vom Wissenschaftlichen Rat der Dudenredaktion: Prof. Dr. Günther Drosdowski, Dr. Rudolf Köster, Dr. Wolfgang Müller, Dr. Werner Scholze-Stubenrecht

1. Rechtschreibung
2. Stilwörterbuch
3. Bildwörterbuch
4. Grammatik
5. Fremdwörterbuch
6. Aussprachewörterbuch
7. Etymologie
8. Sinn- und sachverwandte Wörter
9. Richtiges und gutes Deutsch
10. Bedeutungswörterbuch